上海市文化发展基金资助项目

上海地区方言调查研究

第一卷

A Linguistic Survey of Shanghai Dialects

游汝杰 主编

复旦大学出版社

总　目

导言 ………………………………………………………… 1

第一卷　各地音系及比较

第一章　市区片音系 ………………………………………… 1
第二章　松江片音系 ………………………………………… 35
第三章　嘉定片音系 ………………………………………… 331
第四章　崇明音系 …………………………………………… 405
第五章　练塘音系 …………………………………………… 445
第六章　各地声母、韵母和声调的综合比较 …………… 450
第七章　各地声韵调例字对照表 ………………………… 454

第二卷　方音字汇

凡例 ………………………………………………………… 1
方音字汇表 ………………………………………………… 1—394

第三卷　分类词表

凡例 ………………………………………………………… 1
第一章　天文 ………………………………………………… 1
第二章　地理 ………………………………………………… 11
第三章　时令 ………………………………………………… 19
第四章　农事 ………………………………………………… 28
第五章　植物 ………………………………………………… 34
第六章　动物 ………………………………………………… 47
第七章　房屋 ………………………………………………… 58
第八章　器具 ………………………………………………… 66
第九章　亲属称谓 …………………………………………… 83

第十章　人品　职业	96
第十一章　身体	107
第十二章　疾病	116
第十三章　衣着穿戴	124
第十四章　饮食	130
第十五章　风俗	141
第十六章　日常生活	148
第十七章　政务　公事	153
第十八章　社会交往	156
第十九章　商业　交通	164
第二十章　文化教育	173
第二十一章　娱乐	177
第二十二章　动词	182
第二十三章　方位词	208
第二十四章　代词	214
第二十五章　形容词	224
第二十六章　副词　连词　介词	256
第二十七章　量词	269
第二十八章　助词　语气词　叹词	272
第二十九章　数量词组	277

第四卷　描写语法

说明	283
第一章　数词	285
第二章　量词	292
第三章　名词	305
第四章　代词	318
第五章　形容词	333
第六章　动词	346
第七章　副词	364
第八章　介词	371
第九章　连词及复句	378
第十章　助词及有关句类	385
第十一章　比较句	405

第十二章　语序·· 408
第十三章　上海市区方言录音语料转写摘抄······················· 413

第五卷　音档

说明··· 1
第一章　市区音档·· 1
第二章　松江音档·· 23
第三章　川沙音档·· 56
第四章　南汇音档·· 79
第五章　奉贤音档·· 103
第六章　金山音档·· 130
第七章　青浦音档·· 157
第八章　莘庄音档·· 186
第九章　嘉定音档·· 207
第十章　宝山音档·· 231
第十一章　崇明音档·· 257

第六卷　方言地图

第一章　上海市方言特征地图···································· 281
第二章　江浙沪交界地区方言特征地图··························· 306
附录　上海方言调查补充字表···································· 333

导　言

20世纪80年代初期,复旦大学的方言学工作者在许宝华老师和汤珍珠老师领导下,曾详细调查记录上海市区和郊区方言,调查点下设到每一个公社(今称乡),见图3。市区方言的调查结果,见于《上海市区方言志》(上海教育出版社,1988年,共582页)。郊区方言的调查结果大多未公开发表,简略内容见于1990年前后出版的上海地区各县县志。已经出版的专著有《嘉定方言研究》(汤珍珠、陈忠敏著,社会科学文献出版社1993年)。

改革开放以来由于城市化进程,人口流动大大加剧,上海地区的方言在语言系统和使用情况两方面都发生很大的变化。为了探究和记录已经发生的变化,最近两三年复旦大学的方言工作者重新调查、记录和研究上海市区和郊区方言。

本书一方面将约30年前调查所得的材料加以整理,使之条理化、系统化。另一方面调查、记录当代上海地区的方言,并且比较两者的异同。这不仅客观记录了上海地区新、老两派方言面貌,另一方面,有了这些语料,也便于研究急剧城市化过程中,大城市语言的变化发展。

本书记录方言有两条途径,一是用汉字和国际音标书面记录,二是用录音机记录有声方言,制成音档(phonetic files)。

上海市在行政上统辖市区和郊区两大部分,20世纪80年代以前,市区辖十区:黄浦、南市、卢湾、徐汇、长宁、静安、普陀、闸北、虹口、杨浦;郊区辖十县:上海、嘉定、宝山、川沙、南汇、奉贤、松江、金山、青浦、崇明。上海市的总面积是6 138.62平方公里,其中市区面积是150平方公里,郊区面积是5 988平方公里(见图1)。当时上海市的总人口是1 200多万,市区和郊区各占约一半。此后市区和郊区的行政区划屡有变动,2011年全市有18个市区,除原有的10个市区(今合并为8个)外,新增8个市区:闵行、嘉定、宝山、浦东、南汇、奉贤、松江、金山、青浦,只剩一个县,即崇明县(见图2)。

从方言的特点来看,20世纪80年代以前的市区方言和郊区方言明显不同,上海人称市区话为"上海闲话",称郊区方言为"本地闲话"。至今如此。

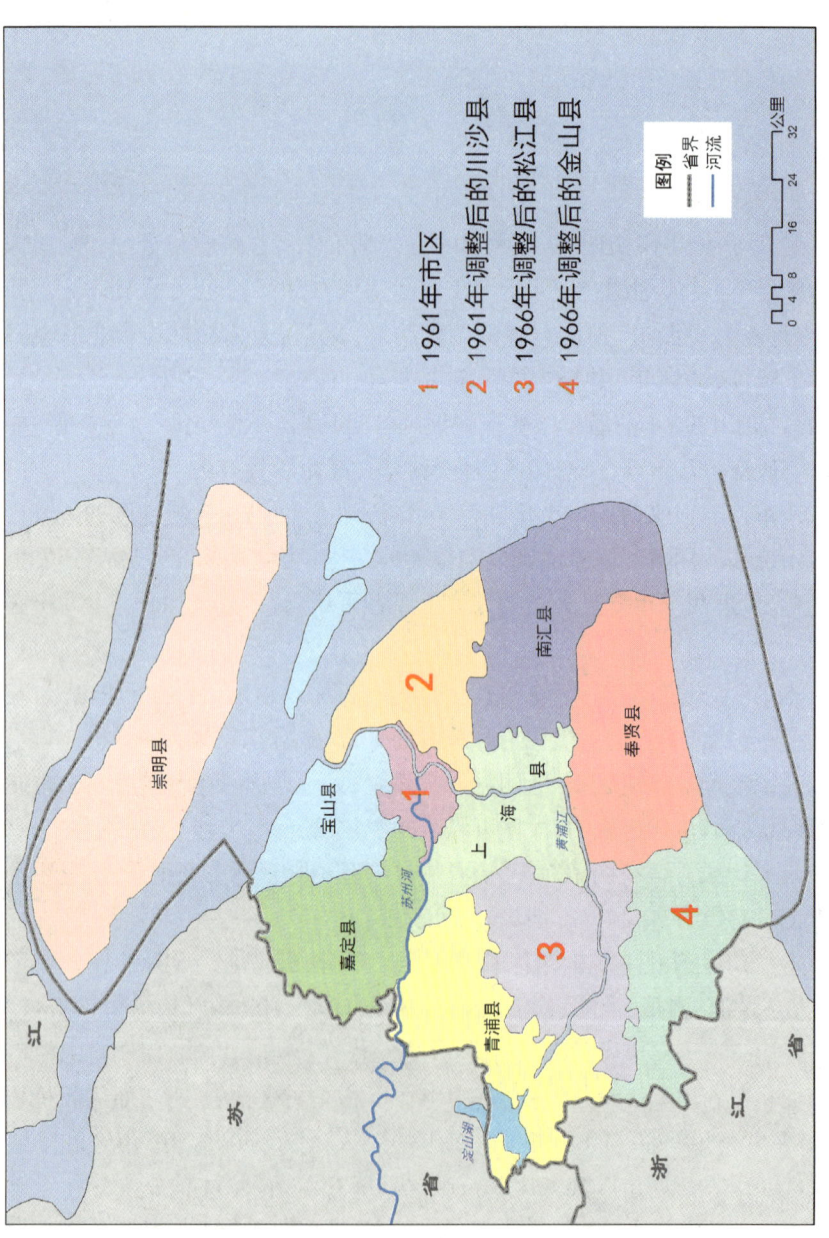

图1　20世纪60年代的上海市行政地图

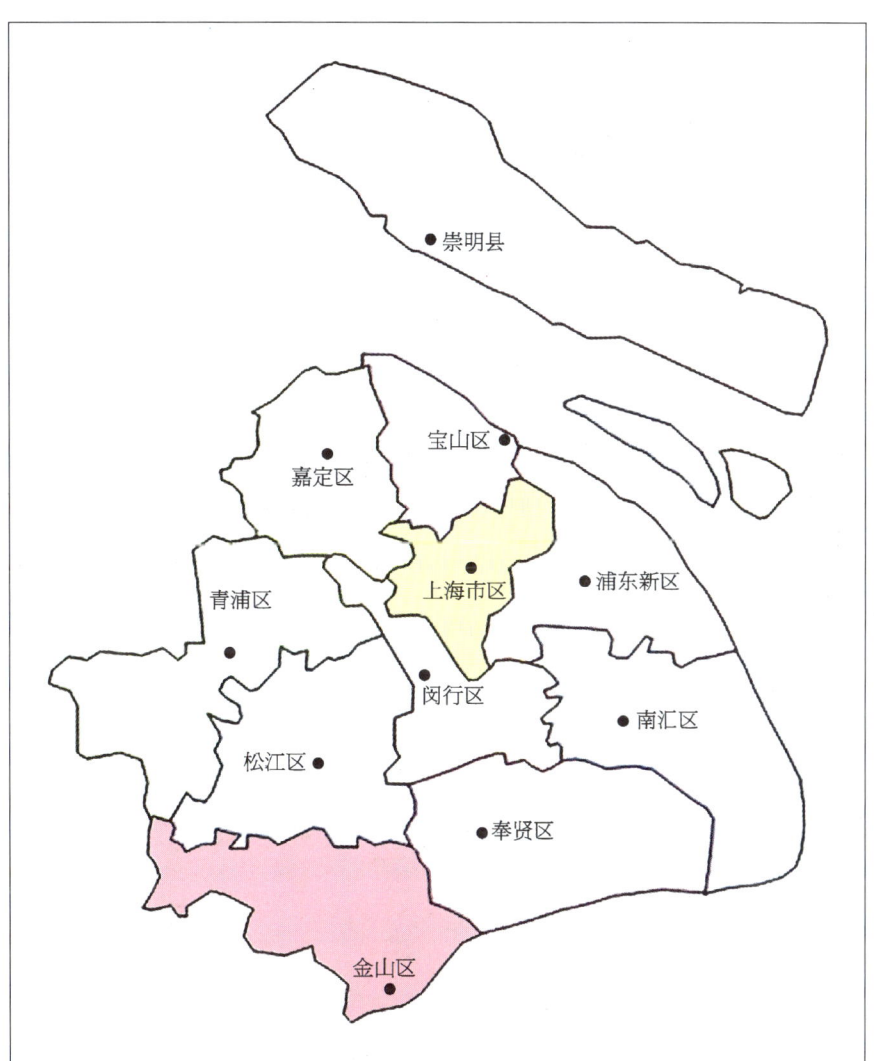

图2　2011年上海市行政地图

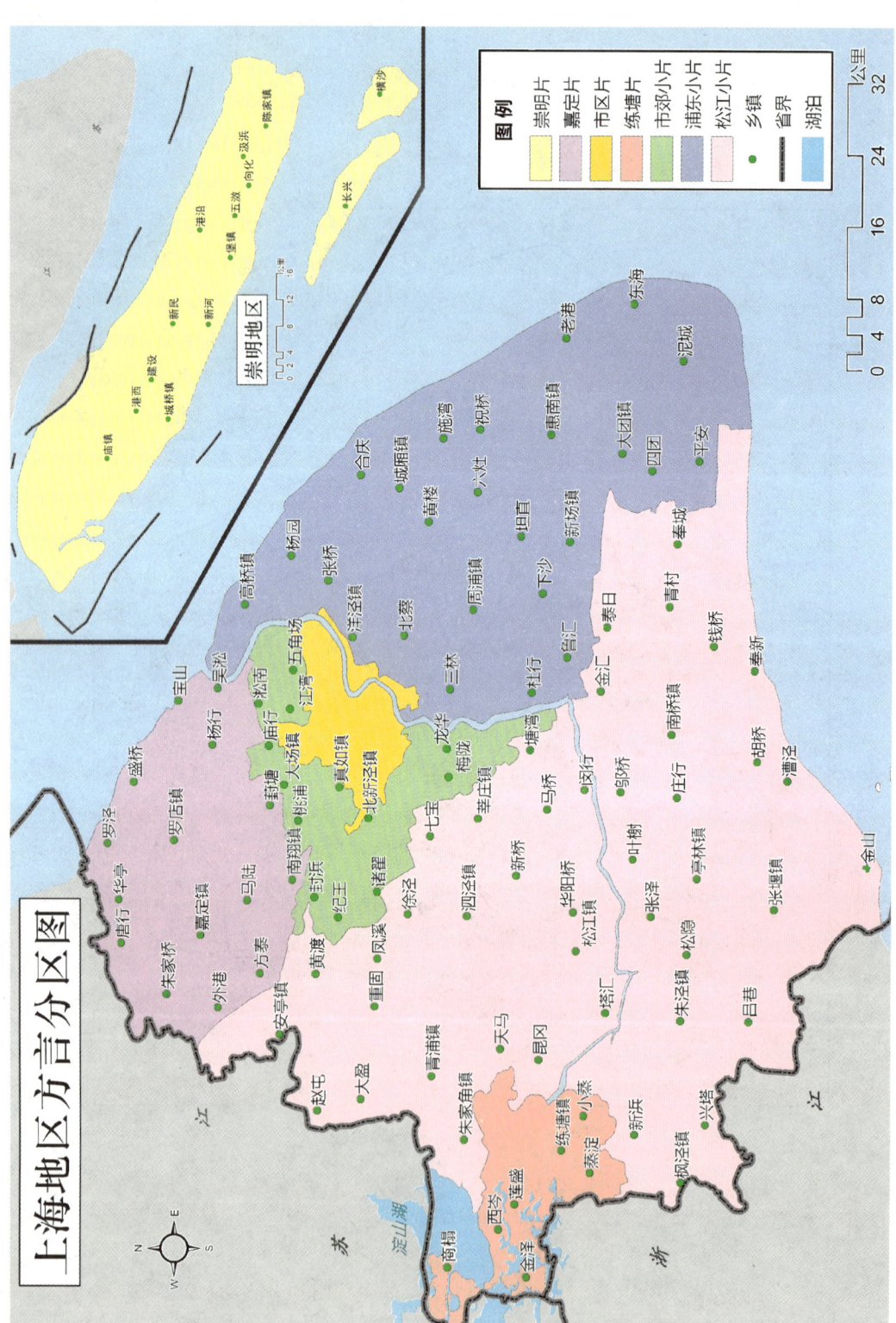

图3 上海地区方言分片图

整个上海地区方言内部可以分为五大片：市区片、嘉定片、松江片、崇明片、练塘片。其中松江片又可以分为三小片，即松江小片、浦东小片和市郊小片。见图3。嘉定片包括嘉定区、宝山区的大部分地区。松江片包括松江区、浦东新区一部（原川沙县地域）、浦东新区另一部（原南汇县地域）、奉贤区、金山区、青浦区。详见表1和表2。

市区片亦即"上海闲话"，通行范围与20世纪80年代的市区相当。对市区方言，《上海市区方言志》已有全面描写，故本书不再从详描写。

上海地区各区、县、镇、乡与方言分片的隶属关系见表1。

表1　方言分片和地名对照表

分片	地名	原隶属	分片	地名	原隶属	分片	地名	原隶属
市区片	上海	市区	崇明片	城桥镇	崇明县	松江小片	安亭镇	嘉定县
嘉定片	嘉定镇	嘉定县	崇明片	陈家镇		松江小片	黄渡	嘉定县
嘉定片	南翔镇		崇明片	堡镇		松江小片	青浦镇	青浦县
嘉定片	华亭		崇明片	庙镇		松江小片	朱家角镇	青浦县
嘉定片	唐行		崇明片	海桥		松江小片	赵屯	
嘉定片	朱家桥		崇明片	江口		松江小片	大盈	
嘉定片	外冈		崇明片	港西		松江小片	重固	
嘉定片	马陆		崇明片	建设		松江小片	凤溪	
嘉定片	方泰		崇明片	新民		松江小片	徐泾	
嘉定片	宝山	宝山县	崇明片	新河		松江小片	莘庄镇	上海县
嘉定片	罗店镇		崇明片	港沿		松江小片	七宝	
嘉定片	罗泾		崇明片	五滧		松江小片	马桥	
嘉定片	盛桥		崇明片	汲浜		松江小片	塘湾	
嘉定片	吴淞		崇明片	向化		松江小片	闵行	
嘉定片	杨行		崇明片	裕安		松江小片	松江镇	松江县
嘉定片	葑塘		崇明片	长兴		松江小片	泗泾镇	
			崇明片	横沙		松江小片	新桥	
						松江小片	天马	
						松江小片	昆冈	
						松江小片	华阳桥	
						松江小片	塔汇	
						松江小片	张泽	
						松江小片	叶榭	

（续表）

分　片	地　名	原隶属	分　片	地　名	原隶属	分　片	地　名	原隶属
						松江小片	新浜	
						松江小片	枫泾镇	金山县
						松江小片	朱泾镇	
						松江小片	兴塔	
						松江小片	天马	
						松江小片	松隐	
						松江小片	吕港	
						松江小片	叶榭	
						松江小片	亭林镇	
						松江小片	张堰镇	
						松江小片	金山	
						松江小片	漕泾	
						松江小片	南桥镇	奉贤县
						松江小片	邬桥	
						松江小片	胡桥	
						松江小片	庄行	
						松江小片	金汇	
						松江小片	泰日	
						松江小片	青村	
						松江小片	奉城	
						松江小片	钱桥	
						松江小片	奉新	
浦东小片	高桥镇	川沙县	市郊小片	大场镇	宝山县	练塘片	练塘镇	青浦县
浦东小片	洋泾镇		市郊小片	淞南		练塘片	金泽	
浦东小片	城厢镇		市郊小片	庙行		练塘片	商榻	
浦东小片	杨园		市郊小片	江湾		练塘片	西岑	
浦东小片	张桥		市郊小片	五角场		练塘片	莲盛	
浦东小片	合庆		市郊小片	真如镇	嘉定县	练塘片	小蒸	
浦东小片	黄港		市郊小片	桃浦		练塘片	蒸淀	
浦东小片	张泾		市郊小片	封浜				
浦东小片	北蔡		市郊小片	北新泾镇	上海县			
浦东小片	黄楼		市郊小片	龙华				

(续表)

分片	地名	原隶属	分片	地名	原隶属	分片	地名	原隶属
浦东小片	施湾		市郊小片	纪王				
浦东小片	三林	上海县	市郊小片	诸翟				
浦东小片	惠南镇		市郊小片	梅陇				
浦东小片	周浦镇							
浦东小片	新场镇							
浦东小片	大团镇							
浦东小片	六灶							
浦东小片	祝桥							
浦东小片	东海							
浦东小片	坦直							
浦东小片	下沙							
浦东小片	老港							
浦东小片	泥城							
浦东小片	新港							
浦东小片	杜行	上海县						
浦东小片	鲁汇	上海县						
浦东小片	四团	奉贤县						
浦东小片	平安	奉贤县						

本书以上海地区方言分片为纲目组织篇章结构。全书分六卷，卷目见各卷《目录》。其中第五卷为《音档》，内容分为"音档文字说明"和"音档光盘"两部分。第六卷为《方言地图》，共收六篇论文，皆为主编个人历年所撰。

新派发音合作人名单见表2。

表2　新派发音合作人名单

地点	姓名	出生年月	性别	职业	调查年月
市区	乐晨卿	1981.7	女	大学生	2006.6
松江	林静	1976	女	公司老板	2006.12
川沙	周昊佶	1985.6	女	大学生	2006.8
南汇	戚芳	1980	女	经理助理	2006.7

(续表)

地 点	姓 名	出生年月	性 别	职 业	调查年月
奉贤	唐晓燕	1984	女	大学生	2008.8
金山	奚凤新	1985	女	大学生	2007.6
青浦	陆漪	1982.4	女	待业	2006.8
莘庄	张廉	1976	男	销售员	2006.12
嘉定	陈夏青	1986.5	男	研究生	2008.9
宝山	濮晓菁	1980.8	女	公务员	2006.6
崇明	郁磊	1986	女	大学生	2006.7

本书是集体调查研究的成果,各人对各地方言的调查研究详略不等,全书除按统一的要求描写各地方言外,也载录其中一些地点较详细的资料,如三字组变调、内部地域差异等。

上海地区老派方言调查地点和调查人员如下:

市区:许宝华、汤珍珠、钱乃荣(语音);钱乃荣(词汇);游汝杰(语法)

上海县:张洪明、严修鸿(词汇)

松江:陶寰、许宝华、游汝杰

青浦:陈忠敏、游汝杰、陶寰、严修鸿(词汇)

宝山:阮恒辉、杨剑桥、严修鸿(词汇)

金山:游汝杰

南汇:陈忠敏、盛青(词汇)

崇明:张惠英

川沙:石汝杰

嘉定:汤志祥

奉贤:钱乃荣、严修鸿(词汇)

上海与江苏、浙江交界地区:游汝杰

调查时间:20世纪80年代

上海地区新派方言调查地点和调查人员如下:

市区:平悦玲、孙锐欣、游汝杰

莘庄:马德强

松江:钟雯晶

青浦:盛晓蕾

宝山：杨剑桥

金山：游汝杰

南汇：万曼璐、周丹

崇明：张晔

川沙：李含茹

嘉定：陈夏清、李含茹、郑伟

奉贤：游汝杰、陶寰

全书于2010年至2012年由游汝杰修订编辑定稿。

调查时间：2006—2008年

本书作者2006—2008年的调查工作得到上海市语言文字工作委员会的资助，本书的出版获得"国家社会科学基金后期资助项目"的资助（批准号为：10FYY011），特此鸣谢。

徐瑶、杨文波、袁丹同学参与后期文本校对和格式处理工作，十分感谢。

参考文献

《上海市地图集》编撰委员会《上海市地图集》，1984年。

许宝华、汤珍珠主编《上海市区方言志》，上海教育出版社，1988年初版，1997年修订版。

许宝华、汤珍珠、陈忠敏《上海地区方言的分片》，载《方言》1993年第1期。

第一卷　各地音系及比较

目　录

第一章　市区片音系 … 1
一、上海市区老派声韵调 … 1
二、上海市区中派声韵调 … 3
三、上海市区新派声韵调 … 6
四、上海市区中派同音字表 … 7

第二章　松江片音系 … 35
一、松江音系 … 35
二、川沙音系 … 72
三、南汇音系 … 111
四、奉贤音系 … 140
五、金山音系 … 179
六、青浦音系 … 236
七、莘庄(旧上海县)音系 … 280

第三章　嘉定片音系 … 331
一、嘉定音系 … 331
二、宝山音系 … 366

第四章　崇明音系 … 405
一、导言 … 405
二、老派崇明方言声韵调 … 406
二、新派崇明方言声韵调 … 408
四、崇明方言的内部差别 … 411
五、崇明城桥镇(中沙)新派同音字表 … 412

第五章　练塘音系 ········· 445
　一、青浦县练塘镇老派音系(发音人乙) ········· 445
　二、音韵结构 ········· 447

第六章　各地声母、韵母和声调的综合比较 ········· 450
　一、声母 ········· 450
　二、韵母 ········· 452
　三、声调 ········· 453

第七章　各地声韵调例字对照表 ········· 454
　一、各地老派声母例字对照表 ········· 454
　二、各地老派韵母例字对照表 ········· 461
　三、各地老派声调例字对照表 ········· 474
　四、各地老派两字组变调例字对照表 ········· 476
　五、各地新派声母例字对照表 ········· 507
　六、各地新派韵母例字对照表 ········· 510
　七、各地新派声调例字对照表 ········· 517

第一章　市区片音系

一、上海市区老派声韵调

(一) 声母 (27个)

ʔb 布帮北	pʰ 怕胖劈	b 步盆拔	m 美闷梅门	f 粉灰发	β 符胡服
ʔd 胆懂德	tʰ 透听铁	d 地动夺	n 乃囡内男		l 拉领赖
ts 祖精职	tsʰ 妻清出			s 诗心雪	z 全静蜀
tɕ 举经脚	tɕʰ 气轻吃	dʑ 旗琴极	ȵ 粘扭泥牛	ɕ 休勋血	
k 干公夹	kʰ 开垦扩	g 隑共轧	ŋ 外硬砑鹅	h 花轰瞎	ɦ 鞋移胡雨
ø 鸭衣迂乌					

(二) 韵母 (51个)

ɿ 资此私	i 基费微	u 波歌做	y 居羽需
ʮ 主处书			
ɑ 太鞋柴	iɑ 野写偖	uɑ 怪淮歪	
ɔ 保朝高	iɔ 条蕉绕		
o 花模蛇			
E 弹三铅	iE 念	uE 关会掼	
e 雷扇灰		ue 官灌桂	
ø 干看乱			yø 原园权
ɤ 斗丑狗	iɤ 流尤休		
	iɪ 天偏连		
	iu 靴		
ã 长硬	iã 良象阳	uã 横光~火	
ɑ̃ 党放昌	iɑ̃ 旺	uɑ̃ 广汪矿	
əŋ 奋登论	iəŋ 紧灵人	uəŋ 困滚温	

(续表)

oŋ 翁虫风			yoŋ 穷云荣
aʔ 袜麦石	iaʔ 甲脚削	uaʔ 刮括挖	
ɔʔ 作木壳			
oʔ 福足哭		uoʔ 镬获	yoʔ 肉育狱
œʔ 夺掇渴		uœʔ 说卒撮	yœʔ 缺月血
əʔ 没墨刻	iəʔ 吃逆极	uəʔ 骨阔棚	
	iiʔ 笔洁吸		
əl 尔而耳	m̩ 姆亩呒~没	n̩ □~奶(祖母)	ŋ̍ 五鱼

（三）声调（6个）

阴平	53	刚知专开商天东浆声
阴上	44	古展口好付手巧岛小
阴去	34	盖对唱帐信汉正太报
阳去	13	穷女近共害头流冷梅
阴入	ʔ55	急竹曲笔洁出黑哭作
阳入	ʔ12	额入麦局合六毒药石

（四）上海市区方言老派两字组连读变调表

	阴平 53	阳平 23	阴上 44	阳上 23	阴去 34	阳去 23	阴入 ʔ55	阳入 ʔ12
阴平 53	44 花生	53 天堂	开水	55 端午	21 青菜	豇豆	44 猪血	ʔ53 阴历
阳平 23	田鸡	羊毛	23 红枣	44 牛奶	芹菜	长命	22 潮湿	ʔ55 咸肉
阴上 44	34 火车	53 顶棚	A34 A水果 B小巧	53 B改道 B处理	44 钞票	44 孔庙	34 请帖	ʔ53 板栗
阳上 23	23 雨衣	53 肚皮	A23 A老茧 B老板	53 B道理 B旅社	22 冷气	44 马路	23 马夹	ʔ53 静脉
阴去 34	34 背心	53 绢头	A34 A信纸 B禁止	53 B细雨 B报社	A55 A唱片 B兴趣	21 A性命 B态度	34 货色	ʔ53 快活

(续表)

	阴平 53	阳平 23	阴上 44	阳上 23	阴去 34	阳去 23	阴入 ʔ55	阳入 ʔ12
阳去 23	23 上司	53 外婆	A23 A胃口 B县委	53	A22 A大米 B代理	44	22 外快	44 豆腐	23 料作	ʔ53 热闹
阴入 ʔ55	ʔ44 菊花	53 竹头	出口		ʔ44 瞎眼	44 客气	一定	ʔ33 发作	ʔ55 吃力
阳入 ʔ12	肉丝	白鱼	ʔ11 热水	23 杂技	蜡线	绿豆		ʔ22 腊八	ʔ55 学习

注：阳去行合并单元格数据呈现不完全对齐，按原表排列

二、上海市区中派声韵调

（一）声母（28个）

p 布帮北	pʰ 怕胖劈	b 步盆拔	m 美闷梅门	f 飞粉福	v 扶奉服
t 胆懂德	tʰ 透听铁	d 地动夺	n 拿囡内男		l 拉拎赖
ts 煮增质	tsʰ 处仓出			s 书松色	z 树从石
tɕ 举精脚	tɕʰ 丘轻切	dʑ 旗群剧	ȵ 粘扭泥牛	ɕ 修勋血	ʑ 徐秦绝
k 干公夹	kʰ 开垦扩	g 葵共轧	ŋ 砑我外鹅	h 花荒忽	ɦ 鞋移胡
ø 鸭衣乌迂					

（二）韵母（43个）

ɿ 知次住	i 基钱微	u 波歌做	y 居女羽
a 太柴鞋	ia 野写亚	ua 怪淮娃	
ɔ 宝朝高	iɔ 条蕉摇		
o 花模蛇			
E 雷来兰	iE 甘械也	uE 回贯弯	
ø 干最乱		uø 官欢缓	yø 软园权
ɤ 斗丑狗	iɤ 流尤休		
ã 冷长硬	iã 良象阳	uã 横光~火	
ɒ̃ 党放忙	iɒ̃ 旺	uɒ̃ 广况狂	
əŋ 奋登论	iŋ 紧灵人	uəŋ 困魂温	yŋ 均云训
oŋ 翁虫风			yoŋ 穷荣浓
aʔ 辣麦客	iaʔ 药脚略	uaʔ 挖划刮	

(续表)

oʔ 北郭目			yoʔ 肉浴玉
cʔ 舌色割		ueʔ 活扩骨	
	iɪʔ 笔亦吃		yɪʔ 血缺悦
ɿl 而尔耳	m̩ 姆亩呒~没	ŋ̍ □ ~奶(祖母)	ŋ̍ 五鱼午端~

（三）声调（5个）

阴平	53	刚天刀浆知司东帮
阴去	34	岛到奖酱水四好付巧
阳去	13	桃导道墙象匠近梅鹅
阴入	ʔ55	雀谷削说踢足笔雪挖
阳入	ʔ12	嚼石局读食合麦六毒

（四）上海市区方言中派连读变调

1. 两字组连读变调表

	阴平 53	阳平 23	阴上 34	阳上 23	阴去 34	阳去 23	阴入 ʔ55	阳入 ʔ12
阴平 53	飞机	花瓶	55 21 工厂 修养		青菜	鸡蛋	55 钢笔	ʔ21 科学
阳平 23	梅花	长城	22 44 红枣 朋友		同志	黄豆	22 毛笔	ʔ44 同学
阴上 34	火车	海员	33 44 厂长 改造		宝贝	草地	33 粉笔	ʔ44 体育
阳上 23	米缸	肚皮	22 44 老虎 道理		冷气	马路	22 道德	ʔ44 动物
阴去 34	A33 44 B55 21 A 战争 B 看相		33 44 太平 报纸 报社		A33 44 B55 21 A 世界 A 态度 B 草纸 B 笑话		33 顾客	ʔ44 教育
阳去 23	A22 44 B55 21 A 地方 B 老师		22 44 地球 队长 运动 浪费		A22 44 B55 21 A 外地 B 马上		22 外国	ʔ44 大学
阴入 ʔ55	北方	足球	ʔ33 44 铁板 发动 客气 革命				ʔ33 法国	ʔ44 复杂
阳入 ʔ12	肉丝	白糖	ʔ11 23 日本 落后 绿化 绿豆				ʔ11 及格	ʔ23 毒药

2. 三字组连读变调表

前字	中字	后字 1	5	6	7	8
1		55 33 21			55 33 ʔ21	
	1	乖心肝	开裆裤	珍珠米	中秋节	秋香绿
	5	天火烧	烟纸店	拎起包	天晓得	交响乐
	6	猪头三	花露水	香肥皂	金铃塔	阶沿石
		55 ʔ33 21			55 ʔ33 ʔ21	
	7	双职工	猪脚爪	三角眼	高血压	铅笔盒
	8	科学家	天落水	康乐球	工业园	空落落
5		33 55 21			33 55 ʔ21	
	1	半当中	想开点	吵相骂	总编辑	手工业
	5	水果摊	臭要死	晒晒伊	圣诞节	注意力
	6	救命车	挂号信	水潭潭	小排骨	酱油肉
		33 ʔ55 21			33 ʔ55 ʔ21	
	7	小瘪三	好福气	早发头	暗黜黜	肺结核
	8	补习班	意勿过	水蜜桃	手术室	汉白玉
6		22 55 21			22 55 ʔ21	
	1	面包车	面汤水	五香豆	年初一	红烧肉
	5	洋泾浜	老底子	饭碗头	饭泡粥	上半日
	6	豆腐干	老门槛	被横头	头皮屑	尼龙袜
		22 ʔ55 21			22 ʔ55 ʔ21	
	7	微积分	皮夹子	瀽出来	老伯伯	买得着
	8	大热天	大闸蟹	洋白眼	洋蜡烛	免疫力
7		ʔ33 55 21			ʔ33 55 ʔ21	
	1	雪花膏	跌跟头	出风头	八仙桌	杀伤力
	5	脚底心	七巧板	八宝饭	国庆节	出版物
	6	一夜天	发电厂	雪里蕻	接待室	塔里木
		ʔ33 ʔ55 21			ʔ33 ʔ55 ʔ21	
	7	作曲家	搭得够	隔壁头	贴隔壁	壁角落
	8	吃勿消	出入证	勿入调	百日咳	吃勿着

（续表）

前字 \ 中字 \ 后字		1	5	6	7	8
8		ʔ11 22 23			ʔ11 22 ʔ23	
	1	日中心	学生子	独家头	值班室	石英石
	5	月季花	白报纸	热水袋	薄信壳	绿宝石
	6	别人家	落场势	肉露露	肋棚骨	特效药
		ʔ11 ʔ22 23			ʔ11 ʔ22 ʔ23	
	7	白菊花	热煞快	额角头	轧一脚	白切肉
	8	六月天	叶绿素	白木耳	十六只	植物学

三、上海市区新派声韵调

（一）声母（28 个）

p 布帮北	pʰ 怕胖劈	b 步盆拔	m 美闷梅门	f 呼粉福	v 湖奉服
t 胆懂德	tʰ 透听铁	d 动地夺	n 拿囡内男		l 拉领赖
ts 煮正质	tsʰ 处仓出			s 书颂色	z 树从石
tɕ 举精脚	tɕʰ 丘轻切	dʑ 全群集	ȵ 粘扭泥牛	ɕ 修勋血	ʑ 贱寻席
k 干公夹	kʰ 开垦扩	g 葵共轧	ŋ 我外硬	h 花荒忽	ɦ 鞋移胡雨
ø 鸭衣乌迂					

（二）韵母（32 个）

ɿ 知次住	i 基钱费	u 波歌做	y 居羽软
a 太鞋柴	ia 野写亚	ua 怪淮娃	
ɔ 保朝高	iɔ 条蕉哨		
o 花模蛇			
E 雷来兰		uE 回贯弯	
ø 干官碗			
ɤ 斗丑狗	iɤ 流尤休		
ã 打党唱	iã 旺阳良	uã 光广汪	
əŋ 奋登论	iŋ 紧灵人	uəŋ 困魂温	yŋ 均云训
oŋ 翁虫风			yoŋ 穷荣浓

(续表)

aʔ石舌脱		uaʔ挖刮划	
oʔ北郭目			
	iiʔ笔药剧		yIʔ浴雪缺
əl而尔耳	m̩姆呒~没	ŋ̍五鱼嗯	

（三）声调（5个）

阴平	53	刀浆知刚天专东司声
阴去	34	岛到奖酱水四主太写
阳去	13	桃导道造阳梅流环太
阴入	ʔ55	雀削笔竹急黑踢足说
阳入	ʔ12	嚼石局六毒合食读药

四、上海市区中派同音字表

说明

（1）字汇按照中派上海方言音系排列，先按韵母分部，同韵的字按声母排列，声韵母相同的再按声调排列。

（2）韵母的排列次序是：

ɿ
i   u   y
a   ia   ua
o
ɔ   iɔ
ɤ   iɤ
e   ie   ue
ø   uø   yø
ã   iã   uã
ɐ̃   iɐ̃   uɐ̃
ɔŋ   iŋ   uɔŋ   yŋ
oŋ   ioŋ
aʔ   iaʔ   uaʔ
oʔ   ioʔ

əʔ　　　　　　uəʔ
iiʔ　　　　　　yɪʔ
əl　　m̩　　n̩　　ŋ̍

（3）声母的排列次序是：

p	pʰ	b	m	f	v
t	tʰ	d	n		l
ts	tsʰ			s	z
tɕ	tɕʰ	dʑ	ȵ	ɕ	ʑ
k	kʰ	g	ŋ	h	ɦ
∅

（4）声调的排列次序是：

阴平 53，阴去 35，阳去 13，阴入 55，阳入 12。

（5）字下加双线（ ＝ ）的，表示是文读音，字下加单线（ ＿ ）的，表示是白读音。如果文白读还分别有两读的，则在加线的同时再加标数码 1、2。有的字只有文读音。

（6）一字有两读或几读的，按出现频率分先后，在字的右下角用数码 1、2、3 标明。区别意义的异读只加注例词，不标数码。

（7）□表示没有适当的字可用。

（8）有些字在民间有通性的写法，还有些字有不合语音演变规律的俗读，这种俗字和俗读用下加的浪线（ ～ ）标明。

（9）字右下的小字是注。有的是这个字构成的例词或例句，有的是说明。注中的代替号（～）代表本字，如："光~火"就是"光光火"。

（10）为求意义的显豁，并为音韵比较提供方便，本表内的少数字仍采用繁体字或异体字，如："困≠睏"，"只≠隻"等。

（11）叹词、象声词不收。

ɿ

tsɿ⁵³　　髭龇~牙资姿咨兹滋孳孜淄辎知蜘支枝肢栀吱脂芝智₁猪诸诛蛛株朱硃珠侏茱~萸□~进去,插刀撆~髷黑~~

tsɿ³⁵　　紫姊子籽仔~细梓滓恣纸咫旨指止趾址芷制製智₂致緻至挚置志誌痣识标~帜之煮著渚拄主驻注註炷蛀铸痋嘴仔₁吃~饭,助词

tsʰɿ⁵³　　雌疵差参~此魑~魅眵鸱痴笞嗤吹粢~饭

tsʰɿ³⁵　　龇刺厕次侈耻齿翅褚~理,~所鼠

sɿ⁵³　　嘶斯撕厮私司丝思鸶鹭~蛳螺~施师狮尸诗世₁势₁梳书舒抒纾输

	枢筛₂<u>尿</u>
sɿ³⁵	死四泗驷肆赐豕矢屎史使驶始世₂势₂试暑黍庶恕戍₁<u>水</u>
zɿ²⁴	瓷糍慈磁词祠辞伺似祀巳寺嗣饲自字仔₂吃~饭,助词池驰弛匙迟持时莳鲥豉誓逝氏是示谥视嗜士柿仕事市恃侍滞稚痔峙治除躇~跨储锄₂橱厨雏殊署薯墅属竖树贮伫苎箸柱住<u>如</u>₁<u>茹</u>₁<u>儒</u>₁<u>濡</u>₁<u>蠕</u>₁<u>汝</u>₁<u>乳</u>₁<u>孺</u>₁

i

pi⁵³	屄蓖~麻筐梳鞭编鳊边蝙~蝠煸砭
pi³⁵	彼₁鄙匕比妣蔽闭算臂泌秘变遍贬扁匾
pʰi⁵³	批纰砒剃~肉披丕₁篇偏翩
pʰi³⁵	毗~蜉否臧痞媲譬屁庇骗片□~倒,偏斜
bi¹³	皮疲陂脾琵鲏~鳑敝币毙弊陛婢避痹被~头肥~皂啤~酒便~宜,方骈辨辩弁卞汴辫垩一~瓦片,量词薇薔~花
mi⁵³	咪眯瞇~一歇,略睡□~老酒,呷
mi³⁵	秘勉₂
mi¹³	迷谜糜弥麋米靡醚眉嵋₁媚魅~魑尾₂味绵棉眠免勉₁娩冕缅沔渑面麵未~勒,差得远,早着呢
fi⁵³	飞非啡咖~扉绯妃霏菲翡~翠痱~子沸
fi³⁵	匪榧香~子诽斐废肺吠费篚芦~
vi¹³	肥腓洇微维唯惟潍薇帷尾未味费姓
ti⁵³	低羝掂跕颠巅癫
ti³⁵	底诋抵邸砥帝蒂谛缔典点店惦玷癜白~风疹~水
tʰi⁵³	梯锑添天
tʰi³⁵	体嚏喷~替屉涕剃忝舔□舌头~出~进添~火,~笔
di¹³	堤题提啼蹄醍~醐弟娣第递棣地隶逮₂甜恬湉田填阗齼~床脚垫电奠殿淀甸佃钿铜~,钱靛滇
ni⁵³	你
li¹³	黎犁藜离篱漓鹂骊鲡~鳗蠡梨蜊蛤~厘狸喱咖~璃玻~礼澧醴李里理鲤俚娌例厉励砺丽俪戾泪罟利痢俐莉苈₂吏廉镰帘奁连涟鲢裢联怜莲敛脸殓练链炼楝恋濂~干谦~,语乱
tɕi⁵³	鸡稽嵇羁饥肌几茶~,~乎基箕姬机叽矶叽乩即₁嗟尖奸₁兼搛~菜兼艰间奸₁姦营煎监₁笺肩坚菁周年
tɕi³⁵	挤麂己几~个虮壁~祭际穄济霁剂计继系~鞋带寄冀骥纪记既₂暨季

	悸姐缄检睑简柬拣剪蹇謇茧鉴₁剑间~断谏涧锏箭溅建毽~子荐荐见左~手□~地方,占
$tɕʰi^{53}$	妻凄萋栖欺岂溪蛆₁签佥谦迁韆骞千阡仟芊扦钎牵歼₂笺栔~皮,削犀₁牛~仔头,箪而不从睽眼睛一~一~,目动
$tɕʰi^{35}$	启企起杞砌契~约器弃气汔跂且去浅遣缱~绻谴堑欠苶歉倩茜縓犀₂觑眯~眼,近视
$dʑi^{13}$	期奇骑琦锜畸岐歧芪祇神~崎祁耆鳍其棋旗其蜞淇祺琪麒祈颀技妓伎忌犄古~园钳黔乾~坤虔掮俭件键健腱揵~起手,举
$ȵi^{53}$	拈粘捻碾蹑妍研₁抳~嘴,擦
$ȵi^{13}$	泥倪霓尼呢妮伲我~,我们拟腻宜仪疑蚁尾₁艺呓诣₂毅谊义议儿耳二贰年念₁阎₁严研₂~墨俨验酽砚染□~头,瘾
$ɕi^{53}$	西犀栖兮奚₁羲曦牺嘻嬉熹熙希稀髓₁骨畦₁絮胥₁暹纤~维仙籼鲜掀₁先轩宣₁揎喧萱圾垃~些轩~拨人家看,炫耀□称得~,秤足
$ɕi^{35}$	洗玺徙喜蟢~子禧细系₁戏死婿₁险藓跣铣笕显蚬苋线宪献选癣□~开,闪开,略张开□颜色,鲜艳鹐~鸡,阉
zi^{13}	齐脐蛴荠鲚刀~,鱼徐潜钱前渐践贱馋羡痊泉全旋漩璇
$ɦi^{35}$	奚₂系₂伊他移簃夷姨痍彝饴怡贻胰颐沂遗矣勋条发~脱,磨损裔诣羿异懿肆畦₂炎盐櫩阎₂颜延筵蜒言沿衍艳焰彦谚唁闲₁娴₁嫌涎贤弦舷陷馅现玄眩₁携冶又₁
i^{53}	漪狺伊医依衣铱瞖淹焉蔫嫣烟胭阉腌咽~喉匽火~下去,隐厣一层~,疮痂
i^{35}	倚椅已以诣₃苡易容~意屹₁忆亿臆薏癔掩魇演厌雁晏堰燕~子咽~下去宴餍尺寸,量,比划

u

pu^{53}	波菠播玻跛簸
pu^{35}	补谱₁布怖
$pʰu^{53}$	坡颇铺~路潽水~出来,溢
$pʰu^{35}$	叵破谱₂圃普浦溥铺店~剖₂
bu^{13}	婆鄱薄~荷蒲菩脯胸~葡匍哺捕部簿埠步伏₁(孵)~豆芽,~太阳蒲竹网□~下来,蹲□~面,洗(脸)
mu^{53}	母₁拇₂
mu^{13}	模₁牡₁暮₁慕₁墓₁募₁魔₁磨₁蘑₁摩₁摹₁幕₁
fu^{53}	夫敷麸俘孚

fu³⁵	肤府腑俯斧甫脯杏~釜辅₁付赋咐吩~傅姓赴讣富副匐匍~
vu¹³	符苻扶芙~蓉浮₁蜉₁桴腐₂辅抚₁拊父附驸妇₂负₁阜伏₂(孵)
tu⁵³	多都嘟
tu³⁵	朵躲剁堵赌肚猪~睹妒蠹
tʰu⁵³	拖
tʰu³⁵	妥椭唾吐~痰,呕~土兔块毻~毛脱₂
du¹³	陀驼沱跎驮坨佗鸵砣舵堕惰徒屠途涂图荼杜肚~皮度渡镀大
nu¹³	糯奴孥驽努弩怒
lu⁵³	噜~哝擼~拢来撸~袖子管,~~手,~齐
lu¹³	罗锣箩萝逻㑩骡螺胪㩻猪~裸卢炉颅泸芦鲈轳庐鲁虏掳橹卤路₁露潞璐鹭~鸶驴如₂茹₂儒濡蠕汝乳₂孺₂卵
tsu⁵³	租
tsu³⁵	左佐做祖组阻姐诅
tsʰu⁵³	搓蹉~脚,蹑,擦蹉错₂差~粗初
tsʰu³⁵	挫锉错~脱一笔帐,弄错措醋楚础
su⁵³	蓑梭嗦噜~苏酥稣疏蔬
su³⁵	锁琐唢~呐所素嗉诉塑₁数漱 口戍₂
zu¹³	坐座锄₁助蹲~被头窠,脚踩蹼
ku⁵³	歌哥戈锅姑沽蛄辜鸪菇箍孤
ku³⁵	个~人果裹过蜗估古牯股鼓臌瞽贾商~蛊诂故固锢雇顾口~勒一肚皮气,鼓气
kʰu⁵³	柯轲髁脚~骨苛科棵窠稞蝌枯骷~髅库
kʰu³⁵	颗可坷坎~课苦裤
gu¹³	口~下来,蹲口嘴里,勿完,唠叨
ŋu⁵³	我
ŋu¹³	蛾鹅俄峨娥讹饿我卧吾梧误悟寤晤互₁
hu⁵³	呼乎₁口面孔~,板起口~汤,喝;~香烟,吸
hu³⁵	荷薄~火伙夥货虎浒琥唬
ɦu¹³	何河荷禾和贺祸胡湖葫鬍弧狐壶乎₂蝴醐醒~瑚户沪扈护瓠互₂巫吴蜈~蚣无妩毋芜伍~队午₁武舞侮鹉~鹉务雾鹜骛戊傅~师抚₂腐₁妇₁
u⁵³	阿~胶窝倭萎~苣笋乌鸣邬钨污诬五伍捂焐坞喔~吵,小儿啼闹
u³⁵	污大便午₂浣鞋子~辣泥里,陷

y

ly^{13}	驴₂间榈吕侣铝旅膂缕屡履虑滤
tɕy^{53}	居车~马炮裾琚拘驹疽龟
tɕy^{35}	举榉矩据锯倨踞句苣萵~笋鬼贵
tɕʰy^{53}	蛆₂祛趋区躯驱岖亏吃~
tɕʰy^{35}	取娶觑去趣龋
dʑy^{13}	渠蕖瞿衢巨拒炬距遽具俱惧飓遽跪柜
ȵy^{13}	女隅虞₂娱₂语圄御驭寓₂
ɕy^{53}	胥₂墟虚嘘须鬚需絮₂吁气喘~~
ɕy^{35}	许诩栩酗煦婿₂
zy^{13}	序叙绪聚
ɦy^{13}	鱼渔於余馀愚舆虞₁娱₁于盂竽俞榆逾愉瑜渝臾谀腴萸枽~屿与予雨宇禹羽庾誉豫预遇寓₁芋愈裕喻谕籲围~巾纬~纱
y^{53}	淤迂於姓瘀
y^{35}	妪饫

a

pa^{53}	巴笆芭疤爸叭喇~
pa^{35}	把欛刀~霸坝靶摆拜湃
pʰa^{53}	□~司,~球,传递
pʰa^{35}	怕派
ba^{13}	爬琶罢排徘牌稗败
ma^{53}	妈□~发~发,蹒跚□~下去,把身体缩短
ma^{13}	马玛骂埋买卖
va^{13}	哦哦去~,吗
ta^{53}	□~年,好几
ta^{35}	戴带
tʰa^{53}	他她它拖~鼻涕
tʰa^{35}	太汰泰
da^{13}	大埭一~字,行,次,量词汏洗筜一种平底有眼的竹器(籯)□事体~到明早做,拖延,顺延
na^{53}	拿₁那
na^{13}	挪哪拿₂奶艿徐你们
la^{53}	拉

la¹³	喇~叭垃~圾赖癞籁濑獭~破手□~地坐,赖
tsa⁵³	抓₁渣斋
tsa³⁵	诈榨炸爪₁笊₁篱债咱
tsʰa⁵³	差~错,出~杈叉钗诧□~旗,扯
tsʰa³⁵	岔汊蔡绰₂号扯茬□~开,平摊,相抵
sa⁵³	娑沙砂纱鲨裟莎筛₁~酒□~木头,锯开
sa³⁵	撒洒啥耍傻晒閦~开,散~
za¹³	豺柴惹□~污,拉屎
ka⁵³	家傢加嘉枷₂笳袈街阶~沿石,石阶疷伽₁芥~菜咖~喱
ka³⁵	假嫁架驾价解₁介界疥屆戒₁尬~尷庎~櫥枷₁
kʰa⁵³	揩
kʰa³⁵	卡楷
ga¹³	茄伽₂骱关节澥羹~脱,由稠变稀,失去粘性懈做事体~,懈怠解₂~鞋带,解;~板,锯□~进去看,挤入;~牙齿,嵌
ŋa⁵³	捱₁砑₁趄₂
ŋa¹³	牙芽蚜衙砑₂捱₂外□~骨头,哨趄₁~辣海勿走,留着不走
ha⁵³	哈~气,~~笑
ha³⁵	蟹
ɦa¹³	啊₂鞋也
a⁵³	啊₁阿₂姨挨
a³⁵	矮

ia

tia⁵³	爹
tia³⁵	嗲
tɕia⁵³	家傢加嘉笳袈枷₂伽佳₁皆阶喈□小火~一歇,为保持湿度继续加热
tɕia³⁵	佳₁贾姓假稼嫁架驾价姐解借介界屆戒诫枷₁
tɕʰia³⁵	笡~头,歪斜
dʑia¹³	茄□~人,能干;身体~,健康
ɕia⁵³	□~开,略开,略有距离
ɕia³⁵	瑕遐暇下夏厦写泻卸屐~胡梯,滑梯
zia¹³	邪斜谢榭
ɦia¹³	牙芽蚜衙涯崖耶爷野夜
ia⁵³	鸦丫亚椰霞□轻轻叫~进去,隐人,躲藏

ia³⁵ 雅哑讶迓

ua

kua⁵³ 瓜乖
kua³⁵ 寡剐挂卦拐怪
kʰua⁵³ 夸
kʰua³⁵ 垮跨蒯快筷₂
hua⁵³ 花歪₂哗₁
hua¹³ 化
ɦua¹³ 华铧骅桦画话淮怀槐杯
ua⁵³ 娲洼娃蛙歪₁

o

po⁵³ 巴笆芭疤
po³⁵ 把刀~欛靶霸坝
pʰo³⁵ 怕
bo¹³ 扒爬杷枇~琶甙~耙鲃起~牙口~死~活,张罗,苦干
mo⁵³ 嬷
mo¹³ 麻马码玛蚂骂魔₂磨₂蘑₂摩₂摹₂模₂暮₂慕₂墓₂募₂幕₂□泡沫
no⁵³ 拿₁
no¹³ 拿挪哪~吒
tso⁵³ 查姓楂渣抓₂遮揸~田螺,五指抓物
tso³⁵ 诈榨炸赭鹧~鸪蔗吒哪~柘
tsʰo⁵³ 杈叉差钗诧车搓~麻将错₁差~
tsʰo³⁵ 岔汊
so⁵³ 沙砂纱鲨裟莎赊娑痧
so³⁵ 舍₁宿~拾赦晒
zo¹³ 茶搽查调~乍蛇佘社射₁麝咋₂
ko⁵³ 瓜□一~西瓜,量词
ko³⁵ 寡剐挂卦
kʰo⁵³ 夸
kʰo³⁵ 垮跨
ŋo¹³ 瓦
ɦo⁵³ 花虾₂呵~欠华龙~,地名□~痒,胳肢

ho³⁵	<u>化</u>
ɦo¹²	<u>华 铧 骅 桦</u> 哗₂ 划₂~船 <u>下 夏 厦 画 话</u>
o⁵³	<u>鸦</u> 丫 桠 划₁~船 蛙 搲~米,~空,抓 挜~拨依,强予 阿~弥陀佛
o³⁵	<u>哑</u>

ɔ

pɔ⁵³	褒₁ 包 胞 苞
pɔ³⁵	褒₂ 宝 保 堡 葆 褓 鸨 饱 报 豹 爆~炒菜 趵 旺火烧柴~,跃
pʰɔ⁵³	抛 脬
pʰɔ³⁵	炮 疱 泡
bɔ¹³	袍 刨 跑 咆 抱 暴 曝₂ 瀑₂ 爆 菢~炸 鲍 雹 颮~树皮,用指甲刮
mɔ⁵³	猫₂
mɔ¹³	猫₁ 毛 髦 牦 茅 蝥 锚 矛₂ 卯 铆 冒 帽 瑁 耄 貌 茂₂ 贸₂ 懋 泖 地名
tɔ⁵³	刀 叨 唠~
tɔ³⁵	捣 祷 岛 倒~下来,~挂到
tʰɔ⁵³	叨~光 滔 韬 绦 饕 涛₂
tʰɔ³⁵	讨 套
dɔ¹³	涛₁ 焘 掏 桃 逃 咷 陶 淘 萄 导 蹈 道 稻 盗 悼
nɔ⁵³	□~,物事拨依。语气词
nɔ¹³	脑 恼 瑙 闹 淖
lɔ⁵³	捞 唠~叨
lɔ¹³	劳 痨 牢 醪 老 栳 栲 佬 涝 憦 懊~
tsɔ⁵³	遭 糟 朝~夕 昭 招 钊 沼 搔 抓₃
tsɔ³⁵	早 蚤 枣 澡 藻 躁₂ 灶 爪₂ 找 罩 笊₂~篱 照 诏
tsʰɔ⁵³	操 抄 钞~写 超 □₂~尿布,包尿布
tsʰɔ³⁵	草 糙 钞~票 炒 吵 秒~地 躁₁ □~手,洗擦
sɔ⁵³	骚 臊 梢 捎 艄 筲 稍 烧 哨 艘₁
sɔ³⁵	扫~地,~帚 嫂 燥 少~多,~年 潲 愬 豪~,快
zɔ¹³	曹 槽 漕 嘈 皂 造 嘲 巢₁ 朝~代 潮 晁 赵 兆 肇 召 韶 绍 邵 饶 扰 □~一把,扶 □~篮头,挽
kɔ⁵³	膏 高 篙 皋 羔 糕 告 <u>交 茭</u>~白 <u>鲛</u>~马 鱼<u>胶</u>
kɔ³⁵	稿 缟 槁 果₂ 诰 教~书 <u>绞 铰 搅 校 跤 觉</u> 睏~觉 酵 窖 □小囡辣辣地浪~,戏耍
kʰɔ⁵³	敲
kʰɔ³⁵	考 烤 拷 靠 犒 铐

gɔ¹³	搞搅₂骹	蟹~,鳌
ŋɔ¹³	敖遨熬嗷鳌鏊鏖翱傲咬	
hɔ⁵³	蒿薅□	火腿~,脱,哈喇
hɔ³⁵	好耗孝	戴~
ɦɔ¹³	豪毫壕濠嚎浩皓颢昊号撔	~准足,估量
ɔ⁵³	凹懊坳䫌	面孔
ɔ³⁵	袄媪拗奥墺澳	

iɔ

piɔ⁵³	膘镳标飙镖彪錶₁	□水~出来,急喷
piɔ³⁵	表錶₂裱婊	
pʰiɔ⁵³	飘漂	~浮瞟
pʰiɔ³⁵	漂	~白,亮票
biɔ¹³	瓢嫖鳔剽	
miɔ⁵³	瞄	~一眼,瞟
miɔ¹³	苗描瞄	~准䫉渺秒眇庙妙缪 姓~谬₁
viɔ¹³	勥	我~看,不要;~吵,别
tiɔ⁵³	刁貂雕凋	
tiɔ³⁵	鸟屌钓吊	
tʰiɔ⁵³	佻挑祧眺	
tʰiɔ³⁵	跳粜	
diɔ¹³	条调迢苕筶	帚掉
liɔ⁵³	撩₁尥	一脚,倒人操~伊一记,打
liɔ¹³	燎聊僚獠辽撩₂寥缭疗了	~解,~结瞭潦~草蓼料镣廖敹 长~条醪白~~
tɕiɔ⁵³	交郊蛟胶焦蕉礁椒骄娇浇缴	~纠₁
tɕiɔ³⁵	姣绞狡铰佼搅矫皎缴₂侥饺教校	~对较跤觉 睡~窖醮叫
tɕʰiɔ⁵³	敲锹缲	~边跷悄橇撬₁尿布,包尿布
tɕʰiɔ³⁵	巧俏峭翘窍	
dʑiɔ¹³	瞧乔桥侨荞轿翘	木头~脱,木板受潮后弯曲不平撬~石头,顶起
ȵiɔ³⁵	鸟尿	
ȵiɔ¹³	饶桡蛲挠绕铙扰嬲尧₂	
ɕiɔ⁵³	消霄宵硝销逍枵枭嚣萧箫啸肖鞘□	~开被头,揭□~耳朵,搅捣(洞穴)□~地光,乱翻滚磨擦□~篮球,投篮
ɕiɔ³⁵	淆₁小筱晓孝笑酵哮	

zio¹³	樵谯憔~悴剿巢₂缲□水~混,搅拌睛~,捣乱
ɦio¹³	淆₂効肴爻校学~摇谣窑遥瑶徭姚尧₁咬舀杏鹞耀曜
io⁵³	妖夭邀腰要~求幺吆
io³⁵	要阄纸头一~两,折叠

ɤ

pʰɤ³⁵	剖₁
mɤ¹³	谋眸牟侔某亩牡₂矛₁茂₁贸₁
fɤ³⁵	否缶
vʰɤ¹³	浮₂蜉₂桴₂负₂阜
tɤ⁵³	兜篼
tɤ³⁵	斗抖鬥陡蚪蝌~
tʰɤ⁵³	偷
tʰɤ³⁵	敨透□走路~,发~发,步子不稳重
dɤ¹³	头投骰窦豆逗痘读句~
lɤ⁵³	剾一个洞,抠,挖
lɤ¹³	搂楼耧偻娄蝼蛄髅骷篓漏陋镂瘘揉₂蹂~踊~;语乱
tsɤ⁵³	邹诌周週州洲昼舟
tsɤ³⁵	走奏肘帚皱绉咒
tsʰɤ⁵³	抽
tsʰɤ³⁵	凑腠丑醜臭
sɤ⁵³	艘₂搜飕馊溲收
sɤ³⁵	叟擞抖~嗽咳~手首守瘦兽狩
zɤ¹³	绸稠筹俦畴踌~躇愁仇酬宙胄骤纣受绶寿授售柔揉₁蹂₁~躏□~钞票,积聚寿~头,傻
kɤ⁵³	勾钩沟佝~偻篝
kɤ³⁵	狗苟枸垢够构购媾
kʰɤ⁵³	抠眍眼睛~下去
kʰɤ³⁵	口叩扣釦寇蔻嵝船~,辣泥里~,搁浅
gɤ¹³	纨带子~起,收缩趄脚~起仔,屈而不伸跑~头颈,缩颈
ŋɤ¹³	藕偶耦
hɤ⁵³	齁吼~势煞,怀怒欲发吼~病,哮喘
hɤ³⁵	吼鲎虹
ɦɤ¹³	侯喉猴瘊篌箜~厚后後候□~上去,硬攀硬凑

ɤ⁵³　　欧区 姓讴鸥瓯殴伛₁ ~腰曲背
ɤ³⁵　　呕沤怄伛₂

iɤ

miɤ¹³　　谬₂
tiɤ⁵³　　丢
liɤ⁵³　　溜
liɤ¹³　　流琉刘浏留榴瘤硫柳绺馏
tɕiɤ⁵³　　揪₂啾鸠阄纠₂究赳
tɕiɤ³⁵　　酒九久玖韭灸疚 人老要~,蜷缩 救厩疚
tɕʰiɤ⁵³　　秋鳅鞦丘邱蚯揪₁ 怵 好~,坏
dʑiɤ¹³　　囚泅求球裘仇 姓 虬臼舅柏咎旧枢毬 一~花,量词
ȵiɤ⁵³　　妞扭
ȵiɤ¹³　　牛纽钮
ɕiɤ⁵³　　休修羞
ɕiɤ³⁵　　朽秀琇绣宿 星~ 锈嗅溴
ziɤ¹³　　酋遒就鹫袖岫
ɦiɤ¹³　　尤邮疣由油铀游犹鱿 ~鱼 猷蚰 蜒 有友酉莠又₁ 右佑祐宥囿侑诱柚鼬釉
iɤ⁵³　　忧优悠攸幽又₃
iɤ³⁵　　幼

e

pe⁵³　　杯碑卑悲辈彼₂ 裨掰 ~断 班斑颁扳蝥 蝥 般瘢
pe³⁵　　贝狈背 ~心 钡板版坂扮瓣₁ 掰 跋,绊
pʰe⁵³　　胚沛坏丕₂攀
pʰe³⁵　　配盼襻錾 茶壶~
be¹³　　培陪赔裴佩倍蓓被 ~动 背 ~书 焙备徘 ~徊 瘭 ~子 爿瓣₂办掊 ~灰,拨(土) 耆 ~山,爬
me⁵³　　每₁蛮 ~好,很
me³⁵　　每₂美镁
me¹³　　梅枚媒煤莓玫 ~瑰 嵋₂楣霉酶每₃袂谜 ~,~子 妹昧媚₂寐魅 魉~ 霾迈蛮 蔓慢谩漫万₂玩顽 ~皮 晚 ~娘,后娘
fe⁵³　　翻番幡

fe³⁵	反返泛贩疲 心里~
ve¹³	帆藩凡烦繁蕃 ~衍 樊矾范犯梵饭万₁匎 ~唱,不会
te⁵³	堆呆₂歹耽眈担 ~任 丹单殚箪郸 哪~ □~到水里,略侵
te³⁵	对戴带胆疸担 ~子 旦诞掸₂
tʰe⁵³	推胎苔 舌~ 坍滩摊瘫毯₁ □~辣嘴里,塞进
tʰe³⁵	颓₁退腿褪 ~颜色 态太汰毯₂坦袒炭碳叹壐 [蕟~勿动]
de¹³	颓₂队兑苔台抬贷待怠殆给 ~棕绷~脱,松,失去弹性 代袋岱黛逮₁玳覃潭谭罎壇昙谈痰檀弹淡唉氮但惮蛋
ne⁵³	乃₁拿₃
ne¹³	馁内乃₂奶氖耐鼐奈难
le¹³	雷蕾镭磊儡累垒耒诔擂类来莱睐赉赖籁濑 水~辣地浪,弄湿,弄脏 婪岚蓝篮槛兰阑斓拦栏澜谰览揽榄缆懒滥烂
tse⁵³	灾栽哉₁再斋寨₂盏仔 牛~裤崽劗 ~肉,剁
tse³⁵	赘₁宰载赞斩湛 蘸者劗 美好
tsʰe⁵³	拽潺□ ~我一跤,洒水,翻,推翻
tsʰe³⁵	啐 ~一~,受惊后的安慰词 采彩睬菜粲灿璨铲产忏□ ~东~,出掌 □~两声,呵斥
se⁵³	腮鳃衰三叁杉衫芟姗珊删除山讪汕疝舢 板~率₁~领
se³⁵	碎塞 边~ 赛帅散徼 ~子 伞舍² 宿~
ze¹³	罪₂才财材裁纔在哉₂豺侪寨₁惭残暂馋谗嶃湛₂站绽栈髯赚涎 ~唾,唾沫 潸~水,溅 跱~蚝,蟋蟀
ke⁵³	该赅 ~家当,拥有;~得来,吝啬;言简意~ 尴~尬 监间奸姦
ke³⁵	改概溉盖丐钙橄 ~榄 减碱裥拣鉴涧 □~眼饭拨伊,从碗里分出
kʰe⁵³	开堪戡龛舰铅
kʰe³⁵	凯恺铠慨锴忾刊堪勘坎砍槛 门~ 侃嵌 □~坏脱,撞
ge¹³	隑 ~墙头,斜靠 □打~,饱嗝
ŋe¹³	呆₁皑癌碍艾岩颜眼衔 头~
ɦe⁵³	顲 五~六肿,面虚肿 □~两抄盐,舀
ɦe³⁵	海喊
ɦie¹³	孩骸还₁亥害骇咸衔 ~辣嘴里 闲娴陷馅限
e⁵³	哀埃挨
e³⁵	薆霭爱暖瑷隘晏

ie

tɕie⁵³	监₂奸₂姦₂舰械₂

tɕie³⁵ 鉴₂

n̻ie¹³ 念₂廿孽~泥

ɦie¹³ 闲₂娴₂限械₁懈也

ue

kue⁵³ 圭瑰玫~规龟归硅关

kue³⁵ 会₁~计闺诡轨鬼刽₁桧鳜桂贵鳏贯惯烩油燴~□~着一眼,偶见

kʰue⁵³ 筷₁盔亏窥魁奎

kʰue³⁵ 会₂~计块哙傀刽₂款₂窾₂

gu¹³ 睽葵逵夔馗揆溃愧癸跬柜掼环寰鬓

hue⁵³ 灰恢诙麾挥₁辉晖徽

hue³⁵ 挥₂悔毁贿晦海喙秽讳₁卉烩□~脱,摔,甩

ɦue¹³ 怀徊俳~回迴茴蛔汇会~议,~做绘惠蕙慧彗讳₂危桅为巍韦违围帏闱伪伟韪炜玮苇纬卫位魏蔚胃渭谓猬还患₁宦豢

ue⁵³ 喂煨偎威萎弯湾

ue³⁵ 会~做痿委诿饾畏慰尉患₂幻晚挽绾

ø

pø⁵³ 搬

pø³⁵ 半

pʰø⁵³ 潘

pʰø³⁵ 判

bø¹³ 盘槃磐蟠叛绊伴拌瀿~水,溢,满蟠~起来,躲藏

mø¹³ 瞒鳗馒~头满

tø⁵³ 端

tø³⁵ 掸₁短断决~锻

tʰø⁵³ 贪湍

tʰø³⁵ 蜕探煺~毛

dø¹³ 荙薱~团抟~纸头粔断段缎笚园型竹器

nø⁵³ 囡₁

nø³⁵ 囡₂男南楠喃暖

lø¹³ 鸾鸾恋栾滦卵乱

tsø⁵³ 追锥簪沾詹瞻占~卜毡专砖钻

tsø³⁵ 嘴最醉缀赘₂佔展辗战转啭

tsʰø⁵³	猜揣催崔摧吹炊参餐氽~汤蹿撺篅川穿串₁
tsʰø³⁵	淬焠脆翠萃瘁粹惨闯篹纂喘串₂钏颤
sø⁵³	虽奢酸痠栓拴闩
sø³⁵	率₁~领绥岁祟邃水税说~游锐₁扇搧~风煽陕闪算蒜糁饭米~,米粒
zø¹³	罪₁随隋髓₂遂隧穗悴憔~垂陲椎槌锤坠睡蕊锐₂芮谁瑞蚕蟾缠蝉禅单姓婵善鳝缮膳嬗擅赡然燃染~冉传椽船篅~条撰馔篆擩手~转,扭弯
kø⁵³	甘柑泔坩干~净肝竿
kø³⁵	感敢杆秆擀赶赣绀淦干~劲
kʰø⁵³	看~守
kʰø³⁵	看
ŋø¹³	岸
hø⁵³	虾₁蚶~子酣鼾
hø³⁵	罕憨₁汉熯~饼,烘响~两声,怒责
ɦø¹³	含函涵邯~郸寒韩撼颔菡~萏憾₂旱汗捍悍銲翰瀚
ø⁵³	庵鹌~鹑安鞍按案氨铵
ø³⁵	谙暗黯

uø

kuø⁵³	官倌棺观~察冠衣~
kuø³⁵	管馆灌罐观楼~鹳冠~军盥
kʰuø⁵³	宽髋
kʰuø³⁵	款₁窾₁
huø⁵³	欢
huø³⁵	唤焕涣痪
ɦuø³⁵	桓换完纨丸玩顽
uø³⁵	缓浣剜碗皖宛婉莞蜿惋腕踠

yø

tɕyø⁵³	娟捐涓鹃
tɕyø³⁵	卷捲眷绢
tɕʰyø⁵³	圈
tɕʰyø³⁵	犬劝券
dʑyø¹³	权拳鬈蜷跤颧绻缱~倦圈猪~踡走路~发~发,走路身曲躝身体~牢
ȵyø¹³	原源元鼋愿软阮

ɕyø⁵³	靴宣₂揎₂喧₂萱₂楦拘~耳光,打,踢趯~一脚,到上海,疾走 艦挥拳~人
ɦyø¹³	鸢员圆缘橡袁园辕爰援垣远院玄₂泫眩₂元县悬
yø⁵³	冤鸳渊
yø³⁵	苑怨

ã

pã⁵³	绷~架 绷崩浜
pã³⁵	迸~威[斥+皮] 泵
pʰã⁵³	乓 □~雨~进来,潲雨 □~绒线,撑开
pʰã³⁵	□~台子,拍打 □拿门~上,碰,关
bã¹³	朋鹏彭澎蟛~蜞膨棚硼碰蚌髼髣聋~,耳聋
mã¹³	猛孟蜢锰䅟密密~~,密
tã³⁵	打
tʰã⁵³	□~渧,湿漉漉
tʰã³⁵	踢~脱一跤,滑跌
lã¹³	冷
tsã⁵³	争睁张眙~望,看望
tsã³⁵	长生~涨帐胀仗
tsʰã⁵³	撑₁昶
tsʰã³⁵	撑₂掌~棒,支柱 敞厂氅畅怅伥
sã⁵³	生牲甥声
sã³⁵	省
zã¹³	铖亮盛姓剩藏₁厂肠场常嫦丈杖仗~势碾~袋袋,塞
kã⁵³	更庚羹梗~脾气,~犟
kã³⁵	哽埂梗鲠亘~灰,生石灰
kʰã⁵³	坑₁ □~痒,磨擦
gã¹³	□~过去,碰到,擦着,推撞
ŋã¹³	硬
hã⁵³	亨哼夯
ɦã¹³	行~开来,流~杏桁
ã⁵³	樱鹦

iã

liã¹³	良凉量粮梁樑两魉魎俩亮谅晾踉~跄辆二一~三

tɕiã⁵³	将~来 浆疆僵姜薑缰礓江
tɕiã³⁵	奖蒋桨讲酱将~帅 降~落绛
tɕʰiã⁵³	枪锵羌腔□~冷水,掺
tɕʰiã³⁵	呛抢襁强~勉□~蟹,腌 锖硝~水 跄跟 戗讲~脱,偏差,冲突
dʑiã¹³	强嗖便宜
ȵiã⁵³	孃~~,姑姑
ȵiã³⁵	仰₁
ȵiã¹³	娘酿仰₂壤嚷让□饼馅
ɕiã⁵³	相~互 箱厢湘襄镶香乡
ɕiã³⁵	想鲞~鱼 享响飨饷相~面 向
ʑiã¹³	墙樯蔷匠详祥翔像象橡
ɦiã¹³	羊洋烊伴阳杨扬疡炀养痒氧恙样漾蛘~子
iã⁵³	央秧殃泱鸯怏
iã³⁵	映

uã

kuã⁵³	光~火,发怒 □~足,~饱,充塞
kuã³⁵	□~破,细裂
ɦuã¹³	横□~东道,打赌
uã⁵³	横~理,蛮横

ã

pã⁵³	帮邦梆
pã³⁵	榜膀膀肩~绑谤磅镑
pʰã⁵³	□~开,胀
pʰã³⁵	胖髈脚~,腿
bã¹³	防滂旁傍膀~胱磅~礴彷~徨螃鳑鲏庞棒□打铁要~热,趁
mã¹³	忙芒茫碐盲虻岷莽蟒亡~关 网罔魍~妄忘望幪₁梦₁管~板,造房时铺在椽子上的薄砖
fã⁵³	方坊枋芳肪
fã³⁵	仿纺访妨舫放
vã¹³	防房
tã⁵³	当应~珰裆铛噹
tã³⁵	党档当妥~挡□~牢,扶

tʰã⁵³	汤犷 ~牢飞来个球，挡住
tʰã³⁵	倘躺淌烫趟
dã¹³	唐糖塘棠堂膛樘 门~子,门框 倪~吃,店堂 搪溏~薄 螳荡宕 砀~山 趟~,逸游 婸~相,淫戏
nã¹³	囊曩攮瓤
lã⁵³	朖~声,闲言
lã¹³	郎廊狼琅榔螂朗浪眼~衣裳,晾 趡~趟,逸游
tsã⁵³	臧赃脏肮 章樟漳彰璋蟑獐庄装妆桩
tsã³⁵	葬掌障瘴嶂壮奘□胖
tsʰã⁵³	仓苍舱沧昌倡~优 猖鲳菖闾疮窗
tsʰã³⁵	唱倡提~ 闯创怆
sã⁵³	桑丧~事 商墒伤霜孀双
sã³⁵	搡嗓磉丧~失 赏爽
zã¹³	藏₂脏内~ 尝偿裳上尚绱床幢状撞壮~族
kã⁵³	冈刚纲钢缸肛扛江豇
kɑ³⁵	港岗杠进降~落 虹₂
kʰã⁵³	康糠炕坑₂
kʰã³⁵	慷抗亢伉吭园~物事,藏
gã¹³	戆
ŋã¹³	昂
hã⁵³	□气急~~,喘气
ɦã¹³	行银~ 航杭降投~ 项巷衖~两针,缝 □~一记,挺,忍受
ã⁵³	肮~脏□~小囡睏,哄小孩入睡
ã³⁵	盎

iã

| ɦiã¹³ | 旺火势很~ |

uã

kuã⁵³	光洸胱膀~
kuã³⁵	广逛₂邝□手~过去,轻轻掠过 □~当~当,晃
kʰuã⁵³	匡筐框眶桄一~线,量词
kʰuã³⁵	旷况₁矿
guã¹³	狂₁诳₁

huã⁵³	荒肓慌黄蛋~
huã³⁵	谎恍晃幌况₂
ɦuã¹³	狂₂黄簧璜蟥潢磺皇煌蝗隍惶凰徨亡王网妄忘望旺甋砖~、小瓦
uã⁵³	汪
uã³⁵	枉往

əŋ

pəŋ⁵³	奔贲畚₁~垃圾，~箕崩
pəŋ³⁵	本苯
pʰəŋ⁵³	喷烹怦砰抨
bəŋ¹³	盆笨埲~地
məŋ⁵³	闷
məŋ³⁵	猛
məŋ¹³	门扪懑蚊闻问萌盟
fəŋ⁵³	分吩~咐芬纷氛畚₂~箕
fəŋ³⁵	粉粪奋愤₂忿₂汾
vəŋ¹³	焚坟愤₂忿₂份本~文纹蚊雯闻吻刎紊问
təŋ⁵³	敦墩磴蹲登蹬灯瞪墩~鸡，阉割~~轻重，掂~鸡，鸡嗉
təŋ³⁵	盹礅顿炖吨等戥凳镫磴瞪~食,积食䁔眼睛~牢勿动
tʰəŋ⁵³	吞□~着气味,气味袭人
tʰəŋ³⁵	氽润~水~发~发,荡漾
dəŋ¹³	屯豚臀饨馄~囤沌盾钝遁滕藤䑗疼邓腾□~伊两句,挖苦,冷嘲
nəŋ¹³	嫩能
ləŋ⁵³	抡楞扔
ləŋ¹³	刅₂仑轮伦纶沦埨~头囵囫~论棱₁
tsəŋ⁵³	砧针斟篸珍榛臻真甄贞祯桢侦诊₁尊樽遵谆肫鸡~增憎曾姓甑徵蒸争筝睁狰正~月征挣殷~紧,敲击□瓶,塞子□~奶,挤
tsəŋ³⁵	枕诊₂疹镇振震赈圳准拯整证症帧正政怎霉黴~气
tsʰəŋ⁵³	参~差琛嗔瞋村皴椿春称~号瞠
tsʰəŋ³⁵	碜趁衬称相~忖寸蠢逞骋秤
səŋ⁵³	森参人~深身申呻₁伸绅孙狲僧升生甥笙牲声
səŋ³⁵	审婶沈渗损笋榫舜瞬逊胜圣
zəŋ¹³	岑涔沉忱谌陈尘晨辰臣橙~子呻₂娠葚甚神阵肾慎蜃壬任人仁

忍荏饪妊纫衽 刃₁认 韧 仞存唇纯莼醇淳鹑鹌 ~吮顺润囯曾 ~经赠层澄惩乘丞承呈程成城诚盛绳嵊剩郑仍

kəŋ⁵³	跟根更耕赓
kəŋ³⁵	艮耿更~加
kʰəŋ⁵³	铿□~抽屉,翻
kʰəŋ³⁵	恳垦啃肯□老~,积垢
gəŋ¹³	□脾气~,倔
həŋ⁵³	哼
həŋ³⁵	很狠擤
ɦəŋ¹³	痕恨恒衡蘅
əŋ⁵³	嗯₁恩

iŋ

piŋ⁵³	彬斌宾滨缤殡鬓槟冰兵
piŋ³⁵	摈禀秉丙炳柄饼併摒鋓~辰光
pʰiŋ⁵³	姘拼乓
pʰiŋ³⁵	品牝聘
biŋ¹³	贫频颦濒凭平坪评苹瓶屏萍病並
miŋ³⁵	闽₁闵₁敏₁皿₂抿鸣䏕~缝
miŋ¹³	岷珉民闽₂闵₂悯敏₂泯皿₁明名铭冥溟暝瞑茗酩酊~命
tiŋ⁵³	丁钉~子叮仃疔盯
tiŋ³⁵	顶鼎酊酩~钉只钉订濎~脚
tʰiŋ⁵³	听厅汀
tʰiŋ³⁵	艇挺听~凭□剩下,留下
diŋ¹³	亭停廷庭霆婷蜓锭定
liŋ⁵³	拎
liŋ¹³	林淋琳霖临邻鳞磷麟粼凛懔檩蛉葡蹸踩~陵棱₁凌菱绫灵棂铃伶零龄苓泠玲聆蛉翎羚瓴囹鸰鹑~领岭令另繗~衣裳,缝合
tɕiŋ⁵³	今金襟津巾斤筋矜兢茎京荆惊精晶旌晴菁经泾
tɕiŋ³⁵	禁锦儆紧谨槿董浸进晋劲靳景警儆井阱颈憬到境敬竟镜径竣₁俊₁骏₁浚₁峻₁
tɕʰiŋ⁵³	侵钦衾亲卿清轻青鲭蜻₂~蜓倾氢氰
tɕʰiŋ³⁵	寝沁揿请顷庆磬罄
dʑiŋ¹³	琴禽擒勤芹仅噤溓寒~觐近鲸擎檠黥竞痉

ȵiŋ¹³	壬 任姓 人 仁 忍 妊 衽 认 韧 仞 闰 赁 吟 银 垠 狺 龈 凝 宁 咛 佞 泞 迎 仍 鄞~县 狞 柠 檸
ɕiŋ⁵³	心 芯 歆 辛 新 薪 馨 莘~庄,地名 鑫 锌 兴~旺 星 腥 猩 惺 蜻 蝗 掀₂ 眚生,眼病
ɕiŋ³⁵	欣 信 囟 衅 省~反 醒 兴~奋 性 姓 汛 讯 迅₁ 罄~起,肿
ziŋ¹³	秦 尽 烬 寻 浔 巡₁ 循₁ 覃 情 晴 饧~糖 静 靖 净 旬₁
ɦiŋ¹³	淫 霪 寅 引 蚓 尹₂ 胤 行~动 形 型 刑 邢 幸 悻 榗 盈 赢 莹₂ 营₂ 莹₂ 萤₂ 荧₂ 颖 颍
iŋ⁵³	音 阴 喑 瘖 因 姻 茵 氤 殷 尹₁ 荫 应~当 鹰 膺 莺 樱 罂 鹦 英 瑛 婴 缨 蝇 萦
iŋ³⁵	饮 隐 瘾 印 影 应答 ~映 洇水缸~水勒~渗透 瀴水~,冷

uəŋ

kuəŋ³⁵	衮 鲧 滚 磙 棍
kʰuəŋ⁵³	昆 琨 鲲 坤
kʰuəŋ³⁵	捆 困 睏
huəŋ⁵³	昏 婚 荤
ɦuəŋ¹³	浑 魂 馄~饨 混 诨
uəŋ⁵³	温 瘟 蕴~藻浜,地名
uəŋ³⁵	稳

yŋ

tɕyŋ⁵³	均₁ 钧₁ 君₁ 军₁ 皲₁ 菌₁
tɕyŋ³⁵	窘₁ 竣₂ 俊₂ 骏₂ 浚₂ 峻₂
tɕʰyŋ⁵³	菌₃
dʑyŋ¹³	群₁ 裙₁ 郡₁
ɕyŋ⁵³	熏 薰 醺 勋₁
ɕyŋ³⁵	荀₁ 询₁ 驯₁ 迅₂ 殉₁ 训₁
zyŋ¹³	循₂ 巡₂ 徇₁ 旬₂
ɦyŋ¹³	匀₁ 云₁ 雲₁ 耘₁ 芸₁ 陨₁ 殒₁ 允₁ 韵₁ 运₁ 晕₁ 孕₁
yŋ³⁵	蕴₁ 酝₁ 熨₁ 允₃

oŋ

pʰoŋ⁵³	□~起来,蓬松,膨胀
pʰoŋ³⁵	捧

boŋ¹³	篷蓬凤~仙花 埲~尘,灰土
moŋ⁵³	蒙~眼睛,遮
moŋ¹³	蒙濛朦檬蠓懵₂梦₂
foŋ⁵³	风枫疯丰封峰锋烽讽
foŋ³⁵	俸₁
voŋ¹³	冯逢缝凤奉俸₂
toŋ⁵³	东冬
toŋ³⁵	董懂冻栋
tʰoŋ⁵³	通薚~草
tʰoŋ³⁵	捅统痛
doŋ¹³	同铜桐筒童瞳僮潼彤桶动洞恫恸恫~族 烔热~~,热乎乎
noŋ⁵³	弄₃
noŋ¹³	农脓齈弄₁侬
loŋ⁵³	弄₄
loŋ¹³	笼砻聋咙喉~胧珑隆窿龙拢陇垄弄₂
tsoŋ⁵³	棕鬃宗踪综枞中忠衷终₁钟盅騣翅膀一~,耸翅上赺~到屋里,急行□筷~~齐,直击平面
tsoŋ³⁵	总粽纵终₂冢种肿踵中~暑众
tsʰoŋ⁵³	聪匆葱囪从~容忡充冲春憧
tsʰoŋ³⁵	宠铳眬矔~铩~洞,打伥跌跌~~,斜而不稳□~手,扒手
soŋ⁵³	松鬆嵩淞□~碎,用杵击碎,碾细
soŋ³⁵	悚竦耸送宋诵₁颂₁讼₁怂~恿
zoŋ¹³	丛从诵₂颂₂讼₂虫崇重仲戎茸
koŋ⁵³	肱公蚣工功攻弓躬宫恭供~应龚₁疘臂,肛门
koŋ³⁵	汞拱巩贡供~佛
kʰoŋ⁵³	空箜~篌
kʰoŋ³⁵	孔恐控空~闲
goŋ¹³	共
hoŋ⁵³	薨轰烘哄~堂大笑
hoŋ³⁵	蕻哄~骗讧葒草一~而起,草木萌发
ɦoŋ¹³	弘泓红宏洪鸿虹₁
oŋ⁵³	翁喁壅~菜□~来~去,拥挤
oŋ³⁵	瓮齆膶~气,臭味

ioŋ

tɕioŋ⁵³　均₂钧₂君₂军₂鞍₂菌₂炯₂龚₂

tɕioŋ³⁵　迥窘₂

tɕʰioŋ⁵³　穹₁

dʑioŋ¹³　群₂裙₂郡₂琼穷₂穷

ȵioŋ¹³　浓酿<u>戎</u>绒茸冗

ɕioŋ⁵³　熏₂薰₂醺₂勋₂兄凶讻匈汹胸

ɕioŋ³⁵　荀₂询₂驯₂殉₂训₂

zioŋ¹³　徇₂

ɦioŋ¹³　匀₂云₂雲₂耘₂芸₂陨₂殒₂允₂韵₂运₂晕₂孕₂莹₁营₁荣₁萤₁荧₁荣融容熔溶蓉榕慵庸佣镛用熊雄

ioŋ³⁵　允₄蕴₂酝₂熨₂永咏泳甬勇涌俑踊蛹恿雍邕壅痈臃拥

aʔ

paʔ⁵　八捌伯擘~开百柏

pʰaʔ⁵　拍帕泊粕迫魄珀虢~舶胈~开脚,分开

baʔ¹　拔跋帛白

maʔ⁵　趆走路~发~发,蹒跚

maʔ¹　袜陌脉麦

faʔ⁵　发髪法珐~琅砝~码

vaʔ¹　乏伐筏阀罚

taʔ⁵　搭褡耷答妲嗒~味道瘩疙~镲铁~沓瞎~瞎缠潜~~淬龛宽~~,皮松□一把~牢

tʰaʔ⁵　塌溻塔獭榻遢~踏鳎捏~鱼呾~伊两句饀~饼

daʔ¹　达踏阆挞簤窗扇

naʔ¹　纳₁衲捺钠呐

laʔ¹　邋~遢腊蜡辣剌瘌猎□~开,拦□~栅,栅栏

tsaʔ⁵　匝咂扎札窄着~衣裳酌灼炙咤硬~,坚固□~钩~牢,勾住□~点水,略洒隻

tsʰaʔ⁵　擦插察策册拆尺赤斥排~开绰₁号皻皴裂

saʔ⁵　萨飒杀煞刹眨霎栅湿₁撒~手搨~裤腰皻~台脚,垫稳

zaʔ¹　杂砸闸铡宅着~落硕₁若弱掷₂石芍趸~进~出,窜跑□~脚,踩□~出来,凸出□拨门~着一记,夹痛

kaʔ⁵　夹峡格骼隔膈筴~栅,木桩胳~~眼睛,眨

kʰaʔ⁵　搚恰客□ ~紧,~头,~扁,压
gaʔ¹　轧
ŋaʔ¹　额齾 ~口,缺齿,弄缺□ ~断,折
haʔ⁵　瞎辖吓喝₂呷
ɦaʔ¹　狭匣狎盒
aʔ⁵　鸭押压阿₁ ~哥

iaʔ

liaʔ¹　略掠□ ~脚跟,横击
tɕiaʔ⁵　夹荚₂颊₂甲胛钾峡₁爵脚
tɕʰiaʔ⁵　恰洽 ~谈雀鹊却₃敲扳 ~丝,一丝翘起
ȵiaʔ¹　捏虐箬
ɕiaʔ⁵　辖削
ziaʔ¹　嚼
ɦiaʔ¹　侠协挟跃乐音 ~学药钥 ~匙洽接 ~峡₂
iaʔ⁵　约

uaʔ

kuaʔ⁵　刮掴 ~耳光,打括□ ~圻,硬燥而裂旷 ~拨我,~着一眼,略见
guaʔ¹　□ ~眼[目+良]竽,戳到,搁着,碰到
huaʔ⁵　豁𧟉 ~开眼睛,张大眼睛□ 马桶,笕,搅,调□ ~水,略泼□ ~摇头,尾巴,甩□ ~脱一转,兜,溜达
ɦuaʔ¹　滑猾划计 ~磆 ~石□ ~水 ~光,泼去
uaʔ⁵　挖

oʔ

poʔ⁵　剥博搏膊驳卜 ~卦北
pʰoʔ⁵　扑仆 ~倒璞朴蹼濮噗䩙 ~肉,肥
boʔ¹　箔薄卜 ~老,萝卜仆 ~人瀑₁曝₁缚匐 ~辣地浪,伏趋合 ~
moʔ¹　摸膜莫寞漠木沐目穆牧睦苜
foʔ⁵　福蝠 ~蝙,幅辐复複復₁覆腹蝮馥
voʔ¹　服伏茯 ~苓袱缚復₂
toʔ⁵　督笃丑 ~标枪,扔掷褶[衤+督] ~角泹 ~雨,淋;一~,滴殺敲□ ~粥,久煮
tʰoʔ⁵　托度㭍拓橐魄落 ~秃₂袥 ~肩,垫肩□ ~水烧 ~勒,沸
doʔ¹　铎踱独读牍渎椟黩毒

noʔ¹   诺

loʔ¹   洛落骆络禄碌鹿漉麓陆戮录氯绿乐快~六酪烙烁辘赂₂碌~砖,砖
            盉~水,浸碌~起来,起床

tsoʔ⁵   作拙₁桌卓捉斫~麦茁琢啄₁足竹竺烛嘱瞩筑祝粥蹙瘵冻~,冻疮啃₁
            小囡嘴巴~发~发,吮吸□~齐,弄齐整

tsʰoʔ⁵   撮₁戳辍啜绰宽₁龊龌~猝簇蹴促怵畜~牲蠢触擉~痛,戳

soʔ⁵   缩索烁铄朔硕₂速肃夙宿蓿谡粟塑₂溯叔菽倏束嗍~汽水,吮吸□凳
            子~脱,竹木器松散脱开

zoʔ¹   昨₁凿琢₂浊镯族俗妯逐躅蹰~孰熟淑赎蜀属辱续射₁勺髻~一句,奚落
            □~出,进,戳

koʔ⁵   胳搁₁阁各铬郭国帼廓₂榖谷觉~着角□~嘴,漱□~水,晁出睊眼睛
            一~一~,转眙眼睛一~,张大

kʰoʔ⁵   壳廓₁窟₂哭酷觳木片~起来,凸出

goʔ¹   搁₂~浅□吃~头

ŋoʔ¹   愕鄂腭萼鳄鹤岳疟发~子□~头~起来,仰首

hoʔ⁵   壑霍藿忽惚~浴,洗澡觳~痰,咯□~牢,吸住,贴近

ɦoʔ¹   镬或惑斛学

oʔ⁵   屋握渥幄龌~龊沃噩恶

ioʔ

tɕioʔ⁵   厥₁蹶₁蕨₁决₁抉₁诀₁镢₁攫₁觉₁~悟珏₁爵₁橘₁菊₁鞠₁掬₁

tɕʰioʔ⁵   阙₁缺₁却₁确₁去₁曲₁麯₁蛐₁怯₁

dʑioʔ¹   撅₁拙₁倔₁崛₁瘸₁局₁屐₁轴₁趣₁~出去,含怒而去觖₁牛角~人赶₁~起尾巴,翘
            起矬一~~粉笔,量词

ȵioʔ¹   月₂褥缛玉肉扔~面,揉,搓

ɕioʔ⁵   血₁噱₁恤₁畜₁~牧蓄₁旭₁

ɦioʔ¹   曰₁悦₁阅₁月₁越₁钺₁粤₁岳₁聿₁域₁育₁毓₁煜₁鹬₁狱₁欲₁浴₁
            疫₁役₁穴₁

ioʔ⁵   郁₁郁₁□一~两,折叠□~块肉,用酒,酱油等浸藏鱼肉

ɔʔ

pəʔ⁵   不钵拨

pʰəʔ⁵   泼

bəʔ¹   鼻₂钹勃渤脖鹁别₂孛~相,玩□~石头,搬

mə ʔ¹	抹末沫茉殁墨默物~事
fəʔ⁵	佛仿~
vəʔ¹	佛弗拂物勿氟
təʔ⁵	得德掇~凳子 裰毲~分量,掂 □~纸袋,粘贴
tʰəʔ⁵	忒脱秃₁
dəʔ¹	特夺突凸叠₂ □~脱,掉落
nəʔ¹	纳₂ 讷
ləʔ¹	勒肋捋
tsəʔ⁵	则啧责仄折摺褶哲浙拙₂汁织执职只~有窒质蛭卒摘₁侧₁唶₂
tsʰəʔ¹	侧₂恻测彻撤澈辙掣撮₂叱饬敕斥~责拆~穿猝仓~出黜
səʔ⁵	涩瑟塞啬穑色摄设说湿₂虱失识室饰式拭适释蟀~蟋~率₂~领刷
zəʔ⁵	择泽蛰蜇~海 舌折~脚,断 涉侄直值殖蹢~蹋秩掷₁十什拾实食蚀日术述入贼哉₃
kəʔ⁵	鸽割蛤~蜊葛革合升~,算佮~做,合疙~瘩胳嗝□~脚走,一脚着地跳
kʰəʔ⁵	磕瞌咳渴克刻拷~栳搕~碎,击
gəʔ¹	辩个量词
ŋəʔ¹	厄扼轭兀杌~子,凳子 核₂
həʔ⁵	喝₁赫郝黑
ɦəʔ¹	合阖劾核₁阂
əʔ⁵	遏焓~火为种 盒~碗,辣酱浪,覆盖

uəʔ

kuəʔ⁵	骨汩~没
kʰuəʔ⁵	窟₁阔扩
huəʔ⁵	瘸睏一~,睡一觉
ɦuəʔ⁵	棚囫活获~狲,猴子
uəʔ⁵	頞~杀,纳头水中 殟~塞,心中烦闷

iɪʔ

piɪʔ⁵	鳖瘪逼笔滗~干 毕必壁璧辟₂碧哔~叽
pʰiɪʔ⁵	撇瞥辟₁劈霹匹癖僻闢
biɪʔ¹	憋别₁蹩~脚鼻柲~杷弻愎趪~出~进
miɪʔ¹	灭篾蔑密蜜觅幂汨~罗江搣~螺丝,捻搓
tiɪʔ⁵	跌滴的嫡镝摘₂擿~肉,~痧挏~线头,掐

$t^hiɪʔ^5$　　贴帖铁踢剔惕

$diɪʔ^1$　　叠₁碟牒蝶谍迭笛迪敌狄荻翟籴涤

$liɪʔ^1$　　列烈裂冽捩立粒栗溧慄力历沥枥雳砾栎荔~枝苈₁律率效~劣
　　　　抐~干裛衣裳~转,急缠□手~碎,划破

$tɕiɪʔ^5$　　接揭结劫荚₁毛豆~颊₁面~骨子节疖洁拮~据桔~梗积迹激击绩
　　　　渍急级汲吉即棘脊鹡~鸰瘠给供~戟鲫唧稷髻挟₂~菜镊镰刀虮
　　　　蛆~,蟋蟀

$tɕ^hiɪʔ^5$　　切窃锲怯₁七柒漆戚乞葺泣讫迄吃缉辑契默~龁~牢,咬住

$dʑiɪʔ^1$　　桀杰竭及芨极剧

$ɲiɪʔ^1$　　聂镊蹑蘖孽涅啮业匿逆溺日热镍

$ɕiɪʔ^5$　　歇蝎楔胁袭泄屑薛雪吸息熄媳悉膝蟋~蟀昔惜析淅锡晰歙~县蜥
　　　　隙戎□~盖头,揭开

$ziɪʔ^1$　　睫捷截藉绝集疾蒺籍寂习袭席夕矽□~开,旋开；~转头,扭

$ɦiɪʔ^1$　　叶葉页曳掖腋熠逸佚轶翼翌弋亦奕弈译站绎易容~蜴蜥~

$iɪʔ^5$　　谒噎靥咽哽~揖一壹乙邑悒溢抑益屹₂缢挲~干水,按,按吸搕~牢勿拨人家
　　　　看,用手遮盖□~辣角落里,贴壁躲藏

　　　　　　　　　　yɪʔ

$tɕyɪʔ^5$　　厥₂蹶₂蕨₂决₂抉₂诀₂镢₂攫₂觉₂~悟珏₂孓橘₂菊₂鞠₂掬₂

$tɕ^hyɪʔ^5$　　阙₂缺₂却₂确₂屈₂曲₂麴₂蛐₂快₂

$dʑyɪʔ^1$　　撅₂掘₂倔₂崛₂瘸₂局₂屐₂轴₂趣₂~出去鱖₂牛角~人赶₂~起尾巴

$ɲyɪʔ^1$　　月₄

$ɕyɪʔ^5$　　血₂噱₂恤₂畜₂~牧蓄₂旭₂

$ɦyɪʔ^1$　　曰₂悦₂阅₂月₃越₂钺₂粤₂岳₂聿₂域₂育₂毓₂煜₂鹬₂狱₂欲₂浴₂
　　　　疫₂役₂穴₂

$yɪʔ^5$　　郁₂鬱₂□₂一~二,折叠

　　　　　　　　　　ə˞

$ɦə˞^{53}$　　儿而尔迩耳洱饵珥二贰

　　　　　　　　　　m̩

$m̩^{53}$　　姆~妈母₂伯~拇₁

$ɦm̩^{13}$　　亩呒没有

ŋ̍

ņ⁵³   嗯₂ □ ~奶,奶奶

ŋ̍

ɦŋ̍¹³   <u>五 伍 午</u>端~ <u>鱼 儿</u>囡~,女儿

第二章　松江片音系

一、松江音系

(一) 老派松江方言声韵调

1. 声母表(27个)

ʔb 布帮北	pʰ 破普拍	b 婆部白	m 阿妈毛买	ɸ 灰翻飞	β 符佛烦
ʔd 多带德	tʰ 土汤铁	d 大徒踏	n 你拿南纳		l 溜拎冷力
ts 早剪节	tsʰ 窗浅切			s 三洒雪	z 齐虫石
c 郊鸡级	cʰ 丘庆吃	ɟ 求乔杰	ɲ 扭牛银肉	ç 晓休血	
k 歌公夹	kʰ 苦垦扩	g 葵环轧	ŋ 我咬硬鹤	h 好喊喝	ɦ 鞋移下叶
ø 衣乌欧鸭					

2. 韵母表(56个)

ɿ 猪除斯思	i 低迷天例	u 左多罗波	y 书居如余
a 茄矮牙拉	ia 霞斜爹贾	ua 乘怪快坏	
ɔ 刀毛逃劳	iɔ 郊巧苗焦		
o 爬茶麻纱			yo 唷
ɛ 彩丹岩来	iɛ 监念奸雁	uɛ 关环弯晚	
e 台男才蚕	ie 写	ue 恢回碗会~计	
ø 催最脆岁			yø 圈权缘拳
ɯ 偷头勾楼	iɯ 留修秋牛		
	iu 靴		
ɜ̃ 长常厂帐	iɜ̃ 良枪相详	uɜ̃ □~对(蛋小讲坪)	
ã 旁汤郎桑	iã 旺尫	uã 光汪筐狂	
əŋ 针城声很	iŋ 灵心京音	uəŋ 捆稳滚焜	yæ 均匀军裙
oŋ 奉中丰隆			yoŋ 菌雄兄永

（续表）

aʔ若百拆客	iaʔ略雀削脚	uaʔ划	
æʔ搭踏盒夹	iæʔ峡甲捏疟	uæʔ括豁活挖	
ɤʔ薄托落昨		uɤʔ郭扩廓握	ioʔ搦
oʔ北国获独			yoʔ肉菊育曲
œʔ喝夺掇脱			yœʔ掘月越血
ʌʔ默刻直色			
ɘʔ答纳杂鸽	iɘʔ粒笔漆疾	uɘʔ骨阔颈	
	iıʔ接叶业贴		
əl尔而二耳	m̩ 亩	ŋ̍ □~奴(我)	ŋ̍ 五吴鱼

3. 声调表（8个）

调 类	调 值	例 字
阴平	53	天刀飞花刚专知帮司
阳平	31	甜肥来和婆时皮陈陪
阴上	44	九手水可齿守酒好讨
阳上	22	马老稻坐米弟有导搞
阴去	35	到见汉报救贩旦信靠
阳去	13	帽盗饭右蛋岸造道站
阴入	ʔ55	八失足尺血职笔急竹
阳入	ʔ22	白岳麦叶直密及入毒

4. 老派松江方言两字组连读变调表

	阴平 53	阳平 31	阴上 44	阳上 22	阴去 35	阳去 13	阴入 ʔ55	阳入 ʔ22
阴平 53	飞机	35 花瓶	53 工厂	修养	55 青菜	31 鸡蛋	53 钢笔	ʔ22 科学
阳平 31	梅花	13 长城	53 铜板	朋友	24 同志	31 黄豆	33 毛笔	ʔ22 同学
阴上 44	火车	35 海员	31 厂长	改造	44 宝贝	44 草地	35 粉笔	ʔ22 体育
阳上 22	米缸	24 肚皮	21 老虎	道理	22 动态	24 马路	24 道德	ʔ22 动物

(续表)

	阴平 53	阳平 31	阴上 44	阳上 22	阴去 35	阳去 13	阴入 ʔ55	阳入 ʔ22
阴去 35	53 战争	21 太平	报纸	报社	44 世界	44 态度	35 顾客	ʔ22 教育
阳去 13	22 地方	33 地球	队长	运动	22 电报	35 外地	24 外国	ʔ22 大学
阴入 ʔ55	ʔ44 北方	53 足球	ʔ44 铁板	44 发动	ʔ44 客气	35 革命	ʔ44 法国	ʔ44 复杂
阳入 ʔ22	ʔ22 肉丝	53 白糖	ʔ22 日本	33 落后	ʔ22 绿化	35 绿豆	ʔ22 及格	ʔ33 毒药

(二) 新派松江方言声韵调

1. 声母表(28个)

p 包比布逼	pʰ 抛偏破匹	ɓ 跑皮步勃	m 美母谋麦	f 方粉飞富	v 房冯浮罚
t 到党低妒	tʰ 滔汤天脱	ɗ 桃糖地夺	n 拿努脑怒		l 捞拉兰路
ts 糟纸祖竹	tsʰ 仓产醋尺			s 散僧苏宿	z 柴从坐熟
tɕ 精鸡贵杰	tɕʰ 清秋趣缺	dʑ 其桥巨剧	ȵ 粘鸟认女	ɕ 线修书削	ʑ 全象除嚼
k 高该歌骨	kʰ 开康科客	g 共葵狂轧	ŋ 癌我鹅额	h 蟹花灰霍	ɦ 鞋咸湖镬
∅ 爱衣乌迂					

声母说明:

(1) ʔb、ʔd 跟 p、t 明显不同,是带轻微喉塞的浊塞音,叫先喉塞音,又称缩气音。

(2) pʰ、tʰ、kʰ 发音除阻时送气强烈。

(3) ɸ、β 发音时带有唇齿作用,但上齿和下唇相擦并不明显;跟见系韵母相拼时有和 hu、ɦu 互读的倾向,但对少数字仍能区分。

(4) ɕ、ɕʰ、ʝ、ʔȵ、ɦȵ、ç 跟前高元音相拼时,舌位略前,实际音值和 tɕ、tɕʰ、dʑ 等近似。

(5) ʔm、ʔn、ʔȵ、ʔŋ 是清鼻音,ʔl 是清边音,其中的 ʔ 表示带紧喉作用而读清音的意思。ɦm、ɦn、ɦȵ、ɦŋ 是浊鼻音,ɦl 是清边音,其中的 ɦ 表示带紧喉作用而读清音的意思。带紧喉作用的清鼻音和清边音跟带浊流的浊鼻音和浊边音,他们出现的条件是互补的,可按声调的阴阳区别,所以也可以归并为一套鼻音、边音声母,即 m、n、ȵ、ŋ、l。

（6）h、ɦ是深喉音。不设零声母ø。用ɦ代表阳调类零声母字中跟元音同部位的浊擦成分。如：[j、w、ɥ]等；用ʔ代表阴调类零声母字前所带的喉塞音。

（7）分尖团音。

2. 韵母表（48个）

ɿ 纸此四慈	i 面梯前衣	u 补货锁乌	y 吕句书迂
a 派买柴鞋	ia 借写谢野	ua 怪夸坏歪	
o 爬钗茶瓜			
ɔ 包到早告	iɔ 表条叫小		
ɤɯ 头走手口	iɤɯ 柳九秋有		
	iɪ 伶浅烟店		yɪʔ 决曲雪郁
e 杯满雷推	ie 念奸陷	ue 维桂灰回	
ø 短团男看		uø 官宽欢碗	yø 捐劝倦愿
ã 帮胖放当	iã 旺	uã 光矿荒汪	
ɛ 碰蛮打剩	iɛ 良酱墙想		
oŋ 农重贡翁	ioŋ 绒穷兄用		
ʌn 本蚊吞论	in 冰品明听	uʌn 滚昆婚混	yn 均群熏云
aʔ 百拍尺湿	iaʔ 甲恰药约	uaʔ 划刮豁	
ʌʔ 钵泼色质	iʌʔ 雀削嚼拈	uʌʔ 骨阔豁活	
ɔʔ 博薄木壳	iɔʔ 挪	uɔʔ 郭扩获	
oʔ 北福秃国	ioʔ 玉肉浴		
	iɪʔ 笔匹灭铁		
ɛʔ 八袜答插	uɛʔ 剜刮		
ɚ 尔而耳	m̩ 姆呒		ŋ̍ 鱼五儿

韵母说明：

（1）a、ia、ua 的实际音值是 ᴀ、iᴀ、uᴀ。
（2）e、ie、ue 的实际音值是 ɪ、iɪ、uɪ。
（3）ɯ、iɯ 中 ɯ 的舌位较低，为 ɯ̞。
（4）ɛ̃、iɛ̃、uɛ̃ 中 ɛ̃ 的实际音值是 ɛ̝̃，或 æ̃。
（5）ã、iã、uã 中 ã 的实际音值是 ɑ̃。
（6）oŋ、uoŋ 中 o 的音值为 ʊ，iŋ 在拼 c、cʰ、ʨ、ʔ、ŋ̍、ç、ø 时的音值为 iəŋ，拼

ts组声母时为 iəŋ。

（7）yœ 有时变读为 yŋ,不区别意义。

（8）u 在拼零声母时带唇齿作用,为 ʔʋ,如"碗"读 ʔʋe；跟组声母及见组声母（k、kʰ、g、ʔŋ、ʔŋʸ）相拼时为 u。

（9）oʔ 中 o 的实际音值是 ɒ。

（10）咸山二摄细音读 i 韵,跟止摄细音字无别,如"烟" = "衣" i。

3. 声调表（7个）

调 类	调 值	例 字
阴平	53	刀东知天
阳平	31	陶同迟田
阴上	44	岛懂紫抵
阴去	35	倒冻致店
阳去（与阳上合并）	13	道洞字电
阴入	5	托吸汁八
阳入	3	读习十拔

声调说明：

（1）平上去入各分阴阳,共八调,其中阳入调值为 2 或 <u>12</u>,其他各调调值稳定。

（2）各阴阳调调形相同,只是调高不同,阴调高阳调低。

（3）部分不常用于口语的阳上字已并入阳去,如"父"βu、"撰"zɛ。其他各调类也都有个别字转入别的调类。

（三）连读变调

松江方言有八个单字调,单字调合成词、词组和句子会产生复杂的连读变调现象,本节讨论松江方言两字组、三字组广用式连读变调。

1. 两字组广用式连读变调

松江方言八个单字调排列成两字组,共有六十四种调类排列组合,经过连读变调归并以后,实际只有二十种两字组变调调式。见表（40—41页）,表的竖栏1、2、3、4、5、6、7、8表示两字组前字古调类,横栏1、2、3、4、5、6、7、8表示后字古调类。表中的调值是变调调值。所列变调调式只反映同一组合大多数两字组有规律性的读音。

两字组广用式变调的特点：

（1）松江话两字组在连读中产生了六种新调形。

（2）在连读变调中，阴调后字和阳调后字的调层都不分高低。具体地说，后字阴、阳平和阴、阳上在前字阴、阳平之后调值都是53，在前字阴、阳上和阴去之后调值都是21，在阳去之后调值都是33；后字阴、阳平在前字阴、阳入之后调值都是53；后字阴、阳上在阴入之后调值都是44，在阳入之后调值都是33；后字阴、阳去在前字阴、阳平之后调值都是21，在前字阴上、阴去之后调值都是44，在前字阳上、阳去之后调值都是2，在前字阴入之后调值都是4，在前字阳入之后调值都是3。

（3）在阳平加去声、阳上加平声或上声的两字组调式里，作为前字的阳平和阳上调值已经混同，都是24；在阴上加去声、阴去加去声的两字组调式中，作为前字的阴上和阴去调值已经混同，都是44；在阳上加去声、阳去加去声的两字组调式中，作为前字的阳上和阳去调值也已经混同，都是22。几种单字调在两字组变调调式里的混同，预示着"单字调必将有所归并"这种现象的产生。

（4）在连读中，处于后字位置的浊流声母，如果调层提高，则浊流消失；处于后字位置的带紧喉成分的声母，如果调层降低，则紧喉成分也随之消失。

2. 三字组广用式连读变调三字组广用式连读变调规律见表

字组广用式连读变调的特点：

（1）松江方言八个单字调，互相搭配组成三字组应有8×8×8=512个组合，但三字组连读变调只使用了47种变调调式：

47种变调调式对三字组512个组合来说数量还是少的，但跟毗邻的有些吴方言相比较，三字组变调调式还是相当复杂的，比如嘉定话三字组变调只使用了9种变调调式。

（2）在前字位置上，阴调调层高，阳调调层低；在中字和后字位置上，阴调调层和阳调调层趋于混同。

（3）舒声中字普遍变得短而弱，入声中字在后字为舒声的条件下，喉塞成分大为减弱。发音也变得短而弱，这样相同的环境中的入声中字和舒声中字实发音也趋于混同无别。

（四）松江新派同音字表

说明

（1）字汇按照新派松江方言音系排列，先按韵母分部，同韵的字按声母排列,声韵母相同的再按声调排列。

（2）韵母的排列次序是

ɿ	i	u	y
ɑ	iɑ	uɑ	
ɔ	iɔ		
o			yo
ɛ	iɛ	uɛ	
e	ie	ue	
ø			yø
ɯ	iɯ		
	iu		
ɛ̃	iɛ̃	uɛ̃	
ã	iã	uã	
əŋ	iŋ	uəŋ	yæ̃
oŋ			yoŋ
ɑʔ	iɑʔ	uɑʔ	
æʔ	iæʔ	uæʔ	
ɔʔ		uɔʔ	iɔʔ
oʔ			yoʔ
œʔ			yœʔ
ʌʔ			
əʔ	iəʔ	uəʔ	
	iiʔ		
əl	m̩	n̩	ŋ̍

（3）声母的排列次序是

ʔb	pʰ	b	m	ɸ	β
ʔd	tʰ	d	n		l
ts	tsʰ			s	z
c	cʰ	ɟ	ɲ	ɕ	
k	kʰ	g	ŋ	h	ɦ
ø					

（4）声调的排列次序是

阴平53、阳平31、阴上44、阳上22、阴去35、阳去13、阴入55、阳入12

（5）字右下的小字是注。有的是这个字构成的例词或例句,有的是说明。注中的代替号（～）代表本字，如："光~火"就是"光光火"。

ɿ

tsɿ⁵³	猪蛛知蜘支枝肢栀资姿咨脂兹之芝秩
tsɿ⁴⁴	主₁紫只~有纸姊旨指子梓止址嘴
tsɿ³⁵	注~解、~意铸智致稚幼~至置志~向、杂~痣制~度、~造滞
tsʰɿ⁵³	雌痴吹
tsʰɿ⁴⁴	此耻齿
tsʰɿ³⁵	赐翅厕次刺
sɿ⁵³	梳斯撕廝施私师狮尸司丝思诗
sɿ⁴⁴	鼠史使~用、大~驶始水
sɿ³⁵	世势逝四肆放~试
zɿ³¹	如₁池驰匙瓷迟滋慈磁辞词祠持时鲥
zɿ¹³	自示誓视嗜似字士柿恃字寺饲嗣治事祀市是氏

i

pi⁵³	鞭编边
pi⁴⁴	彼俾鄙~视贬扁
pi³⁵	闭臂币毙鄙卑~泌敝弊秘~书变遍
pʰi⁵³	批披篇偏
pʰi³⁵	譬屁庀骗欺~片
bi³¹	皮疲脾便~宜
bi¹³	避婢痹麻~被~头辫辩便方~瓣
mi⁵³	咪~一口酒
mi³¹	迷弥谜~语棉绵眠睡~缅
mi⁴⁴	免勉娩
mi¹³	米咪~道谜破~儿面脸~、~粉
fi⁵³	飞非妃
fi⁴⁴	匪
fi³⁵	废肺费
vi⁵³	微
vi³¹	肥
ti⁵³	低颠
ti⁴⁴	底抵点典

ti³⁵	帝店
tʰi⁵³	梯添天
tʰi⁴⁴	体舔
tʰi³⁵	替涕剃
di³¹	题提啼蹄甜田填堤
di¹³	弟第递电殿奠佃垫地
li³¹	犁黎梨厘狸离篱璃 玻～
li¹³	礼例利厉励理李里～程 鲤里丽美～痢
tɕi⁵³	稽～查鸡基饥～饿几～乎机讥尖歼兼间中～艰奸～诈煎肩坚屦
tɕi⁴⁴	挤几～个已纪舰检俭简笺剪件茧柬
tɕi³⁵	济～救剂计继寄记忌既季鉴剑间～断箭溅贱建荐见即鲫寂祭际
tɕʰi⁵³	妻凄棲欺期时～签竹～字谦迁千牵
tɕʰi⁴⁴	启企祈起岂浅乞
tɕʰi³⁵	契～约器弃气汽欠歉去
dʑi³¹	奇～怪骑～马祁齐岐其旗棋潜钳践乾～坤虔
dʑi¹³	技～术妓～女渐健饯
ȵi⁵³	黏～土粘～贴研
ȵi³¹	泥～土儿疑宜仪尼呢～绒阎严
ȵi⁴⁴	耳染你冉碾扭撵嘴
ȵi¹³	蚁义议谊腻尾艺二演～出砚
ȵi³⁵	验
ɕi⁵³	西犀溪牺希稀纤仙鲜～新先
ɕi⁴⁴	洗～刷死喜险癣献显
ɕi³⁵	细戏线宪
zi³¹	徐脐荠～菜钱前全悬玄
ki⁴⁴	敢₁
ɦi³¹	姨夷遗～失移炎盐檐嫌延筵言贤弦沿
ɦi¹³	易系已以艳焰羡谚演表～现
i⁵³	伊第三人称医衣依淹腌～肉阉烟燕
i⁴⁴	倚椅掩
i³⁵	意异厌晏燕～子咽宴～会亿忆抑翼

u

pu⁵³	波菠玻～璃

pu⁴⁴	补捕布散~	
pu³⁵	布~匹怖恐~	
pʰu⁵³	颇播坡铺~设	
pʰu⁴⁴	谱普浦脯胸~剖	
pʰu³⁵	破铺店~埠商~	
bu³¹	婆蒲葡菩	
bu¹³	部~队簿步	
mu³¹	摩魔磨~刀膜薄~	
mu⁴⁴	母亩拇	
mu¹³	牡磨石~幕	
fu⁵³	夫~妻俘敷麸呼肤	
fu⁴⁴	火伙虎府斧辅	
fu³⁵	货附付傅赴副富	
vu³¹	何河荷符扶蜈无浮胡~子	
vu¹³	侮鹉贺祸俯腐父~母武午伍~队五护户互妇负	
tu⁵³	多都	
tu⁴⁴	躲赌堵肚鱼~	
tu³⁵	妒	
tʰu⁵³	拖	
tʰu⁴⁴	妥椭土吐~痰	
tʰu³⁵	吐呕~兔	
du³¹	徒途涂~炭图屠驼驮~起	
du¹³	舵大堕惰杜度渡镀肚~腹	
nu³¹	奴	
nu¹³	糯怒努	
lu³¹	罗锣箩萝螺骡卢炉芦庐	
lu¹³	鲁橹虏卤盐~露路裸	
tsu⁵³	租株	
tsu⁴⁴	左祖组阻	
tsu³⁵	做	
tsʰu⁵³	搓粗初	
tsʰu³⁵	醋措	
su⁵³	蓑梭苏酥蔬	
su⁴⁴	锁琐所	

上海地区方言调查研究(第一卷)

su³⁵	素诉
zu¹³	坐座
ku⁵³	歌哥锅过⁵³ 戈姑孤箍辜
ku⁴⁴	果裹估古股鼓牯
ku³⁵	个₁过³¹ 故固雇顾
kʰu⁵³	科棵枯窟
kʰu⁴⁴	可苦颗
kʰu³⁵	库裤课
ŋu³¹	蛾鹅俄
ŋu¹³	我饿卧悟误
ɦu³¹	禾和～气吴梧吾湖糊葫狐壶乎瓠
ɦu¹³	互雾舞恶～厌
u⁵³	窝～～头乌巫诬
u³⁵	务

y

ly³¹	驴
ly¹³	吕旅虑滤屡
tɕy⁵³	居趋朱珠蛛～蛛拘驹龟
tɕy⁴⁴	举取拒距鬼主₂
tɕy³⁵	著显～据蛀句贵注～解
tɕʰy⁵³	蛆生～区～域驱
tɕʰy⁴⁴	娶杵
tɕʰy³⁵	处～理,～所 趣
dʑy³¹	瞿渠水～
dʑy¹³	巨跪聚柜具惧锯～子
ɲy¹³	女语
ɕy⁵³	絮书舒虚嘘需须必～,胡～输赢
ɕy⁴⁴	鼠序暑许数～～
ɕy³⁵	婿叙输运～
ʑy³¹	除储锄厨橱儒如₂
ʑy¹³	助柱住竖树～立,～林 乳绪
ɦy³¹	虞娱愚渔于淤余姓 盂榆愉
ɦy⁴⁴	愈

| ɦy¹³ | 御防~、~用 与及,给~ 预誉豫寓雨宇禹羽 |
| y³⁵ | 遇裕喻喂 |

a

pa⁵³	爸巴~土 芭~蕾
pa⁴⁴	摆
pa³⁵	拜
pʰa³⁵	派
ba³¹	排牌
ba¹³	罢败拜
ma⁵³	妈
ma³¹	埋
ma¹³	买卖
va³¹	划~船
ta³⁵	带
tʰa⁵³	他
tʰa⁴⁴	太泰
da¹³	大
na¹³	奶奈
la⁵³	拉
la¹³	癞赖
tsa⁵³	抓
tsa⁴⁴	爪~子
tsa³⁵	诈~骗 炸债
tsʰa⁵³	叉差~错,~别,出~
tsʰa⁴⁴	扯蔡
sa⁵³	筛
sa⁴⁴	洒傻耍
za³¹	柴
za¹³	惹
ka⁵³	加嘉家傢街
ka⁴⁴	假真~ 贾姓
ka³⁵	假放~ 嫁架价介界疥戒届芥
kʰa⁵³	卡

kʰɑ⁴⁴	楷
gɑ³¹	茄痂
gɑ¹³	解~开
ŋɑ³¹	崖牙芽衙
ŋɑ¹³	外
hɑ⁴⁴	蟹
ɦɑ³¹	鞋
ɑ⁴⁴	矮

iɑ

tiɑ⁵³	爹
tɕiɑ⁵³	佳皆
tɕiɑ⁴⁴	姐
tɕiɑ³⁵	借~用,~口 驾稼
tɕʰiɑ³⁵	斜
ɕiɑ⁴⁴	写
ɕiɑ³⁵	泻卸
ʑiɑ³¹	霞瑕遐邪斜
ʑiɑ¹³	谢
ɦiɑ³¹	爷涯
ɦiɑ¹³	也野夜
iɑ⁵³	鸦
iɑ⁴⁴	雅
iɑ³⁵	亚~洲

uɑ

kuɑ⁵³	乖
kuɑ⁴⁴	寡剐
kuɑ³⁵	怪拐~杖
kʰuɑ⁴⁴	夸垮
kʰuɑ³⁵	快[筷]
ɦuɑ¹³	坏
uɑ⁵³	歪

o

po⁵³ 巴~掌疤
po⁴⁴ 把~握
po³⁵ 坝把~刀霸
pʰo³⁵ 怕帕
bo³¹ 爬琶杷
mo³¹ 麻痳模摹
mo¹³ 马码骂慕墓募
fo⁴⁴ 腑
tso⁵³ 渣遮
tso³⁵ 诈~骗 炸~弹,油~
tsʰo⁵³ 车~辆钗
tsʰo⁴⁴ 楚础
tsʰo³⁵ 岔错锉
so⁵³ 沙石~纱疏~远殊
so⁴⁴ 舍~弃
so³⁵ 数~目晒
zo³¹ 茶查~调蛇佘
zo¹³ 社驻
ko⁵³ 瓜
ko³⁵ 挂卦
kʰo³⁵ 跨
ŋo¹³ 瓦砖~
ho⁵³ 花
ho³⁵ 化
ɦo³¹ 华中~
ɦo¹³ 画话
o⁵³ 丫~头蜗~牛蛙
o⁴⁴ 哑

ɔ

pɔ⁵³ 褒包胞
pɔ⁴⁴ 宝保堡饱
pɔ³⁵ 报豹爆

pʰɔ⁵³	抛泡~水	
pʰɔ³⁵	炮泡浸~	
bɔ³¹	袍跑	
bɔ¹³	抱暴粗~鲍姓刨~子	
mɔ⁵³	猫	
mɔ³¹	茅锚毛矛	
mɔ¹³	卯貌冒帽贸茂	
tɔ⁵³	刀	
tɔ⁴⁴	岛祷倒~塌	
tɔ³⁵	到倒~水	
tʰɔ⁵³	掏涛	
tʰɔ⁴⁴	讨	
tʰɔ³⁵	套	
dɔ³¹	滔桃逃陶萄	
dɔ¹³	捣道导稻盗	
nɔ³¹	阻~挠	
nɔ¹³	脑恼闹	
lɔ⁵³	捞唠	
lɔ³¹	牢劳萝~卜	
lɔ¹³	老涝	
tsɔ⁵³	遭朝~气昭招	
tsɔ⁴⁴	早枣	
tsɔ³⁵	灶罩照诏	
tsʰɔ⁵³	操抄超	
tsʰɔ⁴⁴	草炒吵	
tsʰɔ³⁵	操节~糙躁	
sɔ⁵³	骚梢捎稍潲猪食烧	
sɔ⁴⁴	扫嫂少~多	
sɔ³⁵	燥少~年	
zɔ³¹	槽曹巢朝~代潮	
zɔ¹³	皂造赵兆绍召	
kɔ⁵³	高膏牙~糕羔交教~书	
kɔ⁴⁴	稿绞狡搅搞	
kɔ³⁵	告觉睡~	

kʰɔ⁵³	敲
kʰɔ⁴⁴	考烤
kʰɔ³⁵	靠
ŋɔ³¹	熬~煎
ŋɔ¹³	袄咬傲
hɔ⁴⁴	好~坏
hɔ³⁵	好~喜 耗
ɦɔ³¹	豪毫
ɦɔ¹³	下~山下 下~山 夏~夏天 号~码
ɔ⁴⁴	懊
ɔ³⁵	奥

iɔ

piɔ⁵³	标膘彪
piɔ⁴⁴	表
pʰiɔ⁵³	飘漂~浮
pʰiɔ⁴⁴	漂~白
pʰiɔ³⁵	票漂~亮
biɔ³¹	瓢嫖
miɔ³¹	苗描
miɔ³⁵	庙妙
miɔ¹³	秒藐渺
tiɔ⁵³	刁貂雕~刻
tiɔ³⁵	钓吊~桥
tʰiɔ⁵³	挑~担
tʰiɔ⁴⁴	挑~战
tʰiɔ³⁵	跳
diɔ³¹	条调~和
diɔ¹³	调~动
liɔ³¹	燎辽聊撩寥
liɔ¹³	疗了~解 料
tɕiɔ⁵³	交郊胶焦蕉椒娇骄浇
tɕiɔ⁴⁴	缴侥
tɕiɔ³⁵	教~育 窖较叫

tɕʰiɔ⁵³	缲锹
tɕʰiɔ⁴⁴	巧
tɕʰiɔ³⁵	窍
dʑiɔ³¹	樵乔桥侨荞
dʑiɔ¹³	轿
ȵiɔ³¹	饶
ȵiɔ⁴⁴	鸟
ȵiɔ¹³	绕围~，~线
ȵiɔ³⁵	尿
ɕiɔ⁵³	消宵霄销萧箫
ɕiɔ⁴⁴	小晓
ɕiɔ³⁵	孝笑
ʑiɔ³¹	淆肴
ʑiɔ¹³	酵效校~对
ɦiɔ³¹	摇谣窑遥姚尧
ɦiɔ¹³	舀
iɔ⁵³	妖邀要~求腰吆
iɔ³⁵	要重~耀鹞

ɤʷ

mɤʷ³¹	谋
mɤʷ⁴⁴	某
fɤʷ⁵³	否
tɤʷ⁵³	兜
tɤʷ⁴⁴	斗升~抖陡
tɤʷ³⁵	斗~争
tʰɤʷ⁵³	偷
tʰɤʷ³⁵	透
dɤʷ³¹	头投
dɤʷ¹³	豆~子痘
lɤʷ³¹	楼
lɤʷ¹³	缕搂~抱篓漏陋
tsɤʷ⁵³	邹周舟州洲
tsɤʷ⁴⁴	走肘帚

tsɤᵚ35	奏昼皱咒
tsʰɤᵚ53	抽
tsʰɤᵚ44	丑子~，~恶
tsʰɤᵚ35	凑臭香~
sɤᵚ53	搜馊收
sɤᵚ44	手首守受
sɤᵚ35	瘦兽
zɤᵚ31	愁仇报~酬柔揉绸稠筹
zɤᵚ13	寿授售
kɤᵚ53	勾~消钩沟
kɤᵚ44	狗苟
kɤᵚ35	够购构媾
kʰɤᵚ44	口叩
kʰɤᵚ35	扣寇
gɤᵚ13	□伸不直
ŋɤᵚ13	藕偶配~，~然
ɦɤᵚ31	侯喉猴
ɦɤᵚ13	厚后先~
ɤᵚ53	欧姓
ɤᵚ44	呕~吐殴
ɤᵚ35	候

iɤᵚ

miɤᵚ13	谬荒~
tiɤᵚ53	丢
liɤᵚ31	流硫琉刘留榴
liɤᵚ13	柳
liɤᵚ35	溜~冰
tɕiɤᵚ53	鸠纠~纷
tɕiɤᵚ44	酒九久灸韭咎纠~察
tɕiɤᵚ35	究救柩
tɕʰiɤᵚ53	秋丘
dʑiɤᵚ31	囚泗仇姓求球
dʑiɤᵚ13	就臼舅旧

ȵiɤᵘ³¹	牛
ȵiɤᵘ⁴⁴	扭
ȵiɤᵘ¹³	纽钮
ɕiɤᵘ⁵³	修羞休
ɕiɤᵘ⁴⁴	朽
ɕiɤᵘ³⁵	秀绣锈宿_星~嗅
ziɤᵘ¹³	袖
ɦiɤᵘ³¹	尤邮犹由油游
ɦiɤᵘ¹³	有友又右佑釉
iɤᵘ⁵³	优忧悠幽
iɤᵘ⁴⁴	诱
iɤᵘ³⁵	幼

iɪ

miɪ¹³	谜~~子
liɪ³¹	怜廉帘连联莲
liɪ¹³	泪脸敛练炼链恋
tɕiɪ⁵³	皆₁阶
tɕʰiɪ⁴⁴	且
ɕiɪ⁵³	些械
ziɪ¹³	械
ȵiɪ³¹	年

e

pe⁵³	杯碑卑悲搬
pe³⁵	贝辈背~脊,~诵,~负半
pʰe⁵³	坯潘
pʰe⁴⁴	配
pʰe³⁵	沛
be³¹	培陪赔焙倍盘
be¹³	佩被~迫备伴拌叛徒
me³¹	梅枚媒煤眉霉蛮野~瞒
me⁴⁴	美每
me¹³	昧满

me³⁵	妹
te⁵³	堆
te³⁵	对兑
tʰe⁵³	推
tʰe⁴⁴	腿
tʰe³⁵	退
de³¹	颓
de¹³	队
ne¹³	内
le³¹	雷
le¹³	累 ~劳, 积~, 连~ 垒类
tse³⁵	战
tsʰe³⁵	颤₂
se³⁵	舍 宿~ 碎
ke⁴⁴	敢₂

ie

pie³⁵	蓖
lie¹³	隶 ~书, 奴~
ȵie¹³	念

ue

vue³¹	维唯惟桅₂围₂危₂
vue¹³	位胃
kue⁵³	规归
kue⁴⁴	诡轨
kue³⁵	桂
kʰue⁵³	亏窥
kʰue³⁵	溃 ~脓,崩 愧
gue³¹	魁奎葵逵
gue¹³	癸
hue⁵³	恢灰挥辉徽
hue⁴⁴	贿毁
ɦue³¹	桅₁回茴违围₁危₁

ɦue¹³	悔卫汇~合~集会开~会~不~绘彗~星惠慧魏讳薇委伪喂伟苇未昧~之素谓蝟纬
ue⁵³	为作~威
ue⁴⁴	婉
ue³⁵	畏慰

ɛ

pɛ⁵³	班斑颁扳般绊
pɛ⁴⁴	板版
pɛ³⁵	扮
pʰɛ⁵³	攀
pʰɛ³⁵	判
bɛ¹³	办瓣
mɛ¹³	迈慢漫幔曼蔓
fɛ⁵³	番更~翻
fɛ⁴⁴	反返
fɛ³⁵	贩
vɛ³¹	帆凡丸顽还烦繁矾
vɛ¹³	泛犯范姓,模~玩~弄~游~饭万挽
tɛ⁵³	耽~搁担~任丹单
tɛ⁴⁴	胆
tɛ³⁵	担挑~
tʰɛ⁵³	胎摊滩炭
tʰɛ⁴⁴	毯坦
tʰɛ³⁵	态探叹
dɛ³¹	台戏~苔抬谭姓潭坛谈痰檀弹~琴
dɛ¹³	贷怠戴待代淡旦但蛋袋弹~药
nɛ⁵³	拿
nɛ³¹	南~北难~易呢
nɛ¹³	耐乃奈难患~
lɛ³¹	来蓝篮兰栏拦
lɛ¹³	览揽榄滥缆懒烂
tsɛ⁵³	灾栽斋
tsɛ⁴⁴	宰载年斩盏展

tsɛ³⁵	再载~重,满~ 蘸赞
tsʰɛ⁵³	猜参~加 搀~扶 餐~就
tsʰɛ⁴⁴	彩采~摘 [睬] 惨铲产
tsʰɛ³⁵	菜忏灿颤₂
sɛ⁵³	腮鳃三杉衫山删
sɛ⁴⁴	陕闪散~松 伞
sɛ³⁵	赛散~解~扇~动,~子
zɛ³¹	豺才~华 财材裁馋残蝉禅
zɛ¹³	在暂站~立,~车 赚~钱 潸溅栈
kɛ⁵³	该监~狱 奸淫
kɛ⁴⁴	改减碱杆笔~,~支 拣
kɛ³⁵	盖遮~丐概慨~叹
kʰɛ⁵³	铅
kʰɛ⁴⁴	开慨慷~坎砍
kʰɛ³⁵	勘
ŋɛ³¹	癌岩颜
ŋɛ¹³	碍眼
hɛ⁴⁴	海喊
ɦɛ³¹	孩咸~鱼 衔~冤 闲
ɦɛ¹³	害馅陷限
ɛ⁵³	哀挨~近,~打
ɛ⁴⁴	晚
ɛ³⁵	爱艾~草

uɛ

suɛ⁵³	衰
suɛ³⁵	帅率~领
kuɛ⁵³	关
kuɛ⁴⁴	拐~杖
kuɛ³⁵	惯
kʰuɛ⁵³	筷
kʰuɛ³⁵	块会~计
guɛ³¹	环
ɦuɛ³¹	怀淮~北 槐~树 幻

ɦuɛ¹³	患宦
uɛ⁵³	弯湾

ø

pʰø³⁵	盼
tø⁵³	端
tø⁴⁴	短
tø³⁵	锻
tʰø⁵³	贪
tʰø³⁵	蜕
dø³¹	团
dø¹³	断 决~，~绝 段缎
nø³¹	男囡
nø¹³	暖
lø¹³	卵乱
tsø⁵³	锥追瞻毡钻~洞 专砖
tsø⁴⁴	转~变，~勋 纂
tsø³⁵	最醉占~领 钻~子 传~记
tsʰø⁵³	催崔炊餐~厅 川穿
tsʰø⁴⁴	喘
tsʰø³⁵	翠脆串
sø⁵³	虽酸
sø³⁵	岁税算蒜
zø³¹	随隋垂绥锤槌穗蚕缠然燃鸾船传~达 橼
zø¹³	髓蕊赘 累~，~人 罪睡瑞隧坠锐遂善
kø⁵³	甘柑干~涉，~燥 竿杆 旗~肝
kø⁴⁴	感赶秆
kø³⁵	干~劲
kʰø⁵³	堪看~守 刊
kʰø³⁵	看~见
ŋø¹³	岸
hø⁵³	虾
hø⁴⁴	罕
hø³⁵	汉翰

ɦø³¹　含函韩寒
ɦø¹³　旱汗
ø⁵³　庵安鞍
ø³⁵　暗按案

uø

tsʰuø³⁵　篡
kuø⁵³　官观~参~冠~衣~棺
kuø⁴⁴　管馆
kuø³⁵　贯罐灌观~寺~冠~军
kʰuø⁵³　宽
kʰuø⁴⁴　款
huø⁵³　欢
huø⁴⁴　缓皖
huø³⁵　唤焕
ɦuø³¹　完
ɦuø¹³　换
uø⁵³　豌
uø⁴⁴　碗
uø³⁵　惋腕

yø

tɕyø⁵³　捐
tɕyø⁴⁴　卷~曲
tɕyø³⁵　卷~书~绢眷
tɕʰyø⁵³　圈~圆~
tɕʰyø⁴⁴　犬
tɕʰyø³⁵　劝券
dʑyø³¹　泉权拳颧
dʑyø¹³　倦
ɕyø⁵³　靴轩宣
ɕyø⁴⁴　选
ɕyø³⁵　楦鞋~
zyø³¹　旋~转,~风

ȵyø³¹	软缘原源元
ȵyø¹³	愿
ɦyø³¹	员圆袁园猿辕援豌
ɦyø¹³	院县远~征
yø⁵³	冤渊
yø³⁵	怨

$$\tilde{a}$$

pã⁵³	帮邦
pã⁴⁴	榜绑
pʰã³⁵	胖
bã³¹	旁螃庞
bã¹³	棒
mã³¹	忙芒茫虻盲
mã¹³	莽蟒网忘望妄
fã⁵³	方肪芳妨
fã⁴⁴	仿~效 纺仿~相~
fã³⁵	放访
vã³¹	防房
tã⁵³	当应~
tã⁴⁴	党挡阻~
tã³⁵	当上~
tʰã⁵³	汤口~牢挡住
tʰã⁴⁴	躺
tʰã³⁵	烫趟
dã³¹	堂棠唐塘糖
dã¹³	荡浩~
nã³¹	囊瓤
lã³¹	狼郎廊螂
lã¹³	浪
tsã⁵³	赃庄装桩木~
tsã³⁵	葬壮
tsʰã⁵³	仓苍疮创~伤昌窗
tsʰã⁴⁴	闯

tsʰã³⁵	创~造唱倡提~
sã⁵³	桑丧婚~霜商伤
sã⁴⁴	爽赏
sã³⁵	丧~失双
zã³¹	藏隐~床常尝偿裳
zã¹³	藏西~脏五~状上~山,在~尚撞
kã⁵³	冈山~刚纲钢~铁缸江
kã⁴⁴	杠~杆讲港
kã³⁵	降~落
kʰã⁵³	康糠
kʰã⁴⁴	慷
kʰã³⁵	抗园
ŋã³¹	昂
ɦã³¹	行银~杭航降投~
ɦã¹³	项

iã

ɦiã¹³	旺火很~

uã

kuã⁵³	光筐框
kuã⁴⁴	广
kʰuã⁴⁴	矿
kʰuã³⁵	旷况
huã⁵³	荒慌
huã⁴⁴	谎恍晃摇~
ɦuã³¹	黄簧皇惶蝗王亡
ɦuã¹³	晃~眼
uã⁵³	汪
uã⁴⁴	枉往
uã³⁵	旺

ɛ̃

pɛ̃⁵³	绷碰₁

pʰɛ̃³⁵	碰₂
bɛ̃³¹	蟛~蜞蚌朋彭膨棚
mɛ̃³¹	蛮乌里~程
mɛ̃¹³	猛孟姓
vɛ̃³¹	横~竖
tɛ̃⁴⁴	打~击
lɛ̃¹³	冷
tsɛ̃⁵³	张章樟睁
tsɛ̃⁴⁴	涨~价掌
tsɛ̃³⁵	涨~大帐蚊账~目胀膨丈杖依仗打障
tsʰɛ̃⁵³	撑支~
tsʰɛ̃⁴⁴	厂
tsʰɛ̃³⁵	畅
sɛ̃⁵³	生甥牲
sɛ̃⁴⁴	省节~
zɛ̃³¹	长~短肠场
zɛ̃¹³	剩
kɛ̃⁵³	羹梗
kɛ̃⁴⁴	杆~子
kʰɛ̃⁵³	坑
ŋɛ̃¹³	硬
ɛ̃⁴⁴	杏

iɛ̃

liɛ̃³¹	良凉梁粮梁量~米
liɛ̃¹³	两~斤,斤亮量数谅
tɕiɛ̃⁵³	将~来浆疆僵姜生~,姓
tɕiɛ̃⁴⁴	蒋浆奖
tɕiɛ̃³⁵	酱将~大
tɕʰiɛ̃⁵³	枪羌腔
tɕʰiɛ̃⁴⁴	抢~夺强勉~
dʑiɛ̃³¹	墙强~大
dʑiɛ̃¹³	匠
ɲiɛ̃³¹	娘爹~,新~

ȵiẽ¹³	酿让
ɕiẽ⁵³	相~互 箱厢湘镶嵌香乡
ɕiẽ⁴⁴	想鲞享响
ɕiẽ³⁵	相~貌 向~方 巷
ziẽ³¹	详祥翔
ziẽ¹³	像橡象 向~我看
ɦiẽ³¹	羊洋杨扬阳烊
ɦiẽ¹³	养痒
iẽ⁵³	央秧殃
iẽ³⁵	恙样

oŋ

poŋ⁵³	篷
pʰoŋ⁴⁴	捧
moŋ¹³	梦
foŋ⁵³	风疯封峰锋蜂
foŋ³⁵	讽
voŋ³¹	冯姓 逢缝~补 凤
voŋ¹³	奉
toŋ⁵³	东冬
toŋ⁴⁴	董懂
toŋ³⁵	冻栋
tʰoŋ⁵³	通
tʰoŋ³⁵	痛统
doŋ³¹	同铜桐童瞳筒
doŋ¹³	桶动洞
noŋ³¹	农脓浓
noŋ¹³	弄~坏
loŋ³¹	笼鸟~聋隆龙
loŋ¹³	笼~罩 拢陇垄
tsoŋ⁵³	棕鬃宗中~当 忠衷终踪纵~横 钟盅
tsoŋ⁴⁴	总种~类 肿
tsoŋ³⁵	粽~子 综 中~射 仲众 纵~放 种~植
tsʰoŋ⁵³	聪匆葱囱充冲~锋

tsʰoŋ⁴⁴	宠
soŋ⁵³	松~紧
soŋ⁴⁴	耸
soŋ³⁵	送宋诵颂讼
zoŋ³¹	丛虫崇从~服重~复茸
zoŋ¹³	重~量
koŋ⁵³	公工功攻蚣弓躬宫恭供~给
koŋ⁴⁴	汞拱巩
koŋ³⁵	贡
kʰoŋ⁵³	空~虚
kʰoŋ⁴⁴	孔恐
kʰoŋ³⁵	控空~缺
goŋ¹³	共
hoŋ⁵³	轰烘
hoŋ⁴⁴	吼哄
ɦoŋ³¹	弘宏红洪鸿虹
oŋ⁵³	翁

ioŋ

ȵioŋ³¹	绒浓
dʑioŋ³¹	琼穷
ɕioŋ⁵³	兄凶吉~、~恶匈胸
ɦioŋ³¹	荣戎熊雄融容溶熔
ɦioŋ¹³	泳咏甬用
ioŋ⁴⁴	永拥勇涌~现踊

ʌn

pʌn⁵³	崩奔
pʌn⁴⁴	本
pʰʌn⁵³	喷~水
bʌn³¹	蓬盆
bʌn¹³	笨
mʌn³¹	萌盟蒙门蚊
mʌn³⁵	闷

fʌn⁵³	丰 ~收 分 ~开 芬纷昏₁
fʌn⁴⁴	粉忿
fʌn³⁵	俸粪奋
vʌn⁵³	温瘟
vʌn³¹	坟焚文纹闻 耳~
vʌn⁴⁴	稳
vʌn¹³	愤份问缝 ~隙
vʌn³⁵	瓮
tʌn⁵³	口阉登灯敦 ~厚 墩蹲
tʌn⁴⁴	等
tʌn³⁵	凳顿
tʰʌn⁵³	吞
dʌn³¹	腾誊藤屯 ~田 臀
dʌn¹³	邓盾遁囤沌钝
nʌn³¹	能
nʌn¹³	嫩
lʌn³¹	棱 ~角 仑崙轮伦论
lʌn¹³	论议~
tsʌn⁵³	珍针斟尊遵真增曾 ~孙 征 ~求 蒸争筝贞侦正 ~月 症病~
tsʌn⁴⁴	诊疹准批~、标~ 整枕 ~席、~木
tsʌn³⁵	镇振震增证 ~明 正公~ 政
tsʰʌn⁵³	惩称 ~呼 蛏春 ~米 村椿春
tsʰʌn⁴⁴	蠢
tsʰʌn³⁵	趁衬称相~、寸秤
sʌn⁵³	身申伸僧升声森参人~ 孙深
sʌn⁴⁴	笋榫审婶沈甚 ~至 损
sʌn³⁵	胜 ~败 圣渗
zʌn³¹	神陈尘晨辰沉存纯唇臣人仁 ~丹 曾 ~经 层澄橙乘绳承丞呈程成城诚盛 ~满
zʌn¹³	阵肾慎郑盛兴~ 任责~ 顺润闰₁赠
kʌn⁵³	跟根更 ~改,打~ 庚耕
kʌn⁴⁴	耿
kʌn³⁵	更 ~加
kʰʌn⁴⁴	恳垦啃肯

hʌn⁴⁴	很
ɦʌn³¹	痕恒衡
ɦʌn¹³	恨横~蛮
ʌn⁵³	恩

in

pin⁵³	冰兵拼~凑姘宾彬槟
pin⁴⁴	禀秉丙饼
pin³⁵	并~合
pʰin⁴⁴	品
pʰin³⁵	聘
bin³¹	贫凭~据,~靠平评坪瓶屏萍频
bin¹³	病并~且
min³¹	明鸣名铭冥民闽
min⁴⁴	敏
min¹³	命悯
tin⁵³	丁钉铁~
tin⁴⁴	顶鼎
tin³⁵	订钉~住
tʰin⁵³	听~见厅汀
tʰin⁴⁴	艇挺
tʰin³⁵	听~从
din³¹	亭停~止廷庭蜓
din¹³	定
lin³¹	灵铃零临林淋邻陵菱凌磷~火
lin¹³	令领岭另
tɕin⁵³	茎京荆惊精晶睛经巾斤筋金今襟禁~不住津
tɕin⁴⁴	紧景警境井靖颈锦谨
tɕin³⁵	仅劲竟镜敬劲~敌进禁~止晋浸
tɕʰin⁵³	卿清轻青蜻倾侵钦亲~切
tɕʰin⁴⁴	请顷寝
tɕʰin³⁵	庆磬钟~亲~家
dʑin³¹	晴情琴禽擒秦勤芹
dʑin¹³	竟静净尽近竞

ȵin³¹	人凝迎宁安~
ȵin¹³	忍刃认韧闰₂
ɕin⁵³	兴~旺星腥馨温~心新薪
ɕin⁴⁴	省反~醒
ɕin³⁵	兴高~性姓掀辛信莘挑~
ʑin³¹	形₂寻
ɦin³¹	蝇行~为盈赢形₁刑型营萤银寅淫
ɦin¹³	幸影颖引尹姓
in⁵³	应~当鹰樱莺鹦英婴缨姻洇因殷阴音
in⁴⁴	隐饮
in³⁵	印应响~

uʌn

kuʌn⁴⁴	滚
kuʌn³⁵	棍
kʰuʌn⁵³	昆崑坤
kʰuʌn⁴⁴	捆
kʰuʌn³⁵	困
huʌn⁵³	昏~暗,~迷婚
ɦuʌn³¹	浑~浊,~身魂馄
ɦuʌn¹³	混

yn

tɕyn⁵³	均钧君军
tɕyn³⁵	俊
dʑyn³¹	群裙
ɕyn⁵³	熏勋薰
ɕyn³⁵	迅讯训
ʑyn³¹	循旬巡
hyn⁵³	荤
ɦyn³¹	匀云~彩
ɦyn¹³	允熨孕
yn³⁵	晕~厥韵运

aʔ

paʔ⁵ 百柏伯
pʰaʔ⁵ 拍
baʔ¹ 白
maʔ¹ 麦脉
vaʔ¹ 划计~
tsʰaʔ⁵ 拆尺赤
saʔ⁵ 霎湿闩门~
zaʔ¹ 闸杂泽张~宅石
kʰaʔ⁵ 揩
ŋaʔ¹ 口仰额
haʔ⁵ 吓
aʔ⁵ 阿~胶, ~哥

iaʔ

tɕiaʔ⁵ 甲脚级年~
tɕʰiaʔ⁵ 恰洽
ɕiaʔ⁵ 泄53
ʑiaʔ⁵ 峡
ɦiaʔ¹ 药钥跃学~校
iaʔ⁵ 协约

oʔ

poʔ⁵ 剥驳北
pʰoʔ⁵ 扑
boʔ¹ 仆~人勃
foʔ⁵ 福复~杂,重~,~原覆腹
voʔ¹ 佛服伏降~
tʰoʔ⁵ 秃
doʔ¹ 夺独读牍毒笃督
loʔ¹ 鹿禄陆大~
tsoʔ⁵ 蔗族足爪脚~卒士~啄捉竹筑建~烛嘱
tsʰoʔ⁵ 触
soʔ⁵ 黍速叔索绳~宿~舍

zoʔ¹	熟述昨凿勺浊镯逐俗赎属蜀辱续
koʔ⁵	国
kʰoʔ⁵	哭
oʔ⁵	屋握

ioʔ

| ɲioʔ¹ | 玉~肉 |
| ɦioʔ¹ | 浴 |

ɔʔ

pɔʔ⁵	博
pʰɔʔ⁵	朴~素
bɔʔ¹	薄缚雹帛
mɔʔ¹	木摸莫漠墨目牧穆
tɔʔ⁵	丑扔
tʰɔʔ⁵	突托~委,~盘
nɔʔ¹	诺
lɔʔ¹	洛落骆络烙酪乐~快,~六绿录
tsɔʔ⁵	作桌卓祝粥
tsʰɔʔ⁵	撮绰戳畜~牲促
sɔʔ⁵	塑漱粟朔肃缩束
zɔʔ¹	射
kɔʔ⁵	阁各搁角谷五~,山~
kʰɔʔ⁵	壳酷
ŋɔʔ¹	岳~阳
hɔʔ⁵	忽
ɦɔʔ¹	学~习,~堂鑊
ɔʔ⁵	沃恶善~

iɔʔ

| ɲiɔʔ¹ | 抐口揉面粉口推来推去 |

uɔʔ

| kuɔʔ⁵ | 郭 |

kʰuɔʔ⁵ 扩廓
huɔʔ⁵ 霍
ɦuɔʔ¹ 获₍收~，~得₎

ʌʔ

pʌʔ⁵ 拨钵
pʰʌʔ⁵ 泼魄迫
mʌʔ¹ 抹沫末没₍淹~₎默物₍事~₎陌₍~生₎
vʌʔ¹ 伐罚筏核₍枣~儿₎物₍动~₎勿
tʌʔ⁵ 得德
tʰʌʔ⁵ 脱
dʌʔ¹ 得
nʌʔ¹ 纳
lʌʔ¹ 勒肋
tsʌʔ⁵ 质₍人~₎汁执哲折₍~断，~叠₎浙者褶着₍~衣₎则织职只摘
tsʰʌʔ⁵ 撤彻₍~底₎出侧测册策
sʌʔ⁵ 涩设赦涉摄刷说瑟虱失室塞₍闭₎色啬识饰式适释
zʌʔ¹ 十拾₍~取入₎铡舌佤实术₍算₎着₍睡₎若弱贼直值食蚀植殖择
kʌʔ⁵ 鸽割葛各胳格革隔
kʰʌʔ⁵ 磕渴克刻客
gʌʔ¹ 𠕅
hʌʔ⁵ 喝₍~彩₎黑赫
ɦʌʔ¹ 合₍~作₎腭个₂核₍~对₎

iʌʔ

piʌʔ⁵ 壁₁
pʰiʌʔ⁵ 僻₁辟₍开~₁₎
liʌʔ¹ 荔₁吏₁劣₁律₁率₍~效₎₁略₁掠₁
tɕʰiʌʔ⁵ 雀鹊确吃₍~饭₎
ɕiʌʔ⁵ 削
ziʌʔ¹ 辖嚼
ȵiʌʔ¹ 拈

uʌʔ

kuʌʔ⁵	骨国
kʰuʌʔ⁵	括包~阔
huʌʔ⁵	豁
ɦuʌʔ¹	活滑₂或
uʌʔ⁵	[殳+页]淹死

iɪʔ

piɪʔ⁵	鳖别区~蝙笔毕必逼碧壁₂
pʰiɪʔ⁵	匹劈僻₁辟开~1
biɪʔ¹	鼻别离~
miɪʔ¹	灭密蜜觅秘~书
tiɪʔ⁵	贴帖跌滴
tʰiɪʔ⁵	铁踢剔惕
diɪʔ¹	叠蝶碟谍的目~敌狄笛籴
liɪʔ¹	栗立粒笠列烈裂力历~史,日~荔吏₁劣₁律₁率₁数~略₁掠₁
tɕiɪʔ⁵	接集辑级~数给~予杰揭竭节截结洁吉极积迹脊绩激击
tɕʰiɪʔ⁵	切~~,~开泣窃七漆戚妾
dʑiɪʔ¹	捷劫急及疾籍~贯
ɕiɪʔ⁵	胁吸泄³¹ 歇悉膝息熄惜昔夕析锡
ziɪʔ¹	习袭席
ɲiɪʔ¹	聂业热孽捏日逆溺
ɦiɪʔ¹	叶亦译液腋
iɪʔ⁵	噎乙一逸益役

ɛʔ

pɛʔ⁵	八
bɛʔ¹	拔
mɛʔ¹	袜
fɛʔ⁵	法发头~,出~
vɛʔ¹	乏罚滑₁猾
tɛʔ⁵	答搭达
tʰɛʔ⁵	塌塔獭
dɛʔ¹	踏

lɛʔ¹	腊~月蜡~烛猎辣
tsɛʔ⁵	扎~针,包~札
tsʰɛʔ⁵	插察
sɛʔ⁵	杀煞
kɛʔ⁵	胛夹~板,~袄
kʰɛʔ⁵	掐
gɛʔ¹	□夹牢
hɛʔ⁵	喝~水瞎
ɦɛʔ¹	盒狭
ɛʔ⁵	鸭押压

uɛʔ

| uɛʔ⁵ | 劀 |
| kuɛʔ⁵ | 刮 |

yɪʔ

tɕyɪʔ⁵	掘决橘爵觉感~菊
tɕʰyɪʔ⁵	缺屈却麹曲
dʑyɪʔ¹	绝轴局剧
ȵyɪʔ¹	虐玉₂
ɕyɪʔ⁵	薛屑雪血穴恤戌畜~牧蓄旭
ɦyɪʔ¹	悦阅月越岳五~域疫狱欲
yɪʔ⁵	郁姓育

əl

| əl³¹ | 尔而耳 |

m̩

| m̩¹³ | 姆呒 |

ŋ̍

ŋ̍³¹	鱼
ŋ̍¹³	五
ŋ̍³⁵	儿~子

二、川沙音系

(一) 导言

1. 地理、政区沿革、人口

川沙县位于上海市东郊,长江入海口南侧,由吴淞口呈弧形向东南蜿蜒展开,枕黄浦,滨东海,南与南汇、上海两县接壤,西与南市、黄浦、杨浦三区毗邻,西北与宝山区隔江相望。全境面积448.65平方公里。境内平畴沃野,阡陌纵横,既具江南水乡特色,又有近郊海滨风光,是长江黄金水道的门户,上海的东南屏障。

古代川沙是戍卒屯垦的海疆。唐天宝十年(751)属华亭县,元至元二十九年(1292)归属上海县,清雍正三年(1725)后分隶南汇、上海两县。嘉庆十五年(1810)始由上海、南汇两县划出,设川沙扶民厅,辖长人、高昌两乡三个保及八、九两团地。辛亥革命(1911)改厅为县,直隶江苏省。1950年,南汇划入29个乡。

1958年,横沙岛划归宝山县,同年十二月,川沙从江苏省划出,改属上海市管辖。至1985年,全县有3个县属镇、27个乡。27个乡即:施湾、六团、江镇、蔡路、合庆、城镇、黄楼、孙桥、唐镇、王港、龚路、顾路、杨园、金桥、张桥、东沟、高桥、高东、高南、凌桥、张江、北蔡、花木、洋泾、严桥、六里、杨思;3个县属镇分别是:城厢镇、高桥镇、杨思镇。县政府驻于城厢镇。今日川沙,已属上海市开发浦东建设新区的规划范围,政区已有新的调整和变化。

据1988年统计,全县人口共62.61万人。

2. 方言概况

本县设治较晚,在清代大部地区原属上海、南汇两县,方言上也与两县相近。现代川沙音系以城厢老派读音为代表,仍然保留着100年前的许多基本特点。但从20世纪30年代以来,尤其是解放以后,川沙与上海市区的交往日益频繁,川沙方言也起了一些变化。川沙的方言有地域上的差异,也有因年龄、文化程度等原因造成的差异,但整体性仍然很强。语音上的共同点主要有以下六个方面。

(1) 有缩气浊音声母ʔb、ʔd,它们跟中古的帮母、端母相对应,没有不送气的清塞音p、t。

(2) 双唇擦音ɸ、β与唇齿擦音f、v并存;分、发[f]与昏、豁[ɸ]并存;饭、罚[v]与混、滑[β]并存,也有混用的情况,如横、房、浮、缚。

(3) 在齐、撮两呼前有[ts]、[tɕ]两组的对应(分尖团音)。

（4）入声韵比较丰富，类别很细。如开口呼就有6个入声韵母，"客、掐、克、渴、哭、壳"，都不同音。

（5）古"过"摄、三等"知章"两组的字读y韵。如处（相处）=取，输书=须，柱乳=序。古"麻"韵"知、章、庄"三组开口字读io韵，和"效"摄三四等"精"组字同。如沙赊=消箫，查蛇=巢，渣=焦（沙、赊、查、蛇、渣也可读成io韵）。古"麻"韵"晓、匣、影"等母，有一部分字读ɔ韵，和"效"摄开口一二等同。如瓦=咬[ŋɔ]，下夏=浩[ɦɔ]，哑=袄[ɔ]。古"通"摄"非"组字风、缝、福、伏读作[hoŋ]、[ɦoŋ]、[hoʔ]、[ɦoʔ]。蜂、封=烘[hoŋ]，冯=红[ɦoŋ]。

（6）单字调7个，阳平和阳上合为一类，但是在连读变调中，阳平和阳上的变调行为不同。川沙方言语音的地域差异，主要表现在韵母的异读和连读变调不同的两个方面。根据这些差异，以连读变调为主要标准，大体上可以划分为3个小区：

第一区（东南片），以城厢镇为代表点，包括城厢镇、施湾、六团、江镇、黄楼、城镇、孙桥、张江、唐镇、蔡路、王港、合庆、龚路、金桥、张桥、东沟、顾路、杨园，共18个乡镇，大部分是清末民初川沙县的疆域。

第二区（西南片），以杨思镇为代表点，包括杨思镇、洋泾、严桥、花木、北蔡、六甲、杨思，共7个乡镇，民初属上海、南汇两县，沿浦江的洋泾、严桥、六里、杨思4个乡和杨思镇，于1960年才划归川沙。

第三区（北片），以高桥镇为代表点，古属太仓州，包括高桥镇和凌桥、高东、高南、高桥4个乡。三个区之间，第一、第二区共同点较多，第三区自有特色。主要的差异有以下两个方面。

第一，韵母不同。

① 中古"麻"母开口二、三等"知、章、庄"组字，南部有介音，读音同"效"摄三、四等"精"组字。如"渣、遮、作、榨、炸、蔗、叉、车、错、岔、沙、纱、赊、舍、赦、晒、查、茶、佘、麝"等字，读音与"焦、俏、消、巢"相同，韵母为[ɕi]，而北部（以第三区为主，包括第二区的沿江地带和第一区北部的少数乡，下同）的韵母是[o]，读音与"怕、马、瓜、花"同。

② 中古"蟹"摄合口一等"灰"韵字、合口三等"祭"韵字以及"止"摄合口字读音很复杂，北部和南部的差异很大，如下表：

例字 地区	帮组 梅	端泥组 推	精组 催	见组 魁	晓组 灰	影组 为
城厢镇	me	tʰe	tsʰø	kʰue	ɸe	βe
杨　园	mi	tʰi	tsʰy	kʰui	ɸi	βi

③ 中古"咸、山"两摄开口三、四等字以及"山"摄合口三等精组字,南部读为[i],跟"止、蟹"两摄开口三、四等大部分字合流。北部则不同,前者读为[ie],后者读为[i]。如:城厢镇:迷=棉[mi],西=先=宣[si],齐=全=前[zi]。高桥:迷[mi]≠棉[mie],西[si]≠先、宣[sie],齐[zi]≠前、全[zie]。但是,南部也有极少数"咸、山"摄少数字读成[iɛ]的,如"炎、艳、廿、念"等。

④ 中古"遇"摄三等"知、章"两组字南部读[y]北部读成舌尖前圆唇元音[ɥ],沿黄浦江地区也有和市区方言一样读[ɿ]的。具体情况如下表:

地区\例字	株	处	书	除
城厢镇	tsy	tsʰy	sy	zy
高　桥	tsɥ	tsʰɥ	sɥ	zɥ
浦江沿岸	tsɿ	tsʰɿ	sɿ	zɿ

⑤ 龚路、顾路、张桥、金桥这一带,中古"深、臻"两摄字,不管什么声母都读[in]韵,形成了深=心=身=新=星[sin]的同音字系列。"针、灯"和"精、丁"两组字在其他地区韵母分别是[ən]和[in],而这一带都读[in]。

⑥ 高桥乡北部和凌桥乡没有[y]韵母,北部其他地区读[y]韵的字如"居、跪、女、虚、雨"等字,在这两处都读[i]。

⑦ 中古"麻"韵开口三等匣母、影母多数字,南部与北部声、韵母都不同。如:

城厢镇:下=浩[ɦɔ]≠华[βo],哑=袄[ɔ]
高桥:下=华[βo]≠浩[ɦɔ],哑[o]≠袄[ɔ]
浦江沿岸:下=华=夏[ɦo]≠浩[ɦɔ],哑[o]≠袄[ɔ]

第二,连读变调不同。

在"阴上—上声"、"阴去—上声"、"阳上—上声"、"阳去—上声"四种连读变调的组合中,南部有"35—21"和"13—21"两种变调格式,而北部大多读为"44—44"和"23—33",显然保留着宝山县语调和移民母语的痕迹,西部则读为"33—53"和"22—53",与市区方言的声调基本一致。具体情况如下表:

地区\例字	橄榄	春臼	老腿	痱子
城厢镇	35—21	35—21	13—21	13—21
高南乡	44—44	44—44	23—33	23—33
严桥乡	33—53	33—53	22—53	22—53

本卷着重调查和讨论第一区、第三区的老派音系。

(二) 城厢镇的老派音系(发音人甲)

1. 声母表(29个)

ʔb 波布包	pʰ 破铺拍	b 婆部白	m 麻妈忙	ɸ 泛欢反	β 乏换烦
				f 飞非妃	v 未维微
ʔd 多当带	tʰ 土太汤	d 大徒踏	n 奴脑纳		l 炉路屡
ts 找早节	tsʰ 车错七			s 诗素小	z 坐惹齐
tɕ 鸡姜菊	tɕʰ 欺羌缺	dʑ 骑强局	ȵ 泥娘肉	ɕ 戏响血	
k 歌过故	kʰ 苦可库	g 葵环轧	ŋ 牙瓦咬	h 好喊喝	ɦ 下华易
ø 衣乌欧					

2. 韵母表(55个)

ɿ 子水此是	i 鸡千全来	u 哥坐布夫	y 居除雨书
a 街惹买太	ia 贾谢爹姐	ua 怪快	
ɔ 高潮包毛	iɔ 浇樵标吊		
o 巴怕爬马	io 遮唷朵	uo 瓜跨	
ɛ 栋馋办慢	iɛ 炎念奸也	uɛ 关环筷顽	
e 该船盘来		ue 官危块葵	
ø 肝罪团端			yø 捐软园劝
ɤ 勾愁斗某	iɤ 纠就修九		
	iu 靴		
ã 庚常浜孟	iã 姜详枪香	uã 光~火	
ɑ̃ 钢床胖帮	iɑ̃ 旺	uɑ̃ 光广匡狂	
əŋ 根曾本灯	iŋ 径轻津音	uəŋ 滚捆棍困	yŋ 均匀允军
oŋ 公从捧冬			yoŋ 龚雄穷凶
aʔ 格石吓麦	iaʔ 脚剧确削	uaʔ 碱(裂开)	
æʔ 夹闸八袜	iæʔ 甲捏侠恰	uæʔ 刮挖	
ɔʔ 各啄托笃	iɔʔ 捔	uɔʔ 郭扩	
oʔ 谷熟北毒			yoʔ 曲肉浴局
œʔ 渴撮夺脱			yœʔ 菊血缺月

ɕəʔ革贼克黑	iəʔ击益吃逆	uəʔ骨阔	
	iiʔ急席必立		
əl尔而	m̩亩姆	ŋ̍□~奶(祖母)	ŋ̍五鱼

3. 声调表(7个)

调类	调值	例字
阴平	53	灾高跟浜音拉丝方枪
阳平	213	皮流斜赔雷墙肠狂停
阴上	44	懂醒饱写响肯滚土洒
阴去	35	冻信报看四做肺破过
阳去	13	洞净刨买办断定动笨
阴入	ʔ55	答捉角急笔削脚刮骨
阳入	ʔ12	白毒月灭席药合肉截

(三) 城厢镇的老派音系(发音人乙)

1. 声母表(29个)

发音方法		发音部位	双唇	唇齿	舌尖前	舌尖中	舌面	舌根	喉
塞音	清	不送气						k高根	
		送气	pʰ批喷			tʰ讨吞		kʰ敲肯	
	浊	缩气	ʔb边奔			ʔd倒灯			
			b皮盆			d稻腾		g搞	
塞擦音	清	不送气			ts焦卖		tɕ决金		
		送气			tsʰ俏春		tɕʰ缺轻		
	浊						dʑ掘近		
鼻音			m棉门			n脑能	ȵ月人	ŋ熬	
边音						l老伦			
擦音	清		ɸ歪花	f反发	s肖深		ɕ血		h好很
	浊		β坏话	v饭罚	z樵陈				ɦ号恨
零声母									ø哑恩

声母特点说明：

（1）有缩气浊塞音声母ʔb、ʔd，没有不送气清塞音p、t。

（2）双唇擦音与唇齿擦音并存，"反、发、饭、罚"用唇齿擦音f、v，"歪、花、坏、话"多数人用双唇擦音ɸ、β（接近hu-、ɦu-），"浮、横、文、房"双唇擦音和唇齿擦音混用。

（3）尖音和团音有分别，当[ts]组与[i-]、[y-]组韵相拼时，老派读尖音，例如下列几对字不同音：煎[tsi]≠兼[tɕi]、秋≠[tsʰiɤ]≠邱[tɕʰiɤ]，相[siã]≠香[ɕiã]、就[ziɤ]≠旧[dʑiɤ]。

（4）当舌面郑[tɕ]组与[i-]韵相拼时，实际音值为c、cʰ、ç。

（5）鼻音、边音声母各有两套。一套配阴声调，具有紧喉性质，即：ʔm、ʔn、ʔȵ、ʔŋ、ʔl；另一套配阳声调，带浊流，即：ɦm、ɦn、ɦȵ、ɦŋ、ɦl。本文一律写成m、n、ȵ、ŋ、l，用声调的阴阳来区别它们的不同。

（6）所有的零声母前面都有一个喉塞成分ʔ，为简便，标音时从略。

2. 韵母（川沙方言的韵母有52个，另有自成音节的福音4个）

开	齐	合	撮
ɿ 子水	i 鸡全	u 哥坐	y 居除
a 街惹	ia 贾谢	ua 怪快	
o 巴麻	io 遮唷	uo 瓜跨	
	iu 靴		
ɔ 高潮	iɔ 浇樵		
ɤ 勾愁	iɤ 纠就		
e 该船		ue 官危	
ɛ 栋馋	iɛ 炎念	uɛ 关环	
ø 肝罪			yø 捐软
ã 庚常	iã 姜详	uã 光（光火）	
ɑ̃ 钢床	iɑ̃ 旺	uɑ̃ 光（光明）	
	in 精清		yŋ 均匀
əŋ 根绳	iŋ 径轻	uəŋ 滚捆	
oŋ 公从	ioŋ 龚雄		
aʔ 格石	iaʔ 脚剧	uaʔ 碱（裂开）	
æʔ 夹闸	iæʔ 甲捏	uæʔ 刮挖	

(续表)

开	齐	合	撮
əʔ 革贼	iəʔ 击益	uəʔ 骨阔	
	iiʔ 急席		
œʔ 渴撮			yœʔ 菊血
oʔ 谷熟	ioʔ 曲肉		
ɔʔ 各啄	iɔʔ 搦(搓搓)	uɔʔ 郭扩	
四个可以自成音节的辅音：m̩ 亩姆 ŋ̍ (ṇ nʌ) 祖母 ŋ 五鱼 əl 尔而			

韵母特点说明：

（1）中古"麻"韵开口二、三等"知、章、庄"组字，有 i 介音，读音同"效"摄三、四等"精"组字，如"渣、车、沙、纱"读如"焦、俏、消"，韵母为[iɔ]。

（2）中古"咸、山"摄极少数字读成[iɛ]韵，如"炎、念"。

3. 声调表（7个）

代码	调类	调值	调号	例字
1	阴平	53	˥	东心包
2	阳平	213	˨˩˧	铜寻跑
3	阴上	44	˦	懂醒饱
5	阴去	35	˧˥	冻信报
6	阳去	13	˩˧	洞净刨
7	阴入	5̠5̠	˥	督雪北
8	阳入	2̠3̠	˨˧	毒席薄

声调说明：

（1）中古浊声母的平、上声字已经合流，所以单字调实际上只有 7 个。

（2）阳平、阴上在单字调中虽然已经合流，但在连读字组中的变调行为不一致。

（3）这里所说的声调是单字调，即一个字单说时的声调。

4. 语音结构

（1）声调、声母配合关系

声母＼声调	阴平	阳平	阴上	阴去	阳去	阴入	阳入
ʔb ʔd pʰ tʰ ts tsʰ tɕ tɕʰ k kʰ f s ɸ ɕ h	批		讨	送		鸭	
ʔm ʔn ʔȵ ʔl ʔŋ	溜		美			捏	
ɦm ɦn ɦl ɦȵ ɦŋ		能			帽		额
b d g dʑ β v z ɦ		陈			饭		舌

（2）声母、韵母配合关系

声母＼韵母	开 ɿ	开 其他	齐 i	齐 i-	合 u	合 u-	撮 y	撮 y-
ʔb ʔd pʰ tʰ b d m n l		怕	米	兵	布		吕	
f v ɸ β		饭	非		火			
k kʰ g		敲			哥	环		
h		蟹						
ts tsʰ s z	纸	庄	妻	消	祖		趣	
tɕ tɕʰ ɕ dʑ ȵ			欺	晓			驱	缺
ŋ		咬			饿			
ø		矮	衣	妖	乌		郁	
ɦ		鞋	伊	油				

（3）韵母声调配合关系

韵母＼声调	阴平	阳平	阴上	阴去	阳去	阴入	阳入
阴声韵	开		好	菜			
阳声韵		床			树		
其他		而	尔		五		
入声韵						谷	麦

5. 连读变调

（1）两字组连读变调表（广用式）

前字\后字	阴平	阳平	阴上	阳上	阴去	阳去	阴入	阳入
1	鹦哥（55–53）丝绵		家谱　新妇（55–21）　揩布　新旧				鸦鹊（55–53）三月	
3	铲刀　扁头（33–53）过房　绢头		左手（35–21）早稻（35–21）或（44–44）锯子　干部		好看（44–44）扁豆（55–21）或（44–44）告诉　怪样		晓得　小麦（33–53）信壳　快活	
5								
7	阿妈（33–53）脚鱼		缺嘴（44–44）曲蟮		适意（33–44）屋面		百脚（33–53）作孽	
2	庭心　黄狼（22–22）娘子　长远				鱼泡（22–24）咸蛋		爷叔（22–44）红木	
4	领衣　肚皮（22–53）外甥　助婆		老腿　丈母（13–21）面孔　大雨		女婿　眼泪（22–34）外快　大大		柱脚　厚薄（22–53）作料　地栗	
6								
8	药渣　肋条		热水（22–34）镬灶		月半　立夏		日脚（22–34）活络	

两字组变调的特点：

① 在舒声调和舒声调的组合中，后字的读降调占优势，只有22－24、22－34这两种调式例外。

② 在单字调中，阳平、阳上已经合流，但是阳平、阳上在连读字组中变调行为迥异，如时常（2+2）$^{22-22}$≠（2+4）$^{22-53}$；丝绵（1+2）$^{55-53}$≠新妇（1+4）$^{55-21}$；铜器（2+5）$^{22-22}$≠动气（4+5）$^{22-34}$；绢头（5+2）$^{22-53}$≠春日（5+4）$^{53-21}$。

③ 入声和舒声结合，当入声处于前字位置时，它的喉塞尾减弱；处于后字位置时，喉塞尾并不减弱。入声和入声结合，前、后字的喉塞部分仍然是明显的。

④ 在单字调中，阴声调属高调层、阳声调属低调层，高低分明，但在两字组中，出于后字的阴声调和阳声调，调层不分高低，合而为一。

（2）三字组连读变调表(广用式)

编号	首字本调	平、入(1、2、7、8)	上、去(3、4、5、6)		例词	相关两字组变调
1	1 (3、5)	55—55—53			双胞胎、商业局	55—53
2			55—55—21		揩台布、天落水	55—21
3				55—33—21	秋老虎、三四斤	55—21
4	3、5、7	33—55—53			顶针箍、粥镬茶	33—53
5			33—55—21		姐妹婿、剃头店	35—21
6				35—33—21	讨恶厌、四进士	35—21
7				44—44—44	雪里蕻、八宝饭	44—44
8	4、6	22—55—53			明朝会、绒线衫	22—53
9			22—55—21		奶末头、电线木	22—34
10				13—22—21	眼泪水、顺带便	13—21
11	2	22—22—22			马后炮、旧社会	22—22 / 22—34
12	8	22—22—34			学生子、肉炖蛋	22—34
13		22—22—53			白米粥、十二月	

三字组连读变调说明：

① 三字组广用式连读变调跟两字组连读变调有密切的联系,产生的13种变调格式都有相关的两字组变调与之对应。一个三字组采用何种变调格式跟字组的首字和末字的本调有关,首字和末字产生的调型跟两字组的首、末字调型基本一致,但三个字变调调型更趋于简化,而且大多数变为平调。中字在三字组连调中所起的作用较首字和末字为小,一般只起过渡作用。

② 入声处于首字位置时,喉塞尾变化同两字组;入声字处于中字位置,而第三字又是舒声时,中字入声喉塞作用大为减弱,跟舒声趋向混同。

③ 在首字为平声的三字组中,中字如果是古阳平调,它的变调型跟相同环境中的阳上字不同,如"1+2+1"的调式：工程师是55—55—53,而"1+4+1"的调式：潘老师是55—33—21。这说明,虽然在单字调中,阳平、阳上字的声调已经合流,但在三字组中,阳平、阳上字的声调,还没有完全丧失独立性。

④ 在三字组中,当入声处于末字位置时,不管是阴入还是阳入,都念成高降调53。

（3）三字组连读变调举例：

① 调式：55 — 55 — 53

组合：阴平+平入+平入

举例：双胞胎　　sãʔ　bɔ　dɤ

　　　商业局　　sã　ȵiiʔ　ʔdʑioʔ

② 调式：55 — 55 — 21

组合：阴平+平入+上去

举例：揩台布　　kʰA　de　ʔbu

　　　天落雨　　tʰɪ　loʔ　sʅ

③ 调式：55 — 33 — 21

组合：阴平+上去+平上去入

举例：秋老虎　　tsʰiɤ　lo　ɸu

　　　三四斤　　sɛ　sʅ　tsin

　　　心脏病　　sin　zã　bin

　　　商检局　　sã　tɕi　dʑioʔ

④ 调式：33 — 55 — 53

组合：(阴)上去入+平入+平入

举例：顶针箍　　ʔdin　tsən　ku

　　　教师节　　tɕio　sʅ　tɕiʔ

　　　粥镬茶　　tsoʔ　ɦoʔ　zio

⑤ 调式：33 — 55 — 21

组合：(阴)上去入+平入+上去

举例：剃头店　　tʰʔ　dɤʔ　di

　　　火药弹　　ɸu　ɦiAʔ　de

　　　发行所　　fæʔ　ɦiã　su

⑥ 调式：35 — 33 — 21

组合：(阴)上去+上去+上去

举例：讨惹厌　　tʰɔ　zA　ɦi

　　　四进士　　sʅ　tɕin　zʅ

⑦ 调式：44 — 44 — 44

组合：阴入+上去+平上去

举例：八宝饭　　ʔbæʔ　ʔbɔ　vɛ

雪里蕻　　sɿɪʔ　li　hoŋ

⑧ 调式：22 — 55 — 53
   组合：阳去+上去入+平入
   举例：奶末头　　nᴀ　məʔ　dɤ
   　　　电线木　　di　ɕi　moʔ

⑨ 调式：22 — 55 — 44
   组合：阳平+平上去+平上去
   举例：明朝会　　ɦmin　tsɔ　βe
   　　　绒线衫　　ɦnoŋ　ɕi　sɛ

⑩ 调式：13 — 22 — 21
   组合：阳去+上去+上去
   举例：眼泪水　　ɦŋɛ　li　sɿ
   　　　顺带便　　zən　ʔdᴀ　bi

⑪ 调式：22 — 22 — 22
   组合：阳（上去）+阳（上去）+上去
   举例：马后炮　　ɦmo　ɦɤ　pʰɔ
   　　　旧社会　　dʑiɤ　zo　βe

⑫ 调式：22 — 22 — 34
   组合：阳入+平上去+平上去
   举例：学生子　　ɦoʔ　sã　tsɿ
   　　　肉炖蛋　　ɦȵioʔ　ʔdən　dɛ

⑬ 调式：22 — 22 — 53
   组合：阳入+平上去+入
   举例：白米粥　　bᴀʔ　mi　tsoʔ
   　　　十二月　　zæʔ　ȵi　ȵyœʔ

（四）川沙方言的内部差异

川沙方言有年龄差异。年龄差异反映了川沙方言发展的趋向。解放以来,这种变化发展得非常快。不同年龄层次的人在语音、词汇两个方面有一定差异,语音的差异尤为突出。老年人的语音变化较慢,保留川沙方言的原有特点较多;青少年和城镇、交通要道地带的中年人变得快,其特点是音系趋向简化,并逐渐向市区方言靠拢。为称说方便,以下把前者称为老音系(或老派),后者称新音系(或新派)。

新老音系的语音差异主要有以下6个方面：

1. 尖音并入团音

（1）"ts"＋"i"组

"煎tsi秋tsʰiɤ相siä就ziɤ"，老派读尖音，新派读团音，与"兼、邱、香、旧"同。

"遮tsiɔ车tsʰiɔ除siɔ"（有的地区韵母为[io]），老派读尖音。新派南部农村青年多数作团音，与"浇tɕiɔ跷tɕʰiɔ嚣ɕiɔ"同音；北部和沿江地带的中青年人多数改韵母为[o]，读成tso,tsʰo,so，与市区方言同。

（2）"ts"＋"y"组

"朱tsy处tsʰy书sy"，老派读为尖音，新派中农村青年读作团音，与"居tɕy区tɕʰy虚ɕy"同音，北部和沿江地带改韵母为[ʮ]或[ɿ]。

2. 双唇擦音、唇齿擦音、喉音的转化

（1）双唇擦音ɸ、β在新音系中音位后移，发音时气流增大。如花ɸo话βo读如ho、ɦo；烧ɸã昏ɸəŋ坏βA读作huã、huəŋ、ɦuA。

（2）"风hoŋ福hoʔ冯ɦioŋ伏ɦioʔ"，老派声母为喉音，而新派改为唇齿擦音，读作"foŋ、foʔ、voŋ、voʔ"，与市区方言同。

3. 缩气浊塞音声母[ʔb]、[ʔd]在新音系中的转化

缩气浊塞音声母[ʔb]、[ʔd]在新音系中正逐渐为不送气清塞音声母[p]、[t]所代替，这种现象在青年知识分子和沿江地带尤为明显。

4. 韵母的合并

（1）促韵母[æʔ]、[iəʔ]、[œʔ]、[ɔʔ]、[ouʔ]在新音系中逐渐消失：[æʔ]并入[ɐʔ]，"八、拔、袜、插、杀"与"百、白、麦、折、湿"同音；[iəʔ]并入[ilʔ]，"极、乞、级、逆、亦"与"急、泣、及、热、叶"同音；[œʔ]并入[əʔ]，"掇、落、夺、捋、葛"与"得、忒、特、勒、革"同音；[ɔʔ]、[ouʔ]并入[oʔ]，"笃、踱、落、郭、扩"与"督、毒、六、国、笑"同音。

（2）"船善半版盘潘南满川扇"，老派韵母为[e]，新派都改为[ø]，读音与市区方言同。

（3）"妹推灰"等字老派读[i]韵的，新派白读仍为[i]，而文读时已改为[e]。

5. 普通话的影响

解放后出生的大中学校学生、青年知识分子，受普通话影响较深。老派中许多乡音较重的字，他们都按普通话的音调发音。如：

窟窿：老音系　kuəʔ　loŋ　　　新音系　ku　loŋ

京剧：老音系　tɕin　dʑiA ʔ　　　新音系　tɕin　dʑyœʔ

爵士：老音系　tsAʔ　zɿ　　　新音系　tɕyœʔ　zɿ

浮动：老音系　βɤ　doŋ　　　新音系　vu　doŋ

6. 声调变化

新派阴上、阴去开始合并,读成334或335,阳平、阳上、阳去合为一类,读成223或335。总的趋势是调类总数将逐步合并为五个,与市区方言同。

(五)川沙新派同音字表

说明

(1)字汇按照新派川沙方言音系排列,先按韵母分部,同韵的字按声母排列,声韵母相同的再按声调排列。

(2)韵母的排列次序是:

ɿ	i	u	y
a	ia	ua	
ɔ	iɔ		
o	io	ou	
ɛ	iɛ	ɜu	
e		ue	
ø			yø
ɤ	iɤ		
	iu		
ã	iã	uã	
ɑ̃	iɑ̃	uɑ̃	
əŋ	iŋ	uəŋ	yŋ
oŋ			yoŋ
aʔ	iaʔ	uaʔ	
æʔ	iæʔ	uæʔ	
ɔʔ	iɔʔ	uɔʔ	
oʔ			yoʔ
œʔ			yœʔ
əʔ	iəʔ	uəʔ	
	iɿʔ		
əl	m̩		ŋ̇

(3)声母的排列次序是:

ʔb　　pʰ　　b　　m　　ɸ　　β
　　　　　　　　　　f　　v

ʔd	tʰ	d	n		l
ts	tsʰ			s	z
tɕ	tɕʰ	dʑ	ɲ	ɕ	
k	kʰ	g	ŋ	h	ɦ
∅					

（4）声调的排列次序是：

阴平53、阳平213、阴上44、阴去35、阳去13、阴入55、阳入12。

（5）字右下的小字是注。有的是这个字构成的例词或例句，有的是说明。注中的代替号（~）代表本字，如："光~火"就是"光光火"。

ɿ

tsɿ⁵³　　租猪朱珠知支枝肢栀资姿咨脂滋之芝

tsɿ⁴⁴　　主制~度紫纸旨指子嘴止址

tsɿ³⁵　　著显~注~解注~意蛀制~造智致至置志~向志杂~痣

tsʰɿ⁵³　　痴吹

tsʰɿ⁴⁴　　雌此耻厕~所齿

tsʰɿ³⁵　　处~理处~所刺赐翅次

sɿ⁵³　　梳书输~赢输运~斯施私师狮尸司丝思诗

sɿ⁴⁴　　暑鼠薯数~一~史使~用驶始水

sɿ³⁵　　数~日世势四试

zɿ²¹³　　除储锄如厨橱柱住殊竖树~林乳池匙是瓷自迟示视慈磁~石字辞
　　　　　词祠似寺饲持治士柿事时市恃树~立

i

pʰi⁵³　　批坯披篇偏

pʰi³⁵　　屁［骗］欺~片

bi²¹³　　皮疲脾被~子避便~宜辨辩便~方~辫

ʔbi⁵³　　鞭编边蝙

ʔbi⁴⁴　　彼鄙比贬扁匾

ʔbi³⁵　　弊币毙闭臂秘~书泌庇痹变遍

mi²¹³　　迷米谜~语弥眉棉绵免勉娩缅

mi³⁵　　味面脸~面~粉

fi⁵³　　飞非妃~子

fi⁴⁴　　匪

fi³⁵	废肺费 花~
vi²¹³	肥
tʰi⁵³	梯添天
tʰi⁴⁴	体舔
tʰi³⁵	替涕剃
di²¹³	题提啼蹄弟第地甜田填电垫
dĩ⁵³	低堤拈颠
dĩ⁴⁴	底抵点典
dĩ³⁵	帝店殿奠
li²¹³	黎礼篱璃离~开梨狸李里~程理鲤里廉镰帘敛连联怜莲厘
li³⁵	例厉励利痢泪练炼(鍊)炼恋
tɕi⁵³	鸡基几~乎机讥饥尖间~中艰煎肩坚肌
tɕi⁴⁴	济救~己几~个检简柬剪茧
tɕi³⁵	祭际剂计继寄姊纪记忌既季剑箭溅建笺荐见
tɕʰi⁵³	欺签~字纤谦千迁牵
tɕʰi⁴⁴	且启企起岂浅乞
tɕʰi³⁵	去来~器弃气汽欠歉泣
dʑi²¹³	奇~怪骑~马技祁期时其旗棋潜钱践乾~坤件健
ɕi⁵³	西牺希稀仙鲜新~先
ɕi⁴⁴	死喜险癣显
ɕi³⁵	细戏线宪献
zi²¹³	徐齐脐贱饯前贤弦泉全
ȵi⁵³	黏~土
ȵi²¹³	泥~土儿仪宜尼蚁［呢］~绒二贰尾耳染严延言年研砚
ȵi⁴⁴	碾
ȵi³⁵	义谊腻验忆益
ɦi²¹³	移夷姨疑遗~失盐现沿炎肠胃~
i⁵³	医衣依淹烟燕腌~肉
i⁴⁴	椅已掩以演
i³⁵	系~统易容意异艳焰雁燕~子咽吞~亿翼易交~

u

pʰu⁵³	坡铺~设
pʰu⁴⁴	谱普浦

pʰu³⁵	破铺_店~_
bu²¹³	婆蒲脯_胸~_菩部_~队_簿步仆_~人_
ʔbu⁵³	波菠播拨钵
ʔbu⁴⁴	簸补怖_恐~_捕
ʔbu³⁵	布_~匹_布_散_
mu²¹³	摩磨_~刀_魔模暮慕墓募母亩牡拇幕
fu⁵³	肤夫_~妻_敷麸
fu⁴⁴	俯斧
fu³⁵	付傅富副
vu²¹³	我祸符扶腐辅父_~母_妇负阜附
du²¹³	驼驮_~起_舵惰徒途图屠杜肚_腹_度渡镀
ʔdu⁵³	多都
ʔdu⁴⁴	朵[躲]赌堵妒
ʔdu³⁵	肚_胃_
tʰu⁵³	拖
tʰu⁴⁴	妥椭土吐_~痰_
tʰu³⁵	吐_呕~_兔
nu²¹³	糯奴努
lu²¹³	罗锣箩萝_~藤~_螺卢炉芦鲁橹卤_盐~_庐
lu³⁵	露路卤_单说_
tsu⁴⁴	左祖组阻
tsu³⁵	做
tsʰu⁵³	搓粗初
tsʰu⁴⁴	础
tsʰu³⁵	醋措错错_~误_错_交~_
su⁵³	梭苏酥蔬
su⁴⁴	锁所
su³⁵	素诉
zu²¹³	坐座助
ku⁵³	歌哥锅姑孤箍辜估_~计_
ku⁴⁴	果裹古股鼓
ku³⁵	个_~人_过过_~失_故固顾雇
kʰu⁵³	科颗枯
kʰu⁴⁴	可苦

kʰu³⁵	课库裤
ŋu²¹³	蛾俄饿
hu⁵³	呼
hu⁴⁴	火伙虎
hu³⁵	货
ɦu²¹³	何河荷贺禾和~气吴梧午伍~队误悟蜈胡~笳湖糊葫胡~子狐壶乎户护互舞务雾喉核~桃武侮饿
u⁵³	诬乌

y

ly²¹³	吕旅
ly³⁵	滤
tɕy⁵³	蛆居拘
tɕy⁴⁴	举鬼
tɕy³⁵	据锯句贵
tɕʰy⁵³	趋区~域驱
tɕʰy⁴⁴	取娶
tɕʰy³⁵	去除~趣
dʑy²¹³	渠水~拒距聚具瞿跪泉全柜
ɕy⁵³	虚嘘需须必~须胡~宣恤
ɕy⁴⁴	许选
ɕy³⁵	婿
ʐy²¹³	序绪
ȵy²¹³	女语
ɦy²¹³	余姓余多~预于姓盂雨羽愉
y⁵³	淤
y³⁵	寓喂~养

a

pʰa³⁵	派
ba²¹³	排牌
ʔba⁵³	爸疤
ʔba⁴⁴	摆
ʔba³⁵	拜

ma⁵³	［妈］
ma²¹³	埋买
ma³⁵	卖
va²¹³	划~船
tʰa³⁵	太泰
da²¹³	踏
ʔda³⁵	戴带
na²¹³	奶
la⁵³	拉
la³⁵	赖
tsa³⁵	债炸油~
tsʰa⁵³	叉差~错差~别差出~
tsʰa³⁵	蔡
sa⁵³	删
sa⁴⁴	洒
za²¹³	泻惹柴
ka⁵³	加嘉家傢阶街
ka⁴⁴	假真~贾姓解~开
ka³⁵	假放~嫁架价界戒届
kʰa⁴⁴	［卡］楷
ga²¹³	茄~子
ŋa²¹³	牙芽外
ha⁴⁴	蟹
ɦa²¹³	也鞋
a⁴⁴	矮

ia

tɕia⁵³	佳家傢阶
tɕia⁴⁴	姐
tɕia³⁵	驾借~用借~口介贾姓
tɕʰia⁵³	掐
tɕʰia³⁵	恰
ɕia⁴⁴	写
ɕia³⁵	卸械

zia²¹³	霞斜谢
ɦia²¹³	雅[爷]野
ia⁵³	鸦
ia⁴⁴	椰
ia³⁵	亚夜晏

ua

kua⁵³	乖
kua⁴⁴	寡拐~杖
kua³⁵	怪
kʰua³⁵	快
hua⁵³	歪
ɦua²¹³	怀淮坏

ɛ

pʰɛ⁵³	攀潘
pʰɛ³⁵	盼判
bɛ²¹³	办
ʔbɛ⁵³	斑班颁扳般搬
ʔbɛ⁴⁴	版板
ʔbɛ³⁵	扮瓣
mɛ²¹³	蛮
mɛ³⁵	慢
fɛ⁵³	番更~翻
fɛ⁴⁴	反反~返
fɛ³⁵	泛贩
vɛ²¹³	犯范姓范模~烦繁矾饭
tʰɛ⁵³	胎贪滩摊
tʰɛ⁴⁴	坦
tʰɛ³⁵	态探毯炭叹
dɛ²¹³	贷台戏~苔抬待代袋谭姓坛担挑~谈痰淡檀弹~琴壇但蛋弹~药
ʔdɛ⁵³	耽~搁担~任丹单
ʔdɛ⁴⁴	胆
ʔdɛ³⁵	旦

nᴇ²¹³	难~易
nᴇ³⁵	难~患~
lᴇ²¹³	蓝篮览揽榄兰拦栏懒
lᴇ³⁵	滥缆烂
tsᴇ⁵³	灾栽
tsᴇ⁴⁴	宰斩盏展
tsᴇ³⁵	再蘸占~领赞战
tsʰᴇ⁵³	猜参~加搀~扶餐
tsʰᴇ⁴⁴	彩[睬]惨铲产
tsʰᴇ³⁵	菜忏灿
sᴇ⁵³	三杉衫山扇~动
sᴇ⁴⁴	陕闪散松~伞
sᴇ³⁵	赛散解~扇~子
zᴇ²¹³	才~华财材裁蚕暂赚~钱[站]车~馋残蝉禅
kᴇ⁵³	监~狱兼
kᴇ⁴⁴	改感敢减碱[赶]拣
kᴇ³⁵	概盖遮~干~劲
kʰᴇ⁵³	签竹~铅
gᴇ²¹³	钳
ŋᴇ²¹³	碍癌岩檐阎眼颜
hᴇ⁴⁴	海喊
hᴇ³⁵	汉
ɦᴇ²¹³	害咸~鱼陷馅衔~冤嫌闲限

iᴇ

tɕiᴇ⁵³	兼奸~淫
ȵiᴇ³⁵	念
ɦiᴇ²¹³	炎

uᴇ

suᴇ³⁵	帅
kuᴇ⁵³	关
kuᴇ³⁵	惯
kʰuᴇ⁴⁴	[筷]

kʰuɛ³⁵　块
guɛ²¹³　环
ɦuɛ²¹³　还晚挽
uɛ⁵³　弯湾
uɛ³⁵　万

e

pʰe³⁵　配
be²¹³　培陪赔倍佩备盘伴拌叛
ʔbe⁵³　杯背~负碑卑悲
ʔbe³⁵　贝辈背~脊背~诵半绊
me²¹³　梅媒煤每妹昧霉美瞒满漫幔
me³⁵　曼
fe³⁵　泛
tʰe⁵³　推
tʰe⁴⁴　腿
tʰe³⁵　退
de²¹³　队
ʔde⁵³　堆
ʔde³⁵　对
ne⁵³　拿
ne²¹³　耐内男南~北
le²¹³　来雷累积~
le³⁵　累连~垒类
se⁵³　闩门~
se³⁵　碎
ke⁵³　痎该
ke⁴⁴　杆笔~秆麦~
kʰe⁵³　开勘刊
kʰe⁴⁴　概慷~坎［砍］
he⁴⁴　罕
he³⁵　旱
ɦie²¹³　含函寒玄悬
e⁵³　庵安鞍

e³⁵　　　爱暗岸按案

ue

sue³⁵　　　帅
kue⁵³　　　规龟归官观～参冠～衣棺
kue⁴⁴　　　诡轨管馆
kue³⁵　　　会～计桂贯罐灌观～寺冠～军
kʰue⁵³　　　亏窥宽
kʰue⁴⁴　　　款
gue²¹³　　　葵柜
hue⁵³　　　恢灰挥辉徽欢
hue⁴⁴　　　悔毁缓
hue³⁵　　　讳唤焕
ɦue²¹³　　　回茴汇～合会开～会不～伪委维唯惟违围伟苇纬完丸
ue⁵³　　　　危微威豌剜
ue⁴⁴　　　　碗惋腕
ue³⁵　　　　卫惠为～作为～因位未魏畏慰胃谓汇～集换味

ø

tʰø³⁵　　　蜕
dø²¹³　　　团
ʔdø⁵³　　　端
ʔdø⁴⁴　　　短
ʔdø³⁵　　　断～决锻断～绝段缎
nø²¹³　　　暖
lø²¹³　　　卵
lø³⁵　　　　乱
tsø⁵³　　　追锥钻～洞专砖
tsø⁴⁴　　　转～变
tsø³⁵　　　最醉钻～子转～动
tsʰø⁵³　　　催崔炊川穿
tsʰø⁴⁴　　　喘
tsʰø³⁵　　　脆翠串
sø⁵³　　　　虽绥酸

sø³⁵	岁税算蒜	
zø²¹³	罪髓随隋垂瑞穗隧锤善然燃传~达篆传~记船	
kø⁵³	甘柑干~涉干~燥竿杆旗肝	
kʰø⁵³	看~守	
kʰø³⁵	看~见	
hø⁵³	虾鱼~	
ø³⁵	汗眩	

yø

tɕyø⁵³	捐
tɕyø⁴⁴	卷~曲
tɕyø³⁵	眷卷书~绢倦
tɕʰyø⁵³	圈圆~
tɕʰyø³⁵	劝券
dʑyø²¹³	权拳颧
ȵyø²¹³	软缘原源元袁猿辕援
ȵyø³⁵	愿怨
ɦyø²¹³	员圆园远~征
yø⁵³	冤
yø³⁵	院县

ɔ

pʰɔ³⁵	泡水~泡浸~炮枪~
bɔ²¹³	袍抱暴粗~跑奔~刨~子
ʔbɔ⁵³	褒包胞
ʔbɔ⁴⁴	宝保堡饱
ʔbɔ³⁵	报豹爆鲍姓
mɔ⁵³	猫
mɔ²¹³	毛茅［锚］貌矛
mɔ³⁵	冒帽茂贸
tʰɔ⁵³	滔掏
tʰɔ⁴⁴	讨
tʰɔ³⁵	套
dɔ²¹³	桃逃陶萄道稻导盗

ʔdɔ⁵³	刀
ʔdɔ⁴⁴	岛祷倒~塌
ʔdɔ³⁵	捣倒~水到
nɔ²¹³	脑恼
nɔ³⁵	闹
lɔ⁵³	捞
lɔ²¹³	萝~卜劳~动牢老
lɔ³⁵	涝
tsɔ⁵³	遭朝~夕昭招糟
tsɔ⁴⁴	早枣爪［找］
tsɔ³⁵	灶罩照诏
tsʰɔ⁵³	操~作抄超勺
tsʰɔ⁴⁴	草炒吵
tsʰɔ³⁵	糙
sɔ⁵³	骚梢捎稍烧
sɔ⁴⁴	扫嫂少~少
sɔ³⁵	燥少~年
zɔ²¹³	蕾槽皂造~建朝~代潮赵兆绍
kɔ⁵³	高膏牙~糕羔交胶教~书缴
kɔ⁴⁴	绞
kɔ³⁵	告酵校~对觉睡~
kʰɔ⁵³	敲燥
kʰɔ⁴⁴	考烤
kʰɔ³⁵	靠
gɔ²¹³	搞
ŋɔ²¹³	咬
hɔ⁴⁴	好~坏
hɔ³⁵	好喜~耗
ɦɔ²¹³	下山~下~山夏春豪毫号~码
ɔ⁴⁴	袄
ɔ³⁵	哑傲懊奥

iɔ

pʰiɔ⁵³	飘漂~浮

pʰiɔ³⁵	漂~白[票]	
biɔ³¹	瓢[嫖]	
ʔbiɔ⁵³	标膘彪	
ʔbiɔ⁴⁴	表	
miɔ²¹³	苗描秒庙妙	
tʰiɔ⁵³	挑~担	
tʰiɔ⁴⁴	挑~战	
tʰiɔ³⁵	跳	
diɔ²¹³	条调~和 掉调~动	
ʔdiɔ⁵³	刁貂雕~刻	
ʔdiɔ⁴⁴	鸟	
ʔdiɔ³⁵	钓吊~桥	
liɔ³¹	辽聊撩了	
liɔ³⁵	料	
tɕiɔ⁵³	焦蕉椒娇骄浇交~通	
tɕiɔ³⁵	教~育 较叫	
tɕʰiɔ⁵³	缲	
tɕʰiɔ⁴⁴	巧	
tɕʰiɔ³⁵	窍	
dʑiɔ²¹³	樵乔桥侨荞轿	
ɕiɔ⁵³	消宵霄销萧箫	
ɕiɔ⁴⁴	小晓	
ɕiɔ³⁵	孝笑	
ȵiɔ²¹³	饶绕围~绕~线	
ȵiɔ⁴⁴	鸟	
ȵiɔ³⁵	尿	
ŋɔ²¹³	瓦砖~咬	
ɦiɔ²¹³	摇谣遥窑姚舀耀鹞	
iɔ⁵³	妖邀要~求 腰么	
iɔ³⁵	效校学~要重~	

o

pʰo³⁵	怕	
bo²¹³	爬琶杷	

ʔbo⁵³ 巴芭

ʔbo⁴⁴ 把~握

ʔbo³⁵ 坝把刀~霸

mo²¹³ 麻马码募

mo³⁵ 骂

tso⁵³ 渣遮蔗

tso³⁵ 诈[炸]~弹

tsʰo⁵³ 车~辆差~别

tsʰo⁴⁴ 岔

so⁵³ 沙纱

so⁴⁴ 舍~弃

so³⁵ 晒舍宿~

zo²¹³ 茶[查]调~蛇射社

ko⁵³ 瓜

ko³⁵ 挂卦

kʰo⁵³ 夸

kʰo⁴⁴ [垮]

kʰo³⁵ 跨

ho⁵³ 花

ho⁵ 化

ɦo²¹³ 华中~

o⁵³ 蜗~牛蛙

o⁵ 画话

ɣ

mɣ²¹³ 某谋亩牡

fɣ⁴⁴ 否

vɣ²¹³ 浮

tʰɣ⁵³ 偷

tʰɣ³⁵ 透

dɣ²¹³ 头投豆~子痘

ʔdɣ⁵³ 兜

ʔdɣ⁴⁴ 斗升~抖陡

ʔdɣ³⁵ 斗~争

lɤ²¹³	楼[搂]~抱篓
lɤ³⁵	漏陋
tsɤ⁵³	邹周舟州洲
tsɤ⁴⁴	走肘帚
tsɤ³⁵	奏皱咒
tsʰɤ⁵³	抽
tsʰɤ⁴⁴	丑~恶
tsʰɤ³⁵	凑臭香~
sɤ⁵³	搜馊收
sɤ⁴⁴	手首守
sɤ³⁵	瘦兽
zɤ²¹³	绸稠筹愁骤仇报~酬受寿授售
kɤ⁵³	勾~消钩沟
kɤ⁴⁴	狗苟
kɤ³⁵	够购构媾
kʰɤ⁵³	口
kʰɤ³⁵	叩扣寇
ŋɤ²¹³	藕偶配~偶~然
hɤ⁴⁴	吼
ɦɤ²¹³	侯猴厚后先~候
ɤ⁵³	欧姓欧
ɤ⁴⁴	呕~吐殴

iɤ

miɤ²¹³	谬荒~
liɤ⁵³	溜~冰
liɤ²¹³	流硫琉刘留榴柳
tɕiɤ⁵³	纠~纷鸠灸究纠~察
tɕiɤ⁴⁴	酒九韭
tɕiɤ³⁵	救
tɕʰiɤ⁵³	秋丘
dʑiɤ²¹³	囚泅求球舅旧就
ɕiɤ⁵³	修羞休
ɕiɤ⁴⁴	朽

ɕiɤ³⁵ 秀绣锈宿星~嗅
ziɤ²¹³ 袖
ȵiɤ²¹³ 扭钮牛
hɤ⁴⁴ 吼
ɦiɤ²¹³ 尤邮有友犹由油游
iɤ⁵³ 忧优悠幽
iɤ³⁵ 又右祐诱幼柚

ã

bã²¹³ 彭膨［碰］棚篷蓬
ʔbã⁴⁴ 绷
mã²¹³ 孟姓蒙
mã³⁵ 梦
dã⁴⁴ 打~击党
lã²¹³ 冷
tsã⁵³ 张争筝［睁］
tsã⁴⁴ 长生~涨~价
tsã³⁵ 涨~大帐蚊~账目胀膨~
tsʰã⁵³ 撑支~
sã⁵³ 生甥
sã⁴⁴ 省~节
zã²¹³ 长~短肠场丈仗依~杖仗打~常剩
kã⁵³ 更~改更打~羹耕
kã⁴⁴ 梗耿
kã³⁵ 梗［杠］~杆
ɦã²¹³ 杏
ŋã³⁵ 硬

uã

uã³⁵ 横~竖

aŋ

pʰaŋ³⁵ 胖
baŋ²¹³ 旁螃庞棒蚌

ʔbaŋ⁵³	帮邦
ʔbaŋ⁴⁴	榜［绑］
maŋ²¹³	忙芒茫蟒芒网盲
maŋ³⁵	忘望妄
faŋ⁵³	方肪芳
faŋ⁴⁴	仿~效纺仿~相访
faŋ³⁵	放况老音
vaŋ²¹³	防房
tʰaŋ⁵³	汤
tʰaŋ⁴⁴	躺
tʰaŋ³⁵	烫［趟］
daŋ²¹³	堂棠唐塘糖荡浩~
ʔdaŋ⁵³	当应~
ʔdaŋ⁴⁴	［挡］阻~
ʔdaŋ³⁵	当上~
naŋ²¹³	囊
laŋ²¹³	狼郎廊螂
laŋ³⁵	浪
tsaŋ⁵³	赃庄装章樟桩木~
tsaŋ⁴⁴	掌
tsaŋ³⁵	壮葬
tsʰaŋ⁵³	仓苍疮创~仿昌窗
tsʰaŋ⁴⁴	闯厂
tsʰaŋ³⁵	畅创~造唱倡趟~
saŋ⁵³	桑丧~婚霜商伤双
saŋ⁴⁴	爽赏
saŋ³⁵	丧~失
zaŋ²¹³	葬藏西~脏五~床状尝偿裳上~山上~在尚撞
kaŋ⁵³	冈山~刚纲钢~铁缸江
kaŋ⁴⁴	讲港
kaŋ³⁵	港降~落
kʰaŋ⁵³	康糠慷
kʰaŋ³⁵	抗园
ŋaŋ²¹³	昂

ɦiaŋ²¹³　　行₍银₎~杭航降₍投₎~项

iaŋ

liaŋ²¹³　　良凉梁粮梁量~米两~斤两斤~
liaŋ³⁵　　亮量₍数₎~谅
tɕiaŋ⁵³　　将~来浆疆僵姜生~
tɕiaŋ⁴⁴　　蒋桨奖姜₍姓₎
tɕiaŋ³⁵　　酱将大~蒋桨
tɕʰiaŋ⁵³　　枪腔
tɕʰiaŋ⁴⁴　　抢~夺
dʑiaŋ²¹³　　强~大
ɕiaŋ⁵³　　相~互箱厢湘镶香乡
ɕiaŋ⁴⁴　　想鲞享响
ɕiaŋ³⁵　　相~貌向
ziaŋ²¹³　　墙匠详祥翔像橡象
ȵiaŋ⁵³　　娘新~
ȵiaŋ²¹³　　娘爹~让仰
ȵiaŋ³⁵　　酿
ɦiaŋ²¹³　　羊洋杨扬阳烊养痒
iaŋ⁵³　　央秧殃
iaŋ³⁵　　恙样

uaŋ

kuaŋ⁵³　　光
kuaŋ⁴⁴　　广
kʰuaŋ⁵³　　筐框
kʰuaŋ³⁵　　旷况矿
guaŋ²¹³　　狂
huaŋ⁵³　　荒慌
huaŋ⁴⁴　　谎恍［晃］摇~
huaŋ³⁵　　晃~眼
uaŋ⁵³　　汪
uaŋ³⁵　　旺
ɦuaŋ²¹³　　黄簧皇蝗枉王往

əŋ

pʰəŋ⁵³	喷~水
bəŋ²¹³	盆笨朋鹏彭膨
ʔbəŋ⁵³	奔~跑崩
ʔbəŋ⁴⁴	本
məŋ⁵³	闷
məŋ²¹³	门蚊闻耳~猛孟
məŋ³⁵	问
fəŋ⁵³	分~开芬纷
fəŋ⁴⁴	粉
fəŋ³⁵	粪奋
vəŋ²¹³	坟焚愤份文纹
tʰəŋ⁵³	吞
dəŋ²¹³	臀盾人名囤盾矛~腾誊藤邓姓
ʔdəŋ⁵³	敦~厚墩蹲登灯
ʔdəŋ⁴⁴	等
ʔdəŋ³⁵	顿钝凳
nəŋ²¹³	能
nəŋ³⁵	嫩
ləŋ²¹³	轮伦沦棱~角
ləŋ³⁵	崙论议~
tsəŋ⁵³	针斟珍真尊遵增曾~孙征~求蒸贞侦正~月征筝
tsəŋ⁴⁴	枕~木准批~准标~整
tsəŋ³⁵	枕~席镇诊疹振震证~明症病~正公~政
tsʰəŋ⁵³	村春称~呼称相~
tsʰəŋ⁴⁴	蠢蛏
tsʰəŋ³⁵	趁衬寸秤
səŋ⁵³	森参人~深身申伸孙僧升声
səŋ⁴⁴	审婶沈损
səŋ³⁵	渗圣
zəŋ²¹³	沉甚~至任责陈尘阵神晨辰臣肾慎人仁存椁唇顺纯润曾~经层赠惩澄橙乘绳胜~败承丞仍呈程郑成城诚盛~满盛兴~
kəŋ⁵³	跟根

kəŋ³⁵	更~加
kʰəŋ⁵³	坑
kʰəŋ⁴⁴	恳垦啃肯
ɦəŋ²¹³	痕恨衡恒
əŋ⁵³	恩

iŋ

pʰiŋ⁵³	［拼］~凑姘
pʰiŋ⁴⁴	品
pʰiŋ³⁵	聘
biŋ²¹³	贫频凭~据凭~靠平评病瓶屏萍并~且
ʔbiŋ⁵³	宾彬槟冰兵
ʔbiŋ⁴⁴	禀秉丙饼
ʔbiŋ³⁵	并合~
miŋ²¹³	民闽敏悯明鸣名铭
miŋ³⁵	命
tʰiŋ⁵³	听~见厅汀听~从
tʰiŋ⁴⁴	艇挺
diŋ²¹³	亭停~止廷庭蜓定
ʔdiŋ⁵³	丁［钉］铁~
ʔdiŋ⁴⁴	顶鼎
ʔdiŋ³⁵	订［钉］~住
liŋ²¹³	临林邻淋陵磷~火凌菱岭令灵铃零［另］领
tɕiŋ⁵³	今金襟禁~不住津巾斤筋京荆惊精晶睛经
tɕiŋ⁴⁴	锦紧谨景警井颈
tɕiŋ³⁵	浸禁~止进晋劲~有境竟镜敬劲~敌
tɕʰiŋ⁵³	侵钦亲~切亲~家清轻青蜻倾
tɕʰiŋ⁴⁴	寝请顷
tɕʰiŋ³⁵	庆
dʑiŋ²¹³	琴禽擒秦尽勤芹近情竟晴静靖净
ɕiŋ⁵³	心掀辛新薪兴~旺星腥馨
ɕiŋ⁴⁴	省~反醒
ɕiŋ³⁵	信讯迅衅挑~兴高~性姓
ziŋ²¹³	寻循巡行~为幸

n̠iŋ²¹³	忍认银凝人宁～安
n̠iŋ³⁵	刃韧
ɦiŋ²¹³	吟饮～水淫引尹姓蝇迎影赢盈形刑型颖营萤
iŋ⁵³	音阴因姻殷应～鹰樱莺鹦英婴缨
iŋ⁴⁴	隐
iŋ³⁵	印应响～

uəŋ

kuəŋ⁴⁴	滚
kuəŋ³⁵	[棍]木～
kʰuəŋ⁵³	昆崑坤
kʰuəŋ⁴⁴	捆
kʰuəŋ³⁵	困
huəŋ⁵³	昏～暗昏～迷婚荤
ɦuəŋ²¹³	浑～浊浑～身魂馄
uəŋ⁵³	温瘟
uəŋ⁴⁴	稳
uəŋ³⁵	混

yŋ

tɕyŋ⁵³	均钧君军
tɕyŋ³⁵	俊
dʑyŋ²¹³	群裙
ɕyŋ³⁵	旬训
yŋ⁵³	晕～厥
yŋ³⁵	韵运熨孕
ɦyŋ²¹³	匀允云～彩

oŋ

pʰoŋ⁴⁴	捧
moŋ³⁵	梦
foŋ⁵³	风疯丰～收封峰锋蜂
foŋ⁴⁴	讽
voŋ²¹³	凤逢缝～补奉缝缝～隙俸冯姓

tʰoŋ⁵³	通
tʰoŋ⁴⁴	统
tʰoŋ³⁵	痛
doŋ²¹³	栋桶同铜桐童瞳筒动洞
ʔdoŋ⁵³	东冬
ʔdoŋ⁴⁴	董懂
ʔdoŋ³⁵	冻
noŋ²¹³	农脓浓
loŋ²¹³	笼~鸟聋拢弄~坏隆龙垄
tsoŋ⁵³	宗综中~当忠衷终踪钟锺盅(锺)
tsoŋ⁴⁴	总种~类肿
tsoŋ³⁵	粽~子中~射众种~植
tsʰoŋ⁵³	聪匆葱囱充冲~锋
tsʰoŋ⁴⁴	宠
soŋ⁵³	松~紧松~树
soŋ⁴⁴	耸
soŋ³⁵	送宋诵颂讼
zoŋ²¹³	丛虫仲崇纵~横纵~放从服重~复重~量鬃
koŋ⁵³	公工功攻蚣弓躬宫恭供~给
koŋ⁴⁴	汞拱巩
koŋ³⁵	贡供~养
kʰoŋ⁵³	空~虚
kʰoŋ⁴⁴	孔恐
kʰoŋ³⁵	控空~缺
goŋ²¹³	共
hoŋ⁵³	轰烘
hoŋ⁴⁴	[哄]~骗
ɦoŋ²¹³	弘宏红洪鸿虹冯姓
oŋ⁵³	翁

ioŋ

dʑioŋ²¹³	琼穷
ɕioŋ⁵³	熏勋薰兄凶~吉凶~恶匈胸
ɕioŋ³⁵	训

ȵioŋ²¹³　绒融茸
ɦioŋ²¹³　荣泳熊雄容溶熔勇涌~现踊甬用
ioŋ⁵³　拥
ioŋ⁴⁴　永

$$aʔ$$

pʰaʔ⁵　拍
maʔ¹　陌~生麦脉
tsaʔ⁵　摘
tsʰaʔ⁵　拆尺赤焯
saʔ⁵　湿
zaʔ¹　闸石
ŋaʔ¹　额

$$æʔ$$

bæʔ¹　拔
ʔbæʔ⁵　八
mæʔ¹　袜
fæʔ⁵　法发头~发出~
væʔ¹　乏伐罚筏
tʰæʔ⁵　塌塔
ʔdæʔ⁵　搭答
dæʔ¹　达
næʔ¹　纳
læʔ¹　癞腊~月蜡~烛辣肋
tsæʔ⁵　扎~针扎包~只一~
tsʰæʔ⁵　插察
sæʔ⁵　杀煞
zæʔ¹　杂炸油~宅
kæʔ⁵　夹~板夹~袄峡胛格
kʰæʔ⁵　客
hæʔ⁵　瞎
ɦæʔ¹　狭辖窄
æʔ⁵　阿鸭押压

iaʔ

liaʔ¹	略掠
tɕiaʔ⁵	脚觉~感
tɕʰiaʔ⁵	却
dʑiaʔ¹	剧
ɕiaʔ⁵	削
ʑiaʔ¹	嚼
ɦiaʔ¹	药钥跃乐~音
iaʔ⁵	约

uaʔ

kuaʔ⁵	刮
huaʔ⁵	豁
ɦuaʔ¹	滑猾划~计
uaʔ⁵	挖

ɔʔ

pʰɔʔ⁵	扑朴~素
bɔʔ¹	博薄驳
ʔbɔʔ⁵	剥北
mɔʔ¹	摸膜~薄莫漠木目牧穆
fɔʔ⁵	福复~杂腹复~重覆复~原
vɔʔ¹	服伏~降
tʰɔʔ⁵	秃
dɔʔ¹	读毒
ʔdɔʔ⁵	督笃
nɔʔ¹	诺
lɔʔ⁵	绿录
lɔʔ¹	洛落骆络烙酪乐~快鹿禄六陆~大~
tsɔʔ⁵	作捉竹筑~建祝粥足烛
tsʰɔʔ⁵	撮戳畜~生促触
sɔʔ⁵	塑说速肃宿~舍缩叔粟束
zɔʔ¹	昨凿啄浊镯族逐轴熟俗续赎属蜀

kɔʔ⁵	阁搁各胳角谷₍五₎	
kʰɔʔ⁵	壳哭酷	
ŋɔʔ¹	岳	
ɦɔʔ¹	学	
ɔʔ⁵	握屋	

iɔʔ

tɕiɔʔ⁵	菊
ɕiɔʔ⁵	畜₋牧 蓄
n̠iɔʔ¹	肉玉
ɦiɔʔ¹	裕欲浴育

uɔʔ

kuɔʔ⁵	国

yøʔ

tɕyøʔ⁵	决菊
tɕʰyøʔ⁵	怯缺屈鹊确曲
dʑyøʔ¹	绝掘橘局
ɕyøʔ⁵	雪血畜₋牧 蓄
ʑyøʔ¹	穴
n̠yøʔ¹	月
ɦyøʔ¹	悦阅越疫役育

ɤʔ

pʰɤʔ⁵	迫魄
bɤʔ¹	葡勃
ʔbɤʔ⁵	被₋迫
mɤʔ¹	沫末没₍沉₎ 墨默
vɤʔ¹	佛物勿
tʰɤʔ⁵	脱托₋委托₋盘
ʔdɤʔ⁵	得德
dɤʔ¹	突特夺
tsɤʔ⁵	只₋有质₍人₎折₋叠褶汁执浙质织职责

tsʰɤʔ⁵	撤彻撤出侧测策册
sɤʔ⁵	赦舍~宿~鳃摄涉涩设刷虱失室塞闭~啬色识饰式栅适释
zɤʔ¹	十拾~取入哲折~断舌侄实日卒~士~术~算~述弱贼直值食蚀植殖择泽
kɤʔ⁵	鸽割葛格隔革
kʰɤʔ⁵	磕克刻
ŋɤʔ¹	腭
hɤʔ⁵	黑
ɦɤʔ¹	合~作盒核~对

$$iɤʔ$$

liɤʔ¹	律率效~
tɕʰiɤʔ⁵	吃~饭

$$uɤʔ$$

kuɤʔ⁵	骨郭括包~
kʰuɤʔ⁵	阔扩廓
ɦuɤʔ¹	活获收~获~得

$$iɪʔ$$

pʰiɪʔ⁵	匹僻劈
biɪʔ¹	鼻别区~别离~
ʔbiɪʔ⁵	鳖笔毕必逼碧壁璧
miɪʔ¹	灭密蜜
tʰiɪʔ⁵	贴帖铁踢剔惕
diɪʔ¹	叠蝶碟谍敌狄笛翟
ʔdiɪʔ⁵	跌滴的目~
liɪʔ¹	荔立粒笠列烈裂劣栗力历~史历日
tɕiɪʔ⁵	接急级揭节结洁吉即鲫积迹绩激击
tɕʰiɪʔ⁵	妾窃切~开七漆戚
dʑiɪʔ¹	捷集辑及竭杰截疾极脊
ɕiɪʔ⁵	吸泄薛歇屑悉膝息熄惜昔析锡
ziɪʔ¹	协习袭籍~贯席
ȵiɪʔ⁵	捏
ȵiɪʔ¹	聂业热孽逆溺日

| ɦiɿʔ¹ | 逸译液叶 |
| iɿʔ⁵ | 噎一抑 |

ə˞l

| ə˞l²¹³ | 而 |

ŋ̍

| ŋ̍²¹³ | 五鱼渔 |

三、南汇音系

（一）老派南汇方言的声韵调

1. 声母表（28个）

ʔb 布波饱	pʰ 破铺拍	b 婆部白	m 麻妈忙	ɸ 泛欢反	β 烦换乏
ʔd 多爹当	tʰ 土太汤	d 大徒踏	n 奴脑纳		l 炉路吕
ts 找早节	tsʰ 车粗七			s 诗素小	z 齐朝曹
ʔɟ 郊浇结	cʰ 丘庆泣	ɟ 乔求旧	ɲ 饶牛捏	ç 晓休畜	j 树如除
k 歌过故	kʰ 苦可库	g 茄葵轧	ŋ 牙瓦咬	h 好喊喝	ɦ 下华易
ø 衣乌欧					

2. 韵母表（55个）

ɿ 试丝资猪	i 鸡齐梯烟	u 布哥坐多	y 居主雨书
a 买带拉矮	ia 爷斜写谢	ua 怪坏快拐	
ɔ 宝到早瓦	iɔ 条表小苗		
o 疤瓜车朵			
ɛ 山兰盼办	iɛ 念械也奸	uɛ 关环准顽	
e 雷退男代		ue 官悔块危	
ø 寒干短暖			yø 捐权愿劝
ɤ 侯斗头剖	iɤ 柳九旧丢		
	iu 靴		
ã 庚常张浜	iã 娘蒋匠凉	uã 横光~火	
ɑ̃ 忙项胖郎	iɑ̃ 旺	uɑ̃ 光况逛筐	
əŋ 登门身春	iŋ 紧品平兵	uəŋ 滚捆坤	yŋ 军云群训

(续表)

oŋ 公从虫中			yoŋ 荣允穷绒
aʔ 百客只石	iəʔ 略脚药削	uəʔ 碱(裂开)	
æʔ 达袜八发	iæʔ 甲捏协洽	uæʔ 刮	
ɔʔ 托落木浊	iɔʔ 疫役拗[扌+肉]	uɔʔ 郭扩廓	
oʔ 北服秃足			yoʔ 曲局育肉
œʔ 脱夺掇割		uœʔ 说蟀撮	yœʔ 血月屈决
ʌʔ 革贼墨德	iʌʔ 击益匹力		
əʔ 执十不没		uəʔ 割₂骨阔	
	iiʔ 别灭笔铁		
əl 耳儿而	m̩ 亩呒	n̩ 芋~艿	ŋ̍ 鱼吴五

3. 声调表(7个)

调 类	调 值	调 号
阴平	53	刚知天霜灾高音拉丝
阳平	113	皮流斜赔里老岭陈门
阴上	44	苦口懂顶醒饱响肯土
阴去	35	帐唱对送报看信四肺
阳去	13	洞定近办断动笨刨净
阴入	ʔ55	急竹笔滴角刮骨削答
阳入	ʔ12	人六局合白毒月肉席

南汇方言两字组连读变调表

	阴平 53	阳平 113	阴上 44	阳上 113	阴去 35	阳去 13	阴入 ʔ55	阳入 ʔ12
阴平 53	55 飞机	53 花瓶	工厂		55 修养	31 青菜	鸡蛋	55 钢笔	ʔ53 科学
阳平 113	22 梅花	33 长城	A22 33 B22 35 A红枣 B头颅 A朋友 B原理		22 同志	35 黄豆	22 毛笔	ʔ33 同学
阴上 44	A35 53 B55 31 A火车 B祖宗	35 53 海员	A35 31 B44 44 A厂长 B楷体 A改造 B表演		44 宝贝	44 马路	35 粉笔	ʔ53 体育
阳上 113	15 米缸	53 肚皮	A13 31 B31 35 A老虎 B雨伞 A道理 B旅程		31 冷气	53 马路	13 道德	ʔ53 动物

(续表)

	阴平 53	阳平 113	阴上 44	阳上 113	阴去 35	阳去 13	阴入 ʔ55	阳入 ʔ12
阴去 35	35 战争	53 太平	35 报纸	A55 31 B35 31 A报社 B细雨	A55 31 A志气 B世界	B44 44 A性命 B态度	35 顾客	ʔ53 教育
阳去 13	13 地方	53 地球	A13 31 A队长 B院长	A运动 B庙宇	B31 35 A浪费 B电报	A内外 B外地	13 外国	ʔ53 大学
阴入 ʔ55	ʔ55 北方	53 足球	ʔ55 铁板	44 发动	ʔ55 客气	35 革命	ʔ55 法国	ʔ53 复杂
阳入 ʔ12	肉丝	ʔ22 白糖	113 日本	落后	ʔ22 绿化	13 绿豆	ʔ22 及格	ʔ23 毒药

（二）新派南汇方言声韵调

1. 声母表（28个）

ɓ 边补报帮八笔	pʰ 片潘配捧魄匹	b 皮步盆棒拔鼻	m 米磨慢忘麦发复	f 反飞方粉发复	ʋ 扶饭房份罚附
ɗ 低带胆东德滴	tʰ 天透趟听塔托	d 地图豆糖踏读	n 拿暖囊嫩诺纳		l 里滤楼浪辣落
ts 猪做账整扎质	tsʰ 次草闯葱出尺			s 书手生送杀缩	z 床柴上虫十舌
tɕ 鸡举进节脚	tɕʰ 气秋腔请雀七	dʑ 技圈强近剧集	ȵ 年女牛让肉捏	ɕ 需修想训削吸	ʑ 徐邪象情习嚼
k 果盖江供夹谷	kʰ 楷亏康肯客扩	g 茄柜狂搞共戆	ŋ 牙鹅眼硬鹤额	h 花蟹喊风瞎福	ɦ 鞋雨杭红狭液
ø 衣武央恩鸭阿					

2. 韵母表（50个）

ɿ 之次住	i 浅天米	u 波哥做	y 居女雨
a 太柴鞋	ia 野写亚	ua 怪坏快	
ɔ 宝照高	iɔ 条焦摇		
o 骂沙丫		uo 花蛇跨	
E 拿来兰	iE 切~一 契~约	uE 管款弯	
ei 杯内碎		uei 归回威	
ø 干猪最			yø 软园权
ɤ 斗丑狗	iɤ 流又修		

(续表)

ã 冷厂硬	iã 良象样	uã 矿	
ɑ̃ 党忙讲		uɑ̃ 广狂况	
əŋ 奋登论	iŋ 紧灵人	uəŋ 遵困混	yŋ 钧俊尉
oŋ 翁虫风			yoŋ 穷绒运
aʔ 麦答客	iaʔ 药脚约	uaʔ 刮	
æʔ 辣十鸭			
ɔʔ 雹乐角		uɔʔ 郭扩廓	
oʔ 北目国			yoʔ 肉玉浴
œʔ 末脱			
iʔ 惜			yʔ 蓄
əʔ 泼服舌	iəʔ 僻吃捏	uəʔ 骨阔	
	iiʔ 鼻指叶		
øʔ 略掠			yøʔ 橘月血
		m̩ 母幕	ŋ̍ 五鱼

3. 声调表(6个)

调 类	调 值	例 字
阴平	53	刀东知天哥官
阴上	44	体等小广本酒
阴去	35	酱劝怨快借半
阳去	14	桃近远同换度
阴入	<u>55</u>	北笔骨血缺挖
阳入	<u>23</u>	白达极嚼月活

(三) 南汇新派同音字表

说明

(1) 字汇先按韵母分部,同韵的字按声母排列,声韵母相同的再按声调排列。

(2) 韵母的排列次序是:

   ɿ i u y
   a ia ua
   o   uo

ɔ	ci		
ɤ	iɤ		
ɛ	iɛ	uɛ	
ø			yø
ei		uei	
ã	iã	uã	
ɑ̃		uɑ̃	
əŋ	iŋ	uəŋ	yŋ
oŋ			yoŋ
iʔ			yʔ
aʔ	iaʔ	uaʔ	
æʔ			
oʔ			yoʔ
ɔʔ		uɔʔ	
œʔ			
əʔ	iəʔ	uəʔ	
	iɪʔ		
øʔ			yøʔ
m̩	ŋ̍		

（3）声母的排列次序是：

ʔb	pʰ	b	m	f	ʋ
ʔd	tʰ	d	n	l	
ts	tsʰ	dz		s	z
tɕ	tɕʰ	dʑ	ȵ	ɕ	ʑ
k	kʰ	g	ŋ	h	ɦ
ø					

（4）声调的排列次序是：

阴平53、阴上44、阴去35、阳去（阳平、阳上）13、阴入 $\underline{55}$、阳入 $\underline{23}$。

（5）备注：

① 字右下的小字是注。有的是这个字构成的例词或例句，有的是说明。注中的代替号（～）代表本字，如："光~火"就是"光光火"。

② ʔb 包括少量同一音位的变体——内爆不太明显的 p，ʔd 包括少量同一音位的变体——内爆不太明显的 t，tɕ 包括极少量同一音位的变体——带有内爆的 ʄ。

③ 阳去（阳平、阳上）调有时听感像213，但与13不构成音位对立。

ɿ

tsɿ⁵³	猪诸朱珠之芝支枝栀资姿咨脂租_{出~房子}
tsɿ⁴⁴	主子紫纸止址嘴
tsɿ³⁵	蛀滞制~度,~造智致稚至置志~向,杂~痣
tsʰɿ⁵³	雌痴
tsʰɿ⁴⁴	耻齿
tsʰɿ³⁵	处~理,~所刺翅次厕~所秩
sɿ⁵³	梳书输运~,~赢斯施私师狮尸司思丝诗
sɿ⁴⁴	暑鼠数~一~史使~用,大~始水
sɿ³⁵	势世四驶试
zɿ¹³	锄殊池驰匙是瓷迟磁~石词辞祠持时鲥传~达助住竖誓示自视字寺饲治士柿事市

i

ʔbi⁵³	鞭编边蝙
ʔbi⁴⁴	比贬扁匾鄙
ʔbi³⁵	闭臂变遍庇痹
pʰi⁵³	批篇偏披
pʰi³⁵	屁片骗_{欺~}
bi¹³	皮脾便~宜弊币毙被~子避辨辩便_{方~}辫
mi¹³	迷米谜~语弥棉绵免勉缅眠秘~书面~粉,脸~
ʔdi⁵³	低颠
ʔdi⁴⁴	底抵点典
ʔdi³⁵	帝店
tʰi⁵³	梯天添
tʰi⁴⁴	体舔
tʰi³⁵	替涕剃
di¹³	题提蹄甜田填弟第递地电殿垫奠
li¹³	黎礼离~别,~开璃梨厘狸李里理鲤里~程帘连联敛恋怜莲励丽美~荔利痢泪₁练炼_(鍊)炼
tɕi⁵³	稽~查鸡基几~乎机饥讥尖兼间_{中~,~断}艰奸~诈煎肩坚
tɕi⁴⁴	姊几~个检简茧

tɕi³⁵	祭际济救~计继寄纪记既季舰剑剪箭践建荐见
tɕʰi⁵³	蛆欺签竹~,字迁纤化~谦笺千牵
tɕʰi⁴⁴	且启企起岂祈浅
tɕʰi³⁵	去除~,来~器弃气汽欠歉潜
dʑi¹³	奇~怪骑~马姨期时~其棋旗剂技妓忌贱钱件健
ɲi⁵³	研
ɲi¹³	泥儿尼呢~绒耳疑尾染严年艺蚁议谊腻二贰验砚易交~
ɕi⁵³	西犀溪牺希稀纤~维仙鲜新~掀先悉夕
ɕi⁴⁴	死喜险显
ɕi³⁵	细婿戏癣线献
zi¹³	齐脐钳钱姓乾~坤前全
ɦi¹³	宜仪移夷遗~失炎盐阎檐延演言沿悬县奚系~统义异宪现
i⁵³	医衣依烟
i⁴⁴	椅已以
i³⁵	易容~意暗厌艳燕燕~子咽吞~益

u

ʔbu⁵³	波播菠簸
ʔbu⁴⁴	补
ʔbu³⁵	布~匹,散~怖簿
pʰu⁵³	坡铺~设,店~
pʰu⁴⁴	浦普谱
pʰu³⁵	破
bu¹³	婆蒲脯胸~葡菩捕步部
mu¹³	摩磨石~,,刀~魔模暮墓
fu⁵³	呼肤夫~妻敷
fu⁴⁴	火伙虎府俯斧
fu³⁵	货付傅富副
ʋu¹³	伍队~胡~笳糊狐壶扶符腐辅无有~浮祸误务雾妇负
ʔdu⁵³	多都督
ʔdu⁴⁴	躲赌堵朵
tʰu⁵³	拖
tʰu⁴⁴	椭妥土吐~痰
tʰu³⁵	吐呕~兔

du¹³	驼驮~起肚胃,腹徒途涂图屠杜舵大~小堕惰度渡镀
nu¹³	奴糯
lu¹³	罗锣萝螺骡卢炉芦鲁庐卤露路
tsu⁵³	租出~车
tsu⁴⁴	左组祖煮
tsu³⁵	做驻柱铸
tsʰu⁵³	搓粗初戳
tsʰu⁴⁴	储姓楚姓础
tsʰu³⁵	醋错措锉
su⁵³	梭苏酥蔬
su⁴⁴	锁琐所薯索
su³⁵	素诉塑数~目
zu¹³	坐座
ku⁵³	歌哥锅瓜辜孤姑箍
ku⁴⁴	果裹估~计古股鼓
ku³⁵	个~人过过~失故顾固雇
kʰu⁵³	科颗枯窠
kʰu⁴⁴	可苦
kʰu³⁵	课库裤酷
ɦu¹³	我何河荷禾和~气吾吴梧蜈湖葫胡~子饿悟户护互
u⁵³	蜗~牛乌诬
u⁴⁴	武舞鹉
u³⁵	恶厌~

y

ly¹³	驴吕旅虑滤
zy¹³	树~林
tɕy⁵³	蛛拘居龟
tɕy⁴⁴	举
tɕy³⁵	据锯注~意,~解句
tɕʰy⁵³	趋区~域驱屈
tɕʰy⁴⁴	取娶
tɕʰy³⁵	趣
dʑy¹³	渠具拒距聚跪

ȵy¹³	语女乳
ɕy⁵³	靴虚嘘需须必~,胡~宣
ɕy⁴⁴	许选
zy¹³	徐除厨橱瞿序叙绪树~林
ɦiy¹³	余姓,多~愚虞娱雨羽宇御防~,~用预誉寓裕喻
y⁵³	於
y⁴⁴	盂
y³⁵	郁忧~域

a

ʔba⁵³	巴
ʔba⁴⁴	摆
ʔba³⁵	拜爸
pʰa³⁵	派
ba¹³	排牌罢稗败
ma⁵³	妈
ma¹³	买埋卖
fa⁵³	歪
ʔda³⁵	戴带
tʰa³⁵	太泰
da¹³	大~夫
na¹³	奶
la⁵³	拉
la¹³	赖癞
tsa⁵³	抓
tsa⁴⁴	宰被~
tsa³⁵	债
tsʰa⁵³	搭叉差~错,~别,出~岔
tsʰa³⁵	蔡
sa⁴⁴	洒
za¹³	柴惹
ka⁵³	街加家嘉傢
ka⁴⁴	解~开假真~,放~贾
ka³⁵	界届戒嫁架价

kʰa⁴⁴	楷卡
ga¹³	茄~子白
ŋa¹³	牙芽衙雅外
ha³⁵	蟹
ɦia¹³	鞋也
a⁴⁴	矮

ia

ʔdia⁵³	爹
tɕia⁵³	阶
tɕia⁴⁴	姐
tɕia³⁵	芥架借~口, ~用介
ɕia⁴⁴	写
ɕia³⁵	瑕泻卸
ʑia¹³	辖谢斜邪
ɦia¹³	涯霞爷野夜
ia⁵³	鸦耶
ia³⁵	亚

ua

kua⁵³	乖
kua⁴⁴	拐~杖
kua³⁵	怪卦
kʰua³⁵	快
ɦua¹³	怀淮槐坏

o

ʔbo⁵³	疤芭
ʔbo⁴⁴	把~握,刀~
bo¹³	爬琶杷
mo¹³	麻麻(痲)马码骂
tso⁵³	渣
tso³⁵	诈炸~弹
tsʰo⁵³	错~误,交~

so⁵³	沙纱	
so³⁵	晒	
zo¹³	茶查_调~_	
o⁵³	丫	

uo

tsuo⁵³	遮	
tsuo³⁵	蔗	
tsʰuo⁵³	车_~辆_	
suo⁵³	赊	
suo⁴⁴	舍_~弃_	
zuo¹³	蛇	
kuo³⁵	挂	
kʰuo⁵³	夸	
kʰuo³⁵	跨	
ŋuo¹³	瓦_砖~_	
huo⁵³	花	
huo³⁵	化	
ɦuo¹³	华_中~,划~船_画话	
uo⁵³	蛙	

ɔ

ʔbɔ³⁵	褒包胞
ʔbɔ⁴⁴	宝保堡饱
ʔbɔ³⁵	报豹爆
pʰɔ⁵³	抛
pʰɔ³⁵	泡_水~,浸~_炮_枪~_
bɔ¹³	袍跑抱暴鲍刨
mɔ⁵³	猫
mɔ¹³	毛茅矛锚卯冒帽茂贸貌
ʔdɔ⁵³	刀
ʔdɔ⁴⁴	岛捣祷倒_~塌,~水_导
ʔdɔ³⁵	到
tʰɔ⁵³	涛滔

tʰɔ⁴⁴	讨	
tʰɔ³⁵	套	
dɔ¹³	桃逃陶萄道稻盗	
nɔ¹³	脑闹	
lɔ⁵³	唠捞	
lɔ¹³	萝藤~,~卜劳牢老涝	
tsɔ⁵³	遭朝明~招糟	
tsɔ⁴⁴	早枣爪	
tsɔ³⁵	躁灶罩照	
tsʰɔ⁵³	操~作,~节糙超抄锹	
tsʰɔ⁴⁴	草炒吵	
dzɔ¹³	樵	
sɔ⁵³	骚烧稍捎	
sɔ⁴⁴	嫂扫少多~	
sɔ³⁵	少~年燥	
zɔ¹³	槽朝~代巢潮皂造建~赵兆绍	
kɔ⁵³	高膏牙~羔糕交教书~胶	
kɔ⁴⁴	稿	
kɔ³⁵	告觉睡~	
kʰɔ⁵³	敲	
kʰɔ⁴⁴	考烤	
kʰɔ³⁵	靠	
gɔ¹³	搞	
ŋɔ¹³	鹅熬咬傲	
hɔ⁴⁴	好~坏	
hɔ³⁵	好喜~耗	
ɦɔ¹³	下哑豪毫夏号~码	
ɔ⁵³	袄	
ɔ³⁵	奥懊	

iɔ

ʔbiɔ⁵³	彪标膘	
ʔbiɔ⁴⁴	表	
pʰiɔ⁵³	飘漂~浮	

pʰiɔ⁴⁴	瓢
pʰiɔ³⁵	漂~白,~亮票
biɔ¹³	嫖
miɔ¹³	苗描秒渺藐庙妙
ʔdiɔ⁵³	刁貂雕~刻
ʔdiɔ³⁵	钓吊~桥
tʰiɔ⁵³	挑~担
tʰiɔ⁴⁴	挑~战
tʰiɔ³⁵	跳
diɔ¹³	条调~动~和
liɔ¹³	料燎疗辽聊撩寥了
tɕiɔ⁵³	郊焦蕉椒娇骄浇缴
tɕiɔ⁴⁴	绞狡
tɕiɔ³⁵	校~对教~育较叫
tɕʰiɔ⁴⁴	巧
tɕʰiɔ³⁵	窍
dʑiɔ¹³	乔桥侨荞轿
ɲiɔ⁴⁴	鸟
ɲiɔ³⁵	尿
ɲiɔ¹³	绕~线
ɕiɔ⁵³	消宵霄销萧箫
ɕiɔ⁴⁴	小晓
ɕiɔ³⁵	酵孝笑
ɦiɔ¹³	饶摇谣窑遥姚尧效校~学~耀鹞
iɔ⁵³	妖邀要~求腰么
iɔ⁴⁴	舀
iɔ³⁵	要重-

ɤ

pʰɤ⁵³	剖
mɤ¹³	某谋亩牡
fɤ⁴⁴	否
ʔdɤ⁵³	兜
ʔdɤ⁴⁴	斗升~抖陡

ʔɤ³⁵	斗 ~争	
tʰɤ⁵³	偷	
tʰɤ³⁵	透	
dɤ¹³	头投豆痘	
lɤ¹³	楼搂~抱 漏	
tsɤ⁵³	邹周州洲舟	
tsɤ⁴⁴	走帚	
tsɤ³⁵	奏皱咒骤	
tsʰɤ⁵³	抽	
tsʰɤ⁴⁴	丑 子~, ~恶	
tsʰɤ³⁵	凑臭 香~	
sɤ⁵³	搜馊收	
sɤ⁴⁴	首手守	
sɤ³⁵	瘦兽	
zɤ¹³	绸筹仇 报~ 酬受寿授售	
kɤ⁵³	勾 ~销 沟钩	
kɤ⁴⁴	狗苟	
kɤ³⁵	够构	
kʰɤ⁴⁴	口	
kʰɤ³⁵	扣寇	
ŋɤ¹³	藕偶 配~, ~然	
ɦɤ¹³	侯喉猴厚后 先~ 候	
ɤ⁴⁴	呕 ~吐 欧 ~姓 欧殴	

iɤ

liɤ⁵³	溜 ~冰	
liɤ¹³	流硫琉留刘柳榴	
tɕiɤ⁵³	纠 ~纷 鸠灸究纠 ~察	
tɕiɤ⁴⁴	九久酒韭	
tɕiɤ³⁵	救	
tɕʰiɤ⁵³	秋丘	
dʑiɤ¹³	囚求球舅旧	
ȵiɤ¹³	牛钮	
ɕiɤ⁵³	修休	

ɕiɤ⁴⁴	朽
ɕiɤ³⁵	秀绣锈
ʑiɤ¹³	就袖
ɦiɤ¹³	尤邮有友犹由油游又右祐
iɤ⁵³	忧优幽
iɤ³⁵	诱幼

E

ʔbE⁵³	斑班颁扳般搬
ʔbE⁴⁴	板版
ʔbE³⁵	贝被~迫扮半
pʰE⁵³	攀潘
pʰE³⁵	盼判叛
bE¹³	办瓣伴拌
mE¹³	蛮瞒满玩~游戏慢曼
fE⁵³	番翻
fE⁴⁴	反~复返
fE³⁵	贩
ʋE¹³	帆凡繁烦矾泛犯范姓范模~乏饭万
ʔdE⁵³	耽担~任丹单
ʔdE⁴⁴	胆
tʰE⁵³	胎贪摊滩
tʰE⁴⁴	坦毯
tʰE³⁵	态探炭叹
dE¹³	台苔抬谭姓谭坛谈痰檀弹~琴壇贷代袋担挑~淡旦但蛋弹~药待怠
nE⁵³	拿
nE¹³	男南~北难~易耐难患~
lE¹³	来蓝篮览缆榄兰栏拦懒滥烂
tsE⁵³	斋灾再沾毡占~领
tsE⁴⁴	宰~相盏斩
tsE³⁵	载年~,.~重蘸赞展战
tsʰE⁵³	钗参~加搀~扶餐
tsʰE⁴⁴	彩采~摘惨铲产

tsʰE³⁵ 菜忏灿

sE⁵³ 三山删衫闩₁ₙ₋

sE⁴⁴ 陕闪₁散松₋伞

sE³⁵ 舍宿₋赛散解₋扇₋子,₋动

zE¹³ 才₋华材财裁₁在豺残蚕馋缠然燃暂赚站车₋潺

kE⁵³ 该监₋狱奸₋淫

kE⁴⁴ 改感碱拣敢

kE³⁵ 概盖盖₋徛减

kʰE⁵³ 开堪铅

kʰE⁴⁴ 坎砍

kʰE³⁵ 慨

ŋE¹³ 癌眼颜

hE⁴⁴ 海

hE³⁵ 喊

ɦE¹³ 含咸₋鱼衔₋冤协闲晚害馅限械

E³⁵ 爱晏

iE

tɕʰiE³⁵ 切₋₋契₋约

uE

kuE⁵³ 官观参₋冠衣₋棺关

kuE⁴⁴ 管馆

kuE³⁵ 贯罐灌冠₋军惯

kʰuE⁴⁴ 款

kʰuE³⁵ 快筷

huE⁵³ 欢

ɦuE¹³ 完丸皖顽还环

uE⁵³ 弯湾

uE⁴⁴ 碗

uE³⁵ 换幻

ø

bø¹³ 盘

ʔdø⁵³	端
ʔdø⁴⁴	短
ʔdø³⁵	断~决~
tʰø³⁵	蜕
dø¹³	团断~绝段缎
nø¹³	暖聂
lø¹³	卵乱
tsø⁵³	追锥钻~洞专砖
tsø⁴⁴	转~变,~动
tsø³⁵	最醉坠传~记
tsʰø⁵³	猜崔催吹炊穿川
tsʰø³⁵	翠脆串
sø⁵³	虽衰酸
sø⁴⁴	髓
sø³⁵	岁税算蒜
zø¹³	随隋垂蕊穗隧喘船裁₂罪瑞
kø⁵³	规甘干~涉,~燥柑竿杆旗~,笔~肝
kø⁴⁴	诡秆麦~赶
kø³⁵	干~劲
kʰø⁵³	看~守刊
kʰø³⁵	看~见
ŋø¹³	岸
hø⁵³	虾
ɦø¹³	而函嫌韩寒豌汉旱汗
ø⁵³	庵安按鞍
ø³⁵	案

yø

tɕyø⁵³	捐知蜘
tɕyø⁴⁴	卷~曲,书~
tɕyø³⁵	眷
tɕʰyø⁵³	圈圆~
tɕʰyø³⁵	劝券
ȵyø¹³	软元原员缘源渊愿

ʑyø¹³	券权
ɦyø¹³	圆袁园猿辕援远 ~征院
yø⁵³	冤

ei

ʔbei⁵³	杯碑卑
ʔbei³⁵	辈背~脊, ~负, ~诵
pʰei⁵³	坯
pʰei³⁵	佩沛配
bei¹³	培陪赔倍备
mei¹³	梅枚煤媒每美眉霉妹昧
fei⁵³	恢飞非妃
fei⁴⁴	匪
fei³⁵	废肺费
ʋei¹³	肥伟苇味汇~集
ʔdei⁵³	堆
ʔdei³⁵	对兑
tʰei⁵³	推
tʰei⁴⁴	腿
tʰei³⁵	退
dei¹³	队
nei¹³	内
lei¹³	雷垒累积~, 连~类泪²
sei³⁵	碎

uei

kuei⁵³	归
kuei⁴⁴	轨鬼
kuei³⁵	会~计桂贵
kʰuei⁵³	亏窥
kʰuei³⁵	溃愧
ɡuei¹³	奎葵柜
huei⁵³	灰挥辉徽
huei⁴⁴	悔毁

ɦuei¹³	回茴危伪为_{作~}_因维唯惟微违围纬汇_{~合}_{会开}_{~，}_{~不}绘彗_{~星}卫惠慧位未魏胃谓
uei⁵³	威
uei⁴⁴	委讳
uei³⁵	贿喂_{~养}畏慰

ã

ʔbã⁴⁴	彭膨
bã¹³	棚篷蓬朋鹏碰
mã¹³	猛孟_姓
ʋã¹³	横_{~竖,}_{蛮~}
ʔdã⁴⁴	打_{~击}
lã¹³	冷
tsã⁵³	张睁
tsã⁴⁴	长_生_{~掌}
tsã³⁵	涨_{~大,}_{~价}帐_{蚊~}账目胀_{膨~}仗_{打~,}_{~依}杖丈
tsʰã⁴⁴	厂
tsʰã³⁵	畅撑_{支~}
sã⁵³	生甥牲声_白
sã⁴⁴	省_{节~}
zã¹³	长_{~短}肠场常
kã⁵³	羹_{瓢~}
ŋã¹³	硬

iã

liã¹³	良梁粮两_{~斤,}_{斤~}凉粱量_{~米,}_{~数}亮谅
tɕiã⁵³	将_{~来}浆僵姜_{牛~}姜_姓
tɕiã⁴⁴	蒋桨奖
tɕiã³⁵	酱将_{大~}
tɕʰiã⁵³	腔
tɕʰiã⁴⁴	抢_{~夺}
dʑiã¹³	强_{~大}
ȵiã¹³	娘仰酿让
ɕiã⁵³	相_{~互}箱厢湘镶香乡

ɕiã⁴⁴	想
ɕiã³⁵	相~貌享响
ziã¹³	详像象橡
ɦiã¹³	墙祥翔羊洋杨扬阳烊养痒匠
iã⁵³	央秧殃
iã³⁵	向样

uã

| kʰuã³⁵ | 矿 |

ã

ʔbã⁵³	帮邦
ʔbã⁴⁴	榜绑
pʰã³⁵	胖
bã¹³	棒蚌旁庞
mã¹³	忙芒莽蟒亡网盲虻忘望旺妄
fã⁵³	方肪芳
fã⁴⁴	仿~效,相妨纺访防
fã³⁵	放
ʋã⁵³	汪往
ʋã¹³	房
ʔdã⁵³	当应~
ʔdã⁴⁴	党挡
ʔdã³⁵	当上~
tʰã⁵³	汤
tʰã⁴⁴	躺
tʰã³⁵	趟
dã¹³	堂棠唐塘糖荡
nã¹³	囊瓤
lã¹³	狼郎廊螂浪
tsã⁵³	赃庄装章樟桩木~
tsã³⁵	藏西~葬脏五~壮障
tsʰã⁵³	仓苍疮昌窗
tsʰã⁴⁴	闯

tsʰã³⁵	创~造,~伤 倡提~ 唱
sã⁵³	桑霜商伤双
sã⁴⁴	爽赏
sã³⁵	丧~婚~,~失
zã¹³	床偿裳状上~山,在~尚撞
kã⁵³	岗山~刚纲钢缸江疆
kã⁴⁴	讲港
kã³⁵	杠~杆降~落
kʰã⁵³	康糠慷
kʰã³⁵	抗园
ŋã¹³	昂
ɦã¹³	行银~杭航降投~项

uã

kuã⁵³	光
kuã⁴⁴	广
kʰuã⁵³	筐
kʰuã³⁵	旷框况
guã¹³	狂
huã⁵³	荒慌
ɦuã¹³	黄簧皇蝗王
uã³⁵	枉

əŋ

ʔbəŋ⁵³	奔崩绷
ʔbəŋ⁴⁴	本
pʰəŋ⁵³	喷~水
bəŋ¹³	盆笨
məŋ⁵³	闷蒙
məŋ¹³	门蚊纹萌盟明~朝问白
fəŋ⁵³	分~开芬纷疯
fəŋ⁴⁴	粉讽
fəŋ³⁵	粪奋
ʋəŋ⁵³	温瘟翁

ʋəŋ⁴⁴	稳
ʋəŋ¹³	浑~浊,~身 魂馄文坟闻份问~文
ʔdəŋ⁵³	敦墩蹲登灯
ʔdəŋ⁴⁴	等
ʔdəŋ³⁵	顿凳
tʰəŋ⁵³	吞
dəŋ¹³	屯~田 臀腾誊藤盾~人名,矛~钝邓
nəŋ¹³	能嫩
ləŋ¹³	崙轮伦棱~角 论议~
tsəŋ⁵³	真珍针尊增曾~孙 征~求 争蒸筝贞侦征
tsəŋ⁴⁴	枕~席 诊疹准批~,标~ 整
tsəŋ³⁵	镇阵振震赠证~明 症病~ 正~月,公~ 政
tsʰəŋ⁵³	村春称~呼,相~ 蛏
tsʰəŋ⁴⁴	蠢
tsʰəŋ³⁵	趁衬寸秤
səŋ⁵³	森参~人~深身申伸孙僧升声
səŋ⁴⁴	审婶沈损笋榫
səŋ³⁵	渗甚~至 慎胜~败 盛兴~ 圣
zəŋ¹³	肾韧顺润闰剩郑任~责~沉陈尘神臣辰存唇纯曾~经层惩澄橙乘绳承丞呈程成城盛~满诚
kəŋ⁵³	跟根更~改,打~羹庚耕
kəŋ³⁵	更~加 耿
kʰəŋ⁵³	坑
kʰəŋ⁴⁴	肯恳垦啃
ɦəŋ¹³	恨恒衡
əŋ⁵³	恩

iŋ

ʔbiŋ⁵³	宾彬槟冰兵
ʔbiŋ⁴⁴	禀丙饼
ʔbiŋ³⁵	并合~
pʰiŋ⁵³	拼~凑姘
pʰiŋ⁴⁴	品
pʰiŋ³⁵	聘

biŋ¹³	贫频凭平评坪瓶屏萍病并~且
miŋ¹³	命民闽敏明鸣名铭冥
ʔdiŋ⁵³	丁钉铁~
ʔdiŋ⁴⁴	顶鼎
ʔdiŋ³⁵	订钉~住
tʰiŋ⁵³	听~见,~从厅汀
tʰiŋ⁴⁴	挺艇
diŋ¹³	停亭廷庭蜓定
niŋ¹³	宁安~
liŋ¹³	临林淋邻陵凌菱领灵铃岭零令另
tɕiŋ⁵³	今金襟禁~不住津斤巾筋京荆惊精晶睛经
tɕiŋ⁴⁴	锦紧景警颈
tɕiŋ³⁵	浸禁~止进晋劲有~,~敌谨境竟镜文敬井净
tɕʰiŋ⁵³	侵钦亲~切,~家青清轻倾蜻顷
tɕʰiŋ⁴⁴	寝请
tɕʰiŋ³⁵	庆
dʑiŋ¹³	琴禽擒秦仅勤芹尽近竞
ȵiŋ¹³	人认
ɕiŋ⁵³	心辛新薪兴~旺星腥馨
ɕiŋ⁴⁴	省反~醒
ɕiŋ³⁵	信兴高~幸性姓
ziŋ¹³	寻情静靖
ɦiŋ¹³	萤吟饮~水淫银寅行~为迎赢盈形刑型营
iŋ⁵³	音阴洇因姻殷应~当鹰蝇樱莺鹦英缨
iŋ⁴⁴	引隐颖影
iŋ³⁵	印尹姓应响~

uəŋ

tsuəŋ⁵³	遵
kuəŋ⁴⁴	滚
kʰuəŋ⁵³	昆崑坤
kʰuəŋ⁴⁴	捆
kʰuəŋ³⁵	困睏
huəŋ⁵³	昏~暗,~迷婚荤

ɦuəŋ¹³ 混

yŋ

tɕyŋ⁵³ 钧
tɕyŋ³⁵ 俊
ɦyŋ¹³ 熨

oŋ

pʰoŋ⁴⁴ 捧
moŋ¹³ 梦
ʔdoŋ⁵³ 东冬
ʔdoŋ⁴⁴ 董懂
ʔdoŋ³⁵ 冻栋
tʰoŋ⁵³ 通筒
tʰoŋ⁴⁴ 统
tʰoŋ³⁵ 痛
doŋ¹³ 桶同铜桐童瞳动洞
noŋ¹³ 农浓脓弄~坏
loŋ¹³ 笼龙聋隆陇拢垄
tsoŋ⁵³ 宗鬃综棕中~当忠衷终踪纵~横钟锺盅
tsoŋ⁴⁴ 总种~类肿
tsoŋ³⁵ 粽~子中~射众纵~放种~植
tsʰoŋ⁵³ 聪葱囪充冲~锋
tsʰoŋ³⁵ 宠
soŋ⁵³ 松~紧,~树
soŋ⁴⁴ 耸
soŋ³⁵ 送宋
zoŋ¹³ 崇虫丛从服~重复诵颂讼重~量
koŋ⁵³ 公工功攻蚣弓躬恭宫供~给
koŋ⁴⁴ 拱巩
koŋ³⁵ 贡供~养
kʰoŋ⁵³ 空~虚
kʰoŋ⁴⁴ 孔恐
kʰoŋ³⁵ 控空~缺

goŋ¹³	共汞
hoŋ⁵³	轰烘风丰~收封峰锋蜂
hoŋ⁴⁴	哄~骗
ɦoŋ¹³	弘宏红洪鸿虹冯姓缝~补~隙蓬莲~头凤奉

yoŋ

tɕyoŋ⁵³	均军君
dʑyoŋ¹³	穷琼群裙
ȵyoŋ¹³	绒
ɕyoŋ⁵³	凶~恶,吉~匈胸勋薰兄
ɕyoŋ³⁵	讯迅训
ʑyoŋ¹³	巡
ɦyoŋ¹³	熊雄容旬匀云~彩荣永泳咏用运
yoŋ⁵³	拥晕~厥
yoŋ⁴⁴	勇涌~现踊允

iʔ

ȵiʔ¹	逆疫
ɕiʔ⁵	惜
ɦiʔ¹	役

yʔ

| ɕyʔ⁵ | 蓄 |

aʔ

ʔbaʔ⁵	百伯
pʰaʔ⁵	拍帕
maʔ¹	陌~生麦脉
vaʔ¹	划计~
ʔdaʔ⁵	搭答
tʰaʔ⁵	塌榻塔
daʔ¹	踏达
naʔ¹	纳
tsaʔ⁵	只~有,一~着~衣

tsʰaʔ⁵	插绰拆册策栅尺
saʔ⁵	湿
zaʔ¹	杂闸着_睡~_宅石
kaʔ⁵	胛格隔
kʰaʔ⁵	客
ɦaʔ⁵	吓

iaʔ

tɕiaʔ⁵	甲脚觉_感~_
tɕʰiaʔ⁵	洽雀鹊却确
dʑiaʔ¹	剧
ɕiaʔ⁵	削
ʑiaʔ¹	嚼
ɦiaʔ¹	药钥跃乐_音~_
iaʔ⁵	约

uaʔ

kuaʔ⁵	括_包~_刮

æʔ

ʔbæʔ⁵	八
bæʔ¹	拔
mæʔ¹	袜
fæʔ⁵	法发_出~,头~_
væʔ¹	滑挖罚
læʔ¹	腊_~月_蜡_~烛_猎辣
tsæʔ⁵	扎_包~_札
tsʰæʔ⁵	擦察
sæʔ⁵	杀煞
zæʔ¹	十拾_~取_
kæʔ⁵	夹_~板_
hæʔ⁵	恰瞎
ɦæʔ¹	狭窄
æʔ⁵	鸭押压

oʔ

ʔboʔ⁵	博北
pʰoʔ⁵	朴₋素迫魄
boʔ¹	薄
moʔ¹	摸膜薄₋莫漠墨默木目牧穆
foʔ⁵	复₋原
ʔdoʔ⁵	笃
tʰoʔ⁵	秃
doʔ¹	独读毒
loʔ¹	鹿六录陆大₋绿
tsoʔ⁵	炸油₋竹筑建₋祝粥足烛
tsʰoʔ⁵	触促
soʔ⁵	宿₋舍速肃缩叔束
zoʔ¹	族熟俗赎属蜀
koʔ⁵	国谷五₋,山₋
kʰoʔ⁵	哭
hoʔ⁵	福复₋杂,重₋
ɦoʔ¹	或伏降₋
oʔ⁵	屋

yoʔ

tɕyoʔ⁵	菊
tɕʰyoʔ⁵	曲
dʑyoʔ¹	轴局
ȵyoʔ¹	肉玉
ʑyoʔ¹	续
ɦyoʔ¹	浴

ɔʔ

ʔbɔʔ⁵	剥雹
ʋɔʔ⁵	握
ʋɔʔ¹	缚
tʰɔʔ⁵	托委₋,₋盘

nɔʔ¹	诺
lɔʔ¹	洛落络骆乐_快~酪烙
tsɔʔ⁵	作桌捉
zɔʔ¹	昨凿勺啄镯
kɔʔ⁵	角
kʰɔʔ⁵	壳
ŋɔʔ¹	鹤岳
hɔʔ⁵	霍获_收~
ɦɔʔ¹	学获~_得

uɔʔ

kuɔʔ⁵	郭
kʰuɔʔ⁵	扩廓

œʔ

mœʔ¹	末沫
tʰœʔ⁵	脱
dœʔ¹	夺
sœʔ⁵	说

əʔ

ʔbəʔ⁵	拨钵
pʰəʔ⁵	泼扑
məʔ¹	没_沉~_物~_事
fəʔ⁵	覆服
ʋəʔ¹	卧附活核_桃~佛物_文勿
ʔdəʔ⁵	得德
dəʔ¹	突特
ləʔ¹	勒肋
tsəʔ⁵	者质_人~折~_叠~_断质汁执哲浙则责织职
tsʰəʔ⁵	彻撤出测侧赤
dʑəʔ¹	植
səʔ⁵	社鳃设刷失虱室塞_闭~色识式饰适释
zəʔ¹	入舌侄实日_文术_算~述贼值直食蚀殖择泽

kəʔ⁵	鸽葛阁胳革
kʰəʔ⁵	磕刻克
ŋəʔ¹	额
həʔ⁵	喝~采黑
ɦəʔ¹	贺合~作盒核~桃,~对

iəʔ

pʰiəʔ⁵	僻辟开~
liəʔ¹	隶
tɕiəʔ⁵	积
tɕʰiəʔ⁵	吃~饭
dʑiəʔ¹	绝
ȵiəʔ¹	捏
ɦiəʔ¹	亿抑译液

uəʔ

| kuəʔ⁵ | 骨 |
| kʰuəʔ⁵ | 阔 |

iɿʔ

ʔbiɿʔ⁵	别笔毕必逼碧壁
pʰiɿʔ⁵	匹劈
biɿʔ¹	鼻
miɿʔ¹	灭蜜密
ʔdiɿʔ⁵	跌滴的目~
tʰiɿʔ⁵	贴帖铁踢剔惕
diɿʔ¹	叠蝶碟谍敌狄笛
liɿʔ¹	立例粒笠列烈裂劣栗率效~律历~史、日~力
tɕiɿʔ⁵	指接劫辑级急节截洁结吉即鲫级迹脊绩激击
tɕʰiɿʔ⁵	切~开窃七漆戚
dʑiɿʔ¹	集及杰疾籍~贯
ȵiɿʔ¹	业热孽虐日~头
ɕiɿʔ⁵	吸泄揭歇屑雪息熄析锡
ziɿʔ¹	习席袭

ɦiɪʔ¹ 叶
iɪʔ⁵ 噎乙一

ø?

løʔ¹ 略掠
ʥøʔ¹ 爵

yø?

tɕyøʔ⁵ 决橘
tɕʰyøʔ⁵ 缺
ʥyøʔ¹ 掘
ɲyøʔ¹ 阅月
ɕyøʔ⁵ 薛血穴
ɦyøʔ¹ 越育
yøʔ⁵ 恤郁_姓

m̩

m̩⁴⁴ 母
m̩¹³ 幕

ŋ̍

ŋ̍¹³ 五鱼渔

四、奉贤音系

(一) 导言

1. 地理、政区沿革、人口

奉贤县地处长江下游三角洲平原，位于上海市区的南郊，北枕黄浦江，南临杭州湾，拥有31.6公里长的海岸线和13公里长的江沿线。东与南汇县六团、新场、航头等乡毗邻，西北以千步泾为界，与松江县叶榭乡毗邻，西及西南与金山县亭新、朱行、漕泾接壤，东北与上海县鲁江乡毗邻，正北隔黄浦江与闵行区相峙。总面积674.58平方公里，其中市属农场65.08平方公里。

有关出土文物表明，距今三四千年前，县境西南部拓林乡一带已有人类居住。秦汉两晋南北朝时属海盐县境,唐宋元明时属华亭县境。清雍正四年(1726)正式自华亭县析出建县,县名因相传孔丘弟子言偃曾来此讲学,里人为崇奉贤人,故名。1958年11月由江苏省划归上海市。县治设于南桥镇。1984年底全县辖有19个乡和一个县属镇。境内有三个市属国营农场。19个乡即江海、萧塘、邬桥、新寺、胡桥、庄行、金江、泰日、头桥、奉城、四团、平安、塘外、青村、光明、钱桥、奉新、拓林。1985年11月28日,经上海市政府批准,奉贤乡改建为奉贤镇,并增设洪庙乡、邵丁乡。据1984年统计,全县总人口为510 653人。

2. 方言概况

本县语言属吴语太湖片的苏松嘉次方言区,奉贤音系与松江音系十分接近。它与旧松江府北部的旧太仓州、南部的旧嘉兴府地区相比较,有以下特点:

(1)有带轻微喉塞音(又称缩气塞音)声母ʔb、ʔd、ʔɟ,如"扁担筋"三字的声母与苏州话和嘉兴话的同类声母发音不同。

(2)cʰ组声母包括cʰ、tɕ两组音位变体,如"丘"和"欺"、"姜"和"鸡"、"桥"和"旗"声母的读音有别。

(3)双唇音有ɸ、β、ʔw的对立,至今奉贤各地区大部分老年人读"呼、户、乌"三字还是双唇发音的。

(4)入声韵丰富,开口呼入声韵:哭kʰoʔ ≠ 壳kʰɔʔ ≠ 客kʰaʔ ≠ 掐kʰæʔ ≠ 磕kʰeʔ ≠ 刻kʰʌʔ ≠ 渴kʰœʔ;笔ʔbiʔ ≠ 壁ʔbiʌʔ。

(5)古遇摄合口知、照三两组和日母字的韵母是y,如"主、书、树"的韵母。

(6)有八个声调,平上去入各分阴阳。

在地域分布上,奉贤因东西两地区连读变调的不同,分为东乡音和西乡音两大块。除此差别外,北部地区有个别韵母与南汇县相同,南汇航头、惠南音系的连读变调在本县北部边缘地区也有深入。平安、四团两乡的大部分地区在韵母、声调、连读变调方面带有更多的南汇音。

本县南部有些移民聚居的地方至今还讲该移民原地区的方言,如拓林乡境内原盐场的岱山方言,平安、奉城、塘外等沿海村的崇明、海门、启东方言。县境南部的市属单位,通用上海市区话等,不过这些都不在本卷调查和讨论的范围内,本卷主要探讨本县西乡音的代表南桥镇、东乡音的代表奉城镇的老派音系。

(二) 南桥镇的老派音系

1. 声母表（34个）

			双唇	舌尖中	舌尖后	舌面前	舌面中	舌面后	喉
塞音	清	不送气						k 高公夹	ʔ 鸭衣迁
		送气	pʰ 怕胖扑	tʰ 土统秃			cʰ 五轻吃	kʰ 开空哭	
	浊	带紧喉	ʔb 布兵壁	ʔd 斗党跌			ʔɟ 立军脚		
		不带紧喉	b 布盆别	d 地定夺			ɟ 旧穷剧	g 蔡共轧	
塞擦音	清	不送气			ts 早总绩				
		送气			tsʰ 采清出				
擦音	清		ɸ 天比发		s 思双雪		ɕ 书凶吸		h 虾风福
	浊		β 抚父划		z 齐从宅	ʑ 树如除			ɦ 项奉药
通音			ʔw 威汪挖						
鼻音	带紧喉		ʔm 妈母埋	ʔn 乃努拿			ʔȵ 粘仰鸟	ʔŋ 挜我齾	
	带浊流		ɦm 买梦水	ɦn 奶农纳			ɦȵ 泥让肉	ɦŋ 外饿额	
边音	带紧喉			ʔl 捞溜玲					
	带浊流			ɦl 劳龙力					

声母特点说明：

（1）ʔb、ʔd、ʔɟ 是带轻微喉塞音的浊塞音，又称缩气塞音，发音时还带有鼻音。

（2）cʰ、ʔɟ、ɟ、ɕ、ʔȵ、ɦȵ 包含两组条件变体：① cʰ、ʔɟ、ɟ、ɕ、ʔȵ、ɦȵ 专拼央后元音韵（韵指韵腹和韵尾），包括偏央的鼻音韵 ɛ̃。如：吃 cʰiʌʔ，晓 ʔɟiɔ；② tɕʰ、tɕ、dʑ、ɕ、ʔȵ、ɦȵ，专拼前元音韵。如：结 tɕiiʔ，女 ɦȵy。

（3）ɸ、β、ʔw 包含两组变体：① ɸ、β、ʔw；② f、v、ʔv。拼法规则不清。一种常见拼法是：与央后元音韵拼读①类，与前元音韵拼读②类。如：火 ɸu，划 βaʔ，泾 ʔwã 飞 fi 滑 væʔ 碗 ʔve。f、v、ʔv 声母上齿和下唇相擦不明显。

（4）浊音声母实际发音时清音浊流，如 b 实际是 pɦ。

（5）古鱼、虞两韵的知、照三两组和日母字，读作 tɕʰ、tɕ、ɕ、z（除猪褚外）。如：驻 tɕy、处 tɕʰy、书 ɕy 等。

2. 韵母表（53个）

		开	齐	合	撮
阴声韵		ɿ 斯知试	ij 低线尾	u 破古务	
		ɑ 太惹加	ia 爷阶斜	uɑ 怪怀快	
		ɔ 宝高罩	iɔ 消表晓		
		o 怕社母			
		e 雷男退		ue 桂灌官	
		ɛ 兰斩玖	iɛ 械也念	ɜu 关乘环	
		ø 寒干员			yø 软卷劝
		ɯ 斗手候	iɯ 由酒丘		
			iu 靴		
阳声韵		ə̃ 碰昌横	iə̃ 良腔想	uə̃ 光~火	
		ã 窗帮梦	iã 旺王	uã 光矿狂	
		ə̃ŋ 思身门	oŋ 紧零品	uə̃ŋ 棍困尾	yə̃ 云军群
		oŋ 龙中风	ioŋ 允荣穷		
入声韵		ɑʔ 麦石湿	iaʔ 削确剧	uɑʔ □k~开	
		æʔ 鸭杀搭	iæʔ 甲捏洽	uæʔ 刮括	
		œʔ 夺渴掇		uœʔ 说撮	yœʔ 月血越
		eʔ 磕出汁		ueʔ 骨阔窟	
		ɤʔ 刻色特	iʌʔ 级亦吃		
			iiʔ 结叶觅		
		ɔʔ 作木谷	ioʔ 戳	uɔʔ 郭扩廓	
		oʔ 北哭足	ioʔ 浴肉曲		
声化韵		əl 尔耳而	m̩ 亩	ŋ̍ 鱼五吴	

韵母特点说明：

（1）u 除与 ɸ、β 相拼外，都读[ˠu]。

（2）前元音的实际读法都是偏央。

（3）iəŋ、iəŋ、uəŋ 实际音值是[ə̃]、[iə̃]、[uə̃]，yə̃ 不带[ŋ]。

（4）iəŋ 包含两个条件变体：iəŋ、ɿəŋ。ɿəŋ 拼 ch 组声母和ʔ、ɦ 声母与日母，iəŋ 拼 tʰ、pʰ、tsʰ 组声母。

（5）与 ɸ、β、ʔw 相拼的开口韵都带有轻微的滑音[u]，如：活 βᵘeʔ，发 ɸᵘæʔ。

（6）i 前分尖团，如：将 tsiẽ ≠ 姜 ʔʑiẽ，节 tsiɪʔ ≠ 结 tɕiɪʔ；y 前不分尖团，如：取 tɕʰy，序 ʑy。这是奉贤音与松江、南汇音的一个不同之处。

（7）阳声韵多数是鼻化韵。金（古收 -m）斤（古收 -n）亲（古收 -ŋ）都读 ʔʑiẽŋ。

（8）"比、梯"和"偏、天"都读 ij 韵；"婆、河"和"蒲、湖"都读 u 韵；"虚、举"和"书、煮"都读 y 韵。内 e= 耐 e ≠ 难 ɛ，队 e= 代 e ≠ 蛋 ɛ，规 ue= 官 ue ≠ 关 uɛ，桂 ue= 灌 ue ≠ 惯 uɛ。

3. 声调表（8个）

调 类	调 值	例 字
阴平	53	东丁居
阳平	31	同亭渠
阴上	44	懂顶举
阳上	22	女老武
阴去	335	冻订据
阳去	113	洞动定
阴入	ʔ55	秃滴格
阳入	ʔ33	独敌额

声调说明：
（1）古全浊阳上归读阳去声调。
（2）带浊流声母都配阳声调，不带浊流的声母都配阴声调。

4. 语音结构
（1）声母、声调配合关系表

声母 \ 声调	阴平	阳平	阴上	阳上	阴去	阳去	阴入	阳入
pʰ ʔb ɸ ʔw tʰ ʔd ts tsʰ s cʰ ʔʑ ç k kʰ h	爸		饱		扮		竹	
ʔ ʔm ʔn ʔl ʔȵ ʔŋ	粘		屡		勉			
b β d ʣ ɟ ʑ z		排				办		浊
ɦ ɦm ɦn ɦl ɦȵ ɦŋ		也		买		卖		涅

（2）声母、韵母配合关系表

声母＼韵母	开 ɿ	开 其他	齐 i	齐 i-	合 u	合 u-	撮 y	撮 y-
pʰ ʔb tʰ ʔd b d ʔm ʔn ʔl ɦ ɦm ɦn ɦl		怕	李	吊	布		吕	
ɸ ʔw β		歪	未		失			
k kʰ g		敲			哥	环		
h		虾						
ts tsʰ s z	纸	庄	妻	消	祖		趣	
cʰ ʔȶ ç ʔɲ ɦȵ ɟ ʑ			欺	腔			驱	缺
ʔŋ ɦŋ		咬			饿			
ʔ		矮	衣	妖	乌		淤	郁
ɦ		鞋	伊	油			雨	越

（3）韵母、声调配合关系表

	阴平	阳平	阴上	阳上	阴去	阳去	阴入	阳入
阴声韵	开		好		菜			
阳声韵		东		老		树		
其他		而		尔	五			
入声韵							谷	麦

5. 连读变调

南桥两字组（广用式）连读变调表

	阴平	阳平	阴上	阳上	阴去	阳去	阴入	阳入
阴平	44—53 光火				55—21 关照		53—ʔ22	
阳平		23—53 围头			24—21 难过		42—ʔ22 毛笔	
阴上	35—21 啥人		33—53 洒水 44—44 打垮		44—44 苦命		35—ʔ22 火着	
阳上	24—21 坐车		22—53 冷水		22—34 野菜		24—ʔ22 马夹	
阴去	53—21 称心		53—21 要好 44—44 懊悔		44—44 困觉		35—ʔ22 线脚	
阳去	42—21 良竿		42—21 队长 22—34 认可		22—34 雾露 42—21 寺院		24—ʔ22 料作	

(续表)

	阴平	阳平	阴上	阳上	阴去	阳去	阴入	阳入
阴入							ʔ33—53 吃亏	ʔ53—21 搭钮	ʔ33—34 雪菜	ʔ53—ʔ22 脚色
阳入							ʔ22—53 字相	ʔ42—21 白眼	ʔ22—34 物事	ʔ42—ʔ22 热烈

（三）奉贤方言的内部差异

奉贤方言的内部差异主要包括它的地域差异和年龄差异，这在声、韵、调及连读变调等方面都有反映，下面就这两方面的差异逐一论述。

1. 地域差异

（1）阳平声调的分并

本县大部分地区阳平单字调独立，唯有东部少数地区（四团、平安乡境内）阳平声调并发入阳去，如"陈、南"不读31，而读113。b. i韵和e韵的差异。

本县西北部一些地区（在邬桥、萧塘、金江乡境内），古灰韵合口一等（声母无限制），交韵、徽韵合口三等的见系大部分字今读 i 韵（不是[ij]），如"煤妹回每为伟胃维"等字都是，而本县其他大部分地区都读 e 韵。

（2）ᴇ韵和e韵的差异

凡本县大部分地区 e、ue 两韵的字在东部与南汇县交界地区（平安、四团乡境内）都读 ᴇ、ᴇu 韵（如"南、官"）。

（3）iuŋ 韵和 yəŋ（yẽ）韵的差异

本县大部分地区 e、ue 韵（西乡读 yẽ，东乡读 yəŋ）的字，如"军、云、群"，在本县东北部小部分地区（在平安、四团、头桥、泰日乡境内）读 iuŋ 韵。

（4）tɕʰ、dʑ 与 cʰ(tʰ)、ɟ(d) 的差异

本县东北地区，古梗摄开口四等青韵、效摄开口四等萧韵与端透定三母相拼的一些字在读音上与本县大部分地区不同。前者读塞擦音，后者读塞音。例如：挑、跳 tɕʰio=撬、翘 cʰio ≠ cʰio（或 tʰio）；条、调 dʑio=桥 ≠ ɟio（或 dio）；顶 tɕieŋ=紧 ≠ ɟaiŋ（或 ʔdieŋ）；听 tɕieŋ=轻 ≠（或 tʰaiŋ）。

2. 年龄差异

列举年龄差异"——"前为一般系老年人读法，后音为一般系青少年读法，读音从线前向线后演变。

（1）声母差异

ʔb、ʔd——p、t。如：碧 ʔbiʌʔ——piʔ，刀 ʔdɔ——tɔ，

ʔɟ、cʰ、ɟ、ç、ʔȵ、ɦȵ——tɕ、tɕʰ、dʑ、ɕ、ʔn、ɦn。

新派在央后元音韵前和前元音韵前都用tɕ组音。如：浇ʔciɔ——tɕiɔ，剧ʝia?——dʑiɤ，分尖团——i前分尖团，极少数老年人全部分尖团；大多数老年人在i前分，在y前不分；少数老年人和大部分中青年不分尖团。如：小siɔ ≠ ɕiɔ——ciɔ ≠ ɕiɔ——ɕiɔ=ɕiɔ，趋tsʰy ≠ tɕʰy——tɕʰy=tɕʰy——tɕʰy=tɕʰy。

ɸ、β——f、v这一类声母很混乱，许多人都不整齐。部分老年人全部用ɸ、β，如：夫ɸu，灰ɸe，部分老年人在央后元音韵前用ɸ、β，在前元音前用f、v，如：夫ɸu，灰ɸe，少数老年人和大多数中青年全部用f、v，如：夫fu，灰fe。

ɸ(f)、β(v)——hu、ɦu 部分青少年区分f、hu和v、ɦu。如：方ɸã = 荒ɸã——fã ≠ huã，文βəŋ ≠ 魂βəŋ——vən ≠ ɦuən。

ʔw——ʔv——ʔ(u) 如：碗ʔwe——ʔve——ʔue。

h、ɦ——f、v，如：风hoŋ——fuŋ，服ɦoʔ——voʔ，限古通摄合口三等东屋、钟烛韵的非组字。

ʔȶ、cʰ、ɟ——t、tʰ、d 古端组部分老、中年（主要在乡下），在与央、后元音韵拼时读ʔȶ、cʰ、ɟ，有的读t、tʰ、d，大部分青少年不论前后元音韵拼，都读t、tʰ、d。如丁=金ʔȶəŋ——tin ≠ tɕin，调ciɔ=桥cɪʝ——diɔ ≠ dʑiɔ。

h、ɦ、ɦ——z、ʑ、ɦ——dʑ、ʑ、ɦ。古群母今i韵字，古从、邪母今i韵字，古喻母今i韵字，在部分农村地区老年中年主要读ɦ韵，另一部分老中年读z、ʑ、ɦ或dʑ、ʑ、ɦ，城镇中青年为主，部分大城镇的老年人读dʑ、ʑ、ɦ。如：旗=泉=贤ɦij——旗≠泉 ʑij ≠ 贤hij——旗≠泉 ʑi ≠ 贤ɦi。

（2）韵母差异

ij——i 部分青少年发不带摩擦，如：题dij——di。

ø——ue 古蟹摄合口一等灰泰韵精组字，蟹摄合口三等支韵、脂韵的精、知组，照二、照三组，日母字的韵母大部分人读ø韵，一部分青少年读ue韵，如：脆tsʰø——tsʰue，岁sø——sue。

e——ø 古咸摄开口一等覃韵各组字、谈韵见组字、晓匣母字、咸摄开口三等盐韵知组、照三、日母字，山摄合口一等桓韵帮组字，山摄合口三等仙韵知组、照二、三组字、山摄开口三等仙韵知组、照三、日母字的韵母大部分人都读e（少数地区读ɛ）；一部分主要为青少年中部分人读ø。如：敢ke——kø，暗ʔe——ʔø，转tse——tsø。

ø——yø 古山摄合口三等仙韵、元韵，山摄合口四等先韵的匣、影、喻母字，韵母读音在西乡地区分两派：大部分读ø；少数人，主要是青少年中部分人读yø。如：圆ɦø=寒ɦø——ɦyø ≠ ɦø，怨ʔø=安ʔø——ʔyø ≠ ʔø。

ɐŋ、iɛŋ、yɛ̃(yøŋ)——ən、iŋ、uən、yu。如：今ʔȵiɐŋ——tɕiŋ，勋 çyɛ̃(çyøŋ)——çyŋ。ẽ、iẽ——ã、iã、uã，如：长 zẽ——zã，良 filiẽ——filiã。

ɐŋ——uən(uɐŋ) 古臻摄合口一等魂韵见组字韵母，部分老年人和部分乡村中年人读ɐŋ，部分老年人和新派读uɐŋ或uən，如：捆 kʰɐŋ——kʰuɐŋ，睏 kʰɐŋ——kʰuən。

ʌʔ、eʔ、œʔ、uœʔ——ʌʔ、əʔ——əʔ，如：特 dʌʔ≠ 突 eʔ ≠ 夺 dœʔ——dʌʔ = deʔ = dəʔ——dəʔ = dəʔ = dəʔ，说 suœʔ——səʔ。

iʌʔ——iəʔ——iɪʔ，如：立 filiʔ ≠ 粒 filiʌʔ——filiɪʔ = filiɪʔ，节 tsiɪʔ ≠ 绩 tsiʌʔ——tɕiɪʔ = tɕiɪʔ，吃 chiʌʔ——tɕhiəʔ。

yœʔ——yɪʔ，如：月 ɦȵyœʔ——ɦyɪʔ，血 çyœʔ——çyɪʔ。也有些人读 ioʔ 韵。

ioʔ——ɔʔ，ueʔ——uəʔ，如：菊 ʔȵioʔ——tɕyɪʔ，局 ɦioʔ——dʑyɪʔ（除：肉、浴外）。

uɔʔ——ɔʔ，ueʔ——uəʔ，如：郭 kuɔʔ——kɔʔ，骨 kueʔ——kuəʔ。

（3）声调差异

阴去——335

阴上44、阴去335——阴上、阴去334，如：久44 ≠ 救335——334 = 334。

阳上古次浊声母22——113（并入阳去），如：老、女22——113。

（4）部分散字的声韵调差异举例

雪 siɪʔ⁵——çyɪʔ⁵   全 zij³¹——dʑyø³¹

颂 zuŋ¹¹³——su³³⁵   演 ɦij²²——ʔi³³⁵

辅 βu¹¹³——fu³³⁵   亿 ɦiʌ²²——ʔi³³⁵

忆 ɦiʌʔ³——ʔi³³⁵   赠 zɐŋ³¹——tsəŋ⁵³

溪 tɕʰi⁵³——çi⁵³   会计 kue³³⁵——kʰue³³⁵

雁 ɦiŋe¹¹³/ɦiɛ¹¹³——ʔi³³⁵   营 ɦiuŋ³¹/ɦiəŋ³¹——ɦiŋ³¹

鞘 sio³³⁵——tɕʰio⁵³   系 ɦi¹¹³——çi³³⁵

秃 tʰʌʔ⁵——tʰoʔ⁵   潲 ɦio³¹——çio³³⁵

（四）奉贤新派同音字表

说明

（1）字汇按照新派奉贤方言音系排列，先按韵母分部，同韵的字按声母排列，声韵母相同的再按声调排列。

（2）韵母的排列顺序：

ɿ   i   u   y

a	ia	ua
ɑ		ɑu
ɛ	iɛ	uɛ
ø	iø	
	ii	iu
ɔ	iɔ	
ẽ	iẽ	uẽ
oŋ	ioŋ	
ɑŋ	iɑŋ	uɑŋ
aʔ	iaʔ	uaʔ
əʔ	iiʔ	uəʔ
ɔʔ		
oʔ	ioʔ	
əl	m̩	ŋ̍

（3）声母的排列次序是：

p	pʰ	b	m	f	v
t	tʰ	d	n		l
ts	tsʰ			s	z
tɕ	tɕʰ	dʑ	ȵ	ɕ	
k	kʰ	g	ŋ	h	ɦ
ø					

（4）声调的排列次序是：

阴平53、阳平31、阴上44、阴去335、阳去113、阴入<u>55</u>、阳入<u>12</u>。

（5）字右下的小字是注。有的是这个字构成的例词或例句，有的是说明。注中的代替号（~）代表本字，如："光~火"就是"光光火"。

ʅ

tsʅ⁵³	猪诸知蜘资姿咨脂兹滋之芝秩
tsʅ⁴⁴	姊致质_{人~}稚旨指子梓止址志_{~向}志_杂痣嘴
tsʅ³³⁵	滞_{~度}制_{~造}紫支枝肢栀至
tsʰʅ⁵³	痴吹炊
tsʰʅ⁴⁴	此智只_{~有}纸厕_{~所}齿
tsʰʅ³³⁵	处_{~理}杵处_{~所}刺赐翅次置耻
sʅ⁵³	梳书舒殊斯撕廝施私师狮尸司丝思诗

sɿ⁴⁴	世势史使~用驶使~大始水
sɿ³³⁵	鼠四肆~放寺饲嗣试室
zɿ³¹	除雌池驰匙瓷自迟慈磁~石辞词祠持时鲥
zɿ¹¹³	薯树~林誓逝是氏示视嗜字似祀寺治士柿事市恃

i

pi³³⁵	屁
pʰi⁵³	批篇偏
pʰi⁴⁴	披臂
pʰi³³⁵	[骗]~欺~片
bi³¹	皮疲脾被~子婢
bi¹¹³	敝弊币毙避便~宜辨辩便~方~辫
ʔbi⁵³	鞭编边蝙
ʔbi⁴⁴	彼俾鄙比
ʔbi³³⁵	笾贬变扁匾遍
ʔbi¹¹³	闭
mi³¹	迷谜~语谜破~儿弥棉绵眠
mi¹¹³	米泌眉未味免勉娩缅面~脸~面~粉
fi⁵³	飞非妃~子
fi³³⁵	废肺
tʰi⁵³	梯添天
tʰi⁴⁴	替涕剃
tʰi³³⁵	体舔
di³¹	题提啼蹄甜田填
di¹¹³	弟第递地电殿奠佃垫
ʔdi⁵³	低堤颠
ʔdi⁴⁴	底抵点典
ʔdi³³⁵	帝店
li³¹	犁黎丽~美隶离~开篱璃离~别梨厘狸廉镰帘连联怜莲
li¹¹³	礼利李里~程理鲤里敛练炼(鍊)炼恋
tɕi⁵³	济~救稽~查鸡基几~平机讥饥尖歼兼间~断肩坚展
tɕi⁴⁴	剂计继饥~饿几~个检煎剪见
tɕi³³⁵	祭际挤寄纪记季鉴舰剑箭溅建健荐茧
tɕʰi⁵³	妻凄欺期时~气汽签竹~签~字纤谦迁千牵

第二章 松江片音系 | 151

tɕʰi⁴⁴	启器弃祁岂浅
tɕʰi³³⁵	去₍除₎去₍来₎契₍约₎企起潜欠歉
dʑi³¹	其旗棋渐
dʑi¹¹³	技妓徛忌既祈渐践贱饯件
n̠i³¹	泥₍土尼〔呢〕~绒疑严颜言年研
n̠i¹¹³	艺儿蚁义议谊腻二贰而耳尾验掩念碾染冉
ʔn̠i⁵³	黏₍土沾〔粘〕~贴拈
ɕi⁵³	西犀栖溪牺希稀险仙鲜₍新₎掀轩先宣夕
ɕi⁴⁴	死喜显
ɕi³³⁵	洗₍刷细婿系₍统戏线羡宪献惜昔
zi³¹	齐脐奇₍怪骑₍马岐钱乾₍坤虔前泉全
zi¹¹³	渐
ɦi³¹	宜仪移夷姨遗₍失岩盐檐阎延筵贤弦沿
ɦi¹¹³	易₍容已以异阉掩厌艳焰雁晏谚演砚
i⁵³	医衣依淹腌₍肉烟燕燕₍子咽吞宴₍会
i⁴⁴	倚椅意
i³³⁵	嫌噎

u

pu⁵³	波菠颇播
pʰu⁵³	坡颇铺~设
pʰu⁴⁴	谱普浦铺₍店~
pʰu³³⁵	破
bu³¹	婆蒲脯₍胸~葡菩仆~人
bu¹¹³	部₍队簿步〔埠〕商~
ʔbu⁴⁴	怖恐怖
ʔbu³³⁵	补布₍布匹布₍散布捕
mu³¹	膜薄~
mu¹¹³	母亩牡拇幕
fu⁵³	呼肤夫~妻敷麸
fu⁴⁴	祸虎
fu³³⁵	火伙货府俯腑斧付傅俘赴富副
vu³¹	何河荷禾和~气吴梧吾胡~筋湖糊葫胡~子狐壶乎瓠符扶无有~巫诬浮

vu¹¹³	午伍队~误悟蜈吾户护互腐辅父~母附舞武侮鹉务雾妇负阜
tʰu⁵³	拖
tʰu⁴⁴	妥椭惰土吐~痰吐呕~兔
du³¹	驼驮~起
du¹¹³	大~小堕妒徒途涂~炭图屠杜肚~腹度渡镀
ʔdu⁵³	多舵督笃
ʔdu⁴⁴	朵[躲]都赌堵肚胃妒
nu³¹	奴
nu¹¹³	糯努
lu³¹	罗锣箩萝~藤螺骡卢炉芦庐儒
lu¹¹³	鲁橹虏卤盐卤露路入
tsu⁵³	租
tsu⁴⁴	左祖组
tsu³³⁵	做阻
tsʰu⁵³	搓粗初楚础锉错~误错交~
tsʰu³³⁵	醋措错
su⁵³	苏酥
su⁴⁴	蓑梭疏稀~所
su³³⁵	锁琐素诉数~目
zu¹¹³	坐座
ku⁵³	歌哥过锅戈姑孤箍辜
ku⁴⁴	估~计古股鼓牯
ku³³⁵	果裹过过失故固顾雇
kʰu⁵³	科裸颗枯库裤窟
kʰu⁴⁴	苦
kʰu³³⁵	可课酷
u⁵³	蜗~牛乌恶厌
u⁴⁴	窝

y

ly³¹	驴
ly¹¹³	吕旅缕
ʔly⁴⁴	虑滤
tɕy⁵³	居蛛株主龟归

tɕy⁴⁴	诸驻注~解注~意蛀铸拘驹鬼
tɕy³³⁵	著显~举据锯朱珠句贵
tɕʰy⁵³	蛆处~所趋区~域驱
tɕʰy⁴⁴	取娶
tɕʰy³³⁵	储处~理杵趣
dʑy³¹	厨橱柱瞿
dʑy¹¹³	渠水~巨拒距聚住具惧跪
ny¹¹³	女语
ɕy⁵³	靴书舒虚嘘需须必~须胡~殊
ɕy⁴⁴	数~~输~赢输运~
ɕy³³⁵	絮序叙绪黍暑许选
ʑy³¹	徐除锄助旋~转
ʑy¹¹³	如竖树~立树~林乳旋~风述
ɦy³¹	御防~御~用余姓余多~愚虞娱于姓盂榆愉愈裕喻
ɦy¹¹³	预誉豫遇寓雨羽宇禹
y⁵³	於淤

yɪ

yɪ³³⁵	郁忧~

a

ʔba⁵³	巴
ʔba⁴⁴	摆
ʔba³³⁵	拜
ba¹¹³	排牌败
ma³¹	抹
ma¹¹³	买卖迈
ʔma⁵³	［妈］埋
va¹¹³	瓦砖~
tʰa⁵³	他
tʰa³³⁵	太泰
ʔda³³⁵	带
na¹¹³	乃奶
la¹¹³	癞赖

ʔla⁵³ 拉
tsa⁵³ 抓
tsa³³⁵ 债
tsʰa⁵³ 叉差~错差~别岔差出~钗
tsʰa⁴⁴ 扯
tsʰa³³⁵ 蔡
sa⁴⁴ 洒
za³¹ 柴
za¹¹³ 惹
ka⁵³ 加嘉家傢痂皆阶佳街
ka⁴⁴ 介界疥芥戒届解~开假放~稼嫁架驾价
ka³³⁵ 假真~贾姓
kʰa⁵³ [卡]
kʰa³³⁵ [垮]
ga¹¹³ 茄~子
ŋa³¹ 牙芽衙
ŋa¹¹³ 外
ha⁴⁴ 蟹
ɦia³¹ 鞋
a⁴⁴ 矮

ia

tɕia⁵³
tɕia⁴⁴ 姐
tɕia³³⁵ 借~用借~口洽
ʔtɕia⁵³ 佳
tɕʰia⁵³ 恰
tɕʰia³³⁵ 斜
ɕia⁴⁴ 写
ɕia³³⁵ 霞瑕遐泻卸峡泄
ʑia³¹ 邪
ʑia¹¹³ 谢
ɦia³¹ [爷]耶涯崖
ɦia¹¹³ 雅也野夜协

ia⁴⁴　　鸦丫~头亚

ua

kua⁵³　　乖
kua³³⁵　　寡怪卦
kʰua³³⁵　　快[筷]
hua⁵³　　歪
ɦua¹¹³　　坏

ã

bã¹¹³　　彭膨
ʔdã³³⁵　　打~击
lã³³⁵　　冷
tsã⁵³　　张
tsã⁴⁴　　长生~涨~价
tsã³³⁵　　战涨~大帐蚊~账目胀膨~
tsʰã⁵³　　畅

iã

ʔtɕiã⁵³　　疆僵姜生~姜姓
tɕʰiã⁵³　　枪羌
tɕʰiã⁴⁴　　抢~夺
tɕʰiã³³⁵　　强勉~
dʑiã³¹　　强~大
dʑiã¹¹³　　匠
ȵiã³¹　　娘爹~娘新~
ȵiã¹¹³　　酿
ɕiã⁵³　　相~互箱厢湘镶香乡
ɕiã⁴⁴　　想鲞享响
ɕiã³³⁵　　向巷
ziã³¹　　墙详祥翔羊洋杨扬阳烊
ziã¹¹³　　匠相~貌像橡象养痒恙样
iã⁵³　　央秧殃
iã³³⁵　　仰

ã

pʰã³³⁵	胖
bã³¹	旁螃庞棚
bã¹¹³	棒蚌[碰]
ʔbã⁵³	帮邦绷
ʔbã⁴⁴	[绑]
ʔbã³³⁵	榜
mã³¹	忙芒茫亡芒盲虻
mã¹¹³	莽蟒网忘望妄猛孟姓梦
fã⁵³	荒慌方肪芳
fã⁴⁴	谎恍仿~效纺仿~相访
fã³³⁵	[晃]摇~放妨
vã³¹	防房
tʰã⁵³	汤
tʰã³³⁵	躺烫[趟]
dã³¹	堂棠唐塘糖
dã¹¹³	荡浩~
ʔdã⁵³	当应~
ʔdã⁴⁴	党[挡]阻~
ʔdã³³⁵	当上~
nã³¹	囊
lã³¹	狼郎廊螂浪
tsã⁵³	赃庄装章樟桩木~争筝[睁]
tsã⁴⁴	掌障
tsã³³⁵	仗打~壮
tsʰã⁵³	仓苍疮创~伤昌窗撑支~
tsʰã⁴⁴	闯创~造厂
tsʰã³³⁵	唱倡提~
sã⁵³	霜商伤双生甥牲
sã⁴⁴	爽赏省节~
sã³³⁵	桑丧婚~丧~失
zã³¹	长~短肠场床常尝偿裳
zã¹¹³	葬藏隐~藏西~脏五~丈仗依~杖状上~山上在~尚撞

kã⁵³	冈 山~刚纲钢 ~铁缸[杠] ~杆江粳羹
kã⁴⁴	讲港
kã³³⁵	降~落梗
kʰã⁵³	康糠慷
kʰã³³⁵	抗囥
ŋã³¹	昂
ŋã¹¹³	硬
ɦã³¹	行银~杭航
ɦã¹¹³	杏

$$iã$$

ȵiã³¹	瓤
ȵiã¹¹³	让
ɦiã¹¹³	旺

$$uã$$

kuã⁵³	光
kuã⁴⁴	广
kʰuã⁵³	筐框
kʰuã⁴⁴	旷
kʰuã³³⁵	况
guã³¹	狂
huã⁵³	晃~眼
ɦuã³¹	黄簧皇蝗枉王
ɦuã¹¹³	往旺
uã⁵³	汪

$$ɔ$$

pʰɔ³³⁵	抛泡~水~泡浸~炮枪~
bɔ³¹	袍跑奔~
bɔ¹¹³	抱暴粗~鲍姓刨~子雹
ʔbɔ⁵³	褒报包胞
ʔbɔ⁴⁴	饱拨钵
ʔbɔ³³⁵	宝保堡豹爆

mɔ³¹	毛冒帽茅[锚]矛
mɔ¹¹³	卯貌茂贸
ʔmɔ⁴⁴	猫
tʰɔ⁵³	涛
tʰɔ⁴⁴	讨
tʰɔ³³⁵	套
dɔ³¹	滔掏桃逃陶萄
dɔ¹¹³	道稻盗
ʔdɔ⁵³	刀
ʔdɔ⁴⁴	岛捣祷倒~塌倒~水到
ʔdɔ³³⁵	导
nɔ¹¹³	脑恼闹
lɔ³¹	劳~动牢唠
lɔ¹¹³	老
ʔlɔ⁵³	捞涝
tsɔ⁵³	遭躁灶
tsɔ⁴⁴	早枣爪[找]朝~夕昭招
tsɔ³³⁵	罩照诏
tsʰɔ⁵³	操~作操节糙抄
tsʰɔ⁴⁴	草炒吵
sɔ⁵³	骚梢捎稍潲烧少多~少~年
sɔ⁴⁴	扫嫂
sɔ³³⁵	燥
zɔ³¹	槽曹槽巢朝~代潮饶
zɔ³³⁵	燥
zɔ¹¹³	皂造建~赵兆绍挠绕围~
kɔ⁵³	高膏牙~糕羔稿教~书
kɔ³³⁵	告搞
kʰɔ⁵³	敲
kʰɔ⁴⁴	考烤
kʰɔ³³⁵	靠
ŋɔ³¹	熬煎~
ŋɔ¹¹³	傲咬
hɔ⁴⁴	好~坏好喜~耗

ɦɔ³¹	豪毫号~码袄
ɦɔ¹¹³	下山~下~山夏春暇
ɔ⁵³	懊奥
ɔ⁴⁴	哑

iɔ

pʰiɔ⁵³	飘漂~浮
pʰiɔ⁴⁴	［票］［漂］~亮
pʰiɔ³³⁵	漂~白
biɔ³¹	瓢［嫖］
ʔbiɔ⁵³	标膘彪
ʔbiɔ⁴⁴	表
miɔ³¹	苗描
miɔ¹¹³	秒藐渺庙妙
tʰiɔ⁵³	挑~担
tʰiɔ⁴⁴	挑~战
tʰiɔ³³⁵	跳
diɔ³¹	条调~和
diɔ¹¹³	掉调~动
ʔdiɔ³¹	刁貂雕~刻
ʔdiɔ⁴⁴	鸟
ʔdiɔ¹¹³	钓吊~桥
liɔ³¹	燎疗辽聊撩寥
liɔ¹¹³	了料
tsʰiɔ⁵³	超
ʔtɕiɔ⁵³	交郊胶教~书焦蕉椒娇骄浇
ʔtɕiɔ⁴⁴	绞狡搅铰教~育酵校~对较觉睡窖缴侥
ʔtɕiɔ³³⁵	叫
tɕʰiɔ⁵³	窍
tɕʰiɔ³³⁵	巧
dʑiɔ³¹	樵乔桥侨荞轿
ɲiɔ¹¹³	挠阻~绕~线尿
ɕiɔ⁵³	消宵霄销萧箫
ɕiɔ⁴⁴	小晓

ɕiɔ³³⁵	孝淆肴笑
hiɔ³¹	摇谣窑遥姚
ɦiɔ¹¹³	效校～学 䂮耀鹞尧
iɔ⁵³	妖邀要～求腰
iɔ⁴⁴	幺
iɔ³³⁵	要重～

uɔ

| ɦuɔ¹¹³ | 卧 |

o

po⁴⁴	把～握
pʰo³³⁵	怕帕
bo³¹	爬琶杷
ʔbo⁵³	巴疤芭
ʔbo⁴⁴	坝把刀～霸
mo³¹	摩磨～刀魔磨石～麻麻(痳)模
mo¹¹³	马码骂暮慕墓募
tso⁵³	渣遮
tso³³⁵	诈[炸]～弹蔗炸油～
tsʰo⁵³	叉差～错差～别车～辆
so⁵³	沙纱赊
so³³⁵	舍～弃晒
zo³¹	茶搽[查]调～蛇
zo¹¹³	射社昨
ko⁵³	瓜
ko³³⁵	挂卦
kʰo⁵³	夸
kʰo³³⁵	跨
ŋo³¹	鹅蛾俄
ŋo¹¹³	我饿腭
ho⁵³	花化
ɦo³¹	华中～
ɦo¹¹³	画话

o⁴⁴	蛙

e

pe³³⁵	贝
ʔpe³³⁵	被~迫
pʰe⁵³	坯潘叛
pʰe⁴⁴	判
pʰe³³⁵	沛配佩
be³¹	培陪赔焙盘
be¹¹³	倍备伴拌
ʔbe⁵³	杯背~脊背~负碑卑悲
ʔbe³³⁵	辈臂
ʔbe¹¹³	背~诵
me³¹	梅枚媒煤瞒
me¹¹³	妹昧眉霉满漫幔
ʔme⁴⁴	每
ʔme³³⁵	美
fe⁵³	恢灰匪欢
fe³³⁵	废肺毁费花~反~复返贩
ve³¹	维唯惟肥微汇~集
ve¹¹³	汇~合卫未味伟苇
tʰe⁵³	胎推
tʰe⁴⁴	态腿退蜕
de³¹	台戏~苔抬颓
de¹¹³	贷待怠代袋队
ʔde⁵³	堆
ʔde³³⁵	对碓兑
ʔde¹¹³	戴
ne³¹	男南~北
ne¹¹³	耐奈内
le³¹	雷
le¹¹³	累劳~累积~累连~垒类泪
tse⁵³	灾栽斋摘
tse⁴⁴	宰载年~

tse³³⁵	再载~重	
tsʰe⁵³	猜参~加	
tsʰe⁴⁴	惨	
tsʰe³³⁵	彩采~摘[睬]菜蔡	
se⁵³	衰	
se³³⁵	碎	
ze³¹	才~华财材裁豺蚕然燃	
ze¹¹³	载满~	
ke⁵³	甘柑	
ke⁴⁴	概	
ke³³⁵	感阁搁	
kʰe⁵³	该堪坎[砍]	
kʰe⁴⁴	改开慨慷~慨叹勘敢	
ŋe³¹	癌	
ŋe¹¹³	碍	
ɦe³¹	含函	
e³³⁵	暗	

ue

kue⁵³	规龟归官观~参~冠衣棺贯罐灌观寺~冠~军	
kue⁴⁴	会~计轨癸管馆	
kue³³⁵	桂诡贵	
kʰue⁵³	亏窥宽奎	
kʰue³³⁵	溃~脓溃崩~块愧	
gue³¹	魁柜	
gue¹¹³	跪葵逵	
hue⁵³	灰挥辉徽	
hue³³⁵	悔毁唤	
ɦue³¹	危汇~集焕完丸桓	
ɦue¹¹³	桅贿回茴汇~合会开~会不~绘彗~星卫惠慧伪喂~养为作~为因~位尾魏讳违围胃谓猬	
ue⁵³	微威	
ue⁴⁴	委畏慰伟苇纬碗	
ue³³⁵	喂~养为因~位婉	

ø

pʰø	攀
ʔbø³¹	搬
ʔbø⁴⁴	半绊
tø⁵³	端
dø³¹	团
dø¹¹³	断_决~锻断~绝段缎
ʔdø⁴⁴	短
nø¹¹³	暖
lø¹¹³	卵乱
tsø⁵³	追毡钻~洞钻~子
tsø⁴⁴	坠转~变转~变椽专砖
tsø³³⁵	罪最赘醉传~记
tsʰø⁵³	催崔锥川穿
tsʰø⁴⁴	餐~厅喘
tsʰø³³⁵	脆翠篡串
sø⁵³	虽绥衰酸闩门~
sø⁴⁴	岁
sø³³⁵	赦舍宿~税帅率~领算蒜
zø³¹	髓随隋垂锤槌谁传~达椽船
zø¹¹³	锐睡瑞穗遂隧善
kø⁵³	干~涉干~燥竿杆旗~肝
kø⁴⁴	干~劲
kø³³⁵	杆笔~秆麦~[赶]
kʰø⁵³	看~守
kʰø³³⁵	看~见
hø³³⁵	虾鱼~汉
hø⁴⁴	罕
ɦø³¹	寒韩员圆院原源元袁园猿辕援玄悬
ɦø¹¹³	岸旱汗翰缘远~征县眩
ø⁵³	安鞍按案冤渊
ø³³⁵	怨

yø

tɕyø⁵³	卷~曲捐
tɕyø⁴⁴	眷卷书~绢
tɕyø³³⁵	颧
tɕʰyø⁵³	圈圆~
tɕʰyø³³⁵	劝券犬
dʑyø³¹	权拳颧
ȵyø¹¹³	软愿
ɕyø⁵³	楦

ə

zə¹¹³	射
ɦə¹¹³	贺

ɤ

pʰɤ⁵³	剖
mɤ³¹	谋
mɤ¹¹³	某
fɤ³³⁵	否
tʰɤ⁵³	偷
tʰɤ³³⁵	透
dɤ³¹	头投
dɤ¹¹³	豆~子痘
ʔdɤ⁵³	兜
ʔdɤ⁴⁴	斗升~抖陡
ʔdɤ¹¹³	斗~争
lɤ³¹	楼流硫琉刘留榴
lɤ¹¹³	[搂]~抱篓漏陋
tsɤ⁵³	邹周舟州洲
tsɤ⁴⁴	走肘昼帚
tsɤ³³⁵	奏皱咒
tsʰɤ⁵³	抽
tsʰɤ³³⁵	凑丑子~丑~恶臭香~

sɤ⁵³	搜馊收
sɤ⁴⁴	手首守
sɤ³³⁵	瘦漱守
zɤ³¹	绸稠筹愁仇₍报~₎酬
zɤ¹¹³	骤受寿授售柔揉
kɤ⁵³	勾~消钩沟
kɤ⁴⁴	个~人狗苟够购构媾
kʰɤ³³⁵	口叩扣寇
ŋɤ¹¹³	藕偶₍配~₎偶₍~然₎
hɤ⁴⁴	吼
ɦɤ³¹	侯喉猴
ɦɤ¹¹³	厚后₍先~₎候
ɤ⁵³	欧₍姓₎欧
ɤ⁴⁴	呕~吐殴

iɤ

miɤ¹¹³	谬荒~
ʔdiɤ⁵³	［丢］
liɤ¹¹³	柳
ʔliɤ³¹	溜~冰
tɕiɤ⁴⁴	酒
ʔtɕiɤ⁵³	纠~察
ʔtɕiɤ⁴⁴	纠~纷鸠
ʔtɕiɤ³³⁵	九久灸韭究救
tɕʰiɤ⁵³	锹缲秋丘
dʑiɤ³¹	求球
dʑiɤ¹¹³	囚泅臼舅咎旧柩
ȵiɤ³¹	牛
ȵiɤ¹¹³	扭钮
ɕiɤ⁵³	修羞秀绣锈宿₍星~₎休
ɕiɤ⁴⁴	朽嗅
ziɤ¹¹³	就袖
ɦiɤ³¹	尤邮有友犹由油游
ɦiɤ¹¹³	又右祐诱釉

iɤ⁵³	忧优悠幽
iɤ⁴⁴	幼

ε

pε⁵³	般斑班颁扳扮
pε³³⁵	扮
ʔbε⁴⁴	板版
mε⁴⁴	蛮
mε¹¹³	慢曼蔓
fε⁵³	番_更~_翻
fε⁴⁴	帆
fε³³⁵	泛
vε³¹	凡玩_~弄_玩_~游_顽烦繁矾万
vε¹¹³	犯范_姓_范_模_饭
bε³¹	爬
bε¹¹³	办瓣
tʰε⁵³	贪塌滩摊
tʰε³³⁵	探毯坦炭叹
dε³¹	谭_姓_谭坛谈痰檀弹_琴~_坛
dε¹¹³	淡但蛋弹_~药_
ʔdε⁵³	耽_~搁_丹单
ʔdε⁴⁴	担_~任_胆担_挑~_
ʔdε¹¹³	搭答踏旦
nε³¹	难_~易_难_患~_
nε¹¹³	纳
ʔnε⁵³	拿
lε³¹	来蓝篮兰拦栏
lε¹¹³	览揽榄滥缆懒烂
tsε⁵³	斩
tsε⁴⁴	占_~领_瞻
tsε³³⁵	者蘸盏展
tsʰε⁵³	搀_~扶_
tsʰε⁴⁴	灿
tsʰε³³⁵	忏铲产颤

sɛ⁵³	腮鳃筛三杉衫山删
sɛ⁴⁴	赛
sɛ³³⁵	霎陕闪散~松伞散~解扇~动扇~子
sɛ¹¹³	善
zɛ³¹	柴馋残缠蝉禅
zɛ¹¹³	在暂站~立赚~钱［站］车~闸占~领赞瓒栈
kɛ⁵³	监~狱兼奸~淫间~中艰奸~诈
kɛ⁴⁴	减碱
kɛ³³⁵	盖遮~丐鑑简柬拣
kʰɛ⁵³	刊铅
kʰɛ³³⁵	楷
gɛ³¹	钳
gɛ¹¹³	俭
ŋɛ³¹	岩
ŋɛ³³⁵	眼
hɛ⁴⁴	海
hɛ³³⁵	喊
ɦɛ³¹	孩咸~鱼衔~冤闲限颜
ɦɛ¹¹³	害陷馅炎现
ɛ⁵³	哀艾~草挨~近挨~打庵
ɛ³³⁵	爱

iɛ

tɕʰiɛ⁵³	且
ɕiɛ⁵³	械
ɦiɛ¹¹³	业

uɛ

kuɛ⁵³	关
kuɛ⁴⁴	剐
kuɛ³³⁵	拐~仗
kʰuɛ⁴⁴	款
guɛ³¹	怀槐淮
guɛ¹¹³	惯

huɛ⁴⁴ 缓皖
ɦuɛ³¹ 幻还环
ɦuɛ¹¹³ 换患宦
uɛ⁵³ 弯湾
uɛ⁴⁴ 豌剜惋腕晚挽

iẽ

liẽ³¹ 良凉梁粮梁量~米
liẽ¹¹³ 两~斤两斤~亮量数~谅
tɕʰiẽ⁵³ 腔
ʔtɕiẽ⁵³ 将~来浆
ʔtɕiẽ⁴⁴ 蒋桨奖
ʔtɕiẽ³³⁵ 酱将大~
ɕiẽ³³⁵ 项
ziẽ³¹ 降投~

uẽ

ɦuẽ⁵³ 横~竖

uã

kʰuã⁵³ 光
kʰuã³³⁵ 矿
guã¹¹³ 狂

æ

pʰæ⁵³
ʔbæ⁵³

əŋ

pʰəŋ⁵³ 喷~水
pʰəŋ³³⁵ 捧
bəŋ³¹ 盆
bəŋ¹¹³ 笨
ʔbəŋ⁵³ 奔~跑崩

ʔbəŋ¹¹³	本
məŋ³¹	门萌盟蒙
ʔməŋ⁵³	闷
fəŋ⁵³	昏~暗昏~迷婚分~开芬纷忿
fəŋ⁴⁴	粉
fəŋ³³⁵	粪奋愤
vəŋ³¹	浑~浊浑~身魂馄混坟焚文蚊纹闻耳~
vəŋ¹¹³	份问
tʰəŋ⁵³	吞
dəŋ³¹	屯~田臀腾誊藤
dəŋ¹¹³	盾人名囤沌遁钝盾矛~邓姓
ʔdəŋ⁵³	敦~厚墩蹲登灯
ʔdəŋ⁴⁴	等
ʔdəŋ³³⁵	顿凳
nəŋ³¹	能
nəŋ¹¹³	嫩
ləŋ³¹	轮伦沦棱~角
ləŋ¹¹³	崙论议~
tsəŋ⁵³	针斟珍真尊遵增曾~孙征~求蒸证~明症病~贞侦正~月征
tsəŋ⁴⁴	枕~席诊疹准批~准标~
tsəŋ³³⁵	枕~木镇振震赠郑整正公~政
tsʰəŋ⁵³	村椿春称~呼蟶
tsʰəŋ⁴⁴	蠢
tsʰəŋ³³⁵	趁衬寸称相~秤
səŋ⁵³	森参人~深身申伸孙升声
səŋ⁴⁴	审婶沈损
səŋ³³⁵	笋榫圣
zəŋ³¹	沉神晨辰臣存唇纯曾~经层惩澄橙乘绳塍承丞呈程成城诚盛~满盛兴~
zəŋ¹¹³	渗甚~至任责陈尘阵肾慎顺润闰剩胜~败
kəŋ⁵³	跟根昆崑更~改更打~庚更~加耕耿
kʰəŋ⁵³	坑
kʰəŋ⁴⁴	恳垦啃肯
həŋ⁴⁴	很

ɦəŋ³¹	痕恒衡横~蛮~
ɦəŋ¹¹³	恨
əŋ⁵³	恩

uəŋ

kuəŋ⁴⁴	滚
kuəŋ³³⁵	[棍]木~
kʰuəŋ⁵³	坤
kʰuəŋ³³⁵	捆困
huəŋ⁵³	荤
uəŋ⁵³	温瘟翁瓮
uəŋ⁴⁴	稳
uəŋ¹¹³	问

iŋ

pʰiŋ⁵³	聘[拼]~凑姘
pʰiŋ⁴⁴	品
biŋ³¹	贫频凭~据凭~靠平评坪瓶屏萍
biŋ¹¹³	病
ʔbiŋ⁵³	宾彬槟冰兵
ʔbiŋ⁴⁴	禀并~且
ʔbiŋ¹¹³	秉丙饼并~合
miŋ³¹	民明鸣名铭冥
miŋ¹¹³	闽敏悯命
tʰiŋ⁵³	听~见厅汀听~从
tʰiŋ⁴⁴	艇挺
diŋ³¹	亭停~止廷庭蜓
diŋ¹¹³	定
ʔdiŋ⁵³	丁[钉]~钉订[钉]~住
ʔdiŋ⁴⁴	顶鼎
liŋ³¹	临林淋邻磷~火陵凌菱灵铃零
liŋ¹¹³	领岭令[另]
tɕiŋ⁵³	津精晶睛
tɕiŋ³³⁵	浸进晋

ʔtɕiŋ⁵³	今金襟禁~不住巾斤筋谨茎京荆惊经
ʔtɕiŋ⁴⁴	锦禁~止紧仅
ʔtɕiŋ³³⁵	劲有~景警境竟镜敬颈劲~敌
tɕʰiŋ⁵³	侵钦亲~切亲~家清轻青蜻倾
tɕʰiŋ⁴⁴	请
tɕʰiŋ³³⁵	寝卿庆顷
dʑiŋ³¹	琴禽擒秦勤芹情晴
dʑiŋ³³⁵	近
dʑiŋ¹¹³	尽竞静靖净
ȵiŋ³¹	人仁银凝迎宁~安
ȵiŋ¹¹³	忍刃认韧仍扔
ɕiŋ⁵³	心辛新薪兴~旺兴高杏星腥馨
ɕiŋ⁴⁴	衅挑~醒
ɕiŋ³³⁵	信讯迅幸省反~性姓
ʑiŋ³¹	寻
ɦiŋ³¹	吟淫寅蝇行~为影盈赢形刑型营颖萤
ɦiŋ¹¹³	饮~水引隐尹姓
iŋ⁵³	音阴因姻洇殷应~当鹰应响樱莺鹦英婴缨
iŋ³³⁵	印
ʔiŋ⁴⁴	井

yŋ

tɕyŋ⁵³	均钧匀君军
tɕyŋ³³⁵	俊
dʑyŋ³¹	群裙
ɕyŋ³¹	熏勋薰
ɕyŋ³³⁵	训
ʑyŋ³¹	循旬巡
ɦyŋ³¹	云~彩孕
ɦyŋ¹¹³	允韵运熨
yŋ⁵³	晕~厥

oŋ

| boŋ³¹ | 篷蓬 |

foŋ⁵³	风疯封峰锋蜂
foŋ⁴⁴	讽丰~收
voŋ³¹	冯姓凤逢~缝补奉缝缝~隙俸
tʰoŋ⁵³	通
tʰoŋ³³⁵	痛统
doŋ³¹	同铜桐童瞳筒
doŋ¹¹³	桶动洞
ʔdoŋ⁵³	东冬
ʔdoŋ⁴⁴	董懂冻栋
noŋ³¹	农脓浓
noŋ¹¹³	弄~坏
loŋ³¹	笼鸟~聋隆龙
loŋ¹¹³	笼~罩拢弄~坏陇垄
tsoŋ⁵³	棕鬃粽~子宗综中~当忠衷终踪纵~横钟(锤)盅(锺)
tsoŋ⁴⁴	总中~射种~类肿
tsoŋ³³⁵	众纵~放种~植
tsʰoŋ⁵³	聪匆葱囱充冲~锋
tsʰoŋ³³⁵	宠
soŋ⁵³	僧松~紧松~树舂~米
soŋ³³⁵	送宋耸诵颂讼
zoŋ³¹	丛虫仲崇众戎绒从~服重~复容溶熔
zoŋ¹¹³	重~量
koŋ⁵³	公工功攻蚣贡弓躬宫恭供~给
koŋ⁴⁴	拱巩供~养共
koŋ³³⁵	汞
kʰoŋ⁵³	空~虚
kʰoŋ⁴⁴	恐
kʰoŋ³³⁵	孔控空~缺
hoŋ⁵³	轰烘风疯
hoŋ⁴⁴	[哄]~骗
ɦoŋ³¹	弘宏红洪鸿虹
oŋ⁵³	翁瓮

ioŋ

dʑioŋ³¹	琼穷
nioŋ³¹	戎绒浓茸
ɕioŋ⁵³	兄凶_吉~凶_~恶_匈胸
ɕioŋ³¹	熊雄融
ɦioŋ³¹	荣容溶熔
ɦioŋ¹¹³	用
ioŋ⁵³	拥
ioŋ⁴⁴	勇涌_~现_踊甬
ioŋ³³⁵	永泳咏

aʔ

pʰaʔ⁵	拍
baʔ¹	白帛
ʔbaʔ⁵	爸百柏伯
maʔ¹	沫末陌_~生_
tʰaʔ⁵	獭拆
zaʔ⁵	着_~衣_着_睡~_
aʔ⁵	阿

iaʔ

tɕiaʔ⁵	雀觉_感~_
ʔtɕiaʔ⁵	甲胛脚
tɕʰiaʔ⁵	掐确
ɕiaʔ⁵	胁削
ɦiaʔ¹	辖嚼岳乐_音~_
iaʔ⁵	约药钥跃

uaʔ

kuaʔ⁵	括_包~_聒

ɑʔ

mɑʔ¹	麦脉

tsaʔ⁵ 只~

tsʰaʔ⁵ 尺赤

zaʔ¹ 宅石

kaʔ⁵ 格隔

kʰaʔ⁵ 客

ŋaʔ¹ 额

haʔ⁵ 吓赫

uaʔ

ɦuaʔ¹ 划 计~

ʌʔ

zʌʔ¹ 杂

kʌʔ⁵ 鸽

kʰʌʔ⁵ 磕

hʌʔ⁵ 喝~水

ɦʌʔ¹ 合 合~

iʌʔ

tɕʰiʌʔ⁵ 吃~饭

dʑiʌʔ¹ 剧

æʔ

bæʔ⁵ 八

ʔbæʔ¹ 拔

mæʔ¹ 袜

fæʔ⁵ 法 发头 ~发出~

væʔ¹ 划~船 乏滑猾挖伐罚筏

tʰæʔ⁵ 塔榻

dæʔ¹ 达

læʔ¹ 腊~月 蜡~烛 鑞辣

tsæʔ⁵ 扎~针 扎~包 札

tsʰæʔ⁵ 插察

sæʔ⁵ 杀煞

zæʔ¹	铡
kæʔ⁵	夹~板夹~袄
kʰæʔ⁵	掐
hæʔ⁵	喝~采瞎
hæʔ¹	恰
ɦæʔ¹	盒狭
æʔ⁵	阿
ʔæʔ⁵	鸭押压

uæʔ

| kuæʔ⁵ | 刮 |

ɔʔ

pʰɔʔ⁵	朴~素扑
ʔbɔʔ⁵	博薄剥驳北
mɔʔ¹	摸莫漠目牧穆
fɔʔ¹	佛
vɔʔ¹	物勿
tʰɔʔ⁵	托~委托~盘秃
dɔʔ¹	独读牍毒
nɔʔ¹	诺
lɔʔ¹	萝~卜洛落骆络烙酪若弱鹿禄六陆~大绿录
tsɔʔ⁵	卒~士作桌捉
tsʰɔʔ⁵	戳
ʥɔʔ¹	浊
sɔʔ⁵	塑朔
zɔʔ¹	术~算着~睡绰勺啄镯
kɔʔ⁵	角绞
kʰɔʔ⁵	壳
ɦɔʔ¹	学

uɔʔ

| suɔʔ⁵ | 说 |
| kʰuɔʔ⁵ | 阔扩廓 |

huɔʔ⁵	豁忽霍
ɦuɔʔ¹	活核~枣~儿获~收~或获~得
uɔʔ⁵	握沃

yɔʔ

| ȵyɔʔ¹ | 玉 |
| ɦyɔʔ¹ | 域欲浴 |

oʔ

pʰoʔ⁵	迫魄
moʔ¹	木
foʔ⁵	福复~杂腹复重覆复~原
voʔ¹	缚服伏~降
tsoʔ⁵	栅竹筑~建祝粥足烛嘱
tsʰoʔ⁵	错撮畜~生促触
soʔ⁵	索~绳速肃宿~宿缩叔粟束
zoʔ¹	凿族逐轴熟俗续赎属蜀辱褥
koʔ⁵	阁搁各郭国谷五~谷山~
kʰoʔ⁵	哭
oʔ⁵	恶~善屋

yoʔ

| ȵyoʔ¹ | 肉 |

eʔ

| tseʔ⁵ | 窄 |

ieʔ

bieʔ¹	别~区别~离
ʔbieʔ⁵	逼
mieʔ¹	灭
tʰieʔ⁵	贴帖
dieʔ¹	叠蝶碟谍
lieʔ¹	猎立粒笠列烈裂劣

tɕieʔ⁵	接劫笈
tɕʰieʔ⁵	妾怯
dʑieʔ¹	集辑杰
n̠ieʔ¹	聂业热孽
ɕieʔ⁵	胁薛雪
ʑieʔ¹	捷习袭
ɦieʔ¹	叶协

əʔ

pʰəʔ⁵	泼
ʔbəʔ⁵	[不]勃
bəʔ¹	勃
məʔ¹	没沉~墨默
tʰəʔ⁵	脱
dəʔ¹	夺突特
ʔdəʔ⁵	得德
ləʔ¹	乐快~肋勒
kəʔ⁵	割葛胳革
kʰəʔ⁵	渴克刻
tsəʔ⁵	折~叠褶汁执折~断浙质则织职择泽责
tsʰəʔ⁵	撤彻撒出侧测策册
səʔ⁵	摄涉涩湿设刷瑟虱失室塞闭~啬色识饰式释
zəʔ¹	执拾~取哲责
zəʔ¹	舌佂实贼直值食蚀植殖择泽涉十入
həʔ⁵	喝嗝采鹤黑
ɦəʔ¹	核~对

iəʔ

pʰiəʔ⁵	匹
ʔpʰiəʔ⁵	僻
ʔbiəʔ⁵	鳖笔毕必碧壁
miəʔ¹	密蜜
liəʔ¹	栗略掠
tɕiəʔ⁵	即鲫

tɕʰiəʔ⁵	七漆
ɕiəʔ⁵	悉膝
ziəʔ¹	疾

uəʔ

kuəʔ⁵	骨

yəʔ

tɕyəʔ⁵	决橘爵鹊
tɕʰyəʔ⁵	缺屈却曲
dʑyəʔ¹	掘局
ȵyəʔ¹	月虐
ɕyəʔ⁵	血
ɦyəʔ¹	越穴核~桃

iɪʔ

pʰiɪʔ⁵	辟开~劈
biɪʔ¹	鼻
ʔbiɪʔ⁵	壁
miɪʔ¹	秘~书庇痹觅
tʰiɪʔ⁵	铁踢剔惕
diɪʔ¹	敌狄笛糴
ʔdiɪʔ⁵	跌滴的目~
liɪʔ¹	例厉励荔痢吏律率效~力历~史历日~
tɕiɪʔ⁵	急级给揭节结洁锲镰刀吉积迹脊绩寂激击
tɕʰiɪʔ⁵	切_切_开窃乞戚
dʑiɪʔ¹	及竭截极脊籍~贯
ȵiɪʔ¹	捏日逆溺
ɕiɪʔ⁵	吸癣歇屑息熄惜昔析锡
ziɪʔ¹	席
ɦiɪʔ¹	忆亿抑翼液腋疫役
iɪʔ⁵	乙一逸益亦译易交~

yɪʔ

tɕyɪʔ⁵ 菊
ɕyɪʔ⁵ 恤戌畜~牧蓄旭
ɦyɪʔ¹ 悦阅郁姓育狱

yøʔ

dʑyøʔ¹ 绝

ŋ̍

ŋ̍³¹ 鱼渔
ŋ̍¹¹³ 午五

五、金山音系

(一) 导言

1. 地理、政区沿革、人口

金山县位于上海市西南部，南临杭州湾，西与浙江省平湖县、嘉善县，北与松江县，东与奉贤县接壤。面积为548平方公里。全县地势平坦，河道纵横。

金山县于清雍正四年（1726）从松江府的娄县分置，县治设在金山卫。清乾隆二十四年（1759）迁县治于朱泾镇。

金山县在清代属江苏省松江府，民国属江苏省，1949年5月以后属江苏省松江专区，1958年11月划入上海市。1966年上海市的松江、金山两县县界调整，原松江县的亭林、朱行、山阳、漕泾、枫围四个公社和枫泾镇、亭林镇划归金山县；金山县泖港公社划归松江县。1982年金山县辖十五个乡和四个县属镇。十五个乡即：朱泾、新农、松隐、亭林、朱行、漕泾、山阳、金卫、张堰、钱圩、干巷、廊下、吕巷、兴塔、枫围。四个县属镇是：朱泾、枫泾、亭林、张堰。县政府驻朱泾镇。

据1982年的统计，全县人口共五十万一千九百人。

2. 方言概况

本县南部与浙江省交界地带有些浙江移民操浙江口音，金卫以南滨海地带的金山石油化工总厂有些上海市区移民使用上海市区话，全县范围内还有少数散居各处的苏北移民操苏北口音。上述三种方言不在我们调查和讨论的范围之内。

金山县的方言属于吴语区太湖片的苏松嘉小片，金山县方言内部又可以分为三小区，即：

第一，朱泾区。包括朱泾镇、朱泾乡、新农乡、松隐乡、吕巷乡、张堰乡、干巷乡、金卫乡、廊下乡、钱圩乡、漕泾乡、山阳乡。本区的朱泾、松隐、吕巷、张堰等地的方言是典型的金山方言，其最重要的特点是：古蟹摄灰韵，古咸摄覃韵、盐韵、添韵，古山摄桓韵、仙韵、先韵（帮组和端系）同音，读 e 韵。如以下两字组同音：推＝贪＝天；杯＝鞭＝边＝般。这是典型的金山话区别于奉贤话、松江话、嘉善话、平湖话的最突出的语音特点。本区的廊下、钱圩南部边界地带有些浙江口音，漕泾东部边界地带有些奉贤口音。

第二，枫泾区。包括枫泾镇、枫围乡、兴塔乡。本区的语音特点如下：

（1）声调有八类，平上去入各分阴阳。

（2）没有缩气塞音声母 ʔb ʔd。

（3）没有缩气塞音声母 c cʰ ɟ。

（4）古山摄开口三等和四等读 ie；古止摄开口三等读 i，两者不同音，如衣 i ≠ 烟 ie；梯 tʰi ≠ 天 tʰie。

（5）古咸摄覃韵、盐韵、添韵；古山摄桓韵和合口三等的仙韵（帮组和端系）读 ø，如船 zø、男 nø、盘 bø。

（6）东韵、锺韵合口三等的非组声母读 h 或 ɦ，不读 f 或 v，如风 hoŋ、奉 ɦoŋ。

（7）没有 iʔ 韵和 iəʔ 的对立，笔 piɪʔ ＝ 毕 piɪʔ。

以上特点除第一条与松江相同外，其余皆与浙江的嘉善、平湖相同。这些特点都是朱泾区和亭林区所没有的。

第三，亭林区。包括亭林镇、亭新乡、朱行乡。本区有些语言特点和松江话（以松江镇为代表）相同，举例如下：

（1）古止摄开口三等、古蟹摄开口四等与古山摄开口三、四等同音，都读 i，如衣 i ＝ 烟 i；梯 tʰi ＝ 天 tʰi。

（2）古铎韵读 ɔʔ，古屋韵读 oʔ，不同音，如落 lɔʔ ≠ 鹿 loʔ。屋韵（日母见系）读 loʔ，不读 yoʔ，如肉 nyoʔ。

（3）古谆、文两韵（见系）读 yø，如均 tɕyø、群 dʑyø。

（4）两字组变调有 42－21 型，见于下列字组：阳去＋阳平、阴去＋阳平、阴去＋阴上、阳去＋阴平、阳去＋阳平、阳去＋阴上。

除了金卫乡两字组变调也有42—21型以外，上述四条语音特点是朱泾区和枫泾区所没有的。

(二) 老派金山方言的声韵调(发音人甲)

1. 声母表(27个)

ʔb 布帮北	pʰ 破普拍	b 婆部白	m 麻妈忙	ɸ 泛欢反	β 换烦乏
ʔd 多当德	tʰ 他汤铁	d 大徒踏	n 奴脑纳		l 路吕力
ts 做早节	tsʰ 车粗七			s 洒素小	z 坐齐裁
c 郊浇纠	cʰ 丘庆吃	ɟ 乔求舅	ɲ 牛捏银	ç 晓休畜	
k 哥果夹	kʰ 苦垦扩	g 葵环轧	ŋ 牙瓦咬	h 好喊喝	ɦ 下华易
ø 衣乌奥欧					

2. 韵母表(54个)

ɿ 知丝资猪	i 米徐梯比	u 布苦哥坐	y 居羽区朱
a 买带嫁太	ia 写介爹邪	ua 快坏怪歪	
ɔ 包到早毛	iɔ 条表小苗		
o 爬车查麻			
ɛ 山菜淡班	iɛ 念也奸焰	uɛ 淮关掼惠	
e 半男堆甜	ie 浅煎钱线	ue 桂悔块官	
ø 餐罪端团			yø 捐权愿圈
ɤ 斗头谋浮	iɤ 柳九旧丢		
	iu 靴		
ɜ 张彭杏打	iɜ 娘蒋匠枪	uɜ 横	
ã 忙帮方项	iã 旺	uã 光汪广狂	
əŋ 登门身声	ieŋ 平品厂新	uəŋ 魂困温尾	
oŋ 翁虫风东			yoŋ 荣用均浓
aʔ 百麦客石	iaʔ 约药削爵	uaʔ 划	
æʔ 袜塔达八	iæʔ 甲捏协	uæʔ 挖刮括滑	
ɔʔ 剥落触毒			yɔʔ 肉欲菊曲
ʌʔ 湿	iʌʔ 吃级逸虐		
əʔ 墨求出肋	ieʔ 踢笔力惜	uəʔ 骨阔颈	
øʔ 脱夺捋掇		uøʔ 说撮	yøʔ 桔血月屈

		iʔ 铁急聂必				
əl 而耳儿		m̩ 亩呒	n̩ 芋		ŋ 鱼吴五	ŋ 红

3. 声调表(7个)

调 类	调 值	例 字
阴平	53	刚知天专商东拎霜高
阳平	31	穷陈寒同年皮赔婆时
阴上	44	左口好手懂顶醒饱忖
阴去	34	帐唱对送冻看报信靠
阳去	13	女近害岸办苯定净造
阴入	ʔ55	急竹笔黑铁击答滴吸
阳入	ʔ12	入六局合热敌白毒药

4. 老派金山方言两字组连读变调表

	阴平 53	阳平 31	阴上 44	阳上 13	阴去 34	阳去 13	阴入 ʔ55	阳入 ʔ12
阴平 53	飞机	24 53 花瓶	53 工厂	修养	55 青菜	31 鸡蛋	44 钢笔	ʔ22 科学
阳平 31	梅花	13 53 长城	53 红枣	朋友	13 同志	31 黄豆	33 毛笔	ʔ22 同学
阴上 44	火车	24 53 海员	53 厂长	A44 44 B24 53 A改造 B野蛮	44 宝贝	44 草地	23 粉笔	ʔ44 体育
阳上 13	米缸	13 53 肚皮	53 老虎	A13 53 B33 33 A道理 B马尾	33 冷气	33 马路	12 道德	ʔ44 动物
阴去 34	战争	33 31 太平	报纸	A44 44 B33 31 A报社 B靠近	44 世界	44 态度	23 顾客	ʔ44 教育
阳去 13	地方	13 31 地球	队长	A13 31 B33 33 A运动 B疗养	33 电报	33 外地	12 外国	ʔ44 大学
阴入 ʔ55	北方	ʔ33 53 足球	ʔ44 33 铁板	发动	ʔ33 客气	35 革命	ʔ44 法国	ʔ22 复杂
阳入 ʔ12	肉丝	ʔ22 53 白糖	ʔ33 33 日本	落后	ʔ22 绿化	35 绿豆	ʔ33 及格	ʔ22 毒药

（三）老派金山方言的声韵调（发音人乙）——朱泾老派音系

1. 声母表（32个）

发音方法 部位	塞			塞擦		擦		鼻		边	
	浊 缩气	清 不送气	清 送气	浊	清 不送气	清 送气	清	浊	带紧喉	带浊流	带紧喉	带浊流
双唇	ʔb 饱帮北	pʰ 怕派劈	b 白皮拔				ɸ 灰翻发	β 符文佛	ʔm 美敏皿	ɦm 毛棉灭		
舌尖前				ts 早剪节	tsʰ 窗浅出	s 三写雪	z 齐虫石					
舌尖中	ʔd 胆懂德	tʰ 透听铁	d 地动夺						ʔn 你努奶	ɦn 南怒捺	ʔl 淄冷辆	ɦl 老连力
舌面中		c 街鸡级	cʰ 欺谦确	ɟ 桥棋杰			ç 虚晓吓		ʔɲ 扭尿捏	ɦɲ 牛年肉		
舌面后		k 高怪刮	kʰ 快空阔	g 茄环轧					ʔŋ 吾	ɦŋ 咬外鹤		
喉		ø 欧衣鸭					h 好海赫	ɦ 鞋函叶				

声母特点说明：

（1）有缩气塞音ʔb、ʔd。古帮母今读ʔb；古端母今读ʔd。如饱ʔbɔ、刀ʔdɔ。

（2）ɸ、β各有两个变体，即ɸ（ɸ、f）、β（β、v）与e韵、əŋ韵和əʔ韵相拼时，读双唇音ɸ、β，如父βu、灰ɸe、昏ɸəŋ、忽ɸəʔ；与其他韵相拼时读唇齿音f、v，如飞fi、房vã。

（3）c、cʰ、ɟ、ç、ɲ各有两个变体；即c（tɕ、c）、cʰ（tɕʰ、cʰ）、ɟ（dʑ、ɟ）、ç（ɕ、ç）、ɲ（nʑ、ɲ）与撮口呼和齐齿呼中的iɛ韵、i韵、iʔ韵相拼时，读舌面前音tɕ、tɕʰ、dʑ、ɕ、nʑ，如鸡tɕi、区tɕʰy、权dʑø、戏ɕi、桔tɕyʔ；与其他韵相拼时读舌面中音c、cʰ、ɟ、ç、ɲ，如斤ciəŋ、吃cʰiʌʔ、桥ɟiɔ、宪çe。

（4）尖音和团音有分别。例如下列几对字不同音：将tsiɛ̃≠姜tɕiɛ̃；秋tsʰiɤ≠丘cʰiɤ；节tsiʔ≠结tɕiʔ；小siɔ≠晓ɕiɔ；趣tsʰy≠去cʰy。当团音字声母的实际音值是c、cʰ、ç时，与之相应的尖音字声母的舌位稍靠后，实际音值近tɕ、tɕʰ、ɕ。

（5）鼻音、边音声母分两套：一套是带紧喉的，配阴声调，即ʔm、ʔn、ʔl；另一套是带浊流的，配阳声调，即ɦm、ɦn、ɦl。

（6）ʔ声母表示零声母字前头的紧喉成分；ɦ声母表示与后头韵母同部

位的摩擦成分，严式标音按韵母四呼不同，可以分为四个：ɦɑ、ji、wu、ɥy。

2. 韵母表（53个）

阴声韵	ɿ 知纸丝	i 米徐梯	u 布苦坐	y 居羽区
	A 买带嫁	iA 写野介	uA 怪怀快	
	ɔ 爬车查			
	o 包到早	iɔ 条表小		
	ɤ 侯斗头	iɤ 柳九旧	ue 桂悔快	
	e 半男面			
	ɛ 山菜淡	iɛ 念也奸	uɛ 怀关环	
	ø 餐短罪			yø 捐权原
		iu 靴		
阳声韵	ɛ̃ 张彭杏	iɛ̃ 娘蒋匠	uɛ̃ 横	
	ã 忙项网	iã 旺	uã 光汪广	
	əŋ 登门身	iəŋ 冰平品	uəŋ 魂温困	
	oŋ 翁虫风	ioŋ 荣允用		
入声韵	øʔ 脱夺捋		uøʔ 说撮	yøʔ 桔血月
	œʔ 袜塔达	iœʔ 甲捏协	uœʔ 挖刮括	
	ɑʔ 百麦客	iɑʔ 约药削	uɑʔ 划	
	ʌʔ 湿	iʌʔ 吃级抑		
	ɤʔ 剥落触			yɤʔ 肉玉欲
	əʔ 墨术出	iəʔ 踢笔力	uəʔ 骨阔	
		iɿʔ 铁急聂		
声化韵	m̩ 亩	ŋ̍ 鱼五吴	红	n̩ 芋
其他	əl 尔儿而			

韵母特点说明：

（1）合口呼前拼零声母时，音位 /u/ 的实际音值是 ʔu，唇齿微触，并且带紧喉作用。

（2）ɤ 韵前拼 p、pʰ、f、v、m 时，舌位近央。

（3）iA 韵和 iəŋ 韵前拼 c、cʰ、ȶ、ɦɥ 时，介音 i 短而弱。

（4）yø 韵中的 ø 开口度较小，实际音值是 ʏ。

（5）ɛ̃ 韵前拼唇音时舌位较低，近 æ̃。

（6）iɛ̃韵中的ɛ̃开口度略小，实际音值是ẽ。
（7）iəŋ韵前拼c、cʰ、ȵ、ɦ时实际音值是iẽŋ，前拼其他声母时实际音值是iəŋ。
（8）ã韵和韵中的uã在前拼k、kʰ、g、h、ɦ时唇略圆，近ɒ̃。
（9）aʔ韵前拼p、pʰ、m、k时舌位靠后，前拼其他声母时舌位不靠后，实际音值是ʌʔ。
（10）iɑʔ韵实际音值是iaʔ，为求音系整齐，写作iɑʔ。
（11）æʔ韵除前拼零声母外，舌位大多较靠中央，喉部肌肉不太紧。
（12）uøʔ韵中实际音值是ɥøʔ，发音时唇略突出。
（13）yøʔ韵中的øʔ开口度较小，实际音值是yʏʔ。

3. 声调表（7个）

代 码	调 类	调 值	调 号	例 字
1	阴平	53	˧	刚知天商
2	阳平	31	˨	穷陈寒饿
3	上声	44	˦	古口好手
5	阴去	35	˦	帐唱对送
6	阳去	13	˨	女近害岸
7	阴入	5	˥	急竹笔黑
8	阳入	12	˩	入六局合

声调说明：
（1）古阳上调并入阳去调。
（2）古阴上调中有个别送气清音字常读成24，调值同今阴去，如刃 tsʰɤ、楚 tsʰu、普 pʰu。
（3）古阳上调中的次浊字，个别老年人读成22，调值跟松江和奉贤的今阳上调一样，如女 ɦɲy、老 ɦlɔ、暖 ɦnø、买 ɦmA。
（4）这里所说的声调是单字调，即一个字单读时的声调。

4. 语音结构
（1）声母、声调配合关系表

	阴平	阳平	阴上	阴去	阳去	阴入	阳入
ʔb ʔd ts tɕ k pʰ tʰ tsʰ tɕʰ kʰ f s ɕ h ʔ	天		古	送		鸭	
ʔm ʔn ʔl ʔȵ ʔŋ	粘		美			捏	

	阴平	阳平	阴上	阴去	阳去	阴入	阳入
ɦm ɦn ɦl ɦɲ ɦŋ		人			帽		额
b d dʑ g ɦ v z		床			饭		舌

声母、声调配合关系说明：次浊一组配阴去调无字。

（2）声母、韵母配合关系表

	开		齐		合		撮		自成音节			
	ɿ	其他	i	i-	u	u-	y	y	m̩	n̩	ŋ̍	əl
ʔb pʰ b m		包	米		表	步						
ɸ β		浮	飞		火	歪						
ʔd tʰ d		汤	地	吊	吐							
n		脑	你		怒							
l		浪	离	撩	路							
ts tsʰ s z	纸	沙	齐	小	做		主					
c cʰ ɟ ɲ ç			戏	桥			虚	拳				
k kʰ		挂			苦	关						
g		茄										
ŋ		牙			饿							
h		蟹										
ɦ		鞋	移	要	混	雨	云	宙	五		红	儿
∅		屋	衣	夜	乌							

（3）韵母、声调配合关系表

声调	阴平	阳平	阴上	阴去	阳去	阴入	阳入
阴声调 阳声调	开	床	好	菜	树	谷	麦
其他	呒	而	尔		五		

5. 连读变调

（1）两字组连读变调（广用式）表

	阴平	阳平	阴上	阳上	阴去	阳去	阴入	阳入
阴平	24—53				55—31		44—2	
阳平	13—53				13—31		33—2	
阴上	24—53			44—44 24—53	44—44		23—4	
阳上	13—53			13—53 33—33	33—33		12—4	
阴去	33—31			44—44 33—21	44—44		23—4	
阳去	13—31			13—31 33—33	33—33		12—4	
阴入	3—53		4—33		3—35		4—2	
阳入	2—53		3—33		2—35		3—2	

两字组变调的特点：

① 在舒声调和舒声调的组合中，后字以读降调占优势，只有44—44和33—33这两种调式是例外并且后字的降调大多变得短些弱些。舒声前字变短弱的只有23—4和12—4这两种调式。总之，两字组的语音重心是偏重前字的。

② 在单字调中，古阳声调并入阳去调，在两字组变调中古阳上调的变调规律不完全跟阳去调一样。阳上字和上声或平声字结合，后字读高降调53；阳去字和上声或平声字结合，后字读低降调31。

③ 入声和舒声结合，当入声处于前字位置时，它的喉塞尾减弱，举例时标作ʔ；处于后字位置时，喉塞并不减弱。入声和入声结合，前后字的喉塞部分都仍然是明显的。

④ 在单字调中，阴声调属高调层，阳声调属低调层，高低分明。在两字组中，处于后字的阴声调和阳声调，调层不分高低，合而为一。

⑤ 浊声母在连读调中如果调层提高，浊度也相应减弱，不过没有达到消失的程度。只有带浊流的鼻音声母字、边音声母字及ɦ声母字，处于后字位置时，浊流消失。例如：

小米［ɦmi］→［mi］

高楼［ɦliɤ］→［liɤ］

发明［ɦmiə］→［liɤ］

国画[ɦo]→[o]

势力[ɦliə]→[liəʔ]

⑥ 带紧喉的鼻音声母字、边音声母字及ʔ声母(即ø声母)字,在连读变调中处于后字位置,如果调层降低,紧喉成分ʔ消失。例如:

生意[ʔi]→[i]

菜碗[ʔʋe]→[ʋe]

大衣[ʔi]→[i]

六一[ʔiiʔ]→[iiʔ]

（2）三字组连读变调表

		1	2	3	4	5	6	7	8
1	1	33—55—31						34—55—ʔ3	
	2								
	3								
	4								
	5	44—33—31						44—33—ʔ3	
	6								
	7	44—ʔ3—31						44—ʔ3—ʔ3	
	8								
3	1	34—55—31						34—55—ʔ3	
	2								
	3								
	4								
	5								
	6								
	7	34—ʔ5—31						34—ʔ5—ʔ3	
	8								
5	1	43—33—21						43—33—ʔ3	
	2								
	3	43—33—21						34—ʔ5—ʔ3	
	4	34—55—31							
	5								
	6								

(续表)

		1	2	3	4	5	6	7	8
5	7	34—?5—31						34—?5—?3	
	8								
7	1	?3—55—31						34—?5—?3	
	2								
	3								
	4								
	5								
	6								
	7	?4—?3—21						34—55—?3	
	8								
2	1	23—55—31						23—55—?3	
	2								
	3								
	4								
	5	32—22—21						32—22—?2	
	6								
	7	32—?2—21						32—?2—?2	
	8								
4	1	23—55—31						23—55—?3	
	2								
	3								
	4								
	5								
	6								
	7	23—?5—31						23—?5—?3	
	8								
6	1	32—22—21　23—55—31						23—55—?3　32—22—?2	
	2								
	3								

（续表）

		1	2	3	4	5	6	7	8
	4								
	5			23—55—31				23—ʔ5—ʔ3	
	6								
	7			23—ʔ5—31				23—ʔ5—ʔ3	
	8								
8	1			ʔ2—55—31				ʔ2—55—ʔ3	
	2								
	3								
	4								
	5								
	6								
	7			ʔ3—ʔ3—21				ʔ3—ʔ3—ʔ2	
	8								

三字组变调的特点：

① 各调式的语音重心普遍落在首字上。只有中字里「55（或ʔ「）的调式是例外，重心落在中字上。重心落在首字的调式，中字的声调普遍变得短而弱，调值可以标成中平⊦33或⊦22。第三字则变得更弱，调值可以标成⊦21，首字的变调型只有3种，即中升⊦34（或⊦23）高平⊦44或中降⊦43（或⊦32）。

② 入声处于首字位置时，喉塞尾变化同两字组。入声字处于中字位置，而第三字又是舒声时，中字入声喉塞作用大为减弱。因为三字组的普遍规律是舒声中字变得短而弱，所以同一环境中的入声中字就跟舒声趋于混同。

③ 在首字是平声的三字组中，中字如果是古阳上调，它的变调型跟相同环境中的阳去字不同。如"1＋4＋1"的调式是34－55－31；"1＋6＋1"的调式则是44－44－31。这说明，虽然在单字调中，阳上已经并入阳去，但是在三字调中古阳上字的声调还没有完全丧失独立性。

④ 在首字是阳去的三字组中，如果中字是平声或上声，那么首字的变调不稳定，读降调32⊦、升调⊦23或平调⊦，读法混乱，似无规律可循。

⑤ 浊音声母的变化同两字组。

⑥ 首字和中字决定调式，末字不能决定调式，即首字和中字的调式变化可以引起调式的变化，末字的变化不会引起调式的变化。如果有两个不

同的组合,首字和中字的调类相同,只是末字有舒促的不同,那么调式也是基本相同的,只是促声末字仍带紧喉而已。

(3) 三字组变调举例(平上去入各赅阴阳调)

① 调式: 34 — 55 — 31
　组合: 阴平+平上+平上去
　　　　阴上+平上去+平上去
　　　　阴去+上去+平上去
　举例: 工程师　koŋ　zəŋ　ʂʅ
　　　　火车头　ɸu　tsʰo　dɤ

② 调式: 44 — 33 — 31
　组合: 阴平+去+平上去
　举例: 功课表　koŋ　kʰu　ʔbiɔ
　　　　心脏病　siəŋ　zã　bieŋ

③ 调式: 44 — ʔ3 — 31
　组合: 阴平+入+平上去
　举例: 西北风　si　pɔʔ　ɸoŋ
　　　　中药店　tsoŋ　ɦia　ʔde

④ 调式: 34 — 55 — ʔ3
　组合: 阴平+平上+入
　　　　阴上+平上去+入
　　　　阴去+上去+入
　举例: 清明节　tsʰiəŋ　miəŋ　tsiʔ
　　　　早稻谷　tsɔ　dɔ　kɔʔ

⑤ 调式: 44 — 33 — ʔ3
　组合: 阴平+去+入
　举例: 新纪录　siəŋ　tɕi　lɔʔ
　　　　金字塔　ɕiəŋ　zʅ　tʰæʔ

⑥ 调式: 44 — ʔ3 — ʔ3
　组合: 阴平+入+入
　举例: 三角铁　sɛ　kɔʔ　tʰiɪʔ
　　　　工业园　koŋ　niɪʔ　kɔʔ

⑦ 调式: 34 — ʔ5 — 31
　组合: 阴上+入+平上去
　　　　阴去+入+平上去

举例：派出所　pʰA　tsʰə　su
　　　九曲桥　ciɤ　cʰyɔʔ　ʝci

⑧ 调式：34 — ʔ5 — ʔ3
　　组合：阴上＋入＋入
　　　　　阴去＋入＋入
　　举例：补血药　ʔbu　çyøʔ　ɦiaʔ
　　　　　教育局　ciɔ　ɦyɔʔ　ʝyʔ

⑨ 调式：43 — 33 — 21
　　组合：阴去＋平、阴去＋平上去
　　举例：绣花针　çiɤ　ho　tsəŋ
　　　　　剃头店　tʰɪ　dɤ　ʔde

⑩ 调式：43 — 33 — ʔ3
　　组合：阴去＋平＋入
　　举例：教师节　ciɔ　sɿ　tsiɪʔ
　　　　　细胞核　si　ʔbɔ　ŋəʔ

⑪ 调式：ʔ3 — 55 — 31
　　组合：阴入＋平上去＋平上去
　　举例：雪花膏　siɪʔ　ho　kɔ
　　　　　织女星　tsəʔ　ɲy　çiəŋ

⑫ 调式：ʔ3 — 55 — ʔ3
　　组合：阴入＋平上去＋入
　　举例：八仙桌　pæʔ　çe　tsɔʔ
　　　　　菊花叶　cyɔʔ　çyøʔ　zoŋ

⑬ 调式：ʔ4 — ʔ3 — 21
　　组合：阴入＋入＋平上去
　　举例：吸血虫　çiɪʔ　çyøʔ　zoŋ
　　　　　的笃班　ʔdiɪ　ʔdɔʔ　ʔbɛ

⑭ 调式：ʔ4 — ʔ3 — ʔ2
　　组合：阴入＋入＋入
　　举例：八一节　ʔbæʔ　iɪʔ　tsiɪʔ
　　　　　吸铁石　çiɪʔ　tʰiɪʔ　zaʔ

⑮ 调式：23 — 55 — 31
　　组合：阳平＋平上去＋平上去
　　　　　阳上＋平上去＋平上去

举例：螺丝钉　lu　sɿ　ʔdieŋ
　　　弟新妇　di　siəŋ　βu

⑯ 调式：23 — 55 — ʔ3
　组合：阳平+平上去+入
　　　　阳上+平上去+入
　　　　阳去+平上去+入
　举例：红铅笔　ɦoŋ　kʰɛ　ʔbiə
　　　　重工业　zoŋ　koŋ　ɲiiʔ

⑰ 调式：32 — 22 — 21
　组合：阳平+去+平上去
　　　　阳去+平上+平上去
　举例：云片糕　ɦioŋ　pʰe　kɔ
　　　　南货店　ne　ɸu　ʔde

⑱ 调式：32 — 22 — ʔ2
　组合：阳平+去+入
　　　　阳去+平去上+入
　举例：邮政局　ɦiɤ　tsəɲ　ɟyʔ
　　　　大西瓜　du　si　ko

⑲ 调式：32 — ʔ2 — 21
　组合：阳平+入+平上去
　举例：棉织品　me　tsə　ɟyʔ
　　　　蓝墨水　lɛ　məʔ　sɿ

⑳ 调式：32 — ʔ2 — ʔ2
　组合：阳平+入+入
　举例：油漆刷　ɦiɤ　tsʰiəʔ　səʔ
　　　　洋蜡烛　ɦiɛ̃　læʔ　tsɤʔ

㉑ 调式：23 — ʔ5 — 31
　组合：阳上+入+平上去
　　　　阳去+入+平上去
　举例：五角星　ŋ̍　kɔʔ　siəŋ
　　　　外国人　ŋᴀ　koʔ　ɲieŋ

㉒ 调式：23 — ʔ5 — ʔ3
　组合：阳上+入+入

阳去＋入＋入

举例：理发室　li ɸæʔ ʔsəʔ

雨夹雪　ɦy kæʔ siɪʔ

㉓ 调式：ʔ2－55－31

组合：阳入＋平上去＋平上去

举例：肉丝面　ȵyo sʅ me

热水袋　ȵiɪʔ sʅ dɛ

㉔ 调式：ʔ2－55－ʔ3

组合：阳入＋平上去＋入

举例：白头发　bɑʔ dɤ ɸæʔ

绿豆粥　lɔʔ dɤ tsɔʔ

㉕ 调式：ʔ3－ʔ3＋21

组合：阳入＋入＋平上去

举例：蜡烛台　læʔ tsɔʔ dɛ

目的地　mɔʔ ʔdiɪ di

㉖ 调式：ʔ3－ʔ3＋ʔ2

组合：阳入＋入＋入

举例：腊八粥　læʔ ʔbæʔ tsɔʔ

独幕剧　dɔʔ mɔʔ jʌʔ

（四）金山县枫泾镇老派音系

1. 声母表（32个）

发音方法 部位	塞			塞擦		擦		鼻		边	
	清		浊	清		清	浊	带紧喉	带浊流	带紧喉	带浊流
	不送气	送气		不送气	送气						
双唇	p 布帮北	pʰ 怕派劈	b 白皮拔			ɸ 灰翻发	β 符文佛	ʔm 美敏皿	ɦm 毛棉灭		
舌尖前				ts 早剪节	tsʰ 窗浅出	s 三写雪	z 齐虫石				
舌尖中	t 胆懂德	tʰ 透听铁	d 地动夺					ʔn 你努奶	ɦn 南怒掭	ʔl 淄冷辆	ɦl 老连力
舌面中	tɕ 鸡巾级	tɕʰ 欺谦确	ɟ 桥棋杰			ç 虚晓吓		ʔȵ 扭尿捏	ɦȵ 牛年肉		

(续表)

发音方法\部位	塞			塞擦		擦		鼻		边	
	清		浊	清		清	浊	带紧喉	带浊流	带紧喉	带浊流
	不送气	送气		不送气	送气						
舌面后	k 高怪刮	kʰ 快空阔	g 茄环轧					ʔŋ 吾	ɦŋ 咬外鹤		
喉	ø 乌衣鸭					h 好海赫	ɦ 鞋函叶				

声母特点说明：

（1）没有缩气塞音ʔb、ʔd。枫泾的p、t与朱泾的ʔb、ʔd相对应。

（2）唇齿擦音p、t拼u时，有时读成唇齿擦音，如夫ɸu、无βu。

（3）没有舌面中塞音声母c、cʰ、ɟ。枫泾的tɕ、tɕʰ、ɕ与朱泾的c、cʰ、ɟ相对应。

（4）尖音和团音有区别。

（5）东韵、锺韵合口三等的非组声母读h或ɦ，不读f或v，如风hoŋ、奉ɦoŋ。

（6）鼻音、边音声母分两套：一套是带紧喉的，配阴声调，即ʔm、ʔn、ʔȵ、ʔŋ、ʔl；另一套是带浊流，配阳声调，即ɦm、ɦn、ɦȵ、ɦŋ、ɦl。

（7）ø声母前头带有紧喉成分ʔ。

（8）ɦ声母表示与后头韵母同部位的摩擦成分，严式标音按韵母四呼的不同，可以分为四个：ɦɑ、ji、wu、ɥy。

2. 韵母表（50个）

阴声韵	ɿ 知纸丝	i 米徐梯	u 布苦坐	y 居羽雨
	A 买带嫁	iA 写野介	uA 快坏娃	
	o 爬车查			
	ɔ 包到早	iɔ 条表小		
	ɤ 侯斗头	iɤ 柳九旧		
	e 杯每佩	ie 店变烟	ue 悔灰会	
	ɛ 山菜谈	iɛ 念	uɛ 惠块关	
	ø 餐短罪			yø 权远软
		iu 靴	əu 误悟歌	

阳声韵	ɛ̃ 彭昌杏	iɛ̃ 娘蒋痒	uɛ̃ 横	
	ã 忙汤葬	iã 旺	uã 光汪广	
	əŋ 登生争	iəŋ 冰平品	uəŋ 魂温稳	
	oŋ 翁虫风	ioŋ 荣允用		
入声韵	ø? 脱夺掇			yø? 缺血月
	œ? 袜塔八	iæ? 甲捏协	uœ? 挖骨阔	
	ɑ? 百麦脉	iɑ? 略药削	uɑ? 划	
	iʌ? 吃确剧		uə? 活滑	
	ɔ? 北摸洛			yɔ? 肉玉欲
	ə? 墨术突			
		iɪ? 铁急节		
声化韵	m̩ 亩姆呒	ŋ̍ 鱼五吴		
其他	əl 尔儿而			

韵母特点说明：

（1）ɛ̃ 韵前拼唇音时舌位较低，近 æ̃。如彭 bɛ̃、滨 pæ̃。

（2）iɑ? 韵的实际音值是 ia?，为求音系整齐，写作 iɑ?。

（3）合口呼前拼零声母时，音位 /u/ 的实际音值是 ʔu，唇齿微触，并且带紧喉作用。

（4）古山摄开口三等和四等读 ie；古止摄开口三等 i，两者不同音，如衣 i ≠ 烟 ie。

（5）没有声化韵 ŋ̍。

（6）没有韵和韵的对立，笔 piɪ = 毕 piɪ。

（7）uə? 韵前拼 ɦ 时，其中的 /u/ 实际音值是 ʋ。如滑 ɦʋə?。

3. 声调表（7个）

代码	调类	调值	调号	例字
1	阴平	53	˥˧	刚知天商
2	阳平	31	˧˩	穷陈寒饿
3	上声	44	˦˦	古口好手
5	阴去	35	˧˥	帐唱对送

(续表)

代码	调类	调值	调号	例字
6	阳去	13	˩˧	女近害岸
7	阴入	5	˥	急竹笔黑
8	阳入	12	˩˨	入六局合

声调特点说明：

（1）阳上保留，独立自成一调22。平上去入各分阴阳，调类总数为八个。

（2）古阴上调中有个别送气清音字常读成24，调值同今阴去，如刃。

（3）古阳上调中的次浊字常读成13，调值同今阳去，如亥、倍、父。

4. 音韵结构

（1）韵母、声调配合关系表

	阴平	阳平	阴上	阳上	阴去	阳去	阴入	阳入
p t ts tɕ k pʰ tʰ tsʰ tɕʰ kʰ f s ɕ h ʔ	天		古		送		鸭	
ʔm ʔn ʔl ʔȵ ʔŋ	拎		每					
fim fin fil fiȵ fiŋ		人		老		帽		额
b d dʑ g ɦ v z		床		近		饭		舌

韵母、声调配合关系说明：次浊一组配阴去调无字。

（2）声母、韵母配合关系表

	开		齐		合		撮		自成音节		
	ɿ	其他	i	i-	u	u-	y	y-	m̩	ŋ̍	əl
p pʰ b m		包	米	表	步						
f v		浮	飞		火	歪					
t tʰ d		汤	地	吊	吐						
n		脑	你		怒						
l		浪	离	撩	路						
ts tsʰ s z	纸	沙	齐	小	做		主				

(续表)

	开		齐		合		撮		自成音节		
	ɿ	其他	i	i-	u	u-	y	y-	m̩	ṅ	əl
tɕ、tɕʰ、dʑ、ɲ、ɕ			戏	桥			虚	拳			
k kʰ		挂			苦	关					
g		茄									
ŋ		牙			饿						
h		蟹									
ɦ		鞋	移	要	混	雨	云	亩	五	儿	
ø		屋	衣	夜	乌						

（3）韵母、声调配合关系表

声调	阴平	阳平	阴上	阴去	阳去	阴入	阳入
阴声调 阳声调	开	床	好	菜	树	谷	麦
其他	呒	而	尔		五		

5. 枫泾方言连读变调

（1）两字组变调调式表

	阴平	阳平	阴上	阳上	阴去	阳去	阴入	阳入
阴平	24—53						44—2	
阳平	13—53						33—2	
阴上	24—53		44—44 24—53	44—44			23—4	
阳上	13—53		13—53 33—33	33—33			12—4	
阴去	33—31				44—44		23—4	
阳去	13—31		13—31 33—33	33—33			12—4	
阴入	3—53		4—33		3—35		4—2	
阳入	2—53		3—33		2—35		3—2	

两字组变调特点说明：

① 在舒声调和舒声调的组合中，后字以读降调占优势，只有44 — 44和33 — 33这两种调式是例外，并且后字的降调大多变得短些弱些。舒声前字变短弱的只有23 — 4和12 — 4这两种调式。总之，两字组的语音重心是偏重前字的。

② 入声和舒声结合，当入声处于前字位置时，它的喉塞尾减弱，举例时标作ʔ；处于后字位置时，喉塞并不减弱。入声和入声结合，前后字的喉塞部分都仍然是明显的。

③ 在单字调中，阴声调属高调层，阳声调属低调层，高低分明。在两字组中，处于后字的阴声调和阳声调，调层不分高低，合而为一。

④ 浊声母在连读调中如果调层提高，浊度也相应减弱，不过没有达到消失的程度。只有带浊流的鼻音声母字、边音声母字及ɦ声母字，处于后字位置时，浊流消失。

⑤ 带紧喉的鼻音声母字、边音声母字及ʔ声母（即ø声母）字，在连读变调中处于后字位置，如果调层降低，紧喉成分ʔ消失。

（2）三字组连读变调表

		1	2	3	4	5	6	7	8
1	1	34—55—31						34—55—ʔ3	
	2								
	3								
	4								
	5			34—55—31	44—33—31			44—33—ʔ3	
	6								
	7			44—ʔ3—31				44—ʔ3—ʔ3	
	8								
3	1			34—55—31				34—55—ʔ3	
	2								
	3								
	4								
	5								
	6								

（续表）

		1	2	3	4	5	6	7	8
3	7	34—ʔ5—31						34—ʔ5—ʔ3	
	8								
5	1	43—33—21						43—33—ʔ3	
	2								
	3			44—33—31　34—55—31				44—33—ʔ3	
	4			34—55—31					
	5								
	6								
	7			34—ʔ5—31				34—ʔ5—ʔ3	
	8								
7	1			ʔ3—55—31				34—55—ʔ3	
	2								
	3								
	4								
	5								
	6								
	7			ʔ4—ʔ3—31				ʔ4—ʔ3—ʔ2	
	8								
2	1			23—55—31				23—55—ʔ3	
	2								
	3								
	4								
	5			32—22—21　23—55—31				32—22—ʔ2　23—55—ʔ3	
	6								
	7			32—ʔ2—21				32—ʔ2—ʔ2	
	8								
4	1			23—55—31				23—55—ʔ3	
	2								
	3								

(续表)

		1	2	3	4	5	6	7	8
4	4							23—55—ʔ3	
	5							33—33—ʔ3	
	6								
	7			23—ʔ5—31				23—ʔ5—ʔ3	
	8								
6	1			32—55—31 32—55—21				23—55—ʔ3	
	2								
	3			23—55—31					
	4								
	5								
	6								
	7			23—ʔ5—31				23—ʔ5—ʔ3	
	8								
8	1			ʔ2—55—31				ʔ2—55—ʔ3	
	2								
	3								
	4								
	5								
	6								
	7			ʔ3—ʔ3—21				ʔ3—ʔ3—ʔ2	
	8								

三字组变调特点说明：

① 各调式的语音重心普遍落在首字上。只有中字里「55（或ʔ5）的调式是例外，它的重心落在中字上。重心落在首字的调式，中字的声调普遍变得短而弱，调值可以标成中平├33或├22。第三字则变得更弱，调值可以标成╲31或╲21。

② 入声处于首字位置时，喉塞尾变化同两字组。入声字处于中字位置，而第三字又是舒声时，中字入声喉塞作用大为减弱。因为三字组的普遍规律是舒声中字变得短而弱，所以同一环境中的入声中字就跟舒声趋

于混同。

③浊音声母的变化同两字组。

④首字和中字决定调式,末字不能决定调式,即首字和中字的调式变化可以引起调式的变化,末字的变化不会引起调式的变化。如果有两个不同的组合,首字和中字的调类相同,只是末字有舒促的不同,那么调式也是基本相同的,只是促声末字仍带紧喉而已。

(3) 三字组变调举例(平上去入各赅阴阳调)

① 调式: 34 — 55 — 31

　　组合:阴平+平上+平上去

　　　　阴上+平上去+平上去

　　　　阴去+上去+平上去

　　举例:工程师　koŋ　zəŋ　ʂʅ

　　　　火车头　ɸu　tsʰo　dɤ

② 调式: 44 — 33 — 31

　　组合:阴平+去+平上去

　　举例:功课表　koŋ　kʰu　ʔbiɔ

　　　　心脏病　siəŋ　zã　biəŋ

③ 调式: 44 — ʔ3 — 31

　　组合:阴平+入+平上去

　　举例:西北风　si　pɔʔ　ɸoŋ

　　　　中药店　tsoŋ　ɦiɑ　ʔde

④ 调式: 34 — 55 — ʔ3

　　组合:阴平+平上+入

　　　　阴上+平上去+入

　　　　阴去+上去+入

　　举例:清明节　tsʰiəŋ　miəŋ　tsiɪʔ

　　　　早稻谷　tsɔ　dɔ　kɔʔ

⑤ 调式: 44 — 33 — ʔ3

　　组合:阴平+去+入

　　举例:新纪录　siəŋ　tɕi　lɔʔ

　　　　金字塔　ciəŋ　ʐʅ　tʰæʔ

⑥ 调式: 44 — ʔ3 — ʔ3

　　组合:阴平+入+入

　　举例:三角铁　sɛ　kɔʔ　tʰiɪʔ

　　　　工业园　koŋ ȵiɪʔ kɔʔ

⑦ 调式：34 — ʔ5 — 31
　　组合：阴上＋入＋平上去
　　　　　阴去＋入＋平上去
　　举例：派出所　pʰA　tsʰə　su
　　　　　九曲桥　ciɤ　cʰyɔʔ　ʝiɔ

⑧ 调式：34 — ʔ5 — ʔ3
　　组合：阴上＋入＋入
　　　　　阴去＋入＋入
　　举例：补血药　ʔbu　çyøʔ　ɦiaʔ
　　　　　教育局　ciɔ　ɦyɔʔ　ʝyʔ

⑨ 调式：43 — 33 — 21
　　组合：阴去＋平、阴去＋平上去
　　举例：绣花针　çiɤ　ho　tsəŋ
　　　　　剃头店　tʰi　dɤ　ʔde

⑩ 调式：43 — 33 — ʔ3
　　组合：阴去＋平＋入
　　举例：教师节　ciɔ　sʅ　tsiɪʔ
　　　　　细胞核　si　ʔbɔ　ŋəʔ

⑪ 调式：ʔ3 — 55 — 31
　　组合：阴入＋平上去＋平上去
　　举例：雪花膏　siɪʔ　ho　kɔ
　　　　　织女星　tsəʔ　ȵy　çiəŋ

⑫ 调式：ʔ3 — 55 — ʔ3
　　组合：阴入＋平上去＋入
　　举例：八仙桌　pæʔ　çe　tsɔʔ
　　　　　菊花叶　cyɔʔ　çyøʔ　zoŋ

⑬ 调式：ʔ4 — ʔ3 — 21
　　组合：阴入＋入＋平上去
　　举例：吸血虫　çiɪʔ　çyøʔ　zoŋ
　　　　　的笃班　ʔdiɪ　ʔdɔʔ　ʔbɛ

⑭ 调式：ʔ4 — ʔ3 — ʔ2
　　组合：阴入＋入＋入
　　举例：八一节　ʔbæʔ　iɪʔ　tsiɪʔ

　　　　　吸铁石　　çiiʔ　tʰiiʔ　zaʔ

⑮ 调式：23 — 55 — 31
　　组合：阳平＋平上去＋平上去
　　　　　阳上＋平上去＋平上去
　　　　　阳去＋平去上＋平上去
　　举例：螺丝钉　lu　sɿ　ʔdieŋ
　　　　　弟新妇　di　siəŋ　βu

⑯ 调式：23 — 55 — ʔ3
　　组合：阳平＋平上去＋入
　　　　　阳上＋平上去＋入
　　　　　阳去＋平去上＋入
　　举例：红铅笔　ɦoŋ　kʰɛ　ʔbiə
　　　　　重工业　zoŋ　koŋ　ɲiiʔ

⑰ 调式：32 — 22 — 21
　　组合：阳平＋去＋平上去
　　　　　阳去＋平上＋平上去
　　举例：云片糕　ɦioŋ　pʰe　kɔ
　　　　　南货店　ne　ɸu　ʔde

⑱ 调式：32 — 22 — ʔ2
　　组合：阳平＋去＋入
　　　　　阳去＋平去上＋入
　　举例：邮政局　ɦiɤ　tsəŋ　ɟyoʔ
　　　　　大西瓜　du　si　ko

⑲ 调式：32 — ʔ2 — 21
　　组合：阳平＋入＋平上去
　　举例：棉织品　me　tsəʔ　ɟyoʔ
　　　　　蓝墨水　lɛ　məʔ　sɿ

⑳ 调式：32 — ʔ2 — ʔ2
　　组合：阳平＋入＋入
　　举例：油漆刷　ɦiɤ　tsʰiəʔ　səʔ
　　　　　洋蜡烛　ɕiɤ　læʔ　tsɔʔ

㉑ 调式：23 — ʔ5 — 31
　　组合：阳上＋入＋平上去
　　　　　阳去＋入＋平上去

举例：五角星　ŋ koʔ siəŋ
　　　外国人　ŋA koʔ ɲieŋ

㉒ 调式：23 — ʔ5 — ʔ3
　组合：阳上＋入＋入
　　　　阳去＋入＋入
　举例：理发室　li ɸæʔ ʔsəʔ
　　　　雨夹雪　ɦy kæʔ siɿʔ

㉓ 调式：ʔ2 — 55 — 31
　组合：阳入＋平上去＋平上去
　举例：肉丝面　ȵyɔ sɿ me
　　　　热水袋　ȵiɿʔ sɿ dɛ

㉔ 调式：ʔ2 — 55 — ʔ3
　组合：阳入＋平上去＋入
　举例：白头发　baʔ dɤ ɸæʔ
　　　　绿豆粥　loʔ dɤ tsoʔ

㉕ 调式：ʔ3 — ʔ3 — 21
　组合：阳入＋入＋平上去
　举例：蜡烛台　læʔ tsoʔ dɛ
　　　　目的地　moʔ ʔdiɿ di

㉖ 调式：ʔ3 — ʔ3 — ʔ2
　组合：阳入＋入＋入
　举例：腊八粥　læʔ ʔbæʔ tsoʔ
　　　　独幕剧　doʔ ʔmo jʌʔ

（五）新派金山音系
1. 声母表（28个）

p 边补报帮八笔	pʰ 片潘配捧魄匹	b 皮步盆棒拔鼻	m 美每敏米忘麦	f 反飞方粉发复	v 扶饭房份罚活
t 低带胆东德滴	tʰ 天透趟听塔托	d 地图豆糖踏读	n 拿努暖囊嫩纳		l 拉捞溜楼浪落
ts 猪做账整扎质	tsʰ 次草闯葱出尺			s 书手生送杀缩	z 床柴上虫十舌
tɕ 鸡举浇进节脚	tɕʰ 气秋腔请雀七	dʑ 技圈强近剧集	ȵ 鸟粘研年让肉	ɕ 需修想训削吸	ʑ 徐邪象情习嚼

k 果 盖 江 供 夹 谷	kʰ 楷 亏 康 肯 客 扩	g 茄 柜 狂 搞 共 戆	ŋ 牙 鹅 眼 硬 鹤 额	h 花 蟹 喊 风 瞎 福	ɦ 鞋 雨 杭 红 狭 液
ø 衣 武 央 恩 鸭 阿					

2. 韵母表（41个）

ɿ 之 次 四 自	i 浅 米 鸡 泥	u 波 过 做 路	y 居 女 雨 住
a 太 街 柴 鞋	ia 借 野 写 谢	ua 歪 怪 快 坏	
ɔ 照 高 宝 老	iɔ 焦 巧 桥 条		
o 鸦 沙 骂 蛇			
ɛ 态 拿 来 队		uɛ 筷 关 弯 缓	
e 半 盘 回 男		ue 管 款 伟 葵	
ø 干 看 最 团			yø 捐 软 园 权
ɤ 丑 狗 斗 寿	iɤ 修 九 流 又		
ã 党 忙 讲 撞		uã 光 矿 狂 旺	
ɜ 章 冷 厂 长	iɜ 香 良 象 样		
əŋ 奋 登 论 承	iəŋ 紧 灵 人 静	uəŋ 温 稳 棍 困	
oŋ 翁 虫 风	ioŋ 军 穷 绒 运		
aʔ 答 客 闸 麦	iaʔ 脚 雀 约 药		
æ 鸭 夹 辣 狭			
oʔ 北 目 国 族			yoʔ 肉 玉 浴 局
		uoʔ 扩 廓	
ɤʔ 泼 夺 脱 舌	iʌʔ 吃 剧	uɤʔ 骨 阔 说 刮	
			yøʔ 略 阅 月 掘
	iiʔ 急 锡 铁 极		
əl 儿 而	m̩ 呒 亩		ŋ̍ 五 鱼

3. 声调表（7个）

调 类	调 值	例 字
阴平	53	刀东书天
阳平	31	穷陈寒娘

(续表)

调 类	调 值	例 字
阴上	44	古口好手
阴去	35	帐唱对送
阳去	13	女近害岸
阴入	55	北笔骨血
阳入	12	白达极月

（六）金山新派同音字表

说明

（1）字汇按照中派上海方言音系排列，先按韵母分部，同韵的字按声母排列，声韵母相同的再按声调排列。

（2）韵母的排列次序

ɿ　　　i　　　u　　　y
a　　　ia　　ua
ɔ　　　iɔ
o
ɛ　　　　　　uɛ
e　　　　　　ue
ø　　　　　　　　　yø
ɤ　　　iɤ
ã　　　　　　uã
aŋ　　iaŋ
əŋ　　iəŋ　uəŋ
oŋ　　ioŋ
aʔ　　iaʔ
æʔ
oʔ/ɔʔ　　　　　　yɔʔ
　　　　　　　uɔʔ
əʔ　　iəʔ　uəʔ
　　　　　　　　　yøʔ
　　　　iɿʔ
əl　　m̩　　　　　ŋ̍

（3）声母的排列次序

p	pʰ	b	m	f	v
t	tʰ	d	n		l
ts	tsʰ			s	z
tɕ	tɕʰ	dʑ	ȵ	ɕ	ʑ
k	kʰ	g	ŋ	h	ɦ
ø					

（4）声调的排列次序

阴平53、阳平31、阴上44、阴去35、阳去13、阴入55、阳入12。

（5）字右下的小字是注。有的是这个字构成的例词或例句，有的是说明。注中的代替号（~）代表本字，如："光~火"就是"光光火"。

ɿ

tsɿ⁵³　　猪支枝肢栀资姿咨脂兹滋之芝基

tsɿ⁴⁴　　制~度制~造紫只~有纸旨指子梓止址齿嘴

tsɿ¹³　　智寄致质~人稚至置志~向志杂~痣

tsʰɿ⁵³　　雌知蜘痴吹炊

tsʰɿ⁴⁴　　此企耻

tsʰɿ³⁵　　刺赐翅姊次厕~所

sɿ⁵³　　梳鼠斯撕廝施私师狮尸司丝思诗始试

sɿ⁴⁴　　史使~用驶使~大~水

sɿ³⁵　　世势四肆放~

zɿ³¹　　池弛匙瓷迟持辞词祠慈磁~石时鲥

zɿ¹³　　乳滞誓逝是氏自示视嗜治寺饲嗣似祀字士柿事市恃

i

pi⁵³　　篦鞭编边蝙

pi⁴⁴　　鄙比扁匾

pi³⁵　　敝闭彼俾贬变

pʰi⁵³　　批披譬篇偏

pʰi³⁵　　屁骗欺~片

bi³¹　　皮疲脾

bi¹³　　敝弊币毙被~子婢避便~宜辨辩便~方遍辫

mi³¹　　迷谜~语谜破~儿弥棉绵眠

mi¹³	米昧₍又₎免勉娩缅面脸~面~粉
fi⁵³	恢₍又₎灰飞非妃~子挥辉徽
fi⁴⁴	匪
fi³⁵	悔废肺费花~
vi³¹	肥
vi¹³	会开~会~不~绘喂~养为作~为因~
ti⁵³	低堤掂颠
ti⁴⁴	底抵点舔典
ti³⁵	帝店
tʰi⁵³	梯添天
tʰi³⁵	体体涕剃
di³¹	题提啼蹄甜田填
di¹³	弟第递地电殿奠佃垫
li³¹	梨黎离~别篱璃离~开梨厘狸廉镰帘连联怜莲
li⁴⁴	丽美~敛
li¹³	礼恋例厉励利痢李里~程理鲤里脸练炼₍鍊₎炼
tɕi⁵³	稽~查鸡饥~饿几~乎机讥饥尖歼兼间中~艰间~断煎
tɕi⁴⁴	姐几~个检俭简柬拣剪
tɕi³⁵	祭际挤济救~剂计继纪记既季鉴鑑剑箭溅建笺荐肩坚茧见鲫迹寂
tɕʰi⁵³	妻凄签竹~签~字纤谦迁欺千牵
tɕʰi⁴⁴	启岂祈潜起浅乞
tɕʰi³⁵	去除~去来~契~约器弃气汽欠歉
dʑi³¹	奇~怪骑~马岐祁期时~其旗棋钳乾~坤虔
dʑi¹³	技妓忌祈₍又₎健
ʔȵi⁵³	黏~土
ȵi⁵³	沾粘~贴研
ȵi³¹	徐泥~土仪蚁义议谊尼呢~绒严言年
ȵi⁴⁴	碾
ȵi¹³	艺腻二贰耳尾染冉验念
ɕi⁵³	西犀栖溪牺希稀仙鲜~新~掀先
ɕi³¹	齐脐
ɕi⁴⁴	洗~刷婿死喜险砚选
ɕi³⁵	细戏线羡宪献系

ʑi¹³	系~统(又)
ʑi³¹	钱前泉全
ʑi³⁵	践贱饯
ɦi³¹	宜移易容~夷姨疑遗~失盐檐阎炎(少)言(又)延筵贤弦沿
ɦi¹³	而异羡(又)砚现
i⁵³	医衣依嫌烟燕
i⁴⁴	倚椅己已以掩演
i¹³	意淹腌~肉阉厌艳焰雁谚燕~子咽吞宴~会忆亿抑

u

pu⁵³	播
pu⁴⁴	捕
pu¹³	补布~匹布散~怖恐~
pʰu⁵³	坡颇铺~设
pʰu⁴⁴	谱
pʰu³⁵	破普浦铺店~蒲脯胸~
bu³¹	婆菩
bu¹³	部~队簿步埠商~
mu¹³	母亩牡拇
fu⁵³	呼虎乎肤夫~妻府腑忽
fu⁴⁴	火伙俯斧敷麸腐辅
fu³⁵	付傅俘赴富副
vu³¹	何河荷禾和~气胡~筲湖葫胡~子狐壶瓠符扶无~有浮
vu¹³	祸午伍~队误悟蜈吾户护互辅(又)父父母附舞武侮鹉务雾胃谓蝟妇负阜贺
tu⁵³	多都
tu⁴⁴	赌堵杜度
tu³⁵	躲妒
tʰu⁵³	拖
tʰu⁴⁴	妥椭土吐~痰吐呕~兔
du³¹	徒途涂~炭图屠
du³⁵	驼驮~起舵大~小堕惰肚胃肚腹~渡镀隋
nu³¹	奴
nu⁴⁴	努

nu¹³	糯怒
lu³¹	罗锣箩萝₍藤~₎螺骡卢炉芦庐
lu¹³	裸鲁橹虏卤₍盐~₎露路如乳₍又₎
tsu⁵³	租
tsu⁴⁴	左祖组阻
tsu³⁵	做
tsʰu⁵³	搓粗初楚础
tsʰu³⁵	醋措
su⁵³	苏酥
su⁴⁴	锁薯数₍~目₎
su³⁵	素诉疏₍稀~₎梭
zu¹³	坐座
ku⁵³	歌哥锅姑孤箍辜
ku⁴⁴	果裹估₍~计₎古股鼓牯
ku³⁵	过过₍~失₎故固顾雇
kʰu⁵³	科颗枯库裤窟
kʰu⁴⁴	苦
kʰu³⁵	可课
ŋu¹³	鹅蛾俄饿卧
ɦu³⁵	俄₍又₎
u⁵³	乌恶₍厌~₎
u⁴⁴	巫诬
u¹³	蜗₍~牛₎

y

ly³¹	驴
ly¹³	吕旅虑滤缕屡
tɕy⁵³	居蛛株朱珠拘驹龟
tɕy⁴⁴	蛆诸煮举巨拒主鬼
tɕy³⁵	著₍显₎据锯驻注₍解~₎注₍~意₎蛀铸句贵
tɕʰy⁵³	趋区₍~域₎驱
tɕʰy⁴⁴	处₍~理₎杵取娶
tɕʰy¹³	储处₍所~₎趣
dʑy³¹	渠₍水~₎

dʑy³⁵	距聚柱住具惧跪
ȵy³⁵	女语娱遇寓
ɕy⁵³	书舒虚嘘需须~必~须胡~输~赢输运~轩宣
ɕy³¹	除锄
ɕy⁴⁴	黍暑许数~一~
ɕy³⁵	絮序叙绪
ʑy¹³	助
ʑy³¹	厨橱殊
ʑy¹³	竖树~立树~林
ɦy³¹	於余姓~余多~与及,给预誉豫于姓盂榆愉愈裕喻
ɦy¹³	愚虞郁忧~
y⁵³	淤
y⁴⁴	雨羽宇禹
y³⁵	御防~御~用

A

pA⁴⁴	摆
pA¹³	拜
pʰA¹³	派
bA³¹	排牌
bA³⁵	稗败
mA⁵³	埋
mA³⁵	买卖迈
vA³⁵	坏
tA¹³	戴带
tʰA¹³	太泰
nA¹³	奈奶
lA⁵³	拉
lA¹³	癞赖
tsA³⁵	债
tsʰA⁵³	差出~钗
tsʰA⁴⁴	扯
tsʰA³⁵	蔡

sA⁴⁴	洒傻
zA³¹	豺柴
zA¹³	惹
kA⁵³	加嘉家傢痂稼街
kA⁴⁴	假真~贾姓假放~嫁架驾价界疥芥戒届解~开
kʰA⁴⁴	卡
ŋA³¹	崖牙芽衙
ŋA¹³	外
ɦA³¹	鞋
hA⁴⁴	蟹
A⁵³	挨~近挨~打
A⁴⁴	阿矮

iA

tɕiA⁴⁴	姐皆阶介佳甲胛
tɕiA¹³	借~用借~口
dʑiA³¹	茄~子
ɕiA³¹	邪斜
ɕiA³⁵	写泻卸泄
ziA¹³	谢
ɦiA³¹	雅涯
ɦiA¹³	爷耶也野
iA⁴⁴	夜
iA³⁵	亚

uA

kuA⁵³	乖
kuA³⁵	怪
kʰuA³⁵	夸垮
kʰuA³⁵	会~计快
ɦuA³¹	怀槐淮
ɦuA¹³	坏(又)
uA⁵³	歪

a

pa⁴⁴　爸
ma⁵³　妈
na¹³　乃

ã

pã⁵³　帮邦
pã⁴⁴　绑
pʰã³⁵　胖
bã⁵³　帮(又)
bɑ³¹　旁庞
bã¹³　榜螃棒蚌
mã³¹　忙芒茫亡苁盲虻蒙
mã⁴⁴　猛
mã¹³　莽蟒网忘望妄往孟(姓)梦
fã⁵³　荒慌方肪芳
fã⁴⁴　谎恍仿~效 纺仿~相 访
fã³⁵　放
vã³¹　黄簧皇蝗汪妨防房王
vã³⁵　枉
tã⁵³　当(应~)
tã⁴⁴　党挡(阻~)
tã³⁵　当(上当)
tʰã⁵³　汤
tʰã⁴⁴　躺
tʰã³⁵　烫趟
dã³¹　堂棠唐塘糖
dã¹³　荡(浩~)
nã³¹　囊
lã³¹　狼郎廊螂
lã¹³　浪
tsã⁵³　赃庄装桩(木~)
tsã³⁵　葬壮

tsʰã⁵³	仓苍疮创~伤窗
tsʰã⁴⁴	闯创~造昌(又)厂
tsʰã³⁵	唱倡提倡
sã⁵³	桑丧婚~霜伤双
sã⁴⁴	爽赏
sã³⁵	丧~失
zã³¹	藏隐~床常尝偿裳
zã¹³	藏西~脏五~状上~山上在~尚撞
kã⁵³	江
kã⁴⁴	冈山~刚纲钢~铁缸讲港
kã³⁵	杠~杆降~落
kʰã⁵³	康糠慷
kʰã³⁵	抗闶
ɦã³¹	昂行银~杭航
ɦã¹³	项巷

iã

ɕiã⁴⁴	幸

uã

kuã⁵³	光
kuã⁴⁴	广
kʰuã⁵³	筐框
kʰuã³⁵	旷况矿
guã³¹	狂
ɦuã³⁵	晃摇~晃~眼
ɦuã¹³	旺

o

po⁵³	波菠巴疤芭
po⁴⁴	把~握
po³⁵	坝把~刀~霸
pʰo³⁵	怕帕
bo³¹	爬琶杷

bo¹³	罢
mo³¹	摩磨~刀魔磨石~麻麻(痳)马码模
mo⁴⁴	某
mo¹³	骂暮慕墓募幕
to³⁵	朵
tso⁵³	渣遮
tso³⁵	诈骗炸~弹炸~油
tsʰo⁵³	叉差~错差~别岔车~辆错错~误错交~
so⁵³	沙纱赊
so⁴⁴	舍~弃耍所
so³⁵	晒
zo³¹	茶搽查调~蛇
zo¹³	射社昨
ko⁵³	瓜
ko⁴⁴	寡剐
ko³⁵	挂卦
kʰo³⁵	跨
ŋo¹³	瓦砖~
ho⁵³	花
ɦo³¹	霞华中~
ho³⁵	化
ɦo¹³	画话
o⁵³	鸦丫~头蛙
o⁴⁴	哑
o³⁵	划~船

ɔ

pɔ⁵³	簸包胞
pɔ⁴⁴	褒宝保堡饱
pɔ¹³	报豹爆
pʰɔ⁵³	抛
pʰɔ⁴⁴	颇泡水~
pʰɔ³⁵	泡浸~炮枪~
bɔ³¹	袍跑奔~博

bɔ¹³	抱暴_粗~刨_子薄
mɔ³¹	毛猫茅锚矛
mɔ¹³	冒帽貌茂贸摸膜_薄~漠
vɔ¹³	佛
tɔ⁵³	刀
tɔ⁴⁴	岛捣祷倒_塌~倒_水~到导
tʰɔ⁵³	滔掏涛
tʰɔ⁴⁴	讨
tʰɔ³⁵	套
dɔ³¹	桃逃陶萄
dɔ¹³	道稻盗
nɔ³¹	挠_阻~
nɔ¹³	脑恼闹
lɔ⁵³	捞涝
lɔ³¹	萝_卜~劳_动~牢唠
lɔ¹³	老
tsɔ⁵³	遭朝_夕~昭招
tsɔ⁴⁴	早枣抓爪找
tsɔ³⁵	躁灶罩照诏
tsʰɔ⁵³	操_作~操_节~糙抄超
tsʰɔ⁴⁴	草炒吵
sɔ⁵³	骚梢捎稍潲烧
sɔ⁴⁴	琐扫嫂少_多~
sɔ³⁵	燥少_年~
zɔ³¹	槽躁(又)蓸槽巢朝_代~潮察
zɔ¹³	皂造_建~赵兆绍
kɔ⁵³	高膏_牙~糕羔
kɔ⁴⁴	稿觉
kɔ³⁵	告
kʰɔ⁵³	敲
kʰɔ⁴⁴	考烤
kʰɔ³⁵	靠锹燥
gɔ¹³	搞
ŋɔ³¹	熬_煎~傲

ŋɔ¹³	咬
hɔ⁴⁴	好~坏好喜~
ɦɔ³¹	耗豪毫
ɦɔ¹³	下山~下~山夏春暇号~码
ɔ⁴⁴	窝袄懊奥
ɔ³⁵	傲（又）

iɔ

piɔ⁵³	标膘彪
piɔ⁴⁴	表
pʰiɔ⁵³	飘漂~浮
pʰiɔ⁴⁴	漂~白票漂~亮
biɔ³¹	瓢嫖
miɔ³¹	苗描
miɔ⁴⁴	秒藐渺
miɔ¹³	庙妙
tiɔ⁵³	刁貂雕~刻
tiɔ³⁵	钓吊
tʰiɔ⁵³	挑~担
tʰiɔ⁴⁴	挑~战
tʰiɔ³⁵	跳
diɔ³¹	条调~和
diɔ¹³	掉调~动
liɔ³¹	燎疗辽聊撩寥
liɔ¹³	了料
tɕiɔ⁵³	交郊胶教~书焦蕉椒娇骄浇
tɕiɔ⁴⁴	绞狡搅铰缴侥
tɕiɔ³⁵	教~育酵校~对较觉睡~窖叫
tɕʰiɔ⁴⁴	巧
tɕʰiɔ³⁵	窍
dʑiɔ³¹	乔桥侨荞
dʑiɔ¹³	樵轿
ɕiɔ⁵³	消消宵霄销萧箫
ɕiɔ⁴⁴	小晓

ɕiɔ³⁵	孝笑
ʔniɔ⁴⁴	鸟
niɔ¹³	饶扰绕围~绕~线尿
ɦiɔ³¹	肴摇谣窑遥姚
ɦiɔ¹³	效校学~舀鹞
iɔ⁵³	妖邀要~求腰
iɔ³⁵	要重~耀

e

pe⁵³	杯悲
pe¹³	贝辈背~脊背~负背~诵半
pʰe⁵³	沛坯潘
pʰe³⁵	配佩判
be³¹	培陪赔焙碑卑搬盘
be¹³	倍被~迫备拌叛
me³¹	梅枚媒煤眉霉瞒
me⁴⁴	每妹美
me¹³	昧满漫幔
ve³¹	回茴危维唯惟微魏威违围苇完丸桓
ve⁴⁴	伪
ve¹³	汇~合卫为作~为因位未味讳畏慰汇~集换
te³⁵	兑
ne³¹	男南~北
le¹³	累积~累连~垒类泪
tse⁴⁴	占~领瞻盏展战转~变转~动
tsʰe⁵³	参~加
tsʰe³⁵	忏颤
ze³¹	缠船
ke⁴⁴	干~劲
ke³⁵	给
e³⁵	暗

ue

kue⁵³	规归官观参~冠衣~棺

kue⁴⁴　诡轨癸管馆
kue³⁵　桂柜贯罐灌观₋寺冠₋军
kʰue⁵³　亏窥宽
kʰue⁴⁴　款
kʰue³⁵　溃₋脓溃₋崩快愧
gue³¹　魁葵逵
hue⁵³　恢欢
hue⁴⁴　毁
ɦue¹³　慧₋星惠慧汇₋集桧
ue⁴⁴　委伟纬碗
ue³⁵　幻

ε

pε⁵³　斑班颁扳扳般
pε⁴⁴　板版
pε³⁵　扮绊
pʰε⁵³　攀
pʰε³⁵　盼
bε¹³　办瓣伴
mε³¹　蛮玩₋弄玩₋游
mε¹³　慢曼蔓
fε⁵³　番₋更翻
fε⁴⁴　反₋复返
fε³⁵　贩
vε³¹　帆凡顽还环烦繁矾
vε¹³　泛犯范₋姓范₋模患宦饭万
tε⁵³　堆耽₋搁担₋任丹单
tε⁴⁴　胆
tε³⁵　对碓担₋挑旦
tʰε⁵³　胎推贪毯滩摊
tʰε⁴⁴　腿退塌坦
tʰε³⁵　态探炭叹
dε³¹　台₋戏苔抬颓谭₋姓谭坛谈痰檀弹₋琴坛

dɛ¹³	贷待怠代袋队淡但蛋弹~药
nɛ⁵³	拿
nɛ³¹	岩难~易
nɛ¹³	耐内难~患
lɛ³¹	来雷蓝篮览揽榄兰拦栏
lɛ¹³	累~劳~滥缆懒烂
tsɛ⁵³	灾栽斋斩
tsɛ⁴⁴	宰载~年再载~载载~满
tsɛ³⁵	在蘸赞瓒
tsʰɛ⁵³	猜餐
tsʰɛ⁴⁴	彩采~摘睬惨铲产
tsʰɛ³⁵	菜灿
sɛ⁵³	腮鳃筛衰三杉衫山删
sɛ⁴⁴	陕闪
sɛ³⁵	赛碎帅率~领散~松伞散~解扇~动扇~子
zɛ³¹	才~华财材裁蚕馋搀~扶残蝉禅
zɛ¹³	暂站~立赚钱站~车栈善然燃
kɛ⁵³	该监~狱奸~淫奸~诈
kɛ⁴⁴	改概感敢减碱
kɛ³⁵	盖遮~丐甘~油
kʰɛ⁵³	开堪勘铅
kʰɛ⁴⁴	慨慷~慨~叹楷坎砍
ŋɛ³¹	癌颜
ŋɛ¹³	碍眼
hɛ⁴⁴	海喊
ɦɛ³¹	孩含函咸~鱼衔~冤炎（又）闲
ɦɛ¹³	限害陷馅
ɛ⁵³	哀爱挨~打（又）
ɛ³⁵	碍（又）晏

iɛ

| ɕiɛ⁴⁴ | 癣 |
| ɦiɛ³¹ | 械 |

uɛ

kuɛ⁵³	关
kuɛ⁴⁴	拐~杖
kuɛ³⁵	惯
kʰuɛ³⁵	筷
huɛ⁴⁴	缓皖
ɦuɛ¹³	唤焕
uɛ⁵³	弯湾
uɛ⁴⁴	惋腕晚挽婉

ɛ̃

bɛ̃³¹	朋鹏彭膨棚
bɛ̃¹³	碰
vɛ̃³¹	横~竖横蛮~
tɛ̃⁴⁴	打~击
lɛ̃¹³	冷
tsɛ̃⁵³	张章樟撑支~
tsɛ̃⁴⁴	长生~涨~价
tsɛ̃³⁵	涨~大帐蚊帐~帐目胀膨~丈杖仗依~仗打~
tsʰɛ̃⁴⁴	掌昌
tsʰɛ̃³⁵	畅障
sɛ̃⁵³	商生甥牲
sɛ̃⁴⁴	省~节
zɛ̃³¹	长~短肠场
kɛ̃⁴⁴	粳梗
ŋɛ̃¹³	硬
ɦɛ̃¹³	杏

iɛ̃

liɛ̃³¹	良凉梁粮粱量~
liɛ̃¹³	两~斤两斤亮量~数谅
tɕiɛ̃⁵³	将~来浆疆僵姜~生姜~姓
tɕiɛ̃⁴⁴	蒋桨奖

tɕʰiɛ̃⁵³	枪腔
tɕʰiɛ̃⁴⁴	酱将大~抢~夺
dʑiɛ̃³¹	强~大强勉~
n̠iɛ̃³¹	娘爹~娘新~
n̠iɛ̃¹³	酿让
ɕiɛ̃⁵³	相~互箱厢湘镶相~貌香乡
ɕiɛ̃⁴⁴	想鲞享响
ɕiɛ̃³⁵	相~貌(又)向
ziɛ̃³¹	墙详祥翔
ziɛ̃³⁵	匠像橡象
ɦiɛ̃³¹	羊洋杨阳烊降投~
ɦiɛ̃³⁵	养痒恙样
iɛ̃⁵³	央秧殃

ə

| pʰə⁴⁴ | 剖 |
| tsə⁴⁴ | 者 |

ɤ

mɤ³¹	谋
fɤ⁴⁴	否
tɤ⁴⁴	斗升~抖陡
tɤ³⁵	斗~争
tʰɤ⁵³	兜偷
tʰɤ⁴⁴	透
dɤ³¹	头投
dɤ¹³	豆~子痘
lɤ³¹	楼
lɤ¹³	搂~抱篓漏陋
tsɤ⁵³	邹周舟州洲
tsɤ⁴⁴	走帚
tsɤ³⁵	奏昼皱骤咒
tsʰɤ⁵³	抽
tsʰɤ⁴⁴	丑子~丑~恶

tsʰɤ³⁵	凑臭香~	
sɤ⁵³	搜馊收	
sɤ⁴⁴	手首守	
sɤ³⁵	瘦兽	
zɤ³¹	绸稠筹愁柔揉	
zɤ¹³	兽(又)仇报~酬受寿授售	
kɤ⁵³	勾~销钩沟	
kɤ⁴⁴	戈狗苟	
kɤ³⁵	个~人够购构媾	
kʰɤ⁴⁴	口	
kʰɤ³⁵	扣寇	
ŋɤ¹³	藕偶配~偶~然	
hɤ⁵³	吼	
ɦɤ³¹	侯喉猴	
ɦɤ¹³	厚后先~候	
ɤ⁵³	欧姓欧	
ɤ⁴⁴	呕~吐殴	

iɤ

miɤ³⁵	谬荒~	
tiɤ⁵³	丢	
diɤ¹³	旧枢	
liɤ³¹	流硫琉刘留榴	
liɤ³⁵	柳	
ʔliɤ⁵³	溜~冰	
tɕiɤ⁵³	纠~纷纠~察	
tɕiɤ⁴⁴	酒九久灸纠究	
tɕiɤ³⁵	救	
tɕʰiɤ⁵³	秋丘	
dʑiɤ³¹	囚泅求球	
dʑiɤ¹³	臼舅咎	
ɲiɤ³¹	牛	
ɲiɤ¹³	扭钮	
ɕiɤ⁵³	修羞休	

ɕiɤ⁴⁴	朽
ɕiɤ³⁵	秀绣锈宿_星~嗅
ʑiɤ¹³	就袖
ɦiɤ³¹	尤邮犹由油游
ɦiɤ¹³	有友又右祐诱
iɤ⁵³	忧优悠幽幼
iɤ⁴⁴	友(又)

ø

tø⁵³	端
tø⁴⁴	短
tʰø³⁵	蜕
dø³¹	团
dø¹³	断_{决~}锻断_{~绝}段缎
nø¹³	暖
lø³¹	鸾
lø¹³	卵乱
tsø⁵³	追锥钻_{~洞}
tsø⁴⁴	钻_{~子}转_{~变(又)}转_{~动(又)}
tsø³⁵	最醉坠传_{~记}专砖
tsʰø⁵³	催崔川穿铨
tsʰø⁴⁴	喘
tsʰø³⁵	脆翠串篡
sø⁵³	虽绥酸
sø³⁵	岁赘税睡算蒜
zø³¹	髓随垂锤槌传_{~达}橡
zø¹³	罪瑞蕊_花穗遂隧
kø⁵³	甘柑干_{~涉}干_{~燥}竿杆_旗肝
kø⁴⁴	杆_笔秆_麦赶干_{~劲(又)}
kʰø⁵³	刊
kʰø³⁵	看_{~守}看_{~见}
hø⁴⁴	虾_{鱼~}
hø³⁵	罕旱
ɦø³¹	寒韩旋_{~转}旋_{~风}员圆缘袁园猿辕援玄悬

ɦø¹³	汉汗翰远~征县眩
ø⁵³	庵安鞍冤渊
ø³⁵	暗(又)按案院怨

yø

tɕyø⁵³	捐
tɕyø⁴⁴	卷~曲眷卷书~绢
tɕyø³⁵	倦
tɕʰyø⁵³	圈圆~
tɕʰyø⁴⁴	犬
tɕʰyø³⁵	劝券
dʑyø³¹	权拳颧
ɕyø⁴⁴	靴
ȵyø³¹	愿
ȵyø¹³	软原源元

aŋ

| saŋ⁵³ | 森参人~ |
| zaŋ³¹ | 沉 |

ʌŋ

pʌŋ⁵³	奔~跑
pʌŋ⁴⁴	本
pʰʌŋ⁵³	喷~水
bʌŋ³¹	盆
bʌŋ¹³	笨
mʌŋ³¹	门
sʌŋ⁵³	深
sʌŋ⁴⁴	审婶沈甚~至
sʌŋ³⁵	渗
zʌŋ¹³	任责~
ɦʌŋ³¹	行~为

oŋ

pʰoŋ³⁵	捧
boŋ³¹	篷蓬
foŋ⁵³	风丰~收封峰锋蜂
foŋ³⁵	讽
voŋ³¹	冯姓缝~隙俸
voŋ¹³	凤奉
toŋ⁵³	东冬
toŋ⁴⁴	董懂
toŋ³⁵	冻栋
tʰoŋ⁵³	通统
tʰoŋ³⁵	痛
doŋ³¹	同铜桐童瞳
doŋ¹³	桶筒动洞
noŋ³¹	农脓
noŋ¹³	弄~坏
loŋ³¹	笼鸟~聋笼罩拢隆茸
loŋ¹³	弄~坏(又)
tsoŋ⁵³	棕鬃宗综中~当~忠衷中~射~终踪钟锺盅(锺)
tsoŋ⁴⁴	总粽~子仲纵放~种~类肿
tsoŋ³⁵	众纵~横种~植
tsʰoŋ⁵³	聪匆葱囱充冲~锋
tsʰoŋ⁴⁴	宠
soŋ⁵³	松~紧松~树
soŋ⁴⁴	耸
soŋ³⁵	送宋诵颂讼
zoŋ³¹	丛虫崇众(又)从服~重~复
zoŋ³⁵	重~量
ȵoŋ³¹	浓
loŋ³¹	龙融
loŋ¹³	陇垄
koŋ⁵³	公工功攻蚣弓躬宫
koŋ⁴⁴	汞拱巩供~养

koŋ³⁵　贡恭供~给共
kʰoŋ⁵³　空~虚
kʰoŋ⁴⁴　孔恐
kʰoŋ³⁵　控空~缺
goŋ¹³　共(又)
hoŋ⁵³　轰疯
hoŋ⁴⁴　哄~骗讽(又)
ɦoŋ³¹　弘宏烘红洪鸿虹
oŋ⁵³　翁

ioŋ

dʑioŋ³¹　穷
n̠ioŋ³¹　戎绒
ɕioŋ⁵³　兄凶吉~凶恶匈胸
ɦioŋ³¹　荣熊雄
ɦioŋ¹³　孕容溶熔用
ioŋ⁵³　拥
ioŋ⁴⁴　永泳咏萤勇涌~现踊甬

yoŋ

tɕyoŋ⁵³　均钧君军
tɕyoŋ³⁵　俊
dʑyoŋ³¹　群裙
ɕyoŋ⁵³　熏勋薰
ɕyoŋ³⁵　训
ɦyoŋ³¹　循旬巡匀云~彩晕~厥
ɦyoŋ¹³　允韵运熨

əŋ

pəŋ⁵³　崩绷
məŋ³¹　闷蚊萌盟
məŋ¹³　问
fəŋ⁵³　昏~暗昏~迷婚分~开荤
fəŋ⁴⁴　粉芬纷

fəŋ³⁵	粪奋
vəŋ³¹	浑₋浊浑₋身魂馄坟焚文纹闻耳逢缝₋补
vəŋ¹³	混忿愤份
təŋ⁵³	敦₋厚墩蹲登灯
təŋ³¹	存
təŋ⁴⁴	等
təŋ³⁵	顿凳
tʰəŋ⁵³	吞
dəŋ¹³	屯₋田臀腾誊藤
dəŋ¹³	盾人名囤沌遁钝盾矛₋邓姓
nəŋ³¹	能
nəŋ¹³	嫩
ləŋ³¹	轮伦沦棱₋角
ləŋ¹³	崙论议₋
tsəŋ⁵³	珍真尊遵征₋求蒸争筝睁贞侦蛏征增曾₋孙
tsəŋ⁴⁴	诊疹准批₋准标₋整
tsəŋ³⁵	赠证₋明症病正₋月正公₋政
tsʰəŋ⁵³	村椿春
tsʰəŋ³⁵	镇趁衬寸秤乘
səŋ⁵³	孙僧升声
səŋ⁴⁴	损笋榫胜₋败
səŋ³⁵	肾慎圣盛兴₋
zəŋ³¹	陈尘神晨辰臣唇纯曾₋经层惩澄橙乘(又)绳塍承丞呈程成城诚盛₋满
zəŋ¹³	阵顺润闰剩郑
kəŋ⁵³	跟根昆崑更₋改更₋打羹庚耕
kəŋ⁴⁴	更₋加
kʰəŋ⁵³	坑
kʰəŋ⁴⁴	恳垦啃滚肯
həŋ⁴⁴	很
ɦəŋ³¹	痕恒衡
ɦəŋ¹³	恨
əŋ⁵³	恩

uəŋ

kuəŋ^{13}	棍 木~
kʰuəŋ^{53}	坤
kʰuəŋ^{44}	捆
kʰuəŋ^{35}	困
uəŋ^{53}	温瘟
uəŋ^{44}	稳

æŋ

tsæŋ^{53}	针斟
tsæŋ^{35}	枕~席 枕~木
dzæŋ^{13}	竟
kʰæŋ^{44}	耿

iæŋ

piæŋ^{53}	宾彬槟冰兵
piæŋ^{44}	禀秉丙饼
piæŋ^{35}	并合~
pʰiæŋ^{53}	拼~凑 姘
pʰiæŋ^{44}	品
pʰiæŋ^{35}	聘
biæŋ^{31}	贫频凭~据 凭~靠 平评坪瓶屏萍
biæŋ^{13}	病并~且
miæŋ^{31}	民明鸣名铭冥
miæŋ^{44}	闽敏悯
miæŋ^{13}	命
tiæŋ^{53}	丁钉铁~
tiæŋ^{44}	顶鼎
tiæŋ^{35}	订钉~住
tʰiæŋ^{53}	听~见 厅汀听~从
tʰiæŋ^{44}	艇挺
diæŋ^{31}	亭停~止 廷庭蜓
diæŋ^{13}	定

liæŋ⁵³	临林淋
liæŋ³¹	邻磷~火陵凌菱灵铃零
liæŋ¹³	另领岭令
tsiæŋ¹³	振震
tɕiæŋ⁵³	今金襟禁~不住巾斤筋茎京荆惊精晶睛经
tɕiæŋ⁴⁴	锦禁~止津紧仅谨瑾景警镜敬井颈
tɕiæŋ³⁵	浸进晋劲有~劲敌
tɕʰiæŋ⁵³	侵钦卿清轻青蜻倾顷
tɕʰiæŋ⁴⁴	请
tɕʰiæŋ³⁵	寝亲~切亲~家庆
dʑiæŋ³¹	琴禽擒勤芹情晴琼
dʑiæŋ¹³	近竞
ɕiæŋ⁵³	心辛新薪身申伸星腥馨
ɕiæŋ⁴⁴	苹挑~省反~醒
ɕiæŋ³⁵	信讯迅兴~旺兴高~性姓
ȵiæŋ³¹	人仁银仍扔凝
ȵiæŋ¹³	忍刃认韧宁安~
ziæŋ³¹	秦寻
ziæŋ¹³	尽敬(又)静靖净
ɦiæŋ³¹	吟淫蝇迎盈赢形刑型营
ɦiæŋ⁴⁴	幸(又)
ɦiæŋ¹³	寅引
iæŋ⁵³	音阴因姻洇殷应~当鹰樱莺鹦英婴缨
iæŋ⁴⁴	饮~水隐尹姓影颖
iæŋ³⁵	印应响~

iɿʔ

piɿʔ⁵	臂鄙(又)鳖笔毕必逼碧壁
pʰiɿʔ⁵	匹壁僻辟开~劈
biɿʔ¹	鼻别区~别离~
miɿʔ¹	秘~书泌庇痺(又)灭密蜜觅
tiɿʔ⁵	爹贴帖铁跌摘滴的目~
tʰiɿʔ⁵	踢剔惕
diɿʔ¹	叠蝶碟谍敌狄笛糴

liɪʔ¹	隶荔利₍又₎吏猎立粒笠列烈裂劣栗律率₍效₎~力历~史历日~
tɕiɪʔ⁵	接妾劫急揭节结洁镙~镰刀吉即积脊绩激击
tɕʰiɪʔ⁵	且切~开怯泣切~开窃七漆戚
dʑiɪʔ¹	捷集及件杰竭疾极籍~贯
ȵiɪʔ¹	聂业热孽捏日逆溺
ɕiɪʔ⁵	胁辑习袭吸薛歇屑雪悉膝息熄惜昔夕析锡
ziɪʔ¹	截绝席
ɦiɪʔ¹	叶逸翼亦译易~交液腋疫役
iɪʔ⁵	噎乙一益

Aʔ

pʰAʔ⁵	拍魄
bAʔ¹	白帛
vAʔ¹	乏划₍计₎~
tsAʔ⁵	着~衣只一~
tsʰAʔ⁵	摘₍又₎尺赤
sAʔ⁵	湿
zAʔ¹	闸着~睡贼石
ŋAʔ¹	额
hAʔ⁵	黑

iAʔ

tɕiAʔ⁵	恰级脚觉~感
tɕʰiAʔ⁵	洽雀爵却
ɕiAʔ⁵	削
ɦiAʔ¹	协嚼药钥跃学岳乐~音
iAʔ⁵	约

ɑʔ

pɑʔ⁵	百柏伯
mɑʔ¹	陌~生麦脉
tsɑʔ⁵	窄
tsʰɑʔ⁵	拆

zaʔ¹ 宅
kaʔ⁵ 格
kʰaʔ⁵ 客
haʔ⁵ 吓赫

oʔ

poʔ⁵ 博(又)

ɔʔ

pɔʔ⁵ 剥驳北
pʰɔʔ⁵ 朴~素迫扑
bɔʔ¹ 豁雹仆~人
mɔʔ¹ 慕(又)墓木目牧穆
fɔʔ⁵ 复~杂腹复~重覆
vɔʔ¹ 缚或获~得福服伏降~复~原
tɔʔ⁵ 托委~托~盘督笃
tʰɔʔ⁵ 秃
dɔʔ¹ 独读牍毒
nɔʔ¹ 诺
lɔʔ¹ 洛落骆络烙酪乐~快若弱鹿禄六陆~大绿录
tsɔʔ⁵ 蔗卒~士作桌卓捉竹筑~建祝粥足烛嘱
tsʰɔʔ⁵ 绰戳畜~生促触
sɔʔ⁵ 塑蓑漱索~绳朔索~取速肃宿~舍缩叔粟束
zɔʔ¹ 凿勺啄浊镯族逐熟俗续赎属蜀辱褥
kɔʔ⁵ 郭角绞觉感~(又)国谷五~谷山~
kʰɔʔ⁵ 壳哭酷
ŋɔʔ¹ 腭鹤恶善~
ɦɔʔ¹ 获收~学(又)
ɔʔ¹ 握屋沃

iɔʔ

ɦiɔʔ¹ 域

yɔʔ

tɕʰyɔʔ⁵	确曲
dʑyɔʔ¹	轴局
ȵyɔʔ¹	肉玉狱
ɕyɔʔ⁵	畜~牧蓄旭
ɦyɔʔ¹	欲浴

ɛʔ

sɛʔ⁵	赦舍宿~

əʔ

pəʔ⁵	拨钵
pʰəʔ⁵	泼
bəʔ¹	葡勃
məʔ¹	抹沫末袜没沉~墨默
fəʔ⁵	法发头~发出~
vəʔ¹	活滑猾伐罚筏物勿获收~（又）
təʔ⁵	搭答得德
tʰəʔ⁵	塔榻脱
dəʔ¹	踏达夺突特
nəʔ¹	纳
ləʔ¹	腊~月蜡~烛鑞肋勒
tsəʔ⁵	扎~针折~叠褶汁执哲折~断浙质则织职责
tsʰəʔ⁵	插擦察（又）撤彻撮出侧测策册栅
səʔ⁵	摄涩杀煞设闩~门刷瑟虱失室塞闭~啬色识适释
zəʔ¹	杂涉十拾~取入铡舌侄秩实日（又）术算~述直值食蚀饰式植殖择泽
kəʔ⁵	鸽割葛阁搁各胳隔革
kʰəʔ⁵	磕渴克刻
ŋəʔ¹	额（又）
həʔ⁵	喝~水喝~彩瞎
ɦəʔ¹	合~作盒核~枣儿核~桃核~对

iʌʔ

tɕʰiʌʔ⁵ 吃~饭
dʑiʌʔ² 剧屐

uəʔ

suəʔ⁵ 说
kuəʔ⁵ 括~聒刮骨
kʰuəʔ⁵ 阔
uəʔ¹ 恶厌~(又)挖

yəʔ

lyəʔ¹ 略掠
tɕyəʔ⁵ 决橘菊
tɕʰyəʔ⁵ 缺屈
dʑyəʔ¹ 掘
ɕyəʔ⁵ 血穴恤戍
ȵyəʔ¹ 月虐
ɦyəʔ¹ 悦阅越穴(又)郁姓育

æʔ

pæʔ⁵ 八
bæʔ¹ 拔
læʔ¹ 辣
tsæʔ⁵ 扎~札
kæʔ⁵ 夹~板夹~袄
kʰæʔ⁵ 掐
ɦæʔ¹ 狭峡
æʔ¹ 鸭押压

əl

əl³¹ 儿(又)
əl³⁵ 而(又)

ṃ
ṃ　　亩(又)

ŋ̍
ŋ̍　　五鱼渔儿吴梧

六、青浦音系

(一) 导言

1. 地理、政区沿革、人口

青浦县位于上海市西部,长江三角洲太湖东侧,黄浦江上游,淀山湖之滨。青浦县东部与上海县诸翟、华漕、七宝镇相邻;南面与松江县泗泾、佘山、天马、昆岗、左松、新浜等乡,金山县枫围乡,浙江省嘉善县俞汇、姚庄、丁栅乡接壤;西边与江苏省昆山县石浦、淀东、周庄、陈慕等乡,吴江县芦墟乡毗连;北境沿吴淞江与嘉定县安亭、董渡乡,昆山县花桥乡交界。县境形如蝴蝶,总面积达675.54平方公里。

青浦县于明嘉靖二十一年(1542)从华亭、上海两县的西北部分分置。县治设青龙镇(今白鹤乡政府所在地),1573年徙治于今青浦镇至今。青浦县在明清两代属江苏省松江府,民国属江苏省,1958年11月划归上海市管辖。

1982年青浦县辖二十个乡和三个县属镇。二十个乡即:赵巷乡、徐泾乡、华新乡、凤溪乡、重固乡、白鹤乡、赵屯乡、大盈乡、香花桥乡、环城乡、盈中乡、朱家角乡、沈巷乡、小蒸乡、蒸淀乡、练塘乡、莲盛乡、西岑乡、金泽乡、商榻乡,三个县属镇:青浦镇、朱家角镇、练塘镇。

2. 方言概况

本县人口来源单纯,移民较少,除在全县范围内还有少数散居各处的苏北移民操苏北口音外,都讲青浦话。上述苏北话不在我们调查和讨论的范围之内。青浦县的方言属于吴语区太湖片苏沪嘉小片,和邻县松江话比较接近。青浦县方言内部大致可分为两大片:西乡片、东乡片。

第一,西乡片包括练塘镇、练塘乡、蒸淀乡、小蒸乡、莲盛乡、西岑乡、金泽乡、商榻乡。西乡片方言最重要的特点是古清声母调,清不送气塞、塞擦音及清擦音声母跟清送气塞、塞擦音声母字声调有差异,前者的调值√523,后者的调值144。本片中除商榻、金泽两乡是八类外,其余各乡方言的调类都是九类。

第二，东乡片包括青浦镇、环城乡、盈中乡、朱家角镇、朱家角乡、沈巷乡、赵巷乡、徐泾乡、大盈乡、香花桥乡、重固乡、凤溪乡、赵屯乡、白鹤乡、华新乡。东乡片中的青浦镇、朱家角镇等地的方言是典型的青浦方言。本片单字调调类是七类，阳上归阳去。古清声母上声调清不送气塞、塞擦音及擦音跟清送气塞、塞擦音声母字声调无别，都是144。

（二）老派青浦方言的声韵调（发音人甲）

1. 声母表（27个）

ʔb 波布饱	pʰ 破铺拍	b 婆部白	m 麻妈忙	ɸ 泛欢反	β 烦换乏
ʔd 多爹当	tʰ 土太汤	d 大度踏	n 奴脑纳		l 路吕屡
ts 早找节	tsʰ 粗初七			s 洒舍小	z 齐坐曹
tɕ 鸡姜菊	tɕʰ 欺羌缺	dʑ 骑强局	ȵ 泥娘肉	ɕ 戏响血	
k 歌高过	kʰ 苦可库	g 茄环轧	ŋ 芽瓦咬	h 好喊喝	ɦ 下华易
ø 衣乌欧					

2. 韵母表（53个）

ɿ 纸次资自	i 衣梯披西	u 波多夫苏	y 朱书举许
ɑ 派妈摆拉	iɑ 写雅爹姐	uɑ 乖坏歪快	
ɔ 包毛刀少	iɔ 标吊条笑		
o 怕花爬麻			
E 班三蛮难	iE 念也阶且	uE 关环惯玩	
ø 端团干暖			yø 撮拳喧元
ɪ 甘天搬南	iɪ 煎浅线钱	uɪ 规宽欢葵	
ɯ 偷勾剖否	iɯ 丘修囚酒		
	iu 靴		
ɜ 浜彭打冷	iɜ 将枪良姜	uɜ 横光~火	
ã 邦汤堂胖	iã 旺	uã 光狂慌汪	
əŋ 奔吞灯程	iŋ 京银今平	uəŋ 温昏魂滚	yŋ 均群勋云
oŋ 冬通公风			yoŋ 穷胸炯浓
ɑʔ 百拍麦尺	iɑʔ 雀削略剧	uɑʔ 呱	
æʔ 鸭八搭袜	iæʔ 甲捏侠挟	uæʔ 挖刮	

(续表)

ɔʔ恶博角落		uɔʔ郭扩沃	
oʔ屋北六扑			
œʔ脱葛掇夺			yoʔ曲玉菊蓄
ʌʔ德则赤特	iʌʔ益激吃逆		yœʔ决缺血月
əʔ不泼出答	iiʔ必铁力	uəʔ骨阔颈	
əl 儿耳而	m̩ 亩呒	ŋ̍ 我五鱼	

3. 声调表（7个）

调 类	调 值	例 字
阴平	53	天高猪低飞机西刚专
阳平	31	穷人神陈茶情瓶同虫
阴上	44	草走口短讨好巧手早
阴去	35	菜送爱帐信看冻报靠
阳去	13	大病树米队蛋老办造
阴入	ʔ55	七急竹脱铁击笔督节
阳入	ʔ12	入六局合肉舌热敌毒

4. 青浦方言两字组连读变调表

	阴平 53	阳平 31	阴上 44	阳上 13	阴去 35	阳去 13	阴入 ʔ55	阳入 ʔ12
阴平 53	44 飞机	44 花瓶	42 工厂	修养	44 青菜	21 鸡蛋	44 钢笔	ʔ21 科学
阳平 31	梅花	长城	13 红枣	21 朋友	同志	黄豆	13 毛笔	ʔ22 同学
阴上 44	44 53 火车	海员	A44 53 B44 44 A厂长B楷体 A改造B表演		44 宝贝	44 草地	13 粉笔	ʔ44 体育
阳上 13	米缸	13 肚皮	53 老虎	道理	22 冷气	44 马路	13 道德	ʔ44 动物
阴去 35	A44 31 A战争B裤裆	B太平B证明	A13 21 A报纸B处长	A报社B创造	44 世界	55 态度	13 顾客	ʔ44 教育
阳去 13	A23 44 A地方B认真	A地球B自然	B13 21 A队长B院长	A运动B疗养	22 电报	44 外地	13 外国	ʔ44 大学

(续表)

	阴平 53	阳平 31	阴上 44	阳上 13	阴去 35	阳去 13	阴入 ʔ55	阳入 ʔ12
阴入 ʔ55	ʔ44 北方	53 足球	ʔ44 铁板	44 发动	ʔ44 客气	35 革命	ʔ44 法国	ʔ33 复杂
阳入 ʔ12	ʔ22 肉丝	53 白糖		ʔ22 日本	24 落后		ʔ22 绿化	ʔ44 绿豆	ʔ22 及格	ʔ44 毒药

(三) 老派青浦方言的声韵调(发音人乙)

1. 声母表(32个)

发音方法 部位	塞				塞擦			擦		鼻		边	
	浊	清		浊	清		浊	清	浊	带紧喉	带浊流	带紧喉	带浊流
	缩气	不送气	送气		不送气	送气							
双唇	ʔb 便包弄	pʰ 骗抛喷	b 皮跑笨					ɸ 飞灰芳	β 符亡闻	ʔm 美敏皿	ɦm 毛棉灭		
舌尖前					ts 战精节	tsʰ 秋枪唱		s 生苏缩	z 前床住				
舌尖中	ʔd 到底都	tʰ 吐梯讨	d 地到钝							ʔn 你努乃	ɦn 南怒难	ʔl 淄噜拉	ɦl 流鲁赖
舌面前					tɕ 经结疆	tɕʰ 屈卿确	dʑ 强巨群	ɕ 虚凶喧		ʔɲ 黏扭仰	ɦɲ 疑牛娘		
舌面后		k 高根公	kʰ 空阔渴	g 共葵狂						ʔŋ 我偶	ɦŋ 颜蛾杭		
喉		ø 阿衣乌						h 好海赫	ɦ 河弘叶				

声母特点说明:

(1) 有缩气塞音 ʔb、ʔd。古帮母今读 ʔb; 古端母今读 ʔd。如饱 ʔbɔ 刀 ʔdɔ。

(2) ɸ、β 各有两个变体,即 ɸ(f、ɸ)、β(β、v)。一种常见的拼法是与央后元音韵拼读 ɸ、β,与前元音韵拼读 f、v,如火 ɸu、昏 ɸəŋ、飞 fi、滑 væ,但 f、v 在这时上齿和下唇相擦不十分明显。与 ɸ、β 相拼合的韵母,往往带有共生的介音-u-。

（3）tɕ、tɕʰ、dʑ、ɕ、ʔȵ、ȵɦ各包括两个变体，即：tɕ(tɕ、c)、tɕʰ(tɕʰ、cʰ)、dʑ(dʑ、ɟ)、ɕ(ɕ、ç)、ʔȵ(ʔȵ、ʔɲ)、ȵɦ(ȵɦ、ɲɦ)。

c等舌面中音专拼央后低音韵，如脚ciɑʔ、吃cʰiʌʔ、勤ɟiəŋ、兴çiəŋ、尿ʔɲiɔ；tɕ等舌面前音专拼前高元音，如结tɕiɪʔ、气tɕʰiʔ、旗dʑi、女ȵy、捻ʔȵi、希ɕi。

（4）尖音和团音有分别。例如下列几组字不同音：将tsiɛ̃≠姜tɕiɛ̃；秋tsʰiu≠邱ɕiu；节tsiɪʔ≠结tɕiɪʔ；小siɔ≠晓ɕiɔ；趣tsʰy≠去tɕʰy。

（5）鼻音、边音声母分两套，一套是带紧喉的配阴调类，即ʔm、ʔn、ʔȵ、ʔŋ、ʔl；另一套是带浊流的配阳调类，即mɦ、nɦ、ȵɦ、ŋɦ、lɦ。

（6）ø表示零声母。零声母带有紧喉成分，ɦ表示与后头韵母同部位的摩擦成分。

2. 韵母表（52个）

阴声韵	ɿ 纸四次	i 衣比梯	u 波多破	朱书举
	a 派好摆	ia 写斜雅	ua 怪坏歪	
	o 巴怕花			
	ɛ 班三台	iɛ 会念	uɛ 关筷环	
	ɪ 尖甘天		uɪ 规宽欢	
	ø 端团干			yø 捐劝拳
	ɯ 偷头勾	iɯ 丘修因		
		iu 靴		
	ɔ 奥包毛	iɔ 咬标条		
阳声韵	ɛ̃ 滨彭打	iɛ̃ 将枪娘	uɛ̃ 横	
	ã 帮汤堂	iã 旺	uã 光狂慌	
	əŋ 奔吞灯	iəŋ 京宁精	uəŋ 魂温昏	yŋ 均群勋
	oŋ 冬通公	ioŋ 穷胸炯		
入声韵	øʔ 鸭八搭	iæʔ 甲捏	uœʔ 挖刮	
	ɑʔ 百拍麦	iɑʔ 雀削略	uaʔ 划	
	əʔ 不泼出	iəʔ 必铁力	uəʔ 骨阔	
	ʌʔ 纯则赤	iʌʔ 益激吃		
	oʔ 尾北六			yoʔ 曲玉育
	ɔʔ 剥落触		uɔʔ 郭扩	
	œʔ 袜塔达			yœʔ 决缺血

(续表)

声化韵	m̩ 亩		ŋ̍ 鱼五吴		
其他	əl 儿耳而				

韵母特点：

（1）合口呼前拼零声母时，音位 /u/ 的实际音值是 [ʔʊ]，唇齿微触，并带紧喉作用。

（2）i 韵包括两个变体，即 ɿ（ɿ、iɿ）拼舌面音声母 tɕ、tɕʰ、dʑ、ʔȵ、ȵɦ 时为 iɿ，其余为 ɿ。

（3）ø、yø 开口度较小，实际音值为 ʏ。

（4）iəŋ 韵拼舌面前音声母 tɕ、tɕʰ、dʑ、ɕ、ȵɦ 及 ɦø 声母时读音是 iəŋ，拼其余声母时音值是 iŋ。

（5）yŋ 韵的实际音值是 yəŋ。

（6）ɒʔ、uʔ 韵的实际音值为 ɒʔ、uɒʔ。

3. 声调表（7个）

代码	调类	调值	调号	例字
1	阴平	53	ˋ	刚知天商
2	阳平	31	ˬ	穷陈寒平
3	阴上	44	ˉ	古口好手
5	阴去	35	ˊ	帐唱对送
6	阳去	13	˪	女近害岸
7	阴入	5	ʔˊ	急竹笔墨
8	阳入	12	ʔˬ	入流局合

4. 连读变调

（1）两字组连读变调（广用式）表

	阴平	阳平	阴上	阳上	阴去	阳去	阴入	阳入
阴平	44—53				44—31		44—2	
阳平	22—53				22—44		23—2	
阴上	44—53	44—53	44—44		44—44		44—4	

(续表)

	阴平	阳平	阴上	阳上	阴去	阳去	阴入	阳入
阳上	22—53				22—44		22—4	
阴去	44—31	44—53			44—55		44—4	
阳去	23—53	22—53			22—44		22—4	
阴入	4—53		4—44		4—35		4—3	
阳入	2—53		2—44				2—4	

两字组变调的特点说明：

① 在前字位置上，阴阳两类泾渭分明。阴调类高，阳调类低。在后字位置上，阴阳两类相混，平声阴阳两类相混，上声阴阳两类相混，去声阴阳两类相混，入声阴阳两类相混。

② 前字的调值阴调类都为高平调，阳调类大多数为低平调。后字的变调调值则有平的、升的、降的。

③ 在单字调中阳上和阳去调值相同，在两字组变调中，阳上调的变调规律不完全跟阳上去调一样，如阳上跟平声上声字结合，有一种变调调式是 23 — 44；阳上跟相同调字结合就没有。

④ 入声和舒声结合，当入声处于前字位置时，它的喉塞尾减弱；处于后字位置时，喉塞并不减弱。入声和入声结合时，前后字的喉塞部分都仍然是明显的。

⑤ 浊声母在连调中如果调层提高，浊度也相应减弱，不过没有达到消失的程度。只有带浊流的鼻音声母字、边音声母字及 ɦ 声母字，处于后字位置时，浊流消失。例如：

好人 [nɦiəŋ]→[niəŋ]

年画 [ɦo]→[o]

小麦 [mɦaʔ]→[maʔ]

国外 [ŋɦa]→[ŋa]

⑥ 带紧喉的鼻音声母字、边音声母字，在连调中处于后字位置，如果调层降低，紧喉成分 ʔ 消失。如：

花印 [ʔiəŋ]→[iəŋ]

条约 [ʔiaʔ]→[iaʔ]

（2）三字组连读变调

① 三字组变调的调型趋于简化。青浦镇方言单字调七类，互相搭配

共有343个声调组合,但三字组如不计舒声入声差异,变调调式只使用了九种。

② 三字组变调里首字作用较大。首字决定变调调型起首的高低,中字作用次之,末字作用最小。一般语音重心也普遍落在首字上。首字阴阳分明(阴调类调值高,阳调类调值低)。

③ 入声处于首字位置时,喉塞尾变化同两字组。入声字处于中字位置,而第三字又是舒声时,中字入声喉塞作用大为减弱。因为三字组的普遍规律是舒声中字变得短而弱,所以同一环境中的入声字就跟舒声趋于混同。

④ 浊音声母的变化同两字组。

（3）三字组变调举例(平上去入各阴阳调)

① 调式:44 — 44 — 31

　　组合:阴平+平上去入+平上去入
　　　　阴去+平上去阳入+平上去入
　　　　阴去+阴入+上去入

　　举例:端午节　ʔdø　ŋ̍　tsiɪʔ
　　　　汽车票　tɕʰi　tsʰo　pʰɔ

② 调式:33 — 44 — 31

　　组合:阴上+平上去+平上去入
　　　　阴上+阴入+阳上去入

　　举例:小组长　siɔ　tsu　tsẽ
　　　　粉笔盒　fəŋ　ʔbiɪʔ　læʔ

③ 调式:44 — 44 — 53

　　组合:阴上+阴入+平
　　　　阴去+阴入+平阴上
　　　　阴入+阳上+平
　　　　阴入+入+平上

　　举例:四脚蛇　sɿ　tɕiɑʔ　zo
　　　　雪花膏　siɪʔ　ho　ko

④ 调式:44 — 44 — 44

　　组合:阴入+阳平阴上+去入
　　　　阴入+入+去入

　　举例:吸铁石　ɕiɪʔ　tʰɿʔ　zaʔ
　　　　一年级　iɪʔ　nɪ　tɕiɪʔ

⑤ 调式: 13 — 44 — 31
　　组合: 阳平+平+平上去入
　　　　　阳平+去、阴入+平上去入
　　　　　阳平+阳入+阳上去入
　　举例: 农业社　noŋ　ɦiɪʔ　zo
　　　　　南货店　nɪ　hu　dɪ

⑥ 调式: 13 — 44 — 53
　　组合: 阳平+平+平上去入
　　　　　阳平+阳入+平阴上
　　举例: 劳动节　lɔ　doŋ　tsiɪʔ
　　　　　银镯头　ɲiən　zoʔ　dɯ

⑦ 调式: 22 — 44 — 31
　　组合: 阳去阳上+平上去+平上去入
　　　　　阳去、阳上+入+上去入
　　　　　阳入+平、阳上+上去入
　　　　　阳入+阴上去+平上去入
　　举例: 豆腐干　dɯ　βu　kø
　　　　　服装店　βoʔ　tsã　ʔdɪ

⑧ 调式: 22 — 44 — 53
　　组合: 阳入+平、阳上+平
　　　　　阳入+入+平
　　　　　阳上、阳去+入+平
　　举例: 硬壳虫　ŋɔ̃　kɔʔ　zoŋ
　　　　　读书人　doʔ　sy　ɲiən

(四) 新派青浦音系

1. 声母表 (28个)

p 把帮兵笔	pʰ 派胖烹扑	b 部旁病别	m 谋忙门末	f 反方奋法	ʋ 弯房坟物		
t 低党冬跌	tʰ 跳汤通塔	d 待唐邓敌	n 内瓤嫩纳				l 乱良龙六
ts 皱张尊捉	tsʰ 草仓春出			s 山爽笋色	z 站上重直		
tɕ 寄姜斤脚	tɕʰ 秋枪轻吃	dʑ 桥强穷杰	ɲ 泥娘人日	ɕ 小香凶吸	ʑ 就谢像嚼		
k 改讲广鸽	kʰ 扣囥肯刻	g 耿戆共豵	ŋ 藕芽硬核	h 花慌昏喝	ɦ 胡黄浑滑	∅ 衣央英一	

2. 韵母表（52个）

ɿ 资齿字司	i 米地去衣	u 破坐古污	y 女注柜雨
a 抓嫁芽鞋	ia 笘写借野	ua 快怪坏歪	
ɔ 报觉瓦凹	iɔ 苗叫笑腰		
ɷ 怕车瓜化			
ɯ 豆楼狗呕	iɯ 秋修球忧		
E 板来喊爱	iE 奸形容人奸诈	uE 惯关筷还归还	
ø 短段川酸			yø 劝权袁怨
	iĩ 扁面剪烟	uĩ 管亏换碗	
ã 帮忙上杭	iã 旺	uã 光框狂汪	
ɛ̃ 乓张冷羹	iɛ̃ 腔良娘央	uɛ̃ 横 ~裂开	
nə 等针门狠	iən 金庆银英	uən 滚昆昏浑	
in 平请信静			
oŋ 蓬风钟共	ioŋ 浓军孔雄		
aʔ 百麦知吓	iaʔ 脚嚼药约	uaʔ 划 ~线	
æʔ 踏扎袜喝	iæʔ 捏	uæʔ 刮括滑挖	
ɐʔ 德出革核	iɐʔ 激吃及掠	uɐʔ 骨阔活杌 ~凳	
ɔʔ 托角壳岳		uɔʔ 扩握廓	
oʔ 剥粥谷绿	ioʔ 肉局曲轴	uoʔ 国或惑	
œʔ 夺脱掇捋			yœʔ 月血菊掘
	iɿʔ 笔急日一		
əl 而尔	ŋ̍ □~奶（祖母）	m̩ 亩姆~妈吘	ŋ̍ 儿五我

3. 声调表（7个）

调类	调值	例字
阴平调	53	高专边开粗天婚二飞安
阳平调	31	穷陈唐寒徐神鹅龙难云
阴上调	44	古展走口丑草好手粉碗
阴去调	35	盖正变抗唱菜汉送放爱
阳去（阳上）	（2）13	马有大阵近坐害厚漏用
阴入调	5	急出踢百拍削一约笔福
阳入调	2	月六麦局宅白合俗服药

(五) 青浦县(青浦镇)方言的内部差异

1. 概况

青浦县方言的内部差异大致包括两个方面：一是地域差异；二是年龄差异。除了这两个方面以外，还有城乡差异、个人差异等。地域差异已在一、二方言概况中说明，年龄差异是指同一地点的居民所属年龄层次不同，语音特点也不同。年龄越大语音特点越保守，年龄越轻，语音特点越新进。我们按年龄层次将青浦镇的方言分为老派(六十岁以上)、新派(三十岁以下)和中派(三十岁至六十岁)，老派和新派之间差异较大，中派兼有老派和新派的特点。青浦镇老、中、新三派的语音特点大致能反映青浦全县范围内的语音在年龄层次上的差异。以下着重讨论青浦镇老派、新派的语音差异。新派的特点因人而异，略有不同，这里列出的差异主要反映新派语音的普遍面貌，同时也大概说明以后的发展趋势。

2. 声母方面的差异

① 缩气塞音的有无

老派有缩气塞音声母ʔb、ʔd，新派没有新派的不送气塞音p、t跟老派的ʔb、ʔd相对应。如：新派"饱"pɔʔ、"端"tøɤ；老派"饱"ʔbɔʔ、"端"ʔdøɤ。

② 老派舌面中塞音c、cʰ、ɟ、ʔɲ、ɲɦ专拼央后元音韵，tɕ、tɕʰ、dʑ、ʔȵ、ȵɦ只拼前高元音韵。新派不论拼前高元音韵或央后元音韵，都用tɕ、tɕʰ、dʑ、ʔȵ、ȵɦ。如：

	曲	觉	仰	局	娘
老派	cʰioʔ	ciɑʔ	ʔɲiẽ	ɟioʔ	ɲɦiẽ
新派	tɕʰioʔ	tɕiɑʔ	ʔȵẽ	dʑioʔ	ȵɦiẽ

③ 老派ɸ、β声母各有两种变体ɸ(f、ɸ)、β(β、v)。与央后元音韵拼读ɸ、β，与前元音韵拼读f、v。新派则一律读f、v。如：

	火	昏	飞	滑	混
老派	ɸu	ɸəŋ	fi	væʔ	βəŋ
新派	fu	fəŋ	fi	vɑʔ	vəŋ

④ 老派声母分尖团，新派则不分尖团。如：

	将 姜	秋 丘	节 结	小 晓
老派	tsiẽ ≠ tɕiẽ	tsʰiɯ ≠ tɕʰiɯ	tsiIʔ ≠ tɕiIʔ	siɔ ≠ ɕiɔ
新派	tɕiẽ	tɕʰiɯ	tɕiIʔ	ɕiɔ

3. 韵母方面的差异

① 老派知照系虞鱼两韵字和支脂之韵有别,前者读-y,后者读-ɿ;新派没有分别,两者都是-ɿ。

	嘴 主	施 书	字 树
老 派	tsɿ ≠ tsy	sɿy ≠ sy	zɿ ≠ zy
新 派	tsɿ	sɿ	zɿ

② 老派 i-ɪ、uE-uɪ 有别,新派无别。如:

	天—梯	关—规
老 派	tʰɪ ≠ tʰɪ	kuE ≠ kuɪ
新 派	tʰi	kuE

③ 老派 yŋ、-ioŋ 有别,新派无别。如:

	群—穷	勋—凶
老 派	dʑyŋ ≠ dʑioŋ	ɕyŋ ≠ ɕioŋ
新 派	dʑioŋ	ɕioŋ

④ 老派 æʔ - ɑʔ、iæʔ -iɑʔ、uæʔ -uɑʔ 有别,新派各组韵分别同韵为 ɑʔ、iɑʔ、uɑʔ。如:

	八—百	甲—觉	刮—呱
老 派	ʔbæʔ ≠ ʔbɑʔ	tɕiæʔ ≠ tɕiɑʔ	kuæʔ ≠ kuɑʔ
新 派	pɑʔ	tɕiɑʔ	kuɑʔ

⑤ 老派 əʔ、ʌʔ 有别,新派无别,都为 əʔ。如:

	出—赤
老 派	tsʰəʔ ≠ tsʰʌʔ
新 派	tsʰəʔ

⑥ 老派 ɔʔ、-oʔ 有别,新派无别,都为 oʔ。如:

	北—博
老 派	ʔboʔ ≠ ʔbɔʔ
新 派	poʔ

4. 声调方面的差异

老派声调单字调分七类,新派声调单字调分六类,其中舒声阳调类合而为一,都读13。如:

	时—是—事
老派	zɿ˩ ≠ zɿ˩ ≠ zɿ˩
新派	zɿ˩

(六) 青浦新派同音字表

说明

(1) 字汇按照新派青浦方言音系排列,先按韵母分部,同韵的字按声母排列,声韵母相同的再按声调排列。

(2) 韵母的排列顺序是:

ɿ	i	u	y
a	ia	ua	
ɔ	iɔ		
ɷ			
ɯ	iɯ		
E	iE	uE	
ø			yø
	iɪ	uɪ	
ã	iã	uã	
ɛ̃	iɛ̃	uɛ̃	
ən	iən	uən	
in			
oŋ	ioŋ		
aʔ	iaʔ	uaʔ	
æʔ	iæʔ	uæʔ	
ɐʔ	iɐʔ	uɐʔ	
ɔʔ		uɔʔ	
oʔ	ioʔ	uoʔ	
œʔ			yœʔ
	iɪʔ		
əl	n̩	m̩	ŋ̍

（3）声母的排列顺序是：

p	pʰ	b	m	f	ʋ
t	tʰ	d	n		l
ts	tsʰ			s	z
tɕ	tɕ	dʑ	ȵ	ɕ	ʑ
k	kʰ	g	ŋ	h	ɦ	∅

（4）声调的排列顺序是：

阴平53、阳平31、阴上44、阴去35、阳去（阳上）213、阴入55、阳入12。

（5）字下加双线（___）的，表示是文读音，字下加单线（___）的，表示是白读音。如果文白读还分别有两读的，则在加线的同时再加标数码1、2。有的字只有文读音。

（6）一字有两读或几读的，按出现频率分先后，在字的右下角用数码1、2、3标明。区别意义的异读只加注例词，不标数码。

（7）□表示没有适当的字可用。

（8）有些字在民间有通行的写法，还有些字有不合语音演变规律的俗读，这种俗字和俗读用下加的浪线（___）标明。

（9）字右下的小字是注。有的是这个字构成的例词或例句，有的是说明。注中的代替号（～）代表本字，如："光～火"就是"光光火"。

ɿ

tsɿ⁵³　　猪知蜘支枝肢栀资姿咨脂兹滋之芝

tsɿ⁴⁴　　紫纸姊旨指子梓止址嘴

tsɿ³⁵　　滞制智致稚至置志

tsʰɿ⁵³　　雌痴吹炊

tsʰɿ⁴⁴　　此耻齿

tsʰɿ³⁵　　刺赐翅次厕

sɿ⁵³　　梳筛斯厮撕施私师狮尸司丝思诗

sɿ⁴⁴　　鼠使史驶始水

sɿ³⁵　　世势四肆试

zɿ³¹　　池驰匙瓷迟慈磁辞词祠持时

zɿ²¹³　　誓逝自示视嗜字寺嗣饲治事是氏似祀巳痔士柿市

i

pi⁵³　　屄

pi⁴⁴	彼鄙比
pi³⁵	蔽闭泌庇痹臂
pʰi⁵³	披批
pʰi⁴⁴	匹
pʰi³⁵	屁
bi³¹	皮疲脾
bi²¹³	敝弊币髲薜被婢避痹
mi³¹	迷弥谜
mi²¹³	秘味米靡
fi⁵³	非飞妃
fi⁴⁴	匪
fi³³⁵	废肺费
ʋi³¹	肥
ti⁵³	低堤
ti⁴⁴	底抵
ti³³⁵	帝
tʰi⁵³	梯
tʰi⁴⁴	体
tʰi³³⁵	替涕剃嚏
di³¹	题提蹄啼
di²¹³	第递地弟
ni⁴⁴	你
li³¹	犁黎离篱璃梨厘狸
li²¹³	例厉励丽隶利痢吏泪礼李里理鲤
tɕi⁵³	鸡稽饥肌基机讥鲫
tɕi⁴⁴	几挤己
tɕ³⁵	纪记祭际济剂计继寄既季
tɕʰi⁵³	妻溪欺
tɕʰi⁴⁴	启企起岂
tɕʰi³³⁵	去砌契器弃气汽
dʑi³¹	祁其棋期旗祈奇骑岐
dʑi²¹³	忌技妓
ȵi³¹	泥倪宜仪尼疑
ȵi²¹³	儿艺谊义议腻二蚁耳尾

ɕi⁵³	西犀牺熙希稀	
ɕi⁴⁴	洗死喜	
ɕi³⁵	细婿系~关 戏	
ʑi³¹	徐齐脐	
ɦi³¹	移夷姨遗	
ɦi²¹³	系~统 易毅忆亿异	
∅⁵³	医衣依	
∅⁴⁴	以倚椅已	
∅³⁵	意	

u

pu⁵³	波菠玻
pu⁴⁴	补捕
pu³⁵	布
pʰu⁵³	颇坡铺~开
pʰu⁴⁴	普浦脯
pʰu³⁵	破铺店~
bu³¹	婆蒲菩脯
bu²¹³	怖步埠部簿
mu³¹	魔磨摩模摹
mu²¹³	暮慕墓募牡母
fu⁵³	夫肤敷
fu⁴⁴	俘府腑俯斧
fu³⁵	付姓 附富副
ʋu³¹	符扶
ʋu²¹³	傅师~赴父腐辅妇负
tu⁵³	多都
tu⁴⁴	躲堵赌
tu³⁵	肚~子
tʰu⁵³	拖
tʰu⁴⁴	妥椭土
tʰu³⁵	吐兔唾
du³¹	驼驮徒屠途塗图
du²¹³	大~小 度渡镀舵惰杜肚

nu³¹	奴
nu²¹³	糯怒努
lu³¹	罗锣萝箩骡螺腡卢炉芦庐
lu²¹³	路露裸鲁橹虏滷
tsu⁵³	租
tsu⁴⁴	祖组阻左
tsu³⁵	做
tsʰu⁵³	搓粗初
tsʰu⁴⁴	础
tsʰu³⁵	醋措
su⁵³	苏酥疏蔬
su⁴⁴	锁琐所
su³⁵	素诉数 名词
zu³¹	□ 累,困倦
zu²¹³	座助坐
ku⁵³	歌哥锅姑孤箍
ku⁴⁴	果裹古估股鼓
ku³⁵	过故固雇顾
kʰu⁵³	科颗棵枯窟
kʰu⁴⁴	可苦
kʰu³⁵	课库裤
ŋu³¹	蛾鹅俄
ŋu²¹³	饿卧误悟互
ɦu⁵³	呼
ɦu⁴⁴	火伙虎
ɦu³⁵	货
ɦu³¹	河何荷和禾吴梧胡湖狐壶乎瓠无
ɦu²¹³	贺护务雾祸伍午户沪武舞侮鹉
ø⁵³	蜗乌污巫诬
ø³⁵	恶 粪便

y

ly³¹	驴
ly²¹³	虑滤屡缕吕旅

tsy⁵³	诸蛛株朱珠	
tsy⁴⁴	煮主	
tsy³⁵	注蛀铸	
tsʰy⁴⁴	处₍相~₎杵	
tsʰy³⁵	处₍~所₎	
sy⁵³	书舒枢输	
sy⁴⁴	暑黍数₍动词₎	
zy³¹	除储锄厨殊	
zy²¹³	如儒著薯驻住戍树柱竖乳	
tɕy⁵³	居拘驹龟归矩	
tɕy⁴⁴	举鬼	
tɕy³⁵	据锯句贵	
tɕʰy⁵³	区趋驱	
tɕʰy⁴⁴	取娶	
tɕʰy³⁵	趣	
dʑy³¹	渠瞿	
dʑy²¹³	具惧柜巨拒距聚跪	
ȵy³¹	愚娱	
ȵy²¹³	遇女语	
ɕy⁵³	靴虚嘘₍吹~₎须鬚需	
ɕy⁴⁴	许	
ʑy²¹³	序叙绪	
ŋy³¹	虞	
ŋy²¹³	寓	
ɦy³¹	渔于余于盂榆逾愉	
ɦy²¹³	御誉预豫喻裕雨宇禹羽愈	
ø⁵³	淤	

a

pa⁵³	芭爸	
pa⁴⁴	摆	
pa³⁵	拜	
pʰa³⁵	派	
ba³¹	排牌	

ba²¹³	稗败罢
ma⁵³	抹妈
ma³¹	埋
ma²¹³	买卖迈
ta³⁵	带
tʰa⁵³	他
tʰa³⁵	太泰
da²¹³	大 ~蒜大~黄,药名
na⁴⁴	奶
la⁵³	拉
la²¹³	赖癞
tsa⁵³	抓
tsa⁴⁴	爪
tsa³⁵	债
tsʰa⁵³	扯差
tsʰa³⁵	蔡
sa⁴⁴	撒洒傻耍
za³¹	柴
za²¹³	惹
ka⁵³	家加**嘉**傢佳街胛阶
ka⁴⁴	假真~
ka³⁵	假放~架嫁价界芥尬届戒解~释
kʰa⁵³	揩
kʰa⁴⁴	楷
ga²¹³	茄
ŋa³¹	牙芽衙涯崖
ŋa²¹³	外
ha⁴⁴	蟹
ɦa³¹	鞋
ø⁵³	挨捱
ø⁴⁴	矮

ia

tia⁴⁴	嗲爹

tɕia⁵³	家嘉佳
tɕia⁴⁴	贾姐解理~
tɕia³⁵	驾稼借介
tɕʰia⁴⁴	笡
ɕia⁴⁴	写
ɕia³⁵	泻卸
ʑia³¹	邪
ʑia²¹³	谢斜
ɦia³¹	霞瑕遐暇爷
ɦia²¹³	也野
øia⁵³	鸦
øia⁴⁴	雅
øia³⁵	亚夜

ua

kua⁵³	乖
kua⁴⁴	寡
kua³⁵	怪
kʰua⁴⁴	夸
kʰua³⁵	快
hua⁵³	歪
ɦua³¹	怀槐淮
ɦua²¹³	坏

ɔ

pɔ⁵³	褒包胞
pɔ⁴⁴	保堡宝饱
pɔ³⁵	报豹
pʰɔ⁵³	抛
pʰɔ³⁵	泡炮
bɔ³¹	袍跑刨
bɔ²¹³	暴爆抱鲍
mɔ⁵³	猫
mɔ³¹	毛锚茅矛

mɔ²¹³	冒帽貌茂贸卯
tɔ⁵³	刀叨
tɔ⁴⁴	倒祷岛
tɔ³⁵	到
tʰɔ⁵³	滔掏涛
tʰɔ⁴⁴	讨
tʰɔ³⁵	套
dɔ³¹	桃逃淘陶萄
dɔ²¹³	盗导道稻
nɔ²¹³	脑恼闹
lɔ⁵³	捞唠
lɔ³¹	劳牢扰
lɔ²¹³	涝老
tsɔ⁵³	遭糟朝昭招
tsɔ⁴⁴	早枣找
tsɔ³⁵	罩照诏
tsʰɔ⁵³	操抄钞超
tsʰɔ⁴⁴	草炒吵
tsʰɔ³⁵	躁糙
sɔ⁵³	骚梢捎烧稍
sɔ⁴⁴	扫~地嫂少
sɔ³⁵	扫~帚少~年燥
zɔ³¹	曹槽巢朝潮
zɔ²¹³	召邵皂造赵兆绍
kɔ⁵³	高膏羔糕交~给你胶
kɔ⁴⁴	稿绞
kɔ³⁵	教~书告觉困~
kʰɔ⁵³	敲
kʰɔ⁴⁴	可考烤
kʰɔ³⁵	靠
gɔ²¹³	搅搞
ŋɔ³¹	熬
ŋɔ²¹³	傲瓦咬
hɔ⁴⁴	好~坏

hɔ³⁵ 好~爱
ɦɔ³¹ 豪毫
ɦɔ²¹³ 耗下夏号
ʔɔ⁴⁴ 哑袄
ʔɔ³⁵ 奥懊

iɔ

piɔ⁵³ 彪膘标
piɔ⁴⁴ 表
pʰiɔ⁵³ 飘漂~浮
pʰiɔ⁴⁴ 漂~亮,~白
pʰiɔ³⁵ 票
biɔ³¹ 瓢嫖
miɔ³¹ 秒苗描
miɔ²¹³ 庙妙藐渺
tiɔ⁵³ 刁貂雕
tiɔ⁴⁴ 鸟
tiɔ³⁵ 钓吊
tʰiɔ⁵³ 挑
tʰiɔ³⁵ 跳
diɔ³¹ 条调~解
diɔ²¹³ 掉调音~,~动
niɔ⁴⁴ 鸟尿
liɔ⁵³ 撩
liɔ⁴⁴ 燎聊辽寥
liɔ³⁵ 疗料廖了~解
tɕiɔ⁵³ 交~通郊焦蕉椒骄娇浇
tɕiɔ⁴⁴ 佼绞狡侥缴
tɕiɔ³⁵ 教~育校~对酵窖叫
tɕʰiɔ⁵³ 锹缲
tɕʰiɔ⁴⁴ 巧悄
tɕʰiɔ³⁵ 俏窍
dʑiɔ³¹ 乔桥侨荞
dʑiɔ²¹³ 轿

ȵiɔ³¹ 饶
ȵiɔ²¹³ 绕
ɕiɔ⁵³ 消宵霄销嚣萧箫
ɕiɔ⁴⁴ 小晓
ɕiɔ³⁵ 笑
ɦiɔ³¹ 肴淆摇谣窑姚
ɦiɔ²¹³ 孝效校~学耀鹞㬢
ø⁵³ 妖邀腰要~求幺
ø³⁵ 要需~

ω

pω⁵³ 巴疤
pω⁴⁴ 把
pω³⁵ 霸
pʰω³⁵ 怕
bω³¹ 爬琶杷
mω³¹ 麻
mω²¹³ 骂码马
tω⁴⁴ 朵
tsω⁵³ 遮渣
tsω³⁵ 诈榨炸
tsʰω⁵³ 叉车钗错
tsʰω³⁵ 岔
sω⁵³ 簑梭沙纱赊
sω⁴⁴ 舍~得
sω³⁵ 晒
zω³¹ 茶搽查蛇佘
zω²¹³ 社
kω⁵³ 瓜
kω³⁵ 掛卦
kʰω³⁵ 跨
hω⁵³ 花虾
hω³⁵ 化
ɦω³¹ 华

| ɦω²¹³ | 画话 |
| ∅ω⁵³ | 丫桠划~船蛙 |

$$ɯ$$

pʰɯ⁵³	剖
mɯ³¹	谋
mɯ⁴⁴	某
fɯ⁴⁴	否
ʋɯ³¹	浮
tɯ⁵³	兜
tɯ⁴⁴	抖陡
tɯ³⁵	斗
tʰɯ⁵³	偷
tʰɯ⁴⁴	敨
tʰɯ³⁵	透
dɯ³¹	头投
dɯ²¹³	豆
nɯ³⁵	你
lɯ³¹	楼柔揉
lɯ²¹³	漏陋篓搂
tsɯ⁵³	邹周舟州洲
tsɯ⁴⁴	走肘帚
tsɯ³⁵	奏昼皱咒
tsʰɯ⁵³	抽
tsʰɯ⁴⁴	丑
tsʰɯ³⁵	凑臭
sɯ⁵³	搜飕馊瘦收
sɯ⁴⁴	守售手
sɯ³⁵	瘦兽
zɯ³¹	绸稠筹愁仇酬
zɯ²¹³	宙寿骤授售受
kɯ⁵³	沟钩勾
kɯ⁴⁴	狗苟
kɯ³⁵	构购够个~人

kʰɯ⁵³	抠眍
kʰɯ⁴⁴	口
kʰɯ³⁵	扣寇
ŋɯ²¹³	藕偶
hɯ⁴⁴	吼
ɦɯ³¹	侯喉猴
ɦɯ²¹³	候厚后
øɯ⁵³	欧殴
øɯ⁴⁴	呕~吐
øɯ³⁵	怄

iɯ

miɯ²¹³	谬
tiɯ⁵³	丢
liɯ⁵³	溜
liɯ³¹	刘留榴瘤硫琉
liɯ²¹³	柳
tɕiɯ⁵³	揪鸠阄究
tɕiɯ⁴⁴	酒九久韭灸纠
tɕiɯ³⁵	救
tɕʰiɯ⁵³	秋丘邱
dʑiɯ³¹	囚求球仇
dʑiɯ²¹³	就旧柩臼舅咎
ȵiɯ³¹	牛
ȵiɯ⁴⁴	纽扭
ɕiɯ⁵³	修羞休
ɕiɯ⁴⁴	朽
ɕiɯ³⁵	秀绣宿锈嗅
ziɯ²¹³	袖
ɦiɯ³¹	尤邮由油游犹
ɦiɯ²¹³	又右祐柚鼬釉有友酉莠诱
øiɯ⁵³	优悠幽
øiɯ³⁵	幼

E

pE⁵³　班斑颁扳
pE⁴⁴　板版
pE³⁵　扮绊
pʰE⁵³　攀
pʰE³⁵　盼襻
bE³¹　爿
bE²¹³　瓣办
mE³¹　蛮顽~皮
mE²¹³　慢漫幔
fE⁵³　翻番
fE⁴⁴　反
fE³⁵　泛贩
ʋE³¹　凡帆烦矾繁樊
ʋE²¹³　饭万范犯
tE⁵³　耽担~任丹单
tE⁴⁴　胆掸
tE³⁵　戴担挑~旦
tʰE⁵³　胎苔舌~贪坍滩摊
tʰE⁴⁴　毯坦
tʰE³⁵　态探炭叹
dE³¹　台抬潭谭谈痰檀坛弹子~苔青
dE²¹³　贷代袋队但蛋待怠淡诞
nE⁵³　拿
nE³¹　难
nE²¹³　耐奈内
lE³¹　来蓝篮兰栏拦
lE²¹³　类烂览滥揽榄懒
tsE⁵³　灾斋栽
tsE⁴⁴　者宰斩盏展
tsE³⁵　再载蘸占赞绽
tsʰE⁵³　猜搀
tsʰE⁴⁴　彩采睬惨铲产

tsʰE³⁵　菜
sE⁵³　腮鳃三杉衫珊山删
sE⁴⁴　陕闪
sE³⁵　搧舍宿~赛碎帅散疝扇伞
zE³¹　才材财裁豺惭馋殘涎缠蝉禅然燃
zE²¹³　暂站赚溅栈在染冉善
kE⁵³　该尴监
kE⁴⁴　改橄减碱
kE³⁵　痂概盖丐襇
kʰE⁵³　开铅
kʰE⁴⁴　凯坎砍
kʰE³⁵　嵌慨
gE³¹　鸽
gE²¹³　徛
ŋE³¹　呆颜
ŋE²¹³　眼
hE⁴⁴　海
hE³⁵　喊
ɦiE³¹　孩咸衔闲
ɦiE²¹³　碍害械陷馅亥限
ø⁵³　哀
ø³⁵　爱晏晚艾

iE

tɕiE⁵³　奸形容人奸诈
ɕiE²¹³　念

uE

suE⁵³　衰
suE³⁵　率帅
kuE⁵³　关
kuE³⁵　惯
kʰuE³⁵　筷
guE³¹　环

ɦuE³¹ 桓还
ɦuE²¹³ 幻患宦
øuE⁵³ 湾弯
øuE⁴⁴ 晚挽

ø

tø⁵³ 端
tø⁴⁴ 短
tʰø³⁵ 蜕
dø³¹ 团
dø²¹³ 断段缎椴
nø²¹³ 暖
lø²¹³ 乱卵
tsø⁵³ 追锥钻₍动词₎
tsø⁴⁴ 转~送
tsø³⁵ 最罪赘醉钻₍名词₎
tsʰø⁵³ 催崔氽川穿
tsʰø⁴⁴ 喘
tsʰø³⁵ 脆翠窜篡串
sø⁵³ 酸虽
sø³⁵ 岁税算蒜
zø³¹ 随垂绥槌锤
zø²¹³ 锐睡瑞遂隧穗坠传~记髓蕊睿
kø⁵³ 干肝竿
kø⁴⁴ 感杆赶
kʰø⁵³ 堪看~守刊勘
kʰø³⁵ 看
ŋø²¹³ 岸

yø

tɕyø⁵³ 捐娟
tɕyø⁴⁴ 卷
tɕyø³⁵ 绢眷
tɕʰyø⁵³ 圈圆~

tɕʰyø⁴⁴	犬
tɕʰyø³⁵	劝券
dʑyø³¹	拳权颧
dʑyø²¹³	倦圈猪~
ȵyø³¹	元原源
ȵyø²¹³	愿软阮
ɕyø⁵³	喧
hyø⁴⁴	罕
hyø³⁵	汉
ɦyø³¹	含函寒韩圆员缘袁园玄眩悬
ɦyø²¹³	援汗焊翰院县旱远
øyø⁵³	安鞍冤渊
øyø³⁵	按案怨

iɪ

piɪ⁵³	杯碑卑悲鞭编边蝙般搬
piɪ⁴⁴	贬扁匾
piɪ³⁵	背贝辈变遍半
pʰiɪ⁵³	坯篇偏潘
pʰiɪ³⁵	沛配骗遍片判
biɪ³¹	培陪赔裴盘
biɪ²¹³	佩备卞便叛倍辨辩辫伴拌
miɪ³¹	梅枚媒煤眉霉绵棉眠瞒馒
miɪ⁴⁴	妹每美
miɪ²¹³	昧面免勉缅满
tiɪ⁵³	堆掂颠
tiɪ⁴⁴	点典
tiɪ³⁵	对店
tʰiɪ⁵³	天推添
tʰiɪ⁴⁴	舔腿
tʰiɪ³⁵	退褪
diɪ³¹	甜田填
diɪ²¹³	兑电殿奠佃垫
niɪ⁵³	黏

niɪ³¹	南男
niɪ⁴⁴	碾撚
liɪ³¹	雷廉镰簾连联怜莲
liɪ²¹³	累殓练恋垒敛脸
tsiɪ⁵³	尖煎氈专砖
tsiɪ⁴⁴	剪
tsiɪ³⁵	占转_{旋~}
tsʰiɪ⁵³	参签迁千
tsʰiɪ⁴⁴	浅
siɪ⁵³	些仙鲜先宣
siɪ⁴⁴	选癣
siɪ³⁵	线
ziɪ³¹	蚕潜钱前全泉船
ziɪ²¹³	旋橡羡践
tɕiɪ⁵³	歼兼艰间笺肩坚
tɕiɪ⁴⁴	检简柬捡茧
tɕiɪ³⁵	谏剑箭建荐见
tɕʰiɪ⁵³	谦且牵
tɕʰiɪ⁴⁴	遣
tɕʰiɪ³⁵	欠歉
dʑiɪ³¹	虔钳乾
dʑiɪ²¹³	贱饯健俭件键
ɲiɪ³¹	严拈蔫年研
ɲiɪ²¹³	验砚
ɕiɪ⁴⁴	险显
ɕiɪ³⁵	宪献
kiɪ⁵³	甘柑泔
kiɪ⁴⁴	敢
kiɪ³⁵	锯_{~子}
ɦiɪ³¹	含炎盐阎檐嫌延筵言贤弦沿
ɦiɪ²¹³	艳焰现
Øiɪ⁵³	庵淹烟
Øiɪ⁴⁴	掩演
Øiɪ³⁵	暗厌燕雁宴堰

uɪ

kuɪ⁵³	规归官棺观
kuɪ⁴⁴	诡轨癸管馆
kuɪ³⁵	桂贯灌罐冠
kʰuɪ⁵³	盔奎亏窥宽
kʰuɪ⁴⁴	款
kʰuɪ³⁵	块愧
guɪ³¹	魁逵葵
guɪ²¹³	溃
huɪ⁵³	恢灰辉挥徽欢
huɪ⁴⁴	悔毁
huɪ³⁵	贿
ɦuɪ³¹	回茴维唯违围完丸
ɦuɪ²¹³	伟苇为会卫惠慧位未魏讳纬胃谓蝟汇换委
øuɪ⁵³	桅危微威
øuɪ⁴⁴	碗
øuɪ³⁵	喂慰

ã

pã⁵³	帮邦
pã⁴⁴	绑榜
pã³⁵	谤磅
pʰã³⁵	胖
bã³¹	旁庞
bã²¹³	傍棒蚌
mã³¹	忙芒茫亡盲
mã²¹³	忘妄望梦莽蟒网
fã⁵³	方肪芳
fã⁴⁴	谎仿纺妨访
fã³⁵	放
vã³¹	房防
tã⁵³	当应~
tã⁴⁴	党挡

tã³⁵	档
tʰã⁵³	汤
tʰã⁴⁴	躺淌
tʰã³⁵	趟烫
dã³¹	堂棠螳唐糖塘
dã²¹³	荡宕
nã³¹	囊
lã³¹	郎廊狼螂
lã²¹³	浪朗
tsã⁵³	赃脏庄装章樟
tsã³⁵	葬壮障瘴
tsʰã⁵³	仓苍疮昌菖窗
tsʰã⁴⁴	闯
tsʰã³⁵	创唱倡
sã⁵³	桑霜商伤双丧~事
sã⁴⁴	嗓搡爽赏
sã³⁵	丧~失
zã³¹	藏床尝裳偿
zã²¹³	藏西~脏内~状尚上撞幢
kã⁵³	刚纲钢缸江扛豇
kã⁴⁴	讲港
kã³⁵	杠降下~
kʰã⁵³	康糠
kʰã³⁵	抗炕园
ɦã³¹	行航杭降
ɦã²¹³	巷项
ɵã⁵³	肮

uã

kuã⁵³	光
kuã⁴⁴	广
kuã³⁵	逛
kʰuã⁵³	匡筐眶
kʰuã³⁵	矿况旷

guã³¹	狂
huã⁵³	荒慌
huã⁴⁴	谎 _{又音}
ɦuã³¹	黄簧皇蝗王
ɦuã²¹³	晃往
∅uã⁵³	汪
∅uã⁴⁴	枉

ɛ̃

pɛ̃⁵³	浜
pɛ̃³⁵	迸
pʰɛ̃³⁵	碰 _{麻将碰}
bɛ̃³¹	朋彭膨棚
bɛ̃²¹³	蚌
mɛ̃²¹³	孟蠓
ʋɛ̃³¹	横 _{~竖}
ʋɛ̃²¹³	横 _{蛮横的意思}
tɛ̃⁴⁴	打
lɛ̃²¹³	冷
tsɛ̃⁵³	张睁
tsɛ̃⁴⁴	长掌
tsɛ̃³⁵	胀帐账
tsʰɛ̃⁵³	撑
tsʰɛ̃⁴⁴	厂
tsʰɛ̃³⁵	畅
sɛ̃⁵³	生牲甥
sɛ̃⁴⁴	省
zɛ̃³¹	长_{~短}肠场常
zɛ̃²¹³	铿盛丈仗杖
kɛ̃⁵³	更_{五~}粳庚羹
kɛ̃⁴⁴	哽
kɛ̃³⁵	梗
kʰɛ̃⁵³	坑_{粪~}
ŋɛ̃²¹³	硬

ɦẽ⁵³	夯
ɦẽ³¹	行~李
ɸẽ⁵³	嬰
ɸẽ³⁵	杏

iẽ

liẽ³¹	良凉量粮梁樑
liẽ²¹³	亮谅辆两
tɕiẽ⁵³	将浆疆僵姜
tɕiẽ⁴⁴	蒋桨奖
tɕiẽ³⁵	酱
tɕʰiẽ⁵³	枪羌腔
tɕʰiẽ⁴⁴	抢强勉~
tɕʰiẽ³⁵	呛炝
dʑiẽ³¹	墙强
dʑiẽ²¹³	强倔~
ȵiẽ³¹	娘瓤穰
ȵiẽ²¹³	酿让仰
ɕiẽ⁵³	箱厢襄镶香乡
ɕiẽ⁴⁴	想响享蠚
ɕiẽ³⁵	相向
ziẽ³¹	详祥
ziẽ²¹³	匠象像橡
ɦiẽ³¹	羊洋烊杨阳扬疡
ɦiẽ²¹³	养氧
ɸiẽ⁵³	央秧殃
ɸiẽ³⁵	样

əŋ

pəŋ⁵³	奔
pəŋ⁴⁴	本
pʰəŋ⁵³	喷烹
bəŋ³¹	盆
bəŋ²¹³	笨

məŋ⁵³	闷
məŋ³¹	门蚊萌盟
məŋ⁴⁴	猛
məŋ²¹³	问
fəŋ⁵³	分芬纷吩
fəŋ⁴⁴	粉
fəŋ³⁵	粪奋
ʋəŋ³¹	焚坟文纹闻
ʋəŋ²¹³	份愤忿
təŋ⁵³	敦墩登灯蹲
təŋ⁴⁴	等
təŋ³⁵	炖顿凳
tʰəŋ⁵³	吞
dəŋ³¹	屯豚饨臀腾誊藤囤
dəŋ²¹³	钝沌邓遁盾
nəŋ³¹	能
nəŋ²¹³	嫩
ləŋ³¹	轮沦伦囵
ləŋ²¹³	论楞
tsəŋ⁵³	针斟珍榛臻真尊遵肫曾ᵧ增憎征蒸争筝贞侦
tsəŋ⁴⁴	正~月枕诊疹准拯整
tsəŋ³⁵	镇振震证症正~确政
tsʰəŋ⁵³	村皴春称蛏
tsʰəŋ⁴⁴	逞蠢
tsʰəŋ³⁵	趁衬寸蹭秤
səŋ⁵³	森参深身申伸娠孙僧升声
səŋ⁴⁴	沈审婶损榫
səŋ³⁵	渗圣
zəŋ³¹	沉岑陈尘神辰晨臣存唇纯莼醇曾~经层澄惩橙乘绳承丞呈成城诚盛~饭程
zəŋ²¹³	胜任~务纴阵慎顺赠剩郑甚椹肾
kəŋ⁵³	跟根耕
kəŋ⁴⁴	耿
kəŋ³⁵	更~加

kʰəŋ⁴⁴	肯啃垦恳
kʰəŋ³⁵	裉
həŋ⁵³	亨
həŋ⁴⁴	很狠
ɦəŋ³¹	痕恒衡
ɦəŋ²¹³	恨
əŋ⁵³	恩

iəŋ

tɕiəŋ⁵³	今金襟巾斤筋茎京荆惊经
tɕiəŋ⁴⁴	锦紧谨景警颈
tɕiəŋ³⁵	禁劲敬镜境
tɕʰiəŋ⁵³	钦卿轻倾
tɕʰiəŋ⁴⁴	顷
tɕʰiəŋ³⁵	庆揿
dʑiəŋ³¹	琴禽擒勤芹擎鲸
dʑiəŋ²¹³	仅近竟
ȵiəŋ³¹	壬吟人仁银迎宁萤
ȵiəŋ²¹³	刃认韧凝‑结佞忍润闰任
ɕiəŋ⁵³	掀欣
ɕiəŋ³⁵	兴衅
ɦiəŋ³¹	淫寅蝇行赢形型刑
ɦiəŋ²¹³	孕盈引幸颖
øiəŋ⁵³	音阴因姻殷鹰英莺樱婴
øiəŋ⁴⁴	应影隐饮 动词
øiəŋ³⁵	荫窨印映饮 名词

uəŋ

kuəŋ⁴⁴	滚
kuəŋ³⁵	棍
kʰuəŋ⁵³	昆坤
kʰuəŋ⁴⁴	捆
kʰuəŋ³⁵	困
huəŋ⁵³	昏婚荤

ɦuəŋ³¹ 魂浑馄
ɦuəŋ²¹³ 混
ɵuəŋ⁵³ 温瘟
ɵuəŋ⁴⁴ 稳

iŋ

piŋ⁵³ 彬宾冰兵殡
piŋ⁴⁴ 饼禀丙秉
piŋ³⁵ 柄併_{合~}
pʰiŋ⁵³ 姘拼
pʰiŋ⁴⁴ 品
pʰiŋ³⁵ 聘
biŋ³¹ 贫频凭平坪评瓶屏萍
biŋ²¹³ 病並
miŋ³¹ 民鸣明名铭
miŋ⁴⁴ 悯敏抿皿
miŋ²¹³ 命
tiŋ⁵³ 丁盯钉_{名词}
tiŋ⁴⁴ 顶鼎
tiŋ³⁵ 订钉_{动词}
tʰiŋ⁵³ 听厅汀
tʰiŋ⁴⁴ 挺艇
tʰiŋ³⁵ 听~任
diŋ³¹ 亭停廷庭蜓
diŋ²¹³ 定
liŋ⁵³ 拎
liŋ³¹ 林淋临邻鳞磷陵凌菱零灵铃
liŋ²¹³ 赁吝令另领岭
tsiŋ⁵³ 津精晶睛
tsiŋ⁴⁴ 井
tsiŋ³⁵ 浸进晋俊
tsʰiŋ⁵³ 侵亲清青蜻
tsʰiŋ⁴⁴ 请
siŋ⁵³ 心辛新薪星腥馨

siŋ⁴⁴	醒
siŋ³⁵	信讯迅性姓
ziŋ³¹	寻秦荀旬循巡情晴
ziŋ²¹³	殉净静尽靖

oŋ

poŋ⁵³	崩
pʰoŋ⁴⁴	捧
boŋ³¹	蓬篷
moŋ³¹	蒙
foŋ⁵³	风枫疯丰峰锋蜂封
foŋ⁴⁴	讽
ʋoŋ³¹	冯缝~纫逢
ʋoŋ²¹³	凤奉俸缝—条~
toŋ⁵³	东
toŋ⁴⁴	董懂
toŋ³⁵	冻
tʰoŋ⁵³	通
tʰoŋ⁴⁴	捅统
tʰoŋ³⁵	痛
doŋ³¹	同铜桐童瞳
doŋ²¹³	筒栋洞桶动
noŋ³¹	农脓
noŋ²¹³	弄侬
loŋ³¹	笼聋龙隆
loŋ²¹³	拢
tsoŋ⁵³	棕鬃宗中忠终钟盅
tsoŋ⁴⁴	种~子总肿冢
tsoŋ³⁵	粽种动词众中~奖
tsʰoŋ⁵³	聪匆葱囱充冲~锋舂
tsʰoŋ⁴⁴	宠
tsʰoŋ³⁵	冲~头
soŋ⁵³	嵩松
soŋ³⁵	送宋诵颂讼怂

zoŋ³¹	从虫重~复崇
zoŋ²¹³	重~量
koŋ⁵³	公蚣工功攻弓躬宫
koŋ⁴⁴	巩供~应恭~敬
koŋ³⁵	贡
kʰoŋ⁵³	空~荡荡
kʰoŋ⁴⁴	恐孔
kʰoŋ³⁵	控空~缺,~闲
goŋ²¹³	共
hoŋ⁵³	轰搉烘~烤
hoŋ⁴⁴	哄
ɦoŋ³¹	弘宏红洪鸿虹
∅oŋ⁵³	翁

ioŋ

tɕioŋ⁵³	均钧君军菌
tɕioŋ⁴⁴	窘炯
dʑioŋ³¹	群琼穷裙
dʑioŋ²¹³	郡
ȵioŋ³¹	戎绒茸
ɕioŋ⁵³	熏勋兄胸凶
ɕioŋ³⁵	训
ɦioŋ³¹	云荣营容蓉镕熊雄融泳匀
ɦioŋ²¹³	熨韵运晕用
∅ioŋ⁵³	雍拥
∅ioŋ⁴⁴	允永甬勇
∅ioŋ³⁵	壅

aʔ

paʔ⁵⁵	百柏伯
pʰaʔ⁵⁵	帕拍魄
baʔ¹²	白帛
maʔ¹²	陌麦脉
tsaʔ⁵⁵	着~衣裳只量词

tsʰaʔ⁵⁵	拆赤尺
saʔ⁵⁵	湿
zaʔ¹²	着睡~若弱宅石
kaʔ⁵⁵	格
kʰaʔ⁵⁵	客
haʔ⁵⁵	吓
ɵaʔ⁵⁵	阿

iaʔ

tɕiaʔ⁵⁵	甲脚
tɕʰiaʔ⁵⁵	雀洽却
ɕiaʔ⁵⁵	削屑
ʑiaʔ¹²	嚼
ɦiaʔ¹²	协药钥跃乐
ɵiaʔ⁵⁵	约

uaʔ

| ɦuaʔ¹² | 划笔~ |

æʔ

pæʔ⁵⁵	八
bæʔ¹²	拔
mæʔ¹²	袜
fæʔ⁵⁵	法发
væʔ¹²	乏伐筏罚
tæʔ⁵⁵	答搭
tʰæʔ⁵⁵	塔榻溻汗~
dæʔ¹²	达踏沓
næʔ¹²	捺
læʔ¹²	腊蜡猎辣瘌
tsæʔ⁵⁵	刢眨札
tsʰæʔ⁵⁵	插擦察
sæʔ⁵⁵	萨杀
zæʔ¹²	闸铡

kæʔ⁵⁵	夹挟隔~壁
kʰæʔ⁵⁵	掐
gæʔ¹²	轧
hæʔ⁵⁵	喝恰瞎
ɦæʔ¹²	盒狭匣
øæʔ⁵⁵	鸭押揞压

iæʔ

| ȵiæʔ¹² | 捏 |

uæʔ

kuæʔ⁵⁵	括聒刮
ɦuæʔ¹²	滑猾
øuæʔ⁵⁵	挖

ɐʔ

pɐʔ⁵⁵	拨钵
pʰɐʔ⁵⁵	泼迫
bɐʔ¹²	鼻铍
mɐʔ¹²	末沫抹没沉~物墨默
vɐʔ⁵⁵	勿
vɐʔ¹²	佛物核
tɐʔ⁵⁵	得德
tʰɐʔ⁵⁵	忒特
dɐʔ¹²	突
nɐʔ¹²	纳出~
lɐʔ¹²	肋勒
tsɐʔ⁵⁵	摺褶执汁哲折浙质则织职责掷
tsʰɐʔ⁵⁵	彻撤黢出侧测策册斥
sɐʔ⁵⁵	赦摄涩设刷瑟虱失室塞色啬识式饰适释
zɐʔ¹²	杂涉十什入舌折手~了侄秩实术述贼直值殖植食蚀泽择
kɐʔ⁵⁵	蛤鸽割葛革隔相~
kʰɐʔ⁵⁵	咳磕渴刻克
ŋɐʔ¹²	额

hɐʔ⁵⁵ 黑赫
ɦɐʔ¹² 合核

iɐʔ

liɐʔ¹² 略掠
tɕiɐʔ⁵⁵ 劫级击激
tɕʰiɐʔ⁵⁵ 鹊怯确吃
dʑiɐʔ¹² 及杰极剧
ȵiɐʔ¹² 孽虐瘧

uɐʔ

kuɐʔ⁵⁵ 骨
kʰuɐʔ⁵⁵ 阔
huɐʔ⁵⁵ 豁
ɦuɐʔ¹² 活机

ɔʔ

tʰɔʔ⁵⁵ 托
nɔʔ¹² 诺
lɔʔ¹² 落烙骆酪洛络乐
tsɔʔ⁵⁵ 作桌卓捉
zɔʔ¹² 射勺芍琢啄镯
kɔʔ⁵⁵ 各阁搁觉角
kʰɔʔ⁵⁵ 壳
ŋɔʔ¹² 昂鄂岳鹤
hɔʔ⁵⁵ 霍
ɦɔʔ¹² 学
ØɔʔA⁵⁵ 恶

uɔʔ

kʰuɔʔ⁵⁵ 扩廓
ɦuɔʔ¹² 握或

oʔ

poʔ⁵⁵　　博剥驳北擘
pʰoʔ⁵⁵　　朴扑仆
boʔ¹²　　薄泊卜
moʔ¹²　　莫膜幕寞摸木目穆牧
foʔ⁵⁵　　福幅蝠复~习,反~
voʔ¹²　　腹覆缚服伏
toʔ⁵⁵　　笃督
tʰoʔ⁵⁵　　秃
doʔ³¹　　独读犊毒
loʔ¹²　　鹿禄六陆绿
tsoʔ⁵⁵　　蔗竹筑祝粥足烛嘱
tsʰoʔ⁵⁵　　猝戳畜促触
soʔ⁵⁵　　塑索朔速肃宿缩叔粟束
zoʔ¹²　　续昨浊族逐熟淑俗赎蜀属
koʔ⁵⁵　　郭谷国
kʰoʔ⁵⁵　　哭酷
ɦoʔ¹²　　镬获斛
øoʔ⁵⁵　　屋

ioʔ

tɕʰioʔ⁵⁵　　曲
dʑioʔ¹²　　轴
ȵioʔ¹²　　肉玉
ɦioʔ¹²　　狱域浴

œʔ

tœʔ⁵⁵　　掇
tʰœʔ⁵⁵　　脱
dœʔ¹²　　夺
lœʔ¹²　　捋
sœʔ⁵⁵　　说

yœʔ

tɕyœʔ⁵⁵　厥懨决诀橘菊鞠
tɕʰyœʔ⁵⁵　缺屈
dʑyœʔ¹²　掘倔局
ȵyœʔ¹²　月欲
ɕyœʔ⁵⁵　血戌恤畜蓄
ɦyœʔ¹²　悦阅越粤穴育
ØyœʔS⁵　郁

iɪʔ

piɪʔ⁵⁵　鳖憋笔毕必弼逼碧璧壁
pʰiɪʔ⁵⁵　撇匹僻劈辟
biɪʔ¹²　别
miɪʔ¹²　灭篾密蜜觅
tiɪʔ⁵⁵　跌的滴嫡
tʰiɪʔ⁵⁵　帖贴铁踢剔
diɪʔ¹²　叠碟蝶谍笛敌狄籴
liɪʔ¹²　荔立笠粒列烈裂劣栗律率力历厉
tsiɪʔ⁵⁵　接节积迹绩脊
tsʰiɪʔ⁵⁵　妾缉辑切七漆戚
siɪʔ⁵⁵　薛泄歇蠍屑雪悉膝息熄惜昔锡析
ziɪʔ¹²　捷集习袭截绝疾即籍席
tɕiɪʔ⁵⁵　撅急揭结洁吉
tɕʰiɪʔ⁵⁵　乞
ȵiɪʔ¹²　聂镊蹑业热日匿逆
ɕiɪʔ⁵⁵　吸
ɦiɪʔ¹²　叶页逸翼译液腋疫役
ØiɪʔS⁵　噎乙一抑益

əɹ̩

Øəɹ̩²¹³　儿而耳

ŋ̍
øn̩⁵³ □~奶(祖母)

m̩
øm̩²¹³ 亩母拇

ŋ̍
øŋ̍³¹ 魚
øŋ̍²¹³ 吾我五

七、莘庄(旧上海县)音系

（一）导言

1. 上海县行政区划沿革及人口概况

（1）建置隶属

秦建郡县，上海地区分隶娄、海盐、由拳三县。唐天宝十年，划昆山南境、海盐北境、嘉兴东境置华亭县，上海地区在华亭境内。宋咸淳三年，因松江淤浅，将原驻青龙镇的市舶务移驻"华亭海"。因为地处松江支流上海浦附近，故称上海镇。

元至元十四年，在上海镇设市舶司，升华亭县为府。二十九年，分划华亭北境长人、高昌、北亭、新江、海隅五乡立上海县，属松江府，设治"华亭海"。

明嘉靖时，析县西北境置青浦县；清雍正四年，析浦东地区置南汇县；嘉庆十四年析高昌乡滨海地区为川沙抚民厅。

民国元年，撤府，上海县先后隶于江苏省沪海道第三区行政督察专员公署。十七年七月，划出11市乡归上海特别市。二十二年，迁治北桥。

1949年5月以后，上海县属江苏省松江专区。1950年，从南汇县划入四个乡。1954年，迁治闵行。

1958年1月，上海县划属上海市。7月，原西郊区大部分及嘉定县纪王乡并入县境；9月，闵行、吴泾地区析为市区，今上海县建县疆域基本形成。1961年，县治迁莘庄。

1981年至1984年，毗连市区的八个乡部分地区和北新泾、漕河泾、龙华三个县属镇划归市区。

（2）行政地理区划、人口概况及其他

上海县的东北毗连上海市区，东邻川沙、南汇，西接青浦、松江，南连奉贤，西北隔苏州河与嘉定相望。

县境东西宽约31.5公里，南北长约30公里。总面积366.25平方公里。地处长江三角洲的东南前缘，地势低平。黄浦江把本县境分为浦东、浦西两部分。

1984年底，上海县辖莘庄、七宝两镇，莘庄、北桥、塘湾、颛桥、曹行、马桥、三林、陈行、杜行、鲁汇、梅陇、龙华、虹桥、纪王、新泾、华漕、诸翟17个乡。乡镇下辖237个村，2 332个居民小组，8个居民委员会。

上海县境域历经变迁，人口起伏幅度较大，至1984年底，全县人口总数为397 685人，男性有192 229人，女性有205 456人。总户数为110 637户。

县府所在地莘庄镇位于上海县中部偏西，东距上海市中心区18公里，南至闵行12公里，北离七宝6公里，西去松江县城20公里。

2. 上海县方言概说

上海县方言属吴语系统。特殊的地理位置和历史背景使上海县方言处于一种比较复杂的状态。近几十年来，随着政治、经济、文化的发展，新一代的方言又受到上海市区方言和普通话的强烈影响，形成了差异分歧的语言。当地人曾用"十里三音"一语来形容上海县复杂的方言分歧现象。

不过，如果着眼于语言的细微差别，那么每人、每户、每村都有一些不同之处。因此，我们只能根据语言的主要特征和结构系统来考察上海县方言的类型分布。

根据我们的调查，上海县方言可分为两大片：浦东片（包括三林、陈行、杜行、鲁汇四个乡）和浦西片（除去浦东四乡以外上海县的所有乡镇）。黄浦江把上海县分为浦东和浦西两部分，上海县的大部分区域（包括县政府所在地莘庄镇）在浦西。浦东地区本属南汇县管辖，1950年才划归上海县。另外，黄浦江造成的交通阻碍减少了上海县浦东地区和浦西地区的交往。由于历史和地理的原因，两地区的语言存在较大的差异，浦西地区接近松江方言，浦东地区接近南汇、川沙方言（即所谓的"浦东闲话"）。

大体上说来，上海县的浦西地区方言（以莘庄镇为代表）跟浦东地区方言（以三林为代表）有如下一些重要差别。

最显著的差别表现在单字调系统和连读变调的不同。

以莘庄镇为代表的上海县浦西方言单字调阳上归阳去，阳平为低降调，调值是31。以三林为代表的上海县浦东片方言单字调阳上归阳平，阳平为低平升调，调值为113。另外，在最能反映腔调的连读变调方面，两地方言也截然不同。莘庄的连读变调系统接近松江,三林的连读变调系统接近南汇。前字为阴平后字为上声的连读变调行为莘庄方言跟后字为平声的同类;三林则相反,跟后字为去声的同类。前字为阳平后字为平、上声的连读变调莘庄为 13 — 53;三林为 22 — 33。前字为阳入后字为平声的连读变调莘庄是 22 — 42,跟后字为上、去声的不同;三林为 22 — 23,跟后字为上、去声的同类。

在声母方面,浦西方言跟浦东方言差别不是太大,它们都分尖团,都有双唇擦音 ɸ、β 和舌面中音 c、cʰ、ɟ、ç、ɲ。但是,细加观察,两地的声母系统仍有一些不同。莘庄话只有部分洪音字读缩气音 ʔb、ʔd,细音字一般念 p、t;三林话则基本都念 ʔb、ʔd,而无 p、t 声母。另外,果摄疑母字莘庄话念 ŋu,如:我、饿、俄、卧等;三林话则念 βu。

在韵母方面,麻韵知照系字莘庄方言念 -o,如:蛇 zo、茶 zo、车 tsʰo;三林方言念 -iɔ,如:蛇 ziɔ、茶 ziɔ、车 tsʰiɔ。灰韵端系、晓匣母字莘庄方言念 -i,如:堆 ti、推 tʰi、灰 fi;三林方言念 -e,如:堆 te、推 tʰe、灰 ɸe。臻摄合口三等见系字莘庄方言念 -yŋ,如:群 ɟyŋ、军 cyŋ;三林话念 -yoŋ,如:群 ɟyoŋ、军 cyoŋ,三林方言没有 yŋ 韵母。明母模韵字莘庄话念 -o,如:模 mo、暮 mo;三林话念 -u,如:模 mu、暮 mu。江摄开口二等觉韵字莘庄话念 -ʃoʔ,如:桌 tʃoʔ、角 koʔ;三林话念 -oʔ,如:桌 tsoʔ、角 koʔ。莘庄方言有 -ioʔ 韵母无 -ioʔ 韵母,三林方言无 -ioʔ 有 -ioʔ。三林话的 -æʔ 近 -aʔ,-aʔ 近 -ɑʔ,舌位都比莘庄的低。

上海县浦西地区跟浦东地区的方言差别大体如上所述。我们以上海县县城所在镇莘庄话为浦西片方言的代表,三林话为浦东片方言的代表,分别进行论述。

关于上海县方言的其他地域差别可参看第六卷《方言地图》。

(二)上海县县城所在镇莘庄老派音系

1. 莘庄老派方言的声韵调

(1)声母(27个)

发音方法 发音部位	塞音			塞擦音		擦音		鼻音	边音
	浊	清		浊	清	清	浊		
	缩气音	不送气	送气		不送气	送气				
双唇	ʔb 饱八		pʰ 抛拍	b 袍白			ɸ 夫飞	β 胡未	m 毛美	
舌尖前					ts 早精	tsʰ 炒清	s 扫心	z 曹秦		
舌尖中	ʔd 刀答		tʰ 讨塔	d 桃踏					n 脑奶	l 捞里

（续表）

发音方法 发音部位	塞音				塞擦音		擦音		鼻音	边音
	浊	清		浊	清		清	浊		
	缩气音	不送气	送气		不送气	送气				
舌面中		c娇经	cʰ巧轻	ɟ桥琴			ç晓心		ɲ扭银	
舌面后		k高古	kʰ考课	g搞共					ŋ咬我	
喉		ʔ欧衣					h好海	ɦ号爷		

声母说明：

① 缩气音 ʔb、ʔd 有两个变体，即 ʔb、ʔd 和 p、t。与洪音字相拼时，读缩气音 ʔb、ʔd，如：饱 ʔbɔ²、刀 ʔdɔ²；与细音字相拼时，读不送气清音，如：兵 ₌piŋ²、丁 ₌tiŋ²。

② ɸ、β 也有两个变体，即 ɸ、β 和 f、v。与央后元音韵相拼时读 ɸ、β，如：夫 ₌ɸu、胡 ₌βu；与前元音相拼时读 f、v，如：飞 ₌fi、未 viº。

③ c 系包括两组变体，即 c、cʰ、ɟ、ç、ɲ 和 tɕ、tɕʰ、dʑ、ɕ、ȵ。前面一组专拼央后元音韵，如：脚 ciAʔ₌、轻 ₌cʰiəŋ；后面一组专拼等前元音韵，如：结 tɕiɪʔ₌、棋 ₌dʑi。

④ 尖音和团音不混。如：节 tsiɪʔ₌ ≠ 结 tɕiɪʔ₌。

⑤ 鼻音、边音声母各分两套。一套配阴声调，具有紧喉性质，即 ʔm、ʔn、ʔɲ、ʔŋ、ʔl；另一套配阳声调，带浊流，即 ɦm、ɦn、ɦɲ、ɦŋ、ɦl。本文一律写成 m、n、ɲ、ŋ、l，用声调的阴阳来区别它们的不同。

⑥ 所有的零声母字前面都有一个喉塞成分 ʔ，为简便，本文不记作 ʔ-。如：欧 ₌ɤ、衣 ₌i。

⑦ ɦ 声母表示跟后面韵母同部位的摩擦，按韵母四呼的不同，可分别标为：ɦA、ji、wu、ɥy。

（2）韵母（56个）

	开	齐	合	撮
阴声韵	ɿ资猪			
		i地烟	u故多	y雨椅书
	A拉矮	iA野谢	uA怪坏	
		iu靴		

（续表）

	开	齐	合	撮
阴声韵	ɔ 保瓦	iɔ 条苗		
	ɛ 胆兰	iɛ 念炎	uɛ 关环	
	o 蛇爬			
	ø 短罪			yø 劝远
	E 盖船倍		ue 桂官	
	ɤ 斗狗	iɤ 流秋		
阳声韵	ɑ̃ 桑床	iɑ̃ 旺~火	uɑ̃ 广汪	
	ɐ̃ 庚张	iɐ̃ 央良	uɐ̃ 光~火	
	əŋ 根真	iŋ 兵经	uəŋ 温滚	yŋ 群军
	oŋ 翁红			yoŋ 穷容
入声韵	ʌʔ 百麦	iʌʔ 药略	uʌʔ 刮	
	æʔ 八夹	iæʔ 协甲	uæʔ 挖括	
	ɔʔ 落各	iɔʔ 吃拘	uɔʔ 郭扩	
	ʌʔ 色直			
	œʔ 夺掇		uœʔ 说	
	əʔ 设舌	iəʔ 踢疾	uəʔ 骨阔	yəʔ 血月
	oʔ 国北		uoʔ 握	yoʔ 欲役
		iiʔ 急铁		
成节韵	l̩ 耳而	m̩ 呒姆	ŋ̍ 鱼五	ɲ̍ □（~奶）

韵母说明：

① ø、yø 中的 ø 舌位略后，实际音值为 [ø̈]。

② e、ie、ue 中的 e 舌位略高，但不到 ɪ，实际音值为 [e]。

③ ɛ、iɛ、uɛ 中的 ɛ 舌位略高，但不到 E，实际音值为 [ɛ]。

④ ɤ、iɤ 中的 ɤ 是 [ɤ]（近于 [ɯ]），发音时有一个不太明显的动程。

⑤ ɔ、iɔ 中的 ɔ 舌位略高，实际音值为 ɔ。

⑥ u 有 u、əu 两个变体，与唇音（包括零声母）相拼时为 u，与其他音相拼时为 ᵊu。

⑦ 合口呼拼零声母时，u 的实际音值是 ʔʋ，唇齿微触，并有紧喉性质。

⑧ e、ɛ 两韵拼 ɸ、β 两声母时有一个不太明显的过渡性介音 u。

⑨ iŋ有iŋ、iəŋ两个变体,与c系声母(包括零声母)相拼时为iəŋ,与其他声母相拼时为iŋ。

⑩ 跟上海市区音相同,莘庄没有əŋ、iŋ、uəŋ、yŋ跟ən、in、uən、yn之间的对立,但其鼻音尾比市区稍后。

⑪ əŋ、iəŋ、uəŋ中的ə舌位略低(近于[ʌ]),其音值为ə。

⑫ oʔ、uoʔ、yoʔ中的o音值近ω。

⑬ ʌʔ的舌位略高,音值为ʌ。

⑭ iɪʔ有iɪʔ、ɪʔ两个变体,当与c系声母(包括零声母)相拼时读iɪʔ,与其他声母相拼时读ɪʔ。

⑮ 自成音节的边音韵母l̩偶尔前面有一个不太明显的ə。

⑯ 以下各韵母字数很少:iu、iã、uã、uʌʔ、iɔʔ、uɔʔ、œʔ、uœʔ、uoʔ、l̩、m̩、n̩、ŋ̍。

⑰ "咸、山"两摄的细音字绝大部分人都读i,但有少数老年人读iĩ。

(3)声调(7个)

代码	调类	调值	调号	例字
1	阴平	53	˥	东拎
3	阴上	44	˦	懂好
5	阴去	34	˧	冻唱
7	阴入	5̲5̲	˥	铁击
2	阳平	31	˩	同年
6	阳去	13	˨	洞动让咬
8	阳入	1̲2̲	˨	热敌

声调说明:

① 阴去的实际调值在34与35之间。

② 有无浊流是分辨阴阳两种调类的重要标志,阳调类字整个音节都带有浊流。

③ 入声都是短促调。

④ 阳上归并于阳去,读13˨。

⑤ 部分阴上字读为阴去(以送气清音为多)。

⑥ 大部分中古次浊声母字读阳调,但有部分字读阴调,如:拎、捞、研、粘等。

(4) 莘庄方言结构

莘庄方言声母韵母拼合关系

声母 \ 韵母		开口呼 ʅ	开口呼 其他	齐齿呼 i	齐齿呼 i-	合口呼 u	合口呼 u-	撮口呼 y	撮口呼 y-	成节韵
ʔb 系	ʔb、pʰ、m		帮	批	表	慕				
ʔb 系	ɸ、β		荒	飞	矮	武				
ʔd 系	ʔd、tʰ、d		汤	低	调	肚				
ʔd 系	n		囊	(你)		怒				
ʔd 系	l		郎	梨	撩	路		吕		
ts 系		紫	装	济	小	做	说	朱		
c 系				鸡	巧			巨	软	耳 姆 五 □(~奶)
k 系			钢			过	郭			
ø 系	ø		盎	衣	腰	乌		迂	冤	
ø 系	h		亨							
ø 系	ɦ		杭	夷	摇			雨	云	

注：表中加括号的字是特例。

莘庄方言声母跟声调的配合关系

声母 \ 声调	阴调类 平	阴调类 上	阴调类 去	阴调类 入	阳调类 平	阳调类 上	阳调类 去	阳调类 入
ʔb、pʰ、ɸ、ts、tsʰ、s、ʔd、tʰ、c、cʰ、ç、k、kʰ、h、ø	兵	锁	掀	一				
m、n、ŋ、ɲ、l	拎	你			劳 穷	马 动	让 洞	辣 毒
b、β、d、z、ɟ、g、ɦ					劳 穷	马 动	让 洞	辣 毒

莘庄方言韵母跟声调的配合关系

韵母 \ 声调	阴平	阳平	阴上	阳上	阴去	阳去	阴入	阳入
阴声韵、阳声韵	西	齐	想	象	印	运		
其他	姆	而	五		二			
入声韵							谷	肉

（5）莘庄方言连读变调

概说

莘庄方言有复杂的连读变调。

根据声调在字组里的表现,可把连读变调分为广用式、窄用式两种。广用式是指连读字组内部各个字都失去各自的本调而共用一个变调格式,字组内部结合紧密,不允许有停顿。使用广用式变调的字组包括各类词、词组(主要是体词性偏正词组、名词、形容词、动词跟各种附加成分合成的字组)和一些熟语。

窄用式是不同于广用式的另一种变调方式。动宾、动补、主谓、联合等词组经常用窄用式变调。窄用式跟广用式的根本区别在于内部有无小停顿。窄用式内部必须有小停顿,其特点是:前字一般变调,后字则不变,读为本调。

实际上,广用式跟窄用式是不同语言层次上的变调。广用式是连读变调的基本形式,所以我们在此处只分析广用式变调,而把窄用式排除在外。

两字组连读变调表

前字＼后字	阴平	阳平	阴上	阳上	阴去	阳去	阴入	阳入
阴平	55—53				55—31		55—ʔ31	
阳平	13—53				13—31		22—ʔ44	
阴上	35—31		A55—53 B33—44		44—44		35—ʔ53	
阳上	13—31		A13—53 B22—44		22—44		13—ʔ53	
阴去	55—31		A55—31 B33—44		33—44		35—ʔ53	
阳去	22—44						13—ʔ53	
阴入	ʔ33—53		ʔ44—44				ʔ44—ʔ44	
阳入	ʔ22—42		ʔ22—23				ʔ22—ʔ23	

两字组连读变调说明:

两字组广用式变调情况比较复杂,但规律十分整齐。因各种因素影响,有少数声调组合的变调行为不合表中所列的规律,为清楚起见,未把它们列入表内。表中有的声调组合里标有 A、B 两种变调格式,表明这两种不同的变调在这一类声调组合里大量存在。

莘庄话两字组广用式变调有如下几个特点:

① 在前字位置上,阴阳两类泾渭分明。前字阴调类共产生了 55、44、35、33、ʔ33、ʔ44 六种新调形。前字阳调类共产生了 13、22、ʔ22 三种新调形。

② 在后字位置上,阴阳两类相混。前字若为舒声韵,后字的平声为 53、31、44 三种调形,后字的上声为 53、44 两种调形,后字的去声为 44、31 两种调形。后字的入声为 ʔ31、ʔ44、ʔ53 三种调形。前字若为促声韵,后字平声为 53、42 两种调形,后字上声和去声为 44、23 两种调形,后字入声为 ʔ44、ʔ23 两种调形。

③ 在单字调中,阳上和阳去合流,但在后字为平声和上声的连读变调中两者都截然相分。

④ 在连读中,除了原有的单字调外,还产生了十二种新调形:55、35、33、22、42、23、ʔ33、ʔ44、ʔ22、ʔ31、ʔ53、ʔ23。

⑤ 在连读中,后字位置上的 ʔ 类声母(即 ʔm、ʔn、ʔl、ʔŋ、ʔɲ、ʔ)跟 ɦ 类声母(即 ɦm、ɦn、ɦl、ɦŋ、ɦɲ、ɦ)的对立消失,合并为 m、n、l、ŋ、ɲ、∅。

⑥ 入声字处于前字位置时,其喉塞韵尾弱化,由 -ʔ 变为 -ˀ。

⑦ 前字收 -n 尾的字在唇音声母前同化为 -m,在舌根音声母前同化为 -ŋ。

三字组连读变调表

首字 \ 中字 \ 末字		1	2	3	4	5	6	7	8
1	1		55	55	53			33	33 ʔ44
	2								
	3		55	33	31				
	4								
	5			44	33	34			
	6								
	7	55 ʔ55	53		44 ʔ33	34		44 ʔ33	ʔ34
	8								

(续表)

首字	中字	1	2	3	4	5	6	7	8
3	1	33	55		53	A33 55 53		33	55 ?53
3	2	33	55		53	B35 55 31		33	55 ?53
3	3							33	55 ?53
3	4							33	55 ?53
3	5					35 55 31			
3	6					35 55 31			
3	7	33	?55		53	35 55 31		33 ?55	?53
3	8	33	?55		53	35 55 31		33 ?55	?53
5	1		44 33		34			33 33	?44
5	2		44 33		34			33 33	?44
5	3	A33 55 31	A33 55 31				A33 55 ?31		
5	4	B33 55 53	B33 55 53 / C44 33 34				B55 33 ?31		
5	5	33	55		53	35 55 31		33 55	?53
5	6	33	55		53	35 55 31		33 55	?53
5	7	33	55		53	35 ?55 31		33 ?55	?53
5	8	33	55		53	35 ?55 31		33 ?55	?53
7	1	?33 55		53		?55 55 31		?33 55	?53
7	2	?33 55		53		?55 55 31		?33 55	?53
7	3	?33 55		53		?55 55 55		?55 55	?55
7	4	?33 55		53		?55 55 55		?55 55	?55
7	5					?55 55 31		?55 55	?55
7	6					?55 55 31		?55 55	?55
7	7		?55 ?55 55					? 55	?55 ?55
7	8		?55 ?55 55					? 55	?55 ?55
2	1		22 33		33			22 22	?34
2	2		22 33		33			22 22	?34
2	3		A13 33 3					A13 33	?31
2	4		B22 22 34					B22 22	?34

(续表)

首字 \ 中字 \ 末字		1	2	3	4	5	6	7	8
2	5	22 22 34						22 22 ?34	
	6								
	7	22 ?33 33			22 ?22 34			22 ?2 ?34	
	8								
4	1	22 55 53				A13 33 31		22 55 ?53	
	2					B22 55 53			
	3								
	4								
	5					13 33 31			
	6								
	7	22 ?55 53			13 ?33 31			22 ?55 ?53	
	8								
6	1	22 22 34						22 22 ?34	
	2								
	3	22 22 53		A22 55 53				22 22 ?53	
	4			B22 22 53					
	5	22 55 53				13 33 31		A22 55 ?53	
	6							B22 22 ?53	
	7	22 ?55 53			13 ?33 31			22 ?55 ?53	
	8								
8	1	?22 22 53		A ?22 33 55				22 33 ?55	
	2			B ?22 22 53					
	3			A ?22 22 34		?22 22 34		?22 22 ?53	
	4			B ?22 22 53					
	5	?22 33 55							
	6								
	7	22 ?22 31			22 ?22 34			?22 ?22 ?34	
	8								

三字组连读变调说明：

莘庄方言三字组广用式连读变调跟两字组变调有明显的内在联系，但三字组变调调形更趋于简化。一个三字组采用何种变调格式跟字组中的首字音节有密切关系。在连调中，首字产生了九种调形：55、44、33、35、22、13、ʔ33、ʔ55、ʔ22。次字在三字组连调里所起的作用较首字和末字为小，它一般只起过渡作用，在连调中，次字产生了六种调形：55、33、22、ʔ55、ʔ33、ʔ22。末字在三字组连调中起重要作用，在末字位置上，共出现十种具有辨义性特征的调形，即53、31、34、33、55、ʔ44、ʔ34、ʔ53、ʔ31、ʔ55。

从变调行为看，前字为阴上和阴去的三字组大体一致；前字为阳上和阳去的三字组也大致相近。前字为平声和入声的字变调行为基本自成一类。

（三）莘庄新派音系

1. 声母表（28个）

p 布报宾帮北八	pʰ 片票攀胖劈朴	b 婆陪盆朋拔别	m 墓买忙明袜灭	f 虎飞昏方法福	v 扶浮凡房获服
t 多端打等丢得	tʰ 吐透吞痛秃塔	d 题对甜荡踏叠	n 内奶暖浓耐纳		l 雷劳量龙六立
ts 灾子拯帐足织	tsʰ 蔡穿畅宠彻插			s 四锁升生室杀	z 罪柴肠重熟十
tɕ 句纪井将决接	tɕʰ 取悄浅枪七屈	dʑ 桥倦穷强杰绝	ɲ 语绕软娘肉玉	ɕ 喜秀胸训削雪	ʑ 徐住象形习嚼
k 减轨公梗国刮	kʰ 口夸筐恐刻哭	g 茄环共戆	ŋ 饿牙硬岳额	h 花海慌夯黑瞎	ɦ 河鞋红杭核盒
ø 衣晚冤肮握鸭					

2. 韵母表（43个）

ɿ 猪世紫如	i 篇费题几回	u 波富土苦户	y 旅居巨暑雨
a 拜带蔡奶家鞋	ia 借谢野鸦	ua 怪快怀	
ɔ 包岛脑早告下	iɔ 表钓苗叫摇要		
o 巴朵遮瓜画哑			
ɛ 班反淡伞该闲		uɛ 关环	
ɤ 某否偷走购藕呕	iɤ 谬溜鸠牛幽		

ø 端暖转干远			yø 捐宣拳软冤
I 扁甜喘改完	iI 肩浅件盐燕	uI 规款换威	
ã 浜打帐梗夯	iã 将抢想强象羊	uã 光狂黄汪谎	
ɑ̃ 帮方当仓刚行			
ən 本昏凳陈肯痕	in 兵顶紧寻萤印	uən 滚昆馄稳	yn 菌讯群允（有 ioŋ 的异读）
oŋ 缝东动总虫恐红翁	ioŋ 胸穷用晕		
aʔ 百获只额	iaʔ 脚鹊嚼捏约	uaʔ 阔豁	
æʔ 八挖踏插夹盒		uæʔ 括刮	
oʔ 丢落壳学恶			
oʔ 北目福读足俗哭屋	ioʔ 肉		
əʔ 拨特勒出十黑	iəʔ 笔叠七习日一	uəʔ 骨划	yəʔ 菊局玉育越
əl 耳而		ŋ̍ 我鱼	

3. 声调表（7个）

调　类	调　值	例　字
阴平	53	高猪三伤飞天开安
阳平	31	人文云难龙鹅穷钱
阴上	55	古好手死粉比走短
阳上	13	五害树饭厚坐有望
阴去	35	正爱变怕放菜唱碎
阴入	<u>55</u>	一七百切尺发出竹
阳入	<u>23</u>	六白合舌药麦月入

声调表说明：

（1）阳上和阳去已经不分。

（2）阴上和阴去有混。如下：

阴上中读为阴去的字（调查声调时出现的字）：口、丑、楚、体、普；

阴去中读为阴上的字（调查声调时出现的字）：盖、汉。

（3）在阳平中有31、13调混的现象，而阴去阳去调中有读53阴平降调的，如帐、抗、世、送、共（去声中可能是受到普通话的影响）。

（4）阴去调比上海市区阴去调升得高，即高调层的升调。也可以是45。

4. 莘庄新派两字组变调

前\后	1 53˧	2 23˦ 31˨	3 55˦	4 23˦	5 4/35˦	6 23˦c	7 ʔ55	8 ʔ23
1 53˧	33+53			55+21			55+ʔ55	
				53+23			53+ʔ55	
		53+21	53+55	55+53				
2 23˦ 31˨	23+53					23+31	23+ʔ55	23+ʔ23
	31+53	31+31	31+55	23+23				

广用式1234相同,1调,56相同。
窄用式后字是本调,456相同。

3 55˦	45+53		44+53			55+55	45+ʔ55	
		45+31		55+55	55+45		55+ʔ55	45+ʔ23
				45+23				
4 23˦	45+53		23+53		23+45		23+ʔ55	
			23+45	23+23				23+ʔ23
	23+53	31+31	31+55					
				45+23				

12、34、56变调相同,除窄用式外。

5 45˦	45+53			45+45			45+ʔ55	
				45+23	55+21	45+23		45+ʔ23
		23+55		55+55				

4、6变调相同。

6 23˦	45+55 23+53 53+53	23+23 23+31	23+45 23+55	23+23	23+45	23+23	23+ʔ55	45+ʔ55 23+ʔ23

4、6做后字,变调相同。2有原调和新调的互混。新调与4、6变调同3、5做后字变调大致相同,除3的窄用式保持3本调。

7 ʔ55	ʔ55+53		ʔ55+55	ʔ55+55			ʔ55+ʔ55	ʔ55+ʔ55
		ʔ55+23 ʔ55+31		ʔ55+23 (窄用式)				ʔ55+ʔ23
8 ʔ23	ʔ23+53	ʔ23+31 ʔ23+23		ʔ23+45			ʔ23+ʔ55	ʔ23+ʔ23

两字组连读变调说明：

入声作前字的时候，阴平调保持不变，上声和去声调相同变调模式，阴入为前字，变为阴上调，阳入为前字，变为阴去调，除部分窄用式，后字变为阳去。阴入做后字不变。

（四）上海县(莘庄镇)方言的内部差异

1. 概说

上海县方言存在严重的内部差异。形成这种差异的主要原因是：在中小学教学和广播电视中广泛使用普通话；随着交通事业的发展，市区人口向郊区的流动，上海市区方言对周围地区(尤其是郊县)产生了强烈影响。这两方面的因素使上海县方言产生了迅速的变化。比较而言，青年人比老年人容易接受外来影响，其语言发展快；人口密集的城镇中心地区方言又比边远地区发展得快。就个人而言，年龄、居住地点、家庭环境、个人经历、文化程度都是影响语言发展的重要因素。所以很难从单方面来区分某一方言的内部派别，只能大体上认为，老人的方言，边远地区和农村的方言比较老，而青少年的方言，市镇中心区域的方言比较新。下面我们以上海县县城所在地莘庄镇方言为主，分析上海县方言语音上的主要内部差异。

2. 声母方面的差异

（1）缩气音声母的有无：

新派(三十岁以下)把老派(六十岁以上)的缩气音ʔb、ʔd都发成了相应的不送气塞音p、t。

（2）尖团音的分合：

老派尖团音分明，新派不分尖团，因此新派比老派多出一个z-声母。

	九——酒	结——节	秦
老派	ciɤ ≠ tsiɤ	ciiʔ ≠ tsiiʔ	ziŋ
新派	tɕiɤ = tɕiɤ	tɕiiʔ = tɕiiʔ	ziŋ

（3）老派c系声母(c、cʰ、ɟ、ç、ɲ)专拼央后元音韵；tɕ系声母(tɕ、tɕʰ、dʑ、ɕ、n)专拼前高元音韵。新派没有c系声母，一律用tɕ系声母相拼。

	丘	勤	银
老派	cʰiɤ	ɟiŋ	ɲiŋ
新派	tɕʰiɤ	dʑiŋ	niŋ

（4）双唇擦音ɸ、β的有无：

老派轻唇合口三等和晓匣合口一等的声母为ɸ-、β-，新派则读成f-、v-。

夫——呼　　　　扶——胡

老派　　ɸu = ɸu　　　βu = βu

新派　　fu = fu　　　vu = vu

（5）跟古通摄合口三等东、屋、钟、烛诸韵相拼的唇音声母读音：
老派读 h-、ɦ-，新派读 f-、v-。

风——轰　　冯——红　　福　　　伏

老派　　hoŋ = hoŋ　　ɦoŋ = hoŋ　　hoʔ　　ɦoʔ

新派　　foŋ ≠ hoŋ　　voŋ ≠ ɦoŋ　　foʔ　　voʔ

3. 韵母方面的差异

（1）知照系鱼虞韵跟支脂之韵的读音：
老派鱼虞韵读 -y，支脂之韵读 -ɿ，新派都读成 -ɿ。

主——嘴　　　书——施　　　树——字

老派　　tsy ≠ tsɿ　　sy ≠ sɿ　　zy ≠ zɿ

新派　　tsɿ = tsɿ　　sɿ = sɿ　　zɿ = zɿ

（2）咸摄覃（泥母）、谈（见系）韵跟山摄桓寒韵的读音：

甘——肝　　　南——暖

老派　　ke ≠ kø　　ne ≠ nø

新派　　kø = kø　　nø = nø

（3）来母灰韵、哈韵、寒韵的读音：

雷——来——兰

老派　　li ≠ le ≠ lɛ

新派　　le ≠ lɛ = lɛ

（4）iAʔ 跟 iæʔ 的分混：

脚——甲　　　药——协

老派　　ciAʔ ≠ ciæʔ　　ɦiAʔ ≠ ɦiæʔ

新派　　tɕiAʔ = tɕiAʔ　　ɦiAʔ = ɦiAʔ

（5）iəʔ 跟 iɪʔ 的分混：

击——结　　　踢——铁

老派　　ciəʔ ≠ ciɪʔ　　tʰiəʔ ≠ tʰiɪʔ

新派　　tɕiɪʔ = tɕiɪʔ　　tʰiɪʔ = tʰiɪʔ

（6）oʔ、ɔʔ、uɔʔ 的读音分合：

六——落　　谷——角　　郭　　　扩

老派　　loʔ ≠ lɔʔ　　koʔ ≠ kɔʔ　　kuɔʔ　　kʰuɔʔ

新派　　lɔʔ = lɔʔ　　koʔ ≠ kɔʔ　　kɔʔ　　kʰɔʔ

（7）iɔʔ跟yəʔ的分混：

	曲——缺	肉——月	育——越
老派	cʰiɔʔ ≠ cʰyəʔ	ȵioʔ ≠ ȵyəʔ	ɦioʔ ≠ ɦyəʔ
新派	tɕʰyəʔ= tɕʰyəʔ	ȵioʔ ≠ ȵyəʔ	ɦiyəʔ= ɦiyəʔ

（8）œʔ、uœʔ的有无：

	夺	掇	捋	说
老派	dœʔ	ʔdœʔ	lœʔ	suœʔ
新派	dəʔ	təʔ	ləʔ	səʔ

4. 声调方面的差异

老派有七个单字调，新派也有七个单字调，但新派的阴去与阴上、阳去与阳平的分界已相当混乱，有大量阴上字读为阴去（老派仅有部分送气阴上读阴去），部分阳平字读为阳去（老派阳平与阳去不混）。在连读变调方面，新老派基本相同，但前字阴上后字为去声的变调新派读成33 — 44，跟前字阴去后字为去声的变调同类。老派则为44 — 44。

综上所述，讨论了（上海县莘庄镇）方言的内部差异。由此可知，上海县方言的总体演变趋势是音系大大简化，逐步向上海市区方言靠拢。

在老派和新派之间还有一个中派（年龄为四五十岁），他们的语言特征不太稳定，既有老派特点又有新派特点，是新老派的混杂，明显处于变化之中。如以尖团音的分混为例，老派分尖团，新派不分尖团，中派则有的字分尖团，有的字不分尖团。即便是具体字的分混，各人之间又有不同，处于不稳定状态，所以，此处不作详论。

（五）老派闵行方言的声韵调

1. 声母表（27个）

ʔb 波布包	pʰ 破铺拍	b 婆部白	m 麻妈忙	ɸ 泛欢反	β 凡换乏
ʔd 多当爹	tʰ 土太汤	t 大度踏	n 奴脑纳		l 路吕屡
ts 枝早节	tsʰ 车粗七			s 舍洒雪	z 齐坐曹
c 郊浇结	cʰ 丘庆泣	ɟ 乔求旧	ȵ 牛银捏	ç 晓休畜	
k 歌果故	kʰ 苦可库	g 茄环轧	ŋ 牙咬瓦	h 好喊喝	ɦ 下华易
ø 衣乌欧					

2. 韵母表（56个）

ɿ 资猪次世	i 地烟迷梯	u 故多罗哥	y 雨椅书除

(续表)

ɑ 拉矮茄牙	iɑ 野谢霞贾	uɑ 怪坏快拐	
ɔ 保瓦刀毛	iɔ 条苗郊巧		
o 蛇爬疤马			
ɛ 胆兰三谈	iɛ 念炎奸雁	uɛ 关环弯晚	
e 盖船培台		ue 桂官块会~计	
ø 短罪催岁			yø 劝远权员
ɤ 斗狗偷投	iɤ 流秋修牛		
	iu 靴		
ã 庚张肠昌	iã 央良枪将	uã 光~火	
ɑ̃ 桑床旁当	iɑ̃ 旺	uɑ̃ 广汪光筐	
əŋ 恒曾针吞	iŋ 兵经林心	uəŋ 温滚捆棍	yŋ 群军匀裙
oŋ 翁红奉中			yoŋ 穷容雄兄
ɑʔ 百麦若拆	iɑʔ 药略雀掠	uɑʔ 碱(裂开)	
æʔ 八夹搭踏	iæʔ 协甲捏	uæʔ 挖括刮	
ɔʔ 落各托作	iɔʔ 吃抐	uɔʔ 郭扩	
oʔ 国北或独		uoʔ 握	yoʔ 欲畜役肉
œʔ 夺掇挩脱		uœʔ 说	
ʌʔ 色直郝贼			
əʔ 设舌答鸽	iəʔ 踢疾粒匹	uəʔ 骨阔	yəʔ 血月
	iŋʔ 急铁鼻接		
l̩ 耳而二	m̩ 呒姆	n̩ □~奶(祖母)	ŋ̍ 鱼五

3. 声调表（7个）

调类	调值	例字
阴平	53	东拎刚知天霜高拉专
阳平	31	同年皮穷陈流赔狂勤
阴上	44	懂好苦口顶醒饱土付
阴去	34	冻唱帐对报看信四靠
阳去	13	洞动近办断笨定净备
阴入	ʔ55	铁击急竹笔骨答滴雪
阳入	ʔ12	熟敌入六局合白毒药

4. 闵行方言老派两字组连读变调表

	阴平 53	阳平 31	阴上 44	阳上 13	阴去 34	阳去 13	阴入 ʔ55	阳入 ʔ12
阴平 53	55 飞机	53 花瓶	工厂	修养	55 青菜	21 鸡蛋	55 钢笔	ʔ21 科学
阳平 31	梅花	13 长城	53 红枣	朋友	13 同志	21 黄豆	22 毛笔	ʔ44 同学
阴上 44	35 火车	21 海员	A55 53 A厂长 B稿纸	B33 44 A改造 B表演	44 宝贝	44 草地	35 粉笔	ʔ21 体育
阳上 13	13 米缸	21 肚皮	A13 53 A老虎 B老板	B22 44 A道理 B偶像	22 冷气	44 马路	13 道德	ʔ21 动物
阴去 34	55 战争	21 太平	A55 21 A报纸 B懊悔	B33 44 A报社 B创造	33 世界	44 态度	35 顾客	ʔ21 教育
阳去 13	地方	22 地球	23 队长	运动	22 电报	44 外地	13 外国	ʔ21 大学
阴入 ʔ55	ʔ33 北方	53 足球	铁板	ʔ44 发动	44 客气	革命	ʔ44 法国	ʔ44 复杂
阳入 ʔ12	ʔ22 肉丝	53 白糖	日本	ʔ22 落后	23 绿化	绿豆	ʔ22 及格	ʔ23 毒药

（六）上海县浦东片代表点——三林乡老派音系

1. 声母表（27个）

发音部位＼发音方法	塞音			塞擦音		擦音		鼻音	边音
	浊	清		浊	清	清	浊		
	缩气音	不送气	送气		不送气	送气				
双唇	ʔb 饱八	p 拋拍	pʰ	b 袍白			ɸ 夫呼飞	β 胡我未	m 毛美	
舌尖前					ts 早精	tsʰ 炒清	s 扫心	z 曹秦		
舌尖中	ʔd 刀答		tʰ 讨塔	d 桃踏					n 脑奶	l 捞里
舌面中		c 娇经	cʰ 巧轻	ɟ 桥琴			ç 晓兴		ɲ 扭银	
舌面后		k 高古	kʰ 考课	g 搞共					ŋ 咬我	
喉		ø 欧衣					h 好海	ɦ 号爷		

声母说明:

(1) ʔd、ʔb 为缩气音,除阻时有少数外部气流从鼻腔通过抬起软腭边缘挤进咽部,听起来带有轻微的鼻音成分。

(2) ɸ、β 有两个变体,即 ɸ、β 和 f、v。跟央后元音韵相拼时读 ɸ、β,跟前元音韵相拼时读 f、v。

(3) c 系也有两组变体,即 c、cʰ、ɟ、ç、ɲ 和 tɕ、tɕʰ、dʑ、ɕ、nʑ。前面一组专拼央后元音韵,后面一组专拼 i、y 等前元音韵。

(4) 尖音和团音不混。

(5) 鼻音、边音声母各分两套。一套配阴声调,具有紧喉性;另一套配阳声调,带浊流。本书一律写成 m、n、ɲ、ŋ、l 而用声调的阴阳来区别它们的不同。

(6) 所有的零声母字前面都有一个喉塞成分 ʔ,为简便,本书不记作 ʔ-。

(7) 声母表示跟后面韵母同部位的摩擦,按韵母四呼的不同,可分别标为: ɦᴀ、ji、wu、ɥy。

2. 韵母表(54个)

		开	齐	合	撮
阴声韵	ɿ 资猪				
		i 地烟	u 故多	y 雨椅书
	ᴀ 拉矮	iᴀ 野谢	uᴀ 怪坏	
		iu 靴		
	ɔ 保瓦	iɔ 条苗蛇		
	ɛ 胆兰	iɛ 念炎	uɛ 关环	
	o 花爬			
	ø 短罪			yø 劝远
	e 盖船倍		ue 桂官	
	ɤ 斗狗	iɤ 流秋		
阳声韵	ã 桑床	iã 旺ʮ	uã 广汪	
	ã 庚张	iã 央良	uã 光ʮ	
	əŋ 根真	iŋ 兵经	uəŋ 温滚	
	oŋ 翁红			yoŋ 穷容群军

（续表）

	开	齐	合	撮
入声韵	ɑʔ 百麦	iɑʔ 药略	uɑʔ 刮	
	æʔ 八夹	iæʔ 协甲	uæʔ 挖括	
	ɔʔ 落各		uɔʔ 郭扩	
	ʌʔ 色直			
	œʔ 夺掇		uœʔ 说	
	əʔ 设舌	iəʔ 踢疾吃	uəʔ 骨阔	yəʔ 血月
	oʔ 国北	ioʔ 欲抐	uoʔ 握	
		iɿʔ 急铁		
成节韵	l̩ 耳而	m̩ 呒姆	ŋ̍ 鱼五	ŋ̍ □~奶

韵母说明：

（1）i 单独作韵母时，舌位稍低，近ɪ。i 作为介音时，在 c 系声母后不明显，尤其在入声韵前，这个过渡更不显著。

（2）o 在拼喉牙音时，往往有一个过度性介音 -u-。

（3）cɔ 韵的 ɔ 舌位略高，实际音值为ɔ̝。

（4）ue 韵的 e 舌位略高，但不到ɪ。

（5）e、ɛ 两韵拼ɸ、β 两声母时有一个不太明显的过渡性介音 u。

（6）iŋ 有 iŋ、iəŋ 两个变体，跟 c 系声母（包括零声母）相拼时为 iəŋ，跟其他声母相拼时为 iŋ。

（7）入声韵 æʔ 近 aʔ，ʌʔ 近 ɐʔ。

（8）ɔʔ 组韵的 ɔ 读得较低，近ɐ。

（9）oʔ 组韵的韵腹 o，比舒声韵 o 稍低。

（10）iɿʔ 有 iɿʔ、ɿʔ 两个变体，与 c 系声母相拼时为 iɿʔ，与其他声母相拼时为ɿʔ。

（11）自成音节的 l̩ 一般没有元音成分，但偶尔也有念成əl 的。

（12）合口呼拼零声母时，u 的实际音值是 ʔʋ，唇齿微触，并有紧喉作用。

3. 声调表（7个）

代码	调类	调值	调号	例字
1	阴平	53	˥˧	东拎

（续表）

代码	调类	调值	调号	例字
3	阴上	44	˧	懂好
5	阴去	34	˧	冻唱
7	阴入	55	ʔ˧	铁击
2	阳平	113	˩	同动年咬
6	阳去	13	˩	洞让
8	阳入	12	ʔ˩	热敌

声调说明：

（1）阴去的实际调值34在35之间。

（2）有无浊流是分辨阴阳两种调类的重要标志，阳调类字整个音节都带有浊流。

（3）入声都是短促调。

（4）阳上归并于阳平，调值113在213之间。

（5）阴上字与阴去字有互混现象，阳平字（含阳上）与阳去字也有互混现象。

（6）大部分中古次浊声母字读阳调，但有部分字读阴调，如：拎、捞等。

4. 三林方言音韵结构

（1）三林方言声母韵母拼合关系

声母 \ 韵母		开口呼		齐齿呼		合口呼		撮口呼		成节韵
		ɿ	其他	i	i-	u	u-	y	y-	
ʔb系	ʔb、pʰb、m		帮	批	表		慕			
	ɸ、β		荒	飞	嬼		武			
ʔd系	ʔd、tʰ、d		汤	低	调		肚			
	n		囊	(你)			怒			
	l		郎	梨	撩		路	吕		
ts系		紫	装	济	小		做	说	朱	毪

（续表）

声母 \ 韵母	开口呼		齐齿呼		合口呼		撮口呼		成节韵
	ɿ	其他	i	i-	u	u-	y	y-	
tɕ系			鸡	巧			巨	软	五口(~奶)
k系		钢			过	郭			
∅系 ∅		盎	衣	腰	乌		迂	冤	
∅系 h		亨							
∅系 ɦ		杭	夷	摇			雨	云	

注：表中加括号的字是特例。

（2）三林方言声母跟声调的配合关系

声母 \ 声调	阴调类				阳调类			
	平	上	去	入	平	上	去	入
ʔb、pʰ、ɸ、ts、tsʰ、s、ʔd、tʰ、c、cʰ、ç、k、kʰ、h、∅	兵 拎	锁 你	掀	一				
m、n、ŋ、ɲ、l					劳 穷	马 动	让 洞	辣 毒
b、β、d、z、ɟ、g、ɦ								

（3）三林方言韵母跟声调的配合关系

韵母 \ 声调	阴平	阳平	阴上	阳上	阴去	阳去	阴入	阳入
阴声韵、阳声韵	西	齐	想	象	印	运		
其他	姆	而		五		二		
入声韵							谷	肉

5. 三林方言连读变调

（1）两字组连读变调表

前字 \ 后字	阴平	阳平	阴上	阳上	阴去	阳去	阴入	阳入
阴平	55—53			55—31			55—ʔ53	

(续表)

前字＼后字	阴平	阳平	阴上	阳上	阴去	阳去	阴入	阳入
阳平	22—53		A22—33 B22—35		22—35		22—ʔ33	
阴上	35—53		A35—53 B44—44		44—44		35—ʔ53	
阳上	13—53		A13—53 B31—35		31—35		13—ʔ53	
阴去	35—53		A35—53 B55—31		A55—31 B44—44		35—ʔ53	
阳去	13—53		A13—53		B31—35		13—ʔ53	
阴入	ʔ33—53		ʔ44—44				ʔ33—ʔ53	
阳入	ʔ22—23						ʔ22—ʔ23	

两字组连读变调说明：

三林话两字组广用式变调有如下几个特点：

① 在前字位置上，阴阳两类泾渭分明。前字阴调类共产生了55、35、44、ʔ33、ʔ44五种新调形。前字阳调类共产生了22、13、31、ʔ33、ʔ44、ʔ22六种新调形。

② 在后字位置上，阴阳两类相混。前字若为舒声韵，后字的平声为53、33两种调形，后字的上声为31、33、53、44、35五种调形，后字的去声为53、31、44、35四种调形。后字的入声为ʔ53、ʔ33两种调形。前字若为促声韵，后字平声为53、23两种调形，后字上声和去声为44、23两种调形，后字入声为ʔ53、ʔ23两种调形。

③ 在单字调中，阳上和阳平合流，但在连读变调中，阳上跟阳平截然相分而跟阳去一致。

④ 在连读中，除了原有的单字调外，还产生了十一种新调形：55、31、22、33、35、23、ʔ33、ʔ44、ʔ22、ʔ53、ʔ23。

⑤ 在连读中，后字位置上的ʔ类声母跟ɦ类声母的对立消失，合并为 m、n、l、ŋ、ȵ、ø。

⑥ 入声字处于前字位置时，其喉塞韵尾弱化，由 -ʔ 变为 ʔ。

⑦ 前字收 -n 尾的字在唇音声母前同化为 -m，在舌根音声母前同化为 -ŋ。

（2）三字组连读变调表

首字	中字	末字 1	2	3	4	5	6	7	8
1	1	55 55 53		55 55 31				55 55 ʔ53	
	2								
	3	A55 33 31		B55 55 53				A55 55 ʔ53	
	4							B55 33 ʔ31	
	5	A55 55 53		A55 55 31					
	6	B55 33 31		B55 33 31					
	7	55 ʔ55 53		55 ʔ55 31				55 ʔ55 ʔ53	
	8								
3	1	33 55 53		33 55 31				33 55 ʔ53	
	2								
	3								
	4								
	5	A33 55 53		A33 55 31				A33 55 ʔ53	
	6	B55 55 53		B55 55 31				B55 55 ʔ53	
	7	33 ʔ55 53		33 ʔ55 31				33 ʔ55 ʔ53	
	8								
5	1	33 55 53		33 55 31				33 55 ʔ53	
	2								
	3	A33 55 53		33 55 31		A33 55 31			
	4	B55 55 53				B55 55 31			
	5			A33 55 31				A33 55 ʔ53	
	6			B55 55 31				B55 55 ʔ53	
				C55 33 31					
	7	33 ʔ55 53		33 ʔ55 31				33 ʔ55 ʔ53	
	8								
7	1	ʔ33 55 31						Aʔ33 55 ʔ53	
	2							Bʔ33 55 ʔ31	
	3	ʔ33 55 53		Aʔ33 55 31				ʔ33 55 ʔ53	
	4			Bʔ55 55 55					

(续表)

首字	中字 \ 末字	1	2	3	4	5	6	7	8
7	5							A ʔ33 55 ʔ53	
	6							B ʔ33 55 ʔ31	
	7	A ʔ33 ʔ55 53		ʔ33 ʔ55 31				ʔ33 ʔ55 ʔ31	
	8	B ʔ33 ʔ55 31							
2	1	22 33 33						22 33 ʔ33	
	2								
	3	A22 33 33		22 33 33		A22 33 33		A22 33 ʔ33	
	4	B22 55 53				B22 55 31		B22 55 ʔ53	
	5			A22 33 33		22 33 33			
	6			B22 55 31					
	7	A22 ʔ33 33		22 ʔ33 33				A22 ʔ33 ʔ33	
	8	B22 ʔ55 53						B22 ʔ55 ʔ53	
4	1	22 55 53		22 55 31				22 55 ʔ53	
	2								
	3								
	4								
	5								
	6								
	7	22 ʔ55 53		22 ʔ55 31				22 ʔ55 ʔ53	
	8								
6	1	22 55 53		22 55 31				22 55 ʔ53	
	2								
	3								
	4								
	5								
	6								
	7	22 ʔ55 53		22 ʔ55 31				22 ʔ55 ʔ53	
	8								

(续表)

首字 \ 中字 \ 末字		1	2	3	4	5	6	7	8
8	1	ʔ22 22 34						ʔ22 22 ʔ34	
	2								
	3	A ʔ22 22 53						A ʔ22 22 ʔ53	
	4	B ʔ22 22 34						B ʔ22 22 ʔ34	
	5								
	6								
	7	ʔ22 ʔ22 34						A ʔ22 ʔ22 ʔ34	
	8								B ʔ22 ʔ22 ʔ53

三字组连读变调说明：

三林方言三字组广用式连读变调跟两字组变调有明显的内在联系，但三字组变调调形更趋于简化。一个三字组采用何种变调格式跟字组中的首字音节有密切关系。在连调中，首字产生了六种调形：55、33、22、ʔ55、ʔ33、ʔ22。次字产生了六种调形：55、33、22、ʔ55、ʔ33、ʔ22。末字产生了十种调形：53、33、34、31、55、ʔ53、ʔ31、ʔ33、ʔ53、ʔ34。

从变调行为看，前字为阴上和阴去的三字组大体一致；前字为阳上和阳去的三字组则完全一致。

（七）莘庄新派同音字表

说　明

（1）字汇按照新派莘庄方言音系排列，先按韵母分部，同韵的字按声母排列，声韵母相同的再按声调排列。

（2）声母的排列次序是：

p	pʰ	b	m	f	v
t	tʰ	d	n	l	
ts	tsʰ			s	z
tɕ	tɕʰ	dʑ	ȵ	ɕ	ʑ
k	kʰ	g	ŋ	h	ɦ

ø

（3）韵母的排列次序是：

ɿ	i	u	y
a	ia	ua	
ɛ	ɑu		
ɪ	iɪ	uɪ	
o			
ɔ	iɔ		
ø		yø	
ɤ	iɤ		
ã	iã	uã	
ũ			
ən	in	uən	yn
oŋ	ioŋ		
aʔ	iaʔ	uaʔ	
æʔ		uæʔ	
əʔ	iəʔ	uəʔ	yəʔ
ɔʔ			
oʔ	ioʔ		
əl			
ŋ̍			

（4）声调的排列次序是：

阴平53、阳平31、阴上55、阴去35、阳去23、阴入45、阳入23

（5）备注：

① 字右下的小字是注。有的是这个字构成的例词或例句，有的是说明。注中的代替号（~）代表本字，如："光~火"就是"光光火"。

② 阴上和阴去有混。

阴上中读为阴去的字（调查声调时出现的字）：口、丑、楚、体、普；

阴去中读为阴上的字（调查声调时出现的字）：盖、汉。

③ 在阳平中有读31降调的，而阴去阳去调中有读53阴平降调的（去声中可能是受到普通话的影响、阳平中的则为本调，老派的音）：（阳平次浊）鹅、人、龙、难、文、云；（阴去）帐、抗、世、送；（阳去）共。

④ 阴去调比上海市区阴去调升得高。

ɿ

tsɿ⁵³	猪蜘智枝肢栀子资姿咨致稚脂至滋
tsɿ³⁵	制~度、~作 紫纸置之芝嘴著~作 滞支姊子梓止趾址志~向、方 痣
tsʰɿ⁵³	雌翅痴吹齿鬌
tsʰɿ³⁵	刺赐次厕褚姓此耻
sɿ⁵³	诸恕舒梳疏斯廝那~ 施私师狮尸矢屎司丝思诗鼠黍祀巳使史驶始试
sɿ⁵⁵	世
sɿ³⁵	四肆
zɿ²³	如锄厨柱势誓逝池驰匙迟是氏瓷自迟示视慈磁辞词祠字伺寺嗣饲持痔治士仕柿俟事时鲥市恃侍

i

pi⁵⁵	贝 小宝~
pʰi⁵³	篇披批
bi²³	遍~一、~地 辫汴便~方 皮疲牌避被婢弊币毙蔽
mi⁵³	弥靡
mi²³	免勉娩缅面~孔 味~道 眉楣迷米谜
fi⁵³	非飞挥辉徽灰欢（fi⁵³ 又音）
fi³⁵	匪榧翡费悔
ʋi²³	肥唯维位携畦惠慧会开~ 绘茴汇回卫老派 委桅卫危伪为~何、作~ 魏讳避~ 违围伟苇畏慰纬胃谓猬汇
ti⁵³	颠掂低底
tʰi⁵³	添梯
tʰi³⁵	退~色又退
di³¹	题提蹄啼
di²³	弟第递
li²³	厘里狸吏梨利离篱璃犁黎礼丽
tɕi⁵³	佥机讥饥~饿、~荒 既基肌几茶~ 冀鸡稽
tɕi⁵⁵	几~个 己纪记忌姐称呼
tɕi³⁵	寄计继系~鞋带 髻祭际
tɕʰi⁵³	欺器弃妻启汽
tɕʰi⁵⁵	起企?
tɕʰi³⁵	岂气去

dʑi³¹	乾~坤虔几~乎祁鳍技妓齐整~、~步走荠~菜
ɕi⁵³	希稀嬉熙喜戏牺西犀溪兮~兮兮系联~、中文~
ɕi³⁵	细
ʑi²³	徐
ɳi⁵³	研粘
ɳi²³	毅疑尼腻谊义议泥倪艺
ɦi²³	以伊夷姨奚脐
i⁵³	衣依医饴
i⁵⁵	掩~护艳

u

pu⁵³	波菠玻ʔb
pu⁵⁵	讣
pʰu⁵³	颇坡铺剖脯杏~
pʰu³⁵	破赴
bu²³	婆
mu²³	墓
fu⁵³	呼虎泸夫肤
fu³⁵	俯斧甫付赋傅辅阜富副府麸麦~
vu²³	敷俘符扶芙无父釜腐武舞附雾妇负
tu⁵³	都~城督多
tu³⁵	堵赌肚鱼~
tʰu⁵³	拖新派唾
tʰu⁵⁵	妥土兔
tʰu³⁵	吐呕~、~痰
du³¹	驼驮舵大惰徒屠途涂图杜肚~皮度渡镀
nu⁵³	努
nu²³	挪糯奴怒
lu⁵³	啰
lu²³	罗锣箩骡螺腡裸芦炉卢鸬鲁橹虏卤路露庐儒乳
tsu⁵³	租诛蛛株
tsu⁵⁵	祖做
tsu³⁵	左阻注备~驻
tsʰu⁵³	搓粗初

tsʰu³⁵	楚处~所醋措处~相杵
su⁵³	苏酥疏注~淑
su⁵⁵	锁素诉蔬
su³⁵	数名词
zu²³	佐坐座助
ku⁵³	歌哥锅姑孤箍故
ku⁵⁵	果裹古估牯股鼓固雇顾
ku³⁵	过
kʰu⁵³	科窠棵颗枯库裤
kʰu⁵⁵	苦
kʰu³⁵	可课
ŋu²³	俄我饿蛾鹅卧
ɦu³¹	户沪河何荷~花、薄贺和~气祸／吴蜈吾梧伍午误悟／胡湖狐壶葫胡~须互护务
ɦu²³	侮
u⁵³	倭乌污坞诬戊

y

tɕy⁵³	蛆生、居车~马炮朱姓、~砂珠拘驹矩龟追
tɕy³⁵	据主句
tɕʰy⁵³	区趋
tɕʰy⁵⁵	驱取娶
tɕʰy³⁵	趣
dʑy²³	渠巨拒距举聚蛀铸具家~、~体瞿惧柜
ɕy⁵³	绪序叙絮书墟须必~、~胡需输赢运虚
ɕy⁵⁵	暑许数~钱婿靴
ɕy³⁵	岁
zy²³	住殊竖树
ȵy²³	语
ɦy²¹	余姓、剩~与誉渔愚虞娱寓迁盂愉雨禹羽芋
ɦy²³	于淤裕遇预

a

pa⁵³	巴芭

pa³⁵	拜摆（/ʔb/）
pʰa³⁵	派
ba²³	排牌罢败
ma²³	埋买卖
ta³⁵	带戴
tʰa³⁵	太泰
da²³	大~~
na⁵⁵	奶
tsa³⁵	榨斋债
tsʰa⁵³	钗差
tsʰa³⁵	蔡
sa⁵³	厦_{大~}
sa⁵⁵	洒
za³¹	豺柴惹
ka⁵³	家加痂嘉家~具阶尬街嫁佳
ka⁵⁵	假_{真~}价
ka³⁵	架届戒解假_{放~}稼
kʰa⁵³	揩
ga²³	界芥
ŋa³¹	牙芽涯崖捱
ɦia³¹	蛤_{~蟆}鞋蟹也

ia

tɕia³⁵	借
tɕʰia³⁵	笡
ʑia³¹	霞邪斜谢
ɕia³⁵	泄卸写
ɦia²³	雅野夜
ia⁵³	鸦亚耶

ua

kua³⁵	拐乖怪寡
kʰua³⁵	快筷垮
ɦua²³	怀槐淮坏

ε

pε⁵³	斑班颁扳般
pε⁵⁵	板版瓣（/ʔb/）
pε³⁵	扮
pʰε⁵³	攀
pʰε³⁵	盼少用襻纽~
bε²³	办爿
mε³¹	蛮
mε²³	慢漫幔蛮玩动词
fε⁵³	潘翻番
fε³⁵	贩反
vε³¹	凡帆范~围范姓犯泛繁矾饭烦
vε²³	万
tε⁵³	耽担~任、挑~丹单
tε⁵⁵	胆诞
tʰε⁵³	胎坍滩摊毯
tʰε³⁵	态探炭叹坦
dε³¹	潭谭台~湾、~天苔待怠殆谈痰
dε²³	淡檀坛弹但弹蛋
nε³¹	难~易、~患
nε²³	耐
lε³¹	蓝篮兰拦栏来览揽缆烂
lε²³	懒
tsε⁵⁵	载年~斩瞻
tsε³⁵	载~重寨蘸赞
tsʰε⁵³	猜搀餐
tsʰε⁵⁵	彩采睬惨
sε⁵³	腮鳃三杉衫珊山删
sε³⁵	帅闪赛陕散分~、~开伞膻扇~动、~子
zε²³	暂站车~、~立赚馋贱潺栈缠单姓
kε⁵³	该尴监~察、~牢、国子~鉴
kε⁵⁵	改新派橄减碱拣~菜
kε³⁵	裥

kʰɛ⁵³	堪舰铅
kʰɛ³⁵	嵌凯坎
ŋɛ³¹	眼颜
hɛ⁵⁵	喊
ɦɛ³¹	闲限咸~丰、味道 陷馅衔~头 嫌
ɛ⁵³	哀埃

uɛ

kuɛ⁵³	关
kuɛ³⁵	惯
ɡuɛ³¹	环
huɛ³⁵	缓
ɦuɛ²³	幻
uɛ⁵³	腕
uɛ⁵⁵	挽晚/宛

ʋɛ

ʋɛ⁵³	弯湾喂
ʋɛ³¹	丸还~原
ʋɛ⁵⁵	玩~笑 顽~皮、~固
ʋɛ²³	玩古~

e/ɪ/ɿ/eⁱ/ei

pe⁵³	杯悲/搬ʔb 边鞭编 pɪ⁵³
pe⁵⁵	扁匾蔽 pɪ⁵⁵
pe³⁵	变贝新派背~诵/半ʔb
pʰe⁵³	潘坯土~、毛~房 偏
pʰe³⁵	配判片骗 pʰɪ³⁵
be²³	陪培赔裴倍备伴拌叛绊
be³¹	盘
ʋe	（匿母字）
ʋe³¹	完
me³¹	瞒馒棉绵 mɪ³¹
me²³	梅枚媒每煤妹满面~条

te⁵³	堆（/ʔd/）
te³⁵	对店（/ʔd/）典点抵tɪ³⁵（/ʔd/）
tʰe⁵³	推贪天
tʰe⁵⁵	舔
de³¹	甜田填
de²³	贷代袋队电
ne²³	内
le²³	雷累积、连~类廉镰敛恋（这组听感上有非常明显的ɪⁱ、eⁱ感觉）
tse⁵³	毡灾栽
tse⁵⁵	战占~有
tsʰe⁵³	参川四~
tsʰe⁵⁵	喘
tsʰe³⁵	串脆翠粹菜铲产
se³⁵	碎
ze³¹	旋传椽潜前钱贱才材财裁惭
ke⁵³	甘~蔗
ke⁵⁵	改概溉敢感盖
kʰe⁵³	开慨勘
he⁵³	憨
he⁵⁵	海亥
ɦe³¹	含
ɦe²³	害
e⁵³	渊安庵
e³⁵	爱暗

iɪ

biɪ³¹	便~宜辨辩
tɕiɪ⁵³	肩坚煎奸艰间中~、~断兼尖茧蚕~、老~
tɕiɪ³⁵	笕~桥，以竹通水 剪践检睑荐见建健腱肌~剑
tɕʰiɪ⁵³	千迁歉签
tɕʰiɪ⁵⁵	浅遣
tɕʰiɪ³⁵	欠
dʑiɪ²³	件钳
ɕiɪ⁵³	先掀鲜少义、新~仙

ɕiɪ³⁵	险显线
ȵiɪ²³	砚念严验阎尾
ɦiɪ⁵³	烟燕姓、~子咽、~下去宴堰淹
ɦiɪ⁵⁵	厌讨~焰
ɦiɪ³¹	沿言延盐贤弦涎腌炎蔼
ɦiɪ²³	现宪献羡筵雁晏~子

uɪ/ue/uei

kuɪ⁵³	规诡官棺观~察、~道冠~衣贯灌罐桂
kuɪ⁵⁵	轨管馆冠~军
kʰuɪ⁵³	盔块溃奎亏窥宽魁
kʰue³⁵	款
ɦuɪ²³	换
uɪ⁵³	威
uɪ⁵⁵	萎豌碗

o

po⁵³	巴~掌、~结疤
po³⁵	ʔb把~握、~柄霸
bo³¹	琶耙钉~、~地杷
mo³¹	魔磨石~、~刀摩馍麻~烦、~疹蟆马码骂模~子、~范摹~仿慕
to³⁵	朵
tso⁵³	渣遮蔗
tso³⁵	炸诈
tsʰo⁵³	岔叉车错
so⁵³	沙纱赊
so³⁵	舍邻~、~弃晒
zo²³	茶查佘社赦麝
ko⁵³	瓜蜗
ko³⁵	挂卦
kʰo⁵³	夸
kʰo³⁵	跨
ho⁵³	花
ho³⁵	化

ɦo³¹	华 中~、~山、姓 桦画话
o⁵³	丫桠~杈 蛙洼划
o³⁵	哑

ɔ

pɔ⁵³	包胞雹
pɔ⁵⁵	保堡宝报饱鲍
pɔ³⁵	豹爆
pʰɔ⁵³	抛
pʰɔ³⁵	泡水~、~在水里 炮
bɔ³¹	跑刨
bɔ²³	薄~荷 袍抱暴
mɔ³¹	毛冒帽茅卯貌茂贸矛猫
tɔ⁵³	刀叨
tɔ⁵⁵	祷岛倒打~、~水到
tʰɔ⁵³	滔掏涛
tʰɔ⁵⁵	讨套
dɔ²³	桃逃淘陶萄道稻盗导
nɔ²³	脑恼闹
lɔ⁵³	捞唠
lɔ³¹	劳牢老涝
tsɔ⁵³	遭糟朝~今 召昭招
tsɔ⁵⁵	早枣蚤燥灶爪~牙 沼照
tsɔ³⁵	糙罩
tsʰɔ⁵³	操抄超
tsʰɔ⁵⁵	草炒吵钞
sɔ⁵³	骚臊烧
sɔ⁵⁵	扫~带、~地 嫂稍少多~、~年
zɔ²³	曹槽皂造巢朝~代 潮赵兆韶绍邵
kɔ⁵³	高膏篙羔糕胶教~书 缴上~
kɔ³⁵	告绞搅搞校~对
kʰɔ⁵³	敲
kʰɔ⁵⁵	考烤
kʰɔ³⁵	靠犒

gɔ²³	稿觉睡~	
ŋɔ²³	熬遨咬	
hɔ⁵⁵	好~坏蒿耗消	
ɦɔ²³	下底~、~降厦~门夏豪壕毫号~码浩袄坳山~、~	
ɔ³⁵	懊~恼、~悔奥	

iɔ

piɔ⁵³	膘标表~现、~钟彪
pʰiɔ⁵³	飘
pʰiɔ⁵⁵	漂~浮、~亮
pʰiɔ³⁵	票车~
biɔ³¹	嫖
miɔ³¹	苗描藐秒渺妙
miɔ²³	庙
tiɔ⁵³	刁貂雕
tiɔ⁵⁵	鸟又音钓吊~唁
tʰiɔ⁵³	挑
tʰiɔ³⁵	跳眺
diɔ³¹	条调~和、音~、~动
liɔ³¹	捋~起袖子燎疗聊辽撩寥了~结瞭料廖
tɕiɔ⁵³	焦蕉椒骄娇浇
tɕiɔ³⁵	叫
tɕʰiɔ⁵³	锹缲窍悄
dʑiɔ³¹	桥乔侨荞轿
ɕiɔ⁵³	消宵霄硝销萧箫
ɕiɔ⁵⁵	小
ɕiɔ³⁵	笑鞘晓
niɔ⁵⁵	鸟新派绕扰尿~素
ɦiɔ³¹	摇谣窑姚舀鹞
ɦiɔ²³	尧
iɔ⁵³	妖邀腰要~求
iɔ³⁵	要想~、重~耀

ø

tø⁵³	端
tø⁵⁵	短锻
nø²³	暖
tsø⁵³	专砖钻最
tsø⁵⁵	篆转~眼、~螺丝
tsʰø⁵³	穿篡纂氽窜催崔
sø⁵³	酸
sø³⁵	算税
zø²³	隧燃然罪髓绥垂随瑞
kø⁵³	干~练肝干~湿竿甘~油柑杆擀
kʰø⁵³	看~守
hø³⁵	汉旱憾
ɦø³¹	圆园员缘寒韩汗焊翰函罕
ɦø²³	远悬眩院
ø³⁵	怨按案

yø

tɕyø⁵³	捐
tɕyø³⁵	卷~起来绢
tɕʰyø⁵³	圈券
tɕʰyø³⁵	劝
ɕyø1	宣
dʑyø³¹	拳权颧
dʑyø²³	倦
ȵyø³¹	元原源袁辕援
ȵyø²³	软愿
yø⁵³	冤

ɤ

mɤ²³	某亩牡~丹母拇谋
fɤ³⁵	否
vɤ³¹	浮

tɤ³⁵	兜斗~笠 抖陡斗~争 ʔd	
tʰɤ⁵³	偷	
tʰɤ⁵⁵	透敨展开	
dɤ²³	头投豆	
lɤ³¹	楼搂篓柔揉	
lɤ⁵⁵	陋	
lɤ²³	漏	
tsɤ⁵³	邹周舟洲州	
tsɤ⁵⁵	走奏昼宙	
tsɤ³⁵	皱绉帚咒	
tsʰɤ⁵³	抽	
tsʰɤ³⁵	凑丑子~、~陋 臭香~	
sɤ⁵³	搜馊收~集、~藏 飕	
sɤ⁵⁵	叟嗾手首守兽	
sɤ³⁵	瘦	
zɤ³¹	绸稠筹愁仇酬受寿授售	
kɤ⁵³	勾钩沟够足~、~得着	
kɤ⁵⁵	狗苟构	
kɤ³⁵	购勾~当	
kʰɤ⁵³	抠	
kʰɤ⁵⁵	口	
kʰɤ³⁵	寇扣	
ŋɤ²³	藕偶配~、~然	
ɦɤ³¹	后~面、皇~	
ɦɤ²³	侯喉猴厚候	
ɤ⁵³	欧瓯	
ɤ⁵⁵	呕殴	
ɤ³⁵	怄	

iɤ

miɤ²³	谬	
liɤ⁵³	溜馏蒸~水	
liɤ²³	流刘留榴硫琉柳	
tɕiɤ⁵³	揫鸠	

tɕiɤ⁵⁵	酒纠~察队、~正九久韭灸
tɕiɤ³⁵	救究
tɕʰiɤ⁵³	秋~天、~千丘
dʑiɤ²³	囚求球仇姓舅旧
ɕiɤ⁵³	羞休
ɕiɤ⁵⁵	修
ɕiɤ³⁵	秀绣锈朽
ziɤ²³	袖就
ɲiɤ²³	牛
ɦiɤ²³	又右尤邮由油游犹有友柚釉
iɤ⁵³	佑悠笃~~幽尤优诱幼

ã

pã⁵³	浜
bã²³	蚌朋彭膨棚
mã³¹	盲虻梦
mã²³	孟
tã⁵⁵	打
lã²³	冷
tsã⁵³	张长生~章樟掌仗障瘴
tsã³⁵	涨帐账胀
tsʰã⁵³	撑畅掌
sã⁵³	生牲甥
sã³⁵	省~长
zã³¹	长~短肠场
zã²³	丈杖铿砾~~紧
kã⁵³	粳
ka³⁵	哽梗
ŋã³⁵	硬
hã⁵³	夯亨

ɑ̃

pɑ̃⁵³	帮榜邦谤少用
pɑ̃⁵⁵	绑

pʰã³⁵	胖
bã³¹	旁螃庞棒
mã³¹	忙芒~果、麦~茫
mã²³	蟒莽网忘妄望往
fã⁵³	方肪芳
fã³⁵	放访妨仿~效~纺仿~造
vã³¹	房防
tã⁵⁵	党当~时,应~、~作、典~
tʰã⁵³	汤
tʰã⁵⁵	倘躺
tʰã³⁵	烫趟
dã³¹	堂棠螳唐糖塘
dã²³	荡宕
nã³¹	囊瓤
lã³¹	郎廊狼螂朗浪壤攘嚷
tsã⁵³	脏庄装桩
tsã³⁵	壮
tsʰã⁵³	仓苍疮窗
tsʰã⁵⁵	闯
tsʰã³⁵	创唱倡
sã⁵³	桑丧~婚~霜孀双商伤
sã⁵⁵	嗓搡爽赏晌
sã³⁵	丧~失
zã³¹	床
zã²³	藏隐~、西~脏心~状尚上~面撞
kã⁵³	刚冈岗纲钢缸杠江豇扛
kã⁵⁵	讲港降
kʰã⁵³	康糠慷抗炕园
ɦiã³¹	昂行~银~杏行航杭降~伏、投~项巷
ã⁵³	肮~脏

iã

tɕiã⁵³	将浆疆僵姜缰礓
tɕiã³⁵	酱将~大~蒋奖桨

tɕʰiã⁵³	枪腔
tɕʰiã⁵⁵	抢
dʑiã³¹	强强~勉~
ɕiã⁵³	相~互箱厢湘襄镶香乡相~貌向
ɕiã⁵⁵	想鲞享响
ziã²³	象像橡详祥
ȵiã⁵³	娘
ȵiã³⁵	酿
ȵiã²³	仰~卧起坐
liã²³	两~个、几~亮谅辆量~数良凉量~长短粮梁粱
iã⁵³	央秧殃
iã³¹	羊洋烊杨扬阳疡
iã²³	养痒样

uã

kuã⁵³	光
kuã³⁵	广逛
kʰuã⁵³	匡筐眶矿旷况
guã²³	狂
huã⁵³	荒慌
huã⁵⁵	谎
huã³⁵	晃
ɦuã³¹	黄簧皇蝗王横~直
uã⁵³	汪~~水柱旺

ən

pən⁵³	奔~走、投~崩
pən⁵⁵	本
pʰən⁵³	喷~水、~香烹
pʰən⁵⁵	捧
bən³¹	盆蓬篷
bən²³	笨
fən⁵³	昏婚分芬纷疯丰封新派荤又
fən⁵⁵	粉愤忿

fən³⁵	粪奋讽
vən³¹	文纹蚊闻焚坟
vən²³	份
mən⁵³	闷
mən³¹	门萌蒙
mən²³	问
tən⁵³	敦墩顿登灯
tən⁵⁵	等
tən³⁵	凳（/ʔd/）
tʰən⁵³	吞
dən³¹	腾誊藤
dən²³	屯豚饨臀盾钝遁蹲邓囤沌
nən²³	嫩能
lən²³	论〜议·仑〜昆·伦沦轮
tsən⁵³	针斟珍榛臻真尊遵朘〜肝曾〜姓增憎赠征蒸争贞侦郑正〜月征
tsən⁵⁵	枕〜头诊准〜备、〜确拯整
tsən³⁵	枕动词镇震振证症正政
tsʰən⁵³	参〜差村春蹭称蛏
tsʰən⁵⁵	蠢
tsʰən³⁵	趁衬寸秤乘逞
sən⁵³	参〜人·森深审身伸申娠孙舜僧升笙声圣
sən⁵⁵	损笋榫〜头沈
sən³⁵	渗胜〜任、〜败省〜节婶
zən³¹	陈尘神辰晨臣唇纯莼〜菜醇承丞澄
zən²³	沉岑甚任〜责、任〜姓纫阵肾慎论〜语存曾〜经层澄惩橙绳剩呈程成城诚盛〜满、兴〜
kən⁵³	跟根更〜换、〜五·庚羹耕耿姓
kən³⁵	更〜加
kʰən⁵³	坑
kʰən⁵⁵	肯啃恳垦
hən⁵⁵	很
ɦən²³	痕恨恒
ən⁵³	恩

in

pin⁵³	彬宾槟殡鬓冰兵
pin⁵⁵	禀丙
pin³⁵	秉柄
pʰin⁵³	姘拼
pʰin⁵⁵	品
bin³¹	凭平坪评瓶屏萍
bin²³	贫频病并
min²³	悯敏抿皿命盟铭闽民鸣明
tin⁵³	丁钉_{铁~、~住}订_{~约}
tin³⁵	顶鼎
tʰin⁵³	听_{~见、~任}厅汀
tʰin⁵⁵	艇
din³¹	亭停廷庭蜓
din²³	锭_{洋~}
lin³¹	林淋临鳞邻磷陵凌菱灵零铃伶拎翎
lin²³	赁吝另
tɕin⁵³	今金禁_{~不住}襟巾津进斤筋茎京荆惊经_{~过、~历}径
tɕin⁵⁵	紧谨
tɕin³⁵	浸锦禁_{~止}仅晋劲境景警敬竟镜
tɕʰin⁵³	侵钦亲卿倾顷青蜻亲_{~家}庆
tɕʰin³⁵	寝揿_{按义}
dʑin³¹	勤芹琴禽擒
dʑin²³	近竟
ɕin⁵³	辛新薪欣兴_{~旺、~高}馨星腥幸
ɕin⁵⁵	醒
ɕin³⁵	衅信
ʑin³¹	寻秦型_{~号}
ʑin²³	尽_{~快、~早}旬巡循殉
ɲin³¹	银迎凝仍宁_{~可、~安}
ɦin⁵³	淫萤营
ɦin²³	寅引尹_姓行_{~为}颖形_{~状}
in⁵³	音阴_{~暗、树~}因姻殷蝇应_{~当、~对}鹰莺鹦樱英

| in⁵⁵ | 饮~料 窨吟 |
| in³⁵ | 印隐影映 |

uən

kuən⁵⁵	滚
kuən³⁵	棍
kʰuən⁵³	昆~明、~仑 坤困
kʰuən⁵⁵	捆
huən⁵³	荤乂
ɦuən³¹	魂馄浑混
uən⁵³	温瘟瓮
uən⁵⁵	稳

yn

tɕyn⁵³	俊均钧窘菌匀君军郡
dʑyn³¹	群裙
ɕyn⁵³	讯逊迅熏勋薰训
ɦyn³¹	晕
ɦyn²³	允运

oŋ

voŋ³¹	逢缝~衣服,又音
voŋ²³	凤奉缝一条~
toŋ⁵³	冬东
toŋ⁵⁵	懂董
toŋ³⁵	冻栋（/ ʔd/）
tʰoŋ⁵³	通
tʰoŋ³⁵	痛捅统
doŋ³¹	同铜桐筒童瞳
doŋ²³	动洞桶
noŋ³¹	农脓侬浓
loŋ³¹	笼聋隆陇垅拢弄~堂 龙
tsoŋ⁵³	棕总宗中当~、~忠仲终众钟~表、~情盅
tsoŋ⁵⁵	种~类 肿

tsoŋ³⁵	粽中射~纵放~种~树
tsʰoŋ⁵³	聪匆葱囱充铳冲
tsʰoŋ³⁵	宠
soŋ⁵³	松蓬~嵩
soŋ³⁵	送宋诵颂讼
zoŋ³¹	丛从~容、跟~虫崇怂~恿冢
zoŋ²³	重轻~、~复
koŋ⁵³	公蚣工攻功贡弓躬宫恭供~不起共
koŋ⁵⁵	巩~固
koŋ³⁵	汞拱供~着
kʰoŋ⁵³	空~虚控空~缺
kʰoŋ⁵⁵	恐
kʰoŋ³⁵	孔
hoŋ⁵³	轰~炸、~隆隆、~出去烘哄~起风封峰蜂锋
hoŋ⁵⁵	哄~骗
hoŋ³⁵	嗅
ɦoŋ³¹	红宏鸿虹鸿弘逢缝~衣服,又音
oŋ⁵³	翁姓

ioŋ

ɕioŋ⁵³	胸凶~恶、~吉兄熏勋薰
ɕioŋ³⁵	训
dʑioŋ³¹	穷琼群裙
ɦioŋ³¹	容蓉熔庸熊融云
ɦioŋ²³	甬勇涌用荣泳咏运允永
ioŋ⁵³	雍拥晕

aʔ

paʔ⁵	泊水~梁山百柏伯
pʰaʔ⁵	拍魄
baʔ¹	白
vaʔ¹	获
tsaʔ⁵	着只
tsʰaʔ⁵	册拆尺㧱皱义

saʔ⁵	湿
zaʔ¹	炸 油~餜
ŋaʔ¹	额
haʔ⁵	吓 恐~
ɦaʔ¹	核合

iaʔ

tɕiaʔ⁵	脚甲
tɕʰiaʔ⁵	鹊洽~谈却
ɕiaʔ⁵	削
ʑiaʔ¹	嚼
ȵiaʔ¹	捏
iaʔ⁵	约
iaʔ¹	协药钥跃乐~山~水

uaʔ

kʰuaʔ⁵	阔
huaʔ⁵	豁

æʔ

pæʔ⁵	八
bæʔ¹	拔
mæʔ¹	袜
væʔ⁵	挖
tæʔ⁵	答搭
tʰæʔ⁵	塔榻塌獭
dæʔ¹	踏达
næʔ¹	纳捺
læʔ¹	腊蜡猎辣瘌
tsæʔ⁵	扎札~记
tsʰæʔ⁵	插擦察
sæʔ⁵	萨杀眨
zæʔ¹	杂闸铡着 睡~
kæʔ⁵	夹

hæʔ⁵	喝瞎
ɦæʔ¹	狭峡匣盒
æʔ⁵	鸭押压阿~哥还~有

uæʔ

kuæʔ⁵	括包~刮

əʔ

pəʔ⁵	拨
pʰəʔ⁵	泼迫
bəʔ¹	别~人
məʔ¹	末沫抹墨默
məʔ⁵	没沉~
vəʔ⁵	不勿
vəʔ¹	活物核果子~或惑
təʔ⁵	得德
tʰəʔ⁵	脱忒
dəʔ¹	沓特
ləʔ⁵	勒
ləʔ¹	肋
tsəʔ⁵	折~叠褶哲蜇~人折~断浙质则织职殖泽责汁执
tsʰəʔ⁵	彻撤出侧测策赤斥
səʔ⁵	摄涉涩设刷瑟虱失室塞色塞啬识式饰适释
zəʔ¹	入十什蛰惊~舌侄实若弱贼直值食蚀植
kəʔ⁵	蛤鸽割葛各阁搁胳格革隔
kʰəʔ⁵	磕渴刻克客
həʔ⁵	黑
ɦəʔ¹	核

iəʔ（音色上明显比市区话的iəʔ/iɪʔ开口大）

piəʔ⁵	别区~鳖憋笔毕必逼碧壁璧荸蝙
pʰiəʔ⁵	撇匹僻辟开~劈
biəʔ¹	别离~
miəʔ¹	灭蔑密蜜觅

tiəʔ⁵	跌的滴嫡
tʰiəʔ⁵	帖贴铁踢剔
diəʔ¹	叠碟牒蝶谍笛敌狄籴
liəʔ¹	立笠粒列裂烈劣栗力历厉律率~速~
tɕiəʔ⁵	接劫夹~菜急级给~供揭节结洁疾吉即积迹脊寂击激搛用筷子夹菜
tɕʰiəʔ⁵	妾怯切七漆戚
dʑiəʔ¹	捷集辑及杰极剧籍
ɕiəʔ⁵	胁薛泄歇蝎屑雪悉膝熄息惜昔锡析恤
ziəʔ¹	习袭截绝席夕
ȵiəʔ¹	聂镊蹑业孽日匿逆溺虐疟
iəʔ⁵	咽~住了一乙逸翼抑
iəʔ¹	叶页拽益译易液腋疫役械

uəʔ

| kuəʔ⁵ | 骨划~一刀、~开鱼 |

yəʔ

tɕyəʔ⁵	菊橘决诀口~厥蕨
tɕʰyəʔ⁵	曲~折屈缺
dʑyəʔ¹	局爵掘倔绝
ɕyəʔ⁵	蓄畜~牧血
ȵyəʔ¹	玉狱月
yəʔ⁵	郁育
yəʔ¹	欲~望、~来浴域穴越粤悦阅

ɔʔ

tɔʔ⁵	笃丢
lɔʔ¹	落酪络乐骆烙洛
kɔʔ⁵	觉知~角~色
kʰɔʔ⁵	酷壳廓扩
zɔʔ¹	射续
ŋɔʔ¹	岳姓、五~鄂鹤
hɔʔ⁵	霍又藿又
ɦɔʔ¹	学

ʋɔʔ¹ 镬
ɔʔ⁵ 恶善~

oʔ 音近 ʋʔ

poʔ⁵ 剥驳北
pʰoʔ⁵ 朴扑仆倒
boʔ¹ 缚博薄泊~车
moʔ¹ 膜目穆牧木摸莫
foʔ⁵ 福幅蝠复~习腹覆
voʔ¹ 服伏复~原佛
tʰoʔ⁵ 秃托~盘、~词
doʔ¹ 毒独读犊牍铎突夺
noʔ¹ 诺
loʔ¹ 六陆鹿禄
tsoʔ⁵ 足烛嘱竹筑逐祝粥摘捉酌卓作~坊卒
tsʰoʔ⁵ 促触畜猝撮戳
soʔ⁵ 束肃宿缩叔速索梭琐
zoʔ¹ 俗续赎属轴熟族浊镯勺凿昨术述秫射新派
koʔ⁵ 谷五~、山~郭国
kʰoʔ⁵ 哭
hoʔ⁵ 霍新派藿新派
oʔ⁵ 屋握

ioʔ

n̠ioʔ¹ 肉

ŋ

ŋ³¹ 鱼
ŋ²³ 我

第三章 嘉定片音系

一、嘉定音系

（一）导言

1. 嘉定历史地理与人口概况

嘉定县是上海市属郊县，位于上海市区西北部。嘉定县东南部与上海市区相连，东部与宝山县接壤，北部和西北部与江苏昆山、太仓县交界，西南部则隔着自西北向东南蜿蜒而下的吴淞江，与青浦、上海县毗邻。全县总面积489.8平方公里，全县地势平坦，河道交错。吴淞江沿南界流过，流河、蕴藻浜、盐铁河、横沥、练祁河纵横境内。

嘉定县于南宋嘉定十年（1217）置县。县治设在嘉定镇至今。嘉定县古属扬州。秦代属会稽郡娄县。汉袭秦制仍属娄县。南北朝梁天监六年（507）娄县分置信义县。梁大同二年（536）信义县分置昆山县。南宋宁宗嘉定十年，分昆山县东境的春申、安亭、临江、平东、醋塘五乡二十七都置嘉定县，属两浙西路平江府。元元贞二年（1296）以嘉县在五万户以上，例如中州，为嘉定州，仍属平江府。明洪武二年（1369）复为嘉定县，属南直隶苏州府。清雍正三年（1725）设太仓州，嘉定县属江苏布政使司苏州府太仓州。同年，分县境东部守信乡大部分、依仁乡部分、循义乡小部分地区建置宝山县。民国元年（1912）太仓州改太仓县，嘉定县直属江苏省。1958年由江苏省划归上海市。

1982年嘉定县辖十九乡和四个县属镇。十九乡是：嘉西、唐行、华亭、娄塘、徐行、曹王、戬浜、马陆、朱桥、外冈、望新、方泰、安亭、黄渡、南翔、封滨、江桥、桃浦、长征。四镇是：嘉定、安亭、南翔、真如。县镇府驻嘉定镇。

宋嘉定十一年（1218）全县分编三万户，人口数无考。明嘉靖元年（1522）全县编审92 028户，共294 643人。清光绪元年（1875）册报人口为391 212人。民国三年（1914）全县有户47 020户，人口246 006人。1949年人口为26 974人，1982年人口普查全县共有523 064人。

2. 嘉定境内的方言差别

嘉定话属汉语吴语区太湖片苏沪嘉小片方言，具有太湖片苏沪嘉小片的一般共同点。如古澄从两母读z声母，不读dz声母："赵zɔ, 残zɛ"；臻摄合口三等知章组字韵母读开口呼："春tsʰən, 出tsʰəʔ"；唐阳江韵读鼻化韵："窗tsʰã, 双sã, 张tsã"等等。

嘉定县东南部和上海市区相连，与市区交通极为方便。县镇府所在地嘉定镇离上海市中心仅34公里，1958年始，嘉定镇为上海市卫星镇，境内驻有许多市属工业区和科研机关，所以上海市区话对嘉定的影响较大。嘉定县西北部跟苏州地区昆山县、太仓县毗邻，从置县始，嘉定县就跟苏州、太仓、昆山有密切的行政关系，所以嘉定话跟苏州地区也较为接近。

跟上海市区话接近或相同的有：

（1）嘉定话声调调类的归并特点及调值跟上海市区话接近。从调值来看，嘉定话比上海话多一个阳平31调。从调值来看，两地也很一致。

（2）跟上海市区一样，嘉定话古效摄字韵母洪音读ɔ，细音度iɔ，如："包pɔ, 桥dʑiɔ"

（3）嘉定话第二人称单数代词跟上海市区一样，是"侬noŋ"。

（4）嘉定话第三人称单数代词跟上海市区一样，是"伊i"。上海市区读ɦi。

（5）嘉定话和上海市区一致，近指指示代词是"迭diʔ"，远指指示代词是"衣i"。

嘉定话跟苏州话接近或相同的有：

（1）古鱼虞韵知组、章组、日组母字韵母嘉定话、苏州话读ʯ，如"书sʯ, 朱tsʯ"。上海市区读ɿ。

（2）嘉定话、苏州话古咸山摄开口三四等舒声韵母为iɪ；古蟹止摄开口三四等韵母为i，两者不同音。如"梯tʰi ≠ tʰiɪ; 移ɦi ≠ 盐ɦiɪ"。上海市区两者同音，都为i。

（3）第二人称代词、第三人称代词复数形式，嘉定话是"侬搭noŋ tAʔ 你们，伊搭 itAʔ lA 他们。"其中表示复数的词缀，嘉定话明显跟苏州话接近。

（4）嘉定话、苏州话都可以用"䏲ã"置于谓语前，表示是非问句里提问经历和完成的情况，如："饭䏲吃过饭吃过了没有？/䏲去过北京去过北京没有？"上海市区则用"动+过+伐"的形式表示"饭吃过伐？/去过北京伐？"

（5）嘉定话、苏州话都可用否定副词"勿vəŋ+动词"表示动作并未发生或完成，如"勿来过没来过，勿吃饭没吃饭。"上海市区则用"呒没+动词"表示："朆没来过,朆没吃饭"。

当然嘉定话也有许多特点既不同于苏州话,又不同于上海市区话。详见第二章。

嘉定方言根据其语言特征,可以分成南北两区。北区以嘉定镇老派音为代表,南区以真如镇老派音为代表。能区别两个区的最明显的语言特征是前者无阴上4调。北区声调六类：阴平、阳平、阴去、阳去、阴入、阳入,无阴上调;包括嘉定镇、嘉西乡、唐行乡、华亭乡、娄塘乡、徐行乡、曹王乡、戬浜乡、马陆乡、朱桥乡、外冈乡、望新乡、方泰乡、南翔镇、南翔乡等十五个乡镇,占嘉定县大部分地方。南区范围较北区小,主要是沿吴淞江流域,跟上海县、青浦县交界的地区。

南北两区除了声调上的差异外,还存在其他语音方面的差异：

（1）古帮、端母,北区读不送气清塞音 p、t；南区读先喉塞的浊塞音 ʔb、ʔd。

	北	饱	奔	当	单
北区	poʔ	po	pəŋ	tã	tɛ
南区	ʔboʔ	ʔbɔ	ʔbəŋ	ʔdã	ʔdɛ

（2）古非、敷、奉、微母,北区今读唇齿擦音 f、v；南区读双唇擦音 ɸ、β。

	夫	坟	福	服
北区	fu	vəŋ	foʔ	voʔ
南区	ɸu	βəŋ	ɸoʔ	ʔdɛ

（3）古流摄一等候韵、三等尤、幽韵,北区今读 ø、y,南区今读 ɤ、iɤ；候韵、尤韵知系北区读 ø,南区读 ɤ；尤韵泥精组、见系北区读 y,南区读 iɤ。

	偷	走	手	牛	丢	九
北区	tʰø	tsø	sø	ny	ty	tɕy
南区	tʰɤ	tsɤ	sɤ	niɤ	ʔdiɤ	tɕiɤ

（4）古蟹摄合口一等灰韵端系字韵母,北区今读 ø；南区今读 e。

	堆	腿	队	雷
北区	tø	tʰø	dø	lø
南区	ʔde	tʰe	de	le

（5）古山摄合口一等末韵端系、三等薛韵章组,北区读 oʔ、əʔ 韵,南区读 øʔ；古山摄合口三等薛、月、屑见系,臻摄合口三等术、物见系,北区读 yoʔ,南区读 yøʔ。

	脱	撮	说	悦	橘	掘
北区	tʰoʔ	tsʰoʔ	soʔ	ɦyoʔ	tɕyoʔ	dʑyoʔ

　　　　　　南区　　tʰø˒　　　tsʰø˒　　sø˒　　ɦyø˒　　təyø˒　　dʑyø˒

（6）古蟹摄开口一等咍韵和山摄开口一等寒韵的精组字,北区今同音,都读ᴇ;南区两者有别,前者读e,后者读ɛ。

　　　　　　　　　载　赞　　　菜　灿　　　财　残
　　北区　　　tsᴇ　　　　　tsʰᴇ　　　　　zᴇ
　　南区　　　tse ≠ tsɛ　　tsʰe ≠ tsʰɛ　　ze ≠ zɛ

大致说来,嘉定方言北区体现嘉定方言的特点,南区方言则接近毗邻的旧松江府的上海县、青浦县方言。

3. 嘉定方言的特点

（1）音系特点

① 古帮、滂、並、端、透、定、见、溪、群等声母今三分,古全浊声母今仍读浊音。如:

帮母[p]	比 pi	拜 pᴀ	板 pᴇ	变 piɪ	包 pɔ	滨 pã	笔 piɪ˒
滂母[pʰ]	屁 pʰi	骗 pʰiɪ	炮 pʰɔ		胖 pʰã	扑 pʰo˒	拍 pʰᴀ˒
並母[b]	皮 bi	抱 bɔ	赔 biɪ	盆 bəŋ	病 biŋ	白 bᴀ˒	鼻 biɪ˒
端母[t]	低 ti	带 tᴀ	刀 tɔ	灯 təŋ		答 tᴀ˒	滴 tiɪ˒
透母[tʰ]	拖 tʰu	讨 tʰɔ	汤 tʰã	吞 tʰəŋ		托 tʰo˒	踢 tʰiɪ˒
定母[d]	地 di	田 diɪ	糖 dã		停 diŋ	夺 do˒	叠 diɪ˒
见母[k、tɕ]	瓜 ko	滚 kuəŋ	角 kɔ˒	肩 tɕiɪ		鸡 tɕi	急 tɕiɪ˒
溪母[kʰ、tɕʰ]	开 kʰᴇ	空 kʰoŋ	哭 kʰo˒	巧 tɕʰiɔ	轻 tɕʰiŋ	吃 tɕʰiɪ˒	缺 tɕʰyo˒
群母[g、dʑ]	铠 kᴇ		狂 guã	旧 dʑy	桥 dʑiɔ	近 dʑiə	杰 dʑiɪ˒

有些古浊塞擦音声母今读浊擦音。古澄从两母今同音,都读[z]。如:字=治 zɿ;族=逐 zo˒;曹=潮 zɔ;在=绽 zᴇ;存=陈 zəŋ;藏=撞 zã;贼=秩 zə˒。

② 舌尖元音韵母有ɿ、ʮ两类。古止摄开口三等支、脂、之韵精组、知组、庄组、章组今读[ɿ],古遇摄合口三等鱼、虞韵知组、章组、日组今读[ʮ]。如:

　　　知 tsɿ　　齿 tsʰɿ　　诗 sɿ　　迟 zɿ
　　　猪 tsʮ　　处 tsʰʮ　　输 sʮ　　除 zʮ

③ 分尖团音。古精组和见、晓组声母在今细音（齐齿、撮口呼）前读音不同。精组读 ts、tsʰ、s、z,见、晓组读 tɕ、tɕʰ、dʑ、ɕ。以下比字,≠号前是精组字,后是见晓组字:

　　　挤 tsi ≠ 记 tɕi　　亲 tsʰiŋ ≠ 轻 tɕʰiŋ　　小 siɔ ≠ 晓 ɕiɔ

巢 ziɔ ≠ 桥 dʑiɔ　　酒 tsy ≠ 九 tɕy　　秋 tsʰy ≠ 丘 tɕʰy
修 sy ≠ 休 ɕy　　袖 zy ≠ 旧 dʑy

ts、tsʰ、s、z 只跟 y 拼合，不跟其他撮口呼韵母相拼。

④ 以 u 为介音的合口呼韵母只跟 k、kʰ、g、ŋ、h、ɦ、ø 声母拼合。如：
怪 kuA　阔 kʰuəʔ　环 guE　危 ŋuI　慌 huã　横 ɦuã　握 uɔʔ

以 y 为介音的撮口呼韵母只跟 tɕ、tɕʰ、dʑ、n、ɕ、ɦ、ø 声母相拼，不跟其他声母拼合。如：
捐 tɕyø　劝 tɕʰyø　裙 dʑyiŋ　肉 nyoʔ　血 ɕyoʔ　园 ɦyø　允 ym

⑤ 有入声韵母，包括古入声韵全部字。入声韵以喉塞音［ʔ］收尾。如：
百 pAʔ　脚 bəʔ　滑 tɕiAʔ　骨 ɦuəʔ　脱 tʰəʔ　沃 uoʔ　局 dʑyoʔ　落 lɔʔ　确 tɕʰiɔʔ　扩 kʰuɔʔ　席 ziIʔ

（2）文白异读

嘉定方言中的文白异读表现在声母和韵母两方面。现总结规律如下：

① 文读音声母是 tɕ 组，韵母是齐齿呼；白读音声母是 k 组，韵母是开口呼。这些字大部分是古开口二等见系字，其中匣母文白读声母相同，都是 ɦ。以下排列常有字的文白异读，例字下用小字依次注古韵和声母，然后加注音，第二个是白读音，以下同。

家加嘉麻见	tɕiA /kA	咸咸匣	ɦiI /ɦE
假真~马见	tɕiA /kA	监鉴衔见	tɕiI/ kE
假放~驾	tɕiA /kA	衔衔匣	ɦiI/ ɦE
牙麻疑	ɦiA /ŋA	舰槛匣	tɕʰiI /kʰE
夏春~匣	ɦiɔ /ɦo	界戒怪见	tɕiA /kA

② 文读音声母是 k 组，韵母是合口呼韵；白读音声母是 tɕ 组，韵母是撮口呼韵。这些字是古止摄、蟹摄合口三等见系字，其中影组字文白读声母相同，都是或零声母。

龟脂见

亏支溪　贵指物价

跪纸群　围微云

（二）老派嘉定方言的声韵调

1. 声母表（27个）

p 波布饱	pʰ 破铺拍	b 婆部白	m 麻妈忙	f 飞夫发	v 未维微
t 多当带	tʰ 土太汤	d 大度踏	n 努脑纳		l 炉路吕

(续表)

ts 找早节	tsʰ 车粗七			s 诗素写	z 坐齐曹
tɕ 鸡姜菊	tɕʰ 欺羌缺	dʑ 骑强局	nʲ 泥娘肉	ɕ 戏响血	
k 歌高过	kʰ 苦可库	g 茄葵轧	ŋ 芽瓦咬	h 好喊喝	ɦ 下华易
ø 衣乌欧					

2. 韵母表（46个）

ɿ 资字私世	i 比地鸡批	u 波图古铺	y 丢袖居刘
ʮ 猪鼠树处			
a 爸嫁派买	ia 爹借爷写	ua 怪槐歪筷	
ɔ 包刀高泡	iɔ 标雕叫苗		
o 疤渣怕骂			
E 扳蓝拣般	iE 念孩械也	uE 关环顽弯	
ø 看堆肝否			yø 捐圈怨劝
	iɪ 鞭店甘半	uɪ 归亏灰危	
	iu 靴		
ã 浜打更张	iã 良将羊两	uã 横蛮~□~对(不讲理)光~火	
ɑ̃ 帮糖康胖	iɑ̃ 讲旺腔	uɑ̃ 光筐王狂	
əŋ 奔灯吞分	iŋ 冰定音品	uəŋ 滚浑棍温	yŋ 君训云军
oŋ 冬钟公通			yoŋ 迥穷雄浓
aʔ 百搭石发	iaʔ 掠脚药削	uaʔ 刮豁挖滑	
ɔʔ 托作角学	iɔʔ 觉剧学确	uɔʔ 扩握	
oʔ 剥夺谷莫		uoʔ 获沃或惑	yoʔ 菊缺越决
əʔ 八答鸽不		uəʔ 骨忽国阔	
	iɪʔ 笔吃页节		
øl 耳儿而尔	m̩ 呒亩姆	ŋ̍ 吴五鱼午端~儿	

3. 声调表（6个）

调 类	调 值	例 字
阴平	53	灾高跟浜音拉丝方枪
阳平	31	皮流斜赔雷墙肠狂停
阴去	34	举四写看吵省响肯滚

(续表)

调类	调值	例字
阳去	13	买画办断庙硬家笨定
阴入	ʔ55	答捉角急削脚刮骨接
阳入	ʔ12	白月落灭熟药合掘肉

4. 老派嘉定方言两字组连读变调

	阴平 53	阳平 31	阴上 34	阳上 13	阴去 34	阳去 13	阴入 ʔ55	阳入 ʔ12
阴平 53	55 新鲜	21 砂糖	44 工厂	21 端午	33 青菜	44 鸡蛋	55 巴结	ʔ12 中学
阳平 31	22 茶杯	53 皮球	A24 21 A门板 B桃子	B22 44 A朋友 B年限	A23 44 A脾气 B同志	B22 24 A黄豆 B国事	A24 ʔ12 A毛笔 B成绩	B22 ʔ44 A阳历 B成熟
阴上 34	33 点心	21 酒瓶	A35 21 A草纸 B保险	B33 53 A小雨 B表演	33 53 讲究	扁豆	34 粉笔	ʔ21 体育
阳上 13	22 马车	53 肚皮	A24 21 A冷水 B雨伞	B22 24 A道理 B马上立即	A22 44 A冷气 B动态	B23 44 A马路 B部队	A24 ʔ21 A满足 B道德	B22 44 A老实 B动物
阴去 34	35 汽车	21 太平	报纸	创造	44 困觉	44 笑话	36 货色	ʔ21 快乐
阳去 13	22 汗衫	53 外婆	23 地板	21 字眼	A23 44 A饭店 B电报	B22 24 A外地 B另外	24 面包	ʔ21 大学
阴入 ʔ55	ʔ44 雪花	53 足球	ʔ44 竹笋	21 发动	ʔ44 客气	44 脚步	ʔ44 积蓄	ʔ21 复杂
阳入 ʔ12	肉丝	月台	ʔ11 热水	24 杂技	学费	木料	Aʔ22 ʔ44 A及格 B绿色	Bʔ11 ʔ24 A特别 B独立

(三) 新派嘉定音系(城区)

1. 声母(27个)

p 把邦白	pʰ 派胖拍	b 排旁败	m 卖梦麦	f 夫方风	v 附房罚
t 戴当答	tʰ 太汤塌	d 大唐达	n 奶奴捺		l 赖屡腊
ts 斋桩扎	tsʰ 菜昌尺			s 洒伤杀	z 柴床石
tɕ 鸡姜菊	tɕʰ 欺羌缺	dʑ 奇强局	ȵ 泥娘肉	ɕ 戏香血	
k 假江格	kʰ 开康克	g 茄狂轧	ŋ 昂我额	h 蟹哄吓	ɦ 鞋红或
ø 矮衣乌优					

2. 韵母（38个）

ɿ 资知私	i 皮低奚	u 波吐鼓	y 丢袖居
a 假叉爸	ia 姐霞价	ua 坏乖怪	
ɑ 牌泰债		uɑ 歪快	
E 扮戴该	iE 念械	uE 关筷彗	
ø 宣喘堆	iø 卷原犬		
	ıı 编店感	uı 官亏回	
ɔ 报道高	iɔ 交票鸟		
ɤ̃ 沉本根	iŋ 冰定云	uɤ̃ 困稳婚	
oŋ 弘蒙东	ioŋ 兄荣穷		
ɑŋ 装党帮	iaŋ 娘蒋箱	uɑŋ 王矿光	
aʔ 百拆石	iaʔ 略脚约	uaʔ 划刮豁	
əʔ 八鸽突	iıʔ 律笔页	uəʔ 骨忽阔	
ɔʔ 落木			
oʔ 剥洛速	ioʔ 确月肉		
əl 耳	m̩ 呒		ŋ̍ 五鱼

3. 声调（6个）

调 值	调 类	例 字
53	阴平	高专边安
31	阳平	穷平寒人
212	阴去	懂女盖送
34	阳去	静厚树帽
55	阴入	督雪北湿
12	阳入	毒席薄肉

声调说明：

（1）中古阴上、阴去合并，阳上、阳去合并。我们按去声调类记录。

（2）阳去调起调稍有延长，也可记作334。

（四）嘉定新派同音字表

说　明

（1）字汇按照新派嘉定方言音系排列，先按韵母分部，同韵的字按声母排列,声韵母相同的再按声调排列。

（2）韵母的排列次序是：

ɿ	i	u	y
a	ia	ua	
ɑ		uɑ	
ɛ	iɛ	uɛ	
ø	iø		
	iɪ	uɪ	
ɔ	iɔ		
ẽ	ĩ	uẽ	
oŋ	ioŋ		
ɑŋ	iɑŋ	uɑŋ	
aʔ	iaʔ	uaʔ	
əʔ	iɪʔ	uəʔ	
ɔʔ			
oʔ	ioʔ		
əl	m̩	ŋ̍	

（3）声母的排列次序是：

p	pʰ	b	m	f	v
t	tʰ	d	n		l
ts	tsʰ			s	z
tɕ	tɕ	dʑ	ȵ		ɕ
k	kʰ	g	ŋ	h	ɦ
ʔ					

（4）调值的排列次序是：

阴平53、阳平31、阴去212、阳去34、阴入<u>55</u>、阳入<u>12</u>

（5）备注：

① 字右下的小字是注。有的是这个字构成的例词或例句,有的是说明。注中的代替号(~)代表本字,如:"光~火"就是"光光火"。

② 中古阴上、阴去合并,阳上、阳去合并。我们按去声调类记录。

③ 阳去调起调稍有延长,也可记作3³4。

ɿ

tsɿ⁵³　　猪诸株蛛珠朱知蜘智支枝栀肢资姿脂兹滋之芝志₁

tsɿ³⁴	著驻注主蛀铸制紫智纸致指旨至嘴子置滓止址志₂痣
tsʰɿ⁵³	雌此吹痴
tsʰɿ³⁴	刺侈翅次处鼠耻厕齿
sɿ⁵³	梳书舒输世斯撕施私师狮尸丝思司诗始试₁
sɿ³⁴	鼠暑世势死四屎水史使驶始试₂
zɿ³¹	除储锄如橱厨殊儒池匙瓷糍迟视慈磁祠辞词持时
zɿ¹³	箸墅汝柱住竖树乳滞誓逝豉自稚示视字巳祀似寺饲治痔治士柿事市侍

i

i⁵³	伊衣依医
i³⁴	意以已椅倚亿
pi⁵³	屄
pi³⁴	比鄙₁卑鄙秘滗₁闭臂
pʰi⁵³	批披
pʰi³⁴	譬屁
bi³¹	脾皮疲肥
bi¹³	被₁被头避鄙₂鄙视痹弊毙币鼙
mi³¹	迷眉
mi¹³	米谜未味
fi⁵³	飞非匪妃
fi³⁴	沸废肺费₁消费
vi³¹	维唯肥微
vi¹³	费₂姓尾未味
ti⁵³	低
ti³⁴	底抵帝渧
tʰi⁵³	梯
tʰi³⁴	体替剃屉涕
di³¹	堤提题蹄啼
di¹³	弟第递隶地
ni⁵³	你
li³¹	驴犁黎篱梨厘狸
li¹³	例厉励礼丽离荔利痢泪李里理鲤吏
tsi⁵³	鲫

tsi³⁴	祭际挤济剂姊
tsʰi⁵³	蛆妻
si⁵³	须西犀
si³⁴	细婿死
zi³¹	徐齐
zi¹³	脐
tɕi⁵³	鸡稽饥肌机讥饥既龟基箕
tɕi³⁴	计继寄举几季已纪记鬼 贵
tɕʰi⁵³	溪岂亏欺
tɕʰi³⁴	启契弃器去气汽起
dʑi³¹	岐奇骑祈其棋旗其期棋旗
dʑi¹³	妓技跪柜忌
ɕi⁵³	虚 虚汗 希稀嬉
ɕi³⁴	许戏喜
ɲi³¹	泥倪儿宜尼疑
ɲi³⁴	拟
ɲi¹³	蚁义议谊女艺腻二毅尾
ɦi³¹	榆奚移姨夷遗围
ɦi¹³	愈雨芋系易 1容易 异纬有又

u

u⁵³	阿窝五伍乌污巫
u³⁴	户
pu⁵³	波菠簸播玻
pu³⁴	补布怖
pʰu⁵³	坡铺 1铺设
pʰu³⁴	破谱普浦铺 2店铺 剖 1剖开
bu³¹	婆蒲
bu¹³	部簿步捕
mu⁵³	母₁
mu³¹	磨魔模
mu³⁴	母₂
mu¹³	墓暮
fu⁵³	夫肤敷麸

fu³⁴	斧府甫傅付货₁赴富副
vu³¹	符扶芙浮
vu¹³	父腐附负妇
tu⁵³	多都
tu³⁴	朵躲堵赌肚₁肚子妒
tʰu⁵³	拖
tʰu³⁴	妥土吐兔
du³¹	驼驮陀途图徒涂
du¹³	舵大惰肚₂肚皮杜度渡
nu³⁴	努
nu¹³	糯奴怒
lu³¹	锣箩罗萝螺脶炉卢庐
lu³⁴	鲁卵₁输卵管
lu¹³	橹路露
tsu⁵³	租
tsu³⁴	祖组阻左佐做
tsʰu⁵³	搓粗初
tsʰu³⁴	锉醋楚础
su⁵³	蓑梭唆苏酥疏蔬枢
su³⁴	锁素诉所数
zu³¹	锄
zu¹³	助坐座
ku⁵³	歌哥锅姑孤菰箍
ku³⁴	个₁个人果裹过古估鼓牯股故固雇顾
kʰu⁵³	科棵窠颗枯
kʰu³⁴	课可苦库裤
ŋu⁵³	我
ŋu³¹	蛾鹅俄
ŋu¹³	饿卧误悟互
hu⁵³	呼
hu³⁴	虎浒荷火伙货₂
ɦu³¹	河荷何禾和吴梧蜈湖胡糊壶无
ɦu¹³	贺祸午伍户沪护腐舞武侮务雾戊

y

y⁵³	迂优忧幽
y³⁴	羽幼
ty⁵³	丢
ly⁵³	溜
ly³¹	留₁停留刘流榴吕
ly³⁴	旅₁缕屡
ly¹³	旅₂虑滤篓柳
tsy³⁴	酒
tsʰy⁵³	趋秋鳅
tsʰy³⁴	取娶趣
sy⁵³	些须修羞
sy³⁴	秀绣锈
zy¹³	序绪薯署聚就袖骤
tɕy⁵³	车₁车马炮居拘纠
tɕy³⁴	举锯据矩九久韭究救
tɕʰy⁵³	区驱丘
tɕʰy³⁴	去
dʑy³¹	渠瞿仇₁姓求球
dʑy¹³	拒距俱具惧舅臼旧
ɕy⁵³	靴虚休朽
ɕy³⁴	许嗅
ȵy³¹	娱愚牛
ȵy¹³	遇蕊纽扭女语
ɦy³¹	鱼渔余盂愉尤邮油游犹由
ɦy¹³	与预于雨芋喻裕有友又右酉诱柚

ɑ

ɑ⁵³	挨
ɑ³⁴	矮
pɑ⁵³	巴爸
pɑ³⁴	摆拜
pʰɑ³⁴	派

ba³¹	牌排	
ba¹³	罢稗败	
ma⁵³	妈马₁	
ma³¹	埋	
ma¹³	马₂买卖	
ta⁵³	多	
ta³⁴	带戴₁戴帽子	
tʰa⁵³	他拖	
tʰa³⁴	太泰	
da¹³	大埭	
na⁵³	那	
na¹³	奶	
la⁵³	拉	
la¹³	癞赖₁赖皮	
tsa⁵³	渣斋	
tsa³⁴	诈债笮	
tsʰa⁵³	扯	
tsʰa³⁴	蔡	
sa⁵³	删₁	
sa³⁴	洒厦大厦傻耍煞	
za³¹	柴	
za¹³	惹	
ka⁵³	家 嘉加街阶	
ka³⁴	假架价嫁介界 戒芥疥	
kʰa⁵³	揩楷	
ga³¹	茄	
ŋa³¹	牙芽	
ŋa¹³	外	
ha³⁴	蟹	
ɦa³¹	鞋	
ɦa¹³	也	

ia

ia⁵³	鸦霞涯崖	

iɑ³⁴	亚雅
tiɑ⁵³	爹
tsiɑ³⁴	姐借
tsʰiɑ³⁴	笡
siɑ³⁴	写泻卸
ziɑ³¹	斜邪
ziɑ¹³	谢
tɕiɑ⁵³	家嘉佳皆阶
tɕiɑ³⁴	假价驾介界戒
dʑiɑ³¹	茄
ɕiɑ³⁴	下夏
ɦiɑ³¹	牙爷
ɦiɑ¹³	野夜

uɑ

uɑ⁵³	蛙歪₁
kuɑ⁵³	乖
kuɑ³⁴	怪寡拐
kʰuɑ⁵³	夸
kʰuɑ³⁴	垮快
huɑ⁵³	歪₂
ɦuɑ³¹	淮怀槐
ɦuɑ¹³	坏瓦

E

E⁵³	哀
E³⁴	爱
pE⁵³	班斑扳颁般
pE³⁴	板版扮瓣绊
pʰE⁵³	攀
pʰE³⁴	盼
bE³¹	爿
bE¹³	办
mE⁵³	蛮

mE³¹	埋
mE¹³	慢漫晚万
fE⁵³	翻番
fE³⁴	泛反贩
vE⁵³	弯湾还₁还要
vE³¹	凡帆顽还₂还书烦矾繁
vE¹³	范犯外饭万
tE⁵³	呆耽担单丹
tE³⁴	胆担戴₂姓旦
tʰE⁵³	胎台苔₁舌苔坍滩摊
tʰE³⁴	态太毯坦叹炭
dE³¹	苔₂抬台痰谈弹坛
dE¹³	待代袋贷弹₂子弹但蛋
nE⁵³	拿₁
nE³¹	难
nE¹³	奈乃耐奶
lE³¹	来蓝篮兰拦栏
lE¹³	览揽榄滥缆赖₂姓懒烂
tsE⁵³	灾栽再
tsE³⁴	宰载斩蘸赞盏
tsʰE⁵³	搀餐₁
tsʰE³⁴	铲产踩彩采踩菜
sE⁵³	腮鳃衰三杉衫山删₂
sE³⁴	赛碎粹帅散
zE³¹	才材财裁侪馋残
zE¹³	在罪₁罪过錾暂赚绽栈
kE⁵³	该尴监间艰奸
kE³⁴	改概盖丐减拣裥
kʰE⁵³	开刊铅
kʰE³⁴	凯嵌舰
ŋE⁵³	岩₁
ŋE³¹	呆衔₁军衔颜
ŋE¹³	碍艾眼
hE³⁴	海

| ɦɛ³¹ | 孩咸衔₂衔垃嘴里闲 |
| ɦɛ¹³ | 亥械害陷限 |

iɛ

| tɕiɛ⁵³ | 奸 |
| ȵiɛ¹³ | 念₁念经 |

uɛ

uɛ⁵³	弯湾
uɛ³⁴	患幻晚挽
kuɛ⁵³	关
kuɛ³⁴	惯贯₁籍贯
kʰuɛ⁵³	筷
ɡuɛ³¹	环
ɦuɛ³¹	怀

ə

ə⁵³	欧
ə³⁴	呕
pə⁵³	蓖杯卑碑彼悲
pə³⁴	辈背贝
pʰə⁵³	坯胚
pʰə³⁴	配剖₂解剖判沛
bə³¹	培陪赔
bə¹³	倍佩被₂被动备
mə⁵³	每
mə³¹	媒梅煤枚眉霉谋
mə³⁴	美
mə¹³	妹谜某亩
fə³⁴	否
və³¹	浮
və¹³	负
tə⁵³	堆兜
tə³⁴	对碓斗抖

tʰə⁵³	推偷
tʰə³⁴	腿退蜕敨透褪
də³¹	头投
də¹³	豆痘队兑
nə¹³	内
lə⁵³	搂
lə³¹	雷楼留₂留种
lə¹³	儡垒类泪篓漏陋
tsə⁵³	追锥邹周舟州洲
tsə³⁴	走奏肘昼最赘醉皱帚咒
tsʰə⁵³	猜崔催炊抽
tsʰə³⁴	脆翠凑丑臭喘
sə⁵³	虽馊收
sə³⁴	嗽岁税瘦手守首兽
zə³¹	随垂锤谁绸稠筹愁仇₂仇恨酬柔
zə¹³	睡瑞遂罪₂犯罪坠纣宙受寿授售
kə⁵³	勾钩沟
kə³⁴	锯狗苟够构购
kʰə⁵³	抠
kʰə³⁴	口叩扣寇
ŋə¹³	藕
hə³⁴	吼鲎
ɦə³¹	侯喉猴
ɦə¹³	后厚候

uə

uə⁵³	威
uə³⁴	畏慰委
kuə⁵³	闺规龟归
kuə³⁴	桂会₁会计刽诡轨鬼贵贯₂腰缠万贯
kʰuə⁵³	魁盔奎亏
kʰuə³⁴	傀
guə³¹	葵
guə¹³	柜溃跪

huə⁵³　恢盔灰挥辉徽
huə³⁴　贿悔毁讳唤
ɦuə³¹　回危围违丸
ɦuə¹³　汇卫惠慧伪为位魏伟胃谓缢

ɯ

ɯ⁵³　丫安按
ɯ³⁴　案晏₁晚
pɯ⁵³　巴₁疤
pɯ³⁴　把坝霸
pʰɯ³⁴　怕
bɯ³¹　巴₂下巴 爬
bɯ¹³　耙罢
mɯ³¹　麻
mɯ¹³　马码骂
tɯ⁵³　单端
tɯ³⁴　短断₁判断 锻
tʰɯ⁵³　滩摊
dɯ³¹　弹团
dɯ¹³　蛋断₂断裂 段缎
nɯ⁵³　拿₂
nɯ³¹　挪
nɯ¹³　暖
lɯ¹³　卵₂男阴 乱
tsɯ⁵³　渣遮钻
tsɯ³⁴　诈榨炸蔗钻
tsʰɯ⁵³　车₂汽车 叉差岔餐₂窜₁篡
tsʰɯ³⁴　窜₂
sɯ⁵³　沙纱痧赊奢酸
sɯ³⁴　舍晒散伞算蒜
zɯ³¹　茶蛇
kɯ⁵³　干₁烘干 竿肝秆
kɯ³⁴　杆赶干₂干部
kʰɯ⁵³　看₁看守

kʰɯ³⁴ 看₂看上去
ŋɯ¹³ 瓦
hɯ³⁴ 汉
ɦɯ³¹ 寒韩
ɦɯ¹³ 旱汗下夏

iɯ

iɯ⁵³ 冤渊
iɯ³⁴ 怨
tɕiɯ⁵³ 捐
iɯ³⁴ 卷绢
tɕʰiɯ⁵³ 圈₁圆圈
tɕʰiɯ³⁴ 犬劝
dʑiɯ³¹ 权拳
dʑiɯ¹³ 倦圈₂猪圈
ɕiɯ⁵³ 喧
ȵiɯ³¹ 年₁年级元原源
ȵiɯ¹³ 阮愿
ɦiɯ³¹ 袁园援圆员缘玄悬
ɦiɯ¹³ 远院县

uɯ

uɯ⁵³ 蛙
kuɯ⁵³ 瓜
kuɯ³⁴ 挂卦
kʰuɯ⁵³ 夸
kʰuɯ³⁴ 跨
huɯ⁵³ 花
huɯ³⁴ 化
ɦuɯ³¹ 华
ɦuɯ¹³ 话

iɪ

iɪ⁵³ 庵淹晏₂姓烟

iɪ³⁴	暗陷掩厌艳雁堰演宴燕
piɪ⁵³	编鞭边搬
piɪ³⁴	变贬扁匾遍半
pʰiɪ⁵³	篇偏潘
pʰiɪ³⁴	骗片
biɪ³¹	便盘
biɪ¹³	辩辨便辫伴拌
miɪ³¹	棉绵眠瞒馒鳗
miɪ³⁴	免₁勉
miɪ¹³	免₂面满
tiɪ⁵³	颠癫
tiɪ³⁴	典点店
tʰiɪ⁵³	贪添天
tʰiɪ³⁴	探舔
diɪ³¹⁰	潭甜田
diɪ¹³	垫电殿
niɪ³¹	南男
liɪ³¹	廉镰连联怜莲
liɪ¹³	敛脸练炼链恋
tsiɪ⁵³	尖煎毡专砖
tsiɪ³⁴	占者剪箭展战荐转
tsʰiɪ⁵³	参签迁千川穿
tsʰiɪ³⁴	惨且浅串
siɪ⁵³	仙鲜先闩拴宣
siɪ³⁴	癣线扇洗闪陕笅选
ziɪ³¹	蚕潜钱蝉然燃前全泉旋传橡船
ziɪ¹³	渐染社缠善鳝传
tɕiɪ⁵³	兼间艰肩坚
tɕiɪ³⁴	简柬建鉴剑检茧见
tɕʰiɪ⁵³	谦牵
tɕʰiɪ³⁴	歉遣欠
dʑiɪ³¹	钳乾
dʑiɪ¹³	俭健件
ɕiɪ⁵³	妗

ɕiɪ³⁴	险苋宪献显
ɲiɪ⁵³	粘黏研
ɲiɪ³¹	严阎年₂
ɲiɪ¹³	染验念₂念头碾砚
kiɪ⁵³	甘柑泔
kiɪ³⁴	敢感
kʰiɪ⁵³	堪
kʰiɪ³⁴	坎砍
ŋiɪ⁵³	岩₂
ŋiɪ¹³	软岸
ɦiɪ³¹	含函炎盐檐嫌咸咸丰皇帝闲颜言延贤弦沿
ɦiɪ¹³	限也懈现

uɪ

uɪ³⁴	碗腕缓宛
kuɪ⁵³	官棺观冠
kuɪ³⁴	管馆灌罐贯₃连贯
kʰuɪ⁵³	宽
kʰuɪ³⁴	款
huɪ⁵³	欢
ɦuɪ³¹	完
ɦuɪ¹³	换玩

ɔ

ɔ⁵³	凹拗
ɔ³⁴	袄奥澳
pɔ⁵³	褒包胞
pɔ³⁴	保宝堡报饱豹爆
pʰɔ⁵³	抛脬
pʰɔ³⁴	炮泡
bɔ³¹	跑袍
bɔ¹³	刨鲍曝抱暴爆
mɔ³¹	毛猫茅矛
mɔ¹³	冒帽卯貌牡

tɔ⁵³	刀
tɔ³⁴	倒岛祷到
tʰɔ⁵³	滔
tʰɔ³⁴	讨套
dɔ³¹	桃逃淘陶涛
dɔ¹³	稻道导盗
nɔ¹³	脑恼闹
lɔ⁵³	捞老₁老师
lɔ³¹	劳牢
lɔ¹³	老₂老头子涝
tsɔ⁵³	糟遭找₁找对象招昭
tsɔ³⁴	早枣蚤灶罩爪找₂找三角照
tsʰɔ⁵³	操抄超
tsʰɔ³⁴	草糙躁钞炒吵
sɔ⁵³	骚梢筲稍肖烧
sɔ³⁴	嫂扫哨少
zɔ³¹	槽曹巢潮朝
zɔ¹³	造皂曹赵兆召绍邵扰
kɔ⁵³	高糕膏篙交胶
kɔ³⁴	稿告绞铰搅教校觉₁睏觉
kʰɔ⁵³	敲
kʰɔ³⁴	考烤靠铐
gɔ¹³	搞
ŋɔ³¹	熬
ŋɔ¹³	傲咬
hɔ³⁴	好耗孝
ɦɔ³¹	毫豪
ɦɔ¹³	浩号

iɔ

iɔ⁵³	邀腰要₁要求妖幺
iɔ³⁴	要₂要吃
piɔ⁵³	标表₁手表彪
piɔ³⁴	表₂表示

p^{h}iɔ⁵³	飘漂₁漂流
p^{h}iɔ³⁴	漂₂漂亮 票
biɔ³¹	瀌瓢嫖
miɔ³¹	苗描
miɔ³⁴	谬
miɔ¹³	秒渺妙庙
viɔ¹³	勓
tiɔ⁵³	刁雕
tiɔ³⁴	鸟吊钓
t^{h}iɔ⁵³	挑
t^{h}iɔ³⁴	跳粜
diɔ³¹	条
diɔ¹³	调掉
liɔ³¹	辽聊
liɔ¹³	了料疗
tsiɔ⁵³	焦蕉椒
ts^{h}iɔ⁵³	锹缲
ts^{h}iɔ³⁴	俏
siɔ⁵³	消销宵肖萧箫
siɔ³⁴	小笑
ziɔ³¹	樵
tɕiɔ⁵³	交 胶郊骄娇浇缴
tɕiɔ³⁴	教 绞狡较侥叫饺
tɕ^{h}iɔ⁵³	跷撬
tɕ^{h}iɔ³⁴	窍巧
dʑiɔ³¹	桥乔侨
dʑiɔ¹³	轿
ɕiɔ⁵³	嚣
ɕiɔ³⁴	晓哮孝
ȵiɔ³¹	饶
ȵiɔ³⁴	鸟尿
ȵiɔ¹³	绕
ɦiɔ³¹	窑摇姚谣尧
ɦiɔ¹³	舀耀鹞效

ã

ã⁵³	<u>樱</u><u>鹦</u>
pã⁵³	绷
pʰã⁵³	烹
bã³¹	朋彭膨棚
bã¹³	碰
mã¹³	<u>猛孟</u>
tã³⁴	打
lã¹³	冷
tsã⁵³	张<u>争</u>
tsã³⁴	长涨帐胀账仗₁打仗
tsʰã⁵³	撑
tsʰã³⁴	畅厂
sã⁵³	<u>生牲甥声</u>
zã³¹	肠场长<u>常</u>
zã¹³	丈杖仗₂依仗<u>剩</u>盛₁姓
kã⁵³	更₁三更庚<u>羹</u>
kã³⁴	梗
kʰã⁵³	坑
ŋã¹³	硬
hã⁵³	亨
ɦã³¹	<u>行</u>₁行船
ɦã¹³	杏

iã

iã⁵³	央秧
liã³¹	良粮凉量₁量距离<u>梁</u>粱
liã¹³	两量₂数量亮谅
tsiã⁵³	将₁将来浆
tsiã³⁴	蒋桨奖将₂大将酱
tsʰiã⁵³	枪
tsʰiã³⁴	抢
siã⁵³	相₁相对厢箱

siã³⁴	想相₂丞相	
ziã³¹	墙祥详	
ziã¹³	匠象像	
tɕiã⁵³	姜疆	
dʑiã³¹	强	
dʑiã¹³	犟	
ɕiã⁵³	香乡	
ɕiã³⁴	享响向饷	
ȵiã³¹	娘	
ȵiã³⁴	酿仰	
ȵiã¹³	让	
ɦiã³¹	羊洋杨阳扬烊蛘	
ȵiã¹³	养痒样	

uã

uã⁵³	横₁脾气横
kuã⁵³	光
ɦuã³¹	横₂横竖
ɦuã¹³	横₃脾气横

ã

ã⁵³	肮
pã⁵³	邦帮
pã³⁴	绑榜谤
pʰã³⁴	胖
bã³¹	旁防庞
bã¹³	傍棒
mã³¹	忙₁农忙盲
fã⁵³	荒₁方坊芳
fã³⁴	仿放纺访
vã³¹	房
tã⁵³	当₁
tã³⁴	党当₂挡
tʰã⁵³	汤

tʰã³⁴	躺烫趟	
dã³¹	堂唐糖塘	
dã¹³	荡	
nã³¹	囊瓤	
lã³¹	狼郎廊	
lã¹³	朗浪	
tsã⁵³	赃脏装庄妆章樟桩	
tsã³⁴	葬壮掌障	
tsʰã⁵³	仓苍舱疮昌娼窗	
tsʰã³⁴	闯创唱倡	
sã⁵³	桑丧₁丧事霜商伤双	
sã³⁴	丧₂丧失爽赏	
zã³¹	藏床当偿裳	
zã¹³	脏状尝上尚撞	
kã⁵³	刚缸纲钢岗江扛	
kã³⁴	讲港降	
kʰã⁵³	康糠	
kʰã³⁴	抗圹	
ŋã³¹	昂	
hã⁵³	夯	
ɦã³¹	行₂银行杭航降	
ɦã¹³	笐项巷	

iã

tɕʰiã⁵³	腔	
ɦiã¹³	旺	

uã

uã⁵³	汪	
uã³⁴	枉往	
kuã⁵³	光	
kuã³⁴	广	
kʰuã⁵³	筐框	
kʰuã³⁴	矿	

guã³¹	狂
huã⁵³	荒₂慌
huã³⁴	晃况
ɦuã³¹	黄皇惶亡王
ɦuã¹³	忘望往旺

ẽ

ẽ⁵³	恩
pẽ⁵³	奔畚崩
pẽ³⁴	本
pʰẽ⁵³	喷
bẽ³¹	盆
bẽ¹³	笨
mẽ⁵³	闷₁
mẽ³¹	门蚊闻 明盟
mẽ³⁴	猛
mẽ¹³	闷₂问
fẽ⁵³	婚₁分芬纷
fẽ³⁴	粉粪奋
vẽ⁵³	鼢₁
vẽ³¹	坟焚文纹闻
vẽ¹³	份问
tẽ⁵³	墩蹲登灯
tẽ³⁴	顿等凳
tʰẽ⁵³	吞
dẽ³¹	屯豚藤腾
dẽ¹³	囤盾钝邓
nẽ¹³	嫩
lẽ³¹	轮伦
lẽ¹³	论
tsẽ⁵³	砧针斟珍臻真诊尊遵增曾₁姓征蒸争贞侦正₁征
tsẽ³⁴	枕镇疹振震甑拯证症整正₂政
tsʰẽ⁵³	琛村春称蛏
tsʰẽ³⁴	趁衬寸称秤

sẽ⁵³	森参深身申伸孙僧升<u>生</u><u>声</u>
sẽ³⁴	渗婶审损榫舜胜圣
zẽ³¹	沉陈尘神辰晨臣<u>人</u><u>仁</u>存唇纯层曾₂曾经澄惩橙乘绳承澄呈程成城诚盛₂盛饭
zẽ¹³	甚任₁任务阵肾慎忍刃韧顺润赠剩郑盛₃兴盛
kẽ⁵³	根跟耕
kẽ³⁴	更₂更加耿
kʰẽ⁵³	垦
kʰẽ³⁴	肯恳
hẽ³⁴	很
ɦẽ³¹	痕恒衡
ɦẽ¹³	恨

uẽ

uẽ⁵³	温瘟
uẽ³⁴	稳
kuẽ³⁴	滚棍
kʰuẽ⁵³	昆坤
kʰuẽ³⁴	捆困
huẽ⁵³	昏婚₂荤
ɦuẽ³¹	魂浑
ɦuẽ¹³	混

iŋ

iŋ⁵³	音阴殷因姻应鹰樱鹦英婴缨
iŋ³⁴	饮荫隐印允应影
piŋ⁵³	宾鬓冰兵
piŋ³⁴	丙柄饼并₁合并
pʰiŋ⁵³	姘
pʰiŋ³⁴	品聘
biŋ³¹	频贫凭平评坪瓶屏萍
biŋ¹³	病并₂并列
miŋ³¹	民明名
miŋ³⁴	敏

miŋ¹³	命	
viŋ⁵³	酩₂	
tiŋ⁵³	丁钉₁洋钉	
tiŋ³⁴	顶鼎钉₂钉进去订	
tʰiŋ⁵³	听厅	
tʰiŋ³⁴	挺艇	
diŋ³¹	亭停庭	
diŋ¹³	定	
liŋ⁵³	拎	
liŋ³¹	林淋临邻鳞磷凌陵岭灵零铃	
liŋ¹³	领另	
tsiŋ⁵³	津精晶睛	
tsiŋ³⁴	尽₁尽让进晋俊浸枕井	
tsʰiŋ⁵³	侵青亲清	
tsʰiŋ³⁴	寝请	
siŋ⁵³	心芯辛新薪星腥	
siŋ³⁴	信讯迅性姓醒	
ziŋ³¹	寻秦旬循巡晴	
ziŋ¹³	尽₂尽量情静净	
tɕiŋ⁵³	今金襟斤筋君军均菌茎京惊经	
tɕiŋ³⁴	锦禁谨紧境景警敬竟镜颈	
tɕʰiŋ⁵³	卿钦轻倾	
tɕʰiŋ³⁴	庆顷	
dʑiŋ³¹	琴禽擒勤芹群裙擎琼	
dʑiŋ¹³	近仅竞	
ɕiŋ⁵³	掀欣熏勋训兴₁兴旺	
ɕiŋ³⁴	兴₂兴奋	
ɲiŋ³¹	壬任₂姓人仁银迎宁	
ɲiŋ¹³	忍认韧闻	
ɦiŋ³¹	淫寅云匀蝇行₁行动盈赢刑营萤	
ɦiŋ¹³	引熨运韵孕幸形	

oŋ

oŋ⁵³	翁	

boŋ³¹	篷蓬
boŋ¹³	凤_{凤仙花}
moŋ³¹	忙₂芒氓蒙
moŋ¹³	莽忘网望梦
foŋ⁵³	风疯枫丰封蜂峰锋
foŋ³⁴	捧
voŋ³¹	冯逢缝₁缝补
voŋ¹³	凤奉缝₂一条缝
toŋ⁵³	冬东
toŋ³⁴	董懂冻栋
tʰoŋ⁵³	通
tʰoŋ³⁴	捅痛统
doŋ³¹	同铜桐筒童
doŋ¹³	动洞桶
noŋ³¹	农脓
noŋ¹³	侬
loŋ³¹	笼聋隆龙
loŋ¹³	拢弄
tsoŋ⁵³	宗棕鬃中₁当中忠终纵钟盅
tsoŋ³⁴	总粽中₂中标众种肿
tsʰoŋ⁵³	葱聪忽囱充冲
tsʰoŋ³⁴	铳宠
soŋ⁵³	松春
soŋ³⁴	宋送
zoŋ³¹	丛虫崇
zoŋ¹³	仲诵颂重
koŋ⁵³	缸公工功攻弓₁弓箭宫恭供拱
koŋ³⁴	贡巩
kʰoŋ⁵³	空₁空气
kʰoŋ³⁴	孔空₂有空控恐
goŋ¹³	共
hoŋ⁵³	轰烘
hoŋ³⁴	哄
ɦoŋ³¹	宏虹红洪鸿

ioŋ

ioŋ⁵³	雍
ioŋ³⁴	拥壅勇永泳咏
tɕioŋ⁵³	弓 ₂弹棉花个弓
dʑioŋ³¹	穷
ɕioŋ⁵³	兄凶胸
ȵioŋ³¹	绒浓
ɦioŋ³¹	荣熊雄融容溶
ɦioŋ¹³	用

aʔ

aʔ⁵	鸭押压轭
paʔ⁵	百柏伯
pʰaʔ⁵	拍
baʔ²	拔白
maʔ²	簚袜陌麦脉
faʔ⁵	法豁发
vaʔ²	乏罚伐
taʔ⁵	搭
tʰaʔ⁵	塔塌
daʔ²	达
laʔ²	蜡腊猎辣癞
tsaʔ⁵	酌窄摘只₁一只
tsʰaʔ⁵	插擦察绰测拆策册赤尺
saʔ⁵	湿₁萨杀煞栅
zaʔ²	闸弱宅掷石
kaʔ⁵	夹甲 格隔
kʰaʔ⁵	恰掐客
gaʔ²	轧
ŋaʔ²	额
haʔ⁵	瞎吓
ɦaʔ²	盒狭匣

iaʔ

iaʔ⁵	约
liaʔ²	略掠
tsʰiaʔ⁵	雀鹊
siaʔ⁵	削
ziaʔ²	嚼
tɕiaʔ⁵	甲脚
tɕʰiaʔ⁵	恰洽却
ȵiaʔ²	捏箬虐疟
ɦiaʔ²	协侠药钥跃

uaʔ

uaʔ⁵	挖握
kuaʔ⁵	括刮
huaʔ⁵	豁
ɦuaʔ²	滑猾划

əʔ

əʔ⁵	扼
pəʔ⁵	八钵迫₁
pʰəʔ⁵	泼迫₂
bəʔ²	勃
məʔ²	末没物墨默
fəʔ⁵	忽₁
vəʔ⁵	勿
vəʔ²	或佛物
təʔ⁵	答德得₁阿跑得快
tʰəʔ⁵	脱₁落脱
dəʔ²	突得₂跑得阿快特
nəʔ²	纳
ləʔ²	捋肋勒
tsəʔ⁵	只₂只要折汁执哲折浙拙质卒则侧织₁组织职
tsʰəʔ⁵	彻撤撮出侧测赤斥

səʔ⁵	摄涩湿₂设刷说虱失室塞色识式适释
zəʔ²	杂涉蛰十拾入舌伲秩实日朮术述贼直值食蚀植择泽
kəʔ⁵	个₂一个人鸽蛤格革
kʰəʔ⁵	磕刻克
ŋəʔ²	月
həʔ⁵	黑

iəʔ

tɕʰiəʔ⁵	吃

uəʔ

uəʔ⁵	屋₁屋里
kuəʔ⁵	骨国
kʰuəʔ⁵	阔扩₁
huəʔ⁵	忽₂
ɦuəʔ²	活获

iɪʔ

iɪʔ⁵	噎一乙益
piɪʔ⁵	鳖毕必笔滗₂逼碧壁
pʰiɪʔ⁵	撇匹癖劈
biɪʔ²	鼻蹩
miɪʔ²	灭蜜密觅
tiɪʔ⁵	的滴跌
tʰiɪʔ⁵	帖贴铁踢剔
diɪʔ²	迭碟谍特敌笛籴
liɪʔ²	立粒笠列裂烈劣栗律率力历荔
tsiɪʔ⁵	接节疖即织₂织布机积迹脊绩
tsʰiɪʔ⁵	切妾七漆戚
siɪʔ⁵	薛泄屑雪膝悉戌恤息熄昔惜锡析
ziɪʔ²	捷集习袭截絕疾籍席寂
tɕiɪʔ⁵	劫荚急级给揭结洁吉棘击激
tɕʰiɪʔ⁵	泣
dʑiɪʔ²	及竭杰极屐

ɕiɪʔ⁵	胁吸歇
n̠iɪʔ²	热孽日逆业聂
ɦiɪʔ²	叶页挟页逸翼译液易₂交易

oʔ

oʔ⁵	恶屋₂小屋
poʔ⁵	博剥驳北
pʰoʔ⁵	扑
boʔ²	薄缚伏大伏里
moʔ²	模₂一模一样莫膜摸木目牧
foʔ⁵	福复₁复习幅腹
voʔ²	复₂复兴获₂服伏袱
toʔ⁵	督笃
tʰoʔ⁵	脱₂脱衣裳托秃
doʔ²	夺铎独读
noʔ²	诺
loʔ²	捋落洛络鹿禄簏六陆录绿
tsoʔ⁵	拙作酌桌啄卓捉竹筑祝粥足烛
tsʰoʔ⁵	撮戳促触
soʔ⁵	塑撒索速肃宿缩叔粟束
zoʔ²	凿昨若浊族逐熟俗续赎属蜀辱
koʔ⁵	觉₂割葛各阁搁郭角谷
kʰoʔ⁵	窟廓壳酷哭
ŋoʔ²	鹤岳
hoʔ⁵	喝霍
ɦoʔ²	镬学

ioʔ

ioʔ⁵	越₁越加郁
tɕioʔ⁵	决橘菊
tɕʰioʔ⁵	缺屈确曲
dʑioʔ²	掘镯剧轴局
ɕioʔ⁵	血畜蓄旭
n̠ioʔ²	肉褥玉

ɦioʔ² 月越₂越来越 曰悦穴学疫役育欲浴

uoʔ

uoʔ⁵ 握₂
kʰuoʔ⁵ 扩₂

əl

əl⁵³ 儿₁耳
ɦəl³¹ 而儿₂
ɦəl¹³ 二

m̩

m̩⁵³ 姆
m̩³¹ 呒₁呒不
m̩¹³ 亩

n̩

n̩⁵³ 母老母猪
n̩³¹ 呒₂呒得

ŋ̍

ŋ̍³¹ 吴鱼
ŋ̍¹³ 五午

二、宝山音系

（一）概述

1. 宝山县行政区划沿革及人口概况

（1）建置沿革

唐宋年间，县境属昆山，南宋嘉定十年（1217），昆山县析出东境建立嘉定县。此后，至清雍正初年，县境均属嘉定县。雍正二年（1724）从嘉定县析出东半境设置新县，雍正三年核准正式分治，建为宝山县，隶属江苏省太仓州。

南宗时隶浙西路平江府，元代隶江南浙西道平江路，明代隶属南直隶苏州府,清初隶江苏松太道太仓府。民国元年(1912)废州道制,直隶江苏省。民国1914年1月,隶江苏省上海观察使(辖区同苏松太道)。1914年5月恢复道制,隶江苏省沪海道(辖区相当于现在的上海市和太仓、海门等县)。民国十六年(1927)废沪海道,直隶江苏省。1937年至1945年间,先后隶日伪上海大道市、日伪督办上海市政公署和汪伪上海特别市,置为宝山县。1944年复称宝山县。1945年8月日本投降后,隶江苏省第三行政督察专公署。1949年解放后,隶苏南行政公署松江专区。1958年1月划归上海市,8月市北郊区并入,仍为宝山县。

(2)地理、行政区划与人口概况

宝山县位于上海市北郊,东北濒长江,与崇明县隔水相望;东与吴淞区接壤;南与杨浦、虹口、闸北、普陀区毗连;西以界泾、杨泾与嘉定县分界;西北隅与江苏省太仓县为邻。全县分成陆地与岛屿两部分,陆地北狭南宽,东西宽17.5公里,南北长23.08公里。全县总面积370.73平方公里(岛屿面积约124平方公里)。

本县境域是长江夹带泥沙不断淤积而成的冲积平原和河口沙岛。建县前,境域在唐宋时属昆山县,南宋嘉定十年(1217)起属嘉定县。清雍正二年(1724)自嘉定分出东境建为新县,与老县嘉定同城而治。沿用明永乐十年为导航而修筑于浦东高桥海滨的一座土山"宝山"之名定县名为宝山。次年分治,置县治于吴淞卫所城内(即1980年以前的城厢镇)。1960年上海市建立吴淞区,宝山县境划出吴淞镇及其附近地区以及新桥公社的部分地区归吴淞区。1964年,吴淞区撤销,并入杨浦区。1980年10月国务院同意重建吴淞区,本县境又划出城厢镇全境和吴淞、淞南、庙行、月浦、盛桥5公社的112个生产队境地归为吴淞区,致使本县与吴淞区辖地又重复。为解决这一"一块土地,两个主人"的矛盾,为发展区、县经济,促进城乡一体化,以利于经济体制改革和政治体制改革的深入进行,也利于上海城市总体规划的实施,1988年1月国务院批准撤销宝山县和吴淞区,组建一个城乡结合的新区——宝山区。全县辖有6个县属镇,17个乡。6个县属镇即:城厢、罗店、江湾、大场、五角场、杨行镇。17个乡即:吴淞、月浦、盛桥、罗泾、罗店、罗南、刘行、顾村、蕰塘、大场、彭浦、庙行、淞南、江湾、五角场、长兴、横沙。另有1个市属农场。

据1987年统计,全县总人口数为341 490人。

2. 方言概况

本县方言属吴方言上海话区,除了长兴、横沙两岛属崇明方言外,陆

上以蕰藻浜为界,可分为南北两大片。北片和南片最重要的差别是:

(1) 声母

南片(包括北片的顾村)有缩气塞音声母,而北片(不包括顾村)则没有。不过北片县城、月浦、盛桥三乡在少数老年人中还有一些不明显的缩气发音残留。

(2) 韵母

① 北片(包括顾村),"九"、"居"的韵母都是[y],而南片"九"、"优"的韵母是[iɤ],而"居"的韵母是[y]。

② "欧"的韵母除吴淞、顾村两地分别是[eᴵ][e]外,北片均为[ʌᴵ](县城除外),而南片皆为[ɤ]。

(3) 声调

北片都是流感声调:阴平、阳平、阴上、阳去、阴入、阳入。南片都是五个声调:阴平、阴去、阳去、阴去、阳入。南片声调与市区相同。

(二) 宝山城厢镇老派音系(发音人甲)

1. 声母表(27个)

p 波布包	pʰ 破铺拍	b 婆部白	m 麻妈买	f 飞夫方	v 未维微
d 多爹当	tʰ 土太汤	d 大度踏	n 努脑纳		l 炉路吕
ts 早找节	tsʰ 粗初七			s 素少小	z 曹朝齐
tɕ 鸡姜菊	tɕʰ 欺羌缺	dʑ 骑强局	ȵ 泥娘肉	ɕ 戏响血	
k 歌高过	kʰ 苦可枯	g 茄葵轧	ŋ 牙瓦熬	h 好吼喊	ɦ 华下易
ø 衣乌欧					

2. 韵母表(42个)

ɿ 知资是猪	i 地低比米	u 初过故多	y 迂椅秋靴
a 鞋泰拉矮	ia 借野谢写	ua 怪坏乖快	
ɔ 保桃烧刀	iɔ 条苗焦标		
o 爬花怕遮			
ᴇ 胆菜者兰	iᴇ 也念陷	uᴇ 关筷环还	
ø 醉短端团			yø 元捐权软
	iɪ 燕炎且烟		
ɐi 美对头手		uɐi 贵块官归	
ã 庚张硬浜	iã 养良将枪	uã 横	
ɑ̃ 帮双胖方	iɑ̃ 旺	uɑ̃ 光广匡狂	

(续表)

əŋ 根深登本	iŋ 心英银运	uəŋ 温滚昏困	
oŋ 翁从捧东			yoŋ 容兄君穷
aʔ 百麦夹法	iaʔ 药甲协掠	uaʔ 刮挖划豁	
oʔ 北各掇竹			yoʔ 肉浴局菊
əʔ 设脱刻不	iəʔ 吃	uəʔ 国阔骨忽	
	iiʔ 踢力密毕		
əl 耳儿二	m̩ 呒~姆~妈	ŋ̍ 鱼五午端~	

3. 声调表（6个）

调　类	调　值	例　字
阴平	53	东拎帮知飞天花相专
阳平	31	同年劳齐爬陈穷虫从
阴上	35	懂去少看广改可报信
阳上	13	洞让运队蛋米办老定
阴入	ʔ55	足决铁击笔竹黑急七
阳入	ʔ12	浊木局热敌六入合毒

（三）宝山城厢镇老派音系（发音人乙）

1. 声母表（27个）

p 包八	pʰ 抛拍	b 袍白	f 夫法	v 扶微	m 毛袜	
t 刀答	tʰ 讨塔	d 桃踏			n 脑纳	l 捞辣
ts 早精	tsʰ 草清		s 少辛	z 曹秦		
tɕ 娇经	tɕʰ 巧轻	dʑ 桥琴	ɕ 晓兴		ȵ 尼女	
k 高割	kʰ 考刻	g 搞轧	h 奻喝	ɦ 丁合胡	ŋ 熬额	
ʔ 烟鸭						

声母说明：

边音和鼻音分为两套，一套配阴调类，即ʔl、ʔm、ʔn、ʔȵ、ʔŋ，一套配阳调类，即ɦl、ɦm、ɦn、ɦȵ、ɦŋ。本文只写成l、m、n、ȵ、ŋ，用声调的阴阳来区别它们的不同。

2. 韵母表（41个）

阴声韵	ɿ 兹吹是	i 地低去	ᵒu 初河过	y 迂椅秋
	ɪ 燕炎且			
	ɑ 他鞋泰	iɑ 借姐野	uɑ 怪坏	
	ɔ 保桃烧	iɔ 条苗焦		
	ᴇ 胆菜者	iᴇ 也念陷		
	ø 短罪端			yø 元玄捐
	ᵘo 爬瓦花			
	e 倍悲		ue 贵块官	
	ʌɣ 斗走			
阳声韵	ã 庚张硬	iã 养娘将	uã 横	
	ɒ̃ 桑帮双	iɒ̃ 旺	uɒ̃ 光广匡	
	əŋ 根登呆	iəŋ 英银云	uəŋ 温滚昏	
	oŋ 翁从			yoŋ 荣兄
入声韵	ᴀʔ 百麦夹	iᴀʔ 药甲协	uᴀʔ 挖刮划	
	əʔ 设脱刻		uəʔ 骨阔	
	oʔ 北各掇	ioʔ 肉浴月		
	ɿʔ 踢力密	iɿʔ 急吃		
声化韵	əl 尔儿而			
其他	m̩ 呒姆		ŋ̍ 鱼五午	

韵母说明：

（1）əŋ、iŋ中的ŋ稍前，近舌面 iŋ中的i近ɪ。

（2）oʔ、ioʔ韵中的个别字（中古铎、觉韵字）有时会读成ɔʔ、iɔʔ，如："各"、"确"偶尔分别读成kɔʔ、tɕʰiɔʔ，但大多数时候读koʔ、tɕʰioʔ。

（3）ɿʔ韵中属舌面的字，读成ieʔ。

（4）ɦᵒu有时亦读成βᵒu。

（5）ᵒu韵在双唇、唇齿音作声母时，也读成u。

3. 声调表（6个）

代 码	调 类	调 值	调 号	例 字
1	阴平	53	˦	东拎

（续表）

代码	调类	调值	调号	例字
2	阳平	31	↘	同年
5	阴去	35	↗	懂去
6	阳去	13	↗	洞让
7	阴入	5̲5̲	ʔ↑	足决
8	阳入	1̲2̲	ʔ↗	浊木

声调说明：

（1）阴平调值在53与52之间。

（2）阴上调值在334与35之间。

（3）阳去调值为113。

（四）宝山城厢镇老派两字组变调（发音人甲）

	阴平 53	阳平 31	阴上 35	阳上 13	阴去 35	阳去 13	阴入 ʔ5̲5̲	阳入 ʔ1̲2̲
阴平 53	55 香烟	21 天骄	55 辛苦	22 修养	55 相信	22 方便	55 中国	ʔ1̲2̲ 中学
阳平 31	24 同乡	53 羊毛	24 牙齿	44 牛奶	24 名片	44 长命	24 头发	ʔ2̲1̲ 同学
阴上 35	35 火车	21 海员	A22 44 B55 21 A厂长 B草纸	等待	33 广告	44 草地	35 粉笔	ʔ2̲1̲ 小麦
阳上 13	24 尾巴	21 老人	A22 44 A雨伞 B老虎	B24 44 A妇女 B道理	22 眼镜	44 马路	35 满足	ʔ2̲1̲ 老实
阴去 35	35 教师	21 教员	A55 21 A信纸 B处长	B34 44 A报社 B创造	A唱片 B奋斗	A态度 B炸弹	35 建筑	ʔ2̲1̲ 快活
阳去 13	24 认真	21 旧年	A22 44 A外省 B字典	B24 44 A内弟 B现在	A代替 B浪费	A外地 B命令	24 办法	ʔ2̲1̲ 大麦
阴入 ʔ5̲5̲	ʔ3̲3̲ 北方	53 足球	脚底	ʔ4̲4̲ 接受	44 国庆	革命	ʔ5̲5̲ 法国	ʔ2̲1̲ 克服
阳入 ʔ1̲2̲	ʔ2̲2̲ 月光	24 月台	ʔ2̲2̲ 24 日本	木马	ʔ2̲2̲ 24 白布	木料	ʔ2̲1̲ 合作	ʔ2̲4̲ 腊肉

（五）宝山县城方音的年龄层次差异

宝山县城方言历来受市区方言的影响比较大，因此即使老年人音系也在向市区倾斜。近年来，随着宝钢建设以及县城地区划归为市区，语音的变化加快了。县城区里的青年，在语音方面，除了还保留着老派的变调类型外，在声、韵、调方面，已经基本上市区化了。

1. 声母方面的差异

（1）老派（60岁以上）分尖团，新派（25岁以下）已经完全不分尖团。因此新派把老派的[zi]念成了[ʑi]。

	九	酒	结	节	情
老派	tɕy	≠ tsy	tɕiɪʔ	≠ tsɿʔ	ziŋ
新派	tɕy		tɕiɪʔ		ʑiŋ

（2）新派中，部分疑母字失去了[ŋ]声母，而代之以[ø]。如"偶"，老派念[ŋ]，新派念[ø]。

2. 韵母方面的差异

（1）新派没有[ɪ]韵，[ɪ]归[i]。

	披	偏	西	先
老派	pʰi	≠ pʰɪ	si	≠ sɪ
新派	pʰi		ɕi	

（2）新派没有[io]韵，[io]归[o]。老派的[ᵘo]，新派念[o]。

	沙	巴	瓜	画
老派	sio	pᵘo	kᵘo	ɦᵘo
新派	so	po	ko	ɦo

（3）老派的[ã]和[ɔ̃]，新派合并为[ã]。

	浜	帮	打	党
老派	pã	≠ pɔ̃	tã	≠ tɔ̃
新派	pã		tã	

（4）老派的[ʌʔ]、[əʔ]，新派并为[ɐʔ]。

（5）老派的[uɐʔ]，新派读成[uoʔ]。

	国	阔	骨	活
老派	kuəʔ	kʰuəʔ	kuəʔ	ɦuəʔ
新派	kuoʔ	kʰuoʔ	kuoʔ̃	ɦuoʔ

（6）老派的[ᵒu]，新派读成[u]。

	初	过
老派	tsʰᵒu	kᵒu

新派　　tsʰəu　　kəu

（7）老派[iAʔ]韵中的个别字，新派念成[iɪʔ]韵。

　　　　　　协　　　　剧
老派　　　ɦiAʔ　　　dʑiAʔ
新派　　　ɦiɪʔ　　　dʑiɪʔ

3. 声调方面的差异

老派是六个声调。新派与市区同，是五个声调，即阳平并入阳去，调值是13。

4. 字音方面的差异

在新派中，某些字的字音如同市区新派中的一样，出现了与老派发音不同的变体字音，这显然是受了普通话的影响。

　　　　　　弱　　　　如　　　　泼　　　　活
老派　　　zAʔ　　　　zɿ　　　　pʰəʔ　　　vəʔ
新派　　　loʔ　　　　lu　　　　pʰoʔ　　　voʔ

（六）宝山县城新派方音结构

1. 声母韵母拼合关系

		开		齐		合		撮		自成音节
		ɿ	其他	i	i-	u	u-	y	y-	
p系	p pʰ b m		拜	比	表	布				
	f v		放	飞	麨	武				
t系	t tʰ d		汤	低	吊	土				
	n		乃			奴				
	l		拉	里	料	路		刘		
ts系		知	壮	济	小	做		秋		𠯁姆
tɕ系				机	叫			区	捐	
k系			刚			古	贵			
ʔ系	ʔ		盎	衣	要	乌	温	迂		
	h		亨			货	昏		远	
	ɦ		杭	夷	姚	河	横	有	拳	

2. 声母与声调的配合关系

	阴调类			阳调类		
	平	上	入	平	上	入
p pʰ f ts tsʰ s t tʰ tɕ tɕʰ ɕ k kʰ h ʔ	帮 捞	少	足			
m n ŋ ȵ l						
b v d z dʑ g ɦ				劳 同	让 洞	木 局

3. 韵母与声调的配合关系

声调	阴平	阳平	阴上	阳去	阴入	阳入
阴声调 阳声调	知	齐	走	运		
其他	姆	而		五		
入声调					足	浊

（七）宝山县城新派方言连读变调

1. 两字组连读变调

	阴平	阳平	阴上	阳去	阴入	阳入
阴平	55-31				55-33	55-31
阳平	35-55	33-53			35-31	
阴上	35-31	33-44			35-31	
阳去	35-31	33-53			35-31	
阴入	33-53				55-31	
阳入	22-53				22-55	

两字组连读变调说明：

前字阳平的"35+55"和"33+53"两种变调方式是随意使用的，即两种形式同时存在，但用的较多的是前一种（35+5）。前字阴上与前字阳去的情况也是这样。

2. 三字组连读变调

1阴平	55+55(<u>55</u>)+31(<u>31</u>) 55+33(<u>33</u>)+21(<u>21</u>)	收音机 西北风 天花板 高级社
2阳平	35+55(<u>55</u>)+21(<u>21</u>) 22+55(<u>55</u>)+53(<u>53</u>)	牛奶瓶 猫头鹰 裁缝店 人行道
3阴上	35+55(<u>55</u>)+21(<u>21</u>) 55+33(<u>33</u>)+31(<u>21</u>)	走油肉 驾驶室 可能性 委员会
6阳去	35+55(<u>55</u>)+31(<u>31</u>)	老黄牛 近视眼
7阴入	55+55(<u>55</u>)+31(<u>31</u>)	夹生饭 叔伯母
8阳入	22+55(<u>55</u>)+53(<u>31</u>) 22+22(<u>55</u>)+35(<u>31</u>)	白菜汤 乐口福 绿豆汤 服务员

三字组连读变调说明：

有两种变调形式时,两种形式是随意使用的,但前一种用的较多。

3. 变调举例

二字组：

（1）变调：55(<u>55</u>)+31(<u>31</u>)

　　组合：阴平＋阳平（阴上、阳去、阴入）

　　　　　阴入＋阴入（阳入）

　　举例：飞机　　fi　　tɕi

　　　　　相信　　ɕiã　　ɕiŋ

　　　　　花瓶　　hᵘo　　biŋ

　　　　　猪肉　　tsɿ　　biŋ

　　　　　立刻　　liɪʔ　　kʰəʔ

　　　　　复杂　　foʔ　　zAʔ

（2）变调：55+<u>33</u>

　　组合：阴平＋阴入

　　举例：钢笔　　kɔ̃　　pɪʔ

（3）变调：35+55

　　组合：阳平＋阴入（阴上、阳去）

　　举例：梅花　　me　　hᵘo

　　　　　长城　　zã　　zəŋ

　　　　　文化　　vəŋ　　hᵘo

　　　　　城市　　zəŋ　　zɿ

（4）变调：33（33）+53

　　　　组合：阳平（阳去、阴入）+阴平（阴上、阳上）

　　　　举例：铜板　doŋ　pE

　　　　　　　野菜　ɦia　tsʰE

（八）宝山县南片代表点江湾镇老派音系

1. 声母表（25个）

p 包八	pʰ 抛泼	b 跑拔	f 灰夫	v 胡佛	m 末袜
t 刀答	tʰ 讨塔	d 道踏			n 脑纳
ts 张酒	tsʰ 超取		s 少相	z 祥直	
tɕ 军菊	tɕʰ 腔曲	dʑ 桥琴	ɕ 兄吸		ȵ 纽肉
k 公各	kʰ 空扩	g 共轧	h 好福	ɦ 号雨	
ʔ 烟鸭					

声母说明：

（1）f 在 u 前有时读成 ɸ；ɦ 在 u 前有时读成 β；

（2）tɕ 组偏后，近舌面中。

2. 韵母表（48个）

		ɿ 兹吹斯	i 地低去	ᵘu 初河过	y 迂椅秋
阴声韵		ɨ 变烟且			
		ɑ 他鞋泰	iɑ 借姐野	uɑ 怪坏	
		ɔ 保桃烧	iɔ 条苗焦		
		E 猜难者	iE 也念	uE 还弯惯	
		ø 安罪端			yø 元玄捐
		ᵘo 花挂话			
		e 悲岁半		ue 贵块官	
		ɤ 欧偷走	iɤ 九纽休		
阳声韵		ã 庚张硬	iã 养娘将	uã 横	
		ɔ̃ 刚帮双	iɔ̃ 旺	uɔ̃ 光黄	
		əŋ 根登呆	iəŋ 金君运	uəŋ 困浑滚	
			iŋ 品丁英		
		oŋ 翁从公	ioŋ 雍穷凶		

（续表）

入声韵	aʔ麦	iaʔ药甲协	uaʔ划	
	æʔ尺鸭袜	iæʔ甲剧协	uæʔ刮滑	
	oʔ陆郭服	ioʔ肉月		
	ɔʔ镯各学			
	ɿʔ必力益	iiʔ急吃		
	əʔ孛色鸽		uəʔ阔活	
自成音节	m̩呒姆		ŋ̍鱼五午	əl儿耳

韵母说明：

中的过渡音 -u- 较强调，因此 ᵘo 近 uo。

3. 声调表（5个）

代码	调类	调值	调号	例字
1	阴平	52	˥˨	东拎
5	阴去	34	˧˦	懂去
6	阳去	13	˩˧	洞让
7	阴入	55	˥˥ʔ	足决
8	阳入	23	˨˧ʔ	浊木

声调说明：

阴去近334；阳去近113。

4. 连读变调

（1）两字组变调

	阴平	阴去	阳去	阴入	阳入
阴平		55-31		55-31	
阴去		34-55		35-55	
阳去		23-44		22-55	
阴入	44-53	44-55		44-55	
阳入	22-23			22-34	

（2）三字组变调

1阴平	55+55（55）+31（31） 55+33（33）+21（21）	收音机 工程师 康乐球 通讯社
5阴去	33+55（55）+21（21） 55+33（33）+31（21）	九曲桥 信号灯 组织法 纪念册
6阳去	22+55（55）+21（21）	蚊虫香 马尾松 办公室 电灯泡
7阴入	33+55（55）+21（21）	必需品 八仙桌 接待站 吸引力
8阳入	11+22（22）+23（23）	列宁装 白头发 白毛女 殖民地

（3）变调举例

二字组

① 调式：55 — 31(31)

　　组合：阴平＋阴平(阴去、阳去、阴入、阳入)

　　举例：飞机　fi　tɕi

　　　　　举例　tsɿ　nio?

② 调式：34 — 55（55）

　　组合：阴去＋阴平(阴去、阳去、阴入、阳入)

　　例：太平　tʰɑ　biŋ

　　　　粉笔　fən　pʰɪʔ

③ 调式：23 — 44

　　组合：阳去＋阴平(阴去、阳去)

　　举例：同乡　doŋ　ɕiã

　　　　　社长　ze　tsã

④ 调式：22 — 55

　　组合：阳去＋阴入(阳入)

　　举例：爷叔　ɦiɑ　soʔ

⑤ 调式：44 — 53

　　组合：阴入＋阴平(阴去、阳去)

　　举例：必须　pɪʔ　ɕy

　　　　　接受　tsɪʔ　zɤ

⑥ 调式：44 — 55（55）

　　组合：阴入＋阴入(阳入)(阴平、阴去、阳去)

举例：发福　fæʔ　hoʔ
　　　笔直　pɪʔ　zəʔ
　　　笔头　pɪʔ　dɤ

⑦ 变调：<u>22</u> — 23

　　组合：阳入＋阴平（阴去、阳去）

　　举例：习惯　zɪʔ　kuE

⑧ 变调：<u>22</u> — 34

　　组合：阳入＋阴平（阳入）

　　举例：直接　zəʔ　tsɪʔ
　　　　　学习　ɦɪʔ　zɪʔ

三字组

① 调式：55 — 55(<u>55</u>) — 31(<u>31</u>)

　　组合：阴平＋平去（入）＋平去（入）

　　举例：工程师　koŋ　zəŋ　sɿ
　　　　　西北风　si　poʔ　hoŋ

② 调式：55 — 33(<u>33</u>) — 21(<u>21</u>)

　　组合：阴平（阴去）＋平去（入）＋平去（入）

　　举例：康乐球　kʰoŋ　loʔ　dʑiɤ
　　　　　通讯社　tʰoŋ　siŋ　ze
　　　　　纪念册　tɕi　n̠iE　tsʰæʔ

③ 调式：33(<u>33</u>) — 55(<u>55</u>) — 21(<u>21</u>)

　　组合：阴去（阴入）＋平去（入）＋平去（入）

　　举例：信号灯　siŋ　ɦɔ　təŋ
　　　　　接待站　tsɪʔ　dɛ　zE

④ 调式：22 — 55(<u>55</u>) — 21(<u>21</u>)

　　组合：阳去＋平去（入）＋平去（入）

　　举例：电灯泡　di　təŋ　pʰɔ
　　　　　蚊虫香　məŋ　zoŋ　ɕiã

⑤ 调式：<u>11</u> — 22(<u>22</u>) — 23(<u>23</u>)

　　组合：阳入＋平去（入）＋平去（入）

　　举例：殖民地　zəʔ　miŋ　di
　　　　　列宁装　lɪʔ　n̠iŋ　tsɒ̃

5. 江湾镇方音结构

（1）声母韵母拼合关系

		开		齐		合		撮		自成音节
		ɿ	其他	i	i-	u	u-	y	y-	
ʔb系	ʔb pʰ b m		拜	比	表	布				
	f v		方	飞		武				
ʔd系	ʔd tʰ d		他	低	丁	土				
	n		乃			奴				
	l		拉	里	流	路		吕		
ts系		知	壮	济	酒	做		取		
tɕ系				机	金			居	捐	
k系			刚			古	贵			
ʔ系	ʔ		盎	衣	要	乌	弯	迂	冤	鱼 耳
	h		好				歪			
	ɦ		号	夷	姚		还	雨	元	

（2）声母与声调的配合关系

	阴调类			阳调类	
	平	上	入	去	入
ʔb pʰ f ts tsʰ s ʔd tʰ tɕ tɕʰ ɕ k kʰ h ʔ	帮 捞	懂	急		
m n ŋ ȵ l					
b v d z dʑ g ɦ				劳 洞	木 局

（3）韵母与声调的配合关系

声调	阴平	阴去	阳去	阴入	阳入
阴声调 阳声调	知	走	运		
其他	姆	而	五		
入声调				足	浊

（九）新派宝山话同音字表

说明

（1）字汇先按韵母分部，同韵的字按声母排列，声韵母相同的再按声调排列。

（2）韵母的排列次序是：

ɿ	i	u	y
ᴀ	ia	uᴀ	
o			
ɔ	iɔ		
ɤ	iɤ		
E		uE	
e	iɪ	ue	
ø			yø
ã	iã		
ũ		uã	
əŋ	iŋ	uəŋ	
oŋ			yŋ
ᴀʔ	aʔ	uᴀʔ	
oʔ	ioʔ		
	iɪʔ		
əʔ		uəʔ	
			yoʔ
m̩	n̩	ŋ̍	

（3）声母的排列次序是：

p	pʰ	b	m	f	v
d	tʰ	d	n		l
ts	tsʰ			s	z
tɕ	tɕʰ	dʑ	ȵ	ɕ	
k	kʰ	g	ŋ	h	ɦ
∅					

（4）声调的排列次序是：

阴平53、阴去35、阳上113、阴入 55、阳入 12

（5）字右下的小字是注。有的是这个字构成的例词或例句，有的是说明。注中的代替号（~）代表本字，如："光~火"就是"光光火"。

ɿ

tsɿ⁵³	猪知蜘支枝肢栀资姿咨脂之芝诸蛛株朱珠
tsɿ³⁵	紫智纸姊致子梓置治止址志痣嘴主注~意蛀铸滞制
tsʰɿ⁵³	初雌痴吹
tsʰɿ³⁵	楚础此刺赐翅次耻厕~所齿处杵
tsʰɿ¹¹³	储持
sɿ⁵³	斯撕厮施私师狮司丝思诗梳疏书舒输
sɿ³⁵	黍暑鼠薯世势誓逝
sɿ¹¹³	是氏除竖树~立
sɿ³⁵	四肆~放似祀史使驶始试水
zɿ³⁵	殊
zɿ¹¹³	池驰瓷自迟兹滋慈磁~石字辞词祠寺饲嗣士柿事时鲥市恃锄如驻注~解厨橱住柱

i

pi³⁵	敝弊币毙闭彼俾鄙比篦
pʰi⁵³	批披
pʰi³⁵	譬屁
bi¹¹³	皮疲脾被~子婢避
mi³⁵	迷谜弥
mi¹¹³	米味
fi⁵³	飞非妃
fi³⁵	匪费废肺
vi³⁵	肥
ti⁵³	低堤
ti³⁵	底抵地
ti¹¹³	帝
tʰi⁵³	梯
tʰi³⁵	体替涕剃
di¹¹³	题提啼蹄弟第递
li³⁵	例厉励丽隶离篱璃梨
li¹¹³	犁黎礼利痢厘狸李里理鲤
tɕi⁵³	稽鸡饥~饿基几~乎机讥

tɕi³⁵	祭际挤济剂计继寄技妓己纪记忌既几～个季渐
tɕʰi⁵³	妻凄欺期时～
tɕʰi³⁵	且启企器弃起岂气汽祈
dʑi¹¹³	齐脐奇～怪骑～马岐祁旗其棋
ȵi³⁵	艺
ȵi¹¹³	泥尼呢～绒腻你
ɕi⁵³	西犀溪牺希稀
ɕi³⁵	洗细系戏喜陷馅
i⁵³	医衣依
i³⁵	移易夷姨疑意异遗
i¹¹³	宜仪蚁义议谊倚椅已以

u

pu⁵³	波菠簸播
pu³⁵	补布怖捕
pʰu⁵³	坡铺～设铺店～剖
pʰu³⁵	破谱普浦蒲朴～素
bu¹¹³	婆脯胸～葡菩部簿步埠
mu¹¹³	摩磨魔模墓慕墓幕募母亩牡拇
fu⁵³	肤夫敷麸
fu³⁵	火伙货府俯腑附斧付傅俘赴腐辅富副
vu¹¹³	符扶父无巫诬舞武侮鹉浮妇负阜
tu⁵³	多都
tu³⁵	朵躲惰堕赌堵肚徒途涂图屠
tʰu⁵³	拖
tʰu³⁵	妥椭土吐兔
du¹¹³	大驼驮舵妒杜肚腹～度渡镀
nu³⁵	奴怒努
nu¹¹³	糯
lu³⁵	卢炉芦鲁橹虏卤庐乳
lu¹¹³	罗锣箩螺骡露路
tsu⁵³	租
tsu³⁵	左做祖组阻煮
tsʰu⁵³	搓粗

tsʰu³⁵	醋措错
su⁵³	苏酥
su³⁵	锁琐素诉塑所数
zu¹¹³	坐座助
ʐu³⁵	儒
ku⁵³	歌哥锅姑孤箍辜估～计古股鼓牯
ku³⁵	个～人过戈果裹故固顾雇谷
kʰu⁵³	科颗枯窟
kʰu³⁵	可课苦库裤
ŋu³⁵	误悟蜈吾
ŋu¹¹³	鹅蛾俄饿
hu⁵³	呼
hu³⁵	祸虎
ɦu³⁵	我
ɦu¹¹³	何河荷贺禾和～气吴梧午伍五胡～茄湖糊葫狐壶乎瓠户护互雾务
u⁵³	乌
u³⁵	恶厌～

y

ly³⁵	驴吕旅虑滤
ly¹¹³	缕屡
tɕy⁵³	居拘驹捐
tɕy³⁵	举据锯句卷眷绢跪
tɕʰy⁵³	蛆趋区驱圈
tɕʰy³⁵	取娶趣劝券犬
dʑy³⁵	巨拒距泉倦
dʑy¹¹³	渠聚瞿具惧权拳颧
ȵy³⁵	原源元
ȵy¹¹³	女
ɕy⁵³	虚嘘需须轩宣楦渊靴
ɕy³⁵	絮徐序叙绪许选旋～风玄悬婿蓄畜～牧
ɕy¹¹³	旋～转
y⁵³	於淤
y³⁵	御余与预誉豫愚虞娱遇寓于盂榆愉愈裕喻员圆院缘愿怨袁园

y¹¹³	语雨羽宇禹远~征

A

pA⁵³	爸巴疤
pA³⁵	坝把排摆
pʰA³⁵	派
bA¹¹³	牌罢稗败
mA¹¹³	马码埋买卖
tA³⁵	戴带大~夫
tʰA⁵³	他
tʰA³⁵	太泰
nA³⁵	奶
lA⁵³	拉
lA³⁵	癞赖
tsA⁵³	渣斋抓
tsA³⁵	诈债
tsʰA⁵³	岔扯差钗
tsʰA³⁵	蔡
sA³⁵	洒惹傻耍柴
kA⁵³	加嘉家傢痂街
kA³⁵	假贾稼嫁架驾价介界疥芥戒届解~开
kA¹¹³	茄
kʰA³⁵	卡
ŋA³⁵	牙芽衙涯崖
ŋA¹¹³	外
ɦA¹¹³	蟹
A¹¹³	鞋矮

ia

tia⁵³	爹
tɕia⁵³	皆阶佳
tɕia³⁵	姐借甲胛
hia³⁵	霞瑕遐械

ɦia¹¹³ 写邪斜谢
ia⁵³ 鸦丫
ia³⁵ 雅哑爷耶也野夜
ia¹¹³ 亚

uA

tsuA³⁵ 爪
suA³⁵ 帅率~领
kuA⁵³ 乖
kuA³⁵ 寡剐怪挂
kʰuA³⁵ 垮快筷
huA⁵³ 歪
uA⁵³ 蛙
uA³⁵ 怀槐淮坏
uA¹¹³ 瓦

o

po³⁵ 把
pʰo³⁵ 怕帕
bo¹¹³ 爬琶杷鲍
mo³⁵ 麻
mo¹¹³ 骂
tso⁵³ 蔗遮
tso³⁵ 炸查
tsʰo⁵³ 叉差车
tsʰo³⁵ 锉错
so⁵³ 沙纱舍~弃
so³⁵ 社晒
zo³⁵ 蛇射
zo¹¹³ 茶搽
ko⁵³ 瓜
ko³⁵ 卦
kʰo⁵³ 夸
kʰo³⁵ 跨

ho⁵³	花
ho³⁵	化
o³⁵	话
o¹¹³	画下夏暇

ɔ

pɔ⁵³	包胞
pɔ³⁵	褒宝保堡报饱豹爆鲍姓
pʰɔ⁵³	抛泡水~
pʰɔ³⁵	泡浸~炮枪~
bɔ¹¹³	袍抱暴跑刨~子
mɔ⁵³	猫
mɔ³⁵	茂贸
mɔ¹¹³	毛冒帽茅锚卯貌矛
tɔ⁵³	刀
tɔ³⁵	岛祷倒到桃逃陶萄道稻导
tʰɔ⁵³	掏涛
tʰɔ³⁵	讨套
dɔ¹¹³	捣滔盗
nɔ¹¹³	脑恼挠阻~闹
lɔ⁵³	捞
lɔ³⁵	涝
lɔ¹¹³	劳~动牢唠老萝
tsɔ⁵³	糟槽朝~夕昭招遭
tsɔ³⁵	早枣躁灶罩照诏
tsʰɔ⁵³	操糙抄超
tsʰɔ³⁵	草燥炒吵
sɔ⁵³	骚梢捎稍潲烧
sɔ³⁵	扫嫂少
zɔ¹¹³	曹槽皂造建造朝~代潮赵兆绍
kɔ⁵³	高膏牙~糕羔
kɔ³⁵	稿告搞
kʰɔ⁵³	敲
kʰɔ³⁵	考烤靠

ŋɔ¹¹³	熬煎~咬
hɔ⁵³	好
hɔ³⁵	耗
ɦɔ¹¹³	豪毫号~码袄懊奥
ɔ³⁵	傲

iɔ

piɔ⁵³	标彪
piɔ³⁵	表瓢嫖
pʰiɔ⁵³	飘漂~浮
pʰiɔ³⁵	漂~白漂~亮票
miɔ³⁵	苗描秒貌渺庙妙
tiɔ⁵³	刁貂雕~刻
tiɔ³⁵	钓吊~桥条调掉
tʰiɔ⁵³	挑
tʰiɔ³⁵	跳
liɔ³⁵	燎疗辽聊撩寥了料
siɔ³⁵	巢
tɕiɔ⁵³	交郊胶教焦蕉椒娇骄浇
tɕiɔ³⁵	绞狡搅教~育酵校~对较觉睡~窖樵乔桥侨荞轿缴侥叫
tɕʰiɔ⁵³	锹缲
tɕʰiɔ³⁵	巧窍
ȵiɔ³⁵	尿
ȵiɔ¹¹³	绕饶挠鸟
ɕiɔ⁵³	消宵霄销萧箫削
ɕiɔ³⁵	效校~学小笑晓
iɔ⁵³	妖邀要~求腰幺
iɔ³⁵	淆肴要~重耀鹞尧
iɔ¹¹³	摇谣窑遥姚舀

ɤ

mɤ³⁵	谋某
fɤ³⁵	否
tɤ⁵³	兜

tɤ³⁵	斗抖陡头投豆痘
tʰɤ⁵³	偷
tʰɤ³⁵	透
lɤ³⁵	楼搂~抱篓漏陋
tsɤ⁵³	肘昼邹周舟州洲
tsɤ³⁵	走奏皱骤帚咒
tsʰɤ⁵³	抽
tsʰɤ³⁵	凑丑臭
sɤ⁵³	搜馊收
sɤ³⁵	绸稠筹瘦漱手首守兽受寿授售
sɤ¹¹³	愁仇报~酬
zɤ¹¹³	柔揉
kɤ⁵³	勾~销钩沟
kɤ³⁵	狗苟够购构媾
kʰɤ¹¹³	口叩扣寇
hɤ³⁵	吼
hɤ³⁵	厚后先~候
ɦɤ¹¹³	侯喉猴
ɤ⁵³	欧
ɤ³⁵	藕偶呕殴

iɤ

liɤ⁵³	溜~冰
liɤ³⁵	流硫琉刘留榴柳
tɕiɤ⁵³	纠鸠究
tɕiɤ³⁵	酒九久灸韭救
tɕʰiɤ⁵³	秋丘
dʑiɤ¹¹³	就囚泅求球臼舅咎旧柩
ɲiɤ³⁵	扭钮牛
ɕiɤ⁵³	修羞休
ɕiɤ³⁵	秀绣锈宿星~袖朽嗅
iɤ⁵³	忧优悠幽
iɤ³⁵	尤邮有友又右佑犹由油游诱釉幼

E

pE⁵³	班斑颁扳
pE³⁵	扮办瓣板版
mE³⁵	慢漫幔
mE¹¹³	迈曼蔓
mE³¹	蛮
fE⁵³	帆番_更_翻
fE³⁵	反_复_返贩
vE³⁵	烦繁矾饭
vE¹¹³	泛凡犯范万
tE⁵³	担_任_丹单耽_搁_
tE³⁵	待怠代袋胆担_挑_旦檀弹_琴_坛但蛋弹_药_
tE¹¹³	谭坛谈痰淡
tʰE⁵³	胎滩摊
tʰE³⁵	态毯坦炭叹
tʰE¹¹³	探
dE¹¹³	贷台_戏_苔抬
nE⁵³	拿
nE³⁵	耐奈难
nE¹¹³	乃
lE³⁵	兰拦栏
lE¹¹³	来蓝篮览揽榄滥缆懒烂
tsE⁵³	灾栽
tsE³⁵	宰载_重_再斩蘸赞瓒盏者
tsE¹¹³	在载_满_
tsʰE⁵³	猜搀_扶_
tsʰE³⁵	彩采睬菜惨忏灿铲产
sE⁵³	腮鳃三杉衫山删筛
sE³⁵	赛豺碎馋陕闪散伞
sE¹¹³	才_华_财材裁
zE¹¹³	暂站赚残栈缠
kE⁵³	该监_狱_奸_淫_
kE³⁵	改概盖_遮_丐俭

kɛ¹¹³	减碱
kʰɛ⁵³	开堪铅
kʰɛ³⁵	慨楷坎砍舰
ŋɛ³⁵	碍眼颜沿
ŋɛ¹¹³	癌岩
hɛ³⁵	喊衔衔冤
hɛ¹¹³	海害
ɦɛ³⁵	闲限
ɦɛ¹¹³	孩咸
ɛ⁵³	挨哀
ɛ³⁵	艾~草
ɛ¹¹³	爱

uɛ

kuɛ⁵³	关
kuɛ³⁵	拐~杖惯
ɦuɛ¹¹³	环
uɛ⁵³	弯湾
uɛ³⁵	患宦
uɛ¹¹³	还婉顽幻

e

pe⁵³	杯背~负碑卑悲
pe³⁵	辈背~诵背~脊被迫贝
pʰe⁵³	坯
pʰe³⁵	配佩沛
be¹¹³	培陪赔焙倍备
me³⁵	每眉霉
me¹¹³	梅枚媒煤妹昧美
te⁵³	堆
te³⁵	对碓队兑
tʰe⁵³	推
tʰe³⁵	腿退蜕
de¹¹³	颓

ne¹¹³	内
le³⁵	雷累垒
le¹¹³	类泪
tse⁵³	追
tse³⁵	赘醉坠
tsʰe⁵³	催崔
tsʰe³⁵	脆翠
tse⁵³	虽绥衰
se³⁵	岁税随隋穗遂隧锤槌谁
se¹¹³	锐垂睡瑞蕊
ze¹¹³	罪

iɪ

piɪ⁵³	鞭编边蝙
piɪ³⁵	贬变便₂~扁匾
pʰiɪ⁵³	篇偏
pʰiɪ³⁵	骗遍片
biɪ¹¹³	便~宜辨辩辫
miɪ³⁵	棉绵免勉娩缅面脸~
miɪ¹¹³	眠面~粉
tiɪ³⁵	点店颠典
tiɪ¹¹³	甜
tiɪ³⁵	田填电殿奠佃垫
tʰiɪ⁵³	添天
tʰiɪ¹¹³	舔
liɪ³⁵	廉镰帘敛连联怜莲恋
liɪ¹¹³	脸练炼
tsiɪ³⁵	鉴
ziɪ¹¹³	贱饯
tɕiɪ⁵³	尖兼间艰奸煎肩坚寂
tɕiɪ³⁵	渐钳简柬拣剪箭溅践乾~坤虔件建健荐茧见
tɕiɪ¹¹³	检俭剑
tɕʰiɪ⁵³	歼签纤谦迁千·牵去除~
tɕʰiɪ³⁵	潜歉浅乞去来~

tɕʰiɪ¹¹³	欠
n̠iɪ⁵³	粘~贴拈碾
n̠iɪ³⁵	黏~土年研砚
n̠iɪ¹¹³	验严念
ɕiɪ⁵³	仙鲜掀先
ɕiɪ³⁵	癣线羡宪献显
ɕiɪ¹¹³	险钱前
hiɪ⁵³	烟燕
hiɪ³⁵	贤弦现咽吞~宴~会县眩益亦译易交~
iɪ⁵³	淹腌~肉阉
iɪ³⁵	厌艳焰雁晏谚延筵演言逸
iɪ¹¹³	掩炎盐檐阎嫌乙

ue

tsue⁵³	锥
tsue³⁵	最
tsʰue⁵³	炊
kue⁵³	规归
kue³⁵	魁诡轨癸葵逵柜鬼贵
kʰue⁵³	亏窥
kʰue³⁵	溃会~计块奎愧
hue⁵³	恢灰挥辉徽
hue³⁵	悔毁
ue⁵³	危微威
ue³⁵	桅回茴汇会开~会不~绘惠慧伪喂为尾未魏讳畏慰违围伟苇纬胃谓
ue¹¹³	贿彗卫委位维唯惟

ø

pø⁵³	般搬
pø³⁵	半绊
pʰø⁵³	攀扳潘
pʰø³⁵	盼判叛
bø¹¹³	盘伴拌

mø³⁵	瞒
mø¹¹³	满
tø⁵³	端
tø³⁵	短团
tø¹¹³	断锻段缎
tʰø⁵³	贪
nø³⁵	男南
nø¹¹³	暖软
lø¹¹³	乱
tsø⁵³	毡钻转专砖
tsø³⁵	占~领瞻展战篆
tsʰø⁵³	参川穿
tsʰø³⁵	颤篡喘串
sø⁵³	酸闩
sø³⁵	蚕扇算蒜传椽船
sø¹¹³	蝉禅善
zø¹¹³	染冉然燃
tɕʰø⁵³	餐
kø⁵³	甘柑干~涉干~燥竿杆~旗肝杆~笔秆~麦[赶]官观~看冠~衣~棺
kø³⁵	感敢干~劲管馆贯罐灌观~寺冠~军
kʰø⁵³	看~守刊宽
kʰø³⁵	堪看~见款
hø⁵³	虾欢
hø³⁵	含函罕汉旱
ɦø¹¹³	寒韩汗翰
ø⁵³	庵安鞍按案
ø³⁵	岸完丸桓碗惋腕晚挽
ø¹¹³	暗唤焕缓皖换

yø

| yø⁵³ | 冤 |

ã

| bã¹¹³ | 彭膨朋鹏碰棚 |

mã¹¹³	孟_姓
tã³⁵	打~击
lã³⁵	冷
tsã⁵³	张睁
tsã³⁵	长~生~涨帐~蚊~账~目胀~膨~
tsã¹¹³	仗~仗
tsʰã³⁵	撑~支~畅
sã⁵³	生甥牲
sã³⁵	省~节~
sã¹¹³	长~短肠场丈杖~依
kʰã³⁵	坑
ɦã¹¹³	硬
ã⁵³	杏

iã

liã¹¹³	良凉梁粮梁量两亮谅
siã³⁵	鲞
tɕiã⁵³	疆僵姜将~来浆酱将~大
tɕiã³⁵	蒋桨奖匠降~落
tɕʰiã⁵³	羌枪腔
tɕʰiã³⁵	抢~夺
dʑiã¹¹³	强墙
ȵiã¹¹³	让娘酿
ɕiã⁵³	香乡相箱厢湘镶
ɕiã³⁵	享响想巷
ɕiã¹¹³	详祥翔像橡象
ɦiã¹¹³	降~投~
iã⁵³	央秧怏
iã³⁵	羊洋杨扬阳烊养痒恙样
iã¹¹³	仰

ã

pã⁵³	邦帮
pã³⁵	绑榜旁螃蓬篷

pʰã³⁵	胖	
bã¹¹³	庞棒蚌	
mã³⁵	往忙芒茫莽蟒	
mã¹¹³	网忘望妄盲虻	
fã⁵³	方肪芳	
fã³⁵	仿放妨纺访	
vã¹¹³	防房亡芒	
tã⁵³	当_应~_	
tã³⁵	党挡_阻~_当_上~_	
tʰã⁵³	汤	
tʰã³⁵	躺烫趟	
dã¹¹³	堂棠唐塘糖荡_浩~_	
nã¹¹³	囊瓤	
lã³⁵	狼郎廊螂浪	
tsã⁵³	桩赃庄装章樟障	
tsã³⁵	壮掌	
tsʰã⁵³	窗仓苍疮创_~伤_昌	
tsʰã³⁵	闯创_~造_厂唱倡_提~_	
sã⁵³	双桑丧霜商伤	
sã³⁵	爽赏	
zã¹¹³	撞葬藏脏_五~_床状常尝偿裳上尚	
kã⁵³	江冈_山~_刚纲钢_~铁_缸杠_~杆_	
kã³⁵	讲港	
kʰã⁵³	康糠慷	
kʰã³⁵	抗囥	
ŋã³⁵	昂	
ɦã¹¹³	行_银~_杭航项	

uã

kuã⁵³	光	
kuã³⁵	广狂	
kʰuã⁵³	筐框况	
kʰuã³⁵	旷矿	
huã⁵³	荒慌	

huã³⁵	谎恍晃摇~
huã³⁵	黄簧皇蝗横~竖
uã⁵³	汪旺
uã³⁵	枉王往

əŋ

pəŋ⁵³	奔~跑崩绷
pəŋ³⁵	本盆笨
pʰəŋ⁵³	喷
məŋ⁵³	闷
məŋ³⁵	门问萌盟蒙猛
fəŋ⁵³	分芬纷忿
fəŋ³⁵	粉粪奋愤
vəŋ³⁵	坟焚
vəŋ¹¹³	份
təŋ⁵³	敦~厚墩蹲登灯
təŋ³⁵	顿屯~田臀盾人名囤沌遁钝等凳
təŋ¹¹³	盾矛~
tʰəŋ⁵³	吞
dəŋ¹¹³	腾誊滕邓姓
nəŋ³⁵	能
nəŋ¹¹³	嫩
ləŋ³⁵	崙论讨~轮伦沦棱~角
tsəŋ⁵³	珍真尊遵增曾~孙征征求蒸争筝贞侦蜇针斟
tsəŋ³⁵	镇诊疹振震准赠证~明症病郑正整政枕
tsʰəŋ⁵³	村椿春称秤
tsʰəŋ³⁵	趁衬寸剩
tsʰəŋ¹¹³	蠢
səŋ⁵³	身申伸孙僧升声森参人~深
səŋ³⁵	陈尘阵神晨辰臣损榫唇胜~败承丞呈程成城诚盛沉渗甚审姙沈
səŋ¹¹³	肾慎乘绳塍圣
zəŋ³⁵	刃认韧惩澄橙
zəŋ¹¹³	忍存顺纯润闰曾~经层仍扔任责~
kəŋ⁵³	更羹庚耕跟根

kəŋ³⁵	梗梗耿
kʰəŋ³⁵	肯恳垦啃
həŋ³⁵	很
ɦəŋ³⁵	恒衡痕恨横蛮~

iŋ

piŋ⁵³	宾彬槟冰兵拼~凑姘
piŋ³⁵	禀贫频凭秉丙平评坪饼并~且
piŋ¹¹³	并
pʰiŋ³⁵	品聘
biŋ¹¹³	病瓶屏萍
miŋ³⁵	民闽敏悯明鸣命名铭冥
tiŋ⁵³	丁钉铁~
tiŋ³⁵	顶鼎订~住
tʰiŋ⁵³	听厅汀
tʰiŋ³⁵	艇挺
diŋ¹¹³	亭停~止廷庭蜓定
liŋ³⁵	临林淋邻磷~火陵凌菱领岭令灵铃零另
tsiŋ⁵³	津精晶睛
tsiŋ³⁵	进晋井
tsʰiŋ⁵³	亲清
tsʰiŋ³⁵	请
tɕiŋ⁵³	今金襟禁巾斤筋京荆惊经茎
tɕiŋ³⁵	浸锦紧仅劲有~景警境竟镜敬颈劲~敌
tɕʰiŋ⁵³	钦卿轻青蜻倾顷
tɕʰiŋ³⁵	侵寝庆
dʑiŋ³⁵	秦尽
dʑiŋ¹¹³	琴禽擒勤芹近谨竞情晴静靖净
ȵiŋ³⁵	银凝宁安~
ȵiŋ¹¹³	人仁
ɕiŋ⁵³	心辛新薪兴星腥馨
ɕiŋ³⁵	寻信衅省反~性姓醒
ɕiŋ¹¹³	引形刑型行~为幸
iŋ⁵³	音阴因姻洇殷应~当鹰英婴缨樱莺鹦

iŋ³⁵ 吟淫印寅隐蝇影盈赢营颖萤
iŋ¹¹³ 饮～水尹姓

uəŋ

kuəŋ³⁵ 滚棍
kʰuəŋ⁵³ 昆崑坤
kʰuəŋ³⁵ 捆困
huəŋ⁵³ 昏婚荤
huəŋ³⁵ 浑魂馄混
uəŋ⁵³ 温瘟瓮翁
uəŋ³⁵ 文蚊纹闻耳～稳

yŋ

tɕyŋ⁵³ 均钧君军
tɕyŋ³⁵ 俊群裙
ɕyŋ⁵³ 熏勋薰
ɕyŋ³⁵ 循旬巡训迅讯
ɦyŋ¹¹³ 匀允
yŋ⁵³ 晕～厥韵运
yŋ³⁵ 云熨孕

oŋ

pʰoŋ³⁵ 捧
moŋ¹¹³ 梦
foŋ⁵³ 风疯丰～收封峰锋蜂
foŋ³⁵ 讽
voŋ¹¹³ 冯凤逢缝～补奉缝～隙俸
toŋ⁵³ 东冬
toŋ³⁵ 董懂冻栋
tʰoŋ⁵³ 通
tʰoŋ³⁵ 痛统
doŋ¹¹³ 同桶铜桐童瞳筒动洞
noŋ³⁵ 农脓
noŋ¹¹³ 弄～坏浓

loŋ³⁵	龙陇垄
loŋ¹¹³	笼聋拢隆
tsoŋ⁵³	棕鬃宗综中~当~忠衷终踪钟锺盅
tsoŋ³⁵	总粽~子中~射纵种~植
tsoŋ¹¹³	仲
tsʰoŋ⁵³	聪匆葱囱充
tsʰoŋ³⁵	宠
soŋ⁵³	松
soŋ³⁵	送宋耸诵颂讼
zoŋ¹¹³	丛虫崇众从~服重
koŋ⁵³	公工功攻蚣弓躬宫
koŋ³⁵	贡汞恭供拱巩
kʰoŋ⁵³	空~虚
kʰoŋ³⁵	空~缺孔控恐
goŋ¹¹³	共
hoŋ⁵³	烘轰
hoŋ³⁵	弘宏
ɦoŋ¹¹³	红洪鸿虹

ioŋ

dʑioŋ³⁵	琼穷
ȵioŋ³⁵	戎
ȵioŋ¹¹³	茸
ɕioŋ⁵³	兄凶匈胸
hioŋ⁵³	拥
ɦioŋ¹¹³	用
ioŋ³⁵	荣永泳咏熊雄融容溶熔勇涌~现踊甬

ɐʔ

pɐʔ⁵	八百柏伯
bɐʔ¹	拔钵
mɐʔ¹	抹袜陌麦脉
fɐʔ⁵	发
fɐʔ¹	法

vɐʔ¹　　乏伐罚筏
tɐʔ⁵　　搭答
tʰɐʔ⁵　　塌塔榻獭
tʰɐʔ¹　　踏
dɐʔ¹　　达
nɐʔ¹　　纳
lɐʔ¹　　腊~月蜡~烛鑞辣
tsɐʔ⁵　　扎~针
tsʰɐʔ⁵　　插擦察
sɐʔ⁵　　霎杀煞刷
zɐʔ¹　　杂闸炸~油铡着若弱宅窄
kɐʔ⁵　　夹
hɐʔ⁵　　渴瞎吓赫
ɦɐʔ¹　　洽
ɐʔ⁵　　阿鸭押压

iaʔ

tɕiaʔ⁵　　脚
tɕʰiaʔ⁵　　掐恰却确
dʑiaʔ¹　　剧
ɲiaʔ¹　　虐
ɕiaʔ¹　　峡辖嚼
iaʔ⁵　　约
iaʔ¹　　药钥

uɐʔ

ɦuɐʔ¹　　划计~
uɐʔ⁵　　挖
uɐʔ¹　　滑猾

oʔ

poʔ⁵　　剥北
pʰoʔ⁵　　颇泼扑仆~人迫魄
boʔ¹　　博薄驳

moʔ¹	沫末摸膜莫漠墨默木目牧穆没沉~
foʔ⁵	缚福复腹覆服伏降~
voʔ¹	佛
tʰoʔ⁵	脱托秃
doʔ¹	夺独读牍督笃毒
noʔ¹	诺
loʔ¹	洛落骆络烙酪乐快~鹿禄六陆大~绿录
tsoʔ⁵	著显~桌卓作捉族竹筑建~祝粥足烛嘱
tsʰoʔ⁵	撮戳畜~生促触
soʔ⁵	蓑梭索朔速肃宿~舍缩叔粟束
zoʔ¹	昨凿勺啄浊镯逐轴熟俗续赎属蜀辱褥
koʔ⁵	郭角谷
kʰoʔ⁵	扩廓壳哭酷
hoʔ⁵	豁忽
goʔ⁵	窝蜗
ɦoʔ¹	卧霍获收~学沃
oʔ⁵	恶握屋

ioʔ

tɕioʔ⁵	橘觉感~菊
tɕʰioʔ⁵	缺屈麴曲
dʑioʔ¹	掘决局
ȵioʔ¹	肉玉狱
ɕioʔ⁵	血恤戌旭削
ɦioʔ¹	月越穴岳郁姓乐音~育欲浴跃
ioʔ¹	疫役域

iɪʔ

piɪʔ⁵	臂鳖笔毕必逼碧壁
pʰiɪʔ⁵	匹僻辟开~劈
biɪʔ¹	鼻别
miɪʔ¹	秘~书泌灭密蜜觅
tiɪʔ⁵	跌滴的目~
tʰiɪʔ⁵	贴帖铁踢剔惕

diɪʔ¹	叠蝶碟谍敌狄笛耀
lıɪʔ¹	立粒笠荔猎列烈裂劣栗律率效率力历吏
ziɪʔ¹	籍~贯
tɕiɪʔ⁵	急级给接揭节即鲫积迹脊绩激击
tɕiɪʔ¹	劫截
tɕʰiɪʔ⁵	泣切契~约妾怯切~开窃七漆戚吃
dʑiɪʔ¹	集辑及捷杰竭结洁鏴镰刀疾吉极屐
ȵiɪʔ¹	聂热孽捏逆溺
ɕiɪʔ⁵	泄卸歇屑悉膝息熄惜昔夕席析锡
ɦiɪʔ¹	噎液腋
iɪʔ⁵	一
iɪʔ¹	叶业忆亿抑翼

əʔ

pʰəʔ⁵	拍
bəʔ¹	勃白帛
vəʔ¹	不物勿
təʔ⁵	得德
dəʔ¹	突特
ləʔ¹	肋勒
tsəʔ⁵	只质稚褶汁执扎~包札哲折浙则织职择泽摘责
tsʰəʔ⁵	撤彻出侧测拆策册栅尺赤
səʔ⁵	赊摄涉涩湿设瑟虱失室塞闭啬色饰式适释说
səʔ¹	赦舍宿~十拾~取实
zəʔ¹	入舌伫日术算~述贼直值食蚀识植殖石
kəʔ⁵	鸽割葛格隔革阁搁各胳
kʰəʔ⁵	磕克刻客
ŋəʔ¹	额腭
həʔ⁵	喝黑
ɦəʔ¹	合~作盒核鹤

uəʔ

| ɕuəʔ⁵ | 薛 |
| kuəʔ⁵ | 国 |

kʰuəʔ⁵　括聒阔
ɦuəʔ¹　活或

　　　　　　　　　　　yøʔ

tɕyøʔ⁵　绝爵
tɕʰyøʔ⁵　雀鹊
ɕyøʔ⁵　雪
yøʔ¹　郁忧~

　　　　　　　　　　　əl

əl²³　而尔儿耳二贰

　　　　　　　　　　　m̩

m̩⁵³　姆
ɦm̩¹¹³　呒

　　　　　　　　　　　n̩

n̩⁵³　嗯

　　　　　　　　　　　ŋ̍

ɦŋ̍¹¹³　五鱼渔

第四章 崇明音系

一、导言

1. 概述

崇明岛位于长江入海口,北边是海门、启东,南边是太仓、宝山、川沙。崇明县是上海市十个郊区之一,但崇明方言比较不易受到外部方言的影响,因而是吴语北部边界地区比较保守、比较古老的很有特点的一种方言。当然,这种情况,由于推广普通话,由于和上海之间政治、经济、文化的频繁往来,正在发生迅速的变化。

崇明方言的特点,和上海话比较起来,是保留古浊塞擦音较多,例如"陈≠神,除≠时,住≠自"等,上海话则"陈=神,除=时,住=自"。还有,崇明方言保留一些古匣喻两母的区别,例如"河≠湖",上海话则"河=湖"。在声调上,崇明方言保留古音平上去入各分阴阳的八个调类,上海话则只有五个调类,八个调类的方言,在全国,已越来越少了。

崇明方言的内部差别不大,崇明城桥镇、堡镇一带的方言,可以代表崇明绝大部分地区的方言。从语音上看,还存在一些小的差别,主要是从五滧往东至陈家镇以南的东南沿海一带,对古东冬唐江韵读音相混的现象,例如:"长工=长江,唐山=铜山",有些合口韵字常有读成h、f不分的情况,例如"小伙子=小夫子,头昏=头分",还有港西、南盘一带,浊塞擦音dz声母字较多,例如"钥匙=药橱,慎重=郑重"。

这里描写的崇明方言的声韵调系统,是以城桥镇、堡镇为基础的方言,在谈内部差异时,就在此基础上,略作比较说明。

2. 音标符号

音标也是符号,用来表示区别。南方方言比较复杂,用普通话的拼音方案或过去的注音字母,都不够描写崇明方言声韵调的类别,与其自己生造音标,不如用现成的国内、国际都通用的国际音标。描写一种语言或方言,根本是在区别出各种不同的声音类别。不习惯看音标的,可以不去认它,只要从例字中辨认出类别就是。

所用符号,凡字下加双线(=)的,表示读书音,字下加单线(-)的,表示口语音。字下加浪线(~)的,表示同音代替字。框框(□)表示没有适当的字可写。不易理解的字或词用小字加注;小字还需要说明的,则用括号括起来的小字加注。个别简化字和原来的繁体字声音不同的,需要用繁体字说明字音时,则仍用繁体字。注释数码置右上角,注文排于文后。

二、老派崇明方言声韵调

1. 声母表(30个)

p 波布饱	pʰ 破铺拍	b 婆部白	m 麻妈买	f 飞反欢	v 未换乏
t 多爹当	tʰ 土太汤	d 大度踏	n 努脑纳		l 炉路吕
ts 做早竹	tsʰ 车初出	dz 才常蛇		s 洒素少	z 坐曹熟
tɕ 鸡姜菊	tɕʰ 欺羌缺	dʑ 骑强局	nʑ 泥娘肉	ɕ 戏响血	ʑ 徐寻斜
k 歌高过	kʰ 苦可库	g 葵环轧	ŋ 芽咬瓦	h 好喊喝	ɦ 下华易
ø 衣奥妖					ɦ 下河

2. 韵母表(41个)

ɿ 朱雌是资	i 衣记欺西	u 波梭哥多	y 于鱼许靴
ɑ 矮排筛拉	iɑ 爷写加谢	uɑ 娃乖歪快	
æ 凡斩三胆		uæ 弯关筷环	
ɔ 袄包少教	iɔ 要小叫巧		
o 哑巴赊挂		uo 话瓜华	
ɛ 爱拜赛玫	iɛ 谐	uɛ 喂怪快坏	
e 暗簪参社	ie 厌见天念	ue 丸官宽欢	
ei 杯碎鱼倍		uei 回归块灰	
			yø 圆捐劝远
			yn 云君裙迅
oŋ 翁风中同			yoŋ 雄龚营浓
ɑʔ 压百石额	iɑʔ 约脚嚼虐	uɑʔ 划碱(裂开)	
æʔ 鸭八闸里		uæʔ 挖滑刮豁	
oʔ 恶北福路		uoʔ 屋握	yoʔ 粤月玉局

（续表）

ɵʔ 扼拨得合	iəʔ 叶踢热铁	uəʔ 活国忽棚桃~	
øʔ 掇说刷割			yøʔ 月越确觉
m̩ 姆~妈	n̩ 吴五你儿	ŋ̍ 鹅梧我悟	

3. 声调表（8个）

调 类	调 值	例 字
阴平	55	东金诗飞西机天花商
阳平	24	铜情时堂陈民茶瓶穷
阴上	424	懂紧水口海极枣广品
阳上	242	动近是咬理养友米老
阴去	33	冻浸四菜信帐唱看报
阳去	313	洞尽自让队蛋字办断
阴入	ʔ55	督急式铁击笔竹发滴
阳入	ʔ22	读及舌热敌毒入六药

4. 老派崇明方言两字组连读变调表

前字 \ 后字	阴平 55	阳平 24	阴上 424	阳上 242	阴去 33	阳去 313	阴入 ʔ55	阳入 ʔ22
阴平 55	55 飞机	55 花瓶	55 工厂	o (轻声) 修养	55 青菜	0 鸡蛋	55 钢笔	ʔ55 科学
阳平 24	24 梅花	55 长城	22 红枣	o 朋友	*24 o 同志	24 33 文化	24 o 黄豆	24 毛笔	ʔ55 同学
阴上 424	42 火车	55 海员	33 厂长	o 改造	42 宝贝	33 草地	42 粉笔	ʔ55 体育
阳上 242	31 米缸	55 肚皮	老虎	31 道理	33 冷气	马路	31 道德	ʔ55 动物
阴去 33	42 55 战争	*33 35 太平	31 报纸	o 报社	42 33 世界	*33 o 态度	政治	42 顾客	ʔ55 教育
阳去 313	31 地方	55 地球	31 队长	33 运动	*24 33 大蒜	31 33 电报	*24 o 豆腐 外地	31 外国	ʔ55 大学
阴入 ʔ55	ʔ55 北方	55 足球	ʔ55 铁板	发动	33 客气	革命	ʔ55 法国	ʔ55 复杂

（续表）

后字 前字	阴平 55	阳平 24	阴上 424	阳上 242	阴去 33	阳去 313	阴入 ʔ55	阳入 ʔ22
阳入 ʔ22	ʔ22 肉丝	55 白糖	ʔ22 日本		33 落后	ʔ22 绿化	33 绿豆	ʔ22 及格	ʔ55 毒药

※"同志"是称呼语,崇明变调例外。

三、新派崇明方言声韵调

1. 声母表（35个）

p 边布	pʰ 偏破	b 盘步	ʔm 免母	ɦm 面慕	f 飞富	v 肥扶
t 单多	tʰ 摊拖	d 蛋大	ʔn 努	ɦn 难糯		
			ʔl 儿鲁	ɦl 乱路		
ts 栽张	tsʰ 猜昌	dz 才常			s 生	z 栽尚
tɕ 记煎	tɕʰ 气千	dʑ 忌	ʔȵ 你粘	ɦȵ 尼年	ɕ 西先	ʑ 徐
k 加革	kʰ 揩克	g 茄	ʔŋ 捱	ɦŋ 牙	h 哈黑	ɦ 鞋核
ø 爱衣乌与				ɦ 唉移胡余		

声母表说明：

（1）ʔm、ʔn、ʔȵ、ʔŋ 是清鼻音,ʔl 是清边音,其中的 ʔ 是表示带紧喉作用而读清音的意思。

（2）ɦm、ɦn、ɦȵ、ɦŋ 是浊鼻音,ɦl 是浊边音,其中的 ɦ 表示带浊流而读浊音的意思。

（3）ø 是零声母,实际上是紧喉音 ʔ,ɦ 是浊流,是和后头元音同部位的浊喉擦音。

（4）v、z、ʑ、ɦ 是开头 u 带有清音的浊擦音。v、z、ʑ 分别相对于同部位的清擦音 f、s、ɕ。ɦ 则既相对于同部位的清擦音 h,又相对于浊流音 ɦ。所以崇明话"呼≠河≠湖"。

2. 韵母表（52个）

ɿ 朱雌梳是	i 衣记欺西	u 乌波梭哥	y 鱼女于许
e 暗簪参社	ie 厌见钳天	ue 丸官宽欢	
ø 安单乱干			yø 圆捐劝愿

（续表）

ɛ 爱拜改	iɛ 谐	uɛ 喂怪快坏	
æ 凡斩三间		uæ 弯关筷环	
ɑ 矮排筛假	iɑ 野爷写加	uɑ 娃乖歪快	
ə 欧斗手勾	iə 由九旧休		
ɔ 袄包少教	iɔ 要小叫巧		
o 哑巴赊挂		uo 话瓜华划	
ei 杯碎鱼虚		uei 回归块灰	
ən 恩本真根	in 音兵星紧	uən 温滚困昏	yn 云君裙勋
ã 樱浜章梗	iã 央强相象	uã 横光矿	
ɔ̃ □那儿	iɔ̃ □这儿		
oŋ 翁虫中风			yoŋ 用雄龚营
əʔ 扼拨得合	iəʔ 叶踢热拾	uəʔ 活国忽棚	
aʔ 鸭拔闸甲		uaʔ 挖滑刮括	
ɑʔ 压百石额	iɑʔ 约脚嚼虐	uɑʔ	
øʔ 掇说刷割			yøʔ 月越确觉
oʔ 恶北福洛		uoʔ 屋握	yoʔ 粤月玉局
m̩ 姆妈	n̩ 吴五你儿	ŋ 鹅梧我悟	

韵母表说明：

（1）u、u-的u是唇齿相接触的ʋ，圆唇度不如u，因而ʋ不常用，故用常见的u。ɔ、iɔ 的ɔ是ɔɔ。

（2）ŋ̊是带圆唇作用的自成音节的舌根鼻音，未列在表内。ŋ是不带圆唇作用的自成音节的鼻音。

3. 声调表（8个）

调类	调值	例字
阴平	55（实际调值为54）	东金诗
阳平	24	铜情时
阴上	424（实际调值为435）	懂紧水
阳上	242（实际调值为241）	动近是
阴去	33	冻浸四

(续表)

调 类	调 值	例 字
阳去	313（实际调值为 213）	洞尽自
阴入	ʔ55 短调	督急式
阳入	ʔ22 短调（实际调值为 ʔ23 短调）	读及舌

4. 声韵调配合关系

（1）崇明方言声母和韵母配合关系表

	开		齐		合		撮		自成音节
	ɿ	其他	i	i-	u	u-	y	y-	
p pʰ b ʔm ʔn		包	必	免	布				
f v		反	飞	芯	扶				
t tʰ d		刀	弟	天	土				
ʔn ɦn		脑			奴				你
ʔl ɦl		兰	里	力	路				
k kʰ g		高	去		古	光			
ʔŋ ɦŋ		咬							我
h		好			呼	欢			
ɦ		豪			何				
ɦ		安	衣	盐	乌	桓	与	远	
tɕ tɕʰ dʑ ʔȵ ɦȵ ɕ ʑ			西	热			句	拳	
ts tsʰ dz s z	除	少			租				

声母和声调的配合关系比较简洁。可归纳如下：

① 凡是清音声母（p、pʰ、f、t、tʰ、ts、tsʰ、s、tɕ、tɕʰ、ɕ、k、kʰ、h、ʔm、ʔn、ʔŋ、ʔȵ、ʔl、ɦ、∅），只拼阴调类（阴平、阴上、阴去、阴入）。例如："波破夫躲妥做醋素骄巧笑更庚康火妈努研鲁安郁"等。

② 凡是浊音声母（b、v、d、dʑ、z、dʑ、z、g、ɦn、ɦm、ɦȵ、ɦn、ɦŋ、ɦl、∅），只拼阳调类（阳平、阳上、阳去、阳入）。例如："婆伏大住熟近徐共鞋马农浓咬六活"等。

（2）崇明方言声母和声调配合关系表

	阴调类 平 上 去 入	阳调类 平 上 去 入
p pʰ f t tʰ ts tsʰ s tɕ tɕʰ ɕ k kʰ h	真 好 试 一	
b v d ɦf ɦ ɦm ɦm ɦn ɦl ɦ		肥 动 路 活

声母和韵母的配合关系比较复杂，现归纳主要的几点如下：

① 从声母看：

p、pʰ、b、ʔm、ɦm、f、v 不拼 ɿ 韵，不拼撮口韵；

ʔn、ɦn 不拼 ɿ 韵，不拼齐齿韵、撮口韵；

t、tʰ、d、ʔl、ɦl 不拼 ɿ 韵，不拼撮口韵；

ts、tsʰ、dz、s、z 不拼齐齿韵、撮口韵；

ʑ 只拼齐齿韵；

tɕ、tɕʰ、dʑ、ʔȵ、ɦȵ、ɕ 只拼齐齿韵、撮口韵；

k、kʰ、g、ɦf 不拼齐齿韵，不拼撮口韵；

h 不拼 ɿ 韵，不拼齐齿韵、撮口韵；

ʔŋ、ɦŋ 不拼 ɿ 韵 u 韵，不拼齐齿韵、撮口韵；

ø、ɦ 不拼 ɿ 韵。

② 从韵母看：

ɿ 韵只拼 ts、tsʰ、dz、s、z；

i 韵和 i 介音不拼 ʔn、ɦn、ʔŋ、ɦŋ、h、ɦɦ，也不拼 ts、tsʰ、dz、s、z；

u 韵不拼 tɕ、tɕʰ、dʑ、ʔȵ、ɦȵ、ɕ、ʑ，也不拼 g、ʔŋ、ɦŋ；

u 介音韵只拼 k、kʰ、g、ɦŋ、h、ɦ、ø；

y 韵和 y 介音韵只拼 tɕ、tɕʰ、dʑ、ɦȵ、ɕ、ɔ、ɦ、ø。

四、崇明方言的内部差别

崇明方言的内部差别不大，这种差异反映在语音、词汇，甚至语法各方面。但是，只有语音上的差别，比较有规律，比较明确，可给人一个比较清楚的轮廓、界域。而词汇上的区别比较零散，不成规律，和语音差别提供的分区情况不全吻合。至于语法上的差别就更为细小，这里就略而不谈了。

东南沿海一带的语音差别最为突出。这一区域从五滧往东，六滧、七滧、八滧一直到陈家镇东南沿海地区。其特点有二："党懂"部分合韵（即把ɑ̃韵和oŋ韵合为ɔ̃韵）；"昏分"同音（即在一些合口韵中，h、f不分）。"党、懂"不分的例子如：王＝雄，旺＝用，窗＝葱，狼＝龙，缸＝公，糠＝空，桑＝松，糖＝铜，汤＝通，当天＝冬天，上当＝上冻，长江＝长工，江郎＝龚郎。在老八效附近，除了有"党懂"不分的情况以外，有时少数字也有分别，但这种分别和标准崇明方言不同。崇明城桥镇、堡镇广大地区，古唐江韵字读ɑ̃韵，古东冬韵字读oŋ韵，但老八效的少数字音正相反，东冬韵字反而读成ɑ̃韵。如"做工"读成"做缸"，"工人"读成"钢人"。

五、崇明城桥镇(中沙)新派同音字表

说明

（1）字汇按照新派崇明方言音系排列，先按韵母分部，同韵的字按声母排列，声韵母相同的再按声调排列。

（2）韵母的排列次序是

ɿ	i	u	y
ɑ	iɑ	uɑ	
æ		uæ	
	ie	uei	ye
o		uo	
ɔ			
ø		uø	yø
ɤ	iɤ		
εi		uεi	
ei			
ɑu			
ã			
ɑ̃	iɑ̃	uɑ̃	
ən	in	un	yn
oŋ	ioŋ		

aʔ	iaʔ	
əʔ	iiʔ	uəʔ
oʔ	ioʔ	uoʔ
ŋ̍	n̩	əl

（3）声母的排列次序是：

p	pʰ	b	m	f	ʋ
t	tʰ	d	n	l	
ts	tsʰ	ʥ		s	z
tɕ	tɕʰ	ʥ	ȵ	ɕ	ʑ
k	kʰ	g	ŋ	h	ɦ	ɻ
∅					

（4）调值的排列次序是：

阴平 42、阳平 13、阴上 534、阳上 21、阴去 55、阳去 312、阴入 <u>55</u>、阳入 <u>12</u>

（5）备注：

① 字右下的小字是注。有的是这个字构成的例词或例句，有的是说明。注中的代替号（~）代表本字，如："光~火"就是"光光火"。

② 阳上和阳去部分字混，可能是受普通话影响。

③ 受普通话影响，已经滋生出 ɻ 声母。

ɿ

tsɿ⁴²	猪诸蛛株朱珠知蜘支枝肢栀資姿咨脂兹滋之芝
tsɿ⁵³⁴	主紫只~有纸姊旨指至子梓止址嘴
tsɿ⁵⁵	著显~驻注~解注~意蛀制~度制~造智痣
tsʰɿ⁴²	雌痴吹
tsʰɿ⁵³⁴	楚处~理杵鼠此耻齿
tsʰɿ⁵⁵	储处~所刺赐翅次厕伺侍
ʥɿ¹³	除锄厨橱池驰瓷迟慈磁~石辞词祠持
ʥɿ³¹²	助住铸滞致稚置治志~向志杂~秋杜
sɿ⁴²	梳疏~书舒如输~赢输~运殊撕廝施私师狮尸司丝思饲诗斯枢
sɿ⁵³⁴	暑史使~用驶使~大始水
sɿ⁵⁵	世逝四肆~放嗜试
zɿ¹³	匙视事
zɿ²¹	竖乳是氏似祀
zɿ³¹²	树~立树~林势誓示字寺嗣士柿市自痔

i

pi⁴²	荸
pi⁵³⁴	彼婢避鄙比~较臂
pʰi⁴²	批披
pʰi⁵⁵	屁
bi¹³	皮疲脾
bi²¹	被~头
bi³¹²	敝蔽弊币毙庇痹闭譬陛蔽荸
mi¹³	迷谜弥眉楣
mi³¹²	米泌
fi⁴²	飞非妃
fi⁵⁵	废肺费花~
vi¹³	微~小,少
vi³¹²	味~精
ti⁴²	低堤
ti⁵³⁴	底抵
tʰi⁴²	梯屉
tʰi⁵³⁴	体
tʰi⁵⁵	涕剃
di¹³	题提蹄
di²¹	弟
di³¹²	帝第递地
li¹³	犁黎离~别,~开璃梨狸
li⁵³⁴	励例屡虑滤履利泪
li³¹²	吕旅礼理李里公~,~面理鲤厘吏
tɕi⁴²	脐鸡稽髻饥肌几茶~基几乎己机讥既
tɕi⁵³⁴	几~个鬼
tɕi⁵⁵	济计继系~鞋带祭际寄几冀纪杞记贵季
tɕʰi⁴²	欺妻差参~
tɕʰi⁵³⁴	启企祈岂起
tɕʰi⁵⁵	砌契趣器弃气汽
ɕi⁴²	些西犀溪希稀夕嬉熙
ɕi⁵³⁴	洗~刷死

ɕi⁵⁵	细婿戏喜髓
dʑi¹³	瞿齐奇~怪骑~马岐祁期~时其旗棋
dʑi²¹	技跪
dʑi³¹²	忌柜寂妓
n̠i¹³	倪尼泥蚁疑
n̠i²¹	以雨
n̠i³¹²	艺芋喻腻拟尾逆
ki⁴²	□那个人、东西
kʰi⁵⁵	去
i⁴²	盂椅医饴衣依
i¹³	移宜仪伊夷姨谊
i⁵³⁴	倚
i²¹	以雨
i⁵⁵	意
i³¹²	系联~易难~义议异毅亦译亿忆抑翼

u

pu⁴²	波菠玻~璃
pu⁵³⁴	簸~一~补怖堡~镇卜
pu⁵⁵	布讣
pʰu⁴²	坡铺~设
pʰu⁵³⁴	谱普浦脯杏~
pʰu⁵⁵	破脯胸~铺店~曝
bu¹³	婆蒲菩
bu²¹	薄~荷
bu³¹²	部簿步
mu¹³	模~子、~范摹磨石~
mu⁵³⁴	亩牡母拇
mu³¹²	暮募幕
fu⁴²	夫肤敷孵
fu¹³	符扶芙俘浮
fu⁵³⁴	府腑俯甫斧辅付赴腐~烂
fu²¹	□说小孩子顽皮
fu⁵⁵	附父釜妇负阜副富

vu³¹²	腐豆~
tu⁴²	多都首~
tu⁵³⁴	朵躲堵赌
tʰu⁴²	拖兔
tʰu⁵³⁴	妥椭土吐~痰、~吐
tʰu⁵⁵	唾蜕~皮
du¹³	驼驮徒屠途图
du³¹²	大杜肚腹~剁肚鱼~舵惰度渡镀
nu¹³	挪奴
nu³¹²	糯~米 怒
lu⁴²	罗~嗦 摞
lu¹³	罗锣箩骡䯢卢炉芦鸬庐驴辱褥
lu⁵³⁴	橹房卤鲁
lu⁵⁵	裸只说赤~~
lu³¹²	路露鹭
tsu⁴²	租
tsu⁵³⁴	左祖组
tsu⁵⁵	佐做作阻
tsʰu⁴²	粗初
tsʰu⁵⁵	锉醋
su⁴²	梭唆苏酥疏稀~
su⁵³⁴	锁琐所索数动词,新
su⁵⁵	素诉恕署
zu¹³	坐座
ku⁴²	锅戈估~计歌哥姑孤箍
ku⁵³⁴	果裹故固雇顾股鼓古
ku⁵⁵	个~人过~去
kʰu⁴²	科窠枯裤窟颗棵
kʰu⁵³⁴	可苦库
kʰu⁵⁵	课酷很~
hu⁴²	呼
hu⁵³⁴	火虎浒
hu⁵⁵	荷薄~货
ɦu¹³	和~气禾湖胡狐壶葫胡~须河何荷~花

ɦu³¹² 贺互护乎~不在~
u⁴² 倭乌污巫诬侮
u¹³ 吴蜈梧误
u²¹ 午*少用
u⁵⁵ 悟孙~空
u³¹² 务雾武舞鹉户沪

y

tɕy⁴² 居车~马炮拘驹
tɕy⁵³⁴ 举矩
tɕy⁵⁵ 据句惧
tɕʰy⁴² 蛆生~趋区驱
tɕʰy⁵³⁴ 娶取
ɕy⁴² 墟虚嘘须须胡~需吁
ɕy⁵³⁴ 许
ɕy⁵⁵ 絮
dʑy¹³ 渠
dʑy³¹² 具巨拒距聚
ʑy¹³ 徐
ʑy²¹ 叙绪
ʑy³¹² 序
nʑy²¹ 女~厕所语
nʑy³¹² 女称呼女的时候
y⁴² 淤迂
y¹³ 于~此余娱于禹愚虞愉逾
y⁵³⁴ 宇
y³¹² 誉预豫寓羽裕御

a

pɑ⁴² 巴~黎芭~蕾爸
bɑ¹³ 牌排
mɑ⁴² 抹
mɑ¹³ 埋
mɑ²¹ 买

ma³¹²	卖迈	
fa¹³	罚	
va¹³	划	
ta⁵⁵	带戴穿~	
tʰa⁵⁵	泰	
da³¹³²	大~学	
tsa⁵⁵	债	
tsʰa⁴²	扯差出~	
tsʰa⁵⁵	蔡	
na²¹	奶	
na³¹²	奈	
la⁴²	拉	
la²¹	哪	
la³¹²	赖	
sa⁵³⁴	洒	
za¹³	柴豺惹	
dʑa³¹²	寨	
ka⁴²	加嘉家~具佳又街阶芥	
ka⁵³⁴	假贾姓解讲	
ka⁵⁵	假放~架嫁价介界届戒尬尴~	
kʰa⁴²	揩	
ga¹³	茄	
ŋa¹³	牙芽衙	
ŋa²¹	外	
ha⁵³⁴	蟹	
ɦa¹³	鞋	
a⁴²	挨~近	
a⁵³⁴	阿~姨	
a³¹²	矮	

ia

tia⁴²	爹	
tɕia⁴²	佳又	
tɕia⁵³⁴	姐	

tɕia⁵⁵	驾稼借
çia⁵³⁴	写
çia⁵⁵	卸
zia¹³	邪斜霞瑕遐
zia³¹²	懈谢解㛀厦文
dʑia³¹²	借~故
ia⁴²	鸦丫耶
ia³¹²	爷涯崖野
ia⁵³⁴	也
ia⁵⁵	亚雅
ia³¹²	夜械钥

ua

pua⁵³⁴	摆
pua⁵⁵	败拜
pʰua⁵⁵	派
kua⁴²	乖聒刮
kua⁵⁵	怪
kʰua⁵⁵	快
ɦua¹³	坏
ua⁴²	歪

æ

pæ⁴²	班斑颁扳襻般掰
pæ⁵³⁴	板版
pæ⁵⁵	绊
pʰæ⁴²	攀潘
pʰæ⁵⁵	盼
bæ¹³	爿
bæ³¹²	办扮伴
fæ⁴²	藩翻番
fæ¹³	烦繁凡帆
fæ⁵³⁴	反
fæ²¹	范~围、姓犯

fæ⁵⁵	贩
fæ³¹²	饭
væ⁴²	弯湾
væ¹³	还~原环
væ³¹²	万~宛挽
mæ¹³	蛮
mæ³¹²	慢漫幔万几~
tæ⁴²	担~任旦耽
tæ⁵³⁴	胆担鸡毛掸子
tæ⁵⁵	担挑~
tʰæ⁵³⁴	坦
tʰæ⁵⁵	探
dæ¹³	潭谭谈痰檀坛弹~琴
dæ²¹	淡
dæ³¹²	诞但弹子~
læ¹³	蓝篮兰栏拦
læ²¹	揽榄懒
læ³¹²	览滥缆烂
næ⁴²	拿
tsæ⁴²	簪斩摘~要
tsæ⁵³⁴	盏
tsæ⁵⁵	蘸
tsʰæ⁴²	搀
tsʰæ⁵³⁴	产铲
tsʰæ⁵⁵	灿
sæ⁴²	三衫杉珊山删疝
zæ³¹²	栈
dzæ¹³	惭馋谗残
dzæ²¹	赚
dzæ³¹²	暂站立、车~赞绽
kæ⁴²	尴监~察、国子~
kæ⁵³⁴	拣橄减碱
kʰæ⁴²	铅
kʰæ⁵⁵	坎嵌

ŋæ¹³	岩颜
ŋæ³¹²	眼
hæ⁵⁵	喊
ɦæ¹³	咸~味道 衔闲
ɦæ²¹	限函含
æ⁵⁵	挨~打

uæ

kuæ⁴²	关
kuæ⁵⁵	惯

ie

pie⁴²	鞭编鳖边蝙搬
pie⁵³⁴	扁匾贬
pie⁵⁵	变遍~地 半
pʰie⁴²	篇偏
pʰie⁵⁵	骗片判
bie¹³	便~宜 盘
bie²¹	辩辨
bie³¹²	汴便ᵣ~ 辫伴拌叛
mie¹³	绵棉眠瞒馒
mie⁵³⁴	免勉娩缅
mie²¹	满
mie³¹²	面脸 面食物
vie¹³	完丸顽~固
vie⁵³⁴	腕碗
vie⁵⁵	晚
vie³¹²	幻患宦换豌~豆 皖
tie⁴²	掂颠掂~起来
tie⁵³⁴	点典
tie⁵⁵	店
tʰie⁴²	贪~污、~婪 添天
tʰie⁵³⁴	舔腆~着肚子
die¹³	甜田填

die²¹	电殿垫
die³¹²	奠
ȵie⁴²	粘碾镊蹑
ȵie¹³	年研沿语南男
ȵie⁵³⁴	染
ȵie³¹²	念验
lie¹³	廉镰连怜莲
lie²¹	敛
lie³¹²	殓练恋
kie⁴²	甘柑葚桑~
kie⁵³⁴	敢不~去
kie⁵⁵	盖
tsʰie⁵³⁴	惨
tɕie⁴²	兼坚间空~奸煎肩尖歼
tɕie⁵³⁴	检简柬间~断剪荐茧
tɕie⁵⁵	箭剑溅建键见鉴
tɕʰie⁴²	谦迁千牵签切~开
tɕʰie⁵³⁴	浅谴且
tɕʰie⁵⁵	欠歉
ɕie⁴²	仙鲜新~先
ɕie⁵³⁴	险鲜少宪显
ɕie⁵⁵	线陷
ʑie¹³	前贤弦胁
ʑie³¹²	贱献
dʑie¹³	钳钱乾~坤潜
dʑie²¹	件
dʑie³¹²	俭谏践健渐
ie⁴²	焰腌动作烟燕~子、姓淹阉咽
ie¹³	炎盐阎严嫌延筵言
ie⁵³⁴	掩厌腌名词焉寅
ie²¹	现
ie⁵⁵	艳晏天晚了雁
ie³¹²	谚演堰宴液腋砚

ye

tɕye⁴²	绢捐
tɕye⁵³⁴	卷
tɕʰye⁴²	圈_圆~_
tɕʰye⁵³⁴	犬
tɕʰye⁵⁵	劝券
ɕye⁴²	喧宣轩靴
ɕye⁵³⁴	选
ʑye¹³	玄悬旋
dʑye¹³	全泉拳权颧
dʑye³¹²	圈_猪~_ 眷倦
ȵye¹³	原源缘
ȵye²¹	阮软
ȵye³¹²	怨愿
ye⁴²	渊冤
ye¹³	袁辕园援元圆员远
ye³¹²	县院

uø

tuø⁴²	端丹单_~独_ 蛋
tuø⁵³⁴	短
tuø⁵⁵	锻_~炼_
tʰuø⁴²	毯滩摊
tʰuø⁵⁵	炭叹
duø¹³	团_~结、饭~_
duø²¹	断_~绝、决_ 段缎
nuø¹³	难
nuø²¹	卵*
nuø³¹²	暖
luø³¹²	乱
tsuø⁴²	簪瞻占_~卜_ 专砖钻
tsuø⁵³⁴	展战转_~眼_
tsuø⁵⁵	占_~领_ 转_~螺丝_ 赞传_~记_

tsʰuø⁴²	参~加餐川穿氽
tsʰuø⁵³⁴	喘
tsʰuø⁵⁵	串篡窜颤
suø⁴²	扇~动作拴~动作酸闩
suø⁵³⁴	陕~西闪伞
suø⁵⁵	散~开、分扇~子算蒜舍~宿善
zuø¹³	蚕船燃然
zuø³¹²	扇~风膳单~姓禅~让社~会
dzuø¹³	缠~人蝉禅~宗传~达椽
dzuø³¹²	撰篆缠~脚
kuø⁴²	肝竿干~湿杆鳏官棺观~参冠~衣
kuø⁵³⁴	感秆~稻擀~面杖管馆
kuø⁵⁵	贯灌罐冠~军
kʰuø⁴²	堪勘看~守刊宽~适
kʰuø⁵³⁴	款砍*少用
kʰuø⁵⁵	看~见
huø⁴²	蚶酣鼾欢
huø⁵³⁴	缓撼
huø⁵⁵	汉
ɦuø¹³	寒韩
ɦuø²¹	汗焊
ɦuø³¹²	罕旱
ŋuø³¹²	岸
uø⁴²	安庵鞍按
uø⁵⁵	暗案
uø³¹²	顽~皮,也说皮

uo

puo⁴²	巴~掌芭~蕉疤
puo⁵³⁴	把
puo⁵⁵	霸把~柄坝
pʰuo⁵⁵	怕
buo¹³	爬~新琶杷耙
buo³¹²	罢

muo¹³	魔磨~刀麻麻~疹膜
muo²¹	马码
muo³¹²	骂
tsuo⁴²	渣遮楂
tsuo⁵⁵	诈榨炸蔗
tsʰuo⁴²	叉杈差搓车马~错钗岔
suo⁴²	沙纱筛赊
suo⁵³⁴	舍~得
suo⁵⁵	舍邻~晒
dzuo¹³	茬查调~蛇佘茶
kuo⁴²	瓜
kuo⁵³⁴	寡
kuo⁵⁵	挂卦
kʰuo⁴²	夸
kʰuo⁵³⁴	垮
kʰuo⁵⁵	跨
ŋuo²¹	瓦
huo⁴²	花虾
huo⁵⁵	化
ɦuo¹³	华中~、~山
ɦuo²¹	下
ɦuo³¹²	夏厦
uo⁴²	桠~杈蛙
uo⁵³⁴	哑
uo³¹²	画话

iɔ

piɔ⁴²	膘标表手~彪
piɔ⁵³⁴	表表钟~
pʰiɔ⁴²	飘漂
pʰiɔ⁵⁵	票车~漂~亮
biɔ¹³	瓢嫖
miɔ⁴²	猫呼叫
miɔ¹³	苗描渺

miɔ³¹²	藐秒庙妙谬
tiɔ⁴²	刁貂雕
tiɔ⁵⁵	钓吊~唁
tʰiɔ⁴²	挑
tʰiɔ⁵⁵	跳
diɔ¹³	条调~和
diɔ³¹²	调~音，~动
liɔ¹³	燎疗聊辽撩寥瞭
liɔ³¹²	了~结 料杳~无音讯 廖
tɕiɔ⁴²	交郊焦蕉椒骄娇浇
tɕiɔ⁵³⁴	绞狡铰搅剿矫缴侥角饺
tɕiɔ⁵⁵	教~育 校~对 较酵窖叫
tɕʰiɔ⁴²	锹缲~边
tɕʰiɔ⁵³⁴	巧悄
tɕʰiɔ⁵⁵	俏鞘窍
ɕiɔ⁴²	消宵霄硝销嚣萧箫削
ɕiɔ⁵³⁴	小晓
ɕiɔ⁵⁵	孝笑
ʑiɔ³¹²	校~学、~上
dʑiɔ¹³	樵瞧乔侨轿桥荞
ɲiɔ¹³	饶尧
ɲiɔ⁵³⁴	鸟
ɲiɔ⁵⁵	尿
ɲiɔ³¹²	绕
iɔ⁴²	妖邀腰要要求 幺吆
iɔ¹³	肴摇谣窑姚鹞说风筝
iɔ²¹	舀
iɔ⁵⁵	要
iɔ³¹²	效

ɤ

pʰɤ⁴²	剖
mɤ⁴²	某
mɤ¹³	谋

fɤ⁵³⁴	否
tɤ⁴²	兜
tɤ⁵³⁴	斗抖陡斗~升
tʰɤ⁴²	偷
tʰɤ⁵⁵	透
dɤ¹³	头投
dɤ³¹²	豆逗
lɤ¹³	楼篓
lɤ³¹²	漏陋搂
tsɤ⁴²	邹周舟洲州
tsɤ⁵³⁴	走肘帚
tsɤ⁵⁵	咒骤
tsʰɤ⁴²	抽
tsʰɤ⁵³⁴	丑
tsʰɤ⁵⁵	凑臭
sɤ⁴²	叟搜飕馊收~集收
sɤ⁵³⁴	手首守
sɤ⁵⁵	嗽瘦漱兽
zɤ¹³	愁就
zɤ³¹²	受寿授售
dzɤ¹³	绸稠筹仇酬
dzɤ³¹²	奏纣宙
ʑɤ¹³	柔
kɤ⁴²	勾钩沟勾~当
kɤ⁵³⁴	狗苟
kɤ⁵⁵	够构购
kʰɤ⁴²	抠
kʰɤ⁵³⁴	口
kʰɤ⁵⁵	扣~住寇
ɦɤ¹³	侯喉猴
ɦɤ²¹	厚
ɦɤ³¹²	后~面、皇~候
ŋɤ³¹²	藕偶配~、~然
ɤ⁴²	殴欧瓯

ɤ⁵³⁴ 呕~吐

ɤ⁵⁵ 怄~气

iɤ

tɕiɤ⁴² 揪鸠阄纠灸㕮究

tɕiɤ⁵³⁴ 酒九久韭

tɕiɤ⁵⁵ 皱绉救

tɕʰiɤ⁴² 秋丘

ɕiɤ⁴² 修羞休

ɕiɤ⁵³⁴ 朽

ɕiɤ⁵⁵ 秀宿星~锈

ʑiɤ³¹² 袖

dʑiɤ¹³ 囚求球仇姓

dʑiɤ³¹² 臼舅旧柩

ȵiɤ¹³ 牛

ȵiɤ³¹² 扭纽

liɤ⁴² 溜

liɤ¹³ 流刘留榴硫琉馏

liɤ³¹² 柳

iɤ⁴² 优悠幽

iɤ¹³ 尤姓邮由油游犹柚

iɤ²¹ 有

iɤ⁵⁵ 幼

iɤ³¹² 友诱右佑又

ɛi

tɛi⁴² 呆

tɛi⁵⁵ 戴姓待怠殆

tʰɛi⁴² 胎台~州

tʰɛi⁵⁵ 态~度

dɛi¹³ 台苔抬

dɛi³¹² 贷代袋

lɛi¹³ 来

nɛi⁵⁵ 乃

nɛi³¹² 耐
tsɛi⁴² 灾斋
tsɛi⁵³⁴ 宰载~年
tsɛi⁵⁵ 再载~重
tsʰɛi⁴² 猜
tsʰɛi⁵³⁴ 彩采睬
tsʰɛi⁵⁵ 菜
dzɛi¹³ 才~能材财
dzɛi³¹² 载满~
zɛi¹³ 才~开始裁
sɛi⁴² 腮鳃衰
sɛi⁵⁵ 率~领赛帅
kɛi⁴² 该
kɛi⁵³⁴ 改
kɛi⁵⁵ 概溉丐
kʰɛi⁴² 开
kʰɛ⁵³⁴ 凯
kʰɛ⁵⁵ 慨
ɦɛi¹³ 怀槐淮
ɦɛi²¹ 海亥
ɦɛi³¹² 害骇
ɛi⁴² 哀埃~及
ɛi⁵⁵ 爱蔼和~艾~滋病碍
ɛi³¹² 艾方兴未~

uɛi

kuɛi⁵³⁴ 拐

ei

pei⁴² 杯碑卑悲
pei⁵⁵ 背~诵、~脊辈
pʰei⁴² 胚坯丕
pʰei⁵⁵ 配沛
bei¹³ 培陪赔裴

bei³¹²	倍佩焙贝被~打备
mei¹³	梅枚媒煤
mei⁵³⁴	美每
mei⁵⁵	妹
mei³¹²	昧媚
fei⁵³⁴	匪翡
vei⁴²	煨威危萎
vei⁵³⁴	伟苇畏伪
vei⁴²	回茴违围唯维惟为作~遗送
vei³¹²	惠慧卫会开~、~不绘魏讳慰纬胃谓汇位委为~什么贿汇未
tei⁴²	堆
tei⁵⁵	对兑
tʰei⁴²	推
tʰei⁵³⁴	腿
tʰei⁵⁵	退褪
dei³¹²	队
nei³¹²	内
lei¹³	雷
lei³¹²	累~劳类累~计偏垒累~连
tsei⁴²	追锥
tsei⁵⁵	缀点~罪最醉坠
tsʰei⁴²	催崔炊
tsʰei⁵⁵	脆翠粹
sei⁴²	虽
sei⁵⁵	税锐岁碎
zei¹³	随
zei³¹²	隧瑞
dzei¹³	垂
dzei³¹²	赘
ŋei¹³	鱼渔

uei

tsuei⁴²	槌锤
kuei⁴²	圭闺归龟规

kuei⁵³⁴	轨诡
kuei⁵⁵	桂鳜~鱼会~计
kʰuei⁴²	盔
kʰuei⁵³⁴	愧
kʰuei⁵⁵	块溃
guei¹³	奎人名中魁逵葵傀
guei³¹²	桅~杆
huei⁴²	恢灰晦挥辉徽毁
huei⁵³⁴	悔

ɔu

pɔu⁴²	褒包胞鲍姓
pɔu⁵³⁴	宝保饱
pɔu⁵⁵	报豹
pʰɔu⁴²	抛
pʰɔu⁵⁵	泡炮
bɔu¹³	袍跑刨
bɔu²¹	抱
bɔu³¹²	暴爆鲍~鱼
mɔu⁴²	猫有只~
mɔu¹³	毛帽~子茅猫~咪矛
mɔu²¹	卯
mɔu³¹²	冒帽太阳~貌茂贸
tɔu⁴²	刀叨
tɔu⁵³⁴	祷岛倒打~
tɔu⁵⁵	到倒~水
tʰɔu⁴²	滔掏
tʰɔu⁵³⁴	讨
tʰɔu⁵⁵	套
dɔu¹³	桃逃淘陶萄涛
dɔu²¹	稻
dɔu³¹²	道盗导
nɔu³¹²	闹脑恼
lɔu⁴²	捞唠

lɔu¹³	劳牢
lɔu²¹	老~人很~
lɔu³¹²	老~师、~板涝酪
tsɔu⁴²	遭糟抓~痒朝~今召昭招沼
tsɔu⁵³⁴	早蚤爪
tsɔu⁵⁵	躁照
tsʰɔu⁴²	操抄超
tsʰɔu⁵³⁴	草钞炒吵
tsʰɔu⁵⁵	糙
sɔu⁴²	搔臊烧
sɔu⁵³⁴	扫嫂少
zɔu¹³	勺绍
zɔu³¹²	扰绕邵
dzɔu¹³	巢朝~代潮曹槽
dzɔu²¹	赵兆皂造
kɔu⁴²	高膏篙羔糕告~诉胶觉睡~
kɔu⁵³⁴	稿搞
kɔu⁵⁵	告~状教~书
kʰɔu⁴²	敲
kʰɔu⁵³⁴	考烤
kʰɔu⁵⁵	靠犒
ŋɔu¹³	熬
ŋɔu²¹	咬
ŋɔu³¹²	傲
hɔu⁴²	蒿~菜
hɔu⁵³⁴	好郝
ɦɔu¹³	豪壕毫号~呼
ɦɔu³¹²	浩号~码
ɔu⁵⁵	奥袄坳
ɔu³¹²	懊耀

ən

pən⁴²	奔崩
pən⁵³⁴	本

pʰən⁴²	喷~水、~香烹
bən¹³	盆闻篷蓬
bən²¹	笨
bən³¹²	进
mən¹³	门闷蚊~子萌盟
mən⁵³⁴	孟猛
fən⁴²	分纷芬
fən¹³	焚坟
fən⁵³⁴	粉
fən⁵⁵	粪奋
fən³¹²	愤忿份—~
vən⁴²	翁温瘟
vən¹³	魂馄浑混~沌文纹瓮
vən⁵³⁴	稳吻刎
tən⁴²	敦~厚墩瞪登灯蹲
tən⁵³⁴	等
tən⁵⁵	凳
tʰən⁴²	吞
dən¹³	屯豚饨臀腾滕藤
dən³¹²	囤沌盾钝遁邓顿
nən¹³	能
nən³¹²	嫩问
lən¹³	论~语仑~昆伦沦轮楞
lən³¹²	论议~
tsən⁴²	针斟珍榛臻真尊遵朘鸭贞侦征争筝蒸曾增
tsən⁵³⁴	枕诊疹准正~月整拯
tsən⁵⁵	镇振震正政症证
tsʰən⁴²	参~差村皴春称~呼
tsʰən⁵³⁴	蠢丑子逞惩蹭磨~
tsʰən⁵⁵	趁寸秤衬
sən⁴²	参人~深身伸申娠孙声升僧
sən⁵³⁴	沈审婶损笋
sən⁵⁵	渗~透
zən¹³	神时~间绳

zən³¹²	甚纫肾顺圣盛~兴剩胜任刃慎
dzən¹³	沉岑陈尘辰晨臣存唇纯莼~菜醇呈程成城诚盛~满橙澄承丞曾~经层乘相~
dzən³¹²	阵郑掷赠憎
kən⁴²	跟根耕更~换庚羹
kən⁵³⁴	耿
kən⁵⁵	更~加
kʰən⁴²	坑
kʰən⁵³⁴	垦恳肯
hən⁴²	亨
ɦən¹³	痕衡
ɦən³¹²	恨横蛮~恒
ȵən¹³	仁人~民
ȵən²¹	忍
ȵən³¹²	认闰壬
ən⁴²	恩

in

pin⁴²	彬宾槟殡兵冰
pin⁵³⁴	禀饼丙秉柄
pin⁵⁵	并合~
pʰin⁴²	姘拼
pʰin⁵³⁴	品
pʰin⁵⁵	聘
bin¹³	贫频瓶屏萍平评坪凭
bin³¹²	并~且病
min¹³	民名鸣明
min⁵³⁴	闽铭皿悯敏抿
min³¹²	命
tin⁴²	丁钉
tin⁵³⁴	顶鼎
tin⁵⁵	钉~住订~约
tʰin⁴²	听厅汀
tʰin⁵³⁴	艇挺

din¹³	亭停廷庭蜓
din³¹²	定锭
lin⁴²	拎
lin¹³	林淋临邻鳞磷灵零铃伶翎陵凌菱
lin²¹	领～导岭
lin³¹²	吝～啬赁另令
tɕin⁴²	今金禁～不住襟津巾斤筋菌倾经径精晶晴京荆惊鲸茎
tɕin⁵³⁴	锦紧仅谨井颈警
tɕin⁵⁵	浸禁～止进晋劲敬镜
tɕʰin⁴²	侵亲钦青蜻清轻～重卿
tɕʰin⁵³⁴	寝顷请
tɕʰin⁵⁵	揿庆
ɕin⁴²	心辛新薪欣星腥馨兴～旺
ɕin⁵³⁴	醒省反～
ɕin⁵⁵	信讯汛性姓
dʑin¹³	琴禽擒勤芹群裙情晴擎
dʑin²¹	近
dʑin³¹²	尽～力靖静净境景风～竟竞
zin¹³	寻秦旬循巡形型刑行品～
zin³¹²	幸兴高～
ȵin¹³	迎凝宁安～宁可人单说
in⁴²	音阴荫窨因姻殷均英鹦莺樱应～用蝇
ɦin¹³	淫银匀营萤吟
in⁵³⁴	饮～酒颖
in⁵⁵	印鹰应答～孕
in³¹²	隐尹影映引

un

kun⁵³⁴	滚衮
kun⁵⁵	棍
kʰun⁴²	坤昆～明、～仑
kʰun⁵³⁴	捆
kʰun⁵⁵	困
xun⁴²	荤昏婚

yn

tɕyn⁴² 君军郡
ɕyn⁴² 熏薰勋
zyn¹³ 荀
zyn³¹² 逊殉训
dʑyn³¹² 俊
yn⁴² 晕
yn⁵³⁴ 允
yn⁵⁵ 云
yn³¹² 熨韵运

ã

pʰã⁵³⁴ 捧
bã¹³ 朋彭膨棚蚌
mã¹³ 盲虻
vã¹³ 横~直
tã⁵³⁴ 打
lã⁵³⁴ 冷
tsʰã⁴² 撑铛~亮昌
sã⁴² 生牲笙甥
sã⁵³⁴ 省~长
kã⁴² 粳香~米
kã⁵³⁴ 哽埂梗
ŋã³¹² 硬
ɦã³¹² 杏~花楼

ɑ̃

pɑ̃⁴² 帮邦浜
pɑ̃⁵³⁴ 榜谤膀绑
pʰɑ̃⁵⁵ 胖
bɑ̃¹³ 滂旁螃庞
bɑ̃²¹ 棒当头一~
bɑ̃³¹² 棒~冰,~头蚌

mã¹³	忙芒茫亡
mã²¹	莽蟒网
mã³¹²	忘妄望梦
fã⁴²	方芳妨
fã¹³	房防
fã⁵³⁴	肪仿～效纺仿～佛访
fã⁵⁵	放
tã⁴²	当～时
tã⁵³⁴	党挡
tã⁵⁵	当～作
tʰã⁴²	汤
tʰã⁵³⁴	倘躺
tʰã⁵⁵	趟烫
dã¹³	堂棠螳唐糖塘
dã³¹²	荡
nã¹³	囊曩瓤
lã¹³	郎廊狼螂
lã⁵³⁴	朗～读
lã³¹²	浪～花
tsã⁴²	张庄章樟睁赃脏
tsã⁵³⁴	长生～掌
tsã⁵⁵	丈仗杖涨账胀障瘴
tsʰã⁴²	仓苍菖窗
tsʰã⁵³⁴	场闯厂
tsʰã⁵⁵	畅唱倡
sã⁴²	桑丧婚～商伤裳双
sã⁵³⁴	嗓搡推～赏
sã⁵⁵	丧～失
zã¹³	床常尝偿藏隐藏
zã²¹	上～山
zã³¹²	尚上～面
dʑã¹³	长～短肠
dʑã²¹	撞
dʑã³¹²	葬

kã⁴²	冈岗刚纲钢缸杠江豇~豆扛
kã⁵³⁴	讲港
kã⁵⁵	降下~
kʰã⁴²	康糠慷
kʰã⁵⁵	抗炕
ɦã¹³	行~列航杭
ɦã³¹²	项~目
ȵã²¹	嚷
ȵã³¹²	壤
ã⁴²	肮
ã¹³	昂

iã

tɕiã⁴²	将~来疆僵姜
tɕiã⁵³⁴	蒋奖桨
tɕiã⁵⁵	酱将大~
tɕʰiã⁴²	枪羌腔
tɕʰiã⁵³⁴	抢
ɕiã⁴²	相互~箱厢湘襄镶香乡
ɕiã⁵³⁴	想享
ɕiã⁵⁵	相~貌
ziã¹³	墙详祥降~伏
ziã²¹	象像橡
ziã³¹²	向巷项~羽
dʑiã¹³	强~硬、勉~
dʑiã³¹²	浆
ȵiã¹³	娘
ȵiã³¹²	酿让
liã⁴²	两~个、~几
liã¹³	良凉量~尺寸粮梁樑
liã³¹²	亮谅辆量数~
iã⁴²	央秧殃
iã¹³	羊洋烊杨扬疡阳
iã²¹	养痒

| iã³¹² | 样匠 |

uã

tsuã⁵⁵	壮
tsʰuã⁵⁵	疮创
suã⁴²	霜孀
suã⁵³⁴	爽
dzuã³¹²	状
kuɑ⁴²	光
kuã⁵³⁴	广
kʰuɑ⁴²	匡筐眶矿
kʰuã⁵⁵	旷况
guã¹³	狂
huã⁴²	荒慌
huã⁵³⁴	谎
huã⁵⁵	晃
ɦuã¹³	王
uã⁵³⁴	枉往
uã⁵⁵	旺

oŋ

moŋ¹³	蒙懵
foŋ⁴²	风枫疯丰封峰蜂锋
foŋ¹³	冯逢缝~纫
foŋ⁵³⁴	讽
foŋ³¹²	凤奉俸缝—条~
toŋ⁴²	东冬
toŋ⁵³⁴	董懂
toŋ⁵⁵	冻栋
tʰoŋ⁴²	通
tʰoŋ⁵³⁴	捅统
tʰoŋ⁵⁵	痛
doŋ¹³	同铜桐筒童瞳
doŋ²¹	动桶

doŋ³¹²	洞	
noŋ¹³	农脓侬浓	
noŋ³¹²	弄	
loŋ¹³	笼聋隆龙陇垅	
loŋ⁵³⁴	拢	
tsoŋ⁴²	棕鬃宗综中忠仲终众钟~情、~表盅粽	
tsoŋ⁵³⁴	总纵~横冢种~类肿	
tsoŋ⁵⁵	种~树	
tsʰoŋ⁴²	聪囱葱囟充冲	
tsʰoŋ⁵³⁴	宠舂	
soŋ⁴²	松~树松形容词	
soŋ⁵³⁴	怂	
soŋ⁵⁵	送宋嵩	
zoŋ³¹²	诵颂讼	
dzoŋ¹³	从~容、跟丛虫崇融重~复	
dzoŋ²¹	重轻~	
dzoŋ³¹²	纵放~	
koŋ⁴²	公蚣工攻功恭供~给	
koŋ⁵³⁴	拱~手巩~固	
koŋ⁵⁵	贡供上~共	
kʰoŋ⁴²	空~虚	
kʰoŋ⁵³⁴	孔恐	
kʰoŋ⁵⁵	控空~缺	
goŋ³¹²	汞	
xoŋ⁴²	烘哄~堂轰~出去、~~声	
xoŋ⁵³⁴	哄~骗吼	
xoŋ⁵⁵	嗅用鼻子闻	
hoŋ¹³	红洪鸿虹宏弘虹	

ioŋ

ɕioŋ⁴²	胸凶吉~、~狠兄	
zioŋ¹³	雄熊	
dʑioŋ¹³	穷琼	
dʑioŋ³¹²	迥	

ȵioŋ¹³	戎绒茸~参
ioŋ⁴²	雍臃庸拥
ioŋ⁵³⁴	甬勇涌永泳咏
ɦioŋ¹³	容蓉熔荣
ioŋ³¹²	用

aʔ

paʔ⁵	八百柏伯
pʰaʔ⁵	拍
maʔ¹	袜陌麦脉
faʔ⁵	法发
vaʔ⁵	挖
vaʔ¹	滑猾伐筏划~开
taʔ⁵	答搭沓
tʰaʔ⁵	拓~本塔榻塌溻獭坍
daʔ¹	踏达
naʔ¹	纳捺
laʔ¹	辣瘌
tsaʔ⁵	札~记眨扎着~衣只笮~篱
tsʰaʔ⁵	插擦察拆赤斥尺焯把蔬菜放在开水中略微煮一下煠把燃烧的东西放在水中熄灭、烧热锅再把蔬菜迅速地炒热
saʔ⁵	杀
dzaʔ¹	铡着附~宅杂
zaʔ¹	闸石弱
kaʔ⁵	夹甲胛格
kʰaʔ⁵	客楷~书
ɡaʔ¹	轧
xaʔ⁵	瞎吓
ɦaʔ¹	狭匣窄盒
ŋaʔ¹	额
aʔ⁵	鸭押压

iaʔ

| tɕiaʔ⁵ | 脚 |

tɕʰiaʔ⁵	恰洽却＊鹊喜~
ziaʔ¹	峡辖管~嚼
iaʔ⁵	约跃淆
iaʔ¹	虐疟岳

oʔ

poʔ⁵	北剥博拨
pʰoʔ⁵	瀑扑迫朴魄
boʔ¹	驳雹泊薄
moʔ¹	目穆牧木莫摸墨
foʔ⁵	福幅蝠复腹覆缚佛仿~复~兴
toʔ⁵	笃督踱丢
tʰoʔ⁵	秃托~盘、~儿所
doʔ¹	毒独读牍犊
loʔ¹	绿录六陆鹿禄落烙骆洛络乐快~赂
tsoʔ⁵	足烛嘱竹筑祝粥桌卓浊捉作~坊抓~住
tsʰoʔ⁵	促触戳绰猝撮一~米
dzoʔ¹	逐轴族涿啄镯酌
soʔ⁵	束蜀属肃宿缩叔速朔塑
zoʔ¹	俗续赎熟淑若
koʔ⁵	国谷各阁郭
kʰoʔ⁵	酷残~哭壳括包~阔廓扩
xoʔ⁵	豁霍藿豆类作物的叶子
hoʔ¹	学
ŋoʔ¹	沃
oʔ⁵	恶

uoʔ

uoʔ⁵	握

iɔʔ

tɕiɔʔ⁵	菊掬觉知~倔橘决诀
tɕʰiɔʔ⁵	曲确屈缺
dʑiɔʔ¹	局剧~烈、~戏掘

ɕiɔʔ⁵	蓄恤血穴
ȵiɔʔ¹	欲浴域乐音~悦阅
iɔʔ⁵	郁育
iɔʔ¹	玉狱肉月越粤揉

iɪʔ

piɪʔ⁵	憋笔毕必碧壁璧
pʰiɪʔ⁵	撇匹僻辟劈
biɪʔ¹	别~离、区~枇鼻
miɪʔ¹	灭密蜜觅秘
tiɪʔ⁵	跌的目~滴嫡
tʰiɪʔ⁵	帖贴铁踢剔
diɪʔ¹	叠碟牒蝶谍笛敌狄
liɪʔ¹	猎列烈裂劣律率速~略掠力历隶荔
tɕiɪʔ⁵	接急级揖揭节结洁吉即鲫屐积迹脊绩击激
tɕʰiɪʔ⁵	妾怯泣七漆迄戚吃
ɕiɪʔ⁵	吸薛歇蝎屑雪疾息熄媳惜昔锡析掀
ziɪʔ¹	协习袭拾~起来泄少用截
dʑiɪʔ¹	捷劫集辑及杰疾极籍
ȵiɪʔ¹	聂热孽捏日匿
iɪʔ⁵	噎一乙逸益
iɪʔ¹	曳拖拉义叶页业疫役

əʔ

pəʔ⁵	钵
pʰəʔ⁵	泼
məʔ¹	末沫没沉~默
fəʔ⁵	不
fəʔ¹	佛勿
vəʔ⁵	屋
vəʔ¹	活获或惑物
tʰəʔ⁵	脱突忒替掉扔~
dəʔ¹	特
tsəʔ⁵	摺褶执汁蛰折~断浙质则责泽择

tsʰəʔ⁵	撤彻拙出侧测策册	
səʔ⁵	摄涩湿设瑟虱失室塞色式饰适释赦刷涮	
zəʔ¹	术述	
ʑəʔ¹	蛰₍惊₎哲侄直值殖植	
kəʔ⁵	蛤鸽割葛革隔	
kʰəʔ⁵	磕刻克	
xəʔ⁵	喝~彩黑	
həʔ¹	合~伙核审~	

uəʔ

kuəʔ⁵	骨
kʰuəʔ⁵	宽形容词

əl

| əl¹³ | 而尔 |

ŋ̍

ŋ̍¹³	蛾鹅俄鹤
ŋ̍²¹	我
ŋ̍³¹	饿卧

n̩

n̩¹³	呒儿~子
n̩²¹	五你伍

第五章 练塘音系

一、青浦县练塘镇老派音系(发音人乙)

1. 声母表(30个)

发音方法 部位	塞			塞擦			擦		鼻		边	
	清		浊	清		浊	清	浊	带紧喉	带浊流	带紧喉	带浊流
	不送气	送气		不送气	送气							
双唇	p 布帮北	pʰ 怕派片	b 白皮拔				ɸ 飞灰芳	β 符亡闻	ʔm 美敏皿	ɦm 毛棉灭		
舌尖前				ts 战精节	tsʰ 秋枪唱	dz 强巨群	s 生苏缩	z 前床住				
舌尖中	t 都底封	tʰ 吐梯讨	d 地道钝						ʔn 你努乃	ɦn 南怒难	ʔl 淄噜拉	ɦl 流鲁赖
舌面前							ç 虚凶喧		ʔɲ 黏扭仰	ɦɲ 疑牛娘		
舌面后	k 高怪刮	kʰ 空阔渴	g 共葵狂						ʔŋ 我偶	ɦŋ 颜蛾杭		
喉	ø 阿衣乌						h 好海赫	ɦ 河弘叶				

声母的特点说明：

（1）没有缩气塞音ʔb、ʔd声母。青浦镇的ʔb、ʔd声母与练塘的p、t声母相对应。

（2）ɸ、β各有两个变体，即ɸ(f、ɸ)、β(β、v)。一种常见的拼法是与央后元音韵拼读ɸ、β，与前元音韵拼读f、v，如火ɸu、昏ɸəŋ、飞fi、滑væ，但f、v在这时上齿和下唇相擦不十分明显。与ɸ、β相拼合的韵母，往往带有共生的介音-u-。

（3）tɕ、tɕʰ、dʑ、ɕ、ʔȵ、ȵɦ各包括两个变体，tɕ(tɕ、c)、tɕʰ(tɕʰ、cʰ)、dʑ(dʑ、ɟ)、ɕ(ɕ、ç)、ʔȵ(ʔȵ、ʔɲ)、ȵɦ(ȵɦ、ɲɦ)，c等舌面中音专拼央后低音韵，tɕ等舌面前音专拼前高元音。

（4）尖音和团音有分别。

（5）鼻音边音声母各有两套，一套是带有紧喉的配阴声调，即ʔm、ʔn、ʔȵ、ʔŋ、ʔl；另一套是带洪流的配阳声调，即ɦm、ɦn、ɦȵ、ɦl。

（6）ʘ表示零声母。零声母带有紧喉成分；ɦ表示与后头韵母同部位的摩擦成分。

2. 韵母表（50个）

阴声韵	ɿ 纸四次	i 衣比梯	u 波多破	y 朱书举
	a 派好摆	ia 写斜雅	ua 怪坏歪	
	o 巴怕花	iu 靴		
	ɛ 班三台	iɛ 念	uɛ 关筷环	
	ɪ 尖甘天		uɪ 规宽欢	
	ø 端团川			yø 捐劝犬
	ɯ 偷头勾	iɯ 丘修囚		
	øy 履缕吕			
	ɔ 奥包毛	iɔ 腰标条		
阳声韵	ɛ̃ 滨彭打	iɛ̃ 将枪娘	uɛ̃ 横	
	ã 帮汤堂	iã 旺	uã 光狂慌	
	əŋ 奔吞灯	iəŋ 京宁精	uəŋ 魂温昏	
	oŋ 冬通公	ioŋ 穷胸		
入声韵	øʔ 鸭八搭	iæʔ 甲捏	uœʔ 挖刮	
	aʔ 百拍麦	iaʔ 雀削略	uaʔ 呱	
	əʔ 不则出	iɪʔ 必铁力	uəʔ 骨阔	
	oʔ 尾北六			yoʔ 曲玉育
	ɔʔ 剥落触		uɔʔ 郭扩	
	œʔ 袜塔达			yœʔ 决缺血
其他	m̩ 亩		ŋ̍ 鱼五吴	əl 儿耳

韵母的特点说明：

跟青浦镇老派音韵母相比，练塘镇老派音韵母有以下特点。

（1）增加øy韵，如"履"løy。但此韵字很少。

（2）无yŋ韵。青浦镇群（-yŋ）≠穷（-ioŋ），练塘镇群（-ioŋ）≠穷（-ioŋ）。

（3）无ʌʔ韵。青浦镇出-əʔ≠赤-ʌʔ，练塘镇出＝赤-əʔ。其余特点同如青浦镇。

3. 声调表（9个）

代 码	调 类	调 值	调 号	例 字
1	阴平	53	˥˧	天高猪低
2	阳平	31	˧˩	穷人神陈
3.1	阴上清	523	˥˨˧	走短好手
3.2	阴上次清	44	˦	草口巧讨
4	阳上	22	˨	女老近稻
5	阴去	35	˧˥	唱莱送爱
6	阳去	13	˩˧	大病树漏
7	阴入	5	˥ʔ	匕急树漏
8	阳入	12	˩˨	入六局合

声调说明：

中古平上去入按声母的清浊各分阴阳调。中古上声字清声母字，今声母是清不送气塞、塞擦、擦音及零声母，读523调；中古上声字清声母字，今声母是清送气塞、塞擦音声母，读44调。

二、音韵结构

（1）声母、声调配合关系表

	阴平	阳平	阴上a	阴上b	阳上	阴去	阳去	阴入	阳入
p t ts tɕ k pʰ tʰ tsʰ tɕʰ kʰ ɸ s ɕ ø	高		口	古好		送		哭	
ʔm ʔn ʔl ʔȵ ʔŋ	拎		每						
mɦ nɦ lɦ ȵɦ ŋɦ		人			老		帽		额
b d dʑ g ɦ β z		床			近		饭		舌

（2）声母、韵母配合关系表

	开		齐		合		撮		自成音节		
	ɿ	其他	i	i-	u	u-	y	y-	m̩	ŋ̍	əl
p pʰ b ʔm mɦ		包	比	表	波						
ɸ β		烦	飞		火						
t tʰ d		汤	地	吊	吐						
ʔn nɦ		脑			怒						
ʔl lɦ		浪	离	撩	路						
ts tsʰ s z	纸	沙	齐	小	做		书				
tɕ tɕʰ dʑ ʔȵ ȵɦ ɕ			戏	桥			举	掘			
k kʰ g ʔŋ ŋɦ		挂			苦	关					
h		蟹									
ɦ		鞋	移	夜			雨	云	亩	我	儿
∅		尾	衣	要	乌	咸	迂				

（3）韵母、声调配合关系表

声调	阴平	阳平	阴上a	阴上b	阳上	阴去	阳去	阴入a	阴入b	阳入
阴声调 阳声调	开	床			好	坐	菜	树		
其他	吭	儿	尔			五				
								壳	谷	麦

（4）老派练塘方言两字组连读变调表

	阴平 53	阳平 31	阴上 44	阳上 22	阴去 35	阳去 13	阴入 ʔ55	阳入 ʔ12
阴平 53	44 飞机	44 花瓶	22 工厂	修养	44 青菜	31 鸡蛋	44 钢笔	ʔ22 科学
阳平 31	梅花	13 长城	33 红枣	朋友	13 同志	31 黄豆	13 毛笔	ʔ22 同学
阴上 44	火车	44 海员	53 厂长	改造	44 宝贝	31 草地	44 粉笔	ʔ44 体育
阳上 22	米缸	22 肚皮	53 老虎	道理	22 冷气	33 马路	22 道德	ʔ44 动物

(续表)

	阴平 53	阳平 31	阴上 44	阳上 22	阴去 35	阳去 13	阴入 ʔ55	阳入 ʔ12
阴去 35	44 战争	太平	31 报纸	报社	44 世界	44 态度	44 顾客	ʔ44 教育
阳去 13	22 地方	31 地球	22 队长	53 运动	22 电报	33 外地	22 外国	ʔ44 大学
阴入 ʔ55	ʔ44 北方	44 足球	ʔ44 铁板	31 发动	ʔ44 客气	35 革命	ʔ44 法国	ʔ44 复杂
阳入 ʔ12	ʔ22 肉丝	53 白糖	ʔ22 日本	33 落后	ʔ22 绿化	35 绿豆	ʔ22 及格	ʔ33 毒药

第六章　各地声母、韵母和声调的综合比较

一、声母

(一) b d g dʑ ʑ z v

市区中派 b、d、g、dʑ、ʑ、z、v 在单字和连读字组的前字，升调后字中的实际音值是 pʱ、tʱ、kʱ、tɕʱ、ɕʱ、sʱ、fʱ，只有在连读字组的降调、平调后字中才是真浊音 b、d、g、dʑ、ʑ、z、v。

奉贤浊音声母实际发音是清音浊流：b 实际是 pʱ。

(二) ʔb ʔd ʔɟ

缩气音 ʔb、ʔd、ʔɟ 发音时带有明显的紧喉塞成分，鼻音感较强，声带颤动贯穿整个发音过程，喉头下沉，并有轻微的缩气动作。市区老派、松江、金山、奉贤、青浦、闵行、浦东新区、南汇 8 个点都有 ʔb、ʔd。以松江为例：波 ʔbu^{53}、多 ʔdu^{53} 奉贤和南汇还有一个舌面中部位的 ʔɟ，如：奉贤"教" ʔɟiɔ^{335}，南汇"教" ʔɟiɔ^{35}。

(三) ɸ β

1. 双唇擦音 ɸ、β 在金山、奉贤、青浦、闵行、南汇、练塘包含两组变体：ɸ、β 和 f、v。金山：与 u、e、əŋ、eʔ 相拼读 ɸ、β，与其他韵相拼时读 f、v。奉贤、青浦、闵行、南汇、练塘：与央、后元音相拼读 ɸ、β，与前元音相拼读 f、v。f、v 发音时上齿和下齿相擦不十分明显，与 ɸ、β 相拼的合口韵往往带有共生的 u 介音。

市区老派 f、β 各有两个变体：fɸ、βv。清音以 f 为主，浊音以 β 为主，有时又读 ɦ。

2. 松江 ɸ、β 发音时带有唇齿作用，但上下齿相擦并不明显；与 u 相拼时有和 hu、ɦu 互读的倾向。

3. 浦东新区 ɸ、β 和 f、v 并存："反"、"发"读 f-，"饭"、"罚"读 v-；"歪"、"花"多数人读 ɸ，"坏话"多数人读 β（接近 hu- ɦu- ）；"浮"、"横"、"文房"

ɸ β、f v 混读。

（四）m n ȵ ɲ ŋ l

鼻音、边音声母 m n ȵ ɲ ŋ l，在上列14个点中的实际读音可分为两套：即 ʔm ʔn ʔȵ ʔɲ ʔŋ ʔʔ 和 mɦ nɦ ȵɦ ɲɦ ŋɦ lɦ。前者阴声调发音时开头带有轻微的喉头闭塞成分，后者阳声调发音时带有浊气流。以市区中派为例，读阴声调带喉头闭塞成分的：美、拿、粘、我、拉；读阳声调带浊气流的：梅、男、泥、鹅、赖。

（五）tɕ tɕʰ dʑ ȵ ɕ 和 c(ʔɟ) cʰ ɟ ɲ ç

1. 市区老派和青浦、练塘的舌面前音 tɕ、tɕʰ、dʑ、ȵ、ɕ 声母，有两套变体，即 tɕ、tɕʰ、dʑ、ȵ、ɕ 和 c、cʰ、ɟ、ɲ、ç。

市区老派与央、后元音韵母相拼有时读为 c 组，与其他韵母相拼为 tɕ 组。c 组的发音皆略前。

青浦、练塘与央、后、低元音韵母相拼有时读为 c 组，与其他韵母相拼为 tɕ 组，c 组的发音稍偏前。

2. 金山和闵行的舌面中音 c、cʰ、ɟ、ɲ、ç 声母，有两套变体，即 ʔɟ、cʰ、ɟ、ɲ、ç 和 tɕ、tɕʰ、dʑ、ȵ、ɕ。

金山与 iɛ、i、iɿʔ 韵相拼时读 tɕ 组，与其他韵相拼时读 c 组。

闵行与央、后元音韵母相拼时读 c 组，与前元音韵母相拼时读 tɕ 组。

3. 奉贤和南汇的舌面中音 ʔɟ、cʰ、ɟ、ɲ、ç 声母有两套变体，即 ʔɟ、cʰ、ɟ、ɲ、ç 和 tɕ、tɕʰ、dʑ、ȵ、ɕ。

奉贤 ʔɟ 组专拼央、后元音韵母，包括偏央的鼻化韵母 ɛ̃；tɕ 组专拼前元音韵母。

南汇 ʔɟ 组专拼央、后、低元音韵母；tɕ 组专拼前高元音韵母。

（六）ø ɦ

零声母 ø 配阴调类字，开始时带有喉塞成分。ɦ 代表阳调类零声母字元音同部位的浊擦音成分，如 j、w、ɥ。按韵母的四呼，可以分别标为 ɦɑ、ji、wu、ɥy。上列14个点都有这类情况。

闵行、青浦零声母阴调类字中凡合口韵即 u 或 u-，均读为 ʔv。

（七）v z ʐ

崇明的 v、z、ʐ 是开头带有清擦音的浊擦音，v、z、ʐ 分别相对于同部位的清擦音 f、s、ɕ、hɦ 则既相对于同部位的清擦音 h，又相对于浊流音 ɦ。所以崇明话"呼≠河≠湖"。

上海市区中派的 v，在三字组广用式连读为"勿"时读作 ʔv，改配阴声调。

嘉定的 v 有紧喉和带浊流的两个变体，即 ʔv 和 vɦ。前者配阴声调，这类字很少，后者配阳声调。

二、韵母

(一) u

市区老派和闵行的 u 有两个变体，即 u 和 ᵊu。与唇音、声母相拼读 u，与其他声母相拼读 ᵊu。

闵行与唇音、零声母相拼读 u，与其他声母相拼读 ᵊu。

(二) -ŋ

上海地区的鼻音韵尾 -ŋ，实际音值为舌面中鼻音 -ɲ，有时稍前，有时稍后，前后自由。

(三) iŋ　iəŋ

1. 松江、青浦的 iŋ 韵母有两个变体，即 iŋ 和 iəŋ。松江与 ɕ 组及零声母、ɦ 声母相拼为 iəŋ，跟其他声母相拼为 iŋ。青浦与 tɕ 组及 ø、ɦ 声母相拼为 iəŋ，跟其他声母相拼为 iŋ。

2. 闵行的 iŋ 韵母有两个变体，即 iŋ 和 iəŋ。与 ɕ 组及 ø、ɦ 声母相拼为 iəŋ，跟其他声母相拼为 iŋ。

3. 南汇的 iŋ 韵母有两个变体，即 iŋ 和 iʌŋ。与 ʔȶ 组声母相拼为 iʌŋ，跟其他声母相拼为 iŋ。

4. 市区老派的 iəŋ 韵母有两个变体，即 iəŋ 和 iŋ。与 tɕ 组、ø 声母相拼为 iəŋ，与 ʔb、ʔd、ts 组相拼为 iŋ。

5. 奉贤的 iəŋ 韵母有两个变体，即 iəŋ 和 iəŋ。与 ʔȶ 组声母相拼为 iəŋ，跟其他声母相拼为 iəŋ。

(四) iiʔ

市区中派、老派、新派以及闵行的 iiʔ 韵母都有两个变体：即 iiʔ 和 ɿʔ。

市区中派与 tɕ 组、ø、ɦ 声母相拼读 iiʔ，与 p、t 两组声母相拼读 ɿʔ。

市区老派与tɕ组、零声母相拼读iɪʔ，与ʔb、ʔd、ts三组声母相拼读ɿʔ。

市区新派与tɕ组、零声母相拼读iɪʔ，与其他声母相拼读ɿʔ。

闵行与c、ts两组及零声母相拼读iɪʔ，与其他声母相拼读ɿʔ。

三、声调

（一）市区中派阴入55，实际音值为55或54。阳入12，实际音值为12或23。

（二）松江阳入22，实际音值为22或12。

（三）奉贤阳入22，实际音值为33。

（四）崇明阴平55，实际音值为54。阳入22，实际音值为23。

第七章　各地声韵调例字对照表

一、各地老派声母例字对照表

声母比较例字	八	饱	抛	拍	袍	白	夫	呼
中古音	帮母	帮母	滂母	滂母	并母	并母	非母	晓母
市区音	p	p	p^h	p^h	b	b	f	h
真如镇	ʔb	ʔb	p^h	p^h	b	b	f	f
江湾镇	ʔb	ʔb	p^h	p^h	b	b	ɸ	ɸ
松江县	ʔb	ʔb	p^h	p^h	b	b	ɸ	ɸ
泗泾镇	ʔb	ʔb	p^h	p^h	b	b	ɸ	ɸ
奉贤县	ʔb	ʔb	p^h	p^h	b	b	ɸ	ɸ
奉城镇	ʔb	ʔb	p^h	p^h	b	b	ɸ	ɸ
金山县	ʔb	ʔb	p^h	p^h	b	b	ɸ	ɸ
枫泾镇	p	p	p^h	p^h	b	b	ɸ	ɸ
青浦县	ʔb	ʔb	p^h	p^h	b	b	ɸ	ɸ
莘庄镇	ʔb	ʔb	p^h	p^h	b	b	ɸ	ɸ
川沙乡	ʔb	ʔb	p^h	p^h	b	b	ɸ	ɸ
高桥镇	ʔb	ʔb	p^h	p^h	b	b	ɸ	ɸ
三林乡	ʔb	ʔb	p^h	p^h	b	b	ɸ	ɸ
周浦镇	ʔb	ʔb	p^h	p^h	b	b	ɸ	ɸ
南汇县	ʔb	ʔb	p^h	p^h	b	b	ɸ	ɸ
嘉定县	p	p	p^h	p^h	b	b	f	h
宝山县	p	p	p^h	p^h	b	b	f	f
崇明县	p	p	p^h	p^h	b	b	f	h
堡镇	p	p	p^h	p^h	b	b	f	h
练塘镇	p	p	p^h	p^h	b	b	ɸ	ɸ

声母比较例字	飞	胡	我	未	毛	美	早	精
中古音	非母	匣母	疑母	微母	明母	明母	精母	精母
市区音	f	ɦ	ŋ	v	m	m	ts	tɕ
真如镇	f	ɦ	ŋ	v	m	m	ts	ts
江湾镇	ɸ	β	ŋ	β	m	m	ts	ts
松江县	f	β	ŋ	v	m	m	ts	ts
泗泾镇	ɸ	β	ŋ	β	m	m	ts	ts
奉贤县	ɸ	β	ŋ	β	m	m	ts	ts
奉城镇	ɸ	β	ŋ	β	m	m	ts	ts
金山县	f	β	ŋ	β	m	m	ts	ts
枫泾镇	f	β	ŋ	v	m	m	ts	ts
青浦县	ɸ	β	ŋ	β	m	m	ts	ts
莘庄镇	ɸ	β	ŋ	β	m	m	ts	ts
川沙乡	ɸ	β	β/ŋ	β	m	m	ts	ts
高桥镇	ɸ	β	ŋ	β	m	m	ts	ts
三林乡	ɸ	β	β	β	m	m	ts	ts
周浦镇	ɸ	β	β	β	m	m	ts	ts
南汇县	ɸ	β	β	β	m	m	ts	ts
嘉定县	f	ɦ	ŋ	v	m	m	ts	ts
宝山县	f	v/ɦ	ŋ	v	m	m	ts	ts
崇明县	f	ɦ	ŋ	v	m	m	ts	tɕ
堡　镇	f	ɦ	ŋ	v	m̩	m	ts	tɕ
练塘镇	ɸ	β	ŋ	β	m	m	ts	ts

声母比较例字	炒	清	扫	心	曹	秦	刀	塔
中古音	初母	清母	心母	心母	从母	从母	端母	透母
市区音	tsʰ	tɕʰ	s	ɕ	z	ʑ	t	tʰ
真如镇	tsʰ	tsʰ	s	s	z	z	ʔd	tʰ
江湾镇	tsʰ	tsʰ	s	s	z	z	ʔd	tʰ
松江县	tsʰ	tsʰ	s	s	z	z	ʔd	tʰ
泗泾镇	tsʰ	tsʰ	s	s	z	z	ʔd	tʰ
奉贤县	tsʰ	tsʰ	s	s	z	z	ʔd	tʰ
奉城镇	tsʰ	tsʰ	s	s	z	z	ʔd	tʰ
金山县	tsʰ	tsʰ	s	s	z	z	ʔd	tʰ
枫泾镇	tsʰ	tsʰ	s	s	z	z	t	tʰ
青浦县	tsʰ	tsʰ	s	s	z	z	ʔd	tʰ
莘庄镇	tsʰ	tsʰ	s	s	z	z	ʔd	tʰ
川沙乡	tsʰ	tsʰ	s	s	z	z	ʔd	tʰ
高桥镇	tsʰ	tsʰ	s	s	z	z	ʔd	tʰ
三林乡	tsʰ	tsʰ	s	s	z	z	ʔd	tʰ
周浦镇	tsʰ	tsʰ	s	s	z	z	ʔd	tʰ
南汇县	tsʰ	tsʰ	s	s	z	z	ʔd	tʰ
嘉定县	tsʰ	tsʰ	s	s	z	z	t	tʰ
宝山县	tsʰ	tsʰ	s	s	z	z	t	tʰ
崇明县	tsʰ	tɕʰ	s	ɕ	z	dʑ	t	tʰ
堡镇	tsʰ	tɕʰ	s	ɕ	z	dʑ	t	tʰ
练塘镇	tsʰ	tsʰ	s	s	z	z	t	tʰ

声母比较例字	桃	踏	脑	奶	捞	里	娇	经
中古音	定母	定母	泥母	泥母	来母	来母	见母	见母
市区音	d	d	n	n	l	l	tɕ	tɕ
真如镇	d	d	n	n	l	l	tɕ	tɕ
江湾镇	d	d	n	n	l	l	tɕ	tɕ
松江县	d	d	n	n	l	l	c	c
泗泾镇	d	d	n	n	l	l	c	c
奉贤县	d	d	n	n	l	l	ʔɟ	ʔɟ
奉城镇	d	d	n	n	l	l	ʔɟ	ʔɟ
金山县	d	d	n	n	l	l	c	c
枫泾镇	d	d	n	n	l	l	tɕ	tɕ
青浦县	d	d	n	n	l	l	tɕ	tɕ
莘庄镇	d	d	n	n	l	l	c	c
川沙乡	d	d	n	n	l	l	tɕ	tɕ
高桥镇	d	d	n	n	l	l	tɕ	tɕ
三林乡	d	d	n	n	l	l	c	c
周浦镇	d	d	n	n	l	l	c	c
南汇县	d	d	n	n	l	l	ʔɟ	ʔɟ
嘉定县	d	d	n	n	l	l	tɕ	tɕ
宝山县	d	d	n	n	l	l	tɕ	tɕ
崇明县	d	d	n	n	l	l	tɕ	tɕ
堡镇	d	d	n	n	l	l	tɕ	tɕ
练塘镇	d	d	n	n	l	l	tɕ	tɕ

声母比较例字	巧	轻	桥	琴	晓	兴	扭	银
中古音	溪母	溪母	群母	群母	晓母	晓母	泥母	疑母
市区音	tɕʰ	tɕʰ	dʑ	dʑ	ɕ	ɕ	ȵ	ȵ
真如镇	tɕʰ	tɕʰ	dʑ	dʑ	ɕ	ɕ	ȵ	ȵ
江湾镇	tɕʰ	tɕʰ	dʑ	dʑ	ɕ	ɕ	ȵ	ȵ
松江县	cʰ	cʰ	ɟ	ɟ	ç	ç	ɲ	ɲ
泗泾镇	cʰ	cʰ	ɟ	ɟ	ç	ç	ɲ	ɲ
奉贤县	cʰ	cʰ	ɟ	ɟ	ç	ç	ɲ	ɲ
奉城镇	cʰ	cʰ	ɟ	ɟ	ç	ç	ɲ	ɲ
金山县	cʰ	cʰ	ɟ	ɟ	ç	ç	ɲ	ɲ
枫泾镇	tɕʰ	tɕʰ	dʑ	dʑ	ɕ	ɕ	ȵ	ȵ
青浦县	tɕʰ	tɕʰ	dʑ	dʑ	ɕ	ɕ	ȵ	ȵ
莘庄镇	cʰ	cʰ	ɟ	ɟ	ç	ç	ɲ	ɲ
川沙乡	tɕʰ	tɕʰ	dʑ	dʑ	ɕ	ɕ	ȵ	ȵ
高桥镇	tɕʰ	tɕʰ	dʑ	dʑ	ɕ	ɕ	ȵ	ȵ
三林乡	cʰ	cʰ	ɟ	ɟ	ç	ç	ɲ	ɲ
周浦镇	cʰ	cʰ	ɟ	ɟ	ç	ç	ɲ	ɲ
南汇县	cʰ	cʰ	ɟ	ɟ	ç	ç	ɲ	ɲ
嘉定县	tɕʰ	tɕʰ	dʑ	dʑ	ɕ	ɕ	ȵ	ȵ
宝山县	tɕʰ	tɕʰ	dʑ	dʑ	ɕ	ɕ	ȵ	ȵ
崇明县	tɕʰ	tɕʰ	dʑ	dʑ	ɕ	ɕ	ȵ	ȵ
堡 镇	tɕʰ	tɕʰ	dʑ	dʑ	ɕ	ɕ	ȵ	ȵ
练塘镇	tɕʰ	tɕʰ	dʑ	dʑ	ɕ	ɕ	ȵ	ȵ

声母比较例字	高	古	考	课	搞	共	咬	牙
中古音	见母	见母	溪母	溪母	见母	群母	疑母	疑母
市区音	k	k	k^h	k^h	g	g	ŋ	ŋ
真如镇	k	k	k^h	k^h	g	g	ŋ	ŋ
江湾镇	k	k	k^h	k^h	g	g	ŋ	ŋ
松江县	k	k	k^h	k^h	g	g	ŋ	ŋ
泗泾镇	k	k	k^h	k^h	g	g	ŋ	ŋ
奉贤县	k	k	k^h	k^h	g	g	ŋ	ŋ
奉城镇	k	k	k^h	k^h	g	g	ŋ	ŋ
金山县	k	k	k^h	k^h	g	g	ŋ	ŋ
枫泾镇	k	k	k^h	k^h	g	g	ŋ	ŋ
青浦县	k	k	k^h	k^h	g	g	ŋ	ŋ
莘庄镇	k	k	k^h	k^h	g	g	ŋ	ŋ
川沙乡	k	k	k^h	k^h	g	g	ŋ	ŋ
高桥镇	k	k	k^h	k^h	g	g	ŋ	ŋ
三林乡	k	k	k^h	k^h	g	g	ŋ	ŋ
周浦镇	k	k	k^h	k^h	g	g	ŋ	ŋ
南汇县	k	k	k^h	k^h	g	g	ŋ	ŋ
嘉定县	k	k	k^h	k^h	g	g	ŋ	ŋ
宝山县	k	k	k^h	k^h	g	g	ŋ	ŋ
崇明县	k	k	k^h	k^h	g	g	ŋ	ŋ
堡　镇	k	k	k^h	k^h	g	g	ŋ	ŋ
练塘镇	k	k	k^h	k^h	g	g	ŋ	ŋ

声母比较例字	欧	衣	好	海	号	爷
中古音	影母	影母	晓母	晓母	匣母	以母
市区音	∅	∅	h	h	ɦ	ɦ
真如镇	∅	∅	h	h	ɦ	ɦ
江湾镇	∅	∅	h	h	ɦ	ɦ
松江县	∅	∅	h	h	ɦ	ɦ
泗泾镇	∅	∅	h	h	ɦ	ɦ
奉贤县	∅	∅	h	h	ɦ	ɦ
奉城镇	∅	∅	h	h	ɦ	ɦ
金山县	∅	∅	h	h	ɦ	ɦ
枫泾镇	∅	∅	h	h	ɦ	ɦ
青浦县	∅	∅	h	h	ɦ	ɦ
莘庄镇	∅	∅	h	h	ɦ	ɦ
川沙乡	∅	∅	h	h	ɦ	ɦ
高桥镇	∅	∅	h	h	ɦ	ɦ
三林乡	∅	∅	h	h	ɦ	ɦ
周浦镇	∅	∅	h	h	ɦ	ɦ
南汇县	∅	∅	h	h	ɦ	ɦ
嘉定县	∅	∅	h	h	hɦ	ɦ
宝山县	∅	∅	h	h	ɦ	ɦ
崇明县	∅	∅	h	h	ɦ	ɦ
堡镇	∅	∅	h	h	ɦ	ɦ
练塘镇	∅	∅	h	h	ɦ	ɦ

二、各地老派韵母例字对照表

韵母比较例字	资	猪	地	烟	故	多	雨	书
中古音	脂韵	鱼韵	至韵	先韵	暮韵	歌韵	麌韵	鱼韵
市区音	ɿ	ɿ	i	i	u	u	y	ɿ
真如镇	ɿ	ɿ	i	ie	u	u	i	ɿ
江湾镇	ɿ	ɿ	i	i	u	u	y	ɿ
松江县	ɿ	ɿ	i	i	əu	u	y	y
泗泾镇	ɿ	ɿ	i	i	əu	u	y	y
奉贤县	ɿ	ɿ	ij	ij	u	u	y	y
奉城镇	ɿ	ɿ	ij	ij	u	u	y	y
金山县	ɿ	ɿ	i	e	u	u	y	y
枫泾镇	ɿ	ɿ	i	ie	əu	u	y	y
青浦县	ɿ	ɿ	i	ɪ	u	u	y	y
莘庄镇	ɿ	ɿ	i	i	u	u	y	y
川沙乡	ɿ	ɿ	i	i	u	u	y	y
高桥镇	ɿ	ɿ	i	ie	u	u	y	ɿ
三林乡	ɿ	ɿ	i	i	u	u	y	y
周浦镇	ɿ	ɿ	i	i	u	u	y	y
南汇县	ɿ	ɿ	i	i	u	u	y	y
嘉定县	ɿ	ʮ	i	iɪ	u	u	y	ʮ
宝山县	ɿ	ɿ	i	ɪ	ᵊu	ᵊu	y	ɿ
崇明县	ɿ	ɿ	i	ie	u	u	i	ɿ
堡 镇	ɿ	ɿ	i	ie	u	u	i	ɿ
练塘镇	ɿ	ɿ	i	ɪ	u	u	y	y

韵母比较例字	椅	拉	矮	野	谢	怪	坏	靴
中古音	纸韵	合韵	蟹韵	马韵	祃韵	怪韵	怪韵	戈韵
市区音	i	A	A	iA	iA	uA	uA	yø
真如镇	i	A	A	iA	iA	uA	uA	iu
江湾镇	i	ɑ	ɑ	iɑ	iɑ	uɑ	uɑ	y
松江县	i	ɑ	ɑ	iɑ	iɑ	uɑ	uɑ	iu
泗泾镇	i	ɑ	ɑ	iɑ	iɑ	uɑ	uɑ	iu
奉贤县	ij	ɑ	ɑ	iɑ	iɑ	uɑ	uɑ	iu
奉城镇	ij	ɑ	ɑ	iɑ	iɑ	uɑ	uɑ	iu
金山县	i	A	A	iA	iA	uA/uɛ	uA/uɛ	iu
枫泾镇	i	A	A	iA	iA	uA/uɛ	uA/uɛ	iu
青浦县	i	a	a	ia	ia	ua	ua	iu
莘庄镇	y	A	A	iA	iA	uA	uA	iu
川沙乡	y	A	A	iA	iA	uA	uA	iu
高桥镇	y	A	A	iA	iA	uA	ᵘA	iu
三林乡	y	A	A	iA	iA	uA	uA	iu
周浦镇	i	A	A	iA	iA	uA	uA	iu
南汇县	i	A	A	iA	iA	uA	uA	iu
嘉定县	i	A	A	iA	iA	uA	uA	iu
宝山县	y	A	A	iA	iA	uA	uA	y
崇明县	i	ɑ	ɑ	iɑ	iɑ	uɑ	uɑ	y
堡镇	i	ɑ	ɑ	iɑ	iɑ	uɑ	uɑ	y
练塘镇	i	a	a	ia	ia	ua	ua	iu

韵母比较例字	保	瓦	条	苗	胆	兰	念	炎
中古音	皓韵	马韵	萧韵	宵韵	敢韵	寒韵	橡韵	盐韵
市区音	ɔ	o	iɔ	iɔ	E	E	i/iɪ	i
真如镇	ɔ	o	iɔ	iɔ	ɛ	ɛ	ie	ie
江湾镇	ɔ	o	iɔ	iɔ	ɛ	ɛ	iɛ	i
松江县	ɔ	ɔ	iɔ	iɔ	ɛ	ɛ	iɛ	i
泗泾镇	ɔ	ɔ	iɔ	iɔ	ɛ	ɛ	iɛ	i
奉贤县	ɔ	o	iɔ	iɔ	ɛ	ɛ	iɛ	ɛ/iɛ
奉城镇	ɔ	o	iɔ	iɔ	ɛ	ɛ	iɛ	iɛ
金山县	ɔ	o	iɔ	iɔ	ɛ	ɛ	iɛ	ɛ/iɛ
枫泾镇	ɔ	o	iɔ	iɔ	ɛ	ɛ	iɛ	ie
青浦县	ɔ	o	iɔ	iɔ	E	E	iɛ	iE
莘庄镇	ɔ	ɔ	iɔ	iɔ	ɛ	ɛ	iɛ	iɛ
川沙乡	ɔ	ɔ	iɔ	iɔ	ɛ	ɛ	iɛ	iɛ
高桥镇	ɔ	o	iɔ	iɔ	ɛ	ɛ	iɛ	ie
三林乡	ɔ	ɔ	iɔ	iɔ	ɛ	ɛ	iɛ	iɛ
周浦镇	ɔ	ɔ	iɔ	iɔ	ɛ	ɛ	iɛ	iɛ
南汇县	ɔ	ɔ	iɔ	iɔ	ɛ	ɛ	iɛ	iɛ
嘉定县	ɔ	o	iɔ	iɔ	E	E	iɪ	iɪ
宝山县	ɔ	ᵘo	iɔ	iɔ	E	E	ie	I
崇明县	ɔ	o	iɔ	iɔ	æ	æ	ie	ie
堡镇	ɔ	o	iɔ	iɔ	æ	æ	ie	ie
练塘镇	ɔ	o	iɔ	iɔ	E	E	iE	iE

韵母比较例字	关	环	蛇	爬	花	短	罪	劝
中古音	删韵	删韵	麻韵	麻韵	麻韵	缓韵	贿韵	愿韵
市区音	uE	uE	o	o/A	o/uA	ø	ø/E	yø
真如镇	uɛ	uɛ	o	o	o	ø	ø	yø
江湾镇	uE	uE	o	o	o	ø	ø	yø
松江县	uE	uE	o	o	o	ø	ø	yø
泗泾镇	uɛ	uɛ	o	o	o	ø	ø	yø
奉贤县	uɛ	uɛ	o	o	o	ø	ø	yø
奉城镇	ɜu	ɜu	o	o	o	ø	ø	yY
金山县	uɛ	uɛ	o	o	o	ø	ø	yø
枫泾镇	ɜu	ɜu	o	o	o	ø	ø	yø
青浦县	uE	uE	o	o	o	ø	ø	yø
莘庄镇	uɛ	ɜu	o	o	o	ø	ø	yø
川沙乡	ɜu	ɜu	iɔ	o	o	ø	ø/e	yø
高桥镇	uɛ	ɜu	o	o	o	ø	ø	yø
三林乡	uɛ	ɜu	iɔ	o	o	ø	ø	yø
周浦镇	ɜu	ɜu	iɔ	o	o	ø	ø	yø
南汇县	uɛ	ɜu	o	o	o	ø	ø	yø
嘉定县	uE	uE	o	o	o	ø	ø	yø
宝山县	uE	uE	iɔ	ᵘo	ᵘo	ø	ø/e	yø
崇明县	uæ	uæ	o	o	o	ø	ei/ɛ	yø
堡　镇	uæ	uæ	o	o	o	ø	ei/ɛ	yø
练塘镇	uE	uE	o	o	o	ø	ø	yø

韵母比较例字	远	盖	船	倍	桂	官	斗	狗
中古音	阮韵	泰韵	仙韵	贿韵	霁韵	桓韵	厚韵	厚韵
市区音	yø	E	ø	E	uE	uø	ɤ	ɤ
真如镇	yø	e	e	e	ue	ue	ɤ	ɤ
江湾镇	yø	ɛ	e	e	ue	ue	ɤᵚ	ɤᵚ
松江县	yø	ɛ	e	e	ue	ue	ɯ	ɯ
泗泾镇	yø	e	e	e	ue	ue	ɯ	ɯ
奉贤县	ø	e	e	e	ue	ue	ɯ	ɯ
奉城镇	yʏ	e	e	e	ue	ue	ɯ	ɯ
金山县	yø	ɛ/e	e	e	ue	ue	ɤ	ɤ
枫泾镇	yø	ɛ	ø	e	ue	ø	ɤ	ɤ
青浦县	yø	ɪ/E	ɪ	ɪ	uɪ	uɪ	ɯ	ɯ
莘庄镇	yø	e	e	e	ue	ue	ɤ	ɤ
川沙乡	yø	e	e	e	ue	ue	ɤ	ɤ
高桥镇	yø	e	ø	ø	ue	ue	ɤ	ɤ
三林乡	yø	e	e	e	ue	ue	ɤ	ɤ
周浦镇	yø	e	e	e	ue	ue	ɤ	ɤ
南汇县	yø	e	e	e	ue	ue	ɤ	ɤ
嘉定县	yø	E	iɪ	iɪ	uɪ	uɪ	ø	ø
宝山县	yø	E	ø	e	ue	ue	ɤ	ɤ
崇明县	yø	ɛ	ø	ei	uei	ue	θ	θ
堡　镇	yø	ɛ	ø	ei	uei	ue	θ	θ
练塘镇	yø	ɪ/E	ɪ	ɪ	uɪ	uɪ	ɯ	ɯ

韵母比较例字	流	秋	桑	床	旺	光	汪	庚
中古音	流韵	尤韵	唐韵	阳韵	漾韵	唐韵	唐韵	庚韵
市区音	iɤ	iɤ	ã	ã	iã	uã	uã	ã
真如镇	iɤ	iɤ	ã	ã	iã	uã	uã	ã
江湾镇	iɤ̃	iɤ̃	ɒ̃	ɒ̃	iɒ̃	uɒ̃	uɒ̃	ã
松江县	iɯ	iɯ	ã	ã	iã	uã	uã	ɛ̃
泗泾镇	iɯ	iɯ	ã	ã	iã	uã	uã	ɛ̃
奉贤县	iɯ	iɯ	ã	ã	iã	uã	uã	ɛ̃
奉城镇	iɯ	iɯ	ã	ã	iã	uã	uã	ã
金山县	iɤ	iɤ	ã	ã	iã	uã	uã	ɛ̃
枫泾镇	iɤ	iɤ	ã	ã	iã	uã	uã	ɛ̃
青浦县	iɯ	iɯ	ã	ã	iã	uã	uã	ɛ̃
莘庄镇	iɤ	iɤ	ã	ã	iã	uã	uã	ã
川沙乡	iɤ	iɤ	ã	ã	iã/ã	uã	ã	ã
高桥镇	iɤ	iɤ	ã	ã	iã	uã	uã	ã
三林乡	iɤ	iɤ	ã	ã	iã	uã	uã	ã
周浦镇	iɤ	iɤ	ã	ã	iã	uã	uã	ã
南汇县	iɤ	iɤ	ã	ã	iã	uã	uã	ã
嘉定县	y	y	ã	ã	iã	uã	uã	ã
宝山县	y	y	ɒ̃	ɒ̃	iɒ̃	uɒ̃	uɒ̃	ã
崇明县	iɵ	iɵ	ã	ã	iã	uã	uã	ã
堡　镇	iɵ	iɵ	ã	ã	iã	uã	uã	ã
练塘镇	iɯ	iɯ	ã	ã	iã	uã	uã	ɛ̃

韵母比较例字	张	央	良	横	根	真	兵	经
中古音	阳韵	阳韵	阳韵	庚韵	痕韵	真韵	庚韵	青韵
市区音	ã	iã	iã	uã	ən	ən	in	in
真如镇	ã	iã	iã	uã	əŋ	əŋ	iŋ	iŋ
江湾镇	ã	iã	iã	uã	əŋ	əŋ	iŋ	ioŋ
松江县	ɛ̃	iɛ̃	iɛ̃	uɛ̃	əŋ	əŋ	iŋ	ioŋ
泗泾镇	ɛ̃	iɛ̃	iɛ̃	uɛ̃	əŋ	əŋ	iŋ	ioŋ
奉贤县	ɛ̃	iɛ̃	iɛ̃	uɛ̃	ɑ̃	ɑ̃	iẽi	iɑ̃
奉城镇	ã	iã	iã	uã	ɑ̃	ɑ̃	iẽi	iɑ̃
金山县	ɛ̃	iɛ̃	iɛ̃	uɛ̃	əŋ	əŋ	iəŋ	ioŋ
枫泾镇	ɛ̃	iɛ̃	iɛ̃	uɛ̃	əŋ	əŋ	iŋ	iŋ
青浦县	ɛ̃	iɛ̃	iɛ̃	uɛ̃	əŋ	əŋ	iŋ	iŋ
莘庄镇	ã	iã	iã	uã	əŋ	əŋ	iŋ	iŋ
川沙乡	ã	iã	iã	uã	əŋ	əŋ	in	iʌŋ
高桥镇	ã	iã	iã	uã	əŋ	əŋ	iŋ	iŋ
三林乡	ã	iã	iã	uã	əŋ	əŋ	iŋ	iŋ
周浦镇	ã	iã	iã	uã	əŋ	əŋ	iŋ	iʌŋ
南汇县	ã	iã	iã	uã	əŋ	əŋ	iŋ	iʌŋ
嘉定县	ã	iã	iã	uã	əŋ	əŋ	iŋ	iŋ
宝山县	ã	iã	iã	uã	əŋ	əŋ	iŋ	iŋ
崇明县	ã	iã	iã	uã	ən	ən	in	in
堡镇	ã	iã	iã	uã	ən	ən	in	in
练塘镇	ɛ̃	iɛ̃	iɛ̃	uɛ̃	əŋ	əŋ	iŋ	iŋ

韵母比较例字	温	滚	群	军	翁	红	穷	容
中古音	魂韵	混韵	文韵	文韵	东韵	东韵	东韵	钟韵
市区音	uən	uən	yn/ioŋ	yn/ioŋ	oŋ	oŋ	ioŋ	ioŋ
真如镇	uəŋ	uəŋ	iŋ	iŋ	oŋ	oŋ	yoŋ	yoŋ
江湾镇	uəŋ	uəŋ	iəŋ	iəŋ	oŋ	oŋ	ioŋ	ioŋ
松江县	uəŋ	uəŋ	yɐ̃	yɐ̃	oŋ	oŋ	yoŋ	yoŋ
泗泾镇	uəŋ	uəŋ	yɐ̃	yɐ̃	oŋ	oŋ	yoŋ	yoŋ
奉贤县	uan	uan	yɐ̃	yɐ̃	ʊŋ	ʊŋ	iʊŋ	iʊŋ
奉城镇	uan	uan	yəŋ	yəŋ	ʊŋ	ʊŋ	iʊŋ	iʊŋ
金山县	uəŋ	uəŋ	ioŋ	ioŋ	oŋ	oŋ	ioŋ	ioŋ
枫泾镇	uəŋ	uəŋ	ioŋ	ioŋ	oŋ	oŋ	ioŋ	ioŋ
青浦县	uəŋ	uəŋ	iŋ	iŋ	oŋ	oŋ	ioŋ	ioŋ
莘庄镇	uəŋ	uəŋ	yŋ	yŋ	oŋ	oŋ	yoŋ	yoŋ
川沙乡	ən	uən	yn	yn	oŋ	oŋ	ioŋ	ioŋ
高桥镇	uəŋ	uəŋ	yn	yn	oŋ	oŋ	yoŋ	yoŋ
三林乡	uəŋ	uəŋ	yoŋ	yoŋ	oŋ	oŋ	yoŋ	yoŋ
周浦镇	uəŋ	uəŋ	ioŋ	yŋ	oŋ	oŋ	ioŋ	ioŋ
南汇县	uəŋ	uəŋ	ioŋ	yŋ	oŋ	oŋ	ioŋ	ioŋ
嘉定县	uəŋ	uəŋ	yɪŋ	yɪŋ	oŋ	oŋ	yoŋ	yoŋ
宝山县	uəŋ	uəŋ	iŋ	iŋ	oŋ	oŋ	yoŋ	yoŋ
崇明县	uən	uən	in	in	oŋ	oŋ	yoŋ	yoŋ
堡镇	uən	uən	in	in	oŋ	oŋ	yoŋ	yoŋ
练塘镇	uəŋ	uəŋ	iŋ	iŋ	oŋ	oŋ	ioŋ	ioŋ

韵母比较例字	甲	刮	括	落	各	吃	搦	郭
中古音	狎韵	鎋韵	末韵	铎韵	铎韵	锡韵	屋韵	铎韵
市区音	iaʔ	uaʔ	uaʔ	ɔʔ	ɔʔ	iɪʔ	ioʔ	ɔʔ
真如镇	iæʔ	uæʔ	uæʔ	ɔʔ	ɔʔ	iəʔ	yoʔ	uoʔ
江湾镇	iæʔ	uæʔ	uæʔ	ɔʔ	ɔʔ	iɪʔ	ioʔ	ɔʔ
松江县	iæʔ	uæʔ	uæʔ	ɔʔ	ɔʔ	iəʔ	ioʔ	uɔʔ
泗泾镇	iæʔ	uæʔ	uæʔ	ɔʔ	ɔʔ	iəʔ	ioʔ	uɔʔ
奉贤县	æʔ/iæʔ	uæʔ/uɑʔ	uæʔ	ɔʔ	ɔʔ	iʌʔ	ioʔ	uɔʔ
奉城镇	iæʔ	uæʔ/uɑʔ	uæʔ	ɔʔ	ɔʔ	iʌʔ	ioʔ	uɔʔ
金山县	iæʔ	uæʔ	uæʔ	ɔʔ	ɔʔ	iʌʔ	yɔʔ	uɔʔ
枫泾镇	iɑʔ	uɑʔ	uɑʔ	ɔʔ	ɔʔ	iʌʔ	yɔʔ	ɔʔ
青浦县	iæʔ	uæʔ	uæʔ	ɔʔ	ɔʔ	iʌʔ	yoʔ	uɔʔ
莘庄镇	iæʔ	uæʔ	uæʔ	ɔʔ	ɔʔ	iəʔ	ioʔ	uɔʔ
川沙乡	æʔ/iæʔ	uæʔ	uæʔ	ɔʔ	ɔʔ	iʌʔ	ioʔ	uɔʔ
高桥镇	iʌʔ	uʌʔ	uʌʔ	ɔʔ	ɔʔ	iəʔ	yoʔ	ɔʔ
三林乡	iæʔ	uœʔ	uœʔ	ɔʔ	ɔʔ	iəʔ	ioʔ	uɔʔ
周浦镇	iæʔ	uʌʔ	uæʔ	ɔʔ	ɔʔ	iʌʔ	ioʔ	uɔʔ
南汇县	iæʔ	uʌʔ	uæʔ	ɔʔ	ɔʔ	iʌʔ	ioʔ	uɔʔ
嘉定县	iʌʔ	uʌʔ	uʌʔ	ɔʔ	ɔʔ	iəʔ	yoʔ	oʔ/uʌʔ
宝山县	iʌʔ	uʌʔ	uʌʔ	oʔ	oʔ	iɪʔ	ioʔ	oʔ
崇明县	iaʔ	uaʔ	uaʔ	oʔ	oʔ	iəʔ	yoʔ	oʔ
堡镇	iaʔ	uaʔ	uaʔ	oʔ	oʔ	iəʔ	yoʔ	oʔ
练塘镇	iæʔ	uæʔ	uæʔ	ɔʔ	ɔʔ	iʌʔ	yoʔ	uɔʔ

韵母比较例字	扩	色	真	夺	掇	说	设	舌
中古音	铎韵	职韵	真韵	末韵	末韵	薛韵	模韵	薛韵
市区音	uəʔ	əʔ	əʔ	əʔ	əʔ	əʔ	əʔ	əʔ
真如镇	uɔʔ	əʔ	əʔ	ø	ø	ø	əʔ	əʔ
江湾镇	ɔʔ	əʔ	əʔ	əʔ	əʔ	əʔ	əʔ	əʔ
松江县	uɔʔ	ʌʔ	ʌʔ	œʔ	œ	œ	əʔ	əʔ
泗泾镇	uɔʔ	əʔ	əʔ	œʔ	œ	œ	əʔ	əʔ
奉贤县	uɔʔ	ʌʔ	ʌ	œʔ	œʔ	eʔ/uœʔ	eʔ	eʔ
奉城镇	uɔʔ	ʌʔ	ʌʔ	œʔ	œʔ	œʔ/uœʔ	eʔ	eʔ
金山县	ɔʔ	əʔ	əʔ	ø	ø	uø	əʔ	əʔ
枫泾镇	ɔʔ	əʔ	əʔ	ø	ø	ø	əʔ	əʔ
青浦县	uɔʔ	ʌʔ	ʌʔ	œʔ	œʔ	œʔ	əʔ	əʔ
莘庄镇	uɔʔ	ʌʔ	ʌʔ	œʔ	œʔ	uœʔ	əʔ	əʔ
川沙乡	uɔʔ	ʌʔ	ʌʔ	œʔ	œʔ	ɥœʔ	əʔ	əʔ
高桥镇	uɔʔ	əʔ	əʔ	œ	—	əʔ	əʔ	əʔ
三林乡	uɔʔ	ʌʔ	ʌʔ	œʔ	œʔ	uœʔ	əʔ	əʔ
周浦镇	uɔʔ	ʌʔ	ʌʔ	œʔ	œʔ	uœʔ	əʔ	əʔ
南汇县	uɔʔ	ʌʔ	ʌʔ	œʔ	œʔ	uœʔ	əʔ	əʔ
嘉定县	uɔʔ	əʔ	əʔ	oʔ	oʔ	əʔ	əʔ	əʔ
宝山县	oʔ	əʔ	əʔ	əʔ	əʔ	əʔ	əʔ	əʔ
崇明县	oʔ	əʔ	əʔ	ø	ø	ø	əʔ	əʔ
堡镇	oʔ	əʔ	əʔ	ø	ø	ø	əʔ	əʔ
练塘镇	uɔʔ	ʌʔ	ʌʔ	œʔ	œʔ	œʔ	əʔ	əʔ

韵母比较例字	踢	疾	骨	阔	血	月	国	北
中古音	锡韵	质韵	没韵	末韵	屑韵	月韵	德韵	入韵
市区音	iɪʔ	iɪʔ	uəʔ	uəʔ	ioʔ/yɪʔ	ioʔ/yɪʔ	oʔ	oʔ
真如镇	iɪʔ	iɪʔ	uəʔ	uəʔ	yøʔ	yøʔ/əʔ	uəʔ	oʔ
江湾镇	ɪʔ	ɪʔ	uəʔ	uəʔ	yɪʔ	yɪʔ	oʔ	oʔ
松江县	iəʔ	iəʔ	uəʔ	uəʔ	yœʔ	yœʔ	oʔ	oʔ
泗泾镇	iəʔ	iəʔ	uəʔ	uəʔ	yœʔ	yœʔ	oʔ	oʔ
奉贤县	iʌʔ	iʌʔ	ueʔ	ueʔ	yœʔ	yœʔ	oʔ	oʔ
奉城镇	iʌʔ	iʌʔ	ueʔ	ueʔ	yœʔ	yœʔ	oʔ	oʔ
金山县	iəʔ	iəʔ	uəʔ	uəʔ	yøʔ	yøʔ	ɔʔ	ɔʔ
枫泾镇	iɪʔ	iɪʔ	uɑʔ	uɑʔ	yøʔ	yøʔ	ɔʔ	ɔʔ
青浦县	iʌʔ	iʌʔ	uəʔ	uəʔ	yœʔ	yœʔ	oʔ	oʔ
莘庄镇	iəʔ	iəʔ	uəʔ	uəʔ	yəʔ	yəʔ	oʔ	oʔ
川沙乡	iɪʔ	iəʔ	uəʔ	uəʔ	yœʔ	yœʔ	uoʔ	oʔ
高桥镇	ɪʔ	iɪʔ	uəʔ	uʌʔ	yøʔ	yøʔ	oʔ	oʔ
三林乡	iəʔ	iəʔ	uəʔ	uəʔ	yəʔ	yəʔ	oʔ	oʔ
周浦镇	iʌʔ	iʌʔ	uəʔ	uəʔ	yœʔ	yœʔ	oʔ	oʔ
南汇县	iʌʔ	iʌʔ	uəʔ	uəʔ	yœʔ	yœʔ	oʔ	oʔ
嘉定县	iɪʔ	iɪʔ	uəʔ	uəʔ	yoʔ	yoʔ/əʔ	uəʔ	oʔ
宝山县	ɪʔ	ɪʔ	uəʔ	uəʔ	ioʔ	ioʔ	oʔ	oʔ
崇明县	iəʔ	iəʔ	uəʔ	uəʔ	yoʔ	yoʔ	uəʔ	oʔ
堡　镇	iəʔ	iəʔ	uəʔ	uəʔ	yoʔ	yoʔ	uəʔ	oʔ
练塘镇	iʌʔ	iʌʔ	uəʔ	uəʔ	yœʔ	yœʔ	uəʔ	oʔ

韵母比较例字	握	急	铁	耳	而	呒	姆	鱼
中古音	觉韵	缉韵	屑韵	止韵	之韵	虞韵	厚韵	鱼韵
市区音	oʔ	iiʔ	iiʔ	əl	əl	m̩	m̩	ŋ̍
真如镇	uoʔ	iiʔ	iiʔ	əl	əl	m̩	m̩	ŋ̍
江湾镇	ɔʔ	iiʔ	ɿʔ	ɿ	ɿ	m̩	m̩	ŋ̍
松江县	uoʔ	iiʔ	iiʔ	ər	ər	m̩	m̩	ŋ̍
泗泾镇	uoʔ	iiʔ	iiʔ	ər	ər	m̩	m̩	ŋ̍
奉贤县	ɔʔ	iiʔ	iiʔ	əl	əl	m̩	m̩	ŋ̍
奉城镇	ɔʔ	iiʔ	iiʔ	əl	əl	m̩	m̩	ŋ̍
金山县	ɔʔ	iiʔ	iiʔ	əl	əl	m̩	m̩	ŋ̍
枫泾镇	ɔʔ	iiʔ	iiʔ	əl	əl	m̩	m̩	ŋ̍
青浦县	uoʔ	iiʔ	iiʔ	əl	əl	m̩	m̩	ŋ̍
莘庄镇	uoʔ	iiʔ	iiʔ	ɿ	ɿ	m̩	m̩	ŋ̍
川沙乡	ɔʔ	iiʔ	iiʔ	i/ɿ	ɿ	m̩	m̩	ŋ̍/y
高桥镇	oʔ	iiʔ	ɿʔ	əl	əl	m̩	m̩	ŋ̍
三林乡	uoʔ	iiʔ	iiʔ	ɿ	ɿ	m̩	m̩	ŋ̍
周浦镇	ɔʔ	iiʔ	iiʔ	əl	əl	m̩	m̩	ŋ̍
南汇县	ɔʔ	iiʔ	iiʔ	əl	əl	m̩	m̩	ŋ̍
嘉定县	uoʔ	iiʔ	iiʔ	øl	øl	m̩	m̩	ŋ̍
宝山县	oʔ	iiʔ	ɿʔ	əʴ	əʴ	m̩	m̩	ŋ̍
崇明县	uoʔ	iəʔ	iəʔ	ø	ø	n̩	m̩	ei
堡　镇	uoʔ	iəʔ	iəʔ	ø	ø	n̩	m̩	ei
练塘镇	oʔ	iiʔ	iiʔ	əl	əl	m̩	m̩	ŋ̍

韵母比较例字	五	□（~奶：祖母）
中古音	姥韵	遇韵
市区音	ŋ̍	n̩
真如镇	ŋ̍	—
江湾镇	ŋ̍	—
松江县	ŋ̍	—
泗泾镇	ŋ̍	—
奉贤县	ŋ̍	—
奉城镇	ŋ̍	—
金山县	ŋ̍	—
枫泾镇	ŋ̍	—
青浦县	ŋ̍	—
莘庄镇	ŋ̍	n̩
川沙乡	ŋ̍/u	n̩
高桥镇	ŋ̍	n̩
三林乡	ŋ̍	n̩
周浦镇	ŋ̍	n̩
南汇县	ŋ̍	n̩
嘉定县	ŋ̍	—
宝山县	ŋ̍	n̩
崇明县	n̩	n̩
堡　镇	n̩	n̩
练塘镇	ŋ̍	—

三、各地老派声调例字对照表

声调比较例字	东	拎	懂	好	冻	唱	铁	击
中古音	清平	清平	清上	清上	清去	清去	清入	清入
市区音	阴平	阴平	阴去	阴去	阴去	阴去	阴入	阴入
真如镇	阴平	阴平	阴上	阴上	阴去	阴去	阴入	阴入
江湾镇	阴平	阴平	阴去	阴去	阴去	阴去	阴入	阴入
松江县	阴平	阴平	阴上	阴上	阴去	阴去	阴入	阴入
泗泾镇	阴平	阴平	阴上	阴上	阴去	阴去	阴入	阴入
奉贤县	阴平	阴平	阴上	阴上	阴去	阴去	阴入	阴入
奉城镇	阴平	阴平	阴上	阴上	阴去	阴去	阴入	阴入
金山县	阴平	阴平	阴上	阴上	阴去	阴去	阴入	阴入
枫泾镇	阴平	阴平	阴上	阴上	阴去	阴去	阴入	阴入
青浦县	阴平	阴平	阴上	阴上	阴去	阴去	阴入	阴入
莘庄镇	阴平	阴平	阴上	阴上	阴去	阴去	阴入	阴入
川沙乡	阴平	阴平	阴上	阴上	阴去	阴去	阴入	阴入
高桥镇	阴平	阴平	阴上	阴上	阴去	阴去	阴入	阴入
三林乡	阴平	阴平	阴上	阴上	阴去	阴去	阴入	阴入
周浦镇	阴平	阴平	阴上	阴上	阴去	阴去	阴入	阴入
南汇县	阴平	阴平	阴上	阴上	阴去	阴去	阴入	阴入
嘉定县	阴平	阴平	阴去	阴去	阴去	阴去	阴入	阴入
宝山县	阴平	阴平	阴上	阴上	阴上	阴上	阴入	阴入
崇明县	阴平	阴平	阴上	阴上	阴去	阴去	阴入	阴入
堡　镇	阴平	阴平	阴上	阴上	阴去	阴去	阴入	阴入
练塘镇	阴平	阴平	阴上	阴上	阴去	阴去	阴入	阴入

声调比较例字	同	年	洞	动	让	咬	热	敌
中古音	浊平	浊平	浊去	浊上	浊去	浊上	浊入	浊入
市区音	阳去	阳去	阳去	阳去	阳去	阳去	阳入	阳入
真如镇	阳平	阳平	阳去	阳去	阳去	阳去	阳入	阳入
江湾镇	阳去	阳去	阳去	阳去	阳去	阳去	阳入	阳入
松江县	阳平	阳平	阳上（阳去）	阳上	阳去	阳去（阳上）	阳入	阳入
泗泾镇	阳平	阳平	阳去	阳去	阳去	阳去	阳入	阳入
奉贤县	阳平	阳平	阳去	阳去	阳去	阳上	阳入	阳入
奉城镇	阳平	阳平	阳去	阳去	阳去	阳上	阳入	阳入
金山县	阳平	阳平	阳去	阳去	阳去	阳去	阳入	阳入
枫泾镇	阳平	阳平	阳去	阳上	阳去	阳上	阳入	阳入
青浦县	阳平	阳平	阳去	阳去	阳去	阳去	阳入	阳入
莘庄镇	阳平	阳平	阳去	阳去	阳去	阳去	阳入	阳入
川沙乡	阳平	阳平	阳平	阳平	阳平	阳去	阳入	阳入
高桥镇	阳平	阳平	阳平	阳平	阳平	阳平	阳入	阳入
三林乡	阳平	阳平	阳去	阳去	阳去	阳去	阳入	阳入
周浦镇	阳平	阳平	阳平	阳平	阳去	阳平	阳入	阳入
南汇县	阳平	阳平	阳平	阳平	阳平	阳平	阳入	阳入
嘉定县	阳平	阳平	阳去	阳去	阳去	阳去	阳入	阳入
宝山县	阳平	阳平	阳上	阳上	阳上	阳上	阳入	阳入
崇明县	阳平	阳平	阳去	阳上	阳去	阳上	阳入	阳入
堡　镇	阳平	阳平	阳去	阳上	阳去	阳上	阳入	阳入
练塘镇	阳平	阳平	阳去	阳去	阳去	阳去	阳入	阳入

四、各地老派两字组变调例字对照表

声调搭配	1+1			1+2		
例子	飞机	西瓜	补充用例	花瓶	天堂	补充用例
市　区	55—21	55—21		55—21	55—21	
真如镇	55—53	55—53		55—53	55—53	
江湾镇	55—31	55—31		55—31	55—31	
松江县	35—53	35—53		35—53	35—53	
泗泾镇	35—53	35—53		35—53	35—53	
奉贤县	44—53	44—53		44—53	44—53	
奉城镇	44—53	44—53	穿绷55—21	44—53	44—53	
金山县	24—53	24—53		24—53	24—53	
枫泾镇	24—53	24—53		24—53	24—53	
青浦县	44—53	44—53		44—53	44—53	
莘庄镇	55—53	55—53		55—53	55—53	
川沙乡	55—53	55—53		55—53	55—53	
高桥镇	55—53	55—53	听书35—53	55—53	55—53	操劳44—13
三林乡	55—53	55—53		55—53	55—53	
周浦镇	55—53	55—53		55—53	55—53	
南汇县	55—53	55—53		55—53	55—53	
嘉定县	55—21	55—21		55—21	55—21	
宝山县	55—31	55—31		55—31	55—31	
崇明县	55—55	55—55		55—55	55—55	
堡　镇	55—55	55—55		55—55	55—55	
练塘镇	44—22	44—22		44—22	44—22	

声调搭配	1+3			1+4		
例子	工厂	东海	补充用例	修养	经理	补充用例
市　区	55—21	55—21		55—21	55—21	
真如镇	B44—21	A44—44		A44—44	A44—44	B师范 44—21
江湾镇	55—31	55—31		55—31	55—31	
松江县	A35—53	A35—53	B高考 55—31	A35—53	A35—53	B师范 55—31
泗泾镇	A35—53	A35—53	B精简 55—31	A35—53	A35—53	B师范 55—31
奉贤县	44—53	44—53		44—53	44—53	
奉城镇	55—21	55—21		55—21	55—21	
金山县	24—53	24—53		24—53	24—53	
枫泾镇	24—53	24—53		24—53	24—53	
青浦县	44—53	44—53		44—53	44—53	
莘庄镇	55—53	55—53		55—53	55—53	
川沙乡	55—21	55—21		55—21	55—21	
高桥镇	35—31	35—31		35—31	35—31	安静53—31
三林乡	55—31	55—31		55—31	55—31	
周浦镇	55—31	55—31		55—31	55—31	
南汇县	55—31	55—31		55—31	55—31	
嘉定县	45—21	45—21		45—21	45—21	
宝山县	55—31	55—31		55—31	55—31	
*崇明县	55—0	55—0		55—0	55—0	
*堡镇	55—0	55—0		55—0	55—0	
练塘镇	44—22	44—22		44—22	44—22	

声调搭配	1+5			1+6		
例子	青菜	相信	补充用例	鸡蛋	军队	补充用例
市　区	55—21	55—21		55—21	55—21	
真如镇	44—21	44—21		44—21	44—21	
江湾镇	55—31	55—31		55—31	55—31	
松江县	55—31	55—31		55—31	55—31	
泗泾镇	55—31	55—31		55—31	55—31	
奉贤县	55—21	55—21		55—21	55—21	
奉城镇	55—21	55—21		55—21	55—21	衣柜44—53
金山县	55—31	55—31		55—31	55—31	
枫泾镇	24—53	24—53		24—53	24—53	
青浦县	44—31	44—31		44—31	44—31	
莘庄镇	55—31	55—31	锅盖55—53	55—31	55—31	车站55—53
川沙乡	55—21	55—21		55—21	55—21	
高桥镇	35—31	35—31	锅盖55—33	35—31	35—31	山洞34—13
三林乡	55—31	55—31		55—31	55—31	
周浦镇	55—31	55—31		55—31	55—31	
南汇县	55—31	55—31		55—31	55—31	
嘉定县	33—44	33—44		33—44	33—44	
宝山县	55—31	55—31		55—31	55—31	
崇明县	55—0	55—0		55—0	55—0	
堡　镇	55—0	55—0		55—0	55—0	
练塘镇	44—31	44—31		44—31	44—31	

声调搭配	1+7			1+8		
例子	钢笔	方法	补充用例	中学	科学	补充用例
市　区	55—21	55—21		55—21	55—21	
真如镇	55—55	55—55		55—55	55—55	
江湾镇	55—31	55—31		55—31	55—31	
**松江县	53—22	53—22		53—22	53—22	
**泗泾镇	22—44	22—44		22—44	22—44	
**奉贤县	53—22	53—22		53—22	53—22	
**奉城镇	44—55	44—55		44—55	44—55	
**金山县	44—22	44—22		44—22	44—22	
**枫泾镇	44—22	44—22		44—22	44—22	
**青浦县	44—22	44—22		44—22	44—22	
莘庄镇	55—31	55—31		55—31	55—31	
川沙乡	55—53	55—53		55—53	55—53	
高桥镇	55—55	55—55		55—55	55—55	烘热55—13
三林乡	55—53	55—53		55—53	55—53	
周浦镇	55—53	55—53		55—53	55—53	
南汇县	55—53	55—53		55—53	55—53	
嘉定县	55—21	55—21		55—21	55—21	
宝山县	55—33	55—33		55—31	55—31	
崇明县	55—55	55—55		55—55	55—55	
堡　镇	55—55	55—55		55—55	55—55	
**练塘镇	44—22	44—22		44—22	44—22	

声调搭配	2+1			2+2		
例子	梅花	茶杯	补充用例	长城	人民	补充用例
市　区	22—44	22—44		22—44	22—44	
真如镇	23—44	23—44		23—44	23—44	
江湾镇	23—44	23—44		23—44	23—44	
松江县	13—53	13—53		13—53	13—53	
泗泾镇	13—53	13—53	曹操24—31	13—53	13—53	
奉贤县	23—53	23—53		23—53	23—53	
奉城镇	22—53	22—53		22—53	22—53	
金山县	13—53	13—53		13—53	13—53	
枫泾镇	13—53	13—53		13—53	13—53	
青浦县	22—53	22—53		22—53	22—53	
莘庄镇	13—53	13—53		13—53	13—53	
川沙乡	22—22	22—22		22—22	22—22	
高桥镇	13—44	13—44		13—44	13—44	
三林乡	22—33	22—33		22—33	22—33	
周浦镇	22—33	22—33		22—33	22—33	
南汇县	22—33	22—33		22—33	22—33	
嘉定县	22—53	22—53		22—53	22—53	
#宝山县	33—53/35—55	33—53/35—55		33—53/35—55	33—53/35—55	
崇明县	24—55	24—55		24—55	24—55	
堡　镇	24—55	24—55		24—55	24—55	
练塘镇	13—33	13—33		13—33	13—33	

声调搭配	2+3			2+4		
例子	铜板	红枣	补充用例	朋友	行动	补充用例
市　区	22—44	22—44		22—44	22—44	
真如镇	23—44	23—44		23—44	23—44	
江湾镇	23—44	23—44		23—44	23—44	
松江县	A13—53	B24—31		13—53	13—53	B红马24—31
泗泾镇	13—53	13—53		13—53	13—53	
奉贤县	23—53	23—53		23—53	23—53	形象24—21
奉城镇	24—21	24—21	头颈21—23	24—21	24—21	
金山县	13—53	13—53		13—53	13—53	
枫泾镇	13—53	13—53		13—53	13—53	
青浦县	22—53	22—53		22—53	22—53	
莘庄镇	13—53	13—53	头颈22—44	13—53	13—53	形象13—31
川沙乡	22—22	22—22		22—22	22—22	
高桥镇	13—44	13—44	全体13—35	A13—44	A13—44	B年限22—24
三林乡	A22—33	A22—33	B头颈22—35	A22—33	A22—33	B原理22—35
周浦镇	22—33	22—33	头颈22—35	22—33	22—33	原理22—35
南汇县	22—33	22—33	头颈22—35	22—33	22—33	原理22—35
嘉定县	A24—21	A24—21		A24—21	A24—21	B零件22—44
#宝山县	33—53/35—55	33—53/35—55		33—53/35—55	33—53/35—55	
*崇明县	24—0	24—0		24—0	24—0	
*堡镇	24—0	24—0		24—0	24—0	
练塘镇	13—33	13—33		13—33	13—33	

"头颈"的"头"在上海地区读阳去调,应为"脰"字。

声调搭配	2+5			2+6		
例子	文化	同志	补充用例	黄豆	文字	补充用例
市　区	22—44	22—44		22—44	22—44	
真如镇	23—44	23—44		23—44	23—44	
江湾镇	23—44	23—44		23—44	23—44	
松江县	24—31	24—31		24—31	24—31	
泗泾镇	24—31	24—31		24—31	24—31	
奉贤县	24—21	24—21		24—21	24—21	缘份55—21①
奉城镇	24—21	24—21		24—21	24—21	缘份55—21②
金山县	13—31	13—31		13—31	13—31	
枫泾镇	13—53	13—53		13—53	13—53	
青浦县	22—44	22—44		22—44	22—44	
莘庄镇	13—31	13—31		13—31	13—31	娘舅13—53
川沙乡	22—24	22—24		22—24	22—24	
高桥镇	A22—44	A22—44	B能干13—44	A22—44	A22—44	B承认13—44
三林乡	22—35	22—35		22—35	22—35	
周浦镇	22—35	22—35		22—35	22—35	
南汇县	22—35	22—35		22—35	22—35	
嘉定县	B22—44	B22—44	A咸菜23—44	A23—44	A23—44	B同事22—24
#宝山县	33—53/35—53	33—53/35—55		33—53/35—55	33—53/35—55	
崇明县	24—33	24—0	红线24—33	24—0	24—0	
堡　镇	24—33	24—0	红线24—33	24—0	24—0	
练塘镇	13—31	13—31		13—31	13—31	

①②"缘"在奉贤、奉城两点读阴调类，是单字的例外，下同。

声调搭配	2+7			2+8		
例子	毛笔	头发	补充用例	同学	牛肉	补充用例
市　区	22—44	22—44		22—44	22—44	
真如镇	23—44	23—44		23—44	23—44	
江湾镇	22—55	22—55		22—44	22—44	
松江县	33—22	33—22		33—22	33—22	
泗泾镇	22—44	22—44		22—44	22—44	
奉贤县	42—22	42—22		42—22	42—22	
奉城镇	B22—55	A21—23/B22—55	A油漆21—23	A21—23	A21—23	B铜勺22—55
金山县	33—22	33—22		33—22	33—22	
枫泾镇	33—22	33—22		33—22	33—22	
青浦县	23—22	23—22		23—22	23—22	
莘庄镇	22—44	22—24		22—44	22—44	铜勺13—53
川沙乡	22—44	22—44		22—44	22—44	
高桥镇	13—44	13—44		13—44	13—44	
三林乡	22—33	22—33		22—33	22—33	
周浦镇	22—33	22—33		22—33	22—33	
南汇县	22—33	22—33		22—33	22—33	
嘉定县	A24—21	A24—21	B条约22—44	B22—44	A24—21	
宝山县	35—31	35—31		35—31	35—31	
崇明县	24—55	24—55		24—55	24—55	
堡　镇	24—55	24—55		24—55	24—55	
练塘镇	13—22	13—22		13—22	13—22	

声调搭配	3+1			3+2		
例子	火车	广州	补充用例	海员	酒瓶	补充用例
市　区	33—44	33—44		33—44	33—44	
真如镇	35—53	35—53		35—53	35—53	
江湾镇	33—44	33—44		33—44	33—44	
松江县	35—31	35—31		35—31	35—31	府绸55—31
泗泾镇	35—31	35—31		35—31	35—31	
奉贤县	35—21	35—21	普通53—21	35—21	35—21	感情53—21
奉城镇	33—53	33—53	普通32—23	33—53	33—53	府绸32—23
金山县	24—53	24—53		24—53	24—53	
枫泾镇	24—53	24—53		24—53	24—53	
青浦县	44—53	44—53		44—53	44—53	
莘庄镇	35—31	35—31	总归55—53	35—31	35—31	可怜44—44
川沙乡	33—53	33—53		33—53	33—53	
高桥镇	35—53	35—53		35—53	35—53	可怜53—22
三林乡	35—53	35—53	祖宗55—53	35—53	35—53	
周浦镇	35—53	35—53	祖宗55—31	35—53	35—53	
南汇县	35—53	35—53	祖宗55—31	35—53	35—53	
嘉定县	35—21	35—21		35—21	35—21	
宝山县	35—31/33—44	35—31/33—44		35—31/33—44	35—31/33—44	
崇明县	42—55	42—55		42—55	42—55	
堡　镇	42—55	42—55		42—55	42—55	
练塘镇	44—53	44—53		44—53	44—53	

声调搭配	3+3			3+4		
例子	厂长	水果	补充用例	改造	小米	补充用例
市　区	33—44	33—44		33—44	33—44	
真如镇	44—44	44—44		44—44	44—44	
江湾镇	55—31	33—44		33—44	33—44	
松江县	A35—31	A35—31	A口齿 44—44	A35—31	A35—31	B好象 44—44
泗泾镇	A35—31	A35—31	B口齿 44—44	A44—44	B35—31	
奉贤县	33—53	33—53	草纸53—21	A33—53	A33—53	B表演 44—44
奉城镇	55—21	55—21		A55—21	A55—21	B表演 44—44
金山县	24—53	24—53		A44—44	A44—44	B野蕈 24—53
枫泾镇	24—53	24—53		A44—44	A44—44	B早稻 24—53
青浦县	44—53	44—53	楷体44—44	44—53	44—53	表演44—44
莘庄镇	55—53	55—53	稿纸35—31	A55—53	A55—53	B表演 33—44
川沙乡	35—21	35—21		35—21	35—21	
高桥镇	44—44	44—44	草纸35—31	44—44	44—44	
三林乡	A35—53	A35—53	B楷体 44—44	A35—53	A35—53	B处理 44—44
周浦镇	35—31	35—31	楷体44—44	35—31	358—31	表演44—44
南汇县	35—31	35—31	楷体44—44	35—31	35—31	表演44—44
嘉定县	A35—21	A35—21	B检举 33—53	A35—21	A35—21	B表演 33—53
宝山县	35—31/ 33—44	35—31/ 33—44		35—31/ 33—44	35—31/ 33—44	
崇明县	33—0	33—0		33—0	33—0	
堡　镇	33—0	33—0		33—0	33—0	
练塘镇	44—53	44—53		44—53	44—53	

声调搭配	3+5			3+6		
例子	广告	宝贝	补充用例	草地	扁豆	补充用例
市　区	33—44	33—44		33—44	33—44	
真如镇	44—44	44—44	小菜35—53	44—44	44—44	酒酿35—53
江湾镇	33—44	33—44		33—44	33—44	
松江县	44—44	44—44	①	44—44	44—44	酒酿35—31
泗泾镇	44—44	44—44	②	44—44	44—44	酒酿35—31
奉贤县	44—44	44—44	喘气53—21	44—44	44—44	子弹53—21
奉城镇	44—44	44—44	拐棍55—21	44—44	44—44	子弹55—21
金山县	44—44	44—44		44—44	44—44	
枫泾镇	44—44	44—44		44—44	44—44	
青浦县	44—44	44—44		44—44	44—44	
莘庄镇	44—44	44—44	小菜35—31	44—44	44—44	酒酿35—31
川沙乡	44—44	44—44		44—44	44—44	
高桥镇	44—44	44—44	小菜35—53	44—44	44—44	
三林乡	44—44	44—44		44—44	44—44	
周浦镇	44—44	44—44		44—44	44—44	
南汇县	44—44	44—44		44—44	44—44	
嘉定县	44—44（仅此一例）	33—53	小菜35—21	33—53	33—53	孔庙44—44
宝山县	35—31/33—44	35—31/33—44		35—31/33—44	35—31/33—44	
崇明县	42—33	42—33		42—33	42—33	
堡　镇	42—33	42—33		42—33	42—33	
练塘镇	44—31	44—31		44—31	44—31	

①②　"小菜"例外。

声调搭配	3+7			3+8		
例子	粉笔	改革	补充用例	体育	小学	补充用例
市　区	33—44	33—44		33—44	33—44	
真如镇	35—55	35—55		35—55	35—55	
江湾镇	34—55	34—55		34—55	34—55	
松江县	35—22	35—22		35—22	35—22	
泗泾镇	35—22	35—22		35—22	35—22	
奉贤县	35—22	35—22		35—22	35—22	
奉城镇	34—55	34—55		34—55	34—55	
金山县	23—44	23—44		23—44	23—44	
枫泾镇	23—44	23—44		23—44	23—44	
青浦县	44—44	44—44		44—44	44—44	
莘庄镇	35—53	35—53		35—53	35—53	
川沙乡	33—53	33—53		33—53	33—53	
高桥镇	35—55	35—55	蝙蝠44—4	35—55	35—55	主食35—31
三林乡	35—53	35—53		35—53	35—53	
周浦镇	35—53	35—53		35—53	35—53	
南汇县	35—53	35—53		35—53	35—53	
嘉定县	35—21	35—21		35—21	35—21	
宝山县	35—31	35—31		35—31	35—31	
崇明县	42—55	42—55		42—55	42—55	
堡　镇	42—55	42—55		42—55	42—55	
练塘镇	44—44	44—44		44—44	44—44	

声调搭配	4+1			4+2		
例子	米缸	奶糕	补充用例	动员	肚皮	补充用例
市　区	22—44	22—44		22—44	22—44	
真如镇	22—53	22—53	老师44—21	22—53	22—53	
江湾镇	23—53	23—44		23—44	23—44	
松江县	13—31	13—31		13—31	13—31	
泗泾镇	13—31	13—31		13—31	13—31	
奉贤县	24—21	24—21	老师53—21	24—21	24—21	动员22—53
奉城镇	22—53	22—53	老师44—53	22—53	22—53	演员21—23 往年44—53
金山县	13—53	13—53		13—53	13—53	
枫泾镇	13—53	13—53		13—53	13—53	
青浦县	22—53	22—53		22—53	22—53	
莘庄镇	13—31	13—31		13—31	13—31	
川沙乡	22—53	22—53		22—53	22—53	
高桥镇	24—53	24—53	老师44—53	24—53	24—53	
三林乡	13—53	13—53		13—53	13—53	
周浦镇	13—53	13—53		13—53	13—53	
南汇县	13—53	13—53		13—53	13—53	
嘉定县	22—53	22—53	美洲55—21	22—53	22—53	旅行55—21
#宝山县	35—31/ 33—53	35—31/ 33—53		35—31/ 33—53	35—31/ 33—53	
崇明县	31—55	31—55		31—55	31—55	
堡　镇	31—55	31—55		31—55	31—55	
练塘镇	22—53	22—53		22—53	22—53	

"老师"的"老"在上海地区读阴平调，是单字调特殊。"美/旅"读阴上/平，也是单字调特殊。

声调搭配	4+3			4+4		
例子	社长	老虎	补充用例	道理	妇女	补充用例
市　区	22—44	22—44		22—44	22—44	
真如镇	A23—44	A23—44	B雨伞22—45	A23—44	A23—44	B网眼22—45
江湾镇	23—44	23—44		23—44	23—44	
松江县	13—31	13—31	米粉44—44 雨伞22—44	A13—31	44—44	B马尾22—44
泗泾镇	13—31	13—31	雨伞、米粉22—44	A13—31	A13—31	B罪犯22—44
奉贤县	22—53	22—53	雨伞44—44	22—53	22—53	
奉城镇	B21—23	A24—21	耳朵55—21	A24—21	A24—21	B静坐21—23 午后55—21
金山县	13—53	13—53		A13—53	A13—53	B马尾33—33
枫泾镇	13—53	13—53		A13—53	A13—53	B旅社33—33
青浦县	22—53	22—53		22—53	22—53	
莘庄镇	A13—53	A13—53	B老板22—44	A13—53	A13—53	B偶像22—44
川沙乡	13—21	13—21		13—21	13—21	
高桥镇	22—44	22—44	老板22—44 耳朵53—22	A22—44	22—44	
三林乡	A13—53	A13—53	B雨伞32—35	A13—53	A13—53	B旅社31—35
周浦镇	13—31	13—31	雨伞31—53	13—31	13—31	旅社31—35
南汇县	13—31	13—31	雨伞31—53	13—31	13—31	旅社31—35
嘉定县	A24—21	A24—21	B五反22—24	A24—21	A24—21	B受罪22—24
#宝山县	35—31/ 33—53	35—31/ 33—53		35—31/ 33—53	35—31/ 33—53	
崇明县	31—33	31—33		31—33	31—33	
堡　镇	31—33	31—33		31—33	31—33	
练塘镇	22—53	22—53		22—53	22—53	

声调搭配	4+5			4+6		
例子	冷气	野菜	补充用例	社会	马路	补充用例
市　区	22—44	22—44		22—44	22—44	
真如镇	A22—45	A22—45	B动态23—44	A22—45	A22—45	B弟妹23—44
江湾镇	23—44	23—44		23—44	23—44	
松江县	A22—44	A22—44	B动态13—31	22—44	22—44	
泗泾镇	22—44	22—44		22—44	22—44	后院13—31
奉贤县	22—34	22—34		22—34	22—34	
奉城镇	21—23	21—23		21—23	21—23	
金山县	33—33	33—33		33—33	33—33	
枫泾镇	33—33	33—33		33—33	33—33	
青浦县	22—44	22—44		22—44	22—44	
莘庄镇	22—44	22—44		22—44	22—44	
川沙乡	22—34	22—34		22—34	22—34	
高桥镇	22—44	22—44	动态13—44	22—44	22—44	野外44—44 后院13—53
三林乡	31—53	31—53		31—53	31—53	
周浦镇	31—53	31—53		31—53	31—53	
南汇县	31—53	31—53		31—53	31—53	
嘉定县	A22—24	A22—24	B动态23—44	A22—24	A22—24	B部队23—44
#宝山县	35—31/ 33—53	35—31/ 33—53		35—31/ 33—53	35—31/ 33—53	
崇明县	31—33	31—33		31—33	31—33	
堡　镇	31—33	31—33		31—33	31—33	
练塘镇	22—33	22—33		22—33	22—33	

声调搭配	4+7			4+8		
例子	米贴	道德	补充用例	动物	冷热	补充用例
市　区	22—44	22—44		22—44	22—44	
真如镇	23—44	23—44		23—44	23—44	
江湾镇	22—55	22—55		22—44	22—44	
松江县	24—22	24—22		24—22	24—22	
泗泾镇	24—22	24—22		24—22	24—22	
奉贤县	24—22	24—22		24—22	24—22	
奉城镇	23—55	23—55		23—55	23—55	老实21—23
金山县	12—44	12—44		12—44	12—44	
枫泾镇	12—44	12—44		12—44	12—44	
青浦县	22—44	22—44		22—44	22—44	
莘庄镇	13—53	13—53		13—53	13—52	老实22—44
川沙乡	22—53	22—53		22—53	22—53	
高桥镇	22—55	22—55	美国44—55①	22—55	22—55	尽力13—13
三林乡	13—53	13—53		13—53	13—53	
周浦镇	13—53	13—53		13—53	13—53	
南汇县	13—53	13—53		13—53	13—53	
嘉定县	A24—21	A22—44		B22—44	A24—21	
宝山县	35—31	35—31		35—31	35—31	
崇明县	31—55	31—55		31—55	31—55	
堡　镇	31 55	31 55		31—55	31—55	老实24—55
练塘镇	22—44	22—44		22—44	22—44	

① "美"单字调特殊。

声调搭配	5+1			5+2		
例子	战争	汽车	补充用例	太平	证明	补充用例
市　区	33—44	33—44	看相55—21	33—44	33—44	
真如镇	35—53	35—53		35—53	35—53	
江湾镇	33—44	33—44		33—44	33—44	
松江县	55—31	55—31		55—31	55—31	
泗泾镇	55—31	55—31		55—31	55—31	
奉贤县	53—21	53—21	粪坑44—44	53—21	53—21	
奉城镇	32—23	32—23	裤裆33—53	32—23	32—23	证明55—21
金山县	33—31	33—31		33—31	33—31	
枫泾镇	33—31	33—31		33—31	33—31	
青浦县	44—31	44—31	裤裆44—53	44—31	44—31	证明44—53
莘庄镇	55—31	55—31		55—31	55—31	
川沙乡	33—53	33—53		33—53	33—53	
高桥镇	44—53	44—53		44—53	44—53	报酬44—13
三林乡	35—53	35—53		35—53	35—53	
周浦镇	35—53	35—53		35—53	35—53	
南汇县	35—53	35—53		35—53	35—53	
嘉定县	35—21	35—21		35—21	35—21	
宝山县	35—31/33—44	35—31/33—44		35—31/33—44	35—31/33—44	
崇明县	42—55	42—55		42—55	33—55	
堡　镇	42—55	42—55		42—55	33—55	
练塘镇	44—31	44—31		44—31	44—31	

声调搭配	5+3			5+4		
例子	报纸	汽水	补充用例	报社	对象	补充用例
市 区	33—44	33—44		33—44	33—44	
真如镇	44—44	44—44	熨斗23—44	44—44	44—44	继母35—53
江湾镇	55—31	33—44		33—44	33—44	
松江县	55—31	55—31		A55—31	B44—44	
泗泾镇	55—31	55—31		A55—31	B44—44	
奉贤县	A53—21	A53—21	B禁止44—44	B44—44	B44—44	A细雨53—21
奉城镇	32—23	32—23	处长55—21	32—23	32—23	
金山县	33—31	33—31		A44—44	A44—44	B靠近33—31
枫泾镇	33—31	33—31		44—44	44—44	
青浦县	44—31	44—31	处长44—53	44—31	44—31	创造44—53
莘庄镇	A55—31	A55—31	B懊悔33—44	33—44	33—44	创造55—53
川沙乡	35—21/44—44	35—21/44—44		35—21/44—44	35—21/44—44	
高桥镇	A44—44	A44—44	B要紧53—33	44—44	44—44	继母35—53
三林乡	A35—53	A35—53	B处长55—31	A35—53	B55—31	
周浦镇	35—31	35—31		55—31	55—31	细雨35—31
南汇县	35—31	35—31		55—31	55—31	细雨35—31
嘉定县	35—21	35—21		44—44仅此二例	44—44仅此二例	创造35—21
宝山县	35—31/33—44	35—31/33—44		35—31/33—44	35—31/33—44	
崇明县	33—0	33—0		33—0	33—0	
堡 镇	33—0	33—0		33—0	33—0	
练塘镇	44—31	44—31		44—31	44—31	

声调搭配	5+5			5+6		
例子	志气	世界	补充用例	态度	政治	补充用例
市　区	33—44	33—44	草纸55-21①	33—44	33—44	笑话55-21②
真如镇	A44—21	B44—44		B44—44	B44—44	A笑话44—21
江湾镇	55—31	33—44		55—31	33—44	
松江县	44—44	44—44		44—44	44—44	
泗泾镇	A55—31	B44—44		A44—44	A44—44	B半路55—31
奉贤县	44—44	44—44	过世53—21	44—44	44—44	吊桶53—21
奉城镇	32—23	32—23	故意44—44	44—44少用	32—23	
金山县	44—44	44—44		44—44	44—44	
枫泾镇	44—44	44—44		44—44	44—44	
青浦县	44—55	44—55		44—55	44—55	
莘庄镇	33—44	33—44		33—44	33—44	
川沙乡	55—21/ 44—44	55—21/ 44—44		55—21/ 44—44	55—21/ 44—44	
高桥镇	A35—31	B44—44		A44—44	A44—44	B性命35—31
三林乡	A55—31	B44—44		B44—44	B44—44	A性命55—31
周浦镇	55—31	44—44	细布35—31	44—44	44—44	性命55—31
南汇县	55—31	44—44	细布35—31	44—44	44—44	性命55—31
嘉定县	44—44	44—44	过世35—21	44—44	44—44	替代35—21
宝山县	35—31/ 33—44	35—31/ 33—44		35—31/ 33—44	35—31/ 33—44	
崇明县	42—33	42—33		42—33	33—0	
堡　镇	42—33	42—33		42—33	33—0	
练塘镇	44—44	44—44		44—44	44—44	

① 这是3+3的组合。草纸的连读变调特殊可能跟它早期叫"粗纸"有关。
② 这是老派变调的残留，上海老派5+5、5+6的变调都是55-21，如"对过、厕所、榨菜、看见、性命、错误"，等等。

声调搭配	5+7			5+8		
例子	顾客	宪法	补充用例	教育	汉族	补充用例
市　区	33—44	33—44		33—44	33—44	
真如镇	35—55	35—55		35—55	35—55	
江湾镇	34—55	34—55		34—55	34—55	
松江县	35—22	35—22		35—22	35—22	
泗泾镇	35—22	35—22		35—22	35—22	
奉贤县	35—22	35—22		35—22	35—22	
奉城镇	34—55	34—55		34—55	34—55	
金山县	23—44	23—44		23—44	23—44	
枫泾镇	23—44	23—44		23—44	23—44	
青浦县	44—44	44—44		44—44	44—44	
莘庄镇	35—53	35—53		35—53	35—53	
川沙乡	33—53	33—53		33—53	33—53	
高桥镇	44—55	44—55		44—55	44—55	救药44—12
三林乡	35—53	35—53		35—53	35—53	
周浦镇	35—53	35—53		35—53	35—53	
南汇县	35—53	35—53		35—53	35—53	
嘉定县	35—21	35—21		35—21	35—21	
宝山县	35—31	35—31		35—31	35—31	
崇明县	42—55	42—55		42—55	42—55	
堡　镇	42—55	42—55		42—55	42—55	
练塘镇	44—44	44—44		44—44	44—44	

声调搭配	6+1			6+2		
例子	地方	电灯	补充用例	地球	问题	补充用例
市区	22—44	22—44	老师55—21①	22—44	22—44	
真如镇	22—53	22—53		22—53	22—53	自然23—44
江湾镇	23—44	23—44		23—44	23—44	
松江县	33—33	33—33	健康13—53	33—33	33—33	栈房24—31
泗泾镇	22—44	22—44		22—44	22—44	
奉贤县	42—21	42—21		42—21	42—21	共同23—53
奉城镇	21—23	21—23	上司22—53	21—23	21—23	栈房22—53
金山县	13—31	13—31		13—31	13—31	
枫泾镇	13—31	13—31		13—31	13—31	
青浦县	23—44	23—44	认真22—53	23—44	23—44	自然22—53
莘庄镇	22—44	22—44		22—44	22—44	共同13—53
川沙乡	22—53	22—53		22—53	22—53	
高桥镇	13—53	13—53		13—53	13—53	骂人13—13
三林乡	13—53	13—53		13—53	13—53	自然22—33
周浦镇	13—53	13—53		13—53	13—53	
南汇县	13—53	13—53		13—53	13—53	
嘉定县	22—53	22—53		22—53	22—53	
宝山县	35—51/33—53	35—51/33—53		35—51/33—53	35—51/33—53	
崇明县	31—55	31—55		31—55	31—55	
堡　镇	31—55	31—55		31—55	31—55	
练塘镇	22—31	22—31	认真22—53	22—31	22—31	自然22—53

① 这是3+1的组合,"老"实际读阴平调。

声调搭配	6+3			6+4		
例子	地板	队长	补充用例	运动	代理	补充用例
市 区	22—44	22—44		22—44	22—44	
真如镇	23—44	23—44	县委35—53	23—44	23—44	饭店35—53
江湾镇	23—44	23—44		23—44	23—44	
松江县	33—33	33—33	妄想/外省 13—53	33—33	33—33	庙宇13—53
泗泾镇	22—44	22—44		22—44	22—44	
奉贤县	A42—21	A42—21	B上等 22—34	A42—21	B22—34	疗养23—53
奉城镇	21—23	21—23		21—23	21—23	疗养55—21 郑重24—21
金山县	13—31	13—31		A13—31	B33—33	B疗养 33—33
枫泾镇	13—31	13—31		A13—31	33—33（B33—33）	B自动 33—33
青浦县	23—44	23—44	院长22—53	23—44	23—44	疗养22—53
莘庄镇	22—44	22—44	自己13—53	22—44	22—44	疗养13—53
川沙乡	13—21	13—21		13—21	13—21	
高桥镇	22—44	22—44		A22—44	B22—35	
三林乡	A13—53	A13—53	B县委 31—35	A13—53	A13—53	B庙宇 31—35
周浦镇	13—31	13—31	院长31—35	13—31	13—31	庙宇31—35
南汇县	13—31	13—31	院长31—35	13—31	13—31	庙宇31—35
嘉定县	24—21	24—21	县委23—44	24—21	24—21	现象23—44
宝山县	35—31/ 33—53	35—31/ 33—53		35—31/ 33—53	35—31/ 33—53	
崇明县	31—33	31—33		31—33	31—33	
堡 镇	31—33	31—33		31—33	31—33	
练塘镇	22—31	22—31	院长22—53	22—31	22—31	庙宇22—53

声调搭配	6+5			6+6		
例子	大蒜	电报	补充用例	豆腐	外地	补充用例
市　区	22—44	22—44		22—44	22—44	马上 55—21①
真如镇	23—44	23—44	代替 22—45	23—44	23—44	忘记 35—53
江湾镇	23—44	23—44		23—44	23—44	
松江县	22—44	22—44		22—44	22—44	
泗泾镇	22—44	22—44		22—44	22—44	
奉贤县	22—34	22—34	地契 42—21	22—34	22—34	寺院 42—21
奉城镇	22—34	22—34	万岁 24—21	22—34	22—34	剩饭 21—23
金山县	33—33	33—33		33—33	33—33	
枫泾镇	33—33	33—33		33—33	33—33	
青浦县	22—44	22—44		22—44	22—44	
莘庄镇	22—44	22—44	浪费 13—31	22—44	22—44	
川沙乡	22—34	22—34		22—34	22—34	
高桥镇	22—24	22—24		22—24	22—24	剩饭 24—24②
三林乡	A13—53	A13—53	B内战 31—35	A13—53	B31—35	
周浦镇	31—35	31—35	浪费 13—31	31—35	31—35	内外 13—31
南汇县	31—35	31—35	浪费 13—31	31—35	31—35	内外 13—31
嘉定县	A23—44	B22—24		A23—44	A23—44	B另外 22—24
宝山县	35—31/ 33—35	35—31/ 33—35		35—31/ 33—35	35—31/ 33—35	
崇明县	24—33	31—33		24—0	31—33	
堡　镇	24—33	31—33		24—0	31—33	
练塘镇	22—33	22—33		22—33	22—33	

① 此处"马"读阴平调。
② 非成词变调。

声调搭配	6+7			6+8		
例 子	外国	办法	补充用例	大学	事实	补充用例
市区	22—44	22—44		22—44	22—44	
真如镇	23—44	23—44		23—44	23—44	
江湾镇	22—55	22—55		22—44	22—44	
松江县	24—22	24—22		24—22	24—22	
泗泾镇	24—22	24—22		24—22	24—22	
奉贤县	24—22	24—22	送客53—21	24—22	24—22	
奉城镇	23—55	23—55		23—55	23—55	
金山县	12—44	12—44		12—44	12—44	
枫泾镇	12—44	12—44		12—44	12—44	
青浦县	22—44	22—44		22—44	22—44	
莘庄镇	13—53	13—53		13—53	13—53	
川沙乡	22—53	22—53		22—53	22—53	
高桥镇	13—55	13—55		13—55	13—55	
三林乡	13—53	13—53		13—53	13—53	
周浦镇	13—53	13—53		13—53	13—53	
南汇县	13—53	13—53		13—53	13—53	
嘉定县	24—21	22—44 仅此一例		24—21	24—21	
宝山县	35—31	35—31		35—31	35—31	
崇明县	31—55	31—55		31—55	31—55	
堡 镇	31—55	31—55		31—55	31—55	
练塘镇	22—44	22—44		22—44	22—44	

声调搭配	7+1			7+2		
例子	北方	作家	补充用例	足球	发明	补充用例
市　区	33—44	33—44		33—44	33—44	
真如镇	55—53	55—53		55—53	55—53	
江湾镇	33—53	33—53		33—53	33—53	
松江县	4—53	4—53		4—53	4—53	
泗泾镇	4—53	4—53		4—53	4—53	
奉贤县	3—53	3—53		3—53	3—53	
奉城镇	3—53	3—53		3—53	3—53	
金山县	3—53	3—53		3—53	3—53	
枫泾镇	3—53	3—53		3—53	3—53	
青浦县	4—53	4—53		4—53	4—53	
莘庄镇	33—53	33—53		33—53	33—53	
川沙乡	33—53	33—53		33—53	33—53	
高桥镇	55—53	55—53		55—53	55—53	色盲55—55
三林乡	33—53	33—53		33—53	33—53	
周浦镇	5—53	5—53		5—53	5—53	
南汇县	5—53	5—53		5—53	5—53	
嘉定县	44—53	44—53		44—53	44—53	
宝山县	33—53	33—53		33—53	33—53	
崇明县	55—55	55—55		55—55	55—55	
堡　镇	55—55	55—55		55—55	55—55	
练塘镇	4—44	4—44		4—44	4—44	

声调搭配	7+3			7+4		
例子	铁板	竹笋	补充用例	接受	发动	补充用例
市　区	33—44	33—44		33—44	33—44	
真如镇	44—44	44—44		44—44	44—44	
江湾镇	33—53	33—53		33—53	33—53	
松江县	4—33	4—33		4—33	4—33	
泗泾镇	4—33	4—33		4—33	4—33	
奉贤县	53—21	53—21		53—21	53—21	国语3—34
奉城镇	4—44	4—44		4—44	4—44	
金山县	4—33	4—33		4—33	4—33	
枫泾镇	4—33	4—33		4—33	4—33	
青浦县	4—44	4—44		4—44	4—44	
莘庄镇	44—44	44—44		44—44	44—44	竹篓33—53
川沙乡	44—44	44—44		44—44	44—44	
高桥镇	55—55	55—55		55—55	55—55	伯父55—53
三林乡	44—44	44—44		44—44	44—44	
周浦镇	5—44	5—44		5—44	5—44	
南汇县	5—44	5—44		5—44	5—44	
嘉定县	44—21	44—21	桌椅44—44	44—21	44—21	节俭44—44
宝山县	33—53	33—53		33—53	33—53	
崇明县	55—53	55—53		55—53	55—53	
堡　镇	55—53	55—53		55—53	55—53	
练塘镇	4—31	4—31		4—31	4—31	

声调搭配	7+5			7+6		
例子	客气	国庆	补充用例	革命	失败	补充用例
市　区	33—44	33—44		33—44	33—44	
真如镇	44—44	44—44		44—44	44—44	
江湾镇	33—53	33—53		33—53	33—53	
松江县	4—35	4—35		4—35	4—35	
泗泾镇	4—33	4—33		4—33	4—33	
奉贤县	3—34	3—34		3—34	3—34	
奉城镇	4—44	4—44		4—44	4—44	
金山县	3—35	3—35		3—35	3—35	
枫泾镇	3—35	3—35		3—35	3—35	
青浦县	4—35	4—35		4—35	4—35	
莘庄镇	44—44	44—44		44—44	44—44	
川沙乡	33—44	33—44		33—44	33—44	
高桥镇	55—55	55—55	索性55—53	55—55	55—55	
三林乡	44—44	44—44		44—44	44—44	
周浦镇	5—35	5—35		5—35	5—35	
南汇县	5—35	5—35		5—35	5—35	
嘉定县	44—44	44—44		44—44	44—44	
宝山县	33—53	33—53		33—53	33—53	
崇明县	55—33	55—33		55—33	55—33	
堡　镇	55—33	55—33		55—33	55—33	
练塘镇	4—35	4—35		4—35	4—35	

声调搭配	7+7			7+8		
例子	法国	积蓄	补充用例	复杂	积极	补充用例
市　区	33—44	33—44		33—44	33—44	
真如镇	44—55	44—55		44—55	44—55	
江湾镇	33—55	33—55		33—55	33—55	
松江县	44—22	44—22		44—22	44—22	
泗泾镇	44—22	44—22		44—22	44—22	
奉贤县	53—22	53—22		53—22	53—22	
奉城镇	A4—44	A4—44	B龌龊 3—55	A4—44	A4—44	B笔墨 3—55
金山县	44—22	44—22		44—22	44—22	
枫泾镇	44—22	44—22		44—22	44—22	
青浦县	4—33	4—33		4—33	4—33	
莘庄镇	44—44	44—44		44—44	44—44	
川沙乡	33—53	33—53		33—53	33—53	
高桥镇	55—53	55—53		55—53	55—53	
三林乡	33—53	33—53		33—53	33—53	
周浦镇	5—53	5—53		5—53	5—53	
南汇县	5—53	5—53		5—53	5—53	
嘉定县	44—21	44—21		44—21	44—21	
宝山县	55—31	55—31		55—31	55—31	
崇明县	55—55	55—55		55—55	55—55	
堡　镇	55—55	55—55		55—55	55—55	
练塘镇	4—44	4—44		4—44	4—44	

声调搭配	8+1			8+2		
例子	肉丝	学生	补充用例	白糖	绿茶	补充用例
市　区	[11—23]①	[11—23]		[11—23]	[11—23]	
真如镇	22—24	22—24		22—24	22—24	
江湾镇	22—23	22—23		22—23	22—23	
松江县	2—53	2—53		2—53	2—53	
泗泾镇	2—53	2—53		2—53	2—53	
奉贤县	2—53	2—53		2—53	2—53	
奉城镇	[1—23]	[1—23]		[1—23]	[1—23]	
金山县	2—53	2—53		2—53	2—53	
枫泾镇	2—53	2—53		2—53	2—53	
青浦县	2—53	2—53		2—53	2—53	
莘庄镇	22—42	22—42		22—42	22—42	
川沙乡	22—34	22—34		22—34	22—34	
高桥镇	[12—24]	[12—24]		[12—24]	[12—24]	葡萄44—44
三林乡	22—23	22—23		22—23	22—23	
周浦镇	2—113	2—113		2—113	2—113	
南汇县	2—113	2—113		2—113	2—113	
嘉定县	[11—24]	[11—24]		[11—24]	[11—24]	
宝山县	22—53	22—53		22—53	22—53	
崇明县	22—55	22—55		22—55	22—55	
堡　镇	22—55	22—55		22—55	22—55	
练塘镇	2—53	2—53		2—53	2—53	

① 由于11—23输入表格后会变成日期,特加[ ],下同,后也同。

声调搭配	8+5			8+6		
例子	绿化	物价	补充用例	绿豆	服务	补充用例
市　区	[11−23]	[11−23]		[11−23]	[11−23]	
真如镇	22−24	22−24		22−24	22−24	
江湾镇	22−23	22−23		22−23	22−23	
松江县	2−35	2−35		2−35	2−35	
泗泾镇	2−35	2−35		2−35	2−35	
奉贤县	2−34	2−34		2−34	2−34	
奉城镇	2−34	2−34		2−34	2−34	
金山县	2−35	2−35		2−35	2−35	
枫泾镇	2−35	2−35		2−35	2−35	
青浦县	2−44	2−44		2−44	2−44	
莘庄镇	22−23	22−23		22−23	22−23	
川沙乡	22−34	22−34		22−34	22−34	
高桥镇	[12−24]	[12−24]		[12−24]	[12−24]	
三林乡	22−23	22−23		22−23	22−23	
周浦镇	22−13	22−13		22−13	22−13	
南汇县	22−13	22−13		22−13	22−13	
嘉定县	[11−24]	[11−24]		[11−24]	[11−24]	
宝山县	22−53	22−53		22−53	22−53	
崇明县	22−33	22−33		22−33	22−33	
堡　镇	22−33	22−33		22−33	22−33	
练塘镇	2−35	2−35		2−35	2−35	

声调搭配	8+7			8+8		
例子	及格	立刻	补充用例	独立	毒药	补充用例
市　区	[11—23]	[11—23]		[11—23]	[11—23]	
真如镇	22—44	22—44		22—44	22—44	
江湾镇	22—23	22—23		22—23	22—23	
松江县	33—22	33—22		33—22	33—22	
泗泾镇	33—22	33—22		33—22	33—22	
奉贤县	42—22	42—22		42—22	42—22	
奉城镇	A21—23	A21—23	B白铁1—33	A21—23	B21—23	B绝密1—33
金山县	33—22	33—22		33—22	33—22	
枫泾镇	33—22	33—22		33—22	33—22	
青浦县	2—44	2—44		2—44	2—44	
莘庄镇	22—23	22—23		22—23	22—23	
川沙乡	22—34	22—34		22—34	22—34	
高桥镇	12—44	12—44		12—44	12—44	
三林乡	22—23	22—23		22—23	22—23	
周浦镇	22—23	22—23		22—23	22—23	
南汇县	22—23	22—23		22—23	22—23	
嘉定县	22—44	22—44		22—44	22—44	
宝山县	22—55	22—55		22—55	22—55	
崇明县	22—55	22—55		22—55	22—55	
堡　镇	22—55	22—55		22—55	22—55	
练塘镇	2—33	2—33		2—33	2—33	

各地老派两字组入声末字变调比较

1. 市区中派21　44　23	8. 宝山21　24　55
2. 市区老派53　55	9. 南汇53　33　23
3. 松江22　44　33仅一处	10. 浦东新区53　44仅一　34仅一
4. 金山22　44　22	11. 嘉定21　44　24
5. 奉贤21　22仅一处	12. 练塘33　44　33仅一
6. 闵行21　44　23	13. 崇明55舒声有轻声
7. 青浦21仅一　22仅一　44　33	

五、各地新派声母例字对照表

声母比较例字	八	饱	抛	拍	袍	白	夫	呼
中古音	帮母	帮母	滂母	滂母	並母	並母	非母	晓母
市　区	p	p	p^h	p^h	∅	b	f	h
松江县	p	p	p^h	p^h	b	b	f	f
奉贤县	ʔb	ʔb	p^h	p^h	b	b	f	f
金山县	ʔb	p	p^h	p^h	b	b	f	f
青浦县	p	p	p^h	p^h	b	b	f	h
闵行镇	p	p	p^h	p^h	b	b	f	f
川沙乡	ʔb	ʔb	p^h	p^h	b	b	f	h
南汇县	ʔb	ʔb	p^h	p^h	b	b	f	f
嘉定县	p	p	p^h	p^h	b	b	f	h
宝山县	p	p	p^h	p^h	b	b	f	h
崇明县	p	p	p^h	p^h	b	b	f	x

声母比较例字	飞	胡	我	未	毛	美	早	精
中古音	非母	匣母	疑母	微母	明母	明母	精母	精母
市　区	f	v	ŋ/ɦ	ɦ	m	m	ts	tɕ
松江县	f	v	ŋ	ɦ	m	m	ts	tɕ
奉贤县	f	v	ŋ	v/m	m	ʔm	ts	tɕ
金山县	f	v	v	m	m	m	ts	tɕ
青浦县	f	ɦ	ŋ	ɦ	m	m	ts	ts
闵行镇	f	ɦ	ŋ	∅	m	m	ts	tɕ
川沙乡	f	ɦ	v	∅	m	m	ts	tɕ
南汇县	f	ʋ[①]/ɦ[②]	ɦ	ɦ	m	m	ts	tɕ
嘉定县	f	ɦ	ŋ/ŋ̍	m	m	m	ts	tɕ/ts
宝山县	f	ɦ	ɦ	∅	m	m	ts	ts
崇明县	f	h	ŋ	v	m	m	ts	tɕ

① 为"胡笳"之"胡"；② 为"胡子"之"胡"。

声母比较例字	炒	清	扫	心	曹	秦	刀	塔
中古音	初母	清母	心母	心母	从母	从母	端母	透母
市　区	tsʰ	tɕʰ	s	ɕ	z	dz	t	tʰ
松江县	tsʰ	tɕʰ	s	ɕ	z	dz	t	tʰ
奉贤县	tsʰ	tɕʰ	s	ɕ	z	dz	ʔd	tʰ
金山县	tsʰ	tɕʰ	s	ɕ	z	ʐ	t	tʰ
青浦县	tsʰ	tsʰ	s	s	z	z	t	tʰ
闵行镇	tsʰ	tɕʰ	s	ɕ	z	ʐ	t	tʰ
川沙乡	tsʰ	tɕʰ	s	ɕ	z	dz	ʔd	tʰ
南汇县	tsʰ	tɕʰ	s	ɕ		dz	ʔd	tʰ
嘉定县	tsʰ	tɕʰ	s	ɕ	z	z	t	tʰ
宝山县	tsʰ	tɕʰ	s	ɕ	z	dz	t	tʰ
崇明县	tsʰ	tɕʰ	s	ɕ	z	ʐ	t	tʰ

声母比较例字	桃	踏	脑	奶	捞	里	娇	经
中古音	定母	定母	泥母	泥母	来母	来母	见母	见母
市　区	d	tʰ	n	n	l	l	tɕ	tɕ
松江县	d	d	n	n	l	l	tɕ	tɕ
奉贤县	d	ʔd	n	n	l	l	ʔtɕ	ʔtɕ
金山县	d	d	n	n	l	l	tɕ	tɕ
青浦县	d	d	n	n	l	l	tɕ	tɕ
闵行镇	d	d	n	n	l	l	tɕ	tɕ
川沙乡	d	d	n	n	l	l	tɕ	tɕ
南汇县	d	d	n	n	l	l	tɕ	tɕ
嘉定县	d	d	n	n	l	l	tɕ	tɕ
宝山县	t	tʰ	n	n	l	l	tɕ	tɕ
崇明县	d	d	n	n	l	l	tɕ	tɕ

声母比较例字	巧	轻	桥	琴	晓	兴	扭	银
中古音	溪母	溪母	群母	群母	晓母	晓母	泥母	疑母
市　区	tɕʰ	tɕʰ	dʑ	dʑ	ɕ	ɕ	ȵ	ȵ
松江县	tɕʰ	tɕʰ	t	dʑ	ɕ	ɕ	ȵ	ɦ
奉贤县	tɕʰ	tɕʰ	dʑ	dʑ	ɕ	ɕ	ȵ	ȵ
金山县	tɕʰ	tɕʰ	dʑ	dʑ	ɕ	ɕ	ȵ	ȵ
青浦县	tɕʰ	tɕʰ	dʑ	dʑ	ɕ	ɕ	ȵ	ȵ
闵行镇	tɕʰ	tɕʰ	dʑ	dʑ	ɕ	ɕ	ȵ	ȵ
川沙乡	tɕʰ	tɕʰ	dʑ	dʑ	ɕ	ɕ	ȵ	ȵ
南汇县	tɕʰ	tɕʰ	dʑ	dʑ	ɕ	ɕ	ȵ	ɦ
嘉定县	tɕʰ	tɕʰ	dʑ	dʑ	ɕ	ɕ	ȵ	ȵ
宝山县	tɕʰ	tɕʰ	tɕ	dʑ	ɕ	ɕ	ȵ	ȵ
崇明县	tɕʰ	tɕʰ	dʑ	dʑ	ɕ	ɕ[1]/z[2]	ȵ	∅

[1] 为"兴旺"之"兴"；[2] 为"高兴"之"兴"。

声母比较例字	高	古	考	课	搞	共	咬	牙
中古音	见母	见母	溪母	溪母	见母	群母	疑母	疑母
市　区	k	k	kʰ	kʰ	k	g	ŋ	ŋ
松江县	k	k	kʰ	kʰ	k	g	ŋ	ŋ
奉贤县	k	k	kʰ	kʰ	k	k	ŋ	ŋ
金山县	k	k	kʰ	kʰ	g	k/g	ŋ	ŋ
青浦县	k	k	kʰ	kʰ	g	g	ŋ	ŋ
闵行镇	k	k	kʰ	kʰ	k	k	ŋ	ŋ
川沙乡	k	k	kʰ	kʰ	g	g	ŋ	ŋ
南汇县	k	k	kʰ	kʰ	g	g	ŋ	ŋ
嘉定县	k	k	kʰ	kʰ	g	g	ŋ	ŋ
宝山县	k	k	kʰ	kʰ	k	g	ŋ	ŋ
崇明县	k	k	kʰ	kʰ	k	k	ŋ	ŋ

声母比较例字	欧	衣	好	海	号	爷
中古音	影母	影母	晓母	晓母	匣母	以母
市　区	∅	∅	h	h	ɦ	ɦ
松江县	∅	∅	h	h	ɦ	ɦ
奉贤县	∅	∅	h	h	ɦ	ɦ
金山县	∅	∅	h	h	ɦ	ɦ
青浦县	∅	∅	h	h	ɦ	ɦ
闵行镇	∅	∅	h	h	∅	∅
川沙乡	∅	∅	h	h	ɦ	ɦ
南汇县	∅	∅	h	h	ɦ	ɦ
嘉定县	∅	∅	h	h	ɦ	∅
宝山县	∅	∅	h	h	ɦ	∅
崇明县	∅	∅	x	h	h	∅

六、各地新派韵母例字对照表

韵母比较例字	资	猪	地	烟	故	多	雨	书
中古音	脂韵	鱼韵	至韵	先韵	暮韵	歌韵	麌韵	鱼韵
市　区	ɿ	ɿ	i	i	u	u	y	ɿ
松江县	ɿ	ɿ	i	i	u	u	y	y
奉贤县	ɿ	ɿ	i	i	u	u	y	ɣ/y
金山县	ɿ	ɿ	i	i	u	u	y	y
青浦县	ɿ	ɿ	i	iɪ	u	u	y	y
闵行镇	ɿ	ɿ	iəʔ	iɪ	u	u	y	y
川沙乡	ɿ	ɿ	i	i	u	u	y	ɿ
南汇县	ɿ	ɿ	i	i	u	u	y	ɿ
嘉定县	ɿ	ʮ	i	iɪ	u	u	y	ɿ
宝山县	ɿ	ɿ	i	iɪ	u	u	y	ɿ
崇明县	ɿ	ɿ	i	ie	u	u	i	ɿ

韵母比较例字	椅	拉	矮	野	谢	怪	坏	靴
中古音	纸韵	合韵	蟹韵	马韵	祃韵	怪韵	怪韵	戈韵
市　区	i	A	A	iA	iA	uA	uA	y
松江县	i	ɑ	ɑ	iɑ	iɑ	uɑ	uɑ	yø
奉贤县	i	a	a	ia	ia	ua	ua	y
金山县	i	A	A	iA	iA	uA	uA	yø
青浦县	i	a	a	ia	ia	ua	ua	y
闵行镇		a	a	ia	ia	ua	ua	y
川沙乡	i	ɑ	ɑ	iɑ	iɑ	uɑ	uɑ	
南汇县	i	A	a	ia	ia	ua	ua	y
嘉定县	i	a	ɑ	ia	ia	ua	ua	y
宝山县	i	A	A	ia	ia	ua	ua	y
崇明县	y	ɑ	ɑ	iɑ	iɑ	uɑ	uɑ	y

韵母比较例字	保	瓦	条	苗	胆	兰	念	炎
中古音	皓韵	马韵	萧韵	宵韵	敢韵	寒韵	桥韵	盐韵
市　区	uE	uA	ɔi	ɔi	E	E	i	i
松江县	ɔ	o	ɔi	ɔi	ɛ	ɛ	ie	i
奉贤县	ɔ	a	ɔi	ɔi	ɛ	ɛ	ɛ	ɛ
金山县	ɔ	o	ɔi	ɔi	ɛ	ɛ	i	i/ɛ
青浦县	ɔ	ɔ	ɔi	ɔi	E	E	iE	iI
闵行镇	ɔ	ɔ	ɔi	ɔi	ɛ	ɛ	iI	iI
川沙乡	ɔ	ɔ	ɔi	ɔi	ɛ	ɛ	iɛ	iɛ
南汇县	ɔ	ou	ɔi	ɔi	E	E		i
嘉定县	ɔ	ø	ɔi	ɔi	E	E	iE	iI
宝山县	ɔ	uA	ɔi	ɔi	E	E	iI	iI
崇明县	ɔu	ou	ɔi	ɔi	æ	æ	ie	ie

韵母比较例字	关	环	蛇	爬	花	短	罪	劝
中古音	删韵	删韵	麻韵	麻韵	麻韵	缓韵	贿韵	愿韵
市 区	uE	uE	ω	ω	ω	ø	E	y
松江县	uε	uε	o	o	o	ø	ø	yø
奉贤县	uε	uε	o	o/ε	o	ø	ø	yø
金山县	uε	uε	o	o	o	ø	ø	yø
青浦县	uE	uE	ω	ω	ω	ø	ø	yø
闵行镇	uε	uε	o	o	o	ø	ø	yø
川沙乡	uε	uε	o	o	o	ø	ø	yø
南汇县	uE	uE	uo	o	uo	ø	ø	yø
嘉定县	uE	uE	ø	ø	uə	ø	ø	iø
宝山县	uE	uE	o	o	o	ø	e	y
崇明县	uæ	æ	uo	o	uo	uø	ei	yø

韵母比较例字	远	盖	船	倍	桂	官	斗	狗
中古音	阮韵	泰韵	仙韵	贿韵	霁韵	桓韵	厚韵	厚韵
市 区	y	E	ø	E	uE	ø	ɤ	ɤ
松江县	yø	ε	ø	e	ue	uø	ɤɯ	ɤɯ
奉贤县	ø	ε	ø	e	ue	ue	ɤ	ɤ
金山县	æ?	ε	e	e	ue	ue	ɤ	ɤ
青浦县	yø	E	uɪ	uɪ	uɪ	uɪ	ɯ	ɯ
闵行镇	ø	Iⁱ	ei	Iⁱ	ue	uɪ	ɤ	ɤ
川沙乡	yø	ε	e	e	ue	ue	ɤ	ɤ
南汇县	yø	E	ø	ei	uei	uE	ɤ	ɤ
嘉定县	iø	E	uɪ	uɪ	uɪ	uɪ	ø	ø
宝山县	y	E	ø	e	ue	ø	ɤ	ɤ
崇明县	yø	ie	uø	ei	i	uø	ɤ	ɤ

韵母比较例字	流	秋	桑	床	旺	光	汪	庚
中古音	流韵	尤韵	唐韵	阳韵	漾韵	唐韵	唐韵	庚韵
市 区	iɤ	iɤ	ã	ã	iã	uã	uã	ã
松江县	iɤᵚ	iɤᵚ	ã	ã	iã	uã	uã	ʌŋ
奉贤县	iɤ	iɤ	ã	ã	iã	uã	uã	əŋ
金山县	iɤ	iɤ	ã	ã	iã	uã	uã	əŋ
青浦县	iɯ	iɯ	ã	ã	iã	uã	uã	ɛ̃
闵行镇	iɯ	iɯ	ã	ã	iã	uã	uã	nɛ
川沙乡	iɤ	iɤ	aŋ	aŋ	iaŋ	uaŋ	uaŋ	
南汇县	iɤ	iɤ	ã	ã	iã	uã	uã	əŋ
嘉定县	iɤ	iɤ	aŋ	aŋ	iaŋ	uaŋ	uaŋ	ɐ̃
宝山县	iɤ	iɤ	ã	ã	iã	uã	uã	əŋ
崇明县	iɤ	iɤ	ã	ã	iã	uã	uã	ne

韵母比较例字	张	央	良	横	根	真	兵	经
中古音	阳韵	阳韵	阳韵	庚韵	痕韵	真韵	庚韵	青韵
市 区	ã	iã	iã	uã	əŋ	əŋ	in	iŋ
松江县	ɛ̃	iɛ̃	iɛ̃	uɛ̃	ʌn	ʌn	in	in
奉贤县	ã	iã	iã	uã	əŋ	əŋ	iŋ	iŋ
金山县	ɛ̃	iɛ̃	iɛ̃	uɛ̃	əŋ	əŋ	iæŋ	iæŋ
青浦县	ɛ̃	iɛ̃	iɛ̃	uɛ̃	ne	ne	in	iəŋ
闵行镇	ã	iã	iã	uã	ən	ən	in	in
川沙乡	ã	iã	iã	uã	əŋ	əŋ	iŋ	iŋ
南汇县	ã	iã	iã	uã	əŋ	əŋ	iŋ	iŋ
嘉定县	aŋ	iaŋ	iaŋ	uaŋ	ɐ̃	ɐ̃	iŋ	iŋ
宝山县	ã	iã	iã	uã	əŋ	əŋ	iŋ	iŋ
崇明县	ã	iã	iã	uã	ne	ne	in	in

韵母比较例字	温	滚	群	军	翁	红	穷	容
中古音	魂韵	混韵	文韵	文韵	东韵	东韵	东韵	钟韵
市　区	uəŋ	uəŋ	yn/ioŋ	yn/ioŋ	oŋ	oŋ	ioŋ	ioŋ
松江县	uʌn	uʌn	yn	yn	oŋ	oŋ	ioŋ	ioŋ
奉贤县	uəŋ	uəŋ	yŋ	yŋ	oŋ/uəŋ	oŋ	ioŋ	ioŋ
金山县	uəŋ	uəŋ	yoŋ	yoŋ	oŋ	oŋ	ioŋ	ioŋ
青浦县	uən	uən	ioŋ	ioŋ	oŋ	oŋ	ioŋ	ioŋ
闵行镇	uən	uən	yn/ioŋ	yn	ʊŋ	oŋ	ioŋ	ioŋ
川沙乡	uəŋ	uəŋ	yŋ	yŋ	oŋ	oŋ	ioŋ	ioŋ
南汇县	uəŋ	uəŋ	yoŋ	yoŋ	ʊəŋ	oŋ	yoŋ	yoŋ
嘉定县	uẽ	uẽ	yŋ	yŋ	oŋ	oŋ	ioŋ	ioŋ
宝山县	uəŋ	uəŋ	yŋ	yŋ	uəŋ	oŋ	ioŋ	ioŋ
崇明县	un	un	in	yn	oŋ	oŋ	ioŋ	ioŋ

韵母比较例字	甲	刮	括	落	各	吃	捌	郭
中古音	狎韵	鎋韵	末韵	铎韵	铎韵	锡韵	屋韵	铎韵
市　区	iɪʔ	uaʔ	uaʔ	oʔ	oʔ	iɪʔ	ioʔ	oʔ
松江县	ia	uɛʔ	uʌʔ	ɔʔ	ɔʔ	iʌʔ	ioʔ	uɔʔ
奉贤县	iaʔ	uæʔ	uaʔ	ɔʔ	ɔʔ	iʌʔ	yoʔ	oʔ
金山县	iʌ	uoʔ	uoʔ	ɔʔ	ɔʔ	iʌʔ	yoʔ	ɔʔ
青浦县	iaʔ	uæʔ	uæʔ	ɔʔ	ɔʔ	iəʔ	ioʔ	oʔ
闵行镇	iaʔ	uæʔ	uæʔ	ɔʔ	ɔʔ	iəʔ	ioʔ	oʔ
川沙乡		uaʔ	uɤʔ	ɔʔ	ɔʔ	iɤʔ	ioʔ	uɤʔ
南汇县	iaʔ	uaʔ	uaʔ	ɔʔ	ɔʔ	iəʔ	yoʔ	uoʔ
嘉定县	iaʔ	uaʔ	uəʔ	ɔʔ	ɔʔ	iɪʔ	ioʔ	oʔ
宝山县	iʌ	uaʔ	uəʔ	oʔ	oʔ	iɪʔ	ioʔ	oʔ
崇明县	aʔ	u a	oʔ	oʔ	oʔ	iɪʔ	ioʔ	oʔ

韵母比较例字	扩	色	真	夺	掇	说	设	舌
中古音	铎韵	职韵	真韵	末韵	末韵	薛韵	模韵	薛韵
市　区	uaʔ	ɤʔ	ɤʔ	ɤʔ	ɤʔ	ɤʔ	ɤʔ	ɤʔ
松江县	uʌʔ	ʌʔ	ʌʔ	ʌʔ	ʌʔ	œʔ	ʌʔ	ʌʔ
奉贤县	uəʔ	əʔ	əʔ	əʔ	əʔ	əuʔ	əʔ	əʔ
金山县	uəʔ	əʔ	əʔ	əʔ	əʔ	uəʔ	əʔ	əʔ
青浦县	oʔ	əʔ	əʔ	œʔ	œʔ	œʔ	əʔ	əʔ
闵行镇	ɔʔ	əʔ	əʔ	oʔ	oʔ	ɔʔ	əʔ	əʔ
川沙乡	uɤʔ	ɤʔ	ɤʔ	ɤʔ	ɤʔ	ɔʔ	ɤʔ	ɤʔ
南汇县	uəʔ	əʔ	əʔ	œʔ	œʔ	ɔʔ	əʔ	əʔ
嘉定县	uəʔ	əʔ	əʔ	oʔ	oʔ	əʔ	əʔ	əʔ
宝山县	oʔ	əʔ	əʔ	oʔ	oʔ	əʔ	əʔ	əʔ
崇明县	oʔ	əʔ	əʔ		oʔ		əʔ	əʔ

韵母比较例字	踢	疾	骨	阔	血	月	国	北
中古音	锡韵	质韵	没韵	末韵	屑韵	月韵	德韵	入韵
市　区	iɪʔ	iɪʔ	uəʔ	uəʔ	iɪʔ/yɪʔ	ioʔ/yɪʔ	oʔ	oʔ
松江县	iɪʔ	iɪʔ	uʌʔ	uʌʔ	yɪʔ	yɪʔ	oʔ	oʔ
奉贤县	iɪʔ	iəʔ	uəʔ	uəʔ	yəʔ	yəʔ	oʔ	əʔ
金山县	iɪʔ	iɪʔ	uəʔ	uəʔ	yəʔ	yəʔ	əʔ	əʔ
青浦县	iɪʔ	iɪʔ	uəʔ	uəʔ	yœʔ	yœʔ	uo	oʔ
闵行镇	iəʔ	iəʔ	uəʔ	uaʔ	yəʔ	yəʔ	oʔ	oʔ
川沙乡	iɪʔ	iɪʔ	uɤʔ	uɤʔ	yøʔ	yøʔ	uəʔ	əʔ
南汇县	iɪʔ	iɪʔ	uəʔ	uəʔ	yøʔ	yøʔ	oʔ	oʔ
嘉定县	iɪʔ	iɪʔ	uəʔ	uəʔ	iøʔ	ioʔ/iəʔ	uəʔ	əʔ
宝山县	iɪʔ	iɪʔ	uəʔ	uəʔ	ioʔ	ioʔ	uəʔ	oʔ
崇明县	iɪʔ	iɪʔ	uəʔ	oʔ	iɔʔ	iɔʔ	oʔ	oʔ

韵母比较例字	握	急	铁	耳	而	呒	姆	鱼
中古音	觉韵	缉韵	屑韵	止韵	之韵	虞韵	厚韵	鱼韵
市　区	oʔ	iiʔ	iiʔ	əl/i	əl	m̩	m̩	ŋ̍
松江县	oʔ	iiʔ	iiʔ	i	ɚ	m̩	m̩	ŋ̍
奉贤县	uoʔ	iiʔ	ɪʔ	i	i	m̩	m̩	ŋ̍
金山县	ɔʔ	iiʔ	iiʔ	i	əl/i	m̩	m̩	ŋ̍
青浦县	uoʔ	iiʔ	iiʔ	i	əl	m̩	m̩	ŋ̍
闵行镇	oʔ	iəʔ	iəʔ	i	əl	m̩	m̩	ŋ̍
川沙乡	ɔʔ	iiʔ	iiʔ	i	əl	m̩	m̩	ŋ̍
南汇县	ɔʔ	iiʔ	iiʔ	i	ø	m̩	m̩	ŋ̍
嘉定县	oʔ/uaʔ	iiʔ	iiʔ	əl/i	i	m̩	m̩	ŋ̍
宝山县	oʔ	iiʔ	iiʔ	ɚ	ɚ	ɦm̩	m̩	ŋ̍
崇明县①	uoʔ	iiʔ	iiʔ	i	əl	m̩	m̩	ei/y

韵母比较例字	五	□(~奶：祖母)
中古音	姥韵	遇韵
市　区	ŋ̍	ŋ̍
松江县	ŋ̍	—
奉贤县	ŋ̍	—
金山县	ŋ̍	—
青浦县	ŋ̍	ŋ̍
闵行镇	ŋ̍	—
川沙乡	ŋ̍	—
南汇县	ŋ̍	—
嘉定县	ŋ̍	—
宝山县	ŋ̍	—
崇明县	ŋ̍	—

① 崇明的"呒、儿、五、你、伍"读ŋ韵。

七、各地新派声调例字对照表

声调比较例字	东	拎	懂	好	冻	唱	铁	击
中古音	清平	清平	清上	清上	清去	清去	清入	清入
市　区	阴平	阴平	阴去	阴去	阴去	阴去	阴入	阴入
松江县	阴平	阴平	阴上	阴上	阴去	阴去	阴入	阴入
奉贤县	阴平	阴平	阴上	阴上	阴去	阴去	阴入	阴入
金山县	阴平	阴平	阴上	阴上	阴去	阴去	阴入	阴入
青浦县	阴平	阴平	阴上	阴上	阴去	阴去	阴入	阴入
闵行镇	阴平	阴平	阴上	阴上	阴去	阴去	阴入	阴入
川沙乡	阴平	阴平	阴上	阴上	阴去	阴去	阴入	阴入
南汇县	阴平	阴平	阴上	阴上	阴去	阴去	阴入	阴入
嘉定县	阴平	阴平	阴去	阴去	阴去	阴去	阴入	阴入
宝山县	阴平	阴平	阴去	阴去	阴去	阴去	阴入	阴入
崇明县	阴平	阴平	阴上	阴上	阴去	阴去	阴入	阴入

声调比较例字	同	年	洞	动	让	咬	热	敌
中古音	浊平	浊平	浊去	浊上	浊去	浊上	浊入	浊入
市　区	阳去	阳去	阳去	阳去	阳去	阴去	阳入	阳入
松江县	阳平	阳平	阳去	阳去	阳去	阴平	阳入	阳入
奉贤县	阳平	阳平	阳去	阳去	阳去	阴平	阳入	阳入
金山县	阳平	阳平	阳去	阳去	阳去	阳平	阳入	阳入
青浦县	阳平	阳平	阳去	阳去	阳去	阳平	阳入	阳入
闵行镇	阳平	阳平	阳平	阳平	阳平		阳入	阳入
川沙乡	阳去	阳去	阳去	阳去	阳去		阳入	阳入
南汇县	阳去	阳去	阳去	阳去	阳去		阳入	阳入
嘉定县	阳平	阳平	阳去	阳去	阳去	阳平	阳入	阳入
宝山县	阳平	阴平	阳去	阳去	阳去	阴平	阳入	阳入
崇明县	阳平	阳平	阳去	阳去	阴上	阳平	阳入	阳入

上海市文化发展基金资助项目

上海地区方言调查研究

第二卷

A Linguistic Survey of Shanghai Dialects

游汝杰　主编

复旦大学出版社

第二卷　方音字汇

目 录

凡例

方音字汇表

凡　　例

一、方言点

本卷收入上海地区22个方言点字音材料，22个方言点中有11个地点既有老派也有新派的字音材料，共有33种字音材料。这22个地点分布于上海市所有区、县。排列顺序如下：

市区片：市区_老、市区_中、市区_新

松江片：

　　市郊小片：真如、江湾

　　松江小片：闵行_新、莘庄、松江、松江_新、泗泾、奉贤、奉贤_新、奉城、金山、金山_新、枫泾、青浦、青浦_新

　　浦东小片：川沙、川沙_新、高桥、三林、周浦、南汇、南汇_新

　　嘉定小片：嘉定、嘉定_新、宝山_老、宝山_新

崇明片：崇明、崇明_新、堡镇

练塘片：练塘

二、字目

本卷收入字目3 149个。

一个字的某一个义项如果在韵书中另有音读的，另立字目，如"肚_腹肚"、"肚_鱼肚"。

字目的排列顺序参照《汉语方言调查字表》（中国社会科学院语言研究所编，商务印书馆，1988年。修订本），即按切韵、广韵一系韵书所代表的古音系统排列，以摄为纲，韵为序，韵分开口和合口，再配三十六字母。

三、表格内容

表端第一行是字目的顺序号。第二行是字目。第三行是字目的中古音地位，如"果开一平歌透"，即"果摄开口一等平声歌端切"。表左第一列是方言地点，各片之间用粗线分隔。新派音用下标的"新"字标记，老派音

无标志。表心是某字在某地的读音,用国际音标记音。凡是有文白异读的字音,白读音排在前面,文读音排在后面,中间用斜线分隔。别的又音用脚注说明。有些字新派发音人不会读,表中即留空白。这样的字约有300个。

方音字汇表

序号	1	2	3	4	5	6	7	8
字目	多	拖	他	驮	驮驮起	舵	大大小	罗
中古音的地位	果开一平歌端	果开一平歌透	果开一平歌透	果开一上哿定	果开一去个定	果开一平歌来	果开一平歌端	果开一平歌透
市区	tu¹	tʰu¹	tʰA¹	①		du⁶	du⁶/dA⁶ ②	lu⁶
市区中	tu¹	tʰu¹	tʰA¹	du⁶	du⁶	du⁶	du⁶	lu⁶
市区新	tu¹	tʰu¹	tʰA¹	du⁶	du⁶	du⁶	du⁶	lu⁶
真如	ʔdu¹	tʰu¹	tʰA¹			du⁶	du⁶/dA⁶	lu²
江湾	ʔdu¹	tʰu¹	tʰA¹			du⁶	du⁶/dA⁶	lu²
松江	ʔdu¹	tʰu¹	tʰa¹			du⁴	du⁶/da⁶	lu²
松江新	tu¹	tʰu¹	tʰa¹	du²	du²	du⁶	du⁶	lu²
泗泾	ʔdu¹	tʰu¹	tʰa¹			du⁶	du⁶/da⁶	lu²
奉贤	ʔdu¹	tʰu¹	tʰa¹			du⁶	du⁶/da⁶	lu²
奉贤新	ʔdu¹	tʰu¹	tʰa¹	du²	du²	ʔdu¹	du⁶	lu²/lo⁸
奉城	ʔdu¹	tʰu¹	tʰa¹			du⁶	du⁶/da⁶	lu²
金山	ʔdu¹	tʰu¹	tʰA¹			du⁶	du⁶/dA⁶	lu²
金山新	tu¹	tʰu¹		du⁶	du⁶	du⁶	du⁶	lu²
枫泾	tu¹	tʰu¹	tʰA¹			du⁴	du⁶/dA⁶	lu²
青浦	ʔdu¹	tʰu¹	tʰa¹			du⁶	du⁶/da⁶	lu²
青浦新	tu¹	tʰu¹	tʰa¹	du²	du²	du⁶	du⁶	lu²
莘庄	ʔdu¹	tʰu¹	tʰA¹			du⁶	du⁶/dA⁶	lu²
闵行新	tu¹	tʰu¹	du²	du²	du²	du²	du²	lu²
川沙	ʔdu¹	tʰu¹	tʰA¹			du²	du⁶/dA⁶	lu²
川沙新	ʔdu¹	tʰu¹		du⁶	du⁶	du⁶	du⁶	lu⁶
高桥	ʔdu¹	tʰu¹	tʰA¹			du⁶	du⁶/dA⁶	lu²
三林	ʔdu¹	tʰu¹	tʰA¹			du²	du⁶/dA⁶	lu²
周浦	ʔdu¹	tʰu¹	tʰA¹			du²	du⁶/dA⁶	lu²
南汇	ʔdu¹	tʰu¹	tʰA¹			du²	du⁶/dA⁶	lu²
南汇新	ʔdu¹	tʰu¹		du⁶	du⁶	du⁶	du⁶	lu⁶
嘉定	tu¹	tʰu¹	tʰA¹			du⁶	du⁶/dA⁶	lu²
嘉定新	tu¹	tʰu¹	tʰa¹	du²	du²	du⁶	du³	lu²
宝山	tu¹	tʰu¹	tʰA¹	du⁶	du⁶	du⁶	du⁶	lu⁶
宝山新	tu¹	tʰu¹	tʰA¹	du⁶	du⁶	du⁶	du⁶	lu⁶
崇明	tu¹/ta¹	tʰu¹/tʰa¹	tʰa¹			du⁴	du⁶/da⁶	lu²
崇明新	tu¹	tʰu¹/tʰa¹	tʰa¹	du⁶	du⁶	du⁶	du⁶/da⁶	lu²③
堡镇	tu¹/ta¹	tʰu¹/tʰa¹	tʰa¹			du⁴	du⁶/da⁶	lu²
练塘	tu¹	tʰu¹	tʰa¹			du⁴	du⁶/da⁶	lu²

注：① 空格表示本地发音人不会读这个字，或者本地不用此字。下同。
② */*："/"前的为白读音，"/"后的为文读音。下同。
③ 在"罗嗦"中读lu¹。

序号	9	10	11	12	13	14	15	16
字目	锣	箩	萝藤萝	左	做	搓	歌	哥
中古音的地位	果开一平歌来	果开一平歌来	果开一上哿精	果开一去个精	遇合一去暮精	果开一平歌精	果开一平歌来	果开一平歌见
市区	lu⁶	lu⁶		tsu⁵	tsu⁵	tsʰu¹	ku¹	ku¹
市区中	lu⁶	lu⁶	lu⁶	tsu⁵	tsu⁵	tsʰu¹	ku¹	ku¹
市区新	lu⁶	lu⁶	lu⁶	tsu⁵	tsu⁵	tsʰu¹	ku¹	ku¹
真如	lu²	lu²		tsu³		tsʰu¹	ku¹	ku¹
江湾	lu⁶	lu⁶		tsu⁵		tsʰu¹	ku¹	ku¹
松江	lu²	lu²		tsu³/tsi³		tsʰu¹	kəu¹	kᵊu¹
松江新	lu²	lu²	lu²	tsu³	tsu⁵	tsʰu¹	ku¹	ku¹
泗泾	lu²	lu²		tsu³/tsi³		tsʰu¹	kəu¹	kᵊu¹
奉贤	lu²	lu²		tsu³/tsi³		tsʰu¹	ku¹	ku¹
奉贤新	lu²	lu²	lu²	tsu³	tsu⁵	tsʰu¹	ku¹	ku¹
奉城	lu²	lu²		tsu³/tsi³		tsʰu¹	ku¹	ku¹
金山	lu²	lu²		tsu³/tsi³		tsʰu¹	ku¹	ku¹
金山新	lu²	lu²	lu²	tsu³	tsu⁵	tsʰu¹	ku¹	ku¹
枫泾	lu²	lu²		tsu⁵		tsʰu¹	kəu¹	kəu¹
青浦	lu²	lu²		tsu⁵		tsʰu¹	ku¹	ku¹
青浦新	lu²	lu²	lu²	tsu³	tsu⁵	tsʰu¹	ku¹	ku¹
莘庄	lu²	lu²		tsu⁵		tsʰo¹	ku¹	ku¹
闵行新	lu²	lu²	lu²	tsu³	tsu⁵	tsʰu¹	ku¹	ku¹
川沙	lu⁶	lu⁶		tsu³		tsʰu¹	ku¹	ku¹
川沙新	lu⁶	lu⁶	lu⁶	tsu³	tsu⁵	tsʰu¹	ku¹	ku¹
高桥	lu⁶	lu⁶		tsu³		tsʰu¹	ku¹	ku¹
三林	lu²	lu²		tsu⁵		tsʰu¹	ku¹	ku¹
周浦	lu²	lu²		tsu³		tsʰu¹	ku¹	ku¹
南汇	lu²	lu²		tsu³		tsʰu¹	ku¹	ku¹
南汇新	lu⁶	lu⁶	lɔ⁶	tsu³	tsu⁵	tsʰu¹	ku¹	ku¹
嘉定	lu²	lu²		tsu⁵		tsʰu¹	ku¹	ku¹
嘉定新	lu²	lu²	lu²	tsu⁵①	tsu⁵	tsʰu¹	ku¹	ku¹
宝山	lu⁶	lu⁶		tsu⁵		tsʰu¹	ku¹	ku¹
宝山新	lu⁶	lu⁶	lu⁶	tsu⁵	tsu⁵	tsʰu¹	ku¹	ku¹
崇明	lu²	lu²		tsu³/tɕi³		tsʰu¹	ku¹	ku¹
崇明新	lu²	lu²		tsu³	tsu⁵	tsʰu¹	ku¹	ku¹
堡镇	lu²	lu²		tsu³/tɕi³		tsʰu¹	ku¹	ku¹
练塘	lu²	lu²		tsu³		tsʰu¹	ku¹	ku¹

注：①"左手、左带、左瓣（左面）"中读tsi⁶。

序号	17	18	19	20	21	22	23	24
字目	个个人	可	鹅	蛾	俄	我	饿	何
中古音的地位	果开一去个见	果开一上哿溪	果开一平歌疑	果开一平歌疑	果开一平歌疑	果开一平歌疑	果开一去个疑	果开一平歌匣
市区	ku⁵	kʰu⁵	ŋu⁶	ŋu⁶	ŋu⁶	ŋu¹	ŋu⁶	ɦu⁶
市区中	ku⁵	kʰu⁵	ŋu⁶	ŋu⁶	ŋu⁶	ŋu⁶	ŋu⁶	ɦu⁶
市区新	ku⁵	kʰu⁵	ŋu⁶	ŋu⁶	ŋu⁶	ŋo⁶/ɦo⁶	ŋu⁶	vu⁶
真如	ku⁵	kʰu⁵	ŋu²	ŋu²	ŋu²	ŋu⁶	ŋu⁶	ɦu²
江湾	ku⁵	kʰu⁵	ŋu⁶	ŋu⁶	ŋu⁶	ŋu⁶	ŋu⁶	βu⁶
松江	kəu⁵	kʰəu³①	ŋəu²	ŋəu²	ŋəu²	ŋu⁴/ŋu¹	ŋəu⁶	βu²
松江新	ku⁵	kʰu³	ŋu²	ŋu²	ŋu²	ŋu⁶	ŋu⁶	vu²
泗泾	kəu⁵	kʰəu³②	ŋəu²	ŋəu²	ŋəu²	ŋu⁶/ŋu¹	ŋəu⁶	βu²
奉贤	kɯ⁵	kʰɔ³	ŋu²	ŋu²	ŋu²	ŋu⁶/ŋu¹	ŋu⁶	βu²
奉贤新	kɤ¹	kʰu³	ŋo²	ŋo²	ŋo²	ŋo⁶	ŋo⁶	vu²
奉城	kɯ⁵	kʰɔ³	ŋu²	ŋu²	ŋu²	ŋu²	ŋu⁶	βu²
金山	kɤ⁵	kʰo³	ŋu²	ŋu²	ŋu²	ŋu³	ŋu⁶	βu²
金山新	kɤ⁵	kʰu⁵	ŋu²	ŋu²	ŋu²/ɦu²		ŋu⁶	vu²
枫泾	kɤ⁵	kʰo³	ŋəu²	ŋəu²	ŋəu²	ŋəu³	ŋəu⁶	βu²
青浦	ku⁵	kɔ³	ŋu²	ŋu²	ŋu²	ŋu³/ŋu⁶/ŋ̍⁶	ŋu⁶	βu²
青浦新	kɯ⁵	kʰu⁵	ŋu²	ŋu²	ŋu²	ŋ̍⁶	ŋ̍⁶	ɦu²
莘庄	kɤ⁵	kʰo³	ŋu²	ŋu²	ŋu²	ŋu⁶	ŋu⁶	βu²
闵行新	kɤ⁵	kʰu³	ŋu²	ŋu²	ŋu²	ŋ̍²③	ŋu²	âu²
川沙	kɤ⁵	kʰo³/kʰø³	ŋu²	ŋu²	ŋu²	βu⁶/ŋu⁶	ŋu⁶	βu²
川沙新	ku⁵	kʰu³		ŋu⁶	ŋu⁶	vu⁶④	ŋu⁶/ɦu⁶	ɦu⁶
高桥	ku⁵	kʰᶸo³	ŋu⁶	ŋu⁶	ŋu⁶	ŋu¹	ŋu⁶	βu⁶
三林	kɤ⁵	kʰo³	βu²	βu²	βu²	βu⁶	βu⁶	βu²
周浦	kɤ⁵	kʰo³	βu²	βu²/ŋu²	βu²	βu²	ŋu⁶	βu²
南汇	kɤ⁵	kʰo³	βu²	βu²/ŋu²	βu²	βu²	ŋu⁶	βu²
南汇新	ku⁵	kʰu³	ŋo⁶			ɦu⁶	ɦu⁶	ɦu⁶
嘉定	ku⁵	kʰu⁵	ŋu²	ŋu²	ŋu²	ŋu⁶/ŋ̍⁶	ŋu⁶	ɦu²
嘉定新	ku⁵	kʰu⁵	ŋu²	ŋu²	ŋu²	ŋ̍⁶ / ŋu⁶	ŋ̍⁶	ɦu²
宝山	ku¹	kʰu³	ŋu⁶	ŋu⁶	ŋu³	ŋu⁶	ŋu⁶	ɦu⁶
宝山新	ku⁵	kʰu⁵	ŋu⁶	ŋu⁶	ŋu⁶	ɦu⁵	ɦu⁶	ɦu⁶
崇明	ku⁵	kʰu³	₌ŋ̍²	₌ŋ̍²	₌ŋ̍²	₌ŋ̍⁴/ŋ̍¹	₌ŋ̍⁶	ɦɦu²
崇明新	ku⁵	kʰu³	ŋ̍²	ŋ̍²	ŋ̍²	ŋ̍¹	ŋ̍⁶	ɦu²
堡镇	ku⁵	kʰu³	₌ŋ̍²	₌ŋ̍²	₌ŋ̍²	₌ŋ̍⁴/ŋ̍¹	ŋ̍⁶	ɦɦu²
练塘	ku⁵	kɔ³	ŋu²	ŋu²	ŋu²	ŋu³/ŋu⁶/ŋ̍⁴	ŋu⁶	βu²

注: ①② 应有 kʰɔ³ 的说法。
③ 也有 ŋu² 音，是受上海市区话影响。
④ 浊音较轻。

序号	25	26	27	28		29	30	31
字目	河	荷	贺	阿阿姨	阿阿胶	茄茄子	波	菠
中古音的地位	果开一平歌匣	果开一平歌匣	果开一去个匣	果影开一平歌	果影开一平歌	果开三平戈群	果合一平戈帮	果合一平戈帮
市区	ɦiu⁶	ɦiu⁶	ɦiu⁶	Aʔ⁷/A¹	Aʔ⁷/A¹	gA⁶	pu¹	pu¹
市区中	ɦiu⁶	ɦiu⁶	ɦiu⁶	A¹	u¹	gA⁶	pu¹	pu¹
市区新	vu⁶	vu⁶	vu⁶	A¹	A¹	gA⁶	pu¹	pu¹
真如	ɦiu²	ɦiu²	ɦiu⁶	u¹/Aʔ⁷		gA²	ʔbu¹	ʔbu¹
江湾	βu⁶	βu⁶	βu⁶	u¹/ɑʔ⁷		gɑ⁶	ʔbu¹	ʔbu¹
松江	βu²	βu²	βu⁶	u¹/ɑʔ⁷		gɑ²	ʔbu¹	ʔbu¹
松江新	vu²	vu²	vu⁶	ɑʔ⁵	gɑ²	pu¹	pu¹	pʰu¹
泗泾	βu²	βu²	βu⁶	u¹/ɑʔ⁷		gɑ²	ʔbu¹	ʔbu¹
奉贤	βu²	βu²	βu⁶	u¹/æʔ⁷		gɑ²	ʔbu¹	ʔbu¹
奉贤新	vu²	vu²	ɦiə⁶	ɑʔ⁷/æʔ⁷		gɑ⁶	pu¹	pu¹
奉城	βu²	βu²	βu⁶	u¹/æʔ⁷		gɑ²	ʔbu¹	ʔbu¹
金山	βu²	βu²	βu⁶	u¹/æʔ⁷		gA²	ʔbu¹	ʔbu¹
金山新	vu²	vu²	vu⁶	A³		dʑiA²	po¹	po¹
枫泾	βu²	βu²	βu²	ɑʔ⁷		gA²	ʔbu¹	pu¹
青浦	βu²	βu²	βu⁶	u¹/æʔ⁷		gɑ²	ʔbu¹	ʔbu¹
青浦新	ɦiu²	ɦiu²	ɦiu⁶	ɑʔ⁷	gɑ⁶	pu¹	pu¹	pʰu¹
莘庄	βu²	βu²	βu⁶	u¹/æʔ⁷		gA²	ʔbu¹	ʔbu¹
闵行新	ɦiu²	ɦiu²	ɦiu²	æʔ⁷	æʔ⁷	①	pu¹	pu¹
川沙	βu²	βu²	βu⁶	u¹/ɑʔ⁷/æʔ⁷		gA²	ʔbu¹	ʔbu¹
川沙新	ɦiu⁶	ɦiu⁶	ɦiu⁶	æʔ⁷	gɑ⁶	ʔbu¹	ʔbu¹	
高桥	βu⁶	βu²	βu⁶	Aʔ⁷		gA⁶	ʔbu¹	ʔbu¹
三林	βu²	βu²	βu²	æʔ⁷		gA²	ʔbu¹	ʔbu¹
周浦	βu²	βu²	βu²	æʔ⁷		gA²	ʔbu¹	ʔbu¹
南汇	βu²	βu²	βu²	æʔ⁷		gA²	ʔbu¹	ʔbu¹
南汇新	ɦiu⁶	ɦiu⁶	ɦiə?⁸		gɑ⁶	ʔbu¹②	ʔbu¹	
嘉定	ɦiu²	ɦiu²	ɦiu⁶	u¹/Aʔ⁷		gA²	pu¹	pu¹
嘉定新	ɦiu²	ɦiu²	ɦiu⁶	ɑʔ⁷	gɑ²	pu¹	pu¹	pʰu¹
宝山	ɦiu⁶	ɦiu⁶	ɦiu⁶	Aʔ⁷	Aʔ⁷	ŋA⁶	pu¹	pu¹
宝山新	ɦiu⁶	ɦiu⁶	ɦiu⁶	Aʔ⁷	Aʔ⁷	kA⁶	pu¹	pu¹
崇明	hɦiu²	hɦiu²	hɦiu⁶	u¹/ɑʔ⁷		gɑ²	pu¹	pu¹
崇明新	hu²	xu²	hu⁶	ɑ¹	gɑ⁶	pu¹	pu¹	
堡镇	hɦiu²	hɦiu²	hɦiu⁶	u¹/æʔ⁷		gɑ²	pu¹	pu¹
练塘	βu²	βu²	βu⁶	u¹/æʔ⁷		gɑ²	pu¹	pu¹

注：① 称"落苏"。
② 内爆不明显（第30、32、33号字同）。

序号	32	33	34	35	36	37	38	39
字目	颇	簸	播	坡	坡	颇	破	婆
中古音的地位	果合一平戈滂	果合一上果帮	果合一去过帮	果合一平戈滂	果合一平戈滂	果合一平戈滂	果合一去过滂	果合一平戈并
市区				pʰu¹	pʰu¹		pʰu⁵	bu⁶
市区中	pʰu¹	pu¹	pu⁵	pʰu¹	pʰu¹	pʰu¹	pʰu⁵	bu⁶
市区新	pu¹	pu¹	pu⁵	pʰu¹	pʰu¹	pʰu¹	pʰu⁵	bu⁶
真如	pʰu¹						pʰu⁵	bu²
江湾	pʰu¹						pʰu⁵	bu⁶
松江	pʰu¹						pʰu⁵	bu²
松江新		pʰu¹	pʰu¹	pʰu¹		pʰu¹	pʰu⁵	bu²
泗泾	pʰu¹						pʰu⁵	bu²
奉贤	pʰu¹						pʰu⁵	bu²
奉贤新	pu¹		pu¹	pʰu¹	pʰu¹	pʰu¹	pʰu⁵	bu²
奉城	pʰu¹						pʰu⁵	bu²
金山	pʰu¹						pʰu⁵	bu²
金山新	pʰɔ³	pɔ¹	pu¹				pʰu⁵	bu²
枫泾	pʰu¹						pʰu⁵	bu²
青浦	pʰu¹						pʰu⁵	bu²
青浦新	pu¹	pu¹	pʰu¹	pʰu¹	pu¹	pʰu¹	pʰu⁵	bu²
莘庄	pʰu¹						pʰu⁵	bu²
闵行新	pʰu¹		pu¹	pʰu¹	pʰu¹	pʰu¹	pʰu⁵	bu²
川沙	pʰu¹						pʰu⁵	bu²
川沙新	ʔbu³	ʔbu¹	pʰu¹	æʔ⁸			pʰu⁵	bu⁶
高桥	pʰu¹						pʰu⁵	bu⁶
三林	pʰu¹						pʰu⁵	bu²
周浦	pʰu¹						pʰu⁵	bu²
南汇	pʰu¹						pʰu⁵	bu²
南汇新	ʔbu¹	ʔbu¹	pʰu¹		pʰu¹		pʰu⁵	bu⁶
嘉定	pʰu⁵						pʰu⁵	hu²
嘉定新	pu¹	pu¹	pʰu¹	aʔ⁷	pʰu¹	pʰu¹	pʰu⁵	bu²
宝山	pʰu¹	pu¹	pu¹	pʰu¹	pʰu¹	pʰu¹	pʰu⁵	bu²
宝山新	pu¹	pu¹	pu¹	pʰu¹	pʰoʔ⁷	pʰoʔ⁷	pʰu⁵	bu⁶
崇明	pʰu¹						pʰu⁵	bu²
崇明新	pu¹	pu¹	pʰu¹	ɑ¹	pʰu¹		pʰu⁵	bu²
堡镇	pʰu¹						pʰu⁵	bu²
练塘	pʰu¹						pʰu⁵	bu²

序号	40	41	42	43	44	45	46	47
字目	爸	摩	磨磨刀	魔	磨石磨	朵	[躲]	妥
中古音的地位	假开二去祃帮	果合一平戈明	果合一平戈明	果合一平戈明	果合一平戈明	果合一上果端	果合一上果端	果合一上果透
市区	pᴀ¹	mu⁶/mo⁶	mu⁶/mo⁶	mu⁶/mo⁶	mu⁶/mo⁶	tu⁵		tʰu⁵
市区中	pᴀ¹	mu⁶	mu⁶	mu⁶	mu⁶	tu⁵	tu⁵	tʰu⁵
市区新	pᴀ¹	mω⁶	mω⁶	mω⁶	mω⁶	tu⁵	tu⁵	tʰu⁵
真如	pᴀ¹	mu²	mu²	mu²	mu²	ʔdu³		tʰu³
江湾	ʔba¹/ʔbɑ¹	mu⁶	mu⁶	mu⁶	mu⁶	ʔdu⁵		tʰu⁵
松江	ʔba¹	mu²	mu²	mu²	mu²	ʔdu³		tʰu³
松江新	pa¹	mu²	mu²	mu²	mu²	to⁵	①	tʰu³
泗泾	ʔba¹	mu²	mu²	mu²	mu²	ʔdu³		tʰu³
奉贤	ʔba¹	mo²	mo²/mo⁶	mo²	mo²/mo⁶	ʔdu³/ʔdo³		tʰu³
奉贤新	ʔbaʔ⁷	mo²	mo²	mo²	mo²	tu⁵	tu⁵	tʰu³
奉城	ʔba¹	mo²	mo⁶	mo²	mo⁶	ʔdo³		tʰu³
金山	ʔbᴀ¹	mo²	mo²/mo⁶	mo²	mo²/mo⁶	to³/ʔdo³		tʰu³
金山新	pa³	mo²	mo²	mo²	mo²	tu³	tu³	tʰu³
枫泾	pᴀ¹	mu²	mu²	mu²	mu²	to³		tʰu³
青浦	pa¹	mu²	mu²	mu²	mu²	ʔdo³		tʰu³
青浦新	pa¹	mu²	mu²	mu²	mu²	tω³	tu³	tʰu³
莘庄	ʔbᴀ⁵	mo²	mo²	mo²	mo²	tu³		tʰu³
闵行新	baʔ⁷	mo²	mo²	mo²	mo²	ʔdu³	ʔdu³	tʰu³
川沙	ʔbᴀ¹	mu²	mu²	mu²	mu²	ʔdu³		tʰu³
川沙新	ʔba¹	mu⁶	mu⁶	mu⁶		ʔdu³	ʔdu³	tʰu³
高桥	ʔbᴀ¹	mu⁶	mu⁶	mu⁶	mu⁶	ʔdu³		tʰu³
三林	ʔbᴀ¹	mu²	mu²	mu²	mu²	tu³		tʰu³
周浦	ʔbᴀ¹	mu²	mu²	mu²	mu²	tu³/ʔdu³		tʰu³
南汇	ʔbᴀ¹	mu²	mu²	mu²	mu²	tu³/ʔdu³		tʰu³
南汇新	ʔba⁵②	mu⁶	mu⁶	mu⁶	mu⁶	ʔdu³③	ʔdu³	tʰu³
嘉定	pᴀ¹	mu²	mu²	mu²	mu²	tu⁵		tʰu⁵
嘉定新	pa¹	mu²	mu²	mu²	mu²	tu⁵	tu⁵	tʰu⁵
宝山	pᴀ¹	mu⁶	mu⁶	mu⁶	mu⁶	tu⁵	tu⁵	tʰu⁵
宝山新	pᴀ¹	mu⁶	mu⁶	mu⁶	mu⁶	tu⁵	tu⁵	tʰu⁵
崇明	pa¹	mu²	mu²	mu²	mu²	tu³		tʰu³
崇明新	pa¹	mo²	mo²	mo²	mo²	tu³	tu³	
堡镇	pa¹	mu²	mu²	mu²	mu²	tu³		tʰu³
练塘	pa¹	mu²	mu²	mu²	mu²	to³		tʰu¹

注：① 内爆不明显。
② 说"□" ia¹。
③ 内爆不明显。

序号	48	49	50	51	52	53	54	55
字目	椭	堕	惰	糯	螺	骡	坐	座
中古音的地位	果合一上果透	果合一上果定	果合一上果定	果合一去过泥	果合一平戈来	果合一平戈来	果合一上果从	果合一去过从
市区			du⁶	nu⁶	lu⁶		zu⁶	zu⁶
市区中	tʰu⁵	du⁶	du⁶	nu⁶	lu⁶	lu⁶	zu⁶	zu⁶
市区新	tʰu⁵	du⁶	du⁶	nu⁶	lu⁶	lu⁶	zu⁶	zu⁶
真如			du⁶	nu⁶	lu²		zu⁶	zu⁶
江湾			du⁶	nu⁶	lu⁶		zu⁶	zu⁶
松江			du⁶	nu⁶	lu²		zu⁴	zu⁶
松江新	tʰu³	du⁶	du⁶	nu⁶	lu²	lu²	zu⁶	zu⁶
泗泾			du⁶	nu⁶	lu²		zu⁶	zu⁶
奉贤			du⁶	nu⁶	lu²		zu⁶	zu⁶
奉贤新	tʰu³	du⁶	du⁶	nu⁶	lu²	lu²	zu⁶	zu⁶
奉城			du⁶	nu⁶	lu²		zu⁶	zu⁶
金山			du⁶	nu⁶	lu²		zu⁶	zu⁶
金山新	tʰu³	du⁶	du⁶	nu⁶	lu²	lu²	zu⁶	zu⁶
枫泾			du⁶	nu⁶	lu²		zu⁴	zu⁶
青浦			du⁶	nu⁶	lu²		zu⁶	zu⁶
青浦新	tʰu³	du⁶	du⁶	nu⁶	lu²	lu²	zu⁶	zu⁶
莘庄			du⁶	nu⁶	lu²		zu⁶	zu⁶
闵行新	tʰu³	du⁶	du²	nu²	lu²	lu²	zu²	zu²
川沙			du²	nu²	lu²		zu⁶	zu²
川沙新	tʰu³		du⁶	nu⁶	lu⁶		zu⁶	zu⁶
高桥			du⁶	lu⁶	lu⁶		zu⁶	zu²
三林			du²	nu⁶	lu⁶		zu²	zu²
周浦			du²	nu⁶	lu⁶		zu²	zu⁶
南汇			du²	nu⁶	lu⁶		zu²	zu⁶
南汇新	tʰu³	du⁶	du⁶	nu⁶	lu⁶	lu⁶	zu⁶	zu⁶
嘉定			du⁶	nu⁶	lu²		zu⁶	zu⁶
嘉定新	tʰu⁵	du⁶	du⁶	nu⁶	lu⁶	lu⁶	zu⁶	zu⁶
宝山	tʰu⁵	du⁶	du⁶	nu⁶	lu⁶	lu⁶	zu⁶	zu⁶
宝山新	tʰu⁵	tu⁵	tu⁵	nu⁶	lu⁶	lu⁶	zu⁶	zu⁶
崇明			du⁶	nu⁶	lu²		zu⁴	dzu⁴
崇明新	tʰu³		du⁶	nu⁶	lu²	lu⁶	zu⁶	zu⁶
堡镇			du⁶	nu⁶	lu²		zu⁴	dzu⁴
练塘			du⁴	nu⁶	lu²		zu⁴	zu⁶

序号	56	57	58	59	60	61	62	63
字目	蓑	梭	锁	琐	过	锅	戈	果
中古音的地位	果合一平戈心	果合一平戈心	果合一上果心	果合一上果心	果合一平戈见	果合一平戈见	果合一平戈见	果合一上果见
市区	su¹	su¹	su⁵	su⁵	ku⁵	ku¹	ku¹	ku⁵
市区中	su¹	su¹	su⁵	su⁵	ku¹	ku¹	ku¹	ku⁵
市区新	su¹	soʔ⁷	su⁵	su⁵	ku¹	ku¹	ku¹	ku⁵
真如	su¹	su¹	su³	su³	ku⁵	ku¹	ku¹	ku³
江湾	su¹	su¹	su⁵	su⁵	ku¹	ku¹	ku¹	ku⁵
松江	su¹	su¹	su³	su³	kəu¹	kəu¹	kəu¹	kəu³
松江新	su¹	su¹	su³	su³	ku¹	ku¹	ku¹	ku³
泗泾	su¹	su¹	su³	su³	kəu¹	kəu¹	kəu¹	kəu³
奉贤	su¹	su¹	su³	su³	ku⁵	ku¹	kʰu¹	ku⁵
奉贤新	su³	su³	su⁵	su⁵	ku¹	ku¹	ku¹	ku⁵
奉城	su¹	su¹	su³	su³	ku⁵	ku¹	kʰu¹	ku⁵
金山	su¹	su¹	su³	su³	ku⁵	ku¹	kʰu¹	ku⁵
金山新	sɔʔ⁷	su⁵	su³	sɔ³	ku⁵	ku¹	kɤ³	ku³
枫泾	su¹	su¹	su³	su³	kəu¹	kəu¹	kʰəu¹	kəu³
青浦	su¹	su¹	su³	su³	ku⁵	ku¹		ku³
青浦新	sω¹	sω¹	su³	su³	ku¹	ku¹		ku³
莘庄	su¹	su¹	su³	su³	ku⁵	ku¹	kʰu¹	ku³
闵行新		soʔ⁷	su³	soʔ⁷	ku⁵	ku³	ku³	ku³
川沙	su¹	su¹	su³	su³	ku⁵	ku¹	ku¹	ku³
川沙新		su¹	su³		ku⁵	ku¹		ku³
高桥	su¹	su¹	su⁵	su⁵	ku⁵	ku¹	ku¹	ku³
三林	su¹	su¹	su³	su³	ku⁵	ku¹		ku⁵
周浦	su¹	su¹	su³	su³	ku⁵	ku¹	kʰu¹	ku³
南汇	su¹	su¹	su³	su³	ku⁵	ku¹	kʰu¹	ku³
南汇新		su¹	su³	su³	ku⁵	ku¹		ku³
嘉定	su¹	su¹	su⁵	su³	ku⁵	ku¹	ku⁵	ku³
嘉定新	su¹	su¹	su⁵	su⁵	ku⁵	ku⁵	ku⁵	ku⁵
宝山	su¹	su¹	su⁵	su⁵	ku¹	ku⁵	ku⁵	ku⁵
宝山新	sɔʔ⁷	sɔʔ⁷	su⁵	su⁵	ku¹	ku⁵	ku⁵	ku⁵
崇明	su¹	su¹	su³	su³	ku¹	ku¹	ku¹	ku³
崇明新	su¹	su¹	su³	su³	ku¹	ku¹	ku¹	ku³
堡镇	su¹	su¹	su³	su³	ku¹	ku¹	ku¹	ku³
练塘	su¹	su¹	su¹	su¹	ku¹	ku¹	ku¹	ku¹

序号	64	65	66	67	68	69	70	71
字目	裹	过过失	科	裸	颗	课	卧	火
中古音的地位	果合一上果见	果合一去过见	果合一平戈溪	果合一上果来	果合一上果溪	果合一去过溪	果合一去过疑	果合一上果晓
市区	ku^5	ku^5	k^{h}u^1	lu^6	k^{h}u^5	k^{h}u^5	ŋu^6	hu^5
市区中	ku^5	ku^5	k^{h}u^1	lu^6	k^{h}u^5	k^{h}u^5	ŋu^6	hu^5
市区新	ku^5	ku^5	k^{h}u^1	lu^6	k^{h}u^5	k^{h}u^5	ŋu^6	hu^5
真如	ku^3	ku^5	k^{h}u^1	lu^6	k^{h}u^5	k^{h}u^5	ŋu^6	hu^3
江湾	ku^5	ku^5	k^{h}u^1	lu^6	k^{h}u^5	k^{h}u^5	ŋu^6	ɸu^5
松江	kəu^3	kəu^5	k^{h}əu^1	lu^6	k^{h}əu^3	k^{h}əu^5	ŋəu^6	ɸu^3
松江新	ku^3	ku^1	k^{h}u^1	lu^6	k^{h}u^5	k^{h}u^5	ŋu^6	fu^3
泗泾	kəu^3	kəu^5	k^{h}əu^1	lu^6	k^{h}əu^3	k^{h}əu^5	ŋəu^6	ɸu^3
奉贤	ku^3	ku^5	k^{h}u^1	lu^6	k^{h}u^5	k^{h}u^5	ŋu^6	ɸu^3
奉贤新	ku^3	ku^5	k^{h}u^1	lu^6		fiɣu^6	fu^5	
奉城	ku^3	ku^5	k^{h}u^1	lu^6	k^{h}u^5	k^{h}u^5	ŋu^6	ɸu^3
金山	ku^3	ku^5	k^{h}u^1	lu^2	k^{h}u^5	k^{h}u^5	ŋu^6	ɸu^3
金山新	ku^3	ku^5	k^{h}u^1	lu^6	k^{h}u^5	k^{h}u^5	ŋu^6	fu^3
枫泾	kəu^3	kəu^5	k^{h}əu^1	lu^4	k^{h}əu^1	k^{h}əu^5	ŋəu^6	ɸu^3
青浦	ku^1	ku^5	k^{h}u^1	lu^6	k^{h}u^5	k^{h}u^5	ŋu^6	ɸu^3
青浦新	ku^3	ku^5	k^{h}u^1	lu^6	k^{h}u^5	k^{h}u^5	ŋu^6	hu^3
莘庄	ku^3	ku^5	k^{h}u^1	lu^2	k^{h}u^5	k^{h}u^5	ŋu^6	ɸu^3
闵行新	ku^3	ku^3	k^{h}u^1	lu^6	k^{h}u^5	k^{h}u^5	ŋu^2	fu^3
川沙	ku^3	ku^5	k^{h}u^1	lu^2	k^{h}u^5	k^{h}u^5	ŋu^6	ɸu^3
川沙新	ku^3	ku^5	k^{h}u^1	lu^2	k^{h}u^5	k^{h}u^5		hu^3
高桥	ku^3	ku^5	k^{h}u^1		k^{h}u^1	k^{h}u^5	ŋu^6	ɸu^3
三林	ku^3	ku^5	k^{h}u^1	lu^2	k^{h}u^5	k^{h}u^5	βu^6	ɸu^3
周浦	ku^3	ku^5	k^{h}u^1	lu^6	k^{h}u^5	k^{h}u^5	βu^6	ɸu^3
南汇	ku^3	ku^5	k^{h}u^1	lu^2	k^{h}u^5	k^{h}u^5	βu^6	ɸu^3
南汇新	ku^3	ku^5	k^{h}u^1	lu^2	k^{h}u^5	k^{h}u^5	ʋəʔ^8	fu^3
嘉定	ku^5	ku^5	k^{h}u^1	lu^6	k^{h}u^5	k^{h}u^5	ŋu^6	hu^5
嘉定新	ku^5	ku^5	k^{h}u^1	lu^2	k^{h}u^5	k^{h}u^5	ŋu^7	hu^5
宝山	ku^5	ku^5	k^{h}u^1	l$^{\circ}$u^4	k^{h}u^5	k^{h}u^5	ŋu^6	fu^5
宝山新	ku^5	ku^5	k^{h}u^1	lu^4	k^{h}u^5	k^{h}u^5	ɦoʔ^8	fu^5
崇明	ku^3	ku^5	k^{h}u^1	lu^2	k^{h}u^5	k^{h}u^5	ˍŋ^6	hu^3
崇明新	ku^3	ku^5	k^{h}u^1	lu^{2}①	k^{h}u^5	k^{h}u^5	ŋ^6	xu^3
堡镇	ku^3	ku^5	k^{h}u^1	lu^2	k^{h}u^5	k^{h}u^5	ˍŋ^6	hu^3
练塘	ku^1	ku^5	k^{h}u^1	lu^4	k^{h}u^5	k^{h}u^5	ŋu^6	ɸu^3

注：① 只说"赤裸裸"。

序号	72	73	74	75	76	77	78	79
字目	伙	货	禾	和和气	祸	窝	靴	巴
中古音的地位	果合一上果晓	果合一去过晓	果合一平戈匣	果合一平戈匣	果合一上果匣	果合一平戈影	果合三平戈晓	假开二平马帮
市区		hu⁵		fiu⁶	fiu⁶	u¹	ɕyø¹	po¹/pA¹
市区中	hu⁵	hu⁵	fiu⁶	fiu⁶	fiu⁶	ku¹	ɕy¹	po¹
市区新	hu⁵	hu⁵	vu⁶	vu⁶	vu⁶		ɕy¹	pA¹
真如		hu⁵		fiu²	fiu⁶	kʰu¹	ɕiu¹	ʔbo¹
江湾		hu⁵		βu⁶	βu⁶	u¹	ɕy¹	ʔbo¹/ʔba¹
松江	ɸu⁵			βu²	βu⁶	u¹	ɕiu¹	ʔbo¹/ʔba¹
松江新	fu³	fu⁵	fiu²	fiu⁶	vu⁶	u¹	ɕyø¹	pa¹
泗泾	ɸu⁵			βu²	βu⁶	u¹	ɕiu¹	ʔbo¹/ʔba¹
奉贤	ɸu⁵			βu²	βu⁶	u¹	ɕiu¹/ɕy¹	ʔbo¹/ʔba¹
奉贤新	fu⁵	fu⁵	vu²	vu²	fu³	u³	ɕy¹	ʔbo¹/pa¹
奉城	ɸu⁵			βu²	βu⁶	u¹	ɕiu¹	ʔbo¹/ʔba¹
金山	ɸu⁵			βu²	βu⁶	u¹	ɕiu¹	ʔbo¹/ʔbA¹
金山新	fu³	fu⁵	vu²	vu²	vu⁶	ɔ³	ɕyø³	po¹
枫泾	ɸu⁵			βu²	βu⁶	u¹	ɕiu¹	po¹/pA¹
青浦		hu⁵		βu²	βu⁶	kʰu¹	ɕiu¹	ʔbo¹
青浦新	hu³	hu⁵	fiu⁶	fiu⁶	fiu⁶		ɕy¹	pø¹
莘庄	ɸu⁵			βu²	βu⁶	u¹	ɕiu¹	ʔbo¹
闵行新	fu³	fu⁵	①	fiu²	fiu²	②	ɕy³	po¹/pa¹
川沙	ɸu⁵			βu²	βu²	kʰu¹③	ɕiu¹	ʔbo¹
川沙新	hu³	hu⁵	fiu⁶	fiu⁶	vu⁶			ʔbo¹
高桥	ɸu⁵			βu⁶	βu²	kʰu¹	ɕiu¹	ʔbA³
三林	ɸu⁵			βu²	βu²	kʰu¹	ɕiu¹	ʔbo¹
周浦	ɸu⁵			βu²	βu²	u¹	ɕiu¹	ʔbo¹
南汇	ɸu⁵			βu²	βu²	u¹	ɕiu¹	ʔbo¹
南汇新	fu³	fu⁵	fiu⁶	fiu⁶	ʋu⁶		ɕy¹	ʔba¹④
嘉定		hu⁵		fiu²	fiu⁶	u¹	ɕiu¹	po¹
嘉定新	hu⁵	hu⁵	fiu²	fiu⁶	hu⁶	u¹	ɕy¹	pø¹
宝山	fu⁵	fu⁵	fiu⁶	fiu⁶	fiu⁶	kʰu¹	ɕy¹	po¹
宝山新	fu⁵	fu⁵	fiu⁶	fiu⁶	hu⁵	fioʔ⁷	ɕy¹	pA¹
崇明		hu⁵		hfiu²	hfiu⁴	kʰu¹	ɕy¹	po¹
崇明新	xu³	xu⁵	hu⁶	fiu²	hu⁶	⑤	ɕy¹	po¹/pA¹
堡镇		hu⁵		hfiu²	hfiu⁴	kʰu¹	ɕy¹	po¹
练塘		hu⁵		βu²	βu⁶	kʰu¹	ɕiu¹	po¹

注：① 说"秧"。
② 说"棚"、"寞"。
③⑤ 说"寞" kʰu¹。
④ 内爆不明显。

序号	80	81	82	83	84	85	86	87
字目	疤	芭	把把握	坝	把刀把	霸	怕	帕
中古音的地位	假开二平马帮	假开二平马帮	假开二上马帮	假开二去祃帮	假开二上马帮	假开二去祃帮	假开二去祃滂	假开二入刪明
市区	po¹/pᴀ¹	po¹/pᴀ¹	po⁵/pᴀ⁵		po⁵/pᴀ⁵	po⁵/pᴀ⁵	pʰo⁵/pʰᴀ⁵	
市区中	po¹	pᴀ¹	po⁵	po⁵	po⁵	po⁵	pʰo⁵	pʰɐʔ⁷
市区新	pω¹	pᴀ¹	pω⁵/pᴀ⁵	pω⁵	pᴀ⁵	pω⁵/pᴀ⁵	pʰω⁵	pʰɐʔ⁷
真如	ʔbo¹	ʔbo¹	ʔbo³		ʔbo³	ʔbo⁵	pʰo⁵	
江湾	ʔbo¹/ʔba¹	ʔbo¹/ʔba¹	ʔbo⁵		ʔbo³	ʔbo⁵	pʰo⁵	
松江	ʔbo¹	ʔbo¹/ʔba¹	ʔbo³		ʔbo³	ʔbo⁵	pʰo⁵	
松江新	po¹	pa¹	po³	po⁵	po³	po⁵	pʰo⁵	pʰo⁵
泗泾	ʔbo¹	ʔbo¹/ʔba¹	ʔbo³		ʔbo³	ʔbo⁵	pʰo⁵	
奉贤	ʔbo¹/ʔba¹	ʔbo¹/ʔba¹	ʔbo³/ʔba³		ʔbo³/ʔba³	ʔbo⁵	pʰo⁵/pʰa⁵	
奉贤新	ʔbo¹	ʔbo¹	po³	ʔbo³	ʔbo³	ʔbo⁵	pʰo⁵	
奉城	ʔbo¹/ʔba¹	ʔbo¹/ʔba¹	ʔbo³/ʔba³		ʔbo³/ʔba³	ʔbo⁵	pʰo⁵/pʰa⁵	
金山	ʔbo¹	ʔbo¹/ʔbᴀ¹	ʔbo³		ʔbo³	ʔbo⁵	pʰo⁵	
金山新	po¹	po¹	po³	po⁵	po⁵	po⁵	pʰo⁵	pʰo⁵
枫泾	po¹	po¹/pᴀ¹	po³/pᴀ³		po³/pᴀ³	po⁵	pʰo⁵	
青浦	ʔbo¹	ʔbo¹	ʔbo³		ʔbo³	ʔbo⁵	pʰo⁵	
青浦新	pω¹	pa¹	pω³	pω⁵	pω³	pω⁵	pʰω⁵	pʰaʔ⁷
莘庄	ʔbo¹	ʔbo¹	ʔbo³		ʔbo³	ʔbo⁵	pʰo⁵	
闵行新	po¹	pa¹	ʔbo³		ʔbo³	ʔbo⁵	pʰo³	①
川沙	ʔbo¹	ʔbo¹	ʔbo³		ʔbo³	ʔbo⁵	pʰo⁵	
川沙新	ʔba¹	ʔbo¹	ʔbo³	ʔbo⁵	ʔbo³	ʔbo⁵	pʰo⁵	
高桥	ʔbᴀ³	ʔbᴀ³	ʔbᴀ³		ʔbᴀ³	ʔbo⁵	pʰᴀ⁵	
三林	ʔbo¹	ʔbo¹	ʔbo³		ʔbo³	ʔbo⁵	pʰo⁵	
周浦	ʔbo¹	ʔbo¹	ʔbo³		ʔbo³	ʔbo⁵	pʰo⁵	
南汇	ʔbo¹	ʔbo¹	ʔbo³		ʔbo³	ʔbo⁵	pʰo⁵	
南汇新	ʔbo¹	ʔbo¹	ʔbo³		ʔbo³		pʰaʔ⁷	
嘉定	po¹	po¹	po⁵		po⁵	po⁵	pʰo⁵	
嘉定新	pø¹	pø¹	pø⁵	pa⁵	pa⁵	pa⁵	pʰʋ⁵	
宝山	po¹	pø¹	po⁵		po⁵	po⁵	pʰo⁵	pʰo⁵
宝山新	pᴀ¹	pᴀ¹	po⁵	pᴀ¹	pᴀ¹	pᴀ¹	pʰo⁵	pʰo⁵
崇明	po¹	po¹	po³		po³	po³	pʰo⁵	
崇明新	po¹/pɑ¹	po¹/pɑ¹	po³	po⁵	po³	po³	pʰo⁵	pʰɑʔ⁷
堡镇	po¹	po¹	po³		po³	po³	pʰo⁵	
练塘	po¹	po¹	po³		po³	po⁵	pʰo⁵	

注：① 说"绢头"。

序号	88	89	90	91	92	93	94	95
字目	爬	琶	杷	[妈]	麻	麻(痳)	马	码
中古音的地位	假开二平麻并	假开二平麻并	假开二平麻并	假开二平麻明	假开二平麻明	假开二平麻明	假开二上马明	假开二上马明
市区	bo⁶/bA⁶		bo⁶	mA¹	mo⁶		mo⁶/mA⁶	mo⁶
市区中	bo⁶	bo⁶	bo⁶	mA¹	mo⁶	mo⁶	mo⁶	mo⁶
市区新	bω⁶	bω⁶	bω⁶	mA¹	mω⁶	mω⁶	mω⁶	mω⁶
真如	bo²		bo²	mA¹	mo²	mo²	mo⁶	mo⁶
江湾	bo⁶		bo⁶	ma¹	mo⁶	mo⁶	mo⁶	mo⁶
松江	bo²		bo²	ma¹	mo²	mo²	mo⁴/mo⁶	mo⁴
松江新	bo²	bo²	bo²	ma¹	bi⁶	mo²	mo⁶	mo⁶
泗泾	bo²		bo²	ma¹	mo²	mo²	mo⁶/mA⁶	mo⁶
奉贤	bo²		bo	ma¹	mo²	mo²	mo⁶	mo⁶
奉贤新	bo²/bɛ²	bo²	bo²	ʔma¹	mo²	mo²	mo⁶	mo⁶
奉城	bo²		bo	ma¹	mo²	mo²	mo⁶	mo⁶
金山	bo²		bo²	mA³	mo²	mo²	mo⁶	mo⁶
金山新	bo²	bo²	bo²	ma¹	mo²	mo²	mo²	mo²
枫泾	bo²		bo²	mA¹	mo²	mo²	mo⁴	mo⁴
青浦	bo²		bo²	ma¹	mo²	mo²	mo⁶	mo⁶
青浦新	bω²	bω²	bω²	ma¹	mω²	mω²	mω⁶	mω⁶
莘庄	bo²		bo²	mA¹	mo²	mo²	mo⁶	mo⁶
闵行新	bɛ²	bo²	bo²	mo⁶	mo²	mo²	mo²	mo²
川沙	bo²		bo²	mA¹	mo²	mo²	mo⁶	mo⁶
川沙新	bo⁶	bo⁶	bo⁶	ma¹	mo⁶		mo⁶	mo⁶
高桥	bo⁶		bo⁶	mA¹	mo⁶	mo⁶	mo²	mo²
三林	bo²		bo²	mA¹	mo²	mo²	mo²	mo²
周浦	bo²		bo²	mA¹	mo²	mo²	mo²	mo²
南汇	bo²		bo²	mA¹	mo²	mo²	mo²	mo²
南汇新	bo⁶	bo⁶	bo⁶	ma¹	mo⁶	mo⁶	mo⁶	mo⁶
嘉定	bo²		bo²	mA¹	mo²	mo²	mo⁶	mo⁶
嘉定新	bø²	bø²	bø²	ma¹	mø²	mø²	mø⁶	mø⁶
宝山	bo²		bo²	mA¹	mo²	mo²	mo⁶	mo⁶
宝山新	bo⁶	bo⁶	bo⁶	mA¹	mo⁵	mo⁵	mA⁶	mA⁶
崇明	bo²		bo²	ma¹	mo²	mo²	mo⁴	mo⁴
崇明新	bo²	bo²	bo²	ma¹	mo²	mo²	mo⁶	mo⁶
堡镇	bo²		bo²	ma¹	mo²	mo²	mo⁴	mo⁴
练塘	bo²		bo²	ma¹	mo²	mo²	mo²	mo⁴

序号	96	97	98	99	100	101	102	103
字目	骂	拿	茶	搽	渣	诈	[炸]炸弹	叉
中古音的地位	假开二去祃明	假开二平麻泥	假开二平麻澄	假开二平麻澄	假开二平麻庄	假开二去祃庄	假开二去祃庄	假开二平麻初
市区	mo^6/mA^6	no^1/no^6 nA^1/nA^6	zo^6		tso^1/tsA^1	tso^5/tsA^5	tso^5/tsA^5	ts^ho^1/ts^hA^1
市区中	mo^6	no^1	zo^6	zo^6	tso^1	tso^5	tso^5	ts^hA^1
市区新	mo^6	no^1	szo^6	zo^6	$tsω^5/tsA^1$	$tsω^5$	tso^5	$ts^hω^1/ts^hA^1$
真如	mo^6	$no^6/nε^1$	zo^2		tso^1	tso^5	tso^5	ts^ho^1
江湾	mo^6	$nɔ^1/nε^1$	zo^6		tso^1	tso^5	tso^5	ts^ho^1
松江	mo^6	$no^1/nε^1$	zo^2		tso^1	tso^5	tso^5	ts^ho^1
松江新	mo^6	$nε^1$	zo^2		tso^1	tso^5	$tsɑ^5$	$ts^hɑ^1$
泗泾	mo^6	$no^1/nε^1$	zo^2		tso^1	tso^5	tso^5	ts^ho^1
奉贤	mo^6	no^1/na^1	zo^2		tso^1	tso^5	tso^5	ts^ho^1
奉贤新	mo^6	$ʔnε^1$	zo^2	zo^2	tso^1	tso^5	tso^5	$ts^ho^1/ts^hɑ^1$
奉城	mo^6	no^1/na^1	zo^2		tso^1	tso^5	tso^5	ts^ho^1
金山	mo^6	nA^1/no^1	zo^2		tso^1	tso^5	tso^5	ts^ho^1
金山新	mo^6	$nε^1$	zo^2	zo^2	tso^1	tso^5	tso^5	$ts^hɑ^1$
枫泾	mo^6	nA^1/no^1	zo^2		tso^1	tso^5	tso^5	ts^ho^1
青浦	mo^6	na^1/no^1	zo^2		tso^1	tso^5	tso^5	ts^ho^1
青浦新	$mω^6$	nE^1	$zω^2$	$ts^hɑ^1$	$tsω^1$	$tsω^5$	$tsω^5$	$ts^hɑ^1$
莘庄	mo^6	$no^1/nε^1$	zo^2		tso^1	tso^5	tso^5	ts^ho^1
闵行新	mo^2	$nε^1$	zo^2	$taʔ^7$	tso^1	tso^5	tso^5	ts^ho^3
川沙	mo^6	$nɔ^1/nε^1$	$ziɔ^2$		$tsiɔ^1$	$tsiɔ^5$	$tsiɔ^5$	$ts^hiɔ^1$
川沙新	mo^5	$nε^1$	zo^6		tso^1	tso^5	tso^5	$ts^hɑ^1$
高桥	mo^2	$nε^1$	zo^6		tso^1	tso^5	tso^5	ts^ho^1
三林	mo^6	$no^1/nε^1$	$ziɔ^2$		$tsiɔ^1$	$tsiɔ^5$	$tsiɔ^5$	$ts^hiɔ^1$
周浦	mo^6	$no^1/nε^1$	$ziɔ^2$		$tsiɔ^1$	$tsiɔ^5$	$tsiɔ^5$	$ts^hiɔ^1$
南汇	mo^6	$nɔ^1/nε^1$	zo^2		tso^1	tso^5	tso^5	ts^ho^1
南汇新	mo^6	nE^1	zo^6	$ts^hɑ^1$	tso^1	tso^5	tso^5	$ts^hɑ^1$
嘉定	mo^6	$nɔ^1/nE^1/nA^6/nu^2$①	zo^2		tso^1	tso^5	tso^5	ts^ho^1
嘉定新	$mø^5$	$nø^2$	$zø^2$	$zø^2$	$tsø^1/tsa^1$	tsa^5	$tsø^5$	ts^ha^1
宝山	mo^6	nE^1	zo^6	zo^6	tso^1	tso^5	tso^5	ts^ho^1
宝山新	mo^6	nE^1	zo^6	zo^6	tsA^1	tsA^5	tso^5	ts^ho^1
崇明	mo^6	$næ^1/nɔ^1$	dzo^2		tso^1	tso^5	tso^5	ts^ho^1
崇明新	mo^6	$næ^6/nɔu^6$	dzo^2	$t^hɑʔ^7$	tso^1	tso^5	tso^5	ts^ho^1
堡镇	mo^6	$næ^1/nɔ^1$	dzo^2		tso^1	tso^5	tso^5	ts^ho^1
练塘	mo^6	na^1/no^1	zo^2		tso^1	tso^5	tso^5	ts^ho^1

注：① 推入。

序号	104	105	106	107	108	109	110	111
字目	差差错	差差别	岔	[查]调查	沙	纱	洒	加
中古音的地位	假开二平麻初	假开二平麻初	假开二去祃初	假开二平麻崇	假开二平麻生	假开二平麻生	假开二上马生	假开二平麻见
市区	tsʰo¹	tsʰo¹	tsʰo⁵/tsʰA⁵	zo⁶	so¹/sA¹	so¹/sA¹	sA⁵	kA¹/tɕiA¹
市区中	tsʰA¹	tsʰA¹	tsʰo¹/tsʰA⁵	zo⁶	so¹	so¹	sA⁵	kA¹/tɕiA¹
市区新	tsʰɷ¹/tsʰA¹	tsʰɷ¹/tsʰA¹	tsʰɷ¹/tsʰA⁵	szɷ⁶	sɷ¹	sɷ¹	sA⁵	kA¹
真如	tsʰo¹	tsʰo¹	tsʰo¹	zo²	so¹	so¹	sA³	kA¹
江湾	tsʰo¹/tsʰa¹	tsʰo¹/tsʰa¹	tsʰo⁵	zo⁶	so¹	so¹	sa⁵	ka¹
松江	tsʰo¹	tsʰo¹	tsʰo¹	zo²	so¹/sa¹	so¹	sa³	ka¹/cia¹
松江新	tsʰa¹	tsʰa¹	tsʰo⁵	zo²	so¹	so¹	sa³	ka¹
泗泾	tsʰo¹	tsʰo¹	tsʰo¹	zo²	so¹/sa¹	so¹	sa³	ka¹/cia¹
奉贤	tsʰo¹/tsʰa¹	tsʰo¹/tsʰa¹	tsʰo¹	zo²	so¹/sa¹	so¹	sa³	ka¹/ʔɟia¹
奉贤新	tsʰo¹/tsʰa¹	tsʰo¹/tsʰa¹	tsʰa¹	zo²	so¹	so¹	sa³	ka¹
奉城	tsʰo¹/tsʰa¹	tsʰo¹/tsʰa¹	tsʰo⁵	zo²	so¹/sa¹	so¹	sa³	ka¹/ʔɟia¹
金山	tsʰo¹	tsʰo¹	tsʰo⁵	zo²	so¹/sA¹	sa¹/sA¹	sA³	kA¹/ciA¹
金山新	tsʰa¹	tsʰa¹	tsʰa¹	zo²	so¹	so¹	sA³	kA¹
枫泾	tsʰo¹	tsʰo¹	tsʰo⁵	zo²	so¹/sA¹	sA¹	sA³	kA¹/tɕiA¹
青浦	tsʰo¹	tsʰo¹	tsʰo⁵	zo²	so¹	so¹	sa³	ka¹/tɕia¹
青浦新	tsʰa¹	tsʰa¹	tsʰɷ⁵	zɷ²	sɷ¹	sɷ¹	sA³	ka¹
莘庄	tsʰo¹	tsʰo¹	tsʰo¹	zo²	so¹	so¹	sA³	kA¹/ciA¹
闵行新	tsʰo¹	tsʰo¹	tsʰo¹	zo²	so¹	so¹	sa³	ka¹
川沙	tsʰiɔ¹	tsʰiɔ¹	tsʰiɔ¹	ziɔ²	siɔ¹	siɔ¹	sA³	kA¹/tɕiA¹
川沙新	tsʰa¹	tsʰa¹/tsʰo¹	tsʰo³	zo⁶	so¹	so¹	sa³	ka¹
高桥	tsʰo¹	tsʰo¹	tsʰo⁵	zo⁶	so¹	so¹	sA¹	kA¹
三林	tsʰiɔ¹	tsʰiɔ¹	tsʰiɔ¹	ziɔ²	siɔ¹	siɔ¹	sA³	kA¹/ciA¹
周浦	tsʰiɔ¹	tsʰiɔ¹	tsʰiɔ¹	ziɔ²	siɔ¹	siɔ¹	sA³	kA¹/ciA¹
南汇	tsʰo¹	tsʰo¹	tsʰo¹	zo²	so¹	so¹	sA³	kA¹/ʔɟiA¹
南汇新	tsʰa¹	tsʰa¹	tsʰa¹	zo⁶	so¹	so¹	sa³	ka¹
嘉定	tsʰo¹	tsʰo¹	tsʰo¹	zo²	so¹	so¹	sA⁵	kA¹/tɕiA¹
嘉定新	tsʰa¹	tsʰa¹	tsʰa¹	zø²	sø¹	sø¹	sa⁵	ka¹
宝山	tsʰo¹	tsʰo¹	tsʰo¹	tso⁵	so¹	so¹	sA¹	kA¹
宝山新	tsʰo¹	tsʰo¹	tsʰA¹	tso⁵	so¹	so¹	sA⁵	kA¹
崇明	tsʰo¹	tsʰo¹	tsʰo⁵	dzo²	so¹	so¹	sa³	ka¹/tɕia¹
崇明新	tsʰuo¹①	tsʰuo¹	tsʰuo⁵	dzo²	so¹	so¹	sa³	ka¹
堡镇	tsʰo¹	tsʰo¹	tsʰo⁵	dzo²	so¹	so¹	sa³	ka¹/tɕia¹
练塘	tsʰo¹	tsʰo¹	tsʰo⁵	zo²	so¹	so¹	sa³	ka¹/tɕia¹

注: ① "出差"的"差"读tsɑ¹; "参差"的"差"读tɕʰi¹。

序号	112	113	114	115	116	117	118	119
字目	嘉	家	傢	痂	假真假	贾姓	假放假	稼
中古音的地位	假开二平麻见	假开二平麻见	假开二平麻见	假开二平麻见	假开二上马见	假开二上马见	假开二去祃见	假开二去祃见
市区	kA¹/tɕiA¹	kA¹/tɕiA¹	kA¹/tɕiA¹		kA⁵	tɕiA⁵	kA⁵	tɕiA⁵
市区中	kA¹/tɕiA¹	kA¹/tɕiA¹	kA¹/tɕiA¹	kA¹/tɕiA¹	kA⁵	tɕiA⁵	kA⁵/tɕiA⁵	kA⁵/tɕiA⁵
市区新	kA¹	kA¹	kA¹	kA¹	kA⁵/tɕiA⁵	kA⁵/tɕiA⁵	kA⁵/tɕiA⁵	kA⁵/tɕiA⁵
真如	kA¹	kA¹/tɕiA¹	kA¹/tɕiA¹		kA³	tɕiA⁵	kA⁵/tɕiA⁵	tɕiA⁵
江湾	ka¹/tɕia¹	ka¹/tɕia¹	ka¹/tɕia¹		ka⁵/tɕia⁵	tɕia⁵	ka⁵/tɕia⁵	tɕia⁵
松江	ka¹/cia¹	ka¹/cia¹	ka¹/cia¹		ka³/cia⁵	cia³	ka⁵/cia⁵	cia⁵
松江新	ka¹	ka¹	ka¹	ga²	ka³	ka³	ka⁵	tɕia⁵
泗泾	ka¹/cia¹	ka¹/cia¹	ka¹/cia¹		ka³/cia⁵	cia³	ka⁵/cia⁵	cia⁵
奉贤	ka¹/ʔjia¹	ka¹/ʔjia¹	ka¹/ʔjia¹		ka³/ʔjia³	ʔjia³	ka⁵/ʔjia⁵	ʔjia⁵
奉贤新	ka¹	ka¹	ka¹	ka¹	ka⁵	ka⁵	ka⁵	ka³
奉城	ka¹/ʔjia¹	ka¹/ʔjia¹	ka¹/ʔjia¹		ka³/ʔjia³	ʔjia³	ka⁵/ʔjia⁵	ʔjia⁵
金山	kA¹/ciA¹	kA¹/ciA¹	kA¹/ciA¹		kA⁵/ciA⁵	ciA⁵	kA⁵/ciA⁵	ciA⁵
金山新	kA¹	kA¹	kA¹	kA¹	kA¹	kA¹	kA¹	kA¹
枫泾	kA¹/tɕiA¹	kA¹/tɕiA¹	kA¹/tɕiA¹		kA³/tɕiA³	tɕiA³	kA⁵/tɕiA⁵	tɕiA⁵
青浦	ka¹/tɕia¹	ka¹/tɕia¹	ka¹/tɕia¹		ka³	tɕia³	ka⁵/tɕia⁵	tɕia⁵
青浦新	ka¹	ka¹/tɕia¹	ka¹	kE⁵	ka³	ka³	tɕia⁵	tɕia⁵
莘庄	kA¹/ciA¹	kA¹/ciA¹	kA¹/ciA¹		kA³/ciA³	kA³/ciA³	kA³/ciA³	ciA⁵
闵行新	ka¹	ka¹	ka¹		ka³	tɕia³	ka³	ka³
川沙	kA¹/tɕiA¹	kA¹/tɕiA¹	kA¹/tɕiA¹		kA³/tɕiA³	tɕiA³	kA⁵/tɕiA⁵	tɕiA⁵
川沙新	ka¹	ka¹/tɕia¹	ka¹/tɕia¹	ke¹	ka³	ka³/tɕia⁵	ka⁵	
高桥	kA¹/tɕiA¹	kA¹/tɕiA¹	kA¹/tɕiA¹		kA³/tɕiA³	tɕiA³	kA⁵	tɕiA⁵
三林	kA¹/ciA¹	kA¹/ciA¹	kA¹/ciA¹		kA³/ciA³	kA³/ciA⁵	kA⁵/ciA⁵	ciA⁵
周浦	kA¹/ciA¹	kA¹/ciA¹	kA¹/ciA¹		kA³/ciA³	kA³/ciA³	kA³/ciA³	kA⁵/ciA⁵
南汇	kA¹/ʔjiA¹	kA¹/ʔjiA¹	kA¹/ʔjiA¹		kA³/ʔjiA³	kA³/ʔjiA³	kA³/ʔjiA³	kA⁵/ʔjiA⁵
南汇新	ka¹	ka¹	ka¹		ka³	ka³	ka³	
嘉定	kʌ¹/tɕiʌ¹	kʌ¹/tɕiʌ¹	kʌ¹/tɕiʌ¹		kʌ⁵/tɕiʌ⁵	tɕiʌ⁵	kʌ⁵/tɕiʌ⁵	tɕiʌ⁵
嘉定新	ka¹	ka¹	ka¹	ka¹	ka⁵	ka⁵	ka⁵	tɕia⁵
宝山	kA¹	kA¹	kA¹	kA¹	kA⁵	kA⁵	kA⁵	kA⁵
宝山新	kA¹	kA¹	kA¹	kA¹	kA⁵	kA⁵	kA⁵	kA⁵
崇明	tɕia¹	ka¹	ka¹/tɕia¹		ka³	tɕia³	ka⁵/tɕia⁵	tɕia⁵
崇明新	ka¹	ka¹	ka¹	ka¹	ka³	ka³	ka⁵	tɕia⁵
堡镇	tɕia¹	ka¹	ka¹/tɕia¹		ka³	tɕia³	ka⁵/tɕia⁵	tɕia⁵
练塘	ka¹/tɕia¹	ka¹/tɕia¹	ka¹/tɕia¹		ka¹	tɕia³	ka⁵/tɕia⁵	tɕia⁵

序号	120	121	122	123	124	125	126	127
字目	嫁	架	驾	价	[卡]	牙	芽	衙
中古音的地位	假开二去祃见	假开二去祃见	假开二去祃见	假开二去祃见		假开二平麻疑	假开二平麻疑	假开二平麻疑
市区	kA⁵	kA⁵	kA⁵/tɕiA⁵	kA⁵/tɕiA⁵		ŋA⁶/ɦiA⁶	ŋA⁶/ɦiA⁶	ŋA⁶/ɦiA⁶
市区中	kA⁵/tɕiA⁵	kA⁵/tɕiA⁵	kA⁵/tɕiA⁵	kA⁵/tɕiA⁵	kʰA⁵	ŋA⁶	ŋA⁶	ŋA⁶
市区新	kA⁵/tɕiA⁵	kA⁵/tɕiA⁵	kA⁵/tɕiA⁵	kA⁵/tɕiA⁵	kʰA⁵	ŋA⁶	ŋA⁶	ŋA⁶
真如	kA⁵	kA⁵/tɕiA⁵	tɕiA⁵	kA⁵		ŋA²	ŋA²	ŋA²
江湾	ka⁵	ka⁵/tɕia⁵	tɕia⁵	ka⁵		ŋa⁶	ŋa⁶	ŋa⁶
松江	ka⁵/cia⁵	ka⁵/cia⁵	ka⁵/tɕia⁵	ka⁵		ŋa²	ŋa²	ŋa²
松江新	ka⁵	ka⁵	tɕia⁵	ka⁵	kʰa¹	ŋa²	ŋa²	ŋa²
泗泾	ka⁵/cia⁵	ka⁵/cia⁵	ka⁵/tɕia⁵	ka⁵		ŋa²	ŋa²	ŋa²
奉贤	ka⁵/ʔjia⁵	ka⁵/ʔjia⁵	ka⁵/ʔjia⁵	ka⁵/ʔjia⁵		ŋa²	ŋa²/ɦia²	ŋa²/ɦia²
奉贤新	ka³	ka³	ka³	ka³	kʰa¹	ŋa²	ŋa²	ŋa²
奉城	ka⁵/ʔjia⁵	ka⁵/ʔjia⁵	ka⁵/ʔjia⁵	ka⁵		ŋa²	ŋa²/ɦia²	ŋa²/ɦia²
金山	kA⁵/ciA⁵	kA⁵/ciA⁵	ciA⁵	kA⁵		ŋA²	ŋA²	ŋA²
金山新	kA³	kA³	kA³	kA³	kʰA³	ŋA⁶	ŋA⁶	ŋA⁶
枫泾	kA⁵/tɕiA⁵	kA⁵/tɕiA⁵	tɕiA⁵	kA⁵		ŋA²	ŋA²	ŋA²
青浦	ka⁵/tɕia⁵	ka⁵	tɕia⁵	ka⁵/tɕia⁵		ŋa²	ŋa²	ŋa²
青浦新	ka⁵	ka⁵	tɕia⁵	ka⁵	kʰa³	ŋa²	ŋa²	ŋa²
莘庄	kA⁵	kA³/ciA³	ciA⁵	kA⁵		ŋA²	ŋA²	ŋA²
闵行新	ka¹	ka⁵	tɕia³	ka³	ka³	ŋa²	ŋa²	ŋa²
川沙	kA⁵/tɕiA⁵	kA⁵/tɕiA⁵	tɕiA⁵	kA⁵/tɕiA⁵		ŋA²	ŋA²	ŋA²
川沙新	ka⁵	ka⁵	tɕia⁵	ka⁵	kʰa³	ŋa⁶	ŋa⁶	ŋa⁶
高桥	kA⁵	kA⁵/tɕiA⁵	tɕiA⁵	kA⁵/tɕiA⁵		ŋA⁶	ŋA⁶	ŋA⁶
三林	kA⁵	kA⁵/ciA⁵	ciA⁵	kA⁵		ŋA²	ŋA²	ŋA²
周浦	kA⁵/ciA⁵	kA⁵/ciA⁵	ciA⁵	kA⁵		ŋA²	ŋA²	ŋA²
南汇	kA⁵/ʔjiA⁵	kA⁵/ʔjiA⁵	ʔjiA⁵	kA⁵		ŋA²	ŋA²	ŋA²
南汇新	ka⁵	ka⁵	tɕia⁵	ka⁵	kʰa³	ŋa⁶	ŋa⁶	ŋa⁶
嘉定	kA⁵	kA⁵/tɕiA⁵	kA⁵/tɕiA⁵	kA⁵		ŋA²/ɦiA²	ŋA²	ŋA²
嘉定新	ka⁵	ka⁵	tɕia⁵	ka⁵	kʰa⁵	ŋa²	ŋa²	ŋa²
宝山	kA⁵	kA⁵	kA⁵	kA⁵	kʰA⁶	ŋA⁶	ŋA⁶	ŋA⁶
宝山新	kA⁵	kA⁵	kA⁵	kA⁵	kʰA⁵	ŋA²	ŋA²	ŋA²
崇明	ka⁵/tɕia⁵	ka⁵/tɕia⁵	tɕia⁵	ka⁵/tɕia⁵		ŋa²	ŋa²	ŋa²
崇明新	ka⁵	ka⁵	tɕia⁵	ka⁵	ka³	ŋa²	ŋa²	ŋa²
堡镇	ka⁵/tɕia⁵	ka⁵/tɕia⁵	tɕia⁵	ka⁵/tɕia⁵		ŋa²	ŋa²	ŋa²
练塘	ka⁵/tɕia⁵	ka⁵/tɕia⁵	tɕia⁵	ka⁵/tɕia⁵		ŋa²	ŋa²	ŋa²

序号	128	129	130	131	132	133	134	135
字目	雅	虾鱼虾	霞	瑕	遐	下山下	下下山	夏春
中古音的地位	假开二上马疑	假开二平麻匣	假开二平麻匣	假开二平麻匣	假开二平麻匣	假开二上马匣	假开二去祃匣	假开二去祃匣
市区	iA⁵	hø¹/ho¹	iA¹			ɦo⁶/ɕiA⁶	ɦo⁶/ɕiA⁶	ɦo⁶/ɕiA⁶
市区中	iA⁵	ho¹	ɦiA⁶	ɦiA⁶	ɦiA⁶	ɦo⁶	ɦo⁶	ɦo⁶
市区新	iA⁵	hø¹				ɦω⁶	ɦω⁶	ɦω⁶
真如	iA³		iA¹			ɦɔ⁶	ɦɔ⁶	ɦɔ⁶
江湾	iɑ⁵		ɦiɑ⁶			ɦo⁶/ɕiɔ⁶	ɦo⁶/ɕiɔ⁶	ɦo⁶/ɕiɔ⁶
松江	iɑ³		ɦiɑ²			ɦo⁴/ɦiA⁴	ɦo⁶	ɦo⁶
松江新	iɑ³	hø¹	ʑiɑ²	ʑiɑ²	ʑiɑ²	ɦɔ⁶	ɦɔ⁶	ɦɔ⁶
泗泾	iɑ³		ɦiɑ²			ɦo⁶/ɦiɑ⁶	ɦo⁶	ɦo⁶
奉贤	iɑ³		iɑ¹/ɦiɑ²			ɦɔ⁶/ɕiɑ⁶	ɦɔ⁶/ɕiɑ⁶	ɦɔ⁶/ɕiɑ⁵
奉贤新	ɦiɑ⁶	hø⁵	ɕiɑ⁵	ɕiɑ⁵	ɕiɑ⁵	ɦɔ⁶	ɦɔ⁶	ɦɔ⁶
奉城	iɑ³		ɦiɑ²			ɦɔ⁶/ɦiɑ⁶/ɕiɑ⁵	ɦɔ⁶/ɕiɑ⁶	ɦɔ⁶/ɕiɑ⁵
金山	iA³		ɦiɑ²			ɦɔ⁶/ɦiA⁶	ɦɔ⁶	ɦɔ⁶
金山新	ɦiA²	hø³	ɦo²	ɦo²	ɦo²	ɦo⁶	ɦo⁶	ɦo⁶
枫泾	iA³		iA³			ɦɔ⁶/ɦiA⁶	ɦɔ⁶	ɦɔ⁶
青浦	iɑ³		ɦiɑ²			ɦo⁶/ɦiɑ⁶	ɦo⁶	ɦo⁶
青浦新	iɑ³	hø¹	ɦiɑ²	ɦiɑ²	ɦiɑ²	ɦo⁶	ɦo⁶	ɦo⁶
莘庄	iA³		iA¹			ɦɔ⁶/ɦiA⁶	ɦɔ⁶	ɦɔ⁶
闵行新	iɑ²	hø³	ʑiɑ²			ɔ²	ɔ²	ɔ²
川沙	iA³		iA¹			ɦɔ²	ɦɔ⁶	ɦɔ⁶
川沙新	ɦiɑ⁶	hø¹	ʑiɑ⁶			ɦɔ⁶	ɦɔ⁶	ɦɔ⁶
高桥	iA³		ʑiA⁶			ɦo⁶	ɦo⁶	ɦo⁶
三林	iA¹		iA¹			ɦɔ⁶	ɦɔ⁶	ɦɔ⁶
周浦	iA³		ɦiA²			ɦɔ²	ɦɔ⁶	ɦɔ⁶
南汇	iA³		ɦiA²			ɦɔ²	ɦɔ⁶	ɦɔ⁶
南汇新	ŋa⁶	hø¹	ɦiɑ⁶	ɕiɑ⁵		ɦɔ⁶	ɦɔ⁶	ɦɔ⁶
嘉定	iA⁵		iA¹			ɦo⁶	ɦo⁶	ɦo⁶/ɦiɔ⁶
嘉定新	iɑ⁶	hø¹	ʑiɑ²	ʑiɑ²	ʑiɑ²	ɦø⁶	ɦø⁶	ɦø⁶
宝山	iA⁵	hø¹				o⁶	o⁶	o⁶
宝山新	iA⁵	hø¹	ɕiɑ⁵①	ɕiɑ⁵	ɕiɑ⁵	o⁶	o⁶	o⁶
崇明	iɑ³		iɑ¹			ɦɦo⁴/ɦiɑ⁶	ɦɦo⁴/ɦiɑ⁶	ɦɦo⁶/ɦiɑ⁶
崇明新	iɑ³	xo¹				huo⁶	huo⁶	huo⁶
堡镇	iɑ³		iɑ¹			ɦɦo⁴/ɦiɑ⁶	ɦɦo⁴/ɦiɑ⁶	ɦɦo⁶/ɦiɑ⁶
练塘	iɑ³		ɦiɑ²			ɦo⁶/ɦiɑ⁶	ɦo⁶	ɦo⁶

注：① "霞、瑕、遐"方言里少用此字。

序号	136	137	138	139	140	141	142	143
字目	暇	鸦	丫头	哑	亚	姐	借借用	且
中古音的地位	假开二去麻匣	假开二平麻影	假开二平麻影	假开二上马影	假开二去祃影	假开三上马精	假开三去祃精	假开三上马清
市区		o¹/iA¹	o¹/iA¹	o⁵/iA⁵	iA⁵	tɕiA⁵/tɕi⁵	tɕiA⁶	tɕʰi⁵
市区中	ɦiA⁶	iA¹	o¹	o⁵	iA⁵	tɕiA⁵	tɕiA⁵	tɕʰiɪ⁵
市区新		iA¹	ω¹	ω⁵	iA⁵	tɕiA⁵	tɕiA⁵	tɕʰiɪ⁵
真如		iA¹	o¹	o³	iA¹	tsiA³	tsiA⁵	tsʰi¹
江湾		o¹/ia¹	o¹	o⁵	ia⁵	tsiA⁵/tsi⁵	tsiA⁵	tsʰi⁵
松江		ia¹	o¹/ia¹	o⁵	ia⁵	tsia³	tsia⁵	tsʰi³
松江新		ia¹	o¹	o³	ia⁵	tɕia³	tɕia³	tɕʰiɪ³
泗泾		ia¹	o¹/ia¹	o³	ia⁵	tsia³	tsia⁵	tsʰi³
奉贤		ia¹	o¹/ia¹	o³/ɔ³/ia³	ia⁵	tsia³	tsia⁵	tsʰij³
奉贤新	ɦɔ⁶	ia³	ia³	ɔ³	ia⁵	tɕia³	tɕia⁵	tɕʰiɛ¹
奉城		ia¹	o¹/ia¹	o³	ia⁵	tsi³	tsia⁵	tsʰij³
金山		iA¹	o³	o³	iA⁵	tsiA³	tsiA⁵	tɕʰiɪʔ³
金山新	ɦɔ⁶	o¹	o¹	o³	iA⁵	tɕiA³/tɕi³	tɕiA⁵	tɕʰiɪʔ⁵
枫泾		iA³	o³	o³	iA³	tsi³	tsiA⁵	tsʰiɛ⁵
青浦		ia¹	o¹	o³	ia⁵	tsia³	tsia⁵	tsʰi¹
青浦新	ɦia²	ia¹	ω¹	ɔ³	ia⁵	tɕia³	tɕia⁵	tɕʰiɪ¹
莘庄		iA¹	o¹	o³	iA⁵	tsiA³/tsi³	tsiA⁵	tsʰie⁵
闵行新	ia²	o¹	o³	ia¹	①	tɕia⁵	tɕʰiɪʔ⁵
川沙		o¹/iA¹	o¹	o³	iA¹/o¹	tsiA³/tsi³	tsiA⁵	tsʰi³
川沙新				o⁵	iA⁵	tɕia³	tɕia⁵	tɕʰi³
高桥		iA¹	ɔ³	o³	iA¹	tsiA³/tsi³	tsiA⁵	tsʰie⁵
三林		iA¹	o¹	o⁵	iA⁵	tsiA³/tsi³	tsiA⁵	tsʰi
周浦		iA¹	ɔ¹	o³	iA⁵	tsiA³	tsiA⁵	tsʰiɛ⁵
南汇		iA¹	ɔ¹	o³	iA⁵	tsiA³	tsiA⁵	tsʰiɛ⁵
南汇新		ia¹	ɔ¹②	ɦɔ⁶③	ia⁵	tɕia³	tɕia⁵	tɕʰi³
嘉定		iA¹/o¹	o¹	o⁵	iA⁵	tsiA³	tsiA⁵	tsʰiɪ¹
嘉定新	ɦø⁶	ia¹	ia¹	ia³	ia⁵	tsia¹	tsia⁵	tsʰia⁵
宝山		ia¹	ia¹	o¹	ia⁵	tɕia³	tɕia⁵	tɕʰi⁵
宝山新	o⁶	ia¹	ia¹	ia⁵④	ia⁶	tɕia⁵	tsia⁵	tɕʰi⁵
崇明		ia¹	uo¹	o⁵	ia³	tɕia³	tɕia⁵	tɕʰie⁵/tɕia⁵
崇明新		ia¹	ia¹	uo⁵	ia⁵	tɕia³	tɕia⁵	tɕʰie⁵
堡镇		ia¹	uo¹	o⁵	ia⁵	tɕia³	tɕia⁵	tɕʰie⁵/tɕʰia⁵
练塘		ia¹	o¹	o¹	ia³	tsia¹	tsia⁵	tsʰi⁵

注：① 说"姊"tɕi³。
② 略带动程近ᵘɔ¹。
③ 略带动程近ɦᵘo⁶。
④ 也有读作o⁵。

序号	144	145	146	147	148	149	150	151
字目	借借口	些	写	泻	卸	邪	斜	谢
中古音的地位	假开三去祃精	假开三平麻心	假开三上马心	假开三去祃心	假开三去祃心	假开三平麻邪	假开三平麻邪	假开三去祃邪
市区	tɕiA⁶		ɕiA⁵	ɕiA⁵	ɕiA⁵	ʑiA⁶	ʑiA⁶	ʑiA⁶
市区中	tɕiA⁵	ɕiɪʔ⁷	ɕiA⁵	ɕiA⁵	ɕiA⁵	ʑiA⁶	ʑiA⁶	ʑiA⁶
市区新	tɕiA⁵	ɕiɪʔ⁷	ɕiA⁵	ɕiA⁵	ɕiA⁵	ʑiA⁶	ɕiA⁵	ʑiA⁶
真如	tsiA⁵		siA³	siA⁵	siA⁵	ziA²	ziA²	ziA⁶
江湾	tsiɑ⁵		siɑ⁵	siɑ⁵	siɑ⁵	ziɑ⁶	ziɑ⁶	ziɑ⁶
松江	tsiɑ⁵		siɑ³	siɑ⁵	siɑ⁵	ziɑ²	ziɑ²	ziɑ⁶
松江新	tɕiɑ⁵	ɕiɪ¹	ɕiɑ³	ɕiɑ⁵	ɕiɑ⁵	ʑiɑ²	tɕʰiɑ⁵	ʑiɑ⁶
泗泾	tsiɑ⁵		siɑ³	siɑ⁵	siɑ⁵	ziɑ²	ziɑ²	ziɑ⁶
奉贤	tsiɑ⁵		siɑ³	siɑ⁵	siɑ⁵	ziɑ²	ziɑ²	ziɑ⁶
奉贤新	tɕiɑ⁵		ɕiɑ³	ɕiɑ⁵	ɕiɑ⁵	ʑiɑ²	tɕʰiɑ⁶	ʑiɑ¹⁶
奉城	tsiɑ⁵		siɑ³	siɑ⁵	siɑ⁵	ziɑ⁵	ziɑ²	ziɑ⁶
金山	tsiA⁵		siA³	siA⁵	siA⁵	ziA²	ziA²	ziA⁶
金山新	tɕiA⁵		ɕiA⁵	ɕiA⁵	ɕiA⁵	ʑiA²	ʑiA²	ʑiA⁵
枫泾	tsiA⁵		siA³	siA⁵	siA⁵	ziA²	ziA⁴	ziA⁶
青浦	tsiɑ⁵		siɑ³	siɑ⁵	siɑ⁵	ziɑ²	ziɑ²	ziɑ⁶
青浦新	tɕiɑ⁵	siɪ¹	ɕiɑ³	ɕiɑ⁵	ɕiɑ⁵	ʑiɑ²	ʑiɑ⁶	ʑiɑ⁶
莘庄	tsiA⁵		siA³	siA⁵	siA⁵	ziA²	ziA²	ziA⁶
闵行新	tɕiA⁵	ɕiɪʔ⁷	ɕiɑ⁵	ɕiɑ³	ɕiɑ³	ʑiɑ²	ʑiɑ²	ʑiɑ²
川沙	tsiA⁵		siA³	siA⁵	siA⁵	ziA²	ziA²	ziA⁶
川沙新	tɕiɑ⁵		ɕiɑ³	zɑ⁶	ɕiɑ⁵		ʑiɑ⁶	ʑiɑ⁶
高桥	tsiA⁵		siA³	siA⁵	siA⁵	ziA⁶	ziA²	ziA⁶
三林	tsiA⁵		siA³	siA⁵	siA⁵	ziA²	ziA²	ziA⁶
周浦	tsiA⁵		siA³	siA⁵	siA⁵	ziA²	ziA²	ziA⁶
南汇	tsiA⁵		siA³	siA⁵	siA⁵	ziA²	ziA²	ziA⁶
南汇新	tɕiɑ⁵		ɕiɑ³	ɕiɑ⁵	ɕiɑ⁵	ʑiɑ⁶	ʑiɑ⁶	ʑiɑ⁶
嘉定	tsiA⁵		siA³	siA⁵	siA⁵	ʑiA²	ʑiA²	ʑiA⁶
嘉定新	tsiɑ⁵	ɕiɪʔ⁷	siɑ⁵	siɑ⁵	siɑ⁶	ʑiɑ²	ʑiɑ²	ʑiɑ⁶
宝山	tsiɑ⁵	ɕiɪʔ⁷	siɑ³	siɑ⁵	siɑ⁵	siɑ⁵	siɑ⁵	siɑ²
宝山新	tsiɑ⁵	ɕiɪʔ⁷	ɕiɑ⁶	ɕiɪʔ⁷	ɕiɪʔ⁷	ɕiɑ⁶	ɕiɑ⁵	ɕiɑ⁶
崇明	tɕiɑ⁵		ɕiɑ³	ɕiɑ⁵	ɕiɑ⁵	ʑiɑ²	ʑiɑ²	ʑiɑ⁶/dʑie⁶
崇明新	dʑiɑ⁶	ɕi¹	ɕiɑ³	ɕiɪʔ⁷	ɕiɑ⁵	ʑiɑ²	ʑiɑ²	ʑiɑ⁶
堡镇	tɕiɑ⁵		ɕiɑ³	ɕiɑ⁵	ɕiɑ⁵	ʑiɑ²	ʑiɑ²	ʑiɑ⁶/dʑie⁶
练塘	tsiɑ⁵		siɑ³	siɑ⁵	siɑ⁵	ziɑ²	ziɑ²	ziɑ⁶

序号	152	153	154	155	156	157	158	159
字目	爹	遮	者	蔗	车 车辆	扯	蛇	射
中古音的地位	假开三平麻知	假开三平麻章	假开三上马章	假开三去祃章	假开三平麻昌	假开三上马昌	假开三平麻船	梗开三入昔船
市区	tiA^1	tso^1	tsE^5	tso^5	tsʰo^1	tsʰA^5	zo^6	zoʔ^8/zo^6
市区$_{中}$	tiA^1	tso^1	tsE^5	tso^5	tsʰo^1	tsʰA^5	zo^6	zo^6
市区$_{新}$	tiA^1	tsω^1	tsəʔ^7	tsω^1	tsʰω^1	tsʰɐʔ^7	zω^6	zω^6
真如	ʔdiA^1	tso^1	tse^3	tso^5	tsʰo^1	tsʰA^5	zo^2	zəʔ^8/zʔ^8
江湾	tia^1	ts^{u}o^1	tsE^5	tso^1	tsʰo^1	tsʰa^5	zo^6/zio^6	zo^6
松江	ʔdia^1	tso^1	tse^3	tso^5	tsʰo^1	tsʰa^3	zo^2	zo^6
松江$_{新}$	tia^1	tso^1	tsΛʔ^7	tsoʔ^7	tsʰo^1	tsʰa^3	zo^2	tsoŋ^5
泗泾	ʔdia^1	tso^1	tse^3	tso^5	tsʰo^1	tsʰa^3	zo^2	zo^6
奉贤	ʔdia^1	tso^1	tse^3	tso^5	tsʰo^1	tsʰa^3	zo^2	zɔʔ^8/zeʔ^8
奉贤$_{新}$		tso^1	tsɛ^5	tso^5	tsʰo^1	tsʰa^3	zo^2	zo^6/zə^6
奉城	ʔdia^1	tso^1	tse^1	tso^1	tsʰo^1	tsʰa^3	zo^2	zʔ^8
金山	ʔdia^1	tso^1	tse^3	tso^5	tsʰo^1	tsʰA^3	zo^2	zo^6/zɔʔ^8
金山$_{新}$	tiɪʔ^7	tso^1	tsə^3	tsɔʔ^7	tsʰo^1	tsʰA^3	zo^2	zo^6
枫泾	tiA^1	tso^1	tse^1	tso^5	tsʰo^1	tsʰA^3	zo^2	zo^6
青浦	ʔdia^1	tso^1	tsE^1	tso^1	tsʰo^1	tsʰa^1	zo^2	zʔ^8
青浦$_{新}$	tia^1	tsω^1	tsE^3	tsω^1	tsʰω^1	tsʰa^1	zω^2	zʔ^8
莘庄	tiA^1	tso^1	tse^5	tso^1	tsʰo^1	tsʰa^1	zo^2	zʔ^8
闵行$_{新}$	tia^3	tso^3	tsəʔ^{7}①	tso^1	tsʰo^1		zo^2	zʔ^8
川沙	ʔdiA^1	tsiɔ^1	tse^1	tsiɔ^1	tsʰiɔ^1	tsʰA^3	ziɔ^2	ziɔ^6/zɔʔ^8
川沙$_{新}$		tso^1					zo^6	zo^6
高桥	ʔdiA^1	tsiɔ^1	tsɛ^3	tso^1	tsʰo^1	tsʰo^1	zo^6	ze^6
三林	tiA^1	tso^1	tse^1	tsiɔ^1	tsʰiɔ^1	tsʰA^1	ziɔ^2	zʔ^8
周浦	ʔdiA^1	tsiɔ^1	tse^3	tsiɔ^1	tsʰiɔ^1	tsʰiɔ^1	ziɔ^2	zɒʔ^8
南汇	ʔdiA^1	tso^1	tse^3	tso^5	tsʰo^1	tsʰA^3	zo^2	zɒʔ^8
南汇$_{新}$	ʔdia^{1}②	tsuo^1	tsəʔ^7	tsuo^5	tsʰuo^1		zuo^6	
嘉定	tiA^1	tso^1	tsE^1/tsiɪ^1	tso^5	tsʰo^1	tsʰA^1	zo^2	zo^6
嘉定$_{新}$	tia^1	tsø^1	tsi^{5}③	tsø^5	tsʰø^1	tsʰø^5	zø^2	zø^{6}④
宝山	tia^1	tso^1	tsE^1	tso^1	tsʰo^1	tsʰA^1	zo^6	zo^6
宝山$_{新}$	tia^1	tso^1	tsE^1	tso^1	tsʰo^1	tsʰA^1	zo^5	zo^5
崇明	tia^1	tso^1	tsəʔ^7	tso^5	tsʰo^1	tsʰa^1/tsʰa^3	dzo^2	ze^6
崇明$_{新}$	tia^1	tsuo^1	tsəʔ^7	tso^5	tsʰuo^1	tsʰa^1	dzuo^2	zie^6
堡镇	tia^1	tso^1	tsəʔ^7	tso^5	tsʰo^1	tsʰa^1/tsʰa^3	dzo^2	ze^6
练塘	tia^1	tso^1	tsE^1	tso^5	tsʰo^1	tsʰa^3	zo^2	zʔ^8

注：① "记者"。
② 内爆不明显。
③ "记者"。
④ 华亭读音为zɯ^5/ziɪ^5。

序号	160	161	162	163	164	165	166	167
字目	赊	舍舍弃	赦	舍宿舍	社	惹	[爷]	耶
中古音的地位	假开三平麻书	假开三去祃书	假开三去祃书	假开三去祃书	假开三上马禅	假开三上马日	假开三平麻以	假开三平麻以
市区		so⁵	so⁵	so⁵	zo⁶	zᴀ⁶	ɦiᴀ⁶	
市区中	so¹	so⁵	so⁵	so⁵	zo⁶	zᴀ⁶	ɦiᴀ⁶	iᴀ¹
市区新	sω¹	sω⁵		sø⁵	zω⁶	zᴀ⁶	ɦiᴀ⁶	iᴀ¹
真如		so⁵	so⁵	so⁵	zo⁶	zᴀ⁶	ɦiᴀ²	
江湾		se⁵/so⁵	so⁵	se⁵/so⁵	zo⁶	zɑ⁶	ɦiɑ²	
松江		se⁵	so⁵	se⁵	zo⁶	zɑ⁶	ɦiɑ²	
松江新	so¹	so³	sʌʔ⁷	so³	zo⁶	zɑ⁶	ɦiɑ²	ɦiɑ²
泗泾		so⁵	so⁵	so⁵	zo⁶	zɑ⁶	ɦiɑ²	
奉贤		se⁵/sø⁵	so	se⁵/sø⁵	zo⁶	zɑ⁶	ɦiɑ²	
奉贤新	so¹	so⁵	sø⁵	sø⁵	zo⁶	zɑ⁶	ɦiɑ²	ɦiɑ²
奉城		se⁵	so	se⁵	zo⁶	zɑ⁶	ɦiɑ²	
金山		se⁵	so⁵	se⁵	zo⁶	zᴀ⁶	ɦiᴀ⁶	
金山新	so¹	so³	sɛʔ⁷	sɛʔ⁷	zo⁶	zᴀ⁶	ɦiᴀ⁶	ɦiᴀ⁶
枫泾		so³	so³	so³	zo⁴	ȵiᴀ⁴/zᴀ⁴	ɦiᴀ²	
青浦		sᴇ⁵/so⁵	so⁵	sᴇ⁵/so⁵	zo⁶	zɑ⁶	ɦiɑ²	
青浦新	sω¹	sω³	səʔ⁷	sᴇ⁵	zω⁶	zɑ⁶	ɦiɑ²	iɑ¹
莘庄		se⁵	so⁵	se⁵	zo⁶	zᴀ⁶	ɦiᴀ²	
闵行新	so¹	so⁵	zo²	so⁵	zo²	zɑ²	①	iɑ¹
川沙		siɔ⁵/se⁵	siɔ⁵	siɔ⁵/se⁵	ziɔ²	zᴀ²	ɦiᴀ²	
川沙新		so³	sɤʔ⁷	sɤʔ⁷/so⁵	zo⁶	zɑ⁶	ɦiɑ⁶②	③
高桥		so³	so³	so³	zø⁶	zᴀ²	ɦiᴀ⁶	
三林		se⁵	siɔ⁵	se⁵	ze⁶	zᴀ²	ɦiᴀ²	
周浦		se⁵	siɔ⁵	se⁵	ze⁶	zᴀ²	ɦiᴀ²	
南汇		se⁵	so⁵	se⁵	ze⁶	zᴀ²	ɦiᴀ²	
南汇新	suo¹	suo³		sᴇ⁵	səʔ⁷	zɑ⁶	ɦiɑ⁶	iɑ¹
嘉定		so⁵	so⁵	so⁵	ziɪ⁶	zᴀ⁶	ɦiᴀ²	
嘉定新	sø¹	sø⁵	sø⁵	sø⁵	zø⁶	zɑ⁶	iɑ²	iɑ²
宝山	so¹	so⁵	sɤ⁵	sɤ⁵	zɤ⁶	sᴀ⁵	iɑ²	iɑ²
宝山新	səʔ⁷	so¹	səʔ⁸	səʔ⁸	so⁵	sᴀ⁵	iɑ⁵	iɑ⁵
崇明		se⁵/so⁵	so⁵	se⁵/so⁵	ze⁶	zɑ⁴	ɦiɑ²	
崇明新	zuo¹		səʔ⁷	suø⁵④	zuø⁶		iɑ²	iɑ¹
堡镇		se⁵/so⁵	so⁵	se⁵/so⁵	ze⁶	zɑ⁴	ɦiɑ²	
练塘		sᴇ⁵/so⁵	so⁵	sᴇ⁵/so⁵	zo⁴	zɑ⁴	ɦiɑ²	

注：① 说"大大"。
② 跟父辈相关。
③ 换成"椰"：iɑ³。
④ "邻舍"的"舍"读suo⁵。

序号	168	169	170	171	172	173	174	175
字目	也	野	夜	傻	[耍]	瓜	蜗蜗牛	寡
中古音的地位	假开三上马以	假开三上马以	假开三去祃以	假合二上马生	假合二上马生	假合二平麻见	假合二平麻见	假合二上马见
市区		ɦiA⁶	ɦiA⁶			ko¹/kuA¹		ko⁵/kuA⁵
市区中	ɦiA⁶	ɦiA⁶	ɦiA⁶	sA⁵	sA⁵	ko¹	o¹	kuo⁵
市区新	ɦiA⁶	ɦiA⁶	ɦiA⁶	sA⁵	suA⁵	kω¹	ω¹	kuA⁵
真如		ɦiA⁶	ɦiA⁶			ko¹		ko³
江湾		ɦia⁶	ɦia⁶			ko¹		ko⁵
松江		ɦia⁴	ɦia⁶/iɛ⁶			ko¹		ko³
松江新	ɦia⁶	ɦia⁶	ɦia⁶	sa³	sa³	ko¹	o¹	kua³
泗泾		ɦia⁶	ɦia⁶/iɛ⁶			ko¹		ko³
奉贤		ɦia⁶	ɦia⁶			ko¹		ko⁵
奉贤新	ɦia⁶	ɦia⁶	ɦia⁶			ko¹	u¹	kua⁵
奉城		ɦia⁶	ɦia⁶			ko¹/kua¹		ko³/kua³
金山		ɦia⁶	iA⁵			ko¹		ko⁵
金山新	ɦiA⁶	ɦiA⁶	iA³	sA³	so³	ko¹	u⁵	ko³
枫泾		ɦia⁴	iA⁵			ko¹		ko¹
青浦		ɦia⁶	ɦia⁶			ko¹		ko⁵
青浦新	ɦia⁶	ɦia⁶	ia⁵	sa³	sa³	kω¹	u¹	kua³
莘庄		ɦiA⁶	ɦiA⁶			ko¹		ko³
闵行新	ɦia²	ia²	ia²			ko¹	ko¹	kua⁵
川沙		ɦiA²	ɦiA⁶			ko¹		ko⁵
川沙新	ɦia⁶	ɦia⁶	ia⁵			ko¹	o¹	kua³
高桥		ɦiA⁶	ɦiA⁶			ko¹		ko⁵
三林		ɦiA⁶	ɦiA⁶			ko¹		ko⁵
周浦		ɦiA⁶	ɦiA⁶			ko¹		ko³
南汇		ɦiA⁶	ɦiA⁶			ko¹		ko³
南汇新	ɦia⁶	ɦia⁶	ɦia⁶			ku¹	u¹	
嘉定		ɦiA⁶	ɦiA⁶			ko¹		ko¹
嘉定新	ia⁶	ia⁶	ia⁶	sa⁵	sa⁵	kuə¹	ku¹	kuə⁵
宝山	A⁵	A⁵	iA⁵	sA²	sA²	ko¹	ko¹	ko¹
宝山新	ia⁵	ia⁵	ia⁵	sA⁵	sA⁵	ko¹	ɦio?⁷	kuA⁵
崇明		ɦia⁴/ɦiɛ⁶	ɦia⁶/ɦiɛ⁶			kuo¹		kuo⁵
崇明新	ia⁶	ia⁶	ia⁶	ia⁶		kuo¹	uo⁵	kuo⁵
堡镇		ɦia⁴/ɦiɛ⁶	ɦia⁶/ɦiɛ⁶			kuo¹		kuo⁵
练塘	ɦia⁴	ɦia⁶				ko¹		ko¹

序号	176	177	178	179	180	181	182	183
字目	剐	夸	[侉]	跨	瓦砖瓦	花	化	华中华
中古音的地位	假合二上马见	假合二平麻溪	假合二上马溪	假合二去祃溪	假合二上马疑	假合二平麻晓	假合二去祃晓	假合二平麻匣
市区		k^ho^1/k^huA^1	k^ho^5/k^huA^5	k^ho^5	$ŋo^6$	ho^1/huA^1	ho^5/huA^5	$ɦo^6/ɦuA^6$
市区中	kuo^5	k^huA^1	k^huA^5	k^huo^5	$ŋo^6$	ho^1	ho^5	$ɦo^6$
市区新	kuA^5	k^huA^1	k^huA^5	$k^hω^5$	$ɦuA^6$	$hω^1$	$hω^5$	$ɦω^6$
真如		k^ho^1	k^ho^3	k^ho^5	$ŋo^6$	ho^1	ho^5	$ɦo^2$
江湾		k^ho^1	k^ho^5	k^ho^5	$ŋo^6$	ho^1	ho^5	$ɦou^6$
松江		k^ho^1	k^ho^3	k^ho^5/k^hua^1	$ŋo^4$	ho^1	ho^5	$ɦo^2$
松江新	kua^3	k^hua^3	k^hua^3	k^ho^5	$ŋo^6$	ho^1	ho^5	$ɦo^2$
泗泾		k^ho^1	k^ho^3	k^ho^5/k^hua^1	$ŋo^6$	ho^1	ho^5	$ɦo^2$
奉贤		k^ho^1	k^hua^3	k^ho^5/k^huA^5	$ŋo^4$	ho^1	ho^5	$ɦo^2$
奉贤新	$kuɛ^3$	k^ho^1	k^ha^5	k^ho^5	va^6	ho^1	ho^5	$ɦo^2$
奉城		k^ho^1/k^hua^1	k^hua^3	k^ho^5/k^hua^5	$ŋo^6/ɦua^6$	ho^1	ho^5	$ɦo^2$
金山		k^ho^1	k^huA^5	k^ho^5	$ŋo^6$	ho^1	ho^5	$ɦo^2$
金山新	ko^3	k^huA^3	k^huA^3	k^ho^5	$ŋo^6$	ho^1	$ho^5/ɦo^2$	
枫泾		k^ho^1	k^ho^1	k^ho^5/k^huA^5	$ŋo^4$	ho^1	ho^5	$ɦo^2$
青浦		k^ho^1	k^ho^3	k^ho^5	$ŋo^6$	ho^1	ho^5	$ɦo^2$
青浦新	kua^3	k^hua^3		$k^hω^5$	$ŋo^6$	$hω^1$	$hω^5$	$ɦω^2$
莘庄		k^huA^5		k^ho^5	$ŋo^6$	ho^1	ho^5	$ɦo^2$
闵行新	$kuaʔ^7$	k^ho^1	k^hua^5	k^ho^5	$ŋo^2$	ho^1	ho^5	$ɦo^6$
川沙		k^ho^1	k^h	k^ho^5	$ŋo^2$	$ɸo^1$	$ɸo^5$	$ɦo^2$
川沙新		k^ho^1	k^ho^3	k^ho^5	$ŋo^2$	ho^1	ho^5	$ɦo^6$
高桥		k^huA^1		k^ho^5	$ŋo^6$	$ɸo^1$	$ɸo^5$	$ɦo^2$
三林		k^ho^5	k^huA^5	k^huo^5	$ŋo^2$	ho^1	ho^5	$ɦo^2$
周浦		k^ho^5	ko^3	k^ho^5	$ŋo^2$	ho^1	ho^5	$ɦo^2$
南汇		k^ho^5	ko^3	k^ho^5	$ŋo^2$	ho^1	ho^5	$ɦo^2$
南汇新		k^huo^1		k^huo^5	$ŋuo^6$	huo^1	huo^5	$ɦuo^6$
嘉定		$k^hɤ^1$	$k^hɤ^5$	$k^hɤ^5$	$ŋɤ^6$	$hɤ^1$	$hɤ^5$	$ɦɤ^2$
嘉定新	$kuə^5$	$k^huə^1$	$k^huə^5$	$k^huə^5$	$ŋø^6$	$huə^1$	$huə^6$	$ɦuə^2$
宝山	ko^1	k^huA^1	k^huA^1	k^ho^5	$ŋo^6$	pu^5	p^hu^5	pu^5
宝山新	kuA^5	k^ho^1	k^huA^5	k^ho^5	uA^6	ho^1	ho^5	o^5
崇明		k^huo^1	k^ho^5	k^ho^5	$ŋo^4$	ho^1	ho^5	$ɦuo^6$
崇明新		k^huo^1	k^hua^5	k^huo^5	$ŋuo^6$	xuo^1	xuo^5	huo^6
堡镇		k^huo^1	k^ho^5	k^ho^5	$ŋo^4$	ho^1	ho^5	$ɦuo^6$
练塘		k^ho^1	k^ho^3	k^ho^5	$ŋo^4$	ho^1	ho^5	$ɦo^2$

序号	184	185	186	187	188	189	190	191
字目	划划船	蛙	补	谱	布布匹	布散布	铺铺设	普
中古音的地位	假合二平麻匣	假合二平麻影	遇合一上姥帮	遇合一上姥帮	遇合一去暮帮	遇合一去暮帮	遇合一平模滂	遇合一上姥滂
市区	o¹/ɦo⁶		pu⁵	pu⁵/pʰu⁵	pu⁵	pu⁵	pʰu¹	pʰu⁵
市区中	o¹	o¹	pu⁵	pʰu⁵	pu⁵	pu⁵	pʰu¹	pʰu⁵
市区新	ω¹	uA¹/ω¹	pu⁵	pʰu⁵	pu⁵	pu⁵	pʰu¹	pʰu⁵
真如	ɦo²		ʔbu³	pʰu³	ʔbu⁵	ʔbu⁵	pʰu¹	pʰu³
江湾	ɦou⁶		ʔbu⁵	pʰu⁵	ʔbu⁵	ʔbu⁵	pʰu¹	pʰu⁵
松江	o¹		ʔbu³	pʰu³	ʔbu⁵	ʔbu⁵	pʰu¹	pʰu³
松江新	va²	o¹	pu³	pʰu⁵	pu⁵	pu³	pʰu¹	pʰu³
泗泾	o¹		ʔbu³	pʰu³	ʔbu⁵	ʔbu⁵	pʰu¹	pʰu³
奉贤	o¹		ʔbu³	pʰu³	ʔbu⁵	ʔbu⁵	pʰu¹	pʰu³
奉贤新	væʔ³	o¹	ʔbu⁵	pʰu³	ʔbu⁵	ʔbu⁵	pʰu¹	pʰu³
奉城	o¹		ʔbu³	pʰu³	ʔbu	ʔbu	pʰu¹	pʰu³
金山	ɦuɑʔ⁸		ʔbu³	pʰu³	ʔbu³	ʔbu⁵	pʰu¹	pʰu³
金山新	o⁵	o¹	pu⁵	pʰu³	pu⁵	pu⁵	pʰu¹	pʰu⁵
枫泾	ɦo²		pu³	pʰu³	pu⁵	pu⁵	pʰu¹	pʰu⁵
青浦	o¹		ʔbu³	pʰu³	ʔbu⁵	ʔbu⁵	pʰu¹	pʰu³
青浦新	ω¹	ω¹	pu³	pʰu³	pu⁵	pu⁵	pʰu¹	pʰu⁵
莘庄	o¹		ʔbu³	pʰu³	ʔbu⁵	ʔbu⁵	pʰu¹	pʰu³
闵行新	o¹	o¹	pu³	pʰu⁵	pu⁵	pu³	pʰu¹	pʰu⁵
川沙	ɦo²		ʔbu³	pu³/pʰu³	ʔbu⁵	ʔbu⁵	pʰu¹	pʰu¹
川沙新	va⁶	o¹	ʔbu³	pʰu⁵	ʔbu⁵	ʔbu⁵	pʰu¹	pʰu³
高桥	ɦo⁶		ʔbu³	pʰu³	ʔbu³	ʔbu³	pʰu¹	pʰu³
三林	βuAʔ⁸		ʔbu³	pʰu³	ʔbu⁵	ʔbu⁵	pʰu¹	pʰu³
周浦	o¹		ʔbu³	pʰu³	ʔbu⁵	ʔbu⁵	pʰu¹	pʰu³
南汇	o¹		ʔbu³	pʰu³	ʔbu⁵	ʔbu⁵	pʰu¹	pʰu³
南汇新	ɦuo⁶	uo¹	ʔbu³	pʰu³	ʔbu⁵	ʔbu⁵	pʰu¹	pʰu³
嘉定	ɦo²		pu¹	pu⁵	pu⁵	pu⁵	pʰu¹	pʰu⁵
嘉定新	ɦuə²	uə¹	pu¹	pʰu⁶	pu⁶	pu⁶	pʰu¹	pʰu⁶
宝山	o⁵	o⁵	pu⁵	pʰu⁵	pu¹	pu¹	pʰu¹	pʰu⁵
宝山新	o⁵	uA¹	pu⁵	pʰu⁵	pu⁵	pu⁵	pʰu¹	pʰu⁵
崇明	ɦuo²		pu³	pʰu³	pu⁵	pu⁵	pʰu¹	pʰu³
崇明新	va²	uo¹	pu⁵	pʰu³	pu⁵	pu⁵	pʰu¹	pʰu³
堡镇	ɦuo²		pu³	pʰu³	pu⁵	pu⁵	pʰu¹	pʰu³
练塘	o¹		pu¹	pʰu³	pu⁵	pu⁵	pʰu¹	pʰu³

序号	192	193	194	195	196	197	198	199
字目	浦	铺店铺	怖恐怖	蒲	脯胸脯	葡	菩	部部队
中古音的地位	遇合一上姥滂	遇合一去暮滂	遇合一去暮滂	遇合一平模并	遇合一平模并	遇合一平模并	遇合一平模并	遇合一上姥并
市区	pʰu⁵	pʰu⁵		bu⁶			bu⁶	bu⁶
市区中	pʰu⁵	pʰu⁵	pu⁵	bu⁶	bu⁶	bu⁶	bu⁶	bu⁶
市区新	pʰu⁵	pʰu⁵	pu⁵	pʰu⁵	pʰu⁵	bu⁶	bu⁶	bu⁶
真如	pʰu³	pʰu⁵		bu²			bu²	bu⁶
江湾	pʰu⁵	pʰu⁵		bu⁶			bu⁶	bu⁶
松江	pʰu³	pʰu⁵		bu²			bu²	bu⁴
松江新	pʰu³	pʰu¹	pu⁵	bu²	pʰu³	bu²	bu²	bu⁶
泗泾	pʰu³	pʰu⁵		bu²			bu²	bu⁶
奉贤	pʰu⁵	pʰu		bu²			bu²	bu⁶
奉贤新	pʰu³	pʰu³	ʔbu³	bu²	bu²	bu²	bu²	bu⁶
奉城	pʰu³	pʰu		bu²			bu²	bu⁶
金山	pʰu³	pʰu⁵		bu²			bu²	bu⁶
金山新	pʰu⁵	pʰu⁵	pu⁵	pʰu⁵	pʰu⁵	bəʔ⁸	bu²	bu⁶
枫泾	pʰu⁵	pʰu⁵		bu²			bu²	bu⁴
青浦	pʰu³	pʰu⁵		bu²			bu²	bu⁶
青浦新	pʰu³	pʰu⁵	bu⁶	bu²	bu²	bu²	bu²	bu⁶
莘庄	pʰu³	pʰu⁵		bu²			bu²	bu⁶
闵行新	pʰu⁵	pʰu⁵	pu³	pʰu⁵	bu²①	bu⁶	bu²	bu²
川沙	pʰu³	pʰu⁵		bu²			bu²	bu⁶
川沙新	pʰu³	pʰu⁵	ʔbu³	bu⁶	bu⁶	bɤʔ⁸	bu⁶	bu⁶
高桥	pʰu³	pʰu³		bu²			bu²	bu⁶
三林	pʰu³	pʰu⁵		bu²			bu²	bu⁶
周浦	pʰu³	pʰu⁵		bu²			bu²	bu⁶
南汇	pʰu³	pʰu⁵		bu²			bu²	bu⁶
南汇新	pʰu³	pʰu¹	ʔbu⁵②	bu⁶	bu⁶	bu⁶	bu²	bu⁶
嘉定	pʰu³	pʰu⁵		bu²			bu²	bu⁶
嘉定新	pʰu⁶	pʰu⁶	bu⁵	bu²	bu²	bu²	bu²	bu⁶
宝山	pʰu⁵	pʰu⁵	pu⁵	bu²	bu⁶	bu⁶	bu⁶	bu⁶
宝山新	pʰu⁵	pʰu¹	pu⁵	pʰu⁵	bu⁶	bu⁶	bu⁶	bu⁶
崇明	pʰu³			bu²			bu²	bu⁶
崇明新	pʰu³	pʰu⁵	pʰu⁵	bu²	pʰu⁵	bəʔ⁸	bu²	bu⁶
堡镇	pʰu³	pʰu⁵		bu²			bu²	bu⁶
练塘	pʰu³	pʰu⁵		bu²			bu²	bu⁴

注：① "杏脯" 中读 pʰu¹。
② 内爆不明显。

序号	200	201	202	203	204	205	206	207
字目	簿	捕	步	[埠]商埠	模	暮	慕	墓
中古音的地位	遇合一上姥并	遇合一去暮并	遇合一去暮并	遇合一去暮并	遇合一平模明	遇合一去暮明	遇合一去暮明	遇合一去暮明
市区	bu⁶	bu⁶	bu⁶		mu⁶/mo⁶	mu⁶/mo⁶	mu⁶/mo⁶	mu⁶/mo⁶
市区中	bu⁶	bu⁶	bu⁶	bu⁶	mu⁶	mu⁶	mu⁶	mu⁶
市区新	bu⁶/boʔ⁸	pu⁵	bu⁶	bu⁶	mω⁶	mω⁶	mω⁶	mω⁶
真如	bu⁶	bu⁶	bu⁶		mu²	mu⁶	mu⁶	mu⁶
江湾	bu⁶	bu⁶	bu⁶		mu⁶	mu⁶	mu⁶	mu⁶
松江	bu⁴	bu⁶	bu⁶		mo²	mo⁶	mo⁶	mo⁶
松江新	bu⁶	pu³	bu⁶	pʰu⁵	mo²		mo⁶	mo⁶
泗泾	bu⁶	bu⁶	bu⁶		mo²	mo⁶	mo⁶	mo⁶
奉贤	bu⁶	bu⁶	bu⁶		mo²	mo⁶	mo⁶	mo⁶
奉贤新	bu⁶	ʔbu⁵	bu⁶	bu⁶	mo⁶	mo⁶	mo⁶	mo⁶
奉城	bu⁶	bu⁶	bu⁶		mo²	mo⁶	mo⁶	mo⁶
金山	bu⁶	bu⁶	bu⁶		mu²	mo⁶	mo⁶	mo⁶
金山新	bu⁶	pu³	bu⁶	bu⁶	mo²	mo⁶	mɔʔ⁸	mɔʔ⁸
枫泾	bu⁴	bu⁶	bu⁶		mo²	mu⁶	mu⁶	mu⁶
青浦	bu⁶	bu⁶	bu⁶		mu²	mu⁶	mu⁶	mu⁶
青浦新	bu⁶	pu³	bu⁶	bu⁶	mu²	mu⁶	mu⁶	mu⁶
莘庄	bu⁶	bu⁶	bu⁶		mo²	mo⁶	mo⁶	mo⁶
闵行新	bu²		bu²	bu²	mo²		mo²	mu²
川沙	bu⁶	bu⁶	bu⁶		mu²	mu²	mu²	mu²
川沙新	bu⁶	ʔbu³	bu⁶		mu⁶	mu⁶	mu⁶	mu⁶
高桥	bu²	bu²	bu⁶		mu⁶	mu⁶	mu⁶	mu⁶
三林	bu⁶	pʰu³	bu⁶		mu²	mu²	mu⁶	mu⁶
周浦	bu²	bu⁶	bu⁶		mo²	mu⁶	mu⁶	mu⁶
南汇	bu²	bu⁶	bu⁶		mo²	mu⁶	mu⁶	mu⁶
南汇新	ʔbu⁵①	bu⁶	bu⁶		mu⁶	mu⁶		mu⁶
嘉定	bu⁶	bu⁶	bu⁶		mu²	mu⁶	mu⁶	mu⁶
嘉定新	bu⁶	pu⁵	bu⁶	bu⁶	mu²	mau⁶	mau⁶	mau⁶
宝山	bu⁶	bu⁶	bu⁶	bu⁶	mu²	mu⁶	mu⁶	mu⁶
宝山新	bu⁶	pu⁵	bu⁶	bu⁶	mu⁶	mu⁶	mu⁶	mu⁶
崇明	bu⁶	bu²	bu⁶		mu²	mu⁶	mu⁶	mu⁶
崇明新	bu⁶	②	bu⁶		mu²	mu⁶		mu⁶
堡镇	bu⁶	bu²	bu⁶		mu²	mu⁶	mu⁶	mu⁶
练塘	bu⁴	bu⁶	bu⁶		mu²	mu⁶	mu⁶	mu⁶

注：① 内爆不明显。
　　② 说"抓"。

序号	208	209	210	211	212	213	214	215
字目	募	都	赌	堵	肚胃	妒	土	吐吐痰
中古音的地位	遇合一去暮明	遇合一平模端	遇合一上姥端	遇合一上姥端	遇合一上姥端	遇合一去暮端	遇合一上姥透	遇合一上姥透
市区	mu⁶/mo⁶	tu¹	tu⁵	tu⁵	tu⁵	tu⁵	tʰu⁵	tʰu⁵
市区中	mu⁶	tu¹	tu⁵	tu⁵	tu⁵	tu⁵	tʰu⁵	tʰu⁵
市区新	mω⁶	tu¹	tu⁵	tu⁵	tu⁵	tu⁵	tʰu⁵	tʰu⁵
真如	mu⁶	ʔdu¹	tu³	tu³	tu³	ʔdu³	tʰu³	tʰu³
江湾	mu⁶	ʔdu¹	ʔdu⁵	ʔdu⁵	ʔdu⁵	ʔdu⁵	tʰu⁵	tʰu⁵
松江	mo⁶	ʔdu¹	ʔdu³	ʔdu³	ʔdu³	ʔdu⁵	tʰu³	tʰu³
松江新	mo⁶	tu¹	tu³	tu³	tu³	tu⁵	tʰu³	tʰu³
泗泾	mo⁶	ʔdu¹	ʔdu³	ʔdu³	ʔdu³	ʔdu⁵	tʰu³	tʰu³
奉贤	mo⁶	ʔdu¹	ʔdu³	ʔdu³	ʔdu³	ʔdu⁵	tʰu³	tʰu³
奉贤新	mo⁶	ʔdu¹	ʔdu³	ʔdu³	ʔdu³	du⁶/ʔdu³	tʰu³	tʰu³
奉城	mo⁶	ʔdu¹	ʔdu³	ʔdu³	ʔdu³	ʔdu³	tʰu³	tʰu³
金山	mo⁶	ʔdu¹	ʔdu³	ʔdu³	ʔdu³	ʔdu³	tʰu³	tʰu³
金山新	mo⁶	tu¹	tu³	tu³	du⁶	tu⁵	tʰu³	tʰu³
枫泾	mu⁶	tu¹	tu³	tu³	tu³	tu⁵	tʰu³	tʰu³
青浦	mu⁶	ʔdu¹	ʔbu³/ʔdu³	ʔbu³/ʔdu³	ʔdu³	ʔdu³	tʰu³	tʰu³
青浦新	mu⁶	tu¹	tu³	tu³	tu³	tu⁵	tʰu³	tʰu³
莘庄	mo⁶	ʔdu¹	ʔdu³	ʔdu³	ʔdu³	ʔdu³	tʰu³	tʰu³
闵行新	mo²	tu¹	tu⁵	tu⁵	tu⁵	①	tʰu³②	tʰu⁵
川沙	mu²	ʔdu¹	ʔdu³	ʔdu³	ʔdu³	ʔdu³	tʰu³	tʰu³
川沙新	mu⁶/mo⁶	ʔdu¹	ʔdu³	ʔdu³	ʔdu³	ʔdu³	tʰu³	tʰu³
高桥	mu⁶	ʔdu¹	ʔdu³	ʔdu³	ʔdu³	ʔdu³	tʰu³	tʰu³
三林	mu⁶	ʔdu¹	ʔdu³	ʔdu³	ʔdu³	ʔdu³	tʰu³	tʰu³
周浦	mu⁶	du¹/ʔdu¹	du³/ʔdu³	ʔdu³				
南汇	mu⁶	ʔdu¹	ʔdu³	ʔd	ʔdu³	ʔdu³	tʰu³	tʰu³
南汇新		ʔdu¹	ʔdu³	ʔdu³	du⁶		tʰu³	tʰu³
嘉定	mu⁶	tu¹	tu⁵	tu⁵	tu⁵	tu⁵	tʰu⁵	tʰu³
嘉定新	mu⁶	tu¹	tu⁵	tu⁵	tu⁵	du⁶	tʰu⁵	tʰu⁵
宝山	mu⁶	tu¹	tu⁵	tu⁵	tu⁵	tu⁵	tʰu⁵	tʰu⁵
宝山新	mu⁶	tu¹	tu⁵	tu⁵	tu⁵	du⁶	tʰu⁵	tʰu⁵
崇明	mu⁶	tu¹	tu³	tu³	tu³	tu³	tʰu³	tʰu³
崇明新	mu⁶	tu¹	tu³	tu³	tu³	tu³	tʰu³	tʰu³
堡镇	mu⁶	tu¹	tu³	tu³	tu³	tu³	tʰu³	tʰu³
练塘	mu⁶	tu¹	tu³	tu¹	tu³	tu³	tʰu³	tʰu⁵

注：① 说"眼红"。
② 常说"地皮"。

序号	216	217	218	219	220	221	222	223
字目	吐 呕吐	兔	徒	途	涂 涂炭	图	屠	杜
中古音的地位	遇合一去暮透	遇合一去暮透	遇合一平模定	遇合一平模定	遇合一平模定	遇合一平模定	遇合一平模定	遇合一上姥定
市区		t^hu^5	du^6	du^6	du^6	du^6	du^6	du^6
市区中	t^hu^5	t^hu^5	du^6	du^6	du^6	du^6	du^6	du^6
市区新	t^hu^5	t^hu^5	du^6	du^6	du^6	du^6	du^6	du^6
真如	t^hu^3	t^hu^5	du^2	du^2	du^2	du^2	du^2	du^6
江湾	t^hu^5	t^hu^5	du^6	du^6	du^6	du^6	du^6	du^6
松江	t^hu^5	t^hu^5	du^2	du^2	du^2	du^2	du^2	du^4
松江新	t^hu^5	t^hu^5	du^2	du^2	du^2	du^2	du^2	du^2
泗泾	t^hu^5	t^hu^5	du^2	du^2	du^2	du^2	du^2	du^6
奉贤	t^hu^3	t^hu^5	du^2/du^6	du^2	du^2	du^2	du^2	du^6
奉贤新	t^hu^3	t^hu^3	du^6	du^6	du^6	du^6	du^6	du^6
奉城	t^hu^5	t^hu^5	du^2	du^2	du^2	du^2	du^2	du^6
金山	t^hu^3	t^hu^5	du^2	du^2	du^2	du^2	du^2	du^6
金山新	t^hu^3	t^hu^3	du^2	du^2	du^2	du^2	du^2	tu^3
枫泾	t^hu^5	t^hu^5	du^2	du^2	du^2	du^2	du^2	du^6
青浦	t^hu^5	t^hu^5	du^2	du^6	du^2	du^2	du^2	du^6
青浦新	t^hu^5	t^hu^5	du^2	du^2	du^2	du^2	du^2	du^6
莘庄	t^hu^5	t^hu^5	du^2	du^2	du^2	du^2	du^2	du^2
闵行新	t^hu^5	t^hu^3	du^2	du^2	du^2	du^2	du^2	du^2
川沙	t^hu^3	t^hu^5	du^2	du^2	du^2	du^2	du^2	du^2
川沙新	t^hu^5	t^hu^5	du^2		du^6		du^6	du^6
高桥	t^hu^5	t^hu^3	du^6	du^6	du^6	du^6	du^6	du^6
三林	t^hu^5	t^hu^3	du^2	du^2	du^2	du^2	du^2	du^2
周浦	t^hu^3	t^hu^5	du^2	du^2	du^2	du^2	du^2	du^2
南汇	t^hu^5	t^hu^5	du^2	du^2	du^2	du^2	du^2	du^2
南汇新	t^hu^5	t^hu^5	du^6	du^6	du^6	du^6	du^6	du^6
嘉定	t^hu^3	t^hu^5	du^2	du^2	du^2	du^2	du^2	du^2
嘉定新	t^hu^5	t^hu^5	du^2	du^2	du^2	du^2	du^2	du^6
宝山	t^hu^5	t^hu^5	du^6	du^6	du^6	du^6	du^6	du^6
宝山新	t^hu^5	t^hu^5	tu^5	tu^5	tu^5	tu^5	tu^5	du^6
崇明	t^hu^3	t^hu^1	du^2	du^2	du^2	du^2	du^2	du^4
崇明新	t^hu^3	t^hu^1	du^2	du^2	du^2	du^2	du^2	du^6
堡镇	t^hu^3	t^hu^1	du^2	du^2	du^2	du^2	du^2	du^4
练塘	t^hu^5	t^hu^5	du^2	du^2	du^2	du^2	du^2	du^4

序号	224	225	226	227	228	229	230	231
字目	肚腹肚	度	渡	镀	奴	努	怒	卢
中古音的地位	遇合一上姥定	遇合一去暮定	遇合一去暮定	遇合一去暮定	遇合一平模泥	遇合一上姥泥	遇合一去暮泥	遇合一平模来
市区	du⁶	du⁶	du⁶	du⁶	nu⁶	nu⁶	nu⁶	lu⁶
市区中	du⁶	du⁶	du⁶	du⁶	nu⁶	nu⁶	nu⁶	lu⁶
市区新	du⁶	du⁶	du⁶	du⁶	nu⁶	nu⁶	nu⁶	lu⁶
真如	du⁶	du⁶	du⁶	du⁶	nu²	nu⁶	nu⁶	lu²
江湾	du⁶	du⁶	du⁶	du⁶	nu⁶	nu⁶	nu⁶	lu⁶
松江	du⁴	du⁶	du⁶	du⁶	nu²	nu¹	nu⁶	lu²
松江新	du⁶	du⁶	du⁶	du⁶	nu²	nu⁶	nu⁶	lu²
泗泾	du⁶	du⁶	du⁶	du⁶	nu²	nu¹	nu⁶	lu²
奉贤	du⁶	du⁶	du⁶	du⁶	nu²	nu¹	nu⁶	lu²
奉贤新	du⁶	du⁶	du⁶	du⁶	nu²	nu⁶	nu⁶	lu²
奉城	du⁶	du⁶	du⁶	du⁶	nu¹/nu⁶	nu¹/nu⁶	nu⁶	lu²
金山	du⁶	du⁶	du⁶	du²	nu²	nu⁶	nu⁶	lu²
金山新	du⁶	tu³	du⁶	du⁶	nu²	nu³	nu⁶	lu²
枫泾	du⁶	du⁶	du⁶	du⁶	nu²	nu¹	nu⁶	lu²
青浦	du⁶	du²	du⁶	du⁶	nu⁶	nu⁶	nu⁶	lu²
青浦新	du⁶	du⁶	du⁶	du⁶	nu²	nu⁶	nu⁶	lu²
莘庄	du⁶	du⁶	du⁶	du⁶	nu²	nu¹	nu¹	lu²
闵行新	du²	du²	du²	du⁶	nu²	nu¹	nu²	lu²
川沙	du²	du²	du⁶	du⁶	nu¹	nu³	nu⁶	lu²
川沙新	du⁶	du⁶	du⁶	du⁶	nu⁶	nu⁶		lu⁶
高桥	du⁶	du⁶	du⁶	du⁶	nu⁶	nu⁶	nu⁶	lu⁶
三林	du⁶	du⁶	du⁶	du⁶	nu²	nu⁶	nu⁶	lu²
周浦	du²	du⁶	du⁶	du⁶	nu²	nu²/nu¹	nu⁶	lu²
南汇	du²	du⁶	du⁶	du⁶	nu²	nu²/nu¹	nu⁶	lu²
南汇新	du⁶	du⁶	du⁶	du⁶	nu⁶	nu⁶		lu⁶
嘉定	du⁶	du⁶	du⁶	du⁶	nu⁶	nu⁶	nu⁶	lu²
嘉定新	du⁶	du⁶	du⁶	du⁶	nu²	nu²	nu⁶	lu²
宝山	du⁶	du⁶	du⁶	du⁶	nu⁶	nu⁶	nu⁶	lu²
宝山新	du⁶	du⁶	du⁶	du⁶	nu⁵	nu⁵	nu⁵	lu⁵
崇明	du⁴	du⁶	du⁶	du²	nu²	nu³	nu⁶	lu²
崇明新	du⁶	du⁶	du⁶	du²	nu¹	①	nu⁶	lu²
堡镇	du⁴	du⁶	du⁶	du²	nu²	nu³	nu⁶	lu²
练塘	du⁴	du⁶	du⁶	du⁶	nu⁶	nu⁶	nu⁶	lu²

注：① 说"卖力"。

序号	232	233	234	235	236	237	238	239
字目	炉	芦	萝萝卜	鲁	橹	虏	卤 盐卤	露
中古音的地位	遇合一平模来	遇合一平模来	果开一平歌来	遇合一上姥来	遇合一上姥来	遇合一上姥来	遇合一上姥来	遇合一去暮来
市区	lu⁶	lu⁶		lu⁶	lu⁶		lu⁶	lu⁶
市区中	lu⁶	lu⁶		lu⁶	lu⁶	lu⁶	lu⁶	lu⁶
市区新	lu⁶	lu⁶	lɔ⁶	lu⁶	lu⁶	lu⁶	lu⁶	lu⁶
真如	lu²	lu²		lu⁶	lu⁶			lu⁶
江湾	lu²	lu⁶		lu⁶	lu⁶			lu⁶
松江	lu²	lu²		lu⁴	lu⁴			lu⁶
松江新	lu²	lu²	lɔ²	lu⁶	lu⁶	lu⁶	lu⁶	lu⁶
泗泾	lu²	lu²		lu⁶	lu⁶			lu⁶
奉贤	lu²	lu²		lu⁶	lu⁶			lu⁶
奉贤新	lu²	lu²	lɔʔ⁸	lu⁶	lu⁶	lu⁶	lu⁶	lu⁶
奉城	lu²	lu²		lu²	lu²			lu⁶
金山	lu²	lu²		lu⁶	lu⁶			lu⁶
金山新	lu²	lu²	lɔ²	lu⁶	lu⁶	lu⁶	lu⁶	lu⁶
枫泾	lu²	lu²		lu²	lu⁴			lu⁶
青浦	lu²	lu²		lu⁶	lu⁶			lu⁶
青浦新	lu²	lu²	lɔ⁶	lu⁶	lu⁶	lu⁶	lu⁶	lu⁶
莘庄	lu²	lu²		lu²	lu²			lu⁶
闵行新	lu²	lu²	lu²	lu²	lu²	lu²	lu²	lu²
川沙	lu²	lu²		lu¹	lu²			lu⁶
川沙新	lu⁶	lu⁶	lɔ⁶	lu⁶	lu⁶		lu⁶ ①	lu⁵
高桥	lu⁶	lu⁶		lu⁶	lu⁶			lu⁶
三林	lu²	lu²		lu²	lu²			lu⁶
周浦	lu²	lu²		lu²	lu²			lu⁶
南汇	lu²	lu²		lu²	lu²			lu⁶
南汇新	lu⁶	lu⁶	lɔ⁶	lu⁶			lu⁶	lu⁶
嘉定	lu²	lu²		lu⁵	lu⁶			lu⁶
嘉定新	lu²	lu²	lu²	lu⁶	lu⁶	lu⁶	lu⁶	lu⁶
宝山	lu²	lu²		lu⁶	lu⁶	lu⁶	lu⁶	lu⁶
宝山新	lu⁵	lu⁵	lɔ⁶	lu⁵	lu⁵	lu⁵	lu⁵	lu⁵
崇明	lu²	lu²		lu³	lu⁴			lu⁶
崇明新	lu¹	lu¹	lo⁶	lu³	lu⁶	lu⁶	lu⁶	lu⁶
堡镇	lu²	lu²		lu³	lu⁴			lu⁶
练塘	lu²	lu²		lu⁴	lu⁴			lu⁶

注：① 单说某东西是"卤"的读lu⁵。

序号	240	241	242	243	244	245	246	247
字目	路	租	祖	组	粗	醋	措	错
中古音的地位	遇合一去暮来	遇合一平模精	遇合一上姥精	遇合一上姥精	遇合一平模清	遇合一去暮清	遇合一去暮清	遇合一去暮清
市区	lu^6	tsu^1	tsu^5	tsu^5	ts^{h}u^1	ts^{h}u^5	ts^{h}u^5	ts^{h}u^5/ts^{h}u^1
市区$_{中}$	lu^6	tsu^1	tsu^5	tsu^5	ts^{h}u^1	ts^{h}u^5	ts^{h}u^5	ts^{h}u^5
市区$_{新}$	lu^6	tsu^1	tsu^5	tsu^5	ts^{h}u^1	ts^{h}u^5	ts^{h}u^5	ts^{h}u^5
真如	lu^6	tsu^1	tsu^3	tsu^5	ts^{h}u^1	ts^{h}u^5	ts^{h}u^1	ts^{h}o^1
江湾	lu^6	tsu^1	tsu^3	tsu^3	ts^{h}u^1	ts^{h}u^5	ts^{h}u^5	ts^{h}o^1
松江	lu^6	tsu^1	tsu^3	tsu^3	ts^{h}u^1	ts^{h}u^5	ts^{h}u^5	ts^{h}o^1
松江$_{新}$	lu^6	tsu^1	tsu^3	tsu^3	ts^{h}u^1	ts^{h}u^5	ts^{h}u^5	ts^{h}o^1
泗泾	lu^6	tsu^1	tsu^3	tsu^3	ts^{h}u^1	ts^{h}u^5	ts^{h}u^5	ts^{h}o^1
奉贤	lu^6	tsu^1	tsu^3	tsu^3	ts^{h}u^1	ts^{h}u^5	ts^{h}u^5	ts^{h}o^1
奉贤$_{新}$	lu^6	tsu^1	tsu^3	tsu^3	ts^{h}u^1	ts^{h}u^5	ts^{h}u^5	ts^{h}u^5/ts^{h}o$?^7$
奉城	lu^6	tsu^1	tsu^3	tsu^3	ts^{h}u^1	ts^{h}u^5	ts^{h}u^5	ts^{h}o^1
金山	lu^6	tsu^1	tsu^3	tsu^3	ts^{h}u^1	ts^{h}u^5	ts^{h}u^5	ts^{h}o^1
金山$_{新}$	lu^6	tsu^1	tsu^3	tsu^3	ts^{h}u^1	ts^{h}u^5	ts^{h}u^5	ts^{h}o^1
枫泾	lu^6	tsu^1	tsu^3	tsu^3	ts^{h}u^1	ts^{h}u^5	ts^{h}u^5	ts^{h}o^1
青浦	lu^6	tsu^1	tsu^3	tsu^3	ts^{h}u^1	ts^{h}u^5	ts^{h}u^5	ts^{h}o^1
青浦$_{新}$	lu^6	tsu^1	tsu^3	tsu^3	ts^{h}u^1	ts^{h}u^5	ts^{h}u^5	ts^{h}ω^1
莘庄	lu^6	tsu^1	tsu^3	tsu^3	ts^{h}u^1	ts^{h}u^5	ts^{h}u^5	ts^{h}o^1
闵行$_{新}$	lu^2	tsu^1	su^3	su^3	ts^{h}u^1	ts^{h}u^5	ts^{h}u^5	ts^{h}o^1
川沙	lu^6	tsu^1	tsu^3	tsu^3	ts^{h}u^1	ts^{h}u^5	ts^{h}u^5	ts^{h}iɔ^1/ts^{h}u^5
川沙$_{新}$	lu^5	tsʅ^1	tsu^3	tsu^3	ts^{h}u^1	ts^{h}u^5	ts^{h}u^5	ts^{h}u^5
高桥	lu^6	tsu^1	tsu^3	tsu^3	ts^{h}u^1	ts^{h}u^5	ts^{h}u^5	ts^{h}o^1
三林	lu^6	tsu^1	tsu^3	tsu^3	ts^{h}u^1	ts^{h}u^5	ts^{h}o^1	ts^{h}o^1
周浦	lu^6	tsu^1	tsu^3	tsu^3	ts^{h}u^1	ts^{h}u^5	ts^{h}u^5	ts^{h}o^1
南汇	lu^6	tsu^1	tsu^3	tsu^3	ts^{h}u^1	ts^{h}u^5	ts^{h}u^5	ts^{h}o^1
南汇$_{新}$	lu^6	tsu^1	tsu^3	tsu^3	ts^{h}u^1	ts^{h}u^5	ts^{h}u^5	ts^{h}u^5
嘉定	lu^6	tsu^1	tsu^5	tsu^5	ts^{h}u^1	ts^{h}u^5	ts^{h}u^5	ts^{h}u^1/ts^{h}o^5
嘉定$_{新}$	lu^6	tsu^1	tsu^5	tsu^5	ts^{h}u^1	ts^{h}u^1	ts^{h}u^1	ts^{h}u^1
宝山	lu^6	tsu^1	tsu^5	tsu^5	ts^{h}u^1	ts^{h}u^5	ts^{h}u^5	ts^{h}u^5
宝山$_{新}$	lu^6	tsu^1	tsu^5	tsu^5	ts^{h}u^1	ts^{h}u^5	ts^{h}u^5	ts^{h}u^5
崇明	lu^6	tsu^1	tsu^3	tsu^3	ts^{h}u^1	ts^{h}u^5	ts^{h}u^5	ts^{h}u^5
崇明$_{新}$	lu^6	tsu^1	tsu^3	tsu^3	ts^{h}u^1	ts^{h}u^5	ts^{h}o$?^7$	ts^{h}uo^1
堡镇	lu^6	tsu^1	tsu^3	tsu^3	ts^{h}u^1	ts^{h}u^5	ts^{h}u^5	ts^{h}u^5
练塘	lu^6	tsu^1	tsu^3	tsu^3	ts^{h}u^1	ts^{h}u^5	ts^{h}u^5	ts^{h}o^1

序号	248	249	250	251	252	253	254	255
字目	苏	酥	素	诉	塑	姑	孤	箍
中古音的地位	遇合一平模心	遇合一平模心	遇合一去暮心	遇合一去暮心	遇合一去暮心	遇合一平模见	遇合一平模见	遇合一平模见
市区	su¹	su¹	su⁵	su⁵		ku¹	ku¹	
市区中	su¹	su¹	su⁵	su⁵	sɔʔ⁷	ku¹	ku¹	ku¹
市区新	su¹	su¹	su⁵	su⁵	sɔʔ⁷	ku¹	ku¹	ku¹
真如	su¹	su¹	su⁵	su⁵		ku¹	ku¹	
江湾	su¹	su¹	su⁵	su⁵		ku¹	ku¹	
松江	su¹	su¹	su⁵	su⁵		kəu¹	kəu¹	
松江新	su¹	su¹	su⁵	su⁵	sɔʔ⁷	ku¹	ku¹	ku¹
泗泾	su¹	su¹	su⁵	su⁵		kəu¹	kəu¹	
奉贤	su¹	su¹	su⁵	su⁵		ku¹	ku¹	
奉贤新	su¹	su¹	su⁵	su⁵	sɔʔ⁷	ku¹	ku¹	ku¹
奉城	su¹	su¹	su⁵	su⁵		ku¹	ku¹	
金山	su¹	su¹	su⁵	su⁵		ku¹	ku¹	
金山新	su¹	su¹	su⁵	su⁵	sɔʔ⁷	ku¹	ku¹	ku¹
枫泾	su¹	su¹	su⁵	su⁵		kəu¹	kəu¹	
青浦	su¹	su¹	su⁵	su⁵		ku¹	ku¹	
青浦新	su¹	su¹	su⁵	su⁵	sɔʔ⁷	ku¹	ku¹	ku¹
莘庄	su¹	su¹	su⁵	su⁵		ku¹	ku¹	
闵行新	su¹	su¹	su³	su³	sɔʔ⁷	ku¹	ku¹	ku¹
川沙	su¹	su¹	su⁵	su⁵		ku¹	ku¹	
川沙新	su¹	su¹	su⁵	su⁵	sɔʔ⁷	ku¹	ku¹	ku¹
高桥	su¹	su¹	su⁵	su⁵		ku¹	ku¹	
三林	su¹	su¹	su⁵	su⁵		ku¹	ku¹	
周浦	su¹	su¹	su⁵	su⁵		ku¹	ku¹	
南汇	su¹	su¹	su⁵	su⁵		ku¹	ku¹	
南汇新	su¹	su¹	su⁵	su⁵	su⁵	ku¹	ku¹	ku¹
嘉定	su¹	su¹	su⁵	su⁵		ku¹	ku¹	
嘉定新	su¹	su¹	su⁵	su⁵	su⁵	ku¹	ku¹	ku¹
宝山	su¹	su¹	su⁵	su⁵	su⁵	ku¹	ku¹	ku¹
宝山新	su¹	su¹	su⁵	su⁵	su⁵	ku¹	ku¹	ku¹
崇明	su¹	su¹	su⁵	su³		ku¹	ku¹	
崇明新	su¹	su¹	su⁵	su³	sɔʔ⁷	ku¹	ku¹	ku¹
堡镇	su¹	su¹	su⁵	su³		ku¹	ku¹	
练塘	su¹	su¹	su⁵	su⁵		ku¹	ku¹	

序号	256	257	258	259	260	261	262	263
字目	辜	估估计	古	股	鼓	牯	故	固
中古音的地位	遇合一平模见	遇合一上姥见	遇合一上姥见	遇合一上姥见	遇合一上姥见	遇合一上模见	遇合一去暮见	遇合一去暮见
市区		ku⁵	ku⁵	ku⁵	ku⁵		ku⁵	ku⁵
市区中	ku¹	ku¹	ku¹	ku⁵	ku⁵	ku⁵	ku⁵	ku⁵
市区新	ku¹	ku¹	ku¹	ku⁵	ku⁵	ku⁵	ku⁵	ku⁵
真如		ku³	ku³	ku³	ku³		ku³	ku³
江湾		ku⁵	ku⁵	ku⁵	ku⁵		ku⁵	ku⁵
松江		kəu³	kəu³	kəu³	kəu³		kəu³/kəu⁵	kəu⁵
松江新	ku¹	ku³	ku³	ku³	ku³	ku³	ku⁵	ku⁵
泗泾		kəu³	kəu³	kəu³	kəu³		kəu³/kəu⁵	kəu⁵
奉贤		ku³	ku³	ku³	ku³		ku⁵	ku⁵
奉贤新	ku¹	ku³	ku³	ku³	ku³	ku³	ku⁵	ku⁵
奉城		ku³	ku³	ku³	ku³		ku⁵	ku⁵
金山		ku³	ku³	ku³	ku³		ku⁵	ku⁵
金山新	ku¹	ku³	ku³	ku³	ku³	ku³	ku⁵	ku⁵
枫泾		kəu³	kəu³	kəu³	kəu³		kəu⁵	kəu⁵
青浦		ku³	ku³	ku³	ku³		ku⁵	ku⁵
青浦新	ku¹	ku³	ku³	ku³	ku³		ku⁵	ku⁵
莘庄		ku³	ku³	ku³	ku³		ku⁵	ku⁵
闵行新	ku¹	ku³	ku⁵	ku³	ku³	ku³	ku¹	ku³
川沙		ku⁵	ku⁵	ku⁵	ku⁵		ku⁵	ku⁵
川沙新	ku¹	ku¹	ku³	ku³	ku³		ku⁵	ku⁵
高桥		ku³	tsu³	ku³	ku³		ku¹	ku⁵
三林		ku⁵	ku³	ku³	ku³		ku⁵	ku⁵
周浦		ku³	ku³	ku³	ku³		ku⁵	ku⁵
南汇		ku³	ku³	ku³	ku³		ku⁵	ku⁵
南汇新	ku¹	ku³	ku³	ku³	ku³		ku⁵	ku⁵
嘉定		ku³	ku⁵	ku⁵	ku⁵		ku⁵	ku⁵
嘉定新	ku¹	ku⁵	ku⁵	ku⁵	ku⁵	ku⁵	ku⁵	ku⁵
宝山	ku¹	ku⁵	ku⁵	ku⁵	ku⁵	ku⁵	ku⁵	ku⁵
宝山新	ku¹	ku¹	ku¹	ku¹	ku¹	ku¹	ku⁵	ku⁵
崇明		ku¹	ku³	ku³	ku³		ku⁵	ku⁵
崇明新	ku¹	ku¹	ku³	ku³	ku³		ku⁵	ku⁵
堡镇		ku¹	ku³	ku³	ku³		ku⁵	ku⁵
练塘		ku¹	ku³	ku³	ku³		ku⁵	ku⁵

序号	264	265	266	267	268	269	270	271
字目	顾	雇	枯	苦	库	裤	吴	梧
中古音地位	遇合一去暮见	遇合一去暮见	遇合一平模溪	遇合一上姥溪	遇合一去暮溪	遇合一去暮溪	遇合一平模疑	遇合一平模疑
市区	ku⁵	ku⁵	kʰu¹	kʰu³	kʰu⁵	kʰu⁵	ɦiu⁶	ŋu⁶
市区中	ku⁵	ku⁵	kʰu¹	kʰu³	kʰu⁵	kʰu⁵	ɦiu⁶	ŋu⁶
市区新	ku⁵	ku⁵	kʰu¹	kʰu³	kʰu⁵	kʰu⁵	vu⁶	vu⁶
真如	ku³	ku³	kʰu¹	kʰu³	kʰu³	kʰu³	ɦiu²	ŋu²
江湾	ku⁵	ku⁵	kʰu¹	kʰu³	kʰu⁵	kʰu⁵	ŋ̍⁶/βu⁶	ŋu⁶
松江	kəu⁵	kəu⁵	kʰəu¹	kʰəu³	kʰəu⁵	kʰəu⁵	ŋ̍²/βu²	ŋəu²
松江新	ku⁵	ku⁵	kʰu¹	kʰu³	kʰu⁵	kʰu⁵	ɦiu²	ɦiu²
泗泾	kəu⁵	kəu⁵	kʰəu¹	kʰəu³	kʰəu⁵	kʰəu⁵	ŋ̍²/βu²	ŋəu²
奉贤	ku⁵	ku⁵	kʰu¹	kʰu³	kʰu⁵	kʰu⁵	ŋ̍²/βu²	ŋu²
奉贤新	ku⁵	ku⁵	kʰu¹	kʰu³	kʰu¹	kʰu¹	vu²	vu²
奉城	ku⁵	ku⁵	kʰu¹	kʰu³	kʰu⁵	kʰu⁵	ŋ̍²/βu²	ŋu²
金山	ku⁵	ku⁵	kʰu¹	kʰu³	kʰu⁵	kʰu⁵	ŋ̍²/βu²	ŋu²
金山新	ku⁵	ku⁵	kʰu¹	kʰu³	kʰu¹	kʰu¹	ŋ̍²	vu⁶
枫泾	kəu⁵	kəu⁵	kʰəu¹	kʰəu³	kʰəu⁵	kʰəu⁵	ŋ̍²/βu²	βu²
青浦	ku⁵	ku⁵	kʰu¹	kʰu³	kʰu⁵	kʰu⁵	ŋ̍²/ŋu²	ŋ̍²
青浦新	ku⁵	ku⁵	kʰu¹	kʰu³	kʰu⁵	kʰu⁵	ɦiu²	ɦiu²
莘庄	ku⁵	ku⁵	kʰu¹	kʰu³	kʰu⁵	kʰu⁵	ŋ̍²/βu²	βu²
闵行新	ku³	ku³	kʰu¹	kʰu³	kʰu¹	kʰu¹	ɦiu²	ɦiu²
川沙	ku⁵	ku⁵	kʰu¹	kʰu³	kʰu⁵	kʰu⁵	ŋ̍²/βu²	ŋu²
川沙新	ku⁵	ku⁵	kʰu¹	kʰu³	kʰu⁵	kʰu⁵	ɦiu⁶	ɦiu⁶
高桥	ku¹	ku¹	kʰu¹	kʰu³	kʰu⁵	kʰu⁵	βu⁶	ŋu⁶
三林	ku⁵	ku⁵	kʰu¹	kʰu³	kʰu⁵	kʰu⁵	ŋ̍²/βu²	βu²
周浦	ku⁵	ku⁵	kʰu¹	kʰu³	kʰu⁵	kʰu⁵	ŋ̍²/βu²	βu²
南汇	ku⁵	ku⁵	kʰu¹	kʰu³	kʰu⁵	kʰu⁵	ŋ̍²/βu²	βu²
南汇新	ku⁵	ku⁵	kʰu¹	kʰu³	kʰu¹	kʰu¹	ɦiu⁶	ɦiu⁶
嘉定	ku⁵	ku⁵	kʰu¹	kʰu³	kʰu⁵	kʰu⁵	ɦiu⁶	ŋu⁶
嘉定新	ku⁵	ku⁵	kʰu¹	kʰu³	kʰu⁵	kʰu⁵	ɦiu²	ɦiu²
宝山	ku⁵	ku⁵	kʰu¹	kʰu³	kʰu⁵	kʰu⁵	ɦiu⁶	ɦiu⁶
宝山新	ku⁵	ku⁵	kʰu¹	kʰu³	kʰu⁵	kʰu⁵	ɦiu⁶	ɦiu⁶
崇明	ku⁵	ku⁵	kʰu¹	kʰu³	kʰu⁵/kʰu¹	kʰu⁵	n̩²/ɦiu²	ŋ̍²
崇明新	ku⁵	ku⁵	kʰu¹	kʰu³	kʰu⁵	kʰu⁵	u²	u²
堡镇	ku⁵	ku⁵	kʰu¹	kʰu³	kʰu⁵/kʰu¹	kʰu⁵	n̩²/ɦiu²	ŋ̍²
练塘	ku⁵	ku⁵	kʰu¹	kʰu³	kʰu¹	kʰu⁵	ŋ̍²/ŋu²	ŋ̍²

序号	272	273	274	275	276	277	278	279
字目	吾	午	伍队伍	五	误	悟	蜈	吾
中古音的地位	遇开一平模疑	遇合一上姥疑	遇合一上姥疑	遇合一上姥疑	遇合一去暮疑	遇合一去暮疑	遇合一平模疑	遇开一平模疑
市区		ɦŋ̍⁶/u⁵	ɦŋ̍⁶/u¹	ɦŋ̍⁶/u¹	ŋu⁶	ŋu⁶	ɦu⁶	
市区中	ɦu⁶	ɦu⁶	ɦu⁶	ŋ̍⁶	ŋu⁶	ŋu⁶	ɦu⁶	ɦu⁶
市区新		vu⁶	vu⁶	ŋ̍⁶	ŋu⁶	vu⁶	vu⁶	
真如	ŋu²	u¹	ŋ̍⁶/u¹	ŋ̍⁶/u¹	ŋu⁶	ŋu⁶	ɦu²	ŋu²
江湾	ŋu⁶	ŋ̍⁶/βu⁶	βu⁶	ŋ̍⁶/u¹	ŋu⁶	ŋu⁶	βu⁶	ŋu⁶
松江	ŋəu²	ŋ̍⁴/βu⁴	ŋ̍⁴/βu⁴	ŋ̍⁴/βu⁴	ŋu⁶	ŋu⁶	βu⁶	ŋəu²
松江新	ɦu²	vu⁶	vu⁶	vu⁶	ŋu⁶	ŋu⁶	vu⁶	ɦu²
泗泾	ŋəu²	ŋ̍⁶/βu⁶	ŋ̍⁶/βu⁶	ŋ̍⁶/βu⁶	ŋu⁶	ŋu⁶	βu⁶	ŋəu²
奉贤	ŋu⁶	ŋ̍²/βu⁶	βu⁴	ŋ̍⁴/βu⁶	ŋu⁶	ŋu⁶	βu⁶	ŋu⁶
奉贤新	vu²	vu⁶/ŋ̍⁶	vu⁶	ŋ̍⁶	vu⁶	vu⁶	vu⁶	vu²
奉城	ŋu⁶	ŋ̍⁶/wu¹/ʔwu¹	βu⁶	ŋ̍⁶/ʔwu¹	ŋu⁶	ŋu⁶	βu²	ŋu⁶
金山	ŋu²	ŋ̍⁶/βu⁶	βu⁶	ŋ̍⁶/βu⁶	ŋu⁶	ŋu⁶	βu²	ŋu²
金山新	vu⁶	vu⁶	vu⁶	ŋ̍⁶	vu⁶	vu⁶	vu⁶	vu⁶
枫泾	ŋəu³	ŋ̍⁴/βu⁴	βu⁴	ŋ̍⁴/βu⁴	ŋəu⁶	ŋəu⁶	βu²	ŋəu³
青浦	ŋ̍⁴	ŋ̍⁶/u¹	ŋ̍⁶/u¹	ŋ̍⁶/u¹	ŋu⁶	ŋu⁶	ŋu²	ŋ̍⁴
青浦新	ŋ̍⁶	ɦu⁶	ɦu⁶	ŋ̍⁶	ŋu⁶	ŋu⁶	ɦu⁶	ŋ̍⁶
莘庄	βu²	ŋ̍⁶/βu⁶	u¹	ŋ̍⁶/u¹	ŋu⁶	ŋu⁶	βu²	βu²
闵行新	ɦu²	ɦu²	ɦu²	ŋ̍²	u²	u²	u²	ɦu²
川沙	ŋu²	ŋ̍²/βu²	βu²	ŋ̍²/u¹	ŋu⁶	ŋu⁶	βu²	ŋu²
川沙新		ɦu⁶	ɦu⁶	ŋ̍⁶	ɦu⁶	ɦu⁶	ɦu⁶	
高桥	ŋu⁶	βu⁶	u¹	ŋ̍⁶	βu⁶	ŋu⁶	ŋu⁶	ŋu⁶
三林	βu²	ŋ̍⁶/βu⁶	u¹	ŋ̍²/u¹	βu⁶	βu⁶	βu²	βu²
周浦	βu²	ŋ̍²/βu²	βu⁶	ŋ̍⁶/βu⁶	βu⁶	βu⁶	βu²	βu²
南汇	βu²	ŋ̍²/βu²	βu⁶	ŋ̍⁶/βu⁶	βu⁶	βu⁶	βu²	βu²
南汇新	ɦu⁶	υu⁶	υu⁶	ŋ̍⁶	υu⁶	ɦu⁶	ɦu⁶	ɦu⁶
嘉定	ŋu²	ŋ̍⁶/u¹	ɦu⁶/u¹	ŋ̍⁶/u¹	ŋu	ŋu⁶	ɦu²	ŋu²
嘉定新	ɦu²	ɦu⁶	ɦu⁶	ɦu⁶	ɦu⁶	ɦu⁶	ɦu²	ɦu²
宝山	ɦu⁶	ɦu⁶	ɦu⁶	ɦu⁶	ŋu⁶	ŋu⁶	ŋu⁶	ɦu⁶
宝山新	ɦu⁶	ɦu⁶	ɦu⁶	ɦu⁶	ŋu⁵	ŋu⁵	ŋu⁵	ɦu⁶
崇明	ˍŋ̍⁴	ɦu⁶	ŋ̍⁴/u¹	ŋ̍⁴/u¹	ɦu⁶	ŋ̍⁶	ɦu²	ˍŋ̍⁴
崇明新	ŋ̍⁶		ŋ̍⁶	ŋ̍⁶	u⁶	u⁵	u²	ŋ̍⁶
堡镇	ˍŋ̍⁴	ɦu⁶	ŋ̍⁴/u¹	ŋ̍⁴/u¹	ɦu⁶	ŋ̍⁶	ɦu²	ˍŋ̍⁴
练塘	ŋ̍⁴	ŋ̍⁴/u¹	ŋ̍⁴/u¹	ŋ̍⁴/u¹	ŋu⁶	ŋu⁶	ŋu²	ŋ̍⁴

序号	280	281	282	283	284	285	286	287
字目	呼	虎	胡胡笳	湖	糊	葫	胡胡子	狐
中古音的地位	遇合一平模晓	遇合一上姥晓	遇合一平模匣	遇合一平模匣	遇合一平模匣	遇合一平模匣	遇合一平模匣	遇合一平模匣
市区	hu¹	hu⁵	ɦu⁶	ɦu⁶			ɦu⁶	ɦu⁶
市区中	hu¹	hu⁵	ɦu⁶	ɦu⁶	ɦu⁶	ɦu⁶	ɦu⁶	ɦu⁶
市区新	hu¹	hu⁵	vu⁶	vu⁶	vu⁶	vu⁶	vu⁶	vu⁶
真如	fu¹	fu³	ɦu²	ɦu²			ɦu²	ɦu²
江湾	ɸu¹	ɸu⁵	βu⁶	βu⁶			βu⁶	βu⁶
松江	ɸu¹	ɸu³	ɦu²	ɦu²			ɦu²	ɦu²
松江新	fu¹	fu³	vu²	ɦu²	ɦu²	ɦu²	vu²	ɦu²
泗泾	ɸu¹	ɸu³	ɦu²	ɦu²			ɦu²	ɦu²
奉贤	ɸu¹	ɸu³/hu³	βu²	βu²			βu²	βu²
奉贤新	fu¹	fu³	vu²	vu²	vu²	vu²	vu²	vu²
奉城	ɸu¹	ɸu³	βu²	βu²			βu²	βu²
金山	ɸu¹	ɸu³	βu²	βu²			βu²	βu²
金山新	fu¹	fu¹	vu²	vu²	vu²	vu²	vu²	vu²
枫泾	ɸu¹	ɸu³	βu²	βu²			βu²	βu²
青浦	ɸu¹	ɸu³	βu²	βu²			βu²	βu²
青浦新	hu¹	hu³	ɦu²	ɦu²	ɦu²	ɦu²	ɦu²	ɦu²
莘庄	ɸu¹	ɸu³	βu²	βu²			βu²	βu²
闵行新	fu¹	fu¹	ɦu²	ɦu²	ɦu²	ɦu²	ɦu²	ɦu²
川沙	ɸu¹	ɸu³	βu²	βu²			βu²	βu²
川沙新	hu¹	hu³	ɦu⁶	ɦu⁶	ɦu⁶	ɦu⁶	ɦu⁶	ɦu⁶
高桥	ɸu¹	ɸu³	βu⁶	βu⁶			βu⁶	βu⁶
三林	ɸu¹	ɸu³	βu²	βu²			βu²	βu²
周浦	ɸu¹	ɸu³	βu²	βu²			βu²	βu²
南汇	ɸu¹	ɸu³	βu²	βu²			βu²	βu²
南汇新	fu¹	fu³	ʋu⁶	ɦu⁶	ʋu⁶	ɦu⁶	ɦu⁶	ʋu⁶
嘉定	hu¹	hu⁵	ɦu²	ɦu²			ɦu²	ɦu²
嘉定新	hu¹	hu⁵	ɦu²	ɦu²	ɦu²	ɦu²	ɦu²	ɦu²
宝山	fu⁵	fu⁵	ɦu⁶	ɦu⁶	ɦu⁶	ɦu⁶	ɦu⁶	ɦu⁶
宝山新	hu¹	hu⁵	ɦu⁶	ɦu⁶	ɦu⁶	ɦu⁶	ɦu⁶	ɦu⁶
崇明	hu¹	hu³	ɦu²	ɦu²			ɦu²	ɦu²
崇明新	xu¹	xu³	hu²	hu²	hu²	hu²	hu²	hu²
堡镇	hu¹	hu³	ɦu²	ɦu²			ɦu²	ɦu²
练塘	ɸu¹	ɸu³	βu²	βu²			βu²	βu²

序号	288	289	290	291	292	293	294	295
字目	壶	乎	瓠	户	护	互	乌	恶厌恶
中古音的地位	遇合一平模匣	遇开一平模匣	遇开一平模匣	遇合一上姥匣	遇合一去暮匣	遇合一去暮匣	遇合一平模影	遇合一去暮影
市区	ɦu^6			ɦu^6	ɦu^6	ŋu^6/ɦu^6	u^1	oʔ^7
市区中	ɦu^6	ɦu^6	ɦu^6	ɦu^6	ɦu^6	ɦu^6	u^1	oʔ^7
市区新	vu^6	vu^6	vu^6	vu^6	vu^6	vu^6	u^1	u^5
真如	ɦu^2			ɦu^6	ɦu^6	ŋu^6	u^1	ɔʔ^7
江湾	βu^6			βu^6	βu^6	ŋu^6	u^1	ɔʔ^7
松江	ɦu^2			βu^4	ɦu^6	ŋu^6	u^1	u^1
松江新	ɦu^2	ɦu^2	ɦu^2	vu^6	vu^6	vu^6	u^1	ɦu^6
泗泾	ɦu^2			βu^6	ɦu^6	ŋu^6	u^1	u^1
奉贤	βu^2			βu^6	βu^6	ŋu^6	ʔwu^1	ɔʔ^7
奉贤新	vu^2	vu^2	vu^2	vu^6	vu^6	vu^6	u^1	u^1
奉城	βu^2			βu^6	βu^6	ŋu^6	ʔwu^1	ɔʔ^7
金山	βu^2			βu^6	βu^6	ŋu^6	u^1	oʔ^7
金山新	vu^2	fu^1	vu^2	vu^6	vu^6	vu^6	u^1	uəʔ^7/u^1
枫泾	βu^2			βu^4	βu^6	βu^6	u^1	oʔ^7
青浦	βu^2			βu^6	βu^6	βu^6	u^1	u^5
青浦新	ɦu^2	ɦu^2	ɦu^2	ɦu^6	ɦu^6	ɦu^6	u^1	u^5
莘庄	βu^2			βu^6	βu^6	βu^6	u^1	ɔʔ^7
闵行新	ɦu^2			ɦu^2	ɦu^2	ɦu^2	u^1	ɔʔ^7
川沙	βu^2			βu^2	βu^2	βu^2	u^1	u^1/ɔʔ^7
川沙新	ɦu^6	ɦu^6		ɦu^6	ɦu^6	ɦu^6	u^1	
高桥	βu^6			βu^6	βu^6	βu^6	u^1	ɔʔ^7
三林	βu^2			βu^2	βu^2	βu^2	u^1	oʔ^7
周浦	βu^2			βu^2	βu^2	βu^2	u^1	u^1
南汇	βu^2			βu^2	βu^2	βu^2	u^1	u^1
南汇新	ʋu^6			ɦu^6	ɦu^6	ɦu^6	u^1	u^5
嘉定	ɦu^2/u^1			ɦu^2	ɦu^6	ŋu^2	u^1	u^5
嘉定新	ɦu^2	ɦu^2	ɦu^2	ɦu^5	ɦu^2	ɦu^2	u^1	u^5
宝山	ɦu^6	ɦu^6	ɦu^6	ɦu^6	ɦu^6	ɦu^6	u^1	oʔ^7
宝山新	ɦu^6	ɦu^6	ɦu^6	ɦu^6	ɦu^6	ɦu^6	u^1	u^5
崇明	ɦu^2			ɦu^6	ɦu^6	ɦu^6	u^1	u^5/oʔ^7
崇明新	hu^2	hu^{6}①		xu^6	hu^6	hu^6	u^1	
堡镇	ɦu^2			ɦu^6	ɦu^6	ɦu^6	u^1	u^5/oʔ^7
练塘	βu^2			βu^4	βu^6	βu^6	u^1	u^5

注：①"在乎"。

序号	296	297	298	299	300	301	302	303
字目	女	驴	庐	吕	旅	虑	滤	蛆
中古音的地位	遇合三上语泥	遇合三平鱼来	遇合三平鱼来	遇合三上语来	遇合三上语来	遇合三去御来	遇合三去御来	遇合三平鱼清
市区	ȵy⁶	lu⁶/ly⁶	lu⁶	ly⁶	ly⁶	ly⁶	ly⁶	tɕʰi¹/tɕʰy¹
市区中	ȵy⁶	ly⁶	lu⁶	ly⁶	ly⁶	ly⁶	ly⁶	tɕʰy¹
市区新	ȵy⁶	ly⁶	lu⁶	ly⁶	ly⁶	ly⁶	ly⁶	tɕʰy¹
真如	ȵi⁶	lu²	lu²	li¹	li¹/li⁶	li⁶	li⁶	tsʰi¹
江湾	ȵy⁶	lu⁶	lu⁶	ly⁶	ly⁶	ly⁶	ly⁶	tsʰy¹/tsʰi¹
松江	ȵy⁴	lu²	lu²	ly⁴	ly⁴	ly⁶	ly⁶	tsʰi¹
松江新	ȵy⁶	ly²	lu²	ly⁶	ly⁶	ly⁶	ly⁶	tɕʰy¹
泗泾	ȵy⁶	lu²	lu²	ly⁶	ly⁶	ly⁶	ly⁶	tsʰi¹
奉贤	ȵy⁴	lu²	lu²	ly⁴	ly⁴	ly⁶	ly⁶	tsʰiɪ¹
奉贤新	ȵy⁶	lu²	lu²	ly⁶	ly⁶	ʔly³	ʔly³	tɕʰy¹
奉城	ȵy⁶	lu²	lu²	ly⁶	ly⁶	ly⁶	ly⁶	tsʰiɪ¹
金山	ȵy⁶	lu²	lu²	ly⁶	ly⁶	ly⁶	ly⁶	tsʰu⁵
金山新	ȵy⁶	ly²	lu²	ly⁶	ly⁶	ly⁶	ly⁶	tɕy³
枫泾	ȵy⁴	lu²	lu²	ly⁴	ly⁴	ly⁴	ly⁴	tsʰu³
青浦	ȵy⁶	lu²	lu²	ly⁶	ly⁶	ly⁶	ly⁶	tsʰi¹
青浦新	ȵy⁶	ly¹	lu¹	ly⁶	ly⁶	ly⁶	ly⁶	tɕʰi¹
莘庄	ȵy⁶	lu²	lu²	ly⁶	ly⁶	ly⁶	ly⁶	tsʰiɛ¹
闵行新	ȵy²	ly²	lu²	ly²	ly²	ly²	ly²	tɕy¹
川沙	ȵy²	lu²	lu²	li²/ly¹	ly¹/ly²	ly²	ly²	tsʰi¹
川沙新	ȵy⁶		lu⁶	ly⁶	ly⁶		ly⁵	tɕy¹
高桥	ȵy⁶	lu²	lu²	ly²	ly²	ly¹	ly¹	tsʰi¹
三林	ȵy⁶	lu²	lu²	ly⁶	ly⁶	ly⁶	ly⁶	tsʰi¹
周浦	ȵy²	lu²	lu²	ly²	ly²	ly²	ly²	tsʰi¹
南汇	ȵy²	lu²	lu²	ly²	ly²	ly²	ly²	tsʰi¹
南汇新	ȵy⁶	ly⁶	lu⁶	ly⁶	ly⁶	ly⁶	ly⁶	tɕʰi¹
嘉定	ȵy⁶	lu²	lu²	ly¹/ly⁶	ly⁵	ly²	ly²	tsʰi¹
嘉定新	ȵi⁵/ȵy⁵	li²	lu²	li⁶/ly⁶	ly⁶	ly⁶	ly⁶	tsi¹
宝山	ȵy⁶	lu⁵	lu⁵	ly⁶	ly⁶	ly⁶	ly⁶	tɕʰiɪ¹
宝山新	ȵy⁶	ly⁵	lu⁵	ly⁵	ly⁵	ly⁵	ly⁵	tɕʰy¹
崇明	ȵi⁴/ȵy⁴	li²	lu²	li⁴	li⁶	li⁶	li⁶	tɕʰy¹
崇明新	ȵy⁶①	lu²	lu²	li⁶	li⁶	li⁶	li⁶	tɕʰy¹
堡镇	ȵi⁴/ȵy⁴	li²	lu²	li⁴	li⁶	li⁶	li⁶	tɕʰi¹
练塘	ȵy⁴	lu²	lu²	løɤ⁴	løɤ⁴	løɤ⁶	løɤ⁶	tsʰi¹

注：① 形容词，称呼女人时为 ȵy⁶。

序号	304	305	306	307	308	309	310	311
字目	絮	徐	序	叙	绪	猪	著显著	除
中古音的地位	遇合三去御心	遇合三平鱼邪	遇合三上语邪	遇合三上语邪	遇合三上语邪	遇合三平鱼知	遇合三去御知	遇合三平鱼彻
市区		zi⁶	ʑy⁶	ʑy⁶	ʑy⁶	tsʅ¹	tsʅ⁵	zʅ⁶
市区中	ɕy¹	ʑy⁶	ɕy⁵	ɕy⁵	ɕy⁵	tsʅ¹	tsʅ⁵	zʅ⁶
市区新	ɕy¹	ʑy⁶	ɕy¹	ɕy¹	ɕy¹	tsʅ¹	tsʅ⁵	zʅ⁶
真如		zi²/zy²	zi⁶	zi⁶	zi⁶	tsʅ¹	tsʅ⁵	zʅ²
江湾		zi⁶	ʑy⁶	ʑy⁶	ʑy⁶	tsʅ¹	tsʅ⁵	zʅ⁶
松江		zi²	zy⁴	zy⁴	zy⁴	tsʅ¹	tsʅ⁵	zʅ²
松江新	ɕy¹	zi²	ɕy³	ɕy¹	ʑy⁶	tsʅ¹	tɕy⁵	zy²
泗泾		zi²	zy⁶	zy⁶	zy⁶	tsʅ¹	tsy⁵	zy²
奉贤		zi²	ʑy⁶	ʑy⁶	ʑy⁶	tsʅ¹	ʔɟy⁵	zy²
奉贤新	ɕy³	ʑy²	ɕy⁵	ɕy⁵	ɕy⁵	tsʅ¹	tɕy⁵	zʅ²/zy²
奉城		zi²	ʑy⁶	ʑy⁶	ʑy⁶	tsʅ¹	ʔɟy⁵	zy²
金山		zi²	ʑy⁶	ʑy⁶	ʑy⁶	tsʅ¹	tsy⁵	zy²
金山新	ɕy⁵	zi²	ɕy⁵	ɕy⁵	ɕy⁵	tsʅ¹	tsʅ⁵	zy²
枫泾		zi²	zy⁴	zy⁴	zy⁴	tsʅ¹	tsʅ⁵	zy²
青浦		zi²	zy⁶	zy⁶	zy⁶	tsʅ¹	tsy⁵	zy²
青浦新		ʑi²	ʑy⁶	ʑy⁶	ʑy⁶	tsʅ¹	ʑy⁶	zy²
莘庄		zi²	zy⁶	zy⁶	zy⁶	tsʅ¹	tsy⁵	zy²
闵行新	ɕy¹	ʑi²	ɕy¹	ɕy¹	ɕy¹	tsʅ¹	tsʅ⁵①	zy²②
川沙		zi²	zy²	zy²	zy²	tsʅ¹	tsy⁵	zy²
川沙新		ʑi⁶	ʑy⁶		ʑy⁶	tsʅ¹	tsʅ⁵	zʅ⁶
高桥		zy⁶	zy²	zy²	zy²	tsʅ¹	tsʅ³	zʅ⁶
三林		zi²	zy²	zy²	zy²	tsʅ¹	tsy⁵	zy²
周浦		zi²	zy⁶	zy⁶	zy⁶	tsʅ¹	tsy⁵	zy²
南汇		zi²	zy⁶	zy⁶	zy⁶	tsʅ¹	tsy⁵	zy²
南汇新		ʑy⁶	ʑy⁶	ʑy⁶	ʑy⁶	tsʅ¹		ʑy⁶
嘉定		zi²	zy⁶	zy⁶	zy⁶	tsʮ¹	tsʮ⁵	zʮ²
嘉定新	si⁵	ʑi²	zi⁶	zi⁶	zi⁶	tsʅ¹	tsʅ⁵	zʅ²
宝山	ɕir⁶	ɕir⁵	sy⁶	sy⁶	sy⁶	tsʅ¹	tsʅ⁵	zʅ⁶
宝山新	ɕy⁵	ɕy⁵	ɕy⁵	ɕy⁵	ɕy⁵	tsʅ¹	tsoʔ⁷	sʅ⁶
崇明		zi²	dʑi⁶	dʑi⁶	dʑi⁶	tsʅ¹	tsʅ⁵	dzʅ²
崇明新	ɕy⁵	ʑy²	ʑy⁶	ʑy⁶	ʑy⁶	tsʅ¹	tsʅ⁵	dzʅ²
堡镇		zi²	dʑi⁶	dʑi⁶	dʑi⁶	tsʅ¹	tsʅ⁵	dzʅ²
练塘		zi²	zy⁴	zy⁴	zy⁴	tsʅ¹	tsy⁵	zy²

注：① 说"著作"。
② 说"大扫除"。

序号	312	313	314	315	316	317	318	319
字目	储	阻	初	楚	础	锄	助	梳
中古音的地位	遇合三平鱼澄	遇合三上语庄	遇合三平鱼初	遇合三上语初	遇合三上语初	遇合三平鱼崇	遇合三去御崇	遇合三平鱼生
市区	zɿ⁶	tsu⁵	tsʰu¹	tsʰu⁵		zu⁶/zɿ⁶	zu⁶	sɿ¹
市区中	zɿ⁶	tsu⁵	tsʰu¹	tsʰu⁵	tsʰu⁵	zɿ⁶	zu⁶	sɿ¹
市区新	zɿ⁶	tsu⁵	tsʰu¹	tsʰu⁵		zɿ⁶	zu⁶	sɿ¹
真如	zɿ⁶	tsu³	tsʰu¹	tsʰu³		zu²	zu⁶	sɿ¹
江湾	zɿ⁶	tsu⁵	tsʰu¹	tsʰu⁵		zu⁶	zu⁶	sɿ¹/su¹
松江	zɿ²	tsu³	tsʰu¹	tsʰu³		zu²	zu⁶	su¹
松江新	zy²	tsu³	tsʰu¹	tsʰo³	tsʰo³	zy²	zy⁶	sɿ¹
泗泾	zɿ²	tsu³	tsʰu¹	tsʰu³		zu²	zu⁶	su¹
奉贤	zy⁶	tsu⁵	tsʰu¹	tsʰu⁵		zu⁶/zɿ⁶	zu⁶	su¹
奉贤新	tɕʰy⁵	tsu³	tsʰu¹	tsʰu¹	tsʰu¹	zy²	zy²	sɿ¹
奉城	zy⁶	tsu⁵	tsʰu¹	tsʰu⁵		zu⁶	zu⁶	su¹
金山	zy²	tsu³	tsʰu¹	tsʰu¹		zu²	zu⁶	su¹
金山新	tɕʰy⁵	tsu³	tsʰu¹	tsʰu¹		zy²	zy⁶	sɿ¹
枫泾	zy²	tsu³	tsʰu¹	tsʰu³		zu⁶	zu⁶	su¹
青浦	zy⁶	tsu³	tsʰu¹	tsʰu⁵		zu²	dzu⁶	su¹
青浦新	zy²	tsu³	tsʰu¹	tsʰu³	tsʰu³	zɿ²	zu⁶	sɿ¹
莘庄	zy⁶	tsu³	tsʰu¹	tsʰu⁵		zɿ²/zu²	zu⁶	sɿ¹
闵行新	zɿ²	tsu⁵	tsʰu¹	tsʰu⁵		zɿ²	zu⁶	sɿ¹
川沙	zy²	tsu³	tsʰu¹	tsʰu⁵		zu²/zɿ²	zu²	sɿ¹/su¹
川沙新	zɿ⁶	tsu⁵		tsʰu³		zɿ⁶	zu⁶	sɿ¹
高桥	zɿ⁶	tsu⁵	tsʰu¹	tsʰu⁵		zu⁶	zu⁶	sɿ¹
三林	zy²	tsu³	tsʰu¹	tsʰu⁵		zu²	zu⁶	su¹
周浦	zy²	tsu³	tsʰu¹	tsʰu³		zu²	zu⁶	su¹
南汇	zy²	tsu³	tsʰu¹	tsʰu³		zu²	zu⁶	su¹
南汇新	tsʰu³①		tsʰu¹	tsʰu⁴②	tsʰu³	zɿ⁶	zɿ⁶	sɿ¹
嘉定	zʐ²	tsu⁵	tsʰu¹	tsʰu⁵		zu²	zu⁶	su¹
嘉定新	tsʰɿ⁵	tsu⁵	tsʰu¹	tsʰu⁵	tsʰu⁵	zɿ²	zɿ⁶	sɿ¹
宝山	zɿ⁶	tsu⁵	tsʰu¹	tsʰu⁵		zu⁶	zu⁶	sɿ¹
宝山新	tsʰɿ⁶	tsu⁵	tsʰɿ¹	tsʰɿ⁵	tsʰɿ⁵	zɿ⁶	zu⁶	sɿ¹
崇明	dzɿ²	tsu³	tsʰu¹	tsʰu⁵		zɿ²/dzu²	dzu⁶	sɿ¹/su¹
崇明新	tsʰɿ²	tsu³	tsʰu¹	tsʰɿ⁵	tsʰu⁵	dzɿ²	dzɿ²	sɿ¹
堡镇	dzɿ²	tsu³	tsʰu¹	tsʰu⁵		zɿ²/dzu²	dzu⁶	sɿ¹/su¹
练塘	zy⁶	tsu⁵	tsʰu¹	tsʰu⁵		zu²	dzu⁶	su¹

注：① 姓氏。
② 姓氏。

序号	320	321	322	323	324	325	326	327
字目	疏稀疏	所	诸	煮	处处理	杵	处处所	书
中古音的地位	遇合三平鱼生	遇合三上语生	遇合三平鱼章	遇合三上语章	遇合三上语昌	遇开三上鱼昌	遇合三去御昌	遇合三平鱼书
市区	su¹	su⁵	tsʅ¹	tsʅ⁵	tsʰʅ⁵		tsʰʅ⁵	sʅ¹
市区中	su¹	su⁵	tsʅ¹	tsʅ⁵	tsʰʅ⁵	tsʰʅ⁵	tsʰʅ⁵	sʅ¹
市区新	su¹	su⁵	tsʅ¹		tsʰʅ⁵		tsʰʅ⁵	sʅ¹
真如	su¹	su³	tsʅ¹	tsʅ⁵	tsʰʅ³		tsʰʅ³	sʅ¹
江湾	su¹	su⁵	tsʅ¹	tsʅ⁵	tsʰʅ⁵		tsʰʅ⁵	sʅ¹
松江	su¹	su³	tsy¹	tsy³	tsʰy³		tsʰy⁵	sy¹
松江新	so¹	su³			tɕʰy⁵	tɕʰy³	tɕʰy⁵	ɕy¹
泗泾	su¹	su³	tsy¹	tsy³	tsʰy⁵		tsʰy⁵	sy¹
奉贤	su¹	su⁵	ʔɟy¹/tsʅ¹	ʔɟy³	cʰy⁵		cʰy⁵	ɕy¹
奉贤新	su³	su³	tɕy³/tsʅ¹		tɕʰy⁶/tsʰʅ⁵	tɕʰy⁶/tsʰʅ⁵	tɕʰy¹/tsʰʅ⁵	sʅ³/ɕy¹
奉城	su¹	su⁵	ʔɟy¹	ʔɟy³	cʰy⁵		cʰy⁵	ɕy¹
金山	su¹	su⁵	tsy¹	tsy⁵	tsʰy⁵		tsʰy⁵	sy¹
金山新	su⁵	so³	tɕy³	tɕy³	tɕʰy³	tɕʰy³	tɕʰy⁵	ɕy¹
枫泾	su¹	su³	tsy¹	tsy⁵	tsʰy³		tsʰy⁵	sy¹
青浦	su¹	su³	tsy¹	tsy³	tsʰy³		tsʰy⁵	sy¹
青浦新	su¹	su³	tsʅ¹	tsʅ³	tsʰʅ⁵		tsʰʅ⁵	sy¹
莘庄	su¹	su⁵	tsy¹	tsy⁵	tsʰy⁵		tsʰy⁵	sy¹
闵行新	sʅ¹	su³	sʅ¹	①	tsʰu³	tsʰu⁵	tsʰu⁵	ɕy¹
川沙	su¹	su⁵	tsy¹	tsy³	tsʰy⁵		tsʰy⁵	sy¹
川沙新	②	su³			tsʰʅ⁵		tsʰʅ⁵	sʅ¹
高桥	su¹	su¹/su³	tsʅ¹		tsʰʅ⁵		tsʰʅ⁵	sʅ¹
三林	su¹	su⁵	tsy¹	tsy¹	tsʰy¹		tɕʰy¹	sy¹
周浦	su¹	su³	tsy¹	tsy³	tsʰy³		tsʰy⁵	sy¹
南汇	su¹	su³	tsy¹	tsy³	tsʰy³		tsʰy⁵	sy¹
南汇新	③	su³	tsʅ¹	tsu³	tsʰʅ⁵		tsʰʅ⁵	sʅ¹
嘉定	su¹	su⁵	tsʮ¹	tsʮ¹	tsʰʮ⁵		tsʰʮ⁵	sʮ¹
嘉定新	sʅ¹	su⁵	tsu⁵	tsu⁵	tsʰʅ⁵	tsʰʅ⁵	tsʰʅ⁵	sʅ¹
宝山	sʅ¹	su⁵	tsu⁵	tsu⁵	tsʰʅ⁵	tsʰʅ⁵	tsʰʅ⁵	sʅ¹
宝山新	sʅ¹	su⁵	tsu⁵	tsu⁵	tsʰʅ⁵	tsʰʅ⁵	tsʰʅ⁵	sʅ¹
崇明	su¹	su³	tsʅ¹	tsʅ³	tsʅ⁵/tsʰʅ⁵		tsʰʅ⁵	sʅ¹
崇明新	su¹	su³	tsʅ¹	tsʅ⁵	tsʰʅ⁵		tsʰʅ⁵	sʅ¹
堡镇	su¹	su³	tsʅ¹	tsʅ⁵	tsʅ⁵/tsʰʅ⁵		tsʰʅ⁵	sʅ¹
练塘	su¹	su⁵	tsy¹	tsy⁵	tsʰy³		tsʰy⁵	sy¹

注：① 说"烧"。
② 另换为"蔬"，su¹。
③ 发音人不会读，另有"蔬"在后有标音。

序号	328	329	330	331	332	333	334	335
字目	舒	黍	暑	鼠	薯	如	居	举
中古音的地位	遇合三平鱼书	遇合三上语书	遇合三上语书	遇合三上语书	遇合三去御禅	遇合三平鱼日	遇合三平鱼见	遇合三上语见
市区	sɿ^1		sɿ^5	tsʰɿ^5	zɿ^6	zɿ^6/lu^6	tɕy^1	tɕy^5
市区中	sɿ^1	sɿ^5	sɿ^5	su^5	su^5	zɿ^6/lu^6	tɕy^1	tɕy^5
市区新	sɿ^1				su^5	zɿ^6/lu^6	tɕy^1	tɕy^5
真如	sɿ^1		sɿ^3	tsʰɿ^3	zɿ^6	zɿ^2	tɕy^1	tɕi^3
江湾	sɿ^1		sɿ^5	tsʰɿ^5	zɿ^6	zɿ^2	tɕy^1	tɕy^5
松江	sy^1		sy^3	tsʰy^3	zy^6	zy^2	tɕy^1	tɕy^3
松江新	ɕy^1	soʔ^7	ɕy^3	sɿ^3		zɿ^2	tɕy^1	tɕy^3
泗泾	sy^1		sy^3	tsʰy^3	zy^6	zy^2	tɕy^1	tɕy^3
奉贤	ɕy^1		ɕy^3	ɕy^3/sɿ^3	zy^6	zy^2	ʔɟy^1	ʔɟy^3
奉贤新	sɿ^3/ɕy^1	ɕy^5	ɕy^5	sɿ^5	zɿ^6	zy^6	tɕy^1	tɕy^5
奉城	ɕy^1		ɕy^3	ɕy^3/sɿ^3/tsʰɿ^3	zy^6	zy^2	ʔɟy^1	ʔɟy^3
金山	sy^1		sy^3	sy^3	zy^6	zy^2	tɕy^1	tɕy^3
金山新	ɕy^1	ɕy^3	ɕy^3	sɿ^1	su^3	lu^6	tɕy^1	tɕy^3
枫泾	sy^1		sy^3	sy^3	dzy^6	zy^2	tɕy^1	tɕy^3
青浦	sy^1		sy^3	sy^3	zy^6	zy^2	tɕy^1	tɕy^3
青浦新	sy^1	sy^3	sy^3	sy^3	su^3	zy^6	tɕy^1	tɕy^3
莘庄	sy^1		sy^3	sy^3	zy^6	zy^2	ɕy^1	ɕy^3
闵行新	sɿ^{1}①	sɿ^1	ɕy^3	sɿ^1		zɿ^2	tɕy^1	dzy^2
川沙	sy^1		sy^3	sy^3/sɿ^3	zy^2	zy^2	tɕy^1	tɕy^5
川沙新			sɿ^3	sɿ^3	sɿ^3	zɿ^6	tɕy^1	tɕy^3
高桥	sɿ^1		sɿ^3	tsʰɿ^3	zɿ^6	zɿ^2	tɕy^1	tɕy^3
三林	sy^1		sy^1	sy^1	zy^6	zy^2	ɕy^1	ɕy^5
周浦	sy^1		sy^3	sy^3	zy^6	zy^2	tɕy^1	tɕy^3
南汇	sy^1		sy^3	sy^3	zy^6	zy^2	tɕy^1	tɕy^3
南汇新			sɿ^3	sɿ^3	su^3		tɕy^1	tɕy^3
嘉定	sʮ^1		sʮ^5	tsʰʮ^5	zy^6	zʮ^6	tɕy^1	tɕy^5
嘉定新	sɿ^1	sɿ^5	sɿ^5	sɿ^5	su^5	zɿ^2	tɕy^{1}②	tɕy^5
宝山	sɿ^1	tsʰɿ^5	tsʰɿ^5	tsʰɿ^5	su^5	zɿ^6	tɕy^1	tɕy^5
宝山新	sɿ^1	sɿ^5	sɿ^5	sɿ^5	sɿ^5	zɿ^6	tɕy^1	tɕy^5
崇明	sɿ^1		sɿ^3	tsʰɿ^5	dzi^6	zɿ^4/zɿ^2	tɕy^1/kei^1	tɕy^3
崇明新	sɿ^1		sɿ^3	tsʰɿ^5		sɿ^{1}③	tɕy^1	tɕy^3
堡镇	sɿ^1		sɿ^3	tsʰɿ^5	dzi^6	zɿ^4/zɿ^2	tɕy^1/kei^1	tɕy^3
练塘	sy^1		sy^1	sy^1	zy^6	zy^2	tɕy^1	tɕy^3

注：①说"舒服"时，又ɕy^1。
②华亭读音为kɵ^1/tɕy^1。
③"假如"。

序号	336	337	338	339	340	341	342	343
字目	据	锯	去除去	去来去	渠水渠	巨	拒	距
中古音的地位	遇合三去御见	遇合三去御见	遇合三去御溪	遇合三去御溪	遇合三平鱼群	遇合三上语群	遇合三上语群	遇合三上语群
市区	tɕy⁵	tɕy⁵	tɕʰi⁵/tɕʰy⁵	tɕʰi⁵/tɕʰy⁵	dʑy⁶	dʑy⁶	dʑy⁶	dʑy⁶
市区中	tɕy⁵	tɕy⁵	tɕʰi⁵	tɕʰi⁵	dʑy⁶	dʑy⁶	dʑy⁶	dʑy⁶
市区新	tɕy⁵	tɕy⁵	tɕʰi⁵	tɕʰi⁵	dʑy⁶	dʑy⁶	dʑy⁶	dʑy⁶
真如	tɕi¹	tɕi¹	tɕʰi⁵/tɕʰy⁵	tɕʰi⁵/tɕʰy⁵	dʑi²	dʑi⁶	dʑi²	dʑi²
江湾	tɕy⁵	tɕy⁵	tɕʰi⁵/tɕʰy⁵	tɕʰi⁵/tɕʰy⁵	dʑy⁶	dʑy⁶	dʑy⁶	dʑy⁶
松江	tɕy⁵	tɕy⁵	tɕʰi⁵/tɕʰy⁵	tɕʰi⁵/tɕʰy⁵	dʑy²	dʑy⁴	dʑy⁴	dʑy⁴
松江新	tɕy⁵	dʑy⁶	tɕʰi³	tɕʰi⁵	dʑy⁶	dʑy⁶	tɕy³	tɕy³
泗泾	tɕy⁵	tɕy⁵	kʰe⁵/tɕʰy⁵	kʰe⁵/tɕʰy⁵	dʑy²	dʑy⁶	dʑy⁶	dʑy⁶
奉贤	ʔɿy⁵	ʔɿy⁵	cʰi⁵/cʰy⁵	cʰi⁵/cʰy⁵	ɿy²	ɿy⁶	ɿy⁶	ɿy⁶
奉贤新	tɕy⁵	tɕy⁵	tsʰi⁵	tɕʰi⁵	dʑy⁶	dʑy⁶	dʑy⁶	dʑy⁶
奉城	ʔɿy⁵	ʔɿy⁵	cʰi⁵/cʰy⁵	cʰi⁵/cʰy⁵	ʑy²/ɿy²?	ʑy⁶	ʑy⁶	ʑy⁶
金山	tɕy⁵	tɕy⁵	tɕʰi⁵/tɕʰy⁵	tɕʰi⁵/tɕʰy⁵	dʑy²	dʑy⁶	dʑy⁶	dʑy⁶
金山新	tɕy⁵	tɕy⁵	tɕʰi⁵	tɕʰi⁵	dʑy²	tɕy³	tɕy³	dʑy⁶
枫泾	tɕy⁵	tɕy⁵	tɕʰi⁵/tɕʰy⁵	tɕʰi⁵/tɕʰy⁵	dʑy²	dʑy⁶	dʑy⁶	dʑy⁶
青浦	tɕy⁵	tɕy⁵	tɕʰy⁵/tɕʰi⁵	tɕʰy⁵/tɕʰi⁵	dʑy²	dʑy⁶	dʑy⁶	dʑy⁶
青浦新	tɕy⁵	tɕy⁵	tɕʰi⁵	tɕʰi⁵	dʑy⁶	dʑy⁶	dʑy⁶	dʑy⁶
莘庄	cy⁵	cy⁵	cʰi⁵/cʰy⁵	cʰi⁵/cʰy⁵	ɿy²	ɿy⁶	ɿy⁶	ɿy⁶
闵行新	tɕy⁵	①	tɕʰi⁵	tɕʰi⁵	dʑy²	dʑy²	dʑy²	dʑy²
川沙	tɕy⁵	tɕy⁵/ke⁵	tɕʰi⁵/tɕʰy⁵	tɕʰi⁵/tɕʰy⁵	dʑy²	dʑy²	dʑy²	dʑy²
川沙新	tɕy⁵	tɕy⁵	tɕʰy⁵	tɕʰi⁵	dʑy⁶		dʑy⁶	dʑy⁶
高桥	tɕy¹	tɕy¹	tɕʰy⁵	tɕʰy⁵	dʑy⁶	tɕy³	dʑy⁶	dʑy⁶
三林	cy⁵	cy⁵	cʰi⁵/cʰy⁵	cʰi⁵/cʰy⁵	ɿy²	ɿy²	ɿy²	ɿy²
周浦	tɕy⁵	tɕy⁵	tɕʰi⁵/tɕʰy⁵	tɕʰi⁵/tɕʰy⁵	dʑy⁶	dʑy⁶	dʑy⁶	dʑy⁶
南汇	tɕy⁵	tɕy⁵	tɕʰi⁵/tɕʰy⁵	tɕʰi⁵/tɕʰy⁵	dʑy⁶	dʑy⁶	dʑy⁶	dʑy⁶
南汇新	tɕy⁵	tɕy⁵	tɕʰi⁵	tɕʰi⁵	dʑy⁶	dʑy⁶	dʑy⁶	dʑy⁶
嘉定	tɕy⁵	tɕy⁵	tɕʰi⁵/tɕʰy⁵	tɕʰi⁵/tɕʰy⁵	dʑy⁶	dʑy⁶	dʑy⁶	dʑy⁶
嘉定新	tɕy⁵	tɕy⁵②	tɕʰy⁵	tɕʰi⁵	dʑy²	dʑy⁶	dʑy⁶	dʑy⁶
宝山	tɕy¹	tɕy¹	tɕʰiɿ⁵	tɕʰiɿ⁵	dʑy⁶	dʑy⁶	dʑy⁶	dʑy⁶
宝山新	tɕy⁵	tɕy⁵	tɕʰiɿ¹	tɕʰiɿ⁵	dʑy⁵	dʑy⁵	dʑy⁵	dʑy⁵
崇明	tɕy⁵	tɕy¹/kei⁵	kʰi⁵/tɕʰy⁵	kʰi⁵/tɕʰy⁵	dʑy⁶	dʑy⁶	dʑy⁶	dʑy⁶
崇明新	tɕy⁵	③	kʰi⁵	kʰi⁵	dʑy⁶	dʑy⁶	dʑy⁶	dʑy⁶
堡镇	tɕy⁵	tɕy¹/kei⁵	kʰi⁵/tɕʰy⁵	kʰi⁵/tɕʰy⁵	dʑy⁶	dʑy⁶	dʑy⁶	dʑy⁶
练塘	tɕy⁵	tɕy⁵	tɕʰy⁵/tɕʰi⁵	tɕʰy⁵/tɕʰi⁵	dʑy²	dʑy⁴	dʑy⁴	dʑy⁴

注：① gɛ² 解字、ga²。
② 华亭读音为 kɵ⁶/tɕy⁶。
③ 读 kE⁵⁵ 解字。

序号	344	345	346	347	348	349	350	351
字目	鱼	渔	语	御防御	御御用	虚	嘘	许
中古音的地位	遇合三平鱼疑	遇合三平鱼疑	遇合三上语疑	遇合三去御疑	遇合三去御疑	遇合三平鱼晓	遇合三平鱼晓	遇合三上语晓
市区	ɦŋ⁶/ɦy⁶	ɦy⁶	ȵy⁶	ȵy⁶	ȵy⁶	ɕy¹	ɕy¹	ɕy⁵
市区中	ŋ⁶	ɦy⁶	ȵy⁶	ɦy⁶	ɦy⁶	ɕy¹	ɕy¹	ɕy⁵
市区新	ŋ⁶	ɦy⁶	ȵy⁶	ɦyɪʔ⁸	ɦyɪʔ⁸	ɕy¹	ɕy¹	ɕy⁵
真如	ŋ²/ɦi²	ɦi²	ȵi⁶	ȵi⁶	ȵi⁶	ɕy¹	ɕy¹	ɕi³/ɕy³
江湾	ŋ⁶/ɦy⁶	ɦy⁶	ȵy⁶	ȵy⁶/ɦy⁶	ȵy⁶/ɦy⁶	ɕy¹	ɕy¹	ɕy⁵
松江	ŋ²/ɦy²	ɦy²	ȵy⁴	ȵy⁶	ȵy⁶	ɕy¹	ɕy¹	ɕy³
松江新	ŋ²	ɦy²	ȵy⁶	ɦy⁶	ɦy⁶	ɕy¹	ɕy¹	ɕy³
泗泾	ŋ²/ɦy²	ɦy²	ȵy⁶	ȵy⁶	ȵy⁶	ɕy¹	ɕy¹	ɕy³
奉贤	ŋ²/ɦy²	ɦy²	ȵy⁶	ȵy⁶	ȵy⁶	ɕy¹	ɕy¹	ɕy³
奉贤新	ŋ²	ɦy⁶	ȵy⁶	ɦy²	ɦy²	ɕy¹	ɕy¹	ɕy⁵
奉城	ŋ²/ɦy²	ɦy²	ȵy⁶	ȵy⁶	ȵy⁶	ɕy¹	ɕy¹	ɕy³
金山	ŋ²/ɦy²	ɦy²	ȵy⁶	ȵy⁶	ȵy⁶	ɕy¹	ɕy¹	ɕy³
金山新	ŋ²	ŋ²	ȵy⁶	y⁵	y⁵	ɕy¹	ɕy¹	ɕy³
枫泾	ŋ²/ɦy²	ɦy²	ȵy⁶	ȵy⁶	ȵy⁶	ɕy¹	ɕy¹	ɕy³
青浦	ŋ²/ɦy²	ŋ²/ɦy²	ȵy⁶	ȵy⁶	ȵy⁶	ɕy¹	ɕy¹	ɕy³
青浦新	ŋ²	ŋ²	ȵy⁶	ɦy⁶	ɦy⁶	ɕy¹	ɕy¹	ɕy¹
莘庄	ŋ²/ɦy²	ɦy²	ȵy⁶	ɲy⁶	ɲy⁶	ɕy¹	ɕy¹	ɕy⁵
闵行新	ŋ²	y²	ȵy²			ɕy¹		ɕy³
川沙	ŋ²/ɦy²	ɦy²	ȵy⁶	ȵy⁶	ȵy⁶	ɕy¹	ɕy¹	ɕy³
川沙新	ŋ⁶	ŋ⁶	ȵy⁶			ɕy¹	ɕy¹	ɕy³
高桥	ŋ⁶/ɦy⁶	ɦy⁶	ȵy⁶			ɕy¹	ɕy¹	ɕy⁵
三林	ŋ²/ɦy²	ɦy²	ȵy⁶	ɲy⁶	ɲy⁶	ɕy¹	ɕy¹	ɕy³
周浦	ŋ²/ɦy²	ɦy²	ȵy⁶	ȵy²	ȵy²	ɕy¹	ɕy¹	ɕy³
南汇	ŋ²/ɦy²	ɦy²	ȵy⁶	ȵy⁶	ȵy⁶	ɕy¹	ɕy¹	ɕy³
南汇新	ŋ⁶	ŋ⁶	ȵy⁶	ɦy⁶	ɦy⁶	ɕy¹	ɕy¹	ɕy³
嘉定	ŋ²/ɦy²	ɦy²	ȵy⁶	ȵy⁶/ɦy⁶	ȵy⁶/ɦy⁶	ɕy¹	ɕy¹	ɕy⁵
嘉定新	ŋ²	y²	ȵy⁶	ȵy⁶	ȵy⁶	ɕy¹	ɕy¹	ɕi⁵/ɕy⁵①
宝山	ɦŋ⁶	ɦŋ⁶	ȵy⁶	y⁵	y⁵	ɕy¹	ɕy¹	ɕy⁵
宝山新	ŋ⁵	ŋ⁵	y⁶	y⁵	y⁵	ɕy¹	ɕy¹	ɕy⁵
崇明	ŋei²/ɦy²	ɦy²	ȵy⁶	ɦy⁶	ɦy⁶	ɕy¹/hei¹	ɕy¹	ɕy³/hei³
崇明新	ŋei²	ŋei²	ȵy⁶	iaʔ⁷	iaʔ⁷	ɕy¹	ɕy¹	ɕy³
堡镇	ŋei²/ɦy²	ɦy²	ȵy⁶	ɦy⁶	ɦy⁶	ɕy¹/hei¹	ɕy¹	ɕy³/hei³
练塘	ŋ²/ɦy²	ŋ²/ɦy²	ȵy⁴	ȵy⁶	ȵy⁶	ɕy¹	ɕy¹	ɕy¹

注：① 华亭读音为：hɛ⁶（东许：东边）/hɵ⁶。

序号	352	353	354	355	356	357	358	359
字目	於	淤	余姓	余多余	与及,给与	预	誉	豫
中古音的地位	遇合三平鱼影	遇合三平鱼影	遇合三平鱼以	遇合三平鱼以	遇合三上语以	遇合三去御以	遇合三去御以	遇合三去御以
市区			ɦy⁶	ɦy⁶	ɦy⁶	ɦy⁶	ɦy⁶	ɦy⁶
市区中	y¹	y¹	ɦy⁶	ɦy⁶	ɦy⁶	ɦy⁶	ɦy⁶	ɦy⁶
市区新	y¹	y¹	ɦy⁶	ɦy⁶	ɦy⁶	ɦy⁶	ɦy⁶	ɦy⁶
真如			ɦi²	ɦi²	ɦi⁶	ɦi⁶	ɦi⁶	ɦi⁶
江湾			ɦy⁶	ɦy⁶	ɦy⁶	ɦy⁶	ɦy⁶	ɦy⁶
松江			ɦy²	ɦy²	ɦy⁴	ɦy⁶	ɦy⁶	ɦy⁶
松江新		ɦy²	ɦy²	ɦy²	ɦy⁶	ɦy⁶	ɦy⁶	ɦy⁶
泗泾			ɦy²	ɦy²	ɦy⁶	ɦy⁶	ɦy⁶	ɦy⁶
奉贤			ɦy²	ɦy²	ɦy⁶	ɦy⁶	ɦy⁶	ɦy⁶
奉贤新	y¹	y¹	ɦy²	ɦy²		ɦy⁶	ɦy⁶	ɦy⁶
奉城			ɦy²	ɦy²	y¹	ɦy⁶	ɦy⁶/y¹	ɦy⁶
金山			ɦy²	ɦy²	ɦy²	ɦy⁶	ɦy⁶	ɦy⁶
金山新	ɦy²	y¹	ɦy²	ɦy²	ɦy²	ɦy²	ɦy²	ɦy²
枫泾			ɦy²	ɦy²	y³	ɦy⁶	y³	ɦy⁶
青浦			ɦy²	ɦy²	ɦy⁶	ɦy⁶	ɦy⁶	ɦy⁶
青浦新	ɦy²	y¹	ɦy²	ɦy²	ɦy⁶	ɦy⁶	ɦy⁶	ɦy⁶
莘庄			ɦy²	ɦy²	ɦy⁶	ɦy⁶	ɦy⁶	ɦy⁶
闵行新	ɦy²	ɦy²	ɦy²	ɦy²	ɦy²	ɦy²	ɦy²	y²
川沙			ɦy²	ɦy²	ɦy²	ɦy²	ɦy²	ɦy²
川沙新		y¹	ɦy⁶	ɦy⁶		ɦy⁶		
高桥			ɦy⁶	ɦy⁶	ɦy⁶	ɦy⁶	ɦy⁶	ɦy⁶
三林			ɦy²	ɦy²	ɦy⁶	ɦy⁶	ɦy⁶	ɦy⁶
周浦			ɦy²	ɦy²	ɦy⁶	ɦy⁶	ɦy⁶	ɦy⁶
南汇			ɦy²	ɦy²	ɦy⁶	ɦy⁶	ɦy⁶	ɦy⁶
南汇新	y¹		ɦy⁶	ɦy⁶		ɦy⁶	ɦy⁶	
嘉定			ɦy²	ɦy²	ɦy⁶/y⁵	ɦy⁶	ɦy⁶	ɦy⁶
嘉定新	ɦy²	ɦy²	ɦy²	ɦy²	y⁵	ɦy⁶	ɦy⁶	ɦy⁶
宝山	y¹	y¹	y⁵	y⁵	y⁵	y⁵	y⁵	y⁵
宝山新	y¹	y¹	y⁵	y⁵	y⁵	y⁵	y⁵	y⁵
崇明			ɦy²	ɦy²	y⁵	ɦy⁶	ɦy⁶	ɦy⁶
崇明新	y²	y¹	y²	y²		y⁶	y⁶	y⁶
堡镇			ɦy²	ɦy²	y⁵	ɦy⁶	ɦy⁶	ɦy⁶
练塘			ɦy²	ɦy²	ɦy⁴	ɦy⁶	ɦy⁶	ɦy⁶

序号	360	361	362	363	364	365	366	367
字目	肤	夫夫妻	府	俯	腑	斧	付	傅
中古音的地位	遇合三平虞非	遇合三平虞非	遇合三上虞非	遇合三上虞非	遇合三上虞非	遇合三上虞非	遇合三去遇非	遇合三去遇非
市区	fu⁵	fu¹	fu⁵	fu⁵	fu⁵	fu⁵	fu⁵	fu⁵
市区中	fu¹	fu¹	fu⁵	fu⁵	fu⁵	fu⁵	fu⁵	fu⁵
市区新	fu¹	fu¹	fu⁵	fu⁵	fu⁵	fu⁵	fu⁵	fu⁵
真如	fu¹	fu¹	fu³	fu³	fu³	fu³	fu⁵	fu⁵
江湾	ɸu¹	ɸu¹	ɸu³	ɸu³	ɸu⁵	ɸu⁵	ɸu⁵	ɸu⁵
松江	ɸu¹	ɸu¹	ɸu³	ɸu³	ɸu³	ɸu³	ɸu⁵	ɸu⁵
松江新	fu¹	fu¹	fu³	vu⁶	fo³	fu³	fu⁵	fu⁵
泗泾	ɸu¹	ɸu¹	ɸu³	ɸu³	ɸu³	ɸu³	ɸu⁵	ɸu⁵
奉贤	ɸu¹	ɸu¹	ɸu³	ɸu³	ɸu³	ɸu³	ɸu⁵	ɸu⁵
奉贤新	fu¹	fu¹	fu⁵	fu⁵	fu⁵	fu⁵	fu⁵	fu⁵
奉城	ɸu¹	ɸu¹	ɸu³	ɸu³	ɸu³	ɸu³	ɸu⁵	ɸu⁵
金山	ɸu¹	ɸu¹	ɸu³	ɸu³	ɸu³	ɸu³	ɸu⁵	ɸu⁵
金山新	fu¹	fu¹	fu¹	fu³	fu³	fu³	fu⁵	fu⁵
枫泾	ɸu¹	ɸu¹	ɸu⁵	ɸu⁵	ɸu⁵	ɸu⁵	ɸu⁵	ɸu⁵
青浦	ɸu¹	ɸu¹	ɸu¹	ɸu¹	ɸu¹	ɸu³	ɸu⁵	ɸu⁵
青浦新	fu¹	fu¹	fu³	fu³	fu³	fu³	fu⁵	vu⁶/fu⁵
莘庄	ɸu¹	ɸu¹	ɸu⁵	ɸu⁵	ɸu⁵	ɸu⁵	ɸu⁵	ɸu⁵
闵行新	fu¹	fu¹	fu⁵	fu⁵		fu⁵	fu⁵	fu⁵
川沙	ɸu¹	ɸu¹	ɸu³	ɸu³	ɸu³	ɸu³	ɸu⁵	ɸu⁵
川沙新	fu¹	fu¹		fu³			fu⁵	fu⁵
高桥	ɸu³	ɸu³	ɸu³	ɸu³	ɸu³	ɸu³	ɸu⁵	ɸu⁵
三林	ɸu¹	ɸu¹	ɸu³	ɸu³	ɸu³	ɸu³	ɸu⁵	ɸu⁵
周浦	ɸu¹	ɸu¹	ɸu³	ɸu³	ɸu³	ɸu³	ɸu⁵	ɸu⁵
南汇	ɸu¹	ɸu¹	ɸu³	ɸu³	ɸu³	ɸu³	ɸu⁵	ɸu⁵
南汇新	fu¹	fu¹	fu³	fu³	fu³	fu³	fu⁵	fu⁵
嘉定	fu¹	fu¹	fu⁵	fu¹	fu¹	fu⁵	fu⁵	fu⁵
嘉定新	fu¹	fu¹	fu⁵	fu⁵	fu⁵	fu⁵	fu⁵	fu⁵
宝山	fu⁵	fu⁵	fu⁵	fu⁵	fu⁵	fu⁵	fu⁵	fu⁵
宝山新	fu¹	fu¹	fu⁵	fu⁵	fu⁵	fu⁵	fu⁵	fu⁵
崇明	fu¹	fu¹	fu³	fu³	fu³	fu³	fu⁵	fu⁵
崇明新	fu¹	fu¹	fu³	fu³	fu³	fu³	fu⁵	fu⁵①
堡镇	fu¹	fu¹	fu³	fu³	fu³	fu³	fu⁵	fu⁵
练塘	ɸu¹	ɸu¹	ɸu¹	ɸu¹	ɸu¹	ɸu³	ɸu⁵	ɸu⁵

注：① 姓氏。

序号	368	369	370	371	372	373	374	375
字目	俘	敷	麩	赴	符	扶	腐	辅
中古音的地位	遇合三平虞敷	遇合三平虞敷	遇合三平虞敷	遇合三去遇敷	遇合三平虞奉	遇合三平虞奉	遇合三上虞奉	遇合三上虞奉
市区	fu¹	fu¹		fu⁵	vu⁶	vu⁶	fiu⁶/vu⁶	fu⁵/vu⁶
市区中	fu⁵	fu⁵	fu⁵	fu⁵	vu⁶	vu⁶	vu⁶	vu⁶
市区新	fu⁵	fu⁵		fu⁵	vu⁶	vu⁶	fu⁵	fu⁵
真如	fu¹	fu¹		fu³	vu²	vu²	vu⁶	fu⁵
江湾	ɸu¹	ɸu¹		ɸu⁵	βu⁶	βu⁶	βu⁶	ɸu⁵/βu⁶
松江	ɸu¹	ɸu¹		ɸu⁵	βu²	βu²	βu⁴	βu⁴
松江新	fu¹	fu¹	fu¹	fu⁵	vu²	vu²	vu⁶	fu³
泗泾	ɸu¹	ɸu¹		ɸu⁵	βu²	βu²	βu⁶	βu⁶
奉贤	ɸu¹	ɸu¹		ɸu⁵	βu²	βu²	βu⁶	βu⁶
奉贤新	fu⁵	fu³	fu³	fu⁵	vu²	vu²	vu⁶	vu⁶
奉城	ɸu¹	ɸu¹		ɸu⁵	βu²	βu²	βu⁶	ɸu¹/βu⁶
金山	ɸu¹	ɸu¹		ɸu⁵	βu²	βu²	βu⁶	βu⁶
金山新	fu⁵	fu³	fu³	fu⁵	vu²	vu²	fu³	fu³/vu⁶
枫泾	ɸu¹	ɸu¹		ɸu⁵	βu²	βu²	βu⁶	βu⁶
青浦	ɸu¹	ɸu¹		ɸu⁵	βu²	βu²	βu⁶	ɸu³
青浦新	fu³	fu¹	fu¹	vu⁶	vu²	vu²	vu⁶	vu⁶
莘庄	ɸu¹	ɸu¹		ɸu⁵	βu²	βu²	βu⁶	ɸu⁵
闵行新	vu²	vu²	fu⁵	pʰu⁵	vu²	vu²	vu²	vu²
川沙	ɸu¹	ɸu¹		ɸu⁵	βu²	βu²	βu⁶	βu⁶
川沙新		fu¹	fu¹		vu⁶	vu⁶	vu⁶	vu⁶
高桥	ɸu⁵	ɸu¹		ɸu⁵	ɸu³	βu⁶	βu⁶	ɸu³
三林	ɸu¹	ɸu¹		ɸu⁵	βu²	βu²	βu²	ɸu²
周浦	ɸu¹	ɸu¹		ɸu⁵	βu²	βu²	βu²	ɸu²
南汇	ɸu¹	ɸu¹		ɸu⁵	βu²	βu²	βu²	ɸu³
南汇新		fu¹			ʋu⁶	ʋu⁶	ʋu⁶	ʋu⁶
嘉定	fu¹	fu¹		fu⁵	vu²	vu²	vu⁶	fu⁵
嘉定新	fu⁵	fu¹	fu¹	fu⁵	vu²	vu²	vu⁶	vu⁶
宝山	fu⁵	fu¹		fu⁵	fu⁵	fu⁵	vu⁶	fu⁵
宝山新	fu⁵	fu⁵	fu⁵	fu⁵	vu⁶	vu⁶	fu⁵	fu⁵
崇明	fu¹	fu¹		fu⁵	vu²	vu²	vu⁶	fu³
崇明新	fu¹	fu¹		fu⁵	fu²	fu²	fu³①	fu³
堡镇	fu¹	fu¹		fu⁵	vu²	vu²	vu⁶	fu³
练塘	ɸu¹	ɸu¹		ɸu⁵	βu²	βu²	βu⁴	ɸu¹

注：① "豆腐"中的"腐"读vu⁶。

序号	376	377	378	379	380	381	382	383
字目	父父母	附	无有无	巫	诬	舞	武	侮
中古音的地位	遇合三上虞奉	遇合三去遇奉	遇合三平虞微	遇合三平虞微	遇合三平虞微	遇合三上虞微	遇合三上虞微	遇合三上虞明
市区	vu⁶		ɦu⁶		u¹	ɦu⁶	ɦu⁶	
市区中	vu⁶	vu⁶	vu⁶	u¹	u¹	vu⁶	vu⁶	vu⁶
市区新	vu⁶	vu⁶/fu⁵	vu⁶	u¹	u¹	vu⁶	vu⁶	vu⁶
真如	vu⁶	vu⁶	vu²		vu²	vu²	vu²	
江湾	βu⁶	βu⁶	βu⁶		βu⁶	βu⁶	βu⁶	
松江	βu⁴	βu⁶	βu²		βu²	βu⁴	βu⁴	
松江新	vu⁶	fu⁵	vu²	u¹	u¹	ɦu⁶	vu⁶	vu⁶
泗泾	βu⁶	βu⁶	βu²		βu²	βu⁶	βu⁶	
奉贤	βu⁶	βu⁶	βu²		βu²	βu⁶	βu⁶	
奉贤新	vu⁶	vu⁶	vu²	vu²	vu²	vu⁶	vu⁶	vu⁶
奉城	βu⁶	βu⁶	βu²		βu⁶	βu⁶	βu⁶	
金山	βu⁶	βu⁶	βu²		βu²	βu⁶	βu⁶	
金山新	vu⁶	vu⁶	vu²	u³	vu²	vu⁶	vu⁶	vu⁶
枫泾	βu⁶	βu⁶	βu²		βu²	βu⁶	βu⁴	
青浦	βu⁶	βu⁶	βu²		βu²	βu⁶	βu⁶	
青浦新	vu⁶	fu⁵	ɦu⁶	u¹	u¹	ɦu⁶	ɦu⁶	ɦu⁶
莘庄	βu⁶	βu⁶	βu²		βu²	βu⁶	βu⁶	
闵行新	vu²	vu²	vu²		u¹	vu²	vu²	ɦu²
川沙	βu⁶	βu²	βu²		βu²	βu²	βu²	
川沙新	vu⁶	vu⁶			u¹	ɦu⁶	ɦu⁶	ɦu⁶
高桥	βu⁶	βu⁶	βu⁶		u¹	βu⁶	βu⁶	
三林	βu⁶	βu⁶	βu²		βu²	βu⁶	βu⁶	
周浦	βu⁶	βu⁶	βu²		βu²	βu²	βu⁶	
南汇	βu⁶	βu⁶	βu²		βu⁶	βu⁶	βu⁶	
南汇新		ʋəʔ⁸	ʋu⁶		u¹	u³	u³	
嘉定	vu⁶	vu²	vu²		vu²	vu⁶	vu⁶	
嘉定新	vu⁶	fu⁵	ɦu²	ɦu²	ɦu²	u⁵	u⁵	u⁵
宝山		fu¹	vu⁵	vu⁵	vu⁵	ɦu⁶	ɦu⁶	ɦu⁶
宝山新	vu⁶	fu⁵	vu⁶	vu⁶	vu⁶	vu⁶	vu⁶	vu⁶
崇明	vu⁶	vu⁶	n̩²/vu⁴		u¹	vu⁴	vu⁴	
崇明新	fu⁵	fu⁵	ŋ²	u¹	u⁴²	fu³	u³	u¹
堡镇	vu⁶	vu⁶	n̩²/vu⁴		u¹	vu⁴	vu⁴	
练塘	βu⁴	βu⁶	βu²		βu²	βu⁴	βu⁴	

序号	384	385	386	387	388	389	390	391
字目	鹉	务	雾	缕	屡	趋	取	娶
中古音的地位	遇合三去遇微	遇合三去遇微	遇合三去遇微	遇合三上遇来	遇合三去遇来	遇合三平虞清	遇合三上虞清	遇合三上虞清
市区						tɕʰy¹	tɕʰy⁵	tɕʰy⁵
市区中	vu⁶	vu⁶	vu⁶	ly⁶	ly⁶	tɕʰy¹	tɕʰy⁵	tɕʰy⁵
市区新	vu⁶	vu⁶	vu⁶	ly⁶	ly⁶	tɕʰy¹	tɕʰy⁵	tɕʰy⁵
真如		vu²	vu²		li¹	tsʰi¹/tsʰy¹	tsʰi⁵	tsʰi⁵
江湾		βu⁶	βu⁶		ly⁶	tɕʰy¹	tsʰy⁵	tsʰy⁵
松江		βu⁶	βu⁶		ly⁶	tsʰy¹	tsʰy⁵	tsʰy⁵
松江新	vu⁶	u⁵	fiu⁶	lɤᵚ⁶	ly⁶	tɕy¹	tɕy³	tɕʰy³
泗泾		βu⁶	βu⁶		ly⁶	tsʰy¹	tsʰy⁵	tsʰy³
奉贤		βu⁶	βu⁶		ly³	cʰy¹	cʰy³	cʰy³
奉贤新	vu⁶	vu⁶	vu⁶	ly⁶		tɕʰy¹	tɕʰy³	tɕʰy³
奉城		βu⁶	βu⁶		ly³	cʰy¹	cʰy³	cʰy³
金山		βu⁶	βu⁶		ly³	tsʰy¹	tsʰy³	tsʰy³
金山新	vu⁶	vu⁶	vu⁶	ly⁶	ly⁶	tɕʰy¹	tɕʰy³	tɕʰy³
枫泾		βu⁶	βu⁶		ly³	tsʰy⁵	tsʰy³	tsʰy³
青浦		βu⁶	βu⁶		ly⁶/ly³	tsʰy¹	tsʰy³	tsʰy³
青浦新	fiu⁶	fiu⁶	fiu⁶	ly⁶	ly⁶	tɕʰy¹	tɕʰy³	tɕʰy³
莘庄		βu⁶	βu⁶		ly³	tsʰy¹	tsʰy³	tsʰy³
闵行新	u³	fiu²	fiu²	lyə?⁸	ly²	tɕʰy¹	tɕʰy³	tɕʰy³
川沙		βu²	βu²		ly¹	tsʰy¹	tsʰy³	tsʰy³
川沙新		fiu⁶	fiu⁶			tɕʰy¹	tɕʰy³	tɕʰy³
高桥		βu⁶	βu⁶		ly¹		tsʰy³	tsʰy³
三林		βu⁶	βu⁶		ly¹	tsʰy¹	tsʰy³	tsʰy³
周浦		βu⁶	βu⁶		ly¹	tsʰy¹	tsʰy³	tsʰy³
南汇		βu⁶	βu⁶		ly¹	tsʰy¹	tsʰy³	tsʰy³
南汇新	u³	ʋu⁶	ʋu⁶			tɕʰy¹	tɕʰy³	tɕʰy³
嘉定		vu⁶	vu⁶		ly⁵	tsʰy¹	tsʰy⁵	tsʰy⁵
嘉定新	u⁵	u⁵	u⁵	lø⁶	ly⁶	tɕhy¹	tɕʰy⁵	tɕʰy⁵
宝山	fiu⁶	fiu⁶	fiu⁶	ly⁶	ly⁶	tɕʰy¹	tɕʰy⁵	tɕʰy⁵
宝山新	vu⁶	fiu⁶	fiu⁶	ly⁶	ly⁶	tɕʰy¹	tɕʰy⁵	tɕʰy⁵
崇明		vu⁶	vu⁶		li³	tɕʰi¹	tɕʰi³	tɕʰi³
崇明新	u³	u⁶	u⁶	li³	li³	tɕʰy¹	tɕʰy³	tɕʰy³
堡镇		vu⁶	vu⁶		li³	tɕʰi¹	tɕʰi³	tɕʰi³
练塘		βu⁶	βu⁶		løʏ³	tsʰy¹	tsʰy³	tsʰy³

序号	392	393	394	395	396	397	398	399
字目	趣	聚	需	须必须	须胡须	蛛	株	驻
中古音的地位	遇合三去遇清	遇合三上遇从	遇合三平虞心	遇合三平虞心	遇合三平虞心	遇合三平虞知	遇合三平虞知	遇合三去遇知
市区		zy⁶	ɕy¹	ɕy¹	ɕy¹	tsʅ¹	tsʅ¹	
市区中	tɕʰy⁵	dzy⁶	ɕy⁵	ɕy⁵	ɕy⁵	tsʅ¹	tsʅ¹	tsʅ⁵
市区新	tɕʰy⁵	dzy⁶	ɕy⁵	ɕy⁵	ɕy⁵	tsʅ¹	tsʅ¹	tsʅ⁵
真如	tsʰi⁵	zi⁶	si¹	si¹	si¹	tsʅ¹	tsʅ¹	tsʅ⁵
江湾	tsʰy⁵	zy⁶	sy¹	sy¹	sy¹	tsʅ¹	tsʅ¹	tsʅ⁵
松江	tsʰy⁵	zy⁴	sy¹	sy¹	sy¹	tsy¹	tsy¹	tsy⁵
松江新	tɕʰy⁵	dzy⁶	ɕy¹	ɕy¹	ɕy¹	tɕy¹	tsu¹	zo⁶
泗泾	tsʰy⁵	zy⁶	sy¹	sy¹	sy¹	tsy¹	tsy¹	tsy⁵
奉贤	cʰy⁵	ʑy⁶	ɕy¹	ɕy¹	ɕy¹	ʔɟy¹	ʔɟy¹	ʔɟy¹
奉贤新	tɕʰy⁵	dʑy⁶	ɕy¹	ɕy¹	ɕy¹	tɕy¹	tɕy̌¹	tɕy³
奉城	cʰy⁵	ʑy⁶	ɕy¹	ɕy¹	ɕy¹	ʔɟy¹	ʔɟy¹	ʔɟy¹
金山	tsʰy⁵	zy⁶	sy¹	sy¹	sy¹	tsy¹	tsy¹	tsʰy⁵
金山新	tɕʰy⁵	dzy⁶	ɕy¹	ɕy¹	ɕy¹	tɕy¹	tɕy¹	tɕy¹
枫泾	tsʰy³	zy⁴	sy¹	sy¹	sy¹	tsy¹	tsy¹	tsʰy⁵
青浦	tsʰy⁵	zy⁶	sy¹	sy¹	sy¹	tsy¹	tsy¹	tsy⁵
青浦新	tɕʰy⁵	dʑy⁶	ɕy¹	ɕy¹	ɕy¹	tsy¹	tsy¹	zy⁶
莘庄	tsʰy⁵	zy⁶	sy¹	sy¹	sy¹	tsy¹	tsy¹	tsy¹
闵行新	tɕʰy⁵	dʑy²	ɕy¹	ɕy¹	ɕy¹	tsu¹	tsu¹	tsu⁵
川沙	tsʰy⁵	zy²	sy¹	sy¹	sy¹	tsy¹	tsy¹	tsy⁵
川沙新	tɕʰy⁵	dʑy⁶	ɕy¹	ɕy¹	ɕy¹			
高桥	tsʰy³	zy²	sy¹	sy¹	sy¹	tsʅ¹	tsʅ¹	tsʅ⁵
三林	tsʰy⁵	zy²	sy¹	sy¹	sy¹	tsy¹	tsy¹	tsy⁵
周浦	tsʰy⁵	zy⁶	sy¹	sy¹	sy¹	tsy¹	tsy¹	tsʰy⁵
南汇	tsʰy⁵	zy⁶	sy¹	sy¹	sy¹	tsy¹	tsy¹	tsʰy⁵
南汇新	tɕʰy⁵	dʑy⁶	ɕy¹	ɕy¹	ɕy¹	tɕy¹		tsu⁵
嘉定	tsʰy⁵	zy⁶	sy¹	sy¹	sy¹	tsɿ¹	tsɿ¹	tsɿ⁵
嘉定新	tɕʰy⁵	dzy⁶	ɕy¹	ɕy¹	ɕy¹	tsʅ¹	tsʅ¹	tsʅ⁵
宝山	tsʰy⁵	ʑy⁶	ɕy¹	ɕy¹	ɕy¹	tsʅ¹	tsʅ¹	tsu¹
宝山新	tɕʰy⁵	dʑy⁶	ɕy¹	ɕy¹	ɕy¹	tsʅ¹	tsʅ¹	zʅ⁶
崇明	tɕʰi⁵	dzi⁴	ɕi¹	ɕi¹	ɕi¹	tsʅ¹	tsʅ¹	tsʅ⁵
崇明新	tɕʰi⁵	dʑy⁶	ɕy¹	ɕy¹	ɕy¹	tsʅ¹	tsʅ¹	tsʅ⁵
堡镇	tɕʰi⁵	dzi⁴	ɕi¹	ɕi¹	ɕi¹	tsʅ¹	tsʅ¹	tsʅ⁵
练塘	tsʰy⁵	zy⁴	sy¹	sy¹	sy¹	tsy¹	tsy¹	tsy⁵

序号	400	401	402	403	404	405	406	407
字目	注注解	厨	橱	柱	住	数数—数	数数目	朱
中古音的地位	遇合三去遇知	遇合三平虞澄	遇合三平虞澄	遇合三上虞澄	遇合三去遇澄	遇合三上虞生	遇合三去遇生	遇合三平虞章
市区		$z\gamma^6$		$z\gamma^6$	$z\gamma^6$	su^5	su^5	$ts\gamma^1$
市区中	$ts\gamma^5$	$z\gamma^6$	$z\gamma^6$	$z\gamma^6$	$z\gamma^6$	su^5	su^5	$ts\gamma^1$
市区新	$ts\gamma^5$	$z\gamma^6$	$sz\gamma^6$	$sz\gamma^6$	$sz\gamma^6$	su^5	su^5	$ts\gamma^1$
真如	$ts\gamma^5$	$z\gamma^2$		$z\gamma^6$	$z\gamma^6$	su^5	su^5	$ts\gamma^1$
江湾	$ts\gamma^5$	$z\gamma^6$		$z\gamma^6$	$z\gamma^6$	su^5	su^5	$ts\gamma^1$
松江	tsy^5	zy^2		zy^4	zy^6	su^3	su^5	tsy^1
松江新	$ts\gamma^5$	zy^2	zy^2	zy^6	zy^6	ςy^3	so^5	$t\varsigma y^1$
泗泾	tsy^5	zy^2		zy^6	zy^6	su^3	su^5	tsy^1
奉贤	$ʔɟy^5$	zy^2		zy^6	zy^6	su^3	su^5	$ʔɟy^1$
奉贤新	$t\varsigma y^3$	$dʑy^2$	$dʑy^2$	$dʑy^2$	$dʑy^6$	ςy^3	su^5	$t\varsigma y^1$
奉城	$ʔɟy^5$	zy^2		zy^6	zy^6	su^3	su^5	$ʔɟy^1$
金山	tsy^5	zy^2		zy^6	zy^6	su^5	su^5	tsy^1
金山新	$t\varsigma y^5$	$ʑy^2$	$ʑy^2$	$dʑy^6$	$dʑy^6$	ςy^3	su^5	$t\varsigma y^1$
枫泾	tsy^5	zy^2		zy^6	zy^6	su^3	su^5	tsy^1
青浦	tsy^5	zy^2		zy^6	zy^6	su^3	su^5	tsy^1
青浦新	tsy^5	zy^2	zy^2	zy^6	zy^6	sy^3	su^5	tsy^1
莘庄	tsy^5	zy^2		zy^6	zy^6	sy^3	su^5	tsy^1
闵行新	tsu^5	$z\gamma^2$	$z\gamma^2$	$z\gamma^2$	$ʑy^2$	ςy^3	su^5	$t\varsigma y^1$
川沙	tsy^5	zy^2		zy^2	zy^6	sy^3	sy^5	tsy^1
川沙新	$ts\gamma^5$	$z\gamma^6$	$z\gamma^6$	$z\gamma^6$	$z\gamma^6$	$s\gamma^3$	$s\gamma^5$	$ts\gamma^1$
高桥	$ts\gamma^5$	$z\gamma^6$		$z\gamma^6$	$z\gamma^6$	su^5	su^5	$ts\gamma^1$
三林	tsy^5	zy^2		tsy^5	zy^6	sy^3	sy^3	tsy^1
周浦	tsy^5	zy^2		zy^6	zy^6	su^5	su^5	tsy^1
南汇	tsy^5	zy^2		zy^6	zy^6	su^3	su^5	tsy^1
南汇新	$t\varsigma y^5$	zy^6	zy^6	tsu^5	$z\gamma^6$	$s\gamma^3$	su^5	$ts\gamma^1$
嘉定	$tsɥ^5$	$zɥ^2$		$zɥ^6$	$zɥ^6$	su^5	su^5	$tsɥ^1$
嘉定新	$ts\gamma^5$	$z\gamma^2$	$z\gamma^2$	dzu^6	$z\gamma^6$	su^5	su^5	$ts\gamma^1$
宝山	tsu^1	$z\gamma^6$	$z\gamma^6$	tsu^1	$z\gamma^6$	su^5	su^5	$ts\gamma^1$
宝山新	$z\gamma^6$	$z\gamma^6$	$z\gamma^6$	$z\gamma^6$	$z\gamma^6$	su^5	su^5	$ts\gamma^1$
崇明	$ts\gamma^5$	$dz\gamma^2$		$dz\gamma^4$	$dz\gamma^6$	su^3	su^5	$ts\gamma^1$
崇明新	$ts\gamma^5$	$dz\gamma^2$	$dz\gamma^2$	$dz\gamma^6$	$dz\gamma^6$	su^3	su^5	$ts\gamma^1$
堡镇	$ts\gamma^5$	$dz\gamma^2$		$dz\gamma^4$	$dz\gamma^6$	su^3	su^5	$ts\gamma^1$
练塘	tsy^5	zy^2		zy^4	zy^6	su^1	su^5	tsy^1

序号	408	409	410	411	412	413	414	415
字目	珠	主	注注意	蛀	铸	输输赢	输运输	殊
中古音的地位	遇合三平虞章	遇合三上虞章	遇合三去遇章	遇合三去遇章	遇合三去遇章	遇合三平虞书	遇合三去遇书	遇合三平虞禅
市区	tsʅ¹	tsʅ⁵	tsʅ⁵	tsʅ⁵	tsʅ⁵	sʅ¹	sʅ¹	zʅ⁶
市区中	tsʅ¹	tsʅ⁵	tsʅ⁵	tsʅ⁵	tsʅ⁵	sʅ¹	sʅ¹	zʅ⁶
市区新	tsʅ¹	tsʅ⁵	tsʅ⁵	tsʅ⁵	tsʅ⁵	sʅ¹	sʅ¹	zʅ⁶
真如	tsʅ¹	tsʅ³	tsʅ⁵	tsʅ³	tsʅ⁵	sʅ³	sʅ¹	zʅ²
江湾	tsʅ¹	tsʅ⁵	tsʅ⁵	tsʅ⁵	tsʅ⁵	sy¹	sy¹	zʅ⁶
松江	tsy¹	tsy³	tsy⁵	tsy⁵	tsy⁵	sy¹	sy¹	zy²
松江新	tɕy¹	tsy³	tsʅ⁵	tɕy⁵	tsʅ⁵	ɕy¹	ɕy⁵	so¹
泗泾	tsy¹	tsy³	tsy⁵	tsy⁵	tsy⁵	sy¹	sy¹	zy²
奉贤	ʔɟy¹	ʔɟy³	ʔɟy⁵	ʔɟy⁵	ʔɟy⁵	ɕy¹	ɕy¹	zy⁶
奉贤新	tɕy³	tɕy¹	tɕy³	tɕy³	tɕy³	ɕy³	ɕy³	ɕy¹/sʅ¹
奉城	ʔɟy¹	ʔɟy³	ʔɟy⁵	ʔɟy⁵	ʔɟy⁵	ɕy¹	ɕy¹	zy⁶
金山	tsy¹	tsy³	tsy⁵	tsy⁵	tsy⁵	sy¹	sy¹	zy²
金山新	tɕy¹	tɕy³	tɕy⁵	tɕy⁵	tɕy⁵	ɕy¹	ɕy¹	zy²
枫泾	tsy¹	tsy³	tsy⁵	tsy⁵	tsy⁵	sy¹	sy¹	zy²
青浦	tsy¹	tsy³	tsy⁵	tsy⁵	tsy⁵	sy¹	sy¹	zy²
青浦新	tsy¹	tsy³	tsy⁵	tsy⁵	zy⁶	sy¹	sy¹	zy²
莘庄	tsy¹	tsy³	tsy⁵	tsy⁵	tsy⁵	sy¹	sy⁵	zy²
闵行新	tɕy¹	tɕy⁵	tsʅ³	dʑy²	dʑy²	ɕy¹	ɕy¹	zy²
川沙	tsy¹	tsy³	tsy⁵	tsy⁵	tsy⁵	sy¹	sy¹	zy²
川沙新	tsʅ¹	tsʅ³	tsʅ⁵	tsʅ⁵		sʅ¹	sʅ¹	zʅ⁶
高桥	tsʅ¹	tsʅ³	tsʅ⁵	tsʅ⁵	tsʅ⁵	sʅ¹	sʅ¹	
三林	tsy¹	tsy³	tsy⁵	tsy⁵	tsy⁵	sy¹	sy¹	zy²
周浦	tsy¹	tsy³	tsy⁵	tsy⁵	tsy⁵	sy¹	sy¹	zy²
南汇	tsy¹	tsy³	tsy⁵	tsy⁵	tsy⁵	sy¹	sy¹	zy²
南汇新	tsʅ¹	tsʅ³	tɕy⁵	tsʅ⁵	tsu⁵	sʅ¹	sʅ¹	zʅ⁶
嘉定	tsɥ¹	tsɥ⁵	tsɥ⁵	tsɥ⁵	tsɥ⁵	sɥ¹	sɥ¹	zɥ²
嘉定新	tsʅ¹	tsʅ³	zʅ⁶	zʅ⁶	zʅ⁶	sʅ¹	sʅ¹	zʅ²
宝山	tsʅ¹	tsʅ³	tsʅ⁵	tsʅ⁵	tsʅ⁵	sʅ¹	sʅ¹	zʅ⁶
宝山新	tsʅ¹	tsʅ³	tsʅ⁵	tsʅ⁵	tsʅ⁵	sʅ¹	sʅ¹	zʅ⁵
崇明	tsʅ¹	tsʅ³	tsʅ⁵	tsʅ⁵	tsʅ⁵	sʅ¹	sʅ¹	dzʅ²
崇明新	tsʅ¹	tsʅ³	tsʅ⁵	tsʅ⁵	dzʅ⁶	sʅ¹	sʅ¹	sʅ¹
堡镇	tsʅ¹	tsʅ³	tsʅ⁵	tsʅ⁵	tsʅ⁵	sʅ¹	sʅ¹	dzʅ²
练塘	tsy¹	tsy¹	tsy⁵	tsy⁵	tsy⁵	sy¹	sy¹	zy²

序号	416	417	418	419	420	421	422	423
字目	竖	树树立	树树林	儒	乳	拘	驹	句
中古音的地位	遇合三上虞禅	遇合三去遇禅	遇合三去遇禅	遇合三平虞日	遇合三上虞日	遇合三平虞见	遇合三平虞见	遇合三去遇见
市区	$z\text{ŋ}^6$	$z\text{ŋ}^6$	$z\text{ŋ}^6$	$z\text{ŋ}^6/lu^6$	$z\text{ŋ}^6/lu^6$	$t\text{ɕ}y^1$		$t\text{ɕ}y^5$
市区中	$z\text{ŋ}^6$	$z\text{ŋ}^6$	$z\text{ŋ}^6$	$z\text{ŋ}^6$	$z\text{ŋ}^6$	$t\text{ɕ}y^1$	$t\text{ɕ}y^1$	$t\text{ɕ}y^5$
市区新	$z\text{ŋ}^6$	$z\text{ŋ}^6$	$z\text{ŋ}^6$	$z\text{ŋ}^6$	$z\text{ŋ}^6$	$t\text{ɕ}y^1$	$t\text{ɕ}y^1$	$t\text{ɕ}y^5$
真如	$z\text{ŋ}^6$	$z\text{ŋ}^6$	$z\text{ŋ}^6$	$z\text{ŋ}^2$	$z\text{ŋ}^6$	$t\text{ɕ}i^1$		$t\text{ɕ}i^5$
江湾	$z\text{ŋ}^6$	$z\text{ŋ}^6$	$z\text{ŋ}^6$	$z\text{ŋ}^6$	$z\text{ŋ}^6$	$t\text{ɕ}y^1$		$t\text{ɕ}y^5$
松江	zy^4	zy^6	zy^6	zy^2	zy^4	$t\text{ɕ}y^1$		$t\text{ɕ}y^5$
松江新	$\text{ʑ}y^6$	$\text{ʑ}y^6$	$\text{ʑ}y^6$	$\text{ʑ}y^2$	$\text{ʑ}y^6$	$t\text{ɕ}y^1$	$t\text{ɕ}y^1$	$t\text{ɕ}y^5$
泗泾	zy^6	zy^6	zy^6	zy^2	zy^6	$t\text{ɕ}y^1$		$t\text{ɕ}y^5$
奉贤	$\text{ʑ}y^6$	$\text{ʑ}y^6$	$\text{ʑ}y^6$	$\text{ʑ}y^2$	$\text{ʑ}y^2$	$ʔɟy^1$		$ʔɟy^5$
奉贤新	$\text{ʑ}y^6$	$\text{ʑ}y^6$	$zy^6/z\text{ŋ}^6$	lu^2	$\text{ʑ}y^6$	$t\text{ɕ}y^3$	$t\text{ɕ}y^3$	$t\text{ɕ}y^5$
奉城	$\text{ʑ}y^6$	$\text{ʑ}y^6$	$\text{ʑ}y^6$	$\text{ʑ}y^6$	$\text{ʑ}y^6$	$ʔɟy^1$		$ʔɟy^5$
金山	zy^6	zy^6	zy^6	zy^2	zy^6	$t\text{ɕ}y^1$		$t\text{ɕ}y^5$
金山新	$\text{ʑ}y^6$	$\text{ʑ}y^6$	$\text{ʑ}y^6$		$lu^6/\text{ʑ}ʔ^8$	$t\text{ɕ}y^1$		$t\text{ɕ}y^5$
枫泾	zy^4	zy^6	zy^6	zy^2	$z\text{ŋ}^6/zy^6$	$t\text{ɕ}y^1$		$t\text{ɕ}y^5$
青浦	zy^6	zy^6	zy^6	zy^6	zy^6	$t\text{ɕ}y^1$		$t\text{ɕ}y^5$
青浦新	zy^6	zy^6	zy^6	zy^6	zy^6	$t\text{ɕ}y^1$	$t\text{ɕ}y^1$	$t\text{ɕ}y^5$
莘庄	zy^6	zy^6	zy^6	zy^2	zy^6	cy^1		cy^5
闵行新	$\text{ʑ}y^2$	$\text{ʑ}y^2$	$\text{ʑ}y^2$	lu^2	lu^2	$t\text{ɕ}y^1$	$t\text{ɕ}y^1$	$t\text{ɕ}y^5$
川沙	zy^2	zy^6	zy^6	zy^6	zy^2	$t\text{ɕ}y^1$		$t\text{ɕ}y^5$
川沙新	$z\text{ŋ}^6$	$z\text{ŋ}^6$	$z\text{ŋ}^6$		$z\text{ŋ}^6$	$t\text{ɕ}y^1$		$t\text{ɕ}y^5$
高桥	$z\text{ŋ}^6$	$z\text{ŋ}^6$	$z\text{ŋ}^6$	$z\text{ŋ}^6$	$z\text{ŋ}^6$	$t\text{ɕ}y^1$		$t\text{ɕ}y^3$
三林	zy^2	zy^6	zy^6	zy^2	zy^2	cy^1		cy^5
周浦	zy^6	zy^6	zy^6	zy^2	$z\text{ŋ}^6$	$t\text{ɕ}y^1$		$t\text{ɕ}y^5$
南汇	zy^6	zy^6	zy^6	zy^2	zy^6	$t\text{ɕ}y^1$		$t\text{ɕ}y^5$
南汇新	$z\text{ŋ}^6$		zy^6		$\text{ɲ}y^6$	$t\text{ɕ}y^1$		$t\text{ɕ}y^5$
嘉定	$z\text{ɻ}^6$	$z\text{ɻ}^6$	$z\text{ɻ}^6$	$z\text{ɻ}^6$	$z\text{ɻ}^6$	$t\text{ɕ}y^1$		$t\text{ɕ}y^5$
嘉定新	$z\text{ŋ}^6$	$z\text{ŋ}^6$	$z\text{ŋ}^6$	lu^2	$z\text{ŋ}^6$	$t\text{ɕ}y^1$	$t\text{ɕ}y^1$	$t\text{ɕ}y^5$
宝山	$z\text{ŋ}^6$	$z\text{ŋ}^6$	$z\text{ŋ}^6$	$z\text{ŋ}^6$	$z\text{ŋ}^6$	$t\text{ɕ}y^1$		$t\text{ɕ}y^5$
宝山新	$s\text{ŋ}^6$	$s\text{ŋ}^6$	$z\text{ŋ}^6$	$\text{ʐ}u^5$	lu^5	$t\text{ɕ}y^1$	$t\text{ɕ}y^1$	$t\text{ɕ}y^5$
崇明	$z\text{ŋ}^4$	$z\text{ŋ}^6$	$z\text{ŋ}^6$	$z\text{ŋ}^6$	$z\text{ŋ}^6$	$t\text{ɕ}y^1$		$t\text{ɕ}y^5$
崇明新	$z\text{ŋ}^6$	$z\text{ŋ}^6$	$z\text{ŋ}^6$		$z\text{ŋ}^6$	$t\text{ɕ}y^1$	$t\text{ɕ}y^1$	$t\text{ɕ}y$
堡镇	$z\text{ŋ}^4$	$z\text{ŋ}^6$	$z\text{ŋ}^6$	$z\text{ŋ}^2$	$z\text{ŋ}^6$	$t\text{ɕ}y^1$		$t\text{ɕ}y^5$
练塘	zy^4	zy^6	zy^6	zy^2	zy^4	$t\text{ɕ}y^1$		$t\text{ɕ}y^5$

序号	424	425	426	427	428	429	430	431
字目	区区域	驱	瞿	具	惧	愚	虞	娱
中古音的地位	遇合三平虞溪	遇合三平虞溪	遇合三平虞群	遇合三去遇群	遇合三去遇群	遇合三平虞疑	遇合三平虞疑	遇合三平虞疑
市区	tɕʰy¹	tɕʰy¹	dʑy⁶	dʑy⁶		ɦy⁶	ɦy⁶/n̠y⁶	ɦy⁶/n̠y⁶
市区中	tɕʰy¹	tɕʰy¹	dʑy⁶	dʑy⁶	dʑy⁶	ɦy⁶	ɦy⁶	ɦy⁶
市区新	tɕʰy¹	tɕʰy¹	dʑy⁶	dʑy⁶	dʑy⁶	ɦy⁶	ɦy⁶	ɦy⁶
真如	tɕʰi¹	tɕʰi¹	dʑi²	dʑi⁶		n̠i²	n̠i²	n̠i²
江湾	tɕʰy¹	tɕʰy¹	dʑy⁶	dʑy⁶		n̠y⁶	ɦy⁶	n̠y⁶/ɦy⁶
松江	tɕʰy¹	tɕʰy¹	dʑy²	dʑy⁶		n̠y²	n̠y²	n̠y²
松江新	tɕʰy¹	tɕʰy¹	dʑy²	dʑy²	dʑy⁶	ɦy²	ɦy²	ɦy²
泗泾	tɕʰy¹	tɕʰy¹	dʑy²	dʑy⁶		n̠y²	n̠y²	n̠y²
奉贤	ɕʰy¹	ɕʰy¹	ɟy⁶	ɟy⁶		n̠y²	n̠y²	n̠y²
奉贤新	tɕʰy¹	tɕʰy¹	dʑy²	dʑy²	dʑy⁶	ɦy²	ɦy²	ɦy²
奉城	ɕʰy¹	ɕʰy¹	ɕy²	zy⁶		n̠y²	n̠y²	n̠y²
金山	tɕʰy¹	tɕʰy¹		dʑy⁶		n̠y²	n̠y²	n̠y²
金山新	tɕʰy¹	tɕʰy¹		dʑy⁶	dʑy⁶	ɦy⁶	ɦy⁶	n̠y⁶
枫泾	tɕʰy¹	tɕʰy¹	dʑy⁶	dʑy⁶		n̠y²	n̠y²	n̠y²
青浦	tɕʰy¹	tɕʰy¹	dʑy²	dʑy⁶		n̠y²	n̠y²	n̠y²
青浦新	tɕʰy¹	tɕʰy¹	dʑy⁶	dʑy⁶	dʑy⁶	n̠y²	ɦy²	n̠y²
莘庄	ɕʰy¹	ɕʰy¹	ɟy²	ɟy⁶		ɲy²	ɲy²	ɲy²
闵行新	tɕʰy¹	tɕʰy³	dʑy²	dʑy²	dʑy²	ɦy²	ɦy²	ɦy²
川沙	tɕʰy¹	tɕʰy¹	dʑy⁶	dʑy⁶		n̠y²	n̠y²	n̠y²
川沙新	tɕʰy¹	tɕʰy¹		dʑy⁶	dʑy⁶			
高桥	tɕʰy¹	tɕʰy¹	dʑy⁶	dʑy⁶		n̠y²	n̠y²	n̠y²
三林	ɕʰy¹	ɕʰy¹	ɟy²	ɟy⁶		ɲy²	ɦy²	βu²
周浦	tɕʰy¹	tɕʰy¹	dʑy⁶	dʑy⁶		n̠y²	n̠y²	n̠y²
南汇	tɕʰy¹	tɕʰy¹	dʑy⁶	dʑy⁶		n̠y²	n̠y²	n̠y²
南汇新	tɕʰy¹	tɕʰy¹	zy⁶	dʑy⁶		ɦy⁶	ɦy⁶	ɦy⁶
嘉定	tɕʰy¹	tɕʰy¹	dʑy²	dʑy⁶		n̠y²	n̠y²	n̠y²
嘉定新	tɕʰy¹	tɕʰy¹	dʑy²	dʑy²	dʑy⁶	ɦy²	ɦy²	ɦy²
宝山	tɕʰy¹	tɕʰy¹	tɕʰy¹	dʑy⁶	dʑy⁶	y⁵	y⁵	y⁵
宝山新	tɕʰy¹	tɕʰy¹	dʑy²	dʑy⁶	dʑy⁶	y⁵	y⁵	y⁵
崇明	tɕʰy¹	tɕʰy¹	dʑy²/dʑi²	dʑy⁶		n̠i²	n̠i²	n̠y²/n̠i²
崇明新	tɕʰy¹	tɕʰy¹	dʑi²	dʑy⁶	tɕy⁵①	i²	i²	y²
堡镇	tɕʰy¹	tɕʰy¹	dʑy²/dʑi²	dʑy⁶		n̠i²	n̠i²	n̠y²/n̠i²
练塘	tɕʰy¹	tɕʰy¹	dʑy²	dʑy⁶		n̠y²	n̠y²	n̠y²

注：① 较少使用。

序号	432	433	434	435	436	437	438	439
字目	遇	寓	于姓	盂	雨	羽	宇	禹
中古音的地位	遇合三去遇疑	遇合三去遇疑	遇合三平虞云	遇合三平虞云	遇合三上麌云	遇合三上麌云	遇合三上麌云	遇合三上麌云
市区	ɦy⁶	ɦy⁶/ȵy⁶	ɦy⁶	ɦy⁶	ɦy⁶	ɦy⁶	ɦy⁶	ɦy⁶
市区中	ɦy⁶	ɦy⁶	ɦy⁶	ɦy⁶	ɦy⁶	ɦy⁶	ɦy⁶	ɦy⁶
市区新	ɦy⁶	ɦy⁶	ɦy⁶	ɦy⁶	ɦy⁶	ɦy⁶	ɦy⁶	ɦy⁶
真如	ȵi⁶	ȵi⁶	ɦi²	ɦi²	ɦi⁶	ɦi⁶	ɦi⁶	ɦi⁶
江湾	ȵy⁶	ȵy⁶	ɦy⁶	ɦy⁶	ɦy⁶	ɦy⁶	ɦy⁶	ɦy⁶
松江	ȵy⁶	ȵy⁶	ɦy²	ɦy²	ɦy⁴	ɦy⁴	ɦy⁴	ɦy⁴
松江新	y⁵	ɦy⁶	ɦy²	ɦy²	ɦy⁶	ɦy⁶	ɦy⁶	ɦy⁶
泗泾	ȵy⁶	ȵy⁶	ɦy²	ɦy²	ɦy⁶	ɦy⁶	ɦy⁶	ɦy⁶
奉贤	ȵy⁶	ȵy⁶	ɦy²	ɦy²	ɦy⁶	ɦy⁶	ɦy⁶	ɦy⁶
奉贤新	ɦy⁶	ɦy⁶	ɦy²	ɦy²	ɦy⁶	ɦy⁶	ɦy⁶	ɦy⁶
奉城	ȵy⁶	ȵy⁶	ɦy²	ɦy²	ɦy⁶	ɦy⁶	ɦy⁶	ɦy⁶
金山	ȵy⁶	ȵy⁶	ɦy²	ɦy²	y³	ɦy⁶	ɦy⁶	ɦy⁶
金山新	ȵy⁶	ȵy⁶	ɦy²	ɦy⁶	y³	y³	y³	y³
枫泾	ȵy⁶	ȵy⁶	ɦy²	ɦy²	y³	y³	y³	y³
青浦	ȵy⁶	ȵy⁶	ɦy²	ɦy²	ɦy⁶	ɦy⁶	ɦy⁶	ɦy⁶
青浦新	ȵy⁶	ȵy⁶	ɦy²	ɦy²	ɦy⁶	ɦy⁶	ɦy⁶	ɦy⁶
莘庄	ȵy⁶	ȵy⁶	ɦy²	ɦy²	ɦy⁶	ɦy⁶	ɦy⁶	ȵy⁶
闵行新	ɦy²	ɦy²	ɦy²	ɦy²	ɦy²	ɦy²	ɦy²	ɦy²
川沙	dzy⁶	ȵy²	ɦy²	ɦy²	ɦy²	ɦy²	ɦy²	ɦy²
川沙新		y⁵	ɦy²	ɦy⁶	ɦy⁶	ɦy⁶		
高桥	ȵy⁶	ȵy⁶	ɦy²	ɦy²	ɦy⁶	ɦy⁶	ɦy⁶	ɦy⁶
三林	ȵy⁶	ȵy⁶	ɦy²	ɦy²	ɦy²	ɦy²	ɦy²	ɦy²
周浦	ȵy⁶	ȵy⁶	ɦy²	ɦy²	ɦy⁶	ɦy⁶	ɦy⁶	ɦy⁶
南汇	ȵy⁶	ȵy⁶	ɦy²	ɦy²	ɦy²	ɦy²	ɦy²	ɦy²
南汇新		ɦy⁶		y³	ɦy⁶	ɦy⁶	ɦy⁶	
嘉定	ȵy⁵	ȵy⁵	ɦy²	ɦy²	ɦy⁶	ɦy⁶	ɦy⁶	ɦy⁶/ȵy⁶
嘉定新	ɦy⁶	ɦy⁶	ɕy²	ɕy²	y⁶	y⁶	y⁶	y⁶
宝山	y⁵	y⁵	y⁵	y⁵	y⁵	y⁵	y⁵	y⁵
宝山新	y⁵	y⁵	y⁵	y⁵	y⁶	y⁶	y⁶	y⁶
崇明	ȵy⁶	ŋɵ⁶	ɦy²	ɦy²	ɦi⁴	y³	ɦy⁶	y³
崇明新	①	y⁶	y²	i¹	i⁶	y⁶	y⁶	y²
堡镇	ȵy⁶	ŋɵ⁶	ɦy²	ɦy²	ɦi⁴	y³	ɦy⁶	y³
练塘	ȵy⁶	ȵy⁶	ɦy²	ɦy²	ɦy⁴	ɦy⁴	ɦy⁴	ɦy⁴

注：① 说"碰到"。

序号	440	441	442	443	444	445	446	447
字目	榆	愉	愈	裕	喻	戴	胎	贷
中古音的地位	遇合三平虞以	遇合三平虞以	遇合三上虞以	遇合三去遇以	遇合三去遇以	蟹开一去代端	蟹开一平哈透	蟹开一去代透
市区	ɦy⁶	ɦy⁶	ɦy⁶	ɦy⁶	ɦy⁶	tᴀ⁶/tᴇ⁶	tʰᴇ¹	
市区中	ɦy⁶	ɦy⁶	ɦy⁶	ɦy⁶	ɦy⁶	tᴀ⁵	tʰᴇ¹	dᴇ⁶
市区新	ɦy⁶	ɦy⁶	ɦy⁶	ȵy⁶	ɦy⁶	tᴀ⁵/tᴇ⁵	tʰᴇ¹	dᴇ⁶
真如	ɦi²	ɦi²	ɦi⁶	ɦi⁶	ɦi⁶	ʔdɛ⁵	tʰɛ¹	
江湾	ɦy⁶	ɦy⁶	ɦy⁶	ɦy⁶	ɦy⁶	ʔdɛ⁵	tʰɛ¹	
松江	ɦy²	ɦy²	ɦy⁴	ɦy⁶	ɦy⁶	ʔdɛ⁵	tʰe¹	
松江新	ɦy²	ɦy²	ɦy³	y⁵	y⁵	dɛ⁶	tʰɛ¹	dɛ⁶
泗泾	ɦy²	ɦy²	ɦy⁶	ɦy⁶	ɦy⁶	ʔdɛ⁵	tʰe¹	
奉贤	ɦy²	ɦy²	ɦy⁶	ɦy⁶	ɦy⁶	ʔdɑ⁵/ʔdɛ⁵	tʰe¹	
奉贤新	ɦy²	ɦy²	ɦy²	ɦy²	ɦy²	ʔdɛ⁶	tʰe¹	dɛ⁶
奉城	ɦy²	ɦy²	ɦy⁶	ɦy⁶	ɦy⁶	ʔdɑ⁵/ʔdɛ⁵	tʰe¹	
金山	ɦy²	ɦy²	ɦy⁶	ɦy⁶	ɦy⁶	ʔdɛ⁵	tʰe¹	
金山新	ɦy²	ɦy²	ɦy²	ɦy²	ɦy²	tᴀ⁵	tʰɛ¹	dɛ⁵
枫泾	ɦy²	ɦy²	ɦy⁶	ɦy⁶	ɦy⁶	tɛ⁵	tʰɛ¹	
青浦	ɦy²	ɦy²	ɦy⁶	ɦy⁶	ɦy⁶	ʔdɛ⁵	tʰᴇ¹	
青浦新	ɦy²	ɦy²	ɦy⁶	ɦy⁶	ɦy⁶	tᴇ⁵	tʰᴇ¹	dᴇ⁶
莘庄	ɦy²	ɦy²	ɦy⁶	ɦy⁶	ɦy⁶	ʔdɛ⁵	tʰe¹	
闵行新		y²		ɦy²	y¹	tɑ⁵	tʰɛ¹	de²
川沙	ɦy²	ɦy²	ɦy²	ɦy⁶	ɦy²	ʔdᴀ⁵/ʔdɛ⁵	tʰe¹	
川沙新		ɦy⁶		ɦio⁷⁸		ʔdɑ⁵	tʰe¹	dɛ⁶
高桥	ɦy⁶	ɦy⁶	ɦy⁶	ɦy⁶	ɦy⁶	ʔdɛ⁵	tʰe¹	
三林	ɦy²	ɦy²	ɦy²	ɦy⁶	ɦy⁶	tɛ⁵	tʰe¹	
周浦	ɦy²	ɦy²	ɦy²	ɦy⁶	ɦy⁶	ʔdɛ⁵	tʰe¹	
南汇	ɦy²	ɦy²	ɦy²	ɦy⁶	ɦy⁶	ʔdɛ⁵	tʰe¹	
南汇新			ɦy⁶	ɦy⁶	ɦy⁶	ʔdɑ⁵	tʰᴇ¹	dᴇ⁶
嘉定	ɦy²	ɦy²	ɦy²	ɦy⁶	ɦy⁶	tᴇ⁵	tʰe¹	
嘉定新	ɦy²	ɦy²	ɦy²	ɦy⁶	ɦy⁶	tɑ⁵/tᴇ⁵	tʰᴇ¹	dᴇ⁶
宝山	y⁵	y⁵	y⁵	y⁵	y⁵	tᴇ⁵	dᴇ⁶	dᴇ⁶
宝山新	y⁵	y⁵	y⁵	y⁵	y⁵	tᴀ⁵	tʰᴇ¹	dᴇ⁶
崇明	ɦy²	ɦy⁶	ɦy⁶	ɦy⁶	ɦy⁶	tɛ⁵	tʰɛ¹	
崇明新		i⁶		y⁶	ȵi⁶	tɛi⁵①	tʰɛi¹	dɛi⁶
堡镇	ɦy²	ɦy⁶	ɦy⁶	ɦy⁶	ɦy⁶	tɛ⁵	tʰe¹	
练塘	ɦy²	ɦy²	ɦy⁴	ɦy⁶	ɦy⁶	tᴇ⁵	tʰᴇ¹	

注：① 表中为姓氏音，"穿戴" 用tɑ³。

序号	448	449	450	451	452	453	454	455
字目	态	台 戏台	苔	抬	待	怠	代	袋
中古音的地位	蟹开一去代透	蟹开一平哈定	蟹开一平哈定	蟹开一平哈定	蟹开一上海定	蟹开一上海定	蟹开一去代定	蟹开一去代定
市区	t^hE^6	dE^6	t^hE^5	dE^6	dE^6	dE^6	dE^6	dE^6
市区中	t^hE^5	dE^6	dE^6	dE^6	dE^6	dE^6	dE^6	dE^6
市区新	t^hE^5	dE^6	dE^6	dE^6	dE^6	dE^6	dE^6	dE^6
真如	$t^hε^5$	$dε^2$	$t^hε^1$	$dε^2$	$dε^6$	$dε^6$	$dε^6$	$dε^6$
江湾	$t^hε^5$	$dε^6$	$dε^6$	$dε^6$	$dε^6$	$dε^6$	$dε^6$	$dε^6$
松江	$t^hε^5$	de^2	de^2	de^2	de^4	de^4	de^6	de^6
松江新	$t^hε^5$	$dε^2$	$dε^2$	$dε^2$	$dε^6$	$dε^6$	$dε^6$	$dε^6$
泗泾	t^he^5	de^2	de^2	de^2	de^6	de^6	de^6	de^6
奉贤	t^he^3	de^2	de^2	de^2	de^6	de^6	de^6	de^6
奉贤新	t^he^3	de^2	de^2	de^2	de^6	de^6	de^6	de^6
奉城	t^he^3	de^2	de^2	de^2	de^6	de^6	de^6	de^6
金山	$t^hε^5$	$dε^2$	$dε^2$	$dε^2$	$dε^6$	$dε^6$	$dε^6$	$dε^6$
金山新	$t^hε^5$	$dε^2$	$dε^2$	$dε^2$	$dε^6$	$dε^6$	$dε^6$	$dε^6$
枫泾	$t^hε^5$	$dε^2$	$dε^2$	$dε^2$	$dε^6$	$dε^6$	$dε^6$	$dε^6$
青浦	t^hE^5	dE^2	dE^2	dE^2	dE^6	dE^6	dE^6	dE^6
青浦新	t^hE^5	dE^2	t^hE^1	dE^2	dE^6	dE^6	dE^6	dE^6
莘庄	t^he^5	de^2	de^2	de^2	de^6	de^6	de^6	de^6
闵行新	$t^hε^5$	$dε^2$	$dε^2$		$dε^2$	$dε^2$	$dε^2$	$dε^2$
川沙	t^he^5	de^2	de^2/t^he^1	de^2	de^2	de^2	de^2	de^6
川沙新	$t^hε^5$	$dε^6$	$dε^6$	$dε^6$		$dε^6$	$dε^6$	$dε^6$
高桥	t^he^3	de^2	de^6	de^6	de^6	de^6	de^2	de^2
三林	t^he^3	de^2	de^2	de^2	de^2	de^6	de^6	de^6
周浦	t^he^5	de^2	de^2	de^2	de^2	de^6	de^6	de^6
南汇	t^he^5	de^2	de^2	de^2	de^2	de^6	de^6	de^6
南汇新	t^hE^5	dE^6	dE^6	dE^6	dE^6	dE^6	dE^6	dE^6
嘉定	$t^hε^5$	dE^2	$dε^2$	$dε^2$	dE^6	$dε^6$	$dε^6$	$dε^6$
嘉定新	t^hE^5	dE^2	dE^2	dE^2	dE^6	dE^6	dE^6	dE^6
宝山	t^hE^1	dE^6	dE^6	dE^6	tE^5	tE^5	tE^5	tE^5
宝山新	t^hE^5	dE^6	dE^6	dE^6	tE^5	tE^5	tE^5	tE^5
崇明	$t^hε^3$	$dε^2$	$dε^2$	$dε^2$	$dε^4$	$dε^6$	$dε^6$	$dε^6$
崇明新	$t^hεi^5$	$dεi^2$	$dεi^2$	$dεi^2$	$tεi^5$	$tεi^5$	$dεi^6$	$dεi^6$
堡镇	$t^hε^3$	$dε^2$	$dε^2$	$dε^2$	$dε^4$	$dε^6$	$dε^6$	$dε^6$
练塘	t^hE^5	dE^2	dE^2	dE^2	dE^4	dE^6	dE^6	dE^6

序号	456	459	458	459	460	461	462	463
字目	乃	耐	来	灾	栽	宰	载 年载	再
中古音的地位	蟹开一上海泥	蟹开一去代泥	蟹开一平哈来	蟹开一平哈精	蟹开一平哈精	蟹开一上海精	蟹开一上海精	蟹开一去代精
市区	nE^1/nE^6	nE^6	lE^6	tsE^1	tsE^1	tsE^5	tsE^5	tsE^1
市区中	nE^6	nE^6	lE^6	tsE^1	tsE^1	tsE^5	tsE^5	tsE^5
市区新	nE^6	nE^6	lE^6	tsE^1	tsE^1	tsE^5	tsE^5	tsE^5
真如	nE^1	nE^6	lE^2	tsE^1	tsE^1	tsE^5	tsE^5	tsE^1
江湾	nE^6	nE^6	lE^6	tsE^1	tsE^1	tsE^5	tsE^5	tsE^5
松江	nE^4	nE^6	lE^2	tsE^1	tsE^1	tsE^3	tsE^3	tsE^5
松江新	nE^6	nE^6	lE^2	tsE^1	tsE^1	tsE^3	tsE^3	tsE^5
泗泾	nE^6	nE^6	lE^2	tsE^1	tsE^1	tsɛ^3	tsɛ^3	tsE^5
奉贤	nE^3	nE^6	lE^2	tsE^1	tsE^1	tsE^3	tsE^3	tsE^5
奉贤新	na^6	nE^6	lɛ^2/lE^2	tsE^1	tsE^1	tsE^3	tsE^3	tsE^5
奉城	nE^1	nE^6	lE^2	tsE^1	tsE^1	tsE^1	tsE^3	tsE^5
金山	nE^3	nE^6	lE^2	tsE^1	tsɛ^1	tsE^5	tsɛ^5	tsE^5
金山新	na^6	nE^6	lE^2	tsɛ^1	tsɛ^1	tsɛ^3	tsɛ^3	tsɛ^5
枫泾	nE^1	nE^6	lE^2	tsE^1	tsE^1	tsɛ^3	tsɛ^3	tsE^3
青浦	nI^3	nE^6	lE^2	tsE^1	tsE^1	tsE^3	tsE^3	tsE^5
青浦新	nE^6	nE^6	lE^2	tsE^1	tsE^1	tsE^3	tsE^3	tsE^5
莘庄	nE^3	nE^6	lE^2	tsE^1	tsE^1	tsE^3	tsE^5	tsE^5
闵行新	na^2	nE^2	lE^2	tsE^1	tsE^1		tsE^3	
川沙	nE^1	nE^6	lE^2	tsE^1	tsE^1	tsE^1	tsE^3	tsE^1
川沙新		nE^6	lE^2	tsE^1	tsE^1	tsE^3		tsE^5
高桥	lE^6	nE^6	lE^6	tsE^1	tsE^3	tsE^5		tsE^5
三林	nE^6	nE^6	lE^2	tsE^1	tsE^1	tsE^3	tsE^5	tsE^5
周浦	nE^1/nE^2	nE^6	lE^2	tsE^1	tsE^1	tsE^3	tsE^3	tsE^5
南汇	nE^1/nE^2	nE^6	lE^2	tsE^1	tsE^1	tsE^3	tsE^3	tsE^5
南汇新		nE^6	lE^6	tsE^1		tsE^3	tsE^5	tsE^1
嘉定	nE^5	nE^6	lE^2	tsE^1	tsE^1	tsE^5	tsE^5	tsE^5
嘉定新	nE^6	nE^6	lE^2	tsE^1	tsE^1	tsE^5	tsE^5	tsE^5
宝山	nE^5	nE^5	lE^5	tsE^1	tsE^1	tsE^5	tsE^5	tsE^1
宝山新	nE^6	nE^5	lE^5	tsE^1	tsE^1	tsE^5	tsE^5	tsE^5
崇明	nE^1	nE^6	lE^2	tsE^1	tsE^1/tsɿ^1	tsE^3	tsE^5	tsE^5
崇明新	nei^5	nei^6	lei^2	tsei^1	①	tsei^3	tsei^3	tsɛi^5
堡镇	nE^1	nE^6	lE^2	tsE^1	tsE^1/tsɿ^1	tsE^3	tsE^5	tsE^5
练塘	nE^4	nE^6	lE^2	tsE^1	tsE^1	tsE^5	tsE^5	tsE^5

注：① 说"种"。

序号	464	465	466	467	468	469	470	471
字目	载载重	猜	彩	采采摘	[睬]	菜	才才华	财
中古音的地位	蟹开一去代精	蟹开一平咍清	蟹开一上海清	蟹开一上海清	蟹开一上海清	蟹开一去代清	蟹开一平咍从	蟹开一平咍从
市区	tsE⁵	tsʰø¹	tsʰE⁵	tsʰE⁵	tsʰE⁵	tsʰE⁵	zE⁶	zE⁶
市区中	tsE⁵	tsʰE¹	tsʰE⁵	tsʰE⁵	tsʰE⁵	tsʰE⁵	zE⁶	zE⁶
市区新	tsE⁵	tsʰE¹	tsʰE⁵	tsʰE⁵	tsʰE⁵	tsʰE⁵	zE⁶	zE⁶
真如	tsɛ³	tsʰɛ¹	tsʰɛ³	tsʰɛ³	tsʰɛ⁵	tsʰɛ⁵	zɛ²	zɛ²
江湾	tsɛ⁵	tsʰø¹/tsʰɛ¹	tsʰɛ⁵	tsʰɛ⁵	tsʰɛ⁵	tsʰɛ⁵	zɛ⁶	zɛ⁶
松江	tsɛ⁵	tsʰɛ¹	tsʰɛ³	tsʰɛ³	tsʰɛ³	tsʰɛ⁵	zɛ²	zɛ²
松江新	tsɛ⁵	tsʰɛ¹	tsʰɛ³	tsʰɛ³	tsʰɛ³	tsʰɛ⁵	zɛ²	zɛ²
泗泾	tsɛ⁵	tsʰɛ¹	tsʰɛ³	tsʰɛ³	tsʰɛ³	tsʰɛ⁵	zɛ²	zɛ²
奉贤	tsɛ⁵	tsʰø¹	tsʰɛ³	tsʰɛ³	tsʰɛ³	tsʰɛ⁵	zɛ²	zɛ²
奉贤新	tsɛ⁵	tsʰɛ¹	tsʰɛ⁵	tsʰɛ⁵	tsʰɛ⁵	tsʰɛ⁵	zɛ²	zɛ²
奉城	tsɛ⁵	tsʰø¹	tsʰɛ³	tsʰɛ³	tsʰɛ³	tsʰɛ⁵	zɛ²	zɛ²
金山	tsɛ⁵	tsʰø¹	tsʰɛ³	tsʰɛ³	tsʰɛ³	tsʰɛ⁵	zɛ²	zɛ²
金山新	tsɛ³	tsʰɛ¹	tsʰɛ³	tsʰɛ³	tsʰɛ³	tsʰɛ⁵	zɛ²	zɛ²
枫泾	tsɛ³	tsʰø¹	tsʰɛ³	tsʰɛ³	tsʰɛ³	tsʰɛ⁵	zɛ²	zɛ²
青浦	tsE⁵	tsʰø¹	tsʰE³	tsʰE³	tsʰE³	tsʰE⁵	zE²	zE²
青浦新	tsE⁵	tsʰE¹	tsʰE³	tsʰE³	tsʰE³	tsʰE⁵	zE²	zE²
莘庄	tsɛ⁵	tsʰø¹	tsʰɛ³	tsʰɛ³	tsʰɛ³	tsʰɛ⁵	zɛ²	zɛ²
闵行新	tsɛ⁵①	tsʰɛ¹	tsʰɛ³	tsʰɛ³	tsʰɛ³	tsʰɛ⁵	zɛ²	zɛ²
川沙	tsɛ⁵	tsʰø¹	tsʰɛ³	tsʰɛ³	tsʰɛ³	tsʰɛ⁵	zɛ²	zɛ²
川沙新		tsʰɛ¹	tsʰɛ³		tsʰɛ³	tsʰɛ⁵	zɛ⁶	zɛ⁶
高桥		tsʰɛ¹	tsʰɛ³	tsʰɛ³	tsʰɛ³	tsʰɛ⁵	zɛ⁶	zɛ⁶
三林	tsɛ³	tsʰø¹	tsʰɛ³	tsʰɛ³	tsʰɛ³	tsʰɛ⁵	zɛ²	zɛ²
周浦	tsɛ⁵	tsʰɛ¹	tsʰɛ³	tsʰɛ³	tsʰɛ³	tsʰɛ⁵	zɛ²	zɛ²
南汇	tsɛ⁵	tsʰɛ¹	tsʰɛ³	tsʰɛ³	tsʰɛ³	tsʰɛ⁵	zɛ²	zɛ²
南汇新	tsE⁵	tsʰø¹	tsʰE³	tsʰE³		tsʰE⁵	zE⁶	zE⁶
嘉定	tsE⁵	tsʰE¹	tsʰE⁵	tsʰE⁵	tsʰE⁵	tsʰE⁵	zE²	zE²
嘉定新	tsɛE⁵	tsʰɛE¹	tsʰɛE⁵	tsʰɛE⁵	tsʰɛE⁵	tsʰɛE⁵	zɛE²	zɛE²
宝山	tsE¹	tsʰE¹	tsʰE⁵	tsʰE⁵	tsʰE⁵	tsʰE⁵	zE⁶	zE⁶
宝山新	tsE⁵	tsʰE¹	tsʰE⁵	tsʰE⁵	tsʰE⁵	tsʰE⁵	sE⁶	sE⁶
崇明	tsɛ⁵	tsʰɛ¹	tsʰɛ³	tsʰɛ³	tsʰɛ³	tsʰɛ⁵	dzɛ²	dzɛ²
崇明新	tsɛi⁵	tsʰɛi¹	tsʰɛi³	tsʰɛi³	tsʰɛi³	tsʰɛi⁵	dzɛi²	dzɛi²
堡镇	tsɛ⁵	tsʰɛ¹	tsʰɛ³	tsʰɛ³	tsʰɛ³	tsʰɛ⁵	dzɛ²	dzɛ²
练塘	tsE⁵	tsʰø¹	tsʰE³	tsʰE³	tsʰE³	tsʰE⁵	zE²	zE²

注：① 读法似市区话。

序号	472	473	474	475	476	477	478	479
字目	材	裁	在	载满载	腮	鳃	赛	该
中古音的地位	蟹开一平咍从	蟹开一平咍从	蟹开一上海从	蟹开一去代从	蟹开一平咍心	蟹开一平咍心	蟹开一去代心	蟹开一平咍见
市区	zE⁶	zE⁶	zE⁶	tsE⁵			tsE⁵	kE¹
市区中	zE⁶	zE⁶	zE⁶	tsE¹	sE¹	sE¹	sE⁵	kE¹
市区新	zE⁶	zE⁶	zE⁶	tsE¹	sE¹	sE¹	sE⁵	kE¹
真如	zɛ²	zɛ²	zɛ⁶	tsɛ¹			sɛ⁵	kɛ¹
江湾	zɛ⁶	zɛ⁶	zɛ⁶				sɛ⁵	kɛ¹
松江	zɛ²	zɛ²	zɛ⁴	tsʰɛ⁵			sɛ⁵	kɛ¹
松江新	zɛ²	zɛ⁶	zɛ⁶	tsɛ³	sɛ¹	sɛ¹	sɛ⁵	kɛ¹
泗泾	zɛ²	zɛ²	zɛ⁶	tsʰɛ⁵			sɛ⁵	kɛ¹
奉贤	zɛ²	zɛ²	zɛ⁶	tsɛ⁵			sɛ⁵	kɛ¹
奉贤新	zɛ²	zɛ²	zɛ⁶	zɛ⁶	sɛ¹	sɛ¹	sɛ³	kʰɛ¹
奉城	zɛ²	zɛ²	zɛ⁶	tsɛ⁵			sɛ⁵	kɛ¹
金山	zɛ²	zɛ²	zɛ²	tsɛ⁵			sɛ⁵	kɛ¹
金山新	zɛ²	zɛ²	tsɛ⁵	tsɛ³	sɛ¹	sɛ¹	sɛ⁵	kɛ¹
枫泾	zɛ²	zɛ²	zɛ⁴	tsɛ⁵			sɛ⁵	kɛ¹
青浦	zE²	zE²	zE⁶	tsE⁵			sE⁵	kE¹
青浦新	zE²	zE²	zE⁶	tsE⁵	sE¹	sE¹	sE⁵	kE¹
莘庄	zɛ²	zɛ²	zɛ⁶	tsɛ⁵			sɛ⁵	kɛ¹
闵行新	zɛ²	zɛ²			sɛ¹	sɛ¹	sɛ⁵	kɛ¹
川沙	zɛ²	zɛ²	zɛ²	zɛ²			sɛ⁵	kɛ¹
川沙新	zɛ⁶	zɛ⁶				sɤʔ⁷	sɛ⁵	kɛ¹
高桥	zɛ⁶	zɛ⁶	zɛ⁶				sɛ⁵	kɛ³
三林	zɛ²	zɛ²	zɛ²	tsɛ³			sɛ⁵	kɛ¹
周浦	zɛ²	zɛ²	zɛ²	tsɛ⁵			sɛ⁵	kɛ¹
南汇	zɛ²	zɛ²	zɛ²	tsɛ⁵			sɛ⁵	kɛ¹
南汇新	zE⁶	zE⁶	zE⁶			sə7⁷	sE⁵	kE¹
嘉定	zE²	zE²	zE⁶	tsE⁵			sE⁵	kE¹
嘉定新	zE²	zE²	zE⁶	tsE⁵	sE¹	sE¹	sE⁵	kE¹
宝山	zE⁶	zE⁶	zE⁶	tsE⁵	sE¹	sE¹	sE⁵	kE¹
宝山新	sE⁶	sE⁶	tsE⁶	tsE⁶	sE¹	sE¹	sE⁵	kE¹
崇明	dzɛ²	zɛ²	dzɛ⁴	tsɛ⁵			sɛ⁵	kɛ¹
崇明新	dzɛi²	zɛi²	ləʔ⁸	dzɛi⁶	sɛi¹	sɛi¹	sɛi⁵	kɛi¹
堡镇	dzɛ²	zɛ²	dzɛ⁴	tsɛ⁵			sɛ⁵	kɛ¹
练塘	zE²	zE²	zE⁴	tsE⁵			sE⁵	kE¹

序号	480	481	482	483	484	485	486	487
字目	改	概	开	慨慷慨	慨慨叹	碍	海	孩
中古音的地位	蟹开一上海见	蟹开一去代见	蟹开一平咍溪	蟹开一去代溪	蟹开一去代溪	蟹开一去代疑	蟹开一上海晓	蟹开一平咍匣
市区	$kɛ^5$	$kɛ^5$	$k^hɛ^1$	$k^hɛ^5$	$k^hɛ^5$		$hɛ^5$	$ɦɛ^6$
市区中	$kɛ^5$	$kɛ^5$	$k^hɛ^5$	$k^hɛ^5$	$k^hɛ^5$	$ŋɛ^6$	$hɛ^5$	$ɦɛ^6$
市区新	$kɛ^5$	$kɛ^5$	$k^hɛ^5$	$k^hɛ^5$	$k^hɛ^5$	$ɦɛ^6$	$hɛ^5$	$ɦɛ^6$
真如	ke^3	ke^3	k^he^1	k^he^3	k^he^3	$ɦie^5$	he^3	$ɦie^6$
江湾	$kɛ^5$	$kɛ^5$	$k^hɛ^1$	$k^hɛ^5$	$k^hɛ^5$	$ɦiɛ^5$	$hɛ^5$	$ɦiɛ^6$
松江	ke^3	ke^5	k^he^1	k^he^3	k^he^5	$ŋe^5$	he^3	$ɦie^2$
松江新	$kɛ^3$	$kɛ^5$	$k^hɛ^3$	$kɛ^5$	$kɛ^5$	$ŋɛ^6$	$hɛ^3$	$ɦiɛ^2$
泗泾	ke^3	$kɛ^5$	k^he^1	k^he^3	k^he^5	$ɦie^5$	he^3	$ɦie^2$
奉贤	ke^3	$kɛ^5$	k^he^1	k^he^3	k^he^5	$ŋe^5$	he^3	$ɦie^2$
奉贤新	k^he^3	$kɛ^5$	k^he^1	k^he^3	k^he^5	$ŋe^6$	he^3	$ɦiɛ^2$
奉城	ke^3	$kɛ^5$	k^he^1	k^he^3	k^he^5	$ŋe^5$	he^3	$ɦie^2$
金山	$kɛ^3$	$kɛ^5$	$k^hɛ^1$	$k^hɛ^3$	$k^hɛ^5$	$ɦiɛ^5$	$hɛ^3$	$ɦiɛ^2$
金山新	$kɛ^3$	$kɛ^5$	$k^hɛ^3$	$k^hɛ^3$	$k^hɛ^3$	$ɛ^5/ŋɛ^6$	$hɛ^3$	$ɦiɛ^2$
枫泾	$kɛ^3$	$kɛ^5$	$k^hɛ^1$	$k^hɛ^3$	$k^hɛ^3$	$ɦiɛ^5$	$hɛ^3$	$ɦiɛ^2$
青浦	$kɪ^3/kɛ^3$	$kɪ^3$	$k^hɪ^1$	$k^hɪ^5$	$k^hɪ^5$	$ɦiɛ^5$	$hɪ^3$	$ɦiɛ^2$
青浦新	$kɛ^3$	$kɛ^3$	$k^hɛ^1$	$kɛ^5$	$k^hɛ^5$	$ɦiɛ^6$	$hɛ^1$	$ɦiɛ^2$
莘庄	ke^3	ke^3	k^he^1	k^he^3	k^he^5	$ɦie^5$	he^3	he^3
闵行新	$kɪ^{i3}$	$kɪ^{i3}$	$k^hɪ^{i1}$	$k^hɪ^{i3}$	$k^hɪ^{i1}$	$ŋɛ^2$	$hɪ^{i3}$	①
川沙	ke^3	ke^5	k^he^1	k^he^3	k^he^5	$ŋe^2$	he^3	$ɦie^2$
川沙新	$kɛ^3$	$kɛ^5$	k^he^1	k^he^3		$ŋe^6$	$hɛ^3$	
高桥	ke^3	ke^5	k^he^1	k^he^3	k^he^5	$ɦie^5$	he^3	$ɦie^6$
三林	ke^3	ke^5	k^he^1	k^he^3	k^he^5	$ɦie^5$	he^3	$ɦie^2$
周浦	ke^3	ke^5	k^he^1	k^he^3	k^he^5	$ɦie^5$	he^3	$ɦie^2$
南汇	ke^3	ke^5	k^he^1	k^he^3	k^he^5	$ɦie^5$	he^3	$ɦie^2$
南汇新	$kɛ^3$	$kɛ^5$	$k^hɛ^1$	$k^hɛ^3$			$hɛ^3$	
嘉定	$kɛ^5$	$kɛ^5$	$k^hɛ^1$	$k^hɛ^1$	$k^hɛ^5$	$ɦiɛ^5$	$hɛ^5$	$ɦiɛ^2$
嘉定新	$kɛ^5$	$kɛ^5$	$k^hɛ^5$	$k^hɛ^5$	$k^hɛ^5$	$ɛ^5$	$hɛ^5$	②
宝山	$kɛ^5$	$kɛ^5$	$k^hɛ^1$	$kɛ^5$	$kɛ^5$	$ɦiɛ^5$	$hɛ^5$	$hɛ^1$
宝山新	$kɛ^5$	$kɛ^5$	$k^hɛ^1$	$k^hɛ^5$	$k^hɛ^5$	$ŋɛ^6$	$hɛ^6$	$ɦiɛ^6$
崇明	$kɛ^3$	$kɛ^5$	$k^hɛ^1$	$k^hɛ^3$	$k^hɛ^5$	$ɦiɛ^5$	$hɛ^3$	$hɦiɛ^2$
崇明新	$kɛi^3$	$kɛi^5$	$k^hɛi^1$	$kɛi^5$	$k^hɛi^5$	$ɛi^6$	$hɛi^3$	③
堡镇	$kɛ^3$	$kɛ^5$	$k^hɛ^1$	$k^hɛ^3$	$k^hɛ^5$	$ɦiɛ^5$	$hɛ^3$	$hɦiɛ^2$
练塘	$kɪ^1$	$kɛ^5$	$k^hɛ^1$	$k^hɛ^5$	$k^hɛ^5$	$ɦiɛ^5$	$hɪ^1$	$ɦiɛ^2$

注：①③ 说 "小人"。
② 说 "囝" $nø^2$。

序号	488	489	490	491	492	493	494	495
字目	哀	爱	贝	沛	带	太	泰	大 大夫
中古音的地位	蟹开一平哈影	蟹开一去代影	蟹开一去泰帮	蟹开一去泰滂	蟹开一去泰端	蟹开一去泰透	蟹开一去泰透	蟹开一去泰定
市区	E^1	E^5	pE^5	p^hE^1	tA^5/tE^5	t^hA^5/t^hE^5	t^hA^5	dA^6
市区中	E^1	E^5	pE^5	p^hE^5	tA^5	t^hA^5	t^hA^5	dA^6
市区新	E^1	E^5	pE^5	p^hE^5	tA^5	t^hA^5	t^hA^5	dA^6
真如	e^1	e^5	$ʔbe^5$	p^he^5	tA^5	t^he^5/t^hA^5	t^hA^5	dA^6
江湾	$ε^1$	$ε^5$	$ʔbe^5$	p^he^5	$ʔda^5$	t^ha^5	t^ha^5	da^6
松江	$ε^1$	e^5	$ʔbe^5$	p^he^5	$ʔda^5$	t^ha^5	t^ha^5	da^6/du^6
松江新	$ε^1$	e^5	pe^5	p^he^5	ta^5	t^ha^3	t^ha^3	da^6
泗泾	$ε^1$	e^5	$ʔbe^5$	p^he^5	$ʔda^5$	t^ha^5	t^ha^5	da^6/du^6
奉贤	e^1	e^5	$ʔbe^5$	p^he^1	$ʔda^5$	t^ha^5	t^ha^5	da^6
奉贤新	$ε^1$	$ε^5$	pe^5	p^he^5	$ʔda^5$	t^ha^5	t^ha^5	
奉城	e^1	e^5	$ʔbe^5$	p^he^5	$ʔda^5$	t^ha^5/t^he^5	t^ha^5	da^6
金山	$ε^1$	$ε^5$	$ʔbe^5$	p^he^5	$ʔdA^5$	t^hA^5	t^hA^5	dA^6
金山新	$ε^1$	$ε^1$	pe^5	p^he^1	tA^5	t^hA^5	t^hA^5	
枫泾	$ε^1$	$ε^5$	$pε^1$	p^he^5	tA^5	t^hA^5	t^hA^5	dA^6
青浦	E^1	E^5	$ʔbɪ^5$	$p^hɪ^5$	$ʔda^5$	t^hE^5/t^hA^5	t^hA^5	da^6
青浦新	E^1	E^5	$pɪɪ^5$	$p^hɪɪ^5$	ta^5	t^ha^5	t^ha^5	da^6
莘庄	e^1	e^5	$ʔbi^5$	p^hi^5	$ʔdA^5$	t^hA^5	t^hA^5	dA^6
闵行新	$ε^1$	$ɪ^{i5}$	$pɪ^{i5}$		ta^5	t^ha^5	t^ha^5	da^2
川沙	e^1	e^5	$ʔbe^5$	p^he^5	$ʔdA^5$	t^hA^5	t^hA^5	dA^6
川沙新		e^5	$ʔbe^5$		$ʔda^5$	t^ha^5	t^ha^5	
高桥	e^1	e^5	$ʔbø^5$		$ʔda^5$	t^he^1	t^he^1	
三林	e^1	e^5	$ʔbe^1$	p^he^1	$ʔdA^5$	t^hA^5	t^hA^5	dA^6
周浦	e^1	e^5	$ʔbe^5$	p^he^5	$ʔde^5/ʔdA^5$	t^he^5/t^hA^5	t^hA^5	dA^6/du^6
南汇	e^1	e^5	$ʔbe^5$	p^he^5	$ʔde^5/ʔdA^5$	t^he^5/t^hA^5	t^hA^5	dA^6/du^6
南汇新		E^5	$ʔbE^5$	p^hei^5	$ʔda^5$	t^ha^5	t^ha^5	da^6
嘉定	E^1	E^5	$pɪɪ^5$	$p^hɪɪ^5$	tA^5	t^hA^5	t^hA^5	dA^6/du^6
嘉定新	E^1	E^5	$pɪɪ^5$	$p^hɪɪ^5$	ta^5	t^ha^5/t^hE^5	t^hA^5	
宝山	E^1	E^6	pe^1	$p^h e^1$	tA^5	t^hE^5	t^hE^5	
宝山新	E^1	E^6	pe^5	$p^h e^5$	tA^5	t^hA^5	t^hA^5	tA^5
崇明	$ε^1$	$ε^5$	pei^5	p^hei^5	$ta^5/tε^5$	$t^hε^5/t^ha^5$	$t^hε^5/t^ha^5$	da^6/du^6
崇明新	$εi^1$	$εi^5$	bei^6	p^hei^5	ta^5	$t^hə^7$	t^ha^5	da^6
堡镇	$ε^1$	$ε^5$	pei^5	p^hei^5	$ta^5/tε^5$	$t^hε^5/t^ha^5$	$t^hε^5/t^ha^5$	da^6/du^6
练塘	E^1	E^5	$pɪ^5$	$p^hɪ^5$	ta^5	t^hE^5/t^ha^5	t^ha^5	da^6

序号	496	497	498	499	500	501	502	503
字目	奈	癞	赖	蔡	盖遮盖	丐	艾艾草	害
中古音的地位	蟹开一去泰泥	蟹开一去泰来	蟹开一去泰来	蟹开一去泰清	蟹开一去泰见	蟹开一去泰见	蟹开一去泰疑	蟹开一去泰匣
市区	nɛ⁶	lA⁶/lɛ⁶	lA⁶/lɛ⁶	tshA⁵	kɛ⁵		ŋɛ⁶	ɦɛ⁶
市区中	nɛ⁶	lA⁶	lA⁶	tshA⁵	kɛ⁵	kɛ⁵	ŋɛ⁶	ɦɛ⁶
市区新	nɛ⁶	lA⁶	lA⁶	tshA⁵	kɛ⁵	kɛ⁵		ɦɛ⁶
真如	nɛ⁶	læʔ⁸（癞）	lA⁶/lɛ⁶	tshA⁵	kɛ³		ŋɛ⁶	ɦiɛ⁶
江湾	nɛ⁶	lɑ⁶	lɑ⁶	tshɑ⁵	kɛ³		ŋɛ⁶	ɦiɛ⁶
松江	nɛ⁶	lɑ⁶	lɑ⁶	tshɑ⁵	kɛ³		ŋɛ⁶	ɦiɛ⁶
松江新	nɑ⁶	lɑ⁶	lɑ⁶	tshɑ³	kɛ⁵	kɛ⁵	ɛ⁵	ɦiɛ⁶
泗泾	nɛ⁶	lɑ⁶	lɑ⁶	tshɑ⁵	kɛ³		ŋɛ⁶	ɦiɛ⁶
奉贤	nɛ⁶	lɑ⁶	lɑ⁶	tshɑ⁵	kɛ³		ŋɛ⁶	ɦiɛ⁶
奉贤新	nɛ⁶	lɑ⁶	lɑ⁶	tshɛ⁵/tshɑ⁵	kɛ⁵	kɛ⁵	ɛ¹	ɦiɛ⁶
奉城	nɛ⁶	lɑ⁶	lɑ⁶	tshɑ⁵	kɛ³		ŋɛ⁶	ɦiɛ⁶
金山	nɛ⁶	lA⁶	lA⁶	tshA⁵	kɛ³		ŋɛ²	ɦiɛ⁶
金山新	nA⁵	lA⁵	lA⁵	tshA⁵	kɛ⁵	kɛ⁵		ɦiɛ⁶
枫泾	nɛ⁶	lɛ⁶	lɛ⁶	tshA⁵	kɛ³		ŋɛ⁶	ɦiɛ⁶
青浦	nɪ³	lɑ⁶	lɛ⁶	tshɑ⁵	kɛ³		ŋɛ²	ɦiɛ⁶
青浦新	nɛ⁶	lɑ⁶	lɑ⁶	tshɑ⁵	kɛ⁵	kɛ⁵	ɛ⁵	ɦiɛ⁶
莘庄	nɛ⁶	lA⁶	lA⁶	tshA⁵	kɛ³		ŋɛ⁶	ɦiɛ⁶
闵行新		ləʔ⁸	lɑ⁶	tshɑ⁵	kɪi³	①		ɦɪi¹²
川沙	nɛ¹	lA⁶	lA⁶	tshA⁵	kɛ³		ŋɛ²	ɦiɛ⁶
川沙新		læʔ⁸	lɑ⁵	tshA⁵	kɛ⁵			ɦiɛ⁶
高桥	nɛ⁶	lɛ⁶	lɛ⁶	tshA⁵	kɛ³		ŋɛ⁶	ɦiɛ⁶
三林	nɔʔ⁸	lA⁶	lA⁶	tshA⁵	kɛ³		ŋɛ⁶	ɦiɛ⁶
周浦	nɛ⁶	lA⁶	lA⁶	tshA⁵	kɛ³		ŋɛ⁶	ɦiɛ⁶
南汇	nɛ⁶	lA⁶	lA⁶	tshA⁵	kɛ³		ŋɛ⁶	ɦiɛ⁶
南汇新		lɑ⁶	lɑ⁶	tshɑ⁵	kɛ⁵			ɦiɛ⁶
嘉定	nɛ⁶	lɛ⁶/lAʔ⁸（癞）	lɛ⁶/lA⁶	tshA⁵	kɛ³		ŋɛ²	ɦiɛ⁶
嘉定新	nɛ⁶	lɑ⁶	lɑ⁶	tshɑ⁵	kɛ⁵②	kɛ⁵	ɛ⁵	ɦiɛ⁶
宝山	nɛ⁵	lɛ⁵	lɛ⁵	tshA⁵	kɛ⁵	kɛ⁵	ŋɛ⁶	hɛ⁶
宝山新	nɛ⁵	lA⁵	lA⁵	tshA⁵	kɛ⁵	kɛ⁵	ɛ⁵	hɛ⁶
崇明	nɛ⁶	lɑ⁶/lɑʔ⁸（癞）	lɑ⁶	tshɑ⁵	kɛ⁵		ŋɛ⁶	hɦiɛ⁶
崇明新	nɑ⁶	lɑʔ⁸	lɑ⁶	tshɑ⁵	kie⁵		ɛi⁶③	hɛi⁶
堡镇	nɛ⁶	lɑ⁶/lɑʔ⁸（癞）	lɑ⁶	tshɑ⁵	kɛ⁵		ŋɛ⁶	hɦiɛ⁶
练塘	nɛ⁶	lɑ⁶	lɛ⁶	tshɑ⁵	kɛ³		ŋɛ²	ɦiɛ⁶

注：① 说"讨饭"。
② kɪi⁶髂。
③ "艾滋病"中的"艾"读ɛi⁵。

序号	504	505	506	507	508	509	510	511
字目	拜	排	埋	斋	豺	皆	阶	介
中古音的地位	蟹开二去怪帮	蟹开二平皆并	蟹开二平皆明	蟹开二平皆庄	蟹开二平皆崇	蟹开二平皆见	蟹开二平皆见	蟹开二去怪见
市区	pA⁵	bA⁶	mA⁶	tsA¹/tsE¹	zE⁶	tɕiA¹	KA¹/tɕiA¹	KA⁵
市区中	pA⁵	bA⁶	mA⁶	tsA⁵	zA⁶	tɕiA¹	tɕiA¹	KA⁵/tɕiA⁵
市区新	pA⁵	bA⁶	mA⁶	tsA¹	zA⁶		tɕiA¹	KA⁵/tɕiA⁵
真如	ʔbA⁵	bA²	mA²	tsA¹	zA²	tɕiA¹	tɕiA¹	KA³/tɕiA³
江湾	ʔba⁵	ba⁶	ma⁶	tsa¹	zɛ⁶	tɕia¹	tɕia¹	tɕia⁵/ka⁵
松江	ʔba⁵	ba²	ma²	tsa¹	za²	ka¹/cia¹	ka¹/cia¹	ka⁵/cia⁵
松江新	pa⁵	ba²	ma²	tsɛ¹	zɛ²	tɕia¹	tɕiɪ¹	ka⁵
泗泾	ʔba⁵	ba²	ma²	tsa¹	za²	ka¹/cia¹	ka¹/cia¹	ka⁵/cia⁵
奉贤	ʔba⁵	ba²	ma²	tsa¹	za²	ʔʝia¹	ka¹/ʔʝia¹	ʔʝia⁵
奉贤新	ʔba⁵	ba⁶	ʔma¹	tsɛ¹	zɛ²	ka¹	ka¹	ka³
奉城	ʔba⁵	ba²	ma¹	tsa¹	za²/zɛ²	ʔʝia¹	ʔʝia¹	ʔʝia⁵
金山	ʔba⁵	bA²	mA¹	tsA¹	zɛ²/zA²	cia¹	cia¹	KA⁵/ciA⁵
金山新	pA⁵	bA²	mA¹	tsɛ¹	zA²	tɕiA³	tɕiA³	tɕiA³
枫泾	pA⁵	bA²	mA¹	tsA¹	zɛ²/zA⁶	tɕiA¹	tɕiA¹	KA⁵/tɕiA⁵
青浦	ʔba⁵	ba²	ma²	tsa¹	za²/zE²	tɕia¹	tɕia¹	ka⁵/tɕia⁵
青浦新	pa⁵	ba²	ma²	tsE¹	zE²	tɕia¹	tɕia¹	tɕia⁵
莘庄	ʔbA⁵	bA²	mA¹	tsA¹	zɛ²	cia¹	cia¹	KA⁵/ciA⁵
闵行新	pa⁵①	ba²	ma²	tsa⁵	za²		ka¹	tɕia³
川沙	ʔbA⁵	bA²	mA¹	tsA¹	zA²	tɕiA¹	KA¹/tɕiA¹	tɕiA⁵
川沙新	ʔba⁵	ba⁶	ma⁶				ka¹②	tɕia⁵
高桥	ʔba⁵	bA⁶	mA⁶	tsA¹	zɛ⁶	tɕiA³	tɕiA³	tɕiA³
三林	ʔbA⁵	bA²	mA¹	tsA¹	zɛ²	ciA¹	ciA¹	KA⁵/ciA⁵
周浦	ʔbA⁵	bA²	mA²	tsA¹	zɛ²	ciA¹	ʔʝiA¹	KA⁵/ciA⁵
南汇	ʔbA⁵	bA²	mA²	tsA¹	zɛ²	ʔʝiA¹	ʔʝiA¹	KA⁵/ʔʝiA⁵
南汇新	ʔba⁵	ba⁶	ma⁶	tsE¹	zE⁶		tɕia¹	ka⁵③
嘉定	pA⁵	bA²	mA²	tsA¹	zE²	tɕiA¹	tɕiA¹	KA⁵/tɕiA⁵
嘉定新	pa⁵	ba²	ma²	tsa¹	zɑ²/zE²	tɕia¹	tɕia¹	ka⁵/tɕia⁵
宝山	pA⁵	pA⁵	mA⁶	tsE⁵	SE⁵	KA⁵	KA⁵	KA⁵
宝山新	pA⁶	pA⁵	mA⁶	tsE⁵	SE⁵	tɕiA¹	tɕiA¹	KA⁵
崇明	pa⁵/pɐ⁵	ba²	ma²	tsa¹	dzɛ²	tɕia¹	tɕia¹	ka⁵/tɕia⁵
崇明新	pua⁵	ba²	ma²	tsei¹	za²		ka¹	ka⁵
堡镇	pa⁵/pɐ⁵	ba²	ma²	tsa¹	dzɛ²	tɕia¹	tɕia¹	ka⁵/tɕia⁵
练塘	pa⁵	ba²	ma²	tsa¹	za²/zE²	tɕia¹	tɕia¹	ka⁵/tɕia⁵

注：① 声母有ʔb色彩。
　　② "阶段"中读tɕia¹。
　　③ 带内爆，实际读音为ʝia⁵。

序号	512	513	514	515	516	517	518	519
字目	界	疥	芥	戒	届	楷	械	挨挨近
中古音的地位	蟹开二去怪见	蟹开二去怪见	蟹开二去怪见	蟹开二去怪见	蟹开二去怪见	蟹开二上骇溪	蟹开二去怪匣	蟹开二平皆影
市区	kA^5			kA^5	kA^5	k^{h}A^5		E^1
市区$_{中}$	kA^5/tɕiA^5	gA^6	kA^5/tɕiA^5	kA^5/tɕiA^5	kA^5/tɕiA^5	k^{h}A^5	ɦiE^6	A^1
市区$_{新}$	kA^5/tɕiA^5	kA^5	gA^6/tɕiA^5	kA^5/tɕiA^5	kA^5/tɕiA^5	k^{h}A^5	ɦiE^6	
真如	kA^5/tɕiA^5			kA^5/tɕiA^5	tɕiA^5	k^{h}A^3		A^1/e^1
江湾	ka^5/tɕia^5			ka^5/tɕia^5	ka^5/tɕia^5	k^{h}a^5		a^1
松江	ka^5/cia^5			ka^5/cia^5	ka^5/cia^5	k^{h}a^3		a^1
松江$_{新}$	ka^5	ka^5	ka^5	ka^5	ka^5	k^{h}a^3	ɕiɪ^1	ɛ^1
泗泾	ka^5/cia^5			ka^5/cia^5	ka^5/cia^5	k^{h}a^3		a^1
奉贤	ʔʝia^5			ʔʝia^5	ka^5	k^{h}a^1		a^1/e^1
奉贤$_{新}$	ka^3	ka^3	ka^3	ka^3	ka^3	k^{h}ɛ^5	ɕiɛ^1	ɛ^1
奉城	kA^5/ʔʝia^5			ʔʝia^5	kA^5/ʔʝia^5	k^{h}a^1		a^1/e^1
金山	kA^5/ciA^5			kA^5/ciA^5	kA^5/ciA^5	k^{h}A^1		A^1
金山$_{新}$	kA^3	kA^3	kA^3	kA^3	kA^3	k^{h}ɛ^3	ɦiɛ^2	A^1
枫泾	kA^5/tɕiA^5			kA^5/tɕiA^5	kA^5/tɕiA^5	k^{h}A^5		ɛ^1/A^1
青浦	kA^5/tɕiA^5			kA^5/tɕiA^5	kA^5/tɕiA^5	k^{h}a^5		a^1
青浦$_{新}$	ka^5		ka^5	ka^5	ka^5	k^{h}a^3	ɦiE^6	a^1
莘庄	kA^5/ciA^5			kA^5/ciA^5	kA^5/ciA^5	k^{h}A^5		A^1
闵行$_{新}$	ga^2		ga^2	ka^5	ka^5		iəʔ^8	①
川沙	kA^5/tɕiA^5			kA^5/tɕiA^5	kA^5/tɕiA^5	k^{h}A^3		A^1/e^1
川沙$_{新}$	ka^5			ka^5	ka^5	k^{h}a^3	ɕia^5	
高桥	kA^1			kA^5/tɕiA^3	tɕiA^3	k^{h}A^1		e^1
三林	kA^5/ciA^5			kA^5/ciA^5	kA^5/ciA^5	k^{h}A^5		A^1
周浦	kA^5/ciA^5			kA^5/ciA^5	kA^5/ciA^5	k^{h}A^5		A^1
南汇	kA^5/ʔʝiA^5			kA^5/ʔʝiA^5	kA^5/ʔʝiA^5	k^{h}A^5		A^1
南汇$_{新}$	ka^5		tɕia^5	ka^5	ka^5	k^{h}a^3	ɦiE^6	
嘉定	kA^5/tɕiA^5			kA^5/tɕiA^5	kA^5/tɕiA^5	k^{h}A^5		A^1
嘉定$_{新}$	kA^5/tɕiA^3	ka^5/tɕiA^5	kA^5/tɕiA^3	kA^5/tɕiA^3	tɕiA^3	k^{h}E^3	ɦiE^6	a^1/E^1
宝山	kA^5	kA^5	kA^5	kA^5	kA^5	k^{h}A^5	iE^5	E^1
宝山$_{新}$	kA^5	kA^5	kA^5	kA^5	kA^5	k^{h}E^5	ɕia^5	E^1
崇明	ka^5/tɕia^5			tɕia^3/ka^3	tɕia^3	k^{h}a^1		a^1
崇明$_{新}$	ka^5		ka^1	ka^5	ka^5	k^{h}a^1	ia^6	a^1
堡镇	ka^5/tɕia^5			tɕia^3/ka^3	tɕia^3	k^{h}a^1		a^1
练塘	ka^5/tɕia^5			ka^5/tɕia^5	ka^5/tɕia^5	k^{h}a^1		a^1

注：① 说"靠近"。

序号	520	521	522	523	524	525	526	527
字目	摆	派	牌	罢	稗	买	卖	奶
中古音的地位	蟹开二上蟹帮	蟹开二去卦滂	蟹开二平佳並	蟹开二上蟹並	蟹开一去卦並	蟹开二上蟹明	蟹开一去卦明	蟹开二上蟹泥
市区	pA⁵	pʰA⁵	bA⁶	bA⁶	bA⁶	mA⁶	mA⁶	nA⁶/nε⁶
市区中	pA⁵	pʰA⁵	bA⁶	bA⁶		mA⁶	mA⁶	nA⁵/nA⁶
市区新	pA⁵	pʰA⁵	bA⁶	bA⁶		mA⁶	mA⁶	nA⁶
真如	ʔba³	pʰa⁵	ba²	ba⁶	ba⁶	ma⁶	ma⁶	na⁶
江湾	ʔba⁵	pʰa⁵	ba⁶	ba⁶	ba⁶	ma⁶	ma⁶	na⁶
松江	ʔba³	pʰa⁵	ba²	bo⁴/ba⁴	ba⁶	ma⁴	ma⁶	na⁴
松江新	pa³	pʰa⁵	ba²	ba⁶		ma⁶	ma⁶	na⁶
泗泾	ʔba³	pʰa⁵	ba²	bo⁶/ba⁶	ba⁶	ma⁶	ma⁶	na⁶
奉贤	ʔba⁵	pʰa⁵	ba²	ba⁶	ba⁶	ma⁴/ma⁶	ma⁶	na⁴/na⁶
奉贤新	ʔba³	pʰa⁵	ba⁶	ba²		ma⁶	ma⁶	na⁶
奉城	ʔba³	pʰa⁵	ba²	ba⁶	ba⁶	ma⁶	ma⁶	na⁶
金山	ʔba³	pʰa⁵	bA²	bA⁶	bA⁶	mA⁶	mA⁶	nA⁶/nε³
金山新	pA³	pʰA⁵	bA²	bo⁶		mA⁶	mA⁶	nA⁶
枫泾	pA³	pʰA⁵	bA²	bA⁴		mA⁶	mA⁶	nA⁴
青浦	ʔba³	pʰa⁵	ba²	ba⁶	ba⁶	ma⁶	ma⁶	na⁶
青浦新	pa³	pʰa⁵	ba²	ba⁶		ma⁶	ma⁶	na³
莘庄	ʔba³	pʰa⁵	bA²	bA⁶	bA⁶	mA⁶	mA⁶	nA³/nA⁶
闵行新	pa⁵①	pʰa⁵	ba²	ba²		ma²	ma⁶	na³
川沙	ʔba³	pʰa⁵	ba²	bA²		mA⁶	mA⁶	nA²
川沙新	ʔba³	pʰa⁵	ba⁶			ma⁶	ma⁵	na⁶
高桥	ʔbA³	pʰa⁵	bA⁶	bA⁶		mA⁶	mA⁶	nA¹
三林	ʔbA³	pʰa⁵	bA²	bA⁶		mA⁶	mA⁶	nA³/nA²
周浦	ʔba³	pʰa⁵	ba²	ba⁶		ma⁶	ma⁶	nA²
南汇	ʔbA³	pʰa⁵	bA²	bA⁶		mA⁶	mA⁶	nA²
南汇新	ʔba³	pʰa⁵	ba⁶	ba⁶	ba⁶	ma⁶	ma⁶	na⁶
嘉定	pA¹	pʰa⁵	bA²	bA⁶		mA⁶	mA⁶	nA⁶
嘉定新	pa⁵	pʰa⁵	ba²	bø⁶/ba⁶②	ba⁶	ma⁶	ma⁶	na⁶
宝山	pA⁵	pʰA⁵	bA⁶	bA⁶		mA⁶	mA⁶	nA⁶
宝山新	pA⁵	pʰA⁵	bA⁶	bA⁶	bA⁶	mA⁶	mA⁶③	nA⁵
崇明	pa³	pʰa⁵	ba²	ba⁴/bo⁶	ba⁶	ma⁴/mε⁴	ma⁶/mε⁶	na⁴/nε⁴
崇明新	pua³	pʰua⁵	ba²	bua⁶		ma⁶	ma⁶	na⁶
堡镇	pa³	pʰa⁵	ba²	ba⁴/bo⁶	ba⁶	ma⁴/mε⁴	ma⁶/mε⁶	na⁴/nε⁴
练塘	pa¹	pʰa⁵	ba²	ba²	ba⁶	ma⁴	ma⁶	na⁴

注：① 声母有ʔb色彩。
② 华亭为："罢工"中读bɯ⁵；"吃不罢"中读ba⁵。
③ 有点近似mA⁵。

序号	528	529	530	531	532	533	534	535
字目	债	差出差	钗	柴	筛	晒	佳	街
中古音的地位	蟹开一去卦庄	蟹开二平佳初	蟹开二平佳初	蟹开二平佳崇	蟹开二平佳生	蟹开一去卦生	蟹开二平佳见	蟹开二平佳见
市区	tsA⁵	tsʰA¹	tsʰo¹/tsʰA¹	zA⁶	sA¹/sɿ¹	so⁵/sA⁵	tɕiA¹/tɕiA⁵	kA¹
市区中	tsA⁵	tsA⁵	tso⁵	zA⁶	sA¹	so⁵/sA⁵	tɕiA¹	kA¹/tɕiE¹
市区新	tsA⁵	tsA⁵	tsω⁵	zA⁶	sA¹	sω⁵/sA⁵	tɕiA¹	kA¹
真如	tsA⁵	tsʰA¹	tsʰo¹	zA²	sA¹	so³	tɕiA¹	kA¹
江湾	tsa⁵	tsʰA¹	tsʰo¹	za⁶	sa¹	so⁵/sA⁵	tɕia¹	ka¹
松江	tsa⁵	tsʰa¹	tsʰo¹	za²	sɿ¹	so⁵	cia¹	ka¹
松江新	tsa⁵	tsʰa¹	tsʰo¹	za²	sɑ¹	so⁵	tɕia¹	ka¹
泗泾	tsa⁵	tsʰa¹	tsʰo¹	za²	sɿ¹	so⁵	cia¹	ka¹
奉贤	tsa⁵	tsʰa¹	tsʰa¹	za²	sa¹/sɿ¹	so⁵/sa⁵	ʔjia¹/ʔjia⁵	ka¹
奉贤新	tsa⁵	tsʰa¹	tsʰa¹	zɛ²/za²	sɛ³	so⁵	ʔtɕia¹/ka³	ka¹
奉城	tsa⁵	tsʰa¹	tsʰo¹/tsʰa¹	za²	sɿ¹/sa¹	so⁵/sA⁵	ʔjia¹	ka¹
金山	tsA⁵	tsʰA¹	tsʰo¹	zA²	sɿ¹	so⁵/sA⁵	ciA¹	kA¹
金山新	tsA⁵	tsʰA¹	tsʰA¹	zA²	sɛ¹	so⁵	tɕiA³	kA¹
枫泾	tsA⁵	tsʰA¹	tsʰo¹	zA²	sA¹/sɿ¹	so⁵/sA⁵	tɕiA¹	kA¹
青浦	tsa⁵	tsʰa¹	tsʰo¹	za²	sɿ¹	sa⁵	tɕia¹	ka¹
青浦新	tsa⁵	tsʰω¹			sɿ¹	sω⁵	tɕia¹	ka¹
莘庄	tsa⁵	tsʰo¹/tsʰA¹	tsʰo¹	zA²	sA¹	so⁵/sA⁵	ciA¹	kA¹
闵行新	tsa⁵	tsʰA¹	tsʰa¹	za²	sɿ¹	so⁵	ka¹	ka¹
川沙	tsa⁵	tsʰA¹	tsʰiɔ¹/tsʰA¹	zA²	sA¹	sio⁵	tɕiA¹	kA¹
川沙新	tsa⁵	tsʰa¹		za⁶		so⁵	tɕia¹	ka¹
高桥	tsA⁵	tsʰA¹		zA⁶	sA¹	so⁵	tɕiA³	kA¹
三林	tsa⁵	tsʰo¹/tsʰA¹	tsʰo¹	zA²	sA¹	sA³	ciA¹	kA¹
周浦	tsA⁵	tsʰA¹	tsʰo¹	zA²	sɿ¹	so⁵/sA⁵	ciA¹	kA¹
南汇	tsA⁵	tsʰA¹	tsʰo¹	zA²	sɿ¹	so⁵/sA⁵	ʔjiA¹	kA¹
南汇新	tsa⁵	tsʰa¹	tsʰE¹	za⁶		so⁵		ka¹
嘉定	tsA⁵	tsʰA¹	tsʰo¹	zA²	sA¹	so⁵	tɕiA⁵	kA¹
嘉定新	tsa⁵	tsʰA¹	tsʰø¹	za²	sa¹ ①	sø⁵	tɕia¹	ka¹
宝山	tsA⁵	tsʰA¹	tsʰA¹	zA⁶	sA¹	so⁵	tɕiA¹	kA¹
宝山新	tsa⁵	tsʰA¹	tsʰA¹		sA⁵	sE¹	so⁵	tɕiA¹	kA¹
崇明	tsa⁵	tsʰa¹	tsʰa¹	za²	sa¹	so⁵	tɕia¹	ka¹
崇明新	tsa⁵	tsʰuo¹	tsʰuo¹	za²	suo¹	suo⁵	ka¹/tɕia¹	ka¹
堡镇	tsa⁵	tsʰa¹	tsʰo¹	za²	sa¹	so⁵	tɕia¹	ka¹
练塘	tsa⁵	tsʰa¹	tsʰo¹	za²	sɿ¹	sa⁵	tɕia¹	ka¹

注：① "糠筛"中读sɿ¹。

序号	536	537	538	539	540	541	542	543
字目	解解开	涯	崖	挨挨打	鞋	蟹	矮	败
中古音的地位	蟹开二上蟹见	蟹开二平佳疑	蟹开二平佳疑	蟹开二平佳疑	蟹开二平佳匣	蟹开二上蟹匣	蟹开二上蟹影	蟹开一去夬並
市区	kᴀ⁵①	ɦiᴀ⁶			ɦiᴀ⁶	hᴀ⁵	ᴀ⁵	bᴀ⁶
市区中	kᴀ⁵	ɦiᴀ⁶	ɦiᴀ⁶	ε¹	ɦiᴀ⁶	hᴀ⁵	ᴀ⁵	bᴀ⁶
市区新	kᴀ⁵	ŋᴀ⁶	ŋᴀ⁶	ε¹	ɦiᴀ⁶	hᴀ⁵	ᴀ⁵	bᴀ⁶
真如	kᴀ³	ɦiᴀ²			ɦiᴀ²	hᴀ³	ᴀ³	bᴀ⁶
江湾	ka⁵/tɕia⁵	ɦia⁶			ɦia⁶	ha⁵	a⁵	ba⁶
松江	ka³/cia³	ɦia²			ɦia²	ha³	a³	ba⁶
松江新	ga⁶	ɦia²	ŋa²	ε¹	ɦia²	ha³	a³	ba⁶
泗泾	ka³/cia³	ɦia²			ɦia²	ha³	a³	ba⁶
奉贤	ka³/ʔȵia³	ia¹			ɦia²	ha⁵	a³	ba⁶
奉贤新	ka³	ɦia²	ɦia²	ε³	ɦia²	ha³	a³	ba⁶
奉城	ka³/ʔȵia³	ɦia²			ɦia²	ha³	a³	ba⁶
金山	kᴀ³/ciᴀ³	ɦiᴀ²			ɦiᴀ²	hᴀ³	ᴀ³	bᴀ⁶
金山新	kᴀ³	ɦiᴀ²	ŋᴀ²	ε¹/ᴀ¹	ɦiᴀ²	hᴀ³	ᴀ³	bᴀ⁶
枫泾	kᴀ⁵/tɕiᴀ⁵	iᴀ³			ɦiᴀ²	hᴀ⁵	ᴀ⁵	bᴀ⁶
青浦	ka³	ia¹			ɦia²	ha³	a³	ba⁶
青浦新	ga⁶	ɦia²	ia²	a¹	ɦia²	ha³	a³	ba⁶
莘庄	kᴀ³/ciᴀ³	ɦiᴀ²			ɦiᴀ²	hᴀ³	ᴀ³	bᴀ⁶
闵行新	ka⁵	ŋa²	ŋa²	ŋa²	ɦia²	ɦia²	a³	ba²
川沙	kᴀ³/tɕiᴀ³	ɦiᴀ²			ɦiᴀ²	hᴀ³	ᴀ³	bᴀ⁶
川沙新	ka³				ɦia⁶	ha³	a³	
高桥	kᴀ⁵/tɕiᴀ⁵	iᴀ¹			ɦiᴀ⁶	hᴀ³	ʔᴀ³	bᴀ⁶
三林	kᴀ³/ciᴀ³	iᴀ¹			ɦiᴀ²	hᴀ³	ᴀ³	bᴀ⁶
周浦	kᴀ³/ciᴀ³	ɦiᴀ²			ɦiᴀ²	hᴀ³	ᴀ³	bᴀ⁶
南汇	kᴀ³/ʔȵiᴀ³	ɦiᴀ²			ɦiᴀ²	hᴀ³	ᴀ³	bᴀ⁶
南汇新	ka³	ɦia⁶			ɦia⁶	ha⁵	a³	ba⁶
嘉定	kᴀ⁵/tɕiᴀ⁵	iᴀ¹			ɦiᴀ²	hᴀ⁵	ᴀ³	bᴀ⁶
嘉定新	ka⁵	ŋa²	ŋa²	E¹	ɦia²	ha⁵	a⁵	ba⁶
宝山	kᴀ⁵	iᴀ⁶	iᴀ⁶	E¹	ᴀ⁵	ɦiᴀ⁵	ᴀ⁶	bᴀ⁶
宝山新	kᴀ⁵	ŋᴀ⁵	ŋᴀ⁵	E¹	ᴀ⁶	ɦiᴀ⁶	ᴀ⁶	bᴀ⁶
崇明	ka³/tɕia³	ia¹			hɦia²	ha³	a³	ba⁶/bε⁶
崇明新	②	ia²	ia²	ŋa²	ha²	xa³	a⁶	bua⁶
堡镇	ka³/tɕia³	ia¹			hɦia²	ha³	a³	ba⁶/bε⁶
练塘	ka¹	ia¹			ɦia²	ha¹	a³	ba⁶

注：①②"讲解"中读kɑ³，用作姓氏为ʑia⁶。

序号	544	545	546	547	549	549	550	551
字目	迈	敝	敝	弊	币	毙	例	厉
中古音的地位	蟹开一去夬明	蟹开三去祭并	蟹开三去祭并	蟹开三去祭并	蟹开三去祭并	蟹开三去祭并	蟹开三去祭来	蟹开三去祭来
市区	mE⁶			bi⁶	bi⁶	bi⁶	li⁶	li⁶
市区中	mE⁶	pi⁵	bi⁶	bi⁶	bi⁶	bi⁶	li⁶	li⁶
市区新			pi⁵	pi⁵	pi⁵	pi⁵	li⁶	li⁶
真如	me⁶			bi⁶	bi⁶	bi⁶	li⁶	li⁶
江湾	me⁶			bi⁶	bi⁶	bi⁶	li⁶	li⁶
松江	me⁶			bi⁶	bi⁶	bi⁶	li⁶	li⁶
松江新	me⁶	pi⁵	pi⁵	pi⁵	pi⁵	pi⁵	li⁶	li⁶
泗泾	me⁶			bi⁶	bi⁶	bi⁶	li⁶	li⁶
奉贤	me²			bij⁶	bij⁶	bij⁶	liɪʔ⁸	lij⁶
奉贤新	ma⁶	bi⁶	bi⁶	bi⁶	bi⁶	bi⁶	liɪʔ⁸	liɪʔ⁸
奉城	me⁶			bij⁶	bij⁶	bij⁶	liɪʔ⁸	lij⁶
金山	me⁶			bi⁶	bi⁶	bi⁶	li⁶	li⁶
金山新	mA⁶	pi⁵	bi⁶	bi⁶	bi⁶	bi⁶	li⁶	li⁶
枫泾	mɛ⁶/mA⁶			bi⁶	bi⁶	bi⁶	liɪʔ⁸	li⁶
青浦	ma⁶			bi⁶	bi⁶	bi⁶	li⁶	li⁶
青浦新	ma⁶	bi⁶	bi⁶	bi⁶	bi⁶	bi⁶	li⁶	li⁶
莘庄	me⁶			bi⁶	bi⁶	bi⁶	li⁶	li⁶
闵行新		pi³	bi²	bi²	bi²	bi²	liəʔ⁸	liəʔ⁸
川沙	me⁶			bi⁶	bi⁶	bi⁶	li⁶	li⁶
川沙新				ʔbi⁵	ʔbi⁵	ʔbi⁵	li⁵	li⁵
高桥	me⁶			bi⁶	bi⁶	bi⁶	liɪʔ⁸	li⁶
三林	me⁶			bi⁶	bi⁶	bi⁶	li⁶	li⁶
周浦	me⁶			bi⁶	bi⁶	bi⁶	li⁶	li⁶
南汇	me⁶			bi⁶	bi⁶	bi⁶	li⁶	li⁶
南汇新				bi⁶	bi⁶	bi⁶	liɪʔ⁸	
嘉定	mE²			bi⁶	bi⁶	bi⁶	li⁶	li⁶
嘉定新	mE⁶/ma⁶	bi⁶	bi⁶	bi⁶	bi⁶	bi⁶	li⁶	li⁶
宝山	mE⁶	bi⁶	bi⁶	bi⁶	bi⁶	bi⁶	li⁵	li⁵
宝山新	mE⁶	pi⁵	pi⁵	pi⁵	pi⁵	pi⁵	li⁵	li⁵
崇明	mæ⁴			bi⁶	bi⁶	bi⁶	li⁶	li⁶
崇明新	mɑ⁶	bi⁶	bi⁶	bi⁶	bi⁶	bi⁶	li³	li³
堡镇	mæ⁴			bi⁶	bi⁶	bi⁶	li⁶	li⁶
练塘	ma⁶			bi⁶	bi⁶	bi⁶	li⁶	li⁶

序号	552	553	554	555	556	557	558	559
字目	励	祭	际	滞	制 制度	制 制造	世	势
中古音的地位	蟹开三去祭来	蟹开三去祭精	蟹开三去祭精	蟹开三去祭澄	蟹开三去祭章	蟹开三去祭章	蟹开三去祭书	蟹开三去祭书
市区		tɕi⁵	tɕi⁵		tsʅ⁵	tsʅ⁵	sʅ¹/sʅ⁵	sʅ¹/sʅ⁵
市区中	li⁶	tɕi⁵	tɕi⁵	zʅ⁶	dzʅ⁶	dzʅ⁶	sʅ⁵	sʅ⁵
市区新	li⁶	tɕi⁵	tɕi⁵	tsʅ⁵	tsʅ⁵	tsʅ⁵	sʅ⁵	sʅ⁵①
真如		tsi⁵	tsi⁵		tsʅ³	tsʅ³	sʅ¹	sʅ⁵
江湾		tsi⁵	tsi⁵		tsʅ⁵	tsʅ⁵	sʅ⁵	sʅ⁵
松江		tsi⁵	tsi⁵		tsʅ⁵	tsʅ⁵	sʅ⁵	sʅ⁵
松江新	li⁶	tɕi⁵	tɕi⁵	tsʅ⁵	tsʅ⁵	tsʅ⁵	sʅ⁵	sʅ⁵
泗泾		tsi⁵	tsi⁵		tsʅ³	tsʅ³	sʅ⁵	sʅ⁵
奉贤		tsi⁵	tsi⁵		tsʅ³	tsʅ³	sʅ³	sʅ⁵
奉贤新	liɪʔ⁸	tɕi⁵	tɕi⁵	tsʅ⁵	tsʅ⁵	tsʅ⁵	sʅ³	sʅ³
奉城		tsi⁵	tsi⁵		tsʅ⁵	tsʅ⁵	sʅ⁵	sʅ⁵
金山		tsi⁵	tsi⁵		tsʅ⁵	tsʅ⁵	sʅ³	sʅ⁵
金山新	li⁶	tɕi⁵	tɕi⁵	zʅ⁶	tsʅ⁵	tsʅ⁵	sʅ⁵	sʅ⁵
枫泾		tsi⁵	tsi⁵		tsʅ⁵	tsʅ⁵	sʅ⁵	sʅ⁵
青浦		tsi⁵	tsi⁵		tsʅ⁵	tsʅ⁵	sʅ⁵	sʅ⁵
青浦新	li⁶	tɕi⁵	tɕi⁵	tsʅ⁵	tsʅ⁵	tsʅ⁵	sʅ⁵	sʅ⁵
莘庄		tsi⁵	tsi⁵		tsʅ⁵	tsʅ⁵	sʅ⁵	sʅ⁵
闵行新	liə?⁸	tɕi⁵	tɕi⁵	tsʅ⁵	tsʅ³	dzʅ²	sʅ³	zʅ²
川沙		tsi⁵	tsi⁵		tsʅ⁵	tsʅ⁵	sʅ⁵	sʅ⁵
川沙新	li⁵	tɕi⁵	tɕi⁵		tsʅ³	tsʅ⁵	sʅ⁵	sʅ⁵
高桥		tsi³	tsi³		tsʅ⁵	tsʅ⁵	sʅ¹	sʅ¹
三林		tsi⁵	tsi⁵		tsʅ⁵	tsʅ⁵	sʅ³	sʅ⁵
周浦		tsi⁵	tsi⁵		tsʅ⁵	tsʅ⁵	sʅ⁵	sʅ⁵
南汇		tsi⁵	tsi⁵		tsʅ⁵	tsʅ⁵	sʅ⁵	sʅ⁵
南汇新	li⁶	tɕi⁵	tɕi⁵	tsʅ⁵	tsʅ⁵	tsʅ⁵	sʅ⁵	sʅ⁵
嘉定		tsi⁵	tsi⁵		tsʅ⁵	tsʅ⁵	sʅ¹	sʅ⁵
嘉定新	li⁶	tɕi⁵	tɕi⁵	tsʅ⁵	tsʅ⁵	tsʅ⁵	zʅ⁶	zʅ⁶
宝山	li⁵	tɕi¹②	tɕi¹		tsʅ⁵	tsʅ⁵	sʅ¹	sʅ¹
宝山新	li⁵	tɕi⁵	tɕi⁵		tsʅ⁵	tsʅ⁵	sʅ⁵	sʅ⁵
崇明		tɕi⁵	tɕi⁵		tsʅ⁵	tsʅ⁵	sʅ⁵	sʅ⁵
崇明新	li³	tɕi⁵	tɕi⁵	dzʅ⁶	tsʅ⁵	tsʅ⁵	sʅ⁵	zʅ⁶
堡镇		tɕi⁵	tɕi⁵		tsʅ⁵	tsʅ⁵	sʅ⁵	sʅ⁵①
练塘		tsi⁵	tsi⁵		tsʅ⁵	tsʅ⁵	sʅ⁵	sʅ⁵

注：①在"势力"中读sʅ¹。
　　②有时读tsi¹。

序号	560	561	562	563	564	565	566	567
字目	誓	逝	艺	闭	批	迷	米	谜谜语
中古音的地位	蟹开三去祭禅	蟹开三去祭禅	蟹开三去祭疑	蟹开四去霁帮	蟹开四平齐滂	蟹开四平齐明	蟹开四平齐明	蟹开四去霁明
市区	z_1^6	z_1^6	$ȵi^6$	pi^5	p^hi^1	mi^6	mi^6	mi^6
市区中	z_1^6	z_1^6	$ȵi^6$	pi^5	p^hi^1	mi^6	mi^6	mi^6
市区新	z_1^6	z_1^6	$ȵi^6$	pi^5	p^hi^1	mi^6	mi^6	mi^6
真如	z_1^6	z_1^6	$ȵi^2$	$ʔbi^5$	p^hi^1	mi^2	mi^6	mi^6
江湾	z_1^6	z_1^6	$ȵi^6$	$ʔbi^5$	p^hi^1	mi^6	mi^6	mi^6
松江	z_1^6	z_1^6	$ȵi^2$	$ʔbi^5$	p^hi^1	mi^2	mi^4	mi^6
松江新	z_1^6	s_1^5	$ȵi^6$	pi^5	p^hi^1	mi^2	mi^6	mi^2
泗泾	z_1^6	z_1^6	$ȵi^2$	$ʔbi^5$	p^hi^1	mi^2	mi^6	mi^6
奉贤	z_1^6	z_1^6	$ȵij^6$	$ʔbij^5$	p^hij^1	mij^2	mij^6	mij^6
奉贤新	z_1^6	z_1^6	$ȵi^6$	$ʔbi^6$	p^hi^1	mi^2	mi^6	mi^2
奉城	z_1^2	z_1^2	$ȵij^6$	$ʔbij^5$	p^hij^1	mij^2	mij^6	mij^6
金山	z_1^6	z_1^6	$ȵi^6$	$ʔbi^5$	p^hi^1	mi^2	mi^6	mi^2
金山新	z_1^6	z_1^6	$ȵi^6$	pi^5	p^hi^1	mi^2	mi^6	mi^2
枫泾	z_1^6	z_1^6	$ȵi^6$	pi^5	p^hi^1	mi^2	mi^4	mi^6
青浦	z_1^2	z_1^2	$ȵi^6$	$ʔbi^5$	p^hi^1	mi^2	mi^6	mi^2
青浦新	z_1^6	z_1^6	$ȵi^6$	pi^5	p^hi^1	mi^2	mi^6	mi^2
莘庄	z_1^6	z_1^6	$ȵi^6$	$ʔbi^5$	p^hi^1	mi^2	mi^6	mi^2
闵行新	z_1^2	z_1^2	$ȵi^2$		p^hi^1	mi^2	mi^2	mi^2
川沙	z_1^6	z_1^6	$ȵi^6$	$ʔbi^5$	p^hi^1	mi^2	mi^2	mi^6/me^6
川沙新				$ʔbi^5$	p^hi^1	mi^6	mi^6	mi^6
高桥	z_1^6	z_1^6	$ȵi^6$	$ʔbi^5$	p^hi^1	mi^6	mi^6	mi^6
三林	z_1^6	z_1^6	$ȵi^6$	$ʔbi^5$	p^hi^1	mi^6	mi^6	mi^6
周浦	z_1^6	z_1^6	$ȵi^6$	$ʔbi^5$	p^hi^1	mi^2	mi^6	mi^6
南汇	z_1^6	z_1^6	$ȵi^6$	$ʔbi^5$	p^hi^1	mi^2	mi^6	mi^6
南汇新	z_1^6		$ȵi^6$	$ʔbi^5$	p^hi^1	mi^6	mi^6	mi^6
嘉定	z_1^6	z_1^6	$ȵi^6$	pi^5	p^hi^1	mi^6	mi^6	mi^6
嘉定新	z_1^6	z_1^6	$ȵi^6$	pi^5	p^hi^1	mi^2	mi^6	mi^6
宝山	s_1^1	s_1^1	$ȵi^6$	pi^5	p^hi^1	mi^2	mi^6	mi^2
宝山新	s_1^5	s_1^5	$ȵi^5$	pi^5	p^hi^1	mi^5	mi^5	mi^5
崇明	z_1^6	z_1^6	$ȵi^6$	pi^5	p^hi^1	mi^2	mi^4	mi^2/mei^6
崇明新	z_1^6	s_1^5	$ȵi^6$	pi^5	p^hi^1	mi^2	mi^2	mi^2
堡镇	z_1^6	z_1^6	$ȵi^6$	pi^5	p^hi^1	mi^2	mi^4	mi^2/mei^6
练塘	z_1^6	z_1^2	$ȵi^6$	pi^1	p^hi^1	mi^2	mi^4	mi^2

序号	568	569	570	571	572	573	574	575
字目	谜破谜儿	低	堤	底	抵	帝	梯	体
中古音的地位	蟹开四去霁明	蟹开四平齐端	蟹开四平齐端	蟹开四平齐端	蟹开四上荠端	蟹开四去霁端	蟹开四平齐透	蟹开四上荠透
市区	mi⁶	ti¹	di⁶	ti⁵	ti⁵	ti⁵	tʰi¹	tʰi⁵
市区中	mi⁶	ti¹	ti¹	ti⁵	ti⁵	ti⁵	tʰi¹	tʰi⁵
市区新	mi⁶	ti¹		ti⁵	ti⁵	ti⁵	tʰi¹	tʰi⁵
真如	mi⁶	ʔdi¹	di²	ʔdi³	ʔdi³	ʔdi⁵	tʰi¹	tʰi³
江湾	mi⁶	ʔdi¹	di⁶	ʔdi⁵	ʔdi³	ʔdi⁵	tʰi¹	tʰi⁵
松江	mi⁶	ʔdi¹	di²	ʔdi³	ʔdi³	ʔdi⁵	tʰi¹	tʰi³
松江新	mi⁶	ti¹	di²	ti³	ti³	ti⁵	tʰi¹	tʰi³
泗泾	mi⁶	ʔdi¹	di²	ʔdi³	ʔdi³	ʔdi⁵	tʰi¹	tʰi³
奉贤	mij⁶	ʔdij¹	dij²	ʔdij³	ʔdij³	ʔdij⁵	tʰij¹	tʰij⁵
奉贤新	mi²	ʔdi¹	ʔdi¹	ʔdi³	ʔdi³	ʔdi⁵	tʰi¹	tʰi⁵
奉城	mij⁶	ʔdij¹	dij²	ʔdij³	ʔdij³	ʔdij⁵	tʰij¹	tʰij³
金山	mi²	ʔdi¹	ʔdi¹	ʔdi³	ʔdi³	ʔdi³	tʰi¹	tʰi⁵
金山新	mi⁶	ti¹	ti¹	ti³	ti³	ti⁵	tʰi¹	tʰi⁵
枫泾	mi²	ti¹	di²	ti³	ti³	ti³	tʰi¹	tʰi⁵
青浦	mi²	ʔdi¹	di²	ʔdi³	ʔdi³	ʔdi³	tʰi¹	tʰi⁵
青浦新	mi²	ti¹	ti¹	ti³	ti³	ti³	tʰi¹	tʰi⁵
莘庄	mi²	ʔdi¹	di²	ʔdi³	ʔdi³	ʔdi⁵	tʰi¹	tʰi⁵
闵行新	mi²	ti¹		ti¹	tr³	di²	tʰi¹	tʰi⁵
川沙	mi⁶/me⁶	ʔdi¹	di²	ʔdi³	ʔdi³	ʔdi⁵	tʰi¹/tʰiʔ⁷	tʰi³
川沙新		ʔdi¹	ʔdi¹	ʔdi³	ʔdi³	ʔdi⁵	tʰi¹	tʰi⁵
高桥	mi⁶	ʔdi³	di⁶	ʔdi¹	ʔdi⁵	ʔdi⁵	tʰi³	tʰi⁵
三林	mi⁶	ʔdi¹	di²	ʔdi³	ʔdi³	ʔdi⁵	tʰiʔ⁷	tʰi³
周浦	mi⁶	ʔdi¹	di²	ʔdi³	ʔdi³	ʔdi⁵	tʰi¹	tʰi³
南汇	mi⁶	ʔdi¹	di²	ʔdi³	ʔdi³	ʔdi⁵	tʰi¹	tʰi³
南汇新		ʔdi¹		ʔdi³	ʔdi³	ʔdi⁵	tʰi¹	tʰi³
嘉定	mi⁶	ti¹	di²	ti⁵	ti⁵	ti⁵	tʰi¹	tʰi⁵
嘉定新	mi²	ti¹	ti¹	ti⁵	ti⁵	di⁶	tʰi¹	tʰi⁵
宝山	mi²	ti¹	ti¹	ti⁵	ti⁵	ti⁵	tʰi¹	tʰi⁵
宝山新	mi⁵	ti¹	ti¹	ti⁵	ti⁵	ti⁶	tʰi¹	tʰi⁵
崇明	mi²/mei⁶	ti¹	di²	ti³	ti³	ti³	tʰi¹	tʰi³
崇明新	mi²	ti¹	ti¹	ti³	ti³	ti³	tʰi¹	tʰi³
堡镇	mi²/mei⁶	ti¹	di²	ti³	ti³	ti³	tʰi¹	tʰi³
练塘	mi²	ti¹	di²	ti¹	ti¹	ti⁵	tʰi¹	tʰi³

序号	576	577	578	579	580	581	582	583
字目	替	涕	剃	题	提	啼	蹄	弟
中古音的地位	蟹开四去霁透	蟹开四去霁透	蟹开四去霁透	蟹开四平齐定	蟹开四平齐定	蟹开四平齐定	蟹开四平齐定	蟹开四上荠定
市区	tʰi⁵	tʰi⁵	tʰi⁵	di⁶	di⁶	di⁶	di⁶	di⁶
市区中	tʰi⁵	tʰi⁵	tʰi⁵	di⁶	di⁶	di⁶	di⁶	di⁶
市区新	tʰi⁵	tʰi⁵	tʰi⁵	di⁶	di⁶	di⁶	di⁶	di⁶
真如	tʰi⁵	tʰi⁵	tʰi⁵	di²	di²	di²	di²	di⁶
江湾	tʰi⁵	tʰi⁵	tʰi⁵	di⁶	di⁶	di⁶	di⁶	di⁶
松江	tʰi⁵	tʰi⁵	tʰi⁵	di²	di²	di²	di²	di⁶
松江新	tʰi⁵	tʰi⁵	tʰi⁵	di²	di²	di²	di²	di⁶
泗泾	tʰi⁵	tʰi⁵	tʰi⁵	di²	di²	di²	di²	di⁶
奉贤	tʰij⁵	tʰij¹	tʰij⁵	dij²	dij²	dij²	dij²	dij⁶
奉贤新	tʰi³	tʰi³	tʰi³	di²	di²	di²	di²	di⁶
奉城	tʰij⁵	tʰij⁵	tʰij⁵	dij²	dij²	dij²	dij²	dij⁶
金山	tʰi⁵	tʰi⁵	tʰi⁵	di²	di²	di²	di²	di⁶
金山新	tʰi⁵	tʰi⁵	tʰi⁵	di²	di²	di²	di²	di⁶
枫泾	tʰi⁵	tʰi⁵	tʰi⁵	di²	di²	di²	di²	di⁴
青浦	tʰi⁵	tʰi⁵	tʰi⁵	di²	di²	di²	di²	di⁶
青浦新	tʰi⁵	tʰi⁵	tʰi⁵	di²	di²	di²	di²	di²
莘庄	tʰi⁵	tʰi⁵	tʰi⁵	di²	di²	di²	di²	di⁶
闵行新	tʰi³	tʰi³	tʰi¹	di²	di²	di²	di²	di²
川沙	tʰi⁵	tʰi⁵	tʰi⁵	di²	di²	di²	di²	di²
川沙新	tʰi⁵	tʰi⁵	tʰi⁵	di⁶	di⁶	di⁶	di⁶	di²
高桥	tʰi⁵	tʰi⁵	tʰi⁵	di⁶	di⁶	di⁶	di⁶	di²
三林	tʰi⁵	tʰi⁵	tʰi⁵	di²	di²	di²	di²	di²
周浦	tʰi⁵	tʰi⁵	tʰi⁵	di²	di²	di²	di²	di²
南汇	tʰi⁵	tʰi⁵	tʰi⁵	di²	di²	di²	di²	di²
南汇新	tʰi⁵	tʰi⁵	tʰi⁵	di⁶	di⁶		di⁶	di⁶
嘉定	tʰi⁵	tʰi⁵	tʰi⁵	di²	di²	di²	di²	di⁶
嘉定新	tʰi⁵	tʰi⁵	tʰi⁵	di²	di²	di²	di²	di⁶
宝山	tʰi⁵	tʰi⁵	tʰi⁵	di²	di²	di²	di²	di⁶
宝山新	tʰi⁵	tʰi⁵	tʰi⁵	di⁶	di⁶	di⁶	di⁶	di⁶
崇明	tʰi⁵	tʰi⁵	tʰi⁵	di²	di²	di²	di²	di⁶
崇明新	tʰɔʔ⁷	tʰi⁵	tʰi⁵	di²	di²		di²	di²
堡镇	tʰi⁵	tʰi⁵	tʰi⁵	di²	di²	di²	di²	di⁶
练塘	tʰi⁵	tʰi⁵	tʰi⁵	di²	di²	di²	di²	di⁴

序号	584	585	586	587	588	589	590	591
字目	第	递	泥泥土	犁	黎	礼	丽美丽	隶
中古音的地位	蟹开四去霁定	蟹开四去霁定	蟹开四平齐泥	蟹开四平齐来	蟹开四平齐来	蟹开四上荠来	蟹开四去霁来	蟹开四去霁来
市区	di⁶		ȵi⁶	li⁶	li⁶	li⁶	li⁶	di⁶
市区中	di⁶	di⁶	ȵi⁶	li⁶	li⁶	li⁶	li⁵	li⁵
市区新	di⁶	di⁶	ȵi⁶	li⁶	li⁶	li⁶	li⁵	liɿʔ⁸①
真如	di⁶		ȵi²	li²	li²	li⁶	li⁶	di⁶
江湾	di⁶		ȵi⁶	li⁶	li⁶	li⁶	li⁶	di⁶
松江	di⁶		ȵi²	li²	li²	li⁴	li⁶	di⁶
松江新	di⁶	di⁶	ȵi²	li²	li²	li⁶	li⁶	lie⁶
泗泾	di⁶		ȵi²	li²	li²	li⁶	li⁶	di⁶
奉贤	dij⁶		ȵij²	lij²	lij²	lij⁴	lij⁶	dij⁶
奉贤新	di⁶	di⁶	ȵi²	li²	li²	li⁶	li⁶	li²
奉城	dij⁶		ȵij²	lij²	lij²	lij⁶	lij⁶	dij⁶
金山	di⁶		ȵi²	li²	li²	li⁶	li⁶	di⁶
金山新	di⁶	di⁶	ȵi²	li²	li²	li⁵	li³	liɿʔ⁸
枫泾	di⁶		ȵi²	li²	li²	li⁴	li⁶	di⁶
青浦	di⁶		ȵi²	li²	li²	li⁶	li⁶	di⁶
青浦新	di⁶	di⁶	ȵi²	li²	li²	li⁶	li⁶	li⁶
莘庄	di⁶		ɲi²	li²	li²	li⁶	li⁶	di⁶
闵行新	di²	di²	ni²	li²	li²	li²	li²	lieʔ⁸
川沙	di⁶		ȵi²	li²	li²	li²	li⁶	di⁶
川沙新	di⁶		ȵi⁶		li⁶	li⁶		
高桥	di⁶		ȵi⁶	li⁶	li⁶	li⁶	li⁶	li⁶
三林	di⁶		ɲi²	li²	li²	li²	li⁶	di⁶
周浦	di⁶		ȵi²	li²	li²	li⁶	li⁶	di⁶
南汇	di⁶		ȵi²	li²	li²	li⁶	li⁶	di⁶
南汇新	di⁶	di⁶	ȵi⁶		li⁶	li⁶	li⁶	lieʔ⁸
嘉定	di²		ȵi²	li²	li²	li²	li⁶	di⁶
嘉定新	di⁶	di⁶	ȵi²	li²	li²	li²	li⁶	li⁶
宝山	di⁶		ȵi²	li²	li²	li⁶	li⁶	li⁶
宝山新	di⁶	di⁶	ȵi²	li²	li⁶	li⁶	li⁵	li⁵
崇明	di⁶		ȵi²	li²	li²	li⁴	li⁶	li⁶
崇明新	di⁶	di⁶	ȵi²	li²	li²	li⁶	②	liɿʔ⁸
堡镇	di⁶		ȵi²	li²	li²	li⁴	li⁶	li⁶
练塘	di⁶		ȵi²	li²	li²	li⁴	li⁶	di⁶

注：①"奴隶"中的"隶"读liɿʔ⁸；"隶书"中的"隶"读di⁶。
②说"漂亮"。

序号	592	593	594	595	596	597	598	599
字目	挤	济 救济	剂	妻	凄	切 一切	齐	脐
中古音的地位	蟹开四上荠精	蟹开四去霁精	蟹开四去霁从	蟹开四平齐清	蟹开四平齐清	蟹开四去霁清	蟹开四平齐从	蟹开四平齐从
市区	tɕi⁵	tɕi⁵		tɕʰi¹			zi⁶	
市区中	tɕi⁵	tɕi⁵	tɕi⁵	tɕʰi¹	tɕʰi¹	tɕiɪʔ⁷	dʑi⁶	dʑi⁶
市区新	tɕi⁵	tɕi⁵	tɕi⁵	tɕʰi¹	tɕʰi¹	tɕiɪʔ⁷	dʑi⁶	dʑi⁶
真如	tsi⁵	tsi⁵		tsʰi¹			zi²	
江湾	tsi⁵	tsi⁵		tsʰi¹			zi⁶	
松江	tsi⁵	tsi⁵		tsʰi¹			zi²	
松江新	tɕi³	tɕi⁵	tɕi⁵	tɕʰi¹	tɕʰi¹	tɕʰiɪʔ⁷	dʑi²	ʑi²
泗泾	tsi⁵	tsi⁵		tsʰi¹			zi²	
奉贤	tsij³	tsij⁵		tsʰij¹			zij²	
奉贤新	tɕi⁵	tɕi¹	tɕi³	tɕʰi¹	tɕʰi¹	tɕʰiɪʔ⁷	ʑi²	ʑi²
奉城	tsij¹	tsij⁵		tsʰij¹			zij²	
金山	tsi¹	tsi⁵		tsʰi¹			zi²	
金山新	tɕi⁵	tɕi⁵	tɕi⁵	tɕʰi¹	tɕʰi¹	tɕʰiɪʔ	ʑi²	ʑi²
枫泾	tsi³	tsi⁵		tsʰi¹			zi²	
青浦	tsi³	tsi⁵		tsʰi¹			zi²	
青浦新	tɕi³	tɕi⁵	tɕi⁵	tɕʰi¹	tɕʰi¹	tsʰiE¹	ʑi²	ʑi²
莘庄	tsi⁵	tsi⁵		tsʰi¹			zi²	
闵行新			tɕiəʔ⁷	tɕʰi¹		tɕʰiəʔ⁷	dʑi²	i²
川沙	tsi³	tsi⁵		tsʰi¹			zi²	
川沙新		tɕi³	tɕi⁵				ʑi⁶	ʑi⁶
高桥	tsi⁵	tsi⁵		tsʰi¹			zi⁶	
三林	tsi¹	tsi⁵		tsʰi¹			zi²	
周浦	tsi³	tsi⁵		tsʰi¹			zi²	
南汇	tsi³	tsi⁵		tsʰi¹			zi²	
南汇新		tɕi⁵	dʑi⁶			tɕʰiE⁵	ʑi⁶	ʑi⁶
嘉定	tsi⁵	tsi⁵		tsʰi¹			zi²	
嘉定新	tɕi⁵	tɕi⁵	tɕi⁵	tɕʰi¹	tɕʰi¹	tsʰiɪʔ⁷	ʑi²	ʑi²
宝山	tsi⁵	tsi⁵	tɕi⁵	tɕʰi¹	tɕʰi¹	tɕʰiɪʔ⁷	ʑi²	ʑi²
宝山新	tɕi⁵	tɕi⁵	tɕi⁵	tɕʰi¹	tɕʰi¹	tɕʰiɪʔ⁷	dʑi⁶	dʑi⁶
崇明	tɕi³	tɕi⁵		tɕʰi¹			dʑi²/ʑi²	
崇明新	①	tɕi⁵		tɕʰi¹			dʑi²	tɕi¹
堡镇	tɕi³	tɕi⁵		tɕʰi¹			dʑi²/ʑi²	
练塘	tsi¹	tsi⁵		tsʰi¹			zi²	

注：①说"□"gaʔ⁶。

序号	600	601	602	603	604	605	606	607
字目	西	犀	棲	洗洗刷	细	婿	稽稽查	鸡
中古音的地位	蟹开四平齐心	蟹开四平齐心	蟹开四平齐心	蟹开四上荠心	蟹开四去霁心	蟹开四去霁心	蟹开四平齐见	蟹开四平齐见
市区	ɕi¹			ɕi⁵	ɕi⁵	ɕi⁵/ɕy⁵	tɕi¹	tɕi¹
市区中	ɕi¹	ɕi¹	ɕi¹	ɕi⁵	ɕi⁵	ɕi⁵	tɕi¹	tɕi¹
市区新	ɕi¹	ɕi¹	ɕi¹	ɕi⁵	ɕi⁵	ɕy⁵	tɕi¹	tɕi¹
真如	si¹			sie⁵	si⁵	si⁵	tɕi¹	tɕi¹
江湾	si¹			si⁵	si⁵	si⁵	tɕi¹	tɕi¹
松江	si¹			si³	si⁵	si⁵	tɕi¹	tɕi¹
松江新	ɕi¹	ɕi¹	tɕʰi¹	ɕi³	ɕi⁵	ɕy⁵	tɕi¹	tɕi¹
泗泾	si¹			si³	si⁵	si⁵	tɕi¹	tɕi¹
奉贤	sij¹			sij³	sij⁵	ɕy¹	tɕij¹	tɕij¹
奉贤新	ɕi¹		ɕi¹	ɕi⁵	ɕi⁵	ɕi⁵	tɕi¹	tɕi¹
奉城	sij¹			sij³	sij⁵	ɕy³/sij⁵	tɕij¹	tɕij¹
金山	si¹			si³	si⁵	si⁵/sy⁵	tɕi¹	tɕi¹
金山新	ɕi¹	ɕi¹	ɕi¹	ɕi³	ɕi³		tɕi¹	tɕi¹
枫泾	si¹			si³	si⁵	si⁵	tɕi¹	tɕi¹
青浦	si¹			si³	si⁵	sy³	tɕi¹	tɕi¹
青浦新	ɕi¹	ɕi¹		ɕi³	ɕi³	ɕi⁵	tɕi¹	tɕi¹
莘庄	si¹			si³	si⁵	si⁵	ci¹	ci¹
闵行新	ɕi¹	ɕi¹			ɕi⁵	ɕy³	tɕi¹	tɕi¹
川沙	si¹			si³	si⁵	si⁵	tɕi¹/tɕʰi¹	tɕi¹
川沙新	ɕi¹				ɕi⁵	ɕy⁵		tɕi¹
高桥	si¹			sie³	si³	sy⁵	tɕi¹	tɕi¹
三林	si¹			si⁵	si⁵	sy¹	ci⁵	ci¹
周浦	si¹			si³	si⁵	si⁵	tɕi¹	tɕi¹
南汇	si¹			si³	si⁵	si⁵	tɕi¹	tɕi¹
南汇新	ɕi¹	ɕi¹			ɕi⁵	ɕi⁵	tɕi¹	tɕi¹
嘉定	si¹			sir⁵	si⁵	si⁵/sy⁵	tɕi¹	tɕi¹
嘉定新	si¹	si¹	si¹	si⁵	si⁵	ɕy¹①	tɕi¹	tɕi¹
宝山	si¹	si¹	si¹	si⁶	si⁶	si⁶	tɕi⁵	tɕi⁵
宝山新	ɕi¹	ɕi¹	ɕi¹	ɕi⁵	ɕi⁵	ɕy⁵	tɕi¹	tɕi¹
崇明	ɕi¹			ɕie³	ɕi⁵	ɕi⁵	tɕi¹	tɕi¹
崇明新	ɕi¹	ɕi¹		ɕi³	ɕi⁵	ɕi⁵	tɕi¹	tɕi¹
堡镇	ɕi¹			ɕie³	ɕi⁵	ɕi⁵	tɕi¹	tɕi¹
练塘	si¹			si¹	si⁵	sy³	tɕi¹	tɕi¹

注：① 华亭读音为si¹。

序号	608	609	610	611	612	613	614	615
字目	计	继	溪	启	契契约	系系统	杯	辈
中古音的地位	蟹开四去霁见	蟹开四去霁见	蟹开四平齐溪	蟹开四上荠溪	蟹开四去霁溪	蟹开四去霁匣	蟹合一平灰帮	蟹合一去队帮
市区	tɕi⁵	tɕi⁵	tɕʰi¹	tɕʰi⁵	tɕʰi⁵	ɕi⁵/ɦi⁶	pE¹	pE¹
市区中	tɕi⁵	tɕi⁵	ɕi¹	tɕʰi⁵	tɕʰi⁵	ɦi⁶	pE¹	pE⁵
市区新	tɕi⁵	tɕi⁵	ɕi¹	tɕʰi⁵	tɕʰi⁵	ɦi⁶	pE¹	pE⁵
真如	tɕi⁵	tɕi⁵	tɕʰi¹	tɕʰi⁵	tɕʰi⁵	ɦi⁶	ʔbe¹	ʔbe⁵
江湾	tɕi⁵	tɕi⁵	tɕʰi¹	tɕʰi⁵	tɕʰi⁵	ɦi⁶	ʔbe¹	ʔbe⁵
松江	tɕi⁵	tɕi⁵	tɕʰi¹	tɕʰi³	tɕʰi⁵	ɦi⁶	ʔbe¹	ʔbe⁵
松江新	tɕi⁵	tɕi⁵	ɕi¹	tɕʰi³	tɕʰi⁵	ɦi⁶	pe¹	pe⁵
泗泾	tɕi⁵	tɕi⁵	tɕʰi¹	tɕʰi⁵	tɕʰi⁵	ɦi⁶	ʔbe¹	ʔbe⁵
奉贤	ʔʝij⁵	ʔʝij⁵	tɕʰi¹	tɕʰij⁵	cʰij⁵	ɦij²	ʔbe¹	ʔbe⁵
奉贤新	tɕi³	tɕi³	ɕi¹	tɕʰi³	tɕʰi⁵	ɕi⁵	ʔbe¹	ʔbe⁵
奉城	ʔʝij⁵	ʔʝij⁵	tɕʰi¹	tɕʰij³	cʰij⁵	ɦij⁶	ʔbe¹	ʔbe⁵
金山	tɕi⁵	tɕi⁵	tɕʰi⁵	tɕʰi³	tɕʰi⁵	ɦi²	ʔbe¹	ʔbe⁵
金山新	tɕi⁵	tɕi⁵	ɕi¹	tɕʰi³	tɕʰi⁵	ɕi⁵/ʑi⁶	pe¹	pe⁵
枫泾	tɕi⁵	tɕi⁵	tɕʰi¹	tɕʰi³	tɕʰi³	ɦi²	pe¹	pe⁵
青浦	tɕi⁵	tɕi⁵	tɕʰi¹	tɕʰi³	tɕʰi³	ɦi⁶	ʔbɪ¹	ʔbɪ⁵
青浦新	tɕi⁵	tɕi⁵	tɕʰi¹	tɕʰi⁵	tɕʰi⁵	ɦi⁶	pɪ¹	pɪ⁵
莘庄	ci⁵	ci⁵	cʰi¹	cʰi³	cʰi⁵	ɦi⁶	ʔbe¹	ʔbi⁵
闵行新	tɕi⁵	tɕi⁵	ɕi¹	tɕʰi¹	tɕʰiə⁷	ɕi¹	pɪ¹	pɪ¹
川沙	tɕi⁵	tɕi⁵	tɕʰi¹	tɕi³	tɕʰi⁵	ɦi²	ʔbe¹	ʔbe⁵
川沙新	tɕi⁵	tɕi⁵		tɕʰi³		i⁵	ʔbe¹	ʔbe⁵
高桥	tɕi⁵	tɕi⁵	tɕʰi¹	tɕʰi⁵	tɕʰi³	tɕi⁵	ʔbø¹	ʔbi³
三林	ci⁵	ci⁵	cʰi¹	cʰi⁵	cʰi⁵	ɦi⁶	ʔbe¹	ʔbe⁵
周浦	tɕi⁵	tɕi⁵	tɕʰi¹	tɕʰi³	tɕʰi⁵	ɦi²	ʔbe¹	ʔbe⁵
南汇	tɕi⁵	tɕi⁵	tɕʰi¹	tɕʰi⁵	tɕʰi⁵	ɦi²	ʔbe¹	ʔbe⁵
南汇新	tɕi⁵	tɕi⁵	ɕi¹	tɕʰi³	tɕʰiE⁵	ɦi⁶	ʔbei¹	ʔbei⁵
嘉定	tɕi⁵	tɕi⁵	tɕʰi¹	tɕʰi⁵	tɕi⁵	ɦi⁶	pɪ¹	pɪ⁵
嘉定新	tɕi⁵	tɕi⁵	ɕi¹/tɕi¹	tɕʰi⁵	tɕʰi⁵	ʑi⁶	pɪ¹	pɪ⁵
宝山	tɕi⁵	tɕi⁵	tɕʰi¹	tɕʰi¹	tɕʰi¹	i⁶	pe¹	pe¹
宝山新	tɕi⁵	tɕi⁵	ɕi¹	tɕʰi⁵	tɕʰiɪ⁷	ɕi⁵	pe¹	pe⁵
崇明	tɕi³	tɕi³	tɕʰi¹	tɕʰi³	tɕʰi⁵	ɦi⁶	pei¹	pei⁵
崇明新	tɕi³	tɕi³	ɕi¹	tɕʰi³	tɕʰi⁵	ʑi⁶	pei¹	pei⁵
堡镇	tɕi³	tɕi³	tɕʰi¹	tɕʰi³	tɕʰi⁵	ɦi⁶	pei¹	pei⁵
练塘	tɕi⁵	tɕi⁵	tɕʰi¹	tɕʰi³	tɕʰi⁵	ɦi⁶	pɪ¹	pɪ⁵

序号	616	617	618	619	620	621	622	623
字目	背背脊	背背负	坯	配	培	陪	赔	焙
中古音的地位	蟹合一去队帮	蟹合一去队帮	蟹合一平灰滂	蟹合一去队滂	蟹合一平灰并	蟹合一平灰并	蟹合一平灰并	蟹合一上贿并
市区	pE⁵	pE⁵		pʰE⁵	bE⁶	bE⁶	bE⁶	
市区中	pE⁵	pE⁵	pʰE¹	pʰE⁵	bE⁶	bE⁶	bE⁶	bE⁶
市区新	pE⁵	pE⁵	pʰE¹	pʰE⁵	bE⁶	bE⁶	bE⁶	bE⁶
真如	ʔbe⁵	ʔbe⁵		pʰɛ⁵	be²	be²	be²	
江湾	ʔbe⁵	ʔbe⁵		pʰe⁵	be⁶	be⁶	be⁶	
松江	ʔbe⁵	ʔbe⁵		pʰe⁵	be²	be²	be²	
松江新	pe⁵	pe⁵	pʰe¹	pʰe³	be²	be²	be²	be²
泗泾	ʔbe⁵	ʔbe⁵		pʰe⁵	be²	be²	be²	
奉贤	ʔbe⁵	ʔbe⁵		pʰe⁵	be⁶	be⁶	be⁶	
奉贤新	ʔbe¹	ʔbe¹	pʰe¹	pʰe⁵	be²	be²	be²	be²
奉城	ʔbe⁵	ʔbe⁵		pʰe⁵	be⁶	be⁶	be⁶	
金山	ʔbe⁵	ʔbe⁵		pʰe⁵	be²	be²	be²	
金山新	pe⁵	pe⁵		pʰe⁵	be²	be²	be²	be²
枫泾	be⁵	be⁵		pʰe⁵	be²	be²	be²	
青浦	ʔbɪ⁵	ʔbɪ⁵		pʰɪ⁵	bɪ²	bɪ²	bɪ²	
青浦新	pɪɪ⁵	bɪɪ⁶	pʰɪɪ¹	pʰɪɪ⁵	bɪɪ²	bɪɪ²	bɪɪ²	
莘庄	ʔbi⁵	ʔbi⁵		pʰe⁵	be²	be²	be²	
闵行新	pɪ¹	pɪ¹³	pʰɪ¹¹	pʰɪ¹⁵	bɪ¹²	bɪ¹²	bɪ¹²	bɪ¹²
川沙	ʔbe⁵	ʔbe⁵		pʰe⁵	be²	be²	be²	
川沙新	ʔbe⁵	ʔbe¹	pʰi¹	pʰe⁵	be⁶	be⁶	be⁶	
高桥	ʔbi⁵	ʔbi⁵		pʰe⁵	bø⁶	bø⁶	be⁶	
三林	ʔbe⁵	ʔbe⁵		pʰe⁵	be²	be²	be²	
周浦	ʔbe⁵	ʔbe⁵		pʰe⁵	be²	be²	be²	
南汇	ʔbe⁵	ʔbe⁵		pʰe⁵	be²	be²	be²	
南汇新	ʔbei⁵	ʔbei⁵	pʰei¹	pʰei⁵	bei⁶	bei⁶	bei⁶	
嘉定	pɪɪ⁵	pɪɪ⁵		pʰɪɪ⁵	bɪɪ²	bɪɪ²	bɪɪ²	
嘉定新	pɪɪ⁵	pɪɪ⁵	pʰi¹	pʰɪɪ⁵	bɪɪ²	bɪɪ²	bɪɪ²	bɪɪ²
宝山	pe¹	pe⁵	pʰe¹	pʰe⁵	be²	be²	be²	be²
宝山新	pe⁵	pe¹	pʰe¹	pʰe⁵	be⁶	be⁶	be⁶	be⁶
崇明	pei⁵	pei⁵		pʰei⁵	bei²	bei²	bei²	
崇明新	pei⁵	pei⁵	pʰei¹	pʰei⁵	bei²	bei²	bei²	bei⁶
堡镇	pei⁵	pei⁵		pʰei⁵	bei²	bei²	bei²	
练塘	pɪ⁵	pɪ⁵		pʰɪ⁵	bɪ²	bɪ²	bɪ²	

序号	624	625	626	627	628	629	630	631
字目	倍	背背诵	佩	梅	枚	媒	煤	每
中古音的地位	蟹合一上贿並	蟹合一去队並	蟹合一去队並	蟹合一平灰明	蟹合一平灰明	蟹合一平灰明	蟹合一平灰明	蟹合一上贿明
市区	bE^6	bE^6	bE^6	mE^6	mE^6	mE^6	mE^6	mE^1/mE^5
市区中	bE^6	bE^6	bE^6	mE^6	mE^6	mE^6	mE^6	mE^1
市区新	bE^6	bE^6	bE^6	mE^6	mE^6	mE^6	mE^6	mE^1
真如	be^6	be^6	be^6	me^2	me^2	me^2	me^2	me^1
江湾	be^6	ʔbe^5	be^6	me^6	me^6	me^6	me^6	me^1
松江	be^4	be^6	be^6	me^2	me^2	me^2	me^2	me^4
松江新	be^2	pe^1	be^6	me^2	me^2	me^2	me^2	me^3
泗泾	be^6	be^6	be^6	me^2	me^2	me^2	me^2	me^6
奉贤	be^6	be^6	be^6	me^2	me^2	me^2	me^2	me^1
奉贤新	be^6	ʔbe^6	pʰe^5	me^2	me^2	me^2	me^2	ʔme^3
奉城	be^6	be^6	be^6	me^2	me^2	me^2	me^2	me^1
金山	be^6	be^6	be^6	me^2	me^2	me^2	me^2	me^3
金山新	be^6	pe^5	pʰe^5	me^2	me^2	me^2	me^2	me^3
枫泾	be^2	be^6	be^6	me^2	me^2	me^2	me^2	me^3
青浦	bɪ^6	ʔbɪ^5	bɪ^6	mɪ^2	mɪ^2	mɪ^2	mɪ^2	mɪ^1
青浦新	biɪ^6	biɪ^6	biɪ^6	miɪ^2	miɪ^2	miɪ^2	miɪ^2	miɪ^3
莘庄	be^2	ʔbi^5	bi^2	mi^2	mi^2	mi^2	mi^2	mi^1
闵行新	bɪ^{i2}	pɪ^{i5}	pʰi^5	mɪ^{i2}	mɪ^{i2}	mɪ^{i2}	mɪ^{i2}	mɪ^{i2}
川沙	be^2	pe^5	be^6	me^2	me^2	me^2	me^2	me^1
川沙新	be^6	ʔbe^5	be^6	me^6		me^6	me^6	me^6
高桥	bø^6	bø^6	bø^6	me^6	me^6	me^6	me^6	me^1
三林	be^2	pe^5	be^6	me^2	me^2	me^2	me^2	me^1
周浦	be^2	be^6	be^6	me^2	me^2	me^2	me^2	me^2
南汇	be^2	be^6	be^6	me^2	me^2	me^2	me^2	me^2
南汇新	bei^6	ʔbei^5	pʰei^5	mei^6	mei^6	mei^6	mei^6	mei^6
嘉定	biɪ^6	hiɪ^6	hiɪ^6	miɪ^2	miɪ^6	miɪ^2	miɪ^2	miɪ^1
嘉定新	biɪ^6	biɪ^6	pʰiɪ^5	miɪ^2	miɪ^2	miɪ^2	miɪ^2	miɪ^2
宝山	be^6	be^{35}	be^6	me^2	me^2	me^2	me^2	me^6
宝山新	be^6	be^{35}	pʰe^5	me^6	me^6	me^6	me^6	me^5
崇明	bei^6	pei^5	bei^6	meɪ^2	mɵ^1	mɵ^2	meɪ^2	mɵ^1
崇明新	bei^6	pei^5	bei^6	mei^2	mei^2	mei^2	mei^2	mei^2
堡镇	bei^6	pei^5	bei^6	meɪ^2	mɵ^1	mɵ^2	meɪ^2	mɵ^1
练塘	bɪ^4	pɪ^5	bɪ^6	mɪ^2	mɪ^2	mɪ^2	mɪ^2	mɪ^3

序号	632	633	634	635	636	637	638	639
字目	妹	昧	堆	对	碓	推	腿	退
中古音的地位	蟹合一去队明	蟹开一去泰明	蟹合一平灰端	蟹合一去队端	蟹合一去灰端	蟹合一平灰透	蟹合一上贿透	蟹合一去队透
市区	mE^6		tE^1	tE^5		t^{h}E^1	t^{h}E^5	t^{h}E^5
市区中	mE^6	mE^6	tE^1	tE^5	tE^5	t^{h}E^1	t^{h}E^5	t^{h}E^5
市区新	mE^6	mE^6	tE^1	tE^5		t^{h}E^1	t^{h}E^5	t^{h}E^5
真如	me^6		ʔde^1	ʔde^5		t^{h}e^1	t^{h}e^3	t^{h}e^5
江湾	me^6		ʔde^1	ʔde^5		t^{h}e^1	t^{h}e^3	t^{h}e^5
松江	me^6		ʔde^1	ʔde^5		t^{h}e^1	t^{h}e^3	t^{h}e^5
松江新	me^5	me^6	te^1	te^5		t^{h}e^1	t^{h}e^3	t^{h}e^5
泗泾	me^6		ʔde^1	ʔde^5		t^{h}e^1	t^{h}e^3	t^{h}e^5
奉贤	me^6		ʔde^1	ʔde^5		t^{h}e^1	t^{h}e^3	t^{h}e^5
奉贤新	me^6	me^6	ʔde^1	ʔde^5	ʔde^5	t^{h}e^1	t^{h}e^3	t^{h}e^5
奉城	me^6		ʔde^1	ʔde^5		t^{h}e^1	t^{h}e^3	t^{h}e^5
金山	me^3		ʔde^1	ʔde^5		t^{h}e^1	t^{h}e^3	t^{h}e^5
金山新	me^3	me^6	te^1	te^5	te^5	t^{h}ɛ^1	t^{h}e^3	t^{h}ɛ^5
枫泾	me^3		te^1	te^5		t^{h}e^1	t^{h}e^3	t^{h}e^5
青浦	mɪ^6		ʔdɪ^1	ʔdɪ^5		t^{h}ɪ^2	t^{h}ɪ^3	t^{h}ɪ^5
青浦新	miɪ^3	miɪ^6	tiɪ^1	tiɪ^5		t^{h}iɪ^1	t^{h}iɪ^3	t^{h}iɪ^5
莘庄	mi^6		ʔdi^1	ʔdi^5		t^{h}i^1	t^{h}i^3	t^{h}i^5
闵行新	mɪ^{i2}		tɪ^{i1}①	t^{h}ɪ^{i5}	tɪ^{i5}	t^{h}ɪ^{i1}	t^{h}ɪ^{i5}	t^{h}ɪ^{i5}
川沙	me^6		ʔde^1	ʔde^5		t^{h}e^1	t^{h}e^3	t^{h}e^5
川沙新	me^6	me^6	ʔde^1	ʔde^5		t^{h}e^1	t^{h}e^3	t^{h}e^5
高桥	me^2		ʔdi^1	ʔde^5		t^{h}i^1	t^{h}i^3	t^{h}i^5
三林	me^6		ʔde^1	te^5		t^{h}e^1	t^{h}e^3	t^{h}e^5
周浦	me^5		ʔde^1	ʔde^5		t^{h}e^1	t^{h}e^3	t^{h}e^5
南汇	me^5		ʔde^1	ʔde^5		t^{h}e^1	t^{h}e^3	t^{h}e^5
南汇新	mei^6	mei^6	ʔdei^1	ʔdei^5		t^{h}ei^1	t^{h}ei^3	t^{h}ei^5
嘉定	miɪ^6		tø^1	tø^5		t^{h}ø^1	t^{h}ø^5	t^{h}ø^5
嘉定新	miɪ^6	miɪ^6	tø^1	tø^5	tø^5	t^{h}ø^1	t^{h}ø^5	t^{h}ø^5
宝山	me^6		te^1	te^5	te^5	t^{h}e^1	t^{h}e^5	t^{h}e^5
宝山新	me^6	me^6	te^1	te^5	te^5	t^{h}e^1	t^{h}e^5	t^{h}e^5
崇明	mei^3		tei^1	tei^5		t^{h}ei^1	t^{h}ei^3	t^{h}ei^5
崇明新	mei^5	mei^6	tei^1	tei^5		t^{h}ei^1	t^{h}ei^3	t^{h}ei^5
堡镇	mei^3		tei^1	tei^5		t^{h}ei^1	t^{h}ei^3	t^{h}ei^5
练塘	mɪ^6		tɪ^1	tɪ^5		t^{h}ɪ^2	t^{h}ɪ^3	t^{h}ɪ^5

注：① 声母有ʔd色彩。

序号	640	641	642	643	644	645	646	647
字目	颓	队	内	雷	累劳累	催	崔	罪
中古音的地位	蟹合一平灰定	蟹合一去队定	蟹合一去队泥	蟹合一平灰来	蟹合一去队来	蟹合一平灰清	蟹合一平灰清	蟹合一上贿从
市区		dɛ^6	nɛ^6	lɛ^6	lɛ^6	tsʰø^1	tsʰø^1	zø^6/zɛ^6
市区中	dɛ^6	dɛ^6	nɛ^6	lɛ^6	lɛ^6	tsʰɛ^1	tsʰɛ^1	zɛ^6
市区新	dɛ^6	dɛ^6	nɛ^6	lɛ^6	lɛ^6	tsʰɛ^1	tsʰɛ^1	zɛ^6
真如		de^6	ne^6	le^2	le^6	tsʰø^1	tsʰø^1	zø^6
江湾		de^6	ne^6	le^2	le^6	tsʰø^1	tsʰø^1	zø^6/zɛ^6
松江		de^6	ne^6	le^2	le^6	tsʰø^1	tsʰø^1	zø^4
松江新	de^2	bu^6	ne^6	le^2	le^6	tsʰø^1	tsʰø^1	zø^6
泗泾		de^6	ne^6	le^2	le^6	tsʰø^1	tsʰø^1	zø^6
奉贤		de^6	ne^6	le^2	le^6	tsʰø^1	tsʰø^1	zø^6
奉贤新	de^2	de^6	ne^6	le^2	le^6	tsʰø^1	tsʰø^1	tsø^5
奉城		de^6	ne^6	le^2	le^6	tsʰø^1	tsʰø^1	zø^6
金山		de^6	ne^6	le^2	le^6	tsʰø^1	tsʰø^1	zø^6
金山新	dɛ^2	dɛ^6	nɛ^6	lɛ^2	lɛ^6	tsʰø^1	tsʰø^1	zø^6
枫泾		de^6	ne^6	le^2	le^6	tsʰø^1	tsʰø^1	zø^4
青浦		dɛ^6	nɛ^6	lɪ^2	li^3	tsʰø^1	tsʰø^1	zø^6
青浦新		dɛ^6	nɛ^6	lɪr^2		tsʰø^1	tsʰø^1	zø^5
莘庄		de^6	ne^6	li^2	li^6	tsʰø^1	tsʰø^1	zø^6
闵行新		dɪ^{i2}	nɪ^{i2}	lɪ^{i2}	①	tsʰø^1	tsʰø^1	zø^2
川沙		de^6	ne^6	le^2	le^6	tsʰø^1	tsʰø^1	zø^2/zɛ^2
川沙新		de^6	ne^6	le^6		tsʰø^1	tsʰø^1	zø^6
高桥		de^6	ne^6	le^6	ly^1/ly^6	tsʰø^1	tsʰø^1	zø^6
三林		de^6	ne^6	le^2	le^6	tsʰø^1	tsʰø^1	zø^2
周浦		de^6	ne^6	le^2	le^6	tsʰø^1	tsʰø^1	zø^2
南汇		de^6	ne^6	le^2	le^6	tsʰø^1	tsʰø^1	zø^2
南汇新		dei^6	nei^6	lei^6		tsʰø^1	tsʰø^1	zø^6
嘉定		dø^6	nir^6	lø^6	lø^6	tsʰø^1	tsʰø^1	zø^6
嘉定新	dø^2	dø^6	nø^6	lø^2	lø^6	tsʰø^1	tsʰø^1	zø^6
宝山	tʰe^5	de^6	ne^6	le^5	le^6	tsʰe^1	tsʰe^1	se^6
宝山新	de^6	te^5	ne^6	le^5	le^5	tsʰe^1	tsʰe^1	ze^6
崇明		dei^6	nei^6	lei^2	lei^4	tsʰei^1	tsʰei^1	dzei^4/zɛ^4
崇明新		dei^6	nei^6	lei^2	lei^6	tsʰei^1	tsʰei^1	tsei^5
堡镇		dei^6	nei^6	lei^2	lei^4	tsʰei^1	tsʰei^1	dzei^4/zɛ^4
练塘		dɛ^6	nɛ^6	lɪ^2	li^3	tsʰø^1	tsʰø^1	zø^4

注：① 说"吃力"。

序号	648	649	650	651	652	653	654	655
字目	碎	魁	恢	桅	灰	悔	贿	回
中古音的地位	蟹合一去队心	蟹合一平灰溪	蟹合一平灰溪	蟹合一平灰疑	蟹合一平灰晓	蟹合一上贿晓	蟹合一上贿晓	蟹合一平灰匣
市区	sE⁵		huE¹	ɦuE⁶	huE¹	huE⁵	huE⁵	ɦuE⁶
市区中	sE⁵	guE⁶	huE⁵	ɦuE⁶	huE¹	huE⁵	huE⁵	ɦuE⁶
市区新	sE⁵	guE⁶	huE⁵	ɦuE⁶	huE¹	huE⁵	ɦuE⁵	ɦuE⁶
真如	se⁵		kʰue¹	ɦue²	hue¹	hue⁵	hue⁵	ɦue²
江湾	se⁵		ɸe¹	βe⁶	ɸe¹	ɸe⁵	ɸe⁵	βe⁶
松江	se⁵		kʰue¹	βe²/ɦue²	ɸe¹/hue¹	ɸe³/hue³	ɸe³/hue³	βe²/ɦue²
松江新	se⁵	gue²	hue¹	vue²/ɦue²	hue¹	ɦue⁶	hue³	ɦue²
泗泾	se⁵		kʰue¹	βe²	ɸe¹	ɸe³	ɸe³	βe²
奉贤	se⁵		ɸe¹	ŋue²	ɸe¹	ɸe⁵	ɸe⁵	βe²
奉贤新	se⁵	gue²	fe¹	ɦue⁶	fe¹/hue¹	hue⁵	ɦue⁶	ɦue⁶
奉城	se⁵		ɸe¹	ŋue²	ɸe¹	ɸe⁵	ɸe⁵	βu²/βe²
金山	se⁵		ɸe¹	ŋue²	ɸe¹	ɸe³	ɸe³	ɦue²
金山新	sɛ⁵	gue²	hue¹/fi¹	vei⁶	fi¹	fi⁵		ve²
枫泾	sɛ⁵		fɛ¹	βɛ²	fɛ¹	fɛ³	fɛ⁵	βɛ²
青浦	sE⁵		ɸɪ¹	βɪ²	ɸɪ¹	hʊɪ⁵	ɸɪ⁵	βɪ²
青浦新	sE⁵	gʊɪ²	hʊɪ¹	ʊɪ¹	hʊɪ¹	hʊɪ³	hʊɪ⁵	ɦʊɪ²
莘庄	se⁵		ɸi¹	βi²	ɸi¹	ɸi⁵	ɸi⁵	βi²
闵行新	sɪ⁵	kʰue¹	hue¹	vi²	fi¹	fi⁵		vi²
川沙	se⁵		kʰue¹/ɸe¹	βe²	ɸe¹	ɸe³	ɸe³	βe²
川沙新	se⁵		hue¹		hue¹	hue³		ɦue⁶
高桥	sø⁵		ɸe¹		ɸe¹	ɸe³	ɸe³	βe⁶
三林	se⁵		ɸe¹	βe²	ɸe¹	ɸe⁵	ɸe⁵	βe²
周浦	se⁵		ɸe¹	βe²	ɸe¹	ɸe⁵	ɸe⁵	βe²
南汇	se⁵		ɸe¹	βe²	ɸe¹	ɸe⁵	ɸe⁵	βe²
南汇新	sei⁵		fei¹		huei¹	huei³	uei⁵	ɦuei⁶
嘉定	sE⁵		kʰʊɪ¹	ɦʊɪ²	hʊɪ¹	hʊɪ⁵	hʊɪ⁵	ɦʊɪ²
嘉定新	sE⁵	gʊɪ²/kʰʊɪ¹	hʊɪ¹	ɦʊɪ²	hʊɪ¹	hʊɪ⁵	hʊɪ⁶	ɦʊɪ²
宝山	sE⁵	kʰuE⁵	huE¹	hue⁵	hue⁵	hue⁵	hue⁵	ue⁵
宝山新	sE⁵	kue⁵	hue¹	hue⁵	hue¹	hue⁵	ue⁶	ue⁵
崇明	sei⁵		huei¹	guei²	huei¹	huei⁵	huei⁵	ɦuei²
崇明新	sei⁵	guei²	xuei²	guei⁶	xuei¹	xuei³	vei⁶	vei²
堡镇	sei⁵		huei¹	guei²	huei¹	huei⁵	huei⁵	ɦuei²
练塘	sE⁵		ɸɪ¹	βɪ²	ɸɪ¹	hʊɪ⁵	ɸɪ¹	βɪ²

序号	656	657	658	659	660	661	662	663
字目	茴	汇汇合	溃溃脓	溃崩溃	蜕	兑	最	会会计
中古音的地位	蟹合一平灰匣	蟹合一上贿匣	蟹合一去队匣	蟹合一去队匣	蟹合一去泰透	蟹合一去泰定	蟹合一去泰精	蟹合一去泰见
市区	ɦuE⁶	ɦuE⁶	guE⁶	guE⁶	tʰø⁵		tsø⁵/tsø¹ ①	kuE⁵/kʰuE⁵
市区中	ɦuE⁶	ɦuE⁶	guE⁶	guE⁶	tʰø⁵	tE⁵	tsø¹/tsE¹	kʰuE⁵
市区新	ɦuE⁶	ɦuE⁶	kʰuE⁵	kʰuE⁵	tʰE⁵	tE⁵	tsø¹/tsE¹	kuE⁵
真如	ɦue²	ɦue⁶	gue⁶	gue⁶	tʰø⁵		tsø³	kue⁵
江湾	βe⁶	βe⁶	gue⁶	gue⁶	tʰø⁵		tsø⁵	kue⁵/kʰue⁵
松江	ɦue²	βe⁴/ɦue⁴	gue⁶	gue⁶	tʰø⁵		tsø⁵	kue⁵
松江新	ɦue²	ɦue⁶	kʰue⁵	kʰue⁵	tʰø⁵	te⁵	tsø⁵	kʰue⁵
泗泾	βe²	βe²	gue⁶	gue⁶	tʰø⁵		tsø⁵	kue⁵
奉贤	βe²	βe²	gue⁶	gue⁶	tʰø⁵		tsø⁵	kue⁵
奉贤新	ɦue⁶	ɦue⁶/ve⁶	kʰue⁵	kʰue⁵	tʰe³	ʔde⁵	tsø⁵	kue³
奉城	βe²	βe⁶/ɦue⁶	gue⁶	gue⁶	tʰø⁵		tsø⁵	kue⁵
金山	ɦue²	ɦue⁶	gue⁶	gue⁶	tʰø⁵		tsø⁵	kue⁵
金山新	ve²	ve⁶	kʰue⁵	kʰue⁵	tʰø⁵	te⁵	tsø⁵	kʰuA⁵
枫泾	βε²	βε²	gue⁶	gue⁶	tʰø⁵		tsø⁵	kue⁵
青浦	βɪ²	βɪ²	guɪ⁶	guɪ⁶	tʰø⁵		tsø⁵	kuɪ³
青浦新	ɦuɪ²	ɦuɪ⁶	guɪ⁶	kʰuɪ⁵	tʰø⁵	diɪ⁶	tsø⁵	kuɪ⁶
莘庄	βi²	βi⁶	gue²	gue²	tʰø⁵		tsø⁵	kue⁵
闵行新	vi²	vi²	kʰue¹	kʰue¹	tʰø¹	tɪ¹¹	tsø¹	kue³
川沙	βe²	βe²	gue⁶	gue⁶	tʰø⁵		tsø⁵	kue⁵/kʰue⁵
川沙新	ɦue⁶	ɦue⁶			tʰø⁵		tsø⁵	kue⁵
高桥	βe⁶	βe²	gue⁶	gue⁶	tʰu³		tsø¹	kue³
三林	βe²	βe²	gue⁶	gue⁶	tʰœʔ⁷		tsø³	kue⁵
周浦	βe²	βe²	gue⁶	gue⁶	tʰø⁵		tsø⁵	kue⁵
南汇	βe²	βe²	gue⁶	gue⁶	tʰø⁵		tsø⁵	kue⁵
南汇新	ɦuei⁶	ɦuei⁶		kʰuei⁵	tʰø⁵	ʔdei⁵	tsø⁵	kuei⁵
嘉定	ɦuɪ²	ɦuɪ⁶	guɪ⁶	guɪ⁶	tʰø⁵		tsø⁵	kuɪ⁵
嘉定新	ɦuɪ²	ɦuɪ⁶	kʰuɪ⁵	kʰuɪ⁵	tʰø⁵	tø⁵	tsø⁵	kʰua⁵
宝山	ue⁵	ue⁵	kue⁵	kue⁵	tʰue⁵	tʰe⁵	tse⁵	kʰue⁵
宝山新	ue⁵	ue⁵	kʰue⁵	kʰue⁵	tʰe⁵	te⁵	tsue⁵	kʰue⁵
崇明	ɦuei²	ɦuei⁶	guei⁴	guei⁴	tʰu³		tsei⁵	kuei⁵
崇明新	vei²	vei⁶	kʰuei⁵	kʰuei⁵	tʰu⁵	tei⁵	tsei⁵	kuei⁵
堡镇	ɦuei²	ɦuei⁶	guei⁴	guei⁴	tʰu⁵		tsei⁵	kuei⁵
练塘	βɪ²	ɦuɪ⁶	guɪ⁶	guɪ⁶	tʰø⁵		tsø⁵	kuɪ⁵

注：①市区有阴平一读。

序号	664	665	666	667	668	669	670	671
字目	外	会开会	会会不会	绘	乖	怪	块	怀
中古音的地位	蟹合一去泰疑	蟹合一去泰匣	蟹合一去泰匣	蟹合一去泰匣	蟹合二平皆见	蟹合二去怪见	蟹合一去队溪	蟹合二平皆匣
市区	ŋA⁶	ɦuE⁶		ɦuE⁶	kuA¹	kuA⁵	kʰuE⁵	ɦuA⁶/ɦuE⁶
市区中	ŋA⁶	ɦuE⁶	ɦuE⁶	ɦuE⁶	kuA¹	kuA⁵	kʰuE⁵	ɦuA⁶
市区新	ŋA⁶	ɦuE⁶	ɦuE⁶	ɦuE⁶	kuA¹	kuA⁵	kʰuE⁵	ɦuA⁶
真如	ŋA⁶/ɦuE⁶	ɦuE⁶	ɦuE⁶	ɦuE⁶	kuA¹	kuA⁵	kʰuE⁵	ɦuE²/ɦuA²
江湾	ŋa⁶	βe⁶	βe⁶	βe⁶	kuA¹	kuA⁵	kʰue⁵	βɑ⁶
松江	ŋa⁶/ɦuE⁶	βe⁶/ɦuE⁶	βe⁶/ɦuE⁶	βe⁶/ɦuE⁶	kuA¹	kuA⁵	kʰue⁵	βe²/ɦuE²
松江新	ŋa⁶	ɦuE⁶	ɦuE⁶	ɦuE⁶	kuA¹	kuA⁵	kʰue⁵	ɦuE²
泗泾	ŋa⁶/βe⁶	βe⁶	βe⁶	βe⁶	kuA¹	kuA⁵	kʰue⁵	βe²
奉贤	ŋa⁶	βe⁶	βe⁶	βe⁶	kuA¹	kuA⁵	kʰue⁵	βɑ⁶
奉贤新	ŋa⁶	ɦuE⁶	ɦuE⁶	ɦuE⁶	kuA¹	kuA⁵	kʰue⁵	guɛ²
奉城	ŋa⁶	βe⁶	βe⁶	βe⁶	kuA¹	kuA⁵	kʰue⁵	βɑ²
金山	ŋA⁶	ɦuE⁶	ɦuE⁶	ɦuE⁶	kuA¹	kuA⁵	kʰuE⁵	ɦuA²
金山新	ŋA⁵	vi⁵	vi⁵	vi⁵	kuA¹	kuA⁵	kʰuE⁵	ɦuA²
枫泾	ŋA⁶/vɛ⁶	vɛ⁶	vɛ⁶	vɛ⁶	kuA¹	kuA⁵	kʰuE⁵	uɛ⁵/uA¹
青浦	ŋa⁶	βɪ⁶	βɪ⁶	βɪ⁶	kuA¹	kuA⁵	kʰuɪ⁵	βE⁶
青浦新	ŋa⁶	ɦuɪ⁶	ɦuɪ⁶	ɦuɪ⁶	kuA¹	kuA⁵	kʰuɪ⁵	ɦua²
莘庄	ŋA⁶	βi⁶	βi⁶	βi⁶	kuA¹	kuA⁵	kʰue⁵	βuA⁶
闵行新	ŋa²	vi²	vi²	vi²	kuA⁵	kuA⁵	kʰue¹	ua²
川沙	ŋA⁶/βe⁶	βe⁶	βe⁶	βe⁶	kuA¹	kuA⁵	kʰue⁵	βA²/βe²
川沙新	ŋa⁶	ɦuE⁶	ɦuE⁶		kuA¹	kuA⁵	kʰue⁵	ɦua⁶
高桥	ŋA⁶	βe⁶	βe⁶	βe⁶	kuA¹	kuA⁵	kʰue⁵	βA⁶
三林	ŋA⁶	βe⁶	βe⁶	βe⁶	kuA¹	kuA⁵	kʰue⁵	βuA²
周浦	ŋA⁶	βe⁶	βe⁶	βe⁶	kuA¹	kuA⁵	kʰue⁵	βuA²
南汇	ŋA⁶	βe⁶	βe⁶	βe⁶	kuA¹	kuA⁵	kʰue⁵	βuA²
南汇新	ŋa⁶	ɦuei⁶	ɦuei⁶	ɦuei⁶	kua¹	kua⁵	kʰuE⁵	ɦua⁶
嘉定	ŋA⁶/ɦuE⁶	ɦuɪ⁶	ɦuɪ⁶	ɦuɪ⁶	kuA¹/kuE¹	kuA⁵/kuE⁵	kʰuɪ⁵	ɦuE⁶
嘉定新	ŋa⁵	ɦuɪ⁶	ɦuɪ⁶	ɦuɪ⁶	kua¹	kua⁵	kʰuɪ⁵	ɦuE²
宝山	ŋA⁶	ue⁶	ue⁶	ue⁶	kuA¹	kuA⁵	kʰue⁵	uA⁵
宝山新	ŋA⁶	ue⁵	ue⁵	ue⁵	kuA¹	kuA⁵	kʰue⁵	uA⁵
崇明	ŋa⁶/ɦuɛ⁶	ɦuei⁶	ɦuei⁶	kuei⁵	kuA¹	kua⁵/kuɛ⁵	kʰuei⁵	ɦuɛ²
崇明新	ŋa⁶	vei⁶	vei⁶	vei⁶	kua¹	kua⁵	kʰuei⁵	huɛi²
堡镇	ŋa⁶/ɦuɛ⁶	ɦuei⁶	ɦuei⁶	kuei⁵	kua¹	kua⁵/kuɛ⁵	kʰuei⁵	ɦuɛ²
练塘	ŋa⁶	βɪ⁶	βɪ⁶	βɪ⁶	kua¹	kua⁵	kʰuɪ⁵	βE⁶

序号	672	673	674	675	676	677	678	679
字目	槐	淮	坏	拐拐杖	挂	卦	歪	画
中古音的地位	蟹合二平皆匣	蟹合二平皆匣	蟹合二去怪匣	蟹合二上蟹见	蟹合二去卦见	蟹合二去卦见	蟹合二平佳晓	蟹合二去卦匣
市区	ɦuA⁶	ɦuA⁶	ɦuA⁶	kuA⁵	ko⁵/kuA⁵	ko⁵/kuA⁵	uA¹/huA¹	ɦio⁶/ɦuA⁶
市区中	ɦuA⁶	ɦuA⁶	ɦuA⁶	kuA⁵	ko⁵	ko⁵	uA¹	ɦuo⁶
市区新	ɦuA⁶	ɦuA⁶	ɦuA⁶	kuA⁵	kω⁵	kω⁵	uA¹	ɦω⁶
真如	ɦuA²	ɦuA²	ɦuA⁶/ɦuE⁶	kuA³	ko⁵	ko⁵	huA¹	ɦuo⁶
江湾	ɦuɑ⁶	ɦuɑ⁶	ɦuɑ⁶	kuɑ⁵	kuo⁵	kuo⁵	ɸuɑ¹	ɦuo⁶
松江	βe²/ɦue²	βa²/ɦua²	βa⁶/ɦua⁶	kua³	ko⁵	ko⁵	ɸa¹/hua¹	ɦio⁶
松江新	ɦuɛ²	ɦuɛ²	ɦua⁶	kua⁵	ko⁵	ko⁵	ua¹	ɦio⁶
泗泾	βe²	βa²	βa⁶	kua³	ko⁵	ko⁵	ɸa¹	ɦio⁶
奉贤	βa²	βa²	βa⁶	kua⁵	ko⁵	ko⁵/kua⁵	ɸa¹	ɦio⁶
奉贤新	guɛ²	guɛ²	ɦua⁶	kuɛ⁵	ko⁵	ko⁵/kua⁵	hua¹	ɦio⁶
奉城	βa²	βa²	βa⁶	kua³	ko⁵	ko⁵/kua⁵	ɸa¹	ɦio⁶
金山	ɦuA²	ɦuA²	ɦuA⁶	kuA³	ko⁵	ko⁵	ɸuA¹	ɦio⁶
金山新	ɦuA²	ɦuA²	ɦuA⁶/vA⁶	kuɛ³	ko⁵	ko⁵	uA¹	ɦio⁶
枫泾	ɦuA²	ɦuA²	uA⁵	kuA³	ko⁵	ko⁵	fA¹	ɦio⁶
青浦	βa²	βa²	βa⁶/βE⁶	kua³	ko⁵	ko⁵	ɸa¹	ɦio⁶
青浦新	ɦua²	ɦua²	ɦua⁶	kua³	kω⁵	kω⁵	fa¹	ɦiω⁶
莘庄	βuA²	βuA²	βuA⁶	kuA³	ko⁵	ko⁵	ɸuA¹	ɦio⁶
闵行新	ua²	ua²	ua²	kuA⁵	ko⁵	ko⁵	①	ɦio²
川沙	βA²	βA²	βA²	kuA⁵	ko⁵	ko⁵	ɸA¹	ɦio⁶
川沙新		ɦua⁶	ɦua⁶	kua⁵	ko⁵	ko⁵	hua¹	o⁵
高桥	βA⁶	βA⁶	βA⁶	kuA⁵	ko⁵	ko⁵	ɸA¹	ɦio⁶
三林	βuA²	βuA²	βuA²	kuA³	ko⁵	ko⁵	ɸuA¹	ɦio²
周浦	βuA²	βuA²	βuA²	kuA³	ko⁵	ko⁵	ɸuA¹	ɦio⁶
南汇	βuA²	βuA²	βuA²	kuA³	ko⁵	ko⁵	ɸuA¹	ɦio⁶
南汇新	ɦua⁶	ɦua⁶	ɦua⁶	kua³	kuo⁵	kua⁵	fa¹	ɦuo⁶
嘉定	ɦuA⁶	ɦuA⁶	ɦuA⁶/ɦuE⁶	kuA⁵	ko⁵	ko⁵	huA¹	ɦio⁶
嘉定新	ɦuE²	ɦuE²	ɦua⁶	kuE⁶	kuə⁵	kuə⁵	hua¹/ua¹	ɦiɔ⁶
宝山	uA⁵	uA⁵	uA⁶	kuE⁵	ko⁵	ko⁵	huA¹	o⁶
宝山新	uA⁵	uA⁵	uA⁵	kuE⁵	kuA⁵	kuA⁵	huA¹	o⁶
崇明	ɦua²	ɦua²	ɦua⁶/ɦuɛ⁶	kua³	ko⁵	kuo⁵	hua¹	ɦuo⁶
崇明新	huei²	huei²	ɦua⁶	kuɛi³	kuo⁵	kuo⁵	ua¹	uo⁶
堡镇	ɦua²	ɦua²	ɦua⁶/ɦuɛ⁶	kua³	ko⁵	kuo⁵	hua¹	ɦuo⁶
练塘	βa²	βa²	βa⁶/βE⁶	kua¹	ko⁵	ko⁵	ɸa¹	ɦio⁶

注：① 说"斜"。

序号	680	681	682	683	684	685	686	687
字目	快	[筷]	话	脆	岁	赘	税	彗彗星
中古音的地位	蟹合二去夬溪	蟹合二夬溪	蟹合二夬匣	蟹合三去祭清	蟹合三去祭心	蟹合三去祭章	蟹合三去祭书	蟹合三去祭云
市区	k^huA^5	k^huE^1/k^huA^5	$ɦo^6/ɦuA^6$	$tsʰø^5$	$sø^5$		$sø^5$	
市区中	k^hA^5	k^hE^5	$ɦuo^6$	$tsʰE^5$	sE^5	tsE^5	sE^5	$ɦuE^6$
市区新	k^hA^5	k^hE^5	$ɦω^6$	$tsʰE^5$	$sø^5$		$sø^5$	$ɦuE^6$
真如	k^huA^5	k^hue^5	$ɦuo^6$	$tsʰø^5$	$sø^5$		$sø^5$	
江湾	k^hua^5	k^hua^5/k^hue^5	$ɦuo^6$	$tsʰø^5$	$sø^5$		$sø^5$	
松江	k^hua^5	$k^hua^5$①	$ɦo^6$	$tsʰø^5$	$sø^5$		$sø^5$	
松江新	k^hua^5	k^hua^5	$ɦo^6$	$tsʰø^5$	$sø^5$	$zø^6$	$sø^5$	$ɦue^6$
泗泾	k^hua^5	$k^hua^5$②	$ɦo^6$	$tsʰø^5$	$sø^5$		$sø^5$	
奉贤	k^hua^5	k^hua^5/k^hue^5	$ɦo^6$	$tsʰø^5$	$sø^5$		$sø^5$	
奉贤新	k^hua^5	k^hua^5	$ɦo^6$	$tsʰø^5$	$sø^3$	$tsø^5$	$sø^5$	$ɦue^6$
奉城	k^hua^5	k^hua^5	$ɦo^6$	$tsʰø^5$	$sø^5$		$sø^5$	
金山	k^hue^5	k^hue^5	$ɦo^6$	$tsʰø^5$	$sø^5$		$sø^5$	
金山新	k^huA^5	k^huE^5	$ɦo^6$	$tsʰø^5$	$sø^5$		$sø^5$	$ɦue^6$
枫泾	k^huA^5	k^huA^5	$ɦo^6$	$tsʰø^5$	$sø^5$		$sø^5$	
青浦	k^huE^5/k^huA^5	k^hua^5	$ɦo^6$	$tsʰø^5$	$sø^5$		$sø^5$	
青浦新	k^hua^5	k^huE^5	$ɦω^6$	$tsʰø^5$	$sø^5$	$tsø^5$	$sø^5$	$ɦuɯ^6$
莘庄	k^huA^5	k^hue^5	$ɦo^6$	$tsʰø^5$	$sø^5$		$sø^5$	
闵行新	k^hua^5	k^hua^5	$ɦo^2$	$tsʰø^5/tsʰe^5$	$çy^5$		$sø^5$	vi^6
川沙	k^huA^5	k^hue^1	$ɦo^6$	$tsʰø^5$	$sø^5$		$sø^5$	
川沙新	k^hua^5	k^hue^3	o^5	$tsʰø^5$	$sø^5$		$sø^5$	
高桥	k^huA^1	k^huA^1	$ɦo^6$	$tsʰy^5/tsʰø^5$	sy^5		sy^5	
三林	$ɦo^6$	k^huA^1	$ɦo^6$	$tsʰe^5$	$sø^5$		$sø^5$	
周浦	k^huA^5	k^hue^5	$ɦo^6$	$tsʰø^5$	$sø^5$		$sø^5$	
南汇	k^huA^5	k^huA^5	$ɦo^6$	$tsʰø^5$	$sø^5$		$sø^5$	
南汇新	k^hua^5	k^huE^5	$ɦuo^6$	$tsʰø^5$	$sø^5$		$sø^5$	$ɦuei^6$
嘉定	k^huA^5/k^huE^5	k^huE^5	$ɦo^6$	$tsʰø^5$	$sø^5$		$sø^5$	
嘉定新	k^hua^5	k^huE^5	$ɦuə^2$	$tsʰø^5$	$sø^5$	$tsø^5$	$sø^5$	$ɦuE^6$③
宝山	k^huA^5	k^huA^5	o^5	$tsʰE^5$	sE^5	tsE^5	sE^5	ue^6
宝山新	k^huA^5	$k^huA^5$④	o^5	$tsʰe^5$	se^5	tse^5	se^5	ue^6
崇明	k^hua^5/k^hue^5	$k^huæ^5$	$ɦuo^6$	$tsʰei^5$	sei^5		sei^5	
崇明新	k^hua^5	k^hue^5	uo^5	$tsʰei^5$	sei^5	$dʑei^6$	sei^5	vei^2
堡镇	k^hua^5/k^hue^5	$k^huæ^5$	$ɦuo^6$	$tsʰei^5$	sei^5		sei^5	
练塘	k^hua^5/k^huE^5	$k^huæʔ^7$	$ɦo^6$	$tsʰø^5$	$sø^5$		$sø^5$	

注：①② 有小称一说。
　　③ 华亭读音为ɦuə⁵。
　　④ 也读作kʰuE⁵。

序号	688	689	690	691	692	693	694	695
字目	卫	锐	废	肺	桂	奎	惠	慧
中古音的地位	蟹合三去祭云	蟹合三去祭以	蟹合三去废非	蟹合三去废非	蟹合四去霁见	蟹合四平齐溪	蟹合四去霁匣	蟹合四去霁匣
市区	ɦuɛ⁶	sø⁵/zø⁶	fi⁵	fi⁵	kuɛ⁵		ɦuɛ⁶	ɦuɛ⁶
市区中	ɦuɛ⁶	zɛ⁶	fi⁵	fi⁵	kuɛ⁵	guɛ⁶	ɦuɛ⁶	ɦuɛ⁶
市区新	ɦuɛ⁶	zø⁶	fi⁵	fi⁵	kuɛ⁵	guɛ⁶	ɦuɛ⁶	ɦuɛ⁶
真如	ɦuɛ⁶	sø¹	fi⁵	fi⁵	kuɛ⁵		ɦuɛ⁶	ɦuɛ⁶
江湾	βe⁶	sø⁵	ɸi⁵	ɸi⁵	kuɛ⁵		βe⁶	βe⁶
松江	βe⁶/ɦuɛ⁶	sø⁵	fi⁵	fi⁵	kuɛ⁵		βe⁶/ɦuɛ⁶	βe⁶/ɦuɛ⁶
松江新	ɦuɛ⁶	zø⁶	fi⁵	fi⁵	kuɛ⁵	gue²	ɦuɛ⁶	ɦuɛ⁶
泗泾	βe⁶	sø¹	ɸi⁵	ɸi⁵	kuɛ⁵		βe⁶	βe⁶
奉贤	βe⁶	sø⁵	ɸij⁵	ɸij⁵	kuɛ⁵		βe⁶	βe⁶
奉贤新	ɦuɛ⁵/vɛ⁶	zø⁶	fi⁵/fɛ⁵	fi⁵/fɛ⁵	kuɛ⁵	guɛ²	ɦuɛ⁶	ɦuɛ⁶
奉城	βe⁶	sø⁵	ɸij⁵	ɸij⁵	kuɛ⁵		βe⁶	βe⁶
金山	ɦuɛ⁶	sø⁵	ɸi⁵	ɸi⁵	kuɛ⁵		ɦuɛ⁶	ɦuɛ⁶
金山新	vɛ⁶		fi⁵	fi⁵	kuɛ⁵		ɦuɛ⁶	ɦuɛ⁶
枫泾	vɛ⁶	sø⁵	fi⁵	fi⁵	kuɛ⁵		ɦuɛ⁶	vɛ⁶
青浦	βɪ⁶	sø⁵	ɸi⁵	ɸi⁵	kuɛ⁵		βɪ⁶	βɪ⁶
青浦新	ɦuɪ⁶	zø⁶	fi⁵	fi⁵	kuɪ⁵	kʰuɪ¹	ɦuɪ⁶	ɦuɪ⁶
莘庄	βi⁶	sø⁵	ɸi⁵	ɸi⁵	kuɛ⁵		βi⁶	βi⁶
闵行新	vi²		fi⁵	fi⁵	kuɛ¹		vi²	vi²
川沙	βe⁶	sø⁵	ɸi⁵	ɸi⁵	kuɛ⁵		βe⁶	βe⁶
川沙新	ue⁵		fi⁵	fi⁵	kuɛ⁵		ue⁵	
高桥	βe⁶	sø⁵	ɸe⁵	ɸe⁵	kuɛ⁵		βe⁶	βe⁶
三林	βe⁶	sø⁵	ɸi⁵	ɸi⁵	kuɛ⁵		βe⁶	βe⁶
周浦	βe⁶	sø⁵	ɸi⁵	ɸi⁵	kuɛ⁵		βe⁶	βe⁶
南汇	βe⁶	sø⁵	ɸi⁵	ɸi⁵	kuɛ⁵		βe⁶	βe⁶
南汇新	ɦuei⁶		fei⁵	fei⁵	kuei⁵	guei⁶	ɦuei⁶	ɦuei⁶
嘉定	ɦuɪ⁶	sø⁵	fi⁵	fi⁵	kuɪ⁵		ɦuɪ⁶	ɦuɪ⁶
嘉定新	ɦuɛ⁶	①	fi⁵	fi⁵	kuɪ⁵	guɪ²	ɦuɪ⁶	ɦuɪ⁶
宝山	ue⁶	se⁶	fi⁵	fi⁶	kuɛ⁵	kʰue¹	uɛ⁶	uɛ⁶
宝山新	ue⁶	se⁶	fi⁵	fi⁵	kuɛ⁶	kʰue⁵	ue⁵	ue⁵
崇明	ɦuei⁶	sei⁵	fi⁵	fi⁵	kuei⁵		ɦuei⁶	ɦuei⁶
崇明新	vei⁶	sei⁵	fi⁵	fi⁵	fi⁵	guei²	vei⁶	vei⁶
堡镇	ɦuei⁶	sei⁵	fi⁵	fi⁵	kuei⁵		ɦuei⁶	ɦuei⁶
练塘	βɪ⁶	sø⁵	ɸi⁵	ɸi⁵	kuɛ⁵		βɪ⁶	βɪ⁶

注：① 华亭读音为zɯ⁵。

序号	696	697	698	699	700	701	702	703
字目	碑	卑	彼	俾	臂	披	譬	皮
中古音的地位	止开三平支帮	止开三平支帮	止开三上纸帮	止开三上纸帮	止开三去寘帮	止开三平支滂	止开三去寘滂	止开三平支並
市区	pE^1	pE^1			pi^5	p^{h}i^1		bi^6
市区中	pE^1	pE^1	pi^5	pi^5	pi^5	p^{h}i^1	p^{h}i^5	bi^6
市区新	pE^1	pE^1	pi^5	pi^5	pi^5	p^{h}i^1	p^{h}i^5	bi^6
真如	ʔbe^1	ʔbe^1			ʔbi^5	p^{h}i^1		bi^2
江湾	ʔbe^1	ʔbe^1			ʔbi^5	p^{h}i^1		bi^6
松江	ʔbe^1	ʔbe^1			ʔbi^5	p^{h}i^1		bi^2
松江新	pe^1	pe^1	pi^3	pi^3	pi^5	p^{h}i^1	p^{h}i^5	bi^2
泗泾	ʔbe^1	ʔbe^1			ʔbi^5	p^{h}i^1		bi^2
奉贤	ʔbe^1	ʔbe^1			ʔbij^5	p^{h}ij^1		bij^2
奉贤新	ʔbe^1	ʔbe^1	ʔbi^3	ʔbi^3	ʔbe^5	p^{h}i^3	p^{h}i^3	bi^2
奉城	ʔbe^1	ʔbe^1			ʔbij^5	p^{h}ij^1		bij^2
金山	ʔbe^1	ʔbe^1			ʔbi^5	p^{h}i^1		bi^2
金山新	be^2	be^2	pi^5	pi^5	piɿʔ	p^{h}i^1	p^{h}i^5	bi^2
枫泾	pe^1	pe^1			pi^5	p^{h}e^1		bi^2
青浦	ʔbɪ^1	ʔbɪ^1			ʔbi^5	p^{h}i^1		bi^2
青浦新	pıɪ^1	pıɪ^1	pi^3		pi^5	pi^1	p^{h}i^5	bi^2
莘庄	ʔbi^1	ʔb^1			ʔbi^5	p^{h}i^1		bi^2
闵行新	pɪ^{i1}				piə^7	p^{h}i^1	pi^1	bi^2
川沙	ʔbe^1	ʔbe^1			ʔbi^5	p^{h}i^1		bi^2
川沙新	ʔbe^1	ʔbe^1	ʔbi^3		ʔbi^5	p^{h}i^1		bi^2
高桥	ʔbø^1	ʔbø^1			ʔbi^5	p^{h}i^1		bi^6
三林	ʔbe^2/ʔbe^1	ʔbe^2/ʔbe^1			ʔbi^5	p^{h}i^1		bi^2
周浦	ʔbe^1	ʔbe^1			ʔbi^5	p^{h}i^1		bi^2
南汇	ʔbe^1	ʔbe^1			ʔbi^5	p^{h}i^1		bi^2
南汇新	ʔbei^1	ʔbei^1			ʔbi^5	p^{h}i^1		bi^6
嘉定	pıɪ^1	pıɪ^1			pi^5	p^{h}i^1		bi^2
嘉定新	pıɪ^1	pıɪ^1	pi^5	pi^5	pi^5	p^{h}i^1	p^{h}i^5	bi^2
宝山	pe^1	pe^1	pe^1	pe^1	pi^5	p^{h}i^1	p^{h}i^5	bi^6
宝山新	pe^1	pe^1	pi^5	pi^5	piɿʔ^7	p^{h}i^1	p^{h}i^5	bi^6
崇明	pei^1	pei^1			pi^5	p^{h}i^1		bi^2
崇明新	pei^1	pei^1	pi^3		pi^5	p^{h}i^5	pi^5	bi^2
堡镇	pei^1	pei^1			pi^5	p^{h}i^1		bi^2
练塘	pɪ^1	pɪ^1			pi^5	p^{h}i^1		bi^2

序号	704	705	706	707	708	709	710	711
字目	疲	脾	被被子	婢	被被迫	避	弥	离离别
中古音的地位	止开三平支並	止开三平支並	止开三上纸並	止开三上纸並	止开三去寘並	止开三去寘並	止开三平支明	止开三平支来
市区	bi⁶	bi⁶	bi⁶		bɛ⁶	bi⁶		li⁶
市区中	bi⁶	bi⁶	bi⁶	bi⁶	bɛ⁶	bi⁶	mi⁶	li⁶
市区新	bi⁶	bi⁶	bi⁶	pi¹	bɛ⁶	bi⁶	mi⁶	li⁶
真如	bi²	bi²	bi⁶		be⁶	bi⁶		li²
江湾	bi⁶	bi⁶	bi⁶		be⁶	bi⁶		li⁶
松江	bi²	bi²	bi⁴		bi⁶	bi⁶		li²
松江新	bi²	bi²	bi⁶	bi⁶	be⁶	bi⁶	mi²	li²
泗泾	bi²	bi²	bi⁶		bi⁶	bi⁶		li²
奉贤	bij²	bij²	bij⁶		bij⁶	bij⁶		lij²
奉贤新	bi²	bi²	bi²	bi²	ʔpe⁵	bi⁶	mi²	li²
奉城	bij²	bij²	bij⁶		bij⁶	bij⁶		lij²
金山	bi²	bi²	bi⁶		bi⁶	bi⁶		li²
金山新	bi²	bi²	bi⁶	bi⁶	be⁶	bi⁶	mi²	li²
枫泾	bi²	bi²	bi⁶		bi⁶	bi⁶		li²
青浦	bi²	bi²	bi⁶		bi⁶	bi⁶		li²
青浦新	bi²	bi²	bi⁶	bi⁶	bi⁶	bi⁶	mi²	li²
莘庄	bi²	bi²	bi⁶		bi⁶	bi⁶		li²
闵行新	bi²	bi²	bi²	bi²	pəʔ⁷	bi⁶	mi²	li²
川沙	bi²	bi²	bi²		be²	bi⁶		li²
川沙新	bi⁶	bi⁶	bi⁶		ʔbɤʔ⁷	bi⁶	mi⁶	
高桥	bi⁶	bi⁶	bi⁶		bi⁶	bi⁶		li⁶
三林	bi²	bi²	bi⁶		be⁶	bi⁶		li²
周浦	bi²	bi²	bi⁶		bi⁶	bi⁶		li²
南汇	bi²	bi²	bi⁶		bi⁶	bi⁶		li²
南汇新		bi⁶	bi⁶		ʔbɛ⁵	bi⁶	mi⁶	li⁶
嘉定	bi²	bi²	bi⁶		bi⁶	bi⁶		li²
嘉定新	bi²	bi²	bi⁶	bi⁶	bi⁶	bi⁶	mi²	li²
宝山	bi⁶	bi⁶	be⁶	be⁶	be⁶	bi⁶	mi²	li⁵
宝山新	bi⁶	bi⁶	bi⁶	bi⁶	be⁵	bi⁶	mi²	li⁵
崇明	bi²	bi²	bi⁴/bei⁴		bei⁶	bi⁶		li²
崇明新	bi²	bi²	bi⁶	pi³	be⁶	pi³	mi²	li²
堡镇	bi²	bi²	bi⁴/bei⁴		bei⁶	bi⁶		li²
练塘	bi²	bi²	bi⁴		bi⁴	bi⁶		li²

序号	712	713	714	715	716	717	718	719
字目	篱	璃	离离开	荔	紫	雌	此	刺
中古音的地位	止开三平支来	止开三平支来	止开三去寘来	止开三去寘来	止开三上纸精	止开三平支清	止开三上纸清	止开三去寘清
市区	li⁶	li⁶	li⁶		tsɿ⁵	tsʰɿ¹	tsʰɿ¹	tsʰɿ⁵
市区中	li⁶	li⁶	li⁶	liɪʔ⁸	tsɿ⁵	tsʰɿ¹	tsʰɿ⁵	tsʰɿ⁵
市区新	li⁶	li⁶	li⁶	liɪʔ⁸	tsɿ⁵	tsʰɿ¹	tsʰɿ⁵	tsʰɿ⁵
真如	li²	li²	li⁶		tsɿ⁵	tsʰɿ⁵	tsʰɿ⁵	tsʰɿ⁵
江湾	li⁶	li⁶	li⁶		tsɿ⁵	tsʰɿ⁵	tsʰɿ⁵	tsʰɿ⁵
松江	li²	li²	li⁶		tsɿ³	tsʰɿ⁵	tsʰɿ⁵	tsʰɿ⁵
松江新	li²	li²	li²	liʌʔ⁸	tsɿ³	tsʰɿ⁵	tsʰɿ⁵	tsʰɿ⁵
泗泾	li²	li²	li⁶		tsɿ⁵	tsʰɿ¹	tsʰɿ⁵	tsʰɿ⁵
奉贤	lij²	lij²	lij²		tsɿ³	tsʰɿ⁵	tsʰɿ⁵	tsʰɿ⁵
奉贤新	li²	li²	li²	liɪʔ⁸	tsɿ³	zɿ²	tɕʰ	tsʰɿ⁵
奉城	lij²	lij²	lij²		tsɿ³	tsʰɿ⁵	tsʰɿ⁵	tsʰɿ⁵
金山	li²	li²	li²		tsɿ³	tsʰɿ⁵	tsʰɿ⁵	tsʰɿ⁵
金山新	li²	li²	li²	liɪʔ⁸	tsɿ³	tsʰɿ⁵	tsʰɿ⁵	tsʰɿ⁵
枫泾	li²	li²	li²		tsɿ⁵	tsʰɿ⁵	tsʰɿ⁵	tsʰɿ⁵
青浦	li²	li²	li²		tsɿ³	tsʰɿ⁵	tsʰɿ⁵	tsʰɿ⁵
青浦新	li²	li²	li²	liɪʔ⁸	tsɿ³	tsʰɿ⁵	tsʰɿ⁵	tsʰɿ⁵
莘庄	li²	li²	li²		tsɿ³	tsʰɿ⁵	tsʰɿ⁵	tsʰɿ⁵
闵行新	li²	li²	li²	liəʔ⁸	tsɿ⁵	tsʰɿ⁵	tsʰɿ⁵	tsʰɿ⁵
川沙	li²	li²	li²		tsɿ³	tsʰɿ⁵	tsʰɿ¹	tsʰɿ⁵
川沙新	li⁶	li⁶	li⁶	liɪʔ⁸	tsɿ⁵	tsʰɿ³	tsʰɿ⁵	tsʰɿ⁵
高桥	li⁶	li⁶	li⁶		tsɿ⁵	tsʰɿ⁵	tsʰɿ⁵	tsʰɿ⁵
三林	li²	li²	li²		tsɿ⁵	tsʰɿ⁵	tsʰɿ⁵	tsʰɿ⁵
周浦	li²	li²	li²		tsɿ³	tsʰɿ⁵	tsʰɿ⁵	tsʰɿ⁵
南汇	li²	li²	li²		tsɿ⁵	tsʰɿ⁵	tsʰɿ⁵	tsʰɿ⁵
南汇新		li⁶	li⁶	li⁶	tsɿ³	tsʰɿ⁵		tsʰɿ⁵
嘉定	li⁶	li²	li²		tsɿ⁵	tsʰɿ¹	tsʰɿ⁵	tsʰɿ⁵
嘉定新	li²	li²	li²	liɪʔ⁸	tsɿ⁵	tsʰɿ¹	tsʰɿ⁵	tsʰɿ⁵
宝山	li⁵	li⁵	li⁵	liɪʔ⁸	tsɿ⁵	tsʰɿ⁵	tsʰɿ⁵	tsʰɿ⁵
宝山新	li⁵	li⁵	li⁵	liɪʔ⁸	tsɿ⁵	tsʰɿ⁵	tsʰɿ⁵	tsʰɿ⁵
崇明	li²	li²	li²		tsɿ³	tsʰɿ⁵	tsɿ⁵	tsʰɿ⁵
崇明新		li²	li²	liɪʔ²	tsɿ³	tsʰɿ⁵	tsɿ⁵	tsʰɿ⁵
堡镇	li²	li²	li²		tsɿ³	tsʰɿ⁵	tsɿ⁵	tsʰɿ⁵
练塘	li²	li²	li²		tsɿ¹	tsʰɿ⁵	tsʰɿ³	tsʰɿ⁵

序号	720	721	722	723	724	725	726	727
字目	斯	撕	廝	赐	知	蜘	智	池
中古音的地位	止开三平支心	止开三平支心	止开三平支心	止开三去寘心	止开三平支知	止开三平支知	止开三去寘知	止开三平支澄
市区	sɿ^1	sɿ^1			tsɿ^1	tsɿ^1	tsɿ^1/tsɿ^5	zɿ^6
市区$_{中}$	sɿ^5	sɿ^5	sɿ^5	tsɿ^5	tsɿ^1	tsɿ^1	tsɿ^1	zɿ^6
市区$_{新}$	sɿ^5	sɿ^5	sɿ^5	tsʰɿ^5	tsɿ^1	tsɿ^1	tsɿ^1	zɿ^6
真如	sɿ^1	sɿ^1	sɿ^1		tsɿ^1	tsɿ^1	tsɿ^3	zɿ^2
江湾	sɿ^1	sɿ^1	sɿ^1		tsɿ^1	tsɿ^1	tsɿ^1	zɿ^6
松江	sɿ^1	sɿ^1	sɿ^1		tsɿ^1	tsɿ^1	tsɿ^5	zɿ^2
松江$_{新}$	sɿ^1	sɿ^1	sɿ^1	tsʰɿ^5	tsɿ^1	tɕy^1	tsɿ^5	zɿ^2
泗泾	sɿ^1	sɿ^1	sɿ^1		tsɿ^1	tsɿ^1	tsɿ^5	zɿ^2
奉贤	sɿ^1	sɿ^1	sɿ^1		tsɿ^1	tsɿ^1/tsy^1	tsɿ^1	zɿ^2
奉贤$_{新}$	sɿ^1	sɿ^1	sɿ^1	tsʰɿ^5	tsɿ^1	tsɿ^1	tsɿ^3	zɿ^2
奉城	sɿ^1	sɿ^1	sɿ^1		tsɿ^1	tsɿ^1	tsɿ^5	zɿ^2
金山	sɿ^1	sɿ^1	sɿ^1		tsɿ^1	tsɿ^1	tsɿ^1	zɿ^2
金山$_{新}$	sɿ^1	sɿ^1	sɿ^1	tsʰɿ^5	tsʰɿ^5	tsʰɿ^1	tsɿ^1	zɿ^2
枫泾	sɿ^1	sɿ^1	sɿ^1		tsɿ^1	tsɿ^1	tsɿ^1	zɿ^2
青浦	sɿ^1	sɿ^1	sɿ^1		tsɿ^1	tsɿ^1	tsɿ^5	zɿ^2
青浦$_{新}$	sɿ^1	sɿ^1	sɿ^1	tsʰɿ^5	tsɿ^1	tsɿ^1	tsɿ^5	zɿ^2
莘庄	sɿ^1	sɿ^1	sɿ^1		tsɿ^1	tsɿ^1	tsɿ^1	zɿ^2
闵行$_{新}$	sɿ^1	①	sɿ^1	tsʰɿ^5	tsɿ^1	tsɿ^1	tsɿ^1	zɿ^2
川沙	sɿ^1	sɿ^1	sɿ^1		tsɿ^1	tsɿ^1	tsɿ^1	zɿ^2
川沙$_{新}$	sɿ^1			tsʰɿ^5	tsɿ^1		tsɿ^5	zɿ^6
高桥	sɿ^1	sɿ^1	sɿ^1		tsɿ^1	tsɿ^1	tsɿ^1	zɿ^6
三林	sɿ^1	sɿ^1	sɿ^1		tsɿ^1	tsɿ^1	tsɿ^1	zɿ^2
周浦	sɿ^1	sɿ^1	sɿ^1		tsɿ^1	tsɿ^1	tsɿ^1	zɿ^2
南汇	sɿ^1	sɿ^1	sɿ^1		tsɿ^1	tsɿ^1	tsɿ^1	zɿ^2
南汇$_{新}$	sɿ^1				tɕyø^1	tɕyø^1	tsɿ^5	zɿ^6
嘉定	sɿ^1	sɿ^1	sɿ^1		tsɿ^1	tsɿ^1	tsɿ^5	zɿ^6
嘉定$_{新}$	sɿ^2	sɿ^2	ʒɿ^2	tʂʰɿ^5	tɕɿ^1	tsɿ^1	tsɿ^5	dzɿ^2
宝山	sɿ^1	sɿ^1	sɿ^1		sɿ^1	tsɿ^1	tsɿ^1	zɿ^6
宝山$_{新}$	sɿ^1	sɿ^1	sɿ^1	tsʰɿ^5	tsɿ^1	tsɿ^1	tsɿ^5	zɿ^6
崇明	sɿ^1	sɿ^1	sɿ^1		tsɿ^1	tsɿ^1	tsɿ^1	dzɿ^2
崇明$_{新}$	sɿ^1	sɿ^1	sɿ^1	tsʰɿ^5	tsɿ^1	tsɿ^1	tsɿ^1	dzɿ^2
堡镇	sɿ^1	sɿ^1	sɿ^1		tsɿ^1	tsɿ^1	tsɿ^1	dzɿ^2
练塘	sɿ^1	sɿ^1	sɿ^1		tsɿ^1	tsɿ^1	tsɿ^1	zɿ^2

注：① 说"扯"。

序号	728	729	730	731	732	733	734	735
字目	驰	支	枝	肢	栀	只只有①	纸	施
中古音的地位	止开三平支澄	止开三平支章	止开三平支章	止开三平支章	止开三平支章	止开三上纸章	止开三上纸章	止开三平支书
市区	$z\eta^6$	$ts\eta^1$	$ts\eta^1$	$ts\eta^1$	$ts\eta^1$	$tsə\mathrm{?}^7$	$ts\eta^5$	$s\eta^1$
市区中	$z\eta^6$	$ts\eta^1$	$ts\eta^1$	$ts\eta^1$	$ts\eta^1$	$ts\eta^5$	$ts\eta^5$	$s\eta^1$
市区新	$z\eta^6$	$ts\eta^1$	$ts\eta^1$	$ts\eta^1$	$ts\eta^1$	$ts\eta^5/tsɐ\mathrm{?}^7$	$ts\eta^5$	$s\eta^1$
真如	$z\eta^2$	$ts\eta^1$	$ts\eta^1$	$ts\eta^1$	$ts\eta^1$	$tsə\mathrm{?}^7$	$ts\eta^5$	$s\eta^1$
江湾	$z\eta^6$	$ts\eta^1$	$ts\eta^1$	$ts\eta^1$	$ts\eta^1$	$tsə\mathrm{?}^7$	$ts\eta^5$	$s\eta^1$
松江	$z\eta^2$	$ts\eta^1$	$ts\eta^1$	$ts\eta^1$	$ts\eta^1$	$tsɑ\mathrm{?}^7$	$ts\eta^5$	$s\eta^1$
松江新	$z\eta^2$	$ts\eta^1$	$ts\eta^1$	$ts\eta^1$	$ts\eta^1$	$ts\eta^3$	$ts\eta^3$	$s\eta^1$
泗泾	$z\eta^2$	$ts\eta^1$	$ts\eta^1$	$ts\eta^1$	$ts\eta^1$	$tsɑ\mathrm{?}^7$	$ts\eta^5$	$s\eta^1$
奉贤	$z\eta^2$	$ts\eta^1$	$ts\eta^1$	$ts\eta^1$	$ts\eta^1$	$tse\mathrm{?}^7$	$ts\eta^3$	$s\eta^1$
奉贤新	$z\eta^2$	$ts\eta^5$	$ts\eta^5$	$ts\eta^5$	$ts\eta^5$	$ts\eta^3$	$ts\eta^3$	$s\eta^1$
奉城	$z\eta^2$	$ts\eta^1$	$ts\eta^1$	$ts\eta^1$	$ts\eta^1$	$tse\mathrm{?}^7$	$ts\eta^3$	$s\eta^1$
金山	$z\eta^2$	$ts\eta^1$	$ts\eta^1$	$ts\eta^1$	$ts\eta^1$	$tsɑ\mathrm{?}^7$	$ts\eta^3$	$s\eta^1$
金山新	$z\eta^2$	$ts\eta^1$	$ts\eta^1$	$ts\eta^1$	$ts\eta^1$	$ts\eta^3$	$ts\eta^3$	$s\eta^1$
枫泾	$z\eta^6$	$ts\eta^1$	$ts\eta^1$	$ts\eta^1$	$ts\eta^1$	$tsɑ\mathrm{?}^7$	$ts\eta^3$	$s\eta^1$
青浦	$z\eta^2$	$ts\eta^1$	$ts\eta^1$	$ts\eta^1$	$ts\eta^1$	$tsɑ\mathrm{?}^7$	$ts\eta^3$	$s\eta^1$
青浦新	$z\eta^2$	$ts\eta^1$	$ts\eta^1$	$ts\eta^1$	$ts\eta^1$	$tsə\mathrm{?}^7$	$ts\eta^3$	$s\eta^1$
莘庄	$z\eta^2$	$ts\eta^1$	$ts\eta^1$	$ts\eta^1$	$ts\eta^1$	$tsʌ\mathrm{?}^7$	$ts\eta^3$	$s\eta^1$
闵行新	$z\eta^2$	$ts\eta^5$	$ts\eta^1$	$ts\eta^1$	$ts\eta^1$	$tsa\mathrm{?}^7$	$ts\eta^5$	$s\eta^1$
川沙	$z\eta^2$	$ts\eta^1$	$ts\eta^1$	$ts\eta^1$	$ts\eta^1$	$tsə\mathrm{?}^7$	$ts\eta^3$	$s\eta^1$
川沙新		$ts\eta^1$	$ts\eta^1$	$ts\eta^1$	$ts\eta^1$	$tsɤ\mathrm{?}^7$	$ts\eta^3$	$s\eta^1$
高桥	$z\eta^6$	$ts\eta^1$	$ts\eta^1$	$ts\eta^1$	$ts\eta^1$	$tsʌ\mathrm{?}^7$	$ts\eta^5$	$s\eta^1$
三林	$z\eta^2$	$ts\eta^1$	$ts\eta^1$	$ts\eta^1$	$ts\eta^1$	$tsə\mathrm{?}^7$	$ts\eta^3$	$s\eta^1$
周浦	$z\eta^2$	$ts\eta^1$	$ts\eta^1$	$ts\eta^1$	$ts\eta^1$	$tsʌ\mathrm{?}^7$	$ts\eta^3$	$s\eta^1$
南汇	$z\eta^2$	$ts\eta^1$	$ts\eta^1$		$ts\eta^1$	$tsʌ\mathrm{?}^7$	$ts\eta^3$	$s\eta^1$
南汇新	$z\eta^6$	$ts\eta^1$	$ts\eta^1$		$ts\eta^1$	$tsa\mathrm{?}^7$	$ts\eta^3$	$s\eta^1$
嘉定	$z\eta^2$	$ts\eta^1$	$ts\eta^1$	$ts\eta^1$	$ts\eta^1$	$tsə\mathrm{?}^7/ts\eta^5$	$ts\eta^5$	$s\eta^1$
嘉定新	$dz\eta^2$	$ts\eta^1$	$ts\eta^1$	$ts\eta^1$	$ts\eta^1$	$ts\eta^6$	$ts\eta^6$	$s\eta^1$
宝山	$z\eta^6$	$ts\eta^1$	$ts\eta^1$	$ts\eta^1$	$ts\eta^1$	$tsə\mathrm{?}^7$	$ts\eta^5$	$s\eta^1$
宝山新	$z\eta^6$	$ts\eta^1$	$ts\eta^1$	$ts\eta^1$	$ts\eta^1$	$tsə\mathrm{?}^7$	$ts\eta^5$	$s\eta^1$
崇明	$dz\eta^2$	$ts\eta^1$	$ts\eta^1$	$ts\eta^1$	$ts\eta^1$	$tsə\mathrm{?}^7$	$ts\eta^3$	$s\eta^1$
崇明新	$dz\eta^2$	$ts\eta^1$	$ts\eta^1$	$ts\eta^1$	$ts\eta^1$	$ts\eta^3$	$ts\eta^3$	$s\eta^1$
堡镇	$dz\eta^2$	$ts\eta^1$	$ts\eta^1$	$ts\eta^1$	$ts\eta^1$	$tsə\mathrm{?}^7$	$ts\eta^3$	$s\eta^1$
练塘	$z\eta^2$	$ts\eta^1$	$ts\eta^1$	$ts\eta^1$	$ts\eta^1$	$tsɑ\mathrm{?}^7$	$ts\eta^1$	$s\eta^1$

注：① 老派音读昔韵之"隻"，但口语中应另有读音。

序号	736	737	738	739	740	741	742	743
字目	翅	匙	是	氏	儿	寄	企	奇 奇怪
中古音的地位	止开三去寘书	止开三平支禅	止开三上纸禅	止开三上纸禅	止开三平支日	止开三去寘见	止开三上纸溪	止开三平支群
市区	tsʰɿ⁵		zɿ⁶	zɿ⁶	n̠i⁶/ɦəl⁶	tɕi⁵	tɕʰi⁵	dʑi⁶
市区中	tsʰɿ⁵	zɿ⁶	zɿ⁶	zɿ⁶	n̠i⁶/ɦəl⁶	tɕi⁵	tɕi⁵	dʑi⁶
市区新	tsʰɿ⁵	zɿ⁶	zɿ⁶	zɿ⁶	n̠i⁶/ɦəl⁶	tɕi⁵	tɕʰi⁵	dʑi⁶
真如	tsʰɿ⁵		zɿ⁶	zɿ⁶	əl¹/əl²	tɕi⁵	tɕʰi¹	dʑi²
江湾	tsʰɿ⁵	zɿ⁶	zɿ⁶	zɿ⁶	ŋ̍⁶/n̠i⁶/l̩⁶	tɕi⁵	tɕʰi⁵	dʑi⁶
松江	tsʰɿ⁵		zɿ⁴	zɿ⁶	ŋ̍²/ɦəɾ²	tɕi⁵	tɕʰi³	dʑi²
松江新	tsʰɿ⁵	zɿ²	zɿ⁶	zɿ⁶	n̠i²/ŋ̍⁵	tɕi⁵	tɕʰi⁵	dʑi²
泗泾	tsʰɿ⁵		zɿ⁶	zɿ⁶	ŋ̍²/ɦəɾ²	tɕi⁵	tɕʰi⁵	dʑi²
奉贤	tsʰɿ⁵		zɿ⁶	zɿ⁶	ŋ²/n̠i⁶/əl³	ʔɟij⁵	cʰij³	ɟij²
奉贤新	tsʰɿ⁵	zɿ²	zɿ⁶	zɿ⁶	n̠i⁶	tɕi⁵	tɕʰi⁵	zi²
奉城	tsʰɿ⁵		zɿ⁶	zɿ⁶	ŋ²/ɦəl²	ʔɟij⁵	cʰij⁵	ɟij²
金山	tsʰɿ³		zɿ⁶	zɿ⁶	ŋ̍⁶/ɦəl²	tɕi⁵	tɕʰi⁵	dʑi²
金山新	tsʰɿ⁵	zɿ²	zɿ⁶	zɿ⁶	ŋ̍²/əl²	tsɿ⁵	tsʰɿ³	dʑi²
枫泾	tsʰɿ⁵		zɿ⁴	zɿ²	ŋ̍²/əl¹	tɕi⁵	tɕʰi⁵	dʑi²
青浦	tsʰɿ⁵		zɿ⁶	zɿ⁶	n̠i²/əl²	tɕi⁵	tɕʰi⁵	dʑi²
青浦新	tsʰɿ⁵	zɿ²	zɿ⁶	zɿ⁶	n̠i⁶	tɕi⁵	tɕʰi⁵	dʑi²
莘庄	tsʰɿ⁵		zɿ⁶	zɿ⁶	ŋ̍⁶/l³	ci⁵	cʰi⁵	ɟi²
闵行新	tsʰɿ¹	zɿ²	zɿ²	zɿ²	n̠²	tɕi⁵	tɕʰi¹	dʑi²
川沙	tsʰɿ⁵		zɿ²	zɿ⁶	n̠i²/l̩²	tɕi⁵	tɕʰi⁵	dʑi²
川沙新	tsʰɿ⁵	zɿ⁶	zɿ⁶		n̠i⁶	tɕi⁵	tɕʰi³	dʑi²
高桥	se⁵		zɿ⁶	zɿ⁶	əl¹/n̠i⁶	tɕi⁵	tɕʰi⁵	dʑi⁶
三林	tsʰɿ⁵		zɿ²	zɿ⁶	n̠i²/l̩²/ɦɤ²	ci⁵	cʰi⁵	ɟi²
周浦	tsʰɿ⁵		zɿ²	zɿ⁶	ŋ̍²/ɦəl²	tɕi⁵	tɕʰi³	dʑi²
南汇	tsʰɿ⁵		zɿ⁶	zɿ⁶	ŋ̍²/ɦəl²	tɕi⁵	tɕʰi³	dʑi²
南汇新	tsʰɿ⁵	zɿ⁶	zɿ⁶		n̠i⁶	tɕi⁵	tɕʰi³	dʑi²
嘉定	tsʰɿ⁵		zɿ⁶	zɿ⁶	øl¹	tɕi⁵	tɕʰi⁵	dʑi²
嘉定新	tsɿ⁶	zɿ²	zɿ⁶	zɿ⁶	n̠i²	tɕi⁵	tɕʰi⁵	dʑi²
宝山	tsʰɿ⁵		zɿ⁶	zɿ⁶	ɦɚ²³	tɕi⁵	tɕʰi⁵	dʑi⁶
宝山新	tsʰɿ⁵	zɿ⁵	sɿ⁶	sɿ⁶	ɦɚ²³	tɕi⁵	tɕʰi⁵	dʑi⁶
崇明	tsʰɿ⁵		zɿ⁴	zɿ⁶	n̠²/lø¹	tɕi⁵	tɕʰi³	dʑi²
崇明新	tsʰɿ⁵	zɿ²①	zɿ⁶	zɿ⁶	n̠²	tɕi⁵	tɕʰi³	dʑi²
堡镇	tsʰɿ⁵		zɿ⁴	zɿ⁶	n̠²/lø¹	tɕi⁵	tɕʰi³	dʑi²
练塘	tsʰɿ⁵		zɿ⁴	zɿ⁴	n̠i²/əl²	tɕi⁵	tɕʰi³	dʑi²

注：① "汤匙"读zoʔ⁸。

序号	744	745	746	747	748	749	750	751
字目	骑骑马	岐	技	妓	徛	宜	仪	蚁
中古音的地位	止开三平支群	止开三平支群	止开三上纸群	止开三上纸群	止开三上纸群	止开三平支疑	止开三平支疑	止开三上纸疑
市区	dzi⁶	dzi⁶	dzi⁶	dzi⁶		ɲi⁶	ɲi⁶	ɲi⁶
市区中	dʑi⁶	dʑi⁶	dʑi⁶	dʑi⁶	dʑi⁶	ɲi⁶	ɲi⁶	ɲi⁶
市区新	dʑi⁶	dʑi⁶	dʑi⁶	dʑi⁶		ɲi⁶	ɲi⁶	ɲi⁶
真如	dzi²	dzi²	dzi²	dzi²		ɲi²	ɲi²	ɲi²
江湾	dzi⁶	dzi⁶	dzi⁶	dzi⁶		ɲi⁶	ɲi⁶	ɲi⁶
松江	dzi²	dzi²	dzi⁴	dzi⁴		ɲi²	ɲi²	ɲi⁴
松江新	dzi²	dzi²	dzi⁶	dzi⁶		ɲi²	ɲi²	ɲi⁶
泗泾	dzi²	dzi²	dzi⁶	dzi⁶		ɲi²	ɲi²	ɲi⁶
奉贤	ʝij²	ʝij²	ʝij⁶	ʝij⁶		ɲij²	ɲij²	ɲij⁶
奉贤新	zi²	zi²	dʑi⁶	dʑi⁶	dʑi⁶	ɦi²	ɦi²	ɲi⁶
奉城	ʝij²	ʝij²	ʝij²	ʝij⁶		ɲij²	ɲij²	ɲij⁶
金山	dzi²	dzi²	dzi²	dzi²		ɲi²	ɲi²	ɲi⁶
金山新	dzi²	dzi²	dʑi⁶	dʑi⁶	dʑi⁶	ɦi²	ɲi²	ɲi²
枫泾	dzi²	dzi²	dzi²	dzi²		ɲi²	ɲi²	ɲi⁶
青浦	dzi²	dzi²	dzi²	dzi⁶		ɲi²	ɦi²	ɲi²
青浦新	dʑi²	dʑi²	dʑi⁶	dʑi⁶	gɛ⁶	ɲi²	ɲi²	ɲi⁶
莘庄	ʝi²	ʝi²	ʝi⁶	ʝi⁶		ɲi²	ɲi²	ɲi⁶
闵行新	dʑɿ²		dʑi²	dʑi²		ɲi²	i²	ɲi²
川沙	dzi²	dzi²	dzi⁶	dzi⁶		ɲi²	ɲi²	ɲi²
川沙新	dzi⁶		dzi⁶			ɲi⁶	ɲi⁶	ɲi⁶
高桥	dzi⁶	dzi⁶	dzi⁶	dzi⁶		ɲi⁶	ɲi⁶	ɲi⁶
三林	ʝi²	ʝi²	ʝi²	ʝi²		ɲi²	ɲi²	ɲi⁶
周浦	dzi²	dzi²	dzi⁶	dzi⁶		ɲi²	ɲi²	ɲi²
南汇	dzi²	dzi²	dzi⁶	dzi⁶		ɲi²	ɲi²	ɲi²
南汇新	dʑi⁶		dʑi⁶	dʑi⁶	kɛ⁵	ɦi⁶	ɦi⁶	ɲi⁶
嘉定	dzi²	dzi²	dzi²	dzi⁶		ɲi²	ɲi²	ɲi²
嘉定新	dzi²	dzi²	dzi⁶	dzi⁶	dzi⁶	ɲi²	ɲi²	ɲi²
宝山	dʑi²	dʑi²	dʑi⁶	dʑi⁶	dʑi⁶	ɲi⁶	ɲi⁶	ɲi⁶
宝山新	dʑi⁶	dʑi⁶	tɕi⁵	tɕi⁵	tɕi⁵	i⁶	i⁶	i⁶
崇明	dzi²	dzi²	dzi⁶	dzi⁶		ɲi²	ɦi²	ɲi⁶
崇明新	dzi²	dzi²	dzi⁶	dzi⁶		i²	i²	ɲi⁶
堡镇	dzi²	dzi²	dzi⁶	dzi⁶		ɲi²	ɦi²	ɲi⁶
练塘	dzi²	dzi²	dzi⁴	dzi⁶		ɲi²	ɦi²	ɲi²

序号	752	753	754	755	756	757	758	759
字目	义	议	谊	牺	戏	倚	椅	移
中古音的地位	止开三去寘疑	止开三去寘疑	止开三去寘疑	止开三平支晓	止开三去寘晓	止开三上纸影	止开三上纸影	止开三平支以
市区	ȵi⁶	ȵi⁶	ȵi⁶	çi¹	çi⁵		i⁵	ɦi⁶
市区中	ȵi⁶	ȵi⁶	ȵi⁶	çi¹	çi⁵	i⁵	i⁵	ɦi⁶
市区新	ȵi⁶/ɦi⁶	ȵi⁶/ɦi⁶	ȵi⁶	çi¹	çi⁵	i⁵	i⁵	ɦi⁶
真如	ȵi²	ȵi²	ȵi²	çi¹			i³	ɦi²
江湾	ȵi⁶	ȵi⁶	ȵi⁶	çi¹			i⁵	ɦi⁶
松江	ȵi⁶	ȵi⁶	ȵi⁶	çi¹			i³	ɦi²
松江新	ȵi⁶	ȵi⁶	ȵi⁶	çi¹	çi⁵	i³	i³	ɦi²
泗泾	ȵi⁶	ȵi⁶	ȵi⁶	çi¹			i³	ɦi²
奉贤	ȵij⁶	ȵij⁶	ȵij⁶	çij¹			i⁵	ɦij²
奉贤新	ȵi⁶	ȵi⁶	ȵi⁶	çi¹	çi⁵	i³	i³	ɦi²
奉城	ȵij⁶	ȵij⁶	ȵij⁶	çij¹			i¹	ɦij²
金山	ȵi⁶	ȵi⁶	ȵi⁶	çi¹			i⁵	ɦi²
金山新	ȵi²	ȵi²	ȵi²	çi¹	çi⁵	i³	i³	ɦi²
枫泾	ȵi⁶	ȵi⁶	ȵi⁶	çi¹			i⁵	ɦi²
青浦	ȵi⁶	ȵi⁶	ȵi⁶	çi¹			i⁵	ɦi²
青浦新	ȵi⁶	ȵi⁶	ȵi⁶	çi¹	çi⁵	i³	i³	ɦi²
莘庄	ȵi⁵	ȵi⁵	ȵi⁵	çi¹			y⁵/i⁵	ɦi²
闵行新	ȵi²	ȵi²	ȵi²	çi¹	çi¹		①	i²
川沙	ȵi⁶	ȵi⁶		çi¹			y⁵	ɦi²
川沙新	ȵi⁵		ȵi⁵	çi¹	çi⁵	i³		ɦi⁶
高桥	ȵi⁶	ȵi⁶	ȵi⁶	çi¹			y¹	ɦi⁶
三林	ȵi²	ȵi²	ȵi²	çi³			y⁵	ɦi²
周浦	ȵi⁶	ȵi⁶	ȵi⁶	çi¹			i³	ɦi²
南汇	ȵi⁶	ȵi⁶	ȵi⁶	çi¹			i³	ɦi²
南汇新	ɦi⁶	ȵi⁶	ȵi⁶	çi¹	çi⁵	i³	i³	ɦi⁶
嘉定	ȵi⁶	ȵi⁶	ȵi⁶	çi¹			i⁵	ɦi²
嘉定新	ȵi⁶	ȵi⁶	ȵi⁶	çi¹	çi⁵	i⁵	i⁵	ɦi²
宝山	ȵi⁶	ȵi⁶	ȵi⁶	çi¹	çi⁵	i¹	i¹	i⁵
宝山新	i⁵	i⁵	i⁵	çi¹	çi⁵	i⁶	i⁶	i⁵
崇明	ȵi⁶	ȵi⁶	ȵi⁶	çi¹			i⁵	ɦi²
崇明新	i⁶	i⁶	i⁶		çi⁵	i³	i¹	i²
堡镇	ȵi⁶	ȵi⁶	ȵi⁶	çi¹			i⁵	ɦi²
练塘	ȵi⁶	ȵi⁶	ȵi²	çi¹			i⁵	ɦi²

注：① 说"凳子"。

序号	760	761	762	763	764	765	766	767
字目	易容易	悲	鄙	比	秘秘书	泌	庇	痹
中古音的地位	止开三去寘以	止开三平脂帮	止开三上旨帮	止开三上旨帮	止开三去至帮	止开三去至帮	止开三去至帮	止开三去至帮
市区	i⁵	pE¹		pi⁵		pi⁵	pʰi⁵	bi⁶
市区中	ɦi⁶	pE¹	pi⁵	pi⁵	pi⁵	pi⁵	pi⁵	pi⁵
市区新	ɦi⁶	pE¹	pi⁵	pi⁵	mɪʔ⁸	pi⁵	pi⁵	pi⁵
真如	ɦi²	ʔbe¹		ʔbi³		ʔbi⁵	bi⁶	bi⁶
江湾	ɦi⁶	ʔbe¹		ʔbi⁵		ʔbi⁵	ʔbi⁵	bi⁶
松江	ɦi⁶	ʔbe¹		ʔbi⁵		ʔbi⁵	ʔbi⁵	bi⁶
松江新	ɦi⁶	pe¹	pi³	pi³	pi⁵/mɪʔ⁸	pi⁵	pʰi⁵	
泗泾	ɦi⁶	ʔbe¹		ʔbi³		ʔbi⁵	ʔbi⁵	bi⁶
奉贤	ɦij⁶	ʔbe¹		ʔbij³		ʔbij⁵	ʔbij⁵	bij⁶
奉贤新	ɦi⁶	ʔbe¹	ʔbi³	ʔbi³	mɪʔ⁸	mi⁶	mɪʔ⁸	mɪʔ⁸
奉城	ɦij⁶	ʔbe¹		ʔbij³		ʔbij⁵	ʔbij⁵	bij⁶
金山	ɦi⁶	ʔbe¹		ʔbi³		ʔbi⁵	ʔbi⁵	bi⁶
金山新	ɦi²	pe¹	pi³/pɪʔ⁷	pi³	mɪʔ⁸	mɪʔ⁸	mɪʔ⁸	bɪʔ⁸
枫泾	ɦi⁶	pe¹		pi³		pi⁵	pi⁵	bi⁶
青浦	ɦi⁶	ʔbɪ¹		ʔbi³		ʔbi⁵	ʔbi⁵	bi⁶
青浦新	ɦi⁶	pɪʔ	pi³	pi³	mi⁶	pi⁵	pi⁵	pi⁵
莘庄	ɦi⁶	ʔbe¹		ʔbi³		ʔbi⁵	ʔbi⁵	bi⁶
闵行新	①	pɪ¹¹		pi³	meʔ⁸	pi⁵	bi²	bi²
川沙	ɦi⁶	ʔbe¹		ʔbi³		ʔbi⁵	ʔbi⁵	bi⁶
川沙新	i⁵	ʔbe¹	ʔbi³	ʔbi³	ʔbi⁵	ʔbi⁵	ʔbi⁵	ʔbi⁵
高桥	ɦi⁶	ʔbø¹		ʔbi³		ʔbi³	pʰi¹	bi⁶
三林	ɦi⁶	ʔbe¹		ʔbi³		ʔbi⁵	ʔbi⁵	ʔbi⁵
周浦	ɦi⁶	ʔbe¹		ʔbi³		ʔbi⁵	ʔbi⁵	ʔbi⁵
南汇	ɦi⁶	ʔbe¹		ʔbi³		ʔbi⁵	ʔbi⁵	bi⁶
南汇新	i⁵		ʔbi³②	ʔbi³	mi⁶		ʔbi⁵③	ʔbi⁵④
嘉定	ɦi⁶	pɪ¹		pi⁵		pi⁵	pi⁵	pi⁵
嘉定新	ɦi⁶	pɪ¹	pi⁵	pi⁵	mɪʔ⁸		bi⁶	
宝山	i⁵	pe¹	pi⁵	pi⁵	mɪʔ⁸	mɪʔ⁸	mɪʔ⁸	mɪʔ⁸
宝山新	i⁵	pe¹	pi⁵	pi⁵	mɪʔ⁸	mɪʔ⁸	mɪʔ⁸	mɪʔ⁸
崇明	ɦi⁶	pei¹		pi³		pi⁵	pi⁵	pi⁵
崇明新	i⁶	pei¹	pi³	pi³	mɪʔ⁸	mi⁶	bi⁶	bi⁶
堡镇	ɦi⁶	pei¹		pi³		pi⁵	pi⁵	pi⁵
练塘	ɦi⁶	pɪ¹		pi³		pi⁵	pi³	bi⁶

注：①说"便当"。
②③④内爆不明显。

序号	768	769	770	771	772	773	774	775
字目	屁	备	鼻	笓	眉	霉	美	地
中古音的地位	止开三去至滂	止开三去至並	止开三去至並	止开三去至並	止开三平脂明	止开三平旨明	止开三上旨明	止开三去至定
市区	p^hi^5	bE^6	$bɪɪʔ^8$		mi^6		mE^5	di^6
市区中	p^hi^5	bE^6	$bɪɪʔ^8$	bi^6	mi^6	mE^6	mE^5	di^6
市区新	pi^1	bE^6	$bɪɪʔ^8$	bi^6	mi^6	mE^6	mE^5	di^6
真如	p^hi^5	be^6	$bɪɪʔ^8$		me^2		me^6	di^6
江湾	p^hi^5	be^6	$bɪʔ^8$		mi^6		me^5	di^6
松江	p^hi^5	be^6	$bɪɪʔ^8$		mi^2/me^2		me^3	di^6
松江新	p^hi^5	be^6	$bɪɪʔ^8$		me^2	me^2	me^3	di^6
泗泾	p^hi^5	be^6	$bɪɪʔ^8$		mi^2/me^2		me^3	di^6
奉贤	p^hij^5	be^6	$biʌʔ^8$		mij^2		me^3	dij^6
奉贤新	pi^5	be^6	$bɪɪʔ^8$	$ʔbi^5$	me^6/mi^6	me^6	$ʔme^5$	di^6
奉城	p^hij^5	be^6	$bɪɪʔ^8$		me^2/mij^2		me^3	dij^6
金山	p^hi^5	be^6	$bɪɪʔ^8$		mi^2		me^3	di^6
金山新	p^hi^5	be^6	$bɪɪʔ^8$	pi^1	me^2	me^2	me^3	di^6
枫泾	p^hi^5	be^6	$bɪɪʔ^8$		mi^2		me^3	di^6
青浦	p^hi^5	$bɪ^6$	$bɪɪʔ^8$		$mɪ^2$		$mɪ^3$	di^6
青浦新	p^hi^5	$bɪɪ^6$	$bəʔ^8$	bi^6	$mɪɪ^2$	$mɪɪ^2$	$mɪɪ^3$	di^6
莘庄	p^hi^5	bi^6	$bəʔ^8/bɪɪʔ^8$		mi^2		mi^3	di^6
闵行新	p^hi^5	$bɪ^{i2}$	$bəʔ^8$	pi^1	mi^2	mi^2	mi^3	$diəʔ^8$
川沙	p^hi^5	be^6	$bɪɪʔ^8$		mi^2		me^3	di^6
川沙新	p^hi^5	be^6	$bɪɪʔ^8$		mi^6	me^6	me^6	di^6
高桥	p^hi^1	$bø^6$	$bɪɪʔ^8$		mi^6		me^1	di^6
三林	p^hi^1	be^6	$bɪɪʔ^8$		mi^2		me^1	di^2
周浦	p^hi^5	be^6	$bɪɪʔ^8$		mi^2		me^3	di^6
南汇	p^hi^5	be^6	$bɪɪʔ^8$		mi^2		me^3	di^6
南汇新	p^hi^5	bei^6	$bɪɪʔ^8$		mei^6	mei^6	mei^6	di^6
嘉定	p^hi^5	$bɪɪ^6$	$bɪɪʔ^8$		$mɪɪ^2$		$mɪɪ^5$	di^6
嘉定新	p^hi^5	bi^6	$bɪɪʔ^8$		mi^2	$mɪɪ^2$	$mɪɪ^6$	di^6
宝山	p^hi^5	be^6	$bɪɪʔ^8$		me^5	me^2	me^{35}	di^6
宝山新	p^hi^5	be^6	$bɪɪʔ^8$	pi^5	me^2	me^{35}	me^6	ti^{35}
崇明	p^hi^5	bei^6	$biəʔ^8/bəʔ^8$		mi^2		mei^3	di^6
崇明新	p^hi^5	bei^6	$bɪɪʔ^8$	$bɪɪʔ^8$	mi^2	mi^2	mei^3	di^6
堡镇	p^hi^5	bei^6	$biəʔ^8/bəʔ^8$		mi^2		mei^3	di^6
练塘	p^hi^5	$bɪ^6$	$bɪɪʔ^8$		$mɪ^2$		$mɪ^3$	di^6

序号	776	777	778	779	780	781	782	783
字目	尼	[呢]呢绒	腻	梨	利	痢	资	姿
中古音的地位	止开三平脂泥		止开三去至泥	止开三平脂来	止开三去至来	止开三去至来	止开三平脂精	止开三平脂精
市区	ȵi⁶		ȵi⁶	li⁶	li⁶	li⁶	tsɿ¹	tsɿ¹
市区中	ȵi⁶	ȵi⁶	ȵi⁶	li⁶	li⁶	li⁶	tsɿ¹	tsɿ¹
市区新	ȵi⁶	ȵi⁶	ȵi⁶	li⁶	li⁶	li⁶	tsɿ¹	tsɿ¹
真如	ȵi²		ȵi⁶	li²	li⁶	li²	tsɿ¹	tsɿ¹
江湾	ȵi⁶		ȵi⁶	li⁶	li⁶	li⁶	tsɿ¹	tsɿ¹
松江	ȵi²		ȵi⁶	li²	li⁶	li⁶	tsɿ¹	tsɿ¹
松江新	ȵi²	ȵi²	ȵi⁶	li²	li⁶	li⁶	tsɿ¹	tsɿ¹
泗泾	ȵi²		ȵi⁶	li²	li⁶	li⁶	tsɿ¹	tsɿ¹
奉贤	ȵij²		ȵij⁶	lij²/lij⁶	lij⁶	lij⁶	tsɿ¹	tsɿ¹
奉贤新	ȵi²	ȵi²	ȵi⁶	li²	li⁶	liɪʔ⁸	tsɿ¹	tsɿ¹
奉城	ȵij²		ȵij⁶	lij²	lij⁶	lij⁶	tsɿ¹	tsɿ¹
金山	ȵi²		ȵi⁶	li²	li⁶	li⁶	tsɿ¹	tsɿ¹
金山新	ȵi²	ȵi²	ȵi⁶	li²	li⁶/liɪʔ⁸	li⁶	tsɿ¹	tsɿ¹
枫泾	ȵi²		ȵi⁶	li²	li⁶	li⁶	tsɿ¹	tsɿ¹
青浦	ȵi²		ȵi⁶	li²	li⁶	li⁶	tsɿ¹	tsɿ¹
青浦新	ȵi²	ȵi²	ȵi⁶	li²	li⁶	li⁶	tsɿ¹	tsɿ¹
莘庄	ȵi²		ȵi⁶	li²	li⁶	li⁶	tsɿ¹	tsɿ¹
闵行新	ȵi²	ȵi⁶	ȵi²	li²	li²	liəʔ⁸	tsɿ¹	tsɿ¹
川沙	ȵi²		ȵi⁶	li²	li⁶	li²	tsɿ¹	tsɿ¹
川沙新	ȵi⁶	ȵi⁶	ȵi⁵	li⁶	li⁵	li⁵	tsɿ¹	tsɿ¹
高桥	ȵi⁶		ȵi¹	li⁶	li²	li²	tsɿ¹	tsɿ³
三林	ȵi²		ȵi⁶	li²	li⁶	li⁶	tsɿ¹	tsɿ¹
周浦	ȵi²		ȵi⁶	li²	li⁶	li⁶	tsɿ¹	tsɿ¹
南汇	ȵi²		ȵi⁶	li²	li⁶	li⁶	tsɿ¹	tsɿ¹
南汇新	ȵi⁶	ȵi⁶	ȵi⁶	li⁶	li⁶	li⁶	tsɿ¹	tsɿ¹
嘉定	ȵi²		腻	li²	li⁶	li⁶	tsɿ¹	姿
嘉定新	ȵi²	ȵi²	ȵi⁶	li²	li⁶	li⁶	tsɿ¹	tsɿ¹
宝山	ȵi⁶	ȵi⁶	ȵi¹	li²	li²	li²	tsɿ¹	tsɿ¹
宝山新	ȵi⁶	ȵi⁶	ȵi⁶	li³⁵	li⁶	li⁶	tsɿ¹	tsɿ¹
崇明	ȵi⁶	ȵi⁶	ȵi⁶	li²	li⁶	li⁶	tsɿ¹	tsɿ¹
崇明新	ȵi²	ȵi²	ȵi⁶	li²	li³	li³	tsɿ¹	tsɿ¹
堡镇	ȵi²		ȵi⁶	li²	li⁶	li⁶	tsɿ¹	tsɿ¹
练塘	ȵi²		ȵi⁶	li²	li⁶	li⁶	tsɿ¹	tsɿ¹

序号	784	785	786	787	788	789	790	791
字目	咨	姊	次	瓷	自	私	死	四
中古音的地位	止开三平脂精	止开三上旨精	止开三去至清	止开三平脂从	止开三去至从	止开三平脂心	止开三上旨心	止开三去至心
市区	tsɿ^1	tsɿ^5	tsʰɿ^5	zɿ^6	zɿ^6	sɿ^1	ɕi^5/sɿ^5	sɿ^5
市区中	tsɿ^1	tsɿ^5	tsʰɿ^5	zɿ^6	zɿ^6	sɿ^1	ɕi^5	sɿ^5
市区新	tsɿ^1	tsɿ^5	tsʰɿ^5	zɿ^6	zɿ^6	sɿ^1	ɕi^5	sɿ^5
真如	tsɿ^1	tsi^3	tsʰɿ^5	zɿ^2	zɿ^2	sɿ^1	sɿ^3/si^3	sɿ^5
江湾	tsɿ^1	tsɿ^5	tsʰɿ^5	zɿ^6	zɿ^6	sɿ^1	si^5	sɿ^5
松江	tsɿ^1	tsi^3	tsʰɿ^5	zɿ^2	zɿ^6	sɿ^1	si^3/sɿ^3	sɿ^5
松江新	tsɿ^1	tsi^3	tsʰɿ^5	zɿ^2	zɿ^6	sɿ^1	ɕi^3	sɿ^5
泗泾	tsɿ^1	tsi^3	tsʰɿ^5	zɿ^6	zɿ^6	sɿ^1	si^3/sɿ^3	sɿ^5
奉贤	tsɿ^1	tsi^3	tsʰɿ^5	zɿ^2	zɿ^6	sɿ^1	sij^3	sɿ^5
奉贤新	tsɿ^1	tsi^3	tsʰɿ^5	zɿ^2	zɿ^6	sɿ^1	ɕi^3	sɿ^5
奉城	tsɿ^1	tsij^3	tsʰɿ^5	zɿ^6	zɿ^6	sɿ^1	sij^3/sɿ^3	sɿ^5
金山	tsɿ^1	tsi^3	tsʰɿ^5	zɿ^6	zɿ^6	sɿ^1	si^3	sɿ^5
金山新	tsɿ^1	tsʰɿ^5	tsʰɿ^5	zɿ^6	zɿ^6	sɿ^1	ɕi^3	sɿ^5
枫泾	tsɿ^1	tsi^3	tsʰɿ^5	zɿ^2	zɿ^6	sɿ^1	si^3/sɿ^3	sɿ^5
青浦	tsɿ^1	tsi^3	tsʰɿ^5	zɿ^2	zɿ^6	sɿ^1	sɿ^3/si^3	sɿ^5
青浦新	tsɿ^1	tsɿ^5	tsʰɿ^5	zɿ^2	zɿ^6	sɿ^1	ɕi^3	sɿ^5
莘庄	tsɿ^1	tsi^3	tsʰɿ^5	zɿ^2	zɿ^6	sɿ^1	si^3	sɿ^5
闵行新	tsɿ^1	tsɿ^5	tsʰɿ^5	zɿ^2	zɿ^2	sɿ^1	ɕi^3	sɿ^5
川沙	tsɿ^1	tsɿ^5	tsʰɿ^5	zɿ^2	zɿ^6	sɿ^1	si^3/sɿ^3	sɿ^5
川沙新	tsɿ^1	tɕi^5	tsʰɿ^5	zɿ^6	zɿ^6	sɿ^1	ɕi^3	sɿ^5
高桥	tsɿ^3	tsi^3	tsʰɿ^5	zɿ^6	zɿ^6	sɿ^1	si^3	sɿ^5
三林	tsɿ^1	tsi^3	tsʰɿ^5	zɿ^2	zɿ^6	sɿ^1	si^3	sɿ^5
周浦	tsɿ^1	tsi^3	tsʰɿ^5	zɿ^2	zɿ^6	sɿ^1	si^3	sɿ^5
南汇	tsɿ^1	tsi^3	tsʰɿ^5	zɿ^6	zɿ^6	sɿ^1	si^3	sɿ^5
南汇新	tsɿ^1	tɕi^3	tsʰɿ^5	zɿ^6	zɿ^6	sɿ^1	ɕi^3	sɿ^5
嘉定	tsɿ^1	tsi^5	tsʰɿ^5	zɿ^2	zɿ^2	sɿ^1	sɿ^5/si^5	sɿ^5
嘉定新	tsɿ^1	tsi^1	tsʰɿ^5	dzɿ^2	zɿ^6	sɿ^1	si^5	sɿ^5
宝山	tsɿ^1	tsɿ^3	tsʰɿ^5	zɿ^6	zɿ^6	sɿ^1	si^6	sɿ^5
宝山新	tsɿ^1	tsɿ^5	tsʰɿ^5	zɿ^6	zɿ^6	sɿ^1	si^5	sɿ^5
崇明	tsɿ^1	tsɿ^3/tɕi^1	tsʰɿ^5	dzɿ^2	zɿ^6	sɿ^1	sɿ^3/ɕi^3	sɿ^5
崇明新	tsɿ^1	tsɿ^3	tsʰɿ^5	dzɿ^2	zɿ^6	sɿ^1	ɕi^3	sɿ^5
堡镇	tsɿ^1	tsɿ^3/tɕi^1	tsʰɿ^5	dzɿ^2	zɿ^6	sɿ^1	sɿ^3/ɕi^3	sɿ^5
练塘	tsɿ^1	tsi^1	tsʰɿ^5	zɿ^2	zɿ^6	sɿ^1	sɿ^1/si^1	sɿ^5

序号	792	793	794	795	796	797	798	799
字目	肆放肆	致	质人质	迟	稚	师	狮	脂
中古音的地位	止开三去至心	止开三去至知	止开三去至知	止开三平脂澄	止开三去至澄	止开三平脂生	止开三平脂生	止开三平脂章
市区		tsʅ⁵		zʅ⁶	zʅ⁶	sʅ¹	sʅ¹	tsʅ¹
市区中	sʅ⁵	tsʅ⁵	tsəʔ⁷	zʅ⁶	zʅ⁶	sʅ¹	sʅ¹	tsʅ¹
市区新	sʅ⁵	tsʅ⁵	tsəʔ⁷	zʅ⁶	tsʅ⁵	sʅ¹	sʅ¹	tsʅ¹
真如		tsʅ⁵		zʅ²	zʅ²	sʅ¹	sʅ¹	tsʅ¹
江湾		tsʅ⁵		zʅ⁶	zʅ⁶	sʅ¹	sʅ¹	tsʅ¹
松江		tsʅ⁵		zʅ²	zʅ⁶	sʅ¹	sʅ¹	tsʅ¹
松江新	sʅ⁵	tsʅ⁵	tsʌʔ⁷	zʅ²	tsʅ⁵	sʅ¹	sʅ¹	tsʅ¹
泗泾		tsʅ⁵		zʅ²	zʅ⁶	sʅ¹	sʅ¹	tsʅ¹
奉贤		tsʅ³		zʅ²	zʅ⁶	sʅ¹	sʅ¹	tsʅ¹
奉贤新	sʅ⁵	tsʅ³	sʅ⁵	zʅ²	tsʅ³	sʅ¹	sʅ¹	tsʅ¹
奉城		tsʅ⁵		zʅ²	zʅ⁶	sʅ¹	sʅ¹	tsʅ¹
金山		tsʅ⁵		zʅ²	zʅ⁶	sʅ¹	sʅ¹	tsʅ¹
金山新	sʅ⁵	tsʅ⁵	tsʅ⁵	zʅ²	tsʅ⁵	sʅ¹	sʅ¹	tsʅ¹
枫泾		tsʅ⁵		zʅ²	zʅ⁶	sʅ¹	sʅ¹	tsʅ¹
青浦		tsʅ⁵		zʅ²	zʅ²	sʅ¹	sʅ¹	tsʅ¹
青浦新	sʅ⁵	tsʅ⁵	tsəʔ⁷	zʅ²	tsʅ⁵	sʅ¹	sʅ¹	tsʅ¹
莘庄		tsʅ⁵		zʅ²	zʅ²	sʅ¹	sʅ¹	tsʅ¹
闵行新	sʅ⁵	tsʅ¹	tsəʔ⁷	zʅ²	tsʅ¹	sʅ¹	sʅ¹	tsʅ¹
川沙		tsʅ⁵		zʅ²	zʅ²	sʅ¹	sʅ¹	tsʅ¹
川沙新		tsʅ⁵	tsəɤʔ⁷	zʅ⁶		sʅ¹	sʅ¹	tsʅ¹
高桥		tsʅ³		zʅ⁶	zʅ⁶	sʅ¹	sʅ¹	tsʅ³
三林		tsʅ⁵		zʅ²	zʅ²	sʅ¹	sʅ¹	tsʅ¹
周浦		tsʅ⁵		zʅ²	zʅ⁶	sʅ¹	sʅ¹	tsʅ¹
南汇		tsʅ⁵		zʅ²	zʅ⁶	sʅ¹	sʅ¹	tsʅ¹
南汇新		tsʅ⁵	tsəʔ⁷	zʅ⁶	tsʅ⁵	sʅ¹	sʅ¹	tsʅ¹
嘉定		tsʅ⁵		zʅ²	zʅ²	sʅ¹	sʅ⁵	tsʅ¹
嘉定新	sʅ⁵	tsʅ⁵	tsʅ⁵	zʅ²	tsʅ⁵	sʅ¹	sʅ¹	tsʅ¹
宝山	sʅ⁵	tsʅ¹	tsʅ¹	zʅ²	zʅ⁶	sʅ¹	sʅ¹	tsʅ¹
宝山新	sʅ⁵	tsʅ⁵	tsəʔ⁷	zʅ⁶	tsəʔ⁷	sʅ¹	sʅ¹	tsʅ¹
崇明		tsʅ⁵		dzʅ²	dzʅ²	sʅ¹	sʅ¹	tsʅ¹
崇明新	sʅ⁵	dzʅ⁶	tsəʔ⁷	dzʅ²	dzʅ²	sʅ¹	sʅ¹	tsʅ¹
堡镇		tsʅ⁵		dzʅ²	dzʅ²	sʅ¹	sʅ¹	tsʅ¹
练塘		tsʅ⁵		zʅ²	zʅ²	sʅ¹	sʅ¹	tsʅ¹

序号	800	801	802	803	804	805	806	807
字目	旨	指	至	示	尸	视	嗜	二
中古音的地位	止开三上旨章	止开三上旨章	止开三去至章	止开三去至船	止开三平脂书	止开三去至禅	止开三去至常	止开三去至日
市区	tsɿ⁵	tsɿ⁵	tsɿ⁵	zɿ⁶	sɿ¹	zɿ⁶		ɲi⁶/ɦəl⁶
市区中	tsɿ⁵	tsɿ⁵	tsɿ⁵	zɿ⁶	sɿ¹	zɿ⁶	zɿ⁶	ɲi⁶
市区新	tsɿ⁵	tsɿ⁵	tsɿ⁵	zɿ⁶	sɿ¹	zɿ⁶	sɿ⁵	ɲi⁶
真如	tsɿ³	tsɿ³	tsɿ⁵	zɿ⁶	sɿ³	zɿ⁶		ɲi⁶/əl⁶
江湾	tsɿ⁵	tsɿ⁵	tsɿ⁵	zɿ⁶	sɿ¹	zɿ⁶		ɲi⁶/l̩⁶
松江	tsɿ³	tsɿ³	tsɿ⁵	zɿ⁶	sɿ³	zɿ⁶		ɲi⁶/ɦər⁶
松江新	tsɿ³	tsɿ³	tsɿ⁵	zɿ⁶	sɿ¹	zɿ⁶	zɿ⁶	ɲi⁶
泗泾	tsɿ³	tsɿ³	tsɿ⁵	zɿ⁶	sɿ¹	zɿ⁶		ɲi⁶/ɦər⁶
奉贤	tsɿ³	tsɿ³	tsɿ⁵	zɿ⁶	sɿ¹	zɿ⁶		ɲij⁶/liẽ⁶
奉贤新	tsɿ³	tsɿ³	tsɿ⁵	zɿ⁶	sɿ¹	zɿ⁶	zɿ⁶	ɲi⁶
奉城	tsɿ³	tsɿ³	tsɿ⁵	zɿ⁶	sɿ¹	zɿ⁶		ɦəl⁶/ɲij⁶/liẽ⁶
金山	tsɿ³	tsɿ³	tsɿ⁵	zɿ⁶	sɿ¹	zɿ⁶		ɲi⁶/ɦəl⁶
金山新	tsɿ³	tsɿ³	tsɿ⁵	zɿ⁶	sɿ¹	zɿ⁶	zɿ⁶	ɲi⁶
枫泾	tsɿ³	tsɿ³	tsɿ⁵	zɿ⁶	sɿ¹	zɿ⁶		ɲi⁶
青浦	tsɿ⁵	tsɿ⁵	tsɿ⁵	zɿ⁶	sɿ¹	zɿ⁶		ɲi⁶/əl⁶
青浦新	tsɿ³	tsɿ³	tsɿ⁵	zɿ⁶	sɿ¹	zɿ⁶	zɿ⁶	ɲi⁶/əl⁶①
莘庄	tsɿ⁵	tsɿ³	tsɿ⁵	zɿ⁶	sɿ¹	zɿ⁶		ɲi⁶/l̩⁶
闵行新	tsɿ¹	tsɿ³	tsɿ¹	zɿ²	sɿ¹	zɿ²		ɲi²
川沙	tsɿ⁵	tsɿ⁵	tsɿ⁵	zɿ²	sɿ¹	zɿ²		ɲi⁶/l̩⁶
川沙新	tsɿ³	tsɿ³	tsɿ⁵	zɿ⁶	sɿ¹	zɿ⁶		ɲi⁶
高桥	tsɿ³	tsɿ³	tsɿ⁵	zɿ⁶	sɿ¹	zɿ⁶		ɲi⁶
三林	tsɿ⁵	tsɿ⁵	tsɿ⁵	zɿ⁶	sɿ¹	zɿ²		ɲi⁶/l̩⁶
周浦	tsɿ³	tsɿ³	tsɿ⁵	zɿ⁶	sɿ¹	zɿ⁶		ɲi⁶/ɦəl⁶
南汇	tsɿ³	tsɿ³	tsɿ⁵	zɿ⁶	sɿ¹	zɿ⁶		ɲi⁶/ɦəl⁶
南汇新		tɕiɿʔ⁷	tsɿ⁵	zɿ⁶	sɿ¹	zɿ⁶		ɲi⁶
嘉定	tsɿ¹	tsɿ⁵	tsɿ⁵	zɿ⁶	sɿ¹	zɿ⁶		ɲi⁶/øl⁶/øl⁵
嘉定新	tsɿ⁵	tsɿ⁵	tsɿ⁵	zɿ⁶	sɿ¹	zɿ⁶	zɿ⁶	ɲi⁶
宝山	tsɿ⁵	tsɿ⁵	tsɿ⁵	sɿ⁵	sɿ¹	zɿ⁶	zɿ⁶	ɲi²
宝山新	tsɿ⁵	tsɿ⁵	tsɿ⁵	sɿ⁵	sɿ¹	zɿ⁶	zɿ⁶	ɦəɹ⁶
崇明	tsɿ³	tsɿ³	tsɿ⁵	zɿ⁶	sɿ¹	zɿ⁶		ɲi⁶/lø⁶
崇明新	tsɿ³	tsɿ³	tsɿ⁵	zɿ⁶	sɿ¹	zɿ⁶	sɿ⁵	ɲi⁶
堡镇	tsɿ³	tsɿ³	tsɿ⁵	zɿ⁶	sɿ¹	zɿ⁶		ɲi⁶/lø⁶
练塘	tsɿ¹	tsɿ¹	tsɿ⁵	zɿ⁶	sɿ¹	zɿ⁶		ɲi⁶/əl⁶

注：① "一二三" 中读ɲi⁶；"二十" 中读əl⁶。

序号	808	809	810	811	812	813	814	815
字目	贰	饥(饥饿)	器	弃	祁	夷	姨	你①
中古音的地位	止开三去至日	止开三平脂见	止开三去至溪	止开三去至溪	止开三平脂群	止开三平脂以	止开三平脂以	止开三平之泥
市区		tɕi¹	tɕʰi⁵	tɕʰi⁵		ɦi⁶	ɦi⁶	ni¹
市区中	n̠i⁶	tɕi¹	tɕʰi¹	tɕʰi¹	dʑi⁶	ɦi⁶	ɦi⁶	ni¹
市区新	n̠i⁶	tɕi¹	tɕʰi⁵	tɕʰi⁵	dʑi⁶	ɦi⁶	ɦi⁶	ni¹
真如		tɕi¹	tɕʰi¹	tɕʰi³		ɦi²	ɦi²	n̠i¹
江湾		tɕi¹	tɕʰi⁵	tɕʰi⁵		ɦi⁶	ɦi⁶	n̠i¹
松江		tɕi¹	tɕʰi⁵	tɕʰi⁵		ɦi²	ɦi²	n̠i³
松江新	n̠i⁶/liẽ⁶	tɕi¹	tɕʰi⁵	tɕʰi⁵	dʑi²	ɦi²	ɦi²	n̠i³
泗泾		tɕi¹	tɕʰi⁵	tɕʰi⁵		ɦi²	ɦi²	n̠i³
奉贤		ʔɟij¹	cʰij⁵	cʰij⁵		ɦij²	ɦij²	ɲij³
奉贤新	n̠i⁶	tɕi³	tɕʰi³	tɕʰi³	tɕʰi³	ɦi²	ɦi²	
奉城		ʔɟij¹	cʰij⁵	cʰij⁵		ɦij²	ɦij²	ɲij³
金山		tɕi¹	tɕʰi⁵	tɕʰi⁵		ɦi²	ɦi²	n̠i³
金山新	n̠i⁶	tɕi¹	tɕʰi⁵	tɕʰi⁵	dʑi²	ɦi²	ɦi²	n̠i³
枫泾		tɕi¹	tɕʰi⁵	tɕʰi⁵		ɦi²	ɦi²	ɦi²
青浦		tɕi¹	tɕʰi⁵	tɕʰi⁵		ɦi²	ɦi²	ni¹/
青浦新	n̠i⁶	tɕi¹	tɕʰi⁵	tɕʰi⁵	dʑi²	ɦi²	ɦi²	nuɯ⁵/n̠i¹
莘庄		ci¹	cʰi⁵	cʰi¹		ɦi²	ɦi²	ɲi³
闵行新	n̠i²	tɕi¹	tɕʰi¹	tɕʰi¹	dʑi²	i²	i²	n̠i²
川沙		tɕi¹	tɕʰi⁵	tɕʰi⁵		ɦi²	ɦi²	n̠i¹
川沙新	n̠i⁶	②	tɕʰi⁵	tɕʰi⁵	dʑi⁶	ɦi⁶	ɦi⁶	
高桥		tɕi¹	tɕʰi¹	tɕʰi¹		ɦi²	ɦi⁶	n̠i¹
三林		ci¹	cʰi⁵	cʰi⁵		ɦi²	ɦi²	ɲi¹
周浦		tɕi¹	tɕʰi⁵	tɕʰi⁵		ɦi²	ɦi²	n̠i¹
南汇		tɕi¹	tɕʰi⁵	tɕʰi⁵		ɦi²	ɦi²	ni¹
南汇新	n̠i⁶	tɕi¹	tɕʰi⁵	tɕʰi⁵		ɦi⁶	dʑi⁶	
嘉定		tɕi¹	tɕʰi⁵	tɕʰi⁵		ɦi²	ɦi²	n̠i⁵
嘉定新	n̠i⁶	tɕi¹	tɕʰi⁵	tɕʰi⁵	dʑi²	ɦi²	ɦi²	n̠i⁶
宝山	n̠i²	tɕi¹	tɕʰi⁵	tɕʰi⁵	dʑi²	i²	i²	ni¹
宝山新	ɦɚ⁶	tɕi¹	tɕʰi⁵	tɕʰi⁵	dʑi⁶	i⁵	i⁵	n̠i⁶
崇明		tɕi¹	tɕʰi⁵	tɕʰi³		ɦi²	ɦi²	n̩⁴/n̠i¹
崇明新	n̠i⁶	tɕi¹	tɕʰi⁵	tɕʰi⁵	dʑi²	i²	i²	n̩⁶
堡镇		tɕi¹	tɕʰi⁵	tɕʰi³		ɦi²	ɦi²	n̩⁴/n̠i¹
练塘		tɕi¹	tɕʰi⁵	tɕʰi⁵		ɦi²	ɦi²	ni¹

注：① 老派"你"文读在吴语中的声母一般是n，声调多为阴平。
② 换为"肌"（中古音地位：止开三平脂见），tɕi¹。

序号	816	817	818	819	820	821	822	823
字目	厘	狸	李	里里程	理	鲤	里	吏
中古音的地位	止开三平之来	止开三平之来	止开三平之来	止开三平之来	止开三平之来	止开三平之来	止开三平之来	止开三去志来
市区		li⁶	li⁶	li⁶	li⁶	li⁶		li⁶
市区中	li⁶	li⁶	li⁶	li⁶	li⁶	li⁶	li⁶	li⁶
市区新	li⁶	li⁶	li⁶	li⁶	li⁶	li⁶	li⁶	li⁶
真如		li²	li⁶	li⁶	li⁶	li⁶	li⁶	li⁶
江湾		li⁶	li⁶	li⁶	li⁶	li⁶	li⁶	li⁶
松江		li²	li⁴	li⁴	li⁴	li⁴	li⁴	li⁶
松江新	li²	li²	li⁶	li⁶	li⁶	li⁶	li⁶	liʌʔ⁸
泗泾		li²	li⁶	li⁶	li⁶	li⁶	li⁶	li⁶
奉贤		lij²	lij⁴	li⁶	lij⁶	li⁶	lij⁶	lij⁶
奉贤新	li²	li²	li⁶	li⁶	li⁶	li⁶	li⁶	liɪʔ⁸
奉城		lij²	lij⁶	lij⁶	lij⁶	lij⁶	lij⁶	lij⁶
金山		li²	li⁶	li⁶	li⁶	li⁶	li⁶	li⁶
金山新	li²	li²	li⁶	li⁶	li⁶	li⁶	li⁶	liɪʔ⁸
枫泾		li²	li⁴	li⁴	li⁴	li⁴	li⁴	li⁴
青浦		li²	li⁶	li⁶	li⁶	li⁶	li⁶	li⁶
青浦新	li²	li²	li⁶	li⁶	li⁶	li⁶	li⁶	li⁶
莘庄		li²	li⁶	li⁶	li⁶	li⁶	li⁶	li⁶
闵行新	li²	li²	li²	li²	li²	li²	li²	li²
川沙		li²	li²	li²	li²	li²	li²	li²
川沙新	li⁶	li⁶	li⁶	li⁶	li⁶	li⁶	li⁶	
高桥		li²	li²	li²	li²	li²	li²	
三林		li²	li²	li²	li²	li²	li²	li⁶
周浦		li²	li⁶	li⁶	li⁶	li⁶	li⁶	li⁶
南汇		li²	li⁶	li⁶	li⁶	li⁶	li⁶	li⁶
南汇新	li⁶	li⁶	li⁶	li⁶	li⁶	li⁶	li⁶	li⁶
嘉定		li²	li⁶	li⁶	li⁶	li⁶	li⁶	li⁶
嘉定新	li²	li²	li⁶	li⁶	li⁶	li⁶	li⁶	li⁶
宝山	li⁶	li⁶	li⁵	li⁵	li⁵	li⁵	li⁵	li⁵
宝山新	li⁶	li⁶	li⁶	li⁶	li⁶	li⁶	li⁶	liɪʔ⁸
崇明		li²	li⁴	li⁴	li⁴	li⁶	li⁶	li⁶
崇明新	li²	li²	li⁶	li⁶	li⁶	li⁶	li⁶	liɪʔ⁸
堡镇		li²	li⁴	li⁴	li⁴	li⁶	li⁶	li⁶
练塘		li²	li⁴	li⁴	li⁴	li⁴	li⁶	li⁶

序号	824	825	826	827	828	829	830	831
字目	兹	滋	子	梓	慈	磁_{磁石}	字	司
中古音的地位	止开三平之精	止开三平之精	止开三上止精	止开三上之精	止开三平之从	止开三平之从	止开三去志从	止开三平之心
市区		tsɿ¹	tsɿ⁵		zɿ⁶	zɿ⁶	zɿ⁶	sɿ¹
市区_中	tsɿ¹	tsɿ¹	tsɿ⁵	tsɿ⁵	zɿ⁶	zɿ⁶	zɿ⁶	sɿ¹
市区_新	tsɿ¹	tsɿ¹	tsɿ⁵	tsɿ⁵	zɿ⁶	zɿ⁶	zɿ⁶	sɿ¹
真如		tsɿ¹	tsɿ³		zɿ²	zɿ²	zɿ⁶	sɿ¹
江湾		tsɿ¹	tsɿ⁵		zɿ⁶	zɿ⁶	zɿ⁶	sɿ¹
松江		tsɿ¹	tsɿ³		zɿ²	zɿ²	zɿ⁶	sɿ¹
松江_新	tsɿ¹	zɿ²	tsɿ¹	tsɿ³	zɿ²	zɿ²	zɿ⁶	
泗泾		tsɿ¹	tsɿ³		zɿ²	zɿ²	zɿ⁶	sɿ¹
奉贤		tsɿ¹	tsɿ³		zɿ²	zɿ²	zɿ⁶	sɿ³/sɿ¹
奉贤_新	tsɿ¹	tsɿ¹	tsɿ³	tsɿ³	zɿ²	zɿ²	zɿ⁶	zɿ¹
奉城		tsɿ¹	tsɿ³		zɿ²	zɿ²	zɿ⁶	sɿ¹
金山		tsɿ¹	tsɿ³		zɿ²	zɿ²	zɿ⁶	sɿ¹
金山_新	tsɿ¹	tsɿ¹	tsɿ³	tsɿ³	zɿ²	zɿ²	zɿ⁶	
枫泾		tsɿ¹	tsɿ³		zɿ²	zɿ²	zɿ⁶	sɿ¹
青浦		tsɿ¹	tsɿ³		zɿ²	zɿ²	zɿ⁶	sɿ¹
青浦_新	tsɿ¹	tsɿ¹	tsɿ³	tsɿ³	zɿ²	zɿ²	zɿ⁶	sɿ¹
莘庄		tsɿ¹	tsɿ³		zɿ²	zɿ²	zɿ⁶	sɿ¹
闵行_新		tsɿ¹	tsɿ⁵	tsɿ⁵	zɿ²	zɿ²	zɿ²	sɿ¹
川沙		tsɿ¹	tsɿ³		tsɿ¹	zɿ²	zɿ⁶	sɿ¹
川沙_新		tsɿ¹	tsɿ³		zɿ⁶	zɿ⁶	zɿ⁶	sɿ¹
高桥		tsɿ¹	tsɿ³		zɿ⁶	zɿ⁶	zɿ⁶	sɿ¹
三林		tsɿ¹	tsɿ³		zɿ²	zɿ²	zɿ⁶	sɿ¹
周浦		tsɿ¹	tsɿ³		zɿ²	zɿ²	zɿ⁶	sɿ¹
南汇		tsɿ¹	tsɿ³		zɿ²	zɿ²	zɿ⁶	sɿ¹
南汇_新			tsɿ³		zɿ⁶	zɿ⁶	zɿ⁶	sɿ¹
嘉定		tsɿ¹	tsɿ⁵		zɿ²	zɿ²	zɿ⁶	sɿ¹
嘉定_新	tsɿ¹	tsɿ¹	tsɿ⁵	tsɿ⁵	zɿ²	zɿ²	zɿ⁶	
宝山		tsɿ¹	tsɿ⁵	tsɿ⁵	zɿ⁶	zɿ⁶	zɿ⁶	sɿ¹
宝山_新	zɿ⁶	zɿ⁶	tsɿ⁵	tsɿ⁵	zɿ⁶	zɿ⁶	zɿ⁶	sɿ¹
崇明		tsɿ¹	tsɿ³		dzɿ²	dzɿ²	zɿ⁶	
崇明_新	tsɿ¹	tsɿ¹	tsɿ³	tsɿ³	dzɿ²	dzɿ²	zɿ⁶	sɿ¹
堡镇		tsɿ¹	tsɿ³		dzɿ²	dzɿ²	zɿ⁶	sɿ¹
练塘		tsɿ¹	tsɿ³		zɿ²	zɿ²	zɿ⁶	sɿ¹

序号	832	833	834	835	836	837	838	839
字目	丝	思	辞	词	祠	似	祀	寺
中古音的地位	止开三平之心	止开三平之心	止开三平之邪	止开三平之邪	止开三平之邪	止开三上止邪	止开三上止邪	止开三去志邪
市区	$sɿ^1$	$sɿ^1$	$zɿ^6$	$zɿ^6$	$zɿ^6$	$zɿ^6$		$zɿ^6$
市区中	$sɿ^1$	$sɿ^1$	$zɿ^6$	$zɿ^6$	$zɿ^6$	$sɿ^5$	$sɿ^5$	$zɿ^6$
市区新	$sɿ^1$	$sɿ^1$	$zɿ^6$	$zɿ^6$	$zɿ^6$	$zɿ^6$	$sɿ^5$	$zɿ^6$
真如	$sɿ^1$	$sɿ^1$	$zɿ^2$	$zɿ^2$	$zɿ^2$	$zɿ^2$		$zɿ^2$
江湾	$sɿ^1$	$sɿ^1$	$zɿ^6$	$zɿ^6$	$zɿ^6$	$zɿ^6$		$zɿ^6$
松江	$sɿ^1$	$sɿ^1$	$zɿ^2$	$zɿ^2$	$zɿ^2$	$zɿ^4$		$zɿ^6$
松江新	$sɿ^1$	$sɿ^1$	$zɿ^2$	$zɿ^2$	$zɿ^2$	$zɿ^6$	$zɿ^6$	$zɿ^6$
泗泾	$sɿ^1$	$sɿ^1$	$zɿ^2$	$zɿ^2$	$zɿ^2$	$zɿ^6$		$zɿ^6$
奉贤	$sɿ^1$	$sɿ^3$	$zɿ^6$	$zɿ^6$	$zɿ^6$	$zɿ^6$		$zɿ^6$
奉贤新	$zɿ^1$	$zɿ^1$	$zɿ^2$	$zɿ^2$	$zɿ^2$	$zɿ^6$	$zɿ^6$	$sɿ^5/zɿ^6$
奉城	$sɿ^1$	$sɿ^1$	$zɿ^2$	$zɿ^2$	$zɿ^2$	$zɿ^6$		$zɿ^6$
金山	$sɿ^1$	$sɿ^1$	$zɿ^2$	$zɿ^2$	$zɿ^2$	$zɿ^6$		$zɿ^6$
金山新	$sɿ^1$	$sɿ^1$	$zɿ^2$	$zɿ^2$	$zɿ^2$	$zɿ^6$	$zɿ^6$	$zɿ^6$
枫泾	$sɿ^1$	$sɿ^1$	$zɿ^2$	$zɿ^2$	$zɿ^2$	$zɿ^6$		$zɿ^4$
青浦	$sɿ^1$	$sɿ^1$	$zɿ^2$	$zɿ^2$	$zɿ^2$	$zɿ^6$		$zɿ^6$
青浦新	$sɿ^1$	$sɿ^1$	$zɿ^2$	$zɿ^2$	$zɿ^2$	$zɿ^6$	$zɿ^6$	$zɿ^6$
莘庄	$sɿ^1$	$sɿ^1$	$zɿ^2$	$zɿ^2$	$zɿ^2$	$zɿ^6$		$zɿ^6$
闵行新	$sɿ^1$	$sɿ^1$	$zɿ^2$	$zɿ^2$	$zɿ^2$		$sɿ^1$	$zɿ^2$
川沙	$sɿ^1$	$sɿ^1$	$zɿ^2$	$zɿ^2$	$zɿ^2$	$zɿ^2$		$zɿ^6$
川沙新	$sɿ^1$	$sɿ^1$	$zɿ^6$	$zɿ^6$	$zɿ^6$	$zɿ^6$		$zɿ^6$
高桥	$sɿ^1$	$sɿ^1$	$zɿ^6$	$zɿ^6$	$zɿ^6$	$zɿ^6$		$zɿ^2$
三林	$sɿ^1$	$sɿ^1$	$zɿ^2$	$zɿ^2$	$zɿ^2$	$zɿ^6$		$zɿ^6$
周浦	$sɿ^1$	$sɿ^1$	$zɿ^2$	$zɿ^2$	$zɿ^2$	$zɿ^6$		$zɿ^6$
南汇	$sɿ^1$	$sɿ^1$	$zɿ^2$	$zɿ^2$	$zɿ^2$	$zɿ^6$		$zɿ^6$
南汇新	$sɿ^1$	$sɿ^1$	$zɿ^6$	$zɿ^6$	$zɿ^6$			$zɿ^6$
嘉定	$sɿ^1$	$sɿ^1$	$zɿ^2$	$zɿ^2$	$zɿ^2$	$zɿ^6$		$zɿ^6$
嘉定新	$sɿ^1$	$sɿ^1$	$zɿ^2$	$zɿ^2$	$zɿ^2$	$zɿ^6$	$zɿ^6$	$zɿ^6$
宝山	$sɿ^1$	$sɿ^1$	$zɿ^2$	$zɿ^2$	$zɿ^2$	$zɿ^6$		$zɿ^6$
宝山新	$sɿ^1$	$sɿ^1$	$zɿ^6$	$zɿ^6$	$zɿ^6$	$sɿ^5$	$sɿ^5$	$zɿ^6$
崇明	$sɿ^1$	$sɿ^1$	$dzɿ^2$	$dzɿ^2$	$dzɿ^2$	$zɿ^4$		$zɿ^6$
崇明新	$sɿ^1$	$sɿ^1$	$dzɿ^2$	$dzɿ^2$	$dzɿ^2$	$zɿ^6$	$zɿ^6$	$zɿ^6$
堡镇	$sɿ^1$	$sɿ^1$	$dzɿ^2$	$dzɿ^2$	$dzɿ^2$	$zɿ^4$		$zɿ^6$
练塘	$sɿ^1$	$sɿ^1$	$zɿ^2$	$zɿ^2$	$zɿ^2$	$zɿ^4$		$zɿ^6$

序号	840	841	842	843	844	845	846	847
字目	饲	嗣	置	痴	耻	持	治	厕厕所
中古音的地位	止开三去志邪	止开三去志邪	止开三去志知	止开三平之彻	止开三上止彻	止开三平之澄	止开三去志澄	止开三去志初
市区	$z\gamma^6$	$z\gamma^6$	$ts\gamma^5$		$ts^h\gamma^5$	$z\gamma^6$	$z\gamma^6$	$ts^h\gamma^5$
市区中	$z\gamma^6$	$z\gamma^6$	$ts\gamma^5$	$ts^h\gamma^1$	$ts^h\gamma^5$	$z\gamma^6$	$z\gamma^6$	$ts^h\gamma^5$
市区新	$z\gamma^6$	$z\gamma^6$	$ts\gamma^5$	$ts^h\gamma^1$	$ts^h\gamma^5$	$z\gamma^6$	$z\gamma^6$	$ts^h\gamma^5$
真如	$z\gamma^2$	$z\gamma^2$	$ts\gamma^3$		$ts^h\gamma^5$	$z\gamma^2$	$z\gamma^2$	$ts^h\gamma^3$
江湾	$z\gamma^6$	$z\gamma^6$	$ts\gamma^5$		$ts^h\gamma^5$	$z\gamma^6$	$z\gamma^6$	$ts^h\gamma^5$
松江	$z\gamma^6$	$z\gamma^6$	$ts\gamma^5$		$ts^h\gamma^3$	$z\gamma^2$	$z\gamma^6$	$ts^h\gamma^5$
松江新	$z\gamma^6$	$z\gamma^6$	$ts\gamma^5$	$ts^h\gamma^1$	$ts^h\gamma^3$	$z\gamma^6$	$z\gamma^6$	$ts^h\gamma^5$
泗泾	$z\gamma^6$	$z\gamma^6$	$ts\gamma^5$		$ts^h\gamma^3$	$z\gamma^6$	$z\gamma^6$	$ts^h\gamma^5$
奉贤	$z\gamma^6$	$z\gamma^6$	$ts\gamma^3$		$ts^h\gamma^3$	$z\gamma^6$	$z\gamma^6$	$ts^h\gamma^5$
奉贤新	$s\gamma^5$	$s\gamma^5$	$ts^h\gamma^5$	$ts^h\gamma^1$	$ts^h\gamma^5$	$z\gamma^2$	$z\gamma^6$	$ts^h\gamma^3$
奉城	$z\gamma^6$	$z\gamma^6$	$ts\gamma^5$		$ts^h\gamma^3$	$z\gamma^6$	$z\gamma^6$	$ts^h\gamma^5$
金山	$z\gamma^6$	$z\gamma^6$	$ts\gamma^5$		$ts^h\gamma^3$	$z\gamma^6$	$z\gamma^6$	$ts^h\gamma^5$
金山新	$z\gamma^6$	$z\gamma^6$	$ts\gamma^5$	$ts^h\gamma^1$	$ts^h\gamma^5$	$z\gamma^6$	$z\gamma^6$	$ts^h\gamma^5$
枫泾	$z\gamma^2$	$z\gamma^2$	$ts\gamma^5$		$ts^h\gamma^5$	$z\gamma^6$	$z\gamma^2$	$ts^h\gamma^5$
青浦	$z\gamma^6$	$z\gamma^6$	$ts\gamma^5$		$ts^h\gamma^5$	$z\gamma^6$	$z\gamma^6$	$ts^h\gamma^5$
青浦新	$z\gamma^6$	$z\gamma^6$	$ts\gamma^5$	$ts^h\gamma^1$	$ts^h\gamma^3$	$z\gamma^6$	$z\gamma^6$	$ts^h\gamma^5$
莘庄	$z\gamma^2$	$z\gamma^2$	$ts\gamma^5$		$ts^h\gamma^5$	$z\gamma^6$	$z\gamma^6$	$ts^h\gamma^5$
闵行新	$z\gamma^2$	$z\gamma^2$	$ts\gamma^3$	$ts^h\gamma^1$	$ts^h\gamma^5$	$z\gamma^2$	$z\gamma^2$①	$ts^h\gamma^5$
川沙	$z\gamma^6$	$z\gamma^6$	$ts\gamma^5$		$ts^h\gamma^3$	$z\gamma^6$	$z\gamma^6$	$ts^h\gamma^5$
川沙新	$z\gamma^6$		$ts\gamma^5$		$ts^h\gamma^5$	$z\gamma^6$	$z\gamma^6$	$ts^h\gamma^3$
高桥	$z\gamma^2$	$z\gamma^2$	$ts\gamma^3$		$ts^h\gamma^1$	$z\gamma^6$	$z\gamma^6$	$ts^h\gamma^3$
三林	$z\gamma^6$	$z\gamma^6$	$ts\gamma^5$		$ts^h\gamma^3$	$z\gamma^6$	$z\gamma^6$	$ts^h\gamma^3$
周浦	$z\gamma^6$	$z\gamma^6$	$ts\gamma^5$		$ts^h\gamma^3$	$z\gamma^6$	$z\gamma^6$	$ts^h\gamma^5$
南汇	$z\gamma^6$	$z\gamma^6$	$ts\gamma^5$		$ts^h\gamma^5$	$z\gamma^6$	$z\gamma^6$	$ts^h\gamma^5$
南汇新	$z\gamma^6$		$ts\gamma^5$	$ts^h\gamma^1$	$ts^h\gamma^3$	$z\gamma^6$	$z\gamma^6$	$ts^h\gamma^5$
嘉定	$z\gamma^6$	$z\gamma^6$	$ts\gamma^5$		$ts^h\gamma^3$	$z\gamma^6$	$z\gamma^6$	$ts^h\gamma^5$
嘉定新	$z\gamma^6$	$z\gamma^6$	$ts\gamma^5$	$ts^h\gamma^5$	$ts^h\gamma^5$	$z\gamma^2$	$dz\gamma^6$	$ts^h\gamma^5$
宝山	$z\gamma^6$	$z\gamma^6$	$ts\gamma^5$	$ts^h\gamma^5$	$ts^h\gamma^5$	$z\gamma^6$	$z\gamma^6$	$ts^h\gamma^1$
宝山新	$z\gamma^6$	$z\gamma^6$	$ts\gamma^5$	$ts^h\gamma^5$	$ts^h\gamma^5$	$ts^h\gamma^6$	$ts\gamma^5$	$ts^h\gamma^5$
崇明	$dz\gamma^2$	$dz\gamma^2$	$ts\gamma^5$		$ts^h\gamma^5$	$dz\gamma^2$	$dz\gamma^6$	$ts^h\gamma^5$
崇明新	$s\gamma^1$	$z\gamma^6$	$dz\gamma^6$	$ts^h\gamma^1$	$ts^h\gamma^5$	$dz\gamma^2$	$dz\gamma^6$	$ts^h\gamma^5$
堡镇	$dz\gamma^2$	$dz\gamma^2$	$ts\gamma^5$		$ts^h\gamma^5$	$dz\gamma^2$	$dz\gamma^6$	$ts^h\gamma^5$
练塘	$z\gamma^6$	$z\gamma^6$	$ts\gamma^5$		$ts^h\gamma^5$	$z\gamma^6$	$z\gamma^6$	$ts^h\gamma^5$

注：①"大治河"。

序号	848	849	850	851	852	853	854	855
字目	士	柿	事	史	使 使用	驶	使 大使	之
中古音的地位	止开三上止崇	止开三上止崇	止开三去志崇	止开三上止生	止开三上止生	止开三上止生	止开三上止生	止开三平之章
市区	$z\eta^6$	$z\eta^6$	$z\eta^6$	$s\eta^5$	$s\eta^5$	$s\eta^5$		$ts\eta^5$
市区中	$z\eta^6$	$z\eta^6$	$z\eta^6$	$s\eta^5$	$s\eta^5$	$s\eta^5$	$s\eta^5$	$ts\eta^1$
市区新	$z\eta^6$	$z\eta^6$	$z\eta^6$	$s\eta^5$	$s\eta^5$	$s\eta^5$	$s\eta^5$	$ts\eta^1$
真如	$z\eta^6$	$z\eta^6$	$z\eta^6$	$s\eta^5$	$s\eta^5$	$s\eta^1$	$s\eta^5$	$ts\eta^1$
江湾	$z\eta^6$	$z\eta^6$	$z\eta^6$	$s\eta^5$	$s\eta^5$	$s\eta^5$	$s\eta^5$	$ts\eta^1$
松江	$z\eta^4$	$z\eta^4$	$z\eta^6$	$s\eta^3$	$s\eta^3$	$s\eta^3$	$s\eta^3$	$ts\eta^1$
松江新	$z\eta^6$	$z\eta^6$	$z\eta^6$	$s\eta^3$	$s\eta^3$	$s\eta^3$	$s\eta^3$	$ts\eta^1$
泗泾	$z\eta^6$	$z\eta^6$	$z\eta^6$	$s\eta^3$	$s\eta^3$	$s\eta^3$	$s\eta^3$	$ts\eta^1$
奉贤	$z\eta^6$	$z\eta^6$	$z\eta^6$	$s\eta^3$	$s\eta^3$	$s\eta^3$	$s\eta^3$	$ts\eta^1$
奉贤新	$z\eta^6$	$z\eta^6$	$s\eta^3$	$s\eta^3$	$s\eta^3$	$s\eta^3$	$s\eta^3$	$ts\eta^1$
奉城	$z\eta^6$	$z\eta^6$	$z\eta^6$	$s\eta^5$	$s\eta^5$	$s\eta^5$	$s\eta^5$	$ts\eta^3$
金山	$z\eta^6$	$z\eta^6$	$z\eta^6$	$s\eta^3$	$s\eta^3$	$s\eta^3$	$s\eta^3$	$ts\eta^1$
金山新	$z\eta^6$	$z\eta^6$	$z\eta^6$	$s\eta^3$	$s\eta^3$	$s\eta^3$	$s\eta^3$	$ts\eta^1$
枫泾	$z\eta^6$	$z\eta^6$	$z\eta^6$	$s\eta^3$	$s\eta^3$	$s\eta^3$	$s\eta^3$	$ts\eta^1$
青浦	$z\eta^6$	$z\eta^6$	$z\eta^6$	$s\eta^5$	$s\eta^5$	$s\eta^5$	$s\eta^5$	$ts\eta^1$
青浦新	$z\eta^6$	$z\eta^6$	$z\eta^6$	$s\eta^3$	$s\eta^3$	$s\eta^3$	$s\eta^3$	$ts\eta^1$
莘庄	$z\eta^6$	$z\eta^6$	$z\eta^6$	$s\eta^5$	$s\eta^5$	$s\eta^5$	$s\eta^5$	$ts\eta^3$
闵行新	$z\eta^2$	$z\eta^2$	$z\eta^2$	$s\eta^1$	$s\eta^1$	$s\eta^1$	$s\eta^1$	$ts\eta^1$
川沙	$z\eta^2$	$z\eta^2$	$z\eta^6$	$s\eta^1$	$s\eta^3$	$s\eta^3$	$s\eta^3$	$ts\eta^1$
川沙新	$z\eta^6$	$z\eta^6$	$z\eta^6$	$s\eta^3$	$s\eta^3$	$s\eta^3$		$ts\eta^1$
高桥	$z\eta^6$	$z\eta^6$	$z\eta^2$	$s\eta^5$	$s\eta^5$	$s\eta^5$	$s\eta^5$	$ts\eta^5$
三林	$z\eta^2$	$z\eta^2$	$z\eta^6$	$s\eta^1$	$s\eta^3$	$s\eta^3$	$s\eta^3$	$ts\eta^3$
周浦	$z\eta^6$	$z\eta^6$	$z\eta^6$	$s\eta^3$	$s\eta^3$	$s\eta^3$	$s\eta^3$	$ts\eta^1$
南汇	$z\eta^6$	$z\eta^6$	$z\eta^6$	$s\eta^3$	$s\eta^3$	$s\eta^3$	$s\eta^3$	$ts\eta^1$
南汇新	$z\eta^6$	$z\eta^6$	$z\eta^6$	$s\eta^3$	$s\eta^3$	$s\eta^5$	$s\eta^3$	$ts\eta^1$
嘉定	$z\eta^6$	$z\eta^6$	$z\eta^6$	$s\eta^5$	$s\eta^5$	$s\eta^5$	$s\eta^5$	$ts\eta^5$
嘉定新	$z\eta^6$	$z\eta^6$	$z\eta^6$	$s\eta^5$	$s\eta^5$	$s\eta^5$	$s\eta^5$	$ts\eta^1$
宝山	$z\eta^6$	$z\eta^6$	$z\eta^6$	$s\eta^5$	$s\eta^5$	$s\eta^5$	$s\eta^5$	$ts\eta^5$
宝山新	$z\eta^6$	$z\eta^6$	$z\eta^6$	$s\eta^5$	$s\eta^5$	$s\eta^5$	$s\eta^5$	$ts\eta^1$
崇明	$z\eta^6$	$z\eta^6$	$z\eta^6$	$s\eta^3$	$s\eta^5$	$s\eta^5$	$s\eta^5$	$ts\eta^1$
崇明新	$z\eta^6$	$z\eta^6$	$z\eta^6$	$s\eta^3$	$s\eta^3$	$s\eta^3$	$s\eta^3$	$ts\eta^1$
堡镇	$z\eta^6$	$z\eta^6$	$z\eta^6$	$s\eta^3$	$s\eta^5$	$s\eta^5$	$s\eta^5$	$ts\eta^1$
练塘	$z\eta^4$	$z\eta^4$	$z\eta^6$	$s\eta^5$	$s\eta^5$	$s\eta^5$	$s\eta^5$	$ts\eta^1$

序号	856	857	858	859	860	861	862	863
字目	芝	止	址	志志向	志杂志	痣	齿	诗
中古音的地位	止开三平之章	止开三上止章	止开三上止章	止开三去志章	止开三去志章	止开三去志章	止开三上止昌	止开三平之书
市区	tsʅ¹	tsʅ⁵	tsʅ⁵	tsʅ⁵	tsʅ⁵	tsʅ⁵	tsʰʅ⁵	sʅ¹
市区中	tsʅ¹	tsʅ⁵	tsʅ⁵	tsʅ⁵	tsʅ⁵	tsʅ⁵	tsʰʅ⁵	sʅ¹
市区新	tsʅ¹	tsʅ⁵	tsʅ⁵	tsʅ⁵	tsʅ⁵	tsʅ⁵	tsʰʅ⁵/tsʅ⁵	sʅ¹
真如	tsʅ¹	tsʅ³	tsʅ³	tsʅ³	tsʅ³	tsʅ⁵	tsʰʅ³	sʅ¹
江湾	tsʅ¹	tsʅ⁵	tsʅ³	tsʅ⁵	tsʅ⁵	tsʅ⁵	tsʰʅ³	sʅ¹
松江	tsʅ¹	tsʅ³	tsʅ³	tsʅ⁵	tsʅ⁵	tsʅ⁵	tsʰʅ³	sʅ¹
松江新	tsʅ¹	tsʅ³	tsʅ³	tsʅ⁵	tsʅ⁵	tsʅ⁵	tsʰʅ³	sʅ¹
泗泾	tsʅ¹	tsʅ³	tsʅ³	tsʅ⁵	tsʅ⁵	tsʅ⁵	tsʰʅ³	sʅ¹
奉贤	tsʅ¹	tsʅ³	tsʅ³	tsʅ⁵	tsʅ⁵	tsʅ⁵	tsʰʅ³	sʅ¹
奉贤新	tsʅ¹	tsʅ³	tsʅ³	tsʅ⁵	tsʅ⁵	tsʅ⁵	tsʰʅ³	sʅ¹
奉城	tsʅ¹	tsʅ³	tsʅ³	tsʅ³	tsʅ³	tsʅ⁵	tsʰʅ³	sʅ¹
金山	tsʅ¹	tsʅ³	tsʅ³	tsʅ³	tsʅ³	tsʅ⁵	tsʰʅ³	sʅ¹
金山新	tsʅ¹	tsʅ⁵	tsʅ⁵	tsʅ⁵	tsʅ⁵	tsʅ⁵	tsʅ³	sʅ¹
枫泾	tsʅ¹	tsʅ³	tsʅ³	tsʅ³	tsʅ³	tsʅ⁵	tsʰʅ³	sʅ¹
青浦	tsʅ¹	tsʅ³	tsʅ³	tsʅ⁵	tsʅ⁵	tsʅ⁵	tsʰʅ³	sʅ¹
青浦新	tsʅ¹	tsʅ³	tsʅ³	tsʅ⁵	tsʅ⁵	tsʅ⁵	tsʰʅ³	sʅ¹
莘庄	tsʅ¹	tsʅ⁵	tsʅ⁵	tsʅ⁵	tsʅ⁵	tsʅ⁵	tsʰʅ⁵	sʅ¹
闵行新	tsʅ⁵	tsʅ⁵	tsʅ⁵	tsʅ⁵	tsʅ⁵	tsʅ⁵	tsʰʅ¹	sʅ¹
川沙	tsʅ¹	tsʅ⁵	tsʅ⁵	tsʅ⁵	tsʅ⁵	tsʅ⁵	tsʰʅ⁵	sʅ¹
川沙新	tsʅ¹	tsʅ³	tsʅ³	tsʅ⁵	tsʅ⁵	tsʅ⁵	tsʰʅ³	sʅ¹
高桥	tsʅ⁵	tsʅ⁵	tsʅ⁵	tsʅ³	tsʅ³	tsʅ⁵	tsʰʅ³	sʅ¹
三林	tsʅ¹	tsʅ⁵	tsʅ⁵	tsʅ⁵	tsʅ⁵	tsʅ⁵	tsʰʅ³	sʅ¹
周浦	tsʅ¹	tsʅ³	tsʅ³	tsʅ⁵	tsʅ⁵	tsʅ⁵	tsʰʅ³	sʅ¹
南汇	tsʅ¹	tsʅ³	tsʅ³	tsʅ⁵	tsʅ⁵	tsʅ⁵	tsʰʅ³	sʅ¹
南汇新	tsʅ¹	tsʅ³	tsʅ³	tsʅ⁵	tsʅ⁵	tsʅ⁵	tsʰʅ³	sʅ¹
嘉定	tsʅ¹	tsʅ⁵	tsʅ⁵	tsʅ³	tsʅ³	tsʅ⁵	tsʰʅ³	sʅ¹
嘉定新	tsʅ¹	tsʅ⁵	tsʅ⁵	tsʅ⁵	tsʅ⁵	tsʅ⁵	tsʰʅ³	sʅ¹
宝山	tsʅ¹	tsʅ⁵	tsʅ⁵	tsʅ⁵	tsʅ⁵	tsʅ⁵	tsʰʅ³	sʅ¹
宝山新	tsʅ¹	tsʅ⁵	tsʅ⁵	tsʅ⁵	tsʅ⁵	tsʅ⁵	tsʰʅ³	sʅ¹
崇明	tsʅ¹	tsʅ³	tsʅ⁵	tsʅ³	tsʅ³	tsʅ⁵	tsʰʅ³	sʅ¹
崇明新	tsʅ¹	tsʅ³	tsʅ⁵	dzʅ⁶	dzʅ⁶	tsʅ⁵	tsʰʅ³	sʅ¹
堡镇	tsʅ¹	tsʅ⁵	tsʅ⁵	tsʅ⁵	tsʅ⁵	tsʅ⁵	tsʰʅ⁵	sʅ¹
练塘	tsʅ¹	tsʅ⁵	tsʅ⁵	tsʅ⁵	tsʅ⁵	tsʅ⁵	tsʰʅ⁵	sʅ¹

序号	864	865	866	867	868	869	870	871
字目	始	试	时	鲥	市	恃	而	耳
中古音的地位	止开三上止书	止开三去志书	止开三平之禅	止开三平之禅	止开三上止禅	止开三上止禅	止开三平之日	止开三上止日
市区	sɿ⁵	sɿ⁵	zɿ⁶		zɿ⁶	zɿ⁶	ɦəl⁶	ȵi⁶/ɦəl⁶
市区中	sɿ⁵	sɿ⁵	zɿ⁶	zɿ⁶	zɿ⁶	zɿ⁶	ɦəl⁶	ȵi⁶/ɦəl⁶
市区新	sɿ⁵	sɿ⁵	zɿ⁶	zɿ⁶	zɿ⁶	zɿ⁶	ɦəl⁶	ȵi⁶/ɦəl⁶
真如	sɿ¹	sɿ⁵	zɿ²		zɿ⁶	zɿ⁶	əl⁶	ȵi⁶/əl⁶
江湾	sɿ⁵	sɿ⁵	zɿ⁶		zɿ⁶	zɿ⁶	l̩⁶	ȵi⁶/l̩⁶
松江	sɿ³	sɿ⁵	zɿ²		zɿ⁴	zɿ⁴	ɦər²	ȵi⁶/ɦər⁶
松江新	sɿ³	sɿ⁵	zɿ²	zɿ²	zɿ⁶	zɿ⁶	ɚ²	ȵi³
泗泾	sɿ³	sɿ⁵	zɿ²		zɿ⁶	zɿ⁶	ɦər²	ȵi⁶/ɦər⁶
奉贤	sɿ³	sɿ³	zɿ⁶		zɿ⁶	zɿ⁶	əl³	ȵij²/əl³
奉贤新	sɿ³	sɿ⁵	zɿ²	zɿ²	zɿ⁶	zɿ⁶	ȵi⁶	ȵi⁶
奉城	sɿ³	sɿ⁵	zɿ²		zɿ⁶	zɿ⁶	əl¹/ɦəl⁶	ȵij²/əl³
金山	sɿ³	sɿ³	zɿ²		zɿ⁶	zɿ⁶	əl¹	ȵi⁶/əl³
金山新	sɿ¹	sɿ⁵	zɿ²	zɿ²	zɿ⁶	zɿ⁶	əl⁶/ɦi⁶	ȵi⁶
枫泾	sɿ³	sɿ⁵	zɿ²		zɿ⁶	zɿ⁶	əl³	ȵi⁴/əl³
青浦	sɿ³	sɿ⁵	zɿ²		zɿ⁶	zɿ⁶	əl¹	ȵi⁶/əl̩³
青浦新	sɿ³	sɿ⁵	zɿ²		zɿ⁶		əl⁶	ȵi⁶
莘庄	sɿ⁵	sɿ⁵	zɿ²		zɿ⁶	zɿ⁶	l̩⁶	l̩⁵/ȵi⁶
闵行新	sɿ¹	sɿ¹	zɿ²	zɿ²	zɿ²	zɿ²	əl²	ȵi²
川沙	sɿ⁵	sɿ⁵	zɿ²	zɿ²	zɿ²	zɿ²	l̩²	ȵi⁶/l̩¹
川沙新	sɿ³	sɿ⁵	zɿ⁶		zɿ⁶	zɿ⁶	əl⁶	ȵi⁶
高桥	sɿ¹	sɿ⁵	zɿ⁶		zɿ⁶	zɿ⁶	əl¹	ȵi⁶/ɦəl⁶
三林	sɿ⁵	sɿ⁵	zɿ²		zɿ⁶	zɿ⁶	l̩²	l̩³/ȵi
周浦	sɿ³	sɿ⁵	zɿ²		zɿ²	zɿ⁶	ɦəl²	ɦəl²/ȵi²
南汇	sɿ³	sɿ⁵	zɿ²		zɿ²	zɿ⁶	ɦəl²	ɦəl²/ȵi²
南汇新	sɿ³	sɿ⁵	zɿ⁶	zɿ⁶	zɿ⁶		ɦø⁶	ȵi⁶
嘉定	sɿ⁵	sɿ⁵	zɿ²		zɿ⁶		øl²	ȵi²/øl²
嘉定新	sɿ⁵	sɿ⁵	zɿ²	zɿ²	zɿ²	zɿ⁶		ȵi⁶/əl6
宝山	sɿ⁵	sɿ⁵	zɿ²	zɿ²	zɿ⁶	zɿ⁶	ɦɚ⁶	ɦɚ⁶
宝山新	sɿ⁵	sɿ⁵	zɿ⁶	zɿ⁶	zɿ⁶	zɿ⁶	ɦɚ⁶	ɦɚ⁶
崇明	sɿ³	sɿ⁵	zɿ²		zɿ⁴	zɿ⁶	lø¹	ȵi⁶/lø¹
崇明新	sɿ³	sɿ⁵	zən²		zɿ⁶		əl²	ȵi⁶
堡镇	sɿ³	sɿ⁵	zɿ²		zɿ⁴	zɿ⁶	lø¹	ȵi⁶/lø¹
练塘	sɿ¹	sɿ⁵	zɿ²		zɿ⁴	zɿ⁴	əl²	ȵi⁴/əl¹

序号	872	873	874	875	876	877	878	879
字目	基	己	纪	记	欺	起	期时期	其
中古音的地位	止开三平之见	止开三上止见	止开三上止见	止开三去志见	止开三平之溪	止开三上止溪	止开三平之群	止开三平之群
市区	tɕi¹	tɕi⁵	tɕi⁵	tɕi⁵	tɕʰi¹	tɕʰi⁵	dʑi⁶	dʑi⁶
市区中	tɕi¹	tɕi⁵	tɕi⁵	tɕi⁵	tɕʰi¹	tɕʰi⁵	dʑi⁶	dʑi⁶
市区新	tɕi¹	tɕi⁵	tɕi⁵	tɕi⁵	tɕʰi¹	tɕʰi⁵	dʑi⁶	dʑi⁶
真如	tɕi¹	tɕi⁵	tɕi¹	tɕi⁵	tɕʰi¹	tɕʰi⁵	dʑi²	dʑi²
江湾	tɕi¹	tɕi⁵	tɕi⁵	tɕi⁵	tɕʰi¹	tɕʰi⁵	dʑi⁶	dʑi⁶
松江	tɕi¹	tɕi³	tɕi³	tɕi⁵	tɕʰi¹	tɕʰi³	dʑi⁶	dʑi⁶
松江新	tɕi¹	tɕi³	tɕi³	tɕi⁵	pʰi⁵	tɕʰi³	tɕʰi¹	dʑi²
泗泾	tɕi¹	tɕi³	tɕi³	tɕi⁵	tɕʰi¹	tɕʰi³	dʑi⁶	dʑi⁶
奉贤	ʔɟij¹	ʔɟij³	ʔɟij³	ʔɟij⁵	cʰij¹	cʰij³	ɟij²	ɟij²
奉贤新	tɕi¹		tɕi⁵	tɕi⁵	tɕʰi¹	tɕʰi⁵	tɕʰi¹	dʑi²
奉城	ʔɟij¹	ʔɟij³	ʔɟij³	ʔɟij⁵	cʰij¹	cʰij³	ɟij²	ɟij²
金山	tɕi¹	tɕi⁵	tɕi⁵	tɕi⁵	tɕʰi¹	tɕʰi³	dʑi²	dʑi²
金山新	tsɿ¹	i³	tɕi⁵	tɕi⁵	tɕʰi¹	tɕʰi³	dʑi²	dʑi²
枫泾	tɕi¹	tɕi³	tɕi³	tɕi⁵	tɕʰi¹	tɕʰi³	dʑi²	dʑi²
青浦	tɕi¹	tɕi⁵	tɕi⁵	tɕi⁵	tɕʰi¹	tɕʰi³	dʑi²	dʑi²
青浦新	tɕi¹	tɕi³	tɕi⁵	tɕi⁵	tɕʰi¹	tɕʰi³	dʑi²	dʑi²
莘庄	ci¹	ci⁵	ci⁵	ci⁵	cʰi¹	cʰi⁵	ɟi²	ɟi²
闵行新	ɲi²	tɕi³	tɕi³	tɕi³	tɕʰi¹	tɕʰi¹	dʑi²	dʑi²
川沙	tɕi¹	tɕi³	tɕi³	tɕi⁵	tɕʰi¹	tɕʰi¹	dʑi²	dʑi²
川沙新	tɕi¹	tɕi³	tɕi⁵	tɕi⁵	tɕʰi¹	tɕʰi³	dʑi⁶	dʑi⁶
高桥	tɕi¹	tɕi³	tɕi³	tɕi⁵	tɕʰi¹	tɕʰy⁵	dʑi⁶	dʑi⁶
三林	ci¹	ci⁵	ci⁵	ci⁵	cʰi¹	cʰi³	ɟi²	ɟi²
周浦	tɕi¹	tɕi³	tɕi³	tɕi⁵	tɕʰi¹	tɕʰi³	dʑi²	dʑi²
南汇	tɕi¹	tɕi³	tɕi³	tɕi⁵	tɕʰi¹	tɕʰi³	dʑi²	dʑi²
南汇新	tɕi¹		tɕi⁵	tɕi⁵	tɕʰi¹	tɕʰi³	dʑi⁶	dʑi⁶
嘉定	tɕi¹	tɕi¹	tɕi⁵	tɕi⁵	tɕʰi¹	tɕʰi⁵	dʑi⁶	dʑi²
嘉定新	tɕi¹	tɕi⁵	tɕi⁵	tɕi⁵	tɕʰi¹	tɕʰi⁵	tɕʰi¹	dʑi²
宝山	tɕi¹	tɕi⁵	tɕi⁵	tɕi⁵	tɕʰi¹	tɕʰi⁵	dʑi⁶	dʑi²
宝山新	tɕi¹	tɕi⁵	tɕi⁵	tɕi⁵	tɕʰi¹	tɕʰi⁵	tɕʰi⁵	dʑi⁶
崇明	tɕi¹	tɕi³/tɕi¹	tɕi⁵	tɕi⁵	tɕʰi¹	tɕʰi³	dʑi²	dʑi²
崇明新	tɕi¹	tɕi³	tɕi⁵	tɕi⁵	tɕʰi¹	tsʰəʔ⁷	dʑi²	dʑi²
堡镇	tɕi¹	tɕi³/tɕi¹	tɕi⁵	tɕi⁵	tɕʰi¹	tɕʰi³	dʑi²	dʑi²
练塘	tɕi¹	tɕi⁵	tɕi⁵	tɕi⁵	tɕʰi¹	tɕʰi³	dʑi²	dʑi²

序号	880	881	882	883	884	885	886	887
字目	旗	棋	忌	疑	喜	医	意	已
中古音的地位	止开三平之群	止开三平之群	止开三去志群	止开三平之疑	止开三上止晓	止开三平之影	止开三去志影	止开三上止以
市区	dʑi⁶	dʑi⁶	dʑi⁶	ȵi⁶	çi⁵	i¹	i⁵	i⁵
市区中	dʑi⁶	dʑi⁶	dʑi⁶	ȵi⁶	çi⁵	i¹	i⁵	ɦi⁶
市区新	dʑi⁶	dʑi⁶	dʑi⁶	ȵi⁶	çi⁵	i¹	i⁵	ɦi⁶
真如	dʑi²	dʑi²	dʑi⁶	ȵi²	çi³	i¹	i¹/i⁵	i⁵
江湾	dʑi⁶	dʑi⁶	dʑi⁶	ȵi⁶	çi³	i¹	i³	i¹
松江	dʑi²	dʑi²	dʑi⁶	ȵi²	çi³	i¹	i⁵	i³
松江新	dzi²	dzi²	tɕi⁵	ȵi²	çi³	i¹	i⁵	ɦi⁶
泗泾	dʑi²	dʑi²	dʑi⁶	ȵi²	çi³	i¹	i⁵	i³
奉贤	ɟij²	ɟij²	ɟij⁶	ȵij²	çij³	ij¹	ij⁵	ɦij⁶/ij³
奉贤新	dʑi²	dʑi²	dʑi⁶	ȵi²	çi³	i¹	i³	ɦi⁶
奉城	ɟij²	ɟij²	ɟij⁶	ȵij²	çij³	ij¹	ij⁵	ij³
金山	dʑi²	dʑi²	dʑi⁶	ȵi²	çi³	i¹	i⁵	i¹
金山新	dzi²	dzi²	dʑi⁶	ɦi²	çi³	i¹	i⁵	i³
枫泾	dʑi²	dʑi²	dʑi⁶	ȵi²	çi¹	i¹	i⁵	i¹
青浦	dʑi²	dʑi²	dʑi⁶	ȵi²	çi¹	i¹	i⁵	i¹
青浦新	dʑi²	dʑi²	dʑi⁶	ȵi²	çi³	i¹	i⁵	i³
莘庄	ji²	ji²	ji⁶	ȵi²	çi¹	i¹	i⁵	i¹
闵行新	dʑi²	dʑi²	tɕi³	ȵi²	çi¹	i¹	i¹	
川沙	dʑi²	dʑi²	dʑi⁶	ȵi²	çi³	i¹	i⁵	i¹
川沙新	dʑi⁶	dʑi⁶	tɕi⁵	ɦi²	çi³	i¹	i⁵	i³
高桥	dʑi⁶	dʑi⁶	dʑi⁶	ȵi⁶	çi³	i¹	i¹	zɿ⁶
三林	ji²	ji²	ji⁶	ȵi²	çi³	i¹	i⁵	i³
周浦	dʑi²	dʑi²	dʑi⁶	ȵi²	çi³	i¹	i⁵	i³
南汇	dʑi²	dʑi²	dʑi⁶	ȵi²	çi³	ij¹	i⁵	i¹
南汇新	dʑi⁶	dʑi⁶	dʑi⁶	ȵi⁶	çi³	i¹	i⁵	i³
嘉定	dʑi²	dʑi²	dʑi⁶	ȵi²	çi⁵	i¹	i⁵	i⁵
嘉定新	dzi²	dzi²	dzi⁶	ȵi²	çi⁶	i⁶	i⁶	ɦi⁶
宝山	dʑi²	dʑi²	tɕi³	ȵi²	çi³	i¹	i¹	i¹
宝山新	dʑi⁶	dʑi⁶	tɕi⁵	i⁵	çi⁵	i¹	i⁵	i⁶
崇明	dʑi²	dʑi²	dʑi⁶	ȵi²	çi³	i¹	i⁵	i³
崇明新	dʑi²	dʑi²	dʑi⁶	ȵi²	çi³	i¹	i⁵	i³
堡镇	dʑi²	dʑi²	dʑi⁶	ȵi²	çi³	i¹	i⁵	i³
练塘	dʑi²	dʑi²	dʑi⁶	ȵi²	çi¹	i¹	i⁵	i¹

序号	888	889	890	891	892	893	894	895
字目	以	异	几几乎	机	讥	饥	几几个	既
中古音的地位	止开三上止以	止开三去志以	止开三平微见	止开三平微见	止开三平微见	止开三平微见	止开三上尾见	止开三去未见
市区	i⁵	ɦi⁶	tɕi¹	tɕi¹	tɕi¹	tɕi¹	tɕi⁵	
市区中	ɦi⁶	ɦi⁶	tɕi¹	tɕi¹	tɕi¹	tɕi¹	tɕi⁵	tɕi⁵
市区新	ɦi⁶	ɦi⁶	tɕi¹	tɕi¹	tɕi¹	tɕi¹	tɕi⁵	tɕi⁵
真如	i¹	ɦi⁶	tɕi⁵	tɕi¹	tɕi¹	tɕi¹	tɕi³	
江湾	ɦi⁶	ɦi⁶	tɕi¹	tɕi¹	tɕi¹	tɕi¹	tɕi⁵	
松江	i³	ɦi⁶	tɕi¹	tɕi¹	tɕi¹	tɕi¹	tɕi³	
松江新	ɦi⁶	i⁵	tɕi¹	tɕi¹	tɕi¹	tɕi¹	tɕi³	tɕi⁵
泗泾	i³	ɦi⁶	tɕi¹	tɕi¹	tɕi¹	tɕi¹	tɕi³	
奉贤	ɦij⁶/ij³	ɦij⁶	ʔɟij¹	ʔɟij¹	ʔɟij¹	ʔɟij¹	ʔɟij³	
奉贤新	ɦi⁶	ɦi⁶	tɕi¹	tɕi¹	tɕi¹	tɕi¹	tɕi³	dʑi⁶
奉城	ij³	ɦij⁶	ʔɟij¹	ʔɟij¹	ʔɟij¹	ʔɟij¹	ʔɟij³	
金山	i¹	ɦi⁶	tɕi¹	tɕi¹	tɕi¹	tɕi¹	tɕi³	
金山新	i³	ɦi⁶	tɕi¹	tɕi¹	tɕi¹	tɕi¹	tɕi³	tɕi⁵
枫泾	i³	ɦi⁶	tɕi¹	tɕi¹	tɕi¹	tɕi¹	tɕi³	
青浦	i¹	ɦi⁶	tɕi¹	tɕi¹	tɕi¹	tɕi¹	tɕi³	
青浦新	i⁶	i⁶	tɕi³	tɕi¹	tɕi¹	tɕi¹	tɕi³	tɕi⁵
莘庄	i¹	ɦi⁶	ci⁵	ci¹	ci¹	ci¹	ci³	
闵行新	i²	i¹	dʑi²	tɕi¹	tɕi¹	tɕi¹	tɕi³	tɕi¹
川沙	i¹	ɦi²	tɕi¹	tɕi¹	tɕi¹	tɕi¹	tɕi¹	
川沙新	i³	i⁵	tɕi¹	tɕi¹	tɕi¹	tɕi¹	tɕi¹	tɕi⁵
高桥	i¹	ɦi⁶	tɕi³	tɕi³	tɕi³	tɕi¹	tɕi³	
三林	i¹	ɦi⁶	ci¹	ci¹	ci¹	ci¹	ci¹	
周浦	i³	ɦi⁶	tɕi¹	tɕi¹	tɕi¹	tɕi¹	tɕi³	
南汇	i³	ɦi⁶	tɕi¹	tɕi¹	tɕi¹	tɕi¹	tɕi³	
南汇新	i³	ɦi⁶	tɕi¹	tɕi¹	tɕi¹	tɕi¹	tɕi¹	tɕi⁵
嘉定	i⁵	ɦi⁶	tɕi¹	tɕi¹	tɕi¹	tɕi¹	tɕi¹	
嘉定新	ɦi⁶	ɦi⁶	tɕi⁵	tɕi⁵	tɕi⁵	tɕi⁵	tɕi⁵	tɕi⁵
宝山	i¹	dʑi²	tɕi⁵	tɕi⁵	tɕi⁵	tɕi¹	tɕi⁵	
宝山新	i⁶	i⁵	tɕi¹	tɕi¹	tɕi¹	tɕi¹	tɕi⁵	tɕi⁵
崇明	i¹/i³	ɦi⁶	tɕi¹	tɕi¹	tɕi¹	tɕi¹	tɕi³	
崇明新	i⁶	i⁶	tɕi¹	tɕi¹	tɕi¹	tɕi¹	tɕi³	tɕi³
堡镇	i¹/i³	ɦi⁶	tɕi¹	tɕi¹	tɕi¹	tɕi¹	tɕi³	
练塘	i¹	ɦi⁶	tɕi¹	tɕi¹	tɕi¹	tɕi¹	tɕi¹	

序号	896	897	898	899	900	901	902	903
字目	岂	气	汽	祈	希	稀	衣	依
中古音的地位	止开三上尾溪	止开三去未溪	止开三去未溪	止开三平微群	止开三平微晓	止开三平微晓	止开三平微影	止开三平微影
市区	tɕʰi¹	tɕʰi⁵	tɕʰi⁵		ɕi¹	ɕi¹	i¹	i¹
市区中	tɕʰi⁵	tɕʰi⁵	tɕʰi⁵	tɕʰi⁵	ɕi¹	ɕi¹	i¹	i¹
市区新	tɕʰi⁵	tɕʰi⁵	tɕʰi⁵	tɕʰi⁵	ɕi¹	ɕi¹	i¹	i¹
真如	tɕʰi	tɕʰi⁵	tɕʰi⁵		ɕi¹	ɕi¹	i¹	i¹
江湾	tɕʰi⁵	tɕʰi⁵	tɕʰi⁵		ɕi¹	ɕi¹	i¹	i¹
松江	tɕʰi³	tɕʰi⁵	tɕʰi⁵		ɕi¹	ɕi¹	i¹	i¹
松江新	tɕʰi⁵	tɕʰi⁵	tɕʰi⁵	tɕʰi³	ɕi¹	ɕi¹	i¹	i¹
泗泾	tɕʰi³	tɕʰi⁵	tɕʰi⁵		ɕi¹	ɕi¹	i¹	i¹
奉贤	cʰij³	cʰij⁵	cʰij⁵		ɕij¹	ɕij¹	ij¹	ij¹
奉贤新	tɕʰi³	tɕʰi¹	tɕʰi¹	dʑi⁶	ɕi¹	ɕi¹	i¹	i¹
奉城	cʰij⁵	cʰij⁵	cʰij⁵		ɕij¹	ɕij¹	ij¹	ij¹
金山	tɕʰi³	tɕʰi⁵	tɕʰi⁵		ɕi¹	ɕi¹	i¹	i¹
金山新	tɕʰi³	tɕʰi⁵	tɕʰi⁵	tɕʰi³/dʑi⁶	ɕi¹	ɕi¹	i¹	i¹
枫泾	tɕʰi³	tɕʰi⁵	tɕʰi⁵		ɕi¹	ɕi¹	i¹	i¹
青浦	tɕʰi³	tɕʰi⁵	tɕʰi⁵		ɕi¹	ɕi¹	i¹	i¹
青浦新	tɕʰi³	tɕʰi⁵	tɕʰi⁵	dʑi²	ɕi¹	ɕi¹	i¹	i¹
莘庄	cʰi³	cʰi⁵	cʰi⁵		ɕi¹	ɕi¹	i¹	i¹
闵行新	tɕʰi⁵	tɕʰi⁵	tɕʰi¹		ɕi¹	ɕi¹	i¹	i¹
川沙	tɕʰi⁵	tɕʰi⁵	tɕʰi⁵		ɕi¹	ɕi¹	i¹	i¹
川沙新	tɕʰi³	tɕʰi⁵	tɕʰi⁵		ɕi¹	ɕi¹	i¹	i¹
高桥	tɕʰy⁵	tɕʰi⁵	tɕʰi⁵		ɕi¹	ɕi¹	i¹	i¹
三林	cʰi¹	cʰi⁵	cʰi⁵		ɕi¹	ɕi¹	i¹	i¹
周浦	tɕʰi³	tɕʰi⁵	tɕʰi⁵		ɕi¹	ɕi¹	i¹	i¹
南汇	tɕʰi³	tɕʰi⁵	tɕʰi⁵		ɕi¹	ɕi¹	i¹	i¹
南汇新	tɕʰi³	tɕʰi⁵	tɕʰi⁵	tɕʰi³	ɕi¹	ɕi¹	i¹	i¹
嘉定	tɕʰi¹	tɕʰi⁵	tɕʰi⁵		ɕi¹	ɕi¹	i¹	i¹
嘉定新	tɕʰi⁵	tɕʰi⁵	tɕʰi⁵	tɕʰi⁵	ɕi¹	ɕi¹	i⁵	i⁵
宝山	tɕʰi⁵	tɕʰi⁵	tɕʰi⁵		ɕi¹	ɕi¹	i¹	i¹
宝山新	tɕʰi⁵	tɕʰi⁵	tɕʰi⁵	tɕʰi⁵	ɕi¹	ɕi¹	i¹	i¹
崇明	tɕʰi³	tɕʰi⁵	tɕʰi⁵		ɕi¹	ɕi¹	i¹	i¹
崇明新	tɕʰi³	tɕʰi⁵	tɕʰi⁵	tɕʰi³	ɕi¹	ɕi¹	i¹	i¹
堡镇	tɕʰi³	tɕʰi⁵	tɕʰi⁵		ɕi¹	ɕi¹	i¹	i¹
练塘	tɕʰi¹	tɕʰi⁵	tɕʰi⁵		ɕi¹	ɕi¹	i¹	i¹

序号	904	905	906	907	908	909	910	911
字目	累积累	累连累	嘴	髓	随	隋	吹	炊
中古音的地位	止合三上纸来	止合三去寘来	止合三上纸精	止合三上纸心	止合三平支邪	止合三平支邪	止合三平支昌	止合三平支昌
市区	lE⁶	lE⁶	tsʅ⁵/tsø⁵		zø⁶		tsʰʅ¹/tsʰø¹	tsʰø¹
市区中	lE⁶	lE⁶	tsʅ⁵	ɕʅ⁵	zE⁶	zø⁶	tsʰʅ¹	tsʰE¹/tsʰø¹
市区新	lE⁶	lE⁶	tsʅ⁵	ɕʅ⁵	zE⁶/zø⁶	zø⁶	tsʰʅ¹	tsʰø¹
真如	le¹	le⁶	tsʅ³		zø⁶		tsʰʅ¹	tsʰø¹
江湾	le⁶	le⁶	tsʅ⁵/tsø⁵		zø⁶		tsʰʅ¹/tsʰø¹	tsʰø¹
松江	le⁴	le⁶	tsʅ³		zø²		tsʰʅ¹/tsʰø¹	tsʰø¹
松江新	le⁶	le⁶	tsʅ³	zø⁶	zø²	zø²	tsʰʅ¹	tsʰø¹
泗泾	le⁶	le⁶	tsʅ³		zø²		tsʰʅ¹/tsʰø¹	tsʰø¹
奉贤	le⁶	le⁶	tsʅ³/tsø³		zø²		tsʰʅ¹	tsʰø¹
奉贤新	le⁶	le⁶	tsʅ³	zø²	zø²		tsʰʅ¹	tsʰʅ¹
奉城	le⁶	le⁶	tsʅ³		zø²		tsʰø¹	tsʰø¹
金山	le³	le³	tsʅ³		zø²		tsʰø¹	tsʰø¹
金山新	le⁶	le⁶	tsʅ³		zø²	zø²	du⁶	tsʰø¹
枫泾	le⁵	le⁵	tsʅ³		zø²		tsʰø¹	tsʰø¹
青浦	lɿ³	lɿ¹	tsʅ³		zø²		tsʰʅ¹/tsʰø¹	tsʰø¹
青浦新	liɿ⁶	liɿ⁶	tsʅ³	zø⁶	zø²	zø²	tsʰʅ¹	tsʰʅ¹
莘庄	li⁶	li⁶	tsʅ³		zy²		tsʰʅ¹	tsʰe¹
闵行新	lɿ¹²	lɿ¹²	tsʅ³	zø²	zø²		tsʰʅ¹	tsʰø¹
川沙	le²	le²	tsʅ³		zø²		tsʰʅ¹/tsʰø¹	tsʰø¹
川沙新	le⁶	le⁵	tsʅ³	zø⁶	zø²	zø⁶	tsʰʅ¹/tsʰø¹	tsʰø¹
高桥	ly¹	ly¹	tsʅ³/tsø³		zø⁶		tsʰʅ¹	tsʰʅ¹
三林	le⁶	le⁶	tsʅ³		zø²		tsʰø¹	tsʰe¹
周浦	le⁶	le⁶	tsʅ³		zø²		tsʰø¹	tsʰe¹
南汇	le⁶	le⁶	tsʅ³		zø²		tsʰø¹	tsʰe¹
南汇新	lei⁶	lei⁶	tsʅ³	sø³	zø⁶	zø⁶	tsʰø¹	tsʰø¹
嘉定	lø⁶	lø⁶	tsʅ⁵		zø²/zø⁶		tsʰʅ¹/tsʰø¹	tsʰø¹
嘉定新	lE⁶	lE⁶	tsʅ⁵	zø²	zø²	zø²	tsʰʅ¹	tsʰʅ¹
宝山	le⁶	le⁶	tsʅ⁵	se²	se²	se²	tsʰʅ¹	tsʰe¹
宝山新	le⁵	le⁵	tsʅ⁵		se²	se²	tsʰʅ¹	tsʰue¹
崇明	lei⁶	lei⁴	tsʅ³		dzei²		tsʰʅ¹/tsʰei¹	tsʰei¹
崇明新	lei⁶	lei⁶	tsʅ³	ɕi⁵	zei²	zei²	tsʰʅ¹	tsʰei¹
堡镇	lei⁶	lei⁴	tsʅ³		dzei²		tsʰʅ¹/tsʰei¹	tsʰei¹
练塘	lɿ¹	lɿ¹	tsʅ¹		zø²		tsʰʅ¹/tsʰø¹	tsʰø¹

序号	912	913	914	915	916	917	918	919
字目	垂	睡	瑞	蕊花蕊	规	诡	亏	窥
中古音的地位	止合三平支禅	止合三去寘禅	止合三去寘禅	止合三上纸日	止合三平支见	止合三上纸见	止合三平支溪	止合三平支溪
市区	zø⁶	zø⁶	zø⁶		kuE¹	kuE⁵	tɕʰy¹/kʰuE¹	
市区中	zE⁶/zø⁶	zE⁶/zø⁶	zE⁶/zø⁶	lE⁶	kuE¹	kuE⁵	kʰuE⁵	kʰuE⁵
市区新	zø⁶	zø⁶	zø⁶	lE⁶	kuE¹	kuE⁵	kʰuE¹	kʰuE¹
真如	zø⁶	zø⁶	zø⁶		kue¹	kue³	kʰue¹	
江湾	zø⁶	zø⁶	zø⁶		kue¹	kue⁵	kʰue¹/tɕʰy¹	
松江	zø²	zø⁶	zø⁶		kue¹	kue³	kʰue¹	
松江新	zø²	zø⁶	zø⁶	zø⁶	kue¹	kue³	kʰue¹	kʰue¹
泗泾	zø²	zø⁶	zø⁶		kue¹	kue³	kʰue¹	
奉贤	zø²	zø⁶	zø⁶		kue¹	kue³	ɕʰy/kʰue¹	
奉贤新	zø²	zø⁶	zø⁶		kue¹	kue⁵	kʰue¹	kʰue¹
奉城	zø⁶	zø⁶	zø⁶		kue¹	ŋue³	ɕʰy/kʰue¹	
金山	zø²	zø⁶	zø⁶		kue¹	kue³	kʰue¹	
金山新	zø²	sø⁵	zø⁶	zø⁶	kue¹	kue³	kʰue¹	kʰue¹
枫泾	zø⁶	zø⁶	zø⁶		kuɛ¹	kuɛ³	kʰuɛ¹	
青浦	zø⁶	zø⁶	zø⁶		kuɪ¹	kuɪ³	kʰuɪ¹	
青浦新	zø²	zø⁶	zø⁶	zø⁶	kuɪ¹	kuɪ³	kʰuɪ¹	kʰuɪ¹
莘庄	zø²	zø⁶	zy⁶		kue¹	ue³	kʰue¹	
闵行新	zø²	①	zø²	②	kuɪ¹	kuɪ¹	kʰuɪ¹	kʰuɪ¹
川沙	zø²	zø²	zø⁶		kue¹	kue³	kʰue¹/tɕʰy¹	
川沙新	zø⁶		zø⁶		kue¹	kue³	kʰue¹	kʰue¹
高桥	zø⁶	zø⁶	zø⁶		kue¹	kue³	kʰue¹	
三林	zø⁶	zø²	zø⁶		kue¹	kue⁵	kʰue¹	
周浦	zø⁶	zø⁶	zø⁶		kue¹	kue³	kʰue¹	
南汇	zø²	zø⁶	zø⁶		kue¹	kue³	kʰue¹	
南汇新	zø⁶		zø⁶	zø⁶	kø¹	kø³	kʰuei¹	kʰuei¹
嘉定	zø²	zø⁶	zø⁶		kuɪ¹	kuɪ⁵	kʰuɪ¹	
嘉定新	zø²	zø⁶	zø⁶	③	kuɪ¹	kuɪ⁵	kʰuɪ¹	kʰuɪ¹
宝山	sc⁶	sc⁶	sc⁶	lc⁵	kuc¹	kuc⁵	kʰue¹	kʰue¹
宝山新	se⁶	se⁶	se⁶	se⁶	kue¹	kue⁵	kʰue¹	kʰue¹
崇明	dzei²/zɿ²	dzei²	dzei⁶		kuei¹	kuei³	kʰuei¹	
崇明新	dzei²		zei⁶		kuei¹	kuei³	kʰuei¹	kʰuei¹
堡镇	dzei²/zɿ²	dzei²	dzei⁶		kuei¹	kuei³	kʰuei¹	
练塘	zø²	zø⁶	zø⁶		kuɪ¹	kuɪ¹	kʰuɪ¹	

注：① 说"[目+困]"。
② 说"花朵朵"。
③ 华亭读音为y⁵。

序号	920	921	922	923	924	925	926	927
字目	跪	危	伪	毁	委	喂喂养	为作为	为因为
中古音的地位	止合三上纸群	止合三平支疑	止合三去寘疑	止合三上纸晓	止合三上纸影	止合三去寘影	止合三平支云	止合三去寘云
市区	guE⁶	ɦiuE⁶	ɦiuE⁶	huE⁵	uE⁵		ɦiuE⁶	ɦiuE⁶
市区中	dʑy⁶/guE⁶	ɦiuE⁶	ɦiuE⁶	huE⁵	uE⁵	y⁵/uE⁵	ɦiuE⁶	ɦiuE⁶
市区新	dʑy⁶/guE⁶	ɦiuE⁶	ɦiuE⁶	huE⁵	uE⁵	y⁵/uE⁵	ɦiuE⁶	ɦiuE⁶
真如	dʑi⁶/guE⁶	ɦiuE²	ɦiuE⁶	huE¹	uE¹	uɪ⁶	ɦiuE²	ɦiuE⁶
江湾	dʑy⁶/guE⁶	βe⁶	βe⁶	ɸe⁵	ue⁵	ue¹	βe⁶	βe⁶
松江	dʑy⁴/guE⁴	βe²/ɦiue²	βe⁶/ɦiue⁶	ɸe³/hue³	ue³	y⁵/ɦiue⁵	βe²/ɦiue²	βe⁶/ɦiue⁶
松江新	dʑy⁶	vue²/ɦiue²	ɦiue⁶	hue³	ɦiue⁶	y⁵/ɦiue⁶	ue¹	ue¹
泗泾	dʑy⁶/guE⁶	βe²	βe⁶	ɸe³	ue³	y⁵/ɦiue⁶	βe²	βe⁶
奉贤	ɟy⁶/guE⁶	ŋue²	ue³	ɸe⁵	ue³	ue⁵/ɦiue⁶	βe⁴	βe⁶
奉贤新	ɡue/dʑy⁶	ɦiue²	ɦiue⁶	fe⁵/hue⁵	ue³	ue⁵/ɦiue⁶	ɦiue⁶	ɦiue⁶/ue⁵
奉城	ɟy⁶/ʑy⁶/guE⁶	ŋue²	ŋue⁶	ɸe⁵	ue³	ue⁵/ɦiue⁶	βe²	βe⁶
金山	guE²	ŋue²	ŋue⁶	ɸe⁵	ue³	vi⁶	ɦiue²	ɦiue⁶
金山新	dʑy⁶	ve²	ve³	hue³	ue³	vi⁶	ve⁶/vi⁶	ve⁶/vi⁶
枫泾	guE²	vε²	vε²	fe⁵	ue³	vi⁶	vε²	vε⁶
青浦	dʑy⁶/guɪ⁶	βe²	βɪ⁶	ɸe⁵	uɪ³	uɪ⁵	βɪ²	βɪ⁶
青浦新	dʑy⁶	uɪ¹	uɪ⁵	huɪ³	uɪ³	ɦiuɪ⁶	ɦiuɪ⁶	ɦiuɪ⁶
莘庄	ɟy⁶/guE⁶	βɪ²	βɪ⁶	ɸi⁵	ue³	y⁵/uE⁵	βɪ²	βɪ⁶
闵行新	dʑy²	vi²	vi²		vi²	y⁵	vi²	vi²
川沙	dʑy²/guE²	βe²/ŋue²	βe²	ɸe⁵	βe³ ①		y⁵	βe²	βe²
川沙新	dʑy⁶	ue¹	ɦiue⁶	hue³	ɦiue⁶	y⁵	ue⁵	ue⁵
高桥	dʑy⁶/guE⁶	βe⁶	βe⁶	i³	βe⁶	y⁵	βe⁶	βe⁶
三林	ɟy²/guE²	βe²	βe²	ɸe⁵	ue⁵	y⁵/uE⁵	βe²	βe²
周浦	dʑy²/guE²	βe²	βe⁶	ɸe³	ue³	uei⁵	βe⁶	βe⁶
南汇	dʑy²/guE²	βe²	βe⁶	ɸe³	ue³	uei⁵	βe⁶	βe⁶
南汇新	dʑy⁶	ɦiuei⁶	ɦiuei⁶	huei³	uei³	uei⁵	ɦiuei⁶	ɦiuei⁶
嘉定	dʑy⁶/guɪ⁶	ŋuɪ²	ɦiuɪ⁶	huɪ⁵	uɪ¹	uɪ⁶	ɦiue⁶	ɦiuɪ⁶
嘉定新	dʑi⁶	uɪ⁵	ɦiuɪ⁶	huɪ⁵	ɦiuɪ⁶	uɪ⁵	ɦiuɪ⁶	ɦiuɪ⁶
宝山	guE⁶	ue⁵	ue⁶	hue⁵	ue⁵	ue¹	ue⁵	ue⁵
宝山新	tɕy⁵	ue¹	ue⁵	hue⁵	ue¹¹³	ue⁵	ue⁵	ue⁵
崇明	dʑi⁴/guei⁴	ŋuei²	ŋuei⁶	huei³	uei³	vei⁵	ɦiuei²	ɦiuei⁶
崇明新	dʑi⁶	vei¹	vei⁶	xuei³	vei⁶	vei⁶	vei²	vei⁶
堡镇	dʑi⁴/guei⁴	ŋuei²	ŋuei⁶	huei³	uei³	vei⁵	ɦiuei²	ɦiuei⁶
练塘	dʑy⁴/guɪ⁴	βe²	βɪ⁶	ɸe⁵	uɪ³	uɪ⁵	βɪ²	βɪ⁶

注：① β 不配阳调类。

序号	928	929	930	931	932	933	934	935
字目	垒	类	泪	醉	翠	虽	绥	穗
中古音的地位	止合三上旨来	止合三去至来	止合三去至来	止合三去至精	止合三去至清	止合三平脂心	止合三平脂心	止合三去至邪
市区	lE^6	lE^6	li^6	tsø^5	tsʰø^5	sø^1		
市区中	lE^6	lE^6	lE^6	tsE^5/tsø^5	tsʰE^5	sE^1/tsø^1	sE^1/tsø^1	zE^6/zø^6
市区新	lE^6	lE^6		tsE^5/tsø^5	tsʰE^5/tsʰø^5	sø^1		
真如	le^2	le^6	li^6	tsø^5	tsʰø^5	sø^1		
江湾	le^6	le^6	li^6	tsø^5	tsʰø^5	sø^5		
松江	le^4	le^6	li^6/le^6	tsø^5	tsʰø^5	sø^1		
松江新	le^6	le^6	liɪ^6	tsø^5	tsʰø^5	sø^1	zø^2	zø^2
泗泾	le^6	le^6	li^6/le^6	tsø^5	tsʰø^5	sø^1		
奉贤	le^2	le^6	lij^6	tsø^5	tsʰø^5	sø^1		
奉贤新	le^6	le^6	le^6	tsø^5	tsʰø^5	sø^1	sø^1	zø^6
奉城	le^2	le^6	le^6/lij^6	tsø^5	tsʰø^5	sø^1		
金山	le^6	le^6	li^6	tsø^5	tsʰø^5	sø^1		
金山新	le^6	le^6	le^6	tsø^5	tsʰø^5	sø^1	sø^1	zø^6
枫泾	lɛ^6	lɛ^6	li^6	tsø^5	tsʰø^5	sø^5		
青浦	lɪ^3	lɪ^6	lɪ^6	tsø^5	tsʰø^5	sø^1		
青浦新	lɪɪ^6	lE^6	li^6	tsø^5	tsʰø^5	sø^1	zø^2	zø^6
莘庄	li^6	li^6	li^6	tsø^5	tsʰy^5	sø^1		
闵行新		lɪi^2	li^2	tɕy^5	tsʰø^5/tsʰe^5	①	zø^2	sə?^{7}
川沙	le^2	le^2	li^2	tsø^5	tsʰø^5	sø^1		
川沙新	le^5	le^5	li^5	tsø^5	tsʰø^5	sø^1	sø^1	zø^6
高桥	le^6	lɛ^6	li^6	tsø^5	tsʰø^5	sy^1		
三林	le^6	le^6	li^6	tsø^5	tsʰø^5	sø^1		
周浦	le^2	li^6	li^6	tsø^5	tsʰø^5	sø^1		
南汇	le^2	li^6	li^6	tsø^5	tsʰø^5	sø^1		
南汇新	lei^6	lei^6	li^6	tsø^5	tsʰø^5	sø^1		zø^6
嘉定	lø^2	lø^6	li^6	tsø^5	tsʰø^5	sø^1		
嘉定新		lɪ^6	lɪ^6	tsø^5	tsʰø^5	sø^1	sø^1	zø^6
宝山	le^5	le^5	le^5	tse^5	tsʰe^5	se^1	se^1	se^5
宝山新	le^5	le^6	le^6	tse^5	tsʰe^5	se^1	se^1	se^5
崇明	lei^4	lei^6	li^4	tsei^5	tsei^5	sei^1		
崇明新	lei^6	lei^6	li^3	tsei^5	tsʰei^5	suei^1		sei^5
堡镇	lei^4	lei^6	li^4	tsei^5	tsei^5	sei^1		
练塘	lɪ^3	lɪ^6	lɪ^6	tsø^5	tsʰø^5	sø^3		

注：① 说"假使"。

序号	936	937	938	939	940	941	942	943
字目	遂	隧	追	锤	槌	坠	衰	帅
中古音的地位	止合三去至邪	止合三去至邪	止合三平脂知	止合三平脂澄	止合三平脂澄	止合三去至澄	止合三平脂生	止合三去至生
市区		zø⁶	tsø¹				sɛ¹	sɛ⁵
市区中	zɛ⁶/zø⁶	zɛ⁶/zø⁶	tsɛ¹/tsø¹	zɛ⁶/zø⁶	zɛ⁶/zø⁶	zɛ⁶/zø⁶	sɛ¹/sø¹	sɛ¹
市区新	zø⁶	zø⁶	tsɛ¹	zø⁶		zɛ⁶	suɛ¹	suɛ¹
真如		zø⁶	tsø¹				sɛ¹	sɛ¹
江湾		zø⁶	tsø¹				sɛ¹	sɛ⁵
松江		zø⁶	tsø¹				sɛ¹	sɛ⁵
松江新	zø⁶	zø⁶	tsø¹	zø²	zø²	zø⁶	suɛ¹	suɛ⁵
泗泾		zø⁶	tsø¹				sɛ¹	sɛ⁵
奉贤		zø⁶	tsø¹				sɛ¹	sɛ¹
奉贤新	zø⁶	zø⁶	tsø¹	zø²	zø²	tsø³	sø¹/sɛ¹	sø¹
奉城		zø⁶	tsø¹				sɛ¹	sɛ⁵
金山		zø⁶	tsø¹				sɛ¹	sɛ¹
金山新	zø⁶	zø⁶	tsø¹	zø²	zø²	tsø⁵	sɛ¹	sɛ⁵
枫泾		zø⁶	tsø¹				sɛ¹	sɛ⁵
青浦		dz	tsø¹				sɛ¹	sɛ⁵
青浦新	zø⁶	zø⁶	tsø¹	zø²	zø²	zø⁶	suɛ¹	suɛ¹
莘庄		zø⁶	tsy¹				sɛ¹	sɛ⁵
闵行新	zø²	zø²	tɕy¹		①			sɛ³
川沙		zø⁶	tsø¹				sɛ¹	sɛ⁵
川沙新		zø⁶	tsø¹	zø⁶				suɛ⁵
高桥		zø⁶	tsø¹				sɛ³	sɛ⁵
三林		zø⁶	tsø¹				sɛ¹	sɛ⁵
周浦		zø⁶	tsø¹				sɛ¹	sɛ⁵
南汇		zø⁶	tsø¹				sɛ¹	sɛ⁵
南汇新		zø⁶	tsø¹			tsø⁵	sø¹	
嘉定		zø⁶	tsø¹				sɛ¹	sɛ⁵
嘉定新	zø⁶	zø⁶	tsø¹			tsø⁵	sɛ¹	sɛ⁵
宝山	sɛ⁵	sɛ⁵	tsɛ¹	sɛ²	sɛ²	tsɛ⁵	sɛ¹	sɛ¹
宝山新	sɛ⁵	sɛ⁵	tsɛ¹	sɛ⁵	sɛ⁵	tsɛ⁵	sɛ¹	sua⁵
崇明		dzei⁶	tsei¹				sɛ¹	sɛ⁵
崇明新		zei⁶	tsei¹	tsuei¹	tsuei¹	tsei⁵	sɛi¹	suai⁵
堡镇		dzei⁶	tsei¹				sɛ¹	sɛ⁵
练塘		zø⁶	tsø¹				sɛ¹	sɛ⁵

注：① 说"摔下"。

序号	944	945	946	947	948	949	950	951
字目	率率领	锥	水	谁	龟①	轨	癸	愧
中古音的地位	止合三去至生	止合三平脂章	止合三上旨书	止合三平脂禅	止合三平脂见	止合三上旨见	止合三上旨见	止合三去至见
市区		tsø¹	sʅ⁵/sø⁵	zø⁶	tɕy¹/kuɛ¹	kuɛ⁵	guɛ⁶	
市区中	sø¹	tsø¹	sʅ⁵	zɛ⁶/zø⁶	tɕy¹/kuɛ¹	kuɛ⁵	kuɛ⁵	guɛ⁶
市区新	suɛ¹	tsø¹	sʅ⁵		kuɛ¹/tɕy¹	kuɛ⁵		kʰuɛ⁵
真如		tsø¹	sʅ³/sø³	zø²	tɕi¹/kue¹	kue³	kue³	
江湾		tsø¹	sʅ⁵/sø⁵	zø⁶	tɕy¹/kue¹	kue⁵	kue⁵	
松江		tsø¹	sʅ³/sø³	zø²	tɕy¹/kue¹	kue³	kue³	
松江新	suɛ⁵	tsø¹	sʅ³		tɕy¹	kue³	gue⁶	kʰue⁵
泗泾		tsø¹	sʅ³/sø³	zø²	tɕy¹/kue¹	kue³	kue³	
奉贤		tsø¹	sʅ³/sø³	zø²	ʔjy¹/kue¹	kue³	kue³	
奉贤新	sø⁵	tsʰø⁵	sʅ³	zø²	kue¹/tɕy¹	kue³	kue³	kʰue⁵
奉城		tsø¹	sʅ³/sø³	zø²	ʔjy¹/kue¹	kue³	kue³	
金山		tsø¹	sʅ³/sø³	zø²	tɕy¹/kue¹	kue³	kue³	
金山新	ɜɛ⁵	tsø¹	sʅ³		tɕy¹	kue³	kue³	kʰue⁵
枫泾		tsø¹	sʅ³/sø³	zø²	tɕy¹/kuɛ¹	kuɛ⁵	kuɛ⁵	
青浦		tsø⁵	sʅ³/sø³	zø²	kuɪ³	kuɪ³	kuɪ³	
青浦新	suɛ⁵	tsø¹	sʅ³		tɕy¹/kuɪ¹	kuɪ³	kuɪ³	kʰuɪ⁵
莘庄		tsø¹	sʅ³	zø²	kue¹	kue³	kue³	
闵行新			sʅ³	②	tɕy¹	kuɪ³		tɕi⁵
川沙		tsø¹	sʅ³/sø³	zø²	tɕy¹/kue¹	kue⁵	kue⁵	
川沙新		tsø¹	sʅ³		kue¹	kue³		
高桥		tsø¹	sʅ³	zø⁶	kue¹	gue⁶	gue⁶	
三林		tsø¹	sʅ³	zø²	kue¹	kue³	kue³	
周浦		tsø¹	sʅ³	zø²	kue¹	kue³	kue³	
南汇		tsø¹	sʅ³	zø²	kue¹	kue³	kue³	
南汇新		tsø¹	sʅ³		tɕy¹	kuei³		kʰuei⁵
嘉定		tsø¹	sʅ⁵/sø⁵	zø⁶	tɕy¹/kuɪ¹	kuɪ⁵	kuɪ⁵	
嘉定新	ɜɛ⁵	tsø¹	sʅ⁵		kuɪ¹/tɕi¹	kuɪ⁵	kuɪ⁵	kʰuɪ⁵
宝山	ɜɛ¹	tsue¹	sʅ⁵	se²	kue⁵	gue⁶	gue⁶	kʰue⁵
宝山新	sua⁵	tsue¹	sʅ⁵	se⁵	kue¹(③)	kue⁵	kue⁵	kʰue⁵
崇明		tsei¹	sʅ³/sei³	dzei⁴	kuei¹/tɕi¹	kuei¹	kuei³	
崇明新	suai¹	tsei¹	sʅ³	④	kuei¹	kuei³		kʰuei⁵
堡镇		tsei¹	sʅ³/sei³	dzei⁴	kuei¹/tɕi¹	kuei¹	kuei³	
练塘		tsø⁵	sʅ¹/sø¹	zø²	kuɪ⁵	kuɪ¹	kuɪ¹	

注：① 部分点的老派音缺白读。
② 问人说"何人"ɦia²。
③ 也读做tɕy¹。
④ 说"何"hɑ⁶。

序号	952	953	954	955	956	957	958	959
字目	季	葵	逵	柜	位	维	唯	惟
中古音的地位	止合三去至见	止合三平脂群	止合三平脂群	止合三去至群	止合三去至云	止合三平脂以	止合三上旨以	止合三平脂以
市区	tɕi⁵	guɛ⁶		guɛ⁶	ɦuɛ⁶	vi⁶	vi⁶	vi⁶
市区中	tɕi⁵	guɛ⁶	guɛ⁶	dʑy⁶/guɛ⁶	ɦuɛ⁶	vi⁶/ɦuɛ⁶	vi⁶/ɦuɛ⁶	vi⁶/ɦuɛ⁶
市区新	tɕi⁵	guɛ⁶		guɛ⁶	ɦuɛ⁶	vi⁶/ɦuɛ⁶	vi⁶	vi⁶
真如	tɕi⁵	gue⁶		dʑi⁶/gue⁶	ɦue²	vi²	vi²	vi²
江湾	tɕi⁵	gue⁶		dʑy⁶/gue⁶	βe⁶	βi⁶	βi⁶	βi⁶
松江	tɕi⁵	gue²		dʑy⁶/gue⁶	βe⁶/ɦue²	vi² ①	vi⁴	vi²
松江新	tɕi⁵	gue²	gue²	dʑy⁶	vue⁶	vue²	vue²	vue²
泗泾	tɕi⁵	gue²		dʑy⁶/gue⁶	βe⁶	βi²	βi⁶	βi²
奉贤	ʔɟij⁵	guɛ¹		zy⁶/gue⁶	βe⁶	βij²/ue⁵	βe⁶	βij²/ue⁵
奉贤新	tɕi⁵	gue⁶	gue⁶	gue²	ue⁵/ɦue⁶	ve²	ve²	ve²
奉城	ʔɟij⁵	guɛ¹		zy⁶/gue⁶	βe⁶	βij²	βij²/ue³	βij²
金山	tɕi⁵	gue²		gue⁶	ɦue⁶	vi²	vi²	vi²
金山新	tɕi⁵	gue²	gue²	kue⁵	ve⁶	ve²	ve²	ve²
枫泾	tɕi⁵	guɛ¹		guɛ⁶	vɛ⁶	vi²	vi²	vi²
青浦	tɕi⁵	guɪ⁶		guɪ⁶	βɪ⁶	βi²	βi⁶	βi²
青浦新	tɕi⁵	guɪ²	guɪ²	dʑy⁶	ɦuɪ⁶	ɦuɪ²	ɦuɪ⁶	ɦuɪ²
莘庄	ci⁵	gue²		ɟy⁶/gue⁶	βi⁶	βi²	βi⁶	βi²
闵行新	tɕi⁵	②		dʑy²	vi²	vi²	vi²	ʋi⁶
川沙	tɕi⁵	gue²		dʑy⁶/gue⁶	βe⁶	βi²	βi²	βi²
川沙新	tɕi⁵	gue⁶		gue⁶/dʑy⁶	ue⁵	ɦue⁶	ɦue⁶	ɦue⁶
高桥	tɕi³	gue⁶		dʑy⁶/gue⁶	βe⁶	βe⁶	βe⁶	βe⁶
三林	ci⁵	kue⁵③		ɟy⁶/gue⁶	βe⁶	βe²	βe²	βe²
周浦	tɕi⁵	gue²		gue⁶	βe⁶	βe²	βe²	βe²
南汇	tɕi⁵	gue²		gue⁶	βe⁶	βe²	βe²	βe²
南汇新	tɕi⁵	guei²		guei⁶	ɦuei⁶	ɦuei⁶	ɦuei⁶	ɦuei⁶
嘉定	tɕi⁵	guɪ²		dʑy⁶/guɪ⁶	ɦuɪ⁶	vi²	vi²	vi²
嘉定新	tɕi⁵	guɪ²	guɪ²	guɪ⁶/dʑi⁶	ɦuɪ⁶	vi²	vi²	vi²
宝山	tɕi⁵	gue²	gue⁶	gue⁶	ue⁵	vi⁶	vi⁶	vi⁶
宝山新	tɕi⁵	kue⁵	kue⁵	kue⁵	ue⁶	ue⁶	ue⁶	ue⁶
崇明	tɕi⁵	guei²		dʑi⁶/guei⁶	ɦuei⁶	vi²	vi²	vi²
崇明新	tɕi⁵	guei²	guei²	dʑi⁶	vei⁶	vei²	vei²	vei²
堡镇	tɕi⁵	guei²		dʑi⁶/guei⁶	ɦuei⁶	vi²	vi²	vi²
练塘	tɕi⁵	guɪ²		guɪ⁶	βɪ⁶	βi²	βi⁴	βi²

注：① 松江音系中不见v声母。后同。
② 误读。
③ "桂"字。

序号	960	961	962	963	964	965	966	967
字目	遗遗失	飞	非	匪	妃妃子	费花费	肥	微
中古音的地位	止合三平脂以	止合三平微非	止合三平微非	止合三上尾非	止合三平微敷	止合三去未敷	止合三平微奉	止合三平微微
市区	ɦi⁶	fi¹	fi¹	fi⁵	fi¹	fi⁵	vi⁶	vi⁶
市区中	ɦi⁶	fi¹	fi¹	fi⁵	fi¹	fi⁵	vi⁶	vi⁶
市区新	ɦi⁶	fi¹	fi¹	fi⁵	fi¹	fi⁵	vi⁶	vi⁶
真如	ɦi²	fi¹	fi¹	fi¹	fi¹	fi³	vi²	vi²
江湾	ɦi⁶	ɸi¹	ɸi¹	ɸi⁵	ɸi¹	ɸi⁵	bi⁶/βi⁶	βi⁶
松江	ɦi²	fi¹	fi¹	fi¹	fi¹	fi⁵	vi²	vi²
松江新	ɦi²	fi¹	fi¹	fi³	fi¹	fi⁵	vi²	vi¹
泗泾	ɦi²	ɸi¹	ɸi¹	ɸi¹	ɸi¹	ɸi¹	βi²	βi²
奉贤	ɦiij²	ɸij¹	ɸij¹	ɸij³/ɸij⁵	ɸij¹	ɸij⁵	bij²/βij²	βij²
奉贤新	ɦi²	fi¹	fi¹	fe¹	fi¹	fe⁵	ve²	ue¹/ve²
奉城	ɦiij²	ɸij¹	ɸij¹	ɸij³	ɸij¹	ɸij⁵	bij²/βij²	βij²
金山	ɦi²	fi¹	fi¹	fi¹	fi¹	fi⁵	bi²/vi²	vi²
金山新	ɦi²	fi¹	fi¹	fi³	fi¹	fi⁵	vi²	ve²
枫泾	vi²	fi¹	fi¹	fi¹	fi¹	fi⁵	bi²/vi²	vi²
青浦	ɦi²	ɸi¹	ɸi¹	ɸi¹	ɸi¹	ɸi⁵	βi²	βi²
青浦新	ɦi²	fi¹	fi¹	fi³	fi¹	fi⁵	vi²	uɪ¹
莘庄	ɦi²	ɸi¹	ɸi¹	ɸi¹	ɸi¹	ɸi⁵/βi⁶	βi²/bi²	βi²
闵行新		fi¹	fi¹	fi⁵	fi¹	fi⁵	vi²	vi¹
川沙	ɦi²	ɸi¹	ɸi¹	ɸi³	ɸi¹	fi⁵	βi²/bi²	βi²
川沙新	ɦi⁶	fi¹	fi¹	fi³	fi¹	fi⁵	vi⁶	ue¹
高桥	ɦi⁶	ɸe¹	ɸe¹	ɸe³	ɸe³	ɸe⁵	βe⁶	βe⁶
三林	ɦi²	ɸi¹	ɸi¹	ɸi¹	ɸi¹	ɸi⁵	βi²/bi²	βi²
周浦	ɦi²	ɸi¹	ɸi¹	ɸi³	ɸi¹	ɸi⁵	bi²	βi²
南汇	ɦi²	ɸi¹	ɸi¹	ɸi¹	ɸi¹	ɸi⁵	bi²	βi²
南汇新	ɦi⁶	fei¹	fei¹	fei³	fei¹	fei⁵	ʋei⁶	ɦuei⁶
嘉定	ɦi²	fi¹	fi¹	fi¹	fi¹	fi⁵	vi²	vi⁶
嘉定新	ɦi²	fi¹	fi¹	fi³	fi¹	fi⁵	vi²	uɪ¹/vi²
宝山	i²	fi¹	fi¹	fi¹	fi¹	fi¹	vi⁶	vi⁶
宝山新	i⁵	fi¹	fi¹	fi⁵①	fi¹	fi⁵	vi⁵	ue¹
崇明	ɦi²	fi¹	fi¹	fi¹	fi¹	fi⁵	vi²/bi²	vi²
崇明新	vei²	fi¹	fi¹	fei³	fi¹	fi¹	fi²	fi²
堡镇	ɦi²	fi¹	fi¹	fi¹	fi¹	fi⁵	vi²/bi²	vi²
练塘	ɦi²	ɸi¹	ɸi¹	ɸi¹①	ɸi¹	ɸi⁵	βi²	βi²

注：① 也读做fe⁵。

序号	968	969	970	971	972	973	974	975
字目	尾	未	味	归	鬼	贵	魏	挥
中古音的地位	止合三上尾微	止合三去未微	止合三去未微	止合三平微见	止合三上尾见	止合三去未见	止合三去未疑	止合三平微晓
市区	ȵi⁶/mi⁶/vi⁶	vi⁶	mi⁶/vi⁶	kuɐ¹	tɕy⁵/kuɐ⁵	tɕy⁵/kuɐ⁵	ɦuɐ⁶	huɐ¹/huɐ⁵
市区中	mi⁶/vi⁶	mi⁶/vi⁶	mi⁶/vi⁶	kuɐ¹	tɕy⁵/kuɐ⁵	tɕy⁵/kuɐ⁵	ɦuɐ⁶	huɐ¹
市区新	mi⁶/ɦuɐ⁶	ɦuɐ⁶	mi⁶/vi⁶	kuɐ¹	tɕy⁵/kuɐ⁵	tɕy⁵/kuɐ⁵	ɦuɐ⁶	huɐ¹
真如	ȵi⁶/vi⁶	vi⁶	mi⁶/ɦi⁶	kue¹	kue³	tɕi³/kue³	ɦue⁶	hue¹
江湾	ȵi⁶/βi⁶	βi⁶	mi⁶/βi⁶	kue¹	tɕy⁵/kue⁵	tɕy⁵/kue⁵	βe⁶	ɸe¹
松江	ȵi⁴/vi⁴	vi⁶	mi⁶/vi⁶	tɕy¹/kue¹	tɕy³/kue³	tɕy⁵/kue⁵	βe⁶/ɦue⁶	ɸe¹/hue¹
松江新	ȵi⁶	ɦue⁶	mi⁶	kue¹	tɕy³	tɕy⁵	ɦue⁶	hue¹
泗泾	ȵi⁶/βi⁶	βi⁶	mi⁶/βi⁶	tɕy¹/kue¹	tɕy³/kue³	tɕy⁵/kue⁵	βe⁶	ɸe¹
奉贤	ȵij⁴/βij²	βij⁶	mij⁶/βij⁶	ʔɟy/kue¹	ʔɟy³/kue³	ʔɟy⁵/kue⁵	ŋue⁶	ɸe⁵
奉贤新	ɦue⁶/ve²	ve⁶/mi⁶	ve⁶/mi⁶	kue¹/tɕy¹	tɕy³	kue⁵/tɕy⁵	ɦue⁶	hue¹
奉城	ȵij⁶/βij⁶	βij⁶	mij⁶/βij⁶	ʔɟy/kue¹	ʔɟy³/kue³	ʔɟy⁵/kue⁵	ŋue⁶	ɸe¹
金山	vi⁶	vi⁶	mi⁶/vi⁶	kuɐ¹	tɕy³/kue³	tɕy⁵/kue⁵	ŋue⁶	ɸe¹
金山新	ȵi⁶	ve⁶	ve⁶/mi⁶	kue¹	tɕy³	tɕy⁵	ve²	fi¹
枫泾	ȵi⁶/vi⁶	vi⁶	mi⁶/vi⁶	kuɐ¹	tɕy³/kue³	tɕy⁵/kue⁵	vɛ⁴	fɛ¹
青浦	βi⁶	βi⁶	mi⁶/vi⁶	kuɪ¹	kuɪ³	kuɪ⁵	βɪ⁶	huɪ¹
青浦新	ȵi⁶/uɪ⁶	ɦuɪ⁶	mi⁶	tɕy¹/kuɪ¹	tɕy³	tɕy⁵	ɦuɪ⁶	huɪ¹
莘庄	ȵi⁶/ue³	βi⁶	βi⁶/mi⁶	kue¹	kue³	cy⁵/kue⁵	ue⁵	ɸi¹
闵行新	ȵiɪ²	uɪ²	mi²①	tɕy¹	tɕy¹	tɕy¹	vi²	fi¹
川沙	vi²/ȵi²	βi⁶	βi⁶	tɕy¹/kue¹	tɕy³/kue³	tɕy⁵/kue⁵	ŋue⁶/βe⁶	ɸe⁵
川沙新	ȵi⁶	ue⁵	mi⁵	kue¹	tɕy³	tɕy⁵	ue⁵	hue¹
高桥	βe⁶	βe⁶	βe⁶	kue¹	tɕy³	tɕy³/kue³	βe⁶	ɸe¹
三林	ȵi⁶	βi⁶	βi⁶/mi⁶	kue¹	kue³	cy⁵/kue⁵	βe⁶	ɸe¹
周浦	ȵi²	βi⁶	mi⁶	kue¹	kue³	tɕy⁵/kue⁵	βe⁶	ɸe¹
南汇	ȵi²	βi⁶	mi⁶	kue¹	kue³	tɕy⁵/kue⁵	βe⁶	ɸe¹
南汇新	ȵi⁶	ɦuei⁶	vei⁶	kuei¹	kuei³	kuei⁵	ɦuei⁶	huei¹
嘉定	ȵi⁶/vi⁶	vi⁶	mi⁶/vi⁶	kuɪ¹	tɕy⁵/kuɪ⁵	tɕy⁵/kuɪ⁵	ŋue²/ɦuɪ²	huɪ¹
嘉定新	ȵi⁶	mi⁶	mi⁶	kuɪ¹	dʑy⁶/kuɪ⁶	dʑy⁶/kuɪ⁶	uɪ⁵	huɪ¹
宝山	vi⁶	vi⁶	vi⁶	kue⁵	kue⁵	kue⁵	ue⁶	hue⁵
宝山新	ue⁵	ue⁵	mi⁵	kuɐ¹	kuɐ⁵	kuɐ⁵	ue⁵	huɐ⁵
崇明	ȵi⁶/vi⁶	vi⁶	mi⁶/vi⁶	kuei¹	kuei³/tɕi³	kuei⁵/tɕi⁵	ɦuei⁶	huei¹
崇明新	ȵi⁶	vei⁶	vi⁶	kuei¹	tɕi³	tɕi⁵	vei⁶	xuei¹
堡镇	ȵi⁶/vi⁶	vi⁶	mi⁶/vi⁶	kuei¹	kuei³/tɕi³	kuei⁵/tɕi⁵	ɦuei⁶	huei¹
练塘	βi⁴	βi⁶	mi⁶/vi⁶	kuɪ¹	kuɪ¹	kuɪ⁵	βɪ⁶	huɪ¹

注：① "味精"中读 uɪ²。

序号	976	977	978	979	980	981	982	983
字目	辉	徽	讳	威	畏	慰	违	围
中古音的地位	止合三平微晓	止合三平微晓	止合三去未晓	止合三平微影	止合三去未影	止合三去未影	止合三平微云	止合三平微云
市区	huE¹	huE¹		uE¹	uE⁵	uE⁵	ɦuE⁶	ɦy⁶/ɦuE⁶
市区中	huE¹	huE¹	huE⁵	uE¹	uE⁵	uE⁵	ɦuE⁶	ɦuE⁶
市区新	huE¹	huE¹		uE¹	uE⁵	uE⁵	uE⁵	uE⁵
真如	hue¹	hue¹		ue¹	ue¹	ɦue⁶	ɦue²	ɦue²
江湾	ɸe¹	ɸe¹		ue¹	ue⁵	ue⁵	βe⁶	ɦy⁶/βe⁶
松江	ɸe¹/hue¹	ɸe¹/hue¹		ue¹	ue¹	βe⁶/ɦue⁶	βe²/ɦue²	βe²/ɦue²
松江新	hue¹	hue¹	ɦue⁶	ue¹	ue⁵	ue⁵	ɦue⁶	vue²/ɦue²
泗泾	ɸe¹	ɸe¹		ue¹	ue¹	βe⁶	βe²	βe²
奉贤	ɸe¹	ɸe¹/ɸe⁵		ʔwe¹	ʔwe⁵	ʔwe³	βe²	ɦy²/βe²
奉贤新	hue¹	hue¹	ɦue⁶	ue¹	ue³	ue³	ɦue⁶	ɦue⁶
奉城	ɸe¹	ɸe¹		ʔwe¹	ʔwe⁵	ʔwe³	βe²	ɦy²/βe²
金山	ɸe¹	ɸe¹		ue¹	ue³	ue³	ɦue²	ɦue²
金山新	fi¹	fi¹	ve⁶	ve²	ve⁶	ve⁶	ve²	ve²
枫泾	fɛ¹	fɛ¹		uɛ¹	uɛ¹	uɛ³	vɛ²	vɛ²
青浦	huɪ¹	huɪ¹		uɪ¹	uɪ¹	uɪ³	βɪ²	βɪ²
青浦新	huɪ¹	huɪ¹	uɪ¹	uɪ¹	uɪ⁵	uɪ⁵	ɦuɪ²	ɦuɪ²
莘庄	ɸi¹	ɸi¹		ue¹	ue¹	ue¹	βi²	βi²
闵行新	fi¹	fi¹	vi²	uɪ¹	vi²	vi²	vi²	vi²
川沙	ɸe¹	ɸe¹		βe¹	βe⁵	βe¹	βe²	ɦy²/βe²
川沙新	hue¹	hue¹	hue⁵	ue¹	ue⁵	ue⁵	ɦue⁶	ɦue⁶
高桥	ɸe³	ɸe¹		ue¹	βe⁶	βe⁶	βe⁶	βe⁶
三林	ɸe¹	ɸe¹		ue¹	ue⁵	ue⁵	βe²	βe²
周浦	ɸe¹	ɸe¹		ue¹	ue⁵	ue⁵	βe²	βe²
南汇	ɸe¹	ɸe¹		ue¹	ue⁵	ue⁵	βe²	βe²
南汇新	huei¹	huei¹	uei³	uei¹	uei⁵	uei⁵	ɦuei⁶	ɦuei⁶
嘉定	huɪ¹	huɪ¹		ɯɪ¹	ɯɪ⁵	uɪ⁵	ɦuɪ²	ɦuɪ²
嘉定新	huɪ¹	huɪ¹	ɦuɪ⁶	uɪ¹	ɦuɪ⁶	ɦuɪ⁶	ɦuɪ²	ɦuɪ²/i²
宝山	hue⁵	hue⁵	ue⁵	ue¹	ue⁵	ue⁵	ue⁶	ue⁶
宝山新	huE¹	huE¹	uE⁵	uE¹	uE⁵	uE⁵	uE⁵	uE⁵
崇明	huei¹	huei¹		uei¹	uei¹	ɦuei⁶	ɦuei²	ɦuei²/ɦii²
崇明新	xuei¹	xuei¹	vei⁶	vei¹	vei³	vei⁶	vei²	vei²
堡镇	huei¹	huei¹		uei¹	uei¹	ɦuei⁶	ɦuei²	ɦuei²/ɦii²
练塘	huɪ¹	ɸɪ¹		uɪ¹	uɪ¹	uɪ³	βɪ²	βɪ²

序号	984	985	986	987	988	989	990	991
字目	伟	苇	纬	胃	谓	蝟	汇汇集	褒
中古音的地位	止合三上尾云	止合三上尾云	止合三去未云	止合三去未云	止合三去未云	止合三去微云	止合三去未云	效开一平豪帮
市区	ɦuE^6	ɦuE^6	ɦuE^6	ɦuE^6	ɦuE^6		ɦuE^6	pɔ^1/pɔ^5
市区中	ɦuE^6	ɦuE^6	ɦuE^6	ɦuE^6	ɦuE^6	uE^5	uE^5	ɦuE^6
市区新	uE^5	uE^5	uE^5	uE^5	uE^5	uE^5	uE^5	uE^5
真如	ɦue^6	ɦue^2	ɦue^6	ɦue^6	ɦue^6		ɦue^6	ʔbɔ^3/ʔbɤ^3
江湾	βe^6	βe^6	βe^6	βe^6	βe^6		βe^6	ʔbɔ^1
松江	βe^4/ɦue^4	βe^4/ɦue^4	y^5/βe^6/ɦue^6	βe^6/ɦue^6	βe^6/ɦue^6		βe^6/ɦue^6	ʔbɯ^1
松江新	ɦue^6	ɦue^6	ɦue^6	vue^6	ɦue^6	ɦue^6	ɦue^6	pɔ^1
泗泾	βe^4	βe^4	y^5/βe^6	βe^6	βe^6		βe^6	ʔbɯ^1
奉贤	βe^2	βe^2	βe^6	βe^6	βe^6		βe^6	ʔbɯ^1
奉贤新	ue^3/ve^6	ue^3/ve^6	ue^3	ɦue^6	ɦue^6	ɦue^6	ɦue^2/ve^2	ʔbɔ^1
奉城	βe^2	βe^2	βe^6	βe^6	βe^6		βe^6	ʔbɯ^1
金山	ɦue^2	ɦue^2	ɦue^6	ɦue^6	ɦue^6		ɦue^6	ʔbɤ^1
金山新	ue^3	ve^3	ue^3	vi^6	vi^6	vi^6	ve^6/ɦue^6	pɔ^3
枫泾	vε^6	vε^2	vε^6	vε^6	vε^6		vε^6	pə^{1}①
青浦	βɿ^2	βɿ^6	βɿ^6	βɿ^6	βɿ^6		βɿ^6	ʔbɔ^3
青浦新	ɦuɿ^6	ɦuɿ^6	ɦuɿ^6	ɦuɿ^6	ɦuɿ^6	ɦuɿ^6	ɦuɿ^6	pɔ^1
莘庄	βi^2	βi^2	βi^2	βi^2	βi^2		βi^2	ʔbɔ^3
闵行新	vi^2	vi^2	vi^2	vi^2	vi^2	vi^2	vi^2	pɔ^1
川沙	βe^2	βe^2	ɦy^2/βe^2	βe^6	βe^6		βe^6	ʔbɤ^1
川沙新	ɦue^6	ɦue^6	ɦue^6	ue^5	ue^5		ue^5	ʔbɤ^1
高桥	βe^6	βe^6	βe^6	βe^6	βe^6		βe^6	ʔbɔ^3
三林	βe^2	βe^2	βe^6	βe^6	βe^6		βe^6	ʔbɔ^3
周浦	βe^2	βe^2	βe^6	βe^6	βe^6		βe^6	ʔbɔ^3
南汇	βe^2	βe^2	βe^6	βe^6	βe^6		βe^6	ʔbɔ^1
南汇新	ʋei^6	ʋei^6	ɦuei^6	ɦuei^6	ɦuei^6		ʋei^6	ʔbɔ^1
嘉定	ɦuɿ^6	ɦuɿ^6	ɦuɿ^2	ɦuɿ^6	ɦuɿ^6		ɦuɿ^6	pɔ^5
嘉定新	ɦuɿ^6	ɦuɿ^6	ɦuɿ^6	ɦuɿ^6	ɦuɿ^6	ɦuɿ^6	ɦuɿ^6	pɔ^1
宝山	ue^6	ue^6	ue^6	ue^6	ue^6		ue^6	pɔ^5
宝山新	ue^5	ue^5	ue^5	ue^5	ue^5	ue^5	ue^5	pɔ^5
崇明	ɦuei^6	ɦuei^6	ɦuei^6/ɦi^6	ɦuei^6	ɦuei^6		ɦuei^6	pɔ^3
崇明新	ʋei^6	ʋei^6	ʋei^6	ʋei^6	ʋei^6		ʋei^6	pou^3
堡镇	ɦuei^6	ɦuei^6	ɦuei^6/ɦi^6	ɦuei^6	ɦuei^6		ɦuei^6	pɔ^3
练塘	βɿ^2	βɿ^4	βɿ^6	βɿ^6			βɿ^6	pɔ^3

注：① 音系中不见该韵母。

序号	992	993	994	995	996	997	998	999
字目	宝	保	堡	报	袍	抱	暴粗暴	毛
中古音的地位	效开一上皓帮	效开一上皓帮	效开一上皓帮	效开一去号帮	效开一平豪並	效开一上皓並	效开一去号並	效开一平豪明
市区	pɔ⁵	pɔ⁵	pɔ⁵	pɔ⁵	bɔ⁶	bɔ⁶	bɔ⁶	mɔ⁶
市区中	ɦuE⁶	ɦuE⁶	ɦuE⁶	ɦuE⁶	ɦuE⁶	ɦuE⁶	bɔ⁶	mɔ⁶
市区新	uE⁵	uE⁵	uE⁵	uE⁵	uE⁵	uE⁵	bɔ⁶	mɔ⁶
真如	ʔbɔ³	ʔbɔ³	ʔbɔ³	ʔbɔ⁵	bɔ²	bɔ⁶	bɔ⁶	mɔ²
江湾	ʔbɔ⁵	ʔbɔ⁵	ʔbɔ⁵	ʔbɔ⁵	bɔ⁶	bɔ⁶	bɔ⁶	mɔ⁶
松江	ʔbɔ³	ʔbɔ³	ʔbɔ³	ʔbɔ⁵	bɔ²	bɔ⁴	bɔ⁶	mɔ²
松江新	pɔ³	pɔ³	pɔ³	pɔ⁵	bɔ²	bɔ⁶	bɔ⁶	mɔ²
泗泾	ʔbɔ³	ʔbɔ³	ʔbɔ³	ʔbɔ⁵	bɔ²	bɔ⁶	bɔ⁶	mɔ²
奉贤	ʔbɔ³	ʔbɔ³	ʔbɔ³	ʔbɔ⁵	bɔ²	bɔ⁶	bɔ⁶	mɔ²
奉贤新	ʔbɔ⁵	ʔbɔ⁵	ʔbɔ⁵	ʔbɔ¹	bɔ²	bɔ⁶	bɔ⁶	mɔ²
奉城	ʔbɔ³	ʔbɔ³	ʔbɔ³	ʔbɔ⁵	bɔ⁶	bɔ⁶	bɔ⁶	mɔ⁶
金山	ʔbɔ³	ʔbɔ³	ʔbɔ³	ʔbɔ⁵	bɔ²	bɔ⁶	bɔ⁶	mɔ²
金山新	pɔ³	pɔ³	pɔ³	pɔ⁵	bɔ⁶	bɔ⁶	bɔ⁶	mɔ⁶
枫泾	pɔ³	pɔ³	pɔ³	pɔ⁵	bɔ²	bɔ⁴	bɔ⁶	mɔ²
青浦	ʔbɔ³	ʔbɔ³	ʔbɔ³	ʔbɔ⁵	bɔ²	bɔ⁶	bɔ⁶	mɔ²
青浦新	pɔ³	pɔ³	pɔ³	pɔ⁵	bɔ⁶	bɔ⁶	bɔ⁶	mɔ⁶
莘庄	ʔbɔ³	ʔbɔ³	ʔbɔ³	ʔbɔ⁵	bɔ²	bɔ⁶	bɔ⁶	mɔ²
闵行新	pɔ³	pɔ³	pɔ³	pɔ⁵	bɔ²	bɔ²	bɔ⁶	mɔ²
川沙	ʔbɔ³	ʔbɔ³	ʔbɔ³	ʔbɔ⁵	bɔ⁶	bɔ⁶	bɔ⁶	mɔ⁶
川沙新	ʔbɔ⁵	ʔbɔ⁵	ʔbɔ⁵	ʔbɔ⁵	bɔ⁶	bɔ⁶	bɔ⁶	mɔ⁶
高桥	ʔbɔ³	ʔbɔ³	ʔbɔ³	ʔbɔ⁵	bɔ⁶	bɔ⁶	bɔ⁶	mɔ⁶
三林	ʔbɔ³	ʔbɔ³	ʔbɔ³	ʔbɔ⁵	bɔ²	bɔ⁶	bɔ⁶	mɔ²
周浦	ʔbɔ³	ʔbɔ³	ʔbɔ³	ʔbɔ⁵	bɔ²	bɔ⁶	bɔ⁶	mɔ²
南汇	ʔbɔ³	ʔbɔ³	ʔbɔ³	ʔbɔ⁵	bɔ²	bɔ⁶	bɔ⁶	mɔ²
南汇新	ʔbɔ⁵	ʔbɔ⁵	ʔbɔ⁵	ʔbɔ⁵	bɔ⁶	bɔ⁶	bɔ⁶	mɔ⁶
嘉定	pɔ⁵	pɔ⁵	pɔ⁵	pɔ⁵	bɔ²	bɔ⁶	bɔ⁶	mɔ²
嘉定新	pɔ⁵	pɔ⁵	pɔ⁵	pɔ⁵	bɔ⁶	bɔ⁶	bɔ⁶	mɔ⁶
宝山	pɔ⁵	pɔ⁵	pɔ⁵	pɔ⁵	pɔ²	pɔ²	pɔ⁵	mɔ²
宝山新	pɔ⁵	pɔ⁵	pɔ⁵	pɔ⁵	bɔ⁶	bɔ⁶	bɔ⁶	mɔ⁶
崇明	pɔ³	pɔ³	pɔ³/pu³	pɔ⁵	bɔ²	bɔ⁴	bɔ⁶	mɔ²
崇明新	pɔu³	pɔu³	pɔu³	pɔu⁵	bɔ²	bɔ⁶	bɔ⁶	mɔu²
堡镇	pɔ³	pɔ³	pɔ³/pu³	pɔ⁵	bɔ²	bɔ⁴	bɔ⁶	mɔ²
练塘	pɔ¹	pɔ¹	pɔ¹	pɔ⁵	bɔ²	bɔ⁴	bɔ⁶	mɔ²

序号	1000	1001	1002	1003	1004	1005	1006	1007
字目	冒	帽	刀	岛	捣	祷	倒倒塌	倒倒水
中古音的地位	效开一去号明	效开一去号明	效开一平豪端	效开一上皓端	效开一上皓端	效开一上皓端	效开一上皓端	效开一去号端
市区	mɔ⁶	mɔ⁶	tɔ¹	tɔ⁵			tɔ⁵	tɔ⁵
市区中	mɔ⁶	mɔ⁶	tɔ¹	tɔ⁵	tɔ⁵	tɔ⁵	tɔ⁵	tɔ⁵
市区新	mɔ⁶	mɔ⁶	tɔ¹	tɔ⁵	tɔ⁵	tɔ⁵	tɔ⁵	tɔ⁵
真如	mɔ⁶	mɔ⁶	ʔdɔ¹	ʔdɔ⁵			ʔdɔ³	ʔdɔ³
江湾	mɔ⁶	mɔ⁶	ʔdɔ¹	ʔdɔ⁵			ʔdɔ⁵	ʔdɔ⁵
松江	mɔ⁶	mɔ⁶	ʔdɔ¹	ʔdɔ⁵			ʔdɔ⁵	ʔdɔ⁵
松江新	mɔ⁶	mɔ⁶	tɔ¹	tɔ³	dɔ⁶	tɔ³	tɔ³	tɔ⁵
泗泾	mɔ⁶	mɔ⁶	ʔdɔ¹	ʔdɔ⁵			ʔdɔ⁵	ʔdɔ⁵
奉贤	mɔ⁶	mɔ⁶	ʔdɔ¹	ʔdɔ⁵			ʔdɔ⁵	ʔdɔ⁵
奉贤新	mɔ²	mɔ²	ʔdɔ³	ʔdɔ³	ʔdɔ³	ʔdɔ³	ʔdɔ³	ʔdɔ³
奉城	mɔ⁶	mɔ⁶	ʔdɔ¹	ʔdɔ⁵			ʔdɔ⁵	ʔdɔ⁵
金山	mɔ⁶	mɔ⁶	ʔdɔ¹	ʔdɔ⁵			ʔdɔ⁵	ʔdɔ⁵
金山新	mɔ⁶	mɔ⁶	tɔ¹	tɔ³	tɔ³	tɔ³	tɔ³	tɔ³
枫泾	mɔ⁶	mɔ⁶	tɔ¹	tɔ³			tɔ³	tɔ⁵
青浦	mɔ⁶	mɔ⁶	ʔdɔ¹	ʔdɔ⁵			ʔdɔ⁵	ʔdɔ⁵
青浦新	mɔ⁶	mɔ⁶	tɔ¹	tɔ³	tɔ³	tɔ³	tɔ³	tɔ³
莘庄	mɔ⁶	mɔ⁶	ʔdɔ¹	ʔdɔ⁵			ʔdɔ⁵	ʔdɔ⁵
闵行新	mɔ²	mɔ²	tɔ¹	tɔ³	tɔ³	tɔ³	tɔ³	tɔ³
川沙	mɔ⁶	mɔ⁶	ʔdɔ¹	ʔdɔ³			ʔdɔ³	ʔdɔ³
川沙新	mɔ⁵	mɔ⁵	ʔdɔ¹	ʔdɔ³	ʔdɔ⁵	ʔdɔ³	ʔdɔ³	ʔdɔ³
高桥	mɔ⁶	mɔ⁶	ʔdɔ¹	ʔdɔ⁵			ʔdɔ⁵	ʔdɔ⁵
三林	mɔ⁶	mɔ⁶	ʔdɔ¹	ʔdɔ⁵			ʔdɔ⁵	ʔdɔ⁵
周浦	mɔ⁶	mɔ⁶	ʔdɔ¹	ʔdɔ⁵			ʔdɔ⁵	ʔdɔ⁵
南汇	mɔ⁶	mɔ⁶	ʔdɔ¹	ʔdɔ⁵			ʔdɔ⁵	ʔdɔ⁵
南汇新	mɔ⁶	mɔ⁶	ʔdɔ¹	ʔdɔ³	ʔdɔ³	ʔdɔ³	ʔdɔ³	ʔdɔ³
嘉定	mɔ⁶	mɔ⁶	tɔ¹	tɔ⁵			tɔ⁵	tɔ⁵
嘉定新	mɔ⁶	mɔ⁶	tɔ¹	tɔ⁵	tɔ⁵	tɔ⁵	tɔ⁵	tɔ⁵
宝山	mɔ²	mɔ²	tɔ¹	tɔ⁵			tɔ⁵	tɔ⁵
宝山新	mɔ⁶	mɔ⁶	tɔ¹	tɔ⁵	dɔ⁶	tɔ⁵	tɔ⁵	tɔ⁵
崇明	mɔ⁶	mɔ⁶	tɔ¹	tɔ³			tɔ³	tɔ³
崇明新	mɔu⁶	mɔu⁶	tɔu¹	tɔu³	tɔu³	tɔu³	tɔu³	tɔu⁵
堡镇	mɔ⁶	mɔ⁶	tɔ¹	tɔ³			tɔ³	tɔ³
练塘	mɔ⁶	mɔ⁶	tɔ¹	tɔ¹			tɔ¹	tɔ⁵

序号	1008	1009	1010	1011	1012	1013	1014	1015
字目	到	滔	掏	讨	套	涛	桃	逃
中古音的地位	效开一去号端	效开一平豪透	效开一平豪透	效开一上皓透	效开一去号透	效开一平豪定	效开一平豪定	效开一平豪定
市区	tɔ⁵	tʰɔ¹	dɔ⁶	tʰɔ⁵	tʰɔ⁵		dɔ⁶	dɔ⁶
市区中	tɔ⁵	dɔ⁶	dɔ⁶	tʰɔ⁵	tʰɔ⁵	dɔ⁶	dɔ⁶	dɔ⁶
市区新	tɔ⁵	dɔ⁶	dɔ⁶	tʰɔ⁵	tʰɔ⁵	tʰɔ⁵	dɔ⁶	dɔ⁶
真如	ʔdɔ³	tʰɔ¹	dɔ⁶	tʰɔ³	tʰɔ⁵		dɔ²	dɔ²
江湾	ʔdɔ⁵	tʰɔ¹	tʰɔ¹	tʰɔ⁵	tʰɔ⁵		dɔ⁶	dɔ²
松江	ʔdɔ⁵	tʰɔ¹	dɔ²	tʰɔ³	tʰɔ⁵		dɔ²	dɔ²
松江新	tɔ⁵	dɔ²	tʰɔ¹	tʰɔ³	tʰɔ⁵	tʰɔ¹	dɔ²	dɔ²
泗泾	ʔdɔ⁵	tʰɔ¹	dɔ²	tʰɔ³	tʰɔ⁵		dɔ²	dɔ²
奉贤	ʔdɔ⁵	tʰɔ¹	tʰɔ¹/dɔ²	tʰɔ³	tʰɔ⁵		dɔ²	dɔ²
奉贤新	ʔdɔ³	dɔ²	dɔ²	tʰɔ³	tʰɔ⁵	tʰɔ¹	dɔ²	dɔ²
奉城	ʔdɔ⁵	tʰɔ¹	tʰɔ¹/dɔ²	tʰɔ³	tʰɔ⁵		dɔ²	dɔ²
金山	ʔdɔ⁵	tʰɔ¹	tʰɔ¹	tʰɔ³	tʰɔ⁵		dɔ²	dɔ²
金山新	tɔ³	tʰɔ¹	tʰɔ¹	tʰɔ³	tʰɔ⁵	tʰɔ¹	dɔ²	dɔ²
枫泾	tɔ⁵	tʰɔ¹	tʰɔ¹	tʰɔ³	tʰɔ⁵		dɔ²	dɔ²
青浦	ʔdɔ⁵	tʰɔ¹	dɔ²	tʰɔ³	tʰɔ⁵		dɔ²	dɔ²
青浦新	tɔ⁵	tʰɔ¹	tʰɔ¹	tʰɔ³	tʰɔ⁵	tʰɔ¹	dɔ²	dɔ²
莘庄	ʔdɔ⁵	tʰɔ¹	tʰɔ¹	tʰɔ³	tʰɔ⁵		dɔ²	dɔ²
闵行新	tɔ³	tʰɔ¹	tʰɔ¹	tʰɔ³	tʰɔ⁵	tʰɔ¹	dɔ²	dɔ²
川沙	ʔdɔ⁵	tʰɔ¹	tʰɔ¹	tʰɔ³	tʰɔ⁵		dɔ²	dɔ²
川沙新	ʔdɔ⁵	tʰɔ¹	tʰɔ¹	tʰɔ³	tʰɔ⁵		dɔ⁶	dɔ⁶
高桥	ʔdɔ⁵	tʰɔ¹	tʰɔ¹	tʰɔ³	tʰɔ⁵		dɔ⁶	dɔ⁶
三林	ʔdɔ⁵	tʰɔ¹	tʰɔ¹	tʰɔ³	tʰɔ⁵		dɔ²	dɔ²
周浦	ʔdɔ⁵	tʰɔ¹	tʰɔ¹	tʰɔ³	ʔdɔ⁵		dɔ²	dɔ²
南汇	ʔdɔ⁵	tʰɔ¹	tʰɔ¹	tʰɔ³	tʰɔ⁵		dɔ²	dɔ²
南汇新	ʔdɔ⁵	tʰɔ¹		tʰɔ³	tʰɔ⁵	tʰɔ¹	dɔ⁶	dɔ⁶
嘉定	tɔ⁵	tʰɔ¹	tʰɔ¹	tʰɔ³	tʰɔ⁵		tʰɔ⁵	tʰɔ⁵
嘉定新	tɔ⁵	dɔ²	dɔ²	tʰɔ¹	tʰɔ⁵	tʰɔ¹	dɔ²	dɔ²
宝山	tɔ⁵	dɔ⁶	dɔ⁶	tʰɔ³	tʰɔ⁵	tʰɔ¹	tɔ⁵	tɔ⁵
宝山新	tɔ⁵	dɔ⁶	tʰɔ¹	tʰɔ³	tʰɔ⁵	tʰɔ¹	tɔ⁵	tɔ⁵
崇明	tɔ⁵	tʰɔ¹	dɔ²	tʰɔ³	tʰɔ⁵		dɔ²	dɔ²
崇明新	tɔu⁵	tʰɔu¹	tʰɔu¹	tʰɔu³	tʰɔu⁵	dɔu²	dɔu²	dɔu²
堡镇	tɔ⁵	tʰɔ¹	dɔ²	tʰɔ³	tʰɔ⁵		dɔ²	dɔ²
练塘	tɔ⁵	tʰɔ¹	dɔ²	tʰɔ³	tʰɔ⁵		dɔ²	dɔ²

序号	1016	1017	1018	1019	1020	1021	1022	1023
字目	陶	萄	道	稻	导	盗	脑	恼
中古音的地位	效开一平豪定	效开一平豪定	效开一上皓定	效开一上皓定	效开一去号定	效开一去号定	效开一上皓泥	效开一上皓泥
市区	dɔ⁶		dɔ⁶	dɔ⁶	dɔ⁶	dɔ⁶	nɔ⁶	nɔ⁶
市区中	dɔ⁶	dɔ⁶	dɔ⁶	dɔ⁶	dɔ⁶	dɔ⁶	nɔ⁶	nɔ⁶
市区新	dɔ⁶	dɔ⁶	dɔ⁶	dɔ⁶	dɔ⁶	dɔ⁶	nɔ⁶	nɔ⁶
真如	dɔ²		dɔ⁶	dɔ⁶	dɔ⁶	dɔ⁶	nɔ⁶	nɔ⁶
江湾	dɔ⁶		dɔ⁶	dɔ⁶	dɔ⁶	dɔ⁶	nɔ⁶	nɔ⁶
松江	dɔ²		dɔ⁴	dɔ⁴	dɔ⁶	dɔ⁶	nɔ⁴	nɔ⁴
松江新	dɔ²	dɔ²	dɔ⁶	dɔ⁶	dɔ⁶	dɔ⁶	nɔ⁶	nɔ⁶
泗泾	dɔ²		dɔ⁶①	dɔ⁶	dɔ⁶	dɔ⁶	nɔ⁶	nɔ⁶
奉贤	dɔ²		dɔ⁶	dɔ⁶	dɔ⁶	dɔ⁶	nɔ⁶	nɔ⁶
奉贤新	dɔ²	dɔ²	dɔ⁶	dɔ⁶	ʔdɔ⁵	dɔ⁶	nɔ⁶	nɔ⁶
奉城	dɔ²		dɔ⁶	dɔ⁶	dɔ⁶	dɔ⁶	nɔ⁶	nɔ⁶
金山	dɔ²		dɔ⁶	dɔ⁶	dɔ⁶	dɔ⁶	nɔ⁶	nɔ⁶
金山新	dɔ²	dɔ²	dɔ⁶	dɔ⁶	tɔ³/dɔ⁶	dɔ⁶	nɔ⁶	nɔ⁶
枫泾	dɔ²		dɔ⁶	dɔ⁶	dɔ⁶	dɔ⁶	nɔ⁶	nɔ⁶
青浦	dɔ²		dɔ⁶	dɔ⁶	dɔ⁶	dɔ⁶	nɔ⁶	nɔ⁶
青浦新	dɔ²	dɔ²	dɔ⁶	dɔ⁶	dɔ⁶	dɔ⁶	nɔ³	nɔ³
莘庄	dɔ²		dɔ⁶	dɔ⁶	dɔ⁶	dɔ⁶	nɔ⁶	nɔ⁶
闵行新	dɔ²	dɔ²	dɔ²	dɔ²	dɔ²	dɔ²	nɔ²	nɔ²
川沙	dɔ²		dɔ²	dɔ²	dɔ²	dɔ²	nɔ²	nɔ²
川沙新	dɔ⁶	dɔ⁶	dɔ⁶	dɔ⁶	dɔ⁶	dɔ⁶	nɔ⁶	nɔ⁶
高桥	dɔ⁶		dɔ⁶	dɔ⁶	dɔ⁶	dɔ⁶	nɔ⁶	nɔ⁶
三林	dɔ²		dɔ⁶	dɔ⁶	dɔ⁶	dɔ⁶	nɔ²	nɔ²
周浦	dɔ²		dɔ⁶	dɔ⁶	dɔ⁶	dɔ⁶	nɔ⁶	nɔ⁶
南汇	dɔ²		dɔ⁶	dɔ⁶	dɔ⁶	dɔ⁶	nɔ⁶	nɔ⁶
南汇新	dɔ⁶	dɔ⁶	dɔ⁶	dɔ⁶	ʔdɔ³	dɔ⁶	nɔ⁶	
嘉定	dɔ⁶		dɔ⁶	dɔ⁶	dɔ⁶	dɔ⁶	nɔ⁶	nɔ⁶
嘉定新	dɔ²	dɔ²	dɔ⁶	dɔ⁶	dɔ⁶	dɔ⁶	nɔ⁶	nɔ⁶
宝山	tɔ²	tɔ²	tɔ²	tɔ²	tɔ²	dɔ⁶	nɔ⁶	nɔ⁶
宝山新	tɔ⁵	tɔ⁵	tɔ⁵	tɔ⁵	tɔ⁵	dɔ⁶	nɔ⁶	nɔ⁶
崇明	dɔ²		dɔ⁶	dɔ⁴	dɔ⁶	dɔ⁶	nɔ⁶	nɔ⁶
崇明新	dou²	dou²	dou⁶	dou⁶	dou⁶	dou⁶	nou⁶	nou⁶
堡镇	dɔ²		dɔ⁶	dɔ⁴	dɔ⁶	dɔ⁶	nɔ⁶	nɔ⁶
练塘	dɔ²		dɔ⁴	dɔ⁴	dɔ⁶	dɔ⁶	nɔ⁴	nɔ⁴

注：① 音系中无阳上调。

序号	1024	1025	1026	1027	1028	1029	1030	1031
字目	捞	劳劳动	牢	唠	老	涝	遭	糟
中古音的地位	效开一平豪来	效开一平豪来	效开一平豪来	效开一平豪来	效开一上皓来	效开一去号来	效开一平豪精	效开一平豪精
市区	lɔ¹	lɔ⁶	lɔ⁶		lɔ⁶	lɔ¹	tsɔ¹	zɔ⁶
市区 中	lɔ¹	lɔ⁶	lɔ⁶	lɔ⁶	lɔ⁶	lɔ¹	tsɔ¹	tsɔ¹
市区 新	lɔ¹	lɔ⁶	lɔ⁶	lɔ¹	lɔ⁶	lɔ⁶	tsɔ¹	tsɔ¹
真如	lɔ¹	lɔ²	lɔ²		lɔ⁶	lɔ¹	tsɔ¹	tsɔ¹
江湾	lɔ¹	lɔ⁶	lɔ⁶		lɔ⁶	lɔ⁶	tsɔ¹	tsɔ¹
松江	lɔ¹	lɔ²	lɔ²		lɔ⁴	lɔ⁶	tsɔ¹	tsɔ¹
松江 新	lɔ¹	lɔ²	lɔ²	lɔ¹	lɔ⁶	lɔ⁶	tsɔ¹	zɔ²
泗泾	lɔ¹	lɔ²	lɔ²		lɔ⁶	lɔ⁶	tsɔ¹	tsɔ¹
奉贤	lɔ¹	lɔ²	lɔ²		lɔ⁶	lɔ⁶	tsɔ¹	tsɔ¹
奉贤 新	ʔlɔ¹	lɔ²	lɔ²	lɔ²	lɔ⁶	ʔlɔ¹	tsɔ¹	zɔ²
奉城	lɔ¹	lɔ²	lɔ²		lɔ⁶	lɔ⁶	tsɔ¹	tsɔ¹
金山	lɔ¹	lɔ²	lɔ²		lɔ⁶	lɔ⁶	tsɔ¹	tsɔ¹
金山 新	lɔ¹	lɔ²	lɔ²	lɔ²	lɔ⁵	lɔ¹	tsɔ¹	zɔ²
枫泾	lɔ¹	lɔ²	lɔ²		lɔ⁴	lɔ⁶	tsɔ¹	tsɔ¹
青浦	lɔ¹	lɔ²	lɔ²		lɔ⁶	lɔ⁶	tsɔ¹	tsɔ¹
青浦 新	lɔ¹	lɔ²	lɔ²	lɔ¹	lɔ⁶	lɔ⁶	tsɔ¹	tsɔ¹
莘庄	lɔ¹	lɔ²	lɔ²		lɔ⁶	lɔ²	tsɔ¹	tsɔ¹
闵行 新	lɔ¹	lɔ²	lɔ²	lɔ¹	lɔ²	lɔ²	tsɔ¹	tsɔ¹
川沙	lɔ¹	lɔ²	lɔ²		lɔ²	lɔ²	tsɔ¹	tsɔ¹
川沙 新	lɔ¹	lɔ⁶	lɔ⁶		lɔ⁶	lɔ⁵	tsɔ¹	①
高桥	lɔ¹/liɔ²②	lɔ⁶	lɔ⁶		lɔ⁶	lɔ⁶	tsɔ¹	tsɔ¹
三林	lɔ¹	lɔ²	lɔ²		lɔ²	lɔ²	tsɔ¹	tsɔ¹
周浦	lɔ¹	lɔ²	lɔ²		lɔ⁶	lɔ⁶	tsɔ¹	tsɔ¹
南汇	lɔ¹	lɔ²	lɔ²		lɔ⁶	lɔ⁶	tsɔ¹	tsɔ¹
南汇 新	lɔ¹	lɔ⁶	lɔ⁶	lɔ¹	lɔ⁶	lɔ⁶	tsɔ¹	zɔ⁶
嘉定	lɔ¹/liɔ¹	lɔ²	lɔ²		lɔ⁶	lɔ⁶	tsɔ¹	tsɔ¹
嘉定 新	lɔ²	lɔ²	lɔ²	lɔ²	lɔ²	lɔ²	tsɔ¹	tsɔ¹
宝山	lɔ¹	lɔ²	lɔ²	lɔ²	lɔ⁶	lɔ⁵	tsɔ¹	tsɔ¹
宝山 新	lɔ¹	lɔ⁶	lɔ⁶	lɔ⁶	lɔ⁶	lɔ⁵	tsɔ¹	tsɔ¹
崇明	lɔ²/lɔ¹	lɔ²	lɔ²		lɔ⁴	lɔ²	tsɔ¹	tsɔ¹
崇明 新	lɔu¹	lɔu²	lɔu²	lɔu¹	lɔu⁶③	lɔu⁶	tsɔu¹	tsɔu¹
堡镇	lɔ²/lɔ¹	lɔ²	lɔ²		lɔ⁴	lɔ²	tsɔ¹	tsɔ¹
练塘	lɔ¹	lɔ²	lɔ²		lɔ⁴	lɔ⁶	tsɔ¹	tsɔ¹

注：①改为"糟"tsɔ¹。
②后一音应是"撩"的训读。
③"老人"读lɔu⁶。

序号	1032	1033	1034	1035	1036	1037	1038	1039
字目	早	枣	躁	灶	操操作	草	操节操	糙
中古音的地位	效开一上皓精	效开一上皓精	效开一去号精	效开一去号精	效开一平豪清	效开一上皓清	效开一平豪清	效开一去号清
市区	tsɔ⁵	tsɔ⁵		tsɔ⁵	tsʰɔ¹	tsʰɔ⁵	tsʰɔ¹	tsʰɔ⁵
市区中	tsɔ⁵	tsɔ⁵	tsʰɔ¹	tsɔ⁵	tsʰɔ¹	tsʰɔ⁵	tsʰɔ¹	tsʰɔ⁵
市区新	tsɔ⁵	tsɔ⁵	tsʰɔ¹	tsɔ⁵	tsʰɔ¹	tsʰɔ⁵	tsʰɔ¹	tsʰɔ¹
真如	tsɔ³	tsɔ³		tsɔ⁵	tsʰɔ¹	tsʰɔ³	tsʰɔ¹	tsʰɔ³
江湾	tsɔ⁵	tsɔ⁵		tsɔ⁵	tsʰɔ¹	tsʰɔ⁵	tsʰɔ¹	tsʰɔ⁵
松江	tsɔ³	tsɔ³		tsɔ⁵	tsʰɔ¹	tsʰɔ³	tsʰɔ¹	tsʰɔ³
松江新	tsɔ³	tsɔ³	tsʰɔ⁵	tsɔ⁵	tsʰɔ¹	tsʰɔ³	tsʰɔ¹	tsʰɔ³
泗泾	tsɔ³	tsɔ³		tsɔ⁵	tsʰɔ¹	tsʰɔ³	tsʰɔ¹	tsʰɔ³
奉贤	tsɔ³	tsɔ³		tsɔ⁵	tsʰɔ¹	tsʰɔ³	tsʰɔ¹	tsʰɔ³
奉贤新	tsɔ³	tsɔ³	tsɔ¹	tsɔ¹	tsʰɔ¹	tsʰɔ³	tsʰɔ¹	tsʰɔ¹
奉城	tsɔ³	tsɔ³		tsɔ⁵	tsʰɔ¹	tsʰɔ³	tsʰɔ¹	tsʰɔ³
金山	tsɔ³	tsɔ³		tsɔ⁵	tsʰɔ¹	tsʰɔ³	tsʰɔ¹	tsʰɔ³
金山新	tsɔ³	tsɔ³	tsɔ⁵/zɔ²	tsɔ⁵	tsʰɔ¹	tsʰɔ³	tsʰɔ¹	tsʰɔ³
枫泾	tsɔ³	tsɔ³		tsɔ⁵	tsʰɔ¹	tsʰɔ³	tsʰɔ¹	tsʰɔ³
青浦	tsɔ³	tsɔ³		tsɔ⁵	tsʰɔ¹	tsʰɔ³	tsʰɔ¹	tsʰɔ³
青浦新	tsɔ³	tsɔ³	tsʰɔ⁵	tsɔ⁵	tsʰɔ¹	tsʰɔ³	tsʰɔ¹	tsʰɔ³
莘庄	tsɔ³	tsɔ³		tsɔ⁵	tsʰɔ¹	tsʰɔ³	tsʰɔ¹	tsʰɔ³
闵行新	tsɔ³	tsɔ³	tsɔ³	tsɔ³	tsʰɔ¹	tsʰɔ³	tsʰɔ¹	tsʰɔ³
川沙	tsɔ³	tsɔ³		tsɔ⁵	tsʰɔ¹	tsʰɔ³		tsʰɔ³
川沙新	tsɔ³	tsɔ³		tsɔ⁵	tsʰɔ¹	tsʰɔ³		tsʰɔ³
高桥	tsɔ⁵	tsɔ⁵		tsɔ³	tsʰɔ¹	tsʰɔ⁵	tsʰɔ¹	tsʰɔ⁵
三林	tsɔ³	tsɔ³		tsɔ⁵	tsʰɔ¹	tsʰɔ³	tsʰɔ¹	tsʰɔ³
周浦	tsɔ³	tsɔ³		tsɔ⁵	tsʰɔ¹	tsʰɔ³	tsʰɔ¹	tsʰɔ³
南汇	tsɔ³	tsɔ³		tsɔ⁵	tsʰɔ¹	tsʰɔ³	tsʰɔ¹	tsʰɔ³
南汇新	tsɔ³	tsɔ³	tsɔ⁵	tsɔ⁵	tsʰɔ¹	tsʰɔ³	tsʰɔ¹	tsʰɔ¹
嘉定	tsɔ⁵	tsɔ⁵		tsɔ⁵	tsʰɔ¹	tsʰɔ⁵	tsʰɔ¹	tsʰɔ⁵
嘉定新	tsɔ⁵	tsɔ⁵	zɔ⁶	zɔ⁶	tsʰɔ¹	tsʰɔ⁵	tsʰɔ¹	tsʰɔ⁵
宝山	tsɔ⁵	tsɔ⁵		tsɔ⁵	tsʰɔ¹	tsʰɔ⁵	tsʰɔ¹	tsʰɔ⁵
宝山新	tsɔ⁵	tsɔ⁵		tsɔ⁵	tsʰɔ¹	tsʰɔ⁵	tsʰɔ¹	tsʰɔ¹
崇明	tsɔ³	tsɔ³		tsɔ⁵	tsʰɔ¹	tsʰɔ³	tsʰɔ¹	tsʰɔ³
崇明新	tsɔu³	tsɔu³	tsɔu⁵	tsɔu⁵	tsʰɔu¹	tsʰɔu³		tsʰɔu⁵
堡镇	tsɔ³	tsɔ³		tsɔ⁵	tsʰɔ¹	tsʰɔ³	tsʰɔ¹	tsʰɔ⁵
练塘	tsɔ¹	tsɔ¹		tsɔ⁵	tsʰɔ¹	tsʰɔ³	tsʰɔ¹	tsʰɔ⁵

序号	1040	1041	1042	1043	1044	1045	1046	1047
字目	曹	槽	皂	造造	骚	扫	嫂	燥
中古音的地位	效开一平豪从	效开一平豪从	效开一上皓从	效开一上皓从	效开一平豪心	效开一去号心	效开一上皓心	效开一去号心
市区	zɔ⁶	zɔ⁶	zɔ⁶	zɔ⁶	sɔ¹	sɔ⁵	sɔ⁵	
市区中	zɔ⁶	zɔ⁶	zɔ⁶	zɔ⁶	sɔ¹	sɔ⁵	sɔ⁵	sɔ⁵
市区新	zɔ⁶	zɔ⁶	zɔ⁶	zɔ⁶	sɔ¹	sɔ⁵	sɔ⁵	sɔ⁵/tsʰɔ⁵
真如	zɔ²	zɔ²	zɔ⁶	zɔ⁶	sɔ¹	sɔ³	sɔ³	
江湾	zɔ⁶	zɔ⁶	zɔ⁶	zɔ⁶	sɔ¹	sɔ⁵	sɔ⁵	
松江	zɔ²	zɔ²	zɔ⁴	zɔ⁴	sɔ¹	sɔ⁵	sɔ³	
松江新	zɔ²	zɔ²	zɔ⁶	zɔ⁶	sɔ¹	sɔ³	sɔ³	sɔ⁵
泗泾	zɔ²	zɔ²	zɔ⁶	zɔ⁶	sɔ¹	sɔ³	sɔ³	
奉贤	zɔ²	zɔ²	zɔ⁶	zɔ⁶	sɔ¹	sɔ³	sɔ³	
奉贤新	zɔ²	zɔ²	zɔ²	zɔ⁶	sɔ¹	sɔ³	sɔ³	zɔ⁵/sɔ⁵
奉城	zɔ²	zɔ²	zɔ⁶	zɔ⁶	sɔ¹	sɔ³	sɔ³	
金山	zɔ²	zɔ²	zɔ⁶	zɔ⁶	sɔ¹	sɔ³	sɔ³	
金山新	zɔ²	zɔ²	zɔ⁶	zɔ⁶	sɔ¹	sɔ³	sɔ³	sɔ⁵
枫泾	zɔ²	zɔ⁴	zɔ²	zɔ⁴	sɔ¹	sɔ³	sɔ³	
青浦	zɔ²	zɔ²	zɔ⁶	zɔ⁶	sɔ¹	sɔ³	sɔ³	
青浦新	zɔ²	zɔ²	zɔ⁶	zɔ⁶	sɔ¹	sɔ³	sɔ³	sɔ⁵
莘庄	zɔ²	zɔ²	zɔ²	zɔ⁶	sɔ¹	sɔ³	sɔ³	
闵行新	zɔ²	zɔ²	zɔ²	zɔ²	sɔ¹	sɔ³	sɔ³	
川沙	zɔ²	zɔ²	zɔ²	zɔ²	sɔ¹	sɔ³	sɔ³	
川沙新	zɔ⁶	zɔ⁶	zɔ⁶	zɔ⁶	sɔ¹	sɔ³	sɔ³	sɔ⁵
高桥	zɔ⁶	zɔ²	zɔ²	zɔ⁶	sɔ¹	sɔ³	sɔ³	
三林	zɔ²	zɔ²	zɔ²	zɔ⁶	sɔ¹	sɔ³	sɔ³	
周浦	zɔ²	zɔ²	zɔ⁶	zɔ⁶	sɔ¹	sɔ⁵	sɔ⁵	
南汇	zɔ²	zɔ²	zɔ²	zɔ²	sɔ¹	sɔ³	sɔ³	
南汇新		zɔ⁶	zɔ⁶	zɔ⁶	sɔ¹	sɔ³	sɔ³	sɔ⁵
嘉定	zɔ⁶	zɔ²	zɔ⁶	zɔ⁶	sɔ¹	sɔ⁵	sɔ⁵	
嘉定新	zɔ²	zɔ²	zɔ⁶	zɔ⁶	sɔ¹	sɔ⁵	sɔ⁵	dzɔ⁶
宝山	zɔ⁶	zɔ⁶	zɔ⁶	zɔ⁶	sɔ¹	sɔ⁵	sɔ⁵	tsʰɔ⁵
宝山新	zɔ⁶	zɔ⁶	zɔ⁶	zɔ⁶	sɔ¹	sɔ⁵	sɔ⁵	tsʰɔ⁵
崇明	zɔ²	zɔ²	zɔ⁶	zɔ⁴	sɔ¹	sɔ³	sɔ⁵	
崇明新	zɔu²	zɔu²	zɔu⁶	zɔu⁶	sɔu¹	sɔu³①	sɔu³	
堡镇	zɔ²	zɔ²	zɔ⁶	zɔ⁴	sɔ¹	sɔ³	sɔ⁵	
练塘	zɔ²	zɔ²	zɔ⁴	zɔ⁴	sɔ¹	sɔ⁵	sɔ¹	

注：① "扫帚"读sɔu⁵。

序号	1048	1049	1050	1051	1052	1053	1054	1055
字目	高	膏牙膏	糕	羔	稿	告	考	烤
中古音的地位	效开一平豪见	效开一平豪见	效开一平豪见	效开一平豪见	效开一上皓见	效开一去号见	效开一上皓溪	效开一上皓溪
市区	kɔ¹	kɔ¹	kɔ¹	kɔ¹	kɔ⁵	kɔ¹/kɔ⁵	kʰɔ⁵	kʰɔ⁵
市区中	kɔ¹	kɔ¹	kɔ¹	kɔ¹	kɔ⁵	kɔ⁵	kʰɔ⁵	kʰɔ⁵
市区新	kɔ¹	kɔ¹	kɔ¹	kɔ¹	kɔ⁵	kɔ⁵/kɔ¹	kʰɔ⁵	kʰɔ⁵
真如	kɔ¹	kɔ¹	kɔ¹	kɔ¹	kɔ³	kɔ⁵	kʰɔ³	kʰɔ³
江湾	kɔ¹	kɔ¹	kɔ¹	kɔ¹	kɔ⁵	kɔ⁵	kʰɔ⁵	kʰɔ⁵
松江	kɔ¹	kɔ¹	kɔ¹	kɔ¹	kɔ³	kɔ⁵	kʰɔ³	kʰɔ³
松江新	kɔ¹	kɔ¹	kɔ¹	kɔ¹	kɔ³	kɔ⁵	kʰɔ³	kʰɔ³
泗泾	kɔ¹	kɔ¹	kɔ¹	kɔ¹	kɔ³	kɔ⁵	kʰɔ³	kʰɔ³
奉贤	kɔ¹	kɔ¹	kɔ¹	kɔ¹	kɔ³	kɔ⁵	kʰɔ³	kʰɔ³
奉贤新	kɔ¹	kɔ¹	kɔ¹	kɔ¹	kɔ³	kɔ⁵	kʰɔ³	kʰɔ³
奉城	kɔ¹	kɔ¹	kɔ¹	kɔ¹	kɔ³	kɔ⁵	kʰɔ³	kʰɔ³
金山	kɔ¹	kɔ¹	kɔ¹	kɔ¹	kɔ³	kɔ⁵	kʰɔ³	kʰɔ³
金山新	kɔ¹	kɔ¹	kɔ¹	kɔ¹	kɔ³	kɔ⁵	kʰɔ³	kʰɔ³
枫泾	kɔ¹	kɔ¹	kɔ¹	kɔ¹	kɔ³	kɔ⁵	kʰɔ⁵	kʰɔ³
青浦	kɔ¹	kɔ¹	kɔ¹	kɔ¹	kɔ³	kɔ⁵	kʰɔ⁵	kʰɔ³
青浦新	kɔ¹	kɔ¹	kɔ¹	kɔ¹	kɔ³	kɔ⁵	kʰɔ³	kʰɔ³
莘庄	kɔ¹	kɔ¹	kɔ¹	kɔ¹	kɔ³	kɔ⁵	kʰɔ⁵	kʰɔ³
闵行新	kɔ¹	kɔ¹	kɔ¹	kɔ¹	gɔ²	kɔ⁵	kʰɔ⁵	kʰɔ³
川沙	kɔ¹	kɔ¹	kɔ¹	kɔ¹	kɔ³	kɔ⁵	kʰɔ³	kʰɔ³
川沙新	kɔ¹	kɔ¹	kɔ¹			kɔ⁵	kʰɔ³	kʰɔ³
高桥	kɔ¹	kɔ¹	kɔ¹	kɔ¹	kɔ⁵	kɔ¹	kʰɔ⁵	kʰɔ¹
三林	kɔ¹	kɔ¹	kɔ¹	kɔ¹	kɔ³	kɔ⁵	kʰɔ³	kʰɔ³
周浦	kɔ¹	kɔ¹	kɔ¹	kɔ¹	kɔ³	kɔ⁵	kʰɔ³	kʰɔ³
南汇	kɔ¹	kɔ¹	kɔ¹	kɔ¹	kɔ³	kɔ⁵	kʰɔ³	kʰɔ³
南汇新	kɔ¹	kɔ¹	kɔ¹	kɔ¹	kɔ³	kɔ⁵	kʰɔ³	kʰɔ³
嘉定	kɔ¹	kɔ¹	kɔ¹	kɔ¹	kɔ⁵	kɔ⁵	kʰɔ⁵	kʰɔ⁵
嘉定新	kɔ¹	kɔ¹	kɔ¹	kɔ¹	kɔ⁵	kɔ⁵	kʰɔ⁵	kʰɔ⁵
宝山	kɔ¹	kɔ¹	kɔ¹	kɔ¹	kɔ⁵	kɔ⁵	kʰɔ⁵	kʰɔ⁵
宝山新	kɔ¹	kɔ¹	kɔ¹	kɔ¹	kɔ⁵	kɔ⁵	kʰɔ⁵	kʰɔ⁵
崇明	kɔ¹	kɔ¹	kɔ¹	kɔ¹	kɔ³	kɔ⁵	kʰɔ³	kʰɔ³
崇明新	kɔu¹	kɔu¹	kɔu¹	kɔu¹	kɔu³	kɔu⁵	kʰɔu³	kʰɔu³
堡镇	kɔ¹	kɔ¹	kɔ¹	kɔ¹	kɔ³	kɔ⁵	kʰɔ³	kʰɔ³
练塘	kɔ¹	kɔ¹	kɔ¹	kɔ¹	kɔ¹	kʰɔ⁵	kʰɔ³	kʰɔ³

序号	1056	1057	1058	1059	1060	1061	1062	1063
字目	靠	熬煎熬	傲	好好坏	好喜好	耗	豪	毫
中古音的地位	效开一去号溪	效开一平豪疑	效开一去号疑	效开一上皓晓	效开一去号晓	效开二去效明	效开一平豪匣	效开一平豪匣
市区	$k^h\mathfrak{o}^5$	$\eta\mathfrak{o}^6$	$\eta\mathfrak{o}^6$	$h\mathfrak{o}^5$	$h\mathfrak{o}^5$		$ɦ\mathfrak{o}^6$	$ɦ\mathfrak{o}^6$
市区中	$k^h\mathfrak{o}^5$	$\eta\mathfrak{o}^6$	$\eta\mathfrak{o}^6$	$h\mathfrak{o}^5$	$h\mathfrak{o}^5$	$h\mathfrak{o}^5$	$ɦ\mathfrak{o}^6$	$ɦ\mathfrak{o}^6$
市区新	$k^h\mathfrak{o}^5$	$\eta\mathfrak{o}^6$	$\eta\mathfrak{o}^6$	$h\mathfrak{o}^5$	$h\mathfrak{o}^5$	$h\mathfrak{o}^5$	$ɦ\mathfrak{o}^6$	$ɦ\mathfrak{o}^6$
真如	$k^h\mathfrak{o}^5$	$\eta\mathfrak{o}^2$	$\eta\mathfrak{o}^6$	$h\mathfrak{o}^3$	$h\mathfrak{o}^3$		$ɦ\mathfrak{o}^2$	$ɦ\mathfrak{o}^2$
江湾	$k^h\mathfrak{o}^5$	$\eta\mathfrak{o}^6$	$\eta\mathfrak{o}^6$	$h\mathfrak{o}^5$	$h\mathfrak{o}^5$		$ɦ\mathfrak{o}^6$	$ɦ\mathfrak{o}^6$
松江	$k^h\mathfrak{o}^5$	$\eta\mathfrak{o}^2$	$\eta\mathfrak{o}^6$	$h\mathfrak{o}^3$	$h\mathfrak{o}^5$		$ɦ\mathfrak{o}^2$	$ɦ\mathfrak{o}^2$
松江新	$k^h\mathfrak{o}^5$	$\eta\mathfrak{o}^2$	$\eta\mathfrak{o}^6$	$h\mathfrak{o}^3$	$h\mathfrak{o}^5$	$h\mathfrak{o}^5$	$ɦ\mathfrak{o}^2$	$ɦ\mathfrak{o}^2$
泗泾	$k^h\mathfrak{o}^5$	$\eta\mathfrak{o}^2$	$\eta\mathfrak{o}^6$	$h\mathfrak{o}^3$	$h\mathfrak{o}^5$		$ɦ\mathfrak{o}^2$	$ɦ\mathfrak{o}^2$
奉贤	$k^h\mathfrak{o}^5$	$\eta\mathfrak{o}^2$	$\eta\mathfrak{o}^2$	$h\mathfrak{o}^3$	$h\mathfrak{o}^3$		$ɦ\mathfrak{o}^2$	$ɦ\mathfrak{o}^2$
奉贤新	$k^h\mathfrak{o}^5$	$\eta\mathfrak{o}^2$	$\eta\mathfrak{o}^6$	$h\mathfrak{o}^3$	$h\mathfrak{o}^5$	$h\mathfrak{o}^3$	$ɦ\mathfrak{o}^2$	$ɦ\mathfrak{o}^2$
奉城	$k^h\mathfrak{o}^5$	$\eta\mathfrak{o}^2$	$\eta\mathfrak{o}^6$	$h\mathfrak{o}^3$	$h\mathfrak{o}^3$		$ɦ\mathfrak{o}^2$	$ɦ\mathfrak{o}^2$
金山	$k^h\mathfrak{o}^5$	$\eta\mathfrak{o}^2$	$\eta\mathfrak{o}^6$	$h\mathfrak{o}^3$	$h\mathfrak{o}^3$		$ɦ\mathfrak{o}^2$	$ɦ\mathfrak{o}^2$
金山新	$k^h\mathfrak{o}^5$	$\eta\mathfrak{o}^2$	$\eta\mathfrak{o}^2/\mathfrak{o}^5$	$h\mathfrak{o}^3$	$h\mathfrak{o}^3$	$h\mathfrak{o}^2$	$ɦ\mathfrak{o}^2$	$ɦ\mathfrak{o}^2$
枫泾	$k^h\mathfrak{o}^5$	$\eta\mathfrak{o}^2$	$\eta\mathfrak{o}^6$	$h\mathfrak{o}^3$	$h\mathfrak{o}^3$		$ɦ\mathfrak{o}^2$	$ɦ\mathfrak{o}^2$
青浦	$k^h\mathfrak{o}^5$	$\eta\mathfrak{o}^2$	$\eta\mathfrak{o}^6$	$h\mathfrak{o}^3$	$h\mathfrak{o}^3$		$ɦ\mathfrak{o}^2$	$ɦ\mathfrak{o}^2$
青浦新	$k^h\mathfrak{o}^5$	$\eta\mathfrak{o}^2$	$\eta\mathfrak{o}^6$	$h\mathfrak{o}^3$	$h\mathfrak{o}^5$	$h\mathfrak{o}^5$	$ɦ\mathfrak{o}^2$	$ɦ\mathfrak{o}^2$
莘庄	$k^h\mathfrak{o}^5$	$\eta\mathfrak{o}^2$	$\eta\mathfrak{o}^6$	$h\mathfrak{o}^3$	$h\mathfrak{o}^3$		$ɦ\mathfrak{o}^2$	$ɦ\mathfrak{o}^2$
闵行新	$k^h\mathfrak{o}^5$	$\eta\mathfrak{o}^2$	$\eta\mathfrak{o}^2$	$h\mathfrak{o}^3$		$h\mathfrak{o}^3$	$\mathfrak{o}^2$	$\mathfrak{o}^2$
川沙	$k^h\mathfrak{o}^5$	$\eta\mathfrak{o}^2$	$\eta\mathfrak{o}^2$	$h\mathfrak{o}^3$	$h\mathfrak{o}^3$		$ɦ\mathfrak{o}^2$	$ɦ\mathfrak{o}^2$
川沙新	$k^h\mathfrak{o}^5$		$\mathfrak{o}^5$	$h\mathfrak{o}^3$	$h\mathfrak{o}^5$		$ɦ\mathfrak{o}^6$	$ɦ\mathfrak{o}^6$
高桥	$k^h\mathfrak{o}^5$	$\eta\mathfrak{o}^6$	$\eta\mathfrak{o}^6$	$h\mathfrak{o}^3$	$h\mathfrak{o}^3$		$ɦ\mathfrak{o}^6$	$ɦ\mathfrak{o}^6$
三林	$k^h\mathfrak{o}^5$	$\eta\mathfrak{o}^2$	$\eta\mathfrak{o}^6$	$h\mathfrak{o}^3$	$h\mathfrak{o}^3$		$ɦ\mathfrak{o}^2$	$ɦ\mathfrak{o}^2$
周浦	$k^h\mathfrak{o}^5$	$\eta\mathfrak{o}^2$	$\eta\mathfrak{o}^6$	$h\mathfrak{o}^3$	$h\mathfrak{o}^3$		$ɦ\mathfrak{o}^2$	$ɦ\mathfrak{o}^2$
南汇	$k^h\mathfrak{o}^5$	$\eta\mathfrak{o}^2$	$\eta\mathfrak{o}^6$	$h\mathfrak{o}^3$	$h\mathfrak{o}^3$		$ɦ\mathfrak{o}^2$	$ɦ\mathfrak{o}^2$
南汇新	$k^h\mathfrak{o}^5$	$\eta\mathfrak{o}^6$	$\eta\mathfrak{o}^6$	$h\mathfrak{o}^3$	$h\mathfrak{o}^5$	$h\mathfrak{o}^5$	$ɦ\mathfrak{o}^6$	$ɦ\mathfrak{o}^6$
嘉定	$k^h\mathfrak{o}^5$	$\eta\mathfrak{o}^2$	$\eta\mathfrak{o}^6$	$h\mathfrak{o}^5$	$h\mathfrak{o}^5$		$ɦ\mathfrak{o}^2$	$ɦ\mathfrak{o}^2$
嘉定新	$k^h\mathfrak{o}^5$	$\eta\mathfrak{o}^2$	$\eta\mathfrak{o}^6$	$h\mathfrak{o}^5$	$h\mathfrak{o}^5$	$h\mathfrak{o}^5$	$ɦ\mathfrak{o}^6$	$ɦ\mathfrak{o}^6$
宝山	$k^h\mathfrak{o}^5$	$\eta\mathfrak{o}^6$	$\eta\mathfrak{o}^6$	$h\mathfrak{o}^5$	$h\mathfrak{o}^5$	$h\mathfrak{o}^6$	$ɦ\mathfrak{o}^6$	$ɦ\mathfrak{o}^6$
宝山新	$k^h\mathfrak{o}^5$	$\eta\mathfrak{o}^6$	$\mathfrak{o}^5$	$h\mathfrak{o}^5$	$h\mathfrak{o}^5$	$h\mathfrak{o}^5$	$ɦ\mathfrak{o}^6$	$ɦ\mathfrak{o}^6$
崇明	$k^h\mathfrak{o}^5$	$\eta\mathfrak{o}^2$	$\mathfrak{o}^6$	$h\mathfrak{o}^3$	$h\mathfrak{o}^3$		$ɦɦ\mathfrak{o}^2$	$ɦɦ\mathfrak{o}^2$
崇明新	k^hou^5	ηou^2	$\mathfrak{o}^6$	xou^3	xou^3	hou^6	hou^2	hou^2
堡镇	$k^h\mathfrak{o}^5$	$\eta\mathfrak{o}^2$	$\eta\mathfrak{o}^6$	$h\mathfrak{o}^3$	$h\mathfrak{o}^3$		$ɦɦ\mathfrak{o}^2$	$ɦɦ\mathfrak{o}^2$
练塘	$k^h\mathfrak{o}^5$	$\eta\mathfrak{o}^2$	$\eta\mathfrak{o}^6$	$h\mathfrak{o}^1$	$h\mathfrak{o}^1$		$ɦ\mathfrak{o}^2$	$ɦ\mathfrak{o}^2$

序号	1064	1065	1066	1067	1068	1069	1070	1071
字目	号号码	袄	懊	奥	包	胞	饱	豹
中古音的地位	效开一去号匣	效开一上皓影	效开一去号影	效开一去号影	效开二平肴帮	效开二平肴帮	效开二上巧帮	效开二去效帮
市区	ɦɔ⁶	ɔ⁵	ɔ¹	ɔ⁵	pɔ¹	pɔ¹	pɔ⁵	pɔ⁵
市区中	ɦɔ⁶	ɔ⁵	ɔ⁵	ɔ⁵	pɔ¹	pɔ¹	pɔ⁵	bɔ⁶
市区新	ɦɔ⁶	ɦɔ⁶	ɔ⁵	ɔ⁵	pɔ¹	pɔ¹	pɔ⁵	bɔ⁶
真如	ɦɔ²	ɔ³	ɔ¹	ɔ³	ʔbɔ¹	ʔbɔ¹	ʔbɔ³	ʔbɔ³
江湾	ɦɔ⁶	ɔ⁵	ɔ⁵	ɔ⁵	ʔbɔ¹	ʔbɔ¹	ʔbɔ³	ʔbɔ⁵
松江	ɦɔ⁶	ɔ³	ɔ⁵	ɔ⁵	ʔbɔ¹	ʔbɔ¹	ʔbɔ³	ʔbɔ⁵
松江新	ɦɔ⁶	ŋɔ⁶	ɔ³	ɔ³	pɔ¹	pɔ¹	pɔ³	pɔ⁵
泗泾	ɦɔ⁶	ɔ³	ɔ⁵	ɔ⁵	ʔbɔ¹	ʔbɔ¹	ʔbɔ³	ʔbɔ⁵
奉贤	ɦɔ⁶	ɔ³	ɔ³	ɔ³	ʔbɔ¹	ʔbɔ¹	ʔbɔ³	ʔbɔ⁵
奉贤新	ɦɔ²	ɦɔ²	ɔ¹	ɔ¹	ʔbɔ¹	ʔbɔ¹	ʔbɔ³	ʔbɔ⁵
奉城	ɦɔ⁶	ɔ⁵	ɔ⁵	ɔ⁵	ʔbɔ¹	ʔbɔ¹	ʔbɔ³	ʔbɔ⁵
金山	ɦɔ⁶	ɔ¹	ɔ³	ɔ⁵	ʔbɔ¹	ʔbɔ¹	ʔbɔ³	ʔbɔ⁵
金山新	ɦɔ⁶	ɔ³	ɔ³	ɔ⁵	pɔ¹	pɔ¹	pɔ³	pɔ⁵
枫泾	ɦɔ⁶	ɔ³	ɔ³	ɔ³	pɔ¹	pɔ¹	pɔ³	pɔ⁵
青浦	ɦɔ⁶	ɔ⁵	ɔ⁵	ɔ⁵	ʔbɔ¹	ʔbɔ¹	ʔbɔ³	ʔbɔ⁵
青浦新	ɦɔ⁶	ɔ³	ɔ⁵	ɔ⁵	pɔ¹	pɔ¹	pɔ³	pɔ⁵
莘庄	ɦɔ⁶	ɔ¹	ɔ³	ɔ³	ʔbɔ¹	ʔbɔ¹	ʔbɔ³	ʔbɔ⁵
闵行新	ɔ²	ɔ²	ɔ⁵	ɔ⁵	pɔ¹	pɔ¹	pɔ³	pɔ⁵
川沙	ɦɔ⁶	ɔ³	ɔ³	ɔ⁵	ʔbɔ¹	ʔbɔ¹	ʔbɔ³	ʔbɔ⁵
川沙新	ɦɔ⁶	ɔ³	ɔ⁵	ɔ⁵	ʔbɔ¹	ʔbɔ¹	ʔbɔ³	ʔbɔ⁵
高桥	ɦɔ⁶	ɦɔ⁶	ɔ¹	ɔ¹	ʔbɔ¹	ʔbɔ¹	ʔbɔ³	ʔbɔ³
三林	ɦɔ⁶	ɔ¹	ɔ¹	ɔ¹	ʔbɔ¹	ʔbɔ¹	ʔbɔ³	ʔbɔ³
周浦	ɦɔ⁶	ɔ³	ɔ⁵	ɔ⁵	ʔbɔ¹	ʔbɔ¹	ʔbɔ³	ʔbɔ⁵
南汇	ɦɔ⁶	ɔ³	ɔ⁵	ɔ⁵	ʔbɔ¹	ʔbɔ¹	ʔbɔ³	ʔbɔ⁵
南汇新	ɦɔ⁶	ɔ¹	ɔ⁵	ɔ⁵	ʔbɔ¹	ʔbɔ¹	ʔbɔ³	ʔbɔ⁵
嘉定	ɦɔ⁶	ɔ⁵	ɔ⁵	ɔ⁵	pɔ¹	pɔ¹	pɔ³	pɔ⁵
嘉定新	ɦɔ⁶	ɔ⁵	ɔ⁵	ɔ⁵	pɔ¹	pɔ¹	pɔ³	pɔ⁵
宝山	ɦɔ⁶	ɦɔ⁶	ɦɔ⁶	ɦɔ⁶	pɔ¹	pɔ¹	pɔ³	pɔ⁵
宝山新	ɦɔ⁶	ɦɔ⁶	ɦɔ⁶	ɦɔ⁶	pɔ¹	pɔ¹	pɔ³	pɔ⁵
崇明	hɦɔ⁶	ɔ⁵	ɔ⁵	ɔ⁵	pɔ¹	pɔ¹	pɔ³	pɔ⁵
崇明新	hou⁶	ɔ⁵	ɔ⁵	ɔ⁵	pou¹	pou¹	pou³	pou⁵
堡镇	hɦɔ⁶	ɔ⁵	ɔ⁵	ɔ⁵	pɔ¹	pɔ¹	pɔ³	pɔ⁵
练塘	ɦɔ⁶	ɔ¹	ɔ⁵	ɔ⁵	pɔ¹	pɔ¹	pɔ¹	pɔ⁵

序号	1072	1073	1074	1075	1076	1077	1078	1079
字目	爆	抛	泡水泡	泡浸泡	炮枪炮	跑奔跑	鲍姓	刨刨子
中古音的地位	效开二去效帮	效开二平肴滂	效开二平肴滂	效开二平肴滂	效开二去效滂	效开二平肴並	效开二上巧並	效开二平肴並
市区	pɔ⁵	pʰɔ¹	pʰɔ⁵	pʰɔ⁵	pʰɔ⁵	bɔ⁶	bɔ⁶	bɔ⁶
市区中	bɔ⁶	pʰɔ⁵	pʰɔ⁵	pʰɔ⁵	pʰɔ⁵	bɔ⁶	bɔ⁶	bɔ⁶
市区新	bɔ⁶	pʰɔ⁵	pʰɔ¹	pʰɔ⁵	pʰɔ⁵	bɔ⁶	bɔ⁶	bɔ⁶
真如	ʔbɔ⁵	pʰɔ¹	pʰɔ¹	pʰɔ¹	pʰɔ⁵	bɔ²	ʔbɔ¹/bɔ⁶	bɔ⁶
江湾	bɔ⁶/ʔbɔ⁵	pʰɔ¹	pʰɔ⁵	pʰɔ⁵	pʰɔ⁵	bɔ⁶	bɔ⁶	bɔ⁶
松江	ʔbɔ⁵	pʰɔ¹	pʰɔ¹	pʰɔ¹	pʰɔ⁵	bɔ²	bɔ⁴	bɔ⁶
松江新	pɔ⁵	pʰɔ¹	pʰɔ¹	pʰɔ¹	pʰɔ⁵	bɔ⁶	bɔ⁶	bɔ⁶
泗泾	ʔbɔ⁵	pʰɔ¹	pʰɔ¹	pʰɔ¹	pʰɔ⁵	bɔ⁶	bɔ⁶	bɔ⁶
奉贤	ʔbɔ⁵/bɔ⁶	pʰɔ¹	pʰɔ¹	pʰɔ¹	pʰɔ⁵	bɔ²	bɔ⁶	bɔ⁶
奉贤新	ʔbɔ⁵	pʰɔ¹	pʰɔ⁵	pʰɔ⁵	pʰɔ⁵	bɔ⁶	bɔ⁶	bɔ²
奉城	ʔbɔ⁵/bɔ⁶	pʰɔ¹	pʰɔ¹	pʰɔ¹	pʰɔ⁵	bɔ²	bɔ²	bɔ⁶
金山	ʔbɔ⁵	pʰɔ¹	pʰɔ¹	pʰɔ¹	pʰɔ⁵	bɔ⁶		bɔ⁶
金山新	pɔ⁵	pʰɔ¹	pʰɔ³	pʰɔ¹	pʰɔ⁵	bɔ⁶	bɔ⁶	bɔ⁶
枫泾	pɔ⁵	pʰɔ¹	pʰɔ¹	pʰɔ¹	pʰɔ⁵	bɔ⁶	bɔ⁶	bɔ⁶
青浦	ʔbɔ⁵	pʰɔ¹	pʰɔ¹	pʰɔ¹	pʰɔ⁵	bɔ⁶	bɔ⁶	bɔ²
青浦新	bɔ⁶	pʰɔ¹	pʰɔ⁵	pʰɔ⁵	pʰɔ⁵	bɔ⁶	bɔ⁶	bɔ⁶
莘庄	bɔ⁶/pʰɔ⁵	pʰɔ¹	pʰɔ⁵	pʰɔ⁵	pʰɔ⁵	bɔ⁶	bɔ⁶	bɔ⁶
闵行新	pɔ⁵	pʰɔ¹	pʰɔ⁵	pʰɔ⁵	pʰɔ⁵	bɔ⁶	bɔ²	bɔ²
川沙	bɔ⁶	pʰɔ¹	pʰɔ¹	pʰɔ¹	pʰɔ⁵	bɔ⁶	bɔ²	bɔ²
川沙新	ʔbɔ⁵		pʰɔ⁵	pʰɔ⁵	pʰɔ⁵	bɔ⁶	ʔbɔ⁵	bɔ⁶
高桥	bɔ⁶	pʰɔ¹	pʰɔ¹	pʰɔ¹	pʰɔ⁵	bɔ⁶	bɔ⁶	bɔ⁶
三林	bɔ⁶	pʰɔ¹	pʰɔ¹	pʰɔ¹	pʰɔ⁵	bɔ⁶	bɔ²	bɔ²
周浦	ʔbɔ⁵	pʰɔ¹	pʰɔ¹	pʰɔ¹	pʰɔ⁵	bɔ²	bɔ²	bɔ²
南汇	ʔbɔ⁵	pʰɔ¹	pʰɔ¹	pʰɔ¹	pʰɔ⁵	bɔ⁶	bɔ⁶	bɔ⁶
南汇新	ʔbɔ⁵	pʰɔ¹	pʰɔ⁵	pʰɔ⁵	pʰɔ⁵	bɔ⁶	bɔ⁶	bɔ²
嘉定	pɔ⁵	pʰɔ¹	pʰɔ¹	pʰɔ¹	pʰɔ⁵	bɔ⁶	bɔ⁶	bɔ²
嘉定新	pɔ⁵	pʰɔ¹	pʰɔ⁵	pʰɔ⁵	pʰɔ⁵	bɔ⁷	pɔ¹	pɔ⁵
宝山	pɔ⁵	pʰɔ¹	pʰɔ¹	pʰɔ¹	pʰɔ⁵	bɔ⁶	bɔ⁶	bɔ⁶
宝山新	pɔ⁵	pʰɔ¹	pʰɔ¹	pʰɔ¹	pʰɔ⁵	bɔ⁶	bɔ⁶	bɔ⁶
崇明	pɔ⁵	pʰɔ¹	pʰɔ¹	pʰɔ¹	pʰɔ⁵	bɔ²	bɔ⁶	bɔ⁶
崇明新	bɔ⁶	pʰɔu¹	pʰɔu⁵	pʰɔu⁵	pʰɔu⁵	bɔ²	pɔu¹①	bɔ⁶
堡镇	pɔ⁵	pʰɔ¹	pʰɔ¹	pʰɔ¹	pʰɔ⁵	bɔ²	bɔ⁴	bɔ⁶
练塘	pɔ⁵	pʰɔ¹	pʰɔ¹	pʰɔ¹	pʰɔ⁵	bɔ²	bɔ⁴	bɔ⁶

注：①"鲍鱼"中读bɔu⁶。

序号	1080	1081	1082	1083	1084	1085	1086	1087
字目	猫	茅	[锚]	卯	貌	挠阻挠	闹	罩
中古音的地位	效开二平肴明	效开二平肴明	效开二平肴明	效开二上巧明	效开二去效明	效开二上巧泥	效开二去效泥	效开二去效知
市区	mɔ⁶/mɔ¹	mɔ⁶	mɔ⁶	mɔ⁶	mɔ⁶		nɔ⁶	tsɔ⁵
市区中	mɔ¹	mɔ⁶	mɔ⁶	mɔ⁶	mɔ⁶	nɔ⁶	nɔ⁶	tsɔ⁵
市区新	mɔ⁵	mɔ⁶	mɔ⁶	mɔ⁶	mɔ⁶		nɔ⁶	tsɔ⁵
真如	mɔ²	mɔ²	mɔ²	mɔ⁶	mɔ⁶		nɔ⁶	tsɔ⁵
江湾	mɔ⁶	mɔ⁶	mɔ⁶	mɔ⁶	mɔ⁶		nɔ⁶	tsɔ⁵
松江	mɔ²	mɔ²	mɔ²	mɔ⁶	mɔ⁶		nɔ⁶	tsɔ⁵
松江新	mɔ¹	mɔ²	mɔ²	mɔ⁶	mɔ⁶	nɔ²	nɔ⁶	tsɔ⁵
泗泾	mɔ²	mɔ²	mɔ²	mɔ⁶	mɔ⁶		nɔ⁶	tsɔ⁵
奉贤	ʔmɔ³	mɔ²	mɔ²	mɔ⁶	mɔ⁶	ȵiɔ⁶	nɔ⁶	tsɔ⁵
奉贤新	mɔ²	mɔ²	mɔ²	mɔ⁶	mɔ⁶		nɔ⁶	tsɔ⁵
奉城	mɔ²	mɔ²	mɔ²	mɔ⁶	mɔ⁶		nɔ⁶	tsɔ⁵
金山	mɔ²	mɔ²	mɔ²	mɔ⁶	mɔ⁶	nɔ²	nɔ⁶	tsɔ⁵
金山新	mɔ²	mɔ²	mɔ²	mɔ²	mɔ⁶		nɔ⁶	tsɔ⁵
枫泾	mɔ²	mɔ²	mɔ²	mɔ⁶	mɔ⁶		nɔ⁶	tsɔ⁵
青浦	mɔ¹	mɔ²	mɔ²	mɔ⁶	mɔ⁶	lɔ²	nɔ⁶	tsɔ⁵
青浦新	mɔ²/mã²/mã¹	mɔ²	mɔ²	mɔ⁶	mɔ⁶		nɔ⁶	tsɔ⁵
莘庄	mɔ²	mɔ²	mɔ²	mɔ⁶	mɔ⁶		nɔ⁶	tsɔ⁵
闵行新	mɔ²	mɔ²	mɔ²	mɔ²	mɔ²	ȵiɔ²	nɔ²	tsɔ⁵
川沙	mɔ²/mã¹	mɔ²	mɔ²	mɔ⁶	mɔ⁶		nɔ⁶	tsɔ⁵
川沙新	mɔ¹	mɔ²	mɔ⁶		mɔ⁶		nɔ⁵	tsɔ⁵
高桥	mɔ¹/mɔ⁶/mã¹	mɔ⁶	mɔ⁶	mɔ⁶	mɔ⁶		nɔ⁶	tsɔ⁵
三林	mɔ²	mɔ²	mɔ²	mɔ⁶	mɔ⁶		nɔ⁶	tsɔ⁵
周浦	mɔ²	mɔ²	mɔ²	mɔ⁶	mɔ⁶		nɔ⁶	tsɔ⁵
南汇	mɔ²	mɔ²	mɔ²	mɔ⁶	mɔ⁶		nɔ⁶	tsɔ⁵
南汇新	mɔ²	mɔ²	mɔ²	mɔ⁴	mɔ⁶		nɔ⁶	tsɔ⁵
嘉定	mɔ⁶/mã⁶	mɔ⁶	mɔ⁶	mɔ⁶	mɔ⁶	nɔ⁶	nɔ⁶	tsɔ⁵
嘉定新	mɔ¹	mɔ²	mɔ²	mɔ⁶	mɔ⁶	lɔ²	nɔ⁶	tsɔ⁵
宝山	mɔ²	mɔ⁵	mɔ⁵	mɔ⁵	mɔ⁶		nɔ⁶	tsɔ⁵
宝山新	mɔ²	mɔ²	mɔ²	mɔ⁶	mɔ⁶		nɔ⁶	tsɔ⁵
崇明	mɔ²	mɔ²	mɔ²	mɔ⁶	mɔ⁶		nɔ⁶	tsɔ⁵
崇明新	mou²①	mou²	mou¹³	mou⁶	mou⁶	nou⁶	nou⁶	tsou⁵
堡镇	mɔ²	mɔ²	mɔ²	mɔ⁴	mɔ⁶		nɔ⁶	tsɔ⁵
练塘	mɔ²	mɔ²	mɔ²	mɔ⁴	mɔ⁶		nɔ⁶	tsɔ⁵

注：① 呼叫猫声。

序号	1088	1089	1090	1091	1092	1093	1094	1095
字目	抓	爪	[找]	抄	炒	吵	巢	梢
中古音的地位	效开二平肴庄	效开二上巧庄	效开二上巧庄	效开二平肴初	效开二上巧初	效开二上巧初	效开二平肴崇	效开二平肴生
市区	tsʌ¹/tsɔ¹/tsɔ¹	tsʌ⁵/tsɔ⁵	tsɔ⁵	tsʰɔ¹	tsʰɔ⁵	tsʰɔ⁵	zɔ⁶/ziɔ⁶	sɔ¹
市区中	tsʌ¹	tsɔ⁵	tsɔ⁵	tsʰɔ¹	tsʰɔ⁵	tsʰɔ⁵	zɔ⁶	sɔ¹
市区新	tsʌ¹	tsuʌ⁵		tsʰɔ⁵	tsʰɔ⁵	tsʰɔ⁵	szɔ⁶	sɔ¹
真如	tsɔ¹	tsɔ³	tsɔ³	tsʰɔ¹	tsʰɔ³	tsʰɔ⁵	ziɔ²/ziɔ⁶	sɔ¹
江湾	tsɔ¹/tsɑ¹	tsɔ⁵	tsɔ⁵	tsʰɔ¹	tsʰɔ⁵	tsʰɔ⁵	ziɔ⁶	sɔ¹
松江	tsɔ¹	tsɔ³	tsɔ³	tsʰɔ¹	tsʰɔ³	tsʰɔ³	ziɔ²	sɔ¹
松江新	tsɑ¹	tsɑ³/tsɔʔ⁷		tsʰɔ¹	tsʰɔ³	tsʰɔ³	zɔ²	sɔ¹
泗泾	tsɔ¹	tsɔ³	tsɔ³	tsʰɔ¹	tsʰɔ³	tsʰɔ³	ziɔ²	sɔ¹
奉贤	tsɑ¹	tsɔ³	tsɔ³	tsʰɔ¹	tsʰɔ³	tsʰɔ³	ziɔ²	siɔ¹
奉贤新	tsɑ¹	tsɔ³		tsʰɔ¹	tsʰɔ³	tsʰɔ³	zɔ²	sɔ¹
奉城	tsɑ¹	tsɔ³	tsɔ³	tsʰɔ¹	tsʰɔ³	tsʰɔ³	ziɔ²	siɔ¹
金山	tsʌ¹	tsʌ³	tsɔ³	tsʰɔ¹	tsʰɔ³	tsʰɔ³	ziɔ²	sɔ¹
金山新	tsɔ³	tsɔ³		tsʰɔ¹	tsʰɔ³	tsʰɔ³	zɔ²	sɔ¹
枫泾	tsʌ¹	tsɔ³	tsɔ³	tsʰɔ¹	tsʰɔ³	tsʰɔ³	ziɔ²	sɔ¹
青浦	tsɑ¹	tsɔ³	tsɔ³	tsʰɔ¹	tsʰɔ³	tsʰɔ³	ziɔ²	sɔ¹
青浦新	tsɑ¹	tsɑ³	tsɔ³	tsʰɔ¹	tsʰɔ³	tsʰɔ³	zɔ²	sɔ¹
莘庄	tsʌ¹	tsɔ³	tsɔ¹	tsʰɔ¹	tsʰɔ³	tsʰɔ³	ziɔ²	sɔ¹
闵行新	tsɔʔ⁷	tsɔ³	①	tsʰɔ¹	tsʰɔ³	tsʰɔ³	zɔ²	②
川沙	tsʌ¹	tsɔ³	tsɔ¹/tsɔ³	tsʰɔ¹	tsʰɔ³	tsʰɔ³	ziɔ²	sɔ¹
川沙新		tsɔ³	tsɔ³	tsʰɔ¹	tsʰɔ³	tsʰɔ³		sɔ¹
高桥	tsʌ¹	tsʌ⁵	tsɔ⁵	tsʰɔ¹	tsʰɔ⁵	tsʰɔ⁵	ziɔ⁶	sɔ¹
三林	tsɔ¹	tsɔ⁵	tsɔ⁵	tsʰɔ¹	tsʰɔ⁵	tsʰɔ⁵	ziɔ⁵	siɔ¹
周浦	tsʌ¹	tsɔ³	tsɔ³	tsʰɔ¹	tsʰɔ³	tsʰɔ³	ziɔ⁵	siɔ¹
南汇	tsʌ¹	tsɔ³	tsɔ³	tsʰɔ¹	tsʰɔ³	tsʰɔ³	ziɔ²	sɔ¹
南汇新	tsɑ¹	tsɔ³		tsʰɔ¹	tsʰɔ³	tsʰɔ³	zɔ⁶	
嘉定	tsʌ⁵	tsɔ⁵	tsɔ⁵	tsʰɔ¹	tsʰɔ⁵	tsʰɔ⁵	ziɔ²	sɔ¹
嘉定新	tsɑ¹	tsɑ⁵	tsɔ⁵	tsʰɔ¹	tsʰɔ⁵	tsʰɔ⁵	zɔ²	sɔ¹
宝山	tsuʌ¹	tsʌ¹	tsʌ¹	tsʰɔ⁵	tsʰɔ⁵	tsʰɔ⁵	siɔ²	sɔ¹
宝山新	tsʌ¹	tsuʌ⁵	tsuʌ⁵	tsʰɔ⁵	tsʰɔ⁵	tsʰɔ⁵	siɔ¹	sɔ¹
崇明	tsɑ¹	tsɔ³	tsɔ³	tsʰɔ¹	tsʰɔ³	tsʰɔ³	dzɔ²	sɔ¹
崇明新	tsɔu¹③	tsɔu³	④	tsʰɔu¹	tsʰɔu³	tsʰɔu³	dzɔu²	sɔu¹
堡镇	tsɑ¹	tsɔ³	tsɔ³	tsʰɔ¹	tsʰɔ³	tsʰɔ³	dzɔ²	sɔ¹
练塘	tsɑ¹	tsɑ¹	tsɔ¹	tsʰɔ¹	tsʰɔ³	tsʰɔ³	ziɔ²	sɔ¹

注：①④ 说 "寻"。
②说 "树丫子"。
③ "抓痒"、"抓住" 中读 tsɔʔ⁷。

序号	1096	1097	1098	1099	1100	1101	1102	1103
字目	捎	稍	潲	交	郊	胶	教教书	绞
中古音的地位	效开二平肴生	效开二去效生	效开二去效生	效开二平肴见	效开二平肴见	效开二平肴见	效开二平肴见	效开二上巧见
市区	sɔ¹	sɔ¹		kɔ¹/tɕiɔ¹	tɕiɔ¹	kɔ¹/tɕiɔ¹	kɔ⁵/tɕiɔ⁵	kɔ⁵/tɕiɔ⁵
市区中	sɔ¹	sɔ¹	sɔ¹	kɔ¹/tɕiɔ¹	kɔ¹/tɕiɔ¹	kɔ¹/tɕiɔ¹	kɔ⁵/tɕiɔ⁵	kɔ⁵/tɕiɔ⁵
市区新	sɔ¹	sɔ¹	sɔ¹	tɕiɔ¹	tɕiɔ¹	kɔ¹/tɕiɔ¹	kɔ⁵/tɕiɔ⁵	kɔ⁵/tɕiɔ⁵
真如	sɔ¹	sɔ¹		kɔ¹/tɕiɔ¹	tɕiɔ¹	kɔ¹/tɕiɔ¹	kɔ⁵/tɕiɔ⁵	kɔ³/tɕiɔ³
江湾	sɔ¹	sɔ¹		kɔ¹/tɕiɔ¹	tɕiɔ¹	kɔ¹/tɕiɔ¹	kɔ⁵/tɕiɔ⁵	kɔ³/tɕiɔ³
松江	sɔ¹	sɔ¹		kɔ¹/ciɔ¹	ciɔ¹	kɔ¹/ciɔ¹	kɔ⁵/ciɔ⁵	kɔ³/ciɔ³
松江新	sɔ¹	sɔ¹	sɔ¹	tɕiɔ¹/kɔ¹	tɕiɔ¹	tɕiɔ¹	kɔ¹	kɔ³
泗泾	sɔ¹	sɔ¹		kɔ¹/ciɔ¹	ciɔ¹	kɔ¹/ciɔ¹	kɔ⁵/ciɔ⁵	kɔ³/ciɔ³
奉贤	siɔ¹	sɔ¹		kɔ¹/ʔɟiɔ¹	ʔɟiɔ¹	kɔ¹/ʔɟiɔ¹	kɔ⁵/ʔɟiɔ⁵	kɔ³/ʔɟiɔ³
奉贤新	sɔ¹	sɔ¹		ʔtɕiɔ¹	ʔtɕiɔ¹	ʔtɕiɔ¹	ʔtɕiɔ¹/kɔ³	ʔtɕiɔ³
奉城	siɔ¹	sɔ¹		kɔ¹/ʔɟiɔ¹	ʔɟiɔ¹	kɔ¹/ʔɟiɔ¹	kɔ⁵/ʔɟiɔ⁵	kɔ³/ʔɟiɔ³
金山	sɔ¹	sɔ¹		kɔ¹/ciɔ¹	ciɔ¹	kɔ¹/ciɔ¹	kɔ¹/ciɔ¹	kɔ³/ciɔ³
金山新	sɔ¹	sɔ¹	sɔ¹	tɕiɔ¹	tɕiɔ¹	tɕiɔ¹	tɕiɔ¹	tɕiɔ³
枫泾	sɔ¹	sɔ¹		kɔ¹/tɕiɔ¹	tɕiɔ¹	kɔ¹/tɕiɔ¹	kɔ¹/tɕiɔ¹	kɔ³/tɕiɔ³
青浦	sɔ¹	sɔ¹		kɔ¹/tɕiɔ¹	tɕiɔ¹	kɔ¹	kɔ¹/tɕiɔ¹	kɔ³/tɕiɔ³
青浦新	sɔ¹	sɔ¹		tɕiɔ¹/kɔ¹	tɕiɔ¹	kɔ¹	kɔ⁵	kɔ³
莘庄	sɔ¹	siɔ¹		kɔ¹/ciɔ¹	ciɔ¹	kɔ¹/ciɔ¹	kɔ⁵/ciɔ⁵	kɔ³/ciɔ³
闵行新		sɔ³		tɕiɔ¹	tɕiɔ¹	kɔ¹	kɔ¹	kɔ⁵
川沙	sɔ¹	sɔ¹		kɔ¹/tɕiɔ¹	tɕiɔ¹	kɔ¹/tɕiɔ¹	kɔ⁵/tɕiɔ⁵	kɔ³/tɕiɔ³
川沙新	sɔ¹	sɔ¹		kɔ¹ ①tɕiɔ¹		kɔ¹	kɔ¹	kɔ³
高桥	sɔ¹	sɔ¹		kɔ¹/tɕiɔ¹	tɕiɔ¹	kɔ¹/tɕiɔ¹	kɔ⁵/tɕiɔ⁵	kɔ³/tɕiɔ³
三林	siɔ¹	siɔ¹		kɔ¹/ciɔ¹	ciɔ¹	kɔ¹/ciɔ¹	kɔ⁵/ciɔ⁵	kɔ³/ciɔ³
周浦	siɔ¹	siɔ¹		kɔ¹/ciɔ¹	ciɔ¹	kɔ¹/ciɔ¹	kɔ¹/ciɔ¹	kɔ³/ciɔ³
南汇	sɔ¹	sɔ¹		kɔ¹/ʔɟiɔ¹	ʔɟiɔ¹	kɔ¹	kɔ¹/ʔɟiɔ¹	kɔ³/ʔɟiɔ³
南汇新	sɔ¹	sɔ¹		kɔ¹	tɕiɔ¹	kɔ¹	kɔ¹	tɕiɔ³
嘉定	sɔ¹	sɔ¹		kɔ¹/tɕiɔ¹	tɕiɔ¹	kɔ¹/tɕiɔ¹	kɔ¹/tɕiɔ¹	kɔ⁵/tɕiɔ⁵
嘉定新	sɔ¹	sɔ¹	sɔ¹	kɔ¹/tɕiɔ¹	tɕiɔ¹	kɔ¹/tɕiɔ¹	kɔ⁵/tɕiɔ⁵	kɔ⁵
宝山	sɔ¹	sɔ¹		tɕiɔ¹	tɕiɔ¹	tɕiɔ¹	tɕiɔ¹	tɕiɔ¹
宝山新	sɔ¹	sɔ¹	sɔ¹	tɕiɔ¹	tɕiɔ¹	tɕiɔ¹	tɕiɔ¹	tɕiɔ¹
崇明	sɔ¹	sɔ¹		kɔ¹/tɕiɔ¹	tɕiɔ¹	kɔ¹	kɔ⁵/tɕiɔ⁵	kɔ³/tɕiɔ³
崇明新	sou¹	sou¹		tɕiɔ¹	tɕiɔ¹	kou¹	kou⁵	tɕiɔ³
堡镇	sɔ¹	sɔ¹		kɔ¹/tɕiɔ¹	tɕiɔ¹	kɔ¹	kɔ⁵/tɕiɔ⁵	kɔ³/tɕiɔ³
练塘	sɔ¹	sɔ¹		kɔ¹/tɕiɔ¹	tɕiɔ¹	kɔ¹	kɔ¹/tɕiɔ¹	kɔ¹/tɕiɔ¹

注：① "交通"等现代词汇中，不能读kɔ¹。

序号	1104	1105	1106	1107	1108	1109	1110	1111
字目	狡	搅铰	搞	教教育	酵	校校对	较	觉睡觉
中古音的地位	效开二上巧见	效开二上巧见	效开二上巧见	效开二去效见	效开二去效见	效开二去效见	效开二去效见	效开二去效见
市区	tɕiɔ⁵	kɔ⁵/gɔ⁶/tɕiɔ⁵	gɔ⁶	tɕiɔ⁵	kɔ⁵/ɕiɔ⁵	tɕiɔ⁵	tɕiɔ⁵	
市区中	kɔ⁵/tɕiɔ⁵	kɔ⁵/tɕiɔ⁵	gɔ⁶	tɕiɔ⁵	kɔ⁵/ɕiɔ⁵	tɕiɔ⁵	tɕiɔ⁵	kɔ⁵
市区新	kɔ⁵/tɕiɔ⁵	kɔ⁵/tɕiɔ⁵	kɔ⁵	tɕiɔ¹	tɕiɔ¹	tɕiɔ¹	tɕiɔ¹	kɔ⁵
真如	tɕiɔ¹	gɔ⁶	gɔ⁶	tɕiɔ⁵	kɔ⁵/ɕiɔ⁵	tɕiɔ⁵	tɕiɔ⁵	
江湾	tɕiɔ¹	kɔ⁵	gɔ⁶	tɕiɔ⁵	kɔ⁵/ɕiɔ⁵	tɕiɔ⁵	tɕiɔ⁵	
松江	ciɔ³	kɔ³	gɔ⁶	kɔ⁵/ciɔ⁵	kɔ⁵/ciɔ⁵	ciɔ⁵	ciɔ⁵	
松江新	kɔ³	kɔ³	kɔ³	tɕiɔ⁵	ziɔ⁶	ziɔ⁶	tɕiɔ⁵	kɔ⁵
泗泾	ciɔ³	kɔ³	gɔ⁶	kɔ⁵/ciɔ⁵	kɔ⁵/ciɔ⁵	ciɔ⁵	ciɔ⁵	
奉贤	ʔɟiɔ³	kɔ³	gɔ⁶	kɔ⁵/ʔɟiɔ⁵	kɔ⁵/ɕiɔ⁵	ʔɟiɔ⁵	ʔɟiɔ⁵	
奉贤新	ʔtɕiɔ³	ʔtɕiɔ³	kɔ⁵	ʔtɕiɔ³	ʔtɕiɔ³	ʔtɕiɔ³	ʔtɕiɔ³	ʔtɕiɔ³
奉城	ʔɟiɔ³	kɔ³	gɔ⁶	kɔ⁵/ʔɟiɔ⁵	kɔ⁵/ʔɟiɔ⁵	ʔɟiɔ⁵	ʔɟiɔ⁵	
金山	ciɔ³	kɔ³	gɔ⁶	ciɔ⁵	ɕiɔ⁵	ciɔ⁵	ciɔ⁵	
金山新	tɕiɔ³	tɕiɔ³	gɔ⁶	tɕiɔ⁵	tɕiɔ⁵	tɕiɔ⁵	tɕiɔ⁵	tɕiɔ⁵/kɔ³
枫泾	tɕiɔ³	kɔ³	gɔ⁶	tɕiɔ⁵	ɕiɔ⁵	tɕiɔ⁵	tɕiɔ⁵	
青浦	tɕiɔ³	kɔ³	gɔ⁶	tɕiɔ⁵	kɔ⁵	tɕiɔ⁵	tɕiɔ⁵	
青浦新	tɕiɔ¹	gɔ⁶	gɔ⁶	tɕiɔ⁵	ɕiɔ⁵	tɕiɔ⁵	tɕiɔ⁵	kɔ⁵
莘庄	kɔ¹/ciɔ¹	gɔ⁶	gɔ⁶	ciɔ⁵	kɔ⁵/ɕiɔ⁵	ciɔ⁵	ciɔ⁵	
闵行新		kɔ⁵	kɔ⁵	tɕiɔ³	tɕiɔ¹	kɔ³	tɕiɔ⁵	gɔ²
川沙	tɕiɔ¹	kɔ³	gɔ²	tɕiɔ⁵	kɔ⁵/ɕiɔ⁵	tɕiɔ⁵	tɕiɔ⁵	
川沙新			gɔ⁶	tɕiɔ⁵	kɔ⁵	kɔ⁵	tɕiɔ⁵	kɔ⁵
高桥	tɕiɔ¹	tɕiɔʔ⁷	gɔ⁶	tɕiɔ⁵	ɕiɔ⁵	tɕiɔ⁵	tɕiɔ⁵	
三林	kɔ³/ciɔ³	gɔ²	gɔ²	ciɔ⁵	ɕiɔ⁵	ciɔ⁵	ciɔ⁵	
周浦	ciɔ³	kɔ³	gɔ²	ciɔ⁵	ɕiɔ⁵	ciɔ⁵	ciɔ⁵	
南汇	ʔɟiɔ³	kɔ³	gɔ²	ʔɟiɔ⁵	kɔ⁵/ʔɟiɔ⁵	ʔɟiɔ⁵	ʔɟiɔ⁵	
南汇新	tɕiɔ³		gɔ⁶	tɕiɔ⁵	tɕiɔ⁵	tɕiɔ⁵	tɕiɔ⁵	kɔ⁵
嘉定	tɕiɔ¹	kɔ¹	gɔ⁶	tɕiɔ⁵	kɔ⁵	tɕiɔ⁵	tɕiɔ⁵	
嘉定新	tɕiɔ⁵	kɔ⁵/tɕiɔ⁵	gɔ²	tɕiɔ⁵	kɔ⁵/tɕiɔ⁵	tɕiɔ⁵	tɕiɔ⁵	kɔ⁵
宝山	tɕiɔ¹	tɕiɔ¹	kɔ⁵	tɕiɔ⁵	tɕiɔ⁵	tɕiɔ⁵	tɕiɔ⁵	tɕiɔ⁵
宝山新	tɕiɔ⁵	tɕiɔ⁵	tɕiɔ⁵	tɕiɔ⁵	tɕiɔ⁵	tɕiɔ⁵	tɕiɔ⁵	tɕiɔ⁵
崇明	tɕiɔ³	kɔ³	gɔ⁴	tɕiɔ⁵	tɕiɔ⁵	tɕiɔ⁵	tɕiɔ⁵	
崇明新	tɕiɔ³	kɔu³	kɔu³	tɕiɔ⁵	tɕiɔ⁵	tɕiɔ⁵	tɕiɔ⁵	kɔu⁵
堡镇	tɕiɔ³	kɔ³	gɔ⁴	tɕiɔ⁵	kɔ⁵	tɕiɔ⁵	tɕiɔ⁵	
练塘	tɕiɔ¹	kɔ¹	gɔ⁴	tɕiɔ⁵	kɔ⁵	tɕiɔ³	tɕiɔ¹	

序号	1112	1113	1114	1115	1116	1117	1118	1119
字目	窨	敲	巧	咬	孝	淆	肴	效
中古音的地位	效开二去效见	效开二平肴溪	效开二上巧溪	效开二上巧疑	效开二去效晓	效开二平肴匣	效开二平肴匣	效开二去效匣
市区		$kʰɔ^1$/$tɕʰiɔ^1$	$tɕʰiɔ^5$	$ŋɔ^6$/$ɦiɔ^6$	$hɔ^5$/$ɕiɔ^5$	$ɕiɔ^5$/$ɦiɔ^6$		$ɦiɔ^6$
市区中	$tɕiɔ^5$	$kʰɔ^1$	$tɕʰiɔ^5$	$ŋɔ^6$	$ɕiɔ^5$	$ɕiɔ^5$	$ɕiɔ^5$	$ɦiɔ^6$
市区新	$tɕiɔ^1$	$kʰɔ^1$	$tɕʰiɔ^5$	$ŋɔ^6$	$ɕiɔ^1$	$ɕiɔ^5$	$ɕiɔ^5$	$ɦiɔ^6$
真如		$kʰɔ^1$	$tɕʰiɔ^3$	$ŋɔ^6$	$hɔ^5$/$ɕiɔ^5$	$iɔ^1$		$ɦiɔ^6$
江湾		$kʰɔ^1$	$tɕʰiɔ^3$	$ŋɔ^6$	$ɕiɔ^5$	$ɦiɔ^6$		$ɦiɔ^6$
松江		$kʰɔ^1$	$tɕʰiɔ^3$	$ŋɔ^4$	$hɔ^5$/$ɕiɔ^5$	$ɦiɔ^2$		$ɦiɔ^6$
松江新	$tɕiɔ^5$	$kʰɔ^1$	$tɕʰiɔ^3$	$ŋɔ^6$	$ɕiɔ^5$	$ziɔ^2$	$ziɔ^2$	$ziɔ^6$
泗泾		$kʰɔ^1$	$tɕʰiɔ^3$	$ŋɔ^6$	$hɔ^5$/$ɕiɔ^5$	$ɦiɔ^2$		$ɦiɔ^6$
奉贤		$kʰɔ^1$	$cʰiɔ^3$	$ŋɔ^6$	$ɕiɔ^5$	$ɦiɔ^2$		$ɦiɔ^6$
奉贤新	$ʔtɕiɔ^3$	$kʰɔ^1$	$tɕʰiɔ^3$	$ŋɔ^6$	$ɕiɔ^5$	$ɕiɔ^5$	$ɕiɔ^5$	$ɦiɔ^6$
奉城		$kʰɔ^1$/$ʔɟiɔ^1$	$cʰiɔ^3$	$ŋɔ^6$	$ɕiɔ^5$	$iɔ^1$		$ɦiɔ^6$
金山		$kʰɔ^1$	$cʰiɔ^3$	$ŋɔ^6$	$ɕiɔ^5$	$ɦiɔ^2$		$ɦiɔ^6$
金山新	$tɕiɔ^5$	$kʰɔ^1$	$tɕʰiɔ^5$	$ŋɔ^6$	$ɕiɔ^5$	$ɕiɔ^1$	$ɦiɔ^2$	$ɦiɔ^6$
枫泾		$kʰɔ^1$	$tɕʰiɔ^3$	$ŋɔ^6$	$ɕiɔ^5$	$ɦiɔ^2$		$tɕiɔ^5$
青浦		$kʰɔ^1$	$tɕʰiɔ^3$	$ŋɔ^6$	$hɔ^5$/$ɕiɔ^5$	$ɦiɔ^6$		$ɦiɔ^6$
青浦新	$tɕiɔ^5$	$kʰɔ^1$	$tɕʰiɔ^3$	$ŋɔ^6$	$ɦiɔ^6$	$ɦiɔ^6$	$ɦiɔ^6$	$ɦiɔ^6$
莘庄		$kʰɔ^1$	$cʰiɔ^3$	$ŋɔ^6$	$ɕiɔ^5$	$ɕiɔ^1$		$ɦiɔ^6$
闵行新	$tɕiɔ^1$	$kʰɔ^1$	$tɕʰiɔ^3$	$ŋɔ^6$	$ɕiɔ^3$			$ziɔ^2$
川沙		$kʰɔ^1$	$tɕʰiɔ^3$	$ŋɔ^2$	$hɔ^5$/$ɕiɔ^5$	$ɦiɔ^6$		$ɦiɔ^6$
川沙新		$kʰɔ^1$	$tɕʰiɔ^3$	$ŋɔ^6$	$ɕiɔ^5$			$iɔ^5$
高桥		$kʰɔ^1$	$tɕʰiɔ^3$	$ŋɔ^2$	$hɔ^5$/$ɕiɔ^5$	$ɕiɔ^3$		$ɦiɔ^6$
三林		$kʰɔ^1$	$cʰiɔ^3$	$ŋɔ^2$	$ɕiɔ^5$	$ɦiɔ^2$		$ɦiɔ^6$
周浦		$kʰɔ^1$	$cʰiɔ$	$ŋɔ^2$	$hɔ^5$/$ɕiɔ^5$	$ɦiɔ^2$		$ɦiɔ^6$
南汇		$kʰɔ^1$	$cʰiɔ$	$ŋɔ^2$	$hɔ^5$/$ɕiɔ^5$	$ɦiɔ^2$		$ɦiɔ^6$
南汇新		$kʰɔ^1$	$tɕʰiɔ^3$	$ŋɔ^6$	$ɕiɔ^5$			$ɦiɔ^6$
嘉定		$kʰɔ^1$	$tɕʰiɔ^5$	$ŋɔ^6$	$ɕiɔ^5$	$ɦiɔ^2$		$ɦiɔ^6$
嘉定新	$kɔ^5$/$tɕiɔ^5$	$kʰɔ^1$	$tɕʰiɔ^5$	$ŋɔ^6$	$ɕiɔ^5$	$ɦiɔ^2$	$ɦiɔ^2$	$ɦiɔ^6$
宝山	$tɕiɔ^5$	$kʰɔ^1$	$tɕʰiɔ^5$	$ŋɔ^6$	$ɕiɔ^5$	$iɔ^5$	$iɔ^5$	$iɔ^5$
宝山新	$tɕiɔ^5$	$kʰɔ^1$	$tɕʰiɔ^5$	$ŋɔ^6$	$ɕiɔ^5$	$iɔ^5$	$iɔ^5$	$ɕiɔ^5$
崇明		$kʰɔ^1$	$tɕʰiɔ^3$	$ŋɔ^4$	$hɔ^5$/$ɕiɔ^5$	$ɦiɔ^2$		$ɦiɔ^6$
崇明新	$tɕiɔ^5$	$kʰou^1$	$tɕʰiɔ^3$	$ŋou^6$	$ɕiɔ^5$	①	$iɔ^2$	$iɔ^6$
堡镇		$kʰɔ^1$	$tɕʰiɔ^3$	$ŋɔ^6$	$hɔ^5$/$ɕiɔ^5$	$ɦiɔ^2$		$ɦiɔ^6$
练塘		$kʰɔ^1$	$tɕʰiɔ^3$	$ŋɔ^4$	$hɔ^5$/$ɕiɔ^5$	$ɦiɔ^2$		$ɦiɔ^6$

注：① "混淆" 中读 $iɑ^2$。

序号	1120	1121	1122	1123	1124	1125	1126	1127
字目	校学校	标	臕	表	飘	漂漂浮	漂漂白	[票]
中古音的地位	效开二去效匣	效开三平宵帮	效开三上宵并	效开三上小帮	效开三平宵滂	效开三上小滂	效开三上小滂	效开三去笑滂
市区	ɦiɔ⁶	piɔ¹	piɔ¹	piɔ⁵	pʰiɔ¹	pʰiɔ¹	pʰiɔ¹	pʰiɔ⁵
市区中	ɦiɔ⁶	piɔ¹	piɔ¹	piɔ⁵	pʰiɔ¹	pʰiɔ¹	pʰiɔ¹	pʰiɔ⁵
市区新	ɦiɔ⁶	piɔ¹		piɔ⁵	pʰiɔ¹	pʰiɔ¹	pʰiɔ¹	pʰiɔ⁵
真如	ɦiɔ⁶	ʔbiɔ¹		ʔbiɔ¹	pʰiɔ¹	pʰiɔ¹	pʰiɔ¹	pʰiɔ⁵
江湾	ɦiɔ⁶	ʔbiɔ¹		ʔbiɔ⁵	pʰiɔ¹	pʰiɔ¹	pʰiɔ¹	pʰiɔ⁵
松江	ɦiɔ⁶	ʔbiɔ¹		ʔbiɔ³	pʰiɔ¹	pʰiɔ¹	pʰiɔ¹	pʰiɔ⁵
松江新	ziɔ⁶	piɔ¹	piɔ¹	piɔ³	pʰiɔ¹	pʰiɔ¹	pʰiɔ³	pʰiɔ⁵
泗泾	ɦiɔ⁶	ʔbiɔ¹		ʔbiɔ³	pʰiɔ¹	pʰiɔ¹	pʰiɔ¹	pʰiɔ⁵
奉贤	ɦiɔ⁶	ʔbiɔ¹		ʔbiɔ³	pʰiɔ¹	pʰiɔ¹	pʰiɔ¹	pʰiɔ⁵
奉贤新	ɦiɔ⁶	ʔbiɔ¹	ʔbiɔ¹	ʔbiɔ³	pʰiɔ¹	pʰiɔ¹	pʰiɔ¹	pʰiɔ⁵
奉城	ɦiɔ⁶	ʔbiɔ¹		ʔbiɔ³	pʰiɔ¹	pʰiɔ¹	pʰiɔ¹	pʰiɔ⁵
金山	ɦiɔ⁶	ʔbiɔ¹		ʔbiɔ³	pʰiɔ¹	pʰiɔ¹	pʰiɔ¹	pʰiɔ⁵
金山新	ɦiɔ⁶	piɔ¹	pi¹	piɔ³	pʰiɔ¹	pʰiɔ¹	pʰiɔ¹	pʰiɔ⁵
枫泾	ɦiɔ⁶	piɔ³		piɔ³	pʰiɔ¹	pʰiɔ¹	pʰiɔ¹	pʰiɔ⁵
青浦	ɦiɔ⁶	ʔbiɔ¹		ʔbiɔ³	pʰiɔ¹	pʰiɔ¹	pʰiɔ¹	pʰiɔ⁵
青浦新	ɦiɔ⁶	piɔ¹	piɔ¹	piɔ³	pʰiɔ¹	pʰiɔ¹	pʰiɔ¹	pʰiɔ⁵
莘庄	ɦiɔ⁶	ʔbiɔ¹		ʔbiɔ³	pʰiɔ¹	ʔbiɔ³	ʔbiɔ³	pʰiɔ⁵
闵行新	①	piɔ¹	piɔ¹	piɔ¹	pʰiɔ¹	pʰiɔ¹	pʰiɔ¹	pʰiɔ⁵
川沙	ɦiɔ⁶	ʔbiɔ¹		ʔbiɔ³	pʰiɔ¹	pʰiɔ¹	pʰiɔ¹	pʰiɔ⁵
川沙新	iɔ⁵	ʔbiɔ¹	ʔbiɔ¹	ʔbiɔ³	pʰiɔ¹	pʰiɔ¹	pʰiɔ¹	pʰiɔ⁵
高桥	ɦiɔ⁶	ʔbiɔ¹		ʔbiɔ³	pʰiɔ¹	pʰiɔ¹	pʰiɔ¹	pʰiɔ⁵
三林	ɦiɔ⁶	ʔbiɔ¹		ʔbiɔ³	pʰiɔ¹	ʔbiɔ³	ʔbiɔ³	pʰiɔ⁵
周浦	ɦiɔ⁶	ʔbiɔ¹		ʔbiɔ³	pʰiɔ¹	pʰiɔ¹	pʰiɔ¹	pʰiɔ⁵
南汇	ɦiɔ⁶	ʔbiɔ¹		ʔbiɔ³	pʰiɔ¹	pʰiɔ¹	pʰiɔ¹	pʰiɔ⁵
南汇新	ɦiɔ⁶	piɔ¹	piɔ¹	ʔbiɔ³	pʰiɔ¹	pʰiɔ¹	pʰiɔ¹	pʰiɔ⁵
嘉定	ɦiɔ⁶	piɔ¹		piɔ¹	pʰiɔ¹	pʰiɔ⁵	pʰiɔ¹	pʰiɔ⁵
嘉定新	ɦiɔ⁶	piɔ¹		piɔ⁵	pʰiɔ¹	pʰiɔ¹	pʰiɔ¹	[pʰiɔ⁵]
宝山	iɔ⁵	piɔ¹		piɔ¹	pʰiɔ¹	pʰiɔ¹	pʰiɔ¹	pʰiɔ⁵
宝山新	ɕiɔ⁵	piɔ¹		piɔ¹	pʰiɔ¹	pʰiɔ¹	pʰiɔ¹	pʰiɔ⁵
崇明	ɦiɔ⁶	piɔ¹		piɔ³	pʰiɔ¹	pʰiɔ¹	pʰiɔ¹	pʰiɔ⁵
崇明新	ziɔ⁶	piɔ¹	piɔ¹	piɔ³②	pʰiɔ¹	pʰiɔ¹		pʰiɔ⁵
堡镇	ɦiɔ⁶	piɔ¹		piɔ³	pʰiɔ¹	pʰiɔ¹	pʰiɔ¹	pʰiɔ⁵
练塘	ɦiɔ⁶	piɔ¹		piɔ¹	pʰiɔ¹	pʰiɔ³	pʰiɔ¹	pʰiɔ⁵

注：① 说"学堂"。
② "钟表"、"手表"中读piɔ¹。

序号	1128	1129	1130	1131	1132	1133	1134	1135
字目	[漂]漂亮	瓢	[嫖]	苗	描	秒	藐	渺
中古音的地位	效开三去笑滂	效开三平宵並	效开三平宵並	效开三平宵明	效开三平宵明	效开三上小明	效开三上小明	效开三上小明
市区	pʰiɔ⁵		biɔ⁶	miɔ⁶	miɔ⁶	miɔ⁶		miɔ⁶
市区中	pʰiɔ⁵	biɔ⁶	biɔ⁶	miɔ⁶	miɔ⁶	miɔ⁶	miɔ⁶	miɔ⁶
市区新	pʰiɔ⁵		biɔ⁶	miɔ⁶	miɔ⁶	miɔ⁶	miɔ⁶	miɔ⁶
真如	pʰiɔ⁵		biɔ²	miɔ²	miɔ²	miɔ⁶		miɔ³
江湾	pʰiɔ⁵		biɔ⁶	miɔ⁶	miɔ⁶	miɔ⁶		miɔ⁶
松江	pʰiɔ⁵		biɔ²	miɔ²	miɔ²	miɔ³		miɔ³
松江新	pʰiɔ⁵	biɔ²	biɔ²	miɔ²	miɔ²	miɔ⁶	miɔ⁶	miɔ⁶
泗泾	pʰiɔ⁵		biɔ²	miɔ²	miɔ²	miɔ³		miɔ³
奉贤	pʰiɔ⁵		biɔ²	miɔ²	miɔ²	miɔ⁴		miɔ³
奉贤新	pʰiɔ³	biɔ²	biɔ²	miɔ²	miɔ²	miɔ⁶	miɔ⁶	miɔ⁶
奉城	pʰiɔ⁵		biɔ²	miɔ²	miɔ²	miɔ⁶		miɔ⁶
金山	pʰiɔ⁵		biɔ²	miɔ²	miɔ²	miɔ³		miɔ³
金山新	pʰiɔ⁵	biɔ²	biɔ²	miɔ²	miɔ²	miɔ³	miɔ³	miɔ³
枫泾	pʰiɔ⁵		biɔ²	miɔ²	miɔ²	miɔ³		miɔ³
青浦	pʰiɔ³		biɔ²	miɔ²	miɔ²	miɔ²		miɔ²
青浦新	pʰiɔ³	biɔ²	biɔ²	miɔ²	miɔ²	miɔ²	miɔ²	miɔ⁶
莘庄	pʰiɔ⁵		biɔ²	miɔ²	miɔ²	miɔ²		miɔ²
闵行新	pʰiɔ³		biɔ²	miɔ²	miɔ²	miɔ²	miɔ²	miɔ²
川沙	pʰiɔ⁵		biɔ²	miɔ²	miɔ²	miɔ²		miɔ²
川沙新		biɔ⁶	biɔ⁶	miɔ⁶	miɔ⁶	miɔ⁶		
高桥	pʰiɔ¹		biɔ⁶	miɔ⁶	miɔ⁶	miɔ⁶		miɔ⁶
三林	pʰiɔ⁵		biɔ²	miɔ²	miɔ²	miɔ²		miɔ²
周浦	pʰiɔ⁵		biɔ²	miɔ²	miɔ²	miɔ²		miɔ²
南汇	pʰiɔ⁵		biɔ²	miɔ²	miɔ²	miɔ²		miɔ²
南汇新	pʰiɔ⁵	pʰiɔ³	biɔ⁶	miɔ⁶	miɔ⁶	miɔ⁶	miɔ⁶	miɔ⁶
嘉定	pʰiɔ⁵		biɔ²	miɔ²	miɔ²	miɔ²		miɔ²
嘉定新	pʰiɔ⁵	biɔ²	biɔ²	miɔ²	miɔ²	miɔ⁶	miɔ⁶	miɔ⁶
宝山	pʰiɔ⁵	pʰiɔ⁵	pʰiɔ⁵	miɔ⁵	miɔ⁵	miɔ⁵	miɔ⁵	miɔ⁵
宝山新	pʰiɔ⁵	piɔ⁵	piɔ⁵	miɔ⁵	miɔ⁵	miɔ⁵	miɔ⁵	miɔ⁵
崇明	pʰiɔ³		biɔ²	miɔ²	miɔ²	miɔ²		miɔ³
崇明新	pʰiɔ⁵	biɔ²	biɔ²	miɔ²	miɔ²	miɔ⁶	miɔ⁶	miɔ⁶
堡镇	pʰiɔ³		biɔ²	miɔ²	miɔ²	miɔ⁶		miɔ³
练塘	pʰiɔ³		biɔ²	miɔ²	miɔ²	miɔ⁴		miɔ⁴

序号	1136	1137	1138	1139	1140	1141	1142	1143
字目	庙	妙	燎	疗	焦	蕉	椒	锹
中古音的地位	效开三去笑明	效开三去笑明	效开三平宵来	效开三平宵来	效开三平宵精	效开三平宵精	效开三平宵精	效开三平宵清
市区	miɔ⁶	miɔ⁶	liɔ⁶	liɔ⁶	tɕiɔ¹	tɕiɔ¹	tɕiɔ¹	tɕʰiɔ¹
市区中	miɔ⁶	miɔ⁶	liɔ⁶	liɔ⁶	tɕiɔ¹	tɕiɔ¹	tɕiɔ¹	tɕʰiɔ⁵
市区新	miɔ⁶	miɔ⁶	liɔ⁶	liɔ⁶	tɕiɔ¹	tɕiɔ¹	tɕiɔ¹	tɕʰiɔ⁵
真如	miɔ⁶	miɔ⁶	liɔ²	liɔ²	tsiɔ¹	tsiɔ¹	tsiɔ¹	tsʰiɔ¹
江湾	miɔ⁶	miɔ⁶	liɔ⁶	liɔ⁶	tsiɔ¹	tsiɔ¹	tsiɔ¹	tsʰiɔ¹
松江	miɔ⁶	miɔ⁶	liɔ²	liɔ²	tsiɔ¹	tsiɔ¹	tsiɔ¹	tsʰiɔ¹
松江新	miɔ⁵	miɔ⁵	liɔ⁶	liɔ⁶	tɕiɔ¹	tɕiɔ¹	tɕiɔ¹	tɕʰiɔ¹
泗泾	miɔ⁶	miɔ⁶	liɔ²	liɔ²	tsiɔ¹	tsiɔ¹	tsiɔ¹	tsʰiɔ¹
奉贤	miɔ⁶	miɔ³	liɔ⁶	liɔ⁶	tsiɔ¹	tsiɔ¹	tsiɔ¹	tsʰiɔ¹
奉贤新	miɔ⁶	miɔ⁶	liɔ²	liɔ²	ʔtɕiɔ¹	ʔtɕiɔ¹	ʔtɕiɔ¹	tɕʰiɤ¹
奉城	miɔ⁶	miɔ⁶	liɔ²	liɔ⁶	tsiɔ¹	tsiɔ¹	tsiɔ¹	tsʰiɔ¹
金山	miɔ⁶	miɔ⁶	liɔ²	liɔ²	tsiɔ¹	tsiɔ¹	tsiɔ¹	tsʰiɔ¹
金山新	miɔ⁶	miɔ⁶	liɔ²	liɔ⁶	tɕiɔ¹	tɕiɔ¹	tɕiɔ¹	kʰɔ⁵
枫泾	miɔ⁶	miɔ³	liɔ²	liɔ²	tsiɔ¹	tsiɔ¹	tsiɔ¹	tsʰiɔ¹
青浦	miɔ⁶	miɔ⁶	liɔ²	liɔ²	tsiɔ¹	tsiɔ¹	tsiɔ¹	tsʰiɔ¹
青浦新	miɔ⁶	miɔ⁶	liɔ⁶	liɔ⁶	tɕiɔ¹	tɕiɔ¹	tɕiɔ¹	tɕʰiɔ¹
莘庄	miɔ⁶	miɔ⁶	liɔ²	liɔ²	tsiɔ¹	tsiɔ¹	tsiɔ¹	tsʰiɔ¹
闵行新	miɔ²	miɔ²	liɔ²	liɔ²	tɕiɔ¹	tɕiɔ¹	tɕiɔ¹	tɕʰiɔ¹
川沙	miɔ⁶	miɔ⁶	liɔ²	liɔ²	tsiɔ¹	tsiɔ¹	tsiɔ¹	tsʰiɔ¹
川沙新	miɔ⁶	miɔ⁶			tɕiɔ¹	tɕiɔ¹	tɕiɔ¹	
高桥	miɔ⁶	miɔ²	liɔ⁶	liɔ⁶	tsiɔ¹	tsiɔ¹	tsiɔ¹	tsʰiɔ¹
三林	miɔ⁶	miɔ⁶	liɔ²	liɔ²	tsiɔ¹	tsiɔ¹	tsiɔ¹	tsʰiɔ¹
周浦	miɔ⁶	miɔ⁶	liɔ²	liɔ²	tsiɔ¹	tsiɔ¹	tsiɔ¹	tsʰiɔ¹
南汇	miɔ⁶	miɔ⁶	liɔ²	liɔ²	tsiɔ¹	tsiɔ¹	tsiɔ¹	tsʰiɔ¹
南汇新	miɔ⁶	miɔ⁶	liɔ⁶	liɔ⁶	tɕiɔ¹	tɕiɔ¹	tɕiɔ¹	tsʰɔ¹
嘉定	miɔ⁶	miɔ⁶	liɔ²	liɔ²	tsiɔ¹	tsiɔ¹	tsiɔ¹	tsʰiɔ¹
嘉定新	miɔ⁶	miɔ⁶	liɔ²	liɔ²	tɕiɔ¹	tɕiɔ¹	tɕiɔ¹	tɕʰiɔ¹
宝山	miɔ⁶	miɔ⁶	liɔ²	liɔ²	tsiɔ¹	tsiɔ¹	tsiɔ¹	tsʰiɔ¹
宝山新	miɔ⁵	miɔ⁵	liɔ⁵	liɔ⁵	tɕiɔ¹	tɕiɔ¹	tɕiɔ¹	tɕʰiɔ¹
崇明	miɔ⁶	miɔ⁶	liɔ²	liɔ²	tɕiɔ¹	tɕiɔ¹	tɕiɔ¹	tɕʰiɔ¹
崇明新	miɔ⁶	miɔ⁶	liɔ²	liɔ²	tɕiɔ¹	tɕiɔ¹	tɕiɔ¹	tɕʰiɔ¹
堡镇	miɔ⁶	miɔ⁶	liɔ²	liɔ²	tɕiɔ¹	tɕiɔ¹	tɕiɔ¹	tɕʰiɔ¹
练塘	miɔ⁶	miɔ⁶	liɔ²	liɔ⁶	tsiɔ¹	tsiɔ¹	tsiɔ¹	tsʰiɔ¹

序号	1144	1145	1146	1147	1148	1149	1150	1151
字目	缲	樵	消	宵	霄	销	小	笑
中古音的地位	效开三平宵清	效开三平宵从	效开三平宵心	效开三平宵心	效开三平宵心	效开三平宵心	效开三上小心	效开三去笑心
市区	tɕʰiɔ¹		ɕiɔ¹	ɕiɔ¹	ɕiɔ¹	ɕiɔ¹	ɕiɔ⁵	ɕiɔ⁵
市区中	tɕʰiɔ⁵	dʑiɔ⁶	ɕiɔ¹	ɕiɔ¹	ɕiɔ¹	ɕiɔ¹	ɕiɔ⁵	ɕiɔ⁵
市区新	tɕʰiɔ⁵	dʑiɔ⁶	ɕiɔ¹	ɕiɔ¹	ɕiɔ¹	ɕiɔ¹	ɕiɔ⁵	ɕiɔ⁵
真如	tsʰiɔ¹		siɔ¹	siɔ¹	siɔ¹	siɔ¹	siɔ³	siɔ⁵
江湾	tsʰiɔ¹		siɔ¹	siɔ¹	siɔ¹	siɔ¹	siɔ³	siɔ⁵
松江	tsʰiɔ¹		siɔ¹	siɔ¹	siɔ¹	siɔ¹	siɔ³	siɔ⁵
松江新	tɕʰiɔ¹	dʑiɔ²	ɕiɔ¹	ɕiɔ¹	ɕiɔ¹	ɕiɔ¹	ɕiɔ³	ɕiɔ⁵
泗泾	tsʰiɔ¹		siɔ¹	siɔ¹	siɔ¹	siɔ¹	siɔ³	siɔ⁵
奉贤	tsʰiɔ¹		siɔ¹	siɔ¹	siɔ¹	siɔ¹	siɔ³	siɔ⁵
奉贤新	tɕʰiɤ¹	dʑiɔ²	ɕiɔ¹	ɕiɔ¹	ɕiɔ¹	ɕiɔ¹	ɕiɔ³	ɕiɔ⁵
奉城	tsʰiɔ¹		siɔ¹	siɔ¹	siɔ¹	siɔ¹	siɔ³	siɔ⁵
金山	tsʰiɔ¹		siɔ¹	siɔ¹	siɔ¹	siɔ¹	siɔ³	siɔ⁵
金山新	kʰɔ⁵	dʑiɔ²	ɕiɔ¹	ɕiɔ¹	ɕiɔ¹	ɕiɔ¹	ɕiɔ³	ɕiɔ⁵
枫泾	tsʰiɔ¹		siɔ¹	siɔ¹	siɔ¹	siɔ¹	siɔ³	siɔ⁵
青浦	tsʰiɔ¹		siɔ¹	siɔ¹	siɔ¹	siɔ¹	siɔ³	siɔ⁵
青浦新	tɕʰiɔ¹		ɕiɔ¹	ɕiɔ¹	ɕiɔ¹	ɕiɔ¹	ɕiɔ³	ɕiɔ⁵
莘庄	tsʰiɔ¹		siɔ¹	siɔ¹	siɔ¹	siɔ¹	siɔ³	siɔ⁵
闵行新	tɕʰiɔ¹		ɕiɔ¹	ɕiɔ¹	ɕiɔ¹	ɕiɔ¹	ɕiɔ³	ɕiɔ⁵
川沙	tsʰiɔ¹		siɔ¹	siɔ¹	siɔ¹	siɔ¹	siɔ³	siɔ⁵
川沙新	tɕʰiɔ¹/kʰɔ¹	dʑiɔ⁶	ɕiɔ¹	ɕiɔ¹	ɕiɔ¹	ɕiɔ¹	ɕiɔ³	ɕiɔ⁵
高桥	tsʰiɔ¹		siɔ¹	siɔ¹	siɔ¹	siɔ¹	siɔ³	siɔ⁵
三林	tsʰiɔ¹		siɔ¹	siɔ¹	siɔ¹	siɔ¹	siɔ³	siɔ⁵
周浦	tsʰiɔ¹		siɔ¹	siɔ¹	siɔ¹	siɔ¹	siɔ³	siɔ⁵
南汇	tsʰiɔ¹		siɔ¹	siɔ¹	siɔ¹	siɔ¹	siɔ³	siɔ⁵
南汇新		dzɔ⁶	ɕiɔ¹	ɕiɔ¹	ɕiɔ¹	ɕiɔ¹	ɕiɔ³	ɕiɔ⁵
嘉定	tsʰiɔ¹		siɔ¹	siɔ¹	siɔ¹	siɔ¹	siɔ³	siɔ⁵
嘉定新	tɕʰiɔ¹		ɕiɔ¹	ɕiɔ¹	ɕiɔ¹	ɕiɔ¹	ɕiɔ³	ɕiɔ⁵
宝山	tɕʰiɔ¹	tɕiɔ¹	ɕiɔ¹	ɕiɔ¹	ɕiɔ¹	ɕiɔ¹	ɕiɔ³	ɕiɔ⁵
宝山新	tɕʰiɔ¹	tɕiɔ⁵	ɕiɔ¹	ɕiɔ¹	ɕiɔ¹	ɕiɔ¹	ɕiɔ³	ɕiɔ⁵
崇明	tɕʰiɔ¹		ɕiɔ¹	ɕiɔ¹	ɕiɔ¹	ɕiɔ¹	ɕiɔ³	ɕiɔ⁵
崇明新	tɕʰiɔ¹	dʑiɔ²	ɕiɔ¹	ɕiɔ¹	ɕiɔ¹	ɕiɔ¹	ɕiɔ³	ɕiɔ⁵
堡镇	tɕʰiɔ¹		ɕiɔ¹	ɕiɔ¹	ɕiɔ¹	ɕiɔ¹	ɕiɔ³	ɕiɔ⁵
练塘	tsʰiɔ¹		siɔ¹	siɔ¹	siɔ¹	siɔ¹	siɔ³	siɔ⁵

序号	1152	1153	1154	1155	1156	1157	1158	1159
字目	朝朝夕	超	朝朝代	潮	赵	兆	昭	招
中古音的地位	效开三平宵知	效开三平宵彻	效开三平宵澄	效开三平宵澄	效开三上小澄	效开三上小澄	效开三平宵章	效开三平宵章
市区	tsɔ¹	tsʰɔ¹	zɔ⁶	zɔ⁶	zɔ⁶	zɔ⁶	tsɔ¹	tsɔ¹
市区中	tsɔ¹	tsʰɔ¹	zɔ⁶	zɔ⁶	zɔ⁶	zɔ⁶	tsɔ¹	tsɔ¹
市区新	tsɔ¹	tsʰɔ¹	zɔ⁶	zɔ⁶	zɔ⁶	zɔ⁶	tsɔ¹	tsɔ¹
真如	tsɔ¹	tsʰɔ¹	zɔ²	zɔ²	zɔ⁶	zɔ⁶	tsɔ¹	
江湾	tsɔ¹	tsʰɔ¹	zɔ⁶	zɔ⁶	zɔ⁶	zɔ⁶	tsɔ¹	
松江	tsɔ¹	tsʰɔ¹	zɔ²	zɔ²	zɔ⁴	zɔ⁴	tsɔ¹	
松江新	tsɔ¹	tsʰɔ¹	zɔ²	zɔ²	zɔ⁶	zɔ⁶	tsɔ¹	tsɔ¹
泗泾	tsɔ¹	tsʰɔ¹	zɔ²	zɔ²	zɔ⁶	zɔ⁶	tsɔ¹	
奉贤	tsɔ³/tsɔ¹	tsʰɔ¹	zɔ²	zɔ²	zɔ⁶	zɔ⁶	tsɔ¹	
奉贤新	tsɔ³	tsʰiɔ¹	zɔ²	zɔ²	zɔ⁶	zɔ⁶	tsɔ³	tsɔ³
奉城	tsɔ¹	tsʰɔ¹	zɔ²	zɔ²	zɔ⁶	zɔ⁶	tsɔ¹	
金山	tsɔ¹	tsʰɔ¹	zɔ²	zɔ²	zɔ⁶	zɔ⁶	tsɔ¹	
金山新	tsɔ¹	tsʰɔ¹	zɔ²	zɔ²	zɔ⁶	zɔ⁶	tsɔ¹	tsɔ¹
枫泾	tsɔ¹	tsʰɔ¹	zɔ²	zɔ²	zɔ⁴	zɔ⁶	tsɔ¹	
青浦	tsɔ¹	tsʰɔ¹	zɔ²	zɔ²	zɔ⁶	zɔ⁶	tsɔ¹	
青浦新	tsɔ¹	tsʰɔ¹	zɔ²	zɔ²	zɔ⁶	zɔ⁶	tsɔ¹	tsɔ¹
莘庄	tsɔ¹	tsʰɔ¹	zɔ²	zɔ²	zɔ⁶	zɔ⁶	tsɔ¹	
闵行新	tsɔ¹	tsʰɔ¹	zɔ²	zɔ²	zɔ²	zɔ²	tsɔ¹	tsɔ¹
川沙	tsɔ¹	tsʰɔ¹	zɔ²	zɔ²	zɔ⁶	zɔ⁶	tsɔ¹	
川沙新	tsɔ¹	tsʰɔ¹	zɔ⁶	zɔ⁶	zɔ⁶	zɔ⁶	tsɔ¹	tsɔ¹
高桥	tsɔ¹	tsʰɔ¹	zɔ⁶	zɔ⁶	zɔ⁶	zɔ⁶	tsɔ¹	
三林	tsɔ¹	tsʰɔ¹	zɔ²	zɔ²	zɔ⁶	zɔ⁶	tsɔ¹	
周浦	tsɔ¹	tsʰɔ¹	zɔ²	zɔ²	zɔ⁶	zɔ⁶	tsɔ¹	
南汇	tsɔ¹	tsʰɔ¹	zɔ²	zɔ²	zɔ⁶	zɔ⁶	tsɔ¹	
南汇新	tsɔ¹	tsʰɔ¹	zɔ⁶	zɔ⁶	zɔ⁶	zɔ⁶		tsɔ¹
嘉定	tsɔ⁴	tsʰɔ³	zɔ²	zɔ²	zɔ⁶	zɔ⁶	tsɔ¹	
嘉定新	tsɔ¹	tsʰɔ¹	dzɔ²	dzɔ²	zɔ⁶	zɔ⁶	tsɔ¹	tsɔ¹
宝山	tsɔ¹	tsʰɔ¹	sɔ²	sɔ²	zɔ⁶	zɔ⁶	tsɔ¹	
宝山新	tsɔ¹	tsʰɔ¹	zɔ⁶	zɔ⁶	zɔ⁶	zɔ⁶	tsɔ¹	tsɔ¹
崇明	tsɔ¹	tsʰɔ¹	dzɔ²	dzɔ²	dzɔ⁴	zɔ⁶	tsɔ¹	
崇明新	tsɔu¹	tsʰɔu¹	dzɔu²	dzɔu²	dzɔu⁶	dzɔu⁶	tsɔu¹	tsɔu¹
堡镇	tsɔ¹	tsʰɔ¹	dzɔ²	dzɔ²	dzɔ⁴	zɔ⁶	tsɔ¹	
练塘	tsɔ¹	tsʰɔ¹	zɔ²	zɔ²	zɔ⁴	zɔ⁴	tsɔ¹	

序号	1160	1161	1162	1163	1164	1165	1166	1167
字目	照	诏	烧	少多少	少少年	绍	饶	挠
中古音的地位	效开三去笑章	效开三去笑章	效开三平宵书	效开三上小书	效开三去笑书	效开三上小禅	效开三平宵日	效开三上小日
市区	tsɔ⁵		sɔ¹	sɔ⁵	sɔ⁵	zɔ⁶	n̠iɔ⁶/zɔ⁶	
市区中	tsɔ⁵	tsɔ⁵	sɔ¹	sɔ⁵	sɔ⁵	zɔ⁶	n̠iɔ⁶	n̠iɔ⁶
市区新	tsɔ⁵	tsɔ⁵	sɔ¹	sɔ⁵	sɔ⁵	zɔ⁶	n̠iɔ⁶	n̠iɔ⁶
真如	tsɔ⁵			sɔ³	sɔ⁵	zɔ⁶		
江湾	tsɔ⁵				sɔ⁵	zɔ⁶		
松江	tsɔ⁵			sɔ³	sɔ⁵	zɔ⁴		
松江新	tsɔ⁵	tsɔ⁵	sɔ¹	sɔ³	sɔ⁵	zɔ⁶	n̠iɔ²	nɔ²
泗泾	tsɔ⁵			sɔ³	sɔ⁵	zɔ⁶		
奉贤	tsɔ⁵			sɔ³	sɔ⁵	zɔ⁶		
奉贤新	tsɔ⁵	tsɔ⁵	sɔ¹	sɔ¹	sɔ¹	zɔ⁶	zɔ²	zɔ⁶
奉城	tsɔ⁵			sɔ³	sɔ⁵	zɔ⁶		
金山	tsɔ⁵			sɔ³	sɔ³	zɔ⁶		
金山新	tsɔ⁵	tsɔ⁵	sɔ¹	sɔ³	sɔ⁵	zɔ⁶	n̠iɔ²	n̠iɔ⁶
枫泾	tsɔ⁵			sɔ³	sɔ³	zɔ⁶		
青浦	tsɔ⁵			sɔ³	sɔ³	zɔ⁶		
青浦新	tsɔ⁵	tsɔ⁵	sɔ¹	sɔ³	sɔ⁵	zɔ⁶	n̠iɔ²	zɔ⁶
莘庄	tsɔ⁵			sɔ³	sɔ³	zɔ⁶		
闵行新	tsɔ³		sɔ¹	sɔ³	sɔ³	zɔ²	iɔ⁶①	
川沙	tsɔ⁵			sɔ³	sɔ³	zɔ⁶		
川沙新	tsɔ⁵	tsɔ⁵	sɔ¹	sɔ³	sɔ⁵	zɔ⁶	n̠iɔ⁶	
高桥	tsɔ⁵			sɔ³	sɔ³	zɔ²		
三林	tsɔ⁵			sɔ³	sɔ³	zɔ²		
周浦	tsɔ⁵			sɔ³	sɔ³	zɔ⁶		
南汇	tsɔ⁵			sɔ³	sɔ³	zɔ⁶		
南汇新	tsɔ⁵		sɔ¹	sɔ³	sɔ⁵	zɔ⁶	ɦiɔ⁶	
嘉定	tsɔ⁵			sɔ³	sɔ⁵	zɔ⁶		
嘉定新	tsɔ⁵	tsɔ⁵	sɔ¹	sɔ³	sɔ⁵	zɔ⁶	n̠iɔ⁶	n̠iɔ⁶
宝山	tsɔ⁵	tsɔ⁵	sɔ¹	sɔ⁵	sɔ⁵	sɔ²	n̠iɔ²	n̠iɔ⁶
宝山新	tsɔ⁵	tsɔ⁵	sɔ¹	sɔ⁵	sɔ⁵	zɔ⁶	n̠iɔ⁶	n̠iɔ⁶
崇明	tsɔ⁵			sɔ³	sɔ³	zɔ⁶		
崇明新	tsɔu⁵		sɔu¹	sɔu³	sɔu³	zɔu⁶	n̠iɔ⁶	
堡镇	tsɔ⁵			sɔ³	sɔ³	zɔ⁶		
练塘	tsɔ⁵			sɔ¹	sɔ³	zɔ⁴		

注：① 姓氏。

序号	1168	1169	1170	1171	1172	1173	1174	1175
字目	绕 围绕	绕 绕线	娇	骄	乔	桥	侨	荞
中古音的地位	效开三上小日	效开三上小日	效开三平宵见	效开三平宵见	效开三平宵群	效开三平宵群	效开三平宵群	效开三平宵群
市区	ȵiɔ⁶	ȵiɔ⁶	tɕiɔ¹	tɕiɔ¹	dʑiɔ⁶	dʑiɔ⁶	dʑiɔ⁶	
市区中	ȵiɔ⁶	ȵiɔ⁶	tɕiɔ¹	tɕiɔ¹	dʑiɔ⁶	dʑiɔ⁶	dʑiɔ⁶	dʑiɔ⁶
市区新	ȵiɔ⁶	ȵiɔ⁶	tɕiɔ¹	tɕiɔ¹	dʑiɔ⁶	dʑiɔ⁶	dʑiɔ⁶	dʑiɔ⁶
真如	ȵiɔ⁶	ȵiɔ⁶			dʑiɔ²	dʑiɔ²	dʑiɔ²	
江湾	ȵiɔ⁶	ȵiɔ⁶			dʑiɔ⁶	dʑiɔ⁶	dʑiɔ⁶	
松江	ɲiɔ⁴/zɔ⁴	ɲiɔ⁴/zɔ⁴			ʝiɔ²	ʝiɔ²	ʝiɔ²	
松江新	ȵiɔ⁶	ȵiɔ⁶	tɕiɔ¹	tɕiɔ¹	dʑiɔ²	tiɔ⁵	dʑiɔ²	dʑiɔ²
泗泾	ɲiɔ⁶/zɔ⁶	ɲiɔ⁶/zɔ⁶			ʝiɔ²	ʝiɔ²	ʝiɔ²	
奉贤	ɲiɔ⁴	ɲiɔ⁴			ʝiɔ²	ʝiɔ²	ʝiɔ²	
奉贤新	zɔ⁶	ȵiɔ⁶	ʔtɕiɔ¹	ʔtɕiɔ¹	dʑiɔ²	dʑiɔ²	dʑiɔ²	dʑiɔ²
奉城	ɲiɔ⁶/zɔ⁶	ɲiɔ⁶/zɔ⁶			ʝiɔ²	ʝiɔ²	ʝiɔ²	
金山	ȵiɔ⁶/zɔ⁶	ȵiɔ⁶/zɔ⁶			ʝiɔ²	ʝiɔ²	ʝiɔ²	
金山新	ȵiɔ⁶	ȵiɔ⁶	tɕiɔ¹	tɕiɔ¹	dʑiɔ²	dʑiɔ²	dʑiɔ²	dʑiɔ²
枫泾	ȵiɔ⁶/zɔ⁶	ȵiɔ⁶/zɔ⁶			dʑiɔ²	dʑiɔ²	dʑiɔ²	
青浦	ȵiɔ⁶/zɔ⁶	ȵiɔ⁶/zɔ⁶			dʑiɔ²	dʑiɔ²	dʑiɔ²	
青浦新	ȵiɔ⁶	ȵiɔ⁶	tɕiɔ¹	tɕiɔ¹	dʑiɔ²	dʑiɔ²	dʑiɔ²	dʑiɔ²
莘庄	ɲiɔ⁶/zɔ⁶	ɲiɔ⁶/zɔ⁶			ʝiɔ²	ʝiɔ²	ʝiɔ²	
闵行新	ȵiɔ³	ȵiɔ³	tɕiɔ¹	tɕiɔ¹	dʑiɔ²	dʑiɔ²	dʑiɔ²	dʑiɔ²
川沙	ȵiɔ²/zɔ²	ȵiɔ²/zɔ²			dʑiɔ²	dʑiɔ²	dʑiɔ²	
川沙新	ȵiɔ⁶	ȵiɔ⁶	tɕiɔ¹	tɕiɔ¹	dʑiɔ⁶	dʑiɔ⁶	dʑiɔ⁶	dʑiɔ⁶
高桥	ȵiɔ²	ȵiɔ²			dʑiɔ⁶	dʑiɔ⁶	dʑiɔ⁶	
三林	ɲiɔ²/zɔ²	ɲiɔ²/zɔ²			ʝiɔ²	ʝiɔ²	ʝiɔ²	
周浦	ɲiɔ²	ɲiɔ²			ʝiɔ²	ʝiɔ²	ʝiɔ²	
南汇	ɲiɔ²	ɲiɔ²			ʝiɔ²	ʝiɔ²	ʝiɔ²	
南汇新		ȵiɔ⁶	tɕiɔ¹	tɕiɔ¹	dʑiɔ⁶	dʑiɔ⁶	dʑiɔ⁶	dʑiɔ⁶
嘉定	ȵiɔ⁶/zɔ⁶	ȵiɔ⁶/zɔ⁶			dʑiɔ²	dʑiɔ²	dʑiɔ²	
嘉定新	ȵiɔ⁶	ȵiɔ⁶	tɕiɔ¹	tɕiɔ¹	dzɔ²	dzɔ²	dzɔ²	dzɔ²
宝山	ȵiɔ⁶	ȵiɔ⁶	tɕiɔ¹	tɕiɔ¹	tɕiɔ⁵	tɕiɔ⁵	tɕiɔ⁵	tɕiɔ⁵
宝山新	ȵiɔ⁶	ȵiɔ⁶	tɕiɔ¹	tɕiɔ¹	tɕiɔ⁵	tɕiɔ⁵	tɕiɔ⁵	tɕiɔ⁵
崇明	ȵiɔ⁶/zɔ⁶	ȵiɔ⁶/zɔ⁶			dʑiɔ²	dʑiɔ²	dʑiɔ²	
崇明新	zou⁶	ȵiɔ⁶	tɕiɔ¹	tɕiɔ¹	dʑiɔ²	dʑiɔ²	dʑiɔ²	dʑiɔ²
堡镇	ȵiɔ⁶/zɔ⁶	ȵiɔ⁶/zɔ⁶			dʑiɔ²	dʑiɔ²	dʑiɔ²	
练塘	ȵiɔ⁴/zɔ⁴	ȵiɔ⁴/zɔ⁴			dʑiɔ²	dʑiɔ²	dʑiɔ²	

序号	1176	1177	1178	1179	1180	1181	1182	1183
字目	轿	妖	邀	要要求	腰	要重要	摇	谣
中古音的地位	效开三去笑群	效开三平宵影	效开三平宵影	效开三平宵影	效开三平宵影	效开三去笑影	效开三平宵以	效开三平宵以
市区	dʑiɔ⁶	iɔ¹	iɔ¹	iɔ¹	iɔ¹	iɔ⁵	ɦiɔ⁶	ɦiɔ⁶
市区中	dʑiɔ⁶	iɔ¹	iɔ¹	iɔ¹	iɔ¹	iɔ⁵	ɦiɔ⁶	ɦiɔ⁶
市区新	dʑiɔ⁶	iɔ¹	iɔ¹	iɔ¹	iɔ¹	iɔ⁵	ɦiɔ⁶	ɦiɔ⁶
真如	dʑiɔ²	iɔ¹	iɔ¹	iɔ¹	iɔ¹	iɔ⁵	ɦiɔ²	ɦiɔ²
江湾	dʑiɔ⁶	iɔ¹	iɔ¹	iɔ¹	iɔ¹	iɔ⁵	ɦiɔ⁶	ɦiɔ⁶
松江	jiɔ⁶	iɔ¹	iɔ¹	iɔ¹	iɔ¹	iɔ⁵	ɦiɔ²	ɦiɔ²
松江新	dʑiɔ⁶	iɔ¹	iɔ¹	iɔ¹	iɔ¹	iɔ⁵	ɦiɔ²	ɦiɔ²
泗泾	jiɔ⁶	iɔ¹	iɔ¹	iɔ¹	iɔ¹	iɔ⁵	ɦiɔ²	ɦiɔ²
奉贤	jiɔ⁶	iɔ¹	iɔ¹	iɔ¹	iɔ¹	iɔ⁵	ɦiɔ²	ɦiɔ²
奉贤新	dʑiɔ²	iɔ¹	iɔ¹	iɔ¹	iɔ¹	iɔ⁵	ɦiɔ²	ɦiɔ²
奉城	jiɔ⁶	iɔ¹	iɔ¹	iɔ¹	iɔ¹	iɔ⁵	ɦiɔ²	ɦiɔ²
金山	jiɔ⁶	iɔ¹	iɔ¹	iɔ¹	iɔ¹	iɔ⁵	ɦiɔ²	ɦiɔ²
金山新	dʑiɔ⁶	iɔ¹	iɔ¹	iɔ¹	iɔ¹	iɔ⁵	ɦiɔ²	ɦiɔ²
枫泾	dʑiɔ⁶	iɔ¹	iɔ¹	iɔ¹	iɔ¹	iɔ⁵	ɦiɔ²	ɦiɔ²
青浦	dʑiɔ⁶	iɔ¹	iɔ¹	iɔ¹	iɔ¹	iɔ⁵	ɦiɔ²	ɦiɔ²
青浦新	dʑiɔ⁶	iɔ¹	iɔ¹	iɔ¹	iɔ¹	iɔ⁵	ɦiɔ²	ɦiɔ²
莘庄	jiɔ⁶	iɔ¹	iɔ¹	iɔ¹	iɔ¹	ɦiɔ⁶	ɦiɔ²	ɦiɔ²
闵行新	dʑiɔ²	iɔ¹	iɔ¹	iɔ¹	iɔ¹	iɔ⁵	ɦiɔ²	ɦiɔ²
川沙	dʑiɔ⁶	iɔ¹	iɔ¹	iɔ¹	iɔ¹	iɔ⁵	ɦiɔ⁶	ɦiɔ⁶
川沙新	dʑiɔ⁶	iɔ¹	iɔ¹	iɔ¹	iɔ¹	iɔ⁵	ɦiɔ⁶	ɦiɔ⁶
高桥	dʑiɔ⁶	iɔ¹	iɔ¹	iɔ¹	iɔ¹	iɔ⁵	ɦiɔ⁶	ɦiɔ⁶
三林	jiɔ⁶	iɔ¹	iɔ¹	iɔ¹	iɔ¹	iɔ⁵	ɦiɔ²	ɦiɔ²
周浦	jiɔ⁶	iɔ¹	iɔ¹	iɔ¹	iɔ¹	iɔ⁵	ɦiɔ²	ɦiɔ²
南汇	jiɔ⁶	iɔ¹	iɔ¹	iɔ¹	iɔ¹	iɔ⁵	ɦiɔ²	ɦiɔ²
南汇新	dʑiɔ⁶	iɔ¹	iɔ¹	iɔ¹	iɔ¹	iɔ⁵	ɦiɔ⁶	ɦiɔ⁶
嘉定	dʑiɔ⁶	iɔ¹	iɔ¹	iɔ¹	iɔ¹	iɔ⁵	ɦiɔ²	ɦiɔ²
嘉定新	dzɔ⁶	iɔ¹	iɔ¹	iɔ¹	iɔ¹	iɔ⁵	ɦiɔ²	ɦiɔ²
宝山	tɕiɔ⁵	iɔ¹	iɔ¹	iɔ¹	iɔ¹	iɔ⁶	iɔ⁵	iɔ⁵
宝山新	tɕiɔ⁵	iɔ¹	iɔ¹	iɔ¹	iɔ¹	iɔ⁵	iɔ⁶	iɔ⁶
崇明	dʑiɔ⁶	iɔ¹	iɔ¹	iɔ¹	iɔ¹	iɔ⁵	ɦiɔ²	ɦiɔ²
崇明新	dʑiɔ⁶	iɔ¹	iɔ¹	iɔ¹	iɔ¹	iɔ⁵	iɔ²	iɔ²
堡镇	dʑiɔ⁶	iɔ¹	iɔ¹	iɔ¹	iɔ¹	iɔ⁵	ɦiɔ²	ɦiɔ²
练塘	dʑiɔ⁶	iɔ¹	iɔ¹	iɔ¹	iɔ¹	iɔ⁵	ɦiɔ²	ɦiɔ²

序号	1184	1185	1186	1187	1188	1189	1190	1191
字目	窑	遥	姚	舀	耀	鹞	刁	貂
中古音的地位	效开三平宵以	效开三平宵以	效开三平宵以	效开三上小以	效开三去笑以	效开三去笑以	效开四平萧端	效开四平萧端
市区	ɦiɔ⁶		ɦiɔ⁶	ɦiɔ⁶	ɦiɔ⁶	ɦiɔ⁶	tiɔ¹	tiɔ¹
市区中	ɦiɔ⁶	ɦiɔ⁶	ɦiɔ⁶	ɦiɔ⁶	ɦiɔ⁶	ɦiɔ⁶	tiɔ¹	tiɔ¹
市区新	ɦiɔ⁶	ɦiɔ⁶	ɦiɔ⁶	ɦiɔ⁶	ɦiɔ⁶	ɦiɔ⁶	tiɔ¹	tiɔ¹
真如	ɦiɔ²		ɦiɔ²	ɦiɔ⁶	ɦiɔ⁶	ɦiɔ⁶	ʔdiɔ¹	ʔdiɔ¹
江湾	ɦiɔ⁶		ɦiɔ⁶	ɦiɔ⁶	ɦiɔ⁶	ɦiɔ⁶	ʔdiɔ¹	ʔdiɔ¹
松江	ɦiɔ²		ɦiɔ²	ɦiɔ⁴	ɦiɔ⁶	ɦiɔ⁶	ʔdiɔ¹	ʔdiɔ¹
松江新	ɦiɔ²	ɦiɔ²	ɦiɔ²	ɦiɔ⁶	iɔ⁵	iɔ⁵	tiɔ¹	tiɔ¹
泗泾	ɦiɔ²		ɦiɔ²	ɦiɔ⁶	ɦiɔ⁶	ɦiɔ⁶	ʔdiɔ¹	ʔdiɔ¹
奉贤	ɦiɔ²		ɦiɔ²	ɦiɔ⁶	ɦiɔ⁶	ɦiɔ⁶	ʔdiɔ¹	ʔdiɔ¹
奉贤新	ɦiɔ²	ɦiɔ²	ɦiɔ²	ɦiɔ⁶	ɦiɔ⁶	ɦiɔ⁶	ʔdiɔ²	ʔdiɔ²
奉城	ɦiɔ²		ɦiɔ²	ɦiɔ⁶	ɦiɔ⁶	ɦiɔ⁶	ʔdiɔ¹	ʔdiɔ¹
金山	ɦiɔ²		ɦiɔ²	iɔ³	ɦiɔ⁶	ɦiɔ⁶	ʔdiɔ¹	ʔdiɔ¹
金山新	ɦiɔ²	ɦiɔ²	ɦiɔ²	ɦiɔ⁶	iɔ⁵	ɦiɔ⁶	tiɔ¹	tiɔ¹
枫泾	ɦiɔ²		ɦiɔ²	iɔ³	ɦiɔ⁶	ɦiɔ⁶	tiɔ¹	ʔdiɔ¹
青浦	ɦiɔ²		ɦiɔ²	ɦiɔ⁶	ɦiɔ⁶	ɦiɔ⁶	ʔdiɔ¹	ʔdiɔ¹
青浦新	ɦiɔ²	ɦiɔ²	ɦiɔ²	ɦiɔ⁶	ɦiɔ⁶	ɦiɔ⁶	tiɔ¹	tiɔ¹
莘庄	ɦiɔ²		ɦiɔ²	ɦiɔ⁶	ɦiɔ⁶	ɦiɔ⁶	ʔdiɔ¹	ʔdiɔ¹
闵行新	ɦiɔ²	ɦiɔ²	ɦiɔ²	iɔ⁵	ɦiɔ²	ɦiɔ⁶	tiɔ¹	tiɔ¹
川沙	ɦiɔ²		ɦiɔ²	ɦiɔ⁶	ɦiɔ⁶	ɦiɔ⁶	ʔdiɔ¹	ʔdiɔ¹
川沙新	ɦiɔ⁶	ɦiɔ⁶	ɦiɔ⁶	ɦiɔ⁶	ɦiɔ⁶	ɦiɔ⁶	ʔdiɔ¹	ʔdiɔ¹
高桥	ɦiɔ⁶		ɦiɔ⁶	ɦiɔ⁶	ɦiɔ²	ɦiɔ⁶	ʔdiɔ¹	ʔdiɔ¹
三林	ɦiɔ²		ɦiɔ²	ɦiɔ⁶	ɦiɔ⁶	ɦiɔ⁶	ʔdiɔ¹	ʔdiɔ¹
周浦	ɦiɔ²		ɦiɔ²	ɦiɔ⁶	ɦiɔ⁶	ɦiɔ⁶	ʔdiɔ¹	ʔdiɔ¹
南汇	ɦiɔ²		ɦiɔ²	ɦiɔ⁶	ɦiɔ⁶	ɦiɔ⁶	ʔdiɔ¹	ʔdiɔ¹
南汇新	ɦiɔ⁶	ɦiɔ⁶	ɦiɔ⁶	iɔ³	ɦiɔ⁶	ɦiɔ⁶	ʔdiɔ¹	ʔdiɔ¹
嘉定	ɦiɔ²		ɦiɔ²	ɦiɔ⁶	ɦiɔ⁶	ɦiɔ⁶	tiɔ¹	tiɔ¹
嘉定新	ɦiɔ²	ɦiɔ²	ɦiɔ²	ɦiɔ⁶	ɦiɔ⁶	iɔ⁵	tiɔ¹	tiɔ¹
宝山	iɔ⁵	iɔ⁵	iɔ⁵	iɔ⁶	iɔ⁵	iɔ⁵	tiɔ¹	tiɔ¹
宝山新	iɔ⁶	iɔ⁶	iɔ⁶	iɔ⁶	iɔ⁵	iɔ⁵	tiɔ¹	tiɔ¹
崇明	ɦiɔ²		ɦiɔ²	ɦiɔ⁴	ɦiɔ⁶	ɦiɔ⁶	tiɔ¹	tiɔ¹
崇明新	iɔ²	iɔ²	iɔ²	iɔ⁴	iɔ⁶	iɔ⁶	tiɔ¹	tiɔ¹
堡镇	ɦiɔ²		ɦiɔ²	ɦiɔ⁴	ɦiɔ⁶	ɦiɔ⁶	tiɔ¹	tiɔ¹
练塘	ɦiɔ²		ɦiɔ²	ɦiɔ⁴	ɦiɔ⁶	ɦiɔ⁶	tiɔ¹	tiɔ¹

序号	1192	1193	1194	1195	1196	1197	1198	1199
字目	雕雕刻	鸟	钓	吊吊桥	挑挑担	跳	条	调调和
中古音的地位	效开四平萧端	效开四上筱端	效开四去啸端	效开四去啸端	效开四平萧透	效开四去啸透	效开四平萧定	效开四平萧定
市区	tiɔ¹	tiɔ⁵/ɲiɔ⁵	ciɔ⁵	ciɔ⁵	tʰiɔ¹	tʰiɔ⁵	diɔ⁶	diɔ⁶
市区中	tiɔ¹	ɲiɔ⁵	ciɔ⁵	ciɔ⁵	tʰiɔ¹	tʰiɔ⁵	diɔ⁶	diɔ⁶
市区新	tiɔ¹	ɲiɔ⁵	ciɔ⁵	ciɔ⁵	tʰiɔ¹	tʰiɔ⁵	diɔ⁶	diɔ⁶
真如	ʔdiɔ¹	ɲiɔ³/ʔdiɔ³	ʔdiɔ⁵	ʔdiɔ⁵	tʰiɔ¹	tʰiɔ⁵	diɔ²	diɔ²
江湾	ʔdiɔ¹	ʔdiɔ⁵/ɲiɔ⁵	ʔdiɔ⁵	ʔdiɔ⁵	tʰiɔ¹	tʰiɔ⁵	diɔ⁶	diɔ⁶
松江	ʔdiɔ¹	ʔdiɔ³/ɲiɔ³	ʔdiɔ⁵	ʔdiɔ⁵	tʰiɔ¹	tʰiɔ⁵	diɔ²	diɔ²
松江新	tiɔ¹	ɲiɔ³	tiɔ⁵	ciɔ⁵	tʰiɔ¹	tʰiɔ⁵	diɔ²	diɔ²
泗泾	ʔdiɔ¹	ʔdiɔ³/ɲiɔ³	ʔdiɔ⁵	ʔdiɔ⁵	tʰiɔ¹	tʰiɔ⁵	diɔ²	diɔ²
奉贤	ʔdiɔ¹	ʔdiɔ³/ɲiɔ⁴	ʔdiɔ⁵	ʔdiɔ⁵	tʰiɔ¹	tʰiɔ⁵	diɔ²	diɔ²
奉贤新	ʔdiɔ²	ʔdiɔ³	ʔdiɔ⁶	ʔdiɔ⁶	tʰiɔ¹	tʰiɔ⁵	diɔ²	diɔ²
奉城	ʔdiɔ¹	ʔdiɔ³/ɲiɔ⁴	ʔdiɔ⁵	ʔdiɔ⁵	tʰiɔ¹	tʰiɔ⁵	diɔ²	diɔ²
金山	ʔdiɔ¹	ʔdiɔ³/ɲiɔ³	ʔdiɔ⁵	ʔdiɔ⁵	tʰiɔ¹	tʰiɔ⁵	diɔ²	diɔ²
金山新	tiɔ¹	ʔɲiɔ³	tiɔ⁵	tiɔ⁵	tʰiɔ¹	tʰiɔ⁵	diɔ²	diɔ²
枫泾	tiɔ¹	tiɔ³/ɲiɔ³	ciɔ⁵	ciɔ⁵	tʰiɔ¹	tʰiɔ⁵	diɔ²	diɔ²
青浦	ʔdiɔ¹	ɲiɔ³	ʔdiɔ⁵	ʔdiɔ⁵	tʰiɔ¹	tʰiɔ⁵	diɔ²	diɔ²
青浦新	tiɔ¹	ɲiɔ³	ciɔ⁵	ciɔ⁵	tʰiɔ¹	tʰiɔ⁵	diɔ²	diɔ²
莘庄	ʔdiɔ¹	ʔdiɔ³	ʔdiɔ⁵	ʔdiɔ⁵	tʰiɔ¹	tʰiɔ⁵	diɔ²	diɔ²
闵行新	tiɔ¹	tiɔ³	tiɔ³	tiɔ³	tʰiɔ¹	tʰiɔ⁵	diɔ²	diɔ²
川沙	ʔdiɔ¹	ʔdiɔ³	ʔdiɔ⁵	ʔdiɔ⁵	tʰiɔ¹	tʰiɔ⁵	diɔ²	diɔ²
川沙新	ʔdiɔ¹	ʔdiɔ³/ɲiɔ³	ʔdiɔ⁵	ʔdiɔ⁵	tʰiɔ¹	tʰiɔ⁵	diɔ⁶	diɔ⁶
高桥	ʔdiɔ¹	ʔdiɔ³	ʔdiɔ⁵	ʔdiɔ⁵	tʰiɔ¹	tʰiɔ⁵	diɔ²	diɔ⁶
三林	ʔdiɔ¹	ʔdiɔ³	ʔdiɔ⁵	ʔdiɔ⁵	tʰiɔ¹	tʰiɔ⁵	diɔ²	diɔ²
周浦	ʔdiɔ¹	ʔdiɔ³	ʔdiɔ⁵	ʔdiɔ⁵	tʰiɔ¹	tʰiɔ⁵	diɔ²	diɔ²
南汇	ʔdiɔ¹	ʔdiɔ³	ʔdiɔ⁵	ʔdiɔ⁵	tʰiɔ¹	tʰiɔ⁵	diɔ²	diɔ²
南汇新	ʔdiɔ¹	ɲiɔ³	ʔdiɔ⁵	ʔdiɔ⁵	tʰiɔ¹	tʰiɔ⁵	diɔ⁶	diɔ⁶
嘉定	tiɔ¹	ɲiɔ⁵	tiɔ⁵	tiɔ⁵	tʰiɔ¹	tʰiɔ⁵	diɔ²	diɔ²
嘉定新	tiɔ¹	tiɔ⁵/ɲiɔ⁶	tiɔ⁵	tiɔ⁵	tʰiɔ¹	tʰiɔ⁵	diɔ²	diɔ²
宝山	tiɔ¹	ɲiɔ³	tiɔ⁵	tiɔ⁵	tʰiɔ¹	tʰiɔ⁵	tiɔ²	tiɔ²
宝山新	tiɔ¹	ɲiɔ⁶	tiɔ⁵	tiɔ⁵	tʰiɔ¹	tʰiɔ⁵	tiɔ⁵	tiɔ⁵
崇明	tiɔ¹	ɲiɔ³	ciɔ⁵	ciɔ⁵	tʰiɔ¹	tʰiɔ⁵	diɔ²	diɔ²
崇明新	tiɔ¹	ɲiɔ³	ciɔ⁵	ciɔ⁵	tʰiɔu¹	tʰiɔ⁵	diɔ²	diɔ²
堡镇	tiɔ¹	ɲiɔ³	ciɔ⁵	ciɔ⁵	tʰiɔ¹	tʰiɔ⁵	diɔ²	diɔ²
练塘	tiɔ¹	ɲiɔ¹	tiɔ⁵	ciɔ⁵	tʰiɔ¹	tʰiɔ⁵	diɔ²	diɔ²

序号	1200	1201	1202	1203	1204	1205	1206	1207
字目	挑挑战	掉	调调动	尿	辽	聊	撩	寥
中古音的地位	效开四平萧透	效开四去啸定	效开四去啸定	效开四去啸泥	效开四平萧来	效开四平萧来	效开四平萧来	效开四平萧来
市区		diɔ⁶	diɔ⁶	sʅ¹/ɲiɔ⁵	liɔ⁶	liɔ⁶	liɔ¹/liɔ⁶	liɔ⁶
市区中	tiɔ⁵	diɔ⁶	diɔ⁶	ɲiɔ⁵	liɔ⁶	liɔ⁶	liɔ⁶	liɔ⁶
市区新	tʰiɔ⁵	diɔ⁶	diɔ⁶	ɲiɔ⁵	liɔ⁶	liɔ⁶	liɔ⁶	liɔ⁶
真如	tʰiɔ¹	diɔ⁶	diɔ⁶	ɲiɔ⁵	liɔ²	liɔ²	liɔ²	liɔ²
江湾	tʰiɔ¹	diɔ⁶	diɔ⁶	ɲiɔ⁵/sʅ¹	liɔ⁶	liɔ⁶	liɔ⁶	liɔ⁶
松江	tʰiɔ¹	diɔ⁶	diɔ⁶	ɲiɔ⁵	liɔ²	liɔ²	liɔ²	liɔ²
松江新	tʰiɔ³		diɔ⁶	ɲiɔ⁵	liɔ²	liɔ²	liɔ²	liɔ²
泗泾	tʰiɔ¹	diɔ⁶	diɔ⁶	ɲiɔ⁵	liɔ²	liɔ²	liɔ²	liɔ²
奉贤	tʰiɔ¹	diɔ⁶	diɔ⁶	ɲiɔ³/sʅ¹	liɔ²	liɔ²	liɔ²	liɔ²
奉贤新	tʰiɔ³	diɔ⁶	diɔ⁶	ɲiɔ⁶	liɔ²	liɔ²	liɔ²	liɔ²
奉城	tʰiɔ¹	diɔ⁶	diɔ⁶	ɲiɔ³/sʅ¹	liɔ²	liɔ²	liɔ²	liɔ²
金山	tʰiɔ¹	diɔ⁶	diɔ⁶	ɲiɔ³	liɔ²	liɔ²	liɔ²	liɔ²
金山新	tʰiɔ³	diɔ⁶	diɔ⁶	ɲiɔ⁶	liɔ²	liɔ²	liɔ²	liɔ²
枫泾	tʰiɔ¹	diɔ⁶	diɔ⁶	ɲiɔ³	liɔ²	liɔ²	liɔ²	liɔ²
青浦	tʰiɔ¹	diɔ⁶	diɔ⁶	ɲiɔ³	liɔ²	liɔ²	liɔ²	liɔ²
青浦新	tʰiɔ⁵	diɔ⁶	diɔ⁶	niɔ⁵	liɔ²	liɔ¹	liɔ²	liɔ²
莘庄	tʰiɔ¹	diɔ⁶	diɔ⁶	ɲiɔ³	liɔ²	liɔ²	liɔ²	liɔ²
闵行新	tʰiɔ⁵	diɔ²	diɔ²	ɲiɔ³	liɔ²	liɔ²	liɔ²	liɔ²
川沙	tʰiɔ¹	diɔ⁶	diɔ⁶	ɲiɔ⁵	liɔ²	liɔ²	liɔ²	liɔ²
川沙新	tʰiɔ³	diɔ⁶	diɔ⁶	ɲiɔ⁵	liɔ⁶	liɔ⁶		
高桥	tʰiɔ¹	diɔ²	diɔ²	sʅ¹	liɔ⁶	liɔ⁶	liɔ⁶	liɔ⁶
三林	tʰiɔ¹	diɔ⁶	diɔ⁶	ɲiɔ⁵	liɔ²	liɔ²	liɔ²	liɔ²
周浦	tʰiɔ¹	diɔ⁶	diɔ⁶	ɲiɔ⁵	liɔ²	liɔ²	liɔ²	liɔ²
南汇	tʰiɔ¹	diɔ⁶	diɔ⁶	ɲiɔ⁵	liɔ²	liɔ²	liɔ²	liɔ²
南汇新	tʰiɔ³		diɔ⁶	ɲiɔ⁵	liɔ⁶	liɔ⁶	liɔ⁶	liɔ⁶
嘉定	tʰiɔ¹	diɔ⁶	diɔ⁶	ɲiɔ⁶	liɔ²	liɔ⁶	liɔ¹	liɔ²
嘉定新	tʰiɔ⁵	diɔ⁶	diɔ⁶	ɲiɔ⁶	liɔ²	liɔ²	liɔ²	liɔ²
宝山	tiɔ¹	diɔ⁶	diɔ⁶	ɲiɔ⁶	liɔ²	liɔ²	liɔ²	liɔ²
宝山新	tiɔ¹	tiɔ⁵	tiɔ⁵	ɲiɔ⁵	liɔ⁵	liɔ⁵	liɔ⁵	li³⁵
崇明	tʰiɔ¹	diɔ⁴	diɔ⁴	ɲiɔ⁵	liɔ²	liɔ²	liɔ²	liɔ²
崇明新	tʰiɑu³	tʰə⁷	diɔ⁶	ɲiɔ⁵	liɔ²	liɔ²	liɔ²	liɔ²
堡镇	tʰiɔ¹	diɔ⁴	diɔ⁴	ɲiɔ⁵	liɔ²	liɔ²	liɔ²	liɔ²
练塘	tʰiɔ¹	diɔ⁶	diɔ⁶	ɲiɔ¹	liɔ²	liɔ²	liɔ²	liɔ²

序号	1208	1209	1210	1211	1212	1213	1214	1215
字目	了	料	萧	箫	浇	缴①	侥	叫
中古音的地位	效开四上筱来	效开四去啸来	效开四平萧心	效开四平萧心	效开四平萧见	效开四上筱见	效开四上筱见	效开四去啸见
市区	liɔ⁶	liɔ⁶	ɕiɔ¹	ɕiɔ¹	tɕiɔ¹	tɕiɔ¹/tɕiɔ⁵		tɕiɔ⁵
市区中	liɔ⁶	liɔ⁶	ɕiɔ¹	ɕiɔ¹	tɕiɔ¹	tɕiɔ⁵	tɕiɔ⁵	tɕiɔ⁵
市区新	liɔ⁶	liɔ⁶	ɕiɔ¹	ɕiɔ¹	tɕiɔ¹	tɕiɔ⁵	tɕiɔ⁵	tɕiɔ⁵
真如	liɔ⁶	liɔ⁶	siɔ¹	siɔ¹	tɕiɔ¹	tɕiɔ¹		tɕiɔ⁵
江湾	liɔ⁶	liɔ⁶	siɔ¹	siɔ¹	tɕiɔ¹	tɕiɔ¹		tɕiɔ⁵
松江	liɔ⁴	liɔ⁶	siɔ¹	siɔ¹	ciɔ¹	ciɔ³		ciɔ⁵
松江新	liɔ⁶	liɔ⁶	siɔ¹	siɔ¹	tɕiɔ¹	tɕiɔ³	tɕiɔ³	tɕiɔ⁵
泗泾	liɔ⁶	liɔ⁶	siɔ¹	siɔ¹	ciɔ¹	ciɔ³		ciɔ⁵
奉贤	liɔ⁴	liɔ⁶	siɔ¹	siɔ¹	ʔɟiɔ¹	ʔɟiɔ¹		ʔɟiɔ⁵
奉贤新	liɔ⁶	liɔ⁶	ɕiɔ¹	ɕiɔ¹	ʔtɕiɔ¹	ʔtɕiɔ³	ʔtɕiɔ³	ʔtɕiɔ⁵
奉城	liɔ⁶	liɔ⁶	siɔ¹	siɔ¹	ʔɟiɔ¹	ʔɟiɔ¹		ʔɟiɔ⁵
金山	liɔ³	liɔ⁶	siɔ¹	siɔ¹	ciɔ¹	ciɔ¹		ciɔ⁵
金山新	liɔ⁶	liɔ⁶	ɕiɔ¹	ɕiɔ¹	tɕiɔ¹	tɕiɔ³	tɕiɔ³	tɕiɔ⁵
枫泾	liɔ³	liɔ⁶	siɔ¹	siɔ¹	tɕiɔ¹	tɕiɔ³		tɕiɔ⁵
青浦	liɔ²	liɔ⁶	siɔ¹	siɔ¹	tɕiɔ¹	tɕiɔ³		tɕiɔ⁵
青浦新	liɔ⁶	liɔ⁶	ɕiɔ¹	ɕiɔ¹	tɕiɔ¹	tɕiɔ³	tɕiɔ³	tɕiɔ⁵
莘庄	liɔ⁶	liɔ⁶	siɔ¹	siɔ¹	ciɔ¹	ciɔ³		ciɔ⁵
闵行新	liɔ²	liɔ²	ɕiɔ¹	ɕiɔ¹	tɕiɔ¹	kɔ¹		tɕiɔ⁵
川沙	liɔ⁶	liɔ⁶	siɔ¹	siɔ¹	tɕiɔ¹	tɕiɔ¹		tɕiɔ⁵
川沙新	liɔ⁶	liɔ⁵	ɕiɔ¹	ɕiɔ¹	tɕiɔ¹	kɔ¹		tɕiɔ⁵
高桥	liɔ²	liɔ⁶	siɔ¹	siɔ¹	tɕiɔ¹	tɕiɔ¹		tɕiɔ⁵
三林	liɔ²	liɔ⁶	siɔ¹	siɔ¹	ciɔ¹	ciɔ¹		ciɔ⁵
周浦	liɔ³ *	liɔ⁶	siɔ¹	siɔ¹	ciɔ¹	ciɔ¹		ciɔ⁵
南汇	liɔ³	liɔ⁶	siɔ¹	siɔ¹	ʔɟiɔ¹	ʔɟiɔ¹		ʔɟiɔ⁵
南汇新	liɔ⁶	liɔ⁶	ɕiɔ¹	ɕiɔ¹	tɕiɔ¹	tɕiɔ¹		tɕiɔ⁵
嘉定	liɔ⁶	liɔ⁶	siɔ¹	siɔ¹	tɕiɔ¹	tɕiɔ¹		tɕiɔ¹
嘉定新	liɔ⁶	liɔ⁶	ɕiɔ¹	ɕiɔ¹	tɕiɔ¹	tɕiɔ¹	tɕiɔ¹	tɕiɔ⁵
宝山	liɔ⁶	liɔ⁶	ɕiɔ¹	ɕiɔ¹	tɕiɔ¹	tɕiɔ¹	tɕiɔ¹	tɕiɔ⁵
宝山新	liɔ⁵	liɔ⁵	ɕiɔ¹	ɕiɔ¹	tɕiɔ¹	tɕiɔ⁵	tɕiɔ⁵	tɕiɔ⁵
崇明	liɔ⁶	liɔ⁶	ɕiɔ¹	ɕiɔ¹	tɕiɔ¹	tɕiɔ¹		tɕiɔ⁵
崇明新	liɔ⁶	liɔ⁶	ɕiɔ¹	ɕiɔ¹	tɕiɔ¹	tɕiɔ³	tɕiɔ³	tɕiɔ⁵
堡镇	liɔ⁶	liɔ⁶	ɕiɔ¹	ɕiɔ¹	tɕiɔ¹	tɕiɔ¹		tɕiɔ⁵
练塘	liɔ²	liɔ⁶	siɔ¹	siɔ¹	tɕiɔ¹	tɕiɔ¹		tɕiɔ⁵

注：① 老派音的阴平是"交"的训读。

序号	1216	1217	1218	1219	1220	1221	1222	1223
字目	窍	尧	晓	幺	剖①	某	母	亩
中古音的地位	效开四去啸溪	效开四平萧疑	效开四上筱晓	效开四平萧影	流开一上厚滂	流开一上厚明	流开一上厚明	流开一上厚明
市区			çiɔ⁵		pʰɤ⁵/pʰu⁵	mɤ⁶	mu¹/m̩¹	fim⁶/mɤ⁶
市区中	tɕʰiɔ⁵	ɦiɔ⁶	çiɔ⁵	iɔ¹	pʰu⁵/pʰɤ⁵	mɤ⁶	mu⁶	mu⁶
市区新	tɕʰiɔ⁵	ɦiɔ⁶	çiɔ⁵	iɔ¹	pɔ⁵/pɤ⁵	mɤ⁵	mɯ⁵	mɯ⁵
真如			çiɔ⁵	iɔ¹	pʰe⁵	mɤ⁶	mu¹	mɤ⁶
江湾			çiɔ⁵	iɔ¹	pʰɤɯ⁵	mɤɯ⁶	mu¹/mu⁵	m̩⁶/mɤɯ⁶
松江			çiɔ³	iɔ¹	pʰɯ³	mɯ⁴	mu⁴	m̩⁴/mu⁴
松江新	tɕʰiɔ⁵	ɦiɔ²	çiɔ³		pʰu³	mɤɯ³	mu³	mu³
泗泾			çiɔ³②		pʰɯ³	mɯ⁶	mu⁶	m̩⁶/mu⁶
奉贤			çiɔ⁵	iɔ¹	pʰɯ³	mɯ⁴	mu⁴	m̩⁴/mu⁴
奉贤新	tɕʰiɔ¹	ɦiɔ⁶	çiɔ³	iɔ³	pʰɤ¹	mɤ⁶	mu⁶	mu⁶
奉城			çiɔ⁵	iɔ¹	pʰɤ⁵	mu³	mu⁶	m̩⁶/mɤ⁶
金山			çiɔ⁵	iɔ¹	pʰɤ⁵	mɤ⁶	mo³	m̩⁶/mɤ⁶
金山新	tɕʰiɔ⁵		çiɔ³		pʰə³	mo³	mu⁶	mu⁶/m̩
枫泾			çiɔ³	iɔ¹	pʰɤ⁵	mɤ⁴	mɤ⁴	m̩⁶/mɤ⁴
青浦			çiɔ³	iɔ¹	pʰɯ³	mɯ⁶	mu³	mɯ⁶/m̩
青浦新	tɕʰiɔ⁵	ɦiɔ³	çiɔ³	iɔ¹	pʰɯ¹	mɯ³	m̩³/mu³	m̩³
莘庄			çiɔ³	iɔ¹	pʰu⁵	mɤ³	mu³	mɤ³
闵行新	tɕiɔ¹	iɔ²	çiɔ³	iɔ¹	pʰu¹	mɤ²	mɤ²	mɤ²
川沙			çiɔ⁵	iɔ¹	pʰe⁵	mɤ²	mu²	m̩²/mɤ²
川沙新	tɕʰiɔ⁵		çiɔ⁵	iɔ¹		mɤ²	mu⁶	mu⁶ mɤ²
高桥			çiɔ⁵	iɔ¹	pʰu⁵	mɤ⁶	mu¹/mu⁶	mɤ⁶
三林			çiɔ⁵	iɔ¹	pʰe³	me²	mu²	mɤ²
周浦			çiɔ⁵	iɔ¹	pʰɤ³	mɤ²	mu²	mɤ²
南汇			çiɔ⁵	iɔ¹	pʰɤ⁵	mɤ²	mu²	mɤ²
南汇新	tɕʰiɔ⁵	ɦiɔ⁶	çiɔ³	iɔ¹	pʰɤ⁶	mɤ⁶	m̩³	mɤ⁶
嘉定			çiɔ⁵	iɔ¹	pʰiɪ⁵	miɪ⁶	mu⁶	miɪ⁶
嘉定新	tɕʰiɔ⁵		çiɔ³		pʰɔ¹	mø²	ŋ̍²/mu⁶③	ŋ̍⁶/mø²
宝山	tɕʰiɔ⁵	iɔ⁵	çiɔ⁵		pʰu⁵	mᴇ⁶	mɯ⁵	mu⁶
宝山新	tɕʰiɔ⁵	iɔ⁵	çiɔ⁵		pʰu¹	mɤ⁵	mu⁶	mu⁶
崇明			çiɔ³	iɔ¹	pʰə³	mə⁶	mu³	mə⁶
崇明新	dʑiɔ⁶	ɲiɔ²	çiɔ³	iɔ¹	pʰɤ³	mɤ³	mu³	mə⁶
堡镇			çiɔ³	iɔ¹	pʰə¹	mə⁶	mu³	mə⁶
练塘			çiɔ¹	iɔ¹	pʰɯ³	mɯ⁴	mu¹	mɯ⁴/m̩⁴

注：① 老派音的pʰu⁵是"破"的训读。
② 还有hɔ³一读。
③ "老母猪"、"丈母娘"中读ŋ̍²。

序号	1224	1225	1226	1227	1228	1229	1230	1231
字目	牡	拇	茂	贸	兜	斗升斗	抖	陡
中古音的地位	流开一上厚明	流开一上厚明	流开一去候明	流开一去候明	流开一平侯端	流开一去候端	流开一上厚端	流开一上厚端
市区		m̩¹/mu¹	mɤ⁶/mɔ⁶	mɤ⁶/mɔ⁶	tɤ¹	tɤ⁵	tɤ⁵	tɤ⁵
市区中	mu⁶	mu⁶	mɤ⁶/mɔ⁶	mɤ⁶/mɔ⁶	tɤ¹	tɤ⁵	tɤ⁵	tɤ⁵
市区新	mɷ⁶	mɷ⁵	mɔ⁶	mɔ⁶	tɤ¹	tɤ⁵	tɤ⁵	tɤ⁵
真如		mu¹	mɤ⁶	mɤ⁶	ʔdɤ¹	ʔdɤ⁵	ʔdɤ³	ʔdɤ³
江湾		mu⁵	mɤɯ⁶	mɤɯ⁶	ʔdɤɯ¹	tɤɯ⁵	ʔdɤɯ⁵	ʔdɤɯ⁵
松江		mu⁴	muɯ⁶	muɯ⁶	ʔduɯ¹	ʔduɯ⁵	ʔduɯ³	ʔduɯ³
松江新	mu⁶	mu³	mɔ⁶	mɔ⁶	tɤɯ¹	tɤɯ³	tɤɯ³	tɤɯ³
泗泾		mu⁶	muɯ⁶	muɯ⁶	ʔduɯ¹	ʔduɯ⁵	ʔduɯ³	ʔduɯ³
奉贤		m̩⁴/mu⁶	muɯ⁶	muɯ⁶	ʔduɯ¹	ʔduɯ⁵	ʔduɯ³	ʔduɯ³
奉贤新	mu⁶	mu⁶	mɔ⁶	mɔ⁶	ʔdɤ¹	ʔdɤ⁵	ʔdɤ³	ʔdɤ³
奉城		m̩⁴/mu⁶	muɯ⁶	muɯ⁶	ʔduɯ¹	ʔduɯ⁵	ʔduɯ³	ʔduɯ³
金山		mɔ³	mɤ⁶	mɤ⁶	ʔdɤ¹	ʔdɤ⁵	ʔdɤ³	ʔdɤ³
金山新	mu⁶	mu⁶	mɔ⁶	mɔ⁶	thɤ¹	tɤ³	tɤ³	tɤ³
枫泾		mɤ⁴	mɤ⁶	mɤ⁶	tɤ¹	tɤ⁵	tɤ⁵	tɤ⁵
青浦		mu³	muɯ⁶	muɯ⁶	ʔduɯ¹	ʔduɯ⁵	ʔduɯ³	ʔduɯ³
青浦新	mu⁶	m̩³	mɔ⁶	mɔ⁶	tuɯ¹	tuɯ³	tuɯ³	tuɯ³
莘庄		mu³	mɤ⁶	mɤ⁶	ʔdɤ³	ʔdɤ³	ʔdɤ³	ʔdɤ³
闵行新	mɤ²①	mɤ²	mɔ²	mɔ²	tɤ⁵	tɤ⁵	ʔdɤ⁵	ʔdɤ⁵
川沙		mu²	mɤ⁶	mɤ⁶	ʔdɤ¹	ʔdɤ³	ʔdɤ³	ʔdɤ³
川沙新	mu⁶ / mɤ⁶	mu⁶	mɔ⁶	mɔ⁶	ʔdɤ³	ʔdɤ³	ʔdɤ³	ʔdɤ³
高桥		mu¹/mu⁶	mɤ⁶	mɤ⁶	ʔdɤ³	ʔdɤ³	ʔdɤ³	ʔdɤ³
三林		mu²	mɤ⁶	mɤ⁶	ʔdɤ¹	ʔdɤ³	ʔdɤ³	ʔdɤ³
周浦		mu²	mɤ⁶	mɤ⁶	ʔdɤ¹	ʔdɤ³	ʔdɤ³	ʔdɤ³
南汇		mu²	mɤ⁶	mɤ⁶	ʔdɤ¹	ʔdɤ³	ʔdɤ³	ʔdɤ³
南汇新	mɤ⁶		mɔ⁶	mɔ⁶	tɤ¹	ʔdɤ⁵	ʔdɤ⁵	ʔdɤ⁵
嘉定		mu⁶	mii⁶	mii⁶	tø¹	tø⁵	tø⁵	tø⁵
嘉定新	mɔ⁶/mu⁶	mu⁶	mɔ⁶	mɔ⁶	tø¹	tø⁵	tø⁵	tø⁵
宝山		mu⁵	mᴇ⁵	mᴇ⁵	tɤ⁵	tɤ⁵	tɤ⁵	tɤ⁵
宝山新	mu⁶	mu⁶	mɔ⁵	mɔ⁵	tɤ⁵	tɤ⁵	tɤ⁵	tɤ⁵
崇明		mu³	mɘ⁶	mɘ²	tɘ¹	tɘ⁵	tɘ³	tɘ³
崇明新	mu⁶	mu⁶	mu⁶	mɔu⁶	tɤ¹	tɤ³	tɤ³	tɤ³
堡镇		mu³	mɘ⁶	mɘ²	tɘ¹	tɘ⁵	tɘ³	tɘ³
练塘		mu¹	mu⁶	mu⁶	tuɯ¹	tuɯ⁵	tuɯ¹	tuɯ¹

注：① "牡丹香烟"中读mu²。

序号	1232	1233	1234	1235	1236	1237	1238	1239
字目	斗斗争	偷	透	头	投	豆豆子	痘	楼
中古音的地位	流开一上厚端	流开一平侯透	流开一去候透	流开一平侯定	流开一平侯定	流开一去候定	流开一去候定	流开一平侯来
市区	tɤ⁵	tʰɤ¹	tʰɤ⁵	dɤ⁶	dɤ⁶	dɤ⁶		lɤ⁶
市区中	tɤ⁵	tʰɤ¹	tʰɤ⁵	dɤ⁶	dɤ⁶	dɤ⁶		lɤ⁶
市区新	tɤ⁵	tʰɤ¹	tʰɤ⁵	dɤ⁶	dɤ⁶	dɤ⁶		lɤ⁶
真如	ʔdɤ³	tʰɤ¹	tʰɤ⁵	dɤ²	dɤ²	ʔdɤ⁵		lɤ²
江湾	ʔdɤᵚ⁵	tʰɤᵚ¹	tʰɤᵚ⁵	dɤᵚ⁶	dɤᵚ⁶	dɤᵚ⁶		lɤᵚ⁶
松江	ʔdɯ³	tʰɯ¹	tʰɯ⁵	dɯ²	dɯ²	dɯ⁶		lɯ²
松江新	tɤᵚ⁵	tʰɤᵚ¹	tʰɤᵚ⁵	dɤᵚ²	dɤᵚ²	dɤᵚ⁶	dɤᵚ⁶	lɤᵚ²
泗泾	ʔdɯ³	tʰɯ¹	tʰɯ⁵	dɯ²	dɯ²	dɯ⁶		lɯ²
奉贤	ʔdɯ³	tʰɯ¹	tʰɯ⁵	dɯ²	dɯ²	dɯ⁶		lɯ²
奉贤新	ʔdɤ⁶	tʰɤ¹	tʰɤ⁵	dɤ²	dɤ²	dɤ⁶	dɤ⁶	lɤ²
奉城	ʔdɯ³	tʰɯ¹	tʰɯ⁵	dɯ²	dɯ²	dɯ⁶		lɯ²
金山	ʔdɤ³	tʰɤ¹	tʰɤ⁵	dɤ²	dɤ⁶	dɤ⁶		lɤ²
金山新	tɤ⁵	tʰɤ¹	tʰɤ⁵	dɤ²	dɤ²	dɤ⁵	dɤ⁵	lɤ²
枫泾	tɤ¹	tʰɤ¹	tʰɤ⁵	dɤ²	dɤ²	dɤ⁶		lɤ²
青浦	ʔdɯ³	tʰɯ¹	tʰɯ⁵	dɯ²	dɯ²	dɯ⁶		lɯ²
青浦新	tɯ⁵	tʰɯ¹	tʰɯ⁵	dɯ²	dɯ²	dɯ⁶	dɯ⁶	lɯ²
莘庄	ʔdɤ³	tʰɤ¹	tʰɤ⁵	dɤ²	dɤ²	dɤ⁶		lɤ²
闵行新	ʔdɤ⁵	tʰɤ¹	tʰɤ³	dɤ²	dɤ²	dɤ²	dɤ²	lɤ²
川沙	ʔdɤ³	tʰɤ¹	tʰɤ⁵	dɤ²	dɤ²	dɤ⁶		lɤ²
川沙新	ʔdɤ³	tʰɤ¹	tʰɤ⁵	dɤ⁶	dɤ⁶	dɤ⁶	dɤ⁶	lɤ⁶
高桥	ʔdɤ³	tʰɤ¹	tʰɤ⁵	dɤ⁶	dɤ⁶	dɤ⁶		lɤ⁶
三林	ʔdɤ³	tʰɤ¹	tʰɤ⁵	dɤ²	dɤ²	dɤ⁶		lɤ⁶
周浦	ʔdɤ³	tʰɤ¹	tʰɤ⁵	dɤ²	dɤ²	dɤ⁶		lɤ²
南汇	ʔdɤ³	tʰɤ¹	tʰɤ⁵	dɤ²	dɤ²	dɤ⁶		lɤ⁶
南汇新	ʔdɤ⁵	tʰɤ¹	tʰɤ⁵	dɤ⁶	dɤ⁶	dɤ⁶	dɤ⁶	lɤ⁶
嘉定	tø⁵	tʰø¹	tʰø⁵	dø²	dø²	dø⁶		lø²
嘉定新	tø⁵	tʰø¹	tʰø⁵	dø²	dø²	dø⁶	dø⁶	lø²
宝山	tɤ⁵	tʰɤ¹	tʰɤ⁵	tɤ²	tɤ²	tɤ⁵	tɤ⁵	lɿe⁵
宝山新	tɤ⁵	tʰɤ¹	tʰɤ⁵	tɤ⁵	tɤ⁵	tɤ⁵	tɤ⁵	lɤ⁵
崇明	tɵ³	tʰɵ¹	tʰɵ⁵	dɵ²	dɵ²	dɵ⁶		lɵ²
崇明新	tɤ³	tʰɤ¹	tʰɤ⁵	dɤ²	dɤ²	dɤ⁶	dɤ⁵	lɤ²
堡镇	tɵ³	tʰɵ¹	tʰɵ⁵	dɵ²	dɵ²	dɵ⁶		lɵ²
练塘	tɯ¹	tʰɯ¹	tʰɯ⁵	dɯ²	dɯ²	dɯ⁶		lɯ²

序号	1240	1241	1242	1243	1244	1245	1246	1247
字目	[搂]搂抱	篓	漏	陋	走	奏	凑	勾 勾消
中古音的地位	流开一上厚来	流开一上厚来	流开一去候来	流开一去候来	流开一上厚精	流开一去候精	流开一去候清	流开一平侯见
市区	lɤ^6	lɤ^6	lɤ^6	lɤ^6	tsɤ^5	tsɤ^5	tsʰɤ^5	kɤ^1
市区中	lɤ^6	lɤ^6	lɤ^6	lɤ^6	tsɤ^5	tsɤ^5	tsʰɤ^5	kɤ^5
市区新	lɤ^6	lɤ^6	lɤ^6	lɤ^6	tsɤ^5	tsɤ^5	tsʰɤ^5	
真如	lɤ^1	lɤ^2	lɤ^6	lɤ^6	tsɤ^3	tsɤ^3	tsʰɤ^3	kɤ^1
江湾	lɤɯ^6	lɤɯ^6	lɤɯ^6	lɤɯ^6	tsɤɯ^5	tsɤɯ^5	tsʰɤɯ^5	kɤɯ^1
松江	lɯ^1	lɯ^2	lɯ^6	lɯ^6	tsɯ^3	tsɯ^5	tsʰɯ^5	kɯ^1
松江新	lɤɯ^6	lɤɯ^6	lɤɯ^6	lɤɯ^6	tsɤɯ^3	tsɤɯ^5	tsʰɤɯ^5	kɤɯ^1
泗泾	lɯ^1	lɯ^2	lɯ^6	lɯ^6	tsɯ^3	tsɯ^5	tsʰɯ^5	kɯ^1
奉贤	lɯ^2	lɯ^2	lɯ^6	lɯ^6	tsɯ^3	tsɯ^5	tsʰɯ^5	kɯ^1
奉贤新	lɤ^6	lɤ^6	lɤ^6	lɤ^6	tsɤ^3	tsɤ^5	tsʰɤ^5	kɤ^1
奉城	lɯ^2	lɯ^2	lɯ^6	lɯ^6	tsɯ^3	tsɯ^5	tsʰɯ^5	kɯ^1
金山	lɤ^1	lɤ^6	lɤ^6	lɤ^6	tsɤ^3	tsɤ^5	tsʰɤ^5	kɤ^1
金山新	lɤ^6	lɤ^6	lɤ^6	lɤ^6	tsɤ^3	tsɤ^5	tsʰɤ^5	kɤ^1
枫泾	lɤ^1	lɤ^4	lɤ^6	lɤ^6	tsɤ^3	tsɤ^5	tsʰɤ^5	kɤ^1
青浦	lɯ^1	lɯ^6	lɯ^6	lɯ^6	tsɯ^3	tsɯ^5	tsʰɯ^5	kɯ^1
青浦新	lɯ^6	lɯ^6	lɯ^6	lɯ^6	tsɯ^3	tsɯ^5	tsʰɯ^5	kɯ^1
莘庄	lɤ^2	lɤ^2	lɤ^6	lɤ^6	tsɤ^3	tsɤ^3	tsʰɤ^3	kɤ^1
闵行新	lɤ^2	lɤ^2	lɤ^2	lɤ^{3}①	tsɤ^3	tsɤ^3	tsʰɤ^3	kɤ^1
川沙	lɤ^2	lɤ^2	lɤ^2	lɤ^2	tsɤ^3	tsɤ^3	tsʰɤ^3	kɤ^1
川沙新	lɤ^6	lɤ^6	lɤ^5	lɤ^5	tsɤ^3	tsɤ^3	tsʰɤ^3	kɤ^1
高桥	lɤ^2	lɤ^2	lɤ^2	lɤ^2	tsɤ^3	tsɤ^3	tsʰɤ^3	kɤ^1
三林	lɤ^2	lɤ^2	lɤ^2	lɤ^6	tsɤ^3	tsɤ^3	tsʰɤ^3	kɤ^1
周浦	lɤ^2	lɤ^2	lɤ^2	lɤ^6	tsɤ^3	tsɤ^3	tsʰɤ^3	kɤ^1
南汇	lɤ^2	lɤ^2		lɤ^6	tsɤ^3	tsɤ^3	tsʰɤ^3	kɤ^1
南汇新	lɤ^6		lɤ^6		tsɤ^3	tsɤ^3	tsʰɤ^3	kɤ^1
嘉定	lø^6	ly^6	lø^6	lø^5	tsø^5	tsø^5	tsʰø^5	kø^1
嘉定新	lø^6	lø^6	lø^6	lø^6	tsø^5	tsø^5	tsʰø^5	kø^1
宝山	lɤe^5	lɤe^5	lɤe^6	lɤe^6	tsɤe^5	tsɤe^5	tsʰɤe^5	kɤe^1
宝山新	lɤ^5	lɤ^5	lɤ^5	lɤ^5	tsɤ^5	tsɤ^5	tsʰɤ^5	kɤ^1
崇明	lə^4	lə^6	lə^6	lə^6	tsə^3	tsə^3	tsʰə^5	kə^1
崇明新	lɤ^6	lɤ^6	lɤ^6	lɤ^6	tsɤ^3	dzɤ^6	tsʰɤ^5	kɤ^1
堡镇	lə^4	lə^6	lə^6	lə^6	tsə^3	tsə^3	tsʰə^5	ke^1
练塘	lɯ^1	lɯ^4	lɯ^6	lɯ^6	tsɯ^1	tsɯ^5	tsʰɯ^5	kɯ^1

注：① "丑陋"。

序号	1248	1249	1250	1251	1252	1253	1254	1255
字目	钩	沟	狗	苟	够	购	构	媾
中古音的地位	流开一平侯见	流开一平侯见	流开一上厚见	流开一上厚见	流开一去候见	流开一去候来	流开一去候定	流开一去候见
市区	kɤ¹	kɤ¹	kɤ⁵		kɤ⁵	kɤ⁵	kɤ⁵	
市区中	kɤ⁵	kɤ⁵	kɤ⁵	kɤ⁵	kɤ⁵	kɤ⁵	kɤ⁵	kɤ⁵
市区新	kɤ⁵	kɤ⁵	kɤ⁵	kɤ⁵	kɤ⁵	kɤ⁵	kɤ⁵	
真如	kɤ¹	kɤ¹	kɤ³		kɤ⁵	kɤ³	kɤ³	
江湾	kɤʷ¹	kɤʷ¹	kɤʷ⁵		kɤʷ⁵	kɤʷ⁵	kɤʷ⁵	
松江	kɯ¹	kɯ¹	kɯ³		kɯ⁵	kɯ³	kɯ³	
松江新	kɤʷ¹	kɤʷ¹	kɤʷ³	kɤʷ³	kɤʷ⁵	kɤʷ⁵	kɤʷ⁵	kɤʷ⁵
泗泾	kɯ¹	kɯ¹	kɯ³		kɯ⁵	kɯ³	kɯ³	
奉贤	kɯ¹	kɯ¹	kɯ³		kɯ⁵	kɯ⁵	kɯ⁵	
奉贤新	kɤ¹	kɤ¹	kɤ³	kɤ³	kɤ³	kɤ³	kɤ³	kɤ³
奉城	kɯ¹	kɯ¹	kɯ³		kɯ⁵	kɯ⁵	kɯ⁵	
金山	kɤ¹	kɤ¹	kɤ³		kɤ⁵	kɤ⁵	kɤ⁵	
金山新	kɤ¹	kɤ¹	kɤ³	kɤ³	kɤ⁵	kɤ⁵	kɤ⁵	kɤ⁵
枫泾	kɤ¹	kɤ¹	kɤ³		kɤ⁵	kɤ⁵	kɤ⁵	
青浦	kɯ¹	kɯ¹	kɯ³		kɯ⁵	kɯ⁵	kɯ⁵	
青浦新	kɯ¹	kɯ¹	kɯ³	kɯ³	kɯ⁵	kɯ⁵	kɯ⁵	
莘庄	kɤ¹	kɤ¹	kɤ³		kɤ⁵	kɤ⁵	kɤ⁵	
闵行新	kɤ¹	kɤ¹	kɤ³	kɤ³	kɤ³	kɤ³	kɤ³	
川沙	kɤ¹	kɤ¹	kɤ³		kɤ³	kɤ³	kɤ³	
川沙新	kɤ¹	kɤ¹	kɤ³	kɤ³	kɤ³	kɤ³	kɤ³	kɤ⁵
高桥	kɤ¹	kɤ¹	kɤ³		kɤ³	kɤ³	kɤ¹	
三林	kɤ¹	kɤ¹	kɤ³		kɤ³	kɤ³	kɤ¹	
周浦	kɤ¹	kɤ¹	kɤ³		kɤ³	kɤ³	kɤ³	
南汇	kɤ¹	kɤ¹	kɤ³		kɤ³	kɤ³	kɤ³	
南汇新	kɤ¹	kɤ¹	kɤ³	kɤ³	kɤ³	kɤ³	kɤ³	.
嘉定	kø¹	kø¹	kø⁵		kø⁵	kø⁵	kø⁵	
嘉定新	kø¹	kø¹	kø⁵	kø⁵	kø⁵	kø⁵	kø⁵	kø⁵
宝山	kɤe¹	kɤe¹	kɤe⁵	kɤe⁵	kɤe⁵	kɤe⁵	kɤe⁵	kɤe⁵
宝山新	kɤ¹	kɤ¹	kɤ⁵	kɤ⁵	kɤ⁵	kɤ⁵	kɤ⁵	kɤ⁵
崇明	kɵ¹	kɵ¹	kɵ³		kɵ⁵	kɵ⁵	kɵ⁵	
崇明新	kɤ¹	kɤ¹	kɤ³	kɤ³	kɤ³	kɤ³	kɤ³	
堡镇	kɵ¹	kɵ¹	kɵ³		kɵ⁵	kɵ⁵	kɵ⁵	
练塘	kɯ¹	kɯ¹	kɯ¹		kɯ⁵	kɯ⁵	kɯ⁵	

序号	1256	1257	1258	1259	1260	1261	1262	1263
字目	口	叩	扣	寇	藕	偶配偶	偶偶然	吼
中古音的地位	流开一上厚溪	流开一去候溪	流开一去候溪	流开一去候溪	流开一上厚疑	流开一上厚疑	流开一上厚疑	流开一上厚晓
市区	kʰɤ⁵		kʰɤ⁵		ŋɤ⁶	ŋɤ⁶	ŋɤ⁶	hɤ¹
市区中	kʰɤ⁵	kʰɤ⁵	kʰɤ⁵	kʰɤ⁵	ŋɤ⁶	ŋɤ⁶	ŋɤ⁶	hɤ⁵
市区新	kʰɤ⁵	kʰɤ⁵	kʰɤ⁵	kʰɤ⁵	ŋɤ⁶	ɤ⁵	ɤ⁵	hɤ⁵
真如	kʰɤ³		kʰɤ⁵		ŋɤ⁶	ŋɤ⁶	ŋɤ⁶	hɤ⁵
江湾	kʰɤɯ⁵		kʰɤɯ⁵		ŋɤɯ⁶	ŋɤɯ⁶	ŋɤɯ⁶	hɤɯ⁵
松江	kʰɯ³		kʰɯ⁵		ŋɯ⁴	ŋɯ⁴	ŋɯ⁴	hɯ³
松江新	mi¹	kʰɤɯ³	kʰɤɯ⁵	kʰɤɯ⁵	ŋɤɯ⁶	ŋɤɯ⁶	ŋɤɯ⁶	hoŋ³
泗泾	kʰɯ³		kʰɯ⁵		ŋɯ⁶	ŋɯ⁶	ŋɯ⁶	hɯ³
奉贤	kʰɯ³		kʰɯ⁵		ŋɯ⁴	ŋɯ⁴	ŋɯ⁴	hɯ⁵
奉贤新	kʰɤ⁵	kʰɤ⁵	kʰɤ⁵	kʰɤ⁵	ŋɤ⁶	ŋɤ⁶	ŋɤ⁶	hɤ⁵
奉城	kʰɯ³		kʰɯ⁵		ŋɯ⁴	ŋɯ⁴	ŋɯ⁴	hɯ⁵
金山	kʰɤ³		kʰɤ⁵		ŋɤ⁶	ŋɤ⁶	ŋɤ⁶	hɤ⁵
金山新	kʰɤ⁵		kʰɤ⁵	kʰɤ⁵	ŋɤ⁶	ŋɤ⁶	ŋɤ⁶	hɤ¹
枫泾	kʰɤ³		kʰɤ⁵		ŋɤ⁴	ŋɤ⁴	ŋɤ⁶	hɤ¹
青浦	kʰɯ³		kʰɯ⁵		ŋɯ⁶	ŋɯ⁶	ŋɯ⁶	hɯ⁵
青浦新	kʰɯ³	kʰɯ⁵	kʰɯ⁵	kʰɯ⁵	ŋɯ⁶	ŋɯ⁶	ŋɯ⁶	hɯ³
莘庄	kʰɤ³		kʰɤ⁵		ŋɤ⁶	ŋɤ⁶	ŋɤ⁶	hɤ⁵
闵行新	kʰɤ⁵		kʰɤ⁵	kʰɤ⁵	ŋɤ²	ŋɤ²	ŋɤ²	
川沙	kʰɤ³		kʰɤ⁵		ŋɤ²	ŋɤ²	ŋɤ²	hɤ⁵
川沙新	kʰɤ³	kʰɤ³	kʰɤ⁵	kʰɤ⁵	ŋɤ²	ŋɤ²	ŋɤ²	hɤ³
高桥	kʰɤ³		kʰɤ³		ŋɤ²	ŋɤ²	ŋɤ²	
三林	kʰɤ³		kʰɤ⁵		ŋɤ²	ŋɤ²	ŋɤ²	hɤ⁵
周浦	kʰɤ³		kʰɤ⁵		ŋɤ²	ŋɤ²	ŋɤ²	hɤ⁵
南汇	kʰɤ³		kʰɤ⁵		ŋɤ²	ŋɤ²	ŋɤ²	hɤ⁵
南汇新	kʰɤ⁵		kʰɤ⁵	kʰɤ⁵	ŋɤ⁶	ŋɤ⁶	ŋɤ⁶	
嘉定	kʰø⁵		kʰø⁵		ŋø⁶	ŋø⁶	ŋø⁶	hø⁵
嘉定新	kʰø⁵	kʰø⁵	kʰø⁵	kʰø⁵	ŋø⁶	ŋø⁶	ŋø⁶	xø⁶
宝山	kʰʁe⁵	kʰʁe⁵	kʰʁe⁵	kʰʁe⁵	ŋʁe⁶	ŋʁe⁶	ŋʁe⁶	hʁe¹
宝山新	kʰɤ⁵	kʰɤ⁵	kʰɤ⁵	kʰɤ⁵	ɤ⁵	ɤ⁵	ɤ⁵	hɤ⁵
崇明	kʰɵ³		kʰɵ⁵		ŋɵ⁴	ŋɵ⁶	ŋɵ⁶	hɵ⁵
崇明新	kʰɤ³	kʰɤ³	kʰɤ⁵	kʰɤ⁵	ŋɤ⁶	ŋɤ⁶	ŋɤ⁶	xɔŋ³
堡镇	kʰɵ³		kʰɵ⁵		ŋɵ⁴	ŋɵ⁶	ŋɵ⁶	hɵ⁵
练塘	kʰɯ³		kʰɯ⁵		ŋɯ⁴	ŋɯ⁴	ŋɯ⁴	hɯ¹

序号	1264	1265	1266	1267	1268	1269	1270	1271
字目	侯	喉	猴	厚	后 先后	候	欧 姓	欧
中古音的地位	流开一平侯匣	流开一平侯匣	流开一平侯匣	流开一上厚匣	流开一上厚匣	流开一去候清	流开一平侯影	流开一平侯影
市区	ɦɤ⁶	ɦɤ⁶	ɦɤ⁶	ɦɤ⁶	ɦɤ⁶	ɦɤ⁶	ɤ¹	
市区 中	ɦɤ⁶	ɦɤ⁶	ɦɤ⁶	ɦɤ⁶	ɦɤ⁶	ɦɤ⁶	ɤ¹	ɤ¹
市区 新	ɦɤ⁶	ɦɤ⁶	ɦɤ⁶	ɦɤ⁶	ɦɤ⁶	ɦɤ⁶	ɤ¹	ɤ¹
真如	ɦɤ²	ɦɤ²	ɦɤ²	ɦɤ⁶	ɦɤ⁶	ɦɤ⁶	ɤ¹	ɤ¹
江湾	ɦɤɯ⁶	ɦɤɯ⁶	ɦɤɯ⁶	ɦɤɯ⁶	ɦɤɯ⁶	ɦɤɯ⁶	ɤɯ¹	ɤɯ¹
松江	ɦɯ²	ɦɯ²	ɦɯ²	ɦɯ⁴	ɦɯ⁴	ɦɯ⁶	ɯ¹	ɯ¹
松江 新	ɦɤɯ²	ɦɤɯ²	ɦɤɯ²	ɦɤɯ⁶	ɦɤɯ⁶	ɤɯ⁵	ɤɯ¹	ɤɯ¹
泗泾	ɦɯ²	ɦɯ²	ɦɯ²	ɦɯ⁶	ɦɯ⁶	ɦɯ⁶	ɯ¹	ɯ¹
奉贤	ɦɯ²	ɦɯ²	ɦɯ²	ɦɯ⁶	ɦɯ⁶	ɦɯ⁶	ɯ¹	ɯ¹
奉贤 新	ɦɤ²	ɦɤ²	ɦɤ²	ɦɤ⁶	ɦɤ⁶	ɦɤ⁶	ɤ¹	ɤ¹
奉城	ɦɯ²	ɦɯ²	ɦɯ²	ɦɯ⁶	ɦɯ⁶	ɦɯ⁶	ɯ¹	ɯ¹
金山	ɦɤ²	ɦɤ²	ɦɤ²	ɦɤ⁶	ɦɤ⁶	ɦɤ⁶	ɤ¹	ɤ¹
金山 新	ɦɤ²	ɦɤ²	ɦɤ²	ɦɤ⁶	ɦɤ⁶	ɦɤ⁶	ɤ¹	ɤ¹
枫泾	ɦɤ²	ɦɤ²	ɦɤ²	ɦɤ⁴	ɦɤ⁶	ɦɤ⁶	ɤ¹	ɤ¹
青浦	ɦɯ²	ɦɯ²	ɦɯ²	ɦɯ⁶	ɦɯ⁶	ɦɯ⁶	ɯ¹	ɯ¹
青浦 新	ɦɯ²	ɦɯ²	ɦɯ²	ɦɯ⁶	ɦɯ⁶	ɦɯ⁶	ɯ¹	ɯ¹
莘庄	ɦɤ²	ɦɤ²	ɦɤ²	ɦɤ⁶	ɦɤ⁶	ɦɤ⁶	ɤ¹	ɤ¹
闵行 新	ɦɤ²	ɦɤ²	ɦɤ²	ɦɤ²	ɦɤ²	ɦɤ²	ɤ¹	ɤ¹
川沙	ɦɤ²	ɦɤ²	ɦɤ²	ɦɤ²	ɦɤ²	ɦɤ²	ɤ¹	ɤ¹
川沙 新	ɦɤ⁶	ɦɯ⁶	ɦɤ⁶	ɦɤ⁶	ɦɤ⁶	ɦɤ⁶	ɤ¹	ɤ¹
高桥	ɦɤ⁶	ɦɤ⁶	ɦɤ⁶	ɦɤ⁶	ɦɤ⁶	ɦɤ⁶	ɤ¹	ɤ¹
三林	ɦɤ²	ɦɤ²	ɦɤ²	ɦɤ⁶	ɦɤ⁶	ɦɤ⁶	ɤ¹	ɤ¹
周浦	ɦɤ²	ɦɤ²	ɦɤ²	ɦɤ⁶	ɦɤ⁶	ɦɤ⁶	ɤ¹	ɤ¹
南汇	ɦɤ²	ɦɤ²	ɦɤ²	ɦɤ⁶	ɦɤ⁶	ɦɤ⁶	ɤ¹	ɤ¹
南汇 新	ɦɤ⁶	ɦɤ⁶	ɦɤ⁶	ɦɤ⁶	ɦɤ⁶	ɦɤ⁶	ɤ¹	ɤ¹
嘉定	ɦø²	ɦø²	ɦø²	ɦø⁶	ɦø⁶	ɦø⁶	ø¹	ø¹
嘉定 新	ɦɯ²	ɦɯ²	ɦɯ²	ɦø⁶	ɦø⁶	ɦø⁶	ø¹	ø¹
宝山	ɦɤe²	ɦɤe²	ɦɤe²	ɦɤe⁶	ɦɤe⁶	ɦɤe²	ɤe¹	ɤe¹
宝山 新	ɦɤ⁶	ɦɤ⁶	ɦɤ⁶	ɦɤ⁵	ɦɤ⁵	ɦɤ⁵	ɤ¹	ɤ¹
崇明	hɦiø²	hɦiø²	hɦiø²	hɦiø⁴	hɦiø⁴	hɦiø⁶	ø¹	ø¹
崇明 新	hɤ²	hɤ²	hɤ²	hɤ⁶	hɤ⁶	hɤ⁶	ɤ¹	ɤ¹
堡镇	hɦiø²	hɦiø²	hɦiø²	hɦiø⁴	hɦiø⁴	hɦiø⁶	ø¹	ø¹
练塘	ɦɯ²	ɦɯ²	ɦɯ²	ɦɯ⁴	ɦɯ⁴	ɦɯ⁶	ɯ¹	ɯ¹

序号	1272	1273	1274	1275	1276	1277	1278	1279
字目	呕呕吐	殴	否	富	副	浮	妇	负
中古音的地位	流开一上厚影	流开一上厚影	流开三上有非	流开三去有非	流开三去有敷	流开一去候见	流开三上有奉	流开三上有奉
市区	γ^5	γ^1	$f\gamma^5$	fu^5	fu^5	$vu^6/v\gamma^6$	fiu^6/vu^6	$vu^6/v\gamma^6$
市区中	γ^5	γ^5	$f\gamma^5$	fu^5	fu^5	vu^6	vu^6	vu^6
市区新	γ^5	γ^5	$f\gamma^5$	fu^5	fu^5	$v\gamma^6$	vu^6	$vu^6/v\gamma^6$
真如	γ^3	γ^1	$f\gamma^5$	fu^5	fu^5	$v\gamma^6$	vu^6	$v\gamma^6/vu^6$
江湾	γ^{w5}	γ^{w5}	$\phi\gamma^{w5}$	ϕu^5	ϕu^5	$\beta\gamma^{w6}$	$\beta\gamma^{w6}$	$\beta\gamma^{w6}$
松江	w^3	w^1	fw^5	ϕu^5	ϕu^5	βw^2	βu^4	$\beta\gamma^4$
松江新	t^hu^5	γ^{w3}	$f\gamma^{w1}$	fu^5	fu^5	vu^2	vu^6	vu^6
泗泾	w^3	w^1	fw^5	ϕu^5	ϕu^5	βw^2	βu^6	$\beta\gamma^4$
奉贤	w^3	w^3	ϕw^5	ϕu^5	fu^5	$\beta\gamma^2$	βu^4	βw^4
奉贤新	γ^3	γ^3	$f\gamma^5$	fu^5	fu^5	vu^2	vu^6	vu^6
奉城	w^3	w^3	ϕw^3	ϕu^5	ϕu^5	$\beta\gamma^2$	βu^6	βw^6
金山	γ^3	γ^3	$f\gamma^3$	ϕu^5	ϕu^5	$v\gamma^2$	$v\gamma^6$	$v\gamma^6$
金山新	γ^3	γ^3	$f\gamma^3$	fu^5	fu^5	vu^2	vu^6	vu^6
枫泾	γ^3	γ^3	$f\gamma^1$	ϕu^5	ϕu^5	$v\gamma^2$	βu^6	$v\gamma^4$
青浦	w^3	w^3	ϕw^3	ϕu^5	ϕu^5	βw^2	βu^6	βu^6
青浦新	w^3	w^3	fw^3	fu^5	fu^5	vw^2	vu^6	vu^6
莘庄	γ^3	γ^3	$f\gamma^5$	fu^5	fu^5	$\beta\gamma^2$	βu^6	βu^6
闵行新	γ^3	γ^3	$f\gamma^5$	fu^5	fu^5	$v\gamma^2$	vu^2	vu^2
川沙	γ^2	γ^1	$f\gamma^5$	ϕu^5	ϕu^5	$\beta\gamma^2$	βu^2	$\beta\gamma^2$
川沙新	γ^3	γ^3	$f\gamma^5$	fu^5	fu^5	$v\gamma^6$	vu^6	vu^6
高桥	γ^1	γ^1	$\phi\gamma^5$	ϕu^5	ϕu^5	$\beta\gamma^6$	βu^6	$\beta\gamma^6$
三林	γ^1	γ^1	$f\gamma^5$	ϕu^3	ϕu^5	$\beta\gamma^6$	βu^6	$\beta\gamma^6$
周浦	γ^3	γ^3	$f\gamma^5$	ϕu^5	ϕu^5	$\beta\gamma^6$	βu^6	$\beta\gamma^6$
南汇	γ^3	γ^3	$f\gamma^5$	ϕu^5	ϕu^5	$\beta\gamma^2$	βu^6	$\beta\gamma^6$
南汇新	γ^3	γ^1	$f\gamma^3$	fu^5	fu^5	υu^6	υu^6	υu^6
嘉定	$ø^5$	$ø^1$	$fø^1$	fu^5	fu^5	$vø^2$	vu^6	$vø^6$
嘉定新	$ø^5$	$ø^5$	$fø^5$	fu^5	fu^5	vu^2	vu^6	vu^6
宝山	γ^5	γe^1	$f\gamma e^5$	fu^5	fu^5	vu^5	vu^5	vu^5
宝山新	γ^5	γ^5	$f\gamma^5$	fu^5	fu^5	vu^6	$vu^6$①	vu^6
崇明	θ^3	θ^3	$f\theta^5$	fu^5	fu^5	$v\theta^6$	vu^6	vu^6
崇明新	γ^3	γ^1	$f\gamma^3$	fu^5	fu^5	fu^2	fu^5	fu^5
堡镇	θ^3	θ^3	$f\theta^5$	fu^5	fu^5	$v\theta^2$	vu^6	vu^6
练塘	w^1	w^1	ϕw^1	ϕu^5	ϕu^5	βw^2	βu^6	βu^6

注：① 宝山新派中"妇、负、阜"也可以读作fu^5。

序号	1280	1281	1282	1283	1284	1285	1286	1287
字目	阜	谋	矛	扭	钮	流	硫	琉
中古音的地位	流开三上有奉	流开三平尤明	流开三平尤明	流开三上有泥	流开三上有泥	流开三平尤来	流开三平尤来	流开三平尤来
市区		mɤ⁶	mɤ⁶/mɔ⁶	ȵiɤ¹		liɤ⁶		
市区中	vu⁶	mɤ⁶	mɔ⁶	ȵiɤ⁶	ȵiɤ⁶	liɤ⁶	liɤ⁶	liɤ⁶
市区新	fu⁵	mɤ⁶	mɔ⁶	ȵiɤ⁶	ȵiɤ⁶	liɤ⁶	liɤ⁶	liɤ⁶
真如		mɤ²	mɤ²/mɔ²	ȵiɤ¹		liɤ²		
江湾		mɤᵚ⁶	mɔ⁶/mɤᵚ⁶	ȵiɤᵚ⁶		liɤᵚ⁶		
松江		mu²	mu²	ȵiu¹		liu²		
松江新		mɤᵚ²	mɔ²	ȵiɤᵚ³	ȵiɤᵚ⁶	liɤᵚ²	liɤᵚ²	liɤᵚ²
泗泾		mu²	mu²	ȵiu¹		liu²		
奉贤		mu²	mu²	ȵiu⁵		liu²		
奉贤新	vu⁶	mɤ²	mɔ²	ȵiɤ⁶	ȵiɤ⁶	lɤ²	lɤ²	lɤ²
奉城		mu²	mu²	ȵiu⁵		liu²		
金山		mɤ²	mɤ²	ȵiɤ³		liɤ²		
金山新	vu⁶	mɤ²	mɔ²	ȵiɤ⁶	ȵiɤ⁶	liɤ²	liɤ²	liɤ²
枫泾		mɤ²	mɤ²	ȵiɤ⁴		liɤ²		
青浦		muᵚ²	muᵚ²/mɔ²	ȵiuᵚ⁶		liuᵚ²		
青浦新	vu⁶	mu²	mɔ²	ȵiuᵚ³	ȵiuᵚ⁶	liuᵚ²	liuᵚ²	liuᵚ²
莘庄		mɤ²	mɤ²	ȵiɤ⁶		liɤ²		
闵行新	fu⁵	mɤ²	mɔ²	ȵiɤ¹	ȵiɤ²	liɤ²	liɤ²	liɤ²
川沙		mɤ²	mɤ²	ȵiɤ¹		liɤ²		
川沙新	vu⁶	mɤ⁶	mɔ⁶	ȵiɤ⁶	ȵiɤ⁶	liɤ⁶	liɤ⁶	liɤ⁶
高桥		mɤ⁶	mɤ⁶	ȵiɤ¹		liɤ⁶		
三林		me²	mɔ²	ȵiɤ²		liɤ²		
周浦		mɤ²	mɔ²	ȵiɤ²		liɤ²		
南汇		mɤ²	mɔ²	ȵiɤ²		liɤ²		
南汇新		mɤ⁶	mɔ⁶		ȵiɤ⁶	liɤ⁶	liɤ⁶	liɤ⁶
嘉定		mir²	mir²	ȵy⁵		ly²		
嘉定新	vu⁶	mø²	mɔ²	ȵy⁶	ȵy⁶	ly²	ly²	ly²
宝山	vu⁵	me²	mɔ²	ȵy⁶	ȵy⁶	ly²	ly²	ly²
宝山新	vu⁶	mɤ⁵	mɔ⁶	ȵiɤ⁵	ȵiɤ⁵	liɤ⁵	liɤ⁵	liɤ⁵
崇明		me²	me²/mɔ²	ȵie⁴		lie²		
崇明新	fu⁵	mɤ²	mɔu²	ȵiɤ⁶	ȵiɤ⁶	liɤ²	liɤ²	liɤ²
堡镇		mə²	mə²/mɔ²	ȵie⁴		lie²		
练塘		mu²	mu²/mɔ²	ȵiu⁴		liu²		

序号	1288	1289	1290	1291	1292	1293	1294	1295
字目	刘	留	榴	柳	溜溜冰	酒	秋	就
中古音的地位	流开三平尤来	流开三平尤来	流开三平尤来	流开三上有来	流开三去宥来	流开三上有精	流开三平尤清	流开三去宥从
市区	liɤ^6	liɤ^6	liɤ^6	liɤ^6	voʔ^8	tɕiɤ^5	tɕʰiɤ^1	ziɤ^6
市区中	liɤ^6	liɤ^6	liɤ^6	liɤ^6	liɤ^1	tɕiɤ^5	tɕʰiɤ^1	dziɤ^6
市区新	liɤ^6	liɤ^6	liɤ^6	liɤ^6	liɤ^1	tɕiɤ^5	tɕʰiɤ^1	dziɤ^6
真如	liɤ^2	liɤ^2	liɤ^2	liɤ^2	ly^1	tsiɤ^3	tsʰiɤ^1	ziɤ^6
江湾	liɤɯ^6	liɤɯ^6	liɤɯ^6	liɤɯ^6	liɤɯ^1	tsiɤɯ^5	tsʰiɤɯ^1	ziɤɯ^6
松江	liu^2	liu^2	liu^2	liu^2	liu^1	tsiu^3	tsʰiu^1	ziu^6
松江新	liɤɯ^2	liɤɯ^2	liɤɯ^2	liɤɯ^6	liɤɯ^5	tɕiɤɯ^3	tɕʰiɤɯ^1	dziɤɯ^6
泗泾	liu^2	liu^2	liu^2	liu^2	liu^1	tsiu^3	tsʰiu^1	ziu^6
奉贤	liu^2	liu^2	liu^2	liu^2	liu^1	tsiu^3	tsʰiu^1	ziu^6
奉贤新	lɤ^2	lɤ^2	lɤ^2	liɤ^6	ʔliɤ^2	tɕiɤ^3	tɕʰiɤ^1	ziɤ^6
奉城	liu^2	liu^2	liu^2	liu^2	liu^1	tsiu^3	tsʰiu^1	ziu^6
金山	liɤ^2	liɤ^2	liɤ^2	liɤ^6	liɤ^1	tsiɤ^3	tsʰiɤ^1	ziɤ^6
金山新	liɤ^2	liɤ^2	liɤ^2	liɤ^6	ʔliɤ^2	tɕiɤ^3	tɕʰiɤ^1	ziɤ^6
枫泾	liɤ^2	liɤ^2	liɤ^2	liɤ^2	liɤ^5	tsiɤ^3	tsʰiɤ^1	ziɤ^4
青浦	liu^2	liu^2	liu^2	liu^6	liu^1	tsiu^3	tsʰiu^1	ziu^6
青浦新	liu^2	liu^2	liu^2	liu^6	liu^6	tɕiu^3	tɕʰiu^1	dziu^6
莘庄	liɤ^2	liɤ^2	liɤ^2	liɤ^2	liɤ^2	tsiɤ^3	tsʰiɤ^1	ziɤ^6
闵行新	liɤ^2	liɤ^2	liɤ^2	liɤ^2	liɤ^2	tɕiɤ^3	tɕʰiɤ^1	ziɤ^2
川沙	liɤ^2	liɤ^2	liɤ^2	liɤ^2	liɤ^2	tsiɤ^3	tsʰiɤ^1	ziɤ^6
川沙新	liɤ^6	liɤ^6	liɤ^6	liɤ^6	liɤ^6	tɕiɤ^3	tɕʰiɤ^1	dziɤ^6
高桥	liɤ^6	liɤ^6	liɤ^6	liɤ^6	liɤ^6	tsiɤ^3	tsʰiɤ^1	ziɤ^6
三林	liɤ^2	liɤ^2	liɤ^2	liɤ^2	liɤ^2	tsiɤ^3	tsʰiɤ^1	ziɤ^6
周浦	liɤ^2	liɤ^2	liɤ^2	liɤ^2	liɤ^2	tsiɤ^3	tsʰiɤ^1	ziɤ^6
南汇	liɤ^2	liɤ^2	liɤ^2	liɤ^2	liɤ^2	tsiɤ^3	tsʰiɤ^1	ziɤ^6
南汇新	liɤ^6	liɤ^6	liɤ^6	liɤ^6	liɤ^6	tɕiɤ^3	tɕʰiɤ^1	ziɤ^6
嘉定	ly^2	ly^2	ly^2	ly^6	ly^2	tsy^5	tsʰy^1	zy^2
嘉定新	ly^2	ly^2	ly^2	ly^6	ly^6	tɕy^5	tsʰy^5	zy^6
宝山	ly^2	ly^2	ly^2	ly^6	ly^1	tɕy^5	tɕʰy^1	dʑy^6
宝山新	liɤ^5	liɤ^5	liɤ^5	liɤ^5	liɤ^1	tɕiɤ^5	tɕʰiɤ^1	dziɤ^6
崇明	lie^2	lie^2	lie^2	lie^6	lie^1	tɕie^3	tɕʰie^1	dʑie^2/ze^2
崇明新	liɤ^2	liɤ^2	liɤ^2	liɤ^6	liɤ^1	tɕiɤ^3	tɕʰiɤ^1	zɤ^6
堡镇	lie^2	lie^2	lie^2	lie^6	lie^1	tɕie^3	tɕʰie^1	dʑie^2/ze^2
练塘	liu^2	liu^2	liu^2	liu^4	liu^1	tsiu^1	tsʰiu^1	ziu^6

序号	1296	1297	1298	1299	1300	1301	1302	1303
字目	修	羞	秀	绣	锈	宿星宿	囚	泅
中古音的地位	流开三平尤心	流开三平尤心	流开三去宥心	流开三去宥心	流开三去宥心	流开三去宥心	流开三平尤邪	流开三平尤邪
市区	ɕiɤ¹	ɕiɤ¹	ɕiɤ⁵	ɕiɤ⁵	ɕiɤ⁵	ɕiɤ⁵	dziɤ⁶	dziɤ⁶
市区中	ɕiɤ¹	ɕiɤ¹	ɕiɤ⁵	ɕiɤ⁵	ɕiɤ⁵	ɕiɤ⁵	dziɤ⁶	dziɤ⁶
市区新	ɕiɤ¹	ɕiɤ¹	ɕiɤ⁵	ɕiɤ⁵	ɕiɤ⁵	ɕiɤ⁵	dziɤ⁶	dziɤ⁶
真如	siɤ¹	siɤ¹	siɤ⁵	siɤ⁵	siɤ⁵	siɤ⁵	ziɤ²	ziɤ²
江湾	siɤɯ¹	siɤɯ¹	siɤɯ⁵	siɤɯ⁵	siɤɯ⁵	soʔ⁷	ziɤɯ⁶	ziɤɯ⁶
松江	siɯ¹	siɯ¹	siɯ⁵	siɯ⁵	siɯ⁵	siɯ⁵	ziɯ²	ziɯ²
松江新	ɕiɤɯ¹	ɕiɤɯ¹	ɕiɤɯ⁵	ɕiɤɯ⁵	ɕiɤɯ⁵	ɕiɤɯ⁵	dziɤɯ²	dziɤɯ²
泗泾	siɯ¹	siɯ¹	siɯ⁵	siɯ⁵	siɯ⁵	siɯ⁵	ziɯ²	ziɯ²
奉贤	siɯ¹	siɯ¹	siɯ⁵	siɯ⁵	siɯ⁵	siɯ⁵	ziɯ²	ziɯ²
奉贤新	ɕiɤ¹	ɕiɤ¹	ɕiɤ¹	ɕiɤ¹	ɕiɤ¹	ɕiɤ¹	dziɤ⁶	dziɤ⁶
奉城	siɯ¹	siɯ¹	siɯ⁵	siɯ⁵	siɯ⁵	siɯ⁵	ziɯ²	ziɯ²
金山	siɤ¹	siɤ¹	siɤ⁵	siɤ⁵	siɤ⁵	siɤ⁵	ziɤ²	ziɤ²
金山新	ɕiɤ¹	ɕiɤ¹	ɕiɤ⁵	ɕiɤ⁵	ɕiɤ⁵	ɕiɤ⁵	dziɤɯ²	dziɤɯ²
枫泾	siɤ¹	siɤ¹	siɤ⁵	siɤ⁵	siɤ⁵	siɤ⁵	ziɤ²	ziɤ²
青浦	siɯ¹	siɯ¹	siɯ⁵	siɯ⁵	siɯ⁵	siɯ⁵	ziɯ²	ziɯ²
青浦新	ɕiɯ¹	ɕiɯ¹	ɕiɯ⁵	ɕiɯ⁵	ɕiɯ⁵	ɕiɯ⁵	dziɯ²	
莘庄	siɤ¹	siɤ¹	siɤ⁵	siɤ⁵	siɤ⁵	siɤ⁵	ziɤ²	ziɤ²
闵行新	ɕiɤ⁵	ɕiɤ⁵	ɕiɤ⁵	ɕiɤ⁵	ɕiɤ⁵		dziɤ²	
川沙	siɤ¹	siɤ¹	siɤ⁵	siɤ⁵	siɤ⁵	siɤ⁵	ziɤ²	ziɤ²
川沙新	ɕiɤ¹	ɕiɤ¹	ɕiɤ⁵	ɕiɤ⁵	ɕiɤ⁵	ɕiɤ⁵	dziɤ⁶	dziɤ⁶
高桥	siɤ¹	siɤ¹	siɤ⁵	siɤ⁵	siɤ⁵		tɕʰy⁵	
三林	siɤ¹	siɤ¹	siɤ⁵	siɤ⁵	siɤ⁵	siɤ⁵	ziɤ²	ziɤ²
周浦	siɤ¹	siɤ¹	siɤ⁵	siɤ⁵	siɤ⁵	siɤ⁵	ziɤ²	ziɤ²
南汇	siɤ¹	siɤ¹	siɤ⁵	siɤ⁵	siɤ⁵	siɤ⁵	ziɤ²	ziɤ²
南汇新	ɕiɤ¹		ɕiɤ⁵	ɕiɤ⁵	ɕiɤ⁵		dziɤ⁶	
嘉定	sy¹	sy¹	sy⁵	sy⁵	sy⁵	sy⁵	zy²	zy²
嘉定新	sy¹	sy¹	sy⁵	sy⁵	sy⁵	sy⁵	dzy²	dzy²
宝山	ɕy¹	ɕy¹	sy⁵	sy⁵	sy⁵	sy⁵	dzy²	dzy²
宝山新	ɕiɤ¹	ɕiɤ¹	ɕiɤ⁵	ɕiɤ⁵	ɕiɤ⁵	ɕiɤ⁵	dziɤ⁶	dziɤ⁶
崇明	ɕie¹	ɕie¹	ɕie⁵	ɕie⁵	ɕie⁵	ɕie⁵	dzie²	dzie²
崇明新	ɕiɤ¹	ɕiɤ¹	ɕiɤ⁵	ɕiɤ⁵	ɕiɤ⁵	ɕiɤ⁵	dziɤ⁶	
堡镇	ɕie¹	ɕie¹	ɕie⁵	ɕie⁵	ɕie⁵	ɕie⁵	dzie²	dzie²
练塘	siɯ¹	siɯ¹	siɯ⁵	siɯ⁵	siɯ⁵	siɯ⁵	ziɯ²	ziɯ²

序号 字目 中古音的地位	1304 袖 流开三去宥邪	1305 肘 流开三上有知	1306 昼 流开三上有知	1307 抽 流开三平尤彻	1308 丑子丑 流开三上有彻	1309 绸 流开三平尤澄	1310 稠 流开三平尤澄	1311 筹 流开三平尤澄
市区	ʑiɤ⁶			tsʰɤ¹	tsʰɤ⁵	zɤ⁶	zɤ⁶	zɤ⁶
市区中	ʑiɤ⁶	tsɤ⁵	tsɤ⁵	tsʰɤ¹	tsʰɤ⁵	zɤ⁶	zɤ⁶	zɤ⁶
市区新	ʑiɤ⁶	tsɤ⁵	tsɤ⁵	tsʰɤ¹	tsʰɤ⁵	zɤ⁶	zɤ⁶	zɤ⁶
真如	ʑiɤ⁶			tsʰɤ¹	tsʰɤ⁵	zɤ²	zɤ²	zɤ²
江湾	ʑiɤʷ⁶			tsʰɤʷ¹	tsʰɤʷ⁵	zɤʷ⁶	zɤʷ⁶	zɤʷ⁶
松江	ʑiɯ⁶			tsʰɯ¹①	tsʰiɯ³	zɯ²	zɯ²	zɯ²
松江新	ʑiɤʷ⁶	tsɤʷ³	tsɤʷ⁵	tsʰɤ¹	tsʰɤ³	zɤʷ²	zɤʷ²	zɤʷ²
泗泾	ʑiɯ⁶			tsʰɯ¹②	tsʰiɯ³	zɯ²	zɯ²	zɯ²
奉贤	ʑiɯ⁶			tsʰɯ¹	tsʰiɯ³	zɯ²	zɯ²	zɯ²
奉贤新	ʑiɤ⁶	tsɤ³	tsɤ³	tsʰɤ¹	tsʰɤ³	zɤ²	zɤ²	zɤ²
奉城	ʑiɯ⁶			tsʰɯ¹	tsʰɯ³	zɯ²	zɯ²	zɯ²
金山	ʑiɤ⁶			tsʰɤ¹	tsʰɤ³	zɤ²	zɤ²	zɤ²
金山新	ʑiɤʷ⁶		tsɤ⁵	tsʰɤ¹	tsʰɤ³	zɤ²	zɤ²	zɤ²
枫泾	ʑiɤ⁶			tsʰɤ¹	tsʰɤ⁵	zɤ²	zɤ²	zɤ²
青浦	ʑiɯ⁶			tsʰɯ¹	tsʰɯ⁵	zɯ²	zɯ²	zɯ²
青浦新	ʑiɯ⁶	tsɯ³	tsɯ⁵	tsʰɯ¹	tsʰɯ³	zɯ²	zɯ²	zɯ²
莘庄	ʑiɤ⁶			tsʰɤ¹	tsʰɤ³	zɤ²	zɤ²	zɤ²
闵行新	ʑiɤ²		tsɤ³	tsʰɤ¹	tsʰɤ³	zɤ²	zɤ²	zɤ²
川沙	ʑiɤ⁶			tsʰɤ¹	tsʰɤ³	zɤ²	zɤ²	zɤ²
川沙新	ʑiɤ⁶	tsɤ³		tsʰɤ¹		zɤ⁶	zɤ⁶	zɤ⁶
高桥	ʑiɤ²			tsʰɤ¹	tsʰɤ³	zɤ²	zɤ⁶	zɤ⁶
三林	ʑiɤ⁶			tsʰɤ¹	tsʰɤ³	zɤ²	zɤ²	zɤ²
周浦	ʑiɤ⁶			tsʰɤ¹	tsʰɤ³	zɤ²	zɤ²	zɤ²
南汇	ʑiɤ⁶			tsʰɤ¹	tsʰɤ³	zɤ²	zɤ²	zɤ²
南汇新	ʑiɤ⁶			tsʰɤ¹	tsʰɤ³	zɤ⁶		zɤ⁶
嘉定	zy⁶			tsʰø¹	tsʰø⁵	zø²	zø²	zø²
嘉定新	zy⁶	tsø⁵	tsø⁵	tsʰø¹	tsʰø⁵	zo²	zo²	zo²
宝山	sy⁵	tsɤ¹	tsɤ¹	tsʰɤe¹	tsʰɤe¹	sɤe⁵	sɤe⁵	sɤe⁵
宝山新	ɕiɤ⁵	tsɤ⁵	tsɤ⁵	tsʰɤ¹	tsʰɤ¹	sɤ⁵	sɤ⁵	sɤ⁵
崇明	ziɵ⁶			tsʰɵ¹	tsʰɵ⁵	dzɵ²	dzɵ²	dzɵ²
崇明新	ʑiɤ⁶	tsɤ³	dʑɤ⁶	tsʰɤ¹	dʑɤ⁶	dʑɤ²	dʑɤ²	dʑɤ²
堡镇	ziɵ⁶			tsʰɵ¹	tsʰɵ⁵	dzɵ²	dzɵ²	dzɵ²
练塘	ʑiɯ⁶			tsʰɯ¹	tsʰɯ³	zɯ²	zɯ²	zɯ²

注：①② 还有tsʰiɯ¹一读，意为"抽打"。

序号	1312	1313	1314	1315	1316	1317	1318	1319
字目	邹	皱	愁	骤	搜	馊	瘦	漱
中古音的地位	流开三平尤庄	流开三去宥庄	流开三平尤崇	流开三去宥崇	流开三平尤生	流开三平尤生	流开三去宥生	流开三去宥生
市区	tsɤ¹	tsɤ⁵	zɤ⁶		sɤ¹	sɤ¹	sɤ⁵	
市区中	tsɤ¹	tsɤ⁵	zɤ⁶	zɤ⁶	sɤ¹	sɤ¹	sɤ⁵	sɤ⁵
市区新	tsɤ¹	tsɤ⁵	zɤ⁶	zɤ⁶	sɤ¹	sɤ¹	sɤ⁵	
真如	tsɤ¹	tsɤ⁵	zɤ²		sɤ¹	sɤ¹	sɤ⁵	
江湾	tsɤᵚ¹	tsɤᵚ⁵	zɤᵚ⁶		sɤᵚ¹	sɤᵚ¹	sɤᵚ⁵	
松江	tsɯ¹	tsɯ⁵①	zɯ²		sɯ¹	sɯ¹	sɯ⁵	
松江新	tsɤᵚ¹	tsɤᵚ⁵	zɤᵚ²		sɤᵚ¹	sɤᵚ¹	sɤᵚ⁵	sɔʔ⁷
泗泾	tsɯ¹	tsɯ⁵②	zɯ²		sɯ¹	sɯ¹	sɯ⁵	
奉贤	tsɯ¹	tsɯ⁵/tsiɯ⁵	zɯ²		sɯ¹	sɯ¹	sɯ⁵	
奉贤新	tsɤ¹	tsɤ⁵	zɤ²	zɤ⁶	sɤ¹	sɤ¹	sɤ⁵	sɤ⁵
奉城	tsɯ¹	tsiɯ⁵	zɯ²		sɯ¹	sɯ¹	sɯ⁵	
金山	tsɤ¹	tsɤ⁵	zɤ²		sɤ¹	sɤ¹	sɤ⁵	
金山新	tsɤ¹	tsɤ⁵	zɤ²	tsɤ⁵	sɤ¹	sɤ¹	sɤ⁵	sɔʔ⁷
枫泾	tsɤ¹	tsɤ⁵	zɤ²		sɤ¹	sɤ¹	sɤ⁵	
青浦	tsɯ¹	tsɯ⁵	zɯ²		sɯ¹	sɯ¹	sɯ⁵	
青浦新	tsɯ¹	tsɯ⁵	zɯ²	tsɯ⁶	sɯ¹	sɯ¹	sɯ⁵	sɯ⁵
莘庄	tsɤ¹	tsɤ⁵	zɤ²		sɤ¹	sɤ¹	sɤ⁵	
闵行新	tsɤ¹	tsɤ⁵	zɤ²		sɤ¹	sɤ¹	sɤ⁵	
川沙	tsɤ¹	tsiɤ⁵	zɤ²		sɤ¹	sɤ¹	sɤ⁵	
川沙新	tsɤ¹	tsɤ⁵	zɤ⁶	zɤ⁶	sɤ¹	sɤ¹	sɤ⁵	
高桥	tsɤ¹	tsɤ³	zɤ⁶		sɤ¹	sɤ¹	sɤ⁵	
三林	tsɤ¹	tsɤ⁵	zɤ²		sɤ¹	sɤ¹	sɤ⁵	
周浦	tsɤ¹	tsɤ⁵	zɤ²		sɤ¹	sɤ¹	sɤ⁵	
南汇	tsɤ¹	tsɤ⁵	zɤ²		sɤ¹	sɤ¹	sɤ⁵	
南汇新	tsɤ¹	tsɤ⁵		tsɤ⁵	sɤ¹	sɤ¹	sɤ⁵	
嘉定	tsø¹	tsø⁵	zø²		sø¹	sø¹	sø⁵	
嘉定新	tsø¹	tsø⁵	zo²	zø⁶	sø¹	sø¹	sø⁵	sø⁵
宝山	tsɤe¹	tsɤe⁵	sɤ²	sy⁵	sɤe¹	sɤe¹	sɤe⁵	sɤe⁵
宝山新	tsɤ¹	tsɤ⁵	sɤ⁶	tsɤ⁵	sɤ¹	sɤ¹	sɤ⁵	sɤ⁵
崇明	tsɵ¹	tɕiɵ⁵	dzɵ²/zɵ²		sɵ¹	sɵ¹	sɵ⁵	
崇明新	tsɤ¹	tɕiɤ⁵	zɤ²	tsɤ⁵	sɤ¹	sɤ¹	sɤ⁵	su⁵
堡镇	tsɵ¹	tɕiɵ⁵	dzɵ²/zɵ²		sɵ¹	sɵ¹	sɵ⁵	
练塘	tsɯ¹	tsɯ⁵	zɯ²		sɯ¹	sɯ¹	sɯ⁵	

注：①② 有细音一读。

序号	1320	1321	1322	1323	1324	1325	1326	1327
字目	周	舟	州	洲	帚	咒	丑丑恶	臭香臭
中古音的地位	流开三平尤章	流开三平尤章	流开三平尤章	流开三平尤章	流开三上有章	流开三去宥章	流开三上有彻	流开三去宥昌
市区	tsɤ¹	tsɤ¹	tsɤ¹	tsɤ¹	tsɤ⁵	tsɤ⁵	tsʰɤ⁵	tsʰɤ⁵
市区中	tsɤ¹	tsɤ¹	tsɤ¹	tsɤ¹	tsɤ⁵	tsɤ⁵	tsʰɤ⁵	tsʰɤ⁵
市区新	tsɤ¹	tsɤ¹	tsɤ¹	tsɤ¹	tsɤ⁵	tsɤ⁵	tsʰɤ⁵	tsʰɤ⁵
真如	tsɤ¹	tsɤ¹	tsɤ¹	tsɤ¹	tsɤ³	tsɤ⁵	tsʰɤ⁵	tsʰɤ⁵
江湾	tsɤɯ¹	tsɤɯ¹	tsɤɯ¹	tsɤɯ¹	tsɤɯ⁵	tsɤɯ⁵	tsʰɤɯ⁵	tsʰɤɯ⁵
松江	tsɯ¹	tsɯ¹	tsɯ¹	tsɯ¹	tsɯ³	tsɯ⁵	tsʰiɯ³	tsʰɯ⁵
松江新	tsɤɯ¹	tsɤɯ¹	tsɤɯ¹	tsɤɯ¹	tsɤɯ³	tsɤɯ⁵	tsʰɤɯ³	tsʰɤɯ⁵
泗泾	tsɯ¹	tsɯ¹	tsɯ¹	tsɯ¹	tsɯ³	tsɯ⁵	tsʰiɯ³	tsʰɯ⁵
奉贤	tsɯ¹	tsɯ¹	tsɯ¹	tsɯ¹	tsɯ³	tsɯ⁵	tsʰɯ⁵	tsʰɯ⁵
奉贤新	tsɤ³	tsɤ³	tsɤ³	tsɤ³	tsɤ³	tsɤ⁵	tsʰɤ⁵	tsʰɤ⁵
奉城	tsɤ¹	tsɤ¹	tsɤ¹	tsɤ¹	tsɤ³	tsɤ⁵	tsʰɤ⁵	tsʰɤ⁵
金山	tsɤ¹	tsɤ¹	tsɤ¹	tsɤ¹	tsɤ³	tsɤ⁵	tsʰɤ⁵	tsʰɤ⁵
金山新	tsɤ¹	tsɤ¹	tsɤ¹	tsɤ¹	tsɤ³	tsɤ⁵	tsʰɤ⁵	tsʰɤ⁵
枫泾	tsɤ¹	tsɤ¹	tsɤ¹	tsɤ¹	tsɤ⁵	tsɤ⁵	tsʰɤ⁵	tsʰɤ⁵
青浦	tsɯ¹	tsɯ¹	tsɯ¹	tsɯ¹	tsɯ³	tsɯ⁵	tsʰɯ⁵	tsʰɯ⁵
青浦新	tsɯ¹	tsɯ¹	tsɯ¹	tsɯ¹	tsɯ³	tsɯ⁵	tsʰɯ⁵	tsʰɯ⁵
莘庄	tsɤ¹	tsɤ¹	tsɤ¹	tsɤ¹	tsɤ⁵	tsɤ⁵	tsʰɤ⁵	tsʰɤ⁵
闵行新	tsɤ¹	tsɤ¹	tsɤ¹	tsɤ¹	tsɤ⁵	tsɤ⁵	tsʰɤ⁵	tsʰɤ⁵
川沙	tsɤ¹	tsɤ¹	tsɤ¹	tsɤ¹	tsɤ⁵	tsɤ⁵	tsʰɤ⁵	tsʰɤ⁵
川沙新	tsɤ¹	tsɤ¹	tsɤ¹	tsɤ¹	tsɤ⁵	tsɤ⁵	tsʰɤ³	tsʰɤ⁵
高桥	tsɤ¹	tsɤ¹	tsɤ¹	tsɤ¹	tsɤ⁵	tsɤ⁵	tsʰɤ⁵	tsʰɤ⁵
三林	tsɤ¹	tsɤ¹	tsɤ¹	tsɤ¹	tsɤ¹	tsɤ⁵	tsʰɤ⁵	tsʰɤ⁵
周浦	tsɤ¹	tsɤ¹	tsɤ¹	tsɤ¹	tsɤ³	tsɤ⁵	tsʰɤ⁵	tsʰɤ⁵
南汇	tsɤ¹	tsɤ¹	tsɤ¹	tsɤ¹	tsɤ³	tsɤ⁵	tsʰɤ⁵	tsʰɤ⁵
南汇新	tsɤ¹	tsɤ¹	tsɤ¹	tsɤ¹	tsɤ³	tsɤ⁵	tsʰɤ³	tsʰɤ⁵
嘉定	tsø¹	tsø¹	tsø¹	tsø¹	tsø⁵	tsø⁵	tsʰø⁵	tsʰø⁵
嘉定新	tsø¹	tsø¹	tsø¹	tsø¹	tsø⁵	tsø⁵	tsʰø⁵	tsʰø⁵
宝山	tsɤe¹	tsɤe¹	tsɤe¹	tsɤe¹	tsɤe⁵	tsɤe⁵	tsʰɤe⁵	tsʰɤe⁵
宝山新	tsɤ¹	tsɤ¹	tsɤ¹	tsɤ¹	tsɤ⁵	tsɤ⁵	tsʰɤ⁵	tsʰɤ⁵
崇明	tsɵ¹	tsɵ¹	tsɵ¹	tsɵ¹	tsɵ³	tsɵ⁵	tsʰɵ⁵	tsʰɵ⁵
崇明新	tsɤ¹	tsɤ¹	tsɤ¹	tsɤ¹	tsɤ³	tsɤ⁵	tsʰən³	tsʰɤ⁵
堡镇	tsɵ¹	tsɵ¹	tsɵ¹	tsɵ¹	tsɵ³	tsɵ⁵	tsʰɵ⁵	tsʰɵ⁵
练塘	tsɯ¹	tsɯ¹	tsɯ¹	tsɯ¹	tsɯ¹	tsɯ⁵	tsʰɯ⁵	tsʰɯ⁵

序号	1328	1329	1330	1331	1332	1333	1334	1335
字目	收	手	首	守	兽	仇报仇	酬	受
中古音的地位	流开三平尤书	流开三上有书	流开三上有书	流开三上有书	流开三去宥书	流开三平尤禅	流开三平尤禅	流开三上有禅
市区	sɤ¹	sɤ⁵	sɤ⁵	sɤ⁵	sɤ⁵	zɤ⁶	zɤ⁶	zɤ⁶
市区中	sɤ¹	sɤ⁵	sɤ⁵	sɤ⁵	sɤ⁵	zɤ⁶	zɤ⁶	zɤ⁶
市区新	sɤ¹	sɤ⁵	sɤ⁵	sɤ⁵	sɤ⁵	zɤ⁶	zɤ⁶	zɤ⁶
真如	sɤ¹	sɤ³	sɤ³	sɤ³	sɤ³	zɤ²	zɤ²	zɤ⁶
江湾	sɤᵚ¹	sɤᵚ⁵	sɤᵚ⁵	sɤᵚ⁵	sɤᵚ⁵	zɤᵚ⁶	zɤᵚ⁶	zɤᵚ⁶
松江	sɯ¹	sɯ³	sɯ³	sɯ³	sɯ⁵	zɯ²	zɯ²	zɯ⁴
松江新	sɤᵚ¹	sɤᵚ³	sɤᵚ³	sɤᵚ³	sɤᵚ⁵	zɤᵚ²	zɤᵚ²	sɤᵚ³
泗泾	sɯ¹	sɯ³	sɯ³	sɯ³	sɯ⁵	zɯ²	zɯ²	zɯ⁶
奉贤	sɯ¹	sɯ³	sɯ³	sɯ³	sɯ⁵	zɯ²	zɯ²	zɯ⁶
奉贤新	sɤ¹	sɤ³	sɤ³	sɤ³	sɤ⁵	zɤ²	zɤ²	zɤ⁶
奉城	sɯ¹	sɯ³	sɯ³	sɯ³	sɯ⁵	zɯ²	zɯ²	zɯ⁶
金山	sɤ¹	sɤ³	sɤ³	sɤ³	sɤ⁵	zɤ²	zɤ²	zɤ⁶
金山新	sɤ¹	sɤ³	sɤ³	sɤ³	sɤ⁵/zɤ⁶	zɤ⁶	zɤ⁶	zɤ⁶
枫泾	sɤ¹	sɤ³	sɤ³	sɤ³	sɤ⁵	zɤ²	zɤ²	zɤ⁴
青浦	sɯ¹	sɯ³	sɯ³	sɯ³	sɯ⁵	zɯ²	zɯ²	zɯ⁶
青浦新	sɯ¹	sɯ³	sɯ³	sɯ³	sɯ⁵	zɯ²	zɯ²	zɯ⁶
莘庄	sɤ¹	sɤ³	sɤ³	sɤ³	sɤ³	zɤ²	zɤ²	zɤ²
闵行新	sɤ¹	sɤ³	sɤ³	sɤ³	sɤ³	zɤ²	zɤ²	zɤ²
川沙	sɤ¹	sɤ³	sɤ³	sɤ³	sɤ³	zɤ⁶	zɤ⁶	zɤ⁶
川沙新	sɤ¹	sɤ³	sɤ³	sɤ³	sɤ³	zɤ⁶	zɤ⁶	zɤ⁶
高桥	sɤ¹	sɤ³	sɤ³	sɤ³	sɤ³	zɤ⁶	zɤ⁶	zɤ⁶
三林	sɤ¹	sɤ³	sɤ³	sɤ³	sɤ³	zɤ²	zɤ²	zɤ²
周浦	sɤ¹	sɤ³	sɤ³	sɤ³	sɤ³	zɤ²	zɤ²	zɤ²
南汇	sɤ¹	sɤ³	sɤ³	sɤ³	sɤ³	zɤ²	zɤ²	zɤ²
南汇新	sɤ¹	sɤ³	sɤ³	sɤ³	sɤ³	zɤ⁶	zɤ⁶	zɤ⁶
嘉定	sø¹	sø⁵	sø⁵	sø⁵	sø⁵	zø²	zø²	zø⁶
嘉定新	sø¹	sø⁵	sø³	sø⁵	zø⁶	zø²	zø²	zø⁶
宝山	sɤe¹	sɤe⁵	sɤe⁵	sɤe⁵	sɤe⁵	sɤe²	sɤe²	sɤe⁵
宝山新	sɤ¹	sɤ⁵	sɤ⁵	sɤ⁵	sɤ⁵	sɤ⁶	sɤ⁶	sɤ⁵
崇明	sө¹	sө³	sө³	sө³	sө⁵	dzө²	dzө²	zө⁴
崇明新	sɤ¹	sɤ³	sɤ³	sɤ³	sɤ⁵	dzɤ²①	dzɤ²	zɤ⁶
堡镇	sө¹	sө³	sө³	sө³	sө⁵	dzө²	dzө²	zө⁴
练塘	sɯ¹	sɯ¹	sɯ¹	sɯ¹	sɯ⁵	zɯ²	zɯ²	zɯ⁴

注：① 姓氏读dʑiɤ⁶。

序号	1336	1337	1338	1339	1340	1341	1342	1343
字目	寿	授	售	柔	揉	纠 纠纷	鸠	九
中古音的地位	流开三去宥禅	流开三去宥禅	流开三去宥禅	流开三平尤日	流开三平尤日	流开三平尤见	流开三平尤见	流开三上有见
市区	zɤ⁶	zɤ⁶	zɤ⁶			tɕiɤ¹	tɕiɤ¹	tɕiɤ⁵
市区中	zɤ⁶	zɤ⁶	zɤ⁶	zɤ⁶	zɤ⁶	tɕiɤ¹	tɕiɤ¹	tɕiɤ⁵
市区新	zɤ⁶	zɤ⁶	zɤ⁶	zɤ⁶	zɤ⁶	tɕiɤ¹	tɕiɤ¹	tɕiɤ⁵
真如	zɤ⁶	zɤ⁶	zɤ⁶			tɕiɤ¹	tɕiɤ¹	tɕiɤ³
江湾	zɤɯ⁶	zɤɯ⁶	zɤɯ⁶			tɕiɤɯ¹	tɕiɤɯ¹	tɕiɤɯ⁵
松江	zɯ⁶	zɯ⁶	zɯ⁶			ɕiɯ¹	ɕiɯ¹	ɕiɯ³
松江新	zɤɯ⁶	zɤɯ⁶	zɤɯ⁶	zɤɯ²	zɤɯ²	tɕiɤɯ¹	tɕiɤɯ¹	tɕiɤɯ³
泗泾	zɯ⁶	zɯ⁶	zɯ⁶			ɕiɯ¹	ɕiɯ¹	ɕiɯ³
奉贤	zɯ⁶	zɯ⁶	zɯ⁶			ʔɟiɯ¹	ʔɟiɯ¹	ʔɟiɯ³
奉贤新	zɤ⁶	zɤ⁶	zɤ⁶	zɤ⁶	zɤ⁶	ʔtɕiɤ³		ʔtɕiɤ⁵
奉城	zɯ⁶	zɯ⁶	zɯ⁶			ʔɟiɯ¹	ʔɟiɯ¹	ʔɟiɯ³
金山	zɤ⁶	zɤ⁶	zɤ⁶			ɕiɤ¹	ɕiɤ¹	ɕiɤ³
金山新	zɤ⁶	zɤ⁶	zɤ⁶	zɤ²	zɤ²	tɕiɤ¹	tɕiɤ³	tɕiɤ³
枫泾	zɤ²	zɤ²	zɤ²			tɕiɤ¹	tɕiɤ¹	tɕiɤ³
青浦	zɯ⁶	zɯ⁶	zɯ⁶			tɕiɯ¹	tɕiɯ¹	tɕiɯ³
青浦新	zɯ⁶	zɯ⁶	zɯ⁶	lɯ²	lɯ²	tɕiɯ¹	tɕiɯ¹	tɕiɯ³
莘庄	zɤ⁶	zɤ⁶	zɤ⁶			ɕiɤ¹	ɕiɤ¹	ɕiɤ³
闵行新	zɤ²	zɤ²	zɤ²	lɤ²	lɤ²	tɕiɤ³①	tɕiɤ¹	tɕiɤ³
川沙	zɤ⁶	zɤ⁶	zɤ⁶			tɕiɤ¹	tɕiɤ¹	tɕiɤ³
川沙新	zɤ⁶	zɤ⁶	zɤ⁶			tɕiɤ¹	tɕiɤ¹	tɕiɤ³
高桥	zɤ⁶	zɤ⁶	zɤ⁶			tɕiɤ¹	tɕiɤ¹	tɕiɤ³
三林	zɤ⁶	zɤ⁶	zɤ⁶			ɕiɤ¹	ɕiɤ¹	ɕiɤ³
周浦	zɤ⁶	zɤ⁶	zɤ⁶			ɕiɤ¹	ɕiɤ¹	ɕiɤ³
南汇	zɤ⁶	zɤ⁶	zɤ⁶			ʔɟiɤ¹	ʔɟiɤ¹	ʔɟiɤ³
南汇新	zɤ⁶	zɤ⁶	zɤ⁶			tɕiɤ¹	tɕiɤ¹	tɕiɤ³
嘉定	zø⁶	zø⁶	zø⁶			tɕy¹	tɕy¹	tɕy⁵
嘉定新	zø⁶	zø⁶	zø⁶	zø²	zø²	tɕy¹	tɕy¹	tɕy⁵
宝山	sɤe⁶	sɤe⁶	sɤe⁶	lu⁵	lu⁵	tɕy¹	tɕy¹	tɕy⁵
宝山新	sɤ⁵	sɤ⁵	sɤ⁵	zɤ⁶	zɤ⁶	tɕiɤ¹	tɕiɤ¹	tɕiɤ⁵
崇明	zɵ⁶	dzɵ⁶	dzɵ⁶			tɕie¹	tɕie¹	tɕie³
崇明新	zɤ⁶	zɤ⁶	zɤ⁶	zɤɹ²	iɕi²⁸	tɕiɤ¹	tɕiɤ¹	tɕiɤ³
堡镇	zɵ⁶	dzɵ⁶	dzɵ⁶			tɕie¹	tɕie¹	tɕie³
练塘	zɯ⁶	zɯ⁶	zɯ⁶			tɕiɯ¹	tɕiɯ¹	tɕiɯ¹

注：① "纠察队"。

序号	1344	1345	1346	1347	1348	1349	1350
字目	久	灸	韭	究	救	仇姓仇	丘	求
中古音的地位	流开三上有见	流开三上有见	流开三上有见	流开三去宥见	流开三去宥见	流开三平尤群	流开三平尤溪	流开三平尤群
市区	tɕiɤ⁵		tɕiɤ⁵	tɕiɤ¹	tɕiɤ⁵	dziɤ⁶	tɕʰiɤ¹	dziɤ⁶
市区中	tɕiɤ⁵	tɕiɤ⁵	tɕiɤ⁵	tɕiɤ⁵	tɕiɤ⁵	dziɤ⁶	tɕʰiɤ¹	dziɤ⁶
市区新	tɕiɤ⁵	tɕiɤ⁵	tɕiɤ⁵	tɕiɤ¹	tɕiɤ⁵	dziɤ⁶	tɕʰiɤ¹	dziɤ⁶
真如	tɕiɤ³		tɕiɤ³	tɕiɤ⁵	tɕiɤ⁵	dziɤ²	tɕʰiɤ¹	dziɤ²
江湾	tɕiɤʷ⁵		tɕiɤʷ⁵	tɕiɤʷ⁵	tɕiɤʷ⁵	dziɤʷ⁶	tɕʰiɤʷ¹	dziɤʷ⁶
松江	ciu³		ciu³	ciu⁵	ciu⁵	ʑiu²	cʰiu¹	ʑiu²
松江新	tɕiɤʷ³	tɕiɤʷ³	tɕiɤʷ³	tɕiɤʷ⁵	tɕiɤʷ⁵		tɕʰiɤʷ¹	dziɤʷ²
泗泾	ciu³		ciu³	ciu⁵	ciu⁵	ʑiu²	cʰiu¹	ʑiu²
奉贤	ʔʑiu³		ʔʑiu³	ʔʑiu⁵	ʔʑiu⁵	zu²	cʰiu¹	ʑiu²
奉贤新	ʔtɕiɤ⁵	ʔtɕiɤ⁵	ʔtɕiɤ⁵	ʔtɕiɤ⁵	ʔtɕiɤ⁵	tɕʰiɤ¹	dziɤ²	dziɤ²
奉城	ʔʑiu³		ʔʑiu³	ʔʑiu⁵	ʔʑiu⁵	zu²	cʰiu¹	ʑiu²
金山	ciɤ³		ciɤ³	ciɤ⁵	ciɤ⁵	zɤ²	cʰiɤ¹	ʑiɤ²
金山新	tɕiɤ³	tɕiɤ³	tɕiɤ³	tɕiɤ⁵	tɕiɤ⁵		tɕʰiɤ¹	dziɤ²
枫泾	tɕiɤ³		tɕiɤ³	tɕiɤ⁵	tɕiɤ⁵	zɤ²	tɕʰiɤ¹	dziɤ²
青浦	tɕiu³		tɕiu³	tɕiu⁵	tɕiu⁵	dziu²	tɕʰiu¹	dziu²
青浦新	tɕiu³	tɕiu³	tɕiu³	tɕiu⁵	tɕiu⁵		tɕʰiu¹	dziu²
莘庄	ciɤ³		ciɤ³	ciɤ⁵	ciɤ⁵	ʑiɤ²	cʰiɤ¹	ʑiɤ²
闵行新	tɕiɤ³	tɕiɤ³	tɕiɤ³	tɕiɤ⁵	tɕiɤ⁵	tɕʰiɤ¹	dziɤ²	dziɤ²
川沙	tɕiɤ³		tɕiɤ³	tɕiɤ⁵	tɕiɤ⁵	dziɤ²	tɕʰiɤ¹	dziɤ²
川沙新		tɕiɤ¹	tɕiɤ³	tɕiɤ¹	tɕiɤ⁵	tɕʰiɤ¹	dziɤ²	dziɤ⁶
高桥	tɕiɤ³		tɕiɤ³	tɕiɤ⁵	tɕiɤ⁵	dziɤ⁶	tɕʰiɤ¹	dziɤ⁶
三林	ciɤ³		ciɤ³	ciɤ⁵	ciɤ⁵	zɤ²	cʰiɤ¹	ʑiɤ²
周浦	ciɤ³		ciɤ³	ciɤ⁵	ciɤ⁵	zɤ²	cʰiɤ¹	ʑiɤ²
南汇	ʔʑiɤ³		ʔʑiɤ³	ʔʑiɤ⁵	ʔʑiɤ⁵	zɤ²	cʰiɤ¹	ʑiɤ²
南汇新	tɕiɤ³	tɕiɤ¹	tɕiɤ³	tɕiɤ¹	tɕiɤ⁵	tɕʰiɤ¹	dziɤ⁶	dziɤ⁶
嘉定	tɕy⁵		tɕy⁵	tɕy⁵	tɕy⁵	dzy²	tɕʰy²	dzy²
嘉定新	tɕy⁵	tɕy⁵	tɕy⁵	tɕy¹	tɕy⁵	tɕʰy¹	dzy²	dzy²
宝山	tɕy⁵	tɕy⁵	tɕy⁵	tɕy⁵	tɕy⁵		tɕʰy¹	dzy²
宝山新	tɕiɤ⁵	tɕiɤ⁵	tɕiɤ⁵	tɕiɤ⁵	tɕiɤ⁵		tɕʰiɤ¹	dziɤ⁶
崇明	tɕiə³		tɕiə³	tɕiə⁵	tɕiə⁵	dziə²	tɕʰiə¹	dziə²
崇明新	tɕiɤ³	tɕiɤ³	tɕiɤ³	tɕiɤ⁵	tɕiɤ⁵	tɕʰiɤ¹	dziɤ²	dziɤ²
堡镇	tɕiə³		tɕiə³	tɕiə⁵	tɕiə⁵	dziə²	tɕʰiə¹	dziə²
练塘	tɕiu¹		tɕiu¹	tɕiu⁵	tɕiu⁵	dziu²	tɕʰiu¹	dziu²

序号	1351	1352	1353	1354	1355	1356	1357	1358
字目	球	臼	舅	咎	旧	枢	牛	休
中古音的地位	流开三平尤群	流开三上有群	流开三上有群	流开三上有群	流开三去有群	流开三去尤群	流开三平尤疑	流开三平尤晓
市区	dziɤ⁶		dziɤ⁶		dziɤ⁶		ɲiɤ⁶	ɕiɤ¹
市区中	dziɤ⁶	dziɤ⁶	dziɤ⁶	dziɤ⁶	dziɤ⁶	dziɤ⁶	ɲiɤ	ɕiɤ¹
市区新	dziɤ⁶	dziɤ⁶	dziɤ⁶	dziɤ⁶	dziɤ⁶	tɕiɤ¹	ɲiɤ⁶	ɕiɤ¹
真如	dziɤ²		dziɤ⁶		dziɤ⁶		ɲiɤ²	ɕiɤ¹
江湾	dziɤɯ⁶		dziɤɯ⁶		dziɤɯ⁶		ɲiɤɯ⁶	ɕiɤɯ¹
松江	jiɯ²		jiɯ⁴		jiɯ⁶		ɲiɯ²	ɕiɯ¹
松江新	dziɤɯ²	dziɤɯ⁶	dziɤɯ⁶	tɕiɤɯ³	dziɤɯ⁶	tɕiɤɯ⁵	ɲiɤɯ²	ɕiɤɯ¹
泗泾	jiɯ²		jiɯ⁶		jiɯ⁶		ɲiɯ²	ɕiɯ¹
奉贤	jiɯ²		jiɯ⁶		jiɯ⁶		ɲiɯ²	ɕiɯ¹
奉贤新	dziɤ⁶	dziɤ⁶	dziɤ⁶	ʔtɕiɤ⁵	dziɤ⁶	dziɤ⁶	ɲiɤ⁶	ɕiɤ¹
奉城	jiɯ²		jiɯ⁶		jiɯ⁶		ɲiɯ²	ɕiɯ¹
金山	jiɤ²		jiɤ²		jiɤ⁶		ɲiɤ²	ɕiɤ¹
金山新	dziɤ²	dziɤ⁶	dziɤ⁶	dziɤ⁶	dziɤ⁶	diɤ¹	ɲiɤ⁶	ɕiɤ¹
枫泾	dziɤ²		dziɤ⁶		dziɤ⁶		ɲiɤ²	ɕiɤ¹
青浦	dziɯ²		dziɯ⁶		dziɯ⁶		ɲiɯ²	ɕiɯ¹
青浦新	dziɯ²	dziɯ⁶	dziɯ⁶	dziɯ⁶	dziɯ⁶	dziɯ⁶	ɲiɯ²	ɕiɯ¹
莘庄	jiɤ²		jiɤ⁶		jiɤ⁶		ɲiɤ²	ɕiɤ¹
闵行新		dziɤ²	tɕiɤ³	tɕiɤ³	dziɤ²		ɲiɤ²	ɕiɤ¹
川沙	dziɤ²		dziɤ²		dziɤ⁶		ɲiɤ²	ɕiɤ¹
川沙新		dziɤ⁶		tɕiɤ¹	dziɤ⁶		ɲiɤ⁶	ɕiɤ¹
高桥	dziɤ⁶		dziɤ⁶		dziɤ⁶		ɲiɤ⁶	ɕiɤ¹
三林	jiɤ²		jiɤ²		jiɤ⁶		ɲiɤ²	ɕiɤ¹
周浦	jiɤ²		jiɤ⁶		jiɤ⁶		ɲiɤ²	ɕiɤ¹
南汇	jiɤ²		jiɤ⁶		jiɤ⁶		ɲiɤ²	ɕiɤ¹
南汇新	ga⁶	dziɤ⁶		tɕiɤ¹	dziɤ⁶		ɲiɤ⁶	ɕiɤ¹
嘉定	dzʐy²		dzʐy⁶		dzʐy⁶		nʐy²	ɕy¹
嘉定新	dzʐy⁶	dzʐy⁶	dzʐy⁶	tɕy¹	dzʐy⁶	dzʐy⁶	nʐy²	ɕy¹
宝山	dzʐy²	dzʐy⁶	dzʐy⁶	dzʐy⁶	dzʐy⁶	dzʐy⁶	nʐy⁵	ɕy¹
宝山新	dziɤ⁶	dziɤ⁶	dziɤ⁶	dziɤ⁶	dziɤ⁶	dziɤ⁶	ɲiɤ⁵	ɕiɤ¹
崇明	dzie²		dzie⁶		dzie⁶		nie²	ɕie¹
崇明新	dziɤ²	dziɤ²	tɕiɤ¹	tɕiɤ¹	dziɤ⁶	dziɤ⁶	ɲiɤ²	ɕiɤ¹
堡镇	dzie²		dzie⁶		dzie⁶		nie²	ɕie¹
练塘	dziɯ²		dziɯ⁴		dziɯ⁶		ɲiɯ²	ɕiɯ¹

序号	1359	1360	1361	1362	1363	1364	1365	1366
字目	朽	嗅	忧	优	尤	邮	有	友
中古音的地位	流开三上有晓	流开三去宥晓	流开三平尤影	流开三平尤影	流开三平尤云	流开三平尤云	流开三上有云	流开三上有云
市区		çiɤ⁵	iɤ¹	iɤ¹	ɦiɤ⁶	ɦiɤ⁶	ɦiɤ⁶	ɦiɤ⁶
市区中	çiɤ⁵	çiɤ⁵	iɤ¹	iɤ¹	ɦiɤ⁶	ɦiɤ⁶	ɦiɤ⁶	ɦiɤ⁶
市区新	çiɤ⁵	çiɤ⁵	iɤ¹	iɤ¹	ɦiɤ⁶	ɦiɤ⁶	ɦiɤ⁶	ɦiɤ⁶
真如		çiɤ⁵	iɤ¹	iɤ¹	ɦiɤ²	ɦiɤ²	liɤ⁶	liɤ⁶
江湾		çiɤɯ⁵	iɤɯ¹	iɤɯ¹	ɦiɤɯ⁶	ɦiɤɯ⁶	ɦiɤɯ⁶	ɦiɤɯ⁶
松江		çiɯ⁵	iɯ¹	iɯ¹	ɦiɯ²	ɦiɯ²	ɦiɯ⁴	ɦiɯ⁴
松江新	çiɤɯ³	çiɤɯ⁵	iɤɯ¹	iɤɯ¹	ɦiɤɯ²	ɦiɤɯ²	ɦiɤɯ⁶	ɦiɤɯ⁶
泗泾		çiɯ⁵	iɯ¹	iɯ¹	ɦiɯ²	ɦiɯ²	ɦiɯ⁶	ɦiɯ⁶
奉贤		çiɯ⁵	iɯ¹	iɯ¹	ɦiɯ²	ɦiɯ²	ɦiɯv/ɦiɯ⁶	ɦiɯ⁶
奉贤新	çiɤ⁵	çiɤ³	iɤ¹	iɤ¹	ɦiɤ²	ɦiɤ²	ɦiɤ²	ɦiɤ²
奉城		çiɯ⁵	iɯ¹	iɯ¹	ɦiɯ²	ɦiɯ²	ɦiɯ⁶	ɦiɯ⁶
金山		çiɤ⁵	iɤ¹	iɤ¹	ɦiɤ²	ɦiɤ²	ɦiɤ²	ɦiɤ⁶
金山新	çiɤ³	çiɤ⁵	iɤ¹	iɤ¹	ɦiɤ²	ɦiɤ²	ɦiɤ⁶	ɦiɤ⁶/iɤ³
枫泾		çiɤ⁵	iɤ¹	iɤ¹	ɦiɤ²	ɦiɤ²	ɦiɤ⁴	ɦiɤ⁶
青浦		çiɯ⁵	iɯ¹	iɯ¹	ɦiɯ²	ɦiɯ²	ɦiɯ⁶	ɦiɯ⁶
青浦新	çiɯ³	çiɯ⁵	iɯ¹	iɯ¹	ɦiɯ²	ɦiɯ²	ɦiɯ⁶	ɦiɯ⁶
莘庄		çiɤ⁵	iɤ¹	iɤ¹	ɦiɤ²	ɦiɤ²	ɦiɤ²	ɦiɤ⁶
闵行新	çiɤ⁵		çiɤ¹	iɤ¹	iɤ¹	ɦiɤ²	ɦiɤ²	ɦiɤ²
川沙		çiɤ⁵	iɤ¹	iɤ¹	ɦiɤ²	ɦiɤ²	ɦiɤ²	ɦiɤ²
川沙新	çiɤ³	çiɤ⁵	iɤ¹	iɤ¹	ɦiɤ⁶	ɦiɤ⁶	ɦiɤ⁶	ɦiɤ⁶
高桥		çiɤ³	iɤ¹	iɤ¹	ɦiɤ⁶	ɦiɤ⁶	ɦiɤ⁶	ɦiɤ²
三林		çiɤ⁵	iɤ¹	iɤ¹	ɦiɤ²	ɦiɤ²	ɦiɤ²	ɦiɤ²
周浦		çiɤ⁵	iɤ¹	iɤ¹	ɦiɤ²	ɦiɤ²	ɦiɤ²	ɦiɤ²
南汇		çiɤ⁵	iɤ¹	iɤ¹	ɦiɤ²	ɦiɤ²	ɦiɤ²	ɦiɤ²
南汇新	çiɤ³		iɤ¹	iɤ¹	ɦiɤ⁶	ɦiɤ⁶	ɦiɤ⁶	ɦiɤ⁶
嘉定		çy⁵	y¹	y¹	ɦy²	ɦy²	ɦy⁶	ɦy⁶
嘉定新	çy⁵	çy⁵	y¹	y¹	ɦy²	ɦy²	ɦy⁶	ɦy⁶
宝山	çy⁵	çy⁵	y¹	y¹	y⁵	y⁵	y⁶	y⁶
宝山新	çiɤ⁵	çiɤ⁵	iɤ¹	iɤ¹	iɤ⁵	iɤ⁵	iɤ⁵	iɤ⁵
崇明		çiə⁵	iə¹	iə¹	ɦiə²	ɦiə²	ɦiəv⁶	ɦiə⁶
崇明新	çiɤ³	xɔŋcɤ⁵	iɤ¹	iɤ¹	iɤ²	iɤ²	iɤ⁶	iɤ⁶
堡镇		çiə⁵	iə¹	iə¹	ɦiə²	ɦiə²	ɦiəv	ɦiə⁶
练塘		çiɯ⁵	iɯ¹	iɯ¹	ɦiɯ²	ɦiɯ²	ɦiɯ⁴	ɦiɯ⁴

序号	1367	1368	1369	1370	1371	1372	1373	1374
字目	又	右	祐	悠	犹	由	油	游
中古音的地位	流开三去宥云	流开三去宥云	流开三去宥云	流开三平尤以	流开三平尤以	流开三平尤以	流开三平尤以	流开三平尤以
市区	ɦiɤ⁶/iɤ¹	ɦiɤ⁶		iɤ¹	ɦiɤ⁶	ɦiɤ⁶	ɦiɤ⁶	ɦiɤ⁶
市区中	ɦiɤ⁶	ɦiɤ⁶	ɦiɤ⁶	iɤ¹	ɦiɤ⁶	ɦiɤ⁶	ɦiɤ⁶	ɦiɤ⁶
市区新	ɦiɤ⁶	ɦiɤ⁶		iɤ¹	ɦiɤ⁶	ɦiɤ⁶	ɦiɤ⁶	ɦiɤ⁶
真如	ɦiɤ⁶	ɦiɤ⁶		iɤ¹	ɦiɤ²	ɦiɤ²	ɦiɤ²	ɦiɤ²
江湾	ɦiɤᵚ⁶	ɦiɤᵚ⁶		iɤᵚ¹	ɦiɤᵚ⁶	ɦiɤᵚ⁶	ɦiɤᵚ⁶	ɦiɤᵚ⁶
松江	ɦiɯ⁶	ɦiɯ⁶		iɯ¹	ɦiɯ²	ɦiɯ²	ɦiɯ²	ɦiɯ²
松江新	ɦiɤᵚ⁶	ɦiɤᵚ⁶		iɤᵚ¹	ɦiɤᵚ²	ɦiɤᵚ²	ɦiɤᵚ²	ɦiɤᵚ²
泗泾	ɦiɯ⁶	ɦiɯ⁶		iɯ¹	ɦiɯ²	ɦiɯ²	ɦiɯ²	ɦiɯ²
奉贤	ɦiɯ⁶	ɦiɯ⁶		iɯ¹	ɦiɯ²	ɦiɯ²	ɦiɯ²	ɦiɯ²
奉贤新	ɦiɤ⁶	ɦiɤ⁶	ɦiɤ⁶	iɤ¹	ɦiɤ²	ɦiɤ²	ɦiɤ²	ɦiɤ²
奉城	ɦiɯ⁶	ɦiɯ⁶		iɯ¹	ɦiɯ²	ɦiɯ²	ɦiɯ²	ɦiɯ²
金山	ɦiɤ⁶	ɦiɤ⁶		iɤ¹	ɦiɤ²	ɦiɤ²	ɦiɤ²	ɦiɤ²
金山新	ɦiɤ⁶	ɦiɤ⁶	ɦiɤ⁶	iɤ¹	ɦiɤ²	ɦiɤ²	ɦiɤ²	ɦiɤ²
枫泾	iɤ⁵	iɤ⁵		iɤ¹	ɦiɤ²	ɦiɤ²	ɦiɤ²	ɦiɤ²
青浦	ɦiɯ⁶	ɦiɯ⁶		iɯ¹	ɦiɯ²	ɦiɯ²	ɦiɯ²	ɦiɯ²
青浦新	ɦiɯ⁶	ɦiɯ⁶	ɦiɯ⁶	iɯ¹	ɦiɯ²	ɦiɯ²	ɦiɯ²	ɦiɯ²
莘庄	ɦiɤ⁶	ɦiɤ⁶		iɤ¹	ɦiɤ²	ɦiɤ²	ɦiɤ²	ɦiɤ²
闵行新	ɦiɤ²	ɦiɤ²	iɤ¹	iɤ¹①	ɦiɤ²	ɦiɤ²	ɦiɤ²	ɦiɤ²
川沙	ɦiɤ⁶	ɦiɤ⁶		iɤ¹	ɦiɤ⁶	ɦiɤ⁶	ɦiɤ⁶	ɦiɤ⁶
川沙新	iɤ⁵	iɤ⁵	iɤ⁵	iɤ¹	ɦiɤ⁶	ɦiɤ⁶	ɦiɤ⁶	ɦiɤ⁶
高桥	ɦiɤ²	ɦiɤ²		iɤ¹	ɦiɤ⁶	ɦiɤ⁶	ɦiɤ⁶	ɦiɤ⁶
三林	ɦiɤ⁶	ɦiɤ⁶		iɤ¹	ɦiɤ⁶	ɦiɤ⁶	ɦiɤ⁶	ɦiɤ⁶
周浦	ɦiɤ⁶/iɤ¹	ɦiɤ⁶		iɤ¹	ɦiɤ⁶	ɦiɤ⁶	ɦiɤ⁶	ɦiɤ⁶
南汇	ɦiɤ⁶/iɤ¹	ɦiɤ⁶		iɤ¹	ɦiɤ⁶	ɦiɤ⁶	ɦiɤ⁶	ɦiɤ⁶
南汇新	ɦiɤ⁶	ɦiɤ⁶	ɦiɤ⁶		ɦiɤ⁶	ɦiɤ⁶	ɦiɤ⁶	ɦiɤ⁶
嘉定	ɦiy⁶	ɦiy⁶		y¹	ɦiy²	ɦiy²	ɦiy²	ɦiy²
嘉定新	ɦiy⁶	ɦiy⁶	ɦiy⁶	y¹	ɦiy²	ɦiy²	ɦiy²	ɦiy²
宝山	y⁶	y⁶	y⁶	y¹	y⁵	y⁵	y⁵	y⁵
宝山新	iɤ⁵	iɤ⁵	iɤ⁵	iɤ¹	iɤ⁵	iɤ⁵	iɤ⁵	iɤ⁵
崇明	ɦiə⁴/ɦi⁴	ɦiə⁶		iə¹	ɦiə²	ɦiə²	ɦiə²	ɦiə²
崇明新	iɤ⁶	iɤ⁶		iɤ¹	iɤ²	iɤ²	iɤ²	iɤ²
堡镇	ɦiə⁴/ɦiv	ɦiə⁶		iə¹	ɦiə²	ɦiə²	ɦiə²	ɦiə²
练塘	ɦiɯ⁶	ɦiɯ⁶		iɯ¹	ɦiɯ²	ɦiɯ²	ɦiɯ²	ɦiɯ²

注：① "笃悠悠"。

序号	1375	1376	1377	1378	1379	1380	1381	1382
字目	诱	釉①	彪	谬荒谬	[丢]	纠纠察	幽	幼
中古音的地位	流开三上有以	流开三去宥以	流开三平幽帮	流开三去幼明	流开三平幽端	流开三上黝见	流开三平幽影	流开三去幼影
市区		ɦiɤ⁶	piɔ¹	miɔ⁶/miɤ⁶	tiɤ¹	tɕiɔ¹/tɕiɤ¹	iɤ¹	iɤ⁵
市区中	ɦiɤ⁶	ɦiɤ⁶	piɔ¹	miɤ⁶	tiɤ¹	tɕiɤ¹	iɤ¹	iɤ⁵
市区新	ɦiɤ⁶		piɔ¹	miɤ⁶	tiɤ¹	tɕiɤ¹	iɤ¹	iɤ⁵
真如		ɦiɤ⁶	ʔbiɔ¹	miɤ⁶/miɔ¹/miɔ⁶	ʔdiɤ¹	tɕiɤ¹	iɤ¹	iɤ¹
江湾		ɦiɤꚝ⁶	ʔbiɔ¹	miɔ⁶/miɤ⁶	ʔdiɤꚝ¹	tɕiɤꚝ¹	iɤꚝ¹	iɤꚝ⁵
松江		ɦiɯ⁶	ʔbiɔ¹	miɔ⁶	ʔdiɯ¹	ciɯ¹	iɯ¹	iɯ⁵
松江新	iɤꚝ³	ɦiɤꚝ⁶	piɔ¹	miɤꚝ⁶	tiɤꚝ¹	tɕiɤꚝ³	iɤꚝ¹	iɤꚝ⁵
泗泾		ɦiɯ⁶	ʔbiɔ¹	miɔ⁶	ʔdiɯ¹	ciɯ¹	iɯ¹	iɯ⁵
奉贤		ɦiɯ²	ʔbiɔ¹	miɯ⁵	ʔdiɯ¹	ʔɟiɯ³	iɯ¹	iɯ¹
奉贤新	ɦiɤ⁶	ɦiɤ⁶	ʔbiɔ¹	miɤ⁶	ʔdiɤ¹	ʔtɕiɤ¹	iɤ³	iɤ³
奉城		iɯ¹	ʔbiɔ¹	miɯ⁵	ʔdiɯ¹	ʔɟiɯ¹	iɯ¹	iɯ¹
金山		ɦiɤ⁶	ʔbiɔ¹	miɔ⁶	ʔdiɤ¹	ciɤ¹	iɤ¹	iɤ⁵
金山新	ɦiɤ⁶		piɔ¹	miɤ⁶	tiɤ¹	tɕiɤ¹	iɤ¹	iɤ¹
枫泾		ɦiɤ⁶	piɔ¹	n̠iɤ³	tiɯ¹	tɕiɤ¹	iɤ¹	iɤ¹
青浦		ɦiɯ⁶	ʔbiɔ¹	miɔ⁶	ʔdiɯ¹	tɕiɯ¹	iɯ¹	iɯ⁵
青浦新	ɦiɯ⁶	ɦiɯ⁶	piɔ¹	miɯ⁶	tiɯ¹	tɕiɯ¹	iɯ¹	iɯ⁵
莘庄		ɦiɤ⁶	ʔbiɔ¹	miɤ⁶	ʔdiɤ¹	ciɤ³	iɤ¹	iɤ¹
闵行新	iɤ¹	ɦiɤ²	piɔ¹	miɤ²	tiɤ¹	tɕiɤ³	iɤ¹	iɤ¹
川沙		ɦiɤ²	ʔbiɔ¹	miɔ⁶/miɤ⁶	ʔdiɤ¹	tɕiɤ¹	iɤ¹	ɦiɤ⁶
川沙新	iɤ⁵	iɤ⁵②	ʔbiɔ¹	miɤ⁶		tɕiɤ¹	iɤ¹	iɤ¹
高桥		ɦiɤ⁶	ʔbiɔ¹	miɤ⁶	ʔdiɤ¹	tɕiɤ¹	iɤ¹	iɤ¹
三林		ɦiɤ⁶	ʔbiɔ¹	miɔ⁶	ʔdiɤ¹	ciɤ¹	iɤ¹	ɦiɤ⁶
周浦		ɦiɤ⁶	ʔbiɔ¹	miɔ⁶	ʔdiɤ¹	ciɤ¹	iɤ¹	iɤ¹
南汇		ɦiɤ⁶	ʔbiɔ¹	miɔ⁶	ʔdiɤ¹	ʔɟiɤ¹	iɤ¹	iɤ⁵
南汇新	iɤ⁵		ʔbiɔ¹			tɕiɤ¹	iɤ¹	iɤ¹
嘉定		ɦiy⁶	piɔ¹	miɔ⁶	ty¹	tɕy¹	y¹	y⁵
嘉定新	ɦiy⁶	ɦiy⁶	piɔ¹	miɔ⁶	ty¹	tɕy¹	y¹	y⁶
宝山	y¹	y⁵	piɔ¹	miɔ⁶	ty¹	tɕy¹	y¹	y⁵
宝山新	iɤ⁵	iɤ⁵	piɔ¹	miɤ⁶	tiɤ¹	tɕiɤ¹	iɤ¹	iɤ⁵
崇明		ɦieө²	piɔ¹	mieө⁵	tieө¹	tɕieө¹	ieө¹	ieө⁵
崇明新	iɤ⁶		piɔ¹	miɤ⁶	tɔʔ⁷	tɕiɤ¹	iɤ¹	iɤ¹
堡镇		ɦieө²	piɔ¹	mieө⁵	tieө¹	tɕieө¹	ieө¹	ieө⁵
练塘		ɦiɯ²	piɔ¹	miɔ⁴	tiɯ¹	tɕiɯ¹	iɯ¹	iɯ⁵

注：① 老派换为"柚"（中古音的地位：流开三去宥以）。
　　② 换为"柚"（中古音的地位：流开三去宥以）。

序号	1383	1384	1385	1386	1387	1388	1389	1390
字目	耽耽搁	贪	探	谭姓	谭	坛	男	南南北
中古音的地位	咸开一平覃端	咸开一平覃透	咸开一去勘透	咸开一平覃定	咸开一平覃定	咸开一平覃定	咸开一平覃泥	咸开一平覃泥
市区	$tɛ^1$	$tʰø^1$	$tʰø^5$	$dɛ^6$	$dɛ^6$		$nø^6$	$nø^6$
市区中	$tɛ^1$	$tʰø^1$	$tʰø^5$	$dɛ^6$	$dɛ^6$	$dɛ^6$	$nø^6$	$nø^6$
市区新	$tɛ^1$	$tʰɛ^1/tʰø^1$	$tʰø^5$	$dɛ^6$	$dɛ^6$	$dɛ^6$	$nø^6$	$nø^6$
真如	$ʔdɛ^1$	$tʰɛ^1$	$tʰɛ^5$	$dɛ^2$	$dɛ^2$		$nɛ^2$	$nɛ^2$
江湾	$ʔdɛ^1$	$tʰø^1$	$tʰɛ^5$	$dɛ^6$	$dɛ^6$		$nɛ^6/nø^6$	$nɛ^6/nø^6$
松江	$ʔdɛ^1$	$tʰɛ^1$	$tʰɛ^5$	$dɛ^2$	$dɛ^2$		$nɛ^2$	$nɛ^2$
松江新	$tɛ^1$	$tʰø^1$	$tʰɛ^5$	$dɛ^2$	$dɛ^2$	$dɛ^2$	$nø^2$	$nɛ^2$
泗泾	$ʔdɛ^1$	$tʰɛ^1$	$tʰɛ^5$	$dɛ^2$	$dɛ^2$		$nɛ^3$	$nɛ^2$
奉贤	$ʔdɛ^1$	$tʰɛ^1$	$tʰɛ^5$	$dɛ^2$	$dɛ^2$		$nɛ^2$	$nɛ^2$
奉贤新	$ʔdɛ^1$	$tʰɛ^1$	$tʰɛ^5$	$dɛ^2$	$dɛ^2$	$dɛ^2$	$nɛ^2$	$nɛ^2$
奉城	$ʔdɛ^1/ʔdɛ^1$	$tʰɛ^1$	$tʰɛ^5$	$dɛ^2$	$dɛ^2$		$nɛ^2$	$nɛ^2$
金山	$ʔdɛ^1$	$tʰɛ^1$	$tʰɛ^5$	$dɛ^2$	$dɛ^2$		$nɛ^2$	$nɛ^2$
金山新	$tɛ^1$	$tʰɛ^1$	$tʰɛ^5$	$dɛ^2$	$dɛ^2$	$dɛ^2$	$nɛ^2$	$nɛ^2$
枫泾	$tɛ^1$	$tʰɛ^1$	$tʰø^5$	$dɛ^2$	$dɛ^2$		$nø^2$	$nø^2$
青浦	$ʔdɛ^1$	$tʰɪ^1$	$tʰɪ^5$	$dɛ^2/dɪ^2$	$dɛ^2/dɪ^2$		$nɪ^2$	$nɪ^2$
青浦新	$tɛ^1$	$tʰɛ^1$	$tʰɛ^5$	$dɛ^2$	$dɛ^2$	$dɛ^2$	$nɪɪ^2$	$nɪɪ^2$
莘庄	$ʔdɛ^1$	$tʰɛ^1$	$tʰɛ^5$	$dɛ^2$	$dɛ^2$		$nɛ^2$	$nɛ^2$
闵行新	$tɛ^1$	$tʰɪ^{i1}$	$tʰɛ^5$	$dɛ^2$	$dɛ^2$	$dɛ^2$	$nɪ^{i2}$	$nɪ^{i2}$
川沙	$ʔdɛ^1$	$tʰɛ^1$	$tʰɛ^5$	$dɛ^2$	$dɛ^2$		$nɛ^2$	$nɛ^2$
川沙新	$ʔdɛ^1$	$tʰɛ^1$	$tʰɛ^5$	$dɛ^6$		$dɛ^6$	$nɛ^6$	$nɛ^6$
高桥	$ʔdɛ^1$	$tʰɛ^1$	$tʰɛ^5$	$dɛ^6$	$dɛ^6$		$nɛ^2$	$nɛ^2$
三林	$ʔdɛ^1$	$tʰɛ^1$	$tʰɛ^5$	$dɛ^2$	$dɛ^2$		$nɛ^2$	$nɛ^2$
周浦	$ʔdɛ^1$	$tʰɛ^1$	$tʰɛ^5$	$dɛ^2$	$dɛ^2$		$nɛ^2$	$nɛ^2$
南汇	$ʔdɛ^1$	$tʰɛ^1$	$tʰɛ^5$	$dɛ^2$	$dɛ^2$		$nɛ^2$	$nɛ^2$
南汇新	$ʔdɛ^1$	$tʰɛ^1$	$tʰɛ^5$	$dɛ^6$	$dɛ^6$	$dɛ^6$	$nɛ^6$	$nɛ^6$
嘉定	$tɛ^1$	$tʰɪɪ^1$	$tʰɪɪ^5$	$dɛ^2$	$dɛ^2$		$nɪɪ^2$	$nɪɪ^2$
嘉定新	$tɛ^1$	$tʰɪɪ^1$	$tʰɪɪ^5$	$dɛ^2$	$dɛ^2$	$dɛ^2$	$nɪɪ^2$	$nɪɪ^2$
宝山	$tɛ^1$	$tʰø^1$	$tʰø^1$	$tɛ^6$	$tɛ^6$	$tɛ^6$	$nø^2$	$nø^2$
宝山新	$tɛ^1$	$tʰø^1$	$tʰɛ^6$	$tɛ^6$	$tɛ^6$	$tɛ^6$	$nø^5$	$nø^5$
崇明	$tæ^1$	$tʰie^1$	$tʰæ^5/tʰø^5$	$dæ^2$	$dæ^2$		$ȵie^2/nɛ^2$	$ȵie^2/nɛ^2$
崇明新	$tæ^1$	$tʰie^1$	$tʰuø^5$	$dæ^2$	$dæ^2$	$dæ^2$	nie^2	nie^2
堡镇	$tæ^1$	$tʰie^1$	$tʰæ^5/tʰø^5$	$dæ^2$	$dæ^2$		$ȵie^2/nɛ^2$	$ȵie^2/nɛ^2$
练塘	$tɛ^1$	$tʰɪ^1$	$tʰø^5$	$dɛ^2/dɪ^2$	$dɛ^2/dɪ^2$		$nø^2$	$nø^2$

序号	1391	1392	1393	1394	1395	1396	1397	1398
字目	参参加	惨	蚕	感	堪	坎	[砍]	勘
中古音的地位	咸开一平覃清	咸开一上感清	咸开一平覃从	咸开一上感见	咸开一平覃溪	咸开一上感溪	咸开一上感溪	咸开一去勘溪
市区	tsʰø¹	tsʰø⁵	zø⁶	kø⁵	kʰE¹	kʰE⁵	kʰE⁵	kʰE⁵
市区中	tsʰø¹	tsʰE¹	zø⁶	kø⁵	kE⁵	kE⁵	kE⁵	kø¹
市区新	tsʰø¹	tsʰø⁵	zø⁶	kø⁵	kE¹	kE⁵	kE⁵	kʰø¹
真如	tsʰe¹	tsʰe³	ze²	ke³	kʰe¹	kʰe³	kʰe³	kʰe³
江湾	tsʰø¹	tsʰɛ⁵	zø⁶	kø⁵	kʰɛ¹	kʰɛ⁵	kʰɛ⁵	kʰɛ⁵
松江	tsʰe¹	tsʰe³	ze²	ke³	kʰe¹	kʰe³	kʰe³	kʰe³
松江新	tsʰe¹	tsʰɛ³	zø²	kø³	kʰø¹	kʰɛ³	kʰɛ³	kʰɛ³
泗泾	tsʰe¹	tsʰe³	ze²	ke³	kʰe¹	kʰe³	kʰe³	kʰe³
奉贤	tsʰe¹	tsʰe¹	ze²	ke³	kʰe¹	kʰe³	kʰe³	kʰe⁵
奉贤新	tsʰe¹	tsʰe³	ze²	ke⁵	kʰe¹	kʰe¹	kʰe¹	kʰe¹
奉城	tsʰe¹	tsʰe¹	ze²	ke³	kʰe¹	kʰe¹	kʰe¹	kʰe⁵
金山	tsʰe¹	tsʰe¹	ze²	ke³	kʰe¹	kʰe¹	kʰe¹	kʰe³
金山新	tsʰɛ¹	tsʰɛ¹	zɛ²	kɛ³	kʰɛ¹	kʰɛ¹	kʰɛ¹	kʰɛ¹
枫泾	tsʰø¹	tsʰø¹	zø²	kø³	kʰø¹	kʰE⁵	kʰE⁵	kʰE³
青浦	tsʰɪ¹	tsʰɪ³	zɪ²	kE³	kʰE⁵	kʰE³	kʰE³	kʰE⁵
青浦新	tsʰiɪ¹	tsʰE³	ziɪ²	kø³	kʰø¹	kʰE³	kʻE³	kʰø¹
莘庄	tsʰe¹	tsʰe¹	ze²	ke³	kʰe¹	kʰe¹	kʰe¹	kʰe³
闵行新	tsʰɪ¹	tsʰɛ³	zɪ¹²	kɪ¹³	kʰɛ¹	kʰe³	①	kʰɪ¹
川沙	tsʰe¹	tsʰe³	ze²	ke³	kʰe⁵	kʰe⁵	kʰe⁵	kʰe⁵
川沙新	tsʰɛ¹	tsʰɛ¹	zɛ⁶	kɛ³		kʰɛ³	kʰɛ³	kʰɛ³
高桥	tsʰø¹	tsʰø¹	zø⁶	ke³	kʰe³	kʰe³	kʰe³	kʰe³
三林	tsʰe¹	tsʰe¹	ze²	ke³	kʰe¹	kʰe¹	kʰe¹	kʰe¹
周浦	tsʰe¹	tsʰe¹	ze²	ke³	kʰe¹	kʰe¹	kʰe¹	kʰe³
南汇	tsʰe¹	tsʰe¹	ze²	ke³	kʰe¹	kʰe¹	kʰe¹	kʰe⁵
南汇新	tsʰE¹	tsʰE³	zE⁶	kE³	kʰE¹	kʰE³	kʰE³	kʰE³
嘉定	tsʰiɪ¹	tsʰiɪ⁵	ziɪ²	kiɪ⁵	kʰiɪ¹	kʰiɪ¹	kʰiɪ¹	kʰiɪ¹
嘉定新	tsʰiɪ¹	tsʰE⁵	ziɪ²	kiɪ⁵	kʰiɪ¹	kʰE⁵	kʰE⁵	kʰiɪ⁵
宝山	tsʰø¹	tsʰø¹	sø⁵	kø⁵	kʰE⁵	kʰE⁵	kʰE⁵	kʰE⁵
宝山新	tsʰø¹	tsʰE⁵	sø⁵	kø⁵	kʰE⁵	kʰE⁵	kʰE⁵	kʰø¹
崇明	tsʰe¹	tsʰe³	ze²	ke³	kʰe¹	kʰe¹	kʰe¹	kʰe³
崇明新	tsʰø¹	tsʰie³	zø²	kø³	kʰø¹	kʰæ⁵	kʰø³	kʰø¹
堡镇	tsʰe¹	tsʰe³	ze²	ke³	kʰe¹	kʰe³	kʰe³	kʰe³
练塘	tsʰø¹	tsʰø¹	zø²	kE¹	kʰE¹	kʰE³	kʰE³	kʰE³

注：① 说"宰"、"杀"。

序号	1399	1400	1401	1402	1403	1404	1405	1406
字目	含	函	庵	暗	搭	答	踏	纳
中古音的地位	咸开一平覃匣	咸开一平覃匣	咸开一平覃影	咸开一去勘影	咸开一入合端	咸开一入合端	咸开一入合透	咸开一入合泥
市区	ɦø⁶		ø¹	ø⁵	tᴀʔ⁷	tᴀʔ⁷	dᴀʔ⁸	nᴀʔ⁸/nəʔ⁸
市区中	ɦø⁶	ɦø⁶	ø¹	ø⁵	tɐʔ⁷	tɐʔ⁷	tʰɐʔ⁷	nɐʔ⁸
市区新	ɦø⁶	ɦø⁶	ø¹	ø⁵	tɐʔ⁷	tɐʔ⁷	tʰɐʔ⁷	nɐʔ⁸
真如	ɦie²		e¹	e⁵	ʔdæʔ⁷	ʔdəʔ⁷	dæʔ⁸	nəʔ⁸
江湾	ɦø⁶		ø¹	ø⁵	ʔdæʔ⁷	ʔdæʔ⁷	dæʔ⁸	naʔ⁸
松江	ɦie²		e¹	e⁵	ʔdæʔ⁷	ʔdəʔ⁷	dæʔ⁸	nəʔ⁸
松江新	ɦø²	ɦø²	ø¹	ø⁵	tɛʔ⁷	tɛʔ⁷	dɛʔ⁸	nʌʔ⁸
泗泾	ɦie²		e¹	e⁵	ʔdæʔ⁷	ʔdəʔ⁷	dæʔ⁸	nəʔ⁸
奉贤	ɦie²		e¹	e⁵	ʔdæʔ⁷	ʔdeʔ⁷/ʔdæʔ⁷	dæʔ⁸	neʔ⁸
奉贤新	ɦie²	ɦie²	ɛ¹	e⁵	ʔdɛ⁵	ʔdɛ⁵	ʔdɛ⁶	nɛ⁶
奉城	ɦie²		e¹	e⁵	ʔdæʔ⁷	ʔdæʔ⁷	dæʔ⁸	neʔ⁷
金山	ɦie²		e¹	e⁵	ʔdæʔ⁷	ʔdəʔ⁷	dæʔ⁸	naʔ⁸
金山新	ɦiɛ²	ɦiɛ²	ø¹	ø⁵/e⁵①	təʔ⁷	tɐʔ⁷	dəʔ⁸	nəʔ⁸
枫泾	ɦø²		ø¹	ø⁵	taʔ⁷	tøʔ⁷	daʔ⁸	nəʔ⁸
青浦	ɦɪi²/ɦɪE²		ɪ¹	ɪ⁵	ʔdæʔ⁷	ʔdəʔ⁷	dæʔ⁸	nʌʔ⁸
青浦新	ɦɪi²	ɦiyø²	ɪi¹	ɪi⁵	tæʔ⁷	tæʔ⁷	dæʔ⁸	nəʔ⁸
莘庄	ɦie²		e¹	e⁵	ʔdæʔ⁷	ʔdəʔ⁷	dæʔ⁸	nəʔ⁸
闵行新	ɦɪi¹²	ɦiø²	e¹	ɪ¹⁵	tæʔ⁷	tæʔ⁷	dæʔ⁸	næʔ⁸
川沙	ɦie²		e¹	e⁵	ʔdæʔ⁷	ʔdæʔ⁷	dæʔ⁸	nəʔ⁸
川沙新	ɦie⁶	ɦie⁶	e¹	e⁵	ʔdæʔ⁷	ʔdæʔ⁷	da⁶	næʔ⁸
高桥	ɦie⁶		e¹	e⁵	ʔdʌʔ⁷	ʔdəʔ⁷	dʌʔ⁸	nəʔ⁸
三林	ɦie²		e¹	e⁵	ʔdæʔ⁷	ʔdʌʔ⁷	dæʔ⁸	nᴀʔ⁸
周浦	ɦie²		e¹	e⁵	ʔdæʔ⁷	ʔdæʔ⁷	dæʔ⁸	nᴀʔ⁸
南汇	ɦie²		e¹	e⁵	ʔdæʔ⁷	ʔdæʔ⁷	dæʔ⁸	nᴀʔ⁸
南汇新	ɦiE⁶	ɦiø⁶	ø¹	ɪ⁵	ʔdaʔ⁷	ʔdaʔ⁷	daʔ⁸	naʔ⁸
嘉定	ɦɪi²			ɪi⁵	ɪi⁵	tᴀʔ⁷	təʔ⁷	daʔ⁸	nəʔ⁸
嘉定新	ɦɪi²	ɦɪi²	ø¹	ø⁶	tᴀʔ⁷	tᴀʔ⁷	daʔ⁸	naʔ⁸
宝山	hø⁵	hø⁵	ø¹	ø⁶	tᴀʔ⁷	tᴀʔ⁷	tʰᴀʔ⁸	nᴀʔ⁸
宝山新	hø⁵	hø⁵	ø¹	ø⁶	tᴀʔ⁷	tᴀʔ⁷	tʰᴀʔ⁸	nᴀʔ⁸
崇明	hɦie²		e⁵	e⁵	tαʔ⁷	tαʔ⁷	dαʔ⁸	nαʔ⁸
崇明新	hyø²	hyø²	ø¹	ø⁵	tαʔ⁷	tαʔ⁷	dαʔ⁸	nαʔ⁸
堡镇	hɦie²		e⁵	e⁵	tαʔ⁷	tαʔ⁷	dαʔ⁸	nαʔ⁸
练塘	ɦɪi²/ɦɪE²		ɪ¹	ɪ⁵	tæʔ⁷	tæʔ⁷	dæʔ⁸	nʌʔ⁸

注：① ø⁵ 较少使用。

序号	1407	1408	1409	1410	1411	1412	1413	1414
字目	拉	杂	鸽	喝喝水	合合作	盒	担担任	胆
中古音的地位	咸开一入合来	咸开一入合从	咸开一入合见	咸开一入合晓	咸开一入合匣	咸开一入合匣	咸开一平谈端	咸开一上敢端
市区	lʌʔ¹	zʌʔ⁸	kɐʔ⁷	həʔ⁷/hʌʔ⁷	ɦəʔ⁸	ɦʌʔ⁸	tɛ¹	tɛ⁵
市区中	lʌ¹	zɐʔ⁸	kɐʔ⁷	hɐʔ⁷	ɦɐʔ⁸	ɦɐʔ⁸	tɛ¹	tɛ⁵
市区新	lʌ¹	zəʔ⁸	kəʔ⁷	həʔ⁷	ɦəʔ⁸	ɦəʔ⁸	tɛ¹	tɛ⁵
真如	lʌ¹	zəʔ⁸	kəʔ⁷	həʔ⁷	ɦəʔ⁸	ɦiæʔ⁸①	ʔdɛ¹	ʔdɛ³
江湾	la¹	zəʔ⁸	kəʔ⁷	həʔ⁷	ɦəʔ⁸	ɦiæʔ⁸①	ʔdɛ¹	ʔdɛ⁵
松江	la¹	zəʔ⁸	kəʔ⁷	həʔ⁷	ɦəʔ⁸	ɦiæʔ⁸①	ʔdɛ¹	ʔdɛ³
松江新	la¹	tsɿ⁵	kʌʔ⁷	hʌʔ⁷	ɦʌʔ⁸	ɦiæʔ⁸	tɛ¹	tɛ³
泗泾	la¹	zəʔ⁸	kəʔ⁷	həʔ⁷	ɦəʔ⁸	ɦiæʔ⁸①	ʔdɛ¹	ʔdɛ³
奉贤	la¹	zɐʔ⁸	kœʔ⁷	hœʔ⁷/heʔ⁷	ɦiɐʔ⁸/ɦiœʔ⁸	ɦiæʔ⁸①	ʔdɛ¹	ʔdɛ³
奉贤新	ʔla¹	zʌʔ⁸	kʌʔ⁷	hʌʔ⁷	ɦʌʔ⁸	ɦiæʔ⁸	ʔdɛ³	ʔdɛ³
奉城	la¹	zɐʔ⁸	kœʔ⁷	hœʔ⁷/haʔ⁷②	ɦieʔ⁸	ɦiæʔ⁸①	ʔdɛ¹	ʔdɛ³
金山	lʌ¹	zəʔ⁸	kəʔ⁷	həʔ⁷	ɦəʔ⁸	ɦiæʔ⁸①	ʔdɛ¹	ʔdɛ³
金山新	lʌ¹	zəʔ⁸	kəʔ⁷	ɦəʔ⁷	ɦəʔ⁸	ɦəʔ⁸	tɛ¹	tɛ³
枫泾	lʌ¹	zəʔ⁸	kəʔ⁷	høʔ⁷/haʔ⁷②	ɦəʔ⁸	ɦəʔ⁸	tɛ¹	tɛ¹
青浦	la¹	zʌʔ⁸	kəʔ⁷	həʔ⁷	ɦiæʔ⁸	ɦiæʔ⁸①	ʔdE¹	ʔdE³
青浦新	la¹	zəʔ⁸	kəʔ⁷	hæʔ⁷	ɦəʔ⁸	ɦiæʔ⁸	tɛ¹	tɛ³
莘庄	lʌ¹	zəʔ⁸	kəʔ⁷	həʔ⁷	ɦəʔ⁸	ɦiæʔ⁸①	ʔdɛ¹	ʔdɛ³
闵行新	la¹	zæʔ⁸	kəʔ⁷	hæʔ⁷	ɦia⁸	ɦiæʔ⁸	tɛ¹	tɛ³
川沙	lʌ¹	zəʔ⁸	kəʔ⁷	hœʔ⁷/hæʔ⁷②	ɦəʔ⁸	ɦiæʔ⁸①	ʔdɛ¹	ʔdɛ³
川沙新	la¹	zæʔ⁸	kɤʔ⁷		ɦɤʔ⁸	ɦiɤʔ⁸	ʔdɛ¹	ʔdɛ³
高桥	lʌ¹	zəʔ⁸	kəʔ⁷	hʌʔ⁷	ɦʌʔ⁸	ɦʌʔ⁸	ʔdɛ¹	ʔdɛ⁵
三林	lʌ¹	zʌʔ⁸	kʌʔ⁷	hʌʔ⁷	ɦʌʔ⁸	ɦʌʔ⁸	ʔdɛ¹	ʔdɛ³
周浦	lʌ¹	zəʔ⁸	kəʔ⁷	hœʔ⁷	ɦəʔ⁸	ɦiæʔ⁸①	ʔdɛ¹	ʔdɛ³
南汇	lʌ¹	zəʔ⁸	kəʔ⁷	hœʔ⁷	ɦəʔ⁸	ɦiæʔ⁸①	ʔdɛ¹	ʔdɛ³
南汇新	la¹	za⁷⁸	kəʔ⁷		ɦəʔ⁸	ɦəʔ⁸	ʔdE¹	ʔdE³
嘉定	lʌ¹	zəʔ⁸	kəʔ⁷	həʔ⁷	ɦəʔ⁸	ɦʌʔ⁸①	tɛ¹	tɛ⁵
嘉定新	la¹	zaʔ⁸	kəʔ⁷		ɦəʔ⁸	ɦia⁸	tɛ¹	tɛ⁶
宝山	lʌ¹	zʌʔ⁸	kəʔ⁷	həʔ⁷	ɦəʔ⁸	ɦəʔ⁸	tɛ¹	tɛ⁵
宝山新	lʌ¹	zʌʔ⁸	kəʔ⁷	həʔ⁷	ɦəʔ⁸	ɦəʔ⁸	tɛ¹	tɛ⁵
崇明	la¹	dzəʔ⁸	kəʔ⁷	høʔ⁷	hɦəʔ⁸	hɦia⁸①	tæ¹	tæ³
崇明新	la¹	dzaʔ⁸	kəʔ⁵	③	həʔ⁸	ha⁸	tæ¹	tæ³
堡镇	la¹	dzəʔ⁸	kəʔ⁷	høʔ⁷	hɦəʔ⁸	hɦia⁸①	tæ¹	tæ³
练塘	la¹	zʌʔ⁸	kəʔ⁷	həʔ⁷	ɦiæʔ⁸	ɦiæʔ⁸①	tɛ¹	tɛ¹

注：① "匣"的训读。
② "呷"的训读。
③ 说"吃"。

序号	1415	1416	1417	1418	1419	1420	1421	1422
字目	担挑担	毯	谈	痰	淡	蓝	篮	览
中古音的地位	咸开一去阚端	咸开一上敢透	咸开一平谈定	咸开一平谈定	咸开一上敢定	咸开一平谈来	咸开一平谈来	咸开一上敢来
市区	tɐ⁵	tʰɐ¹/tʰɐ⁵	dɐ⁶	dɐ⁶	dɐ⁶	lɐ⁶	lɐ⁶	lɐ⁶
市区中	tɐ⁵	tʰɐ⁵	dɐ⁶	dɐ⁶	dɐ⁶	lɐ⁶	lɐ⁶	lɐ⁶
市区新	tɐ⁵	tʰɐ⁵	dɐ⁶	dɐ⁶	dɐ⁶	lɐ⁶	lɐ⁶	lɐ⁶
真如	ʔdɛ⁵	tʰɛ³	dɛ²	dɛ²	dɛ⁶	lɛ²	lɛ⁶	lɛ⁶
江湾	ʔdɛ⁵	tʰɛ³	dɛ⁶	dɛ²	dɛ⁶	lɛ²	lɛ⁶	lɛ⁶
松江	ʔdɛ⁵	tʰɛ³	dɛ²	dɛ²	dɛ⁴	lɛ²	lɛ²	lɛ⁴
松江新	tɛ⁵	tʰɛ³	dɛ²	dɛ²	dɛ⁶	lɛ²	lɛ⁶	lɛ⁶
泗泾	ʔdɛ⁵	tʰɛ³	dɛ²	dɛ²	dɛ⁶	lɛ²	lɛ²	lɛ⁶
奉贤	ʔdɛ⁵	tʰɛ³	dɛ²	dɛ²	dɛ⁶	lɛ²	lɛ²	lɛ⁶
奉贤新	ʔdɛ³	tʰɛ⁵	dɛ²	dɛ²	dɛ⁶	lɛ²	lɛ²	lɛ⁶
奉城	ʔdɛ⁵	tʰɛ³	dɛ²	dɛ²	dɛ⁶	lɛ²	lɛ²	lɛ⁶
金山	ʔdɛ⁵	tʰɛ³	dɛ²	dɛ²	dɛ⁶	lɛ²	lɛ²	lɛ⁶
金山新	tɛ⁵	tʰɛ³	dɛ²	dɛ²	dɛ⁶	lɛ²	lɛ²	lɛ²
枫泾	tɛ¹	tʰɛ³	dɛ²	dɛ²	dɛ⁴	lɛ²	lɛ²	lɛ²
青浦	ʔdɛ⁵	tʰɛ³	dɛ²	dɛ²	dɛ⁶	lɛ²	lɛ²	lɛ⁶
青浦新	tɛ⁵	tʰɛ³	dɛ²	dɛ²	dɛ⁶	lɛ²	lɛ²	lɛ⁶
莘庄	ʔdɛ⁵	tʰɛ¹	dɛ²	dɛ²	dɛ²	lɛ²	lɛ²	lɛ²
闵行新	tɛ¹	tʰɛ¹	dɛ²	dɛ²	dɛ²	lɛ²	lɛ²	lɛ²
川沙	ʔdɛ⁵	tʰɛ¹	dɛ²	dɛ²	dɛ²	lɛ²	lɛ²	lɛ²
川沙新	dɛ⁶	tʰɛ⁶	dɛ⁶	dɛ⁶	dɛ⁶	lɛ⁶	lɛ⁶	lɛ⁶
高桥	ʔdɛ⁵	tʰɛ¹	dɛ²	dɛ²	dɛ⁶	lɛ²	lɛ⁶	lɛ⁶
三林	ʔdɛ⁵	tʰɛ¹	dɛ²	dɛ²	dɛ²	lɛ²	lɛ²	lɛ²
周浦	ʔdɛ⁵	tʰɛ¹	dɛ²	dɛ²	dɛ²	lɛ²	lɛ²	lɛ²
南汇	ʔdɛ⁵	tʰɛ¹	dɛ²	dɛ²	dɛ²	lɛ²	lɛ²	lɛ²
南汇新	dɐ⁶	tʰɐ³	dɐ⁶	dɐ⁶	dɐ⁶	lɐ⁶	lɐ⁶	lɐ⁶
嘉定	tɐ⁵	tʰɐ¹	dɐ²	dɐ²	dɐ²	lɐ²	lɐ²	lɐ²
嘉定新	tɐ⁶	tʰɐ⁶	dɐ²	dɐ²	dɐ²	lɐ²	lɐ²	lɐ⁶
宝山	tɐ⁵	tʰɐ¹	tɐ²	tɐ²	tɐ⁶	lɐ⁵	lɐ⁶	lɐ⁶
宝山新	tɐ⁵	tʰɐ⁵	tɐ⁶	tɐ⁶	tɐ⁶	lɐ⁶	lɐ⁶	lɐ⁶
崇明	tæ⁵	tʰæ¹	dæ²	dæ²	dæ⁴	læ²	læ²	læ⁶
崇明新	tæ⁵	tʰø³	dæ²	dæ²	dæ⁶	læ²	læ²	læ⁶
堡镇	tæ⁵	tʰæ¹	dæ²	dæ²	dæ⁴	læ²	læ²	læ⁶
练塘	tɛ⁵	tʰɛ¹	dɛ²	dɛ²	dɛ⁴	lɛ²	lɛ²	lɛ⁶

序号	1423	1424	1425	1426	1427	1428	1429	1430
字目	揽	榄	滥	缆	渐	暂	三	甘
中古音的地位	咸开一上敢来	咸开一上敢来	咸开一去阚来	咸开一去阚来	咸开三上琰从	咸开一去阚从	咸开一平谈心	咸开一平谈见
市区	lɛ⁶	lɛ⁶	lɛ⁶	lɛ⁶		zɛ⁶	sɛ¹	kø¹
市区中	lɛ⁶	lɛ⁶	lɛ⁶	lɛ⁶	dʑi⁶	zɛ⁶	sɛ¹	kø¹
市区新	lɛ⁶	lɛ⁶	lɛ⁶	lɛ⁶	dʑi⁶	zɛ⁶	sɛ¹	kø¹
真如	lɛ⁶	lɛ⁶	lɛ⁶	lɛ⁶		zɛ⁶	sɛ¹	ke¹
江湾	lɛ⁶	lɛ⁶	lɛ⁶	lɛ⁶		zɛ⁶	sɛ¹	kø¹
松江	lɛ⁴	lɛ⁴	lɛ⁶	lɛ⁶		zɛ⁶	sɛ¹	ke¹
松江新	lɛ⁶	lɛ⁶	lɛ⁶	lɛ⁶	dʑi⁶	zɛ⁶	sɛ¹	kø¹
泗泾	lɛ⁶	lɛ⁶	lɛ⁶	lɛ⁶		zɛ⁶	sɛ¹	ke¹
奉贤	lɛ⁶	lɛ⁶	lɛ⁶	lɛ⁶		zɛ⁶	sɛ¹	ke¹
奉贤新	lɛ⁶	lɛ⁶	lɛ⁶	lɛ⁶	dʑi²	zɛ⁶	sɛ¹	ke¹
奉城	lɛ⁶	lɛ⁶	lɛ⁶	lɛ⁶		zɛ⁶	sɛ¹	ke¹
金山	lɛ⁶	lɛ⁶	lɛ⁶	lɛ⁶		zɛ⁶	sɛ¹	ke¹
金山新	lɛ²	lɛ²	lɛ⁶	lɛ⁶		zɛ⁶	sɛ¹	kø¹①
枫泾	lɛ²	lɛ²	lɛ⁶	lɛ⁶		zɛ⁶	sɛ¹	kø¹
青浦	lɛ⁶	lɛ⁶	lɛ⁶	lɛ⁶	zɪ⁶	zɛ⁶	sɛ¹	kɪ¹
青浦新	lɛ⁶	lɛ⁶	lɛ⁶	lɛ⁶	zɛ²	zɛ⁶	sɛ¹	kiɪ¹
莘庄	lɛ⁶	lɛ⁶	lɛ⁶	lɛ⁶		zɛ⁶	sɛ¹	ke¹
闵行新	lɛ²	lɛ²	lɛ²	lɛ²		zɛ²	sɛ¹	kø¹②
川沙	lɛ²	lɛ²	lɛ²	lɛ²		zɛ⁶	sɛ¹	ke¹
川沙新	lɛ⁶	lɛ⁶	lɛ⁵	lɛ⁵		zɛ⁶	sɛ¹	kø¹
高桥	lɛ⁶	lɛ⁶	lɛ⁶	lɛ⁶		zɛ⁶	sɛ¹	kø¹
三林	lɛ²	lɛ²	lɛ⁶	lɛ⁶		zɛ⁶	sɛ¹	ke¹
周浦	lɛ²	lɛ²	lɛ⁶	lɛ⁶		zɛ⁶	sɛ¹	ke¹
南汇	lɛ²	lɛ²	lɛ⁶	lɛ⁶		zɛ⁶	sɛ¹	ke¹
南汇新		lɛ⁶	lɛ⁶	lɛ⁶		zɛ⁶	sɛ¹	kø¹
嘉定	lɛ⁶	lɛ²	lɛ⁶	lɛ⁶		zɛ⁶	sɛ¹	kiɪ¹
嘉定新	lɛ⁶	lɛ⁶	lɛ⁶	lɛ⁶		zɛ⁵	sɛ¹	kø¹
宝山	lɛ⁵	lɛ⁵	lɛ⁵	lɛ⁵		zɛ⁶	sɛ¹	kø¹
宝山新	lɛ⁶	lɛ⁶	lɛ⁶	lɛ⁶	tɕi⁵	zɛ⁶	sɛ¹	kø¹
崇明	læ⁶	læ²	læ³	læ⁶		dzæ⁶	sæ¹	ke¹
崇明新	læ⁶	læ²	læ³	læ⁶	dzæ²	dzæ⁶	sæ¹	kie¹
堡镇	læ⁶	læ²	læ³	læ⁶		dzæ⁶	sæ¹	ke¹
练塘	lɛ⁶	lɛ⁶	lɛ⁶	lɛ⁶		zɛ⁴	sɛ¹	kɪ¹

注：① "甘油"中读kɛ⁵。
    ② "甘蔗"中读kɪ¹。

序号	1431	1432	1433	1434	1435	1436	1437	1438
字目	柑	敢	喊	塌	塔	榻	腊腊月	蜡蜡烛
中古音的地位	咸开一平谈见	咸开一上敢见	咸开一上敢晓	咸开一入盍透	咸开一入盍透	咸开一入合透	咸开一入盍来	咸开一入盍来
市区	kø^1	kø^5	hE^5		t^{h}A$?^7$		lA$?^8$	lA$?^8$
市区中	kø^1	kø^5	hE^5	t^{h}ɐ$?^7$	t^{h}ɐ$?^7$	t^{h}ɐ$?^7$	lɐ$?^8$	lɐ$?^8$
市区新	kø^1	kø^5	hE^5	t^{h}ɐ$?^7$	t^{h}ɐ$?^7$	t^{h}ɐ$?^7$	lɐ$?^8$	lɐ$?^8$
真如	ke^1	ke^3	hɛ^3		t^{h}æ$?^7$		læ$?^8$	læ$?^8$
江湾	kø^1	kø^5	hE^5		t^{h}a$?^7$		læ$?^8$	læ$?^8$
松江	ke^1	ke^3	hɛ^3		t^{h}æ$?^7$		læ$?^8$	læ$?^8$
松江新	kø^1	ki^3/ke^3	hɛ^3	t^{h}ɛ$?^7$	t^{h}ɛ$?^7$	t^{h}ɛ$?^7$	lɛ$?^8$	lɛ$?^8$
泗泾	ke^1	ke^3	hɛ^3		t^{h}æ$?^7$		læ$?^8$	læ$?^8$
奉贤	ke^1	ke^3	hɛ^5		t^{h}æ$?^7$		læ$?^8$	læ$?^8$
奉贤新	ke^1	k^{h}e^3	hɛ^5	t^{h}ɛ^1	t^{h}æ$?^7$	t^{h}æ$?^7$	læ$?^8$	læ$?^8$
奉城	ke^1	ke^3	hɛ^5		t^{h}æ$?^7$		læ$?^8$	læ$?^8$
金山	ke^1	ke^3	hɛ^5		t^{h}æ$?^7$		læ$?^8$	læ$?^8$
金山新	kø^1	kɛ^3	hɛ^3	t^{h}ɛ^3	t^{h}ə$?^7$	t^{h}ə$?^7$	lə$?^8$	lə$?^8$
枫泾	kø^1	kø^3	hɛ^5		t^{h}a$?^7$		la$?^8$	la$?^8$
青浦	kɪ^1	kE^3/kɪ^3	hE^5		t^{h}æ$?^7$		læ$?^8$	læ$?^8$
青浦新	kiɪ^1	kiɪ^3	hE^5	t^{h}æ$?^7$	t^{h}æ$?^7$	t^{h}æ$?^7$	læ$?^8$	læ$?^8$
莘庄	ke^1	ke^3	hɛ^5		t^{h}æ$?^7$		læ$?^8$	læ$?^8$
闵行新	kø^1	kɪ^{13}	hɛ^3	t^{h}æ$?^7$	t^{h}æ$?^7$	t^{h}æ$?^7$	læ$?^8$	læ$?^8$
川沙	ke^1	ke^3	hɛ^5		t^{h}æ$?^7$		læ$?^8$	læ$?^8$
川沙新	kø^1	kɛ^3	hɛ^3	t^{h}æ$?^7$	t^{h}æ$?^7$		læ$?^8$	læ$?^8$
高桥	ke^1	ke^1	hɛ^5		t^{h}ʌ$?^7$		lʌ$?^8$	lʌ$?^8$
三林	ke^1	ke^3	hɛ^5		t^{h}æ$?^7$		læ$?^8$	læ$?^8$
周浦	ke^1	ke^3	hɛ^5		t^{h}æ$?^7$		læ$?^8$	læ$?^8$
南汇	ke^1	ke^3	hɛ^5		t^{h}æ$?^7$		læ$?^8$	læ$?^8$
南汇新	kø^1	kE^{3}①	hE^5	t^{h}a$?^7$	t^{h}a$?^7$	t^{h}a$?^7$	læ$?^8$	læ$?^8$
嘉定	kiɪ^1	kiɪ^5	hE^5		t^{h}ʌ$?^7$		lʌ$?^8$	lʌ$?^8$
嘉定新	kø^1	kø^6	hE^6	tha$?^7$	t^{h}a$?^7$	t^{h}a$?^7$	la$?^8$	la$?^8$
宝山	kø^1	kø^5	hE^5	t^{h}ʌ$?^7$	t^{h}ʌ$?^7$	t^{h}ʌ$?^7$	lʌ$?^8$	lʌ$?^8$
宝山新	kø^1	kø^5	hE^5	t^{h}ʌ$?^7$	t^{h}ʌ$?^7$	t^{h}ʌ$?^7$	lʌ$?^8$	lʌ$?^8$
崇明	ke^1	ke^3	hæ^5		t^{h}ɑ$?^7$		lɑ$?^8$	lɑ$?^8$
崇明新	kie^1	kie^{3}②	xæ^5	t^{h}ɑ$?^7$	t^{h}ɑ$?^7$	t^{h}ɑ$?^7$	lɑ$?^8$	lɑ$?^8$
堡镇	ke^1	ke^3	hæ^5		t^{h}ɑ$?^7$		lɑ$?^8$	lɑ$?^8$
练塘	kɪ^1	kE^3	hE^1		t^{h}æ$?^7$		læ$?^8$	læ$?^8$

注：① 开口略小。
② "敢不敢"中读kø^{14}。

序号	1439	1440	1441	1442	1443	1444	1445	1446
字目	鑞	磕	站站立	赚赚钱	[站]车站	斩	蘸	馋
中古音的地位	咸开一入盍来	咸开一入盍溪	咸开二去陷澄	咸开二去陷澄	咸开二去陷澄	咸开二上赚庄	咸开二去陷庄	咸开二平咸崇
市区		$k^hə?^7$	$zɛ^6$	$zɛ^6$	$zɛ^6$	$tsɛ^5$	$tsɛ^5$	$zɛ^6$
市区中	$lɐ?^8$	$kɐ?^7$	$zɛ^6$	$zɛ^6$	$zɛ^6$	$tsɛ^5$	$tsɛ^5$	$zɛ^6$
市区新	$lɐ?^8$	$kɐ?^7$	$zɛ^6$	$zɛ^6$	$zɛ^6$	$tsɛ^5$	$tsɛ^5$	$zɛ^6$
真如		$k^hə?^7$	$zɛ^6$	$zɛ^6$	$zɛ^6$	$tsɛ^5$	$tsɛ^5$	$zɛ^2$
江湾		$k^hə?^7$	$zɛ^6$	$zɛ^6$	$zɛ^6$	$tsɛ^1$	$tsɛ^5$	$zɛ^6$
松江		$k^hə?^7$	$zɛ^6$	$zɛ^6$	$zɛ^6$	$tsɛ^5$	$tsɛ^5$	$zɛ^2$
松江新		$k^hʌ?^7$	$zɛ^6$	$zɛ^6$	$zɛ^6$	$tsɛ^3$	$tsɛ^5$	$zɛ^2$
泗泾		$k^hə?^7$	$zɛ^6$	$zɛ^6$	$zɛ^6$	$tsɛ^5$	$tsɛ^5$	$zɛ^2$
奉贤		$k^he?^7$	$zɛ^6$	$zɛ^6$	$zɛ^6$	$tsɛ^5$	$tsɛ^5$	$zɛ^2$
奉贤新	$læ?^8$	$k^hʌ?^7$	$zɛ^6$	$zɛ^6$	$zɛ^6$	$tsɛ^1$	$tsɛ^5$	$zɛ^2$
奉城		$k^he?^7$	$zɛ^6$	$zɛ^6$	$zɛ^6$	$tsɛ^5$	$tsɛ^5$	$zɛ^6$
金山		$k^hə?^7$	$zɛ^6$	$zɛ^6$	$zɛ^6$	$tsɛ^5$	$tsɛ^5$	$zɛ^2$
金山新	$lə?^8$	$k^hə?^7$	$zɛ^6$	$zɛ^6$	$zɛ^6$	$tsɛ^1$	$tsɛ^5$	$zɛ^2$
枫泾		$k^hə?^7$	$zɛ$	$zɛ$	$zɛ$	$tsɛ^3$	$tsɛ^5$	$zɛ^2$
青浦		$k^hə?^7$	$zɛ^6$	$zɛ^6$	$zɛ^6$	$tsɛ^3$	$tsɛ^5$	$zɛ^2$
青浦新	$læ?^8$	$k^hə?^7$	$zɛ^6$	$zɛ^6$	$zɛ^6$	$tsɛ^3$	$tsɛ^5$	$zɛ^2$
莘庄		$k^hə?^7$	$zɛ^6$	$zɛ^6$	$zɛ^6$	$tsɛ^3$	$tsɛ^5$	$zɛ^6$
闵行新		$k^hə?^7$	$zɛ^2$	$zɛ^2$	$zɛ^2$	$tsɛ^3$	$tsɛ^5$	$zɛ^2$
川沙		$k^hə?^7$	$zɛ^6$	$zɛ^2$	$zɛ^6$	$tsɛ^3$	$tsɛ^5$	$zɛ^6$
川沙新		$k^hɤ?^7$	$zɛ^6$	$zɛ^6$	$zɛ^6$	$tsɛ^3$	$tsɛ^5$	$zɛ^6$
高桥		$k^hə?^7$	$zɛ^6$	$zɛ^6$	$zɛ^6$	$tsɛ^5$	$tsɛ^5$	$zɛ^6$
三林		$k^hə?^7$	$zɛ^6$	$zɛ^6$	$zɛ^6$	$tsɛ^5$	$tsɛ^5$	$zɛ^6$
周浦		$k^hə?^7$	$zɛ^6$	$zɛ^6$	$zɛ^6$	$tsɛ^3$	$tsɛ^5$	$zɛ^2$
南汇		$k^hə?^7$	$zɛ^6$	$zɛ^6$	$zɛ^6$	$tsɛ^3$	$tsɛ^5$	$zɛ^2$
南汇新		$k^hə?^7$		$zɛ^6$	$zɛ^6$	$tsɛ^3$	$tsɛ^5$	$zɛ^6$
嘉定		$k^hə?^7$	$zɛ^6$	$zɛ^6$	$zɛ^6$	$tsɛ^5$	$tsɛ^3$	$zɛ^6$
嘉定新	$la?^8$	$k^hə?^7$	$zɛ^6$	$zɛ^6$	$zɛ^6$	$tsɛ^1$	$tsɛ^5$	$zɛ^2$
宝山	$lʌ?^8$	$k^hə?^7$	$zɛ^6$	$zɛ^6$	$zɛ^6$	$tsɛ^5$	$tsɛ^5$	$sɛ^5$
宝山新	$lʌ?^8$	$k^hə?^7$	$zɛ^6$	$zɛ^6$	$zɛ^6$	$tsɛ^5$	$tsɛ^5$	$sɛ^5$
崇明		$k^hə?^7$	$dzæ^6$	$dzæ^6$	$dzæ^6$	$tsæ^1$	$tsæ^5$	$dzæ^2$
崇明新	$lɑ?^8$	$k^hə?^7$	$dzæ^6$	$dzæ^6$	$dzæ^6$	$tsæ^1$	$tsæ^5$	$dzæ^2$
堡镇		$k^hə?^7$	$dzæ^6$	$dzæ^6$	$dzæ^6$	$tsæ^1$	$tsæ^5$	$dzæ^2$
练塘		$k^hə?^7$	$zɛ^2$	$zɛ^2$	$zɛ^2$	$tsɛ^1$	$tsɛ^3$	$zɛ^2$

序号	1447	1448	1449	1450	1451	1452	1453	1454
字目	杉	减	碱	癌	咸咸鱼	陷	馅	扎扎针
中古音的地位	咸开二平咸生	咸开二上豏见	咸开二上豏见	咸开二平咸疑	咸开二平咸匣	咸开二去陷匣	咸开二去陷匣	咸开二入洽知
市区	sɛ¹	kɛ⁵			ɦiɛ⁶		ɦiɛ⁶/ɦii⁶	
市区中	sɛ¹	kɛ⁵	kɛ⁵	ŋɛ⁶	ɦiɛ⁶	ɦiɛ⁶	ɦiɛ⁶	tsɐʔ⁷
市区新	sɛ¹	kɛ⁵	kɛ⁵	ŋɛ⁶	ɦii⁶	ɦiɛ⁶	ɦiɛ⁶	tsɐʔ⁷
真如	sɛ¹	kɛ³	kɛ³		ɦiɛ²/ɦiie²		ɦiɛ⁶	
江湾	sɛ¹	kɛ⁵	kɛ(kɛ⁵)		ɦiɛ⁶/ɦii⁶		ɦiɛ⁶	
松江	sɛ¹	kɛ³	kɛ³		ɦiɛ²		ɦiɛ⁶	
松江新	sɛ¹	kɛ³	kɛ³	ŋɛ²	ɦiɛ²	ɦiɛ⁶	ɦiɛ⁶	tsɛʔ⁷
泗泾	sɛ¹	kɛ³	kɛ³		ɦiɛ²		ɦiɛ⁶	
奉贤	sɛ¹	kɛ³	kɛ³		ɦiɛ²/ɦiie²		ɦiɛ⁶/ɦiiɛ⁶	
奉贤新	sɛ¹	kɛ³	kɛ³	ŋɛ²	ɦiɛ⁶	ɦiɛ⁶	ɦiɛ⁶	tsæʔ⁷
奉城	sɛ¹	kɛ³	kɛ³		ɦiɛ²/ɦiie²		ɦiɛ⁶/ɦiiɛ⁶	
金山	sɛ¹	kɛ³			ɦiɛ²		ɦiɛ⁶	
金山新	sɛ¹	kɛ³	kɛ³	ŋɛ²	ɦiɛ²	ɦiɛ⁶	ɦiɛ⁶	tsəʔ⁷
枫泾	sɛ¹	kɛ³	kɛ³		ɦiɛ²		ɦiɛ⁶	
青浦	sɛ¹	kɛ³	kɛ³		ɦiɛ²		ɦiɛ⁶	
青浦新	sɛ¹	kɛ³	kɛ³	ŋɛ²	ɦiɛ²	ɦiɛ⁶	ɦiɛ⁶	tsæʔ⁷
莘庄	sɛ¹	kɛ³	kɛ³		ɦiɛ²/ɦiiɛ²		ɦiɛ⁶	
闵行新	sɛ¹	kɛ³	kɛ³		ɦiɛ²	ɦiɛ²	ɦiɛ⁶	tsæʔ⁷
川沙	sɛ¹	kɛ³	kɛ⁵		ɦiɛ²/ɦiiɛ²		ɦiɛ⁶	
川沙新	sɛ¹	kɛ³	kɛ³	ŋɛ⁶	ɦiɛ⁶	ɦiɛ⁶	ɦiɛ⁶	tsæʔ⁷
高桥	sɛ¹	kɛ⁵	kɛ⁵		ɦiɛ⁶		ɦiɛ⁶	
三林	sɛ¹	kɛ⁵	kɛ⁵		ɦiɛ²/ɦiiɛ²		ɦiɛ⁶	
周浦	sɛ¹	kɛ³	kɛ³		ɦiɛ²		ɦiɛ⁶	
南汇	sɛ¹	kɛ³	kɛ³		ɦiɛ²		ɦiɛ⁶	
南汇新		kɛ⁵	kɛ³	ŋɛ⁶	ɦiɛ⁶		ɦiɛ⁶	
嘉定	sɛ¹	kɛ⁵	kɛ⁵		ɦiɛ²/ɦiiI²		ɦiɛ⁶	
嘉定新	sɛ¹	kɛ⁵	kɛ⁵	ŋɛ⁶	ɦiɛ⁶	ɦiɛ⁶	ɦiɛ⁶	tsaʔ⁷
宝山	sɛ¹	kɛ⁶	kɛ⁶	ŋɛ⁶	ɦiɛ⁶			tsʌʔ⁷
宝山新	sɛ¹	kɛ⁶	kɛ⁶	ŋɛ⁶	ɦiɛ⁶	ɕi⁵	ɕi⁵	tsʌʔ⁷
崇明	sæ⁵	kæ³	kæ³		ɦɦiæ²		ɦiie	
崇明新	sæ¹	kæ³	hæ²	n.ie⁶	hæ²	ɕie⁵	①	tsɑʔ⁷
堡镇	sæ⁵	kæ³	kæ³		ɦɦiæ²		ɦiie	
练塘	sɛ¹	kɛ¹	kɛ¹		ɦiɛ²		ɦiɛ⁶	

注：① 说"ɕin⁴²"。

序号	1455	1456	1457	1458	1459	1460	1461	1462
字目	插	闸	炸油炸	霎	夹夹板	夹夹袄	掐	恰
中古音的地位	咸开二入洽初	咸开二入洽崇	咸开二入洽崇	咸开二入洽生	咸开二入洽见	咸开二入洽见	咸开二入洽溪	咸开二入洽溪
市区	$ts^hA?^7$	$zA?^8$			$kA?^7/tɕiA^7$	$kA?^7/tɕiA^7$	$k^hA?^7$	
市区中	$ts^hɐ?^7$	$zɐ?^8$	$zɐ?^8$	$sɐ?^7$	$kɐ?^7$	$kɐ?^7$	$k^hɐ?^7$	$tɕ^hiɪ?^7$
市区新	$ts^hɐ?^7$	$zɐ?^8$	$zɐ?^8$	$sɐ?^7$	$kɐ?^7$	$kɐ?^7$	$k^hɐ?^7$	$tɕ^hiɐ?^7$
真如	$ts^hə?^7$	$zæ?^8$	$zæ?^8$		$kæ?^7$	$kæ?^7$	$tɕ^hiæ?^7$	
江湾	$ts^hæ?^7$	$zæ?^8$	$zæ?^8$		$kæ?^7$	$kæ?^7$	$k^hæ?^7$	
松江	$ts^hæ?^7$	$zæ?^8$	$zæ?^8$		$kæ?^7$	$kæ?^7$	$k^hæ?^7$	
松江新	$ts^hɛ?^7$	$zɑ?^8$	tsa^5	$sɑ?^7$	$kɛ?^7$	$kɛ?^7$	$k^hɛ?^7$	$tɕ^hia?^7$
泗泾	$ts^hæ?^7$	$zæ?^8$	$zæ?^8$		$kæ?^7$	$kæ?^7$	$k^hæ?^7$	
奉贤	$ts^hæ?^7$	$zæ?^8$	$zæ?^8$		$kæ?^7$	$kæ?^7$	$k^hæ?^7$	
奉贤新	$ts^hæ?^7$	$zɛ^6$	tso^5	$sɛ^5$	$kæ?^7$	$kæ?^7$	$tɕ^hiɑ?^7/k^hæ?^7$	$hæ?^8/tɕ^hiɑ^1$
奉城	$ts^hæ?^7$	$zæ?^8$	$zæ?^8$		$kæ?^7$	$kæ?^7$	$k^hæ?^7$	
金山	$ts^hæ?^7$	$zæ?^8$	$zæ?^8$		$kæ?^7$	$kæ?^7$	$k^hæ?^7$	
金山新	$ts^hə?^7$	$zA?^8$	tso^5		$kæ?^7$	$kæ?^7$	$k^hæ?^7$	$tɕ^hiA?^7$
枫泾	$ts^ha?^7$	$za?^8$	$za?^8$		$ka?^7$	$ka?^7$	$k^ha?^7$	
青浦	$ts^hæ?^7$	$zæ?^8$	$zæ?^8$		$kæ?^7$	$kæ?^7$	$k^hæ?^7$	
青浦新	$ts^hæ?^7$	$zæ?^8$	$tsɷ^5$	$sæ?^7$	$kæ?^7$	$kæ?^7$	$k^hæ?^7$	$hæ?^7$
莘庄	$ts^hæ?^7$	$zæ?^8$	$zæ?^8$		$kæ?^7$	$kæ?^7$	$k^hə?^7$	
闵行新	$ts^hæ?^7$	$zæ?^8$	$za?^8$		$kæ?^7$	$kæ?^7$	$k^ha?^7$	$ɦæ?^8$
川沙	$ts^hæ?^7$	$zæ?^8$	$zæ?^8$		$kæ?^7$	$kæ?^7$	$k^hæ?^7$	
川沙新	$ts^hæ?^7$	$za?^8$	tsa^5		$kæ?^7$	$kæ?^7$	$tɕ^hia^1$	$tɕ^hia^5$
高桥	$ts^hʌ?^7$	$zʌ?^8$	$zʌ?^8$		$kʌ?^7$	$kʌ?^7$	$k^hʌ?^7$	
三林	$ts^hæ?^7$	$zæ?^8$	$zæ?^8$		$kæ?^7$	$kæ?^7$	$k^hæ?^7$	
周浦	$ts^hæ?^7$	$zæ?^8$	$zæ?^8$		$kæ?^7$	$kæ?^7$	$k^hæ?^7/k^hʌ?^7$	
南汇	$ts^hæ?^7$	$zæ?^8$	$zæ?^8$		$kæ?^7$	$kæ?^7$	$k^hæ?^7/k^hʌ?^7$	
南汇新	$ts^ha?^7$	$za?^8$	$tso?^7$		$kæ?^7$			$hæ?^7$
嘉定	$tʂ^hA?^7$	$zA?^8$	$zA?^8$		$kA?^7$	$kA?^7$	$k^hA?^7/tɕ^hiA?^7$	
嘉定新	$ts^ha?^7$	$za?^8$	$za?^8$		$ka?^7$	$ka?^7$	$k^ha?^7$	$tɕ^hia?^7$
宝山	$ts^hA?^7$	$zA?^8$	$zA?^8$	$sA?^7$	$kA?^7$	$kA?^7$	$k^hA?^7$	$tɕ^hiA?^7$
宝山新	$ts^hA?^7$	$zA?^8$	$zA?^8$	$sA?^7$	$kA?^7$	$kA?^7$	$tɕ^hiA?^7$	$tɕ^hiA?^7$
崇明	$ts^ha?^7$	$za?^8$	$za?^8$		$ka?^7$	$ka?^7$	$k^ha?^7$	
崇明新	$ts^ha?^7$	$za?^8$	$tsuo^5$		$ka?^7$	$ka?^7$	$tɕ^hia^1$	$tɕ^hia?^7$
堡镇	$ts^ha?^7$	$za?^8$	$za?^8$		$ka?^7$	$ka?^7$	$k^ha?^7$	
练塘	$ts^hæ?^7$	$zæ?^8$	$zæ?^8$		$kæ?^7$	$kæ?^7$	$k^hæ?^7$	

序号	1463	1464	1465	1466	1467	1468	1469	1470
字目	狭	峡	洽	搧搧扶	忏	衫	监监狱	鉴
中古音的地位	咸开二入洽匣	咸开二入洽匣	咸开二入咸匣	咸开二平衔初	咸开二去鑑初	咸开二平衔生	咸开二平衔见	咸开二去鑑见
市区	ɦʌʔ^8	kʌʔ^7/tɕiʌʔ^7		tsʰE^1		sE^1	kE^1/tɕi^1	
市区中	ɦɐʔ^8	ɦɐʔ^8	ɦɐʔ^8	tsʰE^1	tsʰE^5	sE^5	kE^1	tɕi^5
市区新	ɦɐʔ^8	ziɐʔ^8	tɕʰiɐʔ^7	tsʰE^1	tsʰE^5	sE^5	kE^1	tɕi^5
真如	ɦæʔ^8	kəʔ^7		tsʰɛ^1		sɛ^1	kɛ^1	
江湾	ɦæʔ^8	kæʔ^7		tsʰɛ^1		sɛ^1	kɛ^1	
松江	ɦæʔ^8	ciæʔ^7		tsʰɛ^1		sɛ^1	kɛ^1	
松江新	ɦɛʔ^8	ziɑʔ^7	tɕʰiɑʔ^7	tsʰɛ^1	tsʰɛ^5	sɛ^1	kɛ^1	tɕi^5
泗泾	ɦæʔ^8	ciæʔ^7		tsʰɛ^1		sɛ^1	kɛ^1	
奉贤	ɦæʔ^8	kæʔ^7		tsʰɛ^1		sɛ^1	kɛ^1	
奉贤新	ɦæʔ^8	ɕia^5	tɕia^5	tsʰɛ^1	tsʰɛ^5	sɛ^1	kɛ^1	tɕi^5/kɛ^5
奉城	ɦæʔ^8	ʔɟiæʔ^7/kæʔ^7		tsʰɛ^1		sɛ^1	kɛ^1	
金山	ɦæʔ^8	kæʔ^7		tsʰɛ^1		sɛ^1	kɛ^1	
金山新	ɦæʔ^8	ɦæʔ^7	tɕʰiʌʔ^7	zɛ^2	tsʰe^5	sɛ^1	kɛ^1	tɕi^5
枫泾	ɦɑʔ^8	kɑʔ^7		tsʰE^1		sE^1	kE^1	
青浦	ɦæʔ^8	ɦiæʔ^7		tsʰE^1		sE^1	kE^1	
青浦新	ɦæʔ^8		tɕʰiɑʔ^7	tsʰE^1	tsʰE^5	sE^1	kE^1	
莘庄	ɦæʔ^8	kæʔ^7		tsʰɛ^1		sɛ^1	kɛ^1	
闵行新	ɦæʔ^8	ɦæʔ^8	tɕʰiɑʔ^7	tsʰɛ^1		sɛ^1	kɛ^1	kɛ^1
川沙	ɦæʔ^8	kæʔ^7		tsʰɛ^1		sɛ^1	kɛ^1	
川沙新	ɦæʔ^8	kæʔ^7		tsʰɛ^1	tsʰɛ^5	sɛ^1	kɛ^1	
高桥	ɦʌʔ^8	ɦʌʔ^7		tsʰɛ^1		sɛ^1	kɛ^1	
三林	ɦiæʔ^8	kæʔ^7		tsʰɛ^1		sɛ^1	kɛ^1	
周浦	ɦæʔ^8	kæʔ^7		tsʰɛ^1		sɛ^1	kɛ^1	
南汇	ɦæʔ^8	kæʔ^7		tsʰɛ^1		sɛ^1	kɛ^1	
南汇新	ɦæʔ^8		tɕʰiɑʔ^7	tsʰE^1	tsʰE^5	sE^1	kE^1	
嘉定	ɦʌʔ^8	tɕiʌʔ^7		tsʰE^1		sE^1	kE^1	
嘉定新	ɦiɑʔ^8	ɦiɑʔ^8		tsʰE^1		sE^1	kE^1	tɕiɪ^5
宝山	ɦʌʔ^8	ɦʌʔ^8	ɦʌʔ^8	tsʰE^1		sE^1	kE^1	tsiɪ^1
宝山新	ɦʌʔ^8	ɕiʌʔ^8	ɦʌʔ^8	tsʰE^1	tsʰE^5	sE^1	kE^1	tsiɪ^5
崇明	hɦiɑʔ^8	kɑʔ^7		tsʰæ^1		sæ^1	kæ^1	
崇明新	hɑʔ^8	tɕʰiɑʔ^7	tɕʰiɑʔ^7	tsʰæ^1	tsʰæ^5	sæ^1	kæ^1	tɕie^5
堡镇	hɦiɑʔ^8	kɑʔ^7		tsʰæ^1		sæ^1	kæ^1	
练塘	ɦæʔ^8	ɦiæʔ^7		tsʰE^1		sE^1	kE^1	

序号	1471	1472	1473	1474	1475	1476	1477	1478
字目	鑑	岩	衔衔冤	舰	甲	胛	鸭	押
中古音的地位	咸开二去鑑见	咸开二平衔疑	咸开二平衔匣	咸开二上鑑匣	咸开二入狎见	咸开二入衔见	咸开二入狎影	咸开二入狎影
市区	kɐ⁵/tɕiɛ¹	ŋɐ⁶	ɦiɛ⁶	kʰɐ¹/tɕiɛ¹	tɕiʌʔ⁷		ʌʔ⁷	ʌʔ⁷
市区中	tɕi⁵	ŋɐ⁶	ŋɐ⁶	kɐ⁵	kɐʔ⁷/tɕiɪʔ⁷	kɐʔ⁷/tɕiɪʔ⁷	ɐʔ⁷	ɐʔ⁷
市区新	tɕi⁵	ɦiɪ⁶	ɦiɛ⁶	tɕi⁵	tɕiɪʔ⁷	kɐʔ⁷	ɐʔ⁷	ɐʔ⁷
真如	tɕie⁵	ŋɛ²	ɦiɛ²		tɕiæʔ⁷		æʔ⁷	æʔ⁷
江湾	tɕi⁵	ŋɛ⁶	ŋɛ⁶/ɦiɛ⁶		tɕiæʔ⁷		æʔ⁷	æʔ⁷
松江	kɐ³/ɕie³	ŋɛ²	ɦiɛ²		kæʔ⁷/ɕiæʔ⁷		æʔ⁷	æʔ⁷
松江新		ŋɛ²	ɦiɛ²	tɕi³	tɕiaʔ⁷	kɛʔ⁷	ɛʔ⁷	ɛʔ⁷
泗泾	kɐ³/ɕie³	ŋɛ²	ɦiɛ²		kæʔ⁷/ɕiæʔ⁷		æʔ⁷	æʔ⁷
奉贤	kɛ¹/ʔjie¹	ŋɛ²	ŋɛ²/ɦiɛ²		kæʔ⁷/ʔjiæ⁷		æʔ⁷	æʔ⁷
奉贤新	tɕi⁵/kɛ⁵	ɦiɪ²/ŋɛ²	ɦiɛ²	tɕi⁵	ʔtɕiaʔ⁷	ʔtɕiaʔ⁷	ʔæʔ⁷	ʔæʔ⁷
奉城	kɛ¹/ʔjie¹	ŋɛ²	ŋɛ²		ʔjiæ⁷		æʔ⁷	æʔ⁷
金山	kɛ¹	ŋɛ²	ŋɛ²		ɕiæʔ⁷		æʔ⁷	æʔ⁷
金山新	tɕi⁵	ŋɛ²	ɦiɛ²		tɕiʌ³	tɕiʌ³	æʔ⁷	æʔ⁷
枫泾	tɕi¹	ŋo²/ŋɛ²	ŋɛ²		tɕiaʔ⁷		aʔ⁷	aʔ⁷
青浦	kɐ⁵	ŋɛ²	ɦiɛ²		kaʔ⁷/tɕiæʔ⁷		æʔ⁷	æʔ⁷
青浦新		ŋɛ²	ɦiɛ²	tɕiɪ⁵	tɕiaʔ⁷	ka¹	æʔ⁷	æʔ⁷
莘庄	ɕie⁵	ŋe¹	ɦie²		ɕiæʔ⁷		æʔ⁷	æʔ⁷
闵行新	kɛ¹	ŋɛ²	ɦiɛ²	kʰɛ¹	tɕiaʔ⁷		æʔ⁷	æʔ⁷
川沙	kɛ⁵	ŋɛ²	ŋɛ²/ɦiɛ²		kæʔ⁷/tɕiæʔ⁷		æʔ⁷	æʔ⁷
川沙新		ŋɛ⁶	ɦiɛ⁶			kæʔ⁷	æʔ⁷	æʔ⁷
高桥	kɛ¹	ɲie²	ɦiɛ⁶		tɕiʌʔ⁷		ʌʔ⁸	ʌʔ⁸
三林	kɛ¹	ŋɛ²	ŋɛ²		ɕiæʔ⁷		æʔ⁷	æʔ⁷
周浦	kɛ¹	ŋɛ²	ŋɛ²/ɦiɛ²		ɕiæʔ⁷		æʔ⁷	æʔ⁷
南汇	kɛ¹	ŋɛ²	ŋɛ²/ɦiɛ²		ʔjiæ⁷		æʔ⁷	æʔ⁷
南汇新			ɦiɛ⁶	tɕi⁵	tɕiaʔ⁷	kaʔ⁷	æʔ⁷	æʔ⁷
嘉定	tɕiɪ⁵	ŋɐ²	ɦiɛ²		tɕiʌʔ⁷		ʌʔ⁷	ʌʔ⁷
嘉定新	tɕiɪ⁵	ɦiɪ²	ɦiɛ²	dziɪ⁶	tɕiaʔ⁷	tɕiaʔ⁷	aʔ⁷	aʔ⁷
宝山	tsiɪ¹	ŋɐ²	hɐ⁵	kʰɐ⁶	tɕiʌʔ⁷	tɕiʌʔ⁷	ʌʔ⁷	ʌʔ⁷
宝山新	tsiɪ⁵	ŋɐ⁶	hɐ⁵	kʰɐ⁵	tɕiʌ⁵	tɕiʌ⁵	ʌʔ⁷	ʌʔ⁷
崇明	tɕie⁵	ŋɛ²	ŋæ²/ɦɦæ²		kaʔ⁷		aʔ⁷	aʔ⁷
崇明新	kæ¹	ŋæ²	hæ²	dzie⁶	kaʔ⁷		ɑʔ⁷	ɑʔ⁷
堡镇	tɕie⁵	ŋɛ²	ŋæ²/ɦɦæ²		kaʔ⁷		aʔ⁷	aʔ⁷
练塘	kɐ⁵	ŋɛ²	ɦiɛ²		kaʔ⁷/tɕiæʔ⁷		æʔ⁷	æʔ⁷

序号	1479	1480	1481	1482	1483	1484	1485	1486
字目	压	贬	黏黏土	廉	镰	帘	敛	尖
中古音的地位	咸开二入狎影	咸开三上琰帮	咸开三平盐泥	咸开三平盐来	咸开三平盐来	咸开三平盐来	咸开三上琰来	咸开三平盐精
市区	ʌʔ⁷	pi⁵	ȵi¹		li⁶	li⁶	li⁶	tɕi¹
市区中	ɐʔ⁷	pi⁵	ȵi¹	li⁶	li⁶	li⁶	li⁶	tɕi¹
市区新	ɐʔ⁷	pi⁵	ȵi¹	li⁶	li⁶	li⁶	li⁶	tɕi¹
真如	æʔ⁷	ʔbi³	ȵie¹		lie²		lie⁶	tsie¹
江湾	æʔ⁷	ʔbi⁵	ȵi¹		li⁶		li⁶	tsi¹
松江	æʔ⁷	ʔbi³	ȵi¹		li²		li⁴	tsi¹
松江新	ɛʔ⁷	pi³	ȵi¹	lɪ²	lɪ²	lɪ²	lɪ⁶	tɕi¹
泗泾	æʔ⁷	ʔbi³	ȵi¹		li²		li⁶	tsi¹
奉贤	æʔ⁷	ʔbij⁵	ȵij¹		lij		lij⁴	tsij¹
奉贤新	ʔæʔ⁷	ʔbi⁵	ʔȵi¹	li²	li²	li²	li⁶	tɕi¹
奉城	æʔ⁷	ʔbij⁵	ȵij¹		lij²		lij⁶	tsij¹
金山	æʔ⁷	ʔbi³	ȵe¹		le²		le⁶	tse¹
金山新	æʔ⁷	pi⁵	ʔȵi¹	li²	li²	li²	li³	tɕi¹
枫泾	aʔ⁷	pe³	ȵi²		li⁶		li⁶	tsi¹
青浦	æʔ⁷	ʔbɪ¹	ȵɪ¹		lɪ²		lɪ²	tsɪ¹
青浦新	æʔ⁷	pɪɪ³	ȵɪɪ¹	lɪɪ²	lɪɪ²	lɪɪ²	lɪɪ⁶	tsɪɪ¹
莘庄	æʔ⁷	ʔbi⁵	ȵi¹		li²		li²	tsi¹
闵行新	æʔ⁷	pi⁵	ȵi¹	lɪɪ²	lɪɪ²	lɪɪ²	lɪɪ²	tɕɪɪ¹
川沙	æʔ⁷	ʔbi⁵	ȵi¹		li²		li²	tsi¹
川沙新	æʔ⁷	ʔbi³	ȵi¹	li⁶	li⁶	li⁶	li⁶	tɕi¹
高桥	ʌʔ⁸	ʔbi³	ȵie¹		lie⁶		lie⁶	tsie⁵
三林	æʔ⁷	ʔbi⁵	ȵi¹		li²		li²	tsi¹
周浦	æʔ⁷	ʔbi³	ȵi¹		li²		li²	tsi¹
南汇	æʔ⁷	ʔbi³	ȵi¹		li²		li⁶	tsi¹
南汇新	æʔ⁷	ʔbi³				li⁶	li⁶	tɕi¹
嘉定	ʌʔ⁷	pɪɪ¹	ȵɪɪ¹		lɪɪ²		lɪɪ⁶	tsɪɪ¹
嘉定新	aʔ⁷	pɪɪ⁵	ȵɪɪ²	lɪɪ²	lɪɪ²	lɪɪ²	lɪɪ⁶	tsɪɪ¹
宝山	ʌʔ⁷	pɪɪ³	ȵɪɪ¹	lɪɪ²	lɪɪ²	lɪɪ²	lɪɪ⁵	tsɪɪ¹
宝山新	ʌʔ⁷	pɪɪ⁵	ȵɪɪ⁵	lɪɪ⁵	lɪɪ⁵	lɪɪ⁵	lɪɪ⁵	tsɪɪ¹
崇明	aʔ⁷	bie⁶	ȵie¹		lie²		lie⁶	tɕie¹
崇明新	ɑʔ⁷	pie³	ȵie¹	lie²	lie²	lie²	lie⁶	tɕie¹
堡镇	aʔ⁷	bie⁶	ȵie¹		lie²		lie⁶	tɕie¹
练塘	æʔ⁷	pɪ¹	ȵɪ¹		lɪ²		lɪ⁴	tsɪ¹

序号	1487	1488	1489	1490	1491	1492	1493	1494
字目	歼	签竹签	签签字	潜	渐	纤	沾	[粘]粘贴
中古音的地位	咸开三平盐精	咸开三平盐清	咸开三平盐清	咸开三平盐从	咸开三上琰从	咸开三平盐心	咸开三平盐知	咸开三平盐娘
市区	tɕi¹/tɕʰi¹	tɕʰi¹	tɕʰi¹	zi⁶			tsø¹	
市区中	tɕi¹	tɕʰi¹	tɕʰi¹	dʑi⁶	dʑi⁶	tɕʰi¹	tsø¹	tsø¹
市区新	tɕi¹	tɕʰi¹	tɕʰi¹	tɕi⁵/dʑi⁶	dʑi⁶	tɕʰi¹	tsø¹	ȵi¹
真如	tsie¹	tsʰie¹	tsʰie¹	zie⁶			tse¹	
江湾	tsʰi¹	tsʰi¹	tsʰi¹	zi⁶			tsø¹	
松江	tsʰi¹	tsʰi¹	tsʰi¹	zi²			tse¹	
松江新	tɕi¹	tɕʰi¹	tɕʰi¹	dʑi²	dʑi⁶	ɕi¹		ȵi¹
泗泾	tsʰi¹	tsʰi¹	tsʰi¹	zi²			tse¹	
奉贤	tsʰij¹	tsʰij¹	tsʰij¹	zij²			tse¹	
奉贤新	tɕi¹	tɕʰi¹	tɕʰi¹	tɕʰi⁵	zi⁶/dʑi⁶	tɕʰi¹	ʔȵi¹	ʔȵi¹
奉城	tsʰij¹	tsʰij¹	tsʰij¹	zij⁶			tse¹	
金山	tse¹	tsʰe¹	tsʰe¹	ze²			tse¹	
金山新	tɕi¹	tɕʰi¹	tɕʰi¹	tɕʰi³		tɕʰi¹	ȵi¹	ȵi¹
枫泾	tsi¹	tsʰi¹	tsʰi¹	zi⁶			tsø¹	
青浦	tɕʰi¹	tɕʰi¹	tɕʰi¹	zɪ⁶			tsɪ⁵	
青浦新	tɕiɪ¹	tɕʰiɪ¹	tsʰiɪ¹	ziɪ²		tsʰiɪ¹	tsE¹	
莘庄	tsʰi¹	tsʰi¹	tsʰi¹	zi⁶			tse¹	
闵行新		tɕʰiɪ¹	tɕʰiɪ¹	ze²				ȵi¹
川沙	tsʰi¹	tsʰi¹	tsʰi¹	zi⁶			tsʰø¹	
川沙新		kʰɛ¹	tɕʰi¹	dʑi⁶		tɕʰi¹		
高桥	tsʰie¹	tsʰie¹	tsʰie¹	zie²				
三林	tsi¹	tsʰi¹	tsʰi¹	zi²			tse¹	
周浦	tsi¹	tsʰi¹	tsʰi¹	zi²			tse¹	
南汇	tsi¹	tsʰi¹	tsʰi¹	zi²			tse¹	
南汇新		tɕʰi¹	tɕʰi¹	tɕʰi⁶		ɕi¹①	tsE¹	
嘉定	tsE¹	tsʰiɪ¹	tsʰiɪ¹	ziɪ²/ziɪ⁶			tsiɪ⁵	
嘉定新	tsiɪ¹	tsʰiɪ¹	tsʰiɪ¹	ziɪ²	ziɪ⁵	tsʰiɪ¹	tsiɪ⁵	təʔ⁷
宝山	tsiɪ¹	tsʰiɪ¹	tsʰiɪ¹	ziɪ⁶	ziɪ⁶	tsʰiɪ¹	ȵiɪ¹	ȵiɪ¹
宝山新	tɕʰiɪ¹	tɕʰiɪ¹	tɕʰiɪ¹	tɕʰiɪ⁵	tɕiɪ⁵	tɕʰiɪ¹	ȵiɪ¹	ȵiɪ¹
崇明	tɕʰie³	tɕʰie¹	tɕʰie¹	dʑie²			tsø⁵	
崇明新	tɕie¹	tɕʰie¹	tɕʰie¹	dʑie²	dʑie⁶	ɕie¹	ȵie¹	ȵie¹
堡镇	tɕʰie³	tɕʰie¹	tɕʰie¹	dʑie²			tsø⁵	
练塘	tɕʰi¹	tɕʰi¹	tɕʰi¹	zi⁶			tsɪ⁵	

注：多音字。"纤维"的"纤"读ɕi¹，"化纤"的"纤"读tɕʰi¹。

序号	1495	1496	1497	1498	1499	1500	1501	1502
字目	占占领	瞻	陕	闪	染	冉	检	脸
中古音的地位	咸开三平盐章	咸开三平盐章	咸开三上琰书	咸开三上琰书	咸开三上琰日	咸开三上琰日	咸开三上琰见	咸开三上琰见
市区	tsø^1		sø^5	sø^5	ɲi^6/zø^6		tɕi^5	li^6
市区中	tsø^5	tsø^5	sø^5	sø^5	ɲi^6	zø^6	tɕi^5	li^6
市区新	tsø^5	tsø^5	sø^5	sø^5	ɲi^6		tɕi^5	li^6
真如	tse^1		se^3	se^3	ɲie^6		tɕie^3	lie^6
江湾	tsø^1		se^5	se^5	ɲi^6		tɕi^5	li^6
松江	tse^1		se^3	se^3	ɲi^4		ci^3	li^4
松江新	tsø^5	tsø^1	sɛ^3	sɛ^3	ɲi^3	ɲi^3	tɕi^3	liɪ^6
泗泾	tse^1		se^3	se^3	ɲi^6		ci^3	li^6
奉贤	tse^1		se^5	se^5	ɲij^6		ʔɟij^3	lij^6
奉贤新	zɛ^6/tsɛ^3	tsɛ^3	sɛ^3	sɛ^5	ɲi^5	ɲi^5	tɕi^3	
奉城	tse^1		se^5	se^5	ɲij^6		ʔɟij^3	lij^6
金山	tse^1		se^3	se^3	ɲe^6		ce^5	le^6
金山新	tse^3	tse^3	sɛ^3	sɛ^3	ɲi^6		tɕi^3	li^6
枫泾	tsø^1		sø^3	sø^3	zø^4		tɕi^3	li^6
青浦	tsɪ^1		sE^3	sE^3	ɲi^6/zE^2		tɕɪ^1	lɪ^6
青浦新	tsE^5		sE^3	sE^3	ɲi^6	zE^6	tɕiɪ^1	liɪ^6
莘庄	tse^1		se^3	se^3	ɲi^6		ci^1	li^6
闵行新	tse^3	tsɛ^3	sɛ^5	sɛ^3	zø^2		tɕiɪ^5	tɕi^3
川沙	tse^1		se^3	se^3	ɲi^2/ze^2		tɕi^1	li^2
川沙新	tsɛ^5		sE^3	sE^3	ɲi^6		tɕi^3	
高桥	tsø^3		sø^3	sE^3	ɲie^6		tɕie^3	lie^6
三林	tse^1		sø^5	sø^5	zø^2		ci^3	li^2
周浦	tse^1		se^3	se^3	ɲi^2		tɕi^3	li^2
南汇	tse^1		se^3	se^3	ɲi^2		tɕi^3	li^2
南汇新	tsE^1		sE^3	sE^3	ɲi^6		tɕi^3	
嘉定	tsiɪ^1		siɪ^5	siɪ^5	ɲiɪ^6/ziɪ^6		tɕiɪ^5	liɪ^6
嘉定新	zE^6	tsE^1	sE^5	sE^5	ɲiɪ^6	ɲiɪ^6	tɕiɪ^5	liɪ^6
宝山	tsø^5	tsø^5	sø^5	sø^5	ɲiɪ^6	ɲiɪ^6	tɕiɪ^5	liɪ^6
宝山新	tsø^5	tsø^5	sE^5	sE^5	zø^6	zø^6	tɕiɪ^5	liɪ^6
崇明	tsø^5		sø^3	sø^3	ɲie^4/dzø^6		tɕie^3	lie^6
崇明新	tsø^1	tsø^1	sø^3	sø^3	ɲie^6		tɕie^3	①
堡镇	tsø^5		sø^3	sø^3	ɲie^4/dzø^6		tɕie^3	lie^6
练塘	tsɪ^1		sE^1	sE^1	ɲi^4/zE^4		tɕɪ^1	lɪ^6

注：① 说"面"。

序号	1503	1504	1505	1506	1507	1508	1509	1510
字目	钳	俭	验	险	淹	腌腌肉	阉	掩
中古音的地位	咸开三平盐群	咸开三上琰群	咸开三去艳疑	咸开三上琰晓	咸开三平盐影	咸开三入业影	咸开三平盐影	咸开三上琰影
市区	dʑi⁶	dʑi⁶	ȵi⁶	ɕi⁵	i¹	i¹	i¹	i⁵
市区中	dʑi⁶	tɕi⁵	ȵi⁶	ɕi⁵	i¹	i¹	i¹	i⁵
市区新	dʑi⁶	tɕi⁵	ȵi⁶	ɕi⁵	i¹	i¹	i¹	i⁵
真如	dʑie²	dʑie⁶	ȵie⁶	ɕie⁵	ie¹		ie¹	ie³
江湾	dʑi⁶	dʑi⁶	ȵi⁶	ɕi⁵	i¹		i¹	i⁵
松江	ɕi¹	dʑi⁴	ȵi⁶	ɕi³	i¹		i¹	i³
松江新	dʑi²	tɕi³	ȵi⁵	ɕi³	i¹		i¹	i³
泗泾	ɕi¹	dʑi⁶	ȵi⁶	ɕi³	i¹		i¹	i³
奉贤	ʝij²	ʝij⁶	ȵij⁶	ɕij³	ij¹	ij⁵	ij¹	ij³
奉贤新	ɡɛ²	ɡɛ⁶	ȵi⁶	ɕi¹	i¹	i¹	ɦii⁶	ȵi⁶/ɦii⁶
奉城	ʝij²	ʝij⁶	ȵij⁶	ɕij³	ij¹	ij¹	ij¹	ij³
金山	ʝe²	ʝe⁶	ȵe⁶	ɕe³	e¹		e¹	e³
金山新	dʑi²	tɕi³	ȵi⁶	ɕi³	i⁵	i⁵	i¹	i³
枫泾	dʑi²	dʑi⁶	ȵi⁶	ɕi³	i³		i³	i³
青浦	dʑɪ²	dʑɪ⁶	ȵɪ⁶	ɕɪ³	ɪ⁵	ɪ¹	ɪ¹	ɪ⁵
青浦新	dʑiɪ²	dʑiɪ⁶	ȵiɪ⁶	ɕiɪ³	iɪ¹	iɪ¹	iɪ¹	iɪ³
莘庄	ʝi²	ɕi⁵	ȵi⁶	ɕi³	i¹	ɦii⁶①	i¹	e⁵
闵行新	dʑiɪ²	tɕi¹	ȵiɪ⁶	ɕiɪ³	iɪ¹	ɦiiɪ²	tən¹	i³②
川沙	dʑi²	dʑi⁶	ȵi⁶	ɕi³	i¹	i¹	i¹	i³
川沙新	ɡɛ⁶		ȵi⁵	ɕi³	i¹	i¹		i³
高桥	dʑie²	tɕie³	ȵie⁶	ɕie³	ie¹	ie¹		ie¹
三林	ʝi²	ʝi⁶	ȵi⁶	ɕi³	i¹		i¹	i¹
周浦	dʑi²	dʑi⁶	ȵi⁶	ɕi³	i¹		i¹	i¹
南汇	dʑi²	dʑi⁶	ȵi⁶	ɕi³	i¹	i¹	i¹	i¹
南汇新	zi⁶		ȵi⁶	ɕi³				
嘉定	dʑi²	dʑiɪ⁶	ȵiɪ⁶	ɕi⁵	iɪ⁵		iɪ¹	iɪ³
嘉定新	dʑiɪ²	tɕiɪ⁵	ȵi⁶	ɕi⁵	iɪ¹	iɪ¹	iɪ¹	iɪ⁵
宝山	tɕiɪ⁵	tɕiɪ⁶	ȵiɪ⁶	ɕiɪ⁶	iɪ¹	iɪ¹	iɪ¹	iɪ⁵
宝山新	tɕiɪ⁵	kɛ⁵	ȵiɪ⁶	ɕiɪ⁶	iɪ¹	iɪ¹	iɪ¹	iɪ⁶
崇明	dʑie²	dʑie⁶	ȵie⁴	ɕie³	e⁵	ɦiie⁶①	e⁵	e³
崇明新	dʑie²	dʑie⁶	ȵie²¹²	ɕie³	ie¹	ie³	ie¹	ie³
堡镇	dʑie²	dʑie⁶	ȵie⁴	ɕie³	e⁵	ɦiie⁶①	e⁵	e³
练塘	dʑi²	dʑɪ⁴	ȵi⁶	ɕi¹	ɪ⁵	ɪ¹	ɪ⁵	ɪ¹

注：① "盐（动词）"的训读。
② "掩护"。

序号	1511	1512	1513	1514	1515	1516	1517	1518
字目	厌	炎	盐	檐	阎	艳	焰	聂
中古音的地位	咸开三去艳影	咸开三平盐云	咸开三平盐以	咸开三平盐以	咸开三平盐以	咸开三去艳以	咸开三去艳以	咸开三入叶泥
市区	i⁵	ɦi⁶	ɦi⁶		ȵi⁶/ɦi⁶	ɦi⁶	ɦi⁶	ȵiɪʔ⁸
市区中	i⁵	ɦi⁶	ɦi⁶	ɦi⁶	ɦi⁶	i⁵	i⁵	ȵiɪʔ⁸
市区新	i⁵	ɦi⁶	ɦi⁶	ɦi⁶	ɦi⁶	i⁵	i⁵	ȵiɪʔ⁸
真如	ie⁵	ɦie²	ɦie²		ȵie²	ɦie⁶	ɦie⁶	ȵiɪʔ⁸
江湾	i⁵	ɦi⁶	ɦi⁶		ȵi⁶	ɦi⁶	ɦi⁶	ȵiɪʔ⁸
松江	i⁵	ɦi²	ɦi²		ȵi²	ɦi⁶	ɦi⁶	ȵiɪʔ⁸
松江新	i⁵	ɦi²	ɦi²	ɦi²	ȵi²	ɦi⁶	ɦi⁶	ȵiɪʔ⁸
泗泾	i⁵	ɦi²	ɦi²		ȵi²	ɦi⁶	ɦi⁶	ȵiɪʔ⁸
奉贤	ij⁵	ɦie²	ɦiij²		ȵij²	ɦie⁶	ɦie⁶	ȵiɪʔ⁸
奉贤新	ɦi⁶	ɦiɛ⁶		ɦi²		ɦi⁶	ɦi⁶	ȵie?⁸
奉城	ij⁵	ɦɛ²/ɦie²	ɦiij²		ȵij²	ij⁵	ij⁵	ȵiɪʔ⁸
金山	e⁵	ɦɛ²/ɦie²	ɦie²		ɦie²	ɦie⁶	ɦie⁶	ȵiɪʔ⁸
金山新	i⁵	ɦi²/ɦiɛ²①	ɦi²	ɦi²	ɦi²	i⁵	i⁵	ȵiɪʔ⁸
枫泾	i³	ɦi²	ɦi²		ȵi²	ɦi²	ɦi²	ȵiɪʔ⁸
青浦	ɪ⁵	ɦiɛ²	ɦiɛ²		ɦiɛ²	ɦiɛ²	ɦiɛ²	ȵiɪʔ⁸
青浦新	iɪ⁵	ɦiɪ²	ɦiɪ²	ɦiɪ²	ɦiɪ²	ɦiɪ⁶	ɦiɪ⁶	ȵiɪʔ⁸
莘庄	i⁵	ɦie²	ɦie²		ȵi²	ɦie⁶	ɦie⁶	ȵiɪʔ⁸
闵行新	iɪ³	ɦiɪ²	ɦiɪ²		ȵiɪ²	i³	iɪ³	ȵiə?⁸
川沙	i⁵	ɦie²	ɦi²		ȵi²	ɦie⁶	ɦie⁶	ȵiɪʔ⁸
川沙新		ɦie⁶②	ɦi⁶		ŋɛ⁶	ŋe⁶	i⁵	i⁵
高桥	ɦie²	ɦie²	ɦie²		ȵie²	ie¹	ɦie⁶	ȵiɪʔ⁸
三林	i⁵	ɦie²	ɦi²		ȵi²	ɦie⁶	ɦie⁶	ȵiɪʔ⁸
周浦	i⁵	ɦie²	ɦi²		ȵi²	ɦi⁶/ɦie⁶	ɦie⁶	ȵiɪʔ⁸
南汇	i⁵	ɦie²	ɦi²		ȵi²	ɦi⁶/ɦie⁶	ɦie⁶	ȵiɪʔ⁸
南汇新	i⁵	ɦi⁶	ɦi⁶	ɦi⁶	ɦi⁶	i⁵	nø⁶	
嘉定	iɪ⁵	ɦiɪ²	ɦiɪ²		ȵiɪ²	ɦiɪ⁶	ɦiɪ⁶	ȵiɪʔ⁸
嘉定新	iɪ⁵	ɦiɪ²	ɦiɪ²	ɦiɪ²	ɦiɪ²	ɦiɪ⁶	ɦiɪ⁶	ȵiɪʔ⁸
宝山	iɪ⁵	iɪ⁶	iɪ⁵	iɪ⁵	iɪ⁵	iɪ¹	iɪ¹	ȵiɪʔ⁸
宝山新	iɪ⁵	iɪ⁶	iɪ⁶	iɪ⁶	iɪ⁶	iɪ⁵	iɪ⁵	ȵiɪʔ⁸
崇明	ie⁵	ɦie²	ɦie²		ȵie²	ɦie⁴	ɦie⁴	ȵiə?⁸
崇明新	ie³	ie²	ie²	ie¹	ie²	ie⁵	ie¹	ȵiɪʔ⁸
堡镇	ie⁵	ɦie²	ɦie²		ȵie²	ɦie⁴	ɦie⁴	ȵiə?⁸
练塘	ɪ⁵	ɦiɛ²	ɦiɪ²		ɦiɪ²	ɦiɛ⁶	ɦiɛ⁶	ȵiɪʔ⁸

注：① 专名如"肠胃炎"中读ɦi⁶。
② ɦi²较少使用。

序号	1519	1520	1521	1522	1523	1524	1525	1526
字目	猎	接	妾	捷	折折叠	摺	褶	涉
中古音的地位	咸开三入叶来	咸开三入叶精	咸开三入叶清	咸开三入叶从	咸开三入叶章	咸开三入叶章	咸开三入叶书	咸开三入叶禅
市区	lʌʔ⁸	tɕiɪʔ⁷	tɕʰiɪʔ⁷	ziɪʔ⁸	tsəʔ⁷		səʔ⁷	zəʔ⁸
市区中	leʔ⁸/liɪʔ⁸	tɕiɪʔ⁷	tɕʰiɪʔ⁷	dʑiɪʔ⁸	tsɐʔ⁷	tsɐʔ⁷	sɐʔ⁷	sɐʔ⁷
市区新	liɪʔ⁸	tɕiɪʔ⁷	tɕʰiɪʔ⁷	dʑiɪʔ⁸	tsɐʔ⁷	tsɐʔ⁷	sɐʔ⁷	sɐʔ⁷
真如	læʔ⁸	tsiɪʔ⁷	tsʰiɪʔ⁷	ziɪʔ⁸	tsəʔ⁷		səʔ⁷	zəʔ⁸
江湾	læʔ⁸	tsɪʔ⁷	tsʰɪʔ⁷	zɪʔ⁸	tsɪʔ⁷		səʔ⁷	zəʔ⁸
松江	læʔ⁸	tsiɪʔ⁷	tsʰiɪʔ⁷	ziɪʔ⁸	tsəʔ⁷		səʔ⁷	zəʔ⁸
松江新	leʔ⁸	tɕiɪʔ⁷	tɕʰiɪʔ⁷	dʑiɪʔ⁸	tsʌʔ⁷	tsʌʔ⁷	sʌʔ⁷	sʌʔ⁷
泗泾	læʔ⁸	tsiɪʔ⁷	tsʰiɪʔ⁷	ziɪʔ⁸	tsəʔ⁷		səʔ⁷	zəʔ⁸
奉贤	læʔ⁸	tsiɪʔ⁷	tsʰiɪʔ⁷	ziɪʔ⁸	tseʔ⁷		seʔ⁷	zeʔ⁷
奉贤新	lieʔ⁸	tɕieʔ⁷	tɕʰieʔ⁷	ʑieʔ⁸	tsəʔ⁷	tsəʔ⁷	səʔ⁷	zəʔ⁷/səʔ⁷
奉城	læʔ⁸	tsiɪʔ⁷	tsʰiɪʔ⁷	ziɪʔ⁸	tseʔ⁷		seʔ⁷	zeʔ⁷
金山	læʔ⁸	tsiɪʔ⁷	tsʰiɪʔ⁷	ziɪʔ⁸	tsəʔ⁷		səʔ⁷	zəʔ⁸
金山新	liɪʔ⁸	tɕiɪʔ⁷	tɕʰiɪʔ⁷	dʑiɪʔ⁸	tsəʔ⁷		səʔ⁷	zəʔ⁷
枫泾	laʔ⁸	tsiɪʔ⁷	tsʰiɪʔ⁷	ziɪʔ⁸	tsəʔ⁷		søʔ⁷/səʔ⁷	zəʔ⁸
青浦	læʔ⁸	tsiɪʔ⁷	tsʰiɪʔ⁷	ziɪʔ⁸	tsəʔ⁷		səʔ⁷	zəʔ⁸
青浦新	læʔ⁸	tsiɪʔ⁷	tsʰiɪʔ⁷	ziɪʔ⁸	tsəʔ⁷	tsəʔ⁷	səʔ⁷	zəʔ⁸
莘庄	læʔ⁸	tsiɪʔ⁷	tsʰiɪʔ⁷	ziɪʔ⁸	tsəʔ⁷		səʔ⁷	zəʔ⁸
闵行新	læʔ⁸	tɕiəʔ⁷	tɕʰiəʔ⁷	dʑiəʔ⁷	tsəʔ⁷	tsəʔ⁷	səʔ⁷	zəʔ⁷
川沙	liɪʔ⁸	tsiɪʔ⁷	tsʰiɪʔ⁷	ziɪʔ⁸	tsəʔ⁷		səʔ⁷	zəʔ⁸
川沙新		tɕiɪʔ⁷	tɕʰiɪʔ⁷	dʑiɪʔ⁸	tsɤʔ⁷	tsɤʔ⁷	sɤʔ⁷	sɤʔ⁷
高桥	lʌʔ⁸	tsiɪʔ⁷	tsʰiɪʔ⁷	ziɪʔ⁸	tsəʔ⁷		səʔ⁷	zəʔ⁸
三林	læʔ⁸	tsiɪʔ⁷	tsʰiɪʔ⁷	ziɪʔ⁸	tsæʔ⁷		səʔ⁷	zəʔ⁸
周浦	læʔ⁸	tsiɪʔ⁷	tsʰiɪʔ⁷	ziɪʔ⁸	tsəʔ⁷		səʔ⁷	zəʔ⁸
南汇	læʔ⁸	tsiɪʔ⁷	tsʰiɪʔ⁷	ziɪʔ⁸	tsəʔ⁷		səʔ⁷	zəʔ⁸
南汇新	læʔ⁸	tɕiɪʔ⁷			tsəʔ⁷			
嘉定	lʌʔ⁸	tsiɪʔ⁷	tsʰiɪʔ⁷	ziɪʔ⁸	tsəʔ⁷		səʔ⁷	zəʔ⁷
嘉定新	liɪʔ⁸	tsiɪʔ⁷	tsʰiɪʔ⁷	dʑiɪʔ⁸	tsəʔ⁷	tsəʔ⁷	səʔ⁷	səʔ⁷
宝山	lʌʔ⁸	tsiɪʔ⁷	tsʰiɪʔ⁷	dʑiɪʔ⁸	tsəʔ⁷		səʔ⁷	səʔ⁷
宝山新	liɪʔ⁸	tɕiɪʔ⁷	tɕʰiɪʔ⁷	dʑiɪʔ⁸	tsəʔ⁷		səʔ⁷	səʔ⁷
崇明	liəʔ⁸	tɕiəʔ⁷	tɕʰiəʔ⁷	dʑiəʔ⁸	tsəʔ⁷		səʔ⁷	zəʔ⁸
崇明新	liɪʔ⁸	tɕiɪʔ⁷	tɕʰiɪʔ⁷	dʑiɪʔ⁸	tsəʔ⁷	tsəʔ⁷	səʔ⁷	zəʔ⁸
堡镇	liəʔ⁸	tɕiəʔ⁷	tɕʰiəʔ⁷	dʑiəʔ⁸	tsəʔ⁷		səʔ⁷	zəʔ⁸
练塘	læʔ⁸	tsiɪʔ⁷	tsʰiɪʔ⁷	ziɪʔ⁸	tsəʔ⁷		səʔ⁷	zəʔ⁸

序号	1527	1528	1529	1530	1531	1532	1533	1534
字目	叶	剑	欠	严	劫	怯	业	胁
中古音的地位	咸开三入叶以	咸开三去酽见	咸开三去酽溪	咸开三平严疑	咸开三入业见	咸开三入业溪	咸开三入业疑	咸开三入业晓
市区	ɦiɪʔ⁸	tɕi⁵	tɕʰi⁵	ȵi⁶			ȵiɪʔ⁸	
市区中	ɦiɪʔ⁸	tɕi¹	tɕʰi⁵	ȵi⁶	tɕiɪ⁵	tɕʰiɪ⁵	ȵiɪ²	ɕiɪʔ⁷
市区新	ɦiɪʔ⁸	tɕi⁵	tɕʰi⁵	ȵi⁶	tɕiɪʔ⁷	tɕʰiɪʔ⁷	ȵiɪʔ⁸	ɕiɪʔ⁷
真如	ɦiɪʔ⁸	tɕie⁵	tɕʰie⁵	ȵie²			ȵiɪʔ⁸	
江湾	ɦiɪʔ⁸	tɕi⁵	tɕʰi⁵	ȵi⁶			ȵiɪʔ⁸	
松江	ɦiɪʔ⁸	tɕi⁵	tɕʰi⁵				ȵiɪʔ⁸	
松江新	ɦiɪʔ⁸	tɕi⁵	tɕʰi⁵	ȵi²	dʑiɪʔ⁸		ȵiɪʔ⁸	ɕiɪʔ⁷
泗泾	ɦiɪʔ⁸	tɕi⁵	tɕʰi⁵				ȵiɪʔ⁸	
奉贤	ɦiɪʔ⁸	ʔɟij⁵	cʰij⁵	ȵij²			ɲiɪʔ⁸	
奉贤新	ɦie?⁸	tɕi⁵	tɕʰi⁵	ȵi²	tɕieʔ⁷	tɕʰieʔ⁷	ȵieʔ⁸/ɦiɛ⁶	ɕieʔ⁷/ɕia?⁷
奉城	ɦiɪʔ⁸	ʔɟij⁵	cʰij⁵	ȵij²			ɲiɪʔ⁸	
金山	ɦiɪʔ⁸	ce⁵	cʰe⁵	ȵe²			ȵiɪʔ⁸	
金山新	ɦiɪʔ⁸	tɕi⁵	tɕʰi⁵	ȵi²	tɕiɪʔ⁸	tɕʰiɪʔ⁷	ȵiɪʔ⁸	ɕiAʔ⁷
枫泾	ɦiɪʔ⁸	tɕi⁵	tɕʰi⁵	ȵi²			ȵiɪʔ⁸	
青浦	ɦiɪʔ⁸	tɕɪ⁵	tɕʰi⁵	ȵɪ²			ȵiɪʔ⁸	
青浦新	ɦiɪʔ⁸	tɕiɪ⁵	tɕʰiɪ⁵	ȵi²	tɕiəʔ⁷	tɕʰiəʔ⁷	ȵiɪʔ⁸	
莘庄	ɦiɪʔ⁸	ci⁵	cʰi⁵	ɲi²			ɲiɪʔ⁸	
闵行新	ɦiɛʔ⁸	tɕiɪ⁵	tɕʰiɪ⁵	ȵiɪ²	tɕiəʔ⁷	tɕʰiəʔ⁷	ȵiəʔ⁸	ɕiəʔ⁷
川沙	ɦiɪʔ⁸	tɕi⁵	tɕʰi⁵	ȵi²			ȵiɪʔ⁸	
川沙新	ɦiɪʔ⁸	tɕi⁵	tɕʰi⁵	ȵi⁶		tɕʰyøʔ⁷	ȵiɪʔ⁸	
高桥	ɦiɪʔ⁸	tɕie³	tɕʰic³	ȵie²/lie² (少)			ȵiɪʔ⁸	
三林	ɦiɪʔ⁸	ci⁵	cʰi⁵	ɲi²			ɲiɪʔ⁸	
周浦	ɦiɪʔ⁸	tɕi⁵	tɕʰi⁵	ȵi²			ȵiɪʔ⁸	
南汇	ɦiɪʔ⁸	tɕi⁵	tɕʰi⁵	ȵi²			ȵiɪʔ⁸	
南汇新	ɦiɪʔ⁸	tɕi⁵	tɕʰi⁵	ȵi²	tɕiɪʔ⁷		ȵiɪʔ⁸	
嘉定	ɦiɪʔ⁸	tɕiɪ⁵	tɕʰiɪ⁵	ȵiɪ²			ȵiɪʔ⁸	
嘉定新	ɦiɪʔ⁸	tɕiɪ⁵	tɕʰiɪ⁵	ɦiɪ²	dʑiɪʔ⁸		ȵiɪʔ⁸	ɕiɪʔ⁷
宝山	iɪʔ⁸	tɕiɪ⁶	tɕʰiɪ⁶	ȵiɪ⁶	tɕiɪʔ⁷	tɕʰiɪʔ⁷	ȵiɪʔ⁸	iAʔ⁸
宝山新	iɪʔ⁸	tɕiɪ⁶	tɕʰiɪ⁶	ȵiɪ⁶	tɕiɪ⁵	tɕʰiɪʔ⁷	iɪʔ⁸	ɕiɪʔ⁷
崇明	ɦiəʔ⁸	tɕie⁵	tɕʰie⁵	ȵie²			ȵiəʔ⁸	
崇明新	iɪʔ⁸	tɕie⁵	tɕʰie⁵	ie²	dʑiɪʔ⁸	tɕʰiɪʔ⁷	iɪʔ⁸	zie²
堡镇	ɦiəʔ⁸	tɕie⁵	tɕʰie⁵	ȵie²			ȵiəʔ⁸	
练塘	ɦiɪʔ⁸	tɕɪ⁵	tɕʰɪ⁵	ȵɪ²			ȵiɪʔ⁸	

序号	1535	1536	1537	1538	1539	1540	1541	1542
字目	点	店	添	舔	甜	拈	念	兼
中古音的地位	咸开四上忝端	咸开四去[木忝]端	咸开四平添透	咸开四上忝透	咸开四平添定	咸开四平添泥	咸开四去[木忝]泥	咸开四平添见
市区	ti⁵	ti⁵	tʰi¹	tʰi⁵	di⁶	ȵi¹	ȵi⁶/ȵiE⁶	tɕi¹
市区中	ti⁵	ti⁵	tʰi¹	tʰi⁵	di⁶	ȵi⁶	ȵi⁶	tɕi¹
市区新	ti⁵	ti⁵	tʰi¹	tʰi⁵	di⁶	ȵi¹	ȵi⁶	tɕi¹
真如	ʔdie³	ʔdie⁵	tʰie¹	tʰie³	die²	ȵie²	ȵie⁶	tɕie¹
江湾	ti⁵	ti⁵	tʰi¹	tʰi⁵	di⁶	ȵi⁶	ȵi⁶	tɕi¹
松江	ʔdi³	ʔdi⁵	tʰi¹	tʰi³	di²	ȵi¹	ȵiɛ⁶	tɕi¹
松江新	ti³	ti⁵	tʰi¹	tʰi³	di²	ȵiʌʔ⁸	ȵie⁶	tɕi¹
泗泾	ʔdi³	ʔdi⁵	tʰi¹	tʰi³	di²	ȵi¹	ȵiɛ⁶	tɕi¹
奉贤	ʔdij³	ʔdij⁵	tʰij¹	tʰij³	dij²	ȵij²	ȵie⁶	ʔʑij¹
奉贤新	ʔdi³	ʔdi⁵	tʰi¹	tʰi⁵	di²	ʔȵi¹	ȵi⁶	kɛ¹/tɕi¹
奉城	ʔdij³	ʔdij⁵	tʰij¹	tʰij³	dij²	ȵij²	ŋɛ⁶/ȵie⁶	ʔʑij¹
金山	ʔde³	ʔde⁵	tʰe¹	tʰe³	de²	ȵe²	ȵie⁶	ce¹
金山新	ti³	ti⁵	tʰi¹	tʰi³	di²	ti¹	ȵi⁶	tɕi¹
枫泾	ti³	ti⁵	tʰi¹	tʰi³	di²	ȵi²	ȵiɛ⁶	tɕi¹
青浦	ʔdɿ³	ʔdɿ⁵	tʰɿ¹	tʰɿ³	dɿ²	ȵɿ¹	ȵiE⁶	tɕɿ¹
青浦新	tiɿ³	tiɿ⁵	tʰiɿ¹	tʰiɿ³	diɿ²	ȵiɿ²	ȵiE⁶	tɕiɿ¹
莘庄	ʔdi³	ʔdi⁵	tʰi¹	tʰi³	di²	ȵi¹	ȵie⁶	ci¹
闵行新	ʔdɿ⁵	tɿ⁵	tʰɿ¹	tʰɿ³	dɿ²	tɿ¹	ȵiɿ²	tɕɿ¹
川沙	ʔdi³	ʔdi⁵	tʰi¹	tʰi³	di²	ȵi²	ȵie⁶	tɕi¹
川沙新	ʔdi³	ʔdi⁵	tʰi¹	tʰi³	di⁶	ʔdi¹	ȵiɛ⁵	tɕiɛ¹/kɛ¹
高桥	ʔdie³	ʔdie⁵	tʰie¹	tʰie⁵	die²		ȵiɛ²	tɕie¹
三林	ʔdi³	ʔdi⁵	tʰi¹	tʰi³	di²	ȵi¹	ȵie⁶	ci¹
周浦	ʔdi³	ʔdi⁵	tʰi¹	tʰi³	di²	ȵi²	ȵie⁶	tɕi¹
南汇	ʔdi³	ʔdi⁵	tʰi¹	tʰi³	di²	ȵi²	ȵie⁶	tɕi¹
南汇新	ʔdi³	ʔdi⁵	tʰi¹	tʰi³	di⁶			tɕi¹
嘉定	tiɿ⁵	tiɿ⁵	tʰiɿ¹	tʰiɿ⁵	diɿ²	ȵiɿ²	ȵiɿ⁶	tɕiɿ¹
嘉定新	tiɿ⁵	tiɿ⁵	tʰiɿ¹	tʰiɿ⁵	diɿ²		ȵiE⁶	tɕiɿ¹
宝山	tiɿ⁵	tiɿ⁵	tʰiɿ¹	tʰiɿ⁵	tiɿ²	ȵiɿ¹	ȵiE⁶	tɕiɿ¹
宝山新	tiɿ⁵	tiɿ⁵	tʰiɿ¹	tʰiɿ⁵	tiɿ⁶	ȵiɿ¹	ȵiɿ⁶	tɕiɿ¹
崇明	tie³	tie⁵	tʰie¹	tʰie⁵	die²	ȵie²	ȵie⁶	tɕie¹
崇明新	tie³	tie⁵	tʰie¹	tʰie⁵	die²	die²	ȵie⁶	tɕie¹
堡镇	tie³	tie⁵	tʰie¹	tʰie⁵	die²	ȵie²	ȵie⁶	tɕie¹
练塘	tɿ¹	tɿ⁵	tʰɿ¹	tʰɿ³	dɿ²	ȵɿ¹	ȵiE⁶	tɕɿ¹

序号	1543	1544	1545	1546	1547	1548	1549	1550
字目	谦	歉	嫌	贴	帖	叠	蝶	碟
中古音的地位	咸开四平添溪	咸开四去[木忝]溪	咸开四平添匣	咸开四入帖透	咸开四入帖透	咸开四入帖定	咸开四入帖定	咸开四入帖定
市区	tɕʰi¹	tɕʰi⁵		tʰiɪʔ⁷	tʰiɪʔ⁷		diɪʔ⁸	diɪʔ⁸
市区中	tɕʰi¹	tɕʰi⁵	ɦii⁶	tʰiɪʔ⁷	tʰiɪʔ⁷	diɪʔ⁸	diɪʔ⁸	diɪʔ⁸
市区新	tɕʰi¹	tɕʰi⁵	ɦii⁶	tʰiɪʔ⁷	tʰiɪʔ⁷	diɪʔ⁸	diɪʔ⁸	diɪʔ⁸
真如	tɕʰie¹	tɕʰie⁵		tʰiɪʔ⁷	tʰiɪʔ⁷	diɪʔ⁸	diɪʔ⁸	diɪʔ⁸
江湾	tɕʰi¹	tɕʰi⁵		tʰɪʔ⁷	tʰɪʔ⁷	dɪʔ⁸	dɪʔ⁸	dɪʔ⁸
松江	tɕʰi¹	tɕʰi⁵		tʰiɪʔ⁷	tʰiɪʔ⁷	diɪʔ⁸	diɪʔ⁸	diɪʔ⁸
松江新	tɕʰi¹	tɕʰi⁵	ɦii²	ni¹	tiɪʔ⁷	tsʌʔ⁷	diɪʔ⁸	diɪʔ⁸
泗泾	tɕʰi¹	tɕʰi⁵		tʰiɪʔ⁷	tʰiɪʔ⁷	diɪʔ⁸	diɪʔ⁸	diɪʔ⁸
奉贤	cʰij¹	cʰij⁵		tʰiɪʔ⁷	tʰiɪʔ⁷	diɪʔ⁸	diɪʔ⁸	diɪʔ⁸
奉贤新	tɕʰi¹	tɕʰi⁵	i⁵	tʰie ʔ⁷	tʰieʔ⁷	dieʔ⁸	dieʔ⁸	dieʔ⁸
奉城	cʰij¹	cʰij⁵		tʰiɪʔ⁷	tʰiɪʔ⁷	diɪʔ⁸	diɪʔ⁸	diɪʔ⁸
金山	cʰe¹	cʰe⁵		tʰiɪʔ⁷	tʰiɪʔ⁷	diɪʔ⁸	diɪʔ⁸	diɪʔ⁸
金山新	tɕʰi¹	tɕʰi⁵	i¹	tiɪʔ⁷	tiɪʔ⁷	diɪʔ⁸	diɪʔ⁸	diɪʔ⁸
枫泾	tɕʰi⁵	tɕʰi⁵		tʰiɪʔ⁷	tʰiɪʔ⁷	diɪʔ⁸	diɪʔ⁸	diɪʔ⁸
青浦	tɕʰi¹	tɕʰi⁵		tʰiɪʔ⁷	tʰiɪʔ⁷	diɪʔ⁸	diɪʔ⁸	diɪʔ⁸
青浦新	tɕʰiɪ¹	tɕʰiɪ⁵	ɦiiʔ²	tʰiɪʔ⁷	tʰiɪʔ⁷	diɪʔ⁸	diɪʔ⁸	diɪʔ⁸
莘庄	cʰi¹	cʰi⁵		tʰiɪʔ⁷	tʰiɪʔ⁷	diɪʔ⁸	diɪʔ⁸	diɪʔ⁸
闵行新	tɕʰiɪ¹	tɕʰiɪ⁵	ɦiɛ²	tiəʔ⁷	tʰiəʔ⁷	diəʔ⁸	diəʔ⁸	diəʔ⁸
川沙	tɕʰi¹	tɕʰi⁵		tʰiɪʔ⁷	tʰiɪʔ⁷	diɪʔ⁸	diɪʔ⁸	diɪʔ⁸
川沙新	tɕʰi¹	tɕʰi⁵	ɦiɛ⁶	tʰiɪʔ⁷	tʰiɪʔ⁷	diɪʔ⁸	diɪʔ⁸	diɪʔ⁸
高桥	tɕʰie¹	tɕʰie⁵		tʰɪʔ⁷	tʰɪʔ⁷	dɪʔ⁸	dɪʔ⁸	dɪʔ⁸
三林	cʰi¹	cʰi⁵		tʰiɪʔ⁷	tʰiɪʔ⁷	diɪʔ⁸	diɪʔ⁸	diɪʔ⁸
周浦	tɕʰi¹	tɕʰi⁵		tʰiɪʔ⁷	tʰiɪʔ⁷	diɪʔ⁸	diɪʔ⁸	diɪʔ⁸
南汇	tɕʰi¹	tɕʰi⁵		tʰiɪʔ⁷	tʰiɪʔ⁷	diɪʔ⁸	diɪʔ⁸	diɪʔ⁸
南汇新	tɕʰi¹	tɕʰi⁵	ɦø⁶	tʰiɪʔ⁷	tʰiɪʔ⁷	diɪʔ⁸	diɪʔ⁸	diɪʔ⁸
嘉定	tɕʰiɪ¹	tɕʰiɪ⁵/tɕʰie⁵		tʰiɪʔ⁷	tʰiɪʔ⁷	diɪʔ⁸	diɪʔ⁸	diɪʔ⁸
嘉定新	tɕʰiɪ¹	tɕʰiɪ⁵	ɦiɪ²	tʰiɪʔ⁷	tʰiɪʔ⁷	diɪʔ⁸	diɪʔ⁸	diɪʔ⁸
宝山	tɕʰiɪ¹	tɕʰiɪ⁵	iɪ⁵	tʰiɪʔ⁷	tʰiɪʔ⁷	diɪʔ⁸	diɪʔ⁸	diɪʔ⁸
宝山新	tɕʰiɪ¹	tɕʰiɪ⁵	iɪ⁶	tʰiɪʔ⁷	tʰiɪʔ⁷	diɪʔ⁸	diɪʔ⁸	diɪʔ⁸
崇明	tɕʰie¹	tɕʰie⁵		tʰiəʔ⁷	tʰiəʔ⁷	diəʔ⁸	diəʔ⁸	diəʔ⁸
崇明新	tɕʰie¹	tɕʰie⁵	ie²	tʰiɪʔ⁷	tʰiɪʔ⁷	diɪʔ⁸	diɪʔ⁸	diɪʔ⁸
堡镇	tɕʰie¹	tɕʰie⁵		tʰiəʔ⁷	tʰiəʔ⁷	diəʔ⁸	diəʔ⁸	diəʔ⁸
练塘	tɕʰi¹	tɕʰi⁵		tʰiɪʔ⁷	tʰiɪʔ⁷	diɪʔ⁸	diɪʔ⁸	diɪʔ⁸

序号	1551	1552	1553	1554	1555	1556	1557	1558
字目	谍	协	泛	帆	凡	犯	范(姓)	范(模范)
中古音的地位	咸开四入帖定	咸开四入帖匣	咸合三去梵敷	咸合三平凡奉	咸合三平凡奉	咸合三上范奉	咸合三上范奉	咸合三上范奉
市区	diɪʔ^8	ɦiɐʔ^8	fɛ^5	vɛ^6	vɛ^6	vɛ^6	vɛ^6	vɛ^6
市区$_中$	diɪʔ^8	ɦiɪʔ^8	fɛ^5	vɛ^6	vɛ^6	vɛ^6	vɛ^6	vɛ^6
市区$_新$	diɪʔ^8	ɦiɪʔ^8	vɛ^6	vɛ^6	vɛ^6	vɛ^6	vɛ^6	vɛ^6
真如	diɪʔ^8	ɦiæʔ^8	fɛ^5	vɛ^2	vɛ^2	vɛ^6	vɛ^4	vɛ^4
江湾	dɪʔ^8	ɦiæʔ^8	ɸɛ^5	βɛ^6	βɛ^6	βɛ^6	βɛ^6	βɛ^6
松江	diɪʔ^8	ɦiɪʔ^8	ɸɛ^3	βɛ^2	βɛ^2	βɛ^4	βɛ^4	βɛ^4
松江$_新$	diɪʔ^8	iɑʔ^7	vɛ^6	vɛ^2	vɛ^2	vɛ^6	vɛ^6	vɛ^6
泗泾	diɪʔ^8	ɦiɪʔ^8	ɸɛ^3	βɛ^2	βɛ^2	βɛ^6	βɛ^6	βɛ^6
奉贤	diɪʔ^8	ɦiɑʔ^8	ɸɛ^5	βɛ^2	βɛ^2	βɛ^6	βɛ^6	βɛ^6
奉贤$_新$	dieʔ^8	ɦiɑ^6/ɦieʔ^8	fɛ^5	fɛ^3	vɛ^2	vɛ^6	vɛ^6	vɛ^6
奉城	diɪʔ^8	ɦiɑʔ^8	ɸɛ^5	βɛ^2	βɛ^2	βɛ^6	βɛ^6	βɛ^6
金山	diɪʔ^8	ɦiæʔ^8	fɛ^5	vɛ^2	vɛ^2	vɛ^6	vɛ^3	vɛ^3
金山$_新$	diɪʔ^8	ɦiɐʔ^7	vɛ^6	vɛ^2	vɛ^2	vɛ^6	vɛ^6	vɛ^6
枫泾	diɪʔ^8	ɦiæʔ^8	fɛ^5	vɛ^2	vɛ^2	vɛ^3	vɛ^3	vɛ^3
青浦	diɪʔ^8	ɦiæʔ^8	ɸE^5	βE^2	βE^2	βE^6	βE^6	βE^6
青浦$_新$	diɪʔ^8	ɦiɑʔ^8	fE^5	vE^2	vE^2	vE^6	vE^6	vE^6
莘庄	diɪʔ^8	ɦiæʔ^8	ɸɛ^5	βɛ^2	βɛ^2	βɛ^6	βɛ^6	βɛ^6
闵行$_新$	diəʔ^8	iɑʔ^7	vɛ^2	vɛ^2	vɛ^2	vɛ^2	vɛ^2	vɛ^2
川沙	diɪʔ^8	ɦiæʔ^8	ɸɛ^5	βɛ^2	βɛ^2	βɛ^2	βɛ^2	βɛ^2
川沙$_新$	diɪʔ^8	ʑiɪʔ^8	fɛ^5		vɛ^6	vɛ^6	vɛ^6	vɛ^6
高桥	dɪʔ^8	ɦiʌʔ^8	ɸɛ^5	βɛ^6	βɛ^6	βɛ^6	βɛ^6	βɛ^6
三林	diɪʔ^8	ɦiæʔ^8	ɸɛ^5	βɛ^2	βɛ^2	βɛ^2	βɛ^2	βɛ^2
周浦	diɪʔ^8	ɦiæʔ^8	ɸɛ^5	βɛ^2	βɛ^2	βɛ^2	βɛ^2	βɛ^2
南汇	diɪʔ^8	ɦiæʔ^8	ɸɛ^5	βɛ^2	βɛ^2	βɛ^2	βɛ^2	βɛ^2
南汇$_新$	diɪʔ^8	ɦE^6	ʋE^6	ʋE^6	ʋE^6	ʋE^6	ʋE^6	ʋE^6
嘉定	diɪʔ^8	ɦiɐʔ^8	fɛ^5	vɛ^2	vɛ^2	vɛ^6	vɛ^6	vɛ^6
嘉定$_新$	diɪʔ^8	ɦiɑʔ^8	vɛ^6	fɛ^1	vɛ^2	vɛ^6	vɛ^6	vɛ^6
宝山	diɪʔ^8	iɐʔ^8	fɛ^1	vɛ^1	vɛ^1	vɛ^6	vɛ^6	vɛ^6
宝山$_新$	diɪʔ^8	ɕiɪʔ^8	vɛ^6	fɛ^1	vɛ^6	vɛ^6	vɛ^6	vɛ^6
崇明	diəʔ^8	ɦiɑʔ^8/ɦiɑʔ^8	fæ^5	væ^2	væ^2	væ^4	væ^6/ve^4	væ^6/ve^4
崇明$_新$	diɪʔ^8	ʑiɪʔ^8	fæ^6	fæ^2	fæ^2	fæ^6	fæ^6	fæ^6
堡镇	diəʔ^8	ɦiɑʔ^8/ɦiɑʔ^8	fæ^5	væ^2	væ^2	væ^4	væ^6/ve^4	væ^6/ve^4
练塘	diɪʔ^8	ɦiæʔ^8	ɸE^5	βE^2	βE^2	βE^4	βE^4	βE^4

序号	1559	1560	1561	1562	1563	1564	1565	1566
字目	法	乏	禀	品	临	林	淋	浸
中古音的地位	咸合三入乏非	咸合三入乏奉	深开三上寝帮	深开三上寝滂	深开三平侵来	深开三平侵来	深开三平侵来	深开三去沁精
市区	fʌʔ⁷	vʌʔ⁸		pʰin⁵	lin⁶	lin⁶	lin⁶	tɕin⁵
市区中	fɛʔ⁷	vɐʔ⁸	pin⁵	pʰin⁵	liŋ⁶	liŋ⁶	liŋ⁶	tɕiŋ⁵
市区新	fɛʔ⁷	vɐʔ⁸	pin⁵	pʰin⁵	liŋ⁶	liŋ⁶	liŋ⁶	tɕiŋ⁵
真如	fæʔ⁷	væʔ⁸		pʰin³	lin²	lin²	lin²	tsin⁵
江湾	ɸæʔ⁷	βæʔ⁸		pʰin³	lin⁶	lin⁶	lin⁶	tsin⁵
松江	ɸæʔ⁷	βæʔ⁸		pʰin³	lin²	lin²	lin²	tsin⁵
松江新	fɛʔ⁷	vɛʔ⁸	pin³	pʰin³	lin²	zy⁶	lin²	tɕin⁵
泗泾	ɸæʔ⁷	βæʔ⁸		pʰin³	liŋ²	liŋ²	liŋ²	tsiŋ⁵
奉贤	ɸæʔ⁷	βæʔ⁸		pʰiɛn³	liɛn²	liɛn²	liɛn²	tsiɛn⁵
奉贤新	fæʔ⁷	væʔ⁸	ʔbin³	pʰin³	lin²	lin²	lin²	tɕin⁵
奉城	ɸæʔ⁷	βæʔ⁸		pʰiɛn³	liɛn²	liɛn²	liɛn²	tsiɛn⁵
金山	fæʔ⁷	væʔ⁸		pʰiən³	liən²	liən²	liən²	tsiən⁵
金山新	fəʔ⁷	vʌʔ⁸	piæn³	pʰiæn³	liæŋ¹	liæŋ¹	liæŋ¹	tɕiæŋ⁵
枫泾	faʔ⁷	vaʔ⁸		pʰin³	lin²	lin²	lin²	tsin⁵
青浦	ɸæʔ⁷	βæʔ⁸		pʰin³	lin²	lin²	lin²	tsin⁵
青浦新	fæʔ⁷	væʔ⁸	pin³	pʰin³	lin²	lin²	lin²	tsin⁵
莘庄	ɸæʔ⁷	βæʔ⁸		pʰin³	lin²	lin²	lin²	tsin⁵
闵行新	fæʔ⁷	væʔ⁸	pin³	pʰin³	lin²	lin²	lin²	tɕin⁵
川沙	ɸæʔ⁷	βæʔ⁸		pʰin³	lin²	lin²	lin²	tsin⁵
川沙新	fæʔ⁷	væʔ⁸	ʔbin³	pʰin³	liŋ⁶	liŋ⁶	liŋ⁶	tɕiŋ⁵
高桥	ɸʌʔ⁷			pʰin³	lin⁶	lin⁶	lin⁶	tsin⁵
三林	ɸæʔ⁷	βæʔ⁸		pʰin³	lin²	lin²	lin²	tsin⁵
周浦	ɸæʔ⁷	βæʔ⁸		pʰin³	lin²	lin²	lin²	tsin⁵
南汇	ɸæʔ⁷	βæʔ⁸		pʰin³	lin²	lin²	lin²	tsin⁵
南汇新	fæʔ⁷	ʋɛ⁶	ʔbin³	pʰin³	liŋ⁶	liŋ⁶	liŋ⁶	tɕiŋ⁵
嘉定	fʌʔ⁷	vʌʔ⁸		pʰin³	lin²	lin²	lin²	tsin⁵
嘉定新	faʔ⁷	vaʔ⁸	pin⁵	pʰin⁵	lin⁵	lin⁵	lin⁵	tsin⁵
宝山	fʌʔ⁷	vʌʔ⁸	pin⁵	pʰin⁵	lin⁵	lin⁵	lin⁵	tsin⁵
宝山新	fʌʔ⁸	vʌʔ⁸	pin⁵	pʰin⁵	lin⁵	lin⁵	lin⁵	tsin⁵
崇明	faʔ⁷	vaʔ⁸		pʰin³	lin²	lin²	lin²/lən²	tɕin⁵
崇明新	faʔ⁷	fa²	pin³	pʰin³	lin²	lin²	lin²	tɕin⁵
堡镇	faʔ⁷	vaʔ⁸		pʰin³	lin²	lin²	lin²/lən²	tɕin⁵
练塘	ɸæʔ⁷	βæʔ⁸		pʰin³	liŋ²	liŋ²	liŋ²	tsiŋ⁵

序号	1567	1568	1569	1570	1571	1572	1573	1574
字目	侵	寝	心	寻	沉	森	参_人参	渗
中古音的地位	深开三平侵清	深开三上侵清	深开三平侵心	深开三平侵邪	深开三平侵澄	深开三平侵生	深开三平侵生	深开三去沁生
市区	tɕʰin¹		ɕin¹	ʑin⁶	zəŋ⁶	səŋ¹	səŋ¹	
市区_中	tɕiʰŋ¹	tɕiʰŋ⁵	ɕiŋ¹	ʑiŋ⁶	zəŋ⁶	səŋ¹	səŋ¹	səŋ⁵
市区_新	tɕiʰŋ¹	tɕiʰŋ⁵	ɕiŋ¹	ʑiŋ⁶	zəŋ⁶	səŋ¹	səŋ¹	səŋ⁵
真如	tsʰiŋ¹		siŋ¹	ziŋ²	zəŋ²	səŋ¹	səŋ¹	
江湾	tsʰiŋ¹		siŋ¹	ziŋ⁶	zəŋ⁶	səŋ¹	səŋ¹	
松江	tsʰiŋ¹		siŋ¹	ziŋ²	zəŋ²	səŋ¹	səŋ¹	
松江_新	tɕʰin¹	tɕʰin³	ɕin¹	ʑin²	zʌn²	sʌn¹	sʌn¹	sʌn⁵
泗泾	tsʰiŋ¹		siŋ¹	ziŋ²	zəŋ²	səŋ¹	səŋ¹	
奉贤	tsʰiɐŋ¹		siɐŋ¹	ziɐŋ²	zɑŋ²	sɑŋ¹	sɑŋ¹	
奉贤_新	tɕʰin¹	tɕʰin⁵	ɕin¹	ʑin²	zəŋ²	səŋ¹	səŋ¹	zəŋ⁶
奉城	tsʰiɐŋ¹		siɐŋ¹	ziɐŋ²	zɑŋ²	sɑŋ¹	sɑŋ¹	
金山	tsʰiŋ¹		siəŋ¹	ziəŋ²	zəŋ²	səŋ¹	səŋ¹	
金山_新	tɕʰiæŋ¹	tɕʰiæŋ⁵	ɕiæŋ¹	ʑiæŋ¹	zɑŋ²	sɑŋ¹	sɑŋ¹	sʌŋ⁵
枫泾	tsʰiŋ¹		siŋ¹	ziŋ²	zəŋ²	səŋ¹	səŋ¹	
青浦	tsʰiŋ¹		siŋ¹	ziŋ²	zəŋ²	səŋ¹	səŋ¹	
青浦_新	tsʰiŋ¹	tɕʰiŋ³	sin¹	ʑin²	zəŋ²	səŋ¹	səŋ¹	səŋ⁵
莘庄	tsʰiŋ¹		siŋ¹	ziŋ²	zəŋ²	səŋ¹	səŋ¹	
闵行_新	tɕʰin¹	tɕʰin⁵	ɕin¹	ʑin²	zəŋ²	səŋ¹	səŋ¹	səŋ⁵
川沙	tsʰiŋ¹		sin¹	ʑin²	zəŋ²	səŋ¹	səŋ¹	
川沙_新	tɕʰin¹	tɕʰin³	ɕin¹	ʑin⁶	zəŋ⁶	səŋ¹	səŋ¹	səŋ⁵
高桥	tsʰiŋ¹		siŋ¹	ziŋ⁶	zəŋ⁶	səŋ¹	səŋ³	
三林	tsʰiŋ¹		siŋ¹	ziŋ²	zəŋ²	səŋ¹	səŋ⁵	
周浦	tsʰiŋ¹		siŋ¹	ziŋ²	zəŋ²	səŋ¹	səŋ¹	
南汇	tsʰiŋ¹		siŋ¹	ziŋ²	zəŋ²	səŋ¹	səŋ¹	
南汇_新	tɕʰin¹	tɕʰin³	ɕin¹	ʑin⁶	zəŋ⁶	səŋ¹	səŋ¹	səŋ⁵
嘉定	tsʰiŋ¹		siŋ¹	ziŋ²	zɐŋ²	sɐŋ¹	sɐŋ¹	
嘉定_新	tɕʰin¹	tsʰin⁵	siŋ¹	ziŋ²	zẽ²	sẽ¹	sẽ¹	sẽ⁵
宝山	tsʰiŋ⁵	tsʰiŋ⁵	siŋ¹	siŋ¹	səŋ⁵	səŋ¹	səŋ¹	
宝山_新	tsʰiŋ⁵	tsʰiŋ⁵	ɕin¹	ɕin⁵	səŋ⁵	səŋ¹	səŋ¹	səŋ⁵
崇明	tɕʰin¹		ɕin¹	ʑin²	dzən²	sən¹	sən¹	
崇明_新	tɕin¹	tɕʰin³	ɕin¹	ʑin²	dzən²	sən¹	sən¹	sən⁵
堡镇	tɕʰin¹		ɕin¹	ʑin²	dzən²	sən¹	sən¹	
练塘	tsʰiŋ¹		siŋ¹	ziŋ²	zəŋ²	səŋ¹	səŋ¹	

序号	1575	1576	1577	1578	1579	1580	1581	1582
字目	针	斟	枕枕席	枕枕木	深	审	婶	沈
中古音的地位	深开三平侵章	深开三平侵章	深开三上寝章	深开三上寝章	深开三平侵书	深开三上寝书	深开三上寝书	深开三上寝书
市区	tsən^1	tsən^1	tsən^5	tsən^5		sən^5	sən^5	
市区中	tsəŋ^1	tsəŋ^1	tsəŋ^5	tsəŋ^5	səŋ^1	səŋ^5	səŋ^5	səŋ^5
市区新	tsəŋ^1	tsəŋ^1	tsəŋ^5	tsəŋ^5		səŋ^5	səŋ^5	səŋ^5
真如	tsəŋ^1	tsəŋ^1	tsəŋ^5	tsəŋ^5		səŋ^5	səŋ^5	səŋ^5
江湾	tsəŋ^1	tsəŋ^1	tsəŋ^5	tsəŋ^5		səŋ^5	səŋ^5	səŋ^5
松江	tsəŋ^1	tsəŋ^1	tsəŋ^5	tsəŋ^5		səŋ^5	səŋ^5	səŋ^5
松江新	tsʌŋ^1	tsʌŋ^1	tsʌŋ^3	tsʌŋ^3	sʌŋ^1	sʌŋ^3	sʌŋ^3	sʌŋ^3
泗泾	tsəŋ^1	tsəŋ^1	tsəŋ^5	tsəŋ^5		səŋ^5	səŋ^5	səŋ^5
奉贤	tsɐŋ^1	tsɐŋ^1	tsɐŋ^3	tsɐŋ^3		sɐŋ^5	sɐŋ^5	sɐŋ^5
奉贤新	tsəŋ^1	tsəŋ^1	tsəŋ^3	tsəŋ^3	səŋ^1	səŋ^5	səŋ^5	səŋ^5
奉城	tsɐŋ^1	tsɐŋ^1	tsɐŋ^3	tsɐŋ^3		sɐŋ^5	sɐŋ^5	sɐŋ^5
金山	tsəŋ^1	tsəŋ^1	tsəŋ^5	tsəŋ^5		səŋ^3	səŋ^3	səŋ^3
金山新	tsɐŋ^1	tsɐŋ^1	tsɐŋ^5	tsɐŋ^5	sʌŋ^1	sʌŋ^3	sʌŋ^3	sʌŋ^3
枫泾	tsəŋ^1	tsəŋ^1	tsəŋ^5	tsəŋ^5		səŋ^3	səŋ^3	səŋ^3
青浦	tsəŋ^1	tsəŋ^1	tsəŋ^5	tsəŋ^5		səŋ^3	səŋ^3	səŋ^3
青浦新	tsəŋ^1	tsəŋ^1	tsəŋ^3		səŋ^1	səŋ^3	səŋ^3	səŋ^3
莘庄	tsəŋ^1	tsəŋ^1	tsəŋ^5	tsəŋ^5		səŋ^5	səŋ^5	səŋ^5
闵行新	tsəŋ^1	tsəŋ^1	tsəŋ^5	tsəŋ^5	səŋ^1	səŋ^5	səŋ^5	səŋ^5
川沙	tsəŋ^1	tsəŋ^1	tsəŋ^5	tsəŋ^5		səŋ^3	səŋ^3	səŋ^3
川沙新	tsəŋ^1	tsəŋ^1	tsəŋ^{5}①	tsəŋ^{3}②	səŋ^1	səŋ^3	səŋ^3	səŋ^3
高桥	tsəŋ^1	tsəŋ^1	tsəŋ^5	tsəŋ^5		səŋ^3	səŋ^3	səŋ^3
三林	tsəŋ^1	tsəŋ^1	tsəŋ^5	tsəŋ^5		səŋ^3	səŋ^3	səŋ^1
周浦	tsəŋ^1	tsəŋ^1	tsəŋ^3	tsəŋ^3		səŋ^3	səŋ^3	səŋ^3
南汇	tsəŋ^1	tsəŋ^1	tsəŋ^3	tsəŋ^3		səŋ^3	səŋ^3	səŋ^3
南汇新	tsəŋ^1			tsəŋ^3	səŋ^1	səŋ^3	səŋ^3	səŋ^3
嘉定	tsəŋ^1	tsəŋ^1	tsəŋ^5	tsəŋ^5		səŋ^5	səŋ^5	səŋ^5
嘉定新	tsẽ^1	tsẽ^1	tsiŋ^5	tsiŋ^5	sẽ^1	sẽ^5	sẽ^5	sẽ^5
宝山	tsəŋ^1	tsəŋ^1	tsəŋ^5	tsəŋ^5		səŋ^5	səŋ^5	səŋ^5
宝山新	tsəŋ^1	tsəŋ^1	tsəŋ^5	tsəŋ^5	səŋ^1	səŋ^5	səŋ^5	səŋ^5
崇明	tsən^1	tsən^1	tsən^5	tsən^5		sən^3	sən^3	sən^3
崇明新	tsəŋ^1	tsəŋ^1	tsəŋ^3	tsəŋ^3	səŋ^1	səŋ^3	səŋ^3	səŋ^3
堡镇	tsəŋ^1	tsəŋ^1	tsəŋ^5	tsəŋ^5		səŋ^3	səŋ^3	səŋ^3
练塘	tsəŋ^1	tsəŋ^1	tsəŋ^1	tsəŋ^1		səŋ^1	səŋ^1	səŋ^1

注：① 名词。
② 动词。

序号	1583	1584	1585	1586	1587	1588	1589	1590
字目	甚 甚至	任 责任	今	金	襟	禁 禁不住	锦	禁 禁止
中古音的地位	深开三上寝禅	深开三去沁日	深开三平侵见	深开三平侵见	深开三平侵见	深开三平侵见	深开三上寝见	深开三去沁见
市区	zən^6	zən^6	tɕin^1	tɕin^1		tɕin^5	tɕin^5	tɕin^5
市区中	zəŋ^6	zəŋ^6	tɕiŋ^1	tɕiŋ^1	tɕiŋ^1	tɕiŋ^5	tɕiŋ^5	tɕiŋ^5
市区新	zəŋ^6	zəŋ^6	tɕiŋ^1	tɕiŋ^1		tɕiŋ^5	tɕiŋ^5	tɕiŋ^5
真如	zən^6	zən^6	tɕin^1	tɕin^1		tɕin^5	tɕin^5	tɕin^5
江湾	zəŋ^6	zəŋ^6	tɕiəŋ^1	tɕiəŋ^1		tɕiəŋ^5	tɕiəŋ^5	tɕiəŋ^5
松江	zəŋ^6	zəŋ^6	ciəŋ^1	ciəŋ^1		ciəŋ^1	ciəŋ^3	ciəŋ^5
松江新	sʌn^3	zʌn^6	tɕin^1	tɕin^1	tɕin^1	tɕin^1	tɕin^3	tɕin^5
泗泾	zəŋ^6	zəŋ^6	ciəŋ^1	ciəŋ^1		ciəŋ^1	ciəŋ^3	ciəŋ^5
奉贤	zəŋ^6	zəŋ^6	ʔɟiəŋ^1	ʔɟiəŋ^1		ʔɟiəŋ^5	ʔɟiəŋ^3	ʔɟiəŋ^5
奉贤新	zəŋ^6	zəŋ^6	ʔtɕin^1	ʔtɕin^1	ʔtɕin^1	ʔtɕin^5	ʔtɕin^3	ʔtɕin^5
奉城	zəŋ^6	zəŋ^6	ʔɟiəŋ^1	ʔɟiəŋ^1		ʔɟiəŋ^5	ʔɟiəŋ^3	ʔɟiəŋ^5
金山	zəŋ^6	zəŋ^6	ciəŋ^1	ciəŋ^1		ciəŋ^1	ciəŋ^3	ciəŋ^5
金山新	sʌŋ^3	zʌŋ^6	tɕiæŋ^1	tɕiæŋ^1	tɕiæŋ^1	tɕiæŋ^1	tɕiæŋ^3	tɕiæŋ^5
枫泾	zəŋ^6	zəŋ^6	tɕəŋ^1	tɕəŋ^1		tɕəŋ^1	tɕəŋ^3	tɕəŋ^5
青浦	zəŋ^6	zəŋ^6	tɕiəŋ^1	tɕiəŋ^1		tɕiəŋ^1	tɕiəŋ^5	tɕiəŋ^3
青浦新	zəŋ^6	zən^6	tɕiən^1	tɕiən^1	tɕiən^1	tɕiən^1	tɕiən^3	tɕiən^5
莘庄	zəŋ^6	zəŋ^6	ciŋ^1	ciŋ^1		ciŋ^1	ciŋ^3	ciŋ^5
闵行新	zən^2	zən^6	tɕin^1	tɕin^1	tɕin^1	tɕin^1	tɕin^3	tɕin^5
川沙	zən^2	zən^6	tɕin^1	tɕin^1		tɕin^5	tɕin^5	tɕin^5
川沙新	zəŋ^6	zən^6	tɕiŋ^1	tɕiŋ^1		tɕiŋ^1	tɕiŋ^5	tɕiŋ^5
高桥	zəŋ^6	zəŋ^6	tɕiŋ^1	tɕiŋ^1		tɕiŋ^1	tɕiŋ^1	tɕiŋ^3
三林	zən^2	zən^6	ciŋ^1	ciŋ^1		ciŋ^1	ciŋ^1	ciŋ^5
周浦	zəŋ^6	zəŋ^6	ciʌŋ^1	ciʌŋ^1		ciʌŋ^5	tɕiʌŋ^1	ciʌŋ^5
南汇	zəŋ^6	zəŋ^6	ʔɟiʌŋ^1	ʔɟiʌŋ^1		ʔɟiʌŋ^5	ʔɟiʌŋ^1	ʔɟiʌŋ^5
南汇新	sən^5	zən^6	tɕin^1	tɕin^1	tɕin^1	tɕin^5	tɕin^5	tɕin^5
嘉定	zəŋ^6	zəŋ^6	tɕin^1	tɕin^1		禁	tɕin^5	tɕin^5
嘉定新	zẽ^6	zẽ^6	tɕin^1	tɕin^1	tɕin^1	tɕin^1	tɕin^5	tɕin^5
宝山	zəŋ^6	zəŋ^6	tɕin^1	tɕin^1		tɕin^1	tɕin^1	tɕin^5
宝山新	sən^5	zən^6	tɕin^1	tɕin^1	tɕin^1	tɕin^1	tɕin^5	tɕin^5
崇明	zən^6	zən^6	tɕin^1	tɕin^1		tɕin^3	tɕin^3	tɕin^3
崇明新	zən^6	nər	tɕin^1	tɕin^1	tɕin^1	tɕin^3	tɕin^3	tɕin^3
堡镇	zən^6	zən^6	tɕin^1	tɕin^1		tɕin^3	tɕin^3	tɕin^3
练塘	zəŋ^6	zəŋ^6	tɕiəŋ^1	tɕiəŋ^1		tɕiəŋ^1	tɕiəŋ^1	tɕiəŋ^5

序号	1591	1592	1593	1594	1595	1596	1597	1598
字目	钦	琴	禽	擒	吟	音	阴	饮饮水
中古音的地位	深开三平侵溪	深开三平侵群	深开三平侵群	深开三平侵群	深开三平侵疑	深开三平侵影	深开三平侵影	深开三上寝影
市区	tɕʰin¹	dʑin⁶	dʑin⁶	dʑin⁶		in¹	in¹	in⁵
市区中	tɕʰiŋ¹	dʑiŋ⁶	dʑiŋ⁶	dʑiŋ⁶	ɦiŋ⁶	iŋ¹	iŋ¹	iŋ⁵
市区新	tɕʰiŋ¹	dʑiŋ⁶	dʑiŋ⁶	dʑiŋ⁶	ɲiŋ²	iŋ¹	iŋ¹	iŋ⁵
真如	tɕʰiŋ¹	dʑiŋ²	dʑiŋ²	dʑiŋ²		iŋ¹	iŋ¹	iŋ⁵
江湾	tɕʰiəŋ¹	dʑiəŋ⁶	dʑiəŋ⁶	dʑiəŋ⁶		iəŋ¹	iəŋ¹	iŋ⁵
松江	cʰiəŋ¹	ɟiəŋ²	ɟiəŋ²	ɟiəŋ²		iəŋ¹	iəŋ¹	iəŋ³
松江新	tɕʰin¹	dʑin²	dʑin²	dʑin²		in¹	in¹	in³
泗泾	cʰiəŋ¹	ɟiəŋ²	ɟiəŋ²	ɟiəŋ²		iəŋ¹	iəŋ¹	iəŋ³
奉贤	cʰiɐŋ¹	ɟiɐŋ²	ɟiɐŋ²	ɟiɐŋ²		iɐŋ¹	iɐŋ¹	iɐŋ⁵
奉贤新	tɕʰiŋ¹	dʑiŋ²	dʑiŋ²	dʑiŋ²	ɦiŋ²	iŋ¹	iŋ¹	ɦiŋ⁶
奉城	cʰiɐŋ¹	ɟiɐŋ²	ɟiɐŋ²	ɟiɐŋ²		iɐŋ¹	iɐŋ¹	iɐŋ³
金山	cʰiəŋ¹	ɟiŋ²	ɟiŋ²	ɟiŋ²		iəŋ¹	iəŋ¹	iŋ⁵
金山新	tɕʰiæŋ¹	dʑiæŋ²	dʑiæŋ²	dʑiæŋ²	ɦiæŋ²	iæŋ¹	iæŋ¹	iæŋ³
枫泾	tɕʰən¹	dʑin²	dʑin²	dʑin²		iŋ¹	iŋ¹	iŋ³
青浦	tɕʰiəŋ¹	dʑiəŋ²	dʑiəŋ²	dʑiəŋ²		iəŋ¹	iəŋ¹	iəŋ⁵
青浦新	tɕʰiən¹	dʑiən²	dʑiən²	dʑiən²	ɲiən²	iən¹	iən¹	iən³
莘庄	cʰiŋ¹	ɟiŋ²	ɟiŋ²	ɟiŋ²		iŋ¹	iŋ¹	iŋ⁵
闵行新	tɕʰin¹	dʑin²	dʑin²	dʑin²	in³	in¹	in¹	in³①
川沙	tɕʰin¹	dʑin²	dʑin²	dʑin²		in¹	in¹	in⁵
川沙新	tɕʰiŋ¹	dʑiŋ⁶	dʑiŋ⁶	dʑiŋ⁶	ɦiŋ⁶	iŋ¹	iŋ¹	ɦiŋ⁶
高桥	tɕʰiŋ¹	dʐyn²	dʑiŋ⁶	dʑiŋ⁶		iŋ¹	iŋ¹	ɦiŋ²
三林	cʰiŋ¹	ɟiŋ²	ɟiŋ²	ɟiŋ²		iŋ¹	iŋ¹	iŋ⁵
周浦	cʰiʌŋ¹	dʑiŋ²	dʑiŋ²	dʑiŋ²		iŋ¹	iŋ¹	iŋ³
南汇	cʰiʌŋ¹	dʑiŋ²	dʑiŋ²	dʑiŋ²		iŋ¹	iŋ¹	iŋ³
南汇新	tɕʰiŋ¹	dʑiŋ⁶	dʑiŋ⁶	dʑiŋ⁶	ɦiŋ⁶	iŋ¹	iŋ¹	ɦiŋ⁶
嘉定	tɕʰiŋ¹	dʑiŋ²	dʑiŋ²	dʑiŋ²		iŋ¹	iŋ¹	iŋ⁵
嘉定新	tɕʰiŋ¹	dʑiŋ²	dʑiŋ²	dʑiŋ²	ɦiŋ²	iŋ¹	iŋ¹	iŋ⁵
宝山	tɕʰiŋ¹	dʑiŋ⁶	dʑiŋ⁶	dʑiŋ⁶	iŋ⁵	iŋ¹	iŋ¹	iŋ⁵
宝山新	tɕʰiŋ¹	dʑiŋ⁶	dʑiŋ⁶	dʑiŋ⁶	iŋ⁵	iŋ¹	iŋ¹	iŋ⁶
崇明	tɕʰin¹	dʑin²	dʑin²	dʑin²		in¹	in¹	in⁵
崇明新	tɕʰin¹	dʑin²	dʑin²	dʑin²	in²	in¹	in¹	in³
堡镇	tɕʰin¹	dʑin²	dʑin²	dʑin²		in¹	in¹	in⁵
练塘	tɕʰiəŋ¹	dʑiəŋ²	dʑiəŋ²	dʑiəŋ²		iəŋ¹	iəŋ¹	iəŋ¹

注：① "饮料"。

序号	1599	1600	1601	1602	1603	1604	1605	1606
字目	淫	立	粒	笠	集	辑	习	袭
中古音的地位	深开三平侵以	深开三入缉来	深开三入缉来	深开三入缉来	深开三入缉清	深开三入缉清	深开三入缉邪	深开三入缉邪
市区	ɦiŋ⁶	liɪʔ⁸	liɪʔ⁸	liɪʔ⁸	ziɪʔ⁸	tɕʰiɪʔ⁷	ziɪʔ⁸	ziɪʔ⁸
市区中	ɦiŋ⁶	liɪʔ⁸	liɪʔ⁸	liɪʔ⁸	dʑiɪʔ⁸	dʑiɪʔ⁸	ziɪʔ⁸	ziɪʔ⁸
市区新	ɦiŋ⁶	liɪʔ⁸	liɪʔ⁸	liɪʔ⁸	dʑiɪʔ⁸	dʑiɪʔ⁸	ziɪʔ⁸	ziɪʔ⁸
真如	ɦiŋ²	liɪʔ⁸	liɪʔ⁸	liɪʔ⁸	ziɪʔ⁸	tsʰiɪʔ⁷	ziɪʔ⁸	ziɪʔ⁸
江湾	ɦiəŋ⁶	liʔ⁸	liʔ⁸	liʔ⁸	zɪʔ⁸	tsʰɪʔ⁷	zɪʔ⁸	zɪʔ⁸
松江	ɦiəŋ²	liɪʔ⁸	liəʔ⁸	liɪʔ⁸	ziɪʔ⁸	tsʰiɪʔ⁷	ziɪʔ⁸	ziɪʔ⁸
松江新	ɦiŋ²	liɪʔ⁸	liɪʔ⁸	liɪʔ⁸	tɕiɪʔ⁷	tɕiɪʔ⁷	ziɪʔ⁸	ziɪʔ⁸
泗泾	ɦiəŋ²	liɪʔ⁸	liəʔ⁸	liɪʔ⁸	ziɪʔ⁸	tsʰiɪʔ⁷	ziɪʔ⁸	ziɪʔ⁸
奉贤	ɦiəŋ²	liɪʔ⁸	liʌʔ⁸	liɪʔ⁸	ziɪʔ⁸	tsʰiɪʔ⁷	ziɪʔ⁸	ziɪʔ⁸
奉贤新	ɦiŋ²	lieʔ⁸	lieʔ⁸	lieʔ⁸	dʑieʔ⁸	dʑieʔ⁸	zieʔ⁸	zieʔ⁸
奉城	ɦiəŋ²	liɪʔ⁸	liʌʔ⁸	liɪʔ⁸	ziɪʔ⁸	tsʰiɪʔ⁷	ziɪʔ⁸	ziɪʔ⁸
金山	ɦiəŋ²	liɪʔ⁸	liəʔ⁸	liɪʔ⁸	ziɪʔ⁸	tsʰiɪʔ⁷	ziɪʔ⁸	ziɪʔ⁸
金山新	ɦiæŋ²	liɪʔ	liɪʔ⁸	liɪʔ⁸	dʑiɪʔ⁷	ziɪʔ⁷	ziɪʔ⁸	ziɪʔ⁸
枫泾	ɦiŋ²	liɪʔ⁸	liɪʔ⁸	liɪʔ⁸	ziɪʔ⁸	tsʰiɪʔ⁷	ziɪʔ⁸	ziɪʔ⁸
青浦	iəŋ¹	liɪʔ⁸	liɪʔ⁸	liɪʔ⁸	ziɪʔ⁸	tsʰiɪʔ⁷	ziɪʔ⁸	ziɪʔ⁸
青浦新	ɦiəŋ²	liɪʔ⁸	liɪʔ⁸	liɪʔ⁸	ziɪʔ⁸	tsʰiɪʔ⁷	ziɪʔ⁸	ziɪʔ⁸
莘庄	ɦiŋ²	liɪʔ⁸	liəʔ⁸	liɪʔ⁸	ziɪʔ⁸	tsʰiɪʔ⁷	ziɪʔ⁸	ziɪʔ⁸
闵行新	ɦiŋ²	liəʔ⁸	liəʔ⁸	liəʔ⁸	dʑiəʔ⁸	dʑiəʔ⁸	ziəʔ⁸	ziəʔ⁸
川沙	ɦiŋ²	liɪʔ⁸	liɪʔ⁸	liɪʔ⁸	ziɪʔ⁸	tsʰiɪʔ⁷	ziɪʔ⁸	ziɪʔ⁸
川沙新	ɦiŋ⁶	liɪʔ⁸	liɪʔ⁸	liɪʔ⁸	dʑiɪʔ⁸	dʑiɪʔ⁸	ziɪʔ⁸	ziɪʔ⁸
高桥	ɦiŋ²	liɪʔ⁸	liɪʔ⁸	liɪʔ⁸	ziɪʔ⁸	tsʰiɪʔ⁷	ziɪʔ⁸	ziɪʔ⁸
三林	ɦiŋ²	liɪʔ⁸	liəʔ⁸	liɪʔ⁸	ziɪʔ⁸	tsʰiɪʔ⁷	ziɪʔ⁸	ziɪʔ⁸
周浦	ɦiŋ²	liɪʔ⁸	liʌʔ⁸	ȵiɪʔ⁸①	ziɪʔ⁸	tsʰiɪʔ⁷	ziɪʔ⁸	ziɪʔ⁸
南汇	ɦiŋ²	liɪʔ⁸	liʌʔ⁸	ȵiɪʔ⁸②	ziɪʔ⁸	tsʰiɪʔ⁷	ziɪʔ⁸	ziɪʔ⁸
南汇新	ɦiŋ⁶	liɪʔ⁸	liɪʔ⁸	liɪʔ⁸	dʑiɪʔ⁸	tɕiɪʔ⁷	ziɪʔ⁸	ziɪʔ⁸
嘉定	ɦiŋ²	liɪʔ⁸	liɪʔ⁸	liɪʔ⁸	ziɪʔ⁸	tsʰiɪʔ⁷	ziɪʔ⁸	ziɪʔ⁸
嘉定新	ɦiŋ⁶	liɪʔ⁸	liɪʔ⁸	liɪʔ⁸	dʑiɪʔ⁸	dʑiɪʔ⁸	ziɪʔ⁸	ziɪʔ⁸
宝山	iŋ⁵	liɪʔ⁸	liɪʔ⁸	liɪʔ⁸	ziɪʔ⁸	ziɪʔ⁸	ziɪʔ⁸	ziɪʔ⁸
宝山新	iŋ⁵	liɪʔ⁸	liɪʔ⁸	liɪʔ⁸	dʑiɪʔ⁸	dʑiɪʔ⁸	ɕiɪʔ⁸	ɕiɪʔ⁸
崇明	in¹	liəʔ⁸	liəʔ⁸	liəʔ⁸	dziəʔ⁸	tɕʰiəʔ⁷	dziəʔ⁸	ziəʔ⁸
崇明新	in²	liɪʔ⁷	liɪʔ⁷	liɪʔ⁷	dʑiɪʔ⁸	dʑiɪʔ⁸	ziɪʔ⁸	ziɪʔ⁸
堡镇	in¹	liəʔ⁸	liəʔ⁸	liəʔ⁸	dziəʔ⁸	tɕʰiəʔ⁷	dziəʔ⁸	ziəʔ⁸
练塘	iəŋ¹	liɪʔ⁸	liɪʔ⁸	liɪʔ⁸	ziɪʔ⁸	tsʰiɪʔ⁷	ziɪʔ⁸	ziɪʔ⁸

注：①② "箬" 的训读。

序号	1607	1608	1609	1610	1611	1612	1613	1614
字目	涩	汁	执	湿①	十	拾拾取	入	急
中古音的地位	深开三入缉生	深开三入缉章	深开三入缉章	深开三入缉书	深开三入缉禅	深开三入缉禅	深开三入缉日	深开三入缉见
市区		tsəʔ⁷	tsəʔ⁷	sʌʔ⁷/səʔ⁷	zəʔ⁸	zəʔ⁸	zəʔ⁸	tɕiɪʔ⁷
市区中	sɐʔ⁷	tsɐʔ⁷	tsɐʔ⁷	sɐʔ⁷	zɐʔ⁸	zɐʔ⁸	zɐʔ⁸	tɕiɪʔ⁷
市区新	sɐʔ⁷	tsɐʔ⁷	tsɐʔ⁷	sɐʔ⁷	zɐʔ⁸	zɐʔ⁸	zɐʔ⁸	tɕiɪʔ⁷
真如	səʔ⁷	tsəʔ⁷	tsəʔ⁷	səʔ⁷	zəʔ⁸	zəʔ⁸/ziɪʔ⁸	zəʔ⁸	tɕiɪʔ⁷
江湾	səʔ⁷	tsəʔ⁷	tsəʔ⁷	səʔ⁷	zəʔ⁸	zəʔ⁸	zəʔ⁸	tɕiɪʔ⁷
松江	səʔ⁷	tsəʔ⁷	tsəʔ⁷	səʔ⁷	zəʔ⁸	zəʔ⁸	zəʔ⁸	tɕiɪʔ⁷
松江新	sʌʔ⁷	tsʌʔ⁷	tsʌʔ⁷	sɑʔ⁷	zʌʔ⁸	zʌʔ⁸	zʌʔ⁸	dziɪʔ⁸
泗泾	səʔ⁷	tsəʔ⁷	tsəʔ⁷	səʔ⁷	zəʔ⁸	zəʔ⁸	zəʔ⁸	tɕiʔ⁷
奉贤	seʔ⁷	tseʔ⁷	tseʔ⁷	seʔ⁷/sɑʔ⁷	zeʔ⁸	zeʔ⁸	zeʔ⁸	ʔjiɪʔ⁷
奉贤新	səʔ⁷	tsəʔ⁷	zəʔ⁷/tsəʔ⁷	səʔ⁷	zəʔ⁸	luʔ⁶/zəʔ⁸	zəʔ⁸	tɕiɪʔ⁷
奉城	seʔ⁷	tseʔ⁷	tseʔ⁷	seʔ⁷/sɑʔ⁷	zeʔ⁸	zeʔ⁸	zeʔ⁸	ʔjiɪʔ⁷
金山	səʔ⁷	tsəʔ⁷	tsəʔ⁷	sɑʔ⁷/səʔ⁷	zəʔ⁸	zəʔ⁸	zəʔ⁸	ciɪʔ⁷
金山新	səʔ⁷	tsəʔ⁷	tsəʔ⁷	sʌʔ⁷	zəʔ⁸	zəʔ⁸	zəʔ⁸	tɕiɪʔ⁷
枫泾	səʔ⁷	tsəʔ⁷	tsəʔ⁷	səʔ⁷	zəʔ⁸	zəʔ⁸	zəʔ⁸	tɕiɪʔ⁷
青浦	səʔ⁷	tsəʔ⁷	tsəʔ⁷	səʔ⁷	zəʔ⁸	zəʔ⁸	zəʔ⁸	tɕiɪʔ⁷
青浦新	səʔ⁷	tsəʔ⁷	tsəʔ⁷	sɑʔ⁷	zəʔ⁸	ziɪʔ⁸	zəʔ⁸	tɕiɪʔ⁷
莘庄	səʔ⁷	tsəʔ⁷	tsəʔ⁷	səʔ⁷	zəʔ⁸		zəʔ⁸	ciɪʔ⁷
闵行新	səʔ⁷	tsəʔ⁷	tsəʔ⁷	səʔ⁷	zəʔ⁸		zəʔ⁸	tɕiəʔ⁷
川沙	səʔ⁷	tsəʔ⁷	tsəʔ⁷	sʌʔ⁷/səʔ⁷	zəʔ⁸	ziɪʔ⁸	zəʔ⁸	tɕiɪʔ⁷
川沙新	sɤʔ⁷	tsɤʔ⁷	tsɤʔ⁷	sɑʔ⁷	zɤʔ⁸	zɤʔ⁸	zɤʔ⁸	tɕiɪʔ⁷
高桥	səʔ⁷	tsəʔ⁷	tsəʔ⁷	sʌʔ⁷	zəʔ⁸	ziɪʔ⁸	zəʔ⁸	tɕiɪʔ⁷
三林	səʔ⁷	tsəʔ⁷	tsəʔ⁷	sæʔ⁷	zəʔ⁸	zəʔ⁸	zəʔ⁸	ciɪʔ⁷
周浦	səʔ⁷	tsəʔ⁷	tsəʔ⁷	sʌʔ⁷	zəʔ⁸	zəʔ⁸	zəʔ⁸	tɕiɪʔ⁷
南汇	səʔ⁷	tsəʔ⁷	tsəʔ⁷	sʌʔ⁷	zəʔ⁸	zəʔ⁸	zəʔ⁸	tɕiɪʔ⁷
南汇新		tsəʔ⁷	tsəʔ⁷	sɑʔ⁷	zæʔ⁸	zæʔ⁸	zəʔ⁸	tɕiɪʔ⁷
嘉定	səʔ⁷	tsəʔ⁷	tsəʔ⁷	səʔ⁷	zəʔ⁸	zəʔ⁸/ziɪʔ⁸	zəʔ⁸	tɕiɪʔ⁷
嘉定新	səʔ⁷	tsəʔ⁷	zəʔ⁸	səʔ⁷	zəʔ⁸	zəʔ⁸	zəʔ⁸	tɕiɪʔ⁷
宝山	səʔ⁷	tsəʔ⁷	tsəʔ⁷	səʔ⁷	zəʔ⁸	zəʔ⁸	zəʔ⁸	tɕiɪʔ⁷
宝山新	səʔ⁷	tsəʔ⁷	tsəʔ⁷	səʔ⁷	zəʔ⁸	səʔ⁸	zəʔ⁸	tɕiɪʔ⁷
崇明	səʔ⁷	tsəʔ⁷	tsəʔ⁷	səʔ⁷	zəʔ⁸	zəʔ⁸/ziɪʔ⁸	zəʔ⁸	tɕiəʔ⁷
崇明新	səʔ⁷	tsəʔ⁷	tsəʔ⁷	səʔ⁷	zəʔ⁸	zəʔ⁸	zəʔ⁸	tɕiɪʔ⁷
堡镇	səʔ⁷	tsəʔ⁷	tsəʔ⁷	səʔ⁷	zəʔ⁸	zəʔ⁸/ziɪʔ⁸	zəʔ⁸	tɕiəʔ⁷
练塘	səʔ⁷	tsəʔ⁷	tsəʔ⁷	səʔ⁷	zəʔ⁸	zeʔ⁸	zəʔ⁸	tɕiɪʔ⁷

注：① 部分点老派缺白读。

序号	1615	1616	1617	1618	1619	1620	1621	1622
字目	级	给	泣	及	吸	丹	单	旦
中古音的地位	深开三入缉见	深开三入缉见	深开三入缉溪	深开三入缉群	深开三入缉晓	山开一平寒端	山开一平寒端	山开一去翰端
市区	tɕiɪʔ⁷	tɕiɪʔ⁷	tɕʰiɪʔ⁷	dʑiɪʔ⁸	ɕiɪʔ⁷	tE¹	tE¹	
市区中	tɕiɪʔ⁷	tɕiɪʔ⁷	tɕʰiɪʔ⁷	dʑiɪʔ⁸	ɕiɪʔ⁷	tE¹	tE¹	tE⁵
市区新	tɕiɪʔ⁷	tɕi⁵	tɕʰi⁵	dʑiɪʔ⁸	ɕiɪʔ⁷	tE¹	tE¹	
真如	tɕiəʔ⁷	tɕiɪʔ⁷	tɕʰiɪʔ⁷	dʑiɪʔ⁸	ɕiɪʔ⁷	ʔdɛ¹	ʔdɛ¹	tɛ⁵
江湾	tɕiɪʔ⁷	tɕiɪʔ⁷	tɕʰiɪʔ⁷	dʑiɪʔ⁸	ɕiɪʔ⁷	ʔdɛ¹	ʔdɛ¹	tɛ⁵
松江	tɕiɪʔ⁷	tɕiɪʔ⁷	tɕʰiɪʔ⁷	dʑiɪʔ⁸	ɕiɪʔ⁷	ʔdɛ¹	ʔdɛ¹	tɛ⁵
松江新	tɕiaʔ⁷/tɕiɪʔ⁷	tɕiɪʔ⁷	tɕʰiɪʔ⁷	dʑiɪʔ⁸	ɕiɪʔ⁷	tɛ¹	tɛ¹	dɛ⁶
泗泾	tɕiɪʔ⁷	tɕiɪʔ⁷	tɕʰiɪʔ⁷	dʑiɪʔ⁸	ɕiɪʔ⁷	ʔdɛ¹	ʔdɛ¹	tɛ⁵
奉贤	ʔʑiʌʔ⁷	ʔʑiɪʔ⁷	cʰiɪʔ⁷	ɟiɪʔ⁸	ɕiɪʔ⁷	ʔdɛ¹	ʔdɛ¹	tɛ⁵
奉贤新	tɕiɪʔ⁷	tɕiɪʔ⁷	tɕʰiɪʔ⁷	dʑiɪʔ⁸	ɕiɪʔ⁷	ʔdɛ¹	ʔdɛ¹	ʔdɛ⁶
奉城	ʔʑiʌʔ⁷	ʔʑiɪʔ⁷	cʰiɪʔ⁷	ɟiɪʔ⁸	ɕiɪʔ⁷	ʔdɛ	ʔdɛ	tɛ⁵
金山	ciʌʔ⁷	ciɪʔ⁷	cʰiɪʔ⁷	ɟiɪʔ⁸	ɕiɪʔ⁷	ʔdɛ¹	ʔdɛ¹	tɛ⁵
金山新	tɕiʌʔ⁷	ke⁵	tɕʰiɪʔ⁷	dʑiɪʔ⁸	ɕiɪʔ⁷	tɛ¹	tɛ¹	tɛ⁵
枫泾	tɕiɪʔ⁷	tɕiɪʔ⁷	tɕʰiɪʔ⁷	dʑiɪʔ⁸	ɕiɪʔ⁷	tɛ¹	tɛ¹	tɛ⁵
青浦	tɕiʌʔ⁷	tɕiɪʔ⁷	tɕʰiɪʔ⁷	dʑiɪʔ⁸	ɕiɪʔ⁷	ʔdɛ¹	ʔdE¹	ʔdɛ⁵/tɛ⁵
青浦新	tɕiəʔ⁷	tɕiɪʔ⁷		dʑiəʔ⁷	ɕiɪʔ⁷	tɛ¹	tɛ¹	tɛ⁵
莘庄	ciəʔ⁷	ciɪʔ⁷	cʰiɪʔ⁷	ɟiɪʔ⁸	ɕiɪʔ⁷	ʔdɛ¹	ʔdɛ¹	tɛ⁵
闵行新	tɕiəʔ⁷	tɕiəʔ⁷	tɕʰi¹	dʑiɪʔ⁸	ɕiɪʔ⁷	tɛ¹	tɛ¹	tɛ⁵
川沙	tɕiʌʔ⁷	tɕiɪʔ⁷	tɕʰiɪʔ⁷	dʑiɪʔ⁸	ɕiɪʔ⁷	ʔdɛ¹	ʔdɛ¹	tɛ⁵
川沙新	tɕiɪʔ⁷		tɕʰi⁵	dʑiɪʔ⁸	ɕiɪʔ⁷	ʔdɛ¹	ʔdɛ¹	ʔdɛ⁵
高桥	tɕiɪʔ⁷	tɕiɪʔ⁷		dʑiɪʔ⁸	ɕiɪʔ⁷	ʔdɛ¹	ʔdɛ¹	tɛ⁵
三林	ciɪʔ⁷	ciɪʔ⁷	cʰiɪʔ⁷	ɟiɪʔ⁸	ɕiɪʔ⁷	ʔdɛ¹	ʔdɛ¹	tɛ⁵
周浦	ciʌʔ⁷	tɕiɪʔ⁷	tɕʰiɪʔ⁷	dʑiɪʔ⁸	ɕiɪʔ⁷	ʔdɛ¹	ʔdɛ¹	tɛ⁵
南汇	ʔʑiʌʔ⁷	tɕiɪʔ⁷	tɕʰiɪʔ⁷	dʑiɪʔ⁸	ɕiɪʔ⁷	ʔdɛ¹	ʔdɛ¹	tɛ⁵
南汇新	tɕiɪʔ⁷			dʑiɪʔ⁸	ɕiɪʔ⁷	ʔdE¹	ʔdE¹	dE⁶
嘉定	tɕiɪʔ⁷	tɕiɪʔ⁷	tɕʰiɪʔ⁷	dʑiɪʔ⁸	ɕiɪʔ⁷	tE¹	tE¹	tE⁵
嘉定新	tɕiɪʔ⁷	tɕiɪʔ⁷	tɕʰiɪʔ⁷	dʑiɪʔ⁸	ɕiɪʔ⁷	tE¹	tE¹	tE⁵
宝山	tɕiɪʔ⁷	tɕiɪʔ⁷	tɕʰiɪʔ⁷	dʑiɪʔ⁸	ɕiɪʔ⁷	tE¹	tE¹	tE⁵
宝山新	tɕiɪʔ⁷	tɕiɪʔ⁷	tɕʰiɪʔ⁷	dʑiɪʔ⁸	ɕiɪʔ⁷	tE¹	tE¹	tE⁵
崇明	tɕiəʔ⁷	tɕiəʔ⁷	tɕʰiəʔ⁷	dʑiəʔ⁸	ɕiəʔ⁷	tø¹	tø¹	tø⁵
崇明新	tɕiɪʔ⁷	pəʔ⁷	tɕʰiɪʔ⁷	dʑiɪʔ⁸	ɕiɪʔ⁷	tø¹	tø¹	tæ¹
堡镇	tɕiəʔ⁷	tɕiəʔ⁷	tɕʰiəʔ⁷	dʑiəʔ⁸	ɕiəʔ⁷	tø¹	tø¹	tø⁵
练塘	tɕiʌʔ⁷	tɕiɪʔ⁷	tɕʰiɪʔ⁷	dʑiɪʔ⁸	ɕiɪʔ⁷	tE¹	tE¹	tE⁵/tE⁵

序号	1623	1624	1625	1626	1627	1628	1629	1630
字目	滩	摊	坦	炭	叹	檀	弹弹琴	坛
中古音的地位	山开一平寒透	山开一平寒透	山开一上旱透	山开一去翰透	山开一去翰透	山开一平寒定	山开一平寒定	山开一平寒定
市区	t^hE^1	t^hE^1	t^hE^5	t^hE^5	t^hE^5		dE^6	
市区中	t^hE^1	t^hE^1	t^hE^5	t^hE^5	t^hE^5	dE^6	dE^6	dE^6
市区新	t^hE^1	t^hE^1	t^hE^5	t^hE^5	t^hE^5	dE^6	dE^6	dE^6
真如	$t^hε^1$	$t^hε^1$	$t^hε^5$	$t^hε^5$	$t^hε^5$		$dε^2$	
江湾	$t^hε^1$	$t^hε^1$	$t^hε^5$	$t^hε^5$	$t^hε^5$		$dε^6$	
松江	$t^hε^1$	$t^hε^1$	$t^hε^3$	$t^hε^5$	$t^hε^5$		$dε^2$	
松江新	$t^hε^1$	$t^hε^1$	$t^hε^1$	$t^hε^5$	$t^hε^5$	$dε^2$	$dε^2$	$dε^2$
泗泾	$t^hε^1$	$t^hε^1$	$t^hε^3$	$t^hε^5$	$t^hε^5$		$dε^2$	
奉贤	$t^hε^1$	$t^hε^1$	$t^hε^5$	$t^hε^5$	$t^hε^5$		$dε^2$	
奉贤新	$t^hε^1$	$t^hε^1$	$t^hε^5$	$t^hε^5$	$t^hε^5$	$dε^2$	$dε^2$	$dε^2$
奉城	$t^hε^1$	$t^hε^1$	$t^hε^3$	$t^hε^5$	$t^hε^5$		$dε^2$	
金山	$t^hε^1$	$t^hε^1$	$t^hε^1$	$t^hε^5$	$t^hε^5$		$dε^2$	
金山新	$t^hε^1$	$t^hε^1$	$t^hε^5$	$t^hε^5$	$t^hε^5$	$dε^2$	$dε^2$	$dε^2$
枫泾	$t^hε^1$	$t^hε^1$	$t^hε^3$	$t^hε^5$	$t^hε^5$		$dε^2$	
青浦	t^hE^1	t^hE^1	t^hE^5	$ʔdE^5/t^hE^5$	t^hE^5		dE^2	
青浦新	$t^hε^1$	$t^hε^1$	$t^hε^3$	$t^hε^5$	$t^hε^5$	$dε^2$	$dε^2$	$dε^2$
莘庄	$t^hε^1$	$t^hε^1$	$t^hε^5$	$t^hε^5$	$t^hε^5$		$dε^2$	
闵行新	$t^hε^1$	$t^hε^1$	$t^hε^5$	$t^hε^5$	$t^hε^5$	$ɕiiʔ^7$	$tε^1$	$tε^1$
川沙	$t^hε^1$	$t^hε^1$	$t^hε^3$	$t^hε^5$	$t^hε^5$		$dε^2$	
川沙新	$t^hε^1$	$t^hε^1$	$t^hε^5$	$t^hε^5$	$t^hε^5$	$dε^6$	$dε^6$	$dε^6$
高桥	$t^hε^1$	$t^hε^1$	$t^hε^5$	$t^hε^5$	$t^hε^5$		$dε^6$	
三林	$t^hε^1$	$t^hε^1$	$t^hε^5$	$t^hε^5$	$t^hε^5$		$dε^2$	
周浦	$t^hε^1$	$t^hε^1$	$t^hε^3$	$t^hε^5$	$t^hε^5$		$dε^2$	
南汇	$t^hε^1$	$t^hε^1$	$t^hε^5$	$t^hε^5$	$t^hε^5$		$dε^2$	
南汇新	t^hE^1	t^hE^1	t^hE^3	t^hE^5	t^hE^5	dE^6	dE^6	dE^6
嘉定	t^hE^1	tE^1	t^hE^5	tE^5	t^hE^5		dE^5	
嘉定新	t^hE^1	t^hE^1	t^hE^5	t^hE^5	t^hE^5	dE^2	dE^2	dE^2
宝山	t^hE^1	t^hE^1	t^hE^6	t^hE^6	t^hE^6	tE^5	tE^5	tE^5
宝山新	t^hE^1	t^hE^1	t^hE^5	t^hE^5	t^hE^5	tE^5	tE^5	tE^5
崇明	$t^hø^1$	$t^hø^1$	$t^hæ^3$	$t^hø^5$	$t^hø^5$		$dø^2$	
崇明新	$t^hø^1$	$t^hø^1$	$t^hæ^3$	$t^hø^5$	$t^hø^5$	$dæ^2$	$dæ^2$	$dæ^2$
堡镇	$t^hø^1$	$t^hø^1$	$t^hæ^3$	$t^hø^5$	$t^hø^5$		$dø^2$	
练塘	t^hE^1	t^hE^1	t^hE^5	tE^5/t^hE^5	t^hE^5		dE^2	

序号	1631	1632	1633	1634	1635	1636	1637	1638
字目	但	蛋	弹 弹药	难 难易	难 患难	兰	拦	栏
中古音的地位	山开一去翰定	山开一去翰定	山开一去翰定	山开一平寒泥	山开一去翰泥	山开一平寒来	山开一平寒来	山开一平寒来
市区	dE^6	dE^6	dE^6	nE^6	nE^6	lE^6	lE^6	lE^6
市区中	dE^6	dE^6	dE^6	nE^6	nE^6	lE^6	lE^6	lE^6
市区新	dE^6	dE^6	dE^6	nE^6	nE^6	lE^6	lE^6	lE^6
真如	$dɛ^6$	$dɛ^6$	$dɛ^6$	$nɛ^2$	$nɛ^2$	$lɛ^2$	$lɛ^2$	$lɛ^2$
江湾	$dɛ^6$	$dɛ^6$	$dɛ^6$	$nɛ^6$	$nɛ^6$	$lɛ^6$	$lɛ^6$	$lɛ^6$
松江	$dɛ^6$	$dɛ^6$	$dɛ^6$	$nɛ^2$	$nɛ^2$	$lɛ^2$	$lɛ^2$	$lɛ^2$
松江新	$dɛ^6$	$dɛ^6$	$dɛ^6$	$nɛ^6$	$nɛ^6$	$lɛ^2$	$lɛ^2$	$lɛ^2$
泗泾	$dɛ^6$	$dɛ^6$	$dɛ^6$	$nɛ^2$	$nɛ^2$	$lɛ^2$	$lɛ^2$	$lɛ^2$
奉贤	$dɛ^6$	$dɛ^6$	$dɛ^6$	$nɛ^2$	$nɛ^2$	$lɛ^2$	$lɛ^2$	$lɛ^2$
奉贤新	$dɛ^6$	$dɛ^6$	$dɛ^6$	$nɛ^2$	$nɛ^2$	$lɛ^2$	$lɛ^2$	$lɛ^2$
奉城	$dɛ^6$	$dɛ^6$	$dɛ^6$	$nɛ^2$	$nɛ^2$	$lɛ^2$	$lɛ^2$	$lɛ^2$
金山	$dɛ^6$	$dɛ^6$	$dɛ^6$	$nɛ^2$	$nɛ^6$	$lɛ^2$	$lɛ^2$	$lɛ^2$
金山新	$dɛ^6$	$dɛ^6$	$dɛ^6$	$nɛ^2$	$nɛ^6$	$lɛ^2$	$lɛ^2$	$lɛ^2$
枫泾	$dɛ^6$	$dɛ^6$	$dɛ^6$	$nɛ^2$	$nɛ^2$	$lɛ^2$	$lɛ^2$	$lɛ^2$
青浦	$dɛ^6$	$dɛ^6$	$dɛ^6$	$nɛ^2$	$nɛ^2$	$lɛ^2$	$lɛ^2$	$lɛ^2$
青浦新	$dɛ^6$	$dɛ^6$	$dɛ^6$	$nɛ^2$	$nɛ^6$	$lɛ^2$	$lɛ^2$	$lɛ^2$
莘庄	$dɛ^6$	$dɛ^6$	$dɛ^6$	$nɛ^2$	$nɛ^6$	$lɛ^2$	$lɛ^2$	$lɛ^2$
闵行新	$tɛ^5$	$t^hɛ^1$	$t^hɛ^1$	$t^hɛ^5$	$t^hɛ^5$	$lɛ^2$	$lɛ^2$	$lɛ^2$
川沙	$dɛ^6$	$dɛ^6$	$dɛ^6$	$nɛ^2$	$nɛ^2$	$lɛ^2$	$lɛ^2$	$lɛ^2$
川沙新	$dɛ^6$	$dɛ^6$	$dɛ^6$	$nɛ^6$	$nɛ^5$	$lɛ^6$	$lɛ^6$	$lɛ^6$
高桥	$dɛ^2$	$dɛ^2$	$dɛ^2$	$nɛ^2$	$nɛ^2$	$lɛ^2$	$lɛ^2$	$lɛ^2$
三林	$dɛ^6$	$dɛ^6$	$dɛ^6$	$nɛ^2$	$nɛ^2$	$lɛ^2$	$lɛ^2$	$lɛ^2$
周浦	$dɛ^6$	$dɛ^6$	$dɛ^6$	$nɛ^2$	$nɛ^2$	$lɛ^2$	$lɛ^2$	$lɛ^2$
南汇	$dɛ^6$	$dɛ^6$	$dɛ^6$	$nɛ^2$	$nɛ^2$	$lɛ^2$	$lɛ^2$	$lɛ^2$
南汇新	dE^6	dE^6	dE^6	nE^6	nE^6	lE^6	lE^6	lE^6
嘉定	dE^6	dE^6	dE^6	nE^2	nE^2	lE^2	lE^2	lE^2
嘉定新	dE^6	dE^6	dE^6	nE^2	nE^2	lE^2	lE^2	lE^2
宝山	dE^6	dE^6	dE^6	nE^5	nE^5	lE^2	lE^2	lE^2
宝山新	tE^5	tE^5	tE^5	nE^5	nE^5	lE^5	lE^5	lE^5
崇明	$dæ^6$	$dø^6$	$dø^6$	$nø^2$	$nø^6$	$læ^2$	$lø^2$	$læ^6/lø^2$
崇明新	$dæ^6$	$duø^2$	$duø^6$	$nuø^2$	$nuø^6$	$læ^2$	$læ^2$	$læ^2$
堡镇	$dæ^6$	$dø^6$	$dø^6$	$nø^2$	$nø^6$	$læ^2$	$lø^2$	$læ^6/lø^2$
练塘	dE^6	dE^6	dE^6	nE^2	nE^6	lE^2	lE^2	lE^2

序号	1639	1640	1641	1642	1643	1644	1645	1646
字目	懒	烂	赞	瓒	餐餐厅	灿	残	散松散
中古音的地位	山开一上旱来	山开一去翰来	山开一去翰精	山开一去翰精	山开一平寒清	山开一去翰清	山开一平寒从	山开一上旱心
市区	lɛ⁶	lɛ⁶	tsɛ⁵	zɛ⁶	tsʰø¹①		zɛ⁶	sɛ⁵
市区中	lɛ⁶	lɛ⁶	tsɛ⁵/tsø⁵	tsɛ⁵/tsø⁵	tsʰø¹/tsʰɛ¹	tsʰɛ⁵	zɛ⁶	sɛ⁵
市区新	lɛ⁶	lɛ⁶	tsø⁵	tsø⁵	tsʰø¹②	tsʰø⁵	zɛ⁶	sɛ⁵
真如	lɛ⁶	lɛ⁶	tsɛ⁵	zɛ⁶	tsʰø¹		zɛ²	sɛ⁵
江湾	lɛ⁶	lɛ⁶	tsɛ⁵	tsɛ⁵	tsʰɛ¹		zɛ⁶	sɛ⁵
松江	lɛ⁴	lɛ⁶	tsɛ⁵	tsɛ⁵	tsʰø¹		zɛ²	sɛ³
松江新	lɛ⁶	lɛ⁶	tsɛ⁵	zɛ⁶	tsʰɛ¹	tsʰɛ⁵	zɛ²	sɛ³
泗泾	lɛ⁶	lɛ⁶	tsɛ⁵	tsɛ⁵	tsʰø¹		zɛ²	sɛ³
奉贤	lɛ⁴	lɛ⁶	tsɛ⁵	tsɛ⁵	tsʰø¹		zɛ²	sɛ⁵
奉贤新	lɛ⁶	lɛ⁶	zɛ⁶	zɛ⁶	tsʰø³	tsʰɛ³	zɛ²	sɛ⁵
奉城	lɛ⁶	lɛ⁶	tsɛ⁵	tsɛ⁵	tsʰø¹		zɛ²	sɛ⁵
金山	lɛ⁶	lɛ⁶	tsɛ⁵	tsɛ⁵	tsʰø¹		zɛ²	sɛ⁵
金山新	lɛ⁶	lɛ⁶	tsɛ⁵	tsɛ⁵	tsʰɛ¹	tsʰɛ⁵	zɛ²	sɛ⁵
枫泾	lɛ⁴	lɛ⁶	tsɛ⁵	tsɛ⁵	tsʰø¹		zɛ²	sɛ⁵
青浦	lɛ⁶	lɛ⁶	tsɛ⁵	tsɛ⁵	tsʰø¹		zI⁶	sɛ⁵
青浦新	lɛ⁶	lɛ⁶	tsɛ⁵	zɛ⁶	tsʰɛ¹	tsʰɛ⁵	zɛ²	sɛ⁵
莘庄	lɛ⁶	lɛ⁶	tsɛ⁵	tsɛ⁵	tsʰɛ⁵		zɛ²	sɛ⁵
闵行新	lɛ²	lɛ⁶	tsɛ⁵	zɛ²	tsʰɛ¹		zɛ²	sɛ⁵
川沙	lɛ²	lɛ⁶	tsɛ⁵	tsɛ⁵/zɛ⁶	tsʰɛ¹/tsʰø¹		zɛ²	sɛ⁵
川沙新	lɛ⁶	lɛ⁵	tsɛ⁵		tsʰɛ¹	tsʰɛ⁵	zɛ²	sɛ³
高桥	lɛ⁶	lɛ⁶	tsɛ⁵	tsɛ⁵	tsʰø¹		zɛ⁶	sɛ³
三林	lɛ²	lɛ⁶	tsɛ⁵	tsɛ⁵	tsʰɛ¹		zɛ²	sɛ⁵
周浦	lɛ²	lɛ⁶	tsɛ⁵	tsɛ⁵	tsʰɛ¹		zɛ²	sɛ⁵
南汇	lɛ²	lɛ⁶	tsɛ⁵	tsɛ⁵	tsʰɛ¹		zɛ²	sɛ⁵
南汇新	lɛ⁶	lɛ⁶	tsɛ⁵	zɛ⁶	tsʰɛ¹	tsʰɛ⁵	zɛ⁶	sɛ³
嘉定	lɛ⁶	lɛ⁶	tsɛ⁵	tsɛ⁵	tsʰø¹		zɛ²	sɛ⁵
嘉定新	lɛ⁶	lɛ⁶	tsɛ⁵	tsɛ⁵	tsʰɛ¹	tsʰɛ⁵	dzɛ²	sɛ⁵
宝山	lɛ⁶	lɛ⁶	tsɛ⁵	tsɛ⁵	tsʰø¹	tsʰɛ⁵	zɛ⁶	sɛ⁵
宝山新	lɛ⁶	lɛ⁶	tsɛ⁵	tsɛ⁵	tsʰø¹	tsʰɛ⁵	zɛ⁶	sɛ⁵
崇明	læ⁴	læ⁶	tsø⁵	tsø⁵	tsʰø⁵		dzæ²	sø⁵
崇明新	læ⁴	læ⁶	tsuø⁵		tsʰø¹	tsʰæ⁵	dzæ²	sø⁵
堡镇	læ⁴	læ⁶	tsø⁵	tsø⁵	tsʰø⁵		dzæ²	sø⁵
练塘	lɛ⁴	lɛ⁶	tsɛ⁵	tsɛ⁵	tsʰø¹		zɛ⁶	sɛ⁵

注:①②"餐巾纸"中读tsʰɛ¹。

序号	1647	1648	1649	1650	1651	1652	1653	1654
字目	伞	散解散	干干涉	干干燥	竿	杆旗杆①	肝	奸奸淫
中古音的地位	山开一上旱心	山开一去翰心	山开一平寒见	山开一平寒见	山开一平寒见	山开一上旱见	山开一平寒见	山开二平删见
市区	sE^5	sE^5	kø^1	kø^1	kø^1	kø^5	kø^1	
市区中	sE^5	sE^5	kø^1	kø^1	kø^1	kø^1	kø^1	kE^1
市区新	sE^5	sE^5	kø^1	kø^1	kø^1	kø^1	kø^1	kE^1
真如	sø^5	sE^5	kø^1	kø^1	kø^1	kø^1	kø^1	kε^1/tɕi^1
江湾	sE^5	sE^5	kø^1	kø^1	kø^1	kø^5	kø^1	kε^1/tɕi^1
松江	sE^3	sE^5	kø^1	kø^1	kø^1	kø^1	kø^1	kε^1/ciε^1
松江新	sE^3	sE^5	kø^1	kø^1	kø^1	kE^3	kø^1	tɕi^1
泗泾	sE^3	sE^5	kø^1	kø^1	kø^1	kø^1	kø^1	kε^1/ciε^1
奉贤	sE^5	sE^5	kø^1	kø^1	kø^1	kø^3	kø^1	kε^1/ʔɟij^1
奉贤新	sE^5	sE^5	kø^1	kø^1	kø^1	kø^1	kø^1	kε^1
奉城	sE^5	sE^5	kø^1	kø^1	kø^1	kø^3	kø^1	kε^1/ʔɟij^1
金山	sE^5	sE^5	kø^1	kø^1	kø^1	kø^1	kø^1	kε^1/ciε^1
金山新	sE^5	sE^5	kø^1	kø^1	kø^1	kø^1	kø^1	kε^1
枫泾	sE^5	sE^5	kø^1	kø^1	kø^1	kø^3	kø^1	kε^1/tɕi^1
青浦	sE^5	sE^5	kø^1	kø^1	kø^1	kø^1	kø^1	kε^1/tɕi^1
青浦新	sE^5	sE^5	kø^1	kø^1	kø^1	kø^3	kø^1	kE^1
莘庄	sE^5	sE^5	kø^1	kø^1	kø^1	kø^1	kø^1	kε^1/ciε^1
闵行新	sE^5	sE^5	kø^1	kø^1	kø^1	kø^5	kø^1	tɕiɪ^1
川沙	sE^5	sE^5	kø^1	kø^1	kø^1	kø^1	kø^1	kε^1/tɕiε^1
川沙新	sE^3	sE^5	kø^1	kø^1	kø^1	kø^1	kø^1	tɕiε^1
高桥	sø^3	sE^5	kø^1	kø^1	kø^1	kø^1	kø^1	kε^1/tɕiε^1
三林	sE^5	sE^5	kø^1	kø^1	kø^1	kø^1	kø^1	kε^1/ciε^1
周浦	sE^5	sE^5	kø^1	kø^1	kø^1	kø^1	kø^1	kε^1/tɕi^1
南汇	sE^5	sE^5	kø^1	kø^1	kø^1	kø^1	kø^1	kε^1/tɕi^1
南汇新	sE^3	sE^5	kø^1	kø^1	kø^1	kø^1	kø^1	kE^1
嘉定	sø^5	sE^5	kø^1	kø^1	kø^1	kø^1	kø^1	kE^1/tɕiɪ^1
嘉定新	sE^5	sE^5	kø^1	kø^1	kø^1	kø^1	kø^1	kø^1
宝山	sE^5	sE^5	kø^1	kø^1	kø^1	kø^1	kø^1	kE^1
宝山新	sE^5	sE^5	kø^1	kø^1	kø^1	kø^1	kø^1	kE^1
崇明	sø^3	sø^5	kø^1	kø^1	kø^1	kø^1	kø^1	kæ^1/tɕi^1
崇明新	sø^3	sø^5	kø^1	kø^1	kø^1	kø^1	kø^1	tɕiε^1
堡镇	sø^3	sø^5	kø^1	kø^1	kø^1	kø^1	kø^1	kæ^1/tɕi^1
练塘	sE^5	sE^5	kuɪ^1	kuɪ^1	kuɪ^1	kuɪ^5	kuɪ^1	kε^1/tɕi^1

注：① 老派音读阴平调的应为"竿"的训读。

序号	1655	1656	1657	1658	1659	1660	1661	1662
字目	杆笔杆①	秆麦秆	[赶]	干干劲	看看守	刊	看看见	岸
中古音的地位	山开一上旱见	山开一上旱见	山合三入元群	山开一上翰见	山开一平寒溪	山开一平寒溪	山开一去翰溪	山开一去翰疑
市区	kø⁵		kø⁵		kʰø¹	kʰE⁵	kʰø⁵	ŋø⁶
市区中	kø⁵	kø⁵	kø⁵	kø⁵	kʰø¹	kʰE¹	kʰø⁵	ŋø⁶
市区新	kø⁵	kø⁵	kø⁵	kø⁵	kʰø¹	kʰø¹	kʰø⁵	ø⁵
真如	kø¹		kø³		kʰø¹	kʰø⁵	kʰø⁵	ŋø⁶
江湾	kø⁵		kø⁵		kʰø¹	kʰε¹	kʰø⁵	ŋø⁶
松江	kø¹		kø³		kʰø¹	kʰø¹	kʰø⁵	ŋø⁶
松江新	kε³	kø³	kø³	kø⁵	kʰø¹	kʰø¹	kʰø⁵	ŋø⁶
泗泾	kø¹		kø³		kʰø¹	kʰø¹	kʰø⁵	ŋø⁶
奉贤	kø³		kø³		kʰø¹	kʰε¹/cʰiε¹	kʰø⁵	ŋø⁶
奉贤新	kø³	kø⁵		kø⁵	kø¹	kʰε¹	kʰø⁵	ɦø⁶
奉城	kø³		kø³		kʰø¹	kʰε¹	kʰø⁵	ŋø⁶
金山	kø³		kø³		kʰø⁵	kʰø¹	kʰø⁵	ŋø⁶
金山新	kø³	kø³	kø³	kε³/kø³	kʰø¹	kʰø¹	kʰø⁵	ŋø⁶
枫泾	kø³		kø³		kʰø⁵	kʰø³	kʰø⁵	ŋø⁶
青浦	kø³		kø³		kʰø⁵	kʰø¹	kʰø⁵	ŋø⁶
青浦新	kø³	kø³	kø³	kø⁵	kʰø¹	kʰø⁵	kʰø⁵	ŋø⁶
莘庄	kø³		kø³		kʰø¹	kʰø⁵	kʰø⁵	ŋø⁶
闵行新	kø³	kø³	kø³	kø³	kʰø¹	kʰø⁵	kʰəʔ⁷	ŋø²
川沙	kø¹		kø³		kʰø¹	kʰe⁵	kʰø⁵	ɦø⁶/ŋø⁶
川沙新	kε³	kε³	kε³	kε⁵	kʰø¹	kʰe¹	kʰø⁵	e⁵
高桥	kø¹		kø⁵		kʰø⁵	kʰø⁵/kʰø⁵	kʰø⁵	ŋø²
三林	kø¹		kø³		kʰø⁵	kʰε³	kʰø⁵	ŋø⁶
周浦	kø³		kø³		kʰø⁵	kʰø⁵	kʰø⁵	ŋø⁶
南汇	kø¹		kø³		kʰø⁵	kʰø⁵	kʰø⁵	ŋø⁶
南汇新	kø¹	kø³	kø³	kø⁵	kʰø¹	kʰø¹	kʰø⁵	ŋø⁶
嘉定	kø¹		kø⁵		kʰø⁵	kʰø¹/kʰø⁵	kʰø⁵	ŋiɪ⁶
嘉定新	kø¹	kø¹	kø³	kø⁵	kʰø¹	kʰø¹	kʰø⁵	ŋø⁶
宝山	kø¹	kø¹	kø³	kø¹	kʰø⁵	kʰø⁵	kʰø⁵	ŋø⁶
宝山新	kø¹	kø¹		kø⁵	kʰø¹	kʰø⁵	kʰø⁵	ø⁵
崇明	kø¹		kø³		kʰø¹	kʰæ¹	kʰø⁵	ŋø⁶
崇明新	kø¹	kø³	kø³	kuø⁵	kʰuø¹	kʰø¹	kʰuø⁵	ŋø⁶
堡镇	kø¹		kø³		kʰø¹	kʰæ¹	kʰø⁵	ŋø⁶
练塘	kuɪ⁵		kuɪ¹		kʰuɪ⁵	kʰuɪ¹	kʰuɪ⁵	ŋuɪ⁶

注：① 老派音读阴平调的应为"竿"的训读。

序号	1663	1664	1665	1666	1667	1668	1669	1670
字目	罕	汉	寒	韩	旱	汗	翰	安
中古音的地位	山开一上旱晓	山开一去翰晓	山开一平寒匣	山开一平寒匣	山开一上旱匣	山开一去翰匣	山开一平寒匣	山开一平寒影
市区		hø⁵	ɦø⁶	ɦø⁶	ɦø⁶	ɦø⁶		ø¹
市区中	hø⁵	hø⁵	ɦø⁶	ɦø⁶	ɦø⁶	ɦø⁶	ɦø⁶	ø¹
市区新	hø⁵	hø⁵	ɦø⁶	ɦø⁶	ɦø⁶	ɦø⁶	ɦø⁶	ø¹
真如		hø⁵	ɦø²	ɦø²	ɦø⁶	ɦø⁶		ø¹
江湾		hø⁵	ɦø⁶	ɦø⁶	ɦø⁶	ɦø⁶		
松江		hø⁵	ɦø²	ɦø²	ɦø⁴	ɦø⁶		ø¹
松江新	hø³	hø⁵	ɦø²	ɦø²	ɦø⁶	ɦø⁶	hø⁵	ø¹
泗泾		hø⁵	ɦø²	ɦø²	ɦø⁶	ɦø⁶		ø¹
奉贤		hø⁵	ɦø²	ɦø²	ɦø⁶	ɦø⁶		ø¹
奉贤新	hø³	hø⁵	ɦø²	ɦø²	ɦø⁶	ɦø⁶	ɦø⁶	ø¹
奉城		hø⁵	ɦø²	ɦø²	ɦø⁶	ɦø⁶		ø¹
金山		hø⁵	ɦø⁶	ɦø⁶	ɦø⁶	ɦø⁶		ø¹
金山新	hø⁵	ɦø⁶	ɦø²	ɦø²	ɦø⁶	ɦø⁶	ɦø⁶	ø¹
枫泾		hø⁵	ɦø⁶	ɦø⁶	ɦø⁶	ɦø⁶		
青浦		hø⁵	ɦø²	ɦø²	ɦø⁶	ɦø⁶		ø¹
青浦新	hø³	hø⁵	ɦø²	ɦø²	ɦø⁶	ɦø⁶	ɦø⁶	ø¹
莘庄		hø⁵	ɦø²	ɦø²	ɦø⁶	ɦø⁶		ø¹
闵行新	ɦø²	hø⁵	ɦø²	ɦø²	hø⁵	ɦø²	ɦø²	e¹①
川沙		hø⁵	ɦø²	ɦø²	ɦø²	ɦø⁶		ø¹
川沙新	hɛ³	hɛ⁵	ɦiɛ⁶		hɛ⁵	ø⁵		e¹
高桥		hø⁵	ɦø⁶	ɦø⁶	ɦø⁶	ɦø⁶		ø¹
三林		hø⁵	ɦø²	ɦø²	ɦø²	ɦø²		ø¹
周浦		hø⁵	ɦø²	ɦø²	ɦø⁶	ɦø⁶		ø¹
南汇		hø⁵	ɦø²	ɦø²	ɦø⁶	ɦø⁶		ø¹
南汇新		ɦø⁶	ɦø⁶	ɦø⁶	ɦø⁶	ɦø⁶		ø¹
嘉定		hø⁵	ɦø²	ɦø²	ɦø²	ɦø⁶		
嘉定新	hɛ⁵	hø⁵	ɦø²	ɦø²	ɦø⁶	ɦɯ⁶	ɦø⁶	ø¹
宝山	hø⁵	hø⁵	hø⁵	ɦø⁶	ɦø⁶	ɦø⁶	ɦø⁶	ø¹
宝山新	hø⁵	hø⁵	ɦø⁶	ɦø⁶	hø⁵	ɦø⁶	ɦø⁶	ø¹
崇明		hø⁵	hɦø²	hɦø²	hɦø⁴	hɦø⁶		ø¹
崇明新	xø³	hyø⁶	hyø²	hyø²	xø⁵	hyø⁶		ø¹
堡镇		hø⁵	hɦø²	hɦø²	hɦø⁴	hɦø⁶		ø¹
练塘		hø⁵	ɦø²	ɦø²	ɦø⁶	ɦø⁶		ø¹

注：① "安全"中读ø³。

序号	1671	1672	1673	1674	1675	1676	1677	1678
字目	鞍	按	案	獭	达	辣	擦	割
中古音的地位	山开一平寒影	山开一去翰影	山开一去翰影	山开一入曷透	山开一入曷定	山开一入曷来	山开一入曷清	山开一入曷见
市区	ø¹	ø¹	ø¹	$t^hA\mathfrak{?}^7$	$dA\mathfrak{?}^8$	$lA\mathfrak{?}^8$	$ts^hA\mathfrak{?}^7$	$kə\mathfrak{?}^7$
市区中	ø¹	ø⁵	ø⁵	$t^hɐ\mathfrak{?}^7$	$dɐ\mathfrak{?}^8$	$lɐ\mathfrak{?}^8$	$ts^hɐ\mathfrak{?}^7$	$kɐ\mathfrak{?}^7$
市区新	ø¹	ø⁵	ø⁵	$t^hɐ\mathfrak{?}^7$	$dɐ\mathfrak{?}^8$	$lɐ\mathfrak{?}^8$	$ts^hɐ\mathfrak{?}^7$	$kɐ\mathfrak{?}^7$
真如	ø¹	ø⁵	ø⁵	$t^hæ\mathfrak{?}^7$	$dæ\mathfrak{?}^8$	$læ\mathfrak{?}^8$	$ts^hæ\mathfrak{?}^7$	$kə\mathfrak{?}^7$
江湾	ø¹	ø¹	ø⁵	$t^hæ\mathfrak{?}^7$	$dæ\mathfrak{?}^8$	$læ\mathfrak{?}^8$	$ts^hæ\mathfrak{?}^7$	$kə\mathfrak{?}^7$
松江	ø¹	ø⁵	ø⁵	t^h	$dæ\mathfrak{?}^8$	$læ\mathfrak{?}^8$	$ts^hæ\mathfrak{?}^7$	$kə\mathfrak{?}^7$①
松江新	ø¹	ø⁵	ø⁵	$t^hɛ\mathfrak{?}^7$	$tɛ\mathfrak{?}^7$	$lɛ\mathfrak{?}^8$		$kΛ\mathfrak{?}^7$
泗泾	ø¹	ø⁵	ø⁵	t^h	$dæ\mathfrak{?}^8$	$læ\mathfrak{?}^8$	$ts^hæ\mathfrak{?}^7$	$kə\mathfrak{?}^7$
奉贤	ø¹	ø⁵	ø⁵	$t^hæ\mathfrak{?}^7$	$dæ\mathfrak{?}^8$	$læ\mathfrak{?}^8$	$ts^hæ\mathfrak{?}^7$	$kœ\mathfrak{?}^7$
奉贤新	ø¹	ø¹	ø¹	$t^ha\mathfrak{?}^7$	$dæ\mathfrak{?}^8$	$læ\mathfrak{?}^8$		$kə\mathfrak{?}^7$
奉城	ø¹	ø¹	ø⁵	$t^hæ\mathfrak{?}^7$	$dæ\mathfrak{?}^8$	$læ\mathfrak{?}^8$	$ts^hæ\mathfrak{?}^7$	$kœ\mathfrak{?}^7$
金山	ø¹	ø⁵	ø⁵	$t^hæ\mathfrak{?}^7$	$dæ\mathfrak{?}^8$	$læ\mathfrak{?}^8$	$ts^hæ\mathfrak{?}^7$	$kə\mathfrak{?}^7$
金山新	ø¹	ø⁵	ø⁵		$də\mathfrak{?}^7$	$læ\mathfrak{?}^8$	$ts^hə\mathfrak{?}^7$	$kə\mathfrak{?}^7$
枫泾	ø¹	ø³	ø³	$t^ha\mathfrak{?}^7$	$da\mathfrak{?}^8$	$la\mathfrak{?}^8$	$ts^ha\mathfrak{?}^7$	$kø\mathfrak{?}^7$
青浦	ø¹	ø⁵	ø⁵	$t^hæ\mathfrak{?}^7$	$dæ\mathfrak{?}^8$	$læ\mathfrak{?}^8$	$ts^hæ\mathfrak{?}^7$	$kœ\mathfrak{?}^7$
青浦新	ø¹	ø⁵	ø⁵		$dæ\mathfrak{?}^8$	$læ\mathfrak{?}^8$	$ts^hæ\mathfrak{?}^7$	$kə\mathfrak{?}^7$
莘庄	ø¹	ø¹	ø⁵	$t^hæ\mathfrak{?}^7$	$dæ\mathfrak{?}^8$	$læ\mathfrak{?}^8$	$ts^hæ\mathfrak{?}^7$	$kə\mathfrak{?}^7$
闵行新		ø⁵	ø⁵	$t^hæ\mathfrak{?}^7$	$dæ\mathfrak{?}^8$	$læ\mathfrak{?}^8$	$ts^hæ\mathfrak{?}^7$	$kə\mathfrak{?}^7$
川沙	ø¹	ø¹	ø⁵	$t^hæ\mathfrak{?}^7$	$dæ\mathfrak{?}^8$	$læ\mathfrak{?}^8$	$ts^hæ\mathfrak{?}^7$	$kuə\mathfrak{?}^7$/$kə\mathfrak{?}^7$/$kœ\mathfrak{?}^7$
川沙新	e¹	e⁵	e⁵		$dæ\mathfrak{?}^8$	$læ\mathfrak{?}^8$		$kɤ\mathfrak{?}^7$
高桥	ø¹	ø¹	ø⁵	$t^hΛ\mathfrak{?}^7$	$dΛ\mathfrak{?}^8$	$lΛ\mathfrak{?}^8$	$ts^hΛ\mathfrak{?}^7$	$kuə\mathfrak{?}^7$
三林	ø¹	ø¹	ø⁵	$t^hæ\mathfrak{?}^7$	$dæ\mathfrak{?}^8$	$læ\mathfrak{?}^8$	$ts^hæ\mathfrak{?}^7$	$kuə\mathfrak{?}^7$
周浦	ø¹	ø⁵	ø⁵	$t^hæ\mathfrak{?}^7$	$dæ\mathfrak{?}^8$	$læ\mathfrak{?}^8$	$ts^hæ\mathfrak{?}^7$	$kœ\mathfrak{?}^7$
南汇	ø¹	ø⁵	ø⁵	$t^hæ\mathfrak{?}^7$	$dæ\mathfrak{?}^8$	$læ\mathfrak{?}^8$	$ts^hæ\mathfrak{?}^7$	$kœ\mathfrak{?}^7$
南汇新	ø¹	ø⁵	ø⁵		$da\mathfrak{?}^8$	$læ\mathfrak{?}^8$	$ts^hæ\mathfrak{?}^7$	
嘉定	ø¹	ø¹	ø¹	$t^hA\mathfrak{?}^7$	$dA\mathfrak{?}^8$	$lA\mathfrak{?}^8$	$ts^hA\mathfrak{?}^7$	$ko\mathfrak{?}^7$
嘉定新	ø¹	ø⁵	ø⁵	$t^ha\mathfrak{?}^7$	$da\mathfrak{?}^8$	$la\mathfrak{?}^8$	$ts^ha\mathfrak{?}^7$	$ko\mathfrak{?}^7$
宝山	ø¹	ø¹	ø¹	$t^hA\mathfrak{?}^7$	$dA\mathfrak{?}^8$	$lA\mathfrak{?}^8$	$ts^hA\mathfrak{?}^7$	$kə\mathfrak{?}^7$
宝山新	ø¹	ø¹	ø¹	$t^hA\mathfrak{?}^7$	$dA\mathfrak{?}^8$	$lA\mathfrak{?}^8$	$ts^hA\mathfrak{?}^7$	$kə\mathfrak{?}^7$
崇明	ø⁵	ø⁵	ø⁵	$t^hɑ\mathfrak{?}^7$	$dɑ\mathfrak{?}^8$	$lɑ\mathfrak{?}^8$	$ts^hɑ\mathfrak{?}^7$	$kø\mathfrak{?}^7$
崇明新	ø¹	ø¹	ø⁵	$t^hɑ\mathfrak{?}^7$	$dɑ\mathfrak{?}^8$	$lɑ\mathfrak{?}^8$	$ts^hɑ\mathfrak{?}^7$	$kə\mathfrak{?}^7$
堡镇	ø⁵	ø⁵	ø⁵	$t^hɑ\mathfrak{?}^7$	$dɑ\mathfrak{?}^8$	$lɑ\mathfrak{?}^8$	$ts^hɑ\mathfrak{?}^7$	$kø\mathfrak{?}^7$
练塘	ø¹	ø⁵	ø⁵	$t^hæ\mathfrak{?}^7$	$dæ\mathfrak{?}^8$	$læ\mathfrak{?}^8$	$ts^hæ\mathfrak{?}^7$	$kə\mathfrak{?}^7$

注：① 松江老派应为$kœ\mathfrak{?}^7$。

序号	1679	1680	1681	1682	1683	1684	1685	1686
字目	葛	渴	喝 喝采	扮	盼	办	瓣	盏
中古音的地位	山开一入曷见	山开一入曷溪	山开一入曷晓	山开二去裥帮	山开二去裥滂	山开二去裥并	山开二去裥并	山开二上产庄
市区	kəʔ⁷	kʰəʔ⁷	həʔ⁷/hʌʔ⁷①	pE⁵	pʰE⁵	bE⁶	pE⁵/bE⁶	tsE¹
市区中	kɐʔ⁷	kʰɐʔ⁷	hɐʔ⁷	pE⁵	pø⁵	bE⁶	bE⁶	tsE⁵
市区新	kəʔ⁷	kʰəʔ⁷	hɐʔ⁷	pE⁵	pʰø⁵	bE⁶		tsø⁵
真如	kəʔ⁷	kʰəʔ⁷	həʔ⁷/ɕəʔ⁷	ʔbɛ⁵	pʰɛ⁵	bɛ⁶	ʔbɛ³	tsɛ³
江湾	kəʔ⁷	kʰəʔ⁷	həʔ⁷	ʔbɛ⁵	pʰɛ⁵	bɛ⁶	bɛ⁶	tsɛ³
松江	kəʔ⁷②	kʰəʔ⁷②	hœʔ⁷	ʔbɛ⁵	pʰɛ⁵	bɛ⁶	ʔbɛ³	tsɛ³
松江新	kʌʔ⁷	kʰʌʔ⁷	hʌʔ⁷	pɛ⁵	pʰø⁵	bɛ⁶	bɛ⁶	tsɛ³
泗泾	kəʔ⁷	kʰəʔ⁷	hœʔ⁷	ʔbɛ⁵	pʰɛ⁵	bɛ⁶	ʔbɛ³	tsɛ³
奉贤	keʔ⁷	kʰœʔ⁷	heʔ⁷/hœʔ⁷	ʔbɛ⁵	pʰɛ⁵	bɛ⁶	bɛ⁶	tsɛ⁵
奉贤新	kəʔ⁷	kʰəʔ⁷	həʔ⁷/hæʔ⁷	pɛ⁵	pʰɛ⁵	bɛ⁶	bɛ⁶	tsɛ⁵
奉城	keʔ⁷	kʰœʔ⁷	hœʔ⁷	ʔbɛ⁵	pʰɛ⁵	bɛ⁶	bɛ⁶	tsɛ³
金山	kəʔ⁷	kʰəʔ⁷	həʔ⁵	ʔbɛ⁵	pʰɛ⁵	bɛ⁶	bɛ⁶	tsɛ³
金山新	kəʔ⁷	kʰəʔ⁷	həʔ⁷	pɛ⁵	pʰɛ⁵	bɛ⁶	bɛ⁶	tsɛ³
枫泾	køʔ⁷	kʰøʔ⁷	høʔ⁷	pɛ⁵	pʰɛ¹	bɛ⁶	bɛ⁶	tsɛ³
青浦	kœʔ⁷	kʰœʔ⁷	hœʔ⁷	ʔbE⁵	pʰE⁵	bE⁶	bE⁶	tsE³
青浦新	kəʔ⁷	kʰəʔ⁷	həʔ⁷	pɛ⁵	pʰɛ⁵	bɛ⁶	bɛ⁶	tsɛ³
莘庄	kəʔ⁷	kʰəʔ⁷	həʔ⁷	ʔbɛ⁵	pʰɛ⁵	bɛ⁶	bɛ⁶	tsɛ³
闵行新	kəʔ⁷	kʰəʔ⁷		pɛ⁵	pʰɛ⁵	bɛ²	pɛ³③	
川沙	kəʔ⁷	kʰœʔ⁷	hœʔ⁷	ʔbɛ⁵	pʰɛ⁵	bɛ⁶	bɛ⁶	tsɛ⁵
川沙新	kɤʔ⁷			ʔbɛ⁵	pʰɛ⁵	bɛ⁶	ʔbɛ³	
高桥	kəʔ⁷	hʌʔ⁷	hʌʔ⁷	ʔbɛ⁵	pʰɛ¹	bɛ²	ʔbɛ³	tsɛ³
三林	kəʔ⁷	kʰəʔ⁷	həʔ⁷	ʔbɛ⁵	pʰɛ¹	bɛ⁶	bɛ⁶	tsɛ³
周浦	kəʔ⁷	kʰœʔ⁷	hœʔ⁷	ʔbɛ⁵	pʰɛ⁵	bɛ⁶	bɛ⁶	tsɛ³
南汇	kəʔ⁷	kʰœʔ⁷	hœʔ⁷	ʔbɛ⁵	pʰɛ⁵	bɛ⁶	bɛ⁶	tsɛ³
南汇新	kəʔ⁷		həʔ⁷	ʔbɛ⁵	pʰE⁵	bE⁶	bE⁶	
嘉定	koʔ⁷	kʰəʔ⁷	həʔ⁷	pE⁵	pʰE¹	bE⁶	pE⁵	tsE³
嘉定新	koʔ⁷			pE⁵	pʰE⁵	bE⁶	bE⁶	tsE³
宝山	kəʔ⁷	hʌʔ⁷	həʔ⁷	pE⁵	pʰE¹	bE⁶	bE⁶	tsE³
宝山新	kəʔ⁷	hʌʔ⁷	ɫɯiʔ⁶	pE⁵	pʰø⁵	pE⁵	pE⁵	tsE⁵
崇明	køʔ⁷	kʰøʔ⁷	høʔ⁷	pæ³	pʰæ⁵	bæ⁶	pæ⁵	tsæ³
崇明新	kəʔ⁷	④	xəʔ⁷	bæ⁶	pʰæ⁵	bæ⁶	⑤	tsæ³
堡镇	køʔ⁷	kʰøʔ⁷	høʔ⁷	pæ³	pʰæ⁵	bæ⁶	pæ⁵	tsæ³
练塘	kəʔ⁷	kʰəʔ⁷	həʔ⁷	pE⁵	pʰE⁵	bE⁶	bE⁶	tsE¹

注：① hʌʔ⁷是"呷"的训读。
　　② 松江老派应为kœʔ⁷。
　　③ 声母有ʔb色彩。
　　④ 说"干"。
　　⑤ 说"镶"。

序号	1687	1688	1689	1690	1691	1692	1693	1694
字目	铲	栈	山	产	间 中间	艰	简	柬
中古音的地位	山开二上产初	山开二去谏崇	山开二平山生	山开二上产生	山开二平山见	山开二平山见	山开二上产见	山开二上产见
市区	tsʰɛ⁵	zɛ⁶	sɛ¹	tsʰɛ⁵	kɛ¹/tɕi¹	tɕi¹	tɕi⁵	tɕi⁵
市区中	tsʰɛ⁵	zɛ⁶	sɛ¹	tsʰɛ⁵	tɕi¹	tɕi¹	tɕi⁵	tɕi⁵
市区新	tsʰɛ⁵	zɛ⁶	sɛ¹	tsʰɛ⁵	tɕi¹	tɕi¹	tɕi⁵	tɕi⁵
真如	tsʰɛ⁵	zɛ⁶	sɛ¹	tsʰɛ⁵/tsʰɛ⁵	tɕie¹	tɕie¹	tɕie³	tɕie⁵
江湾	tsʰɛ⁵	zɛ⁶	sɛ¹	tsʰɛ⁵	tɕi¹	tɕi¹	tɕi⁵	tɕi⁵
松江	tsʰɛ³	zɛ⁶	sɛ¹	tsʰɛ³	tɕi¹	tɕi¹	tɕi³	tɕi³
松江新	tsʰɛ³	zɛ⁶	sɛ¹	tsʰɛ³	tɕi¹	tɕi¹	tɕi³	tɕi³
泗泾	tsʰɛ³	zɛ⁶	sɛ¹	tsʰɛ³	tɕi¹	tɕi¹	tɕi³	tɕi³
奉贤	tsʰɛ³	zɛ⁶	sɛ¹	tsʰɛ⁵	ʔɟij¹	ʔɟij¹	ʔɟij³	ʔɟij³
奉贤新	tsʰɛ⁵	zɛ⁶	sɛ¹	tsʰɛ⁵	kɛ¹	kɛ¹	kɛ⁵/tɕi⁵	kɛ⁵
奉城	tsʰɛ³	zɛ⁶	sɛ¹	tsʰɛ⁵	ʔɟij¹	ʔɟij¹	ʔɟij³	ʔɟij³
金山	tsʰɛ³	zɛ⁶	sɛ¹	tsʰɛ³	ce¹	ce¹	ce³	ce³
金山新	tsʰɛ³	zɛ⁶	sɛ¹	tsʰɛ³	tɕi¹	tɕi¹	tɕi³	tɕi³
枫泾	tsʰɛ³	zɛ⁴	sɛ¹	tsʰɛ³	tɕi¹	tɕi¹	tɕi³	tɕi³
青浦	tsʰɛ³	zɛ⁶	sɛ¹	tsʰɛ³	tɕɪ¹	kɛ¹/tɕi¹	tɕiɛ³	tɕiɛ⁵
青浦新	tsʰɛ³	zɛ²	sɛ¹	tsʰɛ³	tɕiɪ¹	tɕiɪ¹	tɕiɪ³	tɕiɪ³
莘庄	tsʰɛ³	zɛ⁶	sɛ¹	tsʰɛ³	ci¹	ci¹	ci¹	ci³
闵行新	tsʰɛ⁵		sɛ¹	tsʰɛ⁵	tɕiɪ¹	tɕiɪ¹	tɕi⁵	
川沙	tsʰɛ³	zɛ⁶	sɛ¹	tsʰɛ⁵	kɛ¹/tɕi¹	tɕi¹	tɕi³	tɕi³
川沙新	tsʰɛ³		sɛ¹	tsʰɛ³	tɕi¹	tɕi¹	tɕi³	tɕi³
高桥	tsʰɛ⁵	tsɛ⁵	sɛ¹	tsʰɛ³	tɕie¹	tɕie¹	tɕie³	tɕie³
三林	tsʰɛ³	zɛ⁶	sɛ¹	tsʰɛ³	ci¹	ci¹	ci¹	ci³
周浦	tsʰɛ³	zɛ⁶	sɛ¹	tsʰɛ³	tɕi¹	tɕi¹	tɕi¹	tɕi¹
南汇	tsʰɛ³	zɛ⁶	sɛ¹	tsʰɛ³	tɕi¹	tɕi¹	tɕi³	tɕi³
南汇新	tsʰɛ³		sɛ¹	tsʰɛ³	tɕi¹	tɕi¹	tɕi³	
嘉定	tsʰɛ³	zɛ⁶	sɛ¹	tsʰɛ³	tɕiɪ¹	tɕiɪ¹	tɕiɪ⁵	tɕiɪ⁵
嘉定新	tsʰɛ⁵	dzɛ⁶	sɛ¹	tsʰɛ⁵	tɕiɪ¹	tɕiɪ¹	tɕiɪ⁵	tɕiɪ⁵
宝山	tsʰɛ³	tsɛ⁶	sɛ¹	tsʰɛ⁵	tɕiɪ¹	tɕiɪ¹	tɕiɪ⁵	tɕiɪ⁵
宝山新	tsʰɛ⁵	zɛ⁶	sɛ¹	tsʰɛ⁵	tɕiɪ¹	tɕiɪ¹	tɕiɪ⁵	tɕiɪ⁵
崇明	tsʰæ³	dzæ⁴	sæ¹	tsʰæ³	tɕie¹/kæ¹	kæ¹/tɕie¹	tɕie³	tɕie⁵
崇明新	tsʰæ³		sæ¹	tsʰæ³	tɕie¹	tɕie¹	tɕie³	tɕie³
堡镇	tsʰæ³	dzæ⁴	sæ¹	tsʰæ³	tɕie¹/kæ¹	kæ¹/tɕie¹	tɕie³	tɕie⁵
练塘	tsʰɛ³	zɛ⁴	sɛ¹	tsʰɛ³	tɕɪ¹	kɛ¹/tɕɪ¹	tɕiɛ¹	tɕiɛ¹

序号	1695	1696	1697	1698	1699	1700	1701	1702
字目	拣	间间断	眼	闲	限①	八	拔	扎包扎
中古音的地位	山开二上产见	山开二去裥见	山开二上产疑	山开二平山匣	山开二上产匣	山开二入黠帮	山开二入黠并	山开二入黠庄
市区	kɛ^5/tɕi^5	kɛ^1/tɕi^1	ŋɛ^6	ɦɛ^6/ɦiɦiɛ^6	ɦɛ^6/ɦiɛ^6	pɐʔ^7	bɐʔ^8	
市区中	tɕi^5	tɕi^1	ŋɛ^6	ɦiɛ^6	ɦiɛ^6	pɐʔ^7	bɐʔ^8	tsɐʔ^7
市区新	tɕi^5	tɕi^1	ŋɛ^6	ɦiɛ^6	ɦiɛ^6	pɐʔ^7	bɐʔ^8	tsɐʔ^7
真如	kɛ^3	tɕie^5	ŋɛ^6	ɦiɛ^2	ɦiɛ^6	ʔbæʔ^7	bæʔ^8	
江湾	kɛ^5	tɕi^1	ŋɛ^6	ɦiɛ^6	ɦiɛ^6	ʔbæʔ^7	bæʔ^8	
松江	kɛ^3	tɕi^5	ŋɛ^4	ɦiɛ^2	ɦiɛ^4/ɦiiɛ^4	ʔbæʔ^7	bæʔ^8	
松江新	kɛ^3	tɕi^5	ŋɛ^6	ɦiɛ^2	ɦiɛ^6	pɛʔ^7	bɛʔ^8	tsɛʔ^7
泗泾	kɛ^3	tɕi^1	ŋɛ^6	ɦiɛ^2	ɦiɛ^6/ɦiiɛ^6	ʔbæʔ^7	bæʔ^8	
奉贤	kɛ^3	ʔȵij^1	ŋɛ^6	ɦiɛ^2/ɦiiɛ^2	ɦiɛ^6	ʔbæʔ^7	bæʔ^6	
奉贤新	kɛ^5	tɕi^1	ŋɛ^6	ɦiɛ^2	ɦiɛ^2	ʔbæʔ^7	bæʔ^8	tsæʔ^7
奉城	kɛ^3	ʔȵij^1	ŋɛ^6	ɦiɛ^2/ɦiiɛ^2	ɦiɛ^6/ɦiiɛ^6	ʔbæʔ^7	bæʔ^6	
金山	cɛ^3	cɛ^1	ŋɛ^6	ɦiɛ^2	ɦiɛ^6	ʔbæʔ^7	bæʔ^8	
金山新	tɕi^3	tɕi^1	ŋɛ^6	ɦiɛ^2	ɦiɛ^6	pæʔ^7	bæʔ^8	tsæʔ^7
枫泾	kɛ^3	tɕi^1	ŋɛ^4	ɦiɛ^2	ɦiɛ^2	paʔ^7	baʔ^8	
青浦	kɛ^3	tɕi^5	ŋɛ^6	ɦiɛ^2	ɦiɛ^6	ʔbæʔ^7	bæʔ^8	
青浦新	tɕiɪ^3	tɕiɪ^1	ŋɛ^6	ɦiɛ^2	ɦiɛ^6	pæʔ^7	bæʔ^8	tsæʔ^7
莘庄	kɛ^3	ci^1	ŋɛ^6	ɦiɛ^2	ɦiɛ^6	ʔbæʔ^7	bæʔ^8	
闵行新	kɛ^3	tɕi^1	ŋɛ^2	ɦiɛ^2	ɦiɛ^2	pæʔ^7	bæʔ^8	tsæʔ^7
川沙	kɛ^3	tɕi^5	ŋɛ^2	ɦiɛ^2	ɦiɛ^2/ɦiiɛ^2	ʔbæʔ^7	bæʔ^8	
川沙新	kɛ^3		ŋɛ^6	ɦiɛ^6	ɦiɛ^6	ʔbæʔ^7	bæʔ^8	tsæʔ^7
高桥	tɕie^3	tɕie^3	ŋɛ^2	ɦiɛ^6	ɦiɛ^6	ʔbʌʔ^7	bʌʔ^8	
三林	kɛ^3	ci^1	ŋɛ^6	ɦiɛ^2	ɦiɛ^6	ʔbæʔ^7	bæʔ^8	
周浦	kɛ^3	tɕi^1	ŋɛ^6	ɦiɛ^2	ɦiɛ^6	ʔbæʔ^7	bæʔ^8	
南汇	kɛ^3	tɕi^1	ŋɛ^6	ɦiɛ^2	ɦiɛ^6	ʔbæʔ^7	bæʔ^8	
南汇新	kɛ^3	tɕi^1	ŋɛ^6	ɦiɛ^6	ɦiɛ^6	ʔbæʔ^7	bæʔ^8	tsæʔ^7
嘉定	kɛ^5	tɕiɪ^5	ŋɛ^6	ɦiɛ^2	ɦiɛ^6	pəʔ^7	bʌʔ^8	
嘉定新	tɕiɪ^5	tɕiɪ^1	ŋɛ^5	ɦiɛ^2	hɛ^3	pəʔ^7	bɑʔ^8	tsɑʔ^7
宝山	tɕiɪ^5	tɕiɪ^1	ŋɛ^6	ɦiɛ^2	ɦiɛ^6	pəʔ^7	bʌʔ^8	tsəʔ^7
宝山新	tɕiɪ^5	tɕiɪ^1	ŋɛ^6	ɦiɛ^5	ɦiɛ^5	pʌʔ^7	bʌʔ^8	tsəʔ^7
崇明	kæ^3	kæ^5/tɕie^5	ŋæ^4	hɦiæ^2	hɦiæ^4/ɦiie^4	paʔ^7	baʔ^8	
崇明新	kɛ^3	tɕie^3	ŋæ^6	hæ^2	hæ^6	pɑʔ^7	bɑʔ^8	tsɑʔ^7
堡镇	kæ^3	kæ^5/tɕie^5	ŋæ^4	hɦiæ^2	hɦiæ^4/ɦiie^4	paʔ^7	baʔ^8	
练塘	kɛ^1	tɕi^5	ŋɛ^4	ɦiɛ^2	ɦiɛ^6	pæʔ^7	bæʔ^8	

注：① 此字老派音为"有限"的口语读音。

序号	1703	1704	1705	1706	1707	1708	1709	1710
字目	札	察	杀	煞	斑	班	颁	扳
中古音的地位	山开二入黠庄	山开二入黠初	山开二入黠生	山开二入黠生	山开二平删帮	山开二平删帮	山开二平删帮	山开二平删帮
市区	tsAʔ⁷	tsʰAʔ⁷	sAʔ⁷		pɛ¹	pɛ¹	pɛ¹	pɛ¹
市区中	tsɐʔ⁷	tsʰɐʔ⁷	sɐʔ⁷	sɐʔ⁷	pɛ¹	pɛ¹	pɛ¹	pɛ¹
市区新	tsɐʔ⁷	tsʰɐʔ⁷	sɐʔ⁷	sɐʔ⁷	pɛ¹	pɛ¹	pɛ¹	pɛ¹
真如	tsæʔ⁷	tsʰæʔ⁷	sæʔ⁷		ʔbɛ¹	ʔbɛ¹	ʔbɛ¹	ʔbɛ¹
江湾	tsæʔ⁷	tsʰæʔ⁷	sæʔ⁷		ʔbɛ¹	ʔbɛ¹	ʔbɛ¹	ʔbɛ¹
松江	tsæʔ⁷	tsʰæʔ⁷	sæʔ⁷		ʔbɛ¹	ʔbɛ¹	ʔbɛ¹	ʔbɛ¹
松江新	tsɛʔ⁷	tsʰɛʔ⁷	sɛʔ⁷	sɛʔ⁷	pɛ¹	pɛ¹	pɛ¹	pɛ¹
泗泾	tsæʔ⁷	tsʰæʔ⁷	sæʔ⁷		ʔbɛ¹	ʔbɛ¹	ʔbɛ¹	ʔbɛ¹
奉贤	tsæʔ⁷	tsʰæʔ⁷	sæʔ⁷		ʔbɛ¹	ʔbɛ¹	ʔbɛ¹	ʔbɛ¹
奉贤新	tsæʔ⁷	tsʰæʔ⁷	sæʔ⁷	sæʔ⁷	ʔbæ¹	ʔbæ¹	ʔbæ¹	ʔbæ¹
奉城	tsæʔ⁷	tsʰæʔ⁷	sæʔ⁷		ʔbɛ¹	ʔbɛ¹	ʔbɛ¹	ʔbɛ¹
金山	tsæʔ⁷	tsʰæʔ⁷	sæʔ⁷		ʔbɛ¹	ʔbɛ¹	ʔbɛ¹	ʔbɛ¹
金山新	tsæʔ⁷	zɔ²/tsʰɔʔ⁷	sɔʔ⁷	sɔʔ⁷	pɛ¹	pɛ¹	pɛ¹	pɛ¹
枫泾	tsaʔ⁷	tsʰaʔ⁷	saʔ⁷		pɛ¹	pɛ¹	pɛ¹	pɛ¹
青浦	tsæʔ⁷	tsʰæʔ⁷	sæʔ⁷		ʔbɛ¹	ʔbɛ¹	ʔbɛ¹	ʔbɛ¹
青浦新	tsæʔ⁷	tsʰæʔ⁷	sæʔ⁷	sæʔ⁷	pɛ¹	pɛ¹	pɛ¹	pɛ¹
莘庄	tsæʔ⁷	tsʰæʔ⁷	sæʔ⁷		ʔbɛ¹	ʔbɛ¹	ʔbɛ¹	ʔbɛ¹
闵行新	tsæʔ⁷	tsʰæʔ⁷	sæʔ⁷	saʔ⁷	pæ¹	pæ¹	pæ¹	pæ¹
川沙	tsæʔ⁷	tsʰæʔ⁷	sæʔ⁷		ʔbɛ¹	ʔbɛ¹	ʔbɛ¹	ʔbɛ¹
川沙新		tsʰæʔ⁷	sæʔ⁷	sæʔ⁷	ʔbɛ¹	ʔbɛ¹	ʔbɛ¹	ʔbɛ¹
高桥	tsʌʔ⁷	tsʰʌʔ⁷	sʌʔ⁷		ʔbɛ¹	ʔbɛ¹	ʔbɛ¹	ʔbɛ¹
三林	tsæʔ⁷	tsʰæʔ⁷	sæʔ⁷		ʔbɛ¹	ʔbɛ¹	ʔbɛ¹	ʔbɛ¹
周浦	tsæʔ⁷	tsʰæʔ⁷	sæʔ⁷		ʔbɛ¹	ʔbɛ¹	ʔbɛ¹	ʔbɛ¹
南汇	tsæʔ⁷	tsʰæʔ⁷	sæʔ⁷		ʔbɛ¹	ʔbɛ¹	ʔbɛ¹	ʔbɛ¹
南汇新	tsæʔ⁷	tsʰæʔ⁷	sæʔ⁷	sæʔ⁷	ʔbɛ¹	ʔbɛ¹	ʔbɛ¹	ʔbɛ¹
嘉定	tsʌʔ⁷	tsʰʌʔ⁷	sʌʔ⁷		pɛ¹	pɛ¹	pɛ¹	pɛ¹
嘉定新	tsaʔ⁷	tsʰaʔ⁷	saʔ⁷	saʔ⁷	pɛ¹	pɛ¹	pɛ¹	pɛ¹
宝山	tsəʔ⁷	tsʰʌʔ⁷	sʌʔ⁷	sʌʔ⁷	pɛ¹	pɛ¹	pɛ¹	pɛ¹
宝山新	tsəʔ⁷	tsʰʌʔ⁷	sʌʔ⁷	sʌʔ⁷	pɛ¹	pɛ¹	pɛ¹	pɛ¹
崇明	tsaʔ⁷	tsʰaʔ⁷	saʔ⁷		pæ¹	pæ¹	pæ¹	pæ¹
崇明新	tsɑʔ⁷	tsʰɑʔ⁷	sɑʔ⁷	sɑʔ⁷	pæ¹	pæ¹	pæ¹	pæ¹
堡镇	tsaʔ⁷	tsʰaʔ⁷	saʔ⁷		pæ¹	pæ¹	pæ¹	pæ¹
练塘	tsæʔ⁷	tsʰæʔ⁷	sæʔ⁷		pɛ¹	pɛ¹	pɛ¹	pɛ¹

序号	1711	1712	1713	1714	1715	1716	1717	1718
字目	板	版	攀	扳	蛮	慢	删	奸奸诈
中古音的地位	山开二上潸帮	山开二上潸帮	山开二平删滂	山开二平删帮	山开二平删明	山开二去谏明	山开二平删生	山开二平删见
市区	pɛ⁵	pɛ⁵		pɛ¹	mɛ⁶	mɛ⁶	sɛ¹	kɛ¹/tɕi¹
市区中	pɛ⁵	pɛ⁵	pʰɛ⁵/pʰø⁵	pɛ⁵	mɛ⁶	mɛ⁶	sɛ¹	kɛ¹
市区新	pɛ⁵	pɛ⁵	pʰø⁵	pɛ¹	mɛ¹/mɛ⁶	mɛ⁶	sɛ¹	kɛ¹
真如	ʔbɛ³	ʔbɛ³		ʔbɛ¹	mɛ²	mɛ⁶	sɛ¹	kɛ¹/tɕi¹
江湾	ʔbɛ⁵	ʔbɛ⁵		ʔbɛ¹	mɛ⁶	mɛ⁶	sɛ¹	kɛ¹/tɕi¹
松江	ʔbɛ³	ʔbɛ³		ʔbɛ¹	mɛ²	mɛ⁶	sɛ¹	kɛ¹/ciɛ¹
松江新	pɛ³	pɛ³	pʰɛ¹	pɛ¹	mɛ²	mɛ⁶	sɛ¹	tɕi¹
泗泾	ʔbɛ³	ʔbɛ³		ʔbɛ¹	mɛ²	mɛ⁶	sɛ¹	kɛ¹/ciɛ¹
奉贤	ʔbɛ³	ʔbɛ³		ʔbɛ¹	mɛ²	mɛ⁶	sɛ¹	kɛ¹/ʔɟij¹
奉贤新	ʔbæ³	ʔbæ³	pʰø¹/pʰæ¹	ʔbæ¹	mɛ³	mɛ⁶	sɛ¹	kɛ¹
奉城	ʔbɛ³	ʔbɛ³		ʔbɛ¹	mɛ²	mɛ⁶	sɛ¹	kɛ¹/ʔɟij¹
金山	ʔbɛ³	ʔbɛ³		ʔbɛ¹	mɛ²	mɛ⁶	sɛ¹	kɛ¹/ciɛ¹
金山新	pɛ³	pɛ³	pʰɛ¹	pɛ¹	mɛ²	mɛ⁶	sɛ¹	kɛ¹
枫泾	pɛ³	pɛ³		pɛ¹	mɛ²	mɛ⁶	sɛ¹	kɛ¹/tɕi¹
青浦	ʔbɛ³	ʔbɛ³		ʔbɛ¹	mɛ²	mɛ⁶	sɛ¹	kɛ¹/tɕi¹
青浦新	pɛ³	pɛ³	pʰɛ¹	pɛ¹	mɛ²	mɛ⁶	sɛ¹	tɕiɛ¹
莘庄	ʔbɛ³	ʔbɛ³		ʔbɛ¹	mɛ²	mɛ⁶	sɛ¹	kɛ¹/ciɛ¹
闵行新	pæ³	pæ³	pʰæ¹	pʰæ¹	mæ²	mæ²	sæ¹	tɕi¹
川沙	ʔbɛ³	ʔbɛ³		ʔbɛ¹	mɛ²	mɛ⁶	sɛ¹	kɛ¹/tɕiɛ¹
川沙新	ʔbɛ³	ʔbɛ³	pʰɛ¹	ʔbɛ¹	mɛ²	mɛ⁵	sɑ¹	
高桥	ʔbɛ¹	ʔbɛ¹		ʔbɛ¹	mɛ⁶	mɛ⁶	sɛ¹	kɛ¹/tɕiɛ¹
三林	ʔbɛ³	ʔbɛ³		ʔbɛ¹	mɛ²	mɛ⁶	sɛ¹	kɛ¹/ciɛ¹
周浦	ʔbɛ³	ʔbɛ³		ʔbɛ¹	mɛ²	mɛ⁶	sɛ¹	kɛ¹/tɕi¹
南汇	ʔbɛ³	ʔbɛ³		ʔbɛ¹	mɛ²	mɛ⁶	sɛ¹	kɛ¹/tɕi¹
南汇新	ʔbɛ³	ʔbɛ³	pʰɛ¹		mɛ⁶	mɛ⁶	sɛ¹	tɕi¹
嘉定	pɛ⁵	pɛ⁵		pɛ¹	mɛ²	mɛ⁶	sɛ¹	kɛ¹/tɕiɪ¹
嘉定新	pɛ⁵	pɛ⁵	pʰɛ¹	pɛ¹	mɛ²	mɛ⁶	sɛ¹	tɕiɪ¹
宝山	pɛ⁶	pɛ⁶	pʰɛ¹	pʰɛ¹	mɛ²	mɛ⁶	sɛ¹	tɕiɪ¹
宝山新	pɛ⁵	pɛ⁵	pʰø¹	pʰø¹	mɛ²	mɛ⁵	sɛ¹	tɕiɪ¹
崇明	pæ³	pæ³		pæ¹	mæ²	mæ⁶	sæ⁵	kæ¹/tɕiɛ¹
崇明新	pæ³	pæ³	pʰæ¹	pʰæ¹	mæ²	mæ⁶	sæ¹	tɕiɛ¹
堡镇	pæ³	pæ³		pæ¹	mæ²	mæ⁶	sæ⁵	kæ¹/tɕiɛ¹
练塘	pɛ¹	pɛ¹		pɛ¹	mɛ²	mɛ⁶	sɛ¹	kɛ¹/tɕi¹

序号	1719	1720	1721	1722	1723	1724	1725	1726
字目	颜	雁	晏	铡	瞎	辖	鞭	编
中古音的地位	山开二平删疑	山开二去谏疑	山开二去谏影	山开二入鎋崇	山开二入鎋晓	山开二入鎋匣	山开三平仙帮	山开三平仙帮
市区	ŋɛ⁶/ɦiɪ⁶	iɪ⁵	ɛ⁵/iɪ⁵	zʌʔ⁸	hʌʔ⁷		piɪ¹	piɪ¹
市区中	ŋɛ⁶	iɪ⁵	iɪ⁵	tsɐʔ⁷	hɐʔ⁷	ɦiɐʔ⁸	piɪ¹	piɪ¹
市区新	ŋɛ⁶	iɪ⁵	iɪ⁵	tsɐʔ⁷	hɐʔ⁷	ziɐʔ⁸	piɪ¹	piɪ¹
真如	ŋɛ²	ŋɛ⁶/ɦiɛ⁶	ɛ⁵	zæʔ⁸	hæʔ⁷		ʔbie¹	ʔbie¹
江湾	ŋɛ⁶	iɪ⁵	ɛ⁵	zæʔ⁸	hæʔ⁷		ʔpi¹	ʔpi¹
松江	ŋɛ²/ɦiɛ²	ŋɛ⁶/ɦiɛ⁶	ɛ⁵	zæʔ⁸	hæʔ⁷		ʔbi¹	ʔbi¹
松江新	ŋɛ²		iɪ⁵	zʌʔ⁸	hɛʔ⁷	ziʌʔ⁸	piɪ¹	piɪ¹
泗泾	ŋɛ²/ɦiɛ²	ŋɛ⁶/ɦiɛ⁶	ɛ⁵	zæʔ⁸	hæʔ⁷		ʔbi¹	ʔbi¹
奉贤	ŋɛ²	ɦiɛ⁶	ɛ⁵	zæʔ⁸	hæʔ⁷		ʔbiɪ¹	ʔbiɪ¹
奉贤新	ɲi²/ɦiɛ²	ɦiɪ⁶	ɦiɪ⁶	zæʔ⁸	hæʔ⁷	ɦia ʔ⁸	ʔbi¹	ʔbi¹
奉城	ŋɛ²	ŋɛ⁶/ɦiɛ⁶	ɛ⁵	zæʔ⁸	fæʔ⁷		ʔbiɪ¹	ʔbiɪ¹
金山	ŋɛ²/ɦiɛ²	ŋɛ⁶	ɛ⁵	zæʔ⁸	hæʔ⁷		ʔbe¹	ʔbe¹
金山新	ŋɛ²	iɪ⁵	ɛ⁵	zəʔ⁸	həʔ⁷		piɪ¹	piɪ¹
枫泾	ŋɛ²	iɪ⁵	iɪ⁵	zaʔ⁸	haʔ⁷		pie¹	pie¹
青浦	ŋɛ²/ɦiɪ²	ŋɛ⁶	ɪ⁵	zæʔ⁸	hæʔ⁷		ʔbɪ¹	ʔbɪ¹
青浦新	ŋɛ²	iɪ⁵	ɛ⁵	zæʔ⁸	hæʔ⁷	zia⁶	piɪ¹	piɪ¹
莘庄	ŋɛ²	ŋɛ⁶/ɦiɛ⁶	ɛ⁵	zæʔ⁸	hæʔ⁷		ʔbi¹	ʔbi¹
闵行新	ŋɛ²	ɦiɪ²	ɦiɪ²	zæʔ⁸	hæʔ⁷		pɪ¹	pɪ¹
川沙	ŋɛ²/ɦiɪ²	ŋɛ⁶	ɛ⁵	zæʔ⁸	hæʔ⁷		ʔbi¹	ʔbi¹
川沙新	ŋɛ⁶	iɪ⁵	ia⁵		hæʔ⁷	ɦiæʔ⁸	ʔbi¹	ʔbi¹
高桥	ŋɛ²	ie¹	ɛ⁵	zəʔ⁸	hʌʔ⁷		ʔbie¹	ʔbie¹
三林	ŋɛ²	ŋɛ⁶	ɛ⁵	zæʔ⁸	hæʔ⁷		ʔbi¹	ʔbi¹
周浦	ŋɛ²	ŋɛ⁶	ɛ⁵	zæʔ⁸	hæʔ⁷		ʔbi¹	ʔbi¹
南汇	ŋɛ²	ŋɛ⁶	ɛ⁵	zæʔ⁸	hæʔ⁷		ʔbi¹	ʔbi¹
南汇新	ŋɛ⁶		ɛ⁵		hæʔ⁷	zia⁶	ʔbi¹	ʔbi¹
嘉定	ŋɛ²/ɦiɪ²	ŋɛ⁶/ɦiɪ⁶	ɛ⁵	zʌʔ⁸	hʌʔ⁷		piɪ¹	piɪ¹
嘉定新	ŋɛ²	iɪ⁵	iɪ⁵	tsaʔ⁷	haʔ⁷	ziaʔ⁸	piɪ¹	piɪ¹
宝山	ŋɛ²	iɪ¹	iɪ¹	zʌʔ⁸	hʌʔ⁷	ɦʌʔ⁸	piɪ¹	piɪ¹
宝山新	ŋɛ⁵	iɪ⁵	iɪ⁵	zʌʔ⁸	hʌʔ⁷	ɕiʌʔ⁸	piɪ¹	piɪ¹
崇明	ŋæ²/ɦiɛ²	ɦie⁶	ø⁵	zaʔ⁸	haʔ⁷		pie¹	pie¹
崇明新	ŋæ²	ie⁵	ie⁵	ʥaʔ⁸	xɑʔ⁷	ziaʔ⁸	pie¹	pie¹
堡镇	ŋæ²/ɦiɛ²	ɦie⁶	ø⁵	zaʔ⁸	haʔ⁷		pie¹	pie¹
练塘	ŋɛ²/ɦiɪ²	ŋɛ²	ɪ⁵	zæʔ⁸	hæʔ⁷		pɪ¹	pɪ¹

序号	1727	1728	1729	1730	1731	1732	1733	1734
字目	变	篇	偏	[骗]欺骗	便便宜	辨	辩	便方便
中古音的地位	山开三去线帮	山开三平仙滂	山开三平仙滂	山开三去线滂	山开三平仙并	山开三上獮並	山开三上獮並	山开三上獮並
市区	pi^5	p^hi^1	p^hi^1	p^hi^5	p^hi^1	bi^6	bi^6	bi^6
市区中	pi^5	p^hi^1	p^hi^1	p^hi^5	bi^6	bi^6	bi^6	bi^6
市区新	pi^5	p^hi^1	p^hi^1	p^hi^5	bi^6	bi^6	bi^6	bi^6
真如	$ʔbie^5$	p^hie^1	p^hie^1	$p^hiɪ^5$	bie^6	bie^6	bie^6	$biɪ^6$
江湾	$ʔbi^5$	p^hi^1	p^hi^1	p^hi^5	bi^6	bi^6	bi^6	bi^6
松江	$ʔbi^5$	p^hi^1	p^hi^1	p^hi^5	bi^2	bi^4	bi^4	bi^6
松江新	pi^5	p^hi^1	p^hi^1	p^hi^5	bi^2	bi^6	bi^6	bi^6
泗泾	$ʔbi^5$	p^hi^1	p^hi^1	p^hi^5	bi^2	bi^6	bi^6	bi^6
奉贤	$ʔbij^5$	$p^hi_j^1$	$p^hi_j^1$	p^hij^5	bi_j^2	bij^6	bij^6	bij^6
奉贤新	$ʔbi^5$	p^hi^1	p^hi^1	p^hi^5	bi^6	bi^6	bi^6	bi^6
奉城	$ʔbij^5$	$p^hi_j^1$	$p^hi_j^1$	p^hij^5	bi_j^2	bij^6	bij^6	bij^6
金山	$ʔbe^5$	p^he^1	p^he^1	p^he^5	be^2	be^6	be^6	be^6
金山新	pi^5	p^hi^1	p^hi^1	p^hi^5	bi^6	bi^6	bi^6	bi^6
枫泾	pie^5	p^hie^1	p^hie^1	p^hie^5	bie^2	bie^4	bie^4	bie^6
青浦	$ʔbɪ^5$	$p^hɪ^1$	$p^hɪ^1$	$p^hɪ^5$	$bɪ^2$	$bɪ^6$	$bɪ^6$	$bɪ^6$
青浦新	$pɪ^5$	$p^hɪ^1$	$p^hɪ^1$	$p^hɪ^5$	$bɪ^2$	$bɪ^6$	$bɪ^6$	$bɪ^6$
莘庄	$ʔbi^5$	p^hi^1	p^hi^1	p^hi^5	bi^2	bi^6	bi^6	bi^6
闵行新	$pɪ^5$	$p^hɪ^1$	$p^hɪ^1$	$p^hɪ^5$	$bɪ^2$	$bɪ^2$	$bɪ^2$	$bɪ^2$
川沙	$ʔbi^5$	p^hi^1	p^hi^1	p^hi^5	bi^6	bi^6	bi^6	bi^6
川沙新	$ʔbi^5$	p^hi^1	p^hi^1	p^hi^5	bi^6	bi^6	bi^6	bi^6
高桥	$ʔbie^3$	p^hie^1	p^hie^1	p^hie^5	bie^2	bie^2	bie^2	bie^2
三林	$ʔbi^5$	p^hi^1	p^hi^1	p^hi^5	bi^2	bi^6	bi^6	bi^6
周浦	$ʔbi^5$	p^hi^1	p^hi^1	p^hi^5	bi^6	bi^6	bi^6	bi^6
南汇	$ʔbi^5$	p^hi^1	p^hi^1	p^hi^5	bi^6	bi^6	bi^6	bi^6
南汇新	$ʔbi^5$	p^hi^1	p^hi^1	p^hi^5	bi^6	bi^6	bi^6	bi^6
嘉定	$pɪ^5$	$p^hɪ^5$	$p^hɪ^6$	$p^hɪ^5$	$hɪ^6$	$bɪ^6/bE^6$	$bɪ^6$	$bɪ^6$
嘉定新	$pɪ^5$	$p^hɪ^1$	$p^hɪ^1$	$p^hɪ^5$	$bɪ^2$	$bɪ^6$	$bɪ^6$	$bɪ^6$
宝山	$pɪ^5$	$p^hɪ^1$	$p^hɪ^1$	$p^hɪ^5$	$pɪ^2$	$pɪ^2$	$pɪ^2$	$pɪ^2$
宝山新	$pɪ^5$	$p^hɪ^1$	$p^hɪ^1$	$p^hɪ^5$	$pɪ^2$	$pɪ^6$	$pɪ^6$	$pɪ^5$
崇明	pie^5	p^hie^1	p^hie^1	p^hie^5	bie^2	bie^4	bie^4	bie^6
崇明新	pie^5	p^hie^1	p^hie^1	p^hie^5	bie^2	bie^6	bie^6	bie^6
堡镇	pie^5	p^hie^1	p^hie^1	p^hie^5	bie^2	bie^4	bie^4	bie^6
练塘	$pɪ^5$	$p^hɪ^1$	$p^hɪ^1$	$p^hɪ^5$	$bɪ^2$	bE^6	$bɪ^6$	$bɪ^6$

序号	1735	1736	1737	1738	1739	1740	1741	1742
字目	棉	绵	免①	勉②	娩	缅	面脸面	碾
中古音的地位	山开三平仙明	山开三平仙明	山开三上獮明	山开三上獮明	山开三上獮明	山开三上獮明	山开三去线明	山开三上獮泥
市区	mi⁶	mi⁶	mi⁶	mi⁶/mi⁵		mi⁶	mi⁶	
市区中	mi⁶	mi⁶	mi⁶	mi⁶	mi⁶	mi⁶	mi⁶	n̠i⁶
市区新	mi⁶	mi⁶	mi⁶	mi⁶	mi⁶	mi⁶	mi⁶	n̠i⁶
真如	mie²	mie²	mie⁶	mie⁶	mie⁶		miɪ⁶	
江湾	mi⁶	mi⁶	mi⁶	mi⁶	mi⁶		mi⁶	
松江	mi²	mi²	mi⁴	mi⁴	mi⁴		mi⁶	
松江新	mi²	mi²	mi³	mi³	mi³	mi²	mi⁶	n̠i³
泗泾	mi²	mi²	mi⁶	mi⁶	mi⁶		mi⁶	
奉贤	mij²	mij²	mij¹	mij⁶	mij⁶		mij⁶	
奉贤新	mi²	mi²	mi⁶	mi⁶	mi⁶	mi⁶	mi⁶	n̠i⁶
奉城	mij²	mij²	mij⁶	mij⁶/mij⁵	mij⁶		mij⁶	
金山	me²	me²	me⁶	me⁶	me⁶		me⁶	
金山新	mi²	mi²	mi⁶	mi⁶	mi⁶	mi⁶	mi⁶	n̠i³
枫泾	mie²	mie²	mie⁴	mie⁴	mie⁴		mie⁶	
青浦	mɪ²	mɪ²	mɪ⁶	mɪ⁶	mɪ⁶		mɪ⁶	
青浦新	miɪ²	miɪ²	miɪ⁶	miɪ⁶		miɪ⁶	miɪ⁶	n̠iɪ³
莘庄	mi²	mi²	mi⁶	mi⁶	mi⁶		mi⁶	
闵行新	mɪ²	mɪ²	mɪ²	mɪ²	mɪ²	mɪ²	mɪ²	
川沙	mi²	mi²	mi³	mi³	mi⁶		mi⁶	
川沙新	mi⁶	mi⁶	mi⁶	mi⁶	mi⁶	mi⁶	mi⁵	n̠i³
高桥	bie²	mie²	mie²	mie²	mie²		mie²	
三林	mi²	mi²	mi⁶	mi⁶	mi⁶		mi⁶	
周浦	mi²	mi²	mi⁶	mi⁶	mi⁶		mi⁶	
南汇	mi²	mi²	mi²	mi²	mi²		mi⁶	
南汇新	mi⁶	mi⁶	mi⁶	mi⁶		mi⁶	mi⁶	
嘉定	miɪ²	miɪ²	miɪ⁵	miɪ⁶	miɪ⁶		miɪ⁶	
嘉定新	miɪ²	miɪ²	miɪ⁶	miɪ⁶	miɪ⁶	miɪ⁶	miɪ⁶	
宝山	miɪ²	miɪ²	miɪ⁶	miɪ⁶	miɪ⁵	miɪ⁵	miɪ⁶	n̠iɪ¹
宝山新	miɪ⁵	miɪ⁵	miɪ⁵	miɪ⁵	miɪ⁵	miɪ⁵	miɪ⁶	n̠iɪ¹
崇明	mie²	mie²	mie¹	mie³	mie⁶		mie⁶	
崇明新	mie⁵	mie⁵	mie⁵	mie⁵	mie⁵	mie⁵	mie⁶	n̠ie³
堡镇	mie²	mie²	mie¹	mie³	mie⁶		mie⁶	
练塘	mɪ²	mɪ²	mɪ⁴	mɪ⁴	mɪ⁴		mɪ⁶	

注：① 上海地区老派多读阴调类。
② "~强"，上海地区老派多读阴调类。

序号	1743	1744	1745	1746	1747	1748	1749	1750
字目	连	联	煎	剪	箭	溅	迁	浅
中古音的地位	山开三平仙来	山开三平仙来	山开三平仙精	山开三上獮精	山开三去线精	山开三去线精	山开三平仙清	山开三上獮清
市区	li⁶	li⁶	tɕi¹	tɕi⁵	tɕi⁵		tɕʰi¹	tsʰi⁵
市区中	li⁶	li⁶	tɕi¹	tɕi⁵	tɕi⁵	ZE⁶	tɕʰi¹	tɕʰi⁵
市区新	li⁶	li⁶	tɕi¹	tɕi⁵	tɕi⁵	ZE⁶	tɕʰi¹	tɕʰi⁵
真如	lie⁶	lie⁶	tsie¹	tsie⁵	tsie⁵		tsʰie¹	tsʰie⁵
江湾	li⁶	li⁶	tsi¹	tsi⁵	tsi⁵		tsʰi¹	tsʰi⁵
松江	li²	li²	tsi¹	tsi³	tsi⁵		tsʰi¹	tsʰi³
松江新	liɪ²	liɪ²	tɕi¹	tɕi³	tɕi⁵	tɕi⁵	tɕʰi¹	tɕʰi³
泗泾	li²	li²	tsi¹	tsi³	tsi⁵		tsʰi¹	tsʰi³
奉贤	lij²	lij²/lij⁶	tsij¹	tsij³	tsij⁵		tsʰij¹	tsʰij³
奉贤新	li²	li²	tɕi³	tɕi³	tɕi⁵	tɕi⁵	tɕʰi¹	tɕʰi³
奉城	lij²	lij²	tsij¹	tsij³	tsij⁵		tsʰij¹	tsʰij³
金山	le²	le²	tse¹	tse³	tse⁵		tsʰe¹	tsʰe³
金山新	li²	li²	tɕi¹	tɕi³	tɕi⁵	tɕi⁵	tɕʰi¹	tɕʰi³
枫泾	lie²	lie²	tsie¹	tsie³	tsie⁵		tsʰie¹	tsʰie³
青浦	lɿ²	lɿ²	tɕɿ¹	tsɿ³	tsɿ⁵		tɕʰɿ¹	tsʰɿ³
青浦新	liɪ²	liɪ²	tsiɪ¹	tsiɪ³	tɕiɪ⁵	ZE⁶	tsʰiɪ¹	tsʰiɪ³
莘庄	li²	li²	ɕi¹	tsi³	tsi⁵		ɕʰi¹	tsʰi³
闵行新	lɿi²	lɿi²	tɕiɪ¹	tɕiɪ⁵	tɕi⁵		tɕʰiɪ¹	tɕʰiɪ³
川沙	li²	li²	tsi¹	tsi³	tsi⁵		tsʰi¹	tsʰi³
川沙新	li⁶	li⁶	tɕi¹	tɕi³	tɕi⁵	tɕi⁵	tɕʰi¹	tɕʰi³
高桥	lie²	lie²	tsie¹	tsie³	tsie⁵		tsʰie¹	tsʰie¹
三林	li²	li²	ɕi¹	tsi³	tsi⁵		ɕʰi¹	tsʰi³
周浦	li²	li²	tɕi¹	tsi³	tsi⁵		tɕʰi¹	tsʰi³
南汇	li²	li²	tɕi¹	tsi³	tsi⁵		tɕʰi¹	tɕʰi³
南汇新	li⁶	li⁶	tɕi¹	tɕi⁵	tɕi⁵		tɕʰi¹	tɕʰi³
嘉定	liɪ²	liɪ²	tsiɪ¹	tsiɪ⁵	tsiɪ⁵		tsʰiɪ¹	tsʰiɪ⁵
嘉定新	liɪ²	liɪ²	tsiɪ⁵	tsiɪ⁵	tsiɪ⁵	tsiɪ⁵	tsʰiɪ¹	tsʰiɪ⁵
宝山	liɪ²	liɪ²	tsiɪ¹	tsiɪ⁵	tsiɪ⁵		tsʰiɪ¹	tsʰiɪ⁵
宝山新	liɪ⁵	liɪ⁵	tɕiɪ¹	tɕiɪ⁵	tɕiɪ⁵	tɕiɪ⁵	tɕʰiɪ¹	tɕʰiɪ⁵
崇明	lie²	lie²	tɕie¹	tɕie³	tɕie⁵		tɕʰie¹	tɕʰie³
崇明新	lie²	lie²	tɕie¹	tɕie³	tɕie⁵	tɕie⁵	tɕʰie¹	tɕʰie³
堡镇	lie²	lie²	tɕie¹	tɕie³	tɕie⁵		tɕʰie¹	tɕʰie³
练塘	lɿ²	lɿ²	tɕɿ¹	tsɿ³	tsɿ⁵		tɕʰɿ¹	tsʰɿ³

序号	1751	1752	1753	1754	1755	1756	1757	1758
字目	钱	践	贱	饯	仙	鲜 新鲜	癣	线
中古音的地位	山开三平仙从	山开三上獮从	山开三去线从	山开三去线从	山开三平仙心	山开三平仙心	山开三上獮心	山开三去线心
市区	zi⁶		zi⁶		ɕi¹	ɕi¹	ɕi⁵	ɕi⁵
市区中	dʑi⁶	dʑi⁶	dʑi⁶	dʑi⁶	ɕi¹	ɕi¹	ɕi⁵	ɕi⁵
市区新	dʑi⁶	dʑi⁶	dʑi⁶	dʑi⁶	ɕi¹	ɕi¹	ɕi⁵	ɕi⁵
真如	zie²		zie⁶		sie¹	sie¹	sie³	sie⁵
江湾	zi¹		zi⁶		si	si	si⁵	si⁵
松江	zi²		zi⁶		si¹	si¹	si³	si⁵
松江新	zi²	dʑi²	tɕi⁵	dʑi⁶	ɕi¹	ɕi¹	ɕi³	ɕi⁵
泗泾	zi²		zi⁶		si¹	si¹	si³	si⁵
奉贤	zij²		zij⁶		sij¹	sij¹	sij³	sij⁵
奉贤新	zi²	dʑi²	dʑi⁶	dʑi⁶	ɕi¹	ɕi¹	ɕiɪ⁷	ɕi⁵
奉城	zij²		zij⁶		sij¹	sij¹	sij³	sij⁵
金山	ze²		ze⁶		se¹	se¹	se³	se⁵
金山新	ʑi²	zi⁶	zi⁶	zi⁶	ɕi¹	ɕi¹	ɕie³	ɕi⁵
枫泾	zie²		zie⁶		sie¹	sie¹	sie³	sie⁵
青浦	zɿ²		zɿ⁶		sɿ¹	sɿ¹	sɿ³	sɿ⁵
青浦新	ziɿ²	ziɿ⁶	dʑiɿ⁶	dʑiɿ⁶	siɿ¹	siɿ¹	siɿ³	siɿ⁵
莘庄	zi²		zi⁶		si¹	si¹	si³	si⁵
闵行新	ze²	tɕiɪ⁵	ze²		ɕiɪ¹	ɕiɪ¹	ɕiɪ³	ɕiɪ³
川沙	zi²		zi⁶		si¹	si¹	si³	si⁵
川沙新	dʑi⁶	dʑi⁶	dʑi⁶	zi⁶	ɕi¹	ɕi¹	ɕi³	ɕi⁵
高桥	zie²		zie⁶		sie¹	sie¹	sie⁵	sie⁵
三林	zi²		zi⁶		si¹	si¹	si¹	si⁵
周浦	zi²		zi⁶		si¹	si¹	si¹	si⁵
南汇	zi²		zi⁶		si¹	si¹	si¹	si⁵
南汇新	zi⁶①	tɕi⁵	dʑi⁶	dʑi⁶	ɕi¹	ɕi¹	ɕi⁵	ɕi⁵
嘉定	ziɿ²		ziɿ⁶		siɿ¹	siɿ¹	siɿ⁵	siɿ⁵
嘉定新	ziɿ²	tɕiɿ⁵	ziɿ⁶	ziɿ⁶	siɿ¹	siɿ¹	ɕiɿ⁵	ɕiɿ⁵
宝山	siɿ²	siɿ²	ziɿ⁶	ziɿ⁶	siɿ¹	siɿ¹	siɿ⁵	siɿ⁵
宝山新	ɕiɿ⁶	tɕiɿ⁵	ziɿ⁶	ziɿ⁶	ɕiɿ¹	ɕiɿ¹	ɕiɿ⁵	ɕiɿ⁵
崇明	dʑie²/lie²		dʑie⁶/zie⁶		ɕie¹	ɕie¹	ɕie³	ɕie⁵
崇明新	dʑie²	dʑie⁶	zie⁶	ɕie⁵	ɕie¹	ɕie¹	ɕie³	ɕie⁵
堡镇	dʑie²/lie²		dʑie⁶/zie⁶		ɕie¹	ɕie¹	ɕie³	ɕie⁵
练塘	zɿ²		zɿ⁶		sɿ¹	sɿ¹	sɿ¹	sɿ⁵

注：① 姓氏。

序号	1759	1760	1761	1762	1763	1764	1765	1766
字目	羨	展	缠	毡	战	颤	扇扇动	扇扇子
中古音的地位	山开三去线邪	山开三上獮知	山开三平仙澄	山开三平仙章	山开三去线章	山开三去线章	山开三去线书	山开三去线书
市区		tsø⁵	zø⁶		tsø⁵		sø⁵	sø⁵
市区中	ɦi⁶	tsø⁵	zø⁶	tsø¹	tsø⁵	tsʰø⁵	sø¹	sø⁵
市区新	ɦi⁶	tsø⁵	zø⁶	tsø¹	tsø⁵	tsʰø⁵	sø¹	sø⁵
真如		tse³	ze⁶		tse⁵		se⁵	se⁵
江湾		tse⁵	ze⁶		tse⁵		se⁵	se⁵
松江		tse³	ze²		tse⁵		se⁵	se⁵
松江新	ɦi⁶	tsɛ³	zø²	tsø¹	tse⁵	tsʰe⁵	sɛ⁵	sɛ⁵
泗泾		tse³	ze²		tse⁵		se⁵	se⁵
奉贤		tse³	ze²		tse⁵		se⁵	se⁵
奉贤新	ɕi⁵	tsɛ³	zɛ²	tsø¹	tsã⁵	tsʰɛ⁵	sɛ⁵	sɛ⁵
奉城		tse¹	ze²		tse⁵		se⁵	se⁵
金山		tse³	ze⁶		tse⁵		se⁵	se⁵
金山新	ɕi⁵/ɦi⁶	tse³	ze²		tse³	tsʰe³	sɛ⁵	sɛ⁵
枫泾		tsø¹	zø⁶		tsø⁵		sø⁵	sø⁵
青浦		tsE⁵	zI⁶		tsI⁵		sI⁵	sI⁵
青浦新	ziɪ⁶	tsE³	zE²		tsE⁵		SE⁵	SE⁵
莘庄		tse⁵	ze²		tse⁵		se⁵	se⁵
闵行新	ɦiɪ²	tsø³	zɛ²	tsei¹	tsei³		sɛ⁵	sɛ⁵
川沙		tse⁵	ze⁶		tse⁵		se⁵	se⁵
川沙新		tsɛ³			tsɛ⁵		sɛ⁵	sɛ⁵
高桥		tse⁵/tsɛ⁵	ze²		tsø³		sø⁵	sø⁵
三林		tse⁵	ze²		tse⁵		se⁵	se⁵
周浦		tse⁵	ze²		tse⁵		se⁵	se⁵
南汇		tse⁵	ze²		tse⁵		se⁵	se⁵
南汇新		tsE⁵	zE⁶	tsE¹	tsE⁵		SE⁵	SE⁵
嘉定		tsiɪ⁵	ziɪ⁶		tsiɪ⁵		siɪ⁵	siɪ⁵
嘉定新	ziɪ⁶	tsiɪ⁵	ziɪ²	tsiɪ¹	tsiɪ⁵			siɪ⁵
宝山	siɪ⁵	tsø⁵	zø⁶	tsø⁵	tsø⁵	tsø⁵	sø⁵	sø⁵
宝山新	ɕiɪ⁵	tsø⁵	zE⁶	tsø¹	tsø⁵	tsʰø⁵	sø⁵	sø⁵
崇明		tsø³	dzø⁶/dzø⁴		tsø⁵		sø⁵	sø⁵
崇明新	①	tsø³	ʥø²②		tsø⁵	tsʰuø⁵	suø¹	zuø⁶
堡镇		tsø³	dzø⁶/dzø⁴		tsø⁵		sø⁵	sø⁵
练塘		tsø¹	zI²		tsø⁵		sø⁵	sø⁵

注：① 说"眼" sã⁵。
　　② "缠人"、"缠脚"中读ʥuø⁶。

序号	1767	1768	1769	1770	1771	1772	1773	1774
字目	蝉	禅	善	然	燃	乾乾坤	虔	件
中古音的地位	山开三平仙禅	山开三平仙禅	山开三上狝禅	山开三平仙日	山开三平仙日	山开三平仙群	山开三平仙群	山开三上狝群
市区		zø⁶	zø⁶	zø⁶	zø⁶	dʑi⁶		dʑi⁶
市区中	zø⁶	zø⁶	zø⁶	zø⁶	zø⁶	dʑi⁶	dʑi⁶	dʑi⁶
市区新	zø⁶	zø⁶	zø⁶	zø⁶	zø⁶	dʑi⁶	dʑi⁶	dʑi⁶
真如		ze²	ze²	ze²	ze²	dʑie²		dʑie⁶
江湾		ze²	ze²	ze⁶	ze²	dʑi⁶		dʑi⁶
松江		ze²	ze²	ze²	ze²	dʑi²		dʑi⁴
松江新	zɛ²	ze²	zø²	zø²	zø²	dʑi²	dʑi²	tɕi³
泗泾		ze²	ze²	ze²	ze²	dʑi²		dʑi⁶
奉贤		ze²	ze²	ze⁶	ze²	jij²		jij⁶
奉贤新	zɛ²	ze²	sɛ⁶/zø⁶	ze²	ze²	ʑi²	ʑi²	dʑi⁶
奉城		ze²	ze²	ze⁶	ze²	jij²		jij⁶
金山		ze²	ze⁶	ze²	ze²	ɟe²		ɟe⁶
金山新	zɛ²	zɛ²	zɛ²	zɛ⁶	zɛ⁶	dʑi¹	dʑi¹	dʑiɪʔ⁸
枫泾		zø⁶	zø⁶	zø⁶	zø²	dʑie²		dʑie⁴
青浦		zɪ²	zE⁶	zɪ²	zɪ²	dʑɪ²		dʑɪ⁶
青浦新	zE²	zE²	zE⁶	zE²	zE²	dʑɪɪ²	dʑɪɪ²	dʑɪɪ⁶
莘庄		ze²	ze⁶	ze²	ze²	ji²		ji⁶
闵行新			zei²	zø²	zø²	dʑi²	dʑi²	dʑɪɪ⁶
川沙		ze²	ze²	ze²	ze²	dʑj²		dʑj⁶
川沙新	zɛ⁶	zɛ²	zø²	zø⁶	zø⁶	dʑi⁶		dʑi⁶
高桥		zø²	ze⁶/zø⁶	zø²	zø²	dʑie²		dʑie⁶
三林		ze²	ze⁶	ze²	ze²	ɟi²		ɟi²
周浦		ze²	ze⁶	ze²	ze²	dʑi²		dʑi⁶
南汇		ze²	ze⁶	ze²	ze²	dʑi²		dʑi⁶
南汇新				zE⁶	zE⁶	ʑi⁶		dʑi⁶
嘉定		zɪɪ⁶	zɪɪ⁶	zɪɪ²	zɪɪ⁶	dʑɪɪ²		dʑɪɪ⁶
嘉定新	zɪɪ²	zɪɪ²	zɪɪ⁶	zɪɪ²	zɪɪ²	dʑɪɪ²	dʑɪɪ²	dʑɪɪ²
宝山		sø²	sø²	sø⁵	sø²	tɕɪɪ²	tɕɪɪ²	tɕɪɪ²
宝山新		sø⁶	sø²	sø⁶	zø⁶	tɕɪɪ⁵	tɕɪɪ⁵	tɕɪɪ⁵
崇明		zø⁶	zø⁶	zø²/zø⁴	zø²	dʑie²		dʑie⁶
崇明新	dzuø²	dzuø²	zuø⁶	zuø²	zuø²	dʑie²	dʑie²	dʑie⁶
堡镇		zø⁶	zø⁶	zø²/zø⁴	zø²	dʑie²		dʑie⁶
练塘		zø²	zø⁶	zø²	zø²	dʑɪ²		dʑɪ⁴

序号	1775	1776	1777	1778	1779	1780	1781	1782
字目	谚	延	筵	演	鳖	别区别	别离别	灭
中古音的地位	山开三去线疑	山开三平仙以	山开三平仙以	山开三上獮以	山开三入薛帮	山开三入薛並	山开三入薛並	山开三入薛明
市区	ɦiɪ⁶	ɦiɪ⁶	ɦiɪ⁶	iɪ⁵	piɪʔ⁷	ʔbiɪʔ⁸	ʔbiɪʔ⁸	miɪʔ⁸
市区中	ȵi⁶	ɦiɪ⁶	ɦiɪ⁶	iɪ⁵	piɪʔ⁷	biɪʔ⁸	biɪʔ⁸	miɪʔ⁸
市区新	ȵi⁶	ɦiɪ⁶	ɦiɪ⁶	iɪ⁵	piɪʔ⁷	biɪʔ⁸	biɪʔ⁸	miɪʔ⁸
真如	ŋɛ⁶	ɦie²	ɦie²	ɦie⁶	ʔbiɪʔ⁷	ʔbiɪʔ⁸	ʔbiɪʔ⁸	miɪʔ⁸
江湾	ɦi⁶	ɦi⁶	ɦi⁶	ɦi⁶	ʔbɪʔ⁷	ʔbɪʔ⁸	ʔbɪʔ⁸	mɪʔ⁸
松江	ȵi⁶	ɦi²	ɦi²	ɦi⁴	ʔbiɪʔ⁷	ʔbiɪʔ⁸	ʔbiɪʔ⁸	miɪʔ⁸
松江新	ɦi⁶	ɦi²	ɦi²	ȵi⁶	piɪʔ⁷	piɪʔ⁷	biɪʔ⁸	miɪʔ⁸
泗泾	ȵi⁶	ɦi²	ɦi²	ɦi⁶	ʔbiɪʔ⁷	ʔbiɪʔ⁸	ʔbiɪʔ⁸	miɪʔ⁸
奉贤	ɦij⁶	ɦij²	ɦij²	ɦij⁶	ʔbiɪʔ⁷	ʔbiɪʔ⁸	ʔbiɪʔ⁸	miɪʔ⁸
奉贤新	ɦi⁶	ɦi²	ɦi²	ɦi⁶	ʔbiəʔ⁷	bieʔ⁸	bieʔ⁸	mieʔ⁸
奉城	ɦij⁶	ɦij²	ɦij²	ɦij⁶	ʔbiɪʔ⁷	ʔbiɪʔ⁸	ʔbiɪʔ⁸	miɪʔ⁸
金山	ɲe⁶	ɦie²	ɦie²	ɦie⁶	ʔbiɪʔ⁷	ʔbiɪʔ⁸	ʔbiɪʔ⁸	miɪʔ⁸
金山新	i⁵	ɦi²	ɦi²	i³	piɪʔ⁷	biɪʔ⁷	biɪʔ⁸	miɪʔ⁸
枫泾	ȵie⁶	ɦie²	ɦie²	ɦie⁶	piɪʔ⁷	ʔbiɪʔ⁸	ʔbiɪʔ⁸	miɪʔ⁸
青浦	ȵi⁶	ɦiɪ²	ɦiɪ²	ɦiɪ²	ʔbiɪʔ⁷	ʔbiɪʔ⁸	ʔbiɪʔ⁸	miɪʔ⁸
青浦新		ɦiɪ²	ɦiɪ²	ɦiɪ⁶	piɪʔ⁷	biɪʔ⁸	biɪʔ⁸	miɪʔ⁸
莘庄	ɦiɛ⁶	ɦi²	ɦi²	ɦi²	ʔbiɪʔ⁷	ʔbiɪʔ⁸	ʔbiɪʔ⁸	miɪʔ⁸
闵行新		ɦiɪ²	ɦiɪ²	i⁵	piəʔ⁷	biɪʔ⁸	biɪʔ⁸	miɪʔ⁸
川沙	ȵi²	ɦi²	ɦi²	ɦi²	ʔbiɪʔ⁷	ʔbiɪʔ⁸	ʔbiɪʔ⁸	miɪʔ⁸
川沙新		ȵi⁶		i³	ʔbiɪʔ⁷	biɪʔ⁸	biɪʔ⁸	miɪʔ⁸
高桥		ɦie²	ɦie²	ɦie²	ʔbiɪʔ⁷	ʔbiɪʔ⁸	ʔbiɪʔ⁸	miɪʔ⁸
三林	ɦi⁶	ɦi²	ɦi²	ɦi²	ʔbiɪʔ⁷	ʔbiɪʔ⁸	ʔbiɪʔ⁸	miɪʔ⁸
周浦	ȵi⁶	ɦi²	ɦi²	ɦi²	ʔbiɪʔ⁷	ʔbiɪʔ⁸	ʔbiɪʔ⁸	miɪʔ⁸
南汇	ȵi⁶	ɦi²	ɦi²	ɦi²	ʔbiɪʔ⁷	ʔbiɪʔ⁸	ʔbiɪʔ⁸	miɪʔ⁸
南汇新		ɦi⁶		ɦi⁶		ʔbiɪʔ⁷	ʔbiɪʔ⁷	miɪʔ⁸
嘉定	ɦiɪ⁷	ɦiɪ²	ɦiɪ²	ɦiɪ⁶	piɪʔ⁷	ʔbiɪʔ⁸	ʔbiɪʔ⁸	miɪʔ⁸
嘉定新		ɦiɪ²	ɦiɪ²	ɦiɪ²	piɪʔ⁷	biɪʔ⁸	biɪʔ⁸	miɪʔ⁸
宝山	iɪ²	iɪ²	iɪ²	iɪ²	piɪʔ⁷	biɪʔ⁸	biɪʔ⁸	miɪʔ⁸
宝山新	iɪ⁵	iɪ⁵	iɪ⁵	iɪ⁵	piɪʔ⁷	biɪʔ⁸	biɪʔ⁸	miɪʔ⁸
崇明	ȵie⁴	ɦie²	ɦie²	ɦie⁶	piəʔ⁷	ʔbiəʔ⁸	ʔbiəʔ⁸	miəʔ⁸
崇明新	ie⁶	ie²	ie²	ie⁶	pæ¹	biɪʔ⁸	biɪʔ⁸	miɪʔ⁸
堡镇	ȵie⁴	ɦie²	ɦie²	ɦie⁶	piəʔ⁷	ʔbiəʔ⁸	ʔbiəʔ⁸	miəʔ⁸
练塘	ȵɪ⁶	ɦiɪ²	ɦiɪ²	ɦiɪ⁴	piɪʔ⁷	ʔbiɪʔ⁸	ʔbiɪʔ⁸	miɪʔ⁸

序号	1783	1784	1785	1786	1787	1788	1789	1790
字目	列	烈	裂	泄	薛	哲	撤	彻
中古音的地位	山开三入薛来	山开三入薛来	山开三入薛来	山开三入薛心	山开三入薛心	山开三入薛知	山开三入薛彻	山开三入薛彻
市区	liɪʔ^8	liɪʔ^8	lieʔ^7	ɕiɪʔ^7	ɕiɪʔ^7	tsəʔ^7	tsʰəʔ^7	tsʰəʔ^7
市区$_中$	liɪʔ^8	liɪʔ^8	liɪʔ^8	ɕiɪʔ^7	ɕiɪʔ^7/ɕyɪʔ^7	tsɐʔ^7	tsʰɐʔ^7	tsʰɐʔ^7
市区$_新$	liɪʔ^8	liɪʔ^8	liɪʔ^8	ɕiɪʔ^7	ɕiɪʔ^7/ɕyɪʔ^7	tsɐʔ^7	tsʰɐʔ^7	tsʰɐʔ^7
真如	liɪʔ^8	liɪʔ^8	liɪʔ^8	siɪʔ^7	siɪʔ^7	tsəʔ^7	tsʰəʔ^7	tsʰəʔ^7
江湾	lɪʔ^8	lɪʔ^8	lɪʔ^8	sɪʔ^7	sɪʔ^7	tsəʔ^7	tsʰəʔ^7	tsʰəʔ^7
松江	liɪʔ^8	liɪʔ^8	liɪʔ^8	siɪʔ^7	siɪʔ^7	tsəʔ^7	tsʰəʔ^7	tsʰəʔ^7
松江$_新$	liɪʔ^8	liɪʔ^8	liɪʔ^8	ɕiaʔ^7	ɕyɪʔ^7	tsʌʔ^7	tsʰʌʔ^7	tsʰʌʔ^7
泗泾	liɪʔ^8	liɪʔ^8	liɪʔ^8	siɪʔ^7	siɪʔ^7	tsəʔ^7	tsʰəʔ^7	tsʰəʔ^7
奉贤	liɪʔ^8	liɪʔ^8	liɪʔ^8	siɪʔ^7	siɪʔ^7	tseʔ^7	tsʰeʔ^7	tsʰeʔ^7
奉贤$_新$	lieʔ^8	lieʔ^8	lieʔ^8	ɕia^6	ɕieʔ^7	zəʔ^7	tsʰəʔ^7	tsʰəʔ^7
奉城	liɪʔ^8	liɪʔ^8	liɪʔ^8	siɪʔ^7	siɪʔ^7	tseʔ^7	tsʰeʔ^7	tsʰeʔ^7
金山	liɪʔ^8	liɪʔ^8	liɪʔ^8	siɪʔ^7	siɪʔ^7	tsəʔ^7	tsʰəʔ^7	tsʰəʔ^7
金山$_新$	liɪʔ^8	liɪʔ^8	liɪʔ^8	ɕiᴀ^5	ɕyɪʔ^7	tsəʔ^7	tsʰəʔ^7	tsʰəʔ^7
枫泾	liɪʔ^8	liɪʔ^8	liɪʔ^8	siɪʔ^7	siɪʔ^7	tsəʔ^7	tsʰəʔ^7	tsʰəʔ^7
青浦	liɪʔ^8	liɪʔ^8	liɪʔ^8	siɪʔ^7	siɪʔ^7	tsəʔ^7	tsʰəʔ^7	tsʰəʔ^7
青浦$_新$	liɪʔ^8	liɪʔ^8	liɪʔ^8	siɪʔ^7	siɪʔ^7	tsəʔ^7	tsʰəʔ^7	tsʰəʔ^7
莘庄	liɪʔ^8	liɪʔ^8	liɪʔ^8	siɪʔ^7	siɪʔ^7	tsəʔ^7	tsʰəʔ^7	tsʰəʔ^7
闵行$_新$	liəʔ^8	liəʔ^8	liəʔ^8	ɕiɪʔ^7	ɕiɪʔ^7	tsəʔ^7	tsʰəʔ^7	tsʰəʔ^7
川沙	liɪʔ^8	liɪʔ^8	liɪʔ^8	siɪʔ^7	siɪʔ^7	tsəʔ^7	tsʰəʔ^7	tsʰəʔ^7
川沙$_新$	liɪʔ^8	liɪʔ^8	liɪʔ^8	ɕiɪʔ^7	ɕiɪʔ^7	zɤʔ^8	tsʰɤʔ^7	tsʰɤʔ^7
高桥	liɪʔ^8	liɪʔ^8	liɪʔ^8	siɪʔ^7	siɪʔ^7	tsəʔ^7	tsʰəʔ^7	tsʰəʔ^7
三林	liɪʔ^8	liɪʔ^8	liɪʔ^8	siɪʔ^7	siɪʔ^7	tsəʔ^7	tsʰəʔ^7	tsʰəʔ^7
周浦	liɪʔ^8	liɪʔ^8	liɪʔ^8	siɪʔ^7	siɪʔ^7	tsəʔ^7	tsʰəʔ^7	tsʰəʔ^7
南汇	liɪʔ^8	liɪʔ^8	liɪʔ^8	siɪʔ^7	siɪʔ^7	tsəʔ^7	tsʰəʔ^7	tsʰəʔ^7
南汇$_新$	liɪʔ^8	liɪʔ^8	liɪʔ^8	ɕiɪʔ^7	ɕyøʔ^7	tsəʔ^7	tsʰəʔ^7	tsʰəʔ^7
嘉定	liɪʔ^8	liɪʔ^8	liɪʔ^8	siɪʔ^7	siɪʔ^7	tsəʔ^7	tsʰəʔ^7	tsʰəʔ^7
嘉定$_新$	liɪʔ^8	liɪʔ^8	liɪʔ^8		siɪʔ^7	tsəʔ^7	tsʰəʔ^7	tsʰəʔ^7
宝山	liɪʔ^8	liɪʔ^8	liɪʔ^8	ɕiɪʔ^7	siɪʔ^7	tsəʔ^7	tsʰəʔ^7	tsʰəʔ^7
宝山$_新$	liɪʔ^8	liɪʔ^8	liɪʔ^8	ɕiɪʔ^7	ɕuəʔ^7	tsəʔ^7	tsʰəʔ^7	tsʰəʔ^7
崇明	liəʔ^8	liəʔ^8	liəʔ^8	ɕiəʔ^7	ɕiəʔ^7	tsəʔ^7	tsʰəʔ^7	tsʰəʔ^7
崇明$_新$	liɪʔ^8	liɪʔ^8	liɪʔ^8	ziɪʔ^{8}①	ɕiɪʔ^7	dʑɛʔ^8	tsʰəʔ^7	tsʰəʔ^7
堡镇	liəʔ^8	liəʔ^8	liəʔ^8	ɕiəʔ^7	ɕiəʔ^7	tsəʔ^7	tsʰəʔ^7	tsʰəʔ^7
练塘	liɪʔ^8	liɪʔ^8	liɪʔ^8	siɪʔ^7	siɪʔ^7	tsəʔ^7	tsʰəʔ^7	tsʰəʔ^7

注：① 较少使用。

序号	1791	1792	1793	1794	1795	1796	1797	1798
字目	折折断	浙	舌	设	热	杰	孽	建
中古音的地位	山开三入薛章	山开三入薛章	山开三入薛船	山开三入薛书	山开三入薛日	山开三入薛群	山开三入薛疑	山开三去愿见
市区	tsəʔ⁷	tsəʔ⁷	zəʔ⁸	səʔ⁷	ȵiɿʔ⁸	dʑiɿʔ⁸	ȵiɿʔ⁸	tɕi⁵
市区中	tseʔ⁷	tseʔ⁷	zeʔ⁸	seʔ⁷	ȵiɿʔ⁸	dʑiɿʔ⁸	ȵiɿʔ⁸	tɕi⁵
市区新	tsæʔ⁷	tsæʔ⁷	zæʔ⁸	sæʔ⁷	ȵiɿʔ⁸	dʑiɿʔ⁸	ȵiɿʔ⁸	tɕi⁵
真如	tsəʔ⁷	tsəʔ⁷	zəʔ⁸	səʔ⁷	ȵiɿʔ⁸	dʑiɿʔ⁸	ȵiɿʔ⁸	tɕie⁵
江湾	tsəʔ⁷	tsəʔ⁷	zəʔ⁸	səʔ⁷	ȵiɿʔ⁸	dʑiɿʔ⁸	ȵiɿʔ⁸	tɕi⁵
松江	tsəʔ⁷	tsəʔ⁷	zəʔ⁸	səʔ⁷	ȵiɿʔ⁸	dʑiɿʔ⁸	ȵiɿʔ⁸	tɕi⁵
松江新	tsʌʔ⁷	tsʌʔ⁷	zʌʔ⁸	sʌʔ⁷	ȵiɿʔ⁸	tɕiɿʔ⁷	ȵiɿʔ⁸	tɕi⁵
泗泾	tsəʔ⁷	tsəʔ⁷	zəʔ⁸	səʔ⁷	ȵiɿʔ⁸	dʑiɿʔ⁸	ȵiɿʔ⁸	tɕi⁵
奉贤	tseʔ⁷	tseʔ⁷	zeʔ⁸	seʔ⁷	ȵiɿʔ⁸	jiɿʔ⁸	ȵiɿʔ⁸	ʔjij⁵
奉贤新	tsəʔ⁷	tsəʔ⁷	zəʔ⁸	səʔ⁷	ȵieʔ⁸	dʑieʔ⁸	ȵieʔ⁸	tɕi⁵
奉城	tseʔ⁷	tseʔ⁷	zeʔ⁸	seʔ⁷	ȵiɿʔ⁸	jiɿʔ⁸	ȵiɿʔ⁸	ʔjij⁵
金山	tsəʔ⁷	tsəʔ⁷	zəʔ⁸	səʔ⁷	ȵiɿʔ⁸	dʑiɿʔ⁸	ȵiɿʔ⁸	je⁵
金山新	tsəʔ⁷	tsəʔ⁷	zəʔ⁸	səʔ⁷	ȵiɿʔ⁸	dʑiɿʔ⁸	ȵiɿʔ⁸	tɕi⁵
枫泾	tsəʔ⁷	tsəʔ⁷	zəʔ⁸	søʔ⁷	ȵiɿʔ⁸	dʑiɿʔ⁸	ȵiɿʔ⁸	tɕie⁵
青浦	tsəʔ⁷	tsəʔ⁷	zəʔ⁸	səʔ⁷	ȵiɿʔ⁸	dʑiɿʔ⁸	ȵiɿʔ⁸	tɕɿ⁵
青浦新	tsəʔ⁷	tsəʔ⁷	zəʔ⁸	səʔ⁷	ȵiɿʔ⁸	dʑiəʔ⁸	ȵiəʔ⁸	tɕiɿ⁵
莘庄	tsəʔ⁷	tsəʔ⁷	zəʔ⁸	səʔ⁷	ȵiɿʔ⁸	jiɿʔ⁸	ȵiɿʔ⁸	ɕi⁵
闵行新	tsəʔ⁷	tsəʔ⁷	zəʔ⁸	səʔ⁷	ȵiəʔ⁸	dʑiəʔ⁸	ȵiəʔ⁸	tɕiɿ⁵
川沙	tsəʔ⁷	tsəʔ⁷	zəʔ⁸	səʔ⁷	ȵiɿʔ⁸	dʑiɿʔ⁸	ȵiɿʔ⁸	tɕi⁵
川沙新	zɤʔ⁸	tsɤʔ⁷	zɤʔ⁸	sɤʔ⁷	ȵiɿʔ⁸	dʑiɿʔ⁸	ȵiɿʔ⁸	tɕi⁵
高桥	tsəʔ⁷	tsəʔ⁷	zəʔ⁸	səʔ⁷	ȵiɿʔ⁸	dʑiɿʔ⁸	ȵiɿʔ⁸	tɕie⁵
三林	tsəʔ⁷	tsəʔ⁷	zəʔ⁸	səʔ⁷	ȵiɿʔ⁸	jiɿʔ⁸	ȵiɿʔ⁸	ɕi⁵
周浦	tsəʔ⁷	tsəʔ⁷	zəʔ⁸	səʔ⁷	ȵiɿʔ⁸	dʑiɿʔ⁸	ȵiɿʔ⁸	tɕi⁵
南汇	tsəʔ⁷	tsəʔ⁷	zəʔ⁸	səʔ⁷	ȵiɿʔ⁸	dʑiɿʔ⁸	ȵiɿʔ⁸	tɕi⁵
南汇新	tsəʔ⁷	tsəʔ⁷	zəʔ⁸	səʔ⁷	ȵiɿʔ⁸	dʑiɿʔ⁸	ȵiɿʔ⁸	tɕi⁵
嘉定	tsəʔ⁷	tsəʔ⁷	zəʔ⁸	səʔ⁷	ȵiɿʔ⁸	dʑiɿʔ⁸	ȵiɿʔ⁸	tɕiɿ⁵
嘉定新	tsəʔ⁷	tsəʔ⁷	zəʔ⁸	səʔ⁷	ȵiɿʔ⁸	dʑiɿʔ⁸	ȵiɿʔ⁸	tɕiɿ⁵
宝山	tsəʔ⁷	tsəʔ⁷	zəʔ⁸	səʔ⁷	ȵiɿʔ⁸	dʑiɿʔ⁸	ȵiɿʔ⁸	tɕiɿ⁶
宝山新	tsəʔ⁷	tsəʔ⁷	zəʔ⁸	səʔ⁷	ȵiɿʔ⁸	dʑiɿʔ⁸	ȵiɿʔ⁸	tɕi⁵
崇明	tsəʔ⁷	tsəʔ⁷	zəʔ⁸	səʔ⁷	ȵiəʔ⁸	dʑiəʔ⁸	ȵiəʔ⁸	tɕie⁵
崇明新	tsəʔ⁷	tsəʔ⁷	zəʔ⁸	səʔ⁷	ȵiɿʔ⁸	dʑiɿʔ⁸	ȵiɿʔ⁸	tɕie⁵
堡镇	tsəʔ⁷	tsəʔ⁷	zəʔ⁸	səʔ⁷	ȵiəʔ⁸	dʑiəʔ⁸	ȵiəʔ⁸	tɕie⁵
练塘	tsəʔ⁷	tsəʔ⁷	zəʔ⁸	səʔ⁷	ȵiɿʔ⁸	dʑiɿʔ⁸	ȵiɿʔ⁸	tɕɿ⁵

序号	1799	1800	1801	1802	1803	1804	1805	1806
字目	健	言	掀	轩	宪	献	揭	竭
中古音的地位	山开三去愿群	山开三平元疑	山开三平元晓	山开三平元晓	山开三去愿晓	山开三去愿晓	山开三入月见	山开三入月群
市区	dʑi⁶	ɦi⁶	ɕi¹/ɕin¹		ɕi⁵	ɕi⁵	tɕiɪʔ⁷	
市区中	dʑi⁶	ɦi⁶	ɕi¹	ɕy¹	ɕi⁵	ɕi⁵	tɕiɪʔ⁷	dʑiɪʔ⁸
市区新	dʑi⁶	ɦi⁶	ɕi¹	ɕy¹	ɕi⁵	ɕi⁵	tɕiɪʔ⁷	dʑiɪʔ⁸
真如	dʑie⁶	ɦie⁶	ɕie¹/ɕin¹		ɕie⁵	ɕie⁵	tɕiɪʔ⁷	
江湾	dʑi⁶	ɦi⁶	ɕi¹		ɕi⁵	ɕi⁵	tɕiɪʔ⁷	
松江	dʑi⁶	ɦi²	ɕi¹		ɕi⁵	ɕi⁵	tɕiɪʔ⁷	
松江新	dʑi⁶	ɦi²	ɕin⁵	ɕyø¹	ɕi⁵	ɕi³	tɕiɪʔ⁷	tɕiɪʔ⁷
泗泾	dʑi⁶	ɦi²	ɕi¹		ɕi⁵	ɕi⁵	tɕiɪʔ⁷	
奉贤	ʑij⁶	ɦij²	ɕij¹/ɕiɐŋ¹		ɕij⁵	ɕij⁵	ʔʑiʔ⁷	
奉贤新	tɕi⁵	n̠i²	ɕi¹	ɕi¹	ɕi⁵	ɕi⁵	tɕiɪʔ⁷	dʑiɪʔ⁸
奉城	ʑij⁶	ɦij²	ɕiɐŋ		ɕij⁵	ɕij⁵	ʔʑiʔ⁷	
金山	ʑe⁶	ɦie²	ɕe¹		ɕe⁵	ɕe⁵	tɕiɪʔ⁷	
金山新	dʑi⁶	ɦi²/n̠i²	ɕi¹	ɕy¹	ɕi⁵	ɕi⁵	tɕiɪʔ⁷	dʑiɪʔ⁷
枫泾	dʑie⁶	ɦie²	ɕin¹		ɕie⁵	ɕie⁵	tɕiɪʔ⁷	
青浦	dʑi⁶	ɦi²	ɕiŋ¹		ɕɿ⁵	ɕɿ⁵	tɕiɪʔ⁷	
青浦新	dʑiɪ⁶	ɦiɪ²	ɕiən¹		ɕiɪ⁵	ɕiɪ⁵	tɕiɪʔ⁷	ziɪʔ⁸
莘庄	ʑi⁶	ɦi²	ɕi¹/ɕiŋ¹		ɕi⁵	ɕi⁵	ɕiɪʔ⁷	
闵行新	tɕi⁵	ɦiɪ²	ɕiɪ¹	ɕyø¹	ɦiɪ²	ɦiɪ²	tɕiə⁷	
川沙	dʑi⁶	ɦi²	ɕin¹		ɕi⁵	ɕi⁵	tɕiɪʔ⁷	
川沙新	dʑi⁶	n̠i²	ɕiŋ¹		ɕi⁵	ɕi⁵	tɕiɪʔ⁷	dʑiɪʔ⁸
高桥	dʑie⁶	ɦie²	ɕiɔ¹①		ɕie⁵	ɕie⁵	tɕiɪʔ⁷	
三林	ʑi⁶	ɦi²	ɕiŋ¹		ɕi⁵	ɕi⁵	ɕiɪʔ⁷	
周浦	dʑi⁶	ɦi²	ɕiŋ¹		ɕi⁵	ɕi⁵	tɕiɪʔ⁷	
南汇	dʑi⁶	ɦi²	ɕiŋ¹		ɕi⁵	ɕi⁵	tɕiɪʔ⁷	
南汇新	dʑi⁶	ɦi⁶	ɕi¹		ɦi⁶	ɕi⁵	tɕiɪʔ⁷	
嘉定	dʑiɪ⁶	ɦiɪ²	ɕiŋ¹		ɕiɪ⁵	ɕiɪ⁵	tɕiɪʔ⁷	
嘉定新	dʑiɪ⁶	ɦiɪ²	ɕiɪ¹	②	ɕiɪ⁶	ɕiɪ⁵	tɕiɪʔ⁷	dʑiɪʔ⁸
宝山	tɕi⁵	iɪ²	ɕiŋ¹	ɕiŋ¹	ɕi⁵	ɕi⁵	tɕiɪʔ⁷	tɕiɪʔ⁷
宝山新	tɕi⁵	iɪ⁵	ɕiɪ¹	ɕy¹	ɕi⁵	ɕi⁵	tɕiɪʔ⁷	dʑiɪʔ⁸
崇明	dʑie⁶	ɦie²	ɕin¹/ɕie¹		ɕie³	ɕie³	tɕiɪʔ⁷/ɕiəʔ⁷	
崇明新	dʑie⁶	ie²	ɕiɪʔ⁷	ɕyø¹	ɕie⁵	ɕie⁵	tɕiɪʔ⁷	dʑiɪʔ⁸
堡镇	dʑie⁶	ɦie²	ɕin¹/ɕie¹		ɕie³	ɕie³	tɕiɪʔ⁷/ɕiəʔ⁷	
练塘	dʑɿ⁶	ɦi²	ɕi¹		ɕɿ⁵	ɕɿ⁵	tɕiɪʔ⁷	

注：① 训读。
② 华亭读音为 ɕiɪ¹/ɕiɯ¹。

序号	1807	1808	1809	1810	1811	1812	1813	1814
字目	歇	边	蝙	扁	匾	遍	片	辨
中古音的地位	山开三入月晓	山开四平先帮	山开四平先帮	山开四上铣帮	山开四上铣帮	山开四去霰帮	山开四去霰滂	山开四上铣並
市区	ɕiɪʔ⁷	pi¹	pi¹	pi⁵	pi⁵	pi⁵	pʰi⁵	bi⁶
市区中	ɕiɪʔ⁷	pi¹	pi¹	pi⁵	pi⁵	pi⁵	pʰi⁵	bi⁶
市区新	ɕiɪʔ⁷	pi¹	pi¹	pi⁵	pi⁵	pi⁵	pʰi⁵	bi⁶
真如	ɕiɪʔ⁷	ʔbie¹	ʔbie¹	ʔbie³	ʔbie³	ʔbie³	pʰie⁵	bie⁶
江湾	ɕiɪʔ⁷	ʔbi¹	ʔbi⁵	ʔbi⁵	ʔbi⁵	ʔbi⁵	pʰi⁵	bi⁶
松江	ɕiɪʔ⁷	ʔbi¹	ʔbi¹	ʔbi³	ʔbi³	ʔbi⁵	pʰi⁵	bi⁴
松江新	ɕiɪʔ⁷	pi¹	piɪʔ⁷	pi³	pi³	pi⁵	pʰi⁵	bi⁶
泗泾	ɕiɪʔ⁷	ʔbi¹	ʔbi¹	ʔbi³	ʔbi³	ʔbi⁵	pʰi⁵	bi⁶
奉贤	ɕiɪʔ⁷	ʔbij¹	ʔbij¹	ʔbij³	ʔbij³	ʔbij⁵	pʰij⁵	bij⁶
奉贤新	ɕiɪʔ⁷	ʔbi¹	ʔbi¹	ʔbi⁵	ʔbi⁵	ʔbi⁵	pʰi⁵	bi⁶
奉城	ɕiɪʔ⁷	ʔbij¹	ʔbij¹	ʔbij³	ʔbij³	ʔbij³	pʰij⁵	bij⁶
金山	ɕiɪʔ⁷	ʔbe¹	ʔbe¹	ʔbe³	ʔbe³	ʔbe⁵	pʰe⁵	be⁶
金山新	ɕiɪʔ⁷	pi¹	pi¹	pi³	pi³	bi⁶	pʰi⁵	bi⁶
枫泾	ɕiɪʔ⁷	pie¹	pie¹	pie³	pie³	pie⁵	pʰie⁵	bie⁴
青浦	ɕiɪʔ⁷	ʔbɪ¹	ʔbɪ¹	ʔbɪ³	ʔbɪ³	ʔbɪ⁵	pʰɪ⁵	bɪ⁶
青浦新	siɪʔ⁷	pɪɪ¹	pɪɪ¹	pɪɪ³	pɪɪ³	pɪɪ⁵	pʰɪɪ⁵	bɪɪ⁶
莘庄	ɕiɪʔ⁷	ʔbi¹	ʔbi¹	ʔbi³	ʔbi³	ʔbi⁵	pʰi⁵	bi⁶
闵行新	ɕiəʔ⁷	pɪ¹	piəʔ⁷	pɪ³	pɪ³	bi²	pʰɪ⁵	bi²
川沙	ɕiɪʔ⁷	ʔbi¹	ʔbi¹	ʔbi³	ʔbi³	ʔbi⁵/pʰi¹	pʰi⁵	bi²
川沙新	ɕiɪʔ⁷	ʔbi¹	ʔbi¹	ʔbi³	ʔbi³	ʔbi⁵	pʰi⁵	bi⁶
高桥	ɕiɪʔ⁷	ʔbie¹	ʔbie¹	ʔbie¹	ʔbie³	ʔbie³	pʰie⁵	bie²
三林	ɕiɪʔ⁷	ʔbi¹	ʔbi¹	ʔbi³	ʔbi³	ʔbi⁵	pʰi⁵	bi²
周浦	ɕiɪʔ⁷	ʔbi¹	ʔbi¹	ʔbi³	ʔbi³	ʔbi⁵	pʰi⁵	bi²
南汇	ɕiɪʔ⁷	ʔbi¹	ʔbi¹	ʔbi³	ʔbi³	ʔbi⁵	pʰi⁵	bi²
南汇新	ɕiɪʔ⁷	ʔbi¹	ʔbi¹	ʔbi³	ʔbi³	ʔbi⁵	pʰi⁵	bi⁶
嘉定	ɕiɪʔ⁷	pɪɪ¹	pɪɪ¹	pɪɪ⁵	pɪɪ⁵	pɪɪ⁵	pʰɪɪ⁵	bɪɪ⁶
嘉定新	ɕiɪʔ⁷	pɪɪ¹	pɪɪ¹	pɪɪ⁵	pɪɪ⁵	pɪɪ⁵	pʰɪɪ⁵	bɪɪ⁶
宝山	ɕiɪʔ⁷	pɪɪ¹	pɪɪ¹	pɪɪ⁵	pɪɪ⁵	pʰɪɪ⁵	pʰɪɪ⁵	bɪɪ⁶
宝山新	ɕiɪʔ⁷	pɪɪ¹	pɪɪ¹	pɪɪ⁵	pɪɪ⁵	pʰɪɪ⁵	pʰɪɪ⁵	bɪɪ⁶
崇明	ɕiəʔ⁷	pie¹	pie³	pie³	pie³	pie¹	pʰie⁵	bie⁴
崇明新	ɕiɪʔ⁷	pie¹	pie¹	pie¹	pie¹	pie⁵	pʰie⁵	bie⁶
堡镇	ɕiəʔ⁷	pie¹	pie¹	pie³	pie³	pie¹	pʰie⁵	bie⁴
练塘	ɕiɪʔ⁷	pɪ¹	pɪ¹	pɪ³	pɪ¹	pɪ¹	pʰɪ⁵	bɪ⁴

序号	1815	1816	1817	1818	1819	1820	1821	1822
字目	眠	面面粉	颠	典	天	田	填	电
中古音的地位	山开四平先明	山开四去霰明	山开四平先端	山开四上铣端	山开四平先透	山开四平先定	山开四平先定	山开四去霰定
市区	mi⁶		ti¹	ti⁵	tʰi¹	di⁶	di⁶	di⁶
市区中	mi⁶	mi⁶	ti¹	ti⁵	tʰi¹	di⁶	di⁶	di⁶
市区新	mi⁶	mi⁶	ti¹	ti⁵	tʰi¹	di⁶	di⁶	di⁶
真如	mie⁶	mie⁶	ʔdie¹	ʔie³	tʰie¹	die²	die²	die⁶
江湾	mi⁶	mi⁶	ʔdi¹	ʔdi⁵	tʰi¹	di⁶	di⁶	di⁶
松江	mi²	mi⁶	ʔdi¹	ʔdi³	tʰi¹	di²	di²	di⁶
松江新	mi²	mi⁶	ti¹	ti³	tʰi¹	di²	di²	di⁶
泗泾	mi²	mi⁶	ʔdi¹	ʔdi³	tʰi¹	di²	di²	di⁶
奉贤	mij²	mij⁶	ʔdij¹	ʔdij³	tʰij¹	dij²	dij²	dij⁶
奉贤新	mi²	mi⁶	ʔdi¹	ʔdi³	tʰi¹	di²	di²	di⁶
奉城	mij²	mij⁶	ʔdij¹	ʔdij³	tʰij¹	dij²	dij²	dij⁶
金山	me²	me⁶	ʔde¹	ʔde³	tʰe¹	de²	de²	de⁶
金山新	mi²	mi⁶	ti¹	ti³	tʰi¹	di²	di²	di⁶
枫泾	mie¹	mie⁶	tie¹	tie³	tʰie¹	die²	die²	die⁶
青浦	mɿ²	mɿ⁶	ʔdɿ¹	ʔdɿ⁵	tʰɿ¹	dɿ²	dɿ²	dɿ⁶
青浦新	miɿ²	miɿ⁶	tiɿ¹	tiɿ³	tʰiɿ¹	diɿ²	diɿ²	diɿ⁶
莘庄	mi²	mi⁶	ʔdi¹	ʔdi³	tʰi¹	di²	di²	di⁶
闵行新	min²	mɿi²	ti¹	tɿ⁵	tʰɿi¹	dɿi²	dɿi²	dɿi²
川沙	mi²	mi⁶	ʔdi¹	ʔdi³	tʰi¹	di²	di²	di⁶
川沙新		mi⁵	ʔdi¹	ʔdi³	tʰi¹	di⁶	di⁶	di⁶
高桥	mie²	mie²	ʔdie¹	ʔdi⁵	tʰie¹	die²	die²	die²
三林	mi²	mi⁶	ʔdi¹	ʔdi⁵	tʰi¹	di²	di²	di⁶
周浦	mi²	mi⁶	ʔdi¹	ʔdi³	tʰi¹	di²	di²	di⁶
南汇	mi²	mi⁶	ʔdi¹	ʔdi³	tʰi¹	di²	di²	di⁶
南汇新	mi⁶	mi⁶	ʔdi¹	ʔdi³	tʰi¹	di⁶	di⁶	di⁶
嘉定	miɿ²	miɿ⁶	tiɿ¹	tiɿ⁵	tʰiɿ¹	diɿ²	diɿ²	diɿ⁶
嘉定新	miɿ²	miɿ⁶	tiɿ¹	tiɿ⁵	tʰiɿ¹	diɿ²	diɿ²	diɿ⁶
宝山	miɿ²	miɿ⁶	tiɿ⁵	tiɿ⁵	tʰiɿ¹	tiɿ²	tiɿ²	tiɿ⁶
宝山新	miɿ⁶	miɿ⁶	tiɿ⁵	tiɿ⁵	tʰiɿ⁵	tiɿ⁵	tiɿ⁵	tiɿ⁵
崇明	mie²	mie⁶	tie¹	tie³	tʰie¹	die²	die²	die⁴
崇明新	mie²	mie⁶	tie¹	tie³	tʰie¹	die²	die²	die⁶
堡镇	mie²	mie⁶	tie¹	tie³	tʰie¹	die²	die²	die⁴
练塘	mɿ²	mɿ⁶	tɿ¹	tɿ¹	tʰɿ¹	dɿ²	dɿ²	dɿ⁶

序号	1823	1824	1825	1826	1827	1828	1829	1830
字目	殿	奠	佃	垫	年	怜	莲	练
中古音的地位	山开四去霰定	山开四去先定	山开四去先定	山开四去霰定	山开四平先年	山开四平先来	山开四平先来	山开四去霰来
市区	di⁶			di⁶	ȵi⁶	li⁶	li⁶	li⁶
市区中	di⁶	di⁶	di⁶	di⁶	ȵi⁶	li⁶	li⁶	li⁶
市区新	di⁶	di⁶	di⁶	di⁶	ȵi⁶	li⁶	li⁶	li⁶
真如	die⁶			die⁶	ȵie²	lie²	lie²	lie⁶
江湾	di⁶			di⁶	ȵi⁶	li⁶	li⁶	li⁶
松江	di⁶			di⁶	ȵi²	li²	li²	li⁶
松江新	di⁶	di⁶	di⁶	di⁶	ȵiɿ²	liɿ²	liɿ²	liɿ⁶
泗泾	di⁶			di⁶	ȵi²	li²	li²	li⁶
奉贤	dij⁶			dij⁶	ȵij²	lij⁶	lij²	lij⁶
奉贤新	di⁶	di⁶	di⁶	di⁶	ȵi²	li²	li²	li⁶
奉城	dij⁶			dij⁶	ȵij²	lij²	lij²	lij⁶
金山	de⁶			de⁶	ȵe²	le²	le²	le⁶
金山新	di⁶	di⁶		di⁶	ȵi²	li²	li²	li⁶
枫泾	die⁶			die⁶	ȵie²	lie²	lie²	lie⁶
青浦	dɿ⁶			dɿ⁶	ȵɿ²	lɿ²	lɿ²	lɿ⁶
青浦新	diɿ⁶	diɿ⁶	diɿ⁶	diɿ⁶	ȵiɿ²	liɿ²	liɿ²	liɿ⁶
莘庄	di⁶			di⁶	ȵi²	liŋ²	li²	li⁶
闵行新	di²	di²	di²	di²	ni²	liŋ²	lɿ²	lɿ¹²
川沙	di⁶			di⁶	ȵi²	li²	li²	li⁶
川沙新	ʔdi⁵	ʔdi⁵		di⁶	ȵi²	li⁶	li⁶	li⁵
高桥	die²			die²	ȵie⁶	lie²	lie²	lie²
三林	di⁶			di⁶	ȵi²	liŋ²	li²	li⁶
周浦	di⁶			di⁶	ȵi²	liŋ²	li²	li⁶
南汇	di⁶			di⁶	ȵi²	liŋ²	li²	li⁶
南汇新	di⁶	di⁶		di⁶	ȵi⁶	li⁶	li⁶	li⁶
嘉定	diɿ⁶			diɿ⁶	ȵiɿ²	liɿ²	liɿ²	liɿ⁶
嘉定新	diɿ⁶	diɿ⁶	diɿ⁶	diɿ⁶	ȵiɿ²	liɿ²	liɿ²	liɿ⁶
宝山	tiɿ⁶	tiɿ⁶	tiɿ⁶	tiɿ⁶	ȵiɿ²	liŋ²	liŋ²	liɿ⁶
宝山新	tiɿ⁵	tiɿ⁵	tiɿ⁵	tiɿ⁵	ȵiɿ⁵	liɿ⁵	liɿ⁵	liɿ⁶
崇明	die⁶			die⁶	ȵie²	lie⁶	lie²	lie⁶
崇明新	die⁶	die⁶		die⁶	ȵie²	lie²	lie²	lie⁶
堡镇	die⁶			die⁶	ȵie²	lie²	lie²	lie⁶
练塘	dɿ⁶			dɿ⁶	ȵɿ²	lɿ²	lɿ²	lɿ⁶

序号	1831	1832	1833	1834	1835	1836	1837	1838
字目	炼(鍊)	炼	笺	荐	千	前	先	肩
中古音的地位	山开四去霰来	山开四去霰来	山开四平先精	山开四去霰精	山开四平先清	山开四平先从	山开四平先心	山开四平先见
市区	li⁶	li⁶	tɕʰi¹/tɕi¹		tɕʰi¹	zi⁶	ɕi¹	tɕi¹
市区中	li⁶	li⁶	dʑi⁶	tɕi⁵	tɕʰi¹	dʑi⁶	ɕi¹	tɕi¹
市区新	li⁶	li⁶	dʑi⁶	tɕi⁵	tɕʰi¹	dʑi⁶	ɕi¹	tɕi¹
真如	lie⁶	lie⁶	tsʰie¹		tsʰie¹	zie²	sie¹	tɕie¹
江湾	li⁶	li⁶	tsʰi¹		tsʰi¹	zi⁶	si¹	tɕi¹
松江	li⁶	li⁶	tsʰi¹		tsʰi¹	zi²	si¹	tɕi¹
松江新	liɿ⁶	liɿ⁶	tɕi³	tɕi⁵	tɕʰi¹	ʑi²	ɕi¹	tɕi¹
泗泾	li⁶	li⁶	tsʰi¹		tsʰi¹	zi²	si¹	tɕi¹
奉贤	lij⁶	lij⁶	tsʰij¹		tsʰij¹	zij²	sij¹	ʔjij¹
奉贤新	li⁶	li⁶	tɕie?⁷	tɕi⁵	tɕʰi¹	ʑi²	ɕi¹	tɕi¹
奉城	lij⁶	lij⁶	tsʰij¹		tsʰij¹	zij²	sij¹	ʔjij¹
金山	le⁶	le⁶	tsʰe¹		tsʰe¹	ze²	se¹	ce¹
金山新	li⁶	li⁶	tɕi⁵	tɕi⁵	tɕʰi¹	ʑi²	ɕi¹	tɕi⁵
枫泾	lie⁶	lie⁶	tsʰie¹		tsʰie¹	zie²	sie¹	tɕie¹
青浦	lɿ⁶	lɿ⁶	tɕɿ⁵		tɕʰɿ¹	zɿ²	sɿ¹	tɕɿ¹
青浦新	liɿ⁶	liɿ⁶	tɕiɿ¹	tɕiɿ⁵	tsʰiɿ¹	ziɿ²	siɿ¹	tɕiɿ¹
莘庄	li⁶	li⁶	tsʰi¹		tsʰi¹	zi²	si¹	ci¹
闵行新	lɿ¹²	lɿ¹²		tɕiɿ⁵	tɕʰiɿ¹	ze²	ɕiɿ¹	tɕiɿ¹
川沙	li⁶	li⁶	tsʰi¹		tsʰi¹	zi²	si¹	tɕi¹
川沙新	li⁵	li⁵	tɕi⁵	tɕi⁵	tɕʰi¹	zi⁶	ɕi¹	tɕi¹
高桥	lie²	lie²	tsʰie¹		tsʰie¹	zie²	sie¹	tɕie¹
三林	li⁶	li⁶	tsʰi¹		tsʰi¹	zi²	si¹	ci¹
周浦	li⁶	li⁶	tsʰi¹		tsʰi¹	zi²	si¹	tɕi¹
南汇	li⁶	li⁶	tsʰi¹		tsʰi¹	zi²	si¹	tɕi¹
南汇新	li⁶	li⁶	tɕʰi¹	tɕi⁵	tɕʰi¹	zi⁶	ɕi¹	tɕi¹
嘉定	liɿ⁶	liɿ⁶	tsiɿ¹		tsʰiɿ¹	ziɿ²	siɿ¹	tɕiɿ¹
嘉定新	liɿ⁶	liɿ⁶	tsʰiɿ¹	dʑiɿ⁶	tsʰiɿ¹	ziɿ²	siɿ¹	tɕiɿ¹
宝山	liɿ⁶	liɿ⁶	tɕʰiɿ¹	tɕʰiɿ¹	tsʰiɿ¹	siɿ⁵	siɿ¹	tɕiɿ¹
宝山新	liɿ⁶	liɿ⁶		tɕiɿ⁵	tsʰiɿ¹	ɕi⁶	ɕiɿ¹	tɕiɿ¹
崇明	lie⁶	lie⁶	tɕie⁵		tɕʰie¹	dʑie²/ʑie²	ɕie¹	tɕie¹
崇明新	lie⁶	lie⁶	tɕʰie¹	tɕie³	tɕʰie¹	ʑie²	ɕie¹	tɕie¹
堡镇	lie⁶	lie⁶	tɕie⁵		tɕʰie¹	dʑie²/ʑie²	ɕie¹	tɕie¹
练塘	lɿ⁶	lɿ⁶	tɕɿ⁵		tɕʰɿ¹	zɿ²	sɿ¹	tɕɿ¹

序号	1839	1840	1841	1842	1843	1844	1845	1846
字目	坚	茧	见	牵	研	砚	显	贤
中古音的地位	山开四平先见	山开四上铣见	山开四去霰见	山开四平先溪	山开四平先疑	山开四去霰疑	山开四上铣晓	山开四平先匣
市区	tɕi¹	tɕi⁵	tɕi⁵	tɕʰi¹	ȵi¹/ȵi⁶	ȵi⁶	ɕi⁵	ɦi⁶
市区中	tɕi¹	tɕi⁵	tɕi⁵	tɕʰi¹	ȵi⁶	ȵi⁶	ɕi⁵	ɦi⁶
市区新	tɕi¹	tɕi⁵	tɕi⁵	tɕʰi¹	ȵi⁶	ȵi⁶	ɕi⁵	ɦi⁶
真如	tɕie¹	tɕie⁵	tɕie⁵	tɕʰie¹	ȵie¹	ȵie⁶	ɕie⁵	ɦie²
江湾	tɕi¹	tɕi⁵	tɕi⁵	tɕʰi¹	ȵi⁶	ȵi⁶	ɕi⁵	ɦi⁶
松江	tɕi¹	tɕi³	tɕi⁵	tɕʰi¹	ȵi¹	ȵi⁶	ɕi³	ɦi²
松江新	tɕi¹	tɕi³	tɕi⁵	tɕʰi¹	ȵi¹	ȵi⁶	ɕi³	ɦi²
泗泾	tɕi¹	tɕi³	tɕi⁵	tɕʰi¹	ȵi¹	ȵi⁶	ɕi³	ɦi²
奉贤	ʔɟij¹	ʔɟij³	ʔɟij⁵	cʰij	ɲij¹	ɲij⁶	çij³	ɦij²
奉贤新	tɕi¹	tɕi⁵	tɕi³	tɕʰi¹	ȵi¹	ɦi⁶	ɕi³	ɦi²
奉城	ʔɟij¹	ʔɟij⁵	ʔɟij⁵	cʰij	ɲij¹	ɲij⁶	çij³	ɦij²
金山	ce¹	ce³	ce⁵	cʰe¹	ɲe¹	ɲe⁶	çe⁵	ɦie²
金山新	tɕi⁵	tɕi⁵	tɕi⁵	tɕʰi¹	ȵi¹	ȵi⁶	ɕi³	ɦi²
枫泾	tɕie¹	tɕie⁵	tɕie⁵	tɕʰie¹	ȵie¹	ȵie⁶	ɕie⁵	ɦie²
青浦	tɕɿ¹	tɕɿ⁵	tɕɿ⁵	tɕʰɿ¹	ȵɿ²	ȵɿ⁶	ɕɿ⁵	ɦɿ²
青浦新	tɕiɿ¹	tɕiɿ³	tɕiɿ⁵	tɕʰiɿ¹	ȵiɿ²	ȵiɿ⁶	ɕiɿ³	ɦiɿ²
莘庄	ci¹	ci⁵	ci⁵	cʰi¹	ɲi¹	ɲi⁶	çi⁵	ɦi²
闵行新	tɕi¹	tɕiɿ⁵	tɕiɿ⁵	tɕʰi¹	ȵi¹	ȵiɿ²	ɕi³	ɦiɿ²
川沙	tɕi¹	tɕi³	tɕi⁵	tɕʰi¹	ȵi¹/ȵi²	ȵi⁶	ɕi³	ɦi²
川沙新	tɕi¹	tɕi³	tɕi⁵	tɕʰi¹	ȵi¹	ȵi⁶	ɕi³	zi⁶
高桥	tɕie¹	tɕie³	tɕie⁵	tɕʰie¹	ȵie¹	ȵie⁶	ɕie⁵	ɦie²
三林	ci¹	ci⁵	ci⁵	cʰi¹	ɲi¹	ɲi⁶	çi⁵	ɦi²
周浦	tɕi¹	tɕi³	tɕi⁵	tɕʰi¹	ȵi¹	ȵi⁶	ɕi³	ɦi²
南汇	tɕi¹	tɕi³	tɕi⁵	tɕʰi¹	ȵi¹	ȵi⁶	ɕi³	ɦi²
南汇新	tɕi¹	tɕi³	tɕi⁵	tɕʰi¹	ȵi¹	ȵi⁶	ɕi³	
嘉定	tɕɿ¹	tɕɿ⁵	tɕɿ⁵	tɕʰɿ¹	ȵɿ²	ȵɿ²	ɕɿ⁵	ɦɿ²
嘉定新	tɕiɿ¹	tɕiɿ⁵	tɕiɿ⁵	tɕʰiɿ¹	ȵiɿ¹	ȵiɿ⁶	ɕiɿ⁵	ɦiɿ²
宝山	tɕiɿ¹	tɕiɿ⁵	tɕiɿ⁵	tɕʰiɿ¹	ȵiɿ¹	ȵiɿ⁵	ɕiɿ⁵	ɦiɿ⁵
宝山新	tɕiɿ¹	tɕiɿ⁵	tɕiɿ⁵	tɕʰiɿ¹	ȵiɿ⁵	ȵiɿ⁵	ɕiɿ⁵	ɦiɿ⁵
崇明	tɕie¹	tɕie⁵	tɕie⁵	tɕʰie¹	ȵie¹	ȵie⁶	ɕie³	ɦie²
崇明新	tɕie¹	tɕie³	tɕie⁵	tɕʰie¹	ȵie²	ie⁶	ɕie³	zie²
堡镇	tɕie¹	tɕie⁵	tɕie⁵	tɕʰie¹	ȵie¹	ȵie⁶	ɕie⁵	ɦie²
练塘	tɕɿ¹	tɕɿ⁵	tɕɿ⁵	tɕʰɿ¹	ȵɿ¹	ȵɿ⁶	ɕɿ¹	ɦɿ²

序号	1847	1848	1849	1850	1851	1852	1853	1854
字目	弦	现	烟	燕	燕燕子	咽吞咽	宴宴会	撤
中古音的地位	山开四平先匣	山开四去霰匣	山开四平先影	山开四平先影	山开四去霰影	山开四去霰影	山开四去霰影	山开三入薛彻
市区	ɦi⁶	ɦi⁶	i¹	i⁵	i⁵	i⁵	i⁵	
市区中	ɦi⁶	ɦi⁶	i¹	i⁵	i⁵	i⁵	i⁵	tsʰɐʔ⁷
市区新	ɦi⁶	ɦi⁶	i¹	i⁵	i⁵	i⁵	i⁵	tsʰɐʔ⁷
真如	ɦie²	ɦie⁶	ie¹	ie¹	ie¹	ie⁵	ie³	tsʰəʔ⁷
江湾	ɦi⁶	ɦi⁶	i¹	i¹	i⁵	i⁵	i⁵	tsʰəʔ⁷
松江	ɦi²	ɦi⁶	i¹	i¹	i⁵	i⁵	i⁵	tsʰəʔ⁷
松江新	ɦi²	ɦi⁶	i¹	i¹	i⁵	i⁵	i⁵	tsʰʌʔ⁷
泗泾	ɦi²	ɦi⁶	i¹	i¹	i⁵	i⁵	i⁵	tsʰəʔ⁷
奉贤	ɦij²	ɦij⁶	ij¹	ij⁵	ij⁵	ij⁵	ij⁵	tsʰeʔ⁷
奉贤新	ɦi²	ɦiɛ⁶	i¹	i¹	i¹	i¹	i¹	tsʰəʔ⁷
奉城	ɦij²	ɦij⁶	ij¹	ij⁵	ij⁵	ij⁵	ij⁵	tsʰeʔ⁷
金山	ɦie²	ɦie⁶	e¹	e⁵	e⁵	e⁵	e⁵	tsʰəʔ⁷
金山新	ɦi²	ɦi⁶	i¹	i¹	i⁵	i⁵	i⁵	tsʰəʔ⁷
枫泾	ɦie²	ɦie⁶	ie¹	ie¹	ie⁵	ie⁵	ie⁵	tsʰəʔ⁷
青浦	ɦɪ²	ɦɪ⁶	ɪ¹	ɪ¹	ɪ⁵	ɪ⁵	ɪ⁵	tsʰəʔ⁷
青浦新	ɦiɪ²	ɦiɪ⁶	iɪ¹	iɪ⁵	iɪ⁵	iɪ⁵	iɪ⁵	tsʰəʔ⁷
莘庄	ɦi²	ɦi⁶	i¹	i⁵	i⁵	i⁵	i⁵	tsʰəʔ⁷
闵行新	ɦiɪ²	ɦiɪ²	iɪ¹	iɪ¹	iɪ¹	iɪ¹	iɪ¹	tsəʔ⁷
川沙	ɦi²	ɦi⁶	i¹	i¹	i⁵	i⁵	i⁵	tsʰəʔ⁷
川沙新	zi⁶	ɦi⁶	i¹	i¹	i⁵	i⁵	i⁵	tsʰɤʔ⁷
高桥	ɦie²	ɦie⁶	ie¹	ɦie²	ie³	ie¹	ie³	tsʰəʔ⁷
三林	ɦi²	ɦi⁶	i¹	i⁵	i⁵	i⁵	i⁵	tsʰəʔ⁷
周浦	ɦi²	ɦi⁶	i¹	i⁵	i⁵	i⁵	i⁵	tsʰəʔ⁷
南汇	ɦi²	ɦi⁶	i¹	i¹	i⁵	i⁵	i⁵	tsʰəʔ⁷
南汇新		ɦi⁶	i¹	i⁵	i⁵	i⁵		tsʰəʔ⁷
嘉定	ɦiɪ²	ɦiɪ⁶	iɪ¹	iɪ⁵	iɪ⁵	iɪ⁵	iɪ⁵	tsʰəʔ⁷
嘉定新	ɦiɪ²	ɦiɪ⁶	iɪ¹	iɪ⁵	iɪ⁵	iɪ⁵	iɪ⁵	tsʰəʔ⁷
宝山	ɦiɪ⁵	ɦiɪ⁵	iɪ¹	iɪ¹	iɪ¹	iɪ¹	iɪ¹	tsʰəʔ⁷
宝山新	ɦiɪ⁵	ɦiɪ⁵	ɦiɪ¹	ɦiɪ¹	ɦiɪ⁵	ɦiɪ⁵	ɦiɪ⁵	tsʰəʔ⁷
崇明	ɦie²	ɦie⁶	ie¹	ie⁵	e⁵	ie⁵	ie⁵	tsʰəʔ⁷
崇明新	zie²	ie⁶	ie¹	ie⁵	ie¹	ie⁵	ie⁵	tsʰəʔ⁷
堡镇	ɦie²	ɦie⁶	ie¹	ie¹	ie⁵	e⁵	ie⁵	tsʰəʔ⁷
练塘	ɦɪ²	ɦɪ⁶	ɪ¹	ɪ¹	ɪ⁵	ɪ⁵	ɪ⁵	tsʰəʔ⁷

序号	1855	1856	1857	1858	1859	1860	1861	1862
字目	铁	跌	捏	节	切切开	窃	截	屑
中古音的地位	山开四入屑透	山开四入屑定	山开四入屑泥	山开四入屑精	山开四入屑清	山开四入屑清	山开四入屑从	山开四入屑见
市区	$t^hiɪʔ^7$	$tiɪʔ^7$	$ɲiʌʔ^8$	$tɕiɪʔ^7$	$tɕ^hiɪʔ^7$			$ɕiɪʔ^7$
市区中	$t^hiɪʔ^7$	$tiɪʔ^7$	$ɲiɪʔ^8$	$tɕiɪʔ^7$	$tɕ^hiɪʔ^7$	$tɕ^hiɪʔ^7$	$dʑiɪʔ^8$	$ɕiɪʔ^7$
市区新	$t^hiɪʔ^7$	$tiɪʔ^7$	$ɲiɪʔ^8$	$tɕiɪʔ^7$	$tɕ^hiɪʔ^7$	$tɕ^hiɪʔ^7$	$dʑiɪʔ^8$	$ɕiɪʔ^7$
真如	$t^hiɪʔ^7$	$ʔdieʔ^7$	$ɲiæʔ^8$	$tsiɪʔ^7$	$ts^hiɪʔ^7$		$tɕiɪʔ^7$	$siɪʔ^7$
江湾	$t^hɪʔ^7$	$tɪʔ^7$	$ɲiaʔ^8$	$tsɪʔ^7$	$ts^hɪʔ^7$		$tɕiɪʔ^7$	$sɪʔ^7$
松江	$t^hiɪʔ^7$	$ʔdiɪʔ^7$	$ɲiæʔ^8$	$tsiɪʔ^7$	$ts^hiɪʔ^7$		$tɕiɪʔ^7$	$siɪʔ^7$
松江新	$t^hiɪʔ^7$	$tiɪʔ^7$	$ɲiɪʔ^8$	$tɕiɪʔ^7$	$tɕ^hiɪʔ^7$	$tɕ^hiɪʔ^7$	$tɕiɪʔ^7$	$ɕyɪʔ^7$
泗泾	$t^hiɪʔ^7$	$ʔdiɪʔ^7$	$ɲiæʔ$	$tsiɪʔ^7$	$ts^hiɪʔ^7$		$tɕiɪʔ^7$	$siɪʔ^7$
奉贤	$t^hiɪʔ^7$	$ʔdiɪʔ^7$	$ɲiæʔ^8$	$tsiɪʔ^7$	$ts^hiɪʔ^7$		$tɕiɪʔ^7$	$siɪʔ^7$
奉贤新	$t^hiɪʔ^7$	$ʔdiɪʔ^7$	$ɲiɪʔ^8$	$tɕiɪʔ^7$	$tɕ^hiɪʔ^7$	$tɕ^hiɪʔ^7$	$dʑiɪʔ^8$	$ɕiɪʔ^7$
奉城	$t^hiɪʔ^7$	$ʔdiɪʔ^7$	$ɲiæʔ^8$	$tsiɪʔ^7$	$ts^hiɪʔ^7$		$tɕiɪʔ^7$	$siɪʔ^7$
金山	$t^hiɪʔ^7$	$ʔdiɪʔ^7$	$ɲiæʔ^8$	$tsiɪʔ^7$	$ts^hiɪʔ^7$		$tɕiɪʔ^7$	$siɪʔ^7$
金山新	$t^hiɪʔ^7$	$tiɪʔ^7$	$ɲiɪʔ^8$	$tɕiɪʔ^7$	$tɕ^hiɪʔ^7$	$tɕ^hiɪʔ^7$	$ziɪʔ^7$	$ɕyɪʔ^7$
枫泾	$t^hiɪʔ^7$	$tiɪʔ^7$	$ɲiaʔ^8$	$tsiɪʔ^7$	$ts^hiɪʔ^7$		$tɕiɪʔ^7$	$siɪʔ^7$
青浦	$t^hiɪʔ^7$	$ʔdiɪʔ^7$	$ɲiæʔ^8$	$tsiɪʔ^7$	$ts^hiɪʔ^7$		$tɕiɪʔ^7$	$siɪʔ^7$
青浦新	$t^hiɪʔ^7$	$tiɪʔ^7$	$ɲiæʔ^8$	$tsiɪʔ^7$	$ts^hiɪʔ^7$		$ziɪʔ^8$	$siɪʔ^7$
莘庄	$t^hiɪʔ^7$	$ʔdiɪʔ^7$	$ɲiæʔ^8$	$tsiɪʔ^7$	$ts^hiɪʔ^7$		$tɕiɪʔ^7$	$siɪʔ^7$
闵行新	$t^hiəʔ^7$	$tiəʔ^7$	$ɲiaʔ^8$	$iɪ^1$	$iɪ^1$	$iɪ^1$	$iɪ^1$	$iɪ^1$
川沙	$t^hiɪʔ^7$	$ʔdiɪʔ^7$	$ɲiæʔ^8$	$tsiɪʔ^7$	$ts^hiɪʔ^7$		$tɕiɪʔ^7$	$siɪʔ^7$
川沙新	$t^hiɪʔ^7$	$ʔdiɪʔ^7$	$ɲiɪʔ^8$	$tɕiɪʔ^7$	$tɕ^hiɪʔ^7$	$tɕ^hiɪʔ^7$	$dʑiɪʔ^8$	$ɕiɪʔ^7$
高桥	$t^hɪʔ^7$	$tɪʔ^7$	$ɲiʌʔ^8$	$tsiɪʔ^7$	$ts^hiɪʔ^7$		$tɕiɪʔ^7$	$siɪʔ^7$
三林	$t^hiɪʔ^7$	$ʔdiɪʔ^7$	$ɲiæʔ^8$	$tsiɪʔ^7$	$ts^hiɪʔ^7$		$tɕiɪʔ^7$	$siɪʔ^7$
周浦	$t^hiɪʔ^7$	$ʔdiɪʔ^7$	$ɲiʌʔ^8$	$tsiɪʔ^7$	$ts^hiɪʔ^7$		$tɕiɪʔ^7$	$siɪʔ^7$
南汇	$t^hiɪʔ^7$	$ʔdiɪʔ^7$	$ɲiʌʔ^8$	$tsiɪʔ^7$	$ts^hiɪʔ^7$		$tɕiɪʔ^7$	$siɪʔ^7$
南汇新	$t^hiɪʔ^7$	$ʔdiɪʔ^7$	$ɲieʔ^8$	$tɕiɪʔ^7$	$tɕ^hiɪʔ^7$	$tɕ^hiɪʔ^7$	$tɕiɪʔ^7$	$ɕiɪʔ^7$
嘉定	$t^hiɪʔ^7$	$tiɪʔ^7$	$ɲiʌʔ^8$	$tsiɪʔ^7$	$ts^hiɪʔ^7$		$tɕiɪʔ^7$	$siɪʔ^7$
嘉定新	$t^hiɪʔ^7$	$tiɪʔ^7$	$ɲiaʔ^8$	$tsiɪʔ^7$	$ts^hiɪʔ^7$	$tɕ^hiɪʔ^7$	$ziɪʔ^8$	$siɪʔ^7$
宝山	$t^hiɪʔ^7$	$tiɪʔ^7$	$ɲiʌʔ^8$	$tsiɪʔ^7$	$ts^hiɪʔ^7$	$ts^hiɪʔ^7$	$ziɪʔ^8$	$ɕiɪʔ^7$
宝山新	$t^hiɪʔ^7$	$tiɪʔ^7$	$ɲiʌʔ^8$	$tɕiɪʔ^7$	$tɕ^hiɪʔ^7$	$tɕ^hiɪʔ^7$	$tɕiɪʔ^8$	$ɕiɪʔ^7$
崇明	$t^hiəʔ^7$	$tiəʔ^7$	$ɲiaʔ^8$	$tɕiəʔ^7$	$tɕ^hiəʔ^7$		$ɕiəʔ^7$	$ɕiəʔ^7$
崇明新	$tiɪʔ^7$	$tiɪʔ^7$	$ɲiɪʔ^8$	$tɕiɪʔ^7$	$tɕ^hie^1$		$ziɪʔ^8$	$ɕiɪʔ^7$
堡镇	$t^hiəʔ^7$	$tiəʔ^7$	$ɲiaʔ^8$	$tɕiəʔ^7$	$tɕ^hiəʔ^7$		$ɕiəʔ^7$	$ɕiəʔ^7$
练塘	$t^hiɪʔ^7$	$tiɪʔ^7$	$ɲiæʔ^8$	$tsiɪʔ^7$	$ts^hiɪʔ^7$		$tɕiɪʔ^7$	$siɪʔ^7$

序号	1863	1864	1865	1866	1867	1868	1869	1870
字目	结	洁	锲镰刀	噎	般	搬	半	绊
中古音的地位	山开四入屑见	山开四入屑见	山开四入屑见	山开四入屑影	山合一平桓帮	山合一平桓帮	山合一去换帮	山合一去换帮
市区	tɕiɪʔ⁷	tɕiɪʔ⁷		iɪʔ⁷	pɛ¹	pø¹	pø⁵	bø⁶
市区中	tɕiɪʔ⁷	tɕiɪʔ⁷	tɕiɪʔ⁷	iɪʔ⁷	pø¹/pɛ¹	pø¹/pɛ¹	pø⁵/pɛ¹	pø⁵/pɛ¹
市区新	tɕiɪʔ⁷	tɕiɪʔ⁷	tɕiɪʔ⁷	iɪʔ⁷	pø¹/pɛ¹	pø¹/pɛ¹	pø⁵/pɛ¹	pø⁵/pɛ¹
真如	tɕiɪʔ⁷	tɕiɪʔ⁷		iɪʔ⁷	ʔbɛ¹	ʔbe¹	ʔbe⁵	ʔbɛ⁵/be⁶
江湾	tɕiɪʔ⁷	tɕiɪʔ⁷		iɪʔ⁷	ʔbɛ¹	ʔbe¹	ʔbe⁵	be⁶
松江	tɕiɪʔ⁷	tɕiɪʔ⁷		iɪʔ⁷	ʔbɛ¹	ʔbe¹	ʔbe⁵	ʔbe⁵
松江新	tɕiɪʔ⁷	tɕiɪʔ⁷		iɪʔ⁷	pɛ¹	pe¹	pe⁵	pɛ¹
泗泾	tɕiɪʔ⁷	tɕiɪʔ⁷		iɪʔ⁷	ʔbɛ¹	ʔbe¹	ʔbe⁵	ʔbe⁵
奉贤	ʔʝiɪʔ⁷	ʔʝiɪʔ⁷		iɪʔ⁷	ʔbɛ¹	ʔbe¹	ʔbe⁵	be⁶
奉贤新	tɕiɪʔ⁷	tɕiɪʔ⁷	tɕiɪʔ⁷	i⁵	pɛ¹	ʔbø²	ʔbø³	ʔbø³
奉城	ʔʝiɪʔ⁷	ʔʝiɪʔ⁷		iɪʔ⁷	ʔbɛ¹	ʔbe¹	ʔbe⁵	be⁶
金山	tɕiɪʔ⁷	tɕiɪʔ⁷		iɪʔ⁷	ʔbɛ¹	ʔbe¹	ʔbe⁵	ʔbe⁵
金山新	tɕiɪʔ⁷	tɕiɪʔ⁷	tɕiɪʔ⁷	iɪʔ⁷	pɛ¹	be²	pe⁵	pɛ⁵
枫泾	tɕiɪʔ⁷	tɕiɪʔ⁷		iɪʔ⁷	pø¹	pø¹	pø⁵	pø⁵
青浦	tɕiɪʔ⁷	tɕiɪʔ⁷		iɪʔ⁷	ʔbɪ¹	ʔbɪ¹	ʔbɪ⁵	ʔbɪ⁵
青浦新	tɕiɪʔ⁷	tɕiɪʔ⁷		iɪʔ⁷	piɪ¹	piɪ¹	piɪ⁵	pɛ⁵
莘庄	ciɪʔ⁷	ciɪʔ⁷		iɪʔ⁷	ʔbɛ¹	ʔbe¹	ʔbe⁵	ʔbɛ⁵①
闵行新	tsə⁷	tʰiə⁷	tiə⁷	n̠ia⁸	pɛ¹	ʔbei¹	ʔbei⁵	be²
川沙	tɕiɪʔ⁷	tɕiɪʔ⁷		iɪʔ⁷	ʔbɛ¹	ʔbe¹	ʔbe⁵	ʔbe⁵
川沙新	tɕiɪʔ⁷	tɕiɪʔ⁷		iɪʔ⁷	ʔbɛ¹	ʔbɛ¹	ʔbɛ⁵	ʔbɛ⁵
高桥	tɕiɪʔ⁷	tɕiɪʔ⁷		iɪʔ⁷	ʔbe¹	ʔbø¹	ʔbø⁵	ʔbe⁵
三林	ciɪʔ⁷	ciɪʔ⁷		iɪʔ⁷	ʔbe¹	ʔbe¹	ʔbe⁵	ʔbe⁵
周浦	tɕiɪʔ⁷	tɕiɪʔ⁷		iɪʔ⁷	ʔbɛ¹	ʔbe¹	ʔbe⁵	ʔbe⁵
南汇	tɕiɪʔ⁷	tɕiɪʔ⁷		iɪʔ⁷	ʔbɛ¹	ʔbe¹	ʔbe⁵	ʔbe⁵
南汇新	tɕiɪʔ⁷	tɕiɪʔ⁷		iɪʔ⁷	ʔbɐ¹	ʔbɐ¹	ʔbɐ⁵	ʔbɐ⁵
嘉定	tɕiɪʔ⁷	tɕiɪʔ⁷		iɪʔ⁷	pɛ¹	piɪ¹	piɪ⁵	pɛ⁵
嘉定新	tɕiɪʔ⁷	tɕiɪʔ⁷	tɕiɪʔ⁷	iɪʔ⁷	pɛ¹	piɪ¹	piɪ⁵	pʰiɪ⁵
宝山	tɕiɪʔ⁷	tɕiɪʔ⁷	tɕiɪʔ⁷		piɪ¹	piɪ¹	piɪ⁵	piɪ⁵
宝山新	dʑiɪʔ⁸	dʑiɪʔ⁸	dʑiɪʔ⁸	ɦiɪʔ⁸	pø¹	pø¹	pø⁵	pø⁵
崇明	tɕiə⁷	tɕiə⁷		iə⁷/ə⁷	pæ¹	pie¹	pie⁵	pæ⁵
崇明新	tɕiɪʔ⁷	tɕiɪʔ⁷		iɪʔ⁷	pæ¹	pie¹	pie⁵	pæ⁵
堡镇	tɕiə⁷	tɕiə⁷		iə⁷/ə⁷	pæ¹	pie¹	pie⁵	pæ⁵
练塘	tɕiɪʔ⁷	tɕiɪʔ⁷		iɪʔ⁷	pɪ¹	pɪ¹	pɪ⁵	pɪ⁵

注: ① "扌班"的训读，本列老派凡元音为ɛ的都是。

序号	1871	1872	1873	1874	1875	1876	1877	1878
字目	潘	判	盘	伴	拌	叛	瞒	满
中古音的地位	山合一平桓滂	山合一去换滂	山合一平桓並	山合一上缓並	山合一上缓並	山合一去换並	山合一平桓明	山合一上缓明
市区	pʰø¹	pʰø⁵	bø⁶	bø⁶	bø⁶	bø⁶	mø⁶	mø⁶
市区中	pʰø¹	pʰø⁵	bø⁶	bø⁶	bø⁶	bø⁶	mø⁶	mø⁶
市区新	pʰø¹	pʰø⁵	bø⁶	bø⁶	bø⁶	bø⁶	mø⁶	mø⁶
真如	pʰe¹	pʰe⁵	be²	be⁶	be⁶	be⁶	me²	me⁶
江湾	pʰe¹	pʰe⁵	be⁶	be⁶	be⁶	be⁶	me⁶	me⁶
松江	pʰe¹	pʰe⁵	be²	be⁴	be⁴	be⁶	me²	me⁴
松江新	pʰe¹	pʰɛ⁵	be²	be⁶	be⁶	be⁶	me²	me⁶
泗泾	pʰe¹	pʰe⁵	be²	be⁶	be⁶	be⁶	me²	me⁶
奉贤	pʰe¹	pʰe⁵	be²	be⁶	be⁶	be⁶	me²	me⁶
奉贤新	pʰe¹	pʰe³	be²	be⁶	be⁶	pʰe¹	me²	me⁶
奉城	pʰe¹	pʰe⁵	be²	be⁶	be⁶	be⁶	me²	me⁶
金山	pʰe¹	pʰe⁵	be²	be⁶	be⁶	be⁶	me²	me⁶
金山新	pʰe¹	pʰe⁵	be²	be⁶	be⁶	be⁶	me²	me⁶
枫泾	pʰø¹	pʰø⁵	bø²	bø⁶	bø⁶	bø⁶	mø²	mø⁴
青浦	pʰɪ¹	pʰɪ⁵	bɪ²	bɪ²	bɪ²	bɪ⁶	mɪ²	mɪ⁶
青浦新	pʰɪɪ¹	pʰɪɪ⁵	bɪɪ²	bɪɪ⁶	bɪɪ⁶	bɪɪ⁶	mɪɪ²	mɪɪ⁶
莘庄	pʰe¹	pʰe⁵	be²	be⁶	be⁶	be⁶	me²	me⁶
闵行新	pʰei¹	pʰe⁵	bei²	bei²	bei²	bei²	mei²	mei²
川沙	pʰe¹	pʰe⁵	be²	be²	be²	be⁶	me²	me²
川沙新	pʰɛ¹	pʰɛ⁵	be⁶	be⁶	be⁶	be⁶	me⁶	me⁶
高桥	pʰe¹	pʰe⁵	bø⁶	be⁶	be⁶	be⁶	me⁶	me⁶
三林	pʰe¹	pʰe⁵	be²	be²	be²	be⁶	me²	me²
周浦	pʰe¹	pʰe⁵	be²	be²	be²	be⁶	me²	me²
南汇	pʰe¹	pʰe⁵	be²	be²	be²	be⁶	me²	me²
南汇新	pʰE¹	pʰE⁵	bø⁶	bE⁶	bE⁶	pʰE⁵	mE⁶	mE⁶
嘉定	pʰɪɪ¹	pʰɪɪ⁵	bɪɪ²	bɪɪ⁶	bɪɪ⁶	hɪɪ⁶	mɪɪ²	mɪɪ⁶
嘉定新	pʰE¹	pʰE⁵	bɪɪ²	bɪɪ⁶	bɪɪ⁶	pʰɪɪ⁶	mɪɪ²	mɪɪ⁶
宝山	pʰɪɪ¹	pʰE⁵	pE⁵	pø⁵	pø⁵	pʰø⁵	mɪɪ²	mɪɪ⁶
宝山新	pʰø¹	pʰø⁵	bø⁶	bø⁶	bø⁶	pʰø⁵	mø⁵	mø⁶
崇明	pʰie¹	pʰie⁵	bie²	bie⁶	bie⁴	bie⁶	mie²	mie⁴
崇明新	pʰæ¹	pʰie⁵	bie²	bæ⁶	bie⁶	bie⁶	mie²	mie⁶
堡镇	pʰie¹	pʰie⁵	bie²	bie⁶	bie⁴	bie⁶	mie²	mie⁴
练塘	pʰɪ¹	pʰɪ⁵	bɪ²	bɪ⁴	bɪ⁴	bɪ⁶	mɪ²	mɪ⁴

序号	1879	1880	1881	1882	1883	1884	1885	1886
字目	漫	幔	端	短	断决断	锻	团	断断绝
中古音的地位	山合一去换明	山合一去换明	山合一平桓端	山合一上缓端	山合一去换端	山合一去换端	山合一平桓定	山合一上缓定
市区	mE⁶		tø¹	tø⁵	tø⁵	tø⁵	dø⁶	dø⁶
市区中	mø⁶	mø⁶	tø¹	tø⁵	dø⁶	dø⁶	dø⁶	dø⁶
市区新	mø⁶	mø⁶	tø¹	tø⁵	dø⁶	dø⁶	dø⁶	dø⁶
真如	mɛ²		ʔdø¹	ʔdø³	ʔdø⁵	ʔdø⁵	dø²	dø⁶
江湾	mɛ⁶		ʔdø¹	ʔdø⁵	dø⁶	dø⁶	dø⁶	dø⁶
松江	mɛ⁶		ʔdø¹	ʔdø³	ʔdø⁵	ʔdø⁵	dø²	dø⁴
松江新	mɛ⁶	mɛ⁶	tø¹	tø³	tø⁵	dø⁵	dø²	dø⁶
泗泾	mɛ⁶		ʔdø¹	ʔdø³	ʔdø⁵	ʔdø⁵	dø²	dø⁶
奉贤	mɛ⁶		ʔdø¹	ʔdø³	ʔdø⁵	ʔdø⁵	dø²	dø⁶
奉贤新	mɛ⁶	mɛ⁶	tø¹	ʔdø³	dø⁶	dø⁶	dø⁶	dø⁶
奉城	mɛ⁶		ʔdø¹	ʔdø³	ʔdø³	ʔdø³	dø²	dø²
金山	mɛ⁶		ʔdø¹	ʔdø³	ʔdø³	ʔdø³	dø²	dø²
金山新	mɛ⁶	mɛ⁶	tø¹	tø³	dø⁶	dø⁶	dø²	dø⁶
枫泾	mø⁶		tø¹	tø³	tø⁵	tø⁵	dø²	dø⁴
青浦	mɛ⁶		ʔdø¹	ʔdø³	ʔdø⁵	ʔdø⁵	dø²	dø⁶
青浦新	mɛ⁶	mɛ⁶	tø¹	tø³	dø⁶	tø³	dø²	dø⁶
莘庄	mɛ⁶		ʔdø¹	ʔdø³	ʔdø⁵	ʔdø⁵	dø²	dø⁶
闵行新	mɛ²	mɛ²	tø¹	tø³	dø²	dø²	dø²	dø²
川沙	mɛ⁶		ʔdø¹	ʔdø³	ʔdø⁵	ʔdø⁵	dø²	dø²
川沙新	mɛ⁶	mɛ⁶	ʔdø¹	ʔdø³	ʔdø⁵	ʔdø⁵	dø⁶	ʔdø⁵
高桥	mɛ⁶		ʔdø¹	ʔdø³	ʔdø⁵	ʔdø⁵	dø⁶	dø⁶
三林	mɛ⁶		ʔdø¹	ʔdø³	ʔdø⁵	ʔdø⁵	dø²	dø²
周浦	mɛ⁶		ʔdø¹	ʔdø³	ʔdø⁵	ʔdø⁵	dø²	dø²
南汇	mɛ⁶		ʔdø¹	ʔdø³	ʔdø⁵	ʔdø⁵	dø²	dø²
南汇新			ʔdø¹	ʔdø³	ʔdø⁵		dø⁶	dø⁶
嘉定	mE⁶		tø¹	tø¹	tø⁵	tø⁵	dø²	dø⁶
嘉定新	mɯ⁶	mɯ⁶	tø¹	tø⁶	dø⁶	dø⁶	dø²	dø⁶
宝山	mE⁶		tø¹	tø⁶	tø⁶	tø⁶	tø⁶	tø⁶
宝山新	mE⁵	mE⁵	tø¹	tø⁵	tø⁶	tø⁶	tø⁶	tø⁶
崇明	mæ⁴		tø¹	tø³	tø⁵	tø⁵	dø²	dø⁴
崇明新	mæ⁶	mæ⁶	tuø¹	tuø³	dø⁶	tuø⁵	duø²	duø⁶
堡镇	mæ⁴		tø¹	tø³	tø⁵	tø⁵	dø²	dø⁴
练塘	mɛ⁶		tø¹	tø¹	tø⁵	tø⁵	dø²	dø⁴

序号	1887	1888	1889	1890	1891	1892	1893	1894
字目	段	缎	暖	鸯	卵	乱	钻钻洞	钻钻子
中古音的地位	山合一去换定	山合一去换定	山合一上缓泥	山合一平桓来	山合一上缓来	山合一去换来	山合一平桓精	山合一去换精
市区	dø⁶	dø⁶	nø⁶		lø⁶/lu⁶	dø⁶	tsø¹	
市区中	dø⁶	dø⁶	nø⁶	lø⁶	lø⁶	lø⁶	tsø¹	tsø¹
市区新	dø⁶	dø⁶	nø⁶	lø⁶	lø⁶	lø⁶	tsø¹	tsø¹
真如	dø⁶	dø⁶	nø⁶		lu⁶	lø⁶	tsø¹	tsʰø¹
江湾	dø⁶	dø⁶	nø⁶		lø⁶/lu⁶	lø⁶	tsø¹	tsʰø¹
松江	dø⁶	dø⁶	nø⁴		lø⁴	lø⁶	tsø¹	tsʰø⁵
松江新	dø⁶	dø⁶	nø⁶	zø²	lø⁶	lø⁶	tsø¹	tsø⁵
泗泾	dø⁶	dø⁶	nø⁶		lø⁶	lø⁶	tsø¹	tsʰø⁵
奉贤	dø⁶	dø⁶	nø⁶		lø⁴/lu⁶	lø⁶	tsø¹	tsʰø¹
奉贤新	dø⁶	dø⁶	nø⁶		lø⁶	lø⁶	tsø¹	tsø¹
奉城	dø⁶	dø⁶	nø⁶		lø⁴/lu⁶	lø⁶	tsø¹	tsʰø¹
金山	dø⁶	dø⁶	nø⁶		lu²	lø⁶	tsø⁵	tsʰø⁵
金山新	dø⁶	dø⁶	nø⁶	lø²	lø⁶	lø⁶	tsø¹	tsø³
枫泾	dø⁶	dø⁶	nø⁴		ləu⁴	lø⁶	tsø¹	tsʰø¹
青浦	dø⁶	dø⁶	nø⁶		lu⁶	lø⁶	tsø¹	tsʰø⁵
青浦新	dø⁶	dø⁶	nø⁶		lø⁶	lø⁶	tsø¹	tsø⁵
莘庄	dø⁶	dø⁶	nø⁶		lu⁶	lø⁶	tsø¹	tsʰø⁵
闵行新	dø²	dø²	nø²		lø²	lø²	tsø¹	tsø¹
川沙	dø⁶	dø⁶	nø²		lø²/lu¹	lø⁶	tsø¹	tsʰø¹
川沙新	ʔdø⁵	ʔdø⁵	nø⁶		lø⁶	lø⁵	tsø¹	tsø⁵
高桥	dø⁶	dø⁶	nø⁶			lø⁶	tsø¹	tsʰø¹
三林	dø⁶	dø⁶	nø²		lø²	lø⁶	tse¹	tsʰø¹
周浦	dø⁶	dø⁶	nø²		lu²	lø⁶	tsø¹	tsʰø¹
南汇	dø⁶	dø⁶	nø²		lu²	lø⁶	tsø¹	tsʰø¹
南汇新	dø⁶	dø⁶	nø⁶		lø⁶	lø⁶	tsø¹	
嘉定	dø⁶	dø⁶	nø⁶		lu⁶	lø⁶	tsø¹	tsʰø¹
嘉定新	dø⁶	dø⁶	nø⁶		lø⁶	lø⁶	tsø¹	tsø¹
宝山	tø⁶	tø⁶	nø⁶			lø⁶	tsø¹	tsø¹
宝山新	tø⁶	tø⁶	nø⁶			lø⁶	tsø¹	tsø¹
崇明	dø⁶	dø⁶	nø⁴		lu³/lø⁴	lø⁶	tsø¹	tsʰø⁵
崇明新	duø⁶	duø⁶	nuø⁶		zyø⁶	lyø⁶	tsuø¹	tsuø¹
堡镇	dø⁶	dø⁶	nø⁴		lu³/lø⁴	lø⁶	tsø¹	tsʰø⁵
练塘	dø⁶	dø⁶	nø⁴		lu⁴	lø⁶	tsø¹	tsʰø¹

序号 字目 中古音 的地位	1895 酸 山合一 平桓心	1896 算 山合一 去换心	1897 蒜 山合一 去换心	1898 官 山合一 平桓见	1899 观参观 山合一 平桓见	1900 冠衣冠 山合一 平桓见	1901 棺 山合一 平桓见	1902 管 山合一 上缓见
市区	sø¹	sø⁵	sø⁵	kuø¹	kuø¹	kuø¹	kuø¹	kuø⁵
市区中	sø¹	sø⁵	sø⁵	kø¹	kø¹	kø¹	kø¹	kø⁵
市区新	sø¹	sø⁵	sø⁵	kø¹	kø¹	kø¹	kø¹	kø⁵
真如	sø¹	sø⁵	sø⁵	kue¹	kue¹	kue¹	kue¹	kue³
江湾	sø¹	sø⁵	sø⁵	kue¹	kue¹	kue¹	kue¹	kue⁵
松江	sø¹	sø⁵	sø⁵	kue¹	kue¹	kue¹	kue¹	kue³
松江新	sø¹	sø⁵	sø⁵	kuø¹	kuø¹	kuø¹	kuø¹	kuø³
泗泾	sø¹	sø⁵	sø⁵	kue¹	kue¹	kue¹	kue¹	kue³
奉贤	sø¹	sø⁵	sø⁵	kue¹	kue¹	kue¹	kue¹	kue³
奉贤新	sø¹	sø⁵	sø⁵	kue¹	kue¹	kue¹	kue¹	kue³
奉城	sø¹	sø⁵	sø⁵	kue¹	kue¹	kue¹	kue¹	kue³
金山	sø¹	sø⁵	sø⁵	kue¹	kue¹	kue¹	kue¹	kue³
金山新	sø¹	sø⁵	sø⁵	kue¹	kue¹	kue¹	kue¹	kue³
枫泾	sø¹	sø⁵	sø⁵	kø¹	kø¹	kø¹	kø¹	kø³
青浦	sø¹	sø⁵	sø⁵	kuɪ¹	kuɪ¹	kuɪ¹	kuɪ¹	kuɪ³
青浦新	sø¹	sø⁵	sø⁵	kuɪ¹	kuɪ¹	kuɪ¹	kuɪ¹	kuɪ³
莘庄	sø¹	sø⁵	sø⁵	kue¹	kue¹	kue¹	kue¹	kue³
闵行新	sø¹	sø⁵	sø⁵	kuɪ¹	kuɪ¹	kuɪ¹	kuɪ¹	kuɪ³
川沙	sø¹	sø⁵	sø⁵	kue¹	kue¹	kue¹	kue¹	kue³
川沙新	sø¹	sø⁵	sø⁵	kue¹	kue¹	kue¹	kue¹	kue³
高桥	sø¹	sø⁵	sø⁵	kue³	kue³	kue³	kue³	kue³
三林	sø¹	sø⁵	sø⁵	kue¹	kue¹	kue¹	kue¹	kue⁵
周浦	sø¹	sø⁵	sø⁵	kue¹	kue¹	kue¹	kue¹	kue³
南汇	sø¹	sø⁵	sø⁵	kue¹	kue¹	kue¹	kue¹	kue³
南汇新	sø¹	sø⁵	sø⁵	kuE¹	kuE¹	kuE¹	kuE¹	kuE³
嘉定	sø¹	sø⁵	sø⁵	kuɪ¹	kuɪ¹	kuɪ¹	kuɪ¹	kuɪ⁵
嘉定新	sø¹	sø⁵	sø⁵	kuɪ¹	kuɪ¹	kuɪ¹	kuɪ¹	kuɪ⁶
宝山	sø¹	sø⁵	sø⁵	kue¹	kue¹	kue¹	kue¹	kue⁵
宝山新	sø¹	sø⁵	sø⁵	kø¹	kø¹	kø¹	kø¹	kø⁵
崇明	sø¹	sø⁵	sø⁵	kue¹	kue¹	kue¹	kue¹	kue³
崇明新	suø¹	suø⁵	suø⁵	kuø¹	kuø¹	kuø¹	kuø¹	kuø³
堡镇	sø¹	sø⁵	sø⁵	kue¹	kue¹	kue¹	kue¹	kue³
练塘	sø¹	sø⁵	sø⁵	kuɪ¹	kuɪ¹	kuɪ¹	kuɪ¹	kuɪ¹

序号	1903	1904	1905	1906	1907	1908	1909	1910
字目	馆	贯	罐	灌	观寺观	冠冠军	宽	款
中古音的地位	山合一上缓见	山合一去换见	山合一去换见	山合一去换见	山合一去换见	山合一去换见	山合一平桓溪	山合一上缓溪
市区	kuø⁵	kuɛ⁵	kuø⁵	kuø⁵		kuø⁵	kʰuø¹	kʰuø⁵/kʰuɛ⁵
市区中	kø⁵	kø⁵	kø⁵	kø⁵	kø⁵	kø⁵	kʰø¹	kʰø⁵
市区新	kø⁵	kø⁵	kø⁵	kø⁵	kø⁵	kø⁵	kʰø¹	kʰø⁵
真如	kue³	kue⁵/kuɛ⁵	kue⁵	kue⁵		kue⁵	kʰue¹	kʰue³
江湾	kue⁵	kue⁵	kue⁵	kue⁵		kue⁵	kʰue¹	kʰue⁵
松江	kue³	kue⁵	kue⁵	kue⁵		kue⁵	kʰue¹	kʰue³
松江新	kuø³	kuø⁵	kuø⁵	kuø⁵	kuø⁵	kuø⁵	kʰuø¹	kʰuø³
泗泾	kue³	kue⁵	kuɛ⁵	kue⁵		kue⁵	kʰue¹	kʰue³
奉贤	kue³	kuɛ⁵/kue⁵	kue⁵	kue⁵		kue⁵	kʰue¹	kʰue³
奉贤新	kue³	kue¹	kue¹	kue¹	kue¹	kue¹	kʰue¹	kʰue³
奉城	kue⁵	kue⁵	kue⁵	kue⁵		kue⁵	kʰue¹	kʰue⁵
金山	kue⁵	kue⁵	kue⁵	kue⁵		kue⁵	kʰue¹	kʰue⁵
金山新	kue³	kue⁵	kue⁵	kue⁵	kue⁵	kue⁵	kʰue¹	kʰue³
枫泾	kʰø³	kø⁵	kø⁵	kø⁵		kø¹	kʰø¹	kʰø³
青浦	kuɪ³	kuɪ⁵	kuɪ⁵	kuɪ⁵		kuɪ¹	kʰuɪ¹	kʰuɪ³
青浦新	kuɪ³	kuɪ⁵	kuɪ⁵	kuɪ⁵	kuɪ⁵	kuɪ⁵	kʰuɪ¹	kʰuɪ⁵
莘庄	kue⁵	kue⁵	kue⁵	kue⁵		kue⁵	kʰue¹	kʰue³
闵行新	kuɪ³	kuɪ¹	kuɪ¹	kuɪ¹	kuɪ¹	kuɪ⁵	kʰuɪ¹	kʰue³
川沙	kue⁵	kuɛ⁵/kue⁵	kue⁵	kue⁵		kue⁵	kʰue¹	kʰue³
川沙新	kue³	kue⁵	kue⁵	kue⁵	kue⁵	kue⁵	kʰue¹	kʰue³
高桥	kue³	kue³	kue³	kue³		kue³	kʰue¹	kʰue³
三林	kue³	kue¹	kue¹	kue¹		kue¹	kʰue¹	kʰue³
周浦	kue³	kue¹	kue¹	kue¹		kue⁵	kʰue¹	kʰue³
南汇	kue³	kue¹	kue¹	kue¹		kue¹	kʰue¹	kʰue³
南汇新	kuɛ³	kuɛ⁵	kuɛ⁵	kuɛ⁵		kuɛ⁵		kʰuɛ³
嘉定	kuɪ³	kuɪ⁵	kuɪ⁵	kuɪ⁵		kuɪ⁵	kʰuɪ¹	kʰuɪ³
嘉定新	kuɪ⁵	kuɪ⁵	kuɪ⁵	kuɪ⁵	kuɪ⁵	kuɪ⁵	kʰuɪ¹	kʰuɪ⁵
宝山	kue⁵	kue⁵	kue⁵	kue⁵	kue⁵	kue⁵	kʰue¹	kʰue⁵
宝山新	kø⁵	kø⁵	kø⁵	kø⁵	kø⁵	kø⁵	kʰø¹	kʰø⁵
崇明	kue³	kue³	kue⁵	kue⁵		kue⁵	kʰue¹	kʰue³
崇明新	kuø³	kuø⁵	kuø⁵	kuø⁵		kuø⁵	kʰuø¹	kʰuø³
堡镇	kue³	kue⁵	kue⁵	kue⁵		kue⁵	kʰue¹	kʰue³
练塘	kuɪ¹	kuɪ⁵	kuɪ⁵	kuɪ⁵	kuɪ⁵	kuɪ⁵	kʰuɪ¹	kʰuɪ¹

序号	1911	1912	1913	1914	1915	1916	1917	1918
字目	玩玩弄①	玩游玩	欢	唤	焕	完	丸	桓
中古音的地位	山合一去换疑	山合一去换疑	山合一平桓晓	山合一去换晓	山合一去换晓	山合一平桓匣	山合一平桓匣	山合一平桓匣
市区		$mE^6/ɦuø^6$②	$huø^1$	$huø^5$		$ɦuø^6$		
市区 中	$ɦuE^6$	$ɦuE^6$	$hø^1$	$hø^5$	$hø^5$	$ɦø^6$	$ɦø^6$	$ɦø^6$
市区 新	$ɦuE^6$	$ɦuE^6$	$hø^1$	$hø^5$	$hø^5$	$ɦø^6$	$ɦø^6$	$ɦø^6$
真如	$ue^5/ɦue^6$	$ue^5/ɦue^6$	hue^1	hue^5		$ɦue^2$		
江湾	$βue^6$	$βue^6$	$ɸe^1$	$ɸe^5$		$βe^2$		
松江	$βe^6/ɦue^6$	$βe^6/ɦue^6$	$ɸe^1/hue^1$	$ɸe^5/hue^5$		$βe^2/ɦue^2$		
松江 新	$vɛ^6$	$vɛ^6$	$huø^1$	$huø^5$	$huø^5$	$ɦuø^2$	$vɛ^2$	
泗泾	$βe^6$	$βe^6$	$ɸe^1$	$ɸe^5$		$βe^2$		
奉贤	$mE^6/βɛ^6$	$mE^6/βɛ^6$	$ɸe^1$	$ɸe^5$		$βe^2$		
奉贤 新	$mE^2/vɛ^2$	$mE^2/vɛ^2$	fe^1	hue^5	$ɦue^2$	$ɦue^2$	$ɦue^2$	$ɦue^2$
奉城	$mE^6/βɛ^6$	$mE^6/βɛ^6$	$ɸe^1$	$ɸe^5$		$βe^2$		
金山	$ɦuɛ^6$	$ɦuɛ^6$	$ɸe^1$	$ɸe^5$		$ɦuɛ^2$		
金山 新	mE^2	mE^2	hue^1	$ɦue^6$	$ɦue^6$	$vɛ^2$	$vɛ^2$	$vɛ^2$
枫泾	$vɛ^6$	$vɛ^6$	$hø^1$	$hø^5$		$ɦø^2$		
青浦	$βɪ^6$	$βɪ^6$	$ɸɪ^1$	$ɸɪ^5$		$βɪ^2$		
青浦 新	mE^2	mE^3	$huɪ^1$			$ɦuɪ^2$	$ɦuɪ^2$	$ɦuE^2$
莘庄	$βɛ^2$	$βɛ^2$	$ɸe^1$	$ɸe^5$		$βe^2$		
闵行 新	mE^2	$vɛ^2$	fi^1			$ɦue^2$	$vɛ^2$	
川沙	$βɛ^6$	$βɛ^6$	$ɸe^1$	$ɸe^5$		$βe^2$		
川沙 新			hue^1	hue^5	hue^5	$ɦue^6$	$ɦue^6$	
高桥	$βɛ^6$	$βɛ^6$	$ɸe^1$	$ɸe^5$		$βe^2$		
三林	$βɛ^6$	$βɛ^6$	$ɸe^1$	$ɸe^5$		$βe^2$		
周浦	$βɛ^6$	$βɛ^6$	$ɸe^1$	$ɸe^5$		$βe^2$		
南汇	$βɛ^6$	$βɛ^6$	$ɸe^1$	$ɸe^5$		$βe^2$		
南汇 新		mE^6	huE^1			$ɦuE^6$	$ɦuE^6$	
嘉定	$ɦuɪ^6$	$ɦuɪ^6$	$huɪ^1$	$huɪ^5$		$ɦuɪ^2$		
嘉定 新	$ɦuɪ^2$	$ɦuɪ^2$	$huɪ^1$	$huɪ^5$	$huɪ^5$	$ɦuɪ^2$	$ɦuɪ^2$	$ɦuɪ^2$
宝山	vE^6	vE^6	huE^1	huE^1	huE^1	uE^5	uE^5	uE^5
宝山 新			$hø^1$	$ø^6$	$ø^6$	$ø^5$	$ø^5$	$ø^5$
崇明	$ɦue^6$	$ɦue^6$	hue^1	hue^5		$ɦue^2$		
崇明 新			$xuø^1$	③		vie^2	vie^2	
堡镇	$ɦue^6$	$ɦue^6$	hue^1	hue^5		$ɦue^2$		
练塘	$βɪ^6$	$βɪ^6$	$ɸɪ^1$	$ɸɪ^5$		$βɪ^2$		

注：① 本列老派前一音是"顽"的训读。
② 前一音是"顽"的训读。
③ 说"叫"。

序号	1919	1920	1921	1922	1923	1924	1925	1926
字目	缓	皖	换	豌	剜	碗	惋	腕
中古音的地位	山合一上缓匣	山合一上缓匣	山合一去换匣	山合一平桓影	山合一平桓影	山合一上缓影	山合一去换影	山合一去换影
市区	uø^5	uø^5	ɦuø^6	uø^5		uø^5		uø^5
市区中	uE^5	uE^5	ɦø^6	ø^5	ø^5	ø^5	uE^5	uE^5
市区新	uE^5	uE^5	ɦø^6	ø^5	ø^5	ø^5	uE^5	uE^5
真如	ue^3	ɦue^6	ɦue^6	ue^3		ue^3		ue^3
江湾	βue^6	βue^6	βue^6	ue^5		ue^5		ue^5
松江	βe^4/ɦue^4	βe^4/ɦue^4	βe^6/ɦue^6	ue^3		ue^3		ue^3
松江新	huø^3	huø^3	ɦuø^6	uø^1	uɛ?^{7}	uø^3	uø^5	uø^5
泗泾	βe^6	βe^6	βe^6	ue^3		ue^3		ue^3
奉贤	ʔwe^3	ʔwe^3	βe^6	ʔwe^3		ʔwe^3		ʔwe^5
奉贤新	huɛ^3	huɛ^3	ɦuɛ^6	uɛ^3	uɛ^3	uɛ^3	uɛ^5	uɛ^5
奉城	ʔwe^3	ʔwe^3	βe^6	ʔwe^3		ʔwe^3		ʔwe^5
金山	ue^3	ue^3	ɦue^6	ue^3		ue^3		ue^3
金山新	huɛ^3	huɛ^3	ve^6			ueɪ^3	uɛ^3	uɛ^3
枫泾	ø^3	ø^3	ɦø^6	ø^3		ø^3		ø^3
青浦	ø^5	ø^5	βɪ^6	uɪ^1		uɪ^5		uɪ^5
青浦新	huɪ^3		ɦuɪ^6	ɦø^2		uɪ^3		
莘庄	ue^3	ue^3	βe^6	ue^3		ue^3		ue^5
闵行新	ue^5	ʋɛ^2	ʋɛ^2	fɪ^1			ɦue^2	ʋɛ^5
川沙	βe^2	βe^2	βe^6	βe^3		βe^3		βe^3
川沙新	hue^3		ue^5	ue^1	ue^1	ue^3	ue^3	ue^3
高桥	βe^6	βe^6	βe^6			ue^5		
三林	βe^2	βe^2	βe^6	ue^5		ue^5		ue^5
周浦	βe^2	βe^2	βe^6	ue^5		ue^5		ue^5
南汇	βe^2	βe^2	βe^6	ue^5		ue^5		ue^5
南汇新		ɦuE^6	uE^5	ɦø^6		uE^3		
嘉定	ɦuɪ^5	ɦuɪ^6/uɪ^5	ɦuɪ^6	uɪ^1		uɪ^5		uɪ^5
嘉定新	ɦuE^6	ɦuE^6	ɦuɪ^6	uɪ^5		uɪ^5	uɪ^5	uɪ^5
宝山	uE^6	uE^6	uɪ^6	uɪ^5	uɪ^5	uɪ^5	ue^6	ue^6
宝山新	ø^6	ø^6	ø^6		ø^{5}①	ø^5		ø^5
崇明	ue^3	ɦue^6	ɦue^6	ue^3		ue^3		ue^3
崇明新	hyø^6	hyø^6	vie^6	vie^6		vie^3		vie^3
堡镇	ue^3	ɦue^6	ɦue^6	ue^3		ue^3		ue^5
练塘	ɦø^4	ɦø^4	βɪ^6	uɪ^1		uɪ^1		uɪ^5

注：① 也有读作ue^6。

序号	1927	1928	1929	1930	1931	1932	1933	1934
字目	拨	钵	泼	抹	沫	末	脱①	夺
中古音的地位	山合一入末帮	山合一入末帮	山合一入末滂	山合一入末明	山合一入末明	山合一入末明	山合一入末透	山合一入末定
市区	pəʔ⁷		pʰəʔ⁷	maʔ⁸		məʔ⁸	tʰəʔ⁷	dəʔ⁸
市区中	pɐʔ⁷	pɐʔ⁷	pʰɐʔ⁷	mɐʔ⁸	mɐʔ⁸	mɐʔ⁸	tʰɐʔ⁷	dɐʔ⁸
市区新	pɐʔ⁷	pɐʔ⁷	pʰɐʔ⁷	mɐʔ⁸	mɐʔ⁸	mɐʔ⁸	tʰɐʔ⁷	dɐʔ⁸
真如	ʔbəʔ⁷		pʰəʔ⁷	məʔ⁸		məʔ⁸	tʰøʔ⁷	døʔ⁸
江湾	ʔbəʔ⁷		pʰəʔ⁷	məʔ⁸		məʔ⁸	tʰəʔ⁷	dəʔ⁸
松江	ʔbəʔ⁷		pʰəʔ⁷	məʔ⁸		məʔ⁸	tʰœʔ⁷	dœʔ⁸
松江新	pʌʔ⁷	pʌʔ⁷	pʰʌʔ⁷	mʌʔ⁸	mʌʔ⁸	mʌʔ⁸	tʰʌʔ⁷	dɔʔ⁸
泗泾				məʔ⁸		məʔ⁸	tʰœʔ⁷	dœʔ⁸
奉贤	ʔbeʔ⁷		pʰeʔ⁷	meʔ⁸		meʔ⁸	tʰœʔ⁷	dœʔ⁸
奉贤新	ʔbɔ³	ʔbɔ³	pʰəʔ⁷	ma²	maʔ⁸	maʔ⁸	tʰəʔ⁷	dəʔ⁸
奉城	ʔbeʔ⁷		pʰeʔ⁷	meʔ⁸		meʔ⁸	tʰœʔ⁷	dœʔ⁸
金山	ʔbəʔ⁷		pʰəʔ⁷	məʔ⁸		məʔ⁸	tʰøʔ⁷	døʔ⁸
金山新	pəʔ⁷	pəʔ⁷	pʰəʔ⁷	məʔ⁸	məʔ⁸	məʔ⁸	tʰəʔ⁷	dəʔ⁸
枫泾	pəʔ⁷		pʰəʔ⁷	məʔ⁸		məʔ⁸	tʰøʔ⁷	døʔ⁸
青浦	ʔbəʔ⁷		pʰəʔ⁷	məʔ⁸		məʔ⁸	tʰœʔ⁷	dœʔ⁸
青浦新	pəʔ⁷	pəʔ⁷	pʰəʔ⁷	məʔ⁸	məʔ⁸	məʔ⁸	tʰœʔ⁷	dœʔ⁸
莘庄	ʔbəʔ⁷		pʰəʔ⁷	məʔ⁸		məʔ⁸	tʰœʔ⁷	dœʔ⁸
闵行新		uɛ⁵	ʋɛ²	məʔ⁸	məʔ⁸	məʔ⁸	tʰəʔ⁷	doʔ⁸
川沙	ʔbəʔ⁷		pʰəʔ⁷	məʔ⁸		məʔ⁸	tʰœʔ⁷	dœʔ⁸
川沙新	ʔbu¹	ʔbu¹		mɤʔ⁸	mɤʔ⁸	mɤʔ⁸	tʰɤʔ⁷	dɤʔ⁸
高桥	ʔbəʔ⁷		pʰəʔ⁷	məʔ⁸		məʔ⁸	tʰœʔ⁷	dœʔ⁸
三林	ʔbəʔ⁷		pʰəʔ⁷	məʔ⁸		məʔ⁸	tʰœʔ⁷	dœʔ⁸
周浦	ʔbəʔ⁷		pʰəʔ⁷	məʔ⁸		məʔ⁸	tʰœʔ⁷	dœʔ⁸
南汇	ʔbəʔ⁷		pʰəʔ⁷	məʔ⁸		məʔ⁸	tʰœʔ⁷	dœʔ⁸
南汇新	ʔbəʔ⁷	ʔbəʔ⁷	pʰəʔ⁷		mœʔ⁸	mœʔ⁸	tʰœʔ⁷	dœʔ⁸
嘉定	pəʔ⁷		pʰəʔ⁷	məʔ⁸		məʔ⁸	tʰoʔ⁷	doʔ⁸
嘉定新	pəʔ⁷	pəʔ⁷	pʰəʔ⁷	maʔ⁸	moʔ⁸/məʔ⁸	moʔ⁸/məʔ⁸	tʰoʔ⁷	doʔ⁸
宝山	bʌʔ⁸	bʌʔ⁸	pʰʌʔ⁷	mʌʔ⁸	mʌʔ⁸	mʌʔ⁸	tʰoʔ⁷	doʔ⁸
宝山新	bʌʔ⁸	bʌʔ⁸	pʰoʔ⁷	mʌʔ⁸	moʔ⁸	mʌʔ⁸	tʰoʔ⁷	doʔ⁸
崇明	pəʔ⁷		pʰəʔ⁷	məʔ⁸		məʔ⁸	tʰəʔ⁷	døʔ⁸
崇明新	poʔ⁷	pəʔ⁷	pʰəʔ⁷	②	məʔ⁸	məʔ⁸	tʰəʔ⁸	③
堡镇	pəʔ⁷		pʰəʔ⁷	məʔ⁸		məʔ⁸	tʰəʔ⁷	døʔ⁸
练塘	pəʔ⁷		pʰəʔ⁷	məʔ⁸		məʔ⁸	tʰœʔ⁷	dœʔ⁸

注：① 老派音的"~衣服"和"吃~"不同音。
② 说"擦、涂"。
③ 说"夺"。

序号	1935	1936	1937	1938	1939	1940	1941	1942
字目	撮	括包括	䯻	阔	豁	活	顽①	幻
中古音的地位	山合一入末清	山合一入末见	山合一入末见	山合一入末溪	山合一入末晓	山合一入末匣	山合二平删疑	山合一去裥匣
市区	tsʰoʔ⁷/tsʰəʔ⁷	kuɐʔ⁷		kʰuɐʔ⁷	huɐʔ⁷	ɦuɐʔ⁸	mɛ⁶/ɦuɐ⁶	
市区中	tsʰoʔ⁷	kuɐʔ⁷	kuɐʔ⁷	kʰuɐʔ⁷	huɐʔ⁷	ɦuɐʔ⁸	ɦuɐ⁶	uɛ⁵
市区新	tsʰoʔ⁷	kuɐʔ⁷	kuɐʔ⁷	kʰuɐʔ⁷	huɐʔ⁷	ɦuɐʔ⁸	ɦuɐ⁶	uɛ⁵
真如	tsʰɵʔ⁷	kuəʔ⁷		kʰuəʔ⁷	fæʔ⁷	ɦuəʔ⁸	vɛ²	
江湾	tsʰəʔ⁷	kuæʔ⁷		kʰuəʔ⁷	ɸæʔ⁷	βuəʔ⁸	βuɛ⁶	
松江	tsʰœʔ⁷	kuæʔ⁷		kʰuəʔ⁷	huæʔ⁷/ɸæʔ⁷	ɦuəʔ⁸/βəʔ⁸	βɛ²/ɦuɛ²	
松江新	tsʰoʔ⁷	kʰuʌʔ⁷		kʰuʌʔ⁷	huʌʔ⁷	ɦuʌʔ⁸	vɛ²	ɦuɛ²
泗泾	tsʰœʔ⁷	kuæʔ⁷		kʰuəʔ⁷	ɸæʔ⁷	βəʔ⁸	βɛ²	
奉贤	tsʰuøʔ⁷	kuæʔ⁷		kʰuɐʔ⁷	ɸæʔ⁷	βeʔ⁸	mɛ²/βɛ²	
奉贤新	tsʰoʔ⁷	kuɑʔ⁷	kuɑʔ⁷	kʰuəʔ⁷	huɔʔ⁷	ɦuəʔ⁸	vɛ²	huɛ²
奉城	tsʰuøʔ⁷	kuæʔ⁷		kʰuɐʔ⁷	ɸæʔ⁷	βeʔ⁸	mɛ²/βɛ²	
金山	tsʰuəʔ⁷	kuæʔ⁷		kʰuəʔ⁷	ɸæʔ⁷/hɔʔ⁷	βəʔ⁸	ŋuɛ²/ɦuɛ²	
金山新	tsʰɔʔ⁷	kuəʔ⁷	kuəʔ⁷	kʰuəʔ⁷	hɔʔ⁷	vəʔ⁸	vɛ²	uei⁵
枫泾	tsʰøʔ⁷	kuɑʔ⁷		kʰuɑʔ⁷	hɔʔ⁷	vɔʔ⁸	uɛ⁵	
青浦	tsʰœʔ⁷	kuæʔ⁷		kʰuəʔ⁷	ɸæʔ⁷	βəʔ⁸	mɛ²	
青浦新	tsʰœʔ⁷	kuæʔ⁷	kuæʔ⁷	kʰuəʔ⁷	huæʔ⁷	ɦuæʔ⁸	mɛ²	ɦuɛ⁶
莘庄	tsʰəʔ⁷	kuæʔ⁷		kʰuəʔ⁷	ɸæʔ⁷	βəʔ⁸	βɛ²	
闵行新	tsʰoʔ⁷	kuæʔ⁷		kʰuɑʔ⁷	faʔ⁷	ʋəʔ⁸	ʋɛ²	ɦuɛ²
川沙	tsʰœʔ⁷	kuæʔ⁷		kʰuəʔ⁷	ɸæʔ⁷	βəʔ⁸	βɛ⁶/βe⁶	
川沙新	tsʰɔʔ⁷	kuɣʔ⁷		kʰuɣʔ⁷	huaʔ⁷	ɦuɣʔ⁸		
高桥	tsʰoʔ⁷	kuʌʔ⁷		kʰuʌʔ⁷	ɸʌʔ⁷	βʌʔ⁸	βɛ⁶	
三林	tsʰœʔ⁷	kuœʔ⁷		kʰuəʔ⁷	ɸæʔ⁷	βəʔ⁸	mɛ²	
周浦	tsʰœʔ⁷	kuæʔ⁷		kʰuəʔ⁷	ɸæʔ⁷	βəʔ⁸	mɛ²	
南汇	tsʰœʔ⁷	kuæʔ⁷		kʰuəʔ⁷	ɸæʔ⁷	βəʔ⁸	mɛ²	
南汇新		kuɑʔ⁷		kʰuəʔ⁷		ʋəʔ⁸	ɦuɛ⁶	uɛ⁵
嘉定	tsʰəʔ⁷/tsʰoʔ⁷	kuʌʔ⁷		kʰuəʔ⁷	huʌʔ⁷	ɦuʌʔ⁸	ɦuɛ²	
嘉定新	tsʰoʔ⁷	kʰuəʔ⁷	kʰuəʔ⁷	kʰuɑʔ⁷	huaʔ⁷	ɦuaʔ⁸		ɦuɛ⁶
宝山	tsʰoʔ⁷	kuɑʔ⁷	kuɑʔ⁷	kʰuəʔ⁷	hoʔ⁷	ɦuəʔ⁸	vɛ⁵	vɛ⁶
宝山新	tsʰoʔ⁷	kʰuəʔ⁷	kʰuəʔ⁷	kʰuəʔ⁷	hoʔ⁷	ɦuəʔ⁸	uɛ⁶	uɛ⁶
崇明	tsøʔ⁷	kuɑʔ⁷		kʰuəʔ⁷	huaʔ⁷	ɦuəʔ⁸	guæ²	
崇明新	tsʰoʔ⁷	kʰoʔ⁷	kuɑʔ⁷	kʰoʔ⁷	xueʔ⁷	vəʔ⁸	vie²②	vie⁶
堡镇	tsøʔ⁷	kuɑʔ⁷		kʰuəʔ⁷	huaʔ⁷	ɦuəʔ⁸	guæ²	
练塘	tsʰœʔ⁷	kuæʔ⁷		kʰuəʔ⁷	ɸæʔ⁷	βəʔ⁸	mɛ²	

注：① 老派音口语调查"玩弄[某一样东西]、顽皮"，书面语调查"顽强"。
② "顽固、顽皮"说uø⁶。

序号字目中古音的地位	1943 滑 山合二入黠匣	1944 猾 山合二入黠匣	1945 挖 山合二入黠影	1946 篡 山合二去谏初	1947 閂⁂① 山合二平删生	1948 关 山合二平删见	1949 惯 山合二去谏见	1950 还② 山合二平删匣
市区	ɦuʌʔ⁸	ɦuʌʔ⁸	uʌʔ⁷		sø¹	kuɛ¹	kuɛ⁵	ɦuɛ⁶
市区中	ɦuɐʔ⁸	ɦuɐʔ⁸	uɐʔ⁷	tsʰø⁵	sø¹	kuɛ¹	guɛ⁶	ɦuɛ⁶
市区新	ɦuɐʔ⁸	ɦuɐʔ⁸	uɐʔ⁷	tsʰø⁵	sø¹	kuɛ¹	guɛ⁶	ɦuɛ⁶
真如	vəʔ⁸	vəʔ⁸	uəʔ⁷		se³	kuɛ¹	kuɛ⁵	vɛ²
江湾	βuæʔ⁸	βuæʔ⁸	uæʔ⁷		sø¹	kuɛ¹	kuɛ⁵	uɛ¹
松江	βuæʔ⁸/βæʔ⁸	βuæʔ⁸/βæʔ⁸	uæʔ⁷		se³	kuɛ¹	kuɛ⁵	βɛ²/ɦuɛ²
松江新	ɦuʌʔ⁸	vɛʔ⁸		tsʰuø⁵	sɑʔ⁷	kuɛ¹	kuɛ⁵	vɛ²
泗泾	βæʔ⁸	βæʔ⁸	uæʔ⁷		se³	kuɛ¹	kuɛ⁵	βɛ²
奉贤	βæʔ⁸	βæʔ⁸	ʔwæʔ⁷		sø¹/sæʔ⁷	kuɛ¹	kuɛ⁵	βɛ²
奉贤新	væʔ⁸	væʔ⁸	væʔ⁷	tsʰø⁵	sø¹	kuɛ¹	guɛ⁶	ɦuɛ²
奉城	βæʔ⁸	βæʔ⁸	ʔwæʔ⁷		sø¹/sæʔ⁷	kuɛ¹	kuɛ⁵	βɛ²/βe²
金山	βæʔ⁸	βæʔ⁸	uæʔ⁷		sɑʔ⁷	kuɛ¹	kuɛ⁵	ɦuɛ²
金山新	vəʔ⁸	vəʔ⁸	uəʔ⁷	tsʰø⁵	səʔ⁷	kuɛ¹	kuɛ⁵	vɛ²
枫泾	vaʔ⁸	vaʔ⁸	uaʔ⁷		sø¹	kuɛ¹	kuɛ⁵	vɛ⁴
青浦	βæʔ⁸	βæʔ⁸	uæʔ⁷		sæʔ⁷	kuɛ¹	kuɪ⁵	βɛ²
青浦新	ɦuæʔ⁸	ɦuæʔ⁸	uæʔ⁷	tsʰø⁵		kuɛ¹	kuɛ⁵	ɦuɛ²
莘庄	βæʔ⁸	βæʔ⁸	uæʔ⁷		sɑʔ⁷	kuɛ¹	kuɛ⁵	βɛ²
闵行新	ʋæʔ⁸	ʋæʔ⁸	ʋæʔ⁷	tsʰø¹	③	kuɛ¹	kuɛ⁵	ʋɛ²
川沙	βæʔ⁸	βæʔ⁸	βæʔ⁷		sæʔ⁷	kuɛ¹	kuɛ⁵	βɛ²
川沙新	ɦuaʔ⁸	ɦuaʔ⁸	uaʔ⁷		se¹	kuɛ¹	kuɛ⁵	ɦuɛ⁶
高桥	βʌʔ⁸	βʌʔ⁸	uʌʔ⁷		sɑʔ⁷	kuɛ¹	kuɛ⁵	βe²
三林	βæʔ⁸	βæʔ⁸	uæʔ⁷		sɑʔ⁷	kuɛ¹	kuɛ⁵	βɛ²
周浦	βæʔ⁸	βæʔ⁸	uæʔ⁷		sø¹	kuɛ¹	kuɛ⁵	βɛ²
南汇	βæʔ⁸	βæʔ⁸	uæʔ⁷		sø¹	kuɛ¹	kuɛ⁵	βɛ²
南汇新	ʋæʔ⁸	ʋæʔ⁸			sᴇ¹	kuᴇ¹	kuᴇ⁵	ɦuᴇ⁶
嘉定	ɦuʌʔ⁸	ɦuʌʔ⁸	uʌʔ⁷		sɑʔ⁷	kuɛ¹	kuɛ⁵	ɦuɛ²
嘉定新	ɦuaʔ⁸	ɦuaʔ⁸	uaʔ⁷			kuɛ¹	kuɛ¹	ɦuɛ²
宝山	vʌʔ⁸	vʌʔ⁸	vʌʔ⁷	tsʰø¹	sɑʔ⁷	kuᴇ¹	kuᴇ⁵	uᴇ²
宝山新	uʌʔ⁸	uʌʔ⁸	uʌʔ⁷	tsʰø⁵	sø¹	kuᴇ¹	kuᴇ⁵	uᴇ⁶
崇明	ɦuaʔ⁸	ɦuaʔ⁸	uaʔ⁷		sø¹	kuæ¹	kuæ⁵	ɦuæ²
崇明新	vaʔ⁸	vaʔ⁸	vaʔ⁷	tsʰuø⁵	suo¹	kuæ¹	kuæ⁵	væ²
堡镇	ɦuaʔ⁸	ɦuaʔ⁸	uaʔ⁷		sø¹	kuæ¹	kuæ⁵	ɦuæ²
练塘	βæʔ⁸	βæʔ⁸	uæʔ⁷		sæʔ⁷	kuɛ¹	kuɪ⁵	βɛ²

注：① 老派的入声都是训读。
② 老派的"归~"和"~有"不同音。
③ 说"门" səʔ⁷。

序号	1951	1952	1953	1954	1955	1956	1957	1958
字目	环	患	宦	弯	湾	刷	刮	恋
中古音的地位	山合二平删匣	山合二去谏匣	山合二去谏匣	山合二平删影	山合二平删影	山合二入鎋生	山合二入鎋见	山合三去线来
市区	guɛ⁶	ɦuɛ⁶/uɛ⁵		uɛ¹	uɛ¹	səʔ⁷	kuɐʔ⁷	li⁶
市区中	ɦuɛ⁶	hø⁵	hø⁵	uɛ¹	uɛ¹	sɐʔ⁷	kuɐʔ⁷	li⁶
市区新	ɦuɛ⁶	hø⁵	hø⁵	uɛ¹	uɛ¹	sɐʔ⁷	kuɐʔ⁷	li⁶
真如	guɛ²	uɛ⁵		uɛ¹	uɛ¹	səʔ⁷	kuəʔ⁷	lie⁶
江湾	guɛ⁶	uɛ⁵		uɛ¹	uɛ¹	səʔ⁷	kuæʔ⁷	li⁶
松江	guɛ²	uɛ⁵		uɛ¹	uɛ¹	səʔ⁷	kuæʔ⁷	li⁶
松江新	guɛ²	ɦuɛ⁶	ɦuɛ⁶	uɛ¹	uɛ¹	sʌʔ⁷	kuɛʔ⁷	liɪ⁶
泗泾	guɛ²	uɛ⁵		uɛ¹	uɛ¹	səʔ⁷	kuæʔ⁷	li⁶
奉贤	βɛ²/guɛ²	βɛ⁶		ʔwɛ¹	ʔwɛ¹	seʔ⁷	kuæʔ⁷	lij⁶
奉贤新	ɦuɛ²	ɦuɛ⁶	ɦuɛ⁶	uɛ¹	uɛ¹	səʔ⁷	kuæʔ⁷	li⁶
奉城	βɛ²	βɛ⁶		ʔwɛ¹	ʔwɛ¹	seʔ⁷	kuæʔ⁷	lij²
金山	guɛ²	uɛ⁵		uɛ¹	uɛ¹	səʔ⁷	kuæʔ⁷	le⁶
金山新	vɛ²	vɛ⁶	vɛ⁶	uɛ¹	uɛ¹	səʔ	kuəʔ⁷	li⁵
枫泾	guɛ²	vɛ²		uɛ¹	uɛ¹	søʔ⁷/səʔ⁷	kuaʔ⁷	lie²
青浦	guɛ²	βɛ⁶		uɛ¹	uɛ¹	səʔ⁷	kuæʔ⁷	lɿ⁶
青浦新	guɛ²	ɦuɛ⁶	ɦuɛ⁶	uɛ¹	uɛ¹	səʔ⁷	kuæʔ⁷	liɪ⁶
莘庄	guɛ²	βɛ⁶		uɛ¹	uɛ¹	səʔ⁷	kuʌʔ⁷	li²
闵行新	guɛ²	ɦuɛ²	ʋɛ²	ʋɛ²	ʋɛ²	səʔ⁷	kʰuæʔ⁷	lɿ²
川沙	guɛ²	βɛ⁶		βɛ¹	βɛ¹	səʔ⁷	kuæʔ⁷	li⁶
川沙新	guɛ⁶			uɛ¹	uɛ¹	sɤʔ⁷	kua⁷	li⁵
高桥	guɛ⁶	βɛ⁶		uɛ¹	uɛ¹	səʔ⁷	kuʌʔ⁷	li⁶
三林	guɛ²	βɛ⁶		uɛ¹	uɛ¹	səʔ⁷	kuʌʔ⁷	li⁶
周浦	guɛ²	βɛ⁶		uɛ¹	uɛ¹	səʔ⁷	kuʌʔ⁷	n̻i⁶
南汇	guɛ²	βe⁶		uɛ¹	uɛ¹	səʔ⁷	kuʌʔ⁷	li⁶
南汇新	ɦuɛ⁶			uɛ¹	uɛ¹	səʔ⁷	kua⁷	li⁶
嘉定	guɛ²	uɛ⁵		uɛ¹	uɛ¹	səʔ⁷	kuʌʔ⁷	lɿ²
嘉定新	ɦuɛ²	ɦuɛ⁶	ɦuɛ⁶	uɛ¹	uɛ¹	səʔ⁷	kua⁷	liɪ⁶
宝山	uɛ²			vɛ¹	vɛ¹	sʌʔ⁷	kua⁷	liɪ⁶
宝山新	guɛ⁶	uɛ⁵	uɛ⁵	uɛ¹	uɛ¹	sʌʔ⁷	kua⁷	liɪ⁵
崇明	guæ²	uæ⁵		uæ¹	uæ¹	søʔ⁷	kuaʔ⁷	lie²
崇明新	væ²	vie⁶	vie⁶	væ¹	væ¹	səʔ⁷	kuɑ¹	lie⁶
堡镇	guæ²	uæ⁵		uæ¹	uæ¹	søʔ⁷	kuaʔ⁷	lie²
练塘	guɛ²	βɛ⁶		uɛ¹	uɛ¹	səʔ⁷	kuæʔ⁷	lɿ⁶

序号 字目 中古音的地位	1959 泉 山合三平仙从	1960 全 山合三平仙从	1961 宣 山合三平仙心	1962 选 山合三上狝心	1963 旋 旋转 山合三平仙邪	1964 旋 旋风 山合三平仙邪	1965 转 转变 山合三上狝知	1966 转 转动 山合三上狝知
市区	z_i^6	z_i^6	$ɕi^1/ɕyø^1$	$ɕi^5$	z_i^6	z_i^6	$tsø^5$	
市区中	$dʑi^6/dʑy^6$	$dʑy^6$	$ɕy^1$	$ɕy^5$	$ʑy^6$	$ʑy^6$	$tsø^5$	$tsø^5$
市区新	$dʑi^6/dʑy^6$	$dʑy^6$	$ɕy^1$	$ɕy^5$	$ʑy^6$	$ʑy^6$	$tsø^5$	$tsø^5$
真如	zie^2	zie^2	sie^1	sie^5	zie^2	zie^2	tse^3	tse^3
江湾	zi^6	zi^6	si^1	si^5	zi^6	zi^6	$tsø^5$	$tsø^5$
松江	zi^2	zi^2	si^1	si^3	zi^2	zi^2	tse^3	tse^3
松江新	$dʑyø^2$	$ʑi^2$	$ɕyø^1$	$ɕyø^3$	$ʑyø^2$	$ʑyø^2$	$tsø^3$	$tsø^3$
泗泾	zi^2	zi^2	si^1	si^3	zi^2	zi^2	tse^3	tse^3
奉贤	zij^2	zij^2	sij^1	sij^3	zij^2	zij^2	tse^3	tse^3
奉贤新	$ʑi^2$	$ʑi^2$	$ɕi^1$	$ɕy^5$	$ʑy^2$	$ʑy^6$	$tsø^3$	$tsø^3$
奉城	zij^2	zij^2	sij^1	sij^3	zij^2	zij^2	tse^3	tse^3
金山	ze^2	ze^2	se^1	se^3	ze^2	ze^2	tse^3	tse^3
金山新	$ʑi^2$	$ʑi^2$	$ɕy^1$	$ɕy^3$	$ɦø^2$	$ɦø^2$	$tsø^3/tse3$	$tsø^3/tse^4$
枫泾	zie^2	zie^2	sie^1	sie^3	zie^2	zie^2	$tsø^3$	$tsø^3$
青浦	$zɿ^2$	$zɿ^2$	$sɿ^1$	$sɿ^3$	$zɿ^2$	$zɿ^2$	$tsɿ^3$	$tsɿ^3$
青浦新	$zɿ^2$	$zɿ^2$	$sɿ^1$	$sɿ^3$	$zɿ^6$		$tsø^3$	$tsø^3$
莘庄	zi^2	zi^2	si^1	si^3	zi^2	zi^2	tse^3	tse^3
闵行新	zei^2	zei^2	$ɕø^1$	$ɕi^3$	ze^2	ze^2	$tsø^3$	$tsø^3$
川沙	zi^2	zi^2	si^1	si^5	zi^2	zi^2	tse^3	tse^3
川沙新	$dʑy^6/zi^2$	$dʑy^6/zi^6$	$ɕy^1$	$ɕy^3$			$tsø^3$	$tsø^5$
高桥	zie^2	zie^2	sie^1	$ɕie^3$	zie^6	zie^6	$tsø^3$	$tsø^3$
三林	zi^2	zi^2	si^1	si^5	zi^2	zi^2	tse^5	tse^5
周浦	$z\tilde{i}^2$	$z\tilde{i}^2$	$s\tilde{i}^1$	$s\tilde{i}^3$	$z\tilde{i}^2$	$z\tilde{i}^2$	tse^3	tse^3
南汇	zi^2	zi^2	si^1	si^3	zi^2	zi^2	tse^3	tse^3
南汇新		$ʑi^6$	$ɕy^1$	$ɕy^3$			$tsø^3$	$tsø^3$
嘉定	$zɿɿ^2$	$zɿɿ^2$	$sɿɿ^1$	$sɿɿ^5$	$zɿɿ^2$	$zɿɿ^2$	$tsɿɿ^5$	$tsɿɿ^5$
嘉定新	$zɿɿ^2$	$zɿɿ^2$	$ɕø^1$	$sɿɿ^5$	$zɿɿ^2$	$zɿɿ^6$	$tsɿɿ^6$	$tsɿɿ^5$
宝山	$sɿɿ^2$	$sɿɿ^2$	sy^1	$sɿɿ^5$	$zø^6$	$zø^6$	$tsø^5$	$tsø^5$
宝山新	$dʑy^5$	$dʑy^5$	$ɕy^1$	$ɕy^5$	$ɕy^6$	$ɕy^5$	$tsø^5$	$tsø^5$
崇明	$dzie^2$	$dzie^2/dzie^4$	$ɕie^1$	$ɕie^3$	$dzie^2$	$dzie^2$	$tsø^3$	$tsø^3$
崇明新	$dʑyø^2$	$dʑyø^2$	$ɕyø^1$	$ɕyø^3$	$ʑyø^2$	$ʑyø^2$	$tsuø^3$	$tsuø^5$
堡镇	$dzie^2$	$dzie^2/dzie^4$	$ɕie^1$	$ɕie^3$	$dzie^2$	$dzie^2$	$tsø^3$	$tsø^3$
练塘	$zɿ^2$	$zɿ^2$	$sɿ^1$	$sɿ^1$	$zɿ^2$	$zɿ^2$	$tsø^1$	$tsø^1$

序号	1967	1968	1969	1970	1971	1972	1973	1974
字目	传传达	椽	篆	传传记	专	砖	川	穿
中古音的地位	山合三平仙澄	山合三上獮澄	山合三上獮澄	山合三去线澄	山合三平仙章	山合三平仙章	山合三平仙昌	山合三平仙昌
市区	zø⁶			zø⁶	tsø¹	tsø¹	tsʰø¹	tsʰø¹
市区中	zø⁶	zø⁶	zø⁶	zø⁶	tsø¹	tsø¹	tsʰø¹	tsʰø¹
市区新	zø⁶	zø⁶	zø⁶	zø⁶	tsø¹	tsø¹	tsʰø¹	tsʰø¹
真如	ze²	ze²		ze⁶	tse¹	tse¹	tsʰe¹	tsʰe¹
江湾	ze⁶	ze⁶		ze⁶	tse¹	tse¹	tsʰe¹	tsʰe¹
松江	ze²	ze²		ze⁶	tse¹	tse¹	tsʰe¹	tsʰe¹
松江新	zø²	zø²	tsø³	tsø⁵	tsø¹	tsø¹	tsʰø¹	tsʰø¹
泗泾	ze²	ze²		ze⁶	tse¹	tse¹	tsʰe¹	tsʰe¹
奉贤	ze²	ze²		ze⁶	tse¹	tse¹	tsʰe¹	tsʰe¹
奉贤新	zø²	zø²	tsø³	tsø⁵	tsø³	tsø³	tsʰø¹	tsʰø¹
奉城	ze²	ze²		ze⁶	tse¹	tse¹	tsʰe¹	tsʰe¹
金山	ze²	ze²		ze⁶	tse¹	tse¹	tsʰe¹	tsʰe¹
金山新	zø²	zø²		tsø⁵	tsø⁵	tsø⁵	tsʰø¹	tsʰø¹
枫泾	zø²	zø²		zø²	tsø¹	tsø¹	tsʰø¹	tsʰø¹
青浦	zɪ²	zɪ²		zɪ²	tsɪ¹	tsɪ¹	tsʰɪ¹	tsʰɪ¹
青浦新	zɪɪ²	zɪɪ⁶		zø⁶	tsø¹	tsɪɪ¹	tsʰø¹	tsʰø¹
莘庄	ze²	ze²		ze⁶	tse¹	tse¹	tsʰe¹	tsʰe¹
闵行新	ze²	ze²	tsø³	ze²	tsø¹	tsø¹	tsʰø¹①	tsʰø¹
川沙	ze²	ze²		ze²	tse¹	tse¹	tsʰe¹	tsʰe¹
川沙新	zø⁶		zø⁶	zø⁶	tsø¹	tsø¹	tsʰø¹	tsʰø¹
高桥	zø⁶	zø⁶		zø⁶	tsø¹	tsø¹	tsʰø¹	tsʰø¹
三林	zø²	zø²		zø²	tse¹	tse¹	tsʰe¹	tsʰe¹
周浦	ze²	ze²		ze²	tse¹	tse¹	tsʰe¹	tsʰe¹
南汇	ze²	ze²		ze²	tse¹	tse¹	tsʰe¹	tsʰe¹
南汇新	zʅ⁶			tsø⁵	tsø¹	tsø¹	tsʰø¹	tsʰø¹
嘉定	zɪɪ²	zɪɪ²		zɪɪ⁶	tsɪɪ¹	tsɪɪ¹	tsʰɪɪ¹	tsʰɪɪ¹
嘉定新	zɪɪ²	zɪɪ²	zɪɪ⁶	zɪɪ⁶	tsɪɪ¹	tsɪɪ¹	tsʰɪɪ¹	tsʰɪɪ¹
宝山	sø⁵	sø⁵	sø⁵	sø⁵	tsø¹	tsø¹	tsʰø¹	tsʰø¹
宝山新	sø⁵	sø⁵	tsø⁵	sø⁵	tsø¹	tsø¹	tsʰø¹	tsʰø¹
崇明	dzø²	dzø²		dzø⁶	tsø¹	tsø¹	tsʰø¹	tsʰø¹
崇明新	dzuø²	dzuø²	dzuø⁶	tsuø⁵	tsuø¹	tsuø¹	tsʰuø¹	tsʰuø¹
堡镇	dzø²	dzø²		dzø⁶	tsø¹	tsø¹	tsʰø¹	tsʰø¹
练塘	zø²	zø²		zɪ²	tsø¹	tsø¹	tsʰø¹	tsʰø¹

注：① "四川" 中读tsʰe¹。

序号	1975	1976	1977	1978	1979	1980	1981	1982
字目	喘	串	船	软	卷卷曲	眷	卷书卷	绢
中古音的地位	山合三上猕昌	山合三去线昌	山合三平仙船	山合三上猕日	山合三去线见	山合三去线见	山合三去线见	山合三去线见
市区	tsʰø⁵	tsʰø¹/tsʰø⁵	zø⁶	n̠yø⁶	tɕyø⁵	tɕyø⁵	tɕyø⁵	tɕyø⁵
市区中	tsʰø⁵	tsʰø⁵	zø⁶	n̠y⁶	tɕy⁵	tɕy⁵	tɕy⁵	tɕy⁵
市区新	tsʰø⁵	tsʰø⁵	zø⁶	n̠y⁶	tɕy⁵	tɕy⁵	tɕy⁵	tɕy⁵
真如	tsʰø¹	tsʰe³	ze²	n̠yø⁶	tɕyø⁵	tɕyø⁵	tɕyø⁵	tɕyø⁵
江湾	tsʰø⁵	tsʰø¹	ze⁶	n̠yø⁶	tɕyø⁵	tɕyø⁵	tɕyø⁵	tɕyø⁵
松江	tsʰe³	tsʰe⁵	ze²	n̠yø⁶①	tɕyø⁵	tɕyø⁵	tɕyø⁵	tɕyø⁵
松江新	tsʰø³	tsʰø⁵	zø⁶	n̠yø²	tɕyø³	tɕyø⁵	tɕyø⁵	tɕyø⁵
泗泾	tsʰe³	tsʰe⁵	ze²	n̠yø⁶	tɕyø⁵	tɕyø⁵	tɕyø⁵	tɕyø⁵
奉贤	tsʰø⁵	tsʰe⁵	ze²	n̠yø⁴/n̠yø⁶	ʔɟyø⁵	ʔɟyø⁵	ʔɟyø⁵	ʔɟyø⁵
奉贤新	tsʰø³	tsʰø⁵	zø⁶	n̠yø⁶	tɕyø¹	tɕyø³	tɕyø⁵	tɕyø⁵
奉城	tsʰø¹	tsʰe⁵	ze²	ȵyy⁶	ʔɟyy⁵	ʔɟyy⁵	ʔɟyy⁵	ʔɟyy⁵
金山	tsʰø¹	tsʰe¹	ze²	n̠yø⁶	tɕyø³	tɕyø³	tɕyø³	tɕyø³
金山新	tsʰø⁵	tsʰø⁵	ze²	n̠yø⁶	tɕyø³	tɕyø³	tɕyø³	tɕyø³
枫泾	tsʰø¹	tsʰø¹	zø²	n̠yø⁴	tɕyø⁵	tɕyø⁵	tɕyø⁵	tɕyø⁵
青浦	tsʰø¹	tsʰɿ⁵	zɿ²	n̠yø¹	tɕyø⁵	tɕyø⁵	tɕyø⁵	tɕyø⁵
青浦新	tsʰø³	tsʰø⁵	zɿɪ²	n̠yø¹	tɕyø⁵	tɕyø⁵	tɕyø⁵	tɕyø⁵
莘庄	tsʰø¹	tsʰe¹	ze²	ȵyø⁶	cyø⁵	cyø⁵	cyø⁵	cyø⁵
闵行新	tsʰei³	tsʰø⁵/tsʰe⁵	zei²	n̠yø²	tɕyø⁵	tɕyø⁵	tɕyø⁵	tɕyø⁵
川沙	tsʰø¹/tsʰe¹	tsʰe¹	ze²	n̠yø²	tɕyø⁵	tɕyø⁵	tɕyø⁵	tɕyø¹
川沙新	tsʰø³	tsʰø⁵	zø⁶	n̠yø⁶	tɕyø⁵	tɕyø⁵	tɕyø⁵	tɕyø⁵
高桥	tsʰø¹	tsʰø¹	zø²	n̠yø⁶	tɕyø⁵	tɕyø⁵	tɕyø⁵	tɕyø⁵
三林	tsʰø¹	tsʰø¹	ze²	ȵyø²	cyø³	cyø⁵	cyø⁵	cyø⁵
周浦	tsʰø¹	tsʰø¹	ze²	n̠yø²	tɕyø⁵	tɕyø⁵	tɕyø⁵	tɕyø⁵
南汇	tsʰø¹	tsʰø¹	ze²	n̠yø²	tɕyø⁵	tɕyø⁵	tɕyø⁵	tɕyø⁵
南汇新	zø⁶	tsʰø⁵	zø⁶	n̠yø⁶	tɕyø³	tɕyø³	tɕyø³	
嘉定	tsʰɿɪ¹	tsʰɿɪ¹/tsʰɿɪ⁵	zɿɪ²	ȵɪɪ⁶	tɕyø⁵	tɕyø⁵	tɕyø⁵	tɕyø⁵
嘉定新	tsʰø⁵	tsʰø⁵	zɿɪ²	ȵɪɪ⁶	tɕiø⁵	tɕiø⁵	tɕiø⁵	tɕiø⁵
宝山	tsʰø⁵	tsʰø⁵	sø⁵	n̠ø⁶	tɕyø⁵	tɕyø⁵	tɕyø⁵	tɕyø⁵
宝山新	tsʰø⁵	tsʰø⁵	sø⁵	n̠ø⁶	tɕy⁵	tɕy⁵	tɕy⁵	tɕy⁵
崇明	tsʰø⁵	tsʰø⁵	zø²	n̠yø⁴	tɕyø³	tɕyø³	tɕyø³	tɕyø¹
崇明新	tsʰuø³	tsʰuø⁵	zuø²	n̠yø⁶	tɕʰyø¹	dʑyø⁶	tɕyø¹	tɕyø¹
堡镇	tsʰø⁵	tsʰø⁵	zø²	n̠yø⁴	tɕyø³	tɕyø³	tɕyø³	tɕyø¹
练塘	tsʰø¹	tsʰø⁵	zø²	n̠yø⁴	tɕyø¹	tɕyø⁵	tɕyø⁵	tɕyø⁵

注：① 松江应读阳上。

序号	1983	1984	1985	1986	1987	1988	1989	1990
字目	圈圆圈	权	拳	颧	倦	员	圆	院
中古音的地位	山合三平仙溪	山合三平仙群	山合三平仙群	山合三平仙群	山合三去线群	山合三平仙云	山合三平仙云	山合三去线云
市区	tɕʰyø¹	dzyø⁶	dzyø⁶	dzyø⁶	dzyø⁶	ɦiyø⁶	ɦiyø⁶	ɦiyø⁶
市区中	tɕʰy⁵	dʑy⁶	dʑy⁶	dʑy⁶	dʑy⁶	ɦiy⁶	ɦiy⁶	ɦiy⁶
市区新	tɕʰy⁵	dʑy⁶	dʑy⁶	dʑy⁶	dʑy⁶	ɦiy⁶	ɦiy⁶	ɦiy⁶
真如	tɕʰyø¹	dzyø²	dzyø²	dzyø²	dzyø⁶	ɦiyø²	ɦiyø²	ɦiyø²
江湾	tɕʰyø¹	dzyø⁶	dzyø⁶	dzyø⁶	dzyø⁶	ɦiyø⁶	ɦiyø⁶	ɦiyø⁶
松江	tɕʰyø¹	dzyø²	dzyø²	dzyø²	dzyø⁶	ɦiyø²	ɦiyø²	ɦiyø²
松江新	tɕʰyø¹	dzyø²	dzyø²	dzyø²	dzyø⁶	ɦiyø²	tɕʰyø¹	ɦiyø⁶
泗泾	tɕʰyø¹	dzyø²	dzyø²	dzyø²	dzyø⁶	ɦiyø²	ɦiyø²	ɦiyø²
奉贤	cʰyø¹	ɟyø²	ɟyø²	ɟyø²	ɟyø⁶	ɦiø²	ɦiø²	ɦiø⁶
奉贤新	tɕʰyø¹	dʑyø²	dʑyø²	dʑyø²	tɕyø⁵	ɦiø²	ɦiø²	ɦiø²
奉城	cʰyʏ¹	ɟyʏ²	ɟyʏ²	ɟyʏ²	ɟyø⁶①	ɦiyʏ²	ɦiyʏ²	ɦiyʏ⁶
金山	tɕʰyø¹	dzyø²	dzyø²	dzyø²	dzyø⁶	ɦiyø²	ɦiyø²	ɦiyø⁶
金山新	tɕʰyø¹	dzyø²	dzyø²	dzyø²	tɕyø⁵	ɦiø²	ɦiø²	ø⁵
枫泾	tɕʰyø¹	dzyø²	dzyø²	dzyø²	dzyø⁶	ɦiyø²	ɦiyø²	yø⁵
青浦	tɕʰyø¹	dzyø²	dzyø²	dzyø²	dzyø⁶	ɦiyø²	ɦiyø²	ɦiyø²
青浦新	tɕʰyø¹	dʑyø²	dʑyø²	dʑyø²	dʑyø⁶	ɦiyø²	ɦiyø²	ɦiyø⁶
莘庄	cʰyø¹	ɟyø²	ɟyø²	ɟyø²	ɟyø⁶	ɦiyø²	ɦiyø²	ɦiyø⁶
闵行新	tɕʰyø¹	dʑyø²	dʑyø²	dʑyø²	dʑyø²	ɦiø²	ɦiø²	ɦiø²
川沙	tɕʰyø¹	dzyø²	dzyø²	dzyø²	dzyø⁶	ɦiyø²	ɦiyø²	ɦiyø⁶
川沙新	tɕʰyø¹	dzyø⁶	dʑyø⁶	dʑyø⁶	tɕyø⁵	ɦiyø⁶	ɦiyø⁶	yø⁵
高桥	tɕʰyø¹	dzyø²	dzyø²	dzyø²	dzyø⁶	ɦiyø²	ɦiyø²	ɦiyø²
三林	cʰyø¹	ɟyø²	ɟyø²	ɟyø²	ɟyø⁶	ɦiyø²	ɦiyø²	ɦiyø²
周浦	cʰyø¹	dzyø²	dzyø²	dzyø²	dzyø⁶	ɦiyø²	ɦiyø²	ɦiyø²
南汇	cʰyø¹	dzyø²	dzyø²	dzyø²	dzyø⁶	ɦiyø²	ɦiyø²	ɦiyø²
南汇新	tɕʰyø¹	zyø⁶	zyø⁶			ȵyø⁶	ɦiyø⁶	ɦiyø⁶
嘉定	tɕʰyø¹	dzyø²	dzyø²	dzyø²	dzyø⁶	ɦiyø²	ɦiyø²	ɦiyø²
嘉定新	tɕʰiø¹	dziø²	dziø²	dziø²	dzɿø⁶	ɦiiø²	ɦiiø²	ɦiiø⁶
宝山	tɕʰyø¹	dʑyø⁶	dʑyø⁶	dʑyø⁶	tɕyø⁵	yø⁵	yø⁵	yø⁵
宝山新	tɕʰy¹	dʑy⁶	dʑy⁶	dʑy⁶	tɕy⁵	y⁵	y⁵	y⁵
崇明	tɕʰyø¹	dzyø²	dzyø²	dzyø²	dzyø⁴	ɦiyø²	ɦiyø²	ɦiyø⁶
崇明新	tɕʰyø¹	dzyø²	dzyø²	dzyø²	dzyø⁶	yø²	yø²	yø⁶
堡镇	tɕʰyø¹	dzyø²	dzyø²	dzyø²	dzyø⁴	ɦiyø²	ɦiyø²	ɦiyø⁶
练塘	tɕʰyø¹	dzyø²	dzyø²	dzyø²	dzyø⁶	ɦiyø²	ɦiyø²	ɦiyø⁶

注：① 奉城没有yø韵，当为yʏ。

序号	1991	1992	1993	1994	1995	1996	1997	1998
字目	缘	铅	沿	捐	劣	绝	雪	说
中古音的地位	山合三平仙以	山合三平仙以	山合三平仙以	山合三平仙以	山合三入薛来	山合三入薛从	山合三入薛心	山合三入薛书
市区	ɦyø⁶		ɦiɪ⁶	tɕyø¹	liɪʔ⁸	ziɪʔ⁸	ɕiɪʔ⁷	səʔ⁷
市区中	ɦy⁶	kʰE¹	ɦi⁶	tɕy¹	liɪʔ⁸	dʑiɪʔ⁸/dʑyɪʔ⁸	ɕiɪʔ⁷/ɕyɪʔ⁷	sɐʔ⁷
市区新	ɦy⁶	kʰE¹	ɦi⁶	tɕy¹	liɪʔ⁸	dʑiɪʔ⁸/dʑyɪʔ⁸	ɕiɪʔ⁷/ɕyɪʔ⁷	sɐʔ⁷
真如	ɦyø²	ɦiɪ²/ɦie²	ɦiɪ²/ɦie²	tɕyø¹	liɪʔ⁸	ziɪʔ⁸	siɪʔ⁷	søʔ⁷
江湾	ɦyø⁶	ɦi⁶	ɦi⁶	tɕyø¹	lɪʔ⁸	zɪʔ⁸	sɪʔ⁷	səʔ⁷
松江	ɦyø²	ɦi²	ɦi²	tɕyø¹	liɪʔ⁸	ziɪʔ⁸	siɪʔ⁷	sœʔ⁷
松江新	nyø²	kʰε¹	ɦi²	tɕyø¹	liʌʔ⁸	dʑyɪʔ⁸	ɕyɪʔ⁷	sʌʔ⁷
泗泾	ɦyø²	ɦi²	ɦi²	tɕyø¹	liɪʔ⁸	ziɪʔ⁸	siɪʔ⁷	sœʔ⁷
奉贤	ɦø²	ɦij²	ɦij²	ʔɟyø¹	liɪʔ⁸	ziɪʔ⁸	siɪʔ⁷	suœʔ⁷
奉贤新	ɦø⁶	kʰε¹	ɦi²	tɕyø¹	lieʔ⁸	dʑyøʔ⁸	ɕieʔ⁷	suəʔ⁷
奉城	ɦyʏ²	ɦij²	ɦij²	ʔɟyʏ¹	liɪʔ⁸	ziɪʔ⁸	siɪʔ⁷	sœʔ⁷/suœʔ⁷
金山	ɦyø²	ɦie²	ɦie²	tɕyø¹	liɪʔ⁸	ziɪʔ⁸	siɪʔ⁷	suəʔ⁷
金山新	ɦø²	kʰε¹	ɦi²	tɕyø¹	liɪʔ⁸	ziɪʔ⁸	ɕiɪʔ⁷	suəʔ⁷
枫泾	yø⁵	ɦie²	ɦie²	tɕyø¹	liɪʔ⁸	ziɪʔ⁸	siɪʔ⁷	søʔ⁷
青浦	ɦyø²	ɦiɪ²	ɦiɪ²	tɕyø¹	liɪʔ⁸	ziɪʔ⁸	siɪʔ⁷	suœʔ⁷
青浦新	ɦyø²	kʰE¹	ɦiɪ²	tɕyø¹	liɪʔ⁸	ziɪʔ⁸	siɪʔ⁷	sœʔ⁷
莘庄	yø¹	ɦi²	ɦiɪ⁶	ɕyø¹	liɪʔ⁸	ziɪʔ⁸	siɪʔ⁷	suœʔ⁷
闵行新	ɦø²	kʰε¹	ɦiɪ²	tɕyø¹	liəʔ⁸	ziəʔ⁸	ɕiəʔ⁷	
川沙	ɦyø²	ɦi²	ɦi²	tɕyø¹	liɪʔ⁸	ziɪʔ⁸	siɪʔ⁷	syəʔ⁷
川沙新	nyø⁶	kʰE¹	ɦi⁶	tɕyø¹	liɪʔ⁸	dʑyøʔ⁸	ɕyøʔ⁷	sɔʔ⁷
高桥	ɦyø²	ɦie²	ɦie²	tɕyø¹	liɪʔ⁸	ziɪʔ⁸	siɪʔ⁷	səʔ⁷
三林	ɦyø²	ɦi²	ɦi²	ɕyø¹	liɪʔ⁸	ziɪʔ⁸	siɪʔ⁷	suœʔ⁷
周浦	ɦyø²	ɦiɪ²	ɦiɪ²	tɕyø¹	liɪʔ⁸	ziɪʔ⁸	siɪʔ⁷	suœʔ⁷
南汇	ɦyø²	ɦi²	ɦi²	tɕyø¹	liɪʔ⁸	ziɪʔ⁸	siɪʔ⁷	suœʔ⁷
南汇新	nyø⁶	kʰE¹	ɦi⁶	tɕyø¹	liɪʔ⁸	dʑiəʔ⁸	ɕiɪʔ⁷	sœʔ⁷
嘉定	ɦyø²	ɦiɪ²	ɦiɪ²	tɕyø¹	liɪʔ⁸	ziɪʔ⁸	siɪʔ⁷	səʔ⁷
嘉定新	ɦiø²	kʰE¹	ɦiɪ²	tɕiø¹	liɪʔ⁸	ziɪʔ⁸	siɪʔ⁷	səʔ⁷
宝山	yø⁵	kʰE¹	iɪ⁵	tɕyø¹	liɪʔ⁸	ziɪʔ⁸	siɪʔ⁷	səʔ⁷
宝山新	y⁵	kʰE¹	ŋE⁵	tɕy¹	liɪʔ⁸	tɕyəʔ⁸	ɕyəʔ⁷	səʔ⁷
崇明	ɦyø²	ɦie⁴	ɦie⁴	tɕyø¹	liəʔ⁸	dʑiəʔ⁸	ɕiəʔ⁷	søʔ⁷
崇明新	nyø²	kʰE¹	nie²	tɕyø¹	liɪʔ⁸	tɕiɔʔ⁷	ɕiɔʔ⁷	①
堡镇	ɦyø²	ɦie⁴	ɦie⁴	tɕyø¹	liəʔ⁸	dʑiəʔ⁸	ɕiəʔ⁷	søʔ⁷
练塘	ɦyø²	ɦiɪ²	ɦiɪ²	tɕyø¹	liɪʔ⁸	ziɪʔ⁸	siɪʔ⁷	suœʔ⁷

注：① 说"讲"。

序号	1999	2000	2001	2002	2003	2004	2005	2006
字目	悦	阅	反反复	返	贩	番更番	翻	烦
中古音的地位	山合三入薛以	山合三入薛以	山合三上阮反	山合三上阮非	山合三去愿非	山合三平元敷	山合三平元敷	山合三平元奉
市区	ɦio$ʔ^8$/ɦyɪ$ʔ^8$	ɦio$ʔ^8$/ɦyɪ$ʔ^8$	fE^5		fE^5	fE^1	fE^1	ʋE^6
市区中	ɦyɪ$ʔ^8$/ɦio$ʔ^8$	ɦyɪ$ʔ^8$/ɦio$ʔ^8$	fE^5	fE^5	fE^5	fE^1	fE^1	ʋE^6
市区新	ɦyɪ$ʔ^8$/ɦio$ʔ^8$	ɦyɪ$ʔ^8$/ɦio$ʔ^8$	fE^5	fE^5	fE^5	fE^1	fE^1	ʋE^6
真如	ɦyø$ʔ^8$	ɦyø$ʔ^8$	fɛ^5		fɛ^5	fɛ^1	fɛ^1	ʋɛ^2
江湾	ɦyɪ$ʔ^8$	ɦyɪ$ʔ^8$	ɸɛ^5		ɸɛ^5	ɸɛ^1	ɸɛ^1	βɛ^6
松江	ɦyœ$ʔ^8$	ɦyœ$ʔ^8$	ɸɛ^3		ɸɛ^5	ɸɛ^1	ɸɛ^1	βɛ^2
松江新	ɦyɪ$ʔ^8$	ɦyɪ$ʔ^8$	fɛ^3	fɛ^3	fɛ^5	fɛ^1	fɛ^1	ʋɛ^2
泗泾	ɦyœ$ʔ^8$	ɦyœ$ʔ^8$	ɸɛ^5		ɸɛ^5	ɸɛ^1	ɸɛ^1	βɛ^2
奉贤	ɦyœ$ʔ^8$	ɦyœ$ʔ^8$	ɸɛ^5		ɸɛ^5	ɸɛ^1	ɸɛ^1	βɛ^2
奉贤新	ɦyɪ$ʔ^8$	ɦyɪ$ʔ^8$	fe^5	fe^5	fe^5	fe^1	fe^1	ʋe^2
奉城	ɦyœ$ʔ^8$	ɦyœ$ʔ^8$	ɸɛ^5		ɸɛ^5	ɸɛ^1	ɸɛ^1	βɛ^2
金山	ɦyø$ʔ^8$	ɦyø$ʔ^8$	ɸɛ^5		ɸɛ^5	ɸɛ^1	ɸɛ^1	βɛ^2
金山新	ɦyə$ʔ^8$	ɦyə$ʔ^8$	fɛ^3	fɛ^3	fɛ^5	fɛ^1	fɛ^1	ʋɛ^2
枫泾	ɦyø$ʔ^8$	ɦyø$ʔ^8$	ɸɛ^3		ɸɛ^5	ɸɛ^1	ɸɛ^1	ʋɛ^2
青浦	ɦyœ$ʔ^8$	ɦyœ$ʔ^8$	ɸE^3		ɸE^5	ɸE^1	ɸE^1	βE^2
青浦新	ɦyœ$ʔ^8$	ɦyœ$ʔ^8$	fE^3	fE^3	fE^5	fE^1	fE^1	ʋE^2
莘庄	ɦyə$ʔ^8$	ɦyə$ʔ^8$	ɸɛ^5		ɸɛ^5	ɸɛ^1	ɸɛ^1	ɸɛ
闵行新	ɦyə$ʔ^8$	ɦyə$ʔ^8$	fæ^5	①	fæ^5	fæ^1	fæ^1	ʋæ^2
川沙	ɦyœ$ʔ^8$	ɦyœ$ʔ^8$	ɸɛ^3		ɸɛ^5	ɸɛ^1	ɸɛ^1	βɛ^2
川沙新	ɦyø$ʔ^8$	ɦyø$ʔ^8$	fɛ^3	fɛ^3	fɛ^5	fɛ^1	fɛ^1	ʋɛ^6
高桥	ɦyø$ʔ^8$	ɦyø$ʔ^8$	ɸɛ^5		ɸɛ^3	ɸɛ^1	ɸɛ^1	βɛ^6
三林	ɦyə$ʔ^8$	ɦyə$ʔ^8$	ɸɛ^5		ɸɛ^5	ɸɛ^1	ɸɛ^1	βɛ
周浦	ɦyœ$ʔ^8$	ɦyœ$ʔ^8$	ɸɛ^3		ɸɛ^5	ɸɛ^1	ɸɛ^1	βɛ^2
南汇	ɦyœ$ʔ^8$	ɦyœ$ʔ^8$	ɸɛ^3		ɸɛ^5	ɸɛ^1	ɸɛ^1	βɛ^2
南汇新		ȵyø$ʔ^8$	fE^3	fE^3	fE^5	fE^1	fE^1	ʋE^6
嘉定	ɦyo$ʔ^8$	ɦyo$ʔ^8$	fE^5		fE^5	fE^1	fE^1	ʋE^2
嘉定新	ɦio$ʔ^8$	ɦio$ʔ^8$	fE^5	fE^5	fE^5	tE^1	ʋE^2	ʋE^2
宝山	io$ʔ^8$	io$ʔ^8$	fE^5	fE^5	fE^5	fE^1	fE^1	ʋE^5
宝山新	yə$ʔ^8$	yə$ʔ^8$	fE^5	fE^5	fE^5	fE^1	fE^1	ʋE^5
崇明	ɦyo$ʔ^8$	ɦyo$ʔ^8$	fæ^3		fæ^5	fæ^1	fæ^1	ʋæ^2
崇明新	ȵiɔ$ʔ^8$	ȵiɔ$ʔ^8$	fæ^3	fæ^3	fæ^5	fæ^1	fæ^1	fæ^2
堡镇	ɦyo$ʔ^8$	ɦyo$ʔ^8$	fæ^3		fæ^5	fæ^1	fæ^1	ʋæ^2
练塘	ɦyœ$ʔ^8$	ɦyœ$ʔ^8$	ɸE^1		ɸE^5	ɸE^1	ɸE^1	βE^2

注：① 说"转回去"。

序号	2007	2008	2009	2010	2011	2012	2013	2014
字目	繁	矾	饭	晚①	愿	楦	冤	婉
中古音的地位	山合三平元奉	山合三平元奉	山合三去愿奉	山合三上阮微	山合三去愿疑	山合三去愿晓	山合三平元影	山合三上阮影
市区	vE⁶		vE⁶	mE⁶/uE⁵	ȵy⁶	ɕyø¹	yø¹	
市区中	vE⁶	vE⁶	vE⁶	E⁵	ȵy⁶	ɕy¹	y¹	ø⁵
市区新	vE⁶	vE⁶	vE⁶	E⁵	ȵy⁶	ɕy¹	y¹	ø⁵
真如	vɛ²		vɛ⁶	vɛ⁶	ȵyø⁶	ɕyø¹	yø¹	
江湾	βɛ⁶		βɛ⁶	βɛ⁶	ȵyø⁶	ɕyø⁵	yø¹	
松江	βɛ²		βɛ⁶	uɛ³	ȵyø⁶	ɕyø¹	yø¹	
松江新	vɛ²	vɛ²	vɛ²	ɛ³	ȵyø⁶	ɕyø⁵	yø¹	uɛ³
泗泾	βɛ²		βɛ⁶	uɛ³	ȵyø⁶	ɕyø¹	yø¹	
奉贤	βɛ²		βɛ⁶	ʔwe⁵	ȵyø⁶	ɕyø⁶	ø¹	
奉贤新	vɛ²	vɛ²	vɛ²	uɛ³	ȵyø⁶	ɕyø⁶	ø¹	uɛ⁵
奉城	βɛ²		βɛ⁶	ʔwe³/uɛ³	ȵyʏ⁶	ɕyʏ¹	yʏ¹	
金山	βɛ²		βɛ⁶	uɛ³	ȵyø⁶	ɕyø¹	yø¹	
金山新	vɛ²	vɛ²	vɛ²	uɛ³	ȵyø²		ø¹	uɛ³
枫泾	vɛ²		vɛ⁶	vɛ⁶	ȵyø⁶	ɕyø¹	yø¹	
青浦	βE²		βE⁶	ɸE³	ȵyø⁶	ɕyø¹	yø¹	
青浦新	vE²	vE²	vE⁶	uE³	ȵyø⁶		yø¹	
莘庄	ɸɛ		βɛ⁶	uɛ³	ȵyø⁶	ɕyø¹	yø¹	
闵行新	væ²	væ²	væ²	ɛ³	ȵyø²		yø¹	
川沙	βɛ²		βɛ⁶	βɛ⁶	ȵyø²	ɕyø⁵	yø¹	
川沙新	vɛ⁶	vɛ⁶	vɛ⁶	ɦuɛ⁶	ȵyø⁵		yø¹	
高桥	βɛ⁶		βɛ⁶	βɛ⁶	ȵyø²	ɕyø⁵	yø¹	
三林	βɛ		βɛ⁶	uɛ³	ȵyø⁶	ɕyø⁵	yø¹	
周浦	βɛ²		βɛ⁶	uɛ³	ȵyø⁶	ɕyø¹	yø¹	
南汇	βɛ²		βɛ⁶	uɛ³	ȵyø⁶	ɕyø¹	yø¹	
南汇新	ʊE⁶	ʊE⁶	ʊE⁶	ɦiE⁶	ȵyø⁶		yø¹	
嘉定	vE²		vE⁶	uE⁵	ȵyø⁶	ɕyø¹	yø¹	
嘉定新	vE²	vE²	vE⁵	mE⁵	ȵiø⁶		iø¹	
宝山	vE⁵	vE⁵	vE⁵	yø⁶		yø¹	uE⁶	
宝山新	vE⁵	vE⁵	vE⁵	ø⁵	y⁵	ɕy¹	yø¹	uE⁶
崇明	væ²		væ⁶	uæ⁵/mæ⁴	ȵyø⁶	ɕyø⁵	yø¹	
崇明新	fæ²	væ²	fæ⁶	vie¹	ȵyø⁶		yø¹	
堡镇	væ²		væ⁶	uæ⁵/mæ⁴	ȵyø⁶	ɕyø⁵	yø¹	
练塘	βE²		βE⁶	ɸE¹	ȵyø⁶	ɕyø¹	yø¹	

注：① 老派有文白两读，白读调查"~娘"。

序号	2015	2016	2017	2018	2019	2020	2021	2022
字目	怨	袁	园	猿	辕	挽	万①	曼
中古音的地位	山合三去愿影	山合三平元云	山合三平元云	山合三平元云	山合三平元云	山合三上阮微	山合三去愿微	山合三去愿微
市区	yø⁵	ɦyø⁶	ɦyø⁶				vɛ⁶/mɛ⁶	
市区中	y⁵	ɦy⁶	ɦy⁶	ɦy⁶	ɦy⁶	uɛ⁵	vɛ⁶	mɛ⁶
市区新	y⁵	ɦy⁶	ɦy⁶	ɦy⁶	ɦy⁶	uɛ⁵	vɛ⁶	mɛ⁶
真如	yø¹	ɦyø²	ɦyø²				vɛ⁶/mɛ⁶	
江湾	yø⁵	ɦyø⁶	ɦyø⁶				βɛ⁶	
松江	yø⁵	ɦyø²	ɦyø²				mɛ⁶/βɛ⁶	
松江新	yø⁵	ɦyø²	ɦyø²	ɦyø²	ɦyø²	vɛ⁶	vɛ⁶	mɛ⁶
泗泾	yø⁵	ɦyø²	ɦyø²				mɛ⁶/βɛ⁶	
奉贤	ø⁵	ɦø²	ɦø²				mɛ⁶/βɛ⁶	
奉贤新	ø⁵	ɦø²	ɦø²	ɦø²	ɦø²	uɛ³	vɛ²	mɛ⁶
奉城	yʏ⁵	ɦyʏ²	ɦyʏ²				mɛ⁶/βɛ⁶	
金山	yø⁵	ɦyø²	ɦyø²				βɛ⁶	
金山新	ø⁵	ɦø²	ɦø²	ɦø²	ɦø²	uɛ³	vɛ⁶	mɛ⁶
枫泾	yø⁵	ɦyø²	ɦyø²				vɛ⁶	
青浦	yø⁵	ɦyø²	ɦyø²				βɛ⁶	
青浦新	yø⁵	ɦyø²	ɦyø²	ɦyø²	ɦyø²	uɛ³	vɛ⁶	mɛ⁶
莘庄	yø⁵	ɦyø²	ɦyø				βɛ⁶	
闵行新	ø⁵	n̠yø²	ɦø²	n̠yø²	n̠yø²	uɛ³	væ²	
川沙	yø⁵	ɦyø²	ɦyø²				βɛ⁶/mɛ⁶	
川沙新	n̠yø⁵	n̠yø⁶	ɦyø⁶	ɦyø⁶	n̠yø⁶	ɦuɛ⁶	uɛ⁵	mɛ⁶
高桥	ɦyø⁶	ɦyø²	ɦyø²				βɛ⁶	
三林	yø⁵	ɦyø²	ɦyø²				βɛ⁶	
周浦	yø⁵	ɦyø²	ɦyø²				βɛ⁶	
南汇	yø⁵	ɦyø²	ɦyø²				βɛ⁶	
南汇新		ɦyø⁶	ɦyø⁶	ɦyø⁶	ɦyø⁶		uɛ⁶	mɛ⁶
嘉定	yø⁵	ɦyø²	ɦyø²				vɛ⁶	
嘉定新	iø⁵	ɦiø²	ɦiø²	ɦiø²	ɦiø²	mɛ⁶	vɛ⁶	mɛ⁶
宝山	yø⁶	yø¹	yø¹	yø¹	yø¹	vɛ⁵	vɛ⁶	mɛ⁶
宝山新	y⁵	y⁵	y⁵	y⁵	y⁵	ø⁵	vɛ⁶	mɛ⁶
崇明	yø⁵	ɦyø²	ɦyø²				mæ⁶/væ⁶	
崇明新	n̠ye⁶	yø²	yø²	yø²	yø²	væ⁶	væ⁶②	mæ⁶
堡镇	yø⁵	ɦyø²	ɦyø²				mæ⁶/væ⁶	
练塘	yø⁵	ɦyø²	ɦyø²				βɛ⁶	

注：① 老派有文白两读，白读调查"~子（麻将用语）"。
② 表格中为"万一"中的读音；麻将中"几万"说mæ⁶。

序号	2023	2024	2025	2026	2027	2028	2029	2030
字目	蔓	劝	券	原	源	元	援	远远征
中古音的地位	山合三去愿微	山合三去愿溪	山合三去愿溪	山合三平元疑	山合三平元疑	山合三平元疑	山合三平元云	山合三上阮云
市区		tɕʰyø⁵	tɕʰyø⁵	ȵyø⁶	ȵyø⁶	ȵyø⁶/ɦyø⁶		ɦiyø⁶
市区中	mɛ⁶	tɕʰy⁵	tɕʰy⁵	ȵy⁶	ȵy⁶	ȵy⁶	ɦiy⁶	ɦiy⁶
市区新	mɛ⁶	tɕʰy⁵	tɕʰy⁵	ȵy⁶	ȵy⁶	ȵy⁶	ɦiy⁶	ɦiy⁶
真如		tɕʰyø⁵	tɕʰyø³	ȵyø²	ȵyø²	ȵyø²/ɦyø²	ɦiyø⁶	fæʔ⁷
江湾		tɕʰyø⁵	tɕʰyø¹	ȵyø⁶	ȵyø⁶	ȵyø⁶/ɦyø⁶	ɦiyø⁶	ɸæʔ⁷
松江		tɕʰyø⁵	tɕʰyø⁵	ȵyø²	ȵyø²	ȵyø²/ɦyø²	ɦiyø⁴	ɸæʔ⁷
松江新	mɛ⁶	tɕʰyø⁵	tɕʰyø⁵	ȵyø⁶	ȵyø⁶	ȵyø⁶	ɦiyø⁶	ɦiyø⁶
泗泾		tɕʰyø⁵	tɕʰyø⁵	ȵyø²	ȵyø²	ȵyø²/ɦyø²	ɦiyø⁶	ɸæʔ⁷
奉贤		cʰyø⁵	cʰyø⁵	ɲyø²	ɲyø²	ɲyø²	ɦiø⁶	ɸæʔ⁷
奉贤新	mɛ⁶	tɕʰyø⁵	tɕʰyø⁵	ɦiø²	ɦiø²	ɦiø²	ɦiø²	ɦiø⁶
奉城		cʰyY⁵	cʰyY⁵	ɲyY²	ɲyY²	ɲyY²	ɦiyY⁶	ɸæʔ⁷
金山		tɕʰyø⁵	tɕʰyø¹	ȵyø⁶	ȵyø⁶	ȵyø⁶	ɦiyø⁶	ɸæʔ⁷
金山新	mɛ⁶	tɕʰyø⁵	tɕʰyø⁵	ȵyø⁶	ȵyø⁶	ȵyø⁶	ɦiø⁶	ɦiø⁶
枫泾		tɕʰyø⁵	tɕʰyø⁵	ȵyø²	ȵyø²	ȵyø²	ɦiyø⁶	fæʔ⁷
青浦		tɕʰyø⁵	tɕʰyø⁵	ȵyø²	ȵyø²	ȵyø²	ɦiyø⁶	ɸæʔ⁷
青浦新	mɛ⁶	tɕʰyø⁵	tɕʰyø⁵	ȵyø²	ȵyø²	ȵyø²	ɦiyø⁶	ɦiyø⁶
莘庄		cʰyø⁵	cʰyø³	ɲyø	ɲyø	ɦiyø	ɦiyø⁶	ɸæʔ⁷
闵行新		tɕʰyø⁵	tɕʰyø¹	ȵyø²	ȵyø²	ȵyø²	ɦiø²	ɦiø²
川沙		tɕʰyø⁵	tɕʰyø³	ȵyø²	ȵyø²	ȵyø²/ɦyø²	ɦiyø²	ɸæʔ⁷
川沙新		tɕʰyø⁵	tɕʰyø⁵	ȵyø⁶	ȵyø⁶	ȵyø⁶	ɦiyø⁶	ɦiyø⁶
高桥		tɕʰyø⁵	tɕʰyø⁵	ȵyø²	ȵyø²	ɦiyø²	ɦiyø²	ɸʌʔ⁷
三林		cʰyø⁵	cʰyø¹	ɲyø	ɲyø	ɦiyø	ɦiyø⁶	ɸæʔ⁷
周浦		tɕʰyø⁵	tɕʰyø⁵	ȵyø²	ȵyø²	ȵyø²	ɦiyø⁶	ɸæʔ⁷
南汇		tɕʰyø⁵	tɕʰyø⁵	ȵyø²	ȵyø²	ȵyø²	ɦiyø⁶	ɸæʔ⁷
南汇新		tɕʰyø⁵	tɕʰyø⁵	ȵyø⁶	ȵyø⁶	ȵyø⁶	ɦiyø⁶	ɦiyø⁶
嘉定		tɕʰyø⁵	tɕʰyø⁵	ȵyø²	ȵyø²	ȵyø²/ɦyø²	ɦiyø⁶	fʌʔ⁷
嘉定新	mɛ⁵	tɕʰiø⁵	tɕʰiø⁵	ȵiø²	ȵiø²	ȵiø²	ɦiiø²	ɦiiø⁶
宝山	mɛ⁶	tɕʰyø⁵	tɕʰyø⁵	yø⁵	yø⁵	yø⁵	yø¹	yø⁶
宝山新	mɛ⁶	tɕʰy⁵	tɕʰy⁵	ȵy⁵	ȵy⁵	ȵy⁵	y⁵	y⁶
崇明		tɕʰyø⁵	tɕʰyø⁵	ȵyø²	ȵyø²	ɦiyø²	ɦiyø⁴	faʔ⁷
崇明新		tɕʰyø⁵	tɕʰyø⁵	ȵyø²	ȵyø²	yø²	yø²	yø⁶
堡镇		tɕʰyø⁵	tɕʰyø⁵	ȵyø²	ȵyø²	ɦiyø²	ɦiyø⁴	faʔ⁷
练塘		tɕʰyø⁵	tɕʰyø⁵	ȵyø²	ȵyø²	ɦiyø²	ɦiyø²	ɸæʔ⁷

序号	2031	2032	2033	2034	2035	2036	2037	2038
字目	发头发	发出发	伐	罚	筏	袜	掘	月
中古音的地位	山合三入月非	山合三入月非	山合三入月奉	山合三入月奉	山合三入月奉	山合三入月微	臻合三入物群	山合三入月疑
市区	fʌʔ⁷	fʌʔ⁷	vʌʔ⁸	vʌʔ⁸	vʌʔ⁸		dʑioʔ⁸/dʑyɪʔ⁸	ɦioʔ⁸/ɲioʔ⁸/ɦyɪʔ⁸/ɲyɪʔ⁸
市区中	feʔ⁷	feʔ⁷	vɐʔ⁸	vɐʔ⁸	vɐʔ⁸	mɐʔ⁸	dʑyɪʔ⁸/dʑioʔ⁸	ɦyɪʔ⁸/ɦioʔ⁸
市区新	feʔ⁷	feʔ⁷	vɐʔ⁸	vɐʔ⁸	vɐʔ⁸	mɐʔ⁸	dʑyɪʔ⁸/dʑioʔ⁸	ɦyɪʔ⁸/ɦioʔ⁸
真如	fæʔ⁷	væʔ⁸	væʔ⁸	væʔ⁸	mæʔ⁸	dʑyøʔ⁸		ɦyøʔ⁸/ɲyøʔ⁸/ŋəʔ⁸
江湾	ɸæʔ⁷	βæʔ⁸	βæʔ⁸	βæʔ⁸	mæʔ⁸	dʑyɪʔ⁸		ɦyɪʔ⁸
松江	ɸæʔ⁷	βæʔ⁸	βæʔ⁸	βæʔ⁸	mæʔ⁸	dʑyœʔ⁸		ɲyœʔ⁸/ɦyœʔ⁸
松江新	feʔ⁷	fɛʔ⁷	vʌʔ⁸	vʌʔ⁸	vʌʔ⁸	mɛʔ⁸	tɕyɪʔ⁷	ɦyɪʔ⁸
泗泾	ɸæʔ⁷	βæʔ⁸	βæʔ⁸	βæʔ⁸	mæʔ⁸	dʑyœʔ⁸		ɲyœʔ⁸/ɦyœʔ⁸
奉贤	ɸæʔ⁷	βæʔ⁸	βæʔ⁸	βæʔ⁸	mæʔ⁸	ɟyœʔ⁸		ɲyœʔ⁸/ɦyœʔ⁸
奉贤新	fæʔ⁷	fæʔ⁷	væʔ⁸	væʔ⁸	væʔ⁸	mæʔ⁸	dʑyəʔ⁷	ɲyəʔ⁸
奉城	ɸæʔ⁷	βæʔ⁸	βæʔ⁸	βæʔ⁸	mæʔ⁸	ɟyœʔ⁸		ɲyœʔ⁸/ɦyœʔ⁸
金山	ɸæʔ⁷	βæʔ⁸	βæʔ⁸	βæʔ⁸	mæʔ⁸	dʑyøʔ⁸		ɲyøʔ⁸/ɦyøʔ⁸
金山新	fəʔ⁷	fəʔ⁷	vəʔ⁸	vəʔ⁸	vəʔ⁸	məʔ⁸	dʑyəʔ⁷	ɲyəʔ⁸
枫泾	fæʔ⁷	vaʔ⁸	vaʔ⁸	vaʔ⁸	maʔ⁸	dʑyəʔ⁸		ɲyəʔ⁸
青浦	ɸæʔ⁷	βæʔ⁸	βæʔ⁸	βæʔ⁸	mæʔ⁸	dʑyœʔ⁸		ɲyœʔ⁸
青浦新	fæʔ⁷	fæʔ⁷	væʔ⁸	væʔ⁸	væʔ⁸	mæʔ⁸	dʑyœʔ⁸	ɲyœʔ⁸
莘庄	ɸæʔ⁷	βæʔ⁸	βæʔ⁸	βæʔ⁸	mæʔ⁸	ɟyəʔ⁷		ɦyəʔ⁸/ɲyəʔ⁸
闵行新	fæʔ⁷	fæʔ⁷	væʔ⁸	væʔ⁸	væʔ⁸	mæʔ⁸	tɕyəʔ⁷	ɲyəʔ⁸
川沙	ɸæʔ⁷	βæʔ⁸	βæʔ⁸	βæʔ⁸	mæʔ⁸	dʑyœʔ⁸		ɲyœʔ⁸/ɦyœʔ⁸
川沙新	fæʔ⁷	fæʔ⁷	væʔ⁸	væʔ⁸	væʔ⁸	mæʔ⁸	dʑyøʔ⁸	ɲyøʔ⁸
高桥	ɸʌʔ⁷	βʌʔ⁸	βʌʔ⁸	βʌʔ⁸	mʌʔ⁸	dʑyøʔ⁸		ɦyøʔ⁸
三林	ɸæʔ⁷	βæʔ⁸	βæʔ⁸	βæʔ⁸	mæʔ⁸	ɟyəʔ⁸		ɦyəʔ⁸/ɲyəʔ⁸
周浦	ɸæʔ⁷	βæʔ⁸	βæʔ⁸	βæʔ⁸	mæʔ⁸	ɟyœʔ⁸		ɲyœʔ⁸
南汇	ɸæʔ⁷	βæʔ⁸	βæʔ⁸	βæʔ⁸	mæʔ⁸	ɟyœʔ⁸		ɲyœʔ⁸
南汇新	fæʔ⁷	fæʔ⁷		væʔ⁸		mæʔ⁸	dʑyøʔ⁸	ɲyøʔ⁸
嘉定	fʌʔ⁷	vʌʔ⁸	vʌʔ⁸	vʌʔ⁸	mʌʔ⁸	dʑyoʔ⁸		ɦyoʔ⁸/ɲyoʔ⁸/ŋəʔ⁸
嘉定新	fɑʔ⁷	fɑʔ⁷	vɑʔ⁸	vɑʔ⁸	vɑʔ⁸	mɑʔ⁸	dʑioʔ⁸	ŋəʔ⁸/ɦioʔ⁸
宝山	fʌʔ⁷	fʌʔ⁷	vʌʔ⁸	vʌʔ⁸	vʌʔ⁸	mʌʔ⁸	dʑioʔ⁸	ɦioʔ⁸
宝山新	fʌʔ⁷	fʌʔ⁷	vʌʔ⁸	vʌʔ⁸	vʌʔ⁸	mʌʔ⁸	dʑioʔ⁸	ɦioʔ⁸
崇明	faʔ⁷	vaʔ⁸	vaʔ⁸	vaʔ⁸	maʔ⁸	dʑyoʔ⁸		ɲyoʔ⁸
崇明新	fɑʔ⁷	fɑʔ⁷	fɑʔ⁸	fɑʔ⁸	fɑʔ⁸	mɑʔ⁸	dʑioʔ⁸	ioʔ⁸
堡镇	faʔ⁷	vaʔ⁸	vaʔ⁸	vaʔ⁸	maʔ⁸	dʑyoʔ⁸		ɲyoʔ⁸
练塘	ɸæʔ⁷	βæʔ⁸	βæʔ⁸	βæʔ⁸	mæʔ⁸	dʑyœʔ⁸		ɲyœʔ⁸

序号 字目 中古音 的地位	2039 越 山合三 入月云	2040 犬 山合三 上铣溪	2041 玄 山合四 平先匣	2042 悬 山合四 平先匣	2043 县 山合四 去霰匣	2044 眩 山合四 去先匣	2045 渊 山合四 平先影	2046 决 山合四 入屑见
市区	ɦioʔ⁸/ɦiyɪʔ⁸	tɕʰyø⁵			ɦiyø⁶			tɕioʔ⁷ /tɕyɪʔ⁷
市区中	ɦiyɪʔ⁸/ ɦioʔ⁸	tɕʰy⁵	ɦiy⁶	ɦiy⁶	ɦiy⁶	ɦiy⁶	y¹	tɕyɪʔ⁷
市区新	ɦiyɪʔ⁸/ ɦioʔ⁸	tɕʰy⁵	ɦiy⁶	ɦiy⁶	ɦiy⁶	ɦiy⁶	y¹	tɕyɪʔ⁷
真如	ɦiyø⁸	tɕʰyø³			ɦiyø⁶			tɕyøʔ⁷
江湾	ɦiyɪʔ⁸	tɕʰyø⁵			ɦiyø⁶			tɕyɪʔ⁷
松江	ɦiyœʔ⁸	tɕʰyœ³			ɦiyø⁶			tɕyœʔ⁷
松江新	ɦiyɪʔ⁸	tɕʰyø³	ʑi²	ʑi²	ɦiyø⁶		yø¹	tɕyɪʔ⁷
泗泾	ɦiyœʔ⁸	tɕʰyœ³			ɦiyø⁶			tɕyœʔ⁷
奉贤	ɦiyœʔ⁸	cʰyø³			ɦiø⁶			ʔɟyœʔ⁷
奉贤新	ɦiyəʔ⁸	tɕʰyø⁵	ɦiø²	ɦiø²	ɦiø⁶	ɦiø⁶	ø³	tɕyəʔ⁷
奉城	ɦiyœʔ⁸	cʰyʏ³			ɦiyʏ⁶			ʔɟyœʔ⁷
金山	ɦiyøʔ⁸	tɕʰyø³			ɦiyø⁶			tɕyøʔ⁷
金山新	ɦiyəʔ⁸	tɕʰyø³	ɦiø²	ɦiø²	ɦiø⁶	ɦiø⁶	ø¹	tɕyəʔ⁷
枫泾	ɦiyœʔ⁸	tɕʰyø¹			yø⁵			tɕyəʔ⁷
青浦	ɦiyœʔ⁸	tɕʰyø³			ɦiyø⁶			tɕyœʔ⁷
青浦新	ɦiyœʔ⁸	tɕʰyø³	ɦiyø²	ɦiyø²	ɦiyø⁶	ɦiyø²	yø¹	tɕyœʔ⁷
莘庄	ɦiyəʔ⁸	cʰyø³			ɦiyø⁶			cyəʔ⁷
闵行新	ɦiyəʔ⁸	dʑyø²	ʑy²	ʑy²	ɦiø²	ɦiø²	e¹	tɕyəʔ⁷
川沙	ɦiyœʔ⁸	tɕʰyø³			ɦiyø⁶			tɕyœʔ⁷
川沙新	ɦiyəʔ⁸		ɦie⁶	ɦie⁶①	yø⁵	ø⁵		tɕyəʔ⁷
高桥	ɦiyəʔ⁸	tɕʰyø⁵			ɦiyø²			tɕyəʔ⁷
三林	ɦiyəʔ⁸	cʰyø³			ɦiyø⁶			cyəʔ⁷
周浦	ɦiyœʔ⁸	tɕʰyø³			ɦiyø⁶			cyœʔ⁷
南汇	ɦiyœʔ⁸	tɕʰyø³			ɦiyø⁶			ʔɟyœʔ⁷
南汇新	ɦiyəʔ⁸			ɦii⁶	ɦii⁶		n̠yø⁶	tɕyəʔ⁷
嘉定	ɦiyoʔ⁸	tɕʰyø⁵			ɦiyø⁶			tɕyoʔ⁷
嘉定新	ɦiioø⁸	tɕʰiø⁵	ɦiø²	ɦiø²	ɦiiɪ⁶	ɦiiɪ⁶	iø¹	tɕioʔ⁷
宝山	ɦiioʔ⁸	tɕʰyø⁵	yø⁵	yø⁵	yø⁵	yø⁵	yø⁵	tɕioʔ⁷
宝山新	ɦiioʔ⁸	tɕʰy⁵	çy⁵	çy⁵	ɦiiɪ⁵	ɦiiɪ⁵	y¹	dʑioʔ⁸
崇明	ɦiyo⁸	tɕʰyø³			ɦiyø⁶			tɕyoʔ⁷
崇明新	ioʔ⁸	tɕʰyø³	ʑyø²	ʑyø²	yø⁶	yø⁶	yø¹	tɕioʔ⁷
堡镇	ɦiyoʔ⁸	tɕʰyø⁵			ɦiyø⁶			tɕyoʔ⁷
练塘	ɦiyœʔ⁸	tɕʰyø³			ɦiyø⁶			tɕyœʔ⁷

注：① 心不定为"悬"。

序号	2047	2048	2049	2050	2051	2052	2053	2054
字目	缺	血	穴	吞	跟	根	恳	垦
中古音的地位	山合四入屑溪	山合四入屑晓	山合四入屑匣	臻开一平痕透	臻开一平痕见	臻开一平痕见	臻开一上很溪	臻开一上很溪
市区	tɕʰioʔ⁷/tɕʰyɪʔ⁷	ɕioʔ⁷/ɕyɪʔ⁷	ɦioʔ⁸/ɦyɪʔ⁸	tʰən¹	kən¹	kən¹	kʰən⁵	kʰən⁵
市区中	tɕʰyɪʔ⁷	ɕyɪʔ⁷/ɕiɪʔ⁷	ɕyɪʔ⁷/ɕiɪʔ⁷	tʰəŋ¹	kəŋ¹	kəŋ¹	kʰəŋ⁵	kʰəŋ⁵
市区新	tɕʰyɪʔ⁷	ɕyɪʔ⁷/ɕiɪʔ⁷	ɕyɪʔ⁷/ɕiɪʔ⁷	tʰəŋ¹	kəŋ¹	kəŋ¹	kʰəŋ⁵	kʰəŋ⁵
真如	tɕʰyøʔ⁷	ɕyøʔ⁷	ɦiyøʔ⁸	tʰəŋ¹	kəŋ¹	kəŋ¹	kʰəŋ⁵	kʰəŋ⁵
江湾	tɕʰyɪʔ⁷	ɕyɪʔ⁷	ɦiyɪʔ⁸	tʰəŋ¹	kəŋ¹	kəŋ¹	kʰəŋ⁵	kʰəŋ⁵
松江	tɕʰyœʔ⁷	ɕyœʔ⁷	ɦiyœʔ⁸	tʰəŋ¹	kəŋ¹	kəŋ¹	kʰəŋ³	kʰəŋ³
松江新	tɕʰyɪʔ⁷	ɕyɪʔ⁷	ɕyɪʔ⁷	tʰʌn¹	kʌn¹	kʌn¹	kʰʌn³	kʰʌn³
泗泾	tɕʰyœʔ⁷	ɕyœʔ⁷	ɦiyœʔ⁸	tʰəŋ¹	kəŋ¹	kəŋ¹	kʰəŋ³	kʰəŋ³
奉贤	cʰyœʔ⁷	ɕyœʔ⁷	ɦiyœʔ⁸	tʰɐŋ¹	kəŋ¹	kəŋ¹	kʰɐŋ⁵	kʰɐŋ⁵
奉贤新	tɕʰyəʔ⁷	ɕyəʔ⁷	ɦiyəʔ⁸	tʰəŋ¹	kəŋ¹	kəŋ¹	kʰəŋ³	kʰəŋ³
奉城	cʰyœʔ⁷	ɕyœʔ⁷	ɦiyœʔ⁸	tʰɐŋ¹	kəŋ¹	kəŋ¹	kʰɐŋ⁵	kʰɐŋ⁵
金山	tɕʰyøʔ⁷	ɕyøʔ⁷	ɦiyøʔ⁸	tʰəŋ¹	kəŋ¹	kəŋ¹	kʰəŋ⁵	kʰəŋ⁵
金山新	tɕʰyəʔ⁷	ɕyəʔ⁷	ɕyəʔ⁷/ɦiyəʔ⁷	tʰəŋ¹	kəŋ¹	kəŋ¹	kʰəŋ³	kʰəŋ³
枫泾	tɕʰyəʔ⁷	ɕyəʔ⁷	ɦiyəʔ⁸	tʰəŋ¹	kəŋ¹	kəŋ¹	kʰəŋ³	kʰəŋ³
青浦	tɕʰyœʔ⁷	ɕyœʔ⁷	ɦiyœʔ⁸	tʰəŋ¹	kəŋ¹	kəŋ¹	kʰəŋ⁵	kʰəŋ⁵
青浦新	tɕʰyœʔ⁷	ɕyœʔ⁷	ɦiyœʔ⁸	tʰəŋ¹	kəŋ¹	kəŋ¹	kʰəŋ³	kʰəŋ³
莘庄	cʰyəʔ⁷	ɕyəʔ⁷	ɕyəʔ⁷	tʰəŋ¹	kəŋ¹	kəŋ¹	kʰəŋ³	kʰəŋ³
闵行新	tɕʰyəʔ⁷	ɕyəʔ⁷	ɦiyəʔ⁸	tʰəŋ¹	kəŋ¹	kəŋ¹	kʰəŋ³	kʰəŋ³
川沙	tɕʰyœʔ⁷	ɕyœʔ⁷	ɦiyœʔ⁸	tʰəŋ¹	kəŋ¹	kəŋ¹	kʰəŋ⁵	kʰəŋ⁵
川沙新	tɕʰyøʔ⁷	ɕyøʔ⁷	zyøʔ⁸	tʰəŋ¹	kəŋ¹	kəŋ¹	kʰəŋ³	kʰəŋ³
高桥	tɕʰyœʔ⁷	ɕyœʔ⁷	ɦiyœʔ⁸	tʰəŋ¹	kəŋ¹	kəŋ¹	kʰəŋ⁵	kʰəŋ⁵
三林	cʰyəʔ⁷	ɕyəʔ⁷	ɕyəʔ⁷	tʰəŋ¹	kəŋ¹	kəŋ¹	kʰəŋ⁵	kʰəŋ⁵
周浦	cʰyœʔ⁷	ɕyœʔ⁷	ɦiyœʔ⁸	tʰəŋ¹	kəŋ¹	kəŋ¹	kʰəŋ⁵	kʰəŋ⁵
南汇	cʰyœʔ⁷	ɕyœʔ⁷	ɦiyœʔ⁸	tʰəŋ¹	kəŋ¹	kəŋ¹	kʰəŋ⁵	kʰəŋ⁵
南汇新	tɕʰyøʔ⁷	ɕyøʔ⁷	ɕyøʔ⁷	tʰəŋ¹	kəŋ¹	kəŋ¹	kʰəŋ³	kʰəŋ³
嘉定	tɕʰyoʔ⁷	ɕyoʔ⁷	ɦiyoʔ⁸	tʰəŋ¹	kəŋ¹	kəŋ¹	kʰəŋ³	kʰəŋ³
嘉定新	tɕʰioʔ⁷	ɕiøʔ⁷	ɦioʔ⁸/ɦiiaʔ⁸	tʰẽ¹	kẽ¹	kẽ¹	kʰẽ⁵	kʰẽ⁵
宝山	tɕʰioʔ⁷	ɕioʔ⁷	ɦioʔ⁸	tʰəŋ¹	kəŋ¹	kəŋ¹	kʰəŋ³	kʰəŋ³
宝山新	tɕʰioʔ⁷	ɕioʔ⁷	ɦioʔ⁸	tʰəŋ¹	kəŋ¹	kəŋ¹	kʰəŋ³	kʰəŋ³
崇明	tɕʰyoʔ⁷	ɕyoʔ⁷	ɦiyoʔ⁸	tʰən¹	kən¹	kən¹	kʰən³	kʰən³
崇明新	tɕʰiɔʔ⁷	ɕiɔʔ⁷	ɕiɔʔ⁷	tʰən¹	kən¹	kən¹	kʰən³	kʰən³
堡镇	tɕʰyoʔ⁷	ɕyoʔ⁷	ɦiyoʔ⁸	tʰən¹	kən¹	kən¹	kʰən³	kʰən³
练塘	tɕʰyœʔ⁷	ɕyœʔ⁷	ɦiyœʔ⁸	tʰəŋ¹	kəŋ¹	kəŋ¹	kʰəŋ³	kʰəŋ³

序号	2055	2056	2057	2058	2059	2060	2061	2062
字目	啨	痕	很	恨	恩	宾	彬	槟
中古音的地位	臻开一上很溪	臻开一平痕匣	臻开一上很匣	臻开一去恨匣	臻开一平痕影	臻开三平真帮	臻开三平真帮	臻开三平真帮
市区		ɦəŋ⁶	həŋ⁵	ɦəŋ⁶	əŋ¹	piŋ¹	piŋ¹	
市区中	kʰəŋ⁵	ɦəŋ⁶	həŋ⁵	ɦəŋ⁶	əŋ¹	piŋ¹	piŋ¹	piŋ¹
市区新	kʰəŋ⁵	ɦəŋ²	həŋ⁵	ɦəŋ⁶	əŋ¹	piŋ¹	piŋ¹	piŋ¹
真如		ɦəŋ²	həŋ⁵	ɦəŋ⁶	əŋ¹	ʔbiŋ¹	ʔbiŋ¹	
江湾		ɦəŋ⁶	həŋ⁵	ɦəŋ⁶	əŋ¹	ʔbiŋ¹	ʔbiŋ¹	
松江		ɦəŋ²	həŋ³	ɦəŋ⁶	əŋ¹	ʔbiŋ¹	ʔbiŋ¹	
松江新	kʰʌn³	ɦʌn²	hʌn³	ɦʌn⁶	ʌn¹	pin¹	pin¹	pin¹
泗泾		ɦəŋ²	həŋ³	ɦəŋ⁶	əŋ¹	ʔbiŋ¹	ʔbiŋ¹	
奉贤		ɦəŋ²	həŋ³	ɦəŋ⁶	əŋ¹	ʔbiəŋ¹	ʔbiəŋ¹	
奉贤新	kʰəŋ³	ɦəŋ²	həŋ³	ɦəŋ⁶	əŋ¹	ʔbiŋ¹	ʔbiŋ¹	ʔbiŋ¹
奉城		ɦəŋ²	həŋ³	ɦəŋ⁶	əŋ¹	ʔbiəŋ¹	ʔbiəŋ¹	
金山		ɦəŋ²	həŋ³	ɦəŋ⁶	əŋ¹	ʔbiəŋ¹	ʔbiəŋ¹	
金山新	kʰəŋ³	ɦəŋ²	həŋ³	ɦəŋ⁶	əŋ¹	piæŋ¹	piæŋ¹	piæŋ¹
枫泾		ɦəŋ²	həŋ⁵	ɦəŋ⁶	əŋ¹	piŋ¹	piŋ¹	
青浦		ɦəŋ²	həŋ⁵	ɦəŋ⁶	əŋ¹	ʔbiŋ¹	ʔbiŋ¹	
青浦新	kʰəŋ³	ɦəŋ²	həŋ³	ɦəŋ³	ən¹	pin¹	pin¹	pin¹
莘庄		ɦəŋ²	həŋ³	ɦəŋ⁶	əŋ¹	ʔbiŋ¹	ʔbiŋ¹	
闵行新	kʰəŋ³	ɦəŋ²	həŋ³	ɦəŋ³	ən¹	pin¹	pin¹	pin¹
川沙		ɦəŋ²	həŋ⁵	ɦəŋ⁶	əŋ¹	ʔbin¹	ʔbin¹	
川沙新	kʰəŋ³	ɦəŋ⁶		ɦəŋ⁶	əŋ¹	ʔbiŋ¹	ʔbiŋ¹	ʔbiŋ¹
高桥		ɦəŋ²	həŋ¹	ɦəŋ⁶	əŋ¹	ʔbiŋ¹	ʔbiŋ¹	
三林		ɦəŋ²	həŋ³	ɦəŋ⁶	əŋ¹	ʔbiŋ¹	ʔbiŋ¹	
周浦		ɦəŋ²	həŋ⁵	ɦəŋ⁶	əŋ¹	ʔbiŋ¹	ʔbiŋ¹	
南汇		ɦəŋ²	həŋ³	ɦəŋ⁶	əŋ¹	ʔbiŋ¹	ʔbiŋ¹	
南汇新	kʰəŋ³			ɦəŋ⁶	əŋ¹	ʔbiŋ¹	ʔbiŋ¹	ʔbiŋ¹
嘉定		ɦəŋ⁶	həŋ⁵	ɦəŋ⁶	əŋ¹	piŋ¹	piŋ¹	
嘉定新	kʰẽ⁵	ɦiẽ²	hẽ⁵	ɦiẽ⁶	ẽ¹	piŋ¹	piŋ¹	piŋ¹
宝山	kʰəŋ⁵	ɦəŋ²	həŋ⁵	ɦəŋ⁶	əŋ¹	piŋ¹	piŋ¹	piŋ¹
宝山新	kʰəŋ⁵	ɦəŋ⁵	həŋ⁵	ɦəŋ⁶	əŋ¹	piŋ¹	piŋ¹	piŋ¹
崇明		hɦiən²	hən⁵	hɦiən⁶	ən¹	pin¹	pin¹	
崇明新	kʰən³	①	hən⁵	ən⁶	ən¹	pin¹	pin¹	bin²
堡镇		hɦiən²	hən⁵	hɦiən⁶	ən¹	pin¹	pin¹	
练塘		ɦəŋ²	həŋ⁵	ɦəŋ⁶	əŋ¹	piŋ¹	piŋ¹	

注：① 说"蛮" mE¹。

序号	2063	2064	2065	2066	2067	2068	2069	2070
字目	贫	频	民	闽	敏	悯	邻	磷磷火
中古音的地位	臻开三平真並	臻开三平真並	臻开三平真民	臻开三平真民	臻开三上轸明	臻开三上轸明	臻开三品真来	臻开三平真来
市区	bin⁶	bin⁶	min⁶	min⁵/min⁶	min⁵/min⁶		lin⁶	lin⁶
市区中	bin⁶	bin⁶	min⁶	min⁶	min⁶	min⁶	lin⁶	lin⁶
市区新	bin⁶	bin⁶	min⁶	min⁶	min⁶	min⁶	lin⁶	lin⁶
真如	bin²	bin²	min²	min¹	min¹		lin²	lin²
江湾	bin⁶	bin⁶	min⁶	min⁶	min⁶		lin⁶	lin⁶
松江	bin²	bin²	min²	min²	min³		lin²	lin²
松江新	bin²	bin²	min²	min²	min³	min⁶	lin²	lin²
泗泾	bin²	bin²	min²	min²	min³		lin²	lin²
奉贤	bɪɐŋ²	bɪɐŋ²	mɪɐŋ²	mɪɐŋ²	mɪɐŋ⁴		lɪɐŋ²	lɪɐŋ²
奉贤新	bin²	bin²	min²	min⁶	min⁶	min⁶	lin²	lin²
奉城	bɪɐŋ²	bɪɐŋ²	mɪɐŋ²	mɪɐŋ²	mɪɐŋ³		lɪɐŋ²	lɪɐŋ²
金山	biəŋ²	biəŋ²	miəŋ²	miəŋ³	miəŋ³		liəŋ²	liəŋ²
金山新	biæŋ²	biæŋ²	miæŋ²	miæŋ³	miæŋ³	miæŋ³	liæŋ²	liæŋ²
枫泾	bin²	bin²	min²	min³	min³		lin²	lin²
青浦	bin²	bin²	min²	min²	min³		lin²	lin²
青浦新	bin²	bin²	min²		min³	min³	lin²	lin²
莘庄	bin²	bin²	min²	min¹	min²		lin²	lin²
闵行新	bin²	bin²	min²	min²	min²	min²	lin²	lin²
川沙	bin²	bin²	min²	min²	min²		lin²	lin²
川沙新	bin⁶	bin⁶	min⁶	min⁶	min⁶	min⁶	lin⁶	lin⁶
高桥	bin⁶	bin⁶	min⁶	min¹	min⁶		lin²	lin²
三林	bin²	bin²	min²	min³	min¹		lin²	lin²
周浦	bin²	bin²	min²	min²	min¹		lin²	lin²
南汇	bin²	bin²	min²	min²	min²		lin²	lin²
南汇新	bin⁶	bin⁶	min⁶	min⁶	min⁶		lin⁶	
嘉定	bin²	bin²	min²	min⁵	min¹		lin²	lin²
嘉定新	bin²	bin²	min²	min⁶	min⁶	min⁶	lin²	lin²
宝山	pin²	pin²	min⁵	min⁶	min⁶	min⁶	lin²	lin²
宝山新	pin⁵	pin⁵	min⁵	min⁵	min⁵	min⁵	lin³⁵	lin³⁵
崇明	bin²	bin²	min²	min²	min³		lin²	lin²
崇明新	bin²		min²	min²	min³	min³	lin²	lin²
堡镇	bin²	bin²	min²	min⁶	min³		lin²	lin²
练塘	bin²	bin²	min²	min²	min²		lin²	lin²

序号	2071	2072	2073	2074	2075	2076	2077	2078
字目	津	进	晋	亲亲切	亲亲家	秦	尽	辛
中古音的地位	臻开三平真精	臻开三去震精	臻开三去震精	臻开三平真清	臻开三去震清	臻开三平真从	臻开三上轸从	臻开三平真心
市区	tɕin¹	tɕin⁵	tɕin⁵	tɕʰin¹	tɕʰin¹	zin⁶	zin⁶	ɕin¹
市区中	tɕiŋ¹	tɕiŋ⁵	tɕiŋ⁵	tɕʰiŋ¹	tɕʰiŋ¹	dʑiŋ⁶	dʑiŋ⁶	ɕiŋ¹
市区新	tɕiŋ¹	tɕiŋ⁵	tɕiŋ⁵	tɕʰiŋ¹	tɕʰiŋ¹	dʑiŋ⁶	dʑiŋ⁶	ɕiŋ¹
真如	tsiŋ¹	tsiŋ⁵	tsiŋ⁵	tsʰiŋ¹	tsʰiŋ¹	ziŋ²	ziŋ⁶	siŋ¹
江湾	tsiŋ¹	tsiŋ⁵	tsiŋ⁵	tsʰiŋ¹	tsʰiŋ¹	ziŋ⁶	ziŋ⁶	siŋ¹
松江	tsiŋ¹	tsiŋ⁵	tsiŋ⁵	tsʰiŋ¹	tsʰiŋ⁵	ziŋ²	ziŋ⁶	siŋ¹
松江新	tɕin¹	tɕin⁵	tɕin⁵	tɕʰin¹	tɕʰin⁵	dʑin²	dʑin⁶	ɕin⁵
泗泾	tsiŋ¹	tsiŋ⁵	tsiŋ⁵	tsʰiŋ¹	tsʰiŋ⁵	ziŋ²	ziŋ⁶	siŋ¹
奉贤	tsʰiɐŋ¹	tsiɐŋ⁵	tsiɐŋ⁵	tsʰiɐŋ¹	tsʰiɐŋ⁵	ziɐŋ²	ziɐŋ⁶	siɐŋ¹
奉贤新	tɕiŋ¹	tɕiŋ⁵	tɕiŋ⁵	tɕʰiŋ¹	tɕʰiŋ¹	dʑiŋ²	dʑiŋ⁶	ɕiŋ¹
奉城	tsʰiɐŋ¹	tsiɐŋ⁵	tsiɐŋ⁵	tsʰiɐŋ¹	tsʰiɐŋ⁵	ziɐŋ²	ziɐŋ⁶	siɐŋ¹
金山	tsʰiəŋ¹	tsiəŋ⁵	tsiəŋ⁵	tsʰiəŋ¹	tsʰiəŋ⁵	ziəŋ²	ziəŋ⁶	siəŋ¹
金山新	tɕiæŋ³	tɕiæŋ⁵	tɕiæŋ⁵	tɕʰiæŋ⁵	tɕʰiæŋ⁵	ziæŋ²	ziæŋ⁶	ɕiæŋ¹
枫泾	tsʰiŋ¹	tsiŋ⁵	tsiŋ⁵	tsʰiŋ¹	tsʰiŋ¹	ziŋ²	ziŋ⁶	siŋ¹
青浦	tsiŋ¹	tsiŋ⁵	tsiŋ⁵	tsʰiŋ¹	tsʰiŋ¹	ziŋ²	ziŋ⁶	siŋ¹
青浦新	tsin¹	tsin⁵	tsin⁵	tsʰin¹	tsʰin¹	zin²	zin⁶	sin¹
莘庄	tsiŋ¹	tsiŋ⁵	tsiŋ⁵	tsʰiŋ¹	tsʰiŋ¹	ziŋ⁷	ʑiŋ⁶	siŋ¹
闵行新	tɕin¹	tɕin⁵	tɕin⁵	tɕʰin¹	tɕʰin¹	zin²	ʑin²	ɕin¹
川沙	tsin¹	tsin⁵	tsin⁵	tsʰin¹	tsʰin¹	zin²	zin²	sin¹
川沙新	tɕiŋ¹	tɕiŋ⁵	tɕiŋ⁵	tɕʰiŋ¹	tɕʰiŋ¹	dʑiŋ⁶	dʑiŋ⁶	ɕiŋ¹
高桥	tsʰiŋ¹	tsiŋ⁵	tsiŋ⁵	tsʰiŋ¹	tsʰiŋ¹	ziŋ²	ziŋ²	siŋ¹
三林	tsiŋ¹	tsiŋ⁵	tsiŋ⁵	tsʰiŋ¹	tsʰiŋ¹	ziŋ²	ziŋ²	siŋ¹
周浦	tsʰiŋ¹	tsiŋ⁵	tsiŋ⁵	tsʰiŋ¹	tsʰiŋ¹	ziŋ²	ziŋ²	siŋ¹
南汇	tsʰiŋ¹	tsiŋ⁵	tsiŋ⁵	tsʰiŋ¹	tsʰiŋ¹	ziŋ²	ziŋ²	siŋ¹
南汇新	tɕiŋ¹	tɕiŋ⁵	tɕiŋ⁵	tɕʰiŋ¹	tɕʰiŋ¹	dʑiŋ⁶	dʑiŋ⁶	ɕiŋ¹
嘉定	tsiŋ¹	tsiŋ⁵	tsiŋ⁵	tsʰiŋ¹	tsʰiŋ¹	ziŋ²	ziŋ⁶	siŋ¹
嘉定新	tɕiŋ¹	tɕiŋ⁵	tɕiŋ⁵	tɕʰiŋ¹	tɕʰiŋ¹	ziŋ²	ziŋ⁶	siŋ¹
宝山	tsiŋ¹	tsiŋ⁵	tsiŋ⁵	tsʰiŋ¹	tsʰiŋ¹	siŋ²	siŋ⁶	siŋ¹
宝山新	tɕiŋ¹	tɕiŋ⁵	tɕiŋ⁵	tɕʰiŋ¹	tɕʰiŋ¹	dʑiŋ⁵	dʑiŋ⁵	ɕiŋ¹
崇明	tɕin¹	tɕin⁵	tɕin⁵	tɕʰin¹	tɕʰin¹	dʑin²	dʑin⁶	ɕin¹
崇明新	tɕin¹	tɕin⁵	tɕin⁵	tɕʰin¹	tɕʰin¹	ʑin²	dʑin⁶	ɕin¹
堡镇	tɕin¹	tɕin¹	tɕin¹	tɕʰin¹	tɕʰin¹	dʑin²	dʑin⁶	ɕin¹
练塘	tsiŋ¹	tsiŋ⁵	tsiŋ⁵	tsʰiŋ¹	tsʰiŋ¹	ziŋ²	ziŋ⁴	siŋ¹

序号	2079	2080	2081	2082	2083	2084	2085	2086
字目	新	薪	信	讯	迅	珍	镇	趁
中古音的地位	臻开三平真心	臻开三平真心	臻开三去震心	臻开三去震心	臻合三去稕心	臻开三平真知	臻开三去震知	臻开三去震彻
市区		ɕin¹	ɕin⁵	ɕin⁵	ɕin⁵/ɕyn⁵	tsən¹	tsən⁵	tsʰən⁵
市区中	ɕiŋ¹	ɕiŋ¹	ɕiŋ⁵	ɕyŋ⁵/ɕiŋ⁵	ɕyŋ⁵/ɕiŋ⁵	tsəŋ¹	tsəŋ⁵	tsʰəŋ⁵
市区新	ɕiŋ¹	ɕiŋ¹	ɕiŋ⁵	ɕyŋ⁵/ɕiŋ⁵	ɕyŋ⁵/ɕiŋ⁵	tsəŋ¹	tsəŋ⁵	tsʰəŋ⁵
真如	siŋ¹		siŋ⁵	siŋ⁵	siŋ⁵	tsəŋ¹	tsəŋ⁵	tsʰəŋ⁵
江湾	siŋ¹		siŋ⁵	siŋ⁵	siəŋ⁵	tsəŋ¹	tsəŋ⁵	tsʰəŋ⁵
松江	siŋ¹		siŋ⁵	siŋ⁵	siŋ⁵	tsəŋ¹	tsəŋ⁵	tsʰəŋ⁵
松江新	ɕi¹	ɕin¹	ɕin⁵	ɕyn⁵	ɕyn⁵	tsʌn¹	tsʌn⁵	tsʰʌn⁵
泗泾	siŋ¹		siŋ⁵	siŋ⁵	siŋ⁵	tsəŋ¹	tsəŋ⁵	tsʰəŋ⁵
奉贤	siɐiŋ¹		siɐiŋ⁵	siɐiŋ⁵	siɐiŋ⁵	tsaŋ¹	tsaŋ⁵	tsʰaŋ⁵
奉贤新	ɕiŋ¹	ɕiŋ¹	ɕiŋ⁵	ɕiŋ⁵	ɕiŋ⁵	tsəŋ¹	tsəŋ⁵	tsʰəŋ⁵
奉城	siɐiŋ¹		siɐiŋ⁵	siɐiŋ⁵	siɐiŋ⁵	tsaŋ¹	tsaŋ⁵	tsʰaŋ⁵
金山	siəŋ¹		siəŋ⁵	siəŋ⁵	siəŋ⁵	tsəŋ¹	tsəŋ⁵	tsʰəŋ⁵
金山新	ɕiæŋ¹	ɕiæŋ¹	ɕiæŋ⁵	ɕiæŋ⁵	ɕiæŋ⁵	tsəŋ¹	tsəŋ⁵	tsʰəŋ⁵
枫泾	siŋ¹		siŋ⁵	siŋ⁵	siŋ⁵	tsəŋ¹	tsəŋ⁵	tsʰəŋ⁵
青浦	siŋ¹		siŋ⁵	siŋ⁵	siŋ⁵	tsəŋ¹	tsəŋ⁵	tsʰəŋ⁵
青浦新	sin¹	sin¹	sin⁵	sin⁵	sin⁵	tsən¹	tsən⁵	tsʰən⁵
莘庄	siŋ¹		siŋ⁵	siŋ⁵	siŋ⁵	tsəŋ¹	tsəŋ⁵	tsʰəŋ⁵
闵行新	ɕin¹	ɕin¹	ɕin⁵	ɕyn¹	ɕyn¹	tsən¹	tsən⁵	tsʰən⁵
川沙	sin¹		sin⁵	sin⁵	sin⁵	tsən¹	tsən⁵	tsʰən⁵
川沙新	ɕiŋ¹	ɕiŋ¹	ɕiŋ⁵	ɕiŋ⁵	ɕiŋ⁵	tsəŋ¹	tsəŋ⁵	tsʰəŋ⁵
高桥	siŋ¹		siŋ⁵	siŋ⁵	siŋ⁵	tsəŋ¹	tsəŋ⁵	tsʰəŋ⁵
三林	siŋ¹		siŋ⁵	siŋ⁵	siŋ⁵	tsəŋ¹	tsəŋ⁵	tsʰəŋ⁵
周浦	siŋ¹		siŋ⁵	siŋ⁵	siŋ⁵	tsəŋ¹	tsəŋ⁵	tsʰəŋ⁵
南汇	siŋ¹		siŋ⁵	siŋ⁵	siŋ⁵	tsəŋ¹	tsəŋ⁵	tsʰəŋ⁵
南汇新	ɕiŋ¹	ɕiŋ¹	ɕiŋ⁵	ɕyoŋ⁵	ɕyoŋ⁵	tsəŋ¹	tsəŋ⁵	tsʰəŋ⁵
嘉定	siŋ¹		siŋ⁵	siŋ⁵	siŋ⁵	tsəŋ¹	tsəŋ⁵	tsʰəŋ⁵
嘉定新	siŋ¹	siŋ¹	siŋ⁵	ɕiŋ⁵	ɕiŋ⁵	tsẽ¹	tsẽ⁵	tsʰẽ⁵
宝山	siŋ¹	siŋ¹	siŋ⁵	siŋ⁵	siŋ⁵	tsəŋ¹	tsəŋ⁵	tsʰəŋ⁵
宝山新	ɕiŋ¹	ɕiŋ¹	ɕiŋ⁵	ɕyŋ⁵	ɕyŋ⁵	tsəŋ¹	tsəŋ⁵	tsʰəŋ⁵
崇明	ɕin¹		ɕin⁵	ɕin⁵	ɕin⁵	tsən¹	tsən⁵	tsʰən⁵
崇明新	ɕin¹	ɕin¹	ɕin⁵	ɕin⁵	ɕin⁵	tsən¹	tsən⁵	tsʰən⁵
堡镇	ɕin¹		ɕin⁵	ɕin⁵	ɕin⁵	tsən¹	tsən⁵	tsʰən⁵
练塘	siŋ¹		siŋ⁵	siŋ⁵	siŋ⁵	tsəŋ¹	tsəŋ⁵	tsʰəŋ⁵

序号 字目 中古音 的地位	2087 陈 臻开三 平真澄	2088 尘 臻开三 平真澄	2089 阵 臻开三 去震澄	2090 衬 臻开三 去震初	2091 真 臻开三 平真章	2092 诊 臻开三 上轸章	2093 疹 臻开三 上轸章	2094 振 臻开三 去震章
市区	zən⁶	zən⁶	zən⁶	tsʰən⁵	tsən¹	tsən¹/tsən⁵		tsən⁵
市区中	zəŋ⁶	zəŋ⁶	zəŋ⁶	tsʰəŋ⁵	tsəŋ¹	tsəŋ⁵	tsəŋ⁵	tsəŋ⁵
市区新	zəŋ⁶	zəŋ⁶	zəŋ⁶	tsʰəŋ⁵	tsəŋ¹	tsəŋ⁵	tsəŋ⁵	tsəŋ⁵
真如	zəŋ²	zəŋ²	zəŋ⁶	tsʰəŋ⁵	tsəŋ¹	tsəŋ¹		tsəŋ⁵
江湾	zəŋ⁶	zəŋ⁶	zəŋ⁶	tsʰəŋ⁵	tsəŋ¹	tsəŋ¹		tsəŋ⁵
松江	zəŋ²	zəŋ²	zəŋ⁶	tsʰəŋ⁵	tsəŋ¹	tsəŋ¹		tsəŋ⁵
松江新	zʌn²	zʌn²	zʌn⁶	tsʰʌn⁵	tsʌn¹	tsʌn³	tsʌn³	tsʌn⁵
泗泾	zəŋ²	zəŋ²	zəŋ⁶	tsʰəŋ⁵	tsəŋ¹	tsəŋ¹		tsəŋ⁵
奉贤	zɐᴇ²	zɐᴇ²	zɐᴇ⁶	tsʰɐᴇ⁵	tsɐᴇ¹	tsɐᴇ¹		tsɐᴇ⁵
奉贤新	zəŋ⁶	zəŋ⁶	zəŋ⁶	tsʰəŋ⁵	tsəŋ¹	tsəŋ³	tsəŋ³	tsəŋ⁵
奉城	zɐᴇ²	zɐᴇ²	zɐᴇ⁶	tsʰɐᴇ⁵	tsɐᴇ¹	tsɐᴇ¹		tsɐᴇ⁵
金山	zəŋ²	zəŋ²	zəŋ⁶	tsʰəŋ⁵	tsəŋ¹	tsəŋ¹		tsəŋ⁵
金山新	zəŋ²	zəŋ²	zəŋ⁶	tsʰəŋ⁵	tsəŋ¹	tsəŋ³	tsəŋ³	tsiæŋ⁵
枫泾	zəŋ²	zəŋ²	zəŋ⁶	tsʰəŋ⁵	tsəŋ¹	tsəŋ¹		tsəŋ⁵
青浦	zəŋ²	zəŋ²	zəŋ⁶	tsʰəŋ⁵	tsəŋ¹	tsəŋ¹		tsəŋ⁵
青浦新	zəŋ²	zəŋ²	zəŋ⁶	tsʰəŋ⁵	tsəŋ¹	tsəŋ³	tsəŋ³	tsəŋ⁵
莘庄	zəŋ²	zəŋ²	zəŋ⁶	tsʰəŋ⁵	tsəŋ¹	tsəŋ¹		tsəŋ⁵
闵行新	zən²	zən²	zən²	tsən¹	tsən¹	tsən³	tsən³	tsən⁵
川沙	zən²	zən²	zən⁶	tsʰən⁵	tsən¹	tsən¹		tsən⁵
川沙新	zəŋ⁶	zəŋ⁶	zəŋ⁶	tsʰəŋ⁵	tsəŋ¹	tsəŋ⁵	tsəŋ⁵	tsəŋ⁵
高桥	zəŋ²	zəŋ²	zəŋ⁶	tsʰəŋ⁵	tsəŋ¹	tsəŋ³		tsəŋ¹
三林	zəŋ²	zəŋ²	zəŋ⁶	tsʰəŋ⁵	tsəŋ¹	tsəŋ¹		tsəŋ⁵
周浦	zəŋ²	zəŋ²	zəŋ⁶	tsʰəŋ⁵	tsəŋ¹	tsəŋ¹		tsəŋ⁵
南汇	zəŋ²	zəŋ²	zəŋ⁶	tsʰəŋ⁵	tsəŋ¹	tsəŋ¹		tsəŋ⁵
南汇新	zəŋ⁶	zəŋ⁶	tsəŋ⁵	tsʰəŋ⁵	tsəŋ¹	tsəŋ³	tsəŋ³	tsəŋ⁵
嘉定	zəŋ²	zəŋ²	zəŋ⁶	tsʰəŋ⁵	tsəŋ¹	tsəŋ¹		tsəŋ⁵
嘉定新	zẽ²	zẽ²	zẽ⁶	tsʰẽ⁵	tsẽ¹	tsẽ⁵	tsẽ⁵	tsẽ⁵
宝山	səŋ²	səŋ²	səŋ⁶	tsʰəŋ⁵	tsəŋ¹	tsəŋ¹	tsəŋ¹	tsəŋ¹
宝山新	səŋ⁵	səŋ⁵	səŋ⁶	tsʰəŋ⁵	tsəŋ¹	tsəŋ⁵	tsəŋ⁵	tsəŋ⁵
崇明	dzən²	zən²	dzən⁶	tsʰən⁵	tsən¹	tsən¹		tsən⁵
崇明新	ʥən⁶	ʥən⁶	dzən⁶	tsʰən⁵	tsən¹	tsən³	tsən³	tsən⁵
堡镇	dzən²	zən²	dzən⁶	tsʰən⁵	tsən¹	tsən¹		tsən⁵
练塘	zəŋ²	zəŋ²	zəŋ⁶	tsʰəŋ⁵	tsəŋ¹	tsəŋ¹		tsəŋ⁵

序号	2095	2096	2097	2098	2099	2100	2101	2102
字目	震	神	身	申	伸	晨	辰	臣
中古音的地位	臻开三去震章	臻开三平真船	臻开三平真书	臻开三平真书	臻开三平真书	臻开三平真禅	臻开三平真禅	臻开三平真禅
市区	tsəŋ^5	zəŋ^6	səŋ^1	səŋ^1	səŋ^1	zəŋ^6	zəŋ^6	zəŋ^6
市区中	tsəŋ^5	zəŋ^6	səŋ^1	səŋ^1	səŋ^1	zəŋ^6	zəŋ^6	zəŋ^6
市区新	tsəŋ^5	zəŋ^2	səŋ^1	səŋ^1	səŋ^1	zəŋ^6	zəŋ^2	zəŋ^2
真如	tsəŋ^5	zəŋ^2	səŋ^1	səŋ^1	səŋ^1	zəŋ^2	zəŋ^2	zəŋ^2
江湾	tsəŋ^5	zəŋ^6	səŋ^1	səŋ^1	səŋ^1	zəŋ^6	zəŋ^6	zəŋ^6
松江	tsəŋ^5	zəŋ^2	səŋ^1	səŋ^1	səŋ^1	zəŋ^2	zəŋ^2	zəŋ^2
松江新	tsʌn^5	zʌn^2	sʌn^1	sʌn^1	sʌn^1	zʌn^2	zʌn^2	zʌn^2
泗泾	tsəŋ^5	zəŋ^2	səŋ^1	səŋ^1	səŋ^1	zəŋ^2	zəŋ^2	zəŋ^2
奉贤	tsəŋ^5	zəŋ^2	səŋ^1	səŋ^1	səŋ^1	zəŋ^2	zəŋ^2	zəŋ^2
奉贤新	tsəŋ^5	zəŋ^2	səŋ^1	səŋ^1	səŋ^1	zəŋ^2	zəŋ^2	zəŋ^2
奉城	tsəŋ^5	zəŋ^2	səŋ^1	səŋ^1	səŋ^1	zəŋ^2	zəŋ^2	zəŋ^2
金山	tsəŋ^5	zəŋ^2	səŋ^1	səŋ^1	səŋ^1	zəŋ^2	zəŋ^2	zəŋ^2
金山新	tsiæŋ^5	zəŋ^2	ɕiæŋ^1	ɕiæŋ^1	ɕiæŋ^1	zəŋ^2	zəŋ^2	zəŋ^2
枫泾	tsəŋ^5	zəŋ^2	səŋ^1	səŋ^1	səŋ^1	zəŋ^2	zəŋ^2	zəŋ^2
青浦	tsəŋ^5	zəŋ^2	səŋ^1	səŋ^1	səŋ^1	zəŋ^2	zəŋ^2	zəŋ^2
青浦新	tsəŋ^5	zəŋ^2	səŋ^1	səŋ^1	səŋ^1	zəŋ^2	zəŋ^2	zəŋ^2
莘庄	tsəŋ^5	zəŋ^2	səŋ^1	səŋ^1	səŋ^1	zəŋ^2	zəŋ^2	zəŋ^2
闵行新	tsən^5	zən^2	sən^1	sən^1	sən^1	zən^2	zən^2	zən^2
川沙	tsəŋ^5	zəŋ^2	səŋ^1	səŋ^1	səŋ^1	zəŋ^2	zəŋ^2	zəŋ^2
川沙新	tsəŋ^5	zəŋ^2	səŋ^1	səŋ^1	səŋ^1	zəŋ^6	zəŋ^6	zəŋ^6
高桥	tsəŋ^5	zəŋ^6	səŋ^1	səŋ^1	səŋ^1	zəŋ^6	zəŋ^6	zəŋ^6
三林	tsəŋ^5	zəŋ^2	səŋ^1	səŋ^1	səŋ^1	zəŋ^2	zəŋ^2	zəŋ^2
周浦	tsəŋ^5	zəŋ^2	səŋ^1	səŋ^1	səŋ^1	zəŋ^2	zəŋ^2	zəŋ^2
南汇	tsəŋ^5	zəŋ^2	səŋ^1	səŋ^1	səŋ^1	zəŋ^2	zəŋ^2	zəŋ^2
南汇新	tsəŋ^5	zəŋ^6	səŋ^1	səŋ^1	səŋ^1		zəŋ^6	zəŋ^6
嘉定	tsəŋ^5	zəŋ^2	səŋ^1	səŋ^1	səŋ^1	zəŋ^2	zəŋ^2	zəŋ^2
嘉定新	zẽ^2	sẽ^1	sẽ^1	sẽ^1	zẽ^2	tsẽ^5	zẽ^2	zẽ^2
宝山	tsəŋ^5	səŋ^1	səŋ^1	səŋ^1	səŋ^1	səŋ^2	səŋ^2	səŋ^2
宝山新	tsəŋ^5	səŋ^1	səŋ^1	səŋ^1	səŋ^1	səŋ^5	səŋ^5	səŋ^5
崇明	tsəŋ^5	zəŋ^2	səŋ^1	səŋ^1	səŋ^1	zəŋ^2	zəŋ^2	dzəŋ^2
崇明新	tsəŋ^5	zəŋ^2	səŋ^1	səŋ^1	səŋ^1	dʑəŋ^2	dʑəŋ^2	dʑəŋ^2
堡镇	tsəŋ^5	zəŋ^2	səŋ^1	səŋ^1	səŋ^1	zəŋ^2	zəŋ^2	dzəŋ^2
练塘	tsəŋ^5	zəŋ^2	səŋ^1	səŋ^1	səŋ^1	zəŋ^2	zəŋ^2	zəŋ^2

序号	2103	2104	2105	2106	2107	2108	2109	2110
字目	肾	慎	人	仁	忍	刃	认	韧
中古音的地位	臻开三上轸禅	臻开三去震禅	臻开三平真日	臻开三平真日	臻开三上轸日	臻开三去震日	臻开三去震日	臻开三去震日
市区	zəŋ⁶	zəŋ⁶	ȵin⁶/zəŋ⁶	ȵin⁶/zəŋ⁶	ȵin⁶/zəŋ⁶	zəŋ⁶/ləŋ⁶	ȵin⁶/zəŋ⁶	
市区中	zəŋ⁶	zəŋ⁶	ȵin⁶/zəŋ⁶	ȵin⁶/zəŋ¹	zəŋ⁶	zəŋ⁶	ȵin⁶/zəŋ⁶	ȵin⁶/zəŋ⁶
市区新	zəŋ⁶	zəŋ⁶	ȵin⁶/zəŋ⁶	ȵin⁶/zəŋ⁶	zəŋ⁶	zəŋ⁶	ȵin⁶/zəŋ⁶	ȵin⁶/zəŋ⁶
真如	zəŋ⁶	zəŋ⁶	ȵin²/zəŋ²	zəŋ²	ȵin⁶	zəŋ⁶	ȵin⁶/zəŋ⁶	
江湾	zəŋ⁶	zəŋ⁶	zəŋ⁶	ȵiəŋ⁶/zəŋ⁶	ȵiŋ⁶/zəŋ⁶	ȵiəŋ⁶/zəŋ⁶	ȵiəŋ⁶/zəŋ⁶	
松江	zəŋ⁴	zəŋ⁶	ȵiəŋ²/zəŋ²	ȵiəŋ²/zəŋ²	ȵiəŋ⁴/zəŋ⁶	zəŋ⁶	ȵiəŋ/zəŋ	
松江新	zʌn⁶	zʌn⁶	ȵin²/zʌn²	zʌn²	ȵin²	ȵin⁶	ȵin⁶	ȵin⁶
泗泾	zəŋ⁶	zəŋ⁶	ȵiəŋ²/zəŋ²	ȵiəŋ²/zəŋ²	ȵiəŋ⁴/zəŋ⁶	zəŋ⁶	ȵiəŋ⁶/zəŋ⁶	
奉贤	zɐʑ⁶	zɐʑ⁶	ȵiŋ/zɐʑ	ȵiŋ/zɐʑ	ȵiŋ/zɐʑ	ȵiŋ⁶/zɐʑ	ȵiŋ⁶/zɐʑ	
奉贤新	zəŋ⁶	zəŋ⁶	ȵin²	ȵin²	ȵin²	ȵin⁶	ȵin⁶	ȵin⁶
奉城	zɐʑ⁶	zɐʑ⁶	ȵiəŋ⁶/zɐʑ⁶	ȵiəŋ⁶/zɐʑ⁶	ȵiəŋ⁶/zɐʑ⁶	ȵiəŋ⁶/zɐʑ⁶	ȵiəŋ⁶/zɐʑ⁶	
金山	zɐʑ⁶	zɐʑ⁶	ȵiəŋ/zɐʑ	ȵiəŋ²/zɐʑ²	ȵiəŋ⁶/zɐʑ⁶	ȵiəŋ⁶/zɐʑ⁶	ȵiəŋ/zɐʑ	
金山新	səŋ⁵	səŋ⁵	ȵiæŋ²	ȵiæŋ²	ȵiæŋ⁶	ȵiæŋ⁶	ȵiæŋ⁶	ȵiæŋ⁶
枫泾	zəŋ⁶	zəŋ⁶	ȵin²/zəŋ²	ȵin²/zəŋ²	ȵin⁶/zəŋ⁶	ȵin⁶/zəŋ⁶	ȵin⁶/zəŋ⁶	
青浦	zəŋ⁶	zəŋ⁶	ȵiəŋ²/zəŋ²	ȵiəŋ²/zəŋ²	zəŋ⁶	zəŋ⁶	ȵiəŋ⁶/zəŋ⁶	
青浦新	zəŋ⁶	zəŋ⁶	ȵiən²	ȵiən²	ȵiən⁶	ȵiən⁶	ȵiən⁶	zəŋ⁶
莘庄	zəŋ⁶	zəŋ⁶	ȵiŋ²/zəŋ²	ȵiŋ²/zəŋ²	ȵiŋ⁶/zəŋ⁶	ȵiŋ⁶/zəŋ⁶	ȵiŋ⁶/zəŋ⁶	
闵行新	zən²	zən²	ȵin²	zən²	ȵin²	ȵin²	ȵin²	ȵin²
川沙	zən²	zən⁶	ȵin²/zən²	ȵin²/zən²	ȵin²/zən²	ȵin⁶/zən⁶	ȵiʌŋ⁶①/zən⁶	
川沙新	zəŋ⁶	zəŋ⁶	zəŋ⁶/ȵiŋ⁶	ȵiŋ⁶	ȵiŋ⁵	ȵiŋ⁶	ȵiŋ⁶	
高桥	zəŋ⁶	zəŋ⁶	zəŋ⁶	zəŋ⁶	zəŋ⁶	zəŋ⁶/ȵiŋ⁶		
三林	zəŋ²	zəŋ⁶	ȵiŋ²/zəŋ²	ȵiŋ²/zəŋ²	ȵiŋ⁶/zəŋ⁶	ȵiŋ⁶/zəŋ⁶	ȵiŋ⁶/zəŋ⁶	
周浦	zəŋ²	zəŋ⁶	ȵiʌŋ²/zəŋ²	ȵiʌŋ²/zəŋ²	zəŋ²	ȵiʌŋ⁶/zəŋ⁶	ȵiʌŋ⁶/zəŋ⁶	
南汇	zəŋ²	zəŋ⁶	ȵiʌŋ²/zəŋ²	ȵiʌŋ²/zəŋ²	ȵiʌŋ⁶/zəŋ⁶	ȵiʌŋ⁶/zəŋ⁶	ȵiʌŋ⁶/zəŋ⁶	
南汇新	zəŋ⁶	səŋ⁵	ȵiŋ⁶			ȵiŋ⁶	zəŋ⁶	
嘉定	zəŋ²	zəŋ⁶	ȵin²/zəŋ²	zəŋ²	zəŋ⁶	zəŋ⁶	ȵin⁶/zəŋ⁶	
嘉定新	zẽ⁶	zẽ⁶	ȵin²/zẽ²	ȵin²/zẽ²	ȵin⁶	zẽ⁶	ȵin⁶	zẽ⁶
宝山	səŋ¹	zəŋ⁶	ȵin²	ȵin⁶	ȵin⁶	ləŋ⁶	ləŋ⁶	ləŋ⁶
宝山新	səŋ⁶	səŋ⁶	ȵin⁶	ȵin⁶	zəŋ⁵	zəŋ⁵	zəŋ⁵	zəŋ⁵
崇明	zən⁶	dzən⁶	nin²/zən²	nin²/zən²	nin⁶/zən⁶	zən⁶	nin⁶/zən⁶	
崇明新	zən²	zən⁶	ȵin²②	ɻəɻ.	ɻiɻ.	zən⁶	ɻiɻ.	ȵin⁶
堡镇	zən⁶	dzən⁶	nin²/zən²	nin²/zən²	nin⁴/zən⁶	zən⁶	nin⁶/zən⁶	
练塘	zən⁴	zəŋ⁶	ȵiəŋ²/zəŋ²	ȵiəŋ²/zəŋ²	zəŋ⁴	zəŋ⁶	ȵiəŋ⁶/zəŋ⁶	

注：① iʌŋ在音系中不存在。
　　② "人民"中读ɻəɻ²。

序号	2111	2112	2113	2114	2115	2116	2117	2118
字目	巾	紧	仅	银	衅挑衅	因	姻	洇
中古音的地位	臻开三平真见	臻开三上轸见	臻开三去震群	臻开三平真疑	臻开三去震晓	臻开三平真影	臻开三平真影	臻开三平真影
市区	tɕin¹	tɕin⁵	dʑin⁶	n̠in⁶		in¹	in¹	
市区中	tɕiŋ¹	tɕiŋ⁵	tɕiŋ⁵	n̠iŋ⁶	ɕiŋ⁵	iŋ¹	iŋ¹	iŋ¹
市区新	tɕiŋ¹	tɕiŋ⁵	tɕiŋ⁵	n̠iŋ⁶	ɕiŋ⁵	iŋ¹	iŋ¹	iŋ¹
真如	tɕin¹	tɕin³	dʑin⁶	n̠in²		in¹	in¹	
江湾	tɕiəŋ¹	tɕiəŋ⁵	dʑiəŋ⁶	n̠iəŋ⁶		iəŋ¹	iəŋ¹	
松江	ɕiəiŋ¹	ɕiəŋ³	ɟiəŋ⁶	ȵiəŋ²		iəŋ¹	iəŋ¹	
松江新	tɕin¹	tɕin³	tɕin⁵	ɦin²	ɕin⁵	in¹	in¹	in¹
泗泾	ɕiəiŋ¹	ɕiəŋ³	ɟiəŋ⁶	ȵiəŋ²		iəŋ¹	iəŋ¹	
奉贤	ʔɟiɐĩ¹	ʔɟiɐĩ³	ɟiɐĩ⁶	ʔn̠iɐĩ²		iɐĩ¹	iɐĩ¹	
奉贤新	ʔtɕin¹	ʔtɕin³	ʔtɕin³	n̠in²	ɕin³	in¹	in¹	in¹
奉城	ʔɟiɐĩ¹	ʔɟiɐĩ³	ɟiɐĩ⁶	ʔn̠iɐĩ²		iɐĩ¹	iɐĩ¹	
金山	ɕiəŋ¹	ɕiəŋ³	ɟiəŋ⁶	ȵiəŋ²		iəŋ¹	iəŋ¹	
金山新	tɕiæŋ¹	tɕiæŋ³	tɕiæŋ³	n̠iæŋ²	ɕiæŋ³	iæŋ¹	iæŋ¹	iæŋ¹
枫泾	tɕin¹	tɕin³	dʑin⁶	n̠in¹		in¹	in¹	
青浦	tɕiəŋ¹	tɕiəŋ³	dʑiəŋ⁶	n̠iəŋ²		iəŋ¹	iəŋ¹	
青浦新	tɕiən¹	tɕiən³	dʑiəŋ⁶	n̠iən²	ɕiən⁵	iən¹	iən¹	iɪ¹
莘庄	ɕiŋ¹	ɕiŋ³	ɕiŋ³	ȵiŋ²		iŋ¹	iŋ¹	
闵行新	tɕin¹	tɕin³	tɕin⁵	n̠in²	ɕin³	in¹	in¹	in¹
川沙	tɕin¹	tɕin³	dʑin⁶	n̠in²		in¹	in¹	
川沙新	tɕiŋ¹	tɕiŋ³		n̠iŋ²	ɕiŋ⁵	iŋ¹	iŋ¹	
高桥	tɕin³	tɕin⁵	dʑin⁶	n̠in²		in¹	in¹	
三林	ɕiŋ³	ɕiŋ³	ɟiŋ⁶	ȵiŋ²		iŋ¹	iŋ¹	
周浦	ɕiʌŋ¹	ɕiʌŋ³	ɕiʌŋ⁵	ȵiʌŋ²		iʌŋ¹	iʌŋ¹	
南汇	ʔɟiʌŋ¹	ʔɟiʌŋ³	ʔɟiʌŋ⁵	ȵiʌŋ²		iʌŋ¹	iʌŋ¹	
南汇新	tɕin¹	tɕin³	dʑin⁶	ɦin⁶		in¹	in¹	in¹
嘉定	tɕiŋ⁵	tɕiŋ⁵	tɕin⁵	n̠iŋ⁵		iŋ¹	iŋ¹	
嘉定新	tɕiŋ¹	tɕiŋ⁵	tɕiŋ⁵	n̠iŋ⁵	ɕiŋ⁵	iŋ¹	iŋ¹	iŋ⁶
宝山	tɕiŋ¹	tɕiŋ³	tɕiŋ⁵	n̠iŋ²	ɕiŋ⁵	iŋ¹	iŋ¹	
宝山新	tɕiŋ¹	tɕiŋ³	tɕiŋ⁵	n̠iŋ²	ɕiŋ⁵	iŋ¹	iŋ¹	
崇明	tɕin¹	tɕin³	tɕin⁵	n̠in²		in¹	in¹	
崇明新	tɕin¹	tɕin³	tɕin³	in²		in¹	in¹	
堡镇	tɕin¹	tɕin³	tɕin⁵	n̠in²		in¹	in¹	
练塘	tɕiəŋ¹	tɕiəŋ¹	dʑiəŋ⁶	n̠iəŋ²		iəŋ¹	iəŋ¹	

序号	2119	2120	2121	2122	2123	2124	2125	2126
字目	印	寅	引	笔	毕	必	匹	密
中古音的地位	臻开三去震影	臻开三平真以	臻开三上轸以	臻开三入质帮	臻开三入质帮	臻开三入质帮	臻开三入质滂	臻开三入质明
市区	in⁵	ɦin⁶	ɦin⁶	piɪʔ⁷	piɪʔ⁷	piɪʔ⁷	pʰiɪʔ⁷	miɪʔ⁸
市区中	iŋ⁵	ɦiŋ⁶	ɦiŋ⁶	piɪʔ⁷	piɪʔ⁷	piɪʔ⁷	pʰiɪʔ⁷	miɪʔ⁸
市区新	in⁵	ɦin⁶	ɦin⁵	piɪʔ⁷	piɪʔ⁷	piɪʔ⁷	pʰiɪʔ⁷	miɪʔ⁸
真如	iŋ⁵	ɦin²	ɦin⁶	ʔbiɪʔ⁷	ʔbiɪʔ⁷	ʔbiɪʔ⁷	pʰiɪʔ⁷	miɪʔ⁸
江湾	iəŋ⁵	ɦiəŋ⁶	ɦiəŋ⁶	ʔbɪʔ⁷	ʔbɪʔ⁷	ʔbɪʔ⁷	pʰɪʔ⁷	mɪʔ⁸
松江	iəŋ⁵	ɦiəŋ²	ɦiəŋ⁴	ʔbiəʔ⁷	ʔbiɪʔ⁷	ʔbiɪʔ⁷	pʰiəʔ⁷	miɪʔ⁸
松江新	in⁵	ɦin²	ɦin⁶	piɪʔ⁷	piɪʔ⁷	piɪʔ⁷	pʰiɪʔ⁷	miɪʔ⁸
泗泾	iəŋ⁵	ɦiəŋ²	ɦiəŋ⁶	ʔbiəʔ⁷	ʔbiɪʔ⁷	ʔbiɪʔ⁷	pʰiəʔ⁷	miɪʔ⁸
奉贤	iaŋ⁵	ɦiaŋ²	ɦiaŋ⁵	ʔbiaʔ⁷	ʔbiɪʔ⁷	ʔbiɪʔ⁷	pʰiɪʔ⁷	miɪʔ⁸
奉贤新	iŋ⁵	ɦin²	ɦin⁶	ʔbiəʔ⁷	ʔbiəʔ⁷	ʔbiəʔ⁷	pʰiəʔ⁷	miəʔ⁸
奉城	iaŋ⁵	ɦiaŋ²	ɦiaŋ⁵	ʔbiɪʔ⁷	ʔbiɪʔ⁷	ʔbiɪʔ⁷	pʰiɪʔ⁷	miɪʔ⁸
金山	iəŋ⁵	ɦiəŋ²	ɦiəŋ²	ʔbiəʔ⁷	ʔbiɪʔ⁷	ʔbiɪʔ⁷	pʰiəʔ⁷	miɪʔ⁸
金山新	iæŋ⁵	ɦiæŋ⁵	ɦiæŋ⁶	piɪʔ⁷	piɪʔ⁷	piɪʔ⁷	pʰiɪʔ⁷	miɪʔ⁸
枫泾	iŋ⁵	ɦin²	ɦin⁴	piɪʔ⁷	piɪʔ⁷	piɪʔ⁷	pʰiɪʔ⁷	miɪʔ⁸
青浦	iəŋ⁵	ɦiəŋ²	ɦiəŋ⁶	ʔbiɪʔ⁷	ʔbiɪʔ⁷	ʔbiɪʔ⁷	pʰiɪʔ⁷	miɪʔ⁸
青浦新	iəŋ⁵	ɦiən²	ɦiən⁶	piɪʔ⁷	piɪʔ⁷	piɪʔ⁷	pʰiɪʔ⁷	miɪʔ⁸
莘庄	iŋ⁵	ɦin²	ɦin⁶	ʔbiɪʔ⁷	ʔbiɪʔ⁷	ʔbiɪʔ⁷	pʰiəʔ⁷	miɪʔ⁸
闵行新	in⁵	in²	in²	piəʔ⁷	piəʔ⁷	piəʔ⁷	pʰiəʔ⁷	miəʔ⁸
川沙	in⁵	ɦin²	ɦin²	ʔbiɪʔ⁷	ʔbiɪʔ⁷	ʔbiɪʔ⁷	pʰiəʔ⁷	miəʔ⁸
川沙新	iŋ⁵		ɦin⁶	ʔbiɪʔ⁷	ʔbiɪʔ⁷	ʔbiɪʔ⁷	pʰiəʔ⁷	miɪʔ⁸
高桥	ɦin⁶	ɦiyn⁶	ɦin⁶	ʔbiɪʔ⁷	ʔbiɪʔ⁷	ʔbiɪʔ⁷	pʰiɪʔ⁷	miɪʔ⁸
三林	iŋ⁵	ɦiŋ²	ɦin²	ʔbiɪʔ⁷	ʔbiɪʔ⁷	ʔbiɪʔ⁷	pʰiəʔ⁷	miɪʔ⁸
周浦	iʌŋ⁵	ɦiʌŋ²	ɦiʌŋ²	ʔbiɪʔ⁷	ʔbiɪʔ⁷	ʔbiɪʔ⁷	pʰiɪʔ⁷	miɪʔ⁸
南汇	iʌŋ⁵	ɦiʌŋ²	ɦiʌŋ²	ʔbiɪʔ⁷	ʔbiɪʔ⁷	ʔbiɪʔ⁷	pʰiɪʔ⁷	miɪʔ⁸
南汇新	iŋ⁵	ɦin⁶	iŋ³	ʔbiɪʔ⁷	ʔbiɪʔ⁷	ʔbiɪʔ⁷	pʰiɪʔ⁷	miɪʔ⁸
嘉定	iŋ⁵	ɦiŋ²	ɦin⁶	piɪʔ⁷	piɪʔ⁷	piɪʔ⁷	pʰiɪʔ⁷	miɪʔ⁸
嘉定新	iŋ⁵	iŋ²	iŋ⁵	piɪʔ⁷	piɪʔ⁷	piɪʔ⁷	pʰiɪʔ⁷	miɪʔ⁸
宝山	iŋ⁶	iŋ⁵	iŋ⁶	piɪʔ⁷	piɪʔ⁷	piɪʔ⁷	pʰiɪʔ⁷	miɪʔ⁸
宝山新	iŋ⁵	iŋ⁵	iŋ⁶	piɪʔ⁷	piɪʔ⁷	piɪʔ⁷	pʰiɪʔ⁷	miɪʔ⁸
崇明	in⁵/in³	ɦin²	ɦin⁴/in⁵	piəʔ⁷	piəʔ⁷	piəʔ⁷	pʰiəʔ⁷	miəʔ⁸
崇明新	in⁵	ie³	in⁶	piɪʔ⁷	piɪʔ⁷	piɪʔ⁷	pʰiɪʔ⁷	miɪʔ⁸
堡镇	in⁵/in³	ɦin²	ɦin⁴/in⁵	piəʔ⁷	piəʔ⁷	piəʔ⁷	pʰiəʔ⁷	miəʔ⁸
练塘	iəŋ⁵	ɦiəŋ²	ɦiəŋ⁴	piɪʔ⁷	piɪʔ⁷	piɪʔ⁷	pʰiɪʔ⁷	miɪʔ⁸

序号	2127	2128	2129	2130	2131	2132	2133	2134
字目	蜜	栗	七	漆	疾	悉	膝	侄
中古音的地位	臻开三入质明	臻开三入质来	臻开三入质清	臻开三入质清	臻开三入质从	臻开三入质心	臻开三入质心	臻开三入质澄
市区	miɪʔ⁸	liɪʔ⁸	tɕʰiɪʔ⁷	tɕʰiɪʔ⁷	ziɪʔ⁸		ɕiɪʔ⁷	zəʔ⁸
市区中	miɪʔ⁸	liɪʔ⁸	tɕʰiɪʔ⁷	tɕʰiɪʔ⁷	dʑiɪʔ⁸	ɕiɪʔ⁷	ɕiɪʔ⁷	zeʔ⁸
市区新	miɪʔ⁸	liɪʔ⁸	tɕʰiɪʔ⁷	tɕʰiɪʔ⁷	dʑiɪʔ⁸	ɕiɪʔ⁷	ɕiɪʔ⁷	zeʔ⁸
真如	miɪʔ⁸	liɪʔ⁸	tsʰɿʔ⁷	tsʰɿʔ⁷	ziɪʔ⁸		sɿʔ⁷	zəʔ⁸
江湾	mɿʔ⁸	lɿʔ⁸	tsʰɿʔ⁷	tsʰɿʔ⁷	zɿʔ⁸		sɿʔ⁷	zeʔ⁸
松江	miɪʔ⁸	liɪʔ⁸	tsʰɿʔ⁷	tsʰiəʔ⁷	ziəʔ⁸		siəʔ⁷	zəʔ⁸
松江新	miɪʔ⁸	liɪʔ⁸	tɕʰiɪʔ⁷	tɕʰiɪʔ⁷	dʑiɪʔ⁸	ɕiɪʔ⁷	ɕiɪʔ⁷	zʌʔ⁸
泗泾	miɪʔ⁸	liɪʔ⁸	tsʰɿʔ⁷	tsʰiəʔ⁷	ziəʔ⁸		siəʔ⁷	zəʔ⁸
奉贤	miɪʔ⁸	liɪʔ⁸	tsʰɿʔ⁷	tsʰiʌʔ⁷	ziʌʔ⁸		siʌʔ⁷	zeʔ⁸
奉贤新	miəʔ⁸	liəʔ⁸	tɕʰiəʔ⁷	tɕʰiəʔ⁷	ziəʔ⁷	ɕiəʔ⁷	ɕiəʔ⁷	zəʔ⁸
奉城	miɪʔ⁸	liɪʔ⁸	tsʰɿʔ⁷	tsʰiəʔ⁷	ziʌʔ⁸		siʌʔ⁷	zeʔ⁸
金山	miɪʔ⁸	liɪʔ⁸	tsʰɿʔ⁷	tsʰiəʔ⁷	ziəʔ⁸		siəʔ⁷	zəʔ⁸
金山新	miɪʔ⁸	liɪʔ⁸	tɕʰiɪʔ⁷	tɕʰiɪʔ⁷	dʑiɪʔ⁸	ɕiɪʔ⁷	ɕiɪʔ⁷	zəʔ⁸
枫泾	miɪʔ⁸	liɪʔ⁸	tsʰɿʔ⁷	tsʰiɪʔ⁷	ziɪʔ⁸		sɿʔ⁷	zəʔ⁸
青浦	miɪʔ⁸	liɪʔ⁸	tsʰɿʔ⁷	tsʰiɪʔ⁷	ziɪʔ⁸		sɿʔ⁷	zəʔ⁸
青浦新	miɪʔ⁸	liɪʔ⁸	tsʰɿʔ⁷	tsʰiɪʔ⁷	ziɪʔ⁸	sɿʔ⁷	sɿʔ⁷	zəʔ⁸
莘庄	miɪʔ⁸	liɪʔ⁸	tsʰɿʔ⁷	tsʰiəʔ⁷	tsʰiəʔ⁷		siəʔ⁷	zəʔ⁸
闵行新	miəʔ⁸	liəʔ⁸	tɕʰiəʔ⁷	tɕʰiəʔ⁷	tɕiəʔ⁷	ɕiəʔ⁷	ɕiəʔ⁷	zəʔ⁸
川沙	miɪʔ⁸	liɪʔ⁸	tsʰɿʔ⁷	tsʰiəʔ⁷	ziɪʔ⁸		siəʔ⁷	zəʔ⁸
川沙新	miɪʔ⁸	liɪʔ⁸	tɕʰiɪʔ⁷	tɕʰiɪʔ⁷	dʑiɪʔ⁸	ɕiɪʔ⁷	ɕiɪʔ⁷	zɤʔ⁸
高桥	miɪʔ⁸	liɪʔ⁸	tsʰɿʔ⁷	tsʰiɪʔ⁷	ziɪʔ⁸		sɿʔ⁷	zəʔ⁸
三林	miɪʔ⁸	liɪʔ⁸	tsʰɿʔ⁷	tsʰiəʔ⁷	tsʰiəʔ⁷		siəʔ⁷	zəʔ⁸
周浦	miɪʔ⁸	liɪʔ⁸	tsʰɿʔ⁷	tsʰiʌʔ⁷	ziʌʔ⁸		siʌʔ⁷	zəʔ⁸
南汇	miɪʔ⁸	liɪʔ⁸	tsʰɿʔ⁷	tsʰiʌʔ⁷	ziʌʔ⁸		siʌʔ⁷	zəʔ⁸
南汇新	miɪʔ⁸	liɪʔ⁸	tɕʰiɪʔ⁷	tɕʰiɪʔ⁷	dʑiɪʔ²	ɕi¹		zəʔ⁸
嘉定	mlɪʔ⁸	liɪʔ⁸	tsʰɿʔ⁷	tsʰiɪʔ⁷	ziɪʔ⁸		sɿʔ⁷	zəʔ⁸
嘉定新	miɪʔ⁸	liɪʔ⁸	tsʰɿʔ⁷	tsʰiɪʔ⁷	ziɪʔ⁸	sɿʔ⁷	sɿʔ⁷	zəʔ⁸
宝山	miɪʔ⁸	liɪʔ⁸	tsʰɿʔ⁷	tsʰiɪʔ⁷	sɿʔ⁷	sɿʔ⁷	sɿʔ⁷	zəʔ⁸
宝山新	miɪʔ⁸	liɪʔ⁸	tɕʰiɪʔ⁷	tɕʰiɪʔ⁷	tɕiɪʔ⁸	ɕiɪʔ⁷	ɕiɪʔ⁷	zəʔ⁸
崇明	miəʔ⁸	liəʔ⁸	tɕʰiəʔ⁷	tɕʰiɪʔ⁷	dʑiəʔ⁸		tɕʰiəʔ⁷	dzəʔ⁸
崇明新	miəʔ⁸	ləʔ⁸	tɕʰiɪʔ⁷	tɕʰiɪʔ⁷	dʑiɪʔ⁸	ɕiɪʔ⁷	ɕiɪʔ⁷	dzeʔ⁸
堡镇	miəʔ⁸	liəʔ⁸	tɕʰiəʔ⁷	tɕʰiɪʔ⁷	dʑiəʔ⁸		tɕʰiəʔ⁷	dzəʔ⁸
练塘	miɪʔ⁸	liɪʔ⁸	tsʰɿʔ⁷	tsʰiɪʔ⁷	ziɪʔ⁸		sɿʔ⁷	zəʔ⁸

序号	2135	2136	2137	2138	2139	2140	2141	2142
字目	秩	瑟	虱	质	实	失	室	日
中古音的地位	臻开三入质澄	臻开三入栉生	臻开三入栉生	臻开三入质章	臻开三入质船	臻开三入质书	臻开三入质书	臻开三入质日
市区	zəʔ^8			tsəʔ^7	zəʔ^8	səʔ^7	səʔ^7	ȵiɪʔ^8/zəʔ^8
市区$_{中}$	zɐʔ^8	sɐʔ^7	sɐʔ^7	tsɐʔ^7	zɐʔ^8	sɐʔ^7	sɐʔ^7	ȵiɪʔ^8/zɐʔ^8
市区$_{新}$	zɐʔ^8	sɐʔ^7	sɐʔ^7	tsɐʔ^7	zɐʔ^8	sɐʔ^7	sɐʔ^7	ȵiɪʔ^8/zɐʔ^8
真如	zəʔ^8			tsəʔ^7	zəʔ^8	səʔ^7	səʔ^7	ȵiɪʔ^8/zəʔ^8
江湾	zəʔ^8			tsəʔ^7	zəʔ^8	səʔ^7	səʔ^7	ȵiɪʔ^8/zəʔ^8
松江	zəʔ^8			tsəʔ^7	zəʔ^8	səʔ^7	sʌʔ^7	ȵiɪʔ^8/zəʔ^8
松江$_{新}$	tsʅ^1	sʌʔ^7	sʌʔ^7	tsʌʔ^7	zʌʔ^8	sʌʔ^7	sʌʔ^7	ȵiɪʔ^8
泗泾	zəʔ^8			tsəʔ^7	zəʔ^8	səʔ^7	səʔ^7	ȵiɪʔ^8/zəʔ^8
奉贤	zeʔ^8			tseʔ^7	zeʔ^8	seʔ^7	seʔ^7	ȵiɪʔ^8/zeʔ^8
奉贤$_{新}$	tsʅ^3	səʔ^7	səʔ^7	tsəʔ^7	zəʔ^8	səʔ^7	səʔ^7/sʅ^5	ȵiɪʔ^8
奉城	zeʔ^8			tseʔ^7	zeʔ^8	seʔ^7	seʔ^7	ȵiɪʔ^8/zeʔ^8
金山	zəʔ^8			tsəʔ^7	zəʔ^8	səʔ^7	səʔ^7	ȵiɪʔ^8/zəʔ^8
金山$_{新}$	zəʔ^8	səʔ^7	səʔ^7	tsəʔ^7	zəʔ^8	səʔ^7	səʔ^7	ȵiɪʔ^8/zəʔ^8
枫泾	zəʔ^8			tsəʔ^7	zəʔ^8	səʔ^7	səʔ^7	ȵiɪʔ^8/zəʔ^8
青浦	zəʔ^8			tsəʔ^7	zəʔ^8	səʔ^7	səʔ^7	ȵiɪʔ^8/zəʔ^8
青浦$_{新}$	zəʔ^8	səʔ^7	səʔ^7	tsəʔ^7	zəʔ^8	səʔ^7	səʔ^7	ȵiɪʔ^8
莘庄	zəʔ^8			tsəʔ^7	zəʔ^8	səʔ^7	sʌʔ^7	ȵiɪʔ^8/zəʔ^8
闵行$_{新}$	tsʰʅ^5	səʔ^7	səʔ^7	tsəʔ^7	zəʔ^8		səʔ^7	ȵiəʔ^8
川沙	zəʔ^8			tsəʔ^7	zəʔ^8	səʔ^7	səʔ^7	ȵiɪʔ^8/zəʔ^8
川沙$_{新}$			sɤʔ^7	tsɤʔ^7	zɤʔ^8	sɤʔ^7	sɤʔ^7	ȵiɪʔ^{2}①
高桥	zəʔ^8			tsəʔ^7	zəʔ^8	səʔ^7	səʔ^7	zəʔ^8/ȵiɪʔ^8
三林	zəʔ^8			tsəʔ^7	zəʔ^8	səʔ^7	sʌʔ^7	ȵiɪʔ^8/zəʔ^8
周浦	zəʔ^8			tsəʔ^7	zəʔ^8	səʔ^7	səʔ^7	ȵiɪʔ^8/zəʔ^8
南汇	zəʔ^8			tsəʔ^7	zəʔ^8	səʔ^7	səʔ^7	ȵiɪʔ^8/zəʔ^8
南汇$_{新}$	tsʰʅ^5		səʔ^7	tsəʔ^7	zəʔ^8	səʔ^7	səʔ^7	zəʔ^8
嘉定	zəʔ^8			tsəʔ^7	zəʔ^8	səʔ^7	səʔ^7	ȵiɪʔ^8/zəʔ^8
嘉定$_{新}$	zəʔ^8	səʔ^7	səʔ^7	tsəʔ^7	zəʔ^8	səʔ^7	səʔ^7	ȵiɪʔ^8
宝山	zəʔ^8	siɪʔ^7		tsəʔ^7	zəʔ^8	səʔ^7	səʔ^7	zəʔ^8
宝山$_{新}$	tsʅ^5	səʔ^7	səʔ^7	tsəʔ^7	zəʔ^8	səʔ^7	səʔ^7	zəʔ^8
崇明	dzəʔ^8			tsəʔ^7	zəʔ^8	səʔ^7	səʔ^7	ȵiəʔ^8/zəʔ^8
崇明$_{新}$	dʑʅ^6	səʔ^7	səʔ^7	tsəʔ^7	zəʔ^8	səʔ^8	səʔ^8	ȵiɪʔ^8
堡镇	dzəʔ^8			tsəʔ^7	zəʔ^8	səʔ^7	səʔ^7	ȵiəʔ^8/zəʔ^8
练塘	zəʔ^8			tsəʔ^7	zəʔ^8	səʔ^7	səʔ^7	ȵiɪʔ^8/zəʔ^8

注：① 正式的节日、纪念日用zɤʔ^8；泛指某日用ȵiɪʔ^8。

序号	2143	2144	2145	2146	2147	2148	2149	2150
字目	吉	乙	一	逸	斤	筋	谨	劲 有劲①
中古音的地位	臻开三入质见	臻开三入质影	臻开三入质影	臻开三入质以	臻开三平殷见	臻开三平殷见	臻开三上隐见	臻开三去焮见
市区	tɕiɪʔ⁷	iɪʔ⁷	iɪʔ⁷	ɦiɪʔ⁸	tɕin¹	tɕin¹		tɕin⁵
市区中	tɕiɪʔ⁷	iɪʔ⁷	iɪʔ⁷	iɪʔ⁷	tɕin¹	tɕin¹	tɕiŋ⁵	tɕin⁵
市区新	tɕiɪʔ⁷	iɪʔ⁷	iɪʔ⁷	iɪʔ⁷	tɕiŋ¹	tɕiŋ¹	tɕiŋ³	tɕiŋ⁵
真如	tɕiɪʔ⁷	iɪʔ⁷	iɪʔ⁷	ɦiɪʔ⁸	tɕin¹	tɕin¹		tɕin³
江湾	tɕiɪʔ⁷	iɪʔ⁷	iɪʔ⁷	ɦiɪʔ⁸	tɕiəŋ¹	tɕiəŋ¹		tɕiəŋ⁵
松江	tɕiɪʔ⁷	iɪʔ⁷	iɪʔ⁷	ɦiʌʔ⁸	ciəŋ¹	ciəŋ¹		ɟiəŋ⁵
松江新	tɕiɪʔ⁷	iɪʔ⁷	iɪʔ⁷	iɪʔ⁷	tɕin¹	tɕin¹	tɕin³	tɕin⁵
泗泾	tɕiɪʔ⁷	iɪʔ⁷	iɪʔ⁷	ɦiʌʔ⁸	ciəŋ¹	ciəŋ¹		ɟiəŋ⁵
奉贤	ʔɟiɪʔ⁷	iɪʔ⁷	iɪʔ⁷	ɦiʌʔ⁸	ʔɟiəŋ¹	ʔɟiəŋ¹		ʔɟiəŋ⁵
奉贤新	tɕiɪʔ⁷	iɪʔ⁷	iɪʔ⁷	iɪʔ⁷	ʔtɕin¹	ʔtɕin¹	ʔtɕin¹	ʔtɕin⁵
奉城	ʔɟiɪʔ⁷	iɪʔ⁷	iɪʔ⁷	ɦiʌʔ⁸	ʔɟiəŋ¹	ʔɟiəŋ¹		ʔɟiəŋ⁵
金山	tɕiɪʔ⁷	iɪʔ⁷	iɪʔ⁷	iʌʔ⁷	ciəŋ¹	ciəŋ¹		ciəŋ⁵
金山新	tɕiɪʔ⁷	iɪʔ⁷	iɪʔ⁷	ɦiɪʔ⁷	tɕiæŋ¹	tɕiæŋ¹	tɕiæŋ³	tɕiæŋ⁵
枫泾	tɕiɪʔ⁷	iɪʔ⁷	iɪʔ⁷	iɪʔ⁷	tɕəŋ¹	tɕəŋ¹		tɕəŋ¹
青浦	tɕiɪʔ⁷	iɪʔ⁷	iɪʔ⁷	ɦiʌʔ⁸	tɕiəŋ¹	tɕiəŋ¹		tɕiəŋ⁵
青浦新	tɕiɪʔ⁷	iɪʔ⁷	iɪʔ⁷	ɦiɪʔ⁸	tɕiən¹	tɕiən¹	tɕiən³	tɕiən⁵
莘庄	ciɪʔ⁷	iɪʔ⁷	iɪʔ⁷	iəʔ⁷	cin¹	cin¹		cin⁵
闵行新	tɕiəʔ⁷	iəʔ⁷	iəʔ⁷	iəʔ⁷	tɕin¹	tɕin¹	tɕin³	tɕin⁵
川沙	tɕiɪʔ⁷	iɪʔ⁷	iɪʔ⁷	ɦiɪʔ⁸	tɕin¹	tɕin¹		tɕin⁵/dzin⁵
川沙新	tɕiɪʔ⁷		iɪʔ⁷	iɪʔ⁸	tɕin¹	tɕin¹	tɕiŋ³	tɕin⁵
高桥	tɕiɪʔ⁷	i¹	iɪʔ⁷	ɦie⁶	tɕin¹	tɕin¹		tɕin¹/tɕin⁵
三林	ciɪʔ⁷	iɪʔ⁷	iɪʔ⁷	ɦiɪʔ⁸	cin¹	cin¹		cin⁵
周浦	tɕiɪʔ⁷	iɪʔ⁷	iɪʔ⁷	iɪʔ⁷	ciʌŋ¹	ciʌŋ¹		ciʌŋ⁵
南汇	tɕiɪʔ⁷	iɪʔ⁷	iɪʔ⁷		ʔɟiʌŋ¹	ʔɟiʌŋ¹		ʔɟiʌŋ⁵
南汇新	tɕiɪʔ⁷	iɪʔ⁷	iɪʔ⁷		tɕin¹	tɕin¹	tɕin³	tɕin⁵
嘉定	tɕiɪʔ⁷	iɪʔ⁷	iɪʔ⁷	ɦiɪʔ⁸	tɕin¹	tɕin¹		tɕin⁵
嘉定新	tɕiɪʔ⁷	iɪʔ⁷	iɪʔ⁷	tɕin¹	ɫɥiŋ¹		tɕin⁵	
宝山	tɕiɪʔ⁷	iɪʔ⁷	iɪʔ⁷	iɪʔ⁷	tɕin¹	tɕin¹		tɕin⁵
宝山新	dʑiɪʔ⁸	iɪ⁶	iɪʔ⁷	iɪ⁵	tɕin¹	tɕin¹		tɕin⁵
崇明	tɕiəʔ⁷	iəʔ⁷	iəʔ⁷	iəʔ⁶	tɕin¹	tɕin¹		tɕin⁵
崇明新	tɕiɪʔ⁷	iɪʔ⁷	iɪʔ⁷	iɪʔ⁷	tɕin¹	tɕin¹	tɕin³	tɕin⁵
堡镇	tɕiəʔ⁷	iəʔ⁷	iəʔ⁷	iəʔ⁷	tɕin¹	tɕin¹		tɕin⁵
练塘	tɕiɪʔ⁷	iɪʔ⁷	iɪʔ⁷	ɦiʌʔ⁸	tɕiəŋ¹	tɕiəŋ¹		tɕiəŋ⁵

注：① 上海地区老派有两读："有~" 和 "~道"，一清一浊。

序号	2151	2152	2153	2154	2155	2156	2157	2158
字目	勤	芹	近	谨	殷	隐	乞	奔奔跑
中古音的地位	臻开三平殷群	臻开三平殷群	臻开三上隐群	臻开三上隐见	臻开三平殷影	臻开三上隐影	臻开三入迄溪	臻合一平魂帮
市区	dʑin⁶	dʑin⁶	dʑin⁵⁽⁶⁾		in¹	in⁵		pən¹
市区中	dʑiŋ⁶	dʑiŋ⁶	dʑiŋ⁶	dʑiŋ⁶	iŋ¹	iŋ⁵	tɕʰiɪʔ⁷	pən¹
市区新	dʑiŋ⁶	dʑiŋ⁶	dʑiŋ⁶	dʑiŋ⁶	iŋ¹	iŋ⁵	tɕʰiɪʔ⁷	pən¹
真如	dʑin²	dʑin²	dʑin⁶		iŋ¹	iŋ³		ʔbən¹
江湾	dʑiəŋ⁶	dʑiəŋ⁶	dʑiəŋ⁶		iəŋ¹	iəŋ⁵		ʔbən¹
松江	ʝiəŋ²	ʝiəŋ²	ʝiəŋ⁴		iəŋ¹	iəŋ⁵		ʔbən¹
松江新	dʑin²	dʑin²	dʑin²	tɕin³	in¹	in³	tɕʰi³	pʌn¹
泗泾	ʝiəŋ²	ʝiəŋ²	ʝiəŋ⁶		iəŋ¹	iəŋ³		ʔbən¹
奉贤	ʝiai²	ʝiai²	ʝiai²		iai¹	iai³		ʔbən¹
奉贤新	dʑin²	dʑin²	dʑin⁵	ʔtɕin¹	in¹	ɦin⁶	tɕʰiɪʔ⁷	ʔbən³
奉城	ʝiai²	ʝiai²	ʝiai²		iai¹	iai³		ʔbən¹
金山	ʝiəŋ²	ʝiəŋ²	ʝiəŋ²		iəŋ¹	iəŋ³		ʔbən¹
金山新	dʑiæŋ²	dʑiæŋ²	dʑiæŋ⁶	tɕiæŋ³	iæŋ¹	iæŋ³	tɕʰi³	pʌn¹
枫泾	dʑin²	dʑin²	dʑin⁴		iŋ¹	iŋ³		pən¹
青浦	dʑiəŋ²	dʑiəŋ²	dʑiəŋ⁶		iəŋ¹	iəŋ³		ʔbən¹
青浦新	dʑiən²	dʑiən²	dʑiən⁶	tɕiən³	iən¹	iən³	tɕʰiɪʔ⁷	pən¹
莘庄	ʝiŋ²	ʝiŋ²	ʝiŋ⁶		iŋ¹	iŋ⁵		ʔbən¹
闵行新	dʑin²	dʑin²	dʑin²	tɕin³	in¹	in⁵	tɕi⁵	pən¹
川沙	dʑin²	dʑin²	dʑin²		in¹	in³		ʔbən¹
川沙新	dʑiŋ⁶	dʑiŋ⁶	dʑiŋ⁶		iŋ¹	iŋ³	tɕʰi³	ʔbən¹
高桥	dʑin⁶	dʑin⁶	dʑyn⁶		ɦin⁶	in³		ʔbən¹
三林	ʝin²	ʝin²	ʝin²		in¹	in³		ʔbən¹
周浦	ʝiʌŋ²	ʝiʌŋ²	ʝiʌŋ²		iʌŋ¹	iʌŋ³		ʔbən¹
南汇	ʝiʌŋ²	ʝiʌŋ²	ʝiʌŋ²		iʌŋ¹	iʌŋ³		ʔbən¹
南汇新	dʑiŋ⁶	dʑiŋ⁶	dʑiŋ⁶		iŋ¹	iŋ³		ʔbən¹
嘉定	dʑin²	dʑin²	dʑin⁶		iŋ¹	iŋ⁵		pəŋ¹
嘉定新	dʑin²	dʑin²	dʑin⁶	tɕin⁵	in¹	in⁵	tɕʰiɪʔ⁷	pẽ¹
宝山	dʑiŋ⁶	dʑiŋ⁶	dʑiŋ⁶	tɕin⁵	iŋ¹	iŋ⁵	tɕʰiɪʔ⁷	pəŋ¹
宝山新	dʑiŋ⁶	dʑiŋ⁶	dʑiŋ⁶		iŋ¹	iŋ⁵	tɕʰi⁵	pəŋ¹
崇明	dʑin²	dʑin²	dʑin⁴		in¹	in³		pən¹
崇明新	dʑin²	dʑin²	dʑin⁶	tɕin³	in¹	in⁶		pən¹
堡镇	dʑin²	dʑin²	dʑin⁴		in¹	in³		pən¹
练塘	dʑiəŋ²	dʑiəŋ²	dʑiəŋ⁴		iəŋ¹	iəŋ¹		pən¹

序号	2159	2160	2161	2162	2163	2164	2165	2166
字目	本	喷 喷水	盆	笨	门	闷	敦 敦厚	墩
中古音的地位	臻合一上混帮	臻合一平魂滂	臻合一平魂並	臻合一上混並	臻合一平魂明	臻合一去慁明	臻合一平魂端	臻合一平魂端
市区	pən^5	pʰən^1	bən^6	bən^6	mən^6	mən^6	tən^1	
市区中	pəŋ^5	pʰəŋ^1	bəŋ^6	bəŋ^6	məŋ^6	məŋ^1	təŋ^1	təŋ^1
市区新	pəŋ^5	pʰəŋ^1	bəŋ^6	bəŋ^6	məŋ^6	məŋ^1	təŋ^1	təŋ^1
真如	ʔbəŋ^3	pʰəŋ^1	bəŋ^2	bəŋ^6	məŋ^2	məŋ^1	ʔdəŋ^1	
江湾	ʔbəŋ^5	pʰəŋ^1	bəŋ^6	bəŋ^6	məŋ^6	məŋ^1	ʔdəŋ^1	
松江	ʔbəŋ^3	pʰəŋ^1	bəŋ^2	bəŋ^6	məŋ^2	məŋ^1	ʔdəŋ^1	
松江新	pʌn^3	pʰʌn^1	bʌn^2	bʌn^6	mʌn^2	mʌn^5	tʌn^1	tʌn^1
泗泾	ʔbəŋ^3	pʰəŋ^1	bəŋ^2	bəŋ^6	məŋ^2	məŋ^1	ʔdəŋ^1	
奉贤	ʔbɐŋ^5	pʰɐŋ^1	bɐŋ^2	bɐŋ^6	mɐŋ^2	mɐŋ^1	ʔdɐŋ^1	
奉贤新	ʔbəŋ^6	pʰəŋ^1	bəŋ^2	bəŋ^2	məŋ^2	ʔməŋ^1	dəŋ^1	dəŋ^1
奉城	ʔbɐŋ^3	pʰɐŋ^1	bɐŋ^2	bɐŋ^2	mɐŋ^2	mɐŋ^1/mɐŋ^6	ʔdɐŋ^1	
金山	ʔbəŋ^3	ʔbʰəŋ^1	bəŋ^2	bəŋ^2	məŋ^2	məŋ^3	ʔdəŋ^1	
金山新	pʌŋ^3	pʰʌŋ^1	bʌŋ^2	bʌŋ^6	mʌŋ^2	mʌŋ^1	tʌŋ^1	tʌŋ^1
枫泾	pəŋ^3	pʰəŋ^1	bəŋ^2	bəŋ^2	məŋ^2	məŋ^1	təŋ^1	
青浦	ʔbəŋ^3	pʰəŋ^1	bəŋ^2	bəŋ^2	məŋ^2	məŋ^1	ʔdəŋ^1	
青浦新	pən^3	pʰən^1	bən^2	bən^6	mən^2	mən^1	tən^1	tən^1
莘庄	ʔbəŋ^3	pʰəŋ^1	bəŋ^2	bəŋ^2	məŋ^2	məŋ^6	ʔdəŋ^1	
闵行新	pən^3	pʰən^1	bən^2	bən^2	mən^2	mən^1	tən^1	tən^1
川沙	ʔbən^3	pʰən^1	bən^2	bən^2	mən^2	mən^1	ʔdən^1	
川沙新	ʔbəŋ^3	pʰəŋ^1	bəŋ^6	bəŋ^6	məŋ^6	məŋ^1	ʔdəŋ^1	ʔdəŋ^1
高桥	ʔbəŋ^3	pʰəŋ^1	bəŋ^6	bəŋ^6	məŋ^6	məŋ^1	ʔdəŋ^1	
三林	ʔbəŋ^3	pʰəŋ^1	bəŋ^2	bəŋ^2	məŋ^2	məŋ^1	ʔdəŋ^1	
周浦	ʔbəŋ^3	pʰəŋ^1	bəŋ^2	bəŋ^2	məŋ^2	məŋ^1	ʔdəŋ^1	
南汇	ʔbəŋ^3	pʰəŋ^1	bəŋ^2	bəŋ^2	məŋ^2	məŋ^1	ʔdəŋ^1	
南汇新	ʔbəŋ^3	pʰəŋ^1	bəŋ^6	bəŋ^6	məŋ^6	məŋ^1	ʔdəŋ^1	ʔdəŋ^1
嘉定	pəŋ^5	pʰəŋ^1	bəŋ^2	bəŋ^2	məŋ^2	məŋ^1	təŋ^1	
嘉定新	pẽ^5	pʰẽ^1	bẽ^2/bəŋ^2	bẽ^6/bəŋ^6	mẽ^2/məŋ^2	mẽ^6/məŋ^6	tẽ^1	tẽ^1
宝山	pəŋ^5	pʰəŋ^1	pəŋ^2	bəŋ^4	məŋ^2	məŋ^1	təŋ^1	
宝山新	pəŋ^5	pʰəŋ^1	pəŋ^5	pəŋ^5	məŋ^5	məŋ^1	təŋ^1	təŋ^1
崇明	pən^3	pʰən^1	bən^2	bən^4	mən^2	mən^5	tən^1	
崇明新	pən^3	pʰən^1	bən^2	bən^6	mən^2	mən^2	tən^1	tən^1
堡镇	pən^3	pʰən^1	bən^2	bən^4	mən^2	mən^5	tən^1	
练塘	pəŋ^1	pʰəŋ^1	bəŋ^2	bəŋ^4	məŋ^2	məŋ^1	təŋ^1	

序号	2167	2168	2169	2170	2171	2172	2173	2174
字目	顿	屯屯田	臀	盾人名	囤	沌	遁	钝
中古音的地位	臻合一去慁端	臻合一平魂定	臻合一平魂定	臻合一上混定	臻合一上魂定	臻合一去慁定	臻合一去慁定	臻合一去慁定
市区	təŋ⁵	dəŋ⁶	dəŋ⁶	dəŋ⁶				dəŋ⁶
市区中	təŋ⁵	dəŋ⁶	dəŋ⁶	dəŋ⁶	dəŋ⁶	dəŋ⁶	dəŋ⁶	dəŋ⁶
市区新	təŋ⁵	dəŋ⁶	dəŋ⁶	dəŋ⁶	dəŋ⁶	dəŋ⁶	dəŋ⁶	dəŋ⁶
真如	ʔdəŋ⁵	dəŋ⁶	dəŋ²	dəŋ⁶				dəŋ⁶
江湾	ʔdəŋ⁵	dəŋ⁶	dəŋ⁶	dəŋ⁶				dəŋ⁶
松江	ʔdəŋ⁵	dəŋ⁶	dəŋ⁶	dəŋ⁶				dəŋ⁶
松江新	tʌŋ⁵	dʌŋ²	dʌŋ²	dʌŋ⁶	dʌŋ⁶	dʌŋ⁶	dʌŋ⁶	dʌŋ⁶
泗泾	ʔdəŋ⁵	dəŋ⁶	dəŋ⁶	dəŋ⁶				dəŋ⁶
奉贤	ʔdɐŋ⁵	dɐŋ²	dɐŋ²	dɐŋ²				dɐŋ⁶
奉贤新	ʔdəŋ⁵	dəŋ²	dəŋ²	dəŋ⁶	dəŋ⁶	dəŋ⁶	dəŋ⁶	dəŋ⁶
奉城	ʔdɐŋ⁵	dɐŋ²	dɐŋ²	dɐŋ²				dɐŋ⁶
金山	ʔdəŋ⁵	dəŋ²	dəŋ²	dəŋ²				dəŋ⁶
金山新	təŋ⁵	dəŋ²	dəŋ²	dəŋ⁶	dəŋ⁶	dəŋ⁶	dəŋ⁶	dəŋ⁶
枫泾	təŋ³	dəŋ²	dəŋ²	dəŋ²				dəŋ⁶
青浦	ʔdəŋ³	dəŋ⁶	dəŋ⁶	dəŋ⁶				dəŋ⁶
青浦新	təŋ⁵	dəŋ²	dəŋ²	dəŋ⁶	dəŋ⁶	dəŋ⁶	dəŋ⁶	dəŋ⁶
莘庄	ʔdəŋ⁵	dəŋ⁶	dəŋ⁶	dəŋ⁶				dəŋ⁶
闵行新	təŋ¹	dəŋ²	dəŋ²	dəŋ²	dəŋ²	dəŋ²	dəŋ²	dəŋ²
川沙	ʔdəŋ³	dəŋ²	dəŋ²	dəŋ²				dəŋ⁶
川沙新	ʔdəŋ⁵		dəŋ⁶	dəŋ⁶	dəŋ⁶			ʔdəŋ⁶
高桥	ʔdəŋ¹	dəŋ⁶	dəŋ⁶	dəŋ⁶				dəŋ⁶
三林	ʔdəŋ⁵	dəŋ⁶	dəŋ⁶	dəŋ⁶				dəŋ⁶
周浦	ʔdəŋ⁵	dəŋ⁶	dəŋ⁶	dəŋ⁶				dəŋ⁶
南汇	ʔdəŋ⁵	dəŋ⁶	dəŋ⁶	dəŋ⁶				dəŋ⁶
南汇新	ʔdəŋ⁵	dəŋ⁶	dəŋ⁶	dəŋ⁶				dəŋ⁶
嘉定	təŋ⁵	dəŋ⁶	dəŋ²	dəŋ⁶				dəŋ⁶
嘉定新	tẽ⁶	dẽ²	dẽ²	dẽ⁶	dẽ²	dẽ⁶	dẽ⁶	dẽ⁶
宝山	təŋ¹	dəŋ²	dəŋ²	dəŋ⁶	dəŋ⁶	dəŋ⁶	dəŋ⁶	dəŋ⁶
宝山新	təŋ⁵	təŋ⁵	təŋ⁵	təŋ⁵	təŋ⁵	təŋ⁵	təŋ⁵	təŋ⁵
崇明	təŋ⁵	dən⁴	dən²	dən⁴				dən⁶
崇明新	dən⁶	dən²	dən²	dən⁶	dən⁶	dən⁶	dən⁶	dən⁶
堡镇	təŋ⁵	dən⁴	dən²	dən⁴				dən⁶
练塘	təŋ⁵	dəŋ⁶	dəŋ⁶	dəŋ⁴				dəŋ⁶

序号	2175	2176	2177	2178	2179	2180	2181	2182
字目	嫩	崙	论议论	尊	村	寸	存	蹲
中古音的地位	臻合一去慁泥	臻合一平魂来	臻合一去慁来	臻合一平魂精	臻合一平魂清	臻合一去慁清	臻合一平魂从	臻合一平魂从
市区	nən⁶		lən⁶	tsən¹	tsʰən¹	tsʰən⁵	zən⁶	tən¹
市区中	nəŋ⁶	ləŋ⁶	ləŋ⁶	tsəŋ¹	tsʰəŋ¹	tsʰəŋ⁵	zəŋ⁶	təŋ¹
市区新	nəŋ⁶		ləŋ⁶	tsəŋ¹	tsʰəŋ¹	tsʰəŋ⁵	zəŋ⁶	təŋ¹
真如	nəŋ⁶		ləŋ⁶	tsəŋ¹	tsʰəŋ¹	tsʰəŋ⁵	zəŋ²	ʔdəŋ¹
江湾	nəŋ⁶		ləŋ⁶	tsəŋ¹	tsʰəŋ¹	tsʰəŋ⁵	zəŋ⁶	ʔdəŋ¹
松江	nəŋ⁶		ləŋ⁶	tsəŋ¹	tsʰəŋ¹	tsʰəŋ⁵	zəŋ⁶	ʔdəŋ¹
松江新	nʌn⁶	lʌn²	lʌn²	tsʌn¹	tsʰʌn¹	tsʰʌn⁵	zʌn²	tʌn¹
泗泾	nəŋ⁶		ləŋ⁶	tsəŋ¹	tsʰəŋ¹	tsʰəŋ⁵	zəŋ⁶	ʔdəŋ¹
奉贤	nɯn⁶		lɯn¹	tsɯn¹	tsʰɯn¹	tsʰɯn⁵	zɯn²	ʔdɯn¹
奉贤新	nəŋ⁶	ləŋ⁶	ləŋ⁶	tsəŋ¹	tsʰəŋ¹	tsʰəŋ⁵	zəŋ⁶	ʔdəŋ¹
奉城	nɯn⁶		lɯn¹	tsɯn¹	tsʰɯn¹	tsʰɯn⁵	zɯn²	ʔdɯn¹
金山	nəŋ⁶		ləŋ⁶	tsəŋ¹	tsʰəŋ¹	tsʰəŋ⁵	zəŋ⁶	ʔdəŋ¹
金山新	nəŋ⁶	ləŋ⁶	ləŋ⁶	tsəŋ¹	tsʰəŋ¹	tsʰəŋ⁵	zəŋ⁶	təŋ¹
枫泾	nəŋ⁶		ləŋ⁶	tsəŋ¹	tsʰəŋ¹	tsʰəŋ⁵	zəŋ⁶	təŋ¹
青浦	nəŋ⁶		ləŋ⁶	tsəŋ¹	tsʰəŋ¹	tsʰəŋ⁵	zəŋ⁶	ʔdəŋ¹
青浦新	nəŋ⁶	lən²	ləŋ²	tsəŋ¹	tsʰəŋ¹	tsʰəŋ⁵	zəŋ²	dəŋ²
莘庄	nəŋ⁶		ləŋ⁶	tsəŋ¹	tsʰəŋ¹	tsʰəŋ⁵	zəŋ⁶	ʔdəŋ¹
闵行新	nən²	lən²	lən²	tsən¹	tsʰən¹	tsʰən⁵	zən²	dən²
川沙	nəŋ⁶		ləŋ⁶	tsəŋ¹	tsʰəŋ¹	tsʰəŋ⁵	zəŋ⁶	ʔdəŋ¹
川沙新	nəŋ⁵	ləŋ⁵	ləŋ⁵	tsəŋ¹	tsʰəŋ¹	tsʰəŋ⁵	zəŋ⁶	ʔdəŋ¹
高桥	nəŋ⁶		ləŋ⁶	tsəŋ¹	tsʰəŋ¹	tsʰəŋ⁵	zəŋ⁶	ʔdəŋ¹
三林	nəŋ⁶		ləŋ⁶	tsəŋ¹	tsʰəŋ¹	tsʰəŋ⁵	zəŋ⁶	ʔdəŋ¹
周浦	nəŋ⁶		ləŋ⁶	tsəŋ¹	tsʰəŋ¹	tsʰəŋ⁵	zəŋ⁶	ʔdəŋ¹
南汇	nəŋ⁶		ləŋ⁶	tsəŋ¹	tsʰəŋ¹	tsʰəŋ⁵	zəŋ⁶	ʔdəŋ¹
南汇新	nəŋ⁶	ləŋ⁶	ləŋ⁶	tsəŋ¹	tsʰəŋ¹	tsʰəŋ⁵	zəŋ⁶	ʔdəŋ¹
嘉定	nəŋ⁶		ləŋ⁶	tsəŋ¹	tsʰəŋ¹	tsʰəŋ⁵	zəŋ⁶	təŋ¹
嘉定新	nẽ⁶	lẽ²	lẽ⁶	tsẽ¹	tsʰẽ¹	tsʰẽ⁵	zẽ²	tẽ¹
宝山	nəŋ⁶	ləŋ²	ləŋ⁶	tsəŋ¹	tsʰəŋ¹	tsʰəŋ⁵	zəŋ⁶	zəŋ⁶
宝山新	nəŋ⁶	ləŋ⁵	ləŋ⁵	tsəŋ¹	tsʰəŋ¹	tsʰəŋ⁵	zəŋ⁶	təŋ¹
崇明	nən⁶		lən⁶	tsən¹	tsʰən¹	tsʰən⁵	dzən²	tən¹
崇明新	nən⁶	lən²	lən²	tsən¹	tsʰən¹	tsʰən⁵	dʑən²	tən¹
堡镇	nən⁶		lən⁶	tsən¹	tsʰən¹	tsʰən⁵	dzən²	tən¹
练塘	nəŋ⁶		ləŋ⁶	tsəŋ¹	tsʰəŋ¹	tsʰəŋ⁵	zəŋ²	təŋ¹

序号	2183	2184	2185	2186	2187	2188	2189	2190
字目	孙	损	昆	崑	滚	[棍]木棍	坤	捆
中古音的地位	臻合一平魂心	臻合一上混心	臻合一平魂见	臻合一平魂见	臻合一上混见	臻合一去恩见	臻合一平魂溪	臻合一上混溪
市区	sən¹	sən⁵	kʰuən¹		kuən⁵	kuən⁵		kʰuən⁵
市区中	səŋ¹	səŋ⁵	kʰuəŋ¹	kʰuəŋ¹	kuəŋ⁵	kuəŋ⁵	kʰuəŋ¹	kʰuəŋ⁵
市区新	səŋ¹	səŋ⁵	kʰuəŋ¹	kʰuəŋ¹	kuəŋ⁵	kuəŋ⁵	kʰuəŋ¹	kʰuəŋ⁵
真如	səŋ¹	səŋ⁵	kʰuəŋ¹		kuəŋ³	kuəŋ³		kʰuəŋ³
江湾	səŋ¹	səŋ⁵	kʰuəŋ¹		kuəŋ³	kuəŋ³		kʰuəŋ³
松江	səŋ¹	səŋ⁵	kʰuəŋ¹		kuəŋ³	kuəŋ³		kʰuəŋ³
松江新	sʌn¹	sʌn³	kʰuʌn¹	kʰuʌn¹	kuʌn³	kuʌn³	kʰuʌn¹	kʰuʌn³
泗泾	səŋ¹	səŋ⁵	kʰuəŋ¹		kuəŋ³	kuəŋ³		kʰuəŋ³
奉贤	sɐŋ¹	sɐŋ⁵	kʰuɐŋ¹		kuɐŋ³	kuɐŋ³		kʰuɐŋ³
奉贤新	səŋ¹	səŋ³	kəŋ¹	kəŋ¹	kuəŋ³	kuəŋ⁵	kʰuəŋ¹	kʰuəŋ³
奉城	sɐŋ¹	sɐŋ⁵	kʰuɐŋ¹		kuɐŋ³	kuɐŋ³		kʰuɐŋ³
金山	səŋ¹	səŋ⁵	kʰuəŋ¹		kuəŋ³	kuəŋ³		kʰuəŋ³
金山新	sɐŋ¹	sɐŋ³	kəŋ¹	kəŋ¹	kuəŋ³	kuəŋ⁵	kʰuəŋ¹	kʰuəŋ³
枫泾	səŋ¹	səŋ⁵	kʰuəŋ¹		kuəŋ³	kuəŋ³		kʰuəŋ³
青浦	səŋ¹	səŋ⁵	kʰuəŋ¹		kuəŋ³	kuəŋ³		kʰuəŋ³
青浦新	səŋ¹	səŋ³	kʰuəŋ¹	kʰuəŋ¹	kuəŋ³	kuəŋ⁵	kʰuəŋ¹	kʰuəŋ³
莘庄	səŋ¹	səŋ⁵	kʰuəŋ¹		kuəŋ³	kuəŋ³		kʰuəŋ³
闵行新	sən²	sən³	kʰuən¹	kʰuən¹	kuən³	kuən⁵	kʰuən¹	kʰuən³
川沙	səŋ¹	səŋ⁵	kʰuəŋ¹		kuəŋ³	kuəŋ³		kʰuəŋ³
川沙新	səŋ¹	səŋ³	kʰuəŋ¹	kʰuəŋ¹	kuəŋ³	kuəŋ⁵	kʰuəŋ¹	kʰuəŋ³
高桥	səŋ¹	səŋ⁵	kʰuəŋ¹		kuəŋ³	kuəŋ³		kʰuəŋ³
三林	səŋ¹	səŋ⁵	kʰuəŋ¹		kuəŋ³	kuəŋ³		kʰuəŋ³
周浦	səŋ¹	səŋ⁵	kʰuəŋ¹		kuəŋ³	kuəŋ³		kʰuəŋ³
南汇	səŋ¹	səŋ⁵	kʰuəŋ¹		kuəŋ³	kuəŋ³		kʰuəŋ³
南汇新	səŋ¹	səŋ³	kʰuəŋ¹	kʰuəŋ¹	kuəŋ³		kʰuəŋ¹	kʰuəŋ³
嘉定	səŋ¹	səŋ⁵	kʰuəŋ¹		kuəŋ³	kuəŋ³		kʰuəŋ³
嘉定新	sẽ¹	sẽ⁵	kʰuẽ¹	kʰuẽ¹	kuẽ⁵	kuẽ⁵	kʰuẽ¹	kʰuẽ⁵
宝山	səŋ¹	səŋ⁵	kʰuəŋ¹		kuəŋ³	kuəŋ³		kʰuəŋ³
宝山新	səŋ¹	səŋ⁵	kʰuəŋ¹	kʰuəŋ¹	kuəŋ³	kuəŋ³	kʰuəŋ¹	kʰuəŋ³
崇明	sən¹	sən³	kʰuən¹		kuən³	kuən³		kʰuən³
崇明新	sən¹	sən³	kʰun¹	kʰun¹	kun³	kun⁵	kʰun¹	kʰun³
堡镇	səŋ¹	səŋ⁵	kʰuəŋ¹		kuəŋ³	kuəŋ³		kʰuəŋ³
练塘	səŋ¹	səŋ⁵	kʰuəŋ¹		kuəŋ⁵	kuəŋ⁵		kʰuəŋ⁵

序号	2191	2192	2193	2194	2195	2196	2197	2198
字目	困	昏昏暗	昏昏迷	婚	浑浑浊	浑浑身	魂	馄
中古音的地位	臻合一去慁溪	臻合一平魂晓	臻合一平魂晓	臻合一平魂晓	臻合一平魂匣	臻合一平魂匣	臻合一平魂匣	臻合一平魂匣
市区	$k^huəŋ^5$	$huəŋ^1$	$huəŋ^1$	$huəŋ^1$	$ɦuəŋ^6$	$ɦuəŋ^6$	$ɦuəŋ^6$	$ɦuəŋ^6$
市区中	$k^huəŋ^5$	$huəŋ^1$	$huəŋ^1$	$huəŋ^1$	$ɦuəŋ^6$	$ɦuəŋ^6$	$ɦuəŋ^6$	$ɦuəŋ^6$
市区新	$k^huəŋ^5$	$huəŋ^1$	$huəŋ^1$	$huəŋ^1$	$ɦuəŋ^6$	$ɦuəŋ^6$	$ɦuəŋ^6$	$ɦuəŋ^6$
真如	$k^huəŋ^5$	$fəŋ^1$	$fəŋ^1$	$fəŋ^1$	$vəŋ^2$	$vəŋ^2$	$vəŋ^2$	$vəŋ^2$
江湾	$k^huəŋ^5$	$ɸəŋ^1$	$ɸəŋ^1$	$ɸəŋ^1$	$βəŋ^6$	$βəŋ^6$	$βəŋ^6$	$βəŋ^6$
松江	$k^huəŋ^5$	$ɸəŋ^1$	$ɸəŋ^1$	$ɸəŋ^1$	$βəŋ^2$	$βəŋ^2$	$βəŋ^2$	$βəŋ^2$
松江新	$k^huʌn^5$	$fʌn^1$	$fʌn^1$	$huʌn^1$	$ɦuʌn^2$	$ɦuʌn^2$	$ɦuʌn^2$	$ɦuʌn^2$
泗泾	$k^huəŋ^5$	$ɸəŋ^1$	$ɸəŋ^1$	$ɸəŋ^1$	$βəŋ^2$	$βəŋ^2$	$βəŋ^2$	$βəŋ^2$
奉贤	$k^huaŋ^5$	$ɸɐŋ^1$	$ɸɐŋ^1$	$ɸɐŋ^1$	$βɐŋ^2$	$βɐŋ^2$	$βɐŋ^2$	$βɐŋ^2$
奉贤新	$k^huəŋ^5$	$fəŋ^1$	$fəŋ^1$	$fəŋ^1$	$vəŋ^2$	$vəŋ^2$	$vəŋ^2$	$vəŋ^2$
奉城	$k^huəŋ^5$	$ɸɐŋ^1$	$ɸɐŋ^1$	$ɸɐŋ^1$	$βɐŋ^2$	$βɐŋ^2$	$βɐŋ^2$	$βɐŋ^2$
金山	$k^huəŋ^5$	$ɸəŋ^1$	$ɸəŋ^1$	$ɸəŋ^1$	$βəŋ^2$	$βəŋ^2$	$βəŋ^2$	$βəŋ^2$
金山新	$k^huəŋ^5$	$fəŋ^1$	$fəŋ^1$	$fəŋ^1$	$vəŋ^2$	$vəŋ^2$	$vəŋ^2$	$vəŋ^2$
枫泾	$k^huəŋ^5$	$fəŋ^1$	$fəŋ^1$	$fəŋ^1$	$vəŋ^2$	$vəŋ^2$	$vəŋ^2$	$vəŋ^2$
青浦	$k^huəŋ^5$	$ɸəŋ^1$	$ɸəŋ^1$	$ɸəŋ^1$	$βəŋ^2$	$βəŋ^2$	$βəŋ^2$	$βəŋ^2$
青浦新	$k^huən^5$	$huən^1$	$huən^1$	$huən^1$	$ɦuən^2$	$ɦuən^2$	$ɦuən^2$	$ɦuən^2$
莘庄	$k^huəŋ^5$	$ɸəŋ^1$	$ɸəŋ^1$	$ɸəŋ^1$	$βəŋ^6$	$βəŋ^6$	$βəŋ^6$	$βəŋ^6$
闵行新	$k^huən^5$	$fən^1$	$fən^1$	$fən^1$	$ɦuən^2$	$ɦuən^2$	$ɦuən^2$	$ɦuən^2$
川沙	$k^huən^5$	$ɸən^1$	$ɸən^1$	$ɸən^1$	$βən^2$	$βən^2$	$βən^2$	$βən^2$
川沙新	$k^huəŋ^5$	$huəŋ^1$	$huəŋ^1$	$huəŋ^1$	$ɦuəŋ^6$	$ɦuəŋ^6$	$ɦuəŋ^6$	$ɦuəŋ^6$
高桥	$k^huəŋ^5$	$ɸəŋ^1$	$ɸəŋ^1$	$ɸəŋ^1$	$βəŋ^6$	$βəŋ^6$	$βəŋ^6$	$βəŋ^6$
三林	$k^huəŋ^3$	$ɸəŋ^1$	$ɸəŋ^1$	$ɸəŋ^1$	$βəŋ^2$	$βəŋ^2$	$βəŋ^2$	$βəŋ^2$
周浦	$k^huəŋ^5$	$ɸəŋ^1$	$ɸəŋ^1$	$ɸəŋ^1$	$βəŋ^2$	$βəŋ^2$	$βəŋ^2$	$βəŋ^2$
南汇	$k^huɐŋ^5$	$ɸɐŋ^1$	$ɸɐŋ^1$	$ɸɐŋ^1$	$βɐŋ^2$	$βɐŋ^2$	$βɐŋ^2$	$βɐŋ^2$
南汇新	$k^huəŋ^5$	$huəŋ^1$	$huəŋ^1$	$huəŋ^1$	$ʋəŋ^6$	$ʋəŋ^6$	$ʋəŋ^6$	$ʋəŋ^6$
嘉定	$k^huəŋ^5$	$huəŋ^1$	$huəŋ^1$	$huəŋ^1$	$ɦuəŋ^2$	$ɦuəŋ^2$	$ɦuəŋ^2$	$ɦuəŋ^2$
嘉定新	$k^huẽ^5$	$huẽ^1$	$huẽ^1$	$huẽ^1$	$ɦuẽ^2$	$ɦuẽ^2$	$ɦuẽ^2$	$ɦuẽ^2$
宝山	$k^huəŋ^5$	$huəŋ^1$	$huəŋ^1$	$huəŋ^1$	$ɦuəŋ^2$	$ɦuəŋ^2$	$ɦuəŋ^2$	$ɦuəŋ^2$
宝山新	$k^huəŋ^5$	$huəŋ^1$	$huəŋ^1$	$huəŋ^1$	$ɦuəŋ^5$	$ɦuəŋ^2$	$ɦuəŋ^5$	$ɦuəŋ^5$
崇明	$k^huən^5$	$huən^1$	$huən^1$	$huən^1$	$ɦuən^2$	$ɦuən^2$	$ɦuən^2$	$ɦuən^2$
崇明新	k^hun^5	xun^1	xun^1	xun^1	$vən^2$	$vən^2$	$vən^2$	$vən^2$
堡镇	$k^huən^5$	$huən^1$	$huən^1$	$huən^1$	$ɦuən^2$	$ɦuən^2$	$ɦuən^2$	$ɦuən^2$
练塘	$k^huəŋ^5$	$ɸəŋ^1$	$ɸəŋ^1$	$ɸəŋ^1$	$βəŋ^2$	$βəŋ^2$	$βəŋ^2$	$βəŋ^2$

序号 字目 中古音 的地位	2199 混 臻合一 上混匣	2200 温 臻合一 平魂影	2201 瘟 臻合一 平魂影	2202 稳 臻合一 上混影	2203 [不] 臻合一 入没帮	2204 勃 臻合一 入没並	2205 没沉没 臻合一 入没明	2206 突 臻合一 入没定
市区	ɦuən⁶	uən¹	uən¹	uən⁵	pəʔ⁷	bəʔ⁸	məʔ⁸	dəʔ⁸
市区中	ɦuŋ⁶	uɐŋ¹	uɐŋ¹	uɐŋ⁵	pɐʔ⁷	bɐʔ⁸	mɐʔ⁸	dɐʔ⁸
市区新	ɦuən⁶	uəŋ¹	uəŋ¹	uəŋ⁵	pɐʔ⁷	bɐʔ⁸	mɐʔ⁸	dɐʔ⁸
真如	vəŋ²	uəŋ¹	uəŋ¹	uəŋ³	ʔbəʔ⁷	bəʔ⁸	məʔ⁸	dəʔ⁸
江湾	βəŋ⁶	uəŋ¹	uəŋ¹	uəŋ⁵	ʔbəʔ⁷	bəʔ⁸	məʔ⁸	dəʔ⁸
松江	βəŋ⁴	uəŋ¹	uəŋ¹	uəŋ³	ʔbəʔ⁷	bəʔ⁸	məʔ⁸	dəʔ⁸
松江新	ɦuʌn⁶	vʌn¹	vʌn¹	vʌn³	vʌʔ⁸	boʔ⁸	mʌʔ⁸	tʰɔʔ⁷
泗泾	βəŋ⁶	uəŋ¹	uəŋ¹	uəŋ³	ʔbəʔ⁷	bəʔ⁸	məʔ⁸	dəʔ⁸
奉贤	βɐŋ⁶	ʔwɐŋ¹	ʔwɐŋ¹	ʔwɐŋ³	ʔbeʔ⁷	beʔ⁸	meʔ⁸	deʔ⁸
奉贤新	vəŋ²	uəŋ³	uəŋ³	uəŋ³	ʔbəʔ⁷	ʔbəʔ⁸	məʔ⁸	dəʔ⁸
奉城	βɐŋ⁶	ʔwɐŋ¹	ʔwɐŋ¹	ʔwɐŋ³	ʔbeʔ⁷	beʔ⁸	meʔ⁸	deʔ⁸
金山	βəŋ²	uəŋ¹	uəŋ¹	uəŋ³	ʔbəʔ⁷	bəʔ⁸	məʔ⁸	dəʔ⁸
金山新	vəŋ²	vəŋ¹	vəŋ¹	vəŋ³		bəʔ⁸	məʔ⁸	dəʔ⁷
枫泾	vəŋ²	uəŋ¹	uəŋ¹	uəŋ³	pəʔ⁷	bəʔ⁸	məʔ⁸	dəʔ⁸
青浦	βəŋ⁶	uəŋ¹	uəŋ¹	uəŋ³	ʔbəʔ⁷	bəʔ⁸	məʔ⁸	dəʔ⁸
青浦新	ɦuən⁶	uən¹	uən¹	uən³			məʔ⁸	dəʔ⁸
莘庄	βəŋ⁶	uəŋ¹	uəŋ¹	uəŋ³	ʔbəʔ⁷	bəʔ⁸	məʔ⁷	dəʔ⁸
闵行新	ɦuən²	uən¹	uən¹	uən³	vəʔ⁷	boʔ⁸	mæʔ⁸	doʔ⁸
川沙	βəŋ²	βəŋ¹	βəŋ¹	βəŋ³	ʔbəʔ⁷	bəʔ⁸	məʔ⁷	dəʔ⁸
川沙新	uəŋ⁵	uəŋ¹	uəŋ¹	uəŋ³		bɤʔ⁸	mɤʔ⁸	dɤʔ⁸
高桥	βəŋ⁶	uəŋ¹	uəŋ¹	uəŋ³	ʔbəʔ⁷	bəʔ⁸	məʔ⁸	dəʔ⁸
三林	βəŋ²	uəŋ¹	uəŋ¹	uəŋ³	ʔbʌʔ⁷	bʌʔ⁸	mʌʔ⁷	dʌʔ⁸
周浦	βəŋ²	uəŋ¹	uəŋ¹	uəŋ³	ʔbəʔ⁷	bəʔ⁸	məʔ⁸	dəʔ⁸
南汇	βəŋ²	uəŋ¹	uəŋ¹	uəŋ³	ʔbəʔ⁷	bəʔ⁸	məʔ⁸	dəʔ⁸
南汇新	ɦuəŋ⁶	ʋəŋ¹	ʋəŋ¹	ʋəŋ³			məʔ⁸	dəʔ⁸
嘉定	ɦuəŋ⁶	uəŋ¹	uəŋ¹	uəŋ⁵	pəʔ⁷	bəʔ⁸	məʔ⁸	dəʔ⁸
嘉定新	ɦuẽ⁶	uẽ¹	uẽ¹	uẽ⁵	vəʔ⁸	boʔ⁸	moʔ⁸	dəʔ⁸
宝山	uəŋ⁵	uəŋ¹	uəŋ¹	uəŋ⁵		bəʔ⁸	məʔ⁸	dəʔ⁸
宝山新	ɦuəŋ⁵	uəŋ¹	uəŋ¹	uəŋ⁵	vəʔ⁸	bəʔ⁸	moʔ⁸	dəʔ⁸
崇明	ɦuən⁶	uən¹	uən¹	uən³	pəʔ⁷	bəʔ⁸	məʔ⁸	dəʔ⁸
崇明新	vən²	vən¹	vən¹	vən³	fəʔ⁷	poʔ⁷	məʔ⁸	tʰəʔ⁷
堡镇	ɦuəŋ⁶	uəŋ¹	uəŋ¹	uəŋ³	pəʔ⁷	bəʔ⁸	məʔ⁸	dəʔ⁸
练塘	βəŋ⁴	uəŋ¹	uəŋ¹	uəŋ³	pəʔ⁷	bəʔ⁸	məʔ⁸	dəʔ⁸

序号	2207	2208	2209	2210	2211	2212	2213	2214
字目	卒士卒	骨	窟	忽	核枣核儿	轮	伦	沦
中古音的地位	臻合一入没精	臻合一入没见	臻合一入没溪	臻合一入没晓	臻合一入没匣	臻合三平谆来	臻合三平谆来	臻合三平谆来
市区	tsəʔ⁷	kuəʔ⁷		hoʔ⁷	ɦəʔ⁸/ɡəʔ⁸	ləŋ⁶	ləŋ⁶	ləŋ⁶
市区中	tsoʔ⁷	kuɐʔ⁷	kʰoʔ⁷	hoʔ⁷	ɦuəʔ⁸	ləŋ⁶	ləŋ⁶	ləŋ⁶
市区新	tsoʔ⁷	kuəʔ⁷	kʰoʔ⁷	hoʔ⁷	ɦuəʔ⁸	ləŋ⁶	ləŋ⁶	ləŋ⁶
真如	tsəʔ⁷	kuəʔ⁷		fəʔ⁷	vəʔ⁸	ləŋ²	ləŋ²	ləŋ²
江湾	tsəʔ⁷	kuəʔ⁷		ɸuəʔ⁷	ŋəʔ⁸	ləŋ⁶	ləŋ⁶	ləŋ⁶
松江	tsəʔ⁷	kuəʔ⁷		huəʔ⁷/ɸəʔ⁷	ŋʌʔ⁸	ləŋ²	ləŋ²	ləŋ²
松江新	tsoʔ⁷	kuʌʔ⁷	kʰuʔ¹	hoʔ⁷	vʌʔ⁸	lʌŋ²	lʌŋ²	lʌŋ²
泗泾	tsəʔ⁷	kuəʔ⁷		ɸəʔ⁷	ŋəʔ⁸	ləŋ²	ləŋ²	ləŋ²
奉贤	tsœʔ⁷/tseʔ⁷	kueʔ⁷		ɸeʔ⁷	ŋeʔ⁸	lɐŋ²	lɐŋ²	lɐŋ²
奉贤新	tsoʔ⁷	kuəʔ⁷	kʰuʔ¹	huəʔ⁷	ɦuəʔ⁸	ləŋ²	ləŋ²	ləŋ²
奉城	tsœʔ⁷/tseʔ⁷	kueʔ⁷		ɸeʔ⁷	ŋeʔ⁸	lɐŋ²	lɐŋ²	lɐŋ²
金山	tsəʔ⁷	kuəʔ⁷		ɸəʔ⁷	ŋəʔ⁸	ləŋ²	ləŋ²	ləŋ²
金山新	tsəʔ⁷	kuəʔ⁷	kʰuʔ¹	fu¹	ɦəʔ⁸	ləŋ²	ləŋ²	ləŋ²
枫泾	tsəʔ⁷	kuaʔ⁷		həʔ⁷	ŋəʔ⁸	ləŋ²	ləŋ²	ləŋ²
青浦	tsəʔ⁷	kuəʔ⁷		ɸəʔ⁷	ŋəʔ⁸	ləŋ²	ləŋ²	ləŋ²
青浦新		kuəʔ⁷	kʰuʔ¹		ɦuəʔ⁸	ləŋ²	ləŋ²	ləŋ²
莘庄	tsəʔ⁷	kuəʔ⁷		ɸəʔ⁷	ŋəʔ⁸	ləŋ²	ləŋ²	ləŋ²
闵行新	tsoʔ⁷	kuəʔ⁷	kʰuʔ¹	xuəʔ⁷	vəʔ⁸	ləŋ²	ləŋ²	ləŋ²
川沙	tsœʔ⁷	kuəʔ⁷		ɸəʔ⁷	ŋəʔ⁸/βəʔ⁸	ləŋ²	ləŋ²	ləŋ²
川沙新	zɤʔ⁸	kuɤʔ⁷				ləŋ⁶	ləŋ⁶	ləŋ⁶
高桥	tsəʔ⁷	kuəʔ⁷		ɸʌʔ⁷	ɦəʔ⁸	ləŋ⁶	ləŋ⁶	ləŋ⁶
三林	tsœʔ⁷	kuəʔ⁷		ɸʌʔ⁷	ŋʌʔ⁸	ləŋ²	ləŋ²	ləŋ²
周浦	tsœʔ⁷	kuəʔ⁷		ɸəʔ⁷	ŋəʔ⁸	ləŋ²	ləŋ²	ləŋ²
南汇	tsœʔ⁷	kuəʔ⁷		ɸəʔ⁷	ŋəʔ⁸	ləŋ²	ləŋ²	ləŋ²
南汇新		kuəʔ⁷			vəʔ⁸	ləŋ⁶	ləŋ⁶	ləŋ⁶
嘉定	tsəʔ⁷	kuəʔ⁷		huəʔ⁷	ɦəʔ⁸/ɦuəʔ⁸	ləŋ²	ləŋ²	ləŋ²
嘉定新	tsəʔ⁷	kuəʔ⁷	kʰoʔ⁷	huəʔ⁷	ɦuəʔ⁸	lẽ²	lẽ²	lẽ²
宝山	tsoʔ⁷	kuəʔ⁷		huəʔ⁷	ɦuəʔ⁸	ləŋ²	ləŋ²	ləŋ²
宝山新		kuəʔ⁷	kʰuʔ¹		ɦuəʔ⁸	ləŋ⁵	ləŋ⁵	ləŋ⁵
崇明	tsəʔ⁷	kuəʔ⁷		huəʔ⁷	hɦəʔ⁸	ləŋ²	ləŋ²	ləŋ²
崇明新		kuəʔ⁷	kʰuʔ¹	①	haʔ⁸	ləŋ²	ləŋ²	ləŋ²
堡镇	tsəʔ⁷	kuəʔ⁷		huəʔ⁷	hɦəʔ⁸	ləŋ²	ləŋ²	ləŋ²
练塘	tsəʔ⁷	kuəʔ⁷		ɸəʔ⁷	ŋəʔ⁸	ləŋ²	ləŋ²	ləŋ²

注：① 说"突然" tʰəʔ⁷。

序号	2215	2216	2217	2218	2219	2220	2221	2222
字目	遵	俊	笋	榫	循	旬	巡	椿
中古音的地位	臻合三平谆精	臻合三去稕精	臻合三上準心	臻合三上準心	臻合三平谆邪	臻合三平谆邪	臻合三平谆邪	臻合三平谆彻
市区	tsən¹	tɕin⁵/tɕyn⁵		sən⁵	ʑin²	ɕyn⁵/ʑyn⁶	ʑin⁶/ʑyn⁶	
市区中	tsəŋ¹	tɕyŋ⁵	səŋ⁵	səŋ⁵	ʑyŋ⁶	ʑyŋ⁶	ʑyŋ⁶	tsʰəŋ¹
市区新	tsəŋ¹	tɕyŋ⁵	səŋ⁵	səŋ⁵	ʑyŋ⁶	ʑyŋ⁶	ʑyŋ⁶	tsʰəŋ¹
真如	tsəŋ¹	tsiŋ⁵	səŋ³	səŋ³	ziŋ²	siŋ³/ziŋ²	ziŋ²	
江湾	tsəŋ¹	tsiəŋ⁵	səŋ⁵	səŋ⁵	ziŋ⁶	ziŋ⁶	ziŋ⁶	
松江	tsəŋ¹	tsiŋ⁵	səŋ³	səŋ³	ziŋ²	ziŋ²	ziŋ²	
松江新	tsʌŋ¹	tɕyŋ⁵		sʌŋ³	ʑyŋ²	ʑyŋ²	ʑyŋ²	tsʰʌŋ¹
泗泾	tsəŋ¹	tsiŋ⁵	səŋ³	səŋ³	ziŋ²	ziŋ²	ziŋ²	
奉贤	tsɐŋ¹	tsiɐŋ⁵	sɐŋ³	sɐŋ⁵	ziɐŋ²	ziɐŋ²	ziɐŋ²	
奉贤新	tsəŋ¹	tɕyŋ⁵	səŋ⁵	səŋ⁵	ʑyŋ²	ʑyŋ²	ʑyŋ²	tsʰəŋ¹
奉城	tsɐŋ¹	tsiɐŋ⁵	sɐŋ³	sɐŋ⁵	ziɐŋ²	ziɐŋ²	ziɐŋ²	
金山	tsəŋ¹	tsiəŋ⁵	səŋ³	səŋ³	ziəŋ²	ziəŋ²	ziəŋ²	
金山新	tsəŋ¹	tɕyoŋ⁵	səŋ³	səŋ³	ɦyoŋ²	ɦyoŋ²	ɦyoŋ²	tsʰəŋ¹
枫泾	tsəŋ¹	tsiŋ⁵	səŋ³	səŋ³	zəŋ²	zəŋ²	zəŋ²	
青浦	tsəŋ¹	tsiŋ⁵	səŋ³	səŋ³	ziŋ²	ziŋ²	ziŋ²	
青浦新	tsən¹	tsin⁵		sən³	zin²	zin²	zin²	
莘庄	tsəŋ³	tsiŋ⁵	səŋ³	səŋ³	ziŋ²	ziŋ²	ziŋ²	
闵行新	tsən¹	tɕyn⁵	sən³	sən³	ʑin²	ʑin²	ʑin²	tsʰən¹
川沙	tsən¹	tsin⁵	sən³	sən³	zin²	zin²	zin²	
川沙新	tsəŋ¹	tɕyŋ⁵		zəŋ⁶	ʑiŋ⁶	ɕyŋ⁵	ʑiŋ⁶	
高桥	tsəŋ¹	tsiŋ⁵	səŋ³	səŋ³	ziŋ⁶	siŋ³	ziŋ⁶	
三林	tsəŋ¹	tsiŋ⁵	səŋ³	səŋ³	ziŋ²	ziŋ²	ziŋ²	
周浦	tsəŋ¹	tsiŋ⁵	səŋ³	səŋ³	ziŋ²	ziŋ²	ziŋ²	
南汇	tsəŋ¹	tsiŋ⁵	səŋ³	səŋ³	ziŋ²	ziŋ²	ziŋ²	
南汇新	tsuəŋ¹	tɕyŋ⁵	səŋ³	səŋ³		ɦyoŋ⁶	ʑyoŋ⁶	
嘉定	tsəŋ¹	tsiŋ⁵	səŋ³	səŋ³	ziŋ²	siŋ³	ziŋ²	
嘉定新	tsẽ¹	tɕyŋ⁵	sẽ⁵	sẽ⁵	ziŋ²	ziŋ²	ziŋ²	
宝山	tsəŋ¹	tɕyŋ⁵	ɕyŋ³	ɕyŋ⁵	ɕyŋ¹	ɕyŋ¹	ɕyŋ¹	tsʰəŋ¹
宝山新	tsəŋ¹	tɕyŋ⁵	səŋ⁵	səŋ⁵	ɕyŋ²	ɕyŋ²	ɕyŋ²	tsʰəŋ¹
崇明	tsən¹	tɕin⁵	sən³	sən³	dʑin²	dʑin⁶	dʑin²	
崇明新	tsən¹	dʑyn⁵			ʑin²	ʑin²	ʑin²	
堡镇	tsən¹	tɕin⁵	sən³	sən³	dʑin²	dʑin⁶	dʑin²	
练塘	tsəŋ¹	tsiŋ⁵	səŋ³	səŋ¹	ziŋ²	ziŋ²	ziŋ²	

序号	2223	2224	2225	2226	2227	2228	2229	2230
字目	准批准	准标准	春	蠢	唇	盾矛盾	顺	纯
中古音的地位	臻合三上準章	臻合三上準章	臻合三平諄昌	臻合三上準昌	臻合三平諄船	臻合三上準船	臻合三去稕船	臻合三平諄禅
市区	tsən⁵	tsən⁵	tsʰən¹	tsʰən⁵	zən⁶	dən⁶	zən⁶	zən⁶
市区中	tsəŋ⁵	tsəŋ⁵	tsʰəŋ¹	tsʰəŋ⁵	zəŋ⁶	dəŋ⁶	zəŋ⁶	zəŋ⁶
市区新	tsəŋ⁵	tsəŋ⁵	tsʰəŋ¹	tsʰəŋ⁵	zəŋ⁶	dəŋ⁶	zəŋ⁶	zəŋ⁶
真如	tsəŋ³	tsəŋ³	tsʰəŋ¹	tsʰəŋ¹	zəŋ²	dəŋ⁶	zəŋ⁶	zəŋ²
江湾	tsəŋ⁵	tsəŋ⁵	tsʰəŋ¹	tsʰəŋ⁵	zəŋ⁶	dəŋ⁶	zəŋ⁶	zəŋ⁶
松江	tsəŋ³	tsəŋ³	tsʰəŋ¹	tsʰəŋ³	zəŋ²	dəŋ⁶	zəŋ⁶	zəŋ²
松江新	tsʌn³	tsʌn³	tsʰʌn¹	tsʰʌn³	zʌn²	dʌn⁶	zʌn⁶	zʌn²
泗泾	tsəŋ³	tsəŋ³	tsʰəŋ¹	tsʰəŋ³	zəŋ²	dəŋ⁶	zəŋ⁶	zəŋ²
奉贤	tsaɛ̃³	tsaɛ̃³	tsʰaɛ̃¹	tsʰaɛ̃³	zaɛ̃²	daɛ̃⁴	zaɛ̃⁶	zaɛ̃²
奉贤新	tsəŋ³	tsəŋ³	tsʰəŋ¹	tsʰəŋ³	zəŋ²	dəŋ⁶	zəŋ⁶	zəŋ²
奉城	tsaɛ̃³	tsaɛ̃³	tsʰaɛ̃¹	tsʰaɛ̃³	zaɛ̃²	daɛ̃⁴	zaɛ̃⁶	zaɛ̃²
金山	tsəŋ³	tsəŋ³	tsʰəŋ¹	tsʰəŋ³	zəŋ²	dəŋ²	zəŋ⁶	zəŋ²
金山新	tsəŋ³	tsəŋ³	tsʰəŋ¹		zəŋ²	dəŋ⁶	zəŋ⁶	zəŋ²
枫泾	tsəŋ³	tsəŋ³	tsʰəŋ¹	tsʰəŋ³	zəŋ²	dəŋ⁶	zəŋ⁶	zəŋ²
青浦	tsəŋ³	tsəŋ³	tsʰəŋ¹	tsʰəŋ³	zəŋ²	dəŋ⁴	zəŋ⁶	zəŋ²
青浦新	tsəŋ³	tsəŋ³	tsʰəŋ¹	tsʰəŋ³	zəŋ²	dən⁶	zəŋ⁶	zəŋ²
莘庄	tsəŋ³	tsəŋ³	tsʰəŋ¹	tsʰəŋ⁵	zəŋ²	dəŋ⁶	zəŋ⁶	zəŋ²
闵行新	tsən³	tsən³	tsʰən¹	sən³	sən³	ʑin²	ʑin²	ʑin²
川沙	tsən³	tsən³	tsʰən¹	tsʰən¹	zən²	dən²	zən⁶	zən²
川沙新	tsəŋ³	tsəŋ³	tsʰəŋ¹	tsʰəŋ³	zəŋ²	dəŋ⁶	zəŋ⁶	zəŋ⁶
高桥	tsəŋ⁵	tsəŋ⁵	tsʰəŋ¹		zəŋ²	dəŋ⁶	zəŋ⁶	zəŋ⁶
三林	tsəŋ³	tsəŋ³	tsʰəŋ¹	tsʰəŋ¹	zəŋ²	dəŋ²	zəŋ⁶	zəŋ²
周浦	tsəŋ³	tsəŋ³	tsʰəŋ¹	tsʰəŋ³	zəŋ²	dəŋ⁶	zəŋ⁶	zəŋ²
南汇	tsəŋ³	tsəŋ³	tsʰəŋ¹	tsʰəŋ³	zəŋ²	dəŋ²	zəŋ⁶	zəŋ²
南汇新	tsəŋ³	tsəŋ³	tsʰəŋ¹	tsʰəŋ³	zəŋ²	dəŋ⁶	zəŋ⁶	zəŋ⁶
嘉定	tsəŋ⁵	tsəŋ⁵	tsʰəŋ¹	tsʰəŋ¹	zəŋ²	dəŋ⁴	zəŋ⁶	zəŋ²
嘉定新	tsẽ⁵	tsẽ⁵	tsʰẽ¹	tsʰẽ⁵	zẽ²	dẽ⁶	zẽ⁶	zẽ²
宝山	tsəŋ⁶	tsəŋ⁶	tsʰəŋ¹	tsʰəŋ⁶	səŋ²	təŋ⁶	zəŋ⁶	zəŋ⁶
宝山新	tsəŋ⁵	tsəŋ⁵	tsʰəŋ¹	tsʰəŋ⁵	səŋ⁵	təŋ⁵	zəŋ⁵	zəŋ⁶
崇明	tsən³	tsən³	tsʰən¹	tsʰən¹	zən²	dən⁶	zən⁶	zən²
崇明新	tsəɯ³	tsəɯ³	tsʰəɯ¹	tsʰəɯ³	ʥəɯ²	dəɯ⁶	zəɯ⁶	ʥəɯ²
堡镇	tsən³	tsən³	tsʰən¹	tsʰən¹	zən²	dən⁶	zən⁶	zən²
练塘	tsəŋ¹	tsəŋ¹	tsʰəŋ¹	tsʰəŋ³	zəŋ²	dəŋ⁴	zəŋ⁶	zəŋ²

序号	2231	2232	2233	2234	2235	2236	2237	2238
字目	润	闰	均	钧	匀	允	尹姓	律
中古音的地位	臻合三去稕日	臻合三去稕日	臻合三平谆见	臻合三平谆见	臻合三平谆以	臻合三上准以	臻合三上准以	臻合三入术来
市区	zəŋ⁶	ȵin⁶/zəŋ⁶	tɕyŋ¹/tɕioŋ¹	tɕyŋ¹/tɕioŋ¹	ɦyŋ⁶/ɦioŋ⁶	ɦyŋ⁶/ɦioŋ⁶ ①	in¹/ɦin⁶	liɪʔ⁸
市区中	zəŋ⁶	ȵin⁶/zəŋ⁶	tɕyŋ¹/tɕioŋ¹	tɕyŋ¹/tɕioŋ¹	ɦyŋ⁶/ɦioŋ⁶	ɦyŋ⁶/ɦioŋ⁶	iŋ¹	liɪʔ⁸
市区新	zəŋ⁶	ȵin⁶/zəŋ⁶	tɕyŋ¹/tɕioŋ¹	tɕyŋ¹/tɕioŋ¹	ɦyŋ⁶/ɦioŋ⁶	ɦyŋ⁶/ɦioŋ⁶	iŋ¹	liɪʔ⁸
真如	zəŋ⁶	ȵin⁶	tɕiŋ¹	tɕiŋ¹	ɦin²	iŋ³	iŋ³	liɪʔ⁸
江湾	zəŋ⁶	ȵiəŋ⁶/zəŋ⁶	tɕiəŋ¹	tɕiəŋ¹	ɦiəŋ²	iəŋ⁵	iəŋ⁵	lɪʔ⁸
松江	zəŋ⁶	ȵiŋ⁶/zəŋ⁶	tɕyẽ¹	tɕyẽ¹	ɦyẽ²	yoŋ³	iəŋ³	liɪʔ⁸
松江新	zʌŋ⁶	zʌŋ⁶	tɕyŋ¹	tɕyŋ¹	ɦyŋ²	ɦyŋ⁶	ɦin⁶	liʌʔ⁸
泗泾	zəŋ⁶	ȵiŋ⁶/zəŋ⁶	tɕyẽ¹	tɕyẽ¹	ɦyẽ²	yoŋ³	iəŋ³	liɪʔ⁸
奉贤	zaz⁶	ȵiŋ⁶/zaz⁶	ʔɟyẽ¹②	ʔɟyẽ¹	ɦyẽ²	iʊŋ³	iɐɪ⁵	liɪʔ⁸
奉贤新	zəŋ⁶	zəŋ⁶	tɕyŋ¹	tɕyŋ¹	tɕyŋ¹	ɦyŋ⁶	ɦin¹¹⁴	liɪʔ⁸
奉城	zaz⁶	ȵiŋ⁶/zaz⁶	ʔɟyɐɪ¹	ʔɟyɐɪ¹	ɦyɐɪ²	iʊŋ³	iɐɪ⁵	liɪʔ⁸
金山	zəŋ⁶	ȵiŋ⁶/zəŋ⁶	cioŋ¹	cioŋ¹	ɦioŋ²	ioŋ³	iəŋ³	liɪʔ⁸
金山新	zəŋ⁶	zəŋ⁶	tɕyoŋ¹	tɕyoŋ¹	ɦyoŋ²	ɦyoŋ⁶	iæŋ³	liɪʔ⁸
枫泾	səŋ⁵	ȵin⁶/zəŋ⁶	tɕioŋ¹	tɕioŋ¹	ɦioŋ²	ioŋ³	iŋ¹	liɪʔ⁸
青浦	zəŋ⁶	ȵiŋ⁶/zəŋ⁶	tɕyŋ¹	tɕyŋ¹	ɦyŋ²	yŋ³	ɦiəŋ⁶	liɪʔ⁸
青浦新	ȵiən⁶	ȵiən⁶	tɕioŋ¹	tɕioŋ¹	ioŋ¹	ioŋ³		liɪʔ⁸
莘庄	ȵiŋ⁶/zəŋ⁶	ȵiŋ⁶/zəŋ⁶	cyŋ¹	cyŋ¹	ɦyŋ²	yoŋ³	ɦin⁶	liɪʔ⁸
闵行新	tsʰən¹	tsən³	tsən³	tsʰən¹	tɕyŋ¹	ɦioŋ²	ɦin²	liəʔ⁸
川沙	zəŋ⁶	ȵin⁶	tɕyŋ¹	tɕyŋ¹	ɦyŋ²	ɦyŋ⁶	ɦin²	liɪʔ⁸
川沙新	zəŋ⁶		tɕyŋ¹	tɕyŋ¹	ɦyŋ⁶	ɦyŋ²	ɦyŋ⁶	liɤʔ⁸
高桥	zəŋ⁶	ȵin⁶	tɕyŋ¹	tɕyŋ¹	ɦyŋ²	ɦyŋ²	ɦyŋ²	liɪʔ⁸
三林	ȵiŋ⁶/zəŋ⁶	ȵiŋ⁶/zəŋ⁶	cyoŋ¹	cyoŋ¹	ɦyoŋ²	iŋ⁵	iŋ⁵	liɪʔ⁸
周浦	zəŋ⁶	ȵiʌŋ⁶/zəŋ⁶	tɕyŋ¹	tɕyŋ¹	ɦyŋ²	ioŋ³	ioŋ³	liɪʔ⁸
南汇	zəŋ⁶	ȵiʌŋ⁶	tɕyŋ¹	tɕyŋ¹	ɦyŋ²	ioŋ³	ioŋ³	liɪʔ⁸
南汇新	zəŋ⁶	zəŋ⁶	tɕyoŋ¹	tɕyoŋ¹	ɦyoŋ²	yoŋ³	iŋ⁵	liɪʔ⁸
嘉定	zəŋ⁶	ȵin⁶/zəŋ⁶	tɕyŋ¹	tɕyŋ¹	ɦyŋ²	yŋ⁵	ɦin⁶	liɪʔ⁸
嘉定新	zẽ⁶	zẽ⁶	tɕiŋ¹	tɕiŋ¹	ɦiŋ²	ɦiŋ²	iŋ⁵	liɪʔ⁸
宝山	zəŋ⁶	zəŋ⁶	tɕyŋ¹	tɕyŋ¹		ɦyŋ⁶	ɦin¹	liɪʔ⁸
宝山新	zəŋ⁶	zəŋ⁶	tɕyŋ¹	tɕyŋ¹	ɦyŋ⁶	ɦyŋ⁶	ɦiŋ⁶	liɪʔ⁸
崇明	zəŋ⁶	ȵin⁶/zəŋ⁶	tɕin¹	tɕyn¹	ɦin²	in³	ɦin⁶	liəʔ⁸
崇明新	zəŋ⁶	ȵir⁶	in¹		in²	yn⁶	in⁶	liɪʔ⁸
堡镇	zəŋ⁶	ȵin⁶/zəŋ⁶	tɕin¹	tɕyn¹	ɦin²	in³	ɦin⁶	liəʔ⁸
练塘	zəŋ⁶	ȵiəŋ⁶/zəŋ⁶	tɕioŋ¹	tɕioŋ¹	ɦioŋ²	ioŋ³	ɦiəŋ⁶	liɪʔ⁸

注：① 有阴调的读法。
② 如与ɐɪ不构成对立，统一为ɐɪ。后同。

序号	2239	2240	2241	2242	2243	2244	2245	2246
字目	率效率	恤	戌	出	术算术	述	橘	分分开
中古音的地位	臻合三入术来	臻合三入术心	臻合三入术心	臻合三入术昌	臻合三入术船	臻合三入术船	臻合三入术见	臻合三平文非
市区	liɪʔ⁸		ɕiɪʔ⁷	tsʰəʔ⁷	zəʔ⁸	zəʔ⁸	tɕioʔ⁷/tɕyɪʔ⁷	fən¹
市区中	liɪʔ⁸	ɕyɪʔ⁷/ɕioʔ⁷	ɕyɪʔ⁷/ɕioʔ⁷	tsʰɐʔ⁷	zɐʔ⁸	zɐʔ⁸	tɕyɪʔ⁷/tɕioʔ⁷	fəŋ¹
市区新	liɪʔ⁸	ɕyɪʔ⁷/ɕioʔ⁷	ɕyɪʔ⁷/ɕioʔ⁷	tsʰɐʔ⁷	zɐʔ⁸	zɐʔ⁸	tɕyɪʔ⁷/tɕioʔ⁷	fəŋ¹
真如	liɪʔ⁸		siɪʔ⁷	tsʰəʔ⁷	zəʔ⁸	zəʔ⁸	tɕyøʔ⁷	fəŋ¹
江湾	lɪʔ⁸		sɪʔ⁷	tsʰəʔ⁷	zəʔ⁸	zəʔ⁸	tɕyɪʔ⁷	fəŋ¹
松江	liɪʔ⁸		siəʔ⁷	tsʰəʔ⁷	zəʔ⁸	zəʔ⁸	tɕyœʔ⁷	ɸəŋ¹
松江新	liʌʔ⁸	ɕyɪʔ⁷	ɕyɪʔ⁷	tsʰʌʔ⁷	zʌʔ⁸	zoʔ⁸	tɕyɪʔ⁷	fʌŋ¹
泗泾	liɪʔ⁸		siəʔ⁷	tsʰəʔ⁷	zəʔ⁸	zəʔ⁸	tɕyœʔ⁷	ɸəŋ¹
奉贤	liɪʔ⁸		siɪʔ⁷	tsʰeʔ⁷	zeʔ⁸	zeʔ⁸	ʔɟyœʔ⁷	ɸəŋ¹
奉贤新	liɪʔ⁸	ɕyɪʔ⁷	ɕyɪʔ⁷	tsʰəʔ⁷	zɔʔ⁸	ʑy⁶	tɕyəʔ⁷	fəŋ¹
奉城	liɪʔ⁸		siɪʔ⁷	tsʰeʔ⁷	zeʔ⁸	zeʔ⁸	ʔɟyœʔ⁷	ɸəŋ¹
金山	liɪʔ⁸		siəʔ⁷	tsʰəʔ⁷	zəʔ⁸	zəʔ⁸	tɕyøʔ⁷	ɸəŋ¹
金山新	liɪʔ⁸	ɕyəʔ⁷	ɕyəʔ⁷	tsʰəʔ⁷	zəʔ⁸	zəʔ⁸	tɕyəʔ⁷	fəŋ¹
枫泾	liɪʔ⁸		siɪʔ⁷	tsʰəʔ⁷	zeʔ⁸	zəʔ⁸	tɕyøʔ⁷	ɸəŋ¹
青浦	liɪʔ⁸		siɪʔ⁷	tsʰəʔ⁷	zəʔ⁸	zəʔ⁸	tɕyœʔ⁷	ɸəŋ¹
青浦新	liɪʔ⁸	ɕyœʔ⁷	ɕyœʔ⁷	tsʰəʔ⁷	zəʔ⁸	zəʔ⁸	tɕyœʔ⁷	fəŋ¹
莘庄	liɪʔ⁸		siɪʔ⁷	tsʰəʔ⁷	zəʔ⁸	zəʔ⁸	ɕyəʔ⁷	ɸəŋ¹
闵行新	liəʔ⁸	ɕiəʔ⁷	ɕy¹	tsʰəʔ⁷	zoʔ⁸	zoʔ⁸	tɕyəʔ⁷	fəŋ¹
川沙	liɪʔ⁸		siəʔ⁷	tsʰəʔ⁷	zəʔ⁸	zəʔ⁸	tɕyœʔ⁷	ɸəŋ¹
川沙新	liɤʔ⁸	ɕy¹		tsʰɤʔ⁷	zɤʔ⁸	zɤʔ⁸	dʑyøʔ⁸	fəŋ¹
高桥	liɪʔ⁸			tsʰəʔ⁷	zəʔ⁸	zəʔ⁸	tɕyəʔ⁷	ɸəŋ¹
三林	liɪʔ⁸		siəʔ⁷	tsʰəʔ⁷	zeʔ⁸	zəʔ⁸	ɕyəʔ⁷	ɸəŋ¹
周浦	liɪʔ⁸		siɪʔ⁷	tsʰəʔ⁷	zəʔ⁸	zəʔ⁸	ɕyœʔ⁷	ɸəŋ¹
南汇	liɪʔ⁸		siɪʔ⁷	tsʰəʔ⁷	zəʔ⁸	zəʔ⁸	ʔɟyœʔ⁷	ɸəŋ¹
南汇新	liɪʔ⁸	yøʔ⁷		tsʰəʔ⁷	zəʔ⁸	zəʔ⁸	tɕyøʔ⁷	fəŋ¹
嘉定	liɪʔ⁸		siɪʔ⁷	tsʰəʔ⁷	zəʔ⁸	zəʔ⁸	tɕyoʔ⁷	fəŋ¹
嘉定新	liɪʔ⁸	ɕioʔ⁷	ɕioʔ⁷	tsʰəʔ⁷	zoʔ⁸	zoʔ⁸	tɕioʔ⁷	fẽ¹
宝山	liɪʔ⁸	ɕioʔ⁷		tsʰəʔ⁷	zəʔ⁸	zəʔ⁸	tɕioʔ⁷	fəŋ¹
宝山新	liɪʔ⁸	ɕioʔ⁷	ɕioʔ⁷	tsʰəʔ⁷	zəʔ⁸	zəʔ⁸	tɕioʔ⁷	fəŋ¹
崇明	liəʔ⁸		ɕiəʔ⁷	tsʰəʔ⁷	zəʔ⁸	zəʔ⁸	tɕyoʔ⁷	fəŋ¹
崇明新	liɪʔ⁸	ɕioʔ⁷		tsʰəʔ⁷	səʔ⁷	səʔ⁷	tɕioʔ⁷	fəŋ¹
堡镇	liəʔ⁸			tsʰəʔ⁷	zəʔ⁸	zəʔ⁸	tɕyoʔ⁷	fəŋ¹
练塘	liɪʔ⁸		siɪʔ⁷	tsʰəʔ⁷	zəʔ⁸	zəʔ⁸	tɕyœʔ⁷	ɸəŋ¹

序号	2247	2248	2249	2250	2251	2252	2253	2254
字目	粉	粪	奋	芬	纷	忿	坟	焚
中古音的地位	臻合三上吻非	臻合三去问非	臻合三去问非	臻合三平文敷	臻合三平文敷	臻合三上吻奉	臻合三平文奉	臻合三平文奉
市区	fən⁵	fən⁵	fən⁵		fən¹	fən⁵/vən⁶	vən⁶	vən⁶
市区中	fən⁵	fən⁵	fən⁵	fən¹	fən¹	fən⁵	vən⁶	vən⁶
市区新	fən⁵	fən⁵	fən⁵	fən¹	fən¹	fən⁵	vən⁶	vən⁶
真如	fəŋ³	fəŋ⁵	fəŋ⁵		fəŋ¹	vəŋ⁶	vəŋ²	vəŋ²
江湾	ɸəŋ⁵	ɸəŋ⁵	ɸəŋ⁵		ɸəŋ¹	βəŋ⁶	βəŋ⁶	βəŋ⁶
松江	ɸəŋ³	ɸəŋ⁵	ɸəŋ⁵		ɸəŋ¹	βəŋ⁴	βəŋ²	βəŋ²
松江新	fʌn³	fʌn⁵	fʌn⁵	fʌn¹	fʌn¹	fʌn³	vʌn⁶	vʌn⁶
泗泾	ɸəŋ³	ɸəŋ⁵	ɸəŋ⁵		ɸəŋ¹	βəŋ⁶	βəŋ²	βəŋ²
奉贤	ɸeŋ³	ɸeŋ⁵	ɸeŋ⁵		ɸeŋ¹	βeŋ⁶	βeŋ²	βeŋ²
奉贤新	fəŋ³	fəŋ⁵	fəŋ⁵	fəŋ¹	fəŋ¹	fəŋ¹	vəŋ²	vəŋ²
奉城	ɸeŋ³	ɸeŋ⁵	ɸeŋ⁵		ɸeŋ¹	βeŋ⁶	βeŋ²	βeŋ²
金山	ɸəŋ³	ɸəŋ⁵	ɸəŋ⁵		ɸəŋ¹	βəŋ²	βəŋ²	βəŋ²
金山新	fəŋ³	fəŋ⁵	fəŋ⁵	fəŋ³	fəŋ³	vəŋ⁶	vəŋ⁶	vəŋ⁶
枫泾	fəŋ³	fəŋ⁵	fəŋ⁵		fəŋ¹	vəŋ²	vəŋ²	vəŋ²
青浦	ɸəŋ³	ɸəŋ⁵	ɸəŋ⁵		ɸəŋ¹	βəŋ⁶	βəŋ²	βəŋ²
青浦新	fəŋ³	fəŋ⁵	fəŋ⁵	fəŋ¹	fəŋ¹	vəŋ⁶	vəŋ²	vəŋ²
莘庄	ɸəŋ³	ɸəŋ⁵	ɸəŋ⁵		ɸəŋ¹	βəŋ⁶	βəŋ²	βəŋ²
闵行新	fəŋ³	fəŋ⁵	fəŋ⁵	fəŋ¹	fəŋ¹	fəŋ³	vəŋ²	vəŋ²
川沙	ɸəŋ³	ɸəŋ⁵	ɸəŋ⁵		ɸəŋ¹	βəŋ²	βəŋ²	βəŋ²
川沙新	fəŋ³	fəŋ⁵	fəŋ⁵		fəŋ¹		vəŋ⁶	vəŋ⁶
高桥	ɸəŋ³	ɸəŋ⁵	ɸəŋ¹		ɸəŋ¹	βəŋ⁶	βəŋ²	βəŋ²
三林	ɸəŋ³	ɸəŋ⁵	ɸəŋ⁵		ɸəŋ¹	βəŋ²	βəŋ²	βəŋ²
周浦	ɸəŋ³	ɸəŋ⁵	ɸəŋ⁵		ɸəŋ¹	βəŋ²	βəŋ²	βəŋ²
南汇	ɸəŋ³	ɸəŋ⁵	ɸəŋ⁵		ɸəŋ¹	βəŋ²	βəŋ²	βəŋ²
南汇新	fəŋ³	fəŋ⁵	fəŋ⁵	fəŋ¹	fəŋ¹		ʋəŋ⁶	
嘉定	fəŋ⁵	fəŋ⁵	fəŋ⁵		fəŋ¹	vəŋ²	vəŋ²	vəŋ⁶
嘉定新	fẽ⁵	fẽ⁵	fẽ⁵	fẽ¹	fẽ¹	fẽ⁵	vẽ²	vẽ²
宝山	fəŋ⁵	fəŋ⁵	fəŋ⁵		fəŋ¹	fəŋ¹	vəŋ⁵	vəŋ⁵
宝山新	fəŋ³	fəŋ⁵	fəŋ⁵	fəŋ¹	fəŋ¹	fəŋ¹	vəŋ⁵	vəŋ⁵
崇明	fən³	fən⁵	fən³		fən¹	fən⁶	vən²	vən²
崇明新	fən³	fən⁵	fən³	fən¹	fən¹	fən⁶	fən²	fən²
堡镇	fən³	fən⁵	fən³		fən¹	fən⁶	vən²	vən²
练塘	ɸəŋ¹	ɸəŋ⁵	ɸəŋ⁵		ɸəŋ¹	βəŋ⁴	βəŋ²	βəŋ²

序号	2255	2256	2257	2258	2259	2260	2261	2262
字目	愤	份	文	蚊	纹	闻耳闻	问	君
中古音的地位	臻合三上吻奉	臻合三去问奉	臻合三平文微	臻合三平文微	臻合三平文微	臻合三平文微	臻合三去问微	臻合三平文见
市区	fən⁵/vəŋ⁶	vəŋ⁶	vəŋ⁶	məŋ⁶/vəŋ⁶	vəŋ⁶	məŋ⁶/vəŋ⁶	məŋ⁶/vəŋ⁶	tɕyŋ¹/tɕioŋ¹
市区中	vəŋ⁶	vəŋ⁶	məŋ⁶/vəŋ⁶	məŋ⁶/vəŋ⁶	məŋ⁶/vəŋ⁶	məŋ⁶/vəŋ⁶	məŋ⁶	tɕyŋ¹/tɕioŋ¹
市区新	vəŋ⁶	vəŋ⁶	məŋ⁶/vəŋ⁶	məŋ⁶/vəŋ⁶	məŋ⁶/vəŋ⁶	məŋ⁶/vəŋ⁶	məŋ⁶	tɕyŋ¹/tɕioŋ¹
真如	vəŋ⁶	vəŋ⁶	vəŋ²	məŋ²/vəŋ²	vəŋ²	məŋ²/vəŋ²	məŋ⁶/vəŋ⁶	tɕiŋ¹
江湾	βəŋ⁶	βəŋ⁶	βəŋ⁶	məŋ⁶/βəŋ⁶	βəŋ⁶	məŋ⁶/βəŋ⁶	məŋ⁶/βəŋ⁶	tɕiəŋ¹
松江	βəŋ⁴	βəŋ⁶	βəŋ⁶	məŋ²/βəŋ²	βəŋ⁶	məŋ²/βəŋ²	məŋ⁶/βəŋ⁶	tɕyẽ¹
松江新	vʌn⁶	vʌn⁶	vʌn⁶	mʌn²	vʌn⁶	vʌn⁶	vʌn⁶	tɕyn¹
泗泾	βəŋ⁶	βəŋ⁶	βəŋ⁶	məŋ²/βəŋ²	βəŋ⁶	məŋ²/βəŋ²	məŋ⁶/βəŋ⁶	tɕyẽ¹
奉贤	βaŋ⁶	βaŋ⁶	βaŋ⁶	maŋ²/βaŋ²	βaŋ⁶	maŋ²/βaŋ²	maŋ⁶/βaŋ⁶	ʔɟyẽ¹
奉贤新	fəŋ⁵	vəŋ⁶	vəŋ²	vəŋ²	vəŋ²	vəŋ²	uəŋ⁶/vəŋ⁶	tɕyŋ¹
奉城	βaŋ⁶	βaŋ⁶	βaŋ⁶	maŋ²/βaŋ²	βaŋ⁶	maŋ²	maŋ⁶/βaŋ⁶	ʔɟyaŋ¹
金山	βəŋ²	βəŋ²	βəŋ²	məŋ²/βəŋ²	βəŋ²	məŋ²/βəŋ²	məŋ⁶/βəŋ⁶	cioŋ¹
金山新	vəŋ⁶	vəŋ⁶	vəŋ²	məŋ²	vəŋ²	vəŋ²	məŋ⁶	tɕyoŋ¹
枫泾	vəŋ²	vəŋ²	vəŋ²	məŋ²	vəŋ²	məŋ²/vəŋ²	məŋ⁶/vəŋ⁶	tɕioŋ¹
青浦	βəŋ⁶	βəŋ⁶	βəŋ⁶	məŋ²/βəŋ²	βəŋ⁶	məŋ²/βəŋ²	məŋ⁶/βəŋ⁶	tɕyŋ¹
青浦新	vəŋ⁶	vəŋ⁶	vəŋ⁶	məŋ²	vəŋ²	vəŋ²	məŋ⁶	tɕioŋ¹
莘庄	βəŋ⁶	βəŋ⁶	βəŋ⁶	məŋ²/βəŋ²	βəŋ⁶	məŋ²/βəŋ²	məŋ⁶/βəŋ⁶	cyŋ¹
闵行新	fən³	vən²	vən²	vən²	vən²	vən²	mən²	tɕyn¹①
川沙	βən²	βən²	βən²	mən²/βən²	βən²	mən²/βən²	mən⁶/βən⁶	tɕyn¹
川沙新	vəŋ⁶	vəŋ⁶	vəŋ⁶	məŋ⁶	vəŋ⁶	məŋ⁶	məŋ⁵	tɕyŋ¹
高桥	βəŋ⁶	βəŋ⁶	βəŋ⁶	βəŋ⁶	βəŋ⁶	βəŋ⁶	məŋ⁶	tɕyn¹
三林	βəŋ²	βəŋ²	βəŋ²	məŋ²/βəŋ²	βəŋ²	məŋ²/βəŋ²	məŋ⁶/βəŋ⁶	cyoŋ¹
周浦	βəŋ⁶	βəŋ⁶	βəŋ⁶	məŋ²	βəŋ⁶	məŋ²/βəŋ²	məŋ⁶/βəŋ⁶	cioŋ¹
南汇	βəŋ⁶	βəŋ⁶	βəŋ⁶	məŋ⁶	βəŋ⁶	məŋ²/βəŋ²	məŋ⁶/βəŋ⁶	ʔɟioŋ¹
南汇新	ʋəŋ⁶	ʋəŋ⁶	məŋ⁶	məŋ⁶	ʋəŋ⁶	ʋəŋ⁶/məŋ⁶		tɕyoŋ¹
嘉定	vəŋ²	vəŋ⁶	vəŋ²	məŋ²/vəŋ²	vəŋ²	məŋ²/vəŋ²	məŋ⁶/vəŋ⁶	tɕyɪŋ¹
嘉定新	fẽ⁵	vẽ⁶	vẽ²	mẽ²	vẽ²	mẽ²/vẽ²	mẽ⁶	tɕiŋ¹
宝山	fəŋ¹	fəŋ⁶	vəŋ²	vəŋ²	vəŋ²	vəŋ²	məŋ⁶	tɕyŋ¹
宝山新	fəŋ⁵	vəŋ⁵	uəŋ⁵	uəŋ⁵	uəŋ⁵	uəŋ⁵	məŋ⁵	tɕyŋ¹
崇明	fən⁶	vən⁶	vən²	mən²/vən²	vən²	vən²/mən²	mən⁶/vən⁶	tɕin¹
崇明新	fən²	fən⁶	vən²	mən²	vən²	bən²	mən⁶	tɕyn¹
堡镇	fən⁶	vən⁶	vən²	mən²	vən²	vən²/mən²	mən⁶/vən⁶	tɕin¹
练塘	βəŋ⁴	βəŋ⁶	βəŋ²	məŋ²/βəŋ²	βəŋ²	məŋ²/βəŋ²	məŋ⁶/βəŋ⁶	tɕioŋ¹

注：① 人名中读tɕioŋ¹。

序号	2263	2264	2265	2266	2267	2268	2269	2270
字目	军	群	裙	熏	勋	薰	荤	训
中古音的地位	臻合三平文见	臻合三平文群	臻合三平文群	臻合三平文晓	臻合三平文晓	臻合三平文晓	臻合三平文晓	臻合三去问晓
市区	tɕyn¹/tɕioŋ¹	dzyn⁶/dzioŋ⁶	dzyn⁶/dzioŋ⁶	ɕyn¹/ɕioŋ¹	ɕyn¹/ɕioŋ¹		huən¹	ɕyn⁵/ɕioŋ⁵
市区中	tɕyŋ¹/tɕioŋ¹	dzyŋ⁶/dzioŋ⁶	dzyŋ⁶/dzioŋ⁶	ɕyŋ¹/ɕioŋ¹	ɕyŋ¹/ɕioŋ¹	ɕyŋ¹/ɕioŋ¹	huən¹	ɕyŋ⁵/ɕioŋ⁵
市区新	tɕyŋ¹/tɕioŋ¹	dzyŋ⁶/dzioŋ⁶	dzyŋ⁶/dzioŋ⁶	ɕyŋ¹/ɕioŋ¹	ɕyŋ¹/ɕioŋ¹	ɕyŋ¹/ɕioŋ¹	huən¹	ɕyŋ⁵/ɕioŋ⁵
真如	tɕin¹	dzin²	dzin²	ɕin¹	ɕin¹		fən¹	ɕin⁵
江湾	tɕiəŋ¹	dziəŋ⁶	dziəŋ⁶	ɕiəŋ¹	ɕiəŋ¹		ɸəŋ¹	ɕiəŋ⁵
松江	tɕyɐ̃¹	ɟyɐ̃²	ɟyɐ̃²	ɕyɐ̃¹	ɕyɐ̃¹		ɸəŋ¹	ɕyɐ̃⁵
松江新	tɕyn¹	dzyn²	dzyn²	ɕyn¹	ɕyn¹	ɕyn¹	hyn¹	ɕyn⁵
泗泾	tɕyɐ̃¹	ɟyɐ̃²	ɟyɐ̃²	ɕyɐ̃¹	ɕyɐ̃¹		ɸəŋ¹	ɕyɐ̃⁵
奉贤	ʔɟyɐ̃¹	ɟyɐ̃²	ɟyɐ̃²	ɕyɐ̃¹	ɕyɐ̃¹		ɸəŋ¹	ɕyɐ̃⁵
奉贤新	tɕyŋ¹	dzyŋ²	dzyŋ²	ɕyŋ¹	ɕyŋ²	ɕyŋ²	huəŋ¹	ɕyŋ⁵
奉城	ʔɟyɐŋ¹	ɟyɐŋ²	ɟyɐŋ²	ɕyɐŋ¹	ɕyɐŋ¹		ɸəŋ¹	ɕyɐŋ⁵
金山	ɕioŋ¹	ɟioŋ²	ɟioŋ²	ɕioŋ¹	ɕioŋ¹		ɸəŋ¹	ɕioŋ⁵
金山新	tɕyoŋ¹	dzyoŋ²	dzyoŋ²	ɕyoŋ¹	ɕyoŋ¹	ɕyoŋ¹	fəŋ¹	ɕyoŋ⁵
枫泾	tɕioŋ¹	dzioŋ²	dzioŋ²	ɕioŋ¹	ɕioŋ¹		fəŋ¹	ɕioŋ⁵
青浦	tɕyŋ¹	dzyŋ²	dzyŋ²	ɕyŋ¹	ɕyŋ¹		ɸəŋ¹	ɕyŋ⁵
青浦新	tɕioŋ¹	dzioŋ²	dzioŋ²	ɕioŋ¹	ɕioŋ¹	ɕioŋ¹	huən¹	ɕioŋ⁵
莘庄	ɕyŋ¹	ɟyŋ²	ɟyŋ²	ɕyŋ¹	ɕyŋ¹		ɸəŋ¹	ɕyŋ⁵
闵行新	tɕyn¹①	dzyn²/dzioŋ²	dzyn²/dzioŋ²	ɕyn¹/ɕioŋ¹	ɕyn¹/ɕioŋ¹	ɕyn¹/ɕioŋ¹	huən¹	ɕyn⁵/ɕioŋ⁵
川沙	tɕyn¹	dzyn²	dzyn²	ɕyn¹	ɕyn¹		ɸəŋ¹	ɕyn⁵
川沙新	tɕyŋ¹	dzyŋ⁶	dzyŋ⁶	ɕioŋ¹	ɕioŋ¹	ɕioŋ¹	huŋ¹②	ɕioŋ⁵③
高桥	tɕyn¹	dzyn²	dzyn²	ɕyn¹	ɕyn¹		ɸəŋ¹	ɕyn⁵
三林	ɕyoŋ¹	ɟyoŋ²	ɟyoŋ²	ɕyoŋ¹	ɕyoŋ¹		ɸəŋ¹	ɕyoŋ⁵
周浦	ɕioŋ¹	dzyŋ²	dzyŋ²	ɕyŋ¹	ɕyŋ¹		ɸəŋ¹	ɕyŋ⁵
南汇	ʔɟioŋ¹	dzyŋ²	dzyŋ²	ɕyŋ¹	ɕyŋ¹		ɸəŋ¹	ɕyŋ⁵
南汇新	tɕyoŋ¹	dzyoŋ⁶	dzyoŋ⁶	ɕyoŋ¹	ɕyoŋ¹		huəŋ¹	ɕyoŋ⁵
嘉定	tɕyɪŋ¹	dzyɪŋ²	dzyɪŋ²	ɕyɪŋ¹	ɕyɪŋ¹		huəŋ¹	ɕyɪŋ⁵
嘉定新	tɕin¹	dzin²	dzin²	ɕin¹	ɕin¹	ɕin¹	hɐ̃¹	ɕin⁵
宝山	tɕyŋ¹	tɕyŋ²	tɕyŋ²	ɕyŋ¹	ɕyŋ¹		ɕyŋ¹	ɕyŋ⁵
宝山新	tɕyŋ¹	tɕyŋ²	tɕyŋ⁵	ɕyŋ¹	ɕyŋ¹	ɕyŋ¹	huəŋ¹	ɕyŋ⁵
崇明	tɕin¹	dzin²	dzin²	ɕin¹	ɕin¹		hun¹	ɕin⁵
崇明新	tɕyn¹	dʑin²	dʑin²	ɕyn¹	ɕyn¹	ɕyn¹	xun¹	zyn⁵
堡镇	tɕin¹	dzin²	dzin²	ɕin¹	ɕin¹		hun¹	ɕin⁵
练塘	tɕioŋ¹	dzioŋ²	dzioŋ²	ɕioŋ¹	ɕioŋ¹		ɸəŋ¹	ɕioŋ⁵

注：① "军队" 中读tɕioŋ¹。
② 轻微双唇摩擦。
③ "军训" 中读ɕyŋ⁵。

序号	2271	2272	2273	2274	2275	2276	2277	2278
字目	云云彩	晕晕眩	韵	运	佛	物①	勿	屈
中古音的地位	臻合三平文云	臻合三去问云	臻合三去问云	臻合三去问云	臻合三入物奉	臻合三入物微	臻合三入物微	臻合三入物溪
市区	ɦyŋ⁶/ɦioŋ⁶	ɦyŋ⁶/ɦioŋ⁶		ɦyŋ⁶/ɦioŋ⁶	vəʔ⁸	məʔ⁸/vəʔ⁸	vəʔ⁸	tɕʰioʔ⁷/tɕʰyɪʔ⁷
市区中	ɦyŋ⁶/ɦioŋ⁶	ɦyŋ⁶/ɦioŋ⁶		ɦyŋ⁶/ɦioŋ⁶	vɐʔ⁸	vɐʔ⁸	vɐʔ⁸	tɕʰyɪʔ⁷/tɕʰioʔ⁷
市区新	ɦyŋ⁶/ɦioŋ⁶	ɦyŋ⁶/ɦioŋ⁶		ɦyŋ⁶/ɦioŋ⁶	vɐʔ⁸	vɐʔ⁸	vɐʔ⁸	tɕʰyɪʔ⁷/tɕʰioʔ⁷
真如	ɦiŋ²	ɦiŋ⁶		ɦiŋ²	vəʔ⁸	vəʔ⁸	fəʔ⁷	tɕʰyøʔ⁷
江湾	ɦiəŋ⁶	ɦiəŋ⁶		ɦiəŋ⁶	βəʔ⁸	məʔ⁸/βəʔ⁸	βəʔ⁸	tɕʰyɪʔ⁷
松江	ɦyẽ²	ɦyẽ⁶		ɦyẽ⁶	βəʔ⁸	məʔ⁸/βəʔ⁸	ɸəʔ⁷	tɕʰyœʔ⁷
松江新	ɦyŋ²	yŋ⁵	yŋ⁵	yŋ⁵	voʔ⁸	mʌʔ⁸	vʌʔ⁸	tɕʰyɪʔ⁷
泗泾	ɦyẽ²	ɦyẽ⁶		ɦyẽ⁶	βəʔ⁸	məʔ⁸/βəʔ⁸	ɸəʔ⁷	tɕʰyœʔ⁷
奉贤	ɦyẽ²	ɦyẽ⁶		ɦyẽ⁶	βeʔ⁸	βeʔ⁸	ʔweʔ⁷	cʰyœʔ⁷
奉贤新	ɦyŋ²	yŋ¹	ɦyŋ⁶	ɦyŋ⁶	fəʔ⁸	vəʔ⁸	vɔʔ⁷	tɕʰyəʔ⁷
奉城	ɦyɐŋ²	ɦyɐŋ⁶		ɦyɐŋ⁶	βeʔ⁸	βeʔ⁸	ʔweʔ⁷	cʰyœʔ⁷
金山	ɦioŋ²	ɦioŋ⁶		ɦioŋ⁶	βəʔ⁸	məʔ⁸/βəʔ⁸	ɸəʔ⁷	tɕʰyøʔ⁷
金山新	ɦyoŋ²	ɦyoŋ²	ɦyoŋ⁶	ɦyoŋ⁶	vɔ⁶	vəʔ⁸		tɕʰyəʔ⁷
枫泾	ɦioŋ²	ɦioŋ⁶		ɦioŋ⁶	vəʔ⁸	məʔ⁸/vəʔ⁸	fəʔ⁷	tɕʰyøʔ⁷
青浦	ɦyŋ²	ɦyŋ⁶		ɦyŋ⁶	βəʔ⁸	βəʔ⁸	ɸəʔ⁷	tɕʰyœʔ⁷
青浦新	ɦioŋ²	ɦioŋ⁶	ɦioŋ⁶	ɦioŋ⁶	vəʔ⁸	vəʔ⁸	vəʔ⁷	tɕʰyœʔ⁷
莘庄	ɦyŋ²	ɦyŋ⁶		ɦyŋ⁶	βəʔ⁸	βəʔ⁸	ɸəʔ⁷	cʰyəʔ⁷
闵行新	ɦioŋ²	ioŋ¹	yŋ³	ɦyŋ²/ɦioŋ²	voʔ⁸	vəʔ⁸	vəʔ⁷	tɕʰyəʔ⁷
川沙	ɦyŋ¹	ɦyŋ⁶		ɦyŋ⁶	βəʔ⁸	məʔ⁸/βəʔ⁸	βəʔ⁸/ɸəʔ⁷	tɕʰyœʔ⁷
川沙新	ɦyŋ⁶	yŋ¹	yŋ⁵	yŋ⁵	vɤʔ⁸	vɤʔ⁸	vɤʔ⁸	tɕʰyøʔ⁷
高桥	ɦyŋ⁶	ɦyŋ⁶		ɦyŋ⁶	βəʔ⁸	βəʔ⁸	βəʔ⁸	tɕʰyoʔ⁷
三林	ɦyoŋ²/ɦiŋ²	ɦyoŋ⁶			βʌʔ⁸	βʌʔ⁸	ɸʌʔ⁷	cʰyəʔ⁷
周浦	ɦyŋ²	ɦyŋ⁶		ɦyŋ²	βəʔ⁸	βəʔ⁸	ɸəʔ⁷	cʰyœʔ⁷
南汇	ɦyŋ²	ɦyŋ⁶		ɦyŋ²	βəʔ⁸	βəʔ⁸	ɸəʔ⁷	cʰyœʔ⁷
南汇新	ɦyoŋ⁶	yoŋ¹		ɦyoŋ⁶	vəʔ⁸	vəʔ⁸/məʔ⁸	vəʔ⁸	tɕʰy¹
嘉定	ɦyɪŋ²	ɦyɪŋ⁶		ɦyɪŋ⁶	vəʔ⁸	vəʔ⁸	fəʔ⁷	tɕʰyoʔ⁷
嘉定新	ɦiŋ²	iŋ¹	iŋ⁵	ɦiŋ⁶	voʔ⁸	məʔ⁸/vəʔ⁸	vəʔ⁸	tɕʰioʔ⁷
宝山	iŋ²	yŋ⁵	yŋ⁵	yŋ⁵	vəʔ⁸	vəʔ⁸	vəʔ⁸	tɕʰioʔ⁷
宝山新	yŋ³⁵	yŋ¹	yŋ¹	yŋ¹	voʔ⁸	vəʔ⁸	vəʔ⁸	tɕʰioʔ⁷
崇明	ɦiŋ²	ɦiŋ⁶		ɦiŋ⁶	vəʔ⁸	vəʔ⁸	fəʔ⁷	tɕʰyoʔ⁷
崇明新	yŋ²	yŋ¹	yŋ⁶	yŋ⁶	fəʔ⁸	vəʔ⁸	vəʔ⁸	tɕʰioʔ⁷
堡镇	ɦiŋ²	ɦiŋ⁶		ɦiŋ⁵	vəʔ⁸	vəʔ⁸	fəʔ⁸	tɕʰyoʔ⁷
练塘	ɦioŋ²	ɦioŋ⁶		ɦioŋ⁶	βəʔ⁸	βəʔ⁸	ɸəʔ⁷	tɕʰyœʔ⁷

注：① 老派音的白读调查"物事"（东西）。

序号	2279	2280	2281	2282	2283	2284	2285	2286
字目	郁忧郁	熨	帮	榜	旁	螃	忙	芒
中古音的地位	臻合三入物影	臻合三去问影	宕开一平唐帮	宕开一上荡帮	宕开一平唐並	宕开一平唐並	宕开一平唐明	宕开一平唐明
市区		yŋ⁵/ioŋ⁵	pã¹	pã⁵	bã⁶	bã⁶	mã⁶	mã⁶
市区中	yɪʔ⁷/ioʔ⁷	yŋ⁵	pÃ¹	pÃ⁵	bÃ⁶	bÃ⁶	mÃ⁶	mÃ⁶
市区新	yɪʔ⁷/ioʔ⁷	yŋ⁵	pÃ¹	pÃ⁵	bÃ⁶	bÃ⁶	mÃ⁶	mÃ⁶
真如		ɦiŋ²	ʔbã¹	ʔbã³	bã²	bã²	mã²	mã²
江湾		ɦiəŋ⁶	ʔbɒ̃¹	ʔbɒ̃⁵	bɒ̃⁶	bɒ̃⁶	mɒ̃⁶	mɒ̃⁶
松江		ɦiẽ²	ʔbã¹	ʔbã³	bã²	bã²	mã²	mã²
松江新	yɪʔ⁷	ɦyŋ⁶	pã¹	pã³	bã²	bã²	mã²	mã²
泗泾		ɦiẽ²	ʔbã¹	ʔbã³	bã²	bã²	mã²	mã²
奉贤		ɦiẽ⁶	ʔbã¹	ʔbã⁵	bã²	bã²	mã²	mã²
奉贤新	yɪ⁵	ɦyŋ⁶	ʔbã¹	ʔbã³	bã²	bã²	mã²	mã²
奉城		ɦyɐ̃⁶	ʔbã¹	ʔbã³	bã²	bã²	mã²	mã²
金山		ɦioŋ⁶	ʔbã¹	ʔbã³	bã²	bã²	mã²	mã²
金山新	ɦy⁶	ɦyoŋ⁶	pã¹	bã¹³	bã²	bɛ̃⁶	mã²	mã²
枫泾		iŋ¹	pã¹	pã¹	bã²	bã²	mã²	mã²
青浦		yŋ⁵	ʔbã¹	ʔbã³	bã²	bã²	mã²	mã²
青浦新	yœʔ⁷	ɦioŋ⁶	pã¹	pã³	bã²		mã²	mã²
莘庄		ɦyŋ⁶	ʔbã¹	ʔbã³	bã²	bã²	mã²	mã²
闵行新		in⁵	pã¹	pã¹	bã²	bã²	mã²	mã²
川沙		ɦyŋ⁶	ʔbã¹	ʔbã³	bã²	bã²	mã²	mã²
川沙新	①	yŋ⁵	ʔbaŋ¹	ʔbaŋ³	baŋ⁶	baŋ⁶	maŋ⁶	maŋ⁶
高桥		ɦyŋ⁶	ʔbã¹	ʔbã³	bã²	bã²	mã²	mã²
三林		in⁵	ʔbã¹	ʔbã³	bã²	bã²	mã²	mã²
周浦		ɦyŋ⁶	ʔbã¹	ʔbã³	bã²	bã²	mã²	mã²
南汇		ɦyŋ⁶	ʔbã¹	ʔbã³	bã²	bã²	mã²	mã²
南汇新	y⁵	ɦyŋ⁶	ʔbã¹	ʔbã³	bã⁶		mã⁶	mã⁶
嘉定		ɦiyŋ⁶	pã¹	pã⁵	bã²	bã²	mã²	mã²
嘉定新	ioʔ⁷	ɦiŋ⁶	paŋ¹	paŋ⁵	baŋ²	baŋ²	maŋ²	maŋ²
宝山		n̠iŋ⁵	pã¹	pã⁵	pã²	pã²	mã²	mã²
宝山新	yəʔ⁸	yŋ⁵	pã¹	pã⁵	pã⁵	pã⁵	mã⁵	mã⁵
崇明		ɦiin⁶	pã¹	pã³	bã²	bã²	mã²	mã²
崇明新	ioʔ⁷	yŋ⁵	pã¹	pã³	bã²	bã²	mã²	mã²
堡镇		ɦiin⁶	pã¹	pã³	bã²	bã²	mã²	mã²
练塘		ɦioŋ⁶	pã¹	pã¹	bã²	bã²	mã²	mã²

注：① 改为"掘" dʑyøʔ⁸。

序号	2287	2288	2289	2290	2291	2292	2293	2294
字目	茫	莽	蟒	当应当	党	[挡]阻挡	当上当	汤
中古音的地位	宕开一平唐明	宕开三上荡明	宕开三上荡明	宕开一平唐端	宕开三上荡端	宕开三上荡端	宕开一去宕端	宕开一平唐透
市区	mã⁶	mã⁶	mã⁶	tã¹	tã⁵			tʰã¹
市区中	mÃ⁶	mÃ⁶	mÃ⁶	tÃ¹	tÃ⁵	tÃ⁵	tÃ⁵	tʰÃ¹
市区新	mÃ⁶	mÃ⁶	mÃ⁶	tÃ¹	tÃ⁵	tÃ⁵	tÃ⁵	tʰÃ¹
真如	mã²		mã⁶	ʔdã¹	ʔdã³		ʔdã⁵	tʰã¹
江湾	mõ⁶		mõ⁶	ʔdõ¹	ʔdõ⁵		ʔdõ⁵	tʰõ¹
松江	mã²		mã⁶	ʔdã¹	ʔdã³		ʔdã⁵	tʰã¹
松江新	mã²	mã⁶	mã⁶	tã¹	tã³	tã³	tã⁵	tʰã¹
泗泾	mã²		mã⁶	ʔdã¹	ʔdã³		ʔdã⁵	tʰã¹
奉贤	mã²		mã⁶	ʔdã¹	ʔdã³		ʔdã⁵	tʰã¹
奉贤新	mã²	mã⁶	mã⁶	ʔdã¹	ʔdã³	ʔdã³	ʔdã⁵	tʰã¹
奉城	mã²		mã⁶	ʔdã¹	ʔdã³		ʔdã⁵	tʰã¹
金山	mã²		mã²	ʔdã¹	ʔdã³		ʔdã⁵	tʰã¹
金山新	mã²	mã⁶	mã⁶	tã¹	tã³		tã⁵	tʰã¹
枫泾	mã²		mã⁴	tã¹	tã³		tã⁵	tʰã¹
青浦	mã²		mã⁶	ʔdã¹	ʔdã³		ʔdã⁵	tʰã¹
青浦新	mã²	mã⁶	mã⁶	tã¹	tã³	tã³	tã⁵	tʰã¹
莘庄	mã²		mã²	ʔdã¹	ʔdã³		ʔdã⁵	tʰã¹
闵行新	mã²	mã²	mã²	tã³	tã³	tã³	tã³	tʰã¹
川沙	mã²		mã²	ʔdã¹	ʔdã⁵		ʔdã⁵	tʰã¹
川沙新	maŋ⁶		maŋ⁶	ʔdaŋ¹	ʔdã³	ʔdaŋ³	ʔdaŋ⁵	tʰaŋ¹
高桥	mã²		mã⁶	ʔdã¹	ʔdã⁵		ʔdã⁵	tʰã¹
三林	mã²		mã²	ʔdã¹	ʔdã³		ʔdã⁵	tʰã¹
周浦	mã²		mã²	ʔdã¹	ʔdã³		ʔdã⁵	tʰã¹
南汇	mã²		mã²	ʔdã¹	ʔdã³		ʔdã⁵	tʰã¹
南汇新		mã⁶	mã⁶	ʔdã¹	ʔdã³	ʔdã³	ʔdã⁵	tʰã¹
嘉定	mã²		mã⁶	tã⁵	tã⁵		tã⁵	tʰã¹
嘉定新	maŋ²	maŋ⁶	maŋ⁶	taŋ¹	taŋ⁵	taŋ⁵	taŋ⁵	tʰaŋ¹
宝山	mã²	mã²	mã²	tã¹	tã⁵	tã⁵	tã⁵	tʰã¹
宝山新	mã⁵	mã⁵	mã⁵	tã¹	tã⁵	tã⁵	tã⁵	tʰã¹
崇明	mã²		mã⁴	tã¹	tã³		tã⁵	tʰã¹
崇明新	mã²	mã⁶	mã⁶	tã¹	tã³	tã³	tã⁵	tʰã¹
堡镇	mã²		mã⁴	tã¹	tã³		tã⁵	tʰã¹
练塘	mã²		mã⁴	tã¹	tã³		tã⁵	tʰã¹

序号	2295	2296	2297	2298	2299	2300	2301	2302
字目	躺	烫	[趟]	堂	棠	唐	塘	糖
中古音的地位	宕开三上荡透	宕开一去宕透	宕开二去庚知	宕开一平唐定	宕开一平唐定	宕开一平唐定	宕开一平唐定	宕开一平唐定
市区	tʰã⁵	tʰã⁵		dã⁶		dã⁶	dã⁶	dã⁶
市区_中	tʰÃ⁵	tʰÃ⁵	tʰÃ⁵	dÃ⁶	dÃ⁶	dÃ⁶	dÃ⁶	dÃ⁶
市区_新	tʰÃ⁵	tʰÃ⁵	tʰÃ⁵	dÃ⁶	dÃ⁶	dÃ⁶	dÃ⁶	dÃ⁶
真如	tʰã³	tʰã⁵		dã²		dã²	dã²	dã²
江湾	tʰõ⁵	tʰõ⁵		dõ⁶		dõ⁶	dõ⁶	dõ⁶
松江	tʰã⁵	tʰã⁵		dã²		dã²	dã²	dã²
松江_新	tʰã³	tʰã⁵	tʰã⁵	dã²		dã²	dã²	dã²
泗泾	tʰã³	tʰã⁵		dã²		dã²	dã²	dã²
奉贤	tʰã³	tʰã⁵		dã²		dã²	dã²	dã²
奉贤_新	tʰã³	tʰã⁵	tʰã⁵	dã²		dã²	dã²	dã²
奉城	tʰã³	tʰã⁵		dã²		dã²	dã²	dã²
金山	tʰã³	tʰã⁵		dã²		dã²	dã²	dã²
金山_新	tʰã³	tʰã⁵	tʰã⁵	dã²		dã²	dã²	dã²
枫泾	tʰã³	tʰã⁵		dã²		dã²	dã²	dã²
青浦	tʰã³	tʰã⁵		dã²		dã²	dã²	dã²
青浦_新	tʰã³	tʰã⁵	tʰã⁵	dã²	dã²	dã²	dã²	dã²
莘庄	tʰã³	tʰã⁵		dã²		dũ²	dã²	dã²
闵行_新	tʰã³	tʰã⁵	tʰã⁵	dã²	dã²	dã²	dã²	dã²
川沙	tʰã³	tʰã⁵		dã²		dã²	dã²	dã²
川沙_新	tʰaŋ³	tʰaŋ⁵	tʰaŋ⁵	daŋ⁶	daŋ⁶	daŋ⁶	daŋ⁶	daŋ⁶
高桥	tʰã³	tʰã⁵		dã²		dã²	dã²	dã²
三林	tʰã³	tʰã⁵		dã²		dã²	dã²	dã²
周浦	tʰã³	tʰã⁵		dã²		dã²	dã²	dã²
南汇	tʰã³	tʰã⁵		dã²		dã²	dã²	dã²
南汇_新	tʰã³	tʰã⁵	tʰã⁵	dã⁶	dã⁶	dã⁶	dã⁶	dã⁶
嘉定	tʰã⁵	tʰã⁵		dã²		dã²	dã²	dã²
嘉定_新	tʰaŋ⁵	tʰaŋ⁵	tʰaŋ⁵	daŋ²	daŋ²	daŋ²	daŋ²	daŋ²
宝山	tʰã⁵	tʰã⁵		dã²		dã²	dã²	dã²
宝山_新	tʰã⁵	tʰã⁵	tʰã⁵	dã⁶	dã⁶	dã⁶	dã⁶	dã⁶
崇明	tʰã³	tʰã⁵		dã²		dã²	dã²	dã²
崇明_新	tʰã³	tʰã⁵	tʰã⁵	dã²		dã²	dã²	dã²
堡镇	tʰã³	tʰã⁵		dã²		dã²	dã²	dã²
练塘	tʰã⁵	tʰã⁵		dã²		dã²	dã²	dã²

序号	2303	2304	2305	2306	2307	2308	2309	2310
字目	荡浩荡	囊	狼	郎	廊	螂	浪	赃
中古音的地位	宕开三上荡定	宕开一平唐泥	宕开一平唐来	宕开一平唐来	宕开一平唐来	宕开一平唐来	宕开一去宕来	宕开一平唐精
市区	dɑ̃⁶		lɑ̃⁶	lɑ̃⁶	lɑ̃⁶		lɑ̃⁶	
市区中	dɑ̃⁶	nɑ̃⁶	lɑ̃⁶	lɑ̃⁶	lɑ̃⁶	lɑ̃⁶	lɑ̃⁶	tsɑ̃¹
市区新	dɑ̃⁶	nɑ̃⁶	lɑ̃⁶	lɑ̃⁶	lɑ̃⁶	lɑ̃⁶	lɑ̃⁶	tsɑ̃¹
真如	dɑ̃⁶		lɑ̃²	lɑ̃²	lɑ̃²		lɑ̃²	
江湾	dɒ̃⁶		lɒ̃²	lɒ̃⁶	lɒ̃⁶		lɒ̃⁵	
松江	dɑ̃⁴		lɑ̃²	lɑ̃²	lɑ̃²		lɑ̃⁶	
松江新	dɑ̃⁶	nɑ̃²	lɑ̃²	lɑ̃²	lɑ̃²	lɑ̃²	lɑ̃⁶	tsɑ̃¹
泗泾	dɑ̃⁶		lɑ̃²	lɑ̃²	lɑ̃²		lɑ̃²	
奉贤	dɑ̃⁶		lɑ̃²	lɑ̃²	lɑ̃²		lɑ̃⁶	
奉贤新	dɑ̃⁶	nɑ̃²	lɑ̃²	lɑ̃²	lɑ̃²	lɑ̃²	lɑ̃⁶	tsɑ̃¹
奉城	dɑ̃⁶		lɑ̃²	lɑ̃²	lɑ̃²		lɑ̃⁶	
金山	dɑ̃⁶		lɑ̃²	lɑ̃²	lɑ̃²		lɑ̃²	
金山新	dɑ̃⁶	nɑ̃²	lɑ̃²	lɑ̃²	lɑ̃²	lɑ̃²	lɑ̃⁶	tsɑ̃¹
枫泾	dɑ̃⁴		lɑ̃²	lɑ̃²	lɑ̃²		lɑ̃⁶	
青浦	dɑ̃⁶		lɑ̃²	lɑ̃²	lɑ̃²		lɑ̃²	
青浦新	dɑ̃⁶	nɑ̃²	lɑ̃²	lɑ̃²	lɑ̃²	lɑ̃²	lɑ̃⁶	tsɑ̃¹
莘庄	dɑ̃⁶		lɑ̃²	lɑ̃²	lɑ̃²		lɑ̃²	
闵行新	dɑ̃²	nɑ̃²	lɑ̃²	lɑ̃²	lɑ̃²	lɑ̃²	lɑ̃²	tsɑ̃¹
川沙	dɑ̃²		lɑ̃²	lɑ̃²	lɑ̃²		lɑ̃⁶	
川沙新	daŋ⁶	naŋ⁶	laŋ⁶	laŋ⁶	laŋ⁶	laŋ⁶	laŋ⁵	tsaŋ¹
高桥	dɑ̃⁶		lɑ̃²	lɑ̃²	lɑ̃²		lɑ̃⁶	
三林	dɑ̃²		lɑ̃²	lɑ̃²	lɑ̃²		lɑ̃⁶	
周浦	dɑ̃⁶		lɑ̃²	lɑ̃²	lɑ̃²		lɑ̃⁶	
南汇	dɑ̃⁶		lɑ̃²	lɑ̃²	lɑ̃²		lɑ̃⁶	
南汇新	dɑ̃⁶	nɑ̃⁶	lɑ̃⁶	lɑ̃⁶	lɑ̃⁶	lɑ̃⁶	lɑ̃⁶	tsɑ̃¹
嘉定	dɑ̃⁶		lɑ̃²	lɑ̃²	lɑ̃²		lɑ̃²	
嘉定新	daŋ⁶	naŋ²	laŋ²	laŋ²	laŋ²	laŋ²	laŋ⁶	tsaŋ⁵
宝山	dɑ̃²		lɑ̃²	lɑ̃²	lɑ̃²		lɑ̃⁶	tsɑ̃¹
宝山新	dɑ̃⁶	nɑ̃⁵	lɑ̃⁵	lɑ̃⁵	lɑ̃⁵	lɑ̃⁵	lɑ̃⁵	tsɑ̃¹
崇明	dɑ̃⁴		lɑ̃²	lɑ̃²	lɑ̃²		lɑ̃⁶	
崇明新	da⁶	nɑ̃²	lɑ̃²	lɑ̃²	lɑ̃²	lɑ̃²	lɑ̃²	
堡镇	dɑ̃⁴		lɑ̃²	lɑ̃²	lɑ̃²		lɑ̃⁶	
练塘	dɑ̃⁴		lɑ̃²	lɑ̃²	lɑ̃²		lɑ̃⁶	

序号	2311	2312	2313	2314	2315	2316	2317	2318
字目	葬	仓	苍	藏隐藏	藏西藏	脏五脏	桑	丧婚丧
中古音的地位	宕开一去宕精	宕开一平唐清	宕开一平唐清	宕开一平唐从	宕开一去宕从	宕开一去宕从	宕开一平唐心	宕开一平唐心
市区		tsʰɑ̃¹	tsʰɑ̃¹		zɑ̃⁶/zɑ̃⁶		sɑ̃¹	sɑ̃¹
市区中	tsɑ̃⁵	tsʰɑ̃¹	tsʰɑ̃¹	zɑ̃⁶	zɑ̃⁶	zɑ̃⁶	sɑ̃¹	sɑ̃¹
市区新	tsɑ̃⁵	tsʰɑ̃¹	tsʰɑ̃¹	zɑ̃⁶	zɑ̃⁶	zɑ̃⁶	sɑ̃¹	sɑ̃¹
真如		tsʰɑ̃¹	tsʰɑ̃¹	zɑ̃⁶			sɑ̃¹	sɑ̃¹
江湾		tsʰɒ̃¹	tsʰɒ̃¹	zɒ̃⁶			sɒ̃¹	sɒ̃¹
松江		tsʰɑ̃¹	tsʰɑ̃¹	zɑ̃⁶			sɑ̃¹	sɑ̃¹
松江新	tsɑ̃⁵	tsʰɑ̃¹	tsʰɑ̃¹	zɑ̃²	zɑ̃⁶	zɑ̃⁶	sɑ̃¹	sɑ̃¹
泗泾		tsʰɑ̃¹	tsʰɑ̃¹	zɑ̃⁶			sɑ̃¹	sɑ̃¹
奉贤		tsʰɑ̃¹	tsʰɑ̃¹	zɑ̃⁶			sɑ̃¹	sɑ̃¹
奉贤新	zɑ̃⁶	tsʰɑ̃¹	tsʰɑ̃¹	zɑ̃⁶	zɑ̃⁶	zɑ̃⁶	sɑ̃⁵	sɑ̃⁵
奉城		tsʰɑ̃¹	tsʰɑ̃¹	zɑ̃⁶			sɑ̃¹	sɑ̃¹
金山		tsʰɑ̃¹	tsʰɑ̃¹	zɑ̃⁶			sɑ̃¹	sɑ̃¹
金山新	tsɑ̃⁵	tsʰɑ̃¹	tsʰɑ̃¹	zɑ̃²	zɑ̃⁶	zɑ̃⁶	sɑ̃¹	sɑ̃¹
枫泾		tsʰɑ̃¹	tsʰɑ̃¹	zɑ̃²			sɑ̃¹	sɑ̃¹
青浦		tsʰɑ̃¹	tsʰɑ̃¹	zɑ̃⁶			sɑ̃¹	sɑ̃¹
青浦新	tsɑ̃⁵	tsʰɑ̃¹	tsʰɑ̃¹	zɑ̃²	zɑ̃⁶	zɑ̃⁶	sɑ̃¹	sɑ̃⁵
莘庄		tsʰɑ̃¹	tsʰɑ̃¹	zɑ̃⁶			sɑ̃¹	sɑ̃¹
闵行新	tsɑ̃¹	tsʰɑ̃¹	tsʰɑ̃¹	zɑ̃²	zɑ̃²	zɑ̃²	sɑ̃²	sɑ̃²
川沙		tsʰɑ̃¹	tsʰɑ̃¹	zɑ̃⁶			sɑ̃¹	sɑ̃¹
川沙新	zaŋ⁶①	tsʰaŋ¹	tsʰaŋ¹		zaŋ⁶	zaŋ⁶	saŋ¹	saŋ¹
高桥		tsʰɑ̃¹	tsʰɑ̃¹	zɑ̃⁶			sɑ̃¹	sɑ̃¹
三林		tsʰɑ̃¹	tsʰɑ̃¹	zɑ̃⁶			sɑ̃¹	sɑ̃¹
周浦		tsʰɑ̃¹	tsʰɑ̃¹	zɑ̃⁶			sɑ̃¹	sɑ̃¹
南汇		tsʰɑ̃¹	tsʰɑ̃¹	zɑ̃⁶			sɑ̃¹	sɑ̃¹
南汇新	tsɑ̃⁵	tsʰɑ̃¹	tsʰɑ̃¹		tsɑ̃⁵	tsɑ̃⁵	sɑ̃¹	sɑ̃⁵
嘉定		tsʰɑ̃¹	tsʰɑ̃¹	zɑ̃⁶			sɑ̃¹	sɑ̃¹
嘉定新	tsaŋ⁵	tsʰaŋ¹	tsʰaŋ¹	zaŋ²	zaŋ⁶	zaŋ⁶	saŋ¹	saŋ¹
宝山	tsɑ̃⁵	tsʰɑ̃¹	tsʰɑ̃¹	kʰɑ̃⁵	tsɑ̃¹	tsɑ̃¹	sɑ̃¹	sɑ̃¹
宝山新	zɑ̃⁶	tsʰɑ̃¹	tsʰɑ̃¹	zɑ̃⁶	zɑ̃⁶	zɑ̃⁶	sɑ̃¹	sɑ̃¹
崇明		tsʰɑ̃¹	tsʰɑ̃¹	zɑ̃⁶			sɑ̃¹	sɑ̃¹
崇明新	dzɑ̃⁶	tsʰɑ̃¹	tsʰɑ̃¹	②	tsɑ̃⁵	tsɑ̃⁵	sɑ̃¹	sɑ̃¹
堡镇		tsʰɑ̃¹	tsʰɑ̃¹	zɑ̃⁶			sɑ̃¹	sɑ̃
练塘		tsʰɑ̃¹	tsʰɑ̃¹	zɑ̃⁶			sɑ̃¹	sɑ̃¹

注：① "火葬场"中读tsaŋ⁵。
② 说 "囥"。

序号	2319	2320	2321	2322	2323	2324	2325	2326
字目	丧丧失	冈山冈	刚	纲	钢钢铁	缸	[杠]杠杆	康
中古音的地位	宕开一去宕心	宕开一平唐见	宕开一平唐见	宕开一平唐见	宕开一平唐见	宕开一平唐见	宕开一去宕见	宕开一平唐溪
市区	sã⁵	kã¹	kã¹	kã¹	kã¹	kã¹	kã⁵	kã¹
市区中	sÃ⁵	kÃ¹	kÃ¹	kÃ¹	kÃ¹	kÃ¹	kÃ⁵	kÃ¹
市区新	sÃ⁵	kÃ¹	kÃ¹	kÃ¹	kÃ¹	kÃ¹	kÃ⁵	kÃ¹
真如	sã⁵	kã¹	kã¹	kã¹	kã¹	kã¹	kã³	kʰã¹
江湾	sɒ̃⁵	kɒ̃¹	kɒ̃¹	kɒ̃¹	kɒ̃¹	kɒ̃¹	kɒ̃⁵	kʰɒ̃¹
松江	sã⁵	kã¹	kã¹	kã¹	kã¹	kã¹	kã⁵	kʰã¹
松江新	sã⁵	kã¹	kã¹	kã¹	kã¹	kã¹	kã³	kʰã¹
泗泾	sã⁵	kã¹	kã¹	kã¹	kã¹	kã¹	kã⁵	kʰã¹
奉贤	sã¹	kã¹	kã¹	kã¹	kã¹	kã¹	kã⁵	kʰã¹
奉贤新	sã⁵	kã¹	kã¹	kã¹	kã¹	kã¹	kã¹	kʰã¹
奉城	sã¹	kã¹	kã¹	kã¹	kã¹	kã¹	kã⁵	kʰã¹
金山	sã¹	kã¹	kã¹	kã¹	kã¹	kã¹	kã⁵	kʰã¹
金山新	sã⁵	kã³	kã³	kã³	kã³	kã³	kã⁵	kʰã¹
枫泾	sã¹	kã¹	kã¹	kã¹	kã¹	kã¹	kã⁵	kʰã¹
青浦	sã⁵	kã¹	kã¹	kã¹	kã¹	kã¹	kã⁵	kʰã¹
青浦新	sã¹	kã¹	kã¹	kã¹	kã¹	kã¹	kã⁵	kʰã¹
莘庄	sã¹	kã¹	kã¹	kã¹	kã¹	kã¹	kã⁵	kʰã¹
闵行新	sã⁵	kã¹	kã¹	kã¹	kã¹	zã²	sã²	sã²
川沙	sã⁵	kã¹	kã¹	kã¹	kã¹	kã¹	kã¹	kʰã¹
川沙新	saŋ⁵	kaŋ¹	kaŋ¹	kaŋ¹	kaŋ¹	kaŋ¹	kã⁵	kʰaŋ¹
高桥	sã¹	kã¹	kã¹	kã¹	kã¹	kã¹	kã¹	kʰã¹
三林	sã¹	kã¹	kã¹	kã¹	kã¹	kã¹	kã¹	kʰã¹
周浦	sã¹	kã¹	kã¹	kã¹	kã¹	kã¹	kã¹	kʰã¹
南汇	sã¹	kã¹	kã¹	kã¹	kã¹	kã¹	kã⁵	kʰã¹
南汇新	sã⁵	kã¹	kã¹	kã¹	kã¹	kã¹	kã¹	kʰã¹
嘉定	sã¹	kã¹	kã¹	kã¹	kã¹	kã¹	kã¹	kʰã¹
嘉定新	saŋ¹	kaŋ¹	kaŋ¹	kaŋ¹	kaŋ¹	kaŋ¹	kaŋ¹	kʰaŋ¹
宝山	sã¹	kã¹	kã¹	kã¹	kã¹	kã¹	kã¹	kʰã¹
宝山新	sã¹	kã¹	kã¹	kã¹	kã¹	kã¹	kã¹	kʰã¹
崇明	sã⁵	kã¹	kã¹	kã¹	kã¹	kã¹	kã¹	kʰã¹
崇明新	sã⁵	kã¹	kã¹	kã¹	kã¹	kã¹	kã¹	kʰã¹
堡镇	sã⁵	kã¹	kã¹	kã¹	kã¹	kã¹	kã⁵	kʰã¹
练塘	sã⁵	kã¹	kã¹	kã¹	kã¹	kã¹	kã⁵	kʰã¹

序号	2327	2328	2329	2330	2331	2332	2333	2334
字目	糠	慷	抗	囥	昂	行银行	杭	航
中古音的地位	宕开一平唐溪	宕开一上荡溪	宕开一去宕溪	宕开一去宕溪	宕开一平唐疑	宕开一平唐匣	宕开一平唐匣	宕开一平唐匣
市区	kã¹	kʰã⁵	kʰã⁵	kʰã⁵	ŋã⁶	ɦã⁶	ɦã⁶	ɦã⁶
市区中	kã¹	kã⁵	kã⁵	kã⁵	ŋã⁶/ɦã⁶	ɦã⁶	ɦã⁶	ɦã⁶
市区新	kã¹	kã⁵	kã⁵	kã⁵	ŋã⁶/ɦã⁶	ɦã⁶	ɦã⁶	ɦã⁶
真如	kʰã¹	kʰã¹	kʰã⁵	kʰã⁵	ŋã²	ɦã²	ɦã²	ɦã²
江湾	kʰɒ̃¹	kʰɒ̃⁵	kʰɒ̃⁵	kʰɒ̃⁵	ŋɒ̃⁶	ɦɒ̃⁶	ɦɒ̃⁶	ɦɒ̃⁶
松江	kʰã¹	kʰã¹	kʰã⁵	kʰã⁵	ŋã²	ɦã²	ɦã²	ɦã²
松江新	kʰã¹	kʰɛ³	kʰã⁵	kʰã⁵	ŋã²	ɦã²	ɦã²	ɦã²
泗泾	kʰã¹	kʰã¹	kʰã⁵	kʰã⁵	ŋã²	ɦã²	ɦã²	ɦã²
奉贤	kʰã¹	kʰã⁵	kʰã⁵	kʰã⁵	ŋã²	ɦã²	ɦã²	ɦã²
奉贤新	kʰã¹	kʰã¹	kʰã⁵	kʰã⁵	ŋã²	ɦã²	ɦã²	ɦã²
奉城	kʰã¹	kʰã³	kʰã⁵	kʰã⁵	ŋã²	ɦã²	ɦã²	ɦã²
金山	kʰã¹	kʰã⁵	kʰã⁵	kʰã⁵	ŋã²	ɦã²	ɦã²	ɦã²
金山新	kʰã¹	kʰã⁵	kʰã⁵	kʰã⁵	ɦã²	ɦã²	ɦã²	ɦã²
枫泾	kʰã¹	kʰã³	kʰã³	kʰã⁵	ŋã²	ɦã²	ɦã²	ɦã²
青浦	kʰã¹	kʰã³	kʰã⁵	kʰã⁵	ŋã²	ɦã²	ɦã²	ɦã²
青浦新	kʰã¹	kʰã³	kʰã⁵	kʰã⁵	ŋɔʔ⁸	ɦã²	ɦã²	ɦã²
莘庄	kʰã¹	kʰã¹	kʰã⁵	kʰã⁵	ŋã²	ɦã²	ɦã²	ɦã²
闵行新	sã⁵	kã¹	kã¹	kã¹	kã¹	zã²	ɦã²	ɦã²
川沙	kʰã¹	kʰã³	kʰã⁵	kʰã⁵	kʰã¹	ɦã²	ɦã²	ɦã²
川沙新	kʰaŋ¹	kʰaŋ¹	kʰaŋ⁵	kʰaŋ⁵	ŋaŋ⁶	ɦaŋ⁶	ɦaŋ⁶	ɦaŋ⁶
高桥	kʰã¹	kʰã³	kʰã³	kʰã³	ŋɔʔ⁸①	ɦyn⁶	ɦã⁶	ɦã⁶
三林	kʰã¹	kʰã⁵	kʰã⁵	kʰã⁵	ŋã²	ɦã²	ɦã²	ɦã²
周浦	kʰã¹	kʰã⁵	kʰã⁵	kʰã⁵	ŋã²	ɦã²	ɦã²	ɦã²
南汇	kʰã¹	kʰã¹	kʰã⁵	kʰã⁵	ŋã²	ɦã²	ɦã²	ɦã²
南汇新	kʰã¹	kʰã¹	kʰã⁵	kʰã⁵	ŋã⁶	ɦã⁶	ɦã⁶	ɦã⁶
嘉定	kʰã¹	kʰã⁵	kʰã⁵	kʰã⁵	ŋã²	ɦã²	ɦã²	ɦã²
嘉定新	kʰaŋ¹	kʰaŋ¹	kʰaŋ⁵	kʰaŋ⁵	ɦaŋ²	ɦaŋ²	ɦaŋ²	ɦaŋ²
宝山	kʰã¹	kʰã¹	kʰã⁵	kʰã⁵	ɦã⁶	ɦã⁶	ɦã⁶	ɦã⁶
宝山新	kʰã¹	kʰã¹	kʰã⁵	kʰã⁵	ɦã⁵	ɦã⁶	ɦã⁶	ɦã⁶
崇明	kʰã¹	kʰã³	kʰã⁵	kʰã⁵	ŋã²	ɦã²	ɦã²	ɦã²
崇明新	kʰã¹	kʰã³	kʰã⁵	kʰã⁵	ŋã²	hã²	hã²	hã²
堡镇	kʰã¹	kʰã³	kʰã⁵	kʰã⁵	ŋã²	ɦã²	ɦã²	ɦã²
练塘	kʰã¹	kʰã¹	kʰã⁵	kʰã⁵	ŋã²	ɦã²	ɦã²	ɦã²

注：① 训读。

序号	2335	2336	2337	2338	2339	2340	2341	2342
字目	博	薄	摸	膜薄膜	莫	漠	幕	托委托
中古音的地位	宕开一入铎帮	宕开一入铎並	宕开一入铎明	宕开一入铎明	宕开一入铎明	宕开一入铎明	宕开一入铎明	宕开一入铎透
市区	poʔ⁷	boʔ⁸	moʔ⁸		moʔ⁸		mu⁶/moʔ⁶	tʰoʔ⁷
市区中	poʔ⁷	boʔ⁸	moʔ⁸	moʔ⁸	moʔ⁸	moʔ⁸	mu⁶	tʰoʔ⁷
市区新	poʔ⁷	boʔ⁸	moʔ⁸	moʔ⁸	moʔ⁸	moʔ⁸	mu⁶	tʰoʔ⁷
真如	ʔboʔ⁷	boʔ⁸	moʔ⁸		moʔ⁸		mu²	tʰɔʔ⁷
江湾	ʔboʔ⁷	boʔ⁸	moʔ⁸		moʔ⁸		mu⁶	tʰɔʔ⁷
松江	ʔbɔʔ⁷	bɔʔ⁸	mɔʔ⁸		mɔʔ⁸		mu⁶	tʰɔʔ⁷
松江新	pɔʔ⁷	bɔʔ⁸	mɔʔ⁸	mu²	mɔʔ⁸	mɔʔ⁸	mu⁶	tʰɔʔ⁷
泗泾	ʔbɔʔ⁷	bɔʔ⁸	mɔʔ⁸		mɔʔ⁸		mu⁶	tʰɔʔ⁷
奉贤	ʔbɔʔ⁷	bɔʔ⁸	mɔʔ⁸		mɔʔ⁸		mo⁶	tʰɔʔ⁷
奉贤新	ʔbɔʔ⁷	ʔbɔʔ⁷	mɔʔ⁸	mu²	mɔʔ⁸	mɔʔ⁸	mu⁶	tʰɔʔ⁷
奉城	ʔbɔʔ⁷	bɔʔ⁸	mɔʔ⁸		mɔʔ⁸		mo⁶	tʰɔʔ⁷
金山	ʔbɔʔ⁷	bɔʔ⁸	mɔʔ⁸		mɔʔ⁸		mo⁶	tʰɔʔ⁷
金山新	bɔʔ⁸/pɔʔ⁷	bɔ⁶	mɔ⁶	mɔ⁶	mɔ⁶	mɔ⁶	mo⁶	tɔʔ⁷
枫泾	pɔʔ⁷	bɔʔ⁸	mɔʔ⁸		mɔʔ⁸		mu⁶	tʰɔʔ⁷
青浦	ʔbɔʔ⁷	bɔʔ⁸	mɔʔ⁸		mɔʔ⁸		mu⁶	tʰɔʔ⁷
青浦新	pɔʔ⁷	bɔʔ⁸	mɔʔ⁸	mɔʔ⁸	mɔʔ⁸	mɔʔ⁸	mu⁶	tʰɔʔ⁷
莘庄	ʔbɔʔ⁷	bɔʔ⁸	mɔʔ⁸		mɔʔ⁸		mu⁶	tʰɔʔ⁷
闵行新	fiã²	poʔ⁷	boʔ⁸	moʔ⁸	moʔ⁸	moʔ⁸		tʰoʔ⁷
川沙	ʔboʔ⁷	boʔ⁸	moʔ⁸		moʔ⁸		mu⁶	tʰoʔ⁷
川沙新	bɔʔ⁸	bɔʔ⁸	mɔʔ⁸	mɔʔ⁸	mɔʔ⁸	mɔʔ⁸	mu⁶	tʰɤʔ⁷
高桥	ʔboʔ⁷	boʔ⁸	moʔ⁸		moʔ⁸		mu⁶	tʰoʔ⁷
三林	ʔboʔ⁷	boʔ⁸	moʔ⁸		moʔ⁸		mu⁶	tʰoʔ⁷
周浦	ʔboʔ⁷	boʔ⁸	moʔ⁸		moʔ⁸		mu⁶	tʰoʔ⁷
南汇	ʔboʔ⁷	boʔ⁸	moʔ⁸		moʔ⁸		mu⁶	tʰoʔ⁷
南汇新	ʔboʔ⁷	boʔ⁸	moʔ⁸	moʔ⁸	moʔ⁸	moʔ⁸	m̩⁶	tʰoʔ⁷
嘉定	poʔ⁷	boʔ⁸	moʔ⁸		moʔ⁸		mu⁶	tʰɔʔ⁷
嘉定新	poʔ⁷	boʔ⁸	moʔ⁸	moʔ⁸	moʔ⁸	moʔ⁸	mu⁶	thoʔ⁷
宝山	poʔ⁷	boʔ⁸	moʔ⁸		moʔ⁸		mu⁵	tʰoʔ⁷
宝山新	boʔ⁸	boʔ⁸	moʔ⁸	moʔ⁸	moʔ⁸	moʔ⁸	mu⁵	tʰoʔ⁷
崇明	poʔ⁷	boʔ⁸	moʔ⁸		moʔ⁸		mu⁶	tʰoʔ⁷
崇明新	poʔ⁷	boʔ⁸①	moʔ⁸	mo²	moʔ⁸		mu⁶	tʰoʔ⁷
堡镇	poʔ⁷	boʔ⁸	moʔ⁸		moʔ⁸		mu⁶	tʰoʔ⁷
练塘	pɔʔ⁷	bɔʔ⁸	mɔʔ⁸		mɔʔ⁸		mu⁶	tʰɔʔ⁷

注：① "薄荷"中读bu⁶。

序号	2343	2344	2345	2346	2347	2348	2349	2350
字目	托托盘	诺	洛	落	骆	络	烙	酪
中古音的地位	宕开一入铎透	宕开一入铎泥	宕开三入铎来	宕开一入铎来	宕开一入铎来	宕开三入铎来	宕开一入铎来	宕开一入铎来
市区	tʰɔʔ⁷	nɔʔ⁸	lɔʔ⁸	lɔʔ⁸		lɔʔ⁸		
市区中	tʰɔʔ⁷	nɔʔ⁸	lɔʔ⁸	lɔʔ⁸	lɔʔ⁸	lɔʔ⁸	lɔʔ⁸	lɔʔ⁸
市区新	tʰɔʔ⁷	nɔʔ⁸	lɔʔ⁸	lɔʔ⁸	lɔʔ⁸	lɔʔ⁸	lɔʔ⁸	lɔʔ⁸
真如	tʰɔʔ⁷	nɔʔ⁸	lɔʔ⁸	lɔʔ⁸		lɔʔ⁸		
江湾	tʰɔʔ⁷	nɔʔ⁸	lɔʔ⁸	lɔʔ⁸		lɔʔ⁸		
松江	tʰɔʔ⁷	nɔʔ⁸	lɔʔ⁸	lɔʔ⁸		lɔʔ⁸		
松江新	tʰɔʔ⁷①	nɔʔ⁸	lɔʔ⁸	lɔʔ⁸	lɔʔ⁸	lɔʔ⁸	lɔʔ⁸	lɔʔ⁸
泗泾	tʰɔʔ⁷	nɔʔ⁸	lɔʔ⁸	lɔʔ⁸		lɔʔ⁸		
奉贤	tʰɔʔ⁷	nɔʔ⁸	lɔʔ⁸	lɔʔ⁸		lɔʔ⁸		
奉贤新	tʰɔʔ⁷	nɔʔ⁸	lɔʔ⁸	lɔʔ⁸	lɔʔ⁸	lɔʔ⁸	lɔʔ⁸	lɔʔ⁸
奉城	tʰɔʔ⁷	nɔʔ⁸	lɔʔ⁸	lɔʔ⁸		lɔʔ⁸		
金山	tʰɔʔ⁷	nɔʔ⁸	lɔʔ⁸	lɔʔ⁸		lɔʔ⁸		
金山新	tɔʔ⁷	nɔʔ⁸	lɔʔ⁸	lɔʔ⁸	lɔʔ⁸	lɔʔ⁸	lɔʔ⁸	lɔʔ⁸
枫泾	tʰɔʔ⁷	nɔʔ⁸	lɔʔ⁸	lɔʔ⁸		lɔʔ⁸		
青浦	tʰɔʔ⁷	nɔʔ⁸	lɔʔ⁸	lɔʔ⁸		lɔʔ⁸		
青浦新	tʰɔʔ⁷	nɔʔ⁸	lɔʔ⁸	lɔʔ⁸	lɔʔ⁸	lɔʔ⁸	lɔʔ⁸	lɔʔ⁸
莘庄	tʰɔʔ⁷	nɔʔ⁸	lɔʔ⁸	lɔʔ⁸		lɔʔ⁸		
闵行新	tʰoʔ⁷	nɔʔ⁸	lɔʔ⁸	lɔʔ⁸	lɔʔ⁸	lɔʔ⁸	lɔʔ⁸	lɔʔ⁸
川沙	tʰɔʔ⁷	nɔʔ⁸	lɔʔ⁸	lɔʔ⁸		lɔʔ⁸		
川沙新	tʰɤʔ⁷	nɔʔ⁸	lɔʔ⁸	lɔʔ⁸	lɔʔ⁸	lɔʔ⁸	lɔʔ⁸	lɔʔ⁸
高桥	tʰɔʔ⁷		lɔʔ⁸	lɔʔ⁸		lɔʔ⁸		
三林	tʰɔʔ⁷	nɔʔ⁸	lɔʔ⁸	lɔʔ⁸		lɔʔ⁸		
周浦	tʰɔʔ⁷	nɔʔ⁸	lɔʔ⁸	lɔʔ⁸		lɔʔ⁸		
南汇	tʰɔʔ⁷	nɔʔ⁸	lɔʔ⁸	lɔʔ⁸		lɔʔ⁸		
南汇新	tʰɔʔ⁷	nɔʔ⁸	lɔʔ⁸	lɔʔ⁸	lɔʔ⁸	lɔʔ⁸	lɔʔ⁸	lɔʔ⁸
嘉定	tʰɔʔ⁷	nɔʔ⁸	lɔʔ⁸	lɔʔ⁸		lɔʔ⁸		
嘉定新	tʰoʔ⁷	nɔʔ⁸	lɔʔ⁸	lɔʔ⁸	lɔʔ⁸	lɔʔ⁸	lɔʔ⁸	lɔʔ⁸
宝山	tʰɔʔ⁷	nɔʔ⁸	lɔʔ⁸	lɔʔ⁸	lɔʔ⁸	lɔʔ⁸	lɔʔ⁸	lɔʔ⁸
宝山新	tʰɔʔ⁷	nɔʔ⁸	lɔʔ⁸	lɔʔ⁸	lɔʔ⁸	lɔʔ⁸	lɔʔ⁸	lɔʔ⁸
崇明	tʰɔʔ⁷	nɔʔ⁸	lɔʔ⁸	lɔʔ⁸		lɔʔ⁸		
崇明新	tʰɔʔ⁷		lɔʔ⁸	lɔʔ⁸	lɔʔ⁸	lɔʔ⁸	lɔʔ⁸	lau⁶
堡镇	tʰɔʔ⁷	nɔʔ⁸	lɔʔ⁸	lɔʔ⁸		lɔʔ⁸		
练塘	tʰɔʔ⁷	nɔʔ⁸	lɔʔ⁸	lɔʔ⁸		lɔʔ⁸		

注：① "托盘" 读tʰɔʔ⁷be²。

序号	2351	2352	2353	2354	2355	2356	2357	2358
字目	乐快乐	作	锉	错错误	错交错	昨	凿	索绳索
中古音的地位	宕开三入铎来	宕开三入铎精	宕开三入铎清	宕开三入铎清	宕开三入铎清	宕开三入铎从	宕开三入铎从	宕开一入铎心
市区	loʔ⁸	tsoʔ⁷	tsʰu⁵	tsʰoʔ¹/tsʰu¹	tsʰoʔ¹/tsʰu¹	zoʔ⁸/zo⁶		sɔʔ⁷
市区中	loʔ⁸	tsoʔ⁷	tsʰu⁵	tsʰu⁵	tsʰu⁵	zoʔ⁸	zoʔ⁸	sɔʔ⁷
市区新	loʔ⁸	tsoʔ⁷	tsʰu⁵	tsʰu⁵	tsʰu⁵	zoʔ⁸		sɔʔ⁷
真如	loʔ⁸	tsoʔ⁷	tsʰu⁵	tsʰo¹	tsʰo¹	zɔʔ⁸		sɔʔ⁷
江湾	loʔ⁸	tsoʔ⁷	tsʰu⁵	tsʰo¹	tsʰo¹	zo⁶/zɔʔ⁸		sɔʔ⁷
松江	loʔ⁸	tsoʔ⁷	tsʰu⁵	tsʰoʔ⁷	tsʰoʔ⁷	zɔʔ⁸		sɔʔ⁷
松江新	loʔ⁸	tsoʔ⁷	tsʰo⁵	tsʰo⁵	tsʰo⁵	zoʔ⁸	zoʔ⁸	sɔʔ⁷
泗泾	loʔ⁸	tsoʔ⁷	tsʰu⁵	tsʰoʔ⁷	tsʰoʔ⁷	zɔʔ⁸		sɔʔ⁷
奉贤	loʔ⁸	tsoʔ⁷	tsʰu⁵	tsʰo¹	tsʰo¹	zoʔ⁸/zo²		sɔʔ⁷
奉贤新	ləʔ⁸	tsoʔ⁷	tsʰu¹	tsʰu¹	tsʰu¹	zo⁶	zoʔ⁸	sɔʔ⁷
奉城	loʔ⁸	tsoʔ⁷	tsʰu⁵	tsʰo¹	tsʰo¹	zo⁶		sɔʔ⁷
金山	loʔ⁸	tsoʔ⁷	tsʰu⁵	tsʰo¹	tsʰo¹	zo⁶		sɔʔ⁷
金山新	loʔ⁸	tsoʔ⁷	tsʰø¹	tsʰo¹	tsʰo¹	zo⁶	zɔʔ⁸	sɔʔ⁷
枫泾	loʔ⁸	tsoʔ⁷	tsʰu⁵	tsʰɔʔ⁷	tsʰɔʔ⁷	zo⁶		sɔʔ⁷
青浦	loʔ⁸	tsoʔ⁷	tsʰu⁵	tsʰoʔ⁷	tsʰoʔ⁷	zɔʔ⁸/zo⁶		sɔʔ⁷
青浦新	loʔ⁸	tsoʔ⁷	tsʰu⁵	tsω¹	tsω¹	zɔʔ⁸	zɔʔ⁸	sɔʔ⁷
莘庄	loʔ⁸	tsoʔ⁷	tsʰu⁵	tso¹	tso¹	zɔʔ⁸/zo⁶		sɔʔ⁷
闵行新	loʔ⁸	tsoʔ⁷	tsʰu⁵	tsʰoʔ⁷	tsʰoʔ⁷	zoʔ⁸	zoʔ⁸	sɔʔ⁷
川沙	loʔ⁸	tsoʔ⁷	tsʰu⁵	tsʰiɔ¹	tsʰiɔ¹	zɔʔ⁸		sɔʔ⁷
川沙新	loʔ⁸	tsoʔ⁷		tsʰu⁵	tsʰu⁵	zɔʔ⁸	zɔʔ⁸	
高桥	loʔ⁸	tsoʔ⁷	tsʰu⁵	tsʰo¹/tsʰu⁵	tsʰo¹/tsʰu⁵	zɔʔ⁸		sɔʔ⁷
三林	loʔ⁸	tsoʔ⁷	tsʰu⁵	tsʰo¹	tsʰo¹	zɔʔ⁸		sɔʔ⁷
周浦	loʔ⁸	tsoʔ⁷	tsʰu⁵	tsʰo¹	tsʰo¹	zɔʔ⁸		sɔʔ⁷
南汇	loʔ⁸	tsoʔ⁷	tsʰu⁵	tsʰo¹	tsʰo¹	zɔʔ⁸		sɔʔ⁷
南汇新	loʔ⁸	tsoʔ⁷	tsʰu⁵	tsʰo¹	tsʰo¹	zɔʔ⁸	zɔʔ⁸	
嘉定	loʔ⁸	tsoʔ⁷	tsʰu⁵	tsʰo⁵/tsʰu¹	tsʰo⁵/tsʰu¹	zɔʔ⁸		sɔʔ⁷
嘉定新	loʔ⁸	tsoʔ⁷	tsʰø⁵	tsʰø⁵	tsʰø⁵	zoʔ⁸	zoʔ⁸	sɔʔ⁷
宝山	loʔ⁸	tsoʔ⁷	tsʰo¹	tsʰo¹	tsʰo¹	zoʔ⁸	zoʔ⁸	sɔʔ⁷
宝山新	loʔ⁸	tsoʔ⁷	tsʰo⁵	tsʰo⁵	tsʰo⁵	zoʔ⁸	zoʔ⁸	sɔʔ⁷
崇明	loʔ⁸	tsoʔ⁷	tsʰu⁵	tsʰu⁵	tsʰu⁵	dzo⁶/zəʔ⁸		sɔʔ⁷
崇明新	loʔ⁸	tsoʔ⁷		tsʰuo¹	tsʰuo¹	zəʔ⁸		su³
堡镇	loʔ⁸	tsoʔ⁷	tsʰu⁵	tsʰu⁵	tsʰu⁵	dzo⁶/zɔʔ⁸		sɔʔ⁷
练塘	loʔ⁸	tsoʔ⁷	tsʰu⁵	tsʰo¹	tsʰo¹	zɔʔ⁸		sɔʔ⁷

序号	2359	2360	2361	2362	2363	2364	2365	2366
字目	阁	搁	各	胳	腭	鹤	恶善恶	娘爹娘
中古音的地位	宕开一入铎见	宕开一入铎见	宕开一入铎见	宕开一入铎见	宕开一入铎疑	宕开一入铎匣	宕开一入铎影	宕开三平阳泥
市区	ko$\mathrm{?}^7$	ko$\mathrm{?}^7$/go$\mathrm{?}^8$	ko$\mathrm{?}^7$			ŋo$\mathrm{?}^8$	o$\mathrm{?}^7$	ɲiã^6
市区中	ko$\mathrm{?}^7$	ko$\mathrm{?}^7$	ko$\mathrm{?}^7$	ko$\mathrm{?}^7$	ŋo$\mathrm{?}^8$	ŋo$\mathrm{?}^8$	o$\mathrm{?}^7$	ɲiã^6
市区新	ko$\mathrm{?}^7$	ko$\mathrm{?}^7$	ko$\mathrm{?}^7$	ko$\mathrm{?}^7$	ŋo$\mathrm{?}^8$	ŋo$\mathrm{?}^8$	o$\mathrm{?}^7$	ɲiã^6
真如	kɔ$\mathrm{?}^7$	kɔ$\mathrm{?}^7$	kɔ$\mathrm{?}^7$			ŋɔ$\mathrm{?}^8$	ɔ$\mathrm{?}^7$	ɲiã^2
江湾	kɔ$\mathrm{?}^7$	kɔ$\mathrm{?}^7$	kɔ$\mathrm{?}^7$			ŋɔ$\mathrm{?}^8$	ɔ$\mathrm{?}^7$	ɲiã^6
松江	kɔ$\mathrm{?}^7$	kɔ$\mathrm{?}^7$	kɔ$\mathrm{?}^7$			ŋɔ$\mathrm{?}^8$	ɔ$\mathrm{?}^7$	ɲiẽ^2
松江新	kɔ$\mathrm{?}^7$	kɔ$\mathrm{?}^7$	kɔ$\mathrm{?}^7$	kʌ$\mathrm{?}^7$	ɦʌ$\mathrm{?}^8$		ɔ$\mathrm{?}^7$	ɲiẽ^2
泗泾	kɔ$\mathrm{?}^7$	kɔ$\mathrm{?}^7$	kɔ$\mathrm{?}^7$			ŋɔ$\mathrm{?}^8$	ɔ$\mathrm{?}^7$	ɲiẽ^2
奉贤	kɔ$\mathrm{?}^7$	kɔ$\mathrm{?}^7$	kɔ$\mathrm{?}^7$			ŋɔ$\mathrm{?}^8$	ɔ$\mathrm{?}^7$	ɲiẽ^2
奉贤新	kə^5/kɔ$\mathrm{?}^7$	kə^5/kɔ$\mathrm{?}^7$	kə$\mathrm{?}$/kɔ$\mathrm{?}^7$	kə$\mathrm{?}^7$	ŋo^6	hə$\mathrm{?}^8$	o$\mathrm{?}^7$	ɲiã^2
奉城	kɔ$\mathrm{?}^7$	kɔ$\mathrm{?}^7$	kɔ$\mathrm{?}^7$			ŋɔ$\mathrm{?}^8$	ɔ$\mathrm{?}^7$	ɲiẽ^2
金山	kɔ$\mathrm{?}^7$	kɔ$\mathrm{?}^7$	kɔ$\mathrm{?}^7$			ŋɔ$\mathrm{?}^8$	ɔ$\mathrm{?}^7$	ɲiẽ^2
金山新	kə$\mathrm{?}^7$	kə$\mathrm{?}^7$	kə$\mathrm{?}^7$	kə$\mathrm{?}^7$	ŋɔ$\mathrm{?}^8$	ŋɔ$\mathrm{?}^8$	ŋɔ$\mathrm{?}^7$	ɲiẽ^2
枫泾	kɔ$\mathrm{?}^7$	kɔ$\mathrm{?}^7$	kɔ$\mathrm{?}^7$			ŋɔ$\mathrm{?}^8$	ɔ$\mathrm{?}^7$	ɲiẽ^1
青浦	kɔ$\mathrm{?}^7$	kɔ$\mathrm{?}^7$	kɔ$\mathrm{?}^7$			ŋɔ$\mathrm{?}^8$	ɔ$\mathrm{?}^7$	ɲiẽ^2
青浦新	kə$\mathrm{?}^7$	kə$\mathrm{?}^7$	kə$\mathrm{?}^7$		ŋɔ$\mathrm{?}^8$	ŋɔ$\mathrm{?}^8$	ɔ$\mathrm{?}^7$	ɲiẽ^2
莘庄	kɔ$\mathrm{?}^7$	kɔ$\mathrm{?}^7$	kɔ$\mathrm{?}^7$			ŋɔ$\mathrm{?}^8$	ɔ$\mathrm{?}^7$	ɲiã^2
闵行新	kə$\mathrm{?}^7$	kə$\mathrm{?}^7$	kə$\mathrm{?}^7$	kə$\mathrm{?}^7$	ŋɔ$\mathrm{?}^8$	ŋɔ$\mathrm{?}^8$	ɔ$\mathrm{?}^7$	ɲiã^1
川沙	kɔ$\mathrm{?}^7$	kɔ$\mathrm{?}^7$/gɔ$\mathrm{?}^8$	kɔ$\mathrm{?}^7$			ŋɔ$\mathrm{?}^8$	ɔ$\mathrm{?}^7$	ɲiã^2
川沙新	kɔ$\mathrm{?}^7$	kə$\mathrm{?}^7$	kə$\mathrm{?}^7$	kɔ$\mathrm{?}^7$	ŋɤ$\mathrm{?}^8$		o$\mathrm{?}^7$	ɲiaŋ^6
高桥	kɔ$\mathrm{?}^7$	kɔ$\mathrm{?}^7$	kɔ$\mathrm{?}^7$			ŋɔ$\mathrm{?}^8$	ɔ$\mathrm{?}^7$	ɲiã^2
三林	kɔ$\mathrm{?}^7$	kɔ$\mathrm{?}^7$	kɔ$\mathrm{?}^7$			ŋɔ$\mathrm{?}^8$	ɔ$\mathrm{?}^7$	ɲiã^2
周浦	kɔ$\mathrm{?}^7$	kɔ$\mathrm{?}^7$	kɔ$\mathrm{?}^7$			ŋɔ$\mathrm{?}^8$	ɔ$\mathrm{?}^7$	ɲiã^2
南汇	kɔ$\mathrm{?}^7$	kɔ$\mathrm{?}^7$	kɔ$\mathrm{?}^7$			ŋɔ$\mathrm{?}^8$	ɔ$\mathrm{?}^7$	ɲiã^2
南汇新	kə$\mathrm{?}^7$			kə$\mathrm{?}^7$		ŋɔ$\mathrm{?}^8$		
嘉定	kɔ$\mathrm{?}^7$	kɔ$\mathrm{?}^7$	kɔ$\mathrm{?}^7$			ŋɔ$\mathrm{?}^8$	ɔ$\mathrm{?}^7$	ɲiã^2
嘉定新	kə$\mathrm{?}^7$	kə$\mathrm{?}^7$	kə$\mathrm{?}^7$	kə$\mathrm{?}^7$	ŋɔ$\mathrm{?}^8$	ŋo$\mathrm{?}^8$	o$\mathrm{?}^7$	ɲiaŋ^2
宝山	ko$\mathrm{?}^7$	ko$\mathrm{?}^7$	ko$\mathrm{?}^7$			ŋɔ$\mathrm{?}^8$	ŋo$\mathrm{?}^8$	o$\mathrm{?}^7$	ɲiã^2
宝山新	kə$\mathrm{?}^7$	kə$\mathrm{?}^7$	kə$\mathrm{?}^7$	kə$\mathrm{?}^7$	ŋɔ$\mathrm{?}^8$	ə$\mathrm{?}^8$	o$\mathrm{?}^7$	ɲiã^6
崇明	ko$\mathrm{?}^7$	ko$\mathrm{?}^7$	ko$\mathrm{?}^7$			ɦɦo$\mathrm{?}^8$	o$\mathrm{?}^7$	ɲiã^2
崇明新	ko$\mathrm{?}^7$	ko$\mathrm{?}^7$	ko$\mathrm{?}^7$		o$\mathrm{?}^8$	ŋ^2	o$\mathrm{?}^7$	ɲia^2
堡镇	ko$\mathrm{?}^7$	ko$\mathrm{?}^7$	ko$\mathrm{?}^7$			ɦɦo$\mathrm{?}^8$	o$\mathrm{?}^7$	ɲiã^2
练塘	kɔ$\mathrm{?}^7$	kɔ$\mathrm{?}^7$	kɔ$\mathrm{?}^7$			ŋɔ$\mathrm{?}^8$	ɔ$\mathrm{?}^7$	ɲiẽ^2

序号	2367	2368	2369	2370	2371	2372	2373	2374
字目	娘新娘	酿	良	凉	梁	粮	梁	量量米
中古音的地位	宕开三平阳泥	宕开三去漾泥	宕开三平阳来	宕开三平阳来	宕开三平阳来	宕开三平阳来	宕开三平阳来	宕开三平阳来
市区	ȵiã⁶	ȵiã⁶	liã⁶	liã⁶		liã⁶	liã⁶	liã⁶
市区中	ȵiÃ⁶	ȵiÃ⁶	liÃ⁶	liÃ⁶	liÃ⁶	liÃ⁶	liÃ⁶	liÃ⁶
市区新	ȵiÃ⁶	ȵiÃ⁶	liÃ⁶	liÃ⁶	liÃ⁶	liÃ⁶	liÃ⁶	liÃ⁶
真如	ȵiã²	ȵiã¹	liã²	liã²	liã²	liã²	liã²	liã²
江湾	ȵiã⁶	ȵiã⁶	liã⁶	liã⁶	liã⁶	liã⁶	liã⁶	liã⁶
松江	ȵiẽ²	ȵiẽ⁶	liẽ²	liẽ²	liẽ²	liẽ²	liẽ²	liẽ²
松江新	ȵiẽ²	ȵiẽ⁶	liẽ²	liẽ²	liẽ²	liẽ²	liẽ²	liẽ²
泗泾	ȵiẽ²	ȵiẽ⁶	liẽ²	liẽ²	liẽ²	liẽ²	liẽ²	liẽ²
奉贤	ɲiẽ²	ɲiẽ⁶	liẽ²	liẽ²	liẽ²	liẽ²	liẽ²	liẽ²
奉贤新	ȵiã²	ȵiã⁶	liẽ²	liẽ²	liẽ²	liẽ²	liẽ²	liẽ²
奉城	ɲiẽ²	ɲiẽ⁶	liẽ²	liẽ²	liẽ²	liẽ²	liẽ²	liẽ²
金山	ȵiẽ²	ȵiẽ⁶	liẽ²	liẽ²	liẽ²	liẽ²	liẽ²	liẽ²
金山新	ȵiẽ²	ȵiẽ⁶	liẽ²	liẽ²	liẽ²	liẽ²	liẽ²	liẽ²
枫泾	ȵiẽ¹	ȵiẽ³	liẽ²	liẽ²	liẽ²	liẽ²	liẽ²	liẽ²
青浦	ȵiẽ²	ȵiẽ⁶	liẽ²	liẽ²	liẽ²	liẽ²	liẽ²	liẽ²
青浦新	ȵiẽ²	ȵiẽ⁶	liẽ²	liẽ²	liẽ²	liẽ²	liẽ²	liẽ²
莘庄	ɲiã²	ɲiã¹	liã²	liã²	liã²	liã²	liã²	liã²
闵行新	ȵiã¹	ȵiã⁵	liã²	liã²	liã²	liã²	liã²	liã²
川沙	ȵiã²	ȵiã⁶	liã²	liã²	liã²	liã²	liã²	liã²
川沙新	ȵiaŋ¹	ȵiaŋ⁵	liaŋ⁶	liaŋ⁶	liaŋ⁶	liaŋ⁶	liaŋ⁶	liaŋ⁶
高桥	ȵiã²	ȵiã³	liã²	liã²	liã²	liã²	liã²	liã²
三林	ɲiã²	ɲiã⁶	liã²	liã²	liã²	liã²	liã²	liã²
周浦	ɲiã²	ɲiã⁶	liã²	liã²	liã²	liã²	liã²	liã²
南汇	ɲiã²	ɲiã⁶	liã²	liã²	liã²	liã²	liã²	liã²
南汇新	ȵiã⁶	ȵiã⁶	liã⁶	liã⁶	liã⁶	liã⁶	liã⁶	liã⁶
嘉定	ȵiã²	ȵiã⁵	liã²	liã²	liã²	liã⁷	liã²	liã²
嘉定新	ȵiaŋ²	ȵiaŋ⁶	liaŋ²	liaŋ²	liaŋ²	liaŋ²	liaŋ²	liaŋ²
宝山	ȵiã²	ȵiã⁵	liã²	liã²	liã²	liã²	liã²	liã²
宝山新	ȵiã⁶	ȵiã⁶	liã⁶	liã⁶	liã⁶	liã⁶	liã⁶	liã⁶
崇明	ȵiã²	ȵiã⁵	liã²	liã²	liã²	liã²	liã²	liã²
崇明新	ȵiɑ²	ȵiã⁶	liɑ²	liɑ²	liɑ²	liɑ²	liɑ²	liɑ²
堡镇	ȵiã²	ȵiã⁵	liã²	liã²	liã²	liã²	liã²	liã²
练塘	ȵiẽ²	ȵiẽ⁶	liẽ²	liẽ²	liẽ²	liẽ²	liẽ²	liẽ²

序号	2375	2376	2377	2378	2379	2380	2381	2382
字目	两两斤	两斤两	亮	量数量	谅	将将来	浆	蒋
中古音的地位	宕开三上养来	宕开三上养来	宕开三去漾来	宕开三去漾来	宕开三去漾来	宕开三平阳精	宕开三平阳精	宕开三上养精
市区	liã⁶	liã⁶	liã⁶	liã⁶	liã⁶	tɕiã¹		tɕiã⁵
市区中	liã̃⁶	liã̃⁶	liã̃⁶	liã̃⁶	liã̃⁶	tɕiã¹	tɕiã⁵	tɕiã̃⁵
市区新	liã̃⁶	liã̃⁶	liã̃⁶	liã̃⁶	liã̃⁶	tɕiã¹	tɕiã⁵	tɕiã̃⁵
真如	liã²	liã²	liã⁶	liã⁶	liã⁶	tsiã¹		tsiã³
江湾	liã⁶	liã⁶	liã⁶	liã⁶	liã⁶	tsiã¹		tsiã⁵
松江	liẽ²	liẽ²	liẽ⁶	liẽ⁶	liẽ⁶	tsiẽ¹		tsiẽ³
松江新	liẽ⁶	liẽ⁶	n̠iẽ⁶	liẽ²	liẽ²	liẽ²	liẽ²	liẽ²
泗泾	liẽ²	liẽ²	liẽ⁶	liẽ⁶	liẽ⁶	tsiẽ¹		tsiẽ³
奉贤	liẽ⁶	liẽ⁶	liẽ⁶	liẽ⁶	liẽ⁶	tsiẽ¹		tsiẽ⁵
奉贤新	liẽ⁶	liẽ⁶	liẽ⁶	liẽ⁶	liẽ⁶	ʔtɕiẽ¹	ʔtɕiẽ¹	ʔtɕiẽ³
奉城	liã⁶	liã⁶	liã⁶	liã⁶	liã⁶	tsiã¹		tsiã³
金山	liẽ⁶/liẽ³	liẽ⁶/liẽ³	liẽ⁶	liẽ⁶	liẽ⁶	tsiẽ¹		tsiẽ³
金山新	liẽ⁶	liẽ⁶	n̠iẽ⁶	liẽ²	liẽ²	liẽ²	liẽ²	liẽ²
枫泾	liẽ³/liẽ⁴	liẽ³/liẽ⁴	liẽ⁶	liẽ⁶	liẽ⁶	tsiẽ³		tsiẽ³
青浦	liẽ⁶	liẽ⁶	liẽ⁶	liẽ⁶	liẽ⁶	tsiẽ¹		tsiẽ³
青浦新	liẽ⁶	liẽ⁶	liẽ⁶	liẽ⁶	liẽ⁶	tɕiẽ¹	tɕiẽ¹	tɕiẽ³
莘庄	liã⁶	liã⁶	liã⁶	liã⁶	liã⁶	tsiã¹		tsiã³
闵行新	liã²	liã²	liã²	liã²	liã²	tɕiã¹	tɕiã¹	tɕiã⁵
川沙	liã²	liã²	liã⁶	liã⁶	liã⁶	tsiã¹		tsiã³
川沙新	liaŋ⁶	liaŋ⁶	liaŋ⁵	liaŋ⁵	liaŋ⁵	tɕiaŋ¹	tɕiaŋ¹	tɕiaŋ³/tɕiaŋ⁵
高桥	liã²	liã²	liã⁶	liã⁶	liã⁶	tsiã¹		tsiã³
三林	liã²	liã²	liã⁶	liã⁶	liã⁶	tsiã¹		tsiã³
周浦	liã²	liã²	liã⁶	liã⁶	liã⁶	tsiã¹		tsiã³
南汇	liã²	liã²	liã⁶	liã⁶	liã⁶	tsiã¹		tsiã³
南汇新	liã⁶	liã⁶	liã⁶	liã⁶	liã⁶	tɕiã¹	tɕiã¹	tɕiã³
嘉定	liã⁶	liã⁶	liã⁶	liã⁶	liã⁶	tsiã¹		tsiã³
嘉定新	liaŋ⁶	liaŋ⁶	liaŋ⁶	liaŋ⁶	liaŋ⁶	tɕiaŋ¹	tɕiaŋ¹	tsiaŋ⁵
宝山	liã⁶	liã⁶	liã⁶	liã⁶	liã⁶	tɕiã¹	tɕiã¹	tɕiã⁵
宝山新	liã⁶	liã⁶	liã⁶	liã⁶	liã⁶	tɕiã¹	tɕiã¹	tɕiã⁵
崇明	liã⁴	liã⁴	liã⁶	liã⁶	liã⁶	tɕiã¹		tɕiã³
崇明新	liã⁶	liã⁶	liã⁶	liã⁶	liã⁶	tɕiã¹	dʑiã⁶	tɕiã³
堡镇	liã⁴	liã⁴	liã⁶	liã⁶	liã⁶	tɕiã¹		tɕiã³
练塘	liẽ⁴	liẽ⁴	liẽ⁶	liẽ⁶	liẽ⁶	tsiẽ¹		tsiẽ¹

序号	2383	2384	2385	2386	2387	2388	2389	2390
字目	桨	奖	酱	将大将	枪	抢抢夺	墙	匠
中古音的地位	宕开三上养精	宕开三上养精	宕开三去漾精	宕开三去漾精	宕开三平阳清	宕开三上养清	宕开三平阳从	宕开三去漾从
市区	tɕiã⁵	tɕiã⁵	tɕiã⁵	tɕiã⁵	tɕʰiã¹	tɕʰiã⁵	ziã⁶	tɕiã⁵
市区中	tɕiÃ⁵	tɕiÃ⁵	tɕiÃ⁵	tɕiÃ⁵	tɕʰiÃ¹	tɕʰiÃ⁵	dʑiÃ⁶	dʑiÃ⁵
市区新	tɕiÃ⁵	tɕiÃ⁵	tɕiÃ⁵	tɕiÃ⁵	tɕʰiÃ¹	tɕʰiÃ⁵	dʑiÃ⁶	dʑiÃ⁶
真如	tsiã¹	tsiã³	tsiã⁵	tsiã⁵	tsʰiã¹	tsʰiã¹	ziã²	ziã⁶
江湾	tsiã⁵	tsiã³	tsiã⁵	tsiã⁵	tsʰiã¹	tsʰiã¹	ziã²	ziã⁶
松江	tsiẽ³	tsiẽ³	tsiẽ⁵	tsiẽ⁵	tsʰiẽ¹	tsʰiẽ³	ziẽ²	ziẽ⁶
松江新	liẽ²	liẽ⁶	tɕiẽ⁵	tɕiẽ¹	tɕʰiẽ¹	tɕʰiẽ³	dziẽ²	dziẽ⁶
泗泾	tsiẽ³	tsiẽ³	tsiẽ⁵	tsiẽ⁵	tsʰiẽ¹	tsʰiẽ³	ziẽ²	ziẽ⁶
奉贤	tsiẽ⁵	tsiẽ³	tsiẽ⁵	tsiẽ⁵	tsʰiẽ¹	tsʰiẽ³	ziẽ²	ziẽ⁶
奉贤新	ʔtɕiẽ³	ʔtɕiẽ³	ʔtɕiẽ⁵	ʔtɕiẽ⁵	tɕʰiã¹	tɕʰiã³	ʑiã²	ʑiã⁶/dʑiã⁶
奉城	tsiã³	tsiã³	tsiã⁵	tsiã⁵	tsʰiã¹	tsʰiã³	ziã²	ziã⁶
金山	tsiẽ³	tsiẽ³	tsiẽ⁵	tsiẽ⁵	tsʰiẽ¹	tsʰiẽ³	ziẽ²	ziẽ⁶
金山新	liẽ²	liẽ⁶	tɕiẽ⁵	tɕiẽ⁵	tɕʰiẽ¹	tɕʰiẽ³	ʑiẽ²	ʑiẽ⁶
枫泾	tsiẽ³	tsiẽ³	tsiẽ⁵	tsiẽ⁵	tsʰiẽ¹	tsʰiẽ³	ziẽ²	ziẽ⁶
青浦	tsiẽ³	tsiẽ³	tsiẽ⁵	tsiẽ⁵	tsʰiẽ¹	tsʰiẽ³	ziẽ²	ziẽ⁶
青浦新	tɕiẽ³	tɕiẽ³	tɕiẽ⁵	tɕiẽ⁵	tɕʰiẽ¹	tɕʰiẽ³	dʑiẽ²	ʑiẽ⁶
莘庄	tsiã¹	tsiã³	tsiã⁵	tsiã⁵	tsʰiã¹	tsʰiã³	ziã²	ziã⁶
闵行新	tɕiã⁵	tɕiã³	tɕiã⁵	tɕiã⁵	tɕʰiã¹	tɕʰiã³	ʑiã²	ʑiã²
川沙	tsiã³	tsiã³	tsiã⁵	tsiã⁵	tsʰiã¹	tsʰiã³	ziã²	ziã⁶
川沙新	tɕian³/tɕiaŋ⁵	tɕian³	tɕian⁵	tɕian⁵	tɕʰian¹	tɕʰian³	ʑian⁶	ʑian⁶
高桥	tsiã³	tsiã³	tsiã³	tsiã⁵	tsʰiã¹	tsʰiã³	ziã²	ziã⁶
三林	tsiã³	tsiã³	tsiã⁵	tsiã⁵	tsʰiã¹	tsʰiã³	ziã²	ziã⁶
周浦	tsiã³	tsiã³	tsiã⁵	tsiã⁵	tsʰiã¹	tsʰiã³	ziã²	ziã⁶
南汇	tsiã³	tsiã³	tsiã⁵	tsiã⁵	tsʰiã¹	tsʰiã³	ziã²	ziã⁶
南汇新	tɕiã³	tɕiã³	tɕiã⁵	tɕiã⁵	tɕʰiã¹	tɕʰiã³	ɦiã⁶	ɦiã⁶
嘉定	tsiã³	tsiã³	tsiã⁵	tsiã⁵	tsʰiã¹	tsʰiã¹	ziã²	ziã⁶
嘉定新	tsiaŋ⁵	tsiaŋ⁵	tsiaŋ⁵	tsiaŋ⁵	tsʰiaŋ¹	tsʰiaŋ¹	ziaŋ²	ziaŋ⁵
宝山	tɕiã⁵	tɕiã⁵	tɕiã⁵	tɕiã⁵	tɕʰiã¹	tɕʰiã⁵	ɕiã²	ɕiã⁶
宝山新	tɕiã⁵	tɕiã⁵	tɕiã¹	tɕiã¹	tɕʰiã¹	tɕʰiã¹	dʑiã⁶	tɕiã⁵
崇明	tɕiã³	tɕiã³	tɕiã⁵	tɕiã⁵	tɕʰiã¹	tɕʰiã³	ʑiã²	dʑiã⁶
崇明新	tɕiã³	tɕiã³	tɕiã⁵	tɕiã⁵	tɕʰiã¹	tɕʰiã³	ʑiɑ²	iã⁶
堡镇	tɕiã³	tɕiã³	tɕiã⁵	tɕiã⁵	tɕʰiã¹	tɕʰiã³	ʑiã²	dʑiã⁶
练塘	tsiẽ¹	tsiẽ¹	tsiẽ⁵	tsiẽ⁵	tsʰiẽ¹	tsʰiẽ¹	ziẽ²	ziẽ⁶

序号	2391	2392	2393	2394	2395	2396	2397	2398
字目	相相互	箱	厢	湘	镶	想	鲞	相相貌
中古音的地位	宕开三平阳心	宕开三平阳心	宕开三平阳心	宕开三平阳心	宕开三平阳心	宕开三上养心	宕开三上养心	宕开三去漾心
市区	ɕiã¹	ɕiã¹	ɕiã¹		ɕiã¹	ɕiã⁵		tɕiã⁵
市区中	ɕiÃ¹	ɕiÃ¹	ɕiÃ¹	ɕiÃ¹	ɕiÃ¹	ɕiÃ⁵	ɕiÃ⁵	ɕiÃ⁵
市区新	ɕiÃ¹	ɕiÃ¹	ɕiÃ¹	ɕiÃ¹	ɕiÃ¹	ɕiÃ⁵	ɕiÃ⁵	ɕiÃ⁵
真如	siã¹	siã¹	siã¹		siã¹	siã³		siã⁵
江湾	siã¹	siã¹	siã¹		siã¹	siã⁵		siã⁵
松江	siẽ¹	siẽ¹	siẽ¹		siẽ¹	siẽ³		siẽ⁵
松江新	ɕiẽ¹	ɕiẽ¹	ɕiẽ¹	ɕiẽ¹	ɕiẽ¹	ɕiẽ³	ɕiẽ³	ɕiẽ⁵
泗泾	siẽ¹	siẽ¹	siẽ¹		siẽ¹	siẽ³		siẽ⁵
奉贤	siẽ¹	siẽ¹	siẽ¹		siẽ¹	siẽ⁵		siẽ⁵
奉贤新	ɕiã¹	ɕiã¹	ɕiã¹	ɕiã¹	ɕiã¹	ɕiã³	ɕiã³	ziã⁶
奉城	siã¹	siã¹	siã¹		siã¹	siã⁵		siã⁵
金山	siẽ¹	siẽ¹	siẽ¹		siẽ¹	siẽ³		siẽ⁵
金山新	ɕiẽ¹	ɕiẽ¹	ɕiẽ¹	ɕiẽ¹	ɕiẽ¹	ɕiẽ³	ɕiẽ³	ziẽ⁶/ɕiẽ¹
枫泾	siẽ¹	siẽ¹	siẽ¹		siẽ¹	siẽ³		siẽ⁵
青浦	siẽ¹	siẽ¹	siẽ¹		siẽ¹			siẽ⁵
青浦新	ɕiẽ¹	ɕiẽ¹	ɕiẽ¹	ɕiẽ¹	ɕiẽ¹	ɕiẽ³	ɕiẽ³	ɕiẽ⁵
莘庄	siã¹	siã¹	siã¹		siã¹	siã³		siã⁵
闵行新	ɕiã¹	ɕiã¹	ɕiã¹	ɕiã¹	ɕiã¹	ɕiã³	ɕiã³	ɕiã¹
川沙	siã¹	siã¹	siã¹		siã¹	siã³		siã⁵
川沙新	ɕiaŋ¹	ɕiaŋ¹	ɕiaŋ¹	ɕiaŋ¹	ɕiaŋ¹	ɕiaŋ³	ɕiaŋ³	ɕiaŋ⁵
高桥	siã³	siã¹	siã¹		siã¹	siã³		siã³
三林	siã¹	siã¹	siã¹		siã¹	siã³		siã⁵
周浦	siã¹	siã¹	siã¹		siã¹	siã³		siã⁵
南汇	siã¹	siã¹	siã¹		siã¹	siã³		siã⁵
南汇新	ɕiã¹	ɕiã¹	ɕiã¹	ɕiã¹	ɕiã¹	ɕiã³		ɕiã⁵
嘉定	siã¹	siã¹	siã¹		siã¹	siã⁵		siã⁵
嘉定新	ɕiaŋ¹	ɕiaŋ¹	ɕiaŋ¹	ɕiaŋ¹	ɕiaŋ¹	siaŋ⁵		ziaŋ⁶
宝山	ɕiã¹	ɕiã¹	ɕiã¹	ɕiã¹	ɕiã¹	ɕiã⁵	siã⁵	ɕiã¹
宝山新	ɕiã¹	ɕiã¹	ɕiã¹	ɕiã¹	ɕiã¹	ɕiã⁵	ɕiã⁵	ɕiã¹
崇明	ɕiã¹	ɕiã¹	ɕiã¹		ɕiã¹	ɕiã³		ɕiã⁵
崇明新	ɕiã¹	ɕiã¹	ɕiã¹	ɕiã¹	ɕiã¹	ɕiã³		ɕiã⁵
堡镇	ɕiã¹	ɕiã¹	ɕiã¹		ɕiã¹	ɕiã³		ɕiã⁵
练塘	siẽ¹	siẽ¹	siẽ¹		siẽ¹	siẽ³		siẽ⁵

序号	2399	2400	2401	2402	2403	2404	2405	2406
字目	详	祥	翔	像	橡	象	张	长生长
中古音的地位	宕开三平阳邪	宕开三平阳邪	宕开三平阳邪	宕开三上养邪	宕开三上养邪	宕开三上养邪	宕开三平阳知	宕开三上养知
市区	ziã⁶	ziã⁶			ziã⁶	ziã⁶	tsã¹	tsã⁵
市区中	ziÃ⁶	ziÃ⁶	ziÃ⁶	ziÃ⁶	ziÃ⁶	ziÃ⁶	tsÃ¹	tsÃ⁵
市区新	ziÃ⁶	ziÃ⁶	ziÃ⁶	ziÃ⁶	ziÃ⁶	ziÃ⁶	tsÃ¹	tsÃ⁵
真如	ziã²	ziã²			ziã⁶	ziã⁶	tsã¹	tsã⁵
江湾	ziã⁶	ziã⁶			ziã⁶	ziã⁶	tsã¹	tsã⁵
松江	ziẽ²	ziẽ²			ziẽ⁴	ziẽ⁴	tsẽ¹	tsẽ³
松江新	ziẽ²	ziẽ²	ziẽ²	ziẽ⁶	ziẽ⁶	ziẽ⁶	tsẽ¹	zẽ²
泗泾	ziẽ²	ziẽ²			ziẽ⁶	ziẽ⁶	tsẽ¹	tsẽ³
奉贤	ziẽ²	ziẽ²			ziẽ⁶	ziẽ⁶	tsẽ¹	tsẽ⁵
奉贤新	ziã²	ziã²	ziã²		ziã⁶	ziã⁶	tsã¹	tsã³
奉城	ziẽ²	ziẽ²			ziẽ⁶	ziẽ⁶	tsẽ¹	tsẽ⁵
金山	ziẽ²	ziẽ²			ziẽ⁶	ziẽ⁶	tsẽ¹	tsẽ³
金山新	ziẽ²	ziẽ²	ziẽ²	ziẽ⁶	ziẽ⁶	ziẽ⁶	tsẽ¹	tsẽ³
枫泾	ziẽ²	ziẽ²			ziẽ⁴	ziẽ⁴	tsẽ¹	tsẽ³
青浦	ziẽ²	ziẽ²			ziẽ⁶	ziẽ⁶	tsẽ¹	tsẽ³
青浦新	dziẽ²	dziẽ²	dziẽ²	ziẽ⁶	ziẽ⁶	ziẽ⁶	tsẽ¹	tsẽ³
莘庄	ziã²	ziã²			ziã⁶	ziã⁶	tsã¹	tsã³
闵行新	ziã²	ziã²	ziã⁶	ziã²	ziã²	ziã²	tsã¹	tsã¹
川沙	ziã²	ziã²			ziã²	ziã²	tsã¹	tsã³
川沙新	ziaŋ⁶	ziaŋ⁶	ziaŋ⁶	ziaŋ⁶	ziaŋ⁶	ziaŋ⁶	tsã¹	tsã³
高桥	ziã⁶	ziã⁶			ziã⁶	ziã⁶	tsã¹	tsã⁵
三林	ziã²	ziã²			ziã²	ziã²	tsã¹	tsã³
周浦	ziã²	ziã²			ziã²	ziã²	tsã¹	tsã³
南汇	ziã²	ziã²			ziã²	ziã²	tsã¹	tsã³
南汇新	ziã⁶	ɦiã⁶	ɦiã⁶	ziã⁶	ziã⁶	ziã⁶	tsã¹	tsã³
嘉定	ziã²	ziã²			ziã⁶	ziã⁶	tsã¹	tsã⁵
嘉定新	ziaŋ²	ziaŋ²	ziaŋ²	ziaŋ²	ziaŋ⁶	ziaŋ⁶	tsɑŋ¹	tsɑŋ⁵
宝山	ɕiã⁶	ɕiã⁶			siã⁶	siã⁶	tsã¹	tsã⁵
宝山新	ɕiã⁶	ɕiã⁶	ɕiã⁶	ɕiã⁶	ɕiã⁶	ɕiã⁶	tsã¹	tsã⁵
崇明	dziã²	dziã²			ziã⁴	ziã⁴	tsã¹	tsã³
崇明新	ziɑ²	ziɑ²	iɑ²	ziɑ²	ziɑ²	ziɑ²	tsã¹	tsã³
堡镇	dziã²	dziã²			ziã⁴	ziã⁴	tsã¹	tsã³
练塘	ziẽ²	ziẽ²			ziẽ⁴	ziẽ⁴	tsẽ¹	tsẽ¹

序号	2407	2408	2409	2410	2411	2412	2413	2414
字目	涨涨价	涨涨大	帐蚊账	账账目	胀膨胀	畅	长长短	肠
中古音的地位	宕开三 上养知	宕开三 上养知	宕开三 去漾知	宕开三 去漾知	宕开三 去漾知	宕开三 去漾彻	宕开三 平阳澄	宕开三 平阳澄
市区	tsã⁵	tsã⁵	tɕiã⁵	tɕiã⁵			zã⁶	zã⁶
市区中	tsÃ⁵	tsÃ⁵	tsÃ⁵	tsÃ⁵	tsÃ⁵	tsʰÃ⁵	zÃ⁶	zÃ⁶
市区新	tsÃ⁵	tsÃ⁵	tsÃ⁵	tsÃ⁵	tsÃ⁵	tsʰÃ⁵	zÃ⁶	zÃ⁶
真如	tsã⁵	tsã⁵	tsã⁵	tsã⁵		tsʰã³	zã²	zã²
江湾	tsã⁵	tsã⁵	tsã⁵	tsã⁵		tsʰã⁵	zã⁶	zã⁶
松江	tsẽ³	tsẽ³	tsẽ⁵	tsẽ⁵		tsʰẽ⁵	zẽ²	zẽ²
松江新	tsẽ³	tsẽ⁵	tsẽ⁵	tsẽ⁵	tsẽ⁵	tsʰẽ⁵	zẽ²	zẽ²
泗泾	tsẽ³	tsẽ³	tsẽ⁵	tsẽ⁵		tsʰã⁵	zẽ²	zẽ²
奉贤	tsẽ³	tsẽ⁵	tsẽ⁵	tsẽ⁵			zẽ²	zẽ²
奉贤新	tsã³	tsã⁵	tsã⁵	tsã⁵	tsã⁵	tsʰã¹	zã²	zã²
奉城	tsẽ³	tsã⁵	tsã⁵	tsã⁵		tsʰã⁵	zẽ²	zẽ²
金山	tsẽ³	tsẽ³	tsʰẽ⁵	tsẽ⁵		tsʰẽ⁵	zẽ²	zẽ²
金山新	tsẽ³	tsẽ³	tsẽ⁵	tsẽ⁵		tsʰẽ⁵	zẽ²	zẽ²
枫泾	tsẽ³	tsẽ³	tsʰẽ⁵	tsẽ⁵		tsʰã¹	zẽ²	zẽ²
青浦	tsẽ³	tsẽ³	tsẽ⁵	tsẽ⁵		tsʰẽ⁵	zẽ²	zẽ²
青浦新	tsẽ³	tsẽ³	tsẽ⁵	tsẽ⁵	tsẽ⁵	tsʰẽ⁵	zẽ²	zẽ²
莘庄	tsã³	tsã³	tsã⁵	tsã⁵		tsʰã⁵	zã²	zã²
闵行新	tsã⁵	tsã⁵	tsã⁵	tsã⁵	tsã⁵	tsʰã¹	zã²	zã²
川沙	tsã³	tsã³	tsã⁵	tsã⁵		tsʰã⁵	zã²	zã²
川沙新	tsã³	tsã³	tsã⁵	tsã⁵	tsã⁵	tsʰaŋ⁵	zã⁶	zã⁶
高桥	tsã⁵	tsã⁵	tsã⁵	tsã⁵		tsʰã⁵	zã⁶	zã⁶
三林	tsã³	tsã³	tsã⁵	tsã⁵		tsʰã⁵	zã²	zã²
周浦	tsã³	tsã³	tsʰã⁵	tsã⁵		tsʰã⁵	zã²	zã²
南汇	tsã³	tsã³	tsã⁵	tsã⁵		tsʰã⁵	zã²	zã²
南汇新	tsã⁵	tsã⁵	tsã⁵	tsã⁵	tsã⁵	tsʰã⁵	zã⁶	zã⁶
嘉定	tsã⁵	tsã³	tsã⁵	tsã⁵		tsʰã⁵	zã²	zã²
嘉定新	tsaŋ⁵	tsaŋ⁵	tsaŋ⁵	tsaŋ⁵	tsaŋ⁵	tsʰaŋ⁵	zaŋ²	zaŋ²
宝山	tsã⁵	tsã⁵	tsã⁵	tsã⁵		tsã⁵	sã²	sã²
宝山新	tsã⁵	tsã⁵	tsã⁵	tsã⁵	tsã⁵	tsã⁵	sã⁶	sã⁶
崇明	tsã³	tsã³	tsã⁵	tsã⁵		tsʰã⁵	dzã²	dzã²
崇明新	tsã⁵	tsã³	tsã⁵	tsã⁵	tsã⁵	tsã¹	ʑia²	tsã³
堡镇	tsã³	tsã³	tsã⁵	tsã⁵		tsʰã⁵	dzã²	dzã²
练塘	tsẽ¹	tsẽ¹	tsẽ⁵	tsẽ⁵		tsʰã⁵	zẽ²	zẽ²

序号	2415	2416		2417	2418	2419	2420	2421
字目	场	丈	仗依仗	杖	仗打仗①	庄	装	壮
中古音的地位	宕开三平阳澄	宕开三上养澄	宕开三上养澄	宕开三上养澄	宕开三上养澄	宕开三平阳庄	宕开三平阳庄	宕开三去漾庄
市区	zã⁶	zã⁶	tsã⁶		tsã⁶	tsã¹	tsã¹	tɕiã⁵
市区中	zÃ⁶	zÃ⁶	zÃ⁶	zÃ⁶	tsÃ⁵	tsÃ¹	tsÃ¹	tsÃ¹
市区新	zÃ⁶	zÃ⁶	zÃ⁶		tsÃ⁵	tsÃ¹	tsÃ¹	tsÃ¹
真如	zã²	zã⁶	tsã⁵		tsã⁵	tsã¹	tsã¹	tsã³
江湾	zã⁶	zã⁶			tsã⁵	tsɒ̃¹	tsɒ̃¹	tsɒ̃⁵
松江	zẽ²	zẽ⁴	tsẽ⁴		tsẽ⁴	tsã¹	tsã¹	tsã⁵
松江新	zẽ²	tsẽ⁵	tsẽ⁵	tsẽ⁵	tsã¹	tsʰẽ⁵	tsã¹	tsã⁵
泗泾	zẽ²	zẽ⁶	tsẽ⁶		tsẽ⁶	tsã¹	tsã¹	tsã⁵
奉贤	zẽ²	zẽ⁶	tsẽ⁵		tsẽ⁵	tsã¹	tsã¹	tsã⁵
奉贤新	zã²	zã⁶	zã⁶	tsã⁵	tsã¹	tsʰã¹	tsã¹	tsã⁵
奉城	zẽ²	zã⁶	tsẽ⁵		tsã⁵	tsã¹	tsã¹	tsã⁵
金山	zẽ²	zẽ²	tsẽ⁵		tsẽ⁵	tsã¹	tsã¹	tsã⁵
金山新	zẽ²	tsẽ⁵	tsẽ⁵	tsẽ⁵	tsẽ⁵	tsã¹	tsã¹	tsã⁵
枫泾	zẽ²	zẽ⁴	tsẽ⁵		tsẽ⁵	tsã¹	tsã¹	tsã⁵
青浦	zẽ²	zẽ²	tsẽ⁵		tsẽ⁵	tsã¹	tsã¹	tsã⁵
青浦新	zẽ²	zẽ⁶	zẽ⁶	zẽ⁶	tsã¹	tsʰẽ⁵	tsã¹	tsã⁵
莘庄	zã²	zã⁶	zã⁶		zã⁶	tsã¹	tsã¹	tsã⁵
闵行新	zã²	zã²	zã²	tsã¹	tsã¹	tsʰã¹	tsã¹	tsã⁵
川沙	zã²	zã²	tsã⁵		tsã⁵	tsã¹	tsã¹	tsã⁵
川沙新	zã⁶	zã⁶	zã⁶	zã⁶	tsaŋ¹	tsʰaŋ⁵	tsaŋ¹	tsaŋ⁵
高桥	zã⁶	zã²	zã²		zã²	tsã¹	tsã¹	tsã⁵
三林	zã²	zã⁶	tsã⁵		tsã⁵	tsã¹	tsã¹	tsã⁵
周浦	zã²	zã⁶	tsã⁵		tsã⁵	tsã¹	tsã¹	tsã⁵
南汇	zã²	zã⁶	tsã⁵		tsã⁵	tsã¹	tsã¹	tsã⁵
南汇新	zã⁶	tsã⁵	tsã⁵	tsã⁵	tsã¹	tsʰã⁵	tsã¹	tsã⁵
嘉定	zã²	zã⁶	tsã⁵		tsã⁵	tsã¹	tsã¹	tsã⁵
嘉定新	zɯŋ²	zɯŋ⁶	zɯŋ⁶	tsɯŋ⁶	tsɯŋ¹	tsʰɯŋ⁶	tsɯŋ¹	tsɯŋ⁵
宝山	sã²	tsã⁶	tsã⁶	tsã⁶	tsã⁶	tsã¹	tsã¹	tsã⁵
宝山新	sã⁶	tsã⁶	tsã⁶	tsã⁶	tsã⁶	tsã¹	tsã¹	tsã⁵
崇明	dzã²	dzã⁶	tsã⁵		tsã⁵	tsã¹	tsã¹	tsã⁵
崇明新	tsã⁵	tsã⁵	tsã⁵	tsã⁵	tsã⁵	ziɑ²	tsã¹	tsuã⁵
堡镇	dzã²	dzã⁶	tsã⁵		tsã⁵	tsã¹	tsã¹	tsã⁵
练塘	zẽ²	zẽ⁴	tsẽ¹		tsẽ¹	tsẽ¹	tsã¹	tsã⁵

注：① 老派音的"炮~"和"打~"不同音。

序号	2422	2423	2424	2425	2426	2427	2428	2429
字目	疮	创创伤	闯	创创造	床	状	霜	爽
中古音的地位	宕开三平阳初	宕开三去漾初	宕开三上养初	宕开三去漾初	宕开三平阳崇	宕开三去漾崇	宕开三平阳生	宕开三上养生
市区	tsʰã¹	tɕiã⁵		tɕiã⁵	zã⁶	zã⁶	sã¹	sã⁵
市区中	tsʰÃ¹	tsʰÃ¹	tsʰÃ⁵		zÃ⁶	zÃ⁶	sÃ¹	sÃ⁵
市区新	tsʰÃ¹	tsʰÃ¹	tsʰÃ⁵		zÃ⁶	zÃ⁶	sÃ¹	sÃ⁵
真如	tsʰã¹	tsʰã³		tsʰã³	zã²	zã⁶	sã¹	sã³
江湾	tsʰɒ̃¹	tsʰɒ̃⁵		tsʰɒ̃⁵	zɒ̃⁶	zɒ̃⁶	sɒ̃¹	sɒ̃⁵
松江	tsʰã¹	tsʰã⁵		tsʰã⁵	zã²	zã⁶	sã¹	sã³
松江新	tsʰã¹	tsʰã¹	tsʰã³	tsʰã⁵	zã²	zã⁶	sã¹	sã³
泗泾	tsʰã¹	tsʰã⁵		tsʰã⁵	zã²	zã⁶	sã¹	sã³
奉贤	tsʰã¹	tsʰã⁵		tsʰã⁵	zã²	zã⁶	sã¹	sã³
奉贤新	tsʰã¹	tsʰã¹	tsʰã³	tsʰã⁵	zã²	zã⁶	sã¹	sã³
奉城	tsʰã¹	tsʰã⁵		tsʰã⁵	zã²	zã⁶	sã¹	sã³
金山	tsʰã¹	tsʰã⁵		tsʰã⁵	zã²	zã⁶	sã¹	sã³
金山新	tsʰã¹	tsʰã¹	tsʰã³	tsʰã⁵	zã²	zã⁶	sã¹	sã³
枫泾	tsʰã¹	tsʰã⁵		tsʰã¹	zã²	zã⁶	sã¹	sã³
青浦	tsʰã¹	tsʰã⁵		tsʰã⁵	zã²	zã⁶	sã¹	sɛ̃³
青浦新	tsʰã¹	tsʰã⁵	tsʰã³	tsʰã⁵	zã²	zã⁶	sã¹	sã³
莘庄	tsʰã¹	tsʰã³		tsʰã³	zã²	zã⁶	sã¹	sã³
闵行新	tsʰã¹	tsʰã⁵	tsʰã³	tsʰã⁵	zã²	zã⁶	sã¹	sã³
川沙	tsʰã¹	tsʰã⁵		tsʰã⁵	zã²	zã⁶	sã¹	sã³
川沙新	tsʰaŋ¹	tsʰaŋ¹	tsʰaŋ³	tsʰaŋ⁵	zaŋ⁶	zaŋ⁶	saŋ¹	saŋ³
高桥	tsʰã¹	tsʰã⁵		tsʰã⁵	zã²	zã⁶	sã¹	sã³
三林	tsʰã¹	tsʰã⁵		tsʰã⁵	zã²	zã⁶	sã¹	sã³
周浦	tsʰã¹	tsʰã⁵		tsʰã⁵	zã²	zã⁶	sã¹	sã³
南汇	tsʰã¹	tsʰã⁵		tsʰã⁵	zã²	zã⁶	sã¹	sã³
南汇新	tsʰã¹	tsʰã¹	tsʰã³	tsʰã⁵	zã⁶	zã⁶	sã¹	sã³
嘉定	tsʰã¹	tsʰã⁵		tsʰã⁵	zã²	zã⁶	sã¹	sã⁵
嘉定新	tsʰaŋ¹	tsʰaŋ¹	tsʰaŋ⁵	tsʰaŋ⁵	zaŋ²	zaŋ⁶	saŋ¹	saŋ⁵
宝山	tsʰã¹	tsʰã⁵		tsʰã⁵	zã²	zã⁶	sã¹	sã⁵
宝山新	tsʰã¹	tsʰã¹	tsʰã⁵	tsʰã⁵	zã²	zã⁶	sã¹	sã⁵
崇明	tsʰã¹	tsʰã⁵		tsʰã⁵	zã²	dzã⁶	sã¹	sã³
崇明新	tsʰuã⁵	tsʰuã⁵	tsʰã⁵	tsʰuã⁵	zã²	dʑuã⁶	suã¹	suã³
堡镇	tsʰã¹	tsʰã⁵		tsʰã⁵	zã²	dzã⁶	sã¹	sã³
练塘	tsʰã¹	tsʰã⁵		tsʰã⁵	zã²	zã⁶	sã¹	sɛ̃¹

序号	2430	2431	2432	2433	2434	2435	2436	2437
字目	章	樟	掌①	障	昌	厂	唱	倡提倡
中古音的地位	宕开三平阳章	宕开三平阳章	宕开三上养章	宕开三去漾章	宕开三平阳昌	宕开三上养昌	宕开三去漾昌	宕开三去漾昌
市区	tsã¹	tsã¹	tsã⁵	tsã⁵	tsʰã¹	tsʰã⁵	tsʰã⁵	
市区中	tsÃ¹	tsÃ¹	tsÃ⁵	tsÃ⁵	tsʰÃ¹	tsʰÃ⁵	tsʰÃ⁵	tsʰÃ⁵
市区新	tsÃ¹	tsÃ¹	tsÃ⁵	tsÃ⁵	tsʰÃ¹	tsʰÃ⁵	tsʰÃ⁵	
真如	tsã¹	tsã¹	tsã⁵	tsã⁵	tsʰã¹	tsʰã⁵	tsʰã⁵	
江湾	tsɒ̃¹	tsɒ̃¹	tsã⁵	tsã⁵	tsʰɒ̃¹	tsʰã⁵	tsʰã⁵	
松江	tsã¹	tsã¹	tsã³	tsã⁵	tsʰã¹	tsʰɛ̃⁵	tsʰã⁵	
松江新	tsɛ̃¹	tsɛ̃¹	tsɛ̃³	tsɛ̃⁵	tsʰɛ̃¹	tsʰɛ̃³	tsʰã⁵	tsʰã⁵
泗泾	tsã¹	tsã¹	tsã³	tsã⁵	tsʰã¹	tsʰɛ̃⁵	tsʰã⁵	
奉贤	tsɛ̃¹/tsã¹	tsɛ̃¹/tsã¹	tsɛ̃³	tsɛ̃⁵	tsʰɛ̃¹	tsʰɛ̃⁵	tsʰã⁵	
奉贤新	tsã¹	tsã¹	tsã³	tsã⁵	tsʰã¹	tsʰã⁵	tsʰã⁵	tsʰã⁵
奉城	tsã¹/tsã¹	tsã¹/tsã¹	tsã³	tsã¹	tsʰã¹/tsʰã¹	tsʰɛ̃⁵	tsʰã⁵/tsʰã⁵	
金山	tsɛ̃¹	tsɛ̃¹	tsɛ̃³	tsɛ̃⁵	tsʰɛ̃¹	tsʰɛ̃³	tsʰɛ̃⁵	
金山新	tsɛ̃¹	tsɛ̃¹	tsʰɛ̃³	tsɛ̃⁵	tsʰɛ̃³/tsʰã³	tsʰã³	tsʰã⁵	tsʰã⁵
枫泾	tsã¹	tsã¹	tsɛ̃³	tsã⁵	tsʰã¹	tsʰɛ̃⁵	tsʰɛ̃⁵	
青浦	tsɛ̃¹	tsɛ̃¹	tsɛ̃³	tsɛ̃⁵	tsʰɛ̃¹	tsʰɛ̃⁵	tsʰɛ̃⁵	
青浦新	tsã¹	tsã¹	tsɛ̃³	tsã⁵	tsʰã¹	tsʰɛ̃⁵	tsʰã⁵	tsʰã⁵
莘庄	tsã¹	tsã¹	tsã³	tsã⁵	tsʰã¹	tsʰã⁵	tsʰã⁵	
闵行新	tsã¹	tsã¹	tsã¹	tsã⁵	tsʰã¹	tsʰã⁵	tsʰã⁵	tsʰã⁵
川沙	tsã¹/tsã¹	tsã¹	tsã³	tsã⁵	tsʰã¹	tsʰã⁵	tsʰã⁵	
川沙新	tsaŋ¹	tsaŋ¹	tsaŋ³		tsʰaŋ¹	tsʰaŋ³	tsʰaŋ⁵	tsʰaŋ⁵
高桥	tsã¹	tsã¹	tsã⁵	tsã⁵	tsʰã¹	tsʰã⁵	tsʰã⁵	
三林	tsã¹	tsã¹	tsã³	tsã⁵	tsʰã¹	tsʰã⁵	tsʰã⁵	
周浦	tsã¹	tsã¹	tsã⁵	tsã⁵	tsʰã¹	tsʰã⁵	tsʰã⁵	
南汇	tsã¹	tsã¹	tsã⁵	tsã⁵	tsʰã¹	tsʰã⁵	tsʰã⁵	
南汇新	tsã¹	tsã¹	tsã³	tsã⁵	tsʰã¹	tsʰã⁵	tsʰã⁵	tsʰã⁵
嘉定	tsã¹	tsã¹	tsã⁵	tsã⁵	tsʰã¹	tsʰã⁵	tsʰã⁵	
嘉定新	tsaŋ¹	tsaŋ¹	tsaŋ⁵	tsaŋ⁵	tsʰaŋ¹	tsʰaŋ⁵	tsʰaŋ⁵	tsʰaŋ³
宝山	tsã¹	tsã¹	tsã⁵	tsã⁵	tsʰã¹	tsʰã⁵	tsʰã⁵	
宝山新	tsã¹	tsã¹	tsã⁵	tsã⁵	tsʰã¹	tsʰã⁵	tsʰã⁵	tsʰã⁵
崇明	tsã¹	tsã¹	tsã⁵	tsã⁵	tsʰã¹	tsʰã⁵	tsʰã⁵	
崇明新	tsã¹	tsã¹	tsã³	tsã⁵	tsʰã¹	tsʰã⁵	tsʰã⁵	tsʰã⁵
堡镇	tsã¹	tsã¹	tsã⁵	tsã⁵	tsʰã¹	tsʰã³	tsʰã⁵	
练塘	tsɛ̃¹	tsɛ̃¹	tsɛ̃⁵	tsɛ̃⁵	tsʰɛ̃¹	tsʰɛ̃³	tsʰã⁵	

注：① 老派音的"巴~"和"~握"不同音。

序号	2438	2439	2440	2441	2442	2443	2444	2445
字目	商①	伤	赏	常	尝	偿	裳	上上山
中古音的地位	宕开三平阳书	宕开三平阳书	宕开三上养书	宕开三平阳禅	宕开三平阳禅	宕开三平阳禅	宕开三平阳禅	宕开三上养禅
市区	sã¹	sã¹	sã⁵	zã⁶			zã⁶	zã⁶
市区中	sÃ¹	sÃ¹	sÃ⁵	zÃ⁶	zÃ⁶	zÃ⁶	zÃ⁶	zÃ⁶
市区新	sÃ¹	sÃ¹	sÃ⁵	zÃ⁶	zÃ⁶	zÃ⁶	zÃ⁶	zÃ⁶
真如	sã¹	sã¹	sã⁵	zã²			zã²	zã⁶
江湾	sɒ̃¹	sɒ̃¹	sɒ̃⁵	zã⁶			zã⁶	zã⁶
松江	sã¹	sã¹	sã³	zẽ⁶			zẽ⁶	zã⁴
松江新	sã¹	sã¹	sã³	zã²	zã²	zã²	zã²	zã⁶
泗泾	sã¹	sã¹	sã³	zẽ⁶			zẽ²	zã⁶
奉贤	sẽ¹	sẽ¹	sẽ³	zẽ²			zẽ²	zẽ⁶
奉贤新	sã¹	sã¹	sã³	zã²	zã²	zã²	zã²	zã⁶
奉城	sã¹/sã¹	sã¹/sã¹	sã⁵/sã⁵	zã²			zã²	zã⁶/zã⁶
金山	sẽ¹	sẽ¹/sã¹	sẽ³	zẽ²			zẽ²	zẽ⁶
金山新	sẽ¹	sã¹	sã³	zã²	zã²	zã²	zã²	zã⁶
枫泾	sẽ¹	sẽ¹	sẽ³	zẽ²			zẽ²	zẽ⁶
青浦	sẽ¹/sã¹	sã¹	sẽ³	zẽ²			zẽ²	zã⁶
青浦新	sã¹	sã¹	sã³	zẽ²	zã²	zã²	zã²	zã⁶
莘庄	sã¹	sã¹	sã³	zã²			zã²	zã²
闵行新	sã³	tsã¹	tsã¹	tsã¹	tsã¹	tsʰã¹	tsʰã³	tsʰã⁵
川沙	sã¹	sã¹	sã³	zã²			zã²	zã²/zã²
川沙新	saŋ¹	saŋ¹	saŋ³	zã⁶	zaŋ⁶	zaŋ⁶	zaŋ⁶	zaŋ⁶
高桥	sã¹	sã¹	sã³	zã⁶			zã⁶	zã²
三林	sã¹	sã¹	sã³	zã²			zã²	zã²
周浦	sã¹	sã¹	sã³	zã²			zã²	zã²
南汇	sã¹	sã¹	sã³	zã⁶			zã⁶	zã⁶
南汇新	sã¹	sã¹	sã³	zã⁶		zã⁶	zã⁶	zã⁶
嘉定	sã¹	sã¹	sã⁵	zã²			zã²	zã²
嘉定新	saŋ¹	saŋ¹	saŋ⁵	zaŋ²	zaŋ²	zaŋ²	zaŋ²	zaŋ⁶
宝山	sã¹	sã¹	sã⁵	sã²	sã²	sã²	sã²	sã²
宝山新	sã¹	sã¹	zã⁶	zã⁶	zã⁶	zã⁶	zã⁶	zã⁶
崇明	sã¹/sã¹	sã¹/sã¹	sã³	dzã²			dzã²/zã²	zã⁴
崇明新	sã¹	sã¹	sã³	za²	za²	za²	sã¹	zã⁴
堡镇	sã¹/sã¹	sã¹/sã¹	sã³	dzã²			dzã²/zã²	zã⁴
练塘	sẽ¹/sã¹	sã¹	sẽ¹	zẽ²			zẽ²	zã⁶

注：① 老派音经常两读，前后元音都可以。

序号	2446	2447	2448	2449	2450	2451	2452	2453
字目	上 在上	尚	瓤	让	疆	僵	姜 生姜	姜 姓
中古音的地位	宕开三去漾禅	宕开三去漾晓	宕开三平阳日	宕开三去漾日	宕开三平阳见	宕开三平阳见	宕开三平阳见	宕开三平阳见
市区	zã⁶		n̠iã⁶	n̠iã⁶	tɕiã¹	tɕiã¹	tɕiã¹	tɕiã¹
市区中	zã⁶	zã⁶	n̠iã⁶	n̠iã⁶	tɕiã¹	tɕiã¹	tɕiã¹	tɕiã¹
市区新	zã⁶	zã⁶	n̠iã⁶	n̠iã⁶	tɕiã¹	tɕiã¹	tɕiã¹	tɕiã¹
真如	zã⁶		nã²	n̠iã⁶/zã⁶	tɕiã¹	tɕiã¹	tɕiã¹	tɕiã¹
江湾	zã⁶		n̠iã⁶	n̠iã⁶	tɕiã¹	tɕiã¹	tɕiã¹	tɕiã¹
松江	zã⁶		nã²	n̠iẽ⁶	tɕiẽ¹	tɕiẽ¹	tɕiẽ¹	tɕiẽ¹
松江新	zã⁶	zã⁶	nã²	n̠iẽ⁶	tɕiẽ¹	tɕiẽ¹	tɕiẽ¹	tɕiẽ¹
泗泾	zã⁶		nã²	n̠iẽ⁶	tɕiẽ¹	tɕiẽ¹	tɕiẽ¹	tɕiẽ¹
奉贤	zẽ⁶		ɲiẽ²	ɲiẽ⁶	ʔɟiẽ¹	ʔɟiẽ¹	ʔɟiẽ¹	ʔɟiẽ¹
奉贤新	zã⁶	zã⁶	n̠iã²	n̠iã⁶	ʔtɕiã¹	ʔtɕiã¹	ʔtɕiã¹	ʔtɕiã¹
奉城	zã⁶/zã⁶		ɲiã²	ɲiã⁶	ʔɟiã¹	ʔɟiã¹	ʔɟiã¹	ʔɟiã¹
金山	zẽ⁶		n̠iẽ²	n̠iẽ⁶	tɕiẽ¹	tɕiẽ¹	tɕiẽ¹	tɕiẽ¹
金山新	zã⁶	zã⁶						
枫泾	zẽ⁶		n̠iẽ²	n̠iẽ⁶/ziẽ⁶	tɕiẽ¹	tɕiẽ¹	tɕiẽ¹	tɕiẽ¹
青浦	zã⁶		n̠iã²	n̠iẽ⁶	tɕiẽ¹	tɕiẽ¹	tɕiẽ¹	tɕiẽ¹
青浦新	lã²	zã⁶	n̠iã²	n̠iẽ⁶	tɕiẽ¹	tɕiẽ¹	tɕiẽ¹	tɕiẽ¹
莘庄	zã⁶/zã⁶		ɲiã²	ɲiã⁶	ciã¹	ciã¹	ciã¹	ciã¹
闵行新	tsʰã⁵	zã²	nã²	n̠iã⁶	tɕiã¹	tɕiã¹	tɕiã¹	tɕiã¹
川沙	zã⁶/zã⁶		n̠iã²	n̠iã⁶	tɕiã¹	tɕiã¹	tɕiã¹	tɕiã¹
川沙新	zaŋ⁶	zaŋ⁶		n̠iaŋ⁶	tɕiaŋ¹	tɕiaŋ¹	tɕiaŋ¹	tɕiaŋ³
高桥	zã⁶		n̠iã²	n̠iã⁶	tɕiã¹	tɕiã¹	tɕiã¹	tɕiã¹
三林	zã⁶/zã⁶		ɲiã²	ɲiã⁶	ciã¹	ciã¹	ciã¹	ciã¹
周浦	zã⁶		ɲiã²	ɲiã⁶	ciã¹	ciã¹	ciã¹	ciã¹
南汇	zã⁶		ɲiã²	ɲiã⁶	ʔɟiã¹	ʔɟiã¹	ʔɟiã¹	ʔɟiã¹
南汇新	zã⁶	zã⁶	nã⁶	n̠iã⁶	kã¹	tɕiã¹	tɕiã¹	tɕiã¹
嘉定	zã⁶		nã²	n̠iã⁶/zã⁶	tɕiã¹	tɕiã¹	tɕiã¹	tɕiã¹
嘉定新	zaŋ⁶	zaŋ⁶	naŋ⁶	n̠iaŋ⁶	tɕiaŋ¹	tɕiaŋ¹	tɕiaŋ¹	tɕiaŋ¹
宝山	zã⁶		nã²	n̠iã⁶	tɕiã¹	tɕiã¹	tɕiã¹	tɕiã¹
宝山新	zã⁶	zã⁶	nã⁶	n̠iã⁶	tɕiã¹	tɕiã¹	tɕiã¹	tɕiã¹
崇明	zã⁴		nã²/zã⁶	n̠iã⁶/zã⁶	tɕiã¹	tɕiã¹	tɕiã¹	tɕiã¹
崇明新	zã⁶	sa¹	sa¹	sã³	zã²	zã²	zã²	sa¹
堡镇	zã⁴		nã²/zã⁶	n̠iã⁶/zã⁶	tɕiã¹	tɕiã¹	tɕiã¹	tɕiã¹
练塘	zã⁶		n̠iẽ²	n̠iẽ⁶	tɕiẽ¹	tɕiẽ¹	tɕiẽ¹	tɕiẽ¹

序号	2454	2455	2456	2457	2458	2459	2460	2461
字目	羌	强强大	强勉强	仰	香	乡	享	响
中古音的地位	宕开三平阳溪	宕开三平阳群	宕开三上养群	宕开三上养疑	宕开三平阳晓	宕开三平阳晓	宕开三上养晓	宕开三上养晓
市区		dʑiã⁶	tɕʰiã⁵		ɕiã¹	ɕiã¹	ɕiã⁵	ɕiã⁵
市区中	tɕʰiÃ¹	dʑiÃ⁶	tɕiÃ⁵	ȵiÃ⁶	ɕiÃ¹	ɕiÃ¹	ɕiÃ⁵	ɕiÃ⁵
市区新	tɕʰiÃ¹	dʑiÃ⁶	tɕiÃ⁵	ȵiÃ⁶	ɕiÃ¹	ɕiÃ¹	ɕiÃ⁵	ɕiÃ⁵
真如		dʑiã²	tɕʰiã¹		ɕiã¹	ɕiã¹	ɕiã⁵	ɕiã⁵
江湾		dʑiã⁶	tɕiã⁵		ɕiã¹	ɕiã¹	ɕiã⁵	ɕiã⁵
松江		dʑiẽ²	tɕʰiẽ³		ɕiẽ¹	ɕiẽ¹	ɕiẽ³	ɕiẽ³
松江新	tɕʰiẽ¹	tɕʰiẽ³	dʑiẽ²	ŋɑʔ⁸	ɕiẽ¹	ɕiẽ¹	ɕiẽ³	ɕiẽ³
泗泾		dʑiẽ²	tɕʰiẽ³		ɕiẽ¹	ɕiẽ¹	ɕiẽ³	ɕiẽ³
奉贤		ʝiẽ²	cʰiẽ¹		ɕiẽ¹	ɕiẽ¹	ɕiẽ³	ɕiẽ³
奉贤新	tɕʰiã¹	dʑiã²	tɕʰiã⁵	iã⁵	ɕiã¹	ɕiã¹	ɕiã³	ɕiã³
奉城		ʝiã²	cʰiã⁵		ɕiã¹	ɕiã¹	ɕiã³	ɕiã³
金山		dʑiẽ²	tɕʰiẽ³		ɕiẽ¹	ɕiẽ¹	ɕiẽ³	ɕiẽ³
金山新		dʑiẽ²	dʑiẽ²		ɕiẽ¹	ɕiẽ¹	ɕiẽ³	ɕiẽ³
枫泾		dʑiẽ²	tɕʰiẽ³		ɕiẽ¹	ɕiẽ¹	ɕiẽ⁵	ɕiẽ³
青浦		dʑiẽ²	tɕʰiẽ³		ɕiẽ¹	ɕiẽ¹	ɕiẽ⁵	ɕiẽ³
青浦新		dʑiẽ²	tɕʰiẽ³	ȵiẽ⁶	ɕiẽ¹	ɕiẽ¹	ɕiẽ⁵	ɕiẽ³
莘庄		ʝiã²	cʰiã³		ɕiã¹	ɕiã¹	ɕiã⁵	ɕiã³
闵行新		dʑiã²	tɕʰiã¹	ȵiã²①	ɕiã¹	ɕiã¹	ɕiã³	ɕiã³
川沙		dʑiã²	tɕʰiã¹		ɕiã¹	ɕiã¹	ɕiã⁵	ɕiã⁵
川沙新		dʑiaŋ⁶		ȵiaŋ⁶	ɕiaŋ¹	ɕiaŋ¹	ɕiaŋ³	ɕiaŋ³
高桥		dʑiã²	dʑiã²		ɕiã¹	ɕiã¹	ɕiã⁵	ɕiã⁵
三林		ʝiã²	cʰiã³		ɕiã¹	ɕiã¹	ɕiã⁵	ɕiã⁵
周浦		ʝiã²	cʰiã³		ɕiã¹	ɕiã¹	ɕiã⁵	ɕiã⁵
南汇		ʝiã²	cʰiã³		ɕiã¹	ɕiã¹	ɕiã⁵	ɕiã⁵
南汇新		dʑiã²		ȵiã⁶	ɕiã¹	ɕiã¹	ɕiã⁵	ɕiã⁵
嘉定		dʑiã²	tɕʰiã⁵		ɕiã¹	ɕiã¹	ɕiã⁵	ɕiã⁵
嘉定新	tɕʰiaŋ¹	dʑiaŋ²	tɕʰiaŋ⁶	ȵiaŋ⁶	ɕiaŋ¹	ɕiaŋ¹	ɕiaŋ⁵	ɕiaŋ⁵
宝山	tɕʰiã¹	dʑiã⁶	tɕʰiã⁵	ŋã⁶	ɕiã¹	ɕiã¹	ɕiã⁵	ɕiã⁵
宝山新	tɕʰiã¹	dʑiã⁶	dʑiã⁶	iã⁶	ɕiã¹	ɕiã¹	ɕiã⁵	ɕiã⁵
崇明	zã⁴	dʑiã²	tɕʰiã³		ɕiã¹	ɕiã¹	ɕiã³	ɕiã³
崇明新	zã⁶	zã⁶	dʑiɑ²	iɑ²	ɕiɑ¹	ɕiɑ¹	ɕiɑ³	ɕiã³
堡镇		dʑiã²	tɕʰiã³		ɕiã¹	ɕiã¹	ɕiã⁵	ɕiã³
练塘		dʑiẽ²	tɕʰiẽ³		ɕiẽ¹	ɕiẽ¹	ɕiẽ⁵	ɕiẽ⁵

注：① "仰卧起坐"。

序号	2462	2463	2464	2465	2466	2467	2468	2469
字目	向	央	秧	殃	羊	洋	杨	扬
中古音的地位	宕开三去漾晓	宕开三平阳影	宕开三平阳影	宕开三平阳影	宕开三平阳以	宕开三平阳以	宕开三平阳以	宕开三平阳以
市区	ɕiã⁵	iã¹	iã¹		ɦiã⁶	ɦiã⁶	ɦiã⁶	ɦiã⁶
市区中	ɕiÃ⁵	iÃ¹	iÃ¹	iÃ¹	ɦiÃ⁶	ɦiÃ⁶	ɦiÃ⁶	ɦiÃ⁶
市区新	ɕiÃ⁵	iÃ¹	iÃ¹	iÃ¹	ɦiÃ⁶	ɦiÃ⁶	ɦiÃ⁶	ɦiÃ⁶
真如	ɕiã⁵	iã¹	iã¹		ɦiã²	ɦiã²	ɦiã²	ɦiã²
江湾	ɕiã⁵	iã¹	iã¹		ɦiã⁶	ɦiã⁶	ɦiã⁶	ɦiã⁶
松江	ɕiẽ⁵	iẽ¹	iẽ¹		ɦiẽ²	ɦiẽ²	ɦiẽ²	ɦiẽ²
松江新	ɕiẽ⁵/ziẽ⁶	iẽ¹	iẽ¹	iẽ¹	ɦiẽ²	ɦiẽ²	ɦiẽ²	ɦiẽ²
泗泾	ɕiẽ⁵	iẽ¹	iẽ¹		ɦiẽ²	ɦiẽ²	ɦiẽ²	ɦiẽ²
奉贤	ɕiẽ⁵	iẽ¹	iẽ¹		ɦiẽ²	ɦiẽ²	ɦiẽ²	ɦiẽ²
奉贤新	ɕiã⁵	iã¹	iã¹	iã¹	ʑiã²	ʑiã²	ʑiã²	ʑiã²
奉城	ɕiã⁵	iã¹	iã¹		ɦiã²	ɦiã²	ɦiã²	ɦiã²
金山	ɕiẽ⁵	iẽ¹	iẽ¹		ɦiẽ²	ɦiẽ²	ɦiẽ²	ɦiẽ²
金山新	ɕiẽ⁵	iẽ¹	iẽ¹	iẽ¹	ɦiẽ²	ɦiẽ²	ɦiẽ²	ɦiẽ²
枫泾	ɕiẽ³	iẽ¹	iẽ¹		ɦiẽ²	ɦiẽ²	ɦiẽ²	ɦiẽ²
青浦	ɕiẽ⁵	iẽ¹	iẽ¹		ɦiẽ²	ɦiẽ²	ɦiẽ²	ɦiẽ²
青浦新	ɕiẽ⁵	iẽ¹	iẽ¹	iẽ¹	ɦiẽ²	ɦiẽ²	ɦiẽ²	ɦiẽ²
莘庄	ɕiã⁵	iã¹	iã¹		ɦiã²	ɦiã²	ɦiã²	ɦiã²
闵行新	ɕiã⁵	iã¹	iã¹	iã¹	ɦiã²	ɦiã²	ɦiã²	ɦiã²
川沙	ɕiã⁵	iã¹	iã¹		ɦiã²	ɦiã²	ɦiã²	ɦiã²
川沙新	ɕiaŋ⁵	iaŋ¹	iaŋ¹	iaŋ¹	iaŋ⁶	iaŋ⁶	iaŋ⁶	iaŋ⁶
高桥	ɕiã⁵	ɦiã⁶	iã¹		ɦiã⁶	ɦiã⁶	ɦiã⁶	ɦiã⁶
三林	ɕiã⁵	iã¹	iã¹		ɦiã²	ɦiã²	ɦiã²	ɦiã²
周浦	ɕiã⁵	iã¹	iã¹		ɦiã²	ɦiã²	ɦiã²	ɦiã²
南汇	ɕiã⁵	iã¹	iã¹		ɦiã²	ɦiã²	ɦiã²	ɦiã²
南汇新	iã⁵	iã¹	iã¹	iã¹	ɦiã⁶	ɦiã⁶	ɦiã⁶	ɦiã⁶
嘉定	ɕiã⁵	iã¹	iã¹		ɦiã²	ɦiã²	ɦiã²	ɦiã²
嘉定新	ɕiaŋ⁵	iaŋ¹	iaŋ¹	iaŋ¹	ɦiaŋ²	ɦiaŋ²	ɦiaŋ²	ɦiaŋ²
宝山	ɕiã⁵	iã¹	iã¹		iã²	iã²	iã²	iã²
宝山新	ɕiã⁶	iã¹	iã¹	iã¹	iã⁵	iã⁵	iã⁵	iã⁵
崇明	zã⁴	iã¹	iã¹		ɦiã²	ɦiã²	ɦiã²	ɦiã²
崇明新	ziɑ⁶	iɑ¹	iɑ¹	iɑ¹	iɑ²	iɑ²	iɑ²	iɑ²
堡镇	ɕiã⁵	iã¹	iã¹		ɦiã²	ɦiã²	ɦiã²	ɦiã²
练塘	ɕiẽ⁵	iẽ¹	iẽ¹		ɦiẽ²	ɦiẽ²	ɦiẽ²	ɦiẽ²

序号	2470	2471	2472	2473	2474	2475	2476	2477
字目	阳	烊	养	痒	恙	样	略	掠
中古音的地位	宕开三平阳以	宕开三平阳以	宕开三上养以	宕开三上养以	宕开三去漾以	宕开三去漾以	宕开三入药来	宕开三入药来
市区	ɦiã⁶	ɦiã⁶	ɕiã⁵			ɦiã⁶	liA̰ʔ⁸	liA̰ʔ⁸
市区 中	ɦiã⁶	ɦiã⁶	ɦiã⁶	ɦiã⁶	ɦiã⁶	ɦiã⁶	liɪʔ⁸	liɪʔ⁸
市区 新	ɦiã⁶	ɦiã⁶	ɦiã⁶	ɦiã⁶	ɦiã⁶	ɦiã⁶	liɪʔ⁸	liɪʔ⁸
真如	ɦiã²	ɦiã²	ɦiã⁶			ɦiã⁶	liæʔ⁸	liæʔ⁸
江湾	ɦiã⁶	ɦiã⁶	ɦiã⁶			ɦiã⁶	liaʔ⁸	liaʔ⁸
松江	ɦiẽ²	ɦiẽ²	ɦiẽ⁴			ɦiẽ⁶	liaʔ⁸	liaʔ⁸
松江 新	ĥiẽ²	ɦiẽ²	ɦiẽ⁶	ɦiẽ⁶	iẽ⁵	iẽ⁵	liʌʔ⁸	liʌʔ⁸
泗泾	ɦiẽ²	ɦiẽ²	ɦiẽ⁶			ɦiẽ⁶	liaʔ⁸	liaʔ⁸
奉贤	ɦiẽ²	ɦiẽ²	ɦiẽ⁴			iẽ⁵	liaʔ⁸	liaʔ⁸
奉贤 新	ziã²	ziã²	ziã⁶	ziã⁶	ziã⁶	ziã⁶	liəʔ⁸	liəʔ⁸
奉城	ɦiẽ²	ɦiẽ²	ɦiẽ⁶			iẽ⁵	liaʔ⁸	liaʔ⁸
金山	ɦiẽ²	ɦiẽ²	ɦiẽ⁴			iẽ⁵	liəʔ⁸	liəʔ⁸
金山 新	ɦiẽ²	ɦiẽ²	ɦiẽ⁶	ɦiẽ⁶	ɦiẽ⁶	ɦiẽ⁶	lyəʔ⁸	lyəʔ⁸
枫泾	ɦiẽ²	ɦiẽ²	ɦiẽ⁴			iẽ⁵	liaʔ⁸	liaʔ⁸
青浦	ɦiẽ²	ɦiẽ²	ɦiẽ⁶			iẽ⁵	liaʔ⁸	liaʔ⁸
青浦 新	ɦiẽ²	ɦiẽ²	ɦiẽ⁶	ɦiẽ⁶		iẽ⁵	liəʔ⁸	liəʔ⁸
莘庄	ɦiã²	ɦiã²	ɦiã⁶			ɦiã⁶	liA̰ʔ⁸	liA̰ʔ⁸
闵行 新	ɦiã²	ɦiã²	ɦiã²	ɦiã²		ɦiã²	lyəʔ⁸	lyəʔ⁸
川沙	ɦiã²	ɦiã²	ɦiã²			ɦiã⁶	liA̰ʔ⁸	liA̰ʔ⁸
川沙 新	iaŋ⁶	iaŋ⁶	iaŋ⁶	iaŋ⁶	iaŋ⁵	iaŋ⁵	liaʔ⁸	liaʔ⁸
高桥	ɦiã⁶	ɦiã⁶	ɦiã⁶			ɦiã⁶	liʌʔ⁸	liʌʔ⁸
三林	ɦiã²	ɦiã²	ɦiã²			ɦiã⁶	liA̰ʔ⁸	liA̰ʔ⁸
周浦	ɦiã²	ɦiã²	ɦiã²			iã⁵	liA̰ʔ⁸	liA̰ʔ⁸
南汇	ɦiã²	ɦiã²	ɦiã²			iã⁵	liA̰ʔ⁸	liA̰ʔ⁸
南汇 新	ɦiã⁶	ɦiã⁶	ɦiã⁶	ɦiã⁶		iã⁵	løʔ⁸	løʔ⁸
嘉定	ɦiã²	ɦiã²	ɦiã⁶			ɦiã⁶	liA̰ʔ⁸	liA̰ʔ⁸
嘉定 新	ɦiaŋ²	ɦiaŋ²	ɦiaŋ⁶	ɦiaŋ⁶	ɦiaŋ⁶	ɦiaŋ⁶	liaʔ⁸	liaʔ⁸
宝山	iã²	iã²	iã⁶	iã⁶	iã¹	iã¹	liA̰ʔ⁸	liA̰ʔ⁸
宝山 新	iã⁵	iã⁵	iã⁵	iã⁵	iã³⁵	iã³⁵	lyʔ⁸	lyʔ⁸
崇明	zã⁴	ɦiã²	ɦiã⁴			ɦiã⁶	liaʔ⁸	liaʔ⁸
崇明 新	iã²	iã²	iã⁶	iã⁶		iã⁶	liɪʔ⁸	liɪʔ⁸
堡镇	ɦiã²	ɦiã²	ɦiã⁴			ɦiã⁶	liaʔ⁸	liaʔ⁸
练塘	ɦiẽ²	ɦiẽ²	ɦiẽ⁴			iẽ⁵	liaʔ⁸	liaʔ⁸

序号	2478	2479	2480	2481	2482	2483	2484	2485
字目	雀①	爵	鹊	嚼	削	着_{着衣}	着_{睡着}	绰
中古音的地位	宕开三入药精	宕开三入药精	宕开三入药精	宕开三入药从	宕开三入药心	宕开三入药知	宕开三入药澄	宕开三入药昌
市区	tɕʰiAʔ⁷		tɕʰiAʔ⁷	ziAʔ⁸	ɕiAʔ⁷	tsAʔ⁷		
市区_中	tɕʰiɪʔ⁷	tɕiɪʔ⁷	tɕʰiɪʔ⁷	ziɪʔ⁸	ɕiɪʔ⁷	tsɐʔ⁷	zɐʔ⁸	tsʰɔʔ⁷
市区_新	tɕʰiɪʔ⁷	tɕiɪʔ⁷	tɕʰiɪʔ⁷	ziɪʔ⁸	ɕiɪʔ⁷	tsɐʔ⁷	zɐʔ⁸	tsʰɔʔ⁷
真如	tsʰiæʔ⁷		tsʰiaʔ⁷	ziAʔ⁸	siæʔ⁷	tsæʔ⁷		
江湾	tsʰiaʔ⁷		tsʰiaʔ⁷	ziaʔ⁸	siaʔ⁷	tsaʔ⁷		
松江	tsʰiaʔ⁷		tsʰiaʔ⁷	ziaʔ⁸	siaʔ⁷	tsaʔ⁷		
松江_新	tɕʰiʌʔ⁷	tɕyɪʔ⁷	tɕʰiʌʔ⁷	ziʌʔ⁸	ɕiʌʔ⁷	tsʌʔ⁷	zʌʔ⁸	tsʰɔʔ⁷
泗泾	tsʰiaʔ⁷		tsʰiaʔ⁷	ziaʔ⁸	siaʔ⁷	tsaʔ⁷		
奉贤	tsʰiaʔ⁷		tsʰiaʔ⁷	ziaʔ⁸	siaʔ⁷	tsaʔ⁷		
奉贤_新	tɕiaʔ⁷	tɕyəʔ⁸	tɕyəʔ⁷	ɦiaʔ⁸	ɕiaʔ⁷	zaʔ⁷	zaʔ⁸/zɔʔ⁸	zɔʔ⁷
奉城	tsʰiaʔ⁷		tsʰiaʔ⁷	ziaʔ⁸	siaʔ⁷	tsaʔ⁷		
金山	tsʰiaʔ⁷		tsʰiaʔ⁷	ziaʔ⁸	siaʔ⁷	tsaʔ⁷		
金山_新	tɕʰiAʔ⁷	tɕʰiAʔ⁷		ɦiAʔ⁸	ɕiAʔ⁷	tsAʔ⁷	zAʔ⁸	tsʰɔʔ⁷
枫泾	tsʰiaʔ⁷		tsʰiaʔ⁷	ziaʔ⁸	siaʔ⁷	tsaʔ⁷		
青浦	tsʰiaʔ⁷		tsʰiaʔ⁷	ziaʔ⁸	siaʔ⁷	tsaʔ⁷		
青浦_新	tɕʰiaʔ⁷	tɕʰiəʔ⁷		ziaʔ⁸	ɕiaʔ⁷	tsaʔ⁷	zaʔ⁸	
莘庄	tsʰiAʔ⁷		tsʰiAʔ⁷	ziAʔ⁸	siAʔ⁷	tsAʔ⁷		
闵行_新	tɕiã⁵	dʑyəʔ⁸	tɕʰiaʔ⁷	ziaʔ⁸	ɕiaʔ⁷	tsaʔ⁷	zæʔ⁸	tsoʔ⁷
川沙	tsʰiAʔ⁷		tsʰiAʔ⁷	ziAʔ⁸	siAʔ⁷	tsAʔ⁷		
川沙_新			tɕʰyøʔ⁷	ziaʔ⁸	ɕiaʔ⁷			②
高桥	tsʰiʌʔ⁷		tsʰiʌʔ⁷	ziʌʔ⁸	siʌʔ⁷	zʌʔ⁷		
三林	tsʰiAʔ⁷		tsʰiAʔ⁷	ziAʔ⁸	siAʔ⁷	tsAʔ⁷		
周浦	tsʰiAʔ⁷		tsʰiAʔ⁷	ziAʔ⁸	siAʔ⁷	tsAʔ⁷		
南汇	tsʰiAʔ⁷		tsʰiAʔ⁷	ziAʔ⁸	siAʔ⁷	tsAʔ⁷		
南汇_新	tɕʰiaʔ⁷	dʑøʔ⁸	tɕʰiaʔ⁷	ziaʔ⁸	ɕiaʔ⁷	tsaʔ⁷	zaʔ⁸	tsʰaʔ⁷
嘉定	tsʰiAʔ⁷		tsʰiAʔ⁷	ziAʔ⁸	siAʔ⁷	tsAʔ⁷		
嘉定_新	tɕiaʔ⁷③	dʑioʔ⁸	tɕʰiaʔ⁷	ziaʔ⁸	siaʔ⁷	tsaʔ⁷	zaʔ⁸	tsʰaʔ⁷
宝山	tɕʰiAʔ⁷		tɕʰiAʔ⁷	ɕiAʔ⁸	ɕiAʔ⁷	tsAʔ⁷	zAʔ⁸	
宝山_新	tɕʰyəʔ⁷	tɕʰyəʔ⁷	tɕʰyəʔ⁷	ɕiAʔ⁸	ɕiɔʔ⁷	zAʔ⁸	zAʔ⁸	
崇明	zã⁴		tɕʰiaʔ⁷	ziaʔ⁸	ɕiaʔ⁷	tsaʔ⁷		
崇明_新	tɕia¹		tɕʰiaʔ⁷	ziɪʔ⁸	ɕiɔ¹	tsaʔ⁵	dʑaʔ⁸	tsʰoʔ⁷
堡镇	tɕʰiaʔ⁷		tɕʰiaʔ⁷	ziaʔ⁸	ɕiaʔ⁷	tsaʔ⁷		
练塘	tsʰiaʔ⁷		tsʰiaʔ⁷	ziaʔ⁸	siaʔ⁷	tsaʔ⁷		

注：① 老派音有文白两读，白读不送气，如"麻~儿"。
② 换字为"焯" tsʰaʔ⁷。
③ "雀子斑"：雀斑。

序号	2486	2487	2488	2489	2490	2491	2492	2493
字目	勺	若	弱	脚	却	虐	约	药
中古音的地位	宕开三入药禅	宕开三入药日	宕开三入药日	宕开三入药见	宕开三入药溪	宕开三入药疑	宕开三入药影	宕开三入药以
市区	zoʔ^8	zʌʔ^8	zʌʔ^8	tɕiʌʔ^7		ȵiʌʔ^8	iʌʔ^7	ɦiʌʔ^8
市区中	zoʔ^8	zoʔ^8	zɐʔ^8	tɕiɪʔ^7	tɕʰiɪʔ^7	ȵiɪʔ^8	iɪʔ^7	ɦiɪʔ^8
市区新	zoʔ^8	zoʔ^8	zɐʔ^8	tɕiɪʔ^7	tɕʰiɪʔ^7	ȵiɪʔ^8	iɪʔ^7	ɦiɪʔ^8
真如	zoʔ^8	zoʔ^8	zæʔ^8	tɕiæʔ^7		ȵiæʔ^8	iæʔ^7	ɦiæʔ^8
江湾	zɔʔ^8	zaʔ^8	zaʔ^8	tɕiaʔ^7		ȵiaʔ^8	iaʔ^7	ɦiaʔ^8
松江	zoʔ^8	zaʔ^8	zaʔ^8	tɕiaʔ^7		ȵiaʔ^8	iaʔ^7	ɦiaʔ^8
松江新	zoʔ^8	zʌʔ^8	zʌʔ^8	tɕiaʔ^7	tɕʰyɪʔ^7	ȵyɪʔ^8	iaʔ^7	ɦiaʔ^8
泗泾	zoʔ^8	zaʔ^8	zaʔ^8	tɕiaʔ^7		ȵiaʔ^8	iaʔ^7	ɦiaʔ^8
奉贤	zɔʔ^8	zaʔ^8	zaʔ^8	ʔɟiaʔ^7		ȵiaʔ^8	iaʔ^7	ɦiaʔ^8
奉贤新	zoʔ^8	lɔʔ^8	lɔʔ^8	ʔtɕiaʔ^7	tɕʰyəʔ^7	ȵyəʔ^8	iaʔ^7	ɦiaʔ^8
奉城	zɔʔ^8	zaʔ^8	zaʔ^8	ʔɟiaʔ^7		ȵiaʔ^8	iaʔ^7	ɦiaʔ^8
金山	zɔʔ^8	zaʔ^8	zaʔ^8	ɕiaʔ^7		ȵiaʔ^8	iaʔ^7	ɦiaʔ^8
金山新	zoʔ^8	lɔʔ^8	lɔʔ^8	tɕiʌʔ^7	tɕʰiʌʔ^7	ȵyəʔ^8	iʌʔ^7	ɦiʌʔ^8
枫泾	zoʔ^8	zaʔ^8	zaʔ^8	tɕiaʔ^7		ȵiaʔ^8	iaʔ^7	ɦiaʔ^8
青浦	zoʔ^8	zaʔ^8	zaʔ^8	tɕiaʔ^7		ȵiaʔ^8	iaʔ^7	ɦiaʔ^8
青浦新	zɔʔ^8	zaʔ^8	zaʔ^8	tɕiaʔ^7	tɕʰiaʔ^7	ȵiəʔ^8	iaʔ^7	ɦiaʔ^8
莘庄	zoʔ^8	zʌʔ^8	zʌʔ^8	ɕiʌʔ^7		ȵiʌʔ^8	iʌʔ^7	ɦiʌʔ^8
闵行新	zoʔ^8	zəʔ^8	zoʔ^8	tɕiaʔ^7	tɕʰiaʔ^7	ȵiəʔ^8	iaʔ^7	ɦiaʔ^8
川沙	zoʔ^8	zʌʔ^8	zʌʔ^8	tɕiʌʔ^7		ȵiʌʔ^8	iʌʔ^7	ɦiʌʔ^8
川沙新	tsʰɔ^1		zɤʔ^8	tɕiaʔ^7	tɕʰiaʔ^7		iaʔ^7	ɦiaʔ^8
高桥	zoʔ^8	zʌʔ^8	zʌʔ^8	tɕiʌʔ^7		ȵiʌʔ^8	iʌʔ^7	ɦiʌʔ^8
三林	zɔʔ^8	zʌʔ^8	zʌʔ^8	ɕiʌʔ^7		ȵiʌʔ^8	iʌʔ^7	ɦiʌʔ^8
周浦	zoʔ^8	zʌʔ^8	zʌʔ^8	ɕiʌʔ^7		ȵiʌʔ^8	iʌʔ^7	ɦiʌʔ^8
南汇	zɔʔ^8	zʌʔ^8	zʌʔ^8	ʔɟiʌʔ^7		ȵiʌʔ^8	iʌʔ^7	ɦiʌʔ^8
南汇新	zɔʔ^8			tɕiaʔ^7	tɕʰiaʔ^7	ȵiɪʔ^8	iaʔ^7	ɦiaʔ^8
嘉定	zoʔ^8	zoʔ^8	zʌʔ^8	tɕiʌʔ^7		ȵiʌʔ^8	iʌʔ^7	ɦiʌʔ^8
嘉定新	zoʔ^8	zaʔ^8	zaʔ^8	tɕiaʔ^7	tɕʰiaʔ^7	ȵiaʔ^8	iaʔ^7	ɦiaʔ^8
宝山	zoʔ^8	zʌʔ^8	zʌʔ^8	tɕiaʔ^7	tɕʰioʔ^7	ȵiʌʔ^8	iʌʔ^7	iʌʔ^8
宝山新	zoʔ^8	zʌʔ^8	zʌʔ^8	tɕiaʔ^7	tɕʰiaʔ^7	ȵiʌʔ^8	iʌʔ^7	iʌʔ^8
崇明	zã^4	zaʔ^8	zaʔ^8	tɕiaʔ^7		ȵiaʔ^8	iaʔ^7	ɦiaʔ^8
崇明新	zaũ^2	zoʔ^8	zã^2	tɕiaʔ^7	tɕʰiaʔ^7	iaʔ^8	iaʔ^7	iaʔ^8
堡镇	zoʔ^8	zaʔ^8	zaʔ^8	tɕiaʔ^7		ȵiaʔ^8	iaʔ^7	ɦiaʔ^8
练塘	zɔʔ^8	zaʔ^8	zaʔ^8	tɕiaʔ^7		ȵiaʔ^8	iaʔ^7	ɦiaʔ^8

序号	2494	2495	2496	2497	2498	2499	2500	2501
字目	钥	跃	光①	广	旷	荒	慌	谎
中古音的地位	宕开三入药以	宕开三入药以	宕合一平唐见	宕合一上荡见	宕合一去宕溪	宕合一平唐晓	宕合一平唐晓	宕合一上荡晓
市区	ɦiAʔ⁸		kuã¹/kuã¹	kuã⁵		huã¹	huã¹	huã⁵
市区中	ɦiɪʔ⁸	ɦyɪʔ⁸	kuã¹	kuã⁵	kʰuã⁵	huã¹	huã¹	huã⁵
市区新	ɦiɪʔ⁸	ɦyɪʔ⁸	kuã¹	kuã⁵	kʰuã⁵	huã¹	huã¹	huã⁵
真如	ɦiæʔ⁸		kuã¹	kuã⁵		fã¹	fã¹	fã⁵
江湾	ɦiaʔ⁸		kuɒ̃¹	kuɒ̃⁵		ɸɒ̃¹	ɸɒ̃¹	ɸɒ̃⁵
松江	ɦiɑʔ⁸		kuɑ̃¹	kuɑ̃³		ɸɑ̃¹	ɸɑ̃¹	ɸɑ̃³
松江新	ɦiɑʔ⁸	ɦiɑʔ⁸	kuɑ̃¹	kuɑ̃³	kʰuɑ̃⁵	huɑ̃¹	huɑ̃¹	huɑ̃³
泗泾	ɦiɑʔ⁸		kuɑ̃¹	kuɑ̃³		ɸɑ̃¹	ɸɑ̃¹	ɸɑ̃³
奉贤	ɦiɑʔ⁸		kuã¹/kuẽ¹	kuã³		ɸã¹	ɸã¹	ɸã³
奉贤新	ɦiɑʔ⁸	ɦiɑʔ⁸	kuã¹	kuã³	kʰuã⁵	fã¹	fã¹	fã³
奉城	ɦiɑʔ⁸		kuã¹/kuã¹	kuã³		ɸã¹	ɸã¹	ɸã³
金山	ɦiɑʔ⁸		kuã¹	kuã³		fã¹②	fã¹③	fã³
金山新	ɦiAʔ⁸	ɦiAʔ⁸	kuã¹	kuã³	kʰuã⁵	fã¹	fã¹	fã³
枫泾	ɦiɑʔ⁸		kuã¹	kuã³		fã¹	fã¹	fã³
青浦	ɦiɑʔ⁸		kuã¹	kuã³		ɸã¹	ɸã¹	ɸã³
青浦新	ɦiɑʔ⁸	ɦiɑʔ⁸	kuã¹	kuã³	kʰuã⁵	huã¹	huã¹	fã³
莘庄	ɦiAʔ⁸		kuã¹/kuã¹	kuã³		ɸã¹	ɸã¹	ɸã³
闵行新	ɦiɑʔ⁸	ɦiɑʔ⁸	kuã¹	kuã⁵	kʰuã⁵	huã¹	huã¹	huã³
川沙	ɦiAʔ⁸		kuã¹	kuã³		ɸã¹	ɸã¹	ɸã³
川沙新	ɦiɑʔ⁸	ɦiɑʔ⁸	kuaŋ¹	kuaŋ³	kʰuaŋ⁵	huaŋ¹	huaŋ¹	huaŋ³
高桥	ɦiʌʔ⁸		kuã¹	kuã³		ɸã¹	ɸã¹	ɸã³
三林	ɦiAʔ⁸		kuã¹/kuã¹	kuã³		ɸã¹	ɸã¹	ɸã³
周浦	ɦiAʔ⁸		kuã¹	kuã³		ɸã¹	ɸã¹	ɸã³
南汇	ɦiAʔ⁸		kuã¹	kuã³		ɸã¹	ɸã¹	ɸã³
南汇新	ɦiɑʔ⁸	ɦiɑʔ⁸	kuã¹	kuã³	kʰuã⁵	huã¹	huã¹	
嘉定	ɦiAʔ⁸		kuã¹	kuã⁵		huã¹	huã¹	huã⁵
嘉定新	ɦiɑʔ⁸	ɦiɑʔ⁸	kuaŋ¹	kuaŋ⁵	kʰuaŋ⁵	huaŋ¹	huaŋ⁵	huaŋ⁵
宝山	iAʔ⁸	ɦioʔ⁸	kuã¹	kuã⁵	kʰuã⁵	huã¹	huã¹	huã⁵
宝山新	iAʔ⁸	ɦioʔ⁸	kuã¹	kuã⁵	kʰuã⁵	huã¹	huã¹	huã⁵
崇明	zã⁴		kuã¹	kuã³		huã¹	huã¹	huã³
崇明新	iɑ⁶	iɑʔ⁷	kuɑ¹	kuɑ̃³	kʰuɑ̃⁵	xuɑ¹	xuɑ¹	xuɑ̃³
堡镇	ɦiɑʔ⁸		kuã¹	kuã³		huã¹	huã¹	huã³
练塘	ɦiɑʔ⁸		kuã¹	kuã³		ɸã¹	ɸã¹	ɸã³

注：①老派音的"太阳~"和"~火"不同音。
②③音系中没有f。

序号	2502	2503	2504	2505	2506	2507	2508	2509
字目	恍	[晃]摇晃	黄	簧	皇	蝗	晃晃眼	汪
中古音的地位	宕合一上荡晓	宕合一上唐匣	宕合一平唐匣	宕合一平唐匣	宕合一平唐匣	宕合一平唐匣	宕合一上荡匣	宕合一平唐影
市区			ɦuã⁶		ɦuã⁶	ɦuã⁶		uã¹
市区中	huã⁵	huã⁵	ɦuã⁶	ɦuã⁶	ɦuã⁶	ɦuã⁶	huã⁵	uã¹
市区新	huã⁵	huã⁵	ɦuã⁵	ɦuã⁵	ɦuã⁵	ɦuã⁵	huã⁵	uã¹
真如		vã²		vã²	vã²		uã¹	
江湾		ɦuɒ̃⁶		ɦuɒ̃⁶	ɦuɒ̃⁶		uɒ̃¹	
松江		βã²		βã²	βã²		uã¹	
松江新	huã³	huã³	ɦuã²	ɦuã²	ɦuã²	ɦuã²	huã³	uã¹
泗泾		βã²		βã²	βã²		uã¹	
奉贤		βã²		βã²	βã²		ʔwã¹	
奉贤新	fã³	fa⁵	ɦuã²	ɦuã²	ɦuã²	ɦuã²	huã³	uã¹
奉城		βã²		βã²	βã²		ʔwã¹	
金山		ɦuã²		ɦuã²	ɦuã²		uã¹	
金山新	fã³	huã⁵	vã²	vã²	vã²	vã²	huã⁵	vã²
枫泾		vã²		vã²	vã²		uã¹	
青浦		βã²		βã²	βã²		uã¹	
青浦新		ɦuã⁶	ɦuã²	ɦuã²	ɦuã²	ɦuã²	ɦuã⁶	uã¹
莘庄		βã²		βã²	βã²		uã¹	
闵行新		ɦuã⁵	ɦuã²	ɦuã²	ɦuã²	ɦuã²	ɦuã⁵	uã¹
川沙		βã²		βã²	βã²		βã¹	
川沙新	huaŋ³	huaŋ³	ɦuaŋ⁶	ɦuaŋ⁶	ɦuaŋ⁶	ɦuaŋ⁶	huaŋ⁵	uaŋ¹
高桥		βã²		βã²	βã²		uã¹	
三林		βã²		βã²	βã²		uã¹	
周浦		βã²		βã²	βã²		uã¹	
南汇		βã²		βã²	βã²		uã¹	
南汇新			ɦuã⁶	ɦuã⁶	ɦuã⁶	ɦuã⁶		vã¹
嘉定		ɦuã²		ɦuã²	ɦuã²		uã¹	
嘉定新	huaŋ⁵	huaŋ⁵	ɦuaŋ²	ɦuaŋ²	ɦuaŋ²	ɦuaŋ²	huaŋ⁵	uaŋ¹
宝山	hua⁵	huã¹	ɦuã²	ɦuã²	ɦuã²	ɦuã²	huã⁵	uã¹
宝山新	hua⁵	hua⁵	hua⁵	hua⁵	hua⁵	hua⁵	hua⁵	uã¹
崇明	zã⁴	ɦuã²		ɦuã²	ɦuã²		uã¹	
崇明新		xuã⁵	vã²	vã²	vã²	vã²	huã⁶	va¹
堡镇		ɦuã²		ɦuã²	ɦuã²		uã¹	
练塘		βã²		βã²	βã²		uã¹	

序号	2510	2511	2512	2513	2514	2515	2516	2517
字目	郭	扩	廓	霍	获收获	方	肪	仿仿效
中古音的地位	宕合一入铎见	宕合一入铎溪	宕合一入铎溪	宕合一入铎晓	宕合一入铎匣	宕合三平阳非	宕合三平阳非	宕合三平阳敷
市区	koʔ⁷	kʰuəʔ⁷	kʰoʔ⁷/koʔ⁷	hoʔ⁷		fã¹	fã¹	fã⁵
市区中	koʔ⁷	kʰɐʔ⁷	kʰɐʔ⁷	hoʔ⁷	ɦɐʔ⁸	fã̃¹	fã̃¹	fã̃⁵
市区新	koʔ⁷	kʰɐʔ⁷	kʰɐʔ⁷	hoʔ⁷	ɦɐʔ⁸	fã̃¹	fã̃¹	fã̃⁵
真如	kuɔʔ⁷	kʰuɔʔ⁷	kʰuɔʔ⁷	hɔʔ⁷		fã¹	fã¹	fã³
江湾	kɔʔ⁷	kʰɔʔ⁷	kʰɔʔ⁷	hɔʔ⁷		ɸɒ̃¹	ɸɒ̃¹	ɸɒ̃⁵
松江	kuɔʔ⁷	kʰuɔʔ⁷	kuɔʔ⁷	hɔʔ⁷		ɸã¹	ɸã¹	ɸã³
松江新	kuɔʔ⁷	kʰuɔʔ⁷	kʰuɔʔ⁷	huɔʔ⁷	ɦuɔʔ⁸	fã¹	fã¹	fã³
泗泾	kuɔʔ⁷	kʰuɔʔ⁷	kuɔʔ⁷	hɔʔ⁷		ɸã¹	ɸã¹	ɸã³
奉贤	kuɔʔ⁷	kʰuɔʔ⁷	kuɔʔ⁷	hɔʔ⁷		ɸã¹	ɸã¹	ɸã³
奉贤新	koʔ⁷	kʰuɔʔ⁷	kʰuɔʔ⁷	huɔʔ⁷	ɦuɔʔ⁷	fã¹	fã¹	fã³
奉城	kuɔʔ⁷	kʰuɔʔ⁷	kuɔʔ⁷	hɔʔ⁷		ɸã¹	ɸã¹	ɸã³
金山	koʔ⁷	kʰɔʔ⁷	kʰɔʔ⁷	hɔʔ⁷		fã¹	fã¹	fã³
金山新	koʔ⁷	kʰuɔʔ⁷	kʰuɔʔ⁷	huɔʔ⁷	vəʔ⁸/hɔʔ⁸	fã¹	fã¹	fã³
枫泾	koʔ⁷	kʰuɔʔ⁷	kʰuɔʔ⁷	hɔʔ⁷		fã¹	fã¹	fã³
青浦	kuɔʔ⁷	kʰuɔʔ⁷	kʰuɔʔ⁷	hɔʔ⁷		ɸã¹	ɸã¹	ɸã³
青浦新	koʔ⁷	kʰoʔ⁷	kʰoʔ⁷	hoʔ⁷	hɔʔ⁷	fã¹	fã¹	fã³
莘庄	kuɔʔ⁷	kʰuɔʔ⁷	kʰɔʔ⁷	hɔʔ⁷		ɸã¹	ɸã¹	ɸã³
闵行新	koʔ⁷	kʰɔʔ⁷	kʰɔʔ⁷	hɔʔ⁷	huaʔ⁷	fã¹	fã¹	fã⁵
川沙	kuɔʔ⁷	kʰuɔʔ⁷	kuɔʔ⁷	hɔʔ⁷		ɸã¹	ɸã¹	ɸã³
川沙新	kuɤʔ⁷	kʰuɤʔ⁷	kʰuɤʔ⁷		ɦuɤʔ⁸	faŋ¹	faŋ¹	faŋ³
高桥	koʔ⁷	kʰuɔʔ⁷	kʰuɔʔ⁷	hɔʔ⁷		ɸã¹	ɸã¹	ɸã³
三林	kuɔʔ⁷	kʰuɔʔ⁷	kʰuɔʔ⁷	hɔʔ⁷		ɸã¹	ɸã¹	ɸã³
周浦	kuɔʔ⁷	kʰuɔʔ⁷	kʰuɔʔ⁷	hɔʔ⁷		ɸã¹	ɸã¹	ɸã³
南汇	kuɔʔ⁷	kʰuɔʔ⁷	kʰuɔʔ⁷	hɔʔ⁷		ɸã¹	ɸã¹	ɸã³
南汇新	kuɔʔ⁷	kʰuɔʔ⁷	kʰuɔʔ⁷	hɔʔ⁷	hɔʔ⁷	fã¹	fã¹	fã³
嘉定	koʔ⁷/kuʌʔ⁷	kʰuɔʔ⁷	koʔ⁷/kuʌʔ⁷	hɔʔ⁷		fã¹	fã¹	fã⁵
嘉定新	koʔ⁷	kʰuəʔ⁷	kʰuəʔ⁷	huəʔ⁷	ɦuəʔ⁸	faŋ¹	faŋ¹	faŋ⁵
宝山	koʔ⁷	kʰoʔ⁷	kʰoʔ⁷	hoʔ⁷		fã¹	fã¹	fã³
宝山新	koʔ⁷	kʰoʔ⁷	kʰoʔ⁷	ɦoʔ⁸	ɦoʔ⁸	fã¹	fã¹	fã⁵
崇明	zã⁴	kʰoʔ⁷	koʔ⁷	hoʔ⁷		fã¹	ɸã¹	fã³
崇明新	koʔ⁷	kʰoʔ⁷	kʰoʔ⁷	xoʔ⁷	vəʔ⁸	fa¹	fã³	fã³
堡镇	koʔ⁷	kʰuɔʔ⁷	koʔ⁷	hoʔ⁷		fã¹	ɸã¹	fã³
练塘	kuɔʔ⁷	kʰuɔʔ⁷	kʰuɔʔ⁷	hɔʔ⁷		ɸã¹	ɸã¹	ɸã¹

序号	2518	2519	2520	2521	2522	2523	2524	2525
字目	放	芳	妨	纺	仿相仿	访	防	房
中古音的地位	宕合三去漾非	宕合三平阳敷	宕合三平阳敷	宕合三平阳敷	宕合三平阳敷	宕合三去漾敷	宕合三平阳奉	宕合三平阳奉
市区	fã⁵	fã¹		fã⁵	fã⁵	fã⁵	bã⁶/vã⁶	vã⁶
市区中	fÃ⁵	fÃ¹	fÃ⁵	fÃ⁵	fÃ⁵	fÃ⁵	vÃ⁶	vÃ⁶
市区新	fÃ⁵	fÃ¹		fÃ⁵	fÃ⁵	fÃ⁵	vÃ⁶	vÃ⁶
真如	fã⁵	fã¹		fã³	fã³	fã⁵	bã²	vã²
江湾	ɸɒ̃⁵	ɸɒ̃¹		ɸɒ̃⁵	ɸɒ̃⁵	ɸɒ̃⁵	bɒ̃⁶	βɒ̃⁶
松江	ɸã⁵	ɸã¹		ɸã³	ɸã³	ɸã⁵	bã²	βã²
松江新	fã⁵	fã¹	fã¹	fã³	fã³	fã⁵	fiy⁶	vã²
泗泾	ɸã⁵	ɸã¹		ɸã³	ɸã³	ɸã⁵	bã²	βã²
奉贤	ɸã⁵	ɸã¹		ɸã³	ɸã³	ɸã⁵	bã²	βã²
奉贤新	fã⁵	fã¹	fã⁵	fã³	fã³	fã³	vã²	vã²
奉城	ɸã⁵	ɸã¹		ɸã³	ɸã³	ɸã⁵	bã²	βã²
金山	fã⁵	fã¹		fã³	fã³	fã⁵	bã²	vã²
金山新	fã⁵	fã¹	vã²	fã³	fã³	fã⁵	vã²	vã²
枫泾	fã⁵	fã¹		fã³	fã³	fã⁵	bã²	vã²
青浦	ɸã⁵	ɸã¹		ɸã³	ɸã³	ɸã⁵	bã²	βã²
青浦新	fã⁵	fã¹	fã³	fã³	fã³	fã⁵	vã²	vã²
莘庄	ɸã⁵	ɸã¹		ɸã³	ɸã³	ɸã⁵	bã²	βã²
闵行新	fã⁵	fã¹	fã⁵	fã⁵	fã⁵	fã⁵	fã⁵	vã²
川沙	ɸã⁵	ɸã¹		ɸã³	ɸã³	ɸã⁵	bã²	βã²
川沙新	faŋ⁵	faŋ¹		faŋ³	faŋ³	faŋ³	vaŋ⁶	vaŋ⁶
高桥	ɸã⁵	ɸã¹		ɸã³	ɸã³	ɸã⁵	bã²	βã²
三林	ɸã⁵	ɸã¹		ɸã³	ɸã³	ɸã⁵	bã²	βã²
周浦	ɸã⁵	ɸã¹		ɸã³	ɸã³	ɸã⁵	bã²	βã²
南汇	ɸã⁵	ɸã¹		ɸã³	ɸã³	ɸã⁵	bã²	βã²
南汇新	fã⁵	fã¹	fã³	fã³	fã³	fã³	fã³	vã⁶
嘉定	fã⁵	fã¹		fã³	fã⁵	fã⁵	bã²	vã²
嘉定新	faŋ⁵	faŋ¹	faŋ¹	faŋ⁵	faŋ⁵	faŋ⁵	vaŋ²	vaŋ²
宝山	fã⁵	fã¹		fã⁵	fã⁵	fã⁵	bã²	vã²
宝山新	fã⁵	fã¹	fã⁵	fã⁵	fã⁵	fã⁵	vã⁶	vã⁶
崇明	zã⁴	ɸã¹		fã³	fã³	fã³	bã²	vã²
崇明新	fã⁵	fa¹	fa¹	fã³	fã³	fã³	fa¹	fa¹
堡镇	fã⁵	ɸã¹		fã³	fã³	fã³	bã²	vã²
练塘	ɸã⁵	ɸã¹		ɸã¹	ɸã¹	ɸã⁵	bã²	βã²

序号	2526	2527	2528	2529	2530	2531	2532	2533
字目	亡	芒	网	忘	望	妄	筐	框
中古音的地位	宕合三平阳微	宕合三平阳微	宕合三上养微	宕合三去漾微	宕合三去漾微	宕合三去漾微	宕合三平阳溪	宕合三平阳溪
市区	ɦuã⁶	mã⁶	mã⁶	mã⁶/ɦuã⁶	mã⁶/ɦuã⁶	mã⁶/ɦuã⁶	kʰuã¹	
市区中	ɦuã⁶	mã⁶	mã⁶	mã⁶	mã⁶	mã⁶	kʰuã¹	kʰuã¹
市区新	ɦuã⁶	mã⁶	mã⁶	mã⁶	mã⁶	mã⁶	kʰuã¹	kʰuã¹
真如	vã²	mã²	mã⁶	mã⁶/vã⁶	mã⁶/vã⁶	vã⁶	kʰua¹	
江湾	mõ⁶/βõ⁶	mõ⁶	mõ⁶	mõ⁶/βõ⁶	mõ⁶/βõ⁶	βõ⁶	kʰuõ¹	
松江	βã²	mã²	mã⁴	mã⁶/βã⁶	mã⁶/βã⁶	ɸã¹	kʰuã¹	
松江新	ɦuã²	mã⁶	mã⁶	mã⁶	mã⁶	mã⁶	kuã¹	kuã¹
泗泾	βã²	mã²	mã⁶	mã⁶/βã⁶	mã⁶/βã⁶	ɸã¹	kʰuã¹	
奉贤	mã²/βã²	mã²	mã⁶	mã⁶/βã⁶	mã⁶/βã⁶	βã⁶	kʰã¹	
奉贤新	mã²	mã²	mã⁶	mã⁶	mã⁶	mã⁶	kʰua¹	kʰua¹
奉城	mã²/βã²	mã²	mã⁶	mã⁶/βã²	mã⁶/βã⁶	βã²	kʰuã¹/kʰã¹	
金山	mã²	mã²	mã⁶	mã⁶	mã⁶/vã⁶	mã⁶	kʰua¹	
金山新	mã²	mã²	mã⁶	mã⁶	mã⁶	mã⁶	kʰuã¹	kuã¹
枫泾	vã²	mã⁶/vã⁶	mã⁴	mã⁶/vã⁶	mã⁶/vã⁶	vã⁶	kʰuã³	
青浦	mã²	mã²	mã⁶	mã⁶	mã⁶	mã⁶	kʰuã¹	
青浦新	mã²	mã²	mã⁶	mã⁶	mã⁶	mã⁶	kʰuã¹	kʰuã¹
莘庄	βã²	mã²	mã⁶	mã⁶	mã⁶	mã⁶	kʰuã⁵	
闵行新	ɦuã²	mã²	mã⁶	mã⁶	mã⁶	mã⁶	kʰuã¹	kʰuã¹
川沙	mã²/βã²	mã²	mã⁶	mã⁶/βã⁶	mã⁶/βã⁶	mã⁶/βã⁶	kʰuã⁵	
川沙新		maŋ⁶	maŋ⁶	maŋ⁵	maŋ⁵	maŋ⁵	kʰuaŋ¹	kʰuaŋ¹
高桥	mã⁶/βã²	mã²	mã⁶	mã⁶	mã⁶	mã⁶	kʰuã³	
三林	mã²	mã²	mã⁶	mã⁶	mã⁶	mã⁶	kʰuã³	
周浦	mã²	mã²	mã⁶	mã⁶	mã⁶	mã⁶	kʰuã³	
南汇	mã²	mã²	mã⁶	mã⁶	mã⁶	mã⁶	kʰuã³	
南汇新	mã⁶	mã⁶	mã⁶	mã⁶	mã⁶	mã⁶	kʰuã⁵	kʰuã⁵
嘉定	vã²	mã²	mã⁶	mã⁶	mã⁶/vã⁶	mã⁶	kʰuã¹	
嘉定新	vaŋ²/maŋ²	maŋ²	moŋ⁶/maŋ⁶	maŋ⁶	maŋ⁶	maŋ⁶	kʰuaŋ¹	kʰuaŋ¹
宝山	vã⁶	vã⁶	mã⁶	mã⁶	mã⁶	mã⁶	kʰuã¹	kʰuã¹
宝山新	vã⁶	vã⁶	mã⁶	mã⁶	mã⁶	mã⁶	kʰuã¹	kʰuã¹
崇明	zã⁴	mã²	mã⁴	mã⁶/vã⁶	mã⁶/vã⁶	vã⁶	kʰuã¹	
崇明新	mã²	mã²	mã⁶	mã⁶	mã⁶	mã⁶	kʰua¹	kʰua¹
堡镇	vã²	mã²	mã⁴	mã⁶/vã⁶	mã⁶/vã⁶	vã⁶	kʰuã¹	
练塘	mã²	mã²	mã⁴	mã⁶	mã⁶	mã⁶	kʰuã¹	

序号	2534	2535	2536	2537	2538	2539	2540	2541
字目	狂	况	柱	王	往	旺	缚	邦
中古音的地位	宕合三平阳群	宕合三去漾晓	宕合三上养影	宕合三平阳云	宕合三上养云	宕合三去漾云	宕合三入药奉	江开二平江帮
市区	guã⁶/ɦuã⁶	kʰuã⁵/huã⁵		ɦuã⁶	uã⁵	ɦiã⁶/ɦuã⁶	boʔ⁸/voʔ⁸	pã¹
市区中	guã⁶	kʰuã⁵	uã⁵	ɦuã⁶	mã⁶	ɦuã⁶	boʔ⁸	pã¹
市区新	guã⁶	kʰuã⁵	uã⁵	ɦuã⁶	mã⁶	ɦuã⁶	boʔ⁸	pã¹
真如	guã²	fã⁵		ɦuã²	uã¹	ɦiã⁶/ɦuã⁶	boʔ⁸	ʔbã¹
江湾	guõ⁶	kʰuõ⁵		ɦuõ⁶	uõ⁵	ɦiõ⁶/ɦuõ⁴	boʔ⁸	ʔbõ¹
松江	guã²	ɸã⁵		βã²	uã³	ɦiã⁶/βã⁶	bɔʔ⁸	ʔbã¹
松江新		kʰuã⁵	uã³	ɦuã²		ɦiã⁶	boʔ⁸	pã¹
泗泾	guã²	ɸã⁵		βã²	uã³	ɦiã⁶/βã⁶	boʔ⁸	ʔbã¹
奉贤	guã⁶	ɸã⁵		ɦiã²/βã²	mã⁶/ʔwã⁵	ɦiã⁶/	boʔ⁸	ʔbã¹
奉贤新	guã²	kʰuã⁵	ɦuã²	ɦuã²	ɦuã⁶	ɦuã⁶/ɦiã⁶	voʔ⁸	ʔbã¹
奉城	guã⁶/βã²	ɸã⁵		βã²	βã⁴/ʔwã³	ɦiã⁶/βã⁶	boʔ⁸	ʔbã¹
金山	guã²	fã⁵		ɦuã²	uã¹	ɦuã⁶	vɔʔ⁸	ʔbã¹
金山新	guã²	kʰuã⁵	vã⁶	vã⁶	mã⁶	ɦuã⁶	boʔ⁸	pã¹
枫泾	guã²	kʰuã¹		ɦuã²	uã³	ɦuã²	fiɔʔ⁸	pã¹
青浦	guã²	ɸã⁵		βã²	uã³	ɦiã⁶	boʔ⁸/voʔ⁸	ʔbã¹
青浦新	guã²	kʰuã⁵	uã³	ɦuã²	ɦuã⁶	ɦiã⁶	voʔ⁸	pã¹
莘庄	guã²	kʰuã⁵		βã²	uã¹	ɦiã⁶/βã⁶	boʔ⁸	ʔbã¹
闵行新	guã²	kʰuã¹	uã¹	vã⁶	mã²	ɦuã⁶	boʔ⁸	pã¹
川沙	guã²	ɸã⁵		βã²	βã²	ɦiã⁶/βã⁶	βɔʔ⁸	ʔbã¹
川沙新	guaŋ⁶	kʰuaŋ⁵	ɦuaŋ⁶	ɦuaŋ⁶	ɦuaŋ⁶	uaŋ⁵		ʔbaŋ¹
高桥	guã⁶	ɸã⁵		βã⁶	uã¹	ɦiã⁶	boʔ⁸	ʔbã¹
三林	βã²	ɸã⁵		βã²	uã¹	ɦiã⁶	βɔʔ⁸	ʔbã¹
周浦	βã²	ɸã⁵		βã²	uã¹	ɦiã⁶	βɔʔ⁸	ʔbã¹
南汇	βã²	ɸã⁵		βã²	uã¹	ɦiã⁶	βɔʔ⁸	ʔbã¹
南汇新	guã⁶	kʰuã⁵	uã⁵	ɦuã⁶	vã¹	mã⁶	ʋɔʔ⁸	ʔbã¹
嘉定	guã²	huã⁵		ɦuã²	uã⁵	ɦiã⁶/ɦuã⁶	boʔ⁸/voʔ⁸	pã¹
嘉定新	guaŋ²	kʰuaŋ⁵	uaŋ¹	ɦuaŋ²	ɦuaŋ⁶	ɦuaŋ⁶	foʔ⁷	paŋ¹
宝山	kuã⁵	kʰuã⁶	uã⁵	uã⁵	uã⁵	uã¹	boʔ⁸	pã⁵
宝山新	kuã⁵	kʰuã¹	uã⁵	uã⁵	mã⁵	uã⁵	foʔ⁷	pã⁵³
崇明	guã²	huã⁵		ɦiã²/ɦuã²	uã⁵	ɦiã⁶/ɦuã⁶	poʔ⁷	pã¹
崇明新	guã²	kʰuã⁵	vã⁶	vã⁶	vã⁶	vã⁶	foʔ⁷	pã¹
堡镇	guã²	huã⁵		ɦiã²/ɦuã²	uã⁵	ɦiã⁶/ɦuã⁶	poʔ⁷	pã¹
练塘	guã²	ɸã⁵		βã²	uã³	ɦiã⁶	boʔ⁸/voʔ⁸	pã¹

序号	2542	2543	2544	2545	2546	2547	2548	2549
字目	[绑]	胖	庞	棒	蚌	桩木桩	撞	窗
中古音的地位	江开二上讲帮	江开二去绛滂	江开二平江並	江开二上讲並	江开二上讲並	江开二平江知	江开二去绛澄	江开二平江初
市区	pã⁵	pʰã⁵	bã⁶	bã⁶		tsã¹	zã⁶	tsʰã¹
市区中	pÃ⁵	pʰÃ⁵	bÃ⁶	bÃ⁶	bÃ⁶	tsÃ¹	zÃ⁶	tsÃ¹
市区新	pÃ⁵	pʰÃ⁵	bÃ⁶	bÃ⁶		tsÃ¹	zÃ⁶	tsÃ¹
真如	ʔbã¹	pʰã⁵	bã²	bã⁶		tsã¹	zã⁶	tsʰã¹
江湾	ʔbɒ̃⁵	pʰɒ̃⁵	bɒ̃⁶	bɒ̃⁶		tsɒ̃¹	zɒ̃⁶	tsʰɒ̃¹
松江	ʔbã³	pʰã⁵	bã²	bã⁴		tsã¹	zã⁶	tsʰã¹
松江新	pã³	pʰã⁵	bã²	bã⁶	bẽ²	tsã¹	zã⁶	tsʰã¹
泗泾	ʔbã³	pʰã⁵	bã²	bã⁶		tsã¹	zã⁶	tsʰã¹
奉贤	ʔbã³	pʰã⁵	bã²	bã⁶		tsã¹	zã⁶	tsʰã¹
奉贤新	ʔbã³	pʰã⁵	bã²	bã⁶	bã⁶	tsã¹	zã⁶	tsʰã¹
奉城	ʔbã³	pʰã⁵	bã²	bã⁶		tsã¹	zã⁶	tsʰã¹
金山	ʔbã³	pʰã⁵	bã²	bã⁶		tsã¹	zã⁶	tsʰã¹
金山新	pã³	pʰã⁵	bã²	bã⁶	bã⁶	tsã¹	zã⁶	tsʰã¹
枫泾	pã³	pʰã⁵	bã²	boŋ⁴		tsã¹	zã⁶	tsʰã¹
青浦	ʔbã³	pʰã⁵	bã²	bã⁶		tsã¹	zã⁶	tsʰã¹
青浦新	pã³	pʰã⁵	bã²	bã⁶	bã⁶	tsã¹	zã⁶	tsʰã¹
莘庄	ʔbã³	pʰã⁵	bã²	bã⁶		tsã¹	zã⁶	tsʰã¹
闵行新	pã³	pʰã⁵	bã²	bã²	bã²	tsã¹	zã²	tsʰã¹
川沙	ʔbã³	pʰã⁵	bã²	bã²		tsã¹	zã⁶	tsʰã¹
川沙新	ʔbaŋ³	pʰaŋ⁵	baŋ⁶	baŋ⁶	baŋ⁶	tsaŋ¹	zaŋ⁶	tsʰaŋ¹
高桥	ʔbã³	pʰã⁵	bã²	bã⁶	bã⁶	tsã¹	zã⁶	tsʰã¹
三林	ʔbã³	pʰã⁵	bã²	bã²		tsã¹	zã⁶	tsʰã¹
周浦	ʔbã³	pʰã⁵	bã²	bã²		tsã¹	zã⁶	tsʰã¹
南汇	ʔbã³	pʰã⁵	bã²	bã²		tsã¹	zã⁶	tsʰã¹
南汇新	ʔbã³	pʰã⁵	bã⁶	bã⁶	bã⁶	tsã¹	zã⁶	tsʰã¹
嘉定	pã⁵	pʰã⁵	bã²	bã⁶	bã⁶	tsã¹	zã⁶	tsʰã¹
嘉定新	paŋ⁶	pʰaŋ⁵	baŋ²	baŋ⁶	bã⁶	tsã¹	zã⁶	tsʰã¹
宝山	pã⁵	pʰã⁵	pã³¹	bã⁶		tsã¹	zã⁶	tsʰã¹
宝山新	pã⁵	pʰã⁵	bã⁶	bã⁶	baŋ⁶	tsaŋ¹	zaŋ⁶	tsʰaŋ¹
崇明	pã³	pʰã⁵	bã⁶	bã⁴		tsã¹	dzã⁴	tsʰã¹
崇明新	pã³	pʰã⁵	bã²	bã⁶	bã⁶	tsã¹	ʥã⁴	tsʰã¹
堡镇	pã³	pʰã⁵	bã⁶	bã⁴		tsã¹	dzã⁴	tsʰã¹
练塘	pã¹	pʰã⁵	bã²	bã⁴		tsã¹	zã⁶	tsʰã¹

序号	2550	2551	2552	253	2554	2555	2556	2557
字目	双	江	讲	港	降降落	腔	降投降	项
中古音的地位	江开二平江生	江开二平江见	江开二上讲见	江开二上讲见	江开二去绛见	江开二平江溪	江开二平江匣	江开二上讲匣
市区	sã¹	kã¹/tɕiã¹	kã⁵/tɕiã⁵	kã⁵	kã⁵/tɕiã⁵	tɕʰiã¹	ɦiã⁶	ɦiã⁶
市区中	sÃ¹	kÃ¹	kÃ⁵	kÃ⁵	kÃ⁵	tɕiÃ¹	ɦiÃ⁶	ɦiÃ⁶
市区新	sÃ¹	kÃ¹	kÃ⁵	kÃ⁵		tɕiÃ¹	ɦiÃ⁶	ɦiÃ⁶
真如	sã¹	kã¹	kã³	kã³	kã⁵	tɕʰiã¹	ɦiã²	ɦiã⁶
江湾	sɒ̃¹	kɒ̃¹	kɒ̃⁵/tɕiã⁵	kɒ̃⁵	kɒ̃⁵/tɕiã⁵	tɕʰiã¹	ɦiɒ̃⁶	ɦiɒ̃⁶
松江	sã¹	kã¹/tɕiẽ¹	kã³/tɕiẽ³	kã³	kã⁵	tɕʰiẽ¹	ɦiã²	ɦiã⁴
松江新	sã⁵	kã¹	kã³	kã³	kã⁵	tɕʰiẽ¹	ɦiã²	ɦiã⁶
泗泾	sã¹	kã¹/tɕiẽ¹	kã³/tɕiẽ³	kã³	kã⁵	tɕʰiẽ¹	ɦiã²	ɦiã⁶
奉贤	sã¹	kã¹	kã³/ʔȵiẽ³	kã³	kã⁵	cʰiẽ¹	ɦiã²	ɦiã⁶
奉贤新	sã¹	kã¹	kã³	kã³	kã⁵	tsʰiẽ¹	ziẽ²	ɕiẽ⁵
奉城	sã¹	kã¹	kã³/ʔȵiã³	kã³	kã⁵	cʰiã¹	ɦiã²	ɦiã⁶
金山	sã¹	kã¹	kã³/tɕiẽ³	kã³	kã⁵	cʰiẽ¹	ɦiã²	ɦiã⁶
金山新	sã⁵	kã¹	kã³	kã³	kã⁵	tɕʰiẽ¹	ɦiiẽ²	ɦiã⁶
枫泾	sã¹	kã¹	kã³/tɕiẽ³	kã³	kã⁵	tɕʰiẽ¹	ɦiã⁴	ɦiã⁴
青浦	sã¹	kã¹	kã³/tɕiẽ³	kã³	kã⁵	tɕʰiẽ¹	ɦiã²	ɦiã⁶
青浦新	sã¹	kã¹	kã³	kã³	kã⁵	tɕʰiã¹	ɦiã²	ɦiã⁶
莘庄	sã¹	kã¹	kã³	kã³	kã⁵	cʰiã¹	ɦiã⁶	ɦiã⁶
闵行新	sã¹	kã¹	kã³	kã³	kã³	tɕʰiã¹	ɦiã²	ɦiã²
川沙	sã¹	kã¹	kã³	kã³	kã⁵/tɕiã⁵	tɕʰiã¹	ɦiã²/ɦiã²	ɦiã²
川沙新	saŋ¹	kaŋ¹	kaŋ³	kaŋ⁵/kaŋ³	kaŋ⁵	tɕʰiaŋ¹	ɦiaŋ⁶	ɦiaŋ⁶
高桥	sã¹	kã¹	kã³	kã³	kã⁵/tɕiã³	tɕʰiã¹	ɦiã⁶	ɦiã⁶
三林	sã¹	kã¹	kã³	kã³	kã⁵	cʰiã¹	ɦiã²	ɦiã²
周浦	sã¹	kã¹	kã³	kã³	kã⁵	cʰiã¹	ɦiã²	ɦiã²
南汇	sã¹	kã¹	kã³	kã³	kã⁵	cʰiã¹	ɦiã²	ɦiã⁶
南汇新	sã¹	kã¹	kã³	kã³	kã⁵	tɕʰiã¹	ɦiã²	ɦiã⁶
嘉定	sã¹	kã¹	kã³	kã³	tɕiã⁵	tɕʰiã¹	ɦiã²	ɦiã⁶
嘉定新	sã¹	kã¹	kã³	kã³	tɕiã⁵	tsʰiaŋ¹	ɦiaŋ²	ɦiaŋ⁶
宝山	sã¹	kã¹	kã⁵/tɕiã⁵	kã³	kã⁵	tɕʰiã¹	ɦiã²	ɦiã²
宝山新	saŋ¹	kaŋ¹	kaŋ⁵	kaŋ⁵	kaŋ⁵	tɕʰiã¹	ɦiã⁶	ɦiã⁶
崇明	sã¹	kã¹	kã³/tɕiã³	kã³	kã⁵/tɕiã⁵	tɕʰiã¹	ɦɦiã²	ɦɦiã⁶
崇明新	sã¹	kã¹	kã³	kã³	kã⁵	tɕʰiã¹	ziã²	hã⁶①
堡镇	sã¹	kã¹	kã³/tɕiã³	kã³	kã⁵/tɕiã⁵	tɕʰiã¹	ɦɦiã²	ɦɦiã⁶
练塘	sã¹	kã¹	kã¹/tɕiẽ¹	kã³	kã⁵	tɕʰiẽ¹	ɦiã²	ɦiã⁴

注：① "项目"、"项羽" 中读 ziã⁶。

序号	2558	2559	2560	2561	2562	2563	2564	2565
字目	巷	剥	驳	朴朴素	雹	桌	卓	啄
中古音的地位	江开二去绛匣	江开二入觉帮	江开二入觉帮	江开二入觉帮	江开二入觉並	江开二入觉知	江开二入觉知	江开二入觉知
市区	ɦɑ̃⁶	poʔ⁷		pʰɔʔ⁷	bɔ⁶	tsɔʔ⁷		
市区中	ɦɑ̃⁶	poʔ⁷	poʔ⁷	pʰɔʔ⁷	bɔʔ⁸	tsɔʔ⁷	tsɔʔ⁷	tsɔʔ⁷
市区新	ɦɑ̃⁶	poʔ⁷	poʔ⁷	pʰɔʔ⁷	bɔʔ⁸	tsɔʔ⁷	tsɔʔ⁷	tsɔʔ⁷
真如	ɦɑ̃⁶	ʔboʔ⁷		pʰɔʔ⁷	bɔ⁶	tsɔʔ⁷		
江湾	ɦɑ̃⁶	ʔboʔ⁷		pʰɔʔ⁷	bɔ⁶	tsɔʔ⁷		
松江	ɦɑ̃⁶	ʔboʔ⁷		pʰɔʔ⁷	bɔ⁶	tsɔʔ⁷		
松江新	ɕiẽ⁵	poʔ⁷	poʔ⁷	pʰɔʔ⁷	bɔʔ⁸	tsɔʔ⁷	tsɔʔ⁷	tsɔʔ⁷
泗泾	ɦɑ̃⁶	ʔboʔ⁷		pʰɔʔ⁷	bɔ⁶	tsɔʔ⁷		
奉贤	ɦɑ̃⁶	ʔboʔ⁷		pʰɔʔ⁷	bɔ⁶	tsɔʔ⁷		
奉贤新	ɕiɑ⁵	ʔboʔ⁷	ʔbɔʔ⁷	pʰɔʔ⁷	bɔ⁶	tsɔʔ⁷	tsɔʔ⁷	zɔʔ⁸
奉城	ɦɑ̃⁶	ʔboʔ⁷		pʰɔʔ⁷	bɔ²	tsɔʔ⁷		
金山	ɦɑ̃⁶	ʔboʔ⁷		pʰɔʔ⁷	bo⁶	tsɔʔ⁷		
金山新	ɦɑ̃⁶	poʔ⁷	poʔ⁷	pʰɔʔ⁷	bɔ⁶	tsɔʔ⁷	tsɔʔ⁷	zɔʔ⁷
枫泾	ɦɑ̃⁴	poʔ⁷		pʰɔʔ⁷	bɔ⁶	tsɔʔ⁷		
青浦	ɦɑ̃⁶	ʔboʔ⁷		pʰɔʔ⁷	bɔ⁶	tsɔʔ⁷		
青浦新	ɦɑ̃⁶	poʔ⁷	poʔ⁷	pʰɔʔ⁷	bɔʔ⁸	tsɔʔ⁷	tsɔʔ⁷	zɔʔ⁸
莘庄	ɦɑ̃⁶	ʔboʔ⁷		pʰɔʔ⁷	bɔ⁶	tsɔʔ⁷		
闵行新	ɦɑ̃²	poʔ⁷	poʔ⁷	pʰɔʔ⁷	bɔʔ⁸	①	tsɔʔ⁷	
川沙	ɦɑ̃²	ʔboʔ⁷		pʰɔʔ⁷	bɔ⁶	tsɔʔ⁷		
川沙新		ʔbɔʔ⁷	bɔʔ⁸	pʰɔʔ⁷				zɔʔ⁸
高桥	ɦɑ̃⁶	ʔboʔ⁷		pʰɔʔ⁷	bɔ⁶	tsɔʔ⁷		
三林	ɦɑ̃²	ʔboʔ⁷		pʰɔʔ⁷	bɔ⁶	tsɔʔ⁷		
周浦	ɦɑ̃⁶	ʔboʔ⁷		pʰɔʔ⁷	bɔ⁶	tsɔʔ⁷		
南汇	ɦɑ̃⁶	ʔboʔ⁷		pʰɔʔ⁷	bɔ⁶	tsɔʔ⁷		
南汇新		ʔbɔʔ⁷		pʰɔʔ⁷	ʔbɔʔ⁷	tsɔʔ⁷		zɔʔ⁸
嘉定	ɦɑ̃⁶	poʔ⁷		pʰɔʔ⁷	bɔ⁶/pɔ¹	tsɔʔ⁷		
嘉定新	ɦiaŋ⁶	poʔ⁷	poʔ⁷	pʰuoʔ⁷	bɔʔ⁸	tsɔʔ⁷	tsɔʔ⁷	zɔʔ⁸
宝山	ɦɑ̃⁶	poʔ⁷	poʔ⁷	pʰɔʔ⁷	pɔ²	tsɔʔ⁷	tsɔʔ⁷	tsɔʔ⁷
宝山新	ɕiɑ⁵	poʔ⁷	boʔ⁸	pʰu⁵	po⁶	tsɔʔ⁷	tsɔʔ⁷	zɔʔ⁸
崇明	ɦ̥ɦɑ̃⁶	poʔ⁷		pʰɔʔ⁷	bɔ⁶	tsɔʔ⁷		
崇明新	ziɑ̃⁶	poʔ⁷	boʔ⁸	pʰɔʔ⁷	bɔʔ⁸	tsɔʔ⁷	tsɔʔ⁷	dzɔʔ⁸
堡镇	ɦ̥ɦɑ̃⁶	poʔ⁷		pʰɔʔ⁷	bɔ⁶	tsɔʔ⁷		
练塘	ɦɑ̃⁶	poʔ⁷		pʰɔʔ⁷	bɔ⁶	tsɔʔ⁷		

注：① 说"台子"。

序号	2566	2567	2568	2569	2570	2571	2572
字目	戳	浊	捉	镯	朔	觉感觉	角
中古音的地位	江开二入觉彻	江开二入觉澄	江开二入觉庄	江开二入觉崇	江开二入觉生	江开二入觉见	江开二入觉见
市区	tsʰoʔ⁷	zoʔ⁸	tsoʔ⁷	zoʔ⁸	soʔ⁷	tɕioʔ⁷/tɕyɪʔ⁷	koʔ⁷
市区中	tsʰoʔ⁷	zoʔ⁸	tsoʔ⁷	zoʔ⁸	soʔ⁷	tɕyɪʔ⁷/tɕioʔ⁷/koʔ⁷	koʔ⁷
市区新	tsʰoʔ⁷	zoʔ⁸	tsoʔ⁷	zoʔ⁸	soʔ⁷	tɕyɪʔ⁷/tɕioʔ⁷/koʔ⁷	koʔ⁷
真如	tsʰɔʔ⁷	zɔʔ⁸	tsɔʔ⁷	zoʔ⁸/dzioʔ⁸	sɔʔ⁷	tɕiɔʔ⁷	kɔʔ⁷
江湾	tsʰɔʔ⁷	zɔʔ⁸	tsɔʔ⁷	zɔʔ⁸	sɔʔ⁷	kɔʔ⁷/tɕiaʔ⁷	kɔʔ⁷
松江	tsʰɔʔ⁷	zɔʔ⁸	tsɔʔ⁷	zɔʔ⁸	sɔʔ⁷	kɔʔ⁷/ɕiaʔ⁷	kɔʔ⁷
松江新	tsʰɔʔ⁷	zoʔ⁸	tsɔʔ⁷	zɔʔ⁸	sɔʔ⁷	tɕyɪʔ⁷	kɔʔ⁷
泗泾	tsʰɔʔ⁷	zɔʔ⁸	tsɔʔ⁷	zɔʔ⁸	sɔʔ⁷	kɔʔ⁷/ɕiaʔ⁷	kɔʔ⁷
奉贤	tsʰɔʔ⁷/cʰiɔʔ⁷	zɔʔ⁸	tsɔʔ⁷	zɔʔ⁸	sɔʔ⁷	kɔʔ⁷/ʔɟiaʔ⁷	kɔʔ⁷
奉贤新	tsʰɔʔ⁷	dzɔʔ⁸	tsɔʔ⁷	zɔʔ⁸	sɔʔ⁷	tɕiaʔ⁷	kɔʔ⁷
奉城	tsʰɔʔ⁷/cʰiɔʔ⁷	zɔʔ⁸	tsɔʔ⁷	zɔʔ⁸	sɔʔ⁷	kɔʔ⁷/ʔɟiaʔ⁷	kɔʔ⁷
金山	tsʰɔʔ⁷	zɔʔ⁸	tsɔʔ⁷	zɔʔ⁸	sɔʔ⁷	kɔʔ⁷/ɕyɔʔ⁷	kɔʔ⁷
金山新	tsʰɔʔ⁷	zɔʔ⁸	tsɔʔ⁷	zɔʔ⁸	sɔʔ⁷	kɔʔ⁷/tɕiAʔ⁷	kɔʔ⁷
枫泾	tsʰɔʔ⁷	zɔʔ⁸	tsɔʔ⁷	zɔʔ⁸	sɔʔ⁷	kɔʔ⁷/tɕyɔʔ⁷	kɔʔ⁷
青浦	tsʰɔʔ⁷	zɔʔ⁸	tsɔʔ⁷	zɔʔ⁸	sɔʔ⁷	kɔʔ⁷/tɕiaʔ⁷	kɔʔ⁷
青浦新	tsʰɔʔ⁷	zoʔ⁸	tsɔʔ⁷	zɔʔ⁸	sɔʔ⁷	kɔʔ⁷	kɔʔ⁷
莘庄	tsʰɔʔ⁷	zɔʔ⁸	tsɔʔ⁷	zɔʔ⁸	sɔʔ⁷	ɕiAʔ⁷	kɔʔ⁷
闵行新	tsʰɔʔ⁷	zɔʔ⁸	tsɔʔ⁷	zɔʔ⁸		kɔʔ⁷	
川沙	tsʰɔʔ⁷	zɔʔ⁸	tsɔʔ⁷	zɔʔ⁸	sɔʔ⁷	tɕiAʔ⁷/kɔʔ⁷	kɔʔ⁷
川沙新	tsʰɔʔ⁷	zɔʔ⁸	tsɔʔ⁷	zɔʔ⁸		tɕiaʔ⁷	kɔʔ⁷
高桥	tsʰɔʔ⁷	zɔʔ⁸	tsɔʔ⁷	zɔʔ⁸	sɔʔ⁷	tɕiɔʔ⁷	kɔʔ⁷
三林	tsʰɔʔ⁷	zɔʔ⁸	tsɔʔ⁷	zɔʔ⁸	sɔʔ⁷	ɕiAʔ⁷	kɔʔ⁷
周浦	tsʰɔʔ⁷	zɔʔ⁸	tsɔʔ⁷	zɔʔ⁸	sɔʔ⁷	ɕiAʔ⁷	kɔʔ⁷
南汇	tsʰɔʔ⁷	zɔʔ⁸	tsɔʔ⁷	zɔʔ⁸	sɔʔ⁷	ʔɟiAʔ⁷	kɔʔ⁷
南汇新	tsʰu¹		tsɔʔ⁷	zɔʔ⁸		tɕiaʔ⁷	
嘉定	tsʰɔʔ⁷	zɔʔ⁸	tsɔʔ⁷	dzyoʔ⁸	sɔʔ⁷	tɕiɔʔ⁷	kɔʔ⁷
嘉定新	tsʰɔʔ⁷	zɔʔ⁸	tsɔʔ⁷	zɔʔ⁸	sɔʔ⁷	tɕioʔ⁷	kɔʔ⁷
宝山	tsʰɔʔ⁷	zɔʔ⁸	tsɔʔ⁷	zɔʔ⁸	sɔʔ⁷	tɕioʔ⁷	kɔʔ⁷
宝山新	tsʰɔʔ⁷	zoʔ⁸	tsɔʔ⁷	zɔʔ⁸	sɔʔ⁷	tɕioʔ⁷	koʔ⁷
崇明	tsʰɔʔ⁷	dzoʔ⁸	tsɔʔ⁷	zɔʔ⁸	sɔʔ⁷	kɔʔ⁷/tɕyɔ⁷	kɔʔ⁷
崇明新	tsʰɔʔ⁷	tsɔʔ⁷	tsɔʔ⁷	dzoʔ⁸	sɔʔ⁷	tɕiɔʔ⁷	tɕiau³
堡镇	tsʰɔʔ⁷	dzɔʔ⁸	tsɔʔ⁷	zɔʔ⁸	sɔʔ⁷	kɔʔ⁷/tɕyɔ⁷	kɔʔ⁷
练塘	tsʰɔʔ⁷	zɔʔ⁸	tsɔʔ⁷	zɔʔ⁸	sɔʔ⁷	kɔʔ⁷/tɕiaʔ⁷	kɔʔ⁷

序号	2573	2574	2575	2576	2577	2578	2579	2580
字目	绞	确	壳	岳	乐音乐	学	握	崩
中古音的地位	效开二上巧见	江开二入觉溪	江开二入觉溪	江开二入觉疑	江开二入觉疑	江开二入觉匣	江开二入觉影	曾开一平登帮
市区		tɕʰioʔ⁷/tɕʰyɪʔ⁷		ŋoʔ⁸/ɦioʔ⁸/ɦiyɪʔ⁸	ɦiaʔ⁸	ɦioʔ⁸/ɦiaʔ⁸	oʔ⁷	pã¹/pən¹
市区中	koʔ⁷	tɕʰyɪʔ⁷/tɕʰioʔ⁷	kʰoʔ⁷	ŋoʔ⁸	ɦiyɪʔ⁸/iɪʔ⁷	ɦioʔ⁸	oʔ⁷	pəŋ¹
市区新	koʔ⁷	tɕʰyɪʔ⁷/tɕʰioʔ⁷	kʰoʔ⁷	ŋoʔ⁸	ɦiyɪʔ⁸/iɪʔ⁷	ɦioʔ⁸	oʔ⁷	pəŋ¹
真如		tɕʰiæʔ⁷		ŋoʔ⁸	ɦioʔ⁸	ɦioʔ⁸/ɦiaʔ⁸	uoʔ⁷	ʔbəŋ¹
江湾		tɕʰiaʔ⁷		ŋoʔ⁸	ɦiaʔ⁸	ɦioʔ⁸/ɦiaʔ⁸	ɔʔ⁷	ʔbəŋ¹
松江		tɕʰiaʔ⁷		ŋoʔ⁸	ɦiaʔ⁸	ɦioʔ⁸/ɦiaʔ⁸	uoʔ⁷	ʔbəŋ¹
松江新	kɔ³	tɕʰiʌʔ⁷	kʰoʔ⁷	ŋoʔ⁸	ɦiaʔ⁸	ɦiaʔ⁸/ɦioʔ⁸	oʔ⁷	pʌn¹
泗泾		tɕʰiaʔ⁷		ŋoʔ⁸	ɦiaʔ⁸	ɦioʔ⁸/ɦiaʔ⁸	uoʔ⁷	ʔbəŋ¹
奉贤		cʰiaʔ⁷		ŋoʔ⁸	ɦiaʔ⁸	ɦioʔ⁸/ɦiaʔ⁸	uoʔ⁷	ʔbəŋ¹
奉贤新	koʔ⁷	tɕʰiaʔ⁷	kʰoʔ⁷	ɦiaʔ⁸	ɦiaʔ⁸	ɦioʔ⁸	uoʔ⁷	ʔbəŋ¹
奉城		cʰiaʔ⁷		ŋoʔ⁸	ɦiaʔ⁸	ɦioʔ⁸/ɦiaʔ⁸	uoʔ⁷	ʔbəŋ¹
金山		cʰiaʔ⁷		ŋoʔ⁸	ɦiaʔ⁸	ɦioʔ⁸/ɦiaʔ⁸	ɔʔ⁷	ʔbəŋ¹
金山新	koʔ⁷	tɕʰyoʔ⁷	kʰoʔ⁷	ɦiʌʔ⁸	ɦiʌʔ⁸	ɦioʔ⁸/ɦiʌʔ⁸	ɔʔ⁷	pəŋ¹
枫泾		tɕʰiʌʔ⁷		ŋoʔ⁸	ɦiaʔ⁸	ɦiyoʔ⁸	ɔʔ⁷	pẽ¹
青浦		tɕʰiaʔ⁷		ŋoʔ⁸	ɦiaʔ⁸	ɦioʔ⁸/ɦiaʔ⁸	uoʔ⁷	ʔbəŋ¹
青浦新	kɔ³	tɕʰiəʔ⁷	kʰoʔ⁷	ŋoʔ⁸	ɦiaʔ⁸	ɦioʔ⁸	uoʔ⁷	poŋ¹
莘庄		cʰiʌʔ⁷		ŋoʔ⁸	ɦiʌʔ⁸	ɦioʔ⁸/ɦiʌʔ⁸	uoʔ⁷	ʔbəŋ¹
闵行新	kɔ⁵	tɕʰiaʔ⁷	kʰoʔ⁷	ŋoʔ⁸	ɦiaʔ⁸	ɦioʔ⁸	oʔ⁷	pən¹
川沙		tɕʰiʌʔ⁷		ŋoʔ⁸	ɦiʌʔ⁸	ɦioʔ⁸/ɦiʌʔ⁸	βoʔ⁷	ʔbəŋ¹
川沙新		tɕʰyøʔ⁷	kʰoʔ⁷	ŋoʔ⁸	ɦiaʔ⁸	ɦioʔ⁸	ɔʔ⁷	ʔbəŋ¹
高桥		tɕʰiɔʔ⁷		ŋoʔ⁸	lɔʔ⁸	ɦiʌʔ⁸/ɦiʌʔ⁸	oʔ⁷	ʔbəŋ¹
三林		cʰiʌʔ⁷		ŋoʔ⁸	ɦiʌʔ⁸	ɦioʔ⁸/ɦiʌʔ⁸	uoʔ⁷	ʔbəŋ¹
周浦		cʰiʌʔ⁷		ŋoʔ⁸	lɔʔ⁸	ɦioʔ⁸/ɦiʌʔ⁸	ɔʔ⁷	ʔbəŋ¹
南汇		cʰiʌʔ⁷		ŋoʔ⁸	lɔʔ⁸	ɦioʔ⁸/ɦiʌʔ⁸	ɔʔ⁷	ʔbəŋ¹
南汇新		tɕʰiaʔ⁷		ŋoʔ⁸	ɦiaʔ⁸	ɦioʔ⁸	ʋoʔ⁷	ʔbəŋ¹
嘉定		tɕʰyoʔ⁷		ŋoʔ⁸	ɦiɔʔ⁸	ɦioʔ⁸/ɦiʌʔ⁸	uoʔ⁷	pəŋ¹
嘉定新	kɔ⁵/gɔ⁶	tɕʰioʔ⁷	khoʔ⁷	ŋoʔ⁸	ɦioʔ⁸	ɦioʔ⁸	oʔ⁷/uaʔ⁷	pẽ¹
宝山	koʔ⁷	tɕʰioʔ⁷	kʰoʔ⁷	ŋoʔ⁸	ŋoʔ⁸	ɦioʔ⁸	oʔ⁷	pəŋ¹
宝山新	koʔ⁷	tɕʰiaʔ⁷	kʰoʔ⁷	ɦioʔ⁸	ɦioʔ⁸	ɦioʔ⁸	oʔ⁷	pəŋ¹
崇明		tɕʰyoʔ⁷		ŋoʔ⁸	ɦiyoʔ⁸	hɦiɔʔ⁸/ɦiyoʔ⁸	uoʔ⁷	pən¹
崇明新	tɕiɔ³	tɕiɔʔ⁷	kʰəʔ⁷	iaʔ⁸	ɲiɔʔ⁸	hoʔ⁸	uoʔ⁷	pən¹
堡镇		tɕʰyoʔ⁷		ŋoʔ⁸	ɦiyoʔ⁸	hɦiɔʔ⁸/ɦiyoʔ⁸	uoʔ⁷	pən¹
练塘		tɕʰiaʔ⁷		ŋɔʔ⁸	ɦiaʔ⁸	ɦioʔ⁸/ɦiaʔ⁸	oʔ⁷	pəŋ¹

序号	2581	2582	2583	2584	2585	2586	2587	2588
字目	朋	鹏	登	灯	等	凳	腾	誊
中古音的地位	曾开一平登並	曾开一平登並	曾开一平登端	曾开一平登端	曾开一上等端	曾开一去嶝端	曾开一平登定	曾开一平登定
市区	bã⁶		tən¹	tən¹	tən⁵	tən⁵	dən⁶	
市区中	bã⁶	bã⁶	tən¹	tən¹	tən⁵	tən⁵	dən⁶	dən⁶
市区新	bã⁶	bã⁶	tən¹	tən¹	tən⁵	tən⁵	dən⁶	dən⁶
真如	bã²		ʔdən¹	ʔdən¹	ʔdən³	ʔdən⁵	dən²	
江湾	bã⁶		ʔdən¹	ʔdən¹	ʔdən⁵	ʔdən⁵	dən²	
松江	bẽ²		ʔdən¹	ʔdən¹	ʔdən³	ʔdən⁵	dən²	
松江新	bẽ²		tʌn¹	tʌn¹	tʌn³	tʌn⁵	dʌn²	dʌn²
泗泾	bẽ²		ʔdən¹	ʔdən¹	ʔdən³	ʔdən⁵	dən²	
奉贤	bẽ²/bɐŋ²		ʔdɐŋ¹	ʔdɐŋ¹	ʔdɐŋ³	ʔdɐŋ⁵	dɐŋ⁶	
奉贤新	bã²	bã²	ʔdən¹	ʔdən¹	ʔdən³	ʔdən⁵	dən²	dən²
奉城	bẽ²/bɐŋ²		ʔdɐŋ¹	ʔdɐŋ¹	ʔdɐŋ³	ʔdɐŋ⁵	dɐŋ²	
金山	bẽ²		ʔdən¹	ʔdən¹	ʔdən³	ʔdən⁵	dən⁶	
金山新	bẽ²	bẽ²	tən¹	tən¹	tən³	tən⁵	dən²	dən²
枫泾	bẽ²		tən¹	tən¹	tən³	tən⁵	dən²	
青浦	bẽ²		ʔdən¹	ʔdən¹	ʔdən³	ʔdən⁵	dən²	
青浦新	bẽ²	bẽ²	tən¹	tən¹	tən³	tən⁵	dən²	dən²
莘庄	bã²		ʔdən¹	ʔdən¹	ʔdən³	ʔdən⁵	dən²	
闵行新	bã²	bã⁶	tən¹	tən¹	tən³	tən⁵	dən²	dən²
川沙	bã²		ʔdən¹	ʔdən¹	ʔdən³	ʔdən⁵	dən²	
川沙新	bəŋ⁶	bəŋ⁶	ʔdən¹	ʔdən¹	ʔdən³	ʔdən⁵	dən²	dən⁶
高桥	bã⁶		ʔdən¹	ʔdən¹	ʔdən³	ʔdən⁵	dən⁶	
三林	bã²		ʔdən¹	ʔdən¹	ʔdən³	ʔdən⁵	dən²	
周浦	bã²		ʔdən¹	ʔdən¹	ʔdən³	ʔdən⁵	dən²	
南汇	bã²		ʔdən¹	ʔdən¹	ʔdən³	ʔdən⁵	dən²	
南汇新	bã⁶	bã⁶	ʔdən¹	ʔdən¹	ʔdən³	ʔdən⁵	dən⁶	dən⁶
嘉定	bã²		tən¹	tən¹	tən⁵	tən⁵	dən²	
嘉定新	baŋ²	baŋ²	tẽ¹	tẽ¹	tẽ⁵	tẽ⁵	dẽ²	dẽ²
宝山	bã²	bã²	tən¹	tən¹	tən⁵	tən⁵	dən²	dən²
宝山新	bã⁶	bã⁶	tən¹	tən¹	tən⁵	tən⁵	dən⁶	dən⁶
崇明	bã²/bən²		tən¹	tən¹	tən³	tən⁵	dən²	
崇明新	bã²		tən¹	tən¹	tən³	tən⁵	dən²	dən²
堡镇	bã²/bən²		tən¹	tən¹	tən³	tən⁵	dən²	
练塘	bẽ²		tən¹	tən¹	tən¹	tən⁵	dən²	

序号	2589	2590	2591	2592	2593	2594	2595	2596
字目	藤	邓姓	能	棱棱角	增	曾曾孙	曾曾经	层
中古音的地位	曾开一平登定	曾开一去嶝定	曾开一平登泥	曾开一平登来	曾开一平登精	曾开一平登精	曾开一平登从	曾开一平登从
市区	dəŋ⁶	dəŋ⁶	nəŋ⁶		tsəŋ¹	tsəŋ¹	zəŋ⁶	zəŋ⁶
市区中	dəŋ⁶	dəŋ⁶	nəŋ⁶	ləŋ⁶	tsəŋ¹	tsəŋ¹	zəŋ⁶	zəŋ⁶
市区新	dəŋ⁶	dəŋ⁶	nəŋ⁶	ləŋ¹	tsəŋ¹	tsəŋ¹	zəŋ⁶	zəŋ⁶
真如	dəŋ²	dəŋ⁶	nəŋ²		tsəŋ¹	tsəŋ¹	zəŋ²	zəŋ²
江湾	dəŋ⁶	dəŋ⁶	nəŋ⁶		tsəŋ¹	tsəŋ¹	zəŋ⁶	zəŋ⁶
松江	dəŋ²	dəŋ⁶	nəŋ⁶		tsəŋ¹	tsəŋ¹	zəŋ²	zəŋ²
松江新	dʌŋ²	dʌŋ⁶	nʌŋ²	lʌŋ²	tsʌŋ¹	tsʌŋ¹	zʌŋ²	zʌŋ²
泗泾	dəŋ²	dəŋ⁶	nəŋ²		tsəŋ¹	tsəŋ¹	zəŋ²	zəŋ²
奉贤	dɑŋ⁶	dɑŋ⁶	nɑŋ⁶		tsɑŋ¹	tsɑŋ¹	zɑŋ⁶	zɑŋ⁶
奉贤新	dəŋ²	dəŋ⁶	nəŋ²	ləŋ²	tsəŋ¹	tsəŋ¹	zəŋ²	zəŋ²
奉城	dɑŋ⁶	dɑŋ⁶	nɑŋ⁶		tsɑŋ¹	tsɑŋ¹	zɑŋ⁶	zɑŋ⁶
金山	dəŋ²	dəŋ⁶	nəŋ²		tsəŋ¹	tsəŋ¹	zəŋ²	zəŋ²
金山新	dəŋ²	dəŋ⁶	nəŋ²	ləŋ²	tsəŋ¹	tsəŋ¹	zəŋ²	zəŋ²
枫泾	dəŋ²	dəŋ⁴	nəŋ²		tsəŋ¹	tsəŋ¹	zəŋ²	zəŋ²
青浦	dəŋ²	dəŋ⁶	nəŋ²		tsəŋ¹	tsəŋ¹	zəŋ²	zəŋ²
青浦新	dəŋ²	dəŋ⁶	nəŋ²	ləŋ²	tsəŋ¹	tsəŋ¹	zəŋ²	zəŋ²
莘庄	dəŋ²	dəŋ⁶	nəŋ²		tsəŋ¹	tsəŋ¹	zəŋ²	zəŋ²
闵行新	dəŋ²	dəŋ²	nəŋ²	ləŋ⁵	tsəŋ¹	zəŋ²	zəŋ²	zəŋ²
川沙	dəŋ²	dəŋ⁶	nəŋ²		tsəŋ¹	tsəŋ¹	zəŋ²	zəŋ²
川沙新	dəŋ²	dəŋ⁶	nəŋ⁶	ləŋ⁶	tsəŋ¹	tsəŋ¹	zəŋ²	zəŋ²
高桥	dəŋ⁶	dəŋ⁶	nəŋ⁶		tsəŋ¹	zəŋ⁶	zəŋ⁶	zəŋ⁶
三林	dəŋ²	dəŋ⁶	nəŋ²		tsəŋ¹	tsəŋ¹	zəŋ²	zəŋ²
周浦	dəŋ²	dəŋ⁶	nəŋ⁶		tsəŋ¹	tsəŋ¹	zəŋ²	zəŋ²
南汇	dəŋ²	dəŋ⁶	nəŋ²		tsəŋ¹	tsəŋ¹	zəŋ²	zəŋ²
南汇新	dəŋ⁶	dəŋ⁶	nəŋ⁶	ləŋ⁶	tsəŋ¹	tsəŋ¹	zəŋ⁶	zəŋ⁶
嘉定	dəŋ²	dəŋ⁶	nəŋ²		tsəŋ¹	tsəŋ¹	zəŋ²	zəŋ²
嘉定新	dẽ²	dẽ⁶	nẽ²	lẽ²	tsẽ¹	tsẽ¹	zẽ²	zẽ²
宝山	dəŋ²	dəŋ⁶	nəŋ²	liŋ²	tsəŋ¹	tsəŋ¹	zəŋ²	zəŋ²
宝山新	dəŋ⁶	dəŋ⁶	nəŋ⁵	ləŋ⁵	tsəŋ¹	tsəŋ¹	zəŋ⁶	zəŋ⁶
崇明	dəŋ²	dəŋ⁶	nəŋ²		tsəŋ¹	tsəŋ¹	dzəŋ⁴	zəŋ²
崇明新	dəŋ²	dəŋ⁶	nəŋ²	ləɨ¹	tsəŋ¹	tsəŋ¹	dzəŋ²	dzəŋ²
堡镇	dəŋ²	dəŋ⁶	nəŋ²		tsəŋ¹	tsəŋ¹	dzəŋ⁴	zəŋ²
练塘	dəŋ²	dəŋ⁶	nəŋ²		tsəŋ¹	tsəŋ¹	zəŋ²	zəŋ²

序号	2597	2598	2599	2600	2601	2602	2603	2604
字目	赠	僧	肯	恒	北	墨	默	得
中古音的地位	曾开一去嶝从	曾开一平登心	曾开一上等溪	曾开一平登匣	曾开一入德	曾开一入德明	曾开一入德明	曾开一入德端
市区	zən^6	sən^1	kʰən^5	ɦən^6	poʔ^7	məʔ^8	məʔ^8	təʔ^7
市区中	zəŋ^6	səŋ^1	kʰəŋ^5	ɦəŋ^6	poʔ^7	moʔ^8	moʔ^8	tɐʔ^7
市区新	zəŋ^6	səŋ^1	kʰəŋ^5	ɦəŋ^6	poʔ^7	moʔ^8	moʔ^8	tɐʔ^7
真如	zəŋ^6	səŋ^1	kʰəŋ^3	ɦəŋ^2	ʔboʔ^7	məʔ^8	məʔ^8	ʔdəʔ^7
江湾	zəŋ^6	səŋ^1	kʰəŋ^5	ɦəŋ^6	ʔboʔ^7	məʔ^8	məʔ^8	ʔdəʔ^7
松江	zəŋ^6	səŋ^1	kʰəŋ^3	ɦəŋ^2	ʔboʔ^7	mʌʔ^8	mʌʔ^8	ʔdʌʔ^7
松江新	zʌŋ^6	sʌŋ^1	kʰʌŋ^3	ɦʌŋ^2	poʔ^7	moʔ^8	mʌʔ^8	dʌʔ^7
泗泾	zəŋ^6	səŋ^1	kʰəŋ^3	ɦəŋ^2	ʔboʔ^7	məʔ^8	məʔ^8	ʔdəʔ^7
奉贤	zɐŋ^6	sɐŋ^1	kʰɐŋ^3	ɦɐŋ^2	ʔboʔ^7	mʌʔ^8	mʌʔ^8	ʔdʌʔ^7
奉贤新	tsəŋ^5	səŋ^1	kʰəŋ^3	ɦəŋ^2	ʔbɔʔ^7	məʔ^8	məʔ^8	ʔdəʔ^7
奉城	zɐŋ^6	sɐŋ^1	kʰɐŋ^3	ɦɐŋ^2	ʔboʔ^7	mʌʔ^8	mʌʔ^8	ʔdʌʔ^7
金山	zəŋ^6	səŋ^1	kʰəŋ^3	ɦəŋ^2	ʔboʔ^7	məʔ^8	məʔ^8	ʔdəʔ^7
金山新	tsəŋ^5	səŋ^1	kʰəŋ^3	ɦəŋ^2	poʔ^7	məʔ^8	məʔ^8	təʔ^7
枫泾	zəŋ^6	səŋ^5	kʰəŋ^3	ɦəŋ^2	poʔ^7	məʔ^8	məʔ^8	təʔ^7
青浦	zəŋ^6	səŋ^1	kʰəŋ^3	ɦəŋ^2	ʔboʔ^7	mʌʔ^8	mʌʔ^8	ʔdʌʔ^7
青浦新	zəŋ^6	səŋ^1	kʰəŋ^3	ɦəŋ^2	poʔ^7	məʔ^8	məʔ^8	təʔ^7
莘庄	zəŋ^6	səŋ^1	kʰəŋ^3	ɦəŋ^2	ʔboʔ^7	mʌʔ^8	mʌʔ^8	ʔdʌʔ^7
闵行新	tsən^1	sən^1	kʰən^3	ɦən^2	poʔ^7	məʔ^8	məʔ^8	təʔ^7
川沙	zəŋ^6	səŋ^1	kʰəŋ^3	ɦəŋ^2	ʔboʔ^7	mʌʔ^8	mʌʔ^8	ʔdʌʔ^7
川沙新	zəŋ^6	səŋ^1	kʰəŋ^3	əŋ^6	ʔbɤʔ^7	mɤʔ^8	mɤʔ^8	ʔdɤʔ^7
高桥	zəŋ^6	səŋ^1	kʰəŋ^3	ɦəŋ^2	ʔboʔ^7	məʔ^8	məʔ^8	ʔdəʔ^7
三林	zəŋ^6	səŋ^1	kʰəŋ^3	ɦəŋ^2	ʔboʔ^7	mʌʔ^8	mʌʔ^8	ʔdʌʔ^7
周浦	zəŋ^6	səŋ^1	kʰəŋ^3	ɦəŋ^2	ʔboʔ^7	mʌʔ^8	mʌʔ^8	ʔdʌʔ^7
南汇	zəŋ^6	səŋ^1	kʰəŋ^3	ɦəŋ^2	ʔboʔ^7	mʌʔ^8	mʌʔ^8	ʔdʌʔ^7
南汇新	tsəŋ^5	səŋ^1	kʰəŋ^3	ɦəŋ^6	ʔboʔ^7	moʔ^8	moʔ^8	ʔdəʔ^7
嘉定	zəŋ^6	səŋ^1	kʰəŋ^3	ɦəŋ^6	poʔ^7	məʔ^8	məʔ^8	təʔ^7
嘉定新	tsẽ^5	sẽ^1	kʰẽ^5	ɦĩ^2	poʔ^7	moʔ^8	moʔ^8	təʔ^7
宝山	tsəŋ^5	zəŋ^6	kʰəŋ^5	ɦəŋ^5	poʔ^7	məʔ^8	məʔ^8	təʔ^7
宝山新	tsəŋ^5	səŋ^1	kʰəŋ^5	ɦəŋ^5	poʔ^7	məʔ^8	məʔ^8	təʔ^7
崇明	dzən^6	sən^1	kʰən^3	ɦfiəŋ^2	poʔ^7	məʔ^8	məʔ^8	təʔ^7
崇明新	tsʰən^3	sən^1	kʰən^3	ɦən^2	poʔ^7	moʔ^8	moʔ^8	təʔ^7
堡镇	dzən^6	sən^1	kʰən^3	ɦfiəŋ^2	poʔ^7	məʔ^8	məʔ^8	təʔ^7
练塘	zəŋ^6	səŋ^1	kʰəŋ^3	ɦəŋ^2	poʔ^7	mʌʔ^8	mʌʔ^8	tʌʔ^7

序号	2605	2606	2607	2608	2609	2610	2611	2612
字目	德	特	肋	勒	则	贼	塞闭塞	克
中古音的地位	曾开一入德端	曾开一入德定	曾开一入德来	曾开一入德来	曾开一入德精	曾开一入德从	曾开一入德心	曾开一入德溪
市区	tə$\textipa{P}$^{7}	dɐ$\textipa{P}$^{8}	lə$\textipa{P}$^{8}	lə$\textipa{P}$^{8}		zɐ$\textipa{P}$^{8}	sə$\textipa{P}$^{7}	k^{h}ə$\textipa{P}$^{7}
市区中	tɐ$\textipa{P}$^{7}	dɐ$\textipa{P}$^{8}	lɐ$\textipa{P}$^{8}	lɐ$\textipa{P}$^{8}	tsɐ$\textipa{P}$^{7}	zɐ$\textipa{P}$^{8}	sɐ$\textipa{P}$^{7}	k^{h}ɐ$\textipa{P}$^{7}
市区新	tɐ$\textipa{P}$^{7}	dɐ$\textipa{P}$^{8}	lɐ$\textipa{P}$^{8}	lɐ$\textipa{P}$^{8}	tsɐ$\textipa{P}$^{7}	zɐ$\textipa{P}$^{8}	sɐ$\textipa{P}$^{7}	k^{h}ɐ$\textipa{P}$^{7}
真如	$\textipa{P}$də$\textipa{P}$^{7}	də$\textipa{P}$^{8}	lə$\textipa{P}$^{8}	lə$\textipa{P}$^{8}		zə$\textipa{P}$^{8}	sə$\textipa{P}$^{7}	k^{h}ə$\textipa{P}$^{7}
江湾	$\textipa{P}$də$\textipa{P}$^{7}	də$\textipa{P}$^{8}	lə$\textipa{P}$^{8}	lə$\textipa{P}$^{8}		zə$\textipa{P}$^{8}	sə$\textipa{P}$^{7}	k^{h}ə$\textipa{P}$^{7}
松江	$\textipa{P}$dʌ$\textipa{P}$^{7}	dʌ$\textipa{P}$^{8}	lʌ$\textipa{P}$^{8}	lʌ$\textipa{P}$^{8}		zʌ$\textipa{P}$^{8}	sʌ$\textipa{P}$^{7}	k^{h}ʌ$\textipa{P}$^{7}
松江新	tʌ$\textipa{P}$^{7}	dʌ$\textipa{P}$^{8}	lʌ$\textipa{P}$^{8}	lʌ$\textipa{P}$^{8}	tsʌ$\textipa{P}$^{7}	zʌ$\textipa{P}$^{8}	sʌ$\textipa{P}$^{7}	k^{h}ʌ$\textipa{P}$^{7}
泗泾	$\textipa{P}$də$\textipa{P}$^{7}	də$\textipa{P}$^{8}	lə$\textipa{P}$^{8}	lə$\textipa{P}$^{8}		zə$\textipa{P}$^{8}	sə$\textipa{P}$^{7}	k^{h}ə$\textipa{P}$^{7}
奉贤	$\textipa{P}$dʌ$\textipa{P}$^{7}	dʌ$\textipa{P}$^{8}	lʌ$\textipa{P}$^{8}	lʌ$\textipa{P}$^{8}		zʌ$\textipa{P}$^{8}	sʌ$\textipa{P}$^{7}	k^{h}ʌ$\textipa{P}$^{7}
奉贤新	$\textipa{P}$də$\textipa{P}$^{7}	də$\textipa{P}$^{8}	lə$\textipa{P}$^{8}	lə$\textipa{P}$^{7}	tsə$\textipa{P}$^{8}	zə$\textipa{P}$^{7}	sə$\textipa{P}$^{8}	k^{h}ə$\textipa{P}$^{8}
奉城	$\textipa{P}$dʌ$\textipa{P}$^{7}	dʌ$\textipa{P}$^{8}	lʌ$\textipa{P}$^{8}	lʌ$\textipa{P}$^{8}		zʌ$\textipa{P}$^{8}	sʌ$\textipa{P}$^{7}	k^{h}ʌ$\textipa{P}$^{7}
金山	$\textipa{P}$də$\textipa{P}$^{7}	də$\textipa{P}$^{8}	lə$\textipa{P}$^{8}	lə$\textipa{P}$^{8}		zə$\textipa{P}$^{8}	sə$\textipa{P}$^{7}	k^{h}ə$\textipa{P}$^{7}
金山新	tə$\textipa{P}$^{7}	də$\textipa{P}$^{8}	lə$\textipa{P}$^{8}	lə$\textipa{P}$^{8}	tsə$\textipa{P}$^{7}	zʌ$\textipa{P}$^{8}	sə$\textipa{P}$^{7}	k^{h}ə$\textipa{P}$^{7}
枫泾	tə$\textipa{P}$^{7}	də$\textipa{P}$^{8}	lə$\textipa{P}$^{8}	lə$\textipa{P}$^{8}		zə$\textipa{P}$^{8}	sə$\textipa{P}$^{7}	k^{h}ə$\textipa{P}$^{7}
青浦	$\textipa{P}$dʌ$\textipa{P}$^{7}	dʌ$\textipa{P}$^{8}	lʌ$\textipa{P}$^{8}	lʌ$\textipa{P}$^{8}		zʌ$\textipa{P}$^{8}	sʌ$\textipa{P}$^{7}	k^{h}ʌ$\textipa{P}$^{7}
青浦新	tə$\textipa{P}$^{7}	t^{h}ə$\textipa{P}$^{7}	lə$\textipa{P}$^{8}	lə$\textipa{P}$^{8}	tsə$\textipa{P}$^{7}	zə$\textipa{P}$^{8}	sə$\textipa{P}$^{7}	k^{h}ə$\textipa{P}$^{7}
莘庄	$\textipa{P}$dʌ$\textipa{P}$^{7}	dʌ$\textipa{P}$^{8}	lʌ$\textipa{P}$^{8}	lʌ$\textipa{P}$^{8}		zʌ$\textipa{P}$^{8}	sʌ$\textipa{P}$^{7}	k^{h}ʌ$\textipa{P}$^{7}
闵行新	tə$\textipa{P}$^{7}	də$\textipa{P}$^{8}	lə$\textipa{P}$^{8}	k^{h}ən^3	fiən^2	po$\textipa{P}$^{7}	mə$\textipa{P}$^{8}	mə$\textipa{P}$^{8}
川沙	$\textipa{P}$dʌ$\textipa{P}$^{7}	dʌ$\textipa{P}$^{8}	lʌ$\textipa{P}$^{8}	lʌ$\textipa{P}$^{8}		zʌ$\textipa{P}$^{8}	sʌ$\textipa{P}$^{7}	k^{h}ʌ$\textipa{P}$^{7}
川沙新	$\textipa{P}$dɤ$\textipa{P}$^{7}	dɤ$\textipa{P}$^{8}	læ$\textipa{P}$^{8}			zɤ$\textipa{P}$^{8}	sɤ$\textipa{P}$^{7}	k^{h}ɤ$\textipa{P}$^{7}
高桥	$\textipa{P}$də$\textipa{P}$^{7}	də$\textipa{P}$^{8}	lə$\textipa{P}$^{8}	lə$\textipa{P}$^{8}		zə$\textipa{P}$^{8}	sə$\textipa{P}$^{7}	k^{h}ə$\textipa{P}$^{7}
三林	$\textipa{P}$dʌ$\textipa{P}$^{7}	dʌ$\textipa{P}$^{8}	lʌ$\textipa{P}$^{8}	lʌ$\textipa{P}$^{8}		zʌ$\textipa{P}$^{8}	sʌ$\textipa{P}$^{7}	k^{h}ʌ$\textipa{P}$^{7}
周浦	$\textipa{P}$dʌ$\textipa{P}$^{7}	dʌ$\textipa{P}$^{8}	lʌ$\textipa{P}$^{8}	lʌ$\textipa{P}$^{8}		zʌ$\textipa{P}$^{8}	sʌ$\textipa{P}$^{7}	k^{h}ʌ$\textipa{P}$^{7}
南汇	$\textipa{P}$dʌ$\textipa{P}$^{7}	dʌ$\textipa{P}$^{8}	lʌ$\textipa{P}$^{8}	lʌ$\textipa{P}$^{8}		zʌ$\textipa{P}$^{8}	sʌ$\textipa{P}$^{7}	k^{h}ʌ$\textipa{P}$^{7}
南汇新	$\textipa{P}$də$\textipa{P}$^{7}	də$\textipa{P}$^{8}	lə$\textipa{P}$^{8}	lə$\textipa{P}$^{8}	tsə$\textipa{P}$^{7}	zə$\textipa{P}$^{8}	sə$\textipa{P}$^{7}	k^{h}ə$\textipa{P}$^{7}
嘉定	tə$\textipa{P}$^{7}	də$\textipa{P}$^{8}	lə$\textipa{P}$^{8}	lə$\textipa{P}$^{8}		zə$\textipa{P}$^{8}	sə$\textipa{P}$^{7}	k^{h}ə$\textipa{P}$^{7}
嘉定新	tə$\textipa{P}$^{7}	də$\textipa{P}$^{8}	lə$\textipa{P}$^{8}	lə$\textipa{P}$^{8}	tsə$\textipa{P}$^{7}	zə$\textipa{P}$^{8}	sə$\textipa{P}$^{7}	k^{h}ə$\textipa{P}$^{7}
宝山	tə$\textipa{P}$^{7}	də$\textipa{P}$^{8}	lə$\textipa{P}$^{8}	lə$\textipa{P}$^{8}	tsə$\textipa{P}$^{7}	zə$\textipa{P}$^{8}	sə$\textipa{P}$^{7}	k^{h}ə$\textipa{P}$^{7}
宝山新	tə$\textipa{P}$^{7}	də$\textipa{P}$^{8}	lə$\textipa{P}$^{8}	lə$\textipa{P}$^{8}	tsə$\textipa{P}$^{7}	zə$\textipa{P}$^{8}	sə$\textipa{P}$^{7}	k^{h}ə$\textipa{P}$^{7}
崇明	tə$\textipa{P}$^{7}	də$\textipa{P}$^{8}	lə$\textipa{P}$^{8}	lə$\textipa{P}$^{8}		zə$\textipa{P}$^{8}	sə$\textipa{P}$^{7}	k^{h}ə$\textipa{P}$^{7}
崇明新	tə$\textipa{P}$^{7}	də$\textipa{P}$^{8}	lə$\textipa{P}$^{8}	lə$\textipa{P}$^{8}	tsə$\textipa{P}$^{7}	zə$\textipa{P}$^{8}	sə$\textipa{P}$^{7}	k^{h}ə$\textipa{P}$^{7}
堡镇	tə$\textipa{P}$^{7}	də$\textipa{P}$^{8}	lə$\textipa{P}$^{8}	lə$\textipa{P}$^{8}		zə$\textipa{P}$^{8}	sə$\textipa{P}$^{7}	k^{h}ə$\textipa{P}$^{7}
练塘	tʌ$\textipa{P}$^{7}	dʌ$\textipa{P}$^{8}	lʌ$\textipa{P}$^{8}	lʌ$\textipa{P}$^{8}		zʌ$\textipa{P}$^{8}	sʌ$\textipa{P}$^{7}	k^{h}ʌ$\textipa{P}$^{7}

序号	2613	2614	2615	2616	2617	2618	2619	2620
字目	刻	黑	冰	凭凭据	凭凭靠	陵	凌	菱
中古音的地位	曾开一入德溪	曾开一入德晓	曾开三平蒸帮	曾开三平蒸並	曾开三平蒸並	曾开三平蒸来	曾开三平蒸来	曾开三平蒸来
市区	kʰəʔ⁷	həʔ⁷	piŋ¹	biŋ⁶	biŋ⁶	liŋ⁶		liŋ⁶
市区中	kʰɐʔ⁷	hɐʔ⁷	piŋ¹	biŋ⁶	biŋ⁶	liŋ⁶	liŋ⁶	liŋ⁶
市区新	kʰəʔ⁷	hɐʔ⁷	piŋ¹	biŋ⁶	biŋ⁶	liŋ⁶	liŋ⁶	liŋ⁶
真如	kʰəʔ⁷	həʔ⁷	ʔbiŋ¹	biŋ²		liŋ²		liŋ²
江湾	kʰəʔ⁷	həʔ⁷	ʔbiŋ¹	biŋ⁶		liŋ⁶		liŋ⁶
松江	kʰʌʔ⁷	hʌʔ⁷	ʔbiŋ¹	biŋ²		liŋ²		liŋ²
松江新	kʰʌʔ⁷	hʌʔ⁷	piŋ¹	biŋ²	biŋ²	liŋ²	liŋ²	liŋ²
泗泾	kʰəʔ⁷	həʔ⁷	ʔbiŋ¹	biŋ²		liŋ²		liŋ²
奉贤	kʰʌʔ⁷	hʌʔ⁷	ʔbiəŋ¹	biəŋ²		liəŋ²		liəŋ²
奉贤新	kʰəʔ⁷	həʔ⁷	ʔbiŋ¹	biŋ²	biŋ²	liŋ²	liŋ²	liŋ²
奉城	kʰʌʔ⁷	hʌʔ⁷	ʔbiəŋ¹	biəŋ²		liəŋ²		liəŋ²
金山	kʰʌʔ⁷	həʔ⁷	ʔbiəŋ¹	biəŋ²		liəŋ²		liəŋ²
金山新	kʰəʔ⁷	hʌʔ⁷	piæŋ¹	biæŋ²	biæŋ²	liæŋ²	liæŋ²	liæŋ²
枫泾	kʰəʔ⁷	həʔ⁷	piŋ¹	biŋ²		liŋ²		liŋ²
青浦	kʰʌʔ⁷	hʌʔ⁷	ʔbiŋ¹	biŋ²		liŋ²		liŋ²
青浦新	kʰʌʔ⁷	hʌʔ⁷	piŋ¹	biŋ²	biŋ²	liŋ²	liŋ²	liŋ²
莘庄	kʰʌʔ⁷	hʌʔ⁷	ʔbiŋ¹	biŋ²		liŋ²		liŋ²
闵行新	təʔ⁷	təʔ⁷	dəʔ⁸	ləʔ⁸	biŋ²	liŋ²	liŋ²	liŋ²
川沙	kʰʌʔ⁷	hʌʔ⁷	ʔbiŋ¹	biŋ²		liŋ²		liŋ²
川沙新	kʰɤʔ⁷	hɤʔ⁷	ʔbiŋ¹	biŋ⁶	biŋ⁶	liŋ⁶	liŋ⁶	liŋ⁶
高桥	kʰəʔ⁷	həʔ⁷	ʔbiŋ¹	biŋ²		liŋ⁶		liŋ⁶
三林	kʰʌʔ⁷	hʌʔ⁷	ʔbiŋ¹	biŋ²		liŋ²		liŋ²
周浦	kʰʌʔ⁷	hʌʔ⁷	ʔbiŋ¹	biŋ²		liŋ²		liŋ²
南汇	kʰʌʔ⁷	hʌʔ⁷	ʔbiŋ¹	biŋ²		liŋ²		liŋ²
南汇新	kʰəʔ⁷	həʔ⁷	ʔbiŋ¹	biŋ⁶	biŋ⁶	liŋ⁶	liŋ⁶	liŋ⁶
嘉定	kʰəʔ⁷	həʔ⁷	piŋ¹			liŋ²		liŋ²
嘉定新	kʰəʔ⁷	həʔ⁷	piŋ¹	biŋ²	biŋ²	liŋ²	liŋ²	liŋ²
宝山	kʰəʔ⁷	həʔ⁷	piŋ¹	piŋ²	piŋ²	liŋ²	liŋ²	liŋ²
宝山新	kʰəʔ⁷	həʔ⁷	piŋ¹	piŋ⁵	piŋ⁵	liŋ⁵	liŋ⁵	liŋ⁵
崇明	kʰəʔ⁷	həʔ⁷	piŋ¹	biŋ²		liŋ²		liŋ²
崇明新	kʰəʔ⁷	xəʔ⁷	piŋ¹	biŋ²	biŋ²	liŋ²	liŋ²	liŋ²
堡镇	kʰəʔ⁷	həʔ⁷	piŋ¹	biŋ²		liŋ²		liŋ²
练塘	kʰʌʔ⁷	hʌʔ⁷	piŋ¹	biŋ²		liŋ²		liŋ²

序号	2621	2622	2623	2624	2625	2626	2627	2628
字目	征征求	惩	澄	橙	蒸	证证明	症病症	称称呼
中古音的地位	曾开三平蒸知	曾开三平蒸澄	曾开三平蒸澄	梗开二平耕澄	曾开三平蒸章	曾开三去证章	曾开三去证章	曾开三平蒸昌
市区	tsəŋ¹		zəŋ⁶	zəŋ⁶	tsəŋ¹	tsəŋ⁵	tsəŋ⁵	tsʰəŋ¹
市区中	tsəŋ¹	zəŋ⁶	zəŋ⁶	zəŋ⁶	tsəŋ¹	tsəŋ⁵	tsəŋ⁵	tsʰəŋ¹
市区新	tsəŋ¹		zəŋ⁶	zəŋ⁶	tsəŋ¹	tsəŋ⁵	tsəŋ⁵	tsʰəŋ¹
真如	tsəŋ¹		zəŋ²	zəŋ⁶	tsəŋ¹	tsəŋ⁵	tsəŋ⁵	tsʰəŋ¹
江湾	tsəŋ¹		zəŋ⁶	zəŋ⁶	tsəŋ¹	tsəŋ⁵	tsəŋ⁵	tsʰəŋ¹
松江	tsəŋ¹		zəŋ²	zəŋ²	tsəŋ¹	tsəŋ⁵	tsəŋ⁵	tsʰəŋ¹
松江新	tsʌn¹	tsʰʌn¹	zʌn²	zʌn²	tsʌn¹	tsʌn⁵	tsʌn⁵	tsʰʌn¹
泗泾	tsəŋ¹		zəŋ²	zəŋ²	tsəŋ¹	tsəŋ⁵	tsəŋ⁵	tsʰəŋ¹
奉贤	tsaŋ¹		zaŋ²	zaŋ²	tsaŋ¹	tsaŋ⁵	tsaŋ⁵	tsʰaŋ¹
奉贤新	tsəŋ¹	zəŋ²	zəŋ²	zəŋ²	tsəŋ¹	tsəŋ¹	tsəŋ⁵	tsʰəŋ¹
奉城	tsaŋ¹		zaŋ²	zaŋ²	tsaŋ¹	tsaŋ⁵	tsaŋ⁵	tsʰaŋ¹
金山	tsəŋ¹		zəŋ²	zəŋ²	tsəŋ¹	tsəŋ⁵	tsəŋ⁵	tsʰəŋ¹
金山新	tsəŋ¹	zəŋ²	zəŋ²	zəŋ²	tsəŋ¹	tsəŋ¹	tsəŋ⁵	tsʰəŋ¹
枫泾	tsəŋ¹		zəŋ²	zəŋ²	tsəŋ¹	tsəŋ⁵	tsəŋ⁵	tsʰəŋ¹
青浦	tsəŋ¹		zəŋ²	zəŋ²	tsəŋ¹	tsəŋ⁵	tsəŋ⁵	tsʰəŋ¹
青浦新	tsəŋ¹	zəŋ²	zəŋ²	zəŋ²	tsəŋ¹	tsəŋ⁵	tsəŋ⁵	tsʰəŋ¹
莘庄	tsəŋ¹		zəŋ²	zəŋ⁶	tsəŋ¹	tsəŋ⁵	tsəŋ⁵	tsʰəŋ¹
闵行新	tsəŋ¹	zəŋ²	zəŋ²	zəŋ²	tsəŋ¹	tsəŋ⁵	tsəŋ⁵	tsʰəŋ¹
川沙	tsəŋ¹		zəŋ²	zəŋ²	tsəŋ¹	tsəŋ⁵	tsəŋ⁵	tsʰəŋ¹
川沙新	tsəŋ¹	zəŋ⁶	zəŋ⁶	zəŋ⁶	tsəŋ¹	tsəŋ⁵	tsəŋ⁵	tsʰəŋ¹
高桥	tsəŋ¹		zəŋ⁶	zã⁶	tsəŋ¹	tsəŋ⁵	tsəŋ⁵	tsʰəŋ⁵
三林	tsəŋ¹		zəŋ²	zəŋ²	tsəŋ¹	tsəŋ⁵	tsəŋ⁵	tsʰəŋ¹
周浦	tsəŋ¹		zəŋ²	zəŋ²	tsəŋ¹	tsəŋ⁵	tsəŋ⁵	tsʰəŋ¹
南汇	tsəŋ¹		zəŋ²	zəŋ²	tsəŋ¹	tsəŋ⁵	tsəŋ⁵	tsʰəŋ¹
南汇新	tsəŋ¹	zəŋ⁶	zəŋ⁶	zəŋ⁶	tsəŋ¹	tsəŋ⁵	tsəŋ⁵	tsʰəŋ¹
嘉定	tsəŋ¹		zəŋ⁶	zəŋ⁶	tsəŋ¹	tsəŋ⁵	tsəŋ⁵	tsʰəŋ¹
嘉定新	tsəŋ¹	zəŋ²	zəŋ²	zəŋ²	tsəŋ¹	tsəŋ⁵	tsəŋ⁵	tsʰəŋ¹
宝山	tsəŋ¹	zəŋ⁶	zəŋ⁶	zəŋ⁵	tsəŋ¹	tsəŋ⁵	tsəŋ⁵	tsʰəŋ¹
宝山新	tsəŋ¹	zəŋ⁵	zəŋ⁵	zəŋ⁵	tsəŋ¹	tsəŋ⁵	tsəŋ⁵	tsʰəŋ¹
崇明	tsəŋ¹		dzəŋ²	dzəŋ²	tsəŋ¹	tsəŋ⁵	tsəŋ⁵	tsʰəŋ¹
崇明新	tsəm¹	tsʰən¹	tən¹	dzən²	tsən¹	tsən⁵	tsən⁵	tsʰən¹
堡镇	tsəŋ¹		dzəŋ²	dzəŋ²	tsəŋ¹	tsəŋ⁵	tsəŋ⁵	tsʰəŋ¹
练塘	tsəŋ¹		zəŋ²	zəŋ²	tsəŋ¹	tsəŋ⁵	tsəŋ⁵	tsʰəŋ¹

序号	2629	2630	2631	2632	2633	2634	2635	2636
字目	称相称	秤	乘	绳	塍	剩	升	胜胜败
中古音的地位	曾开三去证昌	曾开三去证昌	曾开三平蒸船	曾开三平蒸船	曾开三平蒸船	曾开三去证船	曾开三平蒸书	曾开三去证书
市区	tsʰən⁵	tsʰən⁵	zən⁶	zən⁶		zã⁶/zən⁶	sən¹	sən⁵
市区中	tsʰəŋ⁵	tsʰəŋ⁵	zəŋ⁶	zəŋ⁶	zəŋ⁶	zÃ⁶	səŋ¹	səŋ⁵
市区新	tsʰəŋ⁵	tsʰəŋ⁵	zəŋ⁶	zəŋ⁶		zÃ⁶	səŋ¹	səŋ⁵
真如	tsʰəŋ¹	tsʰəŋ⁵	zəŋ²	zəŋ²		zã⁶/zəŋ⁶	səŋ¹	səŋ³
江湾	tsʰəŋ⁵	tsʰəŋ⁵	zəŋ⁶	zəŋ⁶		zã⁶/zəŋ⁶	səŋ¹	səŋ⁵
松江	tsʰəŋ¹	tsʰəŋ⁵	zəŋ²	zəŋ²		zəŋ⁶	səŋ¹	səŋ⁵
松江新	tsʰʌn⁵	tsʰʌn⁵	zʌn²	zʌn²		zɜ̃⁶	sʌn¹	sʌn⁵
泗泾	tsʰəŋ¹	tsʰəŋ⁵	zəŋ²	zəŋ²		zəŋ⁶	səŋ¹	səŋ⁵
奉贤	tsʰɐŋ⁵	tsʰɐŋ⁵	zɐŋ²	zɐŋ²		zɜ̃⁶/z ɐ̃ŋ⁶	sɐŋ¹	sɐŋ⁵
奉贤新	tsʰəŋ⁵	tsʰəŋ⁵	zəŋ²	zəŋ²	zəŋ²	zəŋ⁶	səŋ¹	səŋ⁶
奉城	tsʰɐŋ⁵	tsʰɐŋ⁵	zɐŋ²	zɐŋ²		zã⁶/zɐ̃ŋ⁶	sɐŋ¹	sɐŋ⁵
金山	tsʰəŋ⁵	tsʰəŋ⁵	zəŋ²	zəŋ²		zəŋ⁶	səŋ¹	səŋ⁵
金山新	tsʰəŋ¹	tsʰəŋ⁵	tsʰəŋ¹/zəŋ²	zəŋ²	zəŋ²	zəŋ⁶	səŋ¹	səŋ³
枫泾	tsʰəŋ⁵	tsʰəŋ⁵	zəŋ²	zəŋ²		zəŋ⁶	səŋ¹	səŋ⁵
青浦	tsʰəŋ⁵	tsʰəŋ⁵	zəŋ²	zəŋ²		zəŋ⁶	səŋ¹	səŋ⁵
青浦新	tsʰəŋ⁵	tsʰəŋ⁵	zəŋ²	zəŋ²		zəŋ⁶	sən¹	zəŋ⁶
莘庄	tsʰəŋ⁵	tsʰəŋ⁵	zəŋ²	zəŋ²		zã⁶/zəŋ⁶	səŋ¹	səŋ⁵
闵行新	tsʰən¹	tsʰən¹	tsʰən⁵	zən²	①	zən²	sən¹	sən⁵
川沙	tsʰəŋ⁵	tsʰəŋ⁵	zəŋ²	zəŋ²		zã⁶/zəŋ⁶	səŋ¹	səŋ⁵
川沙新	tsʰəŋ⁵	tsʰəŋ⁵	zəŋ⁶	zəŋ⁶		zã⁶	səŋ¹	zəŋ⁶
高桥	tsʰəŋ⁵	tsʰəŋ⁵	zəŋ⁶	zəŋ⁶		zã⁶/zəŋ⁶	səŋ¹	səŋ³
三林	tsʰəŋ¹	tsʰəŋ⁵	zəŋ²	zəŋ²		zã⁶/zəŋ⁶	səŋ¹	səŋ⁵
周浦	tsʰəŋ⁵	tsʰəŋ⁵	zəŋ²	zəŋ²		zã⁶/zəŋ⁶	səŋ¹	səŋ⁵
南汇	tsʰəŋ¹	tsʰəŋ⁵	zəŋ²	zəŋ²		zã⁶/zəŋ⁶	səŋ¹	səŋ⁵
南汇新	tsʰəŋ⁵	tsʰəŋ⁵	zəŋ⁶	zəŋ⁶		zəŋ⁶	səŋ¹	səŋ⁵
嘉定	tsʰəŋ¹	tsʰəŋ⁵	zəŋ⁶	zəŋ⁶		zəŋ⁶	səŋ¹	səŋ⁵
嘉定新	tsʰəŋ⁵	tsʰəŋ⁵	zəŋ²	zəŋ²	zəŋ²	zɜ̃⁶	səŋ¹	zəŋ⁶
宝山	tsʰəŋ⁵	tsʰəŋ⁵	tsʰəŋ⁵	səŋ²	səŋ²	zã⁶	səŋ¹	səŋ⁵
宝山新	tsʰəŋ¹	tsʰəŋ¹	səŋ⁶	səŋ⁶	səŋ⁶	tsʰəŋ⁵	səŋ¹	səŋ⁵
崇明	tsʰən⁵	tsʰən⁵	dzən²	dzən²		dzã⁶/dzən⁶	sən¹	sən⁵
崇明新	tsʰən⁵	tsʰən⁵	dzən²②	zən²		zən⁶	sən¹	zən⁶
堡镇	tsʰən⁵	tsʰən⁵	dzən²	dzən²		dzã⁶/dzən⁶	sən¹	sən⁵
练塘	tsʰəŋ⁵	tsʰəŋ⁵	zəŋ²	zəŋ²		zəŋ⁶	səŋ¹	səŋ⁵

注：① 说"岸"。
② "相乘"。

序号	2637	2638	2639	2640	2641	2642	2643	2644
字目	承	丞	仍	扔	凝	兴 兴旺	兴 高兴	应 应当
中古音的地位	曾开三平蒸禅	曾开三平蒸禅	曾开三平蒸日	曾开三平蒸日	曾开三平蒸疑	曾开三平蒸晓	曾开三去证晓	曾开三平蒸影
市区	zəŋ⁶	zəŋ⁶	ȵin⁶/zəŋ⁶		ȵin⁶			in¹
市区中	zəŋ⁶	zəŋ⁶	ləŋ⁶	ləŋ¹	ȵiŋ⁶	ɕiŋ¹	ɕiŋ¹	iŋ¹
市区新	zəŋ⁶	zəŋ⁶	ləŋ⁶	ləŋ¹	ȵiŋ⁶	ɕiŋ¹	ɕiŋ¹	iŋ¹
真如	zəŋ²	zəŋ²	zəŋ²	ȵiŋ²				iŋ¹
江湾	zəŋ⁶	zəŋ⁶	ȵiəŋ⁶/zəŋ⁶	ȵiəŋ⁶				iŋ¹
松江	zəŋ²	zəŋ²	zəŋ²	ȵiəŋ²				iəŋ¹
松江新	zʌn²	zʌn²	tɔʔ⁷	ȵin²	ɕin¹	ɕin⁵		in¹
泗泾	zəŋ²	zəŋ²	zəŋ²	ȵiəŋ²				iəŋ¹
奉贤	zaz²	zaz²	az²	ȵiaȵ²				iaɪ¹
奉贤新	zəŋ²	zəŋ²	ȵin⁶	ȵin⁶	ȵin²	ɕin¹	ɕin¹	iŋ¹
奉城	zaz²	zaz²	az²	ȵiaȵ²				iaɪ¹
金山	zəŋ²	zəŋ²	zəŋ²	ȵiəŋ²				iəŋ¹
金山新	zəŋ²	zəŋ²	ȵiæŋ²	ȵiæŋ²	ȵiæŋ²	ɕiæŋ⁵	ɕiæŋ⁵	iæŋ¹
枫泾	zəŋ²	zəŋ²	zəŋ²	ȵəŋ²				iŋ¹
青浦	zəŋ²	zəŋ²	zəŋ²	ȵiəŋ²				iəŋ¹
青浦新	zəŋ²	zəŋ²	ȵiən⁶		ȵiən⁶	ɕiən⁵	ɕiən⁵	iən³
莘庄	zəŋ²	zəŋ²	zəŋ²	ȵiŋ²				iŋ¹
闵行新	zəŋ²	zəŋ²	ȵin²	①	ȵin²	ɕin¹	ɕin¹	in¹
川沙	zəŋ²	zəŋ²	zəŋ²	ȵin²				iʌŋ¹
川沙新	zəŋ⁶	zəŋ⁶	zəŋ⁶		ȵiŋ⁶	ɕiŋ¹	ɕiŋ⁵	iŋ¹
高桥	zəŋ⁶	zəŋ⁶	ləŋ¹/zəŋ⁶	ȵi⁶②				iŋ¹
三林	zəŋ²	zəŋ²	zəŋ²	ȵiŋ²				iŋ¹
周浦	zəŋ²	zəŋ²	zəŋ²	ȵiʌŋ²				iʌŋ¹
南汇	zəŋ²	zəŋ²	zəŋ²	ȵiʌŋ²				iʌŋ¹
南汇新	zəŋ⁶	zəŋ⁶				ɕiŋ¹	ɕiŋ⁵	iŋ¹
嘉定	zəŋ⁶	zəŋ⁶	zəŋ⁶	ȵiŋ²				iŋ¹
嘉定新	zẽ²	zẽ²	zẽ²		ȵin²	ɕin⁵	ɕin⁵	iŋ¹
宝山	səŋ²	səŋ²	zəŋ⁶	zəŋ⁶	ȵin²	ɕiŋ¹	ɕiŋ¹	iŋ¹
宝山新	səŋ⁵	səŋ⁵	zəŋ⁶	zəŋ⁶	ȵin⁵	ɕiŋ¹	ɕiŋ¹	iŋ¹
崇明	dzən²	dzən²	dzən⁴	ȵin²				in¹
崇明新	dzən²	dzən²		③	ȵin²	ɕin¹	zin⁶	
堡镇	dzən²	dzən²	dzən⁴	ȵin²				in¹
练塘	zəŋ²	zəŋ²	zəŋ²	ȵiəŋ²				iəŋ¹

注：① 说"捣"。
② 误读。
③ 说kuæ¹。

序号	2645	2646	2647	2648	2649	2650	2651	2652
字目	鹰	应响应	蝇	孕	逼	力	即	鲫
中古音的地位	曾开三平蒸影	曾开三去证影	曾开三平蒸以	曾开三去证以	曾开三入职帮	曾开三入职来	曾开三入职精	曾开三入职精
市区	in¹	in¹	in¹	ɦyn⁶/ɦioŋ⁶	piɪʔ⁷	liɪʔ⁸	tɕiɪʔ⁷	tɕiɪʔ⁷
市区中	iŋ¹	iŋ⁵	ɦiŋ⁶	ɦyŋ⁶	piɪʔ⁷	liɪʔ⁸	tɕiɪʔ⁷	tɕiɪʔ⁷
市区新	iŋ¹	iŋ⁵	ɦiŋ⁶	ɦyŋ⁶	piɪʔ⁷	liɪʔ⁸	tɕiɪʔ⁷	tɕiɪʔ⁷
真如	iŋ¹	iŋ¹	iŋ¹	ɦiŋ⁶	ʔbiɪʔ⁷	liɪʔ⁸	tsiɪʔ⁷	tsiɪʔ⁷
江湾	iŋ¹	iŋ⁵	iŋ¹	ɦioŋ⁶	ʔbɪʔ⁷	lɪʔ⁸	tsɪʔ⁷	tsɪʔ⁷
松江	iəŋ¹	iəŋ¹	iəŋ¹	ɦiəŋ⁶	ʔbiəʔ⁷	liəʔ⁸	tsiəʔ⁷	tsiəʔ⁷
松江新	in¹	in⁵	ɦin²	ɦyn⁶	piɪʔ⁷	liɪʔ⁸	tɕi⁵	tɕi⁵
泗泾	iəŋ¹	iəŋ¹	iəŋ¹	ɦiəŋ⁶	ʔbiəʔ⁷		tsiəʔ⁷	tsiəʔ⁷
奉贤	iɐŋ¹	iɐŋ⁵	iɐŋ¹	ɦyɛ̃⁶	ʔbiʌʔ⁷	liʌʔ⁸	tsiʌʔ⁷	tsiʌʔ⁷
奉贤新	iŋ¹	iŋ¹	ɦiŋ⁶	ɦyŋ²	ʔbieʔ⁷	liɪʔ⁸	tɕiəʔ⁷	tɕiəʔ⁷
奉城	iɐŋ¹	iɐŋ⁵	iɐŋ¹	ɦyɐŋ⁶	ʔbiʌʔ⁷	liʌʔ⁸	tsiʌʔ⁷	tsiʌʔ⁷
金山	iəŋ¹	iəŋ¹	iəŋ¹	ɦioŋ⁶	ʔbiəʔ⁷	liəʔ⁸	tsiəʔ⁷	tsiəʔ⁷
金山新	iæŋ¹	iæŋ⁵	ɦiæŋ²	ɦioŋ⁶	piɪʔ⁷	liɪʔ⁸	tɕiɪʔ⁷	tɕi⁵
枫泾	iŋ¹	iŋ¹	ɦiŋ⁶	ɦiŋ⁶	piɪʔ⁷	liɪʔ⁸	tsiɪʔ⁷	tsiɪʔ⁷
青浦	iəŋ¹	iəŋ³	ɦiəŋ²	ɦiəŋ²	ʔbiɪʔ⁷	liɪʔ⁷	tsiɪʔ⁷	tsiɪʔ⁷
青浦新	iən¹	iən⁵	ɦiən²	ɦiən²	piɪʔ⁷	liɪʔ⁷	ziɪʔ⁸	tɕi¹
莘庄	iŋ¹	iŋ¹	iŋ¹	ɦiŋ⁶	ʔbiɪʔ⁷	liəʔ⁸	tsiəʔ⁷	tsiɪʔ⁷
闵行新	in¹	in¹	in¹		piəʔ⁷	liəʔ⁸	tɕiəʔ⁷	tɕi⁵
川沙	iʌŋ¹	iʌŋ¹	iʌŋ¹	ɦyn⁶	ʔbiɪʔ⁷	liɪʔ⁸	tsiɪʔ⁷	tsiɪʔ⁷
川沙新	iŋ¹	iŋ¹	ɦiŋ⁶	yŋ⁵	ʔbiɪʔ⁷	liɪʔ⁸	tɕiɪʔ⁷	tɕiɪʔ⁷
高桥	iŋ¹	iŋ³	ɦiŋ⁶	ɦiŋ⁶	ʔbiɪʔ⁷	liɪʔ⁸	tsiɪʔ⁷	
三林	iŋ¹	iŋ¹	iŋ¹	ɦiŋ⁶	ʔbiəʔ⁷	liəʔ⁸	tsiəʔ⁷	tsiəʔ⁷
周浦	iʌŋ¹	iʌŋ¹	iʌŋ¹	ɦyŋ⁶	ʔbiʌʔ⁷	liʌʔ⁸	tsiʌʔ⁷	tsiʌʔ⁷
南汇	iʌŋ¹	iʌŋ¹	iʌŋ¹	ɦyŋ⁶	ʔbiʌʔ⁷	liʌʔ⁸	tsiʌʔ⁷	tsiʌʔ⁷
南汇新	iŋ¹	iŋ⁵	iŋ¹		ʔbiɪʔ⁷	liɪʔ⁸	tɕiɪʔ⁷	tɕiɪʔ⁷
嘉定	iŋ¹	iŋ⁵	iŋ¹	ɦyɪŋ⁶	piɪʔ⁷	liɪʔ⁸	tsiɪʔ⁷	tsiɪʔ⁷
嘉定新	iŋ¹	iŋ⁵	ɦiŋ²	ɦiŋ⁶	piɪʔ⁷	liɪʔ⁸	tɕiɪʔ⁷	①
宝山	iŋ¹	iŋ¹	iŋ¹	iŋ⁵	piɪʔ⁷	liɪʔ⁸	tsiɪʔ⁷	tsiɪʔ⁷
宝山新	iŋ¹	iŋ¹	iŋ¹	yŋ⁵	piɪʔ⁷	liɪʔ⁸	tɕiɪʔ⁷	tɕiɪʔ⁷
崇明	in¹	in⁵	in¹	ɦin⁶	piəʔ⁷	liəʔ⁸	tɕiəʔ⁷	tɕiəʔ⁷
崇明新	in⁵	in¹	in¹	in⁵	piɪʔ⁷	liɪʔ⁸	tɕiɪʔ⁷	tɕiɪʔ⁷
堡镇	in¹	in¹	in¹	ɦin⁶	piəʔ⁷	liəʔ⁸	tɕiəʔ⁷	tɕiəʔ⁷
练塘	iəŋ¹	iəŋ⁵	ɦiəŋ²	ɦiəŋ⁶	piɪʔ⁷	liɪʔ⁸	tsiɪʔ⁷	tsiɪʔ⁷

注：① 华亭读音为tsi¹。

序号	2653	2654	2655	2656	2657	2658	2659	2660
字目	息	熄	直	值	侧	测	啬	色
中古音的地位	曾开三入职心	曾开三入职心	曾开三入职澄	曾开三入职澄	曾开三入职庄	曾开三入职初	曾开三入职生	曾开三入职生
市区	ɕiɪʔ⁷	ɕiɪʔ⁷	zɐʔ⁸	zɐʔ⁸	tsɐʔ⁷/tsʰɐʔ⁷	tsʰɐʔ⁷		sɐʔ⁷
市区中	ɕiɪʔ⁷	ɕiɪʔ⁷	zɐʔ⁸	zɐʔ⁸	tsʰɐʔ⁷/tsɐʔ⁷	tsʰɐʔ⁷	sɐʔ⁷	sɐʔ⁷
市区新	ɕiɪʔ⁷	ɕiɪʔ⁷	zɐʔ⁸	zɐʔ⁸	tsɐʔ⁷/tsʰɐʔ⁷	tsʰɐʔ⁷	sɐʔ⁷	sɐʔ⁷
真如	siɪʔ⁷	siɪʔ⁷	zəʔ⁸	zəʔ⁸	tsʰəʔ⁷	tsʰəʔ⁷		səʔ⁷
江湾	sɪʔ⁷	sɪʔ⁷	zəʔ⁸	zəʔ⁸	tsəʔ⁷	tsʰəʔ⁷		səʔ⁷
松江	siəʔ⁷	siəʔ⁷	zʌʔ⁸	zʌʔ⁸	tsʰʌʔ⁷①	tsʰʌʔ⁷		sʌʔ⁷
松江新	ɕiɪʔ⁷	ɕiɪʔ⁷	zʌʔ⁸	zʌʔ⁸	tsʰəʔ⁷	tsʰəʔ⁷	sʌʔ⁷	sʌʔ⁷
泗泾	siəʔ⁷	siəʔ⁷	zəʔ⁸	zəʔ⁸	tsʰəʔ⁷②	tsʰəʔ⁷		səʔ⁷
奉贤	siʌʔ⁷	siʌʔ⁷	zʌʔ⁸	zʌʔ⁸	tsʌʔ⁷	tsʰʌʔ⁷		sʌʔ⁷
奉贤新	ɕiɪʔ⁷	ɕiɪʔ⁷	zəʔ⁸	zəʔ⁸	tsʰəʔ⁷	tsʰəʔ⁷		səʔ⁷
奉城	siʌʔ⁷	siʌʔ⁷	zʌʔ⁸	zʌʔ⁸	tsʌʔ⁷	tsʰʌʔ⁷		sʌʔ⁷
金山	siəʔ⁷	siəʔ⁷	zəʔ⁸	zəʔ⁸	tsəʔ⁷	tsʰɑʔ⁷		səʔ⁷
金山新	ɕiɪʔ⁷	ɕiɪʔ⁷	zəʔ⁸	zəʔ⁸	tsʰəʔ⁷	tsʰəʔ⁷	səʔ⁷	səʔ⁷
枫泾	siɪʔ⁷	siɪʔ⁷	zəʔ⁸	zəʔ⁸	tsəʔ⁷	tsʰəʔ⁷		səʔ⁷
青浦	siɪʔ⁷	siɪʔ⁷	zʌʔ⁸	zʌʔ⁸	tsʌʔ⁷	tsʰʌʔ⁷		sʌʔ⁷
青浦新	ɕiɪʔ⁷	ɕiɪʔ⁷	zəʔ⁸	zəʔ⁸	tsʰəʔ⁷	tsʰəʔ⁷	səʔ⁷	səʔ⁷
莘庄	siəʔ⁷	siəʔ⁷	zʌʔ⁸	zʌʔ⁸	tsʰʌʔ⁷	tsʰʌʔ⁷		sʌʔ⁷
闵行新	ɕiəʔ⁷	ɕiəʔ⁷	zəʔ⁸	zəʔ⁸	tsʰəʔ⁷	tsʰəʔ⁷	səʔ⁷	səʔ⁷
川沙	siɪʔ⁷	siɪʔ⁷	zʌʔ⁸	zʌʔ⁸	tsʌʔ⁷	tsʰʌʔ⁷		sʌʔ⁷
川沙新	ɕiɪʔ⁷	ɕiɪʔ⁷	zɤʔ⁸	zɤʔ⁸	tsʰɤʔ⁷	tsʰɤʔ⁷	sɤʔ⁷	sɤʔ⁷
高桥	siɪʔ⁷	siɪʔ⁷	zəʔ⁸	zəʔ⁸	tsəʔ⁷	tsʰəʔ⁷		səʔ⁷
三林	siəʔ⁷	siəʔ⁷	zʌʔ⁸	zʌʔ⁸	tsʌʔ⁷	tsʰʌʔ⁷		sʌʔ⁷
周浦	siʌʔ⁷	siʌʔ⁷	zʌʔ⁸	zʌʔ⁸	tsʌʔ⁷	tsʰʌʔ⁷		sʌʔ⁷
南汇	siʌʔ⁷	siʌʔ⁷	zʌʔ⁸	zʌʔ⁸	tsʌʔ⁷	tsʰʌʔ⁷		sʌʔ⁷
南汇新	ɕiɪʔ⁷	ɕiɪʔ⁷	zəʔ⁸	zəʔ⁸	tsʰəʔ⁷	tsʰəʔ⁷		səʔ⁷
嘉定	siɪʔ⁷	siɪʔ⁷	zəʔ⁸	zəʔ⁸	tsəʔ⁷	tsʰəʔ⁷		səʔ⁷
嘉定新	ɕiɪʔ⁷	ɕiɪʔ⁷	zɤʔ⁸	zɤʔ⁸	tsʰəʔ⁷	tsʰəʔ⁷	səʔ⁷	səʔ⁷
宝山	ɕiɪʔ⁷	ɕiɪʔ⁷	zəʔ⁸	zəʔ⁸	tsʰəʔ⁷	tsʰəʔ⁷	səʔ⁷	səʔ⁷
宝山新	ɕiɪʔ⁷	ɕiɪʔ⁷	zɤʔ⁸	zəʔ⁸	tsʰəʔ⁷	tsʰəʔ⁷	səʔ⁷	səʔ⁷
崇明	ɕiəʔ⁷	ɕiəʔ⁷	dzəʔ⁸	dzəʔ⁸	tsʰəʔ⁷	tsʰəʔ⁷		səʔ⁷
崇明新	ɕiɪʔ⁷	ɕiɪʔ⁷	dzɤʔ⁸	dzɤʔ⁸	tsʰəʔ⁷	tsʰəʔ⁷		səʔ⁷
堡镇	ɕiəʔ⁷	ɕiəʔ⁷	dzəʔ⁸	dzəʔ⁸	tsʰəʔ⁷	tsʰəʔ⁷		səʔ⁷
练塘	siɪʔ⁷	siɪʔ⁷	zʌʔ⁸	zʌʔ⁸	tsʌʔ⁷	tsʰʌʔ⁷		sʌʔ⁷

注：①② 口语有不送气的说法，"~转"。

序号	2661	2662	2663	2664	2665	2666	2667	2668
字目	织	职	食	蚀	识	饰	式	植
中古音的地位	曾开三入职章	曾开三入职章	曾开三入职船	曾开三入职船	曾开三入职书	曾开三入职书	曾开三入职书	曾开三入职禅
市区	tsəʔ⁷	tsəʔ⁷	zəʔ⁸		səʔ⁷		səʔ⁷	zəʔ⁸
市区中	tsɐʔ⁷	tsɐʔ⁷	zɐʔ⁸	zɐʔ⁸	sɐʔ⁷	sɐʔ⁷	sɐʔ⁷	zɐʔ⁸
市区新	tsɐʔ⁷	tsɐʔ⁷	zɐʔ⁸	zɐʔ⁸	sɐʔ⁷	sɐʔ⁷	sɐʔ⁷	zɐʔ⁸
真如	tsəʔ⁷	tsəʔ⁷	zəʔ⁸		səʔ⁷		səʔ⁷	zəʔ⁸
江湾	tsəʔ⁷	tsəʔ⁷	zəʔ⁸		səʔ⁷		səʔ⁷	zəʔ⁸
松江	tsʌʔ⁷	tsʌʔ⁷	zʌʔ⁸		sʌʔ⁷		sʌʔ⁷	zʌʔ⁸
松江新	tsʌʔ⁷	tsʌʔ⁷	zʌʔ⁸	zʌʔ⁸	sʌʔ⁷	sʌʔ⁷	sʌʔ⁷	zʌʔ⁸
泗泾	tsəʔ⁷	tsəʔ⁷	zəʔ⁸		səʔ⁷		səʔ⁷	zəʔ⁸
奉贤	tsʌʔ⁷	tsʌʔ⁷	zʌʔ⁸		sʌʔ⁷		sʌʔ⁷	zʌʔ⁸
奉贤新	tsəʔ⁷	tsəʔ⁷	zəʔ⁸	zəʔ⁸	səʔ⁷		səʔ⁷	zəʔ⁸
奉城	tsʌʔ⁷	tsʌʔ⁷	zʌʔ⁸		sʌʔ⁷		sʌʔ⁷	zʌʔ⁸
金山	tsəʔ⁷	tsəʔ⁷	zəʔ⁸		səʔ⁷		səʔ⁷	zɑʔ⁸
金山新	tsəʔ⁷	tsəʔ⁷	zəʔ⁸	zəʔ⁸	səʔ⁷	səʔ⁷	səʔ⁷	zəʔ⁸
枫泾	tsəʔ⁷	tsəʔ⁷	zəʔ⁸		səʔ⁷		səʔ⁷	zəʔ⁸
青浦	tsʌʔ⁷	tsʌʔ⁷	zʌʔ⁸		sʌʔ⁷		sʌʔ⁷	zʌʔ⁸
青浦新	tsəʔ⁷	tsəʔ⁷	zəʔ⁸	zəʔ⁸	səʔ⁷		səʔ⁷	zəʔ⁸
莘庄	tsʌʔ⁷	tsʌʔ⁷	zʌʔ⁸		sʌʔ⁷		sʌʔ⁷	zʌʔ⁸
闵行新	tsəʔ⁷	tsəʔ⁷	zəʔ⁸	zəʔ⁸	səʔ⁷	səʔ⁷	səʔ⁷	zəʔ⁸
川沙	tsʌʔ⁷	tsʌʔ⁷	zʌʔ⁸		sʌʔ⁷		sʌʔ⁷	zʌʔ⁸
川沙新	tsɤʔ⁷	tsɤʔ⁷	zɤʔ⁸	zɤʔ⁸	sɤʔ⁷	sɤʔ⁷	sɤʔ⁷	zɤʔ⁸
高桥	tsəʔ⁷	tsəʔ⁷	zəʔ⁸		səʔ⁷		səʔ⁷	zəʔ⁸
三林	tsʌʔ⁷	tsʌʔ⁷	zʌʔ⁸		sʌʔ⁷		sʌʔ⁷	zʌʔ⁸
周浦	tsʌʔ⁷	tsʌʔ⁷	zʌʔ⁸		sʌʔ⁷		sʌʔ⁷	zʌʔ⁸
南汇	tsʌʔ⁷	tsʌʔ⁷	zʌʔ⁸		sʌʔ⁷		sʌʔ⁷	zʌʔ⁸
南汇新	tsəʔ⁷	tsəʔ⁷	zəʔ⁸	zəʔ⁸	səʔ⁷	səʔ⁷	səʔ⁷	dzəʔ⁸
嘉定	tsəʔ⁷	tsəʔ⁷	zəʔ⁸		səʔ⁷		səʔ⁷	zəʔ⁸
嘉定新	tsəʔ⁷	tsəʔ⁷	zəʔ⁸	zəʔ⁸	səʔ⁷		səʔ⁷	zəʔ⁸
宝山	tsəʔ⁷	tsəʔ⁷	zəʔ⁸	zəʔ⁸	səʔ⁷	səʔ⁷	səʔ⁷	zəʔ⁸
宝山新	tsəʔ⁷	tsəʔ⁷	zəʔ⁸	zəʔ⁸	səʔ⁷	səʔ⁷	səʔ⁷	zəʔ⁸
崇明	tsəʔ⁷	tsəʔ⁷	zəʔ⁸		səʔ⁷		səʔ⁷	dzəʔ⁸
崇明新	tsəʔ⁷	tsəʔ⁷	zəʔ⁸	zəʔ⁸	səʔ⁷	səʔ⁷	səʔ⁷	dzəʔ⁸
堡镇	tsəʔ⁷	tsəʔ⁷	zəʔ⁸		səʔ⁷		səʔ⁷	dzəʔ⁸
练塘	tsʌʔ⁷	tsʌʔ⁷	zʌʔ⁸		sʌʔ⁷		sʌʔ⁷	zʌʔ⁸

序号	2669	2670	2671	2672	2673	2674	2675	2676
字目	殖	极	忆	亿	抑	翼	弘	国
中古音的地位	曾开三入职禅	曾开三入职群	曾开三入职影	曾开三入职影	曾开三入职影	曾开三入职以	曾合一入德匣	曾合一入德见
市区	zəʔ⁸	dʑiɪʔ⁸	i⁵	i⁵			ɦoŋ⁶	koʔ⁷
市区中	zeʔ⁸	dʑiɪʔ⁸	i⁵	i⁵	iɪʔ⁷	ɦiɪʔ⁸	ɦoŋ⁶	koʔ⁷
市区新	zeʔ⁸	dʑiɪʔ⁸	i⁵	i⁵	iɪʔ⁷	ɦiɪʔ⁸	ɦoŋ⁶	koʔ⁷
真如	zəʔ⁸	dʑiɪʔ⁸	i⁵	i⁵			ɦoŋ²	kuəʔ⁷
江湾	zəʔ⁸	dʑiɪʔ⁸	i⁵	i⁵			ɦoŋ⁶	koʔ⁷
松江	zʌʔ⁸	jiəʔ⁸	iəʔ⁷	iəʔ⁷			ɦoŋ²	koʔ⁷
松江新	zʌʔ⁸	tɕiɪʔ⁷	i⁵	i⁵	i⁵	i⁵	ɦoŋ²	koʔ⁷
泗泾	zəʔ⁸	jiəʔ⁸	iəʔ⁷	iəʔ⁷			ɦoŋ²	koʔ⁷
奉贤	zʌʔ⁸	jiʌʔ⁸	ɦiʌʔ⁸	ɦiʌʔ⁸			ɦuŋ²	koʔ⁷
奉贤新	zəʔ⁷	dʑiɪʔ⁸	ɦiɪʔ⁸	ɦiɪʔ⁸	ɦiɪʔ⁷	ɦiɪʔ⁷	ɦoŋ²	koʔ⁷
奉城	zʌʔ⁸	jiʌʔ⁸	ɦiʌʔ⁸	ɦiʌʔ⁸			ɦuŋ²	koʔ⁷
金山	zɑʔ⁸	jiʌʔ⁸	iʌʔ⁷	i⁵			ɦoŋ²	kɔʔ⁷
金山新	zəʔ⁸	dʑiɪʔ⁷	i⁵	i⁵	i⁵	ɦiɪʔ⁸	ɦoŋ²	koʔ⁷
枫泾	zəʔ⁸	dziɪʔ⁸	i⁵	i⁵			ɦoŋ²	køʔ⁷
青浦	zʌʔ⁸	dʑiʌʔ⁸	iʌʔ⁷	iʌʔ⁷			ɦoŋ²	koʔ⁷
青浦新	zəʔ⁸	tɕiəʔ⁷	ɦi⁶	ɦi⁶	iɪʔ⁷	ɦiɪʔ⁸	ɦoŋ²	kuoʔ⁷
莘庄	zʌʔ⁸	jiəʔ⁸	i⁵	i⁵			ɦoŋ²	koʔ⁷
闵行新	tsəʔ⁷	dʑiəʔ⁸	ȵi²	ɦi²	iəʔ⁸	iəʔ⁷	ɦoŋ²	koʔ⁷
川沙	zʌʔ⁸	dʑiʌʔ⁸	ɦiʌʔ⁸	ɦiʌʔ⁸/i⁵			ɦoŋ²	kuoʔ⁷
川沙新	zɤʔ⁸	dʑiɪʔ⁸	ȵi⁵	i⁵	iɪʔ⁷	i⁵	ɦoŋ⁶	kuoʔ⁷
高桥	zəʔ⁸	dziɪʔ⁸	i¹	i¹			ɦoŋ⁶	koʔ⁷
三林	zʌʔ⁸	jiəʔ⁸	i⁵	i⁵			ɦoŋ²	koʔ⁷
周浦	zʌʔ⁸	jiʌʔ⁸	ɦiʌʔ⁸	ɦiʌʔ⁸			ɦoŋ²	koʔ⁷
南汇	zʌʔ⁸	jiʌʔ⁸	ɦiʌʔ⁸	ɦiʌʔ⁸			ɦoŋ²	koʔ⁷
南汇新	zəʔ⁸	tɕiɪʔ⁷			ɦiəʔ⁸	ɦiəʔ⁸	ɦoŋ⁶	koʔ⁷
嘉定	zəʔ⁸	dʑiɪʔ⁸	i⁵	i⁵			ɦoŋ²	kuəʔ⁷
嘉定新	zəʔ⁸	tɕiɪʔ⁷	i⁵	i⁵	iɪʔ⁷	ɦiɪʔ⁸	ɦoŋ²	kuəʔ⁷
宝山	zəʔ⁸	dʑiɪʔ⁸	iɪ¹	iɪ¹	iɪ¹	iɪʔ⁸	ɦoŋ⁶	kuəʔ⁷
宝山新	zəʔ⁸	dʑiɪʔ⁸	iɪʔ⁸	iɪʔ⁸	iɪʔ⁸	iɪʔ⁸	ɦoŋ⁵	kuəʔ⁷
崇明	dzəʔ⁸	dʑiəʔ⁸	i⁵	i⁵			hɦoŋ²	kuəʔ⁷
崇明新	dzəʔ⁸	dʑiɪʔ⁸	i⁶	i⁶	i⁶	i⁶	hoŋ²	koʔ⁷
堡镇	dzəʔ⁸	dziəʔ⁸	i⁵	i⁵			hɦoŋ²	kuəʔ⁷
练塘	zʌʔ⁸	dziʌʔ⁸	iʌʔ⁷	iʌʔ⁷			ɦoŋ²	kuæʔ⁷

序号	2677	2678	2679	2680	2681	2682	2683	2684
字目	或	域	彭	膨	盲①	虻	猛	孟姓
中古音的地位	曾合一入德匣	曾开三入职云	梗开二平庚並	梗开二平庚並	梗开二平庚明	梗开二平庚明	梗开三上梗明	梗开二去映明
市区	ɦoʔ⁸		bã⁶	bã⁶	mã⁶		mã⁶/mən⁵	mã⁶
市区中	ɦoʔ⁸/ɦuɐʔ⁸	ɦyɪʔ⁸/ɦioʔ⁸	bã⁶	bã⁶	mã⁶	mã⁶	mã⁵/mən⁵	mã⁶
市区新	ɦoʔ⁸/ɦuɐʔ⁸	ɦyɪʔ⁸/ɦioʔ⁸	bã⁶	bã⁶	mã⁶	mã⁶	mã⁵/mən⁵	mã⁶
真如	ɦuəʔ⁸	ɦuəʔ⁸	bã²	bã²	mã²		mã⁶	mã⁶
江湾	ɦoʔ⁸	ɦoʔ⁸	bã²	bã⁶	mõ⁶		mã⁶	mã⁶
松江	ɦoʔ⁸	ɦoʔ⁸	bẽ²	bẽ²	mã²		mẽ⁴/mən⁴	mẽ⁶/mən⁶
松江新	ɦuʌʔ⁸	ɦyɪʔ⁸	bẽ²	bẽ²	mã²	mã²	mẽ⁶	mẽ⁶
泗泾	ɦoʔ⁸	ɦoʔ⁸	bẽ²	bẽ²	mã²		mẽ⁶/mən⁶	mẽ⁶/mən⁶
奉贤	βoʔ⁸	βoʔ⁸	bẽ²	bẽ²	mã²		mẽ⁶	mẽ⁶
奉贤新	ɦuəʔ⁸	ɦyoʔ⁸	bã²	bã²	mã²		mã⁶	mã⁶
奉城	ɦoʔ⁸	ɦoʔ⁸	bã²	bã²	mã²		mã⁶/mɐŋ⁶	mã⁶/mɐŋ⁶
金山	ɦoʔ⁸	ɦoʔ⁸	bẽ²	bẽ²	mã²		mẽ³	mẽ⁶
金山新	voʔ⁸	ɦioʔ⁸	bẽ²	bẽ²	mã²		mã³	mã⁶
枫泾	ɦoʔ⁸	ɦoʔ⁸	bẽ²	bẽ²	mã²		mən³	mẽ⁴
青浦	ɦoʔ⁸	ɦoʔ⁸	bẽ²	bẽ²	mã²		mən³	mẽ⁶
青浦新	ɦuoʔ⁸	ɦioʔ⁸	bẽ²	bẽ²	mã²	mẽ²	mən⁶	mẽ⁶
莘庄	ɦoʔ⁸	ɦoʔ⁸	bã²	bã²	mã²		mã⁶	mã⁶
闵行新	voʔ⁸	ɦyəʔ⁸	bã²	bã²	mã²	mã²	mən²	mã²
川沙	ɦoʔ⁸	ɦoʔ⁸	bã²	bã²	mã²		mã²/mən¹	mã⁶/mən⁶
川沙新			bã⁶/bəŋ⁶	bã⁶/bəŋ⁶	maŋ⁶		mən⁶	mã⁶/mən⁶
高桥	βoʔ⁸	βoʔ⁸	bã⁶	bã⁶	mã⁶		mən⁶	mã⁶
三林	ɦoʔ⁸	ɦoʔ⁸	bã²	bã²	mã²		mã²	mã²
周浦	ɦoʔ⁸	ɦoʔ⁸	bã²	bã²	mã²		mã²	mã²
南汇	ɦoʔ⁸	ɦoʔ⁸	bã²	bã²	mã²		mã²	mã²
南汇新	ɦoʔ⁸	y⁵	ʔbã³	ʔbã³	mã⁶	mã⁶	mã⁶	mã⁶
嘉定	ɦuəʔ⁸/ɦuoʔ⁸	ɦuəʔ⁸/ɦyouʔ⁸	bã⁶	bã⁶	mã⁶		mən⁵	mã⁶
嘉定新	ɦuəʔ⁸	ɦioʔ⁸	bẽ²	bẽ²	maŋ²	maŋ²	mẽ⁶	mẽ⁶
宝山	ɦuəʔ⁸	yəʔ⁸	bã²	bã²	mã²	mã²	mən⁵	mã⁶
宝山新	ɦuəʔ⁸	ioʔ⁸	bã⁶	bã⁶	mã⁶	mã⁶	mən⁵	mã⁶
崇明	ɦuəʔ⁸	ɦuəʔ⁸	bã²	bã²	mã²		mən³	mã⁶
崇明新	vəʔ⁸	ɲioʔ⁸	bã²	bã²	mã²	mã²	mən³	mən³
堡镇	ɦuəʔ⁸	ɦuəʔ⁸	bã²	bã²	mã²		mən⁵	mã⁶
练塘	ɦoʔ⁸	ɦoʔ⁸	bẽ²	bẽ²	mã²		mən⁵	mẽ²

注：① 老派音有文白读，白读调查"捉迷藏"。材料中大部分点的说法是文读。

序号	2685	2686	2687	2688	2689	2690	2691	2692
字目	打打击	冷	撑支撑①	生	甥	牲②	省节省	更更改
中古音的地位	梗开三上梗端	梗开三上梗来	梗开二平庚彻	梗开二平庚生	梗开二平庚生	梗开二平庚生	梗开二上梗生	梗开二平庚见
市区	tã⁵	lã⁶	tsʰã¹/tsʰã⁵	sã¹/sən¹	sã¹/sən¹	sã¹/sən¹	sã⁵	
市区中	tÃ⁵	lÃ⁶	tsʰÃ⁵	sÃ¹	sÃ¹	sÃ¹	sÃ⁵	kəŋ¹
市区新	tÃ⁵	lÃ⁶	tsʰÃ⁵	sÃ¹	sÃ¹	sÃ¹	sÃ⁵	kəŋ¹
真如	ʔdã³	lã⁶	tsʰã⁵/tsʰã¹	sã¹/səŋ¹	sã¹/səŋ¹	sã¹/səŋ¹	sã³	kã¹
江湾	ʔdã⁵	lã⁶	tsʰã¹	sã¹/səŋ¹	sã¹/səŋ¹	sã¹/səŋ¹	sã⁵	kã¹
松江	ʔdẽ³	lẽ⁴	tsʰẽ¹/tsʰəŋ¹	sẽ¹/səŋ¹	sẽ¹/səŋ¹	sẽ¹/səŋ¹	sẽ³	kẽ¹/kəŋ¹
松江新	tẽ³	lẽ⁶	tsʰẽ¹	sẽ¹	sẽ¹	sẽ¹	sẽ³	kʌŋ¹
泗泾	ʔdẽ³	lẽ⁶	tsʰẽ¹/tsʰəŋ¹	sẽ¹/səŋ¹	sẽ¹/səŋ¹	sẽ¹/səŋ¹	sẽ³	kẽ¹/kəŋ¹
奉贤	ʔdẽ³	lẽ⁴	tsʰẽ¹	sẽ¹/sɐŋ¹	sẽ¹/sɐŋ¹	sẽ¹/sɐŋ¹	sẽ³	kẽ¹
奉贤新	ʔdã⁵	lã⁵	tsʰã¹	sã¹	sã¹	sã¹	sã³	kəŋ¹
奉城	ʔdã³	lã⁶	tsʰã¹	sã¹/sɐŋ¹	sã¹/sɐŋ¹	sã¹/sɐŋ¹	sã³	kã¹
金山	ʔdã³	lã⁶	tsʰẽ¹	sẽ¹/səŋ¹	sẽ¹/səŋ¹	sẽ¹/səŋ¹	sẽ³	kẽ¹
金山新	tẽ³	lẽ⁶	tsʰẽ¹	sẽ¹	sẽ¹	sẽ¹	sẽ³	kəŋ¹
枫泾	tẽ³	lẽ⁴	tsʰẽ¹	sẽ¹/səŋ¹	sẽ¹/səŋ¹	sẽ¹/səŋ¹	sẽ³	kẽ¹
青浦	ʔdẽ³	lẽ⁶	tsʰẽ¹	sẽ¹/səŋ¹	sẽ¹/səŋ¹	sẽ¹/səŋ¹	sẽ³	kẽ¹
青浦新	tẽ³	lẽ⁶	tsʰẽ¹	sẽ¹	sẽ¹	sẽ¹	sẽ³	sẽ³
莘庄	ʔdã³	lã⁶	tsʰã¹	sã¹/səŋ¹	sã¹	səŋ¹	sã³	kã¹
闵行新	tã³	lã²	tsʰã¹	sã¹	sã¹		sən⁵	kən¹
川沙	ʔdã³	lã²	tsʰã¹	sã¹/sən¹	sã¹/sən¹	sã¹/sən¹	sã³	kã¹
川沙新	dã³	lã⁶	tsʰã¹	sã¹	sã¹		sã³	kã¹
高桥	ʔdã³	lã⁶	tsʰã¹	sã¹/səŋ¹	sã¹/səŋ¹	səŋ¹	sã³	kəŋ¹
三林	ʔdã³	lã²	tsʰã¹	sã¹/səŋ¹	sã¹	sã¹	sã³	kã¹
周浦	ʔdã³	lã²	tsʰã¹	sã¹/səŋ¹	sã¹/səŋ¹	sã¹/səŋ¹	sã³	kã¹
南汇	ʔdã³	lã²	tsʰã¹	sã¹/səŋ¹	sã¹/səŋ¹	sã¹/səŋ¹	sã³	kã¹
南汇新	ʔdã³	lã⁶	tsʰã⁵	sã¹	sã¹	sã¹	sã³	kəŋ¹
嘉定	tã⁵	lã⁶/ləŋ⁶	tsʰã⁵	sã¹/səŋ¹	sã¹/səŋ¹	sã¹/səŋ¹	sã⁵	kã¹
嘉定新	taŋ¹	laŋ⁶	tsʰaŋ¹	saŋ¹	saŋ¹	saŋ¹	saŋ⁵	kẽ¹
宝山	tã⁵	lã⁵	tsʰã⁵	sã¹	sã¹	sã¹	sã⁵	kəŋ¹
宝山新	tã⁵	lã⁵	tsʰã⁵³	sã¹	sã¹	sã¹	sa⁵	kəŋ¹
崇明	tã³	lã⁴	tsʰã¹	sã¹/sən¹	sã¹/sən¹	sã¹/sən¹	sã³	kã¹/kən¹
崇明新	tã³	lã³	tsʰã¹	sã¹	sã¹	sã¹	sã³	kən¹
堡镇	tã⁵	lã⁴	tsʰã¹	sã¹/sən¹	sã¹/sən¹	sã¹/sən¹	sã³	kã¹/kən¹
练塘	tẽ¹	lẽ⁶	tsʰẽ¹	sẽ¹/səŋ¹	sẽ¹/səŋ¹	sẽ¹/səŋ¹	sẽ³	kẽ¹

注：① 老派音平、去的读法不同义，去声的读法表示"勉强支撑"。
② 部分点无白读，可查"众（阴平）~"一词。

序号	2693	2694	2695	2696	2697	2698	2699	2700
字目	更打更	羹	庚	粳	梗	更更加	坑	硬
中古音的地位	梗开二平庚见	梗开二平庚见	梗开二平庚见	梗开二平庚见	梗开三上梗见	梗开二去映见	梗开二平庚溪	梗开二去映疑
市区	kã¹/kən¹	kã¹	kã¹	kã¹	kã⁵	kən⁵	kʰã¹/kʰã¹	ŋã⁶
市区中	kÃ¹	kÃ¹	kÃ¹	kÃ¹	kÃ⁵	kən⁵	kʰÃ⁵	ŋÃ⁶
市区新	kÃ¹	kÃ¹	kÃ¹	kÃ¹	kÃ⁵	kən⁵	kʰÃ⁵	ŋÃ⁶
真如	kã¹	kã¹	kã¹	kã¹	kã³	kən⁵	kʰã⁵	ŋã⁶
江湾	kã¹	kã¹	kã¹	kã¹	kã⁵	kən⁵	kʰã¹	ŋã⁶
松江	kẽ¹/kəŋ¹	kẽ¹	kẽ¹	kẽ¹	kẽ³	kən⁵	kʰẽ¹	ŋẽ⁶
松江新	kʌn¹	kẽ¹	kʌn¹		kẽ¹	kʌn⁵	kʰẽ¹	ŋẽ⁶
泗泾	kẽ¹/kəŋ¹	kẽ¹	kẽ¹	kẽ¹	kẽ³	kən⁵	kʰẽ¹	ŋẽ⁶
奉贤	kẽ¹	kẽ¹	kẽ¹	kẽ¹	kẽ³	kɐŋ⁵	kʰã¹	ŋã⁶
奉贤新	kəŋ¹	kã¹	kəŋ¹	kã¹	kã⁵	kəŋ¹	kʰəŋ³	ŋã⁶
奉城	kã¹	kã¹	kã¹	kã¹	kẽ³/kã³	kɐŋ⁵	kʰã¹	ŋã⁶
金山	kẽ¹	kẽ¹	kẽ¹	kẽ¹	kẽ³	kəŋ⁵	kʰẽ¹	ŋẽ⁶
金山新	kəŋ¹	kəŋ¹	kəŋ¹	kẽ³	kẽ³	kəŋ³	kʰəŋ¹	ŋẽ⁶
枫泾	kẽ¹	kẽ¹	kẽ¹	kẽ¹	kẽ³	kəŋ³	kʰã³	ŋã⁶
青浦	kẽ¹	kẽ¹	kẽ¹	kẽ¹	kẽ³	kəŋ³	kʰẽ¹	ŋã⁶
青浦新	kẽ¹	kẽ¹	kẽ¹	kẽ¹	kẽ³	kən⁵	kʰẽ¹	ŋẽ⁶
莘庄	kã¹	kã¹	kã¹	kã¹	kã³	kəŋ⁵	kʰã¹	ŋã⁶
闵行新	kən¹	kən¹	kən¹	kən¹	kã³	kən⁵	kʰən¹	ŋã⁵
川沙	kã¹	kã¹	kã¹	kã¹	kã³	kən⁵	kʰã¹	ŋã⁶
川沙新	kã¹	kã¹			kã³/kã⁵	kəŋ⁵	kʰəŋ¹	ŋã⁵
高桥	kəŋ¹	kã¹	kã¹	kã¹	kã³	kəŋ¹	kʰã³	ŋã⁶
三林	kã¹	kã¹	kã¹	kã¹	kã³	kəŋ⁵	kʰã⁵	ŋã⁶
周浦	kã¹	kã¹	kã¹	kã¹	kã³	kɐŋ⁵	kʰã¹	ŋã⁶
南汇	kã¹	kã¹	kã¹	kã¹	kã³	kən⁵	kʰã¹	ŋã⁶
南汇新	kəŋ¹	kəŋ¹	kəŋ¹		kəŋ⁵	kʰəŋ¹	ŋã⁶	
嘉定	kã¹	kã¹	kã¹	kã¹	kã⁵	kən⁵	kʰã⁵/kʰã¹	ŋã⁶
嘉定新	kẽ¹	kẽ¹	kẽ¹	kẽ⁵	kẽ⁵	kẽ⁵	kʰẽ⁵	ŋaŋ⁶
宝山	kəŋ¹	kəŋ¹	kəŋ¹	kəŋ¹	kã⁵	kəŋ⁵	kʰã⁵	ŋã⁶
宝山新	kəŋ¹	kəŋ¹	kəŋ¹	kəŋ¹	kəŋ⁵	kəŋ¹	kʰã⁵	ŋã⁶
崇明	kã¹/kən¹	kã¹	kã¹	kã¹	kã⁵	kən⁵	kʰã¹	ŋã⁶
崇明新	kən¹	kən¹	kən¹	kən¹	kã⁵	kən⁵	kʰən¹	ŋã⁶
堡镇	kã¹/kən¹	kã¹	kã¹	kã¹	kã⁵	kən⁵	kʰã¹	ŋã⁶
练塘	kẽ¹	kẽ¹	kẽ¹	kẽ¹	kẽ¹	kəŋ¹	kʰẽ¹	ŋã⁶

序号	2701	2702	2703	2704	2705	2706	2707	2708
字目	行 行为	衡	杏	百	柏	伯	迫	拍
中古音的地位	梗开二平庚匣	梗开二平庚匣	梗开二上梗匣	梗开二入陌帮	梗开二入陌帮	梗开二入陌帮	梗开二入陌帮	梗开二入陌滂
市区	hã⁶/ɦiin⁶	ɦən⁶	ɦã⁶	pʌʔ⁷	pʌʔ⁷	pʌʔ⁷	pʰʌʔ⁷	pʰʌʔ⁷
市区中	ɦiin⁶	ɦəŋ⁶	ɦã⁶	pɐʔ⁷	pɐʔ⁷	pɐʔ⁷	pʰɐʔ⁷	pʰɐʔ⁷
市区新	ɦiin⁶	ɦəŋ⁶	ɦã⁶	pɐʔ⁷	pɐʔ⁷	pɐʔ⁷	pʰɐʔ⁷	pʰɐʔ⁷
真如	ɦiin⁶		ɦiã²	ʔbæʔ⁷	ʔbæʔ⁷	ʔbæʔ⁷	ʔbæʔ⁷	pʰæʔ⁷
江湾	ɦiin⁶		ɦiã⁶	ʔbaʔ⁷	ʔbaʔ⁷	ʔbaʔ⁷	ʔbaʔ⁷	pʰaʔ⁷
松江	ɦiəŋ⁶		ɦiɛ⁴	ʔbaʔ⁷	ʔbaʔ⁷	ʔbaʔ⁷	ʔbaʔ⁷	pʰaʔ⁷
松江新	ɦin²	ɦʌn²	ɛ̃³	paʔ⁷	paʔ⁷	paʔ⁷	pʰʌʔ⁷	pʰʌʔ⁷
泗泾	ɦiəŋ⁶		ɦiɛ̃⁶	ʔbaʔ⁷	ʔbaʔ⁷	ʔbaʔ⁷	ʔbaʔ⁷	pʰaʔ⁷
奉贤	ɦiəŋ²		ɛ̃⁵	ʔbaʔ⁷	ʔbaʔ⁷	ʔbaʔ⁷	pʰaʔ⁷/pʰʌʔ⁷	pʰaʔ⁷
奉贤新	ɦin²	ɦəŋ²	ɦã⁶/ɕiŋ¹	ʔbaʔ⁷	ʔbaʔ⁷	ʔbaʔ⁷	pʰoʔ⁷	pʰaʔ⁷
奉城	ɦiəŋ²		ɦiã²	ʔbaʔ⁷	ʔbaʔ⁷	ʔbaʔ⁷	pʰoʔ⁷/pʰʌʔ⁷	pʰaʔ⁷
金山	ɦiəŋ²		ɛ̃³	ʔbaʔ⁷	ʔbaʔ⁷	ʔbaʔ⁷	pʰaʔ⁷	pʰaʔ⁷
金山新	ɦʌŋ²	ɦəŋ²	ɦiɛ̃²	paʔ⁷	paʔ⁷	paʔ⁷	pʰɔʔ⁷	pʰʌʔ⁷
枫泾	ɦin²		ɛ̃³	paʔ⁷	paʔ⁷	paʔ⁷	pʰaʔ⁷	pʰaʔ⁷
青浦	ɦiəŋ²		ɛ̃³	ʔbaʔ⁷	ʔbaʔ⁷	ʔbaʔ⁷	pʰaʔ⁷	pʰaʔ⁷
青浦新	ɦiəŋ²	ɦən²	ɛ̃³	paʔ⁷	paʔ⁷	paʔ⁷	pʰəʔ⁷	pʰaʔ⁷
莘庄	ɦin²		ã³	ʔbʌʔ⁷	ʔbʌʔ⁷	ʔbʌʔ⁷	pʰʌʔ⁷	pʰʌʔ⁷
闵行新	ɦin²	ɦən²	ɦiã²	paʔ⁷	paʔ⁷	paʔ⁷	pʰəʔ⁷	pʰaʔ⁷
川沙	ɦin²		ɦiã²	ʔbʌʔ⁷	ʔbʌʔ⁷	ʔbʌʔ⁷	pʰʌʔ⁷	pʰʌʔ⁷
川沙新	zin⁶	ɦəŋ²	ɦiã⁶	ʔbaʔ⁷	ʔbaʔ⁷	ʔbaʔ⁷	pʰɤʔ⁷	pʰaʔ⁷
高桥	ɦin⁶		ɦiã⁶	ʔbaʔ⁷	ʔbaʔ⁷	ʔbaʔ⁷	pʰʌʔ⁷	pʰʌʔ⁷
三林	ɦin²		ɦiã²	ʔbʌʔ⁷	ʔbʌʔ⁷	ʔbʌʔ⁷	pʰʌʔ⁷	pʰʌʔ⁷
周浦	ɦin²		ɦiã²	ʔbʌʔ⁷	ʔbʌʔ⁷	ʔbʌʔ⁷	pʰʌʔ⁷	pʰʌʔ⁷
南汇	ɦin²		ɦiã²	ʔbʌʔ⁷	ʔbʌʔ⁷	ʔbʌʔ⁷	pʰʌʔ⁷	pʰʌʔ⁷
南汇新	ɦin⁶	ɦəŋ⁶		ʔbaʔ⁷	baʔ⁸	ʔbaʔ⁷	pʰoʔ⁷	pʰaʔ⁷
嘉定	ɦiəŋ²		ɦiã²	pʌʔ⁷	pʌʔ⁷	pʌʔ⁷	pəʔ⁷	pʰʌʔ⁷
嘉定新	ɦin²	ɦəŋ²	siŋ⁵	paʔ⁷	paʔ⁷	paʔ⁷	pʰoʔ⁷	pʰaʔ⁷
宝山	ɦin⁶	ɦəŋ³⁵	ã⁶	pʌʔ⁷	pʌʔ⁷	pəʔ⁷	pʰəʔ⁷	pʰʌʔ⁷
宝山新	ɦin²	ɦəŋ³¹	ã¹	pʌʔ⁷	pʌʔ⁷	pʌʔ⁷	pʰoʔ⁷	pʰəʔ⁷
崇明	ɦin⁶		ɦɦiã⁶	paʔ⁷	paʔ⁷	paʔ⁷	pəʔ⁷	pʰaʔ⁷
崇明新	ɕin¹	hən²	hã⁶	paʔ⁷	paʔ⁷	paʔ⁷	pʰoʔ⁷	pʰaʔ⁷
堡镇	ɦin⁶		ɦɦiã⁶	paʔ⁷	paʔ⁷	paʔ⁷	pəʔ⁷	pʰaʔ⁷
练塘	ɦiəŋ²		ɛ̃¹	paʔ⁷	paʔ⁷	paʔ⁷	pʰaʔ⁷	pʰaʔ⁷

序号	2709	2710	2711	2712	2713	2714	2715	2716
字目	魄	白	帛	陌陌生	拆	择	泽	宅
中古音的地位	梗开二入陌滂	梗开二入陌並	梗开二入庚並	梗开二入陌明	梗开二入陌彻	梗开二入陌澄	梗开二入陌澄	梗开二入陌澄
市区	$p^hA\text{ʔ}^7$	$bA\text{ʔ}^8$		$mA\text{ʔ}^8$	$ts^hA\text{ʔ}^7$	$zə\text{ʔ}^8$	$zɐ\text{ʔ}^8$	$zA\text{ʔ}^8$
市区中	$p^hɐ\text{ʔ}^7$	$bɐ\text{ʔ}^8$	$bɐ\text{ʔ}^8$	$mɐ\text{ʔ}^8$	$ts^hɐ\text{ʔ}^7$	$zɐ\text{ʔ}^8$	$zɐ\text{ʔ}^8$	$zɐ\text{ʔ}^8$
市区新	$p^hɐ\text{ʔ}^7$	$bɐ\text{ʔ}^8$	$bɐ\text{ʔ}^8$	$mɐ\text{ʔ}^8$	$ts^hɐ\text{ʔ}^7$	$zɐ\text{ʔ}^8$	$zɐ\text{ʔ}^8$	$zɐ\text{ʔ}^8$
真如	$p^hə\text{ʔ}^7$	$bæ\text{ʔ}^8$		$mæ\text{ʔ}^8$	$ts^hæ\text{ʔ}^7$	$zə\text{ʔ}^8$	$zə\text{ʔ}^8$	$zæ\text{ʔ}^8$
江湾	$p^hɑ\text{ʔ}^7$	$bɑ\text{ʔ}^8$		$mɑ\text{ʔ}^8$	$ts^hɑ\text{ʔ}^7$	$zɑ\text{ʔ}^8$	$zɑ\text{ʔ}^8$	$zɑ\text{ʔ}^8$
松江	$p^hɑ\text{ʔ}^7$	$bɑ\text{ʔ}^8$		$mɑ\text{ʔ}^8$	$ts^hɑ\text{ʔ}^7$	$zə\text{ʔ}^8$	$zə\text{ʔ}^8$	$zɑ\text{ʔ}^8$
松江新	$p^hʌ\text{ʔ}^7$	$bʌ\text{ʔ}^8$	$bɔ\text{ʔ}^8$	$mʌ\text{ʔ}^8$	$ts^hɐ\text{ʔ}^7$	$zʌ\text{ʔ}^8$	$zɑ\text{ʔ}^8$	$zɑ\text{ʔ}^8$
泗泾	$p^hɑ\text{ʔ}^7$	$bɑ\text{ʔ}^8$		$mɑ\text{ʔ}^8$	$ts^hɑ\text{ʔ}^7$	$zə\text{ʔ}^8$	$zə\text{ʔ}^8$	$zɑ\text{ʔ}^8$
奉贤	$p^hɑ\text{ʔ}^7$	$bɑ\text{ʔ}^8$		$mɑ\text{ʔ}^8$	$ts^hɑ\text{ʔ}^7$	$zʌ\text{ʔ}^8$	$zʌ\text{ʔ}^8$	$zɑ\text{ʔ}^8$
奉贤新	$p^ho\text{ʔ}^7$	$ba\text{ʔ}^8$	$ba\text{ʔ}^8$	$m\ ɑ\ \text{ʔ}^8$	$ts^h\ ɑ\ \text{ʔ}^7$	$zə\text{ʔ}^8/tsə\text{ʔ}^8$	$zə\text{ʔ}^7/tsə\text{ʔ}^7$	$z\ ɑ\ \text{ʔ}^8$
奉城	$p^hɑ\text{ʔ}^7$	$bɑ\text{ʔ}^8$		$mɑ\text{ʔ}^8$	$ts^hɑ\text{ʔ}^7$	$zʌ\text{ʔ}^8$	$zʌ\text{ʔ}^8$	$zɑ\text{ʔ}^8$
金山	$p^hɑ\text{ʔ}^7$	$bɑ\text{ʔ}^8$		$mɑ\text{ʔ}^8$	$ts^hɑ\text{ʔ}^7$	$zɑ\text{ʔ}^8$	$zɑ\text{ʔ}^8$	$zɑ\text{ʔ}^8$
金山新	$p^hA\text{ʔ}^7$	$bA\text{ʔ}^8$	$bA\text{ʔ}^8$	$mA\text{ʔ}^8$	$ts^hA\text{ʔ}^7$	$zə\text{ʔ}^8$	$zə\text{ʔ}^8$	$zɑ\text{ʔ}^8$
枫泾	$p^hɑ\text{ʔ}^7$	$bɑ\text{ʔ}^8$		$mɑ\text{ʔ}^8$	$ts^hɑ\text{ʔ}^7$	$zə\text{ʔ}^8$	$zə\text{ʔ}^8$	$zɑ\text{ʔ}^8$
青浦	$p^hɑ\text{ʔ}^7$	$bɑ\text{ʔ}^8$		$mɑ\text{ʔ}^8$	$ts^hɑ\text{ʔ}^7$	$zɑ\text{ʔ}^8$	$zɑ\text{ʔ}^8$	$zɑ\text{ʔ}^8$
青浦新	$p^hɑ\text{ʔ}^7$	$ba\text{ʔ}^8$	$ba\text{ʔ}^8$	$mɑ\text{ʔ}^8$	$ts^hɑ\text{ʔ}^7$	$zə\text{ʔ}^8$	$zɑ\text{ʔ}^8$	$zɑ\text{ʔ}^8$
莘庄	$p^hA\text{ʔ}^7$	$bA\text{ʔ}^8$		$mA\text{ʔ}^8$	$ts^hA\text{ʔ}^7$	$zʌ\text{ʔ}^8$	$zʌ\text{ʔ}^8$	$zA\text{ʔ}^8$
闵行新	$p^hɑ\text{ʔ}^7$	$bə\text{ʔ}^8$		$mɑ\text{ʔ}^8$	$ts^hɑ\text{ʔ}^7$	$zɑ\text{ʔ}^8$	$tsə\text{ʔ}^7$	$zɑ\text{ʔ}^8$
川沙	$p^hə\text{ʔ}^7$	$bA\text{ʔ}^8$		$mA\text{ʔ}^8$	$ts^hɑ\text{ʔ}^7$	$zʌ\text{ʔ}^8$	$zʌ\text{ʔ}^8$	$zʌ\text{ʔ}^8$
川沙新	$p^hɤ\text{ʔ}^7$	$bA\text{ʔ}^8$		$mɑ\text{ʔ}^8$	$ts^hɑ\text{ʔ}^7$	$zɤ\text{ʔ}^8$	$zɤ\text{ʔ}^8$	$zæ\text{ʔ}^8$
高桥	$p^hʌ\text{ʔ}^7$	$bɑ\text{ʔ}^8$		$mA\text{ʔ}^8$	$ts^hʌ\text{ʔ}^7$	$zə\text{ʔ}^8$	$zə\text{ʔ}^8$	$zʌ\text{ʔ}^8$
三林	$p^hA\text{ʔ}^7$	$bA\text{ʔ}^8$		$mA\text{ʔ}^8$	$ts^hA\text{ʔ}^7$	$zʌ\text{ʔ}^8$	$zʌ\text{ʔ}^8$	$zʌ\text{ʔ}^8$
周浦	$p^hʌ\text{ʔ}^7$	$bA\text{ʔ}^8$		$mA\text{ʔ}^8$	$ts^hA\text{ʔ}^7$	$zʌ\text{ʔ}^8$	$zʌ\text{ʔ}^8$	$zʌ\text{ʔ}^8$
南汇	$p^hʌ\text{ʔ}^7$	$bA\text{ʔ}^8$		$mA\text{ʔ}^8$	$ts^hA\text{ʔ}^7$	$zʌ\text{ʔ}^8$	$zʌ\text{ʔ}^8$	$zʌ\text{ʔ}^8$
南汇新	$p^ho\text{ʔ}^7$	$ba\text{ʔ}^8$		$ma\text{ʔ}^8$	$ts^ha\text{ʔ}^7$	$zə\text{ʔ}^8$	$zə\text{ʔ}^8$	$za\text{ʔ}^8$
嘉定	$p^hə\text{ʔ}^7/bə\text{ʔ}^8$	$bA\text{ʔ}^8$		$mA\text{ʔ}^8$ /$mɐ\text{ʔ}^8$	$ts^hə\text{ʔ}^7$	$zə\text{ʔ}^8$	$zə\text{ʔ}^8$	$zA\text{ʔ}^8$
嘉定新	$p^ho\text{ʔ}^7$	$bA\text{ʔ}^8$	$ba\text{ʔ}^8$	$mA\text{ʔ}^8$	$ts^ha\text{ʔ}^7$	$zə\text{ʔ}^8$	$zə\text{ʔ}^8$	$za\text{ʔ}^8$
宝山	$p^hə\text{ʔ}^7$	$bA\text{ʔ}^8$	$bA\text{ʔ}^8$	$mA\text{ʔ}^8$	$ts^hA\text{ʔ}^7$	$zə\text{ʔ}^8$	$zA\text{ʔ}^8$	$zA\text{ʔ}^8$
宝山新	$p^ho\text{ʔ}^7$	$bə\text{ʔ}^8$	$bə\text{ʔ}^8$	$mA\text{ʔ}^8$	$ts^ha\text{ʔ}^7$	$tsə\text{ʔ}^7$	$tsə\text{ʔ}^7$	$zA\text{ʔ}^8$
崇明	$p^hɑ\text{ʔ}^7$	$ba\text{ʔ}^8$		$ma\text{ʔ}^8$	$ts^ha\text{ʔ}^7$	$dzə\text{ʔ}^8$	$dzə\text{ʔ}^8$	$dzɑ\text{ʔ}^8$
崇明新	$p^ho\text{ʔ}^7$	$ba\text{ʔ}^8$		$ma\text{ʔ}^8$	$ts^ha\text{ʔ}^7$	$tsə\text{ʔ}^7$	$tsə\text{ʔ}^7$	$dzɑ\text{ʔ}^8$
堡镇	$p^hɑ\text{ʔ}^7$	$ba\text{ʔ}^8$		$ma\text{ʔ}^8$	$ts^ha\text{ʔ}^7$	$dzə\text{ʔ}^8$	$dzə\text{ʔ}^8$	$dzɑ\text{ʔ}^8$
练塘	$p^hɑ\text{ʔ}^7$	$ba\text{ʔ}^8$		$ma\text{ʔ}^8$	$ts^ha\text{ʔ}^7$	$zɑ\text{ʔ}^8$	$zɑ\text{ʔ}^8$	$zɑ\text{ʔ}^8$

序号	2717	2718	2719	2720	2721	2722	2723	2724
字目	窄	索索取	格	客	额	吓	赫	绷
中古音的地位	梗开二入陌庄	梗开二入陌生	梗开二入陌见	梗开二入陌溪	梗开二入陌疑	梗开二入职晓	梗开二入职晓	梗开二平耕帮
市区			kᴀʔ⁷	kʰᴀʔ⁷	ŋᴀʔ⁸	hᴀʔ⁷	həʔ⁷	
市区中	tseʔ⁷	soʔ⁷	keʔ⁷	kʰɐʔ⁷	ŋɐʔ⁸	hɐʔ⁷	hɐʔ⁷	pã¹
市区新	tseʔ⁷	soʔ⁷	kɐʔ⁷	kʰɐʔ⁷	ŋɐʔ⁸	hɐʔ⁷	hɐʔ⁷	pã¹
真如			kæʔ⁸	kʰæʔ⁸	ŋæʔ⁸	hæʔ⁷	həʔ⁷	
江湾			kaʔ⁷	kʰaʔ⁷	ŋaʔ⁸	haʔ⁷	haʔ⁷	
松江			kaʔ⁷	kʰaʔ⁷	ŋaʔ⁸	haʔ⁷	hʌʔ⁷	
松江新		soʔ⁷	kʌʔ⁷	kʰʌʔ⁷	ŋʌʔ⁸	hʌʔ⁷	hʌʔ⁷	pẽ¹
泗泾			kaʔ⁷	kʰaʔ⁷	ŋaʔ⁸	haʔ⁷	həʔ⁷	
奉贤			kʌʔ⁷	kʰaʔ⁷	ŋaʔ⁸	haʔ⁷	haʔ⁷	
奉贤新	tseʔ⁸		kaʔ⁷	kʰaʔ⁷	ŋaʔ⁸	haʔ⁷	haʔ⁷	ʔbã¹
奉城			kaʔ⁷	kʰaʔ⁷	ŋaʔ⁸	haʔ⁷	haʔ⁷	
金山			kaʔ⁷	kʰaʔ⁷	ŋaʔ⁸/ŋəʔ⁸	haʔ⁷	haʔ⁷	
金山新	tsaʔ⁷	sɔʔ⁷	kaʔ⁷	kʰaʔ⁷	ŋəʔ⁸/ŋʌʔ⁸	haʔ⁷	haʔ⁷	pəŋ¹
枫泾			kaʔ⁷	kʰaʔ⁷	ŋaʔ⁸	haʔ⁷	haʔ⁷	
青浦			kaʔ⁷	kʰaʔ⁷	ŋaʔ⁸	haʔ⁷	hʌʔ⁷	
青浦新		su³	kaʔ⁷	kʰaʔ⁷	ŋəʔ⁸	haʔ⁷	həʔ⁷	pẽ¹
莘庄			kʌʔ⁷	kʰʌʔ⁷	ŋᴀʔ⁸	hᴀʔ⁷	hʌʔ⁷	
闵行新	zaʔ⁸	soʔ⁷	kəʔ⁷	kʰəʔ⁷	ŋəʔ⁸	haʔ⁷	hæʔ⁷	
川沙			kᴀʔ⁷	kʰᴀʔ⁷	ŋᴀʔ⁸	hᴀʔ⁷	hʌʔ⁷	
川沙新	ɦæʔ⁸		kɤʔ⁷/kæʔ⁷	kʰæʔ⁷	ŋaʔ⁸	haʔ⁷		ʔbã³
高桥			kəʔ⁷	kʰʌʔ⁷	ŋʌʔ⁸	hʌʔ⁷	hʌʔ⁷	
三林			kᴀʔ⁷	kʰᴀʔ⁷	ŋᴀʔ⁸	hᴀʔ⁷	hᴀʔ⁷	
周浦			kᴀʔ⁷	kʰᴀʔ⁷	ŋᴀʔ⁸	hᴀʔ⁷	hʌʔ⁷	
南汇			kᴀʔ⁷	kʰᴀʔ⁷	ŋᴀʔ⁸	hᴀʔ⁷	hʌʔ⁷	
南汇新	ɦæʔ⁸	su³	kaʔ⁷	kʰaʔ⁷	ŋəʔ⁸	haʔ⁷		ʔbəŋ¹
嘉定			kᴀʔ⁷/kəʔ⁷	kʰᴀʔ⁷	ŋᴀʔ⁸	hᴀʔ⁷	həʔ⁷	
嘉定新	tsaʔ⁷	soʔ⁷	kaʔ⁷	kʰaʔ⁷	ŋaʔ⁸	haʔ⁷	haʔ⁷	paŋ¹
宝山	tsᴀʔ⁷	soʔ⁷	kᴀʔ⁷	kʰᴀʔ⁷	ŋᴀʔ⁸	hᴀʔ⁷	hᴀʔ⁷	pã¹
宝山新	ᴢᴀʔ⁸	soʔ⁷	kəʔ⁷	kʰəʔ⁷	ŋəʔ⁸	hᴀʔ⁷	hᴀʔ⁷	pəŋ¹
崇明			kaʔ⁷	kʰaʔ⁷	ŋaʔ⁸	haʔ⁷	həʔ⁷	
崇明新	①	su³	kaʔ⁷	kʰaʔ⁷	ŋaʔ⁸	xaʔ⁷	xaʔ⁷	pã¹
堡镇			kaʔ⁷	kʰaʔ⁷	ŋaʔ⁸	haʔ⁷	həʔ⁷	
练塘			kaʔ⁷	kʰaʔ⁷	ŋaʔ⁸	haʔ⁷	hʌʔ⁷	

注：① 说"狭" haʔ⁶。

序号	2725	2726	2727	2728	2729	2730	2731	2732
字目	[碰]	棚	萌	争	筝	[睁]	耕	耿
中古音的地位		梗开二平耕並	梗开二平耕明	梗开二平耕庄	梗开二平耕庄	梗开二平耕庄	梗开二平耕见	梗开二上耿见
市区		bã⁶	mən⁶	tsã¹/tsən¹		tsã¹/tsən¹	kən¹	kən⁵
市区中	bã¹²	bã¹²	mã¹²	tsã¹	tsən¹	tsã¹	kən¹	kən⁵
市区新	bã¹²	bã¹²	mã¹²	tsã¹	tsən¹	tsã¹	kən¹	kən⁵
真如		bã⁶	miŋ⁶	tsã¹/tsən¹		tsã¹/tsən¹	kã¹/kən¹	kən³
江湾		bã⁶	məŋ²	tsã¹/tsən¹		tsã¹/tsən¹	kã¹/kən¹	kən⁵
松江		bẽ²	məŋ²	tsẽ¹/tsəŋ¹		tsẽ¹/tsəŋ¹	kẽ¹	kẽ³/kəŋ³
松江新	pẽ¹	bẽ²	mʌn²	tsʌn¹	tsʌn¹	tsẽ¹	kʌn¹	kʌn³
泗泾		bẽ²	məŋ²	tsẽ¹/tsəŋ¹		tsẽ¹/tsəŋ¹	kẽ¹	kẽ³/kəŋ³
奉贤		bẽ²	mɐŋ²	tsẽ¹/tsɐŋ¹		tsẽ¹/tsɐŋ¹	kɐŋ¹	kɐŋ⁵
奉贤新	bã⁶	bã²	məŋ²	tsã¹	tsã¹	tsã¹	kən¹	kən¹
奉城		bã²	mɐŋ²	tsã¹/tsɐŋ¹		tsã¹/tsɐŋ¹	kɐŋ¹	kɐŋ³
金山		bẽ²	məŋ¹	tsəŋ¹		tsəŋ¹	kəŋ¹	kẽ¹
金山新	bẽ⁶	bẽ²	məŋ¹	tsəŋ¹	tsəŋ¹	tsəŋ¹	kəŋ¹	kʰæŋ³
枫泾		bẽ²	məŋ¹	tsəŋ¹		tsẽ¹/tsəŋ¹	kəŋ¹	kẽ³/kəŋ³
青浦		bẽ²	məŋ²	tsẽ¹/tsəŋ¹		tsẽ¹/tsəŋ¹	kẽ¹/kəŋ¹	kẽ³/kəŋ³
青浦新	bẽ⁶	bẽ²	məŋ²	tsən¹	tsən¹	tsẽ¹	kən¹	kən³
莘庄		bã²	məŋ¹	tsəŋ¹		tsəŋ¹	kəŋ¹	kã³
闵行新	bã⁶	bã²	mã²	tsən¹	①	tsən¹	kən¹	kən¹
川沙		bã²	məŋ²	tsã¹/tsəŋ¹		tsã¹/tsəŋ¹	kən¹	kən³/kã³
川沙新	bã⁶	bã⁶		tsã¹	tsã¹/tsəŋ¹	tsã¹	kã¹	kã³
高桥		bã²	məŋ²	tsã¹/tsəŋ¹		tsã¹/tsəŋ¹	kã¹	kã¹
三林		bã²	məŋ²	tsəŋ¹		tsəŋ¹	kəŋ¹	kəŋ¹
周浦		bã²	məŋ²	tsəŋ¹		tsəŋ¹	kəŋ¹	kəŋ¹
南汇		bã²	məŋ²	tsəŋ¹		tsəŋ¹	kəŋ¹	kəŋ¹
南汇新	bã⁶	bã⁶	məŋ⁶	tsəŋ¹	tsəŋ¹	tsã¹	kəŋ¹	kəŋ⁵
嘉定		bã⁶	məŋ⁶			tsəŋ¹	kəŋ¹	kəŋ¹
嘉定新	baŋ⁶	baŋ²	mẽ²	tsaŋ¹	tsaŋ¹	tsaŋ¹	kẽ¹	kẽ⁵
宝山	bã⁶	pã²	məŋ⁵	tsã¹	tsã¹	tsã¹	kəŋ¹	kã¹
宝山新	bã⁶	bã⁶	məŋ⁵	tsəŋ¹	tsəŋ¹	tsã¹	kəŋ¹	kəŋ⁵
崇明		bã²	mən¹	tsã¹/tsən¹		tsã¹/tsən¹	kã¹/kən¹	kã³
崇明新	bã²	bã²	mã²	tsən¹	tsən¹	tsã¹	kən¹	kən³
堡镇		bã²	mən¹	tsã¹/tsən¹		tsã¹/tsən¹	kã¹/kən¹	kã³
练塘		bẽ²	məŋ²	tsẽ¹/tsəŋ¹		tsẽ¹/tsəŋ¹	kẽ¹/kəŋ¹	kəŋ¹

注: ① 说"鹞子"。

序号	2733	2734	2735	2736	2737	2738	2739	2740
字目	茎	幸	樱	莺	鹦	麦	脉	摘①
中古音的地位	梗开二平耕匣	梗开二上耿匣	梗开二平耕影	梗开二平耕影	梗开二平耕影	梗开二入麦明	梗开二入麦明	梗开二入麦知
市区	tɕin¹	ɦin⁶	ã¹/in¹	in¹		maʔ⁸	maʔ⁸	tsəʔ⁷/tiɪʔ⁷
市区中	tɕiŋ¹	ɦiŋ⁶	iŋ¹	iŋ¹	iŋ¹	mæʔ⁸	mæʔ⁸	tsɐʔ⁷
市区新	tɕin¹	ɦin⁶	iŋ¹	iŋ¹	iŋ¹	mæʔ⁸	mæʔ⁸	tsɐʔ⁷
真如	tɕin⁵	ɦin⁶	ã¹/in¹	iŋ¹		mæʔ⁸	mæʔ⁸	tsaʔ⁷
江湾	tɕin¹	ɦin⁶	ã¹/in¹	iŋ¹		maʔ⁸	maʔ⁸	tsaʔ⁷
松江	ɕiŋ¹	ɦiəŋ⁴	ɛ̃¹/iəŋ¹	iəŋ¹		maʔ⁸	maʔ⁸	tsaʔ⁷
松江新	tɕin¹	ɦin⁶	in¹	in¹	in¹	maʔ⁸	maʔ⁸	tsʰɛ³
泗泾	ɕiŋ¹	ɦiŋ⁶	ɛ̃¹/iəŋ¹	iəŋ¹		maʔ⁸	maʔ⁸	tsaʔ⁷
奉贤	ʔjiŋ⁵	ɦiŋ⁶	ɛ̃¹/iəŋ¹	iəŋ¹		maʔ⁸	maʔ⁸	tsaʔ⁷/ʔdiʌʔ⁷
奉贤新	ʔtɕin¹	ɕin⁵	in¹	in¹		maʔ⁸	maʔ⁸	tse¹
奉城	ʔjiŋ¹	ɦiŋ⁶	ã¹/iəŋ¹	iəŋ¹		maʔ⁸	maʔ⁸	tsaʔ⁷/ʔdiʌʔ⁷
金山	ɕiŋ¹	ɦiŋ⁶	iəŋ¹	iəŋ¹		maʔ⁸	maʔ⁸	tsaʔ⁷/ʔdiəʔ⁷
金山新	tɕiæŋ¹	ɦiæŋ⁶/ɕiã³	iæŋ¹	iæŋ¹	iæŋ¹	maʔ⁸	maʔ⁸	tsʰʌʔ⁷/tiɪʔ⁷
枫泾	tɕin¹	ɦin⁴	iŋ¹	iŋ¹		maʔ⁸	maʔ⁸	tsaʔ⁷/tiɪʔ⁷
青浦	tɕiəŋ⁵	ɦiəŋ⁶	ɛ̃¹/iəŋ¹	iəŋ¹		maʔ⁸	maʔ⁸	tsaʔ⁷
青浦新	tɕiən¹	ɦiən⁶	iən¹	iən¹	ɛ̃¹	maʔ⁸	maʔ⁸	
莘庄	ɕin³	ɦin⁶	iŋ¹	iŋ¹		mʌʔ⁸	mʌʔ⁸	ʔdiɪʔ⁷/tsʌʔ⁷
闵行新	tɕin¹	ɕin⁵	in¹	in¹	in¹	mʌʔ⁸	mʌʔ⁸	tsəʔ⁷
川沙	tɕiʌŋ¹	ɦiʌŋ²	ã¹/iʌŋ¹	iʌŋ¹		mʌʔ⁸	mʌʔ⁸	tsʌʔ⁷
川沙新		ʑin⁶	iŋ¹	iŋ¹	iŋ¹	mʌʔ⁸	mʌʔ⁸	tsaʔ⁷
高桥	dziŋ⁶	ɦin⁶	ã¹/in¹	iŋ¹		mʌʔ⁸	mʌʔ⁸	tsʌʔ⁷
三林	ɕin¹	ɦiŋ⁶	iŋ¹	iŋ¹		mʌʔ⁸	mʌʔ⁸	tsʌʔ⁷
周浦	ɕiʌŋ¹	ɦiʌŋ²	iʌŋ¹	iʌŋ¹		mʌʔ⁸	mʌʔ⁸	tsʌʔ⁷
南汇	ʔjiʌŋ¹	ɦiʌŋ²	iʌŋ¹	iʌŋ¹		mʌʔ⁸	mʌʔ⁸	tsʌʔ⁷
南汇新		ɕin⁵	iŋ¹	iŋ¹	iŋ¹	maʔ⁸	maʔ⁸	
嘉定	tɕiŋ¹	ɦyŋ²	ã¹/iŋ¹	iŋ¹		mʌʔ⁸	mʌʔ⁸	tiɪʔ⁷
嘉定新	tɕiŋ¹	ɦiŋ⁶	iŋ¹	iŋ¹	iŋ¹	maʔ⁸	maʔ⁸	tiɪʔ⁷
宝山	tɕin¹	ɦin⁶	iŋ¹	iŋ¹		mʌʔ⁸	mʌʔ⁸	tsəʔ⁷
宝山新	tɕin¹	ɦin⁶	in¹	in¹	in¹	mʌʔ⁸	mʌʔ⁸	tsəʔ⁷
崇明	tɕin⁵	ɦin⁶	ã¹/in¹	in¹		maʔ⁸	maʔ⁸	tsaʔ⁷
崇明新	tɕin¹	ʑin⁶	in¹	in¹		maʔ⁸	maʔ⁸	tsæ¹
堡镇	tɕin⁵	ɦin⁶	ã¹/in¹	in¹		maʔ⁸	maʔ⁸	tsaʔ⁷
练塘	tɕiəŋ⁵	ɦiəŋ⁶	ɛ̃¹/iəŋ¹	iəŋ¹		maʔ⁸	maʔ⁸	tsaʔ⁷

注：① 老派音的tiɪʔ⁷一类的音都是三等昔韵知母的读法。

序号	2741	2742	2743	2744	2745	2746	2747	2748
字目	责	策	册	栅	隔	革	核核桃	核核对
中古音的地位	梗开二入麦庄	梗开二入麦初	梗开二入麦初	梗开二入麦初	梗开二入麦见	梗开二入麦见	梗开二入麦匣	梗开二入麦匣
市区	tsɐʔ⁷	tsʰᴀʔ⁷	tsʰᴀʔ⁷	sᴀʔ⁷	kᴀʔ⁷	kəʔ⁷	ɦiəʔ⁸/ŋɐʔ⁸	ɦiəʔ⁸/ŋəʔ⁸
市区中	tsɐʔ⁷	tsʰɐʔ⁷	tsʰɐʔ⁷	tsʰɐʔ⁷	kɐʔ⁷	kɐʔ⁷	ɦiɐʔ⁸	ɦiɐʔ⁸
市区新	tsɐʔ⁷	tsʰɐʔ⁷	tsʰɐʔ⁷	sɐʔ⁷	kɐʔ⁷	kɐʔ⁷	ɦiɐʔ⁸	ɦiɐʔ⁸
真如	tsəʔ⁷	tsʰæʔ⁷	tsʰæʔ⁷	sæʔ⁷	kæʔ⁷	kəʔ⁷	ɦiəʔ⁸	ɦiəʔ⁸
江湾	tsaʔ⁷	tsʰaʔ⁷	tsʰaʔ⁷	saʔ⁷	kaʔ⁷	kaʔ⁷	ŋəʔ⁸	ŋəʔ⁸
松江	tsʌʔ⁷	tsʰʌʔ⁷	tsʰʌʔ⁷	sʌʔ⁷	kʌʔ⁷	kʌʔ⁷	ŋʌʔ⁸	ŋʌʔ⁸
松江新	zʌn⁶	tsʰʌʔ⁷	tsʰʌʔ⁷		kʌʔ⁷	kʌʔ⁷		ɦʌʔ⁸
泗泾	tsəʔ⁷	tsʰəʔ⁷	tsʰəʔ⁷	səʔ⁷	kəʔ⁷	kəʔ⁷	ŋəʔ⁸	ŋəʔ⁸
奉贤	tsʌʔ⁷	tsʰʌʔ⁷	tsʰʌʔ⁷	sʌʔ⁷	kʌʔ⁷	kʌʔ⁷	ŋʌʔ⁸	ŋʌʔ⁸
奉贤新	zəʔ⁷/tsəʔ⁷	tsʰəʔ⁷	tsʰəʔ⁷	tsoʔ⁷	kaʔ⁷	kəʔ⁷	ɦiuəʔ⁸	ɦiəʔ⁸
奉城	tsʌʔ⁷	tsʰʌʔ⁷	tsʰʌʔ⁷	sʌʔ⁷	kaʔ⁷	kʌʔ⁷	ɦʌʔ⁸/ŋʌʔ⁸	ɦʌʔ⁸/ŋʌʔ⁸
金山	tsaʔ⁷	tsʰəʔ⁷	tsʰəʔ⁷	saʔ⁷	kaʔ⁷	kəʔ⁷	ŋəʔ⁸	ŋəʔ⁸
金山新	tsəʔ⁷	tsʰəʔ⁷	tsʰəʔ⁷	tsʰəʔ⁷	kəʔ⁷	kəʔ⁷	ɦiəʔ⁸	ɦiəʔ⁸
枫泾	tsəʔ⁷	tsʰəʔ⁷	tsʰəʔ⁷	saʔ⁷	kaʔ⁷	kəʔ⁷	ŋəʔ⁸	ŋəʔ⁸
青浦	tsʌʔ⁷	tsʰʌʔ⁷	tsʰʌʔ⁷	sʌʔ⁷	kʌʔ⁷	kʌʔ⁷	ŋʌʔ⁸	ŋʌʔ⁸
青浦新	tsəʔ⁷	tsʰəʔ⁷	tsʰəʔ⁷		kæʔ⁷	kəʔ⁷	ɦiəʔ⁸	ɦiəʔ⁸
莘庄	tsʌʔ⁷	tsʰᴀʔ⁷	tsʰᴀʔ⁷	sᴀʔ⁷	kᴀʔ⁷	kʌʔ⁷	ɦiəʔ⁸/βəʔ⁸	ɦiəʔ⁸/βəʔ⁸
闵行新	tsəʔ⁷	tsʰəʔ⁷	tsʰaʔ⁷	səʔ⁷	kəʔ⁷	kəʔ⁷	ɦiaʔ⁸	ɦiaʔ⁸
川沙	tsʌʔ⁷	tsʰʌʔ⁷	tsʰʌʔ⁷	sᴀʔ⁷	kᴀʔ⁷/kæʔ⁷	kʌʔ⁷	ŋəʔ⁸/ɦiəʔ⁸	ŋəʔ⁸/ɦiəʔ⁸
川沙新	tsɤʔ⁷	tsʰɤʔ⁷	tsʰɤʔ⁷	sɤʔ⁷	kɤʔ⁷	kɤʔ⁷	ɦiu⁶	ɦiɤʔ⁸
高桥	tsəʔ⁷	tsʰʌʔ⁷	tsʰʌʔ⁷	tsʰʌʔ⁷	kʌʔ⁷	kəʔ⁷	ɦiəʔ⁸	ɦiəʔ⁸
三林	tsʌʔ⁷	tsʰʌʔ⁷	tsʰʌʔ⁷	sᴀʔ⁷	kæʔ⁷	kʌʔ⁷	ŋʌʔ⁸	ŋʌʔ⁸
周浦	tsʌʔ⁷	tsʰʌʔ⁷	tsʰʌʔ⁷	sᴀʔ⁷	kʌʔ⁷	kʌʔ⁷	ŋəʔ⁸	ŋəʔ⁸
南汇	tsʌʔ⁷	tsʰʌʔ⁷	tsʰʌʔ⁷	sᴀʔ⁷	kᴀʔ⁷	kʌʔ⁷	ŋəʔ⁸	ŋəʔ⁸
南汇新	tsəʔ⁷	tsʰaʔ⁷	tsʰaʔ⁷	tsʰaʔ⁷	kaʔ⁷	kəʔ⁷	ɦiəʔ⁸	ɦiəʔ⁸
嘉定	tsəʔ⁷	tsʰʌʔ⁷	tsʰʌʔ⁷	sᴀʔ⁷	kᴀʔ⁷	kəʔ⁷	ɦiəʔ⁸	ɦiəʔ⁸
嘉定新	tsəʔ⁷	tsʰəʔ⁷	tsʰaʔ⁷	saʔ⁷①	kaʔ⁷	kəʔ⁷	ɦiəʔ⁸	ɦiəʔ⁸
宝山	tsəʔ⁷	tsʰəʔ⁷	tsʰəʔ⁷	tsʰəʔ⁷	kəʔ⁷	kəʔ⁷	ɦiəʔ⁸	ɦiəʔ⁸
宝山新	tsəʔ⁷	tsʰəʔ⁷	tsʰəʔ⁷	tsʰəʔ⁷	kəʔ⁷	kəʔ⁷	ɦiəʔ⁸	ɦiəʔ⁸
崇明	tsəʔ⁷	tsʰəʔ⁷	tsʰəʔ⁷	zaʔ⁸	kaʔ⁷	kəʔ⁷	hɦiəʔ⁸	hɦiəʔ⁸
崇明新	tsəʔ⁷	tsʰəʔ⁷	tsʰəʔ⁷	tsʰəʔ⁷	kaʔ⁷	kəʔ⁷	haʔ⁸	haʔ⁸
堡镇	tsəʔ⁷	tsʰaʔ⁷	tsʰaʔ⁷	zaʔ⁸	kaʔ⁷	kəʔ⁷	hɦiəʔ⁸	hɦiəʔ⁸
练塘	tsʌʔ⁷	tsʰʌʔ⁷	tsʰʌʔ⁷	sɑʔ⁷	kɑʔ⁷	kʌʔ⁷	ŋʌʔ⁸	ŋʌʔ⁸

注：① "栅桥"：桥名。

序号	2749	2750	2751	2752	2753	2754	2755	2756
字目	兵	秉	丙	平	评	坪	病	明
中古音的地位	梗开三平庚帮	梗开三上梗帮	梗开三上梗帮	梗开三平庚並	梗开三平庚並	梗开三平庚並	梗开三去映並	梗开三平庚明
市区	piŋ¹		piŋ⁵	biŋ⁶	biŋ⁶		biŋ⁶	miŋ⁶
市区中	piŋ¹	piŋ⁵	piŋ⁵	biŋ⁶	biŋ⁶	biŋ⁶	biŋ⁶	miŋ⁶
市区新	piŋ¹	piŋ⁵	piŋ⁵	biŋ⁶	biŋ⁶	biŋ⁶	biŋ⁶	miŋ⁶
真如	ʔbiŋ¹		ʔbiŋ³	biŋ²	biŋ²		biŋ⁶	miŋ²
江湾	ʔbiŋ¹		ʔbiŋ⁵	biŋ⁶	biŋ⁶		biŋ⁶	miŋ⁶
松江	ʔbiŋ¹		ʔbiŋ³	biŋ²	biŋ²		biŋ⁶	məŋ²/miŋ²
松江新	piŋ¹	piŋ³	piŋ³	biŋ²	biŋ²	biŋ²	biŋ⁶	miŋ²
泗泾	ʔbiŋ¹		ʔbiŋ³	biŋ²	biŋ²		biŋ⁶	məŋ²/miŋ²
奉贤	ʔbieŋ¹		ʔbieŋ³	bieŋ²	bieŋ²		bieŋ⁶	mieŋ²
奉贤新	ʔbiŋ¹	ʔbiŋ⁶	ʔbiŋ⁶	biŋ²	biŋ²	biŋ²	biŋ²	miŋ²
奉城	ʔbieŋ¹		ʔbieŋ³	bieŋ²	bieŋ²		bieŋ⁶	mieŋ²
金山	ʔbiəŋ¹		ʔbiəŋ³	biəŋ²	biəŋ²		biəŋ⁶	miəŋ²
金山新	piæŋ¹	piæŋ³	piæŋ³	biæŋ²	biæŋ²	biæŋ²	biæŋ⁶	miæŋ²
枫泾	piŋ¹		piŋ³	biŋ²	biŋ²		biŋ⁶	miŋ²
青浦	ʔbiŋ¹		ʔbiŋ³	biŋ²	biŋ²		biŋ⁶	miŋ²
青浦新	piŋ¹	piŋ³	piŋ³	biŋ²	biŋ²	biŋ²	biŋ²	miŋ³
莘庄	ʔbiŋ¹		ʔbiŋ³	biŋ²	biŋ²		biŋ⁶	miŋ²
闵行新	piŋ¹	piŋ⁵	piŋ³	biŋ²	biŋ²		biŋ²	miŋ²
川沙	ʔbiŋ¹		ʔbiŋ⁵	biŋ²	biŋ²		biŋ⁶	miŋ²
川沙新	ʔbiŋ¹	ʔbiŋ³	ʔbiŋ³	biŋ⁶	biŋ⁶		biŋ⁶	miŋ⁶
高桥	ʔbiŋ¹		ʔbiŋ⁵	biŋ⁶	biŋ⁶		biŋ⁶	miŋ²
三林	ʔbiŋ¹		ʔbiŋ⁵	biŋ⁶	biŋ⁶		biŋ⁶	miŋ⁶
周浦	ʔbiŋ¹		ʔbiŋ³	biŋ²	biŋ²		biŋ⁶	miŋ²
南汇	ʔbiŋ¹		ʔbiŋ⁵	biŋ²	biŋ²		biŋ⁶	miŋ²
南汇新	ʔbiŋ¹		ʔbiŋ³	biŋ⁶	biŋ⁶	biŋ⁶	biŋ⁶	miŋ¹
嘉定	piŋ¹		piŋ³	biŋ²	hiŋ²		biŋ⁶	miŋ²
嘉定新	piŋ¹	piŋ⁵	piŋ⁵	biŋ²	biŋ²	biŋ²	biŋ⁶	miŋ²
宝山	piŋ¹	piŋ⁵	piŋ⁵	piŋ²	piŋ²	piŋ²	biŋ⁶	miŋ²
宝山新	piŋ¹	piŋ⁵	piŋ⁵	piŋ⁵	piŋ⁵	piŋ⁵	biŋ⁶	miŋ⁵
崇明	piŋ¹		piŋ⁵	biŋ²	biŋ²		biŋ⁶	miŋ²
崇明新	piŋ¹	piŋ³	piŋ³	biŋ²	biŋ²	biŋ²	biŋ⁶	miŋ²
堡镇	piŋ¹		piŋ⁵	biŋ²	biŋ²		biŋ⁶	miŋ²
练塘	piŋ¹		piŋ¹	biŋ²	biŋ²		biŋ⁶	miŋ²

序号	2757	2758	2759	2760	2761	2762	2763	2764
字目	鸣	盟	命	京	荆	惊	景	警
中古音的地位	梗开三平庚明	梗开三平庚明	梗开三去映明	梗开三平庚见	梗开三平庚见	梗开三平庚见	梗开三上梗见	梗开三上梗见
市区	min⁵	min⁶	min⁶	tɕin¹		tɕin¹	tɕin⁵	tɕin⁵
市区中	miŋ⁶	məŋ⁶	miŋ⁶	tɕiŋ¹	tɕiŋ¹	tɕiŋ¹	tɕiŋ⁵	tɕiŋ⁵
市区新	miŋ⁶	məŋ⁶	miŋ⁶	tɕiŋ¹	tɕiŋ¹	tɕiŋ¹	tɕiŋ⁵	tɕiŋ⁵
真如	miŋ¹	məŋ²	miŋ⁶	tɕiŋ¹		tɕiŋ¹	tɕiŋ⁵	tɕiŋ⁵
江湾	miŋ¹	məŋ⁶	miŋ⁶	tɕiəŋ¹		tɕiəŋ¹	tɕiəŋ⁵	tɕiəŋ⁵
松江	miŋ²	məŋ²	miŋ⁶	ɕiəŋ¹		ɕiəŋ¹	ɕiəŋ³	ɕiəŋ³
松江新	miŋ²	mʌn²	miŋ⁶	tɕin¹	tɕin¹	tɕin¹	tɕin³	tɕin³
泗泾	miŋ²	məŋ²	miŋ⁶	ɕiəŋ¹		ɕiəŋ¹	ɕiəŋ³	ɕiəŋ³
奉贤	miəŋ²	məŋ²	miəŋ⁶	ʔʑiəŋ¹		ʔʑiəŋ¹	ʔʑiəŋ⁵	ʔʑiəŋ⁵
奉贤新	miŋ²	məŋ²	miŋ⁶	ʔtɕin¹	ʔtɕin¹	ʔtɕin⁵	ʔtɕin⁵	ʔtɕin⁵
奉城	miəŋ²	məŋ²	miəŋ⁶	ʔʑiəŋ¹		ʔʑiəŋ¹	ʔʑiəŋ⁵	ʔʑiəŋ⁵
金山	miəŋ²	məŋ¹/bəŋ²	miəŋ⁶	ɕiəŋ¹		ɕiəŋ¹	ɕiəŋ³	ɕiəŋ³
金山新	miæŋ²	məŋ²	miæŋ⁶	tɕiæŋ¹	tɕiæŋ¹	tɕiæŋ¹	tɕiæŋ³	tɕiæŋ³
枫泾	miŋ³	məŋ¹	miŋ⁶	tɕiŋ¹		tɕiŋ¹	tɕiŋ⁵	tɕiŋ⁵
青浦	miŋ³	məŋ²	miŋ⁶	tɕiəŋ¹		tɕiəŋ¹	tɕiəŋ³	tɕiəŋ³
青浦新	miŋ²	məŋ²	miŋ⁶	tɕiəŋ¹	tɕiən¹	tɕiəŋ¹	tɕiəŋ³	tɕiəŋ³
莘庄	miŋ¹①	məŋ²	miŋ⁶	ɕiŋ¹		ɕiŋ¹	ɕiŋ³	ɕiŋ³
闵行新	min²	min²	min²	tɕin¹	tɕin¹	tɕin¹	tɕin⁵	tɕin⁵
川沙	min¹	mən²	miŋ⁶	tɕiʌŋ¹		tɕiʌŋ¹	tɕiʌŋ⁵	tɕiʌŋ⁵
川沙新	miŋ²		miŋ⁵	tɕiŋ¹	tɕiŋ¹	tɕiŋ¹	tɕiŋ⁵	tɕiŋ⁵
高桥	miŋ¹	məŋ⁶	miŋ⁶	tɕiŋ³		tɕiŋ³	tɕiŋ⁵	tɕiŋ⁵
三林	miŋ¹	məŋ²	miŋ⁶	ɕiŋ¹		ɕiŋ¹	ɕiŋ⁵	ɕiŋ⁵
周浦	miŋ²	məŋ²	miŋ⁶	ɕiʌŋ¹		ɕiʌŋ¹	ɕiʌŋ³	ɕiʌŋ³
南汇	miŋ²	məŋ²	miŋ⁶	ʔʑiʌŋ¹		ʔʑiʌŋ¹	ʔʑiʌŋ³	ʔʑiʌŋ³
南汇新	miŋ⁶	məŋ⁶	miŋ⁶	tɕiŋ¹	tɕin¹	tɕin¹	tɕin³	tɕin³
嘉定	miŋ¹	məŋ²	miŋ⁶	tɕiŋ¹		tɕiŋ¹	tɕiŋ⁵	tɕiŋ⁵
嘉定新	miŋ¹	moŋ²	miŋ⁶	tɕiŋ¹	tɕiŋ¹	tɕiŋ¹	tɕiŋ⁵	tɕiŋ⁵
宝山	miŋ¹	məŋ²	miŋ⁵	tɕiŋ¹		tɕiŋ¹	tɕiŋ⁵	tɕiŋ⁵
宝山新	miŋ⁵	məŋ⁵	miŋ⁵	tɕiŋ⁵		tɕiŋ⁵	tɕiŋ⁵	tɕiŋ⁵
崇明	miŋ¹	məŋ²	miŋ⁶	tɕin¹		tɕin¹	tɕin³	tɕin³
崇明新	miŋ²	məŋ²	miŋ⁶	tɕin¹	tɕin¹	tɕin¹	tɕin³	tɕin³
堡镇	miŋ¹	məŋ²	miŋ⁶	tɕin¹	tɕin¹	tɕin¹	tɕin³	tɕin³
练塘	miŋ¹	məŋ²	miŋ⁶	tɕiəŋ¹		tɕiəŋ¹	tɕiəŋ⁵	tɕiəŋ⁵

注：① 似乎说min⁶的更多。

序号	2765	2766	2767	2768	2769	2770	2771	2772
字目	境	竟	镜	敬	卿	庆	竞	迎
中古音的地位	梗开三上梗见	梗开三去映见	梗开三去映见	梗开三去映见	梗开三平庚溪	梗开三去映溪	梗开三去映群	梗开三平庚疑
市区	tɕin⁵	tɕin⁵	tɕin⁵	tɕin⁵	tɕʰin¹	tɕʰin⁵	dʑin⁶	ȵin⁶
市区中	tɕin⁵	tɕin⁵	tɕin⁵	tɕin⁵	tɕʰin¹	tɕʰin⁵	dʑin⁶	ȵin⁶
市区新	tɕin⁵	tɕin⁵	tɕin⁵	tɕin⁵	tɕʰin¹	tɕʰin⁵	dʑin⁶	ȵin⁶
真如	tɕin⁵	tɕin⁵	tɕin⁵	tɕin⁵	tɕʰin¹	tɕʰin⁵	dʑin⁶	ȵin⁶
江湾	tɕiəŋ⁵	tɕiəŋ⁵	tɕiəŋ⁵	tɕiəŋ⁵	tɕʰiəŋ¹	tɕʰiəŋ⁵	dʑiəŋ⁶	ȵiəŋ⁶
松江	ciaŋ³	ciaŋ⁵	ciaŋ⁵	ciaŋ⁵	cʰiaŋ¹	cʰiaŋ⁵	ɟiaŋ⁶	ɲiaŋ⁶
松江新	tɕin³	tɕin⁵	tɕin⁵	tɕin⁵	tɕʰin¹	tɕʰin⁵	dʑin⁶	ȵin²
泗泾	ciaŋ³	ciaŋ⁵	ciaŋ⁵	ciaŋ⁵	cʰiaŋ¹	cʰiaŋ⁵	ɟiaŋ⁶	ɲiaŋ⁶
奉贤	ʔɟiŋ⁵	ʔɟiŋ⁵	ʔɟiŋ⁵	ʔɟiŋ⁵	cʰiŋ¹	cʰiŋ⁵	ɟiŋ⁶	ɲiŋ²
奉贤新	ʔtɕin⁵	ʔtɕin⁵	ʔtɕin⁵	ʔtɕin⁵	tɕʰin¹	tɕʰin⁵	dʑin⁶	ȵin²
奉城	ʔɟiŋ⁵	ʔɟiŋ⁵	ʔɟiŋ⁵	ʔɟiŋ⁵	cʰiŋ¹	cʰiŋ⁵	ɟiŋ⁶	ɲiŋ²
金山	ciaŋ³	ciaŋ⁵	ciaŋ⁵	ciaŋ⁵	cʰiaŋ¹	cʰiaŋ⁵	ɟiaŋ⁶	ɲiaŋ⁶
金山新	tɕiæŋ⁵	dʑiæŋ⁶	tɕiæŋ³	tɕiæŋ³/ziæŋ⁶	tɕʰiæŋ¹	tɕʰiæŋ⁵	dʑiæŋ⁶	ɦiæŋ²
枫泾	tɕin⁵	tɕin⁵	tɕin⁵	tɕin⁵	tɕʰin¹	tɕʰin⁵	dʑin²	ȵin²
青浦	tɕiəŋ³	tɕiəŋ⁵	tɕiəŋ⁵	tɕiəŋ⁵	tɕʰiəŋ¹	tɕʰiəŋ⁵	dʑiəŋ⁶	ȵiəŋ²
青浦新	tɕiəŋ⁵	tɕiəŋ⁵	tɕiəŋ⁵	tɕiəŋ⁵	tɕʰiəŋ¹	tɕʰiəŋ⁵	dʑin⁶	ȵiəŋ²
莘庄	ciŋ⁵	ciŋ³	ciŋ³	ciŋ⁵	cʰiŋ¹	cʰiŋ⁵	ɟiŋ⁶	ɲiŋ²
闵行新	tɕin⁵	tɕin⁵	tɕin⁵	tɕin⁵	tɕʰin¹	tɕʰin¹	dʑin²	ȵin²
川沙	tɕiʌŋ⁵	tɕiʌŋ⁵	tɕiʌŋ⁵	tɕiʌŋ⁵	tɕʰiʌŋ¹	tɕʰiʌŋ⁵	dʑiʌŋ⁶	ȵiʌŋ²
川沙新	tɕin⁵	tɕin⁵	tɕin⁵	tɕin⁵		tɕʰin⁵	dʑin⁶	ɦin⁶
高桥	tɕin³	tɕin³	tɕin³	tɕin³	tɕʰin⁵	tɕʰin⁵	dʑin⁶	ȵin⁶
三林	ciŋ⁵	ciŋ⁵	ciŋ⁵	ciŋ⁵	cʰiŋ¹	cʰiŋ⁵	ɟiŋ⁶	ɲiŋ²
周浦	ciʌŋ³	ciʌŋ⁵	ciʌŋ⁵	ciʌŋ⁵	cʰiʌŋ¹	cʰiʌŋ⁵	ɟiʌŋ⁶	ɲiʌŋ²
南汇	ʔɟiʌŋ³	ʔɟiʌŋ⁵	ʔɟiʌŋ⁵	ʔɟiʌŋ⁵	cʰiʌŋ¹	cʰiʌŋ⁵	ɟiʌŋ⁶	ɲiʌŋ²
南汇新	tɕin⁵	tɕin⁵	tɕin⁵/ɟin⁵	tɕin⁵		tɕʰin⁵	dʑin⁶	ɦin⁶
嘉定	tɕin⁵	tɕin⁵	tɕin⁵	tɕin⁵	tɕʰin¹	tɕʰin⁵	dʑin²	ȵin⁶
嘉定新	tɕin⁵	tɕin⁵	tɕin⁵	tɕin⁵	tɕʰin¹	tɕʰin⁵	dʑin⁶	ȵin²
宝山	tɕin⁵	tɕin⁵	tɕin⁵	tɕin⁵	tɕʰin¹	tɕʰin⁵	dʑin⁶	ȵin⁵
宝山新	tɕin⁵	tɕin⁵	tɕin⁵	tɕin⁵	tɕʰin¹	tɕʰin⁵	dʑin⁶	ɦin⁵
崇明	tɕin⁵	tɕin⁵	tɕin⁵	tɕin⁵	tɕʰin¹	tɕʰin³	dʑin⁶	ȵin⁶
崇明新	tɕin³	dʑin⁶	tɕin⁵	tɕin⁵	tɕʰin¹	tɕʰin¹	dʑin⁶	ȵin²
堡镇	tɕin⁵	tɕin⁵	tɕin⁵	tɕin⁵	tɕʰin¹	tɕʰin³	dʑin²	ȵin²
练塘	tɕiəŋ⁵	tɕiəŋ⁵	tɕiəŋ⁵	tɕiəŋ⁵	tɕʰiəŋ¹	tɕʰiəŋ⁵	dʑiəŋ⁶	ȵiəŋ²

序号	2773	2774	2775	2776	2777	2778	2779	2780
字目	英	影	碧	剧	屐	逆	饼	并合并①
中古音的地位	梗开三平庚影	梗开三上梗影	梗开三入陌帮	梗开三入陌群	梗开三入庚群	梗开三入陌疑	梗开三上静帮	梗开三去劲帮
市区	in¹	in⁵	piɪʔ⁷	dʑiɪʔ⁸		ȵiɪʔ⁸	pin⁵	bin⁶
市区中	iŋ¹	iŋ⁵	piɪʔ⁷	dʑiɪʔ⁸	tɕi¹	ȵiɪʔ⁸	piŋ⁵	piŋ⁵
市区新	iŋ¹	iŋ⁵	piɪʔ⁷	dʑiɪʔ⁸	tɕi¹	ȵiɪʔ⁸	piŋ⁵	piŋ⁵
真如	iŋ¹	iŋ³	ʔbiɪʔ⁷	dziæʔ⁸		ȵiɪʔ⁸	ʔbiŋ³	ʔbiŋ⁵
江湾	iŋ¹	iŋ⁵	ʔbɪʔ⁷	dziaʔ⁸		ȵiɪʔ⁸	ʔbiŋ³	ʔbiŋ⁵
松江	iəŋ¹	iəŋ³	ʔbiəʔ⁷	ɟiʌʔ⁸		ȵiʌʔ⁸	ʔbiŋ³	ʔbiŋ⁵
松江新	in¹	ɦin⁶	piɪʔ⁷	dzyɪʔ⁸	tɕi¹	ȵiɪʔ⁸	pin³	pin⁵
泗泾	iəŋ¹	iəŋ³	ʔbiəʔ⁷	ɟiʌʔ⁸		ȵiʌʔ⁸	ʔbiŋ³	ʔbiŋ⁵
奉贤	iəŋ¹	iəŋ⁵	ʔbiʌʔ⁷	ɟiɑʔ⁸		ȵiʌʔ⁸	ʔbiəŋ³	ʔbiəŋ⁵
奉贤新	iŋ¹	ɦiŋ²	ʔbiəʔ⁷	dʑiæʔ⁸	tɕi¹	ȵiɪʔ⁸	ʔbiŋ⁶	ʔbiŋ⁶
奉城	iəŋ¹	iəŋ³	ʔbiʌʔ⁷	ɟiɑʔ⁸		ȵiʌʔ⁸	ʔbiəŋ³	ʔbiəŋ⁵
金山	iəŋ¹	iəŋ³	ʔbiəʔ⁷	ɟiʌʔ⁸		ȵiʌʔ⁸	ʔbiəŋ³	ʔbiəŋ³
金山新	iæŋ¹	iæŋ³	piɪʔ⁷	dziʌʔ⁸	dʑiʌʔ⁷	ȵiɪʔ⁸	piæŋ³	piæŋ⁵
枫泾	iŋ¹	iŋ⁵	piɪʔ⁷	dziʌʔ⁸		ȵiɪʔ⁸	piŋ³	piŋ⁵
青浦	iəŋ¹	iəŋ³	ʔbiɪʔ⁷	dziʌʔ⁸		ȵiʌʔ⁸	ʔbiŋ³	ʔbiŋ⁵
青浦新	iən¹	iən³	piɪʔ⁷	tɕiəʔ⁷		ȵiɪʔ⁸	pin³	pin⁵
莘庄	iŋ¹	iŋ³	ʔbiəʔ⁷	ɟiəʔ⁸		ȵiəʔ⁸	ʔbiŋ³	ʔbiŋ³
闵行新	in¹	in⁵	piəʔ⁷	dʑiəʔ⁸		ȵiəʔ⁸	pin⁵	pin⁵
川沙	iʌŋ¹	iʌŋ³	ʔbiɪʔ⁷	dziʌʔ⁸		ȵiʌʔ⁸	ʔbiŋ³	ʔbiŋ³
川沙新	iŋ¹	ɦiŋ⁶	ʔbiɪʔ⁷	dʑiaʔ⁸		ȵiɪʔ⁸	ʔbiŋ³	ʔbiŋ³
高桥	iŋ¹	ɦiŋ²	ʔbiəʔ⁷	dʑiɪʔ⁸		ȵiɪʔ⁸	ʔbiŋ³	ʔbiŋ³
三林	iŋ¹	iŋ³	ʔbiəʔ⁷	ɟiʌʔ⁸		ȵiəʔ⁸	ʔbiŋ³	ʔbiŋ³
周浦	iʌŋ¹	iʌŋ³	ʔbiʌʔ⁷	ɟiʌʔ⁸		ȵiʌʔ⁸	ʔbiŋ³	ʔbiŋ³
南汇	iʌŋ¹	iʌŋ³	ʔbiʌʔ⁷	ɟiʌʔ⁸		ȵiʌʔ⁸	ʔbiŋ³	ʔbiəŋ³
南汇新	iŋ¹	iŋ³	ʔbiɪʔ⁷	dʑiaʔ⁸		ȵiʔ⁸	ʔbiŋ³	ʔbiŋ³
嘉定	iŋ¹	iŋ³	piɪʔ⁷	dzyoʔ⁸		ȵiɪʔ⁸	piŋ⁵	piŋ⁵
嘉定新	iŋ¹	iŋ⁵	piɪʔ⁷	dzioʔ⁸		ȵiɪʔ⁸	piŋ⁵	piŋ⁵
宝山	iŋ¹	iŋ³	piɪʔ⁷	dʑiʌʔ⁸	dʑiɪʔ⁸	ȵiɪʔ⁸	piŋ⁵	piŋ⁵
宝山新	iŋ¹	iŋ⁵	piɪʔ⁷	dʑiʌʔ⁸	dʑiɪʔ⁸	ȵiɪʔ⁸	piŋ⁵	piŋ⁶
崇明	in¹	in³	piəʔ⁷	dzyoʔ⁸		ȵiəʔ⁸	pin³	pin³
崇明新	in¹	in⁶	piəʔ⁷	dʑiʔ⁸	tɕiɪʔ⁷	ȵi⁶	pin⁵	pin⁵
堡镇	in¹	in³	piəʔ⁷	dzyoʔ⁸		ȵiəʔ⁸	pin³	pin³
练塘	iəŋ¹	iəŋ⁵	piɪʔ⁷	dziʌʔ⁸		ȵiʌʔ⁸	piŋ¹	piŋ⁵

注：① 北部吴语中的老派此字大多读阴上调。

序号	2781	2782	2783	2784	2785	2786	2787	2788
字目	聘①	名	领	岭	令	精	晶	睛
中古音的地位	梗开三去劲滂	梗开三平清明	梗开三上静来	梗开三上静来	梗开三去劲来	梗开三平清精	梗开三平清精	梗开三平清精
市区	p^hin^5	min^6	lin^6	lin^6	lin^6	$tɕin^1$	$tɕin^1$	$tɕin^1$
市区中	p^hin^5	min^6	lin^6	lin^6	lin^6	$tɕin^1$	$tɕin^1$	$tɕin^1$
市区新	p^hin^5	min^6	lin^6	lin^6	lin^6	$tɕin^1$	$tɕin^1$	$tɕin^1$
真如	p^hin^5	min^2	lin^6	lin^6	lin^6	$tsin^1$	$tsin^1$	$tsin^1$
江湾	p^hin^5	min^6	lin^6	lin^6	lin^6	$tsin^1$	$tsin^1$	$tsin^1$
松江	p^hin^5	min^6	lin^4	lin^4	lin^6	$tsin^1$	$tsin^1$	$tsin^1$
松江新	p^hin^5	min^2	lin^6	lin^6	lin^6	$tɕin^1$	$tɕin^1$	$tɕin^1$
泗泾	p^hin^5	min^2	lin^6	lin^6	lin^6	$tsin^1$	$tsin^1$	$tsin^1$
奉贤	$p^hiɛn^5$	$miɛn^2$	$liɛn^6$	$liɛn^6$	$liɛn^6$	$tsiɛn^1$	$tsiɛn^1$	$tsiɛn^1$
奉贤新	p^hin^1	min^2	lin^6	lin^6	lin^6	$tɕin^1$	$tɕin^1$	$tɕin^1$
奉城	$p^hiɛn^5$	$miɛn^2$	$liɛn^6$	$liɛn^6$	$liɛn^6$	$tsiɛn^1$	$tsiɛn^1$	$tsiɛn^1$
金山	$p^hiəŋ^3$	$miəŋ^2$	$liəŋ^6$	$liəŋ^6$	$liəŋ^6$	$tsiəŋ^1$	$tsiəŋ^1$	$tsiəŋ^1$
金山新	$p^hiæn^5$	$miæn^2$	$liæn^6$	$liæn^6$	$liæn^6$	$tɕiæn^1$	$tɕiæn^1$	$tɕiæn^1$
枫泾	p^hin^5	min^2	lin^4	lin^2	lin^6	$tsin^1$	$tsin^1$	$tsin^1$
青浦	p^hin^3	min^6	lin^6	lin^6	lin^6	$tsin^1$	$tsin^1$	$tsin^1$
青浦新	p^hin^5	min^2	lin^6	lin^6	lin^6	$tsin^1$	$tsin^1$	$tsin^1$
莘庄	p^hin^5	min^2	lin^6	lin^6	lin^6	$tsin^1$	$tsin^1$	$tsin^1$
闵行新	p^hin^5	min^2	lin^2	lin^2	lin^2	$tɕin^1$	$tɕin^1$	$tɕin^1$
川沙	p^hin^5	min^2	lin^6	lin^6	lin^6	$tsin^1$	$tsin^1$	$tsin^1$
川沙新	p^hin^5	min^2	lin^6	lin^6	lin^6	$tɕin^1$	$tɕin^1$	$tɕin^1$
高桥	p^hin^3	min^6	lin^6	lin^6	lin^6	$tsin^1$	$tsin^1$	$tsin^1$
三林	p^hin^5	min^2	lin^2	lin^2	lin^2	$tsin^1$	$tsin^1$	$tsin^1$
周浦	p^hin^5	min^2	lin^2	lin^2	lin^2	$tsin^1$	$tsin^1$	$tsin^1$
南汇	p^hin^5	min^2	lin^2	lin^2	lin^2	$tsin^1$	$tsin^1$	$tsin^1$
南汇新	p^hin^5	min^2	lin^6	lin^6	lin^6	$tɕin^1$	$tɕin^1$	$tɕin^1$
嘉定	p^hin^5	min^2	lin^6	lin^6	lin^6	$tsin^1$	$tsin^1$	$tsin^1$
嘉定新	$p^hɪŋ^5$	$mɪŋ^2$	$lɪŋ^5$	$lɪŋ^5$	$lɪŋ^5$	$tɕɪŋ^1/tsɪŋ^1$	$tsɪŋ^1$	$tsɪŋ^1$
宝山	p^hin^5	min^2	lin^5	lin^5	lin^5	$tsin^1$	$tsin^1$	$tsin^1$
宝山新	p^hin^5	min^2	lin^5	lin^5	lin^5	$tɕin^1$	$tɕin^1$	$tɕin^1$
崇明	p^hin^3	min^2	lin^4	lin^6	lin^6	$tɕin^1$	$tɕin^1$	$tɕin^1$
崇明新	p^hin^5	min^2	lin^6	lin^6	lin^6	$tɕin^1$	$tɕin^1$	$tɕin^1$
堡镇	p^hin^3	min^2	lin^4	lin^6	lin^6	$tɕin^1$	$tɕin^1$	$tɕin^1$
练塘	p^hin^5	min^6	lin^4	lin^4	lin^6	$tsin^1$	$tsin^1$	$tsin^1$

注:① 北部吴语中的老派此字大多读阴上调。

序号	2789	2790	2791	2792	2793	2794	2795	2796
字目	井	清	请	情	晴	静	靖	净
中古音的地位	梗开三上静精	梗开三平清清	梗开三上静清	梗开三平清从	梗开三平清从	梗开三上静从	梗开三上静从	梗开三去劲从
市区	tɕin⁵	ɕhin¹	tɕhin⁵	ʑin⁶	ʑin⁶	ʑin⁶	ʑin⁶	ʑin⁶
市区中	tɕin⁵	tɕhin¹	tɕhin⁵	dʑin⁶	dʑin⁶	dʑin⁶	dʑin⁶	dʑin⁶
市区新	tɕin⁵	tɕhin¹	tɕhin⁵	dʑin⁶	dʑin⁶	dʑin⁶	dʑin⁶	dʑin⁶
真如	tsin⁵	tshin¹	tshin⁵	zin²	zin²	zin²	zin⁶	zin⁶
江湾	tsin⁵	tshin¹	tshin⁵	zin⁶	zin²	zin⁶	zin⁶	zin⁶
松江	tsin³	tshin¹	tshin³	zin²	zin²	zin⁴	zin⁴	zin⁶
松江新	tɕin³	tɕhin¹	tɕhin³	dʑin²	dʑin²	dʑin⁶	tɕin³	dʑin⁶
泗泾	tsin³	tshin¹	tshin³	zin²	zin²	zin⁶	zin⁶	zin⁶
奉贤	tsiɛŋ³	tshiɛŋ¹	tshiɛŋ³	ziɛŋ²	ziɛŋ²	ziɛŋ⁶	ziɛŋ⁶	ziɛŋ⁶
奉贤新	ʔin³	tɕhin¹	tɕhin³	dʑin²	dʑin²	dʑin⁶	dʑin⁶	dʑin⁶
奉城	tsiɛŋ³	tshiɛŋ¹	tshiɛŋ³	ziɛŋ²	ziɛŋ²	ziɛŋ⁶	ziɛŋ⁶	ziɛŋ⁶
金山	tsiəŋ³	tshiəŋ¹	tshiəŋ³	ziəŋ²	ziəŋ²	ziəŋ⁶	ziəŋ⁶	ziəŋ⁶
金山新	tɕiæŋ³	tɕhiæŋ¹	tɕhiæŋ³	dʑiæŋ²	dʑiæŋ²	ʑiæŋ⁶	ʑiæŋ⁶	ʑiæŋ⁶
枫泾	tsin³	tshin¹	tshin³	zin²	zin²	zin⁴	zin⁴	zin⁴
青浦	tsin³	tshin¹	tshin³	zin²	zin²	zin⁶	zin⁶	zin⁶
青浦新	tsin³	tshin¹	tshin³	zin²	zin²	zin⁶	zin⁶	zin⁶
莘庄	tsin³	tshin¹	tshin³	zin²	zin²	zin⁶	zin²	zin⁶
闵行新	tɕin³	tɕhin¹	tɕhin³	ʑin²	ʑin²	ʑin²	ʑin²	ʑin²
川沙	tsin³	tshin¹	tshin³	zin²	zin²	zin²	zin²	zin²
川沙新	tɕin³	tɕhin¹	tɕhin³	dʑin⁶	dʑin⁶	dʑin⁶	dʑin⁶	dʑin⁶
高桥	tsin³	tshin¹	tshin³	zin⁶	zin⁶	zin⁶		zin⁶
三林	tsin³	tshin¹	tshin³	zin²	zin²	zin²	zin²	zin²
周浦	tsin³	tshin¹	tshin³	zin²	zin²	zin²	zin²	zin²
南汇	tsin³	tshin¹	tshin³	zin²	zin²	zin²	zin²	zin²
南汇新	tɕin⁵	tɕhin¹	tɕhin³	ʑin⁶		ʑin⁶	ʑin⁶	tɕin⁵
嘉定	tsin⁵	tshin¹	tshin⁵	zin⁶	zin⁶	zin⁶	zin⁶	zin⁶
嘉定新	tɕin⁵	tɕhin¹	tɕhin⁵	ʑin⁶	ʑin⁶	ʑin⁶	ʑin⁶	ʑin⁶
宝山	tsin³	tshin¹	tshin⁵	zin⁶	zin⁶	zin⁶	zin⁶	zin⁶
宝山新	tɕin³	tɕhin¹	tɕhin⁵	dʑin⁶	dʑin⁶	dʑin⁶	dʑin⁶	dʑin⁶
崇明	tɕin⁵	tɕhin¹	tɕhin³	dʑin²	dʑin²	dʑin⁶	dʑin⁶	dʑin⁶/ʑin⁶
崇明新	tɕin³	tɕhin¹	tɕhin³	dʑin²	dʑin²	dʑin⁶	dʑin⁶	dʑin⁶
堡镇	tɕin⁵	tɕhin¹	tɕhin³	dʑin²	dʑin²	dʑin⁶	dʑin⁶	dʑin⁶/ʑin⁶
练塘	tsin¹	tshin¹	tshin³	zin²	zin²	zin⁶	zin⁶	zin⁶

序号	2797	2798	2799	2800	2801	2802	2803	2804
字目	省反省	性	姓	贞	侦	蛏	呈	程
中古音的地位	梗开三上静心	梗开三去劲心	梗开三去劲心	梗开三平清知	梗开三平清彻	梗开三平清彻	梗开三平清澄	梗开三平清澄
市区	çiŋ⁵	çiŋ⁵	çiŋ⁵	tsəŋ¹	tsəŋ¹		zəŋ⁶	zəŋ⁶
市区中	çiŋ⁵	çiŋ⁵	çiŋ⁵	tsəŋ¹	tsəŋ¹	tsəŋ¹	zəŋ⁶	zəŋ⁶
市区新	çiŋ⁵	çiŋ⁵	çiŋ⁵	tsəŋ¹	tsəŋ¹	tsəŋ¹	zəŋ⁶	zəŋ⁶
真如	siŋ³	siŋ⁵	siŋ⁵	tsəŋ¹	tsəŋ¹		zəŋ²	zəŋ²
江湾	siŋ⁵	siŋ⁵	siŋ⁵	tsəŋ¹	tsəŋ¹		zəŋ⁶	zəŋ⁶
松江	siŋ³	siŋ⁵	siŋ⁵	tsəŋ¹	tsəŋ¹		zəŋ²	zəŋ²
松江新	çiŋ³	çiŋ⁵	çiŋ⁵	tsʌn¹	tsʌn¹	tsʰʌn¹	zʌn²	zʌn²
泗泾	siŋ³	siŋ⁵	siŋ⁵	tsəŋ¹	tsəŋ¹		zəŋ²	zəŋ²
奉贤	siɐŋ³	siɐŋ⁵	siɐŋ⁵	tsɐŋ¹	tsɐŋ¹		zɐŋ²	zɐŋ²
奉贤新	çiŋ⁵	çiŋ⁵	çiŋ⁵	tsəŋ¹	tsəŋ¹	tsʰəŋ¹	zəŋ²	zəŋ²
奉城	siɐŋ⁵	siɐŋ⁵	siɐŋ⁵	tsɐŋ¹	tsɐŋ¹		zɐŋ²	zɐŋ²
金山	siɐŋ³	siɐŋ⁵	siɐŋ⁵	tsəŋ¹	tsəŋ¹		zəŋ⁶	zəŋ⁶
金山新	çiæŋ³	çiæŋ⁵	çiæŋ⁵	tsəŋ¹	tsəŋ¹	tsəŋ¹	zəŋ²	zəŋ²
枫泾	səŋ³	siŋ⁵	siŋ⁵	tsəŋ¹	tsəŋ¹		zəŋ²	zəŋ²
青浦	siŋ³	siŋ⁵	siŋ⁵	tsəŋ¹	tsəŋ¹		zəŋ²	zəŋ²
青浦新	sin³	sin⁵	sin⁵	tsən¹	tsən¹	tsʰən¹	zən²	zən²
莘庄	siŋ³	siŋ⁵	siŋ⁵	tsəŋ¹	tsəŋ¹		zəŋ⁶	zəŋ⁶
闵行新	çin³	çin⁵	çin⁵	tsən¹	tsən¹	tʰən¹	zən²	zən²
川沙	siŋ³	siŋ⁵	siŋ⁵	tsəŋ¹	tsəŋ¹		zəŋ²	zəŋ²
川沙新	çiŋ³	çiŋ⁵	çiŋ⁵	tsəŋ¹	tsəŋ¹	tsʰəŋ³	zəŋ⁶	zəŋ⁶
高桥	sã³	siŋ⁵	siŋ⁵	tsəŋ¹	tsəŋ¹		zəŋ²	zəŋ²
三林	siŋ³	siŋ⁵	siŋ⁵	tsəŋ¹	tsəŋ¹		zəŋ²	zəŋ²
周浦	siŋ³	siŋ⁵	siŋ⁵	tsəŋ¹	tsəŋ¹		zəŋ²	zəŋ²
南汇	siŋ³	siŋ⁵	siŋ⁵	tsəŋ¹	tsəŋ¹		zəŋ²	zəŋ²
南汇新	çiŋ³	çiŋ⁵	çiŋ⁵	tsəŋ¹	tsəŋ¹	tsʰəŋ¹	zəŋ⁶	zəŋ⁶
嘉定	siŋ⁵	siŋ⁵	siŋ⁵	tsəŋ¹	tsəŋ¹		zəŋ²	zəŋ²
嘉定新	çiŋ⁵	çiŋ⁵	çiŋ⁵	tsəŋ¹	tsəŋ¹	tsəŋ¹	zẽ²	zẽ²
宝山		siŋ⁵	siŋ⁵	tsəŋ¹	tsəŋ¹	tsəŋ¹	səŋ⁵	səŋ⁵
宝山新	çiŋ⁵	çiŋ⁵	çiŋ⁵	tsəŋ¹	tsəŋ¹	tsəŋ¹	səŋ⁵	səŋ⁵
崇明	çin³	çin⁵	çin⁵	tsən¹	tsən¹		dzən⁴	dzən²
崇明新	çin³	çin⁵	çin⁵	tsən¹	tsən¹		ʥən²	ʥən²
堡镇	çin³	çin⁵	çin⁵	tsən¹	tsən¹		dzən⁴	dzən²
练塘	siŋ¹	siŋ⁵	siŋ⁵	tsəŋ¹	tsəŋ¹		zəŋ²	zəŋ²

序号	2805	2806	2807	2808	2809	2810	2811	2812
字目	郑	正正月	征	整	正公正	政	声	圣
中古音的地位	梗开三去劲澄	梗开三平清章	梗开三平清章	梗开三上静章	梗开三去劲章	梗开三去劲章	梗开三平清书	梗开三去劲书
市区	zəŋ⁶	tsəŋ¹	tsəŋ¹	tsəŋ⁵	tsəŋ⁵	tsəŋ⁵	sã¹/sən¹	sən⁵
市区中	zəŋ⁶	tsəŋ¹	tsəŋ¹	tsəŋ⁵	tsəŋ⁵	tsəŋ⁵	səŋ¹	səŋ⁵
市区新	tsəŋ¹	tsəŋ¹	tsəŋ¹	zəŋ⁶	zəŋ⁶	tsəŋ¹	tsəŋ¹	tsəŋ¹
真如	zəŋ²	tsəŋ¹	tsəŋ¹	tsəŋ⁵	tsəŋ⁵	tsəŋ⁵	səŋ¹	səŋ⁵
江湾	zəŋ⁶	tsəŋ¹	tsəŋ¹	tsəŋ⁵	tsəŋ⁵	tsəŋ⁵	sã¹/sən¹	səŋ⁵
松江	zəŋ²	tsəŋ¹	tsəŋ¹	tsəŋ³	tsəŋ⁵	tsəŋ⁵	sɛ̃¹/sən¹	səŋ⁵
松江新	zʌn⁶	tsʌn¹	tsʌn¹	tsʌn³	tsʌn⁵	tsʌn⁵	sʌn¹	sʌn⁵
泗泾	zəŋ²	tsəŋ¹	tsəŋ¹	tsəŋ³	tsəŋ⁵	tsəŋ⁵	sɛ̃¹/sən¹	səŋ⁵
奉贤	zɐŋ⁶	tsɐŋ¹	tsɐŋ¹	tsɐŋ⁵	tsɐŋ⁵	tsɐŋ⁵	sɛ̃¹/sɐŋ¹	sɐŋ⁵
奉贤新	tsəŋ⁵	tsəŋ¹	tsəŋ¹	tsəŋ⁵	tsəŋ⁵	tsəŋ⁵	səŋ¹	səŋ⁵
奉城	zɐŋ⁶	tsɐŋ¹	tsɐŋ¹	tsɐŋ⁵	tsɐŋ⁵	tsɐŋ⁵	sã¹/sɐŋ¹	sɐŋ⁵
金山	zəŋ⁶	tsəŋ¹	tsəŋ¹	tsəŋ⁵	tsəŋ⁵	tsəŋ⁵	səŋ¹	səŋ⁵
金山新	zəŋ⁶	tsəŋ¹	tsəŋ¹	tsəŋ³	tsəŋ⁵	tsəŋ⁵	səŋ¹	səŋ⁵
枫泾	zəŋ²	tsəŋ⁵	tsəŋ¹	tsəŋ⁵	tsəŋ⁵	tsəŋ⁵	səŋ¹	səŋ⁵
青浦	zəŋ⁶	tsəŋ¹	tsəŋ¹	tsəŋ⁵	tsəŋ⁵	tsəŋ⁵	səŋ¹	səŋ⁵
青浦新	zəŋ⁶	tsəŋ³	tsəŋ³	tsəŋ⁵	tsəŋ⁵	tsəŋ⁵	sɛ̃¹/sən¹	səŋ⁵
莘庄	zəŋ⁶	tsəŋ¹	tsəŋ¹	tsəŋ⁵	tsəŋ⁵	tsəŋ⁵	səŋ¹	səŋ⁵
闵行新	tsən¹	tsən¹	tsən¹	tsən³	tsən⁵	tsən⁵	sən¹	sən¹
川沙	zəŋ⁶	tsəŋ¹	tsəŋ¹	tsəŋ⁵	tsəŋ⁵	tsəŋ⁵	sən¹/sã¹	sən⁵
川沙新	zəŋ⁶	tsəŋ¹	tsəŋ¹	tsəŋ⁵	tsəŋ⁵	tsəŋ⁵	səŋ¹	səŋ⁵
高桥	zəŋ⁶	tsəŋ¹	tsəŋ¹	tsəŋ¹	tsəŋ⁵	tsəŋ⁵	səŋ¹	səŋ³
三林	zəŋ⁶	tsəŋ¹	tsəŋ¹	tsəŋ⁵	tsəŋ⁵	tsəŋ⁵	səŋ¹	səŋ⁵
周浦	zəŋ⁶	tsəŋ¹	tsəŋ¹	tsəŋ⁵	tsəŋ⁵	tsəŋ⁵	səŋ¹	səŋ⁵
南汇	zəŋ⁶	tsəŋ⁵	tsəŋ¹	tsəŋ³	tsəŋ⁵	tsəŋ⁵	səŋ¹/sã¹	səŋ⁵
南汇新	zəŋ²/zəŋ⁶	tsəŋ¹	tsəŋ¹	tsəŋ⁵	tsəŋ⁵	tsəŋ⁵	səŋ¹	səŋ⁵
嘉定	zē⁶	tsē¹	tsē¹	tsē⁵	tsē⁵	tsē⁵	sē¹	zē⁶
嘉定新	zəŋ⁶	tsəŋ¹	tsəŋ¹	tsəŋ⁵	tsəŋ⁵	tsəŋ⁵	səŋ¹	səŋ⁵
宝山	tsəŋ⁵	tsəŋ¹	tsəŋ¹	tsəŋ⁵	tsəŋ⁵	tsəŋ⁵	səŋ¹	səŋ⁶
宝山新	dzəŋ⁶	tsən¹	tsən¹	tsən³	tsən⁵	tsən⁵	sã¹/sən¹	sən⁵
崇明	dzəŋ⁶	tsən³	tsən¹	tsən³	tsən⁵	tsən⁵	sən¹	zən⁶
崇明新	dzəŋ⁶	tsən¹	tsən¹	tsən³	tsən⁵	tsən⁵	sã¹/sən¹	sən⁵
堡镇	zəŋ⁶	tsəŋ¹	tsəŋ¹	tsəŋ⁵	tsəŋ⁵	tsəŋ⁵	səŋ¹	səŋ⁵
练塘	zəŋ⁶	tsəŋ¹	tsəŋ¹	tsəŋ⁵	tsəŋ⁵	tsəŋ⁵	səŋ¹	səŋ⁵

序号	2813	2814	2815	2816	2817	2818	2819	2820
字目	成	城	诚	盛 盛满	盛 兴盛	颈	劲 劲敌①	轻
中古音的地位	梗开三平清禅	梗开三平清禅	梗开三平清禅	梗开三平清禅	梗开三去劲禅	梗开三上静见	梗开三去劲见	梗开三平清溪
市区	zəŋ⁶	zəŋ⁶	zəŋ⁶	zəŋ⁶	zəŋ⁶	tɕin⁵	tɕin⁵	tɕʰin¹
市区中	zəŋ⁶	zəŋ⁶	zəŋ⁶	zəŋ⁶	zəŋ⁶	tɕiŋ⁵	tɕiŋ⁵	tɕʰiŋ⁵
市区新	zəŋ⁶	zəŋ⁶	zəŋ⁶	zəŋ⁶	zəŋ⁶	tɕiŋ⁵	tɕiŋ⁵	tɕʰiŋ¹
真如	zəŋ²	zəŋ²	zəŋ²	zəŋ²	zəŋ⁶	tɕiŋ⁵	tɕiŋ⁵/dziŋ⁶/tɕiŋ³	tɕʰiŋ¹
江湾	zəŋ⁶	zəŋ⁶	zəŋ⁶	zəŋ⁶	zəŋ⁶	tɕiəŋ⁵	tɕiəŋ⁵	tɕʰiəŋ¹
松江	zəŋ²	zəŋ²	zəŋ²	zəŋ²	zəŋ⁶	ciəŋ³	ciəŋ⁵/ɟiəŋ⁵	cʰiəŋ¹
松江新	zʌŋ²	zʌŋ²	zʌŋ²	zʌŋ²	zʌŋ⁶	tɕin³	tɕin⁵	tɕʰin¹
泗泾	zəŋ²	zəŋ²	zəŋ²	zəŋ²	zəŋ⁶	ciəŋ³	ciəŋ⁵/ɟiəŋ⁵	cʰiəŋ¹
奉贤	zɯŋ²	zɯŋ²	zɯŋ²	zɯŋ²	zɯŋ⁶	ʔɟiɐi⁵	ʔɟiɐi⁵	cʰiɐi¹
奉贤新	zɯŋ²	zɯŋ²	zɯŋ²	zɯŋ²	zɯŋ⁶	ʔtɕin⁵	ʔtɕin⁵	tɕʰin¹
奉城	zɯŋ²	zɯŋ²	zɯŋ²	zɯŋ²	zɯŋ⁶	ʔɟiɐi⁵	ʔɟiɐi⁵	cʰiɐi¹
金山	zɯŋ²	zɯŋ²	zɯŋ²	zɯŋ²	zɯŋ⁶	ciəŋ⁵	ciəŋ⁵	cʰiəŋ¹
金山新	zəŋ²	zəŋ²	zəŋ²	zəŋ²	səŋ⁵	tɕiæŋ³	tɕiæŋ⁵	tɕʰiæŋ¹
枫泾	zɯŋ²	zɯŋ²	zɯŋ²	zɯŋ²	zɯŋ⁶	tɕin⁵	dziŋ²/tɕəŋ¹	tɕʰiŋ¹
青浦	zəŋ²	zəŋ²	zəŋ²	zəŋ²	zəŋ⁶	tɕiəŋ⁵	tɕiəŋ⁵	tɕʰiəŋ¹
青浦新	zəŋ²	zəŋ²	zəŋ²	zəŋ²	zəŋ⁶	tɕiəŋ⁵	tɕiəŋ⁵	tɕʰiəŋ¹
莘庄	zəŋ²	zəŋ²	zəŋ²	zəŋ⁶/zã⁶	zəŋ⁶	ciŋ³	ciŋ⁵	cʰiŋ¹
闵行新	zəŋ²	zəŋ²	zəŋ²	zəŋ²	zəŋ⁶	tɕin³	tɕin⁵	tɕʰin¹
川沙	zəŋ²	zəŋ²	zəŋ²	zəŋ²	zã⁶/zəŋ⁶	tɕiʌŋ³	dziŋ⁶/dziŋ⁵	tɕʰiʌŋ¹
川沙新	zəŋ⁶	zəŋ⁶	zəŋ⁶	zəŋ⁶	zəŋ⁶	tɕiŋ³	tɕiŋ⁵	tɕʰiŋ¹
高桥	zəŋ²	zəŋ²	zəŋ²	zəŋ⁶	zã²	zəŋ²	tɕiŋ⁵/tɕiŋ¹	tɕʰiŋ¹
三林	zəŋ²	zəŋ²	zəŋ²	zəŋ²/zã²	zəŋ²	ciŋ⁵	ciŋ⁵	cʰiŋ¹
周浦	zəŋ²	zəŋ²	zəŋ²	zəŋ²	zəŋ⁶	ciʌŋ³	ciʌŋ⁵	cʰiʌŋ¹
南汇	zəŋ²	zəŋ²	zəŋ²	zəŋ²	zəŋ⁶	ʔɟiʌŋ³	ʔɟiʌŋ⁵	cʰiʌŋ¹
南汇新	zəŋ⁶	zəŋ⁶	zəŋ⁶	zəŋ⁶	səŋ⁵	tɕiŋ³	tɕiŋ⁵	tɕʰiŋ¹
嘉定	zəŋ²	zəŋ²	zəŋ²	zəŋ²	zəŋ⁶	tɕiŋ⁵	tɕiŋ⁵	tɕʰiŋ¹
嘉定新	zẽ²	zẽ²	zẽ²	zẽ²	zẽ⁶	tɕin⁵	tɕin⁵	tɕʰin¹
宝山	zəŋ⁶	zəŋ⁶	zəŋ⁶	zəŋ⁶	səŋ⁵³	tɕiŋ⁵	tɕiŋ⁵	tɕʰiŋ¹
宝山新	səŋ⁵	səŋ⁵	səŋ⁵	səŋ⁵	səŋ⁵	tɕin⁵	tɕin⁵	tɕʰin¹
崇明	dzəŋ²	dzəŋ²/zəŋ²	dzəŋ²	dzəŋ²	zəŋ⁶	tɕin⁵	tɕin⁵	tɕʰin¹
崇明新	zɯ²	zɯ²	zɯ²	zɯ²	zɯ⁶	tɕin³	tɕin⁵	tɕʰin¹
堡镇	dzəŋ²	dzəŋ²/zəŋ²	dzəŋ²	zəŋ²	zəŋ⁶	tɕin⁵	tɕin⁵	tɕʰin¹
练塘	zəŋ²	zəŋ²	zəŋ²	zəŋ²	zəŋ⁶	tɕiəŋ⁵	tɕiəŋ⁵	tɕʰiəŋ¹

注：① 老派的"劲"有两个读音，一个是"有~"，在臻开三去声焮韵见母，另一个是"~道"。

序号	2821	2822	2823	2824	2825	2826	2827	2828
字目	婴	缨	盈	赢	壁	僻	辟开辟	积
中古音的地位	梗开三平清影	梗开三平清影	梗开三平清以	梗开三平清以	梗开三入昔帮	梗开三入昔滂	梗开三入昔并	梗开三入昔精
市区	in¹		ɦin⁶	ɦin⁶		pʰiɪʔ⁷	pʰiɪʔ⁷	tɕiɪʔ⁷
市区中	iŋ¹	iŋ¹	ɦiŋ⁶	ɦiŋ⁶	piɪʔ⁷	pʰiɪʔ⁷	pʰiɪʔ⁷	tɕiɪʔ⁷
市区新	iŋ¹	iŋ¹	ɦiŋ⁶	ɦiŋ⁶	piɪʔ⁷	pʰiɪʔ⁷	pʰiɪʔ⁷	tɕiɪʔ⁷
真如	iŋ¹		ɦiŋ²	ɦiŋ²	ʔbɪʔ⁷	pʰɪʔ⁷	pʰɪʔ⁷	tsɪʔ⁷
江湾	iŋ¹		ɦiŋ⁶	ɦiŋ⁶	ʔbɪʔ⁷	pʰɪʔ⁷	pʰɪʔ⁷	tsɪʔ⁷
松江	iəŋ¹		ɦiəŋ²	ɦiəŋ²	ʔbiəʔ⁷	pʰiəʔ⁷	pʰiəʔ⁷	tsiəʔ⁷
松江新	in¹	in¹	ɦin²	ɦin²	piʌʔ⁷/piɪʔ⁷	pʰiʌʔ⁷	pʰiʌʔ⁷/piɪʔ⁷	tɕiɪʔ⁷
泗泾	iəŋ¹		ɦiəŋ²	ɦiəŋ²	ʔbiəʔ⁷	pʰiəʔ⁷	pʰiəʔ⁷	tsiəʔ⁷
奉贤	iəŋ¹		ɦiaŋ⁶/ɦiaŋ⁵	ɦiaŋ⁶	ʔbiʌʔ⁷	pʰiʌʔ⁷	pʰiʌʔ⁷	tsiʌʔ⁷
奉贤新	in¹	in¹	ɦin²	ɦin²	ʔbiəʔ⁷	ʔpʰiəʔ⁷	pʰiəʔ⁷	tɕiɪʔ⁷
奉城	iəŋ¹		ɦiəŋ²	ɦiəŋ²	ʔbiʌʔ⁷	pʰiʌʔ⁷	pʰiʌʔ⁷	tsiʌʔ⁷
金山	iəŋ¹	iəŋ¹	ɦiəŋ²	ɦiəŋ²	ʔbiəʔ⁷	pʰieʔ⁷	pʰieʔ⁷	tsiəʔ⁷
金山新	iæŋ¹	iæŋ¹	ɦiæŋ²	ɦiæŋ²	piɪʔ⁷	pʰiɪʔ⁷	pʰiɪʔ⁷	tɕiɪʔ⁷
枫泾	iŋ¹		ɦiŋ²	ɦiŋ²	piɪʔ⁷	pʰiɪʔ⁷	pʰiɪʔ⁷	tsiɪʔ⁷
青浦	iəŋ¹		ɦiəŋ⁶	ɦiəŋ⁶	ʔbiɪʔ⁷	pʰiɪʔ⁷	pʰiɪʔ⁷	tsiɪʔ⁷
青浦新	iən¹	iən¹	ɦiən²	ɦiən²	piɪʔ⁷	pʰiɪʔ⁷	pʰiɪʔ⁷	tsiɪʔ⁷
莘庄	iŋ¹		ɦiŋ²	ɦiŋ²	ʔbiɪʔ⁷	pʰiɪʔ⁷	pʰiɪʔ⁷	tsiəʔ⁷
闵行新	in¹	in¹	ɦin²	ɦin²	piəʔ⁷	pʰiəʔ⁷	pʰiəʔ⁷	tɕiəʔ⁷
川沙	iʌŋ¹		ɦiʌŋ²/ɦiyŋ²	ɦiʌŋ²	ʔbiɪʔ⁷	pʰiɪʔ⁷	pʰiɪʔ⁷	tsiɪʔ⁷
川沙新	iŋ¹	iŋ¹	ɦiŋ⁶	ɦiŋ⁶	ʔbiɪʔ⁷	pʰiɪʔ⁷		tɕiɪʔ⁷
高桥	iŋ¹		ɦiŋ²	ɦiŋ²	ʔbiɪʔ⁷	pʰiɪʔ⁷		tsiɪʔ⁷
三林	iŋ¹		ɦiŋ²	ɦiŋ²	ʔbiəʔ⁷	pʰiəʔ⁷	pʰiəʔ⁷	tsiəʔ⁷
周浦	iʌŋ¹		ɦiʌŋ²	ɦiʌŋ²	ʔbiʌʔ⁷	pʰiʌʔ⁷	pʰiʌʔ⁷	tsiʌʔ⁷
南汇	iʌŋ¹		ɦiʌŋ²	ɦiʌŋ²	ʔbiʌʔ⁷	pʰiʌʔ⁷	pʰiʌʔ⁷	tsiʌʔ⁷
南汇新		iŋ¹	ɦiŋ⁶	ɦiŋ⁶	ʔbiɪʔ⁷	pʰiəʔ⁷	pʰiəʔ⁷	tɕiəʔ⁷
嘉定	iŋ¹		ɦiŋ²	ɦiyŋ²	piɪʔ⁷	pʰiɪʔ⁷	pʰiɪʔ⁷	tsiɪʔ⁷
嘉定新	iŋ¹	iŋ¹	ɦiŋ²	ɦiŋ²	piɪʔ⁷	pʰiɪʔ⁷	pʰiɪʔ⁷	tɕiɪʔ⁷
宝山	iŋ¹	iŋ¹	iŋ²	iŋ²	piɪʔ⁷	pʰiɪʔ⁷	pʰiɪʔ⁷	tsiɪʔ⁷
宝山新	iŋ¹	iŋ¹	iŋ⁵	iŋ⁵	piɪʔ⁷	pʰiɪʔ⁷	pʰiɪʔ⁷	tɕiɪʔ⁷
崇明	in¹		ɦin²	ɦin²	piəʔ⁷	pʰiəʔ⁷	pʰiəʔ⁷	tɕiəʔ⁷
崇明新	in¹	in¹	in²	in²	piɪʔ⁷	pʰiɪʔ⁷	pʰiɪʔ⁷	tɕiɪʔ⁷
堡镇	in¹		ɦin²	ɦin²	piəʔ⁷	pʰiəʔ⁷	pʰiəʔ⁷	tɕiəʔ⁷
练塘	iəŋ¹		ɦiəŋ⁶	ɦiəŋ⁶	piɪʔ⁷	pʰiɪʔ⁷	pʰiɪʔ⁷	tsiɪʔ⁷

序号	2829	2830	2831	2832	2833	2834	2835	2836
字目	迹	脊	籍籍贯	惜	昔	夕	席	只一只①
中古音的地位	梗开三入昔精	梗开三入昔精	梗开三入昔从	梗开三入昔心	梗开三入昔心	梗开三入昔邪	梗开三入昔邪	梗开三入昔章
市区	tɕiɪʔ⁷	tɕiɪʔ⁷	ziɪʔ⁸	ɕiɪʔ⁷	ɕiɪʔ⁷	ziɪʔ⁸	ziɪʔ⁸	tsɐʔ⁷
市区中	tɕiɪʔ⁷	tɕiɪʔ⁷	dʑiɪʔ⁸	ɕiɪʔ⁷	ɕiɪʔ⁷	ɕiɪʔ⁷	ziɪʔ⁸	tsɐʔ⁷
市区新	tɕiɪʔ⁷	tɕiɪʔ⁷	dʑiɪʔ⁸	ɕiɪʔ⁷	ɕiɪʔ⁷	ɕiɪʔ⁷	ziɪʔ⁸	tsɐʔ⁷
真如	tsiɪʔ⁷	tsiɪʔ⁷	ziɪʔ⁸	siɪʔ⁷	siɪʔ⁷	ziɪʔ⁸	ziɪʔ⁸	tsæʔ⁷
江湾	tsɪʔ⁷	tsɪʔ⁷	zɪʔ⁸	sɪʔ⁷	sɪʔ⁷	zɪʔ⁸	zɪʔ⁸	tsaʔ⁷
松江	tsiəʔ⁷	tsiəʔ⁷	ziəʔ⁸	siəʔ⁷	siəʔ⁷	ziəʔ⁸	ziəʔ⁸	tsɑʔ⁷
松江新	tɕiɪʔ⁷	tɕiɪʔ⁷	dʑiɪʔ⁸	ɕiɪʔ⁷	ɕiɪʔ⁷	ɕiɪʔ⁷	ziɪʔ⁸	tsʌʔ⁷
泗泾	tsiəʔ⁷	tsiəʔ⁷	ziəʔ⁸	siəʔ⁷	siəʔ⁷	ziəʔ⁸	ziəʔ⁸	tsɑʔ⁷
奉贤	tsiʌʔ⁷	tsiʌʔ⁷	ziʌʔ⁸	siʌʔ⁷	siʌʔ⁷	ziʌʔ⁸	ziʌʔ⁸	tsɑʔ⁷
奉贤新	tɕiɪʔ⁷	dʑiɪʔ⁷/tɕiɪʔ⁷	dʑiɪʔ⁷	ɕiɪʔ⁷/ɕi⁵	ɕiɪʔ⁷/ɕi⁵	ɕi¹	ziɪʔ⁷	tsaʔ⁷
奉城	tsiʌʔ⁷	tsiʌʔ⁷	ziʌʔ⁸	siʌʔ⁷	siʌʔ⁷	ziʌʔ⁸	ziʌʔ⁸	tsɑʔ⁷
金山	tsiəʔ⁷	tsiəʔ⁷	ziəʔ⁸	siəʔ⁷	siəʔ⁷	ziəʔ⁸	ziəʔ⁸	tsɑʔ⁷
金山新	tɕi⁵	tɕiɪʔ⁷	dʑiɪʔ⁸	ɕiɪʔ⁷	ɕiɪʔ⁷	ɕiɪʔ⁷	ziɪʔ⁸	tsʌʔ⁷
枫泾	tsiɪʔ⁷	tsiɪʔ⁷	ziɪʔ⁸	siɪʔ⁷	siɪʔ⁷	ziɪʔ⁸	ziɪʔ⁸	tsɑʔ⁷
青浦	tsiɪʔ⁷	tsiɪʔ⁷	ziɪʔ⁸	siɪʔ⁷	siɪʔ⁷	ziɪʔ⁸	ziɪʔ⁸	tsɑʔ⁷
青浦新	tsiɪʔ⁷	tsiɪʔ⁷	ziɪʔ⁸	siɪʔ⁷	siɪʔ⁷	ziɪʔ⁸	ziɪʔ⁸	tsɑʔ⁷
莘庄	tsiəʔ⁷	tsiɪʔ⁷	ziəʔ⁸	siəʔ⁷	siəʔ⁷	ziəʔ⁸	ziəʔ⁸	tsʌʔ⁷
闵行新	tɕiəʔ⁷	tɕiəʔ⁷	dʑiəʔ⁷	ɕiəʔ⁷	ɕiəʔ⁷	ziəʔ⁷	ziəʔ⁷	tsæʔ⁷
川沙	tsiɪʔ⁷	tsiɪʔ⁷	ziɪʔ⁸	siɪʔ⁷	siɪʔ⁷	ziɪʔ⁸	ziɪʔ⁸	tsʌʔ⁷
川沙新	tɕiɪʔ⁷	dʑiɪʔ⁸	ziɪʔ⁸	ɕiɪʔ⁷	ɕiɪʔ⁷		ziɪʔ⁸	tsæʔ⁷
高桥	tsiɪʔ⁷	tsiɪʔ⁷	ziɪʔ⁸	siɪʔ⁷	siɪʔ⁷	ziɪʔ⁸	ziɪʔ⁸	tsʌʔ⁷
三林	tsiəʔ⁷	tsiəʔ⁷	ziəʔ⁸	siəʔ⁷	siəʔ⁷	ziəʔ⁸	ziəʔ⁸	tsʌʔ⁷
周浦	tsiʌʔ⁷	tsiʌʔ⁷	ziʌʔ⁸	siʌʔ⁷	siʌʔ⁷	ziʌʔ⁸	ziʌʔ⁸	tsʌʔ⁷
南汇	tsiʌʔ⁷	tsiʌʔ⁷	ziʌʔ⁸	siʌʔ⁷	siʌʔ⁷	ziʌʔ⁸	ziʌʔ⁸	tsʌʔ⁷
南汇新	tɕiɪʔ⁷	tɕiɪʔ⁷	dʑiɪʔ⁸	ɕiʔ⁷		ɕi¹	ziɪʔ⁸	tsaʔ⁷
嘉定	tsiɪʔ⁷	tsiɪʔ⁷	ziɪʔ⁸	siɪʔ⁷	siɪʔ⁷	ziɪʔ⁸	ziɪʔ⁸	tsʌʔ⁷
嘉定新	tsɪɪʔ⁷	tsɪɪʔ⁷	dʑiɪʔ⁸	siɪʔ⁷	siɪʔ⁷	ziɪʔ⁸	ziɪʔ⁸	tsʌʔ⁷
宝山	tsiɪʔ⁷	tsiɪʔ⁷	ziɪʔ⁸	siɪʔ⁷	siɪʔ⁷	siɪʔ⁷	siɪʔ⁷	tsəʔ⁷
宝山新	tɕiɪʔ⁷	tɕiɪʔ⁷	ziɪʔ⁸	ɕiɪʔ⁷	ɕiɪʔ⁷	ɕiɪʔ⁷	ɕiɪʔ⁷	tsəʔ⁷
崇明	tɕiəʔ⁷	tɕiəʔ⁷	dʑiəʔ⁸	ɕiəʔ⁷	ɕiəʔ⁷	dʑiəʔ⁸	dʑiəʔ⁸	tsɑʔ⁷
崇明新	tɕiəʔ⁷	tɕiəʔ⁷	dʑiɪʔ⁸	ɕiɪʔ⁷	ɕiɪʔ⁷	ɕi¹	zi²	tsɑʔ⁷
堡镇	tɕiəʔ⁷	tɕiəʔ⁷	dʑiəʔ⁸	ɕiəʔ⁷	ɕiəʔ⁷	dʑiəʔ⁸	dʑiəʔ⁸	tsɑʔ⁷
练塘	tsiɪʔ⁷	tsiɪʔ⁷	ziɪʔ⁸	siɪʔ⁷	siɪʔ⁷	ziɪʔ⁸	ziɪʔ⁸	tsɑʔ⁷

注：①"一只"的"只"和"只有"的"只"在上海话里也有读入声的区别。

序号	2837	2838	2839	2840	2841	2842	2843	2844
字目	尺	赤	适	释	石	益	亦	译
中古音的地位	梗开三入昔昌	梗开三入昔昌	梗开三入昔书	梗开三入昔书	梗开三入昔禅	梗开三入昔影	梗开三入昔以	梗开三入昔以
市区	tsʰʌʔ⁷	tsʰʌʔ⁷	səʔ⁷	səʔ⁷	zʌʔ⁸	iɪʔ⁷		ɦiɪʔ⁸
市区中	tsʰɐʔ⁷	tsʰɐʔ⁷	sɐʔ⁷	sɐʔ⁷	zɐʔ⁸	ɦiɪʔ⁸	ɦiɪʔ⁸	ɦiɪʔ⁸
市区新	tsʰɐʔ⁷	tsʰɐʔ⁷	sɐʔ⁷	sɐʔ⁷	zɐʔ⁸	ɦiɪʔ⁸	ɦiɪʔ⁸	ɦiɪʔ⁸
真如	tsʰæʔ⁷	tsʰəʔ⁷	səʔ⁷	səʔ⁷	zæʔ⁸	iəʔ⁷		ɦiɪʔ⁸
江湾	tsʰaʔ⁷/tsʰæʔ⁷	tsʰaʔ⁷	səʔ⁷	səʔ⁷	zaʔ⁸	iɪʔ⁷		ɦiɪʔ⁸
松江	tsʰaʔ⁷	tsʰaʔ⁷/tsʰəʔ⁷	sʌʔ⁷	sʌʔ⁷	zaʔ⁸	iəʔ⁷		ɦiəʔ⁸
松江新	tsʰaʔ⁷	tsʰaʔ⁷	sʌʔ⁷	sʌʔ⁷	zaʔ⁸	iɪʔ⁷	ɦiɪʔ⁸	ɦiɪʔ⁸
泗泾	tsʰaʔ⁷	tsʰaʔ⁷/tsʰəʔ⁷	səʔ⁷	səʔ⁷	zaʔ⁸	iəʔ⁷		ɦiəʔ⁸
奉贤	tsʰaʔ⁷	tsʰaʔ⁷	sʌʔ⁷	sʌʔ⁷	zaʔ⁸	iʌʔ⁷		ɦiʌʔ⁸
奉贤新	tsʰaʔ⁷	tsʰaʔ⁷	səʔ⁷	səʔ⁷	zaʔ⁸	iɪʔ⁸	iɪʔ⁸	iɪʔ⁸
奉城	tsʰaʔ⁷	tsʰaʔ⁷	sʌʔ⁷	sʌʔ⁷	zaʔ⁸	iʌʔ⁷		ɦiʌʔ⁸
金山	tsʰaʔ⁷	tsʰaʔ⁷	səʔ⁷	səʔ⁷	zaʔ⁸	iaʔ⁷		ɦiaʔ⁸
金山新	tsʰʌʔ⁷	tsʰʌʔ⁷	səʔ⁷	səʔ⁷	zʌʔ⁸	iɪʔ⁸	ɦiɪʔ⁸	ɦiɪʔ⁸
枫泾	tsʰaʔ⁷	tsʰaʔ⁷	səʔ⁷	səʔ⁷	zaʔ⁸	iɪʔ⁷		ɦiɪʔ⁸
青浦	tsʰaʔ⁷	tsʰaʔ⁷	sʌʔ⁷	sʌʔ⁷	zaʔ⁸	iʌʔ⁷		ɦiʌʔ⁸
青浦新	tsʰaʔ⁷	tsʰaʔ⁷	səʔ⁷	səʔ⁷	zaʔ⁸	iɪʔ⁷		ɦiɪʔ⁸
莘庄	tsʰʌʔ⁷	tsʰʌʔ⁷	sʌʔ⁷	sʌʔ⁷	zʌʔ⁸	iəʔ⁷		ɦiəʔ⁸
闵行新	tsʰəʔ⁷	tsʰəʔ⁷	səʔ⁷	səʔ⁷	zaʔ⁸	ɦiəʔ⁸	i¹	ɦiəʔ⁸
川沙	tsʰʌʔ⁷	tsʰʌʔ⁷/tsʰʌʔ⁷	sʌʔ⁷	sʌʔ⁷	zʌʔ⁸	iʌʔ⁷		ɦiʌʔ⁸
川沙新	tsʰaʔ⁷	tsʰaʔ⁷	sɤʔ⁷	sɤʔ⁷	zaʔ⁸	ȵi⁵		iɪʔ⁸
高桥	tsʰʌʔ⁷	tsʰʌʔ⁷	səʔ⁷	səʔ⁷	zʌʔ⁸	iɪʔ⁷		ɦiɪʔ⁸
三林	tsʰʌʔ⁷	tsʰʌʔ⁷	sʌʔ⁷	sʌʔ⁷	zʌʔ⁸	iəʔ⁷		ɦiəʔ⁸
周浦	tsʰʌʔ⁷	tsʰʌʔ⁷	sʌʔ⁷	sʌʔ⁷	zʌʔ⁸	iʌʔ⁷		ɦiʌʔ⁸
南汇	tsʰʌʔ⁷	tsʰʌʔ⁷	sʌʔ⁷	sʌʔ⁷	zʌʔ⁸	iʌʔ⁷		ɦiʌʔ⁸
南汇新	tsʰaʔ⁷	tsʰəʔ⁷	səʔ⁷	səʔ⁷	zaʔ⁸	i⁵		ɦiəʔ⁸
嘉定	tsʰʌʔ⁷	tsʰəʔ⁷	səʔ⁷	səʔ⁷	zʌʔ⁸	iɪʔ⁷		ɦiɪʔ⁸
嘉定新	tsʰaʔ⁷	tsʰəʔ⁷	səʔ⁷	səʔ⁷	zaʔ⁸	iɪʔ⁷	ɦiɪʔ⁸	ɦiɪʔ⁸
宝山	tsʰəʔ⁷	tsʰʌʔ⁷	səʔ⁷	səʔ⁷	zəʔ⁸	ɦiɪʔ⁸	ɦiɪʔ⁸	ɦiɪʔ⁸
宝山新	tsʰəʔ⁷	tsʰəʔ⁷	səʔ⁷	səʔ⁷	zəʔ⁸	ɦiɪ⁵	ɦiɪ⁵	ɦiɪ⁵
崇明	tsʰaʔ⁷	tsʰəʔ⁷/tsʰaʔ⁷	səʔ⁷	səʔ⁷	zaʔ⁸	iəʔ⁷		ɦiəʔ⁸
崇明新	tsʰaʔ⁷	tsʰaʔ⁷	səʔ⁷	səʔ⁷	zaʔ⁸	iɪʔ⁷	i⁶	i⁶
堡镇	tsʰaʔ⁷	tsʰəʔ⁷/tsʰaʔ⁷	səʔ⁷	səʔ⁷	zaʔ⁸	iəʔ⁷		ɦiəʔ⁸
练塘	tsʰaʔ⁷	tsʰʌʔ⁷	sʌʔ⁷	sʌʔ⁷	zaʔ⁸	iʌʔ⁷		ɦiʌʔ⁸

序号	2845	2846	2847	2848	2849	2850	2851	2852
字目	易交易	液	腋	[拼]拼凑	姘	瓶	屏	萍
中古音的地位	梗开三入昔以	梗开三入昔以	梗开三入昔以	梗开四平青滂	梗开四平青滂	梗开四平青並	梗开四平青並	梗开四平青並
市区	ɦiɪʔ⁸	ɦiɪʔ⁸		pʰin¹	pʰin¹	bin⁶		bin⁶
市区中	ɦi⁶	ɦiɪʔ⁸	ɦiɪʔ⁸	pʰiŋ¹	pʰin¹	biŋ⁶	biŋ⁶	biŋ⁶
市区新	ɦi⁶	ɦiɪʔ⁸	ɦiɪʔ⁸	pʰiŋ¹	pʰin¹	biŋ⁶	biŋ⁶	biŋ⁶
真如	ɦiɪʔ⁸	ɦiɪʔ⁸		pʰiŋ¹	pʰiŋ¹	biŋ²		biŋ²
江湾	i⁵	ɦiɪʔ⁸		pʰiŋ¹	pʰiŋ¹	biŋ⁶		biŋ⁶
松江	ɦiʌʔ⁸/ɦiəʔ⁸	ɦiʌʔ⁸/ɦiəʔ⁸		pʰiŋ¹	pʰiŋ¹	biŋ²		biŋ²
松江新	ɦi⁶	ɦiɪʔ⁸	ɦiɪʔ⁸	pin¹	pin¹	bin²	bin²	bin²
泗泾	ɦiʌʔ⁸/ɦiəʔ⁸	ɦiʌʔ⁸/ɦiəʔ⁸		pʰiŋ¹	pʰiŋ¹	biŋ²		biŋ²
奉贤	ɦiʌʔ⁸	ɦiʌʔ⁸		pʰieŋ¹	pʰieŋ¹	bieŋ²		bieŋ²
奉贤新	iɪʔ⁸	ɦiɪʔ⁸	ɦiɪʔ⁸	pʰin¹	pʰin¹	bin²		bin²
奉城	ɦiʌʔ⁸	ɦiʌʔ⁸		pʰieŋ¹	pʰieŋ¹	bieŋ²		bieŋ²
金山	ɦiaʔ⁸	ɦiaʔ⁸		pʰieŋ¹	pʰieŋ¹	bieŋ²		bieŋ²
金山新	ɦiɪʔ⁸	ɦiɪʔ⁸	ɦiɪʔ⁸	pʰiæŋ¹	pʰiæŋ¹	biæŋ²	biæŋ²	biæŋ²
枫泾	ɦiɪʔ⁸	ɦiɪʔ⁸		pʰiŋ¹	pʰiŋ¹	biŋ²		biŋ²
青浦	ɦiʌʔ⁸	ɦiʌʔ⁸		pʰiŋ¹	pʰiŋ¹	biŋ²		biŋ²
青浦新	ɦiɪʔ⁸	ɦiɪʔ⁸	ɦiɪʔ⁸	pʰin¹	pʰin¹	bin²	bin²	bin²
莘庄	ɦiəʔ⁸	ɦiəʔ⁸		pʰiŋ¹	pʰiŋ¹	biŋ²		biŋ²
闵行新	ɦiəʔ⁸	ɦiəʔ⁸	ɦiəʔ⁸	pʰin¹	pʰin¹	bin²		bin²
川沙	ɦiʌʔ⁸	ɦiʌʔ⁸		pʰin¹	pʰin¹	bin²		bin²
川沙新	i⁵	iɪʔ⁸		pʰiŋ¹	pʰiŋ¹	biŋ⁶	biŋ⁶	biŋ⁶
高桥	ɦi⁶	ɦiɪʔ⁸		pʰin¹	pʰin¹	bin²		bin²
三林	ɦiəʔ⁸	ɦiəʔ⁸		pʰin¹	pʰin¹	bin²		bin²
周浦	ɦiʌʔ⁸	ɦiʌʔ⁸		pʰin¹	pʰin¹	bin²		bin²
南汇	ɦiʌʔ⁸	ɦiʌʔ⁸		pʰin¹	pʰin¹	bin²		bin²
南汇新	nɨi⁶	ɦiəʔ⁸		pʰin¹	pʰin¹	bin⁶	bin⁶	bin⁶
嘉定	ɦiɪʔ⁸	ɦiɪʔ⁸		pʰin¹	pʰin¹	bin²		bin²
嘉定新	ɦiɪʔ⁸	ɦiɪʔ⁸	ɦiɪʔ⁸	pʰin¹	pʰin¹	bin²	bin²	bin²
宝山	ɦiɪʔ⁸	ɦiɪʔ⁸	ɦiɪʔ⁸	piŋ¹	piŋ¹	piŋ¹	piŋ¹	piŋ¹
宝山新	ɦiɪ⁵	ɦiɪʔ⁸	ɦiɪʔ⁸	pin¹	pin¹	bin⁶	bin⁶	bin⁶
崇明	ɦiəʔ⁸	ɦiəʔ⁸		pʰin¹	pʰin¹	bin²		bin²
崇明新	i⁶	ie⁶	ie⁶	pʰin¹	pʰin¹	bin²		bin²
堡镇	ɦiəʔ⁸	ɦiəʔ⁸		pʰin¹	pʰin¹	bin²		bin²
练塘	ɦiʌʔ⁸	ɦiʌʔ⁸		pʰiŋ¹	pʰiŋ¹	biŋ²		biŋ²

序号	2853	2854	2855	2856	2857	2858	2859	2860
字目	并并且	铭	冥	丁	[钉]铁钉	顶	鼎	订
中古音的地位	梗开四上迥並	梗开四平青明	梗开四平青明	梗开四平青端	梗开四平青端	梗开四上迥端	梗开四上迥端	梗开四去径端
市区	biŋ⁶	miŋ⁶		tiŋ¹	tiŋ¹	tiŋ⁵		tiŋ⁵
市区中	biŋ⁶	miŋ⁶	miŋ⁶	tiŋ¹	tiŋ¹	tiŋ⁵	tiŋ⁵	tiŋ¹
市区新	biŋ⁶	miŋ⁶	miŋ⁶	tiŋ¹	tiŋ¹	tiŋ⁵	tiŋ⁵	tiŋ¹
真如	biŋ⁶	miŋ²		ʔdiŋ¹	ʔdiŋ¹	ʔdiŋ³		ʔdiŋ⁵
江湾	biŋ⁶	miŋ⁶		ʔdiŋ¹	ʔdiŋ¹	ʔdiŋ³		ʔdiŋ⁵
松江	biŋ⁶	miŋ²		ʔdiŋ¹	ʔdiŋ¹	ʔdiŋ³		ʔdiŋ⁵
松江新	biŋ²	miŋ²	miŋ²	tiŋ¹	tiŋ¹	tiŋ³	tiŋ³	tiŋ⁵
泗泾	biŋ⁶	miŋ²		ʔdiŋ¹	ʔdiŋ¹	ʔdiŋ³		ʔdiŋ⁵
奉贤	biɛŋ⁶	miɛŋ²		ʔdiɛŋ¹	ʔdiɛŋ¹	ʔdiɛŋ³		ʔdiɛŋ⁵
奉贤新	ʔbiŋ³	miŋ²	miŋ²	ʔdiŋ¹	ʔdiŋ¹	ʔdiŋ³	ʔdiŋ³	ʔdiŋ¹
奉城	biɛŋ⁶	miɛŋ²		ʔdiɛŋ¹	ʔdiɛŋ¹	ʔdiɛŋ³		ʔdiɛŋ⁵
金山	biəŋ²	miəŋ²		ʔdiəŋ¹	ʔdiəŋ¹	ʔdiəŋ³		ʔdiəŋ⁵
金山新	biæŋ⁶	miæŋ²	miæŋ²	tiæŋ¹	tiæŋ¹	tiæŋ³	tiæŋ³	tiæŋ⁵
枫泾	biŋ⁴	miŋ³		tiŋ¹	tiŋ¹	tiŋ³		tiŋ¹
青浦	biŋ⁶	miŋ²		ʔdiŋ¹	ʔdiŋ¹	ʔdiŋ³		ʔdiŋ⁵
青浦新	biŋ²	miŋ²	miŋ²	tiŋ¹	tiŋ¹	tiŋ³	tiŋ³	tiŋ⁵
莘庄	biŋ⁶	miŋ²		ʔdiŋ¹	ʔdiŋ¹	ʔdiŋ³		ʔdiŋ¹
闵行新	biŋ²	miŋ²		tiŋ¹	tiŋ¹	tiŋ⁵	tiŋ⁵	tiŋ¹
川沙	biŋ²	miŋ²		ʔdin¹	ʔdin¹	ʔdin³		ʔdin⁵
川沙新	biŋ⁶	miŋ⁶		ʔdiŋ¹	ʔdiŋ¹	ʔdiŋ³	ʔdiŋ³	ʔdiŋ⁵
高桥	biŋ⁶	miŋ²		ʔdiŋ¹	ʔdiŋ¹	ʔdiŋ³		ʔdiŋ³
三林	biŋ²	miŋ²		ʔdiŋ¹	ʔdiŋ¹	ʔdiŋ³		ʔdiŋ⁵
周浦	biŋ⁶	miŋ²		ʔdiŋ¹	ʔdiŋ¹	ʔdiŋ³		ʔdiŋ⁵
南汇	biŋ⁶	miŋ²		ʔdiŋ¹	ʔdiŋ¹	ʔdiŋ³		ʔdiŋ⁵
南汇新	biŋ⁶	miŋ⁶	miŋ⁶	ʔdiŋ¹	ʔdiŋ¹	ʔdiŋ³	ʔdiŋ³	ʔdiŋ⁵
嘉定	biŋ⁶	miŋ²		tiŋ¹	tiŋ¹	tiŋ⁵		tiŋ⁵
嘉定新	biŋ⁵	miŋ²	miŋ²	tiŋ¹	tiŋ¹	tiŋ⁶	tiŋ⁵	tiŋ⁵
宝山	biŋ⁶	miŋ⁶	miŋ⁶	tiŋ¹	tiŋ¹	tiŋ⁵	tiŋ⁵	tiŋ¹
宝山新	piŋ⁵	miŋ⁵	miŋ⁵	tiŋ¹	tiŋ¹	tiŋ⁵	tiŋ⁵	tiŋ⁵
崇明	bin⁴	min²		tin¹	tin¹	tin³		tin⁵
崇明新	bin⁶	min²	min²	tin¹	tin¹	tin³	tin³	tin⁵
堡镇	bin⁴	min²		tin¹	tin¹	tin³		tin⁵
练塘	biŋ⁶	miŋ²		tiŋ¹	tiŋ¹	tiŋ¹		tiŋ⁵

序号	2861	2862	2863	2864	2865	2866	2867	2868
字目	[钉]钉住	听听见	厅	汀	听听从	亭	停停止	廷
中古音的地位	梗开四去径端	梗开四平青透	梗开四平青透	梗开四平青透	梗开四平青透	梗开四平青定	梗开四平青定	梗开四平青定
市区		tʰin¹	tʰin¹		tʰin¹	din⁶	din⁶	
市区中	tin¹	tʰin¹	tʰin¹	tʰin¹	tʰin¹	din⁶	din⁶	din⁶
市区新	tin¹	tʰin¹	tʰin¹		tʰin¹	din⁶	din⁶	
真如	ʔdin⁵	tʰin¹	tʰin¹		tʰin¹	din²	din²	
江湾	ʔdin⁵	tʰin¹	tʰin¹		tʰin¹	din⁶	din⁶	
松江	ʔdin⁵	tʰin¹	tʰin¹		tʰin¹	din²	din²	
松江新	tin⁵	tʰin¹	tʰin¹	tʰin¹	tʰin¹	din²	din²	din²
泗泾	ʔdin⁵	tʰin¹	tʰin¹		tʰin¹	din²	din²	
奉贤	ʔdieŋ⁵	tʰieŋ¹	tʰieŋ¹		tʰieŋ¹	dieŋ²	dieŋ²	
奉贤新	ʔdin⁵	tʰin¹	tʰin¹	tʰin¹	tʰin¹	din²	din²	din²
奉城	ʔdieŋ⁵	tʰieŋ¹	tʰieŋ¹		tʰieŋ¹	dieŋ²	dieŋ²	
金山	ʔdiəŋ⁵	tʰiəŋ¹	tʰiəŋ¹		tʰiəŋ¹	diəŋ²	diəŋ²	
金山新	tiæŋ⁵	tʰiæŋ¹	tʰiæŋ¹	tʰiæŋ¹	tʰiæŋ¹	diæŋ²	diæŋ²	diæŋ²
枫泾	tin¹	tʰin¹	tʰin¹		tʰin¹	din²	din²	
青浦	ʔdin⁵	tʰin¹	tʰin¹		tʰin¹	din²	din²	
青浦新	tin⁵	tʰin¹	tʰin¹	tʰin¹	tʰin¹	din²	din²	din²
莘庄	ʔdin¹	tʰin¹	tʰin¹		tʰin¹	din²	din²	
闵行新	tin¹	tʰin¹	tʰin¹	tʰin¹	tʰin¹	din²	din²	din²
川沙	ʔdin⁵	tʰin¹	tʰin¹		tʰin¹	din²	din²	
川沙新	ʔdin⁵	tʰin¹	tʰin¹	tʰin¹	tʰin¹	din⁶	din⁶	din⁶
高桥	ʔdin³	tʰin¹	tʰin⁵		tʰin¹	din²	din²	
三林	ʔdin⁵	tʰin¹	tʰin¹		tʰin¹	din²	din²	
周浦	ʔdin⁵	tʰin¹	tʰin¹		tʰin¹	din²	din²	
南汇	ʔdin⁵	tʰin¹	tʰin¹		tʰin¹	din²	din²	
南汇新	ʔdin⁵	tʰin¹	tʰin¹	tʰin¹	tʰin¹	din⁶	din⁶	din⁶
嘉定	tin⁵	tʰin¹	tʰin¹		tʰin¹	din²	din²	
嘉定新	tin⁵	tʰin¹	tʰin¹	tʰin¹	tʰin¹	din²	din²	din²
宝山	tin¹	tʰin¹	tʰin¹		tʰin¹	tin²	tin²	tin²
宝山新	tin⁵	tʰin¹	tʰin¹	tʰin¹	tʰin¹	din⁶	din⁶	din⁶
崇明	tin⁵	tʰin¹	tʰin¹		tʰin¹	din²	dən²/din²	
崇明新	tin⁵	tʰin¹	tʰin¹	tʰin¹	tʰin¹	din²	din²	din²
堡镇	tin⁵	tʰin¹	tʰin¹		tʰin¹	din²	dən²/din²	
练塘	tin⁵	tʰin¹	tʰin¹		tʰin¹	din²	din²	

序号	2869	2870	2871	2872	2873	2874	2875	2876
字目	庭	蜓	艇	挺	定	宁_{安宁}	灵	铃
中古音的地位	梗开四平青定	梗开四上先定	梗开四上迥定	梗开四上迥定	梗开四去径定	梗开四平青泥	梗开四平青来	梗开四平青来
市区	din^6		tʰin^5	tʰin^5	din^6	ȵin^6	lin^6	lin^6
市区_中	diŋ^6	diŋ^6	tʰiŋ^5	tʰiŋ^5	diŋ^6	ȵiŋ^6	liŋ^6	liŋ^6
市区_新	diŋ^2		tʰiŋ^5	tʰiŋ^5	diŋ^6	ȵiŋ^6	liŋ^6	liŋ^6
真如	diŋ^2		tʰiŋ^1	tʰiŋ^5	diŋ^6	ȵiŋ^2	liŋ^2	liŋ^2
江湾	diŋ^6		tʰiŋ^5	tʰiŋ^5	diŋ^6	ȵiəŋ^6	liŋ^6	liŋ^6
松江	diŋ^2		tʰiŋ^1	tʰiŋ^5	diŋ^6	ȵiəŋ^2	liŋ^2	liŋ^2
松江_新	din^2	din^2	tʰin^3	tʰin^3	din^2	ȵin^2	lin^2	lin^2
泗泾	diŋ^2		tʰiŋ^1	tʰiŋ^5	diŋ^6	ȵiəŋ^2	liŋ^2	liŋ^2
奉贤	dieŋ^2		tʰieŋ^3	tʰieŋ^3	dieŋ^6	ȵieŋ^2	lieŋ^2	lieŋ^2
奉贤_新	din^2	din^2	tʰin^5	tʰin^3	din^6	ȵin^2	lin^2	lin^2
奉城	dieŋ^2		tʰieŋ^3	tʰieŋ^3	dieŋ^6	ȵieŋ^2	lieŋ^2	lieŋ^2
金山	diəŋ^2		tʰiəŋ^3	tʰiəŋ^1	diəŋ^6	ȵieŋ^2	lieŋ^2	lieŋ^2
金山_新	diæŋ^2	diæŋ^2	tʰiæŋ^3	tʰiæŋ^3	diæŋ^6	ȵiæŋ^6	liæŋ^2	liæŋ^2
枫泾	diŋ^2		tʰiŋ^3	tʰiŋ^1	diŋ^6	ȵiŋ^2	liŋ^2	liŋ^2
青浦	diŋ^2		tʰiŋ^3	tʰiŋ^3	diŋ^6	ȵiəŋ^2	liŋ^2	liŋ^2
青浦_新	din^2	din^2	tʰin^3	tʰin^3	din^6	ȵin^2	lin^2	lin^2
莘庄	diŋ^2		tʰiŋ^1	tʰiŋ^3	diŋ^6	ȵiŋ^2	liŋ^2	liŋ^2
闵行_新	din^2	din^2	tʰin^3	tʰin^3	din^2	ȵin^2	lin^2	lin^2
川沙	din^2		tʰin^3	tʰin^3	din^6	ȵin^6	lin^2	lin^2
川沙_新	diŋ^6	diŋ^6	tʰiŋ^3	tʰiŋ^3	diŋ^6	ȵiŋ^6	liŋ^6	liŋ^6
高桥	diŋ^2		tʰiŋ^3	tʰiŋ^3	diŋ^6	ȵiŋ^6	liŋ^2	liŋ^2
三林	diŋ^2		tʰiŋ^1	tʰiŋ^1	diŋ^6	ȵiŋ^2	liŋ^2	liŋ^2
周浦	diŋ^2		tʰiŋ^3	tʰiŋ^3	diŋ^6	ȵiʌŋ^2	liŋ^2	liŋ^2
南汇	diŋ^2		tʰiŋ^3	tʰiŋ^3	diŋ^6	ȵiʌŋ^2	liŋ^2	liŋ^2
南汇_新	diŋ^6	diŋ^6	tʰiŋ^3	tʰiŋ^3	diŋ^6	nin^6	liŋ^6	liŋ^6
嘉定	diŋ^2		tʰiŋ^5	tʰiŋ^5	diŋ^6	ȵiŋ^2	liŋ^2	liŋ^2
嘉定_新	din^2	din^2	din^2	tʰin^5	din^6	ȵin^2	lin^2	lin^2
宝山	tiŋ^2	tiŋ^2	tʰiŋ^5	tʰiŋ^5	diŋ^6	ȵiŋ^2	liŋ^2	liŋ^2
宝山_新	diŋ^6	diŋ^6	tʰiŋ^5	tʰiŋ^5	diŋ^6	ȵiŋ^5	liŋ^5	liŋ^5
崇明	din^2		tʰin^3	tʰin^3	din^6	ȵin^2	lin^2	lin^2
崇明_新	din^2	din^2	tʰin^3	tʰin^3	din^6	ȵin^{2}①	lin^2	lin^2
堡镇	din^2		tʰin^3	tʰin^3	din^6	ȵin^2	lin^2	lin^2
练塘	diŋ^2		tʰiŋ^3	tʰiŋ^3	diŋ^6	ȵiəŋ^2	liŋ^2	liŋ^2

注：① "宁可"。

序号	2877	2878	2879	2880	2881	2882	2883	2884
字目	零	[另]	青	蜻	星	腥	醒	经
中古音的地位	梗开四平青来	梗开四去径来	梗开四平青清	梗开三平清精	梗开四平青心	梗开四平青心	梗开四上迥心	梗开四平青见
市区	lin⁶	lin⁶	tɕʰin¹		ɕin¹	ɕin¹	ɕin⁵	tɕin¹
市区中	liŋ⁶	liŋ⁶	tɕʰiŋ¹	tɕʰiŋ¹	ɕiŋ¹	ɕiŋ¹	ɕiŋ⁵	tɕiŋ¹
市区新	liŋ⁶	liŋ⁶	tɕʰiŋ¹	tɕʰiŋ¹	ɕiŋ¹	ɕiŋ¹	ɕiŋ⁵	tɕiŋ¹
真如	liŋ²	liŋ⁶	tsʰiŋ¹		siŋ¹	siŋ¹	siŋ⁵	tɕiŋ¹
江湾	liŋ⁶	liŋ⁶	tsʰiŋ¹		siŋ¹	siŋ¹	siŋ⁵	tɕiŋ¹
松江	liŋ²	liŋ⁶	tsʰiŋ¹		siŋ¹	siŋ¹	siŋ⁵	ciɔŋ¹
松江新	liŋ²	liŋ⁶	tɕʰin¹	tɕʰin¹	ɕin¹	ɕin¹	ɕin³	tɕin¹
泗泾	liŋ²	liŋ⁶	tsʰiŋ¹		siŋ¹	siŋ¹	siŋ³	ciɔŋ¹
奉贤	lieŋ²	lieŋ⁶	tsʰieŋ¹		sieŋ¹	sieŋ¹	sieŋ⁵	ʔɟieŋ¹
奉贤新	liŋ²	liŋ⁶	tɕʰin¹	tɕʰin¹	ɕin¹	ɕin¹	ɕin³	ʔtɕin¹
奉城	lieŋ²	lieŋ⁶	tsʰieŋ¹		sieŋ¹	sieŋ¹	sieŋ⁵	ʔɟieŋ¹
金山	liəŋ²	liəŋ⁶	tsʰiəŋ¹		siəŋ¹	siəŋ¹	siəŋ³	ciəŋ¹
金山新	liæŋ²	liæŋ⁵	tɕʰiæŋ¹	tɕʰiæŋ¹	ɕiæŋ¹	ɕiæŋ¹	ɕiæŋ³	tɕiæŋ¹
枫泾	liŋ²	liŋ⁶	tsʰiŋ¹		siŋ¹	siŋ¹	siŋ³	tɕiŋ¹
青浦	liŋ²	liŋ²	tsʰiŋ¹		siŋ¹	siŋ¹	siŋ³	tɕiɔŋ¹
青浦新	liŋ²	liŋ⁶	tsʰiŋ¹	tsʰiŋ¹	siŋ¹	siŋ¹	siŋ³	tɕiɔŋ¹
莘庄	liŋ²	liŋ⁶	tsʰiŋ¹		siŋ¹	siŋ¹	siŋ³	ciŋ¹
闵行新	liŋ²	liŋ²	tɕʰin¹	tɕʰin¹	ɕin¹	ɕin¹	ɕin³	tɕin¹
川沙	liŋ²	liŋ⁶/lən⁶	tsʰiŋ¹		siŋ¹	siŋ¹	siŋ³	tɕiʌŋ¹
川沙新	liŋ⁶	liŋ⁶	tɕʰiŋ¹	tɕʰiŋ¹	ɕiŋ¹	ɕiŋ¹	ɕiŋ³	tɕiŋ¹
高桥	liŋ²	liŋ²	tsʰiŋ¹		siŋ¹	siŋ¹	siŋ³	tɕiŋ¹
三林	liŋ²	liŋ⁶	tsʰiŋ¹		siŋ¹	siŋ¹	siŋ³	ciŋ¹
周浦	liŋ²	liŋ⁶	tsʰiŋ¹		siŋ¹	siŋ¹	siŋ³	ciʌŋ¹
南汇	liŋ²	liŋ⁶	tsʰiŋ¹		siŋ¹	siŋ¹	siŋ³	ʔɟiʌŋ¹
南汇新	liŋ⁶	liŋ⁶	tɕʰiŋ¹	tɕʰiŋ¹	ɕiŋ¹	ɕiŋ¹	ɕiŋ³	tɕiŋ¹
嘉定	liŋ²	[liŋ]⁶	tsʰiŋ¹		siŋ¹	siŋ¹	siŋ⁵	tɕiŋ¹
嘉定新	liŋ²	liŋ⁶	tsʰiŋ¹	tsʰiŋ¹	siŋ¹	siŋ¹	siŋ⁵	tɕiŋ¹
宝山	liŋ²	liŋ⁶	tsʰiŋ¹	tsʰiŋ¹	ɕiŋ¹	ɕiŋ¹	ɕiŋ⁵	tɕiŋ¹
宝山新	liŋ⁵	liŋ⁵	tsʰiŋ¹	tsʰiŋ¹	ɕiŋ¹	ɕiŋ¹	ɕiŋ⁵	tɕiŋ¹
崇明	lin²	lin⁶	tɕʰin¹		ɕin¹	ɕin¹	ɕin³	tɕin¹
崇明新	liŋ²	liŋ⁶	tɕʰin¹	tɕʰin¹	ɕin¹	ɕin¹	cin³	tɕin¹
堡镇	liŋ²	liŋ⁶	tɕʰin¹		ɕin¹	ɕin¹	ɕin³	tɕin¹
练塘	liŋ²	liŋ²	tsʰiŋ¹		siŋ¹	siŋ¹	siŋ¹	tɕiɔŋ¹

序号	2885	2886	2887	2888	2889	2890	2891	2892
字目	馨	形	刑	型	壁	劈	觅	滴
中古音的地位	梗开四平青晓	梗开四平青匣	梗开四平青匣	梗开四平青匣	梗开四入锡帮	梗开四入锡滂	梗开四入锡明	梗开四入锡端
市区		ɦiŋ⁶	ɦiŋ⁶	ɦiŋ⁶	piɪʔ⁷	pʰiɪʔ⁷	miɪʔ⁸	tiɪʔ⁷
市区中	ɕiŋ¹	ɦiŋ⁶	ɦiŋ⁶	ɦiŋ⁶	piɪʔ⁷	pʰiɪʔ⁷	miɪʔ⁸	tiɪʔ⁷
市区新	ɕiŋ¹	ɦiŋ⁶	ɦiŋ⁶	ɦiŋ⁶	piɪʔ⁷	pʰiɪʔ⁷	miɪʔ⁸	tiɪʔ⁷
真如		ɦiŋ²	ɦiŋ²	ɦiŋ²	ʔbiɪʔ⁷	pʰiɪʔ⁷	miɪʔ⁸	ʔdiɪʔ⁷
江湾		ɦiŋ⁶	ɦiŋ⁶	ɦiŋ⁶	ʔbɪʔ⁷	pʰɪʔ⁷	mɪʔ⁸	ʔdɪʔ⁷
松江		ɦiəŋ²	ɦiəŋ²	ɦiəŋ²	ʔbiəʔ⁷	pʰiəʔ⁷	miəʔ⁸	ʔdiəʔ⁷
松江新	ɕin¹	zin²/ɦin²	ɦin²	ɦin²	piʌʔ⁷/piɪʔ⁷	pʰiɪʔ⁷	miɪʔ⁸	tiɪʔ⁷
泗泾		ɦiəŋ²	ɦiəŋ²	ɦiəŋ²	ʔbiəʔ⁷	pʰiəʔ⁷	miəʔ⁸	ʔdiəʔ⁷
奉贤		ɦiaɪŋ²	ɦiaɪŋ²	ɦiaɪŋ²	ʔbiʌʔ⁷	pʰiʌʔ⁷	miʌʔ⁸	ʔdiʌʔ⁷
奉贤新	ɕiŋ³	ɦiŋ²	ɦiŋ²	ɦiŋ²	ʔbiɪʔ⁷	pʰiɪʔ⁷	miɪʔ⁸	ʔdiɪʔ⁷
奉城		ɦiaɪŋ²	ɦiaɪŋ²	ɦiaɪŋ²	ʔbiʌʔ⁷	pʰiʌʔ⁷	miʌʔ⁸	ʔdiʌʔ⁷
金山		ɦiəŋ²	ɦiəŋ²	ɦiəŋ²	ʔbiəʔ⁷	pʰiəʔ⁷	miəʔ⁸	ʔdiəʔ⁷
金山新	ɕiæŋ¹	ɦiæŋ²	ɦiæŋ²	ɦiæŋ²	piɪʔ⁷	pʰiɪʔ⁷	miɪʔ⁸	tiɪʔ⁷
枫泾		ɦiŋ²	ɦiŋ²	ɦiŋ²	piɪʔ⁷	pʰiɪʔ⁷	miɪʔ⁸	tiɪʔ⁷
青浦		ɦiəŋ²	ɦiəŋ²	ɦiəŋ²	ʔbiɪʔ⁷	pʰiəʔ⁷	miəʔ⁸	ʔdiəʔ⁷
青浦新	sin¹	ɦiən²	ɦiən²	ɦiən²	piɪʔ⁷	pʰiɪʔ⁷	miɪʔ⁸	tiɪʔ⁷
莘庄		ɦiŋ²	ɦiŋ²	ɦiŋ²	ʔbiəʔ⁷	pʰiəʔ⁷	miəʔ⁸	ʔdiəʔ⁷
闵行新	ɕin¹	ɦin²①	zin²	zin²②	piəʔ⁷	pʰiəʔ⁷	miəʔ⁸	tiəʔ⁷
川沙		ɦiʌŋ²	ɦiʌŋ²	ɦiʌŋ²	ʔbiɪʔ⁷	pʰiɪʔ⁷	miɪʔ⁸	ʔdiɪʔ⁷
川沙新	ɕiŋ¹	ɦiŋ⁶	ɦiŋ⁶	ɦiŋ⁶	ʔbiɪʔ⁷	pʰiɪʔ⁷		ʔdiɪʔ⁷
高桥		ɦiŋ²	ɦiŋ²	ɦiŋ²	ʔbiɪʔ⁷	pʰiɪʔ⁷		ʔdɪʔ⁷
三林		ɦiŋ²	ɦiŋ²	ɦiŋ²	ʔbiəʔ⁷	pʰiəʔ⁷	miəʔ⁸	ʔdiəʔ⁷
周浦		ɦiʌŋ²	ɦiʌŋ²	ɦiʌŋ²	ʔbiʌʔ⁷	pʰiʌʔ⁷	miɪʔ⁸	ʔdiɪʔ⁷
南汇		ɦiʌŋ²	ɦiʌŋ²	ɦiʌŋ²	ʔbiʌʔ⁷	pʰiʌʔ⁷	miɪʔ⁸	ʔdiɪʔ⁷
南汇新	ɕiŋ¹	ɦiŋ⁶	ɦiŋ⁶	ɦiŋ⁶	ʔbiɪʔ⁷	pʰiɪʔ⁷		ʔdiɪʔ⁷
嘉定		ɦiŋ⁶	ɦiŋ²	ɦiŋ⁶	piɪʔ⁷	pʰiɪʔ⁷	miɪʔ⁸	tiɪʔ⁷
嘉定新	ɕiŋ¹	ɦiŋ⁶	ɦiŋ⁶	ɦiŋ⁶	piɪʔ⁷	pʰiɪʔ⁷	miɪʔ⁸	tiɪʔ⁷
宝山	ɕiŋ¹	ɦiŋ⁶	ɦiŋ⁶	ɦiŋ⁶	piɪʔ⁷	pʰiɪʔ⁷	miɪʔ⁸	tiɪʔ⁷
宝山新	ɕiŋ¹	ɦiŋ⁶	ɦiŋ⁶	ɦiŋ⁶	piɪʔ⁷	pʰiɪʔ⁷	miɪʔ⁸	tiɪʔ⁷
崇明		ɦin²	ɦin²	ɦin²	piəʔ⁷	pʰiəʔ⁷	miəʔ⁸	tiəʔ⁷
崇明新	ɕin¹	zin²	zin²	zin²	piəʔ⁷	pʰiəʔ⁷	miəʔ⁸	tiɪʔ⁷
堡镇		ɦin²	ɦin²	ɦin²	piəʔ⁷	pʰiəʔ⁷	miəʔ⁸	tiəʔ⁷
练塘		ɦiəŋ²	ɦiəŋ²	ɦiəŋ²	piɪʔ⁷	pʰiɪʔ⁷	miɪʔ⁸	tiɪʔ⁷

注：① "形状"。
② "型号"。

序号	2893	2894	2895	2896	2897	2898	2899	2900
字目	的目的	踢	剔	惕	敌	狄	笛	翟
中古音的地位	梗开四入锡端	梗开四入锡透	梗开四入锡透	梗开四入锡透	梗开四入锡定	梗开四入锡定	梗开四入锡定	梗开四入锡定
市区	tiɪʔ⁷	tʰiɪʔ⁷	tʰiɪʔ⁷		diɪʔ⁸		diɪʔ⁸	diɪʔ⁸
市区中	tiɪʔ⁷	tʰiɪʔ⁷	tʰiɪʔ⁷	tʰiɪʔ⁷	diɪʔ⁸	diɪʔ⁸	diɪʔ⁸	diɪʔ⁸
市区新	tiɪʔ⁷	tʰiɪʔ⁷	tʰiɪʔ⁷	tʰiɪʔ⁷	diɪʔ⁸	diɪʔ⁸	diɪʔ⁸	diɪʔ⁸
真如	ʔdiɪʔ⁷	tʰiɪʔ⁷	tʰiɪʔ⁷		diɪʔ⁸		diɪʔ⁸	diɪʔ⁸
江湾	ʔdɪʔ⁷	tʰɪʔ⁷	tʰɪʔ⁷		dɪʔ⁸		dɪʔ⁸	dɪʔ⁸
松江	ʔdiəʔ⁷	tʰiəʔ⁷	tʰiəʔ⁷		diəʔ⁸		diəʔ⁸	diəʔ⁸
松江新	diɪʔ⁸	tʰiɪʔ⁷	tʰiɪʔ⁷	tʰiɪʔ⁷	diɪʔ⁸	diɪʔ⁸		
泗泾	ʔdiəʔ⁷	tʰiəʔ⁷	tʰiəʔ⁷		diəʔ⁸		diəʔ⁸	diəʔ⁸
奉贤	ʔdiʌʔ⁷	tʰiʌʔ⁷	tʰiʌʔ⁷		diʌʔ⁸		diʌʔ⁸	diʌʔ⁸
奉贤新	ʔdiɪʔ⁷	tʰiɪʔ⁷	tʰiɪʔ⁷	tʰiɪʔ⁷	diɪʔ⁸	diɪʔ⁸	diɪʔ⁸	diɪʔ⁸
奉城	ʔdiʌʔ⁷	tʰiʌʔ⁷	tʰiʌʔ⁷		diʌʔ⁸		diʌʔ⁸	diʌʔ⁸
金山	ʔdiɪʔ⁷	tʰiɪʔ⁷	tʰiəʔ⁷		diəʔ⁸		diəʔ⁸	diəʔ⁸
金山新	tiɪʔ⁷	tʰiɪʔ⁷	tʰiɪʔ⁷	tʰiɪʔ⁷	diɪʔ⁸	diɪʔ⁸	diɪʔ⁸	diɪʔ⁸
枫泾	tiɪʔ⁷	tʰiɪʔ⁷	tʰiɪʔ⁷		diɪʔ⁸		diɪʔ⁸	diɪʔ⁸
青浦	ʔdiɪʔ⁷	tʰiɪʔ⁷	tʰiɪʔ⁷		diɪʔ⁸		diɪʔ⁸	diɪʔ⁸
青浦新	tiɪʔ⁷	tʰiɪʔ⁷	tʰiɪʔ⁷	tʰiɪʔ⁷	diɪʔ⁸	diɪʔ⁸	diɪʔ⁸	diɪʔ⁸
莘庄	ʔdiɪʔ⁷	tʰiəʔ⁷	tʰiəʔ⁷		diəʔ⁸		diəʔ⁸	diəʔ⁸
闵行新	tiəʔ⁷	tʰiəʔ⁷	tʰiəʔ⁷		diəʔ⁸	diəʔ⁸	diəʔ⁸	diəʔ⁸
川沙	ʔdiɪʔ⁷	tʰiɪʔ⁷	tʰiɪʔ⁷		diɪʔ⁸		diɪʔ⁸	diɪʔ⁸
川沙新	ʔdiɪʔ⁷	tʰiɪʔ⁷	tʰiɪʔ⁷	tʰiɪʔ⁷	diɪʔ⁸	diɪʔ⁸	diɪʔ⁸	diɪʔ⁸
高桥	ʔdɪʔ⁷	tʰɪʔ⁷	tʰɪʔ⁷		dɪʔ⁸		dɪʔ⁸	dɪʔ⁸
三林	ʔdiɪʔ⁷	tʰiəʔ⁷	tʰiəʔ⁷		diəʔ⁸		diəʔ⁸	diəʔ⁸
周浦	ʔdiɪʔ⁷	tʰiʌʔ⁷	tʰiʌʔ⁷		diʌʔ⁸		diʌʔ⁸	diʌʔ⁸
南汇	ʔdiɪʔ⁷	tʰiʌʔ⁷	tʰiʌʔ⁷		diʌʔ⁸		diʌʔ⁸	diʌʔ⁸
南汇新	ʔdiɪʔ⁷	tʰiɪʔ⁷	tʰiɪʔ⁷	tʰiɪʔ⁷	diɪʔ⁸	diɪʔ⁸	diɪʔ⁸	
嘉定	tiɪʔ⁷	tʰiɪʔ⁷	tʰiɪʔ⁷		diɪʔ⁸		diɪʔ⁸	diɪʔ⁸
嘉定新	tiɪʔ⁷	tʰiɪʔ⁷	tʰiɪʔ⁷	tʰiɪʔ⁷	diɪʔ⁸	diɪʔ⁸	diɪʔ⁸	diɪʔ⁸
宝山	tiɪʔ⁷	tʰiɪʔ⁷	tʰiɪʔ⁷		diɪʔ⁸		diɪʔ⁸	diɪʔ⁸
宝山新	tiɪʔ⁷	tʰiɪʔ⁷	tʰiɪʔ⁷	tʰiɪʔ⁷	diɪʔ⁸	diɪʔ⁸	diɪʔ⁸	diɪʔ⁸
崇明	tiəʔ⁷	tʰiəʔ⁷	tʰiəʔ⁷		diəʔ⁸		diəʔ⁸	diəʔ⁸
崇明新	tiɪʔ⁷	tʰiɪʔ⁷	tʰiɪʔ⁷	tʰiɪʔ⁷	diɪʔ⁸	diɪʔ⁸	diɪʔ⁸	
堡镇	tiəʔ⁷	tʰiəʔ⁷	tʰiəʔ⁷		diəʔ⁸		diəʔ⁸	diəʔ⁸
练塘	tiɪʔ⁷	tʰiɪʔ⁷	tʰiɪʔ⁷		diɪʔ⁸		diɪʔ⁸	diɪʔ⁸

序号	2901	2902	2903	2904	2905	2906	2907	2908
字目	溺	历历史	历日历	绩	戚	寂	析	锡
中古音的地位	梗开四入锡泥	梗开四入锡来	梗开四入锡来	梗开四入锡精	梗开四入锡清	梗开四入锡从	梗开四入锡心	梗开四入锡心
市区		liɪʔ⁸	liɪʔ⁸	tɕiɪʔ⁷	tɕʰiɪʔ⁷		ɕiɪʔ⁷	ɕiɪʔ⁷
市区中	n̩iɪʔ⁸	liɪʔ⁸	liɪʔ⁸	tɕiɪʔ⁷	tɕʰiɪʔ⁷	dʑiɪʔ⁸	ɕiɪʔ⁷	ɕiɪʔ⁷
市区新	n̩iɪʔ⁸	liɪʔ⁸	liɪʔ⁸	tɕiɪʔ⁷	tɕʰiɪʔ⁷	dʑiɪʔ⁸	ɕiɪʔ⁷	ɕiɪʔ⁷
真如		liɪʔ⁸	liɪʔ⁸	tsiɪʔ⁷	tsʰiɪʔ⁷		siɪʔ⁷	siɪʔ⁷
江湾		lɪʔ⁸	lɪʔ⁸	tsɪʔ⁷	tsʰɪʔ⁷		sɪʔ⁷	sɪʔ⁷
松江		liɪʔ⁸	liɪʔ⁸	tsiəʔ⁷	tsʰiəʔ⁷		siəʔ⁷	siəʔ⁷
松江新	n̩iɪʔ⁸	liɪʔ⁸	liɪʔ⁸	tɕiɪʔ⁷	tɕʰiɪʔ⁷	tɕi⁵	ɕiɪʔ⁷	ɕiɪʔ⁷
泗泾		liɪʔ⁸	liɪʔ⁸	tsiəʔ⁷	tsʰiəʔ⁷		siəʔ⁷	siəʔ⁷
奉贤		liʌʔ⁸	liʌʔ⁸	tsiʌʔ⁷	tsʰiʌʔ⁷		siʌʔ⁷	siʌʔ⁷
奉贤新	n̩iɪʔ⁸	liɪʔ⁸	liɪʔ⁸	tɕiɪʔ⁷	tɕʰiɪʔ⁷	tɕiɪʔ⁸	ɕiɪʔ⁷	ɕiɪʔ⁷
奉城		liʌʔ⁸	liʌʔ⁸	tsiʌʔ⁷	tsʰiʌʔ⁷		siʌʔ⁷	siʌʔ⁷
金山		liɪʔ⁸	liɪʔ⁸	tsiəʔ⁷	tsʰiəʔ⁷		siəʔ⁷	siəʔ⁷
金山新	n̩iɪʔ⁸	liɪʔ⁸	liɪʔ⁸	tɕiɪʔ⁷	tɕʰiɪʔ⁷	tɕi⁵	ɕiɪʔ⁷	ɕiɪʔ⁷
枫泾		liɪʔ⁸	liɪʔ⁸	tsiɪʔ⁷	tsʰiɪʔ⁷		siɪʔ⁷	siɪʔ⁷
青浦		liɪʔ⁸	liɪʔ⁸	tsiɪʔ⁷	tsʰiɪʔ⁷		siɪʔ⁷	siɪʔ⁷
青浦新	n̩iɪʔ⁸	liɪʔ⁸	liɪʔ⁸	tsiɪʔ⁷	tsʰiɪʔ⁷		siɪʔ⁷	siɪʔ⁷
莘庄		liɪʔ⁸	liɪʔ⁸	tsiəʔ⁷	tsʰiəʔ⁷		siəʔ⁷	siəʔ⁷
闵行新	n̩iəʔ⁸	liəʔ⁸	liəʔ⁸	tɕiəʔ⁷	tɕʰiəʔ⁷	tɕiəʔ⁷	ɕiəʔ⁷	ɕiəʔ⁷
川沙		liɪʔ⁸	liɪʔ⁸	tsiɪʔ⁷	tsʰiɪʔ⁷		siɪʔ⁷	siɪʔ⁷
川沙新	n̩iɪʔ⁸	liɪʔ⁸	liɪʔ⁸	tɕiɪʔ⁷	tɕʰiɪʔ⁷		ɕiɪʔ⁷	ɕiɪʔ⁷
高桥		liɪʔ⁸	liɪʔ⁸	tsiɪʔ⁷	tsʰiɪʔ⁷		ɕiɪʔ⁷	ɕiɪʔ⁷
三林		liɪʔ⁸	liɪʔ⁸	tsiəʔ⁷	tsʰiəʔ⁷		siəʔ⁷	siəʔ⁷
周浦		liɪʔ⁸	liɪʔ⁸	tsiʌʔ⁷	tsʰiʌʔ⁷		siʌʔ⁷	siʌʔ⁷
南汇		liɪʔ⁸	liɪʔ⁸	tsiʌʔ⁷	tsʰiʌʔ⁷		siʌʔ⁷	siʌʔ⁷
南汇新		liɪʔ⁸	liɪʔ⁸	tɕiɪʔ⁷	tɕʰiɪʔ⁷		ɕiɪʔ⁷	ɕiɪʔ⁷
嘉定		liɪʔ⁸	liɪʔ⁸	tsiɪʔ⁷	tsʰiɪʔ⁷		siɪʔ⁷	siɪʔ⁷
嘉定新	n̩iɪʔ⁸	liɪʔ⁸	liɪʔ⁸	tsiɪʔ⁷	tsʰiɪʔ⁷	ziɪʔ⁸	siɪʔ⁷	siɪʔ⁷
宝山	n̩iɪʔ⁸	liɪʔ⁸	liɪʔ⁸	tsiɪʔ⁷	tsʰiɪʔ⁷	ziɪʔ⁸	siɪʔ⁷	siɪʔ⁷
宝山新	n̩iɪʔ⁸	liɪʔ⁸	liɪʔ⁸	tɕiɪʔ⁷	tɕʰiɪʔ⁷	tɕiɪ¹	ɕiɪʔ⁷	ɕiɪʔ⁷
崇明		liəʔ⁸	liəʔ⁸	tɕiəʔ⁷	tɕʰiəʔ⁷		ɕiəʔ⁷	ɕiəʔ⁷
崇明新		liɪʔ⁸	liɪʔ⁸	tɕiɪʔ⁷	tɕʰiɪʔ⁷	dʑi⁶	ɕiɪʔ⁷	ɕiɪʔ⁷
堡镇		liəʔ⁸	liəʔ⁸	tɕiəʔ⁷	tɕʰiəʔ⁷		ɕiəʔ⁷	ɕiəʔ⁷
练塘		liɪʔ⁸	liɪʔ⁸	tsiɪʔ⁷	tsʰiɪʔ⁷		siɪʔ⁷	siɪʔ⁷

序号	2909	2910	2911	2912	2913	2914	2915	2916
字目	激	击	吃吃饭	矿	横横竖	横蛮横	轰	宏
中古音的地位	梗开四入锡见	梗开四入锡见	梗开四入锡溪	梗合二上梗见	梗合二平庚匣	梗合二去映匣	梗合二平耕晓	梗合二平耕匣
市区	tɕiɪʔ⁷	tɕiɪʔ⁷	tɕʰiɪʔ⁷	kʰuã⁵	ɦuã⁶	uã¹	hoŋ¹	ɦoŋ⁶
市区中	tɕiɪʔ⁷	tɕiɪʔ⁷	tɕʰiɪʔ⁷	kʰuã⁵	ɦuã⁶	uã⁵	hoŋ¹	ɦoŋ⁶
市区新	tɕiɪʔ⁷	tɕiɪʔ⁷	tɕʰiɪʔ⁷	kʰuã⁵	ɦuã⁶	uã⁵	hoŋ¹	ɦoŋ⁶
真如	tɕiɪʔ⁷	tɕiɪʔ⁷	tɕʰiəʔ⁷	kʰuã⁵	ɦuã²	uã¹	hoŋ¹	ɦoŋ²
江湾	tɕiɪʔ⁷	tɕiɪʔ⁷	tɕʰiəʔ⁷	kʰuɒ̃⁵	βã⁶	βã⁶	hoŋ¹	ɦoŋ⁶
松江	ciəʔ⁷	ciəʔ⁷	cʰiəʔ⁷	kʰuã⁵	βɛ̃²	βɛ̃⁶	hoŋ¹	ɦoŋ²
松江新	tɕiɪʔ⁷	tɕiɪʔ⁷	tɕʰiʌʔ⁷	kʰuã³	vɛ̃²	ɦʌn⁶	hoŋ¹	ɦoŋ²
泗泾	ciəʔ⁷	ciəʔ⁷	cʰiəʔ⁷	kʰuã⁵	βɛ̃²	βɛ̃⁶	hoŋ¹	ɦoŋ²
奉贤	ʔɟiʌʔ⁷	ʔɟiʌʔ⁷	cʰiʌʔ⁷	kʰuã⁵	βɛ̃²	βɛ̃²	huŋ¹	ɦuŋ²
奉贤新	tɕiɪʔ⁷	tɕiɪʔ⁷	tɕʰiʌʔ⁷	kɔ̃	ɦuɛ̃	ɦəŋ²	hoŋ¹	ɦoŋ²
奉城	ʔɟiʌʔ⁷	ʔɟiʌʔ⁷	cʰiʌʔ⁷	kʰuã⁵	βã²	βã²	huŋ¹	ɦuŋ²
金山	ciʌʔ⁷	ciʌʔ⁷	cʰiʌʔ⁷	kʰuã⁵	ɦuɛ̃²	ɦuɛ̃²	hoŋ¹	ɦoŋ²
金山新	tɕiɪʔ⁷	tɕiɪʔ⁷	tɕʰiʌʔ⁷	kʰuã⁵	vɛ̃²	vɛ̃²	hoŋ¹	ɦoŋ²
枫泾	tɕiɪʔ⁷	tɕiɪʔ⁷	tɕʰiʌʔ⁷	kʰuã⁵	vɛ̃²	vɛ̃²	hoŋ¹	ɦoŋ²
青浦	tɕiʌʔ⁷	tɕiʌʔ⁷	tɕʰiʌʔ⁷	kʰuã⁵	βɛ̃²	βɛ̃²	hoŋ¹	ɦoŋ²
青浦新	tɕiəʔ⁷	tɕiəʔ⁷	tɕʰiəʔ⁷	kʰuã⁵	uɛ̃¹	uɛ̃⁵	hoŋ¹	ɦoŋ²
莘庄	ciəʔ⁷	ciəʔ⁷	cʰiəʔ⁷	kʰuã⁵	βã²	βã²	hoŋ¹	ɦoŋ²
闵行新	tɕiəʔ⁷	tɕiəʔ⁷	tɕʰiəʔ⁷	kʰuã¹	ɦuã²		hoŋ¹	ɦoŋ²
川沙	tɕiʌʔ⁷	tɕiʌʔ⁷	tɕʰiʌʔ⁷	kʰuã⁵	βã²	βã¹	hoŋ¹	ɦoŋ²
川沙新	tɕiɪʔ⁷	tɕiɪʔ⁷	tɕʰiɤʔ⁷	kʰuaŋ⁵	uã⁵		hoŋ¹	ɦoŋ⁶
高桥	tɕiɪʔ⁷	tɕiɪʔ⁷	tɕʰiəʔ⁷	kʰuã³	ɦuã⁶	ɦuã⁶	hoŋ¹	ɦoŋ⁶
三林	ciəʔ⁷	ciəʔ⁷	cʰiəʔ⁷	kʰuã³	βã²	βã²	hoŋ¹	ɦoŋ²
周浦	ciʌʔ⁷	ciʌʔ⁷	cʰiʌʔ⁷	kʰuã³	βã²	βã²	hoŋ¹	ɦoŋ²
南汇	ʔɟiʌʔ⁷	ʔɟiʌʔ⁷	cʰiʌʔ⁷	kʰuã⁵	βã²	βã²	hoŋ¹	ɦoŋ²
南汇新	tɕiɪʔ⁷	tɕiɪʔ⁷	tɕʰiəʔ⁷	kʰuã⁵	ʋã⁶	ʋã⁶	hoŋ¹	ɦoŋ⁶
嘉定	tɕiɪʔ⁷	tɕiɪʔ⁷	tɕʰiəʔ⁷	kʰuã⁵	ɦuã²	ɦuã⁶	hoŋ¹	ɦoŋ⁶
嘉定新	tɕiɪʔ⁷	tɕiɪʔ⁷	tɕʰiɪʔ⁷	kʰuaŋ⁵	ɦəŋ²	ɦɛ̃²	hoŋ¹	ɦoŋ²
宝山	tɕiɪʔ⁷	tɕiɪʔ⁷	tɕʰiɪʔ⁷	kʰuã⁵	ɦuã²	uã¹	hoŋ¹	ɦoŋ²
宝山新	tɕiɪʔ⁷	tɕiɪʔ⁷	tɕʰiɪʔ⁷	kʰuã⁵	ɦuã⁵	ɦəŋ⁵	hoŋ¹	ɦoŋ⁵
崇明	tɕiəʔ⁷	tɕiəʔ⁷	tɕʰiəʔ⁷	kʰuã⁵	ɦuã²	ɦuã²	hoŋ¹	ɦɦoŋ²
崇明新	tɕiɪʔ⁷	tɕiɪʔ⁷	tɕʰiɪʔ⁷	kʰuã¹	vã²	hən⁶	xoŋ¹	hoŋ²
堡镇	tɕiəʔ⁷	tɕiəʔ⁷	tɕʰiəʔ⁷	kʰuã⁵	ɦuã²	ɦuã²	hoŋ¹	ɦɦoŋ²
练塘	tɕiʌʔ⁷	tɕiʌʔ⁷	tɕʰiʌʔ⁷	kʰuã⁵	βɛ̃²	βɛ̃²	hoŋ¹	ɦoŋ²

序号	2917	2918	2919	2920	2921	2922	2923	2924
字目	获获得	划计划	兄	荣	永	泳	咏	倾
中古音的地位	梗合二入麦匣	梗合二入麦匣	梗合三平庚晓	梗合三平庚云	梗合三上庚云	梗合三去庚晓	梗合三平庚晓	梗合三平清溪
市区	ɦuəʔ⁸	ɦuAʔ⁸	ɕioŋ¹	ɦioŋ⁶	ioŋ⁵	ioŋ⁵	ioŋ⁵	tɕʰin¹
市区中	ɦuɐʔ⁸/ɦoʔ⁸	ʔauɦ⁸	ɕioŋ¹	ɦioŋ⁶	ioŋ⁵	ioŋ⁵	ioŋ⁵	tɕʰiŋ¹
市区新	ɦuɐʔ⁸/ɦoʔ⁸	ʔauɦ⁸	ɕioŋ¹	ɦioŋ⁶	ioŋ⁵	ioŋ⁵	ioŋ⁵	tɕʰiŋ¹
真如	ɦuaʔ⁸	ɦuæʔ⁸	ɕyoŋ¹	ɦyoŋ²	yoŋ⁵	ɦyoŋ²	yoŋ⁵	tɕʰin¹
江湾	ɦoʔ⁸	βaʔ⁸	ɕioŋ¹	ɦioŋ⁶	ioŋ³	ɦioŋ⁶	ioŋ⁵	tɕʰiəŋ¹
松江	ɦoʔ⁸	βaʔ⁸/ɦuaʔ⁸	ɕyoŋ¹	ɦyoŋ²	yoŋ³	ɦyoŋ²	yoŋ³	cʰiəŋ¹
松江新	ɦuəʔ⁸	vaʔ⁸	ɕioŋ¹	ɦioŋ⁶	ioŋ³	ɦioŋ⁶	ɦioŋ⁶	tɕʰin¹
泗泾	ɦoʔ⁸	βaʔ⁸	ɕyoŋ¹	ɦyoŋ²	yoŋ³	ɦyoŋ²	yoŋ³	cʰiəŋ¹
奉贤	ɦoʔ⁸	βaʔ⁸	ɕiʋŋ¹	ɦiʋŋ²	iʋŋ³	ɦiʋŋ²	ɦiʋŋ²	cʰiəŋ¹
奉贤新	ɦuoʔ⁸	ɦuaʔ⁸	ɕioŋ¹	ɦioŋ²	ioŋ³	ioŋ⁵	ioŋ⁵	tɕʰin¹
奉城	ɦoʔ⁸	βaʔ⁸	ɕiʋŋ¹	ɦiʋŋ²	iʋŋ³	iʋŋ³	iʋŋ³	cʰiəŋ¹
金山	ɦoʔ⁸	ɦuaʔ⁸	ɕioŋ¹	ɦioŋ²	ioŋ³	ioŋ³	ioŋ³	cʰiəŋ¹
金山新	voʔ⁸	vAʔ⁸	ɕioŋ¹	ɦioŋ²	ioŋ³	ioŋ³	ioŋ³	tɕʰiæŋ¹
枫泾	ɦoʔ⁸	ɦuaʔ⁸	ɕioŋ¹	ɦioŋ²	ioŋ³	ioŋ³	ioŋ³	tɕʰəŋ⁵
青浦	βoʔ⁸	βaʔ⁸	ɕioŋ¹	ɦioŋ²	ioŋ³	ioŋ³	ioŋ³	tɕʰiəŋ¹
青浦新	ɦoʔ⁸	ɦuaʔ⁸	ɕioŋ¹	ɦioŋ⁶	ioŋ³	ɦioŋ⁶	ɦioŋ⁶	tɕʰiəŋ¹
莘庄	ɦoʔ⁸	βaʔ⁸	ɕyoŋ¹	ɦyoŋ²	yoŋ³	ɦyoŋ²	yoŋ³	cʰin¹
闵行新	hoŋ¹	væʔ⁸①	ɕioŋ¹	ɦioŋ²	ɦioŋ²	ɦioŋ²	ɦioŋ²	tɕʰin¹
川沙	ɦoʔ⁸	βAʔ⁸	ɕioŋ¹	ɦioŋ⁶	ioŋ³	ioŋ³	ioŋ³	tɕʰiʌŋ¹
川沙新	ɦuɤʔ⁸	ɦuaʔ⁸	ɕioŋ¹	ɦioŋ⁶	ioŋ³	ɦioŋ⁶		tɕʰin¹
高桥	βoʔ⁸	βAʔ⁸	ɕyoŋ¹	ɦyoŋ⁶	yoŋ³	ɦyoŋ⁶	ɦyoŋ⁶	tɕʰin¹
三林	ɦoʔ⁸	βaʔ⁸	ɕyoŋ¹	ɦyoŋ²	yoŋ³/ɦyoŋ²	ɦyoŋ⁶	ɦyoŋ⁶	cʰin¹
周浦	ɦoʔ⁸	βAʔ⁸	ɕioŋ¹	ɦioŋ²	ioŋ³	ioŋ³	ioŋ³	tɕʰin¹
南汇	ɦoʔ⁸	βAʔ⁸	ɕioŋ¹	ɦioŋ²	ioŋ³	ioŋ³	ioŋ³	tɕʰin¹
南汇新	ɦoʔ⁸	vaʔ⁸	ɕyoŋ¹	ɦyoŋ²	ɦyoŋ⁶	ɦyoŋ⁶	ɦyoŋ⁶	tɕʰin¹
嘉定	ɦuoʔ⁸	ɦuAʔ⁸	ɕyoŋ¹	ɦyoŋ²	yoŋ⁵	yoŋ⁵	yoŋ⁵	tɕʰin¹
嘉定新	ɦuəʔ⁸	ɦuaʔ⁸	ɕioŋ¹	ɦioŋ²	ioŋ⁵	ioŋ⁵	ioŋ⁵	tɕʰin¹
宝山	ɦoʔ⁸	ɦuaʔ⁸	ɕioŋ¹	ioŋ²	ioŋ⁵	ioŋ⁵	ioŋ⁵	tɕʰin¹
宝山新	ɦoʔ⁸	ɦuaʔ⁸	ɕioŋ¹	ioŋ⁵	ioŋ⁵	ioŋ⁵	ioŋ⁵	tɕʰin¹
崇明	ɦuaʔ⁸	ɦuaʔ⁸	ɕyoŋ¹	ɦyoŋ²	yoŋ⁵	yoŋ⁵	yoŋ⁵	tɕʰiəŋ¹
崇明新	vəʔ⁸	vaʔ⁸	ɕioŋ¹	ioŋ²	ioŋ³	ioŋ³	ioŋ³	tɕʰin¹
堡镇	ɦuəʔ⁸	ɦuaʔ⁸	ɕyoŋ¹	ɦyoŋ²	yoŋ³	yoŋ⁵	yoŋ⁵	tɕʰiəŋ¹
练塘	βoʔ⁸	βaʔ⁸	ɕioŋ¹	ɦioŋ²	ioŋ³	ioŋ³	ioŋ³	tɕʰiəŋ¹

注：① "划一刀"中读kuəʔ⁷。

序号	2925	2926	2927	2928	2929	2930	2931	2932
字目	顷	琼	营	颖	疫	役	萤	篷
中古音的地位	梗合三上静溪	梗合三平清群	梗合三平清以	梗合三上静以	梗合三入昔以	梗合三入昔以	梗合三平青匣	通合一平东並
市区	tɕʰin⁵	dzioŋ⁶	ɦioŋ⁶/ɦin⁶		ɦioʔ⁸/ɦyɪʔ⁸	ɦioʔ⁸/ɦyɪʔ⁸	ɦioŋ⁶/ɦin⁶	boŋ⁶
市区中	tɕʰin⁵	dzioŋ⁶	ɦin⁶	ɦin⁶	ɦyɪʔ⁸/ɦioʔ⁸	ɦyɪʔ⁸/ɦioʔ⁸	ɦin⁶	boŋ⁶
市区新	tɕʰin⁵	dzioŋ⁶	ɦin⁶	ɦin⁶	ɦyɪʔ⁸/ɦioʔ⁸	ɦyɪʔ⁸/ɦioʔ⁸	ɦin⁶	boŋ⁶
真如	tɕʰin⁵	dzyoŋ⁶	ɦin²/ɦyoŋ²		ɦyoʔ⁸	ɦyoʔ⁸	ɦyoŋ²/ɦin²	boŋ²
江湾	tɕʰiən¹	dzioŋ⁶	ɦioŋ⁶		ɦioʔ⁸	ɦioʔ⁸	ɦioŋ⁶	boŋ⁶
松江	cʰiən³	ɟyoŋ²	ɦyoŋ²					boŋ²
松江新	tɕʰin³	dzioŋ²	ɦin²	ɦin⁶	ɦyɪʔ⁸	iɪʔ⁷	ɦin²	poŋ¹
泗泾	cʰiən³	ɟyoŋ²	ɦyoŋ²					boŋ²
奉贤	cʰiɐn³	ɟioŋ²	ɦioŋ²		ɦioʔ⁸	ɦioʔ⁸	ɦioŋ²	buŋ²
奉贤新	tɕʰin⁵	dzioŋ⁶	ɦin²	ɦin²	ɦiɪʔ⁸	ɦiɪʔ⁸	ɦin⁶	boŋ²
奉城	cʰiɐn³	ɟioŋ²	ɦioŋ²		ɦioʔ⁸	ɦioʔ⁸	ɦioŋ²	buŋ²
金山	cʰiən¹	ɟioŋ²	ɦioŋ²		ɦyɔʔ⁸	ɦyɔʔ⁸	ɦioŋ²	boŋ²
金山新	tɕʰiæŋ¹	dzioŋ²	ɦiæŋ²	iæŋ³	ɦiɪʔ⁸	ɦiɪʔ⁷	ɦioŋ²	boŋ²
枫泾	tɕʰɔŋ⁵	dzioŋ²	ɦioŋ²		ɦyøʔ⁸	ɦyøʔ⁸	ɦioŋ²	boŋ²
青浦	tɕʰiən¹	dzioŋ²	ɦioŋ²		ɦyoʔ⁸	ɦyoʔ⁸	ɦioŋ²	boŋ²
青浦新	tɕʰiən³	dzioŋ²	ɦioŋ²	ɦiən⁶	ɦiɪʔ⁸	ɦiɪʔ⁸	ȵiən²	boŋ²
莘庄	cʰin¹	ɟyoŋ²	ɦin²		ɦyoʔ⁸	ɦyoʔ⁸	ɦin²	boŋ²
闵行新	tɕʰin¹	dzioŋ²	ɦin²	ɦin²	ɦiəʔ⁸	ɦiəʔ⁸	ɦin²	bən²
川沙	tɕʰiʌŋ¹	dzioŋ²	ɦioŋ²/ɦiʌŋ²		ɦioʔ⁸	ɦioʔ⁸	ɦioŋ²	boŋ²
川沙新	tɕʰin³	dzioŋ⁶	ɦin⁶	ɦin⁶	ɦyøʔ⁸	ɦyøʔ⁸	ɦin⁶	bã⁶
高桥	tɕʰin⁵	dzyoŋ⁶	ɦin⁶		ɦyøʔ⁸	ɦyøʔ⁸	ɦin⁶	boŋ⁶
三林	cʰin¹	ɟyoŋ²	ɦyoŋ²		ɦioʔ⁸	ɦioʔ⁸	ɦyoŋ²	boŋ²
周浦	cʰiʌŋ¹	ɟioŋ²	ɦiʌŋ²		ɦioʔ⁸	ɦioʔ⁸	ɦioŋ²	boŋ²
南汇	cʰiʌŋ¹	ɟioŋ²	ɦiʌŋ²		ɦioʔ⁸	ɦioʔ⁸	ɦioŋ²	boŋ²
南汇新	tɕʰin¹	dzyoŋ⁶	ɦin⁶	iŋ³	ȵiʔ⁸	ɦiʔ⁸	ɦin⁶	bã⁶
嘉定	tɕʰin¹	dzioŋ²	ɦin²		ɦyoʔ⁸	ɦyoʔ⁸	ɦin²	boŋ²
嘉定新	tɕʰin¹	dzioŋ⁶	ɦin²	ɦin⁶	ɦiɪʔ⁸	ɦiɪʔ⁸	ɦin²	bẽ²
宝山	tɕʰin¹	dzioŋ²	iŋ²	iŋ²	ioʔ⁸	ioʔ⁸	iŋ⁵	poŋ²
宝山新	tɕʰin¹	dzioŋ⁵	iŋ⁵	iŋ⁵	ioʔ⁸	ioʔ⁸	iŋ⁵	pã⁵
崇明	tɕʰin⁵	dzyoŋ²	ɦin²/ɦyoŋ²		ɦyoʔ⁸	ɦyoʔ⁸	ɦin²	boŋ²
崇明新	tɕʰin³	dzioŋ²	in²	in³	iɪʔ⁸	iɪʔ⁸	in²	bən²
堡镇	tɕʰin⁵	dzyoŋ²	ɦin²/ɦyoŋ²		ɦyoʔ⁸	ɦyoʔ⁸	ɦin²	boŋ²
练塘	tɕʰiəŋ¹	dzioŋ²	ɦioŋ²		ɦyoʔ⁸	ɦyoʔ⁸	ɦioŋ²	boŋ²

序号	2933	2934	2935	2936	2937	2938	2939	2940
字目	蓬	蒙	东	董	懂	冻	栋	通
中古音的地位	通合一平东并	通合一平东明	通合一平东端	通合一上董端	通合一上董端	通合一去送端	通合一去送端	通合一平东透
市区	boŋ⁶	moŋ⁶	toŋ¹	toŋ⁵	toŋ⁵	toŋ⁵	toŋ⁵	tʰoŋ¹
市区中	boŋ⁶	moŋ⁶	toŋ¹	toŋ⁵	toŋ⁵	toŋ⁵	toŋ⁵	tʰoŋ¹
市区新	boŋ⁶	moŋ⁶	toŋ¹	toŋ⁵	toŋ⁵	toŋ⁵	toŋ⁵	tʰoŋ¹
真如	boŋ²	mã²	ʔdoŋ¹	ʔdoŋ³	ʔdoŋ³	ʔdoŋ⁵	ʔdoŋ⁵	tʰoŋ¹
江湾	boŋ⁶	moŋ⁶	ʔdoŋ⁵	ʔdoŋ⁵	ʔdoŋ⁵	ʔdoŋ⁵	ʔdoŋ⁵	tʰoŋ¹
松江	boŋ²	moŋ²	ʔdoŋ¹	ʔdoŋ³	ʔdoŋ³	ʔdoŋ⁵	ʔdoŋ⁵	tʰoŋ¹
松江新	bʌŋ²	mʌŋ²	toŋ¹	toŋ³	toŋ³	toŋ⁵	toŋ⁵	tʰoŋ¹
泗泾	boŋ²	moŋ²	ʔdoŋ¹	ʔdoŋ³	ʔdoŋ³	ʔdoŋ⁵	ʔdoŋ⁵	tʰoŋ¹
奉贤	buŋ²	muŋ²	ʔduŋ¹	ʔduŋ³	ʔduŋ³	ʔduŋ³	ʔduŋ³	tʰuŋ¹
奉贤新	boŋ²	məŋ²	ʔdoŋ¹	ʔdoŋ³	ʔdoŋ³	ʔdoŋ³	ʔdoŋ³	tʰoŋ¹
奉城	buŋ²	muŋ²	ʔduŋ¹	ʔduŋ³	ʔduŋ³	ʔduŋ³	ʔduŋ³	tʰuŋ¹
金山	boŋ²	moŋ²	ʔdoŋ¹	ʔdoŋ³	ʔdoŋ³	ʔdoŋ⁵	ʔdoŋ⁵	tʰoŋ¹
金山新	boŋ²	mã²	toŋ¹	toŋ³	toŋ³	toŋ⁵	toŋ⁵	tʰoŋ¹
枫泾	boŋ²	moŋ²	toŋ¹	toŋ³	toŋ³	toŋ⁵	toŋ¹	tʰoŋ¹
青浦	boŋ²	moŋ²	ʔdoŋ¹	ʔdoŋ³	ʔdoŋ³	ʔdoŋ⁵	ʔdoŋ⁵	tʰoŋ¹
青浦新	boŋ²	moŋ²	toŋ¹	toŋ³	toŋ³	toŋ⁵	doŋ⁶	tʰoŋ¹
莘庄	boŋ²	moŋ²	ʔdoŋ¹	ʔdoŋ³	ʔdoŋ³	ʔdoŋ⁵	ʔdoŋ¹	tʰoŋ¹
闵行新	bəŋ²	məŋ²	toŋ¹	toŋ³	toŋ³	toŋ⁵	toŋ⁵	tʰoŋ¹
川沙	boŋ²	moŋ²	ʔdoŋ¹	ʔdoŋ³	ʔdoŋ³	ʔdoŋ⁵	ʔdoŋ⁵	tʰoŋ¹
川沙新	bã⁶	mã⁶	ʔdoŋ¹	ʔdoŋ³	ʔdoŋ³	ʔdoŋ⁵	doŋ⁶	tʰoŋ¹
高桥	boŋ²	moŋ²	ʔdoŋ¹	ʔdoŋ³	ʔdoŋ³	ʔdoŋ⁵	ʔdoŋ⁵	tʰoŋ¹
三林	boŋ²	moŋ²	ʔdoŋ¹	ʔdoŋ³	ʔdoŋ³	ʔdoŋ³	ʔdoŋ³	tʰoŋ¹
周浦	boŋ²	moŋ²	ʔdoŋ¹	ʔdoŋ³	ʔdoŋ³	ʔdoŋ⁵	ʔdoŋ⁵	tʰoŋ¹
南汇	boŋ²	moŋ²	ʔdoŋ¹	ʔdoŋ³	ʔdoŋ³	ʔdoŋ⁵	ʔdoŋ⁵	tʰoŋ¹
南汇新	bã⁶	məŋ¹	ʔdoŋ¹	ʔdoŋ³	ʔdoŋ³	ʔdoŋ⁵	ʔdoŋ⁵	tʰoŋ¹
嘉定	boŋ²	moŋ²	toŋ¹	toŋ⁵	toŋ⁵	toŋ⁵	toŋ⁵	tʰoŋ¹
嘉定新	bẽ²	mẽ²	toŋ¹	toŋ⁵	toŋ⁵	toŋ⁵	toŋ⁵	tʰoŋ¹
宝山	poŋ²	moŋ²	toŋ¹	toŋ⁵	toŋ⁵	toŋ⁵	toŋ⁵	tʰoŋ¹
宝山新	pã⁵	məŋ⁵	toŋ¹	toŋ⁵	toŋ⁵	toŋ⁵	toŋ⁵	tʰoŋ¹
崇明	boŋ²	moŋ²	toŋ¹	toŋ³	toŋ³	toŋ⁵	toŋ⁵	tʰoŋ¹
崇明新	bəŋ²	moŋ²	toŋ¹	toŋ³	toŋ³	toŋ⁵	toŋ⁵	tʰoŋ¹
堡镇	boŋ²	moŋ²	toŋ¹	toŋ³	toŋ³	toŋ⁵	toŋ⁵	tʰoŋ¹
练塘	boŋ²	moŋ²	toŋ¹	toŋ¹	toŋ¹	toŋ⁵	toŋ⁵	tʰoŋ¹

序号	2941	2942	2943	2944	2945	2946	2947	2948
字目	桶	痛	同	铜	桐	童	瞳	筒
中古音的地位	通合一上董透	通合一去送透	通合一平东定	通合一平东定	通合一平东定	通合一平东定	通合一平东定	通合一平东定
市区	doŋ⁶	tʰoŋ⁵	doŋ⁶	doŋ⁶		doŋ⁶		
市区中	doŋ⁶	tʰoŋ⁵	doŋ⁶	doŋ⁶	doŋ⁶	doŋ⁶	doŋ⁶	doŋ⁶
市区新	doŋ⁶	tʰoŋ⁵	doŋ⁶	doŋ⁶	doŋ⁶	doŋ⁶	doŋ⁶	doŋ⁶
真如	doŋ⁶	tʰoŋ⁵	doŋ²	doŋ²		doŋ²		
江湾	doŋ⁶	tʰoŋ⁵	doŋ⁶	doŋ⁶		doŋ⁶		
松江	doŋ⁴	tʰoŋ⁵	doŋ²	doŋ²		doŋ²		
松江新	doŋ⁶	tʰoŋ⁵	doŋ²	doŋ²	doŋ²	doŋ²	doŋ²	doŋ²
泗泾	doŋ⁶	tʰoŋ⁵	doŋ²	doŋ²		doŋ²		
奉贤	duŋ⁴	tʰuŋ⁵	duŋ²	duŋ²		duŋ²		
奉贤新	doŋ⁶	tʰoŋ⁵	doŋ²	doŋ²	doŋ²	doŋ²	doŋ²	doŋ²
奉城	duŋ⁶	tʰuŋ⁵	duŋ²	duŋ²		duŋ²		
金山	doŋ²	tʰoŋ⁵	doŋ²	doŋ²		doŋ²		
金山新	doŋ⁶	tʰoŋ⁵	doŋ²	doŋ²	doŋ²	doŋ²	doŋ²	doŋ⁶
枫泾	doŋ⁴	tʰoŋ⁵	doŋ²	doŋ²		doŋ²		
青浦	doŋ⁶	tʰoŋ⁵	doŋ²	doŋ²		doŋ²		
青浦新	doŋ⁶	tʰoŋ⁵	doŋ²	doŋ²	doŋ²	doŋ²	doŋ²	doŋ²
莘庄	doŋ⁶	tʰoŋ⁵	doŋ²	doŋ²		doŋ²		
闵行新	doŋ²	tʰoŋ⁵	doŋ²	doŋ²	doŋ²	doŋ²	doŋ²	doŋ²
川沙	doŋ²	tʰoŋ⁵	doŋ²	doŋ²		doŋ²		
川沙新	doŋ⁶	tʰoŋ⁵	doŋ⁶	doŋ⁶	doŋ⁶	doŋ⁶	doŋ⁶	doŋ⁶
高桥	doŋ²	tʰoŋ⁵	doŋ²	doŋ²		doŋ²		
三林	doŋ²	tʰoŋ⁵	doŋ²	doŋ²		doŋ²		
周浦	doŋ²	tʰoŋ⁵	doŋ²	doŋ²		doŋ²		
南汇	doŋ²	tʰoŋ⁵	doŋ²	doŋ²		doŋ²		
南汇新	doŋ⁶	tʰoŋ⁵	doŋ⁶	doŋ⁶	doŋ⁶	doŋ⁶	doŋ⁶	tʰoŋ¹
嘉定	doŋ⁶	tʰoŋ⁵	doŋ²	doŋ²		doŋ²		
嘉定新	tʰoŋ⁵	tʰoŋ⁵	doŋ²	doŋ²	doŋ²	doŋ²	doŋ²	doŋ²
宝山	doŋ⁶	tʰoŋ⁵	doŋ⁶	doŋ⁶	doŋ⁶	doŋ⁶	doŋ⁶	doŋ⁶
宝山新	doŋ⁶	tʰoŋ⁵	doŋ⁶	doŋ⁶	doŋ⁶	doŋ⁶	doŋ⁶	doŋ⁶
崇明	doŋ⁴	tʰoŋ⁵	doŋ²	doŋ²		doŋ²		
崇明新	doŋ⁶	tʰoŋ³	doŋ²	doŋ²	doŋ²	doŋ²	doŋ²	doŋ²
堡镇	doŋ⁴	tʰoŋ⁵	doŋ²	doŋ²		doŋ²		
练塘	doŋ⁴	tʰoŋ⁵	doŋ²	doŋ²		doŋ²		

序号	2949	2950	2951	2952	2953	2954	2955	2956
字目	动	洞	笼鸟笼	聋	笼笼罩	拢	弄弄坏	棕
中古音的地位	通合一上董定	通合一去送定	通合一平东来	通合一平东来	通合一平东来	通合一上董来	通合一去送来	通合一平东精
市区	doŋ⁶	doŋ⁶	loŋ⁶	loŋ⁶	loŋ⁶	loŋ⁶	noŋ⁶/loŋ⁶/noŋ¹/loŋ¹	
市区中	doŋ⁶	doŋ⁶	loŋ⁶	loŋ⁶	loŋ⁶	loŋ⁶	loŋ⁶/noŋ⁶	tsoŋ¹
市区新	doŋ⁶	doŋ⁶	loŋ⁶	loŋ⁶	loŋ⁶	loŋ⁶	loŋ⁶/noŋ⁶	tsoŋ¹
真如	doŋ⁶	doŋ⁶	loŋ²	loŋ²	loŋ²	loŋ⁶	loŋ⁶	
江湾	doŋ⁶	doŋ⁶	loŋ²	loŋ²	loŋ²	loŋ⁶	loŋ⁶	
松江	doŋ⁴	doŋ⁶	loŋ²	loŋ²	loŋ²	loŋ⁴	loŋ⁶	
松江新	doŋ⁶	doŋ⁶	loŋ²	loŋ²	loŋ²	loŋ⁶	noŋ⁶	tsoŋ¹
泗泾	doŋ⁶	doŋ⁶	loŋ²	loŋ²	loŋ²	loŋ⁶	loŋ⁶	
奉贤	duŋ⁶	duŋ⁶	luŋ²	luŋ²	luŋ²	luŋ⁶		
奉贤新	doŋ⁶	doŋ⁶	loŋ²	loŋ²	loŋ²	loŋ⁶	noŋ⁶/loŋ⁶	tsoŋ¹
奉城	duŋ⁶	duŋ⁶	luŋ²	luŋ²	luŋ²	luŋ⁶		
金山	doŋ⁶	doŋ⁶	loŋ²	loŋ²	loŋ²	loŋ⁶	loŋ⁶	
金山新	doŋ⁶	doŋ⁶	loŋ²	loŋ²	loŋ²	loŋ⁶	loŋ⁶/noŋ⁶	tsoŋ¹
枫泾	doŋ⁴	doŋ⁶	loŋ²	loŋ²	loŋ²	loŋ²	loŋ⁶	
青浦	doŋ⁶	doŋ⁶	loŋ²	loŋ²	loŋ²	loŋ⁶	noŋ⁶	
青浦新	doŋ⁶	doŋ⁶	loŋ²	loŋ²	loŋ³	loŋ⁶	noŋ⁶	tsoŋ¹
莘庄	doŋ⁶	doŋ⁶	loŋ²	loŋ²	loŋ²	loŋ⁶	loŋ⁶	
闵行新	doŋ²	doŋ²	loŋ²	loŋ²	loŋ²	loŋ²	loŋ²①	tsoŋ¹
川沙	doŋ²	doŋ⁶	loŋ²	loŋ²	loŋ²	loŋ²	loŋ⁶	
川沙新	doŋ⁶	doŋ⁶	loŋ⁶	loŋ⁶		loŋ⁶		
高桥	doŋ²	doŋ²	loŋ²	loŋ²	loŋ²	loŋ²	loŋ²	
三林	doŋ²	doŋ⁶	loŋ²	loŋ²	loŋ²	loŋ²	loŋ⁶	
周浦	doŋ²	doŋ⁶	loŋ²	loŋ²	loŋ²	loŋ²	loŋ⁶	
南汇	doŋ²	doŋ⁶	loŋ²	loŋ²	loŋ²	loŋ²	loŋ⁶	
南汇新	doŋ⁶	doŋ⁶	loŋ⁶	loŋ⁶		loŋ⁶	noŋ⁶	tsoŋ¹
嘉定	doŋ⁶	doŋ⁶	loŋ⁶	loŋ⁶	loŋ⁶	loŋ⁶	loŋ⁶	
嘉定新	doŋ⁶	doŋ⁶	loŋ⁶	loŋ⁶	loŋ⁶	loŋ⁶	loŋ⁶	tsoŋ¹
宝山	doŋ⁶	doŋ⁶	loŋ⁶	loŋ⁵	loŋ⁵	loŋ⁵	loŋ¹	tsoŋ¹
宝山新	doŋ⁶	doŋ⁶	loŋ⁶	loŋ⁶	loŋ⁶	loŋ⁶	noŋ⁶	tsoŋ¹
崇明	doŋ⁴	doŋ⁶	loŋ²	loŋ²	loŋ²	loŋ⁴	loŋ⁶	
崇明新	doŋ⁶	doŋ⁶	loŋ²	loŋ²	loŋ³	loŋ⁶	noŋ⁶	tsoŋ¹
堡镇	doŋ⁴	doŋ⁶	loŋ²	loŋ²	loŋ²	loŋ⁴	loŋ⁶	
练塘	doŋ⁴	doŋ⁶	loŋ²	loŋ²	loŋ²	loŋ⁴	noŋ⁶	

注：① "弄堂"中读loŋ²。

序号	2957	2958	2959	2960	2961	2962	2963	2964
字目	鬃	总	粽粽子	聪	匆	葱	囱	丛
中古音的地位	通合一平东精	通合一上董精	通合一去送精	通合一平东清	通合一平东清	通合一平东清	通合一平东清	通合一平东从
市区		tsoŋ⁵	tsoŋ⁵	tsʰoŋ¹		tsʰoŋ¹	tsʰoŋ¹	zoŋ⁶
市区中	tsoŋ¹	tsoŋ⁵	tsoŋ⁵	tsʰoŋ¹	tsʰoŋ¹	tsʰoŋ¹	tsʰoŋ¹	zoŋ⁶
市区新	tsoŋ¹	tsoŋ⁵	tsoŋ⁵	tsʰoŋ¹	tsʰoŋ¹	tsʰoŋ¹	tsʰoŋ¹	zoŋ⁶
真如		tsoŋ³	tsoŋ³	tsʰoŋ¹		tsʰoŋ¹	tsʰoŋ¹	zoŋ²
江湾		tsoŋ⁵	tsoŋ⁵	tsʰoŋ¹		tsʰoŋ¹	tsʰoŋ¹	zoŋ⁶
松江		tsoŋ³	tsoŋ⁵	tsʰoŋ¹		tsʰoŋ¹	tsʰoŋ¹	zoŋ²
松江新	tsoŋ¹	tsoŋ³	tsoŋ⁵	tsʰoŋ¹	tsʰoŋ¹	tsʰoŋ¹	tsʰoŋ¹	zoŋ²
泗泾		tsoŋ³	tsoŋ⁵	tsʰoŋ¹		tsʰoŋ¹	tsʰoŋ¹	zoŋ²
奉贤		tsʊŋ³	tsʊŋ⁵	tsʰʊŋ¹		tsʰʊŋ¹	tsʰʊŋ¹	zʊŋ²
奉贤新	tsoŋ¹	tsoŋ³	tsoŋ³	tsʰoŋ¹	tsʰoŋ¹	tsʰoŋ¹	tsʰoŋ¹	zoŋ²
奉城		tsʊŋ³	tsʊŋ⁵	tsʰʊŋ¹		tsʰʊŋ¹	tsʰʊŋ¹	zʊŋ²
金山		tsoŋ³	tsoŋ⁵	tsʰoŋ¹		tsʰoŋ¹	tsʰoŋ¹	zoŋ²
金山新	tsoŋ¹	tsoŋ³	tsoŋ⁵	tsʰoŋ¹	tsʰoŋ¹	tsʰoŋ¹	tsʰoŋ¹	zoŋ²
枫泾		tsoŋ³	tsoŋ⁵	tsʰoŋ¹		tsʰoŋ¹	tsʰoŋ¹	zoŋ²
青浦		tsoŋ³	tsoŋ⁵	tsʰoŋ¹		tsʰoŋ¹	tsʰoŋ¹	zoŋ²
青浦新	tsoŋ¹	tsoŋ³	tsoŋ⁵	tsʰoŋ¹	tsʰoŋ¹	tsʰoŋ¹	tsʰoŋ¹	zoŋ²
莘庄		tsoŋ³	tsoŋ⁵	tsʰoŋ¹		tsʰoŋ¹	tsʰoŋ¹	zoŋ²
闵行新		tsoŋ¹	tsoŋ⁵	tsʰoŋ¹	tsʰoŋ¹	tsʰoŋ¹	tsʰoŋ¹	zoŋ²
川沙		tsoŋ³	tsoŋ⁵	tsʰoŋ¹		tsʰoŋ¹	tsʰoŋ¹	zoŋ²
川沙新	zoŋ⁶	tsoŋ³	tsoŋ⁵	tsʰoŋ¹	tsʰoŋ¹	tsʰoŋ¹	tsʰoŋ¹	zoŋ⁶
高桥		tsoŋ³	tsoŋ¹	tsʰoŋ¹		tsʰoŋ¹	tsʰoŋ¹	zoŋ⁶
三林		tsoŋ³	tsoŋ⁵	tsʰoŋ¹		tsʰoŋ¹	tsʰoŋ¹	zoŋ²
周浦		tsoŋ³	tsoŋ⁵	tsʰoŋ¹		tsʰoŋ¹	tsʰoŋ¹	zoŋ²
南汇		tsoŋ³	tsoŋ⁵	tsʰoŋ¹		tsʰoŋ¹	tsʰoŋ¹	zoŋ²
南汇新	tsoŋ¹	tsoŋ³	tsoŋ⁵	tsʰoŋ¹		tsʰoŋ¹	tsʰoŋ¹	zoŋ⁶
嘉定		tsoŋ⁵	tsoŋ⁵	tsʰoŋ¹		tsʰoŋ¹	tsʰoŋ¹	zoŋ²
嘉定新	tsoŋ¹	tsoŋ⁵	tsoŋ⁵	tsʰoŋ¹	tsʰoŋ¹	tsʰoŋ¹	tsʰoŋ¹	zoŋ²
宝山	tsoŋ¹	tsoŋ⁵	tsoŋ⁵	tsʰoŋ¹		tsʰoŋ¹	tsʰoŋ¹	zoŋ⁶
宝山新	tsoŋ¹	tsoŋ⁵	tsoŋ⁵	tsʰoŋ¹	tsʰoŋ¹	tsʰoŋ¹	tsʰoŋ¹	zoŋ⁶
崇明		tsoŋ³	tsoŋ⁵	tsʰoŋ¹		tsʰoŋ¹	tsʰoŋ¹	dzoŋ⁶
崇明新	pin¹	tsoŋ³	tsoŋ¹	tsʰoŋ¹	tsʰoŋ¹	tsʰoŋ¹	tsʰoŋ¹	dzoŋ²
堡镇		tsoŋ³	tsoŋ⁵	tsʰoŋ¹		tsʰoŋ¹	tsʰoŋ¹	dzoŋ⁶
练塘		tsoŋ¹	tsoŋ⁵	tsʰoŋ¹		tsʰoŋ¹	tsʰoŋ¹	zoŋ²

序号 字目 中古音的地位	2965 送 通合一去送心	2966 公 通合一平东见	2967 工 通合一平东见	2968 功 通合一平东见	2969 攻 通合一平东见	2970 蚣 通开一平东见	2971 贡 通合一去送见	2972 空 空虚 通合一平东溪
市区	soŋ⁵	koŋ¹	koŋ¹	koŋ¹	koŋ¹		koŋ⁵	kʰoŋ¹
市区中	soŋ⁵	koŋ¹	koŋ¹	koŋ¹	koŋ¹	koŋ¹	koŋ⁵	kʰoŋ¹
市区新	soŋ⁵	koŋ¹	koŋ¹	koŋ¹	koŋ¹	koŋ¹	koŋ⁵	kʰoŋ¹
真如	soŋ⁵	koŋ¹	koŋ¹	koŋ¹	koŋ¹		koŋ⁵	kʰoŋ¹
江湾	soŋ⁵	koŋ¹	koŋ¹	koŋ¹	koŋ¹		koŋ⁵	kʰoŋ¹
松江	soŋ⁵	koŋ¹	koŋ¹	koŋ¹	koŋ¹		koŋ⁵	kʰoŋ¹
松江新	soŋ⁵	koŋ¹	koŋ¹	koŋ¹	koŋ¹	koŋ¹	koŋ⁵	kʰoŋ¹
泗泾	soŋ⁵	koŋ¹	koŋ¹	koŋ¹	koŋ¹		koŋ⁵	kʰoŋ¹
奉贤	suŋ⁵	kuŋ¹	kuŋ¹	kuŋ¹	kuŋ¹		kuŋ⁵	kʰuŋ¹
奉贤新	soŋ⁵	koŋ¹	koŋ¹	koŋ¹	koŋ¹	koŋ¹	koŋ³	kʰoŋ¹
奉城	suŋ⁵	kuŋ¹	kuŋ¹	kuŋ¹	kuŋ¹		kuŋ⁵	kʰuŋ¹
金山	soŋ⁵	koŋ¹	koŋ¹	koŋ¹	koŋ¹		koŋ⁵	kʰoŋ¹
金山新	soŋ⁵	koŋ¹	koŋ¹	koŋ¹	koŋ¹	koŋ¹	koŋ⁵	kʰoŋ¹
枫泾	soŋ⁵	koŋ¹	koŋ¹	koŋ¹	koŋ¹		koŋ³	kʰoŋ¹
青浦	soŋ⁵	koŋ¹	koŋ¹	koŋ¹	koŋ¹		koŋ⁵	kʰoŋ¹
青浦新	soŋ⁵	koŋ¹	koŋ¹	koŋ¹	koŋ¹	koŋ¹	koŋ⁵	kʰoŋ¹
莘庄	soŋ⁵	koŋ¹	koŋ¹	koŋ¹	koŋ¹		koŋ⁵	kʰoŋ¹
闵行新	soŋ⁵	koŋ¹	koŋ¹	koŋ¹	koŋ¹	koŋ¹	koŋ⁵	kʰoŋ¹
川沙	soŋ⁵	koŋ¹	koŋ¹	koŋ¹	koŋ¹		koŋ⁵	kʰoŋ¹
川沙新	soŋ⁵	koŋ¹	koŋ¹	koŋ¹	koŋ¹		koŋ⁵	kʰoŋ¹
高桥	soŋ⁵	koŋ¹	koŋ¹	koŋ¹	koŋ¹		koŋ⁵	kʰoŋ¹
三林	soŋ⁵	koŋ¹	koŋ¹	koŋ¹	koŋ¹		koŋ⁵	kʰoŋ¹
周浦	soŋ⁵	koŋ¹	koŋ¹	koŋ¹	koŋ¹		koŋ⁵	kʰoŋ¹
南汇	soŋ⁵	koŋ¹	koŋ¹	koŋ¹	koŋ¹		koŋ⁵	kʰoŋ¹
南汇新	soŋ⁵	koŋ¹	koŋ¹	koŋ¹	koŋ¹	koŋ¹	koŋ⁵	kʰoŋ¹
嘉定	soŋ⁵	koŋ¹	koŋ¹	koŋ¹	koŋ¹		koŋ⁵	kʰoŋ¹
嘉定新	soŋ⁵	koŋ¹	koŋ¹	koŋ¹	koŋ¹	koŋ¹	koŋ⁵	kʰoŋ¹
宝山	soŋ⁵	koŋ¹	koŋ¹	koŋ¹	koŋ¹		koŋ⁵	kʰoŋ¹
宝山新	soŋ⁵	koŋ¹	koŋ¹	koŋ¹	koŋ¹	koŋ¹	koŋ⁵	kʰoŋ¹
崇明	soŋ⁵	koŋ¹	koŋ¹	koŋ¹	koŋ¹		koŋ⁵	kʰoŋ¹
崇明新	soŋ⁵	koŋ¹	koŋ¹	koŋ¹	koŋ¹	koŋ¹	koŋ⁵	kʰoŋ¹
堡镇	soŋ⁵	koŋ¹	koŋ¹	koŋ¹	koŋ¹		koŋ⁵	kʰoŋ¹
练塘	soŋ⁵	koŋ¹	koŋ¹	koŋ¹	koŋ¹		koŋ⁵	kʰoŋ¹

序号	2973	2974	2975	2976	2977	2978	2979	2980
字目	孔	控	空空缺	烘	[哄]哄骗	红	洪	鸿
中古音的地位	通合一上董溪	通合一去送溪	通合一去送溪	通合一平东晓	通合一上董晓	通合一平东匣	通合一平东匣	通合一平东匣
市区	kʰoŋ⁵	kʰoŋ⁵	kʰoŋ⁵	hoŋ¹	hoŋ¹	ɦoŋ⁶	ɦoŋ⁶	ɦoŋ⁶
市区中	kʰoŋ⁵	kʰoŋ⁵	kʰoŋ⁵	hoŋ¹	hoŋ⁵	ɦoŋ⁶	ɦoŋ⁶	ɦoŋ⁶
市区新	kʰoŋ⁵	kʰoŋ⁵	kʰoŋ⁵	hoŋ¹	hoŋ⁵	ɦoŋ⁶	ɦoŋ⁶	ɦoŋ⁶
真如	kʰoŋ⁵	kʰoŋ³	kʰoŋ¹	hoŋ¹	hoŋ¹	ɦoŋ²	ɦoŋ²	ɦoŋ²
江湾	kʰoŋ⁵	kʰoŋ⁵	kʰoŋ⁵	hoŋ¹	hoŋ¹	ɦoŋ⁶	ɦoŋ⁶	ɦoŋ⁶
松江	kʰoŋ³	kʰoŋ⁵	kʰoŋ⁵	hoŋ¹	hoŋ³	ɦoŋ²	ɦoŋ²	ɦoŋ²
松江新	kʰoŋ³	kʰoŋ⁵	kʰoŋ⁵	hoŋ¹	hoŋ³	ɦoŋ²	ɦoŋ²	ɦoŋ²
泗泾	kʰoŋ³	kʰoŋ⁵	kʰoŋ⁵	hoŋ¹	hoŋ³	ɦoŋ²	ɦoŋ²	ɦoŋ²
奉贤	kʰoŋ³	kʰoŋ⁵	kʰoŋ⁵	hʊŋ¹	hʊŋ¹	ɦʊŋ²	ɦʊŋ²	ɦʊŋ²
奉贤新	kʰoŋ⁵	kʰoŋ⁵	kʰoŋ⁵	hoŋ¹	hoŋ³	ɦoŋ²	ɦoŋ²	ɦoŋ²
奉城	kʰoŋ³	kʰoŋ⁵	kʰoŋ⁵	hʊŋ¹	hʊŋ¹	ɦʊŋ²	ɦʊŋ²	ɦʊŋ²
金山	kʰoŋ⁵	kʰoŋ⁵	kʰoŋ⁵	hoŋ¹	hoŋ¹	ɦoŋ²	ɦoŋ²	ɦoŋ²
金山新	kʰoŋ³	kʰoŋ⁵	kʰoŋ⁵	ɦoŋ²	hoŋ³	ɦoŋ²	ɦoŋ²	ɦoŋ²
枫泾	kʰoŋ⁵	kʰoŋ³	kʰoŋ⁵	hoŋ¹	hoŋ³	ɦoŋ²	ɦoŋ²	ɦoŋ²
青浦	kʰoŋ³	kʰoŋ⁵	kʰoŋ⁵	hoŋ¹	hoŋ³	ɦoŋ²	ɦoŋ²	ɦoŋ²
青浦新	kʰoŋ³	kʰoŋ³	kʰoŋ⁵	hoŋ¹	hoŋ³	ɦoŋ²	ɦoŋ²	ɦoŋ²
莘庄	kʰoŋ³	kʰoŋ³	kʰoŋ⁵	hoŋ¹	hoŋ¹	ɦoŋ²	ɦoŋ²	ɦoŋ²
闵行新	kʰoŋ⁵	kʰoŋ¹	kʰoŋ⁵	hoŋ¹	hoŋ³	ɦoŋ²	ɦoŋ²	ɦoŋ²
川沙	kʰoŋ³	kʰoŋ⁵	kʰoŋ⁵	hoŋ¹	hoŋ¹	ɦoŋ²	ɦoŋ²	ɦoŋ²
川沙新	kʰoŋ³	kʰoŋ⁵	kʰoŋ⁵	hoŋ¹	hoŋ³	ɦoŋ⁶	ɦoŋ⁶	ɦoŋ⁶
高桥	kʰoŋ⁵	kʰoŋ⁵	kʰoŋ⁵	hoŋ¹	hoŋ³	ɦoŋ⁶	ɦoŋ⁶	ɦoŋ⁶
三林	kʰoŋ⁵	kʰoŋ¹	kʰoŋ⁵	hoŋ¹	hoŋ³	ɦoŋ²	ɦoŋ²	ɦoŋ²
周浦	kʰoŋ⁵	kʰoŋ⁵	kʰoŋ⁵	hoŋ¹	hoŋ³	ɦoŋ²	ɦoŋ²	ɦoŋ²
南汇	kʰoŋ⁵	kʰoŋ⁵	kʰoŋ⁵	hoŋ¹	hoŋ¹	ɦoŋ²	ɦoŋ²	ɦoŋ²
南汇新	kʰoŋ³	kʰoŋ⁵	kʰoŋ⁵	hoŋ¹	hoŋ³	ɦoŋ⁶	ɦoŋ⁶	ɦoŋ⁶
嘉定	kʰoŋ⁵	kʰoŋ⁵	kʰoŋ⁵	hoŋ¹	hoŋ¹	ɦoŋ²	ɦoŋ²	ɦoŋ²
嘉定新	kʰoŋ⁶	kʰoŋ⁵	kʰoŋ⁵	hoŋ¹		ɦoŋ²	ɦoŋ²	ɦoŋ²
宝山	kʰoŋ⁵	kʰoŋ⁵	kʰoŋ⁵	hoŋ¹	hoŋ⁵	ɦoŋ²	ɦoŋ²	ɦoŋ²
宝山新	kʰoŋ⁵	kʰoŋ⁵	kʰoŋ⁵	hoŋ¹	hoŋ⁵	ɦoŋ⁶	ɦoŋ⁶	ɦoŋ⁶
崇明	kʰoŋ³	kʰoŋ³	kʰoŋ⁵	hoŋ¹	hoŋ¹	ɦɦoŋ²	ɦɦoŋ²	ɦɦoŋ²
崇明新	kʰoŋ³	kʰoŋ⁵	kʰoŋ⁵	xoŋ¹	xoŋ³	hoŋ²	hoŋ²	hoŋ²
堡镇	kʰoŋ³	kʰoŋ³	kʰoŋ⁵	hoŋ¹	hoŋ¹	ɦɦoŋ²	ɦɦoŋ²	ɦɦoŋ²
练塘	kʰoŋ³	kʰoŋ⁵	kʰoŋ¹	hoŋ¹	hoŋ³	ɦoŋ²	ɦoŋ²	ɦoŋ²

序号	2981	2982	2983	2984	2985	2986	2987	2988
字目	虹	汞	翁	瓮	扑	仆仆人	木	秃
中古音的地位	通合一平东匣	通合一上董晓	通合一平东影	通合一平东影	通合一入屋滂	通合一入屋並	通合一入屋明	通合一入屋透
市区	ɦoŋ⁶		oŋ¹		pʰoʔ⁷	pʰoʔ⁷	moʔ⁸	tʰəʔ⁷/tʰoʔ⁷
市区中	ɦoŋ⁶	koŋ⁵	oŋ¹	oŋ¹	pʰoʔ⁷	boʔ⁸	moʔ⁸	tʰoʔ⁷
市区新	ɦoŋ⁶	koŋ⁵	oŋ¹	oŋ¹	pʰoʔ⁷	boʔ⁸	moʔ⁸	tʰoʔ⁷
真如	ɦoŋ²		oŋ¹		pʰoʔ⁷	pʰoʔ⁷	moʔ⁸	tʰoʔ⁷
江湾	ɦoŋ⁶		oŋ¹		pʰoʔ⁷	pʰoʔ⁷	moʔ⁸	tʰoʔ⁷
松江	ɦoŋ²		oŋ¹		pʰoʔ⁷	pʰoʔ⁷	moʔ⁸	tʰoʔ⁷
松江新	ɦoŋ²	koŋ³	oŋ¹	vʌn⁵	pʰoʔ⁷	boʔ⁸	moʔ⁸	tʰoʔ⁷
泗泾	ɦoŋ²		oŋ¹		pʰoʔ⁷	pʰoʔ⁷	moʔ⁸	tʰoʔ⁷
奉贤	ɦʊŋ²		ʊŋ¹		pʰoʔ⁷	pʰoʔ⁷	moʔ⁸	tʰɔʔ⁷
奉贤新	ɦoŋ²	koŋ⁵	oŋ¹/uəŋ¹	uəŋ¹/oŋ¹	pʰoʔ⁷	bu²	moʔ⁸	tʰɔʔ⁷
奉城	ɦʊŋ²		ʊŋ¹		pʰoʔ⁷	bɔʔ⁷	moʔ⁸	tʰɔʔ⁷
金山	ɦoŋ²		oŋ¹		pʰoʔ⁷	pʰoʔ⁷	moʔ⁸	tʰoʔ⁷
金山新	ɦoŋ²	koŋ³	oŋ¹		pʰoʔ⁷	bɔʔ⁸	moʔ⁸	tʰɔ³
枫泾	ɦoŋ²		oŋ¹		pʰoʔ⁷	pʰoʔ⁷	moʔ⁸	tʰoʔ⁷
青浦	ɦoŋ²		oŋ¹		pʰoʔ⁷	pʰoʔ⁷	moʔ⁸	tʰoʔ⁷
青浦新	ɦoŋ²	goŋ⁶	oŋ¹		pʰoʔ⁷		moʔ⁸	tʰoʔ⁷
莘庄	ɦoŋ²		oŋ¹		pʰoʔ⁷	pʰoʔ⁷	moʔ⁸	tʰoʔ⁷
闵行新	ɦoŋ²	koŋ⁵	oŋ¹	uən¹	pʰɔʔ⁷	①	moʔ⁸	tʰoʔ⁷
川沙	ɦoŋ²		oŋ¹		pʰoʔ⁷	pʰoʔ⁷	moʔ⁸	tʰoʔ⁷
川沙新	ɦoŋ⁶	koŋ³	oŋ¹		pʰoʔ⁷	bu⁶	moʔ⁸	tʰɔʔ⁷
高桥	ɦoŋ⁶		oŋ¹		pʰoʔ⁷	pʰoʔ⁷	moʔ⁸	tʰœʔ⁷
三林	ɦoŋ²		oŋ¹		pʰoʔ⁷	pʰoʔ⁷	moʔ⁸	tʰoʔ⁷
周浦	ɦoŋ²		oŋ¹		pʰoʔ⁷	pʰoʔ⁷	moʔ⁸	tʰoʔ⁷
南汇	ɦoŋ²		oŋ¹		pʰoʔ⁷	pʰoʔ⁷	moʔ⁸	tʰoʔ⁷
南汇新	ɦoŋ⁶	goŋ⁶	ʋoŋ¹		pʰəʔ⁷		moʔ⁸	tʰoʔ⁷
嘉定	ɦoŋ²		oŋ¹		pʰoʔ⁷	pʰoʔ⁷	moʔ⁸	tʰoʔ⁷
嘉定新	ɦoŋ²	koŋ⁵	oŋ¹	uẽ¹	pʰoʔ⁷	pʰoʔ⁷	moʔ⁸	tʰoʔ⁷
宝山	ɦoŋ²	koŋ⁵	oŋ¹	oŋ¹	pʰoʔ⁷	pʰoʔ⁷	moʔ⁸	tʰoʔ⁷
宝山新	ɦoŋ⁶	koŋ⁵	uəŋ¹	uəŋ¹	pʰoʔ⁷	pʰoʔ⁷	moʔ⁸	tʰoʔ⁷
崇明	ɦɦoŋ²		oŋ¹		pʰoʔ⁷	pʰoʔ⁷	moʔ⁸	tʰoʔ⁷
崇明新	hoŋ²	goŋ⁶	voŋ¹	vən²	pʰoʔ⁷	bu²	moʔ⁸	tʰoʔ⁷
堡镇	ɦɦoŋ²		oŋ¹		pʰoʔ⁷	pʰoʔ⁷	moʔ⁸	tʰoʔ⁷
练塘	ɦoŋ²		oŋ¹		pʰoʔ⁷	pʰoʔ⁷	moʔ⁸	tʰoʔ⁷

注：① "仆倒"义中读pʰoʔ⁷。

序号	2989	2990	2991	2992	2993	2994	2995	2996
字目	独	读	犊	鹿	禄	族	速	谷 五谷
中古音的地位	通合一入屋定	通合一入屋定	通合一入屋定	通合一入屋来	通合一入屋来	通合一入屋从	通合一入屋心	通合一入屋见
市区	doʔ^8	doʔ^8		loʔ^8	loʔ^8	zoʔ^8	soʔ^7	koʔ^7
市区中	doʔ^8	doʔ^8	doʔ^8	loʔ^8	loʔ^8	zoʔ^8	soʔ^7	koʔ^7
市区新	doʔ^8	doʔ^8	doʔ^8	loʔ^8	loʔ^8	zoʔ^8	soʔ^7	koʔ^7
真如	doʔ^8	doʔ^8		loʔ^8	loʔ^8	zoʔ^8	soʔ^7	koʔ^7
江湾	doʔ^8	doʔ^8		loʔ^8	loʔ^8	zoʔ^8	soʔ^7	koʔ^7
松江	doʔ^8	doʔ^8		loʔ^8	loʔ^8	zoʔ^8	soʔ^7	koʔ^7
松江新	dɔʔ^8	dɔʔ^8	dɔʔ^8	loʔ^8	loʔ^8	tsoʔ^7	soʔ^7	kɔʔ^7
泗泾	doʔ^8	doʔ^8		loʔ^8	loʔ^8	zoʔ^8	soʔ^7	koʔ^7
奉贤	doʔ^8	doʔ^8		loʔ^8	loʔ^8	zoʔ^8	soʔ^7	koʔ^7
奉贤新	dɔʔ^8	dɔʔ^8	dɔʔ^8	lɔʔ^8	lɔʔ^8	zɔʔ^8	sɔʔ^7	kɔʔ^7
奉城	doʔ^8	doʔ^8		loʔ^8	loʔ^8	zoʔ^8	soʔ^7	koʔ^7
金山	dɔʔ^8	dɔʔ^8		lɔʔ^8	lɔʔ^8	zɔʔ^8	sɔʔ^7	kɔʔ^7
金山新	dɔ^6	dɔ^6	dɔ^6	lɔʔ^8	lɔʔ^8	zɔʔ^8	sɔʔ^7	kɔʔ^7
枫泾	dɔʔ^8	dɔʔ^8		lɔʔ^8	lɔʔ^8	zɔʔ^8	sɔʔ^7	kɔʔ^7
青浦	doʔ^8	doʔ^8		loʔ^8	loʔ^8	zoʔ^8	soʔ^7	koʔ^7
青浦新	doʔ^8	doʔ^8	doʔ^8	loʔ^8	loʔ^8	zoʔ^8	soʔ^7	koʔ^7
莘庄	doʔ^8	doʔ^8		loʔ^8	loʔ^8	zoʔ^8	soʔ^7	koʔ^7
闵行新	doʔ^8	doʔ^8	doʔ^8	loʔ^8	loʔ^8	zoʔ^8	soʔ^7	koʔ^7
川沙	doʔ^8	doʔ^8		loʔ^8	loʔ^8	zoʔ^8	soʔ^7	koʔ^7
川沙新	dɔʔ^8	dɔʔ^8		lɔʔ^8	lɔʔ^8	zɔʔ^8	sɔʔ^7	kɔʔ^7
高桥	doʔ^8	doʔ^8		loʔ^8	loʔ^8	zoʔ^8	soʔ^7	koʔ^7
三林	doʔ^8	doʔ^8		loʔ^8	loʔ^8	zoʔ^8	soʔ^7	koʔ^7
周浦	doʔ^8	doʔ^8		loʔ^8	loʔ^8	zoʔ^8	soʔ^7	koʔ^7
南汇	doʔ^8	doʔ^8		loʔ^8	loʔ^8	zoʔ^8	soʔ^7	koʔ^7
南汇新	doʔ^8	doʔ^8		loʔ^8		zoʔ^8	soʔ^7	koʔ^7
嘉定	doʔ^8	doʔ^8		loʔ^8	loʔ^8	zoʔ^8	soʔ^7	kɔʔ^7
嘉定新	doʔ^8	doʔ^8	doʔ^8	loʔ^8	loʔ^8	zoʔ^8	soʔ^7	koʔ^7
宝山	doʔ^8	doʔ^8	doʔ^8	loʔ^8	loʔ^8	zoʔ^8	soʔ^7	koʔ^7
宝山新	doʔ^8	doʔ^8	doʔ^8	loʔ^8	loʔ^8	tsoʔ^7	soʔ^7	koʔ^7
崇明	doʔ^8	doʔ^8		loʔ^8	loʔ^8	dzoʔ^8	soʔ^7	koʔ^7
崇明新	doʔ^8	doʔ^8	doʔ^8	loʔ^8	loʔ^8	ʥoʔ^8	soʔ^7	koʔ^7
堡镇	doʔ^8	doʔ^8		loʔ^8	loʔ^8	dzoʔ^8	soʔ^7	koʔ^7
练塘	doʔ^8	doʔ^8		loʔ^8	loʔ^8	zoʔ^8	soʔ^7	koʔ^7

序号	2997	2998	2999	3000	3001	3002	3003	3004
字目	谷山谷	哭	屋	冬	统①	农	脓	宗
中古音的地位	通合一入屋见	通合一入屋溪	通合一入屋影	通合一平冬端	通合一去宋透	通合一平冬泥	通合一平冬泥	通合一平冬精
市区	koʔ⁷	kʰoʔ⁷	oʔ⁷	toŋ¹	tʰoŋ⁵	noŋ⁶		tsoŋ¹
市区中	koʔ⁷	kʰoʔ⁷	oʔ⁷	toŋ¹	tʰoŋ¹	noŋ⁶	noŋ⁶	tsoŋ¹
市区新	koʔ⁷	kʰoʔ⁷	oʔ⁷	toŋ¹	tʰoŋ⁵	noŋ⁶	noŋ⁶	tsoŋ¹
真如	koʔ⁷	kʰoʔ⁷	oʔ⁷	ʔdoŋ¹	tʰoŋ³	noŋ²	noŋ²	tsoŋ¹
江湾	koʔ⁷	kʰoʔ⁷	oʔ⁷	ʔdoŋ¹	tʰoŋ⁵	noŋ⁶	noŋ⁶	tsoŋ¹
松江	koʔ⁷	kʰoʔ⁷	oʔ⁷	ʔdoŋ¹	tʰoŋ⁵	noŋ²②	noŋ⁶	tsoŋ¹
松江新	kɔʔ⁷	kʰoʔ⁷	oʔ⁷	toŋ¹	tʰoŋ⁵	noŋ²	noŋ²	tsoŋ¹
泗泾	koʔ⁷	kʰoʔ⁷	oʔ⁷	ʔdoŋ¹	tʰoŋ⁵	noŋ²③	noŋ⁶	tsoŋ¹
奉贤	koʔ⁷	kʰoʔ⁷	oʔ⁷	ʔdʊŋ¹	tʰʊŋ⁵	nʊŋ²	nʊŋ²	tsʊŋ¹
奉贤新	koʔ⁷	kʰoʔ⁷	oʔ⁷	ʔdoŋ¹	tʰoŋ⁵	noŋ²	noŋ²	tsoŋ¹
奉城	koʔ⁷	kʰoʔ⁷	oʔ⁷	ʔdʊŋ¹	tʰʊŋ⁵	nʊŋ²	nʊŋ²	tsʊŋ¹
金山	kɔʔ⁷	kʰɔʔ⁷	ɔʔ⁷	ʔdoŋ¹	tʰoŋ³	noŋ²	noŋ²	tsoŋ¹
金山新	kɔʔ⁷	kʰɔʔ⁷	ɔʔ⁷	toŋ¹	tʰoŋ⁵	noŋ²	noŋ²	tsoŋ¹
枫泾	kɔʔ⁷	kʰɔʔ⁷	ɔʔ⁷	toŋ¹	tʰoŋ³	loŋ²	noŋ²	tsoŋ¹
青浦	koʔ⁷	kʰoʔ⁷	oʔ⁷	ʔdoŋ¹	tʰoŋ⁵	noŋ²	noŋ²	tsoŋ¹
青浦新	koʔ⁷	kʰoʔ⁷	oʔ⁷	toʔ⁷	tʰoʔ³	noŋ²	noŋ²	tsoŋ¹
莘庄	koʔ⁷	kʰoʔ⁷	oʔ⁷	ʔdoŋ¹	tʰoŋ³	noŋ²	noŋ⁶	tsoŋ¹
闵行新	koʔ⁷	kʰoʔ⁷	oʔ⁷	toŋ¹	tʰoŋ⁵	noŋ²	noŋ²	tsoŋ¹
川沙	koʔ⁷	kʰoʔ⁷	oʔ⁷	ʔdoŋ¹	tʰoŋ³	noŋ²	noŋ⁶	tsoŋ¹
川沙新		kʰɔʔ⁷	ɔʔ⁷	ʔdoŋ¹	tʰoŋ³	noŋ⁶	noŋ⁶	tsoŋ¹
高桥	koʔ⁷	kʰoʔ⁷	oʔ⁷	ʔdoŋ¹	tʰoŋ³	noŋ²	noŋ⁶	tsoŋ¹
三林	koʔ⁷	kʰoʔ⁷	oʔ⁷	ʔdoŋ¹	tʰoŋ³	noŋ²	noŋ²	tsoŋ¹
周浦	koʔ⁷	kʰoʔ⁷	oʔ⁷	ʔdoŋ¹	tʰoŋ³	noŋ²	noŋ⁶	tsoŋ¹
南汇	koʔ⁷	kʰoʔ⁷	oʔ⁷	ʔdoŋ¹	tʰoŋ³	noŋ²	noŋ²	tsoŋ¹
南汇新	koʔ⁷	kʰoʔ⁷	oʔ⁷	ʔdoŋ¹	tʰoŋ³	noŋ⁶	noŋ⁶	tsoŋ¹
嘉定	koʔ⁷	kʰoʔ⁷	oʔ⁷/uəʔ⁷	toŋ¹	tʰoŋ⁵	noŋ²	noŋ²	tsoŋ¹
嘉定新	koʔ⁷	kʰoʔ⁷	oʔ⁷	toŋ¹	tʰoŋ⁵	noŋ²	noŋ²	tsoŋ¹
宝山	koʔ⁷	kʰoʔ⁷	oʔ⁷	toŋ¹	tʰoŋ⁵	noŋ²	noŋ²	tsoŋ¹
宝山新	ku⁵	kʰoʔ⁷	oʔ⁷	toŋ¹	tʰoŋ⁵	noŋ⁵	noŋ⁵	tsoŋ¹
崇明	koʔ⁷	kʰoʔ⁷	uoʔ⁷	toŋ¹	tʰoŋ³	noŋ²	noŋ²	tsoŋ¹
崇明新	koʔ⁷	kʰoʔ⁷	vəʔ⁷	toŋ¹	tʰoŋ⁵	noŋ²	noŋ²	tsoŋ¹
堡镇	koʔ⁷	kʰoʔ⁷	uoʔ⁷	toŋ¹	tʰoŋ³	noŋ²	noŋ²	tsoŋ¹
练塘	koʔ⁷	kʰoʔ⁷	oʔ⁷	toŋ¹	tʰoŋ⁵	noŋ²	noŋ²	tsoŋ¹

注：① 吴语这个字一般都阴上，上海话似也不例外。
②③ 老派口语中也有loŋ²一读。

序号	3005	3006	3007	3008	3009	3010	3011	3012
字目	综	松松紧	宋	督①	笃②	毒	酷	沃
中古音的地位	通合一去宋精	通合一平冬心	通合一去宋心	通合一入沃端	通合一入沃端	通合一入沃定	通合一入沃溪	通合一入沃影
市区	tsoŋ^1	soŋ^1	soŋ^5	toʔ^7	toʔ^7	doʔ^8	kʰoʔ^7	
市区$_中$	tsoŋ^1	soŋ^1	soŋ^5	toʔ^7	toʔ^7	doʔ^8	kʰoʔ^7	oʔ^7
市区$_新$	tsoŋ^1	soŋ^1	soŋ^5	toʔ^7	toʔ^7	doʔ^8	kʰoʔ^7	oʔ^7
真如	tsoŋ^5	soŋ^1	soŋ^5	ʔdoʔ^7	ʔdoʔ^7	doʔ^8	kʰoʔ^7	
江湾	tsoŋ^1	soŋ^1	soŋ^5	ʔdoʔ^7	ʔdoʔ^7	doʔ^8	kʰoʔ^7	
松江	tsoŋ^5	soŋ^1	soŋ^5	ʔdoʔ^7	ʔdoʔ^7	doʔ^8	kʰoʔ^7	
松江$_新$	tsoŋ^5	soŋ^1	soŋ^5	doʔ^8	doʔ^8	doʔ^8	kʰoʔ^7	ɔʔ^7
泗泾	tsoŋ^5	soŋ^1	soŋ^5	ʔdoʔ^7	ʔdoʔ^7	doʔ^8	kʰoʔ^7	
奉贤	tsʊŋ^5	sʊŋ^1	sʊŋ^5	ʔdoʔ^7	ʔdoʔ^7	doʔ^8	kʰoʔ^7	
奉贤$_新$	tsoŋ^3	soŋ^1	soŋ^5	ʔdu^1	ʔdu^1	doʔ^8	kʰu^5	uoʔ^8
奉城	tsʊŋ^5	sʊŋ^1	sʊŋ^5	ʔdoʔ^7	ʔdoʔ^7	doʔ^8	kʰoʔ^7	
金山	tsoŋ^5	soŋ^1	soŋ^5	ʔdɔʔ^7	ʔdɔʔ^7	doʔ^8	kʰoʔ^7	
金山$_新$	tsoŋ^1	soŋ^1	soŋ^5	tɔʔ^7	tɔʔ^7	doʔ^8	kʰoʔ^7	ɔʔ^7
枫泾	tsoŋ^5	soŋ^1	soŋ^5	tɔʔ^7	tɔʔ^7	doʔ^8	kʰoʔ^7	
青浦	tsoŋ^5	soŋ^1	soŋ^5	ʔdoʔ^7	ʔdoʔ^7	doʔ^8	kʰoʔ^7	
青浦$_新$	tsoŋ^1	soŋ^1	soŋ^5	toʔ^7	toʔ^7	doʔ^8	kʰoʔ^7	
莘庄	tsoŋ^5	soŋ^1	soŋ^5	ʔdoʔ^7	ʔdoʔ^7	doʔ^8	kʰoʔ^7	
闵行$_新$		soŋ^1	soŋ^5	tu^1	tɔʔ^7	doʔ^8	kʰoʔ^7	
川沙	tsoŋ^5	soŋ^1	soŋ^5	ʔdoʔ^7	ʔdoʔ^7	doʔ^8	kʰoʔ^7	
川沙$_新$	tsoŋ^1	soŋ^1	soŋ^5	ʔdɔʔ^7	ʔdɔʔ^7	dɔʔ^8	kʰoʔ^7	
高桥	tsoŋ^5	soŋ^1	soŋ^5	ʔdoʔ^7	ʔdoʔ^7	doʔ^8	kʰɔ^1	
三林	tsoŋ^3	soŋ^1	soŋ^5	ʔdoʔ^7	ʔdoʔ^7	doʔ^8	kʰoʔ^7	
周浦	tsoŋ^5	soŋ^1	soŋ^5	ʔdoʔ^7	ʔdoʔ^7	doʔ^8	kʰoʔ^7	
南汇	tsoŋ^5	soŋ^1	soŋ^5	ʔdoʔ^7	ʔdoʔ^7	doʔ^8	kʰoʔ^7	
南汇$_新$	tsoŋ^1	soŋ^1	soŋ^5	ʔdu^1	ʔdoʔ^7	doʔ^8	kʰu^5	
嘉定	tsoŋ^5	soŋ^1	soŋ^5	toʔ^7	toʔ^7	doʔ^8	kʰɔʔ^7	
嘉定$_新$	tsoŋ^1	soŋ^1	soŋ^5	toʔ^7	toʔ^7	doʔ^8	kʰɔʔ^7	u^5/ø^5
宝山	tsoŋ^1	soŋ^1	soŋ^5	toʔ^7	toʔ^7	doʔ^8	kʰoʔ^7	ɦoʔ^8
宝山$_新$	tsoŋ^1	soŋ^1	soŋ^5	doʔ^8	doʔ^8	doʔ^8	kʰoʔ^7	ɦoʔ^8
崇明	tsoŋ^5	soŋ^1	soŋ^5	toʔ^7	toʔ^7	doʔ^8	kʰoʔ^7	
崇明$_新$	tsoŋ^1	soŋ^1	soŋ^5	toʔ^7	toʔ^7	doʔ^8	kʰoʔ^7	ŋoʔ^8
堡镇	tsoŋ^5	soŋ^1	soŋ^5	toʔ^7	toʔ^7	doʔ^8	kʰoʔ^7	
练塘	tsoŋ^5	soŋ^1	soŋ^5	toʔ^7	toʔ^7	doʔ^8	kʰoʔ^7	

注：①② 此字在上海话的老派音中因避讳的原因常有特殊的读音，一般不会读ʔdoʔ^7。

序号	3013	3014	3015	3016	3017	3018	3019	3020
字目	风	疯	讽	丰丰收	冯姓	凤	梦	隆
中古音的地位	通合三平东非	通合三平东非	通合三去送非	通合三平东敷	通合三平东奉	通合三去送奉	通合三去送明	通合三平东来
市区	foŋ¹	foŋ¹	foŋ¹	foŋ¹	voŋ⁶	voŋ⁶	mã⁶/moŋ⁶	loŋ⁶
市区中	foŋ¹	foŋ¹	foŋ⁵	foŋ¹	voŋ⁶	voŋ⁶	moŋ⁶	loŋ⁶
市区新	foŋ¹	foŋ¹	foŋ⁵	foŋ¹	voŋ⁶	voŋ⁶	moŋ⁶	loŋ⁶
真如	foŋ¹	foŋ¹	foŋ¹	foŋ¹	ɦoŋ²	voŋ⁶	mã⁶	loŋ²
江湾	hoŋ¹	hoŋ¹	hoŋ¹	hoŋ¹	ɦoŋ⁶	ɦoŋ⁶	m̃õ⁶	loŋ⁶
松江	ɸoŋ¹	ɸoŋ¹	ɸoŋ¹	ɸoŋ¹	ɦoŋ²	βoŋ⁶	mã⁶	loŋ²
松江新	foŋ¹	foŋ¹	foŋ⁵	fʌn¹	voŋ⁶	voŋ⁶	moŋ⁶	loŋ⁶
泗泾	ɸoŋ¹	ɸoŋ¹	ɸoŋ¹	ɸoŋ¹	ɦoŋ²	βoŋ⁶	mã⁶	loŋ²
奉贤	hʊŋ¹	hʊŋ¹	hʊŋ¹	hʊŋ¹	ɦʊŋ²	hʊŋ⁶	mã⁶	lʊŋ²
奉贤新	foŋ¹/hoŋ³	foŋ¹/hoŋ³	foŋ³	foŋ³	voŋ²	voŋ²	m ã̃⁶	loŋ²
奉城	hʊŋ¹	hʊŋ¹	hʊŋ¹	hʊŋ¹	ɦʊŋ²	hʊŋ⁶	mã⁶	lʊŋ²
金山	foŋ¹	foŋ¹	foŋ¹	foŋ¹	ɦoŋ²	foŋ¹	mã⁶	loŋ²
金山新	foŋ¹	hoŋ¹	foŋ³/hoŋ³	foŋ¹	voŋ²	voŋ²	mã⁶	loŋ²
枫泾	hoŋ¹	hoŋ¹	hoŋ¹	hoŋ¹	ɦoŋ²	hoŋ⁶	mã⁶/moŋ⁶	loŋ²
青浦	ɸoŋ¹	ɸoŋ¹	ɸoŋ¹	ɸoŋ¹	ɦoŋ²	βoŋ⁶	moŋ⁶/mã⁶	loŋ²
青浦新	foŋ¹	foŋ¹	foŋ³	foŋ¹	ɦoŋ²	voŋ⁶	mã⁶	loŋ²
莘庄	hoŋ¹	hoŋ¹	hoŋ¹	hoŋ¹	ɦoŋ²	ɦoŋ⁶	mã⁶	loŋ²
闵行新	hoŋ¹	fən¹	fən⁵	fən²	hoŋ²	voŋ²	mã²	loŋ²
川沙	hoŋ¹	hoŋ¹	hoŋ¹	hoŋ¹	ɦoŋ²	ɦoŋ⁶	mã⁶	loŋ²
川沙新	foŋ¹	foŋ¹	foŋ³	foŋ¹	ɦoŋ⁶/voŋ⁶	voŋ⁶	mã⁵	loŋ⁶
高桥	hoŋ¹	hoŋ¹	hoŋ¹	hoŋ¹	ɦoŋ²	ɦoŋ⁶	mã⁶	loŋ⁶
三林	hoŋ¹	hoŋ¹	hoŋ¹	hoŋ¹	ɦoŋ²	ɦoŋ⁶	mã⁶	loŋ²
周浦	hoŋ¹	hoŋ¹	hoŋ¹	hoŋ¹	ɦoŋ²	hoŋ⁶	mã⁶	loŋ²
南汇	hoŋ¹	hoŋ¹	hoŋ¹	hoŋ¹	ɦoŋ²	hoŋ⁶	mã⁶	loŋ²
南汇新	hoŋ¹	fən¹	fən³	hoŋ¹	ɦoŋ⁶	ɦoŋ⁶	moŋ⁶	loŋ⁶
嘉定	foŋ¹	foŋ¹	foŋ¹	foŋ¹	voŋ⁶	voŋ⁶	mã⁶	loŋ⁶
嘉定新	foŋ¹	foŋ¹	foŋ⁵	foŋ¹	voŋ²	voŋ⁶	moŋ⁶	loŋ⁶
宝山	foŋ¹	foŋ¹	foŋ¹	foŋ¹	voŋ⁶	voŋ⁶	moŋ⁶	loŋ⁶
宝山新	foŋ¹	foŋ¹	foŋ⁵	foŋ¹	voŋ⁶	voŋ⁶	moŋ⁶	loŋ⁶
崇明	foŋ¹	foŋ¹	foŋ³	foŋ¹	voŋ²	voŋ⁶	moŋ⁴	loŋ²
崇明新	foŋ¹	foŋ¹	foŋ³	foŋ¹	foŋ²	foŋ⁶	mã⁶	loŋ²
堡镇	foŋ¹	foŋ¹	foŋ³	foŋ¹	voŋ²	voŋ⁶	moŋ⁴	loŋ²
练塘	ɸoŋ¹	ɸoŋ¹	ɸoŋ¹	ɸoŋ¹	ɦoŋ²	βoŋ⁶	moŋ⁶/mã⁶	loŋ²

序号	3021	3022	3023	3024	3025	3026	3027	3028
字目	中当中	忠	衷	中射中	虫	仲	崇	终
中古音的地位	通合三平东知	通合三平东知	通合三平东知	通合三去送知	通合三平东澄	通合三去送澄	通合三平东崇	通合三平东章
市区	tsoŋ¹	tsoŋ¹		tsoŋ¹	zoŋ⁶	zoŋ⁶	zoŋ⁶	tsoŋ¹/tsoŋ⁵
市区中	tsoŋ¹	tsoŋ¹	tsoŋ¹	tsoŋ⁵	zoŋ⁶	zoŋ⁶	zoŋ⁶	tsoŋ¹
市区新	tsoŋ¹	tsoŋ¹	tsoŋ¹	tsoŋ⁵	zoŋ⁶	zoŋ⁶	zoŋ⁶	tsoŋ¹
真如	tsoŋ¹	tsoŋ¹		tsoŋ⁵	zoŋ²	zoŋ⁶	zoŋ²	tsoŋ¹
江湾	tsoŋ¹	tsoŋ¹		tsoŋ⁵	zoŋ⁶	zoŋ⁶	zoŋ²	tsoŋ¹
松江	tsoŋ¹	tsoŋ¹		tsoŋ⁵	zoŋ²	zoŋ⁶	zoŋ²	tsoŋ¹
松江新	tsoŋ¹	tsoŋ¹	tsoŋ¹	tsoŋ⁵	zoŋ²	tsoŋ⁵	zoŋ²	tsoŋ¹
泗泾	tsoŋ¹	tsoŋ¹		tsoŋ⁵	zoŋ²	zoŋ⁶	zoŋ²	tsoŋ¹
奉贤	tsʋŋ¹	tsʋŋ¹		tsʋŋ⁵	zʋŋ²	zʋŋ²	zʋŋ²	tsʋŋ¹
奉贤新	tsoŋ¹	tsoŋ¹	tsoŋ¹	tsoŋ³	zoŋ²	zoŋ²	zoŋ²	tsoŋ¹
奉城	tsʋŋ¹	tsʋŋ¹		tsʋŋ⁵	zʋŋ²	zʋŋ⁶	zʋŋ²	tsʋŋ¹/tsʋŋ³
金山	tsoŋ¹	tsoŋ¹		tsoŋ⁵	zoŋ²	zoŋ⁶	zoŋ²	tsoŋ¹
金山新	tsoŋ¹	tsoŋ¹	tsoŋ¹	tsoŋ⁵	zoŋ²	tsoŋ³	zoŋ²	tsoŋ¹
枫泾	tsoŋ¹	tsoŋ¹		tsoŋ⁵	zoŋ²	zoŋ²	zoŋ²	tsoŋ³
青浦	tsoŋ¹	tsoŋ¹		tsoŋ⁵	zoŋ²	zoŋ⁶	zoŋ²	tsoŋ¹
青浦新	tsoŋ¹	tsoŋ¹	tsoŋ¹	tsoŋ⁵	zoŋ²		zoŋ²	tsoŋ¹
莘庄	tsoŋ¹	tsoŋ¹		tsoŋ⁵	zoŋ²	zoŋ⁶	zoŋ²	tsoŋ³
闵行新	tsoŋ¹	tsoŋ¹	tsoŋ¹	tsoŋ⁵	zoŋ²	tsoŋ¹	zoŋ²	tsoŋ¹
川沙	tsoŋ¹	tsoŋ¹		tsoŋ⁵	zoŋ²	zoŋ⁶	zoŋ²	tsoŋ⁵
川沙新	tsoŋ¹	tsoŋ¹	tsoŋ¹	tsoŋ⁵	zoŋ²	zoŋ⁶	zoŋ²	tsoŋ¹
高桥	tsoŋ¹	tsoŋ¹		tsoŋ⁵	zoŋ⁶	zoŋ⁶	zoŋ⁶	tsoŋ¹
三林	tsoŋ¹	tsoŋ¹			zoŋ²	zoŋ⁶	zoŋ²	tsoŋ¹
周浦	tsoŋ¹	tsoŋ¹			zoŋ²	zoŋ⁶	zoŋ²	tsoŋ¹
南汇	tsoŋ¹	tsoŋ¹			zoŋ⁶	zoŋ⁶	zoŋ⁶	tsoŋ¹
南汇新	tsoŋ¹	tsoŋ¹	tsoŋ¹	tsoŋ¹	zoŋ⁶		zoŋ⁶	tsoŋ¹
嘉定	tsoŋ¹	tsoŋ¹			zoŋ²	zoŋ⁶	zoŋ²	tsoŋ⁵
嘉定新	tsoŋ¹	tsoŋ¹	tsoŋ¹	tsoŋ⁶	zoŋ²	tsoŋ⁵	zoŋ²	tsoŋ¹
宝山	tsoŋ¹	tsoŋ¹		tsoŋ⁵	soŋ²	soŋ²	zoŋ²	tsoŋ⁵
宝山新	tsoŋ¹	tsoŋ¹	tsoŋ¹	tsoŋ⁵	zoŋ⁶	zoŋ⁶	zoŋ⁶	tsoŋ¹
崇明	tsoŋ¹	tsoŋ¹		tsoŋ⁵	dzoŋ²	dzoŋ⁶	dzoŋ²	tsoŋ¹
崇明新	tsoŋ¹	tsoŋ¹	tsoŋ¹	tsoŋ¹	ʣoŋ²	tsoŋ¹	ʣoŋ²	tsoŋ¹
堡镇	tsoŋ¹	tsoŋ¹		tsoŋ⁵	dzoŋ²	dzoŋ⁶	dzoŋ²	tsoŋ¹
练塘	tsoŋ¹	tsoŋ¹		tsoŋ¹	zoŋ²	zoŋ⁶	zoŋ²	tsoŋ¹

序号	3029	3030	3031	3032	3033	3034	3035	3036
字目	众	充	戎	绒	弓	躬	宫	穷
中古音的地位	通合三去送章	通合三平东昌	通合三平东日	通合三平东日	通合三平东见	通合三平东见	通合三平东见	通合三平东群
市区	tsoŋ⁵	tsʰoŋ¹		ȵioŋ⁶	koŋ¹	koŋ¹	koŋ¹	dʑioŋ⁶
市区中	zoŋ⁶	tsʰoŋ¹	ȵioŋ⁶	ȵioŋ⁶	koŋ¹	koŋ¹	koŋ¹	dʑioŋ⁶
市区新	zoŋ⁶	tsʰoŋ¹	ȵioŋ⁶	ȵioŋ⁶	koŋ¹	koŋ¹	koŋ¹	dʑioŋ⁶
真如	tsoŋ⁵	tsʰoŋ¹		ȵyoŋ²	koŋ¹	koŋ¹	koŋ¹	dzyoŋ²
江湾	tsoŋ⁵	tsʰoŋ¹		ȵioŋ⁶	koŋ¹	koŋ¹	koŋ¹	dʑioŋ⁶
松江	tsoŋ⁵	tsʰoŋ¹		ɲyoŋ²	koŋ¹	koŋ¹	koŋ¹	ʝyoŋ²
松江新	tsoŋ⁵	tsʰoŋ¹	ɦioŋ²	ȵioŋ²	koŋ¹	koŋ¹	koŋ¹	dʑioŋ²
泗泾	tsoŋ⁵	tsʰoŋ¹		ɲyoŋ²	koŋ¹	koŋ¹	koŋ¹	ʝyoŋ²
奉贤	tsʊŋ⁵	tsʰʊŋ¹		ȵiʊŋ²	kʊŋ¹	kʊŋ¹	kʊŋ¹	ʝiʊŋ²
奉贤新	zoŋ²/tsoŋ⁵	tsʰoŋ¹	zoŋ²/ȵioŋ²	zoŋ²/ȵioŋ²	koŋ³	koŋ³	koŋ³	dʑioŋ²
奉城	tsʊŋ⁵	tsʰʊŋ¹		ɲiʊŋ²/zʊŋ²	kʊŋ¹	kʊŋ¹	kʊŋ¹	ʝiʊŋ²
金山	tsoŋ³	tsʰoŋ¹		ȵioŋ²	koŋ¹	koŋ¹	koŋ¹	ʝioŋ²
金山新	tsoŋ⁵/zoŋ²	tsʰoŋ¹	ȵioŋ²	ȵioŋ²	koŋ¹	koŋ¹	koŋ¹	dʑioŋ²
枫泾	tsoŋ³	tsʰoŋ¹		ȵioŋ²	koŋ¹	koŋ¹	koŋ¹	dʑioŋ²
青浦	tsoŋ⁵	tsʰoŋ¹		ȵioŋ²	koŋ¹	koŋ¹	koŋ¹	dʑioŋ²
青浦新	tsoŋ⁵	tsʰoŋ¹	ȵioŋ²	ȵioŋ²	koŋ¹	koŋ¹	koŋ¹	dʑioŋ²
莘庄	tsoŋ³	tsʰoŋ¹		ɲyoŋ²	koŋ¹	koŋ¹	koŋ¹	ʝyoŋ²
闵行新	tsoŋ¹	tsʰoŋ¹		ȵioŋ²	koŋ¹	koŋ¹	koŋ¹	dʑioŋ²
川沙	tsoŋ³	tsʰoŋ¹		ȵioŋ²	koŋ¹	koŋ¹	koŋ¹	dʑioŋ²
川沙新	tsoŋ⁵	tsʰoŋ¹		ȵioŋ⁶	koŋ¹	koŋ¹	koŋ¹	dʑioŋ⁶
高桥	tsoŋ³	tsʰoŋ¹		ȵyoŋ⁶	koŋ¹	koŋ¹	koŋ¹	dzyoŋ⁶
三林	tsoŋ⁵	tsʰoŋ¹		ɲyoŋ²	koŋ¹	koŋ¹	koŋ¹	ʝyoŋ²
周浦	tsoŋ⁵	tsʰoŋ¹		ȵioŋ²	koŋ¹	koŋ¹	koŋ¹	ʝioŋ²
南汇	tsoŋ⁵	tsʰoŋ¹		ȵioŋ²	koŋ¹	koŋ¹	koŋ¹	ʝioŋ²
南汇新	tsoŋ⁵	tsʰoŋ¹		ȵyoŋ⁶	koŋ¹	koŋ¹	koŋ¹	dzyoŋ⁶
嘉定	tsoŋ⁵	tsʰoŋ¹		ȵyoŋ²	koŋ¹	koŋ¹	koŋ¹	dzyoŋ²
嘉定新	tsoŋ⁵	tsʰoŋ¹	ȵioŋ²	ȵioŋ²	koŋ¹	koŋ¹	koŋ¹	dʑioŋ²
宝山	tsoŋ⁵	tsʰoŋ¹	ȵioŋ²	ȵioŋ²	koŋ¹	koŋ¹	koŋ¹	dʑioŋ²
宝山新	zoŋ⁶	tsʰoŋ¹	ȵioŋ⁵	ȵioŋ²	koŋ¹	koŋ¹	koŋ¹	dʑioŋ²
崇明	tsoŋ⁵	tsʰoŋ¹		ȵyoŋ²	koŋ¹	koŋ¹	koŋ¹	dzyoŋ²
崇明新	tsoŋ¹	tsʰoŋ¹	ȵioŋ²	ȵioŋ²	koŋ¹	koŋ¹	koŋ¹	dʑioŋ²
堡镇	tsoŋ⁵	tsʰoŋ¹		ȵyoŋ²	koŋ¹	koŋ¹	koŋ¹	dzyoŋ²
练塘	tsoŋ⁵	tsʰoŋ¹		ȵioŋ²	koŋ¹	koŋ¹	koŋ¹	dʑioŋ²

序号	3037	3038	3039	3040	3041	3042	3043	3044
字目	熊	雄	融	福	复复杂	腹	复重复	覆
中古音的地位	通合三平东云	通合三平东云	通合三平东以	通合三入屋非	通合三入屋奉	通合三入屋非	通合三入屋奉	通合三入屋敷
市区	ɦioŋ⁶	ɦioŋ⁶		foʔ⁷	voʔ⁸		voʔ⁸	foʔ⁷
市区中	ɦioŋ⁶	ɦioŋ⁶	ɦioŋ⁶	foʔ⁷	foʔ⁷	foʔ⁷	foʔ⁷	foʔ⁷
市区新	ɦioŋ⁶	ɦioŋ⁶	ɦioŋ⁶	foʔ⁷	foʔ⁷	foʔ⁷	foʔ⁷	foʔ⁷
真如	hyoŋ²	hyoŋ²		hoʔ⁷	ɦoʔ⁸	hoʔ⁷	ɦoʔ⁸	hoʔ⁷
江湾	ɦioŋ⁶	ɦioŋ⁶		hoʔ⁷	hoʔ⁷/ɦoʔ⁸	hoʔ⁷	hoʔ⁷/ɦoʔ⁸	hoʔ⁷
松江	hyoŋ²	hyoŋ²		ɸoʔ⁷	βoʔ⁸	ɸoʔ⁷	βoʔ⁸	ɸoʔ⁷
松江新	ɦioŋ²	ɦioŋ²	ɦioŋ²	foʔ⁷	foʔ⁷	foʔ⁷	foʔ⁷	foʔ⁷
泗泾	hyoŋ²	hyoŋ²		ɸoʔ⁷	βoʔ⁸	ɸoʔ⁷	βoʔ⁸	ɸoʔ⁷
奉贤	ɦiʊŋ²	ɦiʊŋ²		hoʔ⁷	hoʔ⁷/ɦoʔ⁸	hoʔ⁷	hoʔ⁷/ɦoʔ⁸	hoʔ⁷
奉贤新	ɕioŋ²	ɕioŋ²	ɕioŋ²	foʔ⁷	foʔ⁷	foʔ⁷	foʔ⁷	foʔ⁷
奉城	ɦiʊŋ²	ɦiʊŋ²		hoʔ⁷	hoʔ⁷/ɦoʔ⁸	hoʔ⁷	hoʔ⁷/ɦoʔ⁸	hoʔ⁷
金山	ɦioŋ²	ɦioŋ²		fɔʔ⁷	vɔʔ⁸	fɔʔ⁷	vɔʔ⁸	fɔʔ⁷
金山新	ɦioŋ²	ɦioŋ²	loŋ²	fɔʔ⁷/vɔʔ⁷	fɔʔ⁷	fɔʔ⁷	fɔʔ⁷	fɔʔ⁷
枫泾	ɦioŋ²	ɦioŋ²		hɔʔ⁷	ɦɔʔ⁸	hɔʔ⁷	ɦɔʔ⁸	hɔʔ⁷
青浦	ɦioŋ²	ɦioŋ²		ɸoʔ⁷	βoʔ⁸	ɸoʔ⁷	βoʔ⁸	ɸoʔ⁷
青浦新	ɦioŋ⁶	ɦioŋ⁶	ɦioŋ⁶	foʔ⁷	foʔ⁷	foʔ⁷	foʔ⁷	foʔ⁷
莘庄	ɦyoŋ²	ɦyoŋ²		hoʔ⁷	ɦoʔ⁸	hoʔ⁷	ɦoʔ⁸	hoʔ⁷
闵行新	ɦioŋ²	ɦioŋ²	ɦioŋ²	foʔ⁷	foʔ⁷	foʔ⁷	foʔ⁷	foʔ⁷
川沙	ɦioŋ²	ɦioŋ²		hoʔ⁷	ɦoʔ⁸	hoʔ⁷	ɦoʔ⁸	hoʔ⁷
川沙新	ɦioŋ⁶	ɦioŋ⁶	nioŋ⁶	fɔʔ⁷	fɔʔ⁷	fɔʔ⁷	fɔʔ⁷	fɔʔ⁷
高桥	ɦyoŋ²	ɦyoŋ²		hoʔ⁷	βoʔ⁸	hoʔ⁷	βoʔ⁸	hoʔ⁷
三林	ɦyoŋ²	ɦyoŋ²		hoʔ⁷	ɦoʔ⁸	hoʔ⁷	ɦoʔ⁸	hoʔ⁷
周浦	ɦioŋ²	ɦioŋ²		hoʔ⁷	ɦoʔ⁸	hoʔ⁷	ɦoʔ⁸	hoʔ⁷
南汇	ɦioŋ²	ɦioŋ²		hoʔ⁷	ɦoʔ⁸	hoʔ⁷	ɦoʔ⁸	hoʔ⁷
南汇新	ɦyoŋ⁶	ɦyoŋ⁶		hoʔ⁷	hoʔ⁷		hoʔ⁷	fɔʔ⁷
嘉定	hyoŋ²	hyoŋ²		foʔ⁷	voʔ⁸	foʔ⁷	voʔ⁸	foʔ⁷
嘉定新	ɦioŋ²	ɦioŋ²	ɦioŋ²	foʔ⁷	foʔ⁷	foʔ⁷	foʔ⁷	foʔ⁷
宝山	ioŋ²	ioŋ²	ioŋ²	foʔ⁷	foʔ⁷	foʔ⁷	foʔ⁷	foʔ⁷
宝山新	ioŋ⁵	ioŋ⁵	ioŋ⁵	foʔ⁷	foʔ⁷	foʔ⁷	foʔ⁷	foʔ⁷
崇明	ɦyoŋ²	ɦyoŋ²		foʔ⁷	voʔ⁸	foʔ⁷	voʔ⁸	foʔ⁷
崇明新	zioŋ²	zioŋ²	dzoŋ²	foʔ⁷	foʔ⁷	foʔ⁷	foʔ⁷	foʔ⁷
堡镇	ɦyoŋ²	ɦyoŋ²		foʔ⁷	voʔ⁸	foʔ⁷	voʔ⁸	foʔ⁷
练塘	ɦioŋ²	ɦioŋ²		ɸoʔ⁷	βoʔ⁸	ɸoʔ⁷	βoʔ⁸	ɸoʔ⁷

序号	3045	3046	3047	3048	3049	3050	3051	3052
字目	服	伏降伏	复复原	目	牧	穆	六	陆大陆
中古音的地位	通合三入屋奉	通合三入屋奉	通合三入屋奉	通合三入屋明	通合三入屋明	通合三入屋明	通合三入屋来	通合三入屋来
市区	voʔ⁸	voʔ⁸	voʔ⁸	moʔ⁸	moʔ⁸		loʔ⁸	loʔ⁸
市区中	voʔ⁸	voʔ⁸	voʔ⁸	moʔ⁸	moʔ⁸	moʔ⁸	loʔ⁸	loʔ⁸
市区新	voʔ⁸	voʔ⁸	voʔ⁸	moʔ⁸	moʔ⁸	moʔ⁸	loʔ⁸	loʔ⁸
真如	ɦoʔ⁸	ɦoʔ⁸	ɦoʔ⁸	moʔ⁸	moʔ⁸		loʔ⁸	loʔ⁸
江湾	ɦoʔ⁸	ɦoʔ⁸	hoʔ⁷/ɦoʔ⁸	moʔ⁸	moʔ⁸		loʔ⁸	loʔ⁸
松江	βoʔ⁸	βoʔ⁸	βoʔ⁸	moʔ⁸	moʔ⁸		loʔ⁸	loʔ⁸
松江新	voʔ⁸	voʔ⁸	voʔ⁸	moʔ⁸	moʔ⁸	moʔ⁸	lɔʔ⁸	loʔ⁸
泗泾	βoʔ⁸	βoʔ⁸	βoʔ⁸	moʔ⁸	moʔ⁸		loʔ⁸	loʔ⁸
奉贤	ɦoʔ⁸	ɦoʔ⁸	hoʔ⁷/ɦoʔ⁸	moʔ⁸	moʔ⁸		loʔ⁸	loʔ⁸
奉贤新	voʔ⁸	voʔ⁸	foʔ⁸	moʔ⁸	moʔ⁸	moʔ⁸	lɔʔ⁸	lɔʔ⁸
奉城	ɦoʔ⁸	ɦoʔ⁸	hoʔ⁷/ɦoʔ⁸	moʔ⁸	moʔ⁸		loʔ⁸	loʔ⁸
金山	vɔʔ⁸	vɔʔ⁸	vɔʔ⁸	mɔʔ⁸	mɔʔ⁸		lɔʔ⁸	lɔʔ⁸
金山新	vɔʔ⁸	vɔʔ⁸	vɔʔ⁸	mɔʔ⁸	mɔʔ⁸	mɔʔ⁸	lɔʔ⁸	lɔʔ⁸
枫泾	ɦɔʔ⁸	ɦɔʔ⁸	ɦɔʔ⁸	mɔʔ⁸	mɔʔ⁸		lɔʔ⁸	lɔʔ⁸
青浦	βoʔ⁸	βoʔ⁸	βoʔ⁸	moʔ⁸	moʔ⁸		loʔ⁸	loʔ⁸
青浦新	voʔ⁷	voʔ⁸	voʔ⁸	moʔ⁸	mɔʔ⁸		moʔ⁸	moʔ⁸
莘庄	ɦoʔ⁸	ɦoʔ⁸	ɦoʔ⁸	moʔ⁸	mɔʔ⁸		loʔ⁸	loʔ⁸
闵行新	voʔ⁸	voʔ⁸	voʔ⁸	moʔ⁸	moʔ⁸		loʔ⁸	loʔ⁸
川沙	ɦoʔ⁸	ɦoʔ⁸	ɦoʔ⁸	moʔ⁸	moʔ⁸		loʔ⁸	loʔ⁸
川沙新	vɔʔ⁸	vɔʔ⁸	fɔʔ⁷	mɔʔ⁸	mɔʔ⁸		lɔʔ⁸	lɔʔ⁸
高桥	βoʔ⁸	βoʔ⁸	βoʔ⁸	moʔ⁸	moʔ⁸		loʔ⁸	loʔ⁸
三林	ɦoʔ⁸	ɦoʔ⁸	ɦoʔ⁸	moʔ⁸	moʔ⁸		loʔ⁸	loʔ⁸
周浦	ɦoʔ⁸	ɦoʔ⁸	ɦoʔ⁸	moʔ⁸	moʔ⁸		loʔ⁸	loʔ⁸
南汇	ɦoʔ⁸	ɦoʔ⁸	ɦoʔ⁸	moʔ⁸	moʔ⁸		loʔ⁸	loʔ⁸
南汇新	fəʔ⁷	ɦoʔ⁸	foʔ⁷	moʔ⁸	moʔ⁸	moʔ⁸	loʔ⁸	loʔ⁸
嘉定	voʔ⁸	voʔ⁸	voʔ⁸	moʔ⁸	moʔ⁸		loʔ⁸	loʔ⁸
嘉定新	voʔ⁸	voʔ⁸	foʔ⁷	moʔ⁸	moʔ⁸	moʔ⁸	loʔ⁸	loʔ⁸
宝山	voʔ⁸	voʔ⁸	voʔ⁸	moʔ⁸	moʔ⁸		loʔ⁸	loʔ⁸
宝山新	foʔ⁷	foʔ⁷	foʔ⁷	moʔ⁸	moʔ⁸	moʔ⁸	loʔ⁸	loʔ⁸
崇明	voʔ⁸	voʔ⁸	voʔ⁸	moʔ⁸	moʔ⁸		loʔ⁸	loʔ⁸
崇明新	foʔ⁷	foʔ⁷	foʔ⁷	moʔ⁸	moʔ⁸	moʔ⁸	loʔ⁸	loʔ⁸
堡镇	voʔ⁸	voʔ⁸	voʔ⁸	moʔ⁸	moʔ⁸		loʔ⁸	loʔ⁸
练塘	βoʔ⁸	βoʔ⁸	βoʔ⁸	moʔ⁸	moʔ⁸		loʔ⁸	loʔ⁸

序号	3053	3054	3055	3056	3057	3058	3059	3060
字目	肃	宿宿舍	竹	筑建筑	畜畜生	逐	轴	缩
中古音的地位	通合三入屋心	通合三入屋心	通合三入屋知	通合三入屋知	通合三入屋彻	通合三入屋澄	通合三入屋澄	通合三入屋生
市区	soʔ⁷	soʔ⁷	tsoʔ⁷	tsoʔ⁷	tsʰoʔ⁷	zoʔ⁸		soʔ⁷
市区中	soʔ⁷	soʔ⁷	tsoʔ⁷	tsoʔ⁷	tsoʔ⁷	zoʔ⁸	zoʔ⁸	soʔ⁷
市区新	soʔ⁷	soʔ⁷	tsoʔ⁷	tsoʔ⁷	tsoʔ⁷	zoʔ⁸	zoʔ⁸	soʔ⁷
真如	soʔ⁷	soʔ⁷	tsoʔ⁷	tsoʔ⁷	tsʰoʔ⁷	zoʔ⁸	zoʔ⁸	soʔ⁷
江湾	soʔ⁷	soʔ⁷	tsoʔ⁷	tsoʔ⁷	tsʰoʔ⁷	zoʔ⁸	zoʔ⁸	soʔ⁷
松江	soʔ⁷	soʔ⁷	tsoʔ⁷	tsoʔ⁷	tsʰoʔ⁷	zoʔ⁸	zoʔ⁸	sɔʔ⁷
松江新	sɔʔ⁷	sɔʔ⁷	tsɔʔ⁷	tsɔʔ⁷	tsʰɔʔ⁷	zoʔ⁸	dzyɪʔ⁸	sɔʔ⁷
泗泾	soʔ⁷	soʔ⁷	tsoʔ⁷	tsoʔ⁷	tsʰoʔ⁷	zoʔ⁸	zoʔ⁸	sɔʔ⁷
奉贤	soʔ⁷	soʔ⁷	tsoʔ⁷	tsoʔ⁷	tsʰoʔ⁷	zoʔ⁸	zoʔ⁸	sɔʔ⁷/soʔ⁷
奉贤新	soʔ⁷	soʔ⁷	tsoʔ⁷	tsoʔ⁷	tsʰoʔ⁷	zoʔ⁸	zoʔ⁸	soʔ⁷
奉城	soʔ⁷	soʔ⁷	tsoʔ⁷	tsoʔ⁷	tsʰoʔ⁷/çioʔ⁷	zoʔ⁸	zoʔ⁸	sɔʔ⁷
金山	sɔʔ⁷	sɔʔ⁷	tsɔʔ⁷	tsɔʔ⁷	tsʰɔʔ⁷	ɟyɔʔ⁸	ɟyɔʔ⁸	sɔʔ⁷
金山新	sɔʔ⁷	sɔʔ⁷	tsɔʔ⁷	tsɔʔ⁷	tsʰɔʔ⁷	zɔʔ⁸	dzyɔʔ⁸	sɔʔ⁷
枫泾	sɔʔ⁷	sɔʔ⁷	tsɔʔ⁷	tsɔʔ⁷	tsʰɔʔ⁷	dzyɔʔ⁸	dzyɔʔ⁸	sɔʔ⁷
青浦	soʔ⁷	soʔ⁷	tsoʔ⁷	tsoʔ⁷	tsʰoʔ⁷	zoʔ⁸/dzyoʔ⁸	zoʔ⁸/dzyoʔ⁸	soʔ⁷
青浦新	soʔ⁷	soʔ⁷	tsoʔ⁷	tsoʔ⁷	tsʰoʔ⁷	zoʔ⁸	dʑioʔ⁸	soʔ⁷
莘庄	soʔ⁷	soʔ⁷	tsoʔ⁷	tsoʔ⁷	çyoʔ⁷	zoʔ⁸	zoʔ⁸	soʔ⁷
闵行新	soʔ⁷	soʔ⁷	tsoʔ⁷	tsoʔ⁷	tsʰoʔ⁷	tsoʔ⁷	zoʔ⁸	soʔ⁷
川沙	soʔ⁷	soʔ⁷	tsoʔ⁷	tsoʔ⁷	tsʰoʔ⁷	dzioʔ⁸	dzioʔ⁸	soʔ⁷
川沙新	soʔ⁷	sɔʔ⁷	tsɔʔ⁷	tsɔʔ⁷	tsʰɔʔ⁷	zɔʔ⁸	zɔʔ⁸	sɔʔ⁷
高桥	soʔ⁷	soʔ⁷	tsoʔ⁷	tsoʔ⁷	tsʰoʔ⁷	zoʔ⁸	zoʔ⁸	soʔ⁷
三林	soʔ⁷	soʔ⁷	tsoʔ⁷	tsoʔ⁷	çioʔ⁷	ɟioʔ⁸	ɟioʔ⁸	soʔ⁷
周浦	soʔ⁷	soʔ⁷	tsoʔ⁷	tsoʔ⁷	çioʔ⁷	ɟioʔ⁸	ɟioʔ⁸	soʔ⁷
南汇	soʔ⁷	soʔ⁷	tsoʔ⁷	tsoʔ⁷	çioʔ⁷	ɟioʔ⁸	ɟioʔ⁸	soʔ⁷
南汇新	soʔ⁷	soʔ⁷	tsoʔ⁷	tsoʔ⁷		dzyoʔ⁸		soʔ⁷
嘉定	soʔ⁷	soʔ⁷	tsoʔ⁷	tsoʔ⁷	tsʰoʔ⁷	zoʔ⁸	zoʔ⁸	soʔ⁷
嘉定新	soʔ⁷	soʔ⁷	tsoʔ⁷	tsoʔ⁷	tsʰoʔ⁷	zoʔ⁸	zoʔ⁸	soʔ⁷
宝山	soʔ⁷	soʔ⁷	tsoʔ⁷	tsoʔ⁷	tsʰoʔ⁷	zoʔ⁸	dʑioʔ⁸	soʔ⁷
宝山新	soʔ⁷	soʔ⁷	tsoʔ⁷	tsoʔ⁷	tsʰoʔ⁷	zoʔ⁸	zoʔ⁸	soʔ⁷
崇明	soʔ⁷	soʔ⁷	tsoʔ⁷	tsoʔ⁷	tsʰoʔ⁷	dzoʔ⁸	dzoʔ⁸	soʔ⁷
崇明新	soʔ⁷	soʔ⁷	tsoʔ⁷	tsoʔ⁷	①	dʑoʔ⁸	dʑoʔ⁸	soʔ⁷
堡镇	soʔ⁷	soʔ⁷	tsoʔ⁷	tsoʔ⁷	tsʰoʔ⁷	dzoʔ⁸	dzoʔ⁸	soʔ⁷
练塘	soʔ⁷	soʔ⁷	tsoʔ⁷	tsoʔ⁷	tsʰoʔ⁷	zoʔ⁸/dzyoʔ⁸	zoʔ⁸/dzyoʔ⁸	soʔ⁷

注：① 说"牲"tsoŋ¹。

序号	3061	3062	3063	3064	3065	3066	3067	3068
字目	祝	粥	叔	熟	肉	菊	麴	畜畜牧
中古音的地位	通合三入屋章	通合三入屋章	通合三入屋书	通合三入屋禅	通合三入屋日	通合三入屋见	通合三入屋溪	通合三入屋晓
市区	tsoʔ⁷	tsoʔ⁷	soʔ⁷	zoʔ⁸	ȵioʔ⁸	tɕioʔ⁷/tɕyɪʔ⁷	tɕʰioʔ⁷/tɕʰyɪʔ⁷	ɕioʔ⁷/ɕyɪʔ⁷
市区中	tsoʔ⁷	tsoʔ⁷	soʔ⁷	zoʔ⁸	ȵioʔ⁸	tɕioʔ⁷	tɕioʔ⁷	ɕioʔ⁷
市区新	tsoʔ⁷	tsoʔ⁷	soʔ⁷	zoʔ⁸	ȵioʔ⁸	tɕioʔ⁷	tɕioʔ⁷	ɕioʔ⁷
真如	tsoʔ⁷	tsoʔ⁷	soʔ⁷	zoʔ⁸	ȵyoʔ⁸	tɕyoʔ⁷	tɕʰyoʔ⁷	ɕyoʔ⁷
江湾	tsoʔ⁷	tsoʔ⁷	soʔ⁷	zoʔ⁸	ȵioʔ⁸	tɕyɪʔ⁷	tɕʰioʔ⁷	ɕioʔ⁷
松江	tsoʔ⁷	tsoʔ⁷	soʔ⁷	zoʔ⁸	ɲioʔ⁸	cioʔ⁷	cʰioʔ⁷	ɕioʔ⁷
松江新	tsɔʔ⁷	tsɔʔ⁷	sɔʔ⁷	zɔʔ⁸	ȵioʔ⁸	tɕyɪʔ⁷	tɕʰyɪʔ⁷	ɕyɪʔ⁷
泗泾	tsoʔ⁷	tsoʔ⁷	soʔ⁷	zoʔ⁸	ɲioʔ⁸	cioʔ⁷	cʰioʔ⁷	ɕioʔ⁷
奉贤	tsoʔ⁷	tsoʔ⁷	soʔ⁷	zoʔ⁸	ɲioʔ⁸	ʔɟioʔ⁷	cʰioʔ⁷	ɕioʔ⁷
奉贤新	tsoʔ⁷	tsoʔ⁷	soʔ⁷	zoʔ⁸	ȵyoʔ⁸	tɕyɪʔ⁷		ɕyɪʔ⁷
奉城	tsoʔ⁷	tsoʔ⁷	soʔ⁷	zoʔ⁸	ɲioʔ⁸	ʔɟioʔ⁷	cʰioʔ⁷	ɕioʔ⁷
金山	tsɔʔ⁷	tsɔʔ⁷	sɔʔ⁷	zɔʔ⁸	ȵyoʔ⁸/zɔʔ⁸	tɕyoʔ⁷	cʰyoʔ⁷	ɕyoʔ⁷
金山新	tsoʔ⁷	tsoʔ⁷	soʔ⁷	zoʔ⁸	ȵyoʔ⁸	tɕyɔʔ⁷		ɕyɔʔ⁷
枫泾	tsɔʔ⁷	tsɔʔ⁷	sɔʔ⁷	zɔʔ⁸	ȵyɔʔ⁸	tɕyɔʔ⁷	tɕyɔʔ⁷	ɕyɔʔ⁷
青浦	tsoʔ⁷	tsoʔ⁷	soʔ⁷	zoʔ⁸	ȵyoʔ⁸	tɕyoʔ⁷	tɕʰyoʔ⁷	ɕyoʔ⁷
青浦新	tsoʔ⁷	tsoʔ⁷	soʔ⁷	zoʔ⁸	ȵioʔ⁸	tɕyœʔ⁷		ɕyœʔ⁷
莘庄	tsoʔ⁷	tsoʔ⁷	soʔ⁷	zoʔ⁸	ɲyoʔ⁸	cyɔʔ⁷	cʰyoʔ⁷	ɕyoʔ⁷
闵行新	tsoʔ⁷	tsoʔ⁷	soʔ⁷	zoʔ⁸	ȵioʔ⁸	tɕyɔʔ⁷		ɕyɔʔ⁷
川沙	tsoʔ⁷	tsoʔ⁷	soʔ⁷	zoʔ⁸	ȵioʔ⁸	tɕyœʔ⁷	tɕʰioʔ⁷	ɕioʔ⁷
川沙新	tsɔʔ⁷	tsɔʔ⁷	sɔʔ⁷	zɔʔ⁸	ȵioʔ⁸	tɕioʔ⁷		ɕioʔ⁷
高桥	tsoʔ⁷	tsoʔ⁷	soʔ⁷	zoʔ⁸	ȵyoʔ⁸	tɕyøʔ⁷	tɕʰyoʔ⁷	ɕyøʔ⁷
三林	tsoʔ⁷	tsoʔ⁷	soʔ⁷	zoʔ⁸	ɲioʔ⁸	cyɔʔ⁷	cʰioʔ⁷	ɕioʔ⁷
周浦	tsoʔ⁷	tsoʔ⁷	soʔ⁷	zoʔ⁸	ɲioʔ⁸	cyœʔ⁷	cʰioʔ⁷	ɕioʔ⁷
南汇	tsoʔ⁷	tsoʔ⁷	soʔ⁷	zoʔ⁸	ɲioʔ⁸	ʔɟyœʔ⁷	cʰioʔ⁷	ɕioʔ⁷
南汇新	tsoʔ⁷	tsoʔ⁷	soʔ⁷	zoʔ⁸	ȵyoʔ⁸	tɕyoʔ⁷		
嘉定	tsoʔ⁷	tsoʔ⁷	soʔ⁷	zoʔ⁸	ȵyoʔ⁸	tɕyoʔ⁷	tɕʰyoʔ⁷	ɕyoʔ⁷
嘉定新	tsoʔ⁷	tsoʔ⁷	soʔ⁷	zoʔ⁸	ȵioʔ⁸	tɕioʔ⁷		ɕioʔ⁷
宝山	tsoʔ⁷	tsoʔ⁷	soʔ⁷	zoʔ⁸	ȵioʔ⁸	tɕioʔ⁷	tɕioʔ⁷	ɕioʔ⁷
宝山新	tsoʔ⁷	tsoʔ⁷	soʔ⁷	zoʔ⁸	ȵioʔ⁸	tɕioʔ⁷	tɕioʔ⁷	ɕy⁵
崇明	tsoʔ⁷	tsoʔ⁷	soʔ⁷	zoʔ⁸	ȵyoʔ⁸	tɕyoʔ⁷	tɕʰyoʔ⁷	ɕyoʔ⁷
崇明新	tsoʔ⁷	tsoʔ⁷	soʔ⁷	zoʔ⁸	ioʔ⁸	tɕioʔ⁷		
堡镇	tsoʔ⁷	tsoʔ⁷	soʔ⁷	zoʔ⁸	ȵyoʔ⁸	tɕyoʔ⁷	tɕʰyoʔ⁷	ɕyoʔ⁷
练塘	tsoʔ⁷	tsoʔ⁷	soʔ⁷	zoʔ⁸	ȵyoʔ⁸	tɕyoʔ⁷	tɕʰyoʔ⁷	ɕyoʔ⁷

序号	3069	3070	3071	3072	3073	3074	3075	3076
字目	蓄	郁姓	育	封	峰	锋	蜂	捧①
中古音的地位	通合三入屋晓	通合三入屋影	通合三入屋以	通合三平钟非	通合三平钟敷	通合三平钟敷	通合三平钟敷	通合三上肿敷
市区	ɕioʔ⁷/ɕyɪʔ⁷		ɦioʔ⁸/yɪʔ⁸	foŋ¹	foŋ¹	foŋ¹	foŋ¹	pʰoŋ⁵
市区中	ɕioʔ⁷	ioʔ⁷	ɦioʔ⁸	foŋ¹	foŋ¹	foŋ¹	foŋ¹	pʰoŋ⁵
市区新	ɕioʔ⁷	ioʔ⁷	ɦioʔ⁸	foŋ¹	foŋ¹	foŋ¹	foŋ¹	pʰoŋ⁵
真如	ɕyoʔ⁷		ɦyoʔ⁸	hoŋ¹	hoŋ¹	hoŋ¹	hoŋ¹	pʰoŋ³
江湾	ɕioʔ⁷		ɦioʔ⁸	huŋ¹	huŋ¹	huŋ¹	huŋ¹	pʰoŋ⁵
松江	ɕioʔ⁷		ɕioʔ⁷	ɸoŋ¹	ɸoŋ¹	ɸoŋ¹	ɸoŋ¹	pʰoŋ³
松江新	ɕyɪʔ⁷	yɪʔ⁷	yɪʔ⁷	foŋ¹	foŋ¹	foŋ¹	foŋ¹	pʰoŋ³
泗泾	ɕioʔ⁷		ɕioʔ⁷	ɸoŋ¹	ɸoŋ¹	ɸoŋ¹	ɸoŋ¹	pʰoŋ³
奉贤	ɕioʔ⁷		ɦioʔ⁸	hʊŋ¹	hʊŋ¹	hʊŋ¹	hʊŋ¹	hʊŋ³
奉贤新	ɕyɪʔ⁷	ɦyɪʔ⁷	ɦyɪʔ⁷	foŋ¹	foŋ¹/ɦoŋ¹	foŋ¹	foŋ¹	pʰəŋ³
奉城	ɕioʔ⁷		ɦioʔ⁸	hʊŋ¹	hʊŋ¹	hʊŋ¹	hʊŋ¹	hʊŋ³/pʰʊŋ³
金山	ɕyɔʔ⁷		ɦyɔʔ⁸	foŋ¹	foŋ¹	foŋ¹	foŋ¹	ɸoŋ³
金山新	ɕyɔʔ⁷	ɦyɔʔ⁷	ɦyɔʔ⁸	foŋ¹	foŋ¹	foŋ¹	foŋ¹	pʰoŋ³
枫泾	ɕyɔʔ⁷		yɔʔ⁸	hoŋ¹	hoŋ¹	hoŋ¹	hoŋ¹	hoŋ³/ɸoŋ³
青浦	ɕyɔʔ⁷		ɦyɔʔ⁸	ɸoŋ¹	ɸoŋ¹	ɸoŋ¹	ɸoŋ¹	pʰoŋ³
青浦新	ɕyœʔ⁷	ɦyœʔ⁸	ɦyœʔ⁸	foŋ¹	foŋ¹	foŋ¹	foŋ¹	pʰoŋ³
莘庄	ɕyɔʔ⁷		ɦyɔʔ⁸	hoŋ¹	hoŋ¹	hoŋ¹	hoŋ¹	pʰoŋ⁵
闵行新	ɕyəʔ⁷	yəʔ⁷	yəʔ⁷	hoŋ¹	hoŋ¹	hoŋ¹	hoŋ¹	pʰəŋ³
川沙	ɕioʔ⁷		ɦioʔ⁸	hoŋ¹	hoŋ¹	hoŋ¹	hoŋ¹	hoŋ³
川沙新	ɕioʔ⁷		ɦioʔ⁸	foŋ¹	foŋ¹	foŋ¹	foŋ¹	pʰoŋ³
高桥	ɕyøʔ⁷		ɦyøʔ⁸	hoŋ¹	hoŋ¹	hoŋ¹	hoŋ¹	hoŋ³
三林	ɕioʔ⁷		ɦioʔ⁸	hoŋ¹	hoŋ¹	hoŋ¹	hoŋ¹	pʰoŋ⁵
周浦	ɕioʔ⁷		ɦioʔ⁸	hoŋ¹	hoŋ¹	hoŋ¹	hoŋ¹	hoŋ³
南汇	ɕioʔ⁷		ɦioʔ⁸	hoŋ¹	hoŋ¹	hoŋ¹	hoŋ¹	hoŋ³
南汇新	ɕyʔ⁷	yøʔ⁷	ɦyøʔ⁸	hoŋ¹	hoŋ¹	hoŋ¹	hoŋ¹	pʰoŋ³
嘉定	ɕyoʔ⁷		ɦyoʔ⁷	foŋ¹	foŋ¹	foŋ¹	foŋ¹	foŋ⁵
嘉定新	ɕloʔ⁷	ioʔ⁷	ɦioʔ⁸	toŋ¹	toŋ¹/toŋ¹	foŋ¹/toŋ¹	foŋ¹/toŋ¹	pʰẽ⁵
宝山	ɕioʔ⁷		ɦioʔ⁸	foŋ¹	foŋ¹	foŋ¹	foŋ¹	pʰoŋ⁵
宝山新	ɕy⁵	ɦioʔ⁸	ɦioʔ⁸	foŋ¹	foŋ¹	foŋ¹	foŋ¹	pʰoŋ⁵
崇明	ɕyoʔ⁷		yoʔ⁷	foŋ¹	foŋ¹	foŋ¹	foŋ¹	pʰõŋ³
崇明新	ɕioʔ⁷	ioʔ⁸	ioʔ⁸	foŋ¹	foŋ¹	foŋ¹	foŋ¹	pã³
堡镇	ɕyoʔ⁷		yoʔ⁷	foŋ¹	foŋ¹	foŋ¹	foŋ¹	pʰoŋ³
练塘	ɕyoʔ⁷		ɦyoʔ⁸	ɸoŋ¹	ɸoŋ¹	ɸoŋ¹	ɸoŋ¹	pʰoŋ³

注：① 郊区老派另有 hoŋ³ 一读。

序号	3077	3078	3079	3080	3081	3082	3083	3084
字目	逢	缝缝补	奉	缝	缝缝隙	俸	浓	龙
中古音的地位	通合三平钟奉	通合三平钟奉	通合三上肿奉	通合三去用奉	通合三平钟奉	通合三平钟奉	通合三平钟泥	通合三平钟来
市区	voŋ⁶	voŋ⁶	voŋ⁶		voŋ⁶		ȵioŋ⁶	ɲioŋ⁶
市区中	voŋ⁶	voŋ⁶	voŋ⁶	voŋ⁶	voŋ⁶	voŋ⁶	ȵioŋ⁶	loŋ⁶
市区新	voŋ⁶	voŋ⁶	voŋ⁶	voŋ⁶	voŋ⁶	voŋ⁶	ȵioŋ⁶	loŋ⁶
真如	ɦioŋ²	ɦioŋ⁶	ɦioŋ²		ɦioŋ⁶		ȵyoŋ²	loŋ²
江湾	ɦioŋ⁶	ɦioŋ⁶	ɦioŋ⁶		ɦioŋ⁶		ȵioŋ⁶	loŋ⁶
松江	βoŋ²	βoŋ⁴	βoŋ²		βoŋ⁴		ɲyoŋ²	loŋ²
松江新	voŋ²	voŋ²	voŋ⁶	voŋ²	vʌn⁶	fʌn⁵	noŋ²	loŋ²
泗泾	βoŋ²	βoŋ⁶	βoŋ²		βoŋ⁶		ɲyoŋ²	loŋ²
奉贤	huŋ²	ɦuŋ²/ɦuŋ⁶	ɦuŋ²		ɦuŋ²/ɦuŋ⁶		ɲiʊŋ²	lʊŋ²
奉贤新	voŋ²	voŋ²	voŋ²	voŋ²	voŋ²	voŋ²	noŋ²/ȵioŋ²	loŋ²
奉城	huŋ²	ɦuŋ²	ɦuŋ²		ɦuŋ²		ɲiʊŋ²	lʊŋ²
金山	βoŋ²	βoŋ⁶	βoŋ²		βoŋ⁶		ȵioŋ²	loŋ²
金山新	vəŋ²	vəŋ²	voŋ⁶	voŋ²	voŋ²	voŋ²	noŋ²	loŋ²
枫泾	ɦoŋ²	ɦoŋ⁴	ɦoŋ²		ɦoŋ⁴		ȵioŋ²	loŋ²
青浦	βoŋ²	βoŋ⁶	βoŋ²		βoŋ⁶		ȵyoŋ²	loŋ²
青浦新	voŋ²	voŋ²	voŋ²	voŋ²		voŋ²	noŋ⁶	loŋ⁶
莘庄	ɦoŋ²	ɦoŋ⁶	ɦoŋ²		ɦoŋ⁶		ɲyoŋ²	loŋ²
闵行新	voŋ²/ɦoŋ²	voŋ²/ɦoŋ²	voŋ²		voŋ²		noŋ²	loŋ²
川沙	ɦoŋ¹	ɦoŋ⁶	ɦoŋ²		ɦoŋ⁶		ȵioŋ²	loŋ²
川沙新	voŋ⁶	voŋ⁶	voŋ⁶	voŋ⁶	voŋ⁶	voŋ⁶	noŋ⁶	loŋ⁶
高桥	ɦoŋ²	ɦoŋ²	hoŋ²		ɦoŋ²		ȵyoŋ⁶	loŋ⁶
三林	ɦoŋ²	ɦoŋ²	ɦoŋ²		ɦoŋ²		ɲyoŋ²	loŋ²
周浦	hoŋ²	ɦoŋ²	ɦoŋ²		ɦoŋ²		ɲioŋ²	loŋ²
南汇	hoŋ²	ɦoŋ²	ɦoŋ²		ɦoŋ²		ɲioŋ²	loŋ²
南汇新		ɦoŋ⁶	ɦoŋ⁶		ɦoŋ⁶		noŋ⁶	loŋ⁶
嘉定	voŋ²	voŋ²	voŋ²		voŋ²		ȵyoŋ²	loŋ²
嘉定新	voŋ⁶	voŋ⁶	voŋ⁶	voŋ²	voŋ⁶	voŋ⁶	noŋ⁶	loŋ⁶
宝山	voŋ²	voŋ²	voŋ²	voŋ²	voŋ²	voŋ²	noŋ²	loŋ²
宝山新	voŋ⁶	voŋ⁶	voŋ⁶	voŋ⁶	voŋ⁶	voŋ⁶	ȵioŋ⁶	loŋ⁵
崇明	voŋ²	voŋ²	voŋ²		voŋ²		ȵyoŋ²	loŋ²
崇明新	foŋ²	foŋ²	foŋ⁶	foŋ⁶	foŋ⁶	foŋ⁶	noŋ²	loŋ²
堡镇	voŋ²	voŋ⁶	voŋ⁶		voŋ⁶		ȵyoŋ²	loŋ²
练塘	βoŋ²	βoŋ⁴	βoŋ²		βoŋ⁴		ȵyoŋ²	loŋ²

序号	3085	3086	3087	3088	3089	3090	3091	3092
字目	陇	垄	踪	纵纵横	纵放纵	从服从	耸	松松树
中古音的地位	通合三上肿来	通合三上肿来	通合三平钟精	通合三平钟精	通合三去用精	通合三平钟从	通合三上肿心	通合三平钟邪
市区			ȵioŋ⁶	ȵioŋ⁶	tsoŋ⁵	ȵioŋ⁶		ȵioŋ⁶
市区中	loŋ⁶	loŋ⁶	tsoŋ¹	tsoŋ⁵	tsoŋ⁵	zoŋ⁶	soŋ⁵	soŋ¹
市区新	loŋ⁶	loŋ⁶	tsoŋ¹	tsoŋ⁵	tsoŋ⁵	zoŋ⁶	soŋ⁵	soŋ¹
真如			tsoŋ¹	tsoŋ⁵	tsoŋ⁵	zoŋ²		soŋ¹
江湾			tsoŋ¹	tsoŋ¹	tsoŋ⁵	zoŋ⁶		soŋ¹
松江			tsoŋ¹	tsoŋ⁵	tsoŋ⁵	zoŋ²		soŋ¹
松江新	loŋ⁶	loŋ⁶	tsoŋ¹	tsoŋ⁵	tsoŋ⁵	zoŋ²	soŋ³	soŋ¹
泗泾			tsoŋ¹	tsoŋ⁵	tsoŋ⁵	zoŋ²		soŋ¹
奉贤			tsoŋ¹	tsoŋ¹	tsoŋ⁵	zʊŋ²		sʊŋ¹
奉贤新	loŋ⁶	loŋ⁶	tsoŋ¹	tsoŋ⁵	tsoŋ⁵	zoŋ²	soŋ⁵	soŋ¹
奉城			tsoŋ¹	tsoŋ¹	tsoŋ⁵	zʊŋ²		sʊŋ¹
金山			tsoŋ¹	tsoŋ¹	tsoŋ¹	zoŋ²		soŋ¹
金山新	loŋ⁶	loŋ⁶	tsoŋ¹	tsoŋ⁵	tsoŋ³	zoŋ²	soŋ³	soŋ¹
枫泾			tsoŋ¹	tsoŋ¹	tsoŋ³	zoŋ²		soŋ¹
青浦			tsoŋ¹	tsoŋ⁵	tsoŋ³	zoŋ²		soŋ¹
青浦新	loŋ⁶	loŋ⁶	tsoŋ¹	zoŋ⁶	zoŋ⁶	zoŋ²	soŋ³	soŋ¹
莘庄			tsoŋ¹	tsoŋ¹	tsoŋ⁵	zoŋ²		soŋ¹
闵行新	loŋ²	loŋ²	tsoŋ¹		tsoŋ⁵	zoŋ²		soŋ¹
川沙			tsoŋ¹	tsoŋ¹	tsoŋ⁵	zoŋ²		soŋ¹
川沙新		loŋ⁶	tsoŋ¹	zoŋ⁶	zoŋ⁶	zoŋ²	soŋ³	soŋ¹
高桥			tsoŋ¹			zoŋ⁶		soŋ¹
三林			tsoŋ¹	tsoŋ¹	tsoŋ⁵	zoŋ²		soŋ¹
周浦			tsoŋ¹	tsoŋ¹	tsoŋ⁵	zoŋ²		soŋ¹
南汇			tsoŋ¹	tsoŋ¹	tsoŋ⁵	zoŋ²		soŋ¹
南汇新	loŋ⁶	loŋ⁶	tsoŋ¹	tsoŋ¹	tsoŋ⁵	zoŋ⁶	soŋ³	soŋ¹
嘉定			tsoŋ¹	tsoŋ⁵	tsoŋ⁵	zoŋ²		soŋ¹
嘉定新	loŋ²	loŋ²	tsoŋ¹	tsoŋ⁶	tsoŋ⁵	zoŋ²	soŋ⁶	soŋ¹
宝山	loŋ²	loŋ²	tsoŋ¹	tsoŋ⁵	tsoŋ⁵	zoŋ⁶		soŋ¹
宝山新	loŋ⁵	loŋ⁵	tsoŋ¹	tsoŋ⁵	tsoŋ⁵	zoŋ⁶	soŋ⁵	soŋ¹
崇明			tsoŋ¹	tsoŋ⁵	tsoŋ¹	dzoŋ⁴		soŋ¹
崇明新	loŋ²	loŋ²	tsoŋ¹	tsoŋ⁵	dzoŋ⁶	dzoŋ²	sã⁵	soŋ¹
堡镇			tsoŋ¹	tsoŋ⁵	tsoŋ¹	dzoŋ⁴		soŋ¹
练塘			tsoŋ¹	tsoŋ⁵	tsoŋ³	zoŋ²		soŋ¹

序号	3093	3094	3095	3096	3097	3098	3099	3100
字目	诵	颂	讼	宠	重重复	重重量	钟(锺)	盅(锺)
中古音的地位	通合三去用邪	通合三去用邪	通合三去用邪	通合三上肿彻	通合三平钟澄	通合三上肿澄	通合三平钟章	通合三平钟章
市区	soŋ⁵/zoŋ⁶	soŋ⁵/zoŋ⁶	soŋ⁵/zoŋ⁶	tsʰoŋ⁵	ɲioŋ⁶	zoŋ⁶	ɲioŋ⁶	
市区中	zoŋ⁶	zoŋ⁶	zoŋ⁶	tsʰoŋ⁵	zoŋ⁶	zoŋ⁶	tsoŋ¹	tsoŋ¹
市区新	zoŋ⁶	zoŋ⁶	zoŋ⁶	tsʰoŋ⁵	zoŋ⁶	zoŋ⁶	tsoŋ¹	tsoŋ¹
真如	zoŋ⁶	zoŋ⁶	zoŋ⁶	tsʰoŋ¹	zoŋ²	zoŋ⁶	tsoŋ¹	
江湾	zoŋ⁶	zoŋ⁶	zoŋ⁶	tsʰoŋ⁵	zoŋ⁶	zoŋ⁶	tsoŋ¹	
松江	zoŋ⁶	zoŋ⁶	zoŋ⁶	tsʰoŋ³	zoŋ²	zoŋ⁴	tsoŋ¹	
松江新	soŋ⁵	soŋ⁵	soŋ⁵	tsʰoŋ³	zoŋ²	zoŋ⁶	tsoŋ¹	tsoŋ¹
泗泾	zoŋ⁶	zoŋ⁶	zoŋ⁶	tsʰoŋ³	zoŋ²	zoŋ⁶	tsoŋ¹	
奉贤	zuŋ⁶	zuŋ⁶	zuŋ⁶	tsʰoŋ⁵	zuŋ²	zuŋ⁶	tsuŋ¹	
奉贤新	soŋ⁵	soŋ⁵	soŋ⁵	tsʰoŋ³	zoŋ²	zoŋ⁶	tsoŋ¹	tsoŋ¹
奉城	zuŋ⁶	zuŋ⁶·	zuŋ⁶	tsʰoŋ³	zuŋ²	zuŋ⁶	tsuŋ¹	
金山	zoŋ⁶	soŋ⁵	soŋ⁵	tsʰoŋ³	zoŋ²	zoŋ⁶	tsoŋ¹	
金山新	soŋ⁵	soŋ⁵	soŋ⁵	tsʰoŋ³	zoŋ²	zoŋ⁶	tsoŋ¹	tsoŋ¹
枫泾	zoŋ⁶	zoŋ⁶	zoŋ⁶	tsʰoŋ³	zoŋ²	zoŋ⁴	tsoŋ¹	
青浦	zoŋ⁶	zoŋ⁶	soŋ⁵	tsʰoŋ³	zoŋ²	zoŋ⁶	tsoŋ¹	
青浦新	soŋ⁵	soŋ⁵		tsʰoŋ³	zoŋ²	zoŋ⁶	tsoŋ¹	tsoŋ³
莘庄	zoŋ⁶	zoŋ⁶	zoŋ⁶	tsʰoŋ¹	zoŋ²	zoŋ⁶	tsoŋ¹	
闵行新	soŋ⁵	soŋ⁵	soŋ⁵	tsʰoŋ³	zoŋ²	zoŋ⁶	tsoŋ¹	tsoŋ¹
川沙	zoŋ⁶	zoŋ⁶	zoŋ⁶	tsʰoŋ³	zoŋ²	zoŋ⁶	tsoŋ¹	
川沙新	zoŋ⁶	zoŋ⁶	zoŋ⁶	tsʰoŋ³	zoŋ²	zoŋ⁶	tsoŋ¹	tsoŋ¹
高桥	soŋ⁵	soŋ⁵	soŋ⁵	tsʰoŋ³	zoŋ²	zoŋ⁶	tsoŋ¹	
三林	soŋ⁵	soŋ⁵	soŋ⁵	tsʰoŋ³	zoŋ²	zoŋ⁶	tsoŋ¹	
周浦	zoŋ⁶	zoŋ⁶	soŋ⁵	tsʰoŋ³	zoŋ²	zoŋ⁶	tsoŋ¹	
南汇	zoŋ⁶	zoŋ⁶	soŋ⁵	tsʰoŋ³	zoŋ²	zoŋ⁶	tsoŋ¹	
南汇新	zoŋ⁶	zoŋ⁶	zoŋ⁶	tsʰoŋ⁵	zoŋ⁶	zoŋ⁶	tsoŋ¹	tsoŋ¹
嘉定	zoŋ⁶	zoŋ⁶	zoŋ⁶	tsʰoŋ¹	zoŋ²	zoŋ⁶	tsoŋ¹	
嘉定新	zoŋ⁶	zoŋ⁶	zoŋ⁶	tsʰoŋ⁵	zoŋ²	zoŋ⁶	tsoŋ¹	tsoŋ¹
宝山	soŋ¹	soŋ¹	soŋ¹	tsʰoŋ³	zoŋ²	zoŋ⁶	tsoŋ¹	
宝山新	soŋ⁵	soŋ⁵		tsʰoŋ³	zoŋ²	zoŋ⁶	tsoŋ¹	tsoŋ¹
崇明	dzoŋ⁶	dzoŋ⁶	soŋ¹	tsʰoŋ³	dzoŋ²	dzoŋ⁴	tsoŋ¹	
崇明新	zoŋ⁶	zoŋ⁶	zoŋ⁶	tsʰoŋ³	dzoŋ²	dzoŋ⁶	tsoŋ¹	tsoŋ¹
堡镇	dzoŋ⁶	dzoŋ⁶	soŋ¹	tsʰoŋ³	dzoŋ²	dzoŋ⁴	tsoŋ¹	
练塘	zoŋ⁶	zoŋ⁶	soŋ⁵	tsʰoŋ³	zoŋ²	zoŋ⁶	tsoŋ¹	

序号	3101	3102	3103	3104	3105	3106	3107	3108
字目	种_{种类}	肿	种_{种植}	冲_{冲锋}	舂_{舂米}	茸	恭	供_{供给}
中古音的地位	通合三上肿章	通合三上肿章	通合三去用章	通合三平钟昌	通合三平钟书	通合三平钟日	通合三平钟见	通合三平钟见
市区	tsoŋ⁵	tsoŋ⁵	tsoŋ⁵	ȵioŋ⁶	ȵioŋ⁶			ȵioŋ⁶
市区_中	tsoŋ⁵	tsoŋ⁵	tsoŋ⁵	tsʰoŋ¹	tsʰoŋ⁵	zoŋ⁶	koŋ¹	koŋ¹
市区_新	tsoŋ⁵	tsoŋ⁵	tsoŋ⁵	tsʰoŋ¹	tsʰoŋ⁵	zoŋ⁶	koŋ¹	koŋ¹
真如	tsoŋ⁵	tsoŋ³	tsoŋ⁵	tsʰoŋ¹	tsʰəŋ¹			koŋ¹
江湾	tsoŋ⁵	tsoŋ⁵	tsoŋ⁵	tsʰoŋ¹	tsʰoŋ¹			koŋ¹
松江	tsoŋ⁵	tsoŋ³	tsoŋ⁵	tsʰoŋ¹	soŋ¹			koŋ¹
松江_新	tsoŋ³	tsoŋ³	tsoŋ⁵	tsʰʌn¹	tsʰʌn¹	zoŋ²	koŋ¹	koŋ¹
泗泾	tsoŋ⁵	tsoŋ³	tsoŋ⁵	tsʰoŋ¹	soŋ¹			koŋ¹
奉贤	tsoŋ⁵	tsʊŋ³	tsoŋ⁵	tsʰʊŋ¹	sʊŋ¹			koŋ¹
奉贤_新	tsoŋ³	tsoŋ³	tsoŋ⁵	tsʰoŋ¹	soŋ¹	ȵioŋ²	koŋ¹	koŋ¹
奉城	tsoŋ⁵	tsʊŋ³	tsoŋ⁵	tsʰʊŋ¹	sʊŋ¹			kʊŋ¹
金山	tsoŋ⁵	tsoŋ³	tsoŋ⁵	tsʰoŋ¹	soŋ¹			koŋ¹
金山_新	tsoŋ³	tsoŋ³	tsoŋ⁵	tsʰoŋ¹		loŋ²	koŋ⁵	koŋ⁵
枫泾	tsoŋ⁵	tsoŋ³	tsoŋ⁵	tsʰoŋ¹	soŋ¹			koŋ¹
青浦	tsoŋ³	tsoŋ³	tsoŋ⁵	tsʰoŋ¹	tsʰoŋ¹			koŋ¹
青浦_新	tsoŋ³	tsoŋ¹	tsʰoŋ¹	zoŋ⁶	tsʰoŋ⁵	ȵioŋ²	koŋ³	koŋ³
莘庄	tsoŋ³	tsoŋ³	tsoŋ⁵	tsʰoŋ¹	tsʰoŋ⁵			koŋ¹
闵行_新	tsoŋ³	tsoŋ³	tsoŋ⁵	tsʰoŋ¹	tsʰən¹		koŋ¹	koŋ¹
川沙	tsoŋ³	tsoŋ³	tsoŋ⁵	tsʰoŋ¹	tsʰən⁵			koŋ¹
川沙_新	tsoŋ³	tsoŋ³	tsoŋ⁵	tsʰoŋ¹		ȵioŋ⁶	koŋ¹	koŋ¹
高桥	tsoŋ⁵	tsoŋ³	tsoŋ⁵	tsʰoŋ¹	tsʰəŋ³			koŋ¹
三林	tsoŋ⁵	tsoŋ³	tsoŋ⁵	tsʰoŋ¹	tsʰoŋ³			koŋ¹
周浦	tsoŋ³	tsoŋ³	tsoŋ⁵	tsʰoŋ¹	soŋ¹			koŋ¹
南汇	tsoŋ⁵	tsoŋ³	tsoŋ⁵	tsʰoŋ¹	soŋ¹			koŋ¹
南汇_新	tsoŋ³	tsoŋ³	tsoŋ⁵	tsʰoŋ¹			koŋ¹	koŋ¹
嘉定	tsoŋ⁵	tsoŋ³	tsoŋ⁵	tsʰoŋ¹	tsʰɔŋ¹			koŋ¹
嘉定_新	tsoŋ⁵	tsoŋ³	tsoŋ⁵	tsʰoŋ¹	tsʰoŋ⁵	loŋ²	koŋ¹	koŋ¹
宝山	tsoŋ⁵	tsoŋ³	tsoŋ⁵	tsʰoŋ¹	tsʰoŋ¹	loŋ²	koŋ¹	koŋ¹
宝山_新	tsoŋ⁵	tsoŋ⁵	tsoŋ⁵	tsʰoŋ¹	tsʰoŋ⁵	ȵioŋ⁶	koŋ⁵	koŋ⁵
崇明	tsoŋ³	tsoŋ³	tsoŋ⁵	tsʰoŋ¹	tsʰoŋ⁵			koŋ¹
崇明_新	tsoŋ³	tsoŋ³	tsoŋ⁵	tsʰoŋ¹	tsʰoŋ³	ȵioŋ²	koŋ¹	koŋ⁵
堡镇	tsoŋ³	tsoŋ³	tsoŋ⁵	tsʰoŋ¹	tsʰoŋ⁵			koŋ¹
练塘	tsoŋ¹	tsoŋ¹	tsoŋ⁵	tsʰoŋ¹	tsʰoŋ¹			koŋ¹

序号	3109	3110	3111	3112	3113	3114	3115	3116
字目	拱	巩	供供养	恐	共	凶吉凶	凶凶恶	匈
中古音的地位	通合三上肿见	通合三上肿见	通合三去用见	通合三上肿溪	通合三去用群	通合三平钟晓	通合三平钟晓	通合三平钟晓
市区		koŋ⁵	koŋ⁵	kʰoŋ⁵	goŋ⁶	ɕioŋ¹	ɕioŋ¹	
市区中	koŋ⁵	koŋ⁵	koŋ⁵	kʰoŋ⁵	goŋ⁶	ɕioŋ¹	ɕioŋ¹	ɕioŋ¹
市区新	koŋ⁵	koŋ⁵	koŋ⁵	kʰoŋ⁵	goŋ⁶	ɕioŋ¹	ɕioŋ¹	ɕioŋ¹
真如	koŋ¹	koŋ³	koŋ¹	kʰoŋ⁵	goŋ⁶	ɕyoŋ¹	ɕyoŋ¹	
江湾	koŋ⁵	koŋ⁵	koŋ⁵	kʰoŋ³	goŋ⁶	ɕyoŋ¹	ɕyoŋ¹	
松江	koŋ⁵	koŋ³	koŋ⁵	kʰoŋ³	goŋ⁶	ɕyoŋ¹	ɕyoŋ¹	
松江新	koŋ³	koŋ³	koŋ³	kʰoŋ³	goŋ⁶	ɕioŋ¹	ɕioŋ¹	ɕioŋ¹
泗泾	koŋ⁵	koŋ⁵	koŋ⁵	kʰoŋ³	goŋ⁶	ɕyoŋ¹	ɕyoŋ¹	
奉贤	kʊŋ⁵	kʊŋ⁵	kʊŋ⁵	kʰoŋ⁵	gʊŋ⁶	ɕiʊŋ¹	ɕiʊŋ¹	
奉贤新	koŋ³	koŋ³	koŋ³	kʰoŋ³	koŋ³	ɕioŋ¹	ɕioŋ¹	ɕioŋ¹
奉城	kʊŋ⁵	kʊŋ⁵	kʊŋ⁵	kʰoŋ³	gʊŋ⁶	ɕiʊŋ¹	ɕiʊŋ¹	
金山	koŋ¹	koŋ³	koŋ¹	kʰoŋ³	goŋ⁶	ɕioŋ¹	ɕioŋ¹	
金山新	koŋ³	koŋ³	koŋ³	kʰoŋ³	koŋ⁵/goŋ⁶	ɕioŋ¹	ɕioŋ¹	ɕioŋ¹
枫泾	koŋ³	koŋ³	koŋ³	kʰoŋ³	goŋ⁴	ɕioŋ¹	ɕioŋ¹	
青浦	koŋ⁵	koŋ³	koŋ⁵	kʰoŋ³	goŋ⁶	ɕioŋ¹	ɕioŋ¹	
青浦新	koŋ³	koŋ³	koŋ³	kʰoŋ³	goŋ⁶	ɕioŋ¹	ɕioŋ¹	ɕioŋ¹
莘庄	koŋ¹	kuŋ¹	koŋ¹	kʰuŋ³	goŋ⁶	ɕyoŋ¹	ɕyoŋ¹	
闵行新	koŋ³	koŋ³	koŋ³	kʰoŋ³	koŋ¹	ɕioŋ¹	ɕioŋ¹	ɕioŋ¹
川沙	koŋ⁵	koŋ⁵	koŋ⁵	kʰoŋ³	goŋ⁶	ɕioŋ¹	ɕioŋ¹	
川沙新	koŋ³	koŋ³	koŋ³	kʰoŋ³	goŋ⁶	ɕioŋ¹	ɕioŋ¹	ɕioŋ¹
高桥	koŋ¹	koŋ³	koŋ¹	kʰoŋ³	goŋ⁶	ɕyoŋ¹	ɕyoŋ¹	
三林	koŋ⁵	kuŋ⁵	koŋ⁵	kʰuŋ³	goŋ⁶	ɕyoŋ¹	ɕyoŋ¹	
周浦	koŋ⁵	koŋ³	koŋ⁵	kʰoŋ³	goŋ⁶	ɕioŋ¹	ɕioŋ¹	
南汇	koŋ⁵	koŋ⁵	koŋ⁵	kʰoŋ³	goŋ⁶	ɕioŋ¹	ɕioŋ¹	
南汇新	koŋ³	koŋ³	koŋ³	kʰoŋ³	goŋ⁶	ɕyoŋ¹	ɕyoŋ¹	ɕyoŋ¹
嘉定	koŋ¹	koŋ¹	koŋ¹	kʰoŋ³	goŋ⁶	ɕyoŋ¹	ɕyoŋ¹	
嘉定新	koŋ⁵	koŋ⁵	koŋ⁵	kʰoŋ³	goŋ⁶	ɕioŋ¹	ɕioŋ¹	ɕioŋ¹
宝山	koŋ⁵	koŋ³	koŋ⁵	kʰoŋ⁵	goŋ⁶	ɕioŋ¹	ɕioŋ¹	ɕioŋ¹
宝山新	koŋ⁵	koŋ³	koŋ⁵	kʰoŋ³	goŋ⁶	ɕioŋ¹	ɕioŋ¹	ɕioŋ¹
崇明	koŋ⁵	koŋ³	koŋ⁵	kʰoŋ³	goŋ⁶	ɕyoŋ¹	ɕyoŋ¹	
崇明新	koŋ³	koŋ³	goŋ⁶	kʰoŋ³	koŋ⁵	ɕioŋ¹	ɕioŋ¹	ɕioŋ¹
堡镇	koŋ⁵	koŋ³	koŋ⁵	kʰoŋ³	goŋ⁶	ɕyoŋ¹	ɕyoŋ¹	
练塘	koŋ⁵	koŋ³	koŋ⁵	kʰoŋ³	goŋ⁶	ɕioŋ¹	ɕioŋ¹	

序号	3117	3118	3119	3120	3121	3122	3123	3124
字目	胸	拥	容	溶	熔	勇	涌涌现	踊
中古音的地位	通合三平钟晓	通合三上肿影	通合三平钟以	通合三平钟以	通合三平钟以	通合三上肿以	通合三上肿以	通合三上肿以
市区	ɕioŋ¹	ioŋ⁵	ɦioŋ⁶			ioŋ⁵	ioŋ⁵	
市区中	ɕioŋ¹	ioŋ¹	ɦioŋ⁶	ɦioŋ⁶	ɦioŋ⁶	ioŋ⁵	ioŋ⁵	ioŋ⁵
市区新	ɕioŋ¹	ioŋ¹	ɦioŋ⁶	ɦioŋ⁶	ɦioŋ⁶	ioŋ⁵	ioŋ⁵	ioŋ⁵
真如	ɕyoŋ¹	yoŋ³	ɦyoŋ²			yoŋ³	yoŋ³	
江湾	ɕioŋ¹	ioŋ⁵	ɦioŋ⁶			ioŋ⁵	ioŋ⁵	
松江	ɕyoŋ¹	yoŋ³	ɦyoŋ²			yoŋ³	yoŋ³	
松江新	ɕioŋ¹	ioŋ³	ɦioŋ²	ɦioŋ²	ɦioŋ²	ioŋ³	ioŋ³	ioŋ³
泗泾	ɕyoŋ¹	yoŋ³	ɦyoŋ²			yoŋ³	yoŋ³	
奉贤	ɕiʊŋ¹	iʊŋ³	ɦiʊŋ²			iʊŋ³	iʊŋ³	
奉贤新	ɕioŋ¹	ioŋ¹	ɦioŋ²/zoŋ²	ɦioŋ²/zoŋ²	ɦioŋ²/zoŋ²	ioŋ³	ioŋ³	ioŋ³
奉城	ɕiʊŋ¹	iʊŋ³	ɦiʊŋ²			iʊŋ³	iʊŋ³	
金山	ɕioŋ¹	ioŋ³	ɦioŋ²			ioŋ³	ioŋ³	
金山新	ɕioŋ¹	ioŋ³	ɦioŋ⁶	ɦioŋ⁶	ɦioŋ⁶	ioŋ³	ioŋ³	
枫泾	ɕioŋ¹	ioŋ³	ɦioŋ²			ioŋ³	ioŋ³	
青浦	ɕioŋ¹	ioŋ³	ɦioŋ²			ioŋ³	ioŋ³	
青浦新	ɕioŋ¹	ioŋ³	ɦioŋ²	ɦioŋ²	ɦioŋ²	ioŋ³	ioŋ³	ioŋ³
莘庄	ɕyoŋ¹	yoŋ³	ɦyoŋ²			yoŋ³	yoŋ³	
闵行新	ɕioŋ¹	ioŋ¹	ɦioŋ²		ɦioŋ²	ɦioŋ²	ɦioŋ²	
川沙	ɕioŋ¹	ioŋ³	ɦioŋ²			ioŋ³	ioŋ³	
川沙新	ɕioŋ¹	ioŋ³	ɦioŋ²	ɦioŋ⁶	ɦioŋ²	ɦioŋ⁶	ɦioŋ⁶	ɦioŋ⁶
高桥	ɕyoŋ¹	yoŋ³	ɦyoŋ²			yoŋ³	ɦyoŋ²	
三林	ɕyoŋ¹	yoŋ¹	ɦyoŋ²			yoŋ³	yoŋ³	
周浦	ɕioŋ¹	ioŋ³	ɦioŋ²			ioŋ³	ioŋ³	
南汇	ɕioŋ¹	ioŋ³	ɦioŋ²			ioŋ³	ioŋ³	
南汇新	ɕyoŋ¹	yoŋ¹	ɦyoŋ⁶			yoŋ³	yoŋ³	yoŋ³
嘉定	ɕyoŋ¹	yoŋ⁵	ɦyoŋ²			yoŋ⁵	yoŋ⁵	
嘉定新	ɕioŋ¹	ioŋ¹	ɦioŋ²	ɦioŋ²	ɦioŋ²	ɦioŋ⁶	ɦioŋ⁶	ɦioŋ⁶
宝山	ɕioŋ¹	ɦioŋ⁶	ioŋ²	ioŋ²	ioŋ²	ioŋ⁵	ioŋ⁵	ioŋ⁵
宝山新	ɕioŋ¹	ɦioŋ⁶	ioŋ⁵	ioŋ⁵	ioŋ⁵	ioŋ⁵	ioŋ⁵	ioŋ⁵
崇明	ɕyoŋ¹	yoŋ³	ɦyoŋ²			yoŋ⁵	yoŋ⁵	
崇明新	ɕioŋ¹	ioŋ¹	ioŋ²	ioŋ²	ioŋ²	ioŋ³	ioŋ³	ioŋ³
堡镇	ɕyoŋ¹	yoŋ³	ɦyoŋ²			yoŋ⁵	yoŋ³	
练塘	ɕioŋ¹	ioŋ¹	ɦioŋ²			ioŋ¹	ioŋ¹	

序号	3125	3126	3127	3128	3129	3130	3131	3132	3133
字目	甬	用	绿	录	足	促	粟	俗	续
中古音的地位	通合三上肿以	通合三去用以	通合三入烛来	通合三入烛来	通合三入烛精	通合三入烛清	通合三入烛心	通合三入烛邪	通合三入烛邪
市区		ɦioŋ⁶	loʔ⁸	loʔ⁸	tsoʔ⁷	tsʰoʔ⁷	soʔ⁷	zoʔ⁸	zoʔ⁸
市区中	ioŋ⁵	ɦioŋ⁶	loʔ⁸	loʔ⁸	tsoʔ⁷	tsʰoʔ⁷	soʔ⁷	zoʔ⁸	zoʔ⁸
市区新	ioŋ⁵	ɦioŋ⁶	loʔ⁸	loʔ⁸	tsoʔ⁷	tsʰoʔ⁷	soʔ⁷	zoʔ⁸	zoʔ⁸
真如		ɦiyoŋ⁶	loʔ⁸	loʔ⁸	tsoʔ⁷	tsʰoʔ⁷	soʔ⁷	zoʔ⁸	zoʔ⁸
江湾		ɦioŋ⁶	loʔ⁸	loʔ⁸	tsoʔ⁷	tsʰoʔ⁷	soʔ⁷	zoʔ⁸	zoʔ⁸
松江		ɦiyoŋ⁶	loʔ⁸	loʔ⁸	tsoʔ⁷	tsʰoʔ⁷	soʔ⁷	zoʔ⁸	zoʔ⁸
松江新	ɦioŋ⁶	ɦioŋ⁶	lɔʔ⁸	lɔʔ⁸	tsoʔ⁷	tsʰɔʔ⁷	sɔʔ⁷	zoʔ⁸	ɕy³
泗泾		ɦiyoŋ⁶	loʔ⁸	loʔ⁸	tsoʔ⁷	tsʰoʔ⁷	soʔ⁷	zoʔ⁸	zoʔ⁸
奉贤		ɦiʊŋ⁶	loʔ⁸	loʔ⁸	tsoʔ⁷	tsʰoʔ⁷	soʔ⁷	zoʔ⁸	zoʔ⁸
奉贤新	ioŋ³	ɦioŋ⁶	lɔʔ⁸	lɔʔ⁸	tsoʔ⁷	tsʰoʔ⁷	soʔ⁷	zoʔ⁸	zoʔ⁸
奉城		ɦiʊŋ⁶	loʔ⁸	loʔ⁸	tsoʔ⁷	tsʰoʔ⁷	soʔ⁷	zoʔ⁸	zoʔ⁸
金山		ɦiʊŋ⁶	lɔʔ⁸	lɔʔ⁸	tsɔʔ⁷	tsʰɔʔ⁷	sɔʔ⁷	zɔʔ⁸	zɔʔ⁸
金山新	ioŋ³	ɦioŋ⁶	lɔʔ⁸	lɔʔ⁸	tsɔʔ⁷	tsʰɔʔ⁷	sɔʔ⁷	zɔʔ⁸	zɔʔ⁸
枫泾	ioŋ⁵	ɦioŋ⁶	lɔʔ⁸	lɔʔ⁸	tsoʔ⁷	tsʰɔʔ⁷	sɔʔ⁷	zɔʔ⁸	zɔʔ⁸
青浦		ɦioŋ⁶	loʔ⁸	loʔ⁸	tsoʔ⁷	tsʰoʔ⁷	soʔ⁷	zoʔ⁸	zoʔ⁸
青浦新	ioŋ³	ɦioŋ⁶	loʔ⁸	loʔ⁸	tsoʔ⁷	tsʰoʔ⁷	soʔ⁷	zoʔ⁸	zoʔ⁸
莘庄		ɦiyoŋ⁶	loʔ⁸	loʔ⁸	tsoʔ⁷	tsʰoʔ⁷	soʔ⁷	zoʔ⁸	zoʔ⁸
闵行新	ɦioŋ²	ɦioŋ²	loʔ⁸	loʔ⁸	tsoʔ⁷	tsʰoʔ⁷	①	zoʔ⁸	zoʔ⁸
川沙		ɦioŋ⁶	loʔ⁸	loʔ⁸	tsoʔ⁷	tsʰoʔ⁷	soʔ⁷	zoʔ⁸	zoʔ⁸
川沙新	ɦioŋ⁶	ɦioŋ⁶	lɔʔ⁷	lɔʔ⁷	tsɔʔ⁷	tsʰɔʔ⁷	sɔʔ⁷	zɔʔ⁸	zɔʔ⁸
高桥		ɦiyoŋ²	loʔ⁸	loʔ⁸	tsoʔ⁷	tsʰoʔ⁷		zoʔ⁸	zoʔ⁸
三林		ɦiyoŋ⁶	loʔ⁸	loʔ⁸	tsoʔ⁷	tsʰoʔ⁷	soʔ⁷	zoʔ⁸	zoʔ⁸
周浦		ɦioŋ⁶	loʔ⁸	loʔ⁸	tsoʔ⁷	tsʰoʔ⁷	soʔ⁷	zoʔ⁸	zoʔ⁸
南汇		ɦioŋ⁶	loʔ⁸	loʔ⁸	tsoʔ⁷	tsʰoʔ⁷	soʔ⁷	zoʔ⁸	zoʔ⁸
南汇新		ɦioŋ⁶	loʔ⁸	loʔ⁸	tsoʔ⁷	tsʰoʔ⁷		zoʔ⁸	ʑyoʔ⁸
嘉定		ɦiyoŋ⁶	loʔ⁸	loʔ⁸	tsoʔ⁷	tsʰoʔ⁷	soʔ⁷	zoʔ⁸	zoʔ⁸
嘉定新	ɦioŋ⁶	ɦioŋ⁶	loʔ⁸	loʔ⁸	tsoʔ⁷	tsʰoʔ⁷	soʔ⁷	zoʔ⁸	zoʔ⁸
宝山	ioŋ⁵	ɦioŋ⁶	loʔ⁸	loʔ⁸	tsoʔ⁷	tsʰoʔ⁷	soʔ⁷	zoʔ⁸	zoʔ⁸
宝山新	ioŋ⁵	ɦioŋ⁶	loʔ⁸	loʔ⁸	tsoʔ⁷	tsʰoʔ⁷	soʔ⁷	zoʔ⁸	zoʔ⁸
崇明		ɦiyoŋ⁶	loʔ⁸	loʔ⁸	tsoʔ⁷	tsʰoʔ⁷	soʔ⁷	dzoʔ⁸	zoʔ⁸
崇明新	ioŋ³	ioŋ⁶	loʔ⁸	loʔ⁸	tsoʔ⁷	tsʰoʔ⁷		zoʔ⁸	zoʔ⁸
堡镇		ɦiyoŋ⁶	loʔ⁸	loʔ⁸	tsoʔ⁷	tsʰoʔ⁷	soʔ⁷	dzoʔ⁸	zoʔ⁸
练塘		ɦiyoŋ⁶	loʔ⁸	loʔ⁸	tsoʔ⁷	tsʰoʔ⁷	soʔ⁷	zoʔ⁸	zoʔ⁸

注：① 误读为"栗"。

序号	3134	3135	3136	3137	3138	3139	3140	3141
字目	烛	嘱	触	赎	束	属	蜀	辱
中古音的地位	通合三入烛章	通合三入烛章	通合三入烛昌	通合三入烛船	通合三入烛书	通合三入烛禅	通合三入烛禅	通合三入烛日
市区	tsoʔ⁷	tsoʔ⁷	tsʰoʔ⁷	zoʔ⁸	soʔ⁷	zoʔ⁸		zoʔ⁸
市区中	tsoʔ⁷	tsoʔ⁷	tsʰoʔ⁷	zoʔ⁸	soʔ⁷	zoʔ⁸	zoʔ⁸	zoʔ⁸
市区新	tsoʔ⁷	tsoʔ⁷	tsʰoʔ⁷	zoʔ⁸	soʔ⁷	zoʔ⁸	zoʔ⁸	zoʔ⁸
真如	tsoʔ⁷	tsoʔ⁷	tsʰoʔ⁷	zoʔ⁸	soʔ⁷	zoʔ⁸		zoʔ⁸
江湾	tsoʔ⁷	tsoʔ⁷	tsʰoʔ⁷	zoʔ⁸	soʔ⁷	zoʔ⁸		zoʔ⁸
松江	tsoʔ⁷	tsoʔ⁷	tsʰoʔ⁷	zoʔ⁸	soʔ⁷	zoʔ⁸		zoʔ⁸
松江新	tsoʔ⁷	tsoʔ⁷	tsʰoʔ⁷	zoʔ⁸	sɔʔ⁷	zoʔ⁸	zoʔ⁸	zoʔ⁸
泗泾	tsoʔ⁷	tsoʔ⁷	tsʰoʔ⁷	zoʔ⁸	soʔ⁷	zoʔ⁸		zoʔ⁸
奉贤	tsoʔ⁷	tsoʔ⁷	tsʰoʔ⁷	zoʔ⁸	soʔ⁷	zoʔ⁸		zoʔ⁸
奉贤新	tsoʔ⁷	tsoʔ⁷	tsʰoʔ⁷	zoʔ⁸	soʔ⁷	zoʔ⁸	zoʔ⁸	zoʔ⁸
奉城	tsoʔ⁷	tsoʔ⁷	tsʰoʔ⁷	zoʔ⁸	soʔ⁷	zoʔ⁸		zoʔ⁸
金山	tsɔʔ⁷	tsɔʔ⁷	tsʰɔʔ⁷	zɔʔ⁸	sɔʔ⁷	zɔʔ⁸		zɔʔ⁸
金山新	tsɔʔ⁷	tsɔʔ⁷	tsʰɔʔ⁷	zɔʔ⁸	sɔʔ⁷	zɔʔ⁸	zɔʔ⁸	zɔʔ⁸
枫泾	tsɔʔ⁷	tsɔʔ⁷	tsʰɔʔ⁷	zɔʔ⁸	sɔʔ⁷	zɔʔ⁸		zɔʔ⁸
青浦	tsoʔ⁷	tsoʔ⁷	tsʰoʔ⁷	zoʔ⁸	soʔ⁷	zoʔ⁸		zoʔ⁸
青浦新	tsoʔ⁷	tsoʔ⁷	tsʰoʔ⁷	zoʔ⁸	soʔ⁷	zoʔ⁸	zoʔ⁸	
莘庄	tsoʔ⁷	tsoʔ⁷	tsʰoʔ⁷	zoʔ⁸	soʔ⁷	zoʔ⁸		zoʔ⁸
闵行新	tsoʔ⁷	tsoʔ⁷	tsʰoʔ⁷	zoʔ⁸	soʔ⁷	zoʔ⁸		lu²
川沙	tsoʔ⁷	tsoʔ⁷	tsʰoʔ⁷	zoʔ⁸	soʔ⁷	zoʔ⁸		zoʔ⁸
川沙新	tsɔʔ⁷		tsʰɔʔ⁷	zɔʔ⁸	sɔʔ⁷	zɔʔ⁸	zɔʔ⁸	
高桥	tsoʔ⁷	tsoʔ⁷	tsʰoʔ⁷	zoʔ⁸	soʔ⁷	zoʔ⁸		zoʔ⁸
三林	tsoʔ⁷	tsoʔ⁷	tsʰoʔ⁷	zoʔ⁸	soʔ⁷	zoʔ⁸		zoʔ⁸
周浦	tsoʔ⁷	tsoʔ⁷	tsʰoʔ⁷	zoʔ⁸	soʔ⁷	zoʔ⁸		zoʔ⁸
南汇	tsoʔ⁷	tsoʔ⁷	tsʰoʔ⁷	zoʔ⁸	soʔ⁷	zoʔ⁸		zoʔ⁸
南汇新	tsoʔ⁷		tsʰoʔ⁷	zoʔ⁸	soʔ⁷	zoʔ⁸	zoʔ⁸	
嘉定	tsoʔ⁷	tsoʔ⁷	tsʰoʔ⁷	zoʔ⁸	soʔ⁷	zoʔ⁸		zoʔ⁸
嘉定新	tsoʔ⁷	tsɿ⁵/tsoʔ⁷	tsʰoʔ⁷	zɔʔ⁸	soʔ⁷	zoʔ⁸	zoʔ⁸	zoʔ⁸
宝山	tsoʔ⁷	tsoʔ⁷	tsʰoʔ⁷	zoʔ⁸	soʔ⁷	zoʔ⁸		zoʔ⁸
宝山新	tsoʔ⁷	tsoʔ⁷	tsʰoʔ⁷	zoʔ⁸	soʔ⁷	zoʔ⁸	zoʔ⁸	zoʔ⁸
崇明	tsoʔ⁷	tsoʔ⁷	tsʰoʔ⁷	zoʔ⁸	soʔ⁷	zoʔ⁸		zoʔ⁸
崇明新	tsoʔ⁷	tsoʔ⁷	tsʰoʔ⁷	zoʔ⁸	soʔ⁷	soʔ⁷	soʔ⁷	lu²
堡镇	tsoʔ⁷	tsoʔ⁷	tsʰoʔ⁷	zoʔ⁸	soʔ⁷	zoʔ⁸		zoʔ⁸
练塘	tsoʔ⁷	tsoʔ⁷	tsʰoʔ⁷	zoʔ⁸	soʔ⁷	zoʔ⁸		zoʔ⁸

序号	3142	3143	3144	3145	3146	3147	3148	3149
字目	褥①	曲	局	玉	狱	旭	欲	浴
中古音的地位	通合三入烛日	通合三入烛溪	通合三入烛群	通合三入烛疑	通合三入烛疑	通合三入烛晓	通合三入烛以	通合三入烛以
市区	ȵioʔ⁸	tɕʰioʔ⁷/tɕʰyɪʔ⁷	dzioʔ⁸/dzyɪʔ⁸	ȵioʔ⁸	ɦioʔ⁸/ɦyɪʔ⁸			
市区中	zoʔ⁸	tɕʰioʔ⁷/tɕyɪʔ⁷	dzioʔ⁸/dzyɪʔ⁸	ȵioʔ⁸/ȵyɪʔ⁸	ɦioʔ⁸/ɦyɪʔ⁸	ɕioʔ⁷/ɕyɪʔ⁷	ɦioʔ⁸/ɦyɪʔ⁸	ɦioʔ⁸/ɦyɪʔ⁸
市区新	zoʔ⁸	tɕʰioʔ⁷/tɕyɪʔ⁷	dzioʔ⁸/dzyɪʔ⁸	ȵioʔ⁸/ȵyɪʔ⁸	ɦioʔ⁸/ɦyɪʔ⁸	ɕioʔ⁷/ɕyɪʔ⁷	ɦioʔ⁸/ɦyɪʔ⁸	ɦioʔ⁸/ɦyɪʔ⁸
真如	ȵyoʔ⁸	tɕʰyoʔ⁷	dzyoʔ⁸	ȵyoʔ⁸	ȵyoʔ⁸		ɦyoʔ⁸	ɦyoʔ⁸
江湾	ȵioʔ⁸	tɕʰioʔ⁷	dzioʔ⁸	ȵioʔ⁸	ȵioʔ⁸		ɦioʔ⁸	ɦioʔ⁸
松江	ȵioʔ⁸/zoʔ⁸	cʰioʔ⁷	ɟioʔ⁸	ȵioʔ⁸	ȵioʔ⁸/ɦioʔ⁸		ɦioʔ⁸	ɦioʔ⁸
松江新		tɕʰyɪʔ⁷	dzyɪʔ⁸	ȵioʔ⁸	ɦyɪʔ⁸	ɕyɪʔ⁷	ɦyɪʔ⁸	ɦioʔ⁸
泗泾	ȵioʔ⁸/zoʔ⁸	cʰioʔ⁷	ɟioʔ⁸	ȵioʔ⁸	ȵioʔ⁸/ɦioʔ⁸		ɦioʔ⁸	ɦioʔ⁸
奉贤	ȵioʔ⁸/zoʔ⁸	cʰioʔ⁷	ɟioʔ⁸	ȵioʔ⁸	ȵioʔ⁸		ɦioʔ⁸	ɦioʔ⁸
奉贤新	zoʔ⁸	tɕʰyɔʔ⁷	dzyɔʔ⁸	ȵyɔʔ⁸	ɦyɪʔ⁸	ɕyɪʔ⁷	ɦyɔʔ⁸	ɦyɔʔ⁸
奉城	ȵioʔ⁸/zoʔ⁸	cʰioʔ⁷	ɟioʔ⁸	ȵioʔ⁸	ȵioʔ⁸		ɦioʔ⁸	ɦioʔ⁸
金山	zoʔ⁸	cʰyɔʔ⁷	ɟyɔʔ⁸	ȵyɔʔ⁸	ȵyɔʔ⁸		ɦyɔʔ⁸	ɦyɔʔ⁸
金山新	zoʔ⁸	tɕʰyɔʔ⁷	dzyɔʔ⁸	ȵyɔʔ⁸	ȵyɔʔ⁸	ɕyɔʔ⁷	ɦyɔʔ⁸	ɦyɔʔ⁸
枫泾	zoʔ⁸	tɕʰyɔʔ⁷	dzyɔʔ⁸	ȵyɔʔ⁸	ȵyɔʔ⁸		ɦyøʔ⁸	ɦyɔʔ⁸
青浦	zoʔ⁸	tɕʰyɔʔ⁷	dzyɔʔ⁸	ȵyɔʔ⁸	ȵyɔʔ⁸		ɦyoʔ⁸	ɦyoʔ⁸
青浦新		tɕʰioʔ⁷	dzyœʔ⁸	ȵioʔ⁸	ȵioʔ⁸	ɕioʔ⁷	ȵyœʔ⁸	ɦioʔ⁸
莘庄	ȵyoʔ⁸/zoʔ⁸	cʰyoʔ⁷	ɟyoʔ⁸	ȵyoʔ⁸	ȵyoʔ⁸		ɦyoʔ⁸	ɦyoʔ⁸
闵行新	lu²	tɕʰyəʔ⁷	dzyəʔ⁸	ȵyəʔ⁸	ȵyəʔ⁸		ɦyəʔ⁸	ɦyəʔ⁸
川沙	ȵioʔ⁸	tɕʰioʔ⁷	dzioʔ⁸	ȵioʔ⁸	ɦioʔ⁸		ɦioʔ⁸	ɦioʔ⁸
川沙新		tɕʰyəʔ⁷	dzyøʔ⁸	ȵiɔʔ⁸			ɦiɔʔ⁸	ɦiɔʔ⁸
高桥		tɕʰyoʔ⁷	dzyoʔ⁸	ȵyoʔ⁸	ȵyoʔ⁸		ɦyøʔ⁸	ɦyɔʔ⁸
三林	ȵyoʔ⁸/zoʔ⁸	cʰyoʔ⁷	ɟyoʔ⁸	ȵyoʔ⁸	ȵyoʔ⁸		ɦioʔ⁸	ɦioʔ⁸
周浦	ȵioʔ⁸/zoʔ⁸	cʰioʔ⁷	ɟioʔ⁸	ȵioʔ⁸	ȵioʔ⁸		ɦioʔ⁸	ɦioʔ⁸
南汇	ȵioʔ⁸/zoʔ⁸	cʰioʔ⁷	ɟioʔ⁸	ȵioʔ⁸	ȵioʔ⁸		ɦioʔ⁸	ɦioʔ⁸
南汇新		tɕʰyoʔ⁷	dzyoʔ⁸	ȵyoʔ⁸				ɦyoʔ⁸
嘉定	zoʔ⁸	tɕʰyoʔ⁷	dzyoʔ⁸	ȵyoʔ⁸	ȵyoʔ⁸		ɦiᴀʔ⁸/ɦyoʔ⁸	ɦyoʔ⁸
嘉定新	ȵyoʔ⁸	tɕʰioʔ⁷	dzioʔ⁸	ȵioʔ⁸	ȵioʔ⁸	ɕyoʔ⁷	ɦioʔ⁸	ɦioʔ⁸
宝山	zoʔ⁸	tɕʰioʔ⁷	dzioʔ⁸	ȵioʔ⁸	ȵioʔ⁸	ɕioʔ⁷	ɦioʔ⁸	ɦioʔ⁸
宝山新	zoʔ⁸	tɕʰioʔ⁷	dzioʔ⁸	ȵioʔ⁸	ȵioʔ⁸	ɕioʔ⁷	ɦioʔ⁸	ɦioʔ⁸
崇明	zoʔ⁸	tɕʰyoʔ⁷	dzyoʔ⁸	ȵyoʔ⁸	ȵyoʔ⁸		ɦyoʔ⁸	ɦyoʔ⁸
崇明新	lu²	tɕʰiɔʔ⁷	dzyɔʔ⁸	iɔʔ⁸	iɔʔ⁸		ȵiɔʔ⁸	ȵiɔʔ⁸
堡镇	zoʔ⁸	tɕʰyoʔ⁷	dzyoʔ⁸	ȵyoʔ⁸	ȵyoʔ⁸		ɦyoʔ⁸	ɦyoʔ⁸
练塘	zoʔ⁸	tɕʰyoʔ⁷	dzyoʔ⁸	ȵyoʔ⁸	ȵyoʔ⁸		ɦyoʔ⁸	ɦyoʔ⁸

注：① 老派口语中应有"~子"（垫在床上的棉絮或被子）的说法。

上海市文化发展基金资助项目

上海地区方言调查研究

第五卷 第六卷

A Linguistic Survey of Shanghai Dialects

游汝杰 主编

復旦大學出版社

第五卷　音档

目 录

说明 ·· 1

第一章　市区音档 ·· 1
一、语音 ·· 1
二、常用词汇 ·· 7
三、语法例句 ··· 16
四、长篇语料 ··· 21

第二章　松江音档 ··· 23
一、语音 ··· 23
二、常用词汇 ··· 40
三、语法例句 ··· 49
四、长篇语料 ··· 54

第三章　川沙音档 ··· 56
一、语音 ··· 56
二、常用词汇 ··· 62
三、语法例句 ··· 71
四、长篇语料 ··· 77

第四章　南汇音档 ··· 79
一、语音 ··· 79
二、常用词汇 ··· 86
三、语法例句 ··· 96
四、长篇语料 ·· 101

第五章　奉贤音档 …… 103
一、语音 …… 103
二、常用词汇 …… 112
三、语法例句 …… 123
四、长篇语料 …… 128

第六章　金山音档 …… 130
一、语音 …… 130
二、常用词汇 …… 139
三、语法例句 …… 150
四、长篇语料 …… 155

第七章　青浦音档 …… 157
一、语音 …… 157
二、常用词汇 …… 171
三、语法例句 …… 179
四、长篇语料 …… 184

第八章　莘庄音档 …… 186
一、语音 …… 186
二、常用词汇 …… 192
三、语法例句 …… 200
四、长篇语料 …… 205

第九章　嘉定音档 …… 207
一、语音 …… 207
二、常用词汇 …… 215
三、语法例句 …… 223
四、长篇语料 …… 229

第十章　宝山音档 …… 231
一、语音 …… 231
二、常用词汇 …… 238
三、语法例句 …… 250

四、长篇语料 ………………………………………………… 255

第十一章　崇明音档 …………………………………… 257
　　一、语音 ……………………………………………………… 257
　　二、常用词汇 ………………………………………………… 263
　　三、语法例句 ………………………………………………… 269
　　四、长篇语料 ………………………………………………… 275

说　明

　　本卷包括上海市区及郊区分地音档11种,市区为中派音档,郊区为新派音档。每种音档内容如下。

1. 语音:声母、声母比字、韵母、韵母比字、声调、声调比字、变调。
2. 常用词汇。
3. 语法例句。
4. 长篇语料。

有声音档见光盘。以下是配合各种音档的文字说明。

第一章　市区音档

一、语音

（一）声母

声母1号 p　　　　　　布帮比报北伯
声母2号 pʰ　　　　　　批攀怕胖劈扑
声母3号 b　　　　　　皮步盆旁白拔
声母4号 m　　　　　　母美闷梅门麦
声母5号 f　　　　　　飞翻粉风福发
声母6号 v　　　　　　扶浮房奉服罚
声母7号 t　　　　　　低胆党懂德搭
声母8号 tʰ　　　　　　天透汤听铁托
声母9号 d　　　　　　地桃糖动夺踏
声母10号 n　　　　　　你ₓ拿努囡内捺
声母11号 l　　　　　　拉捞溜铃赖辣
声母12号 ts　　　　　　纸做张增质扎
声母13号 tsʰ　　　　　处车仓冲出尺
声母14号 s　　　　　　书收生松色缩
声母15号 z　　　　　　树柴床虫舌石
声母16号 tɕ　　　　　　鸡举浆精节脚
声母17号 tɕʰ　　　　　气秋枪清切雀
声母18号 dʑ　　　　　旗权强群集剧
声母19号 ȵ　　　　　　粘扭仰泥牛捏
声母20号 ɕ　　　　　　修需香勋血削
声母21号 ʑ　　　　　　徐斜象秦绝嚼
声母22号 k　　　　　　干盖梗公谷夹
声母23号 kʰ　　　　　开宽康垦扩客

声母24号 g   茄环慁狂共轧
声母25号 ŋ   厊我ᵪ外鹅鹤额
声母26号 h   花火很荒忽瞎
声母27号 ɦ   鞋移胡雨
声母28号 ∅   鸭衣乌迂

声母比字：
清音和浊音

布 pu³⁵   ≠   步 bu²¹³
到 tɔ³⁵   ≠   道 dɔ²¹³
巧 tɕʰiɔ⁴⁴   ≠   桥 dʑiɔ²¹³
送 soŋ³⁵   ≠   虫 zoŋ²¹³

尖音和团音

将 tɕiaŋ⁵³   =   姜
节 tɕiɪʔ⁴⁴   =   结
秋 tɕʰiɤ⁵³   =   丘
小 ɕiɔ⁴⁴   =   晓

平舌音和卷舌音

仓 tsʰaŋ⁵³   =   昌
子 tsɿ⁴⁴   =   主
粗 tsʰu⁵³   =   初
思 sɿ⁵³   =   师

鼻音声母和零声母

岸 ŋø¹³   ≠   案 ∅³⁵
熬 ŋɔ²¹³   ≠   奥 ɔ³⁵
扼 ŋəʔ²¹   ≠   遏 əʔ²⁵
碍 ŋe¹³   ≠   爱 e³⁵

鼻音声母和边音声母

奴 nu¹³   ≠   路 lu¹³
女 ȵy¹³   ≠   吕 ly¹³

泥 n̠i¹³　　　≠　　　离 li¹³
年 n̠i¹³　　　≠　　　连 li¹³

(二) 韵母

韵母 1 号 ɿ　　　　知次住
韵母 2 号 i　　　　基钱微
韵母 3 号 u　　　　波哥做
韵母 4 号 y　　　　居女羽
韵母 5 号 a　　　　太柴鞋
韵母 6 号 ia　　　　野写亚
韵母 7 号 ua　　　　怪坏快
韵母 8 号 o　　　　花模马
韵母 9 号 ɔ　　　　宝朝高
韵母 10 号 iɔ　　　条焦摇
韵母 11 号 ɤ　　　　斗丑狗
韵母 12 号 iɤ　　　流尤修
韵母 13 号 e　　　　雷来兰
韵母 14 号 iɛ　　　念械也
韵母 15 号 ue　　　回掼弯
韵母 16 号 ø　　　　干最乱
韵母 17 号 uø　　　官欢缓
韵母 18 号 yø　　　软园权
韵母 19 号 ã　　　　冷长硬
韵母 20 号 iã　　　良象阳
韵母 21 号 uã　　　横光~火
韵母 22 号 ɑ̃　　　　党放忙
韵母 23 号 iɑ̃　　　旺文
韵母 24 号 uɑ̃　　　广狂况
韵母 25 号 əŋ　　　奋登论
韵母 26 号 iŋ　　　紧灵人白
韵母 27 号 uəŋ　　困魂温
韵母 28 号 yŋ　　　均云训
韵母 29 号 oŋ　　　翁虫风
韵母 30 号 ioŋ　　穷荣浓

韵母31号 aʔ　　　辣袜客
韵母32号 iaʔ　　药脚略
韵母33号 uaʔ　　挖滑刮
韵母34号 oʔ　　　北郭目
韵母35号 ioʔ　　肉浴玉
韵母36号 əʔ　　　舌色割
韵母37号 uəʔ　　活扩骨
韵母38号 iiʔ　　　笔亦吃
韵母39号 yøʔ　　血缺悦
韵母40号 əl　　　而尔耳 文
韵母41号 m̩　　　姆亩文呒~没
韵母42号 n̩　　　口~奶
韵母43号 ŋ̍　　　五鱼午 端午

韵母比字：
舌尖前元音和舌尖后元音
资 tsɿ⁵³　　＝　　知
次 tsʰɿ³⁵　＝　　耻
四 sɿ³⁵　　＝　　试

鼻音韵尾
金 tɕiŋ⁵³　＝　　斤　　＝　　京
音 iŋ⁵³　　＝　　因　　＝　　英
心 ɕiŋ⁵³　＝　　新　　＝　　星
林 liŋ²¹³　＝　　邻　　＝　　菱

塞音韵尾
鸽 kəʔ⁵　　＝　　割　　＝　　革
立 liiʔ¹　　＝　　裂　　＝　　历
十 zəʔ¹　　＝　　舌　　＝　　贼
湿 səʔ⁵　　＝　　设　　＝　　塞

舒声韵和促声韵
带 ta³⁵　　≠　　答 taʔ⁵

泰 t^ha^{35}	≠	塔 $t^ha\textipa{P}^5$
利 li^{313}	≠	力 $lɪ\textipa{P}^1$
比 pi^{35}	≠	笔 $pɪ\textipa{P}^5$
摆 pa^{35}	≠	百 $pa\textipa{P}^5$
地 di^{13}	≠	笛 $dɪ\textipa{P}^1$

前 ã 和后 ɑ̃

打 $tã^{35}$	≠	党 $tɑ̃^{35}$
冷 $lã^{13}$	≠	狼 $lɑ̃^{13}$
省 $sã^{35}$	≠	爽 $sɑ̃^{35}$
梗 $kã^{35}$	≠	港 $kɑ̃^{35}$

其他

雷 le^{13}	=	来
衣 i^{53}	=	烟
袜 $ma\textipa{P}^1$	=	麦

(三) 声调

声调1号	阴平调53	刀东知天哥
声调2号	阴去调35	岛手比管鼓
声调3号	阳去调13	桃同皮近度
声调4号	阴入调5	百督笔削骨
声调5号	阳入调1	白达极嚼活

声调比字：

古阴平和古阳平

方 $faŋ^{53}$	≠	房 $vaŋ^{13}$
天 $t^hɪ^{53}$	≠	田 $dɪ^{13}$
初 ts^hu^{53}	≠	锄 zu^{13}

古阴平和古阴上

包 $pɔ^{35}$	=	饱 $pɔ^{35}$
灯 $təŋ^{53}$	=	等 $təŋ^{35}$
端 $tø^{53}$	=	短 $tø^{35}$

古阴上和古阴去

腿 $tʰe^{35}$　　≠　　退 $tʰe^{35}$
体 $tʰi^{35}$　　≠　　替 $tʰi^{35}$
等 $təŋ^{35}$　　≠　　凳 $təŋ^{35}$

古阳平、古阳上和古阳去

桃 $dɔ^{13}$　　＝　　稻　　＝　　盗
潮 $zɔ^{213}$　　＝　　赵　　＝　　召
球 $dʑiɤ^{13}$　　＝　　舅　　＝　　旧

古阴入和古阳入

八 $paʔ^5$　　≠　　拔 $baʔ^1$
发 $faʔ^1$　　≠　　罚 $vaʔ^1$
笔 $piɪʔ^5$　　≠　　鼻 $biɪʔ^1$

(四) 变调

1. 广用式两字组变调举例

前字阴平
　　伤风　　亏空　　虾米　　巴结　　松木
前字阴去
　　手心　　喜酒　　本事　　晓得　　草绿
前字阳去
　　棒冰　　夏布　　地皮　　料作　　蛋白
前字阴入
　　笔尖　　索性　　甲鱼　　脚色　　百合
前字阳入
　　肉汤　　俗气　　着重　　服帖　　活络

2. 窄用式两字组变调举例

前字阳平或阴去
　　开窗　　浇水　　揩油　　起风　　锁门
前字阳去
　　画山　　忌烟　　拌菜　　买面　　留客
前字阴入
　　吃糕　　脚酸　　出气　　塞肉　　扑蝶

前字阳入

摸虾　掘井　凿洞　拔树　服药

(五) 文白异读词比较举例(斜线前为文读,斜线后为白读)

1. 家庭　家长 / 人家　百家姓
   交通　交际 / 交代　交白卷
2. 宝贵　贵宾 / 价钿忒贵 价钱太贵
   包围　围棋 / 围巾　围身 围裙
3. 问答　学问 / 问路　问问题
   新闻　闻一多 / 来闻闻𦧲朵花
   肥料　肥胖 / 肥皂
4. 人才　人事 / 人家　乡下人
   日记　日历 / 日脚 日期　日里向 白天
5. 儿童　小儿科 / 儿子
   中耳炎 / 耳朵
6. 生命　书生 / 生日　生意
   斗争　争鸣 / 争气
7. 拖拉机　拖地板 / 拖鼻涕
   多少　忒多 / 多日天
8. 大家　大队 / 大门　大米
9. 去年 / 去过勒

二、常用词汇

(一) 自然现象

1.	太阳	太阳	$tʰa^{34\text{-}33}ɦiã^{13\text{-}44}$
		日头	$niɪʔ^{1\text{-}11}dɤ^{13\text{-}23}$
2.	月亮	月亮	$ɦyɪʔ^{1\text{-}11}liã^{13\text{-}23}$
3.	星星	星	$ɕiŋ^{53}$
4.	打雷	雷响	$le^{13\text{-}22}ɕiã^{34\text{-}44}$
		打雷	$tã^{35\text{-}44}le^{23}$
5.	闪电	霍险	$hoʔ^{5\text{-}3}ɕi^{35\text{-}44}$
6.	下雨	落雨	$loʔ^{1\text{-}1}ɦy^{23}$
7.	下雪	落雪	$loʔ^{1\text{-}1}ɕiɪʔ^{5\text{-}23}$

8.	冰雹	冰雹	piŋ$^{53-55}$bɔ$^{3-21}$
9.	结冰	结冰	tɕiɪʔ$^{5-4}$piŋ^{53}
10.	刮风	起风	tɕʰi$^{35-33}$foŋ$^{53-44}$
		刮风	kuaʔ$^{5-4}$foŋ^{53}
11.	虹	鲎	hɤ^{35}
		彩虹	tsʰe$^{35-33}$ɦoŋ$^{13-44}$

(二) 时令、节令

12.	端午节	端午	tø$^{53-55}$ɦŋ$^{13-21}$
		端午节	tø$^{53-55}$ɦŋ$^{13-33}$tɕiɪʔ$^{5-21}$
13.	中秋节	中秋	tsoŋ$^{53-55}$tɕʰiɤ$^{53-21}$
		中秋节	tsoŋ$^{53-55}$tɕʰiɤ$^{53-33}$tɕiɪʔ$^{5-21}$
14.	除夕	大年夜	du$^{13-22}$ɲi$^{13-55}$ɦia$^{13-21}$
15.	今年	今年	tɕiŋ$^{53-55}$ɲi$^{13-21}$
16.	明年	开年	kʰe$^{53-55}$ɲi$^{13-21}$
		明年	miŋ$^{13-22}$ɲi$^{13-44}$
17.	去年	旧年	dʑiɤ$^{13-22}$ɲi$^{13-44}$
		去年	tɕʰy$^{35-33}$ɲi$^{13-44}$
18.	明天	明朝	miŋ$^{13-22}$tsɔ$^{53-44}$
		明朝子	miŋ$^{13-22}$tsɔ$^{53-55}$tsʅ$^{35-21}$
19.	昨天	昨日	zoʔ$^{1-1}$ɲiɪʔ$^{1-23}$
		昨日子	zoʔ$^{1-1}$ɲiɪʔ$^{1-2}$tsʅ$^{35-23}$
20.	今天	今朝	tɕiŋ$^{53-55}$tsɔ$^{53-21}$
		今朝子	tɕiŋ$^{53-55}$tsɔ$^{53-33}$tsʅ$^{35-21}$
21.	星期天	星期天	ɕiŋ$^{53-55}$dʑi$^{13-33}$tʰi$^{53-21}$
		礼拜天	li$^{13-22}$pa$^{35-44}$tʰi$^{53-21}$

(三) 植物

22.	麦子	麦子	maʔ$^{1-1}$tsʅ$^{35-23}$
23.	大米	大米	du$^{13-22}$mi$^{13-44}$
24.	蚕豆	寒豆	ɦø$^{13-22}$dɤ$^{13-44}$
		蚕豆	zø$^{13-22}$dɤ$^{13-44}$
25.	向日葵	向日葵	ɕiã$^{35-33}$zəʔ$^{12-55}$gue$^{13-21}$
		葵花	gue$^{13-22}$ho$^{53-44}$

26.	菠菜	菠菜	pu⁵³⁻⁵⁵tsʰe³⁵⁻²¹
27.	卷心菜	卷心菜	tɕyø³⁵⁻³³ɕiŋ⁵³⁻⁵⁵tsʰe³⁵⁻²¹
28.	西红柿	番茄	fe⁵³⁻⁵⁵ga¹³⁻²¹
29.	茄子	落苏	loʔ¹⁻¹su⁵³⁻²³
		茄子	ga²³⁻²²tsɿ³⁵⁻⁴⁴
30.	甘薯	山芋	se⁵³⁻⁵⁵ɦy¹³⁻²¹
31.	马铃薯	洋山芋	ɦiã¹³⁻²²se⁵³⁻⁵⁵ɦy¹³⁻²¹
		土豆	tʰu³⁵⁻³³dɤ¹³⁻⁴⁴
32.	南瓜	饭瓜	ve¹³⁻²²ko⁵³⁻⁴⁴
		南瓜	nø¹³⁻²²ko⁵³⁻⁴⁴

(四) 动物

33.	猪	猪猡	tsɿ⁵³⁻⁵⁵lu¹³⁻²¹
34.	公猪	猪郎	tsɿ⁵³⁻⁵⁵lã¹³⁻²¹
35.	母猪	老母猪	lɔ¹³⁻²²m̩⁵⁵tsɿ⁵³⁻²¹
		母猪	mu¹³⁻²²tsɿ⁵³⁻⁴⁴
36.	公鸡	雄鸡	ɦioŋ¹³⁻²²tɕi⁵³⁻⁴⁴
		公鸡	koŋ⁵³⁻⁵⁵tɕi⁵³⁻²¹
37.	母鸡	雌鸡	tsʰi⁵³⁻⁵⁵tɕi⁵³⁻²¹
		母鸡	mu¹³⁻²²tɕi⁵³⁻⁴⁴
38.	老鼠	老虫	lɔ¹³⁻²²zoŋ²³⁻⁴⁴
		老鼠	lɔ¹³⁻²tsʰɿ³⁵⁻⁴⁴
39.	臭虫	臭虫	tsʰɤ³⁵⁻³³zoŋ²³⁻⁴⁴
		瘪虱	piɲʔ⁵⁻³səʔ⁵⁻⁴

(五) 房舍

40.	房子(整所)	房子	vɑ̃¹³⁻²²tsɿ³⁵⁻⁴⁴
41.	房子(单间)	房间	vɑ̃¹³⁻²²ke⁵³⁻⁴⁴
42.	窗户	窗门	tsʰɑ̃⁵³⁻⁵⁵məŋ¹³⁻²¹
		窗	tsʰɑ̃⁵³
43.	门坎	门槛	məŋ¹³⁻²²kʰe³⁵⁻⁴⁴
44.	厕所	马桶间	mo¹³⁻²²doŋ¹³⁻⁵⁵ke⁵³⁻²¹
		卫生间	ɦue¹³⁻³³səŋ⁵³⁻⁵⁵ke⁵³⁻²¹
45.	厨房	灶披间	tsɔ³⁵⁻³³pʰi⁵³⁻⁵⁵ke⁵³⁻²¹

		灶间	tsɔ³⁵⁻³³ke⁵³⁻⁴⁴
46.	烟囱	烟囱	i⁵³⁻⁵⁵tsʰoŋ⁵³⁻²¹
47.	桌子	台子	de¹³⁻²²tsɿ³⁵⁻⁴⁴
48.	楼梯	胡梯	ɦu¹³⁻²²tʰi⁵³⁻⁴⁴

（六）身体

49.	头	头	dɤ¹³
50.	额头	额角头	ŋaʔ¹³⁻¹¹koʔ⁵⁻²dɤ¹³⁻²³
51.	脸	面孔	mi¹³⁻²²kʰoŋ³⁵⁻⁴⁴
52.	鼻子	鼻头	biɪʔ¹⁻¹dɤ¹³⁻²³
53.	脖子	头颈	dɤ¹³⁻²²tɕiŋ³⁵⁻⁴⁴
54.	左手	左手	tsu³⁵⁻³³sɤ³⁵⁻⁴⁴
55.	右手	右手	ɦiɤ¹³⁻²²sɤ³⁵⁻⁴⁴
56.	拳头	拳头	dʑyø¹³⁻²²dɤ¹³⁻⁴⁴
57.	手指头	手节头	sɤ³⁵⁻³³tɕiɪʔ⁵⁻⁵dɤ¹³⁻²¹
		手指头	sɤ³⁵⁻³³tsɿ³⁵⁻⁵⁵dɤ¹³⁻²¹
58.	指甲	手节掐	sɤ³⁵⁻³³tɕiɪʔ⁵⁻⁵kʰaʔ⁵⁻²
		手指掐	sɤ³⁵⁻³³tsɿ³⁵⁻⁵⁵kʰaʔ⁵⁻²
59.	膝盖	脚馒头	tɕiaʔ⁵⁻³mø¹³⁻⁵⁵dɤ¹³⁻²¹
		膝盖	ɕiɪʔ⁵⁻³ke³⁵⁻⁴⁴
60.	腿	脚膀	tɕiaʔ⁵⁻³pʰã³⁵⁻⁴⁴

（七）亲属

61.	父亲	爹爹	tia⁵³⁻⁵⁵tia⁵³⁻²¹
		阿伯（面称）	aʔ⁵⁻³paʔ⁵⁻⁴
		爷（背称）	ɦia¹³
		爷老头子（背称）	ɦia¹³⁻²²lɔ¹³⁻⁵⁵dɤ¹³⁻³³tsɿ³⁵⁻²¹
62.	母亲	姆妈	m̩⁵³⁻⁵⁵ma¹³⁻²¹
		妈妈（面称）	m̩⁵³⁻⁵⁵ma¹³⁻²¹
		娘（背称）	ȵiã¹³
63.	祖父	老爹	lɔ²³⁻²²tia⁵³⁻⁴⁴
64.	祖母	囗奶	n̩⁵³⁻⁵⁵na¹³⁻²¹
65.	伯父	伯伯	paʔ⁵⁻³paʔ⁵⁻⁴
		伯父（背称）	paʔ⁵⁻³vu¹³⁻⁴⁴

66.	伯母	伯母	paʔ⁵⁻³mu¹³⁻⁴⁴
67.	叔父	爷叔	ɦia¹³⁻²²soʔ⁵⁻⁴
		叔叔(背称)	soʔ⁵⁻³soʔ⁵⁻⁴
68.	叔母	婶婶	sən³⁵⁻³³sən³⁵⁻⁴⁴
		婶娘	sən³⁵⁻³³n̠ia¹³⁻⁴⁴
69.	外祖父	外公	ŋa¹³⁻²²koŋ⁵³⁻⁴⁴
70.	外祖母	外婆	ŋa¹³⁻²²bu¹³⁻⁴⁴
71.	舅舅	娘舅	n̠ia¹³⁻²²dʑiɤ¹³⁻⁴⁴
		舅舅	dʑiɤ¹³⁻²²dʑiɤ¹³⁻⁴⁴
72.	舅母	舅妈	dʑiɤ¹³⁻²²ma¹³⁻⁴⁴
		舅姆	dʑiɤ¹³⁻²²m̩¹³⁻⁴⁴
73.	丈夫	爱人	e³⁵⁻³³n̠iŋ¹³⁻⁴⁴
		老公	lɔ¹³⁻²²koŋ⁵³⁻⁴⁴
		男人	nø¹³⁻²²n̠iŋ¹³⁻⁴⁴
74.	妻子	爱人	e³⁵⁻³³n̠iŋ¹³⁻⁴⁴
		老婆	lɔ²³⁻²²bu¹³⁻⁴⁴
		女人	n̠y¹³⁻²²n̠iŋ¹³⁻⁴⁴
75.	儿子	儿子	n̠i¹³⁻²²tsʅ³⁵⁻⁴⁴
76.	女儿	囡五	nø¹³⁻²²ŋ¹³⁻⁴⁴

(八) 饮食

77.	早饭	早饭	tsɔ³⁵⁻³³ve¹³⁻⁴⁴
78.	午饭	中饭	tsoŋ⁵³⁻⁵⁵ve¹³⁻²¹
79.	晚饭	夜饭	ɦia¹³⁻²²ve¹³⁻⁴⁴
80.	面条	面	mi¹³
		切面	tɕʰiʔ⁵⁻³mi¹³⁻⁴⁴
81.	馒头	馒头淡~,肉~	mø¹³⁻²²dɤ¹³⁻⁴⁴
82.	包子(有馅)	馒头	mø¹³⁻²²dɤ¹³⁻⁴⁴
83.	馄饨	馄饨	ɦuən¹³⁻²²dən¹³⁻⁴⁴
84.	醋	醋	tsʰu³⁵
85.	酱油	酱油	tɕia⁵³⁻⁵⁵ɦiɤ¹³⁻²¹
86.	盐	盐	ɦi¹³
87.	筷子	筷	kue⁵³
		筷子	kue⁵³⁻⁵⁵tsʅ³⁵⁻²¹

		筷五	kue⁵³⁻⁵⁵ŋ̍¹³⁻²¹
88.	勺儿	勺子	zoʔ¹⁻¹tsɿ³⁵⁻²³
		抄	tsʰɔ⁵³

(九) 称谓

89.	男人	男人	nø¹³⁻²²n̠iŋ¹³⁻⁴⁴
		男人家	nø¹³⁻²²n̠iŋ¹³⁻⁵⁵ka⁵³⁻²¹
90.	女人	女人	n̠y¹³⁻²²n̠iŋ¹³⁻⁴⁴
		女人家	n̠y¹³⁻²²n̠iŋ¹³⁻⁵⁵ka⁵³⁻²¹
91.	男孩子	男小囡	nø¹³⁻²²ɕiɔ³⁵⁻⁵⁵nø¹³⁻²¹
92.	女孩子	女小囡	n̠y¹³⁻²²ɕiɔ³⁵⁻⁵⁵nø¹³⁻²¹
93.	老头儿	老公公	lɔ¹³⁻²²koŋ⁵³⁻⁵⁵koŋ⁵³⁻²¹
		老头子	lɔ¹³⁻²²dɤ¹³⁻⁵⁵tsɿ³⁵⁻²¹
94.	医生	医生	i⁵³⁻⁵⁵sã⁵³⁻²¹
95.	厨师	厨师	zɿ¹³⁻²²sɿ⁵³⁻⁴⁴
		烧饭司务	sɔ⁵³⁻⁵⁵vɛ¹³⁻³³sɿ⁵³⁻³³vu¹³⁻²¹
96.	乞丐	叫化子	kɔ³⁵⁻³³hɔ³⁵⁻⁵⁵tsɿ³⁵⁻²¹
97.	保姆	保姆	pɔ³⁵⁻³³mu¹³⁻⁴⁴

(十) 疾病

98.	病了	生病	sã⁵³⁻⁴⁴biŋ¹³⁻¹³
		生毛病	sã⁵³⁻⁴⁴mɔ¹³⁻³³biŋ¹³⁻⁴⁴
99.	伤风	伤风	sã⁵³⁻⁵⁵foŋ⁵³⁻²¹
		感冒	kø³⁵⁻³³mɔ¹³⁻⁴⁴
100.	泻肚	肚皮泻	du¹³⁻²²bi¹³⁻⁵⁵za¹³⁻²¹
101.	瘸子	折脚	zəʔ¹⁻¹tɕiaʔ²⁻³
		跷脚	tɕʰiɔ⁵³⁻⁵⁵tɕiaʔ⁵⁻²¹
102.	驼背	驼背	du¹³⁻²²tsɿ³⁵⁻⁴⁴
		驼子	du¹³⁻²²tsɿ³⁵⁻⁴⁴
103.	死了	死脱勒	ɕi³⁵⁻³³tʰəʔ⁵⁻⁴ləʔ¹⁻²¹
		吭没勒	m̩¹³⁻²²məʔ⁵⁻⁴ləʔ¹⁻²¹
104.	看病	看医生	kʰø³⁵⁻³³i⁵³⁻⁵⁵sã⁵³⁻²¹
		看毛病	kʰø³⁵⁻³³mɔ¹³⁻²²biŋ¹³⁻⁴⁴

(十一) 代词

105.	我	我	ŋu^{13}
106.	你	侬	noŋ^{13}
107.	他	伊	ɦi^{13}
108.	我们	我伲	ŋu$^{13-22}$ȵi$^{13-44}$
		阿拉	aʔ$^{5-3}$la$^{53-44}$
109.	你们	倷	na^{13}
110.	他们	伊拉	ɦi$^{13-22}$la$^{53-44}$
111.	咱们	阿拉	aʔ$^{5-3}$la$^{53-44}$
112.	自己	自家	zɿ$^{13-22}$ka$^{53-44}$
113.	谁	啥人	sa$^{35-33}$ȵiŋ$^{13-44}$
114.	什么	啥	sa^{35}
		啥个	sa$^{35-33}$gəʔ$^{1-44}$
115.	这里	迭搭	diɪʔ$^{1-1}$taʔ$^{5-2}$
		搿搭	gəʔ$^{1-1}$taʔ$^{5-2}$
		搿里	gəʔ$^{1-1}$li$^{13-23}$
116.	那里	伊搭	i$^{53-55}$taʔ$^{5-21}$
		伊面	i$^{53-33}$mi$^{13-44}$
117.	哪里	啥地方	sa$^{34-33}$di$^{13-55}$fɑ̃$^{53-21}$
		鞋里	ɦa$^{13-22}$li$^{13-44}$
118.	这个	迭个	diɪʔ$^{1-1}$gəʔ$^{1-23}$
		搿个	gəʔ$^{1-1}$gəʔ$^{1-23}$
119.	那个	伊个	i$^{53-55}$gəʔ$^{1-21}$
		哀个	e$^{53-55}$gəʔ$^{1-21}$
120.	哪一个	鞋里个	ɦa$^{13-22}$li$^{13-55}$gəʔ$^{1-21}$
		鞋里一个	ɦa$^{13-22}$li$^{13-55}$iɪʔ$^{5-3}$gəʔ$^{1-21}$
121.	怎么样	哪能	na$^{13-22}$nəŋ$^{13-14}$

(十二) 量词

122.	一位客人	一位客人	ɦue^{13}
123.	一双鞋	一双鞋子	sɑ̃^{53}
124.	一床被	一条被头	diɔ^{13}
125.	一辆车	一部车子	bu^{13}
126.	一条牛	一只牛	tsaʔ^{5}

127.	一口猪	一只猪猡	tsaʔ⁵
128.	听一会儿	听一歇	ɕiɪʔ⁵
129.	打一下	打一记	tɕi³⁵

(十三) 方位词

130.	上头	上头	zã¹³⁻²²dɤ¹³⁻⁴⁴
		高头	kɔ⁵³⁻⁵⁵dɤ¹³⁻²¹
131.	下头	下头	ɦo¹³⁻²²dɤ¹³⁻⁴⁴
		下底	ɦo¹³⁻²²ti¹³⁻⁴⁴
132.	左边	左面	tsu³⁵⁻³³mi¹³⁻⁴⁴
		左半爿	tsu³⁵⁻³³pø³⁵⁻⁵⁵ba¹³⁻²¹
133.	右边	右面	ɦiɤ¹³⁻²²mi¹³⁻⁴⁴
		右半爿	ɦiɤ¹³⁻²²pø³⁵⁻⁵⁵ba¹³⁻²¹
134.	当中	当中	tã⁵³⁻⁵⁵tsoŋ⁵³⁻²¹
		当中横里	tã⁵³⁻⁵⁵tsoŋ⁵³⁻³³ɦuã¹³⁻³³li¹³⁻²¹
135.	里面	里向	li¹³⁻²²ɕiã³⁴⁻⁴⁴
		里向头	li¹³⁻²²ɕiã³⁵⁻⁵⁵dɤ¹³⁻²¹
136.	外面	外头	ŋa¹³⁻²²dɤ¹³⁻⁴⁴
		外面	ŋa¹³⁻²²mi¹³⁻⁴⁴

(十四) 形容词

137.	甜	甜	di¹³
138.	酸	酸	sø⁵³
139.	咸	咸	ɦe¹³
140.	淡	淡	de¹³
141.	胖	壮	tsã³
		胖	pʰã³⁵
142.	瘦	瘦	sɤ³⁵
143.	冷	冷	lã¹³
		瀴	iŋ³⁵
144.	热	暖热	nø¹³⁻²²ȵiɪʔ¹⁻⁴
		热	ȵiɪʔ¹
145.	香	香	ɕiã⁵³
146.	臭	臭	tsʰɤ³⁵

147.	粗	粗	tsʰu⁵³
148.	细	细	ɕi³⁵
149.	长	长	zã¹³
150.	短	短	tø³⁵
151.	脏	龌龊	oʔ⁵⁻³tsʰoʔ⁵⁻⁴
152.	干净	清爽	tɕʰiŋ⁵³⁻⁵⁵sã³⁵⁻²¹
153.	便宜	强	dʑiã¹³

(十五) 副词、连词、介词

154.	刚~来	刚刚	kã⁵³⁻⁵⁵kã⁵³⁻²¹
		刚	kã⁵³
155.	刚~合适	刚好	kã⁵³hɔ³⁵⁻²¹
156.	正好	刚正好	kã⁵³⁻⁵⁵tsəŋ³⁵⁻³³hɔ³⁵⁻²¹
		正正好好	tsəŋ³⁵⁻³³tsəŋ³⁵⁻⁵⁵hɔ³⁵⁻³³hɔ³⁵⁻²¹
157.	和	搭	taʔ⁵
		教	kɔ³⁵
158.	只	只	tsəʔ⁵
159.	从	从	zoŋ¹³
160.	替	代	de¹³
161.	拿	拿	ne⁵³
162.	故意~捣乱	有意	ɦiɤ¹³⁻²²i⁵³⁻⁴⁴
		迭为	diɪʔ¹⁻¹ɦue¹³⁻²³
		有心	ɦiɤ¹³⁻²²ɕiŋ⁵³⁻⁴⁴

(十六) 数词

163.	一	一	iɪʔ⁵
164.	二	二	n̠i¹³
165.	三	三	sẽ⁵³
166.	四	四	sɿ³⁵
167.	五	五	ŋ¹³
168.	六	六	loʔ¹
169.	七	七	tɕʰiɪʔ⁵
170.	八	八	paʔ⁵
171.	九	九	tɕiɤ³⁵

172.	十	十	zəʔ¹
173.	十一	十一	zəʔ¹⁻¹iɪʔ⁵⁻²³
174.	十二	十二	zəʔ¹⁻¹n̪i¹³⁻²³
175.	二十	廿	n̪ie¹³
176.	二十一	廿一	n̪ie¹³⁻²²iɪʔ⁵⁻⁴
177.	一百二十一	一百廿一	iɪʔ⁵⁻³paʔ⁵n̪ie¹³⁻²²iɪʔ⁵⁻⁴
178.	第一	第一	di¹³⁻²²iɪʔ⁵⁻⁴
179.	第二	第二	di¹³⁻²²n̪i¹³⁻⁴⁴
180.	两里	两里	liã¹³⁻²²li¹³⁻⁴⁴
181.	二两	二两	n̪i¹³⁻²²liã¹³⁻⁴⁴

三、语法例句

（先出普通话例句，后出上海话例句）

1. 谁啊？我是老王。

   啥人？我是阿王。

   sa³⁵⁻³³n̪iŋ¹³⁻⁴⁴？ŋu¹³z̩¹³aʔ⁵⁻³se⁵³⁻⁴⁴。

2. 老四呢？她正在跟一个朋友说着话呢。

   阿四呢？伊正辣海搭一个朋友讲闲话。

   aʔ⁵⁻³s̩³⁵⁻⁴⁴ne¹³⁻²¹？i³⁵tsəŋ³⁵laʔ¹⁻¹he³⁵⁻²³taʔ⁵iɪʔ⁵⁻³ɦəʔ¹⁻⁴⁴bã¹³⁻²²ɦiɤ¹³⁻⁴⁴kã³⁵⁻⁴⁴ɦie¹³⁻²²ɦo¹³⁻⁴⁴。

3. 她还没有说完吗？

   伊还呒没讲好啊？

   ɦi¹³ɦe¹³ɦm̩¹³⁻²²məʔ¹⁻⁴kã³⁵⁻³³ho³⁵⁻⁵⁵ɦia¹³⁻²¹？

4. 还没有。大约再有一会儿就说完了。

   还呒没。大概再讲一歇就讲好勒。

   ɦɛ¹³ɦm̩¹³⁻²²məʔ¹⁻⁴。da¹³⁻²²ke³⁵⁻⁴⁴tse³⁵kã³⁵⁻³³iɪʔ⁵⁻⁵⁵ɕiɪʔ⁵⁻²¹ziɤ¹³kã³⁵⁻³³ho³⁵⁻⁵⁵ləʔ¹⁻²¹。

5. 他说马上就走，怎么这半天了还在家里？

   伊讲马上就走，哪能介许多辰光还辣辣屋里向？

   ɦi¹³⁻³³kã³⁵mo¹³⁻²²zã¹³⁻⁴⁴ziɤ¹³tsɤ¹³, na¹³⁻²²nəŋ¹³⁻⁴⁴ka³⁵⁻³³ɕy³⁵⁻⁵⁵du¹³⁻²¹zəŋ¹³⁻²²kuã⁵³⁻⁴⁴ɦe¹³laʔ¹⁻¹laʔ¹⁻²⁴oʔ⁵⁻³li¹³⁻⁵⁵ɕiã³⁵⁻²¹？

6. 你到哪儿去？我到城里去。

   侬到啥地方去？我到上海去。

   noŋ¹³⁻²²tɔ³⁵sa³⁵⁻³³di¹³⁻⁵⁵fã⁵³⁻²¹tɕʰi³⁵？ŋo¹³⁻²²tɔ³⁵zã¹³⁻²²he³⁵⁻⁴⁴tɕʰi³⁵。

7. 在那儿,不在这儿。

    辣哀面,勿辣辩搭。

    laʔ⁵⁻⁵e⁵³⁻⁵⁵mi¹³⁻²¹, vəʔ¹⁻²laʔ¹⁻¹gəʔ¹⁻¹taʔ⁵⁻²³。

8. 不是那么做,要这么做。/不是那么做,是这么做。

    勿要哀能做,是要辩能介做。

    vəʔ¹⁻¹iɔ³⁵⁻²³ɛ⁵³⁻³³nəŋ¹³⁻⁴⁴tsu³⁵, zŋ¹³⁻²²iɔ³⁵gəʔ¹⁻¹nəŋ¹³⁻²²ka³⁵⁻²³tsu³⁵。

9. 太多了,用不着那么多,只要这么多就够了。

    忒多勒,勿要介许多,只要辩点就够勒。

    tʰəʔ⁵⁻³du¹³⁻⁵⁵ləʔ¹⁻²¹, vəʔ¹⁻¹iɔ³⁵⁻²³ka³⁵⁻³³ɕy³⁵⁻⁵⁵du¹³⁻²¹, tsəʔ⁵⁻³iɔ³⁵⁻⁴⁴gəʔ¹⁻¹ti³⁵⁻²³ ziɤ¹³⁻²²kɤ³⁵⁻⁵⁵ləʔ¹⁻²¹。

10. 这个大,那个小,这两个哪一个好一点呢?

    辩只大,哀只小,两只里向鞋里一只好一眼呢?

    gəʔ¹⁻¹tsaʔ⁵⁻²³du¹³, e⁵³⁻⁵⁵tsaʔ⁵⁻²¹ɕiau³⁵, lia¹³⁻²²tsaʔ⁵⁻⁴⁴li¹³⁻²²ɕia³⁵⁻⁴⁴ɦa¹³⁻²²li¹³⁻⁵⁵ iʔ⁵⁻³³tsaʔ⁵⁻²¹hɔ³⁵⁻³³iʔ⁵⁻⁵⁵ŋe¹³⁻³³ne¹³⁻²¹?

11. 这个比那个好。

    迭个比哀个好。

    diɪʔ¹⁻¹ɦəʔ¹⁻²³pi³⁵e⁵³⁻⁵⁵ɦəʔ¹⁻²¹hɔ⁵³⁻³⁵。

12. 这些房子不如那些房子好。

    迭眼房子比伊面一眼房子推板。

    diɪʔ¹⁻¹ŋe¹³⁻²³vã¹³⁻²²tsŋ³⁵⁻⁴⁴pi³⁵·i⁵³⁻⁵⁵mi¹³⁻²¹iʔ⁵⁻³ŋe¹³⁻⁴⁴va¹³⁻²²tsŋ³⁵⁻⁴⁴tʰe⁵³⁻⁵⁵pe³⁵⁻²¹。

13. 这句话用上海话怎么说?

    辩句闲话用上海闲话哪能介讲?

    gəʔ¹⁻¹tɕy³⁵⁻²³ɦe¹³⁻²²ɦo¹³⁻⁴⁴ɦioŋ¹³zã¹³⁻²²he³⁵⁻⁵⁵ɦe¹³⁻³³ɦo¹³⁻²¹na¹³⁻²²nəŋ¹³⁻⁵⁵ka³⁵⁻²¹kã³⁵?

14. 他今年多大岁数了?

    伊今年几岁勒?

    ɦi¹³tɕiŋ⁵³⁻⁵⁵ȵi¹³⁻²¹tɕi³⁵⁻³³sø³⁵⁻⁵⁵ləʔ¹⁻²¹?

15. 大概三十来岁吧。

    大约三十岁横里哦。

    da¹³⁻²²iaʔ⁵⁻⁴⁴se⁵³⁻⁵⁵səʔ⁵⁻²³sø³⁵⁻²¹ɦua¹³⁻²²li¹³⁻⁵⁵vaʔ¹⁻²¹。

16. 这个东西有多重呢?

    辩只物事有几化重?

    gəʔ¹tsaʔ⁵ɦməʔ¹³⁻²²zŋ¹³⁻⁴⁴ɦiɤ¹³tɕi³⁵⁻³³ho³⁵⁻³³zoŋ¹³?

17. 有五十斤重呢。

    有得五十斤重。

ɦiɤ¹³⁻³³təʔ⁵ŋ¹³⁻²²səʔ⁵⁻⁵⁵tɕiŋ⁵³⁻²¹zoŋ13。

18. 拿得动吗？

    拿得动哦？

    ne⁵³⁻⁵⁵təʔ⁵⁻³³doŋ¹³⁻³³vaʔ¹⁻²¹？

19. 我拿得动，他拿不动。

    我拿得动，伊拿勿动。

    ŋo¹³ne⁵³⁻⁵⁵təʔ⁵⁻³³doŋ¹³⁻²¹，ɦi¹³ne⁵³⁻⁵⁵vəʔ¹⁻³³doŋ¹³⁻²¹。

20. 真不轻，重得连我也拿不动。

    真勿轻，重得来连我也拿勿动。

    tsəŋ⁵³⁻⁴⁴vəʔ¹⁻¹tɕʰiŋ⁵³⁻²³，zoŋ¹³⁻²²təʔ⁵⁻⁵⁵le¹³⁻²¹li¹³⁻³³ŋo¹³ɦia¹³ne⁵³⁻⁵⁵vəʔ¹⁻³³doŋ¹³⁻²¹。

21. 你说得很好，你还会说点什么呢？

    侬讲得老好个，侬还会讲点啥呢？

    noŋ¹³kã³⁵⁻⁴⁴təʔ⁵lɔ³⁵⁻²²hɔ³⁵⁻⁵⁵ɦəʔ²¹，noŋ¹³ɦiɛ¹³⁻²²ɦue¹³⁻⁴⁴kã³⁵⁻³³ti³⁵⁻⁵⁵sa³⁵⁻³³nə¹³⁻²¹？

22. 我嘴笨，我说不过他。

    我闲话讲勿大来，我讲勿过伊。

    ŋo¹³ɦie¹³⁻²²ɦio¹³⁻⁴⁴kã³⁵⁻³³vəʔ¹⁻⁵⁵da¹³⁻³³le¹³⁻²¹，ŋo¹³kã³⁵⁻³³vəʔ¹⁻⁵⁵ku³⁵⁻³³ɦi¹³⁻²¹。

23. 说了一遍，又说一遍。

    讲勒一遍，又讲一遍。

    kã³⁵⁻³³ləʔ¹⁻⁵⁵iɪʔ⁵⁻²¹pi³⁵⁻²¹，ɦiɤ¹³ka³⁵⁻³³iɪʔ⁵⁻⁵⁵pi³⁵⁻²¹。

24. 请你再说一遍。

    请侬再讲一遍。

    tɕʰiŋ³⁵⁻³³noŋ¹³⁻⁴⁴tse³⁵kã³⁵⁻³³iɪʔ⁵⁻⁵⁵pi³⁵⁻²¹。

25. 不早了，快去吧。

    勿早勒，豪惨去哦。

    vəʔ¹⁻¹tsɔ³⁵⁻²³ləʔ¹⁻²¹，ɦɔ¹³⁻²²sɔ³⁵⁻⁴⁴tɕʰi³⁵⁻³³vaʔ¹⁻⁴⁴。

26. 现在还早着呢，等一会儿再去吧。

    现在还早辣海，过脱一歇再去好哎。

    ɦi¹³⁻²²ze¹³⁻⁴⁴ɦie¹³tsɔ³⁵⁻³³laʔ¹⁻⁵⁵he³⁵⁻²¹，ku³⁵⁻³³tʰəʔ⁵⁻⁵⁵iɪʔ⁵⁻²¹ɕiɪʔ⁵⁻²¹tse³⁵⁻³³tɕʰi³⁵⁻⁵⁵hɔ³⁵⁻³³le¹³⁻²¹。

27. 吃了饭再去好吗？

    吃勒饭再去哪能？

    tɕʰiɪʔ⁵⁻³ləʔ¹⁻⁵⁵ve¹³⁻²¹tse³⁵⁻³³tɕi³⁵na¹³⁻²²nəŋ¹³⁻⁴⁴？

28. 慢慢儿吃啊，不要着急。

    慢慢叫吃，勿要急。

me$^{13-22}$me$^{13-55}$tɕiɔ$^{35-21}$tɕiɪʔ^5, vəʔ$^{1-1}$iɔ$^{35-23}$tɕiɪʔ^5。

29. 坐着吃比站着吃好些。
    坐辣海吃比立辣海吃好一眼。
    zu$^{13-22}$laʔ$^{1-55}$he$^{35-21}$tɕʰiɪʔ^{5}pi^{35}li$^{13-22}$laʔ$^{1-55}$he$^{35-21}$tɕʰiɪʔ^{5}hɔ$^{35-33}$iɪ$^{5-55}$ŋe$^{13-21}$。

30. 他吃了饭了，你吃了饭没有呢？
    伊饭吃过勒，侬饭吃过哦？
    ɦi^{13}ve^{13}tɕʰiɪʔ$^{5-3}$ku$^{35-55}$ləʔ$^{1-21}$, noŋ^{13}ve^{13}tɕʰiɪʔ$^{5-3}$ku$^{35-55}$vaʔ$^{13-21}$？

31. 他去过上海，我没有去过。
    伊上海去过勒，我哞没去过。
    ɦi^{13}zã$^{13-22}$he$^{35-44}$tɕʰi$^{35-33}$ku$^{35-55}$ləʔ$^{1-21}$, ŋo^{13}ɦm̩$^{13-22}$məʔ$^{1-44}$tɕʰi$^{35-33}$ku$^{35-44}$。

32. 来闻闻这朵花香不香。
    来闻闻看辩朵花香哦。
    le^{13}məŋ$^{13-22}$məŋ$^{13-55}$kʰø$^{35-21}$gəʔ$^{1-1}$tu$^{35-23}$hɔ^{53}ɕia$^{53-55}$vaʔ$^{1-21}$。

33. 给我一本书。
    拨我一本书。
    pəʔ$^{5-4}$ŋo^{13}iɪʔ$^{5-3}$pəŋ$^{13-44}$sɿ^{53}。

34. 我真的没有书呀。
    我真个哞没书。
    ŋo^{13}tsəŋ$^{53-55}$ɦəʔ$^{13-21}$ɦm̩$^{13-22}$məʔ$^{1-44}$sɿ^{53}。

35. 你告诉他。
    侬脱伊讲。
    noŋ^{13}tʰəʔ$^{5-3}$ɦi$^{13-44}$kã^{35}。

36. 好好地走，不要跑。
    好好叫走，勿要奔。
    hɔ$^{35-22}$hɔ$^{35-55}$tɕiɔ$^{35-21}$tsɤ^{35}, vəʔ$^{1-1}$iɔ$^{35-23}$pəŋ^{53}。

37. 小心跌下去爬不上来。
    当心掼下去爬也爬勿上来。
    tã$^{53-55}$ɕiŋ$^{53-21}$gue$^{13-22}$ɦɔ$^{35-55}$tɕʰi$^{35-21}$bo^{13}ɦa^{13}bo$^{13-22}$vəʔ$^{1-55}$zã$^{13-33}$le$^{13-21}$。

38. 医生叫你多睡睡。
    医生叫侬多睏睏。
    i$^{53-55}$sa$^{53-21}$tɕiɔ$^{35-33}$noŋ$^{13-44}$tu^{13}kuəŋ$^{35-33}$kuəŋ$^{35-44}$。

39. 抽烟或者喝茶都不许。
    吃香烟或者吃茶侪勿好个。
    tɕʰiɪʔ$^{5-4}$ɕia$^{53-55}$i$^{53-21}$tɕʰiɪʔ$^{5-4}$zo^{13}ze^{13}vəʔ$^{1-1}$hɔ$^{35-23}$ɦəʔ$^{13-21}$。

40. 烟也好,茶也好,我都不喜欢。

    烟咾,茶咾,我倽勿欢喜。

    i$^{53\text{-}55}$lɔ^{13}, zo$^{13\text{-}33}$lɔ^{13}, ŋo^{13}zeʔvəʔ$^{1\text{-}3}$huø$^{53\text{-}35}$ɕi$^{35\text{-}21}$。

41. 不管你去不去,反正我是要去的。

    勿管侬去勿去,反正我是要去个。

    vəʔ$^{1\text{-}1}$kuø$^{35\text{-}23}$noŋ^{13}tɕʰi$^{35\text{-}33}$vəʔ$^{1\text{-}55}$tɕʰi$^{35\text{-}21}$, fe$^{35\text{-}33}$tsəŋ$^{35\text{-}44}$ŋo$^{35\text{-}33}$zɿ^{13}iɔ$^{35\text{-}44}$tɕʰi^{35}ɦə$^{13\text{-}21}$。

42. 我非去不可。

    我是一定要去个。

    ŋo$^{13\text{-}33}$zɿ^{13}iɪʔ$^{5\text{-}3}$diŋ$^{13\text{-}44}$iɔ$^{35\text{-}44}$tɕʰi^{35}ɦəʔ$^{13\text{-}21}$。

43. 你是哪一年来的?

    侬是鞋里一年来个?

    noŋ$^{13\text{-}33}$zɿ^{13}ɦa$^{13\text{-}22}$li$^{13\text{-}55}$iɪʔ$^{5\text{-}33}$ȵi$^{13\text{-}21}$le^{13}ɦəʔ$^{1\text{-}21}$?

44. 我是前年到的北京。

    我是前年到北京个。

    ŋo$^{13\text{-}33}$zɿ^{13}zi$^{13\text{-}22}$ȵi$^{13\text{-}44}$tɔ^{35}poʔ$^{5\text{-}3}$tɕiŋ$^{53\text{-}44}$ɦəʔ$^{1\text{-}21}$。

45. 今天开会谁的主席?

    今朝开会啥人做主席?

    tɕiŋ$^{53\text{-}55}$tsɔ$^{35\text{-}21}$kʰe$^{35\text{-}44}$ɦue^{13}sa$^{35\text{-}33}$ȵiŋ$^{13\text{-}44}$tsu^{35}tsɿ$^{35\text{-}33}$ziɪʔ$^{1\text{-}44}$?

46. 你得请我的客。

    侬要请我吃饭个噢。

    noŋ$^{13\text{-}33}$iɔ^{35}tɕʰiŋ$^{35\text{-}44}$ŋo^{13}tɕʰiɪʔ$^{5\text{-}4}$veʔ^{13}gəʔ$^{1\text{-}1}$o$^{53\text{-}23}$。

47. 一边走,一边讲。

    一面走,一面讲。

    iɪʔ$^{5\text{-}3}$mi$^{13\text{-}44}$tsɤ^{35}, iɪʔ$^{5\text{-}3}$mi$^{13\text{-}44}$kã^{35}。

48. 越走越远,越说越多。

    越走越远,越讲越多。

    ɦyɪʔ$^{1\text{-}2}$tsɤ^{35}ɦyɪʔ$^{1\text{-}2}$ɦyø^{13}, ɦyɪʔ$^{1\text{-}2}$kã^{35}ɦyɪʔ$^{1\text{-}2}$tu^{53}。

49. 把那个东西拿给我。

    拿伊面个物事拨我。

    ne^{53};i$^{53\text{-}55}$mi$^{13\text{-}33}$gəʔ$^{1\text{-}21}$məʔ$^{2\text{-}1}$zɿ$^{13\text{-}23}$pəʔ$^{5\text{-}4}$ŋo^{13}。

50. 有些地方把太阳叫日头。

    有种地方拿太阳叫日头。

    ɦiɤ$^{13\text{-}22}$tsoŋ$^{35\text{-}44}$di$^{13\text{-}22}$fã$^{53\text{-}44}$ne^{53}tʰa$^{35\text{-}33}$ɦia$^{13\text{-}44}$tɕiɔ^{35}ȵiɪʔ$^{1\text{-}1}$dɤ$^{13\text{-}23}$。

51. 您贵姓？我姓王。

    侬贵姓？我姓王。

    noŋ¹³kue³⁵⁻³³ɕiŋ³⁵⁻⁴⁴? ŋo¹³ɕiŋ³⁵⁻⁴⁴ɦuã¹³。

52. 你姓王，我也姓王，咱们两个人都姓王。

    侬姓王，我也姓王，阿拉两家头侪姓王。

    noŋ¹³ɕiŋ³⁵⁻⁴⁴ɦuã¹³, ŋo¹³ɦia¹³⁻⁰ɕiŋ³⁵⁻⁴⁴ɦua¹³, aʔ⁵⁻³laʔ⁵³⁻⁴⁴lia¹³⁻²²ka⁵³⁻⁵⁵dɤ¹³⁻²¹ze¹³ɕiŋ³⁵⁻⁴⁴ɦua¹³。

53. 你先去吧，我们等一会儿再去。

    侬先去，阿拉等脱一歇再去。

    noŋ¹³ɕi³⁵⁻³³tɕʰi³⁵⁻⁵⁵vaʔ¹⁻²¹, aʔ⁵⁻³laʔ⁵³⁻⁴⁴təŋ³⁵⁻³³tʰəʔ⁵⁻⁵⁵iɪʔ⁵⁻³ɕiɪʔ⁵⁻²¹tse³⁵⁻⁴⁴tɕʰi³⁵。

54. 你抽烟不抽？/你抽不抽烟？

    侬香烟吃哦？/侬吃香烟哦？

    noŋ¹³ɕia⁵³⁻⁵⁵i⁵³⁻²¹tɕʰiɪʔ⁵⁻³vaʔ¹⁻⁴⁴? /noŋ¹³tɕʰiɪʔ⁵⁻³ɕia⁵³⁻⁵⁵i⁵³⁻³³vaʔ¹⁻²¹?

55. 你认得那个人不认得？／你认得不认得那个人？／你认不认得那个人？

    侬认得哀面个人？／侬认勿认得哀面个人？

    noŋ¹³ȵiŋ¹³⁻²²təʔ⁵⁻⁴e⁵³⁻⁵⁵mi¹³⁻³³ɦəʔ¹⁻³³ȵiŋ¹³⁻³³vaʔ¹⁻²¹? /noŋ¹³ȵiŋ¹³⁻²²vəʔ¹⁻⁵⁵ȵiŋ¹³⁻³³təʔ⁵⁻²¹e⁵³⁻⁵⁵mi¹³⁻³³ɦəʔ¹⁻²¹ȵiŋ¹³?

四、长篇语料

poʔ⁵⁻³ foŋ⁵³⁻⁴⁴ təʔ tʰa³⁵⁻³³ ɦiã¹³⁻⁴⁴
北　风　搭　太　阳

ɦiɤ¹³⁻²²tʰã³⁵⁻⁵⁵tsɿ³⁵⁻²¹, poʔ⁵⁻³foŋ⁵³⁻⁴⁴təʔ⁵⁻²⁴tʰa³⁵⁻³³ɦiã¹³⁻⁴⁴tsəŋ³⁵⁻³³ho³⁵⁻⁴⁴ləʔ¹⁻¹ləʔ¹⁻²³
有　 趟　子， 北　 风　 搭　太　阳　 正　好　辣　辣

tsã⁵³sa³⁵⁻³³ȵiŋ¹³⁻⁵⁵ɦəʔ¹⁻²¹pəŋ³⁵⁻³³zɿ¹³⁻⁴⁴du¹³ tsã⁵³⁻⁵⁵le¹³⁻²¹tsã⁵³⁻³³tɕʰi³⁵⁻²¹tsã⁵³⁻⁵⁵vəʔ¹⁻³
争　啥　 人　 个　本　事　大。 争　来　争　去　 争　勿

tɕʰiŋ⁵³⁻³³sã³⁵⁻⁴⁴ɦəʔ¹⁻²¹zəŋ¹³⁻²²kuã⁵⁵⁻⁴⁴lu¹³⁻²²lã¹³⁻⁵⁵ɕia⁵³⁻²¹tsɤ³⁵⁻³³ku⁵³⁻⁵⁵le¹³⁻²¹iɪʔ⁵⁻³ɦəʔ¹⁻⁴⁴
清　爽　个　辰　光， 路　浪　厢　 走　过　来　一　个

ȵiŋ¹³səŋ⁵³⁻⁵⁵lã¹³⁻²¹tsaʔ⁵⁻³ləʔ¹⁻³iɪʔ⁵⁻⁴⁴dʑi¹³⁻⁴⁴ɦɤ¹³⁻²²da¹³⁻⁵⁵i⁵³⁻²¹ɦi¹³⁻²²la⁵³⁻⁴⁴liã¹³⁻²²ka⁵³⁻⁵⁵
人，身　 浪　 着　 勒　一　件　 厚　大　衣。 伊　拉　两　家

dɤ¹³⁻²¹ziɤ¹³ɦua¹³⁻³³toŋ⁵³⁻⁵⁵do¹³⁻²¹kã³⁵⁻³³ho³⁵⁻⁴⁴tɕia³⁵⁻³³sɿ⁵³⁻⁴⁴sa³⁵⁻³³ȵiŋ¹³⁻⁴⁴nəŋ¹³⁻²²kɤ³⁵⁻⁴⁴
头　 就　囗　 东　道， 讲　好， 假　 使　啥　人　 能　够

ɕi⁵³⁻⁵⁵tɕiɔ³⁵⁻³³diɪʔ¹⁻³³ɦəʔ²⁻²³tsɤ³⁵⁻³³lu¹³⁻⁵⁵ɦəʔ¹⁻²¹ɲiŋ¹³⁻⁵⁵tʰəʔ⁵⁻³tʰəʔ⁵⁻⁴⁴ɦi¹³⁻²²ɦəʔ¹⁻⁴ɦiɤ¹³⁻²²da¹³⁻⁵⁵
先　叫　迭　个　走　路　个　人　脱　脱　伊　格　厚　大

i⁵³⁻⁵⁵ziɤ¹³⁻²²sø³⁵⁻⁴⁴sa³⁵⁻³³ɲiŋ¹³⁻⁵⁵ɦəʔ¹⁻²¹pəŋ³⁵⁻³³zɿ¹³⁻⁴⁴du¹³ hɔ³⁵ ne¹³⁻²²məʔ¹⁻⁴⁴poʔ⁵⁻³foŋ⁵³⁻⁴⁴
衣，就　算　啥　人　个　本　事　大。好，耐　末　北　风

dʑiɤ¹³ɦioŋ¹³⁻²²tsoʔ⁵⁻⁵tsʔ³⁵⁻²¹liɪʔ¹⁻¹tɕʰi³⁵⁻²³dʑioŋ¹³⁻²²tsʰɿ⁵³⁻⁵⁵paʔ⁵⁻³tsʰɿ⁵³⁻³³ləʔ¹⁻²¹poʔ⁵⁻³ku³⁵⁻⁴⁴
就　用　足　仔　力　气　穷　吹　八　吹　勒。不　过

tɕiɔ³⁵⁻⁴⁴sa³⁵ɦi¹³⁻³³ɦyɪʔ¹⁻³tsʰɿ⁵³⁻⁵⁵təʔ⁵⁻²¹tɕiɪʔ⁵⁻³kuəŋ³⁵⁻⁵⁵məʔ¹⁻²¹diɪʔ¹⁻¹ɦəʔ¹⁻²³tsɤ³⁵⁻³³lu¹³⁻⁵⁵
叫　啥　伊　越　吹　得　结　棍　末，迭　个　走　路

ɲiŋ¹³⁻²¹dʑiɤ¹³⁻³³ne⁵³da¹³⁻²²i⁵³⁻⁴⁴kuʔ³⁵⁻³³təʔ⁵⁻⁴ɦyɪʔ¹⁻²tɕiŋ³⁵ɦiɤ¹³⁻²²sɿ³⁵⁻³³le¹³⁻²¹poʔ⁵⁻³foŋ⁵³⁻⁴⁴
人　就　拿　大　衣　裹　得　越　紧。后　首　来　北　风

ɦim̩¹³⁻²²məʔ¹⁻²tɕiŋ³⁵⁻²²ləʔ¹⁻⁴tsəʔ⁵⁻³³hɔ³⁵⁻⁴⁴vəʔ¹⁻²tsʰɿ⁵³⁻⁵⁵ləʔ¹⁻²¹ne¹³⁻²²tsoŋ³⁵⁻⁵⁵məʔ¹⁻²¹tʰa³⁵⁻³³
呒　没　劲　勒，只　好　勿　吹　勒。耐　总　末　太

ɦiã¹³⁻⁴⁴tsʰəʔ⁵⁻³le¹³⁻⁵⁵ləʔ¹⁻²¹ɦi¹³laʔ²⁻¹¹huaʔ⁵⁻²huaʔ⁵⁻²ɦəʔ¹⁻²iɪʔ⁵⁻³sɔ³⁵⁻⁵⁵məʔ¹⁻²¹diɪʔ¹⁻¹ɦəʔ¹⁻²³
阳　出　来　勒。伊　辣　豁　豁　个　一　晒　末，迭　个

tsɤ³⁵⁻³³lu¹³⁻⁵⁵ɲiŋ¹³⁻²¹mo¹³⁻²²zã¹³⁻⁴⁴ziɤ¹³⁻³³neʔ⁵³⁻⁵⁵dʑi¹³⁻²¹da¹³⁻²²i⁵³⁻⁴⁴tʰəʔ⁵⁻³ɦo¹³⁻⁵⁵le¹³⁻³³
走　路　人　马　上　就　拿　伊　件　大　衣　脱　下　来

ləʔ¹⁻²¹neʔ¹³⁻²²məʔ¹⁻⁴poʔ⁵⁻³foŋ⁵³⁻⁴⁴tsəʔ⁵⁻³hɔ³⁵⁻⁴⁴zəŋ¹³⁻²²ɲiŋ¹³⁻⁴⁴liã¹³⁻²²ka⁵³⁻⁵⁵dɤ¹³⁻²¹tã⁵³⁻³³
勒。耐　末　北　风　只　好　承　认，两　家　头　当

tsoŋ⁵³⁻²¹ɦe¹³⁻²²zɿ¹³⁻⁴⁴tʰa³⁵⁻³³ɦiã¹³⁻⁵⁵ɦəʔ¹⁻²¹pəŋ³⁵⁻³³zɿ¹³⁻⁴⁴du¹³
中　还　是　太　阳　个　本　事　大。

北风跟太阳
（普通话对照）

有一回，北风跟太阳在那儿争论谁的本事大。争来争去就是分不出高低来。这时候路上来了个走道儿的，他身上穿着件厚大衣。它们俩就说好了，谁能先叫这个走道儿的脱下他的厚大衣，就算谁的本事大。北风就使劲儿地刮起来了，不过它越是刮得厉害，那个走道儿的把大衣裹得越紧。后来北风没法儿了，只好就算了。过了一会儿，太阳出来了。它火辣辣地一晒，那个走道儿的马上就把那件厚大衣脱下来了。这下儿北风只好承认，它们俩当中还是太阳的本事大。

第二章 松江音档

一、语音

（一）声母

声母1号 p　　　　　包比布逼
声母2号 pʰ　　　　　抛偏破匹
声母3号 b　　　　　跑皮步勃
声母4号 m　　　　　美母谋麦
声母5号 f　　　　　方粉飞富
声母6号 v　　　　　房冯浮罚
声母7号 t　　　　　到党低妒
声母8号 tʰ　　　　　滔汤天脱
声母9号 d　　　　　桃糖地夺
声母10号 n　　　　　拿努脑怒
声母11号 l　　　　　捞拉兰路
声母12号 ts　　　　　糟纸祖竹
声母13号 tsʰ　　　　仓产醋尺
声母14号 s　　　　　散僧苏宿
声母15号 z　　　　　柴从坐熟
声母16号 tɕ　　　　　精鸡贵杰
声母17号 tɕʰ　　　　清秋趣缺
声母18号 dʑ　　　　　其桥巨剧
声母19号 ȵ　　　　　粘鸟认女
声母20号 ɕ　　　　　线修书削
声母21号 ʑ　　　　　全象除嚼
声母22号 k　　　　　高该歌骨
声母23号 kʰ　　　　　开康科客

声母 24 号 g　　　　共葵狂轧
声母 25 号 ŋ　　　　癌我鹅额
声母 26 号 h　　　　蟹花灰霍
声母 27 号 ɦ　　　　鞋咸湖镬
声母 28 号 ∅　　　　爱衣乌迂

声母比字：
清音和浊音

布 pu^{35}　　　　≠　　　　步 bu^{13}

到 tɔ^{35}　　　　≠　　　　道 dɔ^{13}

巧 tɕiɔ^{35}　　　　≠　　　　桥 dʑiɔ^{13}

送 soŋ^{35}　　　　≠　　　　虫 zoŋ^{31}

尖音和团音（无尖团之分）

将 tɕiɛ̃^{53}　　　　=　　　　姜

节 tɕiɪʔ^{5}　　　　=　　　　结

秋 tɕʰiɤɯ^{53}　　　　=　　　　丘

小 ɕiɔ^{44}　　　　=　　　　晓

平舌音和卷舌音（无区分）

仓 tsʰã^{53}　　　　=　　　　昌

子 tsɿ^{44}　　　　=　　　　主

粗 tsʰu^{53}　　　　=　　　　初

思 sɿ^{53}　　　　=　　　　师

鼻音声母和零声母

岸 ŋø^{13}　　　　≠　　　　案 ø^{35}

熬 ŋɔ^{31}　　　　≠　　　　奥 ɔ^{35}

岳 ŋɔʔ^{23}　　　　≠　　　　握 ɔʔ^{5}

碍 ŋɛ^{13}　　　　≠　　　　爱 ɛ^{35}

鼻音声母和边音声母

努 nu^{13}　　　　≠　　　　路 lu^{13}

女 ȵy^{13}　　　　≠　　　　吕 ly^{13}

| 艺 ȵi¹³ | ≠ | 礼 li¹³ |
| 年 ȵiɪ³¹ | ≠ | 连 liɪ³¹ |

（二）韵母

韵母 1 号 ɿ　　　　　　纸此四慈
韵母 2 号 i　　　　　　面梯前衣
韵母 3 号 u　　　　　　补货锁乌
韵母 4 号 y　　　　　　吕句书迂
韵母 5 号 ɑ　　　　　　派买柴鞋
韵母 6 号 iɑ　　　　　　借写谢野
韵母 7 号 uɑ　　　　　　怪夸坏歪
韵母 8 号 o　　　　　　爬钗茶瓜
韵母 9 号 ɔ　　　　　　包到早告
韵母 10 号 iɔ　　　　　　表条叫小
韵母 11 号 ɤɯ　　　　　　头走手口
韵母 12 号 iɤɯ　　　　　　柳九秋有
韵母 13 号 iɪ　　　　　　怜浅烟店
韵母 14 号 e　　　　　　杯满雷推
韵母 15 号 ie　　　　　　念奸陷
韵母 16 号 ue　　　　　　维桂灰回
韵母 17 号 ɛ　　　　　　班办叹来
韵母 18 号 uɛ　　　　　　帅筷环弯
韵母 19 号 ø　　　　　　短团男看
韵母 20 号 uø　　　　　　官宽欢碗
韵母 21 号 yø　　　　　　捐劝倦愿
韵母 22 号 ã　　　　　　帮胖放当
韵母 23 号 iã　　　　　　旺
韵母 24 号 uã　　　　　　光矿荒汪
韵母 25 号 ɛ̃　　　　　　碰蛮打剩
韵母 26 号 iɛ̃　　　　　　良酱墙想
韵母 27 号 oŋ　　　　　　农重贡翁
韵母 28 号 ioŋ　　　　　　绒穷兄用
韵母 29 号 ʌn　　　　　　本蚊吞论
韵母 30 号 in　　　　　　冰品明听

韵母 31 号 uʌn　　　滚昆婚混
韵母 32 号 yn　　　 均群熏云
韵母 33 号 aʔ　　　百拍尺湿
韵母 34 号 iaʔ　　　甲恰药约
韵母 35 号 oʔ　　　北福秃国
韵母 36 号 ioʔ　　　玉肉浴
韵母 37 号 ɔʔ　　　博薄木壳
韵母 38 号 iɔʔ　　　挪
韵母 39 号 uɔʔ　　　郭扩获
韵母 40 号 ʌʔ　　　钵泼色质
韵母 41 号 iʌʔ　　　雀削嚼拈
韵母 42 号 uʌʔ　　　骨阔豁活
韵母 43 号 iɿʔ　　　笔匹灭铁
韵母 44 号 εʔ　　　 八袜答插
韵母 45 号 uεʔ　　　剜刮
韵母 46 号 yɪʔ　　　决曲雪郁
韵母 47 号 əl　　　 尔而耳
韵母 48 号 m̩　　　 姆呒
韵母 49 号 ŋ̍　　　 鱼五儿

韵母比字：
舌尖前元音和舌尖后元音
资 tsɿ⁵³　　　=　　　知
此 tsʰɿ⁴⁴　　=　　　耻
四 sɿ³⁵　　　=　　　试

鼻音韵尾
金 tɕin⁵³　　=　　　斤　　=　　京
音 in⁵³　　　=　　　因　　=　　英
心 ɕin⁵³　　=　　　新　　=　　星
林 lin³¹　　　=　　　邻　　=　　菱

塞音韵尾
鸽 kʌʔ⁵　　　=　　　割　　=　　革

立 liɪʔ³	=	裂	=	历	
十 zʌʔ³	=	舌	=	贼	
涩 sʌʔ⁵	=	设	=	塞	

舒声韵和促声韵

丹 tɛ⁵³	≠	答 tɛʔ⁵
滩 tʰɛ⁵³	≠	塔 tʰɛʔ⁵
利 li¹³	≠	立 liɪʔ³
比 pi⁴⁴	≠	笔 piɪʔ⁵
摆 pa⁴⁴	≠	百 pɑʔ⁵
地 di¹³	≠	笛 diɪʔ³

其他

衣 i⁵³	=	烟
百 pɑʔ⁵	=	柏

(三) 声调

声调1号	阴平调53	刀东知天
声调2号	阳平调31	陶同迟田
声调3号	阴上调44	岛懂紫抵
声调4号	阴去调35	倒冻致店
声调5号	阳去调13	道洞字电
声调6号	阴入调5	托吸汁八
声调7号	阳入调3	读习十拔

阳上调与阳去调合并

声调比字：

古阴平和古阳平

方 fã⁵³	≠	房 vã³¹
天 tʰi⁵³	≠	田 di³¹
拖 tʰu⁵³	≠	涂 du³¹

古阴平和古阴上

包 pɔ⁵³	≠	饱 pɔ⁴⁴

灯 tʌn⁵³　　≠　　等 tʌn⁴⁴
端 tø⁵³　　≠　　短 tø⁴⁴

古阴上和古阴去
腿 tʰe⁴⁴　　≠　　退 tʰe³⁵
体 tʰi⁴⁴　　≠　　替 tʰi³⁵
等 tʌn⁴⁴　　≠　　凳 tʌn³⁵

古阳平、古阳上和古阳去
桃 dɔ³¹　　≠　　稻 dɔ¹³　　=　　盗
潮 zɔ³¹　　≠　　赵 zɔ¹³　　=　　召
球 dʑiɤɯ³¹　　≠　　舅 dʑiɤɯ¹³　　=　　旧

古阴入和古阳入
八 pɛʔ⁵　　≠　　拔 bɛʔ³
发 fɛʔ⁵　　≠　　罚 vɛʔ³
笔 piɿʔ⁵　　≠　　鼻 biɿʔ³

(四) 变调

1. 广用式两字组连读变调

前字阴平

1+1　44-53　前字变为44,后字变为53,下同

医生 i⁵³sɛ̃⁵³　　　飞机 fi⁵³tɕi⁵³　　　松香 soŋ⁵³ɕiẽ⁵³
阴天 in⁵³tʰi⁵³　　天窗 tʰi⁵³tsʰã⁵³　　声音 sʌn⁵³in⁵³

1+2　44-53
高楼 kɔ⁵³lɤɯ³¹　　今年 tɕin⁵³niɿ³¹　　中农 tɕi⁵³noŋ³¹
阿姨 aʔ⁵ɦi³¹　　　天堂 tʰi⁵³dã³¹　　天桥 tʰi⁵³dʑiɔ³¹

1+3　44-53
资本 tsɿ⁵³pʌn⁴⁴　　加减 kɑ⁵³kɛ⁴⁴　　腰鼓 iɔ⁵³ku⁴⁴
精简 tɕin⁵³tɕi⁴⁴　　工厂 koŋ⁵³tsʰɛ̃⁴⁴　　辛苦 ɕin³⁵kʰu⁴⁴

1+4　44-53
沙眼 sɔ⁵³ŋɛ¹³　　　经理 tɕin⁵³li¹³
粳米 kɛ̃⁵³mi¹³　　　兄弟 ɕioŋ⁵³di¹³

51-13

风雨 foŋ⁵³ɦy¹³
　　　44-31
师范 sʅ⁵³vɛ¹³
1+5　55-41
书记 pi³⁵tɕi³⁵　　精细 tɕin⁵³ɕi³⁵　　相信 ɕiɛ⁵³ɕin³⁵
花布 ho⁵³pu³⁵　　干脆 kø⁵³tsʰø³⁵　　菠菜 pu⁵³tsʰɛ³⁵
1+6　55-41
花样 ho⁵³ɦiɛ¹³　　希望 ɕi⁵³ɦuã¹³　　公事 koŋ⁵³zʅ¹³
方便 fã⁵³bi³¹　　山洞 sɛ⁵³tsø⁵³　　豇豆 kã⁵³dɤɯ¹³
1+7　44-2
资格 tsʅ⁵³kʌʔ⁵　　猪血 tsʅ⁵³ɕyɪʔ⁵　　钢铁 kã⁵³tʰiɪʔ⁵
生铁 sɛ̃⁵³tʰiɪʔ⁵　　青竹 tɕʰin⁵³tsoʔ⁵　　亲切 tɕʰin⁵³tɕʰiɪʔ⁵
1+8　44-2
猪肉 tsʅ⁵³ȵioʔ³　　蜂蜜 foŋ⁵³miɪʔ³　　京剧 tɕin⁵³dzyɪʔ³
单独 tɛ⁵³doʔ³　　亲热 tɕʰin⁵³ȵiɪʔ³　　清浊 tɕʰin⁵³zoʔ³
前字阳平
2+1　31-53
田鸡 di³¹tɕi⁵³　　床单 zã³¹tɛ⁵³　　茶杯 zo³¹pe⁵³
辰光 zʌn³¹kuã⁵³　　长衫 zɛ³¹sɛ⁵³　　同乡 doŋ³¹ɕiɛ⁵³
2+2　31-41
皮球 bi³¹dziɤɯ³¹　　名堂 min³¹dã³¹　　人头 ȵin³¹dɤɯ³¹
团圆 dø³¹ɦyø³¹　　厨房 zy³¹vã³¹　　长城 zɛ̃³¹zʌn³¹
2+3　31-53
存款 zʌn³¹kʰuø⁴⁴　　团长 dø³¹tsɛ̃⁴⁴
桃子 do³¹tsʅ⁴⁴　　长短 zɛ̃³¹tø⁴⁴
　　　13-43
头颈 dɤɯ³¹tɕin⁴⁴
　　　43-53
钢板 kã⁵³pɛ⁴⁴
2+4　13-53
朋友 bɛ̃³¹ɦiɤɯ¹³
　　　31-41
长远 zɛ̃³¹ɦyø¹³
　　　14-41

期限 tɕʰi⁵³ɦɛ¹³　　　　跑道 bɔ³¹dɔ¹³
　　22−31
肥皂 bi³¹zɔ¹³
2+5　24−31
瓷器 zɿ³¹tɕʰi³⁵　　　群众 dʑyn³¹tsoŋ³⁵　　脾气 bi³¹tɕʰi³⁵
长凳 zɛ̃³¹tʌn³⁵　　　奇怪 dʑi³¹kuɑ³⁵　　　蒲扇 bu³¹sɛ³⁵
2+6　24−31
长命 zɛ̃³¹min¹³　　　蚕豆 zø³¹dɤɯ¹³　　　绸缎 zɤɯ³¹dø¹³
神话 sʌn⁵³ɦo¹³　　　程度 li¹³du¹³
2+7　34−5
潮湿 zɔ³¹sɑʔ⁵　　　皮夹 bi³¹kɛʔ⁵　　　红色 ɦoŋ³¹sʌʔ⁵
头发 dɤɯ³¹fɛʔ⁵　　　成绩 zʌn³¹tɕiiʔ⁵　　时刻 zɿ³¹kʰʌʔ⁵
2+8　34−2
同学 doŋ³¹ɦoʔ²　　　成熟 zʌn³¹zoʔ²　　前日 zi³¹liiʔ²
红木 ɦoŋ³¹moʔ²　　　寒热 ɦø³¹ȵiiʔ²　　咸肉 ɦɛ³¹ȵioʔ²
前字阴上
3+1　35−31
酒缸 tɕiɤɯ⁴⁴kɑ̃⁵³　　广州 kuɑ̃⁴⁴tsɤɯ⁵³　　点心 ti⁴⁴ɕin⁵³
祖宗 tsu⁴⁴tsoŋ⁵³　　普通 pʰu⁴⁴tʰoŋ⁵³　　火车 fu⁴⁴tsʰo⁵³
3+2　35−31
好人 hɔ⁴⁴ȵin³¹　　　果园 ku⁴⁴ɦyø³¹　　　党员 tɑ̃⁴⁴ɦyø³¹
水壶 sɿ⁴⁴ɦu³¹　　　酒瓶 tɕiɤɯ⁴⁴bin³¹
　　44−43
可怜 kʰu⁴⁴liɿ³¹
3+3　45−31
稿纸 kɔ⁴⁴tsɿ⁴⁴　　　底板 ti⁴⁴pɛ⁴⁴　　　小姐 ɕiɔ⁴⁴tɕiɑ⁴⁴
保险 pɔ⁴⁴ɕi³¹　　　厂长 tsʰɛ̃⁴⁴tsɛ̃⁴⁴
　　43−41
检讨 tɕi⁴⁴tʰɔ⁴⁴
3+4　34−31
小米 ɕiɔ⁴⁴mi¹³　　　讲演 kɑ̃⁴⁴ɦi¹³
海马 hɛ⁴⁴mo¹³　　　可以 kʰu⁴⁴ɦi¹³
　　43−31
表演 piɔ⁴⁴ɦi¹³　　　处理 tɕʰy³⁵li¹³

3+5　44-43
讲究 kã⁴⁴tɕiɤɯ³⁵　　　板凳 pɛ⁴⁴tʌn³⁵　　　打算 tɛ̃⁴⁴sø³⁵
广告 kuã⁴⁴kɔ³⁵　　　小气 ɕiɔ⁴⁴tɕʰi³⁵　　　好看 hɔ⁴⁴kʰø³⁵
3+6　44-43
小路 ɕiɔ⁴⁴lu¹³　　　酒酿 tɕiɤɯ⁴⁴ɲiɛ̃¹³　　　姊妹 tsɿ⁴⁴me³⁵
巧妙 tɕʰiɔ⁴⁴miɔ³⁵　　　草帽 tsʰɔ⁴⁴mɔ³⁵　　　体面 tʰi⁴⁴mi¹³
3+7　35-2
本色 pʌn⁴⁴sʌʔ⁵　　　粉笔 fʌn⁴⁴piɪʔ⁵　　　改革 kɛ⁴⁴kʌʔ⁵
准确 tsʌn⁴⁴　　　宝塔 pɔ⁴⁴tʰɛʔ⁵　　　口角 kʰɤ⁴⁴kɔʔ⁵
3+8　44-2
小麦 ɕiɔ⁴⁴mɑʔ³　　　火热 fu⁴⁴ɲiɪʔ³　　　枕木 tsʌn⁴⁴mɔʔ³
体育 tʰi⁴⁴ɦiyɪʔ³　　　水闸 sɿ⁴⁴zɑʔ³　　　饮食 in⁴⁴zʌʔ³

前字阳上
4+1　34-43
被窝 bi¹³u⁵³　　　士兵 zɿ¹³pin⁵³　　　旱灾 ɦø¹³tsɛ⁵³
　　　22-53
弟兄 di¹³ɕioŋ⁵³　　　稻根 dɔ¹³kʌn⁵³
　　　25-22
马车 mo¹³tsʰo⁵³
4+2　35-52
后门 ɦɤɯ¹³mʌn³¹　　　杏仁 ɛ̃⁴⁴ɲin³¹
　　　34-43
市场 zɿ¹³zɛ̃³¹　　　户头 vu¹³dɤɯ³¹
　　　34-31
肚皮 tu⁴⁴bi³¹　　　象棋 ziɛ̃¹³dʑi³¹
4+3　22-53
淡水 dɛ¹³sɿ⁴⁴
　　　34-43
市长 zɿ¹³tsɛ̃⁴⁴　　　户口 vu¹³kʰɤɯ⁴⁴　　　社长 zo¹³tsɛ̃⁴⁴
　　　35-31
雨伞 ɦy¹³sɛ⁴⁴　　　稻草 dɔ¹³tsʰɔ⁴⁴
4+4　24-31
远近 ɦyø¹³dʑin¹³　　　妇女 vu¹³ɲy¹³　　　父母 vu¹³mu⁴⁴
　　　24-43

道理 dɔ¹³li¹³
　　31-13
罪犯 zø¹³vɛ¹³
　　11-13
静坐 dzin¹³zu¹³
4+5　11-13
动荡 doŋ¹³dã¹³
　　31-35

像片 ziẽ¹³pʰi³⁵　　罪过 zø¹³ku⁵³　　罪证 zø¹³tsʌn³⁵
　　22-35
冷气 lɛ̃¹³tɕʰi³⁵　　武器 vu¹³tɕʰi³⁵
4+6　22-24
被面 bi¹³mi¹³　　近视 dzin¹³zɿ¹³　　后代 ɦɤɯ¹³dɛ¹³
弟妹 di¹³me³⁵　　部队 bu¹³de¹³　　社会 zo¹³ɦue¹³
4+7　25-2
幸福 ɦin¹³foʔ⁵　　道德 dɔ¹³tʌʔ⁵　　罪恶 zø¹³ɔʔ⁵
负责 vu¹³zʌn¹³　　市尺 zɿ¹³tsʰaʔ⁵　　动作 doŋ¹³tsɔʔ⁵
4+8　34-4
静脉 dzin¹³maʔ³　　断绝 dø¹³dzyɪʔ³　　动物 doŋ¹³vʌʔ³
杏核 ɛ̃⁴⁴vʌʔ³　　堕落 du¹³lɔʔ³

前字阴去
5+1　55-31
教师 kɔ⁵³sɿ⁵³　　战争 tse³⁵tsʌn⁵³　　细心 ɕi³⁵ɕin⁵³
货车 fu³⁵tsʰo⁵³　　素鸡 su³⁵tɕi⁵³　　裤裆 kʰu³⁵tã⁵³
5+2　55-31
桂鱼 kue³⁵ŋ³¹　　教员 kɔ⁵³ɦyø³¹　　菜园 tsʰɛ³⁵ɦyø³¹
透明 tʰɤɯ³⁵min³¹　　证明 tsʌn³⁵min³¹　　借条 tɕia³⁵diɔ³¹
5+3　55-31
信纸 ɕin³⁵tsɿ⁴⁴　　快板 kʰuɑ³⁵pɛ⁴⁴　　对比 te³⁵pi⁴⁴
正楷 tsʌn⁵³kʰɑ⁴⁴　　跳板 tʰiɔ³⁵pɛ⁴⁴
　　55-13
汽水 tɕʰi³⁵sɿ⁴⁴
5+4　55-31
细雨 ɕi³⁵ɦy¹³　　继母 tɕi³⁵mu⁴⁴

痛痒 tʰoŋ³⁵ɦiɛ̃¹³　　靠近 kʰɔ³⁵dziņ¹³
　　44–43
对象 te³⁵ʑiɛ̃¹³　　创造 tsʰã³⁵zɔ¹³
5+5　44–43
细布 ɕi³⁵pu³⁵　　靠背 kʰɔ³⁵pe⁵³　　对过 te³⁵ku⁵³
志气 tsɿ³⁵tɕʰi³⁵　　唱片 tsʰã³⁵pʰi³⁵　　兴趣 ɕin³⁵tɕʰy³⁵
5+6　44–43
性命 ɕin³⁵min¹³　　志愿 tsɿ³⁵n̠yø¹³　　退路 tʰe³⁵lu¹³
炸弹 tso³⁵dɛ¹³　　替代 tʰi³⁵dɛ¹³　　态度 tʰɛ³⁵du¹³
5+7　35–ʔ
货色 fu³⁵sʌʔ⁵　　印刷 in³⁵sʌʔ⁵　　宪法 ɕi³⁵fɛʔ⁵
顾客 ku³⁵kʰʌʔ⁵　　庆祝 tɕʰin³⁵tsɔʔ⁵　　建筑 tɕi³⁵tsoʔ⁵
5+8　35–ʔ
秘密 mi³⁵miɪʔ³　　酱肉 tɕiɛ̃³⁵n̠ioʔ³　　快乐 kʰuɑ³⁵lɔʔ³
破裂 pʰu³⁵liɪʔ³　　汉族 hø³⁵tsoʔ⁵

前字阳去
6+1　35–53
认真 n̠in¹³tsʌn⁵³　　电灯 di¹³tʌn⁵³
地方 di¹³fã⁵³　　树根 ʑy¹³kʌn⁵³
　　22–53
健康 dʑi¹³kʰã⁵³
　　22–34
自家 zɿ¹³kɑ⁵³
6+2　34–43
树苗 ʑy¹³miɔ³¹　　地球 di¹³dʑiɤɯ³¹　　病人 bin¹³n̠in³¹
自然 zɿ¹³zø³¹　　队旗 de¹³dʑi³¹　　浪头 lã¹³dɤɯ³¹
6+3　34–53
大小 du¹³ɕiɔ⁴⁴　　地板 di¹³pɛ⁴⁴
　　22–53
字典 zɿ¹³ti⁴⁴
　　35–43
大饼 dɑ¹³pin⁴⁴
　　22–31
代表 dɛ¹³piɔ⁴⁴　　大胆 dɑ¹³tɛ⁴⁴

6+4　34-41

大雨 du¹³ɦy¹³

22-24

代理 dɛ¹³li¹³　　　　　味道 mi¹³dɔ¹³　　　　　郑重 zʌn¹³zoŋ¹³

44-43

字眼 zɿ¹³ŋɛ¹³

24-45

大米 du¹³mi¹³

6+5　24-43

豆浆 dɤɯ¹³tɕiɛ̃⁵³

54-43

痛假 tʰoŋ³⁵kɑ⁴⁴

32-34

代替 dɛ¹³tʰi³⁵　　　　弹片 dɛ¹³pʰi³⁵

大蒜 dɑ¹³sø³⁵　　　　旧货 dʑiɤɯ¹³fu³⁵

6+6　22-31

内外 ne¹³ŋɑ¹³

22-44

大树 du¹³ʐy¹³

22-24

梦话 moŋ¹³ɦo¹³　　　　另外 lin¹³ŋɑ¹³

豆腐 dɤɯ¹³vu¹³　　　　寿命 zɤɯ¹³min¹³

6+7　24-2

大雪 du¹³ɕyɪʔ⁵　　　　字帖 zɿ¹³tiɪʔ⁵　　　　大约 dɑ¹³iaʔ⁵

办法 bɛ¹³fɛʔ⁵　　　　自杀 zɿ¹³sɛʔ⁵　　　　画册 ɦo¹³tsʰʌʔ⁵

6+8　24-2

树叶 ʐy¹³ɦiɪʔ³　　　　暴力 bɔ¹³liɪʔ³　　　　练习 liɪ¹³ziɪʔ³

大学 dɑ¹³ɦoʔ³　　　　事实 zɿ¹³zʌʔ³　　　　大陆 dɑ¹³loʔ³

前字阴入

7+1　4-53

北方 poʔ⁵fã⁵³　　　　作家 tsoʔ⁵ka⁵³　　　　浙江 tsʌʔ⁵kã⁵³

骨科 kuʌʔ⁵kʰu⁵³　　　　插销 tsʰɛʔ⁵ɕiɔ⁵³　　　　铁丝 tʰiɪʔ⁵sɿ⁵³

7+2　4-53

发明 fɛʔ⁵min³¹　　　　竹篮 tsoʔ⁵lɛ³¹　　　　发扬 fɛʔ⁵ɦiɛ̃³¹

铁桥 tʰiɪʔ⁵dʑiɔ³¹　　　足球 tsoʔ⁵dʑiɤɯ³¹

7+3　5-53

脚底 tɕiaʔ⁵ti⁴⁴　　　桌椅 tsɔʔ⁵i⁴⁴　　　屋顶 oʔ⁵tin⁴⁴

作品 tsɔʔ⁵pʰin⁴⁴　　　色彩 sʌʔ⁵tsʰɛ⁴⁴　　　铁锁 tʰiɪʔ⁵su⁴⁴

7+4　5-43

瞎眼 hɛʔ⁵ŋɛ¹³　　　国语 koʔ⁵ȵy¹³　　　尺码 tsʰaʔ⁵mo¹³

节俭 tsʰɔ³⁵dʑi¹³　　　伯父 paʔ⁵vu¹³

　　　5-45

接近 tɕiɪʔ⁵dʑin¹³

7+5　5-54

百货 paʔ⁵fu³⁵　　　黑布 hʌʔ⁵pu³⁵

国庆 koʔ⁵tɕʰin³⁵　　　脚气 tɕiaʔ⁵tɕʰi³⁵

　　　3-43

得意 tʌʔ⁵i⁵

7+6　5-45

革命 kʌʔ⁵min¹³　　　一样 iɪʔ⁵ɦiɛ̃¹³　　　国外 koʔ⁵ŋa¹³

失败 sʌʔ⁵ba¹³　　　铁路 tʰiɪʔ⁵lu¹³　　　脚步 tɕiaʔ⁵bu¹³

7+7　5-4

法则 fɛʔ⁵tsʌʔ⁵　　　积蓄 tɕiɪʔ⁵ɕyɪʔ⁵　　　北屋 poʔ⁵oʔ⁵

逼迫 piɪʔ⁵pʰɔʔ⁵　　　一切 iɪʔ⁵tɕʰin⁵³　　　吃瘪 tɕʰiʌʔ⁵piɪʔ⁵

7+8　4-3

骨肉 kuʌʔ⁵ȵioʔ³　　　恶劣 ɔʔ⁵liɪʔ³　　　吃力 tɕʰiʌʔ⁵liɪʔ³

出纳 tsʰʌʔ⁵nʌʔ³　　　七日 tɕʰiɪʔ⁵liɪʔ³　　　恶毒 ɔʔ⁵doʔ³

前字阳入

8+1　2-53

实心 zʌʔ³ɕin⁵³　　　别针 biɪʔ³tsʌn⁵³　　　闸刀 zaʔ³tɔ⁵³

昨天 zoʔ³tʰi⁵³　　　白天 baʔ³tʰi⁵³

　　　2-44

活虾 ɦuʌʔ³hø⁵³

8+2　2-53

杂粮 zʌʔ³liɛ̃³¹　　　别人 biɪʔ³ȵin³¹　　　食堂 zʌʔ³dã³¹

毒蛇 doʔ³zo³¹　　　鼻梁 biɪʔ³liɛ̃³¹　　　熟人 zoʔ³ȵin³¹

8+3　3-43

石板 zaʔ³pɛ⁴⁴　　　局长 dʑyɪʔ³tsɛ̃⁴⁴　　　墨水 mɔʔ³sʅ⁴⁴

月饼 ɲyɪʔ³pin⁴⁴　　热水 niɪʔ³sɿ⁴⁴　　木板 mɔʔ³pɛ⁴⁴

8+4　3-44

白马 baʔ³mo¹³　　佴女 zʌʔ³ɲy¹³

活动 ɦuʌʔ³doŋ¹³　　白眼 baʔ³ŋɛ¹³

　　3-35

木器 mɔʔ³tɕʰi³⁵　　杂技 zʌʔ³dʑi¹³

8+5　2-35

籍贯 dziɪʔ³kuø³⁵　　字相 bʌʔ³ɕiɛ̃³⁵　　实际 zʌʔ³tɕi³⁵

白菜 baʔ³tsʰɛ³⁵　　鼻涕 biɪʔ³tʰi³⁵　　直径 zʌʔ³tɕin³⁵

8+6　3-35

实话 zʌʔ³ɦo¹³　　杂件 zʌʔ³dʑi¹³　　独自 doʔ³zɿ¹³

实现 zʌʔ³ɦi¹³　　薄命 bɔʔ³min¹³　　俗话 zoʔ³ɦo¹³

8+7　3-4

及格 dziɪʔ³kʌʔ⁵　　合作 ɦʌʔ³tsɔʔ⁵　　直接 zʌʔ³tɕiɪʔ⁵

白铁 baʔ³tʰiɪʔ⁵　　白虱 baʔ³sʌʔ⁵　　实足 zʌʔ³tsoʔ⁵

8+8　2-3

毒药 dɔʔ³ɦiaʔ³　　独立 doʔ³liɪʔ³　　绝密 dzyɪʔ³miɪʔ³

集合 tɕiɪʔ³ɦʌʔ³　　直达 zʌʔ³tɛʔ⁵　　绿叶 lɔʔ³ɦiɪʔ³

2. 窄用式两字组连读变调

前字阴平

1+1

开窗　浇花　通风　听书　搬家　开车

1+2

帮忙　开门　低头　花钱　关门

1+3

浇水　抓紧　光火

1+4

开市

1+5

开店　通气

1+6

烧饭　生病　开会

1+7

烧粥

1+8
烘热　消毒

前字阳平

2+1
存心　磨刀　聊天

2+2
抬头　留神　环湖

2+3
寻死　防火

2+4
骑马　淘米

2+5
盘店　还账　盘货

2+6
流汗　迷路　无效

2+7
流血　留客

2+8
骑鹿　寻袜　防滑

前字阴上

3+1
起风　跳开

3+2
打拳　打雷　打柴　倒霉

3+3
打垮　打水

3+4
打坐　请罪　抵罪

3+5
炒菜　写信　喘气

3+6
煮饭　打烊　滚蛋

3+7
请客　打铁

3+8
解毒　打猎

前字阳上

4+1
养鸡　有心

4+2
上楼　坐船　养牛

4+3
动手　受苦　养狗

4+4
买米　赛马　犯罪　动武

4+5
拌菜　受气　买菜

4+6
有效　有利　坐轿　像话

4+7
犯法　养鸭

4+8
有毒　上学　尽力

前字阴去

5+1
放心　订亲　看书　印花

5+2
拜年　剃头　看齐　放平

5+3
中暑　放手　献宝　倒水

5+4
送礼　泻肚　退社

5+5
寄信　放假　看戏　过世

5+6
看病　种树　泡饭　炖蛋

5+7
爱国　送客　变法

5+8
放学　退学
前字阳去
6+1
卖瓜　忌烟
6+2
卖鱼　害人　骂人
6+3
用水　卖酒　问好
6+4
病重　卖米　用尽
6+5
备课　卖票　认账
6+6
让路　冒汗　弄乱
6+7
炼铁　会客　就职
6+8
办学　卖药　用力
前字阴入
7+1
贴心　结冰　说书
7+2
出门　刷牙　剥皮
7+3
发紫　发榜　失火
7+4
发冷　刮面　作序
7+5
吓怕　出院　切菜　出气　吸气
7+6
发病　说话　识字　出汗
7+7
出血　发黑　接客

7+8

作孽　溻浴　出力　割麦

前字阳入

8+1

读书　灭灯　默书

8+2

夺粮　掘坟　入门

8+3

罚款　入股　拔草　着火

8+4

入伍　落雨　服罪

8+5

读报　学戏

8+6

植树　立定　立夏　拔树

8+7

落雪　缚脚　摸脚　摸黑

8+8

入学　服毒　煠肉

二、常用词汇

（一）自然现象

1.	太阳	太阳	$t^ha^{44}ɦiɛ̃^{213}$
		日头	$ȵiʔ^3dɤ^{213}$
2.	月亮	月亮	$ȵyøʔ^{23}liɛ^{44}$
		月光	$ȵyøʔ^3guã^{53}$
3.	星星	星	$ɕiŋ^{53}$
4.	打雷	雷响	$le^{213}ɕiɛ̃^{33}$
		打雷	$tã^{44}le^{213}$
5.	闪电	霍险	$hoʔ^5ɕi^{44}$
		闪电	$sɛ^{44}di^{13}$
6.	下雨	落雨	$lɔʔ^3ɦy^{213}$
7.	下雪	落雪	$lɔʔ^3ɕyøʔ^5$

8.	冰雹	冰雹	piŋ⁵³ʔbɔʔ⁵
9.	结冰	结冰	tɕiɪʔ⁵ʔpin⁵³
10.	刮风	起风	tɕʰi⁴⁴foŋ⁵³
		刮风	kuɛʔ⁵foŋ⁵³
11.	虹	彩虹	tsʰɛ⁴⁴ɦoŋ²¹³

(二) 时令、节令

12.	端午节	当午	tã⁵³ŋ̍¹³
		当午节	tã⁵³ŋ̍¹³tɕiɪʔ⁵⁵
13.	中秋节	八月半	pɛʔ⁵n̩yøʔ³ʔbe⁴⁴
		中秋节	tsoŋ⁵³tɕʰiɤ⁵³tɕiɪʔ⁵⁵
14.	除夕	大年夜	du¹³n̩i¹³ɦia¹³
15.	今年	今年	tɕiŋ⁵³n̩i¹³
16.	明年	开年	kɛ⁵³n̩i¹³
		明年	miŋ¹³n̩i²¹³
17.	去年	旧年	dʑiɤ⁵³n̩i¹³
		去年	tɕʰy³⁵n̩i¹³
18.	明天	明朝	miŋ³¹tsɔ⁵³
		明朝底	miŋ³¹tsɔ⁵³ti⁴⁴
19.	昨天	昨日	zoʔ³n̩iɪʔ²³
		昨日子	zoʔ³n̩iɪʔ³tsʅ⁴⁴
20.	今天	今朝	tɕiŋ⁵³tsɔ⁵³
		今朝底	tɕiŋ⁵³tsɔ⁵ti⁴⁴
21.	星期天	礼拜天	li¹³pa³⁵tʰi⁵³
		礼拜日	li¹³pa³⁵n̩iɪʔ³

(三) 植物

22.	麦子	麦子	maʔ²³tsʅ⁴⁴
23.	大米	大米	du¹³mi¹³
24.	蚕豆	寒豆	ɦø³¹dɤ¹³
		蚕豆	zø³¹dɤ¹³
25.	向日葵	向日葵	ɕiẽ³⁵zəʔ³gue³¹
		葵花	gue³¹ho⁵³
26.	菠菜	菠菜	pu⁵³tsʰɛ⁴⁴

27.	卷心菜	卷心菜	tɕyø⁴⁴ɕiŋ⁵³tsʰɛ⁴⁴
28.	西红柿	番茄	fɛ⁵³ʔĩ⁵³gɑ³¹
29.	茄子	落苏	lɔʔ²³su⁵³
		茄子	gɑ⁵³tsɿ⁴⁴
30.	甘薯	山芋	sɛ⁵³ɦy²¹³
31.	马铃薯	洋山芋	iɛ³¹ sɛ⁵³ɦy²¹³
		土豆	tu⁴⁴dɤ¹³
32.	南瓜	饭瓜	vɛ¹³ko⁵³
		南瓜	nɛ³¹ko⁵³

(四) 动物

33.	猪	猪猡	tsɿ⁵³lu¹³
		猪郎	tsɿ⁵³lɑ̃³¹
34.	母猪	老母猪	lɔ¹³mu¹³tsɿ⁵³
35.	公鸡	雄鸡	ɦioŋ³¹tɕi⁵³
		公鸡	koŋ⁵³tɕi⁵³
36.	母鸡	雌鸡	tsʰɿ⁴⁴tɕi⁵³
		母鸡	mu¹³tɕi⁵³
37.	老鼠	老虫	lɔ²¹³zoŋ³¹
		老鼠	lɔ¹³sɿ⁴⁴
38.	臭虫	臭虫	tsʰɤ³⁵zoŋ³¹

(五) 房舍

39.	房子(整所)	房子	vɑ̃³¹tsɿ⁴⁴
40.	房子(单间)	房间	vɑ̃³¹kɛ⁵³
41.	窗户	窗门	tsʰɑ̃⁵³məŋ³¹
		窗	tsʰɑ̃⁵³
42.	门坎	门槛	məŋ³¹kʰɛ⁴⁴
43.	厕所	马桶间	mo¹³doŋ¹³kɛ⁵³
		卫生间	ɦue⁴⁴səŋ⁵³kɛ⁵³
44.	厨房	灶披间	tsɔ³⁵pʰi²¹³kɛ⁵³
		灶间	tsɔ³⁵kɛ⁵³
45.	烟囱	烟囱	i⁵³tsʰoŋ⁵³
46.	桌子	台子	dɛ²¹³tsɿ⁴⁴

47.	楼梯	胡梯	ɦu²¹³tʰi⁵³

(六) 身体

48.	头	头	dɤ²¹³
49.	额头	额角头	ŋaʔ³kɔʔ⁵dɤ³¹
50.	脸	面孔	mi¹³kʰoŋ⁴⁴
51.	鼻子	鼻头	biʔ²dɤ³¹
52.	脖子	头颈	dɤ³¹tɕiŋ⁴⁴
53.	左手	左手	tsu⁴⁴sɤ⁴⁴
54.	右手	右手	ɦiɤ¹³sɤ⁴⁴
55.	拳头	拳头	dʑyø³¹dɤ¹³
56.	手指头	节头骨	tɕiɿʔ⁵dɤ³¹kuʌʔ⁵
		手指头	sɤ⁴⁴tsɿ⁴⁴dɤ²¹³
57.	指甲	手节掐	sɤ⁴⁴tɕiɿʔ⁵kʰɛʔ⁵
		手指掐	sɤ⁴⁴tsɿ⁴⁴kʰɛʔ⁵
58.	膝盖	脚馒头	tɕiaʔ⁵mø³¹dɤ³¹
		膝盖	ɕiɿʔ⁵kɛ³⁵
59.	腿	脚膀	tɕiaʔ⁵pʰã⁴⁴

(七) 亲属

60.	父亲	阿伯(面称)	aʔ⁵paʔ⁵
		爸爸	pa⁵³pa⁵³
		爷(背称)	ɦia³¹
		老头子(背称)	lɔ¹³dɤ³¹tsɿ⁴⁴
		爷老头子(背称)	ɦia²¹³lɔ²¹³dɤ²¹³tsɿ⁴⁴
61.	母亲	姆妈(面称)	m̩³¹ma⁵³
		妈妈(面称)	ma⁵³ma⁵³
		娘(背称)	ȵiɛ̃³¹
62.	祖父	大大	da¹³da¹³
63.	祖母	阿奶	aʔ⁵na¹³
64.	伯父	伯伯	paʔ⁵paʔ⁵
		老伯伯	lɔ¹³paʔ⁵paʔ⁵
65.	伯母	姆妈	m̩³¹ma⁵³
66.	叔父	爷叔	ɦia³¹soʔ⁵

		叔叔	soʔ⁵ soʔ⁵
67.	叔母	婶娘	səŋ⁴⁴səŋ⁴⁴
		婶妈	səŋ⁴⁴mɑ⁵³
68.	外祖父	外公	ŋɑ¹³koŋ⁵³
69.	外祖母	外婆	ŋɑ¹³bu³¹
70.	舅舅	娘舅	n̠iɛ³¹dʑiɤ¹³
		舅舅	dʑiɤ¹³dʑiɤ¹³
71.	舅母	舅妈	dʑiɤ¹³mɑ⁵³
72.	丈夫	老公	lɔ¹³koŋ⁵³
		男人	nɛ³¹n̠iŋ³¹
73.	妻子	老婆	lɔ¹³bu³¹
		女人	n̠y¹³n̠iŋ³¹
74.	儿子	儿子	n̠i³¹tsʅ⁴⁴
75.	女儿	囡五	nø³¹ŋ̍³¹

(八) 饮食

76.	早饭	早饭	tsɔ⁴⁴vɛ¹³
77.	午饭	中饭	tsoŋ⁵³vɛ¹³
78.	晚饭	夜饭	ɦiɑ⁴⁴vɛ²¹³
79.	面条	面	mi¹³
		切面	tɕʰiɿʔ⁵mi¹³
80.	馒头(无馅)	馒头	mø³¹dɤ³¹
81.	包子(有馅)	馒头	mø³¹dɤ³¹
82.	馄饨	馄饨	vəŋ³¹dəŋ³¹
83.	醋	醋	tsʰu³⁵
84.	酱油	酱油	tɕiẽ³⁵ɦiɤ³¹
85.	盐	盐	ɦi³¹
86.	筷子	筷	kʰuɛ⁴⁴
		筷子	kʰuɛ⁴⁴tsʅ⁴⁴
87.	勺儿	勺子	zoʔ³tsʅ⁴⁴
		抄	tsʰɔ⁵³

(九) 称谓

88.	男人	男人	nɛ³¹n̠iŋ³¹

		男人家	nɛ³¹n̩iŋ³¹ka⁵³
89.	女人	女人	n̩y¹³n̩iŋ³¹
		女人家	n̩y¹³n̩iŋ³¹ka⁵³
90.	男孩子	男小囡	nɛ³¹ɕiɔ⁴⁴nø³¹
91.	女孩子	女小囡	n̩y¹³ɕiɔ⁴⁴nø³¹
92.	老头儿	老公公	lɔ¹³koŋ⁵³koŋ⁵³
		老头子	lɔ¹³dɤ²¹³tsʅ⁴⁴
93.	医生	医生	i⁵³sɛ̃⁵³
94.	厨师	厨师	zʅ³¹sʅ⁵³
		烧饭司务	sɔ⁵³vɛ¹³sʅ⁵³ɦu¹³
95.	乞丐	讨饭叫化子	tʰɔ³⁵vɛ¹³kɔ³⁵hɔ⁴⁴tsʅ⁴⁴
96.	保姆	阿姨	aʔ⁵ɦi³¹
		保姆	pɔ⁴⁴mu¹³

(十) 疾病

97.	病了	生病	sɛ̃⁵³biŋ²¹³
		生毛病	sɛ̃⁵³mɔ²¹³biŋ²¹³
98.	伤风	伤风	sã⁵³foŋ⁵³
		感冒	kø⁴⁴mɔ¹³
99.	泻肚	肚皮□	du¹³bi³¹za¹³
100.	瘸子	翘脚	tɕʰiɔ³⁵tɕiaʔ⁵
		折脚	zʌʔ³tɕiaʔ⁵
101.	驼背	驼子	du³¹tsʅ⁴⁴
		驼背	du³¹ʔbe⁴⁴
102.	死了	死脱阿里	ɕi⁴⁴tʰəʔ⁵laʔ³
		没阿里	məʔ³aʔ⁵li¹³
103.	看病	看医生	kʰø⁴⁴i⁵³sɛ̃⁵³
		看毛病	kʰø⁴⁴mɔ²¹³biŋ²¹³

(十一) 代词

104.	我	奴	nu³¹
105.	你	□	zo¹³
106.	他	伊	ɦi³¹
107.	我们	倷	nɑ¹³

108.	你们	实侬	zəʔ³na¹³
109.	他们	伊拉	ɦi³¹la⁵³
110.	咱们	侬	na¹³
111.	自己	自家	zɿ²¹³ka⁵³
112.	谁	啥人	sa⁴⁴ȵiŋ²¹³
113.	什么	啥	sa⁴⁴
114.	这里	挦搭	gəʔ³tɛʔ⁵
		挦里	gəʔ³li¹³
115.	那里	哀搭	ɛ⁵³tɛʔ⁵
		哀面	ɛ⁵³ʔmi¹³
116.	哪里	啥地方	sa⁴⁴di²¹³fã⁵³
		鞋里	ɦa³¹li¹³
117.	这个	特个	dəʔ³kə³⁵
		挦个	gəʔ²³ kə³⁵
118.	那个	伊个	i⁵³ kə³⁵
		哀个	ɛ⁵³ kə³⁵
119.	哪一个	鞋里个	ɦa²¹³li²¹³ kə³⁵
		鞋里一个	ɦa²¹³li²¹³iɪʔ⁵⁵ kə³⁵
120.	怎么样	哪能	na²¹³nəŋ²¹³

(十二) 量词

121.	一位客人	一个客人	kə³⁵
122.	一双鞋	一双鞋子	sã⁵³
123.	一床被	一条被头	diɔ³¹
124.	一辆车	一部车子	bu¹³
125.	一条牛	一只牛	tsaʔ⁵
126.	一口猪	一只猪猡	tsaʔ⁵
127.	一撮毛	一撮毛	tsʰoʔ⁵
128.	听一会儿	听一歇	ɕiiʔ⁵
129.	打一下	打一记	tɕi³⁵

(十三) 方位词

| 130. | 上头 | 上头 | zã¹³dɤ³¹ |
| | | 高头 | kɔ⁵³dɤ³¹ |

131.	下头	下头	ɦɔ¹³dɤ³¹
		下底	ɦɔ¹³ti³⁵
132.	左边	左面	tsu⁴⁴mi¹³
		左爿爿	tsu⁴⁴bɛ³¹bɛ³¹
133.	右边	右面	iɤ⁴⁴mi⁴⁴
		右爿爿	ɦiɤ⁴⁴bɛ³¹bɛ³¹
134.	当中	当中	tã¹³tsoŋ⁵³
135.		当中横里	tã¹³tsoŋ⁵³uã⁴⁴li¹³
136.	里面	里向	li²¹³ɕiẽ³⁵
		里向头	li²¹³ɕiẽ³⁵dɤ²¹³
137.	外面	外头	ŋɑ¹³dɤ³¹

(十四) 形容词

138.	甜	甜	di³¹
139.	酸	酸	sø⁵³
140.	咸	咸	ɦɛ³¹
141.	淡	淡	dɛ¹³
142.	胖	壮	tsã̃³⁵
		胖	pʰã̃³⁵
143.	瘦	瘦	sɤ⁴⁴
144.	冷	冷	lẽ¹³
		瀴	iŋ⁵³
145.	热	暖热	nø¹³n̟iiʔ³
		热	n̟iiʔ³
146.	香	香	ɕiẽ⁵³
147.	臭	臭	tsʰɤ⁴⁴
148.	粗	粗	tsʰu⁵³
149.	细	细	ɕi³⁵
150.	长	长	zẽ¹³
151.	短	短	tø⁴⁴
152.	脏	龌龊	oʔ⁵tsʰøʔ⁵
153.	干净	清爽	tɕʰiŋ⁵³sã⁴⁴
154.	便宜	噱	dʑiẽ³¹

（十五）副词、连词、介词

155.	刚~来	刚刚	kã⁵³kã⁵³
		刚	kã⁵³
156.	刚~合适	刚好	kã⁵³hɔ³⁵
157.	正好	正好	tsəŋ³⁵hɔ⁴⁴
		正正好好	tsəŋ³⁵tsəŋ³⁵hɔ⁴⁴hɔ⁴⁴
158.	和	搭	tɛʔ⁵
		教	kɔ³⁵
159.	只	只	tsəʔ⁵
160.	从	从	zoŋ¹³
161.	替	代	dɛ¹³
162.	拿	拿	nɛ⁵³
163.	故意~捣乱	有意	ɦiɤ¹³·i³⁵
		迭为	dəʔ³ɦue¹³
		有心	ɦiɤ¹³ɕiŋ⁵³

（十六）数词

164.	一	一	iɪʔ⁵
165.	二	二	liẽ¹³
166.	三	三	sɛ⁵³
167.	四	四	sɿ³⁵
168.	五	五	ŋ̍¹³
169.	六	六	lɔʔ³
170.	七	七	tɕʰiɪʔ⁵
171.	八	八	pɛʔ⁵
172.	九	九	tɕiɤ⁴⁴
173.	十	十	zəʔ³
174.	十一	十一	zəʔ³iɪʔ⁵
175.	十二	十二	zəʔ³n̠i¹³
176.	二十	廿	n̠iɛ¹³
177.	二十一	廿一	n̠iɛ¹³iɪʔ⁵
178.	一百二十一	一百廿一	iɪʔ⁵paʔ⁵n̠iɛ¹³iɪʔ⁵
179.	第一	第一	di¹³iɪʔ⁵
180.	第二	第二	di¹³n̠i¹³

181. 两里　　　两里　　　　liɛ̃¹³li¹³
182. 二两　　　二两　　　　n̩i¹³liɛ̃¹³

三、语法例句

（先出普通话例句，后出上海话例句）

1. 谁啊？我是老王。
   啥人啊？奴是老王。
   sɑ⁵³⁻⁵⁵n̩in³¹⁻⁵⁵ɑʔ⁵⁻³？nu³¹⁻³⁴zɿ¹³⁻⁵³lɔ¹³⁻³⁴ɦuɑ̃³¹⁻³¹。

2. 老张呢？他正在同一个朋友说着话呢。
   老张呢？伊垃帮一个朋友辣讲闲话。
   lɔ¹³⁻³⁵tsɛ̃⁵³⁻⁵³ne³¹⁻³¹？ɦi¹³⁻⁴⁵lɑʔ²⁻³⁵pɑ̃⁵³⁻⁵⁴iʔ⁵⁻⁴kɤɯ³⁵⁻⁵³bɛ̃³¹⁻²²ɦiɤɯ¹³⁻³⁴lɑʔ²⁻³³kɑ̃⁴⁴⁻³²ɦiɛ³¹⁻²³ɦo¹³⁻³¹。

3. 他还没有说完吗？
   伊哀没讲光伐？
   ɦi¹³⁻⁴⁵ɛ⁵³⁻⁵⁵mʌʔ³⁻⁵kɑ̃⁴⁴⁻⁴⁵kuɑ̃⁵³⁻⁵¹vʌʔ³⁻¹？

4. 还没有。大约再有一会儿就说完了。
   没哩。大概要等脱一歇再讲光拉。
   ʔ³⁻⁵li³¹⁻⁵¹。dɑ¹³⁻²²kɛ³⁵⁻⁵⁵iɔ⁵³⁻⁵⁵tʌn⁴⁴⁻⁴⁴tʰʌʔ⁵⁻⁵iʔ⁵⁻³ɕiʔ⁵⁻³tsɛ³⁵⁻³³kɑ̃⁴⁴⁻²³kuɑ̃⁵³⁻¹¹lɑʔ³⁻¹。

5. 他说马上就走，怎么这半天了还在家里。
   伊讲马上就要走个，哪能半日天垃哩哀等垃屋里向。
   ɦi¹³⁻⁴⁵kɑ̃⁴⁴⁻⁴⁴mɑ⁴⁴⁻⁵³zɛ¹³⁻⁵⁵dzɤɯ¹³⁻⁵³iɔ⁵³⁻³³tsɤɯ⁴⁴⁻³²ʔ³⁻¹，nɑ¹³⁻⁵³nʌn³¹⁻³⁵pe³⁵⁻⁴⁵liʔ³⁻⁵tʰi⁵³⁻⁵³lɑʔ³⁻⁴liʔ¹³⁻⁴⁴ɛ⁵³⁻³⁵tʌn⁴⁴⁻⁵³lɑʔ²⁻⁵oʔ⁵⁻²li¹³⁻²²ɕiɛ̃³⁵⁻¹³。

6. 你到哪儿去？我到北京去。
   汝到鞋里去？奴要到北京去。
   zo¹³⁻⁵⁵ɔ³⁵⁻⁵⁴ɦɑ³¹⁻⁴⁵li¹³⁻⁵³tɕʰi³⁵⁻⁴¹？nu³¹⁻⁵³iɔ⁵³⁻³³ɔ³⁵⁻³³poʔ⁵⁻³tɕin⁵³⁻³³tɕʰi³⁵⁻³⁴。

7. 在那儿，不在这儿。
   垃哀面，不垃矜搭。
   lɑʔ³⁻³ɛ⁵³⁻⁵⁵mi¹³⁻⁵³，vʌʔ³⁻⁵lɑʔ²⁻³⁵gʌʔ²⁻³tɛʔ⁵⁻²。

8. 不是那么做，是要这么做的。
   不是矜能介做个，要哀能介做。
   vʌʔ³⁻⁵zɿ¹³⁻⁵⁵gʌʔ²⁻³⁴nʌn³¹⁻³⁴kɑ³⁵⁻⁴⁴tsu³⁵⁻⁴³ʔ³⁻³，iɔ⁵³⁻³⁴ɛ⁵³⁻⁵⁵nʌn³¹⁻⁵⁴kɑ³⁵⁻⁴²tsu³⁵⁻²²。

9. 太多了，用不着那么多，只要这么多就够了。
   太多哩，用不着介能介多个，只要矜能介多就够哩。

tʰa⁴⁴⁻⁴³tu⁵³⁻⁵⁵li⁵³⁻⁵²,ɦioŋ¹³⁻¹²vʌʔ³⁻³tsʌʔ⁵⁻⁵kɑ³⁵⁻⁵⁴nʌn³¹⁻⁴³kɑ³⁵⁻⁴²tu⁵³⁻³²ɦʌʔ³⁻³,
tsʌʔ⁵⁻⁴iɔ⁵³⁻⁵⁵gʌʔ³⁻²nʌn³¹⁻⁴⁵kɑ³⁵⁻⁵³tu⁵³⁻⁵³dʑiɤɯ¹³⁻³¹kɤɯ³⁵⁻²¹li¹³⁻³¹。

10. 这个大,那个小,这两个哪一个好一点呢?
    辫个大,哀个小,辫两个鞋里一个好一眼呢?
    gʌʔ³⁻⁴kɤɯ³⁵⁻²⁴du¹³⁻⁵³,ɛ⁵³⁻⁵⁴kɤɯ³⁵⁻⁴⁴ɕiɔ⁴⁴⁻⁴³,gʌʔ³⁻⁵liɛ̃¹³⁻⁵⁵kɤɯ³⁵⁻⁴⁴ɦɑ³¹⁻⁵³li¹³⁻³⁵
    iiʔ⁵⁻⁴kɤɯ³⁵⁻⁴⁴hɔ⁴⁴⁻³³iiʔ⁵⁻³ŋɛ¹³⁻³³ne³¹⁻³¹?

11. 这个比那个好。
    辫个比哀个好。
    ʌʔ³⁻³kɤɯ³⁵⁻³⁵pi⁴⁴⁻⁵³ɛ⁵³⁻³⁵kɤɯ³⁵⁻³³hɔ⁴⁴⁻³³。

12. 这些房子不如那些房子好。
    辫眼房子阿不如哀眼房子好。
    ʌʔ³⁻³⁵ŋɛ¹³⁻⁵⁵vɑ̃³¹⁻⁴³tsɿ⁴⁴⁻⁴²ɑʔ⁵⁻²vʌʔ³⁻²ʐy³¹⁻⁴⁵ɛ⁵³⁻⁵⁴ŋɛ¹³⁻⁴²vɑ̃³¹⁻²¹tsɿ⁴⁴⁻³²hɔ⁴⁴⁻²²。

13. 这句话用上海话怎么说?
    辫句闲话用上海闲话哪能介讲?
    gʌʔ³⁻³tɕy³⁵⁻⁴⁴ɦɛ³¹⁻⁴³ɦo¹³⁻³³ɦioŋ¹³⁻³³zɑ̃¹³⁻²²hɛ⁴⁴⁻³⁴ɦɛ¹³⁻⁴⁴ɦo¹³⁻⁴³nɑ¹³⁻³²nʌn³¹⁻²²kɑ³⁵⁻³²kɑ̃⁴⁴⁻¹¹?

14. 他今年多大岁数?
    伊今年几化大岁数?
    ɦi¹³⁻⁴⁴tɕin⁵³⁻⁵⁵n̪ii³¹⁻⁵⁴tɕi⁵³⁻⁵⁴ho³⁵⁻⁴⁴du¹³⁻³³sø³⁵⁻³³so³⁵⁻⁴¹?

15. 大概有三十来岁吧。
    大概有三十几岁。
    dɑ¹³⁻²²kɛ³⁵⁻⁴⁵ɦiɤɯ¹³⁻⁴⁴sɛ⁵³⁻⁵³zʌʔ³⁻³tɕi⁵³⁻⁴³sø³⁵⁻³³。

16. 这个东西有多重呢?
    辫物事有几化重?
    gʌʔ³⁻⁵mʌʔ³⁻⁵³zɿ¹³⁻³⁵ɦiɤɯ¹³⁻⁵⁴tɕi⁵³⁻⁵⁴ho³⁵⁻⁵³zoŋ¹³⁻³⁴?

17. 有五十斤重呢。
    有五十斤重垃。
    ɦiɤɯ¹³⁻⁵³ŋ̍¹³⁻³³zʌʔ³⁻³tɕin⁵³⁻⁴³zoŋ¹³⁻⁴³lʌʔ³⁻³。

18. 拿得动吗?
    拿得动伐?
    nɛ⁵³⁻⁵⁵tʌʔ⁵⁻⁵doŋ¹³⁻⁴²vʌʔ³⁻³?

19. 我拿得动,他拿不动。
    奴拿得动,伊拿不动。
    nu³¹⁻⁴⁴nɛ⁵³⁻⁵⁵tʌʔ⁵⁻⁵doŋ¹³⁻³³,ɦi⁵³⁻³⁴nɛ⁵³⁻⁴³vʌʔ³⁻³doŋ¹³⁻²¹。

20. 真不轻,重得连我也拿不动。

蛮重个,重得来连奴阿拿不动。
mɛ³¹⁻⁵⁵zoŋ¹³⁻⁵³ɦʌʔ³⁻², zoŋ¹³⁻³³tʌʔ⁵⁻⁴lɛ³¹⁻⁴⁴liɪ³¹⁻³⁴nu³¹⁻⁴³aʔ⁵⁻³nɛ⁵³⁻³²vʌʔ³⁻²doŋ¹³⁻²¹。

21. 你说得很好,你还会说点什么呢?
汝讲来蛮好个,汝哀会讲点啥物事伐?
zo¹³⁻⁵⁵kã⁴⁴⁻⁴⁴lɛ³¹⁻⁴³ mɛ³¹⁻³³hɔ⁴⁴⁻⁴³ɦʌʔ³⁻³, zo¹³⁻³⁵ɛ⁵³⁻⁵³ɦuɛ¹³⁻⁴⁴kã⁴⁴⁻³⁴tiʔ⁴⁴⁻⁴³sa⁵³⁻³³
mʌʔ³⁻⁵zʅ¹³⁻⁴³vʌʔ³⁻³?

22. 我嘴笨,我说不过他。(我说他不过。)
奴嘴巴笨来兮个,奴讲不过伊个。
nu³¹⁻³¹tsʅ⁴⁴⁻⁵⁴po⁵³⁻⁴³bʌn¹³⁻²³lɛ³¹⁻³⁴ɕiʔ⁵³⁻⁴³ɦʌʔ³⁻², nu³¹⁻²²kã⁴⁴⁻³⁵vʌʔ³⁻³ku⁵³⁻³³ɦiʔ¹³⁻⁵³ɦʌʔ³⁻³。

23. 说了一遍,又说了一遍。
讲仔一遍,又讲一遍。
kã⁴⁴⁻⁴⁴zʅ³¹⁻⁴⁴iɪʔ⁵⁻⁴pi³⁵⁻⁴⁴, ɦiɣ̃ɯ¹³⁻³⁴kã⁴⁴⁻⁴²iɪʔ⁵⁻²pi³⁵⁻²²。

24. 请你再说一遍!
请汝再讲一遍!
tɕʰin⁴⁴⁻⁴⁴zo¹³⁻⁵³tsɛ³⁵⁻⁴²kã⁴⁴⁻²²iɪʔ⁵⁻³pi³⁵⁻²²!

25. 不早了,快去吧!
勿早阿哩,快点去伐!
vʌʔ³⁻⁴tsɔ⁴⁴⁻⁵³aʔ⁵⁻³li¹³⁻³¹, kʰua³⁵⁻³³tiʔ⁴⁴⁻⁵⁵tɕʰi³⁵⁻³³vʌʔ³⁻³!

26. 现在还很早呢,等一会儿再去吧。
现在哀蛮早阿哩,等特一歇再去。
ɦi¹³⁻³³zɛ¹³⁻³⁵ɛ⁵³⁻⁵⁵mɛ³¹⁻⁵⁴tsɔ⁴⁴⁻⁵³aʔ⁵⁻³li¹³⁻²², tʌn⁴⁴⁻⁴⁴tʰʌʔ⁵⁻⁴iɪʔ⁵⁻⁴ɕiɪʔ⁵⁻³tsɛ³⁵⁻³³tɕʰi³⁵⁻³¹。

27. 吃了饭再去好吗?
吃仔饭再去好伐?
tɕʰiʌʔ⁵⁻⁴zʅ³¹⁻⁵⁵vɛ¹³⁻⁵³tsɛ³⁵⁻⁵³tɕʰi³⁵⁻⁴²hɔ⁴⁴⁻³³vʌʔ³⁻³?

28. 慢慢儿的吃啊,不要着急。
慢慢点吃,不要急。
mɛ¹³⁻³³mɛ¹³⁻³³tiʔ⁴⁴⁻³⁵tɕʰiʌʔ⁵⁻⁵, vʌʔ³⁻⁴iɔ⁵³⁻⁴⁴dʑiɪʔ³⁻³。

29. 坐着吃比站着吃好些。
坐垃吃比立垃吃要好。
zu¹³⁻³⁵laʔ³⁻⁵tɕʰiʌʔ⁵⁻⁵pi⁴⁴⁻³³liɪʔ³⁻³laʔ³⁻³tɕʰiʌʔ⁵⁻⁵iɔ⁵³⁻³³hɔ⁴⁴⁻³³。

30. 他吃了饭了,你吃了饭没有呢?
伊吃仔饭阿哩,汝吃阿没?
ɦi¹³⁻⁴⁵tɕʰiʌʔ⁵⁻⁵zʅ³¹⁻⁴²vɛ¹³⁻²⁴aʔ⁵⁻⁴li¹³⁻⁴², zo¹³⁻⁴⁴tɕʰiʌʔ⁵⁻³aʔ⁵⁻³mɛʔ³⁻³?

31. 他去过北京,我没有去过。

伊到北京去过,奴没去过。

ɦii$^{13-44}$tɔ$^{35-44}$poʔ$^{5-3}$tɕin$^{54-44}$tɕʰi$^{35-44}$ku$^{53-33}$,nu$^{31-33}$mʌʔ$^{2-3}$tɕʰi$^{35-44}$ku$^{53-33}$。

32. 来闻闻这朵花香不香。

来哄哄看搿朵花香勿香。

lɛ$^{31-35}$hoŋ$^{44-55}$hoŋ$^{44-55}$kʰø$^{53-53}$gʌʔ$^{2-3}$tu$^{44-34}$ho$^{53-53}$ɕiẽ$^{53-55}$vʌʔ$^{2-3-4}$ɕiẽ$^{53-43}$。

33. 给我一本书!

拨奴一本书!

pʌʔ$^{5-4}$nu$^{31-44}$iɪʔ$^{5-4}$ pʌn$^{44-42}$ɕy$^{53-43}$!

34. 我实在没有书呀。

奴实在没书呀。

nu$^{31-35}$zʌʔ$^{2-3-5}$zɛ$^{13-35}$mʌʔ$^{2-3-5}$ɕy$^{53-44}$ia$^{53-31}$。

35. 你告诉他。

汝去讲拨伊听。

zo$^{13-44}$tɕʰi$^{35-55}$kã$^{44-33}$pʌʔ$^{5-4}$ɦi$^{13-44}$tʰin$^{53-43}$。

36. 好好儿的走,不要跑!

好好能走,不要跑!

hɔ$^{44-53}$hɔ$^{44-44}$nʌn$^{31-53}$tsɤɯ$^{44-31}$,vʌʔ$^{2-3-4}$iɔ$^{53-33}$bɔ$^{31-31}$!

37. 小心跌下去爬不上来。

当心跌下来爬不上去。

tã$^{53-35}$ɕin$^{53-55}$tiɪʔ$^{5-4}$ɦɔ$^{13-44}$lɛ$^{31-43}$,bo$^{31-23}$vʌʔ$^{2-3-3}$zã$^{13-32}$tɕʰi$^{35-21}$。

38. 医生叫你多睡一会儿。

医生叫汝多眮一歇。

i$^{53-44}$sẽ$^{53-55}$tɕiɔ$^{35-44}$zo$^{13-44}$tu$^{53-44}$kʰuʌn$^{35-32}$iɪʔ$^{5-3}$ɕiɪʔ$^{5-1}$。

39. 吸烟或者喝茶都不行。

吃香烟或者吃茶侪勿来塞个。

tɕʰiʌʔ$^{5-3}$ɕiẽ$^{53-45}$i$^{53-54}$ɦuʌʔ$^{2-3-4}$tsʌʔ$^{5-5}$tɕʰiʌʔ$^{5-5}$zo$^{31-33}$,zɛ$^{31-34}$vʌʔ$^{2-3-4}$lɛ$^{31-42}$sɛ$^{35-22}$ɦʌʔ$^{2-3-1}$。

40. 烟也好,茶也好,我都不喜欢。

香烟阿好,茶阿好,奴侪勿喜欢。

ɕiẽ$^{53-45}$i$^{53-53}$aʔ$^{5-4}$hɔ$^{44-43}$,zo$^{31-43}$aʔ$^{5-3}$hɔ$^{44-31}$,nu$^{31-13}$zɛ$^{31-43}$vʌʔ$^{2-3-2}$ɕi$^{44-11}$huø$^{53-11}$。

41. 不管你去不去,反正我是要去的。

不管汝去咯不去,反正奴要去个。

vʌʔ$^{2-3-4}$kuø$^{44-55}$zo$^{13-44}$tɕʰi$^{35-55}$lɔ$^{31-54}$vʌʔ$^{2-3-4}$tɕʰi$^{35-33}$,fɛ$^{44-44}$tsʌn$^{53-44}$nu$^{31-31}$iɔ$^{53-31}$tɕʰi$^{35-22}$ɦʌʔ$^{2-3-1}$。

42. 我非去不可。

奴板要去个。

nu$^{31-35}$pɛ$^{44-55}$iɔ$^{53-54}$tɕ^{h}i$^{35-31}$ɦʌʔ$^{3-1}$。

43. 你是哪一年来的？

汝是鞋里一年来垃个？

zo$^{13-45}$z̩$^{13-53}$ɦɑ$^{31-33}$li$^{31-35}$iɪʔ$^{5-5}$ȵiɪ$^{31-54}$lɛ$^{31-32}$lɑʔ$^{3-2}$ɦʌʔ$^{3-1}$？

44. 我是前年到的北京。

奴是前年到北京个。

nu$^{31-44}$z̩$^{13-43}$zi$^{31-34}$ȵiɪ$^{31-33}$tɔ$^{35-22}$poʔ$^{5-2}$tɕin$^{53-22}$ɦʌʔ$^{3-1}$。

45. 今年开会谁的主席？

今年开会啥人是主席？

tɕin$^{53-44}$ȵiɪ$^{31-54}$k^{h}ɛ$^{44-44}$ɦue$^{13-43}$sa$^{53-55}$ȵin$^{31-53}$z̩$^{13-22}$tɕy$^{44-22}$ziɪʔ$^{3-1}$？

46. 你得请我的客。

汝要请奴吃饭个。

zo$^{13-35}$iɔ$^{53-55}$tɕ^{h}in$^{44-54}$nu$^{31-44}$tɕ^{h}iʔ$^{5-4}$vɛ$^{13-31}$ɦʌʔ$^{3-1}$。

47. 一边走，一边说。

一面走，一面讲。

iɪʔ$^{5-4}$mi$^{13-55}$tsɤ$^{ɯ44-54}$,iɪʔ$^{5-3}$mi$^{13-33}$kã$^{44-31}$。

48. 越走越远, 越说越多。

越走越远, 越讲越多。

ɦyɪʔ$^{3-3}$tsɤ$^{ɯ44-53}$ɦyɪʔ$^{3-3}$ɦyø$^{13-22}$, ɦyɪʔ$^{3-2}$kã$^{44-33}$ɦyɪʔ$^{3-2}$tu$^{53-11}$。

49. 把那个东西拿给我。

拿哀个物事拨奴。

nɛ$^{53-55}$ɛ$^{53-55}$kɤ$^{ɯ35-55}$mʌʔ$^{3-4}$z̩$^{13-24}$pʌʔ$^{5-2}$nu$^{31-22}$。

50. 有些地方管太阳叫日头。

有眼地方管太阳叫日头。

ɦiɤ$^{ɯ13-34}$ȵie$^{13-55}$di$^{31-33}$fã$^{53-33}$kuø$^{44-44}$t^{h}a$^{44-44}$ɦiẽ$^{31-43}$tɕiɔ$^{35-32}$ȵiɪʔ$^{3-2}$dɤ$^{ɯ31-32}$。

51. 您贵姓？我姓王。

汝贵姓？奴姓王。

zo$^{13-44}$kue$^{35-54}$ɕin$^{35-44}$？ nu$^{31-33}$ɕin$^{35-43}$ɦuã$^{31-31}$。

52. 你姓王, 我也姓王, 咱两个人都姓王。

汝姓王, 奴阿姓王, 倻两家头倸姓王。

zo$^{13-44}$ɕin$^{35-54}$ɦuã$^{31-33}$, nu$^{31-33}$aʔ$^{5-3}$ɕin$^{35-33}$ɦuã$^{31-21}$, na$^{13-23}$liẽ$^{13-32}$ka$^{53-23}$dɤ$^{ɯ31-33}$tsɛ$^{35-33}$ɕin$^{35-32}$ɦuã$^{31-31}$。

53. 你先去吧, 我们等一会儿再去。

汝先去伐,俚等特一歇再去。

zo¹³⁻⁴⁴ ɕi⁵³⁻⁵³ tɕʰi³⁵⁻³³ vʌʔ³⁻⁴, na¹³⁻³⁵ tʌn⁴⁴⁻³³ tʰʌʔ⁵⁻⁴ iiʔ⁵⁻⁴ ɕiiʔ⁵²⁻² tsɛ³⁵⁻²² tɕʰi³⁵⁻²¹ 。

54. 你抽不抽烟?

    汝香烟吃伐?

    zo¹³⁻⁴⁴ ɕiẽ⁵³⁻⁴⁵ i⁵³⁻⁵⁵ tɕʰiʌʔ⁵⁻² vʌʔ³⁻³ ?

55. 你认得那个人不认得?

    汝哀个人认得伐? /汝认得哀个人伐?

    zo¹³⁻⁴⁵ ɛ⁵³⁻⁵⁵ kɤ^ɯ³⁵⁻⁵⁵ ȵin³¹⁻⁵⁵ ȵin¹³⁻³¹ tʌʔ⁵⁻⁴ vʌʔ³⁻³ ? /zo¹³⁻⁴⁴ ȵin¹³⁻⁴⁴ tʌʔ⁵⁻⁵ ɛ⁵³⁻⁵⁴ kɤ^ɯ³⁵⁻³³ ȵin³³⁴ vʌʔ³⁻³ ?

四、长篇语料

poʔ⁵⁻⁴ foŋ⁵³⁻⁵³ kʌn⁵³⁻⁴⁴ tʰa⁴⁴⁻⁴⁴ ɦiẽ³¹⁻⁴¹

北　风　跟　太　阳

ɦiɤ¹³⁻³⁵ iiʔ⁵⁻⁵ tʰã³⁵ poʔ⁵⁻⁴ foŋ⁵³⁻⁵³ kʌn⁵³⁻⁴⁴ tʰa⁴⁴⁻⁴⁴ ɦiẽ³¹⁻⁴¹ laʔ³⁻⁴ ɛ⁵³⁻⁴⁴ mi¹³⁻⁴⁴ tɛʔ⁵⁻² tsʌn⁵³⁻⁴³
有　一　趟,北　风　跟　太　阳　拉　哀　面　搭　争
lʌn³¹⁻²² sa⁵³⁻⁵⁵ ȵin³¹⁻⁵⁵ pʌn⁴⁴⁻⁴⁴ zɿ¹³⁻⁴³ du¹³⁻²¹ tsɛ⁵³⁻⁴⁴ lɛ³¹⁻⁴⁵ tsɛ̃⁵³⁻⁵⁴ tɕʰi³⁵⁻⁴⁴ dziɤ¹³⁻⁴² zɿ¹³⁻⁴² fʌn⁵³⁻⁵³
论　啥　人　本　事　大。争　来　争　去　就　是　分
vʌʔ³⁻³ tsʰʌʔ⁵⁻² ko⁵³⁻⁴³ ti¹³⁻³² lɛ³¹⁻²² gʌʔ³⁻⁵ zʌn³¹⁻⁵⁵ kuã⁵³⁻¹³ lu¹³⁻³⁴ lã¹³⁻⁵³ ɕiẽ³⁵⁻³³ lɛ³¹⁻⁴⁴ lʌʔ³⁻⁴ kɤ³⁵⁻⁴⁴
勿　出　高　低　来。辂　辰　光, 路　浪　向　来　了　个
tsɤ⁴⁴⁻⁵³ lu¹³⁻³³ ɦʌʔ³⁻² ȵin³¹⁻³¹ ɦii¹³⁻⁴⁴ sʌn⁵³⁻⁵⁵ lã¹³⁻⁵⁴ ɕiɛ³⁵⁻⁴⁴ tsʌʔ⁵⁻⁴ dziʔ¹³⁻⁴⁴ ɦiɤ¹³⁻⁴² ɦʌʔ³⁻² da¹³⁻³¹
走　路　个　人。伊　身　浪　向　着　件　厚　个　大
i⁵³⁻²² ɦii¹³⁻⁴⁵ laʔ²⁻⁵⁾ iẽ¹³⁻⁴⁴ ka⁵³⁻⁴⁴ dɤʔ³¹⁻⁴⁴ dziɤ¹³⁻⁴⁴ kã⁴⁴⁻⁴⁵ hoʔ⁴⁴⁻²¹ sa⁵³⁻⁵⁵ ȵin³¹⁻⁵³ ɕi⁵³⁻⁴⁴ tɕioi³⁵⁻⁴⁴
衣。伊　拉　两　家　头　就　讲　好, 啥　人　先　叫
gʌʔ³⁻³ ɦʌʔ³⁻⁴ tsɤ⁴⁴⁻⁴⁴ lu¹³⁻⁴³ ɦʌʔ²⁻³ ȵin³¹⁻³³ ɕi¹³⁻³³ tʰoʔ⁵ ɦo¹³⁻³³ lɛ³¹⁻³³ ɦii¹³⁻¹⁴ ɦʌʔ³⁻³ ɦiɤ¹³⁻²² da¹³⁻²⁴
辂　个　走　路　个　人　先　脱　下　来　伊　个　厚　大
i⁵³⁻³¹ dziɤ¹³⁻⁵⁵ sø³⁵⁻⁵⁵ sa⁵³⁻⁵⁴ ȵin³¹⁻⁴³ ɦʌʔ³⁻³ pʌn⁴⁴⁻³³ zɿ¹³⁻³³ du¹³⁻²³ poʔ⁵⁻⁴ foŋ⁵³⁻⁴³ dziɤ¹³⁻⁴⁴ pʰin⁵³⁻⁵⁵
衣, 就　算　啥　人　个　本　事　大。北　风　就　拼
min¹³⁻³³ ɦʌʔ³⁻⁴ kuɛʔ⁵⁻⁵ foŋ⁵³⁻⁴⁴ piiʔ⁵⁻⁴ kuʔ⁵³⁻⁴⁴ ɦi¹³⁻⁵³ ɦyɿʔ³⁻³ zɿ¹³⁻³⁵ kuɛʔ⁵⁻⁴ laʔ³⁻³ tɕiiʔ⁵⁻³
命　个　刮　风, 不　过　伊　越　是　刮　垃　结
kuʌn³⁵⁻³⁴ gʌʔ³⁻⁴ kɤ³⁵⁻⁴⁴ tsɤ⁴⁴⁻⁴³ lu¹³⁻³³ ɦʌʔ³⁻³ ȵin³¹⁻³³ nɛ⁵³⁻³³ kɤ³⁵⁻²² da¹³⁻²² i⁵³⁻³³ ku⁴⁴⁻²² aʔ³⁻² ɦyɿʔ³⁻²
棍。辂　个　走　路　个　人　拿　个　大　衣　裹　垃　越

zɿ¹³⁻¹²tɕin⁴⁴⁻⁴²ɦɤ¹³⁻⁴⁴lɛ³¹⁻⁴⁴poʔ⁵⁻⁴foŋ⁵³⁻⁵⁴mʌʔ³⁻⁴bɛʔ¹³⁻³⁵fɛʔ⁵⁻⁵tsʌʔ⁵⁻²hɔ⁴⁴⁻³³dzɿɤ¹³⁻⁴³sø³⁵⁻⁴³aʔ⁵⁻⁴
是　紧。后　来　北　风　　没　办　法，只　好　就　算　阿

li¹³⁻⁵²tʌn⁴⁴⁻⁴⁵tʰʌʔ⁵⁻⁵iʔ⁵⁻⁴ɕiɤ⁵⁻⁴ɕiʔ⁵⁻⁴tʰa⁴⁴⁻⁴⁵ɦiɛ̃³¹⁻⁵³tsʰʌ⁵⁻³lɛʔ³¹⁻³³li¹³⁻³¹fu⁴⁴⁻⁵⁵lɛʔ³⁻⁵lɛʔ³⁻⁵
哩。等　特　一　歇　歇，太　阳　　出　来　哩。火　辣　辣

ɦʌʔ³⁻⁴iʔ⁵⁻⁴so³⁵⁻⁴⁵ɛ⁵³⁻⁴⁴kɤ³⁵⁻⁴⁴tsɤ⁴⁴⁻⁵⁵lu¹³⁻⁴⁴ɦʌʔ³⁻⁴n̩in³¹⁻⁴³ma⁴⁴⁻⁵⁵zã¹³⁻⁵⁴dzɿɤ¹³⁻⁴³nɛ⁵³⁻³³ɦɤ¹³⁻⁴⁴
个　一　晒，哀　个　走　路　个　人　　马　上　　就　拿　厚

ɦʌʔ³⁻²da¹³⁻²²i⁵³⁻²²zã³¹⁻²²tʰʌʔ⁵⁻³ɦɔ¹³⁻⁴²lɛ³¹⁻²²gʌʔ³⁻³ɕia³⁵⁻⁴⁴tsʅ⁴⁴⁻⁴³poʔ⁵⁻³foŋ⁵³⁻⁴⁴tsʌʔ⁵⁻⁴tɕʰɔ⁴⁴⁻⁴⁴
个　大　衣　裳　脱　下　来。辫　下　子，北　风　　只　好

zʌn³¹⁻⁴³n̩in¹³⁻³³ɦi¹³⁻³⁴laʔ⁵⁻⁴tã⁵³⁻³³tsoŋ⁵³⁻⁵³ɛ⁵³⁻³³zɿ¹³⁻³³tʰa⁴⁴⁻⁴⁴ɦiɛ̃³¹⁻⁴²ɦʌʔ³⁻²pʌn⁴⁴⁻²²
承　认，伊　拉　当　中　　哀　是　太　阳　　个　本

zɿ¹³⁻²²du¹³⁻¹¹
事　大。

北风跟太阳
（普通话对照）

　　有一回，北风跟太阳在那儿争论谁的本事大。争来争去就是分不出高低来。这时候路上来了个走道儿的，他身上穿着件厚大衣。它们俩就说好了，谁能先叫这个走道儿的脱下他的厚大衣，就算谁的本事大。北风就使劲儿地刮起来了，不过它越是刮得厉害，那个走道儿的把大衣裹得越紧。后来北风没法儿了，只好就算了。过了一会儿，太阳出来了。它火辣辣地一晒，那个走道儿的马上就把那件厚大衣脱下来了。这下儿北风只好承认，它们俩当中还是太阳的本事大。

第三章 川沙音档

一、语音

(一) 声母

声母1号 ʔb　　　　布帮比报北伯
声母2号 pʰ　　　　批攀怕胖劈扑
声母3号 b　　　　皮步盆旁白拔
声母4号 m　　　　母美闷梅门麦
声母5号 f　　　　飞翻粉风福发
声母6号 v　　　　扶浮房奉服罚
声母7号 ʔd　　　　低胆党懂德搭
声母8号 tʰ　　　　天透汤听铁托
声母9号 d　　　　地桃糖动夺踏
声母10号 n　　　　拿努囡内捺
声母11号 l　　　　拉捞溜铃赖辣
声母12号 ts　　　　纸做张增质扎
声母13号 tsʰ　　　　处车仓冲出尺
声母14号 s　　　　书收生松色缩
声母15号 z　　　　树柴床虫舌
声母16号 tɕ　　　　鸡举浆精节脚
声母17号 tɕʰ　　　　气秋枪清切雀
声母18号 dʑ　　　　旗权强群集剧
声母19号 ȵ　　　　粘扭仰泥牛捏
声母20号 ɕ　　　　修需香勋血削
声母21号 ʑ　　　　徐斜象秦绝嚼
声母22号 k　　　　干盖梗公谷夹
声母23号 kʰ　　　　开宽康垦扩客

声母24号 g　　　　茄环戆狂共轧
声母25号 ŋ　　　　砑我ᵥ外鹅额
声母26号 h　　　　花火很荒瞎
声母27号 ɦ　　　　鞋胡雨盒
声母28号 ∅　　　　鸭衣乌迂

声母比字：
清音和浊音

布 ʔbu³⁵	≠	步 bu²¹³
到 ʔdɔ³⁵	≠	道 dɔ²¹³
巧 tɕʰiɔ⁴⁴	≠	桥 dʑiɔ²¹³
送 soŋ³⁵	≠	虫 zoŋ²¹³

尖音和团音

将 tɕiaŋ⁵³	=	姜
节 tɕiɪʔ⁴⁴	=	结
秋 tɕʰiɤ⁵³	=	丘
小 ɕiɔ⁴⁴	=	晓

平舌音和卷舌音

仓 tsʰaŋ⁵³	=	昌
子 tsɿ⁴⁴	=	主
粗 tsʰu⁵³	=	初
思 sɿ⁵³	=	师

鼻音声母和零声母

熬 ŋɔ²¹³	≠	奥 ɔ³⁵
腭 ŋɤʔ²³	≠	遏 ɤʔ⁴⁴
硋 ŋɛ²¹³	≠	爱 ɛ³⁵

鼻音声母和边音声母

奴 nu²¹³	≠	路 lu³⁵
女 ȵy²¹³	≠	吕 ly²¹³
泥 ȵi²¹³	≠	离 li²¹³

年 ȵi²¹³　　≠　　连 li²¹³

(二) 韵母

韵母 1 号 ɿ　　　　知次住
韵母 2 号 i　　　　基钱味
韵母 3 号 u　　　　波哥做
韵母 4 号 y　　　　居女羽
韵母 5 号 ɑ　　　　太柴鞋
韵母 6 号 iɑ　　　 野写亚
韵母 7 号 uɑ　　　 怪坏快
韵母 8 号 o　　　　花蛇马
韵母 9 号 ɔ　　　　宝朝高
韵母 10 号 iɔ　　　条焦摇
韵母 11 号 ɤ　　　 斗丑狗
韵母 12 号 iɤ　　　流尤修
韵母 13 号 e　　　 雷来类
韵母 14 号 ɛ　　　 蛮反蓝
韵母 15 号 iɛ　　　炎念奸
韵母 16 号 ue　　　回款龟
韵母 17 号 uɛ　　　环弯块
韵母 18 号 ø　　　 干最乱
韵母 19 号 yø　　　软园权
韵母 20 号 ã　　　 冷长硬
韵母 21 号 uã　　　横
韵母 22 号 aŋ　　　当放忙
韵母 23 号 iaŋ　　 良象阳
韵母 24 号 uaŋ　　 广狂况
韵母 25 号 əŋ　　　奋登论
韵母 26 号 iŋ　　　紧灵人 白
韵母 27 号 uəŋ　　 困魂温
韵母 28 号 yŋ　　　均云训
韵母 29 号 oŋ　　　翁虫风
韵母 30 号 ioŋ　　　穷荣浓
韵母 31 号 ɑʔ　　　只尺湿

韵母 32 号 æʔ　　　　辣客袜
韵母 33 号 iaʔ　　　　药脚略
韵母 34 号 uaʔ　　　　挖滑刮
韵母 35 号 ɔʔ　　　　　北郭目
韵母 36 号 iɔʔ　　　　肉浴玉
韵母 37 号 uɔʔ　　　　国
韵母 38 号 ɤʔ　　　　　舌色割
韵母 39 号 iɤʔ　　　　律率吃
韵母 40 号 uɤʔ　　　　活扩骨
韵母 41 号 iɪʔ　　　　笔灭荔
韵母 42 号 yøʔ　　　　血缺月
韵母 43 号 m̩　　　　　口奶
韵母 44 号 ŋ̍　　　　　五鱼午_{端午}
韵母 45 号 əl　　　　　而尔儿_文

韵母比字：
舌尖前元音和舌尖后元音
资 tsɿ⁵³　　　=　　　知
次 tsʰɿ³⁵　　=　　　耻
四 sɿ³⁵　　　=　　　试

鼻音韵尾
金 tɕiŋ⁵³　　=　　　斤　　=　　　京
音 iŋ⁵³　　　=　　　因　　=　　　英
心 ɕiŋ⁵³　　=　　　新　　=　　　星
林 liŋ²¹³　　=　　　邻　　=　　　菱

塞音韵尾
鸽 kɤʔ⁴⁴　　=　　　割　　=　　　革
立 liɪʔ²³　　=　　　裂　　=　　　历
十 zɤʔ²³　　=　　　舌　　=　　　贼
湿 sɑʔ⁴⁴　　=　　　设　　=　　　塞

舒声韵和促声韵

带 ʔdɑ³⁵ ≠ 答 ʔdɑʔ⁴⁴
泰 tʰɑ³⁵ ≠ 塔 tʰɑʔ⁴⁴
利 li³⁵ ≠ 力 liɿʔ²³
比 ʔbi⁴⁴ ≠ 笔 ʔbiɿʔ⁴⁴
摆 ʔba⁴⁴ ≠ 百 ʔbaʔ⁵⁵
地 di²¹³ ≠ 笛 diɿʔ²³

前 ã 和后 aŋ
打 ʔdã⁴⁴ ≠ 党 ʔdaŋ⁴⁴
冷 lã²¹³ ≠ 狼 laŋ²¹³
省 sã⁴⁴ ≠ 爽 saŋ⁴⁴
梗 kã⁴⁴ ≠ 港 kaŋ⁴⁴

其他
雷 le²¹³ = 来
衣 i⁵³ = 烟

(三) 声调

声调1号　阴平调53　　刀东知天哥
声调2号　阴上调44　　岛手比管鼓
声调3号　阳去调213　　桃同皮近度
声调4号　阴入调44　　百督笔削骨
声调5号　阳入调23　　白达极嚼

声调比字：
古阴平和古阳平
方 faŋ⁵³ ≠ 房 vaŋ²¹³
天 tʰi⁵³ ≠ 田 di²¹³
初 tsʰu⁵³ ≠ 锄 zu²¹³

古阴平和古阴上
包 ʔbɔ³⁵ ≠ 饱 ʔbɔ⁴⁴
灯 ʔdəŋ⁵³ ≠ 等 ʔdəŋ⁴⁴
端 ʔdø⁵³ ≠ 短 ʔdø⁴⁴

古阴上和古阴去

腿 t^he^{44}　≠　退 t^he^{35}
体 t^hi^{44}　≠　替 t^hi^{35}
等 $ʔdəŋ^{44}$　≠　凳 $ʔdəŋ^{35}$

古阳平、古阳上和古阳去

桃 $dɔ^{213}$　=　稻　=　盗
潮 $zɔ^{213}$　=　赵　=　召
球 $dʑiɤ^{213}$　=　舅　=　旧

古阴入和古阳入

八 $ʔbæʔ^{44}$　≠　拔 $bæʔ^{23}$
发 $fæʔ^{44}$　≠　罚 $væʔ^{23}$
笔 $ʔbiɪʔ^{44}$　≠　鼻 $biɪʔ^{23}$

(四) 变调

1. 广用式两字组变调举例

前字阴平
　　伤风　亏空　虾米　巴结　松木
前字阴去
　　手心　喜酒　本事　晓得　草绿
前字阳去
　　棒冰　夏布　地皮　料作　蛋白
前字阴入
　　笔尖　索性　脚色　百合
前字阳入
　　肉汤　俗气　着重　服帖　活络

2. 窄用式两字组变调举例

前字阳平或阴去
　　开窗　浇水　揩油　起风　锁门
前字阳去
　　拌菜　买面　留客
前字阴入
　　吃糕　脚酸　出气　塞肉

前字阳入

摸虾　凿洞　拔树　服药

(五) 文白异读词比较举例(斜线前为文读,斜线后为白读)
1. 家庭　家长 / 人家　百家姓
   交通　交际 / 交代　交白卷
2. 宝贵　贵宾 / 价钿忒贵(价钱太贵)
   味精　味口 / 味道
3. 问答　学问 / 问路　问问题
   新闻　闻一多 / 来闻闻辩朵花
   肥料　肥胖 / 肥皂
4. 人才　人事 / 人家　乡下人
   日记　日历 / 日脚(日期)　日里向(白天)
5. 儿童　小儿科 / 儿子
   中耳炎 / 耳朵
6. 生命　书生 / 生日　生意
   斗争　争鸣 / 争气
7. 拖拉机　拖地板 / 拖鼻涕
   多少　忒多 / 多日天
8. 大家　大队 / 大门　大米
9. 去年 / 去过勒

二、常用词汇

(一) 自然现象

1.	太阳	太阳	$t^ha^{44}iaŋ^{213}$
		日头	$niʔ^{23}dɤ^{213}$
2.	月亮	月亮	$ȵyøʔ^{23}liaŋ^{44}$
3.	星星	星	$ɕiŋ^{53}$
4.	打雷	雷响	$le^{213}ɕiaŋ^{33}$
		打雷	$dã^{44}le^{213}$
5.	闪电	霍险	$hoʔ^{55}ɕi^{44}$
6.	下雨	落雨	$loʔ^{23}ɦy^{213}$
7.	下雪	落雪	$loʔ^{23}ɕyøʔ^{55}$

8.	冰雹	冰雹	ʔbiŋ⁵³ʔbɔʔ⁵⁵
9.	结冰	结冰	tɕiɪ⁵⁵ʔbiŋ⁵³
		冰胶	ʔbiŋ⁵³kɔ⁵³
10.	刮风	起风	tɕʰi⁴⁴foŋ⁵³
		刮风	kuaʔ⁵⁵foŋ⁵³
11.	虹	彩虹	tsʰɛ⁴⁴ɦoŋ²¹³

(二) 时令、节令

12.	端午节	端午	ʔdø⁵³ɦu²¹³
		端午节	ʔdø⁵³ɦu²¹³tɕiɪʔ⁵⁵
13.	中秋节	中秋	tsoŋ⁵³tɕʰiɤ⁵³
		八月半	ʔbæʔ⁵⁵ȵyøʔ²³ʔbe⁴⁴
		中秋节	tsoŋ⁵³tɕʰiɤ⁵³tɕiɪʔ⁵⁵
14.	除夕	大年夜	da²¹³ȵi²¹³ia⁴⁴
		年夜头	ȵi²¹³ia⁴⁴dɤ²¹³
15.	今年	今年	tɕiŋ⁵³ȵi²¹³
16.	明年	明年	miŋ²¹³ȵi²¹³
		明年子	miŋ²¹³ȵi²¹³tsʅ⁴⁴
17.	去年	旧年	dʑiɤ²¹³ȵi²¹³
		旧年子	dʑiɤ²¹³ȵi²¹³tsʅ⁴⁴
		去年	tɕʰy⁴⁴ȵi²¹³
		去年子	tɕʰy⁴⁴ȵi²¹³tsʅ⁴⁴
18.	明天	明朝	miŋ²¹³tsɔ⁵³
		明朝子	miŋ²¹³tsɔ⁵³tsʅ⁴⁴
19.	昨天	昨日	zɔʔ²³ȵiɪʔ²³
		昨日子	zɔʔ²³ȵiɪʔ²³tsʅ⁴⁴
20.	今天	今朝	tɕiŋ⁵³tsɔ⁵³
		今朝子	tɕiŋ⁵³tsɔ⁵³tsʅ⁴⁴
21.	星期天	星期天	ɕiŋ⁵³dʑi²¹³tʰi⁵³
		礼拜天	li²¹³ʔba⁴⁴tʰi⁵³

(三) 植物

22.	麦子	麦子	maʔ²³tsʅ⁴⁴
23.	大米	大米	da²¹³mi²¹³

24.	蚕豆	寒豆	ɦie²¹³dɤ²¹³
25.	向日葵	向日葵	ɕiaŋ⁴⁴n̠iɻʔ²³gue²¹³
26.	菠菜	菠菜	pu⁵³tsʰɛ⁴⁴
27.	卷心菜	卷心菜	tɕyø⁴⁴ɕiŋ⁵³tsʰɛ⁴⁴
28.	西红柿	番茄	fɛ⁵³ʔbu⁵³
29.	茄子	落苏	lɔʔ²³su⁵³
		茄子	ʔbu⁵³tsɿ⁴⁴
30.	甘薯	山芋	sɛ⁵³ɦiy²¹³
31.	马铃薯	洋山芋	iaŋ²¹³sɛ⁵³ɦiy²¹³
32.	南瓜	饭瓜	vɛ²¹³ko⁵³

(四）动物

33.	猪	猪猡	tsɿ⁵³lu²¹³
34.	母猪	老母猪	lɔ²¹³mu²¹³tsɿ⁵³
35.	公鸡	雄鸡	ɦioŋ²¹³tɕi⁵³
		公鸡	koŋ⁵³tɕi⁵³
36.	母鸡	雌鸡	tsʰɿ⁴⁴tɕi⁵³
		母鸡	mu²¹³tɕi⁵³
37.	老鼠	老虫	lɔ²¹³zoŋ²¹³
		老鼠	lɔ²¹³sɿ⁴⁴
38.	臭虫	臭虫	tsʰɤ⁴⁴zoŋ²¹³

(五）房舍

39.	房子(整所)	房子	vaŋ²¹³tsɿ⁴⁴
40.	房子(单间)	房间	vaŋ²¹³tɕi⁵³
41.	窗户	窗门	tsʰaŋ⁵³məŋ²¹³
		窗	tsʰaŋ⁵³
42.	门坎	门槛	məŋ²¹³kʰe⁴⁴
43.	厕所	马桶间	mo²¹³doŋ²¹³tɕi⁵³
		卫生间	ue⁴⁴sã⁵³tɕi⁵³
44.	厨房	厨房间	zɿ²¹³vaŋ²¹³tɕi⁵³
		灶头间	tsɔ⁴⁴dɤ²¹³tɕi⁵³
45.	烟囱	烟囱	i⁵³tsʰoŋ⁵³
46.	桌子	台子	dɛ²¹³tsɿ⁴⁴

47.	楼梯	胡梯	ɦu²¹³tʰi⁵³

（六）身体

48.	头	头	dɤ²¹³
49.	额头	额角头	ŋaʔ²³kɔʔ⁵⁵dɤ²¹³
50.	脸	面孔	mi⁴⁴kʰoŋ⁴⁴
51.	鼻子	鼻头	biɿʔ²³dɤ²¹³
52.	脖子	头颈骨	dɤ²¹³tɕiŋ⁴⁴kuɤʔ⁵⁵
53.	左手	左手	tsu⁴⁴sɤ⁴⁴
54.	右手	右手	iɤ⁴⁴sɤ⁴⁴
55.	拳头	拳头	dʑyø²¹³dɤ²¹³
56.	手指头	手节头	sɤ⁴⁴tɕiɿʔ⁵⁵dɤ²¹³
		手指头	sɤ⁴⁴tsʅ⁴⁴dɤ²¹³
57.	指甲	手节掐	sɤ⁴⁴tɕiɿʔ⁵⁵tɕʰia⁵³
		手指掐	sɤ⁴⁴tsʅ⁴⁴tɕʰia⁵³
58.	膝盖	脚馒头	tɕiaʔ⁵⁵mø²¹³dɤ²¹³
59.	腿	脚膀	tɕiaʔ⁵⁵pʰã⁴⁴

（七）亲属

60.	父亲	老爸	lɔ²¹³ʔba⁵³
		阿伯（面称）	æʔ⁵⁵ʔbaʔ⁵⁵
		爷（背称）	ɦia²¹³
		爷老头子（背称）	ɦia²¹³lɔ²¹³dɤ²¹³tsʅ⁴⁴
61.	母亲	妈妈（面称）	ma⁵³ma⁵³
		娘（背称）	ȵiaŋ²¹³
		老娘（背称）	lɔ²¹³ȵiaŋ²¹³
62.	祖父	老阿爹	lɔ²¹³æʔ²³ʔdia⁵³
63.	祖母	□奶	na²¹³
64.	伯父	伯伯	ʔbaʔ⁵⁵ʔbaʔ⁵⁵
65.	伯母	伯母	ʔbaʔ⁵⁵mu²¹³
66.	叔父	爷叔	ɦia²¹³sɔʔ⁵⁵
		叔叔	sɔʔ⁵⁵sɔʔ⁵⁵
67.	叔母	婶婶	səŋ⁴⁴səŋ⁴⁴
68.	外祖父	外公	ŋa²¹³koŋ⁵³

69.	外祖母	外婆	ŋa²¹³bu²¹³
70.	舅舅	娘舅	ȵiaŋ²¹³dʑiɤ²¹³
		舅舅	dʑiɤ²¹³dʑiɤ²¹³
71.	舅母	舅妈	dʑiɤ²¹³ma⁵³
72.	丈夫	爱人	e⁴⁴ȵiŋ²¹³
		老公	lɔ²¹³koŋ⁵³
		男人	ne²¹³ȵiŋ²¹³
73.	妻子	爱人	e⁴⁴ȵiŋ²¹³
		老婆	lɔ²¹³bu²¹³
		女人	ȵy²¹³ȵiŋ²¹³
74.	儿子	儿子	ȵi²¹³tsɿ⁴⁴
75.	女儿	囡五	nø²¹³ŋ̍²¹³

(八) 饮食

76.	早饭	早饭	tsɔ⁴⁴vɛ²¹³
77.	午饭	中饭	tsoŋ⁵³vɛ²¹³
78.	晚饭	夜饭	ia⁴⁴vɛ²¹³
79.	面条	面	mi⁴⁴
		切面	tɕʰiɪʔ⁵⁵mi⁴⁴
80.	馒头(无馅)	馒头	mø²¹³dɤ²¹³
81.	包子(有馅)	馒头	mø²¹³dɤ²¹³
82.	馄饨	馄饨	vən²¹³dən²¹³
83.	醋	醋	tsʰu⁴⁴
84.	酱油	酱油	tɕiaŋ⁴⁴ɦiɤ²¹³
85.	盐	盐	ɦi²¹³
86.	筷子	筷	kʰuɛ⁴⁴
		筷子	kʰuɛ⁴⁴tsɿ⁴⁴
87.	勺儿	抄	tsʰɔ⁵³

(九) 称谓

88.	男人	男人	ne²¹³ȵiŋ²¹³
		男人家	ne²¹³ȵiŋ²¹³tɕia⁵³
89.	女人	女人	ȵy²¹³ȵiŋ²¹³
		女人家	ȵy²¹³ȵiŋ²¹³tɕia⁵³

90.	男孩子	男小囡	nɛ²¹³ɕiɔ⁴⁴nø²¹³
91.	女孩子	女小囡	ȵy²¹³ɕiɔ⁴⁴nø²¹³
92.	老头儿	老公公	lɔ²¹³koŋ⁵³koŋ⁵³
		老头子	lɔ²¹³dɤ²¹³tsʅ⁴⁴
93.	医生	医生	i⁵³sã⁵³
94.	厨师	厨师	zʅ²¹³sʅ⁵³
		烧饭司务	sɔ⁵³vɛ²¹³sʅ⁵³ɦu²¹³
95.	乞丐	叫化子	tɕiɔ⁴⁴hɔ⁴⁴tsʅ⁴⁴
96.	保姆	保姆	ʔbɔ⁴⁴mu²¹³

(十) 疾病

97.	病了	生病	sã⁵³biŋ²¹³
		生毛病	sã⁵³mɔ²¹³biŋ²¹³
98.	伤风	伤风	saŋ⁵³foŋ⁵³
		感冒	kɛ⁴⁴mɔ²¹³
99.	泻肚	肚皮泻	ʔdu⁴⁴bi²¹³zɑ²¹³
100.	瘸子	折脚	tsɤʔ⁵⁵ tɕiaʔ⁵⁵
101.	驼背	驼背	du²¹³ʔbe⁴⁴
102.	死了	死脱勒	ɕi⁴⁴tʰɤʔ⁵⁵ləʔ²³
		没勒	mɤʔ²³ləʔ²³
103.	看病	看医生	kʰø⁴⁴i⁵³sã⁵³
		看毛病	kʰø⁴⁴mɔ²¹³biŋ²¹³

(十一) 代词

104.	我	我	vu²¹³
105.	你	侬	noŋ²¹³
106.	他	伊	ɦi²¹³
107.	我们	伲	ȵi²¹³
108.	你们	倷	nɛ²¹³
109.	他们	伊拉	ɦi²¹³lɑ⁵³
		格拉	kɤʔ⁵⁵lɑ⁵³
110.	咱们	伲	ȵi²¹³
111.	自己	自家	zʅ²¹³tɕiɑ⁵³
112.	谁	啥人	sa⁴⁴ȵiŋ²¹³

113.	什么	啥	sa⁴⁴
		啥个	sa⁴⁴ku⁴⁴
114.	这里	迭搭	dɤʔ²³ʔdæʔ⁵⁵
		䦆搭	gɤʔ²³ʔdæʔ⁵⁵
		䦆搭块	gɤʔ²³ʔdæʔ⁵⁵kʰuɛ⁴⁴
115.	那里	伊搭	ɦi²¹³ʔdæʔ⁵⁵
		哀搭	ɛ⁵³ʔdæʔ⁵⁵
		哀面搭	ɛ⁵³mi⁴⁴ʔdæʔ⁵⁵
116.	哪里	啥地方	sa⁴⁴di²¹³faŋ⁵³
		鞋里	ɦɑ²¹³li²¹³
117.	这个	迭个	dɤʔ²³ku⁴⁴
		䦆个	gɤʔ²³ku⁴⁴
118.	那个	伊个	ɦi²¹³ku⁴⁴
		哀个	ɛ⁵³ku⁴⁴
119.	哪一个	鞋里个	ɦɑ²¹³li²¹³ku⁴⁴
		鞋里一个	ɦɑ²¹³li²¹³iɁ⁵⁵ku⁴⁴
120.	怎么样	哪能	na²¹³nəŋ²¹³

(十二) 量词

121.	一位客人	一位客人	uɛ⁴⁴
122.	一双鞋	一双鞋子	saŋ⁵³
123.	一床被	一床被头	zaŋ²¹³
124.	一辆车	一部车子	bu²¹³
125.	一条牛	一只牛	tsɤʔ⁵⁵
126.	一口猪	一只猪猡	tsɤʔ⁵⁵
127.	一撮毛	一鬃毛	zoŋ²¹³
128.	听一会儿	听一歇	ɕiɿʔ⁵⁵
129.	打一下	打一记	tɕi⁴⁴

(十三) 方位词

130.	上头	上头	zaŋ²¹³dɤ²¹³
131.	下头	下头	ɦɑ²¹³dɤ²¹³
132.	左边	左面	tsu⁴⁴mi⁴⁴
		左爿	tsu⁴⁴bɛ²¹³

133.	右边	右面	iɤ⁴⁴mi⁴⁴
		右爿	iɤ⁴⁴bɛ²¹³
134.	当中	当中	ʔdaŋ⁴⁴tsoŋ⁵³
135.		当中横里	ʔdaŋ⁴⁴tsoŋ⁵³uã⁴⁴li²¹³
136.	里面	里向	li²¹³ɕiaŋ⁴⁴
		里向头	li²¹³ɕiaŋ⁴⁴dɤ²¹³
137.	外面	外头	ŋɑ²¹³dɤ²¹³

(十四) 形容词

138.	甜	甜	di²¹³
139.	酸	酸	sø⁵³
140.	咸	咸	ɦɛ²¹³
141.	淡	淡	dɛ²¹³
142.	胖	壮	tsaŋ⁴⁴
		胖	pʰaŋ⁴⁴
143.	瘦	瘦	sɤ⁴⁴
144.	冷	冷	lã²¹³
		瀴	iŋ⁵³
145.	热	暖热	nø²¹³ɲiɿʔ²³
		热	ɲiɿʔ²³
146.	香	香	ɕiaŋ⁵³
147.	臭	臭	tsʰɤ⁴⁴
148.	粗	粗	tsʰu⁵³
149.	细	细	ɕi⁴⁴
150.	长	长	zã²¹³
151.	短	短	ʔdø⁴⁴
152.	脏	龌龊	oʔ⁵⁵tsʰøʔ⁵⁵
153.	干净	清爽	tɕʰiŋ⁵³saŋ⁴⁴
154.	便宜	强	dʑiaŋ²¹³

(十五) 副词、连词、介词

155.	刚~来	刚刚	kã⁵³kã⁵³
		刚	kã⁵³
156.	刚~合适	刚好	kã⁵³hɔ³⁵

157.	正好	正正好好	tsəŋ⁴⁴tsəŋ⁴⁴hɔ³⁵hɔ³⁵
158.	和	搭	ʔdæʔ⁵⁵
		教老	kɔ⁵³lɔ²¹³
159.	只	只	tsəʔ⁵⁵
160.	从	从	zoŋ²¹³
161.	替	代	dɛ²¹³
162.	拿	拿	ne⁵³
163.	故意~捣乱	有意	ɦiɤ²¹³i⁴⁴
		迭为	dɤʔ²³ue⁴⁴
		有心	ɦiɤ²¹³ɕiŋ⁵³

（十六）数词

164.	一	一	iɪʔ⁵⁵
165.	二	二	ȵi²¹³
166.	三	三	sɛ⁵³
167.	四	四	sʅ⁴⁴
168.	五	五	ŋ²¹³
169.	六	六	lɔʔ²³
170.	七	七	tɕʰiɪʔ⁵⁵
171.	八	八	ʔbæʔ⁵⁵
172.	九	九	tɕiɤ⁴⁴
173.	十	十	zɤʔ²³
174.	十一	十一	zɤʔ²³iɪʔ⁵⁵
175.	十二	十二	zɤʔ²³ȵi²¹³
176.	二十	廿	ȵie²¹³
177.	二十一	廿一	ȵie²¹³iɪʔ⁵⁵
178.	一百二十一	一百廿一	iɪʔ⁵⁵ʔbɑʔ⁵⁵ȵie²¹³iɪʔ⁵⁵
179.	第一	第一	di²¹³iɪʔ⁵⁵
180.	第二	第二	di²¹³ȵi²¹³
181.	两里	两里	liaŋ²¹³li²¹³
182.	二两	二两	ȵi²¹³liaŋ²¹³

三、语法例句

（先出普通话例句，后出上海话例句）

1. 谁啊？我是老王。

   啥人啊？我是老王。

   sa⁴⁴⁻²²ȵi ŋ²¹³⁻³¹a⁰？ vu²¹³⁻¹³z̩²¹³⁻¹³lɔ²¹³⁻²²uaŋ²¹³⁻³¹。

2. 老张呢？他正在同一个朋友说着话呢。

   老张呢？伊正辣（海）脱一个朋友讲闲话呢。

   lɔ²¹³⁻²²tsaŋ⁵³⁻⁴⁴ȵi²¹³⁻²¹？ ɦi²¹³⁻¹³tsəŋ³⁵⁻⁴⁴laʔ²³⁻²²ɦiɤʔ²³⁻⁴⁴tʰɤʔ⁴⁴⁻⁴⁴iɪʔ⁴⁴⁻⁴⁴ɤʔ²³⁻⁴⁴baŋ²¹³⁻²²iɤ²¹³⁻⁴⁴kaŋ⁴⁴⁻⁴⁴e²¹³⁻²²o³⁵⁻⁴⁴ne²¹³⁻³³。

   老张呢？伊正辣辣脱一个朋友讲闲话勒。

   lɔ²¹³⁻²²tsaŋ⁵³⁻⁴⁴ȵi²¹³⁻²¹？ ɦi²¹³⁻¹³tsəŋ³⁵⁻⁴⁴laʔ²³⁻²²laʔ²³⁻⁴⁴tʰɤʔ⁴⁴⁻⁴⁴iɪʔ⁴⁴⁻⁴⁴ɤʔ²³⁻⁴⁴baŋ²¹³⁻²²iɤ²¹³⁻⁴⁴kaŋ⁴⁴⁻³¹e²¹³⁻⁵⁵o³⁵⁻³¹le²¹³⁻²¹。

3. 他还没有说完吗？

   伊还没讲好啊？

   ɦi²¹³⁻¹³ɦɛ²¹³⁻⁴⁴mɤʔ²³⁻⁴⁴kaŋ⁴⁴⁻²²hɔ⁴⁴⁻⁴⁴a⁰？

4. 还没有。大约再有一会儿就说完了。

   还没。大概再有一歇就讲好迭。

   ɦɛ²¹³⁻⁴⁴mɤʔ²³⁻⁴⁴。da²¹³⁻²²ke³⁵⁻³³tse³⁵⁻⁵³ɦiɤ²¹³⁻²¹³iɪʔ⁴⁴⁻⁴⁴ɕieʔ⁴⁴⁻⁵³dʑiɤ²¹³⁻¹³kaŋ⁴⁴⁻³⁵hɔ⁴⁴⁻²¹dɤʔ²³⁻²¹。

5. 他说马上就走，怎么这半天了还在家里。

   伊讲马上就走，哪能迭半天还迭还等辣屋里向。

   ɦi²¹³⁻¹³kaŋ⁴⁴⁻⁴⁴ma⁴⁴⁻²²ɦaŋ⁴⁴⁻¹³dʑiɤ²¹³⁻³³tsɤ⁴⁴⁻⁴⁴，na²¹³⁻²²nəŋ²¹³⁻³³dɤʔ²³⁻²³ʔbø³⁵⁻²²tʰi⁵³⁻⁵³ɦe²¹³⁻⁴⁴ʔdɤʔ²³⁻⁴⁴ɦe²¹³⁻⁴⁴ʔdəŋ⁴⁴⁻⁴⁴laʔ²³⁻²²ɔʔ⁴⁴⁻⁴⁴li⁴⁴⁻⁴⁴ɕiaŋ³⁵⁻⁴。

6. 你到哪儿去？我到北京去。

   侬到鞋向去？我到北京去。

   noŋ²¹³⁻¹³ʔdɔ³⁵⁻³³ɦaʔ²¹³⁻²²sø³⁵⁻⁴⁴tɕʰi³⁵⁻²¹？ vu²¹³⁻¹³ʔdɔ³⁵⁻³³ʔbɔʔ⁴⁴⁻⁴⁴tɕiŋ⁵³⁻⁴⁴tɕʰi³⁵⁻²¹。

7. 在那儿，不在这儿。

   垃伊（海）浪，勿垃迭浪。

   laʔ²³⁻⁴⁴ɦi²¹³⁻⁵³ɦiɤʔ²³⁻²¹laŋ³⁵⁻²²，vɤʔ²³⁻⁴⁴laʔ²³⁻⁴⁴dɤʔ²³⁻²²laŋ³⁵⁻³¹。

8. 不是那么做，是要这么做的。

   勿是伊能做，是要辩能做个。

   vɤʔ²³⁻³³z̩²¹³⁻⁵⁵ɦi²¹³⁻⁴⁴nəŋ²¹³⁻⁴⁴tsu³⁵⁻²²，z̩²¹³⁻¹³iɔ³⁵⁻³⁴gɤʔ²³⁻²²nəŋ²¹³⁻¹³tsu³⁵⁻²¹ɦɤʔ²³⁻²¹。

9. 太多了，用不着那么多，只要这么多就够了。

   太多哒，用勿到介许多，只要迭眼多就够哒。

   tʰa³⁵⁻⁴⁴ʔdu⁵³⁻⁴⁴ʔdaʔ⁴⁴⁻²¹, ioŋ²¹³⁻²¹vɤʔ²³⁻²²ʔdɔ³⁵⁻³³ka³⁵⁻⁴⁴ɕy⁴⁴⁻³³ʔdu⁵³⁻³¹, tsɤʔ⁴⁴⁻⁴⁴iɔ³⁵⁻⁴⁴dɤʔ²³⁻²²ŋe²¹³⁻³¹ʔdu⁵³⁻³¹dʑiɤ²¹³⁻¹³kɤ³⁵⁻⁴⁴ʔdaʔ⁴⁴⁻²¹。

10. 这个大，那个小，这两只鞋里只好一点呢？

    迭只大，伊只小，迭两只鞋里只好眼呢？

    dɤʔ²³⁻²²tsaʔ⁴⁴⁻⁴⁴ʔdu³⁵⁻³⁵, ɦi²¹³⁻⁴⁴tsaʔ⁴⁴⁻⁴⁴ɕiɔ⁴⁴⁻⁴⁴, dɤʔ²³⁻²³liaŋ²¹³⁻²¹tsaʔ⁴⁴⁻⁴⁴ɦaʔ²³⁻²²li²¹³⁻³¹tsaʔ⁴⁴⁻⁴⁴hɔ⁴⁴⁻³⁵ŋe²¹³⁻⁴⁴n̩i²¹³⁻²¹ ?

11. 这个比那个好。

    迭只比伊只好。

    dɤʔ²³⁻²²tsaʔ⁴⁴⁻⁴⁴ʔbi⁴⁴⁻⁵⁵ɦi²¹³⁻⁴⁴tsaʔ⁴⁴⁻⁴⁴hɔ⁴⁴⁻²²。

12. 这些房子不如那些房子好。

    迭眼房子勿如伊眼房子好。

    dɤʔ²³⁻²²ŋe²¹³⁻³¹vaŋ²¹³⁻²²tsɿ⁴⁴⁻⁴⁴vɤʔ²³⁻⁴⁴zɿ²¹³⁻⁵³⁻²¹³⁻¹³ŋe²¹³⁻³³vaŋ²¹³⁻²²tsɿ⁴⁴⁻⁴⁴hɔ⁴⁴⁻²²。

13. 这句话用上海话怎么说？

    迭句闲话用上海话哪能讲？

    dɤʔ²³⁻²²tɕy³⁵⁻⁵³e²¹³⁻³³o³⁵⁻⁵⁵ioŋ³⁵⁻⁵⁵zaŋ²¹³⁻²²he⁴⁴⁻⁴⁴o³⁵⁻³¹na²¹³⁻²²nəŋ²¹³⁻⁴⁴kaŋ⁴⁴⁻²¹ ?

14. 他今年多大岁数？

    伊今年几好岁数？

    ɦi²¹³⁻¹³tɕiŋ⁵³⁻⁵⁵n̩i²¹³⁻⁴⁴tɕi⁴⁻⁴⁴hɔ⁴⁴⁻⁴⁴sø³⁵⁻³¹su³⁵⁻³¹ ?

    伊今年多少岁数？

    ɦi²¹³⁻¹³tɕiŋ⁵³⁻⁵⁵n̩i²¹³⁻⁴⁴ʔdu⁵³⁻⁵⁵sɔ⁴⁴⁻⁴²sø³⁵⁻³¹su³⁵⁻³¹ ?

15. 大概有三十来岁吧。

    大概有三十几岁伐。

    da²¹³⁻²²ke³⁵⁻³³ɦiɤ²¹³⁻¹³se⁵³⁻⁴⁴zɤʔ²³⁻³³tɕi⁴⁴⁻³¹sø³⁵⁻³¹vaʔ²³⁻²¹。

    大概有三十多岁伐。

    da²¹³⁻²²ke³⁵⁻³³ɦiɤ²¹³⁻¹³se⁵³⁻⁴⁴zɤʔ²³⁻³³ʔdu⁵³⁻⁴⁴sø³⁵⁻³¹vaʔ²³⁻²¹。

16. 这个东西有多重呢？

    迭只物事有几好重呢？

    dɤʔ²³⁻²²tsaʔ⁴⁴⁻⁴⁴mɤʔ²³⁻²²zɿ²¹³⁻²¹ɦiɤ²¹³⁻³⁴tɕi⁴⁴⁻⁴⁴hɔ⁴⁴⁻⁴⁴zoŋ²¹³⁻²¹n̩i²¹³⁻²¹ ?

17. 有五十斤重呢。

    有五十斤重勒。

    ɦiɤ²¹³⁻¹³ŋ²¹³⁻²¹zɤʔ²³⁻²³tɕiŋ⁵³⁻⁵³zoŋ²¹³⁻²¹leʔ²¹³⁻²³。

18. 拿得动吗？

拿得动伐?

ne²¹³⁻⁴⁴ʔdɤʔ⁴⁴⁻⁴⁴doŋ²¹³⁻²¹vaʔ²³⁻²¹?

19. 我拿得动,他拿不动。

我拿得动,他拿勿动。

vu²¹³⁻¹³ne²¹³⁻⁴⁴ʔdɤʔ⁴⁴⁻⁴⁴doŋ²¹³⁻²¹,i²¹³⁻¹³ne²¹³⁻⁴⁴vɤʔ²³⁻⁴⁴doŋ²¹³⁻²¹。

20. 真不轻,重得连我也拿不动。

真个不轻,重勒连我也拿勿动。

tsəŋ⁵³⁻⁵³ɦɤʔ²³⁻²¹vɤʔ²³⁻²²tɕʰiŋ⁵³⁻⁵³,zoŋ²¹³⁻²¹le²¹³⁻³¹li²¹³⁻¹³vu²¹³⁻²¹ɦa²¹³⁻³¹ne²¹³⁻⁴⁴vɤʔ²³⁻⁴⁴doŋ²¹³⁻²¹。

21. 你说得很好,你还会说点什么呢?

侬讲勒邪好,侬还会讲眼啥呢?

noŋ²¹³⁻¹³kaŋ⁴⁴⁻⁴⁴le²¹³⁻⁴⁴zia²¹³⁻²²hɔ⁴⁴⁻⁴⁴, noŋ²¹³⁻¹³ɦɛ²¹³⁻⁴⁴ɦue²¹³⁻³³kaŋ⁴⁴⁻⁴⁴ŋe²¹³⁻⁴⁴sa⁴⁴⁻²²ɲi²¹³⁻⁴⁴?

22. 我嘴笨,我说不过他。

我嘴巴笨,我讲勿过伊。

vu²¹³⁻¹³tsʅ⁴⁴⁻²²ʔbo⁵³⁻⁵³bən²¹³⁻³⁵, vu²¹³⁻¹³kaŋ⁴⁴⁻²²vɤʔ²³⁻²¹ku³⁵⁻²²ɦi²¹³⁻²¹。

我嘴巴笨,我讲伊勿过。

vu²¹³⁻¹³tsʅ⁴⁴⁻²²ʔbo⁵³⁻⁵³bən²¹³⁻³⁵, vu²¹³⁻¹³kaŋ⁴⁴⁻⁴⁴ɦi²¹³⁻⁴⁴vɤʔ²³⁻⁴⁴ku³⁵⁻²¹。

我讲大勿来闲话,我讲勿过伊。

vu²¹³⁻¹³kaŋ⁴⁴⁻²¹³da²¹³⁻⁵³vɤʔ²³⁻²¹le²¹³⁻⁴⁴ɦe²¹³⁻²²o²¹³⁻⁴⁴, vu²¹³⁻¹³kaŋ⁴⁴⁻²²vɤʔ²³⁻²¹ku³⁵⁻²²ɦi²¹³⁻²¹。

我讲勿大来闲话,我讲伊勿过。

vu²¹³⁻¹³kaŋ⁴⁴⁻²¹³da²¹³⁻⁵³vɤʔ²³⁻²¹le²¹³⁻⁴⁴ɦe²¹³⁻²²o²¹³⁻⁴⁴, vu²¹³⁻¹³kaŋ⁴⁴⁻⁴⁴ɦi²¹³⁻⁴⁴vɤʔ²³⁻⁴⁴ku³⁵⁻²¹。

23. 说了一遍,又说了一遍。

讲仔一遍,又讲仔一遍。

kaŋ⁴⁴⁻⁴⁴zʅ²¹³⁻³³iʔ⁴⁴⁻⁴⁴ʔbi³⁵⁻⁴⁴, iɤ³⁵⁻³⁵kaŋ⁴⁴⁻⁴⁴zʅ²¹³⁻³³iiʔ⁴⁴⁻⁴⁴ʔbi³⁵⁻⁴⁴。

24. 请你再说一遍!

请侬再讲一遍!

tɕiŋ⁴⁴⁻⁴⁴noŋ²¹³⁻⁴⁴tse³⁵⁻⁵³kaŋ⁴⁴⁻³⁵iiʔ⁴⁴⁻⁴⁴ʔbi³⁵⁻²¹!

25. 不早了,快去吧!

勿早迭,快点去咯!

vɤʔ²³⁻²²tsɔ⁴⁴⁻⁴⁴dɤʔ²³⁻²¹, kʰua³⁵⁻²¹ʔdi⁴⁴⁻⁵³tɕʰi³⁵⁻²¹lɔʔ²³⁻³¹!

勿早迭,快去咯!

vɤʔ²³⁻²²tsɔ⁴⁴⁻⁴⁴dɤʔ²³⁻²¹, kʰua³⁵⁻⁴⁴tɕʰi³⁵⁻²¹lɔʔ²³⁻³¹ !

26. 现在还很早呢，等一会儿再去吧。

    现在还邪早哩，等歇再去么得。

    ɦi²¹³⁻²²ze²¹³⁻⁴⁴ɦɛ²¹³⁻⁴⁴ɦia²¹³⁻²²tsɔ⁴⁴⁻⁴⁴li⁰,ʔdəŋ⁴⁴⁻¹³ɕiɪ²⁴⁴⁻²²tsɛ³⁵⁻³³tɕʰi³⁵⁻²¹mɤʔ²³⁻⁴⁴dɤʔ²³⁻⁴⁴。

27. 吃了饭再去好吗？

    吃好饭再去好伐？

    tɕʰia⁵³⁻⁴⁴hɔ⁴⁴⁻⁵³ve²¹³⁻³⁵tse³⁵⁻³⁵tɕʰi³⁵⁻³⁵hɔ⁴⁴⁻²²vaʔ²³⁻²¹ ?

28. 慢慢儿的吃啊，不要着急。

    慢慢叫吃么得，勿要急。

    mɛ³⁵⁻²²mɛ³⁵⁻⁵⁵tɕiɔ⁵³⁻⁴⁴tɕʰiɤʔ⁴⁴⁻⁴⁴mɤʔ²³⁻⁴⁴dɤʔ⁴⁴⁻⁴⁴, vɤʔ²³⁻²³iɔ³⁵⁻⁴⁴tɕieʔ⁴⁴⁻⁴⁴。

29. 坐着吃比站着吃好些。

    坐垃吃比立垃吃好眼。

    zu²¹³⁻²¹la⁵³⁻⁵³tɕʰiɤʔ⁴⁴⁻⁴⁴ʔbi⁴⁴⁻⁴⁴lii²³⁻²¹la⁵³⁻⁵³tɕʰiɤʔ⁴⁴⁻⁴⁴hɔ⁴⁴⁻³⁵ŋe²¹³⁻²¹。

30. 他吃了饭了，你吃了饭没有呢？

    伊吃好饭个迭，侬吃好饭个没呢？

    ɦi²¹³⁻¹³tɕʰiɤʔ⁴⁴⁻⁴⁴hɔ⁴⁴⁻⁵³uɛ³⁵⁻³⁵ɦɤʔ²³⁻³³dɤʔ²³⁻²¹, noŋ²¹³⁻¹³tɕʰiɤʔ⁴⁴⁻⁴⁴hɔ⁴⁴⁻⁵³uɛ³⁵⁻³⁵ɦɤʔ²³⁻³³mɤʔ²³⁻⁴⁴n̩i²¹³⁻⁴⁴ ?

31. 他去过北京，我没有去过。

    伊去过北京，我没去过。

    ɦi²¹³⁻¹³tɕʰi³⁵⁻²¹ku³⁵⁻⁵³ʔbɔʔ⁴⁴⁻²²tɕiŋ⁵³⁻⁵³, u²¹³⁻¹³mɤʔ²³⁻⁴⁴tɕʰi³⁵⁻²¹ku³⁵⁻⁵³。

32. 来闻闻这朵花香不香？

    来闻闻看辫朵花香伐？

    le²¹³⁻¹³məŋ²¹³⁻²²məŋ²¹³⁻⁴⁴kʰa³⁵⁻⁵⁵gɤʔ²³⁻²²ʔdu⁴⁴⁻⁵³hu⁵³⁻⁵³ɕiaŋ⁵³⁻⁴⁴vaʔ²³⁻²¹ ?

    来闻闻看辫朵花香勿香？

    le²¹³⁻¹³məŋ²¹³⁻²²məŋ²¹³⁻⁴⁴kʰa³⁵⁻⁵⁵gɤʔ²³⁻²²ʔdu⁴⁴⁻⁵³hu⁵³⁻⁵³ɕiaŋ⁵³⁻⁴⁴vɤʔ²³⁻³³ɕiaŋ⁵³⁻⁵³ ?

33. 给我一本书！

    把我一本书！

    ʔbo⁴⁴⁻⁴⁴vu²¹³⁻³¹iɪʔ⁴⁴⁻⁴⁴ʔbəŋ⁴⁴⁻³¹sŋ⁴⁴⁻⁴⁴ !

34. 我实在没有书呀。

    我实在没书呀。

    vu²¹³⁻¹³zɤʔ²³⁻²²ze²¹³⁻³³mɤʔ²³⁻²³sŋ⁵³⁻⁴⁴ia⁵³⁻²¹。

35. 你告诉他。

    侬脱伊讲。

noŋ²¹³⁻¹³tʰɤʔ⁴⁴⁻⁴⁴ɦi²¹³⁻³³kaŋ⁴⁴⁻⁴⁴。

36. 好好儿的走,不要跑!
好好叫走,勿要跑!
hɔ⁴⁴⁻²²hɔ⁴⁴⁻⁴⁴tɕiɔ³⁵⁻⁵⁵tsɤ⁴⁴⁻⁴⁴, vɤʔ²³⁻²³iɔ³⁵⁻³⁵bɔ²¹³⁻¹³!

37. 小心跌下去爬不上来。
小心跌下去爬勿上来。
ʔdaŋ⁵³⁻⁴⁴ɕiŋ⁵³⁻⁵³ʔdie⁴⁴⁻⁴⁴ɦɔ²¹³⁻²¹tɕʰi³⁵⁻³⁵bo²¹³⁻²¹vɤʔ²³⁻³³zaŋ²¹³⁻⁴⁴le²¹³⁻⁴⁴。

38. 医生叫你多睡一会儿。
医生叫侬多困一歇。
i⁵³⁻⁴⁴səŋ⁵³⁻⁵³tɕiɔ³⁵⁻³⁵noŋ²¹³⁻³¹ʔdu⁵³⁻⁴⁴kʰuəŋ³⁵⁻²²iiʔ⁴⁴⁻⁴⁴ɕiʔ⁴⁴⁻⁴⁴。

39. 吸烟或者喝茶都不行。
吃香烟或者吃茶侪勿来塞个。
tɕʰiɤʔ⁴⁴⁻⁴⁴ɕiaŋ⁵³⁻⁴⁴i⁵³⁻⁵³wo³⁵⁻²¹tse⁴⁴⁻³⁵tɕʰiɤʔ⁴⁴⁻⁴⁴zo²¹³⁻¹³ze²¹³⁻¹³vɤʔ²³⁻²¹le²¹³⁻¹³seʔ⁴⁴⁻⁴⁴ɦɤʔ²³⁻²¹。

40. 烟也好,茶也好,我都不喜欢。
香烟也好,茶也好,我侪勿喜欢。
ɕiaŋ⁵³⁻⁴⁴i⁵³⁻⁵³ɦa²³⁻²²hɔ⁴⁴⁻³³, zo²¹³⁻¹³ɦa²³⁻²³hɔ⁴⁴⁻³³, vu²¹³⁻¹³ze²¹³⁻¹³vɤʔ²³⁻²¹ɕi⁴⁴⁻³⁵hue⁵³⁻⁵³。

41. 不管你去不去,反正我是要去的。
勿管侬去勿去,反正我是要去个。
vɤʔ²³⁻²¹kue⁴⁴⁻⁴⁴noŋ²¹³⁻¹³tɕʰi³⁵⁻²²vɤʔ²³⁻³³tɕʰi³⁵⁻²¹, fe⁴⁴⁻⁴⁴tsəŋ³⁵⁻⁴⁴vu²¹³⁻¹³zɿ²¹³⁻³³iɔ³⁵⁻³⁵tɕʰi³⁵⁻²²ɦɤʔ²³⁻²¹。

42. 我非去不可。
我非去勿可。
vu²¹³⁻¹³fi⁵³⁻⁴⁴tɕʰi³⁵⁻³⁵vɤʔ²³⁻²²kʰu⁴⁴⁻⁴⁴。

我硬紧要去。
vu²¹³⁻¹³ŋã²¹³⁻²¹tɕiŋ⁴⁴⁻⁴⁴iɔ³⁵⁻⁴⁴tɕʰi³⁵⁻²¹。

43. 你是哪一年来的?
侬是鞋里年来个?
noŋ²¹³⁻¹³zɿ²¹³⁻¹³ɦa²¹³⁻²¹li²¹³⁻⁵³ɲi²¹³⁻¹³le²¹³⁻²¹ɦɤʔ²³⁻²¹?

44. 我是前年到的北京。
我是前年到北京个。
vu²¹³⁻¹³zɿ²¹³⁻¹³zi²¹³⁻²¹ɲi²¹³⁻³¹ʔdɔ³⁵⁻³⁵ʔbɔ⁴⁴⁻²²tɕiŋ⁵³⁻⁵³ɦɤʔ²³⁻²¹。

45. 今年开会谁的主席?
今年开会啥人主席?

tɕiŋ⁵³⁻⁴⁴ n̠i²¹³⁻³¹ kʰe⁵³⁻⁴⁴ue³⁵⁻²¹ sa⁴⁴⁻²¹ n̠iŋ²¹³⁻³¹ tsɿ⁴⁴⁻²²iɪʔ⁴⁴⁻⁴⁴ ?

46. 你得请我的客。

 侬要请客我。

 noŋ²¹³⁻¹³ iɔ³⁵⁻⁴⁴ tɕiŋ⁴⁴⁻²¹ kʰaʔ⁴⁴⁻⁴⁴ vu²¹³⁻²¹。

 侬要请我吃饭。

 noŋ²¹³⁻¹³ iɔ³⁵⁻⁴⁴ tɕʰiŋ⁴⁴⁻²¹ vu²¹³⁻³³ tɕʰiʔ⁴⁴⁻⁴⁴ue³⁵⁻⁴⁴。

47. 一边走，一边说。

 一边走，一边讲。

 iɪʔ⁴⁴⁻⁴⁴ʔbi⁵³⁻⁴⁴tsɤ⁴⁴⁻⁴⁴, iɪʔ⁴⁴⁻⁴⁴ʔbi⁵³⁻⁴⁴kaŋ⁴⁴⁻⁴⁴。

48. 越走越远，越说越多。

 越走越远，越讲越多。

 yøʔ²³⁻²²tsɤ⁴⁴yøʔ²³⁻²²yø²¹³, yøʔ²³⁻²²kaŋ⁴⁴⁻³⁵yøʔ²³⁻²²ʔdu⁵³。

49. 把那个东西拿给我。

 拿伊只物事拿把我。

 ne²¹³⁻⁴⁴ɦi²¹³⁻¹³ tsɤʔ⁴⁴⁻³¹mɤʔ²³⁻²²zɿ²¹³⁻²¹ ne²¹³⁻⁴⁴ʔbo⁴⁴⁻⁴⁴vu²¹³⁻²¹。

50. 有些地方管太阳叫日头。

 有个地方叫太阳叫日头。

 ɦiɤ²¹³⁻²²ɦɤʔ²³⁻³¹di²¹³⁻²¹faŋ⁵³⁻⁴⁴tɕiɔ³⁵⁻⁴⁴tʰa³⁵⁻³¹iaŋ²¹³⁻⁵³tɕiɔ³⁵⁻⁴⁴n̠i²¹³⁻²¹dɤ²¹³⁻²¹³。

51. 您贵姓？我姓王。

 侬贵姓？我姓王。

 noŋ²¹³⁻¹³ kue³⁵⁻⁴⁴ ɕiŋ³⁵⁻⁴⁴ ? vu²¹³⁻¹³ ɕiŋ³⁵⁻⁴⁴ uaŋ²¹³⁻¹³。

52. 你姓王，我也姓王，咱两个人都姓王。

 侬姓王，吾也姓王，伲两家头侪姓王。

 noŋ²¹³⁻¹³ɕiŋ³⁵⁻⁴⁴uaŋ²¹³⁻¹³, vu²¹³⁻¹³ɦia²¹³⁻³³ɕiŋ³⁵⁻⁴⁴uaŋ²¹³⁻¹³, n̠i²¹³⁻¹³liaŋ²¹³⁻²¹ka⁵³⁻⁴⁴dɤ²¹³⁻⁴⁴ze²¹³⁻¹³ɕiŋ³⁵⁻⁴⁴uaŋ²¹³⁻¹³。

53. 你先去吧，我们等一会儿再去。

 侬先去伐，伲等脱一歇再去。

 noŋ²¹³⁻¹³ɕi³⁵⁻⁴⁴tɕʰi³⁵⁻²¹vaʔ²³⁻³³, n̠i²¹³⁻¹³ʔdəŋ⁴⁴⁻²²tʰɤ³⁵⁻⁴⁴iɪʔ⁴⁴⁻⁴⁴ɕiɪʔ⁴⁴⁻⁴⁴tse³⁵⁻²¹tɕʰi³⁵⁻²¹。

54. 你抽不抽烟？

 侬吃香烟伐？

 noŋ²¹³⁻¹³tɕʰiɤʔ⁴⁴⁻⁴⁴ɕiaŋ⁵³⁻⁴⁴i⁵³⁻⁵³vaʔ²³⁻²¹ ?

 侬吃勿吃香烟？

 noŋ²¹³⁻¹³tɕʰiɤʔ⁴⁴⁻⁴⁴vɤʔ²³⁻³³tɕʰiɤʔ⁴⁴⁻⁴⁴ɕiaŋ⁵³⁻⁴⁴i⁵³⁻⁵³ ?

55. 你认得那个人不认得？

侬认得伊个人伐？

noŋ²¹³⁻¹³ȵiŋ²¹³⁻³¹ʔdɤʔ⁴⁴⁻⁴⁴ɦiʔ²¹³⁻¹³ɤʔ²³⁻²²ȵiŋ²¹³⁻²¹vaʔ²³⁻²¹？

侬认得伊个人勿认得？

noŋ²¹³⁻¹⁵ȵiŋ²¹³⁻³¹ʔdɤʔ⁴⁴⁻⁴⁴ɦiʔ²¹³⁻¹³ɤʔ²³⁻²²ȵiŋ²¹³⁻²¹vɤʔ²³⁻²²ȵiŋ²¹³⁻²¹ʔdɤʔ⁴⁴⁻²¹？

四、长篇语料

ʔbɔʔ⁴⁴foŋ⁵³tʰɤʔ⁴⁴tʰa³⁵⁻²²ɦiaŋ²¹³⁻³¹

北 风 搭 太 阳

ɦiɤ²¹³⁻²² iiʔ⁴⁴ tʰaŋ³⁵⁻⁵⁵ʔbɔʔ⁴⁴foŋ⁵³tʰɤʔ⁴⁴tʰa³⁵⁻²²ɦiaŋ²¹³⁻³¹ laʔ²³ ɦi²¹³⁻³¹ ɤʔ²³⁻²¹
有   一   趟， 北 风 搭 太 阳 辣 伊 个

laŋ⁴⁴ tsã⁵³ sa⁴⁴⁻²²ȵiŋ²¹³⁻³¹ ɤʔ²³⁻⁴⁴ ʔbəŋ⁴⁴ zɿ²¹³⁻⁴⁴ du²¹³⁻¹³ tsã⁵³⁻⁵⁵ le²¹³⁻³³ tsã⁵³⁻⁵⁵tɕʰi³⁵⁻²²
浪 争 啥 人 个 本 事 大。争 来 争 去

dʑiɤ²¹³⁻²² zɿ²¹³⁻¹³fəŋ⁵³⁻⁵⁵vɤʔ²³⁻⁴⁴ tsʰɤʔ⁴⁴ kɔ⁵³⁻⁵⁵ʔdi⁵³⁻⁵⁵ le²¹³⁻²¹dɤʔ²³ ɦiɤʔ²³⁻³⁵ zəŋ²¹³⁻¹³
就 是 分 勿 出 高 低 来。迭 个 辰

kuaŋ⁵³⁻⁴⁴lu²¹³⁻²² laŋ³⁵⁻³¹ ɕiaŋ³⁵⁻³³le²¹³⁻²² lɤʔ²³⁻³³ ɦiɤʔ²³⁻³³tsɿ⁴⁴⁻⁴⁴ lu³⁵⁻⁴⁴ ɦiɤʔ²³⁻⁴⁴
光 路 浪 向 来 勒 个 走 路 个，

ɦi²¹³⁻¹³səŋ⁵³⁻⁵⁵ laŋ³⁵⁻²² ɕiaŋ³⁵⁻²¹ tsʰø⁵³⁻⁵⁵ tsɿ⁰iiʔ⁴⁴⁻⁴⁴tɕi³⁵⁻⁵⁵ɦiɤʔ²¹³⁻²²da²¹³⁻³³i⁵³⁻³³
伊 身 浪 向 穿 仔 一 件 厚 大 衣。

kaʔ⁴⁴⁻²²la⁵³⁻²⁴liaŋ²¹³⁻²²ka⁵³⁻⁴⁴dɤ²¹³⁻⁵⁵dʑiɤ²¹³⁻¹³ kaŋ⁴⁴⁻¹³hɔ⁴⁴⁻²²sa³⁵⁻²²ȵiŋ²¹³⁻³¹ɕi⁵³⁻⁴⁴
格 拉 两 家 头 就 讲 好， 啥 人 先

tɕiɔ⁵³⁻⁴⁴dɤʔ²³⁻²²ɦiɤʔ²³⁻³³tsɿ⁴⁴lu³⁵⁻⁴⁴ɦiɤʔ²³⁻²²tʰɤʔ²³⁻⁴⁴ɦiɔ³⁵ɦi²¹³⁻³³ɤʔ²³⁻²²du²¹³⁻¹³
叫 迭 个 走 路 个 脱 下 伊 个 厚 大

i⁵³⁻²¹dʑiɤ²¹³⁻¹³sø³⁵⁻⁵⁵sa³⁵⁻²²ȵiŋ²¹³⁻³³ʔbəŋ⁴⁴zɿ²¹³⁻⁴⁴du²¹³⁻¹³ʔbɔʔ⁴⁴foŋ⁵³dʑiɤ²¹³⁻¹³pʰiŋ⁵³
衣， 就 算 啥 人 本 事 大。 北 风 就 拼

miŋ³⁵⁻³⁵tsʰɿ⁵³⁻⁵⁵tɕʰi⁴⁴⁻²²le²¹³⁻²¹ʔbɤʔ²⁴⁴ku³⁵⁻⁵⁵ɦi²¹³⁻¹³yø³⁵⁻²²zɿ²¹³⁻¹¹tsʰɿ⁵³⁻⁵⁵la⁵³⁻⁴⁴dʑiɤʔ²³⁻²²
命 吹 起 来。 不 过 伊 越 是 吹 拉 结

kuaŋ³⁵⁻¹³ɦi²¹³⁻¹³ɤʔ²³⁻²²tsɿ⁴⁴lu³⁵⁻⁴⁴ɤʔ²⁻⁴⁴dʑiɤ²¹³⁻¹³ne²¹³⁻³¹du²¹³⁻²²i⁵³ku⁴⁴⁻²²lɤʔ²³⁻³³
棍， 伊 个 走 路 个 就 拿 大 衣 裹 勒

yø³⁵⁻²²tɕiŋ⁴⁴⁻¹³ɦiɤ²¹³⁻²²sɤ⁴⁴⁻³³le²¹³⁻⁴⁴ʔbɔʔ⁴⁴foŋ⁵³mɤʔ²³⁻⁴⁴bɛ²¹³⁻²²fæʔ⁴⁴tsɿʔ⁴⁴hɔ⁴⁴dʑiɤ²¹³⁻¹³
越 紧。后 首 来 北 风 没 办 法， 只 好 就

sø³⁵⁻⁴⁴ su³⁵⁻²¹ ku³⁵⁻²²ʰɤʔ⁴⁴ iɪʔ⁴⁴ ɕiɪʔ⁴⁴⁻²¹ tʰa³⁵⁻²² ɦiaŋ²¹³⁻³¹ tsɤʔ⁴⁴⁻³³ le²¹³⁻⁴⁴ dɤʔ²³⁻²¹ ɦi²¹³⁻¹³
算　数。过　脱　一　歇，　太阳　出　来　哒。伊

ho⁴⁴⁻²² læʔ²³⁻⁵³ læʔ²³⁻³¹ iɪʔ⁴⁴ sø³⁵⁻⁴⁴ ɦi²¹³⁻³³ ɦɤʔ²¹³⁻³³ tsɤʔ⁴⁴ lu³⁵⁻⁴⁴ hɤʔ²⁻⁴⁴ dʑiɤ²¹³⁻¹³ mo²¹³⁻²²
火　辣　辣　一　晒，伊　个　走　路　个　就　马

zaŋ²¹³⁻¹³ ne²¹³⁻¹³ ɦi²¹³⁻¹³ tɕi⁵³⁻⁴⁴ ɦɤ²¹³⁻²² du²¹³⁻²² i⁵³⁻²¹ tʰɤʔ⁴⁴⁻³³ ɦo³⁵⁻⁴⁴ le²¹³⁻⁴⁴ dɤʔ²³⁻²¹
上　拿　伊　件　厚　大　衣　脱　下　来　哒。

kɤʔ⁴⁴⁻²² taŋ³⁵⁻¹³ ʔbɤʔ⁴⁴ foŋ⁵³ tsɤʔ⁴⁴ ɦo⁴⁴⁻⁵³ zəŋ²¹³⁻²² ȵiŋ²¹³⁻¹³ ka⁴⁴⁻²² la⁵³ liaŋ²¹³⁻²² ka⁵³⁻⁴⁴
辔　趟　北　风　只　好　承　认，　格　拉　两　家

dɤ²¹³⁻⁵⁵ʔdaŋ⁵³⁻⁴⁴ tsoŋ⁵³ ɦe²¹³⁻²² zl̩²¹³⁻⁴⁴ tʰa³⁵⁻²² ɦiaŋ²¹³⁻³¹ ɦɤʔ²¹³⁻³³ ʔbən⁴⁴ zl̩²¹³⁻⁴⁴ du²¹³⁻¹³
头　当　中，还　是　太　阳　个　本　事　大。

北风跟太阳
（普通话对照）

　　有一回,北风跟太阳在那儿争论谁的本事大,争来争去就是分不出高低来。这时候路上来了个走道儿的,他身上穿着件大衣。它们俩就说好了,谁能先叫这个走道儿的脱下他的大衣,就算谁的本事大。北风就使劲儿地刮起来了,不过它越是刮得厉害,那个走道儿的把大衣裹得越紧。后来北风没法儿了,只好就算了。过了一会儿,太阳出来了。它火辣辣地一晒,那个走道儿的马上就把那件大衣脱下来了。这下儿北风只好承认,它们俩当中还是太阳的本事大。

第四章　南汇音档

一、语音

(一) 声母

声母1号 ʔb　　　　　边补报帮八笔
声母2号 pʰ　　　　　片潘配捧魄匹
声母3号 b　　　　　 皮步盆棒拔鼻
声母4号 m　　　　　米磨慢忘麦木
声母5号 f　　　　　 反飞方粉发复
声母6号 ʋ　　　　　 扶饭房份罚附
声母7号 ʔd　　　　　低带胆东德滴
声母8号 tʰ　　　　　天透趟听塔托
声母9号 d　　　　　 地图豆糖踏读
声母10号 n　　　　　拿暖囊嫩诺纳
声母11号 l　　　　　里滤楼浪辣落
声母12号 ts　　　　 猪做账整扎质
声母13号 tsʰ　　　　次草闯葱出尺
声母14号 s　　　　　书手生送杀缩
声母15号 z　　　　　床柴上虫十舌
声母16号 tɕ　　　　 鸡举进节脚
声母17号 tɕʰ　　　　气秋腔请雀七
声母18号 dʑ　　　　 技圈强近剧集
声母19号 ȵ　　　　　年女牛让肉捏
声母20号 ɕ　　　　　需修想训削吸
声母21号 ʑ　　　　　徐邪象情习嚼
声母22号 k　　　　　果盖江供夹谷
声母23号 kʰ　　　　 楷亏康肯客扩

声母24号 g　　　　　茄柜狂搞共戆
声母25号 ŋ　　　　　牙鹅眼硬鹤额
声母26号 h　　　　　花蟹喊风瞎福
声母27号 ɦ　　　　　鞋雨杭红狭液
声母28号 ∅　　　　　衣武央恩鸭阿

声母比字：
清音和浊音

布 ʔbu³⁵	≠	步 bu¹³
到 ʔcɔ³⁵	≠	道 dɔ¹³
巧 tɕʰiɔ⁴⁴	≠	桥 dʑiɔ²¹³
送 soŋ³⁵	≠	虫 zoŋ²¹³

尖音和团音

节 tɕiɪʔ⁵⁵	=	结
秋 tɕʰiɤ⁵³	=	丘
小 ɕiɔ⁴⁴	=	晓

平舌音和卷舌音

仓 tsʰã⁵³	=	昌
子 tsɿ⁴⁴	=	主
粗 tsʰu⁵³	=	初
思 sɿ⁵³	=	师

鼻音声母和零声母

熬 ŋɔ²¹³	≠	奥 ɔ³⁵
藕 ŋɤ²¹³	≠	呕 ɤ⁴⁴
癌 ŋE²¹³	≠	爱 E³⁵

鼻音声母和边音声母

奴 nu²¹³	≠	路 lu²¹³
女 ɲy²¹³	≠	吕 ly²¹³
泥 ɲi²¹³	≠	离 li²¹³
年 ɲi²¹³	≠	连 li²¹³

(二) 韵母

韵母1号 ɿ　　　　　　之次住
韵母2号 i　　　　　　浅天米
韵母3号 u　　　　　　波哥做
韵母4号 y　　　　　　居女雨
韵母5号 a　　　　　　太柴鞋
韵母6号 ia　　　　　　野写亚
韵母7号 ua　　　　　怪坏快
韵母8号 ɔ　　　　　　骂沙丫
韵母9号 uo　　　　　花蛇跨
韵母10号 ɔ　　　　　宝照高
韵母11号 iɔ　　　　　条焦摇
韵母12号 ɤ　　　　　斗丑狗
韵母13号 iɤ　　　　　流又修
韵母14号 ᴇ　　　　　拿来兰
韵母15号 iᴇ　　　　　切～契～约
韵母16号 uᴇ　　　　管款弯
韵母17号 ø　　　　　干猜最
韵母18号 yø　　　　　软园权
韵母19号 ei　　　　　杯内碎
韵母20号 uei　　　　归回威
韵母21号 ã　　　　　冷厂硬
韵母22号 iã　　　　　良象样
韵母23号 uã　　　　矿
韵母24号 ɑ̃　　　　　党忙讲
韵母25号 uɑ̃　　　　广狂况
韵母26号 əŋ　　　　　奋登论
韵母27号 iŋ　　　　　紧灵人
韵母28号 uəŋ　　　　遵困混
韵母29号 yŋ　　　　　钧俊熨
韵母30号 oŋ　　　　　翁虫风
韵母31号 yoŋ　　　　穷绒运
韵母32号 iʔ　　　　　惜
韵母33号 yʔ　　　　　蓄

韵母 34 号 aʔ　　　麦答客
韵母 35 号 iaʔ　　　药脚约
韵母 36 号 uaʔ　　　刮
韵母 37 号 æʔ　　　辣十鸭
韵母 38 号 oʔ　　　北目国
韵母 39 号 yoʔ　　　肉玉浴
韵母 40 号 ɔʔ　　　雹乐角
韵母 41 号 uɔʔ　　　郭扩廓
韵母 42 号 œʔ　　　末脱
韵母 43 号 əʔ　　　泼服舌
韵母 44 号 iəʔ　　　僻吃捏
韵母 45 号 uəʔ　　　骨阔
韵母 46 号 iiʔ　　　鼻指叶
韵母 47 号 øʔ　　　略掠
韵母 48 号 yøʔ　　　橘月血
韵母 49 号 m̩　　　母幕
韵母 50 号 ŋ̩　　　五鱼

韵母比字：

舌尖前元音和舌尖后元音

资 tsɿ⁵³　　=　　支
次 tsʰɿ³⁵　　=　　翅
四 sɿ³⁵　　=　　试

鼻音韵尾

金 tɕiŋ⁵³　　=　　斤　　=　　京
音 iŋ⁵³　　=　　因　　=　　英
心 ɕiŋ⁵³　　=　　新　　=　　星
林 liŋ²¹³　　=　　邻　　=　　菱

塞音韵尾

立 liiʔ²³　　=　　裂　　=　　历
执 ziiʔ⁵⁵　　=　　浙　　=　　职
急 tɕiiʔ⁵⁵　　=　　结　　=　　激

吸 çiɪʔ⁵⁵ = 歇 = 锡

舒声韵和促声韵
带 ʔda³⁵ ≠ 答 ʔdaʔ⁵⁵
泰 tʰa³⁵ ≠ 塔 tʰaʔ⁵⁵
利 li¹³ ≠ 力 liɪʔ²³
比 ʔbi⁴⁴ ≠ 笔 ʔbiɪʔ⁵⁵
摆 ʔba⁴⁴ ≠ 百 ʔbaʔ⁵⁵
地 di¹³ ≠ 笛 diɪʔ²³
老 lɔ²¹³ ≠ 落 lɔʔ²³

前 ã 和后 ɑ̃
打 ʔdã⁴⁴ ≠ 党 ʔdɑ̃⁴⁴
冷 lã²¹³ ≠ 狼 lɑ̃²¹³
省 sã⁴⁴ ≠ 爽 sɑ̃⁴⁴
硬 ŋã¹³ ≠ 昂 ŋɑ̃²¹³

其他
衣 i⁵³ = 烟
台 dᴇ²¹³ = 谭

(三) 声调
声调1号　　阴平调53　　　刀东知天哥官
声调2号　　阴上调44　　　体等小广本酒
声调3号　　阴去调35　　　酱劝怨快借半
声调4号　　阳去调13　　　桃近远同换度
声调5号　　阴入调55　　　北笔骨血缺挖
声调6号　　阳入调23　　　白达极嚼月沽

声调比字：
古阴平和古阳平
方 fã⁵³ ≠ 房 vɑ̃²¹³
天 tʰi⁵³ ≠ 田 di²¹³
取 tɕʰy⁴⁴ ≠ 渠 dʑy²¹³

古阴平和古阴上

包 ʔbɔ³⁵ ≠ 饱 ʔbɔ⁴⁴

灯 ʔdəŋ⁵³ ≠ 等 ʔdəŋ⁴⁴

端 ʔdø⁵³ ≠ 短 ʔdø⁴⁴

古阴上和古阴去

腿 tʰei⁴⁴ ≠ 退 tʰei³⁵

体 tʰi⁴⁴ ≠ 替 tʰi³⁵

等 ʔdəŋ⁴⁴ ≠ 凳 ʔdəŋ³⁵

古阳平、古阳上和古阳去

桃 dɔ²¹³ = 稻 = 盗

潮 zɔ²¹³ = 赵 = 召

球 dʑiɤ²¹³ = 舅 = 旧

古阴入和古阳入

答 ʔdaʔ⁵⁵ ≠ 达 daʔ²³

发 fæʔ⁵⁵ ≠ 罚 ʋæʔ²³

笔 ʔbiɪʔ⁵⁵ ≠ 鼻 biɪʔ²³

(四) 变调

前字阴平								
	飞机	今年	资本	经理	书记	花样	资格	猪肉
前字阳平								
	辰光	皮球	存款	朋友	脾气	长命	头发	同学
前字阴上								
	广州	党员	厂长	小米	广告	姊妹	粉笔	体育
前字阳上								
	被窝	后门	市长	道理	冷气	近视	道德	动物
前字阴去								
	教师	证明	报纸	跳远	困觉	炸弹	庆祝	汉族
前字阳去								
	自家	病人	大小	现在	酸菜	豆腐	办法	大学
前字阴入								

浙江　足球　铁板　瞎眼　脚痛　铁路　隔壁　作孽
前字阳入
　　别针　石头　热水　侄女　白菜　立夏　合作　独立

(五) 文白异读词比较举例(斜线前为文读,斜线后为白读)
1. 家庭　家长 / 人家　百家姓
   交通　交际 / 交代　交白卷
2. 宝贵　贵宾 / 价钿忒贵(价钱太贵)
3. 问答　学问　问路　问问题
   物理　动物 / 物事(东西)
4. 日记　日历 / 日脚(日子)　日头(太阳)
5. 莲子羹 / 调羹
6. 明白　明显 / 明朝(明天)

(六) 发音练习
1. 声母发音练习(录音略)

声母1号 ʔb　　　边帮八
声母3号 b　　　步盆鼻
声母6号 ʋ　　　扶房罚
声母7号 ʔd　　　低东滴
声母9号 d　　　地糖读
声母15号 z　　　柴虫舌
声母18号 dʑ　　　技强剧
声母19号 ȵ　　　女让肉
声母21号 ʑ　　　徐邪习
声母24号 g　　　茄狂搞
声母25号 ŋ　　　牙鹅额
声母27号 ɦ　　　鞋红狭

2. 韵母发音练习(录音略)

韵母10号 ɔ　　　宝照高
韵母11号 iɔ　　　条焦摇
韵母12号 ɤ　　　斗丑狗
韵母14号 ᴇ　　　拿来兰
韵母16号 uᴇ　　　管款弯

韵母 17 号 ø	干猜最	
韵母 18 号 yø	软园权	
韵母 21 号 ã	冷厂硬	
韵母 24 号 ɑ	党忙讲	
韵母 34 号 aʔ	麦答客	
韵母 37 号 æʔ	辣十鸭	
韵母 38 号 oʔ	北目国	
韵母 40 号 ɔʔ	雹乐角	
韵母 42 号 œʔ	末脱	
韵母 43 号 əʔ	泼服舌	
韵母 46 号 iɤʔ	鼻指叶	
韵母 47 号 øʔ	略掠	
韵母 49 号 m̩	母幕	
韵母 50 号 ŋ̍	五鱼	

3. 声调发音练习（录音略）

声调 1 号	阴平调 53	刀天官
声调 2 号	阴上调 44	体广酒
声调 3 号	阴去调 35	劝借半
声调 4 号	阳去调 13	桃近换
声调 5 号	阴入调 <u>5</u>5	北骨缺
声调 6 号	阳入调 <u>2</u>3	白极活

二、常用词汇

（一）自然现象

1.	太阳	日头	zəʔ²³dɤ¹³
2.	太阳底下	日头里向	zəʔ²³dɤ¹³li¹³iã³⁵
		日头下头	zəʔ²³dɤ¹³ɦo¹³dɤ¹³
3.	阴儿，即太阳照不到的地方	阴头里	iŋ⁵³dɤ¹³li¹³
4.	太阳光	日光	zəʔ²³kuã⁵³
5.	月亮	月亮	n̠yøʔ²³liã¹³
6.	银河	天河	tʰi⁵³ɦu¹³
7.	流星	流星	liɤ¹³ɕiŋ⁵³

8.	彗星	扫帚星	sɔ⁴⁴tsɤ⁴⁴ɕiŋ⁵³
9.	阵风	阵头风	tsəŋ³⁵dɤ¹³foŋ⁵³
10.	台风	台风	dᴇ¹³foŋ⁵³
11.	阵风	阵头风	tsəŋ³⁵dɤ¹³foŋ⁵³
12.	龙卷风	龙卷风	loŋ¹³tɕyø⁴⁴foŋ⁵³
13.	逆风	逆风	n̠iɪʔ²³foŋ⁵³
14.	刮风	起风	tɕʰi⁴⁴foŋ⁵³
15.	乌云	黑云	həʔ⁵⁵ɦyoŋ¹³
16.	打雷	雷响	lei¹³ɕiã³⁵
17.	闪电	霍险	hɔʔ⁵⁵ɕi⁴⁴
18.	下雨	落雨	lɔʔ²³ɦy¹³
19.	小雨,小事	毛毛雨	mɔ¹³mɔ¹³ɦy¹³
20.	蒙蒙细雨	麻花雨	mo¹³huo⁵³ɦy¹³
21.	阵雨	阵头雨	tsəŋ³⁵dɤ¹³ɦy¹³
22.	结冰	冰胶	ʔbiŋ⁵³kɤ⁵³
23.	冰雹	冰雹	ʔbiŋ⁵³ʔbɔʔ⁵⁵
24.	下雪	落雪	lɔʔ²³ɕiɪʔ⁵⁵
25.	雪化了	雪烊掉勒	ɕiɪʔ⁵⁵ziã¹³diɔ¹³ləʔ²³
26.	下霜	打霜	ʔdã⁴⁴sã⁵³
27.	晴天	好天	hɔ³⁵tʰi⁵³
28.	阴天	阴势天	iŋ⁵³sɿ³⁵tʰi⁵³
29.	寒流	寒潮	ɦø¹³zɔ¹³
30.	寒流到来,气温骤降	发冷头	fæʔ⁵⁵lã¹³tʰi¹³
31.	下雨天	落雨天	lɔʔ²³ɦy¹³tʰi⁵³
32.	梅雨天气	黄梅信里	ɦuã¹³mei¹³ɕiŋ³⁵li¹³
33.	立秋后的炎热天气	秋老虎	tɕʰiɤ⁵³lɔ¹³fu⁴⁴

(二) 时令、节令

34.	春季	春浪	tsʰəŋ⁵³lã³⁵
35.	盛夏季节	热天煞	n̠iɪʔ²³tʰi⁵³sæʔ⁵⁵
36.	秋天	秋天	tɕʰiɤ⁵³tʰi⁵³
37.	冬天	寒场里	ɦø¹³zã¹³li¹³
38.	立春	立春	liɪʔ²³tsʰəŋ⁵³
39.	立秋	立秋	liɪʔ²³tɕʰiɤ⁵³

40.	除夕	大年夜	da¹³n̠i¹³ɦia¹³
		年三十夜	n̠i¹³sE³⁵zæʔ²³ɦia¹³
41.	春节	年初一	n̠i¹³tsʰu⁵³iɪʔ⁵⁵
42.	元宵节	正月半	tsəŋ³⁵n̠yøʔ²³ʔbE³⁵
43.	端午节	端午节	ʔdø⁵³ɦu¹³tɕiɪʔ⁵⁵
44.	七巧节	七月七	tɕʰiɪʔ⁵⁵n̠yøʔ²³tɕʰiɪʔ⁵⁵
45.	中元节	七月半	tɕʰiɪʔ⁵⁵n̠yøʔ²³ʔbE³⁵
46.	中秋节	八月半	ʔbæʔ⁵⁵n̠yøʔ²³ʔbE³⁵
47.	今年	今年子	tɕiŋ⁵³n̠i¹³tsʅ⁴⁴
48.	去年	去年子	tɕʰi³⁵n̠i¹³tsʅ⁴⁴
		旧年	dʑiɤ¹³n̠i¹³
49.	明年	明年子	miŋ⁵³n̠i¹³tsʅ⁴⁴
		明年	miŋ⁵³n̠i¹³
50.	年初	年浪头 ᵂ	n̠i¹³lɑ̃¹³dɤ¹³
51.	年底	年底	n̠i¹³ʔdi⁴⁴
52.	年底将近除夕时	年夜快	n̠i¹³ɦia¹³kʰua³⁵
		年夜边	n̠i¹³ɦia¹³ʔbi⁵³
53.	元月	正月	tsəŋ³⁵n̠yøʔ²³
54.	今天	今朝	tɕiŋ⁵³tsɔ⁵³
55.	明天	明朝	miŋ⁵³tsɔ⁵³
56.	后天	后天	ɦɤ¹³tʰi⁵³
57.	昨天	昨日子	zɔʔ²³zəʔ²³tsʅ⁴⁴
58.	前天	前天子	zi¹³tʰi¹³tsʅ⁴⁴
59.	星期天	礼拜天	li¹³ʔba³⁵tʰi⁵³

(三) 植物

60.	大麦的一种，粒大，皮薄	元麦	n̠yo¹³maʔ²³
61.	玉米	珍珠米	tsəŋ⁵³tsʅ⁵³mi¹³
62.	秕谷	瘪谷	piɪʔ⁵⁵koʔ⁵⁵
63.	麦秸	麦柴	maʔ²³za¹³
64.	大米	大米	da¹³mi¹³
65.	芝麻	脂麻	tsʅ⁵³mo¹³
66.	甘薯	山芋	sE⁵³ɦy¹³

67.	马铃薯	洋山芋	ɦiã¹³ sᴇ⁵³ ɦy¹³
68.	芋艿大而老的块茎	芋艿头	ɦy¹³ dɤ¹³
69.	甘薯的一种	栗子山芋	liɪʔ²³ tsɿ⁴⁴ sᴇ⁵³ ɦy¹³
70.	小芋头	芋艿子	ɦy¹³ na¹³ tsɿ⁴⁴
71.	莲藕	塘藕	dã¹³ ŋɤ¹³
72.	菱角	菱	liŋ¹³
73.	成熟的菱角	老菱	lɔ¹³ liŋ¹³
74.	大豆	黄豆	ɦuã¹³ dɤ¹³
75.	大豆的嫩荚	毛豆	mɔ¹³ dɤ¹³
76.	赤小豆	赤豆	tsʰəʔ⁵⁵ dɤ¹³
77.	豌豆	豌豆	ɦø¹³ dɤ¹³
78.	蚕豆	寒⁼豆	ɦø¹³ dɤ¹³
79.	茄子	落苏	lɔʔ²³ su⁵³
80.	菜瓜	菜瓜	tsʰᴇ³⁵ ku⁵³
81.	丝瓜成熟后的网状纤维	丝瓜筋	sɿ⁵³ ku⁵³ tɕiŋ⁵³
82.	南瓜	饭瓜	ʋᴇ¹³ ku⁵³

(四) 动物

83.	家畜、家禽的统称	众牲	tsoŋ³⁵ sã⁵³
84.	雄性	雄	ɦyoŋ¹³
85.	雌性	雌	tsʰɿ⁵³
86.	公水牛	水牯牛	sɿ⁴⁴ ku⁵³ ɲiɤ¹³
87.	猪；詈语，骂人愚蠢似猪	猪猡	tsɿ⁵³ lu¹³
88.	公猪	猪郎	tsɿ⁵³ lã¹³
89.	母猪	老母猪	lɔ¹³ m̩⁴⁴ tsɿ⁵³
90.	农家散养的鸡	草鸡	tsʰɔ⁴⁴ tɕi⁵³
91.	三黄鸡	三黄鸡	sᴇ⁵³ ɦuã¹³ tɕi⁵³
92.	未发育成熟的小公鸡、小母鸡	童子鸡	doŋ¹³ tsɿ⁴⁴ tɕi⁵³
93.	羽毛未长全的鸡	赤膊鸡	tsʰəʔ⁵⁵ ʔboʔ⁵⁵ tɕi⁵³
94.	老鼠	老鼠	lɔ¹³ sɿ⁴⁴
95.	田鼠	田老鼠	di¹³ lɔ¹³ sɿ⁴⁴

| 96. | 臭虫 | 臭虫 | tsʰɤ³⁵zoŋ¹³ |

(五) 房舍

97.	屋顶	屋头顶	oʔ⁵⁵dɤ¹³ʔdiŋ⁴⁴
98.	屋檐下的通道	檐廊	ɦi¹³lã¹³
99.	墙壁	墙头	ɦiã¹³dɤ¹³
100.	用平放的砖砌成的墙,墙内无空隙	实叠墙	zəʔ²³diʔ²³ɦiã¹³
101.	柱子下的鼓状石头	石鼓鼓	zaʔ²³ku⁴⁴ku⁴⁴
102.	房门口的台阶	踏脚步	daʔ²³tɕiaʔ⁵⁵bu¹³
103.	大门	大门	da¹³məŋ¹³
104.	门后	门后头	məŋ¹³ɦɤ¹³dɤ¹³
105.	门牌号	门牌号头	məŋ¹³ba¹³ɦɤ¹³dɤ¹³
106.	窗户	窗	tsʰã⁵³
107.	屋顶斜坡开出的天窗	老虎天窗	lɔ¹³fu⁴⁴tʰi⁵³tsʰã⁵³
108.	靠街面的房屋	门面房子	məŋ¹³mi¹³vã¹³tsɿ⁴⁴
109.	厨房	厨房间	ʐy¹³vã¹³tɕi⁵³

(六) 身体

110.	肩膀	肩胛	tɕi⁵³
111.	手臂	手臂巴	sɤ⁴⁴ʔbi³⁵ʔba⁵³
112.	左手	左手	tsu⁴⁴sɤ⁴⁴
113.	右手	右手	ɦiɤ¹³sɤ⁴⁴
114.	手指	节头骨	tɕiɪʔ⁵⁵dɤ¹³kuəʔ⁵⁵
115.	大拇指	大节头	da¹³tɕiɪʔ⁵⁵dɤ¹³
116.	手指甲	手指掐	sɤ⁴⁴tɕiɪʔ⁵⁵tɕʰia⁵³
117.	腿	脚髈	tɕiaʔ⁵⁵pã⁴⁴
118.	大腿	大脚髈	da¹³tɕiaʔ⁵⁵pã⁴⁴
119.	膝盖	脚馒头	tɕiaʔ⁵⁵mø¹³dɤ¹³
120.	嘴	嘴巴	tsɿ⁴⁴ʔba⁵³
121.	嘴唇	嘴唇皮	tsɿ⁴⁴zəŋ¹³bi¹³
122.	牙齿	牙齿	ŋa¹³tsʰɿ⁴⁴

（七）亲属

123.	曾祖父	太公	$t^ha^{35}koŋ^{53}$
124.	曾祖母	太婆	$t^ha^{35}bu^{13}$
125.	爷爷	大大	$da^{13}da^{13}$
126.	老祖父；祖父辈男性	老太太	$lɔ^{13}t^ha^{35}t^ha^{35}$
127.	奶奶	奶奶	$na^{13}na^{13}$
128.	外祖父	外公	$ŋa^{13}koŋ^{53}$
129.	外祖母	外婆	$ŋa^{13}bu^{13}$
130.	父亲	爸爸	$ʔba^{35}ʔba^{35}$
131.	舅母	舅妈	$dʑiɤ^{13}ma^{53}$
132.	姑母	娘娘	$ɲiã^{13}ɲiã^{13}$
133.	弟媳妇	弟新妇	$di^{13}ɕiŋ^{53}ʋu^{13}$
134.	姑父	爷叔	$ɦia^{13}soʔ^{\underline{55}}$
135.	丈夫	老公	$lɔ^{13}koŋ^{53}$
136.	妻子	老婆	$lɔ^{13}bu^{13}$
137.	叔叔	爷叔	$ɦia^{13}soʔ^{\underline{55}}$
138.	叔父的妻子	婶妈	$səŋ^{44}ma^{53}$
139.	叔父之妻；大伯或嫂子称弟媳妇	婶婶	$səŋ^{44}səŋ^{44}$
140.	儿童称父母辈的男性	阿舅	$æʔ^{\underline{55}}dʑiɤ^{13}$
141.	舅母	舅妈	$dʑiɤ^{13}ma^{53}$
142.	姑母	娘娘	$ɲiã^{13}ɲiã^{13}$

（八）饮食

143.	夜宵	半夜饭	$ʔbɛ^{35}ɦia^{13}ʋɛ^{13}$
144.	前一天晚上做好或吃剩的饭	隔夜饭	$kaʔ^{\underline{55}}ɦia^{13}ʋɛ^{13}$
145.	菜饭	咸酸饭	$ɦɛ^{13}sø^{53}ʋɛ^{13}$
146.	和了开水或汤的饭	汤淘饭	$t^hã^{53}dɔ^{13}ʋɛ^{13}$
147.	午饭	中饭	$tsoŋ^{53}ʋɛ^{13}$
148.	晚饭	夜饭	$ɦia^{13}ʋɛ^{13}$
149.	用饭加水烧成的稀饭	饭烧粥	$ʋɛ^{13}sɔ^{53}tsoʔ^{\underline{55}}$
150.	白米粽	白米粽	$baʔ^{\underline{23}}mi^{13}tsoŋ^{35}$

151.	汤团,有馅	圆子	ɦyø¹³tsɿ⁴⁴
152.	面粉	面粉	mi¹³fəŋ⁴⁴
153.	面条	面条	mi¹³diɔ¹³
154.	小笼包	小笼馒头	ɕiɔ⁴⁴loŋ¹³mø¹³dɤ¹³
155.	嘉定区南翔生产的小笼包很有名	南翔小笼	nɛ¹³ɦiã¹³ɕiɔ⁴⁴loŋ¹³
156.	烧饼	烧饼	sɔ⁵³ʔbiŋ⁴⁴
157.	油条	油条	ɦiɤ¹³diɔ¹³
158.	麻花	脆麻花	tsʰø³⁵mo¹³huo⁵³
159.	水饺	水饺子	sɿ⁴⁴tɕiɤ⁴⁴tsɿ⁴⁴

(九) 称谓

160.	男子	男人家	nɛ¹³n̩iŋ¹³ka⁵³
161.	男子;丈夫的俗称	男人	nɛ¹³n̩iŋ¹³
162.	女子	女人家	n̩y¹³n̩iŋ¹³ka⁵³
163.	婴儿	小毛头	ɕiɔ⁴⁴mɔ¹³dɤ¹³
164.	小孩儿;孩儿	小囡	ɕiɔ⁴⁴nø¹³
165.	男孩儿	男小囡	nɛ¹³ɕiɔ⁴⁴nø¹³
166.	女子;妻子的俗称	女人	n̩y¹³n̩iŋ¹³
167.	女孩儿	女小囡	n̩y¹³ɕiɔ⁴⁴nø¹³
		小姑娘	ɕiɔ⁴⁴ku⁵³n̩iã¹³
168.	老头子;老年丈夫;对父亲的不恭敬叫法	老头子	lɔ¹³dɤ¹³tsɿ⁴⁴
169.	老头儿,有时带贬义;父亲,背称	老头	lɔ¹³dɤ¹³
170.	老年妇女,常含贬义;老年妻子	老太婆	lɔ¹³tʰa³⁵bu¹³
171.	对年老妇女的尊称	老太太	lɔ¹³tʰa³⁵tʰa³⁵
172.	学生	学生子	ɦiɔʔ²³sã¹³tsɿ⁴⁴
173.	伙伴,同伴	淘伴	dɔ¹³bɛ¹³
174.	护士	护士	ɦu¹³zɿ¹³
175.	司机	驾驶员	tɕia³⁵sɿ³⁵n̩yø¹³
176.	邮递员	送信个	soŋ³⁵ɕiŋ³⁵ku³⁵

(十) 疾病

177.	生病	生毛病	sã⁵³mɔ¹³biŋ¹³
178.	发烧	发寒热	fæʔ⁵⁵ɦø¹³n̻iɪʔ23
179.	感冒	伤风	sã⁵³foŋ⁵³
180.	上火	上火	zã¹³fu⁴⁴
181.	瘫痪	风瘫	foŋ⁵³tʰE⁵³
182.	瘸子	折脚	tsəʔ⁵⁵tɕiaʔ⁵⁵
183.	耳聋;耳聋的人	聋膨	loŋ¹³ʔbã⁴⁴
184.	兔唇	缺嘴	tɕʰyøʔ⁵⁵tsʅ⁴⁴

(十一) 代词

185.	"我"的读书音	吾	u³³
186.	你	侬	noŋ¹³
187.	他,她;虚指;用在祈使句中,无实义	伊	i³⁵
188.	我们	伲	n̻i¹³
189.	我们,有时也指"我"	阿拉	æʔ⁵⁵la⁵³
190.	自己	自家	zʅ¹³ka⁵³
191.	你们	㑚	na¹³
192.	他们	伊拉	i³⁵la⁵³
193.	别人	别人家	ʔbiɪ⁵⁵n̻iŋ¹³ka⁵³
194.	谁	啥人	sa³³n̻iŋ¹³
195.	什么人	啥个人	sa³³ku³⁵n̻iŋ¹³
196.	什么	啥	sa³³
197.	这	箇	gəʔ23
		迭	diɪʔ23
198.	这个	迭个	diɪʔ23ku³⁵
199.	哪个	何里个	ɦu¹³li¹³ku³⁵

(十二) 量词

200.	把	一把年纪	ʔbo⁴⁴
201.	顿	骂一顿	ʔdəŋ³⁵
202.	辆	一部车	bu¹³
203.	条,老派说法	一堂毛巾	dã¹³

204.	种	一只颜色	tsaʔ⁵⁵
205.	种,泛指	辣个事体	ku³⁵
206.	间	一爿店	bɛ¹³
207.	件	一桩事体	tsʰəŋ⁵³
208.	捆	一捆书	kʰuəŋ⁴⁴
209.	串,束	一求纸花	dʑiɤ¹³
210.	个,种	一副腔调	fu³⁵

(十三) 方位词

211.	上边	上头	zã¹³dɤ¹³
212.	下边	下头	ɦɔ¹³dɤ¹³
213.	里边	里向头	li¹³ɕiã³⁵dɤ¹³
214.	外边	外头	ŋa¹³dɤ¹³
215.	正中间	正当中	tsəŋ³⁵ʔdã³⁵tsoŋ⁵³
216.	中间;范围之内,内部	半当中	ʔbɛ³⁵ʔdã³⁵tsoŋ⁵³
217.	左面	左面	tsu⁴⁴mi¹³
218.	右面	右面	ɦiɤ¹³mi¹³
219.	斜对过	筜对过	tɕʰia³⁵ʔdei³⁵ku³⁵

(十四) 形容词

220.	好、漂亮	崭	tsɛ³⁵
221.	第一流,第一等	一级新	iɲʔ⁵⁵tɕiɲʔ⁵⁵
222.	灵验;好,做事好	灵光	liŋ¹³kuã⁵³
223.	形容人撒娇的样子	嗲	tia⁵³
224.	挺好,不错	蛮好	mɛ¹³hɔ⁴⁴
225.	不错	勿推板	vəʔ²³tʰei⁵³ʔbɛ⁴⁴
226.	相差,用于比较句中	差板	tsʰa⁵³ʔbɛ⁴⁴
227.	丑,不好看;不体面	难看	nɛ¹³kʰø⁵³
228.	下流,不堪入目;难看	恶形恶状	oʔ⁵⁵ɦiŋ¹³oʔ⁵⁵zã¹³
229.	热闹	闹猛	nɔ¹³mã¹³
230.	牢固,经久记牢;监狱	牢	lɔ¹³

231.	干净；一点不剩；清楚	清爽	tɕʰiŋ⁵³sã⁴⁴
232.	肮脏，不干净	龌龊	oʔ⁵⁵tsʰøʔ⁵⁵
		龌里龌龊	oʔ⁵⁵li¹³oʔ⁵⁵tsʰøʔ⁵⁵
		赖柴	la¹³za¹³
		乌苏	u⁵³su⁵³
233.	味儿淡	淡咪咪	dE¹³ʔmi⁵³ʔmi⁵³
234.	脏，不整洁	邋遢	laʔ²³tʰaʔ²³
		邋里邋遢	laʔ²³li¹³laʔ²³tʰaʔ²³
235.	形容味儿酸；轻微的酸痛；嫉妒、吃醋	酸几几	sø⁵³tɕi⁵³tɕi⁵³
236.	清淡无味	淡嘴疙瘩	dE¹³tsɿ⁴⁴kəʔ⁵⁵taʔ⁵⁵
237.	味儿甜；生活、爱情美好	甜津津	di¹³tɕiŋ⁵³tɕiŋ⁵³
238.	舒服，愉快	窝心	ɦoʔ⁵⁵ɕiŋ⁵³
239.	晚，迟	晏	E³⁵
240.	很满	拍拍满	pʰaʔ⁵⁵pʰaʔ⁵⁵mE¹³
241.	形容矮	矮短短	a⁴⁴ʔdø⁴⁴ʔdø⁴⁴
242.	很直	笔直	ʔbiiʔ⁵⁵zəʔ²³

(十五) 副词、连词、介词

243.	恰好；正巧	刚好~碰着伊	kã⁵³hɔ⁴⁴
244.	碰巧	碰巧~两家头侪勒海	bã¹³tɕʰiɔ⁴⁴
245.	唯独	单单~伊没交	ʔdE⁵³ʔdE⁵³
246.	有一点儿，有些个	有眼	ɦiɤ¹³ŋE¹³
		有一眼眼	ɦiɤ¹³iiʔ⁵⁵ŋE¹³ŋE¹³
		有一眼	ɦiɤ¹³iiʔ⁵⁵ŋE¹³
247.	许多；很，非常	交关~多	kɔ⁵³kuE⁵³
248.	很，很好	邪气	zia¹³tɕʰi³⁵
249.	表示最高级的副词，仅能前置	最最	tsø³⁵tsø³⁵
250.	至多	碰顶	bã¹³ʔdiŋ⁴⁴
251.	都，全	侪	zE¹³
252.	太	忒	tʰəʔ⁵⁵

253.	如果	假使	ka⁴⁴sɿ⁴⁴
		假设	ka⁴⁴səʔ⁵⁵
254.	或者	要末	iɔ⁵³mœʔ²³
255.	宁可	情愿	ʑiŋ¹³ȵyø¹³
256.	那么	葛末	kəʔ⁵⁵mœʔ²³
257.	这下……；然后	难末	nᴇ¹³mœʔ²³
258.	迟早，早晚	早宴	tsɔ⁴⁴ᴇ³⁵

三、语法例句

（先出普通话例句，后出上海话例句）

1. 谁啊？我是老王。

   啥人啊？吾是老王。

   saã³³ȵiŋ⁴⁴a² ？ u³³zɿ²lɔ²¹³ɦuã⁵¹。

2. 老张呢？他正在同一个朋友说着话呢。

   老张呢？伊脱垃同一个朋友讲闲话。

   lɔ²tsã⁵nɤ³³？ i³⁵tʰɤ²⁴laʔ⁴doŋ¹³iʔ²³kɤˠbã²²ɦiɤˠ³⁴kã⁴⁴ɦɛ²ɦuo⁴⁴。

3. 他还没有说完吗？

   伊还没讲完啊？

   i³⁵ɦa³⁵məʔ⁵³kã³³ɦuᴇ⁴⁴a³³？

4. 还没有。大约再有一会儿就说完了。

   还没。大约还有一歇歇伊就讲好啦。

   ɦᴇ¹²məʔ⁴²。da²kᴇ⁴⁴ɦa²ɦiɤˠ³³iʔ²⁴ɕiiʔ²⁴ɕiiʔ²⁵³i³⁵ʑiɤˠ⁴⁴kã³³hɔ⁴⁴la³¹。

5. 他说马上就走，怎么这半天了还在家里。

   伊讲马上就走，哪能半天还垃辢屋里向。

   i³kã⁵⁵mo³zã⁴⁴ʑiɤˠ²tsɤˠ²³, na³³nəŋ⁴⁴ʔbᴇ²³tʰi⁵³ɦa²laʔ²⁴oˀ³liˀ²ɕiã²¹。

6. 你到哪儿去？我到北京去。

   侬到啥地方去？吾到北京去。

   noŋ²³ʔdɔ⁴⁴sa³di⁵⁵fã²¹tɕʰi³⁵？ u⁴⁴ʔdɔ⁴⁴ʔbo³ʔtɕiŋ⁵⁵tɕʰi³⁴。

7. 在那儿，不在这儿。

   垃伊达，勿垃迭达。

   laʔ²⁴iʔ⁴⁴ʔda⁵³, vəʔ²laʔ⁴diiʔ²²ʔda²¹³。

8. 不是那么做，是这么做的。

   勿是伊能做，是辢能做。

və ʔ²³ z̩⁴⁴;⁴⁴ i¹¹ nəŋ²² tsu²¹, z̩³³ gə ʔ¹ nəŋ³⁵ tsu²¹。

9. 太多了,用不着那么多,只要这么多就够了。
   忒多了,用勿着介许多,只要辩捏一些就有了。
   tʰə ʔ²⁵ du⁴⁴ lə ʔ²¹, ɦyoŋ²¹ və ʔ⁵ tsə ʔ² ka³³ ɕy³³ du⁴⁴, tsʅ ʔ³ iɔ⁴ gə ʔ¹ n̠iə ʔ¹ iɿ ʔ³ ɕii ʔ² ziɤ³ ɦiɤ²² lə ʔ²¹。

10. 这个大,那个小,这两个哪一个好一点呢?
    迭个大,伊个小,迭个两个里厢鞋里一个好一眼啊?
    də ʔ² kə ʔ⁴ du²⁴, i⁵⁵ kə ʔ³ ɕiɔ²³, diɿ ʔ² kə ʔ⁴ liã³³ kə ʔ¹ li³ ɕiã⁴ ɦia¹¹ li¹ iɿ ʔ⁵ kə ʔ³ hɔ³⁴ iɿ² ŋE⁴⁴ a²?

11. 这个比那个好。
    迭个比伊个好。
    də ʔ² kə ʔ⁴ bi³⁵ i⁵⁵ kə³ hɔ²⁴。

12. 这些房子不如那些房子好。
    辩眼房子勿如伊眼房子好。
    gə ʔ² ŋE³⁴ ʋã³³ tsʅ⁴⁴ və ʔ² n̠y³³;⁴⁴ i¹ ŋE³² ʋã³³ tsʅ⁴⁴ hɔ³³。

13. 这句话用上海话怎么说?
    辩句闲话用上海闲话哪能讲?
    gə ʔ² tɕy³⁴ ɦE² ɦuo⁴⁴ ɦyoŋ²³ zã²² hE⁴⁴ ɦE² ɦuo³³ na³ nəŋ⁵⁵ kã³⁵?

14. 他今年多大岁数?
    伊今年几化岁数啊?
    i³³ tɕiŋ⁴⁴ n̠i⁴² tɕi³³ ho³³ sø⁴⁴ su²² a²¹?

15. 大概有三十来岁吧。
    大概三十多岁伐。
    da²² kE⁴⁴ sE⁵⁵ sə ʔ⁵ du⁵⁵ sø³³ ʋa ʔ²¹。

16. 这个东西有多重呢?
    迭个物头有几化重?
    də ʔ³ kə⁴⁴ mə ʔ³ dɤ³⁵ ɦiɤ³³ tɕi³³ ho³³ zoŋ¹³?

17. 有五十斤重呢。
    有五十斤重。
    ɦiɤ³⁴ n̩²² sə ʔ⁵ tɕiŋ⁴⁴ zoŋ¹²。

18. 拿得动吗?
    拿得动伐?
    nE⁴⁴ ʔdə ʔ⁴ doŋ⁴⁴ ʋa ʔ³?

19. 我拿得动,他拿不动。
    吾拿得动,伊拿勿动。

u²³nE⁴⁴ʔdəʔ⁴doŋ³²,i²³nE⁴⁴ʋəʔ⁴doŋ³²。

20. 真不轻，重得连我也拿不动。
    真个勿轻，重得来连吾也拿勿动。
    tsəŋ⁵³ɦəʔ²ʋəʔ²tɕʰiŋ³²,zoŋ²²ʔdəʔ⁵lE³li³u²³ɦa²nE⁴⁴ʋəʔ⁴doŋ³¹。

21. 你说得很好，你还会说点什么呢？
    侬讲个邪好，侬还会讲啥物事伐？
    noŋ³³kã⁴⁴ɦəʔ²ʑia²ho³,noŋ²³ɦE³ɦuei³³kã³³sa³⁵məʔ²zɿ²⁴ʋaʔ³？

22. 我嘴笨，我说不过他。
    吾嘴巴笨，吾讲勿过伊。
    u²³tsɿ²³ʔba²bəŋ³⁴,u²³kã³³ʋəʔ⁵ku³²i²¹。

23. 说了一遍，又说了一遍。
    讲了一遍，又讲了一遍。
    kã⁴⁴ləʔ⁴iɪʔ³ʔbi³⁵,ɦiɤ³⁵kã⁴⁴ləʔ⁴iɪʔ³ʔbi³⁵。

24. 请你再说一遍。
    请侬伊讲一遍。
    tɕʰiŋ³³noŋ³³i⁵²kã³³iɪʔ³ʔbi³⁴。

25. 不早了，快去吧！
    勿早勒，快点去伐！
    ʋəʔ³tsɔ³³ləʔ³,kʰua²ʔdi³⁴tɕʰi³³ʋaʔ⁴！

26. 现在还很早呢，等一会儿再去吧。
    现在还早呢，等一歇一去好勒。
    ɦi²²zE⁵³ɦE³tsɔ³³nə³¹,ʔdəŋ³³iɪʔ²ɕiʔ³i⁵³tɕʰi³⁵ho³³lE²¹。

27. 吃了饭再去好吗？
    吃了饭一去好勿啦？
    tɕʰiɪʔ⁴ləʔ⁴³ʋE²³i⁵³tɕʰi³⁴ho³³ʋəʔ³la²¹？

28. 慢慢儿的吃啊，不要着急。
    慢慢能吃，勿要急啊。
    mE²²mE⁴⁴nəŋ⁵³tɕʰiɪʔ³¹,ʋəʔ⁴iɔ⁴⁴tɕiɪʔ³²a⁴²。

29. 坐着吃比站着吃好些。
    坐垃吃比立垃吃好一眼。
    zu²²laʔ³tɕʰiɪʔ⁴ʔbi³³li²laʔ⁵tɕʰiɪʔ⁴ho³³iɪʔ⁴ŋE³¹。

30. 他吃了饭了，你吃了饭没有呢？
    伊吃了饭了，侬饭吃过了伐？
    i³tɕʰiɪʔ⁴ləʔ⁴ʋE²¹ləʔ³¹,noŋ²³ʋE³³tɕʰiɪʔ²¹ku³⁵ləʔ²ʋa²¹？

31. 他去过北京,我没有去过。
    伊去过北京,吾没去过。
    $i^{23}tɕ^hi^2ku^{32}ʔboʔ^4tɕiŋ^{53}, u^{23}mə ʔ^{42}tɕ^hi^2ku^{32}$。
32. 来闻闻这朵花香不香。
    来疼疼辫朵花香勿香。
    $lE^{13}t^həŋ^{55}t^həŋ^{53}gəʔ^2ʔdu^{23}huo^{34}ɕiã^{55}vəʔ^5ɕiã^{53}$。
33. 给我一本书。
    拨吾一本书。
    $ʔbəʔ^4u^{43}iɪʔ^4ʔbəŋ^{44}sʅ^{42}$。
34. 我实在没有书呀。
    我实在没书呀。
    $u^{13}zəʔ^2zE^{35}məʔ^4sʅ^{53}ia^{21}$。
35. 你告诉他。
    侬脱伊讲。
    $noŋ^{13}t^həʔ^3i^{44}kã^{34}$。
36. 好好儿的走,不要跑!
    好好能走,勿要跑!
    $hɔ^{23}hɔ^{55}nəŋ^{53}tsɤ^{35}, vəʔ^3iɔ^{34}bɔ^{13}$!
37. 小心跌下去爬不上来。
    当心跌下去爬勿起来。
    $ʔdã^{55}ɕiŋ^{53}ʔdiɪʔ^{44}ɦɔ^{44}tɕ^hi^{44}bo^{34}vəʔ^4tɕ^hi^{44}lE^{21}$。
38. 医生叫你多睡一会儿。
    医生叫侬多眍一歇。
    $i^{55}sã^{31}tɕiɔ^{33}noŋ^{44}ʔdu^{55}k^huəŋ^{31}iɪʔ^1ɕiɪʔ^1$。
39. 吸烟或者喝茶都不行。
    吃香烟还有吃茶脱勿可以。
    $tɕ^hiɪʔ^3ɕiã^{55;31}i^{21}ɦiɤ^{44}ɦiɪʔ^{44}tɕ^hiɪʔ^2zo^{13}t^həʔ^5vəʔ^1k^hu^{23;31}i^{31}$。
40. 烟也好,茶也好,我都不喜欢。
    香烟也好,茶也好,吾脱勿喜欢。
    $ɕiã^{55;55}ɦia^{13}hɔ^{13}, zo^{13}ɦia^{13}hɔ^{13}, u^{13}t^həʔ^5vəʔ^3ɕi^{35}huE^{53}$。
41. 不管你去不去,反正我是要去的。
    勿管侬去勿去,反正吾是要去个。
    $vəʔ^4kuE^{44}noŋ^{35}tɕ^hi^{21}vəʔ^5tɕ^hi^{21}, fE^{44}tsəŋ^{44}u^{34}zʅ^{21}iɔ^{45}tɕ^hi^{21}ɦiə^{31}$。
42. 我非去不可。

吾非去勿可。

u²⁴fei⁵⁵tɕʰi²¹ʋəʔ²kʰu⁴⁴。

43. 你是哪一年来的？

侬是鞋里年来个？

noŋ²⁴zʅ⁴⁴ɦia²²li⁵⁵n̠i²¹lE²¹ɦiəʔ³？

44. 我是前年到的北京。

吾是前年到个北京。

u³³zʅ²²zi²¹n̠i⁴⁴ʔdɔ³³ɦiəʔ²ʔbo²⁴tɕiŋ⁵³。

45. 今年开会谁的主席？

今年开会啥人主席啊？

tɕiŋ⁵⁵n̠i⁵³kʰE⁴⁴ɦuei¹³sa²⁴n̠iŋ⁵³tsʅ⁴⁴ziʅ⁴⁴aʔ²¹？

46. 你得请我的客。

侬要请客吾噢。

noŋ³⁴iɔ⁴⁴tɕʰiŋ³²kʰa⁵⁵u²¹o¹。

47. 一边走，一边说。

一边走，一边讲。

iɪʔ²ʔbi⁵³tsɤ³³, iɪʔ²ʔbi⁵³kã³³。

48. 越走越远，越说越多。

越走越远，越讲越多。

ɦyøʔ²tsɤ³⁵ɦyøʔ²ɦyø³⁵, ɦyøʔ²kã³⁵ɦyøʔ²ʔdu³³。

49. 把那个东西拿给我。

拿伊个物头拨吾。

nE⁵³;i⁵⁵gəʔ³məʔ²dɤ³⁵ʔbəʔ⁴u³⁵。

50. 有些地方管太阳叫日头。

有个地方拿太阳叫日头。

ɦiɤ²³ɦəʔ⁴di²²fã⁴⁴nE⁵³tʰa³²ɦiã⁵³tɕiɔ³³n̠iɪʔ¹dɤ¹³。

51. 您贵姓？我姓王。

侬贵姓？吾姓王。

noŋ¹³kuei⁴⁴ɕiŋ³¹？ u¹³ɕiŋ³³ɦuã²¹³。

52. 你姓王，我也姓王，咱两个人都姓王。

侬姓王，吾也姓王，泥两家头脱姓王。

noŋ¹³ɕiŋ⁴⁴ɦuã²¹³, u¹³ɦia¹ɕiŋ⁴⁴ɦuã²¹³, n̠i¹³liã²²ka⁵⁵dɤ⁵³tʰəʔ⁵ɕiŋ³¹ɦuã²¹³。

53. 你先去吧，我们等一会儿再去。

侬先去好勒，泥等一歇去。

noŋ^{13}ɕi^{44}tɕ^{h}i^{35}ho^{32}lE^{42}, ȵi^{13}ʔdəŋ^{22}iɪʔ^{4}ɕiɪʔ^{32}tɕ^{h}i^{21}。

54. 你抽不抽烟？

 侬香烟吃伐？

 noŋ^{13}ɕiã^{55}i^{31}tɕ^{h}iɪʔ^{2}ʋaʔ^{4}？

55. 你认得那个人不认得？

 侬认得迭个人伐？

 noŋ^{13}ȵiŋ^{22}ʔdəʔ^{4}diɪʔ^{2}gəʔ^{3}ȵiŋ^{21}ʋaʔ^{4}？

四、长篇语料

ʔboʔ^{33} hoŋ^{53} t^{h}əʔ^{4} ȵiɪʔ^{1} dɤ^{13}

北　风　脱　日　头

ɦiɤ^{22} t^{h}ã^{35} tsɿ^{21}, ʔboʔ^{33} hoŋ^{53} t^{h}əʔ^{4} ȵiɪʔ^{1} dɤ^{13} tsəŋ^{44} ho^{33} ləʔ^{1} hE^{13} tsəŋ^{53} sa^{13}
有　趟子，北　风　脱　日　头　正　好　垃　海　争　啥

ȵiŋ^{53} ʔbəŋ^{34} zɿ^{44} du^{24}。tsəŋ^{55} lE^{55} tsəŋ^{55} tɕ^{h}i^{31} tsəŋ^{44} ʋəʔ^{3} tɕ^{h}iŋ^{44} sã^{21}, gəʔ^{2} gəʔ^{3} zəŋ^{21}
人　本　事　大。争　来　争　去　争　勿　清　爽，辩　个　辰

kuã^{33}, lu^{22} lã^{44} ɕiã^{32} tsɤ^{33} ku^{44} lE^{21} iɪ^{5} kəʔ^{3} ȵiŋ^{21}, səŋ^{55} lã^{44} ɕiã^{44} tsaʔ^{2} ləʔ^{4} iɪʔ^{4} dʑi^{43}
光，路　浪　向　走　过　来　一　个　人，身　浪　向　着　勒　一　件

da^{35} i^{53}。i^{22} la^{44} liã^{22} ka^{55} dɤ^{21} ziɤ^{23} kã^{13} ho^{44}, tɕia^{33} sɿ^{53} sa^{33} ȵiŋ^{44} nəŋ^{22} kɤ^{44} ɕi^{55}
大　衣。伊　拉　两　家　头　就　讲　好，假　使　啥　人　能　够　先

tɕio^{35} diɪʔ^{2} kəʔ^{4} tsɤ^{33} lu^{55} ɦəʔ^{2} ȵiŋ^{33} t^{h}əʔ^{4} t^{h}əʔ^{53} i^{22} ɦəʔ^{4} da^{35} i^{53}, ziɤ^{24} sø^{24} sa^{24} ȵiŋ^{53}
叫　迭　个　走　路　个　人　脱　脱　伊　个　大　衣，就　算　啥　人

ʔbəŋ^{34} zɿ^{44} du^{24}。ho^{35}, nE^{22} məʔ^{4} ʔboʔ^{3} hoŋ^{53} ziɤ^{2} ɦyoŋ^{22} tɕio^{55} kuE^{53} liɪʔ^{1} tɕ^{h}i^{34} zia^{21}
本　事　大。好，耐　末　北　风　就　用　交　关　力　气　邪

ts^{h}i^{44}. po^{2} ku^{53} i^{24} ts^{h}i^{44} ʔdəʔ^{2} ɦyøʔ^{2} tɕiɪʔ^{2} kuəŋ^{24} məʔ^{53}, diɪʔ^{2} kəʔ^{3} tsɤ^{44} lu^{55} ɦəʔ^{2}
吹。不　过　伊　吹　得　越　结　棍　末，迭　个　走　路　个

ȵiŋ^{23} ziɤ^{33} nE^{53} da^{34} i^{44} ku^{35} ʔdəʔ^{3} ɦyøʔ^{2} tɕiŋ^{24}。ɦɤ^{13} lE^{53} ʔboʔ^{2} hoŋ^{55} məʔ^{5} tɕiŋ^{23}
人　就　拿　大　衣　裹　得　越　紧。后　来　北　风　没　劲

ləʔ^{42}, tsaʔ^{3} ho^{44} ʋəʔ^{2} ts^{h}i^{55} ləʔ^{21}。nE^{22} məʔ^{5} ȵiɪʔ^{1} dɤ^{44} ziɤ^{32} ts^{h}əʔ^{1} lE^{55} ləʔ^{21}。i^{13} laʔ^{2}
勒，只　好　勿　吹　勒。耐　末　日　头　就　出　来　勒。伊　辣

fu^{22} fu^{35} ɦəʔ^{3} iɪʔ^{4} so^{44} məʔ^{53}, diɪʔ^{1} ɦəʔ^{3} tsɤ^{33} lu^{44} ɦəʔ^{3} ȵiŋ^{24} mo^{55} zã^{31} ziɤ^{33} nE^{53}
豁　豁　个　一　晒　末，迭　个　走　路　个　人　马　上　就　拿

diɪʔ¹ dʑi³³ da²² i⁴⁴ tʰəʔ⁴ ɦo⁵ lᴇ⁵ ləʔ²¹。 nᴇ²² məʔ⁵³ ʔboʔ³ hoŋ⁵⁵ tsʅʔ³ hɔ⁵⁵ zəŋ²¹ n̠.iŋ⁴⁴,
送 件 大 衣 脱 下 来 勒。 耐 末 北 风 只 好 承 认,

liã²² ka⁵⁵ dɤ²¹ ʔdã⁵⁵ tsoŋ³² ɦᴇ³³ zʅ⁵⁵ n̠.iɪʔ² dɤ²⁴ ʔbəŋ³³ zʅ⁵⁵ du³³。
两 家 头 当 中 还 是 日 头 本 事 大。

北风跟太阳
(普通话对照)

  有一回,北风跟太阳在那儿争论谁的本事大,争来争去就是分不出高低来。这时候路上来了个走道儿的,他身上穿着件大衣。它们俩就说好了,谁能先叫这个走道儿的脱下他的大衣,就算谁的本事大。北风就使劲儿地刮起来了,不过它越是刮得厉害,那个走道儿的把大衣裹得越紧。后来北风没法儿了,只好就算了。过了一会儿,太阳出来了。它火辣辣地一晒,那个走道儿的马上就把那件大衣脱下来了。这下儿北风只好承认,它们俩当中还是太阳的本事大。

第五章　奉贤音档

一、语音

(一) 声母

声母1号 b　　　　　　　边补报帮八笔
声母2号 pʰ　　　　　　片潘配捧魄匹
声母3号 b　　　　　　　皮步盆棒拔鼻
声母4号 m　　　　　　　美每敏米忘麦
声母5号 f　　　　　　　反飞方粉发复
声母6号 v　　　　　　　扶饭房份罚缚
声母7号 d　　　　　　　低带胆东德滴
声母8号 tʰ　　　　　　天透趟听塔托
声母9号 d　　　　　　　地图豆糖踏读
声母10号 n　　　　　　拿努暖囊嫩纳
声母11号 l　　　　　　拉捞溜楼浪落
声母12号 ts　　　　　猪做账整扎质
声母13号 tsʰ　　　　　次草闯葱出尺
声母14号 s　　　　　　书手生送杀缩
声母15号 z　　　　　　床柴上虫十舌
声母16号 tɕ　　　　　鸡举浇进节脚
声母17号 tɕʰ　　　　气秋腔请雀七
声母18号 dʑ　　　　　技桥强近剧集
声母19号 ȵ　　　　　　鸟粘研年让肉
声母20号 ɕ　　　　　　需修想训削吸
声母21号 ʑ　　　　　　徐邪象旬习嚼
声母22号 k　　　　　　果盖江供夹谷
声母23号 kʰ　　　　　楷亏康肯客扩

声母 24 号 g　　　茄柜狂搞共戆
声母 25 号 ŋ　　　牙鹅眼硬颚额
声母 26 号 h　　　花蟹喊风瞎喝
声母 27 号 ɦ　　　鞋雨杭红狭液
声母 28 号 ∅　　　衣武央恩鸭阿

声母比字：
清音和浊音
布 pu³⁵　　　≠　　　步 bu¹³
到 tɔ³⁵　　　≠　　　道 dɔ¹³
巧 tɕʰiɔ⁴⁴　　≠　　　桥 dʑiɔ²¹³
送 soŋ³⁵　　≠　　　虫 zoŋ²¹³

尖音和团音
节 tɕiiʔ⁵⁵　　=　　　结
秋 tɕʰiɤ⁵³　　=　　　丘
小 ɕiɔ⁴⁴　　　=　　　晓

平舌音和卷舌音
仓 tsʰã⁵³　　=　　　昌
子 tsɿ⁴⁴　　　=　　　纸
粗 tsʰu⁵³　　=　　　初
思 sɿ⁵³　　　=　　　师

鼻音声母和零声母
熬 ŋɔ²¹³　　≠　　　奥 ɔ³⁵
藕 ŋɤ²¹³　　≠　　　呕 ɤ⁴⁴
癌 ŋE²¹³　　≠　　　爱 E³⁵

鼻音声母和边音声母
奴 nu²¹³　　≠　　　路 lu¹³
女 ȵy²¹³　　≠　　　吕 ly²¹³
泥 ȵi²¹³　　≠　　　离 li²¹³
年 ȵi²¹³　　≠　　　连 li²¹³

(二) 韵母

韵母	例字
韵母 1 号 ɿ	之次四自
韵母 2 号 i	浅米鸡泥
韵母 3 号 u	波过做路
韵母 4 号 y	居女雨住
韵母 5 号 a	太街柴鞋
韵母 6 号 ia	借野写谢
韵母 7 号 ua	歪怪快坏
韵母 8 号 ɔ	瓜沙骂蛇
韵母 9 号 ɔ	照高宝老
韵母 10 号 iɔ	焦巧桥条
韵母 11 号 ɤ	丑狗斗寿
韵母 12 号 iɤ	修九流又
韵母 13 号 ɛ	散拿来颜
韵母 14 号 ue	管款伟葵
韵母 15 号 uE	筷关弯缓
韵母 16 号 ø	干看最团
韵母 17 号 yø	捐软倦权
韵母 18 号 e	半盘队男
韵母 19 号 ã	章冷厂长
韵母 20 号 iã	香良象样
韵母 21 号 ɑ̃	党忙讲撞
韵母 22 号 uɑ̃	光矿狂旺
韵母 23 号 əŋ	奋登论承
韵母 24 号 iŋ	紧灵人静
韵母 25 号 uəŋ	温稳棍困
韵母 26 号 oŋ	翁虫风
韵母 27 号 ioŋ	军穷绒凶
韵母 28 号 iʔ	急锡铁极
韵母 29 号 yəʔ	省略阅月掘
韵母 30 号 aʔ	白客拍麦
韵母 31 号 iaʔ	脚雀约药
韵母 32 号 æʔ	鸭夹辣狭
韵母 33 号 øʔ	北目国族

韵母 34 号 yøʔ   肉玉浴局
韵母 35 号 uoʔ   扩廓霍获
韵母 36 号 əʔ   泼夺脱舌
韵母 37 号 iəʔ   笔密七悉
韵母 38 号 ʌʔ   湿鸽
韵母 39 号 iʌʔ   吃剧
韵母 40 号 uəʔ   阔刮
韵母 41 号 m̩   呒亩
韵母 42 号 ŋ̍   五鱼
韵母 43 号 əl   儿

韵母比字：
舌尖前元音和舌尖后元音
资 tsɿ^{53} =   支
次 tsʰɿ^{24} =   翅
四 sɿ^{24} =   试

鼻音韵尾
金 tɕiŋ^{53} =   斤   =   京
音 iŋ^{53} =   因   =   英
心 ɕiŋ^{53} =   新   =   星
林 liŋ^{31} =   邻   =   菱

塞音韵尾
立 liɿʔ^{12} =   裂   =   历
执 tsəʔ^{5} =   浙   =   职
急 tɕiɿʔ^{5} =   结   =   激
吸 ɕiɿʔ^{5} =   歇   =   锡

舒声韵和促声韵
带 ta^{24} ≠   答 tæʔ^{12}
泰 tʰa^{24} ≠   塔 tʰæʔ^{5}
利 li^{13} ≠   力 liɿʔ^{12}
比 pi^{44} ≠   笔 piɿʔ^{5}

摆 pa⁴⁴	≠	伯 paʔ⁵
地 di¹³	≠	笛 diɪʔ¹²
老 lɔ¹³	≠	落 lɔʔ¹²

ã 和 ɑ̃
打 tã⁴⁴	≠	党 tɑ̃⁴⁴
冷 lã¹³	≠	狼 lɑ̃¹³
省 sã⁴⁴	≠	爽 sɑ̃⁴⁴
硬 ŋã¹³	≠	昂 ŋɑ̃¹³

其他
| 衣 i⁵³ | = | 烟 |
| 淡 dE¹³ | = | 谭 |

(三) 声调

声调1号	阴平调 53	刀东书天
声调2号	阳平调 31	穷陈寒娘
声调3号	阴上调 44	古口好手
声调4号	阴去调 35	帐唱对送
声调5号	阳去调 13	女近害岸
声调6号	阴入调 5	北笔骨血
声调7号	阳入调 <u>12</u>	白达极月

声调比字：

古阴平和古阳平
方 fɑ̃⁵³	≠	房 vɑ̃³¹
天 tʰi⁵³	≠	田 di³¹
取 tɕʰy⁴⁴	≠	渠 dʑy³¹

古阴平和古阴上
包 bɔ⁵³	≠	饱 bɔ⁴⁴
灯 dəŋ⁵³	≠	等 dəŋ⁴⁴
端 dø⁵³	≠	短 dø⁴⁴

古阴上和古阴去

腿 t^he^{44} ≠ 退 t^he^{335}

体 t^hi^{44} ≠ 替 t^hi^{24}

等 $dəŋ^{44}$ ≠ 凳 $dəŋ^{24}$

古阳平、古阳上和古阳去

桃 $dɔ^{31}$ ≠ 稻 $dɔ^{13}$ = 盗 $dɔ^{13}$

潮 $zɔ^{1331}$ ≠ 赵 $zɔ^{1313}$ = 召 $zɔ^{1313}$

球 $dʑiɤ^{31}$ ≠ 舅 $dʑiɤ^{13}$ = 旧 $dʑiɤ^{13}$

古阴入和古阳入

答 $taʔ^5$ ≠ 踏 $daʔ^{12}$

发 $fæʔ^5$ ≠ 罚 $væʔ^{12}$

笔 $piɪʔ^5$ ≠ 鼻 $biɪʔ^{12}$

(四) 变调

前字阴平

1+1

医生　飞机　|开窗　浇花

1+2

高楼　今年　|开门　低头

1+3

资本　加减　|浇水　抓紧

1+4

沙眼　经理　|开市　收礼

1+5

书记　精细　|开店　通气

1+6

花样　希望　|烧饭　生病

1+7

资格　猪血　|烧粥　天黑

1+8

猪肉　蜂蜜　|烘热　消毒

前字阳平
2+1
田鸡　床单　｜存心　磨刀
2+2
皮球　名堂　｜抬头　环湖
2+3
存款　团长　｜寻死　防火
2+4
朋友　长远　｜骑马　淘米
2+5
瓷器　群众　｜盘店　还账
2+6
长命　蚕豆　｜流汗　迷路
2+7
潮湿　皮夹　｜流血　留客
2+8
同学　成熟　｜寻袜　防滑

前字阴上
3+1
广州　点心　｜起风　跳开
3+2
好人　果园　｜打拳　倒霉
3+3
稿纸　底板　｜保底　打水
3+4
小米　表演　｜打坐　请罪
3+5
讲究　板凳　｜炒菜　写信
3+6
小路　酒酿　｜煮饭　打烊
3+7
本色　粉笔　｜请客　打铁
3+8
小麦　火热　｜解毒　打猎

前字阳上
4+1
稻根　马车　｜养鸡　有心
4+2
后门　市场　｜坐船　养牛
4+3
淡水　市长　｜受苦　养狗
4+4
父母　道理　｜买米　赛马
4+5
冷气　眼镜　｜受气　买菜
4+6
被面　近视　｜有效　有利
4+7
幸福　道德　｜犯法　养鸭
4+8
静脉　礼物　｜有毒　尽力

前字阴去
5+1
教师　细心　｜放心　看书
5+2
菜园　透明　｜拜年　放平
5+3
信纸　对比　｜放手　倒水
5+4
对象　创造　｜送礼　泻肚
5+5
志气　兴趣　｜寄信　放假
5+6
性命　志愿　｜看病　种树
5+7
货色　印刷　｜爱国　送客
5+8
酱肉　破裂　｜放学　退学

前字阳去
6+1
认真　电灯　|卖瓜　忌烟
6+2
地球　病人　|卖鱼　害人
6+3
字典　地板　|用水　问好
6+4
大雨　代理　|病重　用尽
6+5
代替　大蒜　|备课　认账
6+6
豆腐　寿命　|让路　冒汗
6+7
字帖　办法　|会客　就职
6+8
树叶　练习　|办学　用力

前字阴入
7+1
北方　作家　|贴心　结冰
7+2
鲫鱼　发明　|出门　刷牙
7+3
脚底　桌椅　|发榜　失火
7+4
接近　尺码　|发冷　切断
7+5
百货　黑布　|切菜　吸气
7+6
铁路　脚步　|识字　出汗
7+7
出色　赤脚　|出血　接客
7+8
骨肉　积极　|出力　割麦

前字阳入

8+1

别针　肉丝　|读书　默书

8+2

杂粮　食堂　|夺权　入门

8+3

墨水　月饼　|罚款　拔草

8+4

杂技　活动　|入伍　落雨

8+5

实际　热菜　|读报　学戏

8+6

木料　绿豆　|植树　立定

8+7

及格　绿色　|落雪　摸黑

8+8

独立　集合　|入学　服药

(五) 文白异读词比较举例(斜线前为文读,斜线后为白读)

1. 家庭　家长 / 人家　百家姓
   　 交通　交际 / 交代　交白卷
2. 宝贵　贵宾 / 价钿忒贵(价钱太贵)
3. 问答　学问 / 问路　问问题
   　 物理　动物 / 物事(东西)
4. 日记　日历 / 日脚(日子)　日头(太阳)
5. 大学　大概 / 大门　大人
6. 觉悟　感觉 / 觉着　困觉
7. 生命　书生 / 生日　生意
8. 争取　争鸣 / 争座位

二、常用词汇

(一) 自然现象

1.　　太阳　　　　　　日头　　　　　ȵiɪʔ^{12}dɤ^{31}

2.	太阳底下	日头里向	ȵiɿʔ¹²dɤ³¹li¹³ɕiã³⁵
3.	阴儿,即太阳照不到的地方	阴头里	iŋ⁵³dɤ³¹li¹³
4.	太阳光	日光	ȵiɿʔ¹²kuã⁵³
5.	月亮	月亮	ȵyəʔ¹²liẽ¹³
6.	银河	银河	ȵiŋ³¹vu³¹
7.	流星	流星	lɤ³¹ɕiŋ⁵³
8.	彗星	扫帚星	sɔ³⁵tsɤ⁴⁴ɕiŋ⁵³
9.	阵风	阵头风	zəŋ¹³dɤ³¹foŋ⁵³
10.	台风	台风	de³¹foŋ⁵³
11.	阵风	阵头风	zəŋ¹³dɤ³¹foŋ⁵³
12.	龙卷风	龙卷风	loŋ³¹tɕyø⁴⁴foŋ⁵³
13.	逆风	逆风	ȵiɿʔ¹²foŋ⁵³
14.	刮风	起风	tɕʰi⁴⁴foŋ⁵³
15.	乌云	黑云	həʔ⁵ɦyŋ³¹
16.	打雷	雷响	le³¹ɕiã⁴⁴
17.	闪电	闪电	sɛ⁴⁴di¹³
18.	下雨	落雨	lɔʔ¹²ɦy¹³
19.	小雨,小事	毛毛雨	mɔ³¹mɔ³¹ɦy¹³
20.	蒙蒙细雨	蒙蒙细雨	məŋ³¹məŋ³¹ɕi³⁵ɦy¹³
21.	阵雨	阵头雨	zəŋ¹³dɤ³¹ɦy¹³
22.	结冰	冰冻	ʔbiŋ⁵³ʔdoŋ³⁵
23.	冰雹	冰雹	ʔbiŋ⁵³bɔ¹³
24.	下雪	落雪	lɔʔ¹²ɕieʔ⁵
25.	雪化了	雪烊脱勒	ɕieʔ⁵ziã³¹dəʔ⁵¹ləʔ¹²
26.	下霜	打霜	ʔdã⁴⁴sã⁵³
27.	晴天	好天	hɔ⁴⁴tʰi⁵³
28.	阴天	阴天	iŋ⁵³tʰi⁵³
29.	寒流	冷空气	lã¹³kʰoŋ⁵³tɕʰi³⁵
30.	寒流到来,气温骤降	发冷头	fæʔ⁵lã¹³dɤ³¹
31.	下雨天	落雨天	lɔʔ¹²ɦy¹³tʰi⁵³
32.	梅雨天气	黄梅天	ɦuã³¹me¹³tʰi⁵³
33.	立秋后的炎热天气	秋老虎	tɕʰiɤ⁵³lɔ¹³fu⁴⁴

(二) 时令、节令

34.	春季	春天	tsʰən⁵³tʰi⁵³
35.	盛夏季节	热天公	nieʔ¹²tʰi⁵³koŋ⁵³
36.	秋天	秋天	tɕʰiɤ⁵³tʰi⁵³
37.	冬天	冬天	ʔdoŋ⁵³tʰi⁵³
38.	立春	立春	lieʔ¹²tsʰən⁵³
39.	立秋	立秋	lieʔ¹²tɕʰiɤ⁵³
40.	除夕	大年夜	du¹³ɲi³¹ɦia¹³
		年三十	ɲi³¹sɛ⁵³səʔ⁵
41.	春节	年初一	ɲi³¹tsʰu⁵³iɪʔ⁵
		春节	tsʰən⁵³tɕiɪʔ⁵
42.	元宵节	正月半	tsəŋ⁵³ɲyəʔ¹²ʔbø³⁵
		元宵节	ɦø³¹ɕiɔ⁵³tɕiɪʔ⁵
43.	端午节	端午	tø⁵³vu¹³
44.	七巧节	七月初七	tɕʰiəʔ⁵ɲyəʔ¹²tsʰu⁵³tɕʰiəʔ⁵
45.	中元节	七月半	tɕʰiəʔ⁵ɲyəʔ¹²ʔbø³⁵
46.	中秋节	八月半	ʔbæʔ⁵ɲyəʔ¹²ʔbø³⁵
47.	今年	今年	ʔtɕiŋ⁵³ɲi³¹
48.	去年	旧年	dʑiɤ¹³ɲi³¹
49.	明年	开年	kæ⁵³ɲi³¹
50.	年初	年头浪⁼	ɲi³¹dɤ³¹lɑ̃¹³
51.	年底	年底	ɲi³¹ʔdi¹³
52.	年底将近除夕时	年夜快	ɲi³¹ɦia¹³kʰua³³⁵
53.	元月	正月	tsəŋ⁵³ɲyəʔ¹²
54.	今天	今朝	ʔtɕiŋ⁵³tsʰiɔ⁵³
55.	明天	明朝	miŋ³¹tsʰiɔ⁵³
56.	后天	后日	ɦɤ¹³ɲiɪʔ¹²
		后日颠	ɦɤ¹³ɲiɪʔ¹²ti⁰
57.	昨天	昨日头	zo¹²ɲiɪʔ¹²dɤ³¹
58.	前天	斛日子	gəʔ¹²ɲiɪʔ¹²tsɿ⁰
59.	星期天	礼拜日	li¹³ʔba³⁵ɲiɪʔ¹²

(三) 植物

60.	犁田	耕田	kəŋ⁵³di³¹

61.	插秧	种秧	tsoŋ³⁵iã⁵³
62.	割草	斫草	tsoʔ⁵tsʰɔ⁴⁴
63.	拔去棉花的残枝	拔花其	bæʔ¹²ho⁵³dʑi³¹
64.	采摘棉花	捉花	tsoʔ⁵ho⁵³
65.	玉米	珠米	tɕy⁴⁴mi¹³
66.	秕谷	瘪谷	piʔ⁵koʔ⁵
67.	大米	粳米	kã⁴⁴mi¹³
68.	芝麻	脂麻	tsʅ⁵³mo³¹
69.	甘薯	山芋	sɛ⁵³ɦy¹³
70.	马铃薯	洋山芋	ziã³¹sɛ⁵³ɦy¹³
71.	莲藕	藕	ŋɤ¹³
72.	菱角	菱	liŋ³¹
73.	成熟的菱角	老菱	lɔ¹³liŋ³¹
74.	大豆的嫩荚	毛豆	mɔ³¹dɤ¹³
75.	赤小豆	红豆	ɦoŋ³¹dɤ¹³
76.	豌豆	豌豆	uɛ⁴⁴dɤ¹³
77.	蚕豆	寒豆	ɦø³¹dɤ¹³
78.	茄子	落苏	lɔʔ¹²su⁵³
79.	菜瓜	菜瓜	tsʰe³⁵ko⁵³
80.	丝瓜成熟后的网状纤维	丝瓜筋	zʅ⁵³koʔ⁵tɕiŋ⁵³
81.	南瓜	南瓜	ne³¹ko⁵³

(四) 动物

82.	家畜、家禽的统称	众牲	tsoŋ⁵³sã⁵³
83.	雄性	雄	ɕioŋ³¹
		公	koŋ⁵³
84.	雌性	雌	zʅ⁵³
		母	mu¹³
85.	猴子	活狲	ɦuɔʔ¹²sən⁵³
86.	猪；詈语,骂人愚蠢似猪	猪猡	tsʅ⁵³lu³¹
87.	蛇与蜈蚣一类的爬行动物	蛇虫百脚	zo³¹zoŋ³¹ʔbaʔ⁵tɕiaʔ⁵

#	词	方言	音标
88.	母猪	老母猪	lɔ¹³mu¹³tsʅ⁵³
89.	农家散养的鸡	草鸡	tsʰɔ⁴⁴tɕi⁵³
90.	三黄鸡	三黄鸡	sɛ⁵³ɦuã⁵³tɕi⁵³
91.	未发育成熟的小公鸡、小母鸡	童子鸡	doŋ³¹tsʅ⁴⁴tɕi⁵³
92.	羽毛未长全的鸡	赤膊鸡	tsʰaʔ⁵ʔboʔ⁵tɕi⁵³
93.	老鼠	老鼠	lɔ¹³sʅ⁴⁴
94.	田鼠	田老鼠	di¹³lɔ¹³sʅ⁴⁴
95.	臭虫	臭虫	tsʰɤ³⁵zoŋ³¹

（五）房舍

#	词	方言	音标
96.	屋顶	屋顶	oʔ⁵ʔdiŋ⁴⁴
97.	房檐	屋檐	oʔ⁵ɦi¹³
98.	墙壁	墙壁	ziã³¹ʔbiaʔ⁵
99.	房基	宅基	zaʔ¹²tɕi⁵³
100.	柱子下的鼓状石头	石墩头	zaʔ¹²dən⁵³dɤ³¹
101.	房门口的台阶	脚踏步	ʔtɕiaʔ⁵ʔdɛ¹²bu¹³
102.	大门	大门	du¹³mən³¹
103.	门后	门后头	mən³¹ɦɤ¹³dɤ³¹
104.	门牌号	门牌号头	mən³¹ba³¹ɦɔ¹³dɤ³¹
105.	窗户	窗	tsʰã⁵³
106.	屋顶斜坡开出的天窗	老虎窗	lɔ¹³fu⁴⁴tsʰã⁵³
107.	靠街面的房屋	街面房子	ka⁵³mi¹³vã³¹tsʅ⁴⁴
108.	厨房	灶头间	tsɔ³⁵dɤ³¹kɛ⁵³

（六）身体

#	词	方言	音标
109.	肩膀	肩胛	tɕi⁵³ʔtɕiaʔ⁵
110.	手臂	手臂巴	sɤ⁴⁴ʔbe³⁵pa⁵³
111.	左手	左手	tsu⁴⁴sɤ⁴⁴
112.	右手	右手	ɦiɤ¹³sɤ⁴⁴
113.	手指	节头骨	tɕiɪʔ⁵dɤ³¹kuəʔ⁵
		手节头	sɤ⁴⁴tɕiɪʔ⁵dɤ³¹
114.	大拇指	大节姆头	du¹³tɕiɪʔ⁵mu¹¹³dɤ³¹
115.	手指甲	手指捔	sɤ⁴⁴tsʅ⁴⁴kʰæʔ⁵

116.	腿	腿	tʰe⁴⁴
117.	大腿	大腿	du¹³tʰe⁴⁴
118.	膝盖	脚馒头	ʔtɕiaʔ⁵mø³¹dʐ³¹
119.	嘴	嘴巴	tsʅ⁴⁴paʔ⁵³
120.	嘴唇	嘴唇皮	tsʅ⁴⁴zəŋ³¹bi³¹
121.	牙齿	牙齿	ŋa³¹tsʰʅ⁴⁴

（七）亲属

122.	曾祖父	阿太	aʔ⁵tʰa³⁵
		男太	ne³¹tʰa³⁵
123.	曾祖母	阿太	aʔ⁵tʰa³⁵
		女太	ȵy¹³tʰa³⁵
124.	爷爷	大大	da¹³da¹³
125.	奶奶	奶奶	na⁴⁴na⁴⁴
126.	外祖父	外公	ŋa¹³koŋ⁵³
127.	外祖母	外婆	ŋa¹³bu³¹
128.	父亲（背称）	爷	ɦia³¹
		爷老头子	ɦia³¹lɔ¹³dʐ³¹tsʅ⁴⁴
		老头子	lɔ¹³dʐ³¹tsʅ⁴⁴
129.	父亲（面称）	爸爸	ʔbaʔ⁵ʔbaʔ⁵
		阿爸	aʔ⁵ʔbaʔ⁵
130.	舅母	舅妈	dʑiɤ¹³ʔma⁵³
131.	姑母	嬷嬷	ʔmo⁴⁴ʔmo⁴⁴
132.	弟媳妇	弟新妇	di¹³ɕiŋ⁵³vu¹³
133.	姑父	爷叔	ɦia¹³soʔ⁵
134.	丈夫	老公	lɔ¹³koŋ⁵³
135.	妻子	老婆	lɔ¹³bu³¹
136.	叔叔	叔叔	soʔ⁵soʔ⁵
		阿叔	aʔ⁵soʔ⁵
137.	叔父的妻子	婶妈	səŋ⁴⁴ʔma⁵³
		阿婶	aʔ⁵səŋ⁴⁴
138.	姐妹之间	姊妹淘里	tsʅ⁴⁴me⁴⁴dɔ¹³li¹³
139.	儿童称父母辈的男性	舅舅	dʑiɤ¹³dʑiɤ¹³

140.	舅母	舅妈	dʑiɤ¹³ʔma⁵³
141.	姑母	娘娘	n̠iã⁴⁴n̠iã⁴⁴

(八) 饮食

142.	夜宵	夜点心	ɦia¹³ti⁴⁴ɕiŋ⁵³
143.	前一天晚上做好或吃剩的饭	隔夜饭	kɑʔ⁵ɦia¹³vɛ¹³
144.	菜饭	菜饭	tsʰe³⁵vɛ¹³
145.	和了开水或汤的饭	茶淘饭	zo³¹dɔ¹³vɛ¹³
146.	中饭	点心	ʔdi⁴⁴ɕiŋ⁵³
147.	晚饭	夜饭	ɦia¹³vɛ¹³
148.	用饭加水烧成的稀饭	饭烧粥	vɛ¹³sɔ⁵³tsoʔ⁵
149.	白米粽	白粽子	baʔ¹²tsoŋ¹³tsʅ⁴⁴
150.	汤团,有馅	汤圆	tʰã⁵³ɦø³¹
151.	面粉	面粉	mi¹³fəŋ⁴⁴
152.	面条	面	mi¹³
153.	小笼包	小笼馒头	ɕiɔ⁴⁴loŋ³¹me³¹dɤ³¹
154.	嘉定区南翔生产的小笼包	南翔小笼	ne³¹ziã³¹ɕiɔ⁴⁴loŋ³¹
155.	烧饼	烧饼	sɔ⁵³ʔbiŋ⁴⁴
156.	油条	油条	ɦiɤ³¹diɔ³¹
157.	麻花	麻花	mo³¹ho⁵³
158.	水饺	饺子	tɕiɔ⁴⁴tsʅ⁴⁴
		水饺子	sʅ⁴⁴tɕiɔ⁴⁴tsʅ⁴⁴

(九) 称谓

159.	男子	男人家	ne³¹n̠iŋ³¹ka⁵³
160.	男子;丈夫的俗称	男人	ne³¹n̠iŋ³¹
161.	女子	女人家	n̠y¹³n̠iŋ³¹ka⁵³
162.	婴儿	小小囡	ɕiɔ⁴⁴ɕiɔ⁴⁴nø³¹
163.	小孩儿;孩儿	小囡	ɕiɔ⁴⁴nø³¹
164.	男孩儿	小鬼头	ɕiɔ⁴⁴tɕy³⁵dɤ³¹
165.	女子;妻子的俗称	女人	n̠y¹³n̠iŋ³¹
166.	女孩儿	小姑娘	ɕiɔ⁴⁴ku⁵³n̠iã³¹

167.	老头子；老年丈夫；对父亲的不恭敬叫法	老头子	lɔ¹³dɤ³¹tsɿ⁴⁴
168.	老头儿,有时贬义；父亲(背称)	老头子	lɔ¹³dɤ³¹tsɿ⁴⁴
169.	老年妇女,常含贬义；老年妻子	老太婆	lɔ¹³tʰa³⁵bu³¹
170.	对年老妇女的尊称	婆婆	bu³¹bu³¹
171.	学生	学生子	ɦoʔ¹²sã⁵³tsɿ⁴⁴
172.	伙伴,同伴	淘伴	dɔ¹³be¹³
173.	护士	护士	vu¹³zɿ¹³
174.	司机	驾驶员	ka³⁵sɿ⁴⁴ɦø³¹
175.	邮递员	邮递员	ɦiɤ³¹di¹³ɦø³¹

(十) 疾病

176.	生病	生病	sã⁵³biŋ¹³
177.	发烧	发寒热	fæʔ⁵hø³¹n̠ieʔ¹²
178.	感冒	伤风	sã⁵³foŋ⁵³
		感冒	ke⁴⁴mɔ¹³
179.	上火	上火	zã¹³fu³⁵
180.	瘫痪	瘫脱	dɛ⁵³tʰəʔ⁵
181.	瘸子	跷脚	tɕʰiɔ³⁵ʔtɕiaʔ⁵
		歪脚	hua⁵³ʔtɕiaʔ⁵
182.	耳聋；耳聋的人	聋膨	loŋ³¹bã¹³
183.	兔唇	缺嘴	tɕʰyəʔ¹²tsɿ⁴⁴

(十一) 代词

184.	我	呐	ne¹³
185.	你	实奴	zəʔ¹²nu¹³
186.	他,她	伊	ɦi³¹
		渠伊	dʑy⁰ɦi³¹
187.	我们	阿俫	aʔ⁰na¹³
188.	我们,有时也指"我"	吾俫	ɦŋ¹²²⁻²²na¹¹³⁻⁴⁴
189.	自己	自家	zɿ¹³ka⁵³
190.	你们	实俫	zəʔ¹²na¹³

191.	他们	伊拉	ɦi³¹ʔla⁵³
		实拉	zəʔ¹²ʔla⁵³
192.	别人	别人家	bieʔ¹²ȵiŋ³¹ka⁵³
193.	谁	啥人	sa⁴⁴ȵiŋ³¹
		哈人	ha⁵³ȵiŋ³¹
194.	什么人	啥人	sa⁴⁴ȵiŋ³¹
		哈人	ha⁵³ȵiŋ³¹
195.	什么	啥	sa⁴⁴
196.	这	格	kaʔ⁵
197.	这个	格档	kaʔ⁵ʔdã³⁵
198.	哪个	鞋里个	ɦia³¹li¹³kɤ⁰

(十二) 量词

199.	一把年纪	一把年纪	po⁴⁴
200.	骂一顿	骂一顿	ʔdəŋ¹³
201.	一辆车	一把车	po⁴⁴
202.	一条毛巾	一根毛巾 (老派说法)	kəŋ⁵³
203.	一种颜色	一只颜色	tsaʔ⁵
		一个颜色	kɤ⁰
204.	这种事情,泛指	辩档事体	ʔdã³⁵
205.	一间店	一爿店	bɛ³¹
206.	一件事情	一椿事体	tsʰəŋ⁵³
207.	一捆书	一捆书	kʰuəŋ⁴⁴
		一扎书	tsæʔ⁵
208.	一串纸花,一束纸花	一束纸花	soʔ⁵
209.	一个腔调,一种腔调	一副腔调	fu³⁵

(十三) 方位词

210.	上边	上头	zã¹³dɤ³¹
211.	下边	下头	ɦɔ¹³dɤ³¹
		下底头	ɦɔ¹³ti⁴⁴dɤ³¹
212.	里边	里向	li¹³ɕiã⁵³
		里向头	li¹³ɕiã⁵³dɤ³¹

213.	外边	外头	ŋa¹³dɤ³¹
214.	正中间	正当中	tsəŋ³⁵ʔdã⁵³tsoŋ⁵³
215.	中间；范围之内，内部	半当中	ʔbø³⁵ʔdã⁵³tsoŋ⁵³
		当中	ʔdã⁵³tsoŋ⁵³
216.	左面	左面	tsu⁴⁴mi¹³
		左半爿	tsu⁴⁴ʔbø⁴⁴bɛ³¹
217.	右面	右面	ɦiɤ¹³mi¹³
		右半爿	ɦiɤ¹³ʔbø⁴⁴bɛ³¹
218.	斜对过	斜对过	tɕhia³⁵ʔde³⁵ku³⁵

(十四) 形容词

219.	好,漂亮	灵	liŋ³¹
220.	第一流,第一等	一级	iɪʔ⁵tɕiɪʔ⁵
221.	灵验；好,做事好	灵	liŋ³¹
222.	形容人撒娇的样子	嗲	tia⁵³
223.	挺好、不错	蛮好	mɛ⁴⁴hɔ⁴⁴
224.	不错	勿错	vɔʔ⁵tshu⁵³
		勿推板	vɔʔ⁵the⁵³ʔbæ⁴⁴
225.	相差,用于比较句中	差板	tsho⁵³ʔbæ⁴⁴
226.	丑,不好看；不体面	难看	nɛ¹³kø³⁵
227.	下流,不堪入目；难看	恶形恶状	oʔ⁵ɦiŋ³¹oʔ⁵zã¹³
228.	热闹	闹猛	nɔ¹³mã¹³
		热闹	ȵieʔ¹²nɔ¹³
229.	牢固,经久记牢；监狱	牢	lɔ³¹
230.	干净；一点不剩；清楚	清爽	tɕhiŋ⁵³sã⁴⁴
231.	肮脏,不干净	醒醍	oʔ⁵tshø⁵
		赖	la¹³
		赖扎	la¹³tsæʔ⁵
		乌苏	u⁵³su⁵³
232.	味儿淡	淡咪咪	dɛ¹³ʔmi⁵³ʔmi⁵³
		淡滋滋	dɛ¹³tsɿ⁵³tsɿ⁵³

233.	脏,不整洁	邋遢	laʔ¹²tʰaʔ¹²
		赖	la¹³
		邋里邋遢	laʔ¹²li¹³laʔ¹²tʰaʔ¹²
234.	形容味儿酸;轻微的酸痛;嫉妒,吃醋	酸几几	søː⁵³tɕi⁵³tɕi⁵³
235.	有点儿甜	甜咪咪	di³¹ʔmi⁵³ʔmi⁵³
236.	味儿甜;生活、爱情美好	甜津津	di³¹tɕiŋ⁵³tɕiŋ⁵³
237.	舒服,愉快	焐心	u⁵³ɕin⁵³
238.	晚,迟	晏	ɦi⁵³
239.	很满	蛮满	mɛ⁴⁴me¹³
240.	形容矮	矮笃笃	a⁴⁴ʔdu⁵ʔdu⁵
241.	很直	笔直	ʔbiəʔ⁵zəʔ¹²

(十五)副词、连词、介词

242.	恰好;正巧	刚刚好~碰着伊	kã⁵³kã⁵³hɔ⁴⁴
243.	碰巧	碰巧~两家头侪勒海	bã³¹tɕʰiɔ⁴⁴
		凑巧	tsʰɤ³⁵tɕʰiɔ⁴⁴
244.	唯独	单单~伊没交	ʔdɛ⁵³ʔdɛ⁵³
245.	有一点儿,有些个	有眼	ɦiɤ¹³ŋɛ³¹
		有一眼眼	ɦiɤ¹³iɪʔ⁵ŋɛ³¹ŋɛ³¹
		有一眼	ɦiɤ¹³iɪʔ⁵ŋɛ³¹
246.	许多;很,非常	交关~多	ʔtɕiɔ⁵³kuɛ⁵³
247.	很,很好	蛮	mɛ⁴⁴
248.	表示最高级的副词,仅能前置	最最	tsø³⁵tsø³⁵
		最	tsø³⁵
249.	至多	碰顶	bã³¹ʔdiŋ⁴⁴
		最多	tsø³⁵ʔdu⁵³
250.	都,全	侪	zᴇ³¹
251.	太	忒	tʰe³⁵
252.	如果	假定	ka⁴⁴diŋ¹³
		假设	ka⁴⁴səʔ⁵
		如果	ʐy³¹ku⁴⁴

253.	或者	要末	iɔ³⁵maʔ¹²
		或者	ɦuoʔ¹²tsɛ⁴⁴
254.	宁可	情愿	dʑiŋ³¹ȵyø¹³
		宁可	ȵiŋ³¹kʰu⁴⁴
255.	那么	葛末	kəʔ⁵maʔ¹²
		葛	kəʔ⁵
256.	这下……; 然后	葛末	kəʔ⁵maʔ¹²
257.	迟早, 早晚	早晏	tso⁴⁴ɦi⁵³
		早宴点	tso⁴⁴ɦi⁵³ʔdi⁴⁴

三、语法例句

(先出普通话例句,后出上海话例句)

1. 谁啊？我是老王。

 啥人啊？呐是老王。

 sa⁴⁴ȵiŋ³¹a⁰？ nə¹³zl̩¹³lɔ¹³ɦuɑ̃⁵³。

2. 老张呢？他正在同一个朋友说着话呢。

 老张呢？伊正垃脱一个朋友讲闲话。

 lɔ²tsã⁵ȵi³³？ ɦi¹³tsəŋ²⁴laʰt⁰əʔ⁵iɪʔ⁵kɤ⁰bã³¹ɦiɤ¹³kã⁴⁴ɦiɛ³¹ɦuo¹³。

3. 他还没有说完吗？

 实伊还没讲完啊？

 zəʔ⁰ɦi³¹ɦuɛ³¹məʔ⁵kã³³veʔ³¹a⁰？

4. 还没有。大约再有一会儿就说完了。

 还没。大概再讲脱一歇就讲好阿哩。

 ɦɛ³¹məʔ¹²。 da¹³kɛ²⁴tse²⁴ kã ⁴⁴tʰəʔ⁵iɪʔ⁵ɕiɪʔ⁵ziɤ¹³kã⁴⁴hɔ⁴⁴a⁵⁵³li¹³。

5. 他说马上就走,怎么这半天了还在家里。

 实伊讲马上就走,哪能着介半日天还垃屋里。

 zəʔ⁰ɦi³¹kã⁴⁴mo¹³zã¹³ziɤ¹³tsɤ⁴⁴, na¹³nəŋ³¹zoʔ¹²ka²⁴beʔ¹³ȵiɪʔ¹²tʰiʔ⁵ɦiɛ³¹laʔ¹³oʔ¹²li¹³。

6. 你到哪儿去？我到北京去。

 实奴到鞋搭去？呐到北京去。

 zəʔ¹²nu³¹ʔdo²⁴ɦia³¹taʔ⁰tɕʰi²⁴？ nə¹³ʔdo²⁴ʔboʔ²tɕiŋ⁵³tɕʰi²⁴。

7. 在那儿,不在这儿。

 垃唐搭,勿垃镉搭。

 la¹³dã¹³taʔ⁰, məʔ⁵la¹³gəʔ² taʔ⁰。

8. 不是那么做，是这么做的。

   勿是辩个能介做，是着介能介做。

   vəʔ^{12}zɿ^{13} gəʔ^2 kɤ^{0}nəŋ^{31}ka^{24}tsu^{24}, zɿ^{13}zɔʔ^{12}ka^{24}nəŋ^{31}ka^{24}tsu^{21}。

9. 太多了，用不着那么多，只要这么多就够了。

   忒多了，用勿着介许多，只要辩眼就有阿了。

   tʰəʔ^{5}tu^{44}li^0, ɦioŋ^{13}vəʔ^{2}zaʔ^{12}ka^{24}ɕy^{44}tu^{53}, tsaʔ^{3}iɔ^{24}gəʔ^{1}ŋɛ^{13}ziɤ^{13}ɦiɤ^{13} a^{553}li^{13}。

10. 这个大，那个小，这两个哪一个好一点呢？

    辩个大，哀个小，辩两个鞋里个好一眼呢？

    gəʔ^{1}kɤ^{0}du^{13}, ɛ^{53}kɤ^{0}ɕiɔ^{44}, gəʔ liɛ̃^{33}kɤ^{0}ɦia^{31}li^{13}kɤ^{13}hɔ^{44}iʔ^{12}ŋɛ^{13}ni^0？

11. 这个比那个好。

    辩个比哀个好。

    gəʔ^{12} kɤ^{0}pi^{44}ɛ^{53}kɤ^{0}hɔ^{44}。

12. 这些房子不如那些房子好。

    辩眼房子没哀眼房子好。

    gəʔ^{2}ŋɛ^{44}vã^{31}tsɿ^{0}məʔ^{5}ɛ^{53} ŋɛ^{44} vã^{31}tsɿ^{0}hɔ^{44}。

13. 这句话用上海话怎么说？

    辩句闲话用上海闲话哪能讲？

    gəʔ^{2}tɕy^{24}ɦɛ^{31}ɦo^{13}ɦioŋ^{13}zã^{13}hɛ^{44}ɦɛ^{31}ɦo^{13}na^{13}nəŋ^{31}kã^{44}？

14. 他今年多大岁数？

    渠伊今年几岁？

    dʑy^{0}ɦi^{31}tɕiŋ^{53}n̩i^{31}tɕi^{44}sø^{24}？

15. 大概有三十来岁吧。

    大概三十岁。

    da^{13}ke^{24}sɛ^{53}səʔ^{5}sø^{24}。

16. 这个东西有多重呢？

    辩个物事多少重？

    dəʔ^{3}kə^{44}məʔ^{2}zɿ^{13}ɦiɤ^{33}tɕi^{33}ho^{33}zoŋ^{13}？

17. 有五十斤重呢。

    有五十斤重。

    ɦiɤ^{34}ŋ^{22}səʔ^{5}tɕiŋ^{44}zoŋ^{13}。

18. 拿得动吗？

    拿得动伐？

    nɛ^{44}təʔ^{4}doŋ^{44}vaʔ^3？

19. 我拿得动，他拿不动。

呐拿得动,实伊拿勿动。
nə¹³nɛ⁴⁴təʔ⁴doŋ³²,zəʔi²³nɛ⁴⁴vəʔ⁴doŋ³²。

20. 真不轻,重得连我也拿不动。
真勿轻,重得来连呐也拿勿动。
tsən⁵³vəʔ³tɕʰiŋ³²,zoŋ²²təʔ⁵lɛ³li³ nə¹³ɦanɛ²¹vəʔ⁴doŋ³¹。

21. 你说得很好,你还会说点什么呢?
实奴讲来蛮好个,实奴还会讲啥?
zəʔ¹²nu³¹kã⁴⁴ lɛ³¹mɛ⁵³hɔ³gə⁰,zəʔ¹²nu³¹ɦɛ³¹ɦuei³³kã³³sa³⁵?

22. 我嘴笨,我说不过他。
呐嘴巴笨,呐讲勿过渠伊。
nə¹³tsɿ²³po⁵³bən³⁴,nə¹³kã³³vəʔ⁵ku³²i²¹。

23. 说了一遍,又说了一遍。
讲了一遍,又讲了一遍。
kã⁴⁴ləʔ⁴iɪʔ³ʔbi³⁵,ɦiɤ³⁵kã⁴⁴ləʔ⁴iɪʔ³ʔbi³⁵。

24. 请你再说一遍。
请实奴再讲一遍。
tɕʰiŋ³³ zəʔ¹²nu³¹tsɛ³⁵ kã³³iɪʔ³pi³⁴。

25. 不早了,快去吧!
勿早阿哩,快眼去末了!
vəʔ⁵tsɔ³³ a⁵³li¹³,kʰua²⁴ŋɛ⁵³tɕʰi²⁴məʔ¹lə⁰!

26. 现在还很早呢,等一会儿再去吧。
现在还早阿哩,等脱一歇再去好勒。
ɦi²²zɛ¹³ɦɛ³¹tsɔ⁴⁴ a⁵³li¹³,təŋ⁴⁴tʰəʔ⁵iɪʔ⁵ɕiɪʔ⁵ tsɛ¹³tɕʰi²⁴hɔ⁴⁴lɛ⁰。

27. 吃了饭再去好吗?
吃好饭再去好伐?
tɕʰiɪʔ⁴hɔ⁴⁴vɛ¹³tsɛ²⁴tɕʰi²⁴hɔ⁴⁴vaʔ¹²?

28. 慢慢儿的吃啊,不要着急。
慢慢叫吃,勿要急啊。
mɛ¹³mɛ¹³ʔtɕiɔ²⁴tɕʰiɪ⁵,vəʔ⁵iɔ²⁴tɕiɪʔ⁵a⁰。

29. 坐着吃比站着吃好些。
坐垃吃比立垃吃好一眼。
zu¹³la⁵³tɕʰiʔ⁵pi⁴⁴lie¹²la⁵³tɕʰiɪʔ⁴hɔ⁴⁴iɪʔ⁵ŋɛ⁵¹。

30. 他吃了饭了,你吃了饭没有呢?
实伊吃好阿哩,助饭吃过垃没?

zəʔ⁰ɦi³¹tɕʰiɪ²⁴hɔ⁴⁴ a⁵³li¹³, zu¹³vɛ¹³tɕʰiɪ²¹ku³⁵la¹³məʔ？？

31. 他去过北京，我没有去过。
    实伊去过北京，呐吙没去过。
    zəʔ⁰ɦi³¹tɕʰi²⁴ku²⁴ʔbɔʔ⁵tɕiŋ⁵³, nə¹³məʔ⁴²tɕʰi²ku³²。

32. 来闻闻这朵花香不香。
    来闻闻看辫朵花香伐。
    lE¹³məŋ¹³məŋ¹³kʰø³⁵gəʔ¹tu²³hɔ³⁴ɕiã⁵⁵vəʔ⁵ɕiã⁵³。

33. 给我一本书。
    拨奴一本书。
    pəʔ⁴nu¹³iɪʔ⁴ʔbəŋ⁴⁴sʅ⁴²。

34. 我实在没有书呀。
    呐实在没书呀。
    nə¹³zəʔ²zE³⁵məʔ⁴sʅ⁵³ia²¹。

35. 你告诉他。
    实奴得渠伊讲。
    zəʔ⁰ nu¹³tʰəʔ³gəʔ¹⁴kã³⁴。

36. 好好儿的走，不要跑！
    好好叫走，勿要跑！
    hɔ²³hɔ⁵⁵ tɕiɔ³⁵tsɤ⁴⁴, vəʔ³iɔ³⁴bɔ¹³ ！

37. 小心跌下去爬不上来。
    当心跌落去蹚勿起来。
    ʔdã⁵⁵ɕiŋ⁵³tiɪʔ⁴⁴fiɔ⁴⁴tɕʰi⁴⁴bE³⁴vəʔ⁴ɕi⁴⁴lE²¹。

38. 医生叫你多睡一会儿。
    医生教实奴多瞓脱一歇。
    i⁵⁵sã³¹tɕiɔ³³ zəʔ⁰ nu¹³tu⁵³kʰuəŋ³⁵iɪʔ⁵ɕiɪʔ⁵。

39. 吸烟或者喝茶都不行。
    吃香烟咾吃茶侪勿可以。
    tɕʰiɪʔ³ɕiã⁵⁵³¹lɔ⁰tɕʰiɪʔ³zo¹³zE³¹vəʔ¹kʰu²³i³¹。

40. 烟也好，茶也好，我都不喜欢。
    香烟也好，茶也好，呐侪勿喜欢。
    ɕiã⁵⁵³¹⁵⁵ɦia¹³hɔ¹³, zo¹³ɦia¹³hɔ¹³, nə¹³zE³¹vəʔ³ɕi³⁵huE⁵³。

41. 不管你去不去，反正我是要去的。
    勿管助去伐，反正呐是要去个。
    vəʔ⁴kuE⁴⁴zu¹³tɕʰi²¹vaʔ¹², fE⁴⁴tsəŋ⁴⁴ nə¹³zʅ²¹iɔ⁴⁵tɕʰi²¹fiəʔ³¹。

42. 我非去不可。

    呐板去个。

    nə¹³ʔbɛ⁴⁴tɕʰiː²¹ ɦə³¹。

43. 你是哪一年来的？

    实奴是鞋里㕧年来个？

    zəʔ⁰ nu¹³zɿ⁴⁴ɦia²²li⁵⁵gəʔ¹²n̩i²¹lɛ²¹ɦə³¹？

44. 我是前年到的北京。

    呐是前年到北京个。

    nə¹³zɿ²²zi²¹n̩i⁴⁴ʔdɔ³³ʔbɔʔ⁴tɕiŋ⁵³ɦəʔ²⁴。

45. 今年开会谁的主席？

    今年开会哈人是主席？

    tɕiŋ⁵⁵n̩i⁵³kʰɛ⁴⁴ɦuei¹³ha²⁴n̩iŋ⁵³zɿ²²tsɿ⁴⁴ʑiiʔ⁴⁴？

46. 你得请我的客。

    实奴要请客个。

    zəʔ⁰ nu¹³iɔ⁴⁴tɕʰiŋ³²kʰa⁵⁵ ɦə³¹。

47. 一边走，一边说。

    一边走，一边讲。

    iiʔ⁴ʔbi⁵³tsɤ³³，iiʔ⁴ʔbi⁵³kã³³。

48. 越走越远，越说越多。

    越走越远，越讲越多。

    ɦyøʔ²tsɤ³⁵ɦyøʔ²ɦyø³⁵，ɦyøʔ²kã³⁵ɦyøʔ²du³³。

49. 把那个东西拿给我。

    担哀个物事担拨呐。

    tɛ⁵³ɛ⁵³gəʔ³məʔ²zɿ¹³ʔbəʔ⁴ nə¹³。

50. 有些地方管太阳叫日头。

    有个地方担太阳叫日头。

    ɦiɤ²³ɦəʔ⁴di²²fã⁴⁴tɛ⁵³tʰa³²ɦiã⁵³tɕiɔ³³n̩iiʔ¹dɤ¹³。

51. 您贵姓？我姓王。

    实奴姓啥？呐姓王。

    zəʔ⁰ nu¹³ɕiŋ³¹sa⁴⁴？ nə¹³ɕiŋ³³ɦuã²¹³。

52. 你姓王，我也姓王，咱两个人都姓王。

    实奴也姓王，呐也姓王，阿那两个人侪姓王。

    zəʔ⁰ nu¹³ɦa¹³ɕiŋ⁴⁴ɦuã²¹³，nə¹³ɦa¹ɕiŋ⁴⁴ɦuã²¹³，a⁰na¹³liã²²gə⁰n̩iŋ²¹ zɛ³¹ɕiŋ³¹ɦuã³¹。

53. 你先去吧，我们等一会儿再去。

助先去末哩,阿那等脱一歇再去。

zu^{13}ɕi^{44}tɕʰi^{35}mə $ʔ^0$li^0, a^{0}na^{13}ʔdəŋ^{22}tʰəʔ^{25}iɪʔ^{24}ɕiɪʔ^{32}tsE^{35}tɕʰi^{21}。

54. 你抽不抽烟?

实奴吃香烟伐?

zəʔ^0 nu^{13} tɕʰiɪʔ^{2}ɕiã^{55}i^{31} vaʔ^4 ?

55. 你认得那个人不认得?

实奴认得哀个人伐?

zəʔ^0 nu^{13}n̻iŋ^{22}ʔdəʔ^{4}ᴇ^{53}gə^{0}n̻iŋ^{21}vaʔ^4 ?

四、长篇语料

ʔbɔʔ^{25} foŋ^{53} tʰəʔ^{25} n̻iɪʔ^{12} dɤ^{31}

北 风 脱 日 头

ɦiɤ^{13}iɪʔ^{25} tʰã^{35}, ʔbɔʔ^{25} foŋ^{53} kəŋ^{53}n̻iɪʔ^{12} dɤ^{13} la^{13} ɛ^{53} mi^{13} dɤ^{13} tsã^{53}
有 一 趟, 北 风 跟 日 头 垃 哀 面 头 争

ha^{35}n̻iŋ^{31}ʔbən^3 sɿ^{13}du^{13}。tsã^{53}lᴇ^{3}tsã^{53}tɕʰi^{35}ziɤ^{13}zɿ^{13}fəŋ^3 vu^{12}tsʰəʔ^{2}ko^{53}ʔdi^{53}gəʔ^{12}ɦə^0
哈 人 本 事 大。争 来 争 去 就 是 分 勿 出 高 低,辣 个

zəŋ^{31}kuã^{53}, lu^{13}lã^{13} ɕiã^{53} lᴇ^{31}liɔ^{12} iɪʔ^5 kɤ^0 n̻iŋ^{31}ɦi^{31}səŋ^{53}lã^{13}ɕiã^{13}zaʔ^{5}ləʔ^{25}di^{53} da^{13}i^{53}
辰 光, 路 浪 向 来 了 一 个 人,伊 身 浪 向 着 勒 一 件 大衣。

ɦi^{31}la^{53}liẽ^{13}kɤ^{0}n̻iŋ^{31}ziɤ^{13}kã^{44}hɔ^{44},ha^{35} n̻iŋ^{31} nəŋ^{31}kɤ^{53}ɕi^{53}ʔtɕiɔ^{35}gəʔ^{12}ɦə^{0}tsɤ^{44}
伊拉 两 个 人 就 讲 好, 哈 人 能 够 先 叫 辣 个 走

lu^{13}kɤ^{0}n̻iŋ^{31}tʰəʔ^{25} lɔʔ^{12}lᴇ^{31}ɦi^{31} dzi^{13}da^{13}i^{53}, ziɤ^{13}sø^{35}ha^{35}n̻iŋ^{13}kɤ^{0}bən^{13}sɿ^{13} du^{13}。
路 个 人 脱 落 来 伊 件 大衣, 就 算 哈 人 个 本 事 大。

ʔbɔʔ^{25}foŋ^{53}ziɤ^{13}zaʔ^{5}liɪʔ^{12} kɤ^{0}tsʰɿ^{53}tɕʰi^{44}lᴇ^{31}li^{13}。pəʔ^{25}ku^{35}ɦi^{31}ɦyɤʔ^{12}zɿ^{13} tsʰɿ^{53} lᴇ^{31}zaʔ^{12}
北 风 就 着 力 个 吹 起 来 哩。不 过 伊 越 是 吹 来 着

liɪʔ^{12}, ɛ^{53}kɤ^{0}tsɤ^{44} lu^{13}kɤ^{0}n̻iŋ^{31}ziɤ^{13}ʔnɛ^{53}da^{13}i^{53}ku^{44}lᴇ^{31}ɦyɤʔ^{12} ʔtɕi^{44}。ɦɤ^{13}sɤ^{35}lᴇ^{31}
力, 哀个 走 路 个 人 就 拿 大衣 裹 来 越 紧。 后 首 来

ʔbɔʔ^{25} foŋ^{53}məʔ^{12}bᴇ^{13}fæʔ^{25}, tsaʔ^{12} hɔ^{44} ziɤ^{13}ka^{35}sø^{35}aʔ^{5}li^{13}。ku^{35}tʰəʔ^{25}ɕiɪʔ^{25}n̻iɪʔ^{12}dɤ^{13}
北 风 没办法, 只 好 就 介 算 阿哩。过 脱 歇, 日 头

tsʰəʔ^{12}lᴇ^{31}li^{13}n̻iɪʔ^{12} dɤ^{13}mɛ^{31} du^{13}kɤ^{0}so^{35}lɔʔ^{12} lᴇ^{31}。ɛ^{53}kɤ^{0}tsɤ^{44}lu^{13}kɤ^{0}n̻iŋ^{31}ziɤ^{13}
出 来哩。日 头 蛮 大 个 晒 落 来,哀 个 走 路 个 人 就

mo¹³zã³¹ʔnɛ⁵³i⁵³zã³¹ tʰəʔ⁵ lɔʔ¹²lɛ³¹li¹³。zəʔ¹² ka³⁵ nəŋ³¹ ka³⁵, ʔbɔʔ⁵foŋ⁵³ tsɑʔ¹²
马 上 拿衣裳 脱 落 来哩。 实 介 能 介, 北 风 只

hɔ⁴⁴zəŋ¹³n̩iŋ¹³, dʑy³¹ʔla⁵³liɛ̃¹³ kɤ⁰n̩iŋ³¹ɦiᴇ⁵³ z̩¹³n̩iŋ⁵³dɤ¹³kɤ⁰ʔbəŋ¹³sɹ̩¹³ du¹³
好 承 认, 渠 拉 两 个 人 还 是 日 头 个 本 事 大。

北风跟太阳
(普通话对照)

  有一回,北风跟太阳在那儿争论谁的本事大,争来争去就是分不出高低来。这时候路上来了个走道儿的,他身上穿着件大衣。它们俩就说好了,谁能先叫这个走道儿的脱下他的大衣,就算谁的本事大。北风就使劲儿地刮起来了,不过它越是刮得厉害,那个走道儿的把大衣裹得越紧。后来北风没法儿了,只好就算了。过了一会儿,太阳出来了。它火辣辣地一晒,那个走道儿的马上就把那件大衣脱下来了。这下儿北风只好承认,它们俩当中还是太阳的本事大。

第六章　金山音档

一、语音

(一) 声母

声母1号 p　　　　　　边补报帮八笔
声母2号 pʰ　　　　　　片潘配捧魄匹
声母3号 b　　　　　　皮步盆棒拔鼻
声母4号 m　　　　　　美每敏米忘麦
声母5号 f　　　　　　反飞方粉发复
声母6号 v　　　　　　扶饭房份罚活
声母7号 t　　　　　　低带胆东德滴
声母8号 tʰ　　　　　　天透趟听塔托
声母9号 d　　　　　　地图豆糖踏读
声母10号 n　　　　　　拿努暖囊嫩纳
声母11号 l　　　　　　拉捞溜楼浪落
声母12号 ts　　　　　　猪做账整扎质
声母13号 tsʰ　　　　　　次草闯葱出尺
声母14号 s　　　　　　书手生送杀缩
声母15号 z　　　　　　床柴上虫十舌
声母16号 tɕ　　　　　　鸡举浇进节脚
声母17号 tɕʰ　　　　　　气秋腔请雀七
声母18号 dʑ　　　　　　技圈强近剧集
声母19号 ȵ　　　　　　鸟粘研年让肉
声母20号 ɕ　　　　　　需修想训削吸
声母21号 ʑ　　　　　　徐邪象情习嚼
声母22号 k　　　　　　果盖江供夹谷
声母23号 kʰ　　　　　　楷亏康肯客扩

声母24号 g   茄柜狂搞共戆
声母25号 ŋ   牙鹅眼硬鹤额
声母26号 h   花蟹喊风瞎福
声母27号 ɦ   鞋雨杭红狭液
声母28号 ∅   衣武央恩鸭阿

声母比字：
清音和浊音

布 pu^{35}	≠	步 bu^{13}
到 tɔ^{35}	≠	道 dɔ^{13}
巧 tɕʰiɔ^{44}	≠	桥 dʑiɔ^{213}
送 soŋ^{35}	≠	虫 zoŋ^{213}

尖音和团音

节 tɕiɪʔ^{55}	=	结
秋 tɕʰiɤ^{53}	=	丘
小 ɕiɔ^{44}	=	晓

平舌音和卷舌音

仓 tsʰã^{53}	=	昌
子 tsɿ^{44}	=	纸
粗 tsʰu^{53}	=	初
思 sɿ^{53}	=	师

鼻音声母和零声母

熬 ŋɔ^{213}	≠	奥 ɔ^{35}
藕 ŋɤ^{213}	≠	呕 ɤ^{44}
癌 ŋE^{213}	≠	爱 E^{35}

鼻音声母和边音声母

奴 nu^{213}	≠	路 lu^{13}
女 ɲy^{213}	≠	吕 ly^{213}
泥 ɲi^{213}	≠	离 li^{213}
年 ɲi^{213}	≠	连 li^{213}

(二) 韵母

韵母1号 ɿ 　　　之次四自
韵母2号 i 　　　浅米鸡泥
韵母3号 u 　　　波过做路
韵母4号 y 　　　居女雨住
韵母5号 a 　　　太街柴鞋
韵母6号 ia 　　　借野写谢
韵母7号 ua 　　　歪怪快坏
韵母8号 o 　　　鸦沙骂蛇
韵母9号 ɔ 　　　照高宝老
韵母10号 iɔ 　　　焦巧桥条
韵母11号 ɤ 　　　丑狗斗寿
韵母12号 iɤ 　　　修九流又
韵母13号 ɛ 　　　态拿来队
韵母14号 ue 　　　管款伟葵
韵母15号 uᴇ 　　　筷关弯缓
韵母16号 ø 　　　干看最团
韵母17号 yø 　　　捐软园权
韵母18号 e 　　　半盘回男
韵母19号 ã 　　　章冷厂长
韵母20号 iã 　　　香良象样
韵母21号 ɑ̃ 　　　党忙讲撞
韵母22号 uɑ̃ 　　　光矿狂旺
韵母23号 əŋ 　　　奋登论承
韵母24号 iŋ 　　　紧灵人静
韵母25号 uəŋ 　　　温稳棍困
韵母26号 oŋ 　　　翁虫风
韵母27号 ioŋ 　　　军穷绒运
韵母28号 iəʔ 　　　急锡铁极
韵母29号 yəʔ 　　　略阅月掘
韵母30号 aʔ 　　　答客闸麦
韵母31号 iaʔ 　　　脚雀约药
韵母32号 æʔ 　　　鸭夹辣狭
韵母33号 oʔ 　　　北目国族

韵母34号 yøʔ 肉玉浴局
韵母35号 uoʔ 扩廓
韵母36号 əʔ 泼夺脱舌
韵母37号 iɪʔ 吃剧
韵母38号 uəʔ 骨阔说刮
韵母39号 m̩ 呒亩
韵母40号 ŋ̍ 五鱼
韵母41号 əl 儿而

韵母比字：
舌尖前元音和舌尖后元音
资 tsɿ⁵³ = 支
次 tsʰɿ²⁴ = 翅
四 sɿ²⁴ = 试

鼻音韵尾
金 tɕiŋ⁵³ = 斤 = 京
音 iŋ⁵³ = 因 = 英
心 ɕiŋ⁵³ = 新 = 星
林 liŋ³¹ = 邻 = 菱

塞音韵尾
立 liɪʔ¹² = 裂 = 历
执 tsəʔ⁵ = 浙 = 职
急 tɕiɪʔ⁵ = 结 = 激
吸 ɕiɪʔ⁵ = 歇 = 锡

舒声韵和促声韵
带 ta²⁴ ≠ 答 taʔ¹²
泰 tʰa²⁴ ≠ 塔 tʰaʔ⁵
利 li¹³ ≠ 力 liɪʔ¹²
比 pi⁴⁴ ≠ 笔 piɪʔ⁵
摆 pa⁴⁴ ≠ 百 paʔ⁵
地 di¹³ ≠ 笛 diɪʔ¹²

老 lɔ¹³ ≠ 落 lɔʔ¹²

ã 和 ɑ̃
打 tã⁴⁴ ≠ 党 tɑ̃⁴⁴
冷 lã¹³ ≠ 狼 lɑ̃¹³
省 sã⁴⁴ ≠ 爽 sɑ̃⁴⁴
硬 ŋã¹³ ≠ 昂 ŋɑ̃¹³

其他
衣 i⁵³ = 烟
台 dᴇ¹³ = 谭

(三) 声调

声调1号　　阴平调53　　刀东书天
声调2号　　阳平调31　　穷陈寒娘
声调3号　　阴上调44　　古口好手
声调4号　　阴去调35　　帐唱对送
声调5号　　阳去调13　　女近害岸
声调6号　　阴入调5　　 北笔骨血
声调7号　　阳入调<u>12</u>　　白达极月

声调比字：
古阴平和古阳平
方 fã⁵³ ≠ 房 vɑ̃³¹
天 tʰi⁵³ ≠ 田 di³¹
取 tɕʰy⁴⁴ ≠ 渠 dʑy³¹

古阴平和古阴上
包 pɔ⁵³ ≠ 饱 pɔ⁴⁴
灯 təŋ⁵³ ≠ 等 təŋ⁴⁴
端 tø⁵³ ≠ 短 tø⁴⁴

古阴上和古阴去
腿 tʰᴇ⁴⁴ ≠ 退 tʰᴇ²⁴

体 tʰi⁴⁴　　≠　　替 tʰi²⁴
等 təŋ⁴⁴　　≠　　凳 təŋ²⁴

古阳平、古阳上和古阳去
桃 dɔ³¹　　≠　　稻 dɔ¹³　　=　　盗 dɔ¹³
潮 zɔ³¹　　≠　　赵 zɔ¹³　　=　　召 zɔ¹³
球 dʑiɤ³¹　≠　　舅 dʑiɤ¹³　=　　旧 dʑiɤ¹³

古阴入和古阳入
答 taʔ⁵　　≠　　达 daʔ¹²
发 faʔ⁵　　≠　　罚 vaʔ¹²
笔 piiʔ⁵　　≠　　鼻 biiʔ¹²

(四) 变调
前字阴平
1+1
医生　飞机　|开窗　浇花
1+2
高楼　今年　|开门　低头
1+3
资本　加减　|浇水　抓紧
1+4
沙眼　经理　|开市　收礼
1+5
书记　精细　|开店　通气
1+6
花样　希望　|烧饭　生病
1+7
资格　猪血　|烧粥　天黑
1+8
猪肉　蜂蜜　|烘热　消毒
前字阳平
2+1
田鸡　床单　|存心　磨刀

2+2
皮球　名堂　｜抬头　环湖

2+3
存款　团长　｜寻死　防火

2+4
朋友　长远　｜骑马　淘米

2+5
瓷器　群众　｜盘店　还账

2+6
长命　蚕豆　｜流汗　迷路

2+7
潮湿　皮夹　｜流血　留客

2+8
同学　成熟　｜寻袜　防滑

前字阴上

3+1
广州　点心　｜起风　跳开

3+2
好人　果园　｜打拳　倒霉

3+3
稿纸　底板　｜保底　打水

3+4
小米　表演　｜打坐　请罪

3+5
讲究　板凳　｜炒菜　写信

3+6
小路　酒酿　｜煮饭　打烊

3+7
本色　粉笔　｜请客　打铁

3+8
小麦　火热　｜解毒　打猎

前字阳上

4+1
稻根　马车　｜养鸡　有心

4+2
后门　市场　|坐船　养牛

4+3
淡水　市长　|受苦　养狗

4+4
父母　道理　|买米　赛马

4+5
冷气　眼镜　|受气　买菜

4+6
被面　近视　|有效　有利

4+7
幸福　道德　|犯法　养鸭

4+8
静脉　礼物　|有毒　尽力

前字阴去

5+1
教师　细心　|放心　看书

5+2
菜园　透明　|拜年　放平

5+3
信纸　对比　|放手　倒水

5+4
对象　创造　|送礼　泻肚

5+5
志气　兴趣　|寄信　放假

5+6
性命　志愿　|看病　种树

5+7
货色　印刷　|爱国　送客

5+8
酱肉　破裂　|放学　退学

前字阳去

6+1
认真　电灯　|卖瓜　忌烟

6+2
地球　病人　|卖鱼　害人

6+3
字典　地板　|用水　问好

6+4
大雨　代理　|病重　用尽

6+5
代替　大蒜　|备课　认账

6+6
豆腐　寿命　|让路　冒汗

6+7
字帖　办法　|会客　就职

6+8
树叶　练习　|办学　用力

前字阴入

7+1
北方　作家　|贴心　结冰

7+2
鲫鱼　发明　|出门　刷牙

7+3
脚底　桌椅　|发榜　失火

7+4
接近　尺码　|发冷　切断

7+5
百货　黑布　|切菜　吸气

7+6
铁路　脚步　|识字　出汗

7+7
出色　赤脚　|出血　接客

7+8
骨肉　积极　|出力　割麦

前字阳入

8+1
别针　肉丝　|读书　默书

8+2
杂粮　食堂　|夺权　入门

8+3
墨水　月饼　|罚款　拔草

8+4
杂技　活动　|入伍　落雨

8+5
实际　热菜　|读报　学戏

8+6
木料　绿豆　|植树　立定

8+7
及格　绿色　|落雪　摸黑

8+8
独立　集合　|入学　服药

(五) 文白异读词比较举例(斜线前为文读,斜线后为白读)

1. 家庭　家长／人家　百家姓
   交通　交际／交代　交白卷
2. 宝贵　贵宾／价钿忒贵(价钱太贵)
3. 问答　学问／问路　问问题
   物理　动物／物事(东西)
4. 日记　日历／日脚(日子)　日头(太阳)
5. 大学　大概／大门　大人
6. 觉悟　感觉／觉着　困觉
7. 生命　书生／生日　生意
8. 争取　争鸣／争座位

二、常用词汇

(一) 自然现象

1.	太阳	日头	ȵiɿʔ¹²dɤ³¹
2.	太阳底下	日头里向	ȵiɿʔ¹²dɤ³¹li¹³ɕiẽ³⁵
3.	阴儿,即太阳照不到的地方	阴头里	iæŋ⁵³dɤ³¹li¹³

4.	太阳光	日光	n̠ir̠ʔ¹²kuã⁵³
5.	月亮	月亮	n̠yəʔ¹²n̠iɛ̃¹³
6.	银河	天河	tʰi⁵³vu³¹
7.	流星	流星	liɤ³¹ɕiæŋ⁵³
8.	彗星	扫帚星	sɔ³⁵tsɤ⁴⁴ɕiæŋ⁵³
9.	阵风	阵头风	zəŋ¹³dɤ³¹foŋ⁵³
10.	台风	台风	dɛ³¹foŋ⁵³
11.	阵风	阵头风	zəŋ¹³dɤ³¹foŋ⁵³
12.	龙卷风	龙卷风	loŋ³¹tɕyø⁴⁴foŋ⁵³
13.	逆风	逆风	n̠ir̠ʔ¹²foŋ⁵³
14.	刮风	起风	tɕʰi⁴⁴foŋ⁵³
15.	乌云	黑云	hʌʔ⁵ɦyoŋ³¹
16.	打雷	雷响	lɛ³¹ɕiɛ̃⁴⁴
17.	闪电	霍险	huɔʔ⁵ɕi⁴⁴
18.	下雨	落雨	lɔʔ¹²y¹³
19.	小雨,小事	毛毛雨	mɔ³¹mɔ³¹y¹³
20.	蒙蒙细雨	麻花雨	mo³¹ho⁵³y¹³
21.	阵雨	阵头雨	zəŋ¹³dɤ³¹y¹³
22.	结冰	冰冻	piæŋ⁵³toŋ³⁵
23.	冰雹	冰雹	piæŋ⁵³bɔ¹³
24.	下雪	落雪	lɔʔ¹²ɕir̠ʔ⁵
25.	雪化了	雪烊脱勒	ɕir̠ʔ⁵ʑiã³¹tʰəʔ⁵ləʔ¹²
26.	下霜	打霜	tɛ̃⁴⁴sã⁵³
27.	晴天	好天	hɔ⁴⁴tʰi⁵³
28.	阴天	阴天	iæŋ⁵³tʰi⁵³
29.	寒流	冷空气	lɛ̃¹³kʰoŋ⁵³tɕʰi³⁵
30.	寒流到来,气温骤降	发冷头	fəʔ⁵lɛ̃¹³dɤ³¹
31.	下雨天	落雨天	lɔʔ¹²y¹³tʰi⁵³
32.	梅雨天气	黄梅天	vã³¹me³¹tʰi⁵³
33.	立秋后的炎热天气	秋老虎	tɕʰiɤ⁵³lɔ¹³fu⁴⁴

(二) 时令、节令

34.	春季	春天	tsʰəŋ⁵³tʰi⁵³
35.	盛夏季节	热天公	n̠ir̠ʔ¹²tʰi⁵³koŋ⁵³

36.	秋天	秋天	tɕʰiɤ⁵³tʰi⁵³
37.	冬天	冬天	toŋ⁵³tʰi⁵³
38.	立春	立春	liɪʔ¹²tsʰəŋ⁵³
39.	立秋	立秋	liɪʔ¹²tɕʰiɤ⁵³
40.	除夕	大年夜	du¹³n̠i³¹iA¹³
		年三十	n̠i³¹sɛ⁵³zəʔ⁵
41.	春节	年初一	n̠i³¹tsʰu⁵³iɪʔ⁵
		春节	tsʰəŋ⁵³tɕiɪʔ⁵
42.	元宵节	正月半	tsəŋ⁵³n̠yəʔ¹²pe³⁵
		元宵节	n̠yø³¹ɕiɔ⁵³tɕiɪʔ⁵
43.	端午节	端午	tø⁵³vu¹³
44.	七巧节	七月初七	tɕʰiɪʔ⁵n̠yəʔ¹²tsʰu⁵³tɕʰiɪʔ⁵
45.	中元节	七月半	tɕʰiɪʔ⁵n̠yəʔ¹²pe³⁵
46.	中秋节	八月半	pæʔ⁵n̠yəʔ¹²pe³⁵
47.	今年	今年	tɕiæŋ⁵³n̠i³¹
48.	去年	旧年	diɤ¹³n̠i³¹
49.	明年	开年	kʰɛ⁵³n̠i³¹
50.	年初	年浪头=	n̠i³¹lɑ̃¹³dɤ³¹
51.	年底	年底	n̠i³¹ti¹³
52.	年底将近除夕时	年夜脚边	n̠i³¹iA¹³tɕiAʔ⁵pi⁵³
53.	元月	正月	tsəŋ⁵³n̠yəʔ¹²
54.	今天	今朝	tɕiæŋ⁵³tsɔ⁵³
55.	明天	明朝	miæŋ³¹tsɔ⁵³
56.	后天	后日	ɦiɤ¹³n̠iɪʔ¹²
		后天颠	ɦiɤ¹³tʰi¹²ti⁰
57.	昨天	昨日头	zo¹²n̠iɪʔ¹²dɤ³¹
58.	前天	辫日子	gəʔ¹²n̠iɪʔ¹²tsʅ⁰
59.	星期天	礼拜日	li¹⁴pA³⁵n̠iɪʔ¹²

(三) 植物

60.	犁田	耕田	kəŋ⁵³di³¹
61.	插秧	种秧	tsoŋ³⁵iɛ̃⁵³
62.	割草	斫草	tsoʔ⁵tsʰɔ⁴⁴
63.	拔去棉花的残枝	拔花萁	bæʔ¹²ho⁵³dʑi³¹

64.	采摘棉花	捉花	tsɔʔ⁵ho⁵³
65.	玉米	玉米	n̠yoʔ¹²mi¹³
66.	秕谷	瘪谷	piɪʔ⁵kɔʔ⁵
67.	大米	粳米	kɛ⁴⁴mi¹³
68.	芝麻	脂麻	tsʅ⁵³mo³¹
69.	甘薯	山芋	sɛ⁵³n̠y¹³
70.	马铃薯	洋山芋	ɦiɛ̃³¹sɛ⁵³n̠y¹³
71.	莲藕	藕	ŋɤ¹³
72.	菱角	菱	liæŋ³¹
73.	成熟的菱角	老菱	lɔ¹³liæŋ³¹
74.	大豆的嫩荚	毛豆	mɔ³¹dɤ¹³
75.	赤小豆	红豆	ɦoŋ³¹dɤ¹³
76.	豌豆	豌豆	uɛ⁴⁴dɤ¹³
77.	蚕豆	寒豆	ɦø³¹dɤ¹³
78.	茄子	落苏	lɔʔ¹²su⁵³
79.	菜瓜	菜瓜	tsʰɛ³⁵ko⁵³
80.	丝瓜成熟后的网状纤维	丝瓜筋	sʅ⁵³ko⁵³tɕiæŋ⁵³
81.	南瓜	饭瓜	vɛ¹³ko⁵³

(四) 动物

82.	家畜、家禽的统称	众牲	tsoŋ⁵³sɛ̃⁵³
83.	雄性	雄	ɦioŋ³¹
		公	koŋ⁵³
84.	雌性	雌	tsʰʅ⁵³
		母	mu¹³
85.	猴子	活狲	vɔʔ¹²səŋ⁵³
86.	猪；詈语，骂人愚蠢似猪	猪猡	tsʅ⁵³lu³¹
87.	蛇与蜈蚣一类的爬行动物	蛇虫百脚	zo³¹zoŋ³¹paʔ⁵tɕiʌʔ⁵
88.	母猪	老母猪	lɔ¹³mu¹³tsʅ⁵³
89.	农家散养的鸡	草鸡	tsʰɔ⁴⁴tɕi⁵³
90.	三黄鸡	三黄鸡	sɛ⁵³vɑ̃⁵³tɕi⁵³
91.	未发育成熟的小	童子鸡	doŋ³¹tsʅ⁴⁴tɕi⁵³

	公鸡、小母鸡		
92.	羽毛未长全的鸡	赤膊鸡	tsʰʌʔ⁵pɔʔ⁵tɕi⁵³
93.	老鼠	老鼠	lɔ¹³sɿ⁴⁴
94.	田鼠	田老鼠	di¹³lɔ¹³sɿ⁴⁴
95.	臭虫	臭虫	tsʰɤ³⁵zoŋ³¹

(五) 房舍

96.	屋顶	屋顶	ɔʔ⁵tiæŋ⁴⁴
97.	房檐	屋檐	ɔʔ⁵ɦi¹³
98.	墙壁	墙壁	ziẽ³¹piɪʔ⁵
99.	房基	宅基	zɑʔ¹²tsɿ⁵³
100.	柱子下的鼓状石头	石墩头	zʌʔ¹²təŋ⁵³dɤ³¹
101.	房门口的台阶	脚踏步	tɕiʌʔ⁵dəʔ¹²bu¹³
102.	大门	大门	du¹³mʌŋ³¹
103.	门后	门后头	mʌŋ³¹ɦiɤ¹³dɤ³¹
104.	门牌号	门牌号头	mʌŋ³¹bʌ³¹ɦiɔ¹³dɤ³¹
105.	窗户	窗	tsʰã⁵³
106.	屋顶斜坡开出的天窗	老虎窗	lɔ¹³fu⁴⁴tsʰã⁵³
107.	靠街面的房屋	沿街房子	ɦi³¹kʌ⁵³vã³¹tsɿ⁴⁴
108.	厨房	灶头间	tsɔ³⁵dɤ³¹tɕi⁵³

(六) 身体

109.	肩膀	肩胛	tɕi⁵³tɕiʌ⁴⁴
110.	手臂	手臂巴	sɤ⁴⁴piɪʔ⁵po⁵³
111.	左手	左手	tsu⁴⁴sɤ⁴⁴
112.	右手	右手	ɦiɤ¹³sɤ⁴⁴
113.	手指	节头骨	tɕiɪʔ⁵dɤ³¹kuəʔ⁵
		手节头	sɤ⁴⁴tɕiɪʔ⁵dɤ³¹
114.	大拇指	大节头	du¹³tɕiɪʔ⁵dɤ³¹
115.	手指甲	手指掐	sɤ⁴⁴tsɿ⁴⁴kʰæʔ⁵
116.	腿	腿	tʰɛ⁴⁴
117.	大腿	大腿	du¹³tʰɛ⁴⁴
118.	膝盖	脚馒头	tɕiʌʔ⁵mø³¹dɤ³¹
119.	嘴	嘴巴	tsɿ⁴⁴po⁵³

120.	嘴唇	嘴唇皮	tsʅ⁴⁴zəŋ³¹bi³¹
121.	牙齿	牙子	ŋᴀ³¹tsʅ⁴⁴

（七）亲属

122.	曾祖父	阿太	ᴀ⁴⁴tʰa³⁵
		男太	ne³¹tʰa³⁵
123.	曾祖母	阿太	ᴀ⁴⁴tʰa³⁵
		女太	ȵy¹³tʰa³⁵
124.	爷爷	大大	da¹³da¹³
125.	奶奶	奶奶	nᴀ⁴⁴nᴀ⁴⁴
126.	外祖父	外公	ŋᴀ¹³koŋ⁵³
127.	外祖母	外婆	ŋᴀ¹³bu³¹
128.	父亲(背称)	爷	ɦiᴀ³¹
		爷老头子	ɦiᴀ³¹lɔ¹³dɤ³¹tsʅ⁴⁴
		老头子	lɔ¹³dɤ³¹tsʅ⁴⁴
129.	父亲(面称)	爸爸	pa⁴⁴pa⁴⁴
		阿爸	ᴀ⁴⁴pa⁴⁴
130.	舅母	舅妈	dʑiɤ¹³ma⁵³
131.	姑母	嬷嬷	mo⁴⁴mo⁴⁴
132.	弟媳妇	弟新妇	di¹³ɕiæŋ⁵³vu¹³
133.	姑父	爷叔	ɦiᴀ¹³sɔʔ⁵
134.	丈夫	老公	lɔ¹³koŋ⁵³
135.	妻子	老婆	lɔ¹³bu³¹
136.	叔叔	叔叔	sɔʔ⁵sɔʔ⁵
		阿叔	ᴀ⁴⁴sɔʔ⁵
137.	叔父的妻子	婶妈	sᴀŋ⁴⁴ma⁵³
		阿婶	ᴀ⁴⁴sᴀŋ⁴⁴
138.	姐妹之间	姊妹淘里	tsʰʅ⁴⁴me⁴⁴dɔ¹³li¹³
139.	儿童称父母辈的男性	舅舅	dʑiɤ¹³dʑiɤ¹³
140.	舅母	舅妈	dʑiɤ¹³ma⁵³
141.	姑母	娘娘	ȵiẽ⁴⁴ȵiẽ⁴⁴

（八）饮食

142.	夜宵	夜点心	iᴀ¹³ti⁴⁴ɕiæŋ⁵³

143.	前一天晚上做好或吃剩的饭	隔夜饭	kəʔ⁵iA¹³vɛ¹³
144.	菜饭	菜饭	tsʰɛ³⁵vɛ¹³
145.	和了开水或汤的饭	淘茶饭	dɔ¹³zo³¹vɛ¹³
146.	中饭	点心	ti⁴⁴ɕiæŋ⁵³
147.	晚饭	夜饭	iA¹³vɛ¹³
148.	用饭加水烧成的稀饭	饭烧粥	vɛ¹³sɔ⁵³tsoʔ⁵
149.	白米粽	白粽子	bAʔ¹²tsoŋ¹³tsʅ⁴⁴
150.	汤团,有馅	汤圆	tʰã⁵³ɦø³¹
151.	面粉	面粉	mi¹³fəŋ⁴⁴
152.	面条	面	mi¹³
153.	小笼包	小笼馒头	ɕiɔ⁴⁴loŋ³¹me³¹dɤ³¹
154.	嘉定区南翔生产的小笼包	南翔小笼	ne³¹ziɛ̃³¹ɕiɔ⁴⁴loŋ³¹
155.	烧饼	烧饼	sɔ⁵³piæŋ⁴⁴
156.	油条	油条	ɦiɤ³¹diɔ³¹
157.	麻花	麻花	mo³¹ho⁵³
158.	水饺	饺子	tɕiɔ⁴⁴tsʅ⁴⁴
		水饺	sʅ⁴⁴tɕiɔ⁴⁴

(九) 称谓

159.	男子	男人家	ne³¹ȵiæŋ³¹kA⁵³
160.	男子;丈夫的俗称	男人	ne³¹ȵiæŋ³¹
161.	女子	女人家	ȵy¹³ȵiæŋ³¹kA⁵³
162.	婴儿	小小囡	ɕiɔ⁴⁴ɕiɔ⁴⁴nø³¹
163.	小孩儿;孩儿	小囡	ɕiɔ⁴⁴nø³¹
164.	男孩儿	小鬼头	ɕiɔ⁴⁴tɕy³⁵dɤ³¹
165.	女子;妻子的俗称	女人	ȵy¹³ȵiæŋ³¹
166.	女孩儿	小姑娘	ɕiɔ⁴⁴ku⁵³ȵiɛ̃³¹
167.	老头子;老年丈夫;对父亲的不恭敬叫法	老头子	lɔ¹³dɤ³¹tsʅ⁴⁴
168.	老头儿,有时贬义;父亲(背称)	老头子	lɔ¹³dɤ³¹tsʅ⁴⁴
169.	老年妇女,常含贬	老太婆	lɔ¹³tʰa³⁵bu³¹

义；老年妻子

170.	对年老妇女的尊称	婆婆	bu³¹bu³¹
171.	学生	学生子	ɦɔʔ¹²sẽ⁵³tsɿ⁴⁴
172.	伙伴，同伴	淘伴	dɔ¹³bɛ¹³
173.	护士	护士	vu¹³zɿ¹³
174.	司机	驾驶员	kA³⁵sɿ⁴⁴ɦø³¹
175.	邮递员	邮递员	ɦiɤ³¹di¹³ɦø³¹

（十）疾病

176.	生病	生病	sẽ⁵³biæŋ¹³
177.	发烧	发寒热	fəʔ⁵ɦø³¹n̠iɪʔ¹²
178.	感冒	伤风	sã⁵³foŋ⁵³
		感冒	kɛ⁴⁴mɔ¹³
179.	上火	上火	zã¹³fu³⁵
180.	瘫痪	瘫脱	tʰɛ⁵³tʰəʔ⁵
181.	瘸子	跷脚	tɕiɔ³⁵tɕiAʔ⁵
		歪脚	uA⁵³tɕiAʔ⁵
182.	耳聋；耳聋的人	聋膨	loŋ³¹bẽ¹³
183.	兔唇	缺嘴	tɕʰyəʔ¹²tsɿ⁴⁴

（十一）代词

184.	我	阿奴	A⁰nu¹³
185.	你	实奴	zəʔ¹²nu¹³
186.	他，她	伊	ɦi³¹
		渠伊	dʑy⁰ɦi³¹
187.	我们	阿那	A⁰na¹³
188.	我们，有时也指"我"	阿那	A⁰na¹³
189.	自己	自家	zɿ¹³kA⁵³
190.	你们	实那	zəʔ¹²na¹³
191.	他们	伊拉	ɦi³¹la⁵³
		渠拉	dʑy⁰la⁵³
192.	别人	别人家	biɪʔ¹²n̠iæŋ³¹kA⁵³
193.	谁	啥人	sa⁴⁴n̠iæŋ³¹
		哈人	ha⁵³n̠iæŋ³¹

194.	什么人	啥人	sa⁴⁴ȵiæŋ³¹
		哈人	ha⁵³ȵiæŋ³¹
195.	什么	啥	sa⁴⁴
196.	这	格	kaʔ⁵
197.	这个	格档	kaʔ⁵tã³⁵
198.	哪个	鞋里个	ɦA³¹li¹³kɤ⁰

(十二) 量词

199.	把	一把年纪	po⁴⁴
200.	顿	骂一顿	təŋ¹³
201.	辆	一把车	po⁴⁴
202.	条,老派说法	一根毛巾	kəŋ⁵³
203.	种	一只颜色	tsAʔ⁵
		一个颜色	kɤ⁰
204.	种,泛指	辩档事体	tã³⁵
205.	间	一爿店	bɛ³¹
206.	件	一桩事体	tsʰəŋ⁵³
207.	捆	一捆书	kʰuəŋ⁴⁴
		一扎书	tsəʔ⁵
208.	串,束	一束纸花	sɔʔ⁵
209.	个,种	一副腔调	fu³⁵

(十三) 方位词

210.	上边	上头	zã¹³dɤ³¹
211.	下边	下头	ɦɔ¹³dɤ³¹
		下底头	ɦɔ¹³ti⁴⁴dɤ³¹
212.	里边	里向	li¹³ɕiɛ̃⁵³
		里向头	li¹³ɕiɛ̃⁵³dɤ³¹
213.	外边	外头	ŋA¹³dɤ³¹
214.	正中间	正当中	tsəŋ³⁵tã³⁵tsoŋ⁵³
		贴贴当中	tiiʔ⁵tiiʔ⁵tã³⁵tsoŋ⁵³
215.	中间;范围之内,内部	半当中	pe³⁵tã³⁵tsoŋ⁵³
		当中	tã⁵³tsoŋ⁵³
216.	左面	左面	tsu⁴⁴mi¹³

		左半爿	tsu⁴⁴pe⁴⁴bɛ³¹
217.	右面	右面	ɦiɤ¹³mi¹³
		右半爿	ɦiɤ¹³pe⁴⁴bɛ³¹
218.	斜对过	斜对过	ziA³⁵te³⁵ku³⁵

(十四) 形容词

219.	好,漂亮	灵	liæŋ³¹
220.	第一流,第一等	一级	iʔ⁵tɕiAʔ⁷
221.	灵验；好,做事好	灵	liæŋ³¹
222.	形容人撒娇的样子	嗲	tia⁵³
223.	挺好,不错	蛮好	mɛ⁴⁴hɔ⁴⁴
224.	不错	勿错	vəʔ¹²tsʰo⁵³
		勿推板	vəʔ¹²tʰɛ⁵³pe⁴⁴
225.	相差,用于比较句中	差板	tsʰa⁵³pɛ⁴⁴
226.	丑,不好看；不体面	难看	nɛ¹³kʰø³⁵
227.	下流,不堪入目；难看	恶形恶状	ŋoʔ⁵ɦiæŋ³¹ŋoʔ⁵zã¹³
228.	热闹	闹猛	nɔ¹³mã¹³
		热闹	ȵiɪʔ¹²nɔ¹³
229.	牢固,经久	牢	lɔ³¹
	记牢；监狱		
230.	干净；一点不剩；清楚	清爽	tɕʰiæŋ⁵³sã⁴⁴
231.	肮脏,不干净	龌龊	uoʔ⁵tsʰuoʔ⁵
		赖	lA¹³
		赖柴	lA¹³zA³¹
		乌苏	u⁵³su⁵³
232.	味儿淡	淡咪咪	dɛ¹³mi⁵³mi⁵³
		淡滋滋	dɛ¹³tsɿ⁵³tsɿ⁵³
233.	脏,不整洁	邋遢	lã¹²tʰã¹²
		赖	lA¹³
		邋里邋遢	lã¹²li¹³lã¹²tʰã¹²
234.	形容味儿酸；轻微的酸痛；嫉妒,吃醋	酸几几	sø⁵³tɕi⁵³tɕi⁵³
235.	有点儿甜	甜咪咪	di³¹mi⁵³mi⁵³

236.	味儿甜；生活、爱情美好	甜津津	di³¹tɕiæŋ⁵³tɕiæŋ⁵³
237.	舒服,愉快	窝心	ɔ⁵³ɕiæŋ⁵³
238.	晚,迟	晏	ɛ⁵³
239.	很满	蛮满	mɛ⁴⁴me¹³
240.	形容矮	矮笃笃	ᴀ⁴⁴tɔʔ⁵tɔʔ⁵
241.	很直	笔直	piɿʔ⁵zəʔ¹²

(十五) 副词、连词、介词

242.	恰好；正巧	刚刚好 ~碰着伊	kɑ̃⁵³kɑ̃⁵³hɔ⁴⁴
243.	碰巧	碰巧 ~两家头侪勒海	bɛ̃³¹tɕʰiɔ⁴⁴
		凑巧	tsʰɤ³⁵tɕʰiɔ⁴⁴
244.	唯独	单单 ~伊没交	tɛ⁵³tɛ⁵³
245.	有一点儿,有些个	有眼	ɦiɤ¹³ŋɛ³¹
		有一眼眼	ɦiɤ¹³iɿʔ⁵ŋɛ³¹ŋɛ³¹
		有一眼	ɦiɤ¹³iɿʔ⁵ŋɛ³¹
246.	许多；很,非常	交关 ~多	tɕiɔ⁵³kuɛ⁵³
247.	很,很好	蛮	mɛ⁴⁴
248.	表示最高级的副词,仅能前置	最最	tsø³⁵tsø³⁵
		最	tsø³⁵
249.	至多	碰顶	bɛ̃³¹tiæŋ⁴⁴
		最多	tsø³⁵tu⁵³
250.	都,全	侪	zə³¹
251.	太	忒	tʰəʔ⁵
252.	如果	假定	kᴀ⁴⁴diæŋ¹³
		假设	kᴀ⁴⁴səʔ⁵
		如果	lu³¹ku⁴⁴
253.	或者	要末	iɔ³⁵məʔ¹²
		或者	vɔʔ¹²tsə⁴⁴
254.	宁可	情愿	dʑiæŋ³¹ȵyø¹³
		宁可	ȵiæŋ³¹kʰu⁴⁴
255.	那么	葛末	kəʔ⁵məʔ¹²
		葛	kəʔ⁵

256. 这下……；然后　　　葛末　　　　kəʔ⁵məʔ¹²
257. 迟早，早晚　　　　早晏　　　　tsɔ⁴⁴ɛ̃⁵³
　　　　　　　　　　　　早宴点　　　tsɔ⁴⁴ɛ̃⁵³ti⁴⁴

三、语法例句

（先出普通话例句，后出上海话例句）

1. 谁啊？我是老王。
   啥人啊？阿奴是老王。
   sa⁴⁴n̠iæŋ³¹aº？ Aºnu³¹z̩¹³lɔ¹³ɦuã³¹。

2. 老张呢？他正在同一个朋友说着话呢。
   老张呢？伊正垃同一个朋友讲闲话。
   lɔ²tsɛ̃⁵³n̠i³¹？ ɦi³¹tsəŋ²⁴la¹³doŋ¹³iɪʔ⁵kɤºbã³¹ɦiɤ¹³kã⁴⁴ɦɛ³¹ɦo¹³。

3. 他还没有说完吗？
   渠伊还没讲完啊？
   geºɦi³¹ɦɛ³¹məʔ⁵kã⁴⁴ve³¹aº？

4. 还没有。大约再有一会儿就说完了。
   还没。大概再讲脱一歇就讲好阿哩。
   ɦɛ³¹məʔ¹² da¹³kɛ³⁵tsɛ³⁵ kã ⁴⁴tʰəʔ⁵iɪʔ⁵ɕiɪʔ⁵ziɤ¹³kã⁴⁴hɔ⁴⁴aºli¹³。

5. 他说马上就走，怎么这半天了还在家里。
   渠讲马上就走，哪能着介半日天还垃屋里。
   ge³¹kã⁴⁴mo¹³zã¹³ziɤ¹³tsɤ⁴⁴, na¹³nəŋ¹³zAʔ¹²ka³⁵beʔ⁵n̠iɪʔ¹²tʰi⁵³ɦɛ³¹la¹³ɔʔ¹²li¹³。

6. 你到哪儿去？我到北京去。
   实奴到鞋里去？阿奴到北京去。
   zəʔ¹²nu³¹tɔ³⁵ɦA³¹li¹³tɕʰi³⁵？ aºnu³¹tɔ³⁵pɔʔ³tɕiæŋ⁵³tɕʰi³⁵。

7. 在那儿，不在这儿。
   垃哀荡，没垃辣荡。
   la¹³ɛ⁵³dã¹³, məʔ⁵la¹³gəʔ¹² dã¹³。

8. 不是那么做，是这么做的。
   勿是辣个能介做，是实介能介做。
   vəʔ¹²z̩¹³ gəʔ¹² kɤºnəŋ³¹ka²⁴tsu²⁴, z̩¹³zAʔ⁸ka³⁵nəŋ³¹ka³⁵tsu²¹。

9. 太多了，用不着那么多，只要这么多就够了。
   忒多哩，用勿着介许多，只要辣眼就有阿哩了。
   tʰəʔ⁵tu⁴⁴liº, ɦioŋ¹³vəʔ⁵zaʔ¹²ka³⁵ɕy⁴⁴tu⁵³, tsAʔ³iɔ³⁵gəʔ¹ŋ⁵ziɤ¹³ɦi¹³ aºli¹³。

10. 这个大,那个小,这两个哪一个好一点呢?

    辩荡大,哀个小,辩两个鞋里荡好一眼呢?

    gəʔ¹²dã¹³du¹³, ɛ⁵³kɤ⁰ɕiɔ⁴⁴, gəʔ¹² liẽ¹³kəʔ⁰ɦa³¹li¹³dã¹³hɔ⁴⁴iɿ¹²ŋɛ¹³n̩i⁰?

11. 这个比那个好。

    辩荡比哀个好。

    gəʔ¹²dã¹³pi⁴⁴ɛ⁵³kɤ⁰hɔ⁴⁴。

12. 这些房子不如那些房子好。

    辩点房子没哀点房子好。

    gəʔ²ti⁴⁴vã³¹tsɿ⁰məʔ¹²ɛ⁵³ ti⁴⁴ vã³¹tsɿ⁰hɔ⁴⁴。

13. 这句话用上海话怎么说?

    辩句闲话用上海闲话哪能讲?

    gəʔ¹²tɕy²⁴ɦɛ³¹ɦoɔ¹³ɦioŋ¹³zã¹³hɛ⁴⁴ɦɛ³¹ɦoɔ¹³na¹³nəŋ³¹kã⁴⁴ ?

14. 他今年多大岁数?

    渠伊今年几岁?

    gəʔ⁰ɦi³¹tɕiŋ⁵³n̩i³¹tɕi⁴⁴sø³⁵ ?

15. 大概有三十来岁吧。

    大概三十岁。

    da¹³kɛ³⁵sɛ⁵³səʔ⁵sø³⁵。

16. 这个东西有多重呢?

    辩个物事多少重?

    gəʔ¹²kəʔ⁰məʔ³zɿ¹³tu⁵³sɔ⁴⁴zoŋ¹³ ?

17. 有五十斤重呢。

    有五十斤重。

    ɦiɤ¹³n̩¹³səʔ⁵tɕiŋ⁴⁴zoŋ¹³。

18. 拿得动吗?

    担得动伐?

    tɛ⁵³dəʔ⁵doŋ¹³vaʔ¹² ?

19. 我拿得动,他拿不动。

    阿奴担得动,渠伊担勿动。

    a⁰nu³¹tɛ⁵³dəʔ⁵doŋ³², gəʔ⁰ɦi³¹tɛ⁵³vəʔ⁵doŋ¹³。

20. 真不轻,重得连我也拿不动。

    真勿轻,重得来连阿奴也拿勿动。

    tsəŋ⁵³vəʔ³tɕʰiŋ³², zoŋ¹³lɛ¹³li¹³a⁰u³¹ɦa¹³nɛ²¹vəʔ⁴doŋ³¹。

21. 你说得很好,你还会说点什么呢?

实奴讲来蛮好个,实奴还会得讲啥?

zəʔ^{12}nu^{31}kã^{44}le^{13}mɛ^{44}hɔ^{35}ɦə^{0}, zəʔ^{12}nu^{31}ɛ^{53}ʋe^{13}tə^{0}kã^{44}sa^{35}?

22. 我嘴笨,我说不过他。

阿奴嘴巴笨,阿奴讲勿过渠伊。

a^{0}nu^{31}tsɿ^{44}po^{53}bəŋ^{13}, a^{0}nu^{31}kã^{44}ʋə^{0}ku^{35}gi^{0}ɦi^{31}。

23. 说了一遍,又说了一遍。

讲了一遍,又讲了一遍。

kã^{44}ləʔ^{24}iɿʔ^{3}bi^{35}, ɦi^{13}kã^{44}ləʔ^{24}iɿʔ^{3}bi^{35}。

24. 请你再说一遍。

请实奴再讲一遍。

tɕʰiŋ^{35}zəʔ^{12}nu^{31}tsɛ^{35}kã^{33}iɿʔ^{3}bi^{34}。

25. 不早了,快去吧!

勿早阿哩,快眼去末末哩!

ʋəʔ^{5}tsɔ^{33} a^{0}li^{13}, kʰua^{35}ŋe^{13}tɕʰi^{35}mə^{0}li^{13}!

26. 现在还很早呢,等一会儿再去吧。

现在还早阿哩,等脱一歇再去。

ɦi^{22}ze^{13}ɦE^{13}tsɔ^{44} a^{0}li^{13}, təŋ^{44}tʰəʔ^{5}iɿʔ^{5}ɕiɿʔ^{5} tsɛ^{35}tɕʰi^{35}。

27. 吃了饭再去好吗?

吃好饭再去好伐?

tɕʰiɿʔ^{5}hɔ^{44}vɛ^{13}tsɛ^{35}tɕʰi^{35}hɔ^{44}vaʔ^{12}?

28. 慢慢儿的吃啊,不要着急。

慢慢叫吃,勿要急。

mɛ^{13}mɛ^{13}tɕiɔ^{35}tɕʰyəʔ^{5}, ʋəʔ^{5}iɔ^{35}tɕiɿʔ^{5}。

29. 坐着吃比站着吃好些。

坐垃吃比立垃吃好一眼。

zu^{13}la^{13}tɕʰyəʔ^{5}pi^{44}liɿʔ^{12}la^{53}tɕʰyəʔ^{5}hɔ^{44}iɿʔ^{5}nE^{53}。

30. 他吃了饭了,你吃了饭没有呢?

渠伊吃好阿哩,助饭吃垃没?

gəʔ^{0}ɦi^{31}tɕʰyəʔ^{5}hɔ^{44} a^{0}li^{13}, zu^{13}vɛ^{53}tɕʰyəʔ^{5}la^{13}məʔ^{12}?

31. 他去过北京,我没有去过。

渠伊去过北京,阿奴吮没去过。

gəʔ^{0}ɦi^{31}tɕʰi^{35}ku^{35}pɔʔ^{5}tɕiæŋ^{53}, a^{0}nu^{31}məʔ^{5}tɕʰi^{2}ku^{32}。

32. 来闻闻这朵花香不香。

来闻闻看辩朵花香伐。

lɛ^{13}vəŋ^{13}vəŋ^{13}gəʔ^{0}tɔ^{35}ho^{53}ɕiã^{53}vəʔ^{5}ɕiã^{53}。

33. 给我一本书。

    拨奴一本书。

    pa^{35}ɦu^{13}ɪɪʔ^{5}pəŋ^{44}sŋ^{53}。

34. 我实在没有书呀。

    阿奴实在没书呀。

    aʔ^{0}nu^{13}zəʔ^{12}zE^{13}məʔ^{5}sŋ^{53}ɦa^{31}。

35. 你告诉他。

    实奴得渠伊讲。

    zəʔ^{12}nu^{13}təʔ^{5}gi^{0}ɦi^{31}kã^{44}。

36. 好好儿的走,不要跑!

    好好叫走,勿要跑!

    hɔ^{23}hɔ^{44}tɕiɔ^{35}tsɤ^{35},vəʔ^{5}iɔ^{35}bɔ^{13}！

37. 小心跌下去爬不上来。

    当心跌落去蹱勿起来。

    ʔtã^{53}ɕiŋ^{53}tiɪʔ^{44}lo^{12}tɕʰi^{35}bɛ^{31}vəʔ^{5}tɕʰi^{44}lE^{31}。

38. 医生叫你多睡一会儿。

    医生教实奴多睏脱一歇。

    i^{53}sã^{53}kɔ^{35}zəʔ^{12}nu^{13}tu^{53}kʰuəŋ^{35}tʰəʔ^{5}iɪʔ^{5}ɕiɪʔ^5。

39. 吸烟或者喝茶都不行。

    吃香烟咾吃茶侪勿可以。

    tɕʰyɔʔ^{5}ɕiã^{53}i^{53}lɔ^{0}tɕʰyɔʔ^{5}zo^{13}zɛ^{13}vəʔ^{5}kʰu^{44}i^{35}。

40. 烟也好,茶也好,我都不喜欢。

    香烟也好,茶也好,吾脱勿喜欢。

    ɕiã^{53}i^{53}ɦa^{13}hɔ^{44},zo^{13}ɦa^{13}hɔ^{44},a^{0}zɛ^{31}vəʔ^{5}ɕi^{55}huE^{53}。

41. 不管你去不去,反正我是要去的。

    勿管助去伐,反正阿奴是要去个。

    vəʔ^{5}kuE^{44}zu^{13}tɕʰi^{35}vaʔ^{12}, fE^{44}tsəŋ^{35}ɦu^{13}zŋ^{13}iɔ^{35}tɕʰi^{35}ɦə^0。

42. 我非去不可。

    阿板去个。

    a^{0}pɛ^{44}tɕʰi^{35}ɦə^0。

43. 你是哪一年来的?

    实奴是鞋里辩年来个?

    zəʔ^{12}nu^{31}zŋ^{13}ɦa^{31}li^{13}gəʔ^{12}ɲi^{31}lE^{31}ɦə^0？

44. 我是前年到的北京。

   阿奴是前年到北京个。

   a^{0}nu^{31} z$_1^{13}$zi^{31}ɲi^{31}ʔtɔ^{35}po^{5}tɕiæŋ^{53}ɦə^0。

45. 今年开会谁的主席？

   今年开会哈人是主席？

   tɕiæn^{53}ɲi^{13}k^{h}ᴇ^{53}ɦuei^{13}ha^{35}ɲiŋ^{31}z$_1^{13}$tsy^{44}ziɿ^{12}？

46. 你得请我的客。

   实奴要请客个。

   zəʔ^{12}nu^{31}iɔ^{35}tɕ^{h}iŋ^{35}k^{h}a^{5}ɦə^0。

47. 一边走, 一边说。

   一边走, 一边讲。

   iɿʔ^{5}pi^{53}tsɤ^{35}, iɿʔ^{5}pi^{53}kã^{44}。

48. 越走越远, 越说越多。

   越走越远, 越讲越多。

   ɦyøʔ^{12}tsɤ^{35}ɦyøʔ^{12}ɦyø^{13}, ɦyøʔ^{12}kã^{35}ɦyøʔ^{12}ʔdu^{53}。

49. 把那个东西拿给我。

   担哀个物事担拨阿奴。

   tɛ^{53}ɛ^{53}gəʔ^{3}məʔ^{12}z$_1^{13}$tɛ^{53}pəʔ^{5}a^{0}nu^{31}。

50. 有些地方管太阳叫日头。

   有的地方担太阳叫日头。

   ɦiɤ^{13}tiɿ^{5}di^{13}fã^{53}tᴇ^{53}t^{h}a^{35}ɦiᴇ^{53}tɕiɔ^{35}ɲiɿʔ^{2}dɤ^{31}。

51. 您贵姓？我姓王。

   实奴姓啥？阿奴姓王。

   zəʔ^{12}nu^{31}ɕiŋ^{35}sa^{44}？ a^{0}nu^{31}ɕiŋ^{35}ɦuã^{31}。

52. 你姓王, 我也姓王, 咱两个人都姓王。

   实奴也姓王, 阿奴也姓王, 阿那两个人侪姓王。

   zəʔ^{12}nu^{31}ɦa^{13}ɕiŋ^{35}ɦuã^{31}, nu^{31}ɦa^{13}ɕiŋ^{35}ɦuã^{31}, a^{0}na^{13}liã^{13}ka^{53}dɤ^{31}zᴇ^{31}ɕiŋ^{35}ɦuã^{31}。

53. 你先去吧, 我们等一会儿再去。

   助先去末哩, 阿那等脱一歇再去。

   zu^{13}ɕi^{44}tɕ^{h}i^{5}məʔ^{0}li^{13}, a^{0}na^{31}təŋ^{44}t^{h}əʔ^{5}iɿʔ^{5}ɕiɿʔ^{5}tsᴇ^{35}tɕ^{h}i^{35}。

54. 你抽不抽烟？

   实奴吃香烟伐？

   zəʔ^{21}nu^{31}tɕ^{h}iɿʔ^{5}ɕiẽ^{53}i^{53}ʋaʔ^{12}？

55. 你认得那个人不认得？

实奴认得哀个人伐?
zəʔ¹²nu³¹n̠iŋ²²təʔ⁵ɛ⁵³gəʔ³n̠iŋ³¹vaʔ¹²?

四、长篇语料

poʔ⁵foŋ⁵³tʰəʔ⁵n̠iɪʔ¹²dɤ¹³
北 风 脱 日 头

ɦiɤ¹³iɪʔ⁵tʰã³⁵, poʔ⁵foŋ⁵³kʰəʔ⁵n̠iɪʔ¹dɤ¹³la¹³ɛ⁵³mi¹³dɤ¹³tsəŋ⁵³ha³⁵n̠iæŋ³¹pʌŋ¹³
有 一 趟, 北 风 克 日 头 垃 哀 面 头 争 哈 人 本

zɿ¹³du¹³tsəŋ⁵³lɛ·tsəŋ⁵³ tɕʰi³⁵tsəŋ⁵³ziɤ¹³zɿ¹³fəŋ⁵³ vəʔ¹² tsʰəʔ¹² ha³⁵n̠iæŋ¹³zʌʔ¹²
事 大。争 来 争 去 争 就 是 分 勿 出 哈 人 着

liɪʔ¹², gəʔ¹² tã³⁵ zəŋ³¹kuã⁵³, lu¹³ lã¹³ ɕiɛ̃⁵³lɛ·¹³ iɔ¹³iɪʔ⁵gɤ⁰n̠iæŋ³¹ɦi³¹ ɕiæŋ⁵³ lã¹³
力, 辫 档 辰 光, 路 浪 向 来 了 一 个 人, 伊 身 浪

ɕiɛ⁵³tsʌʔ⁵ləʔ¹²iɪʔ⁵dʑiɪʔ¹²dai³i⁵³ ɦi³¹la⁵³liɛ̃¹³gɤ⁰n̠iæŋ³¹ziɤ¹³ kã⁴⁴hɔ⁴⁴, ha³⁵n̠iæŋ³¹
向 着 勒 一 件 大 衣。伊 拉 两 个 人 就 讲 好, 哈 人

nəŋ³¹kɤ³⁵ɕi⁵³tɕiɔ³⁵gəʔ¹²tã³⁵tsɤ⁴⁴lu¹³gɤ⁰n̠iæŋ³¹tʰəʔ⁵ lɔʔ¹² lɛ³¹gɛ³¹ gɤ⁰dai³i⁵³, ziɤ¹³
能 够 先 叫 辫 档 走 路 个 人 脱 落 来 渠 个 大 衣, 就

sø³⁵ ha³⁵ n̠iæŋ¹³gɤ⁰ pʌŋ¹³ zɿ¹³ du¹³ poʔ⁵foŋ⁵³ziɤ¹³zʌʔ¹²liɪʔ¹² gɤ⁰tsʰɿ¹³ tɕʰi⁴⁴lɛ³¹li¹³.
算 哈 人 个 本 事 大。北 风 就 着 力 个 吹 起 来 哩。

pəʔ⁵ku³⁵gɛ³¹ɦyəʔ¹² zɿ¹³tsʰɿ⁵³lɛ³¹zʌʔ¹²liɪʔ¹², ɛ⁵³ gɤ⁰tsɤ⁴⁴lu¹³ gɤ⁰ n̠iæŋ³¹ziɤ¹³ tɛ⁵³dai¹·⁵³
不 过 渠 越 是 吹 来 着 力,哀 个 走 路 个 人 就 担 大 衣

gu⁴⁴ lɛ³¹ɦyəʔ¹² tɕiæŋ⁴⁴. ɦiɤ¹³sɤ³⁵lɛ³¹ poʔ⁵ foŋ⁵³ məʔ¹² bɛ¹³fəʔ⁵, tsʌʔ¹² hɔ⁴⁴ ziɤ¹³ ka³⁵
裹 来 越 紧。后 首 来 北 风 没 办 法,只 好 就 介

sø³⁵ ʌʔ⁵li¹³ ku³⁵ tʰəʔ⁵ ɕiɪʔ⁵n̠iɪʔ¹ dɤ¹³ tsʰəʔ⁵lɛ³¹ li¹³ n̠iɪʔ¹ dɤ¹³mɛ³¹ du¹³gɤ⁰so³⁵ lɔʔ¹²
算 阿 哩。过 脱 歇,日 头 出 来 哩。日 头 蛮 大 个 晒 落

lɛ³¹ɛ⁵³ gɤ⁰ tsɤ⁴⁴lu¹³ gɤ⁰ n̠iæŋ³¹ ziɤ¹³mo¹³ zã³¹tɕi⁵³zã̃³¹ tʰəʔ⁵ lɔʔ¹² lɛ³¹ li¹³. zɔʔ¹²
来。哀 个 走 路 个 人 就 马 上 担 衣 裳 脱 落 来 哩。实

ka³⁵ nəŋ³¹ ka³⁵, poʔ⁵foŋ⁵³tsʌʔ¹² hɔ⁴⁴zəŋ¹³n̠iæŋ¹³, gɛ³¹la⁵³ liɛ̃¹³ gɤ⁰n̠iæŋ³¹ ɦɛ⁵³ zɿ¹³
介 能 介,北 风 只 好 承 认, 渠 拉 两 个 人 还 是

n̠iɪʔ¹ dɤ¹³ gɤ⁰ pʌŋ¹³ zɿ¹³ du¹³
日 头 个 本 事 大。

北风跟太阳
(普通话对照)

有一回,北风跟太阳在那儿争论谁的本事大,争来争去就是分不出高低来。这时候路上来了个走道儿的,他身上穿着件大衣。它们俩就说好了,谁能先叫这个走道儿的脱下他的大衣,就算谁的本事大。北风就使劲儿地刮起来了,不过它越是刮得厉害,那个走道儿的把大衣裹得越紧。后来北风没法儿了,只好就算了。过了一会儿,太阳出来了。它火辣辣地一晒,那个走道儿的马上就把那件大衣脱下来了。这下儿北风只好承认,它们俩当中还是太阳的本事大。

第七章　青浦音档

一、语音

(一) 声母

声母1号 p	布帮比报北伯
声母2号 pʰ	批攀怕胖劈扑
声母3号 b	皮步盆旁拔白
声母4号 m	母美闷梅门麦
声母5号 f	飞翻粉风福发
声母6号 v	扶浮房奉服罚
声母7号 t	低胆党懂德搭
声母8号 tʰ	天透汤听铁托
声母9号 d	地桃糖动夺踏
声母10号 n	你ᵥ拿努囡内捺
声母11号 l	拉捞溜铃赖辣
声母12号 ts	纸做张增质扎
声母13号 tsʰ	处车仓冲出尺
声母14号 s	书收生松色缩
声母15号 z	树柴床虫舌石
声母16号 tɕ	鸡举节浆
声母17号 tɕʰ	气秋枪切清
声母18号 dʑ	集剧旗权强群
声母19号 ȵ	粘扭捏泥牛仰
声母20号 ɕ	修需勋血削香
声母21号 ʑ	徐斜象秦绝嚼
声母22号 k	干盖梗公谷夹
声母23号 kʰ	开宽康垦扩客

声母24号 g　　　　茄环戇狂共轧
声母25号 ŋ　　　　砑我_文外鹅额
声母26号 h　　　　花火很荒瞎
声母27号 ɦ　　　　鞋移胡雨
声母28号 ∅　　　　鸭衣乌迁

声母比字
清音和浊音
布 pu³⁵　　≠　　步 bu¹³
到 tɔ³⁵　　≠　　道 dɔ¹³
松 soŋ⁵³　　≠　　重 zoŋ¹³
浇 tɕiɔ⁵³　　≠　　桥 dʑiɔ³¹
西 ɕi⁵³　　≠　　奇 dʑi³¹
工 koŋ⁵³　　≠　　共 goŋ¹³

尖音和团音
将 tɕiẽ⁵³　　=　　姜
焦 tɕiɔ⁵³　　=　　浇
秋 tɕʰiɯ⁵³　　=　　丘
小 ɕiɔ⁴⁴　　=　　晓

平舌音和卷舌音
仓 tsʰã⁵³　　=　　昌
足 tsoʔ⁵　　=　　祝
粗 tsʰu⁵³　　=　　初
思 sɿ⁵³　　=　　师

鼻音声母和零声母
虞 ŋy³¹　　≠　　淤 y⁵³
熬 ŋɔ³¹　　≠　　奥 ɔ³⁵
扼 ŋɐʔ²　　≠　　遏 ɐʔ⁵
眼 ŋE¹³　　≠　　爱 E³⁵

鼻音声母和边音声母

怒 nu^{13}	≠	路 lu^{13}
女 $ȵy^{13}$	≠	吕 ly^{13}
泥 $ȵi^{31}$	≠	离 li^{31}
年 $ȵiɪ^{31}$	≠	连 $liɪ^{31}$

(二) 韵母

韵母1号 ɿ	志次是四
韵母2号 i	米地汽医
韵母3号 u	铺坐哥乌
韵母4号 y	女朱跪雨
韵母5号 a	抓价外鞋
韵母6号 ia	笡写借牙
韵母7号 ua	怪快坏歪
韵母8号 ɔ	包稿咬奥
韵母9号 iɔ	秒叫笑妖
韵母10号 ʊ	怕错瓜化
韵母11号 ɯ	头搂狗欧
韵母12号 iɯ	丘修因优
韵母13号 ᴇ	板来海爱
韵母14号 iᴇ	奸
韵母15号 uᴇ	关惯筷还
韵母16号 ø	短团穿酸
韵母17号 yø	犬拳软冤
韵母18号 iɪ	杯棉剪烟
韵母19号 uɪ	官块未微
韵母20号 ã	邦忙上项
韵母21号 iã	旺
韵母22号 uã	光筐狂汪
韵母23号 ɛ̃	浜张冷梗
韵母24号 iɛ̃	枪良让央
韵母25号 uɛ̃	横光
韵母26号 əŋ	等针门狠
韵母27号 iəŋ	京庆银音
韵母28号 uəŋ	滚坤昏魂

韵母29号 iŋ 病请心寻
韵母30号 oŋ 蓬风中共
韵母31号 ioŋ 穷胸炯永
韵母32号 aʔ 百麦只吓(白)
韵母33号 iaʔ 甲嚼药约
韵母34号 uaʔ 划(笔~)
韵母35号 æʔ 达眨袜瞎
韵母36号 iæʔ 捏
韵母37号 uæʔ 括刮滑挖
韵母38号 ɐʔ 得出鸽
韵母39号 iɐʔ 击吃剧
韵母40号 uɐʔ 骨阔活
韵母41号 ɔʔ 托角壳鹤
韵母42号 uɔʔ 扩廓或
韵母43号 oʔ 北祝郭六
韵母44号 ioʔ 玉轴曲
韵母45号 œʔ 夺脱捋
韵母46号 yœʔ 月血缺决
韵母47号 iiʔ 笔急热一
韵母48号 əl 儿
韵母49号 n̩ □奶(祖母)
韵母50号 m̩ 亩呒
韵母51号 ŋ̩ 我五鱼

韵母比字

舌尖前元音和舌尖后元音

资 tsɿ^{53}　　＝　　知
次 tsʰɿ^{35}　　＝　　耻
四 sɿ^{35}　　＝　　试

鼻音韵尾

金 tɕiəŋ^{53}　＝　斤　＝　京
音 iŋ^{53}　＝　因　＝　英
心 ɕiŋ^{53}　＝　新　＝　星

林 liŋ³¹　＝　邻　＝　菱

塞音韵尾
鸽 kɐʔ⁵　＝　割　＝　革
立 liɪʔ²　＝　裂　＝　历
十 zɐʔ²　＝　舌　＝　贼
湿 sɐʔ⁵　＝　设　＝　塞

舒声韵和促声韵
带 ta³⁵　≠　答 taʔ⁵
泰 tʰa³⁵　≠　塔 tʰaʔ⁵
利 li¹³　≠　力 liɪʔ²
比 pi³⁵　≠　笔 piɪʔ⁵
摆 pa³⁵　≠　百 paʔ⁵
地 di¹³　≠　笛 diɪʔ¹

前 ã 和后 ɑ̃
打 tã⁴⁴　≠　党 tɑ̃⁴⁴
冷 lã¹³　≠　狼 lɑ̃³¹
省 sã⁴⁴　≠　爽 sɑ̃⁴⁴
梗 kã³⁵　≠　港 kɑ̃⁴⁴

其他
离 li³¹　≠　来 lɛ³¹
衣 i⁵³　≠　烟 iɪ⁵³
袜 mæʔ²　≠　麦 maʔ²

(三) 声调

声调1号	阴平调53	高猪低飞机西刚专
声调2号	阳平调31	穷神陈茶情瓶同虫
声调3号	阴上调44	草走口短讨好巧手早
声调4号	阳上调13	菜送爱帐信看冻报靠
声调5号	阳去调35	大病树米队蛋老办造
声调6号	阴入调5	七急竹脱铁击笔督节

声调7号　　　　阳入调2　　　　　入六局合肉舌热敌毒

声调比字

古阴平和古阳平

方 faŋ⁵³　　≠　　房 vaŋ³¹
天 tʰi⁵³　　≠　　田 di³¹
初 tsʰu⁵³　　≠　　锄 zu¹³

古阴平和古阴上

包 pɔ⁵³　　≠　　饱 pɔ⁴⁴
灯 təŋ⁵³　　≠　　等 təŋ⁴⁴
端 tø⁵³　　≠　　短 tø⁴⁴

古阴上和古阴去

腿 tʰiɪ⁴⁴　　≠　　退 tʰiɪ³⁵
体 tʰi⁴⁴　　≠　　替 tʰi³⁵
等 təŋ⁴⁴　　≠　　凳 təŋ³⁵

古阳平、古阳上和古阳去

桃 dɔ¹³　　=　　稻　　=　　盗
潮 zɔ²¹³　　=　　赵　　=　　召
球 dʑiɤ¹³　　=　　舅　　=　　旧

古阴入和古阳入

八 paʔ⁵　　≠　　拔 baʔ²
发 faʔ⁵　　≠　　罚 vaʔ²
笔 piɪʔ⁵　　≠　　鼻 biɪʔ²

(四) 变调

广用式两字组变调举例

前字阴平

1+1　44-53

医生 i⁵³⁻⁴⁴sɛ̃⁵³⁻⁵³　　　飞机 fi⁵³⁻⁴⁴tɕi⁵³⁻⁵³　　　香烟 ɕiɛ̃⁵³⁻⁴⁴iɪ⁵³⁻⁵³
乌龟 u⁵³⁻⁴⁴tɕy⁵³⁻⁵³　　　开窗 kʰɛ⁵³⁻⁴⁴tsʰã⁵³⁻⁵³　　　浇花 tɕiɔ⁵³⁻⁴⁴hɷ⁵³⁻⁵³

1+2　44-53
今年 tɕiəŋ⁵³⁻⁴⁴niɪ³¹⁻⁵³　　天桥 tʰiɪ⁵³⁻⁴⁴dʑiɔ³¹⁻⁵³　　光荣 kuã⁵³⁻⁴⁴ɦioŋ³¹⁻⁵³
新闻 sin⁵³⁻⁴⁴vəŋ³¹⁻⁵³　　开门 kʰE⁵³⁻⁴⁴məŋ³¹⁻⁵³　　帮忙 pã⁵³⁻⁴⁴mã³¹⁻⁵³

1+3　44-53
资本 zɿ⁵³⁻⁴⁴pəŋ⁴⁴⁻⁵³　　工厂 koŋ⁵³⁻⁴⁴tsʰɛ̃⁴⁴⁻⁵³　　甘草 kiɪ⁵³⁻⁴⁴tsʰɔ⁴⁴⁻⁵³
跟斗 kəŋ⁵³⁻⁴⁴tɯ⁴⁴⁻⁵³　　抓紧 tsa⁵³⁻⁴⁴tɕiəŋ⁴⁴⁻⁵³　　光火 kuã⁵³⁻⁴⁴hu⁴⁴⁻⁵³

1+4　44-53
沙眼 sɤ⁵³⁻⁴⁴ŋE¹³⁻⁵³　　经理 tɕiəŋ⁵³⁻⁴⁴li¹³⁻⁵³　　端午 tø⁵³⁻⁴⁴ɦŋ¹³⁻⁵³
三两 sE⁵³⁻⁴⁴liɛ̃¹³⁻⁵³　　修养 ɕiɯ⁵³⁻⁴⁴ɦiɛ̃¹³⁻⁵³　　干冷 kø⁵³⁻⁴⁴lɛ̃¹³⁻⁵³

　　　44-21
兄弟 ɕioŋ⁵³⁻⁴⁴di¹³⁻²¹　　亲近 tsʰin⁵³⁻⁴⁴dʑiəŋ¹³⁻²¹　　安静 yø⁵³⁻⁴⁴ziŋ¹³⁻²¹
干旱 kø⁵³⁻⁴⁴ɦyø¹³⁻²¹　　轻重 tɕʰiəŋ⁵³⁻⁴⁴zoŋ¹³⁻²¹

1+5　44-21
书记 sɿ⁵³⁻⁴⁴tɕi³⁵⁻²¹　　精细 tsin⁵³⁻⁴⁴ɕi³⁵⁻²¹　　相信 ɕiɛ̃⁵³⁻⁴⁴sin³⁵⁻²¹
功课 koŋ⁵³⁻⁴⁴kʰu³⁵⁻²¹　　天性 tʰiɪ⁵³⁻⁴⁴sin³⁵⁻²¹　　霜降 sã⁵³⁻⁴⁴kã³⁵⁻²¹

1+6　44-21
花样 hɤ⁵³⁻⁴⁴iɛ̃¹³⁻²¹　　希望 ɕ⁵³⁻⁴⁴imã¹³⁻²¹　　医院 i⁵³⁻⁴⁴ɦyø¹³⁻²¹
销路 ɕiɔ⁵³⁻⁴⁴lu¹³⁻²¹　　烧饭 sɔ⁵³⁻⁴⁴vE¹³⁻²¹　　生病 sɛ̃⁵³⁻⁴⁴biŋ¹³⁻²¹

1+7　44-2
资格 zɿ⁵³⁻⁴⁴kaʔ⁵⁻²　　生铁 sɛ̃⁵³⁻⁴⁴tʰiɪʔ⁵⁻²　　中国 tsoŋ⁵³⁻⁴⁴koʔ⁵⁻²
筋骨 tɕiəŋ⁵³⁻⁴⁴kuɤʔ⁵⁻²　　方法 fã⁵³⁻⁴⁴fæʔ⁵⁻²　　公式 koŋ⁵³⁻⁴⁴sɤʔ⁵⁻²

　　　53-5
烧粥 sɔ⁵³⁻⁵³tsoʔ⁵⁻⁵

1+8　44-2
猪肉 tsɿ⁵³⁻⁴⁴nioʔ²⁻²　　蜂蜜 foŋ⁵³⁻⁴⁴miɪʔ²⁻²　　京剧 tɕiəŋ⁵³⁻⁴⁴dʑiɤʔ²⁻²
杉木 sE⁵³⁻⁴⁴moʔ²⁻²　　商业 sã⁵³⁻⁴⁴niɪʔ²⁻²　　阴历 iəŋ⁵³⁻⁴⁴liɪʔ²⁻²

　　　53-5
烘热 hoŋ⁵³⁻⁴⁴niɪʔ²⁻²　　消毒 ɕiɔ⁵³⁻⁴⁴doʔ²⁻²

注：“1+7”、“1+8”中的53-5变调模式只适用于动宾结构。但部分动宾结构44-5、53-5两种变调形式皆可读，如"消毒" [ɕiɔ⁴⁴doʔ⁵ / ɕiɔ⁵³doʔ⁵]；部分只有后一种变调，如"烧粥" [sɔ⁵³ tsoʔ⁵]。

前字阳平

2+1　44-53
田鸡 diɪ³¹⁻⁴⁴tɕi⁵³⁻⁵³　　床单 zã³¹⁻⁴⁴dE⁵³⁻⁵³　　梅花 miɪ³¹⁻⁴⁴hɤ⁵³⁻⁵³

2+2　44-53

农村 noŋ$^{31-44}$tsʰəŋ$^{53-53}$　　存心 zəŋ$^{31-44}$siŋ$^{53-53}$　　聊天 liɔ$^{31-44}$tʰiɪ$^{53-53}$

皮球 bi$^{31-44}$dʑiɯ$^{31-53}$　　名堂 miŋ$^{31-44}$dã$^{31-53}$　　平台 biŋ$^{31-44}$dᴇ$^{31-53}$

农忙 noŋ$^{31-44}$mã$^{31-53}$　　留神 liɯ$^{31-44}$zəŋ$^{31-53}$　　环湖 guᴇ$^{31-44}$ɦu$^{31-53}$

2+3　44-53

存款 zəŋ$^{31-44}$kʰuɪ$^{44-53}$　　团长 dø$^{31-44}$tsɛ̃$^{44-53}$　　桃子 dɔ$^{31-44}$tsɿ$^{44-53}$

牙齿 ŋa$^{31-44}$tsʰɿ$^{44-53}$　　棉袄 miɪ$^{31-44}$ɔ$^{44-53}$　　寻死 ziŋ$^{31-44}$ɕi$^{44-53}$

13-35

头颈 dɯ$^{31-13}$tɕiəŋ$^{44-35}$

2+4　44-53

朋友 bɛ̃$^{31-44}$ɦiɯ$^{13-53}$　　牛奶 ȵiɯ$^{31-44}$na$^{13-53}$　　模范 mu$^{31-44}$vᴇ$^{13-53}$

原理 ȵyø$^{31-44}$li$^{13-53}$　　杨柳 ɦiɛ̃$^{31-44}$liɯ$^{13-53}$　　淘米 dɔ$^{31-44}$mi$^{13-53}$

35-21

期限 dʑi$^{31-35}$ɦᴇ$^{13-21}$　　跑道 bɔ$^{31-35}$dɔ$^{13-21}$　　肥皂 vi$^{31-35}$zɔ$^{13-21}$

2+5　35-21

瓷器 cɿ$^{31-35}$tɕi$^{35-21}$　　长凳 zɛ̃$^{31-35}$təŋ$^{35-21}$　　蒲扇 bu$^{31-35}$sᴇ$^{35-21}$

能干 nəŋ$^{31-35}$kø$^{35-21}$　　还账 ɦuᴇ$^{31-35}$tsɛ̃$^{35-21}$　　盘货 biɪ$^{31-35}$hu$^{35-21}$

13-35

群众 dʑioŋ$^{31-13}$tsoŋ$^{35-35}$

2+6　35-21

场面 zɛ̃$^{31-35}$miɪ$^{13-21}$　　原地 ȵyø$^{31-35}$di$^{13-21}$　　蚕豆 ziɪ$^{31-35}$dɯ$^{13-21}$

绸缎 zɯ$^{31-35}$dø$^{13-21}$　　神话 zəŋ$^{31-35}$ɦω$^{13-21}$　　无效 ɦu$^{31-35}$ɦiɔ$^{13-21}$

13-35

程度 zəŋ$^{31-13}$du$^{13-35}$

53-35

流汗 liɯ$^{31-53}$ɦyø$^{13-35}$

2+7　35-3

潮湿 zɔ$^{31-35}$saʔ$^{5-3}$　　皮夹 bi$^{31-35}$kæʔ$^{5-3}$　　红色 ɦoŋ$^{31-35}$sæʔ$^{5-3}$

毛笔 mɔ$^{31-35}$biɪʔ$^{5-3}$　　颜色 ŋᴇ$^{31-35}$sæʔ$^{5-3}$　　条约 diɔ$^{31-35}$iaʔ$^{5-3}$

31-5

流血 liɯ$^{31-31}$ɕyœʔ$^{5-5}$

2+8　35-3

同学 doŋ$^{31-35}$ɦɔʔ$^{2-3}$　　成熟 zəŋ$^{31-35}$zɔʔ$^{2-3}$　　寒热 ɦyø$^{31-35}$ȵiɪʔ$^{2-3}$

名额 miŋ$^{31-35}$ŋæʔ$^{2-3}$　　牛肉 ȵiɯ$^{31-35}$ȵioʔ$^{2-3}$　　零食 liŋ$^{31-35}$zæʔ$^{2-3}$

31–5

防滑 vã$^{31-31}$ɦuæʔ$^{2-5}$

前字阴上

3+1　44–53

酒缸 tɕiu$^{44-44}$kã$^{53-53}$　　广州 kuã$^{44-44}$tsɯ$^{53-53}$　　普通 pʰu$^{44-44}$tʰoŋ$^{53-53}$

讲师 kã$^{44-44}$sɿ$^{53-53}$　　表亲 piɔ$^{44-44}$tsʰiŋ$^{53-53}$　　起风 tɕʰi$^{44-44}$foŋ$^{53-53}$

　　35–21

点心 tiɪ$^{44-35}$siŋ$^{53-21}$　　草鸡 tsɔ$^{44-35}$tɕi$^{53-21}$　　火车 hu$^{44-35}$tsʰʮ$^{53-21}$

3+2　44–53

广场 kuã$^{44-44}$zɛ$^{31-53}$　　保持 bɔ$^{44-44}$zɿ$^{31-53}$　　本能 pəŋ$^{44-44}$nəŋ$^{31-53}$

粉红 fəŋ$^{44-44}$ɦoŋ$^{31-53}$　　打雷 tɛ$^{44-44}$le$^{31-53}$　　倒霉 dɔ$^{44-44}$miɪ$^{31-53}$

　　35–21

好人 hɔ$^{44-35}$ȵiəŋ$^{31-21}$　　水壶 sɿ$^{44-35}$ɦu$^{31-21}$　　酒瓶 tɕiu$^{44-35}$biŋ$^{31-21}$

死人 ɕi$^{44-35}$ȵiəŋ$^{31-21}$　　本来 pəŋ$^{44-35}$lE$^{31-21}$

3+3　44–53

小姐 ɕiɔ$^{44-44}$tɕia$^{44-53}$　　检讨 tɕiɪ$^{44-44}$tʰɔ$^{44-53}$　　保险 pɔ$^{44-44}$ɕiɪ$^{44-53}$

厂长 tsɛ̃$^{44-44}$tsɛ̃$^{44-53}$　　水果 sɿ$^{44-44}$ku$^{44-53}$　　省长 sɛ̃$^{44-44}$tsɛ̃$^{44-53}$

　　35–21

口齿 kʰɯ$^{44-35}$tsɿ$^{44-21}$　　嫂嫂 sɔ$^{44-35}$sɔ$^{44-21}$

3+4　44–53

处理 tsʰy$^{44-44}$li$^{13-53}$　　可以 kʰu$^{44-44}$i$^{13-53}$　　改造 kE$^{44-44}$zɔ$^{13-53}$

小米 ɕiɔ$^{44-44}$mi$^{13-53}$　　小雨 ɕiɔ$^{44-44}$ɦy$^{13-53}$　　海马 hE$^{44-44}$mɔ$^{13-53}$

　　44–33

好像 hɔ$^{44-44}$ziɛ̃$^{13-33}$　　走道 tsɯ^{13}dɔ$^{13-33}$　　等待 təŋ$^{44-44}$dE$^{13-33}$

打坐 tɛ$^{44-44}$zu$^{13-33}$　　请罪 tsʰiŋ$^{44-44}$tsø$^{13-33}$　　表演 piɔ$^{44-44}$iɪ$^{13-33}$

3+5　44–33

讲究 kuã$^{44-44}$tɕiu$^{35-33}$　　打算 tɛ$^{44-44}$sø$^{35-33}$　　广告 kuã$^{44-44}$kɔ$^{35-33}$

小气 ɕiɔ$^{44-44}$tɕi$^{35-33}$　　扁担 piɪ$^{44-44}$tE$^{35-33}$　　写信 ɕia$^{44-44}$siŋ$^{35-33}$

3+6　44–33

小路 ɕiɔ$^{44-44}$lu$^{13-33}$　　姊妹 tsɿ$^{44-44}$miɪ$^{13-33}$　　本事 pəŋ$^{44-44}$zɿ$^{13-33}$

考虑 kʰɔ$^{44-44}$ly$^{13-33}$　　喜事 ɕi$^{44-44}$zɿ$^{13-33}$　　打烊 tɛ$^{44-44}$ɦiɛ$^{13-33}$

　　35–21

酒酿 tɕiu$^{44-35}$ȵiɛ$^{13-21}$　　子弹 tsɿ$^{44-35}$dE$^{13-21}$

3+7　33–5

本色 pəŋ$^{44\text{-}33}$sɐʔ$^{5\text{-}5}$　　改革 kɛ$^{44\text{-}33}$kɐʔ$^{5\text{-}5}$　　准确 tsəŋ$^{44\text{-}33}$tɕiɐʔ$^{5\text{-}5}$
首饰 sɯ$^{44\text{-}33}$sɐʔ$^{5\text{-}5}$　　请客 tsʰiŋ$^{44\text{-}33}$kaʔ$^{5\text{-}5}$

　　35−3
粉笔 fəŋ$^{44\text{-}35}$piɪʔ$^{5\text{-}3}$　　口角 kʰɯ$^{44\text{-}35}$kɔʔ$^{5\text{-}3}$　　小吃 ɕiɔ$^{44\text{-}35}$tɕʰiɪʔ$^{5\text{-}3}$
打铁 tɛ̃$^{44\text{-}35}$tʰiɪʔ$^{5\text{-}3}$

3＋8　　33−5
体育 tʰi$^{44\text{-}33}$ɦiyœ ʔ$^{2\text{-}5}$　主席 tsʅ$^{44\text{-}33}$ziɪʔ$^{2\text{-}5}$　　普及 pʰu$^{44\text{-}33}$dʑiɪʔ$^{2\text{-}5}$
动物 doŋ$^{44\text{-}33}$vɐʔ$^{2\text{-}5}$　　手续 sɯ$^{44\text{-}33}$zoʔ$^{2\text{-}5}$　　打猎 tɛ̃$^{44\text{-}33}$læʔ$^{2\text{-}5}$

　　35−3
小麦 ɕiɔ$^{44\text{-}35}$maʔ$^{2\text{-}3}$　　小学 ɕiɔ$^{44\text{-}35}$ɦoʔ$^{2\text{-}3}$　　火着 hu$^{44\text{-}35}$tsaʔ$^{2\text{-}3}$

前字阳上

4＋1　　44−53
士兵 zʅ$^{13\text{-}44}$piŋ$^{53\text{-}53}$　　旱灾 ɦyø$^{13\text{-}44}$tsE$^{53\text{-}53}$　　弟兄 di$^{13\text{-}44}$ɕioŋ$^{53\text{-}53}$
稻根 dɔ$^{13\text{-}44}$kən$^{53\text{-}53}$　　马车 mɷ$^{13\text{-}445}$tsʰɷ$^{53\text{-}53}$　　米缸 mi$^{13\text{-}44}$kã$^{53\text{-}53}$

　　35−21
后腰 ɦɯ$^{13\text{-}35}$iɔ$^{53\text{-}21}$　　后胎 ɦɯ$^{13\text{-}35}$tʰE$^{53\text{-}21}$

　　35−53
养鸡 ɦiɛ̃$^{13\text{-}35}$tɕi$^{53\text{-}53}$　　有心 ɦiɯ$^{13\text{-}35}$siŋ$^{53\text{-}53}$

　　44−21
老师 lɔ$^{13\text{-}44}$sʅ$^{53\text{-}21}$

4＋2　　44−53
杏仁 ɛ̃$^{13\text{-}44}$ȵiən$^{31\text{-}53}$　　礼堂 li$^{13\text{-}44}$dã$^{31\text{-}53}$　　市场 zʅ$^{13\text{-}44}$zɛ̃$^{31\text{-}53}$
社员 zɷ$^{13\text{-}44}$ɦiyø$^{31\text{-}53}$

　　35−21
后门 ɦɯ$^{13\text{-}35}$mən$^{31\text{-}21}$　　肚皮 tu$^{13\text{-}35}$bi$^{31\text{-}21}$　　象棋 ziɛ̃$^{13\text{-}35}$dʑi$^{31\text{-}21}$
老人 lɔ$^{13\text{-}35}$ȵiən$^{31\text{-}21}$　　鲤鱼 li$^{13\text{-}35}$ŋ$^{31\text{-}21}$　　户头 ɦu$^{13\text{-}35}$dɯ$^{31\text{-}21}$

　　35−53
坐船 zu$^{13\text{-}35}$ziɪ$^{31\text{-}53}$　　养牛 ɦiɛ̃$^{13\text{-}35}$ȵiɯ$^{31\text{-}53}$

4＋3　　13−35
市长 zʅ$^{13\text{-}13}$tsɛ̃$^{44\text{-}35}$　　社长 zɷ$^{13\text{-}13}$tsɛ̃$^{44\text{-}35}$

　　35−44
动手 doŋ$^{13\text{-}35}$sɯ$^{44\text{-}44}$　　受苦 zɯ$^{13\text{-}35}$kʰu$^{44\text{-}44}$　　养狗 ɦiɛ̃$^{13\text{-}35}$kɯ$^{44\text{-}44}$

　　44−53
户口 ɦu$^{13\text{-}44}$kʰɯ$^{44\text{-}53}$　　老酒 lɔ$^{13\text{-}44}$tɕiɯ$^{44\text{-}53}$

35−21
冷水 lẽ$^{13-35}$ sʅ$^{44-21}$

4+4　44−53
妇女 vu$^{13-44}$n̠y$^{13-53}$　　父母 vu$^{13-44}$m̩$^{13-53}$　　道理 dɔ$^{13-44}$li$^{13-53}$
网眼 mã$^{13-44}$ŋE$^{13-53}$　　罪犯 tsø$^{13-44}$vE$^{13-53}$

13−13
买米 ma$^{13-13}$mi$^{13-13}$　　动武 doŋ$^{13-13}$ɦu$^{13-13}$　　赛马 sE$^{13-13}$mω$^{13-13}$

13−35
犯罪 vE$^{13-13}$tsø$^{13-35}$　　静坐 ziŋ$^{13-13}$zu$^{13-35}$

35−21
马桶 mω$^{13-35}$doŋ$^{13-21}$

4+5　13−35
冷气 lẽ$^{13-13}$tɕi$^{35-35}$　　武器 ɦu$^{13-13}$tɕi$^{35-35}$　　野菜 ɦia$^{13-13}$tsʰE$^{35-35}$
被絮 bi$^{13-13}$ɕi^{35}　　受气 zɯ$^{13-13}$tɕi$^{35-35}$　　买菜 ma$^{13-13}$tsʰE$^{35-35}$

35−21
眼睛 ŋE$^{13-35}$tsiŋ$^{35-21}$

4+6　13−35
部队 bu$^{13-13}$dE$^{13-35}$　　社会 zω$^{13-13}$ɦɯ$^{13-35}$　　后代 ɦɯ$^{13-13}$dE$^{13-35}$
眼泪 ŋE$^{13-13}$li$^{13-35}$　　马路 mω$^{13-13}$lu$^{13-35}$　　有利 ɦɯ$^{13-13}$li$^{13-35}$

13−53
近视 dʑiəŋ$^{13-13}$zʅ$^{13-53}$

4+7　33−5
幸福 ɦiŋ$^{13-33}$foʔ$^{5-5}$　　道德 dɔ$^{13-33}$təʔ$^{5-5}$　　动作 doŋ$^{13-33}$tsoʔ$^{5-5}$
满足 miɪ$^{13-33}$tsoʔ$^{5-5}$

35−3
冷粥 lẽ$^{13-35}$tso$^{5-3}$　　马夹 mω$^{13-35}$kæʔ$^{5-3}$　　犯法 vE$^{13-35}$fæʔ$^{5-3}$
养鸭 ɦiẽ$^{13-35}$æʔ$^{5-3}$

4+8　33−5
断绝 dø$^{13-33}$ziɪʔ$^{2-5}$　　堕落 du$^{13-33}$lɔʔ$^{2-5}$　　礼物 li$^{13-33}$vəʔ$^{2-5}$

35−3
满月 miɪ$^{13-35}$n̠yœʔ$^{2-3}$　　静脉 ziŋ$^{13-35}$maʔ$^{2-3}$　　老实 lɔ$^{13-35}$zəʔ$^{2-3}$

前字阴去

5+1　35−21
汽车 tɕʰi$^{35-35}$tsʰω$^{53-21}$　　素鸡 su$^{35-35}$tɕi$^{53-21}$　　背心 pi$^{35-35}$siŋ$^{53-21}$

酱瓜 tɕiɛ̃³⁵⁻³⁵ kω⁵³⁻²¹　　放心 fã³⁵⁻³⁵ siŋ⁵³⁻²¹　　看书 kʰø³⁵⁻³⁵ sɿ⁵³⁻²¹

44－53

教师 tɕiɔ³⁵⁻⁴⁴ sɿ⁵³⁻⁵³　　战争 tsi³⁵⁻⁴⁴ tsəŋ⁵³⁻⁵³　　信心 siŋ³⁵⁻⁴⁴ siŋ⁵³⁻⁵³

5＋2　35－21

透明 tʰɯ³⁵⁻³⁵ miŋ³¹⁻²¹　　借条 tɕia³⁵⁻³⁵ diɔ³¹⁻²¹　　太平 tʰa³⁵⁻³⁵ biŋ³¹⁻²¹

拜年 pa³⁵⁻³⁵ ȵiɪ³¹⁻²¹　　放平 fã³⁵⁻³⁵ biŋ³¹⁻²¹　　看齐 kʰø³⁵⁻³⁵ zi³¹⁻²¹

5＋3　13－35

信纸 siŋ³⁵⁻¹³ tsɿ⁴⁴⁻³⁵　　快板 kʰua³⁵⁻¹³ pE⁴⁴⁻³⁵　　报纸 pɔ³⁵⁻¹³ tsɿ⁴⁴⁻³⁵

要紧 iɔ³⁵⁻¹³ tɕiəŋ⁴⁴⁻³⁵　　放手 fã³⁵⁻¹³ sɯ⁴⁴⁻³⁵　　献宝 ɕiɪ³⁵⁻¹³ pɔ⁴⁴⁻³⁵

5＋4　13－35

对象 tiɪ³⁵⁻¹³ ziɛ̃¹³⁻³⁵　　靠近 kʰɔ³⁵⁻¹³ dʑiəŋ¹³⁻³⁵　　自重 zɿ³⁵⁻¹³ zoŋ¹³⁻³⁵

跳远 tʰiɔ³⁵⁻¹³ ɦyø¹³⁻³⁵

44－53

四两 sɿ³⁵⁻⁴⁴ liɛ̃¹³⁻⁵³　　四倍 sɿ³⁵⁻⁴⁴ biɪ¹³⁻⁵³　　创造 tsʰã³⁵⁻⁴⁴ zɔ¹³⁻⁵³

器重 tɕi³⁵⁻⁴⁴ zoŋ¹³⁻⁵³　　最近 tsø³⁵⁻⁴⁴ dʑiəŋ¹³⁻⁵³

5＋5　13－35

对过 tiɪ³⁵⁻¹³ ku³⁵⁻³⁵　　兴趣 ɕiəŋ³⁵⁻¹³ tɕʰy³⁵⁻³⁵　　睏觉 kuəŋ³⁵⁻¹³ kɔ³⁵⁻³⁵

世界 sɿ³⁵⁻¹³ ka³⁵⁻³⁵　　放假 fã³⁵⁻¹³ ka³⁵⁻³⁵　　看戏 kʰø³⁵⁻¹³ ɕi³⁵⁻³⁵

5＋6　13－35

性命 siŋ³⁵⁻¹³ miŋ¹³⁻³⁵　　志愿 tsɿ³⁵⁻¹³ ȵyø¹³⁻³⁵　　炸弹 tsω³⁵⁻¹³ dE¹³⁻³⁵

政治 tsəŋ³⁵⁻¹³ zɿ¹³⁻³⁵　　看病 kʰø³⁵⁻¹³ biŋ¹³⁻³⁵　　炖蛋 dəŋ³⁵⁻¹³ dE¹³⁻³⁵

44－33

故事 ku³⁵⁻⁴⁴ zɿ¹³⁻³³

5＋7　33－5

宪法 ɕiɪ³⁵⁻³³ fæʔ⁵⁻⁵　　顾客 ku³⁵⁻³³ kaʔ⁵⁻⁵　　庆祝 tɕʰiəŋ³⁵⁻³³ tsoʔ⁵⁻⁵

建设 tɕiɪ³⁵⁻³³ səʔ⁵⁻⁵　　四只 sɿ³⁵⁻³³ tsaʔ⁵⁻⁵　　爱国 E³⁵⁻³³ koʔ⁵⁻⁵

35－3

货色 hu³⁵⁻³⁵ səʔ⁵⁻³　　计策 tɕi³⁵⁻³⁵ tsʰɐʔ⁵⁻³　　退出 tʰiɪ³⁵⁻³⁵ tsʰɐʔ⁵⁻³

信壳 siŋ³⁵⁻³⁵ kʰɔʔ⁵⁻³　　配角 pʰiɪ³⁵⁻³⁵ kɔʔ⁵⁻³

5＋8　33－5

秘密 mi³⁵⁻³³ miɪʔ²⁻⁵　　快乐 kʰua³⁵⁻³³ ɦiaʔ²⁻⁵　　性别 siŋ³⁵⁻³³ biɪʔ²⁻⁵

教育 tɕiɔ³⁵⁻³³ ɦyøʔ²⁻⁵　　四十 sɿ³⁵⁻³³ zɐʔ²⁻⁵　　化学 hω³⁵⁻³³ ɦɔʔ²⁻⁵

35－3

快活 kʰua³⁵⁻³⁵ ɦuɐʔ²⁻³　　炸药 tsω³⁵⁻³⁵ ɦiaʔ²⁻³　　退学 tʰiɪ³⁵⁻³⁵ ɦɔʔ²⁻³

前字阳去

6+1　35-21
认真 nieŋ$^{13-35}$tsəŋ$^{53-21}$　　树根 zy$^{13-35}$kəŋ$^{53-21}$　　路灯 lu$^{13-35}$təŋ$^{53-21}$
面汤 miɪ$^{13-35}$tʰã$^{53-21}$　　自家 zɿ$^{13-35}$ka$^{53-21}$
　　44-53
健康 dʑiɪ$^{13-44}$kʰã$^{53-53}$　　耐心 nE$^{13-44}$siŋ$^{53-53}$　　大葱 da$^{13-44}$tsʰoŋ$^{53-53}$
　　35-53
卖瓜 ma$^{13-35}$kω$^{53-53}$
　　13-35
地方 di$^{13-13}$fã$^{53-35}$

6+2　35-21
地球 di$^{13-35}$dʑiɯ$^{31-21}$　　病人 biŋ$^{13-35}$nieŋ$^{31-21}$　　浪头 lã$^{13-35}$dɯ$^{31-21}$
害人 ɦE$^{13-35}$nieŋ$^{31-21}$　　骂人 mω$^{13-35}$nieŋ$^{31-21}$
　　13-35
旧年 dʑiɯ$^{13-13}$niɪ$^{31-35}$

6+3　13-35
大小 du$^{13-13}$ɕiɔ$^{44-35}$　　地板 di$^{13-13}$pE$^{44-35}$　　字典 zɿ$^{13-13}$tiɪ$^{44-35}$
袖口 ziɯ$^{13-13}$kʰɯ$^{44-35}$　　露水 lu$^{13-13}$sɿ$^{44-35}$
　　35-44
用水 ɦioŋ$^{13-35}$sɿ$^{44-44}$　　卖酒 ma$^{13-35}$tɕiɯ$^{44-44}$　　问好 məŋ$^{13-35}$hɔ$^{44-44}$

6+4　13-35
味道 mi$^{13-13}$dɔ$^{13-35}$　　字眼 zɿ$^{13-13}$ŋE$^{13-35}$　　现在 ɦiɪ$^{13-13}$zE$^{13-35}$
糯米 nu$^{13-13}$mi$^{13-35}$
　　13-13
病重 biŋ$^{13-13}$zoŋ$^{13-13}$　　卖米 ma$^{13-13}$mi$^{13-13}$

6+5　13-35
大蒜 da$^{13-13}$sø$^{35-35}$　　旧货 dʑiɯ$^{13-13}$hu$^{35-35}$　　代替 dE$^{13-13}$tʰi$^{35-35}$
备课 biɪ$^{13-13}$kʰu$^{35-35}$　　认账 nieŋ$^{13-13}$tsẽ$^{35-35}$　　卖票 ma$^{13-13}$pʰiɔ$^{35-35}$
　　35-21
豆浆 dɯ$^{13-35}$tɕiẽ$^{35-21}$

6+6　13-35
另外 liŋ$^{13-13}$ŋa$^{13-35}$　　豆腐 dɯ$^{13-13}$vu$^{13-35}$　　寿命 zɯ$^{13-13}$miŋ$^{13-35}$
梦话 mã$^{13-13}$ɦω$^{13-35}$　　败类 ba$^{13-13}$lE$^{13-35}$　　让路 nie$^{13-13}$lu$^{13-35}$
　　13-13

冒汗 mɔ¹³⁻¹³ ɦyø¹³⁻¹³

6+7　35-3

料作 liɔ¹³⁻³⁵ tsɔʔ⁵⁻³　办法 bE¹³⁻³⁵ fæʔ⁵⁻³　自杀 zɿ¹³⁻³⁵ sæʔ⁵⁻³

外屋 ŋa¹³⁻³⁵ oʔ⁵⁻³　就职 dʑiɯ¹³⁻³⁵ tsɐʔ⁵⁻³

33-5

大约 da¹³⁻³³ iaʔ⁵⁻⁵　字帖 zɿ¹³⁻³³ tʰiɪʔ⁵⁻⁵　外出 ŋa¹³⁻³³ tsʰɐʔ⁵⁻⁵

6+8　35-3

树叶 zy¹³⁻³⁵ ɦiɪʔ²⁻³　大学 da¹³⁻³⁵ ɦɔʔ²⁻　大麦 du¹³⁻³⁵ maʔ²⁻³

用力 ɦioŋ¹³⁻³⁵ liɪʔ²⁻³

33-5

事实 zɿ¹³⁻³⁵ zɐʔ²⁻⁵　练习 liɪ¹³⁻³⁵ ziɪʔ²⁻⁵　暴力 bɔ¹³⁻³⁵ liɪʔ²⁻⁵

大陆 da¹³⁻³⁵ loʔ²⁻⁵　艺术 n̩i¹³⁻³⁵ zɐʔ²⁻⁵

前字阴入

7+1　4-53

北方 poʔ⁵⁻⁴ fɑ̃⁵³⁻⁵³　浙江 tsɐʔ⁵⁻⁴ kɑ̃⁵³⁻⁵³　铁丝 tʰiɪʔ⁵⁻⁴ sɿ⁵³⁻⁵³

北风 poʔ⁵⁻⁴ foŋ⁵³⁻⁵³　八斤 pæʔ⁵⁻⁴ tɕiəŋ⁵³⁻⁵³　结冰 tɕiɪʔ⁵⁻⁴ piŋ⁵³⁻⁵³

7+2　4-53

发明 fæʔ⁵⁻⁴ miŋ³¹⁻⁵³　足球 tsoʔ⁵⁻⁴ dʑiɯ³¹⁻⁵³　国旗 koʔ⁵⁻⁴ dʑi³¹⁻⁵³

黑桃 hɐʔ⁵⁻⁴ dɔ³¹⁻⁵³　七年 tsʰiɪʔ⁵⁻⁴ n̩iɪ³¹⁻⁵³　出门 tsʰɐʔ⁵⁻⁴ məŋ³¹⁻⁵³

7+3　5-44

脚底 tɕiaʔ⁵⁻⁵ ti⁴⁴⁻⁴⁴　屋顶 oʔ⁵⁻⁵ tiŋ⁴⁴⁻⁴⁴　出口 tsʰɐʔ⁵⁻⁵ kʰɯ⁴⁴⁻⁴⁴

百果 paʔ⁵⁻⁵ ku⁴⁴⁻⁴⁴　一本 iɪʔ⁵⁻⁵ pəŋ⁴⁴⁻⁴⁴　发紫 fæʔ⁵⁻⁵ tsɿ⁴⁴⁻⁴⁴

7+4　5-44

瞎眼 hæʔ⁵⁻⁵ ŋE¹³⁻⁴⁴　接近 tsiɪʔ⁵⁻⁵ dʑiəŋ¹³⁻⁴⁴　接受 tsiɪʔ⁵⁻⁵ zɯ¹³⁻⁴⁴

曲蟮 tɕʰioʔ⁵⁻⁵ zE¹³⁻⁴⁴　一件 iɪʔ⁵⁻⁵ dʑiɪ¹³⁻⁴⁴　发冷 fæʔ⁵⁻⁵ lɛ̃¹³⁻⁴⁴

7+5　5-35

百货 paʔ⁵⁻⁵ hu³⁵⁻³⁵　国庆 koʔ⁵⁻⁵ tɕʰiəŋ³⁵⁻³⁵　脚气 tɕiaʔ⁵⁻⁵ tɕi³⁵⁻³⁵

折扣 tsɐʔ⁵⁻⁵ kʰɯ³⁵⁻³⁵　一块 iɪʔ⁵⁻⁵ kʰur³⁵⁻³⁵　出院 tsʰɐʔ⁵⁻⁵ ɦyø³⁵⁻³⁵

7+6　5-35

革命 kɐʔ⁵⁻⁵ miŋ¹³⁻³⁵　国外 koʔ⁵⁻⁵ ŋa¹³⁻³⁵　失败 sɐʔ⁵⁻⁵ ba¹³⁻³⁵

脚步 tɕiaʔ⁵⁻⁵ bu¹³⁻³⁵　一袋 iɪʔ⁵⁻⁵ dE¹³⁻³⁵　识字 sɐʔ⁵⁻⁵ zɿ¹³⁻³⁵

7+7　5-5

赤脚 tsʰaʔ⁵⁻⁵ tɕiaʔ⁵　发作 fæʔ⁵⁻⁵ tsɔʔ⁵　法国 fæʔ⁵⁻⁵ koʔ⁵

隔壁 kæ ʔ⁵⁻⁵ piɪʔ⁵　一百 iɪʔ⁵⁻⁵ paʔ⁵　出血 tsʰɐʔ⁵⁻⁵ ɕyœʔ⁵

7+8　5-5

吃力 tɕhieʔ⁵⁻⁵liɪʔ²⁻⁵　　出纳 tsheʔ⁵⁻⁵neʔ²⁻⁵　　积极 tsiɪʔ⁵⁻⁵dʑieʔ²⁻⁵
克服 kheʔ⁵⁻⁵voʔ²⁻⁵　　一粒 iɪʔ⁵⁻⁵liɪʔ²⁻⁵　　作孽 tsɒʔ⁵⁻⁵n̠ieʔ²⁻⁵

前字阳入

8+1　2-53

实心 zeʔ²⁻²siŋ⁵³⁻⁵³　　别针 biɪʔ²⁻²tsən⁵³⁻⁵³　　热天 n̠iɪʔ²⁻²thiɪ⁵³⁻⁵³
肉丝 n̠ioʔ²⁻²sɿ⁵³⁻⁵³　　六斤 loʔ²⁻²tɕiəŋ⁵³⁻⁵³　　读书 doʔ²⁻²sɿ⁵³⁻⁵³

8+2　2-53

石头 zãʔ²⁻²dɯ³¹⁻⁵³　　熟人 zoʔ²⁻²n̠iəŋ³¹⁻⁵³　　食堂 zeʔ²⁻²dã³¹⁻⁵³
绿茶 loʔ²⁻²zɷ³¹⁻⁵³　　十年 zeʔ²⁻²n̠iɪ³¹⁻⁵³　　入门 zeʔ²⁻²məŋ³¹⁻⁵³

8+3　2-35

石板 zãʔ²⁻²pɛ⁴⁴⁻³⁵　　局长 dʑyœʔ²⁻²tsẽ⁴⁴⁻³⁵　　热水 n̠iɪʔ²⁻²sɿ⁴⁴⁻³⁵
蚀本 zeʔ²⁻²pəŋ⁴⁴⁻³⁵　　六顶 loʔ²⁻²tiŋ⁴⁴⁻³⁵　　拔草 bæʔ²⁻²tshɔ⁴⁴⁻³⁵

8+4　2-35

木器 moʔ²⁻²tɕi³⁵⁻³⁵　　活动 ɦuɐʔ²⁻²doŋ³⁵⁻³⁵　　白眼 bæʔ²⁻²ŋɛ³⁵⁻³⁵
落后 lɔʔ²⁻²ɦɯ³⁵⁻³⁵　　十两 zeʔ²⁻²liɛ̃³⁵⁻³⁵　　落雨 lɔʔ²⁻²ɦy³⁵⁻³⁵

8+5　2-35

孛相 bɐʔ²⁻²ɕiɛ̃³⁵⁻³⁵　　实际 zeʔ²⁻²tɕi³⁵⁻³⁵　　白菜 bæʔ²⁻²tshE³⁵⁻³⁵
鼻涕 bɐʔ²⁻²thi³⁵⁻³⁵　　六寸 loʔ²⁻²tshən³⁵⁻³⁵　　读报 doʔ²⁻²pɔ³⁵⁻³⁵

8+6　2-35

实现 zeʔ²⁻²ɦiɪ¹³⁻³⁵　　疾病 ziɪʔ²⁻²biŋ¹³⁻³⁵　　绿豆 loʔ²⁻²dɯ¹³⁻³⁵
力量 liɪʔ²⁻²liɛ̃¹³⁻³⁵　　十夜 zeʔ²⁻²ia¹³⁻³⁵　　立夏 liɪʔ²⁻²ɦo¹³⁻³⁵

8+7　2-5

及格 dʑieʔ²⁻²kaʔ⁵⁻⁵　　白铁 bæʔ²⁻²thiɪʔ⁵⁻⁵　　蜡烛 læʔ²⁻²tsoʔ⁵⁻⁵
墨汁 mɐʔ²⁻²tsɐʔ⁵⁻⁵　　十只 zeʔ²⁻²tsaʔ⁵⁻⁵　　落雪 lɔʔ²⁻²siɪʔ⁵⁻⁵

8+8　2-5

毒药 doʔ²⁻²ɦiaʔ²⁻⁵　　独立 doʔ²⁻²liɪʔ²⁻⁵　　集合 ziɪʔ²⁻²ɦɐʔ²⁻⁵
植物 zeʔ²⁻²vɐʔ²⁻⁵　　六粒 loʔ²⁻²liɪʔ²⁻⁵　　入学 zeʔ²⁻²ɦoʔ²⁻⁵

二、常用词汇

（一）自然现象

1.　太阳　　　　　太阳　　　　　　thɑ³⁵⁻³⁵ɦiɛ̃³¹⁻²¹
　　　　　　　　　日头　　　　　　n̠iɪʔ²⁻²dɯ³¹⁻⁵³

2.	月亮	月亮	ȵyœʔ²⁻²liɛ̃¹³⁻³⁵
		月光	ȵyœʔ²⁻²kuã⁵³⁻⁵³
3.	星星	星星	siŋ⁵³⁻⁴⁴ siŋ⁵³⁻⁵³
4.	打雷	打雷	tɛ̃⁴⁴⁻⁴⁴leɯ³¹⁻⁵³
		雷响	liɯ³¹⁻⁴⁴ɕiɛ̃⁴⁴⁻⁵³
5.	闪电	霍险	hɔʔ⁵⁻⁵ɕiɯ⁴⁴⁻⁴⁴
6.	下雨	落雨	lɔʔ²⁻²ɦy¹³⁻³⁵
7.	下雪	落雪	lɔʔ²⁻²siɯʔ⁵⁻⁵
8.	冰雹	冰雹	piŋ⁵³⁻⁴⁴bɔ¹³⁻²¹
9.	结冰	结冰	tɕiɯʔ⁵⁻⁴⁴piŋ⁵³⁻⁵³
10.	刮风	刮风	kuæʔ⁵⁻⁴foŋ⁵³⁻⁵³
11.	虹	虹	ɦoŋ³¹

(二) 时令、节令

12.	端午节	端午	tø⁵³⁻⁴⁴ɦŋ¹³⁻⁵³
13.	中秋节	中秋	tsoŋ⁵³⁻⁴⁴tɕʰiɯ⁵³⁻⁵³
14.	除夕	大年夜	du¹³⁻ȵiɯ³¹⁻ia³⁵⁻
15.	今年	今年	tɕiəŋ⁵³⁻⁴⁴ȵiɯ³¹⁻⁵³
16.	明年	明年	miŋ³¹⁻⁴⁴ȵiɯ³¹⁻⁵³
		开年	kʰE⁵³⁻⁴⁴ȵiɯ³¹⁻⁵³
17.	去年	旧年	dʑiɯ¹³⁻ȵiɯ³¹
18.	明天	明朝	miŋ³¹⁻⁴⁴tsɔ⁵³⁻⁵³
19.	昨天	昨日	zoʔ²⁻²ȵiɯʔ²⁻⁵
20.	今天	今朝	tɕiəŋ⁵³⁻⁴⁴tsɔ⁵³⁻⁵³
21.	星期天	礼拜天	li³¹⁻pa³⁵⁻tʰiɯ⁵³⁻

(三) 植物

22.	麦子	麦子	maʔ²⁻²tsɿ⁴⁴⁻³⁵
23.	大米	大米	du¹³⁻¹³mi¹³⁻³⁵
24.	蚕豆	寒豆	ɦyø³¹⁻³⁵dɯ¹³⁻²¹
		蚕豆	ziɯ³¹⁻³⁵dɯ¹³⁻²¹
25.	向日葵	葵花	guɯ³¹⁻⁴⁴hø⁵³⁻⁵³
26.	菠菜	菠菜	pu⁵³⁻⁴⁴tsʰE³⁵⁻²¹
27.	卷心菜	卷心菜	tɕyø⁴⁴⁻siŋ⁵³⁻tsʰE³⁵⁻

28.	西红柿	番茄	fE⁵³⁻⁴⁴ga¹³⁻²¹
29.	茄子	落苏	lɔʔ²⁻²su⁵³⁻⁵³
30.	白薯	山芋	sE⁵³⁻⁴⁴ɦy¹³⁻²¹
31.	马铃薯	洋山芋	ɦiɛ̃³¹⁻sE⁵³⁻ɦy¹³⁻
32.	南瓜	饭瓜	vE¹³⁻⁴⁴kɷ⁵³⁻⁵³

(四) 动物

33.	猪	猪猡	tsʅ⁵³⁻⁴⁴lu³¹⁻⁵³
34.	公猪	猪猡	tsʅ⁵³⁻⁴⁴lu³¹⁻⁵³
35.	母猪	老母猪	lɔ¹³⁻m̩¹³⁻tsʅ⁵³⁻
36.	公鸡	雄鸡	ɦioŋ³¹⁻⁴⁴tɕi⁵³⁻⁵³
37.	母鸡	老母鸡	lɔ¹³⁻m̩¹³⁻tɕi⁵³⁻
38.	麻雀	麻鸟	mɷ³¹⁻⁴⁴ tiɔ⁴⁴⁻⁵³
39.	老鼠	老鼠	lɔ¹³⁻³⁵sʅ⁴⁴⁻⁴⁴
40.	臭虫	臭虫	tsʰɯ³⁵⁻³⁵zoŋ³¹⁻²¹

(五) 房舍

41.	房子(整所)	房子	Vã³¹⁻⁴⁴tsʅ⁴⁴⁻⁵³
42.	房子(单间)	房间	Vã³¹⁻⁴⁴kiɪ⁵³⁻⁵³
43.	窗户	窗	tsʰã⁵³
44.	门坎	门槛	məŋ³¹⁻⁴⁴kʰE⁴⁴⁻⁵³
45.	厕所	卫生间	ɦuɪ⁵³⁻²¹sɛ̃⁵³⁻kiɪ⁵³⁻
46.	厨房	灶头间	tsɔ⁵³dɯ³¹⁻kiɪ⁵³⁻
47.	烟囱	烟囱	iɪ⁵³⁻⁴⁴tsʰoŋ⁵³⁻⁵³
48.	桌子	台子	dE³¹⁻⁴⁴tsʅ⁴⁴⁻⁵³
49.	楼梯	楼梯	lɯ³¹⁻⁴⁴tʰi⁵³⁻⁵³
		胡梯	ɦu³¹⁻⁴⁴tʰi⁵³⁻⁵³

(六) 身体

50.	头	头	dɯ³¹
51.	额头	额角头	ŋɐʔ²⁻²kɔʔ⁵⁻dɯ³¹⁻²³
52.	脸	面孔	miɪ¹³⁻kʰoŋ⁴⁴
53.	鼻子	鼻头	bɐʔ²⁻²dɯ³¹⁻⁵³
54.	脖子	头颈	dɯ³¹⁻¹³tɕiəŋ⁴⁴⁻³⁵

55.	左手	左手	tsu$^{44\text{-}44}$sɯ$^{44\text{-}53}$
56.	右手	右手	ɦiɯ$^{13\text{-}13}$sɯ$^{44\text{-}53}$
57.	拳头	拳头	dʑyø$^{31\text{-}44}$dɯ$^{31\text{-}53}$
58.	手指头	手指头	sɯ^{44}tsʅ^{44}dɯ$^{31\text{-}}$
		手节骨	sɯ^{44}tsiiʔ$^{5\text{-}}$kuɐʔ^{5}
59.	指甲	节掐子	tsiiʔ^{5}kʰæʔ^{5} tsʅ^{44}
		手节掐	sɯ^{44}tsiiʔ$^{5\text{-}}$kʰæʔ^{5}
60.	膝盖	脚馒头	tɕiaʔ^{5}miɪ$^{31\text{-}}$dɯ^{31}
61.	腿	脚膀	tɕiaʔ$^{5\text{-}4}$pʰã$^{53\text{-}53}$

(七) 亲属

62.	父亲	阿爸	aʔ$^{5\text{-}5}$pa$^{44\text{-}44}$
		爸爸	pa$^{44\text{-}44}$pa$^{44\text{-}53}$
63.	母亲	姆妈	m̩$^{13\text{-}44}$ma$^{53\text{-}53}$
		妈妈（面称）	ma$^{53\text{-}44}$ma$^{53\text{-}53}$
64.	祖父	大大	da$^{13\text{-}13}$da$^{13\text{-}35}$
65.	祖母	□奶	n̩$^{53\text{-}44}$na$^{44\text{-}53}$
		□娘	n̩$^{53\text{-}44}$ȵiɛ$^{31\text{-}53}$
66.	伯父	伯伯	paʔ$^{5\text{-}3}$paʔ$^{5\text{-}5}$
67.	伯母	妈妈	ma$^{53\text{-}44}$ma$^{53\text{-}53}$
68.	叔父	叔叔	soʔ$^{5\text{-}5}$soʔ$^{5\text{-}5}$
69.	叔母	婶娘	sən$^{44\text{-}44}$ȵiɛ$^{31\text{-}53}$
70.	外祖父	外公	ŋa$^{13\text{-}35}$koŋ$^{53\text{-}21}$
		大大	da$^{13\text{-}13}$da$^{13\text{-}35}$
71.	外祖母	外婆	ŋa$^{13\text{-}35}$bu$^{31\text{-}21}$
		□娘	n̩$^{53\text{-}44}$ȵiɛ$^{31\text{-}53}$
72.	舅舅	舅舅	dʑiɯ$^{13\text{-}13}$dʑiɯ$^{13\text{-}35}$
		娘舅	ȵiɛ$^{31\text{-}35}$dʑiɯ$^{13\text{-}21}$
73.	舅母	舅妈	dʑiɯ$^{13\text{-}35}$ma$^{53\text{-}21}$
74.	丈夫	老公	lɔ$^{13\text{-}35}$koŋ$^{53\text{-}21}$
		爱人	ɛ$^{35\text{-}35}$ȵiəŋ$^{31\text{-}21}$
75.	妻子	老婆	lɔ$^{13\text{-}44}$bu$^{31\text{-}21}$
		女人	ny$^{13\text{-}35}$ȵiəŋ$^{31\text{-}21}$
76.	儿子	儿子	ȵi$^{13\text{-}35}$tsʅ$^{44\text{-}44}$

		□子	ŋ̍¹³⁻³⁵ tsʅ⁴⁴⁻⁴⁴
77.	女儿	囡五	Nø⁵³⁻⁴⁴ŋ̍¹³⁻²¹

(八) 饮食

78.	早饭	早饭	tsɔ⁴⁴⁻⁴⁴vE¹³⁻¹³
79.	午饭	中饭	tsoŋ⁵³⁻⁴⁴vE¹³⁻²¹
80.	晚饭	夜饭	ia³⁵⁻¹³vE¹³⁻³⁵
81.	面条	面	miɪ¹³
82.	馒头(无馅)	馒头	miɪ³¹⁻⁴⁴dɯ³¹⁻⁵³
83.	包子(有馅)	馒头	miɪ³¹⁻⁴⁴dɯ³¹⁻⁵³
84.	馄饨	馄饨	ɦuəŋ³¹⁻⁴⁴dəŋ³¹⁻⁵³
85.	醋	醋	tsʰu³⁵
86.	酱油	酱油	tɕiẽ³⁵⁻³⁵ɦiɯ³¹⁻²¹
87.	盐	盐	ɦiɪ³¹
88.	筷子	筷子	kʰa³⁵⁻¹³tsʅ⁴⁴⁻³⁵
		筷子	kʰue³⁵⁻¹³tsʅ⁴⁴⁻³⁵
89.	勺儿	勺子	zɔʔ²⁻²tsʅ⁴⁴⁻³⁵

(九) 称谓

90.	男人	男人	niɪ³¹⁻⁴⁴ȵiəŋ³¹⁻⁵³
		男人家	niɪ³¹⁻ȵiəŋ³¹⁻ka⁵³⁻
91.	女人	女人	ȵy¹³⁻³⁵ȵiəŋ³¹⁻²¹
		女人家	ȵy¹³⁻ȵiəŋ³¹⁻ka⁵³⁻
92.	男孩子	男小囡	niɪ³¹⁻ɕiɔ⁴⁴nø⁵³
93.	女孩子	女小囡	ȵy¹³⁻ɕiɔ⁴⁴nø⁵³
94.	老头儿	老头子	lɔ¹³⁻dɯ³¹tsʅ⁴⁴
95.	医生	医生	i⁵³⁻⁴⁴sẽ⁵³⁻⁵³
96.	厨帅	厨帅	ʐy³¹⁻⁴⁴sʅ⁵³⁻⁵³
97.	乞丐	叫化子	kɔ³⁵⁻hø³⁵⁻tsʅ⁴⁴
98.	保姆	保姆	pɔ⁴⁴⁻⁴⁴mu¹³⁻⁵³

(十) 疾病

99.	病了	生病	sẽ⁵³⁻⁴⁴biŋ¹³⁻²¹
100.	伤风	伤风	sã⁵³⁻⁴⁴foŋ⁵³⁻⁵³

		感冒	kø⁴⁴⁻⁴⁴mɔ¹³⁻⁵³
101.	泻肚	肚皮泻	tu³⁵bi³¹ɕia³⁵
102.	瘸子	跷脚	tɕʰiɔ³⁵⁻³³tɕiaʔ⁵⁻⁵
103.	驼背	驼背	du³¹⁻³⁵piɪ³⁵⁻²¹
104.	死了	死脱	ɕi⁴⁴⁻³³tʰœʔ⁵⁻⁵
105.	看病	看毛病	kʰø³⁵⁻mɔ³¹⁻biŋ¹³⁻

(十一) 代词

106.	我	我	ŋ¹³
107.	你	你	nɯ³⁵
108.	他	伊	ɦi⁵³
109.	我们	伲	n̠i³¹
110.	你们	㑚	na¹³
111.	他们	伊拉	ɦi³¹⁻⁴⁴la⁵³⁻⁵³
112.	咱们	伲	n̠i³¹
113.	自己	自家	zɿ¹³⁻³⁵ka⁵³⁻²¹
114.	谁	啥人	ha⁴⁴⁻⁴⁴n̠iən³¹⁻⁵³
115.	什么	啥	sa³¹
116.	这里	挵搭	gɯʔ²⁻²tɐʔ²⁻⁵
117.	那里	哀搭	ᴇ⁵³⁻⁴⁴tɐʔ²⁻²
118.	哪里	鞋里	ɦa³¹⁻¹³li¹³⁻³⁵
		啥地方	sa³¹⁻di¹³⁻fɑ̃⁵³⁻
119.	这个	挵个	gɯʔ²⁻²kɯʔ⁵⁻⁵
120.	那个	哀个	ᴇ⁵³⁻⁴⁴kɯʔ⁵⁻⁵
121.	哪一个	鞋里个	ɦa³¹⁻li¹³⁻kɯʔ⁵
122.	怎么样	哪能	nᴇ³¹⁻⁴⁴nəŋ¹³⁻⁵³

(十二) 量词

123.	一位客人	一位客人	ɦuɪ¹³
124.	一双鞋	一双鞋子	sã⁵³
125.	一床被	一条被头	diɔ³¹
126.	一辆车	一部车子	bu³¹
127.	一条牛	一只牛	tsaʔ⁵
128.	一口猪	一只猪猡	tsaʔ⁵

129.	听一会儿 听一歇	ɕiɿʔ⁵
130.	打一下 打一记	tɕi³⁵

(十三) 方位词

131.	上头 上头	zã¹³⁻³⁵dɯ³¹⁻⁴⁴
132.	下头 下头	ɦo¹³⁻³⁵dɯ¹³⁻⁴⁴
133.	左边 左面	tsu⁴⁴⁻¹³miɪ¹³⁻³⁵
134.	右边 右面	ɦiɯ¹³⁻¹³miɪ¹³⁻³⁵
135.	当中 当中	tã⁵³⁻⁴⁴tsoŋ⁵³⁻⁵³
136.	里面 里向	li¹³⁻¹³ɕiɛ̃³⁵⁻³⁵
137.	外面 外头	ŋa¹³⁻¹³dɯ³¹⁻³⁵

(十四) 形容词

138.	甜 甜	diɪ³¹
139.	酸 酸	sø⁵³
140.	咸 咸	ɦᴇ¹³
141.	淡 淡	dᴇ¹³
142.	胖 壮	tsã³⁵
143.	瘦 瘦	sɯ³⁵
144.	冷 冷	lɛ̃¹³
	瀴	iŋ³⁵
145.	热 热	n̠iɪʔ²
146.	香 香	ɕiɛ̃⁵³
147.	臭 臭	tsʰɯ³⁵
148.	粗 粗	tsʰu⁵³
149.	细 细	ɕi³⁵
150.	长 长	zɛ̃³¹
151.	短 短	tø⁴⁴
152.	脏 齷齪	oʔ⁵⁻⁵tsʰoʔ⁵⁻⁵
153.	干净 干净	kø⁵³⁻⁴⁴ziŋ¹³⁻²¹
	清爽	tsʰiŋ⁵³⁻⁴⁴sã⁴⁴⁻⁵³
154.	便宜 强	dʑiɛ̃³¹

(十五) 副词、连词、介词

155.	刚~来	刚刚	kã$^{53\text{-}44}$ kã$^{53\text{-}53}$
156.	刚~合适	恰好	hæʔ$^{5\text{-}5}$hɔ$^{44\text{-}44}$
157.	正好	正好	tsəŋ$^{35\text{-}35}$hɔ$^{44\text{-}21}$
158.	和	搭	tɐʔ^5
		特	tʰɐʔ^5
159.	只	只	tsɐʔ^5
160.	从	从	zoŋ^{31}
161.	替	代	dE^{13}
162.	拿	拿	nE^{53}
163.	故意~捣乱	有意	ɦiɯ$^{13\text{-}13}$i$^{35\text{-}35}$

(十六) 数词

164.	一	一	iɪʔ^5
165.	二	两	liẽ^{13}
166.	三	三	sE^{53}
167.	四	四	sɿ^{35}
168.	五	五	ŋ̍^{13}
169.	六	六	loʔ^2
170.	七	七	tsʰiɪʔ^5
171.	八	八	pæʔ^5
172.	九	九	tɕiɯ^{44}
173.	十	十	zɐʔ^2
174.	十一	十一	zɐʔ$^{2\text{-}2}$iɪʔ$^{5\text{-}5}$
175.	十二	十二	zɐʔ$^{2\text{-}2}$n̠i$^{13\text{-}35}$
176.	二十	廿	n̠iɪ^{13}
177.	二十一	廿一	n̠iɪ$^{13\text{-}35}$iɪʔ$^{5\text{-}3}$
178.	一百二十一	一百廿一	iɪʔ^{5}paʔ^{5}n̠iɪ^{13}iɪʔ^5
179.	第一	第一	di$^{13\text{-}35}$iɪʔ$^{5\text{-}5}$
180.	第二	第二	di$^{13\text{-}13}$n̠i$^{13\text{-}35}$
181.	两里	两里	liẽ$^{13\text{-}13}$li$^{13\text{-}13}$
182.	二两	二两	n̠i$^{13\text{-}13}$liẽ$^{13\text{-}13}$

三、语法例句

(先出普通话例句,后出上海话例句)

1. 谁啊?我是老王。
   啥人?我是老王。
   ha⁴⁴n̠iəŋ³¹? ŋ̍¹³z̩¹³lɔ¹³ɦuã³¹。

2. 老张呢?他正在跟一个朋友说着话呢。
   老张呢?伊特一个朋友辣海讲闲话。
   lɔ¹³tsɛ̃⁵³nE⁰? ɦi³¹təʔ⁵iʔ⁵kuɯʔ⁵bẽ³¹ɦiuɯ¹³læʔ²hE⁴⁴kã⁴⁴ɦE³¹ɦω¹³。

3. 她还没有说完吗?
   伊还吭没讲好啊啦?
   ɦi³¹ɦE³¹m̩³¹məʔ⁵kã⁴⁴hɔ⁴⁴a⁰la⁰?

4. 还没有。大约再有一会儿就说完了。
   还勿曾啊来。大概还要一歇再讲好啊勒。
   ɦE¹³vəʔ⁵zəŋ³¹a⁰lE⁰。da¹³kE³⁵ɦE¹³iɔ³⁵iʔ⁵ɕiʔ⁵tsE³⁵ kã⁴⁴hɔ⁴⁴a⁰lE⁰。

5. 他说马上就走,怎么这半天了还在家里?
   伊讲就要走个,哪能半日天拉还辣辣屋里向?
   ɦi¹³ kã⁴⁴dʑiuɯ¹³iɔ³⁵tsuɯ¹³kuʔ⁵,nE³¹nəŋ³¹piɯ³⁵n̠iʔt'iɯ¹³ la⁰ɦE³¹læʔ²læʔ²oʔ⁵ʔli¹³ ɕiẽ³⁵?

6. 你到哪儿去?我到北京去。
   你到鞋搭去?我到北京去。
   nɯ³⁵⁻tɔ³⁵ɦa¹³tæʔ⁵tɕʰi³⁵? ŋ̍¹³tɔ³⁵po²⁵⁻⁴tɕiəŋ⁵³tɕʰi³⁵。

7. 在那儿,不在这儿。
   辣哀面,勿辣辩搭。
   laʔ²E⁵³miɯ¹³,vəʔ⁵laʔ²guɯʔ²təʔ²。

8. 不是这么做的,是要那么做的。
   勿是辩能介做个,是要哀能介做个。
   vəʔ⁵ z̩¹³guɯʔ²nəŋ¹³ka³⁵tsu³⁵kuɯʔ⁵,z̩¹³iɔ³⁵E⁵³nəŋ³¹ka³⁵tsu³⁵kuɯʔ⁵。

9. 太多了,用不着那么多,只要这些就够了。
   忒多哉,用勿着介多,只要辩眼就有哉。
   tʰəʔ⁵tu⁵³tsE⁵,ɦioŋ¹³ vəʔ⁵zaʔ² ka³⁵məʔ⁵ tu⁵³,tsəʔ⁵ iɔ³⁵guɯʔ²ŋE¹³dʑiuɯ¹³ɦiuɯ¹³tsE⁵。

10. 这个大,那个小,这两个哪一个好一点呢?
    辩个大,哀个小,辩两个鞋里好一眼呢?
    guɯʔ²kuɯʔ⁵du¹³,E⁵³kuɯʔ⁵ɕiɔ⁴⁴,guɯʔ² liẽ¹³kuɯʔ⁵ ɦa³¹li¹³kuɯʔ⁵ hɔ⁴⁴ iʔ⁵ ŋE¹³nE⁰?

11. 这个比那个好。

㐞个比哀个好。
guɪʔ²kuɪʔ⁵pi⁴⁴ᴇ⁵³kuɪʔ⁵hɔ⁴⁴。

12. 这些房子不如那些房子好。
㐞点房子勿如哀点房子好。
guɪʔ²tiɪ⁴⁴vã³¹tsɿ⁴⁴vɐʔ²zɿ¹³ᴇ⁵³tiɪ⁴⁴vã³¹tsɿ⁴⁴hɔ⁴⁴。

13. 这句话用上海话怎么说?
㐞句闲话用上海闲话哪能讲?
guɪʔ²tɕy³⁵ɦᴇ³¹ɦω¹³ɦioŋ¹³zã¹³hᴇ⁴⁴ɦᴇ³¹ɦω¹³nᴇ³¹nəŋ³¹kã⁴⁴?

14. 他今年多大岁数了?
伊今年几岁啊哉?
ɦi¹³tɕiəŋ⁵³n̩iɪ³¹tɕi⁴⁴sø³⁵a⁰tsᴇʔ⁵?

15. 大概三十来岁吧。
大概三十几岁哦。
da¹³kᴇ³⁵sᴇ⁵³-zɐʔ²tɕi⁴⁴sø³⁵-vaʔ²。

16. 这个东西有多重呢?
㐞个物事几化重?
guɪʔ²kuɪʔ⁵mɐʔ²zɿ¹³tɕi⁴⁴hω³⁵zoŋ¹³?

17. 有五十斤重呢。
有五十斤重。
ɦiɯ¹³ŋ¹³zɐʔ²tɕiəŋ⁵³zoŋ¹³。

18. 拿得动吗?
拿得动哦?
nᴇ⁵³tɐʔ⁵doŋ¹³vaʔ²?

19. 我拿得动,他拿不动。
我拿得动个,伊拿勿动。
ŋ¹³nᴇ⁵³tɐʔ⁵doŋ¹³kuɪʔ⁵, ɦi¹³nᴇ⁵³vɐʔ⁵doŋ¹³。

20. 真不轻,重得连我也拿不动。
真个勿轻,重得来我也拿勿动。
tsəŋ⁵³kuɪʔ⁵vɐʔ⁵tɕʰiəŋ⁵³, zoŋ¹³tɐʔ⁵lᴇ³¹ŋ¹³ɦia¹³nᴇ⁵³vɐʔ⁵doŋ¹³。

21. 你说得很好,你还会说点什么呢?
你讲来蛮好个,你还会得讲点啥物事呢?
nɯ³⁵kã⁴⁴lᴇ³¹mᴇ³¹hɔ⁴⁴kuɪʔ⁵, nɯ³⁵ɦᴇ³¹ɦuɪ¹³tɐʔ⁵kã⁴⁴tiɪ⁴⁴ha⁴⁴mɐʔ²zɿ¹³nᴇ⁰?

22. 我嘴笨,我说不过他。
我嘴巴笨,我讲伊勿过。

ŋ̍¹³tsŋ̍⁴⁴⁻⁴⁴pɷ⁵³⁻⁵³bəŋ¹³, ŋ̍¹³kã⁴⁴ɦi¹³vɐʔ⁵ku³⁵。

23. 说了一遍,又说一遍。
    讲则一遍,又讲一遍。
    kã⁴⁴tsɐʔ⁵iɿʔ⁵piɪ³⁵, ɦiɯ¹³kã⁴⁴iɿʔ⁵piɪ³⁵。

24. 请你再说一遍。
    请你再讲一遍。
    tsʰiŋ⁴⁴nɯ³⁵tsE³⁵kã⁴⁴iɿʔ⁵piɪ³⁵。

25. 不早了,快去吧。
    勿早哉,快点去哦。
    vɐʔ⁵tsɔ⁴⁴aʔ⁰tsEʔ⁵, kʰua³⁵tiɪ⁴⁴tɕʰi³⁵vaʔ²。

26. 现在还早着呢,等一会儿再去吧。
    现在还早辣来,等脱歇再去。
    ɦiɪ¹³zE¹³ɦE¹³tsɔ⁴⁴laʔ lE⁰, təŋ⁴⁴tʰɐʔ⁵ɕiɿʔ⁵tsE³⁵tɕʰi³⁵。

27. 吃了饭再去好吗?
    吃仔饭再去好哦?
    tɕʰiɐʔ⁵⁻tsŋ̍⁴⁴vE¹³tsE³⁵tɕʰi³⁵hɔ⁴⁴vaʔ²?

28. 慢慢儿吃啊,不要着急。
    慢慢叫吃,覅急。
    mE¹³mE¹³tɕiɔ³⁵tɕʰiɐʔ⁵, fiɔ⁴⁴tɕiɿʔ⁵。

29. 坐着吃比站着吃好些。
    坐则吃比立辣海吃好一眼。
    zu¹³tsiɐʔ⁵tɕʰiɐʔ⁵pi⁴⁴liɿʔ²laʔ²ɦE⁴⁴tsiɐʔ⁵ hɔ⁴⁴ iɿʔ⁵ ŋE¹³。

30. 他吃了饭了,你吃了饭没有呢?
    伊饭吃好哉,你吃啊没?
    ɦi¹³vE¹³tsiɐʔ⁵hɔ⁴⁴tsEʔ⁵, nɯ³⁵tɕʰiɐʔ⁵aʔ⁰mɐʔ²?

31. 他去过北京,我没有去过。
    伊去过北京勒,我勿曾去过。
    ɦi¹³tɕʰi³⁵ku³⁵poʔ⁵tɕiəŋ⁵³lɐʔ², ŋ̍¹³vɐʔ⁵zəŋ³¹tɕʰi³⁵ku³⁵。

32. 来闻闻这朵花香不香。
    来闻闻看辩朵花香哦。
    lE³¹məŋ³¹məŋ³¹kʰø³⁵guɯʔ²tɤ⁴⁴hɷ⁵³ɕiẽ⁵³vaʔ²。

33. 给我一本书。
    拨我一本书。
    pɐʔ⁵ŋ̍¹³iɿʔ⁵⁻pəŋ⁴⁴sŋ̍⁵³。

34. 我实在没有书呀。
    我实在呒没书呀。
    ŋ̍¹³zɐʔ²zE¹³m̩³¹mɐʔ² sɿ⁵³。

35. 你告诉他。
    你讲拨伊听。
    nuɯ³⁵kã⁴⁴pɐʔ⁵ɦi¹³tʰiŋ⁵³。

36. 好好地走，不要跑。
    好好叫走，勿要跑。
    hɔ⁴⁴hɔ⁴⁴ tɕiɔ³⁵tsuɯ⁴⁴, fiɔ⁴⁴bɔ³¹。

37. 小心跌下去爬不上来。
    当心跌下去爬勿上来。
    tã⁵³siŋ⁵³tiɪʔ⁵ɦo¹³tɕʰi³⁵bE³¹ vɐʔ⁵zã¹³lE³¹。

38. 医生叫你多睡一会儿。
    医生叫你多睏歇。
    i⁵³sẽ⁵³tɕiɔ³⁵nuɯ³⁵tu⁵³kuəŋ³⁵ɕiɪʔ⁵。

39. 抽烟或者喝茶都不行。
    吃香烟或者吃茶侪勿来三个。
    tsiɐʔ⁵ɕiẽ⁵³iɪ³¹ɦuɔʔ²tsE⁴⁴tsiɐʔ⁵zω³¹zE³¹vɐʔ⁵lE³¹sE⁵³kuɯʔ⁵。

40. 烟也好，茶也好，我都不喜欢。
    烟也好，茶也好，我侪勿欢喜。
    iɪ⁵³ɦia¹³hɔ⁴⁴, zω³¹ɦia¹³hɔ⁴⁴, ŋ̍¹³zE³¹vɐʔ⁵huɪ⁵³ɕi⁴⁴。

41. 不管你去不去，反正我是要去的。
    随便你去勿去，反正我是要去个。
    zø³¹biɪ¹³nuɯ³⁵tɕʰi³⁵vɐʔ⁵tɕʰi³⁵, fE⁴⁴tsəŋ³⁵ŋ̍¹³zɿ¹³ iɔ³⁵ tɕʰi³⁵kuɯʔ⁵。

42. 我非去不可。
    我板要去个。
    ŋ̍¹³pE⁴⁴iɔ³⁵ tɕʰi³⁵kuɯʔ⁵。

43. 你是哪一年来的？
    你鞋里一年来啊个？
    nuɯ³⁵ɦa³¹li¹³iɪʔ⁵n̩.iɪ³¹lE³¹a⁰kuɯʔ⁵？

44. 我是前年到的北京。
    我前年子到北京啊个。
    ŋ̍¹³ziɪ³³n̩.iɪ³¹tsɿ⁴⁴tɔ³⁵ poʔ⁵tɕiəŋ⁵³a⁰kuɯʔ⁵。

45. 今年开会谁是主席？

今年开会啥人是主席？

tɕiəŋ⁵³n̠iɪ³¹kʰᴇ⁵³ɦiuɪ¹³ha⁴⁴n̠iəŋ³¹zʅ¹³tsʅ⁴⁴ziɪʔ²？

46. 你得请我的客。

你要请我吃饭个。

nɯ³⁵iɔ³⁵tsʰiŋ⁴⁴ŋ̍¹³tsiɐʔ⁵vᴇ¹³kɯʔ⁵。

47. 一边走，一边说。

一面走，一面讲。

iɪʔ⁵mir¹³tsɯ⁴⁴，iɪʔ⁵miɪ¹³kã⁴⁴。

48. 越走越远，越说越多。

越走越远，越讲越多。

ɦyœʔ²tsɯ⁴⁴ɦyœʔ²ɦyø¹³，ɦyœʔ² kã⁴⁴ɦyœʔ²tu⁵³。

49. 把那个东西拿给我。

哀个物事拿拨我。

ᴇ⁵³kɯʔ⁵mɐʔ²zʅ¹³nᴇ⁵³pɐʔ⁵ŋ̍¹³。

50. 有些地方管太阳叫日头。

有个地方拿太阳叫日头。

ɦiuɪ¹³gɯʔ²di¹³fã⁴⁴nᴇ⁵³ tʰa³⁵ɦiɛ̃³¹tɕiɔ³⁵n̠iɪʔ²dɯ³¹。

51. 您贵姓？我姓王。

奴姓啥？我姓王。

nɯ³¹siŋ³⁵⁻sa³¹？ ŋ̍¹³siŋ³⁵⁻ɦuã³¹。

52. 你姓王，我也姓王，咱们两个人都姓王。

你姓王，我也姓王，伲两家头侪姓王。

nɯ³⁵siŋ³⁵⁻ɦuã³¹，ŋ̍¹³ɦia¹³siŋ³⁵ɦuã³¹，n̠i³¹liɐ¹³ka⁵³dɯ³¹zᴇ³¹siŋ³⁵⁻ɦuã³¹。

53. 你先去吧，我们等一会儿再去。

你先去哦，伲等脱歇再去。

nɯ³⁵siɪ⁵³tɕʰi³⁵vaʔ²，n̠i³¹təŋ⁴⁴tʰɐʔ⁵ɕiɪʔ⁵tsᴇ³⁵tɕʰi³⁵。

54. 你抽不抽烟？

你吃香烟哦？

nɯ³⁵tsiɐʔ⁵ɕiɛ̃⁵³⁻iɪ⁵³vaʔ²？

55. 你认得那个人不认得？

你哀个人认得哦？／奴认得哀个人哦？

nɯ³⁵ᴇ⁵³kɯʔ⁵n̠iəŋ³¹n̠iəŋ¹³tɐʔ⁵vaʔ²？／ nɯ³¹n̠iəŋ¹³tɐʔ⁵ᴇ⁵³kɯʔ⁵⁻⁵n̠iəŋ³¹vaʔ²？

四、长篇语料

poʔ⁵foŋ⁵³⁻tʰeʔ⁵tʰa³⁵⁻³⁵ɦiɛ̃³¹⁻²¹
北 风 搭 太 阳

ɦiɯ¹³iɿʔ⁵⁻tʰã³⁵, poʔ⁵foŋ⁵³⁻ tʰeʔ⁵tʰa³⁵⁻³⁵ɦiɛ̃³¹⁻²¹læʔ²E⁵³⁻⁴⁴miɪ¹³⁻⁵³tsəŋ⁵³sa³¹⁻⁴⁴ȵiəŋ³¹⁻⁵³
有 一 趟， 北 风 搭 太 阳 辣 哀 面 争 啥 人

pəŋ⁴⁴zɿ¹³du¹³。tsəŋ⁵³lE³¹tsəŋ⁵³tɕʰi³⁵⁻ dʑiɯ¹³⁻zɿ¹³fəŋ⁵³veʔ⁵tsʰeʔ⁵koʔ⁵³ti⁵³。gɯʔ²⁻²
本 事 大。 争 来 争 去 就 是 分 勿 出 高 低。 搿

kɯʔ⁵⁻⁵zəŋ³¹kuã⁵³, lu¹³lã¹³⁻ɕiɛ³⁵ tsəŋ³⁵⁻³⁵hɔ⁴⁴⁻²¹lE³¹tseʔ⁵kɯʔ⁵tsɯ¹³lu¹³kɯʔ⁵ȵiəŋ³¹,
个 辰 光， 路 浪 厢 正 好 来 则 个 走 路 个 人，

ɦi¹³səŋ⁵³lã¹³⁻ɕiɛ³⁵zaʔ²tseʔ⁵iɿʔ⁵⁻dʑiɪ¹³ɦiɯ¹³kɯʔ⁵ da¹³i⁵³。ɦi¹³laʔ²liɛ¹³ka⁵³du³¹dʑiɯ¹³
伊 身 浪 厢 着 则 一 件 厚 个 大 衣。 伊 拉 两 家 头 就

kã⁴⁴hɔ⁴⁴, sa³¹⁻⁴⁴ȵiəŋ³¹⁻⁵³siɪ⁵³tɕiɔ³⁵gɯʔ²⁻²kɯʔ⁵⁻⁵tsɯ¹³lu¹³kɯʔ⁵⁻ȵiəŋ³¹nE⁵³ɦi¹³kɯʔ⁵
讲 好， 啥 人 先 叫 搿 个 走 路 个 人 拿 伊 个

ɦiɯ¹³da¹³i⁵³tʰœʔ⁵ɦio¹³lE³¹, dʑiɯ¹³sø³⁵sa³¹⁻⁴⁴ȵiəŋ³¹⁻⁵³pəŋ⁴⁴zɿ¹³du¹³。poʔ⁵foŋ⁵³⁻dʑiɯ¹³
厚 大 衣 脱 下 来， 就 算 啥 人 本 事 大。 北 风 就

pʰiŋ⁵³miŋ¹³kɯʔ⁵ kuæʔ⁵⁻⁴foŋ⁵³⁻⁵³。tseʔ⁵veʔ⁵ku³⁵ɦi¹³kuæʔ⁵⁻⁴lE³¹ɦiøʔ²zɿ¹³tɕiɿʔ⁵kuəŋ³⁵,
拼 命 个 刮 风。 只 勿 过 伊 刮 来 越 是 结 棍，

E⁵³⁻⁴⁴kɯʔ⁵⁻⁵tsɯ¹³lu¹³kɯʔ⁵⁻ ȵiəŋ³¹ɦiyœʔ²zɿ¹³nE⁵³da¹³i⁵³ku⁴⁴lE³¹tɕiəŋ⁴⁴。
哀 个 走 路 个 人 越 是 拿 大 衣 裹 来 紧。

ɦiɯ¹³sɯ⁴⁴lE³¹poʔ⁵foŋ⁵³⁻zeʔ²zE¹³m̩³¹⁻³¹meʔ²⁻⁵bE¹³fæʔ⁵, dʑiɯ¹³tseʔ⁵ hɔ⁴⁴sø³⁵lE³¹。
后 首 来 北 风 实 在 呒 没 办 法， 就 只 好 算 勒。

təŋ⁴⁴tseʔ⁵iɿʔ⁵⁻⁵ɕiɿʔ⁵⁻⁵, tʰa³⁵⁻³⁵ɦiɛ̃³¹⁻²¹tsʰeʔ⁵lE³¹tsE⁵⁻。la¹³huaʔ⁵la¹³huaʔ⁵iɿʔ⁵sø³⁵, E⁵³⁻⁴⁴
等 则 一 歇， 太 阳 出 来 哉。 辣 豁 辣 豁 一 晒， 哀

kɯʔ⁵⁻⁵tsɯ¹³lu¹³kɯʔ⁵⁻ȵiəŋ³¹mø¹³zã¹³dʑiɯ¹³nE⁵³da¹³i⁵³tʰœʔ⁵ɦio¹³lE³¹。nE¹³məʔ¹⁻⁴poʔ⁵⁻³
个 走 路 个 人 马 上 就 拿 大 衣 脱 下 来 勒。 耐 末 北

foŋ⁵³⁻⁴tseʔ⁵⁻³ hɔ³⁵⁻⁴⁴zəŋ¹³⁻²²ȵiŋ¹³⁻⁴⁴liã¹³⁻²²ka⁵³⁻⁵⁵dɤ¹³⁻²¹tã⁵³⁻⁵⁵tsoŋ⁵³⁻²¹ɦie¹³⁻²²zɿ¹³⁻⁴⁴tʰa³⁵⁻³³
风 只 好 承 认， 两 家 头 当 中 还 是 太

ɦiã¹³⁻⁵⁵ɦəʔ¹⁻²¹pəŋ³⁵⁻³³zɿ¹³⁻⁴⁴du¹³
阳 个 本 事 大。

北风跟太阳

(普通话对照)

　　有一回,北风跟太阳在那儿争论谁的本事大。争来争去就是分不出高低来。这时候路上来了个走道儿的,他身上穿着件厚大衣。它们俩就说好了,谁能先叫这个走道儿的脱下他的厚大衣,就算谁的本事大。北风就使劲儿地刮起来了,不过它越是刮得厉害,那个走道儿的把大衣裹得越紧。后来北风没法儿了,只好就算了。过了一会儿,太阳出来了。它火辣辣地一晒,那个走道儿的马上就把那件厚大衣脱下来了。这下儿北风只好承认,它们俩当中还是太阳的本事大。

第八章　莘庄音档

一、语音

(一) 声母

声母1号 p　　　　　　　布帮报比北八
声母2号 pʰ　　　　　　攀片胖票劈朴
声母3号 b　　　　　　　婆陪排朋拔别
声母4号 m　　　　　　　墓买忙明灭袜
声母5号 f　　　　　　　方昏否虎飞
声母6号 v　　　　　　　凡房浮获服不
声母7号 t　　　　　　　端底多打丢得
声母8号 tʰ　　　　　　吐脱透吞秃塔
声母9号 d　　　　　　　荡亭踏叠甜淡
声母10号 n　　　　　　内奶暖浓耐纳
声母11号 l　　　　　　量龙雷劳六立
声母12号 ts　　　　　帐总战足
声母13号 tsʰ　　　　　蔡穿畅宠彻插
声母14号 s　　　　　　生四锁室杀
声母15号 z　　　　　　肠重罪柴熟十
声母16号 tɕ　　　　　句纪绢将决接
声母17号 tɕʰ　　　　　取浅劝枪七屈
声母18号 dʑ　　　　　倦穷强求桥巨
声母19号 ȵ　　　　　　娘语玉软肉绕
声母20号 ɕ　　　　　　胸想训秀削雪
声母21号 ʑ　　　　　　徐住象习嚼
声母22号 k　　　　　　轨减公架粳国
声母23号 kʰ　　　　　口夸款揩恐哭

声母24号 g　　　　　　茄共戆环狂
声母25号 ŋ　　　　　　咬饿牙硬岳额
声母26号 h　　　　　　海慌夯黑瞎
声母27号 ɦ　　　　　　鞋杭核盒
声母28号 ∅　　　　　　衣晚冤肮握鸭

声母比字：
清音和浊音
布 pu³⁵　　　　≠　　　步 bu¹³
到 tɔ³⁵　　　　≠　　　道 dɔ¹³
松 soŋ⁵³　　　 ≠　　　虫 zoŋ³¹

尖音和团音
将　　　　　　＝　　　姜 tɕiã⁵³
节　　　　　　＝　　　结 tɕiəʔ⁵⁵
秋　　　　　　＝　　　丘 tɕʰiɤ⁵³

平舌音和卷舌音
仓　　　　　　＝　　　昌 tsʰɑ̃⁵³
子 tsɿ⁵⁵　　　＝　　　肢 tʂɿ⁵³
粗　　　　　　＝　　　初 tʂʰu⁵³

鼻音声母和非鼻音声母
岳 ŋɔʔ²³　　　≠　　　学 ɦɔʔ²³
娘 ɲiã³¹　　　≠　　　央 iã⁵³
额 ŋaʔ²³　　　≠　　　合 ɦaʔ²³

鼻音声母和边音声母
奴 nu¹³　　　　≠　　　路 lu¹³
女 ɲy¹³　　　　≠　　　吕 ly¹³

(二) 韵母
韵母1号 ɿ　　　　　　　猪紫吹世
韵母2号 i　　　　　　　篇飞回几细

韵母 3 号 u　　　　波富多苦左
韵母 4 号 y　　　　旅居取雨语
韵母 5 号 a　　　　拜排家奶洒
韵母 6 号 ia　　　　借谢野鸦写
韵母 7 号 ua　　　　怪快怀
韵母 8 号 ɛ　　　　班办反难眼
韵母 9 号 uɛ　　　　关环
韵母 10 号 ɿ　　　　扁完
韵母 11 号 iɿ　　　　千线盐现浅
韵母 12 号 ɯ　　　　规款换威管
韵母 13 号 o　　　　马沙画哑
韵母 14 号 ɔ　　　　包岛脑告下
韵母 15 号 iɔ　　　　表苗跳小摇
韵母 16 号 ø　　　　端暖算转干
韵母 17 号 yø　　　　卷劝软宣权
韵母 18 号 ɤ　　　　某否偷手购
韵母 19 号 iɤ　　　　刘酒秋修牛
韵母 20 号 ã　　　　浜朋打生硬
韵母 21 号 iã　　　　将抢想象羊
韵母 22 号 uã　　　　光狂黄汪谎
韵母 23 号 ɑ̃　　　　帮方当仓刚
韵母 24 号 ən　　　　针盆本奋等
韵母 25 号 in　　　　兵品平敏今
韵母 26 号 uən　　　　滚昆婚稳
韵母 27 号 yn　　　　允讯军群菌(有 ioŋ 的异读)
韵母 28 号 oŋ　　　　缝东动送恐
韵母 29 号 ioŋ　　　　胸穷用训晕
韵母 30 号 aʔ　　　　白湿吓只额
韵母 31 号 iaʔ　　　　脚鹊约协
韵母 32 号 uaʔ　　　　阔
韵母 33 号 æʔ　　　　八挖插夹鸭
韵母 34 号 uæʔ　　　　括刮
韵母 35 号 əʔ　　　　勒十黑拨
韵母 36 号 iəʔ　　　　灭七立习滴

韵母37号 uəʔ   骨
韵母38号 yəʔ   菊玉越缺绝
韵母39号 ɔʔ   落学
韵母40号 oʔ   北目足哭
韵母41号 ioʔ   肉
韵母42号 əl   耳而
韵母43号 ŋ̍   我鱼

韵母比字：
舌尖前元音和舌尖后元音
资   =   知 tsɿ^{53}
此   =   耻 tsʰɿ^{55}
四 sɿ^{53} ≠   试 sɿ^{35}

鼻音韵尾
金   =   斤   =   京 tɕin^{53}
针   =   真   =   增 tsən^{53}

塞音韵尾
鸽   =   割   =   革 kəʔ^{55}
十   =   舌   =   贼 zəʔ^{23}
立   =   裂   =   历 liəʔ^{23}

舒声韵和促声韵
把 po^{35} ≠   北 poʔ^{55}
见 tɕir^{35} ≠   接 tɕiəʔ^{55}
派 pʰa^{35} ≠   拍 pʰaʔ^{55}

前 ã 和后 ɑ̃
浜 pã^{53} ≠   帮 pɑ̃^{53}
张 tsã^{53} ≠   庄 tsɑ̃^{53}
打 tã^{55} ≠   党 tɑ̃^{55}
冷 lã^{13} ≠   郎 lɑ̃^{31}

其他

æʔ 和 aʔ

八 pæʔ⁵⁵ ≠ 百 paʔ⁵⁵
扎 tsæʔ⁵⁵ ≠ 只 tsaʔ⁵⁵
杀 sæʔ⁵⁵ ≠ 湿 saʔ⁵⁵

ɪ 和 ɛ

彩 tsʰɛ³⁵ ≠ 菜 tsʰɪ³⁵

i 和 iɪ

烟 iɪ⁵³ ≠ 衣 i⁵³

(三) 声调

声调1号　　阴平调 53　　高猪三伤飞天开安
声调2号　　阳平调 31　　人文云难龙鹅穷钱
声调3号　　阴上调 55　　古好手死粉比走短
声调4号　　阳上调 13　　五害树饭厚坐有望
声调5号　　阴去调 35　　正爱变怕放菜唱碎
声调7号　　阴入调 <u>55</u>　　一七百切尺发出竹
声调8号　　阳入调 <u>23</u>　　六白合舌药麦月入

声调比字：

古阴平和古阳平

生 sã⁵³ ≠ 长 zã³¹
杯 pɿ⁵³ ≠ 盘 bɿ³¹
关 kuɛ⁵³ ≠ 环 guɛ³¹

古阴平和古阴上

冬 toŋ⁵³ ≠ 董 toŋ⁵⁵
歌 ku⁵³ ≠ 顾 ku⁵⁵
鸡 tɕi⁵³ ≠ 姐 tɕi⁵⁵

古阴上和古阴去

早 tsɔ⁵⁵ ≠ 罩 tsɔ³⁵
扁 pɿ⁵⁵ ≠ 变 pɿ³⁵
狗 kɤ⁵⁵ ≠ 购 kɤ³⁵

古阳平和古阳上、古阳去

| 同 doŋ³¹ | ≠ | 动 doŋ¹³ | = | 洞 doŋ¹³ |
| 球 dʑiɤ³¹ | ≠ | 舅 dʑiɤ¹³ | = | 旧 dʑiɤ¹³ |

古阴入和古阳入

北 poʔ⁵⁵	≠	薄 bɔʔ²³
失 səʔ⁵⁵	≠	十 zəʔ²³
八 pæʔ⁵⁵	≠	拨 bæʔ²³

(四) 变调

前字阴平
(广用式) 医生　高楼　兄弟　京剧
(窄用式) 开门　烧水　开会　烧粥

前字阳平
(广用式) 田鸡　群众　潮湿　成熟
(窄用式) 磨刀　抬头　防火　骑马　留客　防滑

前字阴上或阴去
(广用式) 水烟　对象　小米　草地　改革　货色
(窄用式) 打拳　定亲　请罪　放手　炒菜　打铁　爱国　解毒　放学

前字阳上或阳去
(广用式) 士兵　认真　树苗　大小　父母　马路　梦话　道德　艺术
(窄用式) 养鸡　上楼　害人　养狗　买米　卖米　赛马　养鸭　有毒

前字阴入
(广用式) 浙江　发明　脚底　铁路　吃力
(窄用式) 出门　刷牙　出血　割麦

前字阳入
(广用式) 肉丝　杂粮　白马　墨汁　独立
(窄用式) 读书　入门　拔树　落雪　服毒

(五) 文白异读词比较举例

1. 家庭　家长/人家
2. 宝贵/价钱忒贵
   　包围/围巾
3. 问答　学问/问路

新闻/闻闻看

4. 日记/日脚(日期)

5. 小儿科/儿子
   中耳炎/耳朵

6. 生命/生日　生意
   斗争/争气

7. 拖拉机/拖鼻涕

8. 大家/大米

9. 去年/去过了

二、常用词汇

(一) 自然现象

1.	太阳	日头	ȵiəʔ²³dɤ³¹
2.	月亮	月亮	ȵyəʔ²³liã¹³
3.	星星	星星	ɕin⁵³ɕin⁵³
4.	打雷	雷响	le²³ɕiã⁵⁵
5.	闪电	霍险	hɔʔ⁵ɕiɿ³⁵
6.	下雨	落雨	lɔʔ²³ɦy¹³
		雨落	ɦy²³lɔʔ²³
7.	下雪	落雪	lɔʔ⁵ɕiəʔ⁵
8.	冰雹	冰雹	pin⁵³ʔbɔʔ⁵
9.	结冰	冰胶	pin⁵³ kɔ⁵³
10.	刮风	起风	tɕʰi⁵⁵hoŋ⁵³
11.	虹	鲎	hɤ¹³

(二) 时令、节令

12.	端午节	端午节	tã⁵³ŋ¹³tɕiəʔ⁵
13.	中秋节	八月半	pæʔ⁵ȵyəʔ²³pe³⁵
14.	除夕	年三十	ȵi³¹sɛ⁵³səʔ⁵
		年夜头	ȵi³¹ɦia¹³dɤ³¹
		阴历年夜	yin⁵³liə²³ȵi³¹ɦia¹³
15.	今年	今年子	tɕin⁵³ȵi³¹tsɿ³⁵
16.	明年	明年子	miŋ³¹ȵi³¹tsɿ³⁵

		开年	kʰe⁵³n̪i³¹
		开年子	kʰe⁵³n̪i³¹ tsʅ³⁵
17.	去年	去年子	tɕʰy³⁵n̪i³¹tsʅ³⁵
		旧年子	dʑiɤ¹³n̪i³¹tsʅ³⁵
		旧年	dʑiɤ¹³n̪i³¹
18.	明年	明年子	min³¹n̪i³tsʅ³⁵
		开年	kʰe⁵n̪i³
		开年子	kʰe⁵³n̪i³ tsʅ³⁵
19.	今天	今朝	tɕin⁵³tsɔ⁵³
20.	星期天	礼拜日	li¹³ pa³⁵n̪iə⁷¹
		礼拜天	li¹³ pa³⁵ tʰe⁵³

(三) 植物

21.	麦子	麦子	maʔ²³ tsʅ³⁵
22.	大米	粳米	kã⁵³mi¹³
		大米	du¹³mi¹³
23.	蚕豆	寒⁼豆	ɦø³¹dɤ¹³
24.	向日葵	向日葵	ɕiã³⁵ zəʔ²³gue³¹
25.	菠菜	菠菜	pu⁵³ tsʰe³⁵
26.	卷心菜	卷心菜	tɕyø³⁵ɕin⁵³ tsʰe³⁵
27.	西红柿	番茄	fɛ⁵³ga³¹
28.	茄子	落苏	lɔʔ²³su⁵³
29.	白薯	山芋	sɛ⁵³ɦy¹³
30.	马铃薯	洋山芋	iã³¹ sɛ⁵³ɦy¹³
31.	南瓜	饭瓜	vɛ¹³ko⁵³

(四) 动物

32.	猪	猪猡	tsʅ⁵³lu¹³
33.	专用于交配的公猪	猪郎	tsʅ⁵³lã³¹
34.	专用于繁殖的母猪	老母猪	lɔ¹³mu¹³tsʅ⁵³
35.	公鸡	雄鸡	ɦioŋ³¹tɕi⁵³
36.	母鸡	雌鸡	tsʰʅ⁴⁴tɕi⁵³
37.	麻雀	麻将	mo¹³tɕiã³⁵
38.	老鼠	老虫	lɔ²¹³zoŋ³¹

39.	臭虫	臭虱	tsʰɤ³⁵səʔ⁵

(五) 房舍

40.	房子（整所）	房子	vã³¹tsʅ³⁵
41.	房子（单间）	小屋里	ɕiɔ⁵⁵ oʔ⁵ li¹³
42.	窗户	窗门	tsʰã⁵³mən³¹
43.	门坎	门槛	mən³¹kʰɛ⁵⁵
44.	厕所	厕所	tsʰʅ³⁵su⁵⁵
45.	厨房	厨房间	zʅ²³ vã³¹ kɛ⁵³
		灶批间	tsɔ³⁵ pʰi²¹³kɛ⁵³
46.	烟囱	烟囱	i⁵³tsʰoŋ⁵³
47.	桌子	枱子	dɛ³¹tsʅ³⁵
48.	楼梯	楼梯	lɤ³¹tʰi⁵³

(六) 身体

49.	头	头	dɤ³¹
50.	额头	额角头	ŋaʔ²³kɔʔ⁵dɤ³¹
51.	脸	面孔	mi¹³kʰoŋ⁵⁵
52.	鼻子	鼻头	biʔ²³dɤ³¹
53.	脖子	头颈	dɤ³¹tɕin⁵⁵
54.	左手	左手	tɕi⁵⁵sɤ⁵⁵
55.	右手	右手	ɦiɤ¹³sɤ⁴⁴
		顺手	zən¹³sɤ⁵⁵
56.	拳头	拳头	dʑyø³¹dɤ³¹
57.	手指头	节头骨	tɕiəʔ⁵dɤ³¹ kuəʔ⁵
		手指头	sɤ⁵⁵tsʅ⁵⁵dɤ³¹
58.	指甲	手节眼	sɤ⁴⁴ tɕiəʔ⁵ ŋɛ¹³
		手指掐	sɤ⁴⁴tsʅ⁴⁴ kʰ æʔ⁵
69.	膝盖	脚馒头	tɕiaʔ⁵mø³¹dɤ³¹
60.	腿	脚髈	tɕiaʔ⁵pʰã⁵⁵

(七) 亲属

61.	父亲（面称）	爸爸	pa⁵³pa⁵³
	（背称）	爷老头子	ɦia¹³lɔ¹³dɤ¹³tsʅ⁵⁵

		老头子	lɔ¹³dɤ³¹tsɿ⁵⁵
62.	母亲(面称)	姆妈	m̩³¹ma⁵³
	(背称)	老娘	lɔ¹³ɲiã³¹
63.	祖父	大大	da¹³da¹³
64.	祖母	阿奶旧	aʔ⁵na¹³
		奶奶新	na¹³na¹³
65.	伯父	老伯伯	lɔ¹³paʔ⁵paʔ⁵
66.	伯母	老姆妈	lɔ¹³m̩³¹mɑ⁵³
67.	叔父	爷叔	ɦiɑ³¹soʔ⁵
		叔叔	soʔ⁵soʔ⁵
68.	叔母	婶妈	sən⁵⁵ma⁵³
69.	外祖父	外公大大	ŋa¹³koŋ⁵³da¹³da¹³
70.	外祖母	外婆阿奶	ŋa¹³bu³¹aʔ⁵na¹³
71.	舅舅	娘舅	ɲiã³¹dʑiɤ¹³
72.	舅母	舅妈	dʑiɤ¹³ma⁵³
73.	丈夫	老公	lɔ¹³koŋ⁵³
74.	妻子	娘子	ɲiã³¹tsɿ⁵⁵
		家主婆	ka⁵³tsɿ⁵⁵bu³¹
		老婆	lɔ¹³bu³¹
		屋里向个	oʔ⁵li¹³ɕiã³⁵kə³⁵
75.	儿子	儿子	ɲi³¹tsɿ⁵⁵
76.	女儿	囡五	nø³¹ŋ̍³¹

(八) 饮食

77.	早饭	早饭	tsɔ⁵⁵vɛ¹³
78.	午饭	中饭	tsoŋ⁵³vɛ¹³
79.	晚饭	夜饭	ɦiɑ¹³vɛ¹³
80.	面条	面条	mi¹³diɔ³¹
		切面	tɕʰiəʔ⁵mi¹³
81.	馒头淡馒头	馒头	mø³¹dɤ³¹
82.	包子(有馅)	包子	pɔ⁵³tsɿ⁵⁵
83.	馄饨	馄饨	vən³¹dən³¹
84.	醋	醋	tsʰu³⁵
85.	酱油	酱油	tɕiã³⁵ɦiɤ³¹

86.	盐	盐	ɦi³¹
87.	筷子	筷子	kʰua³⁵ tsʅ⁵⁵
88.	勺	勺	zoʔ²³

(九) 称谓

89.	男人	男人家	nɛ³¹ȵin³¹ka⁵³
90.	女人	女人家	ȵy¹³ȵin³¹ka⁵³
91.	男孩子	男小囡	nɛ³¹ɕiɔ⁵⁵nø³¹
		男囡头	nɛ³¹ nø³¹ dɤ³¹
92.	女孩子	女小囡	ȵy¹³ɕiɔ⁴⁴nø³¹
		小姑娘	ɕiɔ⁴⁴ gu⁵³ȵiã³¹
93.	老头儿	老头子	lɔ¹³dɤ³¹tsʅ⁵⁵
		老头	lɔ¹³dɤ³¹
		老老头	lɔ¹³lɔ¹³dɤ³¹
	(贬义)	老头浜	lɔ¹³dɤ³¹ pã⁵³
94.	医生	医生	i⁵³ sã⁵³
95.	厨师	烧饭师父	sɔ⁵³vɛ¹³sʅ⁵³ɦiu¹³
96.	乞丐	讨饭	tʰɔ³⁵vɛ¹³
97.	保姆	保姆	pɔ⁵⁵mu¹³

(十) 疾病

98.	生病	生毛病	sã⁵³ mɔ¹³ bin¹³
99.	伤风	伤风	sã⁵³ hoŋ⁵³
100.	泻肚	肚皮泻	du¹³bi³¹za¹³
101.	瘸子	翘脚	tɕʰiɔ³⁵ tɕiaʔ⁵
102.	驼背	驼背	du³¹ pe³⁵
103.	死了	死脱	ɕi⁵⁵tʰəʔ⁵
104.	看病	看毛病	kʰø³⁵mɔ¹³ bin¹³
		看医生	kʰø³⁵i⁵³ sã⁵³

(十一) 代词

105.	我	我	ŋ¹³
106.	你	奴(汝侬)	zo¹³
107.	他	伊(渠)	ɦi³¹

108.	我们	阿伲(阿我俚)	æʔ⁵n̺i¹³
109.	你们	实俹	zəʔ³na¹³
110.	他们	伊拉	ɦi³¹la⁵³
111.	咱们	阿伲	æʔ⁵n̺i¹³
112.	自己	自家	zʅ²¹³ka⁵³
113.	谁	何人	ha³⁵n̺in¹³
114.	什么	啥物什	sa⁴⁴məʔ²³zʅ¹³
115.	这里	羔搭	gəʔ²³tæʔ⁵
		羔里	gəʔ²³li¹³
116.	那里	伊搭	ɛ⁵³tæʔ⁵
117.	哪里	阿里搭	ɦia³¹li¹³tæʔ⁵
118.	这个	迭个	diəʔ²³kə³⁵
119.	那个	伊个	i⁵³kə³⁵
120.	哪一个	阿里个	ɦia²¹³li²¹³kə³⁵
121.	怎么样	哪恁个	na¹³nən¹³kə³⁵

(十二) 量词

122.	一位客人	一个客人	kə³⁵
123.	一双鞋	一双鞋子	sã⁵³
124.	一床被	一床被子	diɔ³¹
125.	一辆车	一辆车子	bu¹³
126.	一条牛	一条牛	diɔ³¹
127.	一口猪	一只猪猡	tsaʔ⁵⁵
128.	听一会儿	听一歇	ɕiɪʔ⁵
129.	打一下	打一记	tɕi³⁵

(十三) 方位词

130.	上头	上头	zã¹³dɤ³¹
		上面	zã¹³mi¹³
131.	下头	下面	ɦɔ¹³mi¹³
		下头	ɦɔ¹³dɤ³¹
		下底头	ɦɔ¹³ti³⁵dɤ³¹
		下半爿	ɦɔ¹³pe³⁵bɛ³¹
132.	左边	左面	tsu⁴⁴mi¹³

		左半爿	tsu⁴⁴ pe³⁵ bɛ³¹
133.	右边	右面	ɦiɤ⁴⁴mi⁴⁴
		右半爿	ɦiɤ⁴⁴ pe³⁵ bɛ³¹
134.	当中	当中	tã¹³tsoŋ⁵³
		贴当中	tʰiəʔ⁵tã¹³tsoŋ⁵³
		正当中	tsən³⁵tã¹³tsoŋ⁵³
		当中横里	tã¹³tsoŋ⁵³uã⁴⁴li¹³
		半横当中	pe³⁵ uã⁴⁴tã¹³tsoŋ⁵³
135.	里面	里头	li¹³dɤ³¹
		里向头	li¹³ɕiã³⁵dɤ³¹
		横里向	uã⁴⁴ li¹³ ɕiã³⁵
		竖里向	zy¹³ li¹³ ɕiã³⁵
		里势	li¹³ sɹ³⁵
		横当里	uã⁴⁴tã³⁵ li¹³
136.	外面	外头	ŋa¹³dɤ³¹
		外底头	ŋa¹³ti⁵⁵dɤ³¹
		外势	ŋa¹³ sɹ³⁵

(十四) 形容词

137.	甜	甜	de³¹
138.	酸	酸	sø⁵³
139.	咸	咸	ɦiɛ³¹
140.	淡	淡	ɦiɛ³¹
141.	胖	胖	pʰã³⁵
142.	瘦	瘦	sɤ⁴⁴
143.	冷	冷	lã¹³
144.	热	热	ȵiəʔ³
145.	香	香	ɕiã⁵³
146.	臭	臭	tsʰɤ⁴⁴
147.	粗	粗	tsʰu⁵³
148.	细	细	ɕi³⁵
149.	长	长	zã¹³
150.	短	短	tø⁵⁵
151.	脏	龌龊	oʔ⁵tsʰøʔ⁵

| 152. | 干净 | 清爽 | tɕʰin⁵³sã⁴⁴ |
| 153. | 便宜 | 嗂 | dʑia³¹ |

(十五) 副词、连词、介词

154.	刚(来)	刚刚	kã⁵³kã⁵³
155.	刚(恰好)	恰好	haʔ⁵hɔ³⁵
156.	正好	正好	tsən³⁵hɔ⁵⁵
157.	和	和	ɦu³¹
158.	只	只	tsəʔ⁵
159.	从	从	zoŋ¹³
160.	替	替	tʰi³⁵
161.	拿	拿	nɛ⁵³
162.	故意	存心	ɕin⁵³

(十六) 数词

163.	一	一	iɿʔ⁵
164.	二	两	liã¹³
165.	三	三	sɛ⁵³
166.	四	四	sɿ³⁵
167.	五	五	ŋ̍¹³
168.	六	六	lɔʔ²³
169.	七	七	tɕʰiəʔ⁵
170.	八	八	pæʔ⁵
171.	九	九	tɕiɤ⁵⁵
172.	十	十	zəʔ²³
173.	十一	十一	zəʔ³iəʔ⁵
174.	十二	十二	zəʔ²³n̠i¹³
175.	二十	廿	n̠iɛ¹³
176.	二十一	廿一	n̠iɛ¹³iəʔ⁵
177.	一百二十一	一百廿一	iəʔ⁵paʔ⁵n̠iɛ¹³iəʔ⁵
178.	第一	第一	di¹³iəʔ⁵
179.	第二	第二	di¹³n̠i¹³
180.	两里	两里	liã¹³li¹³
181.	二两	二两	n̠i¹³liã¹³

三、语法例句

（先出普通话例句，后出莘庄例句）

1. 谁啊？我是老王。
   何人啊？哦，我是老王。
   $ha^{13}ȵin^{13-31}a^0$？$ɦo^{212}$, $ŋʊ^{31}zŋ^{13}lɔ^{13}ɦuã^{31}$。

2. 老张呢？他正在同一个朋友说着话呢。
   老张呢？渠辣勒搭一个朋友讲闲话。
   $lɔ^{13}tsã^{53}nə$？$ɦi^{13}la^{22}lə^{22}ta^{22}tʰa^{25}iə^{55}kɤ^0bã^{13}ɦiɤ^{31}kã^{55}ɦæ^{13}ɦo^{33}$。

3. 他还没有说完吗？
   渠还没讲光啊？
   $ɦi^{31-13}æʔ^5məʔ^2kã^{55-33}kuã^{53-33}·a$？

4. 还没有。大约再有一会儿就说完了。
   还□（没有合音）哩。就一歇歇就好哉。
   $æʔ^{31-55}ma^{53}li^{33}$。$dʑiɤ^{13}ɦiəʔ^2ɕiəʔ^5ɕiəʔ^5ziɤ^{13}ɦo^{13}tsɛ^0$。

5. 他说马上就走，怎么这半天了还在家里。
   渠讲马上就走个，哪能老半天了还辣勒屋里向。
   $ɦi^{31-13}kã^{55}ma^{55}zã^{13-55}ɦiɤ^{13}tsɤ^{55}fɤ^0$, $na^{13}nən^{33}lɔ^{13}pe^{35}tir^{13-33}ləʔ^2əʔ^5ləʔ^5oʔ^5li^2ʑiã^{33}$。

6. 你到哪儿去？我到北京去。
   侬到何□去啊？我到北京去。
   $noŋ^{31-13}tɔ^{35-55}ha^{35}təʔ^2tɕʰi^{35-55}a^0$？$ŋ^{13}tɔ^{35-55}poʔ^{55}tɕiŋ^{53-33}tɕʰi^{35-33}$。

7. 在那儿，不在这儿。
   辣勒格的，勿辣哀伊的。
   $ləʔ^2ləʔ^2gəʔ^2təʔ^0$, $vəʔ^5ləʔ^5æ^{53}i^{53}təʔ^0$。

8. 不是那么做，是要这么做的。
   勿是伊恁做，是要格恁介做。
   $vəʔ^5zŋ^{0;53}i^{53}nən^{31-33}tsu^{35-33}$, $zŋ^{13}ɦio^{13-33}gəʔ^2nən^{31-13}ka^{35-33}tsu^{35-33}$。

9. 太多了，用不着那么多，只要这么多就够了。
   忒多□□，用勿着伊恁多，只要格恁介多就可以□□。
   $tʰəʔ^5tu^{53}ɦia^{33}za^0$, $ɦioŋ^{13}vəʔ^2zəʔ^{53}nən^{31-33}tu^{53}$, $tsəʔ^5iɔ^{35}gəʔ^2nən^{31-33}ka^{35-0}tu^{53}dʑiɤ^{13}kʰu^{33}ɦi^{13-0}ɦia^{33}za^0$。

10. 这个大，那个小，这两个哪一个好一点呢？
    格个大，伊个小，迭个两个何一个好一眼？
    $gəʔ^5ɦəʔ^5du^{13}$, $i^{53-55}gəʔ^3ɕiɔ^{44}$, $diəʔ^5ɦəʔ^2liã^{13}ɦəʔ^2ɦia^{13-31}iəʔ^5ɦəʔ^2hɔ^{44}iəʔ^5ŋæ^{13-0}$？

11. 这个比那个好。
    格个比伊个好。
    gəʔ³ɦəʔ³pi⁴⁴ i⁵³⁻⁵⁵gəʔ³hɔ⁴⁴。
12. 这些房子不如那些房子好。
    格眼房子不如伊些房子好。
    gəʔ³ŋæ¹³⁻³¹ʋã³¹⁻¹³tsʅ⁴⁴⁻³¹ʋəʔ³ʑʅ³¹⁻⁵³iʔ³ŋæ¹³⁻³¹ ʋã³¹⁻¹³tsʅ⁴⁴⁻³¹hɔ⁴⁴。
13. 这句话用上海话怎么说？
    迭句闲话用上海闲话哪恁介讲？
    diəʔ³tɕy³⁵ɦæ¹³ɦo¹³⁻³¹ɦioŋ¹³zã¹³he⁴⁴⁻³³ ɦæ¹³ɦo¹³⁻³³na¹³nən¹³⁻³³ka⁵³⁻³³kã⁴⁴⁻⁰？
14. 他今年多大岁数？
    渠今年几岁啊？
    ɦi¹³tɕin⁵³⁻³³niɤ³¹⁻⁵³tɕi⁴⁴sø⁵³⁻⁴⁴a⁰？
15. 大概有三十来岁吧。
    大概有三十几岁。
    da¹³kɛ³⁵⁻³³ɦiɤ¹³se⁵³⁻³³səʔ⁵tɕi³⁵⁻³³ɕy³⁵⁻³³。
16. 这个东西有多重呢？
    格个物事有多重啊？
    gəʔ²ɦəʔ²məʔ²zʅ¹³ɦiɤ¹³du⁵³zoŋ¹³a⁰？
17. 有五十斤重呢。
    有五十斤重。
    ɦiɤ¹³ŋ¹³səʔ⁵tɕin⁵³zoŋ¹³。
18. 拿得动吗？
    担得动哦？
    nɛ⁵³⁻⁵⁵təʔ⁵doŋ¹³⁻³³ʋaʔ⁵？
19. 我拿得动，他拿不动。
    我担得动个，渠担不动。
    ŋ¹³nɛ⁵³⁻⁵⁵təʔ⁵doŋ¹³⁻³³ɦɤ⁰, ɦi³¹⁻¹³nɛ⁵³⁻⁵⁵ʋəʔ²doŋ¹³⁻³³。
20. 真不轻，重得连我也拿不动。
    蛮重个，重勒我担也担勿动。
    mɛ³¹⁻⁵³zoŋ¹³⁻³¹ɦɤ⁰, zoŋ¹³ləʔ⁵ŋ¹³nɛ⁵³ɦia¹³⁻³³nɛ⁵³⁻³³ʋəʔ²doŋ¹³⁻³³。
21. 你说得很好，你还会说点什么呢？
    汝讲勒蛮好个，侬还会得讲点啥物事啊？
    nu¹³kã⁴⁴ləʔ²mɛ³¹⁻⁵³hɔ⁴⁴ɦɤ⁰, noŋ¹³ɛ¹³⁻⁵³ɦue¹³təʔ²kã⁴⁴ŋɛ⁴⁴⁻⁵³sa³³məʔ²zʅ³⁵⁻³³a⁰？
22. 我嘴笨，我说不过他。（我说他不过。）

我嘴巴笨,我讲勿过渠。
ŋ¹³zɿ⁴⁴po⁵³⁻³³bən¹³, ŋ¹³kã⁴⁴vəʔ²ku⁵³⁻³³ɦi³¹⁻¹³。

23. 说了一遍,又说了一遍。
讲勒一遍,又讲了一遍。
kã⁴⁴ləʔ²iəʔ⁵piɪ³⁵⁻³³, iɤ¹³⁻⁵³kã⁴⁴ləʔ²iəʔ⁵piɪ³⁵⁻³³。

24. 请你再说一遍!
请汝再讲一遍!
tɕʰiŋ⁴⁴nu¹³⁻³³tsɛ³⁵⁻⁵³kã⁴⁴iəʔ⁵piɪ³⁵⁻³³!

25. 不早了,快去吧!
勿早哉,快点去伐!
vəʔ⁵tsɔ⁴⁴tsɛ⁴⁴, kʰua³⁵tiɪ⁴⁴⁻³³tɕʰi³⁵va⁰!

26. 现在还很早呢,等一会儿再去吧。
现在还早拉哩,再等脱一歇再去。
ɦiɪ¹³zɛ¹³⁻³³ɛʔ⁵tsɔ⁴⁴aʔ⁵li⁰, tsɛ³⁵⁻⁵³təŋ⁴⁴⁻³³tʰəʔ⁵iɪʔ⁵ɕiɪ⁵tsɛ³⁵⁻⁵³tɕʰi³⁵。

27. 吃了饭再去好吗?
吃勒饭再去好□伐啦?
tɕʰiɪʔ⁵laʔ⁵vɛ¹³tsɛ³⁵⁻⁵³tɕʰi³⁵hɔ⁴⁴⁻³³vəʔ⁵la⁰?

28. 慢慢儿的吃啊,不要着急。
慢慢叫吃末哉,勿要急来兮。
mɛ¹³mɛ¹³⁻³³tɕiɔ³⁵⁻³³tɕʰiɪʔ⁵məʔ²tsɛ⁵³, viɔ⁵³tɕiɪʔ⁵lɛ³¹ɕi⁰。

29. 坐着吃比站着吃好些。
坐勒吃比立勒许吃好。
zu¹³laʔ²tɕʰiɪʔ⁵piʔ⁴⁴liɪʔ²ləʔ²hɛ⁴⁴tɕʰiɪʔ⁵hɔ⁴⁴。

30. 他吃了饭了,你吃了饭没有呢?
渠饭吃□哉,汝饭吃□没?
ɦi¹³vɛ¹³tɕʰiɪʔ⁵aʔ⁵⁵tsɛ⁵³, nu¹³vɛ¹³tɕʰiɪʔ⁵aʔ⁵⁵ma⁵³?

31. 他去过北京,我没有去过。
渠去过北京,我还没去过。
ɦi¹³tɕʰi³⁵ku³⁵⁻³³poʔ⁵tɕiŋ⁵³, ŋ¹³ɛʔ⁵məʔ²tɕʰi³⁵ku³⁵⁻³³。

32. 来闻闻这朵花香不香。
来闻闻看,格朵花香勿香。
lɛ³¹⁻¹³mən³³mən³³kʰø⁵³, gəʔ²tu⁴⁴⁻³³ho⁵³ɕiã⁵³vəʔ²ɕiã⁵³⁻³³。

33. 给我一本书!
□我一本书!

pəʔ⁵ŋ¹³iɿʔ⁵pən⁴⁴⁻³³ɕy⁵³！

34. 我实在没有书呀。

    我真的没格本书啊。

    ŋ¹³tsən⁵³ɦɤ⁰məʔ²gəʔ²pən⁴⁴ɕy⁵³a⁰。

35. 你告诉他。

    侬告诉□渠。

    noŋ¹³kɔ³⁵⁻³³su³⁵⁻³³pəʔ⁵ɦii¹³⁻⁰。

36. 好好儿的走，不要跑！

    好好叫走，勿要跑！

    hɔ⁴⁴hɔ⁴⁴⁻³³tɕiɔ³⁵⁻³³tsɤ⁴⁴, vəʔ⁵ɦiɔ⁵³bɔ¹³ ！

37. 小心跌下去爬不上来。

    当心掼下去爬不上来。

    tã⁵³ɕin⁵³⁻³³guɛ³¹ɦɔ¹³⁻³³tɕʰiʔ⁵³bɛ³¹⁻¹³vəʔ²zã¹³lə⁰。

38. 医生叫你多睡一会儿。

    医生叫汝多睏一歇。

    i⁵³⁻³³sã⁵³tɕiɔʔ³⁵nu³¹tu⁵³⁻³³kʰuən¹³⁻³³iɿʔ⁵ɕiʔ⁵。

39. 吸烟或者喝茶都不行。

    吃香烟或者吃茶倚勿来三个。

    tɕʰiʔ⁵ɕiã⁵³⁻³³iɿ⁵³vəʔ²tsəʔ²tɕʰiʔ⁵zo³¹zɛ¹³vəʔ²lE³¹sE⁵³。

40. 烟也好，茶也好，我都不喜欢。

    香烟也好，茶也好，我倚勿喜欢个。

    ɕiã⁵³⁻³³iɿ⁵³ɦa¹³hɔ¹³, zo³¹ɦa¹³hɔ⁴⁴, ŋ¹³zɛ¹³vəʔ²ɕi⁴⁴hø⁵³⁻³³ɦɤ⁰。

41. 不管你去不去，反正我是要去的。

    勿管汝去不去，反正我是要去个。

    vəʔ⁵kue⁴⁴nu¹³tɕʰiʔ³⁵⁻³³vəʔ²tɕʰiʔ³³, fɛ⁴⁴tsəŋ³⁵⁻³³ŋ¹³zl̩¹³iɔ⁵³⁻³³tɕʰiʔ³⁵ɦɤ⁰。

42. 我非去不可。

    我板要去个。

    ŋ¹³iɿʔ⁵pE³⁵iɔ⁵³⁻³³tɕʰiʔ³⁵ɦɤ⁰。

43. 你是哪一年来的？

    汝是何□年来啊？

    nu¹³zl̩¹³ɦa¹³li³³n̠ʲiɪ³¹lɛ³¹⁻¹³a？

44. 我是前年到的北京。

    我是前年子到北京个。

    ŋ¹³zl̩¹³ziɪ³¹⁻¹³n̠ʲiɪ³¹⁻¹³tsl̩⁰tɔ³⁵poʔ⁵tɕiŋ⁵³⁻³³ɦɤ⁰。

45. 今年开会谁的主席？

   今年开会何人是主席？

   tɕin⁵³⁻³³n̩.iɿ³¹⁻⁵³kʰɛ⁵³vi¹³ha³⁵n̩.in³¹zʅ¹³⁻⁰tsʅ⁴⁴ʑiɿ²？

46. 你得请我的客。

   汝应该请我。

   nu¹³in⁵³⁻³³kɛ⁵³tɕʰin⁴⁴ŋ̍¹³。

47. 一边走，一边说。

   一面走，一面讲。

   iɿʔ⁵miɿ¹³⁻⁵³tsɤ⁴⁴，iɿʔ⁵miɿ¹³⁻⁵³kã⁴⁴。

48. 越走越远，越说越多。

   越走越远，越讲越多。

   ɦyəʔ²tsɤ⁴⁴ɦyəʔ²ɦyø¹³，ɦyəʔ²kã⁴⁴⁻³⁵ɦyəʔ²tu⁵³。

49. 把那个东西拿给我。

   担哀个物事担口我。

   nɛ⁵³ɛ³⁵gɤ¹³məʔ²zʅ¹³⁻³³nɛ⁵³⁻⁵⁵pəʔ⁵ŋ̍¹³。

50. 有些地方管太阳叫日头。

   有口地方担太阳叫成日头。

   ɦiɤ¹³tɕiɿʔ⁵di¹³fã⁵³⁻³³nɛ⁵³tʰa³⁵ɦiã³¹⁻³³tɕiɔ³⁵zəŋ³¹⁻⁰n̩.iɿʔ²dɤ³¹。

51. 您贵姓？我姓王。

   汝贵姓啊？我姓王。

   nu¹³kue³⁵ɕin³⁵a⁵⁵？ ŋ̍¹³ɕin³⁵ɦuã³¹。

52. 你姓王，我也姓王，咱两个人都姓王。

   汝姓王，我也姓王，阿伲两介头侪姓王。

   nu¹³ɕin³⁵⁻³³ɦuã³¹，ŋ̍¹³ɦia¹³⁻⁰ɕin³⁵⁻³³ɦuã³¹，aʔ⁵n̩.i⁰liã³⁵⁻³³ka³⁵dɤ¹³⁻⁰zɛ¹³ɕin³⁵⁻³³ɦuã³¹。

53. 你先去吧，我们等一会儿再去。

   汝先去，阿伲等一歇再来。

   nu¹³ɕiɿ⁵³tɕʰ³⁵，aʔ⁵n̩.i⁰təŋ⁴⁴iɿʔ⁵ɕiɿʔ⁵tsɛ³⁵⁻⁵³lɛ³¹⁻¹³。

54. 你抽不抽烟？

   汝吃不吃香烟啊？

   nu¹³tɕʰiɿʔ⁵vəʔ²tɕʰiɿʔ⁵ɕiã⁵³⁻³³iɿ⁵³a⁰？

55. 你认得那个人不认得？

   汝认得哀个人哦？

   nu¹³n̩.in¹³təʔ⁵ɛ⁵³kɤ³⁵⁻³³n̩.in¹³va⁵⁵？

四、长篇语料

poʔ⁵xoŋ⁵³tʰaʔ⁵tʰa³⁵⁻³³ɦiã³¹
北 风 搭 太 阳

ɦiɤ¹³iɿʔ⁵tʰã⁴⁴poʔ⁵xoŋ⁵³tʰaʔ⁵tʰa³⁵⁻³³ɦiã³¹ləʔ²ləʔ²ɛ⁵³miɿ³¹⁻³³tsã⁵³ha³⁵n̩iɿ³¹ɦɤ⁰
有 一 趟，北 风 塔 太 阳 辣勒 哀面 争何 人 个
pən⁴⁴ẓ̩³¹⁻³³du¹³ɦi¹³ la⁰tsã⁵³lɛ²tsã⁵³⁻³³tɕi³⁵⁻³³ dʑiɤ¹³ẓ̩²tsã⁵³vəʔ²tsʰəʔ²ɦɤ⁰ko⁵³⁻³³ti⁵³lɛ³¹⁻⁰
本 事 大， 伊 拉 争 来 争 去 就 是 争 勿 出 个 高 低 来。
diɿʔ²zəŋ¹³kuã⁵³⁻³³a⁰lu¹³li⁰ɕiã³³ lɛ³¹⁻¹³ləʔ²iɿʔ⁵ɦɤ⁰lu¹³ku³⁵⁻³³ɦɤ⁰n̩in³¹gɤʔ²n̩iŋ³¹nəʔ⁰tsʰø⁵³
迭 辰 光 啊路里 向 来 勒一个 路 过 个 人， 格 人 呢 穿
ləʔ²iɿʔ⁵tɕiɤ³⁵⁻³³ɦɤ⁰tɕʰi³⁵lø⁵⁵da¹³i⁵³⁻³³ɦi¹³laº sã⁵³⁻³³liã¹³⁻⁰hɔ⁴⁴ləʔ², kã⁴⁴ha³⁵n̩iŋ³¹ɕiɤ⁵³⁻³³
勒 一 件 厚 □ □ 大 衣。伊 拉 商 量 好 了，讲 何 人 先
tɕiɔ³⁵gɤʔ²lu¹³ku³⁵⁻³³ɦɤ⁰n̩in³¹º, nɛ⁵³gɤʔ²tɕiɤ⁵³ɦɤ⁰ da¹³⁻⁵³tʰɔʔ⁵ɦɔ¹³lɛ³¹⁻³³dʑiɤ¹³
叫 格路过 个人喔，担 格件 厚 个大衣 脱 下 来 就
sø³⁵ha³⁵n̩iŋ³¹ɦɤ⁰pən⁴⁴ẓ̩¹³du¹³poʔ⁵xoŋ⁵³dʑiɤ¹³pʰin⁵³min¹³ɦɤʔ² tsʰɿ⁵³ gɤʔ²lu¹³ku³⁵⁻³³
算 何 人 个 本 事 大。北 风 就 拼 命 的 吹。格 路过
ɦɤ⁰n̩iŋ³¹na⁵⁵, dʑiɤ¹³nɛ⁵³gɤʔ²tɕiɤ³⁵⁻⁵³⁻³³zã⁵³⁻³³kuʔ⁴ləʔ²ɦyəʔ²lɛ³¹⁻¹³ɦyəʔ²tɕiŋ⁴⁴ɦɤ¹³
个 人 呢， 就 担 格 件 衣 裳 裹 了 越 来 越 紧。后
dɤ³¹⁻¹³lɛ³¹⁻³³a⁰poʔ⁵xoŋ⁵³dʑiɤ¹³məʔ²bɛ¹³faʔ²ləʔ²tsæʔ⁵hɔ⁴⁴sø³⁵ləʔ²ku³⁵ləʔ²iɿʔ⁵ɕiɿʔ⁵ɕiɿʔ⁵aº,
头 来 啊，北 风 就 没 办 法 了，只 好 算 了。过了一歇 歇 啊，
tʰa³⁵ɦiã³¹ tsʰəʔ²lɛ³¹⁻³³ləʔ²tʰa³⁵ɦiã³¹fu⁴⁴laʔ²laʔ² ɦɤ⁰iiʔ²sɔ³⁵aº⁵gɤʔ²tsɤ⁴⁴dɔ¹³ɦɤ⁰n̩iŋ³¹aº
太 阳 出 来 了。太 阳 火 辣 辣 个 一 晒 啊 哀 个 走 道 个 人 啊，
dʑiɤ¹³nɛ⁵³ ɛ³⁵tɕiɤ³⁵⁻³³ ɦɤ¹³tɕʰi³⁵lɤ⁵⁵da¹³⁻³³tʰɔʔ⁵ɦɔ¹³ lɛ³¹⁻³³ləʔ² gɤʔ² zəŋ¹³kuã⁵³⁻³³aº,
担 哀 件 厚 □□ 大 衣 脱 下 来 了。格 辰 光 啊，
poʔ⁵xoŋ⁵³tsæʔ⁵hɔ⁴⁴zəŋ³¹n̩iŋ¹³⁻³³ ɦi¹³laʔ³³liã⁵³ɦɤ⁰tã⁵³⁻³³tsoŋ⁵³aº⁰ɦɤ⁵³ẓ̩¹³⁻³³tʰa³⁵⁻³³ɦiã³¹
北 风 只 好 承 认 伊 拉 两 个 当 中 啊 还 是 太 阳
ɦɤ⁰pən⁴⁴ẓ̩³¹⁻³³du¹³。
个 本 事 大。

北风跟太阳
（普通话对照）

有一回，北风跟太阳在那儿争论谁的本事大。争来争去就是分不出高

低来。这时候路上来了个走道儿的,他身上穿着件厚大衣。它们俩就说好了,谁能先叫这个走道儿的脱下他的厚大衣,就算谁的本事大。北风就使劲儿地刮起来了,不过它越是刮得厉害,那个走道儿的把大衣裹得越紧。后来北风没法儿了,只好就算了。过了一会儿,太阳出来了。它火辣辣地一晒,那个走道儿的马上就把那件厚大衣脱下来了。这下儿北风只好承认,它们俩当中还是太阳的本事大

第九章 嘉定音档

一、语音

(一) 声母（共27个声母，包括零声母）

声母1号 p　　　　　把邦百
声母2号 ph　　　　 派胖拍
声母3号 b　　　　　排旁败
声母4号 m　　　　　卖梦麦
声母5号 f　　　　　夫方风
声母6号 v　　　　　附房罚
声母7号 t　　　　　戴当答
声母8号 th　　　　 太汤塌
声母9号 d　　　　　大唐达
声母10号 n　　　　 奶怒捺
声母11号 l　　　　 赖屡腊
声母12号 ts　　　　斋桩扎
声母13号 tsh　　　 菜昌尺
声母14号 s　　　　 洒伤杀
声母15号 z　　　　 柴床石
声母16号 tɕ　　　　鸡姜菊
声母17号 tɕh　　　 欺羌缺
声母18号 dʑ　　　　奇强局
声母19号 ȵ　　　　 泥娘肉
声母20号 ɕ　　　　 戏香血
声母21号 k　　　　 假江格
声母22号 kh　　　　开康克
声母23号 g　　　　 茄狂轧

声母24号 ŋ　　　昂我额
声母25号 h　　　蟹哄吓
声母26号 ɦ　　　鞋红滑
声母27号 ∅　　　矮衣乌优

(二) 韵母(共43个韵母,包括自成音节的3个韵母)

韵母1号 ɿ　　　资知私
韵母2号 i　　　皮低奚
韵母3号 u　　　波吐鼓
韵母4号 y　　　丢袖居
韵母5号 ɑ　　　假牌债
韵母6号 iɑ　　　姐霞皆
韵母7号 uɑ　　　坏乖怪
韵母8号 E　　　扮戴该
韵母9号 iE　　　念
韵母10号 uE　　　关筷
韵母11号 ə　　　堆狗
韵母12号 uə　　　归回
韵母13号 ɯ　　　汗干马
韵母14号 iɯ　　　卷原犬
韵母15号 ii　　　编店感
韵母16号 uɯ　　　官宽换
韵母17号 ɔ　　　报道高
韵母18号 iɔ　　　交票鸟
韵母19号 ɜ̃　　　沉本根
韵母20号 iŋ　　　冰定云
韵母21号 uɜ̃　　　困稳婚
韵母22号 oŋ　　　弘蒙东
韵母23号 ioŋ　　　兄荣穷
韵母24号 ã　　　装党帮
韵母25号 iã　　　旺腔
韵母26号 uã　　　王矿光
韵母27号 ã　　　樱羹行
韵母28号 iã　　　娘蒋箱

韵母29号 uã　　　　　横
韵母30号 aʔ　　　　　百拆石
韵母31号 iaʔ　　　　　略脚约
韵母32号 uaʔ　　　　　划刮豁
韵母33号 əʔ　　　　　八鸽突
韵母34号 iəʔ　　　　　吃
韵母35号 uəʔ　　　　　骨忽阔
韵母36号 iiʔ　　　　　律笔页
韵母37号 oʔ　　　　　剥洛速
韵母38号 ioʔ　　　　　确月肉
韵母39号 uoʔ　　　　　握
韵母40号 ə̣l　　　　　耳
韵母41号 m̩　　　　　呒
韵母42号 ŋ̍　　　　　五鱼
韵母43号 n̩　　　　　尔

(三) 声调(共6个声调)
声调1号　　　阴平调53　　　高专边安
声调2号　　　阳平调31　　　穷平寒人
声调5号　　　阴去调34　　　懂女盖送
声调6号　　　阳去调13　　　静厚树帽
声调7号　　　阴入调55　　　督雪北湿
声调8号　　　阳入调12　　　毒席薄肉

(四) 两字组连读变调
前字阴平
1+1　　53+53→55+21
医生　飞机　松香　阴天　天窗　声音
|开窗　浇花　通风　听书　搬家　开车
1+2　　53+31→55+21
高楼　今年　中农　阿姨　天堂　天桥
|帮忙　开门　低头　花钱　关门
1+3　　53+34→55+21/33+53/35+21
资本　加减　腰鼓　精简　工厂　辛苦

|浇水 抓紧 光火

1+4　53+13→55+21/35+21

沙眼 经理 粳米 风雨 兄弟 师范
|开市

1+5　53+34→55+21

书记 精细 相信 花布 干脆 菠菜
|开店 通气

1+6　53+13→55+21

花样 希望 公事 方便 山洞 豇豆
|烧饭 生病 开会

1+7　53+<u>55</u>→55+<u>21</u>

资格 猪血 钢铁 生铁 青竹 亲切
|烧粥

1+8　53+<u>12</u>→55+<u>21</u>

猪肉 蜂蜜 京剧 单独 亲热 清浊
|烘热 消毒

前字阳平

2+1　31+53→22+53

田鸡 床单 茶杯 辰光 长衫 同乡
|存心 磨刀 聊天

2+2　31+31→22+53/24+21

皮球 人头 团圆 厨房 长城
|抬头 留神 环湖 名堂

2+3　　31+34→24+21

存款 团长 桃子 头颈 长短 床板
|寻死 防火

2+4　31+13→24+21

朋友 长远 期限 跑道 肥皂
|骑马 淘米

2+5　31+34→24+21

瓷器 群众 脾气 长凳 奇怪 蒲扇
|盘店 还账 盘货

2+6　31+13→24+21/22+24

长命 蚕豆 绸缎 神话 程度

|流汗　迷路　无效

2+7　31+<u>55</u>→24+<u>21</u>/22+<u>44</u>/31+<u>55</u>

潮湿　皮夹　红色　头发　成绩　时刻　条约
|流血　留客

2+8　31+<u>12</u>→24+<u>21</u>/22+<u>44</u>/22+<u>53</u>/31+<u>12</u>

同学　前日　红木　寒热　咸肉　成熟
|骑鹿　寻袜　防滑

前字阴上

3+1　34+53→35+21

酒缸　广州　点心　祖宗　普通　火车
|起风　跳开

3+2　34+31→35+21

好人　果园　党员　可怜　水壶　酒瓶
|打拳　打雷　打柴　倒霉

3+3　34+34→33+53/35+21

稿纸　底板　小姐　检讨　保险　厂长
|打垮　打水

3+4　34+13→33+53/35+21

小米　讲演　表演　海马　处理　可以
|打坐　请罪　抵罪

3+5　34+34→33+53

讲究　板凳　打算　广告　小气　好看
|炒菜　写信　喘气

3+6　34+13→33+53

小路　酒酿　姊妹　巧妙　草帽　体面
|煮饭　打烊　滚蛋

3+7　34+<u>55</u>→35+<u>21</u>/34+<u>55</u>

本色　粉笔　改革　准确　宝塔　口角
|请客　打铁

3+8　34+<u>12</u>→35+<u>21</u>/34+<u>12</u>

小麦　火热　枕木　体育　水闸　饮食
|解毒　打猎

前字阳上

4+1　13+53→22+53

被窝　士兵　旱灾　弟兄　稻根　马车
|养鸡　有心

4+2　13+31→22+53

后门　市场　肚皮　象棋　户头　杏仁
|上楼　坐船　养牛

4+3　13+34→24+21/13+34

淡水　市长　雨伞　稻草　户口　社长
|动手　受苦　养狗

4+4　13+13→24+21/22+24/22+53

远近　妇女　父母　道理　罪犯　静坐
|买米　赛马　犯罪　动武

4+5　13+34→22+24/24+21

动荡　像片　罪过　罪证　冷气　武器
|拌菜　受气　买菜

4+6　13+13→22+24

被面　近视　后代　弟妹　部队　社会
|有效　有利　坐轿　像话

4+7　13+<u>55</u>→22+<u>44</u>/22+<u>53</u>

幸福　道德　罪恶　负责　市尺　动作
|犯法　养鸭

4+8　13+<u>12</u>→22+<u>44</u>/22+<u>53</u>/13+<u>12</u>

被褥　静脉　断绝　动物　杏核　堕落
有毒　上学　尽力

前字阴去

5+1　34+53→35+21/55+21

教师　战争　细心　货车　素鸡　裤裆
|放心　订亲　看书　印花

5+2　34+31→35+21

桂鱼　教员　菜园　透明　证明　借条
|拜年　剃头　看齐　放平

5+3　34+34→35+21

信纸　快板　对比　正楷　跳板　汽水
|中暑　放手　献宝　倒水　漱口

5+4　34+13→35+21/33+53

细雨 继母 痛痒 对象 创造 靠近
|送礼 泻肚 退社
5+5　34+34→55+33/33+53
细布 靠背 对过 志气 唱片 兴趣
|寄信 放假 看戏 过世
5+6　34+13→55+21
性命 志愿 退路 炸弹 替代 态度
|看病 种树 泡饭 炖蛋
5+7　34+55→35+21
货色 印刷 宪法 顾客 庆祝 建筑
|爱国 送客 变法
5+8　34+12→35+21
秘密 酱肉 快乐 破裂 汉族
|放学 退学

前字阳去
6+1　13+53→22+53
认真 电灯 健康 地方 树根 自家
|卖瓜 忌烟
6+2　13+31→22+53
树苗 地球 病人 自然 队旗 浪头
|卖鱼 害人 骂人
6+3　13+34→24+21
大小 字典 地板 大饼 代表 大胆
|用水 卖酒 问好
6+4　13+13→24+21
大雨 代理 味道 郑重 字眼 大米
|病重 卖米 用尽
6+5　13+34→24+21/22+24
病假 代替 弹片 大蒜 旧货
|备课 卖票 认账
6+6　13+13→24+21/22+24
内外 梦话 另外 豆腐 寿命 大树
|让路 冒汗 弄乱
6+7　13+55→24+21/22+53/13+55

大雪 字帖 大约 办法 自杀 画册
|炼铁 会客 就职

6+8 13+<u>12</u>→22+<u>53</u>/13+<u>12</u>

树叶 暴力 练习 大学 事实 大陆
|办学 卖药 用力

前字阴入

7+1 <u>55</u>+53→<u>44</u>+53

北方 作家 浙江 骨科 插销 铁丝
|贴心 结冰 说书

7+2 <u>55</u>+31→<u>44</u>+53

鲫鱼 发明 竹篮 发扬 铁桥 足球
|出门 刷牙 剥皮

7+3 <u>55</u>+34→<u>44</u>+21

脚底 桌椅 屋顶 作品 色彩 铁锁
|发紫 发榜 失火

7+4 <u>55</u>+13→<u>44</u>+21

瞎眼 国语 接近 尺码 节俭 伯父
|发冷 刮脸 作序 切断

7+5 <u>55</u>+34→<u>44</u>+44

百货 黑布 国庆 脚气 得意
|吓怕 出院 切菜 出气 吸气

7+6 <u>55</u>+13→<u>44</u>+44

革命 一样 国外 失败 铁路 脚步
|发病 说话 识字 出汗

7+7 <u>55</u>+55→<u>44</u>+<u>21</u>

法则 积蓄 北屋 逼迫 一切 吃瘪
|出血 发黑 接客

7+8 <u>55</u>+12→<u>44</u>+<u>21</u>

骨肉 恶劣 吃力 出纳 七日 恶毒
|作孽 淴浴 出力 割麦

前字阳入

8+1 <u>12</u>+53→<u>22</u>+24

实心 别针 闸刀 活虾 昨天 白天 薄刀
|读书 灭灯 默书

8+2　12+31→22+24
杂粮　别人　食堂　毒蛇　鼻梁　熟人　石头
|夺粮　掘坟　入门
8+3　12+34→22+24
石板　局长　墨水　月饼　热水　木板
|罚款　入股　拔草　着火
8+4　12+34→22+24
白马　木器　侄女　杂技　活动　白眼
|入伍　落雨　服罪
8+5　12+34→22+24
籍贯　字相　实际　白菜　鼻涕　直径
|读报　学戏
8+6　12+34→22+24
实话　独自　实现　薄命　俗话　疾病
|植树　立定　立夏　拔树
8+7　12+55→22+24
及格　合作　直接　白铁　白虱　实足　白鸽
|落雪　缚脚　摸脚　摸黑
8+8　12+12→22+24
毒药　独立　绝密　集合　直达　绿叶
|入学　服毒　煠肉

二、常用词汇

（一）自然现象

1.	太阳	日头	ȵiɿʔ¹¹ də²⁴
		太阳	tʰɑ³⁵ ɦiã²¹
2.	月亮	月亮	ŋəʔ¹¹ liã²⁴
3.	星星	星	siŋ⁵³
4.	打雷	雷响	lə²⁴ ɕiã²¹
5.	闪电	曋睒	hoʔ⁴⁴ ɕiɿ²¹
		㶓睒	tshaʔ⁴⁴ ɕiɿ²¹
6.	下雨	落雨	loʔ¹¹ ɦi²⁴
		雨落	ɦi²² loʔ⁵³

7.	下雪	落雪	loʔ¹¹ siɲʔ²⁴
8.	冰雹	冰雹	piŋ⁵⁵ bɔ²¹
9.	结冰	冰胶	piŋ⁵⁵ kɔ²¹
		结冰	tɕiiʔ⁴⁴ piŋ⁵³
10.	刮风	起风	tɕhi³⁵ foŋ²¹
11.	虹	鲎	hə³⁴

(二) 时令、节令

12.	端午节	端午节	tɯ⁵⁵ ŋ³³ tsiiʔ²¹
13.	中秋节	八月半	pəʔ³³ ŋəʔ⁵⁵ pir²¹
14.	除夕	年三十夜	ɲir²² sE⁵⁵ səʔ³³ ɦia²¹
15.	今年	今年	tɕiŋ⁵⁵ ɲir²¹
16.	明年	开年	khE⁵⁵ ɲir²¹
17.	去年	去年	tɕhi³⁵ ɲir²¹
		旧年	dʑy²² ɲir⁵³
18.	前年	个年子	kəʔ³³ ɲir⁵⁵ tsʅ²¹
19.	今天	今朝	tɕiŋ⁵⁵ tsɔ²¹
20.	星期天	礼拜日	li²² pa²⁴ ɲiʔ²¹

(三) 植物

21.	麦子	麦	maʔ¹²
22.	大米	粳米	kã⁵⁵ mi²¹
		大米	du²⁴ mi²¹
23.	蚕豆	寒"豆	ɦɯ²⁴ də²¹
24.	向日葵	向日葵	ɕiã³³ zəʔ⁵⁵ guə²¹
25.	菠菜	菠菜	pu⁵⁵ tshE²¹
26.	卷心菜	卷心菜	tɕiɯ³³ siŋ⁵⁵ tshE²¹
27.	西红柿	番茄	fE⁵⁵ ga²¹
28.	茄子	茄子	ga²⁴ tsʅ²¹
29.	白薯	番芋	fE⁵⁵ ɦi²¹
30.	马铃薯	外国芋艿	ŋa²² kuəʔ⁵⁵ ɦi³³ na²¹
31.	南瓜	饭瓜	vE²² kɯ⁵³

(四) 动物

| 32. | 猪 | 猪猡 | tsʅ⁵⁵ lu²¹ |

33.	专用于交配的公猪	猪郎	tsʅ⁵⁵ lã²¹
34.	专用于繁殖的母猪	老母猪	lɔ²² n̩⁵⁵ tsʅ²¹
35.	公鸡	雄鸡	ɦioŋ²² tɕi⁵³
36.	母鸡	雌鸡	tsʰʅ⁵⁵ tɕi²¹
37.	麻雀	麻雀儿	mɯ²² tsiã⁵³
38.	老鼠	老虫	lɔ²² zoŋ⁵³
		老鼠	lɔ²⁴ tsʰʅ²¹
39.	臭虫	臭虫	tsʰə³⁵ zoŋ²¹

(五) 房舍

40.	房子(整所)	房子	vã²⁴ tsʅ²¹
41.	房子(单间)	小屋	siɔ³⁵ ʔoʔ²¹
42.	窗户	窗盘	tsʰã⁵⁵ biɪ²¹
43.	门坎	户槛	ʔu³⁵ kʰɛ²¹
44.	厕所	厕所	tsʰʅ³⁵ su²¹
		坑棚间	kʰã⁵⁵ bã³³ kɛ²¹
45.	厨房	灶间	tsɔ³⁵ kɛ²¹
		灶下间	tsɔ³³ ɦɯ⁵⁵ kɛ²¹
		灶头间	tsɔ³³ də⁵⁵ kɛ²¹
46.	烟囱	烟囱	ʔiɪ⁵⁵ tsʰoŋ²¹
47.	桌子	枱子	dɛ²⁴ tsʅ²¹
48.	楼梯	胡梯步	vu²² tʰi⁵⁵ bu²¹

(六) 身体

49.	头	头	də³¹
50.	额头	额角头	ŋaʔ¹¹ koʔ¹¹ də²⁴
51.	脸	面孔	miɪ²⁴ kʰoŋ²¹
52.	鼻子	鼻头	biɪʔ¹¹ də²⁴
53.	脖子	颈骨	tɕiŋ³⁵ kuəʔ²¹
54.	左手	左手	tsi³³ sə⁵³
55.	右手	右手	ɦy²⁴ sə²¹
56.	拳头	拳头	dʑɯ²² də⁵³

57.	手指头	节头骨	tsiɿʔ³³ də⁵⁵ kuəʔ²¹
		手节头	sə³³ tsiɿʔ⁵⁵ də²¹
58.	指甲	节掐子	tsiɿʔ³³ khaʔ⁵⁵ tsɿ²¹
		手节掐	sə³³ tsiɿʔ⁵⁵ khaʔ²¹
59.	膝盖	脚馒头	tɕiaʔ³³ miɿ⁵⁵ də²¹
60.	腿	脚髈	tɕiaʔ⁴⁴ phã⁴⁴

(七) 亲属

61.	父亲(面称)	阿爹	ʔaʔ⁴⁴ ta⁵³
		爹爹	tia⁵⁵ tia²¹
	(背称)	老头子	lɔ²² də²⁴ tsɿ²¹
		爷	ɦia³¹
62.	母亲(面称)	姆妈	ʔm̩⁵⁵ ma²¹
		伲娘	niɿ¹³ ȵiã³¹
	(背称)	娘	ȵiã³¹
63.	祖父	阿公	ʔaʔ⁴⁴ koŋ⁵³
64.	祖母	阿婆	ʔaʔ⁴⁴ bu⁵³
65.	伯父	阿伯	ʔaʔ⁴⁴ paʔ²¹
		伯伯	paʔ⁴⁴ paʔ²¹
66.	伯母	妈妈	ʔma⁵⁵ ma²¹
67.	叔父	阿伯	ʔaʔ⁴⁴ paʔ²¹
		伯伯	paʔ⁴⁴ paʔ²¹
68.	叔母	婶娘	sẽ³⁵ ȵiã²¹
		母娘	ʔm̩⁵⁵ ȵiã²¹
69.	外祖父	外公	ŋa²² koŋ⁵³
70.	外祖母	外婆	ŋa²² bu⁵³
71.	舅舅	娘舅	ȵiã²⁴ dʑy²¹
		舅舅	dʑy¹¹ dʑy²⁴
72.	舅母	舅妈	dʑy²² ma⁵³
73.	丈夫	老公	lɔ²² koŋ⁵³
		男人	niɿ²² ȵiŋ⁵³
		小倌人	siɔ³³ kur⁵⁵ ȵiŋ²¹
74.	妻子	娘子	ȵiã²⁴ tsɿ²¹
		老婆	lɔ²² bu⁵³

		屋里个	ʔuə ʔ⁵⁵ li³³ kə ʔ²¹
75.	儿子	儿子	ɦə²⁴ tsʅ²¹
76.	女儿	丫头儿	ʔɯ⁵⁵ dɛ̃²¹

(八) 饮食

77.	早饭	早饭	tsɔ⁵⁵ vᴇ²¹
78.	午饭	饭	vᴇ¹³
79.	晚饭	夜饭	ɦiɑ²⁴ vᴇ²¹
80.	面条	面	miɪ¹³
81.	馒头	面包	miɪ²⁴ pɔ²¹
82.	包子（有馅）	馒头	miɪ²² də⁵³
83.	馄饨	馄饨	ɦuɛ̃²² dɛ̃⁵³
84.	醋	醋	tshu³⁴
85.	酱油	酱油	tsiã³⁵ ɦy²¹
86.	盐	盐	ɦiɪ³¹
87.	筷子	筷	khuᴇ⁵³
88.	勺	勺	zoʔ¹²

(九) 称谓

89.	男人	男人	niɪ²² n̠iŋ⁵³
		男客家	niɪ³³ khaʔ⁵⁵ kɑ²¹
90.	女人	女人	n̠i²² n̠iŋ⁵³
		女眷家	n̠i²² tɕiɯ²⁴ kɑ²¹
		女金家	n̠i²² tɕiŋ⁵⁵ kɑ²¹
91.	男孩子	男囡	niɪ²² nɯ⁵³
		儿子家	ɦə²⁴ tsʅ³³ kɑ²¹
92.	女孩子	女囡	n̠i²² nɯ⁵³
		小娘家	siɔ³³ n̠iã⁵⁵ kɑ²¹
		大姐姐	du²⁴ tsiɑ³³ tsiɑ²¹
93.	老头儿	老头子	lɔ²² də²⁴ tsʅ²¹
94.	医生	医生	ʔi⁵⁵ sã²¹
		郎中	lã²² tsoŋ⁵³
95.	厨师	厨师	zʅ²² sʅ⁵³
96.	乞丐	讨饭个	thɔ³³ vᴇ⁵⁵ kəʔ²¹

		叫花子	kɔ³³ hum⁵⁵ tsʅ²¹
97.	保姆	佣人	ɦioŋ²² n̩.iŋ⁵³

(十) 疾病

98.	生病	生毛病	sã⁵⁵ mɔ³³ biŋ²¹
		生病落痛	sã³³ biŋ⁵⁵ loʔ³³ thoŋ²¹
99.	伤风	伤风	sã⁵⁵ foŋ²¹
100.	泻肚	肚里斥	du²² li²⁴ tshaʔ²¹
101.	瘸子	跷脚	tɕhiɔ⁵⁵ tɕiaʔ²¹
102.	驼背	曲背	tɕhioʔ⁴⁴ pə⁴⁴
		蜷背	dʑium²⁴ pə²¹
		呼背	hu⁵⁵ pə²¹
103.	死了	死脱嘖	si³³ thəʔ⁵⁵ tsəʔ²¹
104.	看病	看毛病	khum³³ mɔ⁵⁵ biŋ²¹
		看医生	khum³³ ʔi⁵⁵ sã²¹

(十一) 代词

105.	我	我	ŋ¹³
		伲	nim¹³
106.	你	佷	ɦɛ̃¹³
		任	zɛ̃¹³
		尔	n̩¹³
107.	他	伊	ʔi⁵³
108.	我们	我伲	ŋ²² nim⁵³
		伲	nim¹³
109.	你们	佷搭	ɦɛ̃²² taʔ⁴⁴
		任搭	zɛ̃²² taʔ⁴⁴
		尔搭	n̩²² taʔ⁴⁴
		尔捼	n̩²² naʔ⁴⁴
		捼	naʔ¹²
110.	他们	伊搭	ʔi⁵⁵ taʔ²¹
111.	咱们	我伲	ŋ²² nim⁵³
		伲	nim¹³
112.	自己	自家	zʅ²² kɑ⁵³

113.	谁	啥人	ha³⁵ ȵiŋ²¹
114.	什么	啥	sa³⁴
115.	这里	递滩	di²² thE⁵³
		递上	di²² lã⁵³
116.	那里	伊滩	ʔiɪʔ⁴⁴ thE²¹
		伊上	ʔiɪʔ⁴⁴ lã²¹
		个滩	kəʔ⁴⁴ thE²¹
		个上	kəʔ⁴⁴ lã²¹
117.	哪里	何里	ɦa²⁴ li²¹
		何上	ɦa²⁴ lã²¹
118.	这个	递个	di²² kəʔ⁴⁴
119.	那个	伊个	ʔiɪʔ⁴⁴ kəʔ²¹
120.	哪一个	何里个	ɦa²² li⁵⁵ kəʔ²¹
121.	怎么样	哪恁	nã²² nẽ⁵³
		哪话	nã²² ɦuɯ²⁴

(十二) 量词

122.	一位客人	一个人客	ʔiɪʔ⁴⁴ kəʔ⁴⁴ ȵiŋ²⁴ khaʔ²¹
123.	一双鞋	一双鞋子	ʔiɪʔ⁴⁴ sã⁵³ ɦa²⁴ tsʅ²¹
124.	一床被	一床被头	ʔiɪʔ⁴⁴ zã⁵³ bi²⁴ də²¹
125.	一辆车	一部车子	ʔiɪʔ⁴⁴ bu²¹ tshɯ⁵⁵ tsʅ²¹
126.	一条牛	一只牛	ʔiɪʔ⁴⁴ tsaʔ²¹ ȵy³¹
127.	一口猪	一只猪猡	ʔiɪʔ⁴⁴ tsaʔ²¹ tsʅ⁵⁵ lu²¹
128.	听一会儿	听一歇	thiŋ⁵⁵ ʔiɪʔ³³ ɕiɪ²¹
129.	打一下	打一记	tã³³ ʔiɪʔ⁵⁵ tɕi²¹

(十三) 方位词

130.	上头	上头	zã²² də⁵³
131.	下头	下头	ɦuɯ²² də⁵³
132.	左边	左带边	tsi³³ ta⁵⁵ pE⁵³
		左带面	tsi³³ ta⁵⁵ mE²¹
133.	右边	右带边	ɦy²² ta⁵⁵ pE⁵³
		右带面	ɦy²² ta⁵⁵ mE²¹
134.	当中	当中厢里	tã⁵⁵ tsoŋ³³ sia³³ li²¹

135.	里面	里乡	li²² ɕiã⁵³
		里乡边	li²² ɕiã⁵⁵ piɪ²¹
136.	外面	外头	ŋa²² də⁵³
		外底头	ŋa²² ti⁵⁵ də²¹

(十四) 形容词

137.	甜	甜	diɪ³¹
138.	酸	酸	sɯ⁵³
139.	咸	咸	ɦE³¹
140.	淡	淡	dE¹³
141.	胖	胖	pʰã³⁴
		壮	tsã³⁴
142.	瘦	瘦	sə³⁴
143.	冷	冷	lã¹³
		瀴	ʔiŋ³⁴
144.	热	热	n̠iɪʔ¹²
145.	香	香	ɕiã⁵³
146.	臭	臭	tsʰə³⁴
147.	粗	粗	tsʰu⁵³
148.	细	细	si³⁴
149.	长	长	zã³¹
150.	短	短	tɯ³⁴
151.	脏	龌龊	ʔoʔ⁴⁴ tsʰoʔ²¹
152.	干净	清爽	tsʰiŋ⁵⁵ sã²¹
		干净	kɯ⁵⁵ ziŋ²¹
153.	便宜	嗛	dʑiã³¹

(十五) 副词、连词、介词

154.	刚(来)	刚刚	kã⁵⁵ kã²¹
155.	刚(恰好)	刚刚	kã⁵⁵ kã²¹
156.	正好	正好	tsẽ³⁵ hɔ²¹
157.	和	忑	tʰəʔ⁵⁵
158.	只	只	tsəʔ⁵⁵
		单	tɯ⁵³

159.	从	从	zoŋ³¹
		打	tã³⁴
160.	替	忑	thəʔ⁵⁵
161.	拿	拿	ʔnɯ⁵³
162.	故意	存心	zɛ̃²² siŋ⁵³
		有意	ɦy²² ʔi²⁴
		故意	ku³³ ʔi⁵³

（十六）数词

163.	一	一	ʔiɪʔ⁵⁵
164.	二	二	n̠i¹³
		两	liã¹³
165.	三	三	sE⁵³
166.	四	四	sʅ³⁴
167.	五	五	ŋ¹³
168.	六	六	loʔ¹²
169.	七	七	tshiɪʔ⁵⁵
170.	八	八	pəʔ⁵⁵
171.	九	九	tɕy³⁴
172.	十	十	zəʔ¹²
173.	十一	十一	zəʔ¹¹ ʔiɪʔ²⁴
174.	十二	十二	zəʔ¹¹ n̠i²⁴
175.	二十	廿	n̠iE¹³
176.	二十一	廿一	n̠iE²² ʔiɪʔ⁵³
177.	一百二十一	一百廿一	ʔiɪʔ⁴⁴ paʔ²¹ n̠iE²² ʔiɪʔ⁵³
178.	第一	第一	di²² ʔiɪʔ⁵³
		头一	də²⁴ ʔiɪʔ²¹
179.	第二	第二	di²⁴ n̠i²¹
180.	两里	两里	liã²² li²⁴
181.	二两	二两	n̠i²² liã⁵³

三、语法例句

（先出普通话例句，后出嘉定例句）

1. 谁啊？我是老王。

啥人啊？我老王。

ha³⁵ n̠iŋ²¹ a⁰？ ŋ̍¹³ lɔ²² uaŋ⁵³。

2. 老张呢？他正在同一个朋友说着话呢。

老张呐？伊塑搭个朋友蜘白话嘞。

lɔ²² tsɑ̃⁵³ n̠iʔ⁰？ i⁵⁵ laŋ²¹ thəʔ³⁵ kəʔ⁵⁵ bɑ²⁴ ɦy³³ dɔ²¹ baʔ¹¹ ɦuɯ²⁴ ləʔ²¹。

3. 他还没有说完吗？

伊还勤话罢嘞啊？

ʔi³³ vɛ⁵³ viŋ⁵⁵ ɦuɯ³³ bɑ²¹ ləʔ⁰ aʔ⁰？

4. 还没有。大约再有一会儿就说完了。

勤嘞。还一歇歇就差不多喷。

viŋ⁵⁵ ləʔ²¹。 ʔvɛ⁵³ ʔiʔ³³ ɕiʔ⁵⁵ ɕiʔ²¹ zy¹³ tshuu⁵⁵ vəʔ³³ tu²¹ tsəʔ⁰。

5. 他说马上就走,怎么这半天了还在家里？

伊话就跑个嘞,哪恁半日得还塑屋里？

ʔi⁵⁵ ɦuɯ³⁴ zy³⁴ bɔ³¹ kəʔ⁰ ləʔ⁰，nɑ²² nɛ̃⁵³ piʔ³³ n̠iʔ⁵⁵ dəʔ²¹ vɛ³¹ lɑ̃¹³ uəʔ⁴⁴ li²¹？

6. 你到哪儿去？我到北京去。

伲何上去？我北京去。

ɦɛ̃¹³ ɦa²² lɑ̃⁵⁵ tɕhi²¹？ ŋ̍¹³ pɔʔ³³ tɕiŋ⁵⁵ tɕhi²¹。

7. 在那儿,不在这儿。

垃伊上,不垃递上。

ləʔ¹² iiʔ⁴⁴ lɑ̃²¹，ʔvəʔ⁴⁴ ləʔ²¹ di²² lɑ̃⁵³。

8. 不是那么做,是要这么做的。

不是伊恁做个,是实恁做个。

ʔvəʔ⁴⁴ z̩²¹ iiʔ⁴⁴ nɛ̃²¹ tsu³⁵ kəʔ²¹，z̩²² zəʔ²² nɛ̃²⁴ tsu³⁵ kəʔ²¹。

9. 太多了,用不着那么多,只要这么多就够了。

忒多喷,不需要实恁多,只要第点就有喷。

thəʔ³³ tu⁵³ tsəʔ²¹，ʔvəʔ³³ sy⁵⁵ iɔ²¹ zəʔ²² nɛ̃²⁴ tu⁵³ kəʔ²¹，tsəʔ⁴⁴ ɦiɔ⁴⁴ di²² tir²⁴ zy¹³ ɦy²² tsəʔ²⁴。

10. 这个大,那个小,这两个哪一个好一点呢？

递个大,伊个小,递两个何哩个好点呐？

di²² kəʔ²⁴ du¹³，ʔiiʔ⁴⁴ kəʔ²¹ siɔ³⁴，di²² liɑ̃²² kəʔ²⁴ ɦa²² li⁵⁵ kəʔ²¹ hɔ³³ tir⁵³ n̠iʔ⁰？

11. 这个比那个好。

递个傍伊个好。

di²² kəʔ²⁴ bɑ¹³ ʔiiʔ⁴⁴ kəʔ²¹ hɔ³⁴。

12. 这些房子不如那些房子好。

递点房子不及伊点好。

di²² tir²⁴ vã²⁴ tsɿ²¹ ʔvəʔ⁴⁴ dʑiɿʔ²¹ ʔiɿʔ⁴⁴ tir²¹ hɔ³⁴。

13. 这句话用上海话怎么说？

递句言话用上海言话哪恁话？

di²² tɕi²⁴ ɦɛ²⁴ ɦuɯ²¹ ɦioŋ¹³ zã²² hE⁵⁵ ɦiE³³ ɦuɯ²¹ nã²² nẽ⁵⁵ ɦuɯ²¹？

14. 他今年多大岁数？

伊今年阿有几岁？

ʔi³³ tɕiŋ⁵⁵ ȵir²¹ ʔaʔ⁴⁴ ɦy²¹ tɕi³³ sə⁵³？

15. 大概有三十来岁吧。

终三十岁介子酿。

tsoŋ⁰ sE⁵⁵ səʔ³³ sə²¹ kɑ⁰ tsɿ⁰ ȵiã⁰。

16. 这个东西有多重呢？

只物事阿有几酿重？

tsaʔ⁵⁵ məʔ¹¹ zɿ²⁴ ʔaʔ⁴⁴ ɦy²¹ tɕi³³ ȵiã⁵⁵ zoŋ²¹？

17. 有五十斤重呢！

五十斤重得嘞！

ŋ²² səʔ⁵⁵ tɕiŋ²¹ zoŋ²² dəʔ⁵⁵ ləʔ²¹！

18. 拿得动吗？

阿拿得动？

ʔaʔ³³ nɯ⁵⁵ təʔ³³ doŋ²¹？

19. 我拿得动，他拿不动。

我拿得动，伊拿不动。

ŋ¹³ nɯ⁵⁵ təʔ³³ doŋ²¹, ʔi³³ nɯ⁵⁵ vəʔ³³ doŋ²¹。

20. 真不轻，重得连我也拿不动。

重个喂，重得连当我也拿不动。

zoŋ²² kəʔ²⁴ uəʔ⁰, zoŋ²² dəʔ²⁴ lir²⁴ tã²¹ ŋ²² ɦia²⁴ nɯ⁵⁵ vəʔ³³ doŋ²¹。

21. 你说得很好，你还会说点什么呢？

佷话得蛮好，佷还会话点啥个呐？

ɦɛ²¹ ɦuɯ²² dəʔ²⁴ mE⁵⁵ hɔ²¹, ɦɛ²¹ vE⁵⁵ ɦuE³³ ɦuɯ²² tir⁵³ sɑ³³ kəʔ⁵⁵ ȵir²¹？

22. 我嘴笨，我说不过他。（我说他不过。）

我嘴巴笨嘞，我话伊不过。

ŋ¹³ tsɿ³⁵ pɯ²¹ bɛ¹³ ləʔ⁰, ŋ¹³ ɦuɯ²² ʔi⁵⁵ vəʔ³³ ku²¹。

23. 说了一遍，又说了一遍。

话得一潽，又话得一潽。

ɦuɯ²² də?⁵⁵ ʔiɿ?³³ phu²¹, ɦi¹³ ɦuɯ²² də?⁵⁵ ʔiɿ?³³ phu²¹。

24. 请你再说一遍!

再请佷话一潽!

tsE⁵⁵ tshiŋ³³ ɦẽ²¹ ɦuɯ²² ʔiɿ?⁵⁵ phu²¹!

25. 不早了,快去吧!

不早啧,豪悇去哦!

ʔvə?⁵⁵ tsɔ³³ tsə?²¹, ɦɔ²⁴ sɔ²¹ tɕhi³³ va?⁰。

26. 现在还很早呢,等一会儿再去吧。

递歇还早嘞,等歇再去哦!

di²² ɕiɿ⁵³ vE⁵³ tsɔ³⁵ lə?²¹, tẽ³⁵ ɕiɿ²¹ tsE⁵⁵ tɕhi³³ va?²¹。

27. 吃了饭再去好吗?

吃得饭再去阿好?

tɕhiə?⁴⁴ də?⁴⁴ vE¹³ tsE⁵⁵ tɕhi²¹ ʔa?⁴⁴ hɔ²¹?

28. 慢慢儿的吃啊,不要着急。

笃定点吃,勿急。

to?³³ diŋ⁵⁵ tiɿ³³ tɕhiə?²¹, viɔ¹³ tɕiɿ?⁵⁵。

29. 坐着吃比站着吃好些。

坐得吃傍立得吃好点。

zu²² də?²⁴ tɕhiə?⁵⁵ bã¹³ liɿ?¹¹ də?²⁴ tɕhiə?⁵⁵ hɔ³³ tiɿ⁵³。

30. 他吃了饭了,你吃了饭没有呢?

伊饭吃好啧,佷饭嚾吃嘞?

ʔi³³ vE¹³ tɕhiə?⁴⁴ hɔ²¹ tsə?⁰, ɦẽ¹³ vE¹³ ã⁵⁵ tɕhiə?²¹ lə?⁰?

31. 他去过北京,我没有去过。

北京伊去过,我勷去歇。

po?⁴⁴ tɕiŋ⁵³ ʔi⁵⁵ tɕhi³³ ku²¹ ŋ̍¹³ viŋ⁵⁵ tɕhi³³ ɕiɿ?²¹。

32. 来闻闻这朵花香不香。

来嗅嗅看朵花阿香。

lE³¹ hẽ³⁵ hẽ³³ kɯ²¹ tu³³ huɯ⁵³ a?⁴⁴ ɕiã⁵³。

33. 给我一本书!

拨本书我!

pə?⁴⁴ pẽ³³ sɿ⁵⁵ ŋ̍²¹。

34. 我实在没有书呀。

我实在呒不书啊!

ŋ̍¹³ zə?¹¹ zE²⁴ m̩²² pə?⁵⁵ sɿ³³ a?²¹!

35. 你告诉他。

    侬话伊听。

    ɦɛ̃¹³ ɦuɯ²² ʔi⁵⁵ thiŋ⁵³。

36. 好好儿的走，不要跑！

    好好较走，覅蚌荡蚌荡跑！

    hɔ⁵⁵ hɔ³³ tɕiɔ³³ tsɔ²¹, viɔ¹³ bã²² dã²² bã²² dã²⁴ bɔ³¹！

37. 小心跌下去爬不上来。

    当心跌下去蹎不上来。

    tã⁵⁵ siŋ³³ tiɪʔ³³ ɦɯ²⁴ tɕhi²¹ loʔ¹¹ vəʔ¹¹ zã¹¹ lE²⁴。

38. 医生叫你多睡一会儿。

    医生叫侬多睏歇。

    ʔi⁵⁵ sã²¹ kɔ⁵⁵ ɦɛ̃²¹ tu⁵⁵ kuɛ̃³³ ɕiɪʔ²¹。

39. 吸烟或者喝茶都不行。

    吃香烟或者吃茶侪勿来事。

    tɕhiəʔ³³ ɕiã⁵⁵ iɪ²¹ vəʔ¹¹ tsiɪ²⁴ tɕhiəʔ³³ zɯ³¹ zE²² vəʔ⁵⁵ lE³³ zɿ²¹。

40. 烟也好，茶也好，我都不喜欢。

    烟也好，茶也好，我侪勿相信。

    ʔiɪ⁵⁵ ɦaʔ³³ hɔ²¹, zɯ²⁴ ɦaʔ³³ hɔ²¹, ŋ̍¹³ zE²² vəʔ⁵⁵ siã³³ siŋ²¹。

41. 不管你去不去，反正我是要去的。

    随侬去嘞不去，我是横要去个。

    zə²⁴ ɦɛ̃²¹ tɕhi³⁵ ləʔ²¹ vəʔ⁴⁴ tɕhi⁴⁴, ŋ̍¹³ zɿ²² uã²² ɦiɔ²² tɕhi³⁵ kəʔ²¹。

42. 我非去不可。

    我板要去个。

    ŋ̍¹³ pE³³ ɦiɔ⁵⁵ tɕhi³³ kəʔ²¹。

43. 你是哪一年来的？

    侬何哩年来个？

    ɦɛ̃¹³ ɦa²² li⁵⁵ ɲiɪ²¹ lE²⁴ kəʔ²¹？

44. 我是前年到的北京。

    我个年子到北京个。

    ŋ̍¹³ kəʔ³³ ɲiɪ⁵⁵ tsɿ²¹ tɔ³⁴ poʔ⁴⁴ tɕiŋ⁵³ kəʔ⁰。

45. 今年开会谁的主席？

    今年开会啥人做主席？

    tɕiŋ⁵⁵ ɲiɪ²¹ khE⁵⁵ ɦuə²¹ ha³⁵ ɲiŋ²¹ tsu³⁴ tsɿ³⁵ ziɪʔ²¹？

46. 你得请我的客。

很要请我个。

ɦɛ̃¹³ ʔio³⁴ tshiŋ³³ ŋ⁵⁵ kəʔ²¹。

47. 一边走，一边说。

一头跑，一头话。

ʔiɪʔ⁴⁴ də⁵³ bɔ³¹, ʔiɪʔ⁴⁴ də⁵³ ɦuɯ¹³。

48. 越走越远，越说越多。

越跑越远，越话越多。

ɦioʔ¹¹ bɔ²⁴ ɦioʔ¹¹ ɦiɯ²⁴, ɦioʔ¹¹ ɦuɯ²⁴ ɦioʔ¹¹ tu²⁴。

49. 把那个东西拿给我。

伊只物事授勒我。

ʔiɪʔ⁵⁵ tsaʔ²¹ məʔ¹¹ zʅ²⁴ zɔ²² ləʔ⁵⁵ ŋ²¹。

50. 有些地方管太阳叫日头。

有罢地方拿太阳叫日头。

ɦy²⁴ bɑ²¹ di²² faŋ⁵³ nu⁵³ thɑ³⁵ ɦiã²¹ tɕiɔ³⁴ ȵiɪʔ¹¹ də²⁴。

51. 您贵姓？我姓王。

侬贵姓？我姓王。

ɦɛ̃¹³ kuə⁵⁵ siŋ²¹？ ŋ¹³ siŋ³⁴ ɦuã³¹。

52. 你姓王，我也姓王，咱两个人都姓王。

侬姓王，我也姓王，我搭侬蜀侪姓王。

ɦɛ̃¹³ siŋ³⁴ ɦuã³¹, ŋ¹³ ɦɑ²² siŋ²⁴ ɦuã³¹, ŋ¹³ thəʔ³³ ɦɛ̃⁵⁵ dɔ²¹ zE²⁴ siŋ³⁴ ɦuã³¹。

53. 你先去吧，我们等一会儿再去。

侬先去哦，我伲等歇再去。

ɦɛ̃¹³ siɪ⁵⁵ tɕhi³³ vaʔ²¹, ŋ²² ȵi⁵³ tɛ̃³⁵ ɕiʔ²¹ tsE⁵⁵ tɕhi²¹。

54. 你抽不抽烟？

侬香烟阿吃？

ɦɛ̃¹³ ɕiã⁵⁵ iɪ²¹ aʔ⁴⁴ tɕhiəʔ²¹？

55. 你认得那个人不认得？

伊个人侬阿认得？

ʔiɪʔ⁴⁴ kəʔ²¹ ȵiŋ³¹ ɦɛ̃¹³ aʔ³³ ȵiŋ²⁴ təʔ²¹？

四、长篇语料

poʔ³³ foŋ⁵³ thəʔ⁵⁵ n̠iɪʔ¹¹ də²⁴ kəʔ²¹ ku³³ zɿ⁵³
北　风　搭　日 头　个　故　事

ɦy²⁴ thã²¹ poʔ⁴⁴ foŋ⁵³ thəʔ⁵⁵ n̠iɪʔ¹¹ də²⁴ lã¹³ tsã⁵³ ha³⁵ n̠iŋ²¹ pẽ³³ zɿ⁵³ du¹³, tsã⁵⁵
有　趟　北　风　搭　日　头　塑　争　啥　人　本　事　大，争
lɛ³³ tsã³³ tɕhi²¹ zy²⁴ zɿ²¹ fẽ⁵⁵ vəʔ³³ tshəʔ²¹ kɔ⁵⁵ ti²¹。di²² kəʔ⁴⁴ zẽ²² kuã⁵³ lu²⁴ lã²¹
来　争　去　就　是　分　不　出　高　低。递　个　辰　光　路　上
lɛ²⁴ dəʔ³³ kəʔ²¹ tsɔ³³ lu⁵⁵ n̠iŋ²¹, tsaʔ³³ dəʔ⁵⁵ dʑiɪ²¹ ɦiə²² dɑ⁵⁵ ʔi²¹。liã²² kɑ⁵⁵ dəʔ²¹ zy¹³
来　得　个　走　路　人，着　得　件　厚　大　衣。两　家　头　就
ɦuɯ²² hɔ⁵³, ha³⁵ n̠iŋ²¹ ɦy¹³ pẽ³³ zɿ⁵³ sir⁵⁵ nuɯ²¹ tsɔ³³ lu⁵⁵ n̠iŋ²¹ sẽ⁵⁵ lã³³ ɕiã³³ kəʔ²¹
话　好，啥　人　有　本　事　先　拿　走　路　人　身　上　乡　个
ɦiə²² dɑ⁵⁵ ʔi²¹ thoʔ⁴⁴ thəʔ²¹, zy¹³ sɯ³⁴ ha³⁵ n̠iŋ²¹ pẽ³³ zɿ⁵³ du¹³。poʔ⁴⁴ foŋ⁵³ zy¹³
厚　大　衣　脱　脱，就　算　啥　人　本　事　大。北　风　就
ɦioŋ¹¹ tɕin¹¹ baʔ¹¹ liɪʔ¹² tshɿ⁵⁵ tɕhi³³ lɛ²¹, pəʔ⁴⁴ ku⁵⁵ ʔi⁵³ ɦioʔ¹¹ zɿ²⁴ tshɿ⁵⁵ dəʔ²¹ zaʔ¹¹
用　劲　拔　力　吹　起　来，不　过　伊　越　是　吹　得　着
liɪʔ²⁴, kəʔ⁵⁵ tsɔ³³ lu⁵⁵ n̠iŋ²¹ ɦioʔ¹¹ zɿ²⁴ nuɯ⁵³ dʑiɪ³³ ɦiə²² dɑ⁵⁵ ʔi²¹ ku⁵⁵ dəʔ²¹ tɕiɪʔ⁵⁵。
力，个　走　路　人　越　是　拿　件　厚　大　衣　裹　得　结。
mɛ²² tɕin⁵⁵ lɛ²¹ poʔ⁴⁴ foŋ⁵³ ŋ²⁴ bɛ³³ faʔ³³ tsəʔ²¹, tsəʔ⁴⁴ hɔ²¹ lɑ⁵⁵ tɔ²¹。ku³³ dəʔ⁵⁵ ɕiɪ²¹,
晚　间　来　北　风　呒　办　法　嗻，只　好　拉　倒。过　得　歇，
n̠iɪʔ¹¹ də²⁴ tshəʔ³³ lɛ⁵⁵ tsəʔ²¹。ʔi⁵³ laʔ¹¹ laʔ¹¹ tɕio²⁴ ʔiɪʔ⁵⁵ sɯ⁴⁴, kəʔ⁵⁵ tsɔ³³ lu⁵⁵ n̠iŋ²¹
日　头　出　来　嗻。伊　辣　辣　较　一　晒，个　走　路　人
zy²² thoʔ⁵⁵ ɦuɯ³³ lɛ³³ kəʔ²¹。nɛ²⁴ məʔ²¹ poʔ⁴⁴ foŋ⁵³ tsəʔ⁴⁴ hɔ²¹ zẽ²² n̠iŋ²⁴, ʔi⁵⁵ taʔ²¹
就　脱　下　来　个。乃　么　北　风　只　好　承　认，伊　搭
liã²² kɑ⁵⁵ dəʔ³³ li²¹ ʔvɛ⁵⁵ zɿ²¹ n̠iɪʔ¹¹ də²⁴ pẽ³³ zɿ⁵³ du¹³。
两　家　头　里　还　是　日　头　本　事　大。

北风和太阳
（普通话对照）

　　有一回，北风跟太阳在那儿争论谁的本事大。争来争去就是分不出个高低来。这时候路上来了个走道的，他身上穿着件厚大衣。它们俩就说好了，谁能先叫这个走道儿的脱下他的厚大衣，就算谁的本事大。北风就使劲

儿地刮起来了,不过它越是刮得厉害,那个走道儿的把大衣裹得越紧。后来北风没法儿了,只好就算了。过了一会儿,太阳出来了。它火辣辣地一晒,那个走道儿的马上就把那件厚大衣脱下来了。这下北风只好承认,它们俩当中还是太阳的本事大。

第十章 宝山音档

一、语音

(一) 声母

声母1号 p	波宝搬本帮笔北八
声母2号 pʰ	破配判胖喷扑劈拍
声母3号 b	败皮步旁朋别拔薄
声母4号 m	买毛米忙面麦木密
声母5号 f	飞翻富方分风福发
声母6号 v	万武房坟冯罚伏勿
声母7号 t	到低端打登笃答滴
声母8号 tʰ	天拖贪汤听铁托塔
声母9号 d	田稻断荡铜达毒特
声母10号 n	脑难怒男嫩依纳诺
声母11号 l	捞来楼狼拎辣力落
声母12号 ts	走租追做针总扎作
声母13号 tsʰ	草抽吹窗春聪擦触
声母14号 s	扫晒三桑深松速色
声母15号 z	曹除床陈虫从昨十
声母16号 tɕ	交九精卷经节决击
声母17号 tɕʰ	丘巧秋庆腔曲吃七
声母18号 dʑ	齐舅权秦穷局剧籍
声母19号 ȵ	扭泥年人娘绒玉捏
声母20号 ɕ	虚笑休香兴凶血旭
声母21号 ʑ	钱旋玄悬
声母22号 k	高狗关滚钢公夹国
声母23号 kʰ	口敲开康困肯哭渴

声母24号 g   茄搞葵柜戆共狂轧
声母25号 ŋ   熬饿牙藕软硬鳄岳
声母26号 h   化海欢慌很烘瞎黑
声母27号 ɦ   话咸含魂杭红学盒
声母28号 ∅   矮优安翁恩握挖噎

声母比字：
清音和浊音

冰 piŋ^{53} ≠ 病 biŋ^{113}
到 tɔ^{35} ≠ 稻 dɔ^{113}
漆 tɕʰiɪʔ^{55} ≠ 杰 dʑiɪʔ^{23}
松 soŋ^{53} ≠ 从 zoŋ^{113}
贵 kuE^{35} ≠ 跪 guE^{113}
烘 hoŋ^{53} ≠ 红 ɦoŋ^{113}

塞擦音和擦音

权 dʑyø^{13} ≠ 旋 zyø^{13}
静 dʑiŋ^{113} ≠ 净 ziŋ^{113}
籍 dʑiɪʔ^{23} ≠ 席 ziɪʔ^{23}

鼻音声母和零声母

纳 nA^{23} ≠ 阿 Aʔ^{55}
偶 ŋɤ^{113} ≠ 欧 ɤ^{53}
鸟 ɲiɔ^{35} ≠ 幺 iɔ^{53}

鼻音声母和边音声母

努 nu^{113} ≠ 路 lu^{113}
女 ɲy^{113} ≠ 吕 ly^{113}
溺 ɲiɪʔ^{23} ≠ 历 liɪʔ^{23}

尖音和团音

绩 tɕiɪʔ^{55} = 激 tɕiɪʔ^{55}
清 tɕʰiŋ^{53} = 轻 tɕʰiŋ^{53}
修 ɕy^{53} = 休 ɕy^{53}

(二) 韵母

韵母1号 ɿ　　　　　　支此丝史瓷朱树置
韵母2号 i　　　　　　闭米低弟礼记妻姨
韵母3号 u　　　　　　布铺破部付多图怒
韵母4号 y　　　　　　吕居取女需雨许迂
韵母5号 ᴀ　　　　　　爸派牌拉柴街假鞋
韵母6号 ia　　　　　　借写斜夜亚谢卸野
韵母7号 uᴀ　　　　　 怪乖快娃夸跨歪筷
韵母8号 o　　　　　　麻蛇茶瓦炸岔花画
韵母9号 ɔ　　　　　　包抛貌刀闹高扫考
韵母10号 iɔ　　　　　 表漂吊聊叫消小要
韵母11号 ɤ　　　　　 否斗投漏州搜口后
韵母12号 iɤ　　　　　扭流秋修纠牛休有
韵母13号 ᴇ　　　　　 来菜盖赞担喊丹扮
韵母14号 uᴇ　　　　　会(会计)块关弯惯患环顽
韵母15号 e　　　　　 杯推碎脆税碑悲味
韵母16号 iɪ　　　　　天件棉满仙选剑店
韵母17号 ue　　　　　灰溃卫桂胃欢官款碗
韵母18号 ø　　　　　 看寒暖算男甘占闪
韵母19号 yø　　　　　卷圈拳传软远冤怨
韵母20号 ã　　　　　 彭孟打冷绷碰硬杏
韵母21号 iã　　　　　凉将腔强让样香像
韵母22号 ɑ̃　　　　　 帮党躺浪放章唱窗
韵母23号 uɑ̃　　　　　光旷慌汪筐狂矿横
韵母24号 əŋ　　　　　吞珍陈本芬增衡剩
韵母25号 iŋ　　　　　品引冰斤平影井瓶
韵母26号 uəŋ　　　　 滚捆昆昏混温稳魂
韵母27号 yŋ　　　　　旬均允军群熏云琼
韵母28号 oŋ　　　　　轰篷东通宗风梦龙
韵母29号 ioŋ　　　　　兄泳绒穷熊胸容勇
韵母30号 ᴀʔ　　　　　搭塌扎擦辣八发窄
韵母31号 iaʔ　　　　　洽侠掐甲掠嚼药脚
韵母32号 uᴀʔ　　　　 刮豁滑猾挖划
韵母33号 oʔ　　　　　摸落郭霍剥北福足

韵母34号 ioʔ　　　阅月缺血肉育玉浴
韵母35号 iiʔ　　　质笔烈结热乙劈滴
韵母36号 əʔ　　　墨佛脱肋厕色革克
韵母37号 uəʔ　　　活阔骨囫扩或国获沃
韵母38号 yøʔ　　　绝恤郁鹊削跃菊旭
韵母39号 əl　　　而尔
韵母40号 m̩　　　姆呒
韵母41号 n̩　　　嗯
韵母42号 ŋ̍　　　五鱼

韵母比字：
舒声韵和促声韵
带 tᴀ³⁵　　≠　　答 tᴀʔ⁵⁵
变 piɪ³⁵　　≠　　笔 piɪʔ⁵⁵
摆 pᴀ³⁵　　≠　　八 pᴀʔ⁵⁵
脸 liɪ¹¹³　　≠　　历 liɪʔ²³

前 ã 和后 ɑ̃
绷 pã⁵³　　≠　　帮 pɑ̃⁵³
打 tã³⁵　　≠　　党 tɑ̃³⁵
冷 lã¹¹³　　≠　　浪 lɑ̃¹¹³

(三) 声调

声调1号　　阴平调53　　　　高猪专尊低边开抽初天粗偏
声调2号　　阳平(阳上、阳去)调113　　穷陈床才唐平寒神徐扶鹅娘
　　　　　　　　　　　　　　五女染老暖买网有近柱是坐
　　　　　　　　　　　　　　共阵助暂大病害树漏怨帽望
声调3号　　阴上(阴去)调35　　古展纸走短比碗口丑楚草体
　　　　　　　　　　　　　　盖帐正醉对变爱抗唱菜怕汉
声调4号　　阴入调55　　　　急竹得笔曲出七匹黑福割拍
声调5号　　阳入调23　　　　月入六纳麦乐局食杂读舌服

声调比字：
古阴平和古阳平

诗 sɿ⁵³ ≠ 时 zɿ¹¹³
天 tʰiɿ⁵³ ≠ 田 diɿ¹¹³
铺 pʰu⁵³ ≠ 菩 bu¹¹³

古阴平和古阴上
诗 sɿ⁵³ ≠ 使 sɿ³⁵
梯 tʰi⁵³ ≠ 体 tʰi³⁵
抽 tsʰɤ⁵³ ≠ 丑 tsʰɤ³⁵

古阴上和古阳上
比 pi³⁵ ≠ 米 mi¹¹³
草 tsʰɔ³⁵ ≠ 老 lɔ¹¹³
普 pʰu³⁵ ≠ 父 vu¹¹³

古阴去和古阳平、古阳上、古阳去
到 tɔ³⁵ ≠ 桃 dɔ¹¹³ = 稻 dɔ¹¹³ = 盗 dɔ¹¹³
见 tɕi³⁵ ≠ 前 dʑiɿ¹¹³ = 件 dʑiɿ¹¹³ = 健 dʑiɿ¹¹³
汉 hø³⁵ ≠ 韩 ɦø¹¹³ = 旱 ɦø¹¹³ = 汗 ɦø¹¹³

古阴入和古阳入
八 pʌʔ⁵⁵ ≠ 拔 bʌʔ²³
发 fʌʔ⁵⁵ ≠ 伐 vʌʔ²³
督 toʔ⁵⁵ ≠ 毒 doʔ²³

(四) 变调
55+31(<u>55+31</u>)
前字阴平 + 阴平、阳平、阴上、阳上、阴去、阳去、阴入、阳入

医生	飞机	松香	阴天	天窗	声音
高楼	今年	中农	阿姨	天堂	天桥
资本	腰鼓	工厂	辛苦	甘草	高考
沙眼	经理	风雨	兄弟	师范	修养
书记	精细	相信	花布	干脆	菠菜
花样	希望	公事	方便	山洞	豇豆
资格	猪血	钢铁	亲切	中国	筋骨

| 猪肉 | 蜂蜜 | 京剧 | 单独 | 亲热 | 中学 |

前字阴去＋阴上、阳上、阴去、阳去

信纸	快板	对比	跳板	报纸	要紧
细雨	继母	对象	靠近	报社	胜负
志气	唱片	睏觉	世界	告诉	故意
性命	志愿	态度	笑话	政治	纪念

前字阴入＋阴入、阳入

| 法则 | 逼迫 | 一切 | 吃瘪 | 出色 | 赤脚 |
| 骨肉 | 恶劣 | 出纳 | 恶毒 | 复杂 | 缺乏 |

33+53（33+<u>53</u>）

前字阳平＋阴平、阳平、阴入、阳入

田鸡	床单	茶杯	辰光	长衫	同乡
皮球	名堂	人头	团圆	厨房	长城
潮湿	皮夹	红色	头发	成绩	时刻
成熟	前日	红木	寒热	咸肉	名额

前字阴上＋阴平、阳平、阴入、阳入

酒缸	广州	点心	祖宗	普通	火车
好人	果园	党员	酒瓶	顶棚	厂房
本色	粉笔	改革	宝塔	小吃	板刷
小麦	体育	饮食	主席	小学	普及

前字阳上＋阴平、阳平、阴入、阳入

士兵	弟兄	稻根	马车	眼科	米缸
后门	市场	肚皮	象棋	杏仁	老人
幸福	道德	罪恶	负责	眼色	满足
静脉	断绝	堕落	满月	老实	礼物

前字阴去＋阴平、阳平、阴入、阳入

教师	细心	货车	素鸡	汽车	快车
菜园	教员	透明	证明	借条	太平
货色	印刷	宪法	顾客	庆祝	建筑
秘密	快乐	汉族	性别	算术	教育

前字阳去＋阴平、阳平、阴入、阳入

电灯	树根	自家	面汤	路灯	大葱
树苗	地球	病人	队旗	面条	旧年
大雪	字帖	大约	办法	自杀	画册

| 树叶 | 暴力 | 练习 | 大学 | 事实 | 大陆 |

前字阴入 + 阴平、阳平

| 北方 | 作家 | 浙江 | 骨科 | 插销 | 铁丝 |
| 鲫鱼 | 发明 | 铁桥 | 足球 | 竹头 | 国旗 |

33+55（<u>33</u>+55）

前字阳平 + 阴上、阳上、阴去、阳去

存款	团长	桃子	长短	全体	门板
朋友	长远	跑道	肥皂	牛奶	原理
瓷器	群众	脾气	长凳	奇怪	蒲扇
蚕豆	绸缎	神话	场面	原地	迷路

前字阴上 + 阴上、阳上、阴去、阳去

底板	检讨	保险	厂长	口齿	小碗
小米	讲演	处理	改造	腿部	等待
讲究	板凳	打算	小气	好看	考试
小路	巧妙	草帽	体面	本地	扁豆

前字阳上 + 阴上、阳上、阴去、阳去

淡水	市长	雨伞	米粉	野草	厚纸
远近	静坐	网眼	偶像	旅社	犯罪
动荡	像片	罪过	冷气	武器	野菜
被面	后代	社会	眼泪	马路	冷汗

前字阳去 + 阴上、阳上、阴去、阳去

大小	字典	地板	大饼	大胆	帽子
大雨	味道	大米	现在	糯米	大旱
代替	弹片	旧货	内战	备课	议价
内外	另外	豆腐	大树	败类	剩饭

前字阴入 + 阴上、阳上、阴去、阳去

脚底	桌椅	屋顶	作品	色彩	铁锁
瞎眼	国语	接近	尺码	节俭	接受
百货	黑布	国庆	得意	客气	铁片
革命	国外	失败	铁路	脚步	一定

<u>22</u>+35

前字阳入 + 阴平、阳平、阴上、阳上、阴去、阳去

| 实心 | 别针 | 闸刀 | 昨天 | 月光 | 肉丝 |
| 杂粮 | 食堂 | 毒蛇 | 鼻梁 | 熟人 | 石头 |

石板	局长	墨水	月饼	木板	蚀本
侄女	杂技	活动	白眼	落后	木偶
籍贯	孛相	实际	白菜	鼻涕	直径
实话	俗话	疾病	木料	力量	绿豆

22+55

前字阳入 + 阴入、阳入

及格	合作	直接	白虱	实足	蜡烛
毒药	独立	集合	直达	白药	植物

二、常用词汇

(一) 自然现象

1.	太阳	太阳	$t^hA^{35}iã^{35}$
		热头	$ȵiI\textipa{?}^{23}tɤ^{35}$
2.	月亮	月亮	$ɦio\textipa{?}^{23}liã^{113}$
3.	打雷	雷响	$le^{35}ɕiã^{35}$
4.	闪电	闪电	$sE^{35}tiI^{35}$
5.	下雨	落雨	$lo\textipa{?}^{23}y^{113}$
6.	阵雨	阵头雨	$tsəŋ^{35}tɤ^{35}y^{113}$
7.	下雪	落雪	$lo\textipa{?}^{22}ɕyø\textipa{?}^{55}$
8.	冰雹	冰雹	$piŋ^{53}po^{113}$
9.	结冰	乌苏天	$u^{53}su^{53}t^hiI^{53}$
10.	刮风	还潮天	$uE^{113}zɔ^{113}t^hiI^{53}$
11.	梅雨季节	黄梅天	$huɑ^{35}me^{113}t^hiI^{53}$

(二) 时令、节令

12.	春季	春天	$ts^hən^{53}t^hi^{53}$
13.	夏季	热天式	$ȵiI\textipa{?}^{23}t^hi^{53}sə\textipa{?}^{55}$
14.	除夕	年夜头	$ȵiI^{35}iɑ^{35}tɤ^{35}$
15.	端午节	端午节	$tø^{53}ɦu^{113}tɕiI\textipa{?}^{55}$
16.	今年	今年	$tɕiŋ^{53}ȵiI^{35}$
17.	每天	日日	$zə\textipa{?}^{23}zə\textipa{?}^{23}$
18.	早晨	早浪向	$tsɔ^{35}lã^{35}ɕiã^{113}$
19.	半夜	夜快头	$iɑ^{35}k^huA^{35}tɤ^{35}$

20.	半夜	半夜把	pø³⁵ia³⁵po³⁵

(三) 植物

21.	麦子皮	糠	kʰɑ̃⁵³
22.	山药	洋山芋	iã³⁵sE⁵³ɦy¹¹³
23.	丝瓜瓤	丝瓜筋	sɿ⁵³ko⁵³tɕiŋ⁵³
24.	地瓜	饭瓜	vE³⁵ko⁵³
25.	香椿	香椿头	ɕiã⁵³tsʰəŋ⁵³tɤ³⁵
26.	辣椒	辣货	lAʔ²³fu³⁵
27.	马齿苋	马兰头	mo¹¹³lE³⁵tɤ³⁵
28.	莴苣	香莴笋	ɕiã⁵³ɦoʔ⁵⁵səŋ³⁵
29.	一种蔬菜,叶圆形绿色	塌棵菜	tʰAʔ⁵⁵kʰu⁵³tsʰE³⁵
30.	竹笋	竹头	tsoʔ⁵⁵tɤ³⁵
31.	包粽子用的箬叶	粽箬	tsoŋ³⁵ȵiAʔ⁵⁵
32.	嫩笋	扁尖	piɪʔ³⁵tsiɪ⁵³
33.	柚子	文旦	uən³⁵tE³⁵
34.	油炸花生米	油氽花生	iɤ³⁵tʰən³⁵ho⁵³sã⁵³
35.	苔藓	青泥苔	tsʰiŋ⁵³ȵi¹¹³dE¹¹³

(四) 动物

36.	畜牲	众牲	zoŋ¹¹³sã⁵³
37.	哈巴狗	哈巴狗	hA⁵³pA⁵³kɤ³⁵
38.	小鸡	童子鸡	doŋ¹¹³tsɿ³⁵tɕi⁵³
39.	阉鸡	敦鸡	təŋ⁵³tɕi⁵³
40.	老鼠	老虫	lɔ¹¹³zoŋ¹¹³
41.	麻雀	麻将	mo³⁵tɕiã³⁵
42.	爬虫	蛇虫百脚	zo³⁵zoŋ¹¹³pAʔ⁵⁵tɕiAʔ⁵⁵
43.	蚕	蚕宝宝	sø³⁵pɔ³⁵pɔ³⁵
44.	蛞蝓	鼻涕虫	biɪʔ²³tʰi³⁵zoŋ¹¹³
45.	毛毛虫	毛毛虫	mɔ¹¹³mɔ¹¹³zoŋ¹¹³
46.	虱子	老白虱	lɔ¹¹³bəʔ²³səʔ⁵⁵
47.	蚯蚓	曲蟮	tɕʰioʔ³³zø⁵⁵
48.	青蛙	田鸡	tiɪ³⁵tɕi⁵³

49.	癞蛤蟆	癞蛤团	lA³⁵kəʔ⁵tø³⁵
50.	工头	拿摩温	nE⁵³mu¹¹³uəŋ⁵³

（五）房舍、器具

51.	用于地基的石条	地基石	ti³⁵tɕi⁵³zəʔ²³
52.	护墙木板	护墙板	ɦu¹¹³dʑiã¹¹³pE³⁵
53.	门牌号码	门牌号头	məŋ³⁵bA¹¹³ɦɔ¹¹³tɤ³⁵
54.	窗户	窗门	tsʰã⁵³məŋ³⁵
55.	地基	地基	ti³⁵tɕi⁵³
56.	客厅	客堂	kʰəʔ⁵⁵dã¹¹³
57.	厨房	灶头间	tsɔ³⁵tɤ⁵³tɕiɪ⁵³
58.	浴室	汏浴间	dA¹¹³ɦioʔ²³tɕiɪ⁵³
59.	排水管道	水落管子	sɿ³⁵loʔ²³kø³⁵tsɿ³⁵
60.	篱笆	枪篱笆	tɕʰiã⁵³li³⁵po⁵³
61.	家具	家生	kA⁵³sã⁵³
62.	家产	家当	kA⁵³tã³⁵
63.	床头柜	夜壶箱	ia³⁵ɦu¹¹³ɕiã⁵³
64.	桌子	台子	dE¹¹³tsɿ³⁵
65.	抽屉	抽斗	tsʰɤ⁵³tɤ³⁵
66.	板凳	矮凳	A¹¹³təŋ³⁵
67.	被子	被头洞	bi¹¹³tɤ³⁵doŋ¹¹³
68.	被子里的棉絮	棉花胎	miɪ³⁵ho⁵³tʰE⁵³
69.	火筷子	火钳	fu³⁵tɕiɪ³⁵
70.	柴火	稻柴	tɔ³⁵sA³⁵
71.	不锈钢锅	钢宗锅子	kã⁵³tsoŋ⁵³ku³⁵tsɿ³⁵
72.	烧水壶	铜吊	doŋ¹¹³tiɔ³⁵
73.	汤碗	汤盅	tʰã⁵³tsoŋ⁵³
74.	筷筒	筷箸笼	kʰuA³⁵zɿ¹¹³loŋ¹¹³
75.	罐头	罐头	kø³⁵tɤ³⁵
76.	塞子	塞头	səʔ⁵⁵tɤ³⁵
77.	菜板	砧墩板	tsəŋ⁵³təŋ⁵³pE³⁵
78.	水桶	铅桶	kʰE⁵³doŋ¹¹³
79.	饼干箱	饼干听	piŋ³⁵kø⁵³tʰiŋ⁵³
80.	抹布	揩灶布	kʰA⁵³tsɔ³⁵pu³⁵

81.	钉子	洋钉	iã³⁵tiŋ⁵³
82.	锤子	榔头	lã¹¹³dɤ¹¹³
83.	洗脸水	揩面水	kʰA⁵³miɿ¹¹³sʅ³⁵
84.	顶针儿	顶针箍	tiŋ³⁵tsən⁵³ku⁵³
85.	线轴儿	洋线团	iã³⁵ɕiɿ³⁵tø³⁵
86.	洗衣板	汰衣裳板	dA¹¹³i⁵³zã¹¹³pE³⁵
87.	启辉器	史带脱	sʅ³⁵tA³⁵tʰoʔ⁵⁵
88.	插头	插头	tsʰAʔ⁵⁵dɤ¹¹³

（六）身体

89.	身材	身材	sən⁵³sE¹¹³
90.	号码	码子	mo¹¹³tsʅ³⁵
91.	额头	额角头	ŋəʔ²³koʔ⁵⁵tɤ³⁵
92.	眼白	眼白	ŋE¹¹³bəʔ²³
93.	耳聋	耳盲 耳屎	ɦiɚ²³mã¹¹³
94.	智齿	尽根牙	dʑiŋ³⁵kən⁵³ŋA³⁵
95.	胳膊	手臂巴	sɤ³⁵piɿʔ⁵⁵pA⁵³
96.	手指节	手节头	sɤ³⁵tɕiɿʔ⁵⁵tɤ³⁵
97.	手指甲	节掐子	tɕiɿʔ⁵⁵tɕʰiAʔ⁵⁵tsʅ³⁵
98.	汗毛	寒毛	ɦø¹¹³mɔ¹¹³
99.	脚踝	脚馒头	tɕiAʔ⁵⁵mø¹¹³tɤ³⁵
100.	肚脐	肚皮眼	tu³⁵bi¹¹³ŋE¹¹³
101.	力气	力道	liɿʔ²³dɔ¹¹³
102.	唾沫	馋唾	zE¹¹³tʰu³⁵

（七）亲属

103.	公公	公公	koŋ⁵³koŋ⁵³
104.	婆婆	阿婆	Aʔ⁵⁵bu¹¹³
105.	爸爸	爸爸	pA⁵³pA⁵³
106.	妈妈	姆妈	mu¹¹³mA⁵³
107.	背称父亲	爷老头子	ia³⁵lɔ¹¹³dɤ¹¹³tsʅ³⁵
108.	岳父	丈人老头	tsã¹¹³ȵin¹¹³lɔ¹¹³dɤ¹¹³
109.	岳母	丈母娘	tsã¹¹³mu¹¹³ȵiã¹¹³
110.	姑母	娘娘	ȵiã¹¹³ȵiã¹¹³

111.	丈夫（面称）	老公	lɔ¹¹³koŋ⁵³
112.	妻子（面称）	老婆	lɔ¹¹³bu¹¹³
113.	妻子的弟弟	小舅子	ɕiɔ³⁵dʑiɤ¹¹³tsɿ³⁵
114.	妻子的妹妹	小姨子	ɕiɔ³⁵i³⁵tsɿ³⁵
115.	女性小同伴	小姊妹淘里	ɕiɔ³⁵tsɿ³⁵me¹¹³dɔ¹¹³li¹¹³
116.	干爹	过房爷	ku⁵³vã¹¹³ia³⁵

(八) 饮食

117.	开伙食	开伙仓	kʰE⁵³fu³⁵tsʰã⁵³
118.	菜饭	咸酸饭	ɦiE¹¹³sø⁵³vE³⁵
119.	稀饭	饭泡粥	vE³⁵pʰɔ³⁵tsoʔ⁵⁵
120.	煮烂的面条	烂糊面	lE¹¹³ɦu¹¹³miI¹¹³
121.	块状面食	面疙瘩	miI¹¹³kAʔ⁵⁵tAʔ⁵⁵
122.	馒头	高脚馒头	kɔ⁵³tɕiAʔ⁵⁵mø¹¹³tɤ³⁵
123.	小笼包	小笼包子	ɕiɔ³⁵loŋ¹¹³pɔ⁵³tsɿ³⁵
124.	卧鸡子儿	水潽蛋	sɿ³⁵pʰu⁵³tE³⁵
125.	带壳水煮蛋	白煠蛋	bəʔ²³zAʔ²³tE³⁵
126.	麻花	绞力棒	koʔ⁵⁵liI²³bã¹¹³
127.	肉糜	肉浆	ȵioʔ²³tɕiã⁵³
128.	肥肉	壮肉	tsã⁵³ȵioʔ²³
129.	咸肉和笋等合煮的菜肴	腌笃鲜	iI⁵³doʔ²³ɕiI⁵³
130.	带骨腿肉	蹄膀	di¹¹³
131.	白斩鸡	白斩鸡	bəʔ²³tsE⁵³tɕi⁵³
132.	青鱼腹部	肚当	tu³⁵tã³⁵
133.	三鲜汤	三鲜汤	sE⁵³ɕiI⁵³tʰã⁵³
134.	油炒笋块	油焖笋	iɤ³⁵mən⁵³sən³⁵
135.	荤菜	荤菜	huəŋ⁵³tsʰE³⁵
136.	豆腐皮	百叶	pAʔ⁵⁵iIʔ²³
137.	腐乳	乳腐	lu³⁵fu³⁵
138.	米粉	线粉	ɕiI³⁵fəŋ³⁵
139.	味精	味精	mi¹¹³tsiŋ⁵³
140.	黄酒	老酒	lɔ¹¹³tɕiɤ³⁵
141.	陈醋	陈酒	səŋ³⁵tɕiɤ³⁵

142.	江米酒	甜酒酿	tiɪ¹¹³n̠iã¹¹³tɕiɤ³⁵

(九) 人品

143.	小孩	小囡	ɕiɔ³⁵nø¹¹³
144.	小女孩	小姑娘	ɕiɔ³⁵ku⁵³n̠iã¹¹³
145.	小男孩	小伙子	ɕiɔ³⁵fu⁵³tsʅ³⁵
146.	日本人	东洋人	toŋ⁵³iã³⁵n̠iŋ¹¹³
147.	不懂装懂的人	三脚猫	sE⁵³tɕiAʔ⁵⁵mɔ⁵³
148.	小偷	贼骨头	zəʔ²³kuəʔ⁵⁵tɤ³⁵
149.	畜牲	猪头三	tsʅ⁵³tɤ³⁵sE⁵³
150.	贪吃的人	馋痨胚	zE¹¹³lɔ¹¹³pʰE³⁵
151.	任意挥霍的人	脱底棺材	tʰoʔ⁵⁵tiʔ⁵⁵kø⁵³sE¹¹³
152.	身材高大的人	大块头	tA³⁵kʰue³⁵tɤ³⁵
153.	腿脚瘦长的人	长脚鹭鸶	sã¹¹³tɕiAʔ⁵⁵lu¹¹³sʅ⁵³
154.	傻瓜	戆大	gã¹¹³du¹¹³
155.	老板	老板	lɔ¹¹³pE³⁵
156.	家庭主妇	马大嫂	mA¹¹³tA³⁵sɔ³⁵
157.	仆人	佣人	ɦioŋ¹¹³n̠iŋ¹¹³

(十) 疾病

158.	生病	生毛病	sã⁵³mɔ¹¹³biŋ¹¹³
159.	病人	生病人	sã⁵³biŋ¹¹³n̠iŋ¹¹³
160.	不舒服	勿适意	vəʔ²³səʔ⁵⁵i³⁵
161.	看病	看毛病	kʰø⁵³mɔ¹¹³biŋ¹¹³
162.	摸脉	搭脉	tAʔ⁵⁵mAʔ²³
163.	贴药膏	塌药膏	tʰAʔ⁵⁵jAʔ²³kɔ⁵³
164.	发烧	发寒热	fAʔ⁵⁵ɦø¹¹³n̠iʔ²³
165.	腹痛	肚皮痛	tu³⁵bi¹¹³tʰoŋ³⁵
166.	胃疼	胃痛	ue³⁵tʰoŋ³⁵
167.	阑尾炎	盲肠炎	mã¹¹³zã¹¹³iɪ¹¹³
168.	结茄	结盖	dʑiɪʔ²³kE³⁵
169.	鼻塞	齆鼻头	oŋ³⁵biʔ²³dɤ¹¹³
170.	出麻疹	出痧子	tsʰəʔ⁵⁵so⁵³tsʅ³⁵
171.	冻疮	冻瘃	toŋ³⁵

172.	雀斑	雀斑	tɕʰyəʔ⁵⁵pE⁵³
173.	狐臭	狐臭	ɦu¹³tsʰɤ³⁵
174.	眯缝眼	眯且眼	mi⁵³tɕʰi³⁵ŋE¹¹³
175.	跛足	磽脚	tɕʰiɔ³⁵tɕiAʔ⁵⁵
176.	耳聋	聋膨	loŋ¹¹³bã¹¹³
177.	口吃	楞嘴	ləŋ¹¹³tsɿ³⁵
178.	外凸的牙齿	耙牙	bu¹¹³ŋA³⁵
179.	早产	小产	ɕiɔ³⁵tsʰE³⁵

(十一) 代词

180.	我	我	ɦu³⁵
181.	你	侬	noŋ¹¹³
182.	他	伊	ɦi⁵³
183.	我们	伲阿拉	ɲi¹¹³
184.	你们	㑚你们	na¹¹³
185.	他们	伊拉	ɦi⁵³lA⁵³
186.	谁	啥人	ɲiŋ¹¹³
187.	这	舸	gəʔ²³
188.	哪个	何里个	ɦu¹¹³li¹¹³ku³⁵
189.	这一点儿	舸眼眼	gəʔ²³ŋE¹¹³ŋE¹¹³
190.	这里	舸搭	gəʔ²³tAʔ⁵⁵
191.	那里	哀面搭	E⁵³mi¹¹³tAʔ⁵⁵
192.	哪里	啥地方	sA³⁵ti³⁵fã⁵³
193.	这样	舸能介	gəʔ²³nəŋ³⁵kA³⁵
194.	那样	哀能	E⁵³nəŋ³⁵
195.	怎么样	哪能	nA¹¹³nəŋ³⁵
196.	咱们俩	阿拉两家头	Aʔ⁵⁵lA⁵³liã¹¹³kA⁵³tɤ³⁵
197.	一二里路	一两里路	iʔ⁵⁵liã¹¹³li¹¹³lu¹¹³
198.	二三个	豆两个	dɤ¹¹³liã¹¹³ku³⁵
199.	一两个	个把	ku³⁵po³⁵

(十二) 量词

200.	一把年纪	一把年纪	po³⁵
201.	一条毛巾	一荡毛巾	dã¹¹³

202.	一种颜色	一只颜色	tsəʔ⁵⁵
203.	一间店	一爿店	bᴀ¹¹³
204.	一幢大楼	一幢大楼	zᴀ¹¹³
205.	一幅腔调	一副腔调	fu³⁵
206.	这些傢伙	迭排赤佬	pᴀ³⁵
207.	一群人	一帮子人	pã⁵³
208.	一窝蛋	一窠蛋	kʰu⁵³
209.	一把锁	一把锁	po³⁵
210.	一趟	一趟	tʰã³⁵
211.	第一次煎的药	头一潜药	pʰu³⁵
212.	擦一次	揩一潜	pʰu³⁵
213.	坐一会儿	坐一歇	ɕiɿʔ⁵⁵
214.	一批货物	一票货色	pʰiɔ³⁵

(十三) 方位词

215.	上面	上头	zã¹¹³dɤ¹¹³
216.	下面	下底头	o¹¹³ti³⁵dɤ¹¹³
217.	地上	地浪向	di³⁵lã³⁵ɕiã¹¹³
218.	天上	天浪	tʰiɿ⁵³lã³⁵
219.	里面	里向头	li¹¹³ɕiã¹¹³dɤ¹¹³
220.	外面	外底头	ŋᴀ¹¹³ti³⁵dɤ¹¹³
221.	手里	手里向	sɤ³⁵li¹¹³ɕiã¹¹³
222.	门口	门口头	məŋ³⁵kʰɤ³⁵dɤ¹¹³
223.	暗中	暗当中	ø¹¹³tã³⁵tsoŋ⁵³
224.	后面	后首来	ɦɤ³⁵sɤ³⁵lᴇ¹¹³
225.	从今以后	难朝后	nᴇ³⁵tsɔ⁵³ɦɤ³⁵
226.	东面	东面	toŋ⁵³miɿ¹¹³
227.	正中	贴当中	tʰiɿʔ⁵⁵tã⁵³tsoŋ⁵³
228.	当中	半当中	pø³⁵tã⁵³tsoŋ⁵³
229.	边上	边头	piɿ⁵³dɤ¹¹³
230.	前面	眼门前	ŋᴇ¹¹³məŋ³⁵ɕiɿ¹¹³
231.	斜对面	斜对过	ɕia¹¹³te³⁵ku⁵³
232.	横向	横里向	ɦuã³⁵li¹¹³ɕiã¹¹³
233.	纵向	竖里向	sɿ¹¹³li¹¹³ɕiã¹¹³

234.	这边	迭横头	diɪʔ²³ɦuã³⁵dɤ¹¹³

(十四) 形容词

235.	好,漂亮	崭	tsE³⁵
236.	第一流	一级	iɪʔ⁵⁵tɕiɪʔ⁵⁵
237.	撒娇的样子	嗲	tia³⁵
238.	不错	勿推扳	vəʔ²³tʰe⁵³pE⁵³
239.	差不多	差勿多	tsʰo⁵³vəʔ²³tu⁵³
240.	不行	勿来三	vəʔ²³lE¹¹³sE⁵³
		勿来事	vəʔ²³lE¹¹³zɿ¹¹³
241.	品质低	蹩脚	tɕiAʔ⁵⁵
242.	水平低	搭浆	tAʔ⁵⁵tɕiã⁵³
243.	差	推扳	tʰe⁵³pE⁵³
244.	令人失望	肮三	ã⁵³sE⁵³
245.	不好	勿灵	vəʔ²³liŋ³⁵
246.	漂亮	好看	hɔ³⁵kʰø³⁵
247.	好玩	好字相	baʔ²³hɔ³⁵ɕiã⁵³
248.	热闹	闹猛	nɔ¹¹³məŋ³⁵
249.	结实	结实	dʑiɪʔ²³sɿʔ²³
250.	清爽	清爽	tɕʰiŋ⁵³sã³⁵
251.	龌龊	龌龊	oʔ⁵⁵tsʰoʔ³¹
252.	肮脏	龌里龌促	oʔ⁵⁵li¹¹³oʔ⁵⁵tsʰoʔ⁵⁵
253.	淡而无味	淡呱呱	tE¹¹³kuAʔ⁵⁵kuA⁵⁵
254.	邋遢	邋遢	lAʔ²²tʰAʔ⁵⁵
255.	有点儿甜	甜咪咪	diɪ¹¹³
256.	身体壮实	壮敦敦	tsã³⁵mi⁵³mi⁵³təŋ⁵³təŋ⁵³
257.	适合	适意	səʔ⁵⁵i³⁵
258.	破烂	烂糟糟	lE¹¹³tsɔ⁵³tsɔ⁵³
259.	苦闷	苦恼	kʰu³⁵nɔ¹¹³
260.	不三不四	勿二勿三	vəʔ²³ɦi·¹¹³vəʔ²³sE⁵³
261.	头面人物	一只鼎	iɪʔ⁵⁵tsəʔ⁵⁵tiŋ³⁵
262.	神志不清	神志无志	səŋ³⁵tsɿ³⁵vu¹¹³tsɿ³⁵
263.	头脑发热	热昏	ȵiɪʔ²³huəŋ⁵³
264.	迟钝的样子	寿头呱气	sɤ³⁵dɤ¹¹³kuAʔ⁵⁵tɕʰi³⁵

265.	麻木迟钝	木知木觉	moʔ²³tsɿ⁵³moʔ²³tɕioʔ⁵⁵
266.	死板	死板板	sɿ³⁵pᴇ³⁵pᴇ³⁵
267.	小家子气	小家败气	ɕiɔ³⁵kᴀ⁵³bᴀ¹¹³tɕʰi³⁵
268.	上不了大场面	勿上台面	vəʔ²³zã¹¹³dᴇ¹¹³miɪ¹¹³
269.	热腾腾	热烘烘	ȵiɪʔ²³hoŋ⁵³hoŋ⁵³
270.	阴森森	阴势势	iŋ⁵³sɿ⁵³sɿ⁵³
271.	杂乱无章	杂格龙咚	zᴀʔ²³kəʔ⁵⁵loŋ³⁵toŋ⁵³
272.	凌乱	一天世界	iɪʔ⁵⁵tʰiɪ⁵³sɿ³⁵kᴀ³⁵
273.	舒服	捂心	u⁵³ɕiŋ⁵³
274.	许许多多	行情行市	ɦã¹¹³dʑiŋ¹¹³ɦã¹¹³zɿ¹¹³
275.	很多	木老老	moʔ²³lɔ¹¹³lɔ¹¹³
276.	很新	赤呱拉新	tsʰɔʔ⁵⁵kuᴀʔ⁵⁵lᴀ⁵³ɕiŋ⁵³
277.	光滑	光生	kuã⁵³sã⁵³
278.	忙乱	头头转	dɤ¹¹³dɤ¹¹³tsø³⁵
279.	蛮不讲理	猛门	mã¹¹³məŋ¹¹³
280.	刁钻	促里促掐	tsʰɔʔ⁵⁵li¹¹³tsʰɔʔ⁵⁵tɕʰiᴀʔ⁵⁵
281.	一本正经	一本正经	iɪʔ⁵⁵pəŋ³⁵tsəŋ³⁵tɕiŋ⁵³
282.	懒惰	懒惰	lᴇ¹¹³du¹¹³
283.	老成	老茄	lɔ¹¹³kᴀ¹¹³
284.	壮实厉害	结棍	dʑiɪʔ²³kuəŋ³⁵
285.	一心一意	一门心思	iɪʔ⁵⁵məŋ³⁵ɕiŋ⁵³sɿ⁵³
286.	专心	有心想	iɤ³⁵ɕiŋ⁵³ɕiã⁵³
287.	急迫激烈	五筋吼六筋	ɦu¹¹³tɕiŋ⁵³hɤ³⁵loʔ²³tɕiŋ⁵³
288.	急躁不安	极吼吼	dʑiɪʔ²³hɤ³⁵hɤ³⁵
289.	尴尬	尴尬	kᴇ⁵⁵kᴀ³¹
290.	方便	便当	biɪ¹¹³tã³⁵
291.	令人讨厌	惹气	zᴀ¹¹³tɕʰi³⁵
292.	令人恶心	腻心	ȵi¹¹³ɕiŋ⁵³
293.	最后	辣末	lᴀʔ²³məʔ²³
294.	很圆	的角粒圆	tiɪʔ⁵⁵koʔ⁵⁵liɪʔ²³ɦyø¹¹³
		的粒滚圆	tiɪʔ⁵⁵liɪʔ²³kuəŋ³⁵ɦyø¹¹³
295.	苍白	夹撩势白	kᴀʔ⁵⁵liɔ³⁵sɿ⁵³bəʔ²³
296.	非常绿	碧绿生青	piɪʔ⁵⁵loʔ²³sã⁵³tsʰiŋ⁵³
297.	天热难受	吼世热	hɤ³⁵sɿ³⁵ȵiɪʔ²³

298.	平整	挺刮	t^{h}iŋ^{35}kua$ʔ^{55}$
299.	棘手	辣手	lA$ʔ^{23}$sɤ^{35}
300.	伤脑筋	头大	tɤ^{35}tA^{35}
301.	吓坏人	吓人倒怪	hA$ʔ^{55}$n̩iŋ^{113} tɔ^{35}kuA^{35}

(十五) 副词、连词、介词

302.	碰巧	碰巧	bã^{113}tɕ^{h}iɔ^{35}
303.	惟独	单单	tE^{53}tE^{53}
304.	担心	常怕	zã^{113}p^{h}o^{35}
305.	可能	作兴	tsoʔ^{55}ɕiŋ^{53}
306.	说不定	吃勿准	tɕ^{h}iɪʔ^{55}vəʔ^{23}tsən^{35}
307.	马上	顿时立刻	təŋ^{35}z̩^{113}liɪʔ^{113}k^{h}əʔ^{55}
308.	多亏	好得	hɔ^{35}təʔ^{55}
309.	一起	一淘	iɪʔ^{55}dɔ^{113}
310.	一个人	一家头	iɪʔ^{55}kA^{53}tɤ^{35}
311.	一个人	一杆子	iɪʔ^{55}kø^{53}ts̩^{35}
312.	顺便	顺带便	zən^{113}tA^{35}piɪ^{35}
313.	故意	存心	zən^{113}ɕiŋ^{53}
314.	特地	特为	dəʔ^{23}ue^{35}
315.	总共	拢总	loŋ^{113}tsoŋ^{35}
316.	总共	一个拢总	iɪʔ^{55}ku^{35}loŋ^{113}tsoŋ^{35}
317.	全部	一塌刮子	iɪʔ^{55}t^{h}Aʔ^{55}kuaʔ^{55}ts̩^{35}
318.	所有	亨孛冷打	hã^{53}pAʔ^{55}lã^{35}tã^{35}
319.	不要	勿要	vəʔ^{23}iɔ^{53}
320.	偏	偏偏	p^{h}iɪ^{53}p^{h}iɪ^{53}
321.	起初	开始辰光	k^{h}E^{53}s̩^{35}səŋ^{35}kuã^{53}
322.	给	拨辣	pAʔ^{55}lAʔ^{23}
323.	和	脱	t^{h}oʔ^{55}
324.	很	交关	tɕiɔ^{53}kuE^{53}
325.	十分	蛮	mE^{53}
326.	更加	夷加	ɦi^{113}kA^{53}
327.	稍微	稍须	sɔ^{53}ɕy^{53}
328.	好好地	好好叫	hɔ^{35}hɔ^{35}tɕiɔ^{35}
329.	聊胜于无	譬如勿如	p^{h}ĩ^{35}z̩^{113}vəʔ^{23}z̩^{113}

330.	动不动	碰勿碰	bã¹¹³vəʔ²³bã¹¹³
331.	临时	一时头浪	iɪʔ⁵⁵z̩¹¹³dɤ¹¹³lã³⁵
332.	陌生	辣陌生里	lAʔ²³mAʔ²³sã⁵³li¹¹³
333.	有的时候	有个辰光	iɤ³⁵kuʔ⁵⁵səŋ³⁵kuã⁵³
334.	难得	难扳	nE³⁵pE⁵³
335.	很早	老里八早	lɔ¹¹³li¹¹³pAʔ⁵⁵tsɔ³⁵
336.	没有	吪没	m̩¹¹³məʔ²³moʔ²³
337.	硬是	硬劲	ŋã¹¹³tɕiŋ³⁵
338.	索性	索介	soʔ⁵⁵kA³⁵
339.	反正	横竖	ɦuã³⁵s̩¹¹³
340.	大约	大约摸	tA³⁵iAʔ⁵⁵moʔ²³
341.	按理说	照名份	tsɔ³⁵miŋ³⁵vəŋ¹¹³
342.	怪不得	怪勿得	kuA³⁵vəʔ²³təʔ⁵⁵
343.	只是	只不过	tsəʔ⁵⁵pəʔ⁵⁵ku⁵³
344.	不仅	勿单单	vəʔ²³tE⁵³tE⁵³
345.	所以	葛老	kəʔ⁵⁵lɔ¹¹³
346.	那么	葛末	kəʔ⁵⁵məʔ²³
347.	然后	难末	nE³⁵məʔ²³
348.	这么多	介许多	kA³⁵ɕy³⁵tu⁵³
349.	对着	对牢	te³⁵lɔ¹¹³

(十六) 数词

350.	一	一	iɪʔ⁵⁵
351.	二	二	liã¹¹³
352.	三	三	sE⁵³
353.	四	四	s̩³⁵
354.	五	五	ŋ̍¹¹³
355.	六	六	loʔ²³
356.	七	七	tɕʰiɪʔ⁵⁵
357.	八	八	pAʔ⁵⁵
358.	九	九	tɕiɤ³⁵
359.	十	十	zəʔ²³
360.	十一	十一	zəʔ²³iɪʔ⁵⁵
361.	十二	十二	zəʔ²³n̩¹¹³

362.	二十	廿	ȵiE¹¹³
363.	二十一	廿一	ȵiE¹¹³iɪʔ⁵⁵
364.	一百二十	一百廿	iɪʔ⁵⁵pAʔ⁵⁵ȵiE¹¹³
365.	第一	第一	di¹¹³iɪʔ⁵⁵
366.	第二	第二	di¹¹³ɦɚ¹¹³
367.	二里	两里	liã¹¹³li¹¹³
368.	二两	二两	ɦɚ¹¹³liã¹¹³

三、语法例句

（先出普通话例句，后出宝山话例句）

1. 谁啊？我是老王。

   啥人啊？我是老王。

   sa¹¹³ȵiŋ¹¹³a⁰？ɦu³⁵sɿ¹¹³lɔ¹¹³uã³⁵。

2. 老张呢？她正在跟一个朋友说着话呢。

   老张呢？伊勒拉帮一个朋友讲闲话。

   lɔ¹¹³tsã⁵³ȵi¹¹³？ɦi³⁵ləʔ²³lA⁵³pã⁵³iɪʔ⁵⁵ku³⁵bã¹¹³iɤ³⁵kã³⁵ɦE³⁵o³⁵。

3. 她还没有说完吗？

   伊还呒没讲光啊？

   ɦi³⁵uE¹¹³məʔ²³moʔ²³kã³⁵kuã⁵³a⁰？

4. 还没有。大约再有一会儿就说完了。

   还呒没。大概再有一歇就讲光了。

   uE¹¹³məʔ²³moʔ²³。tA³⁵kE³⁵tsE¹¹³iɤ³⁵iɪʔ⁵⁵ɕiɪʔ⁵⁵dʑiɤ¹¹³kã³⁵kuã⁵³liɔ³⁵。

5. 他说马上就走,怎么这半天了还在家里?

   伊讲马上就走,哪能介许多辰光了还蹲辣屋里向？

   ɦi³⁵kã³⁵mA¹¹³zã¹¹³dʑiɤ¹¹³tsɤ³⁵，nɑŋ³⁵kA³⁵ɕy³⁵tu⁵³səŋ³⁵kuã⁵³liɔ³⁵，uE¹¹³təŋ⁵³lAʔ²³oʔ⁵⁵li¹¹³ɕiã¹¹³？

6. 你到哪儿去？我到北京去。

   侬到啥地方去？我到北京去。

   noŋ³⁵tɔ³⁵sa¹¹³ti¹¹³fã⁵³tɕʰiɤ³⁵？ɦu³⁵tɔ³⁵poʔ⁵⁵tɕiŋ⁵³tɕʰiɤ³⁵。

7. 在那儿,不在这儿。

   勒伊搭,勿勒辩搭。

   ləʔ²³ɦi³⁵tAʔ⁵⁵，vəʔ²³ləʔ²³gəʔ²³tAʔ⁵⁵。

8. 不是那么做,要这么做。/不是那么做,是这么做。

勿是伊能介做格,是要辫能介做格。

vəʔ²³sɿ¹¹³ɦi³⁵nəŋ³⁵kA³⁵tsuʔ³⁵kəʔ⁵⁵,sɿ¹¹³iɔ⁵³gəʔ²³nəŋ³⁵kA³⁵tsuʔ³⁵kəʔ⁵⁵。

9. 太多了,用不着那么多,只要这么多就够了。

忒多了,用勿着介许多,只要辫点就有了。

tʰəʔ⁵⁵tuʔ⁵³liɔ³⁵,ɦioŋ¹¹³vəʔ²³zAʔ²³kA³⁵ɕy³⁵tu³⁵,tsəʔ⁵⁵iɔ⁵³gəʔ²³tiʔ³⁵dziɤ¹¹³iɤ³⁵liɔ³⁵。

10. 这个大,那个小,这两个哪一个好一点呢?

辫格大,伊格小,辫格两只物事鞋里只好一眼?

gəʔ²³kəʔ⁵⁵tA³⁵,ɦi³⁵kəʔ⁵⁵ɕiɔ³⁵,gəʔ²³kəʔ⁵⁵liã¹¹³tsəʔ⁵⁵vəʔ²³zɿ¹¹³li¹¹³tsəʔ⁵⁵hɔ³⁵iʔ⁵⁵ŋE¹¹³?

11. 这个比那个好。

辫格比伊格好。

gəʔ²³kəʔ⁵⁵pi³⁵ɦi³⁵kəʔ⁵⁵hɔ³⁵。

12. 这些房子不如那些房子好。

辫点房子呒没伊点房子好。

gəʔ²³tiʔ³⁵vã¹¹³tsɿ³⁵məʔ²³moʔ²³ɦiʔ³⁵tiʔ³⁵vã¹¹³tsɿ³⁵hɔ³⁵。

13. 这句话用上海话怎么说?

辫句闲话用上海闲话哪能讲?

gəʔ²³tɕy³⁵ɦE³⁵o³⁵ɦioŋ¹¹³zã¹¹³hE¹¹³ɦE³⁵o³⁵na³⁵nəŋ³⁵kã³⁵?

14. 他今年多大岁数了?

伊今年多少岁数了?

ɦi³⁵tɕiŋ⁵³ȵiɪ³⁵tu³⁵sɔ³⁵sE³⁵liɔ³⁵?

15. 大概三十来岁吧。

大概有三十来岁哦。

tA³⁵kE³⁵iɤ³⁵sE⁵³səʔ²³lE¹¹³vaʔ²³。

16. 这个东西有多重呢?

辫只物事有多少重?

gəʔ²³tsəʔ⁵⁵vəʔ²³zɿ¹¹³iɤ³⁵tu³⁵sɔ³⁵zoŋ¹¹³?

17. 有五十斤重呢!

有五十斤重!

iɤ³⁵ɦiu¹¹³səʔ²³zoŋ¹¹³!

18. 拿得动吗?

拿得动哦?

nE⁵³təʔ⁵⁵doŋ¹¹³vaʔ²³?

19. 我拿得动,他拿不动。

我拿得动,伊拿勿动。

ɦu³⁵nE⁵³tə?⁵⁵doŋ¹¹³,ɦi³⁵nE³⁵və?²³doŋ¹¹³。

20. 真不轻,重得连我也拿不动。
    真勿轻,重来连我也拿勿动。
    tsəŋ⁵³və?²³tɕʰiŋ³⁵,zoŋ¹¹³lE¹¹⁴li¹¹³ɦu³⁵ia³⁵nE⁵³və?⁵⁵doŋ¹¹³。

21. 你说得很好,你还会说点什么呢?
    侬讲来蛮好,侬还能够讲眼啥格物事哦?
    noŋ³⁵kã³⁵lE¹¹³mE¹¹³hɔ³⁵,noŋ³⁵uE¹¹³nəŋ³⁵kɤ³⁵kã³⁵ŋE¹¹³sa¹¹³kə?⁵⁵və?²³zʅ¹¹³va?²³?

22. 我嘴笨,我说不过他。
    我讲勿来闲话,我讲勿过伊。
    ɦu³⁵kã³⁵və?²³lE¹¹³ɦE³⁵o³⁵,ɦu³⁵kã³⁵və?²³ku⁵³ɦi³⁵。

23. 说了一遍,又说一遍。
    讲了一遍,又讲了一遍。
    kã³⁵liɔ³⁵i?⁵⁵pʰi³⁵,iɤ³⁵kã³⁵liɔ³⁵i?⁵⁵pʰi³⁵。

24. 请你再说一遍。
    请侬再讲一遍。
    tɕʰiŋ³⁵noŋ³⁵tsE³⁵kã³⁵i?⁵⁵pʰi³⁵。

25. 不早了,快去吧!
    勿早了,快点去哦!
    və?²³tsɔ³⁵liɔ³⁵,kʰuA³⁵ti³⁵tɕʰi³⁵va?²³!

26. 现在还早着呢,等一会儿再去吧。
    现在还蛮早来,等一歇再去哦。
    ɦi³⁵tsE¹¹³uE¹¹³mE¹¹³tsɔ³⁵lE¹¹³,təŋ³⁵i?⁵⁵ɕi?⁵⁵tsE³⁵tɕʰi³⁵va?²³。

27. 吃了饭再去好吗?
    吃过饭再去好哦?
    tɕʰi?⁵⁵ku⁵³vE³⁵tsE¹¹³tɕʰi³⁵hɔ³⁵va?²³?

28. 慢慢儿吃啊,不要着急。
    慢慢叫吃,勿要急。
    mE³⁵mE³⁵tɕiɔ³⁵tɕʰi?⁵⁵,və?²³iɔ⁵³tɕi?⁵⁵。

29. 坐着吃比站着吃好些。
    坐勒海吃比立勒海吃好一眼。
    zu¹¹³lə?²³hE¹¹³tɕʰi?⁵⁵pi³⁵li¹¹³lə?²³hE¹¹³tɕʰi?⁵⁵hɔ³⁵i?⁵⁵ŋE¹¹³。

30. 他吃了饭了,你吃了饭没有呢?
    伊吃过饭了,侬吃过了哦?
    ɦi³⁵tɕʰi?⁵⁵ku⁵³vE³⁵liɔ³⁵,noŋ³⁵tɕʰi?⁵⁵ku⁵³liɔ³⁵va?²³?

31. 他去过北京,我没有去过。
    伊去过北京,我朆没去过。
    ɦi³⁵tɕʰiɪ³⁵ku³⁵poʔ⁵⁵tɕiŋ⁵³, ɦu³⁵məʔ²³moʔ²³tɕʰiɪ³⁵ku³⁵。

32. 来闻闻这朵花香不香。
    来闻闻看辩朵花香哦。
    lE¹¹³uəŋ³⁵uəŋ³⁵kʰø³⁵gəʔ²³tu³⁵ho⁵³ɕiã⁵³vaʔ²³。

33. 给我一本书。
    拨我一本书。
    bAʔ²³ɦu³⁵iɪ⁵⁵pəŋ³⁵sɿ⁵³。

34. 我真的没有书呀。
    我实在朆没书啊。
    ɦu³⁵səʔ²³tsE¹¹³məʔ²³moʔ²³sɿ⁵³a⁰。

35. 你告诉他。
    侬告诉伊。
    noŋ³⁵kɔ³⁵su³⁵ɦi³⁵。

36. 好好地走,不要跑!
    好好叫走,勿要跑!
    hɔ³⁵hɔ³⁵tɕiɔ³⁵tsɤ³⁵, vəʔ²³iɔ⁵³bɔ¹¹³!

37. 小心跌下去爬不上来。
    当心跌下去爬都爬勿上来。
    tã³⁵ɕiŋ⁵³tiɪʔ⁵⁵o¹¹³tɕʰiɪ³⁵bo¹¹³tu⁵³bo¹¹³vəʔ²³zã¹¹³lE¹¹³。

38. 医生叫你多睡睡。
    医生叫侬多䁖一歇。
    i⁵³sã⁵³tɕiɔ³⁵noŋ³⁵tu³⁵kʰuəŋ³⁵iɪʔ⁵⁵ɕiɪʔ⁵⁵。

39. 抽烟或者喝茶都不许。
    吃香烟或者吃茶侪勿来赛。
    tɕʰiɪʔ⁵⁵ɕiã⁵³ɦiɪʔ²³ɦuəʔ²³tsE³⁵tɕʰiɪʔ⁵⁵zo¹¹³ze³⁵vəʔ²³lE¹¹³SE³⁵。

40. 烟也好,茶也好,我都不喜欢。
    香烟咾,茶咾,我侪勿喜欢。
    ɕiã⁵³ɦiɪ⁵³lɔ⁰, zo¹¹³lɔ⁰, ɦu³⁵ze³⁵vəʔ²³ɕi³⁵hø⁵³。

41. 不管你去不去,反正我是要去的。
    勿管侬去勿去,反正我是要去格。
    vəʔ²³kø³⁵noŋ³⁵tɕʰiɪ³⁵vəʔ²³tɕʰiɪ³⁵, fE³⁵tsəŋ³⁵ɦu³⁵sɿ¹¹³iɔ⁵³tɕʰiɪ³⁵kəʔ⁵⁵。

42. 我非去不可。

我一定要去。

ɦu³⁵iɪʔ⁵⁵diŋ¹¹³iɔ⁵³tɕʰiɪ³⁵。

43. 你是哪一年来的？

侬是鞋里一年来格？

noŋ³⁵sʅ¹¹³A¹¹³li¹¹³iɪʔ⁵⁵ȵiɪ³⁵lE¹¹³kəʔ⁵⁵？

44. 我是前年到的北京。

我是前年到北京格。

ɦu³⁵sʅ¹¹³ɕiɪ¹¹³ȵiɪ³⁵tɔ³⁵poʔ⁵⁵tɕiŋ⁵³kəʔ⁵⁵。

45. 今天开会谁的主席？

今朝开会啥人是主席？

tɕiŋ⁵³tsɔ⁵³kʰE⁵³ue³⁵sa¹¹³ȵiŋ¹¹³sʅ¹¹³tsʅ³⁵ɕiɪʔ⁵⁵？

46. 你得请我的客。

侬一定要请我客。

noŋ³⁵iɪʔ⁵⁵diŋ¹¹³iɔ⁵³tɕʰiŋ³⁵ɦu³⁵kʰəʔ⁵⁵。

47. 一边走，一边讲。

一边走，一边讲。

iɪʔ⁵⁵piɪ⁵³tsɤ³⁵, iɪʔ⁵⁵piɪ⁵³kã³⁵。

48. 越走越远，越说越多。

越走越远，越讲越多。

ɦioʔ²³tsɤ³⁵ɦioʔ²³y¹¹³, ɦioʔ²³kã³⁵ɦioʔ²³tu⁵³。

49. 把那个东西拿给我。

拿伊只物事拨我。

nE⁵³ɦi³⁵tsəʔ⁵⁵vəʔ²³zʅ¹¹³bAʔ²³ɦu³⁵。

50. 有些地方把太阳叫日头。

有排地方拿太阳叫日头。

iɤ³⁵pA³⁵ti³⁵fã⁵³nE⁵³tʰA³⁵iã³⁵tɕiɔ³⁵zəʔ²³tɤ³⁵。

51. 您贵姓？我姓王。

侬贵姓？我姓王。

noŋ³⁵kue³⁵ɕiŋ³⁵？ɦu³⁵ɕiŋ³⁵uã³⁵。

52. 你姓王，我也姓王，咱们两个人都姓王。

侬姓王，我也姓王，阿拉两个人侪姓王。

noŋ³⁵ɕiŋ³⁵uã³⁵, ɦu³⁵ia³⁵ɕiŋ³⁵uã³⁵, Aʔ⁵⁵lA⁵³liã¹¹³ku³⁵ȵiŋ¹¹³zəʔ²³ɕiŋ³⁵uã³⁵。

53. 你先去吧，我们等一会儿再去。

侬先去哦，阿拉等一等再去。

noŋ^{35}ɕiɿ^{53}tɕʰiɿ^{35}vaʔ$^{\underline{23}}$, ʌʔ$^{\underline{55}}$lʌ^{53}təŋ^{35}iɿʔ$^{\underline{55}}$təŋ^{35}tsE^{113}tɕʰiɿ^{35}。

54. 你抽烟不抽？／你抽不抽烟？

依吃香烟哦？

noŋ^{35}tɕʰiɿʔ$^{\underline{55}}$ɕiã^{53}ɦiɿ^{53}vaʔ$^{\underline{34}}$？

55. 你认得那个人不认得？／你认得不认得那个人？／你认不认得那个人？

依认得勿认得伊个人？

noŋ^{35}zəŋ^{35}təʔ$^{\underline{55}}$vəʔ$^{\underline{23}}$zəŋ^{35}təʔ$^{\underline{55}}$ɦiʔ$^{\underline{}}$ku^{35}n̠iŋ^{113}？

四、长篇语料

poʔ$^{\underline{55}}$foŋ^{53}tʰoʔ$^{\underline{55}}$tʰʌ^{35}iã^{35}

北 风 脱 太 阳

iɤ^{35}iɿʔ$^{\underline{55}}$tʰã^{35} poʔ$^{\underline{55}}$foŋ^{53}tʰoʔ$^{\underline{55}}$tʰʌ^{35}iã^{35} ləʔ$^{\underline{23}}$lʌ^{53}tsəŋ^{53}sa^{35}n̠iŋ^{113}pəŋ^{35}zɿ^{113}tʌ^{35}
有 一 趟，北 风 脱 太 阳 勒 拉 争 啥 人 本 事 大，

tsəŋ^{53}lE^{113}tsəŋ^{53}tɕʰiɿ^{53}ʥiɤ^{113}sɿ^{113}fəŋ^{53}vəʔ$^{\underline{23}}$tsʰəʔ$^{\underline{}}$sɿ^{53}iŋ^{35}。 gəʔ$^{\underline{23}}$səŋ^{35}kuã^{53},
争 来 争 去 就 是 分 勿 出 输 赢。 搿 辰 光，

lu^{113}lã^{35}ɕiã^{213}lE^{113}liɔ^{35}iɿʔ$^{\underline{55}}$ku^{35}tsɤ^{35}lu^{113}n̠iŋ^{113}, ɦi^{35}səŋ^{53}lã^{35}tsʰøʔ^{53}liɔ^{35}tɕiɿ^{35}ɦɤ^{35}tʌ$^{i;53}$。
路 浪 向 来 了 一 个 走 路 人， 伊 身 浪 穿 了 件 厚 大 衣。

ɦi^{35}lʌ^{23}liã^{113}ku^{35}n̠iŋ^{113}ʥiɤ^{113}kã^{35}hɔ^{35}, sã^{35}n̠iŋ^{113}ɕiɿ^{53} tɕiɔ^{35} gəʔ$^{\underline{23}}$tsɤ^{35}lu^{113}n̠iŋ^{113}nE^{53}
伊 拉 两 个 人 就 讲 好， 啥 人 先 叫 搿 走 路 人 拿

ɦi^{35}tɕiɿ^{35}ɦɤ^{35}tʌ^{i}tʰoʔ$^{\underline{55}}$o^{113}lE^{113}ʥiɤ^{113}søʔ^{35}sã^{35}n̠iŋ^{113}pəŋ^{35}zɿ^{113}tʌ^{35}poʔ$^{\underline{55}}$ foŋ^{53}ʥiɤ^{113}
伊 件 厚大衣 脱 下 来， 就 算 啥 人 本 事 大。北 风 就

mʌ^{113}liɿʔ$^{\underline{23}}$tsʰɿ^{53}tɕʰiɿ^{53}lE^{113}liɔ^{35}vəʔ$^{\underline{23}}$ku^{35}ɦi^{35}ɦioʔ$^{\underline{23}}$sɿ^{113}tsʰɿ^{53}lE^{113}ʥiɿʔ$^{\underline{23}}$kuəŋ^{35}gəʔ$^{\underline{23}}$tsɤ^{35}
卖 力 吹 起 来 了，不 过 伊 越 是 吹 来 结 棍， 搿 走

lu^{113}n̠iŋ^{113}ʥiɤ^{113}ɦioʔ$^{\underline{23}}$sɿ^{113}nE^{53}tʌ$^{35;53}$ku^{35}lE^{113}tɕiŋ^{35}。ɦɤ^{35}lE^{113}poʔ$^{\underline{55}}$foŋ^{53}məʔ$^{\underline{23}}$moʔ$^{\underline{23}}$
路 人 就 越 是 拿太衣 裹 来 紧。 后 来 北 风 呒 没

pE^{35}fʌʔ$^{\underline{23}}$liɔ^{35}, tsəʔ$^{\underline{}}$hɔ^{35}ʥiɤ^{113}søʔ^{35}liɔ^{35}。ku^{53}liɔ^{35}iɿʔ$^{\underline{55}}$ɕiɿʔ$^{\underline{55}}$, tʰʌ^{35}iã^{35}tsʰəʔ$^{\underline{23}}$lE^{113}liɔ^{35},
办 法 了， 只 好 就 算 了。 过 了 一 歇， 太 阳 出 来 了，

ɦi^{35}lʌ^{23}lʌ^{23}tɕiɔ^{35}iɿʔ$^{\underline{}}$so^{35}, gəʔ$^{\underline{23}}$tsɤ^{35}lu^{113}n̠iŋ^{113}mʌ^{113}zã^{113}ʥiɤ^{113}nE^{53}gəʔ$^{\underline{23}}$tɕiɿ^{35}ɦɤ^{35}
伊 辣 辣 叫 一 晒， 搿 走 路 人 马 上 就 拿 搿 件 厚

tʌ$^{35;53}$tʰoʔ$^{\underline{55}}$o^{113}lE^{113}liɔ^{35}。 gəʔ$^{\underline{23}}$tɕiɿ^{35}poʔ$^{\underline{23}}$foŋ^{53} tsəʔ$^{\underline{55}}$hɔ^{35}səŋ^{35}zəŋ^{35}, ɦi^{35}lʌ^{53}liã^{113}ku^{35}
大衣 脱 下 来 了。 搿 记 北 风 只 好 承 认，伊 拉 两 个

ȵiŋ¹¹³ uE¹¹³ sɿ¹¹³ tʰA³⁵ iã³⁵ kəʔ⁵⁵ pəŋ³⁵ zɿ¹¹³ tA³⁵。
人　还　是　太　阳　格　本　事　大。

北风跟太阳
（普通话对照）

  有一回，北风跟太阳在那儿争论谁的本事大。争来争去就是分不出高低来。这时候路上来了个走道儿的，他身上穿着件厚大衣。它们俩就说好了，谁能先叫这个走道儿的脱下他的厚大衣，就算谁的本事大。北风就使劲儿地刮起来了，不过它越是刮得厉害，那个走道儿的把大衣裹得越紧。后来北风没法儿了，只好就算了。过了一会儿，太阳出来了。它火辣辣地一晒，那个走道儿的马上就把那件厚大衣脱下来了。这下儿北风只好承认，它们俩当中还是太阳的本事大。

第十一章　崇明音档

一、语音

(一) 声母

声母1号 p　　　　　板边宝绑北
声母2号 pʰ　　　　　片盼泡扑
声母3号 b　　　　　排叛暴朋别
声母4号 m　　　　　卖满矛蒙木
声母5号 f　　　　　反罚飞风不
声母6号 v　　　　　万碗伟横活
声母7号 t　　　　　担店岛东
声母8号 tʰ　　　　　土天讨通脱
声母9号 d　　　　　痰电同特
声母10号 n　　　　　奶拿闹农纳
声母11号 l　　　　　拉连捞拢六
声母12号 ts　　　　　左盏照中汁
声母13号 tsʰ　　　　　醋产草宠出
声母14号 dz　　　　　助馋赵虫直
声母15号 s　　　　　锁洒三宋色
声母16号 z　　　　　柴十
声母17号 tɕ　　　　　见绢久姜脚
声母18号 tɕʰ　　　　　千劝秋枪鹊
声母19号 dʑ　　　　　件求穷局
声母20号 ȵ　　　　　男软牛绒浴
声母21号 ɕ　　　　　先选修凶血
声母22号 ʑ　　　　　贼玄雄嚼
声母23号 k　　　　　价甘归工骨

声母24号 kʰ　　　　课坎快孔宽
声母25号 g　　　　茄葵轧
声母26号 ŋ　　　　牙颜鱼咬额
声母27号 h　　　　火喊嗅黑
声母28号 ɦ　　　　鞋咸红合
声母29号 ∅　　　　员优用约

声母比字：
清音和浊音
布 pu⁵⁵　　　≠　　步 bu²¹²
刀 tɔ⁴²　　　≠　　桃 dɔ¹³
中 tsoŋ⁴²　　≠　　虫 dzoŋ¹³

尖音和团音
将　　　　　＝　　姜 tɕia⁴²
节　　　　　＝　　结 tɕiəʔ⁵⁵
秋　　　　　＝　　丘 tɕʰiɤ⁴²

平舌音和卷舌音
仓 tsʰã⁴²　　≠　　昌 tsʰã⁴²
枝　　　　　＝　　资 tsɿ⁴²
粗　　　　　＝　　初 tsʰu⁴²

鼻音声母和非鼻音声母
牙 ŋa³¹　　　≠　　鞋 ɦa³¹
娘 n̠iã¹³　　≠　　央 iã⁴²

鼻音声母和边音声母
怒 nu³¹²　　≠　　路 lu³¹²
梨 li¹³　　　≠　　泥 ni¹³
力 liəʔ²　　≠　　日 niəʔ²

其他
杂 dzaʔ²³　　≠　　石 zaʔ²³

(二) 韵母

韵母 1 号 ɿ　　　　　　猪子吹除助
韵母 2 号 i　　　　　　批西泥艺以
韵母 3 号 u　　　　　　波苗怒左货
韵母 4 号 y　　　　　　居许徐巨句
韵母 5 号 ɑ　　　　　　巴排带寨嫁
韵母 6 号 iɑ　　　　　　爹写谢爷借
韵母 7 号 uɑ　　　　　　乖快坏歪
韵母 8 号 æ　　　　　　班反喊赚但
韵母 9 号 uæ　　　　　　关惯
韵母 10 号 ei　　　　　　杯梅伟雷
韵母 11 号 ie　　　　　　边满甜年盖
韵母 12 号 uei　　　　　　归愧灰葵
韵母 13 号 ye　　　　　　绢选倦软元
韵母 14 号 ɔ　　　　　　包毛岛照赵
韵母 15 号 iɔ　　　　　　飘妙巧笑
韵母 16 号 uo　　　　　　巴爬马渣晒瓦夏
韵母 17 号 uø~ue　　　　　　端战算蚕社汗岸
韵母 18 号 ɤ　　　　　　剖某漏走藕
韵母 19 号 iɤ　　　　　　酒锈求有幼
韵母 20 号 ɛi　　　　　　呆耐彩害改
韵母 21 号 uɛi　　　　　　拐
韵母 22 号 a　　　　　　冷打朋硬生
韵母 23 号 ɑ　　　　　　帮纺唱撞浪
韵母 24 号 iɑ　　　　　　姜想娘样养
韵母 25 号 uɑ　　　　　　广狂慌
韵母 26 号 ən　　　　　　奔门准寸恨
韵母 27 号 in　　　　　　冰命近醒定
韵母 28 号 uən　　　　　　滚昏捆
韵母 29 号 yn　　　　　　君训熏云
韵母 30 号 oŋ　　　　　　蒙冻农总送
韵母 31 号 ioŋ　　　　　　兄穷永用
韵母 32 号 ɑʔ　　　　　　八麦杀吓额
韵母 33 号 iɑʔ　　　　　　脚约虐却

韵母 34 号 ioʔ　　　　　菊曲局阅郁
韵母 35 号 oʔ　　　　　北目丢六足
韵母 36 号 uoʔ　　　　握
韵母 37 号 əʔ　　　　　脱克黑
韵母 38 号 iəʔ　　　　笔滴七热
韵母 39 号 uəʔ　　　　骨
韵母 40 号 ŋ̍　　　　　鹅卧
韵母 41 号 n̩　　　　　无五你
韵母 42 号 əl　　　　　而尔

韵母比字：
舌尖前元音和舌尖后元音
资　　　=　　　枝 tsʅ^{42}
此　　　=　　　耻 tsʰʅ^{534}
迟　　　=　　　词 dʑʅ^{13}

鼻音韵尾
贫　　　=　　　平　　　=　　　瓶 bin^{13}
金　　　=　　　斤　　　=　　　京 tɕin^{42}

塞音韵尾
鸽 kəʔ^5　　=　　割　　　≠　　革 gəʔ^2
立　　　　=　　裂　　　=　　历 liəʔ^2

舒声韵和促声韵
疤 puo^{42}　　≠　　北 poʔ^5
见 tɕiɛ^{55}　　≠　　接 tɕiəʔ^5

前 ã 和后 ɑ̃
撑 tsʰã^{42}　　≠　　仓 tsʰɑ̃^{42}
朋 bã^{13}　　　≠　　旁 bɑ̃^{13}
冷 lã^{21}　　　≠　　郎 lɑ̃^{13}

(三) 声调

声调1号	阴平调42	高安三飞伤天
声调2号	阳平调13	穷平人鹅云
声调3号	阴上调534	古比普死手
声调4号	阳上调21	五女抱有老
声调5号	阴去调55	正菜怕唱放送
声调6号	阳去调312	大病树用
声调7号	阴入调<u>55</u>	一七笔黑出福
声调8号	阳入调<u>23</u>	月六白服舌药

声调比字：

古阴平和古阳平

东 toŋ^{42} ≠ 同 doŋ^{13}

端 tuø^{42} ≠ 团 duø^{13}

周 tsɤ^{42} ≠ 仇 dzɤ^{13}

古阴上和古阴平

冬 toŋ^{42} ≠ 董 toŋ^{534}

寡 kuo^{534} ≠ 瓜 kuo^{42}

主 tsɿ^{534} ≠ 猪 tsɿ^{42}

古阴上和古阴去

懂 toŋ^{534} ≠ 冻 toŋ^{55}

酒 tɕiɤ^{534} ≠ 救 tɕiɤ^{55}

古阳平、古阳上和古阳去

铜 doŋ^{13} ≠ 动 doŋ^{21} ≠ 洞 doŋ^{312}

田 die^{13} ≠ 电 die^{21} ≠ 奠 die^{312}

寒 ɦuø^{13} ≠ 汗 ɦuø^{21} ≠ 旱 ɦuø^{312}

古阴入和古阳入

笃 toʔ^{55} ≠ 毒 doʔ^{55}

汁 tsəʔ^{55} ≠ 直 dzəʔ^{23}

夹 kaʔ^{55} ≠ 轧 gaʔ^{23}

(四) 变调

前字阴平

(广用式) 医生　高楼　兄弟　京剧

(窄用式) 开门　烧水　开会　烧粥

前字阳平

(广用式) 田鸡　群众　潮湿　成熟

(窄用式) 磨刀　抬头　防火　骑马　防滑

前字阴上和阴去

(广用式) 对象　小米　草地　改革　货色

(窄用式) 打拳　定亲　请罪　放手　炒菜　打铁　爱国　解毒　放学

前字阳上和阳去

(广用式) 士兵　认真　树苗　大小　父母　马路　梦话　道德　艺术

(窄用式) 养鸡　上楼　害人　养狗　买米　卖米　赛马　养鸭　有毒

前字阴入

(广用式) 浙江　发明　脚底　铁路　吃力

(窄用式) 出门　出血　割麦

前字阳入

(广用式) 肉丝　杂粮　白马　墨汁　独立

(窄用式) 读书　入门　拔树　落雪

(五) 文白异读词比较举例

1. 家庭　家长/人家
   交通/交代

2. 宝贵/价钱忒贵
   包围/围巾

3. 问答　学问/问路
   新闻/闻闻看

4. 日记/日脚(日期)

5. 小儿科/儿子
   中耳炎/耳朵

6. 生命/生日　生意
   斗争/争气

7. 拖拉机/拖鼻涕

8. 大家/大米

9. 去年/去过了

二、常用词汇

（一）自然现象

1.	太阳	日头	ȵiəʔ²dɤ¹³
		太阳	tʰɑ⁵³⁴⁻³¹²iã¹³⁻⁴²
2.	月亮	月亮	ȵyəʔ²liã³¹²⁻¹³
3.	星星	星星	ɕin⁴²ɕin⁴²
4.	打雷	雷响	lei¹³ɕiã⁵³⁴⁻²¹
5.	闪电	霍闪	huoʔ⁵sue⁵³⁴⁻⁵⁵
6.	下雨	落雨	loʔ²y²¹⁻¹³
7.	下雪	落雪	loʔ²ɕiəʔ⁵
8.	冰雹	冰雹	pin⁴²pɔ¹³⁻²¹
9.	结冰	冻冰	toŋ⁵⁵⁻³¹²pin⁴²
10.	刮风	起风	tɕʰi⁵³⁴foŋ⁴²

（二）时令、节令

11.	端午节	端午节	tuø⁴²u²¹tɕiəʔ⁵
12.	中秋节	中秋节	tsoŋ⁴²tɕʰiɤ⁴²tɕiəʔ⁵
13.	除夕	年三十	ȵie¹³sæ⁴²səʔ⁵
		大年夜	du³¹²⁻¹³ȵie¹³ia³¹²⁻²¹
		年三十夜	ȵie¹³sæ⁴²səʔ⁵ia³¹²⁻²¹
14.	今年	今年子	tɕin⁴²ȵie¹³⁻⁴²·tsʅ
15.	明年	明年子	min¹³ȵie¹³⁻⁴²·tsʅ
		开年	kʰæ⁴²ȵie¹³⁻⁴²
		开年子	kʰæ⁴²ȵie¹³⁻⁴²·tsʅ
16.	去年	旧年头	dʑiɤ³¹²ȵie¹³dɤ¹³⁻²¹
17.	明年	开年头	kʰæ⁴²ȵie¹³dɤ¹³⁻²¹
18.	今天	今朝	tɕin⁴²tsɔ⁴²
19.	星期天	礼拜天	li²¹⁻³¹²pa⁵⁵⁻²¹tʰie⁴²

（三）植物

20.	大麦	麦子	maʔ²³tsʅ⁵³⁴⁻³⁵

21.	大米	大米	du³¹²mi²¹⁻¹³
22.	蚕豆	寒豆	hue⁵⁵⁻⁵³⁴dɤ³¹²⁻²¹
23.	玉米	大米	du³¹²mi²¹⁻¹³
24.	菠菜	菠菜	pu⁴²tsʰɛi⁵⁵⁻²¹
25.	卷心菜	卷心菜	tɕye⁵³⁴ɕin⁴²⁻⁵⁵tsʰɛi⁵⁵
26.	西红柿	番茄	fæ⁴²gɑ¹³⁻²¹
27.	茄子	落叔	lɔʔ²³su⁴²
28.	白薯	山芋	sæ⁴²i¹³⁻²¹
29.	马铃薯	洋山芋	iɑ̃¹³sæ⁴²i¹³⁻²¹
30.	南瓜	饭瓜	fæ⁴²kuo⁴²

(四) 动物

31.	猪	猪猡	tsʅ⁴²lu¹³⁻²¹
32.	专用于交配的公猪	猪郎	tsʅ⁴²lɑ̃¹³⁻⁴²
33.	专用于繁殖的母猪	老母猪	lɔ²¹⁻³¹²mu²¹tsʅ⁴²
34.	公鸡	公鸡	koŋ⁴²tɕi⁴²
35.	母鸡	母鸡	mu²¹tɕi⁴²
36.	麻雀	麻将	mʊ¹³tɕiɑ̃⁴²
37.	老鼠	老鼠	lɔ²¹⁻³¹²tsʅ⁵³⁴⁻³⁵
38.	臭虫	臭虫	tsʰɤ⁵⁵⁻³¹²dzoŋ¹³⁻²¹

(五) 房舍

39.	房子(整所)	房子	fɑ̃¹³tsʅ⁵³⁴⁻²¹
40.	房子(单间)	单间	tuø⁴²kæ⁴²
41.	窗户	窗门	tsɑ̃⁴²mən¹³⁻⁴²
42.	门坎	门槛	mən¹³kʰæ⁵³⁴⁻²¹
43.	厕所	厕所	tsʰʅ⁵⁵⁻⁵³⁴su⁵⁵
44.	厨房	厨房间	dʐ¹³fɑ̃¹³kæ⁴²
		灶批间	tsɔ⁵⁵⁻⁵³⁴pʰi⁴²⁻³³kæ⁴²
45.	烟囱	烟囱	ie⁴²tsʰoŋ⁴²
46.	桌子	柁子	dæ¹³tsʅ⁵³⁴⁻²¹
47.	楼梯	楼梯	lɤ¹³tʰi⁴²

（六）身体

48.	头	头	dɤ¹³
49.	额头	额角头	ŋa¹³kuəʔ⁵dɤ¹³⁻²¹
50.	脸	面孔	mie³¹²kʰoŋ⁵⁵⁻²¹
51.	鼻子	鼻头	biəʔ²³dɤ¹³⁻²¹
52.	脖子	头颈	dɤ¹³tɕin⁵³⁴⁻²¹
53.	左手	左手	tsu⁵³⁴sɤ⁵³⁴
54.	右手	右手	iɤ³¹²sɤ⁵³⁴
55.	拳头	拳头	dʑye¹³dɤ¹³⁻²¹
56.	手指头	手节头	sɤ⁵³⁴tɕiəʔ⁵dɤ¹³⁻²¹
57.	指甲	手指掐	sɤ⁵³⁴tsʅ⁵³⁴⁻⁵⁵kʰaʔ⁵⁵
58.	膝盖	膝馒头	tɕʰiaʔ⁵mie¹³⁻⁴²dɤ¹³⁻²¹
59.	腿	腿	tʰɛi⁵³⁴

（七）亲属

60.	父亲（面称）	爸爸	pa⁵⁵⁻⁴²pa⁵⁵⁻⁴²
	（背称）	爷老头子	ia¹³lɔ²¹dɤ¹³tsʅ⁵³⁴⁻²¹
		老头子	lɔ²¹⁻³¹²dɤ¹³tsʅ⁵³⁴⁻²¹
61.	母亲（面称）	姆妈	m̩ma⁴²
	（背称）	老娘	lɔ²¹⁻¹³n̠iã¹³⁻⁴²
62.	祖父	公公	koŋ⁴²koŋ⁴²
63.	祖母	亲婆	tɕin⁴²bu¹³⁻²¹
64.	伯父	老伯	lɔ²¹⁻³¹²paʔ⁵⁵
65.	伯母	好妈	hɔ⁵³⁴ma⁴²
66.	叔叔	爷叔	ia¹³soʔ⁵⁵
67.	叔母	好妈	hɔ⁵³⁴ma⁴²
68.	外祖父	外公	ŋa³¹²koŋ⁴²
69.	外祖母	外婆	ŋa³¹²bu¹³⁻²¹
70.	舅舅	娘舅	n̠iã¹³dʑiɤ³¹²⁻²¹
71.	舅母	舅妈	dʑiɤ³¹²ma⁴²
72.	丈夫	老公	lɔ²¹⁻³¹²koŋ⁴²
73.	妻子	娘子	n̠iã¹³tsʅ⁵³⁴⁻²¹
74.	儿子	儿子	n̩¹³tsʅ⁵³⁴⁻²¹
75.	女儿	丫头	uo⁴²dɤ¹³⁻²¹

(八) 饮食

76.	早饭	早饭	tsɔ⁵³⁴fæ¹³⁻²¹
77.	午饭	中饭	tsoŋ⁴²fæ¹³⁻²¹
78.	晚饭	夜饭	iɑ³¹²fæ¹³⁻²¹
79.	面条	面条	mie³¹²diɔ¹³⁻²¹
80.	馒头	馒头	mie¹³⁻³¹²dɤ¹³⁻²¹
81.	包子	包子	pɔ⁴²tsʅ⁵³⁴⁻²¹
82.	馄饨	馄饨	vən¹³⁻³¹²dən²¹
83.	醋	醋	tsʰu⁵⁵
84.	酱油	酱油	tɕiã⁵⁵⁻⁵³⁴iɤ¹³⁻²¹
85.	盐	盐	ie¹³
86.	筷子	筷子	kʰuæ⁵⁵⁻⁵³⁴tsʅ⁵³⁴⁻²¹
87.	饭勺	饭抄	væ³¹²tsʰɔ⁴²

(九) 称谓

88.	男人	男人家	ȵie¹³⁻³¹²ȵin¹³⁻²¹kɑ⁴²
89.	女人	女个	ȵy²¹·gɤ
90.	男孩子	男小囡	ȵie¹³⁻³¹²ɕiɔ⁵³⁴nø⁴²
91.	女孩子	女小囡	ȵy²¹ɕiɔ⁵³⁴nø⁴²
92.	老头儿	老头子	lɔ²¹⁻³¹²dɤ¹³tsʅ⁵³⁴⁻²¹
		老头	lɔ²¹⁻³¹²dɤ¹³⁻²¹
93.	医生	医生	i⁴²sən⁴²
94.	厨师	烧饭师父	sɔ⁴²væ³¹²sʅ⁴²vu³¹²⁻²¹
95.	乞丐	讨饭	tʰɔ⁵³⁴væ⁴²
96.	女佣	娘姨	ȵiã¹³i⁴²

(十) 疾病

97.	生病	生毛病	sã⁴²mɔ¹³⁻³¹²bin³¹²⁻²¹
98.	伤风	伤风	sã⁴²foŋ⁴²
99.	泻肚	拉肚皮	lɑ⁴²du²¹⁻³¹²bi¹³⁻²¹
100.	瘸子	拐⁼脚	kuæ⁵³⁴tɕiaʔ⁵⁵
101.	驼背	驼背	du¹³pei⁵⁵
102.	死了	死掉了	ɕi⁵³⁴tʰəʔ²³lə⁰
103.	看病	看毛病	kʰuø⁵⁵⁻⁵³⁴mɔ¹³⁻⁵⁵bin³¹²⁻²¹

	看医生		$k^hu\emptyset^{55\text{-}534}i^{42}sən^{42}$

（十一）代词

104.	我	我	$ŋ̍^{21}$
105.	你	你	$n̩^{21}$
106.	他	渠	i^{13}
107.	我们	我俚	$ŋ̍^{21}li^{13\text{-}21}$
108.	你们	你俚	$n̩^{21}lə\text{ʔ}^{23}$
109.	他们	伊俚	$i^{13}lə\text{ʔ}^{23}$
110.	自己	自家	$ʂɿ^{534}kɑ^{42}$
111.	谁	何人	$hɑ^{35}n̠ʑin^{13\text{-}21}$
112.	什么	何物	$hɑ^{35}mə\text{ʔ}^{23}$
113.	这里	□□	$tɕiã^{534}hã^{55}$
114.	那里	□□	$kã^{534}hã^{55}$
115.	哪里	何里	$lã^{312}li^{21}$
116.	这个	这个	$ki^{55}gɤ^{21}$
117.	那个	埃这个	$e^{55}ki^{55}gɤ^{21}$
118.	哪一个	何里个	$lã^{312}li^{21}gɤ^{21}$
119.	怎么样	哪能	$nɑ^{21\text{-}312}nən^{13\text{-}21}$

（十二）量词

120.	一位客人	一位客人	$ʋei^{312\text{-}55}$
121.	一双鞋	一双鞋子	$sã^{42}$
122.	一床被	一床被头	$zã^{13}$
123.	一辆车	一辆车	$liã^{312}$
124.	一条牛	一头牛	$dɤ^{13}$
125.	一口猪	一只猪	$tsa\text{ʔ}^{55}$
126.	听一会儿	听一歇	$ɕie\text{ʔ}^{55}$
127.	打一下	打一记	$tɕi^{55}$

（十三）方位词

128.	上头	上头	$sã^{534}dɤ^{13\text{-}21}$
129.	下头	下头	$ɦuo^{21\text{-}312}dɤ^{13\text{-}21}$
		下底头	$ɦuo^{21\text{-}312}ti^{534}dɤ^{13\text{-}21}$

130.	左边	左面	tsu⁵³⁴mie³¹²⁻²¹
131.	右边	右面	iɤ³¹²mie³¹²⁻¹³
132.	当中	当中	tã⁴²tsoŋ⁴²
		贴当中	tʰiəʔ⁵⁵tã⁴²tsoŋ⁴²
		正当中	tsən⁵⁵⁻⁵³⁴tã⁴²tsoŋ⁴²
		横当中	vã¹³⁻³¹²tã⁴²tsoŋ⁴²
133.	里面	里头	li²¹⁻³¹²dɤ¹³⁻²¹
		里向头	li²¹⁻³¹²ɕiã⁵⁵⁻⁵³⁴dɤ¹³⁻²¹
		横里向	vã¹³li²¹⁻³¹²ɕiã⁵⁵⁻²¹
		直里向	sɿ⁵³⁴li²¹⁻³¹²ɕiã⁵⁵
		横肚里	vã¹³⁻³¹²du²¹⁻³¹²li²¹
134.	外面	外头	ŋa³¹²dɤ¹³⁻²¹

（十四）形容词

135.	甜	甜	die¹³
136.	酸	酸	sue⁴²
137.	咸	咸	ɦiæ¹³
138.	淡	淡	dæ²¹
139.	胖	胖	pã⁵⁵
140.	瘦	瘦	sɤ⁵⁵
141.	冷	冷	lã²¹
142.	热	热	ȵiəʔ²³
143.	香	香	ɕiã⁴²
144.	臭	臭	tsʰɤ⁵⁵
145.	粗	粗	tsʰu⁴²
146.	细	细	ɕi⁵⁵
147.	长	长	dzã¹³
148.	短	短	tuø⁵³⁴
149.	脏	腥䐗	uoʔ⁵⁵tsʰuoʔ⁵⁵
150.	干净	干宁	kuø⁴²ȵin⁴²
151.	便宜	便宜	bie¹³⁻³¹²ȵi³¹²⁻²¹

（十五）副词、连词、介词

152.	刚（来）	刚	kã⁴²

153.	刚(恰好)	刚刚	kã⁴²kã⁴²
154.	正好	正好	tsən⁴²hɔ⁴²
155.	和	搭	tʰaʔ⁵⁵
156.	只	只	tsaʔ⁵⁵
157.	从	从	dzoŋ¹³
158.	替	替	tʰi⁵⁵
159.	拿	拿	nɔ⁵³⁴
160.	故意	迭为	dieʔ²³vei¹³

(十六) 数词

161.	一	一	iəʔ⁵⁵
162.	二	两	liã²¹
163.	三	三	sæ⁴²
164.	四	四	sɿ⁵⁵
165.	五	五	ŋ²¹
166.	六	六	lɔʔ²³
167.	七	七	tɕiəʔ²³
168.	八	八	pɑʔ⁵⁵
169.	九	九	tɕiɤ⁵³⁴
170.	十	十	zaʔ²³
171.	十一	十一	zaʔ²³iəʔ⁵⁵
172.	十二	十二	zaʔ²³n̠i¹³
173.	二十	廿	n̠ie³¹²
174.	二十一	廿一	n̠ie³¹²iəʔ⁵⁵
175.	一百二十一	一百廿一	iəʔ⁵⁵pɑʔ⁵⁵n̠ie³¹²iəʔ⁵⁵
176.	第一	第一	di³¹²iəʔ⁵⁵
177.	第二	第二	di³¹²n̠i²¹
178.	两里	两里	liã²¹⁻³¹²li²¹
179.	二两	二两	n̠i¹³liã²¹⁻¹³

三、语法例句

(先出普通话例句,后出崇明话例句)

1. 谁啊？我是老王。

何人？我是老王。

ha²³⁻⁵⁵ȵin²³⁻²¹？ŋ²³zŋ²¹lɔ²¹⁻²³ɦuã²³⁻²¹。

2. 老张呢？他正在同一个朋友说着话呢。

老张呢？伊辣拉脱一个朋友讲口话呢。

lɔ²¹⁻²³tsã⁴³naʔ？i²³ləʔlə⁰ tʰəʔiɪŋʔɦiə⁰ bã²³ɦiɤ²¹gã²³soʔ⁵⁵ɦo²¹lə⁰。

（语流中，清辅音会变浊音，声调也随之变化，似乎并不一定是对应的阳调类）

3. 他还没有说完吗？

伊还口讲清爽？

i²³æ²³⁻³¹niŋ⁴³gã²³tɕʰiŋ⁴³sã²¹？

4. 还没有。大约再有一会儿就说完了。

还口。大概还过一就讲好了。

æ²³⁻³¹niŋ⁴³。da³¹²kæ⁴³æ²³⁻³¹guʔ iɪʔ⁵ɕiŋʔ⁵dʑiɤ³¹²kã⁵⁴⁴hɔ²¹ləʔ²。

5. 他说马上就走，怎么这半天了还在家里厢。

伊讲马上就跑了，哪恁老半天还口口拉屋里厢。

i²³kã⁵⁴⁴ moʔ²¹⁻⁵⁴⁴zã²¹dʑiɤ⁰bɔ²³ləʔ², na²³nəŋ⁰lɔ²¹⁻²³bie²³tʰie⁴³ləʔ²æʔ⁰zã²³gurʔ²¹lə⁰ oʔ⁵li⁰ ʑiã²¹。

6. 你到哪儿去？我到北京去。

你到何里去？我到北京去。

n̩²¹tɔ⁵⁴⁴ɦa²³li⁰ kʰi²¹？ŋ²³tɔ⁰ poʔ⁵tɕiŋ⁴³ kʰi²¹。

7. 在那儿，不在这儿。

拉口口，勿拉口口。

ləʔ²gã⁴³ɦa⁰, vəʔ²ləʔ² tɕiã⁴³ɦã⁰。

8. 不是那么做，是要这么做的。（这么那么没有差别）

勿是口口做，要口口做。

vəʔ⁵zŋ⁰zəʔ²kiʔ tsu⁵⁵⁻⁵⁴⁴, iɔ⁵⁵zəʔ²kiʔ tsu²¹。

9. 太多了，用不着那么多，只要这么多就够了。

太多了，用勿着恁多的，只要这口口就可以了。

tʰəʔ⁵tu⁴³ləʔ², ɦioŋ²³vəʔ²zɔ⁰ nəŋ²³tu²¹ɦiə⁰, tsŋ⁵⁴⁴iɔ⁵⁵kəʔ⁵næ²³næ⁰ dʑiɤ³¹²kʰu⁵⁴⁴;⁵⁵ləʔ⁰。

10. 这个大，那个小，这两个哪一个好一点呢？（在对举的时候量词要重复加上个）

这只大，那个只小，这两只啦一只好一口呢？

kəʔ⁵tsaʔ⁰du²³, æ⁴³kəʔ⁵tsəʔ⁰ ɕiɔ⁵⁴⁴, kəʔ⁵liã³¹²tsəʔ⁵laʔ²³iɪʔ⁵tsəʔ⁵hɔ⁵⁴⁴iɪʔ⁵næ²¹laʔ⁰？

11. 这个比那个好。

这个比那个只好。
kəʔ⁵tsɑʔ⁰pi⁵⁴⁴ æ⁴³kəʔ⁵tsəʔ⁰hɔ⁵⁴⁴。

12. 这些房子不如那些房子好。
这种房子不及那个种房子好。
kəʔ⁵tsoŋ⁰fã²³tsʅ⁰ vəʔ⁵tɕiɿ⁵æ⁴³kəʔ⁵tsoŋ⁰fã²³tsʅ⁰hɔ⁵⁴⁴⁻²¹。

13. 这句话用上海话怎么说?
这句话用上海闲话哪讲的?
kəʔ⁵tɕy⁵⁵ɦo⁵⁵ɦioŋ⁰ zã³¹²hæ⁰ɦiæ²³ɦo⁰ nɑ²³gã²³ɦə⁰?

14. 他今年多大岁数?
伊今年多□年纪了?（年纪2+5,变调没有23+55,而是同6+5,312+23）
i²³tɕin⁴³n̪ie²³⁻²¹tu⁴³ɦo⁰ n̪ie³¹²dʑi²³lə⁰?

15. 大概有三十来岁吧。
大概三十来岁。
da³¹²kæ⁰sæ⁴³səʔ⁵læ²³sei⁰。

16. 这个东西有多重呢?
个东西有的多（少）重?
gəʔ²³toŋ⁴³ɕi²¹ɦiɿ²¹də⁰ tuo⁴³dʑoŋ²¹?

17. 有五十斤重呢。
有五十几斤呢。
ɦiɿ²¹n̩²¹səʔ⁵tɕin⁴²dʑoŋ³¹²ne⁰。

18. 拿得动吗?
拿得动吗?
no⁴³də⁰ doŋ²¹vɑ⁰?

19. 我拿得动,他拿不动。
我拿得动伊拿不动。
ŋ²³ no⁴³də⁰ doŋ²¹ i²³no⁴³və⁰ doŋ²¹。

20. 真不轻,重得连我也拿不动。
真勿轻啊,重得来我啊拿不动。
tsəŋ⁴² vəʔ⁵tɕʰin⁴³ɦa⁰, dʑoŋ³¹²də⁰læ¹³ ŋ²³ ɦa⁰ no⁴³və⁰ doŋ²¹。

21. 你说得很好,你还会说点什么呢?
你讲得蛮好的,你还会讲点何呢?
n̩²³kã⁵⁴⁴ləʔ⁰ mæ⁴³hɔ²¹n̩²³æ⁴³vei³¹² də⁰ kã⁵⁴⁴ hɑ⁵⁵mə⁰zʅ³¹² ne⁰?

22. 我嘴笨,我说不过他。（我说他不过。）

我嘴巴蛮笨的,我讲勿过伊。

ŋ̍²³tsɿ⁵⁴⁴po⁰ mæ²¹bəŋ²¹ɦiə⁰, ŋ̍²³gã³¹²vəʔ²gu⁰ i²³。

23. 说了一遍,又说了一遍。

讲仔一遍,又一遍。

gã³¹²tsɿ⁰ iɪʔ⁵pie⁵⁵, ɦiɤ⁰ iɪʔ⁵pie⁵⁵。

24. 请你再说一遍!

你再讲一遍吧!

n̩²¹sæ⁵⁵gã³¹²iɪʔ⁵pie⁵⁵ʋa⁰!

25. 不早了,快去吧!

晨光不早了,快点跑(去)啊!

zəŋ²³kuã⁴³⁻³⁴vəʔ²tsɔ⁵⁴⁴lə⁰, kʰuɑ⁵⁴⁴ti⁵⁴⁴⁻²¹bɔ²³a⁰!

26. 现在还很早呢,等一会儿再去吧。

□还早了呀,等歇再去。

næ²³æ⁴³tsɔ⁵⁴⁴ləʔ²iɑ⁰, dəŋ³¹²ɕiɪʔ⁵æ⁴³kʰi²¹。

27. 吃了饭再去好吗?

吃仔饭去好伐啦?

tɕʰiɪʔ⁵tsɿ⁰væ³¹²kʰi⁵⁵ɦɔ²¹və⁰ la²¹?

28. 慢慢儿的吃啊,不要着急。

慢慢叫吃,不要急。

mæ³¹²mæ²³tɕiɔ⁰ tɕʰiɪʔ⁵, ʋiɔ³¹²tɕiɪʔ⁵。

29. 坐着吃比站着吃好些。

坐辣嗨吃比倚辣嗨吃好。

zu³¹²ləʔ⁵ɦæ⁰ tɕʰiɪʔ⁵pi⁵⁵gɿ³¹²ləʔ⁵ɦæ⁰ tɕʰiɪʔ⁵ hɔ⁵⁵。

30. 他吃了饭了,你吃了饭没有呢?

伊吃过饭了,你吃了吗?

i²³tɕʰiɪʔ⁵gu⁰ væ³¹²ləʔ⁰, n̩²¹tɕʰiɪʔ⁵ləʔ⁰ʋa⁰?

31. 他去过北京,我没有去过。

伊去过北京,我还□去过。

i²³kʰi⁵⁵gu⁰ poʔ⁵tɕiŋ⁴³, ŋ̍²³æ²³⁻³¹n̩iŋ⁴³kʰi⁵⁵gu⁰。

32. 来闻闻这朵花香不香。

来闻闻看这只花香哦。

læ²³ bəŋ²³bəŋ⁰ kʰø²¹ gəʔ²tsɔ⁵ho⁴³ ɕiã⁴³ʋa²¹。

33. 给我一本书!

给我一本书!

pəʔ⁵ŋ²³iɿ⁵pəŋ⁵⁵sɿ⁴³！

34. 我实在没有书呀。
    我实在□的书呀。
    ŋ̍²¹zəʔ²zæ⁴³n̥²¹də⁰sɿ⁴³ia⁰。

35. 你告诉他。
    你去告诉伊。
    n̥²³kʰi⁵⁵kɔ⁵⁵⁻⁵⁴⁴su⁰i²¹。

36. 好好儿的走，不要跑！
    你慢慢叫走，不要跑！
    n̥²³mæ³¹²mæ²³tɕiɔ⁰tsɤ⁵⁴⁴，ɦɑ²¹ʋiɔ³¹²bɔ²³！

37. 小心跌下去爬不上来。
    当心跌下去爬不上来。
    tã⁴³ɕin⁴³⁻³¹tiɿ⁵ɦo⁰kʰi⁵⁵bæ²³ʋəʔ⁰zã²³læ⁴³。

38. 医生叫你多睡一会儿。
    医生叫你再（合音）眠一歇。
    i⁴³sã²¹tɕiɔ⁵⁵næ⁴³kʰuən³¹²iɿ⁵ɕiɿ⁵。

39. 吸烟或者喝茶都不行。
    吃香烟脱勒吃茶侪勿来三的。
    tsʰiɤ⁴³ɕiã⁴³iɿ⁴³ɦuəʔ²³tsəʔ⁵tɕʰiɿ⁵dzo²³ɦæ⁰zɿ²³ʋəʔ²læ²³sæ²¹ə⁰。

40. 烟也好，茶也好，我都不喜欢。
    烟脱勒茶我都勿欢喜。
    ie⁴³tʰəʔ⁵lə⁰dzo²³ŋ̍²³ɦæ⁰ʋəʔ²hø⁴³ɕi⁵⁴⁴⁻²¹。

41. 不管你去不去，反正我是要去的。
    随便你去不去，反正我是要去的。
    zəi²³pian³¹²⁻²¹n̥kʰi⁵⁵⁻⁵⁴⁴ləʔ⁰ʋəʔ²kʰi⁵⁵ŋ̍²³fæ⁵⁴⁴tsəŋ⁰ŋ̍²³ɦæ²³ɦiɔ⁰kʰi⁵⁵⁻³¹²ə⁰。

42. 我非去不可。
    我一定要去。
    ŋ̍²³iɿʔ⁵tiŋ⁵⁴⁴iɔ⁵kʰi⁵⁵⁻²¹。

43. 你是哪一年来的？
    你是哪年过来的？
    n̥²³zɿ⁰la³¹²n̥ie²³ku⁵⁵⁻⁵⁴⁴læ⁴³ə⁰？

44. 我是前年到的北京。
    我是前年到北京来的。
    ŋ̍²³zɿ⁰zi²³n̥ie⁴³tɔ⁵⁵poʔ⁵tɕiŋ⁴³læ²¹ə⁰。

45. 今年开会谁的主席？

    今年头开会何人是主席？

    tɕiŋ⁴³ɲie²³⁻³¹tɤ⁵⁵kæ⁴³vei²³⁻³¹ha²³ɲin²³⁻⁴³zη⁰tsη⁵⁴⁴ziɿ²？

46. 你得请我的客。

    你得请客我。

    n̩²³ tei⁵⁴⁴ tɕʰiŋ⁵⁴⁴ kəʔ⁵ŋ̍²¹。

47. 一边走，一边说。

    边走边讲。

    pie⁴³ tsɤ⁵⁴⁴ pie⁴³ kã⁵⁴⁴⁻³¹。

48. 越走越远，越说越多。

    越走越远，越说越多。

    ɦiɔʔ²tsɤ⁵⁴⁴ɦiɔʔ²ɦiyø³¹²，ɦiɔʔ²gã³¹²ɦiɔʔ²tu⁴³。

49. 把那个东西拿给我。

    拿这个东西拿给我。

    nɔ²³⁻⁴³kəʔ⁵tsə⁰ toŋ⁴³ɕi⁴³⁻³¹nɔ²³⁻⁴³pəʔ⁵ŋ̍²¹。

50. 有些地方管太阳叫日头。

    有些地方拿太阳叫日头。

    ɦiɤ³¹²ɕiʔ⁵di²³fã⁴³nɔ²³⁻⁴³tʰæ⁵⁵⁻⁵⁴⁴ɦiã²³⁻⁴³tɕiɔʔ⁵ɲiɿ⁵dɤ²³⁻⁴³。

51. 您贵姓？我姓王。

    你姓何？我姓王。

    n̩²³ɕiŋ⁵⁵ha²³⁻⁵⁵？ ŋ²³ɕiŋ⁵⁵ɦuã²³。

52. 你姓王，我也姓王，咱两个人都姓王。

    你姓王，我也姓王，伲两个人还姓王。

    n̩²³ɕiŋ⁵⁵ɦuã²³，ŋ²³ɦa⁰ɕiŋ⁵⁵ɦuã²³，ɲi²³liã²¹⁻³¹²ka⁴³tɤ⁰fiæ²³ɕiŋ⁵⁵ɦuã²³。

53. 你先去吧，我们等一会儿再去。

    你先去，我们等歇再来。

    n̩²³ɕi⁴³kʰi⁵⁵⁻³¹，ŋ²³ɲi²¹dəŋ³¹²ɕiɿʔ⁵æ⁴³læ²³⁻³¹。

54. 你抽不抽烟？

    你吃香烟吗？

    n̩²³tɕʰiɿʔ⁵ɕiã⁴³ie⁴³⁻³¹ʋa²¹？

55. 你认得那个人不认得？

    你认得这人不？

    n̩²³ɲiŋ³¹²təʔ⁵ki⁵⁵ɲiŋ²³ʋa⁰？

四、长篇语料

$$po?^{55}foŋ^{42}t^hə?^{55}t^ha^{55}iã^{13-21}$$
北 风 搭 太 阳

iɤ²¹⁻¹³iə?⁵⁵tʰie⁴²po?⁵⁵foŋ⁴²⁻⁵⁵tʰə?⁵⁵tʰa⁵³⁴iã¹³⁻²¹laʔ²³pi⁵³⁴ha¹³⁻³⁵n̩in¹³⁻²¹·ɤ pən⁵³⁴
有 一 天,北 风 搭 太 阳 辣 比 何 人 的 本

zɿ³¹²du³¹²⁻¹³ kã²¹⁻³¹²lə?²³kã²¹⁻³¹²lə?tsən⁵⁵ho⁵³⁴læ¹³iə?⁵⁵gə?²³tsɤ⁵³⁴lu³¹²⁻⁵⁵n̩in¹³⁻²¹
事 大, 讲 勒 讲 勒 正 好 来 一 个 走 路 人,

sən⁴²lã³¹²⁻²¹tsʰø⁴²lə? tɕie⁵³⁴⁻²¹ɦɤ³¹²·ɤda³¹²i⁴²kə?⁵⁵·mə?po?⁵⁵foŋ⁴²⁻⁵⁵tʰə?⁵⁵tʰa⁵³⁴iã¹³⁻²¹
身 浪 穿 勒 件 厚 个 大 衣。葛 么, 北 风 搭 太 阳

dʑiɤ³¹²sã⁴²liã¹³⁻²¹ho⁵³⁴kã⁵³⁴ha¹³⁻³⁵n̩in¹³⁻²¹ nən¹³kɤ⁵³⁴⁻²¹tɕio⁵³⁴gɤ?²³·ɤtsɤ⁵³⁴lu³¹²⁻⁵⁵n̩in¹³⁻²¹
就 商 量 好, 讲 何 人 能 够 叫 辫 个 走 路 人

tʰə?⁵⁵tʰə?⁵⁵ sən⁴²lã³¹²⁻²¹ gɤ?²³ tɕie⁵³⁴ ɦɤ³¹² da³¹²i⁴²zɤ³¹²suə⁵³⁴ha¹³⁻³⁵n̩in¹³⁻²¹·ɤpən⁵³⁴
脱 掉 身 浪 辫 件 厚 大 衣, 就 算 何 人 个 本

zɿ³¹² du³¹²⁻¹³ho⁵⁵⁻⁵³⁴ kə?⁵⁵ mə? po?⁵⁵foŋ⁴²⁻⁵⁵dʑiɤ³¹²ioŋ³¹²dʑin³¹² lə?²³sən⁴²lã³¹²⁻²¹·ɤliə?²³
事 大。 好 葛 么, 北 风 就 用 尽 勒 身 浪 的 力

liã³¹²dʑin³¹²liã³¹²⁻¹³·ɤ tsʰŋ⁴²foŋ⁴²lã³¹²li²¹ ɕio⁵⁵·tə?i¹³tsʰŋ⁴² lə?²³ye?²³zŋ³¹² dʑæ?²³
量 尽 量 的 吹 风, 哪 里 晓 得, 伊 吹 勒 越 是 着

liə?²³gɤ?²³·ɤ tsɤ⁵³⁴lu³¹²⁻⁵⁵n̩in¹³⁻²¹ dʑiɤ³¹²no⁴² gɤ?²³ tɕie⁵³⁴i⁴²zã⁴²⁻²¹ku⁵⁵lə?²³ ye?²³
力, 辫 个 走 路 人 就 拿 辫 件 衣 裳 裹 勒 越

tɕin⁵⁵⁻⁵³⁴ to⁵³⁴ɦɤ³¹²læ¹³⁻²¹ po?⁵⁵foŋ⁴²⁻⁵⁵a²¹⁻¹³mə?²³bæ³¹²fa?⁵⁵ dʑiɤ³¹² ho⁵⁵⁻⁵³⁴
紧。 到 后 来, 北 风 也 没 办 法 就 好

suə⁵³⁴lə?²³ku⁵³⁴·tsŋ iə?⁵⁵ɕie?⁵⁵ tʰa⁵⁵iã¹³⁻²¹tsʰə?⁵⁵·læ lə?²³i¹hu⁵³⁴laʔ⁵⁵laʔ⁵⁵·ɤiə?⁵⁵suo⁵⁵
算 了。过 子 一 歇, 太 阳 出 来 了, 伊 火 辣 辣 地 一 晒,

gɤ?²³·ɤ tsɤ⁵³⁴lu³¹²⁻⁵⁵n̩in¹³⁻²¹ dʑiɤ³¹² mo⁵³⁴ zã⁴²no⁴²gɤ?²³tɕie⁵³⁴i⁴²zã⁴²⁻²¹tʰo³¹²læ¹³⁻²¹
辫 个 走 路 人 就 马 上 拿 辫 件 衣 服 脱 下 来

lə?²³po?⁵⁵foŋ⁴²⁻⁵⁵fə?⁵⁵tə?⁵⁵fə?⁵⁵dʑen¹³n̩in³¹²⁻²¹ to⁵³⁴tie⁵³⁴æ?⁵⁵zŋ³¹²tʰa⁵⁵iã¹³⁻²¹·ɤpən⁵³⁴
了。北 风 勿 得 勿 承 认 到 底 还 是 太 阳 个 本

zɿ³¹² du³¹²⁻¹³
事 大。

北风跟太阳
(普通话对照)

　　有一回,北风跟太阳在那儿争论谁的本事大。争来争去就是分不出高低来。这时候路上来了个走道儿的,他身上穿着件厚大衣。它们俩就说好了,谁能先叫这个走道儿的脱下他的厚大衣,就算谁的本事大。北风就使劲儿地刮起来了,不过它越是刮得厉害,那个走道儿的把大衣裹得越紧。后来北风没法儿了,只好就算了。过了一会儿,太阳出来了。它火辣辣地一晒,那个走道儿的马上就把那件厚大衣脱下来了。这下儿北风只好承认,它们俩当中还是太阳的本事大。

第六卷 方言地图

目　录

第一章　上海市方言特征地图 …………………………… 281
　上海市方言地图目录（一） ………………………… 281
　上海市方言地图目录（二） ………………………… 282
　上海市方言地图目录（三） ………………………… 283
　上海市方言地图目录（四） ………………………… 284
　上海市方言特征地图20幅 …………………………… 286

第二章　江浙沪交界地区方言特征地图 ……………… 306
　江浙沪交界地区方言特征地图目录 ………………… 306
　江浙沪交界地区方言特征地图地名编码表 ………… 307
　江浙沪交界地区方言特征地图25幅 ………………… 308

附录　上海方言调查补充字表 ………………………… 333

第一章　上海市方言特征地图

上海市方言地图目录（一）

标　号	1	2	3	4	5
图　名	饱	飞	秦	桥	灰
中古音地位	效开二上巧帮	止合三平微非	臻开三平真从	效开三平宵群	蟹合一平灰晓
市　区	pɔ⁵	fi¹	zin⁶	dʑiɔ⁶	huɛ¹
上海县	ʔbɔ³	ɸi¹	zin²	ɟiɔ²	ɸi¹
三林乡	ʔbɔ³	ɸi¹	zin²	ɟiɔ²	ɸe¹
川沙县	ʔbɔ³	ɸi¹	zin²	dʑiɔ²	ɸe¹
高桥镇	ʔbɔ³	ɸe¹	zin²	dʑiɔ⁶	ɸe¹
宝山县	pɔ³	fi¹	zin²	dʑiɔ²	hue¹
江湾镇	ʔbɔ⁵	ɸi¹	zin⁶	dʑiɔ⁶	ɸe¹
金山县	ʔbɔ³	fi¹	ziəŋ²	ɟiɔ²	ɸe¹
枫泾镇	pɔ³	fi¹	zin²	dʑiɔ²	fɛ¹
奉贤县	ʔbɔ³	ɸij¹	ziaŋ²	ɟiɔ²	ɸe¹
奉城镇	ʔbɔ³	ɸij¹	ziaŋ²	ɟiɔ²	ɸe¹
南汇县	ʔbɔ³	ɸi¹	zin²	ɟiɔ²	ɸe¹
周浦镇	ʔbɔ³	ɸi¹	zin²	ɟiɔ²	ɸe¹
崇明县	pɔ³	fi¹	dzin²	dʑiɔ²	huei¹
堡　镇	pɔ³	fi¹	dzin²	dʑiɔ²	huei¹
青浦县	ʔbɔ³	ɸi¹	zin²	dʑiɔ²	ɸɿ¹
练塘镇	pɔ¹	ɸi¹	zin²	dʑiɔ²	ɸɿ¹
嘉定县	pɔ³	fi¹	zin²	dʑiɔ²	huɿ¹
真如镇	ʔbɔ³	fi¹	zin²	dʑiɔ²	hue¹

（续表）

标　号	1	2	3	4	5
图　名	饱	飞	秦	桥	灰
松江县	ʔbɔ³	fi¹	ziŋ²	jiɔ²	ɸe¹/hue¹
泗泾镇	ʔbɔ³	ɸi¹	ziŋ²	jiɔ²	ɸe¹
图　例	1, p 2, ʔb	1, f 2, ɸ	1, z 2, ʑ 3, dʑ	1, dʑ 2, ɟ	1, h 2, ɸ

上海市方言地图目录（二）

标　号	6	7	8	9	10
图　名	书	雷、来	楼	南	官
中古音地位	遇合三平鱼书	蟹合一平灰来/蟹开一平咍来	流开一平侯来	咸开一平覃泥	山合一平桓见
市　区	sɿ¹	=	lɤ⁶	nø⁶	kuø¹
上海县	sy¹	≠	lɤ²	ne²	kue¹
三林乡	sy¹	=	lɤ²	ne²	kue¹
川沙县	sy¹	≠	lɤ²	ne²	kue¹
高桥镇	sɿ¹	=	lɤ⁶	ne²	kue³
宝山县	sɿ¹	=	lʌɤ²	nø²	kue¹
江湾镇	sɿ¹	≠	lɤɯ⁶	ne⁶/nø⁶	kue¹
金山县	sy¹	≠	lɤ²	ne²	kue¹
枫泾镇	sy¹	≠	lɤ²	nø²	kø¹
奉贤县	çy¹	≠	lɯ²	ne²	kue¹
奉城镇	çy¹	=	lɯ²	ne²	kue¹
南汇县	sy¹	=	lɤ²	ne²	kue¹
周浦镇	sy¹	=	lɤ²	ne²	kue¹
崇明县	sɿ¹	≠	lɵ²	ɲie²/ne²	kue¹
堡　镇	sɿ¹	≠	lɵ²	ɲie²/ne²	kue¹
青浦县	sy¹	≠	lɯ²	nɪ²	kuɪ¹

(续表)

标 号	6	7	8	9	10
图 名	书	雷、来	楼	南	官
练塘镇	sy^1	≠	lɯ^2	nø^2	kuɪ^1
嘉定县	sʮ^1	≠	lø^2	nɪɪ^2	kuɪ^1
真如镇	sʅ^1	≠	lɤ^2	ne^2	kue^1
松江县	sy^1	≠	lɯ^2	ne^2	kue^1
泗泾镇	sy^1	≠	lɯ^2	ne^2	kue^1
图 例	1、ʅ 2、ʮ	1、= 2、≠	1、ɤ 2、ɯ 3、ø	1、ø 2、e/ɪ 3、ie/ɪɪ	1、uø 2、ue/uɪ

上海市方言地图目录(三)

标 号	11	12	13	14	15
图 名	半	娘	帐	国	夺
中古音地位	山合一去换帮	宕开三平阳泥	宕开三去漾知	曾合一入德见	山合一入末定
市 区	pø^5	ȵiã^6	tsã^5	koʔ^7	dəʔ^8
上海县	ʔbe^5	ȵiã^2	tsã^5	koʔ^7	dœʔ^8
三林乡	ʔbe^5	ȵiã^2	tsã^5	koʔ^7	dœʔ^8
川沙县	ʔbe^5	ȵiã^2	tsã^5	kuoʔ^7	dœʔ^8
高桥镇	ʔbø^5	ȵiã^2	tsã^5	koʔ^7	dœʔ^8
宝山县	pe^3	ȵiã^2	tsã^3	koʔ^7	dəʔ^8
江湾镇	ʔbe^5	ȵiã^6	tsã^5	koʔ^7	dəʔ^8
金山县	ʔbe^5	ȵiɛ̃^{2}	tsʰɛ̃^{5}	kɔʔ^7	dœʔ^8
枫泾镇	pø^5	ȵiɛ̃^{1}	tsʰɛ̃^{5}	kɤʔ^7	dœʔ^8
奉贤县	ʔbe^5	ȵiɛ̃^{2}	tsɛ̃^{5}	koʔ^7	dœʔ^8
奉城镇	ʔbe^5	ȵiɛ̃^{2}	tsã^5	koʔ^7	dœʔ^8
南江县	ʔbe^5	ȵiã^2	tsʰã^5	koʔ^7	dœʔ^8
周浦镇	ʔbe^5	ȵiã^2	tsʰã^5	koʔ^7	dœʔ^8
崇明县	pie^5	ȵiã^2	tsã^5	kuoʔ^7	dəʔ^8
堡 镇	pie^5	ȵiã^2	tsã^5	kuoʔ^7	dəʔ^8

（续表）

标　号	11	12	13	14	15
图　名	半	娘	帐	国	夺
青浦县	ʔbɿ⁵	nie²	tsɛ̃⁵	koʔ⁷	dœʔ⁸
练塘镇	pɿ⁵	nie²	tsɛ̃⁵	kuæʔ⁷	dœʔ⁸
嘉定县	piɪ⁵	niã²	tsã⁵	kuəʔ⁷	doʔ⁸
真如镇	ʔbe⁵	niã²	tsã⁵	kuəʔ⁷	døʔ⁸
松江县	ʔbe⁵	nie²	tsɛ̃⁵	koʔ⁷	dœʔ⁸
泗泾镇	ʔbe⁵	nie²	tsɛ̃⁵	koʔ⁷	dœʔ⁸
图　例	1、e/ɪ 2、ø 3、i	1、iã 2、ie	1、ã 2、ɛ̃	1、oʔ 2、ɔʔ 3、øʔ 4、uə 5、uæʔ	1、ɔʔ 2、œʔ/øʔ 3、oʔ

上海市方言地图目录（四）

标　号	16	17	18	19	20
图　名	说	袜、麦	鼓	穷	近
中古音地位	山合三入薛书	山合三入月微/梗开二入麦明	遇合一上姥见	通合三平东群	臻开三上隐群
市　区	səʔ⁷	=	ku⁵	dʑioŋ⁶	dʑin⁶
上海县	suœʔ⁷	≠	ku³	ʝyoŋ²	ʝin⁶
三林乡	suœʔ⁷	≠	ku³	ʝyoŋ²	ʝin²
川沙县	suəʔ⁷	≠	ku³	dʑioŋ²	dʑin²
高桥镇	səʔ⁷	=	ku¹	dʑyoŋ⁶	dʑyn⁶
宝山县	səʔ⁷	=	kᵒu³	dʑyoŋ²	dʑin⁴
江湾镇	səʔ⁷	≠	ku⁵	dʑioŋ⁶	dʑiəŋ⁶
金山县	suəʔ⁷	≠	ku³	ʝioŋ²	ʝiəŋ²
枫泾镇	søʔ⁷	≠	kəu³	dʑioŋ²	dʑin⁴
奉贤县	suœʔ⁷	≠	ku³	ʝioŋ²	ʝiəŋ⁶
奉城镇	sœʔ⁷/suœʔ⁷	≠	ku³	ʝioŋ²	ʝiəŋ⁶

（续表）

标　号	16	17	18	19	20
图　名	说	袜、麦	鼓	穷	近
南汇县	suœʔ⁷	≠	ku³	ʨioŋ²	ʨiʌŋ²
周浦镇	suœʔ⁷	≠	ku³	ʨioŋ²	ʨiʌŋ²
崇明县	søʔ⁷	≠	ku³	dʑyoŋ²	dʑin⁴
堡　镇	søʔ⁷	≠	ku³	dʑyoŋ²	dʑin⁴
青浦县	suœʔ⁷	≠	ku³	dʑioŋ²	dʑiəŋ⁶
练塘镇	suœʔ⁷	≠	ku³	dʑioŋ²	dʑiəŋ⁴
嘉定县	səʔ⁷	=	ku⁵	dʑyoŋ²	dʑin⁶
真如镇	søʔ⁷	≠	ku³	dʑyoŋ²	dʑin⁶
松江县	sœʔ⁷	≠	kəu³	ʥyoŋ²	ʥiəŋ⁴
泗泾镇	sœʔ⁷	≠	kəu³	ʥyoŋ²	ʥiəŋ⁶
图　例	1、əʔ 2、uœʔ 3、ɥəʔ/uəʔ 4、œʔ/øʔ	1、= 2、≠	1、ku³/kəu³/kʰu³ 2、ku⁵	1、dʑioŋ⁶/dʑyoŋ⁶ 2、dʑyoŋ²/dʑioŋ²/ʨioŋ²/ʥyoŋ²	1、dʑin⁶/ʨiŋ⁶/dʑyn⁶/ʨiəŋ⁶/dʑiəŋ⁶ 2、dʑin⁴/dʑin⁴/dʑiəŋ⁴/ʥiəŋ⁴ 3、ʨiŋ²/ʨiʌŋ²/dʑin²/ʨiəŋ²

上海市方言特征地图 20 幅
（按 1982 年上海市政区图为底图）

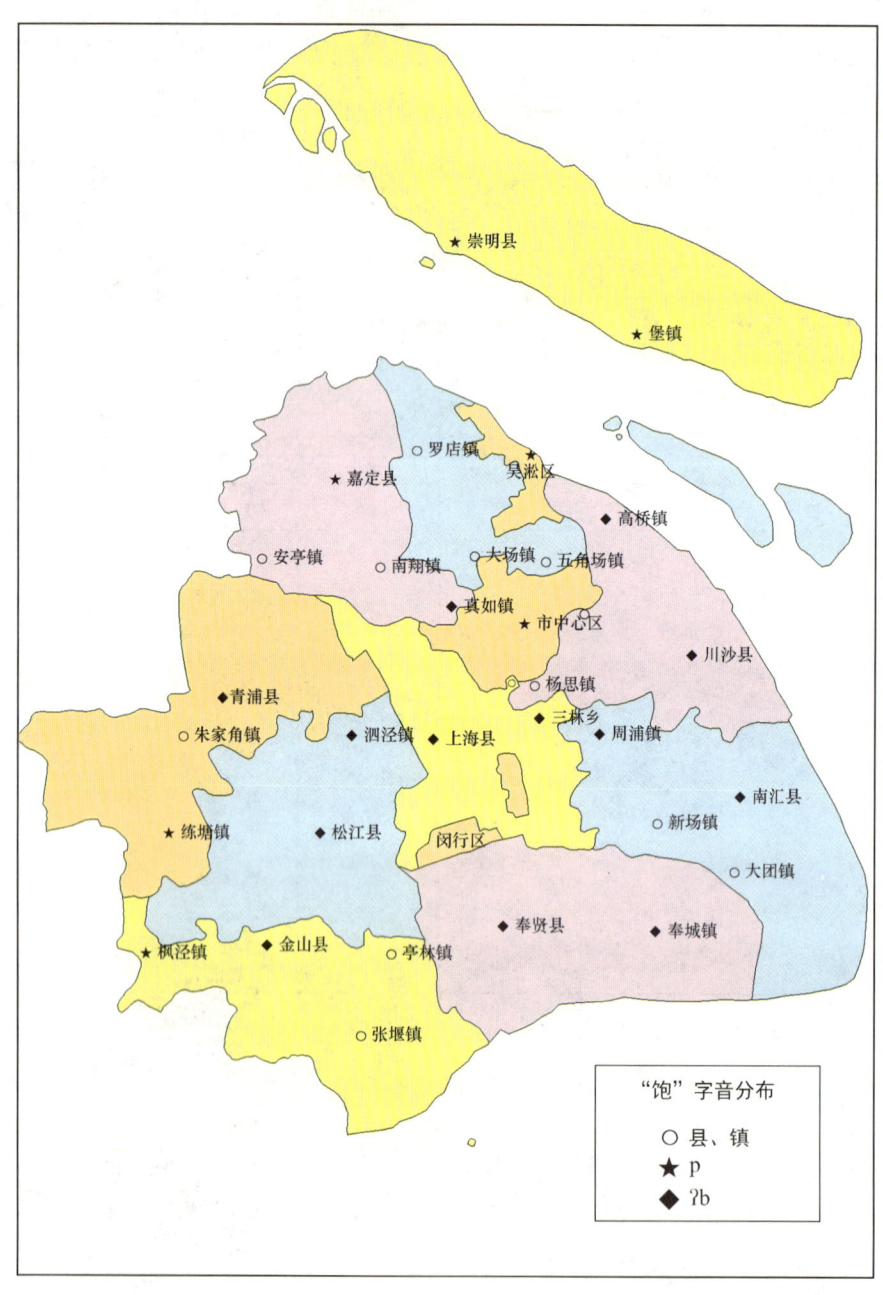

图 1　饱

图2 飞

图3 秦

图4 桥

图5 灰

图6 书

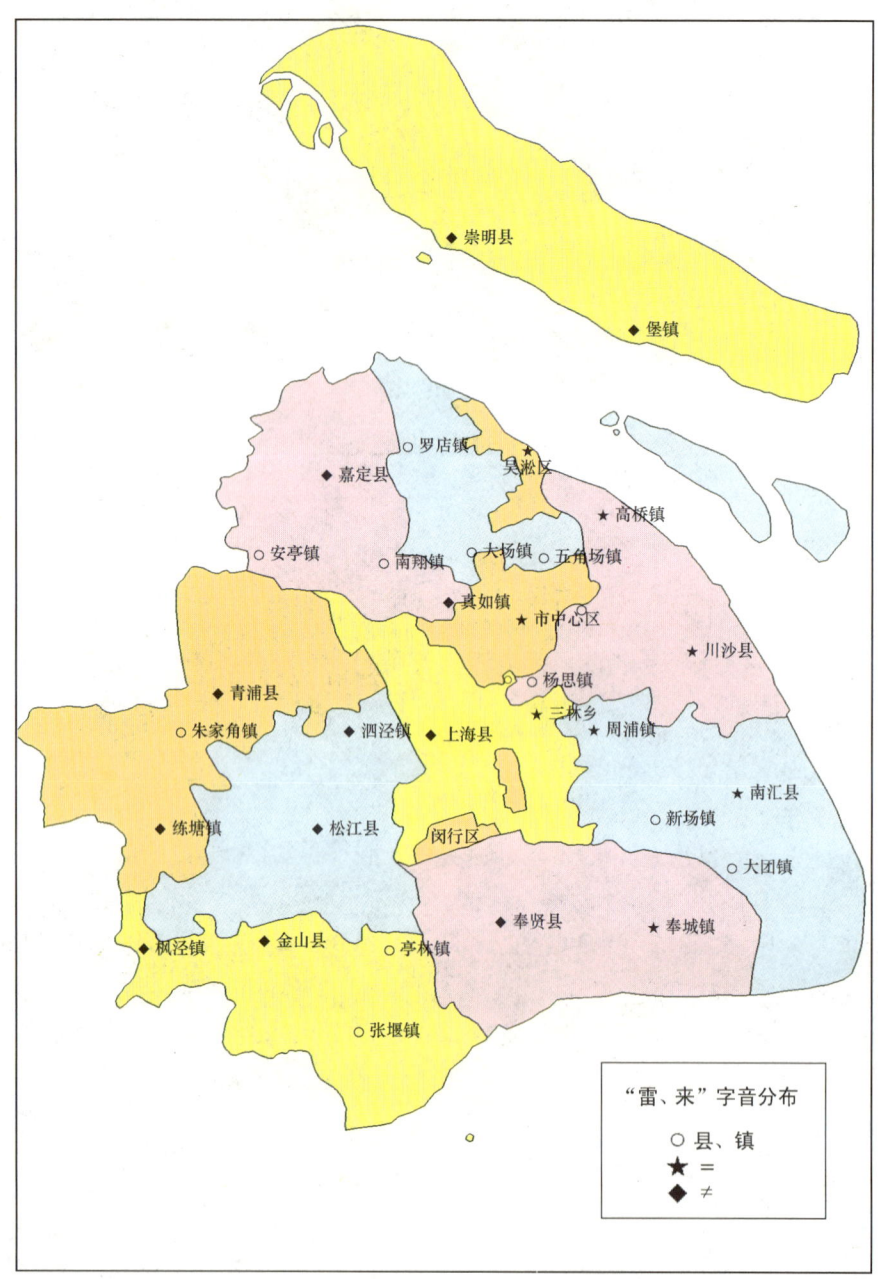

图7 雷、来

第一章　上海市方言特征地图 | 293

图8　楼

图9 南

图 10 官

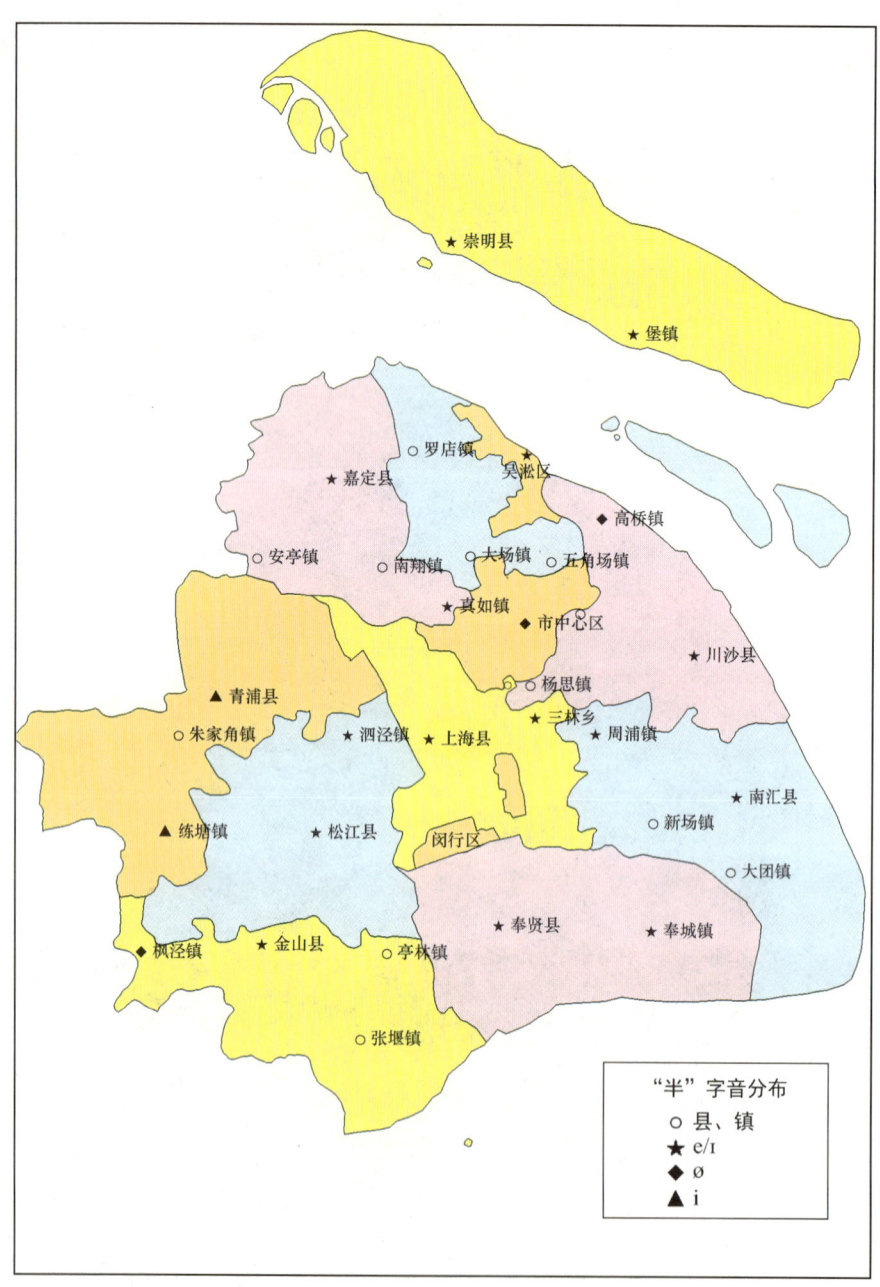

图11 半

第一章　上海市方言特征地图 | 297

图 12　娘

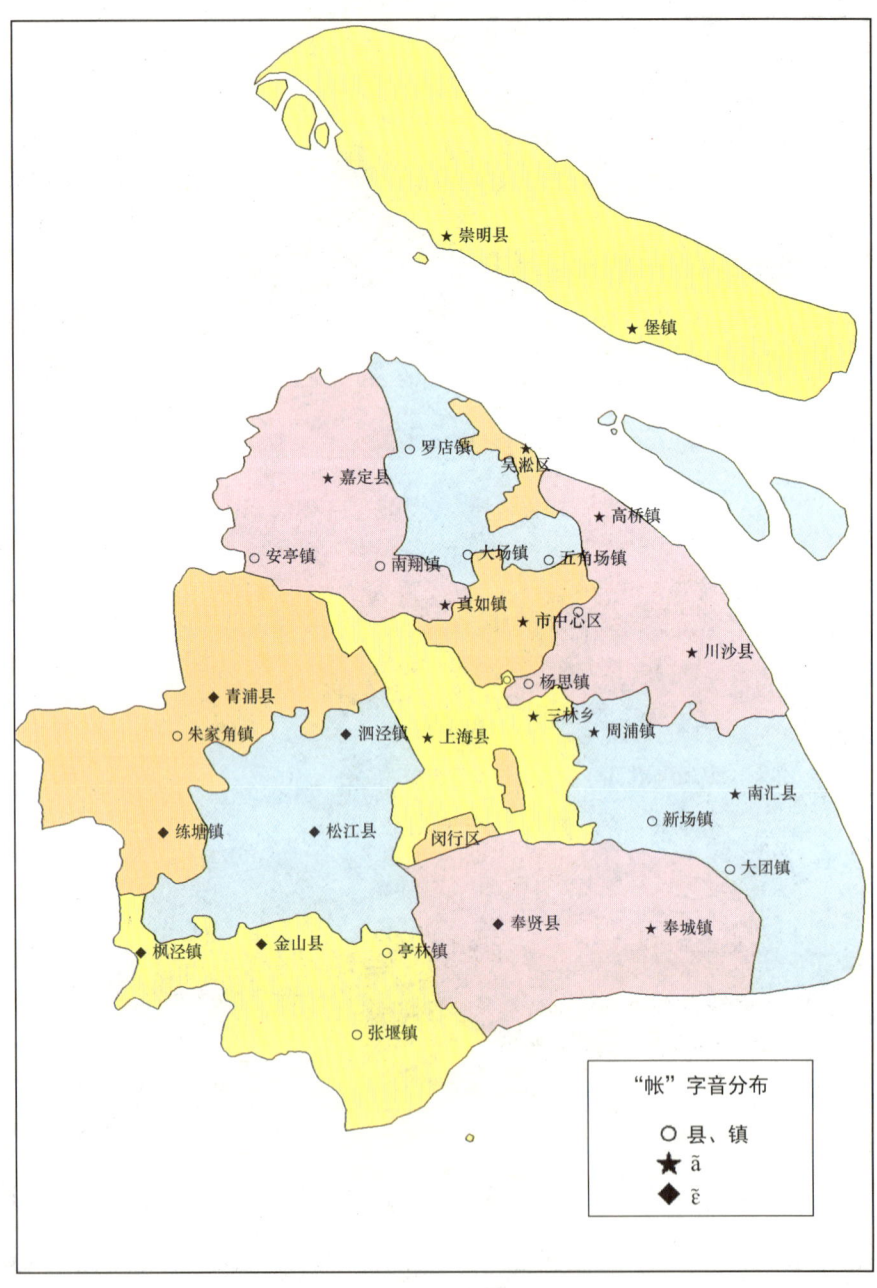

图13 帐

图14 国

图 15 夺

第一章 上海市方言特征地图

图16 说

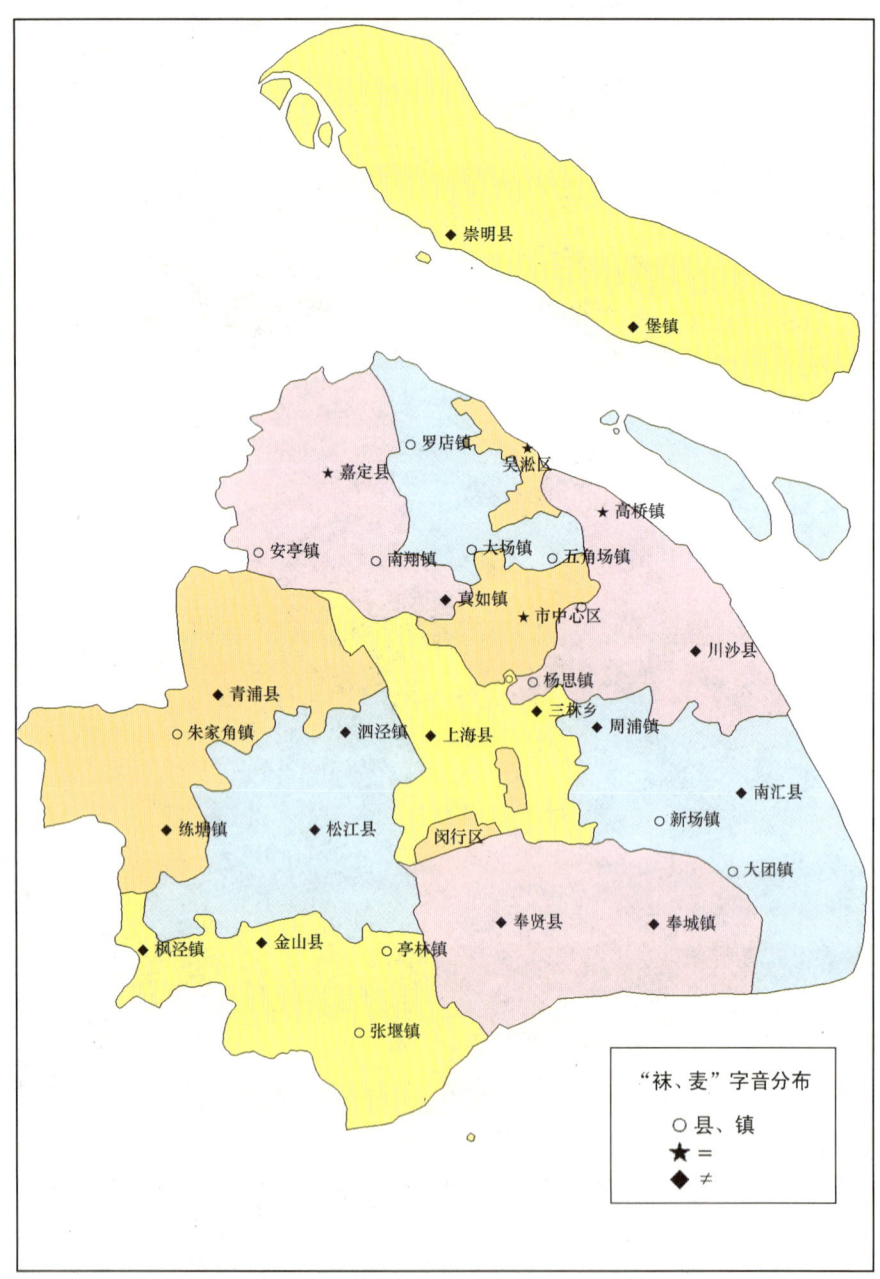

图 17　袜、麦

图 18　鼓

图19　穷

第一章 上海市方言特征地图

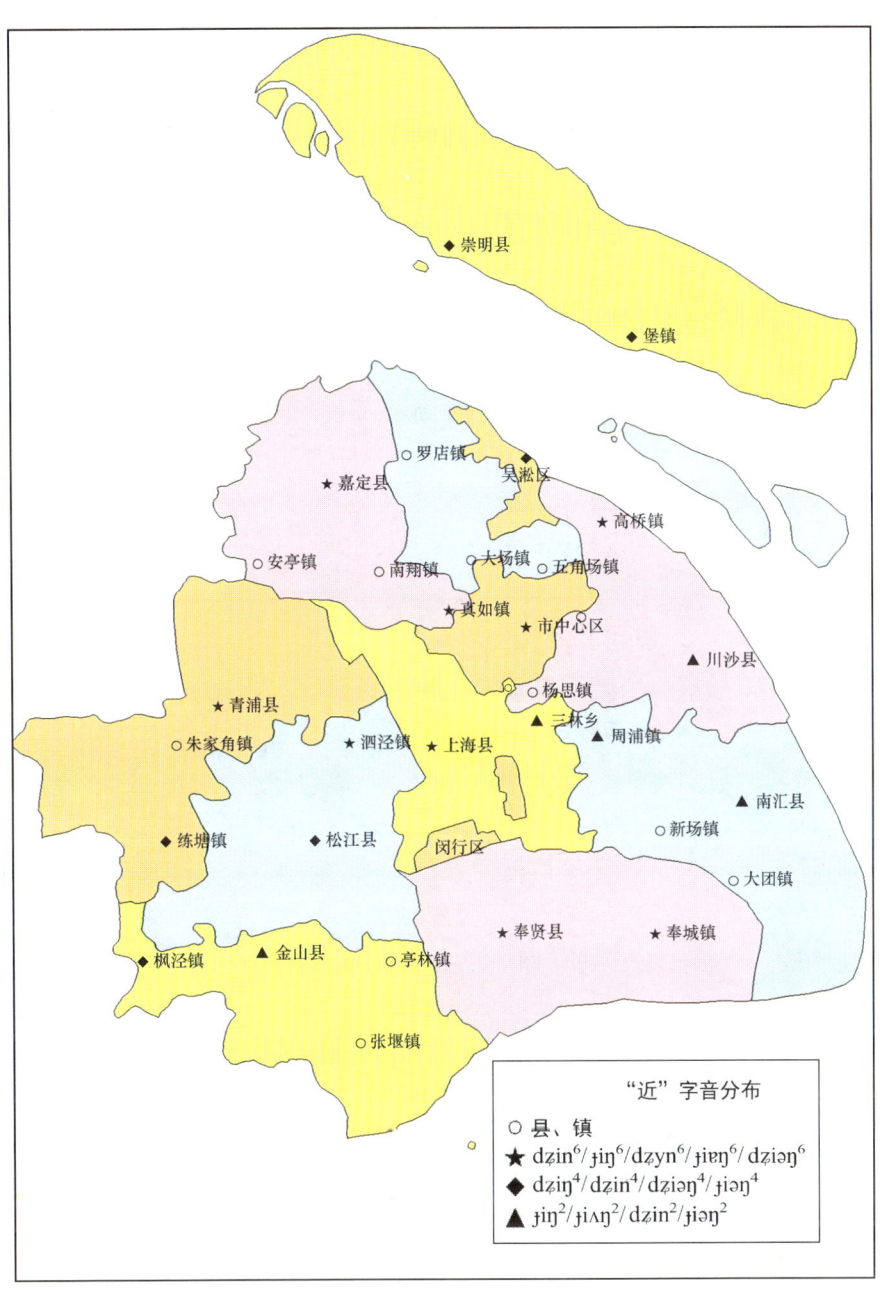

图20 近

第二章 江浙沪交界地区方言特征地图

江浙沪交界地区方言特征地图目录

1	方言调查地点地名图
2	方言调查地点编码图
3	有无缩气音声母
4	"池"字声母
5	"金"字声母
6	"灰"字声母
7	"雷"字韵母
8	"楼"字韵母
9	"手"字韵母
10	"书"字韵母
11	"酒"字韵母
12	"半"字韵母
13	"罪、岁、最"三字韵母
14	"南、船"两字韵母
15	"官"字韵母
16	"娘"字、"帐"字韵母
17	"均、云"两字韵母分混
18	"国"字韵母
19	"夺"字韵母
20	"说"字韵母
21	"麦、袜"分混
22	"落、鹿、绿"分混
23	调类分化与声母送气与否的关系
24	两字组阴平首字调形

25　　　　　　两字组变调有无33-33型

江浙沪交界地区方言特征地图地名编码表

编　码	地　名	编　码	地　名
1	浏　河	26	丁　栅
2	华　亭	27	俞　汇
3	陆渡桥	28	蒸　淀
4	唐　行	29	网　埭
5	太　仓	30	里　泽
6	娄　塘	31	枫　泾
7	昆　山	32	金　山
8	蓬　阆	33	兴　塔
9	葛　隆	34	嘉　善
10	嘉　定	35	张　汇
11	望　新	36	潮泥滩
12	花　桥	37	大　通
13	安　亭	38	新　埭
14	石　浦	39	吕　巷
15	赵　屯	40	廊　下
16	新　桥	41	南　桥
17	杨　湘	42	钱　圩
18	成　茂	43	新　庙
19	青　浦	44	广　陈
20	周　庄	45	金　卫
21	商　榻	46	金丝娘桥
22	朱家角	47	平　湖
23	莘　塔	48	金　亭
24	金　泽	49	乍　浦
25	芦　墟	50	吴　江

江浙沪交界地区方言特征地图 25 幅
（按 1982 年中国政区图为底图）

图 1　方言调查地点地名图

第二章 江浙沪交界地区方言特征地图 | 309

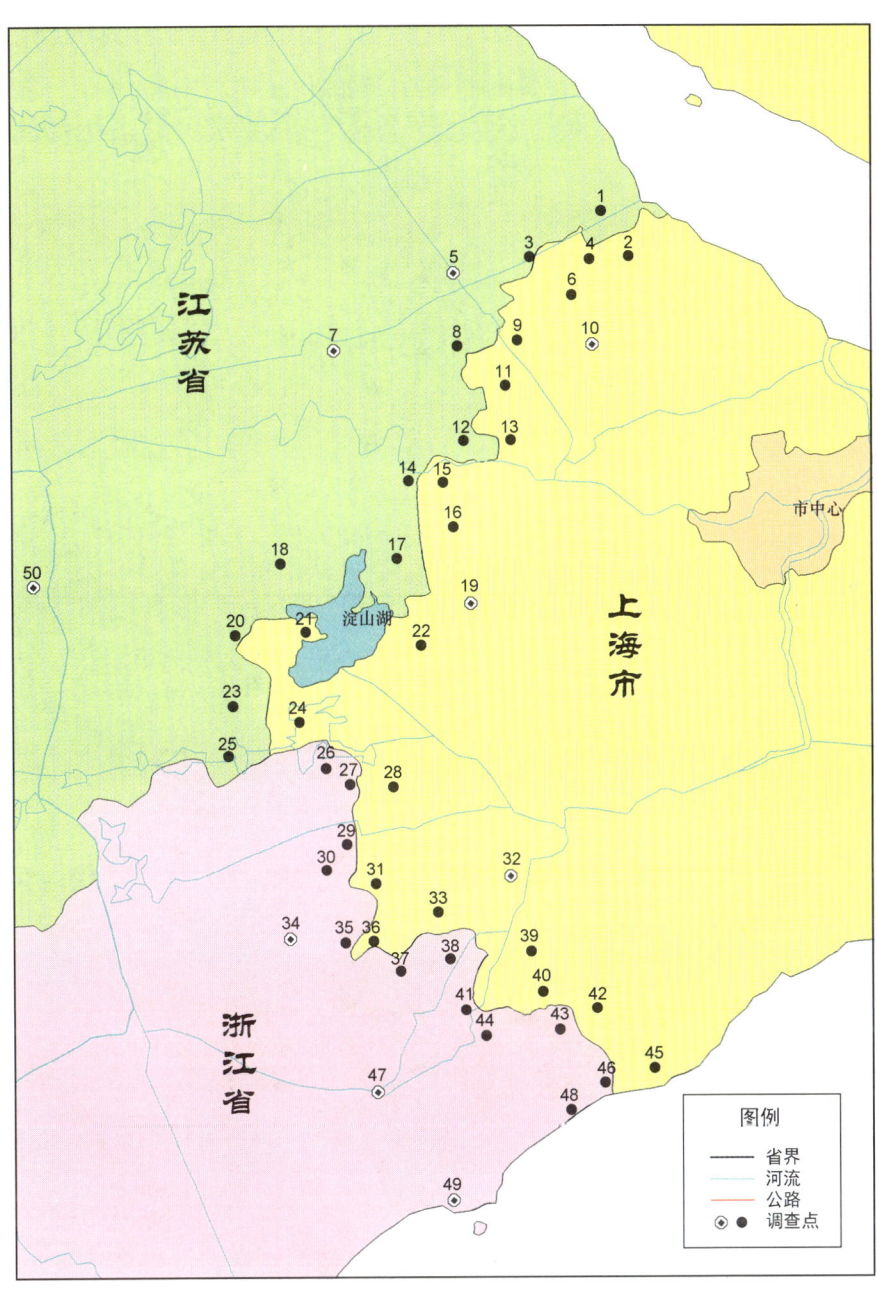

图2 方言调查地点编码图

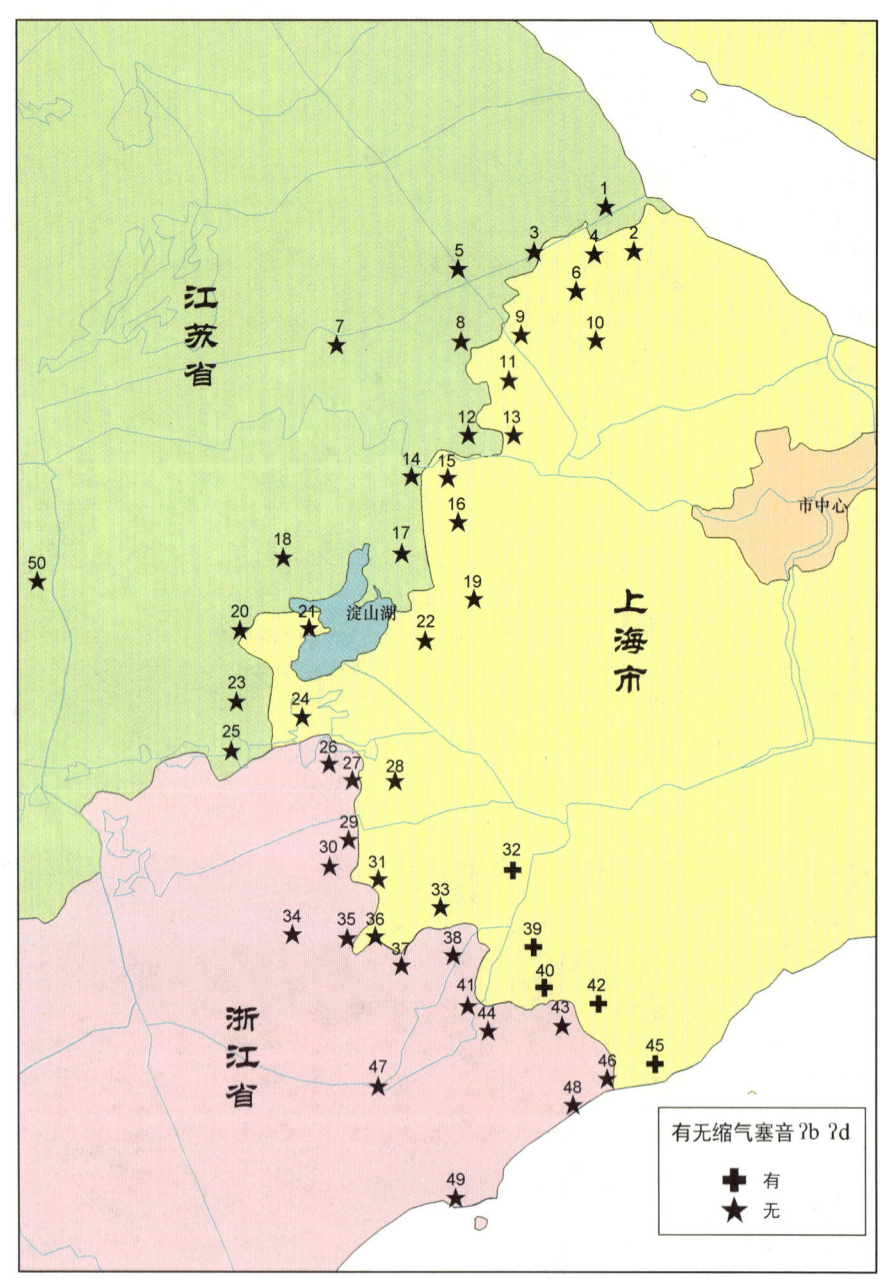

图3　有无缩气音声母

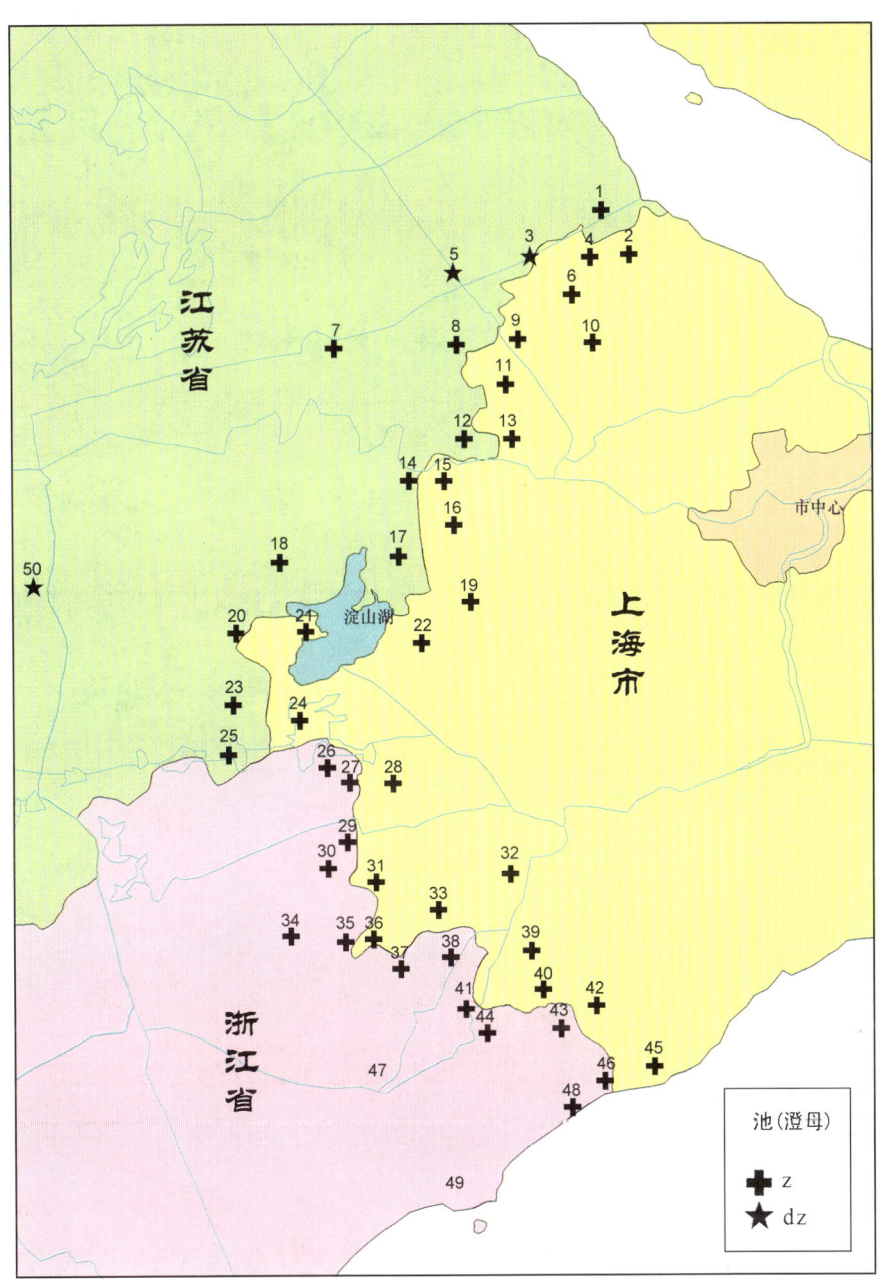

图4 "池"字声母

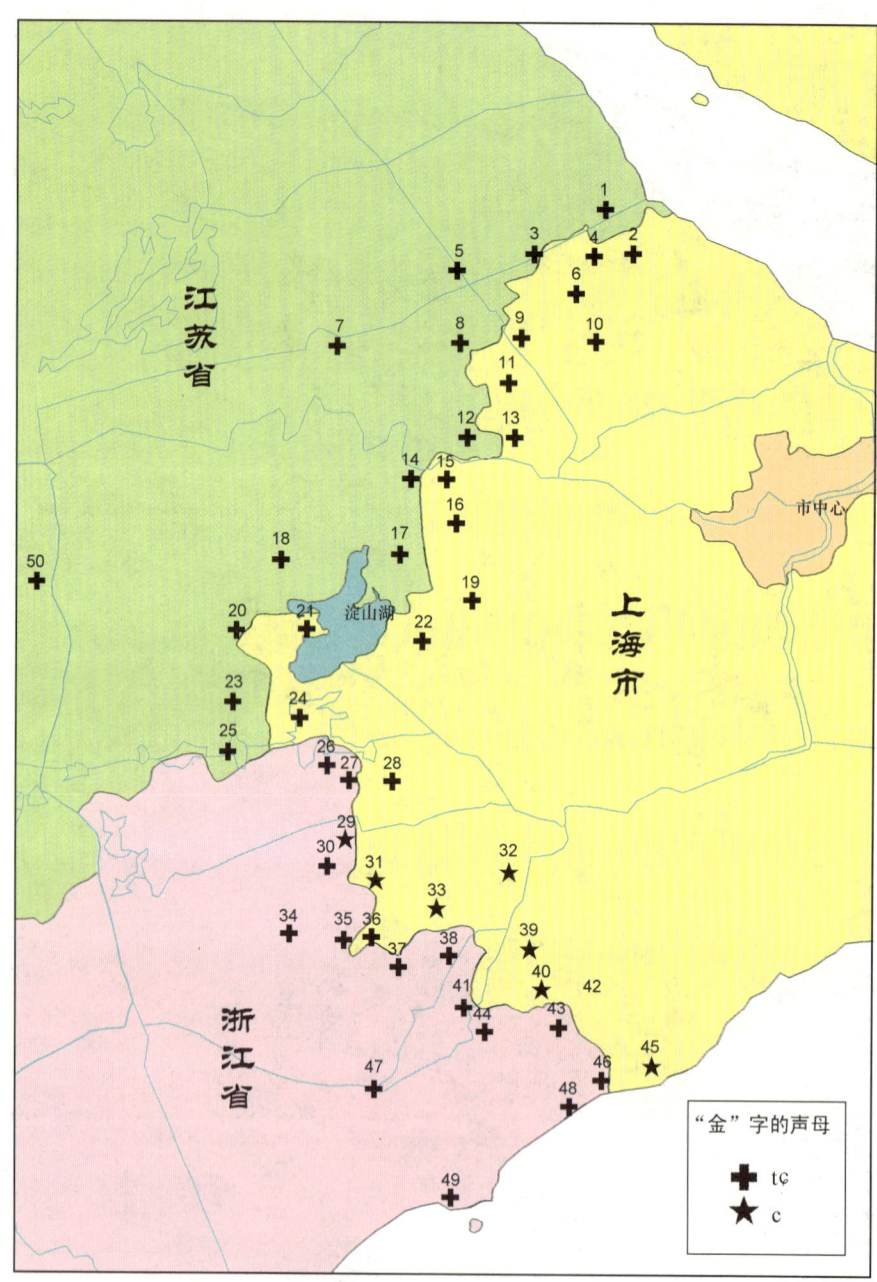

图5 "金"字声母

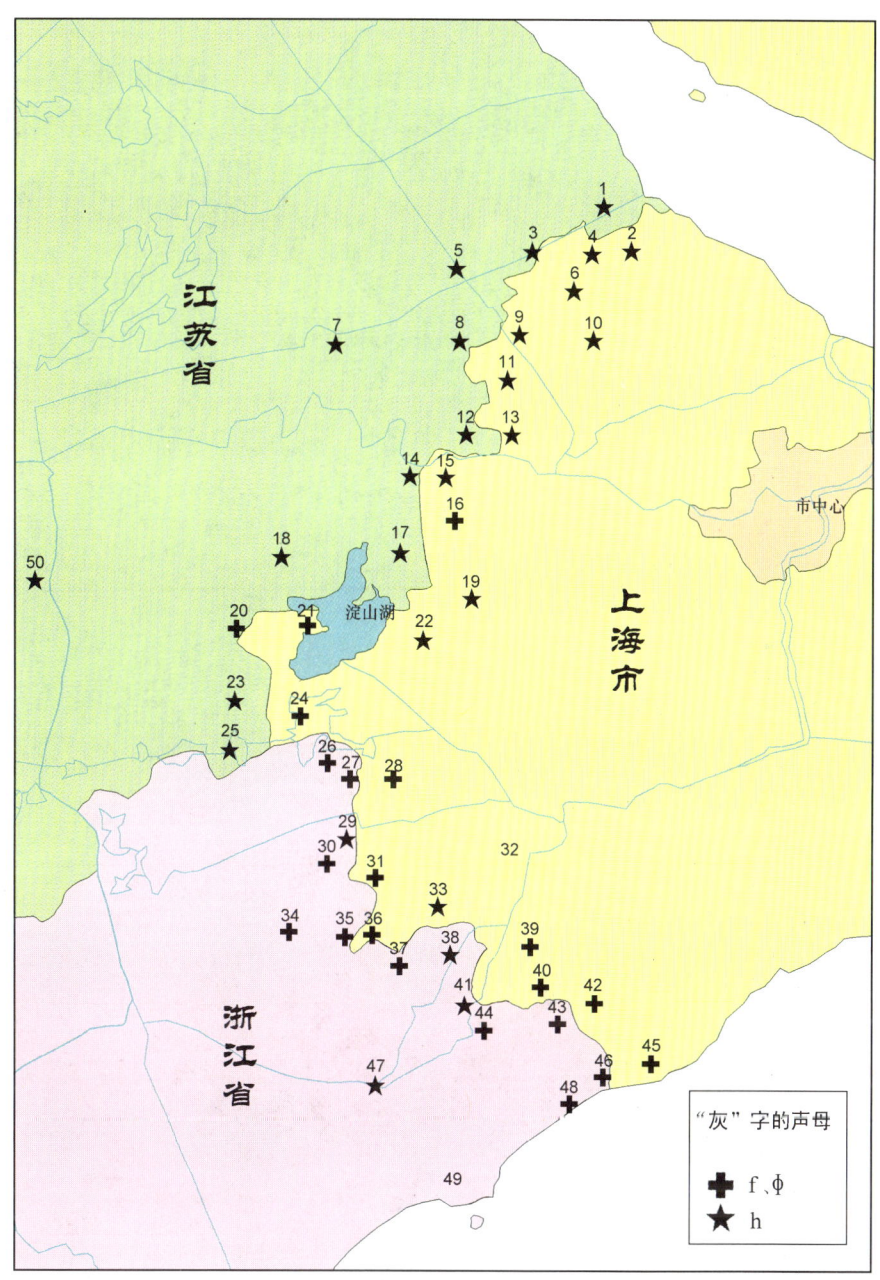

图6 "灰"字声母

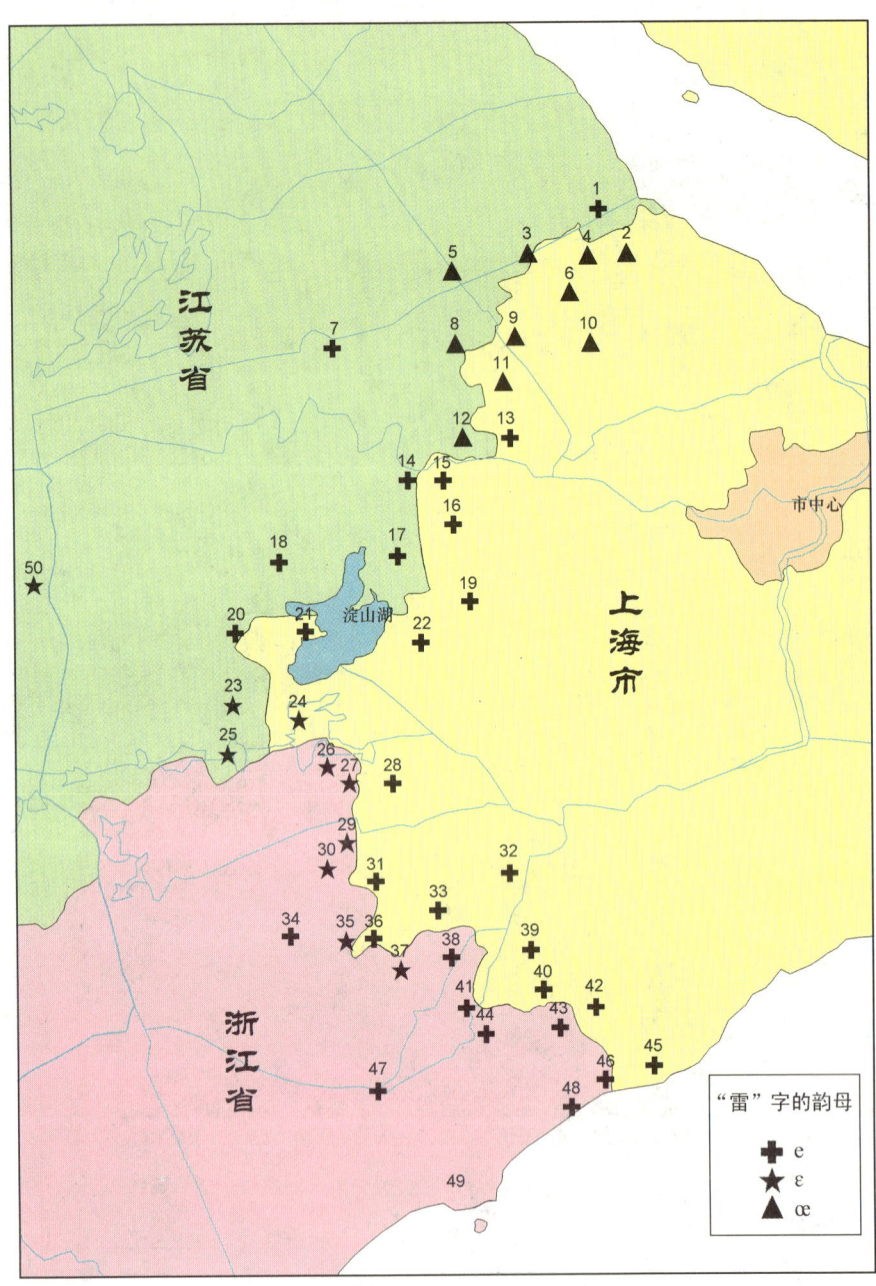

图7 "雷"字韵母

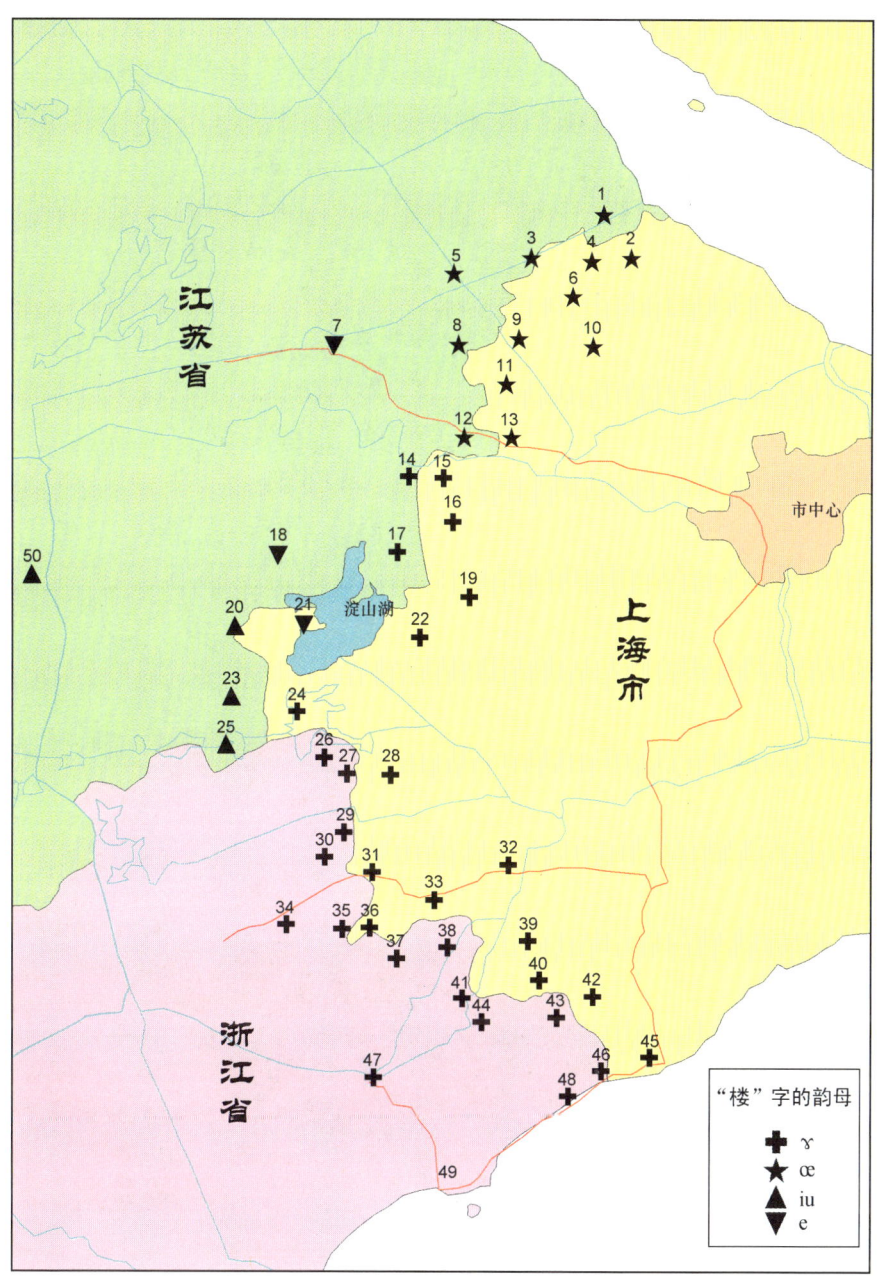

图8 "楼"字韵母

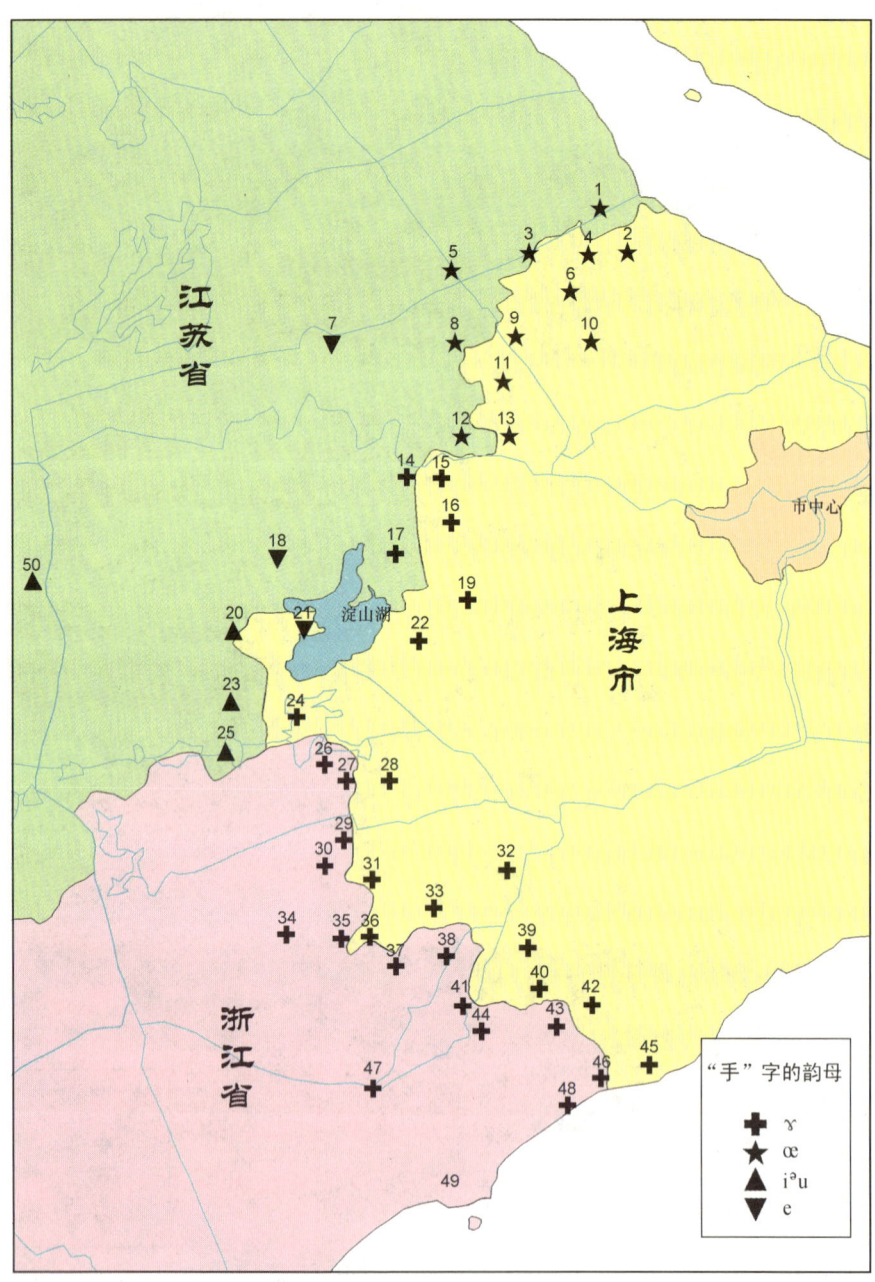

图9 "手"字韵母

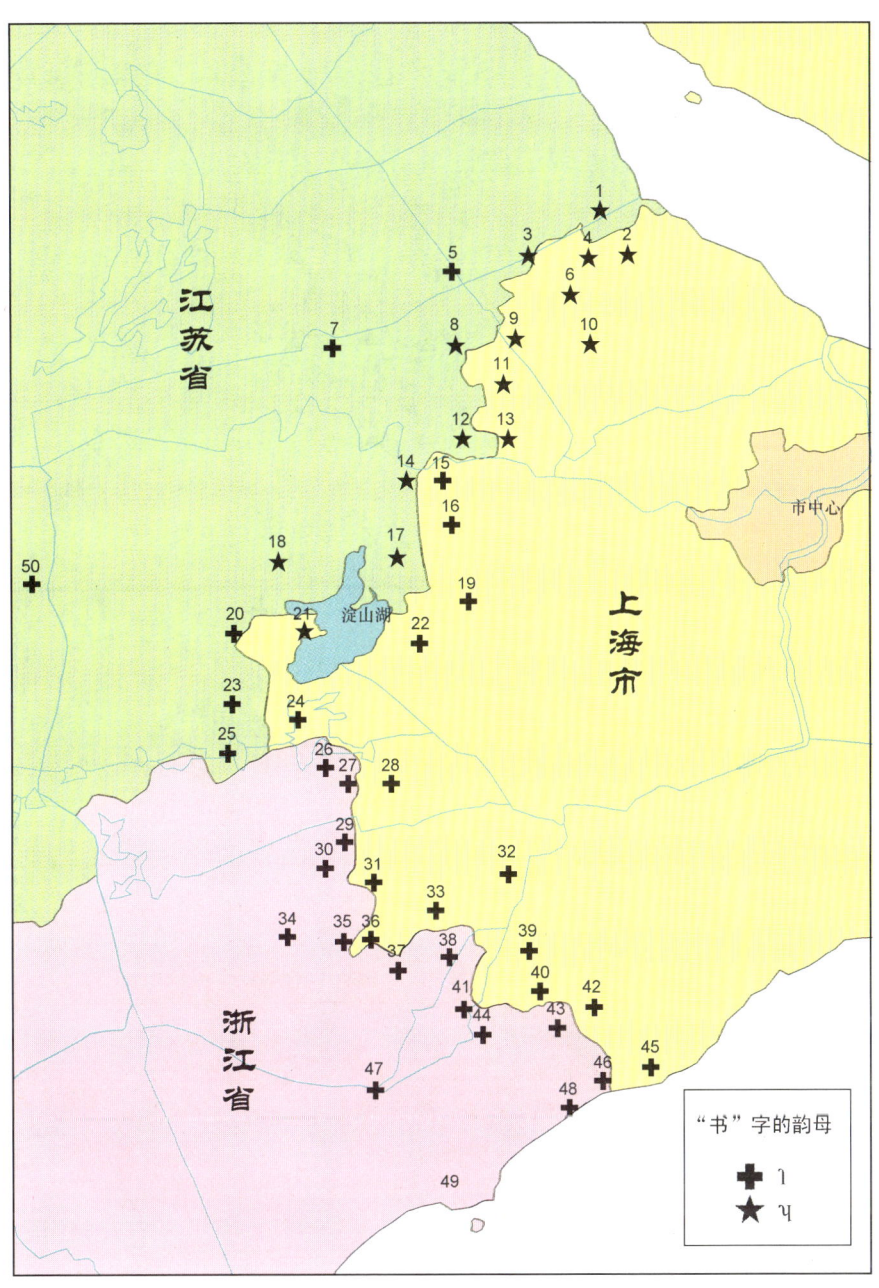

图10 "书"字韵母

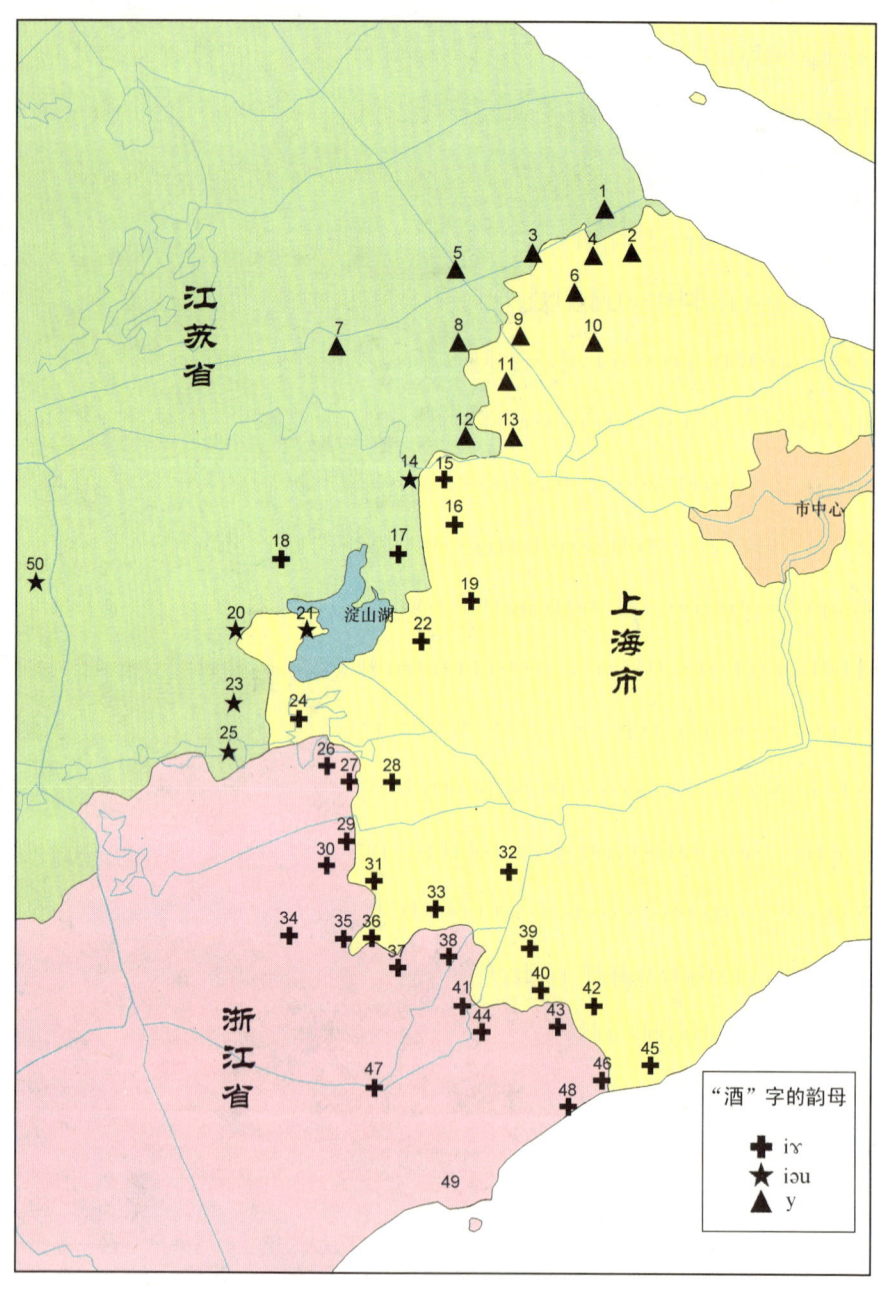

图11 "酒"字韵母

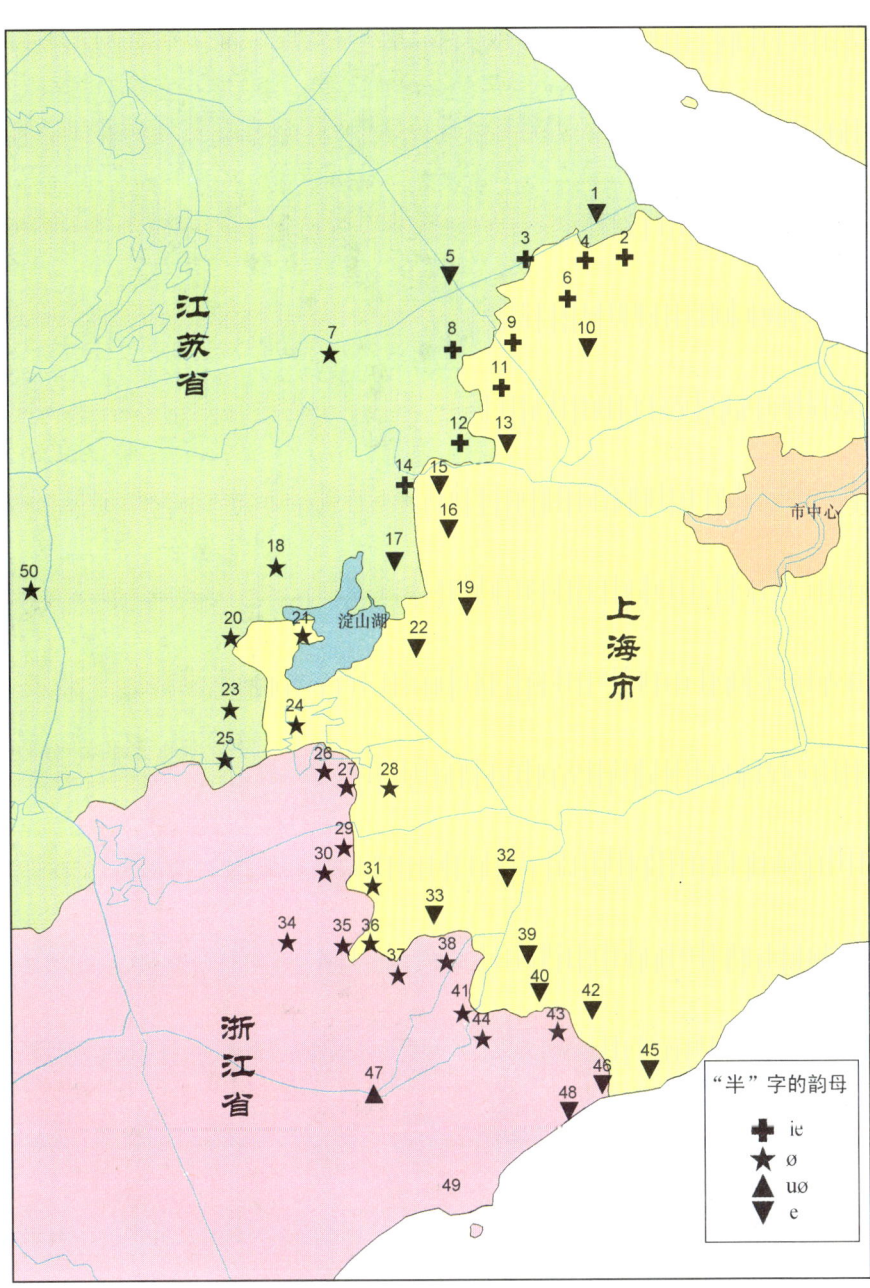

图12 "半"字韵母

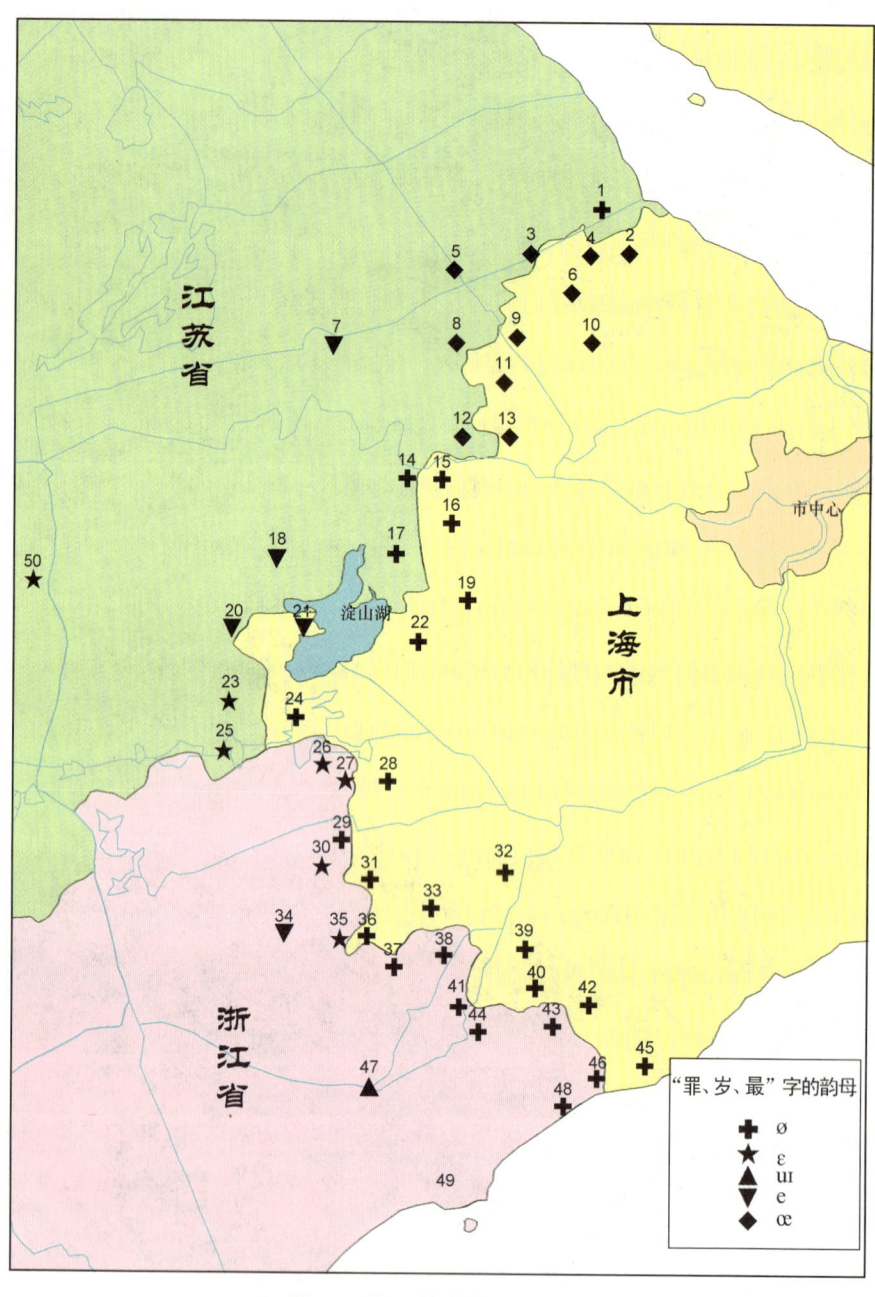

图13 "罪、岁、最"三字韵母

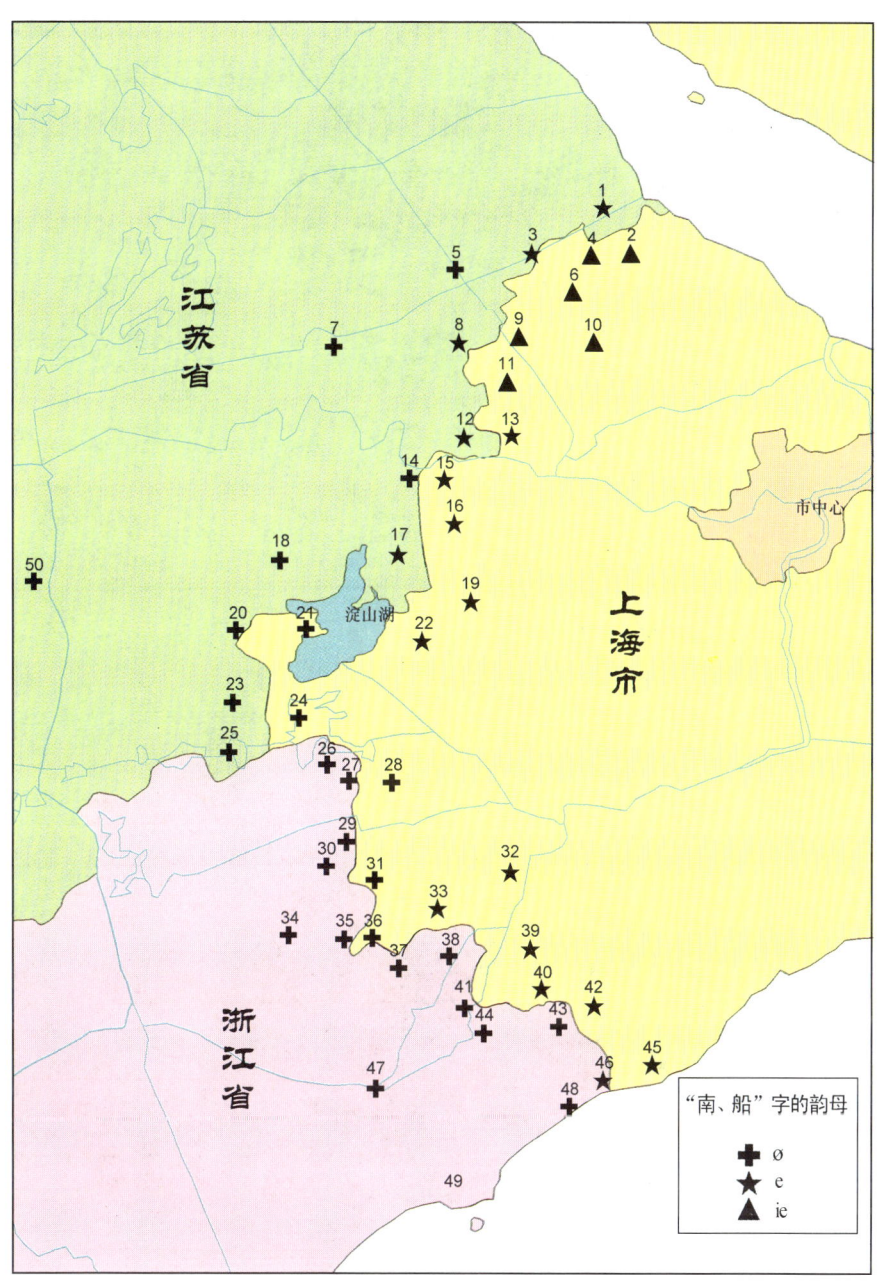

图14 "南、船"两字韵母

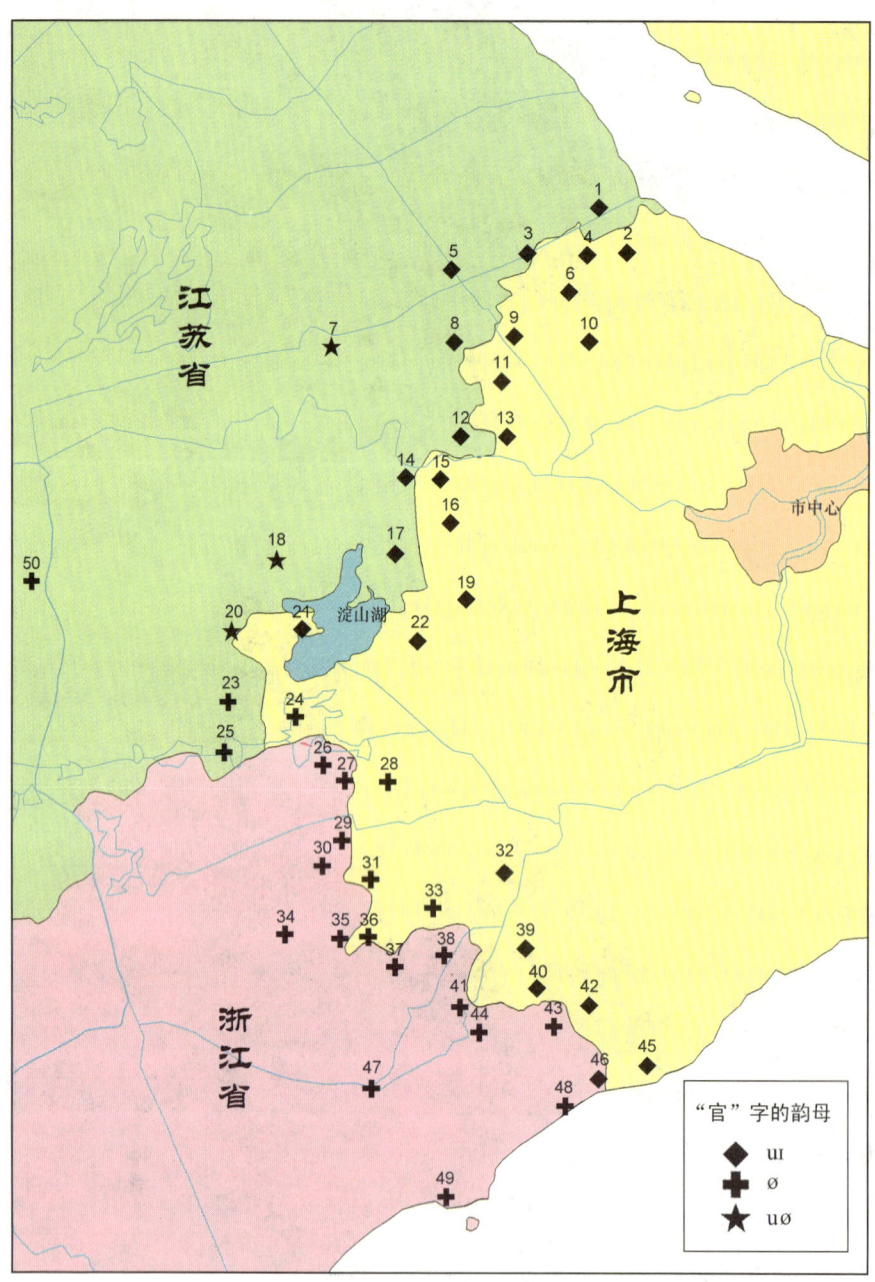

图15 "官"字韵母

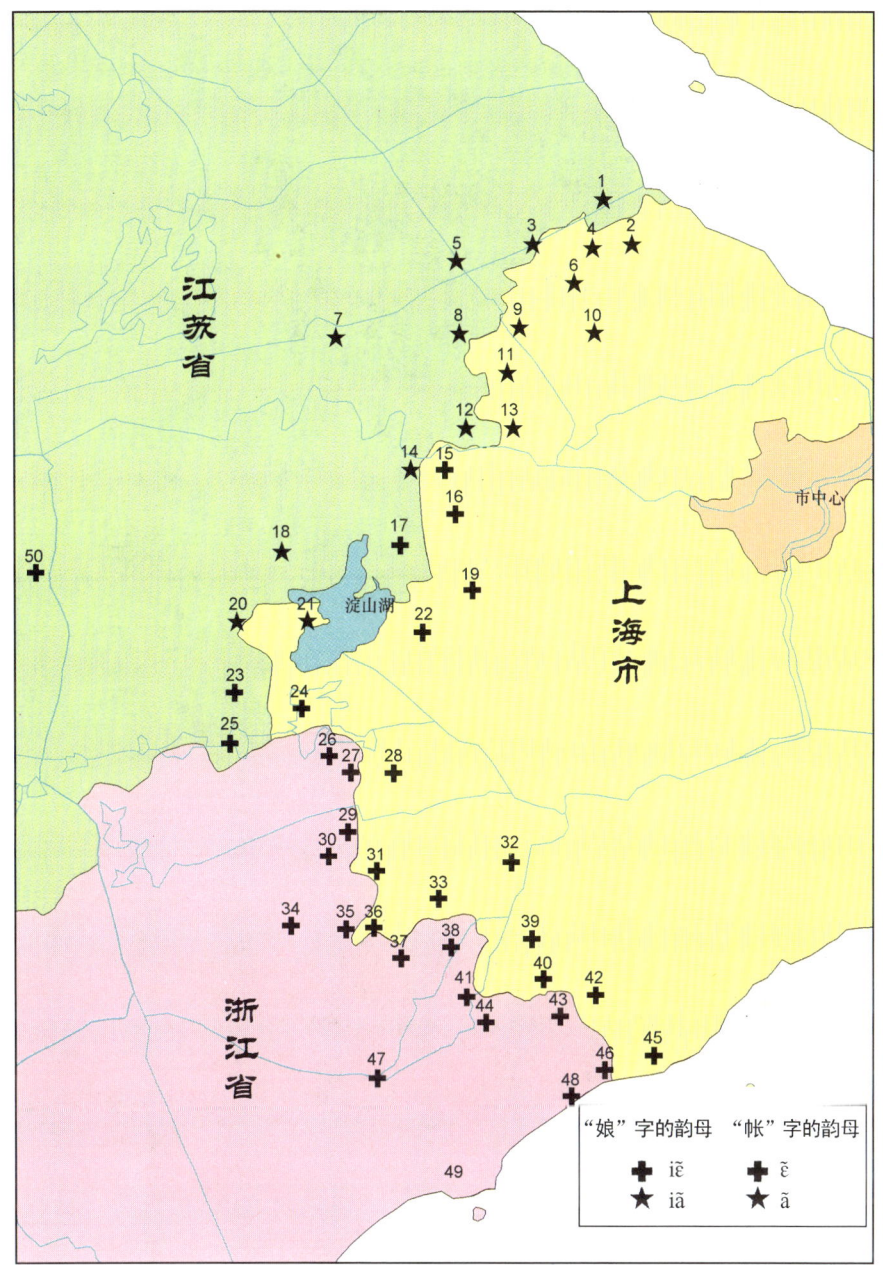

图16 "娘"字、"帐"字韵母

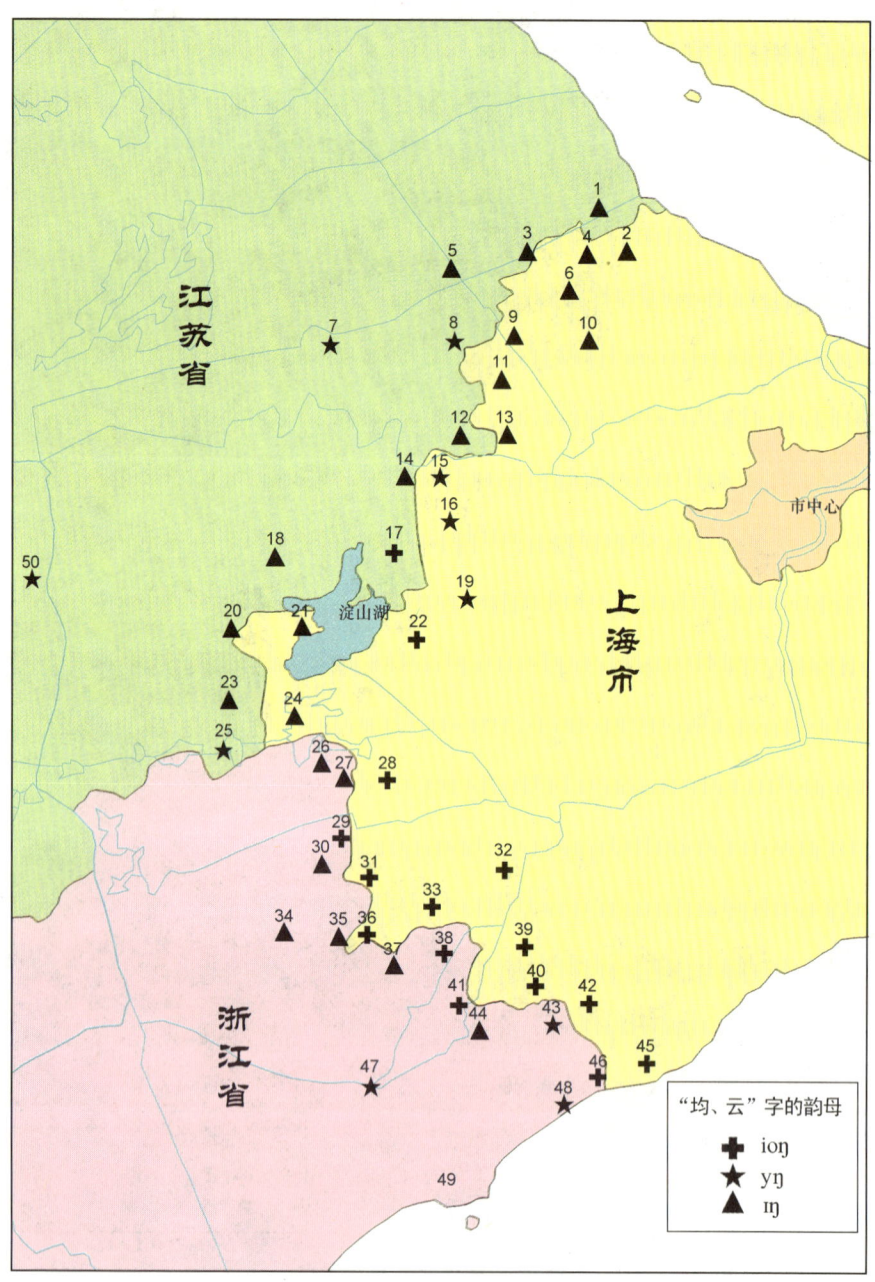

图17 "均、云"两字韵母分混

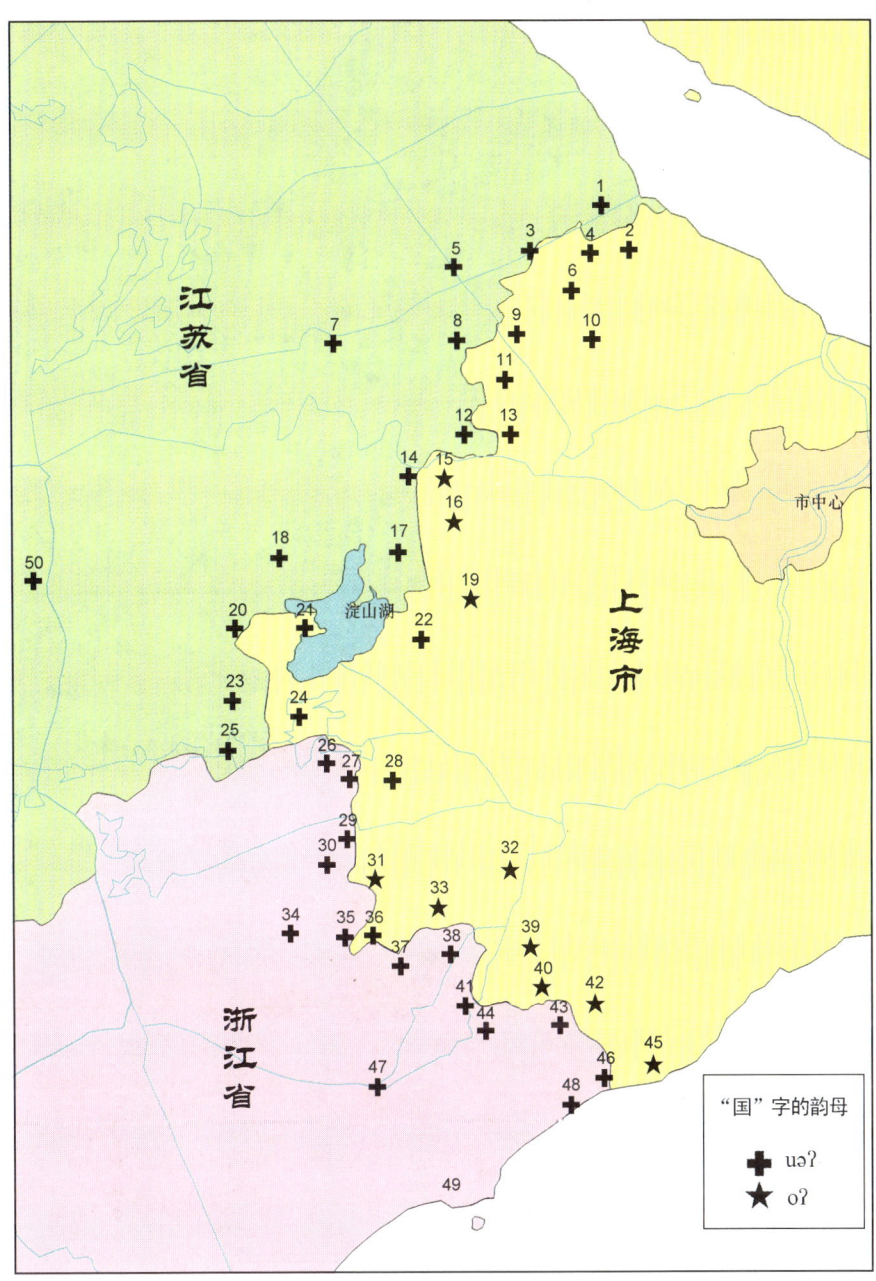

图18 "国"字韵母

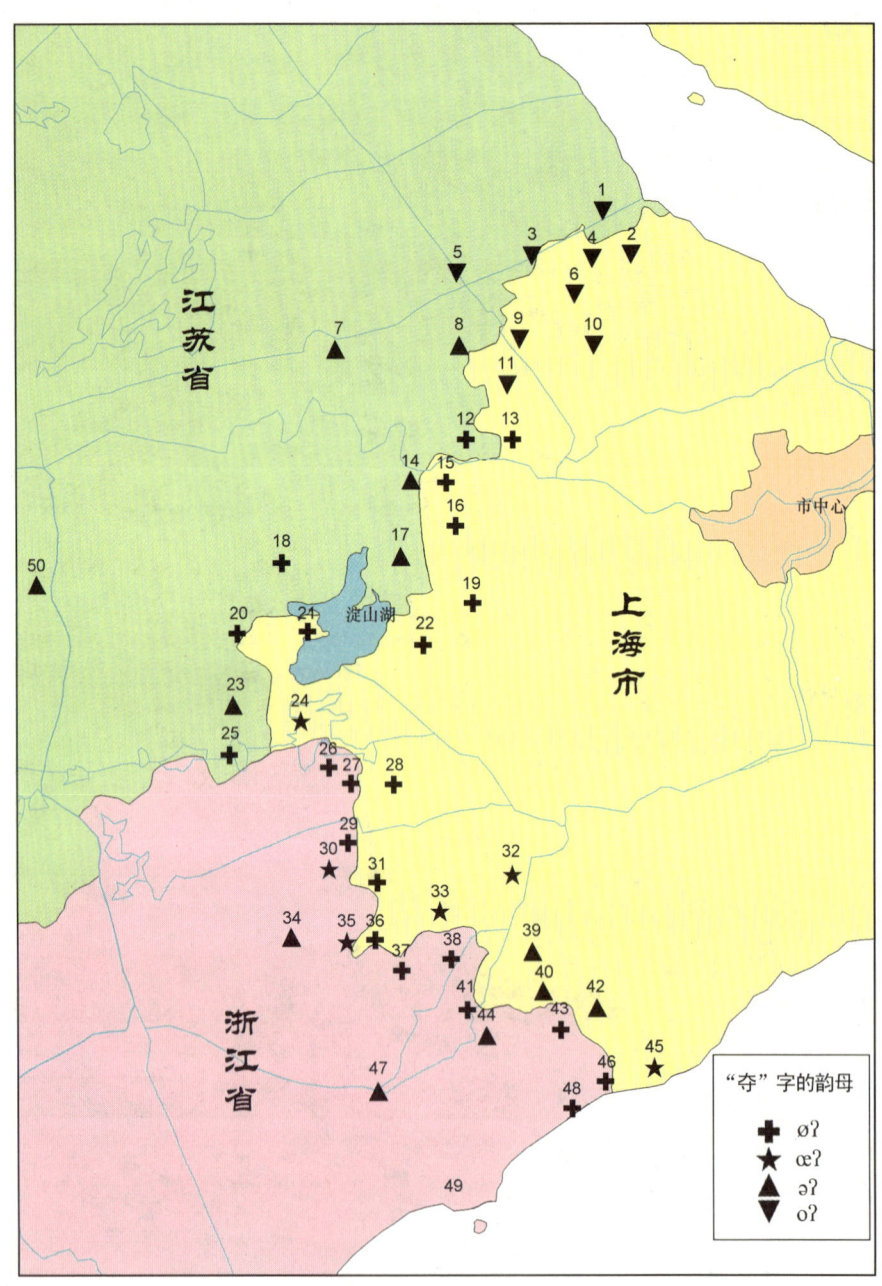

图19 "夺"字韵母

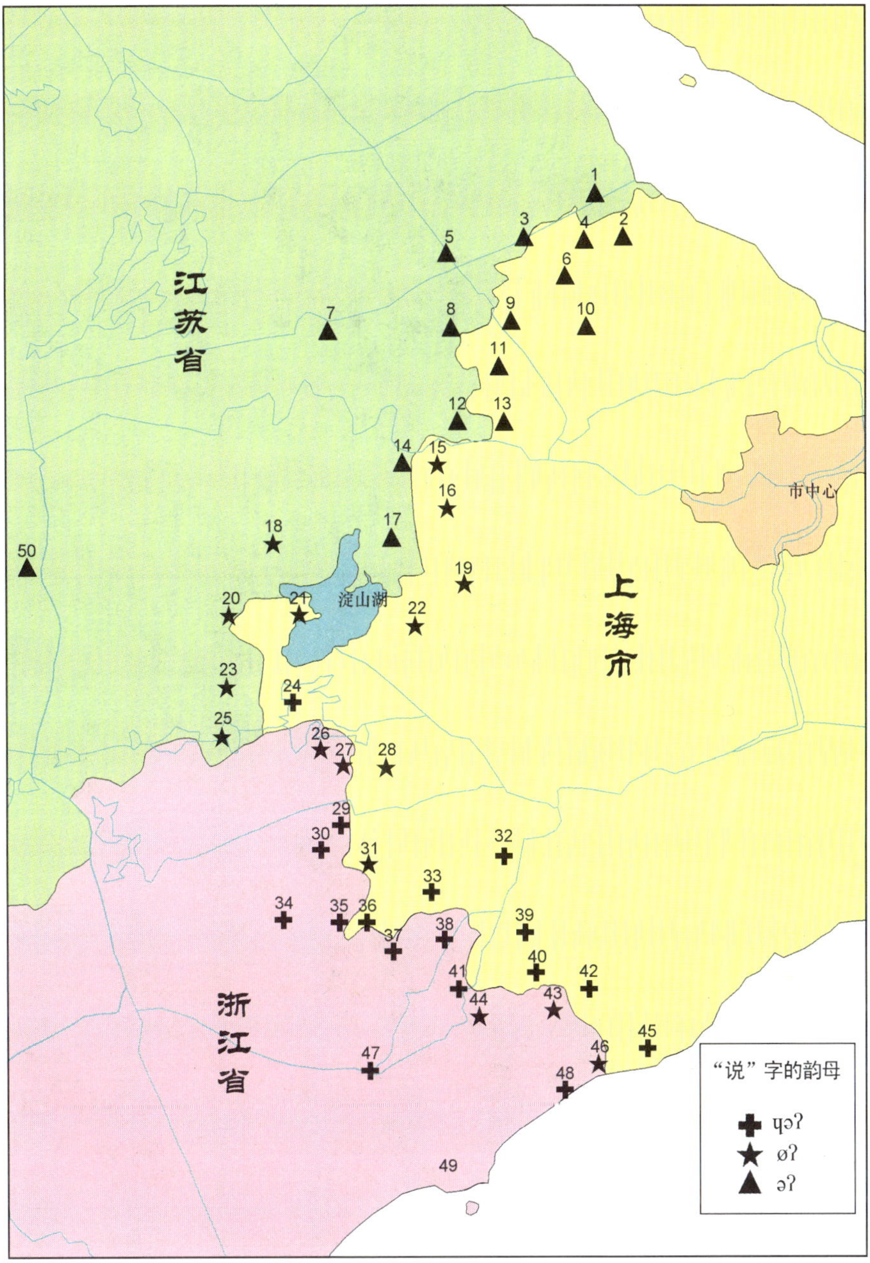

第二章 江浙沪交界地区方言特征地图 | 327

"说"字的韵母

✚ yɔʔ
★ øʔ
▲ əʔ

图20 "说"字韵母

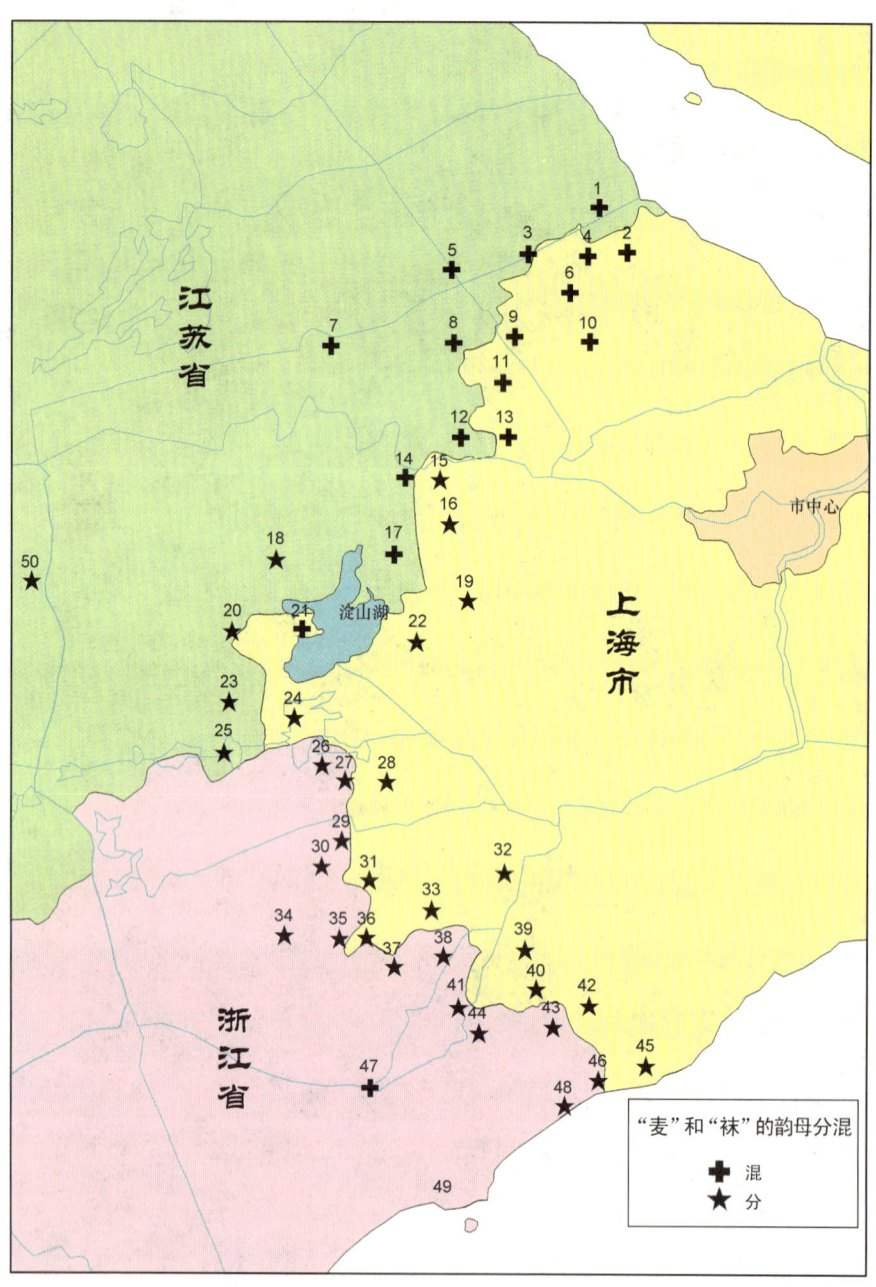

图21 "麦、袜"分混

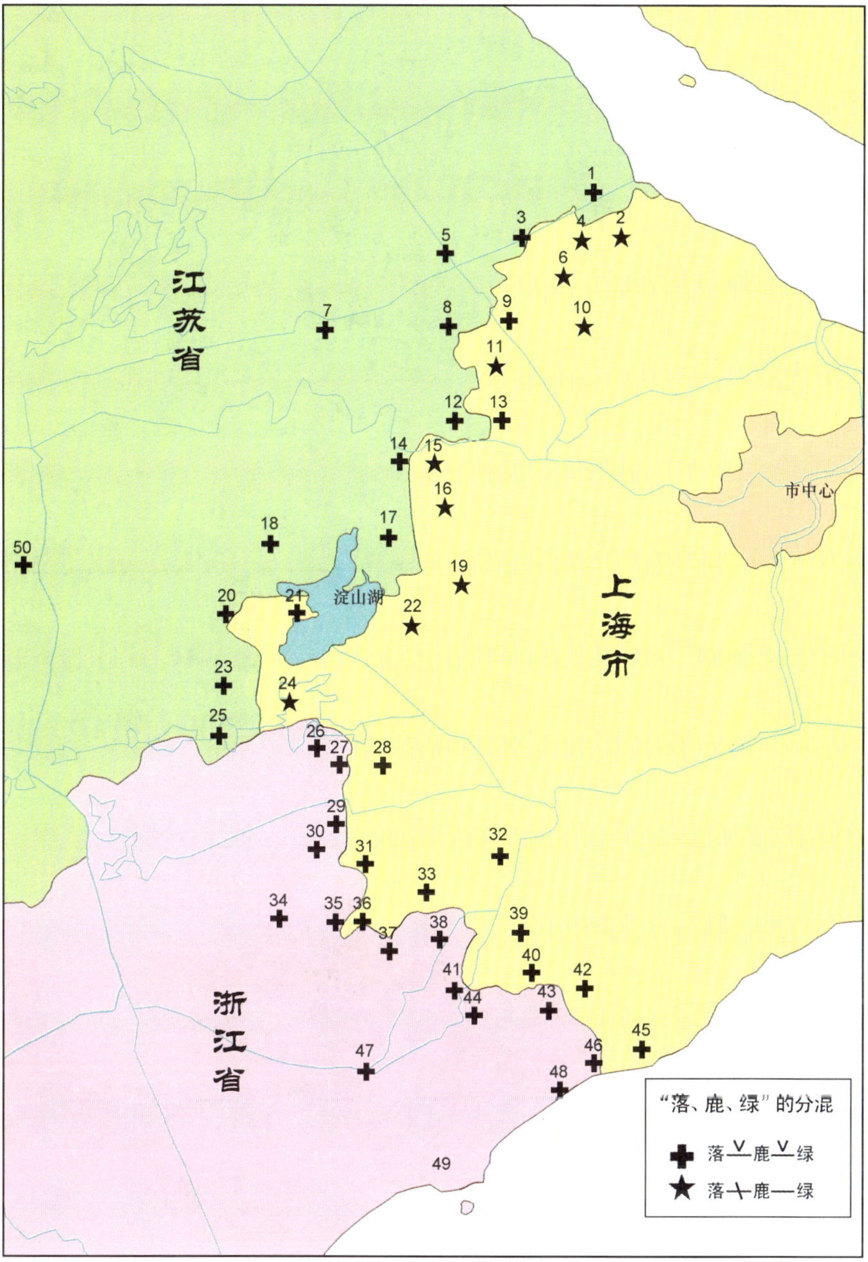

第二章 江浙沪交界地区方言特征地图 | 329

图22 "落、鹿、绿"分混

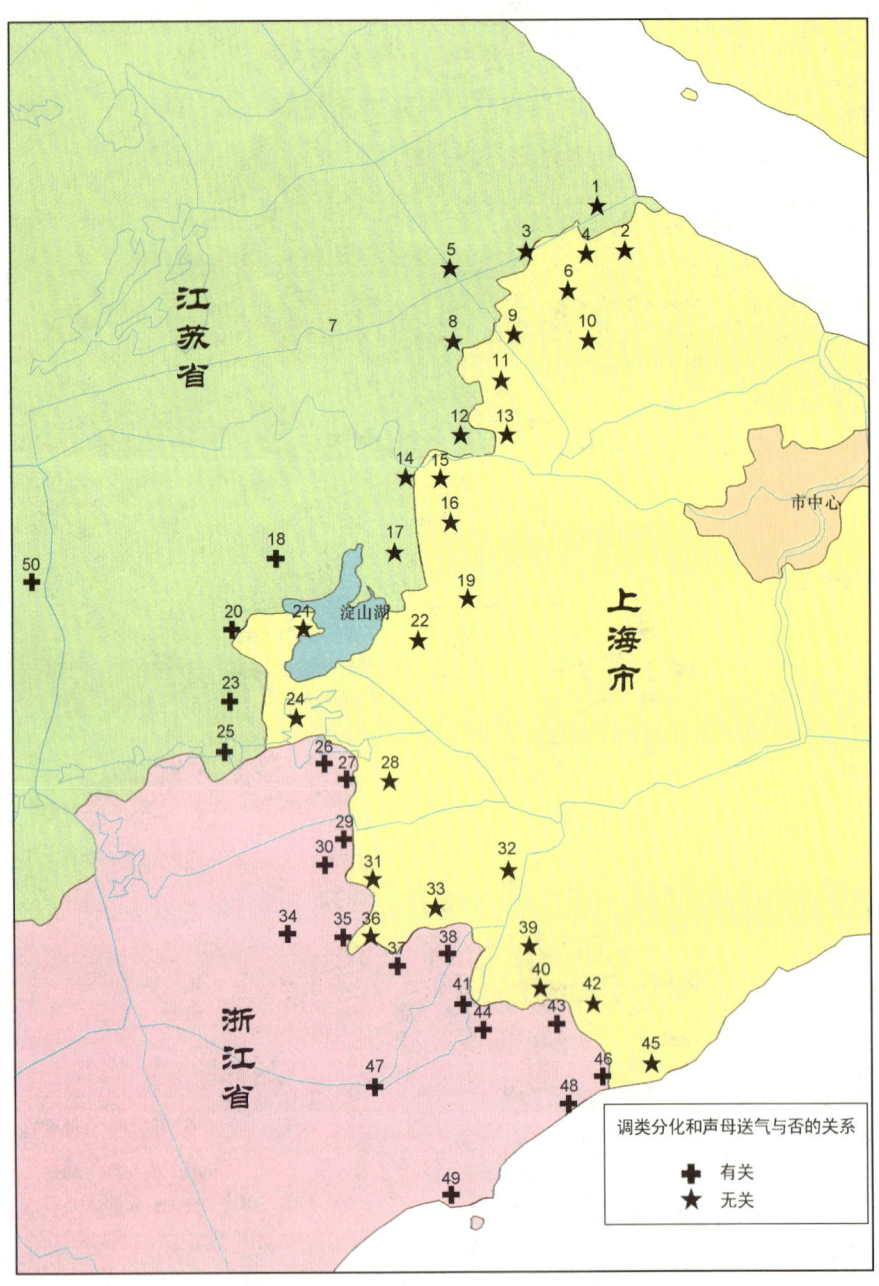

图23 调类分化与声母送气与否的关系

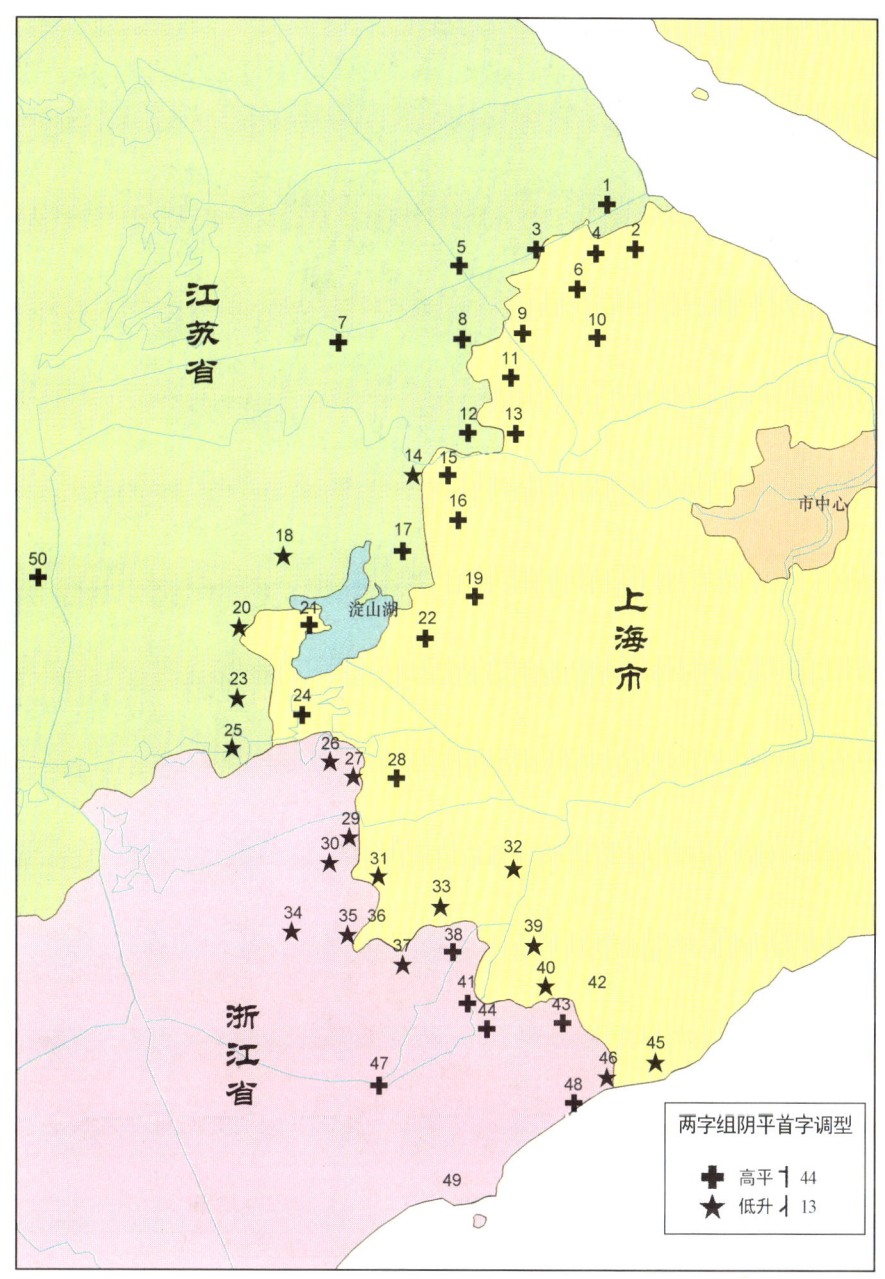

图24　两字组阴平首字调形

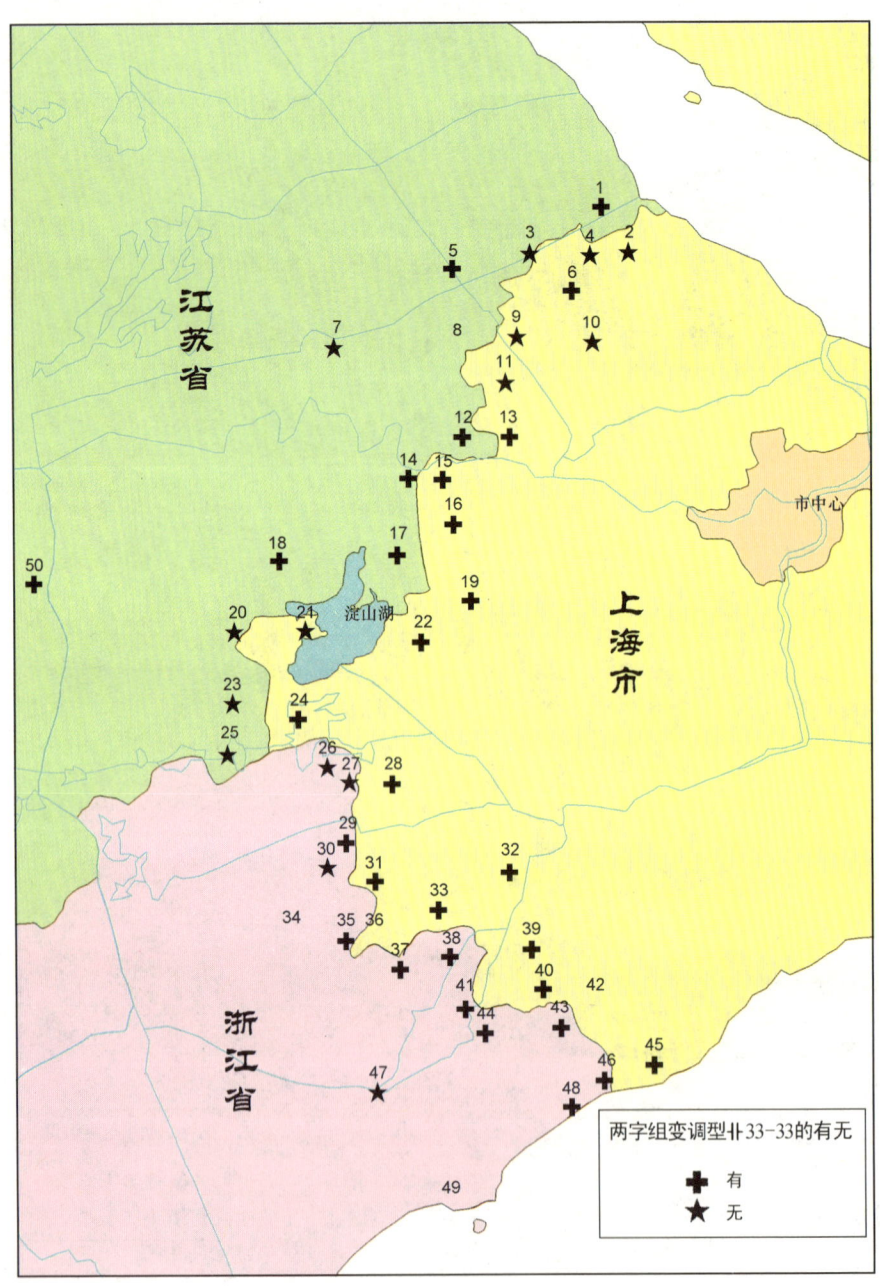

图25 两字组变调有无33—33型

附录　上海方言调查补充字表

一、本字表专收《方言调查字表》未收的上海方言用字。

二、本字表分为两部分,第一部分是有汉字读音的词;第二部分是无汉字而有读音的词,或方言本字待考的词。

三、本字表按谓词、名词、数词、量词、代词、副词、介词、连词的顺序排列。各类词内部则按三十六字母及元音尾、辅音尾、入声尾的声韵配合关系排列。

四、每一条目含四项内容：本字、读音、用例、注释。无本字或本字待考的用□表示,词义明显的,则省去用例和注释。

五、所收方言字未完备,尚待补充。

第一部分

1、扳,pE1,~手节头,扳倒,挽回

2、掰,pE1,~开,一~两断,将物分拆开

3、掤,pE2,~跟头,~脱一跤,绊

4、擘,pa?7,脚~开,瓜~开,分开,叉开

5、滗,piɪ?7,~渣,去水留渣

6、趵,pɔ5,油溅水~起,物体突然跃起

7、掰,pha?7,~老叶,~手~脚,用手折物,叉开

8、爬,bE2,乌龟~门槛,爬

9、掊,bE2,~灰,拨

10、拌,bø2,~种,~和,搅和

11、鬅,bø2,头发~起,~头曲发,打髻

12、跁,bø2,~手~脚,~脚坐,腿足蜷曲

13、呠,bø2,~嘴~舌,以言难人

14、瀑,bø2,水~出来,溢

15, 齙, bo2, ~牙,门齿不齐,向外突出

16, 鐾, bi2, ~刀,~自来火,摩,擦

17, 垎, bən2, ~地,用锄翻地

18, 匍, boʔ8, ~勒地浪,趴

19, 簸, bəʔ8, ~跤,~石头,着力搬动,推,转动

20, 趆, biiʔ8, ~苗头,~输赢,比高低

21, 瓟, bɔ2, ~皮,~芋艿,去外皮

22, 寱, ɦmi2, ~脱一歇,~十分钟,小睡片刻

23, □, ɦmã2, 失头~脑,头脑迟钝

24, 胳, ʔmin4, ~缝,合拢

25, 赻, ʔmɑʔ7, ~发~发,走路缓慢摇摆

26, 焖, ʔmən6, ~饭,油~笋,用微火不透气煮物

27, 搣, ɦmiiʔ8, ~螺丝,用手指捻

28, 畲, fɛ3, ~白,酒~了,色变,变坏

29, 疺, fɛ3, 吃了要~,恶心呕吐

30, 撢, tø5, ~灰尘,拂

31, 渧, ti5, ~~干,眼泪溚溚~,滴水

32, 炖, tən5, ~茶

33, 瀄, tin5, ~~清,~脚,使沉淀

34, 褶, toʔ7, ~角,衣料不够拼上一块

35, 敠, toʔ7, ~开来,~糖,敲

36, 扡, toʔ7, ~脱,~石头,掷,扔

37, □, təʔ7, ~~份量,举物估重量

38, 扚, tiiʔ7, ~断,~花,摘

39, 摘, tiiʔ7, ~背,~肉,~汗毛,两指捏着提起

40, 嗒, təʔ7, ~味道,尝滋味

41, 煺, thø5, ~毛,用滚水烫家禽去毛

42, 敨, thɤ5, ~被头,~开报纸,抖,展开

43, □, thi5, ~进~出,舌在口外

44, 捵, thi5, ~灯心,拨动

45, 氉, thu5, ~毛,鸟兽落羽毛

46, 搟, thã1, ~牢,一手~过去,用手推止

47, 踢, thã1, ~来~去,滑跌,走路不正

48, 氽, thən1, ~勒水面上,漂浮,用油炸

49, 灡, thən3, ~发~发, 水波荡漾

50, 汏, da6, ~衣裳, 洗

51, 撘, thaʔ7, ~便宜, 抵消, 占

52, 逛, dã6, ~东~西, 逛游荡

53, 罱, ɦnɛ2, ~泥, 用网夹取

54, 搣, ɦla2, ~手~脚, 划破

55, 瀨, ɦlɛ2, ~着水, ~勒一地水, 少淋, 洒

56, 剈, ʔɣ1, ~空, ~一只洞, 挖穿

57, 摝, ʔlu1, ~勒一道, 拨

58, 狍, ɦliɔ1, ~倒, 伸脚钓人

59, 漦, ɦli2, ~伊一跤, 滴

60, 趚, ɦlã2, ~干, 逸游

61, 繗, ɦlin2, ~趚来, ~趚去, 缝合

62, 拎, ʔlin1, ~衣裳, ~被头, 提

63, 浪, ʔlɑ, ~包, 闲言冷语

64, 晾, ɦlã2, ~衣裳, 晾

65, 捋, ɦləʔ8, ~桑叶, 手握条状物向一端滑动

66, 漉, ɦloʔ8, ~水, 一~水就退色, 略洗

67, 躐, ɦloʔ8, ~起来, 起立

68, 捩, ɦliɿʔ8, ~干, ~断, ~手, 绞, 拧, 折

69, 搩, ɦliɿʔ8, ~干, 去滓汁

70, 擳, tso1, ~田螺, 伸五指取物

71, 刲, tsɿ1, ~进肉里, 置刀于肉中

72, 眨, tsã1, ~望~望, 瞧

73, 殿, tsəŋ1, ~~牢, 用小橛等敲击

74, 翇, tsoŋ1, 一~一~, 鸟翅上下振动

75, 奖, tsoŋ1, 脚一~, 跳上去, 举脚跃上

76, 趵, tsoŋ1, ~来~去, 急行

77, 哑, tsaʔ7, ~一口, 呷

78, 斫, tsoʔ7, ~稻, ~刀, 割

79, 灼, tsoʔ7, 火~紧仔, 烧热

80, 喢, tsoʔ7, ~发~发, 小儿空吮吸

81, 戳, tshoʔ7, ~穿, ~一个洞, 用尖物刺

82, 氽, tshø1, ~汤, 放在水中~, 置食物于沸水稍煮

83, 閪, sa5, ~开, 散开

84, 苲, zl2, ~秧, 插

85, 赊, so1, ~账, 延期交款

86, 擸, saʔ7, ~裤腰, ~披风, 塞住, 夹住

87, 眨, saʔ7, 眼睛一~, 目动

88, 碜, zã2, ~紧, 往里紧塞

89, 趸, zaʔ8, ~来~去, 乱跑乱塞

90, 搛, tɕi1, ~小菜, 用筷子夹取

91, 椉, tɕhi1, ~脚, 去皮

92, 搇, tɕhin5, ~钉, 按

93, 踍, tɕhiɔ5, ~脚, 腿坏, 走路有高低

94, 敆, tɕhiaʔ7, 皮~起来, 皲裂

95, 捏, ɦȵioʔ8, ~面, 捏

96, 撬, tɕiɔ5, dʑiɔ2, ~地板, 用工具强力开启

97, 囥, khã3, ~起来, 藏

98, 揩, khən5, ~出来, ~抽斗, 翻, 掏, 找

99, 睏, khuən5, ~觉, 睡

100, 搚, khaʔ7, ~胡咙, ~牢, 卡住

101, 瞉, khoʔ7, 墙壁~出来, 墙表皮凸出

102, 搚, khəʔ7, 一~, ~坏脱, 击在硬物上

103, 掼, guE4, ~下来, ~稻, 摔, 丢, 甩打

104, 隑, gE4, ~勒门浪, 倚靠

105, 趋, gɤ4, ~头~脑, 蜷缩

106, 齾, ɦȵaʔ8, ~口, 缺

107, 熯, hø5, ~大饼, 烘

108, 响, hɤ5, 发~, 恼怒

109, 揇, hən3, ~鼻涕, 手捏鼻用力出涕

110, 夯, hã1, ~结实, 用重物冲压

111, 欶, hoʔ7, ~勿出, 吸, 吐

112, 潝, hoʔ7, ~浴, 洗

113, 揞, ʔø1, ~好, ~牢, 放好, 掩盖

114, 搲, ʔo1, ~一把, ~空, 用手抓

115, 抳, ʔo1, ~上去, ~拨伊, 强予

116, 趍, ɕyø1, 一脚~到上海, 快走

117, 觫, ɕyø1, 牛角~人倒地, 用角顶撞

118, 臖, ɕyø1, 身浪~起一块, 肿起

119, 嬲, ɦȵiɔ2, 纠缠, 戏弄

120, 抈, ɕyø1, ~一拳, 用拳击

121, 赅, kE1, ~钞票, ~刁小器, 拥有, 吝啬

122, 骾, kã3, 骨头~勒胡咙口, 鱼骨等卡在喉咙里

123, 巩, koŋ5, 一~一~, 屈伸行动

124, 䀹, kaʔ7, 一~一~, 眼睫动

125, 趌, kəʔ7, ~脚走, 单脚跳着前进

126, 睈, koʔ7, 一~一~, 眼转动

127, 眵, koʔ7, ~开眼睛, 眼张大了

128, 滒, koʔ7, 水~开, 液体摇晃溢出

129, 㗆, koʔ7, ~嘴, 漱口

130, 掴, kuaʔ7, ~耳光, 用掌击, 揍

131, 揩, kha1, ~台子, ~面孔, 擦, 抹

132, 眗, khɤ1, 眼睛~下去, 目凹下

133, 伛, ʔɤ1, ~腰落背, 低头屈背

134, 捂, ʔu1, ~牢仔, 用物遮住

135, 踉, ʔii5, ~长短, 度量, 比长短

136, 阋, ʔiɔ1, 一~二, 从中间折下

137, 喂, ʔu1, ~吵, 小儿啼哭

138, 盦, ʔəʔ7, ~好一盆酱, 覆盖

139, 擪, ʔiiʔ7, ~牢仔, ~~干, 按

140, 揞, ʔiiʔ7, ~牢仔勿拨人看, 用手遮盖

141, 殟, ʔuəʔ7, ~塞, 不愉快, 懊恼

142, 䫉, ʔuəʔ7, 河里~煞, 沉, 淹, 溺

143, 抚, ɦɔ2, ~准足, 度量

144, 勋, ɦi2, 鞋底~脱, 磨损

145, 絎, ɦã2, ~两针, 缝

146, 烊, ɦiã2, 雪~脱了, 溶化

147, 掖, ɦiiʔ8, ~被头, 拖来~去, 拉, 拉好

148, 熰, toʔ7, ~肉, ~汤, 微火烧煮

149, 绷, pã1, ~绳子, ~紧, 拉

150, 镦, təŋ1, ~鸡, ~牛, 阉割

151，潽，phu1，水~蛋

152，趚，tsoŋ5，~进~出，走路不稳

153，鞄，phoʔ7，~肉，奶~肉，肉不结实

154，虌，biɪʔ8，~脚，低劣

155，縸，ɦmã6，密了~~，密集

156，嗲，tia5，~声~气，老~，娇美，好

157，忕，tha1，衣冠不整

158，□，thɤ5，~来~去，~劲足，不稳重

159，溚，daʔ8，~~滚，水滚貌

160，焿，doŋ2，热~~

161，沰，toʔ7，烂~~

162，𤌴，thaʔ7，湿~~

163，釂，ɦliɔ2，白~~，形容脸色苍白

164，敫，ɦliɔ2，长~~

165，□，tsɿ1，黑~~

166，顲，tsən1，霉~气

167，怵，tɕhiɤ1，脾气~，年成~，坏

168，悛，sɔ5，豪~，干脆，赶快

169，孱，zɤ2，~头，愚笨

170，铿，zã2，~亮，干净光亮貌

171，黝，tshoʔ7，黑~~，暗~~，黑暗貌

172，□，dʑia6，~人头，~走，能干，强健

173，犟，dʑiã6，~头倔脑，脾气倔强

174，趌，dʑiɪʔ8，~出乌拉，气急败坏

175，□，dʑyɪʔ8，短~~

176，韌，ɦnin6，~粥，形容粥糊，有黏性

177，戇，gã6，~答答，愚蠢

178，顣，ʔɔ1，~面趚额角，形容头凹

179，𪚧，ʔɔ1，~糟，脏

180，齆，ʔoŋ1，~鼻头，~声~气，鼻塞声闷貌

181，䐥，ʔoŋ1，~冻气，~臭，形容臭

182，顱，hɛ1，五~六肿，形容肿

183，窨，ʔin5，~笃笃，形容微寒

数词　量词

185，涧，toʔ7，一~~，点

186，埭，da6，一~字，行

187，毸，dʑiɤ2，一~花，团

188，坒，bi6，一~钱财，笔

189，爿，bɛ6，一~店，瓦~，家，间

代词、副词

190，伲，ɦȵi2，我

191，侬，ɦnoŋ2，你

192，伊，ɦi2，他

193，侪，zɛ2，~是，都

名词

194，鳑鮍，bã2pi3，~~鱼

195，虻，ɦmã2，~蝇

196，蝳，tøy5，蛤~

197，脭，tən1，~食

198，鰨，thaʔ7，捏~鱼

199，猡，ɦlu2，猪~

200，蛏，tshən5，~子

201，蚚，tɕi1，灶壁~

202，蛐蟮，tɕhyɪʔ7zø6，蚯蚓

203，蟮，ɕi5，~蛛，壁~

204，蚬，ɕi5，麻~子，黄~

205，鲚，zi2，刀~

206，牯，ku5，水~牛

207，鲛，kɔ1，马~鱼

208，咪，ʔmi1，猫~

209，黄，huã1，蛋~

210，鸹，ɦo2，老~

211，蚰，ɦiɤ2，水蜒~

212，蠔，ɦiã6，~子

213，狲，ɦuəʔsən1，猴子

214, 鯗, ɕiã5, 鱼~, 鳗~

215, 莆, bu2, 白~枣

216, 麩, fu1, ~皮

217, 梱, fily6, 棕榈树

218, 苣, dzy6, 莴苣笋

219, 籼, ɕi1, ~米

220, 苋, ɕi5, 米~

221, 芌, kø1ku1

222, 粳, kã3, ~米

223, 蕻, hoŋ3, 雪里~

224, 莴, ʔu1, ~苣笋

225, 顢, fimø2, ~裆裤

226, 祐, thoʔ7, ~肩

227, 麂, tɕi1, ~皮

228, 裀, kɛ5, 打~, 百~裙

229, 骿, phã5, 蹄~

230, 糁, sø5, 饭米~

231, 熑, zŋ2, 饭~

232, 蜇, zəʔ8, 海羌头

233, 羌, tɕhiã1, ~饼

234, 膒, tɕhiã1, ~蟹

235, 燴, kuɛ5, 油煤~

236, 爐, ʔɔ1, ~料

237, 馅, fiɛ6, ~子

238, 闼, daʔ8, ~门

239, 磱, filoʔ8, ~砖

240, 甑甋, tsø1fiuã2, ~砖头

241, □, tshŋ3, 户~

242, 榫, sən3, ~头

243, 堰, ʔi3, ~里向

244, 桁, fiã2, ~条

245, 甏, bã2, 米~

246, 砣, du2, 秤~

247, 钿, diɪ6, 铜~

248, 筻, da6, 蒸~

249, 砧, tsən1, ~墩板

250, 㨄, tshən5, ~凳

251, 箱, sɔ1, ~箕

252, 杌, ɦŋə?8, 排~凳

253, 篰, bu6, 篾制容器

254, 畚箕, pən5tɕi1

255, 磅, pã5, ~秤

256, 笆, po5, 山~

257, 耙, bo2, 钉~

258, 笤, diɔ2, ~帚

259, 笕, dən2, 圆~

260, 栲, ɦlɔ6, 栲~

261, 㭬, ɦlən2, ~头

262, 浶, ɦlə?8, 花~

263, 墒, sã1, ~沟

264, 箒, zø2, zE2, ~条

265, 箬笸, ɦȵia?8 ɦi3

266, 塔, ʑia6, 猪~

267, 枷, ka1, 连~

268, 畎, ɦã6, ~头地

269, 䉶, ɦlɔŋ6, 牵~

270, 篙, kɔ5, ~子

271, 瘃, tsoʔ7, 冻~

272, 眵, tshŋ5, 眼~

273, 瘭, tɕiɿʔ7, 热~头

274, 眚, ɕin1, 生~

275, 骱, ga6, ~节, 脱~

276, 楦, huən1, 打~

277, 瘄, huəʔ7, 睏一~

278, 殹, ʔi1, 眼睛浪生~

279, 疜, Koŋ1, 臀~

280, 聋, bã2, 聋~

281, 埲, boŋ2, ~尘

282, 戤, tən5, 药~子

283, 甏, tən5, 零折~买

284, 挽, tʀ1, 孝~

285, 顓, dʑiɪʔ8, 赖~皮

286, 噱, ɕyɪʔ7, ~头

287, 鸑, hʀ5

288, 翎, filin2, 接~

289, 囡, ʔnø1, 小~

第二部分 谓词、名词、代词、副词、语气词、连词

1, □, pɔ5, 胀裂

2, □, piɔ1, 液体从小口喷射

3, □, phi5, ~来~去, 歪斜欲倒

4, □, phã5, ~台子, ~钉子, 碰撞

5, □, phã5, ~拢来, ~和, 合

6, □, phã1, ~雨, 雨随风飘进

7, □, phã1, ~炒米, 胀大

8, □, bø2, ~暗, 藏, 伏

9, □, bø2, ~发~发, 走路前后脚朝内交叉

10, □, bi2, ~甘蔗, 削, 去皮

11, □, bu2, ~太阳, ~下来, 蹲, 呆着

12, □, ʔma1, 人~下来, 人体下缩

13, □, ʔmi1, ~老酒, ~一~, 小口呷, 品味

14, □, tɛ1, 放下水中探

15, □, ti1, ~份量, 悬提物品估重量

16, □, tiɔ5, ~出几个人, 从人群中挑取

17, □, tən1, ~份量, 手托物审重量

18, □, tin1, ~铜板, 是一物垂直落下撞击另一物

19, □, pu1, ~尿, ~~屙, 引小孩大小便

20, □, taʔ7, ~牢, ~进去, 逮住, 捉住

21, □, təʔ7, ~邮票, 粘合, 粘性足

22, □, thø5, ~戒指, ~下来, 脱下, 松下

23, □, thã1, 用塑料布~一~, 遮盖

24, □, tha5, ~桨, ~发~发, 划桨

25, □, thən1, ~到一眼味道, 闻, 嗅到

26, □, thin5, ~下来勿多了, 剩

27, □, toʔ7, 水~了, 沸

28, □, da2, ~后几天, 拖延

29, □, dən2, ~~侬, 挖苦

30, □, dəʔ8, ~脱, 掉落

31, □, filaʔ8, ~牢, ~开, 阻拦, 划界

32, □, tsɿ1, ~进去, 顶, 钻, 挤, 倒

33, □, tsən1, ~奶, ~出脓来, 用指挤压

34, □, tshoŋ5, ~~齐, 双手捧凌乱物使齐头

35, □, tsaʔ7, 菜浪~点盐, 略洒

36, □, tsoʔ7, ~~齐, 使整齐

37, □, tsoʔ7, ~死~活闹, 哭闹

38, □, tsoʔ7, ~紧, 聚集

39, □, tshɛ1, ~倒台子, 用手推

40, □, tshɛ5, ~东里~, 猜拳

41, □, tshiɔ5, ~尿布, 裹上

42, □, tsɔ5, ~手, 洗, 擦

43, □, sa1, ~一段, 截取, 锯

44, □, soŋ1, ~一拳, 用拳或他物平击

45, □, soʔ7, ~脱了, 物品榫头松散

46, □, za2, ~尿, 肚皮~, 排泄, 拉, 屙

47, □, zaʔ8, ~牢, 遮拦

48, □, zɔ2, 手里~仔一只篮头, 托, 携

49, □, tɕia1, 置火上保温

50, □, tɕhiã1, ~点热水, 掺合

51, □, dʑiɔ2gaʔ8, 矛盾牵制

52, □, ɦɳiiʔ8, 勒地浪~起一只表, 拾

53, □, ɕi1, ~鸡, 阉

54, □, ɕi1, 炫耀, 出示

55, □, ɕi1, ~格格

56, □, ɕi1, 门口开一眼眼, 略开

57, □, ɕia5, 门口开一点点, 略开

58，□，ɕiɔ1，~开镬盖，揭开

59，□，ɕiɔ1，~马桶，~耳朵，用尖硬物捅，刷

60，□，ɕiɔ1，~篮球，投

61，□，zia2，乱奔，乱闯

62，□，zia2，搅

63，□，zin2，~衣裳，洗

64，□，kɛ3，~脱一眼饭，用筷匙分去碗中食物

65，□，kɔ3，勿要勒地浪厢~，在地上床上玩耍

66，□，kuã5，~裂，裂

67，□，kuã5，~着，~一~，轻摸

68，□，ziɿʔ8，急速回转

69，□，kuaʔ7，~裂开来，硬物干裂

70，□，khɛ5，~勒门浪厢，碰撞

71，□，khɔ5，~油，~墨水，盛

72，□，khã1，猪勒墙边~来~去，擦过，摩擦

73，□，ga2，~木头，锯

74，□，ga2，~进去，挤，嵌

75，□，gu2，~成一团，蹲，蜷缩

76，□，gã2，~着，~过来，碰到，用力挤破

77，□，g&2，~牢，~浅，架，置

78，□，guaʔ8，~着，碰，搁

79，□，guaʔ8，耳朵里~着一句，偶然看见或听见

80，□，ɦŋa2，~骨头，啃

81，□，ɦŋa2，~断，折

82，□，ɦŋa2，~辰光，拖延

83，□，hɛ1，~斗，~点汤，舀，渔具

84，□，hoʔ7，~痒嘻嘻

85，□，huɛ5，~脱，摆脱，甩掉

86，□，hoʔ7，~牢墙壁，贴近，吸住

87，□，huaʔ7，~手~脚，甩

88，□，huaʔ7，~水，用手洒水

89，□，huaʔ7，~，裂开

90，□，huaʔ7，~一转，兜

91，□，ʔi5，伸进去取

92，□,ʔia1,~起来,躲藏,隐入

93，□,ʔã1,~小囡,口哼小调哄

94，□,ʔo1,~稻,给稻田除草

95，□,ʔu1,~进烂泥里去,陷

96，□,ʔin1,灯~脱了,熄灭

97，□,ʔoŋ1,~来~去,涌

98，□,ʔiʅʔ7,贴壁藏

99，□,ʔioʔ7,,浸藏鱼肉

100，□,ʔioʔ7,~被头,折叠

101，□,ɦɤ2,~准足,估量、核对

102，□,ɦɤ2,~着了,等到了

103，□,ɦã2,~过去,~勿落,忍受

104，□,ɦuã2,~输赢,~东道,打赌

105，□,ɦuaʔ8,~光,~脱,泼光

106，□,gɤ2,~勒浪睏,蜷缩

107，□,ɕiɔ1,~地光(怪),躺倒在地上哭闹

108，□,bu2,~豆芽,使发芽

109，□,paʔ7,~辫子,梳理辫子

110，□,zaʔ8,~脚,跺脚

111，□,ti1,~脚尖,脚跟提起

112，□,piʅ1,~小菜,煎

113，□,tshoŋ5,~皮夹子,偷

114，□,tsoʔ7,收娖,收拾

115，□,ga2sᴇ1ɦu2,聊天

116，□,phu1,~出来,溢

117，□,tshaʔ7,烂糊肉丝~~,着茨成羹

118，□,gən2,~来~去,单脚跳走

119，□,tən5,居住,逗留

120，□,pha5,身体~,破,差

121，□,ba2,身体~,弱,差

122，□,tᴇ1ɦiɔ2,蹩脚

123，□,doʔ8,~~转,团团转

124，□,tɕhia3,~头,歪斜

125，□,ɕi1,外露

126, □, ɕia1tsa3, 能干

127, □, ga2, 老~~, 卖老

128, □, ga2, ~闷, ~得得, 不乐意

129, □, 壮 gu2gu2

130, □, 硬 goʔ8goʔ8

131, □, 木 goʔ8goʔ8

132, □, gən6, ~头~脑, 倔强

133, □, ʔoŋ1tsoŋ1, 懊恼

134, □, ʔu1, 伊性格~来, 不爽快

135, □, ʔuã1, ~对, 不讲理

136, □, ɦɤ1, ~背, 背微驼

137, □, ɦiiʔ8 头 ɦiiʔ8 脑

138, □, 气急 hã1hã1, 气喘吁吁

139, □, 馋 ɦio2, 迭个小囡~~来, 馋嘴, 贪吃

140, □, za2 气, 迭个人真~~, 讨人嫌

141, □, tshoʔ7khaʔ7, 做人勿好太~~, 恶毒, 尖刻

142, □, ʔã1sE1, 伊老~~格, 下流, 差劲

143, □, ʔoʔ7ʔin1, 恶劣

144, □, si3tɕiã5, 老~~格样子, 死皮赖脸, 不像话

145, □, tshoʔ7, 哀个人老~气格, 讨人嫌, 讨厌

146, □, ɦilE2sE1, 能干, 行

147, □, tshaʔ7kuaʔ7ɦilaʔ8 新, 崭新

148, □, 笔 ɦili?8ʅ5 直, 笔直

149, □, 滴 ɦiiʔ8 滚圆, 滚圆

150, □, tiiʔ7 角四方, 正方

151, □, saʔ7ɦilaʔ8ʅ3 平, 平坦坦

152, □, sã1 光 tiiʔ7 滑, 滑溜溜

153, □, 石 kuaʔ7~硬, 绷绷硬

154, □, 黑 tiiʔ7ɦmoʔ8thoʔ7, 黑漆漆

155, □, ɦɲi2ɕin1paʔ7ɦilaʔ8, 脏得令人作呕

156, □, 嬉皮 thaʔ7 脸, 嬉皮笑脸

157, □, zəʔ8thaʔ7ɕi1ɕi1, 死皮赖脸

158, □, ɦɯm2tshiŋ1 头, 迭个人真~~头, 不知轻重(指言行)

159, □, ɦɯŋE2poʔ7ɦiloʔ7toʔ7, 呆傻

160，□, ʔi1, 闷郁寂寞

161，□, 狗皮 tɔ3tsɔ3

162，□, ʔu1ʔla1 勿出, 难言的苦衷

163，□, 勿 ɦli2 气, 不成

164，□, 勿 ɦlin2 清, 不明白, 不清楚

165，□, thaʔ7thaʔ7phu1, 很满

166，□, phaʔ7phaʔ7 满, 很满

167，□, biɿʔ8boʔ8, 枇杷

168，□, tshɔ1, 饭~, 勺子

169，□, ɦlɔŋ2, ~头

170，□, ɦmɛ2, 猜~~子, 谜

171，□, khən5, 老~, 污垢

172，□, gɔ2, 蟹~, 蟹钳

173，□, dʑin2, 寒~, 寒颤

174，□, huaʔ7, 马桶~洗, 洗马桶用的竹帚

175，□, ɦiaʔ8sɿ3tha1, 一种蝉

176，□, ɦiaʔ8ɦu2tsɿ5, 一种蝉

177，□, goʔ8, 吃~头, 因某事牵连而受罪

178，□, goʔ8ɦloʔ8, 吃~~头, 因某事牵连而受罪

179，□, tshoŋ5, ~手, 扒手

180，□, tɕiɿʔ7, ~子, 镰刀

181，□, səʔ7, 稻~, 麦~, 穗

182，□, ʔn̩1, ~奶, 祖母

183，□, tsi1, ~手, 左手

184，□, khaʔ7, 脚节~, 指甲

185，□, tshoŋ5, ~头, 出面讲话的人

186，□, tsoŋ1, ~牲, 畜牲

187，□, 横 tu1 里, 中间

188，□, tshoŋ5, 坍~, 难为情

189，□, ʔiɔ1ɦn̩i2, 角落头

190，□, ʔu1ɦli2, 屎

191，□, sɿ1, 尿

192，□, ɦŋɛ2du2, 傻子

193，□, pã5pã5tɕhi5, 打击民乐器之一种

194，□，脚ɦimø1头，膝盖

195，□，ɦilaʔ8gaʔ8子，腋窝

196，□，一bəʔ8烂泥

197，□，一ʔŋE4ʔŋE4，一点儿

198，□，ɦiȵie6，二十

199，□，ɦia2里一个，哪

200，□，ʔna2，你们

201，□，ɦiŋE2pE5，总是

202，□，ɦiŋE2ɦiləʔ8pE5，总是

203，□，zã2桩，经常

204，□，zia2tɕhi5，非常

205，□，ɦiɿʔ8，更加

206，□，ɦilE2zŋ6，行

207，□，ta1，~个人，好几

208，□，ʔmE1，~好，挺

209，□，ɦilaʔ8ɦimaʔ8sã1头，突然

210，□，gaʔ8ʔlaʔ8，肯定

211，□，ɦinE2，现在

212，□，tsoʔ7ɕin1，可能

213，□，杂kaʔ7ɦiloŋ2toŋ1，杂七杂八

214，□，一thaʔ7kuaʔ7子，全部

215，□，索kaʔ7，索性

216，□，kaʔ7ɦimã2头里，突然

217，□，ɦiŋE2ɦiŋE2diɔ2，恰巧

218，□，kəʔ7末，那么

219，□，ɦinE2末，那么

220，□，ɦia2，也

图书在版编目(CIP)数据

上海地区方言调查研究/游汝杰主编. —上海:复旦大学出版社,2013.1
ISBN 978-7-309-09194-6

Ⅰ.上… Ⅱ.游… Ⅲ.吴语-方言调查-上海市 Ⅳ.H173

中国版本图书馆 CIP 数据核字(2012)第 210751 号

上海地区方言调查研究
游汝杰 主编
责任编辑/韩结根

复旦大学出版社有限公司出版发行
上海市国权路 579 号 邮编:200433
网址:fupnet@fudanpress.com http://www.fudanpress.com
门市零售:86-21-65642857 团体订购:86-21-65118853
外埠邮购:86-21-65109143
山东鸿杰印务集团

开本 787×1092 1/16 印张 109.5 字数 1907 千
2013 年 1 月第 1 版第 1 次印刷

ISBN 978-7-309-09194-6/H·1988
定价:280.00 元

如有印装质量问题,请向复旦大学出版社有限公司发行部调换。
版权所有 侵权必究

上海市文化发展基金资助项目

上海地区方言调查研究

第三卷 第四卷

A Linguistic Survey of Shanghai Dialects

游汝杰 主编

复旦大学出版社

第三卷　分类词表

目　　录

凡例	1
第一章　天文	1
第二章　地理	11
第三章　时令	19
第四章　农事	28
第五章　植物	34
第六章　动物	47
第七章　房屋	58
第八章　器具	66
第九章　亲属称谓	83
第十章　人品　职业	96
第十一章　身体	107
第十二章　疾病	116
第十三章　衣着穿戴	124
第十四章　饮食	130
第十五章　风俗	141
第十六章　日常生活	148
第十七章　政务　公事	153
第十八章　社会交往	156
第十九章　商业　交通	164
第二十章　文化教育	173
第二十一章　娱乐	177
第二十二章　动词	182
第二十三章　方位词	208
第二十四章　代词	214
第二十五章　形容词	224

第二十六章　副词　连词　介词……………………………………………… 256
第二十七章　量词…………………………………………………………… 269
第二十八章　助词　语气词　叹词………………………………………… 272
第二十九章　数量词组……………………………………………………… 277

凡 例

一、收词原则及范围

本词表收录通行于上海市区及郊区(县)的口语词语共 2 500 余条。收入的条目以狭义方言词为主,即收录在表达同一事物或概念上词汇形式和语音形式均与普通话有差异的条目。若词汇形式和词汇意义与普通话完全相同,仅语音形式不同的,本词表基本不收。若上海市区一个事物或概念有两个词汇形式,其中一个与普通话相同,另一个是方言词,那么两者兼收,如"太阳"与"日头"。郊(区)县各点则只收录与市区说法不同的方言词。本词表除收录当前通行的说法之外,还兼收了少量旧时通用和刚兴起的说法,分别在该词语的右上方标"旧"、"新"小号字样。

二、条目及内容的安排

1. 本词表所收词语按意义分为二十九类,排列次序见本卷目录。

2. 每条词目的内容大致依次为:市区的方言词及注音,郊(区)县地点名和方言词及注音,普通话的简要释义或与方言相对应的词语。

3. 市区条目收录与普通话相同的词汇,方言词排列在前,普通话词在后。

4. 本词表郊区(县)各点按照下列顺序排列:市区(新派)、闵行区、松江县、川沙县(浦东新区)、浦东新区(原川沙县)、南汇县、奉贤县、金山县、青浦县、嘉定区、宝山区、崇明县、练塘镇。若郊区(县)某点词汇条目在词形上与市区相异而与另一郊区(县)点相同,也按此次序排列。

三、用字和注音

1. 本词表以记录词语为主,并不注重考证本字,但对一部分词,如已有本字可写的,就用本字;如无合适本字可写的,就写民间通行的俗字;如无本字和俗字可写的,就用方言同音字,并在容易引起意义混淆的方言同音字的右上方标两个短横"="表示;如连合适的方言同音字也写不出的方言词则画方框"□"表示,后用国际音标注音。

2. 每条方言词语,先写汉字,后用国际音标注读音。声调的调值,以数字表示,单音节词的声调标在字音的右上方。两个音节以上的词,既标本调,也标变调,本调在前,变调在后,中间用短横连接,标在音节的右上方。广用式与窄用式两可的连接变调只标广用式,只用窄用式的才用窄用式标调。市区的标音以中派音系为准,郊区(县)则一律标注老派音。

四、释义

每条词目的最后部分是该条目的简要释义或与方言对应的普通话词语。有的词条不止一个义项,则分别以(1)、(2)、(3)表示,常用义项列在前面。有时一个词的几个义项都常用,则把使用本义或与本义较接近的释义排在前面。释义中复指前面词条时,使用替代号"~"表示。郊区(县)的方言词若与市区词条的多个义项未能全合者,则在郊区(县)方言词语的后面加括号说明。如:市区动词"拎 lin^{53}"有"提"(1)和"领会"(2)两个义项,崇明的"捏 li^{55}(义项(1))"表明它只符合"拎"的第一个义项。部分条目特别是封闭类词后附有简例说明。

五、资料来源

1. 市区的条目主要从《上海方言词典》(许宝华、陶寰,1995)选出,此外还参阅了《上海市区方言志》(许宝华、汤珍珠等,1988)。嘉定、松江、崇明三地的材料分别取自《嘉定方言研究》(汤珍珠、陈忠敏,1993)、《松江方言研究》(稿本,许宝华,1995)和《崇明方言词典》(张惠英,1993)。

2. 金山点材料由游汝杰调查提供,浦东、南汇两点材料由盛青调查提供,闵行、宝山、青浦、奉贤四点材料由严修鸿调查提供。

3. 各地新派方言词汇调查人见本书《导言》。

第一章 天 文

序号	上海市区方言	上海郊区方言	普通话
1	日头 ȵiɿʔ²⁻¹dɤ¹³⁻²³ 太阳 tʰa³⁴⁻³³ɦiã¹³⁻⁴⁴	嘉定：日头 ȵiɿʔ²⁻¹də³¹⁻²⁴	太阳
2	太阳头里 tʰa³⁴⁻³³ɦiã¹³⁻⁵⁵dɤ¹³⁻³³li¹³⁻²¹ 日头里厢 ȵiɿʔ²⁻¹dɤ¹³⁻²²li¹³⁻²²ɕiã³⁴⁻²³／ ȵiɿʔ²⁻²dɤ¹³⁻⁵⁵li¹³⁻³³ɕiã³⁴⁻²³ 日头旺里 ȵiɿʔ²⁻¹dɤ¹³⁻²²ɦiã¹³⁻²²li¹³⁻²¹／ ȵiɿʔ²⁻²dɤ¹³⁻⁵⁵ɦiã¹³⁻³³li¹³⁻²¹ 日头地里 ȵiɿʔ²⁻¹dɤ¹³⁻²²di¹³⁻²²li¹³⁻²³／ ȵiɿʔ²⁻²dɤ¹³⁻⁵⁵di¹³⁻³³li¹³⁻²¹ 日光头里 ȵiɿʔ²⁻¹kuã⁵³⁻²²dɤ¹³⁻²²li¹³⁻²³／ ȵiɿʔ²⁻²kuã⁵³⁻⁵⁵dɤ¹³⁻³³li¹³⁻²¹ 日影头里 ȵiɿʔ²⁻¹iŋ³⁴⁻²²dɤ¹³⁻²²li¹³⁻²³／ ȵiɿʔ²⁻²iŋ³⁴⁻⁵⁵dɤ¹³⁻³³li¹³⁻²¹ 日影里 ȵiɿʔ²⁻¹iŋ³⁴⁻²²li¹³⁻²³ 日头下头 ȵiɿʔ²⁻¹dɤ¹³⁻²²ɦo¹³⁻²²dɤ¹³⁻²³／ ȵiɿʔ²⁻²dɤ¹³⁻⁵⁵ɦo¹³⁻³³dɤ¹³⁻²¹ 太阳下头 tʰa³⁴⁻³³ɦiã¹³⁻³³ɦo¹³⁻³³dɤ¹³⁻²¹ 太阳底下 tʰa³⁴⁻³³ɦiã¹³⁻⁵⁵ti³⁴⁻³³ɦo¹³⁻²¹	市区新：太阳里厢 tʰa³⁴⁻³³ɦiã¹³⁻⁴⁴li¹³⁻²²ɕiã³⁴⁻⁴⁴ 金山新：太阳里厢 tʰᴀ³⁵⁻³³ ɦiɛ̃³¹⁻³¹li¹³⁻³³ɕiɛ̃³⁵⁻³³	太阳底下
3	阴凉头里 iŋ⁵³⁻⁵⁵liã¹³⁻³³dɤ¹³⁻³³li¹³⁻²¹ 阴头里 iŋ⁵³⁻⁵⁵dɤ¹³⁻³³li¹³⁻²¹	闵行：阴山背后 iŋ⁵³⁻⁵⁵sɛ⁵³⁻³³ʔbe³⁴⁻³³ɦɤ¹³⁻²¹ 奉贤：阴凉头 iŋ⁵³⁻⁵⁵liã¹³⁻⁵⁵dɒi³¹⁻²¹ 宝山：阴凉头 iŋ⁵³⁻⁵⁵liã¹³⁻⁵⁵dɒi³¹⁻²¹	阴儿，即太阳照不到的地方

序号	上海市区方言	上海郊区方言	普通话
4	野日头吃家日头 ɦia¹³⁻²² n̠iɪʔ²⁻⁵·dɤ¹³⁻³³·tɕʰiɪʔ⁵⁻³· ka⁵³⁻⁵⁵ n̠iɪʔ²⁻³ dɤ¹³⁻²¹ 日蚀 n̠iɪʔ²⁻¹ zəʔ²⁻²		日蚀
5	太阳带枷 tʰɑ³⁴⁻³³ ɦiã¹³⁻³³·ta³⁴⁻³³·ka⁵³ 日枷 n̠iɪʔ²⁻¹ ka⁵³⁻²³		日枷
6	亮光 liã¹³⁻²² kuã⁵³⁻¹⁴ 光 kuã⁵³	松江新：太阳光 tʰɑ³⁵⁻⁴⁴ ɦiɛ³¹⁻⁴⁴ kuã⁵³⁻⁵³ 南汇：日光 zəʔ²⁻² kuã⁵³⁻¹¹³ 奉贤新：日光 n̠iɪʔ²⁻² kuã⁵³⁻⁵³ 金山：日光 n̠iɪʔ²⁻² kuã⁵³⁻⁵³	光
7	月亮 ɦyɪʔ²⁻¹[ɦyoʔ²⁻¹, n̠yɪʔ²⁻¹] liã¹³⁻²³	松江：阿佛佛 æʔ⁵⁻⁴ βəʔ²⁻⁴ βəʔ²⁻⁴	月亮
8	月牙牙 ɦyɪʔ²⁻¹[ɦyoʔ²⁻¹, n̠yɪʔ²⁻¹] ŋa¹³⁻²² ŋa¹³⁻²³	松江新：月牙 ɦyɪʔ²⁻³ ŋa³¹⁻³¹ 金山新：月牙 n̠yəʔ²⁻² ŋA¹³⁻³⁵ 青浦新：月牙 n̠yœʔ²⁻² ŋA²¹³⁻²⁴ 嘉定：月丝丝 ŋəʔ²⁻¹ sɿ⁵³⁻¹¹ sɿ⁵³⁻²⁴ 嘉定新：月丝丝 ŋəʔ²⁻¹ sɿ⁵³⁻¹¹ sɿ⁵³⁻²⁴	月牙儿
9	天狗吃月亮 tʰi⁵³⁻⁵⁵ kɤ³⁴⁻³³·tɕʰiɪʔ⁵⁻³·ɦyɪʔ²⁻¹ [ɦyoʔ²⁻¹, n̠yɪʔ²⁻¹] liã¹³⁻²³ 野月吃家月 ɦia¹³⁻²² ɦyɪʔ²⁻³[ɦyoʔ²⁻³, n̠yɪʔ²⁻³]·tɕʰiɪʔ⁵⁻³·ka⁵³⁻⁵⁵ ɦyɪʔ²⁻²[ɦyoʔ²⁻², n̠yɪʔ²⁻²] 月蚀 ɦyɪʔ²⁻¹[ɦyoʔ²⁻¹]zəʔ²⁻²		月蚀
10	月光 ɦyɪʔ²⁻¹[ɦyoʔ²⁻¹, n̠yɪʔ²⁻¹] kuã⁵³⁻²³ 月华 ɦyɪʔ²⁻¹[ɦyoʔ²⁻¹, n̠yɪʔ²⁻¹] ɦo¹³⁻²³		月亮的光呈现在月亮周围的彩色光环
11	月亮带枷 ɦyɪʔ²⁻¹[ɦyoʔ²⁻¹, n̠yɪʔ²⁻¹] liã¹³⁻³³·ta³⁴⁻³³·ka⁵³ 月枷 ɦyɪʔ²⁻¹[ɦyoʔ²⁻¹, n̠yɪʔ²⁻¹] ka⁵³⁻²³	闵行：夜枷 ɦia¹³⁻²² ka⁵³⁻²³ 浦东：夜枷 ɦia¹³⁻²² ka⁵³⁻²³ 南汇：夜枷 ɦia¹³⁻²² ka⁵³⁻²³ 奉贤：夜枷 ɦia¹³⁻²² ka⁵³⁻²³ 宝山：夜枷 ɦia¹³⁻²² ka⁵³⁻²³ 崇明：夜枷 ɦia¹³⁻²² ka⁵³⁻²³	月枷

（续表）

序号	上海市区方言	上海郊区方言	普通话
12	天亮晓 tʰi⁵³⁻⁵⁵ liã¹³⁻³³ ɕiɔ³⁴⁻²¹	松江^新：蒙蒙亮 mʌn³¹⁻³³ mʌn³¹⁻³⁵ liɛ̃¹³⁻⁴⁴ 奉贤：晓星 ɕiɔ³⁵⁻³⁵ siŋ⁵³⁻²¹ 宝山：晓星 ɕiɔ³⁵⁻³⁵ siŋ⁵³⁻²¹ 金山：启明星 tɕʰi⁴⁴⁻³⁴ miæŋ³¹⁻⁵⁵ ɕiæŋ⁵³⁻³¹ 金山：天亮星 tʰe⁵³⁻⁴⁴ liɛ̃¹³⁻³³ siəŋ⁵³⁻²¹	启明星
13	黄昏晓 huã¹³⁻²² huəŋ⁵³⁻⁵⁵ ɕiɔ³⁴⁻²¹	松江^新：黄昏头 ɦuã³¹⁻³¹ huʌn⁵³⁻⁴⁴ dɤ³¹⁻¹¹ 金山：黄昏星 huã³¹⁻²³ fəŋ⁵³⁻⁵⁵ siəŋ⁵³⁻²¹	长庚星
14	天河 tʰi⁵³⁻⁵⁵ ɦu¹³⁻²¹ 银河 ȵiŋ¹³⁻²² ɦu¹³⁻⁴⁴		银河
15	搬场星 pø⁵³⁻⁵⁵ zɑ¹³⁻³³ ɕiŋ⁵³⁻²¹ 流星 liɤ¹³⁻²² ɕiŋ⁵³⁻⁴⁴	松江^新：扫帚星 sɔ⁴⁴⁻⁴⁴ tsɤ⁴⁴⁻⁴³ ɕiŋ⁵³⁻³³ 南汇：扫帚星 sɔ⁴⁴⁻³⁵ tsɤ⁴⁴⁻⁵⁵ ɕiŋ⁵³⁻⁵³ 浦东：逃走星 dɔ²¹³⁻²² tsɤ⁴⁴⁻²² siŋ⁵³⁻²² 南汇：逃走星 dɔ²¹³⁻²² tsɤ⁴⁴⁻²² siŋ⁵³⁻²² 崇明：拖恶星 tʰa⁵⁵⁻⁵⁵ u³³⁻⁰ siŋ⁵⁵⁻⁵⁵	流星
16	星搬场 ɕiŋ⁵³⁻⁵⁵ pø⁵³⁻³³ zɑ¹³⁻²¹	市区^新：流星雨 liɤ¹³⁻²² ɕiŋ⁵³ ɦy¹³⁻²¹ 松江^新：流星雨 liɤɯ³¹ ɕiŋ⁵³ ɦy¹³ 闵行：星移河 siŋ⁵³⁻⁵⁵ ɦi¹³⁻⁵⁵ βu³¹⁻⁵³ 松江：星移河 siŋ⁵³⁻⁵⁵ ɦi¹³⁻⁵⁵ βu³¹⁻⁵³ 奉贤：星移河 siŋ⁵³⁻⁵⁵ ɦi¹³⁻⁵⁵ βu³¹⁻⁵³ 青浦^新：流星现象 liu³¹⁻¹³ sin⁵³⁻²¹ ɦii²¹³⁻²² ziɛ̃²¹³⁻⁴⁴	流星现象
17	扫帚星 sɔ³⁴⁻³³ tsɤ³⁴⁻⁵⁵ ɕiŋ⁵³⁻²¹	市区^新：彗星 ɦuE¹³⁻⁵⁵ ɕiŋ⁵³⁻²¹ 青浦^新：彗星 ɦuɯ²¹³⁻²³ siŋ⁵³⁻⁴⁴	彗星
18	白虎星 baʔ²⁻¹ hu³⁴⁻²² ɕiŋ⁵³⁻²³	市区^新：扫帚星 sɔ³⁴⁻³³ tsɤ³⁴⁻⁵⁵ ɕiŋ⁵³⁻²¹	（1）二十八宿中的西方七宿 （2）喻指带来晦气的人

（续表）

序号	上海市区方言	上海郊区方言	普通话
19	风头 foŋ$^{53-55}$ dɤ$^{13-21}$		(1)风 (2)风头(出~，躲避~)
20	阵头风 zəŋ$^{13-22}$dɤ$^{13-55}$ foŋ$^{53-21}$	市区^{新}：阵风 zəŋ$^{13-55}$foŋ$^{53-21}$ 川沙：阵风 zəŋ$^{213-22}$foŋ$^{53-53}$ 南汇：阵风 zəŋ$^{13-13}$hoŋ$^{53-53}$ 松江：龙阵风 loŋ$^{31-22}$zəŋ$^{13-22}$ɸoŋ$^{53-22}$	阵风
21	风脚 foŋ$^{53-55}$tɕiaʔ$^{5-2}$	浦东：风潮脚 hoŋ$^{53-55}$zɔ$^{213-55}$tɕiaʔ$^{5-5}$ 南汇：还脚风 βE$^{113-22}$ciaʔ$^{5-3}$ hoŋ$^{53-33}$ 奉贤：潮脚 zɔ$^{31-24}$ciaʔ$^{5-2}$	大风过后的余势
22	飓风^{旧} dzy$^{13-22}$ foŋ$^{53-44}$ 风潮 foŋ$^{53-55}$zɔ$^{13-21}$ 台风 dɛ$^{13-22}$foŋ$^{53-44}$		台风
23	龙取水 loŋ$^{13-22}$tɕʰy$^{34-55}$sʅ$^{34-21}$ 龙卷风 loŋ$^{13-22}$tɕyø$^{34-55}$foŋ$^{53-21}$	浦东：龙风 loŋ$^{213-22}$hoŋ$^{53-53}$ 南汇：龙风 loŋ$^{213-22}$hoŋ$^{53-22}$	龙卷风
24	旋风 zi$^{13-22}$ foŋ$^{53-44}$	市区^{新}：龙卷风 loŋ$^{13-22}$tɕy$^{34-55}$foŋ$^{53-44}$	旋风
25	鬼头风 tɕy$^{34-33}$dɤ$^{13-55}$ foŋ$^{53-21}$	闵行：鬼风 cy$^{44-35}$ ɸoŋ$^{53-21}$	急旋风
26	顶风 tiŋ$^{34-33}$foŋ$^{53-44}$ 顶头风 tiŋ$^{34-33}$dɤ$^{13-55}$foŋ$^{53-21}$	市区^{新}：逆风 ȵiɿʔ$^{2-1}$foŋ$^{53-23}$ 南汇：逆风 ȵiɿʔ$^{2-2}$foŋ$^{53-113}$ 奉贤：逆风 ȵiʌʔ$^{2-2}$hoŋ$^{53-53}$ 金山^{新}：逆风 ȵiɿʔ^{2}foŋ^{53} 嘉定^{新}：逆风 ȵiɿʔ$^{2-1}$foŋ$^{53-24}$ 崇明：丁＝风 tiŋ$^{55-55}$foŋ$^{55-55}$	逆风
27	起风 tɕʰi$^{34-33}$ foŋ$^{53-44}$ 发风 faʔ$^{5-3}$foŋ$^{53-44}$ 刮风 kuaʔ$^{5-3}$foŋ$^{53-44}$	南汇：起风头 chi$^{44-35}$ hoŋ$^{53-55}$ dɤ$^{113-53}$ 金山^{新}：起风头里 tɕʰi$^{44-24}$foŋ$^{53-53}$dɤ$^{31-13}$li$^{35-31}$ 崇明：风省＝ foŋ$^{55-55}$sã$^{424-0}$	刮风
28	云头 ɦyŋ$^{13-22}$[ɦyoŋ$^{13-22}$] dɤ$^{13-44}$ 云 ɦyŋ^{13}[ɦyoŋ^{13}]		云
29	黑云 həʔ$^{5-3}$ɦyŋ$^{13-44}$[ɦyoŋ$^{13-44}$] 乌云 u$^{53-55}$ɦyŋ$^{13-21}$[ɦyoŋ$^{13-21}$]	松江：风块头 ɸoŋ$^{53-55}$kʰue$^{35-33}$dɯ$^{31-21}$	乌云
30	缸爿云 kã$^{53-55}$bɛ$^{113-33}$ɦyŋ$^{13-21}$[ɦyoŋ$^{13-21}$]		秋天的一种鱼鳞状云，刮大风的预兆

（续表）

序号	上海市区方言	上海郊区方言	普通话
31	起阵头 tɕʰi³⁴⁻³³zəŋ¹³⁻⁵⁵ dɤ¹³⁻²¹	松江：蒸阵头 tsəŋ⁵³⁻⁵⁵zəŋ¹³⁻³³duɯ³¹⁻²¹ 川沙：起阵头雨 tɕʰi⁴⁴⁻⁴⁴zəŋ²¹³⁻²²dɤ²¹³⁻⁵⁵ɦy²¹³⁻²¹	乌云骤起，将要下阵雨
32	风报头 foŋ⁵³⁻⁵⁵ pɔ³⁴⁻³³ dɤ¹³⁻²¹	宝山：报头 pɔ³⁵⁻³⁵ dɒi³¹⁻²¹	二月初八刮的风，常伴有雨或雪。二月初八旧传为"张大帝"生日
33	早华 tsɔ³⁴⁻³³ ɦo¹³⁻⁴⁴	松江新：朝霞 tsɔ⁵³⁻⁵³ɦia³¹⁻³¹ 金山新：早霞 tsɔ⁴⁴⁻²⁴ ho³¹⁻⁵³ 宝山：胭脂红 iɿ⁵³⁻⁵⁵tsɿ⁵³⁻⁵⁵ɦoŋ³¹⁻²¹ 崇明：朝华 tsɔ⁵⁵⁻⁵⁵ɦuo²⁴⁻⁵⁵	朝霞
34	夜华 ɦia¹³⁻²² ɦo¹³⁻⁴⁴ 火烧云 hu³⁴⁻³³sɔ⁵³⁻⁵⁵ ɦyŋ¹³⁻²¹ [ɦyoŋ¹³⁻²¹]	金山：晚霞 βuɛ¹³⁻²³ɦo³¹⁻⁵³ 宝山：晏霞 E³⁵⁻³⁵ ɦia³¹⁻²¹	晚霞
35	雷神公公 lɛ¹¹³⁻²²zəŋ¹³⁻⁵⁵ koŋ⁵³⁻³³ koŋ⁵³⁻²¹	松江新：雷公 lɛ³¹⁻³³ koŋ⁵³⁻⁵³ 浦东：雷婆 lɛ²¹³⁻²²bu²¹³⁻²² 南汇：雷婆 lɛ²¹³⁻²²bu²¹³⁻²² 金山：雷公公 lɒi³¹⁻²⁴ koŋ⁵³⁻⁵⁵ koŋ⁵³⁻²¹ 宝山：雷公公 lɒi³¹⁻²⁴ koŋ⁵³⁻⁵⁵ koŋ⁵³⁻²¹ 宝山新：雷公公 lɛ³⁵⁻³³ koŋ⁵³⁻⁵⁵koŋ⁵³⁻²¹	迷信认为是司雷的神
36	雷响 lɛ¹³⁻²² ɕiã³⁴⁻⁴⁴ 打雷 tã³⁴⁻³³ lɛ¹³⁻⁴⁴	崇明：阵头响 dzəŋ³¹³⁻³¹dɵ²⁴⁻⁵⁵ ɕiã⁴³⁴⁻⁰	打雷
37	天打 tʰi⁵³⁻³⁵ tã³⁴⁻²¹		雷击
38	着地雷 zaʔ²⁻¹di¹³⁻²² lE¹³⁻²³ 顶头雷 tiŋ³⁴⁻³³dɤ¹³⁻⁵⁵ lE¹³⁻²¹ 滚地雷 kuəŋ³⁴⁻³³ di¹³⁻⁵⁵ lE¹³⁻²¹ 霹雷 pʰiʔ⁵⁻³ lE¹³⁻⁴⁴	川沙：响雷 ɕiaŋ⁴⁴⁻⁴⁴lE²¹³⁻⁴⁴	霹雳
39	霍"险" hoʔ⁵⁻³³ɕi³⁴⁻⁴⁴ 闪电 sø³⁴⁻³³ di¹³⁻⁴⁴	闵行：金线路 ciŋ⁵³⁻⁴⁴si³⁴⁻³³ lu¹³⁻³⁴ 松江：金线路 ciŋ⁵³⁻⁴⁴si³⁴⁻³³ lu¹³⁻³⁴ 金山：金线路 ciŋ⁵³⁻⁴⁴si³⁴⁻³³ lu¹³⁻³⁴	闪电
40	霍"险"娘娘 hoʔ⁵⁻³ɕi³⁴⁻⁵⁵ ɲiã¹³⁻³³ɲiã¹³⁻²¹	松江新：电母 diɿ¹³⁻⁴⁴mu⁴⁴⁻⁴⁴ 金山新：雷公公 lɒi³¹⁻²⁴ koŋ⁵³⁻⁵⁵ koŋ⁵³⁻²¹	迷信认为是司管闪电的神

（续表）

序号	上海市区方言	上海郊区方言	普通话
41	落雨 loʔ²⁻¹ ɦy¹³⁻²³ 雨落^旧 ɦy¹³⁻²² loʔ²⁻⁴	金山：雨滴子落落来里 y¹³⁻²³ tiɿ⁵⁻⁵ tsɿ⁴⁴⁻³¹ loʔ²⁻³ loʔ²⁻² lɛ³¹⁻¹³ li³⁵⁻³¹	下雨
42	开点 kʰE⁵³⁻⁴⁴ ti³⁴	市区^新：开始落雨 kʰe⁵³⁻⁵⁵ sɿ³⁵⁻²¹ loʔ²⁻¹ ɦy²³⁻²³ 松江^新：落雨 loʔ²⁻³ ɦy³¹⁻³¹	掉雨点儿，开始下雨
43	毛毛雨 mɔ¹³⁻²² mɔ¹³⁻⁵⁵ ɦy¹³⁻²¹	南汇：棚棚雨 mã¹¹³⁻²² mã¹¹³⁻³³ ɦy¹¹³⁻³³	（1）小雨 （2）小事
44	麻花雨 mo¹³⁻²² ho⁵³⁻⁵⁵ ɦy¹³⁻²¹ 雨麻花 ɦy¹³⁻⁴⁴ mo¹³⁻⁵⁵ ho⁵³⁻⁵⁵ 埲尘雨^旧 boŋ¹³⁻²² zəŋ¹³⁻⁵⁵ ɦy¹³⁻²¹	奉贤：蒙蒙细雨 məŋ³¹⁻²³ məŋ³¹⁻⁵⁵ ɕi³⁵⁻⁴⁴ ɦy¹³⁻⁴⁴ 嘉定：□雨 ʔmã⁵³⁻⁵⁵ ɦi¹³⁻²¹（如"孟、猛"阳调改阴调，去声改平声）	濛濛细雨
45	长脚雨 zã¹³⁻²² tɕiaʔ⁵⁻⁵ ɦy¹³⁻²¹ 长头雨 zã¹³⁻²² dɤ¹³⁻⁵⁵ ɦy¹³⁻²¹ 连阴雨 li¹³⁻²² iŋ⁵³⁻⁵⁵ ɦy¹³⁻²¹		持续多天的雨
46	阵头雨 zəŋ¹³⁻²² dɤ¹³⁻⁵⁵ ɦy¹³⁻²¹ 阵头 zəŋ¹³⁻²² dɤ¹³⁻⁴⁴	松江^新：阵雨 zʌŋ¹³⁻⁴⁴ ɦy¹³	阵雨
47	秋赖⁼柴⁼ tɕʰiɤ⁵³⁻⁵⁵ la¹³⁻³³ za¹³⁻²¹	浦东：秋柴⁼柴⁼ tsʰiɤ⁵³⁻⁵⁵ za²¹³⁻³³ za²¹³⁻²¹ 南汇：秋柴⁼柴⁼ tsʰiɤ⁵³⁻⁵⁵ za²¹³⁻³³ za²¹³⁻²¹	立秋后一连多天间断下小雨
48	鲎^旧 hɤ³⁴ 虹 ɦoŋ¹³	市区^新：彩虹 tsʰe³⁵⁻³³ ɦoŋ¹³⁻⁴⁴ 松江^新：彩虹 tsʰɛ⁴⁴⁻⁴⁵ ɦoŋ³¹⁻⁵³ 金山^新：彩虹 tsʰɛ⁴⁴⁻²⁴ ɦoŋ³¹⁻⁵³	虹
49	双鲎 sã⁵³⁻⁵⁵ hɤ³⁴⁻²¹	金山^新：一道出现 iʔ⁵⁻³ dɔ³⁵⁻⁵ tsʰəʔ²⁻³ ɦi³⁵⁻³⁵	虹霓同时出现
50	凌宕 liŋ¹³⁻²² dã¹³⁻⁴⁴	浦东：凌廊 liŋ²¹³⁻²² lã²¹³⁻²² 金山^新：凌当 liæŋ³¹ tã⁵³ 嘉定：凌落 liŋ³¹⁻³⁵ loʔ²⁻² 崇明：凌铎 liŋ²⁴⁻²⁴ dɔʔ²⁻⁵	挂在屋檐下的冰锥儿
51	瓦凌 ŋo¹³⁻²² liŋ¹³⁻⁴⁴	金山^新：凌当 liæŋ³¹⁻¹³ tã⁵³⁻⁵³	挂在屋顶瓦下的冰锥儿
52	鸡脚冰 tɕi⁵³⁻⁵⁵ tɕiaʔ⁵⁻³ piŋ⁵³⁻²¹		有鸡爪状纹理的薄冰
53	冰胶 piŋ⁵³⁻⁵⁵ kɔ⁵³⁻²¹ 冰冻 piŋ⁵³⁻⁵⁵ toŋ³⁴⁻²¹ 结冰 tɕiɿ⁵⁻³ piŋ⁵³⁻⁴⁴	松江：胶冰 kɔ⁵³⁻³⁵ ʔbiŋ⁵³⁻⁵³ 宝山：冻冰 toŋ³⁵⁻⁴⁴ piŋ⁵³⁻⁵³ 崇明：冻冰 toŋ³⁵⁻³⁵ piŋ⁵³⁻²¹	结冰

（续表）

序号	上海市区方言	上海郊区方言	普通话
54	连底冻 li$^{13-22}$ti$^{34-55}$toŋ$^{34-21}$	闵行：兜底冻 ʔdɤ$^{53-55}$ʔdi$^{44-55}$ʔdoŋ$^{34-53}$ 松江：兜底冻 ʔdɤ$^{53-55}$ʔdi$^{44-55}$ʔdoŋ$^{34-53}$ 奉贤：兜底冻 ʔdɤ$^{53-55}$ʔdi$^{44-55}$ʔdoŋ$^{34-53}$ 浦东：兜底胶 ʔdɤ$^{53-55}$ʔdi$^{44-33}$kɔ$^{53-21}$ 金山^{新}：全部冻咯 zi$^{31-22}$bu$^{35-55}$toŋ$^{13-33}$gə$^{2-21}$	严寒时河里或缸里的水从面上到底部全部结成冰
55	冰块 piŋ$^{53-55}$kʰuE$^{34-21}$ 冰雹 piŋ$^{53-55}$bɔ$^{13-21}$	金山：冰片 ʔbiaŋ$^{53-55}$pʰi$^{24-21}$	冰雹
56	落雪 lo$^{2-1}$ɕiɪʔ$^{5-2}$	闵行：雪落 siɪʔ$^{5-4}$lɔʔ$^{2-4}$	下雪
57	腊雪 la$^{2-1}$ɕiɪʔ$^{5-2}$ 冬雪 toŋ$^{53-55}$ɕiɪʔ$^{5-2}$		腊月里下的雪
58	雪葃 ɕiɪʔ$^{5-3}$təŋ$^{34-44}$	闵行：冻雪 ʔdəŋ$^{44-35}$siɪʔ$^{5-2}$ 青浦：冻雪 ʔdəŋ$^{44-35}$siɪʔ$^{5-2}$ 宝山：冻雪 ʔdəŋ$^{44-35}$siɪʔ$^{5-2}$	积雪不化
59	雪珠 ɕiɪʔ$^{5-3}$tsʅ$^{34-44}$		霰
60	雪烊勒 ɕiɪʔ$^{5-4}$·ɦiã$^{13-22}$lə$^{2-4}$	市区^{新}：雪烊脱勒 ɕiɪʔ^{5}·ɦiÃ$^{13-22}$tʰɐ$^{5-5}$lɐ$^{2-2}$ 奉贤^{新}：雪烊脱勒 ɕieʔ^{5}·ziã$^{31-32}$tʰə$^{5-2}$lə$^{2-2}$ 金山^{新}：雪烊脱勒 ɕiɪʔ^{5}·ziã$^{31-32}$tʰə$^{5-2}$lə$^{2-2}$ 闵行：烊雪 ɦiã$^{31-22}$siɪʔ$^{5-4}$ 南汇：雪烊掉勒 ɕiɪʔ^{5}·ziã$^{13-22}$diɔ$^{13-55}$lə$^{2-5}$ 嘉定^{新}：雪烊则 siɪʔ$^{5-3}$ɦiã$^{31-55}$tsə$^{5-2}$	雪化了
61	开烊 kʰE$^{53-55}$ɦiã$^{13-21}$	浦东：开冻 kʰe$^{53-55}$ʔdoŋ$^{35-21}$ 南汇：开冻 kʰe$^{53-55}$ʔdoŋ$^{35-21}$ 金山：开冻 kʰe$^{53-55}$ʔdoŋ$^{35-21}$	冰雪消融
62	落霜 lo$^{2-2}$sã^{53} 打霜 tã$^{34-33}$sã$^{53-44}$ 霜降^{旧} sã$^{53-55}$kã$^{34-21}$	松江：霜打 sã$^{53-43}$tɛ̃$^{44-43}$ 金山^{新}：霜冻 sã$^{53-55}$toŋ$^{13-31}$	下霜
63	霜打 sã$^{53-55}$tã$^{34-21}$		农作物受到霜的侵袭

（续表）

序号	上海市区方言	上海郊区方言	普通话
64	迷雾 mi$^{13-22}$ɦu$^{13-44}$ 雾露 ɦu$^{13-22}$ lu$^{13-44}$ 雾 ɦu^{13}	嘉定：迷露 mi$^{31-22}$lu$^{13-44}$ 嘉定^{新}：迷露 mi$^{31-24}$lu$^{13-21}$ 宝山：迷露 mi$^{31-22}$lu$^{13-44}$ 崇明：迷露 mi$^{31-22}$lu$^{13-44}$	雾
65	好天 hɔ$^{34-33}$tʰi$^{53-44}$ 晴天 ziŋ$^{13-22}$ tʰi$^{34-44}$	南汇：旺日头 ɦiã$^{13-13}$ȵiɪʔ$^{2-5}$dɤ$^{113-53}$	晴天
66	天好 tʰi$^{53-55}$hɔ$^{34-21}$	浦东：天转则 tʰi$^{53-55}$tse$^{44-33}$zəʔ$^{2-21}$ 嘉定^{新}：旺日头 ɦiã$^{13-22}$ȵiɪʔ$^{2-5}$də$^{31-21}$ 崇明：好亨＝hɔ$^{424-42}$hã$^{33-33}$	天气晴好
67	阴势＝天 iŋ$^{53-55}$sɿ$^{34-44}$tʰi$^{53-21}$ 阴子＝天 iŋ$^{53-55}$tsɿ$^{34-33}$tʰi$^{53-21}$ 阴天 iŋ$^{53-55}$tʰi$^{53-21}$	宝山：阴湿天 iŋ$^{53-55}$səʔ$^{2-5}$tʰiɪ$^{53-21}$	阴天
68	乌苏天 u$^{53-55}$su$^{53-33}$tʰi$^{53-21}$ 觳世天 hɤ$^{53-55}$sɿ$^{34-33}$tʰi$^{53-21}$	市区^{新}：潮湿闷热 zɔ$^{13-22}$saʔ$^{2 5-4}$məŋ$^{53-55}$ȵiɪʔ$^{2-2}$ 市区^{新}：觳世 hɤ$^{53-55}$sɿ$^{53-21}$ 市区^{新}：乌苏 u$^{53-55}$su$^{53-21}$ 金山：天气闷 tʰi$^{53-44}$tɕʰi$^{13-33}$məŋ$^{31-31}$	潮湿闷热的天气
69	晏开天 E$^{34-33}$kʰE$^{53-55}$ tʰi$^{53-21}$	宝山：晚开天 mE$^{13-22}$kʰE$^{53-55}$ tʰiɪ$^{53-21}$	上午由阴转晴的天气
70	怵天气 tɕʰiɤ$^{53-55}$ tʰi$^{53-33}$tɕʰi$^{34-21}$ 坏天气 ɦua$^{13-22}$tʰi$^{53-55}$ tɕʰi$^{34-21}$		坏天气
71	天怵 tʰi$^{53-55}$ tɕʰiɤ$^{53-21}$	市区^{新}：天气勿好 tʰi$^{53-55}$tɕʰi$^{35-21}$vəʔ$^{2-1}$hɔ$^{35-23}$	天气不好
72	天变 tʰi$^{53-55}$pi$^{34-21}$ 赖＝la^{13} 变天 pi$^{34-33}$tʰi$^{53-44}$	金山^{新}：天变面孔里 tʰi^{53}·pi^{13}·mi$^{35-33}$kʰoŋ$^{44-31}$li$^{35-21}$	天气发生变化，多指由晴天转为阴雨或刮风、下雪等
73	落露水 lɔʔ$^{2-2}$·lu$^{13-22}$sɿ$^{34-44}$	闵行：下露水 ɦɔ^{13}·lu$^{13-22}$sɿ$^{44-23}$ 浦东：下露水 ɦɔ^{13}·lu$^{13-22}$sɿ$^{44-23}$ 南汇：下露水 ɦɔ^{13}·lu$^{13-22}$sɿ$^{44-23}$ 金山^{新}：露水 lu$^{35-33}$sɿ$^{44-31}$ 崇明：下露水 ɦɔ^{13}·lu$^{13-22}$sɿ$^{44-23}$	下露
74	暴热 bɔ$^{13-22}$ȵiɪʔ$^{2-4}$	金山^{新}：一下子热里 iɪʔ$^{5-3}$ɦɔ$^{35-55}$tsɿ$^{44-23}$ȵiɪʔ$^{2-1}$li$^{35-55}$	天气突然变得很热
75	暴冷 bɔ$^{13-22}$lã$^{13-44}$	金山^{新}：一下子冷里 iɪʔ$^{5-3}$ɦɔ$^{35-55}$tsɿ$^{44-23}$lẽ$^{35-44}$li$^{35-44}$	天气突然变得很冷

（续表）

序号	上海市区方言	上海郊区方言	普通话
76	寒潮 ɦø$^{13-22}$zɔ$^{13-44}$	闵行：冷头 lã$^{13-13}$dɤ$^{31-21}$ 浦东：冷头 lã$^{13-13}$dɤ$^{31-21}$ 南汇：冷头 lã$^{13-13}$dɤ$^{31-21}$ 奉贤：冷头 lã$^{13-13}$dɤ$^{31-21}$ 青浦：冷头 lã$^{13-13}$dɤ$^{31-21}$ 奉贤^{新}：冷空气 lã$^{13-23}$kʰoŋ$^{53-55}$tɕʰi$^{35-31}$ 金山^{新}：冷空气 lɛ̃$^{13-23}$kʰoŋ$^{53-55}$tɕʰi$^{35-31}$	寒流
77	发冷汛 faʔ$^{5-3}$lã$^{13-55}$ɕiŋ$^{34-21}$ 发冷头 faʔ$^{5-4}$·lã$^{13-22}$ dɤ$^{13-44}$ 来寒流 lɛ$^{13-33}$·ɦø$^{13-22}$liɤ$^{13-44}$	金山：作冷头 tsɔʔ^{5}·lɛ̃$^{13-23}$ dɤ$^{31-53}$ 嘉定：发冷 faʔ$^{5-4}$lã$^{13-21}$ 宝山：发冷 faʔ^{5}·lã^{13}	寒流到来，气温骤降
78	落雨天 loʔ$^{2-1}$ɦy$^{13-22}$tʰi$^{53-23}$	浦东：雨落天 ɦy$^{13-22}$ loʔ$^{2-5}$tʰi$^{53-53}$ 嘉定：落雨天色 loʔ$^{2-1}$ɦi$^{13-11}$ thiʔ$^{53-24}$ səʔ$^{5-2}$	下雨天
79	还潮天 ɦuɛ$^{13-22}$ zɔ$^{13-55}$tʰi$^{53-21}$ 潮湿天 zɔ$^{13-22}$səʔ$^{5-5}$tʰi$^{53-21}$		潮湿的天气
80	拗春寒 ɔ$^{34-33}$tsʰəŋ$^{53-55}$ lã$^{13-21}$	市区^{新}：春冷 tsʰəŋ$^{53-55}$ lã$^{13-21}$ 闵行：拗春 ɔ$^{34-55}$tsʰəŋ$^{53-21}$ 奉贤：拗春 ɔ$^{34-55}$tsʰəŋ$^{53-21}$ 嘉定^{新}：拗春 ɔ$^{34-35}$tsʰɛ̃$^{53-21}$ 宝山：拗春 ɔ$^{34-55}$tsʰəŋ$^{53-21}$ 崇明：拗春 ɔ$^{34-55}$tsʰəŋ$^{53-21}$ 浦东：拗春腊底 ɔ$^{35-33}$tsʰəŋ$^{53-55}$læʔ$^{2-5}$ti$^{44-21}$ 南汇：春头腊底 tsʰəŋ$^{53-55}$dɤ$^{113-53}$læʔ$^{2-5}$ti$^{44-21}$	冬天不冷但次年春寒料峭

（续表）

序号	上海市区方言	上海郊区方言	普通话
81	黄梅信 ɦuã¹³⁻²²mɛ¹³⁻⁵⁵ɕiŋ³⁴⁻²¹ 黄梅信里 ɦuã¹³⁻²²mɛ¹³⁻⁵⁵ɕiŋ³⁴⁻³³li¹³⁻²¹	市区新：黄梅天 ɦuÃ¹³⁻²²mɛ¹³⁻⁵⁵tʰi⁵³⁻³¹ 松江：黄梅天 ɦuã³¹⁻²²me³¹⁻³³tʰi⁵³⁻³³ 松江新：黄梅天 ɦuã³¹⁻³⁴mẽ³¹⁻³⁵tʰi⁵³⁻⁴³ 川沙：黄梅天（气） ɦuaŋ²¹³⁻²²me²¹³⁻⁵⁵tʰi⁵³⁻⁵³（tɕʰi³⁵） 浦东：黄梅天 ɦuã³¹⁻²²me³¹⁻³³tʰi⁵³⁻³³ 奉贤：黄梅天 ɦuã³¹⁻²²me³¹⁻³³tʰi⁵³⁻³³ 奉贤新：黄梅天 ɦuã³¹⁻²³me³¹⁻⁵⁵tʰi⁵³⁻³¹ 金山新：黄梅天 vã³¹⁻²³me³¹⁻⁵⁵tʰi⁵³⁻³¹ 嘉定新：黄梅天 ɦuã³¹⁻²²mə³¹⁻⁵⁵tʰiɪ⁵³⁻²¹ 宝山：黄梅天 ɦuã³¹⁻²²me³¹⁻³³tʰi⁵³⁻³³ 青浦：做黄梅 tsu³⁵⁻⁴⁴ɦuã³¹⁻⁴⁴mɛ³¹⁻²¹	梅雨天气
82	秋㜺碌 tɕʰiɤ⁵³⁻⁵⁵bəʔ²⁻³³loʔ²⁻² 秋老虎 tɕʰiɤ⁵³⁻⁵⁵lɔ¹³⁻³³hu³⁴⁻²¹	金山新：秋老虎 tɕʰiɤ⁵³lɔ¹³fu⁴⁴	立秋后的炎热天气
83	起九 tɕʰi³⁴⁻⁴⁴·tɕiɤ³⁴ 进九 tɕiŋ³⁴⁻⁴⁴·tɕiɤ³⁴		从冬至那天开始数九至九九八十一天，这段时间为一年中最冷之时
84	着夜燥 tsaʔ⁵⁻³ɦia¹³⁻⁵⁵sɔ³⁴⁻²¹	浦东：日晃 ȵiɪʔ²⁻²ɸuã³⁵⁻²²	下了一整天雨后，傍晚时天气转晴，通常是继续下雨的征兆
85	天火烧 tʰi⁵³⁻⁵⁵hu³⁴⁻³³sɔ⁵³⁻²¹		由于自然原因而发生火灾

第二章 地 理

序号	上海市区方言	上海郊区方言	普通话
1	地皮 di1$^{3-22}$bi$^{13-44}$	嘉定：地部 di$^{13-24}$bu$^{13-21}$	（1）地 （2）建筑用地
2	凼田 dã$^{13-22}$di$^{13-44}$	闵行：低洼地 ʔdi$^{53-55}$uã$^{53-55}$di$^{31-53}$ 浦东：低洼地 ʔdi$^{53-55}$ua$^{53-55}$di$^{31-53}$ 奉贤：低洼地 ʔdi$^{53-55}$ua$^{53-55}$di$^{31-53}$ 宝山：低洼地 ʔdi$^{53-55}$ua$^{53-55}$di$^{31-53}$ 松江^{新}：水洼地 sɿ$^{44-33}$ua$^{55-33}$di$^{13-31}$ 南汇：低凼 ʔdi$^{53-55}$dã$^{13-31}$ 崇明：低田 ti$^{55-55}$die$^{24-55}$	地势较低的地
3	吃素田 tɕʰiɿʔ$^{5-3}$su$^{34-55}$di$^{13-21}$	浦东：沟头田 kɤ$^{53-55}$dɤ$^{213-55}$di$^{213-53}$	不施肥的田
4	田岸 di$^{13-22}$ŋø$^{13-44}$ 田枪岸 di$^{13-22}$tɕʰiã$^{53-55}$ŋø$^{13-21}$	浦东：亭岸 diŋ$^{213-22}$ŋø$^{13-22}$ 南汇：亭岸 diŋ$^{213-22}$ŋø$^{13-22}$ 青浦：田畎岸 di$^{31-13}$ɦã$^{13-44}$ŋø$^{13-21}$ 青浦^{新}：天岸 tʰiɿ$^{53-44}$ŋø$^{213-21}$ 嘉定：畎头地 ɦã$^{13-22}$də$^{31-55}$di$^{13-21}$ 宝山：田刂头 diɿ$^{31-24}$bE$^{31-55}$dɒi$^{31-53}$ 崇明：埂岸 kã$^{55-55}$ŋø$^{313-0}$ 崇明：埭头 dɑ$^{313-31}$də$^{24-55}$	田埂

（续表）

序号	上海市区方言	上海郊区方言	普通话
5	秧＝泥沟 iã$^{53-55}$n̻i$^{13-33}$kɤ$^{53-21}$	闵行：垄沟 loŋ$^{31-13}$kɤ$^{53-53}$ 松江：垄沟 loŋ$^{31-13}$kɤ$^{53-53}$ 松江^{新}：垄沟 loŋ$^{21-42}$kɤɯ$^{53-53}$ 奉贤：垄沟 loŋ$^{31-13}$kɤ$^{53-53}$ 青浦：垄沟 loŋ$^{31-13}$kɤ$^{53-53}$ 南汇：风水沟 hoŋ$^{53-55}$sʅ$^{44-33}$kɤ$^{53-21}$ 金山：田内沟 de$^{31-32}$ne$^{13-33}$kɤ$^{53-21}$ 青浦^{新}：秧沟 iẽ$^{53-44}$kɯ$^{53-42}$ 嘉定：田沟 diɪ$^{31-21}$kə$^{53-53}$	田间的小水沟
6	墒沟 sã$^{53-55}$kɤ$^{53-21}$	浦东：深沟 səŋ$^{53-55}$kɤ$^{53-53}$ 青浦^{新}：泷沟 loŋ$^{31-44}$kɯ^{53}	两排畦之间用以通水的沟
7	蔬菜地 su$^{53-55}$tsʰE$^{34-33}$di$^{13-21}$	市区^{新}：菜地 tsʰE$^{34-33}$di$^{13-44}$ 闵行：小菜地 siɔ$^{44-35}$tsʰe$^{34-55}$di$^{13-21}$ 浦东：小菜地 siɔ$^{44-35}$tsʰe$^{34-55}$di$^{13-21}$ 奉贤：小菜地 siɔ$^{44-35}$tsʰe$^{34-55}$di$^{13-21}$ 浦东：小园地 siɔ$^{44-33}$ɦyø$^{31-55}$di$^{13-21}$ 嘉定：菜田 tsʰE$^{34-35}$diɪ$^{31-21}$	菜地
8	地园 di$^{13-22}$ɦyø$^{13-44}$	市区^{新}：园子 ɦy$^{13-22}$tsʅ$^{34-44}$ 浦东：亭心 diŋ$^{213-22}$siŋ$^{53-22}$ 奉贤：园地 ɦyø$^{113-24}$di$^{13-21}$ 金山^{新}：菜园 tsʰɛ$^{13-13}$ɦø$^{31-31}$	园子
9	生地 sã$^{53-55}$di$^{13-21}$	浦东：荒地 ɸã$^{53-55}$di$^{13-21}$ 南汇：荒地 ɸã$^{53-55}$di$^{13-21}$ 金山^{新}：没种过的地皮 məʔ^{2}tsoŋ$^{44-24}$ku$^{13-53}$tiɪʔ^{5}di$^{35-33}$bi$^{31-31}$ 崇明：生田 sã$^{55-55}$die$^{24-55}$	未耕作过的地
10	熟地 zoʔ$^{2-1}$di$^{13-23}$	金山^{新}：一直种的地 iɪʔ$^{5-4}$zəʔ$^{2-2}$tsoŋ$^{44-34}$tiɪʔ$^{5-5}$di$^{35-31}$	耕作多年的地
11	半山腰 pø$^{34-33}$sE$^{53-55}$iɔ$^{53-21}$	嘉定^{新}：山腰 sE$^{53-55}$iɔ$^{53-21}$	山腰
12	塘肚 dã$^{13-22}$du$^{13-44}$	浦东：巷头 ɦã$^{13-22}$dɤ$^{213-53}$ 南汇：巷头 ɦã$^{13-22}$dɤ$^{213-53}$ 嘉定：巷 ɦã^{13}	小河边的坡地

（续表）

序号	上海市区方言	上海郊区方言	普通话
13	土墩 $t^hu^{34-33}tən^{53-44}$ 土墩墩 $t^hu^{34-33}tən^{53-55}tən^{53-21}$ 泥墩 $ȵi^{13-22}tən^{53-44}$ 烂泥堆 $lɛ^{13-22}ȵi^{13-55}tE^{53-21}$ 土堆 $t^hu^{34-33}tE^{53-44}$	松江：泥墩 $ȵi^{31-13}ʔde^{53-53}$ 浦东：烂泥墩 $lɛ^{13-22}ȵi^{213-55}ʔdən^{53-53}$ 南汇：烂泥墩 $lɛ^{13-22}ȵi^{213-55}ʔdən^{53-53}$ 嘉定：航头 $ɦã^{31-22}dø^{31-53}$	土堆儿
14	河浜 $ɦu^{13-22}pã^{53-44}$ 河 $ɦu^{13}$	闵行：河浜 $ʔbã^{53}$ 浦东：沟头 $kɤ^{53-55}dɤ^{213-53}$ 南汇：沟头 $kɤ^{53-55}dɤ^{213-53}$	河、溪
15	沿河滩 $ɦi^{13-22}ɦu^{13-55}t^hE^{53-21}$ 河滩 $ɦu^{13-22}t^hE^{53-44}$	松江新：湖滩头 $ɦu^{31-22}t^hE^{53-55}dɤɯ^{31-31}$ 浦东：浜滩 $ʔbã^{53-55}t^hɛ^{53-53}$ 南汇：河浜喊 $βu^{113-22}ʔbã^{53-22}hɛ^{44-22}$ 奉贤：河滩头 $ɦu^{31-24}t^hE^{53-55}dɒi^{31-53}$ 金山新：河滩头 $ɦu^{31-24}t^hE^{53-55}dɒi^{31-53}$ 嘉定：河滩头 $ɦu^{31-22}t^hE^{53-55}də^{31-21}$ 宝山：河滩头 $ɦu^{31-24}t^hE^{53-55}dɒi^{31-53}$ 崇明：河滩头 $ɦu^{31-24}t^hE^{53-55}dɒi^{31-53}$	河滩
16	浜滩 $pã^{53-55}t^hE^{53-21}$	闵行：浜滩头 $ʔbã^{53-55}t^hɛ^{53-55}dɤ^{31-53}$ 南汇：浜喊 $^=ʔbã^{53-55}hɛ^{44-21}$ 金山新：河滩头 $ɦu^{31-24}t^hE^{53-55}dɒi^{31-53}$	小河的河滩
17	浜兜 $pã^{53-55}tɤ^{53-21}$	闵行：断头河 $dø^{13-22}dɤ^{31-55}ɦu^{31-53}$ 闵行：死河浜 $si^{44-33}ɦu^{31-55}ʔbã^{53-53}$ 松江：断头浜 $dø^{13-22}dɤ^{213-55}ʔbã^{53-53}$ 浦东：断头浜 $dø^{13-22}dɤ^{213-55}ʔbã^{53-53}$ 松江新：滩头 $t^hɛ^{53-53}dɤɯ^{31-44}$ 南汇：断水沟 $dø^{113-13}sʅ^{44-55}kɤ^{53-53}$ 金山新：臭河浜 宝山：死沟头 $si^{35-33}kɒi^{53-55}dɒi^{31-21}$	一头不通的河道

（续表）

序号	上海市区方言	上海郊区方言	普通话
18	水塘 sʅ³⁴⁻³³ dã¹³⁻⁴⁴ 塘 dã¹³ 池塘 zʅ¹³⁻²² dã¹³⁻⁴⁴	市区新：积水处 tɕiɿʔ⁵⁻³⁻³⁴⁻⁵⁵ tsʰʅ³⁴⁻²¹ 市区新：水坑 sʅ³⁴⁻³³ kʰÃ³⁴⁻⁴⁴ 松江新：湖塘 ɦu³¹⁻³³ dã³¹⁻⁴³ 金山新：河塘 vu³¹⁻¹³ dã³¹⁻⁵³ 青浦：池潭 zʅ³¹⁻¹³ dɪ³¹⁻²¹	池塘
19	河塘 ɦu¹³⁻²² dã¹³⁻⁴⁴	浦东：小沟头 sio⁴⁴⁻³³ kɤ⁵³⁻⁵⁵ dɤ²¹³⁻⁵³ 嘉定：沟 kə⁵³	小河、小池
20	天落水 tʰi⁵³⁻⁵⁵ loʔ²⁻³ sʅ³⁴⁻²¹ 雨水 ɦy¹³⁻²² sʅ³⁴⁻⁴⁴	嘉定：落雨水 loʔ²⁻¹ ɦy³¹⁻¹¹ sʅ³⁴⁻²⁴	雨水
21	生水 sã⁵³⁻⁵⁵ sʅ³⁴⁻²¹	浦东：冷水 lã¹³⁻¹³ sʅ⁴⁴⁻²¹ 南汇：冷水 lã¹³⁻¹³ sʅ⁴⁴⁻²¹ 金山新：冷水 lã¹³⁻¹³ sʅ⁴⁴⁻²¹	未曾煮过的水
22	冷水 lã¹³⁻²² sʅ³⁴⁻⁴⁴		凉水
23	滚汤 kuəŋ³⁴⁻³³ tʰã⁵³⁻⁴⁴ 滚水 kuəŋ³⁴⁻³³ sʅ³⁴⁻⁴⁴ 开水 kʰE³⁴⁻⁵⁵ sʅ³⁴⁻²¹	闵行：热开水 ȵiɪʔ²⁻² kʰe⁵³⁻²² sʅ⁴⁴⁻⁵³ 松江：烰⁼水 tʰo⁵⁻⁴ sʅ⁴⁴⁻⁴⁴ 浦东：热滚水 ȵiɪʔ²⁻² kuəŋ⁴⁴⁻²² sʅ⁴⁴⁻⁵³ 嘉定：透水 tʰə³⁴⁻³⁵ sʅ³⁴⁻²¹ 宝山：滚开水 kuəŋ³⁵⁻³⁵ kʰE⁵³⁻⁵⁵ sʅ³⁴⁻²¹	沸水
24	橑檐水 lio¹³⁻²² ɦi¹³⁻⁵⁵ sʅ³⁴⁻²¹ 檐漏水料 ɦi¹³⁻²² lɤ¹³⁻⁵⁵ sʅ³⁴⁻²¹	闵行：廊檐水 lã³¹⁻²² ɦi³¹⁻³³ sʅ⁴⁴⁻³³ 浦东：廊檐水 lã³¹⁻²² ɦi³¹⁻³³ sʅ⁴⁴⁻³³ 南汇：廊檐水 lã³¹⁻²² ɦi³¹⁻³³ sʅ⁴⁴⁻³³ 青浦：廊檐水 lã³¹⁻²² ɦi³¹⁻³³ sʅ⁴⁴⁻³³ 宝山：廊檐水 lã³¹⁻²² ɦi³¹⁻³³ sʅ⁴⁴⁻³³ 奉贤：檐头水 ɦi³¹⁻²⁴ dɯ³¹⁻⁵⁵ sʅ⁴⁴⁻⁵³ 金山：檐头水 ɦi³¹⁻²⁴ dɤ³¹⁻⁵⁵ sʅ⁴⁴⁻³¹	屋檐上滴下的水
25	桃花水 dɔ¹³⁻²² ho⁵³⁻⁵⁵ sʅ³⁴⁻²¹	市区新：春汛 tsʰəŋ⁵³⁻⁵⁵ ɕiŋ³⁵⁻²¹	春汛，每年桃花盛开时河水暴涨

（续表）

序号	上海市区方言	上海郊区方言	普通话
26	阴阳水 iŋ⁵³⁻⁵⁵ɦiã¹³⁻³³sʅ³⁴⁻²¹ 河井水 ɦi¹³⁻²²tɕiŋ³⁴⁻⁵⁵sʅ³⁴⁻²¹	金山^新：井水 tɕiæŋ⁴⁴⁻²⁴sʅ⁴⁴⁻⁵³ 青浦^新：井水 tsiŋ⁴⁴⁻⁴⁴sʅ⁴⁴⁻⁴⁴ 嘉定^新：井水 tsiŋ³⁴⁻³³sʅ³⁴⁻⁵³ 青浦^新：河水 ɦu³¹⁻¹³sʅ⁴⁴⁻²¹ 嘉定^新：河水 ɦu³¹⁻²²sʅ³⁴⁻⁴⁴	河里或井里的水
27	瘟暾水 uəŋ⁵³⁻⁵⁵tʰəŋ³³⁻³³sʅ³⁴⁻²¹	浦东：孟⁼婆水 mã¹³⁻²²bu²¹³⁻⁵⁵sʅ⁴⁴⁻²¹	（1）温水 （2）喻指人不易激动，行动迟缓
28	水凼凼 sʅ³⁴⁻³³dã¹³⁻⁵⁵dã¹³⁻²¹ 水凼 sʅ³⁴⁻³³dã¹³⁻⁴⁴	市区^新：水塘 sʅ³⁴⁻³³dɑ̃¹³⁻⁴⁴ 浦东：水潭 sʅ³⁴⁻³³diɛ²¹³⁻⁵³ 南汇：水潭 sʅ³⁴⁻³³diɛ²¹³⁻⁵³ 金山^新：水潭 sʅ³⁴⁻³³diɛ²¹³⁻⁵³ 青浦：水潭 sʅ⁴⁴⁻³³diɛ²¹³⁻⁵³ 南汇：水潭凼 sʅ⁴⁴⁻³³de²¹³⁻⁵⁵dã¹³⁻²¹ 崇明：水田 sʅ³⁴⁻³⁵diɪ³¹⁻²¹ 嘉定^新：水漾凼 sʅ³⁴⁻³³ɦiã¹³⁻⁵⁵dã¹³⁻²¹	（1）水坑 （2）水潭
29	浪头 lã¹³⁻²²dɤ¹³⁻⁴⁴ 波浪 pu⁵³⁻⁵⁵lã¹³⁻²¹		波浪
30	起潮 tɕʰi³⁴⁻³³zɔ¹³⁻⁴⁴ 潮来^旧 zɔ¹³⁻²²lɛ¹³⁻⁴⁴ 涨潮 tsã³⁴⁻³³zɔ¹³⁻⁴⁴		涨潮
31	落潮 loʔ²⁻¹zɔ¹³⁻²³ 潮落^旧 zɔ¹³⁻²²loʔ²⁻⁴ 退潮 tʰE³⁴⁻³³zɔ¹³⁻⁴⁴		退潮
32	礚砖 loʔ²⁻¹tsø⁵³⁻²³ 砖头 tsø⁵³⁻⁵⁵dɤ¹³⁻²¹		砖头
33	瓦爿 ŋo¹³⁻²²bE¹³⁻⁴⁴ 瓦片 ŋo¹³⁻²²pʰi³⁴⁻⁴⁴ 瓦 ŋo¹³		瓦
34	垟尘 boŋ¹³⁻²²zəŋ¹³⁻⁴⁴ 灰尘 huE⁵³⁻⁵⁵zəŋ¹³⁻²¹		尘土
35	泥垟尘 ȵi¹³⁻²²boŋ¹³⁻³³zəŋ¹³⁻²¹	川沙：垟尘 boŋ¹³⁻²² zəŋ²¹³⁻⁵³ 金山^新：泥风 ȵi³¹⁻¹³foŋ⁵³ 嘉定：垟尘 boŋ¹³⁻²²zẼ³¹⁻⁵³	泥土、灰尘
36	三和土 sE¹³⁻²²ɦu¹³⁻³³tʰu³⁴⁻²¹		三合土

（续表）

序号	上海市区方言	上海郊区方言	普通话
37	纸筋石灰 tsɿ$^{34-33}$tɕin$^{53-55}$zaʔ$^{2-3}$huE$^{53-21}$	南汇：纸筋灰 tsɿ$^{44-35}$ʔʑin$^{53-55}$ɸue$^{53-53}$ 嘉定^新：纸筋灰 tsɿ$^{34-33}$tɕin$^{53-55}$hue$^{53-21}$	一种由碎粗纸与石灰组成的混合物，用于砌墙
38	檐尘 ɦi$^{13-22}$ zəŋ$^{13-44}$	松江^新：灰尘 hue$^{53-33}$zʌn$^{31-43}$ 金山^新：灰尘 fi$^{53-24}$zəŋ$^{31-53}$	屋角或屋檐上的灰尘
39	烂泥 lE$^{13-22}$[na$^{13-22}$]n̠i$^{13-44}$ 烂糊泥 lE$^{13-22}$[na$^{13-22}$]hu$^{13-55}$n̠i$^{13-21}$	浦东：灰硝 ɸue$^{53-55}$sio$^{53-53}$	泥土
40	泥坯头 n̠i$^{13-44}$bəʔ$^{2-5}$dɤ$^{13-21}$ 烂泥块 lE$^{13-22}$[na$^{13-22}$]n̠i$^{13-55}$kʰuE$^{34-21}$ 烂泥块头 lE$^{13-22}$[na$^{13-22}$]n̠i$^{13-55}$kʰuE$^{34-33}$dɤ$^{13-21}$	金山^新：泥 n̠i^{31}	土块
41	洋铅 ɦiã$^{13-22}$ kʰE$^{53-44}$ 白铁 baʔ$^{2-1}$tʰiɪʔ$^{5-2}$	市区^新：铅皮 kʰE$^{53-55}$bi$^{13-21}$ 南汇：铅皮 kʰɛ$^{53-55}$bi$^{213-53}$ 青浦：铅皮 kʰɛ$^{53-55}$bi$^{213-53}$ 浦东：白铁皮 baʔ$^{2-2}$tʰiɪʔ$^{5-2}$bi$^{213-34}$ 奉贤：洋铅皮 ɦiã$^{31-24}$ kʰE$^{53-55}$bi$^{31-53}$ 宝山：洋铅皮 ɦiã$^{31-24}$ kʰE$^{53-55}$bi$^{31-53}$	镀锌铁
42	钢中 =kã$^{53-55}$tsoŋ$^{53-21}$		制器具的铝材
43	火油^旧 hu$^{34-33}$ɦiɤ$^{13-44}$ 洋油 ɦiã$^{13-22}$ɦiɤ$^{13-44}$ 煤油 mE$^{13-22}$ɦiɤ$^{13-44}$		煤油
44	埂 =灰 kã$^{34-33}$ huE$^{53-44}$		作干燥剂用的块状生石灰
45	洋灰^旧 ɦiã$^{13-22}$ huE$^{53-44}$ 水泥 sɿ$^{34-33}$n̠i$^{13-44}$		水泥
46	水门汀 sɿ$^{34-33}$məŋ$^{13-55}$tʰin$^{53-21}$	松江^新：水泥 sɿ$^{44-44}$n̠i$^{31-34}$ 金山^新：水泥地 sɿ$^{44-31}$n̠i$^{31-55}$di$^{35-31}$ 青浦：水泥地皮 sɿ$^{44-44}$n̠i$^{31-53}$di$^{213-13}$bi$^{31-21}$	（1）水泥 （2）水泥地面
47	炭击 =tʰE$^{34-33}$tɕiɪ$^{5-4}$ 火炭 hu$^{34-33}$ tʰE$^{34-44}$	浦东：钢炭 kã$^{53-55}$ tʰɛ$^{35-21}$ 南汇：钢炭 kã$^{53-55}$ tʰɛ$^{35-21}$ 嘉定：炭 tʰE^{34}	炭块

（续表）

序号	上海市区方言	上海郊区方言	普通话
48	场化 zã$^{13-22}$ ho$^{34-44}$ 户荡[旧] ɦu$^{13-22}$ dã$^{13-44}$ 地方 di$^{13-22}$ fã$^{53-4}$	金山：场地 zɛ$^{31-13}$ di$^{35-31}$ 崇明：所在 su$^{424-33}$ dzɛ$^{242-0}$	地方
49	冷角落 lã$^{13-22}$ koʔ$^{5-5}$ loʔ$^{2-2}$	闵行：角落头里 koʔ$^{5-3}$ loʔ$^{2-5}$ dɤ$^{31-33}$ li$^{13-21}$ 青浦：角落头里 koʔ$^{5-3}$ loʔ$^{2-5}$ dɤ$^{31-33}$ li$^{13-21}$ 浦东：独家树 doʔ$^{2-2}$ ka$^{53-22}$ tsʰən$^{53-34}$ 南汇：独家树 doʔ$^{2-2}$ ka$^{53-22}$ tsʰən$^{53-34}$ 金山[新]：偏僻个地方 pʰi$^{53-44}$ pʰiʔ$^{5-2}$ gə^0 di$^{35-33}$ fã$^{53-31}$ 青浦[新]：角角落 koʔ$^{5-4}$ koʔ$^{5-4}$ loʔ$^{2-4}$ 宝山：角落头 koʔ$^{5-5}$ loʔ$^{2-5}$ dɒi$^{31-53}$	很偏僻的地方
50	么二角落 io$^{53-55}$ ɲi$^{13-33}$ koʔ$^{5-33}$ loʔ$^{2-21}$ 么二三角落 io$^{53-55}$ ɲi$^{13-33}$ sɛ$^{53-33}$·koʔ$^{5-33}$ loʔ$^{2-4}$	嘉定：uɛ$^{34-33}$ saʔ$^{5-5}$ koʔ$^{5-2}$	（1）偏僻的地方 （2）各方面条件差的地方
51	城里 zəŋ$^{13-22}$ li$^{13-44}$ 城里厢 zəŋ$^{13-22}$ li$^{13-55}$ ɕiã$^{34-21}$	市区[新]：城里头 zəŋ$^{13-22}$ li$^{13-55}$ dɤ$^{13-21}$ 青浦[新]：城里厢 zəŋ$^{31-13}$ li$^{13-44}$ ɕiɛ̃$^{35-21}$	城内
52	城外头 zəŋ$^{13-22}$ ŋa$^{13-55}$ dɤ$^{13-21}$	市区[新]：城外 zəŋ$^{13-22}$ ŋa$^{13-44}$ 川沙：城外 zəŋ$^{213-22}$ ŋa$^{213-34}$ 嘉定[新]：城外 zɛ$^{31-24}$ ŋa$^{13-21}$	城外
53	直通弄堂 zəʔ$^{2-1}$ tʰoŋ$^{53-22}$ loŋ$^{13-22}$ dã$^{13-23}$ / zəʔ$^{2-2}$ tʰoŋ$^{53-22}$ loŋ$^{13-22}$ dã$^{13-21}$	松江：直弄堂 zʌʔ$^{2-3}$ noŋ$^{13-34}$ dã 金山[新]：直个弄堂 zəʔ$^{2-3}$ gə^0 loŋ$^{35-33}$ dã$^{31-31}$	笔直的弄堂
54	乡下头 ɕia$^{53-55}$ ɦo$^{13-33}$ dɤ$^{13-21}$ 乡下 ɕia$^{53-55}$ ɦo$^{13-21}$ 农村 noŋ$^{13-22}$ tsʰən$^{53-44}$		乡下、农村
55	落乡 loʔ$^{2-1}$ ɕia$^{53-23}$		（1）市郊结合处 （2）偏僻的乡村
56	街路 ka$^{53-55}$ lu$^{13-21}$ 街道 ka$^{53-55}$ do$^{13-21}$	金山[新]：街 kʌ^{53}	街道

（续表）

序号	上海市区方言	上海郊区方言	普通话
57	上只角[新] zã$^{13-22}$tsaʔ$^{5-5}$koʔ$^{5-2}$		上海市区较繁华，生活条件好的地段
58	下只角[新] ɦo$^{13-22}$tsaʔ$^{5-5}$koʔ$^{5-2}$		上海市区建设较差，生活条件较艰苦的地区
59	官塘大道 kuø$^{53-55}$dã$^{13-33}$du$^{13-33}$lu$^{13-21}$	闵行：官路 kue$^{53-55}$lu$^{13-21}$ 奉贤：官路 kue$^{53-55}$lu$^{13-21}$ 宝山：官路 kue$^{53-55}$lu$^{13-21}$	官修的大道
60	私街小巷 sɿ$^{53-55}$ka$^{53-33}$ɕio$^{34-33}$ɦã$^{13-21}$	嘉定：小弄堂 sio$^{34-33}$loŋ$^{13-55}$dã$^{31-21}$	小街小巷
61	桥脚 dʑio$^{13-22}$tɕia$^{5-4}$ 桥块 dʑio$^{13-22}$tʰu$^{34-44}$	市区[新]：引桥 ɦiŋ$^{13-22}$ dʑio$^{13-44}$ 浦东：桥铺 dʑio$^{213-22}$pʰu$^{53-22}$ 南汇：桥枕头 jio$^{113-13}$tsəŋ$^{44-55}$dɤ$^{113-53}$	引桥开始的地方
62	景致[旧] tɕiŋ$^{34-33}$tsɿ$^{34-44}$ 风景 foŋ$^{53-55}$tɕiŋ$^{34-21}$		风景
63	地动[旧] di$^{13-22}$doŋ$^{13-44}$ 地震 di$^{13-22}$tsəŋ$^{34-44}$		地震
64	高泥墩 kɔ$^{53-55}$n.i$^{13-33}$təŋ$^{53-21}$ 高墩 kɔ$^{53-55}$təŋ$^{53-21}$	金山[新]：土丘 tʰu$^{44-24}$tɕʰiɤ$^{53-53}$ 青浦[新]：土墩 tʰu$^{44-44}$təŋ$^{53-53}$ 嘉定[新]：航头 ɦã$^{31-22}$dɤ$^{31-53}$	土堆或小山

第三章 时　　令

序号	上海市区方言	上海郊区方言	普通话
1	春场里 tsʰəŋ⁵³⁻⁵⁵ zã¹³⁻³³li¹³⁻²¹ 春浪⁼向 tsʰəŋ⁵³⁻⁵⁵ lã¹³⁻³³ɕiã³⁴⁻²¹ 春浪⁼　tsʰəŋ⁵³⁻⁵⁵ lã¹³⁻²¹ 春天　tsʰəŋ⁵³⁻⁵⁵ tʰi⁵³⁻²¹	松江：春二三月 tsʰəŋ⁵³⁻⁵⁵ȵi¹³⁻⁵³sɛ⁵³⁻³³ȵyœʔ²⁻² 浦东：三春头郎⁼ sɛ⁵³⁻⁵⁵tsʰəŋ⁵³⁻⁵³dɤ²¹³⁻⁵⁵lã²¹³⁻²¹ 嘉定：三春上 sE⁵³⁻⁵⁵tsʰɛ̃⁵³⁻³³lã¹³⁻²¹ 崇明：春里　tsʰəŋ⁵⁵⁻⁵⁵ li²⁴²⁻⁰	春季
2	热天家ȵiɪʔ²⁻¹tʰi⁵³⁻²²ka⁵³⁻²³ 热天煞⁼ȵiɪʔ²⁻¹tʰi⁵³⁻²²saʔ⁵⁻² 热天 ȵiɪʔ²⁻¹tʰi⁵³⁻²³	市区新：夏天 ɦiɔ¹³⁻²²tʰi⁵³⁻⁴⁴ 市区新：大热天 du¹³⁻²²ȵiɪʔ²⁻⁵tʰi⁵³⁻⁴⁴ 市区新：天热 tʰi⁵³⁻⁵⁵ȵiɪʔ²⁻² 闵行：大伏里厢 da¹³⁻²²βuoʔ²⁻⁵ li¹³⁻³³ɕiã³⁴⁻²¹ 松江：热天贡⁼ ȵiɪʔ²⁻²tʰi⁵³⁻⁵⁵koŋ⁵³⁻⁵³ 松江新：热天公 ȵiɪʔ³⁻³tʰi⁵³⁻⁴⁴koŋ⁵³⁻⁵³ 奉贤新：热天公 ȵieʔ²⁻²tʰi⁵³⁻⁵⁵koŋ⁵³⁻⁵³ 金山新：热天公 ȵiɪʔ²tʰi⁵³koŋ⁵³ 松江：热天醒⁼ ȵiɪʔ²⁻²tʰi⁵³⁻⁵⁵siŋ³⁵⁻²¹ 松江：寒⁼夏六月 ɦø³¹⁻²²ɦɔ¹³⁻²²loʔ²⁻²ȵyœʔ²⁻² 浦东：夏场头里 ɦiɔ¹³⁻²²zã²¹³⁻⁵³dɤ²¹³⁻⁵⁵li¹³⁻²¹ 南汇：大暑里 da¹³⁻¹³sy⁴⁴⁻⁵⁵li¹¹³⁻⁵³ 金山：莳里厢 zɿ³¹⁻³²li¹³⁻²²ɕiɛ̃²⁴⁻²¹ 青浦：大伏里 da¹³⁻²²voʔ²⁻⁵li¹³⁻²¹ 嘉定：大伏里 da¹³⁻²²boʔ²⁻⁵li¹³⁻²¹ 嘉定新：热天色 ȵiɪʔ²⁻¹tʰi⁵³⁻¹¹səʔ⁵⁻²⁴ 宝山新：热天色 ȵiɪʔ²⁻²tʰi⁵³⁻⁵⁵səʔ⁵⁻³	盛夏季节

（续表）

序号	上海市区方言	上海郊区方言	普通话
3	秋场里 tɕʰiɤ⁵³⁻⁵⁵zã¹³⁻³³li¹³⁻²¹ 秋天 tɕʰiɤ⁵³⁻⁵⁵tʰi⁵³⁻²¹	浦东：秋八月里 tsʰiɤ⁵³⁻⁵⁵ʔbaʔ⁵⁻⁵n̠yøʔ²⁻⁵ li¹¹³⁻²¹ 南汇：秋八月里 tsʰiɤ⁵³⁻⁵⁵ʔbaʔ⁵⁻⁵n̠yøʔ²⁻⁵ li¹¹³⁻²¹ 松江：秋后 tsʰiɯ⁵³⁻³⁵ɦɯ²²⁻⁵³ 南汇：秋里厢 tsʰiɤ⁵³⁻⁵⁵li¹¹³⁻³³ ɕiã³⁵⁻²¹ 崇明：秋里 tsʰiɵ⁵⁵⁻⁵⁵li²⁴²⁻⁰	秋天
4	寒场里 ɦø¹³⁻²²zã¹³⁻⁵⁵li¹³⁻²¹ 冬场里 toŋ⁵³⁻⁵⁵zã¹³⁻³³li¹³⁻²¹ 冬天 toŋ⁵³⁻⁵⁵tʰi⁵³⁻²¹	松江新：冷天公 lẽ¹³⁻⁴³tʰi⁵³⁻⁴³koŋ⁵³⁻⁴² 川沙：冷天家 lã²¹³⁻²²tʰi⁵³⁻⁴³ka⁵³⁻⁵³ 浦东：冷天煞 lã¹³⁻²²tʰi⁵³⁻⁵⁵səʔ⁵⁻⁵ 南汇：冷天煞 lã¹³⁻²²tʰi⁵³⁻⁵⁵səʔ⁵⁻⁵ 嘉定：冷天色 lã¹³⁻²²tʰi⁵³⁻⁵⁵səʔ⁵⁻² 青浦新：冬天 toʔ⁵⁻⁴ tʰiɤ⁵³⁻⁵³	冬天
5	交春 kɔ⁵³⁻⁵⁵tsʰəŋ⁵³⁻²¹ 立春 liɪʔ²⁻¹tsʰəŋ⁵³⁻²³	南汇：打春 ʔdã⁴⁴⁻³⁵tsʰəŋ⁵³⁻⁵³	立春
6	交秋 kɔ⁵³⁻⁵⁵tɕʰiɤ⁵³⁻²¹ 立秋 liɪʔ²⁻¹tɕʰiɤ⁵³⁻²³		立秋
7	历书 liɪʔ²⁻¹pəŋ³⁴⁻²³	浦东：皇历 vã²¹³⁻²²liɪʔ²⁻⁴ 南汇：皇历 vã²¹³⁻²²liɪʔ²⁻⁴ 金山新：日历 n̠iɪʔ²⁻³liɪʔ²⁻²	历书
8	月份牌 ɦyɪʔ²⁻¹[ɦyoʔ²⁻¹,n̠yɪʔ²⁻¹] vəŋ¹³⁻²²ba¹³⁻²³	浦东：月皇牌 n̠yɪʔ²⁻² vã²¹³⁻²²ba²¹³⁻³⁴ 金山新：日历 n̠iɪʔ²⁻³liɪʔ²⁻²	月历
9	年三十 n̠i¹³⁻²²sE⁵³⁻⁵⁵zəʔ²⁻² 大年三十 du¹³⁻²²n̠i¹³⁻⁵⁵sE⁵³⁻³³zəʔ²⁻² 大年夜 du¹³⁻²²n̠i¹³⁻⁵⁵ɦia¹³⁻²¹ 年夜头 n̠i¹³⁻²²ɦia¹³⁻⁵⁵dɤ¹³⁻²¹ 年三十夜 n̠i¹³⁻²²sE⁵³⁻⁵⁵zəʔ²⁻³ɦia¹³⁻²¹ 除夕 zɿ¹³⁻²²ziɪʔ²⁻⁴⁴	市区：大年夜 du¹³⁻²²n̠i¹³⁻⁵⁵ɦia¹³⁻²¹ 川沙：年夜头 n̠i²¹³⁻²²ia⁴⁴⁻⁵⁵dɤ²¹³⁻²¹ 宝山新：年夜头 n̠iɪ³⁵⁻³⁵ia⁵³⁻⁵⁵tɤ³⁵⁻²¹	除夕
10	大年初一 du¹³⁻²²n̠i¹³⁻⁵⁵tsʰu⁵³⁻³³iɪʔ⁵⁻² 年初一 n̠i¹³⁻²²tsʰu⁵³⁻⁵⁵iɪʔ⁵⁻² 岁朝旧 sø³⁴⁻³³tsɔ⁵³⁻⁴⁴ 春节 tsʰəŋ⁵³⁻⁵⁵tɕiɪʔ⁵⁻²		春节

（续表）

序号	上海市区方言	上海郊区方言	普通话
11	正月半 tsəŋ⁵³⁻⁵⁵ɦyɪʔ²⁻³[ɦyoʔ²⁻³, nyɪʔ²⁻³]pø³⁴⁻²¹ 元宵节 nyø¹³⁻²²ɕiɔ⁵³⁻⁵⁵tɕiɪʔ⁵⁻²	闵行：大家好 da¹³⁻²²ka⁵³⁻²²hɔ⁴⁴⁻³⁴	元宵节
12	端午 tø⁵³⁻⁵⁵ɦŋ¹³⁻²¹[ɦu¹³⁻²¹] 端阳 tø⁵³⁻⁵⁵ɦiã¹³⁻²¹ 端阳节 tø⁵³⁻⁵⁵ɦiã¹³⁻³³tɕiɪʔ⁵⁻² 端午节 tø⁵³⁻⁵⁵ɦŋ¹³⁻³³[ɦu¹³⁻³³]tɕiɪʔ⁵⁻²	浦东：当午 ʔdã⁵³⁻⁵⁵ɦŋ¹³⁻²¹ 南汇：当⁼午信⁼ ʔdã⁵³⁻⁵⁵ɦŋ¹¹³⁻²²siŋ³⁵⁻²² 崇明：颠阳 tie⁵⁵⁻⁵⁵ɦiã²⁴⁻⁵⁵	端午节
13	七月七 tɕʰiɪʔ⁵⁻³ɦyɪʔ²⁻⁵[ɦyoʔ²⁻⁵, nyɪʔ²⁻⁵]tɕiɪʔ⁵⁻² 七巧日 tɕʰiɪʔ⁵⁻³tɕʰiɔ³⁴⁻⁵⁵nyɪʔ²⁻² 七巧节 tɕʰiɪʔ⁵⁻³tɕʰiɔ³⁴⁻⁵⁵tɕiɪʔ⁵⁻²	奉贤新：七月初七 tɕʰiəʔ⁵⁻³nyəʔ²⁻²²tsʰu⁵³⁻⁵³tɕʰiəʔ⁵⁻²² 金山：七月初七 tɕʰiɪʔ⁵⁻⁴nyəʔ²⁻²tsʰu⁵³⁻⁴⁴tɕʰiɪʔ⁵⁻²	七巧节
14	七月半 tɕʰiɪʔ⁵⁻³ɦyɪʔ²⁻⁵[ɦyoʔ²⁻⁵, nyɪʔ²⁻⁵] pø³⁴⁻²¹ 中元节 tsoŋ⁵³⁻⁵⁵nyø¹³⁻³³tɕiɪʔ⁵⁻²	金山：七月半心 tsʰiɪʔ⁵⁻⁴nyəʔ²⁻³ʔbe²⁴⁻²¹siəŋ⁵³⁻⁵³	中元节
15	八月半 paʔ⁵⁻³ɦyɪʔ²⁻⁵[ɦyoʔ²⁻⁵, nyɪʔ²⁻⁵] pø³⁴⁻²¹ 中秋节 tsoŋ⁵³⁻⁵⁵tɕʰiɤ⁵³⁻³³tɕiɪʔ⁵⁻²	市区：中秋 tsoŋ⁵³⁻⁵⁵tɕʰiɤ⁵³⁻⁵⁵ 川沙：中秋 tsoŋ⁵³⁻⁵⁵tɕʰiɤ⁵³⁻⁵³	中秋节
16	十月朝 zəʔ²⁻¹ɦyɪʔ²⁻²[ɦyoʔ²⁻², nyɪʔ²⁻²]tsɔ⁵³⁻²³		十月初一
17	今年子 tɕiŋ⁵³⁻⁵⁵ni¹³⁻³³tsɿ³⁴⁻²¹ 今年 tɕiŋ⁵³⁻⁵⁵ni¹³⁻²¹	浦东：今年头 tɕiŋ⁵³⁻⁵⁵ni²¹³⁻⁵⁵dɤ²¹³⁻⁵³ 南汇：今年头 tɕiŋ⁵³⁻⁵⁵ni²¹³⁻⁵⁵dɤ²¹³⁻⁵³	今年
18	去年子 tɕʰy³⁴⁻³³ni¹³⁻⁵⁵tsɿ³⁴⁻²¹ 旧年子 dziɤ¹³⁻²²ni¹³⁻⁵⁵tsɿ³⁴⁻²¹ 旧年 dziɤ¹³⁻²²ni¹³⁻⁴⁴ 去年 tɕʰy³⁴⁻³³ni¹³⁻⁴⁴	浦东：旧年头 dziɤ¹³⁻²²ni²¹³⁻⁵⁵dɤ²¹³⁻⁵³ 南汇：旧年头 dziɤ¹³⁻²²ni²¹³⁻⁵⁵dɤ²¹³⁻⁵³ 崇明：旧年头 dziɤ¹³⁻²²ni²¹³⁻⁵⁵dɤ²¹³⁻⁵³	去年
19	明年子 miŋ¹³⁻²²ni¹³⁻⁵⁵tsɿ³⁴⁻²¹ 开年 kʰE⁵³⁻⁵⁵ni¹³⁻²¹ 开年子 kʰE⁵³⁻⁵⁵ni¹³⁻³³tsɿ³⁴⁻²¹ 明年 miŋ¹³⁻²²ni¹³⁻⁴⁴	浦东：来年 le²¹³⁻²²ni²¹³⁻²² 松江：来年 le¹³⁻²²ni²¹³⁻²¹ 奉贤：来年 le¹³⁻²²ni²¹³⁻²² 南汇：来年底⁼ le¹¹³⁻²²ni¹¹³⁻²²ʔdi⁴⁴⁻²²	明年
20	年头浪⁼ ni¹³⁻²²dɤ¹³⁻⁵⁵lã¹³⁻²¹ 年初 ni¹³⁻²²tsʰu⁵³⁻⁴⁴	松江：年头路⁼ ȵi³¹⁻²⁴du³¹⁻⁵⁵lu¹³⁻²¹	年初

（续表）

序号	上海市区方言	上海郊区方言	普通话
21	着前年子 zaʔ$^{2-1}$zi$^{13-22}$ȵi$^{13-33}$tsɿ$^{34-23}$/ zaʔ$^{2-2}$zi$^{13-55}$ȵi$^{13-33}$tsɿ$^{34-21}$ 大前年子 du$^{13-22}$zi$^{13-55}$ȵi$^{13-33}$tsɿ$^{34-21}$ 大前年 du$^{13-22}$zi$^{13-55}$ȵi$^{13-21}$	崇明：着个年子 dzɑʔ$^{2-2}$kəʔ$^{5-5}$ȵie$^{24-55}$tsɿ$^{424-0}$	大年前
22	年脚 ȵi$^{13-22}$tɕiaʔ$^{5-4}$ 年脚边头 ȵi$^{13-22}$tɕiaʔ$^{5-5}$pi$^{53-33}$dɤ$^{13-21}$ 年底边头 ȵi$^{13-22}$ti$^{34-55}$pi$^{53-33}$dɤ$^{13-21}$ 年底 ȵi$^{13-22}$ti$^{34-44}$	松江：年夜脚 ȵi$^{13-22}$ia$^{13-22}$ciɑ$^{5-2}$ 浦东：年夜脚里 ȵi$^{213-22}$ɦia$^{13-22}$tɕiaʔ$^{5-4}$li$^{13-44}$ 南汇：年夜脚里 ȵi$^{213-22}$ɦia$^{13-22}$tɕiaʔ$^{5-4}$li$^{13-44}$ 浦东：年夜头 ȵi$^{213-22}$ɦia$^{13-22}$dɤ$^{213-22}$ 南汇：年夜头 ȵi$^{213-22}$ɦia$^{13-22}$dɤ$^{213-22}$	年底
23	年夜快 ȵi$^{13-22}$ɦia$^{13-22}$kʰua$^{34-21}$ 年夜卅边 ȵi$^{13-22}$ɦia$^{13-55}$sE$^{53-21}$pi$^{53-21}$ 年夜脚边 ȵi$^{13-22}$ɦia$^{13-55}$tɕiaʔ$^{5-3}$pi$^{53-21}$ 年夜晚头 ȵi$^{13-22}$ɦia$^{13-55}$mE$^{13-33}$dɤ$^{13-21}$ 刹=年夜 saʔ$^{5-3}$ȵi$^{13-55}$ɦia$^{13-21}$	闵行：年夜头 ȵi$^{31-22}$ɦia$^{13-22}$dɤ$^{31-34}$ 奉贤：年夜头 ȵi$^{31-22}$ɦia$^{13-22}$dɤ$^{31-34}$ 青浦：年夜头 ȵi$^{31-22}$ɦia$^{13-22}$dɤ$^{31-34}$ 宝山：年夜头 ȵi$^{31-22}$ɦia$^{13-22}$dɤ$^{31-34}$ 南汇：年夜边 ȵi$^{13-13}$ɦia$^{13-22}$ʔbi$^{53-21}$	年底将近除夕时
24	正月 tsəŋ$^{53-55}$ɦyɪʔ$^{2-2}$[ɦyoʔ$^{2-2}$, ȵyɪʔ$^{2-2}$] 元月 ȵyø$^{13-22}$ɦyɪʔ$^{2-4}$[ɦyoʔ$^{2-4}$, ȵyɪʔ$^{2-4}$]		元月
25	杏月 ɦiã$^{13-22}$ɦyɪʔ$^{2-4}$ [ɦyoʔ$^{2-4}$, ȵyɪʔ$^{2-4}$]		旧时账本上为防止涂改，农历二月常写成杏月，以下的别称皆出于同样的考虑
26	桃月 dɔ$^{13-22}$ɦyɪʔ$^{2-4}$ [ɦyoʔ$^{2-4}$, ȵyɪʔ$^{2-4}$]		农历三月
27	清月 tɕʰiŋ$^{53-55}$ɦyɪʔ$^{2-2}$ [ɦyoʔ$^{2-2}$, ȵyɪʔ$^{2-2}$]		农历四月
28	蒲月 bu$^{13-22}$ɦyɪʔ$^{2-4}$ [ɦyoʔ$^{2-4}$, ȵyɪʔ$^{2-4}$]		农历五月

（续表）

序号	上海市区方言	上海郊区方言	普通话
29	荷月 ɦu¹³⁻²² ɦyɪʔ²⁻⁴ [ɦyoʔ²⁻⁴, ȵyɪʔ²⁻⁴]		农历六月
30	巧月 tɕʰiɔ³⁴⁻³³ɦyɪʔ²⁻⁴ [ɦyoʔ²⁻⁴, ȵyɪʔ²⁻⁴]		农历七月
31	桂月 kuᴇ³⁴⁻³³ɦyɪʔ²⁻⁴ [ɦyoʔ²⁻⁴, ȵyɪʔ²⁻⁴]		农历八月
32	菊月 tɕyɪʔ⁵⁻³[tɕyoʔ⁵⁻³]ɦyɪʔ²⁻⁴ [ɦyoʔ²⁻⁴, ȵyɪʔ²⁻⁴]		农历九月
33	芙月 vu¹³⁻²²ɦyɪʔ²⁻⁴ [ɦyoʔ²⁻⁴, ȵyɪʔ²⁻⁴]		农历十月
34	霞月 ia⁵³⁻⁵⁵ɦyɪʔ²⁻² [ɦyoʔ²⁻², ȵyɪʔ²⁻²]		农历十一月
35	腊月 laʔ²⁻¹ɦyɪʔ²⁻² [ɦyoʔ²⁻², ȵyɪʔ²⁻²]		农历十二月
36	号头 ɦɔ¹³⁻²² dɤ¹³⁻⁴⁴	崇明：原日 ȵyø²⁴⁻²⁴ ȵiəʔ²⁻⁵	月，用作计月的单位
37	今朝子 tɕiŋ⁵³⁻⁵⁵tsɔ⁵³⁻³³tsɿ³⁴⁻²¹ 今朝 tɕiŋ⁵³⁻⁵⁵tsɔ⁵³⁻²¹ 今天 tɕiŋ⁵³⁻⁵⁵tʰi⁵³⁻²¹	南汇：今朝头 tɕiŋ⁵³⁻⁵⁵tsɔ⁵³⁻⁵⁵dɤ²¹³⁻⁵³ 崇明：今朝头 tɕiŋ⁵³⁻⁵⁵tsɔ⁵³⁻⁵⁵dɤ²¹³⁻⁵³	今天
38	明朝子 miŋ¹³⁻²²tsɔ⁵³⁻⁵⁵tsɿ³⁴⁻²¹ 明朝 miŋ¹³⁻²²tsɔ⁵³⁻⁴⁴ 明天 miŋ¹³⁻²² tʰi⁵³⁻⁴⁴	浦东：明朝底⁼ miŋ²¹³⁻²²tsɔ⁵³⁻²²ʔdi⁴⁴⁻²² 南汇：明朝底⁼ miŋ²¹³⁻²²tsɔ⁵³⁻²²ʔdi⁴⁴⁻²²	明天
39	后日子 ɦɤ¹³⁻²²ȵiɪʔ²⁻⁵tsɿ³⁴⁻²¹ 后日 ɦɤ¹³⁻²²ȵiɪʔ²⁻⁴ 后日颠⁼ ɦɤ¹³⁻²²ȵiɪʔ²⁻⁵ti⁵³⁻²¹ 后天子 ɦɤ¹³⁻²²tʰi⁵³⁻⁵⁵tsɿ³⁴⁻²¹ 后天 ɦɤ¹³⁻²²tʰi⁵³⁻⁴⁴	金山：后天颠 ɦɤ¹³⁻²³tʰi⁵³⁻⁵⁵ti⁵³⁻³¹	后天
40	昨日子 zoʔ²⁻¹ȵiɪʔ²⁻²tsɿ³⁴⁻²³ 昨日 zoʔ²⁻¹ȵiɪʔ²⁻² 昨天子 zoʔ²⁻¹tʰi⁵³⁻²²tsɿ³⁴⁻²³ 昨天 zoʔ²⁻¹tʰi⁵³⁻²³	奉贤新：昨日头 zoʔ²⁻³ȵiɪʔ²⁻³dɤ³¹⁻²¹	昨天
41	前日子 zi¹³⁻²²ȵiɪʔ²⁻⁵tsɿ³⁴⁻²¹ 前日 zi¹³⁻²²ȵiɪʔ²⁻⁴⁴ 前天子 zi¹³⁻²² tʰi⁵³⁻⁵⁵tsɿ³⁴⁻²¹ 前天 zi¹³⁻²² tʰi⁵³⁻⁴⁴		前天

(续表)

序号	上海市区方言	上海郊区方言	普通话
42	改⁼前日 kɛ³⁴⁻³³ zi¹³⁻⁵⁵ ȵiɪʔ²⁻² 大前日 du¹³⁻²² zi¹³⁻⁵⁵ ȵiɪʔ²⁻² 着前日 zaʔ²⁻¹ zi¹³⁻²² ȵiɪʔ²⁻² 大前天 du¹³⁻²² zi¹³⁻⁵⁵ tʰi⁵³⁻²¹	松江：着⁼个日子 zaʔ²⁻¹ kəʔ⁵⁻¹ ȵiɪʔ²⁻¹ tsɿ³⁴⁻²⁴ 浦东：着⁼个日子 zaʔ²⁻¹ kəʔ⁵⁻¹ ȵiɪʔ²⁻¹ tsɿ³⁴⁻²⁴ 南汇：着⁼个日子 zaʔ²⁻¹ kəʔ⁵⁻¹ ȵiɪʔ²⁻¹ tsɿ³⁴⁻²⁴ 青浦：着⁼个日子 zaʔ²⁻¹ kəʔ⁵⁻¹ ȵiɪʔ²⁻¹ tsɿ³⁴⁻²⁴ 嘉定：着⁼个日子 zaʔ²⁻¹ kəʔ⁵⁻¹ ȵiɪʔ²⁻¹ tsɿ³⁴⁻²⁴ 崇明：着⁼个日子 zaʔ²⁻¹ kəʔ⁵⁻¹ ȵiɪʔ²⁻¹ tsɿ³⁴⁻²⁴	大前天
43	礼拜日 li¹³⁻²² pa³⁴⁻⁵⁵ ȵiɪʔ²⁻² 礼拜天 li¹³⁻²² pa³⁴⁻⁵⁵ tʰi⁵³⁻²¹ 星期天 ɕin⁵³⁻⁵⁵ dʑi¹³⁻³³ tʰi⁵³⁻²¹		星期天
44	整日 tsəŋ³⁴⁻³³ ȵiɪʔ²⁻⁴ 全日 zi¹³⁻²² ȵiɪʔ²⁻⁴ 全天 zi¹³⁻²² tʰi⁵³⁻⁴⁴ 整天 tsəŋ³⁴⁻³³ tʰi⁵³⁻⁴⁴	闵行：一日天 iɪʔ⁵⁻⁵ ȵiɪʔ²⁻⁵ tʰi⁵³⁻⁵⁵ 奉贤：一日天 iɪʔ⁵⁻⁵ ȵiɪʔ²⁻⁵ tʰi⁵³⁻⁵⁵ 青浦：一日天 iɪʔ⁵⁻⁵ ȵiɪʔ²⁻⁵ tʰi⁵³⁻⁵⁵ 宝山：一日天 iɪʔ⁵⁻⁵ ȵiɪʔ²⁻⁵ tʰi⁵³⁻⁵⁵ 浦东：侪日头 zɛ²¹³⁻²² ȵiɪʔ²⁻² dɤ²¹³⁻²²	整天
45	日日 ȵiɪʔ²⁻¹ ȵiɪʔ²⁻² 日逐日⁽ᵏ⁾ ȵiɪʔ²⁻¹ zoʔ²⁻² ȵiɪʔ²⁻² 日逐⁽ᵏ⁾ ȵiɪʔ²⁻¹ zoʔ²⁻² 天天 tʰi⁵³⁻⁵⁵ tʰi⁵³⁻²¹ 日多 ȵiɪʔ²⁻¹ tu⁵³⁻²³ 每日 mɛ¹³⁻²² ȵiɪʔ²⁻⁴ 每日天 mɛ¹³⁻²² ȵiɪʔ²⁻⁵ tʰi⁵³⁻²¹ 每天 mɛ¹³⁻²² tʰi⁵³⁻⁴⁴	松江：日朝 ȵiɪʔ²⁻⁴ tsɔ⁵³⁻⁵³	每天
46	上昼⁽ᵏ⁾ zã¹³⁻²² tsɤ³⁴⁻⁴⁴ 上半日 zã¹³⁻²² pø³⁴⁻⁵⁵ ȵiɪʔ²⁻² 上半天 zã¹³⁻²² pø³⁴⁻⁵⁵ tʰi⁵³⁻²¹		上午
47	下昼⁽ᵏ⁾ ɦo¹³⁻²² tsɤ³⁴⁻⁴⁴ 下半日 ɦo¹³⁻²² pø³⁴⁻⁵⁵ ȵiɪʔ²⁻² 下半天 ɦo¹³⁻²² pø³⁴⁻⁵⁵ tʰi⁵³⁻²¹		下午
48	天亮快 tʰi⁵³⁻⁵⁵ liã¹³⁻³³ kʰua³⁴⁻²¹	闵行：早起里 tsɔ⁴⁴⁻³³ chi⁴⁴⁻⁵⁵ li¹³⁻⁵³ 浦东：早起里 tsɔ⁴⁴⁻³³ chi⁴⁴⁻⁵⁵ li¹³⁻⁵³ 南汇：早起里 tsɔ⁴⁴⁻³³ chi⁴⁴⁻⁵⁵ li¹³⁻⁵³ 奉贤：碌早起 loʔ²⁻² tsɔ⁴⁴⁻⁵⁵ chi⁴⁴⁻⁵³ 宝山：天亮前头 tʰiɪ⁵³⁻⁵⁵ liã¹³⁻³³ zi³¹⁻²⁴ dɤi¹³⁻⁵³	凌晨

（续表）

序号	上海市区方言	上海郊区方言	普通话
49	蒙蒙亮 moŋ$^{53-55}$moŋ$^{53-33}$liã$^{13-21}$	松江：乌清清 u$^{53-35}$tsʰiŋ$^{53-55}$tsʰiŋ$^{53-21}$	凌晨天色微明时
50	抽光 tsʰɤ$^{53-55}$kuã$^{53-21}$	浦东：拔光 bæʔ$^{2-2}$kuã$^{53-34}$ 南汇：磨磨亮 mo$^{113-13}$mo$^{113-55}$liã$^{13-53}$	凌晨时天色开始发亮
51	早浪＝向 tsɔ$^{34-33}$lã$^{13-55}$ɕiã$^{34-21}$ 早浪＝ tsɔ$^{34-33}$lã$^{13-44}$ 清早 tɕʰiŋ$^{53-55}$tsɔ$^{34-21}$ 清早晨 tɕʰiŋ$^{53-55}$tsɔ$^{34-33}$zəŋ$^{13-21}$ 早晨头 tsɔ$^{34-33}$zəŋ$^{13-55}$dɤ$^{13-21}$	南汇：早午头 tsɔ$^{44-35}$ɦiŋ$^{113-55}$dɤ$^{113-53}$ 崇明：朝晨头 tsɔ$^{55-55}$zəŋ$^{24-55}$dө$^{24-55}$	早晨
52	老清老早 lɔ$^{13-22}$tɕʰiŋ$^{53-55}$lɔ$^{13-33}$tsɔ$^{34-21}$ 一清早 iʔ$^{5-3}$tɕʰiŋ$^{53-55}$tsɔ$^{34-21}$ 大清老早 du$^{13-22}$tɕʰiŋ$^{53-55}$lɔ$^{13-33}$tsɔ$^{34-21}$ 大清早 du$^{13-22}$tɕʰiŋ$^{53-55}$tsɔ$^{34-21}$	崇明：清街老早 tɕʰiŋ$^{55-55}$ka$^{55-55}$lɔ$^{242-0}$tsɔ$^{424-0}$	大清早
53	中浪＝向 tsoŋ$^{53-55}$lã$^{13-33}$ɕiã$^{34-21}$ 中浪＝ tsoŋ$^{53-55}$lã$^{13-21}$ 日中心 ȵiɻʔ$^{2-1}$tsoŋ$^{53-22}$ɕiŋ$^{53-23}$ 日中心里 ȵiɻʔ$^{2-1}$tsoŋ$^{53-22}$ɕiŋ$^{53-22}$li$^{13-23}$ / ȵiɻʔ$^{2-2}$tsoŋ$^{53-55}$ɕiŋ$^{53-33}$li$^{13-21}$ 吃饭辰光 tɕʰiɻʔ$^{5-3}$vɛ$^{13-55}$zəŋ$^{13-33}$kuã$^{53-21}$ 吃饭同＝旧 tɕʰiɻʔ$^{5-3}$vɛ$^{13-55}$doŋ$^{13-21}$	嘉定：日中 ȵiɻʔ$^{2-2}$tsoŋ$^{53-24}$ 崇明：下昼 ɦo$^{242-31}$tsө$^{33-0}$	中午
54	夜快头 ɦia$^{13-22}$kʰua$^{34-55}$dɤ$^{13-21}$ 夜快 ɦia$^{13-22}$kʰua$^{34-44}$ 夜快同＝ ɦia$^{13-22}$kʰua$^{34-55}$doŋ$^{13-21}$ 齐夜快 zi$^{13-22}$ɦia$^{13-55}$kʰua$^{34-21}$ 黄昏头 ɦuã$^{13-22}$huəŋ$^{53-55}$dɤ$^{34-21}$	松江：随夜快 zø$^{31-24}$ɦia$^{13-33}$kʰua$^{34-21}$ 嘉定：随夜快 zə$^{31-24}$ɦia$^{13-33}$kʰua$^{34-21}$ 松江：煞夜快 zæʔ$^{5-4}$ia$^{35-44}$kʰua$^{35-22}$ 浦东：齐暗快 zi$^{213-22}$e$^{35-44}$kʰua$^{35-22}$ 崇明：挨夜快 a$^{55-55}$ɦia$^{313-0}$kʰua$^{33-0}$	黄昏
55	夜头 ɦia$^{13-22}$dɤ$^{13-44}$ 夜里 ɦia$^{13-22}$li$^{13-44}$ 夜里头 ɦia$^{13-22}$li$^{13-55}$dɤ$^{13-21}$ 夜里厢 ɦia$^{13-22}$li$^{13-55}$ɕiã$^{34-21}$ 夜到头 ɦia$^{13-22}$tɔ$^{34-55}$dɤ$^{13-21}$		晚上

（续表）

序号	上海市区方言	上海郊区方言	普通话
56	半夜里厢 pø$^{34-33}$ɦia$^{13-55}$li$^{13-33}$ɕia$^{34-21}$ 半夜里 pø$^{34-33}$ɦia$^{13-55}$li$^{13-21}$ 半夜 pø$^{34-33}$ɦia$^{13-44}$	松江：能＂更半夜 nəŋ$^{31-22}$kɛ̃$^{53-22}$ʔbe$^{35-22}$ɦia$^{13-22}$ 南汇：半夜三更 ʔbe$^{35-33}$ɦia$^{13-53}$sɛ$^{53-55}$kã$^{53-21}$ 嘉定：成更半夜 zəŋ$^{31-22}$kã$^{53-55}$pi$^{34-33}$ɦia$^{13-21}$ 宝山^{新}：夜快头 ia$^{35-35}$kʰuA$^{35-55}$dɤ$^{113-21}$ 半夜把 pø$^{35-35}$ia$^{35-55}$po$^{35-21}$	半夜
57	通宵 tʰoŋ$^{53-55}$ɕio$^{53-21}$ 全夜 zi$^{13-22}$ɦia$^{13-44}$ 整夜 tsəŋ$^{34-33}$ɦia$^{13-44}$	闵行：一夜天 iʔ$^{5-5}$ɦia$^{13-55}$tʰi$^{53-21}$ 奉贤：一夜天 iʔ$^{5-5}$ɦia$^{13-55}$tʰi$^{53-21}$ 青浦：一夜天 iʔ$^{5-5}$ɦia$^{13-55}$tʰi$^{53-21}$ 崇明：一夜天 iʔ$^{5-5}$ɦia$^{13-55}$tʰi$^{53-21}$ 松江：通天亮 tʰoŋ$^{53-35}$tʰi$^{13-55}$liɛ̃$^{13-21}$ 浦东：全夜头 zi$^{213-22}$ɦia$^{13-22}$dɤ$^{213-22}$ 浦东：全夜里 zi$^{213-22}$ɦia$^{13-22}$li$^{13-22}$ 南汇：全夜里 zi$^{213-22}$ɦia$^{13-22}$li$^{13-22}$ 南汇：侪夜里 ze$^{113-22}$ɦia$^{13-22}$li$^{13-22}$	整夜
58	日脚 ȵiʔ$^{2-1}$tɕia$^{5-2}$		日子
59	辰光 zəŋ$^{13-22}$kuã$^{53-44}$ 时间 zl̩$^{13-22}$tɕi$^{53-44}$		时间
60	啥辰光 sa$^{34-33}$zəŋ$^{13-55}$kuã$^{53-21}$ 啥个辰光 sa$^{34-33}$gəŋ$^{2-5}$zəŋ$^{13-33}$kuã$^{53-21}$	松江：几时 tɕi$^{34-33}$zl̩$^{31-53}$ 嘉定：几时 tɕi$^{34-33}$zl̩$^{31-53}$ 青浦：哈辰光 ha$^{53-44}$zəŋ$^{31-44}$kuã$^{53-21}$ 崇明：何辰光 ɦa$^{242-31}$zəŋ$^{24-33}$kuã$^{55-55}$ 几场浪＂tɕi$^{424-42}$zã$^{24-55}$lã$^{313-0}$	什么时候
61	从前辰光 zoŋ$^{13-22}$zi$^{13-55}$zəŋ$^{13-33}$kuã$^{53-21}$ 从前 zoŋ$^{13-22}$zi$^{13-44}$ 先前 ɕi$^{53-55}$zi$^{13-21}$ 老早子 lɔ$^{13-22}$tsɔ$^{34-55}$tsl̩$^{34-21}$ 老早辰光 lɔ$^{13-22}$tsɔ$^{34-55}$zəŋ$^{13-33}$kuã$^{53-21}$ 老底子 lɔ$^{13-22}$ti$^{34-55}$tsl̩$^{34-21}$ 早先 tsɔ$^{34-33}$ɕi$^{53-44}$ 过去 ku$^{34-33}$tɕʰy$^{34-44}$	松江：着＂着＂前头 zaʔ$^{2-2}$zaʔ$^{2-2}$zi$^{31-13}$du$^{31-53}$ 浦东：前头 zi$^{213-22}$dɤ$^{213-22}$ 南汇：前头回 zi$^{113-22}$dɤ$^{113-33}$ɦe$^{113-33}$ 南汇：老早底 lɔ$^{113-13}$tsɔ$^{44-55}$ʔdi$^{44-53}$ 崇明：前回子 zi$^{24-34}$ɦuei$^{24-55}$tsl̩$^{424-0}$	过去，以前

（续表）

序号	上海市区方言	上海郊区方言	普通话
62	停歇 diŋ$^{13-22}$ɕiɪʔ$^{5-4}$ 等歇 təŋ$^{34-33}$ɕiɪʔ$^{5-4}$ 等一歇 təŋ$^{34-33}$iɪʔ$^{5-5}$ɕiɪʔ$^{5-2}$ 晏歇 ᴇ$^{34-33}$ɕiɪʔ$^{5-4}$ 歇歇 ɕiɪʔ$^{5-3}$ɕiɪʔ$^{5-4}$ 晏歇点 ᴇ$^{34-33}$ɕiɪʔ$^{5-4}$ti$^{34-21}$		等会儿
63	平常辰光 biŋ$^{13-22}$zã$^{13-55}$zəŋ$^{13-33}$kuã$^{53-21}$ 平时辰光 biŋ$^{13-22}$zɿ$^{13-55}$zəŋ$^{13-33}$kuã$^{53-21}$ 平常日脚 biŋ$^{13-22}$zã$^{13-55}$n̠iɪʔ$^{2-3}$tɕiaʔ$^{5-21}$ 平素 biŋ$^{13-22}$su$^{34-44}$ 闲常里 ɦᴇ$^{13-22}$zã$^{13-55}$li$^{13-21}$ 闲常日脚 ɦᴇ$^{13-22}$zã$^{13-55}$n̠iɪʔ$^{2-3}$tɕiaʔ$^{5-2}$ 闲常百日 ɦᴇ$^{13-22}$zã$^{13-55}$ paʔ$^{5-3}$n̠iɪʔ$^{2-2}$ 平时 biŋ$^{13-22}$zɿ$^{13-44}$	崇明：闲常 ɦiæ$^{24-24}$dzã$^{24-55}$	平时
64	夹忙头里 kaʔ$^{5-3}$mã$^{13-55}$ dɤ$^{13-33}$li$^{13-21}$	松江：要紧关子里 iɔ$^{34-33}$tɕiŋ$^{34-55}$kuᴇ$^{53-33}$tsɿ$^{34-33}$li$^{13-21}$	忙碌紧张之时，引申为关键时刻
65	服里厢 voʔ$^{2-1}$li$^{13-22}$ɕiã$^{34-23}$	浦东：孝期里 hɔ$^{35-33}$dzi$^{213-21}$ li$^{13-21}$ 南汇：七里厢 tsʰiɪʔ$^{5-5}$ li$^{13-55}$ ɕiã$^{35-53}$ 宝山：七里厢 tsʰiɪʔ$^{5-5}$ li$^{13-55}$ ɕiã$^{35-53}$	尚未满孝之时
66	朝数里 tsɔ$^{53-55}$su$^{34-33}$ li$^{13-21}$	南汇：三朝头里 sᴇ$^{53-55}$tsɔ$^{53-53}$ dɤ$^{113-55}$li$^{13-21}$	婴儿出生后的数天之内
67	先起头 ɕi$^{53-55}$tɕʰi$^{34-33}$ dɤ$^{13-21}$ 先头 ɕi$^{53-55}$ dɤ$^{13-21}$	闵行：早起头 tsɔ$^{34-33}$ chi$^{44-35}$dɤ$^{31-53}$ 松江：前头嗨＝里 zi$^{31-24}$dɯ$^{31-55}$he$^{53-33}$ li$^{22-21}$ 浦东：前头 zi$^{213-22}$ dɤ$^{213-22}$ 南汇：前头 zi$^{213-22}$ dɤ$^{213-22}$ 青浦：起头 dø$^{31-22}$tɕʰi$^{34-55}$dø$^{31-21}$ 嘉定：头先 dø$^{31-22}$siɪ$^{53-53}$	（1）原来，开始时 （2）从前，以前
68	半夜把 pø$^{34-33}$ ɦia$^{34-33}$ po$^{34-21}$	闵行：半夜里 ʔbe$^{34-33}$ɦia$^{34-33}$ li$^{13-53}$	半夜时分
69	尴尬头 kᴇ$^{53-55}$ka$^{34-33}$ dɤ$^{13-21}$	浦东：勿尴勿尬 vəʔ$^{2-2}$ kɛ$^{53-55}$vəʔ$^{2-3}$ ka$^{35-33}$	（1）为难之时，不合适的时间 （2）事情做到一半的时候

第四章 农 事

序号	上海市区方言	上海郊区方言	普通话
1	耕田 kã$^{53-55}$ di$^{13-21}$	青浦：耖地 tsʰɔ$^{44-44}$ di$^{13-44}$	犁田
2	垡田 bən$^{13-33}$•di^{13} 锄田 zๅ$^{13-22}$•di$^{13-44}$	南汇：揭田 tʰæʔ$^{5-5}$ di$^{113-53}$ 金山^{新}：揭田 tʰæʔ$^{5-3}$ di$^{31-53}$ 崇明：倒地 tɔ$^{33-33}$ di$^{313-0}$	锄田
3	耖田 tsʰɔ$^{34-33}$ di$^{13-44}$	浦东：划地 βaʔ$^{2-2}$ di$^{13-44}$ 南汇：划地 βaʔ$^{2-2}$ di$^{13-44}$ 南汇：耙地 bo$^{113-22}$ di$^{13-35}$ 青浦^{新}：松田 soŋ$^{53-44}$ diɪ$^{31-42}$	把耕过的田中的土块弄碎
4	劗地 tsE$^{53-44}$•di^{13} 削泥 ɕiaʔ$^{5-4}$•ɲi^{13}	浦东：碎地 se$^{35-55}$ di$^{13-21}$ 金山^{新}：揭田 tʰæʔ$^{5-3}$ di$^{31-53}$	以人力用农具把土块弄碎
5	摆散^{旧} pa$^{34-33}$ sE$^{34-44}$ 种秧 tsoŋ$^{34-33}$ iã$^{53-44}$ 莳秧 zๅ$^{13-22}$ iã$^{53-44}$ 插秧 tsʰaʔ$^{5-3}$ iã$^{53-44}$	浦东：拔散 bæʔ$^{2-2}$ sɛ$^{44-34}$ 崇明：莳稻 zๅ$^{24-24}$ dɔ$^{242-0}$	插秧
6	斫草 tsoʔ$^{5-3}$ tsʰɔ$^{34-44}$	市区^{新}：割草 kɤʔ$^{5-3}$ tsʰɔ$^{34-44}$ 青浦^{新}：斫草 tsoʔ$^{5-4}$ tsʰɔ$^{44-44}$	割草
7	拔花萁 baʔ$^{2-1}$ ho$^{53-22}$ dzi$^{13-23}$		拔去棉花的残枝
8	捉落花 tsoʔ$^{5-4}$•loʔ$^{2-1}$ ho$^{53-23}$	南汇：拾脚夹头 ziɪʔ$^{2-2}$ cia$^{5-3}$ kaʔ$^{5-2}$ dɤ$^{113-35}$ 嘉定：捉野花 tsoʔ$^{5-3}$ ɦia$^{13-55}$ huɯ$^{53-21}$	捡落在地里残败的棉花
9	秧把头 iã$^{53-55}$ po$^{34-33}$ dɤ$^{13-21}$	金山：小扎秧苗 siɔ$^{44-23}$ tsæʔ$^{5-44}$ iẽ$^{53-23}$ miɔ$^{31-53}$	拔起后扎成一小捆的秧苗
10	揭花 tʰaʔ$^{5-3}$ ho$^{53-44}$	崇明：耙棉花 bo$^{24-34}$ mie$^{24-33}$ ho$^{55-55}$	给棉田松土锄草
11	稻穇头 dɔ$^{13-22}$ sə$^{5-5}$ dɤ$^{13-21}$ 稻穗头 dɔ$^{13-22}$ zø$^{13-55}$ dɤ$^{13-21}$		稻穗
12	斫稻 tsoʔ$^{5-3}$ dɔ$^{13-44}$ 收斫稻 sɤ$^{53-55}$ tsoʔ$^{5-3}$ dɔ$^{13-21}$ 割稻 kɤʔ$^{5-3}$ dɔ$^{13-44}$	浦东：收稻 sɤ$^{53-55}$ dɔ$^{13-21}$ 浦东：束稻 soʔ$^{5-3}$ dɔ$^{13-34}$ 南汇：束稻 soʔ$^{5-3}$ dɔ$^{13-34}$	收割稻子

（续表）

序号	上海市区方言	上海郊区方言	普通话
13	轧稻 ga$?^{2-1}$ dɔ$^{13-23}$		用脱粒机使稻粒脱落
14	掼稻 guE$^{13-22}$ dɔ$^{13-44}$		人工甩稻脱粒
15	麦穟头 ma$?^{2-1}$sə$?^{5-2}$dɤ$^{13-23}$ 麦穗头 ma$?^{2-1}$zø$^{13-22}$dɤ$^{13-23}$		麦穗
16	斫麦 tso$?^{5-3}$ ma$?^{2-4}$ 割麦 kə$?^{5-3}$ ma$?^{2-4}$		收割麦子
17	捉花 tso$?^{5-3}$ ho$^{53-44}$ 采棉花 tsʰE$^{34-33}$ mi$^{13-55}$ho$^{53-21}$	松江：摘花 tsa$?^{5-4}$ ho$^{53-53}$ 青浦^{新}：斫花 tso$?^{5-4}$hω$^{53-53}$ 崇明：拾棉花 ziə$?^{2}$ mie$^{24-33}$ho$^{55-55}$	采摘棉花
18	稻床 dɔ$^{13-22}$zã$^{13-44}$	金山：板床 $?$bɛ$^{44-23}$ zã$^{31-53}$	旧时脱粒时使用的大木桶
19	仓间 tsʰã$^{53-55}$kE$^{53-21}$	浦东：杂用间 zæ$?^{2-2}$ɦyoŋ$^{13-22}$kɛ$^{53-34}$ 南汇：杂用间 zæ$?^{2-2}$ɦyoŋ$^{13-22}$kɛ$^{53-34}$ 金山^{新}：仓谷 tsʰã$^{53-44}$kɔ$?^{5-2}$	农村里放谷物、农具等的屋子
20	窖 $^{=b}$kɔ^{34}	嘉定：□$?$w^{34}	施放农家肥
21	窖$^{=}$壅 kɔ$^{34-33}$ɦyoŋ$^{13-44}$ 施肥 sʅ$^{33-55}$vi$^{13-21}$	金山^{新}：窖粪 tɕiɔ$^{13-33}$fəŋ$^{13-33}$ 青浦^{新}：窖$^{=}$肥料 tɕiɔ$^{35-33}$ʋi$^{31-55}$liɔ$^{35-21}$ 浦东：下窖头 ɦɔ$^{13-22}$kɔ$^{35-55}$dɤ$^{213-53}$ 嘉定：□肥料 $?$w^{34} vi$^{31-24}$liɔ$^{13-21}$ 宝山：下窖壅 ɦɔ$^{13-24}$kɔ$^{35-55}$ɦiŋ$^{13-21}$ 崇明：下胵壅 ɦɔ^{242}•o$^{33-33}$ɦyoŋ$^{313-0}$	施肥
22	浇肥料 tɕiɔ$^{53-44}$•vi$^{13-22}$liɔ$^{13-44}$	浦东：浇窖头 tɕiɔ$^{53-55}$ kɔ$^{35-55}$dɤ$^{213-53}$ 南汇：浇窖头 tɕiɔ$^{53-55}$ kɔ$^{35-55}$dɤ$^{213-53}$	施放液体肥料
23	壩 zia^{13}		厩肥或农家杂肥

（续表）

序号	上海市区方言	上海郊区方言	普通话
24	猪塪 tsɿ⁵³⁻⁵⁵ʑia¹³⁻²¹		猪圈里的厩肥
25	罱泥 nie¹³⁻³³·n̠i¹³	南汇：罱河泥 nɛ¹¹³⁻³⁵βu¹¹³⁻⁵⁵n̠y¹¹³⁻⁵³	以船和工具夹取河泥作肥料
26	拎水 liŋ⁵³⁻⁴⁴·sɿ³⁴		提水
27	掘井 dzyoʔ²⁻²[dzyɪʔ²⁻²²]tɕiŋ³⁴ 打井 tã⁴⁴⁻⁴⁴·tɕiŋ³⁴	浦东：挖井 uaʔ⁵⁻⁴tsiŋ³⁵⁻⁴⁴ 宝山：挖井 uaʔ⁵⁻⁴tsiŋ³⁵⁻⁴⁴ 奉贤：揩井 kʰən⁵³·tsiən⁴⁴ 宝山：□井 kɤ⁵³·tsiŋ³⁵	挖井
28	煠猪食 zaʔ²⁻¹tsɿ⁵³⁻²²zəʔ²⁻²	闵行：烧猪食 sɔ⁵³⁻³³tsɿ⁴⁴⁻³³zəʔ²⁻⁴ 闵行：烧猪食 sɔ⁵³⁻⁴⁴zəɿ²⁻³·sɿ⁴⁴⁻³⁴ 浦东：烧猪食 sɔ⁵³⁻³³tsɿ⁴⁴⁻³³zəʔ²⁻⁴ 奉贤：烧猪食 sɔ⁵³⁻³³tsɿ⁴⁴⁻³³zəʔ²⁻⁴ 青浦：烧猪食 sɔ⁵³⁻³³tsɿ⁴⁴⁻³³zəʔ²⁻⁴ 青浦新：煠猪食 zæʔ²⁻²tsɿ⁵³⁻²²zəʔ²⁻⁵	煮猪食
29	烤⁼鱼 kʰɔ³⁴⁻⁴⁴·ɦiŋ¹³ 烤⁼浜头 kʰɔ³⁴⁻⁴⁴·pã⁵³⁻⁵⁵dɤ¹³⁻²¹	浦东：叉沟头 tsʰɔ⁵³⁻⁵⁵kɤ⁵³⁻⁵⁵dɤ²¹³⁻⁵³ 南汇：烤浜喊⁼ kʰɔ⁴⁴⁻³⁵ʔbã⁵³⁻⁵⁵kɛ⁴⁴⁻⁵³ 宝山：烤⁼沟头 kʰɔ³⁵⁻³³kɒi⁵³⁻⁵⁵dɒi³¹⁻²¹	把小河水舀干后捕鱼
30	车水 tsʰo⁵³⁻⁴⁴·sɿ³⁴ 踏水 daʔ²⁻¹sɿ³⁴⁻²³	松江：踏车 dæʔ²⁻²tsʰo⁵³⁻³⁴ 浦东：踏车 dæʔ²⁻²tsʰo⁵³⁻³⁴ 南汇：踏车 dæʔ²⁻²tsʰo⁵³⁻³⁴	人力踏踩水车把水从河中取至田里
31	犁头 li¹³⁻²²dɤ¹³⁻⁴⁴ 犁 li¹³ 步犁 bu¹³⁻²²li¹³⁻⁴⁴		步犁
32	米甏 mi¹³⁻²²bã¹³⁻⁴⁴	浦东：米瓺 mi¹³⁻¹³ʔdəŋ⁴⁴⁻²¹ 浦东：米草窠 mi¹³⁻²² tsʰɔ⁴⁴ kʰu⁵³⁻⁵³ 南汇：羊甏 ɦiã¹¹³⁻²²bã¹¹³⁻²³	盛放粮食的瓮子，口小肚大
33	搨米 tʰaʔ⁵⁻³mi¹³⁻⁴⁴ 做米 tsu³⁴⁻⁴⁴·mi¹³	闵行：舂⁼米 tsʰəŋ⁵³⁻⁵⁵mi¹³⁻⁵³ 奉贤：舂⁼米 tsʰəŋ⁵³⁻⁵⁵mi¹³⁻⁵³ 青浦：舂⁼米 tsʰəŋ⁵³⁻⁵⁵mi¹³⁻⁵³ 奉贤：打米 ʔdɛ⁴⁴⁻³³mi²²⁻⁵³	舂米，去除谷粒的外壳

(续表)

序号	上海市区方言	上海郊区方言	普通话
34	轧米 ga$^{2-1}$mi$^{13-23}$	浦东：轧谷 gæʔ$^{2-2}$koʔ$^{5-3}$ 南汇：轧谷 gæʔ$^{2-2}$koʔ$^{5-3}$	碾米
35	磨子 mu$^{13-22}$tsɿ$^{34-44}$ 磨 mu^{13}		石磨
36	磨盘 mu$^{13-22}$bE$^{13-44}$		磨扇
37	磨脐 mu$^{13-22}$zi$^{13-44}$ 磨心 mu$^{13-22}$ɕiŋ$^{53-44}$		磨扇中间的铁轴
38	牵磨 tɕhi$^{53-44}$·mu^{13} 推磨 thE$^{53-44}$·mu^{13}		推磨
39	牵砻 tɕhi$^{53-44}$·loŋ^{13}		用砻脱去谷物的外壳
40	箪 da^{13}	松江^{新}：匾 pi^{44} 浦东：团基 dø$^{213-22}$tɕi$^{53-22}$ 浦东：脚匾 tɕia^{25}ʔbi$^{44-44}$ 金山^{新}：乔边 dʑiɔ$^{31-13}$pi$^{53-53}$ 青浦：匾 [pii^{44}] 宝山：扎⁼箪 tsaʔ$^{5-4}$da$^{13-44}$	一种用篾织成的有稀疏眼儿的扁平容器，用来晒东西与筛谷物等
41	夹箪 kaʔ$^{5-3}$da$^{13-44}$	南汇：麦箪 ma$^{2-2}$da$^{13-13}$ 金山^{新}：乔边 dʑiɔ$^{31-13}$pi$^{53-53}$ 嘉定^{新}：大扎⁼箪 du$^{13-22}$tsaʔ$^{5-5}$da$^{13-21}$	较大些的箪
42	格筛 kaʔ$^{5-3}$sɿ$^{53-44}$	闵行：米筛 mi$^{13-13}$sɿ$^{53-21}$ 嘉定：米筛 mi$^{13-13}$sɿ$^{53-21}$ 嘉定：米筛 mi$^{13-33}$sɿ$^{53-53}$ 宝山：米筛 mi$^{13-13}$sɿ$^{53-21}$ 松江：筛子 sɿ$^{53-55}$tsɿ$^{44-21}$ 浦东：筛子 sɿ$^{53-55}$tsɿ$^{44-21}$ 奉贤：筛子 sɿ$^{53-55}$tsɿ$^{44-21}$ 青浦：筛子 sɿ$^{53-55}$tsɿ$^{44-21}$	筛米用的细眼筛
43	锲了 tɕiɪʔ$^{5-3}$tsɿ$^{34-44}$ 横⁼huā 镰刀：li$^{13-22}$tɔ$^{53-44}$	川沙：横刀 uã$^{35-33}$ʔdɔ$^{53-53}$ 浦东：横刀 βã$^{213-22}$ʔdɔ$^{53-22}$ 南汇：横刀 βã$^{213-22}$ʔdɔ$^{53-22}$ 金山^{新}：横刀 vẽ$^{31-13}$tɔ$^{53-53}$ 青浦^{新}：□子 tɕyœ$^{5-4}$tsɿ$^{44-44}$ 宝山：钩刀 kɒi$^{53-55}$tɔ$^{44-21}$ 崇明：小尖 ɕiɔ$^{424-42}$tɕie$^{55-55}$	割稻子用的锯刀
44	斫柴刀 tsoʔ$^{5-3}$za$^{13-55}$tɔ$^{53-21}$ 斫刀 tsoʔ$^{5-3}$tɔ$^{53-44}$	浦东：柴刀 za$^{213-22}$ʔdɔ$^{53-22}$	砍柴刀

（续表）

序号	上海市区方言	上海郊区方言	普通话
45	箩 lu^{13} 箩筐 lu^{13}kʰuɑ̃$^{53-44}$	金山^{新}：筥 bu^{13}	箩筐
46	筥 bu^{13}		一种由竹篾编成，比箩筐小，眼较大的盛物器具
47	栲栳 kʰə$^{5-3}$lɔ$^{13-44}$	浦东：山畚 sɛ$^{53-55}$ʔbəŋ$^{53-53}$ 南汇：山畚 sɛ$^{53-55}$ʔbəŋ$^{53-53}$	柳条筐
48	篮头 lɛ$^{13-22}$dɤ$^{13-44}$ 篮 lɛ^{13}		篮子
49	绳 zəŋ^{13} 绳子 zəŋ$^{13-22}$tsɿ$^{34-44}$		绳子
50	索 soʔ^5	南汇：毛捻头 mɔ$^{113-22}$ɲi$^{113-33}$dɤ$^{113-33}$ 金山^{新}：粗绳 tsʰu$^{53-24}$zəŋ$^{31-53}$	粗绳
51	打结头 dɑ̃$^{34-33}$tɕiɲʔ$^{5-5}$dɤ$^{13-21}$ 打结 dɑ̃$^{34-33}$tɕiɲʔ$^{5-4}$		打结
52	牛贯绳 ȵiɤ$^{13-22}$kuɛ$^{34-55}$zəŋ$^{13-21}$ 牛绳 ȵiɤ$^{13-22}$zəŋ$^{13-44}$	闵行：牛鼻绳 ȵiɤ$^{31-22}$bəʔ$^{2-3}$zəŋ$^{31-33}$ 南汇：牛鼻绳 ȵiɤ$^{113-22}$bəʔ$^{2-3}$sã$^{53-33}$ 青浦：牛鼻绳 ȵiɤ$^{31-22}$bəʔ$^{2-3}$zəŋ$^{31-33}$ 浦东：牛别针 ȵiɤ$^{213-22}$biɲʔ$^{2-2}$tsəŋ$^{53-22}$	系在牛鼻上牵牛的绳子
53	柴户 ₌za$^{13-22}$ɦu$^{13-44}$	闵行：稻柴绳 dɔ$^{13-22}$za$^{213-55}$zəŋ$^{213-53}$ 松江：稻柴绳 dɔ$^{13-22}$za$^{213-55}$zəŋ$^{213-53}$ 南汇：稻柴绳 dɔ$^{13-22}$za$^{213-55}$zəŋ$^{213-53}$ 青浦^{新}：稻绳 dɔ$^{213-13}$zəŋ$^{31-21}$	用以捆扎农作物的稻草绳
54	扬乱柴 ɦiã$^{13-22}$lø$^{13-55}$za$^{13-21}$	浦东：下扬头 ɦo$^{13-22}$ɦiã$^{213-55}$dɤ$^{213-53}$ 南汇：扬乱枯柴 ɦiã$^{113-22}$lø$^{13-35}$kʰu$^{53-55}$za$^{113-53}$ 奉贤：扬谷 ɦiɛ̃^{31}·koʔ^5 嘉定：扬 ɦiã^{31}	筛完谷后把筛下的稻草扬起，让风吹起杂质，使草中谷粒分离出来

(续表)

序号	上海市区方言	上海郊区方言	普通话
55	踏塯 daʔ²⁻¹ẓiã¹³⁻²³	南汇：闯塯 tsʰã⁴⁴⁻⁴⁴ẓia¹³⁻⁴⁴	把草木灰、杂草等放进牲口圈中，与牲口粪一起经踏踩混合成肥料
56	打雄 tã³⁴⁻³³ɦyoŋ¹³⁻⁴⁴	闵行：博雄 ʔbɔʔ⁵⁻³ ɦyoŋ³¹⁻⁵³ 松江：博雄 ʔbɔʔ⁵⁻³ ɦyoŋ³¹⁻⁵³ 奉贤：博雄 ʔbɔʔ⁵⁻³ ɦyoŋ³¹⁻⁵³ 宝山：博雄 ʔbɔʔ⁵⁻³ ɦyoŋ³¹⁻⁵³ 浦东：伏雄 βoʔ²⁻² ɦyoŋ²¹³⁻³⁴ 南汇：伏雄 βoʔ²⁻² ɦyoŋ²¹³⁻³⁴ 崇明：套窠 tʰɔ³³⁻⁴² kʰu⁵⁵⁻⁵⁵	鸡鸭等交配
57	打势 tã³⁴⁻³³sɿ³⁴⁻⁴⁴	松江新：□tʌn⁵³ 浦东：骟 ʔdən⁵³ 南汇：骟 ʔdən⁵³ 奉贤：骟卵子 si³³⁵⁻⁵⁵løʔ²²⁻⁵⁵tsɿ⁴⁴⁻⁵³ 青浦：骟卵子 si³³⁵⁻⁵⁵løʔ²²⁻⁵⁵tsɿ⁴⁴⁻⁵³	阉割牲口
58	年势 ȵi¹³⁻²²sɿ³⁴⁻⁴⁴ 年成 ȵi¹³⁻²²zəŋ¹³⁻⁴⁴	浦东：年头 ȵi²¹³⁻²²dɤ²¹³⁻²²	年成
59	年势好 ȵi¹³⁻²²sɿ³⁴⁻³³·hɔ³⁴ 年成好 ȵi¹³⁻²²zəŋ¹³⁻³³·hɔ³⁴	浦东：年头好 ȵi²¹³⁻²²dɤ²¹³⁻²²hɔ⁴⁴⁻²²	丰收，好收成
60	年势慽 ȵi¹³⁻²²sɿ³⁴⁻³³·tɕʰiɤ⁵³ 年成慽 ȵi¹³⁻²²zəŋ¹³⁻³³·tɕʰiɤ⁵³	市区新：年成不好 ȵi¹³⁻²²zəŋ¹³⁻⁴⁴pəʔ⁵⁻³ hɔ³⁴⁻⁴⁴ 浦东：荒年 ɸã⁵³⁻⁵⁵ȵi²¹³⁻⁵³ 崇明：荒年 ɸã⁵³⁻⁵⁵ȵi²¹³⁻⁵³	歉收
61	有淘成 ɦiɤ¹³⁻²²dɔ¹³⁻⁵⁵zəŋ¹³⁻²¹		有收成，郊县多形容人
62	呒淘成 ɦm̩¹³⁻²²dɔ¹³⁻⁵⁵zəŋ¹³⁻²¹		没收成，郊县多以此形容人
63	秀出来 ɕiɤ³⁴⁻³³tsʰəʔ⁵⁻⁵lɛ¹³⁻²¹	浦东：做肚 tsu³⁵⁻⁵⁵du¹³⁻²¹ 南汇：秀稻 siɤ⁵⁵⁻⁵⁵dɔ¹³⁻²¹ 南汇：子肚 tsɿ⁴⁴⁻⁴⁴du¹³⁻⁴⁴	抽穗

第五章 植　物

序号	上海市区方言	上海郊区方言	普通话
1	饭粮^旧vE¹³⁻²²liã¹³⁻⁴⁴ 粮食 liã¹³⁻²²zəʔ²⁻⁴	松江：米粮 mi²²⁻²⁴liẽ³¹⁻²¹ 金山^新：口粮 kʰɤ⁴⁴⁻²⁴ liẽ³¹⁻⁵³	粮食
2	元麦 ȵyø¹³⁻²²maʔ²⁻⁴⁴	松江：麦子 maʔ²⁻³tsɿ⁴⁴⁻⁴⁴ 崇明：类麦 lei³¹³⁻³¹maʔ²⁻⁵	大麦的一种，粒大、皮薄
3	小米子 ɕiɔ³⁴⁻³³mi¹³⁻⁵⁵tsɿ³⁴⁻²¹	市区^新：小米 ɕiɔ³⁴⁻³³mi¹³⁻⁴⁴ 川沙：小米 ɕiɔ⁴⁴⁻⁴⁴mi²¹³⁻⁴⁴ 嘉定：小米 siɔ³⁴⁻³⁵mi¹³⁻²¹ 南汇：黄稷 βã¹¹³⁻²²tsi⁵³⁻³³ 崇明：黄稷 βã¹¹³⁻²²tsi⁵³⁻³³ 青浦^新：洋籼米 ɦiẽ³¹⁻¹³ɕi⁵³⁻⁴⁴mi²¹³⁻³¹	小米
4	珍珠米 tsəŋ⁵³⁻⁵⁵tsɿ⁵³⁻³³mi¹³⁻²¹ 玉米 ȵyoʔ²⁻¹mi¹³⁻²³	闵行：八珠米 ʔbæʔ⁵⁻³tsɿ⁵³⁻⁵⁵ mi¹³⁻⁵³ 松江：鸡头粟 ɕi⁵³⁻⁵⁵duɯ³¹⁻³³soʔ⁵⁻² 青浦：鸡头粟 ɕi⁵³⁻⁵⁵duɯ³¹⁻³³soʔ⁵⁻² 浦东：珠珠米 tsʮ⁵³⁻⁵⁵ tsʮ⁵³⁻⁵⁵ mi¹³⁻⁵³ 南汇：珠珠米 tsʮ⁵³⁻⁵⁵tsʮ⁵³⁻⁵⁵ mi¹³⁻⁵³ 奉贤：珠米 tsʮ⁵³⁻⁵⁵mi²²⁻⁵³ 嘉定：蕃麦 fE⁵³⁻⁵⁵maʔ²⁻² 青浦：蕃麦 fE⁵³⁻⁵⁵maʔ²⁻² 青浦^新：蕃麦 fE⁵³⁻⁴⁴maʔ²⁻² 宝山：余米 fiy³¹⁻²⁴mi¹³⁻⁴⁴ 崇明：大米 du³¹³⁻³¹mi²⁴²⁻³³	玉米
5	六谷粉 loʔ²⁻¹koʔ⁵⁻²fəŋ³⁴⁻²³	松江^新：玉米粉 ȵioʔ³⁻⁴mi¹³⁻³³fʌn⁴⁴⁻⁵³ 金山：玉米粉 ȵyoʔ²⁻²mi¹³⁻⁵⁵fəŋ⁴⁴⁻³¹ 南汇：珠米粉 tsʮ⁵³⁻⁵⁵ mi¹¹³⁻³³ fəŋ⁴⁴⁻³¹ 奉贤：珠米粉 tsʮ⁵³⁻⁵⁵ mi¹¹³⁻³³ fəŋ⁴⁴⁻³¹ 青浦^新：蕃麦粉 fE⁵³⁻⁴⁴maʔ²⁻⁴ fəŋ⁴⁴⁻²¹ 崇明：大米粞 du³¹³⁻³¹mi²⁴²⁻³³ɕi⁵⁵⁻⁵⁵	玉米磨成的粉

（续表）

序号	上海市区方言	上海郊区方言	普通话
6	瘪谷 piɿʔ$^{5-3}$koʔ$^{5-4}$	崇明：瘪稻 piəʔ$^{5-5}$dɔ$^{242-33}$	秕谷
7	砻糠 loŋ$^{13-22}$kʰã$^{53-44}$ 糠 kʰã^{53}	浦东：米衣裳 mi$^{13-22}$i$^{53-55}$zã$^{213-53}$	糠
8	六陈 loʔ$^{2-1}$zəŋ$^{13-23}$	金山^{新}：陈 zəŋ^{31}	隔年所播种的大麦、小麦、元麦、蚕豆、豌豆、油菜等
9	麦柴 maʔ$^{2-1}$za$^{13-23}$	金山^{新}：稻柴 dɔ$^{35-33}$zA$^{31-31}$ 崇明：麦□ maʔ$^{2-}$ga$^{24-53}$	麦秸
10	粳米 kã$^{53-55}$mi$^{13-21}$ 大米 du$^{13-22}$mi$^{13-44}$	金山^{新}：米 mi^{13}	大米
11	籼米 ɕi$^{53-55}$mi$^{13-21}$	南汇：尖米 tsi$^{53-53}$mi$^{113-21}$	早稻米，黏性小
12	洋籼米 ɦiã$^{13-22}$ɕi$^{53-55}$mi$^{13-21}$		进口的籼米
13	花衣 ho$^{53-55}$i$^{53-21}$	嘉定：棉絮 miɿ$^{31-24}$si$^{34-21}$	棉絮
14	脂麻 tsɿ$^{53-55}$mo$^{13-21}$	青浦^{新}：芝麻 tsɿ$^{53-44}$mω$^{31-4-352}$	芝麻
15	山芋 sE$^{53-55}$ɦy$^{13-21}$	青浦：番芋 ɸE$^{53-44}$ɦy$^{13-21}$ 嘉定：番芋 fE$^{53-55}$ɦi$^{13-21}$ 宝山^{新}：饭瓜 vE^{35}ko$^{53-31}$	甘薯
16	洋山芋 ɦiã$^{13-22}$sE$^{53-55}$ɦy$^{13-21}$ 土豆 tʰu$^{35-33}$dɤ$^{13-44}$	青浦：洋番芋 ɦiɛ̃$^{31-13}$ɸE$^{53-44}$ɦy$^{13-21}$ 嘉定：外国芋艿 ŋa$^{13-22}$kuəʔ$^{5-5}$ɦi$^{13-33}$na$^{13-21}$ vE$^{34-34}$kuəʔ$^{5-2}$ 崇明：洋芋艿 ɦiã$^{24-34}$ɲi$^{313-0}$na$^{242-0}$	马铃薯
17	芋艿头 ɦy$^{13-22}$na$^{13-55}$dɤ$^{31-21}$ 芋艿老头 ɦy$^{13-22}$na$^{13-55}$lɔ$^{13-33}$dɤ$^{13-21}$	闵行：老芋头 lɔ$^{31-22}$ɦy$^{13-55}$dɤ$^{31-53}$ 金山^{新}：芋艿 ɦy$^{13-22}$na$^{13-55}$	芋艿大而老的块茎
18	栗子山芋 liɿʔ$^{2-1}$tsɿ$^{34-22}$sE$^{53-55}$ɦy$^{13-23}$/ liɿʔ$^{2-2}$tsɿ$^{53-55}$sE$^{53-33}$ɦy$^{13-21}$	南汇：红皮白心 ɦoŋ$^{113-22}$bi$^{113-33}$baʔ$^{2-3}$siŋ$^{53-33}$	甘薯的一种，形圆似栗子而大，水分少、淀粉多
19	龙头芋 loŋ$^{13-22}$dɤ$^{13-55}$ɦy$^{13-21}$	南汇：红沙芋艿 ɦoŋ$^{113-22}$so$^{53-33}$ɦy$^{13-33}$na$^{113-21}$	一种芋艿，较一般的糯，产于宁波一带
20	芋艿子 ɦy$^{13-33}$na$^{13-55}$tsɿ$^{34-21}$	金山^{新}：芋艿头 ɦy$^{13-23}$na$^{13-55}$dɤ$^{31-31}$ 青浦：小芋艿 ɕiɔ$^{44-13}$ɦy$^{13-44}$na$^{13-53}$ 宝山：□艿子 ɦy$^{13-24}$na$^{13-55}$tsɿ$^{35-21}$	小芋头

（续表）

序号	上海市区方言	上海郊区方言	普通话
21	慈姑 zʅ¹³⁻²²ku⁵³⁻⁴⁴		慈姑
22	塘藕 dã¹³⁻²²ŋɤ¹³⁻⁴⁴ 斜塘藕 zia¹³⁻²²dã¹³⁻⁵⁵ŋɤ¹³⁻²¹ 藕 ŋɤ¹³		莲藕
23	莲心 li¹³⁻²²ɕiŋ⁵³⁻⁴⁴	松江：莲肉 li¹³⁻²²ɲyoʔ²⁻²	干莲子
24	菱 liŋ¹³	市区新：菱角 liŋ¹³⁻²²koʔ⁵⁻⁴ 闵行：腰菱 iɔ⁵³⁻⁵⁵liŋ³¹⁻⁵³ 川沙：腰菱 iɔ⁵³⁻⁵⁵liŋ²¹³⁻²¹ 浦东：腰菱 iɔ⁵³⁻⁵⁵liŋ³¹⁻⁵³ 南汇：腰菱 iɔ⁵³⁻⁵⁵liŋ³¹⁻⁵³ 奉贤：腰菱 iɔ⁵³⁻⁵⁵liŋ³¹⁻⁵³ 嘉定：老菱 lɔ¹³⁻²²liŋ³¹⁻⁵³	菱角
25	风菱 foŋ⁵³⁻⁵⁵liŋ¹³⁻²¹		风干后的菱角
26	老菱 lɔ¹³⁻²²liŋ¹³⁻⁴⁴		成熟的菱角
27	黄豆 ɦuã¹³⁻²²dɤ¹³⁻⁴⁴	浦东：青豆 tsʰiŋ⁵³⁻⁵⁵dɤ¹³⁻²¹ 金山新：毛豆 mɔ²¹³⁻²²dɤ²¹³⁻²²	大豆
28	毛豆 mɔ¹³⁻²²dɤ¹³⁻⁴⁴	浦东：毛豆子 mɔ²¹³⁻²²dɤ²¹³⁻²²tsʅ⁴⁴⁻²² 南汇：毛豆子 mɔ²¹³⁻²²dɤ²¹³⁻²²tsʅ⁴⁴⁻²²	大豆的嫩荚，当蔬菜使用
29	细豆 ɕi³⁴⁻³³dɤ¹³⁻⁴⁴	金山：贼懊恼 zɔʔ²⁻³ ɔ²⁴⁻⁵⁵nɔ¹³⁻²¹	一种粒小的大豆
30	赤豆 tsʰaʔ⁵⁻³dɤ¹³⁻⁴⁴	浦东：柴⁼厂⁼za²¹³⁻²² tsʰã⁴⁴⁻²² 南汇：柴⁼厂⁼za²¹³⁻²² tsʰã⁴⁴⁻²² 奉贤新：红豆 ɦoŋ³¹⁻²⁴dɤ¹³⁻²¹ 金山新：红豆 ɦoŋ³¹dɤ¹³	赤小豆
31	小寒⁼豆 ɕiɔ³⁴⁻³³ɦø¹³⁻⁵⁵dɤ¹³⁻²¹ 豌豆 uø³⁴⁻³³dɤ¹³⁻⁴⁴	南汇：小寒 siɔ⁴⁴⁻³⁵ɦø¹¹³⁻⁵³ 金山新：寒⁼豆 ɦø³¹⁻¹³dɤ¹³⁻³¹	豌豆
32	长豇豆 zã¹³⁻²² kã⁵³⁻⁵⁵dɤ¹³⁻²¹ 豇豆 kã⁵³⁻⁵⁵dɤ¹³⁻²¹	南汇：八月豇 ʔbæʔ⁵⁻³ɲyœʔ²⁻⁴ kã⁵³⁻²¹	豇豆
33	盘香豇 bø¹³⁻²²ɕiã⁵³⁻⁵⁵kã⁵³⁻²¹		豇豆的一种，体长、弯曲成盘状
34	青黄豆 tɕʰiŋ⁵³⁻⁵⁵ɦuã¹³⁻³³dɤ¹³⁻²¹	金山：绿毛豆 loʔ²⁻³mɔ³¹⁻⁵⁵dɤ¹³⁻²¹ 金山：毛豆 mɔ³¹⁻⁵⁵dɤ¹³⁻²²	表面呈青色的一种大豆
35	牛踏扁 ȵiɤ¹³⁻²²daʔ²⁻⁵pi³⁴⁻²¹		一种粒大形扁的良种大豆

（续表）

序号	上海市区方言	上海郊区方言	普通话
36	寒=豆 ɦø$^{13-22}$dɤ$^{13-44}$ 蚕豆 zø$^{13-22}$dɤ$^{13-44}$	青浦^{新}：大豆 du$^{213-22}$dɯ$^{213-44}$	蚕豆
37	落苏 loʔ$^{2-1}$su$^{53-23}$ 茄子 ga$^{13-22}$tsɿ$^{34-44}$	崇明：茄落苏 ga$^{24-34}$loʔ$^{2-5}$su$^{55-55}$	茄子
38	生瓜 sã$^{53-55}$ko$^{53-21}$ 菜瓜 tsʰE$^{34-33}$ko$^{53-44}$	南汇：自生瓜 zɿ$^{13-13}$sã$^{53-55}$ko$^{53-53}$	菜瓜
39	生梨瓜 sã$^{53-55}$li$^{13-33}$ko$^{53-21}$ 甜梨瓜 di$^{13-22}$li$^{13-55}$ko$^{53-21}$	金山：白雪团 baʔ$^{2-4}$siɿʔ$^{5-3}$dø$^{31-21}$ 金山^{新}：白洋瓜 bA$^{?2-2}$ɦiɛ̃$^{31-55}$ko$^{53-31}$	一种甜瓜，皮肉皆白色
40	丝瓜络 zɿ$^{53-55}$ko$^{53-33}$loʔ$^{2-2}$		丝瓜成熟后的网状纤维，药用时叫~
41	丝瓜筋 zɿ$^{53-55}$ko$^{53-33}$tɕin$^{53-21}$		丝瓜成熟后网状纤维，作洗涤时叫~
42	饭瓜 vE$^{13-22}$ko$^{53-44}$ 南瓜 nø$^{13-22}$ko$^{53-44}$	南汇：香瓜 siã$^{53-55}$ko$^{53-53}$ 奉贤：香瓜 siã$^{53-55}$ko$^{53-53}$ 金山^{新}：香瓜 ɕiɛ̃$^{53-24}$ko$^{53-53}$ 崇明：番瓜 fæ$^{55-55}$kuo$^{55-55}$	南瓜
43	饭瓜子 vE$^{13-22}$ko$^{53-55}$tsɿ$^{34-21}$ 南瓜子 nø$^{13-22}$ko$^{53-55}$tsɿ$^{34-21}$	南汇：香瓜子 siã$^{53-55}$ko$^{53-55}$tsɿ$^{44-53}$ 金山^{新}：香瓜子 ɕiɛ̃$^{53-33}$ko$^{53-55}$tsɿ$^{44-31}$ 崇明：番瓜子 fæ$^{53-55}$kuo$^{53-55}$tsɿ$^{424-0}$	南瓜子
44	枸杞头 kɤ$^{34-33}$tɕʰi$^{34-55}$dɤ$^{13-21}$	浦东：枸杞藤 kɤ$^{44-33}$tɕʰi$^{44-55}$dən$^{213-53}$	枸杞的嫩叶，可以食用
45	洋葱头 ɦiã$^{13-22}$tsʰoŋ$^{53-55}$dɤ$^{13-21}$		洋葱的球茎
46	葱白头 tsʰoŋ$^{53-55}$baʔ$^{2-3}$dɤ$^{13-21}$	金山：葱头 tsʰoŋ$^{53-23}$dɤ$^{31-53}$ 金山^{新}：葱白 tsʰoŋ$^{53-44}$bA$^{?2-2}$	葱白，即葱的茎，可食用
47	韭芽 tɕiɤ$^{34-33}$ŋa$^{13-44}$ 韭黄 tɕiɤ$^{34-33}$ɦuã$^{13-44}$		韭黄
48	白头韭菜 baʔ$^{2-1}$dɤ$^{13-22}$tɕy$^{34-22}$tsʰE$^{34-23}$/ baʔ$^{2-2}$dɤ$^{13-55}$tɕy$^{34-33}$tsʰE$^{34-21}$		韭菜的一种，其梗白色
49	香椿头 ɕiã$^{53-55}$tsʰən$^{53-33}$dɤ$^{13-21}$		香椿树的嫩叶，可食用

（续表）

序号	上海市区方言	上海郊区方言	普通话
50	米苋 mi$^{13-22}$ɕi$^{34-44}$	松江：苋菜 ɕi$^{34-33}$tsʰE$^{34-53}$ 奉贤：苋菜 ɕi$^{34-33}$tsʰE$^{34-53}$ 青浦：苋菜 ɕi$^{34-33}$tsʰE$^{34-53}$	苋菜
51	番茄 fE$^{53-55}$ga$^{13-21}$	松江：洋柿子 ɦiẽ$^{31-24}$zɿ$^{22-33}$tsɿ$^{44-21}$	西红柿
52	生姜 sã$^{53-55}$tɕiã$^{53-21}$ 姜 tɕiã^{53}	闵行：水姜 sɿ$^{44-35}$ciã$^{53-21}$ 松江：辣姜 læʔ$^{2-2}$ciẽ$^{53-53}$ 川沙：老姜 lɔ$^{213-22}$tɕiaŋ$^{53-53}$ 浦东：老姜 lɔ$^{13-22}$tɕiã$^{53-53}$ 南汇：老姜 lɔ$^{13-22}$tɕiã$^{53-53}$ 奉贤：老姜 lɔ$^{13-22}$tɕiã$^{53-53}$ 嘉定：老姜 lɔ$^{13-22}$tɕiã$^{53-53}$	姜块
53	灯笼辣椒 təŋ$^{53-55}$loŋ$^{13-33}$laʔ$^{2-3}$ tɕiɔ$^{53-21}$	浦东：茄门椒 ga$^{213-22}$məŋ$^{213-22}$tsiɔ$^{53-22}$ 嘉定：灯笼辣茄 tẽ$^{53-55}$loŋ$^{31-33}$laʔ$^{2-3}$ga$^{31-21}$	柿子椒
54	尖头辣椒 tɕi$^{53-55}$dɤ$^{13-33}$laʔ$^{2-3}$ tɕiɔ$^{53-21}$	浦东：尖脚辣椒 tsi$^{53-55}$tɕiaʔ$^{5-3}$laʔ$^{2-5}$tsiɔ$^{53-21}$ 南汇：尖脚辣椒 tsi$^{53-55}$tɕiaʔ$^{5-3}$laʔ$^{2-5}$tsiɔ$^{53-21}$ 金山^{新}：辣辣椒 læʔ$^{2-3}$læʔ$^{2-3}$tɕiɔ$^{53-21}$ 嘉定：鸡脚辣茄 tɕi$^{53-55}$tɕiaʔ$^{5-3}$laʔ$^{2-3}$ga$^{31-21}$	一端尖的辣椒
55	辣货 laʔ$^{2-1}$hu$^{34-23}$		辣椒末糊
56	弥陀芥菜 mi$^{13-22}$du$^{13-55}$ka$^{34-33}$tsʰE$^{34-21}$		芥菜的一种，茎瘤像弥勒佛
57	银丝芥菜 ȵiŋ$^{13-22}$sɿ$^{53-55}$ka$^{34-33}$tsʰE$^{34-21}$		一种芥菜，茎细
58	雪里蕻 ɕiʔ$^{5-3}$li$^{13-55}$hoŋ$^{53-21}$	闵行：雪菜 siɿʔ$^{5-4}$tsʰe$^{5-4}$	雪里红
59	菜剑 = tsʰE$^{34-33}$tɕi$^{34-44}$ 菜结 tsʰE$^{34-33}$tɕiʔ$^{5-4}$	奉贤：菜蕻 tsʰE$^{335-44}$hoŋ$^{335-44}$ 金山：菜芥 tsʰE$^{24-44}$ka$^{24-44}$	油菜苔
60	马兰头 mo$^{13-22}$lE$^{13-55}$dɤ$^{13-21}$	浦东：红梗菜 hoŋ$^{31-24}$ka$^{35-55}$tsʰe$^{35-53}$ 南汇：红梗菜 hoŋ$^{31-24}$ka$^{35-55}$tsʰe$^{35-53}$ 嘉定：红梗菜 ɦoŋ$^{31-24}$kã$^{34-55}$tsʰE$^{34-21}$ 宝山：红梗菜 hoŋ$^{31-24}$ka$^{35-55}$tsʰe$^{35-53}$	一种野菜，可凉拌食用

（续表）

序号	上海市区方言	上海郊区方言	普通话
61	草头 tsʰɔ³⁴⁻³³dɤ¹³⁻⁴⁴	青浦[新]：金花头 tɕiəŋ⁵³⁻⁴⁴hɯ⁵³⁻⁴⁴dɯ³¹⁻²¹	紫云英，其嫩叶可食用
62	海冬青 hE³⁴⁻³³toŋ⁵³⁻⁵⁵tɕʰiŋ⁵³⁻²¹ 青皮绿肉 tɕʰiŋ⁵³⁻⁵⁵biʔ¹³⁻³³loʔ²⁻³n̠yoʔ²⁻²		甜瓜的一种，皮肉皆为绿色
63	黄芽菜 ɦuã¹³⁻²²ŋa⁵³⁻⁵⁵tsʰE³⁴⁻²¹ 胶菜 tɕiɔ⁵³⁻⁵⁵tsʰE³⁴⁻²¹ 大白菜 du¹³⁻²²bəʔ²⁻⁵tsʰE³⁴⁻²¹ 白菜 baʔ²⁻¹tsʰE³⁴⁻²³		白菜
64	鸡毛菜 tɕi⁵³⁻⁵⁵mɔ¹³⁻³³tsʰE³⁴⁻²¹	闵行：小白菜 siɔ⁴⁴⁻³⁵baʔ²⁻⁵tsʰe³⁴⁻²¹ 浦东：小白菜 siɔ⁴⁴⁻³⁵baʔ²⁻⁵tsʰe³⁴⁻²¹ 青浦：小白菜 siɔ⁴⁴⁻³⁵baʔ²⁻⁵tsʰe³⁴⁻²¹ 金山[新]：青菜 tɕʰiæŋ⁵³⁻⁵⁵tsʰɛ¹³⁻³¹	一种小青菜，状似鸡毛
65	香莴笋 ɕiã⁵³⁻⁵⁵u⁵³⁻³³səŋ³⁴⁻²¹ 莴苣笋 u⁵⁵tɕy³⁴⁻³³səŋ³⁴⁻²¹ 莴苣 u⁵³⁻⁵⁵tɕy³⁴⁻²¹	浦东：莴笋 tɕy³⁴⁻³⁵səŋ⁴⁴⁻²¹ 青浦[新]：莴笋 dzy¹³⁻³⁵səŋ³⁵⁻²¹ 嘉定：莴笋 dʑi³¹⁻²⁴sE³⁴⁻²¹ 崇明：生笋 sã⁵⁵⁻⁵⁵tsʰe³³⁻⁰	莴苣
66	水河芹 sɿ³⁴⁻³³ɦu¹³⁻⁵⁵dziŋ¹³⁻²¹ 水芹菜 sɿ³⁴⁻³³dziŋ¹³⁻⁵⁵tsʰE³⁴⁻²¹	市区[新]：芹菜 dʑiŋ¹³⁻²²tsʰE³⁴⁻⁴⁴ 浦东：水芹 sɿ⁴⁴⁻³³dziŋ²¹⁻⁵³ 青浦：水芹 sɿ⁴⁴⁻⁴⁴dʑiəŋ³¹⁻⁵³ 浦东：野芹菜 ɦia¹³⁻²²dziŋ²¹³⁻⁵⁵tsʰe³⁵⁻²¹	水边生长的一种芹菜
67	药芹 ɦiaʔ²⁻¹dziŋ¹³⁻²³	市区[新]：芹菜 dʑiŋ¹³tsʰE³⁴	一种芹菜，带药味儿
68	香菜 ɕiã⁵³⁻⁵⁵tsʰE³⁴⁻²¹		芫荽
69	萝卜荚 lɔ¹³⁻²²boʔ²⁻⁵kaʔ⁵⁻²	浦东：萝卜母 lɔ²¹³⁻²²boʔ²⁻²ɦm̩¹³⁻²²	萝卜缨儿
70	红萝卜 ɦoŋ¹³⁻²²lɔ¹³⁻⁵⁵[lu¹³⁻⁵⁵]boʔ²⁻² 胡萝卜 ɦu¹³⁻²²lɔ¹³⁻⁵⁵[lu¹³⁻⁵⁵]boʔ²⁻²	松江：黄萝卜 βã³¹⁻²²lɔ³¹⁻²²boʔ²⁻²	胡萝卜
71	蕹菜 oŋ⁵³⁻⁵⁵tsʰE³⁴⁻²¹	金山[新]：空心菜 kʰoŋ⁵³⁻³³ɕiæŋ⁵³⁻⁵⁵tsʰɛ¹³⁻³¹	空心菜
72	花菜 ho⁵³⁻⁵⁵tsʰE³⁴⁻²¹		花椰菜
73	菜花 tsʰE³⁴⁻³³ho⁵³⁻⁴⁴	金山[新]：菜花油 tsʰɛ¹³⁻²³ho⁵³⁻⁵⁵ɦiɤ³¹⁻³¹	（1）花菜的花 （2）油菜的花

（续表）

序号	上海市区方言	上海郊区方言	普通话
74	塌棵菜 $k^ha?^{5-3}$ $k^hu^{34-55}ts^hE^{34-44}$ 塌塌长 $k^ha?^{5-3}$ $k^ha?^{5-5}tsã^{34-21}$	闵行：塌菜 $k^ha?^{5-4}ts^hE^{34-44}$ 闵行：黑乌灯菜 $hə?^{5-3}u^{53-55}?dəŋ^{53-55}ts^hE^{34-21}$ 松江^新：油灯菜 $ɦiɤ^{113-22}?dəŋ^{53-33}ts^hE^{35-33}$ 松江^新：塌菜 $t^hɛ?^{5-5}ts^hɛ^{35-45}$ 青浦^新：塌菜 $t^hæ?^{5-4}$ ts^hE^{35-35} 嘉定：塌菜 $t^ha?^{5-4}ts^hE^{34-44}$ 浦东：油塌棵 $ɦiɤ^{213-22}k^ha?^{5-2}$ k^hu^{53-22} 南汇：油塌棵 $ɦiɤ^{213-22}k^ha?^{5-2}$ k^hu^{53-22}	一种蔬菜,叶圆形,墨绿色,贴地生长
75	金花菜 $tɕiŋ^{53-55}hu^{53-33}ts^hE^{34-21}$	松江：金花头 $ciŋ^{53-35}ho^{53-55}dɯ^{31-21}$ 松江^新：金花头 $tɕin^{53-53}ho^{53-55}dɤɯ^{31-43}$ 金山：金头花 $ciŋ^{53-35}ho^{53-55}dɯ^{31-21}$	苜蓿
76	小塘菜 $ɕiɔ^{34-33}dã^{13-55}ts^hE^{34-21}$	松江^新：黄花菜 $ɦuã^{31-42}ho^{53-55}ts^hɛ^{35-11}$ 浦东：小白菜 $siɔ^{44-22}ba?^{2-5}ts^hE^{35-21}$ 金山：青菜	青菜的一种,棵较小
77	黄花郎 $ɦuã^{13-22}ho^{53-55}lã^{13-21}$	青浦^新：金针果 $tɕiəŋ^{53-55}tsəŋ^{53-55}ku^{44-21}$	（1）金针菜 （2）蒲公英
78	树秧 $zɿ^{13-22}iã^{53-44}$ 树苗 $zɿ^{13-22}miɔ^{13-44}$		树苗
79	树梢头 $zɿ^{13-22}sɔ^{13-55}dɤɯ^{13-21}$ 树梢 $zɿ^{13-22}sɔ^{53-44}$	金山^新：树梢落 $zy^{35-43}sɔ^{53-33}lɔŋ^{2-3}$ 嘉定：树头顶 $zɿ^{13-22}də^{31-55}tiŋ^{34-21}$	树梢
80	树丫杈 $zɿ^{13-22}ɔ^{53-55}ts^hɔ^{53-21}$ 树丫枝 $zɿ^{13-22}ɔ^{53-55}tsɿ^{53-21}$ 丫枝 $ɔ^{53-55}tsɿ^{53-21}$		树枝
81	放倒 $fã^{34-33}tɔ^{34-44}$	青浦^新：掘倒 $dʑyœ?^{2-2}tɔ^{44-24}$ 嘉定：截树 $ziɿ^{2-1}zɿ^{13-24}$	把树砍倒、锯倒或连根挖掉
82	掘树 $dʑyo?^{2-1}[dʑyɿ?^{2-1}]$ $zɿ^{13-23}$	闵行：揩树 $k^hən^{53}•zy^{13}$ 奉贤：揩树 $k^hən^{53}•zy^{13}$ 松江：起树 $chi^{44}•zy^{13}$ 浦东：垄树 $bəŋ^{13-22}•zy^{13-34}$ 南汇：垄树 $bəŋ^{13-22}•zy^{13-34}$ 嘉定：起树 $tɕhi^{34-33}zɿ^{13-53}$	把树连根挖掉

（续表）

序号	上海市区方言	上海郊区方言	普通话
83	雪松 ɕiŋʔ$^{5-3}$soŋ$^{53-44}$ 塔松 tʰaʔ$^{5-3}$soŋ$^{53-44}$	市区^{新}：松树 soŋ$^{53-55}$zɿ$^{13-21}$	塔松
84	桑子 sã$^{53-55}$tsɿ$^{34-21}$	闵行：桑灯 sã$^{53-55}$ʔdəŋ$^{53-53}$ 浦东：桑灯 sã$^{53-55}$ʔdəŋ$^{53-53}$ 嘉定：桑果 sã$^{53-55}$ku$^{34-21}$	桑葚
85	竿戈 kø$^{53-55}$ku$^{53-21}$	浦东：蔷梅刺 ziã$^{213-22}$me$^{213-22}$tsʰɿ$^{35-22}$ 浦东：蔷梅条 ziã$^{213-22}$me$^{213-22}$diɔ$^{213-22}$	一种带刺的灌木
86	相思子 ɕiã$^{53-55}$sɿ$^{53-33}$tsɿ$^{34-21}$ 红豆 hoŋ$^{13-22}$dɤ$^{13-44}$		红豆
87	白果树 baʔ$^{2-1}$ku$^{34-22}$zɿ$^{13-23}$ 白眼树 baʔ$^{2-1}$ŋE$^{13-22}$zɿ$^{13-23}$ 灵眼树^{旧} liŋ$^{13-22}$ŋE$^{13-55}$zɿ$^{13-21}$ 银杏树 ȵiŋ$^{13-22}$ɦã$^{13-55}$zɿ$^{13-21}$	浦东：银眼树 ȵiŋ$^{213-22}$ŋɛ$^{13-22}$zɿ$^{13-22}$	银杏
88	竹头 tsoʔ$^{5-3}$dɤ$^{13-44}$		竹子
89	竹梢 tsoʔ$^{5-3}$sɔ$^{53-44}$		细竹竿或竹竿的顶端部分
90	竹爿头 tsoʔ$^{5-3}$bE$^{13-55}$dɤ$^{13-21}$	浦东：小竹爿 siɔ$^{44-33}$tsoʔ$^{5-5}$bɛ$^{13-21}$ 嘉定：竹爿 tsoʔ$^{5-4}$bE$^{31-53}$	小竹片
91	燕笋 i$^{34-33}$səŋ$^{34-44}$	闵行：鞭笋 ʔbi$^{53-55}$səŋ$^{44-53}$ 松江^{新}：竹笋 tsoʔ$^{5-5}$sʌŋ$^{44-53}$ 宝山：杭鞭笋 ɦã$^{31-24}$piɪ$^{53-55}$səŋ$^{35-21}$ 宝山^{新}：竹头 tsoʔ$^{5-3}$tɤ$^{35-53}$	春天的一种嫩笋
92	禄 $^=$笋 loʔ$^{2-1}$səŋ$^{34-23}$	浦东：水笋干 sɿ$^{44-33}$səŋ$^{44-55}$kø$^{53-53}$ 金山^{新}：老笋 lɔ$^{13-13}$səŋ$^{44-23}$	毛笋的笋干
93	帐子竹 tsã$^{34-33}$tsɿ$^{34-55}$tsoʔ$^{5-2}$ 帐竿竹 tsã$^{34-33}$kø$^{53-55}$tsoʔ$^{5-2}$		撑帐子用的竹竿
94	竹箬 tsoʔ$^{5-3}$ȵiaʔ$^{2-4}$ 粽箬 tsoŋ$^{34-33}$ȵiaʔ$^{2-4}$	市区^{新}：粽箬壳 tsoŋ$^{34-33}$ȵiaʔ$^{2-5}$kʰoʔ$^{5-21}$ 川沙：芦箬 lu$^{213-22}$ȵiaʔ$^{2-4}$ 青浦^{新}：粽叶 tsoŋ$^{35-13}$ɦiɪʔ$^{2-4}$ 嘉定：粽药$^=$ tsoŋ$^{34-35}$ɦiaʔ$^{2-21}$	包粽子用的箬叶

（续表）

序号	上海市区方言	上海郊区方言	普通话
95	早笋 tsɔ³⁴⁻³³sən³⁴⁻⁴⁴	闵行：早燕笋 tsɔ⁴⁴⁻³³ i⁴⁴⁻⁵⁵sən⁴⁴⁻⁵³ 浦东：早前笋 tsɔ⁴⁴⁻³³zi²¹³⁻⁵⁵sən⁴⁴⁻²¹ 浦东：部尖笋 bu¹³⁻²²tsi⁵³⁻⁵⁵sən⁴⁴⁻²¹	清明前后的笋，味鲜美
96	晚笋 mɛ¹³⁻²²sən³⁴⁻⁴⁴ 迟笋 zɿ¹³⁻²²sən³⁴⁻⁴⁴	闵行：孵鸡笋 bu¹³⁻²²ci⁵³⁻²²sən⁴⁴⁻³⁴ 松江：孵鸡笋 bu¹³⁻²²ci⁵³⁻²²sən⁴⁴⁻³⁴ 金山新：慢笋 mɛ¹³⁻¹³ sən⁴⁴⁻³¹	谷雨、立夏间的笋
97	扁尖 pi³⁴⁻³³tɕi⁵³⁻⁴⁴	闵行：青笋 tsʰiŋ⁵³⁻⁵⁵sən⁴⁴⁻⁵³ 金山新：笋干 sən⁴⁴⁻¹³kø⁵³⁻⁵³	腌制的笋干
98	毛筋竹 mɔ¹³⁻²²tɕiŋ⁵³⁻⁵⁵tsoʔ⁵⁻²		一种竹子，常用来制乐器
99	竹沥 tsoʔ⁵⁻³liɿʔ²⁻⁴	浦东：竹油 tsoʔ⁵⁻⁵ɦiɤ²¹³⁻⁵³ 南汇：竹沥油 tsoʔ⁵⁻⁵li¹³⁻⁵⁵ɦiɤ¹¹³⁻²¹ 奉贤：竹沥油 tsoʔ⁵⁻⁵li¹³⁻⁵⁵ɦiɤ¹¹³⁻²¹	竹子经烤后滴下的液体，可入药，化痰火
100	篾黄 miɿʔ²⁻¹ɦuɑ̃¹³⁻²³		竹子表皮以内的部分
101	篾青 miɿʔ²⁻¹tɕʰiŋ⁵³⁻²³		竹篾的表皮
102	扁桃 pi³⁴⁻³³dɔ¹³⁻⁴⁴ 蟠桃 bɛ¹³⁻²²dɔ¹³⁻⁴⁴		蟠桃
103	樱珠 ɑ̃⁵³⁻⁵⁵tsɿ⁵³⁻²¹ 樱桃 ɑ̃⁵³⁻⁵⁵dɔ¹³⁻²¹		樱桃
104	白糖梅子 baʔ²⁻¹dɑ̃¹³⁻²²mɛ¹³⁻²²tsɿ³⁴⁻²³/ baʔ²⁻²dɑ̃¹³⁻⁵⁵mɛ¹³⁻³³tsɿ³⁴⁻²¹ 糖脆梅 dɑ̃¹³⁻²²tsʰø³⁴⁻⁵⁵mɛ¹³⁻²¹	浦东：风里梅 hoŋ⁵³⁻⁵⁵li¹³⁻³³mɛ²¹³⁻²¹ 金山：糖梅子 dɑ̃³¹⁻²³mɛ³¹⁻⁵⁵tsɿ⁴⁴⁻²¹	糖脆梅
105	红枣子 hoŋ¹³⁻²²tsɔ³⁴⁻⁵⁵tsɿ³⁴⁻²¹	市区新：红枣 ɦoŋ¹³⁻²²tsɔ³⁴⁻⁴⁴ 川沙：红枣 ɦoŋ²¹³⁻¹³tsɔ⁴⁴⁻²¹ 嘉定：红果子 ɦoŋ³¹⁻²⁴ku³⁴⁻³³tsɿ³⁴⁻²¹	红枣
106	黑枣子 həʔ⁵⁻³tsɔ³⁴⁻⁵⁵tsɿ³⁴⁻²¹	市区新：黑枣 həʔ⁵⁻³tsɔ³⁴⁻⁴⁴ 川沙：黑枣 hɤʔ⁵⁻⁴tsɔ⁴⁴⁻⁴⁴ 嘉定：黑果子 həʔ⁵⁻³ku³⁴⁻⁵⁵tsɿ³⁴⁻²¹	黑枣

（续表）

序号	上海市区方言	上海郊区方言	普通话
107	白蒲枣 baʔ²⁻¹bu¹³⁻²²tsɔ³⁴⁻²³	浦东：白胡枣 baʔ²⁻²βu²¹³⁻²²tsɔ⁴⁴⁻³⁴ 嘉定：白乌枣 baʔ²⁻¹u⁵³⁻¹¹tsɔ³⁴⁻²⁴	生枣儿，一种鲜白枣，粒大而甜脆
108	金丝蜜枣 tɕiŋ⁵³⁻⁵⁵sɿ⁵³⁻³³miɪʔ²⁻³ tsɔ³⁴⁻²¹	川沙：蜜枣 miɪʔ²⁻²tsɔ⁴⁴⁻³⁴ 青浦新：蜜枣 miɪʔ²⁻² tsɔ⁴⁴⁻²⁴ 南汇：金丝小枣 ciŋ⁵³⁻⁵⁵sɿ⁵³⁻³³siɔ⁴⁴⁻³³ tsɔ³⁴⁻²¹	金丝枣，枣中上品，产于山东
109	生梨 sã⁵³⁻⁵⁵li¹³⁻²¹	青浦新：梨 li³¹ 嘉定：梨 li³¹	梨
110	大红袍 da¹³⁻²² ɦoŋ¹³⁻⁵⁵bɔ¹³⁻²¹		红沙枇杷中的上品
111	白沙枇杷 baʔ²⁻¹so⁵³⁻²²biɪʔ²⁻²bo¹³⁻²³/ baʔ²⁻²so⁵³⁻⁵⁵biɪʔ²⁻³bo¹³⁻²¹		枇杷的一种，皮黄肉白
112	铜盆柿 doŋ¹³⁻²²bən¹³⁻⁵⁵zɿ¹³⁻²¹ 方柿 fã⁵³⁻⁵⁵zɿ¹³⁻²¹		柿子的一种，圆中带方，无核
113	耿饼 kã³⁴⁻³³piŋ³⁴⁻⁴⁴	松江：柿陀 zɿ²²⁻²⁴ du³¹⁻²¹ 浦东：青州饼 tsʰiŋ⁵³⁻⁵⁵tsɤ⁵³⁻⁵⁵ʔbiŋ⁴⁴⁻⁵³ 南汇：青州饼 tsʰiŋ⁵³⁻⁵⁵tsɤ⁵³⁻⁵⁵ʔbiŋ⁴⁴⁻⁵³	柿饼中的上品
114	麻荔子 mo¹³⁻²²liɪʔ²⁻⁵tsɿ³⁴⁻²¹	浦东：荔子 liɪʔ²⁻²tsɿ⁴⁴⁻³⁴ 南汇：荔子 liɪʔ²⁻²tsɿ⁴⁴⁻³⁴ 嘉定：（1）荔枝 liɪʔ²⁻¹ tsɿ⁵³⁻²⁴ （2）硬捱转 ɦɲã¹³⁻²²liɪʔ²⁻⁵tsiɪ³⁴⁻²¹	（1）荔枝 （2）用手指击头，叫吃~
115	文旦 vən¹³⁻²²tɛ³⁴⁻⁴⁴		柚子的一种，较酸
116	金柑 tɕiŋ⁵³⁻⁵⁵kø⁵³⁻²¹ 金橘 tɕiŋ⁵³⁻⁵⁵tɕyɪʔ⁵⁻²[tɕyoʔ⁵⁻²]	南汇：金孵蛋 tɕiŋ⁵³⁻⁵⁵bu¹³⁻⁵⁵dɛ¹³⁻²¹ 浦东：金孵蛋 tɕiŋ⁵³⁻⁵⁵bu¹³⁻⁵⁵dɛ¹³⁻²¹	金橘
117	洞庭红 doŋ¹³ ²² diŋ¹³ ⁵⁵ ɦoŋ¹³ ²¹		一种早红橘
118	檀香橄榄 dɛ¹³⁻²²ɕiã⁵³⁻⁵⁵kɛ³⁴⁻³³ lɛ¹³⁻²¹	闵行：青橄榄 tsʰiŋ⁵³⁻⁵⁵kɛ⁴⁴⁻³³ lɛ¹³⁻²¹ 浦东：青橄榄 tsʰiŋ⁵³⁻⁵⁵kɛ⁴⁴⁻³³ lɛ¹³⁻²¹ 南汇：青橄榄 tsʰiŋ⁵³⁻⁵⁵kɛ⁴⁴⁻³³ lɛ¹³⁻²¹ 宝山：青橄榄 tsʰiŋ⁵³⁻⁵⁵kɛ⁴⁴⁻³³ lɛ¹³⁻²¹	新鲜的青果

（续表）

序号	上海市区方言	上海郊区方言	普通话
119	栗子 liɪʔ²⁻¹tsɿ³⁴⁻²³ 板栗 pE³⁴⁻³³liɪʔ²⁻⁴		板栗
120	蒲⁼桃 bu¹³⁻²²dɔ¹³⁻⁴⁴ 胡桃 ɦu¹³⁻²²dɔ¹³⁻⁴⁴		核桃
121	小蒲⁼桃 ɕiɔ³⁴⁻³³bu¹³⁻⁵⁵dɔ¹³⁻²¹		山核桃
122	三白西瓜 sE⁵³⁻⁵⁵baʔ²⁻³ɕi⁵³⁻³³ko⁵³⁻²¹	松江新：白葫芦 bɑʔ²⁻³ɦu³¹⁻³³lu³¹⁻⁴³	皮、瓤、籽都是白色的西瓜
123	浜瓜 pã⁵³⁻⁵⁵ko⁵³⁻²¹ 马⁼铃浜瓜 mo¹³⁻²²liŋ¹³⁻⁵⁵pã³³⁻³³ko⁵³⁻²¹	闵行：马铃瓜 mo¹³⁻²² liŋ³¹⁻⁵⁵ko⁵³⁻⁵³ 奉贤：马铃瓜 mo¹³⁻²² liŋ³¹⁻⁵⁵ko⁵³⁻⁵³ 青浦：马铃瓜 mo¹³⁻²² liŋ³¹⁻⁵⁵ko⁵³⁻⁵³ 金山新：小西瓜 ɕiɔ⁴⁴⁻³⁴ɕi⁵³⁻⁵⁵ko⁵³⁻³¹	西瓜的一个品种，形扁小，味道鲜甜
124	香瓜 ɕiã⁵³⁻⁵⁵ko⁵³⁻²¹ 蜜同⁼瓜 miɪʔ²⁻¹doŋ¹³⁻²²ko⁵³⁻²³	浦东：白瓜 bɑʔ²⁻²ko⁵³⁻³⁴ 南汇：白瓜 bɑʔ²⁻²ko⁵³⁻³⁴ 奉贤：甜瓜 di³¹⁻²⁴ ko⁵³⁻⁵³ 嘉定：瓜 kuɯ⁵³ 崇明：菜瓜 tsʰɛ³³⁻⁴² kuo⁵⁵⁻⁵⁵	甜瓜
125	金石瓜 tɕiŋ⁵³⁻⁵⁵zaʔ²⁻³ko⁵³⁻²¹ 黄金瓜 ɦuã¹³⁻²²tɕiŋ⁵³⁻⁵⁵ko⁵³⁻²¹		甜瓜的一种，皮黄色
126	揉⁼藤瓜 zɤ¹³⁻²²dəŋ¹³⁻⁵⁵ko⁵³⁻²¹	浦东：狗脚瓜 kɤ⁴⁴⁻³³ tɕiaʔ²⁻⁵ko⁵³⁻⁵³ 南汇：狗脚瓜 kɤ⁴⁴⁻³³ tɕiaʔ²⁻⁵ko⁵³⁻⁵³ 金山：撩藤瓜 liɔ³¹⁻²³dəŋ³¹⁻⁵⁵ko⁵³⁻²¹ 青浦新：稍藤瓜 sɔ⁵³⁻⁴⁴dəŋ³¹⁻⁴⁴kɷ⁵³⁻²¹	（1）扒掉瓜藤时藤上还留下的瓜 （2）喻为最小的孩子
127	地栗 di¹³⁻²²liɪʔ²⁻⁴	青浦新：荸荠 bɐʔ²⁻²zi³¹⁻⁵³ 嘉定：地梨 di¹³⁻²²li³¹⁻⁵³	荸荠
128	长生果 zã¹³⁻²²səŋ⁵³⁻⁵⁵ku³⁴⁻²¹ 花生 ho⁵³⁻⁵⁵səŋ⁵³⁻²¹		花生
129	甜芦粟 di¹³⁻²²lu¹³⁻⁵⁵soʔ⁵⁻²[su³⁴⁻²¹] 芦粟 lu¹³⁻²²soʔ⁵⁻⁴[su³⁴⁻⁴⁴]	松江：甜粟梗 di³¹⁻²²soʔ⁵⁻²kɛ⁴⁴⁻²² 崇明：芦穄 lu²⁴⁻²⁴tɕi³³⁻³³	高粱的变种，秆细，形似甘蔗

(续表)

序号	上海市区方言	上海郊区方言	普通话
130	花生米 ho⁵³⁻⁵⁵səŋ⁵³⁻³³mi¹³⁻²¹	浦东：长生果肉 zã²¹³⁻²²səŋ⁵³⁻²²ku⁴⁴⁻³³ȵyoʔ²⁻⁵ 南汇：长生果肉 zã²¹³⁻²²səŋ⁵³⁻²²ku⁴⁴⁻³³ȵyoʔ²⁻⁵ 金山新：花生肉 ho⁵³⁻³³səŋ⁵³⁻⁵⁵ȵyoʔ²⁻³	花生仁
131	油氽果肉 ɦiɤ¹³⁻²²tʰən³⁴⁻⁵⁵ku³⁴⁻³³ȵyoʔ²⁻² 油氽花生 ɦiɤ¹³⁻²²tʰən³⁴⁻⁵⁵ho⁵³⁻³³səŋ⁵³⁻²¹	金山：油氽长生果 ɦiɤ¹³⁻²³tʰən³⁴⁻⁵⁵zɛ̃³¹⁻²²səŋ⁵³⁻⁵⁵ku⁴⁴⁻²¹	油炸花生仁
132	核 ɦuəʔ²⁻¹tʰoʔ⁵⁻²	松江新：核核 vʌʔ³⁻²vʌʔ³⁻² 青浦新：核 vɐʔ²	果核
133	木樨花 moʔ²⁻¹ɕiiʔ⁵⁻²ho⁵³⁻²³ 桂花 kuɛ³⁴⁻³³ho⁵³⁻⁴⁴		桂花
134	腊梅花 laʔ²⁻¹mɛ¹³⁻²²ho⁵³⁻²³	金山新：梅花 mɛ³¹⁻¹³ho⁵³⁻⁵³	腊梅
135	玉兰花 ȵyoʔ²⁻¹lɛ¹³⁻²²ho⁵³⁻²³ 白玉兰 baʔ²⁻¹ȵyoʔ²⁻²lɛ¹³⁻²³		白玉兰，上海的市花
136	蕊□ ȵy¹³⁻²²dəŋ¹³⁻⁴⁴ 蕊头 ȵy¹³⁻²²dɤ¹³⁻⁴⁴	金山新：花苞 ho⁵³⁻²⁴bɔ⁵³⁻⁵³	花蕾
137	香蕈 ɕiã⁵³⁻⁵⁵ziŋ¹³⁻²¹ 香菇 ɕiã⁵³⁻⁵⁵ku⁵³⁻²¹		香菇
138	艾蓬 ŋɛ¹³⁻²²boŋ¹³⁻⁴⁴ 艾 ŋɛ¹³	松江新：蒿菜 hɔ⁵³⁻⁴⁴tsʰɛ³⁵⁻⁴³ 松江新：蓬蒿菜 bʌn³¹⁻³¹hɔ⁵³⁻⁴⁴tsʰɛ³⁵⁻⁴³	艾蒿
138	蕴藻 uəŋ⁵³⁻⁵⁵tsɔ³⁴⁻²¹	松江新：水草 sʅ⁴⁴⁻⁵⁵tsʰɔ⁴⁴⁻³¹ 青浦新：水草 sʅ⁴⁴⁻⁴⁴tsʰɔ⁴⁴⁻⁵³ 浦东：蕴草 uəŋ⁵³⁻⁵⁵tsʰɔ⁴⁴⁻²¹ 南汇：蕴草 uəŋ⁵³⁻⁵⁵tsʰɔ⁴⁴⁻²¹	水藻
139	水葫芦草 sʅ³⁴⁻³³ɦu¹³⁻⁵⁵lu¹³⁻²²tsʰɔ³⁴⁻²¹ 水浮莲 sʅ³⁴⁻³³vu¹³⁻⁵⁵li¹³⁻²¹	市区新：水葫芦 sʅ³⁴⁻³³vu¹³⁻⁵⁵lu¹³⁻²¹ 青浦新：水葫芦 sʅ⁴⁴⁻³³ɦu³¹⁻⁵⁵lu³¹⁻²¹ 奉贤：浮标草 βɯ³¹⁻²⁴ʔbiɔ⁵³⁻⁵⁵tsʰɔ⁴⁴⁻⁵³	水葫芦、凤眼莲
140	芦箬 lu¹³⁻²²ȵiaʔ²⁻⁴		一种芦叶，可用来包粽子

(续表)

序号	上海市区方言	上海郊区方言	普通话
141	青泥苔 tɕʰiŋ$^{53-55}$ȵi$^{13-33}$dE$^{13-21}$	市区^{新}：青苔 tɕʰiŋ$^{53-55}$ dE$^{13-21}$ 浦东：青苔 tsʰiŋ$^{53-55}$de$^{213-53}$ 南汇：青苔 tsʰiŋ$^{53-55}$de$^{213-53}$ 青浦^{新}：青苔 tsʰiŋ$^{53-44}$ dE$^{31-42}$ 崇明：青苔 tsʰiŋ$^{53-55}$de$^{213-53}$ 闵行：青子泥 tsʰiŋ$^{53-55}$ tsɿ$^{44-33}$ȵi$^{31-21}$ 金山^{新}：青衣苔 tɕʰiæŋ$^{53-33}$i$^{53-55}$dɛ$^{31-31}$ 嘉定：青油苔 tsʰiŋ$^{53-55}$ɦiɣ$^{31-33}$dE$^{31-21}$	苔藓
142	打官司草 tã$^{34-33}$kuø$^{53-55}$sɿ$^{53-33}$tsʰɔ$^{34-21}$	闵行：虾蟆叶 ɦa$^{31-22}$mo$^{31-22}$ɦiɿʔ$^{2-3}$ 松江：虾蟆叶 ɦa$^{31-22}$mo$^{31-22}$ɦiɿʔ$^{2-3}$ 奉贤：虾蟆叶 ɦa$^{31-22}$mo$^{31-22}$ɦiɿʔ$^{2-3}$ 浦东：老蛤巴草 lɔ$^{13-22}$kæ$^{5-5}$ʔbo$^{53-55}$tsʰɔ$^{44-21}$ 南汇：老搭巴草 lɔ$^{113-13}$ʔdæ$^{5-5}$ʔbo$^{53-55}$tsʰɔ$^{44-21}$	车前草
143	枸橘藜 kɤ$^{34-33}$tɕyɪʔ$^{5-5}$[tɕyoʔ$^{5-5}$]li$^{13-21}$		蒺藜
144	茄门辣椒 ga$^{13-22}$məŋ$^{13-55}$laʔ$^{2-3}$tɕiɔ$^{53-21}$ 甜椒 di$^{13-22}$tɕiɔ$^{53-44}$	浦东：灯笼辣椒 ʔdəŋ$^{53-55}$ loŋ$^{213-53}$læʔ$^{2-5}$tsiɔ$^{53-21}$ 南汇：灯笼辣椒 ʔdəŋ$^{53-55}$ loŋ$^{213-53}$læʔ$^{2-5}$tsiɔ$^{53-21}$ 奉贤：灯笼辣椒 ʔdəŋ$^{53-55}$ loŋ$^{213-53}$læʔ$^{2-5}$tsiɔ$^{53-21}$ 金山：甜辣茄 de$^{31-32}$læʔ$^{2-3}$ga$^{31-21}$ 青浦^{新}：茄门辣椒 ga$^{213-44}$məŋ$^{31-55}$læʔ$^{2-3}$tɕiɔ$^{53-21}$ 青浦^{新}：甜椒 diɿ$^{31-13}$tɕiɔ$^{53-21}$ 青浦^{新}：青椒 tsʰiŋ$^{53-44}$tɕiɔ$^{53-42}$ 宝山：圆辣椒 ɦyø$^{31-24}$ laʔ$^{2-5}$tsiɔ$^{53-53}$	甜椒

第六章 动　　物

序号	上海市区方言	上海郊区方言	普通话
1	众牲 tsoŋ⁵³⁻⁵⁵ sã⁵³⁻²¹ 畜牲 tsʰoʔ⁵⁻³ sã⁵³⁻⁴⁴		家畜、家禽的统称
2	猫狗众牲 mɔ¹³⁻²² kɤ³⁴⁻⁵⁵ tsoŋ⁵³⁻³³ sã⁵³⁻²¹	金山⁽ⁿᵉʷ⁾：众牲 tsoŋ⁵³⁻²⁴ sɛ̃⁵³⁻⁵³ 青浦⁽ⁿᵉʷ⁾：众牲 tsoŋ³⁵⁻⁴⁴ sɛ̃⁵³⁻³¹ 嘉定：众牲 tsoŋ³⁴⁻⁵⁵ sã⁵³⁻²¹ 宝山⁽ⁿᵉʷ⁾：众牲 zoŋ¹¹³⁻³⁵ sã⁵³⁻³¹	牲畜
3	扁毛众牲 pi³⁴⁻³³ mɔ¹³⁻⁵⁵ tsoŋ⁵³⁻³³ sã⁵³⁻²¹	金山⁽ⁿᵉʷ⁾：众牲 tsoŋ⁵³⁻²⁴ sɛ̃⁵³⁻⁵³ 青浦⁽ⁿᵉʷ⁾：众牲 tsoŋ³⁵⁻⁴⁴ sɛ̃⁵³⁻³¹	家禽
4	公 koŋ⁵³ 雄 ɦyoŋ¹³		雄性
5	母 mu¹³ 雌 tsʰɿ⁵³		雌性
6	犗牛 təŋ⁵³⁻⁵⁵ ȵiɤ¹³⁻²¹	闵行：骟牛 si³⁴⁻⁵⁵ ȵiɤ³¹⁻²¹	（1）阉割过的公牛 （2）阉割公牛
7	水牯牛 sɿ³⁴⁻³³ ku³⁴⁻³⁵ ȵiɤ¹³⁻²¹	闵行：牯牛 ku⁴⁴⁻³⁵ ȵiɤ³¹⁻²¹	公水牛
8	犗猪 təŋ⁵³⁻⁵⁵ tsɿ⁵³⁻²¹	闵行：骟小猪猡（义项（2）） si³⁴·siɔ⁴⁴⁻³³ tsɿ⁵³⁻⁵⁵ lu³¹⁻⁵³ 浦东：肉猪（义项（1）） ȵyoʔ²⁻² tsɿ⁵³⁻³⁴	（1）阉割过的猪 （2）阉割猪
9	大众牲 du¹³⁻²² tsoŋ⁵³⁻⁵⁵ sã⁵³⁻²¹	青浦⁽ⁿᵉʷ⁾：众牲 tsoŋ³⁵⁻⁴⁴ sɛ̃⁵³⁻³¹	体型较大的牲口，如马、牛等
10	巴儿狗 pa⁵³⁻⁵⁵ ɦəl¹³⁻³³ kɤ³⁴⁻²¹ 哈巴狗 ha⁵³⁻⁵⁵ pa³³⁻³³ kɤ³⁴⁻²¹	浦东：巴罗狗 ʔba⁵³⁻⁵⁵ lu²¹³⁻⁵⁵ kɤ⁴⁴⁻⁵³ 南汇：巴罗狗 ʔba⁵³⁻⁵⁵ lu²¹³⁻⁵⁵ kɤ⁴⁴⁻⁵³ 宝山⁽ⁿᵉʷ⁾：哈巴狗 ha⁵³⁻⁵⁵ pʌ⁵³⁻⁵⁵ kɤ³⁵⁻²¹	哈巴狗

（续表）

序号	上海市区方言	上海郊区方言	普通话
11	狮子狗 sɿ$^{53\text{-}55}$tsɿ$^{34\text{-}33}$kɤ$^{34\text{-}21}$	浦东：脑=狮狗 nɔ$^{13\text{-}13}$sɿ$^{53\text{-}22}$kɤ$^{44\text{-}21}$ 南汇：脑=狮狗 nɔ$^{13\text{-}13}$sɿ$^{53\text{-}22}$kɤ$^{44\text{-}21}$ 崇明：脑=狮狗 nɔ$^{13\text{-}13}$sɿ$^{53\text{-}22}$kɤ$^{44\text{-}21}$ 宝山：猫狮狗 mɔ$^{53\text{-}55}$sɿ$^{53\text{-}55}$kɒi$^{35\text{-}21}$	哈巴狗的一种，毛长，头像狮子
12	叫春 tɕiɔ$^{34\text{-}33}$tshəŋ$^{53\text{-}44}$	嘉定：猫儿叫春 mã$^{31\text{-}35}$tɕiɔ$^{34\text{-}33}$tshE$^{53\text{-}21}$ 宝山：发猫长 faʔ$^{5\text{-}5}$mɔ$^{53\text{-}55}$zã$^{31\text{-}53}$	猫叫春
13	猪猡 tsɿ$^{53\text{-}55}$lu$^{13\text{-}21}$	崇明：猪农= tsɿ$^{5\text{-}5}$noŋ$^{24\text{-}55}$	（1）猪 （2）詈语，骂人愚蠢似猪
14	猪郎 tsɿ$^{53\text{-}55}$lã$^{13\text{-}21}$		专用于交配的公猪
15	老母猪 lɔ$^{13\text{-}22}$fim̩$^{13\text{-}55}$tsɿ$^{53\text{-}21}$	市区：母猪 mu$^{13\text{-}22}$tsɿ$^{53\text{-}44}$ 青浦^{新}：种猪 tsoŋ$^{44\text{-}44}$tsɿ$^{53\text{-}53}$ 嘉定：猪娘 tsɿ$^{53\text{-}55}$n̠ia$^{31\text{-}21}$	专用于繁殖的母猪
16	草鸡 tshɔ$^{34\text{-}33}$tɕi$^{53\text{-}44}$		（1）农家散养的鸡 （2）未生过蛋的母鸡
17	九斤黄 tɕiɤ$^{34\text{-}33}$tɕiŋ$^{53\text{-}55}$ɦuã$^{13\text{-}21}$ 三黄鸡 sE$^{53\text{-}55}$ɦuã$^{13\text{-}33}$tɕi$^{53\text{-}21}$		三黄鸡
18	童子鸡 doŋ$^{13\text{-}22}$tsɿ$^{34\text{-}55}$tɕi$^{53\text{-}21}$		未发育成熟的小公鸡、小母鸡
19	赤臂鸡 tshaʔ$^{5\text{-}3}$poʔ$^{5\text{-}5}$tɕi$^{53\text{-}21}$	浦东：车=郎=时=鸡 tsho$^{53\text{-}55}$lã$^{213\text{-}13}$sɿ$^{213\text{-}55}$tɕi$^{53\text{-}21}$ 南汇：赤膊鸡 tshaʔ$^{5\text{-}3}$boʔ$^{5\text{-}5}$tɕi$^{53\text{-}21}$ 奉贤^{新}：赤膊鸡 tshɐʔ$^{5\text{-}3}$boʔ$^{5\text{-}5}$tɕi$^{53\text{-}21}$ 金山：赤膊鸡 tshAʔ$^{5\text{-}4}$pɔʔ$^{5\text{-}3}$tɕi$^{53\text{-}21}$	羽毛未长全的鸡
20	杜孵鸡 du$^{13\text{-}22}$bu$^{13\text{-}55}$tɕi$^{53\text{-}21}$		母鸡孵化的鸡
21	火燉鸡 hu$^{34\text{-}33}$piɪʔ$^{5\text{-}5}$tɕi$^{53\text{-}21}$	闵行：火炽鸡 ɸu$^{44\text{-}33}$tsəʔ$^{5\text{-}5}$ci$^{53\text{-}53}$ 奉贤：火炽鸡 ɸu$^{44\text{-}33}$tsəʔ$^{5\text{-}5}$ci$^{53\text{-}53}$ 宝山：火熏鸡 hu$^{35\text{-}33}$ɕiŋ$^{55\text{-}55}$tɕi$^{53\text{-}21}$	孵坊中用火孵化的鸡

（续表）

序号	上海市区方言	上海郊区方言	普通话
22	赖孵鸡 la$^{13-22}$bu$^{13-55}$tɕi$^{53-21}$	松江：讨孵鸡 tʰɔ$^{34-33}$bu$^{13-55}$tɕi$^{53-21}$ 金山^{新}：讨孵鸡 tʰɔ$^{44-34}$bu$^{13-55}$tɕi$^{53-31}$ 奉贤：老婆鸡 lɔ$^{13-22}$bu$^{31-55}$tɕi$^{53-21}$ 浦东：煞孵鸡 saʔ$^{5-3}$bu$^{13-55}$tɕi$^{53-21}$	讨孵的母鸡
23	骟鸡 ɕi$^{34-33}$tɕi$^{53-44}$ 䵃鸡：təŋ$^{53-55}$tɕi$^{53-21}$		阉过的公鸡
24	拆蛋 tsʰaʔ$^{5-3}$dE$^{13-44}$ 生蛋 sã$^{53-55}$dE$^{13-21}$	青浦^{新}：拆=蛋 tsʰaʔ$^{5-4}$dE$^{213-35}$	下蛋
25	头窠蛋 dɤ$^{13-22}$kʰu$^{53-55}$dE$^{13-21}$	浦东：头生鸡蛋 dɤ$^{213-22}$sã$^{53-33}$tɕi$^{53-33}$dE$^{13-33}$ 南汇：头生鸡蛋 dɤ$^{213-22}$sã$^{53-33}$tɕi$^{53-33}$dE$^{13-33}$	母鸡第一次下蛋
26	鸡冠头 tɕi$^{53-55}$kʰø$^{53-33}$dɤ$^{13-21}$ 鸡冠 tɕi$^{53-55}$kʰø$^{53-21}$	宝山：鸡得=头 tɕi$^{53-55}$təʔ$^{5-55}$dɒi$^{31-21}$ 崇明：鸡环 tɕi$^{53-55}$guæ$^{24-55}$	鸡冠=
27	鸡脚爪 tɕi$^{53-55}$tɕiaʔ$^{5-3}$tsɔ$^{34-21}$	金山^{新}：脚爪尖 tɕiAʔ$^{5-3}$tsɔ$^{44-55}$tɕi$^{53-31}$ 金山^{新}：鸡脚 tɕi$^{53-44}$tɕiA$^{5-2}$	鸡爪子
28	凤爪 voŋ$^{13-22}$tsɔ$^{34-44}$	金山^{新}：鸡脚 tɕi$^{53-44}$tɕiA$^{5-2}$ 青浦^{新}：鸡脚爪 tɕi$^{53-44}$tɕiaʔ$^{5-3}$tsa$^{44-21}$	饭店里称烹好的鸡爪为~
29	鸭肫干 aʔ$^{5-3}$tsəŋ$^{53-55}$kø$^{53-21}$		腌制并晒干后的鸭肫
30	鸡肫皮 tɕi$^{53-55}$tsəŋ$^{53-33}$bi$^{13-21}$ 鸡黄 tɕi$^{53-55}$ɦuã$^{13-21}$ 鸡内金 tɕi$^{53-55}$nE$^{13-33}$tɕiŋ$^{53-21}$	市区^{新}：鸡肫 tɕi$^{53-33}$tsəŋ$^{53-44}$ 奉贤：鸡里金 ɕi$^{53-55}$li$^{22-55}$ɕiəŋ$^{53-53}$	鸡内金
31	白乌龟 baʔ$^{2-1}$u$^{53-22}$tɕy$^{53-23}$	浦东：戆大 gã$^{13-22}$du$^{13-34}$ 南汇：戆大 gã$^{13-22}$du$^{13-34}$ 奉贤：戆大 gã$^{13-22}$du$^{13-34}$	鹅的讳称
32	鹅得=头 ŋu$^{12-22}$təʔ$^{5-5}$dɤ$^{13-21}$	浦东：瘘lɤ^{13} 金山：鹅墩头 ŋu$^{31-23}$ʔdəŋ$^{53-55}$dɤ$^{31-21}$	鹅头上的红色肉球
33	雌老虎 tsʰi$^{53-55}$lɔ$^{13-33}$hu$^{34-21}$		（1）母老虎 （2）喻指悍妇

（续表）

序号	上海市区方言	上海郊区方言	普通话
34	老虎肉 lɔ$^{13-22}$ hu$^{34-55}$ ȵyoʔ$^{2-2}$		虎肉，常喻指物价贵
35	猢猻 ɦuəʔ$^{2-1}$ sən$^{53-23}$		（1）猴子 （2）詈言，骂爱动的人
36	猴子 ɦɤ$^{13-22}$ tsʅ$^{34-44}$		（1）猴子 （2）旧时谦称自己的儿子为~
37	黄狼 ɦuã$^{13-22}$lã$^{13-44}$ 黄鼠狼 ɦuã$^{13-22}$tsʅʰ$^{34-55}$lã$^{13-21}$		黄鼠狼
38	老虫 lɔ$^{13-22}$zoŋ$^{13-44}$ 老鼠 lɔ$^{13-22}$tsʅ$^{34-44}$	闵行：夜里头 ɦia$^{13-22}$li$^{13-22}$dɤ$^{31-53}$ 松江：小耳朵 siɔ$^{44-33}$ȵi$^{22-55}$du$^{34-21}$ 松江：夜狗 ia$^{35-53}$kɯ$^{44-21}$ 松江：夜先生 ia$^{35-55}$si$^{53-33}$sẽ$^{53-21}$ 奉贤：夜先生 ia$^{35-55}$si$^{53-33}$sẽ$^{53-21}$ 宝山：夜里人 ɦia$^{13-24}$li$^{13-55}$ȵiŋ$^{31-53}$	老鼠
39	水老虫 sʅ$^{34-33}$lɔ$^{13-55}$zoŋ$^{13-21}$	松江：水老鼠 sʅ$^{44-33}$lɔ$^{13-55}$sʅ$^{44-21}$ 浦东：水老鼠 sʅ$^{44-33}$lɔ$^{13-55}$sʅ$^{44-21}$ 南汇：水老鼠 sʅ$^{44-33}$lɔ$^{13-55}$sʅ$^{44-21}$ 金山^新：水老鼠 sʅ$^{44-33}$lɔ$^{13-55}$sʅ$^{44-21}$ 青浦：水老鼠 sʅ$^{44-33}$lɔ$^{13-55}$sʅ$^{44-21}$	一种生活在水边的老鼠
40	田老虫 di$^{12-22}$lɔ$^{13-55}$zoŋ$^{13-21}$ 田鼠 di$^{12-22}$tsʅʰ$^{34-44}$	南汇：田老鼠 di$^{13-22}$lɔ$^{13-55}$sʅ$^{44-21}$ 奉贤^新：田老鼠 di$^{13-22}$lɔ$^{13-55}$sʅ$^{44-21}$ 金山^新：田老鼠 di$^{13-23}$lɔ$^{13-55}$sʅ$^{44-31}$	田鼠
41	蛇蜕壳 zo$^{13-22}$tʰø$^{34-55}$kʰoʔ$^{5-2}$	嘉定：蛇蜕皮 zɯ$^{31-24}$tʰu$^{34-33}$bi$^{31-21}$	蛇蜕皮
42	洋老虫 ɦiã$^{12-22}$lɔ$^{13-55}$zoŋ$^{13-21}$	金山^新：洋老鼠 ɦiẽ$^{31-23}$lɔ$^{13-55}$sʅ$^{53-31}$ 青浦：白老鼠 baʔ$^{2-2}$lɔ$^{13-44}$sʅ$^{44-21}$	小白鼠
43	龙衣 loŋ$^{13-22}$i$^{53-44}$ 蛇蜕 zo$^{13-22}$tʰø$^{34-44}$	浦东：蛇壳 zo$^{31-24}$kʰoʔ$^{5-2}$ 南汇：蛇壳 zo$^{31-24}$kʰoʔ$^{5-2}$ 奉贤：蛇壳 zo$^{31-24}$kʰoʔ$^{5-2}$ 宝山：蛇壳 zo$^{31-24}$kʰoʔ$^{5-2}$	蛇蜕

（续表）

序号	上海市区方言	上海郊区方言	普通话
44	麻鸟 mo$^{13-22}$tiɔ$^{34-44}$ 麻雀 mo$^{13-22}$tɕiaʔ$^{5-4}$	金山^{新}：麻吊 mo$^{31-13}$tiɔ$^{31-31}$ 嘉定^{新}：麻雀儿 muɯ$^{31-22}$tsiã$^{53-53}$	（1）麻雀 （2）赤子阴
45	麻将 mo$^{13-22}$tɕiã$^{34-44}$		（1）麻雀 （2）麻将牌
46	老鸦 lɔ$^{12-22}$o$^{54-44}$ 乌鸦 u$^{53-55}$ia$^{53-21}$	松江：冷鸦 lɛ̃$^{22-24}$o$^{53-21}$	乌鸦
47	雁鹅 ŋE$^{13-22}$ŋE$^{13-44}$ 大雁 da$^{13-22}$i$^{34-44}$	崇明：野鹅 ɦia$^{313-31}$ŋ$^{24-55}$	大雁
48	鹦哥 ã$^{53-55}$ku$^{53-21}$	市区^{新}：鹦鹉 iŋ$^{53-55}$vu$^{13-21}$ 金山^{新}：八哥 pæʔ$^{5-3}$ku$^{53-53}$	鹦鹉
49	仙鹤 ɕi$^{34-44}$ŋoʔ$^{2-2}$ 鹤 ŋoʔ^2		鹤
50	摸鱼公 moʔ$^{2-1}$ɦŋ$^{13-22}$[ɦy$^{13-22}$]koŋ$^{53-23}$	浦东：摸龙公 mɔʔ$^{2-2}$loŋ$^{213-22}$koŋ$^{53-34}$ 南汇：摸龙公 mɔʔ$^{2-2}$loŋ$^{213-22}$koŋ$^{53-34}$ 奉贤：摸龙公 mɔʔ$^{2-2}$loŋ$^{213-22}$koŋ$^{53-34}$ 青浦：鸬鹚鸟 lu$^{31-13}$zɿ$^{31-44}$ʔdiɔ$^{44-21}$ 青浦^{新}：鸬鹚 lu$^{31-13}$zɿ$^{31-21}$ 崇明：鱼鸭 ŋei$^{24-24}$æ$^{5-5}$ 崇明：鱼鹤 ŋei$^{24-24}$ɦuoʔ$^{2-5}$	鸬鹚
51	计＝夹＝^{旧} tɕi$^{34-33}$kaʔ$^{5-4}$ 翅膀 tsʰŋ$^{34-33}$pã$^{34-44}$	浦东：计＝力＝ tɕi$^{35-33}$liəʔ$^{2-5}$ 南汇：计＝力＝ tɕi$^{35-33}$liəʔ$^{2-5}$ 奉贤：计＝力＝ tɕi$^{35-33}$liəʔ$^{2-5}$ 松江：计＝力＝ tɕi$^{35-33}$liəʔ$^{2-5}$ 青浦：计＝扇 tɕi$^{35-44}$sɿ$^{35-55}$ 嘉定：扇膀 sɿ$^{34-55}$pã$^{35-21}$ 宝山：扇膀 sø$^{35-55}$pã$^{35-21}$ 崇明：扇肩 sø$^{33-42}$tɕie$^{55-55}$	翅膀
52	觟毛^{旧} tʰu$^{31-44}$·mɔ^{13} 落毛 loʔ$^{2-1}$mɔ$^{13-23}$ 蜕毛 tʰø$^{34-44}$·mɔ^{13}	奉贤：脱毛 tʰœʔ$^{2-5}$mɔ$^{13-53}$	乌兽脱毛
53	煺毛 tʰE$^{34-44}$·mɔ^{13}	金山^{新}：吹毛 tsʰ$^{53-24}$mɔ$^{31-53}$ 宝山：前＝毛 ziɿ$^{31-24}$·mɔ$^{31-53}$	把宰杀了的猪、鸡等用开水烫化去毛
54	窠 kʰu^{53}	金山^{新}：窟 kʰu^{53}	窝
55	出窠 tsʰɔʔ$^{5-3}$kʰu$^{53-44}$	浦东：蓬窠 boŋ$^{213-22}$kʰu$^{53-22}$ 金山^{新}：出窟 tsʰɔʔ$^{5-3}$kʰu$^{53-22}$	鸟儿羽毛丰满后离巢而去

（续表）

序号	上海市区方言	上海郊区方言	普通话
56	蛇虫百脚 zo$^{13-22}$zoŋ$^{13-55}$paʔ$^{5-3}$tɕiaʔ$^{5-2}$	川沙：百脚 ʔbaʔ$^{5-3}$tɕiaʔ$^{5-5}$	蛇与蜈蚣一类的爬行动物
57	蚕宝宝 zø$^{13-22}$pɔ$^{34-55}$pɔ$^{34-21}$		蚕的爱称
58	上山 zã$^{13-22}$sE$^{22-44}$		蚕儿爬到稻草似的蚕簇上吐丝
59	结゠蛛 tɕiɪʔ$^{5-3}$tsl̩$^{53-44}$ 蜘蛛 tsl̩$^{53-55}$tsl̩$^{53-21}$	青浦^{新}：结゠蛛 tsiɪʔ$^{5-4}$tsy$^{53-53}$	蜘蛛
60	结゠蛛网 tɕiɪʔ$^{5-3}$tsl̩$^{53-55}$mã$^{13-21}$ 结゠蛛罗网 tɕiɪʔ$^{5-3}$tsl̩$^{53-55}$lu$^{13-33}$mã$^{13-21}$ 结゠蛛网梁丝 tɕiɪʔ$^{5-3}$tsl̩$^{53-55}$liã$^{13-33}$mã$^{13-33}$sl̩$^{53-21}$ 蜘蛛网 tsl̩$^{53-55}$tsl̩$^{53-33}$mã$^{13-21}$	崇明：结゠蛛龙゠蚌 tɕiɪʔ$^{5-5}$tsl̩$^{55-55}$loŋ$^{24-55}$bã^{242} 金山^{新}：蛛蛛网丝 tɕy$^{53-33}$tɕy$^{53-55}$mã$^{35-55}$sl̩$^{53-31}$	蜘蛛网
61	苍蝇老虎 tsʰã$^{53-55}$ɦiŋ$^{13-33}$lɔ$^{13-33}$hu$^{13-21}$	闵行：麻゠利゠苍蝇 mo$^{31-33}$li$^{13-55}$tsʰã$^{53-33}$ɦiŋ$^{31-21}$ 金山^{新}：苍蝇 tsʰã$^{53-24}$ɦiæŋ$^{31-53}$	蝇虎
62	白蚂蚁 baʔ$^{2-1}$mo$^{13-22}$ȵi$^{13-23}$ 白蚁 baʔ$^{2-1}$ȵi$^{13-23}$		（1）白蚁 （2）专门替寡妇做媒的人 （3）说合房屋买卖租赁的中间人
63	蜒蚰 ɦi$^{13-22}$ɦiɤ$^{13-44}$ 水蜒蚰 sl̩$^{34-33}$ɦi$^{13-55}$ɦiɤ$^{13-21}$ 鼻涕虫 biʔ$^{2-1}$[bə$^{2-1}$]tʰi$^{34-22}$zoŋ$^{13-23}$	松江：蛞蝓 gəʔ$^{2-2}$sɔ$^{53-53}$	蛞蝓
64	毛毛虫 mɔ$^{13-22}$mɔ$^{13-55}$zoŋ$^{13-21}$	浦东：豆蠹 dɤ$^{13-22}$dɔʔ$^{2-5}$ 南汇：豆蠹 dɤ$^{13-22}$dɔʔ$^{2-5}$ 嘉定：赤豆虫 tsʰaʔ$^{5-3}$də$^{13-55}$zoŋ$^{31-21}$	毛虫，毛辣子
65	刺毛虫 tsʰl̩$^{34-33}$mɔ$^{13-55}$zoŋ$^{13-21}$	嘉定：刺毛花 tsʰl̩$^{34-33}$mɔ$^{31-55}$huu$^{53-21}$	洋辣子
66	米虫 mi$^{13-22}$zoŋ$^{13-44}$ 米蛀虫 mi$^{13-22}$tsl̩$^{34-55}$zoŋ$^{13-21}$	松江：蚌子 ɦiɛ̃$^{31-13}$tsl̩$^{44-53}$ 崇明：蚌子 ɦiɛ̃$^{31-13}$tsl̩$^{44-53}$	（1）一种软体虫，白色，生活在米中 （2）旧时对粮店老板的贬称
67	豆虫 dɤ$^{13-22}$zoŋ$^{13-44}$ 豆牛 dɤ$^{13-22}$ȵiɤ$^{13-44}$		豆象的幼虫，黑色

（续表）

序号	上海市区方言	上海郊区方言	普通话
68	白虱 baʔ²⁻¹səʔ⁵⁻² 老白虱 lɔ¹³⁻²²baʔ²⁻⁵səʔ⁵⁻²¹ 虱子 səʔ⁵⁻³tsɿ³⁴⁻⁴⁴	浦东：头虱 dɤ²¹³⁻²²sæʔ⁵⁻⁴ 南汇：头虱 dɤ²¹³⁻²²sæʔ⁵⁻⁴ 南汇：蚤虱 tsɔ⁴⁴⁻³⁵sæʔ⁵⁻⁵ 嘉定：虱 səʔ⁵ 崇明：老米颠 lɔ²⁴²⁻³¹mi²⁴²⁻³³tie⁵⁵⁻⁵⁵	虱子
69	臭虱 tsʰɤ³⁴⁻³³səʔ⁵⁻⁴ 瘪虱^旧 piʔ⁵⁻³səʔ⁵⁻⁴ 臭虫 piʔ³⁴⁻³³zoŋ¹³⁻⁴⁴		臭虫
70	拆屁虫 tsʰaʔ⁵⁻³ pʰi³⁴⁻⁵⁵zoŋ¹³⁻²¹		臭板虫儿
71	麦延⁼蝶 maʔ²⁻¹ɦi¹³⁻²²diɪʔ²⁻² 灯蛾 təŋ⁵³⁻⁵⁵ŋu¹³⁻²¹ 扑灯虫 poʔ⁵⁻³təŋ⁵³⁻⁵⁵zoŋ¹³⁻²¹ 麦蛾 maʔ²⁻¹ŋu¹³⁻²³	浦东：飞蛾 ɸi⁵³⁻⁵⁵ŋu²¹³⁻⁵³ 南汇：飞蛾 ɸi⁵³⁻⁵⁵ŋu²¹³⁻⁵³ 青浦^新：白蝴蝶 baʔ²⁻¹ɦu³¹⁻²²diɪʔ²⁻² 宝山：打火虫 tã³⁵⁻³³hu³⁵⁻⁵⁵zoŋ³¹⁻²¹	麦蛾
72	织布娘 tsəʔ⁵⁻³pu³⁴⁻⁵⁵ɲiã¹³⁻²¹ 纺织娘 fã³⁴⁻³³tsəʔ⁵⁻⁵ɲiã¹³⁻²¹	浦东：革蜢 kæʔ⁵⁻⁴mã¹³⁻⁴⁴ 金山^新：织布娘娘 tsəʔ⁵⁻³pu¹³⁻⁵⁵ɲiɛ̃³¹⁻⁵⁵ɲiɛ̃³¹⁻³¹	纺织娘，一种昆虫
73	知了 tsɿ⁵³⁻⁵⁵liɔ¹³⁻²¹	闵行：药⁼胡⁼子⁼ ɦiaʔ²⁻²βu³¹⁻³³tsɿ⁴⁴⁻⁵⁵ 浦东：药⁼胡⁼子⁼ ɦiaʔ²⁻²βu³¹⁻³³tsɿ⁴⁴⁻⁵⁵ 南汇：药⁼胡⁼子⁼ ɦiaʔ²⁻²βu³¹⁻³³tsɿ⁴⁴⁻⁵⁵ 松江：胡知了 ɦu³¹⁻²⁴tsɿ⁵³⁻⁵⁵liɔ²²⁻⁵³ 松江^新：胡知了 ɦu³¹⁻⁴⁴tsɿ⁵³⁻⁴⁴liɔ¹³⁻⁵⁴ 奉贤：胡知了 ɦu³¹⁻²⁴tsɿ⁵³⁻⁵⁵liɔ²²⁻⁵³ 川沙：药⁼胡⁼子⁼ ɦiaʔ²⁻²βu³¹⁻³³tsɿ⁴⁴⁻²³ 青浦：药⁼匙⁼团⁼ ɦiaʔ²⁻²ʑɿ³¹⁻²⁴dø³¹⁻²⁴ 青浦^新：药氏⁼蛋⁼ ɦiaʔ²⁻²ʑɿ¹³⁻⁴⁴dE¹³⁻²¹ 嘉定：药⁼匙⁼团⁼ ɦiaʔ²⁻¹ʑɿ³¹⁻¹¹du³¹⁻²⁴ 宝山：药⁼匙⁼团⁼ ɦiaʔ²⁻²ʑɿ³¹⁻²²dø³¹⁻²⁴ 崇明：药⁼匙⁼团⁼ ɦiaʔ²⁻²ʑɿ³¹⁻²⁴dø³¹⁻²⁴	蝉

（续表）

序号	上海市区方言	上海郊区方言	普通话
74	柴蝉 za$^{13-22}$zø$^{13-44}$	浦东：响板 ɕiã$^{44-35}$ʔbɛ$^{44-21}$ 南汇：响板 ɕiã$^{44-35}$ʔbɛ$^{44-21}$ 奉贤：柴了 za$^{31-24}$ liɔ$^{22-53}$ 宝山：猪猡蝉 tsʅ$^{53-55}$lu$^{31-55}$zɿ$^{31-21}$	蚱蝉
75	麻⁼奇⁼ mo$^{13-22}$dʑi$^{13-44}$	崇明：隐⁼聊⁼ in$^{424-42}$liɔ$^{24-5}$ 嘉定：树心 zʅ$^{13-22}$ sin$^{53-53}$	一种小蝉
76	蜂窠 foŋ$^{53-55}$kʰu$^{53-21}$	金山^{新}：蜜蜂窟 miɪʔ$^{2-2}$ foŋ$^{53-55}$ kʰu$^{53-31}$	蜂窝儿
77	蜜糖^{旧} miɪʔ$^{2-1}$ dã$^{13-23}$ 蜂蜜 foŋ$^{53-55}$miɪʔ$^{2-2}$		蜂蜜
78	游火虫^{旧} ɦiɤ$^{13-22}$ hu$^{34-55}$zoŋ$^{13-21}$ 萤火虫 ɦiŋ$^{13-22}$ hu$^{34-55}$zoŋ$^{13-21}$		萤火虫
79	吸血虫 ɕiɪʔ$^{5-3}$ɕyɪʔ$^{5-5}$[ɕiɔʔ$^{5-5}$]zoŋ$^{13-21}$		血吸虫
80	蛐蟮 tɕʰyɪʔ$^{5-3}$[tɕʰyo$^{5-3}$]zø$^{13-44}$ 蚯蚓 tɕʰiɤ$^{53-55}$ɦiŋ$^{13-21}$	浦东：地龙 di$^{13-22}$loŋ$^{213-53}$ 南汇：地龙 di$^{13-22}$loŋ$^{213-53}$ 嘉定：触蟮 tsʰoʔ$^{5-4}$ ziɪ$^{13-21}$ 崇明：触⁼蟮 tsʰoʔ$^{5-5}$zø$^{313-33}$	蚯蚓
81	元宝鱼 ȵyø$^{13-22}$pɔ$^{34-55}$ɦiŋ$^{13-44}$ 鲤鱼 li$^{13-22}$ɦiŋ$^{13-44}$	浦东：白鱼 baʔ$^{2-2}$$^{213-34}$ɦiŋ 南汇：白鱼 baʔ$^{2-2}$$^{213-34}$ɦiŋ 金山^{新}：红尾巴鱼 ɦoŋ$^{31-32}$ȵi$^{35-22}$pɔ$^{53-22}$ŋ$^{31-21}$	鲤鱼
82	棲⁼鱼 tɕʰi$^{53-55}$ɦiŋ$^{13-21}$ 青鱼 tɕʰiŋ$^{53-55}$ɦiŋ$^{13-21}$	金山^{新}：青铜鱼 tɕʰiæn$^{53-33}$doŋ$^{31-55}$ŋ$^{31-31}$ 青浦^{新}：乌鳍⁼ u$^{53-44}$ tʰɕi$^{53-42}$	青鱼
83	乌棲⁼ u$^{53-55}$ tɕʰi$^{53-21}$	奉贤：黑棲 həʔ$^{5-3}$ tʰɕi$^{53-53}$ 青浦^{新}：乌鳍⁼ u$^{53-44}$ tʰɕi$^{53-42}$	青鱼的一种，色泽黑
84	草棲⁼ tsʰɔ$^{34-33}$tɕʰi$^{53-44}$		一种黄色的青鱼
85	小黄鱼 ɕiɔ$^{34-33}$ɦuã$^{13-55}$ɦiŋ$^{13-21}$ 黄花鱼 ɦuã$^{13-55}$ho$^{53-55}$ɦiŋ$^{13-21}$	浦东：馒头鱼 me$^{213-22}$dɤ$^{213-22}$ɦiŋ$^{13-22}$ 南汇：馒头鱼 me$^{213-22}$dɤ$^{213-22}$ɦiŋ$^{213-22}$	（1）黄鱼的一种 （2）旧时称一两重的金条为~
86	鳗鲡 mø$^{13-22}$[mɛ$^{13-22}$]li$^{13-44}$ 鳗 mø^{13}[mɛ^{13}] 鳗鱼 mø$^{13-22}$[mɛ$^{13-22}$]ɦiŋ$^{13-44}$		鳗鱼
87	鳗鲞 mø$^{13-22}$[mɛ$^{13-22}$]ɕiã$^{13-44}$	浦东：海龙干 he$^{44-33}$loŋ$^{213-55}$kø$^{53-53}$ 南汇：海龙干 he$^{44-33}$loŋ$^{213-55}$kø$^{53-53}$ 青浦：鳗鲡干 mɪ$^{31-13}$li$^{13-44}$ kø$^{53-21}$	海鳗的干制品

（续表）

序号	上海市区方言	上海郊区方言	普通话
88	鮰老⁼司 ﬁuE$^{13-22}$lɔ$^{13-55}$sʅ$^{53-21}$ 鮰鱼 ﬁuE$^{13-22}$ﬁŋ$^{13-44}$	宝山：白鲗 baʔ$^{2-2}$tsiɿʔ$^{5-24}$	鮠鱼
89	四鳃鲈 sʅ$^{34-33}$sE$^{53-55}$lu$^{13-21}$	青浦ⁿ：鲈鱼 lu$^{31-13}$ŋ$^{31-21}$	鲈鱼的一种
90	鲚鱼 zi$^{13-22}$ﬁŋ$^{13-44}$	青浦ⁿ：汪汪＝牛 øuã$^{53-44}$øuã$^{53-44}$ȵiɯ$^{31-21}$ 宝山：烤⁼子鱼 kʰɔ$^{35-33}$tsʅ$^{35-55}$ﬁŋ$^{31-21}$	鲚鳅
91	车鳊鱼 tsʰo$^{53-55}$pi$^{34-33}$ﬁŋ$^{13-21}$ 鲳鱼 tsʰã$^{53-55}$ﬁŋ$^{13-21}$	浦东：镬盖鱼 ﬁoŋ$^{2-2}$ke$^{35-22}$ﬁŋ$^{213-34}$	鲳鱼
92	魛鲚 dɔ$^{53-55}$zi$^{13-21}$ 魛鱼 dɔ$^{53-55}$ﬁŋ$^{13-21}$		魛鱼
93	面杖鱼 mi$^{13-22}$zã$^{13-55}$ﬁŋ$^{13-21}$ 银鱼 ȵin$^{13-22}$ﬁŋ$^{13-44}$	崇明：面鱼 miɿ$^{13-22}$ﬁŋ$^{31-53}$	银鱼
94	胖头鱼 pã$^{53-55}$dɤ$^{13-33}$ﬁŋ$^{13-21}$／ pã$^{34-33}$dɤ$^{13-55}$ﬁŋ$^{13-21}$ 花鲢 ho$^{53-55}$li$^{13-21}$	浦东：白鲢 baʔ$^{2-2}$li$^{213-34}$ 南汇：白鲢 baʔ$^{2-2}$li$^{213-34}$ 青浦ⁿ：胖鲢头 pʰã$^{35-33}$li$^{31-55}$dɯ$^{31-21}$ 崇明：黄鲢头 ﬁuã$^{24-34}$lie$^{24-33}$də$^{24-55}$	鳙鱼
95	金鲫鱼 tɕin$^{53-55}$tɕiɿʔ$^{5-3}$ﬁŋ$^{13-21}$ 金鱼 tɕin$^{53-55}$ﬁŋ$^{13-21}$	浦东：金睛鱼 tɕin$^{53-55}$tsin$^{53-33}$ﬁŋ$^{31-21}$ 南汇：金睛鱼 tɕin$^{53-55}$tsin$^{53-33}$ﬁŋ$^{31-21}$	金鱼
96	鲨鱼 ɕiã$^{34-33}$ﬁŋ$^{31-44}$ 鲫鱼 ləʔ$^{2-1}$ﬁŋ$^{13-23}$		鲫鱼
97	鮀斯鱼 ã$^{53-55}$sʅ$^{53-33}$ﬁŋ$^{13-21}$	浦东：鮀眼头 ã$^{53-55}$ŋɛ$^{13-55}$dɤ$^{213-53}$ 南汇：鮀眼头 ã$^{53-55}$ŋɛ$^{13-55}$dɤ$^{213-53}$ 奉贤：黄鳅 ﬁuã$^{31-24}$tsʰiɯ$^{53-53}$ 奉贤：黄牛 ﬁuã$^{31-24}$ȵiɯ$^{31-53}$ 金山：黄牯 ﬁuã$^{31-23}$ku$^{44-53}$	黄颡鱼
98	鱼鳞爿 ﬁŋ$^{13-22}$lin$^{13-55}$bE$^{13-21}$ 鱼鳞 ﬁŋ$^{13-22}$lin$^{13-44}$		鱼鳞
99	鱼蛤⁼腮 ﬁŋ$^{13-22}$kəʔ$^{5-3}$sE$^{53-21}$ 鳃 sE^{534}	嘉定：蛤⁼腮 kəʔ$^{5-4}$sE$^{53-53}$	鳃
100	簖 tø^{35}		插在水里用于拦捕鱼蟹的栅栏

（续表）

序号	上海市区方言	上海郊区方言	普通话
101	罾 tsəŋ^{53}	浦东：板罾 ʔbɛ$^{44-33}$tәŋ$^{53-53}$	捉鱼虾用的四方形网
102	鱼秧 ɦŋ$^{13-22}$iã$^{53-44}$ 鱼苗 ɦŋ$^{13-22}$miɔ$^{13-44}$		鱼苗
103	明虾 miŋ$^{13-22}$hø$^{53-44}$[ho$^{53-44}$] 对虾 tE$^{34-33}$hø$^{53-44}$[ho$^{53-44}$]		对虾
104	开洋 tʰE$^{53-55}$ɦiã$^{53-21}$ 虾米 hø$^{53-55}$[ho$^{53-55}$]mi$^{13-21}$		虾米
105	白米虾 baʔ$^{2-1}$mi$^{13-22}$hø$^{53-23}$[ho$^{53-23}$]		一种白色的小海虾，如米粒大小，味鲜美
106	十三块六角 zəʔ$^{2-2}$SE$^{53-55}$kʰuE$^{34-33}$loʔ$^{2-3}$koʔ$^{5-2}$ 乌龟 u$^{53-55}$tɕy$^{53-21}$		（1）乌龟 （2）喻指妻子有外遇的人
107	圆菜 hyø$^{13-22}$tsʰE$^{34-44}$ 甲鱼 kaʔ$^{5-3}$ɦŋ$^{13-44}$	闵行：鳖 ʔbiiʔ^5 金山：鳖 ʔbiiʔ^5 崇明：脚菜 tɕiaʔ$^{5-5}$ŋei$^{24-55}$	鳖
108	大闸蟹 du$^{13-22}$zaʔ$^{2-5}$ha$^{34-21}$	嘉定：蟹 ha^{34}	江南大河蟹
109	尖脐 tɕi$^{53-55}$zi$^{13-21}$ 长脐 zã$^{13-22}$zi$^{13-44}$	市区^新：雄蟹 ɦioŋ$^{13-22}$hA$^{34-44}$ 金山^新：雄蟹 ɦioŋ$^{31-13}$hA$^{44-53}$ 嘉定：雄蟹 ɦioŋ$^{31-24}$ha$^{34-21}$	雄蟹
110	团脐 dø$^{13-22}$zi$^{13-44}$ 团脐蟹 dø$^{13-22}$zi$^{13-55}$ha$^{34-44}$	市区^新：雌蟹 tsʰɿ$^{53-55}$hA$^{34-21}$ 金山^新：雌蟹 tsʰɿ$^{53-24}$hA$^{44-53}$ 嘉定：雌蟹 tsʰɿ$^{53-55}$ha$^{34-21}$	雌蟹
111	河蚌 ɦu$^{13-22}$bã$^{13-44}$ 蚌 bã^{13}	松江：水菜 sɿ$^{44-44}$tsʰe$^{34-44}$ 浦东：盖塘菜 ke$^{35-33}$dã$^{213-55}$tsʰe$^{35-21}$ 南汇：盖塘菜 ke$^{35-33}$dã$^{213-55}$tsʰe$^{35-21}$	蚌类
112	水菜肉 sɿ$^{44-33}$tsʰE$^{34-55}$ȵyoʔ$^{2-2}$	金山^新：河蚌肉 vu$^{31-32}$bã$^{35-22}$ȵyoʔ$^{2-2}$ 青浦^新：蚌肉 bã$^{213-13}$ȵioʔ$^{2-4}$	蚌肉
113	鱼腥虾蟹 ɦŋ$^{13-22}$ɕiŋ$^{53-55}$hø$^{53-33}$ha$^{34-44}$ 鱼腥 ɦŋ$^{13-22}$ɕi$^{34-44}$		水产品的泛称
114	田鸡 di$^{13-22}$tɕi$^{53-44}$ 青蛙 tɕʰiŋ$^{53-55}$o$^{53-21}$	松江：水鸡 sɿ$^{44-35}$ci$^{53-21}$ 嘉定：水鸡 sɿ$^{34-35}$tɕi$^{53-21}$ 浦东：跳鱼 tʰɕi$^{35-33}$ɦŋ$^{213-53}$	青蛙

(续表)

序号	上海市区方言	上海郊区方言	普通话
115	癞蛤蟆 la$^{13-22}$kə$^{5-5}$po$^{53-21}$ 癞团 la$^{13-22}$dø$^{13-44}$ 癞虾蟆 la$^{13-22}$ha$^{53-55}$mo$^{13-21}$	松江：蛤巴 kə$^{5-4}$ʔbo$^{53-53}$ 金山^{新}：癞丝 lᴀ$^{13-13}$sɿ$^{53-31}$ 金山^{新}：癞丝蛤巴 lᴀ$^{13-22}$sɿ$^{53-33}$kə$^{5-3}$ʔbo$^{53-21}$ 嘉定：癞蛤团 la$^{13-22}$kə$^{5-5}$dɯ$^{31-21}$ 宝山^{新}：癞蛤团 lᴀ$^{35-33}$kə$^{5-3}$dø^{44}	蟾蜍
116	豁水 huaʔ$^{5-3}$sɿ$^{34-44}$		青鱼尾巴
117	拿摩温 na$^{13-22}$mo$^{13-55}$uəŋ$^{53-21}$	闵行：蝦蟆 ɦia$^{31-13}$mo$^{31-53}$ 松江：蝦蟆 ɦia$^{31-13}$mo$^{31-53}$ 奉贤：蝦蟆 ɦia$^{31-13}$mo$^{31-53}$ 松江^{新}：拿摩温 nɛ$^{53-35}$mu$^{31-55}$vʌn$^{53-53}$， 松江^{新}：小蝌蚪 ɕiɔ$^{44-44}$kʰu$^{53-44}$tɤɯ$^{44-44}$ 青浦^{新}：蝉结＝ zE$^{31-13}$tsiɿʔ$^{5-2}$ 嘉定：野猫屙 ɦia$^{13-22}$mɔ$^{31-55}$u$^{34-44}$ 嘉定：（1）野猫屙 ɦia$^{13-22}$mɔ$^{31-55}$u$^{34-21}$ （2）作头 tsoʔ5-4də31-53 崇明：辖＝毛恶 ɦiæʔ$^{2-2}$mɔ$^{24-55}$u$^{33-0}$	（1）蝌蚪 （2）工头
118	蜇蚸 zE$^{13-22}$tɕiɿʔ$^{5-44}$		蟋蟀
119	磕头虫 kʰəʔ$^{5-3}$dɤ$^{13-55}$zoŋ$^{13-21}$	松江：卜卜跳 ʔboʔ$^{5-3}$ʔboʔ$^{5-3}$tʰiɔ$^{35-21}$ 金山：卜卜跳 ʔboʔ$^{5-3}$ʔboʔ$^{5-3}$tʰiɔ$^{35-21}$	叩头虫

第七章 房　　屋

序号	上海市区方言	上海郊区方言	普通话
1	房顶 vã$^{13\text{-}22}$tiŋ$^{34\text{-}44}$ 屋头顶 oʔ$^{5\text{-}3}$dɤ$^{13\text{-}55}$tiŋ$^{34\text{-}21}$ 屋面 oʔ$^{5\text{-}3}$mi$^{13\text{-}44}$ 屋顶 oʔ$^{5\text{-}3}$tiŋ$^{34\text{-}44}$	市区^{新}：天花板 tʰi$^{53\text{-}55}$hɤ$^{53\text{-}33}$pE$^{34\text{-}21}$	屋顶
2	屋檐 oʔ$^{5\text{-}3}$ɦi$^{13\text{-}44}$	松江：檐头 ɦi$^{31\text{-}13}$dɯ$^{31\text{-}53}$	房檐
3	廊檐 lã$^{13\text{-}22}$ɦi$^{13\text{-}44}$	南汇：檐廊 ɦi$^{13\text{-}13}$lã$^{13\text{-}31}$	屋檐下的通道
4	地线石 di$^{13\text{-}22}$ɕi$^{34\text{-}55}$zaʔ$^{2\text{-}2}$ 地基石 di$^{13\text{-}22}$tɕi$^{53\text{-}55}$zaʔ$^{2\text{-}2}$		造房子前打地基用的石条
5	墙头 ziã$^{13\text{-}22}$dɤ$^{12\text{-}44}$ 墙壁 ziã$^{13\text{-}22}$piʔ$^{5\text{-}4}$	松江：壁脚 piʔ$^{5\text{-}5}$tɕiaʔ$^{5\text{-}2}$ 青浦：壁脚 piʔ$^{5\text{-}5}$tɕiaʔ$^{5\text{-}2}$ 嘉定：壁脚 piʔ$^{5\text{-}4}$tɕiaʔ$^{5\text{-}2}$ 宝山：壁脚 piʔ$^{5\text{-}5}$tɕiaʔ$^{5\text{-}2}$	墙壁
6	山墙 sE$^{53\text{-}55}$ziã$^{13\text{-}21}$ 承重墙 zəʔ$^{2\text{-}22}$zoʔ$^{2\text{-}55}$ziã$^{13\text{-}21}$	松江：山头 sE$^{53\text{-}35}$dɯ$^{31\text{-}21}$	有人字形屋顶的房屋两侧的墙壁
7	夹弄 kaʔ$^{5\text{-}3}$loŋ$^{13\text{-}44}$ 墙夹弄 ziã$^{13\text{-}22}$kaʔ$^{5\text{-}5}$loŋ$^{13\text{-}21}$	市区^{新}：小弄堂 ɕiɔ$^{34\text{-}33}$loŋ$^{13\text{-}55}$dA$^{13\text{-}21}$ 浦东：扎⁼弄 tsæʔ$^{5\text{-}3}$loŋ$^{13\text{-}34}$ 金山^{新}：弄堂 loŋ$^{35\text{-}33}$dã$^{31\text{-}31}$ 青浦^{新}：弄堂 noŋ$^{213\text{-}23}$dã$^{31\text{-}44}$	两边高墙中间的小弄
8	护壁板 ɦu$^{13\text{-}22}$piʔ$^{5\text{-}5}$pE$^{44\text{-}21}$ 隑度 ŋE$^{13\text{-}22}$du$^{13\text{-}44}$ 护墙板 ɦu$^{13\text{-}22}$ziã$^{13\text{-}55}$pE$^{34\text{-}21}$	浦东：托壁板 tʰɔʔ$^{5\text{-}3}$ʔbiʔ$^{5\text{-}5}$ʔbɛ$^{44\text{-}21}$	护墙板
9	墙角落头 ziã$^{13\text{-}22}$koʔ$^{5\text{-}5}$loʔ$^{2\text{-}3}$dɤ$^{13\text{-}21}$ 壁角落 piʔ$^{5\text{-}3}$koʔ$^{5\text{-}5}$loʔ$^{2\text{-}2}$ 壁角落头 piʔ$^{5\text{-}3}$koʔ$^{5\text{-}5}$loʔ$^{2\text{-}3}$dɤ$^{12\text{-}21}$	市区^{新}：墙角 dʑiA$^{13\text{-}22}$koʔ$^{5\text{-}4}$ 市区^{新}：角落头 koʔ$^{5\text{-}3}$loʔ$^{2\text{-}5}$dɤ$^{13\text{-}21}$ 青浦：角落头 koʔ$^{5\text{-}5}$lɔʔ$^{2\text{-}5}$dɯ$^{31\text{-}55}$ 金山^{新}：墙壁角落头 ziɛ̃$^{31\text{-}33}$piʔ$^{5\text{-}3}$koʔ$^{5\text{-}5}$loʔ$^{2\text{-}3}$dɤ$^{31\text{-}21}$ 青浦^{新}：墙角落 dʑiɛ̃$^{31\text{-}13}$koʔ$^{5\text{-}5}$loʔ$^{2\text{-}2}$	墙角

(续表)

序号	上海市区方言	上海郊区方言	普通话
10	实叠墙 zəʔ²⁻¹diɿʔ²⁻²[dəʔ²⁻²]ʑiã¹³⁻²³	闵行：实心墙 zəʔ²⁻²siŋ⁵³⁻²²ziã³¹⁻⁵³ 松江^新：实心墙 zʌʔ³⁻³ɕin⁵³⁻⁴⁴dʑiɛ̃³¹⁻⁴¹ 浦东：实心墙 zəʔ²⁻²siŋ⁵³⁻²²ziã³¹⁻⁵³ 南汇：实心墙 zəʔ²⁻²siŋ⁵³⁻²²ziã³¹⁻⁵³ 奉贤：实心墙 zəʔ²⁻²siŋ⁵³⁻²²ziã³¹⁻⁵³ 金山：实心墙 zəʔ²⁻²siŋ⁵³⁻²²ziã³¹⁻⁵³ 青浦：实心墙 zəʔ²⁻²siŋ⁵³⁻²²ziã³¹⁻⁵³ 嘉定：实心墙 zəʔ²⁻¹siŋ⁵³⁻¹¹ziã³¹⁻²⁴ 宝山：实心墙 zəʔ²⁻²siŋ⁵³⁻²²ziã³¹⁻⁵³	用平放的砖砌成的墙，墙内无空隙
11	梁 liã¹³ 桁条 ɦã¹³⁻²²diɔ¹³⁻⁴⁴ 屋梁 vã¹³⁻²² liã¹³⁻⁴⁴ 房梁 oʔ⁵⁻³liã¹³⁻⁴⁴		屋梁
12	柱头 zʅ¹³⁻²² dɤ¹³⁻⁴⁴ 柱子 zʅ¹³⁻²²tsʅ³⁴⁻⁴⁴	松江：柱脚 zy²²⁻²⁴ciaʔ⁵⁻² 松江：廊柱 lã³¹⁻¹³ zy²²⁻⁵³ 松江^新：柱脚 tɕy³⁵⁻³⁵tɕiaʔ⁵⁻³ 浦东：立柱 liɿʔ²⁻²zy¹³⁻³⁴	柱子
13	石墩头 zaʔ²⁻¹təŋ³⁴⁻²²dɤ¹²⁻²³ 石鼓墩 zaʔ²⁻¹ku³⁴⁻²²təŋ³⁴⁻²³	市区^新：石墩 zəʔ²⁻¹təŋ⁵³⁻²³ 松江：石磉子 zaʔ²⁻²sã⁵⁵⁻⁵³tsʅ⁴⁴⁻⁵³ 浦东：上柱石 zã¹³⁻²²zy¹³⁻²²zaʔ²⁻⁵ 南汇：上柱石 zã¹³⁻²²zy¹³⁻²²zaʔ²⁻⁵ 南汇：石鼓鼓 zaʔ²⁻³ku⁴⁴⁻²²ku⁴⁴⁻³⁴ 崇明：柱磉石 dzʅ²⁴²⁻³¹sã⁴²⁴⁻³³zaʔ²⁻⁵	柱子下的鼓状石头
14	阶沿 ka⁵³⁻⁵⁵ɦiɿ¹³⁻²¹ 阶沿石 ka⁵³⁻⁵⁵ɦiɿ¹³⁻³³zaʔ²⁻²	市区^新：台阶 dɛ¹³⁻²² tɕia⁵³⁻⁴⁴ 崇明：阶台 ka⁵⁵⁻⁵⁵ dɛ²⁴⁻⁵⁵	台阶
15	踏脚步 daʔ²⁻¹tɕiaʔ⁵⁻²bu¹³⁻²³ 踏步级 daʔ²⁻¹bu¹³⁻²²tɕiɿʔ⁵⁻²	奉贤^新：脚踏步 ʔtɕiaʔ⁵⁻³dɛʔ¹²⁻⁵⁵bu¹³⁻²¹ 金山：脚踏步 tɕiʌʔ⁵⁻⁴dəʔ²⁻³bu¹³⁻²¹ 嘉定：踏步 daʔ²⁻¹ bu¹³⁻²⁴	房门口的台阶

（续表）

序号	上海市区方言	上海郊区方言	普通话
16	踏级石 daʔ²⁻¹tɕiɪʔ⁵⁻² zaʔ²⁻² 石级 zaʔ²⁻¹tɕiɪʔ⁵⁻²	浦东：步头石 bu¹³⁻²²dɤ²¹³⁻⁵⁵ zaʔ²⁻⁵	石制台阶
17	地搁 di¹³⁻²²koʔ⁵⁻⁴ 地搁板 di¹³⁻²²koʔ⁵⁻⁵pE³⁴⁻²¹	松江：地板 di¹³⁻²²ʔbɛ⁴⁴⁻³³ 金山新：地板 di³⁵⁻³³ pɛ⁴⁴⁻³¹ 嘉定：地板 di¹³⁻²⁴ pE³⁴⁻²¹	（1）地板 （2）防潮的木地板
18	正门 tsəŋ³⁴⁻³³məŋ¹³⁻⁴⁴ 大门 du¹³⁻²²məŋ¹³⁻⁴⁴		大门
19	披水 pʰi⁵³⁻⁵⁵sʅ³⁴⁻²¹	浦东：雨蓬 ɦy¹³⁻²²boŋ²¹³⁻⁵³ 南汇：雨蓬 ɦy¹³⁻²²boŋ²¹³⁻⁵³ 金山：雨蓬 ɦy¹³⁻²²boŋ²¹³⁻⁵³ 青浦：披水檐 pʰi⁵³⁻⁴⁴sʅ⁴⁴⁻⁴⁴ɦi³¹⁻²¹	屋檐前或窗前的遮雨板
20	瓦楞 ŋo¹³⁻²²ləŋ¹³⁻⁴⁴		瓦垄
21	搁栅 koʔ⁵⁻³saʔ⁵⁻⁴	浦东：地搁栅 di¹³⁻²²koʔ⁵⁻³saʔ⁵⁻⁵	（1）地板下所架的一层木支架 （2）房子内架阁楼的桁条
22	月洞 ɦyɪʔ²⁻¹[ɦyoʔ²⁻¹, ȵyɪʔ²⁻¹]doŋ¹³⁻²³ 月洞门 ɦyɪʔ²⁻¹[ɦyoʔ²⁻¹, ȵyɪʔ²⁻¹]doŋ¹³⁻²² məŋ¹³⁻²³		旧时指新月形的门，现在多指满月形的门
23	门框框 məŋ¹³⁻²²kʰuã⁵³⁻⁵⁵ kʰuã⁵³⁻²¹ 门框 məŋ¹³⁻²²kʰuã⁵³⁻⁴⁴	浦东：门档子 məŋ²¹³⁻²²ʔdã⁴⁴⁻⁵⁵ tsʅ⁴⁴⁻⁵³ 南汇：门档子 məŋ²¹³⁻²²ʔdã⁴⁴⁻⁵⁵ tsʅ⁴⁴⁻⁵³	门框
24	门后头 məŋ¹³⁻²²ɦɤ¹³⁻⁵⁵ɦɤ¹³⁻²¹ 门背后 məŋ¹³⁻²²pE³⁴⁻⁵⁵ɦɤ¹³⁻²¹	松江：门拨⁼后 məŋ³¹⁻²² ʔbəʔ⁵⁻²ɦɯ²²⁻²² 浦东：门后底 məŋ²¹³⁻²² ɦɤ¹³⁻⁵⁵ʔdi⁴⁴⁻⁵³ 南汇：门后底 məŋ²¹³⁻²² ɦɤ¹³⁻⁵⁵ʔdi⁴⁴⁻⁵³	门后
25	门搭襻 məŋ¹³⁻²²taʔ⁵⁻⁵pʰE³⁴⁻²¹ 门襻 məŋ¹³⁻²²pʰE³⁴⁻⁴⁴ 门搭 məŋ¹³⁻²²taʔ⁵⁻⁴ 门搭纽 məŋ¹³⁻²²taʔ⁵⁻⁵ȵiɤ¹³⁻²¹ 门搭链 məŋ¹³⁻²²taʔ⁵⁻⁵pʰE³⁴⁻²¹li¹³⁻²¹	浦东：扎搭 tsæʔ⁵⁻⁵ʔdæʔ⁵⁻⁵ 南汇：扎搭 tsæʔ⁵⁻⁵ʔdæʔ⁵⁻⁵ 奉贤：门环 məŋ³¹⁻²³guE³¹⁻⁵³ 青浦新：门销 məŋ³¹⁻²²ɕio⁵³⁻²¹	门钉锦儿
26	门栅旧 məŋ¹³⁻²²saʔ⁵⁻⁴ 门闩 məŋ¹³⁻²²sø⁵³⁻⁴⁴		门闩

（续表）

序号	上海市区方言	上海郊区方言	普通话
27	门牌号头 məŋ$^{13-22}$ba$^{13-55}$ ɦɔ$^{13-33}$dɤ$^{13-21}$ 门牌 məŋ$^{13-22}$ba$^{13-44}$		门牌号
28	窗门 tsʰɑ̃$^{53-55}$məŋ$^{13-21}$ 窗 tsʰɑ̃^{53} 窗子 tsʰɑ̃$^{53-55}$tsɿ$^{34-21}$	浦东：窗扇 tsʰɑ̃$^{53-55}$se$^{33-21}$	窗户
29	簹 daʔ^{2}	松江：窗簹 tsʰɑ̃$^{53-53}$dæʔ$^{2-2}$ 浦东：摇簹 ɦiɔ$^{13-22}$daʔ$^{2-5}$ 金山^{新}：木窗 mɔʔ$^{2-2}$tsʰɑ̃$^{53-53}$	旧式木窗，可拆卸
30	耀梗 ɦiɔ$^{13-22}$kɑ̃$^{34-44}$		门或窗的枢纽
31	窗槛^{旧} tsʰɑ̃$^{53-55}$kʰᴇ$^{34-21}$ 窗盘 tsʰɑ̃$^{53-55}$bø$^{13-21}$ 窗台盘 tsʰɑ̃$^{53-55}$dᴇ$^{13-33}$bø$^{13-21}$ 窗台 tsʰɑ̃$^{53-55}$dᴇ$^{13-21}$		窗台
32	老虎天窗 lɔ$^{13-22}$hu$^{34-55}$tʰi$^{53-33}$tsʰɑ̃$^{53-21}$	浦东：气楼 tɕʰi$^{35-33}$lɤ$^{213-53}$ 奉贤^{新}：老虎窗 lɔ$^{13-22}$fu$^{44-55}$tsʰɑ̃$^{53-21}$ 金山^{新}：老虎窗 lɔ$^{13-23}$fu$^{44-55}$tsʰɑ̃$^{53-31}$ 嘉定：老虎窗 lɔ$^{13-22}$hu$^{34-55}$tsʰɑ̃$^{53-21}$ 青浦^{新}：天窗 tʰiɪ$^{53-44}$tsʰã$^{53-42}$	屋顶斜坡开出的天窗
33	明角窗 miŋ$^{13-22}$koʔ$^{5-5}$tsʰɑ̃$^{53-21}$ 明瓦窗 miŋ$^{13-22}$ŋo$^{13-55}$tsʰɑ̃$^{53-21}$	浦东：蛎壳窗 liɪʔ$^{2-2}$ kʰoʔ$^{5-2}$tsʰɑ̃$^{53-24}$ 南汇：蛎壳窗 liɪʔ$^{2-2}$ kʰoʔ$^{5-2}$tsʰɑ̃$^{53-24}$ 金山：蛎壳窗 liɪʔ$^{2-2}$ kʰoʔ$^{5-2}$tsʰɑ̃$^{53-24}$ 宝山：蛎壳窗 liɪʔ$^{2-2}$ kʰoʔ$^{5-2}$tsʰɑ̃$^{53-24}$	老式窗，嵌有云母片
34	走路场^{旧} tsɤ$^{34-33}$lu$^{13-55}$zɑ̃$^{13-21}$ 过道 ku$^{34-33}$dɔ$^{13-44}$	浦东：过弄 ku$^{35-55}$loŋ$^{13-21}$ 南汇：过弄 ku$^{35-55}$loŋ$^{13-21}$ 金山^{新}：弄堂 noŋ$^{213-13}$dɑ̃$^{31-31}$	房内的通道
35	宅第 zaʔ$^{2-1}$ dɔ$^{13-23}$ 住宅房子 zɿ$^{13-22}$zaʔ$^{2-5}$vɑ̃$^{13-33}$ tsɿ$^{34-21}$ 住宅 zɿ$^{13-22}$zaʔ$^{2-4}$	松江：宅子 zaʔ$^{2-2}$tsɿ$^{44-33}$ 金山^{新}：窝 ɔ^{44}	住宅
36	宅基 zaʔ$^{2-1}$tɕi$^{53-23}$ 地基 di$^{13-22}$tɕi$^{53-44}$	松江^{新}：宅基地 zʌʔ$^{3-3}$tɕi$^{53-55}$di$^{13-31}$ 嘉定：宅基地 zaʔ$^{2-1}$ tɕi$^{53-11}$ di$^{13-24}$	房基

（续表）

序号	上海市区方言	上海郊区方言	普通话
37	翻轩 fɛ$^{53-55}$ɕi$^{53-21}$		正厅近庇檐处
38	庭心^{旧} diŋ$^{13-22}$ɕiŋ$^{53-44}$ 天井 tʰi$^{53-55}$tɕiŋ$^{34-21}$		天井
39	影壁 iŋ$^{34-33}$piʔ$^{5-4}$ 照墙 tsɔ$^{34-33}$ziã$^{13-44}$ 照壁 tsɔ$^{34-33}$piʔ$^{5-4}$		照壁
40	外间屋 ŋa$^{13-22}$kɛ$^{53-55}$oʔ$^{5-2}$ 外间 ŋa$^{13-22}$kɛ$^{53-44}$	松江^{新}：外间头 ŋa$^{13-23}$kɛ$^{53-55}$dɤɯ$^{31-31}$ 金山^{新}：外间屋 ŋA$^{13-23}$ kɛ$^{53-55}$ oʔ$^{5-3}$	相连的几间屋子中直接通向外面的那间屋子
41	里间屋 li$^{13-22}$kɛ$^{55-55}$oʔ$^{5-2}$ 里间 li^{13}kɛ^{53}	松江^{新}：里间头 li$^{13-23}$kɛ$^{53-55}$dɤɯ$^{31-31}$ 金山^{新}：里间屋 li$^{13-23}$ kɛ$^{53-55}$ɔ$^{5-3}$	相连的几间屋子中不直接通向外面的那间屋子
42	客堂间 kʰaʔ$^{5-3}$dã$^{13-55}$ kɛ$^{53-21}$ 客堂 kʰaʔ$^{5-5}$ dã$^{13-44}$	松江^{新}：客堂间 kʰʌʔ$^{5-4}$dã$^{31-44}$kɛ$^{53-53}$ 青浦^{新}：客堂间 kʰaʔ$^{5-5}$dã$^{31-55}$ kɛ$^{53-21}$ 川沙：客厅 kʰæʔ$^{5-3}$ tʰiŋ$^{53-53}$ 浦东：会客间 βe$^{13-22}$ kʰaʔ$^{5-5}$kɛ$^{53-53}$ 崇明：前嗨屋 zie$^{24-34}$də^{0}uoʔ$^{5-2}$	会客用的正房
43	门面房子 məŋ$^{13-22}$mi$^{13-55}$vã$^{13-33}$tsɿ$^{34-21}$ 沿街房子 ɦi$^{13-22}$ka$^{53-55}$ vã$^{13-33}$tsɿ$^{34-21}$ 街面房子 ka$^{53-55}$ mi$^{13-33}$vã$^{13-33}$tsɿ$^{34-21}$	市区^{新}：沿马路房子 ɦi$^{13-22}$mω$^{13-55}$lu$^{13-21}$vã$^{13-55}$tsɿ$^{34-44}$ 松江^{新}：靠街 kʰɔ$^{53-54}$ka$^{53-22}$ 浦东：店面屋 ʔdi$^{35-35}$ mi$^{13-33}$βã$^{213-55}$ 南汇：店面屋 ʔdi$^{35-35}$ mi$^{13-33}$βã$^{213-55}$	靠街面的房屋
44	瓦屋 ŋo$^{13-22}$oʔ$^{5-4}$ 瓦房 ŋo$^{13-22}$ vã$^{13-44}$	松江：砖房 tsø$^{53-54}$vã$^{31-43}$	砖瓦房
45	草屋 tsʰɔ$^{34-33}$oʔ$^{5-4}$ 草棚棚 tsʰɔ$^{34-33}$bã$^{13-55}$ bã$^{13-21}$	市区^{新}：茅草房 mɔ$^{13-22}$tsʰɔ$^{34-55}$vã$^{13-21}$ 川沙：草棚 tsʰɔ$^{44-44}$bã$^{213-44}$ 金山：草棚 tsʰɔ$^{44-24}$bẽ$^{31-53}$	茅草房子
46	晒台 sa$^{34-33}$dɛ$^{13-44}$ 露台 lu$^{13-22}$dɛ$^{13-44}$	浦东：阳台 ɦiã$^{213-22}$ de$^{213-22}$ 南汇：阳台 ɦiã$^{213-22}$ de$^{213-22}$ 青浦^{新}：外阳台 ŋa$^{213-44}$ɦiẽ$^{31-44}$ dɛ$^{31-21}$ 青浦^{新}：平顶 biŋ$^{31-13}$ tiŋ$^{44-21}$	楼顶平台

（续表）

序号	上海市区方言	上海郊区方言	普通话
47	厨房间 zŋ$^{13-22}$ vã$^{13-55}$ kE$^{53-21}$ 厨房 zŋ$^{13-22}$ vã$^{13-44}$ 灶间 tsɔ$^{35-33}$ke$^{53-44}$	市区：灶披间 tsɔ$^{35-33}$pʰi$^{53-55}$ke$^{53-21}$ 崇明：灶批间 tsɔ$^{55-534}$pʰi$^{42-33}$kæ$^{42-21}$ 川沙：灶头间 tsɔ$^{44-33}$dɤ$^{213-55}$ke$^{53-53}$ 奉贤^{新}：灶头间 tsɔ$^{35-33}$dɤ$^{31-55}$kɛ$^{53-21}$ 金山^{新}：灶头间 tsɔ$^{35-43}$dɤ$^{31-33}$ke$^{53-21}$ 青浦：灶头间 tsɔ$^{53-44}$duɤ$^{31-44}$kir$^{53-21}$ 宝山^{新}：灶头间 tsɔ$^{35-33}$dɤ$^{35-55}$ke$^{53-21}$ 崇明：灶下 tsɔ$^{33-33}$ɦo$^{242-0}$ 崇明：灶屋 tsɔ$^{33-42}$uoʔ$^{5-5}$	厨房
48	灶批 tsɔ$^{34-33}$pʰi$^{53-44}$ 灶批间 tsɔ$^{34-33}$pʰi$^{53-55}$kE$^{53-21}$ 灶头间 tsɔ$^{34-33}$dɤ$^{13-55}$kE$^{53-21}$ 灶间 tsɔ$^{34-33}$kE$^{53-44}$	浦东：饭灶间 vE$^{13-22}$ tsɔ$^{35-55}$kɛ$^{53-53}$	小厨房，有时也笼统地指厨房
49	灶头 tsɔ$^{34-33}$dɤ$^{13-44}$	嘉定：灶 tsɔ^{34} 嘉定：大灶 du$^{13-24}$tsɔ$^{34-21}$	旧式大灶
50	镬灶 ɦoʔ$^{2-1}$tsɔ$^{34-23}$		可放置大锅的灶
51	灶肚 tsɔ$^{34-33}$du$^{13-44}$ 灶膛 tsɔ$^{34-33}$dã$^{13-44}$	松江：锅膛 ku$^{53-35}$dã$^{31-53}$ 浦东：镬肚 ɦoʔ$^{2-2}$du$^{13-34}$ 南汇：镬肚 ɦoʔ$^{2-2}$du$^{13-34}$ 青浦^{新}：灶肚底 tsɔ$^{35-33}$tu$^{35-55}$ti$^{44-21}$	锅下烧火处
52	灶豁豁里 tsɔ$^{34-33}$huaʔ$^{5-5}$huaʔ$^{5-5}$li$^{13-21}$ 烧火弄堂 sɔ$^{53-55}$hu$^{34-33}$loŋ$^{13-33}$dã$^{13-21}$	松江：柴仓 za$^{31-22}$tsʰã$^{53-33}$ 浦东：灶前头 tsɔ$^{35-33}$zi$^{213-55}$dɤ$^{213-53}$ 南汇：灶前头 tsɔ$^{35-33}$zi$^{213-55}$dɤ$^{213-53}$ 奉贤：灶前头 tsɔ$^{35-33}$zi$^{213-55}$dɤ$^{213-53}$ 金山^{新}：藏仓里 zã$^{31-23}$tsʰã$^{53-55}$li$^{35-31}$ 青浦^{新}：灶檐=头 tsɔ$^{35-44}$ɦir$^{31-44}$duɤ$^{31-21}$ 嘉定：灶前头 tsɔ$^{34-33}$zir$^{31-55}$də$^{31-21}$	灶后烧火处，亦可堆放柴火

（续表）

序号	上海市区方言	上海郊区方言	普通话
53	灶门洞 tsɔ³⁴⁻³³mən¹³⁻⁵⁵doŋ¹³⁻²¹		灶上开的便于观察的洞，在汤罐上方
54	坑棚间[旧] kʰɑ̃⁵³⁻⁵⁵bɑ̃¹³⁻³³kɛ⁵³⁻²¹	松江[新]：坑缸间 kʰɛ̃⁵³⁻⁴⁴kɑ̃⁵³⁻⁵⁵kɛ⁵³⁻³¹ 嘉定：坑棚 kʰa⁵³⁻⁵⁵bɑ̃³¹⁻²¹	挖有粪坑的简陋房子
55	汰浴间 da¹³⁻²²ɦyoʔ²⁻⁵kɛ⁵³⁻²¹ 潵浴间[旧] hoʔ⁵⁻³ɦyoʔ²⁻⁵kɛ⁵³⁻²¹ 净浴间 ziŋ¹³⁻²²ɦyoʔ²⁻⁵kɛ⁵³⁻²¹	市区[新]：卫生间 ɦuɛ¹³⁻²²sɑ̃⁵³⁻⁵⁵kɛ⁵³⁻²¹ 川沙：卫生间 uɛ⁴⁴⁻³³sɑ̃⁵³⁻⁵⁵kɛ⁵³⁻⁵³ 青浦：卫生间 ɦuɪ⁵³⁻⁴⁴sɛ̃⁵³⁻⁴⁴kiɪ⁵³⁻²¹ 市区：马桶间 mo¹³⁻²²doŋ¹³⁻⁵⁵kɛ⁵³⁻²¹ 川沙：马桶间 mo²¹³⁻²²doŋ²¹³⁻⁵⁵ kɛ⁵³⁻⁵³	洗澡间
56	亭子间 diŋ¹³⁻²²tsɿ³⁴⁻⁵⁵kɛ⁵³⁻²¹		旧式楼房后边的小房子楼上狭小黑暗的那间，下多为厨房
57	柴间 za¹³⁻²²kɛ⁵³⁻⁴⁴	金山[新]：柴房间 zA³¹⁻²³vɑ̃³¹⁻⁵¹ kɛ⁵³⁻³¹	放柴草的房子
58	狗窠 kɤ³⁴⁻³³ kʰu⁵³⁻⁴⁴	浦东：狗棚 kɤ⁴⁴⁻³³bɑ̃²¹³⁻⁵³ 南汇：狗棚 kɤ⁴⁴⁻³³bɑ̃²¹³⁻⁵³ 金山[新]：狗窠 kɤ⁴⁴⁻²⁴ kʰu⁵³⁻⁵³	狗窝
59	落脚屋 loʔ²⁻¹tɕiaʔ⁵⁻²oʔ⁵⁻²	浦东：辣⁼脚屋 læʔ²⁻²tɕiaʔ⁵⁻²oʔ⁵⁻³ 南汇：辣⁼脚屋 læʔ²⁻²tɕiaʔ⁵⁻²oʔ⁵⁻³ 金山：垃脚屋 la¹³⁻³⁴ciaʔ⁵⁻⁵ɔʔ⁵⁻² 金山[新]：鸡棚 tɕi⁵³⁻²⁴bɛ̃³¹⁻⁵³ 青浦：鸡棚/鸭棚 tɕi⁵³⁻⁴⁴ bɛ̃³¹⁻⁴²/ øaʔ⁵⁻⁴ bɛ̃³¹⁻⁵³	关鸡鸭、堆放杂物等的小屋
60	户此⁼ ɦu¹³⁻²²tsʰɿ³⁴⁻⁴⁴	松江[新]：门闩 mʌn³¹⁻³³suø⁵³⁻⁵³ 青浦：门樘⁼子 mən³¹⁻²²dɑ̃³¹⁻⁵⁵tsɿ⁴⁴⁻²¹ 嘉定：栅门棒 saʔ⁵⁻³mɛ³¹⁻⁵⁵bɑ̃¹³⁻²¹	两扇大门中间用于装拴的木条

（续表）

序号	上海市区方言	上海郊区方言	普通话
61	猪猡棚 tsɿ$^{53\text{-}55}$lu$^{13\text{-}33}$bã$^{13\text{-}21}$ 猪圈 tsɿ$^{53\text{-}55}$tɕʰyø$^{53\text{-}21}$	市区^{新}：猪棚 tsɿ$^{53\text{-}55}$ bã$^{35\text{-}21}$ 闵行：猪棚 tsɿ$^{53\text{-}55}$bã$^{31\text{-}53}$ 松江：猪棚 tsɿ$^{53\text{-}55}$bã$^{31\text{-}53}$ 奉贤：猪棚 tsɿ$^{53\text{-}55}$bã$^{31\text{-}53}$ 金山^{新}：猪棚 tsɿ$^{53\text{-}55}$bã$^{31\text{-}53}$ 嘉定：猪棚 tsɿ$^{53\text{-}55}$bã$^{31\text{-}21}$ 宝山：猪棚 tsɿ$^{53\text{-}55}$bã$^{31\text{-}53}$ 松江^{新}：猪窠 tsɿ$^{53\text{-}44}$kʰu$^{53\text{-}53}$ 浦东：猪辣$^=$栅 tsɿ$^{53\text{-}55}$læʔ$^{2\text{-}5}$sæʔ$^{5\text{-}5}$	猪圈
62	鸡棚 tɕi$^{53\text{-}55}$bã$^{13\text{-}21}$ 鸡窠 tɕi$^{53\text{-}55}$kʰu$^{53\text{-}21}$	浦东：鸡圈 tɕi$^{53\text{-}55}$ tɕyø$^{55\text{-}21}$ 金山^{新}：鸡棚 tɕi$^{53\text{-}24}$ bẽ$^{31\text{-}53}$	鸡窝
63	水落管子 sɿ$^{34\text{-}33}$loʔ$^{2\text{-}5}$kuø$^{34\text{-}33}$tsɿ$^{34\text{-}21}$	闵行：落水管 loʔ$^{2\text{-}2}$sɿ$^{44\text{-}22}$kue$^{34\text{-}53}$t 松江^{新}：落水管 loʔ$^{3\text{-}3}$sɿ$^{44\text{-}44}$kuø$^{44\text{-}54}$ 青浦^{新}：落水管 loʔ$^{2\text{-}2}$sɿ$^{44\text{-}44}$kuɪ$^{44\text{-}21}$ 浦东：水落 sɿ$^{34\text{-}33}$loʔ$^{2\text{-}5}$ 青浦^{新}：下水管 ɦo$^{213\text{-}44}$sɿ$^{44\text{-}44}$kuɪ$^{44\text{-}21}$ 嘉定：水落管 sɿ$^{34\text{-}33}$ loʔ$^{2\text{-}5}$ kuɪ$^{34\text{-}21}$	楼房墙壁上装的管子，用以排泄楼顶的积水
64	枪$^=$篱笆 tɕʰiã$^{53\text{-}55}$li$^{13\text{-}33}$po$^{53\text{-}21}$ 枪$^=$笆 tɕʰiã$^{53\text{-}55}$po$^{53\text{-}21}$	松江：枪$^=$篱 tsʰiã$^{53\text{-}55}$li$^{31\text{-}21}$ 嘉定：枪$^=$篱 tsʰiã$^{53\text{-}55}$li$^{31\text{-}21}$ 崇明：枪$^=$篱 tsʰiã$^{53\text{-}55}$li$^{31\text{-}2}$ 浦东：竹笆 tsoʔ$^{5\text{-}3}$ ʔbo$^{53\text{-}53}$ 宝山：笆梗$^=$ po$^{53\text{-}55}$bɪɪ$^{13\text{-}22}$ 崇明：篙 zø^{242}	篱笆
65	搬场 zø$^{53\text{-}44}$•zã^{13}		搬家

第八章　器　具

序号	上海市区方言	上海郊区方言	普通话
1	家生 ka$^{53\text{-}55}$sã$^{53\text{-}21}$		（1）日用家具 （2）手艺人的工具 （3）家具
2	吃饭家生 tɕʰiɁ$^{5\text{-}3}$vE$^{13\text{-}55}$ka$^{53\text{-}33}$sã$^{53\text{-}21}$	浦东：动用家生 doŋ$^{13\text{-}22}$ɦyoŋ$^{13\text{-}33}$ka$^{53\text{-}55}$sã$^{53\text{-}21}$	赖于生活的工具
3	屋肚肠 oɁ$^{5\text{-}3}$du$^{13\text{-}55}$zã$^{13\text{-}21}$		指家中的器物
4	硬头家生 ŋã$^{13\text{-}22}$dɤ$^{13\text{-}55}$ka$^{53\text{-}33}$sã$^{53\text{-}21}$	闵行：木头家生 moɁ$^{2\text{-}2}$dɤ$^{31\text{-}11}$ka$^{53\text{-}33}$sã$^{53\text{-}21}$ 嘉定：木头家生 moɁ$^{2\text{-}1}$də$^{31\text{-}11}$ka$^{53\text{-}11}$sã$^{53\text{-}24}$ 南汇：硬头家伙 ŋã$^{13\text{-}13}$dɤ$^{113\text{-}53}$ka$^{53\text{-}55}$ɸu$^{44\text{-}21}$	木器家具
5	家当 ka$^{53\text{-}55}$tã$^{34\text{-}21}$		家产
6	衣橱 i$^{53\text{-}55}$zʅ$^{13\text{-}21}$	市区^{新}：大橱 du$^{13\text{-}22}$zʅ$^{13\text{-}44}$ 浦东：大橱 du$^{13\text{-}22}$zy$^{213\text{-}53}$ 南汇：大橱 du$^{13\text{-}22}$zy$^{213\text{-}53}$	里面可以挂衣服的橱子
7	三门橱 sE$^{53\text{-}55}$məŋ$^{13\text{-}33}$zʅ$^{13\text{-}21}$ 三连橱 sE$^{53\text{-}55}$li$^{13\text{-}33}$zʅ$^{13\text{-}21}$	宝山：着衣橱 tsaɁ$^{5\text{-}5}$i$^{53\text{-}55}$zʅ$^{31\text{-}53}$	一种大橱，两边是门，中间是面长镜子
8	歬橱 ka$^{34\text{-}33}$zʅ$^{13\text{-}44}$ 碗橱 uø$^{34\text{-}33}$zʅ$^{13\text{-}44}$	闵行：小菜橱 siɔ$^{44\text{-}33}$tsʰe$^{34\text{-}55}$zy$^{31\text{-}53}$ 奉贤：小菜橱 siɔ$^{44\text{-}33}$tsʰe$^{34\text{-}55}$zy$^{31\text{-}53}$ 闵行：碗盏橱 ue$^{44\text{-}33}$tsE$^{34\text{-}55}$zy$^{31\text{-}53}$ 松江：碗盏橱 ue$^{44\text{-}33}$tsE$^{34\text{-}55}$zy$^{31\text{-}53}$ 青浦^{新}：碗盏橱 øuɪ$^{44\text{-}33}$tsE$^{44\text{-}55}$zy$^{31\text{-}21}$ 嘉定：碗盏橱 uɪ$^{34\text{-}33}$tsE$^{34\text{-}55}$zʅ$^{31\text{-}21}$ 宝山：碗盏橱 ue$^{44\text{-}33}$tsE$^{34\text{-}55}$zy$^{31\text{-}53}$	放置碗、菜等的橱子

（续表）

序号	上海市区方言	上海郊区方言	普通话
9	拎箱 liŋ$^{53-55}$ɕiã$^{53-21}$ 手提箱^{新} sɤ$^{34-33}$di$^{13-55}$ɕiã$^{53-21}$	松江^{新}：拎包 lin$^{53-44}$pɔ$^{53-53}$ 青浦：手提箱 sɯ$^{44-33}$di$^{31-55}$ɕiẽ$^{53-21}$ 崇明：揑箱 li$^{55-55}$ɕiã$^{55-55}$	手提箱
10	夜壶箱 ɦia$^{13-22}$hu$^{13-55}$ɕiã$^{53-21}$ 床头柜^{新} zã$^{13-22}$dɤ$^{13-55}$dzy$^{13-21}$		床头柜
11	圆枱 ɦyø$^{13-22}$dE$^{13-44}$ 圆枱子 ɦyø$^{13-22}$dE$^{13-44}$tsɿ$^{34-21}$ 圆桌 ɦyø$^{13-22}$tsɔʔ$^{5-4}$	松江^{新}：圆枱面 ɦy$^{31-33}$dE$^{31-34}$mi$^{13-43}$	圆桌
12	方枱 fã$^{53-55}$dE$^{13-21}$ 方桌 fã$^{53-55}$tsɔʔ$^{5-2}$	闵行：八仙桌 ʔbæʔ$^{5-3}$si$^{53-55}$tsɔʔ$^{5-5}$ 松江：八仙桌 ʔbæʔ$^{5-3}$si$^{53-55}$tsɔʔ$^{5-5}$ 浦东：八仙桌 ʔbæʔ$^{5-3}$si$^{53-55}$tsɔʔ$^{5-5}$ 南汇：八仙桌 ʔbæʔ$^{5-3}$si$^{53-55}$tsɔʔ$^{5-5}$ 奉贤：八仙桌 ʔbæʔ$^{5-3}$si$^{53-55}$tsɔʔ$^{5-5}$ 金山^{新}：八仙桌 pæʔ$^{5-3}$ɕi$^{53-55}$tsɔʔ$^{5-3}$	方桌
13	长条桌 zã$^{53-55}$diɔ$^{13-55}$tsɔʔ$^{5-2}$	闵行：长枱 zã$^{31-13}$dE$^{31-53}$ 松江：长枱 zã$^{31-13}$dE$^{31-53}$	狭长的板桌
14	条桌 diɔ$^{13-22}$tsɔʔ$^{5-4}$	浦东：窜板枱 tsʰø$^{35-55}$ʔbɛ$^{44-33}$dE$^{213-21}$	小长桌
15	白灵桌 paʔ$^{5-3}$liŋ$^{13-55}$dE$^{13-21}$	闵行：小圆台 siɔ$^{44-33}$ɦyø$^{31-55}$de$^{31-53}$ 松江^{新}：小圆台 ɕiɔ$^{44-44}$ɦy$^{31-45}$dE$^{31-51}$ 奉贤：小圆台 siɔ$^{44-33}$ɦyø$^{31-55}$de$^{31-53}$	一种小圆桌，底座圆形，台面可以转动
16	台子 dE$^{13-22}$tsɿ$^{34-44}$ 桌子 tsɔʔ$^{5-3}$tsɿ$^{34-44}$		桌子
17	碰和台^{旧} pʰã$^{34-33}$ɦu$^{13-55}$dE$^{13-21}$ 麻将桌 mo$^{13-22}$tɕiã$^{34-55}$tsɔʔ$^{5-2}$	松江^{新}：麻将台 mu$^{31-23}$tɕiẽ$^{35-55}$dE$^{31-21}$ 浦东：麻将台 mo$^{213-22}$tsiã$^{53-22}$dE$^{213-22}$ 南汇：麻将台 mo$^{213-22}$tsiã$^{53-22}$dE$^{213-22}$ 奉贤：麻将台 mo$^{213-22}$tsiã$^{53-22}$dE$^{213-22}$ 浦东：活络台子 ɦuəʔ$^{2-2}$loʔ$^{2-5}$dE$^{13-33}$tsɿ$^{34-21}$ 浦东：折叠桌 tsɔʔ$^{5-3}$diɪʔ$^{2-5}$ [dəʔ$^{2-5}$] tsɔʔ$^{5-2}$ 金山：撑台 tsʰɛ$^{31-23}$dE$^{31-53}$ 金山^{新}：麻将台 mo$^{31-23}$tɕʰiẽ$^{53-55}$ dE$^{31-31}$ 青浦^{新}：麻将台 mω$^{31-13}$tɕiẽ$^{53-44}$dE$^{31-31}$	可以折叠、携带方便的小桌子

（续表）

序号	上海市区方言	上海郊区方言	普通话
18	台布 dɛ$^{13-22}$pu$^{34-44}$	松江^{新}：台裙 dɛ$^{31-22}$dʑyn$^{31-43}$ 浦东：台摊 de$^{213-22}$tʰɛ$^{53-22}$ 南汇：台摊 de$^{213-22}$tʰɛ$^{53-22}$ 崇明：台摊 de$^{213-22}$tʰɛ$^{53-22}$	铺在桌上防止桌面受污染
19	桌围 tsoʔ$^{5-3}$ɦuɛ$^{13-44}$	浦东：台围 dɛ$^{31-22}$ɦiy$^{31-22}$ 南汇：台围 dɛ$^{31-22}$ɦiy$^{31-22}$	桌裙
20	抽斗 tsʰɤ$^{53-55}$tɤ$^{34-21}$ 抽屉 tsʰɤ$^{53-55}$tʰi$^{53-21}$	松江：抽头 tsʰɤ$^{53-55}$dɤ$^{213-53}$ 浦东：抽头 tsʰɤ$^{53-55}$dɤ$^{213-53}$ 南汇：抽头 tsʰɤ$^{53-55}$dɤ$^{213-53}$ 嘉定：抽头 tsʰə$^{53-55}$də$^{31-21}$	抽屉
21	靠背椅子 kʰɔ$^{34-33}$pɛ$^{34-55}$y$^{34-33}$[i$^{34-33}$]tsɿ$^{34-21}$ 靠背椅 kʰɔ$^{34-33}$pɛ$^{34-55}$y$^{34-21}$[i$^{34-21}$]	闵行：靠背凳 kʰɔ$^{34-35}$ʔbe$^{34-55}$ʔdəŋ$^{34-21}$ 南汇：靠背凳 kʰɔ$^{34-35}$ʔbe$^{34-55}$ʔdəŋ$^{34-21}$ 青浦^{新}：靠背凳 kʰɔ$^{35-33}$piɪ$^{35-55}$təŋ$^{35-21}$ 金山^{新}：倚背凳 i$^{44-34}$pe$^{13-55}$təŋ$^{13-31}$	靠背椅
22	椅子背 y$^{34-33}$[i$^{34-33}$]tsɿ$^{34-55}$pɛ$^{34-21}$ 靠背 kʰɔ$^{34-33}$pɛ$^{34-44}$	松江^{新}：凳背 tʌn$^{35-44}$pe$^{35-43}$ 川沙：靠垫 kʰɔ$^{35-55}$di$^{213-21}$ 浦东：靠垫 kʰɔ$^{35-55}$di$^{13-21}$ 南汇：靠垫 kʰɔ$^{35-55}$di$^{13-21}$	靠背
23	隑身 gɛ$^{13-22}$səŋ$^{53-44}$ 背垫 pɛ$^{34-33}$di$^{13-44}$	市区^{新}：靠垫 kʰɔ$^{34-33}$di$^{13-44}$ 青浦^{新}：靠垫 kʰɔ$^{35-44}$diɪ$^{213-55}$ 青浦：椅披 i$^{44-44}$pʰi$^{53-53}$	椅子上垫背用的枕头状物品
24	矮凳 a$^{34-33}$dəŋ$^{34-44}$ 凳 dəŋ^{34} 凳子 dəŋ$^{34-33}$tsɿ$^{34-44}$		凳子
25	方凳 fɑ̃$^{53-55}$dəŋ$^{34-21}$	浦东：杌子凳 ŋəʔ$^{2-3}$tsɿ$^{44-22}$dəŋ$^{35-34}$ 南汇：杌子凳 ŋəʔ$^{2-3}$tsɿ$^{44-22}$dəŋ$^{35-34}$ 嘉定：牌杌凳 ba$^{31-22}$ŋəʔ$^{2-5}$tẽ$^{34-21}$	凳面方形的凳子，现在也指"牌杌"

（续表）

序号	上海市区方言	上海郊区方言	普通话
26	牌机^旧 ba$^{13-22}$ŋəʔ$^{2-4}$ 机子^旧 ŋəʔ$^{2-1}$tsɿ$^{34-23}$ 机凳^旧 ŋəʔ$^{2-1}$təŋ$^{34-23}$ 骨牌凳 kuəʔ$^{5-3}$ba$^{13-55}$təʔ$^{2-21}$	市区^新：方凳 fã$^{53-55}$təŋ$^{34-21}$ 松江^新：方凳 fã$^{53-55}$tʌŋ$^{35-53}$ 金山^新：方凳 fã$^{53-55}$təŋ$^{13-31}$ 松江：进机 tsiŋ$^{35-35}$ŋəʔ$^{2-21}$ 川沙：小矮凳 ɕiɔ$^{44-44}$a$^{44-44}$ʔdəŋ$^{35-44}$ 浦东：牌眼凳 ba$^{213-22}$ŋE$^{213-22}$ʔdəŋ$^{35-22}$ 南汇：牌眼凳 ba$^{213-22}$ŋE$^{213-22}$ʔdəŋ$^{35-22}$ 金山：机牌凳 ŋəʔ$^{2-2}$ba$^{31-55}$ʔdəŋ$^{24-21}$	只能供一个人坐下的长方形的凳子，也叫"方凳"
27	坐窠 zu$^{13-22}$kʰu$^{53-44}$ 立桶 liɿʔ$^{2-1}$doŋ$^{13-23}$ 立囤 liɿʔ$^{2-1}$dəŋ$^{12-23}$	浦东：草窠 tsʰɔ$^{44-33}$kʰu$^{53-53}$ 浦东：立窠 liɿʔ$^{2-2}$kʰu$^{53-34}$	用稻草扎成的桶状器物，内有竹片，供儿童站立
28	床沿沿 zã$^{13-22}$ɦi$^{13-55}$ɦi$^{13-21}$ 床沿 zã$^{13-22}$ɦi$^{13-44}$	松江^新：床口 zã$^{31-22}$kʰɣɯ$^{44-53}$	床沿
29	板铺 pE$^{34-33}$pʰu$^{34-44}$ 板床 pE$^{34-33}$zã$^{13-44}$ 木板床 moʔ$^{2-1}$pE$^{34-22}$zã$^{13-23}$	闵行：木头床 moʔ$^{2-2}$dɣ$^{31-22}$zã$^{31-53}$ 浦东：木床 moʔ$^{2-2}$zã$^{213-34}$ 南汇：木床 moʔ$^{2-2}$zã$^{213-34}$	木板床
30	铺板 pʰu$^{34-33}$pE$^{34-44}$ 床板 zã$^{13-22}$pE$^{34-44}$	浦东：床垫 zã$^{213-22}$di$^{13-22}$ 南汇：床垫 zã$^{213-22}$di$^{13-22}$	床板
31	帐子 tsã$^{34-33}$tsɿ$^{34-44}$ 蚊帐 məŋ$^{12-22}$tsã$^{34-44}$		蚊帐
32	帐颜 tsã$^{34-33}$ŋE$^{13-44}$	松江：颜罩 ŋɛ$^{22-22}$tsɔ$^{35-35}$ 浦东：帐辣 =tsã$^{35-33}$ læʔ$^{2-5}$ 南汇：帐沿 tsã$^{35-33}$ɦi$^{213-53}$ 金山：帐沿 tsã$^{35-33}$ɦi$^{213-53}$ 青浦：帐沿 tsã$^{35-33}$ɦi$^{213-53}$	旧式床挂在床上帐子上方的装饰品，多绣有图案，下有流苏
33	天幔 tʰi$^{53-55}$mE$^{13-21}$		旧时大户人家架在天井中用于遮蔽风雨和阳光的布
34	被风洞 bi$^{13-22}$foŋ$^{53-55}$doŋ$^{13-21}$ 被头洞 bi$^{13-22}$dɣ$^{13-55}$doŋ$^{13-21}$	金山^新：被头里 bi$^{35-43}$dɣ$^{31-33}$li$^{35-52}$ 崇明：被窠 bi$^{242-31}$kʰu$^{55-55}$	被窝
35	棉花胎 mi$^{13-22}$ho$^{53-55}$tʰE$^{53-21}$ 被絮 bi$^{13-22}$ɕi$^{53-44}$		缝在被里的棉絮

(续表)

序号	上海市区方言	上海郊区方言	普通话
36	床单 zã$^{13\text{-}22}$tE$^{53\text{-}44}$ 单被 tE$^{53\text{-}55}$bi$^{13\text{-}21}$ 褥单 ȵyoʔ$^{2\text{-}1}$tE$^{53\text{-}23}$ 被单 bi$^{13\text{-}22}$tE$^{53\text{-}44}$		被单
37	垫被 di$^{13\text{-}22}$bi$^{13\text{-}44}$ 褥子 ȵyoʔ$^{2\text{-}1}$tsɿ$^{34\text{-}23}$		褥子
38	枕头套 tsən$^{34\text{-}33}$dɤ$^{13\text{-}55}$tʰɔ$^{34\text{-}21}$ 枕头衣^{旧} tsən$^{34\text{-}33}$dɤ$^{13\text{-}55}$tʰɔ$^{53\text{-}21}$ 枕套 tsən$^{34\text{-}33}$tʰɔ$^{34\text{-}44}$		枕套
39	枕头心子 tsən$^{34\text{-}33}$dɤ$^{13\text{-}55}$ɕin$^{53\text{-}33}$tsɿ$^{34\text{-}21}$ 枕心 tsən$^{34\text{-}33}$ɕin$^{53\text{-}44}$	松江：枕头胆 tsən$^{35\text{-}55}$dɯ$^{31\text{-}33}$ʔdɛ$^{44\text{-}21}$	枕芯
40	席枕衣 ziɪʔ$^{2\text{-}1}$tsən$^{34\text{-}22}$i$^{53\text{-}23}$ 枕头席子 tsən$^{34\text{-}33}$dɤ$^{13\text{-}55}$ziɪʔ$^{2\text{-}3}$tsɿ$^{34\text{-}21}$ 枕头毛巾 tsən$^{34\text{-}33}$dɤ$^{13\text{-}55}$mɔ$^{13\text{-}33}$tɕin$^{53\text{-}21}$	市区^{新}：席子 ziɪʔ$^{2\text{-}1}$tsɿ$^{34\text{-}23}$ 市区^{新}：毛巾 mɔ$^{13\text{-}22}$tɕin$^{53\text{-}44}$	铺在枕头上的小块席子
41	晾衣裳竹 lã$^{13\text{-}22}$i$^{53\text{-}55}$zã$^{13\text{-}33}$tsoʔ$^{5\text{-}2}$ 晾竿 lã$^{13\text{-}22}$kø$^{53\text{-}44}$	松江^{新}：晾衣裳竹头 lã$^{13\text{-}35}$i$^{53\text{-}53}$zã$^{31\text{-}44}$tsoʔ$^{5\text{-}3}$dɤ$^{31\text{-}31}$	晾衣服用的竹竿
42	便桶 bi$^{13\text{-}22}$doŋ$^{13\text{-}44}$ 马桶 mo$^{13\text{-}22}$doŋ$^{13\text{-}44}$	浦东：子孙桶 tsɿ$^{44\text{-}33}$sən$^{53\text{-}55}$doŋ$^{13\text{-}21}$ 南汇：子孙桶 tsɿ$^{44\text{-}33}$sən$^{53\text{-}55}$doŋ$^{13\text{-}21}$	马桶
43	马桶豁$^=$笼 mo$^{13\text{-}22}$doŋ$^{13\text{-}55}$huaʔ$^{5\text{-}3}$ɕi$^{34\text{-}21}$	嘉定：马桶豁$^=$筱 mɯ$^{13\text{-}22}$doŋ$^{13\text{-}55}$faʔ$^{5\text{-}3}$sio$^{53\text{-}21}$ 宝山：马桶豁$^=$消 mo$^{13\text{-}22}$doŋ$^{13\text{-}55}$huaʔ$^{5\text{-}3}$sio$^{53\text{-}21}$	用细竹条扎成的洗刷马桶用的东西
44	消$^=$马桶 ɕio$^{53\text{-}55}$mo$^{13\text{-}33}$doŋ$^{13\text{-}21}$	市区^{新}：刷马桶 sɐʔ$^{5\text{-}3}$mo$^{13\text{-}55}$doŋ$^{13\text{-}21}$	刷洗马桶
45	竹夫人 tsoʔ$^{5\text{-}3}$fu$^{53\text{-}55}$ȵin$^{13\text{-}21}$		竹编的圆筒，夏天睡觉时搁脚用
46	圆炉 ɦyø$^{13\text{-}22}$lu$^{13\text{-}44}$ 炭火盆 tʰE$^{34\text{-}33}$hu$^{34\text{-}55}$bən$^{13\text{-}21}$	松江：火盆 ɸu$^{44\text{-}33}$bən$^{213\text{-}53}$ 浦东：火盆 ɸu$^{44\text{-}33}$bən$^{213\text{-}53}$ 南汇：火盆 ɸu$^{44\text{-}33}$bən$^{213\text{-}53}$ 金山^{新}：脚炉 tɕiA$^{5\text{-}3}$lu$^{31\text{-}53}$	炭火盆

(续表)

序号	上海市区方言	上海郊区方言	普通话
47	茶瓶[旧]zo$^{13-22}$ bəŋ$^{13-44}$ 热水瓶 ȵiɿʔ$^{2-1}$sɿ$^{34-22}$biŋ$^{13-23}$	闵行：热水壶 ȵiɿʔ$^{2-2}$sɿ$^{44-22}$βu$^{31-53}$ 松江：热水壶 ȵiɿʔ$^{2-2}$sɿ$^{44-22}$βu$^{31-53}$ 松江[新]：热水壶 ȵiɿʔ$^{2-3}$sɿ$^{44-33}$ɦu$^{31-42}$ 浦东：热水壶 ȵiɿʔ$^{2-2}$sɿ$^{44-22}$βu$^{31-53}$ 南汇：热水壶 ȵiɿʔ$^{2-2}$sɿ$^{44-22}$βu$^{31-53}$ 嘉定：热水壶 ȵiɿʔ$^{2-2}$sɿ$^{34-55}$ɦu$^{31-21}$ 宝山：热水壶 ȵiɿʔ$^{2-2}$sɿ$^{44-22}$βu$^{31-53}$	热水壶
48	洋风炉 ɦiã$^{13-22}$ foŋ$^{53-55}$ lu$^{13-21}$ 煤油炉 mE$^{13-22}$ ɦiɤ$^{13-55}$ lu$^{13-21}$	闵行：火油炉 ɸu$^{44-33}$ɦiɤ$^{31-55}$ lu$^{31-53}$ 浦东：火油炉 ɸu$^{44-33}$ɦiɤ$^{31-55}$ lu$^{31-53}$ 南汇：火油炉 ɸu$^{44-33}$ɦiɤ$^{31-55}$ lu$^{31-53}$ 奉贤：火油炉 ɸu$^{44-33}$ɦiɤ$^{31-55}$ lu$^{31-53}$ 宝山：火油炉 ɸu$^{44-33}$ɦiɤ$^{31-55}$ lu$^{31-53}$	煤油炉
49	火夹 hu$^{34-33}$ kaʔ$^{5-4}$ 火钳 hu$^{34-33}$ dʑi$^{13-44}$		火钳
50	透⁼火棒 tʰɤ$^{34-33}$hu$^{34-55}$bã$^{13-22}$	浦东：火铁棒 ɸu$^{44-33}$tʰiɿʔ$^{5-5}$ bã$^{13-21}$ 南汇：火铁棒 ɸu$^{44-33}$tʰiɿʔ$^{5-5}$ bã$^{13-21}$ 崇明：烧火条 sɔ$^{55-55}$hu$^{424-0}$ diɔ$^{24-55}$ 崇明：火条子 hu$^{44-42}$diɔ$^{24-55}$tsɿ$^{424-0}$	烧火时拨火用的棍子
51	柴片 za$^{13-22}$bE$^{13-44}$	崇明：树柴 sɿ$^{313-31}$za$^{24-55}$	片状木柴
52	刚炭 kã$^{53-55}$tʰE$^{34-21}$		一种用青刚栎烧成的硬质木炭,耐烧
53	稻柴 diɔ$^{13-22}$za$^{13-44}$ 稻草 dɔ$^{13-22}$tsʰɔ$^{34-44}$		稻草

（续表）

序号	上海市区方言	上海郊区方言	普通话
54	花萁柴 ho⁵³⁻⁵⁵dʑi¹³⁻³³za¹³⁻²¹ 花萁 ho⁵³⁻⁵⁵dʑi¹³⁻²¹		棉花杆儿
55	鐾来火 bi¹³⁻²²hE¹³⁻⁵⁵hu³⁴⁻²¹ 洋火^旧 ɦiã¹³⁻²²hu³⁴⁻⁴⁴ 自来火 zɿ¹³⁻²²lE¹³⁻⁵⁵hu³⁴⁻²¹		火柴
56	镬煤 ɦɔʔ²⁻¹mE¹³⁻²³	浦东：镬木灰 ɦɔʔ²⁻²mɔʔ²⁻²ɸue⁵³⁻³⁴ 浦东：镬芒 ɦɔʔ²⁻²mã²¹³⁻³⁴ 宝山：镬絮 ɦɔʔ²⁻²si³⁵⁻²⁴ 崇明：镬锈 ɦɔʔ²⁻² ɕiɵ³³⁻³³	锅烟子
57	镬子 ɦɔʔ²⁻¹tsɿ³⁴⁻²³ 锅子 ku⁵³⁻⁵⁵ tsɿ³⁴⁻²¹		倒锥形的锅
58	豁镬 huaʔ⁵⁻³ɦɔʔ²⁻⁴	浦东：汤罐 tʰã⁵³⁻⁵⁵kue⁴⁴⁻²¹ 南汇：汤罐 tʰã⁵³⁻⁵⁵kue⁴⁴⁻²¹	一种敞口的大锅
59	镬肚脐 ɦɔʔ²⁻¹du¹³⁻²²zi¹³⁻²³	闵行：镬脐 βuoʔ²⁻²zi³¹⁻⁵³ 松江：镬肚底 ɦɔʔ²⁻²du²⁻⁵ʔdi⁴⁴⁻⁵³ 青浦^新：镬肚底 ɦɔʔ²⁻²tu³⁵⁻⁴⁴ti⁴⁴⁻³¹ 松江^新：镬底 ɦɔʔ²⁻³ti⁴⁴⁻³³ 浦东：镬作⁼底 ɦɔʔ²⁻²tsɔʔ⁵⁻²ʔdi⁴⁴⁻³⁴ 南汇：镬作⁼底 ɦɔʔ²⁻²tsɔʔ⁵⁻²ʔdi⁴⁴⁻³⁴	锅底儿，专指外边部分
60	钢宗⁼镬子 kã⁵³⁻⁵⁵tsoŋ⁵³⁻³³ɦɔʔ²⁻³ tsɿ³⁴⁻²¹ 钢宗⁼锅子 kã⁵³⁻⁵⁵tsoŋ⁵³⁻³³kuʔ³³⁻³³ tsɿ³⁴⁻²¹	金山^新：锅子 ku⁵³⁻²⁴tsɿ⁴⁴⁻⁵³	铝锅
61	镬盖 ɦɔʔ²⁻¹kE³⁴⁻²³ 铝盖 ku⁵³⁻⁵⁵ kE³⁴⁻²¹	嘉定：镬籤 ɦɔʔ²⁻¹kir³⁴⁻²⁴ 崇明：镬籤 ɦɔʔ²⁻²kie³³⁻³³(dɵ²⁴⁻⁵⁵)	锅盖
62	镬铲 ɦɔʔ²⁻¹tsʰE³⁴⁻²³ 铲刀 tsʰE³⁴⁻³³tɔ⁵³⁻⁴⁴		炒菜的用具，形似铲
63	铜罐^旧 doŋ¹³⁻²²kuɵ³⁴⁻⁴⁴ 铜吊 doŋ¹³⁻²²tiɔ³⁴⁻⁴⁴		铜制的吊子
64	汤盅 tʰã⁵³⁻⁵⁵tsoŋ⁵³⁻²¹ 汤碗 tʰã⁵³⁻⁵⁵uʔ³⁴⁻²¹	金山：汤盏 tʰã⁵³⁻⁵⁵tsɛ⁴⁴⁻⁵³	一种小碗

（续表）

序号	上海市区方言	上海郊区方言	普通话
65	大大碗 du$^{13-22}$du$^{13-55}$uø$^{34-21}$	闵行：海大碗 hɛ$^{44-33}$du$^{13-55}$uɛ$^{44-53}$ 浦东：野大碗 ɦia$^{13-22}$du$^{13-55}$uɛ$^{44-21}$ 南汇：野大碗 ɦia$^{13-22}$du$^{13-55}$uɛ$^{44-21}$ 青浦^{新}：野大碗 ɦia$^{213-33}$du$^{213-55}$øuɪ$^{44-21}$ 浦东：汤碗 tʰã$^{53-55}$uɒɪ$^{35-22}$ 南汇：汤碗 tʰã$^{53-55}$uɒɪ$^{35-22}$ 奉贤：汤碗 tʰã$^{53-55}$uɒɪ$^{35-22}$ 嘉定：汤碗 tʰã$^{53-55}$uɒɪ$^{35-22}$ 宝山：汤碗 tʰã$^{53-55}$uɒɪ$^{35-22}$	比"大碗"更大的碗
66	海碗 hɛ$^{34-33}$uø$^{34-44}$	金山^{新}：大大碗 du$^{35-34}$du$^{35-55}$uɛ$^{44-31}$ 青浦^{新}：野大碗 ɦia$^{213-33}$du$^{213-55}$øuɪ$^{44-21}$ 嘉定：海大碗 hɛ$^{34-33}$du$^{13-55}$uɪ$^{34-21}$ 宝山：洋碗 ɦiã$^{31-24}$uɒɪ$^{35-44}$	最大的一种碗
67	提盂 di$^{13-22}$ɦy$^{13-44}$	松江^{新}：糖罐头 dã$^{31-34}$kuɛ$^{35-43}$dɤɯ$^{31-31}$	有耳、有盖的大口瓷坛
68	蠻口 ŋaʔ$^{2-1}$kʰɤ$^{34-23}$	青浦^{新}：□口 ŋæʔ$^{5-4}$kʰɯ$^{44-44}$	陶瓷器皿边缘的缺口
69	啯口杯 koʔ$^{5-3}$kʰɤ$^{34-55}$pɛ$^{53-21}$ 啯嘴杯 koʔ$^{5-3}$tsɿ$^{34-55}$pɛ$^{53-21}$ 盪口杯 dã$^{13-22}$kʰɤ$^{34-55}$pɛ$^{53-21}$ 牙刷杯 ŋa$^{13-22}$sɿ$^{5-5}$pɛ$^{53-21}$	金山^{新}：刷牙杯 səʔ$^{5-3}$ŋA$^{35-55}$pe$^{53-31}$	牙杯
70	饭抄 vɛ$^{13-22}$tsʰɔ$^{53-44}$ 饭勺子 vɛ$^{13-22}$zoʔ$^{2-5}$tsɿ$^{34-21}$ 饭勺 vɛ$^{13-22}$zoʔ$^{2-4}$	市区：勺子 zoʔ$^{1-1}$tsɿ$^{35-23}$ 青浦：勺子 zoʔ$^{2-2}$tsɿ$^{44-35}$ 市区：抄 tsʰɔ^{53} 川沙：抄 tsʰɔ^{53} 浦东：粥勺 tsoʔ$^{5-3}$zɔʔ$^{2-5}$	饭勺儿
71	煎$^=$勺 tɕi$^{34-33}$zoʔ$^{2-4}$ 调羹 diɔ$^{13-22}$kã$^{53-44}$	闵行：蛋抄 dɛ$^{13-22}$tsʰɔ$^{53-23}$ 浦东：蛋抄 dɛ$^{13-22}$tsʰɔ$^{53-23}$ 南汇：蛋抄 dɛ$^{13-22}$tsʰɔ$^{53-23}$ 奉贤：蛋抄 dɛ$^{13-22}$tsʰɔ$^{53-23}$ 松江：汤瓢 tʰã$^{53-35}$biɔ$^{31-53}$ 松江：瓢羹 biɔ$^{31-13}$kẽ$^{53-44}$ 金山^{新}：调瓢 diɔ$^{31-13}$biɔ$^{31-53}$ 嘉定：白勺 baʔ$^{2-1}$zoʔ$^{2-3}$	匙子
72	广勺 kuã$^{34-33}$zoʔ$^{2-4}$ 铜勺 doŋ$^{13-22}$zoʔ$^{2-4}$	松江^{新}：舀勺 ɦiɔ$^{31-34}$zɔ$^{31-41}$ 崇明：港$^=$勺 kã$^{424-42}$zoʔ$^{2-5}$	一种铜制的舀水勺,柄与勺子垂直
73	筷 kʰuɛ^{53}[kʰua^{53}] 筷子 kʰuɛ$^{53-55}$[kʰua$^{53-55}$]tsɿ$^{34-21}$	市区：筷五 kuɛ$^{53-55}$ŋ$^{13-21}$	筷子

（续表）

序号	上海市区方言	上海郊区方言	普通话
74	筷箸笼 kʰuE⁵³⁻⁵⁵zŋ¹³⁻³³loŋ¹³⁻²¹ 筷竹筒 kʰuE⁵³⁻⁵⁵tsoʔ⁵⁻³loŋ¹³⁻²¹ 筷筒 kʰuE³³⁻⁵⁵loŋ¹³⁻²¹	市区新：筷笼 kʰE³⁴⁻³³loŋ¹³⁻⁴⁴ 闵行：筷笼 kʰuE³⁴⁻⁵⁵loŋ³¹⁻²¹ 松江：筷簏 kʰuE³⁵⁻³⁵loʔ²⁻²	筷筒
75	盘 bø¹³ 盘子 bø¹³⁻²²tsɿ³⁴⁻⁴⁴		盘子
76	果子盘 ku³⁴⁻³³tsɿ³⁴⁻⁵⁵bø¹³⁻²¹ 果盒盘 ku³⁴⁻³³fiəʔ²⁻⁵⁵bø¹³⁻²¹	金山：九子盘 ciɤ⁴⁴⁻³⁴tsɿ⁴⁴⁻⁵⁵be³¹⁻²¹ 青浦新：果盘 ku⁴⁴⁻⁴⁴biɤ³¹⁻⁵³	放果子的盘，盘上有格
77	甏 bã¹³ 坛 dø¹³⁻²¹[dE¹³]	浦东：缸甏 kɑ̃⁵³⁻⁵⁵bã¹³⁻²¹	坛子
78	酒甏 tɕiɤ³⁴⁻³³bã¹³⁻⁴⁴	浦东：老酒甏 lɔ¹³⁻²²tsiɤ⁴⁴⁻⁵⁵bã¹³⁻²¹ 南汇：老酒甏 lɔ¹³⁻²²tsiɤ⁴⁴⁻⁵⁵bã¹³⁻²¹ 金山新：酒甏头 tɕiɤ⁴⁴⁻³⁴bã¹³⁻⁵⁵dɤ³¹⁻³¹ 青浦新：酒坛 tɕiɯ⁴⁴⁻⁴⁴dE³¹⁻⁵³	酒坛
79	罐头 kuø³⁴⁻³³dɤ¹³⁻⁴⁴		罐子
80	钵头 pəʔ⁵⁻³dɤ¹³⁻⁴⁴		钵儿
81	淘米箩 dɔ¹³⁻²²mi¹³⁻⁵⁵ʋE¹³⁻³³lu¹³⁻²¹ 米淘箩 mi¹³⁻²²dɔ¹³⁻⁵⁵lu¹³⁻²¹ 淘箩 dɔ¹³⁻²²lu¹³⁻⁴⁴	松江新：淘米箩 dɔ³¹⁻⁴²mi¹³⁻²⁵lu³¹⁻³¹ 青浦新：饭箩 ʋE²¹³⁻²³lu³¹⁻⁴⁴	供淘米、洗菜用的器具
82	饭箩 ʋE¹³⁻²²lu¹³⁻⁴⁴ 饭筲箕 ʋE¹³⁻²²sɔ⁵³⁻⁵⁵tɕi⁵³⁻²¹ 筲箕 sɔ⁵³⁻⁵⁵tɕi⁵³⁻²¹ 米饭箩 mi¹³⁻²²ʋE¹³⁻⁵⁵lu¹³⁻²¹ 饭篮 ʋE¹³⁻²²lE⁴⁴⁻⁴⁴	青浦：蒸饭筷 tsəŋ⁵³⁻⁴⁴βE¹³⁻⁴⁴da¹³⁻⁴⁴	盛饭用的竹篮，有盖
83	塞头 səʔ⁵⁻³dɤ¹³⁻⁴⁴	嘉定：塞桢 səʔ⁵⁻⁴tsẽ⁵³⁻⁵³ 崇明：摘"头 tiəʔ⁵⁻⁵de²⁴⁻⁵⁵	塞子
84	胡篮 fiu¹³⁻²²ʋE¹³⁻⁴⁴	闵行：提篮 di³¹⁻¹³le³¹⁻⁵³ 浦东：菜篮 tsʰe³⁵⁻³³le²¹³⁻⁵³ 南汇：菜篮 tsʰe³⁵⁻³³le²¹³⁻⁵³ 青浦新：饭箩 ʋE²¹³⁻²³lu³¹⁻⁴⁴ 宝山：篙篮 zø³¹⁻²⁴lE³¹⁻²¹	一种眼疏的大竹篮，多用于洗菜
85	猫叹气 mɔ¹³⁻²²tʰE³⁴⁻⁵⁵tʰɕi³⁴⁻²¹	青浦：气煞猫 tɕʰi³⁵⁻⁴⁴sæʔ⁵⁻⁴mɔ⁵³⁻²¹	一种有盖的陶钵，较沙锅大，猫不易吃到这种器皿里的食物

(续表)

序号	上海市区方言	上海郊区方言	普通话
86	切菜刀 tɕʰiɿʔ⁵⁻³ tsʰE³⁴⁻⁵⁵ tɔ⁵³⁻⁵³ 薄刀 boʔ²⁻¹ tɔ⁵³⁻²³ 菜刀 tsʰE³⁴⁻³³ tɔ⁵³⁻⁴⁴	嘉定：面刀 miɿ¹³⁻²² tɔ⁵³⁻⁵³	菜刀
87	砧墩 tsəŋ⁵³⁻⁵⁵ təŋ⁵³⁻²¹	金山ⁿ：砧墩板 tsəŋ⁵³⁻³⁴ təŋ⁵³⁻⁵⁵ pE⁴⁴⁻³¹	较厚的案板
88	砧墩板 tsəŋ⁵³⁻⁵⁵ təŋ⁵³⁻³³ pE³⁴⁻²¹	市区ⁿ：砧板 tsəŋ⁵³⁻⁵⁵ pE³⁴⁻²¹ 川沙：砧板 ʔ tsəŋ⁵³⁻⁵⁵ bE⁴⁴⁻²¹ 浦东：砧板 tsəŋ⁵³⁻⁵⁵ ʔbE⁴⁴⁻²¹ 南汇：砧板 tsəŋ⁵³⁻⁵⁵ ʔbE⁴⁴⁻²¹	案板
89	提桶 di¹³⁻²² doŋ¹³⁻⁴⁴ 担桶 tE³⁴⁻³³ doŋ¹³⁻³³ 水桶 sʅ³⁴⁻³³ doŋ¹³⁻⁴⁴	松江ⁿ：拎桶 lin⁵³⁻⁴⁴ doŋ¹³⁻⁵³ 松江ⁿ：铅桶 kʰɛ⁵³⁻⁴⁴ doŋ¹³⁻⁵³	水桶
90	铅桶 kʰE⁵³⁻⁵⁵ doŋ¹³⁻²¹ 洋铅桶 ɦiã¹³⁻²² kʰE⁵³⁻⁵⁵ doŋ¹³⁻²¹	宝山：铅皮桶 kʰE⁵³⁻⁵³ bi³¹⁻³³ doŋ¹³⁻²¹	镀锌的铁桶
91	桶耳朵 doŋ¹³⁻²² ɲi¹³⁻⁵⁵ tu³⁴⁻²¹		桶两侧突出的耳状物，可系绳子
92	拎襻 lin⁵³⁻⁵⁵ pʰE³⁴⁻²¹	松江ⁿ：搭襻 tEʔ⁵⁻⁴ pʰE⁵³⁻⁴⁵ 嘉定：襻 pʰE³⁴	器物的提梁
93	饼干箱 piŋ³⁴⁻³³ kø⁵³⁻⁵⁵ ɕiã⁵³⁻²¹ 饼干听⁼ piŋ³⁴⁻³³ kø⁵³⁻⁵⁵ tʰiŋ⁵³⁻²¹	闵行：埂箱 kuã⁴⁴⁻³⁵ siã⁵³⁻²¹ 松江ⁿ：饼干筒 piŋ⁴⁴⁻⁴⁴ kø⁵³⁻⁵⁵ doŋ¹³⁻⁴¹ 金山ⁿ：饼干桶 piæŋ⁴⁴⁻³⁴ kø⁵³⁻⁵⁵ doŋ³⁵⁻³¹ 青浦：饼干筒 piŋ³⁵⁻³⁵ kø⁵³⁻⁵⁵ doŋ¹³⁻²¹ 青浦ⁿ：饼干桶 piŋ⁴⁴⁻³³ kø⁵³⁻⁵⁵ doŋ²¹³⁻²¹ 宝山：饼干筒 piŋ³⁵⁻³⁵ kø⁵³⁻⁵⁵ doŋ¹³⁻²¹	马口铁制的筒子，有盖
94	焐窠 u⁵³⁻⁵⁵ kʰu⁵³⁻²¹ 饭窠 vE¹³⁻²² kʰu⁵³⁻⁴⁴	青浦ⁿ：饭囥 ʋE²¹³⁻²³ dəŋ³¹⁻⁴⁴	使饭菜保暖的器具，用稻草编成
95	蒸笪 tsəŋ⁵³⁻⁵⁵ da¹³⁻²¹	闵行：洞蹭 doŋ¹³⁻²² tsəŋ³⁴⁻⁴⁴ 金山ⁿ：蒸笼 tsəŋ⁵³⁻²⁴ loŋ³¹⁻⁵³ 青浦ⁿ：蒸笼 tsəŋ⁵³⁻⁴⁴ loŋ³¹⁻⁴² 青浦：糕桶 kɔ⁵³⁻⁴⁴ doŋ²¹³⁻²¹	木制的圆箅子，用于蒸糕

(续表)

序号	上海市区方言	上海郊区方言	普通话
96	碗格 uø$^{53-33}$kaʔ$^{5-4}$ 蒸格 tsəŋ$^{53-55}$kaʔ$^{5-2}$	浦东：笼格 loŋ$^{31-24}$kaʔ$^{5-2}$ 南汇：笼格 loŋ$^{31-24}$kaʔ$^{5-2}$ 嘉定：笼格 loŋ$^{31-24}$kaʔ$^{5-2}$ 宝山：笼格 loŋ$^{31-24}$kaʔ$^{5-2}$ 浦东：蛋架 dɛ$^{13-22}$ka$^{35-34}$ 青浦^{新}：蒸架 tsəŋ$^{53-44}$ka$^{35-21}$	蒸食物用的箅子
97	米泔水 mi$^{13-22}$kø$^{53-55}$sɿ$^{34-21}$ 泔水 kø$^{53-55}$sɿ$^{34-21}$		泔水
98	泔脚 kø$^{53-55}$tɕiaʔ$^{5-2}$	闵行：咸汤 ɦiɛ$^{13-22}$tʰã$^{53-53}$	泔水桶中沉淀下来的剩饭菜
99	揩灶布 kʰa$^{53-55}$tsɔ$^{34-33}$pu$^{34-21}$ 揩台布 kʰa$^{53-55}$dɛ$^{13-33}$pu$^{34-21}$ 揩布 kʰa$^{53-55}$pu$^{34-21}$	闵行：揩桌布 kʰa$^{53-44}$tsɔʔ$^{5-3}$ʔbu$^{34-34}$ 青浦：揩桌布 kʰa$^{53-44}$tsɔʔ$^{5-3}$ʔbu$^{34-34}$ 嘉定：揩布 kha$^{53-55}$pu$^{34-21}$	抹桌布
100	拖粪 tʰu$^{53-55}$fəŋ$^{34-21}$ 拖蓬^{旧} tʰu$^{53-55}$boŋ$^{13-21}$		拖把
101	笕帚 ɕi$^{34-33}$tsʏ$^{34-44}$		炊帚
102	台格 dɛ$^{13-22}$kaʔ$^{5-4}$	奉贤：方鳝 ɸã$^{53-53}$ tsəŋ$^{335-21}$ 宝山：糕垫 kɔ$^{53-55}$diɪ$^{13-22}$	一种方形木制的箅子
103	炉栅 lu$^{13-22}$saʔ$^{5-4}$	闵行：火□ ɸu$^{44-44}$ləŋ$^{13-44}$ 奉贤：火□ ɸu$^{44-44}$ləŋ$^{13-44}$ 宝山：炉垫 lu$^{31-24}$diɪ$^{13-44}$	架在炉子内的铁栅
104	觧子 ga$^{13-22}$tsɿ$^{34-44}$ 锯子 tɕy$^{34-33}$tsɿ$^{34-44}$	浦东：觧子 ge$^{13-13}$tsɿ$^{44-21}$ 青浦^{新}：觧子 kiɪ$^{35-44}$tsɿ$^{44-31}$ 宝山：锯子 kɒi$^{35-55}$tsɿ$^{35-21}$	锯子
105	凿头 zoʔ$^{2-1}$dʏ$^{13-23}$ 凿子 zoʔ$^{2-1}$tsɿ$^{34-23}$		凿子
106	木头尺 moʔ$^{2-1}$dʏ$^{13-22}$tsʰaʔ$^{5-23}$ 木尺 moʔ$^{2-1}$tsʰaʔ$^{5-2}$	崇明：七═尺 tɕʰiaʔ$^{5-5}$tsʰaʔ$^{5-5}$	木尺
107	钉 tiŋ^{53} 钉子 tiŋ$^{53-55}$tsɿ$^{34-21}$	嘉定：洋钉 ɦiã$^{31-22}$tiŋ$^{53-53}$ 宝山^{新}：洋钉 iã^{35}tiŋ^{53}	钉子
108	圆钉 ɦyø$^{13-22}$tiŋ$^{53-44}$ 洋钉 ɦiã$^{13-22}$ tiŋ$^{53-44}$		机制圆体铁钉

（续表）

序号	上海市区方言	上海郊区方言	普通话
109	榔头 lɑ̃$^{13-22}$dɤ$^{13-44}$		锤子
110	捻凿 ȵi$^{13-22}$moʔ$^{2-4}$ 旋凿 zi$^{13-22}$moʔ$^{2-4}$ 螺丝批 lu$^{13-22}$sɿ$^{53-55}$pʰi$^{53-21}$	市区^{新}：螺丝刀 lu$^{13-22}$sɿ$^{53-55}$tɔ$^{53-21}$ 松江^{新}：螺丝刀 lu$^{31-33}$sɿ$^{53-55}$tɔ$^{53-41}$	螺丝刀
111	扳头 pE$^{34-33}$dɤ$^{13-44}$ 扳手 pE$^{34-33}$sɤ$^{34-44}$		扳手
112	作马 tsoʔ$^{5-3}$mo$^{13-44}$ 作凳 tsoʔ$^{5-3}$təŋ$^{34-44}$		木匠用凳
113	鹰架 iŋ$^{53-55}$ka$^{34-21}$ 脚手架 tɕiaʔ$^{5-3}$sɤ$^{34-55}$ka$^{34-21}$ 手脚架 sɤ$^{34-33}$tɕiaʔ$^{5-3}$ka$^{34-21}$	闵行：脚设架 ciaʔ$^{5-5}$səŋ$^{5-5}$ka$^{34-55}$ 奉贤：搁手架 kɔʔ$^{5-4}$sɯ$^{44-44}$ka$^{335-44}$	脚手架
114	轧剪 gaʔ$^{2-1}$tɕi$^{34-23}$ 推子 tʰE$^{53-55}$tsɿ$^{34-21}$	浦东：轧刀 gaʔ$^{2-1}$tɔ$^{53-24}$ 宝山：轧刀 gaʔ$^{2-1}$tɔ$^{53-24}$	推子
115	鐾刀布 bi$^{13-22}$tɔ$^{53-55}$pu$^{34-21}$	奉贤：剃刀布 tʰi$^{335-53}$tɔ$^{53-33}$bu$^{335-21}$	理发匠用来抹刀剪的布条
116	铁车^{旧} tʰiŋ$^{5-3}$tsʰo$^{53-44}$ 洋机 ɦiã$^{13-22}$tɕi$^{53-44}$ 缝纫机 voŋ$^{13-22}$zəŋ$^{13-55}$tɕi$^{53-21}$	松江：踏机 dæʔ$^{2-2}$ci$^{53-53}$	缝纫机
117	经布^{旧} tɕiŋ$^{53-55}$pu$^{34-21}$ 织布 tsəʔ$^{5-3}$pu$^{34-44}$		织布
118	压勿杀 aʔ$^{5-3}$ səʔ$^{2-5}$saʔ$^{5-2}$ 千斤顶 tɕʰi$^{53-55}$tɕiŋ$^{53-33}$tiŋ$^{34-21}$		千斤顶
119	物事 məʔ$^{2-5}$zɿ$^{13-23}$ 东西 toŋ$^{53-55}$ɕi$^{53-21}$	青浦^{新}：物什 mæʔ$^{2-2}$zæʔ$^{2-4}$	东西
120	舂臼 tsʰəŋ$^{53-55}$dʑiɤ$^{13-21}$ 石臼 zaʔ$^{2-1}$dʑiɤ$^{13-23}$	金山：扦臼 tsʰe$^{53-23}$dʑiɤ$^{13-53}$	捣臼
121	山锥 sE$^{53-55}$tsɿ$^{34-21}$	浦东：羊镐 ɦiã$^{213-22}$kɔ$^{44-22}$ 南汇：羊镐 ɦiã$^{213-22}$kɔ$^{44-22}$	一种挖土工具，形似镐

（续表）

序号	上海市区方言	上海郊区方言	普通话
122	护⁼杈 fiu$^{13-22}$tsʰo$^{53-44}$ 杈 tsʰo^{53}	市区^{新}：丫杈头 o$^{53-55}$ tsʰo$^{53-33}$ dʁ$^{13-21}$ 松江：丫杈头 o$^{53-55}$tsʰo$^{53-33}$dø$^{31-21}$ 南汇：丫杈头 o$^{53-55}$tsʰo$^{53-33}$dø$^{31-21}$ 奉贤：丫杈头 o$^{53-55}$tsʰo$^{53-33}$dø$^{31-21}$ 浦东：丫杈 o$^{53-55}$tsʰo$^{53-53}$ 金山：桠枪 o$^{53-55}$tsʰiɛ̃$^{53-21}$ 金山^{新}：杈枪 tsʰo$^{53-24}$tɕʰiɛ̃$^{53-53}$	杈枪
123	扎底针 tsaʔ$^{5-3}$ti$^{34-55}$tsəŋ$^{53-21}$	闵行：扎底引线 tsæʔ$^{5-5}$di$^{44-55}$ɦiŋ$^{13-55}$si$^{34-21}$ 奉贤：扎底引线 tsæʔ$^{5-5}$di$^{44-55}$ɦiŋ$^{13-55}$si$^{34-21}$ 南汇：扎鞋底针 tsaʔ$^{5-3}$ɦa$^{113-44}$di$^{44-44}$tsəŋ$^{53-21}$ 宝山：大引线针 du$^{13-24}$ɦiŋ$^{13-55}$sɿ$^{35-55}$tsəŋ$^{53-21}$	一种粗针，用于扎鞋底
124	绗针 ɦã$^{13-22}$tsəŋ$^{53-44}$		一种长针，缝棉衣用
125	定⁼被针 diŋ$^{13-22}$bi$^{13-55}$tsəŋ$^{53-21}$ 定⁼被头针 diŋ$^{13-22}$bi$^{13-55}$ dʁ$^{13-33}$tsəŋ$^{53-21}$	松江^{新}：大引针 du$^{13-35}$ɦiŋ$^{13-35}$ɕi$^{35-21}$ 奉贤：被头针 bi$^{113-22}$dɯ$^{31-22}$tsəŋ$^{53-21}$	缝被子用的一种针
126	汏浴盆 da$^{13-22}$ɦyoʔ$^{2-5}$bəŋ$^{13-21}$ 潊浴盆 ɦioʔ$^{5-3}$ɦyoʔ$^{2-5}$bəŋ$^{13-21}$ 浴桶 ɦyoʔ$^{2-1}$doŋ$^{13-23}$ 净浴盆 ziŋ$^{13-22}$ɦyoʔ$^{2-5}$bəŋ$^{13-21}$	闵行：户船 βu$^{13-22}$ze$^{31-23}$ 浦东：浴壶 ɦyoʔ$^{2-2}$βu$^{213-34}$ 青浦^{新}：浴湖 ɦioʔ$^{2-2}$fiu$^{31-53}$ 崇明：大脚盆 du$^{313-31}$tɕiaʔ$^{5-5}$bəŋ$^{24-55}$	澡盆
127	揩面水 kʰa$^{53-55}$mi$^{13-33}$sɿ$^{34-21}$ 面汤水 mi$^{13-22}$tʰã$^{53-55}$sɿ$^{34-21}$		洗脸水
128	痰罐 dE$^{13-22}$kuø$^{34-44}$ 痰盂 dE$^{13-22}$ɦy$^{13-44}$	市区^{新}：痰盂罐 dE$^{13-22}$ɦy$^{13-55}$ kø$^{34-21}$ 川沙：痰盂罐 dɛ$^{213-22}$ɦy$^{213-55}$kue$^{35-21}$ 青浦^{新}：痰盂罐 dE$^{31-13}$ɦy$^{31-44}$kuɿ$^{35-21}$ 嘉定：痰盂罐 dE$^{31-22}$ɦy$^{31-55}$kuɿ$^{34-21}$	痰盂

（续表）

序号	上海市区方言	上海郊区方言	普通话
129	肥皂粉 bi$^{13-22}$zɔ$^{13-55}$fən$^{34-21}$ 洗衣粉 ɕi$^{34-33}$i$^{53-55}$fən$^{34-21}$	青浦^{新}：汏衣裳粉 da$^{13-24}$i$^{53-55}$zã^{31}fən$^{44-21}$ 宝山：汏衣裳粉 da$^{13-24}$i$^{53-55}$zã$^{31-55}$fən$^{35-21}$	洗衣粉
130	手巾 sɤ$^{34-33}$tɕin$^{53-44}$	松江：揩手巾 kʰa$^{53-35}$sɯ$^{44-55}$bu$^{35-21}$ 浦东：手巾布 sɤ$^{34-33}$tɕin$^{53-44}$ʔbu$^{35-21}$ 浦东：绞链巾 kɔ$^{44-33}$li$^{13-55}$tɕin$^{53-53}$ 南汇：绞链巾 kɔ$^{44-33}$li$^{13-55}$tɕin$^{53-53}$	旧式毛巾，布制品
131	揩面毛巾 kʰa$^{53-55}$mi$^{13-33}$mɔ$^{13-33}$tɕin$^{53-21}$	闵行：揩面手巾 kʰa$^{53-55}$mi$^{13-21}$sɤ$^{44-55}$ɕin$^{53-21}$ 松江：揩面手巾 kʰa$^{53-55}$mi$^{13-21}$sɤ$^{34-33}$ɕin$^{53-21}$ 金山^{新}：揩面手巾 kʰa$^{53-55}$mi$^{35-44}$sɤ$^{44-33}$tɕiæn$^{53-21}$ 青浦^{新}：揩面手巾 mi^{213}sɯ^{44}tɕiən^{53} 松江^{新}：面巾 mi$^{13-33}$tɕin$^{53-33}$ 宝山：揩面布 kʰa$^{53-53}$mi$^{13-33}$pu$^{53-21}$	洗脸用的毛巾
132	脚桶 tɕiaʔ$^{5-3}$doŋ$^{13-44}$ 脚盆 tɕiaʔ$^{5-3}$bən$^{13-44}$	金山^{新}：汏脚盆 da$^{13-23}$tɕiAʔ$^{5-5}$bAŋ$^{31-31}$	洗脚盆儿
133	壳落 kʰoʔ$^{5-3}$loʔ$^{2-4}$ 壳子 kʰoʔ$^{5-3}$tsʅ$^{34-44}$		外壳、外部包装
134	洋油灯 ɦiã$^{13-22}$ɦiɤ$^{13-55}$təŋ$^{53-21}$ 洋灯 ɦiã$^{13-22}$təŋ$^{53-44}$ 美孚灯^{旧} mE$^{13-22}$fu$^{13-55}$təŋ$^{53-21}$ 煤油灯 mE$^{13-22}$ɦiɤ$^{13-55}$təŋ$^{53-21}$	浦东：火油灯 hu$^{35-33}$ɦy$^{31-55}$təŋ$^{53-21}$ 南汇：火油灯 hu$^{35-33}$ɦy$^{31-55}$təŋ$^{53-21}$ 奉贤：火油灯 hu$^{35-33}$ɦy$^{31-55}$təŋ$^{53-21}$ 宝山：火油灯 hu$^{35-33}$ɦy$^{31-55}$təŋ$^{53-21}$ 浦东：汽油灯 tɕʰi$^{35-33}$ɦiɤ$^{213-55}$ʔdəŋ$^{53-53}$ 崇明：火油盏 hu$^{424-42}$ɦiθ$^{24-55}$tsæ$^{424-0}$	煤油灯
135	拎包 lin$^{53-55}$pɔ$^{53-21}$	市区^{新}：手提包 sɤ$^{34-33}$di$^{13-55}$pɔ$^{53-21}$	手提包

（续表）

序号	上海市区方言	上海郊区方言	普通话
136	敲˭机 kʰɔ⁵³⁻⁵⁵tɕi⁵³⁻²¹	市区新：Bb机 Bbtɕi⁵³	寻呼机
137	柴荐 za¹³⁻²² tɕi³⁴⁻⁴⁴ 柴荐头 za¹³⁻²²tɕi³⁴⁻⁵⁵dɤ¹³⁻²¹	闵行：柴堆 za³¹⁻¹³ʔde⁵³⁻⁵³ 浦东：柴堆 za³¹⁻¹³ʔde⁵³⁻⁵³ 南汇：柴堆 za³¹⁻¹³ʔde⁵³⁻⁵³ 青浦：柴堆 za³¹⁻¹³ʔde⁵³⁻⁵³ 松江：荐头 tsi³⁵⁻⁵³du³¹⁻²¹ 浦东：草堆 tsʰɔ⁴⁴⁻⁴⁴ʔde⁵³⁻⁵³ 奉贤：稻堆 dɔ¹¹³⁻²⁴ʔde⁵³⁻²¹ 青浦新：草墩 tsʰɔ⁴⁴⁻⁴⁴tən⁵³⁻⁵³ 嘉定：柴穑 za³¹⁻²⁴tsi³⁴⁻²¹ 宝山：柴箩˭ za³¹⁻²⁴lu³¹⁻⁴⁴	草垛
138	印 iŋ³⁴ 图书 du¹³⁻²²sɿ⁵³⁻⁴⁴ 图案 du¹³⁻²²tsã⁵³⁻⁴⁴	松江新：图章 du³¹⁻⁴³tsɛ̃⁵³⁻⁵³ 青浦新：图章 du³¹⁻¹³tsã⁵³⁻⁵³ 川沙：章 tsaŋ⁵³	图章
139	千里镜旧 tɕʰi⁵³⁻⁵⁵li¹³⁻³³tɕiŋ³⁴⁻²¹ 望远镜 mã¹³⁻²²[vã¹³⁻²²]ɦyø¹³⁻⁵⁵tɕiŋ³⁴⁻²¹		望远镜
140	针线匾 tsəŋ⁵³⁻⁵⁵ɕi³⁴⁻²¹pi³⁴⁻²¹		放针线等的小匾
141	顶针箍 tiŋ³⁴⁻³³tsəŋ⁵³⁻⁵⁵ku⁵³⁻²¹	嘉定：顶针 tiŋ³⁴⁻³⁵tsɛ̃⁵³⁻²¹ 崇明：针窠 tsəŋ⁵⁵⁻⁵⁵kʰu⁵⁵⁻⁵⁵	顶针儿
142	铺盖索 pʰu³⁴⁻³³kɛ³⁴⁻⁵⁵so⁵⁻²	浦东：扁带 ʔbi⁴⁴⁻⁴⁴ʔda³⁵⁻⁴⁴	用于捆铺盖的绳索
143	洋线团旧 ɦiã¹³⁻²²ɕi³⁴⁻⁵⁵dø¹³⁻²¹ 木纱团 moʔ²⁻¹so⁵³⁻²²dø¹³⁻²³	川沙：线团 ɕi³⁵⁻⁵⁵dø²¹³⁻²¹ 青浦新：线团 siɿ³⁵⁻⁴⁴dø³¹⁻³¹	线轴儿
144	引线头 ɦiŋ¹³⁻²²ɕi³⁴⁻⁵⁵dɤ¹³⁻²¹	市区新：针眼 tsəŋ⁵³⁻⁵⁵ŋE¹³⁻²¹ 川沙：引线 ɦiŋ²¹³⁻²²ɕi³⁵⁻³⁴ 南汇：领线头 liŋ¹¹³⁻¹³si³⁵⁻⁴⁴dɤ¹¹³⁻⁵³	针尖儿
145	引线屁股 ɦiŋ¹³⁻²²ɕi³⁴⁻⁵⁵pʰi³⁴⁻³³ku³⁴⁻²¹	闵行：引线屁眼 ɦiŋ¹³⁻²²si³⁴⁻⁵⁵pʰi³⁴⁻³³ŋe¹³⁻²¹ 南汇：领线屁眼 liŋ¹¹³⁻¹³si³⁵⁻⁴⁴pʰi³⁵⁻⁵⁵ku⁴⁴⁻²¹ 金山新：针屁股 tsæŋ⁵³⁻³³pʰi¹³⁻⁵⁵ku⁴⁴⁻³¹ 嘉定：引线眼 ɦiĩ¹³⁻²²siɿ³⁴⁻⁵⁵ŋE¹³⁻²¹ 崇明：耳线眼 ŋi⁴²⁴⁻⁴²ɕie³³⁻³³ŋæ²⁴²⁻⁰	针鼻儿

（续表）

序号	上海市区方言	上海郊区方言	普通话
146	勿求人 vəʔ$^{5-3}$dziɤ$^{13-55}$ɲiŋ$^{13-21}$[zəŋ$^{13-21}$] 搔手 tsɔ$^{53-55}$sɤ$^{34-21}$	浦东：拉拉背 la$^{55-55}$la$^{53-55}$sɤ$^{35-21}$ʔbe$^{35-21}$ 南汇：鸡抓手 ci$^{55-55}$tsa$^{44-53}$sɤ$^{44-21}$ 青浦：竹手 tsoʔ$^{5-4}$sɯ$^{44-44}$ 青浦^{新}：搔背 tsɔ$^{53-44}$piɤ$^{35-21}$	如意，多为竹制
147	汏衣裳板 da$^{13-22}$i$^{53-55}$zã$^{13-33}$pE$^{34-21}$ 汏衣裳擦板 da$^{13-22}$i$^{53-55}$zã$^{13-33}$tsʰaʔ$^{5-3}$pE$^{34-21}$ 擦板 tsʰaʔ$^{5-3}$pE$^{34-44}$	川沙：搓衣板 tsʰu$^{53-55}$i$^{53-55}$ʔbe$^{44-21}$ 川沙：搓板 tsʰu$^{53-55}$ʔbe$^{44-21}$	搓衣板
148	鸡毛掸帚 tɕi$^{53-55}$mɔ$^{13-33}$tø$^{34-33}$tsɤ$^{34-21}$	金山^{新}：鸡毛掸子 tɕi$^{53-55}$mɔ$^{31-44}$tø$^{44-33}$tsɤ$^{44-21}$	鸡毛掸
149	团扇 dø$^{13-22}$sø$^{34-44}$	浦东：蒲扇 bu$^{213-22}$se$^{35-34}$ 南汇：蒲扇 bu$^{213-22}$se$^{35-34}$	团扇
150	世＝的克 sɿ$^{34-33}$tiʔ$^{5-5}$kʰəʔ$^{5-2}$ 撑压＝棒 tsʰã$^{34-33}$aʔ$^{5-5}$bã$^{13-21}$ 拐杖 kua$^{34-33}$zã$^{13-44}$	闵行：撑杖棒 tsʰã$^{53-44}$zã$^{13-33}$bã$^{13-34}$ 松江：撑洋棒 tsʰɛ̃$^{35-55}$ɦiɛ̃$^{31-33}$bã$^{22-21}$ 南汇：撑郎棒 tsã$^{34-33}$lã$^{213-55}$bã$^{13-21}$ 奉贤：鹦哥棒 ɛ̃$^{53-55}$ku$^{53-55}$bã$^{113-53}$ 金山^{新}：坳棒 ɔ$^{44-24}$bã$^{35-53}$ 青浦^{新}：矮＝棒 ø$^{44-44}$bã$^{213-44}$ 嘉定：掌趄棒 tsʰã$^{34-33}$ŋa$^{31-55}$bã$^{13-21}$ 宝山：□棒 a$^{53-55}$bã$^{13-22}$ 崇明：老鳏棒 lɔ$^{242-31}$kuæ$^{55-55}$boŋ$^{242-0}$	拐杖，手杖
151	打狗棒 tã$^{34-33}$kɤ$^{34-55}$bã$^{13-21}$	浦东：叫化棒 kɔ$^{35-35}$ho$^{35-55}$bã$^{13-53}$ 南汇：叫化棒 kɔ$^{35-35}$ho$^{35-55}$bã$^{13-53}$	（1）乞丐手中的短棒 （2）也指手杖，贬义
152	蚊虫香 məŋ$^{13-22}$zoŋ$^{13-55}$ɕiã$^{53-21}$ 蚊烟香 məŋ$^{13-22}$i$^{53-55}$ɕiã$^{53-21}$ 蚊香 məŋ$^{13-22}$ɕiã$^{53-44}$		蚊香
153	揿钉 tɕin$^{34-33}$tiŋ$^{53-44}$ 图画钉 du$^{13-22}$ɦo$^{13-55}$tiŋ$^{53-21}$ 图钉 du$^{13-22}$tiŋ$^{53-44}$	崇明：署＝钉 dʑi$^{313-31}$tiŋ$^{55-55}$	图钉

（续表）

序号	上海市区方言	上海郊区方言	普通话
154	钟卵子 tsoŋ$^{53-55}$lø$^{13-33}$ tsʅ$^{34-21}$	市区^{新}：钟摆 tsoŋ$^{53-55}$pɐ$^{34-21}$ 青浦：钟摆 tsoŋ$^{53-44}$pa$^{44-42}$ 嘉定：钟摆 tsoŋ$^{53-55}$pɑ$^{34-21}$ 奉贤：砣 du^{31} 金山：宕砣砣 dã$^{13-23}$du$^{13-55}$du$^{13-21}$ 宝山：宕砣 dã$^{13-24}$du$^{31-21}$	钟摆
155	继电器 tɕi$^{34-33}$di$^{13-55}$ tɕʰi$^{34-21}$ 史＝带＝脱＝ sʅ$^{34-33}$ta$^{34-55}$tʰəʔ$^{5-2}$ 启辉器 tɕʰi$^{34-33}$huᴇ$^{53-55}$tɕʰi$^{34-21}$	浦东：施＝纳＝克＝ sʅ$^{53-55}$næ$^{2-55}$kʰəʔ$^{5-5}$ 南汇：施＝纳＝脱＝ sʅ$^{53-55}$na$^{2-5}$tʰəʔ$^{5-5}$	启辉器
156	方绷 fã$^{53-55}$ bã$^{13-21}$	金山^{新}：变压器 pi$^{13-23}$æʔ$^{2-5}$tɕʰi$^{13-31}$	变压器
157	插扑＝tsʰaʔ$^{5-3}$pʰoʔ$^{5-4}$ 扑＝碌＝pʰoʔ$^{5-3}$loʔ$^{2-4}$ 插头 tsʰaʔ$^{5-3}$dɤ$^{13-44}$	松江^{新}：插座 tsɛʔ$^{5-5}$zoʔ$^{3-3}$ 青浦^{新}：插缚 tsʰæʔ$^{5-4}$boʔ$^{2-3}$	插头
158	水汀 sʅ$^{34-33}$tiŋ$^{53-44}$ 热水汀 ɲiɪʔ$^{2-1}$ sʅ$^{34-22}$tiŋ$^{53-23}$	金山^{新}：暖气 nø$^{35-44}$tɕʰi$^{13-44}$	暖气装置

第九章 亲属称谓

序号	上海市区方言	上海郊区方言	普通话
1	太公 $t^ha^{34-33}koŋ^{53-44}$ 男太太 $nø^{3-22}\,t^ha^{34-55}\,t^ha^{34-21}$ 曾祖父 $tsəŋ^{53-55}tsu^{34-33}vu^{13-21}$	川沙：太太 $t^ha^{35-55}\,t^ha^{35-21}$ 浦东：太太 $t^ha^{35-55}\,t^ha^{35-21}$ 南汇：太太 $t^ha^{35-55}\,t^ha^{35-21}$ 奉贤：太太 $t^ha^{35-55}\,t^ha^{35-21}$ 金山^新：太太 $t^hA^{13-33}t^hA^{13-33}$ 宝山：太太 $t^ha^{35-55}\,t^ha^{35-21}$ 奉贤：阿太 $aʔ^{5-3}t^ha^{35-34}$ 金山^新：阿太 $A^{44-44}t^ha^{35-44}$ 嘉定：阿太 $aʔ^{5-4}t^hɑ^{34-44}$ 奉贤：男太 $ne^{31-24}t^ha^{35-21}$ 金山^新：男太 $ne^{31-13}t^ha^{35-31}$	曾祖父
2	太婆 $t^ha^{34-33}\,bu^{13-44}$ 女太太 $ȵy^{13-22}\,t^ha^{34-55}t^ha^{34-21}$ 曾祖母 $tsəŋ^{53-55}tsu^{34-33}mu^{53-21}$	川沙：太太 $t^ha^{35-55}\,t^ha^{35-21}$ 浦东：太太 $t^ha^{35-55}t^ha^{35-21}$ 南汇：太太 $t^ha^{35-55}t^ha^{35-21}$ 奉贤：太太 $t^ha^{35-55}\,t^ha^{35-21}$ 青浦^新：太太 $t^ha^{35-44}\,t^ha^{35-55}$ 宝山：太太 $t^ha^{35-55}t^ha^{35-21}$ 奉贤：阿太 $aʔ^{5-3}t^ha^{35-34}$ 金山^新：阿太 $A^{44-44}t^ha^{35-44}$ 嘉定：阿太 $aʔ^{5-4}t^ha^{34-44}$ 奉贤：女太 $ȵy^{13}t^ha^{35}$ 金山^新：女太 $ȵy^{13-33}t^ha^{35-33}$	曾祖母

(续表)

序号	上海市区方言	上海郊区方言	普通话
3	祖父 tsu$^{34-33}$vu$^{13-44}$ 老爹 lɔ$^{13-22}$tia$^{53-44}$ 爷爷^{新} ɦia$^{13-22}$ɦia$^{13-44}$	市区^{新}：阿爷 A$^{53-55}$ɦiA$^{13-21}$ 闵行：大大 da$^{13-22}$da$^{13-44}$ 松江：大大 da$^{13-22}$da$^{13-44}$ 松江^{新}：大⁼大⁼ da$^{13-22}$da$^{13-22}$ 川沙：大大 du$^{213-22}$du$^{213-34}$ 浦东：大大 da$^{13-22}$da$^{13-44}$ 南汇：大大 da$^{13-22}$da$^{13-44}$ 奉贤：大大 da$^{13-22}$da$^{13-44}$ 金山：大大 da^{13}da^{13} 青浦：大大 da$^{13-22}$da$^{13-44}$ 青浦^{新}：大大 da$^{213-22}$da$^{213-44}$ 宝山：大大 da$^{13-22}$da$^{13-44}$ 松江：阿大 æʔ$^{5-4}$da$^{13-35}$ 金山^{新}：阿大 A$^{44-44}$du$^{35-44}$ 青浦^{新}：太公 tʰa$^{35-44}$koŋ$^{53-31}$ 嘉定：大爹 du$^{13-22}$tia$^{53-53}$ 嘉定：阿公 aʔ$^{5-4}$koŋ$^{53-53}$ 崇明：公公 koŋ$^{55-55}$koŋ$^{55-55}$ 崇明：里公 li$^{242-31}$koŋ$^{55-55}$	爷爷
4	老阿爹 lɔ$^{13-22}$aʔ$^{5-5}$tia$^{53-21}$	松江^{新}：大⁼大⁼ da$^{13-22}$da$^{13-22}$ 浦东：公公 koŋ$^{53-55}$koŋ$^{53-53}$ 奉贤：公公 koŋ$^{53-55}$koŋ$^{53-53}$ 青浦：公公 koŋ$^{53-55}$koŋ$^{53-53}$ 南汇：老大大 lɔ$^{113-22}$da$^{13-44}$da$^{13-21}$ 嘉定：阿公 aʔ$^{5-4}$koŋ$^{53-53}$	（1）老祖父 （2）祖父辈男性
5	祖母 tsu$^{34-33}$mu$^{53-44}$ 阿奶^{旧} aʔ$^{5-3}$na$^{13-44}$ □奶 n̩$^{53-55}$na$^{13-21}$ 奶奶^{新} nE$^{13-22}$nE$^{13-44}$	市区^{新}：阿娘 A$^{53-55}$niã$^{13-21}$ 川沙：恩奶 ən$^{53-55}$na$^{213-21}$ 金山：娘娘 niɛ̃$^{31-23}$niɛ̃$^{31-53}$ 青浦：亲妈 tsʰiŋ$^{53-55}$ma$^{53-21}$ 嘉定：亲妈 tsʰiŋ$^{53-55}$ma$^{53-21}$ 青浦^{新}：□娘 n̩$^{53-44}$niɛ̃$^{31-42}$ 青浦^{新}：太婆 tʰa$^{35-44}$bu$^{31-31}$ 青浦：老姆妈 lɔ$^{13-22}$m̩$^{53-55}$ma$^{53-21}$ 嘉定：老姆妈 lɔ$^{13-22}$m̩$^{53-55}$ma$^{53-21}$ 嘉定：阿婆 aʔ$^{5-4}$bu$^{31-53}$ 宝山：阿婆 aʔ$^{5-3}$bu$^{31-53}$ 崇明：亲婆 tɕʰiŋ$^{53-55}$bu$^{24-55}$ 崇明：里婆 li$^{242-31}$bu$^{24-55}$ 崇明：婆阿 bu$^{24-24}$a$^{55-0}$	奶奶

（续表）

序号	上海市区方言	上海郊区方言	普通话
6	外公老爹 ŋa$^{13-22}$koŋ$^{53-55}$lɔ$^{13-33}$tia$^{53-21}$ 外公爹爹 ŋa$^{13-22}$koŋ$^{53-55}$tia$^{53-33}$tia$^{53-21}$ 外公 ŋa$^{13-22}$koŋ$^{53-44}$	松江：外公大大 ŋa$^{13-13}$koŋ$^{53-44}$da$^{13-44}$da$^{13-21}$ 南汇：外公大大 ŋa$^{13-13}$koŋ$^{53-44}$da$^{13-44}$da$^{13-21}$ 奉贤：外公大大 ŋa$^{13-13}$koŋ$^{53-44}$da$^{13-44}$da$^{13-21}$ 青浦：外公大大 ŋa$^{13-13}$koŋ$^{53-44}$da$^{13-44}$da$^{13-21}$ 青浦^{新}：大大 da$^{213-22}$da$^{213-44}$	外祖父
7	外婆□奶 ŋa$^{13-22}$bu$^{13-55}$n̩$^{13-33}$na$^{13-21}$ 外婆 ŋa$^{13-22}$bu$^{13-44}$	松江：外婆奶奶 ŋa$^{113-24}$bu$^{31-21}$na$^{22-22}$na$^{22-44}$ 奉贤：外婆奶奶 ŋa$^{113-24}$bu$^{31-21}$na$^{22-22}$na$^{22-44}$ 青浦：外婆亲妈 ŋa$^{13-22}$bu$^{31-44}$tsʰiŋ$^{53-44}$ma$^{53-21}$ 青浦^{新}：亲妈 tsʰiŋ$^{53-44}$ma$^{53-42}$ 青浦^{新}：□娘 n̩$^{53-44}$ɲiɛ̃$^{31-42}$ 青浦^{新}：□奶 n̩$^{53-44}$na$^{44-42}$	外祖母
8	爹爹 tia$^{53-55}$tia$^{53-21}$ 阿伯 aʔ$^{5-3}$paʔ$^{5-4}$ 爸爸 pa$^{53-55}$pa$^{53-21}$	松江^{新}：阿爸 aʔ$^{5-4}$pa$^{53-33}$ 川沙：阿爸 æʔ$^{5-3}$ʔba$^{53-53}$ 奉贤：阿爸 aʔ$^{5-5}$ʔbaʔ$^{5-2}$ 金山^{新}：阿爸 A^{44}pa^{44} 青浦^{新}：阿爸 aʔ$^{5-4}$pa$^{53-53}$ 松江：爹 ʔdia^{53} 川沙：老爸 lɔ$^{213-22}$ʔba$^{53-53}$ 嘉定：阿爹 aʔ$^{5-4}$ta$^{53-53}$	父亲，面称、背称皆可
9	爷 ɦia^{13} 爷老头子 ɦia$^{13-22}$lɔ$^{13-55}$dɤ$^{13-33}$tsɿ$^{53-21}$ 老头子 lɔ$^{13-22}$dɤ$^{13-55}$tsɿ$^{34-21}$	松江：城隍老 zəŋ$^{31-24}$βã$^{31-55}$lɔ$^{22-21}$	背称父亲，"爷老头子"带戏谑意味
10	先出世 ɕi$^{53-55}$tsʰəʔ$^{5-3}$sɿ$^{34-21}$		背称父亲，詈语
11	姆妈 m̩$^{53-55}$ma$^{13-21}$	市区^{新}：妈妈（面称）m̩$^{53-55}$ma$^{13-21}$ 金山^{新}：妈妈 ma$^{53-24}$ma$^{53-53}$ 青浦：妈妈（面称）ma$^{53-44}$ma$^{53-53}$ 松江：阿妈娘 aʔ$^{5-3}$ma$^{53-55}$ɲiɛ̃$^{31-53}$ 松江：阿妈 aʔ$^{5-3}$ma$^{53-53}$ 浦东：阿妈 aʔ$^{5-3}$ma$^{53-53}$ 南汇：阿妈 aʔ$^{5-3}$ma$^{53-53}$ 浦东：娘 ɲiã^{213}	母亲，面称、背称皆可

(续表)

序号	上海市区方言	上海郊区方言	普通话
12	妈妈 ma$^{53\text{-}55}$ma$^{53\text{-}21}$		（1）旧称女佣 （2）新派用于称母亲
13	好婆 hɔ$^{34\text{-}33}$bu$^{13\text{-}44}$ 阿婆 aʔ$^{5\text{-}3}$bu$^{13\text{-}44}$	奉贤：婆婆 bu$^{31\text{-}24}$bu$^{31\text{-}53}$ 青浦：婆婆 bu$^{31\text{-}24}$bu$^{31\text{-}53}$	称祖母辈的女性
14	老娘 lɔ$^{13\text{-}22}$n̠iã$^{13\text{-}44}$ 娘 n̠iã^{13}		母亲的背称
15	亲生娘 tɕʰin$^{53\text{-}55}$sã$^{53\text{-}33}$n̠iã$^{13\text{-}21}$	闵行：养身娘 ɦiã$^{31\text{-}22}$zəŋ$^{53\text{-}55}$n̠iã$^{31\text{-}53}$ 松江：养身娘 ɦiã$^{31\text{-}22}$zəŋ$^{53\text{-}55}$n̠iã$^{31\text{-}53}$ 松江：亲娘 tsʰin$^{53\text{-}55}$n̠iã$^{213\text{-}53}$ 浦东：亲娘 tsʰin$^{53\text{-}55}$n̠iã$^{213\text{-}53}$ 南汇：亲娘 tsʰin$^{53\text{-}55}$n̠iã$^{213\text{-}53}$ 奉贤：亲娘 tsʰin$^{53\text{-}55}$n̠iã$^{213\text{-}53}$ 金山^{新}：亲娘 tɕʰiæŋ$^{13\text{-}13}$n̠iẽ$^{31\text{-}31}$ 嘉定：自家个娘 zɿ$^{13\text{-}22}$ka$^{53\text{-}55}$kəʔ$^{5\text{-}21}$n̠iã^{31}	生母
16	养身娘 ɦiã$^{13\text{-}22}$zəŋ$^{53\text{-}55}$n̠iã$^{13\text{-}21}$	闵行：抱身娘 bɔ$^{13\text{-}22}$zəŋ$^{53\text{-}55}$n̠iã$^{31\text{-}53}$ 松江：领身娘 liŋ$^{22\text{-}55}$zəŋ$^{53\text{-}55}$n̠iẽ$^{31\text{-}21}$ 浦东：养娘 ɦiã$^{13\text{-}22}$n̠iã$^{213\text{-}53}$ 南汇：养母 ɦiã$^{113\text{-}22}$mu$^{113\text{-}33}$ 青浦^{新}：慢娘 mE$^{213\text{-}23}$n̠iẽ$^{31\text{-}44}$ 崇明：领娘 liŋ$^{242\text{-}31}$n̠iã$^{24\text{-}55}$	养母
17	丈人阿伯 zã$^{13\text{-}22}$n̠in$^{13\text{-}55}$ aʔ$^{5\text{-}3}$paʔ$^{5\text{-}2}$ 丈人老头 zã$^{13\text{-}22}$n̠in$^{13\text{-}55}$lɔ$^{13\text{-}33}$dɤ$^{13\text{-}21}$ 丈人 zã$^{13\text{-}22}$n̠in$^{13\text{-}44}$	川沙：丈人阿爸 Zã$^{213\text{-}22}$zəŋ$^{213\text{-}55}$æʔ$^{5\text{-}5}$ʔba$^{53\text{-}53}$	背称岳父
18	丈母 zã$^{13\text{-}22}$ɦm̩$^{13\text{-}44}$ 丈母娘 zã$^{13\text{-}22}$ɦm̩$^{13\text{-}55}$n̠iã$^{13\text{-}21}$	宝山：丈母太太 zã$^{13\text{-}24}$ɦm̩$^{13\text{-}55}$tʰa$^{35\text{-}33}$tʰa$^{35\text{-}21}$	背称岳母

(续表)

序号	上海市区方言	上海郊区方言	普通话
19	阿公 aʔ⁵⁻³koŋ⁵³⁻⁴⁴ 公公 koŋ⁵³⁻⁵⁵koŋ⁵³⁻²¹	闵行：公阿爹 koŋ⁵³⁻⁵⁵aʔ⁵⁻⁵ʔdia⁵³⁻⁵³ 松江：公阿爹 koŋ⁵³⁻⁵⁵aʔ⁵⁻⁵ʔdia⁵³⁻⁵³ 浦东：公阿爹 koŋ⁵³⁻⁵⁵aʔ⁵⁻⁵ʔdia⁵³⁻⁵³ 南汇：公阿爹 koŋ⁵³⁻⁵⁵aʔ⁵⁻⁵ʔdia⁵³⁻⁵³ 奉贤：公阿爹 koŋ⁵³⁻⁵⁵aʔ⁵⁻⁵ʔdia⁵³⁻⁵³ 宝山：公阿爹 koŋ⁵³⁻⁵⁵aʔ⁵⁻⁵ʔdia⁵³⁻⁵³ 金山新：公 koŋ⁵³ 青浦新：公 koŋ⁵³	背称公公
20	阿婆 aʔ⁵⁻³bu¹³⁻⁴⁴ 婆婆 bu¹³⁻²² bu¹³⁻⁴⁴	闵行：婆阿妈 bu³¹⁻²²aʔ⁵⁻³ma⁵³⁻³³ 松江：婆阿妈 bu³¹⁻²²aʔ⁵⁻³ma⁵³⁻³³ 浦东：婆阿妈 bu³¹⁻²²aʔ⁵⁻³ma⁵³⁻³³ 南汇：婆阿妈 bu³¹⁻²²aʔ⁵⁻³ma⁵³⁻³³ 奉贤：婆阿妈 bu³¹⁻²²aʔ⁵⁻³ma⁵³⁻³³ 宝山：婆阿妈 bu³¹⁻²²aʔ⁵⁻³ma⁵³⁻³³ 川沙：婆 bu²¹³ 金山新：婆 bu³¹ 青浦新：婆 bu³¹ 宝山：婆太太 bu³¹⁻²⁴tʰa³⁵⁻⁵⁵tʰa³⁵⁻⁵³	背称婆婆
21	晚爷 mᴇ¹³⁻²²ɦia¹³⁻⁴⁴	松江新：继爷 tɕi³⁵⁻⁴⁴ɦia³¹⁻³¹ 金山新：慢爷 mᴇ³⁵⁻⁴⁴ɦia³⁵⁻⁴⁴ 青浦新：慢爷 mᴇ²¹³⁻²³ɦia³¹⁻⁴⁴	背称继父
22	立嗣爷 liɪʔ²⁻¹zɿ¹³⁻²²ɦia¹³⁻²³	崇明：领爷 liŋ²⁴²⁻³¹ɦia²⁴⁻⁵⁵	有继嗣关系的养父，背称
23	立嗣娘 liɪʔ²⁻¹zɿ¹³⁻²²n̩iã¹³⁻²³		有继嗣关系的养母，背称
24	爷叔 ɦia¹³⁻²³soʔ⁵⁻⁴ 叔叔 soʔ⁵⁻³soʔ⁵⁻⁴	川沙：阿叔 æʔ⁵⁻³soʔ⁵⁻⁵ 奉贤新：阿叔 aʔ⁵⁻⁵soʔ⁵⁻² 金山新：阿叔 ᴀ⁴⁴⁻²³soʔ⁵⁻⁴	叔叔

（续表）

序号	上海市区方言	上海郊区方言	普通话
25	婶妈 sən³⁴⁻³³ma⁵³⁻⁴⁴ 婶娘 sən³⁴⁻³³ɲiã¹³⁻⁴⁴	奉贤新：阿婶 aʔ⁵⁻⁵sən⁴⁴⁻²¹ 金山新：阿婶 A⁴⁴⁻²⁴sAŋ⁴⁴⁻⁵³ 嘉定：母娘 n̩⁵³⁻⁵⁵ɲiã³¹⁻²¹	叔父的妻子
26	婶婶 sən³⁴⁻³³sən³⁴⁻⁴⁴ 阿婶 aʔ⁵⁻³sən³⁴⁻⁴⁴		（1）叔父之妻 （2）大伯或嫂子称弟媳妇
27	娘舅 ɲiã¹³⁻²²dʑiɤ¹³⁻⁴⁴ 舅舅 dʑiɤ¹³⁻²²dʑiɤ¹³⁻⁴⁴	市区新：阿舅 A⁵³⁻⁵⁵dʑiɤ¹³⁻²¹	舅舅
28	阿舅 aʔ⁵⁻³dʑiɤ¹³⁻⁴⁴	市区新：（父方，比父小） 爷叔 ɦia¹³⁻²²soʔ⁵⁻⁴ 阿叔 A⁵³⁻⁵⁵soʔ⁵⁻² 叔叔（背称）soʔ⁵⁻³soʔ⁵⁻⁴ 浦东：阿叔 aʔ⁵⁻⁵soʔ⁵⁻⁵ 南汇：爷叔 ɦia¹¹³⁻²²soʔ⁵⁻³ 奉贤新：（父方，比父小） 叔叔 soʔ⁵⁻⁵soʔ⁵⁻² 阿叔 aʔ⁵⁻⁵soʔ⁵⁻² 金山新：（父方，比父小） 叔叔 sɔʔ⁵⁻⁴sɔʔ⁵⁻² 阿叔 A⁴⁴⁻²³sɔʔ⁵⁻⁴ 青浦新：（父方，比父小） 爷叔 ɦia³¹⁻¹³ soʔ⁵⁻² 叔叔 soʔ⁵⁻⁴ soʔ⁵⁻³ 崇明：（父方，比父小） 爷叔 ia¹³⁻²²soʔ⁵⁻⁴ 市区新：（父方，比父大） 伯伯 paʔ⁵⁻³paʔ⁵⁻⁴ 伯父（背称）paʔ⁵⁻³vu¹³⁻⁴⁴ 金山新：（父方，比父大） 老伯伯 lɔ¹³⁻²³paʔ⁵⁻⁵ paʔ⁵⁻³ 青浦新：（父方，比父大） 伯伯 paʔ⁵⁻³paʔ⁵⁻⁵ 崇明：（父方，比父大） 老伯 lɔ²¹⁻³¹²paʔ⁵⁻³ 金山新：（母方）舅舅 dʑiɤ¹³⁻³³dʑiɤ¹³⁻³³ 奉贤新：（母方）舅舅 dʑiɤ¹³⁻²²dʑiɤ¹³⁻³⁴	儿童称父母辈的男性
29	舅妈 dʑiɤ¹³⁻²²ma⁵³⁻⁴⁴	市区：舅姆 dʑiɤ¹³⁻²²m¹³⁻⁴⁴ 崇明：妗妈 dʑiŋ³¹³⁻³¹ma⁵⁵⁻⁵⁵	舅母

（续表）

序号	上海市区方言	上海郊区方言	普通话
30	娘娘 ȵiã⁵³⁻⁵⁵ȵiã⁵³⁻²¹ 姑母 ku⁵³⁻⁵⁵mu¹³⁻²¹	市区^新：姑妈 ku⁵³⁻⁵⁵mA⁵³⁻²¹ 松江：嬷嬷 mu⁴⁴⁻⁴⁴mu⁴⁴⁻⁴⁴ 奉贤：嬷嬷 mu⁴⁴⁻⁴⁴mu⁴⁴⁻⁴⁴ 青浦：嬷嬷 mu⁴⁴⁻⁴⁴mu⁴⁴⁻⁴⁴ 浦东：大大妈 du¹³⁻¹³du¹³⁻²²ma⁵³⁻²¹ 南汇：大大妈 du¹³⁻¹³du¹³⁻²²ma⁵³⁻²¹ 浦东：大大 du¹³⁻²²du¹³⁻³⁴ 南汇：大大 du¹³⁻²²du¹³⁻³⁴ 浦东：寄妈 tɕi³⁵⁻³³ma⁵³⁻⁵³ 南汇：寄妈 tɕi³⁵⁻³³ma⁵³⁻⁵³ 奉贤^新：嬤嬤 ʔmo⁴⁴ʔmo⁴⁴ 金山^新：嬤嬤 mo⁴⁴⁻²⁴mo⁴⁴⁻⁵³ 崇明：寄娘 tɕi³³⁻⁴²ȵiã²⁴⁻⁵⁵	姑母
31	娘娘婆婆 ȵiã⁵³⁻⁵⁵ȵiã⁵³⁻³³bu¹³⁻³³bu¹³⁻²¹ 姑奶 ku⁵³⁻⁵⁵na¹³⁻²¹	松江：阿娘婆婆 æʔ⁵⁻³ȵiẽ⁴⁴⁻⁵⁵bu³¹⁻³³bu³¹⁻²¹ 浦东：奶奶 na¹³⁻²²na¹³⁻³⁴ 南汇：奶奶 na¹³⁻²²na¹³⁻³⁴ 奉贤：婆婆 bu³¹²⁴bu³¹⁻⁵³ 金山^新：婆婆 bu³¹⁻¹³bu³¹⁻⁵³ 青浦^新：亲妈（客气、亲热的称呼） tsʰiŋ⁵³⁻⁴⁴ma⁵³⁻⁴² 阿婆 øaʔ⁵⁻⁴bu³¹⁻⁵³ 嘉定：娘娘阿婆 ȵiã³¹⁻⁵⁵ȵiã³¹⁻³³aʔ⁵⁻³bu³¹⁻²¹	姑奶奶
32	弟新妇 di¹³⁻²²ɕiŋ⁵³⁻⁵⁵vu¹³⁻²¹	崇明：弟妹 di⁴²⁴⁻³¹mei³³⁻³³	弟媳妇
33	姑丈^旧 ku⁵³⁻⁵⁵zã¹³⁻²¹ 夫夫 fu⁵³⁻⁵⁵fu⁵³⁻²¹ 姑父 ku⁵³⁻⁵⁵fu⁵³⁻²¹	川沙：寄爹 tɕi³⁵⁻³³ʔdia⁵³⁻⁵³ 南汇：寄爹 ɕi³⁵⁻³³ʔdia⁵³⁻⁵³ 浦东：姑爹 ku⁵³⁻⁵⁵ʔdia⁵³⁻⁵³ 奉贤^新：爷叔 ɦiA¹³⁻²⁴soʔ⁵⁻² 金山：爷叔 ɦiA¹³⁻¹²soʔ⁵⁻⁴	姑夫

序号	上海市区方言	上海郊区方言	普通话
34	老公 lɔ$^{13-22}$koŋ$^{53-44}$	市区：爱人 e$^{35-33}$ȵin$^{13-44}$ 川沙：爱人 e$^{44-44}$ȵin$^{213-44}$ 青浦：爱人 E$^{35-35}$ȵiəŋ$^{31-21}$ 市区：男人 nø$^{13-22}$ȵin$^{13-44}$ 川沙：男人 ne$^{213-22}$ȵin$^{213-34}$ 金山^{新}：男人 ne$^{31-13}$ȵiæŋ$^{31-53}$ 青浦^{新}：男人 niɪ$^{31-13}$ȵiəŋ$^{31-21}$ 松江：当家人 ʔdɑ̃$^{53-55}$ka$^{53-55}$ȵin$^{213-53}$ 浦东：当家人 ʔdɑ̃$^{53-55}$ka$^{53-55}$ȵin$^{213-53}$ 南汇：当家人 ʔdɑ̃$^{53-55}$ka$^{53-55}$ȵin$^{213-53}$ 浦东：出场人 tsʰɔʔ$^{5-3}$zɑ̃$^{213-55}$ȵin$^{213-21}$ 南汇：出场人 tsʰɔʔ$^{5-3}$zɑ̃$^{213-55}$ȵin$^{213-21}$ 青浦^{新}：男格 = niɪ$^{31-13}$gəʔ$^{2-2}$	丈夫
35	老男人 lɔ$^{13-22}$ nø$^{13-55}$ȵin$^{13-21}$	浦东：老头子 lɔ$^{13-22}$ dɤ$^{213-55}$ tsɿ$^{44-21}$ 南汇：老头子 lɔ$^{13-22}$ dɤ$^{213-55}$ tsɿ$^{44-21}$ 嘉定：老头子 lɔ$^{13-22}$də$^{31-55}$tsɿ$^{34-21}$	白头偕老的丈夫
36	户佬 ɦu$^{13-22}$lɔ$^{13-44}$		隐语，指丈夫
37	偏房^{旧} pʰi$^{53-55}$vɑ̃$^{13-21}$ 小娘子 ɕiɔ$^{34-33}$ȵiɑ̃$^{13-55}$tsɿ$^{34-21}$ 小老嬷 ɕiɔ$^{34-33}$lɔ$^{13-55}$mo$^{13-21}$ 小老婆 ɕiɔ$^{34-33}$lɔ$^{13-55}$bu$^{13-21}$	松江：二房 ȵi$^{13-22}$βɑ̃$^{31-33}$ 青浦：小 ɕiɔ^{44} 崇明：姨太太 ɦi$^{24-34}$tʰa$^{33-33}$tʰa$^{33-0}$	妾
38	娘子^{旧} ȵiɑ̃$^{13-22}$tsɿ$^{34-44}$ 家主婆 ka$^{53-55}$tsɿ$^{34-33}$bu$^{13-21}$ 屋里个^{旧} oʔ$^{5-3}$li$^{13-55}$gəʔ$^{2-2}$ 老婆 lɔ$^{13-22}$bu$^{13-44}$	市区：爱人 e$^{35-33}$ȵin$^{13-44}$ 川沙：爱人 e$^{44-44}$ȵin$^{213-44}$ 市区：女人 ȵy$^{13-22}$ȵin$^{13-44}$ 川沙：女人 ȵy$^{213-22}$ȵin$^{213-34}$ 松江：家小 ka$^{53-35}$ɕiɔ$^{44-53}$ 松江：内人 ne$^{13-22}$ȵin$^{31-33}$ 浦东：内室 ne$^{13-22}$səʔ$^{5-5}$ 南汇：老太婆 lɔ$^{113-13}$tʰa$^{35-44}$bu$^{113-53}$ 金山：里常 li$^{13-23}$zɑ̃$^{31-53}$ 青浦^{新}：娘娘 ȵiɛ̃$^{31-13}$ȵiɛ̃$^{31-21}$ 青浦^{新}：女格 = ȵy$^{213-13}$gəʔ$^{2-4}$	妻子

（续表）

序号	上海市区方言	上海郊区方言	普通话
39	花烛 ho$^{53\text{-}55}$tso?$^{5\text{-}2}$	闵行：花烛夫妻 ho$^{53\text{-}55}$tso?$^{5\text{-}5}$ɸu$^{53\text{-}33}$tsʰi$^{53\text{-}21}$ 松江：花烛夫妻 ho$^{53\text{-}55}$tso?$^{5\text{-}5}$ɸu$^{53\text{-}33}$tsʰi$^{53\text{-}21}$ 浦东：花烛夫妻 ho$^{53\text{-}55}$tso?$^{5\text{-}5}$ɸu$^{53\text{-}33}$tsʰi$^{53\text{-}21}$ 南汇：花烛夫妻 ho$^{53\text{-}55}$tso?$^{5\text{-}5}$ɸu$^{53\text{-}33}$tsʰi$^{53\text{-}21}$ 奉贤：花烛夫妻 ho$^{53\text{-}55}$tso?$^{5\text{-}5}$ɸu$^{53\text{-}33}$tsʰi$^{53\text{-}21}$ 嘉定：花烛夫妻 huu$^{53\text{-}55}$tso?$^{5\text{-}3}$fu$^{53\text{-}33}$tsʰi$^{53\text{-}21}$ 宝山：花烛夫妻 ho$^{53\text{-}55}$tso?$^{5\text{-}5}$ɸu$^{53\text{-}33}$tsʰi$^{53\text{-}21}$	第一次结婚的妻子
40	内兄 nE$^{13\text{-}22}$ɕyoŋ$^{53\text{-}44}$ 大舅子 du$^{13\text{-}22}$dʑiɤ$^{13\text{-}55}$tsʅ$^{34\text{-}21}$	闵行：舅佬 jiɤ$^{13\text{-}22}$lɔ$^{13\text{-}44}$ 浦东：舅佬 jiɤ$^{13\text{-}22}$lɔ$^{13\text{-}44}$ 南汇：舅佬 jiɤ$^{13\text{-}22}$lɔ$^{13\text{-}44}$ 宝山：舅佬 jiɤ$^{13\text{-}22}$lɔ$^{13\text{-}44}$ 松江：大舅佬 du$^{113\text{-}22}$jiɯ$^{113\text{-}55}$lɔ$^{22\text{-}53}$ 奉贤：大舅佬 du$^{113\text{-}22}$jiɯ$^{113\text{-}55}$lɔ$^{22\text{-}53}$ 青浦^{新}：阿舅 øa?$^{5\text{-}4}$dʑiɯ$^{213\text{-}35}$	妻之兄，背称
41	内弟 nE$^{13\text{-}22}$di$^{513\text{-}44}$ 小舅子 ɕiɔ$^{34\text{-}33}$dʑiɤ$^{13\text{-}55}$tsʅ$^{34\text{-}21}$	松江：小舅佬 ɕiɔ$^{44\text{-}33}$jiɯ$^{113\text{-}55}$lɔ$^{22\text{-}21}$ 奉贤：小舅佬 ɕiɔ$^{44\text{-}33}$jiɯ$^{113\text{-}55}$lɔ$^{22\text{-}21}$ 浦东：小阿舅 ɕiɔ$^{44\text{-}33}$æ?$^{5\text{-}5}$dʑiɤ$^{13\text{-}21}$ 南汇：小阿舅 ɕiɔ$^{44\text{-}33}$æ?$^{5\text{-}5}$dʑiɤ$^{13\text{-}21}$	妻之弟，背称
42	大姨子 du$^{13\text{-}22}$ɦi$^{13\text{-}55}$tsʅ$^{34\text{-}21}$	浦东：大姨阿姊 du$^{13\text{-}22}$ɦi$^{213\text{-}22}$æ?$^{5\text{-}4}$tsi$^{44\text{-}44}$ 南汇：大姨阿姊 du$^{13\text{-}22}$ɦi$^{213\text{-}22}$æ?$^{5\text{-}4}$tsi$^{44\text{-}44}$ 崇明：妻阿姊 tsʰi$^{55\text{-}55}$ʔ$^{5\text{-}5}$tɕi$^{424\text{-}55}$	妻之姐，背称
43	阿姨 æ?$^{5\text{-}3}$ɦi$^{13\text{-}44}$ 小姨子 ɕiɔ$^{34\text{-}33}$ɦi$^{13\text{-}55}$tsʅ$^{34\text{-}21}$	浦东：阿姨妹 æ?$^{5\text{-}5}$ɦi$^{213\text{-}55}$me$^{13\text{-}21}$ 南汇：阿姨妹 æ?$^{5\text{-}5}$ɦi$^{213\text{-}55}$me$^{13\text{-}21}$ 崇明：妻姊妹 tɕʰi$^{55\text{-}55}$tsʅ$^{424\text{-}0}$me$^{33\text{-}0}$	妻之妹，背称

(续表)

序号	上海市区方言	上海郊区方言	普通话
44	兄弟 ɕyoŋ$^{53-55}$di$^{13-21}$		（1）哥哥和弟弟 （2）弟弟
45	弟兄＝淘里 di$^{13-22}$ɕyoŋ$^{53-55}$dɔ$^{13-33}$li$^{13-21}$ 兄弟＝淘里 ɕyoŋ$^{53-55}$di$^{13-33}$dɔ$^{13-33}$li$^{13-21}$	闵行：弟兄淘＝ di$^{13-22}$ɕyoŋ$^{53-55}$dɔ$^{31-53}$ 松江：弟兄淘＝ di$^{13-22}$ɕyoŋ$^{53-55}$dɔ$^{31-53}$ 嘉定：弟兄淘＝ di$^{13-22}$ɕioŋ$^{53-55}$dɔ$^{31-21}$ 宝山：弟兄淘＝ di$^{13-22}$ɕyoŋ$^{53-55}$dɔ$^{31-53}$	（1）兄弟，指关系 （2）兄弟之间
46	换帖兄弟 ɦuø$^{13-22}$tʰiŋ$^{2 5-5}$ɕyoŋ$^{53-33}$di$^{13-21}$ 结拜兄弟 tɕiɪʔ$^{5-3}$pa$^{34-55}$ɕyoŋ$^{53-33}$di$^{13-21}$	浦东：叩头弟兄 kʰəʔ$^{2 5-3}$dɤ$^{213-33}$di$^{13-33}$ɕyoŋ$^{53-21}$ 浦东：调帖弟兄 diɔ$^{31-22}$tʰiŋ$^{2 5-5}$di$^{13-33}$ɕyoŋ$^{53-21}$	结拜兄弟
47	姊妹 tɕi$^{34-33}$[tsŋ$^{34-44}$] mE$^{13-44}$		姐姐和妹妹
48	姊妹淘＝里 tɕi$^{34-33}$[tsŋ$^{34-33}$] mE$^{13-55}$dɔ$^{13-33}$li$^{13-21}$	闵行：姊妹淘＝ tsŋ$^{34-33}$ mE$^{13-55}$dɔ$^{31-53}$ 松江：姊妹淘＝ tsŋ$^{34-33}$ mE$^{13-55}$dɔ$^{31-53}$ 嘉定：姊妹淘＝ tsŋ$^{34-33}$ mə$^{13-55}$dɔ$^{31-21}$ 宝山：姊妹淘＝ tsŋ$^{34-33}$ mE$^{13-55}$dɔ$^{31-53}$	（1）姐妹，指关系 （2）姐妹之间
49	小姊妹淘＝里 ɕiɔ$^{34-33}$tɕi$^{34-55}$[tsŋ$^{34-33}$] mE$^{13-33}$dɔ$^{13-33}$li$^{13-21}$		关系较好的姑娘或青年妇女
50	淘＝里 dɔ$^{13-22}$li$^{13-44}$		用在表示亲属朋友的词后，表示存在某种关系
51	阿哥 æʔ$^{5-3}$ku$^{53-44}$ 哥哥 ku$^{53-55}$ ku$^{53-21}$	松江：大佬 du$^{13-22}$dɔ$^{22-33}$	哥哥
52	阿嫂 æʔ$^{5-3}$sɔ$^{34-44}$ 嫂嫂 sɔ$^{34-33}$sɔ$^{34-44}$	宝山：大姆 du$^{13-24}$ɦm$^{13-44}$	嫂嫂
53	阿弟 æʔ$^{5-3}$di$^{13-44}$ 弟弟 di$^{13-22}$di$^{13-44}$	金山新：鸭弟 æʔ$^{2-2}$di$^{35-35}$ 青浦新：兄弟 ɕioŋ$^{53-44}$di$^{213-21}$	（1）弟弟 （2）旧时对儿子的爱称
54	姊姊旧 tɕi$^{34-33}$tɕi$^{34-44}$ 阿姊旧 æʔ$^{5-3}$tɕi$^{34-44}$ 阿姐 æʔ$^{5-3}$tɕia$^{34-44}$ 姐姐 tɕia$^{34-33}$tɕia$^{34-44}$		姐姐

（续表）

序号	上海市区方言	上海郊区方言	普通话
55	阿妹 æʔ⁵⁻³ mE¹³⁻⁴⁴ 妹妹 mE¹³⁻²² mE¹³⁻⁴⁴	闵行：姊妹 tsɿ⁴⁴⁻⁴⁴ mE¹³⁻⁴⁴ 宝山：姊妹 tsɿ⁴⁴⁻⁴⁴ mE¹³⁻⁴⁴ 崇明：姊妹 tsɿ⁴⁴⁻⁴⁴ mE¹³⁻⁴⁴ 松江：妹子 mE¹³⁻²² tsɿ⁴⁴⁻³³ 金山ⁿ：鸭妹 æʔ²⁻³ mE⁴⁴⁻³³	妹妹
56	堂房兄弟 dã¹³⁻²² vã¹³⁻⁵⁵ ɕyoŋ⁵³⁻³³ di¹³⁻²¹ 堂兄弟 dã¹³⁻²² ɕyoŋ⁵³⁻⁵⁵ di¹³⁻²¹ 叔伯兄弟 soʔ⁵⁻³ paʔ⁵⁻⁵ ɕyoŋ⁵³⁻³³ di¹³⁻²¹	松江：堂份兄弟 dã³¹⁻²² βəʔ¹³⁻²² ɕyoŋ⁵³⁻²² di²²⁻²²	堂兄弟
57	堂房阿哥 dã¹³⁻²² vã¹³⁻⁵⁵ æʔ⁵⁻³ ku⁵³⁻²¹ 堂阿哥 dã¹³⁻²² æʔ⁵⁻⁵ ku⁵³⁻²¹ 叔伯阿哥 soʔ⁵⁻³ paʔ⁵⁻⁵ æʔ⁵⁻³ ku⁵³⁻²¹		堂兄
58	堂阿弟 dã¹³⁻²² æʔ⁵⁻⁵ di¹³⁻²¹ 堂弟 dã¹³⁻²² di¹³⁻⁴⁴	金山ⁿ：叔伯弟弟 sɔʔ⁵⁻⁴ paʔ⁵⁻³ di³⁵⁻³ di³⁵⁻²¹ 青浦ⁿ：叔伯兄弟 sɔʔ⁵⁻⁴ paʔ⁵⁻⁴ ɕioŋ⁵³⁻⁴⁴ di²¹³⁻²¹ 嘉定：叔伯兄弟 sɔʔ⁵⁻³ paʔ⁵⁻⁵⁵ ɕioŋ⁵³⁻³³ di¹³⁻²¹	堂弟
59	堂阿姊 dã¹³⁻²² æʔ⁵⁻⁵ tɕi³⁴⁻²¹ 堂阿姐 dã¹³⁻²² æʔ⁵⁻⁵ tɕia³⁴⁻²¹	松江：堂份阿姊 dã³¹⁻²² βəʔ¹³⁻²² æʔ⁵⁻² tsi⁴⁴⁻²² 青浦ⁿ：叔伯阿姐 sɔʔ⁵⁻⁴ paʔ⁵⁻⁴ øa⁵⁻⁴⁴ tɕia⁴⁴⁻²¹	堂姐
60	堂妹子 dã¹³⁻²² mE¹³⁻⁵⁵ tsɿ³⁴⁻²¹ 堂妹 dã¹³⁻²² mE¹³⁻⁴⁴	松江：堂份妹妹 dã³¹⁻²² βəʔ¹³⁻²² me¹³⁻²² me¹³⁻³⁵ 青浦ⁿ：叔伯姊妹 sɔʔ⁵⁻⁴ paʔ⁵⁻⁴ tsɿ⁴⁴⁻⁴⁴ mɿ⁴⁴⁻²¹	堂妹
61	表阿哥 piɔ³⁴⁻³³ aʔ⁵⁻⁵ ku⁵³⁻²¹ 表哥 piɔ³⁴⁻³³ ku⁵³⁻⁴⁴		表兄
62	表阿嫂 piɔ³⁴⁻³³ aʔ⁵⁻⁵ sɔ³⁴⁻²¹ 表嫂 piɔ³⁴⁻³³ sɔ³⁴⁻⁴⁴		表嫂
63	表阿弟 piɔ³⁴⁻³³ aʔ⁵⁻⁵ di¹³⁻²¹ 表弟 piɔ³⁴⁻³³ di¹³⁻⁴⁴	青浦ⁿ：表兄弟 piɔ⁴⁴⁻³³ ɕioŋ⁵³⁻⁵⁵ di²¹³⁻²¹	表弟
64	表阿姊 piɔ³⁴⁻³³ aʔ⁵⁻⁵ tɕi³⁴⁻²¹ 表阿姐 piɔ³⁴⁻³³ aʔ⁵⁻⁵ tɕia³⁴⁻²¹ 表姐 piɔ³⁴⁻³³ tɕia³⁴⁻⁴⁴		表姐

（续表）

序号	上海市区方言	上海郊区方言	普通话
65	表阿妹 piɔ$^{34-33}$a$ʔ^{5-5}$mE$^{13-21}$ 表妹 piɔ$^{34-33}$mE$^{13-44}$	青浦：表姊妹 piɔ$^{44-33}$tsɿ$^{44-55}$miɪ$^{44-21}$	表妹
66	子息 tsɿ$^{34-33}$ɕiɪʔ$^{5-4}$	金山^{新}：子孙 tsɿ$^{44-24}$sən$^{53-53}$ 嘉定：大细 du$^{13-24}$si$^{34-21}$	子女，后代
67	子孙 tsɿ$^{34-33}$sən$^{53-44}$	青浦^{新}：小格 = ɕiɔ$^{44-13}$gəʔ$^{2-4}$	后代
68	末拖^{旧} məʔ$^{2-1}$t^{h}u$^{53-23}$ 奶末头 na$^{13-22}$məʔ$^{2-5}$dɤ$^{13-21}$	松江：落脚仔 lɔʔ$^{2-2}$ciaʔ$^{5-5}$tsɿ$^{53-53}$ 浦东：落脚囡 lɔʔ$^{2-2}$tɕiaʔ$^{5-2}$nø$^{53-34}$ 金山^{新}：老幺 lɔ^{13} 青浦^{新}：末脚 mɐʔ$^{2-2}$tɕiaʔ$^{5-4}$ 青浦^{新}：落=脚 lɔʔ$^{2-2}$ tɕiaʔ$^{5-4}$	最小的孩子，老幺
69	邻来儿子 liŋ$^{13-22}$lE$^{13-55}$ȵi$^{13-33}$tsɿ$^{34-21}$ 嗣子 zɿ$^{13-22}$tsɿ$^{34-44}$ 养子 ɦiã$^{13-22}$tsɿ$^{34-44}$	松江：螟蛉子 miŋ$^{22-22}$liŋ$^{31-55}$tsɿ$^{44-21}$ 金山^{新}：养儿子 ɦiɛ̃$^{35-43}$əl$^{31-33}$tsɿ$^{44-21}$	养子
70	新妇 ɕiŋ$^{53-55}$vu$^{13-21}$ 媳妇 ɕiɪʔ$^{5-4}$vu$^{13-44}$		儿媳妇
71	毛脚新妇 mɔ$^{13-22}$tɕiaʔ$^{5-5}$ɕiŋ$^{53-33}$vu$^{13-21}$		订了婚但尚未结婚的儿媳妇
72	囡儿 nø$^{13-22}$ɦŋ$^{13-44}$	市区：囡五 nø$^{13-22}$ŋ$^{13-44}$ 川沙：囡五 nø$^{213-22}$ŋ$^{213-34}$ 青浦：囡五 nø$^{53-44}$ŋ$^{13-21}$ 松江：囡 nø^{13} 南汇：囡 nø^{13} 金山^{新}：囡 nø^{13} 青浦：囡 nø^{13} 奉贤：女小囡 ȵy$^{22-22}$siɔ$^{44-55}$nø$^{113-21}$ 青浦：囡口[ñ^{31}] 嘉定：丫头儿 uɯ$^{53-55}$dẼ$^{31-21}$ 宝山：丫头 o$^{53-55}$dɒi$^{31-21}$ 崇明：丫头 o$^{53-55}$dɒi$^{31-21}$	女儿
73	姑爷 ku$^{53-55}$ɦia$^{13-21}$	松江^{新}：女婿 ȵy$^{13-53}$ɕy$^{35-35}$ 金山^{新}：女婿 ȵy$^{35-33}$ɕi$^{44-31}$ 浦东：大相 du$^{13-22}$siã$^{53-53}$ 金山：大官 du$^{13-24}$kue$^{53-21}$	女婿，面称
74	毛脚女婿 mɔ$^{13-22}$tɕiaʔ$^{5-5}$ȵy$^{12-33}$ɕi$^{34-21}$[ɕy$^{34-21}$]		未婚的女婿

（续表）

序号	上海市区方言	上海郊区方言	普通话
75	坐家囡 zu$^{13-22}$ka$^{53-55}$nø$^{13-21}$		招赘的女儿
76	逆舍女婿 ȵiɪʔ$^{2-1}$so$^{34-22}$ȵy$^{13-33}$ɕi$^{34-23}$[ɕy$^{34-23}$]/ȵiɪʔ$^{2-2}$so$^{34-55}$ȵy$^{13-33}$ɕi$^{34-21}$[ɕy$^{34-21}$] 招女婿 tsɔ$^{53-55}$ȵy$^{13-33}$ɕi$^{34-21}$[ɕy$^{34-21}$] 倒插门^{新} tɔ$^{34-33}$tsʰa^{2-5-5}mən$^{13-21}$	金山^{新}：领儿子 liæn$^{35-43}$əl$^{31-33}$tsɿ$^{44-21}$ 崇明：女纱女婿 ȵi$^{242-31}$so$^{55-55}$ȵi$^{242-33}$ɕi$^{33-0}$	入赘的女婿
77	亲家 tɕʰiŋ$^{53-55}$ka$^{53-21}$		子女结亲的两家
78	爷娘 ɦia$^{13-22}$ȵiã$^{13-44}$ 父母 vu$^{13-22}$mu$^{53-44}$	松江：爷天娘 ɦia$^{13-22}$tʰi$^{53-55}$ȵiɛ̃$^{31-21}$	父母
79	亲家公 tɕʰiŋ$^{53-55}$ka$^{53-33}$koŋ$^{53-21}$		儿子的丈人或女儿的公公
80	亲家母 tɕʰiŋ$^{53-55}$ka$^{53-33}$mu$^{53-21}$		儿子的岳母或女儿的婆婆
81	寄爹 tɕi$^{34-33}$tia$^{53-44}$ 过房爷 ku$^{34-33}$vã$^{13-55}$ɦia$^{13-21}$	市区^{新}：寄爷 tɕi$^{34-33}$ɦiA$^{13-44}$ 崇明：寄拜爹 tɕi$^{33-42}$pa$^{33-33}$ɦia$^{24-55}$	干爹
82	寄娘 tɕi$^{34-33}$ȵiã$^{13-44}$ 过房娘 ku$^{34-33}$vã$^{13-55}$ȵiã$^{13-21}$	松江：寄妈 tɕi$^{34-33}$ma$^{53-53}$ 浦东：寄妈 tɕi$^{34-33}$ma$^{53-53}$ 南汇：寄妈 tɕi$^{34-33}$ma$^{53-53}$ 青浦：寄妈 tɕi$^{34-33}$ma$^{53-53}$ 崇明：寄拜娘 tɕi$^{34-42}$pa$^{33-33}$ȵiã$^{24-55}$	干妈
83	望亲眷 mã$^{13-22}$tɕʰiŋ$^{53-55}$tɕyø$^{34-21}$ 走亲眷 tsɤ$^{34-33}$tʰɕiŋ$^{53-55}$tɕyø$^{34-21}$	浦东：跑亲眷 bɔ$^{213-22}$tsʰiŋ$^{53-22}$tɕyø$^{35-22}$ 南汇：跑亲眷 bɔ$^{213-22}$tsʰiŋ$^{53-22}$tɕyø$^{35-22}$ 崇明：跑亲眷 bɔ$^{213-22}$tsʰiŋ$^{53-22}$tɕyø$^{35-22}$	走亲戚
84	前遭囡儿^{旧} zi$^{13-22}$tsɔ$^{55-55}$nø$^{13-33}$ɦiŋ$^{13-21}$	金山：花烛囡儿 ho$^{55-44}$tsoʔ$^{5-2}$nø$^{51-25}$ŋ$^{51-55}$	前妻生的女儿
85	叔接嫂 soʔ$^{5-3}$tɕiɪʔ$^{5-5}$sɔ$^{34-21}$		旧时，兄长去世后，弟弟与嫂子成亲叫~
86	人淘 ȵin$^{13-22}$dɔ$^{13-44}$	金山^{新}：人 ȵiæn^{31}	家中的人口

第十章　人品　职业

序号	上海市区方言	上海郊区方言	普通话
1	男人家 nø$^{13-22}$ȵiŋ$^{13-55}$ka$^{53-21}$	市区：男人 nø$^{13-22}$ȵiŋ$^{13-44}$ 川沙：男人 ne$^{213-22}$ȵiŋ$^{213-34}$ 青浦：男人 niɿ$^{31-44}$ȵiəŋ$^{31-53}$ 浦东：男人头 nø$^{213-22}$ȵiŋ$^{213-22}$dɤ$^{213-22}$ 南汇：男人吭家 ne$^{113-22}$ȵiŋ$^{113-33}$ɦm̩$^{13-22}$ka$^{53-53}$	男子
2	男个 nø$^{13-22}$gə$^{2-4}$ 男人 nø$^{13-22}$ȵiŋ$^{13-44}$	松江：男客人 ne$^{31-24}$kʰaʔ$^{5-5}$ȵiŋ$^{31-21}$ 松江：男后 ne$^{31-24}$ɦɯɯ$^{13-21}$ 嘉定：男客家 niɿ$^{31-22}$kʰaʔ$^{5-5}$ka$^{53-21}$ 崇明：男客家 niɿ$^{31-22}$kʰaʔ$^{5-5}$ka$^{53-21}$ 崇明：男客 nie$^{24-24}$kʰaʔ$^{5-5}$	（1）男子 （2）丈夫的俗称
3	女人家 ȵy$^{13-22}$ȵiŋ$^{13-55}$ka$^{53-21}$	市区：女人 ȵy$^{13-22}$ȵiŋ$^{13-44}$ 川沙：女人 ȵy$^{213-22}$ȵiŋ$^{213-34}$ 青浦：女人 ȵy$^{13-35}$ȵiəŋ$^{31-21}$ 嘉定：女客家 ȵi$^{13-22}$kʰaʔ$^{5-5}$ka$^{53-21}$ 嘉定：女金家 ȵi$^{13-22}$tɕiŋ$^{53-55}$ka$^{53-21}$ 崇明：女个 ȵy^{21}·gɤ	女子
4	小小囡 ɕiɔ$^{34-33}$ɕiɔ$^{13-55}$nø$^{13-21}$ 小毛头 ɕiɔ$^{34-33}$mɔ$^{13-55}$dɤ$^{13-21}$ 毛毛头 mɔ$^{13-22}$mɔ$^{13-55}$dɤ$^{13-21}$	南汇：新小囡 siŋ$^{13-55}$ɕiɔ$^{44-55}$nø$^{13-53}$	婴儿
5	小囡 ɕiɔ$^{34-33}$nø$^{13-44}$ 小人 ɕiɔ$^{34-33}$ȵiŋ$^{13-44}$	松江：囡秋头 nø$^{22-22}$tsʰiɯ$^{53-22}$dɯ$^{31-22}$ 松江：小把戏 ɕiɔ$^{34-33}$pa$^{53-55}$ɕi$^{34-21}$ 嘉定：囡势 nɯ$^{31-24}$sʅ$^{34-21}$ 崇明：小官 ɕiɔ$^{424-42}$kue$^{55-55}$	（1）小孩儿 （2）孩儿

(续表)

序号	上海市区方言	上海郊区方言	普通话
6	男小囡 nø$^{13-22}$ɕiɔ$^{34-55}$nø$^{13-21}$ 男囡头 nø$^{13-22}$nø$^{13-55}$dɤ$^{13-21}$ 男小人 nø$^{13-22}$ɕiɔ$^{34-55}$niŋ$^{13-21}$ 男小孩 nø$^{13-22}$ɕiɔ$^{34-55}$ɦE$^{13-21}$	松江：男囡 ne$^{31-22}$nø$^{22-33}$ 嘉定：男囡 nii$^{31-22}$nɯ$^{31-53}$ 奉贤^{新}：小鬼头 ɕiɔ$^{44-35}$tɕy$^{35-55}$dɤ$^{31-21}$ 金山^{新}：小鬼头 ɕiɔ$^{44-34}$tɕy$^{35-55}$dɤ$^{31-31}$ 嘉定：儿子家 ɦə$^{31-24}$tsʅ$^{34-33}$ka$^{53-21}$ 宝山^{新}：小伙子 ɕiɔ$^{35-35}$fu$^{35-55}$tsʅ$^{35-21}$ 崇明：男小官 nie$^{24-34}$ɕiɔ$^{424-33}$kue$^{55-55}$	男孩儿
7	女个 ny$^{13-22}$gəʔ$^{2-4}$ 女人 ny$^{13-22}$niŋ$^{13-44}$	松江：女后 =ny$^{22-22}$ɦɯ$^{13-35}$ 崇明：女客家 ny$^{13-22}$kʰaʔ$^{5-5}$ka$^{53-21}$ 崇明：女客 ɲi$^{242-31}$kʰaʔ$^{5-5}$	（1）女子 （2）妻子的俗称
8	女小囡 ny$^{13-22}$ɕiɔ$^{34-55}$nø$^{13-21}$ 女小人 ny$^{13-22}$ɕiɔ$^{34-55}$niŋ$^{13-21}$ 女小孩 ny$^{13-22}$ɕiɔ$^{34-55}$ɦE$^{13-21}$ 小姑娘 ɕiɔ$^{34-33}$ku$^{53-55}$niã$^{13-21}$	嘉定：女囡 ɲi$^{13-22}$nɯ$^{31-53}$ 嘉定^{旧}：大姐姐 du$^{13-24}$tsia$^{34-33}$tsia$^{34-21}$ 崇明：女小官 ny$^{242-31}$ɕiɔ$^{424-33}$kue$^{55-55}$	女孩儿
9	老头子 lɔ$^{13-22}$dɤ$^{13-55}$tsʅ$^{34-21}$		（1）老头子 （2）老年丈夫 （3）对父亲的不恭敬叫法
10	老头 lɔ$^{13-22}$dɤ$^{13-44}$	川沙：老头子 lɔ$^{213-13}$dɤ$^{213-22}$tsʅ$^{44-21}$ 奉贤^{新}：老头子 lɔ$^{13-42}$dɤ$^{31-22}$tsʅ$^{44-21}$ 金山^{新}：老头子 lɔ$^{13-23}$dɤ$^{31-55}$tsʅ$^{44-31}$ 嘉定：老头子 lɔ$^{13-22}$də$^{31-55}$tsʅ$^{34-21}$ 崇明：老头子 lɔ$^{21-312}$dɤ^{13}tsʅ$^{534-21}$	（1）老头儿，有时带贬义 （2）父亲，背称
11	老老头 lɔ$^{13-22}$ lɔ$^{13-55}$dɤ$^{13-21}$	市区：老公公 lɔ$^{13-22}$koŋ$^{53-55}$koŋ$^{53-21}$ 嘉定：老头子 lɔ$^{13-22}$də$^{31-55}$tsʅ$^{34-21}$	老头儿
12	老头浜 = lɔ$^{13-22}$dɤ$^{13-55}$pã$^{53-21}$	嘉定：老头子 lɔ$^{13-22}$də$^{31-55}$tsʅ$^{34-21}$	老头子,贬义

（续表）

序号	上海市区方言	上海郊区方言	普通话
13	老太 lɔ$^{13-22}$tʰɑ$^{34-44}$	川沙：老太婆 lɔ$^{213-22}$tʰɑ$^{35-55}$bu$^{213-21}$	老太婆
14	老太婆 lɔ$^{13-22}$tʰɑ$^{34-55}$bu$^{13-21}$		（1）老年妇女，常含贬义 （2）老年妻子
15	老婆婆 lɔ$^{13-22}$bu$^{13-55}$bu$^{13-21}$ 老太太 lɔ$^{13-22}$tʰɑ$^{34-55}$tʰɑ$^{34-21}$	奉贤^{新}：婆婆 bu$^{31-23}$bu$^{31-53}$ 金山^{新}：婆婆 bu$^{31-13}$bu$^{31-53}$	对年老妇女的尊称
16	后生家 fɤ$^{13-22}$sã$^{53-55}$ka$^{53-21}$ 小后生 ɕiɔ$^{34-33}$fɤ$^{13-55}$sã$^{53-21}$ 小伙子 ɕiɔ$^{34-33}$hu$^{34-55}$tsʅ$^{34-21}$	闵行：小囡家 ɕiɔ$^{44-33}$nø$^{13-55}$ka$^{53-53}$ 金山^{新}：年青人 ni$^{31-23}$tɕʰiæŋ$^{53-21}$ɲiæŋ$^{31-31}$ 金山^{新}：小伙子 ɕiɔ$^{44-34}$fu$^{44-55}$tsʅ$^{44-31}$	小伙子
17	阿乡^{新} aʔ$^{5-3}$ɕiã$^{53-44}$ 乡巴子^{新} ɕiã$^{53-55}$pa$^{34-33}$tsʅ$^{34-21}$		乡巴佬，轻蔑的意味很浓
18	乡下人 ɕiã$^{53-55}$fio$^{13-33}$ɲiŋ$^{13-21}$		乡下人，在上海含有轻蔑的意味
19	乡下曲辫子 ɕiã$^{53-33}$fio$^{13-33}$tɕʰyiʔ$^{5-3}$[tɕʰyoʔ$^{5-3}$]bi$^{13-33}$tsʅ$^{34-21}$	青浦^{新}：曲辫子 tɕʰioʔ$^{5-5}$biɪ$^{213-21}$tsʅ$^{44-21}$	讥笑乡下人的话，现已罕用
20	阿土孙 aʔ$^{5-3}$tʰu$^{34-55}$sən$^{53-21}$		讥骂乡下人什么都不懂
21	阿木灵 aʔ$^{5-3}$moʔ$^{2-5}$liŋ$^{13-21}$		什么都不懂，见识少的人
22	客边人^{旧} kʰaʔ$^{5-3}$pi$^{53-55}$ɲiŋ$^{13-21}$ 客邦人^{旧} kʰaʔ$^{5-3}$pã$^{53-55}$ɲiŋ$^{13-21}$ 外帮人 ŋa$^{13-22}$pã$^{53-55}$ɲiŋ$^{13-21}$ 外路人 ŋa$^{13-22}$lu$^{13-55}$ɲiŋ$^{13-21}$ 外乡人^{新} ŋa$^{13-22}$ɕiã$^{53-55}$ɲiŋ$^{13-21}$ 外地人^{新} ŋa$^{13-22}$di$^{13-55}$ɲiŋ$^{13-21}$	松江：开头人 kʰe$^{53-35}$dɯ$^{31-55}$ɲiŋ$^{31-21}$ 青浦^{新}：外地人 ŋa$^{213-44}$di$^{213-44}$ɲiəŋ$^{31-21}$ 嘉定：外头人 ŋa$^{13-22}$dɤ$^{31-55}$ɲiŋ$^{31-21}$ 崇明：假象人 ka$^{424-42}$ka$^{55-55}$ɲiŋ$^{24-55}$	外地人
23	江北人 kã$^{53-55}$poʔ$^{5-3}$ɲiŋ$^{13-21}$ 苏北人 su$^{53-55}$poʔ$^{5-3}$ɲiŋ$^{13-21}$	南汇：辣= 块里个 læʔ$^{2-3}$kʰue$^{35-55}$li$^{113-33}$fiəʔ$^{2-5}$	苏北一带或原籍苏北的人，含轻蔑的意味
24	洋人^{旧} fiiã$^{13-22}$ɲiŋ$^{13-44}$ 夷人^{旧} fii$^{13-22}$ɲiŋ$^{13-44}$ 外国人 ŋa$^{13-22}$koʔ$^{5-5}$ɲiŋ$^{13-21}$		外国人

（续表）

序号	上海市区方言	上海郊区方言	普通话
25	东洋人 toŋ$^{53\text{-}55}$ɦiã$^{13\text{-}33}$ɲiŋ$^{13\text{-}21}$ 日本人 zəʔ$^{2\text{-}1}$pəŋ$^{34\text{-}22}$ɲiŋ$^{13\text{-}23}$	浦东：萝卜头（喻称） lo$^{213\text{-}22}$boʔ$^{23\text{-}51}$dɤ$^{213\text{-}21}$	日本人
26	人客 ɲiŋ$^{13\text{-}22}$kʰaʔ$^{5\text{-}4}$ 客人 kʰaʔ$^{5\text{-}3}$ɲiŋ$^{13\text{-}44}$		客人
27	邻舍 liŋ$^{13\text{-}22}$so$^{34\text{-}44}$ 隔壁邻舍 kʰaʔ$^{5\text{-}3}$piʔ$^{5\text{-}5}$liŋ$^{13\text{-}33}$so$^{53\text{-}21}$ 邻舍隔壁 liŋ$^{13\text{-}22}$so$^{53\text{-}55}$kʰaʔ$^{5\text{-}3}$piʔ$^{5\text{-}2}$ 邻居^{新}liŋ$^{13\text{-}22}$tɕy$^{53\text{-}44}$	宝山：乡邻 ɕiã$^{53\text{-}55}$liŋ$^{31\text{-}21}$	邻居
28	生人 sã$^{53\text{-}55}$ɲiŋ$^{13\text{-}21}$ 陌生人 maʔ$^{2\text{-}1}$sã$^{53\text{-}22}$ɲiŋ$^{13\text{-}23}$		陌生人
29	老小姐 lɔ$^{13\text{-}22}$ɕiɔ$^{34\text{-}55}$tɕia$^{34\text{-}21}$ 老姑娘 lɔ$^{13\text{-}22}$ku$^{53\text{-}55}$ɲiã$^{13\text{-}21}$	闵行：宿大姑娘 soʔ$^{5\text{-}5}$du$^{13\text{-}55}$ku$^{53\text{-}55}$ɲiã$^{31\text{-}21}$ 浦东：老大姑娘 lɔ$^{13\text{-}33}$du$^{13\text{-}55}$ku$^{53\text{-}55}$ɲiã$^{213\text{-}21}$ 金山：老大姑娘 lɔ$^{13\text{-}33}$du$^{13\text{-}55}$ku$^{53\text{-}55}$ɲiã$^{213\text{-}21}$	过了婚龄尚未婚的女子
30	阿弟官 aʔ$^{5\text{-}3}$di$^{13\text{-}55}$kuø$^{53\text{-}21}$	南汇：小阿弟 siɔ$^{44\text{-}35}$æʔ$^{5\text{-}4}$di$^{13\text{-}21}$	男孩儿，有时相当于"老弟"
31	水兄 moʔ$^{2\text{-}1}$ɕyoŋ$^{53\text{-}23}$		迟钝的男性
32	洋盘 ɦiã$^{13\text{-}22}$bø$^{13\text{-}44}$		（1）不内行，不识货 （2）不内行的人
33	三脚猫 sE$^{53\text{-}55}$tɕiaʔ$^{5\text{-}3}$mɔ$^{13\text{-}21}$	松江：假老卵 ka$^{44\text{-}33}$lɔ$^{22\text{-}55}$lø$^{22\text{-}21}$	不懂装懂的人
34	老卵 lɔ$^{13\text{-}22}$lø$^{13\text{-}44}$	南汇：老卵博鸟 lɔ$^{113\text{-}22}$lø$^{113\text{-}55}$ʔɕoʔ$^{5\text{-}5}$diɔ$^{44\text{-}21}$	（1）自以为是的人 （2）装腔作势的人 （3）什么都懂的样子
35	忘伯伯 ɦuã$^{13\text{-}22}$paʔ$^{5\text{-}5}$paʔ$^{5\text{-}2}$		容易忘记事情的人
36	小开 ɕiɔ$^{34\text{-}33}$kʰE$^{53\text{-}44}$		老板的儿子
37	中人 tsoŋ$^{53\text{-}55}$ɲiŋ$^{13\text{-}21}$ 中介人^{新}tsoŋ$^{53\text{-}55}$tɕia$^{34\text{-}33}$ɲiŋ$^{13\text{-}21}$	青浦^新：当中人 tã$^{53\text{-}44}$tsoŋ$^{53\text{-}44}$ɲiəŋ$^{31\text{-}21}$ 青浦^新：介绍人 tɕia$^{35\text{-}44}$zɔ$^{213\text{-}21}$ɲiəŋ$^{31\text{-}21}$	为双方介绍买卖并作见证的人
38	当中人 tã$^{53\text{-}55}$tsoŋ$^{53\text{-}33}$ɲiŋ$^{13\text{-}21}$	市区^新：中间人 tsoŋ$^{53\text{-}55}$tɕi$^{53\text{-}33}$ɲiŋ$^{13\text{-}21}$	为双方介绍买卖或调解纠纷并作见证的人

（续表）

序号	上海市区方言	上海郊区方言	普通话
39	保人 pɔ³⁴⁻³³ȵiŋ¹³⁻⁴⁴ 担保人 tE⁵³⁻⁵⁵pɔ³⁴⁻³³ȵiŋ¹³⁻²¹		担保人
40	中保^旧 tsoŋ⁵³⁻⁵⁵pɔ³⁴⁻²¹	金山^新：中介 tsoŋ⁵³⁻²⁴tɕiA⁴⁴⁻⁵³	中介人和保人的合称
41	独脚伙^旧 doʔ²⁻¹tɕia⁵⁻²hu³⁴⁻²³ 光棍 kuɑ̃⁵³⁻⁵⁵kuəŋ³⁴⁻²¹ 单身汉 tE⁵³⁻⁵⁵səŋ³³⁻³³hø³⁴⁻²¹	松江：人棍子 ȵiŋ³¹⁻²⁴kuəŋ⁴⁴⁻³³tsʅ⁴⁴⁻²¹ 松江：身棍子 səŋ⁵³⁻⁵⁵kuəŋ⁴⁴⁻³³tsʅ⁴⁴⁻²¹	单身汉
42	独杆子 doʔ²⁻¹kø⁵³⁻²²tsʅ³⁴⁻²³	松江^新：光棍 kuɑ̃⁵³⁻⁵⁵kun⁵³⁻⁵¹	（1）单独一人 （2）单身汉
43	小爷叔 ɕiɔ³⁴⁻³³ɦia³⁴⁻⁵⁵soʔ⁵⁻²		称给自己带来麻烦的青少年
44	小敲卵 ɕiɔ³⁴⁻³³tʰɤ³⁴⁻⁵⁵lø¹³⁻²¹	闵行：小阿胡卵 ɕiɔ⁴⁴⁻³³aʔ²⁻⁵βu³¹⁻³³lø¹³⁻²¹	爱出风头、不稳重的青少年
45	小刁码子 ɕiɔ³⁴⁻³³tiɔ⁵³⁻⁵⁵mɔ¹³⁻³³tsʅ³⁴⁻²¹		刁钻，工于心计者
46	孤孀^旧 ku⁵³⁻⁵⁵sɑ̃⁵³⁻²¹ 寡妇 kɔ³⁴⁻³³vu¹³⁻⁴⁴	松江：孤孀娘子 ku⁵³⁻³⁵sɑ̃⁵³⁻⁵⁵ȵiɛ̃³¹⁻³³tsʅ⁴⁴⁻²¹ 崇明：单边人 tø⁵⁵⁻⁵⁵pie⁵⁵⁻⁵⁵ȵiŋ²⁴⁻⁵⁵	寡妇
47	瘪三 piɪʔ⁵⁻³sE⁵³⁻⁴⁴	市区：叫花子 kɔ³⁵⁻³³hɔ³⁵⁻⁵⁵tsʅ³⁵⁻²¹ 川沙：叫花子 tɕiɔ⁴⁴⁻³⁵ho⁴⁴⁻³³tsʅ⁴⁴⁻²¹ 青浦：叫花子 kɔ³⁵⁻³³hɔ³⁵⁻⁵⁵tsʅ⁴⁴⁻²¹ 崇明：讨饭 tʰɔ⁵³⁴væ³¹²⁻²¹	（1）以乞讨或偷窃等为生的人 （2）詈言 （3）昵称
48	小瘪三 ɕiɔ³⁴⁻³³piɪʔ⁵⁻⁵sE⁵³⁻²¹		（1）年幼的乞丐 （2）詈言 （3）昵称
49	贼骨头 zəʔ²⁻¹kuə⁵⁻²dɤ¹³⁻²³ 贼 zəʔ² 小偷 ɕiɔ³⁴⁻³³tʰɤ⁵³⁻⁴⁴	松江^新：贼偷 zʌʔ²⁻³tʰɤɯ⁵³⁻⁵³	小偷
50	三只手 sE⁵³⁻⁵⁵tsaʔ⁵⁻³sɤ³⁴⁻²¹ □手 tsʰoŋ³⁴⁻³³sɤ³⁴⁻⁴⁴ 扒儿手 bo¹³⁻²²ɦəl³⁻³³sɤ³⁴⁻²¹ 扒手 bo¹³⁻²²sɤ³⁴⁻⁴⁴	闵行：戳手 tsʰɔʔ⁵⁻⁴sɤ⁴⁴⁻⁴⁴ 松江：戳手 tsʰɔʔ⁵⁻⁴sɤ⁴⁴⁻⁴⁴ 南汇：戳手 tsʰɔʔ⁵⁻⁴sɤ⁴⁴⁻⁴⁴ 奉贤：戳手 tsʰɔʔ⁵⁻⁴sɤ⁴⁴⁻⁴⁴ 金山^新：小偷 ɕiɔ⁴⁴⁻²⁴tʰɤ⁵³⁻⁵³	扒手
51	猪头三 tsʅ⁵³⁻⁵⁵dɤ¹³⁻³³sE⁵³⁻²¹	浦东：众牲 tsoŋ⁵³⁻⁵⁵sɑ̃⁵³⁻⁵³	畜生，詈言

（续表）

序号	上海市区方言	上海郊区方言	普通话
52	坏种 ɦuA$^{13-22}$tsoŋ$^{34-44}$ 坏坯子 ɦuA$^{13-22}$p^{h}E$^{53-55}$tsʅ$^{53-55}$ 坏料 ɦuA$^{13-22}$liɔ$^{13-44}$	市区^{新}：坏坯 ɦuA$^{13-22}$ p^{h}E$^{53-44}$ 闵行：贼料 zəʔ$^{2-2}$liɔ$^{13-23}$ 松江^{新}：贼料 zʌʔ$^{3-3}$liɔ$^{13-35}$ 闵行：坏料作 ɦuA$^{13-22}$liɔ$^{13-22}$tsɔʔ$^{5-5}$ 松江：贼皮佛 zʌʔ$^{2-2}$biʔ$^{31-55}$βəʔ$^{2-2}$ 浦东：怴料作 tɕ^{h}iɤʔ$^{53-55}$liɔ$^{13-55}$tsɔʔ$^{5-5}$ 南汇：怴料作 tɕ^{h}iɤʔ$^{53-55}$liɔ$^{13-55}$tsɔʔ$^{5-5}$ 奉贤：怴料作 tɕ^{h}iɤʔ$^{53-55}$liɔ$^{13-55}$tsɔʔ$^{5-5}$ 金山^{新}：坏种粮 vA$^{35-43}$tsoŋ$^{44-33}$liẽ$^{31-21}$	品质恶劣的人
53	猢狲精 ɦuəʔ$^{2-1}$sən$^{53-22}$tɕiŋ$^{53-23}$	青浦^{新}：猢猴 ɦuəʔ$^{2-2}$ɦɯ$^{31-53}$	指极为好动的人
54	馋痨虫 zE$^{13-22}$lɔ$^{13-55}$zoŋ$^{13-21}$ 馋痨胚 zE$^{13-22}$lɔ$^{13-55}$p^{h}E$^{53-21}$ 馋胚 zE$^{13-22}$p^{h}E$^{53-44}$	闵行：贪嘴 t^{h}E$^{53-55}$tsʅ$^{44-53}$ 松江：食痨 zʌʔ$^{2-2}$lɔ$^{31-53}$ 崇明：馋精 dzæ$^{24-24}$tɕiŋ$^{55-55}$	嘴馋贪吃的人
55	拆家败 tsh^{h}aʔ$^{5-3}$kaʔ$^{53-55}$ba$^{13-21}$	市区^{新}：败家子 bʌ$^{13-22}$kʌ$^{53-55}$tsʅ$^{34-21}$ 金山^{新}：败家子 bʌ$^{13-23}$kʌ$^{53-55}$tsʅ$^{44-31}$ 闵行：败家货 ba$^{13-22}$ka$^{53-22}$ɸu$^{34-34}$ 松江：败家精 ba$^{13-22}$ka$^{53-55}$tsiŋ$^{53-21}$ 浦东：败家精 ba$^{13-22}$ka$^{53-55}$tsiŋ$^{53-21}$ 南汇：败家精 ba$^{13-22}$ka$^{53-55}$tsiŋ$^{53-21}$ 奉贤：败家精 ba$^{13-22}$ka$^{53-55}$tsiŋ$^{53-21}$ 青浦：败家精 ba$^{13-22}$ka$^{53-55}$tsɪŋ$^{53-21}$ 松江：了荡坏 liɔ$^{22-22}$dɑ̃$^{22-55}$p^{h}e$^{53-21}$ 浦东：败浮尸 ba$^{13-22}$βɤ$^{213-55}$sʅ$^{53-53}$ 崇明：败家星 ba$^{313-31}$ka$^{55-33}$ɕiŋ$^{55-55}$	（1）败家子 （2）挥霍家产
56	百有份 paʔ$^{5-3}$ɦiɤ$^{13-55}$ vəŋ$^{13-21}$	市区^{新}：百搭 pɐʔ$^{5-3}$tɐʔ$^{5-4}$ 宝山：百搭 paʔ$^{5-5}$taʔ$^{5-2}$	什么事都喜欢插上一脚的人

（续表）

序号	上海市区方言	上海郊区方言	普通话
57	脱底棺材 tʰə$ʔ^{5-3}$ti$^{34-55}$kuø$^{53-33}$zE$^{13-21}$		任意挥霍，不知积蓄的人
58	孛相人 biɪ$ʔ^{2-1}$[bə$ʔ^{2-1}$]ɕia$^{34-22}$n̩iŋ$^{13-23}$		旧上海以行骗、勒索为谋生手段的人
59	书踱头 sŋ$^{53-55}$do$ʔ^{2-3}$dɤ$^{13-21}$	金山^{新}：书呆子 ɕy$^{53-34}$tẽ$^{53-55}$tsŋ$^{44-31}$ 青浦^{新}：书踱＝头 sy$^{53-44}$do$ʔ^{2-4}$dɯ$^{31-21}$	书呆子
60	台基 dE$^{13-22}$tɕi$^{53-44}$		为男女私通者提供房屋而收取租金的人
61	荐头 tɕi$^{34-33}$dɤ$^{13-44}$ 荐头人 tɕi$^{34-33}$dɤ$^{13-55}$n̩iŋ$^{13-21}$		以介绍佣工为业的人
62	自家人 zŋ$^{13-22}$ka$^{53-55}$n̩iŋ$^{13-21}$		自己人，多指同族的人
63	当值 dã$^{53-55}$zə$ʔ^{2-2}$	浦东：娘姨 ɲiã$^{213-22}$ɦi$^{213-22}$	旧时专门服侍产妇，洗尿布等的女佣
64	潮头囡 zɔ$^{13-22}$dɤ$^{13-55}$nø$^{13-21}$	松江：毛头囡 mɔ$^{31-22}$dɯ$^{31-22}$nø$^{22-22}$ 崇明：长囡 tsã$^{424-42}$nø$^{55-55}$	刚开始发育的孩子
65	烂大块头 lE$^{13-22}$du$^{13-55}$kʰuE$^{34-33}$dɤ$^{13-21}$ 大块头 du$^{13-22}$kʰuE$^{34-55}$dɤ$^{13-21}$	金山^{新}：胖子 pʰã$^{13-13}$tsŋ$^{44-31}$ 嘉定：阿胖 a$ʔ^{5-4}$pʰã$^{34-44}$	胖子
66	长腿鹭鸶 zã$^{13-22}$tɕiaʔ$^{5-5}$lu$^{13-33}$sŋ$^{53-21}$ 鹭鸶 lu$^{13-22}$sŋ$^{53-44}$	浦东：长脚芦管 zã$^{213-22}$tɕiaʔ$^{5-5}$lu$^{213-33}$kue$^{44-33}$ 南汇：洋细棒 ɦiã$^{113-22}$si$^{35-33}$bã$^{13-33}$ 金山^{新}：狭长条子 ɦæʔ$^{2-2}$zẽ$^{31-55}$diɔ$^{31-33}$tsŋ$^{44-31}$ 青浦^{新}：竹竿 tsoʔ$^{5-4}$kø$^{53-53}$	腿长而体瘦的人
67	柴米夫妻 za$^{13-22}$mi$^{13-55}$fu$^{53-33}$tɕʰi$^{53-21}$		旧时指穷苦人家的夫妻
68	狭长条子 ɦiaʔ$^{2-1}$zã$^{13-22}$ciɔ$^{13-22}$tsŋ$^{34-23}$/ɦia$^{2-2}$zã$^{13-55}$diɔ$^{13-33}$tsŋ$^{34-21}$ 狭窄条 ɦiaʔ$^{2-1}$tsʰə$^{34-22}$diɔ$^{13-23}$ 长条子 zã$^{13-22}$diɔ$^{13-55}$tsŋ$^{34-21}$ 瘦长条子 sɤ$^{34-33}$zã$^{13-55}$diɔ$^{13-33}$tsŋ$^{34-21}$	嘉定：清竿子 tsʰiŋ$^{53-55}$kɯ$^{53-33}$tsŋ$^{34-21}$	身材瘦长的人

（续表）

序号	上海市区方言	上海郊区方言	普通话
69	吊长丝瓜 diɔ$^{34-33}$zã$^{13-55}$sɿ$^{53-33}$ko$^{53-21}$	浦东：掼瘪喇叭 gue$^{13-22}$biɿʔ$^{5-5}$la$^{213-33}$ʔba$^{53-53}$	喻指又高又瘦的人，贬义
70	过路郎中 ku$^{34-33}$lu$^{13-55}$lã$^{13-33}$tsoŋ$^{53-21}$ 流医 liɣ$^{13-22}$i$^{54-33}$	闵行：试药郎中 sɿ$^{34-33}$ɦiaʔ$^{2-5}$lã$^{31-33}$tsoŋ$^{53-21}$ 松江：试药郎中 sɿ$^{34-33}$ɦiaʔ$^{2-5}$lã$^{31-33}$tsoŋ$^{53-21}$ 奉贤：试药郎中 sɿ$^{34-33}$ɦiaʔ$^{2-5}$lã$^{31-33}$tsoŋ$^{53-21}$ 松江：走访郎中 tsɒi$^{35-33}$fã$^{53-55}$lã$^{31-33}$tsoŋ$^{53-21}$ 宝山：走访郎中 tsɒi$^{35-33}$fã$^{53-55}$lã$^{31-33}$tsoŋ$^{53-21}$ 崇明：走访郎中 tsɒi$^{35-33}$fã$^{53-55}$lã$^{31-33}$tsoŋ$^{53-21}$ 浦东：江湖郎中 kã$^{53-55}$βu$^{213-53}$lã$^{213-55}$tsoŋ$^{53-21}$ 南汇：江湖郎中 kã$^{53-55}$βu$^{213-53}$lã$^{213-55}$tsoŋ$^{53-21}$	走街串巷的人
71	戆大 gã$^{13-22}$du$^{13-44}$	南汇：踱头 dɔʔ$^{2-2}$dɤ$^{113-113}$ 崇明：呆郎子 te$^{55-55}$lã$^{24-55}$tsɿ$^{424-0}$ 崇明：乌子 u$^{55-55}$tsɿ$^{44-0}$	（1）白痴 （2）傻瓜，詈言，昵称
72	阿戆 aʔ$^{5-3}$gã$^{13-44}$	金山^{新}：戆大 gã$^{13-13}$du$^{35-31}$	呆子，傻瓜
73	寿＝头码子 zɤ$^{13-22}$dɤ$^{13-55}$mo$^{10-33}$tsɿ$^{34-21}$ 寿＝头 zɤ$^{13-22}$dɤ$^{13-44}$	嘉定：寿＝棺材 zə$^{13-22}$kuɪ$^{53-55}$zE$^{31-21}$ 浦东：阿胡 aʔ$^{5-3}$βu$^{213-53}$ 南汇：阿胡 aʔ$^{5-3}$βu$^{213-53}$ 南汇：阿胡卵 aʔ$^{5-5}$βu$^{113-55}$lø$^{113-21}$ 青浦^{新}：寿＝zu^{213}	傻瓜，含有迟钝、不精明的意思
74	生活 sã$^{53-55}$ɦuəʔ$^{2-2}$	崇明：营生（义项（1）） ɦyoŋ$^{24-24}$sã$^{55-55}$	（1）活儿 （2）责罚，吃~
75	重头生活 zoŋ$^{13-22}$dɤ$^{13-55}$sã$^{53-33}$ɦuəʔ$^{2-2}$	松江^{新}：重生活 zoŋ$^{13-33}$sẽ$^{53-55}$vʌʔ$^{3-3}$ 奉贤：重生活 zoŋ$^{113-22}$sẽ$^{53-55}$ɦueʔ$^{2-2}$ 嘉定：重生活 zoŋ$^{13-22}$sã$^{53-55}$ɦuəʔ$^{2-2}$	重活
76	真生活 tsən$^{53-55}$sã$^{53-33}$ɦuəʔ$^{2-2}$		艰苦的工作，繁重的劳动

（续表）

序号	上海市区方言	上海郊区方言	普通话
77	事体 zŋ$^{13-22}$tʰi$^{34-44}$		事情
78	监工 kE$^{53-55}$koŋ$^{53-21}$ 拿摩温 na$^{13-22}$mo$^{13-55}$uəŋ$^{53-21}$ 工头 koŋ$^{53-55}$dɤ$^{13-21}$	浦东：小包作头 sio$^{44-33}$ʔbɔ$^{53-55}$tsbɔʔ$^{5-5}$dɤ$^{213-21}$ 南汇：小包作头 sio$^{44-33}$ʔbɔ$^{53-55}$tsbɔʔ$^{5-5}$dɤ$^{213-21}$ 嘉定：作头 tsoʔ$^{5-4}$də$^{31-53}$	工头
79	种田个 tsoŋ$^{34-33}$di$^{13-55}$gə$^{2-2}$ 农民^{新} noŋ$^{13-22}$miŋ$^{13-44}$	松江：种田人 tsoŋ$^{34-33}$diɿ$^{31-55}$ɲiŋ$^{31-55}$ 浦东：种田人 tsoŋ$^{34-33}$diɿ$^{31-55}$ɲiŋ$^{31-55}$ 南汇：种田人 tsoŋ$^{34-33}$diɿ$^{31-55}$ɲiŋ$^{31-55}$ 青浦：种田人 tsoŋ$^{34-33}$diɿ$^{31-55}$ɲiŋ$^{31-55}$ 嘉定：种田人 tsoŋ$^{34-33}$diɿ$^{31-55}$ɲiŋ$^{31-21}$ 崇明：种田人 tsoŋ$^{34-33}$diɿ$^{31-55}$ɲiŋ$^{31-55}$ 松江：赤脚人 tsʰã$^{5-3}$ciãʔ$^{5-3}$ɲiŋ$^{31-53}$	农民
80	家主^{旧} tɕia$^{53-55}$ tsŋ$^{34-21}$ 主人家 tsŋ$^{34-33}$ ɲiŋ$^{13-55}$ka$^{53-21}$ 主人 tsŋ$^{34-33}$ ɲiŋ$^{13-44}$	青浦^{新}：东家 toŋ$^{53-44}$ka$^{53-42}$	（1）相对"客人"而言 （2）相对"佣工"而言 （3）相对"仆人"而言 （4）物主
81	主东家^{旧} tsŋ$^{34-33}$ doŋ$^{53-55}$ka$^{53-21}$ 东家 doŋ$^{53-55}$ka$^{53-21}$ 老板 lɔ$^{13-22}$pE$^{34-44}$		雇人工作的一方
82	买客 ma$^{13-22}$kʰaʔ$^{5-4}$ 顾客 ku$^{34-33}$kʰaʔ$^{5-4}$	松江：主客 tsy$^{44-35}$ kʰaʔ$^{5-2}$ 崇明：户头 ɦu$^{313-31}$də$^{24-55}$	顾客
83	摆摊头 pa$^{34-33}$tʰE$^{53-55}$ dɤ$^{13-21}$		摆摊儿
84	学生子 ɦoʔ$^{2-1}$sã$^{53-22}$ tsŋ$^{34-23}$ 学生 ɦoʔ$^{2-1}$sã$^{53-23}$	浦东：读书囡 doʔ$^{2-2}$sy$^{53-22}$nø$^{53-34}$ 南汇：读书囡 doʔ$^{2-2}$sy$^{53-22}$nø$^{53-34}$	学生
85	淘＝伴 dɔ$^{13-22}$bø$^{13-44}$	金山^{新}：几个人 tɕi$^{44-34}$ kɤ$^{13-55}$ ɲiæŋ$^{31-31}$	伙伴、同伴
86	看护^{旧} kʰø$^{34-33}$ɦu$^{13-44}$ 护士 ɦu$^{13-22}$ zŋ$^{13-44}$		护士

（续表）

序号	上海市区方言	上海郊区方言	普通话
87	开车子个 $k^h E^{53-55} ts^h o^{53-55} ts \gamma^{34-33} g \vartheta \Omega^{2-2}$ 驾驶员 $t \varepsilon i a^{34-33} s \gamma^{34-55} \text{fi} y \varnothing^{13-21}$ 司机 $s \gamma^{53-55} t \varepsilon i^{53-21}$	浦东：车夫[旧] $ts^h o^{53-55} \phi u^{53-53}$	司机
88	汽车夫[旧] $t \varepsilon i^{34-33} ts^h o^{53-55} f u^{53-21}$	金山[新]：开车子个 $k^h \varepsilon^{53-33} ts^h o^{53-55} ts \gamma^{44-21} k \gamma^{13}$ 金山[新]：司机 $s \gamma^{53-24} t \varepsilon i^{53-53}$ 金山[新]：驾驶员 $k A^{35-43} s \gamma^{44-33} \text{fi} \varnothing^{31-21}$ 青浦[新]：驾驶员 $t \varepsilon i a^{53-44} s \gamma^{44-44} \text{fi} y \varnothing^{31-21}$	汽车驾驶员
89	邮差[旧] $\text{fi} \gamma^{13-22} ts^h a^{53-44}$ 邮递员 $\text{fi} \gamma^{13-22} d i^{13-55} \text{fi} y \varnothing^{13-21}$ 送信个 $son^{34-33} \varepsilon i n^{34-55} g \vartheta \Omega^{2-2}$		邮递员
90	清洁工 $t \varepsilon^h i \eta^{53-55} t \varepsilon^h i \Omega^{5-3} kon^{53-55}$	浦东：扫街路个 $s \mathfrak{d}^{44-33} k a^{53-55} l u^{13-21} \text{fi} \vartheta \Omega^2$ 南汇：扫街路个 $s \mathfrak{d}^{44-33} k a^{53-55} l u^{13-21} \text{fi} \vartheta \Omega^2$ 金山[新]：扫地皮 $s \mathfrak{d}^{44-34} d i^{35-55} b i^{31-31}$	清洁工人
91	清道夫[旧] $t \varepsilon^h i \eta^{53-55} d \mathfrak{d}^{13-33} f u^{53-21}$		旧称打扫街道的工人
92	扫垃圾 $s \mathfrak{d}^{34-33} l a^{13-55} \varepsilon i^{34-21}$	金山[新]：扫地皮 $s \mathfrak{d}^{44-34} d i^{35-55} b i^{31-31}$	（1）打扫垃圾 （2）打扫街道的工人
93	水作 $s \gamma^{34-33} tso \Omega^{5-4}$ 泥水匠 $\mathfrak{n} i^{13-22} s \gamma^{34-55} z i a^{13-21}$		泥水匠
94	裁缝师傅 $\text{zE}^{13-22} von^{13-55} s \gamma^{53-33} \text{fi} u^{13-21}$ 裁缝 $\text{zE}^{13-22} von^{13-44}$	松江：戳短枪（谑） $ts^h o \Omega^{5-5} t \varnothing^{35-55} ts^h i \tilde{a}^{53-53}$ 宝山：戳短枪（谑） $ts^h o \Omega^{5-5} t \varnothing^{35-55} ts^h i \tilde{a}^{53-53}$ 青浦[新]：做衣裳个 $tsu^{35-35} \varnothing^{53-55} z \tilde{a}^{31-33} k u l^{35-21}$	裁缝
95	扫青码子[旧] $s \mathfrak{d}^{34-33} t \varepsilon^h i \eta^{53-55} mo^{13-33} ts \gamma^{34-21}$ 剃头师傅 $t^h i^{34-33} d \gamma^{13-55} s \gamma^{53-33} v u^{13-21}$	市区[新]：剃头丁 $t^h i^{34-33} d \gamma^{13-55} tin^{53-21}$ 闵行：斫黑柴个 $tso \Omega^{5-4} h \vartheta \Omega^{5-4} za^{31-44} \text{fi} \vartheta \Omega^{2-0}$ 浦东：轧头师傅 $ga \Omega^{2-2} d \gamma^{213-34} s \gamma^{53-22} \beta u^{13-44}$ 南汇：轧头师傅 $ga \Omega^{2-2} d \gamma^{213-34} s \gamma^{53-22} \beta u^{13-44}$ 嘉定：轧头师傅 $ga \Omega^{2-1} d \vartheta^{31-11} s \gamma^{53-11} v u^{13-24}$ 崇明：轧头师傅 $ga \Omega^{2-2} d \gamma^{213-34} s \gamma^{53-22} \beta u^{13-44}$ 青浦[新]：发型师 $f \mathfrak{æ} \Omega^{5-5} \text{fi} i \vartheta n^{31-55} s \gamma^{53-21}$	理发师

（续表）

序号	上海市区方言	上海郊区方言	普通话
96	烧饭师父 sɔ$^{53-55}$vE$^{13-33}$sʅ$^{53-33}$vu$^{13-21}$ 饭师父 vE$^{13-22}$sʅ$^{53-55}$vu$^{13-21}$ 厨师 zʅ$^{13-22}$sʅ$^{53-44}$	川沙：烧饭司务 sɔ$^{53-55}$vE$^{213-33}$sʅ$^{53-33}$ɦu$^{213-21}$ 闵行：饭头师父 βE$^{13-22}$dɤ$^{31-22}$sʅ$^{53-22}$βu$^{13-34}$ 松江：饭头师父 βe$^{13-22}$dɤ$^{31-22}$sʅ$^{53-22}$βu$^{13-34}$ 松江：厨师公 zy$^{31-24}$sʅ$^{53-55}$koŋ$^{53-53}$ 奉贤：厨师公 zy$^{31-24}$sʅ$^{53-55}$koŋ$^{53-53}$ 崇明：厨师父 dzʅ$^{24-34}$sʅ$^{55-55}$ɦu$^{313-0}$	厨师
97	马大嫂 ma$^{13-22}$da$^{13-55}$sɔ$^{53-21}$		从事家务活的人，译音"买汰烧"。
98	帮人家 pã$^{53-55}$n̠iŋ$^{13-33}$ka$^{53-21}$ 帮人 pã$^{53-55}$n̠iŋ$^{13-21}$ 相帮 ɕiã$^{53-55}$pã$^{53-21}$ 底下人 ti$^{34-33}$ɦo$^{13-55}$n̠iŋ$^{13-21}$ 佣人 ɦyoŋ$^{13-22}$n̠iŋ$^{13-44}$ 仆人 pʰoʔ$^{5-3}$n̠iŋ$^{13-44}$		仆人
99	帮佣 pã$^{53-55}$ɦyoŋ$^{13-21}$		佣人
100	女相帮 n̠y$^{13-22}$ɕiã$^{53-55}$pã$^{53-21}$ 女佣人 n̠y$^{13-22}$ɦyoŋ$^{13-55}$n̠iŋ$^{13-21}$	市区^{新}：阿姨 A$^{53-55}$ɦi$^{13-21}$ 浦东：大姐 du$^{13-13}$tsia$^{44-21}$	女仆
101	劳动大姊 lɔ$^{13-22}$doŋ$^{13-55}$da$^{13-55}$tɕi$^{34-21}$ 保姆^{新} pɔ$^{34-33}$mu$^{53-44}$	市区^{新}：阿姨 A$^{53-55}$ɦi$^{13-21}$ 金山^{新}：阿姨 A$^{44-24}$ɦi$^{31-53}$	女佣
102	娘姨 n̠iã$^{13-22}$ɦi$^{13-44}$		（1）女佣 （2）旧指母亲的姐姐

第十一章 身 体

序号	上海市区方言	上海郊区方言	普通话
1	身子 səŋ⁵³⁻⁵⁵ sɿ³⁴⁻²¹ 身体 səŋ⁵³⁻⁵⁵ tʰi³⁴⁻²¹		身体
2	块头 kʰuE³⁴⁻³³ dɤ¹³⁻⁴⁴ 身材 səŋ⁵³⁻⁵⁵ zE¹³⁻²¹	嘉定：胎本 tʰE⁵³⁻⁵⁵ pẼ³⁴⁻²¹ 崇明：堆足 tei⁵⁵⁻⁵⁵ tsoʔ⁵⁻⁵	身材、个子
3	码子 mo¹³⁻²² tsɿ³⁴⁻⁴⁴		（1）身材 （2）对手 （3）指人（寿头~）
4	身胚 səŋ⁵³⁻⁵⁵ pʰE⁵³⁻²¹	金山新：身形 ɕiæŋ⁵³⁻²⁴ ɦiæŋ³¹⁻⁵³ 青浦新：样子 øiɛ̃³⁵⁻⁴⁴ tsɿ⁴⁴⁻³¹	（1）体形 （2）体格
5	卖相 ma¹³⁻²² ɕiã³⁴⁻⁴⁴	金山新：样子 ɦiɛ̃³⁵⁻³³ tsɿ⁴⁴⁻³¹	（1）人或事物的外表 （2）做事情的样子
6	吃相 tɕʰiʔ⁵⁻³ ɕiã³⁴⁻⁴⁴	嘉定：势备 sɿ³⁴⁻⁴⁴ bə¹³⁻⁴⁴ 嘉定：势为 sɿ³⁴⁻⁴⁴ ɦuɪ¹³⁻⁴⁴	（1）吃东西的样子 （2）做事情的样子
7	谢顶 zia¹³⁻²² tiŋ³⁴⁻⁴⁴ 秃顶 tʰoʔ⁵⁻³ tiŋ³⁴⁻⁴⁴	闵行：癞壳落 laʔ²²⁻¹ kʰoʔ⁵⁻² loʔ²⁻³ 浦东：稀毛 ɕi⁵⁵⁻⁵⁵ mɔ²¹³⁻⁵³ 南汇：稀毛 ɕi⁵⁵⁻⁵⁵ mɔ²¹³⁻⁵³ 奉贤：汽油灯 chi³³⁵⁻⁵³ ɦiɯ³¹⁻³³ ʔdəŋ⁵³⁻²¹	秃顶
8	头顶心 dɤ¹³⁻²² tiŋ³⁴⁻⁵⁵ ɕiŋ⁵³⁻²¹ 头顶 dɤ¹³⁻²² tiŋ³⁴⁻⁴⁴	浦东：当头顶 ʔdɑ̃⁵³⁻⁵⁵ dɤ²¹³⁻⁵⁵ diŋ⁴⁴⁻⁵³ 南汇：当头顶 ʔdɑ̃⁵³⁻⁵⁵ dɤ²¹³⁻⁵⁵ diŋ⁴⁴⁻⁵³	头顶
9	额角头 ŋaʔ²⁻¹ koʔ⁵⁻² dɤ¹³⁻²³		（1）前额 （2）运气（碰~）
10	后头枕 ɦɤ¹³⁻²² dɤ¹³⁻⁵⁵ tsəŋ³⁴⁻²¹ 后脑勺子 ɦɤ¹³⁻²² nɔ¹³⁻⁵⁵ zoʔ²⁻³ tsɿ³⁴⁻²¹	市区新：后脑勺 ɦɤ¹³⁻²² nɔ¹³⁻⁵⁵ zoʔ²⁻² 金山新：后脑勺 ɦɤ³⁵⁻³⁴ nɔ³⁵⁻⁵⁵ zoʔ²⁻² 青浦新：后脑勺 ɦuɯ²¹³⁻²² nɔ¹³⁻⁵⁵ zoʔ²⁻² 浦东：后额角 ɦɤ¹³⁻²² ŋaʔ²⁻⁵ koʔ⁵⁻⁵ 嘉定：后脑驳 ɦɤ¹³⁻²² nɔ¹³⁻⁵⁵ poʔ⁵⁻² 崇明：后枕 ɦθ²⁴²⁻³¹ tsəŋ⁴²⁴⁻³³	后脑勺

（续表）

序号	上海市区方言	上海郊区方言	普通话
11	前额角 zi$^{13-22}$ŋaʔ$^{2-5}$kɔ$^{5-21}$ 前额 zi$^{13-22}$ŋaʔ$^{2-4}$	市区^{新}：额骨头 ŋaʔ$^{13-22}$kuəʔ$^{5-5}$dɤ$^{13-21}$ 市区^{新}：额角头 ŋaʔ$^{13-11}$kɔʔ$^{5-2}$dɤ$^{13-23}$ 川沙：额角头 ŋaʔ$^{2-2}$kɔʔ$^{5-2}$dɤ$^{213-34}$ 金山^{新}：额角头 ŋʌʔ$^{2-3}$kɔʔ$^{5-3}$dɤ$^{31-21}$ 青浦：额角头 ŋɐʔ$^{2-2}$kɔʔ$^{5-2}$dɯ$^{31-23}$ 嘉定：额角头 ŋaʔ$^{2-21}$kɔʔ$^{5-1}$tə$^{31-24}$ 崇明：额角头 ŋa^{13}kuə^{5}dɤ$^{13-21}$	前额
12	头脑子 dɤ$^{13-22}$nɔ$^{13-55}$tsʅ$^{34-21}$ 脑子 nɔ$^{13-22}$tsʅ$^{34-44}$	松江：骷郎头 kʰɔ$^{53-55}$lã$^{31-33}$dø$^{31-21}$ 浦东：骷郎头 kʰu$^{53-55}$lã$^{31-33}$dø$^{31-21}$ 南汇：骷郎头 kʰu$^{53-55}$lã$^{31-33}$dø$^{31-21}$ 嘉定：骷郎头 kʰu$^{53-55}$lã$^{31-33}$dø$^{31-21}$ 青浦：头骷颅 dɯ$^{31-13}$kʰu$^{53-44}$lu$^{31-21}$ 嘉定：头子 də$^{31-24}$tsʅ$^{34-21}$	（1）脑袋 （2）脑筋
13	面相 mi$^{13-22}$ɕiã$^{34-44}$	市区：面孔 mi$^{13-22}$kʰoŋ$^{35-44}$ 川沙：面孔 mi$^{44-35}$kʰoŋ$^{44-21}$ 金山^{新}：面孔 mi$^{35-44}$ kʰoŋ$^{44-31}$ 青浦：面孔 miɪ$^{13-23}$kʰoŋ$^{44-44}$ 崇明：面孔 mie$^{312-312}$kʰoŋ$^{55-21}$	脸的长相
14	鞔肉 pʰoʔ$^{5-3}$ȵyoʔ$^{2-4}$	松江^{新}：老泡肉 lɔ$^{13-42}$pɔ$^{35-55}$ȵioʔ$^{3-3}$ 金山^{新}：膘肉 piɔ$^{53-33}$ȵyoʔ$^{2-2}$ 青浦^{新}：扑＝肉 pʰoʔ$^{2-54}$ȵioʔ$^{2-3}$	松弛的肥肉
15	阴阳面 iŋ$^{53-55}$ɦiã$^{13-33}$mi$^{13-21}$	浦东：时＝面 zʅ$^{213-22}$mi$^{13-22}$	（1）一边脸上有胎记的脸 （2）物体的两面

（续表）

序号	上海市区方言	上海郊区方言	普通话
16	酒魘 tɕiɤ$^{34-33}$iɪʔ$^{5-4}$ 笑魘 ɕiɔ$^{34-33}$iɪʔ$^{5-4}$ 酒窝^{新} tɕiɤ$^{34-33}$u$^{53-44}$	闵行：酒魘谭 tɕiɤ$^{44-33}$iɪʔ$^{5-5}$dɛ$^{31-53}$ 浦东：酒魘谭 tɕiɤ$^{44-33}$iɪʔ$^{5-5}$dɛ$^{31-53}$ 南汇：酒魘谭 tɕiɤ$^{44-33}$iɪʔ$^{5-5}$dɛ$^{31-53}$ 青浦^{新}：酒魘谭 tɕiu$^{44-33}$niẽ$^{31-44}$dE$^{53-53}$ 嘉定：酒魘谭 tsy$^{34-33}$iɪ$^{34-55}$diɤ$^{31-21}$ 松江：笑形眼 ɕiɔ$^{35-55}$ɦiŋ$^{31-33}$ŋɛ$^{22-21}$ 奉贤：酒谭 tsiu$^{44-35}$dɛ$^{31-21}$ 崇明：酒田 tɕiɵ$^{424-42}$diɛ$^{24-55}$	酒窝
17	眼谭 ŋɛ$^{13-22}$dɛ$^{13-44}$ 眼圈 ŋɛ$^{13-22}$tɕʰyø$^{53-44}$ 眼眶 ŋɛ$^{13-22}$kʰuã$^{53-44}$	松江：眼眶骨 ŋɛ$^{22-22}$chiã$^{53-55}$kuə$^{5-2}$	眼眶
18	肉里眼 ȵyoʔ$^{2-1}$li$^{13-22}$ŋɛ$^{13-23}$	浦东：抠里眼 kʰɤ$^{53-55}$li$^{13-33}$ŋɛ$^{13-21}$	眼皮厚肿，眼珠内陷的眼睛
19	眼白 ŋɛ$^{13-22}$baʔ$^{2-4}$		白眼珠
20	黑眼乌珠 həʔ$^{5-3}$ŋɛ$^{13-55}$u$^{53-33}$tsɿ$^{53-21}$	松江：眼黑 ŋɛ$^{22-24}$ɦʌʔ$^{5-2}$ 南汇：眼乌珠 ŋɛ$^{13-13}$u$^{53-44}$tsy$^{53-53}$ 嘉定：眼乌珠 ŋE$^{13-22}$u$^{53-55}$tsɿ$^{53-21}$ 崇明：眼乌子 ŋæ$^{242-31}$u$^{55-55}$tsɿ$^{424-0}$	黑眼珠
21	眼仙人 ŋE$^{13-22}$ɕi$^{53-55}$ȵiŋ$^{13-21}$	松江^{新}：眼瞳 ŋɛ$^{13-33}$doŋ$^{31-43}$ 浦东：仙人头 si$^{55-55}$ȵiŋ$^{213-33}$dɤ$^{213-53}$ 青浦^{新}：眼乌珠 ŋE$^{213-44}$ø$^{53-44}$tsy$^{53-21}$ 崇明：仙人乌子 ɕiɛ$^{55-55}$ȵiŋ$^{24-55}$u$^{55-55}$tsɿ$^{424-0}$	瞳仁
22	眼屙 ŋɛ$^{13-22}$u$^{34-44}$ 眼眵 ŋɛ$^{13-22}$tsʰɿ$^{53-44}$	南汇：眼子 ŋɛ$^{13-13}$tsɿ$^{44-21}$	眼眵
23	鼻头 biɪʔ$^{2-1}$[bəʔ$^{2-1}$]dɤ$^{13-23}$		鼻子

(续表)

序号	上海市区方言	上海郊区方言	普通话
24	鼻头洞 biɿʔ²⁻¹dɤ¹³⁻²²doŋ¹³⁻²³	闵行：鼻头 bəʔ²⁻²dɤ³¹⁻²²ȵiəʔ²⁻⁵ 松江：鼻头管 biɿʔ²⁻²dɒi³¹⁻²²kuɒi³⁵⁻²⁴ 嘉定：鼻头管 biɿʔ²⁻¹də³¹⁻¹¹kuɿ³⁵⁻²⁴ 宝山：鼻头管 biɿʔ²⁻²dɒi³¹⁻²²kuɒi³⁵⁻²⁴ 崇明：鼻头管 biɿʔ²⁻²dɒi³¹⁻²²kuɒi³⁵⁻²⁴ 松江：鼻头眼 biɿʔ²⁻²duɯ³¹⁻⁵⁵ŋe²²⁻⁵³ 奉贤：鼻头眼 biɿʔ²⁻²duɯ³¹⁻⁵⁵ŋe²²⁻⁵³ 金山：鼻头眼 biɿʔ²⁻²duɯ³¹⁻⁵⁵ŋe²²⁻⁵³ 青浦新：鼻孔 bəʔ²⁻²kʰoŋ⁴⁴⁻²⁴	鼻孔
25	赤鼻头旧 tsʰaʔ⁵⁻³biɿʔ²⁻⁵[bəʔ²⁻⁵] dɤ¹³⁻²¹ 酒糟鼻头 tɕiɤ³⁴⁻³³tsɔ⁵³⁻⁵⁵biɿʔ²⁻³[bəʔ²⁻³] dɤ¹³⁻²¹ 酒糟鼻 tɕiɤ³⁴⁻³³tsɔ⁵³⁻⁵⁵biɿʔ²⁻²[bəʔ²⁻²]	松江新：红鼻头 ɦoŋ³¹⁻³³piɿʔ⁵⁻⁵dɤ³¹⁻³¹ 浦东：红鼻头 ɦoŋ²¹³⁻²²biɿʔ²⁻²dɤ²¹³⁻²² 嘉定：糟鼻头 tsɔ⁵³⁻⁵⁵biɿʔ²⁻³də³¹⁻²¹	酒糟鼻子
26	耳马⁼ȵi¹³⁻²²mo¹³⁻⁴⁴	市区新：耳朵屙 ȵi¹³⁻²²tu³⁴⁻⁵⁵u³⁵⁻²¹ 松江：耳末 ȵi²²⁻²⁴məʔ²⁻² 金山新：耳门 ȵi³⁵⁻³³mʌŋ³¹⁻³¹ 青浦新：耳毛⁼ȵi¹³⁻³⁵mo³¹⁻²¹ 嘉定：起⁼模 tɕʰi³⁴⁻³⁵mu³¹⁻²¹ 宝山：耳马⁼儿 ȵi¹³⁻²⁴moŋ³¹⁻²¹ 崇明：新人恶⁼ ɕiŋ⁵⁵⁻⁵⁵ȵiŋ²⁴⁻⁵⁵u³³⁻⁰ 宝山新：耳盲耳 ɦiɒ¹¹³⁻³⁵mã¹¹³⁻³¹	耳屎
27	嘴巴 tsɿ³⁴⁻³³po⁵³⁻⁴⁴ 嘴旧 tsɿ³⁴	松江：衙门（谑）ŋa³¹⁻¹³məŋ³¹⁻⁵³	嘴
28	嘴唇皮 tsɿ³⁴⁻³³zəŋ¹³⁻⁵⁵bi¹³⁻²¹ 嘴唇 tsɿ³⁴⁻³³zəŋ¹³⁻⁴⁴		嘴唇
29	牙子 ŋa¹³⁻²²tsɿ³⁴⁻⁴⁴ 牙齿 ŋa¹³⁻²²tsʰɿ³⁴⁻⁴⁴		牙齿
30	尽根牙 ziŋ¹³⁻²²kəŋ⁵³⁻²²ŋa¹³⁻²¹ 尽头牙 ziŋ¹³⁻²²dɤ⁵³⁻²²ŋa¹³⁻²¹	浦东：顺头牙 zəŋ¹³⁻²²dɤ²¹³⁻⁵⁵ŋa²¹³⁻⁵³	智齿
31	耳朵洞 ȵi¹³⁻²²tu³⁴⁻⁵⁵doŋ¹³⁻²¹	松江：耳朵眼 ȵi²²⁻²²ɪdu⁵³⁻⁵⁵ŋɛ²²⁻²¹ 嘉定：耳朵管 ȵi¹³⁻²²to²⁵⁻⁵kuɿ³⁴⁻²¹ 崇明：耳朵管 ȵi¹³⁻²²tu⁵³⁻⁵⁵kuɿ³⁴⁻²¹	耳朵眼

（续表）

序号	上海市区方言	上海郊区方言	普通话
32	胡咙 ɦu$^{13-22}$loŋ$^{13-44}$ 喉咙 ɦɤ$^{13-22}$loŋ$^{13-44}$	南汇：话咙 ɦo$^{13-22}$loŋ$^{113-33}$	喉咙
33	赖＝带＝胡子 la$^{13-22}$ta$^{34-55}$ɦu$^{13-33}$tsᴢ$^{34-21}$ 络腮胡子 loʔ$^{2-1}$sE$^{53-22}$ɦu$^{13-22}$tsᴢ$^{34-23}$/ loʔ$^{2-2}$sE$^{53-55}$ɦu$^{13-33}$tsᴢ$^{34-21}$	松江：赖＝柴＝胡子 la$^{13-22}$za$^{31-55}$ɦu$^{31-33}$tsᴢ$^{34-21}$ 浦东：赖＝柴＝胡子 la$^{13-22}$za$^{31-55}$ɦu$^{31-33}$tsᴢ$^{34-21}$ 松江：阿胡子 aʔ$^{5-3}$ɦu$^{31-55}$tsᴢ$^{34-21}$ 嘉定：阿胡子 aʔ$^{5-3}$ɦu$^{31-55}$tsᴢ$^{34-21}$ 奉贤：帽襻胡子 mɔ$^{113-22}$pʰɛ$^{335-55}$ɦu$^{31-33}$tsᴢ$^{44-21}$ 金山^{新}：赖踏胡子 lʌ$^{13-23}$də$^{2-5}$vu$^{31-33}$tsᴢ$^{44-31}$ 崇明：连鬓胡子 lie$^{24-24}$piŋ$^{55-55}$ɦu$^{24-55}$tsᴢ$^{424-0}$	络腮胡子
34	肩胛 tɕi$^{53-55}$kaʔ$^{5-2}$ 肩膀^{新} tɕi$^{53-55}$pã$^{34-21}$	嘉定：肩架 tɕiɪ$^{53-55}$kʌ$^{34-21}$	肩膀
35	臂巴 pi$^{34-33}$po$^{53-44}$ 手臂巴 sɤ$^{34-33}$pi$^{34-55}$po$^{53-21}$	闵行：臂膊 ʔbi$^{34-55}$ʔbɔʔ$^{5-2}$ 松江：臂膊 ʔbi$^{34-55}$ʔbɔʔ$^{5-2}$ 南汇：臂膊 ʔbi$^{34-55}$ʔbɔʔ$^{5-2}$ 奉贤：臂膊 ʔbi$^{34-55}$ʔbɔʔ$^{5-2}$	手臂
36	左手 tsu$^{34-33}$[tɕi$^{34-33}$] sɤ$^{34-44}$		左手
37	顺手^{旧} zəŋ$^{13-22}$ sɤ$^{34-44}$ 右手 ɦiɤ$^{13-22}$ sɤ$^{34-44}$		右手
38	节头官 tɕiɪʔ$^{5-3}$dɤ$^{13-55}$kuø$^{53-21}$ 节头骨 tɕiɪʔ$^{5-3}$dɤ$^{13-55}$kuəʔ$^{5-2}$ 手节头 sɤ$^{34-33}$tɕiɪʔ$^{5-5}$dɤ$^{13-21}$ 手指头 sɤ$^{34-33}$tsᴢ$^{34-55}$dɤ$^{13-21}$	松江：节头 tsiɪʔ$^{5-4}$də$^{31-53}$	手指
39	大老官^{旧} du$^{13-22}$lɔ$^{13-55}$kuø$^{53-21}$ 大节头 du$^{13-22}$tɕiɪʔ$^{5-5}$dɤ$^{13-21}$ 大手节头 du$^{13-22}$ sɤ$^{34-55}$tɕiɪʔ$^{5-3}$dɤ$^{13-21}$ 大米＝节头^{旧} du$^{13-22}$ mi$^{13-55}$tɕiɪʔ$^{5-3}$dɤ$^{13-21}$ 大拇指 da$^{13-22}$ mu$^{53-55}$[m$^{53-55}$] tsᴢ$^{34-21}$	松江：大好佬 du$^{13-22}$lɔ$^{44-55}$lɔ$^{22-53}$ 川沙：大节头官 du$^{213-22}$ tɕiɪʔ$^{5-5}$dɤ$^{213-55}$kue$^{53-53}$ 浦东：大节头官 du$^{13-22}$tsiɪʔ$^{5-5}$dɤ$^{213-53}$kue$^{53-53}$ 南汇：大节头官 du$^{13-22}$tsiɪʔ$^{5-5}$dɤ$^{213-53}$kue$^{53-53}$ 奉贤^{新}：大节姆头 du$^{13-22}$tɕiɪʔ$^{5-5}$mu$^{113-33}$dɤ$^{31-21}$ 青浦^{新}：大节头骨 du$^{213-44}$tsiɪʔ$^{5-4}$dɤ$^{31-44}$kueʔ$^{5-2}$ 嘉定：大节头骨 du$^{13-22}$tsiɪʔ$^{5-5}$də$^{31-33}$kuəʔ$^{5-2}$	大拇指

（续表）

序号	上海市区方言	上海郊区方言	普通话
40	手节掐 sɤ³⁴⁻³³tɕiɪʔ⁵⁻⁵kʰaʔ⁵⁻² 节掐子 tɕiɪʔ⁵⁻³kʰaʔ⁵⁻⁵ tsɿ³⁴⁻²¹ 手指掐 sɤ³⁴⁻³³ tsɿ³⁴⁻⁵⁵ kʰaʔ⁵⁻²	金山：手指爪 sɤ⁴⁴⁻³⁴ tsɿ⁴⁴⁻³³tsɔ⁴⁴⁻²¹ 金山ᵩ：指爪 tsɿ⁴⁴⁻²⁴ tsɔ⁴⁴⁻⁵³	手指甲
41	手心底 sɤ³⁴⁻³³ ɕin⁵³⁻⁵⁵ti³⁴⁻²¹ 手底心 sɤ³⁴⁻³³ ti³⁴⁻⁵⁵ ɕin⁵³⁻²¹ 手心 sɤ³⁴⁻³³ ɕin⁵³⁻⁴⁴		手心
42	小节头 ɕiɔ³⁴⁻³³ tɕiɪʔ⁵⁻⁵ dɤ¹³⁻²¹ 小手节头 ɕiɔ³⁴⁻³³ sɤ³⁴⁻⁵⁵tɕiɪʔ⁵⁻³ dɤ¹³⁻²¹ 小米ᵩ节头 ɕiɔ³⁴⁻³³ mi¹³⁻⁵⁵tɕiɪʔ⁵⁻³ dɤ¹³⁻²¹ 小拇指 ɕiɔ³⁴⁻³³ mu⁵³⁻⁵⁵[m⁵³⁻⁵⁵] tsɿ³⁴⁻²¹	市区ᵩ：小拇指头 ɕiɔ³⁴⁻³³ mω³⁴⁻⁵⁵tsɿ³⁴⁻³³ dɤ¹³⁻²¹ 松江：小有样 siɔ⁴⁴⁻³⁵ ɦiɯ²²⁻³³iẽ³⁵⁻²¹ 川沙：小节头官 ɕiɔ⁴⁴⁻³³ tɕiɪʔ⁵⁻⁵ dɤ²¹³⁻⁵³ kue⁵³⁻²¹ 浦东：小节头官 siɔ⁴⁴⁻³³ tsiɪʔ⁵⁻⁵ dɤ²¹³⁻⁵³ kue⁵³⁻²¹ 南汇：小节头官 siɔ⁴⁴⁻³³ tsiɪʔ⁵⁻⁵ dɤ²¹³⁻⁵³ kue⁵³⁻²¹ 金山ᵩ：小节头骨 ɕiɔ⁴⁴⁻³⁴tɕiɪʔ⁵⁻⁵dɤ³¹⁻³³kuəʔ⁵⁻³ 青浦ᵩ：小节头骨 ɕiɔ⁴⁴⁻³³ tsiɪʔ⁵⁻⁵ dɯ³¹⁻³³kuɐʔ⁵⁻² 嘉定ᵩ：小节头骨 siɔ³⁴⁻³³tsiɪʔ⁵⁻⁵dɤ³¹⁻³³kuəʔ⁵⁻²	小指
43	扛肩胛 kã⁵³⁻⁵⁵ tɕi⁵³⁻³³kaʔ⁵⁻²		（1）上抬的肩膀 （2）动词，耸肩
44	美人肩 mE¹²⁻²² nin¹³⁻⁵⁵ tɕi⁵³⁻²¹	松江：塌肩架 tʰæʔ⁵⁻³ ɕi⁵³⁻⁵⁵ ka³⁵⁻²¹ 南汇：坍肩架 tʰE⁵³⁻⁵⁵ tɕiɪ⁵³⁻⁵⁵ ka³⁵⁻²¹ 青浦：坍肩架 tʰE⁵³⁻⁵⁵ tɕi⁵³⁻⁵⁵ ka³⁵⁻²¹ 嘉定：坍肩架 tʰE⁵³⁻⁵⁵ tɕi⁵³⁻³³ ka³⁵⁻²¹ 宝山：坍肩架 tʰE⁵³⁻⁵⁵ tɕi⁵³⁻⁵⁵ ka³⁵⁻²¹ 金山：鳗鲡肩 mɛ³¹⁻²³li¹³⁻⁵⁵ce⁵³⁻²¹ 青浦ᵩ：斜肩胛 zia²¹³⁻⁴⁴ tɕi⁵³⁻⁴⁴ka⁵³⁻²¹	溜肩，旧时以女子肩窄为美，故名
45	眼泡 ŋE¹³⁻²²pʰɔ³⁴⁻⁴⁴ 眼泡皮 ŋE¹³⁻²²pʰɔ³⁴⁻⁵⁵bi¹³⁻²¹		上眼皮
46	寒毛 ɦø¹³⁻²² mɔ¹³⁻⁴⁴		人体表面的细毛

（续表）

序号	上海市区方言	上海郊区方言	普通话
47	脚髈 tɕiaʔ$^{5-3}$ pʰã$^{34-44}$ 腿^{新} tʰE^{34}	南汇：脚宽子 ciaʔ$^{5-5}$kʰue$^{53-55}$tsʅ$^{44-53}$	腿
48	大脚髈 du$^{13-22}$tɕiaʔ$^{5-5}$ pʰã$^{34-21}$ 大髈 du$^{13-22}$pʰã$^{34-44}$ 大腿^{新} du$^{13-22}$[da$^{13-22}$]tʰE$^{34-44}$	浦东：老腿 lɔ$^{13-13}$ tʰɛ$^{44-21}$ 南汇：老腿 lɔ$^{13-13}$ tʰɛ$^{44-21}$	大腿
49	脚馒头 tɕiaʔ$^{5-3}$mø$^{13-55}$ dɤ$^{13-21}$ 膝馒头 ɕiɲʔ$^{5-5}$mø$^{13-55}$ dɤ$^{13-21}$ 膝盖 ɕiɲʔ$^{5-3}$kE$^{34-44}$	浦东：老哈巴 lɔ$^{13-22}$kæʔ$^{5-5}$ʔbo$^{53-53}$ 浦东：结馒头 tɕiɲʔ$^{5-5}$me$^{213-55}$ dɤ$^{213-21}$ 南汇：结馒头 tɕiɲʔ$^{5-5}$me$^{213-55}$ dɤ$^{213-21}$ 嘉定^{旧}：蟹壳 ha$^{34-35}$kʰoʔ$^{5-2}$	膝盖
50	屁股爿 pʰi$^{34-33}$ku$^{34-55}$bE$^{34-21}$	浦东：臀淘爿 dən$^{213-22}$dɔ$^{213-22}$ bɛ$^{13-22}$ 南汇：臀淘爿 dən$^{213-22}$dɔ$^{213-22}$ bɛ$^{13-22}$ 浦东：屁眼爿 pʰi$^{35-33}$ŋɛ$^{213-55}$bɛ$^{13-21}$ 南汇：屁眼爿 pʰi$^{35-33}$ŋɛ$^{213-55}$bɛ$^{13-21}$	屁股蛋儿
51	洞疰 doŋ$^{13-22}$ doŋ$^{34-44}$ 屁眼 pʰi$^{34-33}$ŋE$^{13-44}$ 臀疰 dən$^{13-22}$doŋ$^{34-44}$		肛门
52	胸口头 ɕyoŋ$^{53-55}$kʰɤ$^{34-33}$dɤ$^{13-21}$ 心口头 ɕiŋ$^{53-55}$kʰɤ$^{34-33}$dɤ$^{34-21}$ 心口头 ɕiŋ$^{53-55}$kʰɤ$^{34-21}$ 胸口 ɕyoŋ$^{53-55}$kʰɤ$^{34-21}$	浦东：胸膛头 ɕyoŋ$^{53-55}$dã$^{213-55}$dɤ$^{213-53}$ 南汇：胸膛头 ɕyoŋ$^{53-55}$dã$^{213-55}$dɤ$^{213-53}$ 奉贤：胸膛头 ɕyoŋ$^{53-55}$dã$^{213-55}$dɤ$^{213-53}$	胸口
53	肚皮 du$^{13-22}$bi$^{13-44}$		肚子
54	空心肚里 kʰoŋ$^{53-55}$ɕiŋ$^{53-33}$du$^{13-33}$li$^{13-21}$	川沙：空肚皮 kʰoŋ$^{53-55}$du$^{213-33}$bi$^{213-21}$ 青浦^{新}：空肚皮 kʰoŋ$^{53-44}$tu$^{35-44}$bi$^{31-21}$ 浦东：饿肚里 ŋu$^{13-35}$du$^{13-33}$li$^{13-21}$ 南汇：饿肚里 ŋu$^{13-35}$du$^{13-33}$li$^{13-21}$ 金山^{新}：肚皮叫 du$^{35-43}$bi$^{31-33}$tɕiɔ$^{13-21}$	清晨起来未吃过东西叫~
55	肚皮眼 du$^{13-22}$bi$^{13-55}$ŋE$^{13-21}$ 肚脐眼 du$^{13-22}$zi$^{13-55}$ŋE$^{13-21}$ 肚脐 du$^{13-22}$zi$^{13-44}$		肚脐

（续表）

序号	上海市区方言	上海郊区方言	普通话
56	腰眼 iɔ$^{53-55}$ŋE$^{13-21}$		腰后胯骨上面脊柱两侧的部位
57	脊柱骨 tɕiɪʔ$^{5-3}$zʅ$^{13-55}$kuəʔ$^{5-2}$ 脊椎骨 tɕiɪʔ$^{5-3}$tsø$^{53-55}$kuəʔ$^{5-2}$	闵行：算盘珠 sø$^{34-44}$be$^{31-33}$tsʅ$^{53-34}$ 松江：算盘珠 sø$^{34-44}$be$^{31-33}$tsʅ$^{53-34}$ 浦东：算盘珠 sø$^{34-44}$be$^{31-33}$tsʅ$^{53-34}$ 南汇：算盘珠 sø$^{34-44}$be$^{31-33}$tsʅ$^{53-34}$ 奉贤：算盘珠 sø$^{34-44}$be$^{31-33}$tsʅ$^{53-34}$ 青浦：算盘珠 sø$^{34-44}$be$^{31-33}$tsʅ$^{53-34}$ 浦东：背脊骨 pɒi$^{35-33}$tsiɪ$^{5-5}$kuəʔ$^{5-2}$ 南汇：背脊骨 pɒi$^{35-33}$tsiɪ$^{5-5}$kuəʔ$^{5-2}$ 奉贤：背脊骨 pɒi$^{35-33}$tsiɪ$^{5-5}$kuəʔ$^{5-2}$ 青浦^{新}：背脊骨 piɪ$^{35-44}$tsiɪʔ$^{5-4}$kuəʔ$^{5-2}$ 嘉定：背脊骨 pə$^{34-33}$tsiɪ$^{5-5}$kuəʔ$^{5-2}$ 宝山：背脊骨 pɒi$^{35-33}$tsiɪ$^{5-5}$kuəʔ$^{5-2}$ 崇明：背脊骨 pɒi$^{35-33}$tsiɪ$^{5-5}$kuəʔ$^{5-2}$	脊椎骨
58	旋䐃 zi$^{13-22}$lu$^{13-44}$ 䐃 lu^{13}	松江：捷＝䐃台 ziɪʔ$^{2-2}$lu$^{31-55}$de$^{31-53}$ 青浦^{新}：头䐃 du$^{31-44}$lu$^{31-31}$	（1）头发旋儿 （2）"斗"的指纹
59	手纹 sʏ$^{34-33}$vəŋ$^{13-44}$ 纹䐃 vəŋ$^{13-22}$lu$^{13-44}$ 指纹 tsʅ$^{34-33}$vəŋ$^{13-44}$	青浦^{新}：䐃纹 lu$^{31-4}$4vəŋ$^{31-31}$	指纹
60	骱 ga^{13} 骱节 ga$^{13-22}$tɕiɪʔ$^{5-4}$ 骱节骨落 ga$^{13-22}$tɕiɪʔ$^{5-5}$kuəʔ$^{5-2}$loʔ$^{2-2}$ 关节^{新} kuE$^{53-55}$tɕiɪʔ$^{5-2}$	闵行：骱子 ga$^{13-22}$tsʅ$^{44-23}$ 奉贤：骱子 ga$^{13-22}$tsʅ$^{44-23}$ 青浦^{新}：骨骱 [kuəʔ^{5} ga$^{13-35}$]	关节
61	脱骱 kʰəʔ$^{5-3}$ga$^{13-44}$	奉贤：出骱 tsʰe$^{5-3}$ga$^{113-44}$	脱臼
62	五脏殿 ɦŋ$^{13-22}$zã$^{13-55}$di$^{13-21}$ 食肚 zəʔ$^{2-1}$du$^{13-23}$ 胃 ɦuE^{13}	嘉定：肚子 tu$^{34-33}$tsʅ$^{34-53}$ 崇明：食肚田 zəʔ$^{2-2}$tu$^{424-33}$diɛ$^{24-55}$	胃

(续表)

序号	上海市区方言	上海郊区方言	普通话
63	腰子 io$^{53\text{-}55}$tsղ$^{34\text{-}21}$ 肾 zəŋ^{13} 肾脏^{新}zəŋ$^{13\text{-}22}$zã$^{13\text{-}44}$		肾脏
64	劲头 tɕiŋ$^{34\text{-}33}$dɤ$^{13\text{-}44}$ 劲道 tɕiŋ$^{34\text{-}33}$dɔ$^{13\text{-}44}$	金山^{新}：劲 tɕiæn^{13} 宝山^{新}：力道 liɿʔ$^{2\text{-}2}$tɔ$^{35\text{-}53}$	（1）劲儿，力气 （2）干劲
65	气力 tɕʰi$^{34\text{-}33}$liɿʔ$^{2\text{-}4}$ 力道 liɿʔ$^{2\text{-}1}$dɔ$^{13\text{-}23}$ 力气 liɿʔ$^{2\text{-}1}$tɕʰi$^{34\text{-}23}$	浦东：蛮劲 mɛ$^{213\text{-}22}$tɕiŋ$^{35\text{-}22}$ 浦东：蛮力 mɛ$^{213\text{-}22}$tɕʰi$^{2\text{-}4}$	力气
66	魂灵心 ɦuəŋ$^{13\text{-}22}$liŋ$^{13\text{-}55}$ɕiŋ$^{53\text{-}21}$ 魂灵头 ɦuəŋ$^{13\text{-}22}$liŋ$^{13\text{-}55}$dɤ$^{13\text{-}21}$ 魂灵 ɦuəŋ$^{13\text{-}22}$liŋ$^{13\text{-}44}$ 灵魂 liŋ$^{13\text{-}22}$ɦuəŋ$^{13\text{-}44}$	浦东：灵心 liŋ$^{213\text{-}22}$ɕiŋ$^{53\text{-}22}$ 南汇：灵心 liŋ$^{213\text{-}22}$ɕiŋ$^{53\text{-}22}$	灵魂
67	馋唾 zE$^{13\text{-}22}$tʰu$^{34\text{-}44}$	市区^{新}：馋唾水 zE$^{13\text{-}22}$tʰu$^{34\text{-}55}$sղ$^{34\text{-}21}$ 川沙：馋唾水 zɛ$^{213\text{-}22}$tʰu$^{44\text{-}22}$sղ$^{44\text{-}22}$ 金山^{新}：馋唾水 zE$^{31\text{-}23}$tʰu$^{44\text{-}55}$sղ$^{44\text{-}31}$ 嘉定：馋唾水 zE$^{31\text{-}22}$tʰu$^{34\text{-}55}$sղ$^{34\text{-}21}$	唾液
68	卵 lø^{13}	松江：鸟 ʔdiɔ^{44} 松江：五十二 ɦŋ$^{22\text{-}22}$zəʔ$^{2\text{-}5}$ɲi$^{13\text{-}21}$	（1）男阴 （2）胡说，詈言
69	屄 pi^{53}	松江：□ʔdo^{ʔ5} 浦东：□ʔdo^{ʔ5} 南汇：□ʔdo^{ʔ5} 金山：□ʔdo^{ʔ5}	女阴

第十二章 疾 病

序号	上海市区方言	上海郊区方言	普通话
1	生毛病 $sã^{53-55}mɔ^{13-33}biŋ^{13-21}$ 生病 $sã^{53-55}biŋ^{13-21}$		生病
2	生病人 $sã^{53-55}biŋ^{13-33}n̩iŋ^{13-21}$ 病人 $biŋ^{13-22}n̩iŋ^{13-44}$		病人
3	勿适意 $vəʔ^{2-3}səʔ^{5-5}i^{34-21}$ 勿舒服 $vəʔ^{2-3}sɿ^{53-55}vəʔ^{2-2}$	闵行：吃勿住 $chioʔ^{5-5}vəʔ^{5-5}zy^{13-55}$ 闵行：上勿上 $zã^{13-22}vəʔ^{5-5}zã^{31-53}$ 松江：难过 $nɛ^{31-24}ku^{35-44}$ 奉贤：难过 $nɛ^{31-24}ku^{35-44}$ 宝山：难过 $nɛ^{31-24}ku^{35-44}$ 松江：勿舒齐 $vəʔ^{5-3}sɿ^{53-55}zi^{31-21}$ 松江：勿受用 $uəʔ^{5-4}zuɯ^{13-44}ɦyoŋ^{13-44}$ 嘉定^旧：勿受用 $vəʔ^{5-5}zə^{13-33}ɦioŋ^{13-21}$	不舒服
4	三病六痛 $sɛ^{53-55}biŋ^{13-33}loʔ^{2-3}tʰoŋ^{34-21}$	松江：五痨七伤 $ɦŋ^{22-22}lɔ^{31-55}tsʰii^{5-3}sã^{53-21}$ 松江：磕促 $kʰəʔ^{5-4}tsʰoʔ^{5-4}$ 浦东：毛病六痛 $mɔ^{213-22}biŋ^{13-22}loʔ^{2-3}tʰoŋ^{35-33}$	泛指各种疾病
5	毛病 $mɔ^{13-22}biŋ^{13-44}$		（1）疾病 （2）喻指工作失误 （3）缺点、坏习惯
6	医毛病 $i^{53-44}·mɔ^{13-22}biŋ^{13-44}$	浦东：看诊 $kʰø^{35-35}tsəŋ^{44-21}$ 金山^新：看毛病 $kʰø^{13-23}mɔ^{31-55}biæŋ^{13-31}$ 青浦^新：看毛病 $kʰø^{35-44}mɔ^{31-44}biŋ^{213-21}$ 嘉定：看毛病 $kʰɯ^{34-33}mɔ^{31-55}biŋ^{13-21}$ 青浦^新：看病 $kʰø^{35-44}biŋ^{213-55}$ 嘉定：看病 $kʰɯ^{34-55}biŋ^{13-21}$	医生给病人看病

（续表）

序号	上海市区方言	上海郊区方言	普通话
7	看医生 kʰø³⁴⁻³³i⁵³⁻⁵⁵sã⁵³⁻²¹ 望医生 mã¹³⁻²²i⁵³⁻⁵⁵sã⁵³⁻²¹	市区^新：看毛病 kʰø³⁵⁻³³mo¹³⁻²²biŋ¹³⁻⁴⁴ 青浦^新：看毛病 kʰø³⁵⁻⁴⁴mo³¹⁻⁴⁴biŋ²¹³⁻²¹ 青浦：看病 kʰø³⁵⁻⁴⁴biŋ²¹³⁻⁵⁵ 嘉定：看毛病 kʰɯ³⁴⁻³³mo³¹⁻⁵⁵biŋ¹³⁻²¹ 嘉定：看病 kʰɯ³⁴⁻⁵⁵biŋ¹³⁻²¹	病人看病
8	看毛病 kʰø³⁴⁻³³mo¹³⁻⁵⁵biŋ¹³⁻²¹ 看病 kʰø³⁴⁻³³biŋ¹³⁻⁴⁴		（1）医生给病人治病 （2）病人就医
9	把脉 po³⁴⁻⁴⁴·maʔ² 诊脉 tsəŋ³⁴⁻⁴⁴·maʔ² 搭脉 taʔ⁵⁻³maʔ²⁻⁴		号脉
10	听心肺 tʰiŋ⁵³⁻⁴⁴·ɕiŋ⁵³⁻⁵⁵fi³⁴⁻²¹ 听诊 tʰiŋ⁵³⁻⁵⁵tsəŋ³⁴⁻²¹		听诊
11	赎药 zoʔ²⁻¹ɦiaʔ²⁻² 撮药 tsʰoʔ⁵⁻⁴·ɦiaʔ²	金山^新：赎方 zɔʔ²⁻²fã⁵³⁻⁵³	按药方抓中药
12	头潽 dɤ¹³⁻²²pʰu⁵³⁻⁴⁴	浦东：头潽原汁 dɤ²¹³⁻²²pʰu⁵³⁻⁴⁴n̩yø²¹³⁻²²tsəʔ⁵⁻²	中药第一次煎出来的药水
13	二潽 ɲi¹³⁻²²pʰu⁵³⁻⁴⁴		中药第二次煎出来的药水
14	圆药 ɦyø¹³⁻²²ɦiaʔ²⁻⁴ 丸药 ɦuø¹³⁻²²ɦiaʔ²⁻⁴ 药丸 ɦiaʔ²⁻¹ɦuø¹³⁻²³	川沙：药片 ɦiaʔ²² pʰi³⁵⁻³⁴ 金山^新：药 ɦiAʔ²	药丸
15	滗药 piʔ⁵⁻⁴ɦiaʔ² 滗渣 piʔ⁵⁻⁴·tso⁵³	浦东：沥药 liʔ²⁻²ɦiaʔ²⁻³	把煎好的中药滤出药水来
16	揭药膏 tʰaʔ⁵⁻³ɦiaʔ²⁻⁵kɔ⁵³⁻²¹		搽药膏
17	打积食 tã³⁴⁻⁴⁴·tɕiŋʔ⁵⁻³³zəʔ²⁻⁴ 消食 ɕiɔ⁵³⁻⁵⁵zəʔ²⁻²	金山：打馋食 ʔdɛ⁴⁴⁻³³ʔdəŋ⁵³⁻³³zəʔ²⁻² 金山：打食 ʔdɛ⁴⁴·zəʔ²	消食
18	打金针 tã³⁴⁻⁴⁴tɕiŋ⁵³⁻⁵⁵tsəŋ⁵³⁻²¹ 针灸 tsəŋ⁵³⁻⁵⁵tɕiɤ³⁴⁻²¹	浦东：行针 ɦã²¹³⁻²²tsəŋ⁵³⁻²² 南汇：行针 ɦã²¹³⁻²²tsəŋ⁵³⁻²² 奉贤：行针 ɦã²¹³⁻²²tsəŋ⁵³⁻²²	针灸
19	开肚皮^旧 kʰE⁵⁵⁻⁵⁵du¹³⁻³³bi¹³⁻²¹ 剖肚皮 pʰu³⁴⁻³³du¹³⁻⁵⁵bi¹³⁻²¹ 剖腹 pʰu³⁴⁻³³foʔ⁵⁻⁴	浦东：开肚 kʰe⁵³⁻⁵⁵du¹³⁻²¹	动腹腔手术

（续表）

序号	上海市区方言	上海郊区方言	普通话
20	发寒热 faʔ⁵⁻³ɦø¹³⁻⁵⁵n̠iʔ²⁻² 发热 faʔ⁵⁻³n̠iʔ²⁻⁴ 发烧 faʔ⁵⁻³sɔ⁵³⁻⁴⁴	青浦新：发高烧 fæʔ⁵⁻⁵kɔ⁵³⁻⁵⁵sɔ⁵³⁻²¹ 嘉定：发热度 faʔ⁵⁻³n̠iʔ²⁻⁵du¹³⁻²¹	发烧
21	伤风 sã⁵³⁻⁵⁵foŋ⁵³⁻²¹ 感冒 kø³⁴⁻³³mɔ¹³⁻⁴⁴		感冒
22	提火 di¹³⁻²²hu³⁴⁻⁴⁴ 升火 səŋ⁵³⁻⁵⁵hu³⁴⁻²¹ 上火 zã¹³⁻²²hu³⁴⁻⁴⁴	浦东：肝火旺 kø⁵³⁻⁵⁵ɸu⁴⁴⁻³³ɦiã¹³⁻²¹ 南汇：肝火旺 kø⁵³⁻⁵⁵ɸu⁴⁴⁻³³ɦiã¹³⁻²¹ 青浦新：发热 fæʔ⁵⁻⁴n̠iʔ²⁻³ 崇明：有火势 ɦiɵ²⁴²⁻³¹hu⁴²⁴⁻³³sɿ³³⁻⁰	上火
23	吃馋 tɕiʔ⁵⁻³təŋ³⁴⁻⁴⁴ 馋食 təŋ³⁴⁻³³zʔ²⁻⁴ 积食 tɕiʔ⁵⁻³zʔ²⁻⁴	市区新：馋丰了 təŋ³⁴⁻³³foŋ⁵³⁻⁵⁵liɔ¹³⁻²¹	食积
24	勿消化 zʔ²⁻³ɕiɔ⁵³⁻⁵⁵ho³⁴⁻²¹	松江：吃伤 chiɔʔ⁵⁻⁴sã⁵³⁻⁵³	消化不良
25	肚皮痛 du¹³⁻²²pi¹³⁻⁵⁵tʰoŋ³⁴⁻²¹ 肚里痛 du¹³⁻²²li¹³⁻⁵⁵tʰoŋ³⁴⁻²¹		肚子痛
26	胃气痛 ɦuE¹³⁻²²tɕʰi³⁴⁻⁵⁵tʰoŋ³⁴⁻²¹ 心口痛 ɕin⁵³⁻⁵⁵kʰɤ³⁴⁻³³tʰoŋ³⁴⁻²¹ 肝胃气痛 kø⁵³⁻⁵⁵ɦuE¹³⁻³³tɕʰi³⁴⁻³³tʰoŋ³⁴⁻²¹ 胃痛 ɦuE¹³⁻²²tʰoŋ³⁴⁻⁴⁴	崇明：心头痛 ɕiŋ⁵⁵⁻⁵⁵dɵ²⁴⁻⁵⁵tʰoŋ³³⁻⁰	胃痛
27	打恶心 tã³⁴⁻³³oʔ⁵⁻⁵ɕin⁵³⁻²¹ 恶心 oʔ⁵⁻³ɕin⁵³⁻⁴⁴	松江：打咽＝恶＝ ʔdɛ̃⁴⁴⁻³³i⁵³⁻⁵⁵ɔʔ⁵⁻² 浦东：呕 ɤ⁴⁴ 浦东：打恶＝ʔdã⁴⁴⁻³³ɔʔ⁵⁻⁵ 南汇：打恶 ʔdã⁴⁴⁻³³ɔʔ⁵⁻⁵ 青浦新：打恶 tɛ⁴⁴⁻¹³øʔ⁵⁻⁴ 嘉定：打恶 tã³⁴⁻³⁵oʔ⁵⁻² 浦东：难过 nɛ²¹³⁻²²ku³⁵⁻²² 南汇：难过 nɛ²¹³⁻²²ku³⁵⁻²² 金山新：心里霉 ɕiæn⁵³⁻⁴⁴li³⁵⁻³³me³¹⁻³¹ 嘉定：要吐 iɔ³⁴·tʰu³⁴ 崇明：心泛 ɕiŋ⁵⁵⁻⁵⁵fæ³³⁻⁰	恶心

（续表）

序号	上海市区方言	上海郊区方言	普通话
28	疟子^旧 ŋoʔ²⁻¹ tsʅ³⁴⁻²³ 冷热病 lã¹³⁻²² ɲiɪʔ²⁻⁵ biŋ¹³⁻²¹ 抖抖病 tɤ³⁴⁻³³ tɤ³⁴⁻⁵⁵ biŋ¹³⁻²¹ 疟疾^新 ɲiaʔ²⁻¹ ziɪʔ²⁻²		疟疾
29	疲 fɛ³⁴ 反胃 fɛ³⁴⁻³³ ɦuE¹³⁻⁴⁴ 疲淘＝淘＝ ɸɛ³⁵⁻⁵⁵ dɔ³¹⁻⁵⁵ dɔ³¹⁻²¹		食物咽下去，胃中不适，有恶心欲吐的感觉
30	冷痧痧 lã¹³⁻²² mo¹³⁻⁵⁵ so⁵³⁻²³ 绞肠痧 kɔ³⁴⁻³³ zã¹³⁻⁵⁵ so⁵³⁻²¹ 霍乱^新 hoʔ²⁻⁵⁻³ lø¹³⁻⁴⁴	闵行：蝦蟆痧 ha⁴⁴⁻³³ mo³¹⁻⁵⁵ siɔ⁵³⁻⁵³ 奉贤：蝦蟆痧 ha⁴⁴⁻³³ mo³¹⁻⁵⁵ siɔ⁵³⁻⁵³ 松江：瘪脱痧 ʔbiɪʔ⁵⁻³ lu³¹⁻⁵⁵ so⁵³⁻⁵³ 浦东：麻痧 mo²¹³⁻²² so⁵³⁻²²	霍乱
31	肠痈 zã¹³⁻²² ɦyoŋ¹³⁻⁴⁴ 盲肠炎 mã¹³⁻²² zã¹³⁻⁵⁵ ɦiŋ¹³⁻²¹	浦东：绞肠炎 kɔ⁴⁴⁻³³ zã²¹³⁻⁵⁵ so⁵³⁻⁵³ 南汇：绞肠炎 kɔ⁴⁴⁻³³ zã²¹³⁻⁵⁵ so⁵³⁻⁵³	阑尾炎
32	痨病 lɔ¹³⁻²² biŋ¹³⁻⁴⁴	市区^新：肺结核 fi³⁴⁻³³ tɕiɪʔ⁵⁻⁵ ɦɤʔ²⁻² 南汇：□□头 hɤ⁵³⁻⁵⁵ bɛ¹³⁻⁵⁵ dɤ¹¹³⁻⁵³ 青浦^新：结核病 tɕiɪʔ⁵⁻⁵ vɐʔ²⁻² biŋ²¹³⁻⁵⁵	结核病，多脂肺结核
33	肺痨 fi³⁴⁻³³ lɔ¹³⁻⁴⁴	青浦^新：肺结核 fi³⁵⁻⁴⁴ tɕiɪʔ⁵⁻⁴ vɐʔ²⁻²	肺结核
34	蹩腰 biɪʔ²⁻¹ iɔ⁵³⁻²³	浦东：损腰 səŋ³⁵⁻³⁵ iɔ⁵³⁻²¹ 南汇：损腰 səŋ³⁵⁻³⁵ iɔ⁵³⁻²¹ 嘉定：损腰 sẽ³⁴⁻³⁵ iɔ⁵³⁻²¹ 宝山：损腰 səŋ³⁵⁻³⁵ iɔ⁵³⁻²¹ 奉贤：蹩痛腰 biɪʔ²⁻¹ tʰoŋ³³⁵⁻⁴⁴·iɔ⁵³ 青浦：蹩痛腰 biɪʔ²⁻⁷ tʰoŋ³³⁵⁻⁴⁴·iɔ⁵³ 金山^新：蹩特腰 biɪʔ²⁻³ dəʔ²⁻³ iɔ⁵³⁻²¹	腰部扭伤或损腰
35	放鼻红 fã³⁴⁻⁴⁴·biɪʔ²⁻¹[bəʔ²⁻¹] ɦoŋ¹³⁻²³ 出鼻血 tsʰəʔ⁵⁻³ biɪʔ²⁻⁵[bəʔ²⁻⁵] çyoʔ⁵⁻² [çyɪʔ⁵⁻²]	青浦：鼻头出血 bɐʔ²⁻² duɯ³¹⁻²¹ tsʰəʔ⁵⁻² çyœʔ⁵⁻²⁴ 嘉定：鼻出血 biɪʔ²⁻¹ tsʰəʔ⁵⁻¹ çio⁵⁻³	鼻子出血

（续表）

序号	上海市区方言	上海郊区方言	普通话
36	结盖 ᵂtɕiɪʔ$^{5-4}$·kE^{34}	金山^{新}：结疤 tɕiɪʔ$^{5-3}$po$^{53-53}$ 崇明：结疤板 tɕiəʔ$^{5-5}$po$^{55-55}$pæ$^{424-0}$	结痂
37	虚肿 hE$^{53-55}$tsoŋ$^{34-21}$ 浮肿 vu$^{13-22}$tsoŋ$^{34-44}$	南汇：虚胖 ɕy$^{53-55}$pʰã$^{35-21}$ 青浦^{新}：肿 tsoŋ^{44}	脸部浮肿
38	齆鼻头 oŋ$^{53-55}$biɪ$^{2-3}$[bə$^{2-3}$]dɣ$^{13-21}$	金山：鼻头勿通 biɪ$^{2-2}$dɣ$^{31-55}$vəʔ$^{2-3}$tʰoŋ$^{53-31}$	鼻塞
39	出痧子 tsʰəʔ$^{5-3}$so$^{53-55}$tsɿ$^{34-21}$	金山：出麻疹 tsʰəʔ$^{5-3}$mo$^{31-55}$tsəŋ$^{44-31}$	出麻疹
40	大嘴巴 du$^{13-22}$tsɿ$^{34-55}$po$^{53-21}$ 痄腮胀 tso$^{34-33}$sE$^{53-55}$tsã$^{34-21}$	浦东：大结鼓 du$^{13-22}$tɕiɪʔ$^{5-5}$ku$^{44-53}$ 南汇：大结鼓 du$^{13-22}$tɕiɪʔ$^{5-5}$ku$^{44-53}$ 浦东：田鸡鼓胀 di$^{213-22}$tɕi$^{53-33}$ku$^{44-33}$tsã$^{35-21}$ 南汇：田鸡鼓胀 di$^{213-22}$tɕi$^{53-33}$ku$^{44-33}$tsã$^{35-21}$ 奉贤：田鸡鼓 di$^{31-24}$ʑi$^{53-55}$ku$^{44-53}$ 崇明：田鸡鼓 di$^{31-24}$ʑi$^{53-55}$ku$^{44-53}$ 宝山：痄腮 tso$^{35-35}$sE$^{53-21}$	流性行腮腺炎
41	掼伤 guE$^{13-22}$sã$^{53-44}$ 跌伤 tiɪʔ$^{5-3}$sã$^{53-44}$	金山^{新}：跌坏 tiɪʔ$^{5-3}$vA$^{35-35}$	摔伤
42	水鼓胀 sɿ$^{34-33}$ku$^{34-55}$tsã$^{34-21}$	闵行：肚饱 du$^{13-13}$ʔbɔ$^{44-53}$	鼓胀病
43	吸血虫病 ɕiɪʔ$^{5-3}$ɕyɪʔ$^{5-5}$[ɕyoʔ$^{5-5}$]zoŋ$^{13-33}$biŋ$^{13-21}$ 血吸虫病 ɕyɪʔ$^{5-3}$[ɕyoʔ$^{5-3}$]ɕiɪʔ$^{5-5}$zoŋ$^{13-33}$biŋ$^{13-21}$		血吸虫病
44	作脓 tsoʔ$^{5-3}$noŋ$^{13-44}$ 化脓 ho$^{34-44}$noŋ$^{13-44}$	闵行：滚脓 kuəŋ$^{44-35}$noŋ$^{31-21}$ 松江：滚脓 kuəŋ$^{44-35}$noŋ$^{31-21}$ 松江^{新}：滚脓 kuʌŋ$^{44-53}$noŋ$^{31-31}$ 浦东：滚脓 kuəŋ$^{44-35}$noŋ$^{31-21}$ 南汇：滚脓 kuəŋ$^{44-35}$noŋ$^{31-21}$ 嘉定：滚脓 kuẼ$^{34-35}$noŋ$^{31-21}$ 宝山：滚脓 kuəŋ$^{44-35}$noŋ$^{31-21}$	化脓
45	死血^{旧} ɕi$^{34-33}$ɕyɪʔ$^{5-4}$[ɕyoʔ$^{5-5}$] 冻瘃 toŋ$^{34-33}$tsoʔ$^{5-4}$ 冻疮^{新} toŋ$^{34-33}$tsʰã$^{53-44}$		冻疮

（续表）

序号	上海市区方言	上海郊区方言	普通话
46	湿气 sɔʔ$^{5-3}$tɕi$^{34-44}$	金山^{新}：脚癣 tɕiA ʔ$^{5-4}$ɕiɛ$^{44-33}$	皮肤上长水泡，也常指脚癣
47	香港脚 ɕiã$^{53-55}$kã$^{34-33}$ tɕiaʔ$^{5-2}$ 脚癣 tɕiaʔ$^{5-3}$ɕi$^{34-44}$	松江：脚丫千$^=$ ɕia ʔ$^{5-3}$o$^{53-55}$tsʰi$^{53-53}$ 青浦^{新}：脚气 tɕia ʔ$^{5-4}$tɕʰi$^{35-35}$	脚癣
48	热疖头 ɲiɪʔ$^{2-1}$tɕiɪʔ$^{5-2}$dɤ$^{13-23}$	松江：勃$^=$轮$^=$头 bəʔ$^{2-2}$ləŋ$^{31-22}$dɤ$^{31-53}$	夏天生在头上的疖子，秋凉即愈
49	寿斑 zɤ$^{13-22}$pE$^{53-44}$ 老人斑 lɔ$^{13-22}$ɲiŋ$^{13-55}$ pE$^{53-21}$	松江：老斑 lɔ$^{22-24}$ ʔbɛ$^{53-21}$ 奉贤：老斑 lɔ$^{22-24}$ ʔbɛ$^{53-21}$ 嘉定：催死斑 tsʰə$^{53-55}$si$^{34-33}$ pE$^{53-21}$ 宝山：催死斑 tsʰɿi$^{53-55}$si$^{35-33}$ pE$^{53-21}$	老人斑
50	雀子斑 tɕiaʔ$^{5-3}$ tsɿ$^{34-55}$ pE$^{53-21}$ 雀斑 tɕʰiaʔ$^{5-2}$pE$^{53-44}$		雀斑
51	皴 tsʰəʔ^{53} 开皴 kʰE$^{53-55}$tsʰəŋ$^{53-21}$	闵行：进坼 ʔbã$^{34-35}$tsʰaʔ$^{5-2}$ 浦东：进坼 ʔbã$^{34-35}$tsʰaʔ$^{5-2}$ 南汇：进坼 ʔbã$^{34-35}$tsʰaʔ$^{5-2}$ 松江：□坼 kuaʔ$^{5-5}$tsʰaʔ$^{5-2}$ 奉贤：□坼 kuaʔ$^{5-5}$tsʰaʔ$^{5-2}$ 青浦：□坼 kuaʔ$^{5-5}$tsʰaʔ$^{5-2}$ 嘉定：□坼 kuaʔ$^{5-5}$tsʰaʔ$^{5-2}$ 宝山：□坼 kuaʔ$^{5-5}$tsʰaʔ$^{5-2}$	因寒冷而皮肤开裂
52	砑 tsʰaʔ^5	青浦^{新}：刮砑 kuaʔ$^{5-5}$ tsʰ aʔ$^{5-5}$	皮肤上裂开的口子
53	猪狗臭 tsɿ$^{53-55}$kɤ$^{34-33}$tsʰɤ$^{34-21}$ 狐臭 ɦu$^{13-22}$ tsʰɤ$^{34-44}$	南汇：猪胳臭 tsɿ$^{53-55}$kæʔ$^{5-5}$tsʰɤ$^{35-21}$ 金山^{新}：味道 vE$^{35-44}$dɔ$^{35-44}$	狐臭
54	脊阳橵 ɕiŋ$^{34-33}$ɦiã$^{13-55}$ɦuəʔ$^{2-2}$	宝山：喜娘橵 ɕi$^{35-33}$ɲiã$^{31-55}$ɦuəʔ$^{2-2}$ 崇明：喜娘橵 ɕi$^{35-33}$ɲiã$^{31-55}$ɦuəʔ$^{2-2}$	淋巴肿核

（续表）

序号	上海市区方言	上海郊区方言	普通话
55	眯且＝眼 mi$^{53-55}$tɕʰi$^{53-33}$ŋE$^{13-21}$	闵行：麦＝西＝眼 maʔ$^{2-2}$si$^{53-22}$ŋE$^{13-53}$ 松江：麦＝西＝眼 maʔ$^{2-2}$si$^{53-22}$ŋE$^{13-53}$ 奉贤：麦＝西＝眼 maʔ$^{2-2}$si$^{53-22}$ŋE$^{13-53}$ 浦东：麦＝妻＝眼 maʔ$^{2-5}$tsʰi$^{53-55}$ŋE$^{13-21}$ 南汇：麦＝妻＝眼 maʔ$^{2-5}$tsʰi$^{53-55}$ŋE$^{13-21}$ 宝山：麦＝妻＝眼 maʔ$^{2-5}$tsʰi$^{53-55}$ŋE$^{13-21}$ 金山^新：咪咪眼 mi$^{53-34}$mi$^{53-55}$ŋE$^{35-31}$ 青浦^新：眯企＝眼 [mi$^{53-44}$tɕʰi^{44}ŋE^{31}] 崇明：眯秋＝眼 mi$^{55-55}$tɕʰiɵ$^{53-33}$ŋæ$^{242-0}$	因视力不好而眯起的眼睛
56	老光眼 lɔ$^{13-22}$kuã$^{53-55}$ŋE$^{13-21}$ 老花眼 lɔ$^{13-22}$ho$^{53-55}$ŋE$^{13-21}$		老花眼
57	风瘫 foŋ$^{53-55}$tʰE$^{53-21}$ 瘫痪 tʰE$^{53-21}$huø$^{34-21}$	奉贤^新：瘫脱 dɛ$^{53-53}$tʰəʔ$^{5-2}$ 金山^新：瘫脱 tʰɛ$^{53-44}$tʰəʔ$^{5-2}$	瘫痪
58	硗脚 tɕʰiɔ$^{53-55}$tɕiaʔ$^{5-2}$ 折脚 zəʔ$^{2-1}$tɕiaʔ$^{5-2}$	奉贤：蹩脚 biɪʔ$^{2-2}$tɕiaʔ$^{5-2}$ 奉贤^新：歪脚 hua$^{53-53}$ʔtɕiaʔ$^{5-2}$ 金山^新：歪脚 uA$^{53-44}$tɕiA$^{5-2}$ 嘉定：坏脚 ɦuɑ$^{13-22}$tɕiaʔ$^{5-4}$ 崇明：拐＝脚 kuæ$^{534-534}$tɕiaʔ$^{5-5}$	瘸子
59	聋膨 loŋ$^{13-22}$bã$^{13-44}$		（1）耳聋 （2）耳聋的人
60	吃嘴 zəʔ$^{5-3}$tsʅ$^{34-44}$ 楞嘴 ləŋ$^{13-22}$tsʅ$^{34-44}$ 口吃^新 kʰɤ$^{34-33}$tɕiɪ$^{5-4}$	金山^新：结巴 tɕiɪʔ$^{5-3}$po$^{53-53}$ 青浦：登＝嘴 ʔdəŋ$^{53-44}$tsʅ$^{44-42}$ 崇明：笃嘴 toʔ$^{5-5}$tsʅ$^{424-33}$	口吃
61	瞎眼 haʔ$^{5-3}$ŋE$^{13-44}$		（1）瞎子 （2）眼瞎
62	豁嘴 huaʔ$^{5-3}$tsʅ$^{34-44}$ 缺嘴 tɕʰyɪʔ$^{5-3}$tsʅ$^{34-44}$	川沙：豁嘴巴 huaʔ$^{5-3}$tsʅ$^{44-55}$ʔbo$^{53-53}$	兔唇
63	齙牙齿 bo$^{13-22}$ŋa$^{13-55}$tsʰʅ$^{34-21}$ 齙牙 bo$^{13-22}$ŋa$^{13-44}$ 抄＝牙齿 tsʰɔ$^{53-55}$ŋa$^{13-33}$tsʰʅ$^{34-21}$	浦东：□嘴 tsaʔ$^{5-4}$tsʅ$^{44-44}$	（1）上牙外翘 （2）指这种牙齿

(续表)

序号	上海市区方言	上海郊区方言	普通话
64	髈牵筋 $p^h\tilde{a}^{34-33}tc^hi^{53-55}tcin^{53-21}$	闵行：脚欠筋 $cia\textrm{?}^{5-5}chi^{34-55}cin^{53-21}$ 嘉定：脚欠筋 $tcia\textrm{?}^{5-3}tchii^{34-55}tcin^{53-21}$ 奉贤：脚欠筋 $cia\textrm{?}^{5-5}chi^{34-55}cin^{53-21}$ 崇明：脚欠筋 $cia\textrm{?}^{5-5}chi^{34-55}cin^{53-21}$ 松江[新]：抽筋 $ts^h\gamma^{w53-54}tcin^{53-53}$ 青浦[新]：抽筋 $ts^hw^{53-44}tciən^{53-42}$ 金山[新]：脚抽筋 $tciA\textrm{?}^{5-3}ts^h\gamma^{53-55}tciæn^{53-31}$	腿抽筋
65	小舍母 $cio^{34-33}so^{34-55}fim^{13-21}$ 小产 $cio^{34-33}ts^hE^{34-44}$	青浦[新]：流产 $liw^{31-13}ts^hE^{44-21}$	流产
66	滋水泡 $tsn^{53-55}sn^{34-33}p^hɔ^{34-21}$	浦东：水泡 $sn^{44-44}p^hɔ^{35-44}$ 南汇：水泡 $sn^{44-44}p^hɔ^{35-44}$ 金山[新]：水泡 $sn^{44-44}p^hɔ^{35-44}$ 青浦[新]：水泡 $sn^{44-44}p^hɔ^{35-44}$	皮肤上的水泡

第十三章 衣着穿戴

序号	上海市区方言	上海郊区方言	普通话
1	穿戴 tsʰø⁵³⁻⁵⁵ ta³⁴⁻²¹ 穿着 tsʰø⁵³⁻⁵⁵ tsaʔ⁵⁻²	闵行：打扮 ʔdã⁴⁴⁻⁴⁴ ʔbɛ³⁴⁻⁴⁴ 松江：着打 tsaʔ⁵⁻⁴ ʔdã⁴⁴⁻⁴⁴ 浦东：行头 ɦiã²¹³⁻²² dɤ²¹³⁻²² 南汇：行头 ɦiã²¹³⁻²² dɤ²¹³⁻²² 金山新：着拉 tsAʔ⁵⁻³ lA⁵³⁻⁵³ 青浦：着戴 tsaʔ⁵⁻⁴ tɛ³⁵⁻³⁵	穿着
2	翻行头 fE³⁵⁻⁵⁵ ɦiã¹³⁻³³ dɤ²¹³⁻²²	浦东：更衣裳 kã¹³⁻³³ i⁵³⁻⁵⁵ zã²¹³⁻⁵³ 金山新：换衣裳 ve³⁵⁻⁴³ i⁵³⁻³³ zã³¹⁻²¹	更换服饰，多指女子
3	衣裳 i⁵³⁻⁵⁵ zã¹³⁻²¹	松江：衣裳刮"草" i⁵³⁻⁵⁵ zã³¹⁻³³ kuæʔ⁵⁻³ tsʰɔ⁴⁴⁻²¹	（1）衣服 （2）上装
4	长打 zã¹³⁻²² tã³⁴⁻⁴⁴	闵行：长衫 zã³¹⁻¹³ sɛ⁵³⁻⁵³ 松江：长衫 zã³¹⁻¹³ sɛ⁵³⁻⁵³ 浦东：长衫 zã³¹⁻¹³ sɛ⁵³⁻⁵³ 南汇：长衫 zã³¹⁻¹³ sɛ⁵³⁻⁵³ 奉贤：长衫 zã³¹⁻¹³ sɛ⁵³⁻⁵³ 金山：长衫 zã³¹⁻¹³ sɛ⁵³⁻⁵³ 宝山：长衫 zã³¹⁻¹³ sɛ⁵³⁻⁵³ 浦东：满衣 me¹³⁻²² i⁵³⁻⁵³	旧时男子穿的中式上衣
5	短打 tø³⁴⁻³³ tã³⁴⁻⁴⁴	金山新：短衫 tø⁴⁴⁻²⁴ sɛ⁵³⁻⁵³	（1）旧时男子穿的中式短装 （2）戏曲演员穿短衣开打
6	罩纱 tsɔ³⁴⁻³³ sE⁵³⁻⁴⁴	闵行：包衫 ʔbɔ⁵³⁻⁵⁵ sɛ⁵³⁻⁵³ 松江：包衫 ʔbɔ⁵³⁻⁵⁵ sɛ⁵³⁻⁵³	穿在最外面的中式单上衣
7	袷袄 kaʔ⁵⁻³ ɔ³⁴⁻⁴⁴ 袷衫 kaʔ⁵⁻³ sE⁵³⁻⁴⁴	奉贤：袷睏衣 kæʔ⁵⁻³ kʰuəŋ³³⁵⁻⁵⁵ i⁵³⁻²¹ 金山新：棉包 mi³¹⁻¹³ pɔ⁵³⁻⁵³	双层的上衣

（续表）

序号	上海市区方言	上海郊区方言	普通话
8	单衣 tE$^{53\text{-}55}$i$^{53\text{-}21}$ 单衫 tE$^{53\text{-}55}$ sE$^{53\text{-}21}$	浦东：短衫 ʔdø$^{44\text{-}33}$ sE$^{53\text{-}53}$ 南汇：短衫 ʔdø$^{44\text{-}33}$ sE$^{53\text{-}53}$ 金山^{新}：一件头衣裳 iɿʔ$^{5\text{-}4}$dʑiɿ$^{2\text{-}2}$dɤ$^{31\text{-}23}$i$^{53\text{-}55}$zɑ̃$^{31\text{-}31}$ 青浦^{新}：单布衫 tE$^{53\text{-}44}$ pu$^{35\text{-}44}$ sE$^{53\text{-}21}$ 嘉定：单布衫 tɯ$^{53\text{-}55}$ pu$^{34\text{-}33}$ sE$^{53\text{-}21}$	单上衣
9	绒线衫 ȵyoŋ$^{13\text{-}22}$ɕi$^{34\text{-}55}$ sE$^{53\text{-}21}$	松江：线绳衫 si$^{35\text{-}55}$zəŋ$^{31\text{-}33}$ sE$^{53\text{-}21}$ 松江：头绳衫 dɯ$^{31\text{-}24}$zəŋ$^{31\text{-}55}$ sE$^{53\text{-}21}$ 金山^{新}：头绳衫 dɯ$^{31\text{-}24}$zəŋ$^{31\text{-}55}$ sE$^{53\text{-}21}$ 嘉定：头绳衫 də$^{31\text{-}22}$ zẽ$^{31\text{-}55}$ sE$^{53\text{-}21}$ 青浦^{新}：羊毛衫 ɦiẽ$^{31\text{-}13}$ mɔ$^{31\text{-}44}$ sE$^{53\text{-}21}$ 宝山：毛线衫 mɔ$^{31\text{-}24}$ sɿ$^{35\text{-}55}$ sE$^{53\text{-}53}$ 崇明：头绳布衫 də$^{24\text{-}34}$zəŋ$^{24\text{-}55}$ pu$^{33\text{-}42}$sæ$^{55\text{-}21}$	毛线衣
10	绒线裤 ȵyoŋ$^{13\text{-}22}$ɕi$^{34\text{-}55}$kʰu$^{34\text{-}21}$	松江：头绳裤 dɯ$^{31\text{-}24}$zəŋ$^{31\text{-}55}$ kʰu$^{35\text{-}21}$ 金山^{新}：头绳裤 dɯ$^{31\text{-}24}$zəŋ$^{31\text{-}55}$ kʰu$^{35\text{-}21}$ 嘉定：头绳裤 də$^{31\text{-}22}$ zẽ$^{31\text{-}55}$ kʰu$^{34\text{-}21}$ 青浦^{新}：羊毛衫 ɦiẽ$^{31\text{-}13}$ mɔ$^{31\text{-}44}$ sE$^{53\text{-}21}$ 宝山：毛线裤 mɔ$^{31\text{-}24}$ sɿ$^{35\text{-}55}$ kʰu$^{35\text{-}53}$	毛线裤
11	睏衣 kʰuoŋ$^{34\text{-}33}$i$^{53\text{-}44}$		睡衣
12	汗马袮 ɦø$^{13\text{-}22}$mo$^{13\text{-}55}$ka$^{5\text{-}2}$ 汗背心 ɦø$^{13\text{-}22}$pE$^{34\text{-}55}$ɕiŋ$^{53\text{-}21}$	浦东：领衣 liŋ$^{13\text{-}22}$i$^{53\text{-}53}$ 南汇：领衣 liŋ$^{13\text{-}22}$i$^{53\text{-}53}$ 南汇：汗马袮 ɦø$^{13\text{-}22}$sE$^{53\text{-}33}$ mo$^{31\text{-}33}$kaʔ$^{5\text{-}2}$ 金山^{新}：背心 pe$^{13\text{-}13}$ ɕiæŋ$^{53\text{-}31}$ 嘉定：汗衫背单 ɦɯ$^{13\text{-}22}$ sE$^{53\text{-}55}$ pə$^{34\text{-}33}$ tE$^{53\text{-}21}$	无领、无袖的汗衫

（续表）

序号	上海市区方言	上海郊区方言	普通话
13	小马袱 ɕiɔ³⁴⁻³³ mo¹³⁻⁵⁵ kaʔ⁵⁻² 西装马袱 ɕi⁵³⁻⁵⁵tsã⁵³⁻³³ mo¹³⁻³³ kaʔ⁵⁻²	金山新：马袱 mo³¹⁻²³ kæʔ⁵⁻⁴	西式背心
14	奶罩 na¹³⁻²² tsɔ³⁴⁻⁴⁴ 胸罩 ɕyoŋ⁵³⁻⁵⁵ tsɔ³⁴⁻²¹		乳罩
15	对面襟 tE³⁴⁻³³mi¹³⁻⁵⁵ tɕiŋ⁵³⁻²¹ 对襟 tE³⁴⁻³³ tɕiŋ⁵³⁻⁴⁴	浦东：大襟 du¹³⁻²² tɕiŋ⁵³⁻⁴⁴ 南汇：绞襟 kɔ⁴⁴⁻³⁵ʔʑiŋ⁵³⁻⁵³	对襟儿
16	面子 mi¹³⁻²²tsɿ³⁴⁻⁴⁴		（1）衣物的表面 （2）体面 （3）情面
17	袱里 kaʔ⁵⁻³ li¹³⁻⁴⁴		里子
18	衬头 tsʰəŋ³⁴⁻³³ dɤ¹³⁻²¹	青浦：衬里布 tsʰəŋ³⁴⁻⁴⁴ li¹³⁻⁴⁴ pu³⁵⁻²¹	西服中胸前的硬衬布
19	纽襻 niɤ¹³⁻²²pʰE³⁴⁻⁴⁴		扣住纽扣的套子
20	衬布 tsʰəŋ³⁴⁻³³ pu³⁴⁻⁴⁴	浦东：衬头 tsʰəŋ³⁵⁻³³ dɤ²¹³⁻⁵³ 南汇：衬头 tsʰəŋ³⁵⁻³³ dɤ²¹³⁻⁵³	衬在面子和里子之间的布
21	衬里裤子 tsʰəŋ³⁴⁻³³li¹³⁻⁵⁵kʰu³⁴⁻³³ tsɿ³⁴⁻²¹ 衬裤 tsʰəŋ³⁴⁻³³ kʰu³⁴⁻⁴⁴	川沙：内裤 ne²¹³⁻²² kʰu³⁵⁻³⁴ 川沙：短裤 ʔdø⁴⁴⁻⁴⁴ kʰu³⁵⁻⁴⁴ 嘉定：短裤 tɯ³⁴⁻³³kʰu³⁴⁻⁵³ 金山新：半裤 pe¹³⁻¹³kʰu³⁵⁻³¹ 嘉定：短脚裤 tɯ³⁴⁻³³ tɕia⁵²⁻⁵kʰu³⁴⁻²¹	内裤
22	连裆裤 li¹³⁻²²tã⁵³⁻⁵⁵ kʰu³⁴⁻²¹		（1）裆里不开口的裤子 （2）互相勾结叫～
23	睏衣睏裤 kʰuəŋ³⁴⁻³³i⁵³⁻⁵⁵kʰuəŋ³⁴⁻³³kʰu³⁴⁻²¹		睡衣睡裤
24	鞔裆裤 mE¹³⁻²²tã⁵³⁻⁵⁵ kʰu³⁴⁻²¹		裆部不开叉的裤子
25	裤带 kʰu³⁴⁻³³ ta³⁴⁻⁴⁴	闵行：裤子带 kʰu³⁴⁻⁴⁴ tsɿ⁴⁴⁻³³ʔda³⁴⁻³⁴ 松江：裤子带 kʰu³⁴⁻⁴⁴ tsɿ⁴⁴⁻³³ʔda³⁴⁻³⁴ 浦东：裤子带 kʰu³⁴⁻⁴⁴ tsɿ⁴⁴⁻³³ʔda³⁴⁻³⁴ 南汇：裤子带 kʰu³⁴⁻⁴⁴ tsɿ⁴⁴⁻³³ʔda³⁴⁻³⁴ 青浦新：裤子带 kʰu³⁵⁻³³ tsɿ⁴⁴⁻⁵⁵ ta³⁵⁻²¹ 嘉定：裤子带 kʰu³⁴⁻³³ tsɿ⁴⁴⁻⁵⁵ ta³⁴⁻²¹ 川沙：裤腰带 kʰu³⁵⁻³³ iɔ⁵³⁻⁵⁵ ʔda³⁵⁻²¹ 青浦新：腰带 ø⁵³⁻⁴⁴ ta³⁵⁻²¹	裤腰带

（续表）

序号	上海市区方言	上海郊区方言	普通话
26	裤筒 $k^hu^{34-33}doŋ^{13-44}$ 裤子脚管 $k^hu^{34-33}tsղ^{34-55}tɕia?^{5-3}kuø^{34-21}$ 裤脚管 $k^hu^{34-33}tɕia?^{5-5}kuø^{34-21}$ 裤脚 $k^hu^{34-33}tɕia?^{5-4}$	青浦^新：裤子脚 $k^hu^{35-33}tsղ^{44-55}tɕia?^{5-2}$	裤腿儿
27	纽子 ȵiɤ$^{13-22}$ tsղ$^{34-44}$ 纽扣 ȵiɤ$^{13-22}$ k^{h}ɤ$^{34-44}$	嘉定：纽豆 ȵy$^{13-11}$ dɤ$^{13-24}$	纽扣
28	羽毛纱 ɦy$^{13-22}$mɔ$^{13-55}$so$^{53-21}$ 羽绸 ɦy$^{13-22}$zɤ$^{13-44}$ 羽纱 ɦy$^{13-22}$so$^{53-44}$		羽衫
29	衣裳料作 i$^{53-55}$zã$^{13-33}$liɔ$^{13-33}$tsɔ?$^{5-2}$	松江：料作 liɔ$^{13-24}$tsɔ?$^{5-2}$ 金山^新：料作 liɔ$^{35-23}$ tsղ$^{5-4}$ 青浦^新：料作 liɔ$^{35-13}$ tsɔ?$^{5-2}$ 金山^新：衣裳 i$^{53-24}$ zã$^{31-53}$	衣料
30	杜布 du$^{13-22}$pu$^{34-44}$ 老布 lɔ$^{13-22}$ pu$^{34-44}$ 平机布 biŋ$^{13-22}$tɕi$^{53-55}$ pu$^{34-21}$ 土布 t^{h}u$^{34-33}$ pu$^{34-44}$		土布
31	敲$^=$纱 k^{h}ɔ$^{53-55}$so$^{53-21}$ 香玄纱 ɕiã$^{53-55}$ɦi$^{13-33}$ so$^{53-21}$ 香云纱 ɕiã$^{53-55}$ɦyŋ$^{13-33}$[ɦyoŋ$^{13-33}$]so$^{53-21}$		香云衫
32	风凉鞋 foŋ$^{53-55}$liã$^{13-33}$ɦa$^{13-21}$		凉鞋
33	风凉皮鞋 foŋ$^{53-55}$liã$^{13-33}$bi$^{13-33}$ɦa$^{13-21}$		皮凉鞋
34	鞋楦头 ɦa$^{13-22}$ɕyø$^{34-55}$dɤ$^{13-21}$	浦东：鞋扩头 ɦa$^{213-22}$k^{h}uɔ?$^{5-2}$dɤ$^{213-34}$ 浦东：排刷头 ba$^{213-22}$sæ?$^{5-2}$dɤ$^{213-34}$ 南汇：排刷头 ba$^{213-22}$sæ?$^{5-2}$dɤ$^{213-34}$	鞋楦子
35	鞋沿拔 ɦa$^{13-22}$ ɦi$^{13-55}$ba?$^{2-2}$ 鞋拔 ɦa$^{13-22}$ba?$^{2-4}$	崇明：鞋挽 ɦa$^{24-24}$ ɦuæ$^{313-33}$	鞋拔子
36	木屐板 mo?$^{2-1}$ dʑyɪ?$^{2-2}$[dʑyo?$^{2-2}$] pE$^{34-23}$ 木拖鞋 mo?$^{2-1}$ t^{h}u$^{53-22}$ɦa$^{13-23}$ 木拖板 mo?$^{2-1}$ t^{h}u$^{53-22}$ pE$^{34-23}$	松江：木屐 mɔ?$^{2-2}$jia?$^{2-3}$	木屐
37	袜子 ma?^{2} 袜 ma?$^{2-1}$ tsղ$^{34-23}$	嘉定^旧：洋袜 ɦiã$^{31-24}$ma?$^{2-2}$	袜子

（续表）

序号	上海市区方言	上海郊区方言	普通话
38	棉褡 mi$^{13-22}$mE$^{13-44}$	松江^{新}：棉袄 mir$^{31-33}$fiɔ$^{13-43}$ 金山^{新}：棉包 mi$^{31-13}$ pɔ$^{53-53}$ 青浦^{新}：棉大衣 mir$^{31-13}$du$^{213-44}$ø$^{53-21}$	棉袍
39	出客衣裳 tsʰəʔ$^{5-3}$kʰa$^{?5-5}$i$^{53-33}$zã$^{13-21}$	浦东：出场衣裳 tsʰəʔ$^{5-3}$ zã$^{213-55}$i$^{53-33}$ zã$^{213-21}$ 南汇：出场衣裳 tsʰəʔ$^{5-3}$ zã$^{213-55}$i$^{53-33}$zã$^{213-21}$ 金山^{新}：做客人衣裳 tsu$^{13-23}$kʰaʔ$^{5-5}$ȵiæŋ$^{31-33}$i$^{53-33}$zã$^{31-31}$	做客时穿的较好的衣服
40	百家衣 paʔ$^{5-3}$ka$^{53-55}$i$^{53-21}$		旧时担心小孩子长不大，向别人要碎布或布线做成的衣服
41	蜡烛包 laʔ$^{2-1}$tsoʔ$^{5-2}$pɔ$^{53-23}$		包裹着婴儿的褓裸
42	风凉帽 foŋ$^{53-55}$liã$^{13-33}$mɔ$^{13-21}$ 凉帽 liã$^{13-22}$mɔ$^{13-44}$	市区^{新}：风凉帽子 foŋ$^{53-55}$ liã$^{13-33}$ mɔ$^{13-33}$tsɿ$^{34-21}$ 川沙：太阳帽 tʰa$^{35-22}$fiiaŋ$^{213-31}$ mɔ$^{13-21}$	遮阳光用的帽子
43	箬帽 ȵiaʔ$^{2-1}$mɔ$^{13-23}$	青浦^{新}：凉帽 liẽ$^{31-13}$ mɔ$^{213-21}$	斗笠
44	宝匣 pɔ$^{34-33}$fiaʔ$^{2-4}$ 首饰匣 sɤ$^{34-33}$səʔ$^{5-5}$ fiaʔ$^{2-2}$	浦东：八宝箱 ʔbæʔ$^{5-3}$ʔbɔ$^{44-55}$siã$^{53-53}$ 南汇：八宝箱 ʔbæʔ$^{5-3}$ʔbɔ$^{44-55}$siã$^{53-53}$	首饰匣
45	镯头 zoʔ$^{2-1}$dɤ$^{13-23}$ 手镯 sɤ$^{34-33}$ zoʔ$^{2-4}$	宝山：手局" sʋi$^{35-55}$ dʑyoʔ$^{2-2}$	手镯
46	插发簪 tsʰaʔ$^{5-3}$faʔ$^{5-5}$tsø$^{53-21}$ 头发簪 dɤ$^{13-22}$ faʔ$^{5-5}$tsø$^{53-21}$ 簪 tsø^{53}	闵行：压发簪 aʔ$^{5-5}$ɸæʔ$^{5-5}$tsø$^{53-55}$ 松江：压发簪 aʔ$^{5-5}$ɸæʔ$^{5-5}$tsø$^{53-55}$ 浦东：压发簪 aʔ$^{5-5}$ɸæʔ$^{5-5}$tsø$^{53-55}$ 南汇：压发簪 aʔ$^{5-5}$ɸæʔ$^{5-5}$tsø$^{53-55}$ 奉贤：压发簪 aʔ$^{5-5}$ɸæʔ$^{5-5}$tsø$^{53-55}$ 宝山：压发簪 aʔ$^{5-5}$ɸæʔ$^{5-5}$tsø$^{53-55}$	簪子
47	梳头家生 sɿ$^{53-55}$ dɤ$^{13-33}$ka$^{53-33}$sã$^{53-21}$	松江^{新}：木梳 mɔʔ$^{3-3}$sɿ$^{53-53}$ 金山^{新}：木梳 mɔʔ$^{2-2}$sɿ$^{53-53}$	梳妆用具
48	头绳 dɤ$^{13-22}$zəŋ$^{13-44}$		扎辫子用的线
49	搨油 tʰaʔ$^{5-3}$fiiɤ$^{13-44}$	浦东：抹油 məʔ$^{2-2}$fiiɤ$^{213-34}$	涂油

（续表）

序号	上海市区方言	上海郊区方言	普通话
50	围身头 ɦy$^{13-22}$ sən$^{53-55}$ dʮ$^{13-21}$ 围身 ɦy$^{13-22}$ sən$^{53-44}$ 饭单 vE$^{13-22}$ tE$^{53-44}$	松江：作裙 tsɔʔ$^{5-4}$ dzyŋ$^{31-53}$ 浦东：作裙 tsɔʔ$^{5-4}$ dzyŋ$^{31-53}$ 南汇：作裙 tsɔʔ$^{5-4}$ dzyŋ$^{31-53}$ 奉贤：作裙 tsɔʔ$^{5-4}$ dzyŋ$^{31-53}$ 嘉定：作裙 tsɔʔ$^{5-4}$ dzyŋ$^{31-53}$ 松江：布襕 ʔbu$^{35-53}$ lɛ$^{31-21}$ 宝山：围身布 ɦy$^{31-24}$ sən$^{53-55}$ pu$^{35-21}$ 崇明：围腰 ɦy$^{24-24}$ iɔ$^{55-55}$	围裙
51	袖套 ziʮ$^{13-22}$ tʰɔ$^{34-44}$ 套袖 tʰɔ$^{34-33}$ ziʮ$^{13-44}$		套袖
52	罩袖 tsɔ$^{34-33}$ ziʮ$^{13-44}$		（1）套袖 （2）中装衣料中做袖子的那部分
53	绢头 tɕyø$^{53-55}$ dʮ$^{13-21}$		手绢儿
54	毛巾绢头 mɔ$^{13-22}$ tɕiŋ$^{53-55}$ tɕyø$^{53-33}$ dʮ$^{13-21}$	青浦^{新}：刺"毛绢头 tsʰŋ̍$^{35-44}$ mɔ$^{31-44}$ tɕyø$^{35-44}$ dɯ$^{31-21}$	手绢儿大小的毛巾
55	太阳眼睛 tʰa$^{34-33}$ ɦiã$^{13-55}$ ŋE$^{13-33}$ tɕiŋ$^{34-21}$ 墨镜^{新} məʔ$^{2-1}$ tɕiŋ$^{34-23}$		墨镜
56	头颈套 dʮ$^{13-22}$ tɕiŋ$^{34-55}$ tʰɔ$^{34-21}$ 领套 liŋ$^{13-22}$ tʰɔ$^{34-44}$ 领圈 liŋ$^{13-22}$ tɕʰyø$^{53-44}$	金山^{新}：假领头 kA$^{44-34}$ liæŋ$^{35-55}$ dʮ$^{31-31}$	套在脖子上的保暖用品
57	墨晶眼镜 məʔ$^{2-1}$ tɕiŋ$^{53-22}$ ŋE$^{13-22}$ tɕiŋ$^{34-23}$/ məʔ$^{2-2}$ tɕiŋ$^{53-55}$ ŋE$^{13-33}$ tɕiŋ$^{34-21}$	闵行：黑水眼睛 məʔ$^{2-2}$ sŋ̍$^{44-22}$ ŋE$^{13-55}$ ciŋ$^{34-21}$ 浦东：黑水眼睛 məʔ$^{2-2}$ sŋ̍$^{44-22}$ ŋE$^{13-55}$ ciŋ$^{34-21}$ 南汇：黑水眼睛 məʔ$^{2-2}$ sŋ̍$^{44-22}$ ŋE$^{13-55}$ ciŋ$^{34-21}$ 金山：墨镜 məʔ$^{2-3}$ tɕiæn$^{44-33}$	用黑色水晶制成的墨镜
58	洋伞 ɦiã$^{13-22}$ sE$^{34-44}$		以金属作架，布或尼布做面的伞
59	表 piɔ^{34}[piɔ^{53}] 手表 sʮ$^{34-33}$ piɔ$^{34-44}$[piɔ$^{53-44}$]		手表
60	挂表 ko$^{34-33}$ piɔ$^{53-44}$[piɔ$^{34-44}$] 怀表 ɦua$^{13-22}$ piɔ$^{34-44}$[piɔ$^{53-44}$]		怀表

第十四章 饮　　食

序号	上海市区方言	上海郊区方言	普通话
1	开伙仓 $kʰE^{53-55}hu^{34-33}tsʰ\tilde{a}^{53-21}$		开伙食
2	四大金刚 $sŋ^{34-33}da^{13-55}tɕiŋ^{53-33}k\tilde{a}^{53-21}$		作早点，即大饼、油条、豆浆、粢饭
3	闲食 $ɦE^{13-22}zəʔ^{2-4}$ 零食 $liŋ^{13-22}zəʔ^{2-4}$	松江：杂食 $zæʔ^{2-2}zəʔ^{2-3}$ 浦东：杂食 $zæʔ^{2-2}zəʔ^{2-3}$ 南汇：杂食 $zæʔ^{2-2}zəʔ^{2-3}$ 松江^{新}：吃头 $tɕʰʌʔ^{25-4}dɤ^{ɯ31-43}$ 崇明：小吃物事 $ɕiɔ^{424-42}tɕʰiə^{ʔ2-5}məʔ^{2-5}zŋ^{313-0}$	零食
4	茶食 $zo^{13-22}zəʔ^{2-4}$ 茶点 $zo^{13-22}ti^{34-44}$	南汇：茶水 $zo^{213-22}sŋ^{44-33}$ 金山^{新}：点心 $ti^{44}ɕiæŋ^{53}$	茶点
5	半夜饭 $pø^{34-33}ɦia^{13-55}vE^{13-21}$ 夜点心 $ɦia^{13-22}ti^{34-55}ɕiŋ^{53-21}$ 消夜^{旧} $ɕiɔ^{53-55}ɦia^{13-21}$ 夜消 $ɦia^{13-21}ɕiɔ^{53-44}$		夜宵
6	点饥 $ti^{34-44}\cdot tɕi^{53}$	川沙：点一点 $di^{44-35}iʔ^{5-3}di^{44-21}$ 金山^{新}：点点 $ti^{44-24}ti^{44-53}$ 青浦^{新}：点点 [$tiʔ^{44}tiʔ^{44}$] 青浦^{新}：垫垫 [$diʔ^{13}diʔ^{31}$] 肚皮	吃少量食物解饿
7	隔夜饭 $kaʔ^{5-3}ɦia^{13-55}vE^{13-21}$		前一天晚上做好或吃剩的饭
8	宿饭 $soʔ^{5-3}vE^{13-44}$		隔了不止一天的饭
9	咸酸饭 $ɦE^{13-22}sø^{53-55}vE^{13-21}$ 菜饭 $tsʰE^{34-33}vE^{13-44}$		菜饭
10	淘汤饭 $dɔ^{13-22}tʰ\tilde{a}^{53-55}vE^{13-21}$ 汤淘饭 $tʰ\tilde{a}^{53-55}dɔ^{13-33}vE^{13-21}$	市区^{新}：茶淘饭 $zo^{13-22}dɔ^{13-55}vE^{13-21}$ 奉贤^{新}：茶淘饭 $zo^{31-24}dɔ^{13-55}vE^{13-21}$ 金山^{新}：淘茶饭 $dɔ^{13-23}zo^{31-55}vE^{13-31}$	和了开水或汤的饭

（续表）

序号	上海市区方言	上海郊区方言	普通话
11	中饭 tsoŋ$^{53-55}$vɛ$^{13-21}$	松江：昼饭^{旧} tsɯ$^{35-44}$βɛ$^{13-44}$ 奉贤^{新}：点心 ʔdi^{44}ɕiŋ^{53} 金山^{新}：点心 ti$^{44-24}$ɕiæŋ$^{53-53}$ 崇明：点心 die$^{424-42}$ɕiŋ$^{55-55}$ 嘉定：饭 vɛ^{13}	午饭
12	夜饭 ɦia$^{13-22}$vɛ$^{13-44}$		晚饭
13	烧烂脱 sɔ$^{34-33}$vɛ$^{13-55}$tsəʔ$^{5-2}$	金山^{新}：烧烂脱 sɔ$^{53-44}$lɛ$^{35-33}$tʰəʔ$^{5-2}$	烧酥
14	镬焦 ɦoʔ$^{2-1}$tɕiɔ$^{53-23}$ 饭饘 vɛ$^{13-22}$zɿ$^{13-44}$ 焦饭饘 tɕiɔ$^{53-55}$ vɛ$^{13-33}$zɿ$^{13-21}$	奉贤：饭盖= vɛ$^{113-22}$ke$^{335-44}$ 金山^{新}：饭树 vɛ$^{35-44}$zy$^{35-44}$ 崇明：饭爬=饘 væ$^{313-31}$bo$^{24-55}$zɿ$^{313-0}$	锅巴
15	饭烧粥 vɛ$^{13-22}$sɔ$^{53-55}$ tsoʔ$^{5-2}$ 饭泡粥 vɛ$^{13-22}$pʰɔ$^{34-55}$tsoʔ$^{5-2}$	闵行：饭笃=粥 βɛ$^{13-22}$ʔdo$^{5-5}$tsoʔ$^{5-5}$ 川沙：米烧粥 mi$^{213-22}$sɔ$^{53-55}$tsoʔ$^{5-5}$ 青浦：饭饘粥 βɛ$^{13-22}$zɿ$^{31-44}$ tsoʔ$^{5-2}$ 嘉定：饭汆粥 vɛ$^{13-22}$tsʰɯ$^{53-55}$tsoʔ$^{5-2}$	用饭加水烧成的稀饭
16	粥糁 tsoʔ$^{5-3}$ sø$^{34-44}$ 饭米糁 vɛ$^{13-22}$mi$^{13-55}$ sø$^{34-21}$	松江：饭糁 βɛ$^{13-22}$sø$^{44-33}$ 金山^{新}：饭米酸 vɛ$^{35-34}$mi$^{35-55}$sø$^{53-31}$	饭粒
17	白米粽 baʔ$^{2-1}$mi$^{13-22}$ tsoŋ$^{34-23}$ 白水粽 baʔ$^{2-1}$sɿ$^{34-22}$ tsoŋ$^{34-23}$	金山^{新}：白粽子 bʌʔ$^{2-2}$tsoŋ$^{13-55}$tsɿ$^{44-31}$ 嘉定：白粽 baʔ$^{2-1}$tsoŋ$^{34-24}$	白米粽，单用糯米做成
18	圆子 ɦyø$^{13-22}$tsɿ$^{34-44}$ 汤团 tʰã$^{53-55}$dø$^{13-21}$	川沙：汤圆 tʰaŋ$^{53--55}$ɦyø$^{213-21}$ 金山：汤圆 tʰã$^{53-24}$ɦɔ$^{31-53}$ 青浦^{新}：圆团 ɦyø$^{31-13}$dø$^{31-21}$ 嘉定：圆团 ɦiɯ$^{31-22}$dɯ$^{31-53}$	汤团，有馅
19	糙子 dø$^{13-22}$ tsɿ$^{34-44}$ 糯米糙 nu$^{13-22}$mi$^{13-55}$ dø$^{13-21}$	嘉定：圆子 ɦiɯ$^{31-24}$tsɿ$^{34-21}$	糯米团
20	脚带面 tɕiaʔ$^{5-3}$ta$^{34-55}$mi$^{13-21}$	闵行：阔面 kʰuə$^{5-4}$mi$^{13-44}$ 松江：阔面 kʰuə$^{5-4}$mi$^{13-44}$ 金山：阔面 kʰuə$^{5-4}$mi$^{13-44}$ 宝山：阔面 kʰuə$^{5-4}$mi$^{13-44}$ 奉贤：脚带面 ɲyoʔ$^{2-2}$ta$^{335-55}$mi$^{113-21}$	一种宽度逾寸的面条

（续表）

序号	上海市区方言	上海郊区方言	普通话
21	干面 kø$^{53-55}$mi$^{13-21}$ 面粉 mi$^{13-22}$fəŋ$^{34-44}$	松江：浆面 tsiɛ̃$^{53-55}$mi$^{13-44}$ 浦东：散面 sɛ$^{44-44}$mi$^{13-44}$ 南汇：散面 sɛ$^{44-44}$mi$^{13-44}$	面粉
22	面 mi^{13} 面条 mi$^{13-22}$diɔ$^{13-44}$	市区：切面 tɕʰiɿʔ$^{5-3}$mi$^{13-44}$ 川沙：切面 tɕʰiɿʔ$^{5-4}$mi$^{44-44}$ 浦东：切面 tsʰiɿʔ$^{5-2}$mi$^{13-24}$ 南汇：切面 tsʰiɿʔ$^{5-2}$mi$^{13-24}$	面条
23	面条子 mi$^{13-22}$diɔ$^{13-55}$tsɿ$^{34-21}$	松江：豆⁼面 dɯ$^{13-22}$mi$^{13-33}$ 松江^{新}：生面 sɛ̃$^{53-53}$miɿ$^{13-35}$ 浦东：豆生面 dɤ$^{13-22}$sã$^{53-55}$mi$^{13-21}$	未煮过的面条
24	清汤面 tɕʰiŋ$^{53-55}$tʰã$^{53-33}$mi$^{13-21}$ 光面 kuã$^{53-55}$mi$^{13-21}$ 阳春面 ɦiã$^{13-22}$tsʰəŋ$^{53-55}$mi$^{13-21}$	闵行：清水面 tsʰiŋ$^{53-55}$sɿ$^{44-55}$mi$^{13-53}$	不带浇头的面条
25	烂糊面 lɛ$^{13-22}$ɦu$^{13-55}$mi$^{13-21}$ 糊涂面 ɦu$^{13-22}$du$^{13-55}$mi$^{13-21}$		浇头和面一起煮，很烂的面
26	干挑 kø$^{53-55}$tʰiɔ$^{53-21}$ 拌面 bø$^{13-22}$mi$^{13-44}$		拌面
27	冷拌面 lã$^{13-22}$bø$^{13-55}$mi$^{13-21}$ 冷面 lã$^{13-22}$mi$^{13-44}$		凉面
28	面疙瘩 mi$^{13-22}$kəʔ$^{5-5}$taʔ$^{5-2}$	青浦^{新}：面赖＝团 miɿ$^{13-44}$la$^{53-44}$dø^{31} 嘉定：面汉 miɿ$^{13-22}$hɯ$^{13-24}$	面粉调稀后，一点一点地放在沸水中做成的面食
29	高装⁼ kɔ$^{53-55}$tsã$^{53-21}$ 高脚馒头 kɔ$^{53-55}$tɕiaʔ$^{5-3}$m ø$^{13-33}$dɤ$^{13-21}$	市区：馒头 mø$^{13-22}$dɤ$^{13-44}$ 川沙：馒头 mø$^{213-22}$dɤ$^{213-34}$ 青浦：馒头 miɿ$^{31-44}$dɤ$^{31-53}$ 崇明：馒头 mie$^{13-312}$dɤ$^{13-21}$	一种山东馒头，形状高耸，结实
30	小笼馒头 ɕiɔ$^{34-33}$loŋ$^{13-55}$m ø$^{13-33}$dɤ$^{13-21}$ 小笼包子^{新} ɕiɔ$^{34-33}$loŋ$^{13-55}$pɔ$^{53-33}$tsɿ$^{34-21}$	市区：馒头 mø$^{13-22}$dɤ$^{13-44}$ 川沙：馒头 mø$^{213-22}$dɤ$^{213-34}$ 青浦：馒头 miɿ$^{31-44}$dɯ$^{31-53}$ 松江：汤包 tʰã$^{53-55}$pɔ$^{53-21}$ 奉贤：汤包 tʰã$^{53-55}$pɔ$^{53-21}$ 宝山：汤包 tʰã$^{53-55}$pɔ$^{53-21}$ 青浦^{新}：小笼 ɕiɔ$^{44-44}$loŋ$^{31-53}$ 崇明：包子 pɔ^{42}tsɿ$^{534-21}$	小笼包

（续表）

序号	上海市区方言	上海郊区方言	普通话
31	南翔馒头 mø$^{13-22}$ziã$^{13-55}$mø$^{13-33}$dɤ$^{13-21}$	市区^{新}：南翔小笼 nø$^{13-22}$ziã$^{13-55}$ɕiɔ$^{34-33}$loŋ$^{13-21}$ 青浦：南翔小笼 nir$^{31-13}$dʑiɛ̃$^{31-44}$ɕiɔ$^{44-44}$loŋ$^{31-21}$ 嘉定：南翔小笼 nir$^{31-21}$ziã$^{31-55}$siɔ$^{34-33}$loŋ$^{31-21}$	嘉定区南翔生产的小笼包很有名
32	大饼 du$^{13-22}$piŋ$^{34-44}$ 烧饼^{旧} sɔ$^{53-55}$ piŋ$^{34-21}$	闵行：霍炉烧饼 hɔʔ$^{5-3}$lu$^{31-55}$sɔ$^{53-55}$ʔbiŋ$^{44-21}$ 松江：霍炉烧饼 hɔʔ$^{5-3}$lu$^{31-55}$sɔ$^{53-55}$ʔpiŋ$^{44-21}$	烧饼
33	粢饭糕 tsʰɿ$^{53-55}$vE$^{13-33}$kɔ$^{53-21}$	金山^{新}：粢饭 tsʰɿ$^{53-34}$vE$^{35-53}$ 青浦^{新}：粢饭糕 tsʰɿ$^{53-44}$vE$^{213-44}$kɔ$^{53-31}$	油炸粢块饭
34	油炸 ɦiɤ$^{13-22}$tsa$^{34-55}$kuE$^{34-21}$ 油条 ɦiɤ$^{13-22}$ kɔ$^{53-21}$		油条
35	水潜蛋 sɿ$^{34-33}$pʰu$^{53-55}$dE$^{13-21}$	闵行：滚蛋 kuəŋ$^{44-44}$dɛ$^{13-44}$ 奉贤：滚蛋 kuəŋ$^{44-44}$dɛ$^{13-44}$ 嘉定：滚蛋 kuɛ̃$^{34-33}$duɪ$^{13-53}$ 崇明：滚蛋 kuəŋ$^{44-44}$dɛ$^{13-44}$ 松江：滚鸡蛋 kuəŋ$^{44-35}$ci$^{53-33}$dɛ$^{13-21}$ 浦东：糖滚蛋 dã$^{213-22}$ kuəŋ$^{44-22}$dɛ$^{13-22}$ 南汇：糖滚蛋 dã$^{213-22}$ kuəŋ$^{44-22}$dɛ$^{13-22}$	卧鸡子儿
36	白煠蛋 baʔ$^{2-1}$zaʔ$^{2-2}$dE$^{13-23}$	金山^{新}：白焐蛋 bʌʔ$^{2-1}$u$^{53-55}$dɤ$^{13-31}$ 青浦^{新}：白焐=蛋 baʔ$^{2-2}$u$^{53-44}$dE$^{213-21}$ 嘉定：白和蛋 baʔ$^{2-1}$ɦu$^{31-11}$duɪ$^{13-24}$ 白和=蛋 baʔ$^{2-1}$ɦu$^{13-22}$dE$^{13-23}$	带壳的水煮蛋
37	吃局 tɕʰiʔ$^{5-3}$ dzyʔ$^{2-4}$[dzyo$^{2-4}$]	松江：吃头 cʰiə$^{2-4}$duɪ$^{31-53}$ 松江^{新}：点心 ti$^{44-55}$ɕin$^{53-53}$ 金山^{新}：点心 ti^{44}ɕiɛn^{53}	食物，常指干点心之类

（续表）

序号	上海市区方言	上海郊区方言	普通话
38	绞挭棒 kɔ³⁴⁻³³lir̩ʔ²⁻⁵bã¹³⁻²¹ 脆麻 tsʰø³⁴⁻³³ma¹³⁻⁵⁵ho⁵³⁻²¹	闵行：链条餜 li¹³⁻²²diɔ³¹⁻²²ku⁴⁴⁻³⁴ 松江：链条餜 li¹³⁻²²diɔ³¹⁻²²ku⁴⁴⁻³⁴ 青浦：链条餜 li¹³⁻²²diɔ³¹⁻²²ku⁴⁴⁻³⁴ 南汇：脆麻花 tsʰø³⁵⁻³⁵mo¹³⁻³³huo⁵³⁻²¹ 金山新：麻花 mo³¹⁻¹³ho⁵³⁻⁵³ 青浦新：挭＝条＝箍＝ lir̩³¹⁻²² diɔ³¹⁻²² ku⁵³ 崇明：绳烤 zən²⁴⁻²⁴ kʰɔ⁴²⁴⁻⁰	麻花
39	水饺子 sɿ³⁴⁻³³tɕiɔ³⁴⁻⁵⁵ tsɿ³⁴⁻²¹ 水饺 sɿ³⁴⁻³³tɕiɔ³⁴⁻⁴⁴	金山新：饺子 tɕiɔ⁴⁴⁻²⁴tsɿ⁴⁴⁻⁵³ 嘉定：饺子 tɕiɔ³⁴⁻³³tsɿ³⁴⁻⁵³	水饺
40	心子 ɕin⁵³⁻⁵⁵ tsɿ³⁴⁻⁴⁴ 馅头 ɦiE¹³⁻²²dɤ¹³⁻⁴⁴	青浦：馅子 ɦiE²¹³⁻²³tsɿ⁴⁴⁻⁴⁴ 嘉定：心 sin⁵³	馅儿
41	皮子 pi¹³⁻²² tsɿ³⁴⁻⁴⁴	嘉定：皮 bi³¹	包馄饨、春卷用的薄面皮
42	千刀 tɕʰi⁵³⁻⁵⁵tɔ⁵³⁻³³ nyoʔ²⁻² 肉浆 nyoʔ²⁻¹ tɕiã⁵³⁻²³	松江新：碎肉 sE³⁵⁻⁴⁵ nioʔ³⁻⁵ 青浦新：碎肉 sE³⁵⁻¹³ nioʔ²⁻⁴ 闵行：劗肉 tsɛ⁵³⁻⁵⁵ nyoʔ²⁻² 南汇：劗碎肉 tsɛ⁵³⁻⁵⁵ sE³⁵⁻³³ nyoʔ²⁻² 金山新：宰碎肉 tsɛ⁴⁴⁻³⁴ sE¹³⁻⁵⁵ nyoʔ²⁻³	剁碎的肉
43	油肉 ɦiɤ¹³⁻¹¹nyoʔ²⁻² 壮肉 tsã³⁴⁻³³nyoʔ²⁻⁴ 胖肉 pʰã³⁴⁻³³nyoʔ²⁻⁴ 肥肉 vi¹³⁻²²nyoʔ²⁻⁴	闵行：奶鞔肉 na¹³⁻²² pʰɔʔ²⁻⁵ nyoʔ²⁻⁵ 松江：鞔肉 pʰɔʔ²⁻⁵⁴ nyoʔ²⁻⁴ 浦东：肉膘 nyoʔ²⁻²ʔbiɔ⁵³⁻³⁴ 浦东：老油肉 lɔ¹³⁻²² ɦiɤ²¹³⁻⁵⁵ nyoʔ²⁻⁵ 南汇：老油肉 lɔ¹³⁻²² ɦiɤ²¹³⁻⁵⁵ nyoʔ²⁻⁵	肥肉
44	东坡肉 toŋ⁵³⁻⁵⁵pʰu⁵³⁻³³ nyoʔ²⁻²	市区新：红烧肉 ɦoŋ¹³⁻²²sɔ⁵³⁻⁵⁵ nioʔ²⁻² 金山新：大排 du³⁵⁻³³bA³¹⁻²¹	连皮带骨切成方块红焖而成的大块肉
45	盐肉 ɦi¹³⁻²²nyoʔ²⁻⁴ 咸肉 ɦiE¹³⁻²²nyoʔ²⁻⁴	浦东：老腌头 lɔ¹³⁻²²i⁵³⁻⁵⁵dɤ²¹³⁻⁵³ 青浦新：腌肉 [ir⁵³⁻⁴⁴ nioʔ²]	腌肉
46	腌笃鲜 i⁵³⁻⁵⁵toʔ²⁻⁵⁻³ɕi⁵³⁻²¹	市区新：腌笃鲜 i⁵³⁻⁵⁵toʔ²⁻⁵⁻³ɕi⁵³⁻²¹	咸肉和鲜肉和在一起煮成的菜
47	蹄髈 di¹³⁻²²pʰã³⁴⁻⁴⁴		大腿部位带骨的猪肉

序号	上海市区方言	上海郊区方言	普通话
48	门枪 mən$^{13-22}$ tɕhiã$^{53-44}$ 猪赚头 tsʅ$^{53-55}$zE$^{13-33}$dɤ$^{13-21}$ 猪舌头 tsʅ$^{53-55}$zəʔ$^{2-33}$dɤ$^{13-21}$	松江：口条 khu$^{44-35}$diɔ$^{31-21}$ 宝山：能=枪 nəʔ$^{31-24}$tshiã$^{53-53}$	猪舌
49	大排骨 du$^{13-22}$ba$^{13-55}$kuəʔ$^{5-2}$ 大排 du$^{13-22}$ba$^{13-44}$		带半边脊椎骨的肉，多指猪排
50	抄=排 tshɔ$^{53-53}$ ba$^{13-21}$ 小排 ɕiɔ$^{34-33}$ba$^{13-55}$kuəʔ$^{5-2}$ 小排 ɕiɔ$^{34-33}$ba$^{13-44}$		猪颈下部带部分脊椎骨和肋骨的肉
51	白斩鸡 baʔ$^{2-1}$tsE$^{53-22}$tɕi$^{53-23}$		白斩鸡
52	肚当= du$^{13-22}$tã$^{53-44}$	金山：肉段 ȵyoʔ$^{2-1}$dø$^{13-35}$ 金山新：肉段 ȵyɔ$^{2-2}$ dø$^{35-35}$	对青鱼腹部一段的俗称
53	吃口 tɕhiʔ$^{5-3}$khɤ$^{34-44}$	金山新：味道 ve$^{35-44}$dɔ$^{35-44}$	（1）事物的滋味 （2）食量 （3）家中吃饭的人口
54	神仙汤 zən$^{13-22}$ɕi$^{53-55}$thã$^{53-21}$ 酱油汤 tɕiã$^{34-33}$ɦiɤ$^{13-55}$thã$^{53-21}$	金山新：清汤 tɕhiæn$^{53-24}$ thã$^{53-53}$	只放酱油和调料的汤
55	汤三鲜 thã$^{53-55}$sE$^{53-33}$ɕi$^{53-21}$ 三鲜汤 sE$^{53-55}$ɕi$^{53-33}$thã$^{53-21}$		三鲜汤
56	油焖笋 ɦiɤ$^{13-22}$mən$^{13-55}$sən$^{34-21}$		用酱油、油等佐料炒后经文火煮熟的笋块儿
57	小菜 ɕiɔ$^{34-33}$tshE$^{34-44}$		菜肴
58	煠毛豆 zaʔ$^{2-1}$mɔ$^{13-22}$dɤ$^{13-23}$	青浦：䰞毛豆 tshɛ$^{53-44}$mɔ$^{31-44}$duɯ$^{31-21}$ 金山新：杂毛豆 zəʔ$^{2-2}$mɔ$^{31-55}$dɤ$^{13-31}$	（1）加水和盐煮成的带荚的青色大豆 （2）动宾结构，把毛豆煮熟
59	焐酥豆 u$^{53-55}$su$^{53-33}$dɤ$^{13-21}$	松江：蒲鞋豆 bu$^{31-24}$ɦia$^{31-55}$duɯ$^{13-21}$ 浦东：煠寒豆 zaʔ$^{2-2}$ɦø$^{13-22}$dɤ$^{13-34}$ 南汇：煠寒豆 zaʔ$^{2-2}$ɦø$^{13-22}$dɤ$^{13-34}$ 浦东：媒婆豆 me$^{213-22}$bu$^{213-55}$dɤ$^{13-44}$ 南汇：媒婆豆 me$^{213-22}$bu$^{213-55}$dɤ$^{13-44}$	加盐煮烂的蚕豆

（续表）

序号	上海市区方言	上海郊区方言	普通话
60	炒腰花 tsʰɔ³⁴⁻³³iɔ⁵³⁻⁵⁵hɔ⁵³⁻²¹	金山新：炒腰子 tsʰɔ⁴⁴⁻³⁴iɔ⁵³⁻⁵⁵tsɿ⁴⁴⁻³¹	（1）把肾切成小块后用油炒成的菜（2）用油炒腰花
61	新破砻 ɕiŋ⁵³⁻⁵⁵pu³⁴⁻³³loŋ¹³⁻²¹	浦东：陈谷新春 zəŋ²¹³⁻²²koʔ⁵⁻⁵siŋ⁵³⁻³³tsʰoŋ⁵³⁻²¹ 南汇：陈谷新春 zəŋ²¹³⁻²²koʔ⁵⁻⁵siŋ⁵³⁻³³tsʰoŋ⁵³⁻²¹ 金山新：新米 ɕiæŋ⁵³⁻⁵⁵mi³⁵⁻³¹	陈谷子新春成的米
62	洋菜 ɦiã¹³⁻²²tsʰE³⁴⁻⁴⁴ 琼脂 dzyoŋ¹³⁻²²tsɿ⁵³⁻⁴⁴	浦东：地栗膏 di¹³⁻²²liʔ²⁻⁵kɔ⁵³⁻³³ 南汇：地栗膏 di¹³⁻²²liʔ²⁻⁵kɔ⁵³⁻³³	琼脂
63	荤腥 huəŋ⁵³⁻⁵⁵ɕiŋ⁵³⁻²¹ 荤菜 huəŋ⁵³⁻⁵⁵tsʰE³⁴⁻²¹	松江：油腻小菜 ɦiɯ³¹⁻²⁴ɲi¹³⁻⁵⁵siɔ⁴⁴⁻³³tsʰE³⁵⁻²¹ 浦东：荤小菜 ɸuəŋ⁵³⁻⁵⁵siɔ⁴⁴⁻⁵⁵tsʰE³⁵⁻⁵³ 南汇：荤小菜 ɸuəŋ⁵³⁻⁵⁵siɔ⁴⁴⁻⁵⁵tsʰE³⁵⁻⁵³ 崇明：荤小菜 ɸuəŋ⁵³⁻⁵⁵siɔ⁴⁴⁻⁵⁵tsʰE³⁵⁻⁵³	荤菜
64	霉干菜 mE¹³⁻²²kø⁵³⁻⁵⁵tsʰE³⁴⁻²¹	金山新：霉菜 mE³¹⁻¹³tsʰɛ¹³⁻³¹ 嘉定：菜干 tsʰE³⁴⁻³⁵kɯ⁵³⁻²¹	将芹菜或雪里红腌制并晒干的菜
65	百叶 paʔ⁵⁻³ɦiɿʔ²⁻⁴ 千张 tɕʰi⁵³⁻⁵⁵tsã⁵³⁻²¹ 豆腐皮 dɤ¹³⁻²¹ɦiu¹³⁻⁵⁵bi¹³⁻²¹		豆腐皮
66	豆腐浆 dɤ¹³⁻²²ɦiu¹³⁻⁵⁵tɕiã⁵³⁻²¹ 豆浆 dɤ¹³⁻²²tɕiã⁵³⁻⁴⁴		豆浆
67	乳腐 zɿ¹³⁻²²ɦiu¹³⁻⁴⁴	金山新：酱旧腐 tɕʰiɛ⁴⁴⁻³⁴diɤ³⁵⁻⁵⁵fu⁴⁴⁻³¹	豆腐乳
68	线粉 ɕi³⁴⁻³³fəŋ³⁴⁻⁴⁴ 粉丝新 fəŋ³⁴⁻³³sɿ⁵³⁻⁴⁴	松江：水线粉 sɿ⁴⁴⁻³³si³⁵⁻⁵⁵ɸəŋ⁴⁴⁻²¹ 崇明：索粉 soʔ⁵⁻⁴fəŋ³⁴⁻²¹	粉丝
69	烤麸 kʰu⁵³⁻⁵⁵fu⁵³⁻²¹		一种如海绵的副食品
70	汤山芋 tʰã⁵³⁻⁵⁵sE⁵³⁻³³ɦy¹³⁻²¹ 山芋汤 sE⁵³⁻⁵⁵ɦy¹³⁻³³tʰã⁵³⁻²¹	川沙：山芋汤 sE⁵³⁻⁵⁵ɦy¹³⁻⁵⁵tʰaŋ⁵³⁻⁵³ 青浦新：蕃芋汤 fE⁵³⁻⁴⁴ɦy¹³⁻⁴⁴tʰã⁵³⁻³¹ 嘉定：番芋汤 fE⁵³⁻⁵⁵ɦi¹³⁻³³tʰɑ⁵³⁻²¹	红薯块煮成的汤

（续表）

序号	上海市区方言	上海郊区方言	普通话
71	麦门 =maʔ²⁻¹məŋ¹³⁻²³ 炒麦粉 tsʰɔ³⁴⁻³³maʔ²⁻⁵fəŋ³⁴⁻²¹	南汇：麦煤 maʔ²⁻²me¹¹³⁻¹¹³	炒麦面
72	金针 tɕin⁵³⁻⁵⁵tsəŋ⁵³⁻²¹ 金针菜 tɕin⁵³⁻⁵⁵tsəŋ⁵³⁻³³tsʰE³⁴⁻²¹	金山新：金针菇 tɕiæn⁵³⁻³⁴tsæŋ⁵³⁻⁵⁵ku⁵³⁻³¹ 嘉定：金针菇 tɕin⁵³⁻⁵⁵tsẽ⁵³⁻³³ku⁵³⁻²¹ 青浦新：金针果 tɕiəŋ⁵³⁻⁵⁵tsəŋ⁵³⁻⁵⁵ku⁴⁴⁻²¹	金针菜
73	鱼圆 ɦŋ¹³⁻²²ɦyø¹³⁻⁴⁴		鱼丸
74	爆鱼 pɔ³⁴⁻³³ɦŋ¹³⁻⁴⁴	浦东：熏鱼 ɕin⁵³⁻⁵⁵ɦŋ³¹⁻²¹ 南汇：熏鱼 ɕin⁵³⁻⁵⁵ɦŋ³¹⁻²¹ 宝山：熏鱼 ɕin⁵³⁻⁵⁵ɦŋ³¹⁻²¹	油炸的鱼块
75	鳝糊 zø¹³⁻²²ɦu¹³⁻⁴⁴	金山新：鳝丝 zɛ³¹⁻¹³sɿ⁵³⁻⁵³	勾芡炒鳝丝
76	呛蟹 tɕʰiã³⁴⁻³³ha³⁴⁻⁴⁴	浦东：醉蟹 tsø³⁵⁻³⁵ha⁴⁴⁻²¹ 南汇：醉蟹 tsø³⁵⁻³⁵ha⁴⁴⁻²¹	醉过的蟹，多指河蟹。
77	海蜇皮子 hE³⁴⁻³³zəʔ²⁻⁵bi¹³⁻³³tsɿ³⁴⁻²¹ 海蜇皮 hE³⁴⁻³³zəʔ²⁻⁵bi¹³⁻²¹		海蜇皮
78	干头货 kø⁵³⁻⁵⁵dɤ¹³⁻³³hu³⁴⁻²¹		售时未撒过水的蔬菜
79	着水货 zaʔ²⁻¹sɿ³⁴⁻²²hu³⁴⁻²³	浦东：着水菜 tsaʔ⁵⁻⁴sɿ⁴⁴⁻⁴⁴tsʰe³⁵⁻⁴⁴	售时撒过水的蔬菜
80	味道 mi¹³⁻²²dɔ¹³⁻⁴⁴		（1）滋味 （2）气味
81	煞口 saʔ⁵⁻³kʰɤ³⁴⁻⁴⁴ 配口味 pʰE³⁴⁻⁴⁴·ɦuE¹³⁻²²kʰɤ³⁴⁻⁴⁴ 对胃口 tE³⁴⁻⁴⁴·ɦuE¹³⁻²²kʰɤ³⁴⁻⁴⁴		合口味
82	酸口气 sø⁵³⁻⁵⁵pʰã⁵³⁻³³tɕʰi³⁴⁻²¹ 酸口臭 sø⁵³⁻⁵⁵pʰã⁵³⁻³³tsʰɤ³⁴⁻²¹	金山新：馊味道 sɤ⁵³⁻³³vE³⁵⁻⁵⁵dɔ³⁵⁻³¹	食物变馊时的气味
83	膙口气 oŋ³⁴⁻³³doŋ¹³⁻⁵⁵tɕʰi³⁴⁻²¹ 膙口臭 oŋ³⁴⁻³³doŋ¹³⁻⁵⁵tsʰɤ³⁴⁻²¹	浦东：馊气 sɤ⁵³⁻⁵⁵tɕʰi³⁵⁻²¹ 金山新：馊味道 sɤ⁵³⁻³³vE³⁵⁻⁵⁵dɔ³⁵⁻³¹	食物变质的一种气味

(续表)

序号	上海市区方言	上海郊区方言	普通话
84	霉颠气 mE$^{13-22}$tsəŋ$^{53-55}$ tɕʰi$^{34-21}$	浦东：霉□气 me$^{213-22}$pʰã$^{53-55}$tɕʰi$^{35-44}$ 奉贤：阁宿气 koʔ$^{5-4}$soʔ$^{5-4}$chi$^{335-44}$ 崇明：阁宿气 koʔ$^{5-4}$soʔ$^{5-4}$chi$^{335-44}$ 青浦^{新}：白=花=味 baʔ$^{2-2}$hɵ$^{53-22}$mi$^{213-21}$ 嘉定：屋宿气 oʔ$^{5-3}$soʔ$^{5-5}$tɕʰi$^{34-21}$ 宝山：屋宿气 oʔ$^{5-5}$soʔ$^{5-5}$tɕʰi$^{35-21}$	霉味
85	老醋 lɔ$^{13-22}$tsʰu$^{34-44}$ 陈醋 zəŋ$^{13-22}$tsʰu$^{34-44}$	市区：醋 tsʰu^{35} 川沙：醋 tsʰu^{44} 青浦：醋 tsʰu^{35} 崇明：醋 tsʰu^{55}	陈醋
86	走潮 tsɤ$^{34-44}$•zɔ^{13} 还潮 ɦuE$^{13-22}$ zɔ$^{13-44}$	崇明：起湿 tɕʰi$^{424-42}$saʔ$^{5-5}$	晾干或烤干后的东西又变潮
87	玫瑰醋 mE$^{13-22}$kuE$^{34-55}$tsʰu$^{34-44}$ 红醋 ɦoŋ$^{13-22}$tsʰu$^{34-44}$		红醋
88	生油 sã$^{53-55}$ɦiɤ$^{13-21}$		未经熬过的油
89	番茄配司 fE$^{53-55}$ga$^{13-33}$pʰE$^{34-33}$sʅ$^{53-21}$ 番茄酱 fE$^{53-55}$ga$^{13-33}$tɕiã$^{34-21}$	松江^{新}：沙司 su$^{53-43}$sʅ$^{53-53}$ 松江^{新}：番茄沙司 fɛ$^{53-44}$ga$^{31-55}$su$^{53-43}$sʅ$^{53-53}$， 川沙：番茄沙司 fɛ$^{53-55}$ʔbu$^{53-55}$so$^{53-55}$sʅ$^{53-53}$	番茄酱
90	辣货酱 laʔ$^{2-1}$hu$^{34-22}$tɕiã$^{34-23}$		（1）辣椒酱 （2）比喻厉害（拨侬~吃吃！）
91	烹头酒 pʰã$^{53-55}$dɤ$^{13-33}$tɕiɤ$^{34-21}$ 料酒 liɔ$^{13-22}$tɕiɤ$^{34-44}$	南汇：陈酒 zəŋ$^{113-22}$tɕiɤ$^{44-33}$ 金山^{新}：黄酒 vã$^{31-13}$tɕiɤ$^{44-53}$ 崇明：烹镬酒 pʰã$^{53-55}$ɦoʔ$^{2-5}$tɕiɵ$^{424-0}$	佐料酒
92	赤砂糖 tsʰã$^{5-3}$so$^{53-55}$dã$^{13-21}$ 红糖 ɦoŋ$^{13-22}$dã$^{13-44}$	浦东：烂红糖 lɛ$^{13-22}$ɦoŋ$^{213-55}$dã$^{213-55}$ 南汇：烂红糖 lɛ$^{13-22}$ɦoŋ$^{213-55}$dã$^{213-55}$	红糖

（续表）

序号	上海市区方言	上海郊区方言	普通话
93	饧糖 ziŋ$^{13-22}$ dɑ̃$^{13-44}$ 麦芽糖 maʔ$^{2-1}$ŋa$^{13-22}$ dɑ̃$^{13-23}$		麦芽糖
94	燂料 ɔ$^{34-33}$ liɔ$^{13-44}$ 作料 tsoʔ$^{5-3}$ liɔ$^{13-44}$	金山^{新}：调味品 diɔ$^{31-32}$ve$^{35-22}$pʰiæn$^{44-21}$ 青浦^{新}：调料 diɔ$^{31-13}$liɔ$^{35-21}$ 崇明：椒料 tɕiɔ$^{5-5}$liɔ$^{313-0}$	调味品
95	味之素 vi$^{13-22}$ tsɿ$^{53-55}$su$^{34-21}$ 味精 vi$^{13-22}$ tɕiŋ$^{53-44}$		味精
96	香烟咬口 ɕiã$^{53-55}$ i$^{53-33}$ŋɔ$^{13-33}$kʰɤ$^{34-21}$ 香烟咬子 ɕiã$^{53-55}$ i$^{53-33}$ŋɔ$^{13-33}$ tsɿ$^{34-21}$	松江：香烟吃子 iɛ̃$^{53-55}$i$^{53-33}$tɕʰiɔ$^{2-5}$ tsɿ$^{44-21}$ 松江^{新}：烟嘴 i$^{53-44}$tsɿ$^{44-53}$ 金山：香烟煤头 ɕiɛ̃$^{53-55}$i$^{53-33}$ me$^{31-33}$dɤ$^{31-21}$	烟嘴儿
97	纸出 tsɿ$^{34-33}$ tsʰiɔʔ$^{5-4}$ 纸催＝ tsɿ$^{34-33}$ tsʰø$^{53-44}$	浦东：纸出头 tsɿ$^{44-33}$tsʰɔʔ$^{5-5}$ dɤ$^{213-53}$ 南汇：纸出头 tsɿ$^{44-33}$tsʰɔʔ$^{5-5}$ dɤ$^{213-53}$ 青浦：纸出头 tsɿ$^{44-33}$tsʰɔʔ$^{5-5}$ dɤ$^{213-53}$	纸煤儿
98	纸煤头 tsɿ$^{34-33}$mE$^{13-55}$dɤ$^{13-21}$		纸煤的头儿
99	阿芙蓉^{旧} aʔ$^{5-3}$vu$^{13-55}$ɦyoŋ$^{13-21}$ 黑佬^{旧} həʔ$^{5-3}$lɔ$^{13-44}$ 鸦片 a$^{34-33}$pʰi$^{34-44}$	浦东：□片 ha$^{53-55}$ pʰi$^{35-21}$ 南汇：□片 ha$^{53-55}$ pʰi$^{35-21}$ 奉贤：洋烟 ɦiɛ̃$^{31-24}$iɛ̃$^{53-53}$ 崇明：大烟 da$^{313-31}$iɛ$^{55-55}$	鸦片
100	白开水 ba$^{2-1}$kʰE$^{53-22}$sɿ$^{34-23}$ 热水 ȵiɿʔ$^{2-1}$sɿ$^{34-23}$	嘉定：汤 tʰɑ̃^{53}	开水
101	冲茶 tsʰoŋ$^{53-44}$·zo^{13} 泡茶 pʰɔ$^{34-44}$·zo^{13}		沏茶
102	荷兰水^{旧} ɦu$^{13-22}$lE$^{13-55}$sɿ$^{34-21}$ 汽水 tɕʰi$^{34-55}$sɿ$^{34-44}$	浦东：荷辣水 ɦu$^{213-22}$læʔ$^{2-5}$sɿ$^{44-44}$	汽水
103	鲜橘水 ɕi$^{53-55}$ tɕyoʔ$^{5-3}$[tɕyɪ]$^{34-21}$sɿ$^{34-21}$ 橘子水 tɕyɪʔ$^{5-3}$[tɕyoʔ]$^{34-55}$tsɿ$^{34-21}$sɿ$^{34-21}$		橘子水
104	棒冰 bɑ̃$^{13-22}$piŋ$^{53-44}$		冰棍
105	老酒 lɔ$^{13-22}$tɕiɤ$^{34-44}$ 酒 tɕiɤ^{34}		酒

(续表)

序号	上海市区方言	上海郊区方言	普通话
106	陈酒 zəŋ$^{13-22}$ tɕiɤ$^{34-44}$ 黄酒 ɦuã$^{13-22}$ tɕiɤ$^{34-44}$		黄酒
107	绍酒 zɔ$^{13-22}$ tɕiɤ$^{34-44}$	浦东：黄酒 βã$^{213-22}$tsiɤ$^{44-22}$ 金山^{新}：绍兴酒 zɔ$^{35-34}$ɕiæŋ$^{13-55}$tɕiɤ$^{44-31}$	绍兴酒
108	甜酒 di$^{13-22}$tɕiɤ$^{34-55}$ȵiã$^{13-21}$ 酒酿 tɕiɤ$^{34-33}$ȵiã$^{13-44}$	浦东：老白酒 lɔ$^{13-22}$baʔ$^{2-5}$tsiɤ$^{44-53}$ 南汇：老白酒 lɔ$^{13-22}$baʔ$^{2-5}$tsiɤ$^{44-53}$ 金山^{新}：米酒 mi$^{35-33}$tɕiɤ$^{44-31}$ 金山^{新}：酒酿枣 tɕiɤ$^{44-34}$ȵiẽ$^{35-55}$tsɔ$^{44-31}$ 嘉定^{新}：酒板糟 tsʮ$^{34-33}$pɛ$^{34-55}$tsɔ$^{53-21}$ 崇明：甜酒 die$^{24-24}$ tɕiɵ$^{424-0}$	江米酒

第十五章　风　　俗

序号	上海市区方言	上海郊区方言	普通话
1	说媒 sə$^{5-3}$mE$^{13-44}$ 做媒人 tsu$^{34-44}$·mE$^{13-22}$ɲiŋ$^{13-44}$	松江：请八字 tsʰiŋ$^{44-35}$ʔpæʔ$^{5-3}$zɿ$^{13-21}$ 金山：做媒 tsu$^{13-13}$me$^{31-31}$ 青浦^{新}：做媒 tsu$^{35-44}$miɪ$^{31-31}$ 青浦^{新}：做介绍 tsu$^{35-33}$tɕia$^{35-55}$zɔ$^{213-21}$	做媒
2	谈朋友 dE$^{13-22}$bã$^{13-55}$ɦiɤ$^{13-21}$ 谈恋爱 dE$^{13-22}$li$^{13-55}$E$^{34-21}$	川沙：轧朋友 gæʔ$^{2-22}$bəŋ$^{213-22}$ɦiɤ$^{213-23}$ 浦东：轧朋友 gəʔ$^{2-2}$bã$^{213-22}$ɦiɤ$^{13-34}$ 闵行：轧朋友 gəʔ$^{2-2}$bã$^{213-22}$ɦiɤ$^{13-34}$	谈恋爱
3	寻对象 ziŋ$^{13-22}$tE$^{34-55}$ziã$^{13-21}$ 找对象 tsɔ$^{34-33}$tE$^{34-55}$ziã$^{13-21}$		找对象
4	岁数 sø$^{34-33}$su$^{34-44}$ 年纪 ɲi$^{13-22}$tɕi$^{34-44}$ 年龄 ɲi$^{13-22}$liŋ$^{13-44}$		年龄
5	定亲 diŋ$^{13-22}$tɕʰiŋ$^{53-44}$ 定婚 diŋ$^{13-22}$huəŋ$^{53-44}$ 订婚 tiŋ$^{34-33}$huəŋ$^{53-44}$	青浦^{新}：攀亲 pʰE$^{53-44}$tsʰiŋ$^{53-42}$ 嘉定：走通 tsə$^{34-35}$tʰoŋ$^{53-21}$	订婚
6	六礼 loʔ$^{2-1}$li$^{13-23}$ 财礼 zE$^{13-22}$li$^{13-44}$	闵行：定盘 diŋ$^{13-22}$be$^{31-23}$ 浦东：盘 be^{213} 南汇：盘 be^{213} 金山：财礼 tsʰɛ$^{44-44}$li$^{13-44}$ 青浦^{新}：行盘 = ɦæ$^{31-44}$biɪ$^{31-53}$ 崇明：茶礼 dzo$^{24-24}$li$^{242-0}$	聘礼
7	好日 hɔ$^{34-33}$ɲiɪʔ$^{2-4}$	金山^{新}：结婚 tɕiɪʔ$^{5-3}$fəŋ$^{53-53}$	（1）结婚之日 （2）结婚，动词
8	陪嫁 bE$^{13-22}$ka$^{34-44}$	青浦^{新}：嫁档 ka$^{35-44}$tã$^{35-55}$	女子结婚时带到男家的财务等

(续表)

序号	上海市区方言	上海郊区方言	普通话
9	讨娘子 $tʰɔ^{34-44}$·$ɲiã^{13-22}$ $tsɿ^{34-44}$ 讨大娘子 $tʰɔ^{34-44}$ du^{13-22} $ɲiã^{13-55}$ $tsɿ^{34-21}$ 讨老婆 $tʰɔ^{34-33}$ $lɔ^{13-55}$ bu^{13-21}	青浦^{新}：讨新妇 $tʰɔ^{44-33}$ $ɕiŋ^{53-55}$ vu^{213-21} 崇明：寻娘子 $ziŋ^{24-34}$ $ɲiã^{24-55}$ $tsɿ^{424-0}$	讨老婆
10	讨新妇 $tʰɔ^{34-33}$ $ɕiŋ^{53-55}$ vu^{13-21}	崇明：寻新妇 $ziŋ^{24-34}$ $ɕiŋ^{55-55}$ $ɦu^{424-0}$	娶儿媳
11	嫁男人 ka^{34-33} $nø^{13-55}$ $ɲiŋ^{13-21}$ 嫁人 ka^{34-44}·$ɲiŋ^{13}$ 出嫁 $tsʰəʔ^{5-3}$ ka^{34-44}	松江：出门 $tsʰəʔ^{5-4}$ $mən^{31-53}$ 金山^{新}：本特了 $pʌŋ^{44-34}$ $dəʔ^{2-5}$ $liɔ^{35-31}$ 崇明：做新人 tsu^{33-42} $ɕiŋ^{55-33}$ $ɲiŋ^{24-55}$	出嫁
12	嫁囡儿 ka^{34-33} $nø^{13-55}$ $ɦŋ^{13-21}$ 嫁囡 ka^{34-33} $nø^{13-44}$	松江：本"出去 $ʔbən^{44-35}$ $tsʰəʔ^{5-3}$ chi^{35-21} 青浦^{新}：嫁囡囗 ka^{35-44} nii^{213-44} $ŋ̃^{31-31}$ 宝山：嫁丫头 ka^{35-33} o^{53-55} $dɐi^{31-21}$ 崇明：嫁丫头 ka^{35-33} o^{53-55} $dɐi^{31-21}$ 嘉定：嫁丫头儿 ka^{34-33} $ɯ^{53-55}$ $dẽ^{31-21}$	嫁女儿
13	新官人 $ɕiŋ^{55-55}$ $kuø^{55-33}$ $ɲiŋ^{13-21}$ 新郎官 $ɕiŋ^{53-55}$ $lã^{13-33}$ $kuø^{53-21}$ 新郎 $ɕiŋ^{53-55}$ $lã^{13-21}$	松江：新相公 $ɕiŋ^{53-55}$ $siã^{34-33}$ $koŋ^{53-21}$ 青浦^{新}：新相公 $siŋ^{53-44}$ $ɕiɛ^{35-44}$ $koŋ^{53-21}$ 嘉定：新相公 $siŋ^{53-55}$ $siã^{34-33}$ $koŋ^{53-21}$ 浦东：新客人 $ɕiŋ^{53-55}$ $kʰaʔ^{5-5}$ $ɲiŋ^{213-53}$ 南汇：新客人 $ɕiŋ^{53-55}$ $kʰaʔ^{5-5}$ $ɲiŋ^{213-53}$ 崇明：新小官 $ɕiŋ^{53-55}$ $ɕiɔ^{424-0}$ kue^{55-55}	新郎
14	新娘子 $ɕiŋ^{53-55}$ $ɲiã^{13-33}$ $tsɿ^{34-21}$ 新娘娘 $ɕiŋ^{53-55}$ $ɲiã^{13-33}$ $ɲiã^{13-21}$ 新娘 $ɕiŋ^{53-55}$ $ɲiã^{13-21}$		新娘
15	喜娘 $ɕi^{34-33}$ $ɲiã^{13-44}$ 伴姑娘 $bø^{13-22}$ ku^{53-55} $ɲiã^{13-44}$ 伴娘 $bø^{13-22}$ $iã^{13-44}$	金山^{新}：陪客 be^{31-33} $kʰaʔ^{5-2}$ 青浦^{新}：伴新娘子 bii^{213-44} $siŋ^{53-44}$ $ɲiɛ^{31-44}$ $tsɿ^{44-21}$	旧时结婚时照料新娘的娘子

（续表）

序号	上海市区方言	上海郊区方言	普通话
16	盖头绸^{旧} kE$^{34-33}$ dɤ$^{13-55}$ zɤ$^{13-21}$ 盖头布^{旧} kE$^{34-33}$ dɤ$^{13-55}$ pu$^{13-21}$ 方巾 fã$^{53-55}$ tɕiŋ$^{53-21}$	松江^{新}：红盖头 ɦoŋ$^{31-34}$ kɛ$^{35-43}$ dɤɯ$^{31-31}$ 浦东：头改$^=$ dɤ$^{213-22}$ ke$^{44-22}$ 南汇：头改$^=$ dɤ$^{213-22}$ ke$^{44-22}$	旧时婚礼中盖住新娘头部的绸布
17	吵新房^{旧} tsʰɔ$^{34-33}$ ɕiŋ$^{53-55}$ vã$^{13-21}$ 闹新房 nɔ$^{13-22}$ ɕiŋ$^{53-55}$ vã$^{13-21}$	崇明：吵亲 tsʰɔ$^{424-42}$ tɕʰiŋ$^{55-55}$	闹新房
18	见面钿 tɕi$^{34-33}$ mi$^{13-55}$ di$^{13-21}$	浦东：叫钿 tɕiɔ$^{35-33}$ di$^{213-53}$ 南汇：叫钿 tɕiɔ$^{35-33}$ di$^{213-53}$	初次见面时，老辈亲友给晚辈的钱
19	拆开勒 tsʰaʔ$^{5-3}$ kʰE$^{53-55}$ ləʔ$^{2-2}$ 分开勒 fəŋ$^{53-55}$ kʰE$^{53-33}$ ləʔ$^{2-2}$ 分居 fəŋ$^{53-55}$ tɕy$^{53-21}$	闵行：蹲开哉 ʔdəŋ$^{53-33}$ kʰE$^{53-33}$ zəʔ$^{2-4}$	夫妻不和，分开两地居住
20	册 tsʰaʔ$^{5-3}$ tsəŋ$^{34-44}$ 扶正 vu$^{13-22}$ tsəŋ$^{34-44}$	松江^{新}：扶正 vu$^{31-24}$ tsʌn$^{35-42}$ 金山^{新}：扶正 vu$^{31-13}$ tsəŋ$^{13-53}$	旧时妻子死后，通过一定手续把妾定为正室
21	达月 daʔ$^{2-1}$ ɦyɪʔ$^{2-2}$ [yoʔ$^{2-2}$ ȵyɪʔ$^{2-2}$] 临产 liŋ$^{13-22}$ tsʰE$^{34-44}$	松江：足月 tsoʔ$^{5-4}$ ȵyœʔ$^{2-4}$ 宝山：临盆 liŋ$^{31-24}$ bəŋ$^{3i-53}$	临产
22	拖身体 tʰu$^{53-55}$ səŋ$^{53-33}$ tʰi$^{34-44}$ 有身孕 ɦiɤ$^{13-22}$ səŋ$^{53-55}$ ɦyŋ$^{13-21}$ [ɦyoŋ$^{13-21}$] 有喜 ɦiɤ$^{13-22}$ ɕi$^{34-44}$ 怀孕 ɦua$^{13-22}$ ɦyŋ$^{13-44}$ [ɦyoŋ$^{13-4}$]	浦东：大肚皮 du$^{13-22}$ du$^{13-55}$ bi$^{213-53}$ 南汇：大肚皮 du$^{13-22}$ du$^{13-55}$ pi$^{213-53}$ 青浦^{新}：大肚皮 du$^{213-44}$ du$^{213-44}$ bi$^{31-21}$ 金山^{新}：有小囡 ɦiɤ$^{35-43}$ ɕiɔ$^{44-33}$ nø$^{13-21}$	怀孕
23	来喜妈妈 lE$^{13-22}$ ɕi$^{34-55}$ ma$^{53-33}$ ma$^{53-21}$ 孕妇^{新} ɦyŋ$^{13-22}$ [ɦyoŋ$^{13-22}$] vu$^{13-44}$	松江：有喜娘子 ɦiɯ$^{22-22}$ ɕi$^{44-55}$ ȵiɛ̃$^{31-23}$ tsɿ$^{44-21}$ 松江^{新}：来喜娘子 lɛ$^{31-33}$ ɕi$^{44-55}$ ȵiɛ̃$^{31-53}$ tsɿ$^{44-31}$ 浦东：有喜大妈 ɦiɤ$^{13-22}$ ɕi$^{44-53}$ du$^{13-33}$ ma$^{53-53}$ 青浦^{新}：大肚皮 du$^{213-44}$ du$^{213-44}$ bi$^{31-21}$ 嘉定：拖身娘 tʰu$^{53-55}$ sɛ̃$^{53-33}$ ȵiã$^{31-21}$	孕妇
24	养小囡 ɦiã$^{13-22}$ ɕiɔ$^{34-55}$ nø$^{13-21}$ 生小囡 sã$^{53-55}$ ɕiɔ$^{34-33}$ nø$^{13-21}$	嘉定：养囡 ɦiã$^{13-22}$ nɯ$^{31-53}$	生孩子
25	舍姆娘 so$^{34-33}$ ɦm$^{13-55}$ ȵiã$^{13-21}$ 产妇 tsʰE$^{34-33}$ vu$^{13-44}$		产妇

（续表）

序号	上海市区方言	上海郊区方言	普通话
26	做舍姆 tsu$^{34-33}$so$^{34-55}$m̩$^{13-21}$	市区^{新}：坐月子 zu$^{13-22}$ɦyɪʔ$^{2-5}$tsɿ$^{34-21}$ 金山^{新}：坐月子 zu$^{35-34}$ȵyə$^{2-5}$tsɿ$^{44-31}$	坐月子
27	月里厢 ɦyɪʔ$^{2-1}$[ɦyoʔ$^{2-1}$, ȵyɪʔ$^{2-1}$]li$^{13-22}$ɕia$^{34-23}$	市区^{新}：月子里 ɦyɪʔ$^{2-1}$tsɿ$^{34-22}$li$^{13-23}$ 青浦^{新}：月子里 ȵyœʔ$^{2-2}$tsɿ$^{44-44}$li$^{213-21}$ 松江：舍姆里 so$^{34-33}$m̩$^{53-55}$li$^{13-21}$ 嘉定：舍姆里 sɯ$^{34-33}$ŋ̍$^{53-55}$li$^{13-21}$	坐月子期间
28	弥月 mi$^{13-22}$ɦyɪʔ$^{2-4}$[ɦyoʔ$^{2-4}$, ȵyɪʔ$^{2-4}$] 满月 mø$^{13-22}$ɦyɪʔ$^{2-4}$[ɦyoʔ$^{2-4}$, ȵyɪʔ$^{2-4}$]		小孩出生满一个月，要办酒席庆祝
29	头生 dɤ$^{13-22}$sã$^{53-44}$ 头胎 dɤ$^{13-22}$tʰE$^{53-44}$		（1）第一胎 （2）头生儿
30	打胎 tã$^{34-33}$tʰE$^{53-44}$ 人工流产 zəŋ$^{13-22}$koŋ$^{53-55}$liɤ$^{13-33}$tsʰE$^{34-21}$	川沙：人流 zəŋ$^{213-22}$liɤ$^{213-34}$	人工流产
31	吃奶奶 tɕʰiɪʔ$^{5-3}$na$^{53-55}$na$^{13-21}$ 吃奶 tɕʰiɪʔ$^{5-3}$na$^{13-44}$	南汇：吃妈妈 tɕʰiɪʔ$^{5-3}$ma$^{53-44}$ma$^{53-44}$	吃奶
32	隔奶 kaʔ$^{5-3}$na$^{13-44}$ 断奶 tø$^{34-33}$na$^{13-44}$		断奶
33	拆尿゠出 tsʰaʔ$^{5-3}$sɿ$^{34-55}$tsʰəʔ$^{5-2}$ 尿゠出 za$^{13-22}$sɿ$^{34-55}$tsʰəʔ$^{5-2}$ 尿゠出 sɿ$^{34-33}$tsʰəʔ$^{5-4}$	松江：画龙 ɦo$^{13-22}$loŋ$^{31-53}$ 松江^{新}：拆水出 tsʰaʔ$^{5-3}$sɿ$^{44-44}$tsʰʌʔ$^{5-4}$ 金山^{新}：拆水 tsʰaʔ$^{5-4}$sɿ$^{44-33}$ 青浦^{新}：拆尿床上 tsʰaʔ^{5}sɿ$^{53-35}$zã$^{31-22}$lã^{21} 崇明：拖尿 tʰa$^{53-55}$sɿ$^{55-55}$	小便失禁，尿床
34	拆゠屙出 tsʰaʔ^{2}u$^{34-55}$tsʰəʔ$^{5-2}$ □屙出 za$^{13-22}$u$^{34-55}$tsʰəʔ$^{5-2}$	金山^{新}：拆恶 tsʰaʔ$^{5-3}$u$^{53-53}$ 崇明：拖恶 tʰa$^{55-55}$u$^{33-0}$	大便失禁
35	暖寿 nø$^{13-22}$zɤ$^{13-44}$		生日前夜全家人先喝酒庆祝
36	寿翁 zɤ$^{13-22}$oŋ$^{53-44}$	金山^{新}：寿星 zɤ$^{35-33}$ɕiɛŋ$^{53-31}$ 青浦^{新}：老寿星 lɔ^{213}zɯ^{213}siŋ^{53}	过生日的老年男性

（续表）

序号	上海市区方言	上海郊区方言	普通话
37	寿婆 zʏ¹³⁻²²bu¹³⁻⁴⁴	浦东：寿母 zʏ¹³⁻²²mu¹³⁻⁴⁴ 南汇：寿母 zʏ¹³⁻²²mu¹³⁻⁴⁴ 金山新：寿星 zʏ³⁵⁻³³ɕiæŋ⁵³⁻³¹ 青浦新：老寿星 lɔ²¹³⁻⁴⁴zɯ²¹³⁻⁴⁴siŋ⁵³⁻²¹	过生日的老年女性
38	寿面 zʏ¹³⁻²²mi¹³⁻⁴⁴ 长寿面 zã¹³⁻²²zʏ¹³⁻⁵⁵mi¹³⁻²¹		过生日时吃的面条
39	故勒 ku³⁴⁻³³ləʔ²⁻⁴ 过世勒 ku³⁴⁻³³sʅ³⁴⁻⁵⁵ləʔ²⁻²	市区新：走脱勒 tsʏ³⁴⁻³³tʰəʔ⁵⁻⁴ləʔ²⁻² 市区：死脱勒 ɕi³⁵⁻³³tʰəʔ⁵⁻⁴ləʔ²⁻² 市区：呒没勒 m̩¹³⁻²²məʔ⁵⁻⁴ləʔ²⁻² 松江：呒没哩 m̩⁵³⁻⁵⁵məʔ²⁻³li²²⁻²¹ 松江新：过去 ku³⁵⁻⁴⁴tɕʰi³⁵⁻⁴³ 川沙：没勒 mʏʔ²⁻²ləʔ²⁻³ 浦东：升天 səŋ⁵³⁻⁵⁵tʰi⁵³⁻⁵³ 金山新：没了 məʔ²⁻²liɔ³⁵⁻³⁵ 金山新：没脱了 məʔ²⁻³tʰəʔ⁵⁻³liɔ³⁵⁻²¹ 青浦新：过世 ku³⁵⁻⁴⁴sʅ³⁵⁻⁵⁵ 青浦新：口没 m̩⁴⁴⁻¹³ məʔ²⁻² 嘉定：老百年 lɔ¹³⁻²²paʔ⁵⁻⁵ȵi³¹⁻²¹	去世的委婉说法
40	老掉 lɔ¹³⁻²²diɔ¹³⁻⁴⁴ 一脚去 iʔ⁵⁻³tɕiaʔ²⁵⁻⁵tɕʰy³⁴⁻²¹ 翘辫子 tɕʰiɔ³⁴⁻³³bi¹³⁻⁵⁵tsʅ³⁴⁻²¹ 弹老三 dᴇ¹³⁻²² lɔ¹³⁻⁵⁵sᴇ⁵³⁻²¹ 翘老三 tɕʰiɔ³⁴⁻³³ lɔ¹³⁻⁵⁵sᴇ⁵³⁻²¹	浦东：老翘 lɔ¹³⁻²²tɕʰiɔ³⁵⁻³⁴ 青浦：死脱 ɕi⁴⁴⁻³³tʰœʔ⁵⁻⁵ 崇明：死掉了 ɕi⁵³⁴tʰəʔ²⁻lə	对去世的不恭敬的说法，常作詈言
41	老死 lɔ¹³⁻²²ɕi³⁴⁻⁴⁴		老年人正常死亡
42	寿器 zʏ¹³⁻²²tɕʰi³⁴⁻⁴⁴ 寿材 zʏ¹³⁻²² zᴇ¹³⁻⁴⁴	金山新：棺材 kue⁵³⁻⁵⁵zɛ³¹⁻³¹	生前为自己预备的棺材
43	棺材 kuø⁵³⁻⁵⁵ zᴇ¹³⁻²¹		（1）棺材 （2）指人，詈语
44	入木 zəʔ²⁻¹moʔ²⁻² 大殓 da¹³⁻²²li¹³⁻⁴⁴	松江：入棺材 ȵiʔ²⁻²kue⁵³⁻⁵⁵zɛ³¹⁻⁵³ 奉贤：下棺材 ɦɔ¹¹³⁻²²kue⁵³⁻⁵⁵zɛ³¹⁻²¹ 崇明：下棺材 ɦɔ¹¹³⁻²²kue⁵³⁻⁵⁵zɛ³¹⁻²¹	大殓

(续表)

序号	上海市区方言	上海郊区方言	普通话
45	孝堂 ɦɔ³⁴⁻³³ dã¹³⁻⁴⁴ 灵堂 liŋ¹³⁻²² dã¹³⁻⁴⁴		灵堂
46	座台 zu¹³⁻²² dE¹³⁻⁴⁴ 灵台 liŋ¹³⁻²² dE¹³⁻⁴⁴	宝山：香台 ɕiã⁵³⁻⁵⁵ dE³¹⁻²¹	断七后为死者安置的小木屋，让亡灵安居
47	做七 tsu³⁴⁻³³ tɕʰiʔ⁵⁻⁴		旧时人死后，每逢七天要做佛事，直至第四十九天
48	着白 tsaʔ⁵⁻³ baʔ²⁻⁴ 戴孝 ta³⁴⁻³³ hɔ³⁴⁻⁴⁴[ɕiɔ³⁴⁻⁴⁴]	浦东：着孝 tsaʔ⁵⁻³ hɔ³⁵⁻³⁴ 南汇：着孝 tsaʔ⁵⁻³ hɔ³⁵⁻³⁴ 崇明：着孝 tsaʔ⁵⁻³ hɔ³⁵⁻³⁴	戴孝
49	落葬 loʔ²⁻¹ tsã³⁴⁻²³ 安葬 ø⁵³⁻⁵⁵ tsã³⁴⁻²¹		安葬
50	满孝 mø¹³⁻²² hɔ³⁴⁻⁴⁴[ɕiɔ³⁴⁻⁴⁴] 脱孝 tʰəʔ⁵⁻³ hɔ³⁴⁻⁴⁴[ɕiɔ³⁴⁻⁴⁴]	浦东：服满 βoʔ²⁻² me¹³⁻³⁴	戴孝至一定时期后，脱去孝服或饰品
51	长锭 zã¹³⁻²² diŋ¹³⁻⁴⁴	宝山：禄钱 loʔ²⁻² ziʴ³¹⁻²⁴	纱线串好的锡箔元宝
52	羹饭 kã⁵³⁻⁵⁵ vE¹³⁻²¹	南汇：豆腐饭 dɤ¹³⁻¹³ βu¹³⁻⁵⁵ vE¹³⁻²¹ 宝山：斋早 tsa⁵³⁻⁵⁵ tsɔ³⁵⁻²²	祭鬼用的饭菜
53	上坟 zã¹³⁻²² vəŋ¹³⁻⁴⁴ 扫墓 sɔ³⁴⁻³³ mu¹³⁻⁴⁴[mo¹³⁻⁴⁴]	浦东：祭坟 tsi³⁵⁻³³ βəŋ²¹³⁻⁵³ 奉贤：烧墩 sɔ⁵³⁻⁵⁵ ʔdən⁵³⁻⁵² 宝山：挂墓 ko³⁵⁻³⁵ ɦm̩³¹⁻²¹	扫墓
54	寻死路 ziŋ¹³⁻²² ɕi³⁴⁻⁵⁵ lu¹³⁻²¹ 寻短见 ziŋ¹³⁻²² tø³⁴⁻⁵⁵ tɕi³⁴⁻²¹ 寻死 ziŋ¹³⁻²² ɕi³⁴⁻⁴⁴ 自杀 z̩¹³⁻²² saʔ⁵⁻⁴		自杀
55	老天菩萨 lɔ¹³⁻²² tʰi⁵³⁻⁵⁵ bu¹³⁻³³ saʔ⁵⁻² 天老爷 tʰi⁵³⁻⁵⁵ lɔ¹³⁻²² ɦia¹³⁻²¹ 老天爷 lɔ¹³⁻²² tʰi⁵³⁻⁵⁵ ɦia¹³⁻²¹	金山新：菩萨 bu³¹⁻³³ saʔ⁵⁻² 崇明：天公公 tʰie⁵⁵⁻⁵⁵ koŋ⁵⁵⁻⁵⁵ koŋ⁵⁵⁻⁵⁵	对天的迷信称法
56	骨灰箱 kuəʔ⁵⁻³ huE⁵³⁻⁵⁵ ɕiã⁵³⁻²¹ 骨灰匣 kuəʔ⁵⁻³ huE⁵³⁻⁵⁵ ɦiaʔ²⁻²	嘉定：骨灰匣子 kuəʔ⁵⁻³ huE⁵³⁻⁵⁵ ɦiaʔ²⁻³ tsɿ³⁴⁻²¹	骨灰盒
57	赤佬 tsʰaʔ⁵⁻³ lɔ¹³⁻⁴⁴		（1）鬼 （2）人，詈言

（续表）

序号	上海市区方言	上海郊区方言	普通话
58	灶家菩萨 tsɔ³⁴⁻³³ka⁵³⁻⁵⁵bu¹³⁻³³saʔ⁵⁻² 灶家老爷 tsɔ³⁴⁻³³ka⁵³⁻⁵⁵lɔ¹³⁻³³ɦia¹³⁻²¹	闵行：灶君公公 tsɔ³⁴⁻⁴⁴ɕyŋ⁵³⁻³³koŋ⁵⁵⁻³³koŋ⁵³⁻⁴⁴ 南汇：灶君公公 tsɔ³⁴⁻⁴⁴ɕyŋ⁵³⁻³³koŋ⁵⁵⁻³³koŋ⁵³⁻⁴⁴ 嘉定：灶君公公 tsɔ³⁴⁻³³tɕiŋ⁵³⁻⁵⁵koŋ⁵³⁻³³koŋ⁵³⁻²¹ 崇明：灶君公公 tsɔ³⁴⁻⁴⁴ɕyŋ⁵³⁻³³koŋ⁵⁵⁻³³koŋ⁵³⁻⁴⁴ 松江：灶君老爷 tsɔ³⁵⁻³³tɕyŋ⁵³⁻⁵³lɔ¹³⁻³³ɦia²¹³⁻²¹ 浦东：灶君老爷 tsɔ³⁵⁻³³tɕyŋ⁵³⁻⁵³lɔ¹³⁻³³ɦia²¹³⁻²¹ 南汇：灶君老爷 tsɔ³⁵⁻³³tɕyŋ⁵³⁻⁵³lɔ¹³⁻³³ɦia²¹³⁻²¹ 松江新：灶头菩萨 tsɔ³⁵⁻⁵⁵dɤw³¹⁻⁵³bu³¹⁻³³sɛʔ⁵⁻³ 浦东：灶君菩萨 tsɔ³⁵⁻³³tɕyŋ⁵³⁻⁵³bu³¹⁻⁵⁵sæʔ⁵⁻⁵ 南汇：灶君菩萨 tsɔ³⁵⁻³³tɕyŋ⁵³⁻⁵³bu³¹⁻⁵⁵sæʔ⁵⁻⁵ 青浦：灶君菩萨 tsɔ³⁵⁻³³tɕyŋ⁵³⁻⁵³bu³¹⁻⁵⁵sæʔ⁵⁻⁵ 崇明：灶君菩萨 tsɔ³⁵⁻³³tɕyŋ⁵³⁻⁵³bu³¹⁻⁵⁵sæʔ⁵⁻⁵	灶王爷
59	徐天老爷 zi¹³⁻²²tʰi⁵³⁻⁵⁵lɔ¹³⁻³³ɦia¹³⁻²¹ 野客 ɦia¹³⁻²¹kʰaʔ⁵⁻⁴ 鬼 tɕy³⁴		鬼
60	赤佬码子 tsʰaʔ⁵⁻³lɔ¹³⁻⁵⁵mo¹³⁻³³tsɿ³⁴⁻²¹	浦东：活鬼 βæʔ²⁻²tɕy⁴⁴⁻³⁴ 浦东：绕鬼 ȵiɔ³⁵⁻³⁵tɕy⁴⁴⁻²¹ 嘉定：棺材 kuɪ⁵³⁻⁵⁵zᴇ³¹⁻²¹ 嘉定：短寿 tuɪ³⁴⁻³³zə¹³⁻⁵³	人，詈言
61	师姑堂 sɿ⁵³⁻⁵⁵ku⁵³⁻³³dã¹³⁻²¹ 庵堂 ᴇ⁵³⁻⁵⁵dã¹³⁻²¹ 尼姑庵 ȵi¹³⁻²²ku⁵³⁻³³ᴇ⁵³⁻²¹	青浦新：师姑院 sɿ⁵³⁻⁵⁵ku⁵³⁻⁵⁵ɦyø²¹³⁻²¹	尼姑庵
62	礼拜堂旧 li¹³⁻²²pa³⁴⁻⁵⁵dã¹³⁻²¹ 教堂 tɕiɔ³⁴⁻³³dã¹³⁻⁴⁴		教堂
63	进教 tɕiŋ³⁴⁻³³tɕiɔ³⁴⁻⁴⁴	金山新：吃教 tɕʰiʌʔ⁵⁻³tɕiɔ¹³⁻³⁵	信教

第十六章 日 常 生 活

序号	上海市区方言	上海郊区方言	普通话
1	着衣裳 tsaʔ$^{5-3}$i$^{53-55}$zã$^{13-21}$ 穿衣裳 tsʰø$^{53-55}$i$^{53-33}$zã$^{13-21}$		穿衣裳
2	洒花 sa$^{34-33}$ho$^{53-44}$ 做绷子 tsu$^{34-33}$pã$^{53-55}$tsɿ$^{34-21}$ 绣花 ɕiɤ$^{34-33}$ho$^{53-44}$	崇明：插花 tsʰæʔ$^{5-5}$ho$^{5-5}$	绣花
3	补补钉 pu$^{34-33}$pu$^{34-55}$tiŋ$^{53-21}$ 打补钉 tã$^{34-33}$pu$^{34-55}$tiŋ$^{53-21}$	浦东：补衣裳 ʔbu$^{44-33}$i$^{53-55}$zã$^{213-53}$ 青浦^{新}：补衣裳 pu$^{44-33}$ø$^{53-55}$zã$^{31-21}$ 金山^{新}：补补 pu$^{13-33}$ pu$^{13-33}$	打补钉
4	繗被头 liŋ$^{13-22}$bi$^{13-55}$dɤ$^{13-21}$ 钉被头 liŋ$^{34-33}$bi$^{13-55}$dɤ$^{13-21}$ 定被头 liŋ$^{13-22}$bi$^{13-55}$dɤ$^{13-21}$		缝合被子
5	汏衣裳 da$^{13-22}$i$^{53-55}$zã$^{13-21}$	嘉定^{旧}：净衣裳 ziŋ$^{13-22}$i$^{53-55}$zã$^{31-21}$ 崇明：净衣裳 ziŋ$^{313-31}$i$^{55-33}$zã$^{24-55}$	洗衣服
6	过一潽 ku$^{34-33}$iʔ$^{5-5}$pʰu$^{53-21}$		把衣服漂洗一边
7	过衣裳 ku$^{34-33}$i$^{53-55}$zã$^{13-21}$		把上好肥皂的衣服用水漂洗
8	晾衣裳 lã$^{13-22}$i$^{53-55}$zã$^{13-21}$	川沙：晒衣裳 so$^{35-33}$i$^{53-55}$zaŋ$^{213-21}$	晾衣服
9	炖粥 təŋ$^{34-44}$·tsoʔ^5 笃$^=$粥 toʔ$^{5-3}$tsoʔ$^{5-4}$ 烧粥 sɔ$^{53-55}$tsoʔ$^{5-2}$	南汇：炊粥 tsʰø$^{55-33}$tsoʔ$^{5-5}$ 青浦^{新}：秃$^=$粥 tʰoʔ$^{5-4}$tsoʔ$^{5-3}$	熬稀饭
10	搦面 ȵyoʔ$^{2-1}$mi$^{13-23}$		揉面
11	拣菜 kE$^{34-33}$tsʰE$^{34-44}$ 选菜 ɕi$^{34-33}$tsʰE$^{34-44}$		择菜
12	烧小菜 sɔ$^{53-55}$ɕiɔ$^{34-33}$tsʰE^{3421} 烧菜 sɔ$^{53-55}$tsʰE$^{34-21}$		做菜

（续表）

序号	上海市区方言	上海郊区方言	普通话
13	隔水燉 kaʔ⁵⁻³sɿ³⁴⁻⁵⁵təŋ³⁴⁻²¹	浦东：隔水蒸 kaʔ⁵⁻⁵sɿ³⁵⁻⁵⁵tsəŋ⁵³⁻⁵³ 南汇：隔水蒸 kaʔ⁵⁻⁵sɿ³⁵⁻⁵⁵tsəŋ⁵³⁻⁵³ 嘉定：隔水蒸 kaʔ⁵⁻⁵sɿ³⁴⁻³³tsẽ⁵³⁻²¹ 宝山：隔水蒸 kaʔ⁵⁻⁵sɿ³⁵⁻⁵⁵tsəŋ⁵³⁻⁵³	隔水加热食物
14	攐菜 tɕi⁵³⁻⁵⁵tsʰE³⁴⁻²¹ 挟菜 tɕiıʔ⁵⁻³tsʰE³⁴⁻⁴⁴	金山新：接菜 tɕiʔ⁵⁻³tsʰɛ¹³⁻³⁵	挟菜
15	减菜 kE³⁴⁻³³tsʰE³⁴⁻⁴⁴		把菜从碗里、盆里拨到另一边
16	吃夜饭 tɕʰiıʔ⁵⁻³ɦia¹³⁻⁵⁵vE¹³⁻²¹		吃晚饭
17	吃零碎旧 tɕʰiıʔ⁵⁻³liŋ¹³⁻⁵⁵sE³⁴⁻²¹ 吃零食 tɕʰiıʔ⁵⁻³liŋ¹³⁻⁵⁵zəʔ²⁻²	松江：轧杂食 gæʔ²⁻²zəʔ²⁻²zʌʔ²⁻² 浦东：吃杂食 tɕʰiıʔ⁵⁻³zæʔ²⁻⁵zəʔ²⁻⁵ 南汇：吃杂食 tɕʰiıʔ⁵⁻³zæʔ²⁻⁵zəʔ²⁻⁵	吃零食
18	喧牢 iıʔ⁵⁻³lɔ¹³⁻⁴⁴ 喧住旧 iıʔ⁵⁻³zɿ¹³⁻⁴⁴	川沙：喧住 iıʔ⁵⁻³lɔ²¹³⁻⁵⁵zɿ²¹³⁻²¹	喧住
19	骾牢 kã³⁴⁻³³lɔ¹³⁻⁴⁴ 骾住旧 kã³⁴⁻³³zɿ¹³⁻⁴⁴	川沙：骾住 kã⁴⁴⁻²²lɔ²¹³⁻⁵⁵zɿ²¹³⁻²¹	骨头等骾在喉咙里
20	打嗝 tã³⁴⁻⁴⁴·gE¹³	松江：作蛤=多= tsɔʔ⁵⁻⁴kəʔ⁵⁻⁴ʔdu⁵³⁻⁵³ 奉贤：打喧 ʔdɛ⁴⁴⁻³⁵;ieʔ⁵⁻² 金山新：打饱嗝 tẽ⁴⁴⁻²³pɔ⁴⁴⁻⁵⁵kəʔ⁵⁻³ 嘉定：打嗝得= tã³⁴⁻³³kəʔ⁵⁻⁵təʔ⁵⁻² 崇明：打则=勾= tã⁴²⁴⁻⁴²tsəʔ⁵⁻⁵kɤ⁵⁵⁻⁵⁵	打饱嗝儿
21	渗=酒 səŋ³⁴⁻³³tɕtɕiɤ³⁴⁻⁴⁴ 吃老酒 tɕʰiıʔ⁵⁻³lɔ¹³⁻⁵⁵tɕiɤ³⁴⁻²¹ 吃酒 tɕʰiıʔ⁵⁻³tɕiɤ³⁴⁻⁴⁴	浦东：咪老酒 mi⁵³⁻⁵⁵lɔ¹³⁻³³tsiɤ⁴⁴⁻²¹ 南汇：咪老酒 mi⁵³⁻⁵⁵lɔ¹³⁻³³tsiɤ⁴⁴⁻²¹ 崇明：呷酒 hæʔ⁵⁻⁵tɕiɵ⁴²⁴⁻³³	喝酒

（续表）

序号	上海市区方言	上海郊区方言	普通话
22	肚皮俄 du$^{13-22}$bi$^{13-55}$ŋu$^{13-21}$ 瘞 zɔ^{13} 饿 ŋu$^{13-21}$		肚子饿
23	碌起来 loʔ$^{2-1}$tɕhi$^{34-22}$lE$^{13-23}$ 爬起来 ba$^{13-22}$tɕhi$^{34-55}$lE$^{13-21}$	嘉定：莲起来 bE$^{31-24}$tɕhi$^{34-33}$lE$^{31-21}$	（1）爬起来 （2）起床
24	睏晏觉 khuaŋ$^{34-33}$E$^{34-55}$kɔ$^{34-21}$ 睏晏早 khuaŋ$^{34-33}$E$^{34-55}$tsɔ$^{34-21}$	市区^{新}：睏懒觉 khuaŋ$^{34-33}$lE$^{13-55}$kɔ$^{34-21}$	早上睡懒觉
25	汏手 da$^{13-22}$sɤ$^{34-44}$	松江：净手 ziŋ$^{13-24}$sø$^{34-21}$ 嘉定^{旧}：净手 ziŋ$^{13-24}$sə$^{34-21}$ 崇明：净手 ziŋ$^{13-24}$sø$^{34-21}$	洗手
26	揩面 kha$^{53-55}$mi$^{13-21}$		洗脸
27	面汤水 mi$^{13-22}$thã$^{53-55}$sɿ$^{34-21}$	闵行：揩面水 kha$^{53-44}$mi$^{13-33}$sɿ$^{44-34}$ 南汇：揩面水 kha$^{53-44}$mi$^{13-33}$sɿ$^{44-34}$ 金山^{新}：揩面水 kha$^{53-44}$mi$^{13-33}$sɿ$^{44-34}$ 青浦^{新}：揩面水 kha$^{53-44}$miɿ$^{213-44}$sɿ$^{44-31}$ 嘉定：揩面水 kha$^{53-55}$miɿ$^{13-33}$sɿ$^{34-21}$	洗脸水
28	汏浴 da$^{13-22}$ɦoʏʔ$^{2-4}$ 净浴^{旧} ziŋ$^{13-22}$ɦoʏʔ$^{2-4}$ 潵浴 hoʔ$^{5-3}$ɦoʏʔ$^{2-4}$	浦东：揩浴 kha$^{53-55}$ɦoʏʔ$^{2-5}$ 青浦^{新}：揩身 kha$^{53-44}$sən$^{53-42}$ 崇明：汏肉 da$^{313-31}$n̠oʏʔ$^{2-5}$	洗澡
29	浴汤 ɦoʏʔ$^{2-1}$thã$^{53-23}$	松江^{新}：汏浴水 da$^{13-25}$ɦioʔ$^{2-5}$sɿ$^{44-21}$ 南汇：汏浴水 da$^{13-13}$ɦoʏʔ$^{2-5}$sɿ$^{44-53}$ 金山^{新}：汏浴水 da$^{13-13}$ɦoʏʔ$^{2-5}$sɿ$^{44-53}$ 青浦^{新}：汏浴水 da$^{13-22}$ɦioʔ$^{2-44}$sɿ$^{44-31}$ 浦东：揩浴水 kha$^{53-55}$ɦoʏʔ$^{2-5}$sɿ$^{44-21}$	洗澡水
30	解小溲 ka$^{34-33}$ɕiɔ$^{34-55}$sɤ$^{34-21}$ 小解 ɕiɔ$^{34-55}$ka$^{34-44}$ 撒尿 za$^{13-22}$sɿ$^{34-44}$ 拆=尿 tsha ʔ$^{5-3}$sɿ$^{34-44}$ 小便 ɕiɔ$^{34-33}$bi$^{13-44}$	金山^{新}：拆水 tshaʔ$^{5-4}$sɿ$^{44-33}$	小便

（续表）

序号	上海市区方言	上海郊区方言	普通话
31	解大溲 ka$^{34-33}$du$^{13-55}$sɤ$^{34-21}$ 撒屙 za$^{13-22}$u$^{34-44}$ 拆⁼屙 tsʰaʔ$^{5-3}$u$^{34-44}$ 大解 du$^{13-22}$ka$^{34-44}$ 大便 du$^{13-22}$bi$^{13-44}$	松江：出恭 tsʰəʔ$^{5-4}$koŋ$^{53-53}$ 嘉定^{旧}：蹲坑 tẼ$^{53-55}$kʰã$^{53-21}$	大便
32	孵日房^{旧} bu$^{13-22}$ȵiɪ$^{2-5}$vã$^{13-21}$ 孵太阳 bu$^{13-22}$tʰa$^{34-55}$ɦiã$^{13-21}$	松江^{新}：孵日头 bu$^{31-34}$ȵiɪ$^{3-4}$dɤ$^{u31-43}$ 浦东：孵日头 bu$^{13-22}$ȵiɪʔ$^{2-5}$dɤ$^{213-53}$ 嘉定：孵日头 bu$^{13-22}$ȵiɪʔ$^{2-5}$də$^{31-21}$ 金山^{新}：孵日头 bu$^{13-23}$ȵiɪʔ$^{2-5}$dɤ$^{31-31}$	冬天晒太阳取暖
33	吹隐 tsʰɿ$^{53-55}$iŋ$^{34-21}$		吹灭灯、烛等
34	打瞌眴 tã$^{34-33}$kʰəʔ$^{5-5}$tsʰoŋ$^{34-21}$		打瞌睡
35	睏去 kʰuəŋ$^{34-33}$tɕʰy$^{34-44}$ 睏着 kʰuəŋ$^{34-33}$zaʔ$^{2-4}$		睡着
36	落瘖 loʔ$^{2-1}$huəʔ$^{5-2}$ 着瘖 zaʔ$^{2-1}$huəʔ$^{2-2}$		熟睡
37	睏一瘖 kʰuəŋ$^{34-33}$iɪʔ$^{5-5}$huəʔ$^{5-2}$ 睏一觉 kʰuəŋ$^{34-33}$iɪʔ$^{5-5}$kɔ$^{34-21}$		睡一觉
38	睏一歇 kʰuəŋ$^{34-33}$iɪʔ$^{5-5}$ɕiɪʔ$^{5-2}$ 躺一歇 tʰã$^{34-33}$iɪʔ$^{5-5}$ɕiɪʔ$^{5-2}$ 横一歇 ɦiã$^{13-22}$iɪʔ$^{5-5}$ɕiɪʔ$^{5-2}$	南汇：眯一歇 mi$^{53-55}$iɪʔ$^{5-5}$ɕiɪʔ$^{5-5}$ 金山^{新}：睏脱歇 kʰuəŋ$^{24-34}$tʰəʔ$^{5-5}$ɕiɪʔ$^{5-3}$ 青浦^{新}：眯一歇 mi$^{53-44}$iɪʔ$^{5-44}$siɪʔ$^{5-31}$ 嘉定：睏一瘖 kʰuẼ$^{34-33}$iɪʔ$^{5-5}$huəʔ$^{5-2}$	睡一会儿
39	打昏涂⁼ tã$^{34-33}$huəŋ$^{53-55}$du$^{13-21}$ 打呼噜^{新} tã$^{34-33}$hu$^{53-55}$lu$^{13-21}$	嘉定：打䁂涂 tã$^{34-33}$kʰuẼ$^{35-55}$du$^{31-21}$ 宝山：打睏涂⁼ tã$^{35-33}$kʰuəŋ$^{35-55}$du$^{31-53}$	打鼾
40	打中觉 tã$^{34-33}$tsoŋ$^{53-55}$kɔ$^{34-21}$ 睏中觉 kʰuəŋ$^{34-33}$tsoŋ$^{53-55}$kɔ$^{34-21}$	松江：醒昼 siŋ$^{44-44}$tsɯ$^{35-44}$ 松江：睏下诈⁼ 寝 kʰuəŋ$^{33-33}$ɦo$^{242-31}$tso$^{33-33}$huəʔ$^{5-5}$ 浦东：歇日中兴 ɕiɪʔ$^{5-5}$ȵiɪʔ$^{2-5}$tsoŋ$^{53-33}$ɕiŋ$^{35-21}$	睡午觉

(续表)

序号	上海市区方言	上海郊区方言	普通话
41	睏抢＝头颈骨 $k^huəŋ^{34-33}tɕ^hiã^{34-55}dɤ^{13-33}tɕiŋ^{34-33}kuəʔ^{5-2}$ 脱头颈 $t^həʔ^{5-3}dɤ^{13-55}tɕiŋ^{34-21}$ 落枕 $loʔ^{2-1}tsəŋ^{34-23}$	川沙：睏抢脱 $k^huəŋ^{35-33}tɕ^hiaŋ^{53-55}t^hɤʔ^{5-53}$ 奉贤：缠头颈 $ze^{31-24}dɯ^{31-55}ciəŋ^{44-53}$ 金山：脱枕 $t^həʔ^{5-4}tsəŋ^{44-33}$ 金山^{新}：睏坏头颈骨 $k^huəŋ^{24-44}vʌ^{35-44}dɤ^{31-23}tɕiæŋ^{44-55}kuəʔ^{5-3}$ 青浦^{新}：别头颈 $biɿʔ^{2-2}dɯ^{31-22}tɕiəŋ^{44-21}$ 崇明：强颈骨 $dʑiã^{313-31}tɕiŋ^{424-33}kuəʔ^{5-5}$	落枕
42	话睏话 $ɦo^{13-22}k^huəŋ^{34-55}ɦo^{13-44}$ 讲梦话 $kã^{34-33}mã^{13-55}ɦo^{13-21}$	川沙：讲睏话 $kaŋ^{44-33}k^huəŋ^{35-55}ɦo^{13-21}$ 浦东：睏话 $k^huəŋ^{35-55}ɦo^{13-21}$ 南汇：睏话 $k^huəŋ^{35-55}ɦo^{13-21}$	说梦话
43	做夜作 $tsu^{34-33}ɦia^{13-55}tsoʔ^{5-2}$ 磨夜作 $mu^{13-22}ɦia^{13-55}tsoʔ^{5-2}$	川沙：开夜工 $k^he^{53-55}ia^{35-55}koŋ^{53-53}$ 金山^{新}：夜头做事体 $iʌ^{44-24}dɤ^{31-53}tsu^{13-23}zɿ^{35-55}t^hi^{13-31}$ 嘉定^{新}：开夜车 $k^hɛ^{53-55}ɦia^{13-33}tsʰɯ^{53-21}$	晚上工作

第十七章　政务　公事

序号	上海市区方言	上海郊区方言	普通话
1	会官司 ɦuE$^{13-22}$kuø$^{53-55}$sɿ$^{53-21}$ 打官司 tã$^{34-33}$ kuø$^{53-55}$sɿ$^{53-21}$		打官司
2	状子 zã$^{13-22}$ tsɿ$^{34-44}$		诉状
3	禀单 piŋ$^{34-33}$tE$^{53-44}$	松江：禀帖 ʔbiŋ$^{44-35}$tʰiɪʔ$^{5-2}$	旧时下级向上级禀报事情的单子
4	恶讼师 oʔ$^{5-3}$ zoŋ$^{13-55}$sɿ$^{53-21}$		专出坏点子怂恿别人打官司的讼师
5	硬装斧头柄 ŋã$^{13-22}$tsã$^{53-55}$fu$^{34-33}$dɤ$^{13-33}$ piŋ$^{34-21}$ 硬装榫头 ŋã$^{13-22}$tsã$^{53-55}$səŋ$^{34-33}$dɤ$^{13-21}$ 装榫头 tsã$^{53-55}$səŋ$^{34-33}$dɤ$^{13-21}$ 拗掐 ɔ$^{34-33}$ kʰaʔ$^{5-4}$	浦东：拗话 ɔ$^{35-55}$ɦo$^{13-21}$ 南汇：拗话 ɔ$^{35-55}$ɦo$^{13-21}$ 嘉定^旧：□掐 ʔã$^{34-35}$kʰaʔ$^{5-2}$	诬陷
6	青天大老爷 tɕʰiŋ$^{53-55}$tʰi$^{53-33}$du$^{13-33}$lɔ$^{13-33}$ ɦia$^{13-21}$ 青天老爷 tɕʰiŋ$^{53-55}$tʰi$^{53-33}$lɔ$^{13-33}$ ɦia$^{13-21}$ 清官 tɕʰiŋ$^{53-55}$kuø$^{53-21}$		清官
7	罚铜钿^旧 ɦuaʔ$^{2-1}$doŋ$^{13-22}$di$^{13-23}$ 罚钞票 ɦuaʔ$^{2-1}$tsʰɔ$^{53-22}$pʰiɔ$^{34-23}$ 罚款 ɦuaʔ$^{2-1}$kʰuE$^{34-23}$[kʰuø$^{34-23}$]		罚款
8	坐牢监 zu$^{13-22}$lɔ$^{13-55}$kE$^{53-21}$ 吃官司 tɕʰiɪʔ$^{5-3}$kuø$^{53-55}$sɿ$^{53-21}$	川沙：坐监牢 zu$^{213-22}$kɛ$^{53-55}$lɔ$^{213-21}$	坐牢
9	落班 loʔ$^{2-1}$pE$^{53-23}$ 下班 ɦo$^{13-22}$pE$^{53-44}$		下班
10	转来 tsø$^{34-33}$pE$^{13-44}$ 回转来 ɦuE$^{13-22}$ tsø$^{34-55}$pE$^{13-21}$ 回来 ɦuE$^{13-22}$pE$^{13-44}$	南汇：归来 cy$^{53-55}$le$^{113-53}$ 嘉定：归来 kuø$^{53-55}$lE$^{31-21}$ 金山^新：回在来 ve$^{31-23}$tsɛ$^{13-55}$lɛ$^{31-31}$	（1）返回 （2）回家

（续表）

序号	上海市区方言	上海郊区方言	普通话
11	立字据 liɪʔ$^{2-2}$·z̩$^{13-22}$tɕy$^{34-44}$ 写文书 ɕia$^{34-44}$·vəŋ$^{13-22}$s̩$^{53-44}$ 立约 liɪʔ$^{2-1}$iaʔ$^{5-2}$	川沙：签合同 tɕʰi$^{53-55}$fiɤʔ$^{2-3}$doŋ$^{213-21}$ 浦东：写纸写笔 sia$^{44-35}$ts̩$^{44-21}$sia$^{44-33}$ʔbiɪʔ$^{5-5}$ 南汇：写纸写笔 sia$^{44-35}$ts̩$^{44-21}$sia$^{44-33}$ʔbiɪʔ$^{5-5}$ 金山^{新}：写字据 ɕiA$^{13-23}$z̩$^{35-55}$tɕy$^{13-31}$ 青浦^{新}：立字据 liɪʔ$^{12\ -22}$z̩$^{213-44}$tɕy$^{35-44}$ 崇明：写凭据 ɕia$^{424-42}$biŋ$^{24-55}$tɕy$^{33-0}$	订立契约
12	捐钿 tɕyø$^{53-55}$di$^{13-21}$ 捐款 tɕyø$^{53-55}$kʰuø$^{34-21}$ [kʰuE$^{34-21}$] 捐钞票 tɕyø$^{53-44}$·tsʰ̩$^{53-55}$pʰiɔ$^{34-21}$	浦东：写捐 sia$^{44-33}$tɕyø$^{53-53}$ 奉贤：捐铜钿 tɕyø$^{53-55}$doŋ$^{31-55}$di$^{13-21}$ 青浦：捐铜钿 tɕyø$^{53-55}$doŋ$^{31-55}$di$^{13-21}$ 嘉定：捐铜钿 tɕiɯ$^{53-55}$doŋ$^{31-33}$di$^{31-21}$ 宝山：捐铜钿 tɕyø$^{53-55}$doŋ$^{31-55}$di$^{13-21}$	捐款
13	贴告示 tʰiɪʔ$^{5-3}$kɔ$^{34-55}$z̩$^{13-21}$ 出告示 tsʰəʔ$^{5-3}$kɔ$^{34-55}$z̩$^{13-21}$		发布告
14	通知书 tʰoŋ$^{53-55}$ts̩$^{53-33}$s̩$^{53-21}$ 通知单 tʰoŋ$^{53-55}$ts̩$^{53-33}$dE$^{53-21}$	金山^{新}：通知 tʰoŋ$^{53-24}$tsʰ̩$^{53-53}$	通知单
15	掼纱帽 guE$^{13-22}$so$^{53-55}$mɔ$^{13-21}$		因不满而辞职
16	土作 tʰu$^{34-33}$tsoʔ$^{5-4}$ 仵作 fiŋ$^{13-22}$tsoʔ$^{5-4}$		旧时官府中验尸的或民间装殓尸体的人
17	开花账 kʰE$^{53-55}$so$^{53-33}$tsã$^{34-21}$		制造假账，从中贪污
18	挖腰包 uaʔ$^{5-3}$iɔ$^{53-55}$mɔ$^{53-21}$	金山^{新}：抢劫 tɕʰiɛ$^{44-23}$tɕiɪʔ$^{5-4}$ 青浦^{新}：拦路抢劫 lE$^{31-13}$lu$^{213-44}$tɕʰiɛ$^{44-44}$tɕiɪʔ$^{5-2}$	拦路抢劫
19	背娘舅 pE$^{34-33}$ɲia$^{13-55}$dziɤ$^{13-21}$		把人勒死并洗劫钱财
20	仙人跳 ɕi$^{53-55}$ɲiŋ$^{13-33}$tʰiɔ$^{34-21}$	松江：跳肚子 tʰiɔ$^{34-21}$ʔdu$^{44-44}$ts̩$^{44-53}$	一种骗局：妇女装作求助把男的引到家中，后色相诱人，其夫突然闯入勒索

（续表）

序号	上海市区方言	上海郊区方言	普通话
21	剥猪猡 poʔ⁵⁻³tsɿ⁵³⁻⁵⁵luƖ¹³⁻²¹		抢劫成人的衣服和钱物
22	放白鸽 fɑ̃³⁴⁻³³baʔ²⁻⁵kəʔ⁵⁻²	市区⁽新⁾：放鸽子 fɑ̃³⁴⁻³³kɐʔ⁵⁻⁵tsɿ³⁴⁻²¹ 川沙：放鸽子 faŋ³⁵⁻³⁵kɤʔ⁵⁻³tsɿ⁴⁴⁻²¹ 嘉定：放鸽子 fɑ̃³⁴⁻³³kəʔ⁵⁻⁵tsɿ³⁴⁻²¹	（1）一种骗局：介绍"白鸽"作妾，后妾卷主人钱物逃遁（2）说空话
23	金钩吊玉蟹 tɕiŋ⁵³⁻⁵⁵kɤ⁵³⁻³³·tiɔ³⁴⁻³³n̠yoʔ²⁻¹ha³⁴⁻²³	浦东：调包 diɔ¹³⁻²²ʔbɔ⁵³⁻⁵³	一种骗术，用真金首饰诱人来买，成交后以假换真
24	三对六面 sE⁵³⁻⁵⁵tE³⁴⁻³³loʔ²⁻³mi¹³⁻²¹		与某事有关的各个方面都到场对证
25	撇清 pʰiɪʔ⁵⁻³tɕʰiŋ⁵³⁻⁴⁴	金山⁽新⁾：讲清爽 kɑ̃⁴⁴⁻³⁴tɕʰiæŋ⁵³⁻⁵⁵sɑ̃⁵³⁻³¹ 嘉定：表清爽 piɔ³⁴⁻³³tsʰiŋ⁵³⁻⁵⁵sɑ̃³⁴⁻²¹	为自己表白，说明清白
26	捞横堂 lɔ¹³⁻³³·ɦuɑ̃¹³⁻²²dɑ̃¹³⁻⁴⁴	浦东：发横财 ɸaʔ⁵⁻³βɑ̃²¹³⁻⁵⁵zɤ²¹³⁻⁵³ 南汇：发横财 ɸaʔ⁵⁻³βɑ̃²¹³⁻⁵⁵zɤ²¹³⁻⁵³	捞取不义之财

第十八章 社会交往

序号	上海市区方言	上海郊区方言	普通话
1	烦费 vE$^{13-22}$fi$^{34-44}$ 破钞 pʰu$^{34-33}$tsʰ ɔ$^{53-44}$ 破费 pʰu$^{34-33}$fi$^{34-44}$	松江：拆烛 tsʰaʔ$^{5-4}$ zəʔ$^{2-4}$ 浦东：伤钞票 sã$^{53-55}$ tsʰɔ$^{53-55}$ pʰiɔ$^{35-21}$ 南汇：伤钞票 sã$^{53-55}$ tsʰɔ$^{53-55}$ pʰiɔ$^{35-21}$	破费
2	走动 tsɤ$^{34-33}$doŋ$^{13-44}$ 往来 uã$^{34-33}$lE$^{13-44}$ 来往 lE$^{13-22}$uã$^{34-44}$	崇明：上落 zã$^{242-31}$loʔ$^{2-5}$	来往
3	挺分^{新} tʰiŋ$^{34-33}$fəŋ$^{53-44}$ 挺张^{新} tʰiŋ$^{34-33}$tsã$^{53-44}$ 挺座^{新} tʰiŋ$^{34-33}$zu$^{13-44}$	金山^{新}：请客 tɕʰiæn$^{44-23}$kʰaʔ$^{5-4}$	出钱请客
4	送人情 soŋ$^{34-44}$·ȵiŋ$^{13-22}$ziŋ$^{13-44}$ 送礼 soŋ$^{34-44}$·li^{13}	金山^{新}：送么市 soŋ$^{24-43}$iɔ$^{53-33}$zɿ$^{35-31}$	送礼
5	意思意思 i$^{34-33}$ sɿ$^{53-55}$i$^{34-33}$ sɿ$^{53-21}$		送礼表达心意
6	做客人 tsu$^{34-33}$kʰaʔ$^{5-5}$ȵiŋ$^{13-21}$ 做人客 tsu$^{34-33}$ȵiŋ$^{13-55}$kʰaʔ$^{5-2}$		做客
7	勿送 vəʔ$^{2-3}$soŋ$^{34-44}$ 恕送 su$^{34-33}$soŋ$^{34-44}$		不送你了，道别用语
8	难为 nE$^{13-22}$ɦuE$^{13-44}$	松江：讨烦杂〔义项（3）〕 tʰɔ$^{44-33}$βɛ$^{31-55}$zəʔ$^{2-2}$ 崇明：撰ⁿ你嗬 dzø$^{242-31}$ȵ$^{242-0}$də^{0}	（1）使人难为 （2）花钱 （3）客套话
9	走好 tsɤ$^{34-33}$hɔ$^{34-44}$ 慢请 mE$^{13-22}$tɕʰiŋ$^{34-44}$ 慢走 mE$^{13-22}$tsɤ$^{34-44}$	金山^{新}：慢慢交走 mE$^{35-34}$mE$^{35-55}$tɕiɔ$^{53-33}$tsɤ$^{44-31}$ 青浦^{新}：慢点走 mE$^{213-44}$tiɪ$^{44-44}$tsɤu$^{44-21}$ 崇明：慢点跑 mæ$^{313-31}$tiɛ$^{424-33}$bɔ$^{24-0}$	慢走

（续表）

序号	上海市区方言	上海郊区方言	普通话
10	覅客气 viɔ$^{34-44}$•kʰaʔ$^{5-3}$tɕi$^{34-44}$ 勿要客气 vəʔ$^{2-3}$iɔ$^{2-55}$kʰaʔ$^{5-3}$tɕi^{3421}	金山^{新}：消客气 ɕiɔ$^{53-44}$kʰaʔ$^{5-3}$tɕi$^{13-31}$	别客气
11	惊吵 tɕiŋ$^{53-55}$tsʰɔ$^{34-21}$ 叨扰 tʰɔ$^{53-55}$zɔ$^{13-21}$	市区^{新}：打扰 tã$^{34-33}$zɔ$^{13-44}$ 南汇：打扰 ʔdã$^{44-35}$zɔ$^{113-21}$ 金山^{新}：打扰 tẽ$^{44-44}$ɲiɔ$^{35-44}$ 闵行：搅吵 kɔ$^{44-55}$tsʰɔ$^{44-53}$ 松江：搅吵 kɔ$^{44-55}$tsʰɔ$^{44-53}$ 奉贤：搅吵 kɔ$^{44-55}$tsʰɔ$^{44-53}$ 青浦：搅吵 kɔ$^{44-55}$tsʰɔ$^{44-53}$ 川沙：吵着 tsʰɔ$^{44-22}$za$^{2-53}$ 金山^{新}：影响 iæn$^{44-24}$ɕiẽ$^{44-53}$	打搅
12	弄成 loŋ$^{13-22}$zəŋ$^{13-44}$	浦东：弄送 loŋ$^{13-22}$soŋ$^{35-34}$ 南汇：弄送 loŋ$^{13-22}$soŋ$^{35-34}$ 金山：捉弄 tsoʔ$^{5-2}$loŋ$^{13-35}$	（1）捉弄 （2）给别人添麻烦，客套话
13	对勿住 tE$^{34-33}$vəʔ$^{2-5}$zɿ$^{13-21}$ 对勿起 tE$^{34-33}$vəʔ$^{2-5}$tɕʰi$^{34-21}$		对不起
14	勿好意思 vəʔ$^{2-3}$hɔ$^{34-55}$i$^{34-33}$sɿ$^{53-21}$		不好意思
15	意勿过 i$^{34-33}$vəʔ$^{2-5}$ku$^{34-21}$ 过意勿去 ku$^{34-33}$i$^{34-55}$vəʔ$^{2-3}$tɕy$^{34-21}$		过意不去
16	间日会 kE$^{34-33}$ȵiɿʔ$^{2-5}$ɦuE$^{13-21}$ 隔日会 kaʔ$^{5-3}$ȵiɿʔ$^{2-5}$ɦuE$^{13-21}$	金山^{新}：隔日见 kəʔ$^{5-4}$ȵiɿʔ$^{2-3}$tɕi$^{13-21}$ 青浦^{新}：再会 tsE$^{35-44}$ɦuɿ$^{213-55}$	改天见
17	明朝会 miŋ$^{13-22}$[məŋ$^{13-22}$]tsɔ$^{53-55}$ɦuE$^{13-21}$	金山^{新}：明朝再见 miæn$^{31-23}$tsɔ$^{53-55}$tsɛ$^{44-33}$tɕi$^{13-44}$	明儿见
18	晏歇会 E$^{34-33}$ɕiɿʔ$^{5-5}$ɦuE$^{13-21}$	金山^{新}：等脱歇再见 təŋ$^{44-34}$tʰəʔ$^{5-5}$ɕiɿʔ$^{5-3}$tsɛ$^{44-44}$tɕi$^{13-44}$ 青浦^{新}：晏点会 ∅$^{35-33}$tiɿ$^{44-55}$ɦuɿ$^{213-21}$	待会儿见
19	一句闲话 iɿʔ$^{5-3}$tɕy$^{53-55}$ɦE$^{13-33}$ɦo$^{13-21}$		（1）一句话 （2）行，没问题
20	摆酒 pa$^{34-44}$•tɕiɤ^{34} 摆酒席 pa$^{34-44}$•tɕiɤ$^{34-33}$ziʔ$^{2-4}$ 摆酒水 pa$^{34-44}$•tɕiɤ$^{34-33}$sɿ$^{44-44}$	浦东：办酒水 bE$^{13-13}$•tsiɤ$^{44-22}$sɿ$^{44-21}$ 南汇：办酒水 bE$^{13-13}$•tsiɤ$^{44-22}$sɿ$^{44-21}$ 嘉定：备酒 bə$^{13-24}$tsy$^{34-21}$	置办酒席

（续表）

序号	上海市区方言	上海郊区方言	普通话
21	酒水 tɕiɤ$^{34-33}$ sʅ$^{34-44}$ 酒席 tɕiɤ$^{34-33}$ ziʔ$^{2-4}$		酒席
22	筛酒 sa$^{53-55}$ tɕiɤ$^{34-21}$	浦东：敬酒 tɕiŋ$^{35-35}$ tsiɤ$^{44-21}$ 南汇：敬酒 tɕiŋ$^{35-35}$ tsiɤ$^{44-21}$	斟酒
23	搭得够 taʔ$^{5-3}$ təʔ$^{5-5}$ kɤ$^{34-21}$		（1）有交情 （2）吃得消
24	搭勿够 taʔ$^{5-3}$ vəʔ$^{2-5}$ kɤ$^{34-21}$		（1）关系不够紧密 （2）吃不消
25	捉板头 tsoʔ$^{5-3}$ pE$^{53-55}$ dɤ$^{13-21}$	松江：板差头 ʔbɛ$^{53-55}$ tsʰo$^{53-55}$ dɤ$^{213-53}$ 浦东：板差头 ʔbɛ$^{53-55}$ tsʰo$^{53-55}$ dɤ$^{213-53}$ 南汇：板差头 ʔbɛ$^{53-55}$ tsʰo$^{53-55}$ dɤ$^{213-53}$ 金山^{新}：寻骨头 ziæŋ$^{53-44}$ kuəʔ$^{5-3}$ dɤ$^{31-31}$ 嘉定^{新}：捉错头 tsoʔ$^{5-3}$ tsʰɯ$^{53-55}$ də$^{31-21}$	找岔儿
26	板斳丝 pE$^{53-55}$ tɕʰia$^{53-21}$ sʅ$^{53-21}$	松江：作刁 tsoʔ$^{5-4}$ ʔdio$^{53-53}$ 金山^{新}：挑刺 tʰio$^{53-55}$ tsʰʅ$^{13-31}$ 金山^{新}：寻骨头 ziæŋ$^{53-44}$ kuəʔ$^{5-3}$ dɤ$^{31-31}$ 金山^{新}：挑骨头 tʰio$^{53-44}$ kuəʔ$^{5-3}$ dɤ$^{31-31}$ 崇明：寻斳疤 ziŋ$^{24-34}$ tɕʰia$^{25-5}$ po$^{55-55}$	挑刺儿
27	搭架子 taʔ$^{5-3}$·ka$^{34-55}$ tsʅ$^{34-21}$ 摆架子 pa$^{34-33}$ ka$^{34-55}$ tsʅ$^{34-21}$	金山^{新}：架子大 kA$^{44-34}$tsʅ$^{44-55}$du$^{35-31}$	摆架子
28	摆奎 pa$^{34-33}$ kʰuE$^{53-44}$ 摆奎劲 pa$^{34-33}$ kʰuE$^{53-44}$ tɕiŋ$^{34-21}$	宝山：卖老三气 ma$^{13-24}$ lo$^{13-55}$ sE$^{53-55}$ tɕʰi$^{35-21}$	摆出一副傲慢的姿态
29	功架十足 koŋ$^{53-55}$ ka$^{34-33}$ zəʔ$^{2-5}$ tsoʔ$^{5-2}$	川沙：架子十足 ka$^{35-33}$ tsʅ$^{44-55}$ zɤ$^{2-5}$ tsoʔ$^{5-5}$ 浦东：曲答答 tɕʰyoʔ$^{5-3}$ ʔdæʔ$^{5-5}$ ʔdæʔ$^{5-5}$ 金山^{新}：架子大 kA$^{44-34}$tsʅ$^{44-55}$du$^{35-31}$	形容人傲慢，矜持
30	假痴假呆 ka$^{34-33}$ tsʰʅ$^{53-55}$ ka$^{34-33}$ ŋE$^{13-21}$	川沙：假珠假眼 ka$^{44-44}$ tsʅ$^{53-44}$ ka$^{44-44}$ ŋɛ$^{213-44}$ 金山^{新}：假痴 kA$^{44-25}$tsʰʅ$^{53-53}$	装作不知道

（续表）

序号	上海市区方言	上海郊区方言	普通话
31	巴结 po$^{53\text{-}55}$ tɕiŋ$^{5\text{-}2}$ 拍马屁 pʰa$^{25\text{-}3}$mo$^{13\text{-}55}$pʰi$^{34\text{-}21}$	松江：鸳拍 lø$^{31\text{-}33}$ pʰa$^{25\text{-}2}$	拍马屁
32	坍招势 tʰE$^{53\text{-}55}$tsɔ$^{53\text{-}33}$ sʅ$^{34\text{-}21}$ 坍台 tʰE$^{53\text{-}55}$dE$^{13\text{-}21}$ 现世 ɦi$^{13\text{-}22}$sʅ$^{34\text{-}44}$	闵行：吭没场面 ɦim̥$^{13\text{-}13}$məʔ$^{2\text{-}2}$zã$^{31\text{-}13}$mi$^{13\text{-}13}$ 松江：坍充＝tʰE$^{53\text{-}55}$tsʰoŋ$^{53\text{-}21}$ 奉贤：坍充＝tʰE$^{53\text{-}55}$tsʰoŋ$^{53\text{-}21}$ 嘉定：坍充＝tʰE$^{53\text{-}55}$tsʰoŋ$^{53\text{-}21}$ 崇明：坍充＝tʰE$^{53\text{-}53}$tsʰoŋ$^{53\text{-}21}$	丢脸
33	开后门 tʰE$^{53\text{-}44}$・ɦɤ$^{13\text{-}22}$məŋ$^{13\text{-}44}$	松江：走脚路 tsɯ$^{44\text{-}44}$ ciaʔ$^{5\text{-}4}$lu$^{13\text{-}35}$	（1）走后门 （2）舞弊
34	通路子 tʰoŋ$^{53\text{-}44}$・lu$^{13\text{-}22}$tsʅ$^{34\text{-}44}$		打通关节，走后门
35	路道 lu$^{13\text{-}22}$dɔ$^{13\text{-}44}$	松江：路角 lu$^{13\text{-}24}$kɔʔ$^{5\text{-}2}$ 浦东：门道 məŋ$^{213\text{-}22}$dɔ$^{13\text{-}24}$ 金山^{新}：路子 lu^{35}tsʅ^{44}	（1）后门，关系 （2）途径，方法
36	牌头 ba$^{13\text{-}22}$dɤ$^{13\text{-}44}$		靠山
37	照牌头 tsɔ$^{34\text{-}44}$・ba$^{13\text{-}22}$dɤ$^{13\text{-}44}$		理所当然
38	量气^{旧} liã$^{13\text{-}22}$ tɕʰi$^{34\text{-}44}$ 气量 tɕʰi$^{34\text{-}23}$ liã$^{13\text{-}44}$	金山^{新}：肚量 du$^{35\text{-}33}$liẽ$^{31\text{-}31}$	度量
39	心路^{旧} ɕiŋ$^{53\text{-}55}$lu$^{13\text{-}21}$ 心思 ɕiŋ$^{53\text{-}55}$sʅ$^{53\text{-}21}$	金山^{新}：想法 ɕiẽ$^{44\text{-}23}$fəʔ$^{5\text{-}4}$	（1）念头 （2）脑筋 （3）想做某种事的心情
40	一门心思 iɪʔ$^{5\text{-}3}$məŋ$^{13\text{-}55}$ɕiŋ$^{53\text{-}33}$sʅ$^{53\text{-}21}$	崇明：专专一心 tsø$^{55\text{-}55}$tsø$^{55\text{-}55}$iəʔ$^{5\text{-}5}$ ɕiŋ$^{55\text{-}55}$	一心一意
41	脚花 tɕiaʔ$^{5\text{-}3}$hо$^{53\text{-}44}$	浦东：脚头 tɕiaʔ$^{5\text{-}3}$ dɤ$^{213\text{-}53}$ 金山^{新}：脚劲 tɕiAʔ$^{5\text{-}3}$tɕiæŋ$^{13\text{-}35}$	（1）脚劲，脚步 （2）行事的步调
42	花功 ho$^{53\text{-}55}$koŋ$^{53\text{-}21}$		（1）奉承人、骗人的本领 （2）特指博取姑娘欢心的本领
43	派头一落 pʰa$^{34\text{-}33}$dɤ$^{13\text{-}55}$iɪʔ$^{5\text{-}3}$ lоʔ$^{2\text{-}2}$	川沙：有派头 ɦɤ$^{213\text{-}22}$pʰ ɑ$^{35\text{-}55}$dɤ$^{213\text{-}21}$ 金山^{新}：有派头 ɦɤ$^{35\text{-}34}$pʰA$^{13\text{-}55}$dɤ$^{31\text{-}31}$ 嘉定：有派头 ɦy$^{13\text{-}22}$pʰ ɑ$^{34\text{-}55}$də$^{31\text{-}21}$	有气派
44	掼派头 guE$^{13\text{-}22}$pʰa$^{34\text{-}55}$dɤ$^{13\text{-}21}$		显示气派

（续表）

序号	上海市区方言	上海郊区方言	普通话
45	体面 tʰi³⁴⁻³³mi¹³⁻⁴⁴	浦东：面子十足（义项（2））mi¹³⁻¹³tsŋ⁴⁴⁻²¹ zæʔ²⁻²tso⁵⁻³	（1）体统，身份（2）有面子，光彩
46	台型 dE¹³⁻²²ɦiŋ¹³⁻⁴⁴		（1）面子（2）时髦
47	风光 foŋ⁵³⁻⁵⁵kuã⁵³⁻²¹	浦东：风头 hoŋ⁵³⁻⁵⁵dɤ²¹³⁻⁵³ 南汇：风头 hoŋ⁵³⁻⁵⁵dɤ²¹³⁻⁵³	铺张、体面
48	兜得转 dɤ⁵³⁻⁵⁵təʔ⁵⁻³tsø³⁴⁻²¹	浦东：路道粗 lu¹³⁻²²do¹³⁻⁵⁵ tsʰu⁵³⁻⁵³ 南汇：路道粗 lu¹³⁻²²do¹³⁻⁵⁵ tsʰu⁵³⁻⁵³	交流广，人际关系好
49	扎台型 tsaʔ⁵⁻⁴·dE¹³⁻²²ɦiŋ¹³⁻⁴⁴	金山新：跟风 kəŋ⁵³⁻²⁴foŋ⁵³⁻⁵³ 金山新：跟时髦 kəŋ⁵³⁻³⁴zŋ³¹⁻⁵⁵mɔ³¹⁻³¹ 青浦新：扎时髦 tsæʔ⁵⁻⁴⁴zŋ³¹⁻⁴⁴mɔ³¹⁻⁵³	赶时髦
50	大路 da¹³⁻²²lu¹³⁻⁴⁴	金山新：大方 da³⁵⁻²⁴fã⁵³⁻³¹	大方，通情达理
51	上路 zã¹³⁻²²lu¹³⁻⁴⁴	松江：落路 lɔʔ²⁻²lu¹³⁻³⁵	（1）做事，对头（2）讲义气，肯帮忙
52	绷面子 pã⁵³⁻⁴⁴·mi¹³⁻²²tsŋ³⁴⁻⁴⁴ 绷场面 pã⁵³⁻⁴⁴·zã¹³⁻²² mi¹³⁻⁴⁴ 撑场面 tsʰã⁵³⁻⁴⁴·zã¹³⁻²² mi¹³⁻⁴⁴	松江：撑市面 tsʰɛ̃³⁵⁻⁵⁵·zŋ²²⁻³³ mi¹³⁻²¹	勉强支持场面，摆阔气
53	勿上路 vəʔ²⁻³zã¹³⁻⁵⁵lu¹³⁻²¹	金山新：不够朋友 vəʔ²⁻²kɤ³⁴⁻⁵⁵bɛ̃³¹⁻³³ɦiɤ¹³⁻²¹	不够朋友
54	阒场 iɔ⁵³⁻⁵⁵ zã¹³⁻²¹		会议、比赛等因故中途停止
55	落场势 lɔʔ²⁻¹ zã¹³⁻²²sŋ³⁴⁻²³	川沙：下分 ɦiɔ²¹³⁻²²fəŋ⁵³⁻⁵³ 奉贤：落场 lɔʔ²⁻²zɛ̃³¹⁻⁵³ 金山新：下台 ɦiɔ³⁵⁻³³dE³¹⁻³¹	下场，下台，带贬义
56	讨话 tʰɔ³⁴⁻³³ɦo¹³⁻⁴⁴ 听回音 tʰiŋ⁵³⁻⁴⁴·ɦuE¹³⁻²²iŋ⁵³⁻⁴⁴	金山新：讨句闲话 tʰɔ⁴⁴⁻³⁴tɕy¹³⁻⁵⁵ɦɛ³¹⁻³³ɦo³⁵⁻⁵³	向对方要回话
57	运道 ɦyŋ¹³⁻²²[ɦyŋ¹³⁻²²] dɔ¹³⁻⁴⁴		（1）运气（2）幸运
58	实底 zəʔ²⁻¹tʰi³⁴⁻²³ 底细 tʰi³⁴⁻³³ɕi³⁴⁻⁴⁴	浦东：底牌 ʔdi⁴⁴⁻³³ba²¹³⁻⁵³ 南汇：底牌 ʔdi⁴⁴⁻³³ba²¹³⁻⁵³	内情，事情的极源
59	借因头 tɕia³⁴⁻³³ iŋ⁵³⁻⁵⁵dɤ¹³⁻²¹	金山新：推头 tʰɛ⁵³⁻²⁴dɤ³¹⁻⁵³ 嘉定：推头 tʰə⁵³⁻⁵⁵də³¹⁻²¹	找借口

（续表）

序号	上海市区方言	上海郊区方言	普通话
60	因头 iŋ$^{53-55}$dɤ$^{13-21}$	松江：因头势 iŋ$^{53-35}$duɯ$^{31-55}$ sʅ$^{35-21}$ 金山^{新}：借口 tɕiA$^{13-13}$kʰɤ$^{44-31}$ 金山^{新}：原因 ȵyø$^{35-33}$iæŋ$^{53-31}$	（1）原因 （2）借口
61	推头 tʰE$^{53-55}$dɤ$^{13-21}$ 借口 tɕia$^{34-33}$kʰɤ$^{34-44}$		借口
62	花头 ho$^{53-55}$dɤ$^{13-21}$		（1）花样,花纹 （2）不正当的男女关系 （3）各种主意、办法,贬义
63	翎子 liŋ$^{13-22}$tsʅ$^{34-44}$		暗示
64	豁翎子 huaʔ$^{5-3}$ liŋ$^{13-55}$tsʅ$^{34-21}$	松江：拨翎子 ʔbeʔ$^{5-3}$liaŋ$^{31-55}$ tsʅ$^{44-53}$ 奉贤：拨翎子 ʔbeʔ$^{5-3}$liaŋ$^{31-55}$ tsʅ$^{44-21}$	给予暗示
65	接翎子 tɕiɪʔ$^{5-3}$ liŋ$^{13-55}$tsʅ$^{34-21}$		接受暗示
66	挖儿水 uaʔ$^{5-3}$ɦəl$^{13-55}$sʅ$^{34-21}$	浦东：豁儿水 ɸaʔ$^{5-3}$ɦəl$^{13-55}$sʅ$^{44-21}$ 南汇：豁儿水 ɸaʔ$^{5-3}$ɦəl$^{13-55}$sʅ$^{44-21}$ 金山^{新}：花招 ho$^{53-24}$tsɔ$^{53-53}$ 金山^{新}：名堂 miæŋ$^{31-13}$dã$^{31-53}$ 青浦^{新}：名堂经 miŋ$^{31-13}$dã$^{31-44}$tɕiəŋ$^{53-21}$	（1）名堂 （2）花招
67	花样经 ho$^{53-55}$ɦiã$^{13-33}$tɕiŋ$^{53-21}$		（1）泛指一切式样或种类 （2）花招
68	窍槛 tɕiɔ$^{34-33}$kʰE$^{34-44}$ 窍门 tɕiɔ$^{34-33}$məŋ$^{13-44}$	浦东：门槛 məŋ$^{31-22}$kʰɛ$^{44-22}$ 南汇：门槛 məŋ$^{13-22}$kʰɛ$^{44-22}$ 金山^{新}：门槛 mAŋ$^{31-23}$kʰɛ$^{53-53}$ 嘉定：门槛 mɛ̃$^{31-24}$ kʰE$^{34-21}$	窍门
69	花头经 ho$^{53-55}$ dɤ$^{13-33}$tɕiŋ$^{53-21}$		各种主意,办法,贬义
70	噱头 ɕyɪʔ$^{5-3}$[ɕyoʔ$^{5-3}$] dɤ$^{13-55}$sʅ$^{34-21}$		表面的样子、花样,贬义
71	摆噱头 pa$^{34-33}$ɕyɪʔ$^{5-5}$[ɕyoʔ$^{5-3}$] dɤ$^{13-55}$		摆样子,耍花招

（续表）

序号	上海市区方言	上海郊区方言	普通话
72	缠头势 zø$^{13-22}$ dɤ$^{13-55}$ sʅ$^{34-21}$ 搅头势 gɔ$^{13-22}$ dɤ$^{13-55}$ sʅ$^{34-21}$	浦东：绕头势 nʲiɔ$^{35-33}$ dɤ$^{213-55}$ sʅ$^{35-21}$ 南汇：绕头势 nʲiɔ$^{35-33}$ dɤ$^{213-55}$ sʅ$^{35-21}$	（1）纠缠劲儿 （2）头绪多，纠缠不清
73	叫句子 tɕiɔ$^{34-33}$ tɕy$^{34-55}$ tsʅ$^{34-21}$	闵行：盖⁼仔和尚骂贼秃 ke$^{34-55}$ zʅ$^{13-21}$ ɦu$^{31-13}$ zã$^{31-21}$ mo$^{13-13}$·zəʔ$^{2-2}$ tʰoʔ$^{5-2}$ 奉贤：盖⁼仔和尚骂贼秃 ke$^{34-55}$ zʅ$^{13-21}$ ɦu$^{31-13}$ zã$^{31-21}$ mo$^{13-13}$·zəʔ$^{2-2}$ tʰoʔ$^{5-2}$ 青浦：盖⁼仔和尚骂贼秃 ke$^{34-55}$ zʅ$^{13-21}$ ɦu$^{31-13}$ zã$^{31-21}$ mo$^{13-13}$·zəʔ$^{2-2}$ tʰoʔ$^{5-2}$ 松江：借囡骂新妇 tsia$^{35-35}$ nø$^{53-21}$ mo$^{13-13}$ siŋ$^{53-55}$ ɦu$^{31-53}$ 南汇：借囡骂新妇 tsia$^{35-35}$ nø$^{53-21}$ mo$^{13-13}$ siŋ$^{53-55}$ ɦu$^{31-53}$ 浦东：借囡骂新妇 tsia$^{35-35}$ nø$^{53-21}$ mo$^{13-13}$ siŋ$^{53-55}$ ɦu$^{31-53}$ 嘉定：叫鸡骂狗 tɕiɔ$^{34-33}$ tɕi$^{53-55}$ muu$^{14-33}$ kə$^{34-21}$	指桑骂槐
74	塞狗洞 səʔ$^{5-4}$·kɤ$^{34-33}$ doŋ$^{13-44}$	松江：塞狗腿 sʌʔ$^{5-3}$ kuu$^{44-55}$ tʰe$^{44-53}$ 松江新：花冤枉钿 ho^{53} yø$^{53-53}$ uã$^{44-35}$ di$^{13-53}$ 金山新：花冤枉钞票 ho^{53} ø$^{53-55}$ vã$^{35-31}$ tsʰɔ$^{53-55}$ pʰiɔ$^{44-31}$	花冤枉钱
75	洋泾浜 ɦiã$^{13-22}$ tɕiŋ$^{53-55}$ pã$^{53-21}$		（1）河名 （2）不地道的某种语言或方言 （3）外行人
76	吃夹当 tɕʰiɿʔ$^{5-3}$ kaʔ$^{5-5}$ tã$^{3-21}$	浦东：吃排头 tɕʰiɿʔ$^{5-3}$ ba$^{213-55}$ dɤ$^{213-53}$ 南汇：吃排头 tɕʰiɿʔ$^{5-3}$ ba$^{213-55}$ dɤ$^{213-53}$ 浦东：吃吞头 tɕʰiɿʔ$^{5-3}$ tʰəŋ$^{53-55}$ dɤ$^{213-53}$ 南汇：吃吞头 tɕʰiɿʔ$^{5-3}$ tʰəŋ$^{53-55}$ dɤ$^{213-53}$ 崇明：吃吞头 tɕʰiɿʔ$^{5-3}$ tʰəŋ$^{53-55}$ dɤ$^{213-53}$	挨批评、责备，两面不讨好

（续表）

序号	上海市区方言	上海郊区方言	普通话
77	排头 ba$^{13-22}$ dɤ$^{13-44}$	金山^{新}：批评 p^{h}i$^{53-24}$biæŋ$^{31-53}$ 青浦^{新}：批评 p^{h}i$^{53-44}$biŋ$^{31-42}$ 青浦^{新}：话 ɦω^{213}	批评
78	搨币 t^{h}aʔ$^{5-3}$bi$^{13-44}$ 拆币 ts^{h}aʔ$^{5-3}$bi$^{13-44}$	金山^{新}：拆平 ts^{h}ɑʔ$^{5-3}$biæŋ$^{31-53}$ 青浦^{新}：扯过 ts^{h}a$^{53-44}$ku$^{35-21}$	互相抵消，两不吃亏

第十九章 商业 交通

序号	上海市区方言	上海郊区方言	普通话
1	店家 ti$^{34-44}$ka$^{53-44}$ 店 ti^{34} 商店 sã$^{53-55}$ ti$^{34-21}$		商店
2	水口^{新} sɿ$^{34-33}$ kʰɤ$^{34-44}$ 市口 zɿ$^{13-22}$ kʰɤ$^{34-44}$	金山^{新}：地段 di$^{35-44}$ dø$^{35-44}$	商店所处的地段
3	客栈 kʰaʔ$^{5-3}$zɛ$^{13-44}$ 旅馆 ly$^{13-22}$ kuø$^{34-44}$	浦东：栈房 zɛ$^{13-22}$βã$^{213-53}$ 南汇：栈房 zɛ$^{13-22}$βã$^{213-53}$ 奉贤：栈房 zɛ$^{13-22}$βã$^{213-53}$	旅馆
4	打顿 tã$^{34-33}$təŋ$^{34-44}$ 落脚 loʔ$^{2-1}$tɕiaʔ$^{5-2}$	奉贤：耽搁 tɛ$^{53-55}$ koʔ$^{5-2}$ 宝山：耽搁 tɛ$^{53-55}$ koʔ$^{5-2}$	暂留，暂住
5	酒家 tɕiɤ$^{34-33}$ka$^{53-44}$ [tɕia$^{53-44}$] 酒店 tɕiɤ$^{34-33}$ti$^{34-44}$	金山^{新}：饭店 vɛ$^{35-44}$ti$^{13-44}$	酒店
6	堂倌 dã$^{13-22}$kuø$^{53-44}$ 跑堂^{旧} bɔ$^{13-22}$ dã$^{13-44}$		旧称饭店、酒店等的招待员
7	绸缎局^{旧} zɤ$^{13-22}$dø$^{13-55}$dʑyɪʔ$^{2-2}$ [dʑyoʔ$^{2-2}$] 绸缎店 zɤ$^{13-22}$dø$^{13-55}$ti$^{34-21}$ 绸缎商店 zɤ$^{13-22}$dø$^{13-55}$zã$^{53-33}$ti$^{34-21}$ 绸缎庄 zɤ$^{13-22}$dø$^{13-55}$tsã$^{53-33}$	浦东：绸布庄 zɤ$^{213-22}$ʔbu$^{35-55}$tsã$^{53-44}$ 南汇：绸布庄 zɤ$^{213-22}$ʔbu$^{35-55}$tsã$^{53-44}$ 青浦^{新}：洋布店 ɦiẽ$^{31-13}$pu$^{35-44}$ti$^{35-21}$	专卖丝绸较大的商店
8	汏衣裳作 da$^{13-22}$i$^{53-55}$zã$^{13-33}$tsoʔ$^{5-2}$	青浦^{新}：汏衣裳店 da$^{13-22}$i$^{53-44}$zã$^{31-31}$tir^{35}	替人洗衣的作坊
9	米店 mi$^{13-22}$ti$^{34-44}$ 粮店 liã$^{13-22}$ti$^{34-44}$	崇明：米行 mi$^{242-31}$ɦã$^{24-55}$	粮店
10	烟纸店 i$^{53-55}$tsɿ$^{34-33}$ti$^{34-21}$	浦东：小三店 siɔ$^{44-35}$sɛ$^{53-33}$ʔdi$^{35-21}$ 南汇：小三店 siɔ$^{44-35}$sɛ$^{53-33}$ʔdi$^{35-21}$ 金山^{新}：小店 ɕiɔ$^{44-44}$ti$^{13-44}$ 青浦^{新}：杂货店 zaʔ$^{2-2}$hu$^{35-44}$tir$^{35-21}$	小杂货店，以卖烟、火柴、草纸等为特色

（续表）

序号	上海市区方言	上海郊区方言	普通话
11	切面店 tɕʰi⁵⁻³miⁱ³⁻⁵⁵tiˢ⁴⁻²¹ 面店 miⁱ³⁻²²tiˢ⁴⁻⁴⁴	闵行：面坊 miⁱ³⁻²² ɸãˢ³⁻²³ 松江：面坊 miⁱ³⁻²² ɸãˢ³⁻²³ 奉贤：面坊 miⁱ³⁻²² ɸãˢ³⁻²³	售面店铺，内有作坊
12	孵茶馆 buⁱ³⁻²²zoⁱ³⁻⁵⁵kuø³⁴⁻²¹	松江：排茶馆 baˢ¹⁻²⁴zoˢ¹⁻⁵⁵kueˢ⁴⁻²¹ 金山新：茶馆 zoˢ¹⁻¹³kueˢ⁴⁻⁵³ 青浦新：茶馆 zɷˢ¹⁻¹³kuɪˢ⁴⁻²¹	泡茶馆
13	燕子窠 iˢ⁴⁻³³tsɿˢ⁴⁻⁵⁵kʰuˢ³⁻²¹		旧时的鸦片馆
14	剃头店 tʰiˢ⁴⁻³³dɤⁱ³⁻⁵⁵tiˢ⁴⁻²¹ 理发店 liⁱ³⁻²²faʔ⁵⁻⁵ tiˢ⁴⁻²¹	嘉定：轧头店 gaʔ²⁻¹dɤˢ¹⁻¹¹tiɪˢ⁴⁻²⁴	理发店
15	剃胡须 tʰiˢ⁴⁻⁴⁴·ɦuⁱ³⁻²²ɕyˢ³⁻⁴⁴ 刮胡子 kuaʔ⁵⁻⁵·ɦuⁱ³⁻²²tsɿˢ⁴⁻⁴⁴		刮胡子
16	混堂旧 ɦuəŋⁱ³⁻²²dã⁵³⁻⁴⁴	金山新：浴室 ɦiyʔ²⁻³səʔ⁵⁻² 青浦新：浴场 ɦioʔ²⁻²zã³¹⁻⁵³	澡堂
17	盆汤 bənⁱ³⁻²²tʰã⁵³⁻⁴⁴		公共浴室里的浴池
18	盆浴 bənⁱ³⁻²² ɦiɪʔ²⁻⁴[ɦioʔ²⁻⁴]		在澡盆里洗的澡
19	絮脚 tɕʰi⁵³⁻⁵⁵tɕiaʔ⁵⁻²		修脚
20	小菜场 ɕiɔ³⁴⁻³³tsʰɛ³⁴⁻⁵⁵zã¹³⁻²¹ 菜场 tsʰɛ³⁴⁻³³zã¹³⁻⁴⁴		菜市场
21	典当旧 tiˢ⁴⁻³³tã³⁴⁻⁴⁴ 当铺 tã³⁴⁻³³pʰu³⁴⁻⁴⁴		当铺
22	煤球店 mEⁱ³⁻²²dziɤⁱ³⁻⁵⁵tiˢ⁴⁻²¹ 煤炭店 mEⁱ³⁻²²tEˢ⁴⁻³⁵tiˢ⁴⁻²¹	浦东：煤炭行 me²¹³⁻²²tʰɛ³⁵⁻⁵⁵ɦiã²¹³⁻⁴⁴ 南汇：煤炭行 me²¹³⁻²²tʰɛ³⁵⁻⁵⁵ɦiã²¹³⁻⁴⁴	
23	水木两作 sɿ³⁴⁻³³moʔ²⁻⁵liã¹³⁻³³ tsoʔ⁵⁻² 水木作 sɿ³⁴⁻³³moʔ²⁻⁵ tsoʔ⁵⁻²	浦东：泥水木作 ȵi²¹³⁻²²sɿ⁴⁴⁻³³moʔ²⁻⁵tsoʔ⁵⁻² 南汇：泥水木作 ȵi²¹³⁻²²sɿ⁴⁴⁻³³moʔ²⁻⁵tsoʔ⁵⁻²	泥水匠与木匠的合称
24	寄卖行旧 tɕi³⁴⁻³³ma¹³⁻⁵⁵hã¹³⁻²¹ 寄卖店 tɕi³⁴⁻³³ma¹³⁻⁵⁵tiˢ⁴⁻²¹ 寄售商店 tɕi³⁴⁻³³zɤⁱ³⁻⁵⁵sã⁵³⁻³³tiˢ⁴⁻²¹	闵行：旧货商店 dziɤⁱ³⁻²² ɸu³⁴⁻⁵⁵sã⁵³⁻³³ʔdi³⁴⁻²¹ 嘉定：旧货商店 dʑyⁱ³⁻²²fu³⁴⁻⁵⁵sã⁵³⁻³³tiɪˢ⁴⁻²¹ 浦东：旧货商店 dziɤⁱ³⁻²²ɸu³⁴⁻⁵⁵sã⁵³⁻³³ʔdi³⁴⁻²¹ 南汇：旧货商店 dziɤⁱ³⁻²²ɸu³⁴⁻⁵⁵sã⁵³⁻³³ʔdi³⁴⁻²¹	代人出售旧货并收取一定费用的商店

（续表）

序号	上海市区方言	上海郊区方言	普通话
25	白铁店 baʔ$^{2-1}$tʰiɻ$^{5-2}$ti$^{34-23}$ 洋铁铺 ɦiã$^{13-22}$tʰiɻʔ$^{5-5}$pu$^{34-21}$	闵行：铅皮店 kʰɛ$^{53-55}$pi$^{31-55}$ʔti$^{34-53}$ 奉贤：铅皮店 kʰɛ$^{53-55}$pi$^{31-55}$ʔti$^{34-23}$	修造铝、铁、锌皮等制品的店铺
26	船厂 zø$^{13-22}$tsʰã$^{34-21}$ 造船厂 zo$^{13-22}$zø$^{13-55}$tsʰã$^{34-21}$		造船厂
27	停生意^{旧} diŋ$^{13-22}$sã$^{53-55}$i$^{34-21}$ 歇生意^{旧} ɕiɻʔ$^{5-3}$sã$^{53-55}$i$^{34-21}$ 卷铺盖 tɕyø$^{34-33}$pʰu$^{34-55}$kɛ$^{34-21}$	市区^{新}：炒鱿鱼 tsʰɔ$^{34-33}$ɦiɤ$^{13-55}$13ŋ$^{13-21}$ 青浦^{新}：炒鱿鱼 tsʰɔ$^{44-33}$ɦiɤ$^{31-44}$ŋ$^{31-31}$ 金山^{新}：开除 kʰɛ$^{53-24}$zy$^{31-53}$	被解雇
28	开门 kʰɛ$^{53-55}$məŋ$^{13-21}$		（1）把门打开 （2）商店每天开始营业
29	开号 kʰɛ$^{53-55}$ɦɔ$^{13-21}$	金山^{新}：第一个客人 di$^{35-34}$iɻʔ$^{5-5}$kɤ$^{13-31}$ kʰaʔ$^{5-3}$ɲiæn$^{31-53}$	（1）一天中第一个顾客上门购物或第一个病人上门就医 （2）商店开张时第一个顾客上门
30	歇业 ɕiɻʔ$^{5-3}$ɲiɻʔ$^{2-4}$ 关店 kuɛ$^{53-55}$ti$^{34-21}$ 关门 kuɛ$^{53-55}$məŋ$^{13-21}$		暂时停止营业
31	打烊 tã$^{34-33}$ɦiã$^{13-44}$ 上排门板 zã$^{13-33}$·ba$^{13-22}$məŋ$^{13-55}$pɛ$^{34-21}$	金山^{新}：关门 kuɛ$^{53-24}$mʌŋ$^{31-53}$	商店每天停止营业
32	盘货 bø$^{13-22}$hu$^{34-44}$	松江：盘点 bɛ$^{31-13}$ʔdi$^{44-21}$ 浦东：盘店 bɛ$^{213-22}$ʔdi$^{35-24}$	商店等清点和检查实存的货物
33	清水货 tɕʰiŋ$^{53-55}$sɿ$^{34-33}$hu$^{34-21}$		（1）不含杂质的货物 （2）过去指不施脂粉的女子
34	好货色 hɔ$^{34-33}$hu$^{34-55}$sɤʔ$^{5-2}$ 好货 hɔ$^{34-33}$hu$^{34-44}$		（1）好的货物 （2）好人，反话
35	落脚货 loʔ$^{2-1}$tɕiaʔ$^{5-2}$hu$^{34-23}$		挑剩的货物
36	宿货 soʔ$^{5-3}$hu$^{34-44}$	嘉定^{旧}：隔宿货 kaʔ$^{5-3}$soʔ$^{5-5}$hu$^{34-21}$	滞销积存的货物

（续表）

序号	上海市区方言	上海郊区方言	普通话
37	陈货 zəŋ$^{13-22}$hu$^{34-44}$		积存已久的货物
38	推板货 t^{h}E$^{53-55}$pE$^{53-33}$hu$^{34-21}$ 蹩脚货 biɪʔ$^{2-1}$[bəʔ$^{2-1}$]tɕiaʔ$^{5-2}$hu$^{34-23}$ 搭浆货 taʔ$^{5-3}$tɕiã$^{53-55}$hu$^{34-21}$	松江：寥⁼乔⁼货 liɔ$^{31-24}$ʨiɔ$^{31-55}$ɸu$^{35-21}$ 松江：啊呀货 aʔ$^{5-4}$ɦia$^{31-55}$ɸu$^{35-21}$ 浦东：次品 ts^{h}ɿ$^{35-35}$p^{h}iŋ$^{44-21}$ 南汇：次品 ts^{h}ɿ$^{35-35}$p^{h}iŋ$^{44-21}$ 嘉定：啊呀货 aʔ$^{5-3}$iɑ$^{53-55}$fu$^{34-21}$	（1）劣质商品 （2）本领不高的人
39	趸当 təŋ$^{34-33}$tã$^{53-44}$	金山^{新}：全部的货物 zi$^{31-33}$bu$^{35-22}$tiɪʔ$^{5-2}$ fu$^{35-23}$vəʔ$^{2-4}$	整批的货物
40	孱假 ts^{h}E$^{53-44}$·ka^{34}	闵行：着假 tsaʔ$^{5-4}$ ka$^{44-44}$ 松江：着假 tsaʔ$^{5-4}$ ka$^{44-44}$ 宝山：着假 tsaʔ$^{5-4}$ ka$^{44-44}$ 松江：借假 tsia$^{35-44}$ka$^{44-44}$ 浦东：有水货 ɦiɤ$^{13-13}$sɿ$^{44-44}$ ɸu$^{35-44}$	掺假
41	零卖 liŋ$^{13-22}$ma$^{13-44}$ 零售 liŋ$^{13-22}$zɤ$^{13-44}$		零售
42	开价 k^{h}E$^{53-55}$ ka$^{34-21}$ 讨价 t^{h}ɔ$^{34-33}$ka$^{34-44}$		要价
43	提单 di$^{13-22}$tE$^{53-44}$ 提货单 di$^{13-22}$hu$^{34-55}$tE$^{53-21}$		提货单
44	讨虚头 t^{h}ɔ$^{34-33}$ɕy$^{53-55}$ dɤ$^{13-21}$		卖方开出的高价
45	老价钿 lɔ$^{13-22}$ ka$^{34-55}$di$^{13-21}$	浦东：老价三 lɔ$^{13-33}$ ka$^{35-55}$ sɛ$^{53-53}$ 南汇：老价三 lɔ$^{13-33}$ ka$^{35-55}$ sɛ$^{53-53}$ 金山^{新}：大价钿 du^{13}kA^{24}di^{31} 金山^{新}：贵 tɕy^{35}	大价钱
46	噍 dziã^{13} 便宜 bi$^{13-22}$n̩i$^{13-44}$		便宜
47	揭便宜 t^{h}aʔ$^{5-3}$ bi$^{13-55}$n̩i$^{13-21}$ 讨便宜 t^{h}ɔ$^{34-33}$ bi$^{13-55}$n̩i$^{13-21}$	闵行：相赢 siã$^{53-55}$ ɦiŋ$^{31-53}$ 奉贤：相赢 siã$^{53-55}$ ɦiŋ$^{31-53}$	占便宜
48	折头 tsəʔ$^{5-3}$ dɤ$^{13-44}$ 折扣 tsəʔ$^{5-3}$ k^{h}ɤ$^{34-44}$		折扣
49	一趸当 iɪʔ$^{5-3}$təŋ$^{34-55}$ tã$^{53-21}$	金山^{新}：一道 iɪʔ$^{5-5}$dɔ$^{35-35}$ 青浦：一道 øiɪʔ$^{5-4}$dɔ$^{213-35}$	一起

（续表）

序号	上海市区方言	上海郊区方言	普通话
50	销场 ɕiɔ⁵³⁻⁵⁵zã¹³⁻²¹ 销路 ɕiɔ⁵³⁻⁵⁵lu¹³⁻²¹		销路
51	生意清 sã⁵³⁻⁵⁵i³⁴⁻³³tɕʰiŋ⁵³⁻²¹ 生意清淡 sã⁵³⁻⁵⁵i³⁴⁻³³tɕʰiŋ⁵³⁻³³dE¹³⁻²¹	浦东：生意冷落 sã⁵³⁻⁵⁵i³⁵⁻²¹ lã¹³⁻³³lɔ²⁻⁵ 南汇：生意冷落 sã⁵³⁻⁵⁵i³⁵⁻²¹ lã¹³⁻³³lɔ²⁻⁵	生意清淡
52	薪水⁽旧⁾ɕiŋ⁵³⁻⁵⁵sɿ³⁴⁻²¹ 工资 koŋ⁵³⁻⁵⁵tsɿ⁵³⁻²¹	浦东：薪俸 siŋ⁵³⁻⁵⁵ɦoŋ¹³⁻²¹ 南汇：薪俸 siŋ⁵³⁻⁵⁵ɦoŋ¹³⁻²¹ 嘉定⁽旧⁾：工钿 koŋ⁵³⁻⁵⁵diɪ³¹⁻²¹ 嘉定⁽旧⁾：工分 koŋ⁵³⁻⁵⁵fE⁵³⁻²¹	工资
53	加工钿 ka⁵³⁻⁵⁵koŋ⁵³⁻³³di¹³⁻²¹ 加工资 ka⁵³⁻⁵⁵koŋ⁵³⁻³³tsɿ⁵³⁻²¹		加工资
54	寻铜钿 ziŋ¹³⁻²²doŋ¹³⁻⁵⁵di¹³⁻²¹ 赚铜钿 zE¹³⁻²²doŋ¹³⁻⁵⁵di¹³⁻²¹ 扒分⁽新⁾bo¹³⁻²²fəŋ⁵³⁻⁴⁴ 赚钞票 zE¹³⁻²²tsʰɔ⁵³⁻⁵⁵pʰiɔ³⁴⁻²¹	松江：寻头 ziŋ³¹⁻¹³dɯ³¹⁻⁵³	（1）赚钱赢利 （2）挣钱
55	削工钿 ɕiaʔ⁵⁻³koŋ⁵³⁻⁵⁵di¹³⁻²¹ 减工钿 kE³⁴⁻³³koŋ⁵³⁻⁵⁵di¹³⁻²¹ 减工资 kE³⁴⁻³³koŋ⁵³⁻⁵⁵tsɿ⁵³⁻²¹		减发工资
56	亏本 kʰuE⁵³⁻⁵⁵pəŋ³⁴⁻²¹ 折本 zəʔ²⁻¹pəŋ³⁴⁻²³	金山⁽新⁾：蚀本 zəʔ²⁻³pʌŋ⁴⁴⁻³³	折本
57	捞外快 lɔ⁵³⁻⁴⁴·ŋa¹³⁻²²kʰua³⁴⁻⁴⁴ 赚外快 zE¹³⁻³³·ŋa¹³⁻²²kʰua³⁴⁻⁴⁴	嘉定⁽旧⁾：出外快 tsʰəʔ⁵⁻⁵ŋa¹³⁻²²kʰua³⁴⁻²⁴	赚正常收入之外的钱
58	出外快 tsʰəʔ⁵⁻⁴·ŋa¹³⁻²²kʰua³⁴⁻⁴⁴	浦东：捞横当 lɔ⁵³⁻⁵⁵βã²¹³⁻⁵⁵ʔdã⁵³⁻²¹ 南汇：捞横当 lɔ⁵³⁻⁵⁵βã²¹³⁻⁵⁵ʔdã⁵³⁻²¹ 青浦⁽新⁾：捞横档 lɔ⁵³⁻⁴⁴vɛ̃²¹³⁻⁵⁵tã⁵³⁻²¹ 金山：落外快 lɔʔ²·ŋa¹³⁻⁴⁴kʰua²⁴⁻⁴⁴	收取渔翁之利或收取不正当的好处
59	盘缠铜钿 bø¹³⁻²²zø¹³⁻⁵⁵doŋ¹³⁻³³di¹³⁻²¹ 盘缠 bø¹³⁻²²zø¹³⁻⁴⁴ 路费 lu¹³⁻²²fi³⁴⁻⁴⁴	浦东：车钿 tsʰo⁵³⁻⁵⁵di²¹³⁻⁵³ 南汇：车钿 tsʰo⁵³⁻⁵⁵di²¹³⁻⁵³ 崇明：盘费 bie²⁴⁻²⁴fi³³⁻³³	路费
60	定洋⁽旧⁾diŋ¹³⁻²²ɦiã¹³⁻⁴⁴ 定头钿 diŋ¹³⁻²²dɤ¹³⁻⁵⁵di¹³⁻²¹ 定金 diŋ¹³⁻²²tɕiŋ⁵³⁻⁴⁴		订货时预付的定金

(续表)

序号	上海市区方言	上海郊区方言	普通话
61	一根 iɿʔ⁵³⁻³kəŋ⁵³⁻⁴⁴ 一张 iɿʔ⁵³⁻³tsã⁵³⁻⁴⁴ 一张分 iɿʔ⁵³⁻³tsã⁵³⁻⁵⁵fəŋ⁵³⁻²¹		拾元面钞的别称
62	虚头 ɕy⁵³⁻⁵⁵dɤ¹³⁻²¹		价格等被人夸大之处
63	坏分 ɦia¹³⁻²² fəŋ⁵³⁻⁴⁴ 伤分 sã⁵³⁻⁵⁵ fəŋ⁵³⁻²¹	金山新：花钞票 ho⁵³⁻³⁴ tsʰɔ⁵³⁻⁵⁵pʰiɔ³⁴⁻²¹	破费钱财
64	大兴货 da¹³⁻²²ɕiŋ⁵³⁻⁵⁵hu³⁴⁻²¹	闵行：滑头货 βuæʔ²⁻² dɤ³¹⁻³³ɸu³⁴⁻⁵⁵ 奉贤：滑头货 βuæʔ²⁻² dɤ³¹⁻³³ɸu³⁴⁻⁵⁵ 宝山：滑头货 βuæʔ²⁻² dɤ³¹⁻³³ɸu³⁴⁻⁵⁵	伪劣商品
65	宕帐 dã¹³⁻²² tsã³⁴⁻⁴⁴ 拖帐 tʰu⁵³⁻⁵⁵ tsã³⁴⁻²¹	闵行：赊帐 so⁵³⁻⁵⁵ tsã³⁴⁻²¹ 浦东：赊帐 so⁵³⁻⁵⁵ tsã³⁴⁻²¹ 南汇：赊帐 so⁵³⁻⁵⁵ tsã³⁴⁻²¹ 金山新：赊账 so⁵³⁻⁵⁵ tsɛ̃³⁵⁻³¹	拖延的欠账
66	进账 tɕiŋ³⁴⁻³³ tsã³⁴⁻⁴⁴ 收入 sɤ⁵³⁻⁵⁵zəʔ²⁻²	松江：财香 zе³¹⁻¹³ ɕiɛ̃⁵³⁻⁵³ 浦东：赚头 zɛ¹³⁻²² dɤ²¹³⁻⁵³ 南汇：赚头 zɛ¹³⁻²² dɤ²¹³⁻⁵³	收入
67	做账 tsu³⁴⁻³³ tsã³⁴⁻⁴⁴		填制、计算各种账目
68	收账 sɤ⁵³⁻⁵⁵ tsã³⁴⁻²¹ 讨帐 tʰɔ³⁴⁻³³tsã³⁴⁻⁴⁴	浦东：报账头 ʔbɔ³⁵⁻³³tsã³⁵⁻⁵⁵ dɤ²¹³⁻²¹	要账
69	轧头寸旧 gaʔ²⁻¹ dɤ¹³⁻²²tsʰən³⁴⁻²³	浦东：轧平 gaʔ²⁻² biŋ²¹³⁻³⁴ 南汇：轧平 gaʔ²⁻² biŋ²¹³⁻³⁴ 金山新：做账 tsu¹³⁻³³ tsɛ̃³⁵⁻³³ 青浦新：轧帐 gæʔ²⁻²tsɛ̃³⁵⁻²⁴ 嘉定：轧账 gaʔ²⁻¹tsã³⁴⁻²⁴	做账、拉平收支
70	呆账 ŋE¹³⁻²² tsã³⁴⁻⁴⁴ 烂账 lE¹³⁻²² tsã³⁴⁻⁴⁴ 死账 ɕi³⁴⁻³³tsã³⁴⁻⁴⁴	市区新：坏账 ɦuA¹³⁻²² tsÃ³⁴⁻⁴⁴ 川沙：坏账 ɦua²¹³⁻²²tsã³⁵⁻³⁴ 浦东：糊涂帐 βu²¹³⁻²²du²¹³⁻⁵⁵tsã³⁵⁻⁴⁴ 南汇：糊涂帐 βu²¹³⁻²²du²¹³⁻⁵⁵tsã³⁵⁻⁴⁴	死账
71	收条 sɤ⁵³⁻⁵⁵diɔ¹³⁻²¹ 收据 sɤ⁵³⁻⁵⁵tɕy³⁴⁻²¹		收据

(续表)

序号	上海市区方言	上海郊区方言	普通话
72	头寸[旧] dɤ$^{13-22}$ tsʰəŋ$^{34-44}$ 铜钿 doŋ$^{13-22}$ di$^{13-44}$ 洋钿 ɦiã$^{13-22}$ di$^{13-44}$		钱的别称
73	零碎铜钿 liŋ$^{13-22}$ sE$^{34-55}$ doŋ$^{13-33}$ di$^{13-21}$ 零碎钞票 liŋ$^{13-22}$ sE$^{34-55}$ tsʰɔ$^{34-33}$ pʰiɔ$^{34-21}$ 碎钞票 sE$^{34-33}$ tsʰɔ$^{34-55}$ pʰiɔ$^{34-21}$ 零碎 liŋ$^{13-22}$ sE$^{34-44}$	浦东：零用铜钿 liŋ$^{213-22}$ ɦyoŋ$^{13-44}$ doŋ$^{213-44}$ di$^{13-21}$ 南汇：零用铜钿 liŋ$^{213-22}$ ɦyoŋ$^{13-44}$ doŋ$^{213-44}$ di$^{13-21}$	零钱
74	银洋钿 n.iŋ$^{13-22}$ ɦiã$^{13-55}$ di$^{13-21}$ 洋钿 ɦiã$^{13-55}$ di$^{13-21}$ 银元 n.iŋ$^{13-22}$ ɦyɤ$^{13-44}$	闵行：银子洋钿 ȵiŋ$^{31-13}$ tsɿ$^{44-33}$ ɦiã$^{31-33}$ di$^{31-21}$ 浦东：银子洋钿 ȵiŋ$^{31-13}$ tsɿ$^{44-33}$ ɦiã$^{31-33}$ di$^{31-21}$ 南汇：银子洋钿 ȵiŋ$^{31-13}$ tsɿ$^{44-33}$ ɦiã$^{31-33}$ di$^{31-21}$ 松江：花边 ho$^{53-35}$ ʔbi$^{53-53}$ 嘉定：银行钿 ȵiŋ$^{31-22}$ ɦiã$^{31-55}$ diɿ$^{31-21}$	银元
75	现钿 ɦi$^{13-22}$ di$^{13-44}$ 现钞 ɦi$^{13-22}$ tsʰɔ$^{34-44}$	金山[新]：现金 ɦi$^{35-33}$ tɕiæŋ$^{53-31}$	现钱
76	秤纽绳 tsʰəŋ$^{34-33}$ ȵiɤ$^{13-55}$ zəŋ$^{13-21}$	闵行：秤纽线 tsʰəŋ$^{34-44}$ ȵiɤ$^{13-33}$ si$^{34-34}$ 奉贤：秤纽 tsʰəŋ$^{335-53}$ ȵiɯ$^{22-21}$ 青浦：秤纽 tsʰəŋ$^{335-53}$ ȵiɯ$^{22-21}$	秤毫
77	鲜= ɕi^{53}	松江：翘 tɕʰiɔ^{35}	实际重量超过秤上的标记重量时，秤尾上翘叫~
78	盔= ã^{53} 拖= tʰu^{53}	闵行：软 ȵyø^{13} 宝山：软 ȵyø^{13} 浦东：□ li^{53} 南汇：□ li^{53} 奉贤：疲 bi^{31} 崇明：疲 bi^{31}	分量不足，秤杆下垂
79	站头 zE$^{13-22}$ dɤ$^{13-44}$ 车站 tsʰo$^{53-55}$ zE$^{13-21}$	浦东：汽车码头（指汽车站） tɕʰi$^{35-33}$ tsʰo$^{53-53}$ mo$^{13-33}$ dɤ$^{213-21}$ 南汇：汽车码头（指汽车站） tɕʰi$^{35-33}$ tsʰo$^{53-53}$ mo$^{13-33}$ dɤ$^{213-21}$	车站
80	送货汽车[旧] soŋ$^{34-33}$ hu$^{34-55}$ tɕʰi$^{34-33}$ tsʰo$^{53-21}$ 卡车 kʰa$^{53-55}$ tsʰo$^{53-21}$	浦东：马达车 mo$^{13-13}$ dæʔ$^{2-2}$ tsʰo$^{53-21}$ 南汇：货色车 ɸu$^{35-35}$ sæʔ$^{5-5}$ tsʰo$^{53-53}$	卡车

（续表）

序号	上海市区方言	上海郊区方言	普通话
81	赖斯卡 la$^{13-22}$ sɿ$^{53-55}$ kʰa$^{34-21}$	金山^{新}：末班车 məʔ$^{2-2}$pɛ$^{53-55}$tsʰo$^{53-31}$ 青浦^{新}：末班车 məʔ$^{2-2}$pɛ$^{53-22}$tsʰω$^{53-22}$ 嘉定：末班车 məʔ$^{2-1}$pɛ$^{53-11}$tsʰɯ$^{53-24}$	（1）末班车 （2）喻指最后的一次机会
82	票子 pʰio$^{34-33}$ tsɿ$^{34-44}$ 票 pʰio^{34}		票
83	救命车 dʑiɤ$^{13-22}$miŋ$^{13-55}$tsʰo$^{53-21}$ 救护车 dʑiɤ$^{13-22}$ɦu$^{13-55}$ tsʰo$^{53-21}$		救护车
84	叉头^{新} tsʰa$^{53-55}$ dɤ$^{13-21}$ 出租车 tsʰəʔ$^{5-3}$tsu$^{53-55}$ tsʰo$^{53-21}$ 出租汽车 tsʰəʔ$^{5-3}$tsu$^{53-55}$tɕʰi$^{34-33}$ tsʰo$^{53-21}$		出租汽车
85	机器脚踏车^{新} tɕi$^{53-55}$tɕʰi$^{34-33}$tɕia$^{5-33}$da$^{2-33}$ tsʰo$^{53-21}$ 摩托车 mo$^{13-22}$toʔ$^{5-5}$ tsʰo$^{53-21}$		摩托车
86	脚踏车 tɕiaʔ$^{5-3}$daʔ$^{2-5}$ tsʰo$^{53-21}$ 自行车 zɿ$^{13-22}$ɦiŋ$^{13-55}$ tsʰo$^{53-21}$		自行车
87	黄包车 ɦuã$^{13-22}$pɔ$^{53-55}$tsʰo$^{53-21}$	浦东：牛头车 niɤ$^{213-22}$dɤ$^{213-22}$ tsʰo$^{53-21}$	人力拉的载人车
88	两脚车 liã$^{13-22}$tɕiaʔ$^{5-5}$ tsʰo$^{53-21}$ 十一路电车 zəʔ$^{2-1}$iʔ$^{5-2}$lu$^{13-33}$·di$^{13-22}$tsʰo$^{53-44}$		步行的戏称
89	扯蓬 tsʰa$^{53-55}$boŋ$^{13-21}$		扬帆
90	落蓬 loʔ$^{2-1}$ boŋ$^{13-23}$		（1）下帆 （2）收场
91	挡舵 tã$^{34-33}$du$^{13-44}$ 把舵 po$^{34-33}$du$^{13-44}$		掌舵
92	篙子 kɔ$^{34-33}$ tsɿ$^{34-44}$ 船篙 zø$^{13-22}$kɔ$^{34-44}$		撑船的竹竿
93	纤绳 tɕʰi$^{53-55}$zəŋ$^{13-21}$ 纤 tɕʰi^{53}		纤
94	背纤 pɛ$^{53-44}$·tɕʰi^{53} 拉纤 la$^{13-33}$·tɕʰi^{53}	崇明：背船 pei$^{55-55}$zø$^{24-55}$	拉纤

（续表）

序号	上海市区方言	上海郊区方言	普通话
95	网船 mã$^{13-22}$ zø$^{13-44}$ 捉鱼船 tsoʔ$^{5-3}$ ɦŋ$^{13-55}$ zø$^{13-21}$ 鱼船 ɦŋ$^{13-22}$ zø$^{13-44}$	浦东：鸟船 ʔdiɔ$^{44-22}$ ze$^{213-22}$ 浦东：夹网船 kæʔ$^{5-3}$ mã$^{13-55}$ze$^{213-53}$	捕鱼船
96	汽油船 tɕʰi$^{34-33}$ ɦiɤ$^{13-55}$ zø$^{13-21}$ 汽船 tɕʰi$^{34-33}$ zø$^{13-44}$	浦东：小火轮 siɔ$^{44-33}$ ɸu$^{44-55}$ləŋ$^{213-53}$ 南汇：小帆船 siɔ$^{44-33}$ ci$^{53-55}$ ze$^{113-53}$	汽船
97	落船 loʔ$^{2-1}$ zø$^{13-23}$ 下船 ɦo$^{13-22}$ zø$^{13-44}$		下船

第二十章 文化教育

序号	上海市区方言	上海郊区方言	普通话
1	上学堂 zɑ̃$^{13-22}$ ɦoʔ$^{2-5}$ dɑ̃$^{13-2}$ 上学 zɑ̃$^{13-22}$ ɦoʔ$^{2-4}$ 读书 doʔ$^{2-1}$ sʅ$^{53-23}$	松江：到馆^{旧} ʔdɔ$^{35-53}$ kue$^{44-21}$	读书、上学
2	放饭学 fɑ̃$^{34-33}$ vE$^{13-55}$ ɦoʔ$^{2-2}$	市区^{新}：放学 fɑ̃$^{35-33}$ ɦoʔ$^{2-4}$ 闵行：放饭 ɸɑ̃$^{53-33}$ βε$^{13-44}$ 松江：放饭 ɸɑ̃$^{53-33}$ βε$^{13-44}$ 南汇：放饭 ɸɑ̃$^{53-33}$ βε$^{13-44}$ 青浦：放饭 ɸɑ̃$^{53-33}$ βε$^{13-44}$ 青浦^{新}：放饭 fɑ̃^{35} ʋE^{213} 浦东：放吃饭 ɸɑ̃$^{35-33}$ tɕʰiəʔ$^{5-5}$ vE$^{13-21}$ 金山^{新}：放夜学 fɑ̃$^{13-23}$ iA$^{44-55}$ ɦiAʔ$^{2-3}$	中午放学
3	关夜学 kuE$^{53-55}$ ɦia$^{13-33}$ ɦoʔ$^{2-2}$		放学后把学生留下来处罚、教育
4	幼稚园^{旧} iɤ$^{34-33}$ zʅ$^{13-55}$ ɦyø$^{13-21}$ 幼儿园 iɤ$^{34-33}$ ɦəl$^{13-55}$ ɦyø$^{13-21}$		幼儿园
5	门馆 məŋ$^{13-22}$ kuø$^{34-44}$ 私塾 sʅ$^{53-55}$ zoʔ$^{2-2}$		私塾
6	课堂间 kʰu$^{34-33}$ dɑ̃$^{13-55}$ kE$^{53-21}$ 课堂 kʰu$^{34-33}$ dɑ̃$^{13-44}$	金山^{新}：课堂里 kʰu$^{13-23}$ dɑ̃$^{31-55}$ li$^{35-31}$	课堂
7	揩黑板 kʰa$^{53-44}$•həʔ$^{5-3}$ pE$^{34-44}$		擦黑板
8	教棒 tɕiɔ$^{34-33}$ bɑ̃$^{13-44}$ 教鞭 tɕiɔ$^{34-33}$ pi$^{53-44}$		教鞭
9	点名簿 ti$^{34-33}$ miŋ$^{13-55}$ bu$^{13-21}$ 点名册 ti$^{34-33}$ miŋ$^{13-55}$ tsʰaʔ$^{5-2}$		点名册
10	蓝印纸 lE$^{13-22}$ iŋ$^{34-55}$ tsʅ$^{34-21}$ 复写纸 foʔ$^{5-3}$ ɕia$^{34-55}$ tsʅ$^{34-21}$		复写纸

（续表）

序号	上海市区方言	上海郊区方言	普通话
11	卷鉋 tɕyø³⁴⁻³³bɔ¹³⁻⁴⁴ 卷笔套 tɕyø³⁴⁻³³piʔ⁵⁻⁵ tʰɔ³⁴⁻²¹ 卷笔刀 tɕyø³⁴⁻³³ piʔ⁵⁻⁵ tɔ⁵³⁻²¹	金山^新：鉋 bɔ¹³	卷笔刀
12	泅水纸 iŋ³⁴⁻³³ sɿ³⁴⁻⁵⁵ tsɿ³⁴⁻²¹ 吸水纸 ɕiʔ⁵⁻³ sɿ³⁴⁻⁵⁵ tsɿ³⁴⁻²¹ 吸墨水纸 ɕiʔ⁵⁻³məʔ²⁻⁵sɿ³⁴⁻³³ tsɿ³⁴⁻²¹		吸墨纸
13	墨水笔^旧 məʔ²⁻¹sɿ³⁴⁻²¹ piʔ⁵⁻² 自来水笔^旧 zɿ¹³⁻²² lE¹³⁻⁵⁵ sɿ³⁴⁻³³ piʔ⁵⁻² 钢笔 kã⁵³⁻⁵⁵ piʔ⁵⁻²	松江：蘸钢笔 tsE³⁵⁻⁵⁵ kã⁵³⁻³³ ʔbiaʔ⁵⁻²	钢笔
14	墨笔^旧 məʔ²⁻¹ piʔ⁵⁻² 毛笔 mɔ¹³⁻²²piʔ⁵⁻⁴		毛笔
15	笔套管 piʔ⁵⁻³tʰɔ³⁴⁻⁵⁵ kuø³⁴⁻²¹ 笔套 piʔ⁵⁻³tʰɔ³⁴⁻⁴⁴		笔帽
16	磨墨 mo¹³⁻²² [mu¹³⁻²²·məʔ² 研墨 ȵi¹³⁻²² məʔ²⁻⁴		研墨
17	壁墨 bi¹³⁻³³·məʔ² 搛笔 tʰi³⁴⁻⁴⁴·piʔ⁵	浦东：壁笔 bi¹³⁻²²ʔbiʔ⁵⁻⁵ 南汇：壁笔 bi¹³⁻²²ʔbiʔ⁵⁻⁵	搛笔
18	灌墨水 kuø³⁴⁻³³məʔ²⁻⁵sɿ³⁴⁻²¹ 打墨水 tã³⁴⁻³³ məʔ²⁻⁵ sɿ³⁴⁻²¹ 吸墨水 ɕiʔ⁵⁻³məʔ²⁻⁵sɿ³⁴⁻²¹	南汇：斟墨水 tsəŋ⁵³⁻⁵⁵məʔ²⁻⁵sɿ⁴⁴⁻⁵³	吸墨水
19	垫写板 di¹³⁻²²ɕia³⁴⁻⁵⁵pE³⁴⁻²¹ 垫板 di¹³⁻²²pE³⁴⁻⁴⁴		垫板
20	铅笔匣子 kʰE⁵³⁻⁵⁵piʔ⁵⁻³ɦaʔ²⁻³ tsɿ³⁴⁻²¹		文具盒
21	信壳 ɕiŋ³⁴⁻³³kʰɔʔ⁵⁻⁴ 信封 ɕiŋ³⁴⁻³³foŋ⁵³⁻⁴⁴		信封
22	勿识字个 vəʔ²⁻²səʔ⁵⁻⁵⁵zɿ¹³⁻³³ɡəʔ²⁻² 有眼瞎子 ɦiɤ¹³⁻²²ŋE¹³⁻⁵⁵ haʔ⁵⁻³ tsɿ³⁴⁻²¹ 文盲 vəŋ¹³⁻²²mã³⁴⁻⁴⁴	宝山：开眼瞎子 kʰE⁵³⁻⁵³ŋE¹³⁻³³ haʔ⁵⁻³ tsɿ³⁴⁻²¹	文盲
23	白字先生 baʔ²⁻¹zɿ¹³⁻³³·ɕi⁵³⁻³³ sã⁵³⁻²¹		常读、写白字的人
24	温书 uəŋ⁵³⁻⁵⁵ sɿ⁵³⁻²¹ 复习 foʔ⁵⁻³ziʔ²⁻⁴	浦东：温课 uəŋ⁵³⁻³³ kʰu³⁴⁻⁴⁴ 南汇：温课 uəŋ⁵³⁻³³ kʰu³⁴⁻⁴⁴	复习

（续表）

序号	上海市区方言	上海郊区方言	普通话
25	额子 ŋaʔ²⁻¹tsʅ³⁴⁻²³ 名额 miŋ¹³⁻²²ŋaʔ²⁻⁴		名额
26	考试卷 kʰɔ³⁴⁻³³sʅ³⁴⁻⁵⁵tɕyø³⁴⁻²¹ 卷子 tɕyø³⁴⁻³³tsʅ³⁴⁻⁴⁴ 试卷 sʅ³⁴⁻³³tɕyø³⁴⁻⁴⁴ 考卷 kʰɔ³⁴⁻³³tɕyø³⁴⁻⁴⁴		考卷
27	批卷子 pʰi⁵³⁻⁴⁴·tɕyø³⁴⁻³³tsʅ³⁴⁻⁴⁴ 改卷子 kɛ³⁴⁻³³tɕyø³⁴⁻⁵⁵tsʅ³⁴⁻²¹ 批考卷 pʰi⁵³⁻⁵⁵kʰɔ³⁴⁻³³tɕyø³⁴⁻²¹		批改考卷
28	批分数 pʰi⁵³⁻⁵⁵fəŋ⁵³⁻³³su³⁴⁻²¹ 打分数 tɑ³⁴⁻²¹fəŋ³⁴⁻⁵⁵su³⁴⁻²¹	松江：脚⁼分数 ciaʔ⁵⁻³ ɸəŋ⁵³⁻⁵⁵su³⁵⁻²¹ 嘉定：摘分数 tsaʔ⁵⁻³ fɛ̃⁵³⁻⁵⁵su³⁴⁻²¹	打分数
29	头名 dɤ¹³⁻²² miŋ¹³⁻⁴⁴ 头一名 dɤ¹³⁻²²iɪʔ⁵⁻⁵miŋ¹³⁻²¹ 第一名 di¹³⁻²²iɪʔ⁵⁻⁵miŋ¹³⁻²¹		第一名
30	零汤圆 liŋ¹³⁻²² tʰã⁵³⁻⁵⁵døʔ¹³⁻²¹ 鸭蛋 aʔ⁵⁻³dɛ¹³⁻⁴⁴ 零分 liŋ¹³⁻²²fəŋ⁵³⁻⁴⁴	金山新：零汤 liæŋ³¹⁻¹³tʰã⁵³⁻⁵³	零分
31	阿末名 aʔ⁵⁻³məʔ²⁻⁵miŋ¹³⁻²¹	市区新：勒末名 lɐʔ²⁻¹mɐʔ²⁻²miŋ⁶⁻²³ 奉贤：末脚名 məʔ²⁻²tɕiaʔ⁵⁻²miŋ³¹⁻²⁴ 宝山：末脚名 məʔ²⁻²tɕiaʔ⁵⁻²miŋ³¹⁻²⁴	最后一名
32	习字帖 ziɪʔ²⁻¹zʅ¹³⁻²²tʰiɪʔ⁵⁻² 字帖 zʅ¹³⁻²²tʰiɪʔ⁵⁻⁴	金山新：练字帖 li³⁵⁻³⁴zʅ³⁵⁻⁵⁵tiɪʔ⁵⁻³	字帖
33	大写字旧 du¹³⁻²²ɕia³⁴⁻⁵⁵zʅ¹³⁻²¹ 繁体字 vɛ¹³⁻²²tʰi³⁴⁻⁵⁵zʅ¹³⁻²¹		繁体字
34	小写字旧、 ɕiɔ³⁴⁻³³ɕia³⁴⁻⁵⁵zʅ¹³⁻²¹ 简体字 tɕi³⁴⁻³³tʰi³⁴⁻⁵⁵zʅ¹³⁻²¹		简体字
35	连草字 li¹³⁻²²tsʰɔ³⁴⁻⁵⁵zʅ¹³⁻²¹ 带草字 ta³⁴⁻³³tsʰɔ³⁴⁻⁵⁵zʅ¹³⁻²¹ 潦草字 liɔ¹³⁻²²tsʰɔ³⁴⁻⁵⁵zʅ¹³⁻²¹		潦草的字

（续表）

序号	上海市区方言	上海郊区方言	普通话
36	蟹爬 ha$^{34\text{-}33}$bo$^{13\text{-}44}$ 蟹薤 ha$^{34\text{-}33}$bE$^{13\text{-}44}$	浦东：鸡脚拉拉 tɕi$^{53\text{-}55}$tɕiʔ$^{5\text{-}5}$la$^{53\text{-}53}$la$^{53\text{-}21}$ 南汇：鸡脚拉拉 tɕi$^{53\text{-}55}$tɕiʔ$^{5\text{-}5}$la$^{53\text{-}53}$la$^{53\text{-}21}$ 金山^{新}：蟹脚爬 hA$^{44\text{-}34}$tɕiAʔ$^{5\text{-}5}$bo$^{31\text{-}31}$	字写得难看、凌乱
37	打草稿 tã$^{34\text{-}33}$tsʰɔ$^{34\text{-}55}$kɔ$^{34\text{-}21}$		起稿子
38	边旁 pi$^{53\text{-}55}$bã$^{13\text{-}21}$	市区^{新}：旁 bã^{13}	偏旁
39	单隉人 tE$^{53\text{-}55}$gE$^{13\text{-}33}$ȵiŋ$^{13\text{-}21}$ 单人旁 tE$^{53\text{-}55}$ȵiŋ$^{13\text{-}33}$bã$^{13\text{-}21}$		立人儿
40	耳东陈 ɦəl$^{13\text{-}22}$toŋ$^{53\text{-}55}$zəŋ$^{13\text{-}21}$		"陈"字
41	奠耳郑 di$^{13\text{-}22}$ ɦəl$^{13\text{-}55}$zəŋ$^{13\text{-}21}$	青浦^{新}：关耳郑 kuE$^{53\text{-}44}$øəl$^{213\text{-}44}$zəŋ$^{213\text{-}21}$	"郑"字
42	大鼙爻 da$^{13\text{-}22}$bi$^{13\text{-}55}$gɔ$^{13\text{-}21}$ 大爻 da$^{13\text{-}22}$gɔ$^{13\text{-}44}$	金山^{新}：叉拉爻 tsʰo$^{53\text{-}34}$lA$^{53\text{-}55}$gɔ$^{13\text{-}31}$	"×"号
43	爻爻 gɔ$^{13\text{-}22}$gɔ$^{13\text{-}44}$		

第二十一章 娱　　乐

序号	上海市区方言	上海郊区方言	普通话
1	鹞子 ɦiɔ$^{13-22}$ tsʅ$^{34-44}$ 风筝 foŋ$^{53-55}$tsən$^{53-21}$		风筝
2	蟠野猫 bø$^{13-22}$ɦia$^{13-55}$mɔ$^{13-21}$ 捉野猫 tsoʔ$^{5-3}$ ɦia$^{13-55}$mɔ$^{13-21}$ 捉猛＝猛＝ tsoʔ$^{5-3}$mã$^{13-55}$mã$^{13-21}$ 捉迷藏 tsoʔ$^{5-3}$mi$^{13-55}$zã$^{13-21}$		捉迷藏
3	打菱角 tã$^{34-33}$liŋ$^{13-55}$koʔ$^{5-21}$	闵行：丒菱角 ʔdɔʔ$^{5-3}$ liŋ$^{31-55}$koʔ$^{2-5-5}$ 崇明：打陀螺 tã$^{424-42}$du$^{24-33}$lu$^{24-55}$	玩儿陀螺
4	猜枚枚子 tsʰE$^{53-44}$•mE$^{13-22}$mE$^{13-55}$tsʅ$^{34-21}$ 猜谜语 tsʰø$^{53-44}$mi$^{13-22}$n̠y$^{13-44}$		猜谜
5	勃勿倒 bəʔ$^{2-1}$ bəʔ$^{2-2}$tɔ$^{34-23}$ 跌勿倒 tiiʔ$^{5-3}$ bəʔ$^{2-5}$tɔ$^{34-23}$ 不倒翁 pəʔ$^{5-3}$tɔ$^{34-55}$ oŋ$^{53-21}$	市区^{新}：勿倒翁 vəʔ$^{2-1}$ tɔ$^{34-22}$oŋ$^{53-23}$	不倒翁
6	洋囡囡 ɦiã$^{13-22}$nø$^{53-55}$nø$^{53-21}$ 洋娃娃 ɦiã$^{13-22}$ua$^{53-55}$ua$^{53-21}$		洋娃娃
7	接龙牌^{旧}tɕiiʔ$^{5-3}$loŋ$^{13-55}$ba$^{13-21}$ 牌九牌 ba$^{13-22}$tɕiɤ$^{34-55}$ba$^{13-21}$ 牌九 ba$^{13-22}$tɕiɤ$^{34-44}$		一种可玩接龙游戏的纸牌
8	推牌九 tʰE$^{53-44}$•ba$^{13-22}$tɕiɤ$^{34-44}$	嘉定：掐牌九 kʰaʔ$^{5-3}$ba$^{31-55}$tɕγ$^{34-21}$	玩儿牌九
9	擹牌 tso$^{53-44}$•ba^{13}	金山^{新}：抓牌 tso$^{44-24}$bA$^{31-53}$	抓牌
10	碰和^{旧}pʰã$^{34-33}$ɦu$^{13-44}$ 斗牌^{旧}tɤ$^{34-44}$•ba^{13} 搓麻将 tsʰo$^{53-55}$mo$^{13-33}$tɕia$^{34-21}$		玩儿麻将
11	掷骰子 zaʔ$^{2-1}$dɤ$^{13-22}$tsʅ$^{34-23}$	金山^{新}：箱骰子 ɕiẽ$^{53-33}$dɤ$^{31-55}$tsʅ$^{44-31}$ 金山^{新}：催骰子 tsʰø$^{53-33}$dɤ$^{31-55}$tsʅ$^{44-31}$	掷色子

（续表）

序号	上海市区方言	上海郊区方言	普通话
12	操=牌 tsʰɔ⁵³⁻⁵⁵ ba¹³⁻²¹	市区新：汰牌 da¹³⁻²² bA¹³⁻³³ 浦东：镶牌 siã⁵³⁻⁵⁵ ba²¹³⁻⁵³ 崇明：稀=牌 ɕi⁵⁵⁻⁵⁵ ba²⁴⁻⁵⁵	洗牌
13	捣底牌 ɕiɔ⁵³⁻⁴⁴·ti³⁴⁻³³ ba¹³⁻⁴⁴ 打沙蟹 tã³⁴⁻³³ so⁵³⁻⁵⁵ ha³⁴⁻²¹	浦东：博眼子 ʔbɔʔ⁵⁻³ ŋɛ²¹³⁻⁵⁵ tsʅ⁴⁴⁻²¹ 青浦：亮底 liẽ²¹³⁻²³ ti⁴⁴⁻⁴⁴ 青浦新：摊底 tʰE⁵³⁻⁴⁴ ti⁴⁴⁻⁴²	（1）沙蟹用语，揭开合起的暗牌 （2）揭露真相，揭短
14	赌东道 tu³⁴⁻³³ toŋ⁵³⁻⁵⁵ dɔ¹³⁻²¹ 横东道 ɦuã¹³⁻²² toŋ⁵³⁻⁵⁵ dɔ¹³⁻²¹	金山：打赌 tɛ̃⁴⁴⁻²⁴ tu⁴⁴⁻⁵³ 青浦：横公道 vɛ³¹⁻¹³ koŋ⁵³⁻⁴⁴ dɔ²¹³⁻²¹	打赌
15	赌铜钿 tu³⁴⁻³³ doŋ¹³⁻⁵⁵ di¹³⁻²¹ 赌博 tu³⁴⁻³³ poʔ⁵⁻⁴		赌博
16	炮仗 pʰɔ³⁴⁻³³ zã¹³⁻⁴⁴ 百子炮 paʔ⁵⁻³ tsʅ³⁴⁻⁵⁵ pʰɔ³⁴⁻²¹ 鞭炮 pi⁵³⁻⁵⁵ pʰɔ³⁴⁻²¹	嘉定：爆仗 pɔ³⁴⁻⁵⁵ zã¹³⁻²¹	爆竹
17	孛=相 biʅʔ²⁻¹[bəʔ²⁻¹] ɕiã³⁴⁻²³ 顽 mE¹³ 顽孛=相 mE¹³⁻²² biʅʔ²⁻⁵ ɕiã³⁴⁻²¹ 孛=相相 biʅʔ²⁻¹[bəʔ²⁻¹] ɕiã³⁴⁻²² ɕiã³⁴⁻²³	崇明：弄风 noŋ³¹³⁻³¹ foŋ⁵⁵⁻⁵⁵	玩儿
18	挺兵 tʰiŋ³⁴⁻³³ piŋ⁵³⁻⁴⁴ 挺卒 tʰiŋ³⁴⁻³³ tsəʔ⁵⁻⁴ 出兵 tsʰəʔ⁵⁻³ piŋ⁵³⁻⁴⁴		出兵
19	将光榔头 tɕiã³⁴⁻³³ kuã⁵³⁻⁵⁵ lã¹³⁻³³ dɤ¹³⁻²¹ 将 tɕiã³⁴	崇明：帅乌子 sɛ³³⁻⁴² u⁵⁵⁻⁵⁵ tsʅ⁴²⁴⁻⁰	象棋中的"帅"、"将"
20	扯士 tsʰa⁵³⁻⁴⁴·zʅ¹³ 撑士 tsʰã⁵³⁻⁴⁴·zʅ¹³	松江：上士 zã²²⁻²² zʅ¹³⁻³⁵ 金山：支士 tsʅ⁵³⁻⁴⁴·zʅ¹³ 金山新：支士 tsʅ⁵³⁻⁵⁵ zʅ³⁵⁻³¹ 崇明：叉士 tsʰo⁵⁵⁻⁵⁵ zʅ³¹³⁻⁰	撑士
21	削水片 ɕiaʔ⁵⁻⁴⁴·sʅ³⁴⁻³³ pʰi³⁴⁻⁴⁴	市区新：打水飘儿 tÃ³⁴⁻³³ sʅ³⁴⁻⁵⁵ pʰiɔŋ⁵³⁻²¹ 川沙：削片 ɕiaʔ⁵⁻³ pʰi³⁵⁻⁴⁴ 崇明：拆水爿 tsʰaʔ²⁻⁵⁻⁵·sʅ⁴²⁴⁻³³ be²⁴⁻⁵⁵	打水漂儿
22	挑绷绷 tʰiɔ⁵³⁻⁵⁵ bã¹³⁻³³ bã¹³⁻²¹	川沙：挑绳 tʰiɔ⁴⁴⁻⁴⁴ zəŋ²¹³⁻²¹³ 浦东：挑板细 tʰiɔ⁵³⁻⁵⁵ ʔbe⁴⁴⁻³³ si³⁵⁻²¹ 南汇：挑绷绷丝 tʰiɔ⁵³⁻⁵⁵ ʔbã⁵³⁻⁵⁵ ʔbã⁵³⁻³³ sʅ⁵³⁻²¹ 金山：撬绷绷 pəŋ⁵³ pəŋ⁵³ 崇明：挑花绷 tʰiɔ⁵⁵⁻⁵⁵ ho⁵⁵⁻⁵⁵ pã⁵⁵⁻⁵⁵	两人轮换翻动手指头上的细绳，变出各种花样

（续表）

序号	上海市区方言	上海郊区方言	普通话
23	勃⁼跤 bəʔ²⁻¹ kɔ⁵³⁻²³	市区^新：掼摔跤 松江^新：掼煞跤 guɛ¹³⁻⁴³ sʌʔ⁵⁻⁴ kɔ⁵³⁻⁵³ 川沙：勃摔跤 bɤʔ² 浦东：掼跤 guɛ¹³⁻²² kɔ⁵³⁻⁵³ 金山^新：跌特跤 tiɪʔ⁵ dəʔ²	摔跤
24	拉绳^旧 la⁵³⁻⁵⁵ zəŋ¹³⁻²¹ 拔河 baʔ²⁻¹ fiu¹³⁻²³		拔河
25	游水 ɦiɤ¹³⁻²² sʅ³⁴⁻⁴⁴ 游泳 ɦiɤ¹³⁻²² ɦyoŋ¹³⁻⁴⁴	闵行：打冷水浴 ʔdã⁴⁴⁻³³ lã¹³⁻⁵⁵ sʅ⁴⁴⁻³³ ɦyoʔ²⁻² 嘉定：汏冷水浴 da¹³⁻²² lã¹³⁻⁵⁵ sʅ³⁴⁻³³ ɦioʔ²⁻² 嘉定^旧：净冷水浴 ziŋ¹³⁻³³ lã¹³⁻⁵⁵ sʅ³⁴⁻³³ ɦioʔ²⁻² 崇明：净冷水肉 ziŋ³¹³⁻³¹ lã²⁴²⁻³³ sʅ⁴²⁴⁻⁰ ȵyoʔ²⁻⁵	游泳
26	拍台球^旧 paʔ⁵⁻³ dɛ¹³⁻⁵⁵ dziɤ¹³⁻²¹ 打乒乓 dã³⁴⁻³³ pʰiŋ⁵³⁻⁵⁵ pã⁵³⁻²¹	浦东：打台球 ʔdã⁴⁴⁻³³ dɛ²¹³⁻⁵⁵ dziɤ²¹³⁻⁵³ 南汇：打台球 ʔdã⁴⁴⁻³³ dɛ²¹³⁻⁵⁵ dziɤ²¹³⁻⁵³ 嘉定^新：削转 siaʔ⁵⁻⁴ tsiɪ³⁴⁻⁴⁴	打乒乓球
27	丢篮球^旧 toʔ⁵⁻³ dɛ¹³⁻⁵⁵ dziɤ¹³⁻²¹ 打篮球 dã³⁴⁻³³ dɛ¹³⁻⁵⁵ dziɤ¹³⁻²¹		打篮球
28	调龙灯 diɔ¹³⁻²² loŋ¹³⁻⁵⁵ təŋ⁵³⁻²¹ 出龙灯 tsʰəʔ⁵⁻³ loŋ¹³⁻⁵⁵ təŋ⁵³⁻²¹	闵行：线龙灯 ȵiɔ¹³⁻²² loŋ³¹⁻²² ʔtəŋ⁵³⁻³⁴ 金山^新：舞龙 vu³⁵⁻³³ loŋ³¹⁻³¹ 崇明：掼龙 guæ²⁴²⁻³¹ loŋ²⁴⁻⁵⁵	舞龙灯
29	丢铅球 toʔ⁵⁻³ kʰɛ⁵³⁻⁵⁵ dziɤ¹³⁻²¹	市区^新：掼铅球 kʰɛ⁵³ dziɤ¹³	掷铅球
30	竖烟囱 zʅ¹³⁻²² i⁵³⁻⁵⁵ tsʰoŋ⁵³⁻²¹ 竖蜻蜓 zʅ¹³⁻²² tɕʰiŋ⁵³⁻⁵⁵ [ɕiŋ⁵³⁻⁵⁵] diŋ¹³⁻²¹ 丁倒立 tiŋ⁵³⁻⁵⁵ tɔ³⁴⁻³³ liɪʔ²⁻²	市区^新：倒立 tɔ³⁴⁻³³ liɪʔ²⁻⁴ 川沙：倒立 ʔdɔ³⁵⁻³³ liɪʔ²⁻⁵ 金山^新：倒立 tɔ⁴⁴⁻²³ liɪʔ²⁻⁴ 浦东：头顶倒 dɤ²¹³⁻²² ʔdiŋ⁴⁴⁻²² ʔdɔ⁴⁴⁻²² 南汇：头顶倒 dɤ²¹³⁻²² ʔdiŋ⁴⁴⁻²² ʔdɔ⁴⁴⁻²² 青浦：竖雀子 zy¹³⁻²² tsʰiaʔ⁵⁻⁴ tsʅ⁴⁴⁻²¹ 崇明：竖雀子 zy¹³⁻²² tsʰiaʔ⁵⁻⁴ tsʅ⁴⁴⁻²¹ 宝山：竖枪子 zʅ¹³⁻²⁴ tsʰiã⁵³⁻⁵⁵ tsʅ³⁵⁻²¹	倒立

（续表）

序号	上海市区方言	上海郊区方言	普通话
31	调枪花 diɔ$^{13-22}$ tɕʰiã$^{53-55}$ ho$^{53-21}$	青浦^{新}：耍花枪 sa$^{44-33}$hω$^{53-55}$tɕʰiɛ̃$^{53-21}$	（1）耍枪 （2）花言巧语骗人
32	木人头戏 moʔ$^{2-1}$niŋ$^{13-22}$dɤ$^{13-33}$ɕi$^{34-23}$/ moʔ$^{2-2}$niŋ$^{13-55}$dɤ$^{13-33}$ɕi$^{34-21}$ 木偶戏 moʔ$^{2-1}$ŋɤ$^{13-22}$ɕi$^{34-44}$		木偶戏
33	调花枪 diɔ$^{13-22}$ ho$^{53-55}$tɕʰiã$^{53-21}$	青浦^{新}：耍花枪 sa$^{44-33}$hω$^{53-55}$tɕʰiɛ̃$^{53-21}$	耍枪
34	绍兴戏 zɔ$^{13-22}$ɕiŋ$^{53-55}$ɕi$^{34-21}$ 越剧 ɦyɪʔ$^{2-1}$[ɦioɪʔ$^{2-1}$]dʑyɪʔ$^{2-2}$		越剧
35	戏法 ɕi$^{34-33}$faʔ$^{5-4}$ 魔术 mu$^{13-22}$zəʔ$^{2-4}$	青浦^{新}：变戏法 piɪ$^{35-44}$ɕi$^{35-44}$fæʔ$^{5-2}$	魔术
36	申曲^{旧} sən$^{53-55}$tɕʰyɪʔ$^{5-2}$[tɕʰyoʔ$^{5-2}$] 沪剧 ɦu$^{13-22}$ dʑyɪʔ$^{2-4}$	闵行：滩簧 tʰɛ$^{53-55}$βuã$^{31-53}$ 松江：滩簧 tʰɛ$^{53-55}$βuã$^{31-53}$ 浦东：滩簧 tʰɛ$^{53-55}$βuã$^{31-53}$ 南汇：滩簧 tʰɛ$^{53-55}$βuã$^{31-53}$ 奉贤：滩簧 tʰɛ$^{53-55}$βuã$^{31-53}$ 崇明：滩簧 tʰɛ$^{53-55}$βuã$^{31-53}$ 松江：本滩 ʔbən$^{44-35}$ tʰɛ$^{53-21}$	沪剧
37	说因果 səʔ$^{5-3}$ iŋ$^{53-55}$ku$^{34-21}$	浦东：唱书 tsʰã$^{35-33}$sʅ$^{53-53}$ 南汇：唱书 tsʰã$^{35-33}$sʅ$^{53-53}$	钹子书的一种，西乡调，流行于松江一带
38	浦东说书 pʰu$^{34-33}$toŋ$^{53-55}$ səʔ$^{5-3}$sʅ$^{53-21}$	闵行：敲刮子书 kʰɔ$^{53-55}$kuæʔ$^{5-3}$ tsʅ$^{44-33}$sy$^{53-21}$ 奉贤：刮子书 kuæʔ$^{5-3}$ tsʅ$^{44-55}$sy$^{53-53}$	浦东一带的曲艺
39	戏院^{旧} ɕi$^{34-33}$kuø$^{34-44}$ 剧院 dʑyɪʔ$^{2-1}$ ɦyø$^{13-23}$		剧院
40	大花面 du$^{13-22}$ho$^{53-55}$mi$^{13-21}$	浦东：弹花脸 dɛ$^{13-22}$ ho$^{53-55}$li$^{13-21}$ 南汇：弹花脸 dɛ$^{13-22}$ ho$^{53-55}$li$^{13-21}$	戏剧中角色之一，净
41	乒乓器 pʰã$^{53-55}$pʰã$^{53-33}$tɕʰi$^{34-21}$	闵行：碰刮子 pʰã$^{34-33}$kuæʔ$^{5-5}$tsʅ$^{44-53}$ 浦东：碰刮子 pʰã$^{34-33}$kuæʔ$^{5-5}$tsʅ$^{44-53}$ 南汇：碰刮子 pʰã$^{34-33}$kuæʔ$^{5-5}$tsʅ$^{44-53}$	钹
42	小花面 ɕiɔ$^{34-33}$ho$^{53-55}$mi$^{13-21}$	浦东：小花脸 ɕiɔ$^{44-33}$ho$^{53-55}$li$^{13-21}$	戏剧中角色之一，丑

(续表)

序号	上海市区方言	上海郊区方言	普通话
43	独脚戏 doʔ$^{2-1}$ tɕia$^{5-2}$ ɕi$^{34-23}$	奉贤：滑稽戏 ɦuaʔ$^{2-1}$ tɕi$^{34-11}$ ɕi$^{34-24}$	用上海的方言演出的曲艺，类似相声
44	锣鼓家生 lu$^{13-22}$ku$^{34-55}$ka$^{53-33}$sã$^{53-21}$ 锣鼓 lu$^{13-22}$ku$^{34-44}$		锣和鼓
45	梵哑铃 vE$^{13-22}$o$^{53-55}$liŋ$^{13-21}$ 小提琴 ɕio$^{34-33}$di$^{13-55}$dʑiŋ$^{13-21}$		小提琴
46	披耶挪^{旧} pʰi$^{53-55}$ia$^{53-33}$no$^{13-21}$ 钢琴 kã$^{53-55}$dʑiŋ$^{13-21}$	浦东：洋琴 ɦiã$^{213-22}$dʑiŋ$^{213-22}$	钢琴
47	拍照片 pʰaʔ$^{5-3}$ tsɔ$^{34-55}$pʰi$^{34-21}$ 拍照 pʰaʔ$^{5-3}$ tsɔ$^{34-44}$ 摄影 səʔ$^{5-3}$iŋ$^{34-44}$ 照相 tsɔ$^{34-33}$ɕiã$^{34-44}$		照相
48	小照^{旧} ɕiɔ$^{34-33}$ tsɔ$^{34-44}$ 照片 tsɔ$^{34-33}$pʰi$^{34-44}$		照片
49	软片^{旧} ȵyø$^{13-22}$pʰi$^{34-44}$ 胶卷 kɔ$^{53-55}$[tɕiɔ$^{53-55}$] tɕyø$^{34-21}$	市区^{新}：底片 ti$^{34-44}$pʰi$^{34-44}$	胶卷
50	影戏 iŋ$^{34-33}$ɕi$^{34-44}$ 电影 di$^{13-22}$iŋ$^{34-44}$	闵行：电光影戏 di$^{13-22}$kuã$^{53-22}$iŋ$^{44-22}$ɕi$^{34-34}$	电影

第二十二章 动　　词

序号	上海市区方言	上海郊区方言	普通话
1	蹲 təŋ^{53}	市区^{新}：住 zl^{13} 浦东：□ma^{53}（无字） 南汇：□ma^{53}（无字） 嘉定^{旧}：孵 bu^{13}	（1）蹲 （2）呆（~辣北京） （3）居住 （4）在（书~辣台子浪）
2	孵 bu^{13}		（1）孵 （2）晒（~太阳） （3）蹲（~五个钟头）
3	跍 gu^{13}	浦东：□gɤ^{13} 南汇：□gɤ^{13}	蹲下缩成一团
4	隑 gE^{13}	金山^{新}：靠 kʰɔ^{13}	依、靠
5	录起碌坐 loʔ$^{2-1}$tɕʰi$^{34-22}$loʔ$^{2-2}$zu$^{13-23}$／loʔ$^{2-2}$tɕʰi$^{34-55}$loʔ$^{2-3}$zu$^{13-21}$	浦东：坐勿定 zu$^{13-21}$vəʔ$^{2-5}$diŋ$^{13-21}$ 南汇：坐勿定 zu$^{13-21}$vəʔ$^{2-5}$diŋ$^{13-21}$ 金山：坐勿定 zu$^{13-21}$vəʔ$^{2-5}$diŋ$^{13-21}$ 南汇：蹲起石$^=$下 ʔdən$^{53-55}$chi$^{44-21}$zaʔ$^{2-2}$·ɦo^{13} 青浦^{新}：骨缩$^=$[kuəʔ^5 soʔ^5]	一会儿起身，一会儿坐下
6	得头$^=$ təʔ$^{5-3}$dɤ$^{13-44}$ 点头 ti$^{34-33}$dɤ$^{13-44}$		点头
7	横得$^=$头 ɦuã$^{13-22}$təʔ$^{2-5}$dɤ$^{13-21}$ 摇头 ɦiɔ$^{13-22}$dɤ$^{13-44}$		摇头
8	摇头豁$^=$尾巴 ɦiɔ$^{13-22}$dɤ$^{13-55}$huaʔ$^{5-3}$n̩i$^{13-33}$po$^{53-21}$	浦东：摇头豁耳朵 ɦiɔ$^{213-22}$dɤ$^{213-55}$huaʔ$^{5-3}$n̩i$^{13-33}$ʔdu$^{44-53}$	摇头摆尾
9	趋头缩颈 gɤ$^{13-22}$dɤ$^{13-55}$soʔ$^{5-3}$tɕiŋ$^{34-21}$	金山^{新}：缩头颈 soʔ$^{5-3}$dɤ$^{31-55}$tɕiæŋ$^{44-31}$	缩着脖子和脑袋

（续表）

序号	上海市区方言	上海郊区方言	普通话
10	做鬼脸 tsu$^{34-33}$tɕy$^{34-55}$li$^{13-21}$ 扮鬼脸 pE$^{34-33}$tɕy$^{34-55}$li$^{13-21}$	市区^{新}：做怪面孔 tsu$^{34-33}$kuA$^{34-55}$mi$^{13-33}$kʰoŋ$^{34-21}$ 川沙：做怪面孔 tsu$^{35-33}$kuɑ$^{35-55}$mi$^{35-33}$kʰoŋ$^{44-21}$ 浦东：做面颜 tsu$^{35-33}$mi$^{13-55}$ŋɛ$^{213-53}$ 南汇：做面颜 tsu$^{35-33}$mi$^{13-55}$ŋɛ$^{213-53}$ 宝山：做鬼搭脸 tsu$^{35-35}$tɕy$^{35-55}$taʔ$^{5-3}$liɪ$^{13-21}$	扮鬼脸
11	竖面孔 zɿ$^{13-22}$mi$^{13-55}$kʰoŋ$^{34-21}$ 板面孔 pE$^{34-33}$mi$^{13-55}$kʰoŋ$^{34-21}$	浦东：铲面孔 tsʰɛ$^{44-33}$mi$^{13-55}$kʰoŋ$^{44-21}$ 南汇：铲面孔 tsʰɛ$^{44-33}$mi$^{13-55}$kʰoŋ$^{44-21}$ 嘉定：□面孔 hə$^{34-33}$miɪ$^{13-55}$kʰoŋ$^{34-21}$ 崇明：做面孔 tsu$^{33-42}$mie$^{313-33}$kʰoŋ$^{424-0}$	板着脸
12	看面孔 kʰø$^{34-33}$mi$^{13-55}$kʰoŋ$^{34-21}$		板着脸让人看不好的脸色
13	丫求苦恼 o$^{53-55}$dziɤ$^{13-33}$kʰu$^{34-33}$nɔ$^{13-21}$ 哀求苦恼 E$^{53-55}$dziɤ$^{13-33}$kʰu$^{34-33}$nɔ$^{13-21}$	闵行：丫＝麻＝求苦 o$^{53-35}$mo$^{31-55}$jiɤ$^{31-55}$kʰu$^{44-21}$ 奉贤：丫＝麻＝求苦 o$^{53-35}$mo$^{31-55}$jiɤ$^{31-55}$kʰu$^{44-21}$ 青浦：丫＝麻＝求苦 o$^{53-35}$mo$^{31-55}$jiɤ$^{31-55}$kʰu$^{44-21}$ 松江：丫＝麻＝求苦恼 o$^{53-35}$mo$^{31-53}$jiɯ$^{31-24}$kʰu$^{44-33}$ nɔ$^{22-21}$ 浦东：丫＝求麻＝□ o$^{53-35}$dziɤ$^{213-33}$mo$^{31-33}$go$^{13-21}$ 南汇：丫＝求＝麻 o$^{53-35}$dziɤ$^{213-33}$mo$^{31-33}$go$^{13-21}$ 金山^{新}：求 dziɤ^{31}	苦苦哀求
14	弹眼碌睛 dE$^{13-22}$ŋE$^{13-55}$loʔ$^{2-3}$tɕiŋ$^{53-21}$		（1）眼睛发亮 （2）怒目而视
15	落眼泪 loʔ$^{2-2}$·ŋE$^{13-22}$li$^{13-44}$ 流泪出 ŋE$^{13-22}$li$^{13-33}$·tsʰə^{5} 流眼泪 liɤ$^{13-33}$·ŋE$^{13-22}$li$^{13-44}$	市区^{新}：落眼泪水 loʔ$^{2-1}$·ŋE$^{13-22}$lE$^{13-55}$li$^{34-21}$ 川沙：落眼泪水 lɔʔ$^{2-2}$ŋE$^{213-22}$li$^{35-22}$li$^{44-34}$ 金山^{新}：泪水出 lE$^{35-43}$sɿ$^{44-33}$tsʰə$^{5-2}$ 崇明：淌眼泪 tʰɑ̄$^{424-42}$ŋæ$^{242-33}$li$^{313-0}$	流眼泪

（续表）

序号	上海市区方言	上海郊区方言	普通话
16	横白眼 ɦuã¹³⁻²²baʔ²⁻⁵ŋɛ¹³⁻²¹ 白眼睛 baʔ¹²⁻²·ŋɛ¹³⁻²²tɕiŋ⁵³⁻⁴⁴	闵行：□白眼 ã⁵³⁻⁴⁴baʔ²⁻³ŋɛ¹³⁻³⁴ 松江：□白眼 ã⁵³⁻⁴⁴baʔ²⁻³ŋɛ¹³⁻³⁴ 浦东：横白竖眼 βuã²¹³⁻²²baʔ²⁻⁵zy¹³⁻⁵⁵ŋɛ¹³⁻⁵³ 川沙：横眼睛 uã³⁵⁻³³ŋɛ²¹³⁻⁵⁵tɕiŋ⁵³⁻⁵³ 南汇：横眼睛 βuã²¹³⁻²²ŋɛ²¹³⁻³³tsiŋ⁵³⁻³³ 嘉定⁽旧⁾：拨……吃眼白果 pəʔ²⁻⁵…tɕʰiə²⁵⁻⁵ŋɛ¹³⁻²²baʔ²⁻³ku³⁴⁻²¹ 宝山：白眼乌珠 baʔ²⁻²ŋɛ¹³⁻⁵⁵u⁵³⁻⁵⁵tsʅ⁵³⁻²¹ 崇明：火眼白 hu⁴²⁴⁻⁴²ŋæ²⁴²⁻³³baʔ²⁻⁵	白眼瞪人
17	哭出糊⁼啦⁼ kʰoʔ⁵⁻³tsʰəʔ⁵⁻⁵ɦu¹³⁻³³la¹³⁻²¹ 哭尻里⁼支⁼司⁼ kʰoʔ²⁻⁵pi¹³⁻⁵⁵li¹³⁻³³tsʅ⁵³⁻³³sʅ⁵³⁻²¹ 哭出比⁼把⁼ kʰoʔ⁵⁻³tsʰəʔ²⁻⁵⁵pi³⁴⁻³³po³⁴⁻²¹ 哭出毕⁼剥⁼ kʰoʔ²⁻⁵tsʰəʔ²⁻⁵piɪʔ⁵⁻³poʔ⁵⁻²	闵行：尴尬面孔 kɛ⁵³⁻⁴⁴ka³⁴⁻³³mi¹³⁻³³kʰoŋ⁴⁴⁻⁴⁴ 松江：哭竹⁼脸 kʰoʔ⁵⁻⁴kʰoʔ⁵⁻⁴li²²⁻⁴⁴ 浦东：哭尻啦⁼司⁼司⁼ kʰoʔ⁵⁻³bi¹³⁻⁵⁵la⁵³⁻³³sʅ⁵³⁻³³sʅ⁵³⁻²¹ 南汇：哭尻啦⁼司⁼司⁼ kʰoʔ⁵⁻³ʔbi¹³⁻⁵⁵la⁵³⁻³³sʅ⁵³⁻³³sʅ⁵³⁻²¹ 青浦⁽新⁾：哭尻里⁼司⁼ kʰoʔ⁵⁻⁵pi¹³⁻⁵⁵li²¹³⁻⁵⁵sʅ⁵³⁻³³ 嘉定：哭比比 kʰoʔ⁵⁻³pi³⁴⁻⁵⁵pi³⁴⁻²¹	欲哭未哭的样子
18	别⁼biɪʔ²[bəʔ²]		转动
19	厥倒 tɕyɪʔ⁵⁻³[tɕyoʔ⁵⁻³]tɔ³⁴⁻⁴⁴ 昏过去 huəŋ⁵³⁻⁴⁴ku³⁴⁻³³tɕʰy³⁴⁻²¹	浦东：昏脱 ɸəŋ⁵³⁻⁵⁵tʰəʔ⁵⁻⁵	昏倒
20	嘴胭拢 tsʅ³⁴⁻⁴⁴·miŋ¹³⁻²²loŋ¹³⁻⁴⁴ 嘴巴闭起来 tsʅ³⁴⁻³³po⁵³⁻³³·pi³⁴⁻³³tɕʰi³⁴⁻³³lɛ¹³⁻⁴⁴	浦东：嘴胭紧 tsʅ⁴⁴⁻³⁵məŋ²¹³⁻³³tɕiŋ⁴⁴⁻²¹ 南汇：嘴胭紧 tsʅ⁴⁴⁻³⁵məŋ²¹³⁻³³tɕiŋ⁴⁴⁻²¹ 金山⁽新⁾：嘴合拢	闭嘴
21	脔祭 tsʰoʔ⁵⁻⁴tɕi³⁴⁻⁴⁴	闵行：摆⁼头边 ʔba⁴⁴⁻³³dɤ³¹⁻⁵⁵ʔbi⁵³⁻⁵³ 崇明：触丧 tsʰoʔ⁵⁻⁵sã³³⁻³³	吃，詈语
22	修五脏殿 ɕiɤ⁵³⁻⁴⁴·ɦŋ¹³⁻²²zã¹³⁻⁵⁵di¹³⁻²¹		喻大吃一顿
23	听壁脚 tʰiŋ⁵³⁻⁴⁴ piɪʔ⁵⁻³tɕiaʔ⁵⁻²	青浦⁽新⁾：偷听 tʰɯ⁵³⁻⁴⁴tʰiŋ⁵³⁻⁴²	偷听

（续表）

序号	上海市区方言	上海郊区方言	普通话
24	香面孔 ɕiã$^{53-55}$mi$^{13-33}$kʰoŋ$^{34-21}$ 打开司^{新} tã$^{34-33}$kʰE$^{53-55}$sɿ$^{53-21}$	金山^{新}：哄面孔 hoŋ$^{44-34}$mi$^{35-55}$kʰoŋ$^{44-31}$	亲嘴
25	香鼻头 ɕiã$^{53-55}$biʔ$^{2-3}$[bəʔ$^{2-3}$]dɤ$^{13-21}$		（1）亲嘴 （2）两车对面相撞，叫~
26	嗅 hoŋ^{34} 闻 məŋ^{13}	浦东：香 ɕiã^{53} 浦东：听 tʰəŋ^{53}	闻
27	揞 iıʔ^5 曷 ⁼aʔ^5 □E^{34}（无字）	松江：掩 i^{53} 奉贤：遮没 tso$^{53-53}$meʔ$^{2-2}$ 青浦：遮没 tso$^{53-53}$meʔ$^{2-2}$ 金山^{新}：蒙 mã^{31} 青浦^{新}：捂 u53	蒙住，捂住
28	捂 u^{53} 㧬 tʰã^{34}		（1）遮盖 （2）挤在一起
29	护 lu^{53}		（1）摸 （2）揉，搓 （3）理（~头发）
30	捼 nu^{13}	浦东：□bu^{13} 南汇：□bu^{13} 金山：□bu^{13}	揉
31	护平 lu$^{53-55}$biŋ$^{13-21}$		（1）用手来回把东西抚摩平整 （2）办妥
32	把屙 po$^{34-33}$u$^{34-44}$	浦东：掇 ʔdœʔ^5 南汇：掇 ʔdœʔ^5	
33	睏勿着 kʰuəŋ$^{34-33}$vəʔ$^{2-5}$zaʔ$^{2-2}$	闵行：睏勿去 kʰuəŋ$^{34-35}$vəʔ$^{2-5}$chy$^{34-21}$ 奉贤：睏勿去 kʰuəŋ$^{34-35}$vəʔ$^{2-5}$chy$^{34-21}$	睡不着
34	抄⁼尿布 tsʰɔ$^{53-44}$[tɕʰiɔ$^{53\,44}$·sɿ$^{53\,55}$pu$^{34\,21}$	浦东：抄屁股 tsʰɔ$^{53-55}$pʰi$^{35-55}$ku$^{44-21}$ 金山^{新}：抄湿衲 tsʰɔ$^{53-44}$sAʔ$^{2-3}$na^3 青浦：翘⁼尿布 tɕʰiɔ$^{35-44}$ȵi$^{44-44}$pu$^{35-31}$ 崇明：兜尿布 tɤ$^{53-55}$sɿ$^{55-55}$pu$^{33-0}$	把尿布包在婴儿的下身
35	抱腰 bɔ$^{13-22}$iɔ$^{53-44}$ 撑腰 tsʰã$^{53-55}$iɔ$^{53-21}$	浦东：大帮忙 du$^{13-22}$ʔbã$^{53-55}$mã$^{13-53}$ 南汇：大帮忙 du$^{13-22}$ʔbã$^{53-55}$mã$^{13-53}$	喻给予有力支持

（续表）

序号	上海市区方言	上海郊区方言	普通话
36	揩身 kʰa⁵³⁻⁵⁵sən⁵³⁻²¹	闵行：揩浴 kʰa⁵³⁻⁵⁵ ɦyoʔ²⁻²	擦身
37	看野眼 kʰø³⁴⁻³³ ɦia¹³⁻⁵⁵ŋE¹³⁻²¹	闵行：望野眼 mã¹³⁻²²ɦia¹³⁻⁵⁵ŋE¹³⁻⁵³ 青浦新：望野眼 mã²¹³⁻⁴⁴ɦia²¹³⁻⁴⁴ŋE²¹³⁻²¹ 南汇：鸭望天 æʔ⁵⁻³mã¹³⁻⁵⁵tʰi⁵³⁻⁵³ 金山新：瞎看 həʔ⁵⁻³kʰø¹³⁻³⁵ 嘉定：望野眼 moŋ¹³⁻²²ɦia¹³⁻⁵⁵ŋE¹³⁻²¹	注意力不集中在该看的东西上
38	看冷铺 kʰø³⁴⁻³³ lã¹³⁻⁵⁵pʰu³⁴⁻²¹	松江：看冷清 kʰø³⁴⁻³³ lã¹³⁻⁵⁵tsʰiŋ⁵³⁻⁵³ 松江新：看冷清 kʰø⁵³⁻⁵⁵lẽ¹³⁻⁵⁵tɕʰin⁵³⁻⁵³ 闵行：看冷清 kʰø³⁴⁻³³lã¹³⁻⁵⁵tsʰiŋ⁵³⁻⁵³ 奉贤：看冷场 kʰø³³⁵⁻⁵⁵lẽ²²⁻⁵⁵zẽ³¹⁻⁵³ 青浦新：看冷清 kʰø³⁵⁻⁴⁴lẽ²¹³⁻⁴⁴tsʰiŋ⁵³⁻²¹ 南汇：看好戏 kʰø³⁵⁻³⁵hɔ⁴⁴⁻⁵⁵ɕi³⁵⁻⁵³	站在一边看好戏
39	横触枪 ɦuã¹³⁻²²tsʰoʔ⁵⁻⁵tɕʰia⁵³⁻²¹	松江：轧一脚 gæʔ²⁻²iʔ⁵⁻²ciɑ⁵⁻² 闵行：架一脚 ka³⁴⁻³³iʔ⁵⁻⁵ciɑʔ⁵⁻⁵ 奉贤：架一脚 ka³⁴⁻³³iʔ⁵⁻⁵ciɑʔ⁵⁻⁵ 嘉定：□一脚 ga¹³⁻²²iʔ⁵⁻⁵tɕiɑʔ⁵⁻² 宝山：架一脚 ka³⁴⁻³³iʔ⁵⁻⁵ciɑʔ⁵⁻⁵ 浦东：窜急虫 tsʰø³⁵⁻³³tɕiʔ⁵⁻⁵tsʰəʔ⁵⁻⁵ 南汇：窜急虫 tsʰø³⁵⁻³³tɕiʔ⁵⁻⁵tsʰəʔ⁵⁻⁵	说话或办事中第三者插入
40	扚背 tiʔ⁵⁻⁴·pE³⁴ 敲背 kʰɔ⁵³⁻⁴⁴·pE³⁴		捶背
41	出批⁼头 tsʰəʔ⁵⁻³ pʰi⁵³⁻⁵⁵dɤ¹³⁻²¹	浦东：雅⁼鳖⁼ia⁴⁴⁻⁴⁴bi¹³⁻⁴⁴ 南汇：雅⁼鳖⁼ia⁴⁴⁻⁴⁴bi¹³⁻⁴⁴	在集会中间悄悄地溜出去一会儿

（续表）

序号	上海市区方言	上海郊区方言	普通话
42	游码头 ɦiɤ$^{13-22}$mo$^{13-55}$dɤ$^{13-21}$ 游山玩水 ɦiɤ$^{13-22}$sE$^{53-55}$vE$^{13-33}$sʅ$^{34-21}$	南汇：游水玩景 ɦiɤ$^{113-22}$sʅ$^{44-33}$βɛ$^{113-33}$ciŋ$^{44-53}$	游山玩水
43	蹩壵勿动 bE$^{13-22}$tʰE$^{34-55}$vəʔ$^{2-3}$doŋ$^{13-21}$ 行身勿动 ɦã$^{13-22}$səŋ$^{53-55}$vəʔ$^{2-3}$doŋ$^{13-21}$	浦东：经"丝"无力 tɕiŋ$^{53-55}$sʅ$^{53-53}$βu$^{213-55}$liʔ$^{2-2}$	一点儿也走不动
44	掼guE^{13}	金山^{新}：丟toʔ^{5} 嘉定：□tsẼ^{53}（无字）	丢，扔
45	丟toʔ^{5}	嘉定：□tsẼ^{53}（无字）	掷，扔
46	掼家掼生 guE$^{13-22}$ka$^{53-55}$guE$^{13-33}$sã$^{53-21}$	市区^{新}：掼家生 guE$^{13-22}$kA$^{53-55}$sã$^{53-21}$ 川沙：掼家生 guE$^{34-22}$kɑ$^{53-55}$sã$^{53-53}$ 金山^{新}：掼家生 guE$^{13-23}$kA$^{53-55}$sẽ$^{53-31}$ 嘉定：掼家落生 guE$^{13-22}$ka$^{53-55}$loʔ$^{2-3}$sã$^{53-21}$ 浦东：挈起掼家生 tɕiʔ$^{5-2}$tɕʰi$^{44-33}$guE$^{13-33}$ka$^{53-55}$sã$^{53-21}$	发怒时摔东西
47	东丢西掼 toŋ$^{53-55}$tiɤ$^{53-33}$ɕi$^{53-33}$guE$^{13-21}$ 东丟西掼 toŋ$^{53-55}$toʔ$^{5-3}$ɕi$^{53-33}$guE$^{13-21}$	南汇：烂丟烂掼 lɛ$^{13-22}$doʔ$^{5-5}$lɛ$^{13-55}$guE$^{13-21}$ 金山^{新}：瞎丟hɑʔ$^{5-4}$toʔ$^{5-2}$	乱扔乱丢
48	趵tsoŋ^{53}	金山^{新}：蹦poŋ^{53} 青浦^{新}：蹦poŋ^{53}	两脚并拢向前跳跃
49	鐾bi^{13}	金山^{新}：摩，擦mo^{31} tsʰəʔ^{5} 嘉定：□gã^{31}（无字） □kʰã^{53}（无字）	摩，擦
50	收捉sɤ$^{53-55}$tsʊʔ$^{5-2}$ 收拾sɤ$^{53-55}$tsəʔ$^{2-2}$	松江：出时ˉtsʰəʔ$^{5-1}$zʅ$^{31-53}$ 崇明：敛lie^{242} 崇明：出理tsʰəʔ$^{5-5}$li$^{242-33}$	收拾
51	拣kE^{34} 拣选kE$^{34-33}$ɕi$^{34-44}$		挑选
52	拎liŋ^{53}	崇明：捏li^{55}（义项（1））	（1）提 （2）领会
53	揩kʰa^{53}	松江：捉ɲi^{53}	擦，抹

（续表）

序号	上海市区方言	上海郊区方言	普通话
54	落脱 loʔ²⁻¹ tʰəʔ⁵⁻² 突⁼脱 dəʔ²⁻¹ tʰəʔ⁵⁻²	松江：勿见脱 uəʔ⁵⁻⁴ ciʔ³⁵⁻⁴⁴ tʰəʔ⁵⁻³⁵ 松江：□脱 ɸæʔ⁵⁻⁴ tʰəʔ⁵⁻⁴ 金山新：落脱 loʔ²⁻³ tʰəʔ⁵⁻² 嘉定：豁脱 faʔ⁵⁻⁴ tʰəʔ⁵⁻²	（1）掉了 （2）丢失了
55	搦 n̠yoʔ²		用手来回搓
56	斫 soʔ⁵		（1）砍（~柴） （2）割（~稻）
57	吭 kʰã³⁴		藏
58	寻着 ziŋ¹³⁻²² zaʔ²⁻⁴		找到
59	爷⁼ ia⁵³ 蟠 bø¹³ 躲 tu³⁴		躲
60	堆起来 tɛ⁵³⁻⁵⁵ tɕʰi³⁴⁻³³ lɛ¹³⁻²¹ 叠起来 diɪʔ²⁻¹ [dəʔ²⁻¹] tɕʰi³⁴⁻²² lɛ¹³⁻²³	嘉定：上起来 zã¹³⁻²² tɕʰi³⁴⁻⁵⁵ lɛ³¹⁻²¹	把东西叠放起来
61	掇 təʔ⁵ 端 tø⁵³	嘉定：抬 dɛ³¹	端
62	啯嘴 koʔ⁵⁻³ tsʅ³⁴⁻⁴⁴	市区新：啯嘴巴 koʔ⁵⁻³ tsʅ³⁴⁻⁵⁵ pA⁵³⁻²¹ 川沙：啯嘴巴 koʔ⁵⁻³ tsʅ⁴⁴⁻⁵⁵ ʔbo⁵³⁻⁵³	漱口
63	拆身体 tsʰaʔ³⁻⁵⁵ səŋ⁵³⁻⁵⁵ tʰi³⁴⁻²¹	闵行：拆办⁼身体 tsʰaʔ⁵⁻⁵ bɛ¹³⁻⁵⁵ səŋ⁵³⁻⁵⁵ tʰi⁴⁴⁻²¹ 金山新：败坏身体 bA³⁵⁻³⁴ vA³⁵⁻⁵⁵ ɕiæŋ⁵³⁻³³ tʰi¹³⁻³³¹	做对身体不利的事，损害健康
64	摆肩胛 pa³⁴⁻³³ tɕi⁵³⁻⁵⁵ ka³⁴⁻²¹ 担干肩 tɛ⁵³⁻⁵⁵ tø³⁴⁻³³ tɕi⁵³⁻²¹ 担肩胛 tɛ⁵³⁻⁵⁵ tɕi⁵³⁻³³ ka³⁴⁻²¹	松江：搁肩架 koʔ⁵⁻³ ci⁵³⁻⁵⁵ ka³⁵⁻¹¹ 金山新：负责任 vu³⁵⁻³⁴ tsəʔ⁵⁻⁵ zaŋ³⁵⁻³¹	担负责任
65	搬场 pø⁵³⁻⁵⁵ zã¹³⁻²¹ 搬人家 pø⁵³⁻⁵⁵ n̠iŋ¹³⁻³³ ka⁵³⁻²¹ 搬家 pø⁵³⁻⁵⁵ ka⁵³⁻²¹ [tɕia⁵³⁻²¹]		搬家
66	搇 tɕʰiŋ³⁴	金山新：庆 tɕʰiæŋ¹³	摁
67	搇手印 tɕʰiŋ³⁴• sɤ³⁴⁻³³ iŋ³⁴⁻⁴⁴	金山新：庆手印 tɕʰiæŋ¹³⁻²³ sɤ⁴⁴⁻⁵⁵ iæŋ¹³⁻³¹ 崇明：搇节头印 tɕʰiŋ³³⁻³³ tɕiəʔ⁵⁻⁵ dɤ²⁴⁻⁵⁵ iŋ³³⁻⁰	按手印

(续表)

序号	上海市区方言	上海郊区方言	普通话
68	颎 uəʔ⁵	金山新：挖死 uəʔ²⁻⁴ɕi⁴⁴⁻³³	（1）把头摁在水里 （2）淹死
69	摘 tiɿʔ⁵		（1）掐 （2）揰
70	摘痧 tiɿʔ⁵⁻³so⁵³⁻⁴⁴	松江：提痧 di³¹⁻¹³so⁵³⁻⁵³ 崇明：提痧 di³¹⁻¹³so⁵³⁻⁵³	用手指掐痧
71	塞＝过 səʔ⁵⁻³ku³⁴⁻⁴⁴ 赛过 sE³⁴⁻³³ku³⁴⁻⁴⁴		赛过
72	抠 kʰɤ⁵³		（1）用手指或细物往深处挖 （2）雕刻
73	䇂 tɕʰia³⁴	金山新：歪 uA⁵³ 嘉定：蔡＝tsʰɑ³⁴	斜，歪
74	排 ba¹³ 捆 kuaʔ⁵	金山新：敲 kʰɔʔ53	揍
75	掏 ɕyø⁵³	金山新：敲 kʰɔʔ53	打，踢
76	吃生活 tɕʰiɿʔ⁵⁻³sã⁵³⁻⁵⁵ɦuəʔ²⁻²		挨揍
77	吃家生 tɕʰiɿʔ⁵⁻³ka⁵³⁻⁵⁵sã⁵³⁻²¹		（1）挨棍棒 （2）泛指挨揍
78	佝腰曲背 kɤ⁵³⁻⁵⁵iɔ⁵³⁻³³tɕʰyiʔ⁵⁻³[tɕʰyoʔ⁵⁻³]pE³⁴⁻²¹ 弯腰曲背 uE⁵³⁻⁵⁵iɔ⁵³⁻³³tɕʰyiʔ⁵⁻³[tɕʰyoʔ⁵⁻³]pE³⁴⁻²¹		弯着腰，弓着背
79	殿 tsəŋ⁵³		用槌子敲击，使之结实
80	□ŋ⁵³	市区新：济 tɕi³⁴ 金山新：挤 tɕi¹³ 青浦新：针＝tsən⁵³ 嘉定：□tsE⁵³	挤（~奶，~牙膏）
81	揭 tʰaʔ⁵		（1）涂抹 （2）占取（~便宜） （3）拓土（~花）
82	敨 tʰɤ³⁴		（1）展开 （2）抖
83	解 ka³⁴[ga¹³]	金山新：携ʔ	（1）解 （2）锯

（续表）

序号	上海市区方言	上海郊区方言	普通话
84	掾 ɦɔ¹³	奉贤：登⁼ʔdəŋ⁵³ 金山ⁿ：估计 ku⁴⁴⁻⁴⁴tɕi¹³⁻⁴⁴	估测，限定数量，使之刚好
85	瞩 i³⁴		比较长短，高矮等
86	淘 dɔ¹³		（1）淘洗 （2）挑选（~旧货）
87	宕 dã¹³	金山ⁿ：荡 dã³⁵	（1）垂下 （2）闲逛（~马路）
88	滗 piɲʔ⁵		挡住渣滓，滤出液体（~药）
89	摕　liɲʔ²		让带水的东西自行把水滴干
90	漦　li¹³		（1）过滤 （2）沥（~干）
91	澄 tiŋ³⁴		沉淀，使水干净
92	潝 bø¹³	青浦ⁿ：潽＝pʰu⁵³	液体太多而从容器中溢出
93	潽 pʰu⁵³		（1）沸溢 （2）溢出，固体、液体不论
94	泗 iŋ³⁴		液体渗、漏
95	□ doʔ² 秃⁼tʰoʔ⁵	青浦ⁿ：滚 kuəŋ⁴⁴ 嘉定：滚 kuẽ³⁴	沸腾
96	戳 toʔ⁵	嘉定：（2）冲 tsʰoŋ53	（1）以指头击桌子 （2）握着条状物，垂直击物，使之整齐（~筷子）
97	着 tsaʔ⁵		（1）穿（~鞋子） （2）下（~棋） （3）放（菜浪~眼水）
98	给 dᴇ¹³	浦东：坐⁼zu¹³ 南汇：坐⁼zu¹³ 青浦ⁿ：塌 tʰæʔ⁵	失去弹性而下陷（沙发~脱勒）
99	繗 liŋ¹³	金山ⁿ：钉 tiæŋ¹³	缝
100	齾 ŋaʔ²		（1）缺口 （2）还价（~价钿）

（续表）

序号	上海市区方言	上海郊区方言	普通话
101	勋 ɦi¹³	金山新：搓 tsʰu⁵³ 金山新：磨 mo³¹ 青浦：移=[ɦi³¹]	磨损（鞋跟~脱勒）
102	氉毛 tʰu³⁴	浦东：褪 tʰø³⁴ 南汇：褪 tʰø³⁴ 奉贤：褪 tʰø³⁴ 青浦：褪 tʰø³⁴ 金山新：煺毛 tʰø²⁴⁻³³mɔ³¹⁻²¹	掉毛发
103	烊 ɦiã¹³		溶化、熔化
104	开化 kʰE⁵³⁻⁵⁵ho³⁴⁻²¹ 开烊 kʰE⁵³⁻⁵⁵ɦiã¹³⁻²¹	浦东：冰化 ʔbiŋ⁵³⁻⁵⁵ho⁵³⁻²¹ 浦东：胶烊 kɔ⁵³⁻⁵⁵ɦiã²¹³⁻⁵³ 南汇：冰胶烊 ʔbiŋ⁵³⁻⁵⁵kɔ⁵³⁻⁵⁵ɦiã¹¹³⁻⁵³ 奉贤：开冻 kʰe⁵³⁻⁵⁵ʔdoŋ³³⁵⁻²¹ 金山新：开冻 kʰɛ⁵³⁻⁵⁵toŋ¹³⁻³¹	大地解冻
105	趄 maʔ⁵	松江：脚偏□斜 ciaʔ⁵pʰi⁵³⁻⁵³la³¹⁻¹³zia³¹⁻⁵³ 金山新：摇来摇去 ɦiã³¹⁻²³lɛ³¹⁻⁵⁵ɦiã³¹⁻³³tɕʰi¹³⁻³¹	蹒跚，走路摇摇摆摆
106	嚼 ziaʔ²		（1）嚼 （2）说长道短（~白蛆）
107	鏦 tsʰoŋ⁵³	川沙：凿 zɔʔ² 金山新：钻 tsø⁵³	在平物上用器物穿洞
108	开坼 kʰE⁵³⁻⁵⁵tsʰaʔ⁵⁻² 进坼 pã³⁴⁻³³tsʰaʔ⁵⁻⁴ □ kuaʔ⁵ □坼 kuaʔ⁵⁻³tsʰaʔ⁵⁻⁴ □ kuã³⁴ □坼 kuã³⁴⁻³³tsʰaʔ⁵⁻⁴ 坼 tsʰaʔ⁵		皮肤、木头、土地、墙壁等因干燥或寒冷而裂开
109	靳 tɕiaʔ³	浦东：靳 dziɔ²¹³ 南汇：拚 dziɔ²¹³ 金山新：刮 kuəʔ⁵	皮肤、指甲、木头等裂开，翘起一丝
110	鼔 kʰoʔ⁵	闵行：霍 hɔʔ⁵ 浦东：起鼔 tɕʰi⁴⁴⁻³³kʰɔʔ⁵⁻⁵ 南汇：起鼔 tɕʰi⁴⁴⁻³³kʰɔʔ⁵⁻⁵ 金山新：褪皮 bi³¹	表层失去水分与里层剥离（~层板，~勒）

（续表）

序号	上海市区方言	上海郊区方言	普通话
111	掏浆糊[新] dɔ$^{13-22}$tɕiã$^{53-55}$ɦu$^{13-21}$	金山[新]：掏浆糊 tʰɔ$^{53-33}$tɕiɛ̃$^{53-55}$vu$^{31-31}$	敷衍了事，胡搞
112	瞎弄弄 haʔ$^{5-3}$loŋ$^{13-55}$loŋ$^{13-21}$ 瞎来来 haʔ$^{5-3}$lɛ$^{13-55}$lɛ$^{13-21}$	奉贤：搞七廿三 gɔ$^{13-24}$tsʰiɿʔ$^{5-5}$ȵiE$^{13-33}$ sE$^{53-53}$ 宝山：搞七廿三 gɔ$^{13-24}$tsʰiɿʔ$^{5-5}$ȵiE$^{13-33}$ sE$^{53-53}$ 崇明：搞七廿三 gɔ$^{13-24}$tsʰiɿʔ$^{5-5}$ȵiE$^{13-33}$ sE$^{53-53}$	胡来、瞎搞，常作自谦之词
113	杭=勿住 ɦã$^{13-22}$vəʔ$^{2-5}$ʐɿ$^{13-21}$ 杭=勿落 ɦã$^{13-22}$vəʔ$^{2-5}$lo$^{2-2}$ 上勿上 zã$^{13-22}$vəʔ$^{2-5}$zã$^{13-21}$ 吃勿消 tɕʰiɿʔ$^{5-3}$ vəʔ$^{2-5}$ɕiɔ$^{53-21}$	闵行：汤=勿落 tʰã$^{53-44}$vəʔ$^{5-3}$ lɔ$^{2-34}$ 川沙：汤勿落 tʰã$^{53-55}$vɤʔ$^{2-5}$lɔ$^{2-53}$ 松江：油=倒 ɦɯ$^{31-13}$ʔdɔ$^{44-53}$ 川沙：汤勿住 tʰã$^{53-55}$vɤʔ$^{2-5}$ʐɿ$^{213-21}$ 金山[新]：汤勿牢 tʰã$^{53-44}$vəʔ$^{2-5}$lɔ$^{31-31}$	受不了，支持不住
114	混腔水 ɦuəŋ$^{13-22}$tɕʰiã$^{53-55}$sɿ$^{34-21}$	金山[新]：混日脚 vəŋ$^{35-34}$ȵiɿʔ$^{2-5}$tɕiAʔ$^{5-31}$	（1）蒙混过关 （2）混日子
115	硬挺 ŋã$^{13-22}$tʰiŋ$^{34-44}$ 硬撑 ŋã$^{13-22}$tsʰã$^{34-44}$		勉强支撑
116	穿绷 tsʰø$^{53-55}$pã$^{53-21}$ 拆穿绷 tsʰaʔ$^{5-3}$tsʰø$^{53-55}$pã$^{53-21}$	青浦[新]：拆穿 tsʰaʔ$^{5-2}$tsʰø$^{53-53}$	露馅
117	余剩 ɦy$^{13-22}$zəŋ$^{13-44}$ □tʰiŋ^{34}（挺？） 剩 tʰiŋ$^{34-33}$ zã$^{13-44}$（无字,挺剩？） 剩 zã^{13} [zəŋ^{13}] 剩余 zã$^{13-22}$ɦy$^{13-44}$/ zəŋ$^{13-22}$ɦy$^{13-44}$	市区[新]：tʰiŋ^{34} 下来 tʰiŋ$^{34-33}$ɦɔ$^{13-55}$lɛ$^{13-21}$ 川沙：挺 tʰiŋ^{44} 金山：剩落来 zəŋ$^{35-34}$lɔ$^{2-5}$lɛ$^{31-31}$ 青浦[新]：留 liɯ^{31}	剩余
118	犯贱 vE$^{13-22}$ʑi$^{13-44}$ 讨贱 tʰɔ$^{34-44}$ʑi$^{13-44}$	松江：熬好戏 ŋɔ$^{31-24}$hɔ$^{44-55}$ɕi$^{35-21}$ 奉贤：自讨苦吃 zɿ$^{113-22}$tʰɔ$^{44-55}$chiAʔ$^{2-5}$kʰu$^{44-44}$ 青浦[新]：讨骂 tʰɔ$^{44-44}$mɔ$^{213-44}$	自招轻贱
119	说=松香 səʔ$^{5-3}$soŋ$^{53-55}$ɕiã$^{53-21}$	金山[新]：火上加油 fu$^{54-34}$zã$^{35-55}$kA$^{53-33}$ɦɤ$^{31-31}$	（1）惹怒别人 （2）火上加油
120	拼老命 pʰiŋ$^{53-55}$ lɔ$^{13-33}$miŋ$^{13-21}$ 拼命 pʰiŋ$^{53-55}$miŋ$^{13-21}$		拼命

（续表）

序号	上海市区方言	上海郊区方言	普通话
121	搏命 po$^{5-3}$ miŋ$^{13-44}$	金山：拼命 p^{h}iəŋ$^{24-44}$miəŋ$^{13-44}$ 金山^{新}：拼命 p^{h}iæŋ$^{53-55}$miæŋ$^{35-31}$	以命相拼
122	犟 dʑiã^{13}		（1）倔强、固执 （2）挣扎 （3）较劲
123	勥紧 viɔ$^{34-33}$tɕiŋ$^{34-44}$ 勿要紧 vəʔ$^{2-3}$ iɔ$^{34-55}$tɕiŋ$^{34-21}$ 吭没关系 ɦiŋ$^{13-22}$məʔ$^{2-5}$kuE$^{53-33}$ɕi$^{34-21}$ 吭啥关系 ɦiŋ$^{13-22}$sa$^{34-55}$kuE$^{53-33}$ɕi$^{34-21}$	嘉定：吭不关系 m$^{31-22}$pəʔ$^{2-5}$kuE$^{53-33}$ɦi$^{31-21}$ 嘉定：勿碍 vəʔ$^{5-4}$ŋE$^{13-44}$ 嘉定：勿碍紧 vəʔ$^{5-3}$ŋE$^{13-55}$tɕiŋ$^{34-21}$	没关系
124	轮着 liŋ$^{13-22}$ [ləŋ$^{13-22}$]zaʔ$^{2-4}$ 挨着 a$^{53-55}$ zaʔ$^{2-2}$ 挨到 a$^{53-55}$ tɔ$^{34-21}$ 轮到 liŋ$^{13-22}$ [ləŋ$^{13-22}$] tɔ$^{34-44}$		轮到
125	搚 saʔ^5	金山^{新}：垫 di^{35} 青浦^{新}：塞 sɤʔ^5	塞
126	戳 saʔ^5	金山^{新}：垫 di^{35} 嘉定：蟄 diɪ^{13}	塞上东西用于垫平器物
127	锅 pin^{34}	青浦^{新}：摒 pin^{35}	（1）抑止呼吸 （2）相持不下 （3）拖延
128	叫饶 tɕiɔ$^{34-33}$niɔ$^{13-44}$ 讨饶 t^{h}ɔ$^{34-33}$niɔ$^{13-44}$	浦东：求告 dʑiɤ$^{213-22}$kɔ$^{35-24}$	请求宽恕
129	缠勿清爽 zø$^{13-22}$vəʔ$^{2-5}$tɕ^{h}iŋ$^{53-33}$sã$^{34-21}$ 缠勿清 zø$^{13-22}$vəʔ$^{2-5}$tɕ^{h}iŋ$^{53-21}$	松江：缠軗辘 ze$^{31-22}$lo$^{2-5}$yoʔ$^{2-2}$ 松江：搭死掼 ʔdæʔ$^{2-5}$si$^{44-44}$guɛ$^{13-44}$ 浦东：缠绕勿清 ze$^{213-22}$niɔ$^{13-24}$vəʔ$^{2-5}$ts^{h}iŋ$^{53-21}$ 南汇：缠绕勿清 ze$^{213-22}$niɔ$^{13-24}$vəʔ$^{2-5}$ts^{h}iŋ$^{53-21}$	纠缠不清
130	落水 loʔ$^{2-1}$sɿ$^{34-23}$	浦东：湿拉 saʔ$^{5-4}$la$^{53-44}$ 南汇：湿拉 saʔ$^{5-4}$la$^{53-44}$ 金山^{新}：浸衣裳 tɕiæŋ$^{13-23}$i$^{53-55}$zã$^{31-21}$ 嘉定：浸衣裳 tsiŋ$^{34-33}$i$^{53-55}$zã$^{31-21}$ 金山^{新}：泡衣裳 p^{h}ɔ$^{13-23}$i$^{53-55}$zã$^{31-21}$ 青浦^{新}：浸水 tsiŋ$^{35-44}$sɿ$^{44-31}$	浸泡衣服

（续表）

序号	上海市区方言	上海郊区方言	普通话
131	火着 huʔ³⁴⁻³³ zaʔ²⁻⁴ 着火 zaʔ²⁻¹ huʔ³⁴⁻²³		失火
132	隐﹦ iŋ³⁴	金山新：隐脱 iæŋ⁴⁴⁻²³ tʰəʔ⁵⁻⁴	（1）灯光见小 （2）火熄灭
133	佮 kəʔ⁵		（1）交结 （2）邀约 （3）合伙（~做生意）
134	打佮 tã³⁴⁻³³ kəʔ⁵⁻⁴	闵行：佮办 kəʔ⁵⁻⁴ bɛ¹³⁻⁴⁴ 金山新：一道 青浦新：佮道 宝山：搭伙 taʔ⁵⁻⁴ huʔ³⁵⁻⁴⁴	合伙
135	出水 tsʰəʔ⁵⁻³ sʅ³⁴⁻⁴⁴		（1）洗完澡 （2）过水,洗干净
136	相帮 ɕiã⁵³⁻⁵⁵ pã⁵³⁻²¹ 帮衬 pã⁵³⁻⁵⁵ tsʰəŋ³⁴⁻²¹	市区新：帮 pÃ⁵³	帮助
137	替手脚 tʰi³⁴⁻³³ sɤ³⁴⁻⁵⁵ tɕiaʔ⁵⁻² 搭手脚 taʔ⁵⁻³ sɤ³⁴⁻⁵⁵ tɕiaʔ⁵⁻²		插手进来增添麻烦
138	搭脚 taʔ⁵⁻³ tɕiaʔ⁵⁻⁴	青浦新：搭界 tæʔ⁵⁻⁴ ka³⁵⁻³⁵	（1）有关系,有牵连 （2）主人与女仆有染
139	勿搭界 vəʔ²⁻³ taʔ⁵⁻⁵ ka³⁴⁻²¹	闵行：勿关 vəʔ⁵⁻³ kuɛ⁵³⁻⁵³ 奉贤：勿关 vəʔ⁵⁻³ kuɛ⁵³⁻⁵³ 宝山：勿关实﹦ vəʔ⁵⁻⁵ kuɛ⁵³⁻⁵⁵əʔ²⁻²¹ 崇明：勿交关 fəʔ⁵⁻⁵ tɕiɔ⁵⁵⁻³² kuæ⁵⁵⁻⁵⁵	两码事,联系
140	豁边 huaʔ⁵⁻³ pi⁵³⁻⁴⁴		（1）越出常规,出纰漏 （2）糟了
141	讨口风 tʰɔ³⁴⁻³³ kʰɤ³⁴⁻⁵⁵ foŋ⁵³⁻²¹ 探口气 tʰE³⁴⁻⁵⁵ kʰɤ³⁴⁻⁵⁵ tɕʰi³⁴⁻²¹ 探口风 tʰE³⁴⁻⁵⁵ kʰɤ³⁴⁻⁵⁵ foŋ⁵³⁻²¹	浦东：听口风 tʰiŋ⁵³⁻⁵⁵ kʰɤ⁴⁴⁻³³ foŋ⁵³⁻²¹	试探别人的真实意图或态度
142	吃瘪 tɕʰiʔ⁵⁻³ piʔ⁵⁻⁴		无言以对
143	出道 tsʰəʔ⁵⁻³ dɔ¹³⁻⁴⁴	金山新：长大 tsɛ̃⁴⁴⁻⁴⁴ du³⁵⁻⁴⁴	孩子进入成年阶段,能够自立
144	看顾 kʰø³⁴⁻³³ ku³⁴⁻⁴⁴	金山新：看护 kʰø¹³⁻³³ vu³⁵⁻³³ 青浦新：照应 tsɔ³⁵⁻⁴⁴ øiəŋ⁴⁴⁻³¹ 青浦新：照望 tsɔ³⁵⁻⁴⁴ mã²¹³⁻⁵⁵	照应,看护

（续表）

序号	上海市区方言	上海郊区方言	普通话
145	把家 po$^{34-33}$ka$^{53-44}$ 当家 tã$^{53-55}$ka$^{53-21}$		主持家务
146	仓⁼脱 tsʰã^{53}tʰəʔ^5 浪费^{新} lã$^{13-22}$fi$^{34-44}$	松江：糟蹋 tsɔ$^{53-55}$tʰaʔ$^{5-2}$ 宝山：遭遢 tsɔ$^{53-55}$tʰaʔ$^{5-2}$ 松江：泅⁼凶 tʰã$^{35-53}$ɕyoŋ$^{53-21}$ 浦东：污⁼脱 u$^{53-55}$tʰəʔ$^{5-2}$ 南汇：污⁼脱 u$^{53-55}$tʰəʔ$^{5-2}$ 金山^{新}：仓脱 tsʰã$^{53-44}$ tʰəʔ$^{5-2}$ 青浦^{新}：浪钱＝lã$^{13-44}$ziɪ$^{31-53}$ 嘉定：豁脱 faʔ$^{5-4}$tʰəʔ$^{5-2}$	浪费
147	翻梢 fE$^{53-55}$sɔ$^{53-21}$	金山：翻本 fɛ$^{53-24}$pʌŋ$^{44-53}$ 青浦^{新}：翻本 fE$^{53-44}$pəŋ$^{44-42}$	翻本
148	胭缝 miŋ$^{13-22}$voŋ$^{13-44}$		合拢无缝
149	领盆 liŋ$^{13-22}$bəŋ$^{13-44}$ 服帖 voʔ$^{2-1}$tʰiɪʔ$^{5-2}$		佩服,臣服
150	拍胸膛 pʰaʔ$^{5-3}$ɕyoŋ$^{53-55}$dã$^{13-21}$ 包拍胸脯 pɔ$^{53-55}$ pʰaʔ$^{5-3}$ɕyoŋ$^{53-33}$bu$^{13-21}$	金山^{新}：拍胸膛保证 pʰʌʔ^{5}ɕioŋ^{53}pɔ^{44}tsəŋ^{13}	喻作保证
151	讨饶头 tʰɔ$^{34-33}$ȵiɔ$^{13-55}$dɤ$^{13-21}$		（1）购物时请卖主多给些 （2）期求得到更多好处 （3）开玩笑时贬低别人，从而占便宜
152	落车 loʔ$^{2-1}$tsʰo$^{53-23}$ 下车 ɦo$^{13-22}$tsʰo$^{53-44}$		下车
153	作嗲 tsoʔ$^{5-3}$tia$^{34-44}$ 发嗲 faʔ$^{5-3}$tia$^{34-44}$	崇明：发刁 fæʔ$^{5-5}$tiɔ$^{55-55}$ 嘉定：发□ faʔ$^{5-4}$dziã$^{31-53}$	撒娇
154	歇搁 ɕiɪʔ$^{5-3}$ koʔ$^{5-4}$ 拉倒 la$^{53-55}$tɔ$^{34-21}$		作罢,算了
155	皮水 bi$^{13-22}$sl̩$^{34-44}$ 弄水 loŋ$^{13-22}$sl̩$^{34-44}$	闵行：顽水 mE$^{31-13}$sl̩$^{44-53}$ 奉贤：顽水 mE$^{31-13}$sl̩$^{44-53}$ 川沙：顽水 mE^{31}sl̩^{44} 金山^{新}：顽水 mE$^{31-13}$sl̩$^{44-53}$ 青浦^{新}：顽水 mE$^{31-35}$sl̩$^{44-21}$	玩儿水
156	弄松 loŋ$^{13-22}$ [noŋ$^{13-22}$]soŋ$^{53-44}$		作弄,欺侮

（续表）

序号	上海市区方言	上海郊区方言	普通话
157	格⁼苗头 kaʔ⁵⁻³miɔ¹³⁻⁵⁵dɤ¹³⁻²¹ 轧苗头 gaʔ²⁻¹miɔ¹³⁻²²dɤ¹³⁻²³ 拔苗头 baʔ²⁻¹miɔ¹³⁻²²dɤ¹³⁻²³	川沙：看山水 kʰø³⁵⁻³⁵sE⁵³⁻³³sɿ⁴⁴⁻²¹ 嘉定：看山吃水 kʰɯ³⁴⁻³³sE⁵³⁻⁵⁵tɕʰiəʔ⁵⁻³sɿ³⁴⁻²¹	看情形
158	掼派头 guE¹³⁻³³pʰa³⁴⁻⁵⁵ dɤ¹³⁻²¹		显示气派
159	赔勿是 bE¹³⁻²²vəʔ²⁻⁵ zɿ¹³⁻²¹		赔不是
160	拎得清新 liŋ⁵³⁻⁵⁵ təʔ⁵⁻³tɕʰiŋ⁵³⁻²¹	金山新：拎得清爽 liŋ⁵³⁻⁴⁴təʔ⁵⁻⁴⁴tɕʰiæn⁵³⁻⁵⁵sã⁵³⁻⁵⁵	明白事理，认得清形势
161	拎勿清 liŋ⁵³⁻⁵⁵ vəʔ²⁻³tɕʰiŋ⁵³⁻²¹		不明事理，搞不懂
162	吃隑饭 tɕʰiɿʔ⁵⁻⁴·gE¹³⁻²²vE¹³⁻⁴⁴	浦东：隑吃饭 ge¹³⁻²²tɕʰiə ʔ⁵⁻⁵βɛ¹³⁻²¹ 南汇：隑吃饭 ge¹³⁻²²tɕʰiəʔ⁵⁻⁵βɛ¹³⁻²¹	寄人篱下
163	孵豆芽 buʔ¹³⁻²² dɤ¹³⁻⁵⁵ŋa¹³⁻²¹	松江新：无业游民 vu³¹⁻⁴⁵ɦiɿʔ³⁻⁵ɦiɤɯ³¹⁻¹³min³¹⁻³¹ 金山新：失业登拉屋里 səʔ⁵⁻⁴niɿʔ²²⁻²təŋ⁵³⁻⁵⁵lA⁴⁴⁻³³ li³⁵⁻³¹ 青浦新：荡拉 ⁼tã¹³⁻²³la⁵³⁻⁴⁴	无业，呆在家里
164	捉蛏虮 tsoʔ⁵⁻⁴·zE¹³⁻²²tɕiɿʔ⁵⁻⁴		（1）抓蟋蟀 （2）拾烟蒂
165	横竖横 ɦuã¹³⁻²²sɿ³⁴⁻⁵⁵ɦuã¹³⁻²¹		破罐子破摔，横下心来干
166	别勿转 biɿʔ²⁻¹[bəʔ²⁻¹]vəʔ²⁻²tsø³⁴⁻²³	市区新：别勿转来 biɿʔ²⁻¹vəʔ²⁻² tsø³⁴⁻²²lE¹³⁻²¹	脑子转不过弯来
167	摄便宜 tʰaʔ⁵⁻³bi¹³⁻⁵⁵ȵi¹³⁻²¹ 讨便宜 tʰɔ³⁴⁻³³ bi¹³⁻⁵⁵ȵi¹³⁻²¹		占便宜，有时指调戏妇女
168	天晓得 tʰi⁵³⁻⁵⁵ɕiɔ³⁴⁻³³təʔ⁵⁻² 地得知 di¹³⁻²²təʔ⁵⁻⁵tsɿ⁵³⁻²¹		天知道，表示无可奈何或无法理解
169	熬辛吃苦 ŋɔ¹³⁻²²ɕiŋ⁵³⁻⁵⁵ tɕʰiɿʔ⁵⁻³kʰu³⁴⁻²¹ 吃辛吃苦 tɕʰiɿʔ⁵⁻³ɕiŋ⁵³⁻⁵⁵ tɕʰiɿʔ⁵⁻³kʰu³⁴⁻²¹	金山新：吃苦 tɕʰiʌʔ⁵⁻⁴kʰu⁴⁴⁻²³	含辛茹苦
170	死蟹一只 ɕi³⁴⁻³³ha³⁴⁻³³·iɿʔ⁵⁻³tsaʔ⁵⁻⁴⁴		（1）事情不可挽回，无计可施 （2）外行无能，毫无指望

(续表)

序号	上海市区方言	上海郊区方言	普通话
171	碰额头角 bã¹³⁻³³·ŋaʔ²⁻¹koʔ⁵⁻²dɤ¹³⁻²³	川沙：碰额角头 bã²¹³⁻²²ŋaʔ²⁻⁵koʔ⁵⁻³dɤ²¹³⁻²¹	碰运气
172	脱头落襻 tʰəʔ⁵⁻³dɤ¹³⁻⁵⁵loʔ²⁻³pʰE³⁴⁻²¹	南汇：脱领脱襻 tʰəʔ⁵⁻³liŋ¹¹³⁻⁵⁵tʰəʔ⁵⁻³pʰɛ³⁵⁻²	（1）器物坏损，不完整 （2）丢三落四
173	骑两头马 dʑi¹³⁻³³·liã¹³⁻²²dɤ¹³⁻⁵⁵mo¹³⁻²¹ 脚踏两头船 tɕiaʔ⁵⁻³daʔ²⁻⁵liã¹³⁻³³dɤ¹³⁻³³zø¹³⁻²¹	金山新：脚踏两只船 tɕiAʔ⁵⁻⁴dəʔ²⁻³liẽ³⁵⁻⁵⁵tsAʔ⁵⁻³ze³¹⁻²¹	脚踏两条船
174	差扳勿起 tsʰo⁵³⁻⁵⁵pE⁵³⁻³³vəʔ²⁻³tɕʰi³⁴⁻²¹ 推扳勿起 tʰE⁵³⁻⁵⁵pE⁵³⁻³³vəʔ²⁻³tɕʰi³⁴⁻²¹		（1）马虎不得 （2）不是闹着玩儿的
175	像煞ziã¹³⁻²²saʔ⁵⁻⁴ 好像hɔ³⁴⁻³³ziã¹³⁻⁴⁴		似乎，仿佛
176	活脱活象 ɦuəʔ²⁻¹tʰəʔ⁵⁻²ɦuəʔ²⁻²ziã¹³⁻²³/ ɦuəʔ²⁻²tʰəʔ⁵⁻⁵ɦuəʔ²⁻³ziã¹³⁻²¹ 活脱势象 ɦuəʔ²⁻¹tʰəʔ⁵⁻²sɿ³⁴⁻²²ziã¹³⁻²³/ ɦuəʔ²⁻²tʰəʔ⁵⁻⁵sɿ³⁴⁻³³ziã¹³⁻²¹	金山新：活灵活象 vəʔ²⁻²liæŋ³¹⁻⁵⁵vəʔ²⁻³ziẽ³⁵⁻²¹ 金山新：卖介像 mA³⁵⁻⁴³tɕiA⁴⁴⁻³³ziẽ³⁵⁻²¹ 青浦新：像去像来 ziẽ²¹³⁻²²tɕʰi³⁵⁻⁴⁴ziẽ²¹³⁻⁴⁴lE³¹⁻²¹ 嘉定：像透像透 ziã¹³⁻²²tʰə³⁴⁻⁵⁵ziã¹³⁻³³tʰə³⁴⁻²¹	非常像
177	覅得viɔ³⁴⁻³³təʔ⁵⁻⁴ 勿用着ɦyoŋ¹³⁻²²vəʔ²⁻⁵zaʔ²⁻²	市区新：用不着 ɦioŋ¹³⁻²²pəʔ³⁴⁻⁵⁵zəʔ²⁻²	不用，用不着
178	只作tsəʔ⁵⁻³tsoʔ⁵⁻⁴ 只当tsəʔ⁵⁻³tã³⁴⁻⁴⁴	金山新：就当ziɤ³⁵⁻³³iæŋ⁵³⁻³¹	只当作
179	犯着vE¹³⁻²²zaʔ²⁻⁴	川沙：犯勿着 金山新：用得着ɦioŋ³⁵⁻³⁴təʔ⁵⁻²zAʔ²⁻³	值得，必要，常用于否定句、疑问句中
180	该应kE⁵³⁻⁵⁵iŋ⁵³⁻²¹ 应该iŋ⁵³⁻⁵⁵kE⁵³⁻²¹	崇明：该年⁼ kɛ⁵⁵⁻⁵⁵n̠ie²⁴⁻⁵⁵	应该
181	有数脉⁼ɦiɤ¹³⁻²²su³⁴⁻⁵⁵maʔ²⁻²	金山新：有数ɦiɤ³⁵⁻³³su⁴⁴⁻³¹	心中明白
182	有数ɦiɤ¹³⁻²²su³⁴⁻⁴⁴		（1）知道 （2）有交情
183	勑vE¹³ 勿会得vəʔ²⁻²·ɦuEʔ¹³⁻²²təʔ⁵⁻⁴ 勑得vE¹³⁻²²təʔ⁵⁻⁴ 勿会vəʔ²⁻¹ɦuE¹³⁻²³		不会，不能够，不可能

（续表）

序号	上海市区方言	上海郊区方言	普通话
184	勿认得 vəʔ$^{2-3}$ȵiŋ$^{13-55}$təʔ$^{5-2}$		不认识
185	认勿得 ȵiŋ$^{13-22}$vəʔ$^{2-5}$təʔ$^{5-2}$	金山^{新}：认勿出 ȵiæŋ$^{35-34}$vəʔ$^{2-5}$tsʰəʔ$^{5-3}$	认不出
186	想想 ɕiã$^{34-33}$ɕiã$^{34-44}$ 想想看 ɕiã$^{34-33}$ɕiã$^{34-55}$kʰø$^{34-21}$ 想一想 ɕiã$^{34-33}$iɪʔ$^{5-5}$ɕiã$^{34-21}$	浦东：论一论 ləŋ$^{13-22}$iɪʔ$^{5-5}$ləŋ$^{13-21}$ 金山^{新}：想想刻 ɕiɛ$^{44-34}$ɕiɛ$^{44-55}$kʰəʔ$^{5-3}$	想一想
187	毛估估 mɔ$^{13-22}$ku$^{34-55}$ku$^{34-21}$	闵行：毛猜猜 mɔ$^{31-22}$kshe$^{53-33}$ kshe$^{53-33}$ 松江：靠=数=kʰɔ$^{35-44}$su$^{35-44}$ 浦东：毛毛略略 mɔ$^{213-22}$ mɔ$^{213-22}$liaʔ$^{2-2}$liaʔ$^{2-2}$ 南汇：毛毛略略 mɔ$^{213-22}$ mɔ$^{213-22}$liaʔ$^{2-2}$liaʔ$^{2-2}$	粗略地估计一下
188	呒心想 ɦm̩$^{13-22}$ɕiŋ$^{53-55}$ɕiã$^{34-21}$	市区^{新}：没心想 mæʔ$^{2-1}$ɕiŋ$^{53-22}$ɕiÃ$^{34-23}$ 青浦：呒心思 ɦm̩$^{31-13}$siəŋ$^{53-44}$sɿ$^{53-21}$ 崇明：呒心聊搭 ɦm̩$^{24-24}$ɕiŋ$^{55-55}$lɔ$^{24-55}$tæʔ$^{5-5}$	没有心情干事情
189	吃勿准 tɕʰiɪʔ$^{5-3}$ vəʔ$^{2-5}$tsəŋ$^{34-21}$	松江：杭=勿准 ɦiã$^{31-22}$vəʔ$^{2-5}$tsəŋ$^{44-21}$	不能肯定或确定
190	壳=张=kʰɔ$^{5-3}$tsã$^{53-44}$	闵行：壳=落 kʰɔ$^{5-3}$lɔʔ$^{2-4}$ 松江：考=老=kʰɔ$^{53-55}$lɔ$^{13-44}$ 南汇：当是 ʔdã$^{53-55}$zɿ$^{13-21}$ 金山^{新}：认为 ȵiæŋ$^{35-44}$vi$^{35-44}$ 金山^{新}：壳多 kʰɔ$^{5-3}$tu$^{53-53}$	以为
191	勿壳张 vəʔ$^{2-3}$ kʰɔ$^{5-5}$tsã$^{53-21}$	金山：勿壳着 vəʔ$^{2-3}$kʰɔ$^{5-5}$zAʔ$^{2-2}$ 金山：么想着 io$^{53-34}$ɕiɛ̃$^{44-55}$zAʔ$^{2-31}$ 金山^{新}：想勿着 ɕiɛ$^{44-34}$vəʔ$^{2-5}$zAʔ$^{2-3}$	未料到
192	当心 tã$^{53-55}$ɕiŋ$^{53-21}$ 小心 ɕiɔ$^{34-33}$ɕiŋ$^{53-44}$	南汇：留心 liɤ$^{113-22}$siŋ$^{53-33}$ 崇明：招架 tsɔ$^{55-55}$ka$^{53-0}$	小心
193	寒丝丝 ɦø$^{13-22}$sɿ$^{53-55}$sɿ$^{53-21}$ 吓唠唠 haʔ$^{5-3}$lɔ$^{13-55}$lɔ$^{13-21}$ 虾丝丝 haʔ$^{5-3}$sɿ$^{53-55}$sɿ$^{53-21}$ 怕缩丝丝 pʰo$^{34-33}$soʔ$^{5-3}$sɿ$^{53-55}$sɿ$^{53-21}$		有些害怕

（续表）

序号	上海市区方言	上海郊区方言	普通话
194	发极 ⁼faʔ⁵⁻³dziŋʔ²⁻⁴ 发极 ⁼夹 ⁼ faʔ⁵⁻³dziŋʔ²⁻⁵kaʔ⁵⁻² 发极 ⁼□ faʔ⁵⁻³dziŋʔ²⁻⁵poŋ³⁴⁻²¹	松江^{新}：发老极 fɛʔ⁵⁻⁴lɔ¹³⁻⁴⁴tɕiʔ⁵⁻⁵ 嘉定：极促 dziŋʔ²⁻¹ tsʰoʔ⁵⁻³	发怒耍赖
195	猴极 ɦɤ¹³⁻²²dziŋʔ²⁻⁴	青浦^{新}：发耿头 fæʔ⁵⁻⁵kəŋ⁴⁴⁻⁵⁵duɯ³¹⁻²¹	发怒，急躁
196	牵记 tɕʰi⁵³⁻⁵⁵tɕi³⁴⁻²¹	金山：挂拉心上 ko³⁵⁻³³lʌ⁵³⁻⁵⁵ɕiæŋ³³⁻³³zɑ̃¹³⁻²¹ 青浦^{新}：想 ɕiẽ⁴⁴	惦记，挂念
197	牵心挂肠肚 tɕʰi⁵³⁻⁵⁵ɕiŋ⁵³⁻³³·ko³⁴⁻³³·du¹³⁻²²zɑ̃¹³⁻⁴⁴	金山：牵心挂肚肠 tɕʰi⁵³⁻³³ɕiæŋ⁵³⁻⁵⁵ko¹³⁻³³du³⁵⁻³³zẽ³¹⁻³¹ 金山^{新}：牵肠挂肚 tɕʰi⁵³⁻³³zẽ³¹⁻⁵⁵ko¹³⁻³³du³⁵⁻³¹ 青浦^{新}：牵肠挂肚 tɕʰiŋ⁵³⁻⁴⁴zẽ³¹⁻⁴⁴kω³⁵⁻⁴⁴tu³⁵⁻²¹	牵肠挂肚
198	操心思 tsʰɔ⁵³⁻⁵⁵ɕiŋ⁵³⁻³³sʅ⁵³⁻²¹ 操心 tsʰɔ⁵³⁻⁵⁵ɕiŋ⁵³⁻²¹	嘉定：烦心思 vE³¹⁻²¹siŋ⁵³⁻⁵⁵sʅ⁵³⁻²¹ 宝山：耽心思 tE⁵³⁻⁵⁵siŋ⁵³⁻⁵⁵sʅ⁵³⁻²¹ 崇明：□心 vəŋ²⁴²⁻³¹ɕiŋ⁵³⁻⁵⁵	操心
199	巴望勿得 po⁵³⁻⁵⁵mɑ̃¹³⁻³³vəʔ²⁻³ təʔ⁵⁻² 单望勿得 tE⁵³⁻⁵⁵mɑ̃¹³⁻³³vəʔ²⁻³ təʔ⁵⁻² 巴勿得 po⁵³⁻⁵⁵vəʔ²⁻³ təʔ⁵⁻²		迫切盼望
200	讨惹厌 tʰɔ³⁴⁻³³zɑ¹³⁻⁵⁵i³⁴⁻²¹ 讨厌 tʰɔ³⁴⁻³³i³⁴⁻⁴⁴	浦东：惹厌 zɑ¹³⁻²²i³⁵⁻³⁴ 南汇：惹厌 zɑ¹³⁻²²i³⁵⁻³⁴ 嘉定：惹厌 zɑ¹³⁻²²iŋ³⁴⁻²⁴ 浦东：惹气 zɑ¹³⁻²²tɕʰi³⁵⁻³⁴ 南汇：惹气 zɑ¹³⁻²²tɕʰi³⁵⁻³⁴ 南汇：触独 ⁼tsʰoʔ⁵⁻⁵doʔ²⁻⁵ 南汇：触气 tsʰoʔ⁵⁻⁵chi³⁵⁻³⁵ 崇明：耐勿起 nɛ³¹³⁻³¹uə⁰tɕʰi⁴²⁴⁻⁰	讨厌
201	熬勿得 ŋɔ¹³⁻²²vəʔ²⁻⁵ təʔ⁵⁻² 妒忌 du³⁴⁻³³dzi¹³⁻⁴⁴	闵行：看勿得 kʰø³⁴⁻³³vəʔ⁵⁻⁵ʔtəʔ⁵⁻⁵ 青浦^{新}：看勿得 kʰø³⁵⁻⁴⁴vɐʔ⁵⁻⁴təʔ⁵⁻² 宝山：看勿得 kø³⁴⁻³³vəʔ⁵⁻⁵təʔ⁵⁻⁵ 松江：眼傲 ŋɛ²²⁻²² ŋɔ¹³⁻³⁵ 川沙：眼红 ŋɛ²¹³⁻²²ɦoŋ²¹³⁻³⁴ 金山：眼红 ŋɛ¹³⁻²³ɦoŋ³¹⁻⁵³ 青浦^{新}：眼熬 ŋE²¹³⁻²³ŋɔ³¹⁻⁴⁴	妒忌

（续表）

序号	上海市区方言	上海郊区方言	普通话
202	懈门 ga$^{13-22}$mən$^{13-44}$ 懈门相 ga$^{13-22}$mən$^{13-44}$ɕiã$^{34-21}$	金山^{新}：么兴趣 io$^{53-34}$ɕiæŋ$^{24-55}$tɕʰy$^{24-31}$ 金山^{新}：勿感兴趣 vəʔ$^{2-2}$kɛ$^{44-55}$ɕiæŋ$^{13-33}$tɕʰy$^{13-31}$	不感兴趣
203	懊愣 ɔ$^{53-55}$ lɔ$^{13-21}$ 懊丧 ɔ$^{53-55}$ sã$^{53-21}$	金山^{新}：懊恼 ɔ$^{44-44}$nɔ$^{35-44}$	懊丧,后悔
204	曷塞 əʔ$^{5-3}$səʔ$^{5-4}$		因天气闷或空间小 而感到压抑、窒息
205	殟塞 uəʔ$^{5-3}$səʔ$^{5-4}$	松江：鏖糟 ɔ$^{53-35}$tsɔ$^{53-53}$	心里烦闷难受而 说不出来
206	动气 doŋ$^{13-22}$tɕʰi$^{34-44}$ 生气 sã$^{53-55}$tɕʰi$^{34-21}$	松江：见气 ɕi$^{35-44}$chi$^{34-21}$ 金山^{新}：怪火 kuA$^{34-33}$fu$^{44-21}$	生气
207	触火 tsʰoʔ$^{5-3}$ hu$^{34-44}$ 躭 ⁼ hɤ^{53}	青浦：□火 kuæ$^{53-44}$ fu$^{44-53}$ 宝山：发躭 ⁼fa$^{5-3}$hɒi$^{53-53}$	（1）生气,发怒 （2）气恨
208	恼 nɔ^{13} 光火 kuã$^{53-55}$ hu$^{34-21}$	松江：歙火 tsʰoʔ$^{5-4}$ɸu$^{44-44}$ 松江：躭 ⁼火 hu$^{35-35}$ɸu$^{44-53}$ 金山^{新}：火大 fu$^{44-44}$du$^{35-44}$ 崇明：冒火 mɔ$^{313-31}$ hu$^{424-33}$	发怒
209	欢喜 huø$^{53-55}$ɕi$^{34-21}$ 喜欢 ɕi$^{34-33}$huø$^{53-44}$	浦东：宝见 ʔbɔ$^{44-44}$ʔbe$^{35-44}$ 南汇：宝见 ʔbɔ$^{44-44}$ʔbe$^{35-44}$ 嘉定^{旧}：相信 siã$^{53-55}$siŋ$^{34-21}$	喜欢
210	风吹肉痛 foŋ$^{53-55}$tsʰl̩$^{53-33}$ȵyo$^{2-3}$tʰoŋ$^{34-21}$	青浦^{新}：宝贝去宝贝来 pɔ$^{44-33}$pir$^{35-21}$tɕʰi$^{35-21}$pɔ$^{44-33}$pir$^{55-53}$lɛ$^{31-21}$	形容过分疼爱孩 子
211	讲闲话 kã$^{34-33}$ɦiɛ$^{13-55}$ɦo$^{13-21}$	嘉定：白话 baʔ$^{2-1}$ɦuu$^{13-24}$ 崇明：话说 ɦuo$^{313-31}$sɔʔ$^{5-5}$ɦuo$^{313-0}$	（1）说话 （2）说闲话
212	瞎三话四 haʔ$^{5-3}$sE$^{53-55}$ɦo$^{13-33}$sl̩$^{34-21}$ 瞎话三千 haʔ$^{5-3}$ɦo$^{13-55}$ sE$^{53-33}$tɕʰi$^{53-21}$ 瞎讲八讲 haʔ$^{5-3}$kã$^{34-55}$paʔ$^{5-3}$kã$^{34-21}$	闵行：瞎七八搭 hæʔ$^{5-4}$tsʰiɿʔ$^{5-4}$ʔbæʔ$^{5-4}$ʔdæʔ$^{5-4}$ 奉贤：瞎七八搭 hæʔ$^{5-4}$tsʰiɿʔ$^{5-4}$ʔbæʔ$^{5-4}$ʔdæʔ$^{5-4}$ 浦东：乱话廿三千 lø$^{13-13}$ɦo$^{13-21}$ŋe$^{213-22}$sE$^{53-55}$tsʰi$^{53-53}$ 南汇：乱话廿三千 lø$^{13-13}$ɦo$^{13-21}$ŋe$^{213-22}$sE$^{53-55}$tsʰi$^{53-53}$ 浦东：七搭八搭 tsʰiɿʔ$^{5-3}$daʔ$^{5-5}$baʔ$^{5-3}$daʔ$^{5-2}$ 青浦^{新}：瞎七搭八 hæʔ$^{5-4}$tsʰiɿʔ$^{5-4}$tæʔ$^{5-4}$pæʔ$^{5-4}$ 崇明：瞎话连天 hæʔ$^{5-5}$ɦuo$^{313-33}$lie$^{24-55}$tʰie$^{53-53}$	胡说八道

（续表）

序号	上海市区方言	上海郊区方言	普通话
213	讲张 kã$^{34-33}$tsã$^{53-44}$	松江：白话 ba$?^{2-2}$ɦo$^{13-35}$	交谈
214	勿响 vəʔ$^{2-3}$ɕiã$^{34-44}$	松江：没＝出＝məʔ$^{2-2}$tsʰəʔ$^{5-3}$	不吭声
215	寻开心 ziŋ$^{13-22}$ kʰE$^{53-55}$ɕiŋ$^{53-21}$ 开玩笑 kʰE$^{53-44}$·vE$^{13-22}$ɕiɔ$^{34-44}$		（1）开玩笑 （2）当作儿戏
216	打棚 tã$^{34-33}$bã$^{13-44}$	青浦^{新}：开玩笑 kʰE$^{53-55}$ mE$^{31-55}$ɕiɔ$^{35-21}$ 崇明：搅笑 kɔ$^{33-42}$ ɕiɔ$^{33-33}$	开玩笑
217	讲孛＝相 kã$^{34-33}$biɪʔ$^{2-5}$ [bəʔ$^{2-5}$]ɕiã$^{34-21}$ 话孛＝相 ɦo$^{13-22}$ biɪʔ$^{2-5}$ [bəʔ$^{2-5}$]ɕiã$^{34-21}$		说着玩，不当真
218	尖＝嘴弄舌 tɕi$^{53-55}$tsŋ$^{34-33}$loŋ$^{13-33}$ zəʔ$^{2-2}$ 搬嘴弄舌 pø$^{53-55}$tsŋ$^{34-33}$loŋ$^{13-33}$ zəʔ$^{2-2}$	金山^{新}：搬嘴巴 be$^{31-23}$tsŋ$^{44-55}$po$^{53-31}$ 青浦^{新}：瞎嚼 hæʔ^5 ziaʔ$^{2-3}$ 宝山：搬嘴舌 piɪ$^{53-55}$tsŋ$^{35-55}$zəʔ$^{2-2}$	搬弄是非
219	叹苦经 tʰE$^{34-44}$·kʰu$^{34-33}$tɕiŋ$^{53-44}$ 叫苦恼 tɕiɔ$^{34-44}$·kʰu$^{34-33}$nɔ$^{13-44}$	浦东：叹苦＝楼 tʰɛ$^{35-33}$kʰu$^{44-55}$lɤ$^{213-53}$ 金山^{新}：叫苦 tɕiɔ$^{13-13}$kʰu$^{44-31}$	诉苦
220	横歹 ɦuã$^{13-22}$tE$^{34-44}$	闵行：猛＝门＝ mã$^{13-13}$məŋ$^{31-21}$ 奉贤：猛＝门＝ mã$^{13-13}$məŋ$^{31-21}$ 青浦：猛＝门＝ mã$^{13-13}$məŋ$^{31-21}$ 川沙：乌理蛮理 u$^{53-44}$li$^{213-44}$ mE$^{213-55}$li$^{213-21}$ 浦东：乌里蛮里 u$^{53-55}$li$^{13-53}$mE$^{213-55}$li$^{13-21}$ 南汇：横浜＝ uã$^{53-55}$ʔbã$^{53-53}$ 南汇：横浜＝ uã$^{53-55}$ʔbã$^{53-53}$ 金山^{新}：勿讲道理 vəʔ$^{2-2}$kã$^{44-55}$dɔ$^{35-33}$li$^{53-31}$ 青浦^{新}：蛮 mE^{53} 嘉定：横对 uã$^{53-55}$ tə$^{34-21}$ 崇明：横蛮 uã$^{55-55}$mæ$^{24-55}$	蛮不讲理

（续表）

序号	上海市区方言	上海郊区方言	普通话
221	盘嘴舌 bø$^{13\text{-}22}$tsʅ$^{34\text{-}55}$zəŋ$^{2\text{-}2}$ 吵相骂 tsʰɔ$^{34\text{-}33}$ɕiã$^{53\text{-}55}$mo$^{13\text{-}21}$ 相骂 ɕiã$^{53\text{-}55}$mo$^{13\text{-}21}$	松江：吵场子 tsʰ$^{44\text{-}33}$zɛ̃$^{31\text{-}55}$zʅ$^{44\text{-}21}$ 金山：□嘴皮 gã$^{13\text{-}33}$•tsʅ$^{44\text{-}23}$bi$^{31\text{-}53}$ 青浦^{新}：夹嘴舌 kæʔ$^{5\text{-}5}$tsʅ$^{44\text{-}55}$zɛ$^{2\text{-}2}$ 嘉定：淘气 dɔ$^{31\text{-}24}$tɕʰi$^{34\text{-}21}$ 崇明：淘气$^{24\text{-}24}$tɕʰi$^{33\text{-}33}$ 嘉定：盘淘气 bir$^{31\text{-}22}$dɔ$^{31\text{-}55}$tɕʰi$^{34\text{-}21}$ 崇明：争说话 tsã$^{55\text{-}55}$soʔ$^{5\text{-}5}$ɦuo$^{313\text{-}0}$	吵架
222	寻相骂 ziŋ$^{13\text{-}22}$ɕiã$^{53\text{-}55}$mo$^{13\text{-}21}$	浦东：淘气 dɔ$^{213\text{-}22}$tɕʰi$^{35\text{-}24}$ 南汇：淘气 dɔ$^{213\text{-}22}$tɕʰi$^{35\text{-}24}$	寻衅吵架
223	寻齣世 ziŋ$^{13\text{-}22}$hɤ$^{53\text{-}55}$sʅ$^{34\text{-}21}$ 上腔 zã$^{13\text{-}22}$tɕʰiã$^{53\text{-}44}$	松江：上板 zã$^{22\text{-}24}$ʔbɛ$^{53\text{-}21}$ 松江：作闹 tsu$^{35\text{-}44}$nɔ$^{13\text{-}44}$	寻衅闹事
224	打相打 tã$^{34\text{-}33}$ɕiã$^{53\text{-}55}$tã$^{34\text{-}21}$ 相打 ɕiã$^{53\text{-}55}$tã$^{34\text{-}21}$		相打
225	骂山门 mo$^{13\text{-}22}$sE$^{53\text{-}55}$məŋ$^{13\text{-}21}$		破口大骂
226	点点戳戳 ti$^{34\text{-}33}$ti$^{34\text{-}55}$tsʰoʔ$^{5\text{-}3}$ tsʰoʔ$^{5\text{-}2}$ 指指戳戳 tsʅ$^{34\text{-}33}$tsʅ$^{34\text{-}55}$tsʰoʔ$^{5\text{-}3}$ tsʰoʔ$^{5\text{-}2}$	金山^{新}：指指点点 tsʅ$^{44\text{-}34}$tsʅ$^{44\text{-}55}$ti$^{44\text{-}33}$ti$^{44\text{-}31}$ 嘉定：戳戳点点 tsʰoʔ$^{5\text{-}3}$tsʰoʔ$^{5\text{-}5}$tir$^{34\text{-}33}$tir$^{34\text{-}21}$	指指点点地议论
227	护顺毛 lu$^{53\text{-}55}$zəŋ$^{13\text{-}33}$•mo^{13}	松江：顺口拖 zəŋ$^{113\text{-}22}$•kʰɯ$^{44\text{-}55}$tʰa$^{53\text{-}53}$ 奉贤：顺口拖 zəŋ$^{113\text{-}22}$•kʰɯ$^{44\text{-}55}$tʰa$^{53\text{-}53}$ 南汇：孵=顺毛 bu$^{13\text{-}13}$zəŋ$^{13\text{-}44}$•mo$^{113\text{-}55}$ 金山^{新}：顺着他 zəŋ$^{13\text{-}23}$ZAʔ$^{2\text{-}55}$ɦi$^{31\text{-}31}$	顺着对方的脾气或意思说话
228	劗肉 tsE$^{53\text{-}44}$•ȵyoʔ^{2}	金山^{新}：劗碎肉 tsE$^{53\text{-}33}$sɛ$^{13\text{-}55}$ȵyoʔ$^{2\text{-}3}$	（1）切肉 （2）剁肉
229	捉漏 tsoʔ$^{5\text{-}4}$•lɤ^{13}	松江：□漏 ŋ$^{2\text{-}2}$lɤi$^{13\text{-}24}$ 奉贤：□漏 ŋ$^{2\text{-}2}$lɤi$^{13\text{-}24}$ 宝山：□漏 ŋ$^{2\text{-}2}$lɤi$^{13\text{-}24}$ 青浦^{新}：热=漏 ȵiɪn$^{2\text{-}2}$lu$^{213\text{-}24}$ 嘉定：□漏 ŋə$^{2\text{-}1}$lɤ$^{13\text{-}24}$	捡漏

（续表）

序号	上海市区方言	上海郊区方言	普通话
230	烟＝之 i$^{53-55}$tsʅ$^{53-21}$ 嫌比 ɦi$^{13-22}$pi$^{34-44}$	崇明：嫌得 ɦie$^{24-24}$təʔ$^{5-5}$ 崇明：嫌勒 ɦie$^{24-24}$ləʔ^{0}	嫌
231	觉着 koʔ$^{5-3}$zaʔ$^{2-4}$	金山^{新}：国着 kɔʔ$^{5-4}$zʌʔ$^{2-2}$	觉得，觉察到
232	荐屋 tɕi$^{34-33}$oʔ$^{5-4}$	南汇：捉正 tsoʔ$^{5-5}$tsəŋ$^{35-35}$	房子歪了使之变正
233	走良趚 lã$^{13-22}$dã$^{13-44}$	嘉定：闲游荡 ɦE$^{31-22}$ɦy$^{31-55}$dã$^{13-21}$	逸游
234	浪声 lã$^{53-55}$səŋ$^{53-21}$[sã$^{53-21}$]	南汇：浪里浪声 lã$^{53-55}$li$^{113-55}$lã$^{53-55}$səŋ$^{53-21}$	闲言冷语数落别人
235	戳壁脚 tsʰoʔ$^{5-3}$piʔ$^{5-5}$tɕiaʔ$^{5-2}$		挑拨，说别人坏话
236	讨孵 tʰɔ$^{34-33}$bu$^{13-44}$		母鸡表现出要抱窝的样子
237	趰 zaʔ^{2}	青浦^{新}：撞 zã^{213}	（1）乱窜 （2）偶然撞见
238	敲定 kʰɔ$^{53-55}$diŋ$^{13-21}$	金山^{新}：敲定 kʰɔ$^{53-55}$diæŋ$^{35-31}$	（1）确定关系、事务等 （2）特指确定恋爱关系
239	拆台脚 tsʰaʔ$^{5-3}$dE$^{13-55}$tɕiaʔ$^{5-2}$	闵行：拆棚脚 tsʰaʔ$^{5-3}$bã$^{31-55}$ciaʔ$^{5-5}$ 松江：拆棚脚 tsʰaʔ$^{5-3}$bã$^{31-55}$ciaʔ$^{5-5}$ 浦东：拆棚脚 tsʰaʔ$^{5-3}$bã$^{31-55}$ciaʔ$^{5-5}$ 南汇：拆棚脚 tsʰaʔ$^{5-3}$bã$^{31-55}$ciaʔ$^{5-5}$ 奉贤：拆棚脚 tsʰaʔ$^{5-3}$bã$^{31-55}$ciaʔ$^{5-5}$ 宝山：拆棚脚 tsʰaʔ$^{5-3}$bã$^{31-55}$ciaʔ$^{5-5}$ 南汇：打棚 ʔdã$^{44-35}$bã$^{113-53}$	搞破坏，使别人失败
240	汆 tsʰø^{53}		（1）把食物放在沸水中稍微一煮 （2）温酒
241	锻磨子 tø$^{34-33}$mu$^{13-55}$tsʅ$^{34-21}$		石墨的齿磨损后，请石匠重新开凿新齿
242	结绒线 tɕiɪʔ$^{5-3}$ȵyoŋ$^{13-55}$ɕi$^{34-21}$	金山^{新}：结头绳 tɕiɪʔ$^{5-3}$dɤ$^{31-55}$zəŋ$^{31-31}$	把毛线织成织物

（续表）

序号	上海市区方言	上海郊区方言	普通话
243	叨光 tʰɔ⁵³⁻⁵⁵kuɑ̃⁵³⁻²¹	金山：借光 tsia²⁴⁻³³kuɑ̃⁵³⁻²¹	本义为沾光，常当作反话来用
244	邓 ⁼dəŋ¹³	松江：勒 ⁼lʌʔ²	反唇相讥
245	澥 ga¹³		由稠变稀，由亲变疏
246	搵空 o⁵³⁻⁵⁵kʰoŋ⁵³⁻²¹	崇明：荫空〔义项（2）〕iŋ⁵⁵⁻⁵⁵ kʰoŋ⁵⁵⁻⁵⁵ 嘉定：空工 kʰoŋ⁵³⁻⁵⁵koŋ⁵³⁻²¹	（1）抓空、白干 （2）说不见效的话，做不见效的事
247	䖱 tɕʰiã⁵³		用酒、盐等腌制虾、蟹等海鲜
248	汆 tʰən³⁴		用很多油来炸食物，使食物漂在油上
249	骟 ɕi³⁴ 骸 tən⁵³	浦东：刮 kuaʔ⁵ 南汇：刮 kuaʔ⁵	阉割
250	剻 pʰi⁵³		（1）用刀平切 （2）平削平
251	搟 pɛ³⁴		绊
252	掼 guɛ¹³		（1）扔 （2）甩打 （3）跌，使之跌
253	格 kaʔ⁵		调整钟表时间
254	扳节头骨 pɛ⁵³⁻⁴⁴·tɕiɪʔ⁵⁻³dɤ¹³⁻⁵⁵kuəʔ⁵⁻²	浦东：扳节头官 ʔpɛ⁵³⁻⁴⁴·tsiɪʔ⁵⁻³dɤ²¹³⁻⁵⁵kue⁵³⁻²¹ 南汇：扳节头官 ʔpɛ⁵³⁻⁴⁴·tsiɪʔ⁵⁻³dɤ²¹³⁻⁵⁵kue⁵³⁻²¹ 崇明：数节头 su⁴²⁴⁻⁴² tɕiəʔ⁵⁻⁵dө²⁴⁻⁵⁵	扳手指计算
255	吃白饭 tɕʰiɪʔ⁵⁻³baʔ²⁻⁵vɛ¹³⁻²¹	南汇：吃白食 chiəʔ⁵⁻³baʔ²⁻⁵zəʔ²⁻² 奉贤：吃死食 chiʌʔ⁵⁻³siʔ⁴⁴⁻⁵⁵zʌʔ²⁻⁵	不工作，赋闲在家
256	混日脚 ɦuəŋ¹³⁻²²n̠iɪʔ²⁻⁵tɕiaʔ⁵⁻²	松江：图死 du³¹⁻¹³si⁴⁴⁻⁵³ 奉贤：图死日 du³¹⁻²⁴si³⁵⁻⁵⁵n̠iɪʔ²⁻² 宝山：图死日 du³¹⁻²⁴si³⁵⁻⁵⁵n̠iɪʔ²⁻²	混日子

（续表）

序号	上海市区方言	上海郊区方言	普通话
257	鬼打棚⁼ tɕy³⁴⁻³³tã³⁴⁻⁵⁵bã¹³⁻²¹		斥责别人乱开玩笑
258	跳黄浦 tʰiɔ³⁴⁻³³ɦuã¹³⁻⁵⁵pʰu³⁴⁻²¹	市区新：跳黄浦江 tʰiɔ³⁴⁻³³ɦuã¹³⁻⁵⁵pʰu³⁴⁻³³tɕiã⁵³⁻²¹ 川沙：跳黄浦江 tʰiɔ³⁵⁻³³ɦuaŋ²¹³⁻⁵⁵pʰu⁴⁴⁻⁵⁵kaŋ⁵³⁻⁵³ 金山新：跳黄浦江 tʰiɔ¹³⁻²³vã³¹⁻⁵⁵pʰu¹³⁻³³kã⁵³⁻³¹ 青浦：跳河 tʰiɔ³⁵⁻⁴⁴ɦɯ³¹⁻³¹ 崇明：撞杀 dzã³¹³⁻³¹sæʔ⁵⁻⁵	跳黄浦江自杀，泛指投河而死
259	轧闹猛 gəʔ²⁻²·nɔ¹³⁻²²mã¹³⁻⁴⁴		凑热闹
260	拔短梯 baʔ²⁻²·tø³⁴⁻³³tʰi⁵³⁻⁴⁴	金山新：过河拆桥 ku¹³⁻²³vu³¹⁻⁵⁵tsʰɑ⁵³⁻³³dʑiɔ³¹⁻³¹	过河拆桥
261	穿引线 tsʰø⁵³⁻⁵⁵ɦiŋ¹³⁻³³ɕi³⁴⁻²¹	南汇：穿领线 tsʰe⁵³⁻⁵⁵liŋ¹¹³⁻³³ɕi³⁵⁻²¹	把线穿过针孔
262	趃苗头 biɪʔ²⁻²·miɔ¹³⁻²²dɤ¹³⁻⁴⁴	青浦新：打听 tɛ⁴⁴⁻⁴⁴tʰiŋ⁵³⁻⁵³	探听情况
263	大讲张 du¹³⁻²²kã³⁴⁻⁵⁵tsã⁵³⁻²¹	金山新：讲张 kã⁴⁴⁻²⁴tsɛ̃⁵³⁻⁵³	滔滔不绝地聊天
264	趃勿着 biɪʔ²⁻¹vəʔ²⁻²zaʔ²⁻²³		想要又弄不到手
265	夲产⁼ tsʰoʔ⁵⁻³tsʰE³⁴⁻⁴⁴	松江：产⁼ tsʰɛ⁴⁴ 浦东：产⁼ tsʰɛ⁴⁴ 南汇：产⁼ tsʰɛ⁴⁴ 金山新：骂 mo³⁵ 青浦新：骂 mω²¹³	骂
266	装戆 tsʰã⁵³⁻⁵⁵ga¹³⁻²¹		装傻
267	茄三胡 ka⁵³⁻⁵⁵sE⁵³⁻³³ɦiu¹³⁻²¹ 闲讲张 ɦiE¹³⁻²²kã³⁴⁻⁵⁵tsã⁵³⁻²¹ 闲扯 ɦiE¹³⁻²²tsʰa³⁴⁻⁴⁴	松江：轧白滩 gæʔ²⁻²baʔ²⁻⁵tʰe⁵³⁻²¹ 松江：闲插花 ɦiɛ³¹⁻²⁴tsʰæʔ⁵⁻⁵ho⁵³⁻²¹ 金山新：讲闲话 kã⁴⁴⁻³⁴ɦiɛ³¹⁻⁵⁵ɦo³⁵⁻³¹ 嘉定：白话 baʔ²⁻¹ɦuɯ¹³⁻²⁴ 嘉定旧：□ gã³¹ □陈 gã³¹⁻²² zɛ̃³¹⁻⁵³ 宝山：瞎扯泼 haʔ⁵⁻⁵tsʰa³⁵⁻⁵⁵pʰaʔ⁵⁵⁻² 崇明：□神 gã³¹³⁻³¹zəŋ²⁴⁻⁵⁵	聊天

（续表）

序号	上海市区方言	上海郊区方言	普通话
268	两扯扯 liã$^{13-22}$tsʰa$^{34-55}$tsʰa$^{34-21}$	浦东：两借借 liã$^{13-22}$tsia$^{35-55}$tsia$^{35-21}$ 南汇：两借借 liã$^{13-22}$tsia$^{35-55}$tsia$^{35-21}$ 金山^{新}：拉拉平 lA$^{53-33}$lA$^{53-55}$biæŋ$^{31-31}$	买卖双方互作让步以求成交
269	讲斤头 kã$^{34-3}$tɕiŋ$^{53-55}$dɤ$^{13-21}$	松江：讲价钿〔义项（1）〕kã$^{44-33}$ka$^{35-55}$di$^{31-21}$	（1）谈条件 （2）论斤
270	搨眼药 tʰaʔ$^{5-3}$ŋE$^{13-55}$ɦiaʔ$^{2-2}$		擦眼药，引申为聊以自慰地饱饱眼福
271	轧姘头 gaʔ$^{2-2}$·pʰiŋ$^{53-55}$dɤ$^{13-21}$		建立不正当的男女关系
272	瞎污搞 haʔ$^{5-3}$u$^{53-55}$gɔ$^{13-21}$	闵行：瞎搞搞 hæʔ$^{5-3}$gɔ$^{13-55}$gɔ$^{13-53}$ 奉贤：瞎搞搞 hæʔ$^{5-3}$gɔ$^{13-55}$gɔ$^{13-53}$ 金山^{新}：瞎搞 həʔ$^{5-3}$gɔ$^{35-35}$ 青浦^{新}：胡搞 ɦu$^{31-13}$gɔ$^{213-21}$	胡搞
273	开条斧 kʰE$^{53-44}$·diɔ$^{13-22}$fu$^{34-44}$	金山^{新}：开条件 kʰɛ$^{53-33}$diɔ$^{31-55}$ʑiɪʔ$^{2-3}$	暗示某种条件或要求
274	瞎讲 haʔ$^{5-3}$ kã$^{34-44}$ 瞎话 haʔ$^{5-3}$ ɦo$^{13-44}$ 七讲八讲 tɕʰiɪʔ$^{5-3}$ kã$^{34-55}$paʔ$^{5-3}$ kã$^{34-21}$ 乱说乱话 lø$^{13-22}$səʔ$^{5-5}$lø$^{13-33}$ɦo$^{13-21}$	闵行：乱讲八讲 lø$^{13-22}$kã$^{44-55}$ʔbæʔ$^{5-5}$kã$^{44-21}$ 川沙：瞎讲八讲 hæʔ$^{5-4}$kaŋ$^{44-44}$ʔbæʔ$^{5-4}$kaŋ$^{44-44}$ 奉贤：乱讲八讲 lø$^{13-22}$kã$^{44-55}$ʔbæʔ$^{5-5}$kã$^{44-21}$ 崇明：乌话 u$^{55-55}$ɦuo$^{313-0}$ 崇明：乱嚼 lø$^{313-31}$ʑiaʔ$^{2-5}$	胡说、乱说
275	勿着寝 vəʔ$^{2-3}$zaʔ$^{2-5}$huəʔ$^{5-2}$	闵行：勿落寝 vəʔ$^{5-5}$lɔʔ$^{2-5}$ɸuəʔ$^{5-5}$ 青浦：勿落寝 vəʔ$^{5-5}$lɔʔ$^{2-5}$ɸuəʔ$^{5-5}$ 宝山：勿落寝 vəʔ$^{5-5}$lɔʔ$^{2-5}$ɸuəʔ$^{5-5}$ 金山^{新}：睏来勿酥 kʰuəŋ$^{24-33}$lɛ$^{31-21}$vəʔ$^{2-2}$su$^{53-33}$ 青浦^{新}：勿落=发 vəʔ^{2} lɔʔ$^{2-5}$ fæʔ^{5} 嘉定：勿入寱 vəʔ$^{5-3}$zəʔ$^{2-5}$huəʔ$^{5-2}$	睡得不熟

（续表）

序号	上海市区方言	上海郊区方言	普通话
276	揽红揽白 lE$^{13-22}$ɦoŋ$^{13-55}$ lE$^{13-33}$baʔ$^{2-2}$		包揽红白大事，引申为招揽事情，有管闲事之意
277	补补纳纳 pu$^{34-33}$pu$^{34-55}$naʔ$^{2-3}$ naʔ$^{2-2}$	金山[新]：缝缝补补 vəŋ$^{31-23}$vəŋ$^{31-55}$pu$^{13-33}$ pu$^{13-31}$ 青浦[新]：缝缝补补 ʋoŋ$^{31-13}$ʋoŋ$^{31-44}$pu$^{44-44}$ pu$^{44-21}$ 嘉定：繗繗补补 liŋ$^{31-22}$liŋ$^{31-55}$pu$^{34-33}$ pu$^{34-21}$	缝缝补补

第二十三章 方 位 词

序号	上海市区方言	上海郊区方言	普通话
1	上头 zã$^{13-22}$dɤ$^{13-44}$ 高头 kɔ$^{53-55}$dɤ$^{13-21}$ 上面 zã$^{13-22}$mi$^{13-44}$	川沙：浪向 laŋ$^{35-55}$ɕiaŋ$^{35-21}$	上边
2	下低头 ɦo$^{13-22}$ti$^{34-55}$dɤ$^{13-21}$ 下头 ɦo$^{13-22}$dɤ$^{13-44}$ 底下 ti$^{34-33}$ɦo$^{13-44}$ 下底 ɦo$^{13-22}$ti$^{34-44}$ 下底头 ɦo$^{13-22}$ti$^{34-55}$dɤ$^{13-21}$ 下面 ɦo$^{13-22}$mi$^{13-44}$	松江：下脚头 ɦo$^{22-22}$ciaʔ$^{5-5}$dɯ$^{31-53}$ 川沙：底下头 di$^{4-444}$ɦo$^{213-44}$dɤ$^{213-44}$	下边
3	地皮浪⁼向 di$^{13-22}$bi$^{13-55}$lã$^{13-33}$ɕiã$^{34-21}$ 地高头ⁿᵉʷ di$^{13-22}$ kɔ$^{53-55}$dɤ$^{13-21}$ 地皮浪⁼ di$^{13-22}$bi$^{13-55}$lã$^{13-21}$ 地浪⁼向 di$^{13-22}$lã$^{13-55}$ɕiã$^{34-21}$ 地浪⁼ di$^{13-22}$lã$^{13-44}$	松江：地路⁼ di$^{13-22}$lu$^{13-35}$ 松江：地路⁼乡 di$^{13-22}$lu$^{13-35}$ɕiɛ̃$^{53-53}$	地上
4	地下头 di$^{13-22}$ ɦo$^{13-55}$dɤ$^{13-21}$ 地底下 di$^{13-22}$ti$^{34-55}$ɦo$^{13-21}$ 地下 di$^{13-22}$ɦo$^{13-44}$	浦东：地下底 di$^{13-22}$ɦo$^{13-55}$ʔdi$^{44-21}$ 南汇：地下底 di$^{13-22}$ɦo$^{13-55}$ʔdi$^{44-21}$ 金山ⁿᵉʷ：地下脚头 di$^{35-34}$ɦo$^{13-55}$tɕiAʔ$^{5-3}$dɤ$^{31-31}$	地下
5	天浪 tʰi$^{53-55}$lã$^{13-21}$ 天浪⁼向 tʰi$^{53-55}$lã$^{13-33}$ɕiã$^{34-21}$ 天高头ⁿᵉʷ tʰi$^{53-55}$kɔ$^{53-33}$dɤ$^{13-21}$	松江：天路⁼ tʰi$^{53-55}$lu$^{13-21}$ 松江：天路⁼乡 tʰi$^{53-55}$lu$^{13-33}$ɕiɛ̃$^{53-21}$	天上
6	墙头浪⁼zɪã$^{13-22}$dɤ$^{13-55}$lã$^{13-21}$ 墙头浪⁼向 zɪã$^{13-22}$dɤ$^{13-55}$lã$^{13-33}$ɕiã$^{34-21}$ 墙头上头 zɪã$^{13-22}$dɤ$^{13-55}$zã$^{13-33}$dɤ$^{13-21}$ 墙头高头 zɪã$^{13-22}$dɤ$^{13-55}$kɔ$^{53-33}$dɤ$^{13-21}$	松江：墙头路⁼乡 zɪɛ̃$^{31-24}$dɯ$^{31-55}$ lu$^{13-33}$ɕiɛ̃$^{53-21}$ 浦东：墙底上 zɪã$^{213-22}$ʔdi$^{44-22}$zã$^{13-22}$ 青浦ⁿᵉʷ：墙浪⁼ dʑiɛ̃$^{31-13}$lã$^{213-21}$ 青浦ⁿᵉʷ：墙浪⁼向 dʑiɛ̃$^{31-13}$lã$^{213-44}$ɕiɛ̃$^{35-21}$	墙上

（续表）

序号	上海市区方言	上海郊区方言	普通话
7	台子浪= dɛ$^{13-22}$tsʅ$^{34-55}$lã$^{13-21}$ 台子浪=向 dɛ$^{13-22}$tsʅ$^{34-55}$lã$^{13-33}$ɕiã$^{34-21}$ 台子上头 dɛ$^{13-22}$tsʅ$^{34-55}$zã$^{13-33}$dɤ$^{13-21}$ 台子高头 dɛ$^{13-22}$tsʅ$^{34-55}$kɔ$^{53-33}$dɤ$^{13-21}$	松江：台子路= de$^{31-24}$tsʅ$^{44-55}$lu$^{13-21}$ 松江：台子路=乡= de$^{31-24}$tsʅ$^{44-55}$lu$^{13-33}$ɕiɛ̃$^{53-21}$	桌子上
8	里首^{旧} li$^{13-22}$sɤ$^{34-44}$ 里厢 li$^{13-22}$ɕiã$^{34-44}$ 里厢头 li$^{13-22}$ɕiã$^{34-55}$dɤ$^{13-21}$ 里面 li$^{13-22}$mi$^{13-44}$	松江：里势 li$^{13-22}$sʅ$^{34-53}$ 松江^{新}：里势 li$^{13-33}$sʅ$^{35-45}$ 金山：里势 li$^{13-22}$sʅ$^{34-53}$ 崇明：里头 li$^{21-312}$dɤ$^{13-21}$	里边
9	外首 ŋa$^{13-22}$sɤ$^{34-44}$ 外底头 ŋa$^{13-22}$ti$^{34-55}$dɤ$^{13-21}$ 外头 ŋa$^{13-22}$dɤ$^{13-44}$ 外面 ŋa$^{13-22}$mi$^{13-44}$	松江：外势 ŋa$^{13-22}$sʅ$^{34-53}$ 金山：外势 ŋa$^{13-22}$sʅ$^{34-53}$	外边
10	手里厢 sɤ$^{34-33}$li$^{13-55}$ɕiã$^{34-21}$ 手里 sɤ$^{34-33}$li$^{13-44}$	浦东：手里爿里 sɤ$^{44-33}$li$^{13-53}$bɛ$^{13-55}$li$^{13-21}$	手中
11	心里厢 ɕiŋ$^{53-55}$li$^{13-33}$ɕiã$^{34-21}$ 心里头 ɕiŋ$^{53-55}$li$^{13-33}$dɤ$^{13-21}$ 心里 ɕiŋ$^{53-55}$li$^{13-21}$		心中
12	门口外头 məŋ$^{13-22}$kʰɤ$^{34-55}$ŋa$^{13-33}$dɤ$^{13-21}$ 门外头 məŋ$^{13-22}$ŋa$^{13-55}$dɤ$^{13-21}$		门外
13	门口头 məŋ$^{13-22}$kʰɤ$^{34-55}$dɤ$^{13-21}$ 门口 məŋ$^{13-22}$kʰɤ$^{34-44}$		门口
14	窗口外头 tsʰã$^{53-55}$kʰɤ$^{34-33}$ŋa$^{13-33}$dɤ$^{13-21}$	市区^{新}：窗门外头 tsã$^{53-55}$məŋ$^{13-33}$ŋA$^{13-33}$dɤ$^{13-21}$ 松江：窗外头 tsʰã$^{53-55}$ŋa$^{13-33}$dɯ$^{31-21}$ 金山^{新}：窗外头 tsʰã$^{53-33}$ŋA$^{13-55}$dɤ$^{31-31}$ 嘉定：窗外头 tsʰã$^{53-55}$ŋã$^{13-33}$də$^{31-21}$	窗外
15	墙头外头 ziã$^{13-22}$dɤ$^{13-55}$ŋa$^{13-33}$dɤ$^{13-21}$	青浦^{新}：窗外 tsʰã$^{53-44}$ŋa$^{213-21}$	墙外
16	窗口头 tsʰã$^{53-55}$kʰɤ$^{34-33}$dɤ$^{13-21}$ 窗口 tsʰã$^{53-55}$kʰɤ$^{34-21}$		窗口

（续表）

序号	上海市区方言	上海郊区方言	普通话
17	车子浪⁼ tsʰo⁵³⁻⁵⁵tsʅ³⁴⁻³³lã¹³⁻²¹ 车子浪⁼向 tsʰo⁵³⁻⁵⁵tsʅ³⁴⁻³³lã¹³⁻³³ɕiã³⁴⁻²¹ 车浪⁼ tsʰo⁵³⁻⁵⁵lã¹³⁻²¹ 车浪⁼向 tsʰo⁵³⁻⁵⁵lã¹³⁻³³ɕiã³⁴⁻²¹ 车子里厢 tsʰo⁵³⁻⁵⁵tsʅ³⁴⁻³³li¹³⁻³³ɕiã³⁴⁻²¹		车上
18	暗头里 ø³⁴⁻³³dɤ¹³⁻⁵⁵li¹³⁻²¹ 暗洞里 ø³⁴⁻³³doŋ¹³⁻⁵⁵li¹³⁻²¹ 暗头里厢 ø³⁴⁻³³dɤ¹³⁻⁵⁵li¹³⁻³³ɕiã³⁴⁻²¹ 暗当中 ø³⁴⁻³³tã⁵³⁻⁵⁵tsoŋ⁵³⁻²¹	松江：偷字⁼子 tʰɯ⁵³⁻⁵⁵bəʔ²⁻³tsʅ⁴⁴⁻²¹ 松江：偷影字影 tʰɯ⁵³⁻⁵⁵iŋ⁴⁴⁻³³bəʔ²⁻³iŋ⁴⁴⁻²¹ 奉贤：暗里乡⁼ e³³⁵⁻⁵⁵li²²⁻⁵⁵ɕiẽ⁵³⁻⁵³ 崇明：暗触⁼触⁼ e³³⁻⁴²tsʰoʔ²⁻⁵tsʰoʔ²⁻⁵	暗中
19	后底头 ɦɤ¹³⁻²²ti³⁴⁻⁵⁵dɤ¹³⁻²¹ 后底 ɦɤ¹³⁻²²ti³⁴⁻⁴⁴ 后头 ɦɤ¹³⁻²²dɤ¹³⁻⁴⁴ 后面 ɦɤ¹³⁻²²mi¹³⁻⁴⁴		后边
20	后首来 ɦɤ¹³⁻²²sɤ³⁴⁻⁵⁵lE¹³⁻²¹ 后头来 ɦɤ¹³⁻²²dɤ¹³⁻⁵⁵lE¹³⁻²¹ 后来 ɦɤ¹³⁻²²lE¹³⁻⁴⁴	金山^新：后扫来 ɦɤ³⁵⁻⁴³sɔ⁴⁴⁻³³lɛ³¹⁻²¹	后来
21	难⁼ nE¹³ 难⁼朝 nE¹³⁻²²zɔ¹³⁻⁴⁴	南汇：难⁼末 nE¹¹³⁻²²məʔ²⁻³ 金山^新：那么 na²⁴⁻²³məʔ⁵⁻⁴ 金山^新：葛末 kəʔ⁵⁻⁴məʔ²⁻² 青浦：难＝么 nE³¹⁻¹³iɔ⁵³⁻²¹	（1）现在 （2）这下 （3）然后
22	难⁼下去 nE¹³⁻³³·ɦo¹³⁻²²tɕʰy³⁴⁻⁴⁴ 难⁼朝后 nE¹³⁻²²·zɔ¹³⁻⁵⁵ɦɤ¹³⁻²¹ 难⁼后来 nE¹³⁻³³·ɦɤ¹³⁻⁵⁵lE¹³⁻⁴⁴ 难⁼朝后头 nE¹³⁻²²zɔ¹³⁻⁵⁵ɦɤ¹³⁻³³dɤ¹³⁻²¹	金山^新：那么后面 na²⁴⁻²³məʔ⁵⁻⁴ɦɤ³⁵⁻⁴⁴mi³⁵⁻⁴⁴ 金山^新：那么后在？ na²⁴⁻²³məʔ⁵⁻⁴ɦɤ³⁵⁻⁵⁵tsɛ¹³ 嘉定：难⁼朝下去 nE³¹⁻³⁵zɔ³¹⁻²²ɦɯ¹³⁻⁵⁵tɕʰi³⁴⁻²¹	从现在以后
23	东面 toŋ⁵³⁻⁵⁵mi¹³⁻²¹ 东喊^{=旧} toŋ⁵³⁻⁵⁵hE³⁴⁻²¹	松江：东首 ʔdoŋ³⁵⁻³⁵sɯ⁴⁴⁻⁵³ 金山：东首 ʔdoŋ³⁵⁻³⁵sɯ⁴⁴⁻⁵³ 松江：东头 ʔdoŋ⁵³⁻⁵⁵dɯ³¹⁻⁵³ 金山^新：东喊头 toŋ⁵³⁻³³hɛ⁴⁴⁻⁵⁵dɤ³¹⁻³¹ 崇明：东界 toŋ⁵³⁻⁵⁵ka³³⁻⁰	东边儿

（续表）

序号	上海市区方言	上海郊区方言	普通话
24	南面 nø$^{13-22}$ mi$^{13-44}$ 南喊$^{=旧}$ nø$^{13-22}$hE$^{34-44}$	松江：南首 ne$^{31-13}$ sɯ$^{44-53}$ 金山：南首 ne$^{31-13}$ sɯ$^{44-53}$ 松江：南头 ne$^{31-13}$ dɯ$^{31-53}$ 金山^{新}：南喊头 ne$^{31-23}$ hɛ$^{44-55}$ dɤ$^{31-31}$ 崇明：南界 nie$^{24-24}$ ka$^{33-33}$	南边儿
25	西面 ɕi$^{53-55}$ mi$^{13-21}$ 西喊$^{=旧}$ ɕi$^{53-55}$ hE$^{34-21}$	松江：西首 si$^{53-35}$ sɯ$^{44-53}$ 金山：西首 si$^{53-35}$ sɯ$^{44-53}$ 松江：西头 si$^{53-35}$ dɯ$^{31-53}$ 金山^{新}：西喊头 ɕi$^{53-33}$ hɛ$^{44-55}$ dɤ$^{31-31}$ 崇明：西界 ɕi$^{55-55}$ ka$^{33-0}$	西边儿
26	北面 poʔ$^{5-3}$ mi$^{13-44}$ 北喊$^{=旧}$ poʔ$^{5-3}$ hE$^{34-44}$	松江：北首 ʔbɔʔ$^{5-4}$ sɯ$^{44-44}$ 金山：北首 ʔbɔʔ$^{5-4}$ sɯ$^{44-44}$ 松江：北头 ʔbɔʔ$^{5-4}$ dɯ$^{31-53}$ 金山^{新}：北喊头 poʔ$^{5-3}$ hɛ$^{44-55}$ dɤ$^{31-31}$ 崇明：北界 poʔ$^{5-5}$ ka$^{33-33}$	北边儿
27	贴当中 tʰiʔ$^{5-3}$ tã$^{53-55}$ tsoŋ$^{53-21}$ 正当中 tsəŋ$^{34-33}$ tã$^{53-55}$ tsoŋ$^{53-21}$	松江：居中 cy$^{53-35}$ tsoŋ$^{53-53}$ 金山^{新}：贴贴当中 tiʔ$^{5-4}$ tiʔ$^{5-3}$ tã$^{53-3}$ tsoŋ$^{53-53}$	正中间
28	当中横里 tã$^{53-55}$ tsoŋ$^{53-33}$ ɦuã$^{13-33}$ li$^{13-21}$ 半当中 pø$^{34-33}$ tã$^{53-55}$ tsoŋ$^{53-21}$ 半腰当中 pø$^{34-33}$ iɔ$^{53-55}$ tã$^{53-33}$ tsoŋ$^{53-21}$ 当中 tã$^{53-55}$ tsoŋ$^{53-21}$	松江：劈$^=$劈$^=$当中 pʰiəʔ$^{5-4}$ pʰiəʔ$^{5-4}$ ʔdã$^{53-35}$ tsoŋ$^{53-53}$	（1）中间 （2）范围之内，内部
29	床底下 zã$^{13-22}$ di$^{34-55}$ ɦo$^{13-21}$ 床下头 zã$^{13-22}$ ɦo$^{13-55}$ dɤ$^{13-21}$		床下
30	边头 pi$^{53-55}$ dɤ$^{13-21}$ 旁边头 bã$^{13-22}$ pi$^{53-55}$ dɤ$^{13-21}$ 旁边 bã$^{13-22}$ pi$^{53-44}$	松江：嗨$^=$边头 hɛ$^{53-35}$ ʔbi$^{53-55}$ dɯ$^{31-21}$ 金山：嗨$^=$边头 hɛ$^{53-35}$ ʔbi$^{53-55}$ dɯ$^{31-21}$	旁边
31	近边 dʑiŋ$^{13-22}$ pi$^{53-44}$ 附近 vu$^{13-22}$ dʑiŋ$^{13-44}$	松江：团近 dø$^{13-31}$ jiŋ$^{22-53}$ 浦东：就近 ziɤ$^{13-13}$ dʑiŋ$^{13-21}$ 南汇：就近 ziɤ$^{13-13}$ dʑiŋ$^{13-21}$ 嘉定：随近 zə$^{31-24}$ dʑiŋ$^{13-21}$	附近

（续表）

序号	上海市区方言	上海郊区方言	普通话
32	面前头 mi$^{13-22}$zi$^{13-55}$dɤ$^{13-21}$ 眼门前 ŋE$^{13-22}$məŋ$^{13-55}$zi$^{13-21}$ 眼面前 ŋE$^{13-22}$mi$^{13-22}$zi$^{13-21}$ 面前 mi$^{13-22}$zi$^{13-44}$	崇明：当门前 tɑ̃$^{55-55}$məŋ$^{24-0}$zie$^{24-55}$ 嘉定：当门前 tɑ̃$^{53-55}$mɛ̃$^{31-33}$zii$^{31-21}$	眼前儿
33	各处 koʔ$^{5-3}$tsʰɿ$^{34-44}$ 处处 tsʰɿ$^{34-33}$tsʰɿ$^{34-44}$ 到处 tɔ$^{34-33}$tsʰɿ$^{34-44}$	松江：各到四处 koʔ$^{5-3}$?dɔ$^{35-55}$sɿ$^{35-33}$tsʰy$^{35-21}$ 松江：一搭搭 iiʔ$^{5-4}$?dæʔ$^{5-4}$?dæʔ$^{5-4}$ 南汇：各到各处 koʔ$^{5-3}$?dɔ$^{35-55}$koʔ$^{5-2}$tsʰy$^{35-34}$ 嘉定：到块 tɔ$^{34-55}$kʰuɤ$^{34-21}$	到处
34	左半爿 tsu$^{34-33}$pø$^{34-55}$bE$^{13-21}$ 左面 tsu$^{34-33}$mi$^{13-44}$	松江：挤⁼手 tsi$^{44-35}$sɯ$^{44-21}$ 川沙新：左爿 tsu$^{44-44}$bɛ$^{213-44}$ 南汇：左爿 tsu$^{35-44}$?bɛ$^{35-44}$ 金山：左爿爿 tsu$^{44-34}$ba$^{31-33}$ba$^{31-21}$ 嘉定：左带瓣 tsi$^{34-33}$tɑ$^{34-55}$pE$^{34-21}$	左面
35	右半爿 ɦiɤ$^{13-22}$pø$^{34-55}$bE$^{13-21}$ 右面 ɦiɤ$^{13-22}$mi$^{13-44}$	松江：右首 ɦiy$^{13-24}$ sø$^{34-21}$ 川沙：右爿 iɤ$^{44-44}$bɛ$^{213-44}$ 南汇：右爿 ɦiɤ$^{13-13}$bɛ$^{31-53}$ 嘉定：右带瓣 ɦiy$^{13-22}$tɑ$^{34-55}$pE$^{34-21}$	右面
36	笪对过 tɕʰia$^{34-33}$tE$^{34-55}$ku$^{34-21}$ 笪对面 tɕʰia$^{34-33}$tE$^{34-55}$mi$^{13-44}$ 斜对过 zia$^{13-22}$tE$^{34-55}$ku$^{34-21}$ 斜对面 zia$^{13-22}$tE$^{34-55}$mi$^{13-21}$	松江：石⁼角 zaʔ$^{2-2}$koʔ$^{5-3}$ 松江：横⁼石⁼角 βɛ̃$^{31-22}$zaʔ$^{2-2}$koʔ$^{5-2}$ 浦东：直角对过 zəʔ$^{2-2}$koʔ$^{5-3}$?de$^{35-33}$ku$^{35-35}$	斜对过
37	横里厢 ɦiã$^{13-22}$li$^{13-55}$ɕiã$^{34-21}$	市区新：横堵里 ɦuʌ̃$^{13-22}$tu$^{34-55}$li$^{13-21}$ 嘉定：横埭里 ɦuã$^{31-24}$tu$^{34-33}$li$^{13-21}$	横里
38	直里厢 zəʔ$^{2-1}$li$^{13-22}$ɕiã$^{34-23}$	市区新：直堵里 zɐʔ$^{2-1}$tu$^{34-22}$li$^{13-23}$ 闵行：竖直里 zy$^{13-22}$zəʔ$^{2-5}$li$^{13-53}$ 嘉定：竖直里 zɿ$^{13-22}$zəʔ$^{2-5}$li$^{13-21}$ 青浦：竖里厢 zɿ$^{13-24}$li$^{13-55}$ɕiã$^{35-21}$ 青浦新：竖里厢 zy$^{213-44}$li$^{213-44}$ɕiɛ̃$^{35-21}$ 宝山：竖里厢 zɿ$^{13-24}$li$^{13-55}$ɕiã$^{35-21}$ 崇明：竖头里 zɿ$^{242-31}$dɤ$^{24-55}$li$^{242-0}$	竖里

(续表)

序号	上海市区方言	上海郊区方言	普通话
39	迭横头 diɪʔ²⁻¹[dəʔ²⁻¹]ɦiã¹³⁻²² dɤ¹³⁻²³	川沙：格米得 kæʔ⁵⁻³mi²¹³⁻⁵⁵ ʔdɤʔ⁵⁻⁵ 川沙：格得 kæʔ⁵⁻³dɤʔ⁵⁻⁵ 浦东：迭块搭 diɪʔ²⁻²kʰue³⁵⁻²²ʔdaʔ⁵⁻³ 南汇：舥＝搭块 gæʔ²⁻²ʔdaʔ⁵⁻³ kʰue³⁵⁻³⁵ 金山新：格横头 kɑʔ⁵⁻³vẽ³¹⁻⁵⁵ dɤ³¹⁻³¹ 青浦新：个＝横头 gəʔ²⁻²vẽ³¹⁻²² dɯ³¹⁻²⁴ 嘉定：递滩 di¹³⁻²²tʰE⁵³⁻⁵³ 嘉定：递啷 di¹³⁻²²lã¹³⁻⁵³	这边，这一带
40	横头 ɦiã¹³⁻²² dɤ¹³⁻⁴⁴		（1）边儿上 （2）部位(东~) （3）田边菜畦
41	头横头 dɤ¹³⁻²²ɦiã¹³⁻⁵⁵dɤ¹³⁻²¹		头边上，指躺下时
42	两横头 liã¹³⁻²²ɦiã¹³⁻⁵⁵dɤ¹³⁻²¹	松江：两嗨边 liẽ²²⁻²²he⁵³⁻⁵⁵ʔbi⁵³⁻²¹ 川沙：两头 liaŋ²¹³⁻²²dɤ²¹³⁻³⁴	（1）两边儿 （2）两头(三日~)

第二十四章 代　　词

序号	上海市区方言	上海郊区方言	普通话
1	我^{新}ŋu^{13}[ŋo^{13}]	松江：吾怒 $^=$ɦŋ$^{22-22}$nu$^{113-44}$ 奉贤：吾怒 $^=$ɦŋ$^{22-22}$nu$^{113-44}$ 松江^{新}：奴 nu^{35} 奉贤^{新}：呐 ne^{13} 金山：助$^=$ zu^{13} 金山：阿奴 aʔ$^{5-3}$ nu$^{31-53}$ 金山^{新}：阿奴 ʌ^{0}nu^{13} 青浦：吾 [ŋ^{13}] 崇明：吾 ɦŋ^{13} 宝山：实$^=$吾 zəʔ$^{2-2}$ɦŋ$^{13-24}$	我
2	侬 noŋ^{13}	松江：实$^=$怒 zʌʔ$^{2-2}$ nu$^{13-35}$ 奉贤^{新}：实奴 zəʔ$^{2-2}$nu$^{13-34}$ 金山：实$^=$怒$^=$ zʌʔ$^{2-2}$ nu$^{13-35}$ 金山^{新}：实奴 zəʔ^{2}nu^{13} 奉贤：实$^=$侬 zəʔ$^{2-2}$ noŋ$^{31-24}$ 金山：实$^=$侬 zəʔ$^{2-2}$ noŋ$^{31-24}$ 宝山：实$^=$侬 zəʔ$^{2-2}$ noŋ$^{31-24}$ 青浦：□nu^{13} 嘉定：佷 ɦẽ^{13} 嘉定：侬 noŋ^{13} 崇明：你 ɦŋ^{242} 崇明：实$^=$你 zəʔ$^{2-2}$ ɦŋ$^{242-33}$ 崇明：甚$^=$zəŋ^{313}	你
3	伊 ɦi^{13}	松江：自$^=$其 zɿ$^{13-22}$ ji$^{31-53}$ 松江：实$^=$伊 zəʔ$^{2-2}$ ɦi$^{31-24}$ 奉贤：实$^=$伊 zəʔ$^{2-2}$ ɦi$^{31-24}$ 金山：实$^=$伊 zəʔ$^{2-2}$ ɦi$^{31-24}$ 宝山：实$^=$伊 zəʔ$^{2-2}$ ɦi$^{31-24}$ 奉贤^{新}：渠伊 g□^{0}ɦi^{31} 金山^{新}：渠伊 g□^{0}ɦi^{31} 嘉定：伊 i^{53}	（1）他,她 （2）虚指,无实义(揩揩~) （3）用在祈使句中,无实义

（续表）

序号	上海市区方言	上海郊区方言	普通话
4	伲[旧]n̠i^{13} 我伲 ŋu$^{13-22}$n̠i$^{13-44}$	市区：阿拉 aʔ$^{5-3}$la$^{53-44}$ 松江：吾俫 ɦŋ̍$^{22-22}$na$^{113-44}$ 奉贤：吾俫 ɦŋ̍$^{22-22}$na$^{113-44}$ 金山：吾俫 ɦŋ̍$^{22-22}$na$^{113-44}$ 奉贤[新]：阿那 aʔ$^{5-3}$na$^{5-34}$ 金山[新]：阿那 ᴀ$^{44-44}$na$^{13-44}$ 金山：吾克⁼ ɦŋ̍$^{22-22}$kʰə$^{5-4}$ 崇明：我俚 ɦŋ̍$^{242-31}$li$^{242-0}$	我们
5	阿拉 aʔ$^{5-3}$laʔ$^{2-4}$[la$^{13-44}$]	青浦[新]：伲 n̠i^{13} 嘉定：伲 niɪ^{13} 我伲 ŋ$^{13-22}$niɪ$^{13-53}$	我们, 有时也指"我"
6	自家 zɿ$^{13-22}$ka$^{53-44}$		自己
7	俫 na^{13}	松江：实⁼俫 zʌʔ$^{2-2}$na$^{113-44}$ 奉贤：实⁼俫 zʌʔ$^{2-2}$na$^{113-44}$ 奉贤[新]：实那 zəʔ$^{2-2}$na$^{13-34}$ 金山：实⁼俫 zʌʔ$^{2-2}$na$^{113-44}$ 金山[新]：实那 zəʔ$^{2-2}$na$^{13-35}$ 松江：直俫 zʌʔ$^{2-2}$nɑ$^{13-53}$ 松江[新]：俫 nɑ^{13} 金山：实⁼赖⁼ zʌʔ$^{2-2}$la$^{13-35}$ 嘉定：侬搭 noŋ$^{31-22}$taʔ$^{5-3}$ 嘉定：佷搭 ɦɛ̃$^{13-22}$taʔ$^{5-3}$ 宝山：你俫 ɦŋ̍$^{13-24}$na$^{13-44}$ 崇明：你哔 ɦŋ̍$^{242-31}$də^{0} 崇明：你勒 ɦŋ̍$^{242-31}$lə^{0}	你们
8	伊拉 ɦi$^{13-22}$la$^{13-44}$[laʔ$^{2-4}$]	松江：自⁼其拉⁼ zɿ$^{13-22}$ji$^{31-55}$la$^{31-21}$ 金山：自⁼其拉⁼ zɿ$^{13-22}$ji$^{31-55}$la$^{31-21}$ 川沙：格拉 kɤʔ$^{5-3}$la$^{53-53}$ 南汇：辫拉 gaʔ$^{2-2}$la$^{53-113}$ 奉贤：□⁼拉 zeiʔ$^{2-2}$la$^{113-44}$ 奉贤[新]：实拉 zəʔ$^{2-3}$ʔla$^{53-53}$ 金山[新]：渠拉 gə^{0}la^{53} 青浦：拉 la^{53} 嘉定：伊搭 i$^{53-55}$taʔ$^{5-2}$ 崇明：夷哔 ɦi^{24}də^{0} 崇明：伊勒 i^{13}lə^{2}	他们
9	别人家 biɪʔ$^{2-1}$ [bəʔ$^{2-1}$]n̠iŋ$^{13-22}$ka$^{53-23}$ 人家 n̠iŋ$^{13-22}$ka$^{53-44}$ 别人 biɪʔ$^{2-1}$ [bəʔ$^{2-1}$] n̠iŋ$^{13-23}$		别人

（续表）

序号	上海市区方言	上海郊区方言	普通话
10	啥人 sa$^{34\text{-}33}$ȵiŋ$^{13\text{-}44}$	闵行：哈˭人 ha$^{53\text{-}55}$ȵiŋ$^{31\text{-}53}$ 奉贤：哈˭人 ha$^{53\text{-}55}$ȵiŋ$^{31\text{-}53}$ 奉贤^{新}：哈人 ha$^{53\text{-}44}$ȵiŋ$^{31\text{-}53}$ 金山^{新}：哈人 ha$^{53\text{-}24}$ȵiæŋ$^{31\text{-}53}$ 青浦：哈˭人 ha$^{53\text{-}55}$ȵiŋ$^{31\text{-}53}$ 青浦^{新}：□人 ha$^{13\text{-}13}$ȵiəŋ$^{31\text{-}53}$ 崇明：哈˭人 ha$^{53\text{-}55}$ȵiŋ$^{31\text{-}53}$	谁
11	啥个人 sa$^{34\text{-}33}$gəʔ$^{2\text{-}3}$·ȵiŋ^{13}	闵行：何里个人 ɦa$^{31\text{-}13}$li$^{13\text{-}33}$gəʔ$^{2\text{-}3}$ȵiŋ$^{31\text{-}21}$ 青浦：何里个人 ɦa$^{31\text{-}13}$li$^{13\text{-}33}$gəʔ$^{2\text{-}3}$ȵiŋ$^{31\text{-}21}$ 金山^{新}：啥人 sa$^{44\text{-}24}$ȵiæŋ$^{31\text{-}53}$	什么人
12	啥 sa^{34} 啥个 sa$^{34\text{-}33}$gəʔ$^{2\text{-}4}$	闵行：啥物 sa$^{44\text{-}35}$məʔ$^{2\text{-}2}$ 奉贤：啥物 sa$^{44\text{-}35}$məʔ$^{2\text{-}2}$ 南汇：啥物事 sa$^{44\text{-}35}$məʔ$^{2\text{-}5}$sɿ$^{13\text{-}21}$ 金山^{新}：做啥 tsu$^{13\text{-}13}$ sa$^{44\text{-}31}$ 青浦：哈个 ha$^{53\text{-}44}$gəʔ$^{2\text{-}42}$ 崇明：何 ɦa^{242} 崇明：何物 ɦa$^{242\text{-}31}$ məʔ$^{2\text{-}55}$ 崇明：何物事 ɦa$^{242\text{-}31}$məʔ$^{2\text{-}55}$sɿ$^{313\text{-}0}$	什么
13	辖 gəʔ^2 迭 diɪʔ^2 [dəʔ^2]	奉贤^{新}：格 kɑʔ^5 金山^{新}：格 kɑʔ^5 嘉定：递 di^{13} 崇明：□ki^{55} 崇明：吉˭□ tɕiəʔ$^{5\text{-}5}$ ki$^{55\text{-}55}$	这
14	迭个 diɪʔ$^{2\text{-}1}$ [dəʔ$^{2\text{-}1}$] gəʔ$^{2\text{-}2}$[ɦəʔ$^{2\text{-}2}$] 辖个 gəʔ$^{2\text{-}1}$gəʔ$^{2\text{-}2}$[ɦəʔ$^{2\text{-}2}$]	奉贤^{新}：格档 kɑʔ$^{5\text{-}3}$?dã$^{35\text{-}34}$ 金山^{新}：格档 kɑʔ$^{5\text{-}3}$tã$^{35\text{-}35}$ 金山^{新}：格个 kɑʔ$^{5\text{-}3}$kɤ$^{13\text{-}35}$ 嘉定：递个 di$^{13\text{-}22}$kəʔ$^{5\text{-}3}$ 崇明：吉˭个 tɕiəʔ$^{5\text{-}5}$go$^{313\text{-}0}$	这个
15	哀个 E$^{53\text{-}55}$gəʔ$^{2\text{-}2}$[ɦəʔ$^{2\text{-}2}$]	市区：伊个 i$^{53\text{-}55}$gəʔ$^{2\text{-}2}$ 川沙：伊个 ɦii$^{213\text{-}13}$ku$^{44\text{-}21}$ 浦东：依个 i$^{53\text{-}55}$gəʔ$^{2\text{-}2}$ 宝山：依个 i$^{53\text{-}55}$gəʔ$^{2\text{-}2}$ 松江：威˭个 ue$^{53\text{-}55}$ kɯ$^{35\text{-}21}$ 奉贤：哀一个 ɛ$^{53\text{-}55}$iɪʔ$^{5\text{-}5}$kɯ$^{53\text{-}53}$ 青浦：哀一个 ɛ$^{53\text{-}55}$iɪʔ$^{5\text{-}5}$kɯ$^{53\text{-}53}$ 嘉定：一个 iɪʔ$^{5\text{-}4}$kəʔ$^{5\text{-}2}$ 崇明：□个 ki$^{55\text{-}55}$ go$^{313\text{-}0}$ 崇明：个个 kəʔ$^{5\text{-}55}$ go$^{313\text{-}0}$ 崇明：哀个 æ^{53} gɤ^0 哀这 æ^{53} ki^0	那个

（续表）

序号	上海市区方言	上海郊区方言	普通话
16	何里个 ɦa$^{13-22}$li$^{13-55}$gəʔ$^{2-2}$ 何里一个 ɦa$^{13-22}$li$^{13-55}$iɪʔ$^{5-3}$gəʔ$^{2-2}$	青浦^{新}：阿里个 ɦa$^{13-24}$li$^{213-55}$kɯ$^{35-21}$	哪个
17	辖眼 gəʔ$^{2-1}$ŋE$^{13-23}$ 辖点 gəʔ$^{2-1}$ti$^{34-23}$	松江^{新}：迭眼 dʌʔ$^{3-2}$nie$^{13-24}$ 宝山：迭眼 diɪʔ$^{2-2}$ŋE$^{13-24}$ 金山：格点 kɑʔ$^{5-4}$ti$^{44-33}$ 金山^{新}：格乃乃 kɑʔ$^{5-3}$na$^{35-55}$na$^{35-31}$ 嘉定：递眼 di$^{13-22}$ŋE$^{13-24}$ 嘉定：递点 di$^{13-22}$tiɪ$^{34-24}$ 崇明：吉⁼□迅⁼ tɕiəʔ$^{5-5}$ki$^{55-55}$ɕiŋ$^{33-0}$	（1）这些,这点 （2）这么点儿
18	辖眼眼 gəʔ$^{2-1}$ŋE$^{13-22}$ŋE$^{13-23}$ 辖滴滴 gəʔ$^{2-1}$tiɪʔ$^{5-2}$tiɪʔ$^{5-2}$ 辖醒⁼醒⁼ gəʔ$^{2-1}$ɕiŋ$^{34-22}$ɕiŋ$^{34-23}$ 辖点点 gəʔ$^{2-1}$ti$^{34-22}$ti$^{34-23}$	松江^{新}：迭眼眼 dʌʔ$^{3-2}$nie$^{13-24}$nie$^{13-42}$ 宝山：迭眼眼 diɪʔ$^{2-2}$ŋE$^{13-22}$ŋE$^{13-24}$ 金山^{新}：格乃 kɑʔ$^{5-3}$na$^{35-35}$ 金山：格乃乃 kɑʔ$^{5-3}$na$^{35-55}$na$^{35-31}$ 嘉定：递眼眼 di$^{13-22}$ŋE$^{13-55}$ŋE$^{13-21}$	（1）这点 （2）这么点儿
19	哀眼眼 E$^{53-55}$ŋE$^{13-33}$ŋE$^{13-21}$ 哀滴滴 E$^{53-55}$tiɪʔ$^{5-3}$tiɪʔ$^{5-2}$ 哀点点 E$^{53-55}$ti$^{34-33}$ti$^{34-21}$	金山^{新}：哀乃 ɛ$^{53-55}$na$^{35-31}$ 金山：哀乃乃 ɛ$^{53-44}$na$^{35-33}$na$^{35-31}$ 金山^{新}：哀点 ɛ$^{53-24}$ti$^{44-33}$ 青浦：哀一眼眼 E$^{53-44}$iɪʔ$^{5-4}$ŋE$^{13-44}$ŋE$^{13-21}$ 嘉定：递眼眼 di$^{13-22}$ŋE$^{13-55}$ŋE$^{13-21}$ 宝山：依滴滴 i$^{53-55}$tiɪʔ$^{5-3}$tiɪʔ$^{5-2}$ 崇明：个□星 kəʔ$^{5-5}$ki$^{55-55}$ɕiŋ$^{33-0}$	（1）那点 （2）那么点儿

（续表）

序号	上海市区方言	上海郊区方言	普通话
20	挨搭里 gəʔ²⁻¹taʔ⁵⁻²li¹³⁻²³ 挨搭块 gəʔ²⁻¹taʔ⁵⁻²kʰuɛ³⁴⁻²³ 挨搭 gəʔ²⁻¹taʔ⁵⁻²	市区：迭搭 diɿʔ²⁻²taʔ⁵⁻² 市区：挨里 gəʔ²⁻²li¹³⁻²³ 松江：挨旦 ⁼gəʔ²⁻²ʔdɛ³⁵⁻³⁵ 松江：荡旦 ⁼dã²²⁻²²ʔdɛ³⁵⁻³⁵ 川沙：格米得 kæʔ⁵⁻³mi²¹³⁻⁵⁵ʔdɤʔ⁵⁻⁵ 川沙：迭得 dɤʔ²⁻²ʔdɤʔ⁵⁻³ 川沙：迭米得 mi²¹³⁻²²ʔdɤʔ⁵⁻⁵ 川沙：迭搭块 dɤʔ²⁻²ʔdæʔ⁵⁻²kʰuɛ³⁵⁻³⁴ 川沙：迭搭 dɤʔ²⁻²ʔdæʔ⁵⁻² 金山新：格墩 kəʔ⁵⁻³təŋ⁵³⁻⁵³ 金山新：格滩 kəʔ⁵⁻³tʰA¹³⁻⁵³ 金山新：格面 kəʔ⁵⁻³mi³⁵⁻⁵³ 嘉定：递滩 di¹³⁻²²tʰE⁵³⁻⁵³ 嘉定：递浪 di¹³⁻²²lã¹³⁻⁵³ 宝山：迭塔块 diɿʔ²⁻²taʔ⁵⁻²kʰuɛ³⁵⁻²⁴ 宝山：迭浪向 diɿʔ²⁻²lã¹³⁻²²ɕiã³⁵⁻²⁴ 崇明：吉⁼墩 tɕiəʔ⁵⁻⁵təŋ⁵⁵⁻⁵⁵ 崇明：讲⁼下 tɕiã⁴²⁴⁻³³ɦo²⁴²⁻⁰	这里
21	此地块 tsʰɿ⁵³⁻⁵⁵di¹³⁻³³kʰuɛ³⁴⁻²¹ 此地 tsʰɿ⁵³⁻⁵⁵di¹³⁻²¹	浦东：迭头 diɿʔ²⁻²dɤ²¹³⁻³⁴ 南汇：迭头 diɿʔ²⁻²dɤ²¹³⁻³⁴ 金山新：格墩 kəʔ⁵⁻³təŋ⁵³⁻⁵³ 金山新：格滩 kəʔ⁵⁻³tʰA¹³⁻⁵³ 金山新：格面 kəʔ⁵⁻³mi³⁵⁻⁵³ 青浦新：挨搭 gəʔ²⁻²tæʔ⁵ 嘉定：递滩 di¹³⁻²²tʰE⁵³⁻⁵³ 嘉定：递浪 di¹³⁻²²lã¹³⁻⁵³	这儿
22	挨面搭 gəʔ²⁻¹mi¹³⁻²² taʔ⁵⁻² 挨头 gəʔ²⁻¹dɤ¹³⁻²³ 挨面 gəʔ²⁻¹mi¹³⁻²³	金山新：格头 kɑʔ⁵⁻³dɤ³¹⁻²³ 金山新：哀头 ɛ⁵³⁻²⁴dɤ³¹⁻²³ 特⁼面搭 dəʔ miɿ 特⁼头 dəʔ 特⁼面 dəʔ 嘉定：递滩 di¹³⁻²²tʰE⁵³⁻⁵³ 嘉定：递浪 di¹³⁻²²lã¹³⁻⁵³	这边，这儿，也常指那边

(续表)

序号	上海市区方言	上海郊区方言	普通话
23	迭搭场化 diɪʔ²⁻¹[dəʔ²⁻¹]taʔ⁵⁻²zã¹³⁻²²ho³⁴⁻²³/ diɪʔ²⁻²[dəʔ²⁻²]taʔ⁵⁻⁵ zã¹³⁻³³ho³⁴⁻²¹ 迭搭户荡^旧 diɪʔ²⁻¹[dəʔ²⁻¹]taʔ⁵⁻²fiu¹³⁻²²dã¹³⁻²³/ diɪʔ²⁻²[dəʔ²⁻²]taʔ⁵⁻⁵ fiu¹³⁻³³dã¹³⁻²¹	川沙: 迭额浪 dɤʔ²⁻²ŋaʔ²⁻²laŋ³⁵⁻³⁴ 浦东: 迭块地方 diɪʔ²⁻²kʰue³⁵⁻³⁴di¹³⁻³³fã⁵³⁻⁵³ 南汇: 迭场化 diɪʔ²⁻²zã¹¹³⁻³³ho³⁵⁻³⁵ 金山^新: 格个地方 kaʔ⁵⁻³kɤ¹³⁻⁵⁵di³³⁻³³fã⁵³⁻⁵³ 金山^新: 格个户荡 kaʔ⁵⁻³kɤ¹³⁻⁵⁵vu³⁵⁻³³dã³⁵⁻³¹ 青浦^新: 舜个户荡 gəʔ²⁻²kɯ³⁵⁻⁵⁵fiu²¹³⁻³³dã²¹³⁻²¹ 青浦^新: 舜个地方 gəʔ²⁻²kɯ³⁵⁻⁵⁵di²¹³⁻³³fã⁵³⁻²¹	这个地方
24	哀搭 ɛ⁵³⁻⁵⁵taʔ⁵⁻² 哀搭块 ɛ⁵³⁻⁵⁵taʔ⁵⁻³kʰuɛ³⁴⁻²¹ 哀搭里 ɛ⁵³⁻⁵⁵taʔ⁵⁻³li¹³⁻²¹	市区: 伊搭 i⁵³⁻⁵⁵taʔ⁵⁻² 川沙: 伊搭 fii²¹³⁻³³ʔdæʔ⁵⁻⁵ 市区: 伊面 i⁵³⁻³³mi¹³⁻⁴⁴ 松江: 威=旦 ue⁵³⁻⁵⁵ʔde³⁵⁻²¹ 松江: 归=面 kue⁵³⁻⁵⁵mi¹³⁻²¹ 川沙: 哀面搭 ɛ⁵³⁻⁵⁵mi⁴⁴⁻⁵⁵dæʔ⁵⁻⁵³ 金山^新: 哀面头 ɛ⁵³⁻⁴⁴mi³⁵⁻³³dɤ³¹⁻³¹ 金山^新: 哀面 ɛ⁵³⁻⁵⁵ mi³⁵⁻³¹ 金山^新: 哀脱 ɛ⁵³⁻⁴⁴ tʰəʔ⁵⁻² 嘉定: 噶嘟 kəʔ⁵⁻⁴ lã¹³⁻²¹ 嘉定: 噶滩 kəʔ⁵⁻⁴ tʰɛ⁵³⁻²¹ 嘉定: 一嘟 iɪʔ⁵⁻⁴ lã¹³⁻²¹ 嘉定: 一滩 iɪʔ⁵⁻⁴ tʰɛ⁵³⁻²¹ 宝山: 衣搭面 i⁵³⁻⁵⁵taʔ⁵⁻⁵miɪ¹³⁻²¹ 崇明: 港=下 kã⁴²⁴⁻³³fio²⁴²⁻⁰	那儿, 那里
25	哀面 ɛ⁵³⁻⁵⁵mi¹³⁻²¹ 哀面搭 ɛ⁵³⁻⁵⁵mi¹³⁻³³taʔ⁵⁻² 哀搭里 ɛ⁵³⁻⁵⁵taʔ⁵⁻³li¹³⁻²¹ 姑面 ku⁵³⁻⁵⁵mi¹³⁻²¹ 姑面搭 ku⁵³⁻⁵⁵mi¹³⁻³³taʔ⁵⁻²	浦东: 伊面 i⁵³⁻⁵⁵mi¹³⁻²¹ 金山^新: 哀面头 ɛ⁵³⁻⁴⁴mi³⁵⁻³³dɤ³¹⁻³¹ 金山^新: 哀脱 ɛ⁵³⁻⁴⁴ tʰəʔ⁵⁻² 嘉定: 噶嘟 kəʔ⁵⁻⁴ lã¹³⁻²¹ 嘉定: 噶滩 kəʔ⁵⁻⁴ tʰɛ⁵³⁻²¹ 嘉定: 一嘟 iɪʔ⁵⁻⁴ lã¹³⁻²¹ 嘉定: 一滩 iɪʔ⁵⁻⁴ tʰɛ⁵³⁻²¹	那边, 那儿
26	衣搭场化 i⁵³⁻⁵⁵taʔ⁵⁻³ zã¹³⁻³³ho³⁴⁻²¹ 衣搭户荡^旧 i⁵³⁻⁵⁵taʔ⁵⁻³ fiu¹³⁻³³dã¹³⁻²¹	浦东: 衣块地方 i⁵³⁻⁵⁵kʰue³⁵⁻³³di¹³⁻³³ɸa⁵³⁻⁵³ 金山^新: 哀个户荡 ɛ⁵³⁻³³kɤ¹³⁻⁵⁵vu³⁵⁻³³dã³⁵⁻³¹ 青浦^新: 哀个户荡 ø⁵³⁻⁴⁴kɯ³⁵⁻⁴⁴fiu²¹³⁻⁴⁴dã²¹³⁻²¹ 青浦^新: 哀个地方 ø⁵³⁻⁴⁴kɯ³⁵⁻⁴⁴di²¹³⁻⁴⁴fã⁵³⁻²¹	那个地方

（续表）

序号	上海市区方言	上海郊区方言	普通话
27	别搭 biɪʔ$^{2-1}$[bəʔ$^{2-1}$]taʔ$^{5-2}$ 别搭块 biɪʔ$^{2-1}$[bəʔ$^{2-1}$]taʔ$^{5-2}$k^{h}uE$^{34-23}$ 别搭里 biɪʔ$^{2-1}$[bəʔ$^{2-1}$]taʔ$^{5-2}$ li$^{13-23}$ 别搭地方 biɪʔ$^{2-1}$[bəʔ$^{2-1}$]taʔ$^{5-2}$di$^{13-22}$fɑ̃$^{53-23}$/ biɪʔ$^{2-2}$[bəʔ$^{2-2}$]taʔ$^{5-5}$ di$^{13-33}$fɑ̃$^{53-21}$ 别地方 biɪʔ$^{2-1}$[bəʔ$^{2-1}$] di$^{13-22}$fɑ̃$^{53-23}$ 别搭户荡^{旧} biɪʔ$^{2-1}$[bəʔ$^{2-1}$]taʔ$^{5-2}$fiu$^{13-22}$dã$^{13-23}$/ biɪʔ$^{2-2}$[bəʔ$^{2-2}$]taʔ$^{5-5}$ fiu$^{13-33}$dã$^{13-21}$ 别搭场化^{旧} biɪʔ$^{2-1}$[bəʔ$^{2-1}$]taʔ$^{5-2}$zã$^{13-22}$ho$^{34-23}$/ biɪʔ$^{2-2}$[bəʔ$^{2-2}$]taʔ$^{5-5}$ zã$^{13-33}$ho$^{34-21}$ 别块户荡^{旧} biɪʔ$^{2-1}$[bəʔ$^{2-1}$] k^{h}uE$^{34-22}$fiu$^{13-22}$dã$^{13-23}$/biɪʔ$^{2-2}$[bəʔ$^{2-2}$]k^{h}uE$^{34-55}$fiu$^{13-33}$dã$^{13-21}$	浦东：别场化^{旧} biɪʔ$^{2-2}$zã$^{31-22}$ho$^{35-34}$ 南江：别场化^{旧} biɪʔ$^{2-2}$zã$^{31-22}$ho^{35-34b} 金山^{新}：别特biɪʔ$^{2-3}$ dəʔ$^{2-2}$ 金山^{新}：别特地方 biɪʔ$^{2-3}$dəʔ$^{2-3}$di$^{35-33}$fɑ̃$^{53-21}$ 金山^{新}：别特户荡 biɪʔ$^{2-3}$dəʔ$^{2-3}$ vu$^{35-33}$dã$^{35-21}$ 金山^{新}：别个地方 biɪʔ$^{2-2}$kɤ$^{13-55}$di$^{35-33}$fɑ̃$^{53-31}$ 青浦^{新}：别个地方 biɪʔ$^{2-2}$kɯ$^{35-44}$di$^{213-44}$fɑ̃$^{53-21}$ 金山^{新}：别个户荡 biɪʔ$^{2-2}$ kɤ$^{13-55}$vu$^{35-33}$dã$^{35-31}$ 青浦^{新}：别个户荡 biɪʔ$^{2-2}$kɯ$^{35-44}$fiu$^{213-44}$dã$^{213-21}$ 嘉定：别摊biɪʔ$^{2-1}$ t^{h}E$^{53-24}$ 嘉定：别浪biɪʔ$^{2-1}$ lã$^{13-24}$	其他地方
28	何里 fia$^{13-22}$ li$^{13-44}$ 何里搭 fia$^{13-22}$ li$^{13-55}$taʔ$^{5-2}$ 啥地方 sa$^{34-33}$di$^{13-55}$fɑ̃$^{53-21}$ 啥个户荡 sa$^{34-33}$gəʔ$^{2-5}$fiu$^{13-33}$dã$^{13-21}$ 啥户荡 sa$^{34-33}$fiu$^{13-55}$dã$^{13-21}$ 啥场化 sa$^{34-33}$zã$^{13-55}$ho$^{34-21}$	市区：啥地方 sa$^{34-33}$di$^{13-55}$fɑ̃$^{53-21}$ 市区：鞋里 fia$^{13-22}$li$^{13-44}$ 松江：何旦$^=$ fia$^{31-24}$ʔdɛ$^{35-21}$ 松江：何里旦$^=$ fia$^{31-24}$li$^{22-55}$ʔdɛ$^{35-21}$ 青浦：哈$^=$户荡 ha$^{53-44}$βu$^{13-44}$dã$^{13-21}$ 嘉定：何里浪 fia$^{31-22}$ li$^{13-55}$ lã$^{13-21}$ 嘉定：何唧 fia$^{31-22}$lã$^{13-53}$ 崇明：哪墩 la$^{242-31}$tən$^{55-55}$ 崇明：何墩 fia$^{242-31}$tən$^{55-55}$	什么地方
29	辣能 gəʔ$^{2-1}$nən$^{13-23}$ 辣能介 gəʔ$^{2-1}$nən$^{13-22}$ka$^{53-23}$ 辣个能 gəʔ$^{2-1}$gəʔ$^{2-2}$nən$^{13-23}$	闵行：迭能 diɪʔ$^{2-2}$nən$^{31-53}$ 奉贤：迭能 diɪʔ$^{2-2}$nən$^{31-53}$ 宝山：迭能 diɪʔ$^{2-2}$nən$^{31-53}$ 松江：若$^=$介$^=$zaʔ$^{2-2}$ka$^{35-35}$ 松江：实$^=$介$^=$zʌʔ$^{2-2}$ka$^{35-35}$ 浦东：迭个能 diɪʔ$^{2-2}$gəʔ$^{2-2}$nən$^{213-53}$ 金山^{新}：格么 kɑʔ^{5}məʔ^2 金山^{新}：格能介kɑʔ$^{5-3}$nən$^{31-55}$tɕiʌ$^{44-31}$ 嘉定：实恁 zəʔ$^{2-1}$ nẽ$^{13-24}$	这么

（续表）

序号	上海市区方言	上海郊区方言	普通话
30	挜能样子 gəʔ$^{2-1}$nəŋ$^{13-22}$ɦiã$^{13-22}$tsɿ$^{34-23}$/gəʔ$^{2-2}$nəŋ$^{13-55}$ɦiã$^{13-33}$tsɿ$^{34-21}$ 挜样 gəʔ$^{2-1}$ɦiã$^{13-23}$	闵行：迭能样子 diɪʔ$^{2-2}$nəŋ$^{31-55}$ɦiã$^{13-33}$tsɿ$^{44-21}$ 宝山：迭能样子 diɪʔ$^{2-2}$nəŋ$^{31-55}$ɦiã$^{13-33}$tsɿ$^{44-21}$ 奉贤：迭能样子 diɪʔ$^{2-2}$nəŋ$^{31-55}$ɦiã$^{13-33}$tsɿ$^{44-21}$ 金山^{新}：格能介 kaʔ$^{5-3}$nəŋ$^{31-55}$tɕiA$^{44-31}$ 青浦^{新}：挜能介 nəŋ^{31} tɕia^{35} 嘉定：实恁 zəʔ$^{2-1}$ nẽ$^{13-24}$ 崇明：实˭□ zəʔ$^{2-2}$gi$^{24-55}$	这样
31	实个能 zəʔ$^{2-1}$gəʔ$^{2-2}$nəŋ$^{13-23}$ 实能 zəʔ$^{2-1}$nəŋ$^{13-23}$	金山^{新}：实介 zəʔ$^{2-3}$tɕiA$^{44-33}$ 青浦^{新}：嘎 ka^{53} 嘉定：实恁 zəʔ$^{2-1}$ nẽ$^{13-24}$ 崇明：能˭ nəŋ^{24}	这样，可后接形容词或动词
32	哀能 E$^{53-55}$nəŋ$^{13-21}$ 哀能介 E$^{53-55}$nəŋ$^{13-33}$ka$^{53-21}$ 哀个能 E$^{53-55}$gəʔ$^{2-3}$nəŋ$^{13-21}$ 哀能样子 E$^{53-55}$nəŋ$^{13-33}$ɦiã$^{13-33}$tsɿ$^{34-21}$ 哀样 E$^{53-55}$ɦiã$^{13-21}$	闵行：姑˭能 ku$^{53-55}$nəŋ$^{31-53}$ 松江：威˭介 ue$^{53-55}$ka$^{53-21}$ 浦东：衣能 i$^{53-55}$nəŋ$^{31-21}$ 宝山：衣能 i$^{53-55}$nəŋ$^{31-21}$ 嘉定：噶恁 kəʔ$^{5-4}$ nẽ$^{13-21}$ 嘉定：一恁 ii$^{5-4}$ nẽ$^{13-21}$	那样
33	哪能 na$^{13-22}$nəŋ$^{13-44}$nã^{13}	金山^{新}：哪能办 nəŋ^{31}bɛ^{35}	怎么，怎么办
34	哪能介 na$^{13-22}$nəŋ$^{13-55}$ka$^{53-21}$	松江：哪哈˭ na$^{31-21}$ha$^{35-35}$ 青浦^{新}：哪能 nəŋ^{31}	怎么，可后接动词、形容词
35	哪能样子 na$^{13-22}$nəŋ$^{13-55}$ɦiã$^{13-33}$tsɿ$^{34-21}$	市区：哪能 na$^{13-22}$nəŋ$^{13-14}$ 青浦^{新}：哪能 nəŋ^{31} 青浦^{新}：哪能介 nəŋ^{31} tɕia^{35}	怎么样，可后接动词
36	呒啥几化 fim̩$^{13-22}$sa$^{34-55}$tɕi$^{34-33}$ho$^{34-21}$ 勿多几化 vəʔ$^{2-3}$tu$^{53-55}$tɕi$^{34-33}$ho$^{34-21}$	浦东：没几化 məʔ$^{5-5}$tɕi$^{44-33}$ho$^{35-21}$ 川沙：没几化 mɤʔ$^{2-2}$tɕi$^{44-22}$ho$^{35-34}$ 南汇：没几化 məʔ$^{5-5}$tɕi$^{44-33}$ho$^{35-21}$ 青浦^{新}：呒没多少 məʔ$^{5-5}$tu^{53}sɔ^{44} 青浦^{新}：呒没几好˭ [hɔ^{44}] mɐʔ^{5}tɕi^{44} 嘉定：呒不几汉 m̩$^{31-22}$pəʔ$^{5-5}$tɕi$^{34-33}$hu$^{34-21}$	没多少
37	呒啥 fim̩$^{13-22}$sa$^{34-44}$ 呒没啥 fim̩$^{13-22}$məʔ$^{2-5}$sa$^{34-21}$	市区^{新}：没啥 mɐʔ^{2} 川沙：没啥 mɤʔ^{2}	没有什么

（续表）

序号	上海市区方言	上海郊区方言	普通话
38	几化 tɕi$^{34-33}$ho$^{34-44}$ 多少 tu$^{53-55}$sɔ$^{34-21}$	青浦^{新}：几好 tɕi$^{44-44}$hɔ$^{44-53}$ 崇明：多话 ᵘtu$^{53-55}$fiuo$^{313-0}$ 嘉定：几汉 tɕi$^{34-33}$huɯ$^{34-53}$	多少
39	阿拉两家头 aʔ$^{2-3}$laʔ$^{2-3}$[laʔ$^{2-33}$]·liã$^{13-22}$ka$^{53-55}$dɤ$^{13-21}$ 伲两家头 n̩i$^{13-33}$·liã$^{13-22}$ka$^{53-55}$dɤ$^{13-21}$ 伲两个 n̩i$^{13-33}$·liã$^{13-22}$gəʔ$^{2-4}$	松江^{新}：㑚两家头 nɑ$^{13-35}$li ɛ̃$^{13-52}$kɑ$^{53-44}$dɤ$^{ɯ31-31}$ 奉贤：吾㑚两家头 ɦŋ$^{113-22}$na$^{113-44}$liɛ̃$^{22-22}$ka$^{53-55}$duɯ$^{31-21}$ 金山：吾克两家头 ɦŋ$^{13-23}$kʰəʔ$^{5-4}$liɛ̃$^{13-24}$ka$^{53-55}$dɤ$^{31-21}$ 金山^{新}：阿那两家头 A^{44}liɛ̃^{35}kA^{53} dɤ^{31} 金山^{新}：阿那两个人 A^{44}liɛ̃^{35}kɤ^{13}n̩iæn^{31} 嘉定：我伲两家头 ŋ$^{31-22}$nir$^{13-53}$liã$^{13-22}$kɑ$^{53-55}$də$^{31-21}$ 宝山：我伲两个 ŋu$^{13-22}$n̩i$^{13-55}$·liã$^{13-33}$gəʔ$^{2-2}$ 崇明：吾伲两家头 ɦŋ$^{242-42}$li$^{242-0}$liɛ̃$^{313-31}$ka$^{55-55}$də$^{24-55}$	我们两个
40	八＝姆两个 paʔ$^{2-3}$ɦm̩$^{13-55}$lã$^{13-33}$gəʔ$^{2-2}$ 八＝姆两家头 paʔ$^{2-3}$ɦm̩$^{13-55}$liã$^{13-33}$ka$^{53-33}$dɤ$^{13-21}$	松江^{新}：八＝姆道里 paʔ$^{2-4}$mu$^{44-44}$dɔ$^{13-53}$li$^{13-31}$ 青浦^{新}：伯姆两个 paʔ^{5}liɛ̃^{213}kɯ^{35} 青浦^{新}：伯姆两家头 paʔ^{5}liɛ̃^{213}ka^{53}duɯ^{31} 崇明：妯论＝两 dzoʔ$^{2-2}$luəŋ$^{313-33}$liã$^{313-0}$	妯娌俩
41	介 ka^{53}	松江：能＝nəŋ^{31} 松江：能＝介 nəŋ$^{31-24}$ka$^{35-55}$ 金山^{新}：着介 tsAʔ^{5}tɕiA^{44} 青浦^{新}：嘎 ka^{53} 嘉定：实恁 zəʔ$^{2-1}$ nẽ$^{13-24}$	这么，那么，后接 形容词，表示感叹
42	里把路 li$^{13-22}$po$^{34-33}$·lu^{13} 一两里路 iɪʔ$^{5-3}$liã$^{13-55}$ li$^{13-33}$·lu^{13}	浦东：头＝二里路 dɤ$^{213-22}$n̩i$^{13-55}$ li$^{13-55}$lu$^{13-21}$ 南汇：头＝二里路 dɤ$^{213-22}$n̩i$^{13-55}$ li$^{13-55}$lu$^{13-21}$	一两里路
43	亩把地 ɦm̩$^{13-22}$po$^{34-33}$·di^{13} 一两亩地 iɪʔ$^{5-3}$liã$^{13-55}$ ɦm̩$^{13-33}$·di^{13}	浦东：头＝二亩田 dɤ$^{213-22}$n̩i$^{13-55}$ ɦm̩$^{13-55}$·di$^{213-21}$	一两亩地

（续表）

序号	上海市区方言	上海郊区方言	普通话
44	豆⁼两个 dɤ¹³⁻²² liã¹³⁻⁵⁵ gəʔ²⁻²	金山ⁿ：两个左右 liɛ̃³⁵⁻³⁴ kɤ¹³⁻⁵⁵ tsu⁴⁴⁻³³ ɦiɤ³⁵⁻³¹	两个左右
45	百把个 paʔ⁵⁻³ po³⁴⁻⁵⁵ gəʔ²⁻²		一百多个
46	个把 ku³⁴⁻³³ po³⁴⁻⁴⁴ 一两个 iʔ⁵⁻³ liã¹³⁻⁵⁵ gəʔ²⁻²		个把两个

第二十五章 形 容 词

序号	上海市区方言	上海郊区方言	普通话
1	峥 tsE^{34}	松江：毕峥 ʔbiɪʔ$^{5-4}$tsE$^{44-44}$ 浦东：出客 tsʰəʔ$^{5-3}$ kʰaʔ$^{5-3}$ 南汇：出客 tsʰəʔ$^{5-3}$ kaʔ$^{5-3}$ 奉贤^{新}：灵 liŋ^{31} 金山^{新}：灵 liæŋ^{31}	好、漂亮
2	乓乓响^{新} pʰã$^{53-55}$ pʰã$^{53-33}$ ɕiã$^{34-21}$	金山^{新}：卖灵 mA$^{35-33}$liæŋ$^{31-31}$ 青浦^{新}：灵光 liŋ$^{31-13}$kuã$^{53-21}$	好极了
3	局$^{=旧}$ dʑyɪʔ^{2}[dʑyəʔ^{2}]	松江：局$^{=}$三$^{=}$ ɟyoʔ$^{2-2}$sE$^{53-5}$ 金山^{新}：哦 青浦^{新}：莱塞 lE$^{31-13}$ sE$^{53-21}$	妥、行、好
4	头排 dɤ$^{13-22}$tʰiɔ$^{53-44}$	金山^{新}：头等 dɤ$^{31-13}$təŋ$^{44-53}$ 金山^{新}：做好 tsu$^{13-13}$hɔ$^{44-31}$ 青浦^{新}：最好个 tsø$^{35-33}$hɔ$^{44-55}$kɯ$^{35-21}$ 嘉定：头挑 də$^{31-22}$tʰiɔ$^{53-53}$	头等、最好
5	一级^{新} iɪʔ$^{5-3}$tɕiɪʔ$^{5-4}$	金山^{新}：一级 iɪʔ^{5}tɕiAʔ^{7} 金山^{新}：最好 tsø$^{35-33}$hɔ$^{44-31}$ 嘉定：头挑 də$^{31-22}$tʰiɔ$^{53-53}$	第一流、第一等
6	顶脱^{新} tiŋ$^{34-33}$tʰəʔ$^{5-4}$	市区^{新}：无敌 vu$^{13-22}$ diɪʔ$^{2-4}$ 金山^{新}：最好 tsø$^{35-33}$hɔ$^{44-31}$ 青浦^{新}：顶顶（好） tiŋ$^{44-44}$tiŋ$^{44-53}$ (hɔ^{44}) 嘉定：好透 hɔ$^{34-33}$tʰə$^{34-53}$	好到极点
7	灵光 liŋ$^{13-22}$kuã$^{53-44}$	奉贤^{新}：灵 liŋ^{31} 金山^{新}：灵 liæŋ^{31}	（1）灵验 （2）好、做事好
8	嗲 tia^{34}	崇明：刁$^{=}$ tiɔ^{53} 嘉定：□dʑiã^{31}	形容人撒娇的样子
9	灵泛 liŋ$^{13-22}$fE$^{34-44}$	松江^{新}：灵格 lin$^{31-35}$kʌʔ$^{5-5}$ 金山^{新}：灵验 liæŋ$^{31-13}$ɲi$^{35-31}$ 青浦^{新}：灵 liŋ^{31}	灵验、效果好

（续表）

序号	上海市区方言	上海郊区方言	普通话
10	嗲溜溜 tia$^{34\text{-}33}$liɤ$^{13\text{-}55}$liɤ$^{13\text{-}21}$ 嗲里里 tia$^{34\text{-}33}$li$^{13\text{-}55}$li$^{13\text{-}21}$ 嗲咪咪 tia$^{34\text{-}33}$mi$^{13\text{-}55}$mi$^{13\text{-}21}$	金山^{新}：嗲兮兮 tia^{53}ɕɕ 青浦^{新}：嗲悠悠 tia$^{44\text{-}33}$iɯ$^{53\text{-}55}$iɯ$^{53\text{-}21}$ 嘉定：嗲猛猛 tia$^{34\text{-}33}$mã$^{13\text{-}55}$mã$^{13\text{-}21}$	娇滴滴
11	蛮好 mE$^{53\text{-}55}$hɔ$^{34\text{-}21}$		挺好、不错
12	勿差 vəʔ$^{2\text{-}3}$tsho$^{53\text{-}44}$ 勿推扳 vəʔ$^{2\text{-}3}$thE$^{53\text{-}55}$pE$^{53\text{-}21}$	奉贤^{新}：勿错 vɔʔ$^{5\text{-}3}$tshu$^{53\text{-}53}$ 金山：勿错 vɔʔ$^{2\text{-}2}$tsho$^{53\text{-}53}$ 青浦^{新}：勿错 vɐʔ$^{5\text{-}4}$tsʰω$^{53\text{-}53}$	不错
13	差扳 tsho$^{53\text{-}55}$pE$^{53\text{-}21}$	嘉定：推扳 thə$^{53\text{-}55}$pE$^{53\text{-}21}$	相差，用于比较句中
14	差勿多 tsho$^{53\text{-}55}$vəʔ$^{2\text{-}3}$tu$^{53\text{-}21}$	松江：勿惹"虚" uəʔ$^{5\text{-}3}$za$^{22\text{-}55}$ɕy$^{53\text{-}53}$ 青浦^{新}：推板 thiɪ$^{53\text{-}44}$pE$^{53\text{-}42}$	差不多，基本上
15	差二"勿多 tsho$^{53\text{-}55}$ni$^{13\text{-}33}$vəʔ$^{2\text{-}3}$tu$^{53\text{-}21}$ 差仿勿多 tsho$^{53\text{-}55}$fã$^{34\text{-}33}$vəʔ$^{2\text{-}3}$tu$^{53\text{-}21}$	松江：差煞有限 tsho$^{53\text{-}53}$sæʔ$^{5\text{-}2}$ɦiɯ$^{22\text{-}22}$ɦi$^{13\text{-}35}$ 松江^{新}：差啥勿多 tsha$^{53\text{-}55}$sa$^{53\text{-}55}$vʌʔ$^{3\text{-}4}$tu$^{53\text{-}33}$ 松江^{新}：差勿多 tsha$^{53\text{-}55}$vʌʔ$^{3\text{-}4}$tu$^{53\text{-}33}$ 金山^{新}：差勿多 tsha$^{53\text{-}44}$vəʔ$^{2\text{-}3}$du$^{55\text{-}31}$ 青浦^{新}：差勿多 tsha$^{53\text{-}44}$vɐʔ$^{5\text{-}4}$tu$^{53\text{-}21}$ 奉贤：差煞勿多 tsho$^{53\text{-}55}$sa$^{5\text{-}5}$vəʔ$^{5\text{-}5}$tu$^{53\text{-}21}$ 青浦^{新}：差煞勿多 tsha$^{53\text{-}44}$sæʔ$^{5\text{-}4}$vɐʔ$^{5\text{-}4}$tu$^{53\text{-}21}$ 宝山：差煞勿多 tsho$^{53\text{-}55}$saʔ$^{5\text{-}5}$vəʔ^{5}tu$^{53\text{-}21}$ 金山^{新}：差大勿多 tsha$^{53\text{-}33}$da$^{13\text{-}55}$vəʔ$^{2\text{-}3}$du$^{55\text{-}31}$ 崇明：差大勿多 tsho$^{55\text{-}55}$da$^{313\text{-}0}$uəʔ$^{5\text{-}0}$tu$^{55\text{-}55}$ 嘉定：差勿多 tshɯ$^{53\text{-}55}$vəʔ$^{2\text{-}3}$tu$^{53\text{-}21}$	相差不多
16	勿来三 vəʔ$^{2\text{-}3}$lE$^{13\text{-}55}$sE$^{53\text{-}21}$ 勿来事 vəʔ$^{2\text{-}3}$lE$^{13\text{-}55}$zl̩$^{13\text{-}21}$	嘉定：勿着 vəʔ$^{5\text{-}4}$zaʔ$^{5\text{-}2}$	（1）不能干 （2）不行 （3）不顶事
17	蹩脚 biɪʔ$^{2\text{-}1}$[bəʔ$^{2\text{-}1}$]tɕia$^{5\text{-}2}$	松江：破pha^{35}歁chi^{44}	本事差，品质低

(续表)

序号	上海市区方言	上海郊区方言	普通话
18	搭浆 taʔ$^{5-3}$tɕiã$^{53-44}$	川沙：拆烂污 tshɑʔ^{5}lE^{35}	（1）做事马虎 （2）质量差 （3）水平差劲
19	推扳 thE$^{53-55}$pE$^{53-21}$ 推为 thE$^{53-55}$ɦuE$^{13-21}$		（1）差劲 （2）相差
20	肮三 ã$^{53-55}$sE$^{53-21}$		（1）令人失望，糟糕 （2）品质差(介~个事物)
21	七勿老欠 tɕhiɪ$^{5-3}$vəʔ$^{2-5}$lɔ$^{13-33}$+tɕhiʔ$^{53-21}$	青浦^新：脱底 thəʔ$^{5-4}$ ti$^{44-44}$	差得不成样子
22	勿灵 vəʔ$^{2-1}$liŋ$^{13-23}$		（1）不灵活 （2）不灵验 （3）不好
23	约约乎 iAʔ$^{5-3}$[iA$^{34-33}$]iAʔ$^{5-5}$[iA$^{34-55}$]ɦu$^{13-21}$	金山^新：约约勿 iAʔ$^{5-4}$iAʔ$^{5-3}$vəʔ$^{2-2}$ 金山^新：约磨上 iAʔ$^{5-3}$mo$^{31-55}$zã$^{35-31}$ 青浦^新：马虎 mω$^{213-23}$hu$^{44-44}$	（1）做事不认真 （2）质量差
24	好看 hɔ$^{34-33}$khø$^{34-44}$ 好看相 hɔ$^{34-33}$khø$^{34-55}$ɕiã$^{34-21}$ 漂亮 phiɔ$^{34-33}$liã$^{13-44}$	青浦^新：灵 liŋ^{31} 青浦^新：崭 嘉定：出客 tshəʔ$^{5-4}$khaʔ$^{5-2}$	美观，体面
25	趣$^=$ tɕhy^{34} 标致 piɔ$^{53-55}$tsl$^{34-21}$	松江：趣$^=$打 tshy$^{35-53}$ʔdẽ$^{44-21}$ 青浦^新：漂亮 phiɔ$^{44-44}$liẽ$^{213-44}$ 青浦^新：崭 嘉定：出客 tshəʔ$^{5-4}$khaʔ$^{5-2}$	长相美丽，多形容女性
26	秀溜 ɕiɤ$^{34-33}$liɤ$^{13-44}$ 秀气 ɕiɤ$^{34-33}$+tɕhiʔ$^{34-44}$	青浦^新：文雅 vən$^{31-13}$ɕia$^{44-21}$	清秀、俊秀
27	好孛$^=$相 hɔ$^{34-33}$biɪʔ$^{2-5}$[bəʔ$^{2-5}$]ɕiã$^{34-21}$		好玩、有趣、可爱
28	时露 zl$^{13-22}$lu$^{13-44}$ 时兴 zl$^{13-22}$ɕiŋ$^{53-44}$ 摩登 mu$^{13-22}$təŋ$^{53-44}$ 时髦 zl$^{12-22}$mɔ$^{13-44}$	崇明：兴 ɕiŋ^{55}	时髦
29	兮气 ɕiã$^{53-55}$tɕhiʔ$^{34-21}$ 土气 thu$^{34-33}$tɕhiʔ$^{34-44}$	青浦^新：乡气 ɕiẽ$^{53-44}$tɕhiʔ$^{35-21}$	不时髦，多指服饰的式样、颜色等
30	难看相 nE$^{13-22}$khɔ$^{34-55}$ɕiã$^{34-21}$ 难看 nE$^{13-22}$khɔ$^{34-44}$		（1）丑，不好看 （2）不体面

（续表）

序号	上海市区方言	上海郊区方言	普通话
31	恶形恶状 oʔ⁵⁻³ɦiŋ¹³⁻⁵⁵oʔ⁵⁻³zɑ̃¹³⁻²¹ 恶形 oʔ⁵⁻³ɦiŋ¹³⁻⁴⁴	松江：恶形恶状 ɔʔ⁵⁻³ɦiŋ³¹⁻⁵⁵βu³¹⁻⁵⁵zɑ̃¹³⁻²¹	（1）下流，不堪入目 （2）难看（辩小囡老~个）
32	闹猛 nɔ¹³⁻²²mɑ̃¹³⁻⁴⁴ 闹热 nɔ¹³⁻²²ȵiɪʔ²⁻⁴ 热闹 ȵiɪʔ²⁻¹nɔ¹³⁻²³		热闹
33	牢 lɔ¹³		（1）牢固，经久 （2）"住"，记牢 （3）监狱
34	结作 tɕiɪʔ⁵⁻³tsoʔ⁵⁻⁴ 扎致⁽ᵒˡᵈ⁾ tsaʔ⁵⁻³tsɿ³⁴⁻⁴⁴ 结实 tɕiɪʔ⁵⁻³zəʔ²⁻⁴	闵行：扎狠 tsæʔ⁵⁻⁴hən⁴⁴⁻⁴⁴ 松江：扎登＝ tsæʔ⁵⁻⁴ʔdəŋ⁵³⁻⁵³ 松江ⁿᵉʷ：扎实 tsɛʔ⁵⁻⁵zʌ⁵⁻³ 浦东：扎作 tsæʔ⁵⁻³tsoʔ⁵⁻⁵ 南汇：扎作 tsæʔ⁵⁻³tsoʔ⁵⁻³ 崇明：牢实 lɔ²⁴⁻²⁴zəʔ²⁻⁵	结实
35	实别别 zəʔ²⁻¹biɪʔ²⁻²biɪʔ²⁻²	崇明：实够＝够＝ zəʔ²⁻²kø³³⁻³³kø³³⁻⁰	结实的样子
36	清爽 tɕʰiŋ⁵³⁻⁵⁵sɑ̃³⁴⁻²¹	松江：干而洁净 kø⁵³⁻⁵⁵ɦəl³¹⁻³³ciɪʔ⁵⁻³ziŋ¹³⁻²¹	（1）干净 （2）一点不剩 （3）清楚
37	龌龊 oʔ⁵⁻³tsʰoʔ⁵⁻⁴ 龌里龌龊 oʔ⁵⁻³li¹³⁻⁵⁵oʔ⁵⁻³tsʰoʔ⁵⁻² 龌龊八腊 oʔ⁵⁻³tsʰoʔ⁵⁻⁵paʔ⁵⁻³laʔ²⁻² 凹糟⁽ᵒˡᵈ⁾ ɔ⁵³⁻⁵⁵tsɔ⁵³⁻²¹ 赖柴＝ la¹³⁻²²za¹³⁻⁴⁴ 添＝拖 tʰi⁵³⁻⁵⁵tʰa⁵³⁻²¹ 乌苏 u⁵³⁻⁵⁵su⁵³⁻²¹ 乌里乌糟 u⁵³⁻⁵⁵Li¹³⁻³³u⁵³⁻³³tsɔ⁵³⁻²¹	浦东：乌里乌苏 u⁵³⁻⁵⁵li¹³⁻³³u⁵³⁻³³su⁵³⁻²¹ 南汇：乌里乌苏 u⁵³⁻⁵⁵li¹³⁻³³u⁵³⁻³³tsɔ⁵³⁻²¹ 奉贤ⁿᵉʷ：赖 la¹³ 金山ⁿᵉʷ：赖 lʌ¹³ 奉贤ⁿᵉʷ：赖扎 la¹³⁻²⁴tsæʔ⁵⁻² 金山ⁿᵉʷ：赖杂 lʌ¹³⁻¹²zəʔ²⁻⁴	肮脏，不干净
38	石石硬 zaʔ²⁻¹zaʔ²⁻²ŋɑ̃¹³⁻²³ 石硬 zaʔ²⁻¹ŋɑ̃¹³⁻²³	松江：石柏铁硬 zaʔ²⁻²baʔ⁵⁻²tʰiɪʔ⁵⁻²ŋɛ̃¹³⁻²¹ 松江ⁿᵉʷ：硬绑绑 ŋɛ̃¹³⁻³³pɑ̃⁵³⁻⁴⁴pɑ̃⁵³⁻⁵³ 川沙：硬梆梆 ŋɑ̃³⁵ 浦东：扎板 tsæʔ⁵⁻⁴ʔbɛ⁴⁴⁻⁴⁴ 南汇：扎板 tsæʔ⁵⁻⁴ʔbɛ⁴⁴⁻⁴⁴ 金山ⁿᵉʷ：硬 ŋɛ³⁵ 青浦ⁿᵉʷ：硬 ŋæ³⁵ 嘉定：着白铁硬 zaʔ²⁻¹baʔ⁵⁻²tʰiɪʔ⁵⁻¹ŋɑ̃¹³⁻²⁴ 嘉定：噼啪生硬 pʰiɪʔ⁵⁻⁵pʰaʔ⁵⁻⁵sɑ̃⁵³⁻³³ŋɑ̃¹³⁻²¹	坚硬、坚强

（续表）

序号	上海市区方言	上海郊区方言	普通话
39	淡呱呱 $d_E^{13-22}kua?^{5-5}kua?^{5-2}$ 淡咪咪 $d_E^{13-22}mi^{13-55}mi^{13-21}$ 淡滋滋 $d_E^{13-22}ts\gamma^{53-55}ts\gamma^{53-21}$ 淡塔塔 $d_E^{13-22}t^ha?^{5-5}t^ha?^{5-2}$ 淡塔塔 $d_E^{13-22}ta?^{5-5}ta?^{5-2}$	市区：淡 d_E^{13} 川沙：淡 d_E^{213} 青浦：淡 d_E^{13} 崇明：淡 $dæ^{21}$ 松江新：淡括拉叽 $d\epsilon^{13-33}ku\Lambda?^{5-5}la?^{3-4}tɕi^{53-44}$ 浦东：淡和和 $d\epsilon^{13-22}ɦu^{213-55}ɦu^{213-53}$ 南汇：淡和和 $d\epsilon^{13-22}ɦu^{213-55}ɦu^{213-53}$ 嘉定：淡画画 $d_E^{13-22}ɦuɯ^{31-55}ɦuɯ^{31-21}$	味儿淡
40	邋遢 $la?^{2-1}t^ha?^{5-2}$ 邋搭= $la?^{2-1}ta?^{5-2}$ 邋里邋遢 $la?^{2-1}li^{13-22}la?^{2-1}t^ha?^{5-2}$/ $lha?^{2-2}li^{13-55}la?^{2-3}t^ha?^{5-2}$	松江：癞 la^{13} 奉贤新：赖 la^{13} 金山新：赖 l_A^{13}	脏、不整洁
41	酸几几 $sø^{53-55}tɕi^{34-33}tɕi^{34-21}$ 酸溜溜 $sø^{53-55}liɤ^{13-33}liɤ^{13-21}$	市区：酸 $sø^{53}$ 川沙：酸 $sø^{53}$ 青浦：酸 $sø^{53}$ 崇明：酸 sue^{42} 浦东：酸气 $sø^{53-55}tɕ^hi^{35-21}$ 嘉定：酸济济 $sɯ^{53-55}tsi^{34-33}tsi^{34-21}$ 崇明：酸醮醮 $sø^{55-55}tsæ^{33-0}tsæ^{33-0}$	（1）形容味儿酸 （2）轻微的酸痛 （3）嫉妒、吃醋
42	清洁呱拉 $d_E^{13-22}tɕii?^{5-5}kua?^{5-3}la?^{2-2}$ 淡嘴疙瘩 $d_E^{13-22}ts\gamma^{34-55}kə?^{5-3}ta?^{5-2}$	浦东：淡嘴呱拉搭 $d_E^{13-22}ts\gamma^{44-55}kua?^{5-5}la?^{2-3}?da?^{5-2}$ 南汇：淡嘴呱拉搭 $d_E^{13-22}ts\gamma^{44-55}kua?^{5-5}la?^{2-3}?da?^{5-2}$ 嘉定：淡子吉刮 $d_E^{13-22}ts\gamma^{54-55}tɕii?^{2-5}kua?^{5-2}$	清淡无味
43	甜津津 $di^{13-22}tɕiŋ^{53-55}tɕiŋ^{53-21}$	市区：甜 di^{13} 川沙：甜 di^{213} 青浦：甜 dir^{31} 崇明：甜 die^{13} 嘉定：甜咪咪 $dir^{31-22}mi^{53-55}mi^{53-21}$	（1）味儿甜 （2）生活、爱情美好
44	甜咪咪 $di^{13-22}mi^{13-55}mi^{13-21}$		有点儿甜
45	苦几几 $k^hu^{34-33}tɕi^{34-55}tɕi^{34-21}$ 苦搭搭 $k^hu^{34-33}ta?^{5-5}ta?^{5-2}$	浦东：苦因因 $k^hu^{34-33}iŋ^{53-55}iŋ^{53-53}$ 南汇：苦因因 $k^hu^{34-33}iŋ^{53-55}iŋ^{53-53}$ 青浦新：苦兮兮 k^hu^{212}	形容味儿苦

（续表）

序号	上海市区方言	上海郊区方言	普通话
46	辣蓬蓬 laʔ²⁻¹¹boŋ¹³⁻²²boŋ¹³⁻²³	南汇：辣忙忙 laʔ²⁻²mã¹¹³⁻³³ mã¹¹³⁻³⁵	有些辣
47	辣豁豁 laʔ²⁻¹huaʔ⁵⁻⁵huaʔ⁵⁻²	南汇：辣荒荒 laʔ²⁻²ɸuã⁵³⁻³³ɸuã⁵³⁻³⁵ 金山新：辣蓬蓬 læʔ²⁻²boŋ³¹⁻⁵⁵boŋ³¹⁻⁵⁵	（1）形容味儿辣 （2）热辣辣的感觉
48	厚沰沰 ɦɤ¹³⁻²²toʔ⁵⁻⁵toʔ⁵⁻²		稠，状态形容词
49	薄塔塔 boʔ²⁻¹tʰaʔ⁵⁻⁵tʰaʔ⁵⁻²	松江：薄嚣嚣 boʔ²⁻²ɕiɔ⁵³⁻⁵⁵ ɕiɔ⁵³⁻⁵³ 浦东：薄龙龙 boʔ²⁻²loŋ²¹³⁻²² loŋ²¹³⁻³⁴ 南汇：薄龙龙 boʔ²⁻²loŋ²¹³⁻²² loŋ²¹³⁻³⁴ 嘉定：薄哝哝 boʔ²⁻¹noŋ³¹⁻¹¹noŋ³¹⁻²⁴	稀，状态形容词
50	棚 mã¹³ 紧棚 tɕin³⁴⁻³³ mã¹³⁻⁴⁴		稠密
51	密密棚棚 miɪʔ²⁻¹miɪʔ²⁻²mã¹³⁻²²mã¹³⁻²³/ miɪʔ²⁻²miɪʔ²⁻⁵mã¹³⁻³³mã¹³⁻²¹	浦东：密周棚周 miɪʔ²⁻²tsʏ⁵³⁻³³mã¹³⁻³³tsʏ⁵³⁻³⁵ 南汇：密周棚周 miɪʔ²⁻²tsʏ⁵³⁻³³mã¹³⁻³³ tsʏ⁵³⁻³⁵	密密麻麻
52	兴 ɕin³⁴	松江新：旺 iã¹³	多、密、兴盛，人头~，市面~
53	澾澾渧 taʔ⁵⁻³taʔ⁵⁻⁵ti³⁴⁻²¹ □□渧 tʰã⁵³⁻⁵⁵tʰa³³⁻³³ti³⁴⁻²¹	松江：水淋带渧 sɿ⁴⁴⁻³³liŋ³¹⁻⁵⁵ʔda³⁵⁻³³ʔdi³⁵⁻²¹	湿的水往下滴
54	紧卜卜 tɕin³⁴⁻³³poʔ⁵⁻⁵poʔ⁵⁻² 紧绷绷 tɕin³⁴⁻³³pã⁵³⁻⁵⁵pã⁵³⁻²¹		（1）绷紧，裹得很紧 （2）紧巴巴，不宽裕
55	壮墩墩 tsã³⁴⁻³³təŋ⁵³⁻⁵⁵təŋ⁵³⁻²¹		身体壮实
56	胖乎乎 pʰã³⁴⁻³³hu⁵³⁻⁵⁵hu⁵³⁻²¹ 胖笃笃 pʰã³⁴⁻³³toʔ⁵⁻⁵toʔ⁵⁻²	金山新：胖奴奴 pʰã¹³⁻²³nu³¹⁻⁵⁵nu³¹⁻³¹	胖而可爱
57	胖墩墩 pʰã³⁴⁻³³təŋ⁵³⁻⁵⁵təŋ⁵³⁻²¹	嘉定：矮墩墩 a³⁴⁻³³tẽ⁵³⁻⁵⁵tẽ⁵³⁻²¹ 嘉定：矮武扎墩 a³⁴⁻³³ɦu⁵³⁻⁵⁵tsaʔ⁵⁻³ tẽ⁵³⁻²¹	矮胖、结实

（续表）

序号	上海市区方言	上海郊区方言	普通话
58	胖鼓鼓 pʰã³⁴⁻³³ku³⁴⁻⁵⁵ku³⁴⁻²¹	市区：胖 pʰã³⁵ 川沙：胖 pʰaŋ⁴⁴ 崇明：胖 pã⁵⁵ 市区：壮 tsã³ 川沙：壮 tsaŋ⁴⁴ 青浦：壮 tsã³⁵	（1）人胖 （2）口袋等装满东西而鼓出的样子
59	瘦节节 sɤ³⁴⁻³³tɕiɪʔ⁵⁻⁵tɕiɪʔ⁵⁻² 瘦呱呱 sɤ³⁴⁻³³kuaʔ⁵⁻⁵kuaʔ⁵⁻²	市区：瘦 sɤ³⁵ 川沙：瘦 sɤ⁴⁴ 金山新：瘦 sɤ¹³ 青浦：瘦 sɯ³⁵ 崇明：瘦 sɤ⁵⁵	形容人瘦
60	适意 sɤʔ⁵⁻³;i³⁴⁻⁴⁴ 写意 ɕia³⁴⁻³³;i³⁴⁻⁴⁴ 舒服 sŋ⁵³⁻⁵⁵voʔ²⁻²	崇明：受用 zø²⁴²⁻³¹ɦyoŋ³¹³⁻³³	舒服
61	精赤条条 tɕiŋ⁵³⁻⁵⁵tsʰaʔ⁵⁻²diɔ¹³⁻³³diɔ¹³⁻²¹	松江：赤皮赤肉 tsʰaʔ⁵⁻³bi³¹⁻⁵⁵tsʰaʔ⁵⁻³ɲyoʔ²⁻² 松江：赤肉赤势 tsʰaʔ⁵⁻⁴ɲyoʔ²⁻⁴tsʰaʔ⁵⁻⁴sʅ³⁵⁻⁴⁴ 松江新：赤条条 tsʰʌʔ⁵⁻⁵diɔ³¹⁻⁴⁴diɔ³¹⁻⁵³ 金山新：赤条条 tsʰʌʔ⁵⁻³diɔ³¹⁻⁵⁵diɔ³¹⁻³¹ 青浦新：赤条条 tsʰaʔ⁵⁻⁵diɔ³¹⁻⁵⁵diɔ³¹⁻²¹ 浦东：精赤料条 tsiŋ⁵³⁻³³tsʰaʔ⁵⁻⁵liɔ¹³⁻⁵⁵diɔ²¹³⁻²¹ 南汇：精赤料条 tsiŋ⁵³⁻³³tsʰaʔ⁵⁻⁵liɔ¹³⁻⁵⁵diɔ²¹³⁻²¹ 嘉定：赤骨落 tsʰaʔ⁵⁻³kuəʔ⁵⁻⁵loʔ²⁻² 嘉定：叮打赤卵 tiŋ⁵³⁻⁵⁵tã³⁴⁻³³tsʰaʔ⁵⁻³lɯ¹³⁻²¹ 宝山：腚赤条条 tiŋ³⁵⁻³³tsʰaʔ²⁻⁵diɔ³¹⁻⁵⁵diɔ¹³⁻²¹ 崇明：赤裸裸 tsʰaʔ⁵⁻³la²⁴⁻⁵⁵la²⁴⁻⁵⁵	一丝不挂
62	别别跳 biɪʔ²⁻¹biɪʔ²⁻²tʰiɔ³⁴⁻²³	浦东：卜卜跳 boʔ²⁻²boʔ²⁻²tʰiɔ³⁵⁻³⁴	形容不住地跳，跳得厉害
63	短橛橛 tø³⁴⁻³³dʑyoʔ²⁻⁵dʑyoʔ²⁻²	松江新：矮短短 a⁵³⁻⁴⁴tø⁴⁴⁻⁵⁵tø⁴⁴⁻⁵³ 南汇：橛头户气 ɟyoeʔ²⁻²dɤ¹¹³⁻³³βɯ¹¹³⁻⁵³tɕʰi³⁵⁻³⁵ 嘉定：短哝哝 tɯ³⁴⁻³³noŋ³¹⁻⁵⁵noŋ³¹⁻²¹	形容物体短，身材矮小

（续表）

序号	上海市区方言	上海郊区方言	普通话
64	粘介介 ȵi$^{13-22}$ka$^{53-55}$ka$^{53-21}$ 粘搭搭 ȵi$^{13-22}$taʔ$^{5-5}$taʔ$^{5-2}$ 粘夹夹 ȵi$^{13-22}$kaʔ$^{5-5}$kaʔ$^{5-2}$	闵行：得ᵌ夹夹 ʔdə$^{5-5}$kæʔ$^{5-5}$kæʔ$^{5-5}$ 奉贤：得ᵌ夹夹 ʔdə$^{5-5}$kæʔ$^{5-5}$kæʔ$^{5-5}$ 浦东：□夹夹 ȵiŋ$^{13-33}$kæʔ$^{5-5}$kæʔ$^{5-5}$ 南汇：□夹夹 ȵiŋ$^{13-33}$kæʔ$^{5-5}$kæʔ$^{5-5}$ 南汇：□□子子 ȵiŋ$^{13-33}$tsʅ$^{44-55}$tsʅ$^{44-21}$ 南汇：□子刁气 ȵiŋ$^{13-22}$tsʅ$^{44-55}$ʔdiɔ$^{53-55}$chi$^{35-21}$ 嘉定：粘得得 ȵiɪ$^{53-55}$təʔ$^{5-3}$təʔ$^{5-2}$	粘乎乎
65	七曲八袅 tɕʰiɪʔ$^{5-33}$tɕʰyoʔ$^{5-5}$[tɕʰyyʔ$^{5-5}$] paʔ$^{5-3}$ȵiɔ$^{13-21}$ 七曲八弯 tɕʰiɪʔ$^{5-3}$tɕʰyoʔ$^{5-5}$[tɕʰyɪʔ$^{5-5}$] paʔ$^{5-3}$uE$^{53-21}$	松江^{新}：七袅八袅 tɕiɪʔ$^{5-5}$ȵiɔ$^{3-5}$pEʔ$^{5-4}$ȵiɔ$^{3-3}$ 川沙：七绕八绕 tɕʰiɪʔ$^{5-3}$ȵiɔ$^{13-55}$ʔbæʔ$^{5-3}$ȵiɔ$^{13-21}$ 川沙：七弯八弯 tɕʰiɪʔ$^{5-3}$tɕʰyoʔ$^{53-55}$ʔbæʔ$^{5-3}$uɛ$^{53-53}$ 南汇：曲里弯袅 chyoʔ$^{5-3}$li$^{113-55}$βɛ$^{53-22}$ȵiɔ$^{113-33}$ 青浦^{新}：七曲八绕 tsʰiɪʔ$^{5-5}$tɕʰiɔʔ$^{5-5}$pæʔ$^{5-5}$ȵiɔ$^{213-21}$	弯弯曲曲
66	烂糟糟 lE$^{13-22}$tsɔ$^{53-55}$tsɔ$^{53-21}$	松江^{新}：烂污糟糟 lE$^{13-33}$u$^{53-44}$tsɔ$^{53-55}$tsɔ$^{53-33}$	破烂
67	乐脉 loʔ$^{2-1}$maʔ$^{2-2}$	南汇：窝心ɦoʔ$^{5-5}$ɕiŋ$^{53-53}$ 金山：窝心ɔ$^{53-44}$ɕiæŋ$^{53-53}$ 金山^{新}：开心kʰɛ$^{53-24}$ɕiæŋ$^{53-53}$ 青浦^{新}：开心kʰE$^{53-44}$sin$^{53-42}$ 青浦^{新}：适宜sɐʔ$^{5-4}$ȵi$^{31-53}$	心情舒畅
68	乐惠 loʔ$^{2-1}$ɦuE$^{13-21}$	青浦^{新}：适宜sɐʔ$^{5-4}$ȵi$^{31-53}$	舒适、快乐
69	小乐惠 ɕiɔ$^{34-33}$loʔ$^{2-5}$ɦuE$^{13-21}$	青浦^{新}：逍遥ɕiɔ$^{54-44}$ɦiɔ$^{31-33}$	悠游自在，自得其乐
70	潇洒^{新} ɕiɔ$^{53-55}$sa$^{34-21}$		（1）神情、风貌、举止等自然大方 （2）经济宽裕
71	苦恼子 kʰu$^{34-33}$nɔ$^{13-55}$tsʅ$^{34-21}$ 苦恼 kʰu$^{34-33}$nɔ$^{13-44}$		（1）痛苦 （2）苦恼，可怜 （3）可怜的人

（续表）

序号	上海市区方言	上海郊区方言	普通话
72	勿入调 vəʔ²⁻³zəʔ²⁻⁵diɔ¹³⁻²¹	浦东：勿作派 βəʔ²⁻²tsɔʔ⁵⁻²pʰa³⁵⁻³⁴ 南汇：勿作派 βəʔ²⁻²tsɔʔ⁵⁻²pʰa³⁵⁻³⁴ 南汇：勿作福 βəʔ²⁻²tsɔʔ⁵⁻³hoʔ⁵⁻⁵ 青浦新：瞎来 hæʔ⁵⁻⁴lE³¹⁻⁵³	爱胡闹，不规矩
73	犍 dʑia¹³	浦东：犍 dʑia¹³ 人头 dʑia¹³⁻¹³ ɲiŋ²¹³⁻²²dɤ²¹³⁻²¹ 金山新：来塞 lE³¹⁻³³səʔ⁵⁻² 青浦新：来赛 lE³¹⁻¹³sE³⁵⁻²¹	能干
74	像腔 ʑiã¹³⁻²²tɕʰiã⁵³⁻⁴⁴ 登腔 təŋ⁵³⁻⁵⁵tɕʰiã⁵³⁻²¹ 像样 ʑiã¹³⁻²²ɦiã⁵³⁻⁴⁴	南汇：登样 təŋ⁵³⁻³³ɦiã⁵³⁻⁴⁴	像话，言行合理。常用否定式
75	勿二勿三 vəʔ²⁻³ȵi¹³⁻⁵⁵vəʔ²⁻³sE⁵³⁻²¹ 勿三勿四 vəʔ²⁻³sE⁵³⁻⁵⁵vəʔ²⁻³sɿ³⁴⁻²¹		不三不四
76	觟⁼斋⁼ ɕia⁵³⁻⁵⁵tsa⁵³⁻²¹		聪明能干，市区多形容小孩
77	有才情 ɦiɤ¹³⁻³³·zE¹³⁻²²ziŋ¹³⁻⁴⁴	南汇：乖灵 kua⁵³⁻⁵⁵liŋ¹¹²⁻⁵³ 金山新：乖 kuA⁵³ 金山新：聪明 tsʰoŋ⁵³⁻²⁴miæn³¹⁻⁵³	会出主意，聪明
78	精刮 tɕiŋ⁵³⁻⁵⁵kuaʔ⁵⁻²	松江：精工 tsiŋ⁵³⁻³⁵koŋ⁵³⁻⁵³ 松江：精灵 tsiŋ⁵³⁻³⁵liŋ³¹⁻⁵³ 川沙：精明 tɕiŋ⁵³⁻⁵⁵miŋ²¹³⁻²¹ 金山新：精明 tɕiæn⁵³⁻²⁴miæn³¹⁻⁵³ 南汇：会算 βue¹³⁻³¹sø³⁵⁻³⁵ 金山新：精 tɕiæn⁵³ 青浦新：精 tsiŋ⁵³	精明
79	一只鼎 iʔ⁵⁻³tsaʔ⁵⁻³·tiŋ³⁴	金山新：一只脚 iʔ⁵⁻³tsA⁵⁻⁵tɕiAʔ⁵⁻³ 金山新：一只角 iʔ⁵⁻³tsA⁵⁻⁵kɔʔ⁵⁻³	（1）横行一方的地痞式人物 （2）在某一方面特别在行精明，贬义
80	神志野胡 zəŋ¹³⁻²²tsɿ³⁴⁻⁵⁵ɦia¹³⁻³³ɦu¹³⁻²¹ 神野胡志 zəŋ¹³⁻²²ɦia¹³⁻⁵⁵ɦu¹³⁻³³tsɿ³⁴⁻²¹ 神志无志 zəŋ¹³⁻²²tsɿ³⁴⁻⁵⁵ɦu¹³⁻³³tsɿ³⁴⁻²¹	松江：神涂涂 zəŋ³¹⁻²⁴du³¹⁻⁵⁵du³¹⁻²¹ 崇明：腻事糊涂 ȵi³¹³⁻³¹zɿ³¹³⁻³³ɦu²⁴⁻⁵⁵du²⁴⁻⁰	神志不清，精神恍惚

（续表）

序号	上海市区方言	上海郊区方言	普通话
81	热昏 ȵiɪʔ²⁻¹huəŋ⁵³⁻²³		（1）头脑发热 （2）程度高，人多得来~个
82	七荤八素 tɕʰiɪʔ⁵⁻³huəŋ⁵³⁻⁵⁵paʔ⁵⁻³su³⁴⁻²¹ 五荤六素 fiŋ¹³⁻²²huəŋ⁵³⁻⁵⁵loʔ²⁻³su³⁴⁻²¹	松江：昏头七跽 ɸəŋ⁵³⁻⁵⁵du³¹⁻³³tsʰiʏʔ⁵⁻³tsʰoŋ³⁵⁻²¹ 松江：亡无神 βɑ̃³¹⁻²⁴βu³¹⁻⁵⁵zəŋ³¹⁻²¹ 松江：糊里搭涂 βu³¹⁻²⁴li²²⁻⁵⁵ʔdæʔ⁵⁻³du³¹⁻²¹	晕头转向，糊里糊涂
83	寿ᵏ搭搭 zʏ¹³⁻²²taʔ⁵⁻⁵taʔ⁵⁻² 寿ᵏ头寿ᵏ脑 zʏ¹³⁻²²dʏ¹³⁻⁵⁵zʏ¹³⁻³³nɔ¹³⁻²¹ 寿ᵏ里寿ᵏ气 zʏ¹³⁻²²li¹³⁻⁵⁵zʏ¹³⁻³³tɕʰi³⁴⁻²¹ 寿ᵏ头搭煞 zʏ¹³⁻²²dʏ¹³⁻⁵⁵taʔ⁵⁻³saʔ⁵⁻² 寿ᵏ头呱气 zʏ¹³⁻²²dʏ¹³⁻⁵⁵kuaʔ⁵⁻³tɕʰi³⁴⁻²¹ 寿ᵏ头板气 zʏ¹³⁻²²dʏ¹³⁻⁵⁵pE³⁴⁻³tɕʰi³⁴⁻²¹	浦东：寿ᵏ头八老气 zʏ¹³⁻²²dʏ²¹³⁻⁵⁵ʔbæʔ⁵⁻³loʔ²⁻³tɕʰi³⁵⁻²¹ 青浦ⁿᵉʷ：寿ᵏ头板欠 zu²¹³⁻⁴⁴du³¹⁻⁴⁴pE⁴⁴⁻⁴⁴tɕʰi³⁵⁻²¹ 崇明：乌亨亨 u⁵⁵⁻⁵⁵hɑ̃⁵⁵⁻⁰hɑ̃⁵⁵⁻⁰ 崇明：乌里乌痴 u⁵⁵⁻⁵⁵li²⁴²⁻⁰u⁵⁵⁻⁵⁵tsʰɿ⁵⁵⁻⁵⁵ 崇明：鹅里鹅痴 fiŋ²⁴⁻³⁴li²⁴²⁻³³fiŋ²⁴⁻⁵⁵tsʰɿ⁵⁵⁻⁵⁵	傻的状态形容词
84	呆支支 ŋE¹³⁻²²tsɿ⁵³⁻⁵⁵tsɿ⁵³⁻²¹ 呆头呆脑 ŋE¹³⁻²²dʏ¹³⁻⁵⁵ŋE¹³⁻³³nɔ¹³⁻²¹ 呆兴兴 ŋE¹³⁻²²ɕiŋ³⁴⁻⁵⁵ɕiŋ³⁴⁻²¹ 呆卜六秃 ŋE¹³⁻²²poʔ⁵⁻⁵loʔ²⁻³tʰoʔ⁵⁻² 呆卜六宿 ŋE¹³⁻²²poʔ⁵⁻⁵loʔ²⁻³soʔ⁵⁻² 呆孛龙宠 ŋE¹³⁻²²bəʔ²⁻⁵loŋ¹³⁻³³tsʰoŋ³⁴⁻²¹ 呆头木屑 ŋE¹³⁻²²dʏ¹³⁻⁵⁵moʔ²⁻³ɕiɪʔ⁵⁻²	闵行：踱头踱脑 dɔʔ²⁻²dʏ³¹⁻⁵⁵dɔʔ²⁻³³nɔ́¹³⁻²¹ 松江ⁿᵉʷ：呆笃笃 ŋɛ¹³⁻⁴⁴toʔ⁵⁻³toʔ⁵⁻³ 浦东：木兴兴 mɔʔ²⁻²ɕiŋ³⁵⁻²²ɕiŋ³⁵⁻³⁴ 青浦ⁿᵉʷ：呆塔塔 ŋE³¹⁻¹³tʰæʔ⁵⁻⁴tʰæʔ⁵⁻² 崇明：鹅搭搭 fiŋ²⁴⁻³⁴tæʔ⁵⁻⁵tæʔ⁵⁻⁵	呆的形容词
85	呆瞪瞪 ŋE¹³⁻²²təŋ⁵³⁻⁵⁵təŋ⁵³⁻²¹		形容睁大眼睛傻看
86	木头木脑 mɔʔ²⁻³dʏ¹³⁻²²mɔʔ²⁻²nɔ¹³⁻²¹／ mɔʔ²⁻²dʏ¹³⁻⁵⁵mɔʔ²⁻³nɔ¹³⁻²¹ 木拘拘 mɔʔ²⁻¹ɕyø⁵³⁻²²ɕyø⁵³⁻²³ 木 mɔʔ²	松江ⁿᵉʷ：木笃笃 mɔʔ²³⁻³toʔ⁵⁻³toʔ⁵⁻² 川沙：木知木觉 mɔʔ²⁻²tsɿ⁵³⁻²²mɔʔ²⁻²tɕia⁵⁻³⁴	（1）动作不灵活 （2）因为寒冷而麻木

（续表）

序号	上海市区方言	上海郊区方言	普通话
87	木搁搁 moʔ²⁻¹goʔ²⁻²goʔ²⁻² 木局局 moʔ²⁻¹dzyoʔ²⁻²dzyoʔ²⁻²	松江新：木消消 mɔʔ³⁻⁴ɕiɔ⁵³⁻³³ɕiɔ⁵³⁻³³ 浦东：木里木搁 mɔʔ²⁻²²li¹³⁻³³mɔʔ²⁻²²goʔ²⁻³⁴ 青浦新：呆瞪瞪 ŋE³¹⁻¹³tən⁵³⁻⁴⁴tən⁵³⁻³¹	（1）头脑,动作迟缓 （2）东西笨重
88	木知木觉 mɔʔ²⁻¹tsɿ⁵³⁻²²mɔʔ²⁻²koʔ⁵⁻²/ mɔʔ²⁻²tsɿ⁵³⁻⁵⁵mɔʔ²⁻⁵⁵koʔ⁵⁻² 木而觉知 mɔʔ²⁻¹ɦəl¹³⁻²²koʔ²⁻⁵tsɿ⁵³⁻²³/ mɔʔ²⁻²ɦəl¹³⁻⁵⁵koʔ²⁻⁵³tsɿ⁵³⁻²¹		（1）麻木迟钝 （2）糊涂,不明白
89	板板六十四 pE³⁴⁻³³pE³⁴⁻⁵⁵ɦəl¹³⁻²²loʔ²⁻³sɿ³⁴⁻²¹	金山新：死板板 ɕi⁴⁴⁻³⁴pE⁴⁴⁻⁵⁵pE⁴⁴⁻³¹ 青浦新：呆板 ŋE³¹⁻¹³pE⁴⁴⁻²¹ 青浦新：死板 ɕi⁴⁴⁻⁴⁴pE⁴⁴⁻⁵³ 嘉定：触死板凳 tsʰoʔ⁵⁻³si³⁴⁻⁵⁵pE³⁴⁻³³tẽ³⁴⁻²¹	死板
90	死板板 ɕi³⁴⁻³³pE³⁴⁻⁵⁵pE³⁴⁻²¹	松江：死□□ si⁴⁴⁻³⁵tsʰiɯ³⁵⁻³³tsʰiɯ³⁵⁻³³ 浦东：死夹轮吞 si⁴⁴⁻³³kæʔ⁵⁻⁵ləŋ²¹³⁻⁵⁵tʰən⁵³⁻²¹ 南汇：死夹轮吞 si⁴⁴⁻³³kæʔ⁵⁻⁵ləŋ²¹³⁻⁵⁵tʰẽ⁵³⁻²¹ 青浦新：死板 ɕi⁴⁴⁻⁴⁴pE⁴⁴⁻⁵³ 崇明：实则吼吼 zəɪ²⁻²tsəʔ⁵⁻⁵hø⁴²⁴⁻⁰hø⁴²⁴⁻⁰	不灵活变通
91	朆用 fim̩¹³⁻²²hyoŋ¹³⁻⁴⁴ 朆用场 fim̩¹³⁻²²hyoŋ¹³⁻⁵⁵zã¹³⁻²¹	松江：朆□用 m̩⁵³⁻⁵⁵ma¹³⁻³³ɦyoŋ¹³⁻²¹ 南汇：没卵用 məʔ⁵⁻⁴lø¹³⁻⁴⁴ɦyoŋ¹³⁻⁴⁴ 青浦新：朆没用 mɐʔ²ɦioŋ²¹³ 青浦新：朆没用场 mɐʔ²ɦioŋ²¹³zã³¹	无用,无能
92	狗屎 kɤ³⁴⁻³³pi⁵³⁻⁴⁴ 狗屎倒灶 kɤ³⁴⁻³³pi⁵³⁻⁵⁵to³⁴⁻³³tso³⁴⁻²¹ 密⁼屑 miɪʔ²⁻¹ɕiɪ⁵⁻² 小气 ɕiɔ³⁴⁻³³tɕʰi³⁴⁻⁴⁴	松江：忍肉 ȵin²²⁻²⁴ȵyo²⁻² 松江：剥皮 ʔbo⁵⁻⁴bi³¹⁻⁵³ 松江：刮皮 kuaʔ⁵⁻⁴bi³¹⁻⁵³ 浦东：刮皮 kuaʔ⁵⁻⁴bi³¹⁻⁵³ 南汇：刮皮 kuaʔ⁵⁻⁴bi³¹⁻⁵³	吝啬
93	勒杀吊死 ləʔ²⁻¹saʔ⁵⁻²tio³⁴⁻²²ɕi³⁴⁻²³/ ləʔ²⁻²saʔ⁵⁻⁵tio³⁴⁻³³ɕi³⁴⁻²¹		（1）非常吝啬 （2）气派小 （3）做事拖拉

（续表）

序号	上海市区方言	上海郊区方言	普通话
94	小家败气 ɕiɔ$^{34-33}$ka$^{53-55}$ba$^{13-33}$tɕhi$^{34-21}$	松江：鬼连连 cy$^{44-33}$li$^{31-55}$li$^{31-21}$	（1）吝啬 （2）小家子气
95	四海 sʅ$^{34-33}$hE$^{34-44}$ 大方 da$^{13-22}$fã$^{53-44}$	浦东：派头大 pha$^{35-33}$dɤ$^{213-55}$du$^{13-21}$ 南汇：派头大 pha$^{35-33}$dɤ$^{213-55}$du$^{13-21}$ 青浦：大气 du$^{13-22}$tɕhi$^{35-44}$ 嘉定：乐开 loʔ$^{2-1}$khE$^{53-24}$	大方
96	落槛 loʔ$^{2-1}$khE$^{34-23}$	浦东：落门切槛 loʔ$^{2-2}$məŋ$^{213-24}$tshiɪʔ$^{5-2}$khɛ$^{44-34}$ 南汇：落门切槛 loʔ$^{2-2}$məŋ$^{213-24}$tshiɪʔ$^{5-2}$khɛ$^{44-34}$	说话办事合乎情理，公正大方
97	出趟 tshəʔ$^{5-3}$thã$^{34-44}$	川沙：冲得出 tshoŋ$^{53-55}$ʔdɤʔ$^{5-5}$tshɤʔ$^{5-5}$ 浦东：惯得出 guɛ$^{13-22}$ʔdəʔ$^{5-5}$tshəʔ$^{5-5}$ 南汇：惯得出 guɛ$^{13-22}$ʔdəʔ$^{5-5}$tshəʔ$^{5-5}$ 嘉定：出朗 tshəʔ$^{5-4}$lã$^{13-21}$	在社交场合应对大方，不怯场
98	出客 tshəʔ$^{5-3}$khaʔ$^{5-4}$		（1）举止大方 （2）漂亮、好看、时髦
99	勿上台盘 vəʔ$^{2-3}$zã$^{13-55}$dE$^{13-33}$bø$^{13-21}$	市区^{新}：勿上台面 vɐʔ$^{2-1}$zã$^{13-22}$dE$^{213-33}$mi$^{13-23}$ 浦东：勿上台面 βəʔ$^{2-2}$zã$^{13-55}$de$^{213-33}$mi$^{13-21}$ 川沙：勿上台面 vɤʔ$^{2-2}$zaŋ$^{213-22}$dɛ$^{13-22}$mi$^{35-34}$ 南汇：勿上台面 βəʔ$^{2-3}$zã$^{13-55}$de$^{213-33}$mi$^{13-21}$ 奉贤：勿上台面 βəʔ$^{2-3}$zã$^{13-55}$de$^{213-33}$mi$^{13-21}$ 金山^{新}：勿上台面 vəʔ$^{2-2}$zã$^{35-55}$dE$^{31-31}$mi$^{35-31}$ 青浦：勿上台面 βəʔ$^{2-3}$zã$^{13-55}$de$^{213-33}$mi$^{13-21}$ 嘉定：勿上台面 vəʔ$^{5-4}$zã$^{13-21}$dE$^{31-24}$miɪ$^{13-21}$	（1）人上不了大场面 （2）事情等不能拿到公开场合
100	满身 mø$^{13-22}$səŋ$^{53-44}$ 全身 zi$^{13-22}$səŋ$^{53-44}$ 浑身 ɦuəŋ$^{13-22}$səŋ$^{53-44}$	金山^{新}：浑身浑脑 vəŋ$^{31-23}$ɕiæŋ$^{53-55}$vəŋ$^{31-33}$nɔ$^{35-31}$	浑身

（续表）

序号	上海市区方言	上海郊区方言	普通话
101	戤当 tɒŋ$^{34\text{-}33}$tã$^{53\text{-}44}$		整批的
102	凸进凸出 dəʔ$^{2\text{-}1}$tɕiŋ$^{34\text{-}22}$dəʔ$^{2\text{-}2}$tsʰəʔ$^{5\text{-}2}$/ dəʔ$^{2\text{-}2}$tɕiŋ$^{34\text{-}55}$dəʔ$^{2\text{-}3}$tsʰəʔ$^{5\text{-}2}$ 凹进凸出 ɔ$^{53\text{-}55}$tɕiŋ$^{34\text{-}33}$dəʔ$^{2\text{-}3}$tsʰəʔ$^{5\text{-}2}$		（1）凹凸不平 （2）形容吃得过饱或装得过满
103	齞 ɔ^{53}	青浦^{新}：凹进去 tsiŋ^{35}tɕʰi^{35} 嘉定：稸 iɪʔ^5	凹进去
104	冰冰冷 piŋ$^{53\text{-}55}$piŋ$^{53\text{-}53}$lã$^{13\text{-}21}$ 冷冰冰 lã$^{13\text{-}22}$piŋ$^{53\text{-}55}$piŋ$^{53\text{-}21}$	市区：冷 lã^{13} 川沙：冷 lã^{213} 青浦：冷 lɛ̃^{13} 市区：瀴 iŋ^{35} 川沙：瀴 青浦：瀴 iŋ^{35} 金山^{新}：冷丝丝 lɛ̃$^{35\text{-}43}$sɿ$^{53\text{-}33}$sɿ$^{53\text{-}21}$ 嘉定：冰冰瀴 piŋ$^{53\text{-}55}$piŋ$^{53\text{-}33}$iŋ$^{34\text{-}21}$	（1）温度低 （2）不热情
105	寒丝丝 ɦø$^{13\text{-}2}$sɿ$^{53\text{-}55}$sɿ$^{53\text{-}21}$ 冷 lɛ̃^{13} 瀴 iŋ^{35}	川沙：冷 lã^{213} 青浦：冷 lɛ̃^{13} 崇明：冷 lã^{21} 川沙：瀴 iŋ^{35} 青浦：瀴 iŋ^{35}	（1）天气寒冷 （2）心中害怕
106	瀴丝丝 iŋ$^{34\text{-}33}$sɿ$^{53\text{-}55}$sɿ$^{53\text{-}21}$ 冰冰瀴 piŋ$^{53\text{-}55}$piŋ$^{53\text{-}33}$·iŋ^{34} 瀴 iŋ^{34}		凉
107	瀴沰沰 iŋ$^{34\text{-}33}$toʔ$^{5\text{-}5}$toʔ$^{5\text{-}2}$		凉得舒服
108	瀴飕飕 iŋ$^{34\text{-}33}$sɤ$^{53\text{-}55}$sɤ$^{53\text{-}21}$		凉飕飕，带寒意
109	暖悠悠 nø$^{13\text{-}22}$iɤ$^{53\text{-}55}$iɤ$^{53\text{-}21}$ 暖洋洋 nø$^{13\text{-}22}$ɦiã$^{13\text{-}55}$ɦiã$^{13\text{-}21}$	市区：暖热 nø$^{13\text{-}22}$ȵiɪʔ$^{2\text{-}4}$ 川沙：暖热 nø$^{213\text{-}22}$ȵiɪʔ$^{2\text{-}5}$ 市区：热 ȵiɪʔ^2 川沙：热 ȵiɪʔ^2 嘉定：暖热同同 nuɯ$^{13\text{-}22}$ȵiɪʔ$^{2\text{-}5}$doŋ$^{31\text{-}33}$doŋ$^{31\text{-}21}$	暖和舒适
110	热炯炯 ȵiɪʔ$^{2\text{-}1}$doŋ$^{13\text{-}22}$doŋ$^{13\text{-}23}$ 热烘烘 ȵiɪʔ^{2}hoŋ$^{53\text{-}22}$hoŋ$^{53\text{-}23}$	青浦：热 ȵiɪʔ^2 崇明：热 ȵiəʔ^2	热乎乎
111	静幽幽 ziŋ$^{13\text{-}22}$iɤ$^{53\text{-}55}$iɤ$^{53\text{-}21}$		（1）环境幽静 （2）镇静

（续表）

序号	上海市区方言	上海郊区方言	普通话
112	毕˭静 piɪʔ⁵⁻³ziŋ¹³⁻⁴⁴		非常安静
113	绝静无声 ziɪʔ²⁻¹ziŋ¹³⁻²²vu¹³⁻³³səŋ⁵³⁻²³/ ziɪʔ²⁻²ziŋ¹³⁻⁵⁵vu¹³⁻³³səŋ⁵³⁻²¹	浦东：毕静无声 ʔbiɪʔ⁵⁻³ziŋ¹³⁻⁴⁴ʙu²¹³⁻⁵⁵səŋ⁵³⁻²¹ 南汇：毕静无声 ʔbiɪʔ⁵⁻³ziŋ¹³⁻⁴⁴ʙu²¹³⁻⁵⁵səŋ⁵³⁻²¹ 金山新：毕˭静	静得一点声音都没有
114	平鼓山响 biŋ¹³⁻²²bã¹³⁻⁵⁵sᴇ⁵³⁻³³•ɕiã³⁴	浦东：别˭排˭山响 biɪʔ²⁻²ba²¹³⁻²²sᴇ⁵³⁻²²ɕiã⁴⁴⁻³⁴ 南汇：别˭排˭山响 biɪʔ²⁻²ba²¹³⁻²²sᴇ⁵³⁻²²ɕiã⁴⁴⁻³⁴ 青浦新：响 ɕiɛ̃⁴⁴ 嘉定：声气大 sã⁵³⁻⁵⁵tɕʰi³⁴⁻²¹du¹³⁻¹³	声音大
115	毕崭司齐 piɪʔ⁵⁻³tsᴇ³⁴⁻⁵⁵sɿ⁵³⁻³³•zɿ¹³ 簇˭崭司齐 tsʰoʔ⁵⁻³tsᴇ³⁴⁻⁵⁵sɿ⁵³⁻³³•zɿ¹³ 司齐 saʔ⁵⁻³laʔ²⁻⁵sɿ⁵³⁻³³•zɿ¹³	浦东：八崭八齐 ʔbæʔ⁵⁻⁵tsᴇ⁴⁴⁻⁵⁵ʔbæʔ⁵⁻⁵zi²¹³⁻²¹ 南汇：八崭八齐 ʔbæʔ⁵⁻⁵tsᴇ⁴⁴⁻⁵⁵ʔbæʔ⁵⁻⁵zi²¹³⁻²¹ 青浦：毕崭之齐 ʔbiɪʔ⁵⁻⁴tsᴇ⁵³⁻⁴⁴tsɿ⁵³⁻⁴⁴zi³¹⁻²¹ 青浦新：一腊˭扎˭齐 øiɪʔ⁵⁻⁵læʔ²⁻⁵tsæʔ⁵⁻⁵zi³¹⁻⁵⁵ 宝山：毕立线齐 piɪʔ⁵⁻⁵liɪʔ²⁻⁵siɪ³⁵⁻²¹•zɿ¹³	非常整齐
116	杂佫龙冬 zəʔ²⁻¹kəʔ⁵⁻²loŋ¹³⁻²²toŋ⁵³⁻²³/ zəʔ²⁻²kəʔ⁵⁻⁵loŋ¹³⁻³³toŋ⁵³⁻²¹ 杂佫乱盘 zəʔ²⁻¹kəʔ⁵⁻²lø¹³⁻³³bø¹³⁻²³/ zəʔ²⁻²kəʔ⁵⁻⁵lø¹³⁻³bø¹³⁻²¹ 杂佫伦登 zəʔ²⁻¹kəʔ⁵⁻²ləŋ¹³⁻²²təŋ⁵³⁻²³/ zəʔ²⁻²kəʔ⁵⁻⁵ləŋ¹³⁻³³təŋ⁵³⁻²¹	松江：麻杂碌˭簇 mo³¹⁻²²zəʔ²⁻²loʔ²⁻²tshoʔ⁵⁻² 松江：杂零支碎 zəʔ²⁻²liŋ³¹⁻⁵⁵tsɿ⁵³⁻⁵⁵sᴇ³⁵⁻²¹	杂乱无章
117	一天世界 iɪʔ⁵⁻³tʰi⁵³⁻⁵⁵sɿ³⁴⁻³³ka³⁴⁻²¹/ iɪʔ⁵⁻³pʰi⁵³⁻⁵⁵tʰi⁵³⁻⁵⁵tʰɛ⁵³⁻²¹	松江：一铺天坍 iɪʔ⁵⁻³pʰu⁵³⁻⁵⁵tʰi⁵³⁻⁵⁵tʰɛ⁵³⁻²¹	极乱
118	捂心 u⁵³⁻⁵⁵ɕiŋ⁵³⁻²¹		舒服，愉快
119	象心 ziã⁵³⁻⁵⁵ɕiŋ⁵³⁻⁴⁴ 象心象意 ziã¹³⁻²²ɕiŋ⁵³⁻⁵⁵ziã¹³⁻³³i³⁴⁻²¹ 如意 zɿ¹³⁻²²i³⁴⁻⁴⁴ 称心如意 tsʰəŋ³⁴⁻³³ɕiŋ⁵³⁻⁵⁵zɿ¹³⁻³³i¹³⁻²¹	松江新：称心 tsʰʌn³⁵⁻⁵⁵ɕin⁵³⁻⁴⁴ 川沙：称心 tsʰəŋ⁵³⁻⁵⁵ɕiŋ⁵³⁻⁵³ 金山新：称心 tsʰəŋ⁵³⁻²⁴ɕiæn⁵³⁻⁵³ 青浦：称心 tsʰəŋ⁵³⁻⁴⁴siŋ⁵³⁻⁴²	称心如意

(续表)

序号	上海市区方言	上海郊区方言	普通话
120	晏 E^{34}		晚,迟
121	行情行市 $ɦã^{13-22}ziŋ^{13-55}ɦã^{13-33}zl^{13-217}$	浦东:小小关关 $sio^{44-55}sio^{44-55}kuE^{53-55}kuE^{53-21}$ 南汇:小小关关 $sio^{44-55}sio^{44-55}kuE^{53-55}kuE^{53-21}$ 金山^{新}:往情往市 $mã^{35-43}dziæŋ^{31-33}mã^{35-33}zl^{35-21}$ 嘉定:行行尽尽 $ɦã^{31-22}ɦã^{31-55}ziŋ^{13-33}zl^{13-21}$ 嘉定:交交关关 $tɕio^{53-55}tɕio^{53-33}kuE^{53-55}kuE^{53-21}$	许许多多
122	木老老 $moʔ^{2-1}lɔ^{13-22}lɔ^{13-23}$	金山^{新}:卖多 $mA^{35-33}tu^{53-31}$ 青浦^{新}:行情行市 $ɦã^{31-13}ziŋ^{31-44}ɦã^{31-44}zl^{213-21}$	很多
123	透 $^=$ $tʰɤ^{34}$		多,贬义
124	郎戆 $lã^{13-22}gã^{13-44}$	松江:占世界 $tsi^{335-33}sl^{335-55}ka^{335-21}$ 奉贤:占世界 $tsi^{335-33}sl^{335-55}ka^{335-21}$ 青浦:占世界 $tsi^{335-33}sl^{335-55}ka^{335-21}$ 松江:彭$^=$亨 $bẽ^{31-13}hẽ^{53-53}$	东西大而空,占空间
125	微微小 $mi^{53-55}mi^{53-33}ɕio^{34-21}$	青浦:小去小来 $ɕio^{44-33}tɕʰi^{35-55}ɕio^{44-55}lE^{31-21}$ 青浦^{新}:一眼眼$^=$ $øiiʔ^{5-5}ŋE^{213-55}ŋE^{213-21}$ 嘉定:小透小透 $sio^{34-33}tʰə^{34-55}sio^{34-33}tʰə^{34-21}$	非常小
126	长腰腰 $zã^{13-22}io^{53-55}io^{53-21}$ 长悠悠 $zã^{13-22}iɤ^{53-55}iɤ^{53-21}$	市区:长 $zã^{13}$ 青浦:长 $zẽ^{31}$ 崇明:长 $dã^{13}$ 青浦^{新}:长去长来 $tsẽ^{44-33}tɕʰi^{35-55}tsẽ^{44-55}lE^{31-21}$	非常长
127	长远 $zã^{13-22}ɦiyø^{13-44}$		很久
128	短悠悠 $tø^{34-33}iɤ^{53-55}iɤ^{53-21}$ 短兮兮 $tø^{34-33}ɕi^{53-55}ɕi^{53-21}$	市区:短 $tø^{35}$ 川沙:短 $ʔdø^{44}$ 青浦:短 $tø^{44}$ 崇明:短 $tuø^{534}$ 松江^{新}:矮短短 $a^{53-44}tø^{44-55}tø^{44-53}$ 松江:五短 $ŋ^{13-35}tø^{44-31}$ 嘉定:短哝哝 $tuɪ^{34-33}nog^{31-55}nog^{31-21}$	东西短,个子矮

（续表）

序号	上海市区方言	上海郊区方言	普通话
129	宽舒 $k^huø^{53-55}s_1^{53-21}$		（1）空间宽敞 （2）时间充足，经济宽裕
130	绝薄 $ziɪʔ^{2-1}boʔ^2$ 绝绝薄 $ziɪʔ^{2-1}ziɪʔ^{2-2}boʔ^2$ 叶薄 $ɦiɪʔ^{2-1}boʔ^2$ 叶叶薄 $ɦiɪʔ^{2-1}ɦiɪʔ^{2-2}boʔ^2$ 薄 $boʔ^2$	浦东：雪薄 $siɪʔ^{5-3}boʔ^{2-5}$ 南汇：雪薄 $siɪʔ^{5-3}boʔ^{2-5}$ 南汇：雪雪薄 $siɪʔ^{5-3}siɪʔ^{5-4}boʔ^{2-2}$ 嘉定^新：薄哝哝 $boʔ^{2-2}noŋ^{31-55}noŋ^{31-21}$	（1）扁薄 （2）液体稀
131	拍拍满 $p^haʔ^{5-3}p^haʔ^{5-5}mø^{13-21}$ 拍拍满满 $p^haʔ^{5-3}p^haʔ^{5-5}mø^{13-33}mø^{13-21}$	浦东：塔塔满 $tãʔ^{5-3}tãʔ^{5-5}mø^{13-21}$ 南汇：塔塔满 $tãʔ^{5-3}tãʔ^{5-5}mø^{13-21}$ 浦东：塔足 $t^haʔ^{5-5}tsoʔ^{5-5}$ 南汇：塔足 $t^haʔ^{5-3}tsoʔ^{5-3}$ 奉贤^新：蛮满 $mɛ^{44-44}mɛ^{13-44}$ 青浦^新：拍拍潽 $p^haʔ^{5-4}p^haʔ^{5-4}p^hu^{53-53}$	很满
132	矮笃笃 $a^{34-33}toʔ^{5-5}toʔ^{5-2}$ 矮墩墩 $a^{34-33}təŋ^{53-53}təŋ^{53-21}$ 矮短短 $a^{34-55}tø^{34-55}tø^{34-21}$	嘉定：短哝哝 $tɯ^{34-33}noŋ^{31-55}noŋ^{31-21}$	形容矮
133	壁笃=直 $piɪʔ^{5-3}toʔ^{5-5}zəʔ^{2-2}$ 壁立直 $piɪʔ^{5-3}liɪʔ^{2-5}zəʔ^{2-2}$ 壁立势直 $piɪʔ^{5-3}liɪʔ^{2-5}s_1^{34-33}·zə^2$ 壁笃=势直 $piɪʔ^{5-3}toʔ^{5-5}s_1^{34-33}·zə^2$ 壁直 $piɪʔ^{5-3}zəʔ^{2-4}$	奉贤^新：笔直 $piɪʔ^{5-5}zəʔ^{2-2}$ 青浦^新：笔直 $piɪʔ^{5-4}zəʔ^{2-3}$ 青浦^新：笔笔直 $piɪʔ^{5-4}piɪʔ^{5-4}zəʔ^{2-4}$	很直
134	毕毕挺 $piɪʔ^{5-3}piɪʔ^{5-5}t^hiŋ^{34-21}$ 毕挺 $piɪʔ^{5-3}t^hiŋ^{34-44}$		硬而直
135	簇新 $ts^hoʔ^{5-3}ɕiŋ^{53-44}$ 簇簇新 $ts^hoʔ^{5-3}ts^hoʔ^{5-5}ɕiŋ^{-53-21}$ 簇崭全新 $ts^hoʔ^{5-3}tsɛ^{34-55}ziʔ^{13-33}ɕiŋ^{53-21}$ 簇刮全新 $ts^hoʔ^{5-3}kuaʔ^{5-5}ziʔ^{-13-33}·ɕiŋ^{53}$ 赤呱拉新 $ts^haʔ^{5-3}kuaʔ^{5-5}laʔ^{2-3}·ɕiŋ^{53}$	浦东：簇崭新 $ts^hoʔ^{5-3}tsɛ^{-44-55}siŋ^{-53-53}$	很新
136	宿 $soʔ^5$ 宿里宿夹 $soʔ^{5-3}li^{13-55}soʔ^{-5-3}kaʔ^5$	浦东：宿里宿古董 $soʔ^{5-3}li^{13-55}soʔ^{5-5}ku^{44-33}ʔdoŋ^{44-21}$ 嘉定：夹宿 $kaʔ^{5-4}soʔ^{5-2}$	（1）不新鲜 （2）陈旧过时
137	慢慢叫 $mɛ^{13-22}mɛ^{-13-55}tɕiŋ^{-34-21}$		（1）慢慢地 （2）等会儿

（续表）

序号	上海市区方言	上海郊区方言	普通话
138	扣 kʰɤ³⁴ 扣扣叫 kʰɤ³⁴⁻³³kʰɤ³⁴⁻⁵⁵tɕiɔ³⁴⁻²¹ 扣掐扣 kʰɤ³⁴⁻³³kʰaʔ⁵⁻⁵kʰɤ³⁴⁻²¹	嘉定：ŋã⁵⁵ kʰɑ²¹（无字） 嘉定：n.iã⁵⁵ kʰɑ²¹（无字） 嘉定：口里夹锁 kʰə³⁴⁻³³li¹³⁻⁵⁵kaʔ⁵⁻³ su³⁴⁻²¹ 嘉定：库里夹水 kʰu³⁴⁻³³ li¹³⁻⁵⁵kaʔ⁵⁻³ sʅ³⁴⁻²¹	刚好，勉强达到
139	踏杀蚂蚁 daʔ²⁻¹saʔ⁵⁻⁵moŋ¹³⁻²²n.i¹³⁻²³ / daʔ²⁻²saʔ⁵⁻⁵mo¹³⁻³³n.i¹³⁻²¹	南汇：移样轻势 ɦi¹¹³⁻¹³ɦiã¹³⁻¹³ chiŋ⁵³⁻⁴⁴sʅ³⁵⁻⁴⁴ 青浦：踏蚂蚁 dæʔ²n.i²¹³	形容走路极慢
140	面熟陌生 mi¹³⁻²²zoʔ⁵⁻⁵maʔ²⁻³sã⁵³⁻²¹	松江：二眼羌 n.i¹³⁻²²ŋe²²⁻²²chiã⁵³⁻²²	似曾相识
141	地陌生疏 di¹³⁻²²maʔ²⁻⁵sã⁵³⁻³³su⁵³⁻²¹	青浦新：陌生 maʔ²⁻²sẽ⁵³⁻⁵³	对某地感到陌生，不熟悉
142	金黄锃亮 tɕiŋ⁵³⁻⁵⁵ɦuã¹³⁻³³zã¹³⁻³³•liã¹³ 精光锃亮 tɕiŋ⁵³⁻⁵⁵kuã⁵³⁻³³zã¹³⁻³³•liã¹³ 锃亮 zã¹³⁻²²liã¹³⁻⁴⁴	浦东：赤刮锃亮 tsʰaʔ²⁻⁵kuaʔ²⁻⁵zã²¹³⁻¹³liã¹³⁻³⁴ 嘉定：敞亮 tsʰã³⁴⁻³³liã¹³⁻⁵³	锃亮
143	明打明亮 miŋ¹³⁻²²tã³⁴⁻⁵⁵miŋ¹³⁻³³•liã¹³	松江：亮打亮 liẽ¹³⁻²²ʔdɛ⁴⁴⁻⁵⁵•liẽ¹³⁻²² 金山：明打明 miəŋ¹³⁻²²ʔdẽ⁴⁻⁵miəŋ³¹⁻²¹ miəŋ³¹⁻²³ʔdẽ⁴⁴⁻⁵⁵miəŋ³¹⁻²¹ 青浦新：明显 miŋ³¹⁻¹³ɕii⁴⁴⁻²¹ 青浦新：明 miŋ³¹ 青浦新：亮 liẽ²¹³ 嘉定：明较明亮 miŋ³¹⁻²²tɕiɔ³⁴⁻⁵⁵miŋ³¹⁻³³liã¹³⁻²¹	非常明显
144	暗里洞 ø³⁴⁻³³li¹³⁻⁵⁵doŋ¹³⁻²¹ 暗卜六秃 ø³⁴⁻³³boʔ²⁻⁵loʔ²⁻³tʰoʔ⁵⁻² 暗洞洞 ø³⁴⁻³³doŋ¹³⁻⁵⁵doŋ¹³⁻²¹	南汇：暗里墨洞 e³⁵⁻³³li¹¹³⁻⁵⁵məʔ²⁻⁵doŋ¹³⁻²¹ 嘉定：暗里百洞 i³⁴⁻³³li¹³⁻⁵⁵paʔ⁵⁻³doŋ¹³⁻²¹	很暗
145	暗黢黢 ø³⁴⁻³³tsʰoʔ⁵⁻⁵tsʰoʔ⁵⁻² 暗促⁼促⁼ ø³⁴⁻³³tsʰoʔ⁵⁻⁵tsʰoʔ⁵⁻²	青浦新：暗洞里 øii³⁵⁻³³doŋ²¹³⁻⁵⁵li²¹³⁻²¹ 青浦新：暗洞里厢 øii³⁵⁻³³doŋ²¹³⁻⁵⁵li²¹³⁻³³ɕiẽ³⁵⁻²¹	（1）形容黑暗 （2）秘而不宣，背地做事，贬义
146	结固固 tɕiʔ⁵⁻³ku³⁴⁻⁵⁵ku³⁴⁻²¹	青浦新：板扎 pE⁴⁴⁻³⁵ tsæʔ⁵	结实
147	光生 kuã⁵³⁻⁵⁵sã⁵³⁻²¹ 光滑 kuã⁵³⁻⁵⁵ɦuaʔ²⁻²		光滑

（续表）

序号	上海市区方言	上海郊区方言	普通话
148	松皺皺 soŋ⁵³⁻⁵⁵kʰɔʔ²⁻³kʰɔʔ²⁻²	浦东：松迫迫 soŋ⁵³⁻⁵⁵pʰəʔ²⁻⁵pʰəʔ²⁻⁵ 南汇：松迫迫 soŋ⁵³⁻⁵⁵pʰəʔ²⁻⁵pʰəʔ⁵⁻⁵	松脆易裂
149	生光的滑 sã⁵³⁻⁵⁵kuã⁵³⁻³³tiɪʔ⁵⁻³·ɦuaʔ²	闵行：精光的滑 tsiŋ⁵³⁻³³kuã⁵³⁻³³cliɪʔ²⁻³βuæʔ²⁻⁴ 浦东：精光的滑 tsiŋ⁵³⁻³³kuã⁵³⁻³³cliɪʔ²⁻³βuæʔ²⁻⁴ 奉贤：精光的滑 tsiŋ⁵³⁻³³kuã⁵³⁻³³cliɪʔ²⁻³βuæʔ²⁻⁴ 松江ⁿᵉʷ：滑塌仔光 ɦuʌʔ³⁻³tʰʌʔ⁵⁻⁴tsʅ⁴⁴⁻⁵⁵kuã⁵³⁻⁴¹	很光滑
150	精精光 tɕiŋ⁵³⁻⁵⁵tɕiŋ⁵³⁻³³kuã⁵³⁻²¹ 精打光 tɕiŋ⁵³⁻⁵⁵tã³⁴⁻³³·kuã⁵³ 精光 tɕiŋ⁵³⁻⁵⁵kuã⁵³⁻²¹	松江：精干绝净 tsiŋ⁵³⁻⁵⁵tø⁵³⁻³³ziʔ²⁻²ziŋ¹³⁻²¹ 金山ⁿᵉʷ：光 kuã⁵³ 金山ⁿᵉʷ：清爽 tɕʰiæŋ⁵³⁻²⁴sã⁴⁴⁻⁵³ 嘉定：省光 sã³⁴⁻³⁵ kuã⁵³⁻²¹ 嘉定：hã⁵⁵ tsã²¹（无字）	一点也不剩
151	空落落 kʰoŋ⁵³⁻⁵⁵loʔ²⁻³loʔ²⁻²		空空如也
152	空荡荡 kʰoŋ⁵³⁻⁵⁵dã¹³⁻³³dã¹³⁻²¹		空荡无物
153	头头转 dɤ¹³⁻²²dɤ¹³⁻⁵⁵tsø³⁴⁻²¹ 团团转 dø¹³⁻²²dø¹³⁻⁵⁵tsø³⁴⁻²¹	崇明：忙兜兜 mã²⁴⁻²⁴tø⁵⁵⁻⁵⁵tø⁵⁵⁻⁵⁵	忙
154	倦搭搭 dzyø¹³⁻²²taʔ⁵⁻⁵taʔ⁵⁻² 倦迷迷 dzyø¹³⁻²²mi¹³⁻⁵⁵mi¹³⁻²¹	金山ⁿᵉʷ：苏迷迷 su⁵³⁻⁵⁵mi³¹⁻⁵⁵mi³¹⁻³¹ 嘉定：眼翻嘴欠 ŋE¹³⁻²²fE⁵³⁻⁵⁵tsʅ³⁴⁻³³tɕʰiɪ²⁻²¹	疲倦欲睡的样子
155	筛=驮 sa⁵³⁻⁵⁵du¹³⁻²¹ 吃力 tɕʰiɪʔ⁵⁻³liɪʔ²⁻⁴	松江：落锥=驮ɔʔ²⁻²zu³¹⁻⁵³ 青浦：撒=驮 sa⁴⁴⁻⁴⁴du³¹⁻⁵³	（1）劳累 （2）费劲
156	猛门 mã¹³⁻²²məŋ¹³⁻⁴⁴	川沙：乌里嘛理 u⁵³⁻⁵⁵li²¹³⁻⁵⁵ma⁵³⁻⁵⁵li²¹³⁻²¹ 浦东：乌里蛮里 u⁵³⁻⁵⁵li¹³⁻⁵⁵mE²¹³⁻⁵⁵li¹³⁻²¹ 南汇：乌里蛮里 u⁵³⁻⁵⁵li¹³⁻⁵⁵mE²¹³⁻⁵⁵li¹³⁻²¹ 青浦ⁿᵉʷ：蛮 mE⁵³	蛮不讲理
157	落乔 loʔ²⁻¹dziɔ¹³⁻²³	浦东：无赖细作 βu²¹³⁻⁵⁵la¹³⁻²²si³⁵⁻³³tsoʔ⁵⁻⁵ 南汇：杀胚 saʔ⁵⁻⁵pʰe⁵³⁻⁵³ 青浦ⁿᵉʷ：塌皮 tʰæʔ⁵⁻⁴bi³¹⁻⁵³ 青浦ⁿᵉʷ：无赖 ɦu³¹⁻¹³la²¹³⁻²¹	无赖

(续表)

序号	上海市区方言	上海郊区方言	普通话
158	辣手辣脚 laʔ²⁻¹sɤ³⁴⁻²²laʔ²⁻²tɕia⁵⁻²³/ laʔ²⁻²sɤ³⁴⁻⁵⁵laʔ²⁻²tɕia⁵⁻²¹	松江：杀辣 sæʔ⁵⁻⁴laʔ²⁻⁴ 嘉定：杀辣 saʔ⁵⁻⁴laʔ²⁻² 川沙：辣手 læʔ²⁻²sɤ⁴⁴⁻³⁴ 青浦新：辣手 læʔ²⁻⁴su⁴⁴⁻⁵⁵ 金山新：凶辣 ɕioŋ⁵³⁻⁴⁴læʔ²⁻²	手段毒辣，凶残
159	促揢促揢 tsʰoʔ⁵⁻³liʔ¹³⁻⁵⁵tsʰoʔ⁵⁻³kʰaʔ⁵⁻²¹ 促揢 tsʰoʔ⁵⁻³kʰaʔ⁵⁻⁴	崇明：挖揢 uaʔ⁵⁻⁴kʰaʔ⁵⁻²	（1）心地狭窄 （2）行为刁钻，爱捉弄人 （3）使人难以对付
160	贪小 tʰE⁵³⁻⁵⁵ɕiɔ³⁴⁻²¹	市区新：贪小便宜 tʰE⁵³⁻⁵⁵ɕiɔ³⁴⁻³³biʔ¹³⁻³³n̩i¹³⁻²¹ 浦东：贪小利 tʰe⁵³⁻⁵⁵siɔ⁴⁴⁻³³li¹³⁻²¹ 嘉定：尖 tsiɪ⁵³	爱占小便宜
161	疙瘩 kəʔ⁵⁻³taʔ⁵⁻⁴	川沙：格里疙瘩 kæʔ⁵⁻³li²¹³⁻⁵⁵kæʔ⁵⁻³taʔ⁵⁻²¹ 南汇：贪小利 tʰe⁵³⁻⁵⁵siɔ⁴⁴⁻³³li¹³⁻²¹	（1）心里别扭 （2）事情麻烦 （3）人不易满足，依瓣人哪能介~个啦？
162	文气 vəŋ¹³⁻²²tɕʰi³⁴⁻⁴⁴	青浦新：文雅 vəŋ³¹⁻¹³øia⁴⁴⁻²¹ 嘉定：文 vẽ³¹	（1）文静 （2）语言文雅，接近标准语
163	卷气 tɕyø³⁴⁻³³tɕʰi³⁴⁻⁴⁴	金山新：书卷气 ɕy⁵³⁻³³tɕyø⁴⁴⁻⁵⁵tɕʰi¹³⁻³¹	言语雅洁，举止斯文
164	武气 vu¹³⁻²²tɕʰi³⁴⁻⁴⁴	青浦新：粗气 tsʰu⁵³⁻⁴⁴tɕʰi³⁵⁻²¹	言行粗犷，粗鲁
165	清趣 tɕʰiŋ⁵³⁻⁵⁵tɕʰy³⁴⁻²¹		高雅，爱洁净
166	一本三正经 iɪʔ⁵⁻³pəŋ³⁴⁻⁵⁵sE⁵³⁻³³tsəŋ³⁴⁻³³tɕiŋ⁵³⁻²¹ 一本正经 iɪʔ⁵⁻³pəŋ³⁴⁻³³tsəŋ³⁴⁻³³tɕiŋ⁵³⁻²¹		一本正经
167	正行正经 tsəŋ³⁴⁻³³ɦã¹³⁻⁵⁵tsəŋ³⁴⁻³³tɕiŋ⁵³⁻²¹	浦东：大团正经 da¹³⁻²²dø²¹³⁻⁵⁵tsəŋ³³⁻³³tɕiŋ⁵³⁻²¹ 南汇：正常正经 tsəŋ³⁵⁻³⁵zã⁵⁵⁻³³tsəŋ³⁵⁻³³ɕiŋ⁵³⁻²¹	（1）正当的 （2）正经地
168	正门正路 tsəŋ³⁴⁻³³məŋ¹³⁻⁵⁵tsəŋ³⁴⁻³³lu¹³⁻²¹	青浦新：一本正经 øiɪʔ⁵⁻⁵pəŋ⁴⁴⁻⁵⁵tsəŋ³⁵⁻⁵⁵tɕiŋ⁵³⁻²¹	严肃而认真

（续表）

序号	上海市区方言	上海郊区方言	普通话
169	顶真 tiŋ$^{34\text{-}33}$tsəŋ$^{53\text{-}44}$ 认真 ȵin$^{13\text{-}22}$tsəŋ$^{53\text{-}44}$	松江^{新}：认行认真 ȵin$^{13\text{-}33}$ɦã$^{31\text{-}33}$ȵin$^{13\text{-}53}$tsʌn$^{53\text{-}31}$	认真
170	呒请头 ɦm̩$^{13\text{-}22}$tɕhiŋ$^{53\text{-}55}$dɣ$^{13\text{-}21}$		（1）凭一时兴趣，有始无终 （2）行为等没有规矩，出轨
171	懒扑＝ lɛ$^{13\text{-}22}$pho$^{5\text{-}4}$ 懒 lɛ^{13} 懒惰 lɛ$^{13\text{-}22}$du$^{13\text{-}44}$		懒惰
172	硬气 ŋã$^{13\text{-}22}$tɕhi$^{34\text{-}44}$	嘉定：上硬 zã$^{13\text{-}22}$ŋã$^{13\text{-}24}$ 嘉定：撬硬 tɕhiŋ$^{53\text{-}55}$ŋã$^{13\text{-}21}$ 嘉定：有山硬劲 ɦy$^{13\text{-}13}$sɛ$^{53\text{-}55}$ŋã$^{13\text{-}33}$tɕiŋ$^{34\text{-}21}$	刚强有骨气
173	弹硬 dɛ$^{13\text{-}22}$ŋã$^{13\text{-}44}$		（1）坚强 （2）货物质量好
174	老茄 lɔ$^{13\text{-}22}$ga$^{13\text{-}44}$ 老茄茄 lɔ$^{13\text{-}22}$ga$^{13\text{-}55}$ga$^{13\text{-}21}$ 老茄三千 lɔ$^{13\text{-}22}$ga$^{13\text{-}55}$sɛ$^{53\text{-}33}$tɕhi$^{53\text{-}21}$	松江：老卯式气 lɔ$^{22\text{-}22}$lø$^{22\text{-}55}$sʌ$^{5\text{-}3}$chi$^{35\text{-}21}$ 川沙：老窃三四 lɔ$^{213\text{-}22}$tɕhiʔ$^{5\text{-}5}$sɛ$^{53\text{-}3}$sʅ$^{35\text{-}21}$ 南汇：老卯博鸟 lɔ$^{113\text{-}22}$lø$^{113\text{-}55}$ʔbɔʔ$^{5\text{-}5}$diɔ$^{44\text{-}21}$	（1）老成 （2）摆老资格，自以为了不起
175	老七老八 lɔ$^{13\text{-}22}$tɕhiʔ$^{5\text{-}5}$lɔ$^{13\text{-}33}$paʔ$^{5\text{-}2}$ 老三老四 lɔ$^{13\text{-}22}$sɛ$^{53\text{-}55}$lɔ$^{13\text{-}33}$sʅ$^{34\text{-}21}$	青浦^{新}：老茄 lɔ$^{213\text{-}22}$ga$^{213\text{-}44}$	态度傲慢，摆老资格
176	结棍 tɕiʔ$^{5\text{-}3}$kuəŋ$^{34\text{-}44}$		（1）身体结实强壮 （2）厉害
177	冷面滑稽 lã$^{13\text{-}22}$mi$^{13\text{-}55}$ɦuaʔ$^{2\text{-}3}$tɕi$^{34\text{-}21}$		说话者神情漠然而说的话却令人捧腹
178	滑头滑脑 ɦuaʔ$^{2\text{-}1}$dɣ$^{13\text{-}22}$ɦuaʔ$^{2\text{-}2}$nɔ$^{13\text{-}23}$/ ɦuaʔ$^{2\text{-}2}$dɣ$^{13\text{-}55}$ɦuaʔ$^{2\text{-}3}$nɔ$^{13\text{-}21}$ 油头滑脑 ɦiɤ$^{13\text{-}22}$dɣ$^{13\text{-}55}$ɦuaʔ$^{12\text{-}3}$nɔ$^{13\text{-}21}$	南汇：滑头滑颈 βuaʔ$^{2\text{-}2}$dɣ$^{113\text{-}22}$βuaʔ$^{2\text{-}2}$ciŋ$^{44\text{-}23}$	狡猾轻浮
179	嬉皮搨脸 ɕi$^{53\text{-}55}$bi$^{13\text{-}33}$thaʔ$^{5\text{-}3}$li$^{13\text{-}21}$ 嬉皮笑脸 ɕi$^{53\text{-}55}$bi$^{13\text{-}33}$ɕiɔ$^{34\text{-}33}$li$^{13\text{-}21}$	嘉定：嬉搨嬉搨 ɕi$^{53\text{-}55}$thaʔ$^{5\text{-}2}$ɕi$^{53\text{-}55}$thaʔ$^{5\text{-}2}$	嬉皮笑脸

（续表）

序号	上海市区方言	上海郊区方言	普通话
180	放心托胆 fã$^{34-33}$ɕiŋ$^{53-55}$tʰoʔ$^{5-3}$tɛ$^{34-21}$	金山^{新}：大胆放心 du$^{35-43}$tɛ$^{44-43}$fã$^{13-33}$ɕiæŋ$^{53-21}$	大胆放心
181	胆胆大大 tɛ$^{34-33}$tɛ$^{34-55}$du$^{13-33}$du$^{13-21}$	松江^{新}：胆子大点 dɛ$^{13-44}$tsɿ$^{44-43}$du$^{13-32}$ti$^{44-22}$ 青浦^{新}：胆大 tɛ$^{44-44}$du$^{213-44}$	大胆地
182	花功道地 ho$^{53-55}$koŋ$^{53-33}$dɔ$^{13-33}$di$^{13-21}$		善于讨好女性
183	死皮揩脸 ɕi$^{34-33}$bi$^{13-55}$tʰaʔ$^{5-3}$li$^{13-21}$ 死皮赖脸 ɕi$^{34-33}$bi$^{13-55}$la$^{13-33}$li$^{13-21}$	嘉定：死皮ʔmɯ^{53}来（无字）si$^{34-33}$bi$^{31-55}$ʔmɯ$^{53-33}$lɛ$^{31-21}$	不知羞耻，一味纠缠
184	贼头狗脑 zəʔ$^{2-1}$dɤ$^{13-22}$kɤ$^{34-22}$nɔ$^{13-23}$ / zəʔ$^{2-2}$dɤ$^{13-55}$kɤ$^{34-33}$nɔ$^{13-21}$ 贼形贼状 zəʔ$^{2-1}$ɦiŋ$^{13-22}$zəʔ$^{2-2}$zã$^{13-23}$ / zəʔ$^{2-2}$ɦiŋ$^{13-55}$zəʔ$^{2-3}$zã$^{13-21}$ 贼头贼脑 zəʔ$^{2-1}$dɤ$^{13-22}$zəʔ$^{2-2}$nɔ$^{13-23}$ / zəʔ$^{2-2}$dɤ$^{13-55}$zəʔ$^{2-3}$nɔ$^{13-21}$	松江：贼形狗背 zʌʔ$^{2-2}$ɦiŋ$^{31-55}$kɯ$^{44-33}$ʔbɛ$^{35-21}$ 奉贤：鬼头鬼脑 cy$^{44-33}$dɯ$^{31-55}$cy$^{44-33}$nɔ$^{22-21}$ 宝山：贼脱里兮 zəʔ$^{2-2}$tʰəʔ$^{2-5}$li$^{13-22}$ɕi$^{53-24}$	鬼鬼祟祟
185	邓禄普 dəʔ$^{2-22}$loʔ$^{2-5}$pʰu$^{34-21}$	松江：厚脂纳＝答＝ ɦɯ$^{22-22}$tsɿ$^{53-55}$nəʔ$^{2-3}$dəʔ$^{5-2}$ 松江^{新}：老面皮 lɔ$^{13-43}$mi$^{13-35}$bi$^{31-53}$ 浦东：老面皮 lɔ$^{13-22}$mi$^{13-55}$bi$^{213-21}$ 奉贤：老面皮 lɔ$^{13-22}$mi$^{13-55}$bi$^{213-21}$ 嘉定：老面皮 lɔ$^{13-22}$miĩ$^{13-55}$bi$^{31-21}$	脸皮厚，不知羞耻
186	下作 ɦo$^{13-22}$tsoʔ$^{5-4}$ 下流 ɦo$^{13-22}$liɤ$^{13-44}$		下流
187	着力 zaʔ$^{2-1}$liʔ$^{2-2}$		（1）用力 （2）厉害
188	把细 po$^{34-33}$ɕi$^{34-44}$ 皮细 bi$^{13-22}$ɕi$^{34-44}$ 仔细 tsɿ$^{34-33}$ɕi$^{34-44}$	崇明：细逐 ɕi$^{33-42}$dzoʔ$^{2-5}$	仔细
189	笃笃定定 toʔ$^{5-3}$toʔ$^{5-5}$diŋ$^{13-33}$diŋ$^{13-21}$ 笃笃定 toʔ$^{5-3}$toʔ$^{5-5}$diŋ$^{13-21}$ 笃定泰山 toʔ$^{5-3}$diŋ$^{13-55}$tʰa$^{34-33}$sɛ$^{53-53}$ 笃定 toʔ$^{5-3}$diŋ$^{13-44}$	松江：体泰 tʰi$^{44-44}$tʰa$^{35-44}$ 松江：沰三 ʔdəʔ$^{5-4}$sɛ$^{53-53}$	（1）有把握，一定 （2）从容不迫

（续表）

序号	上海市区方言	上海郊区方言	普通话
190	笃笃叫 toʔ⁵⁻³toʔ⁵⁻⁵tɕiɤ³⁴⁻²¹		很笃定的样子
191	笃悠悠 toʔ⁵⁻³iɤ⁵³⁻⁵⁵iɤ⁵³⁻²¹		从容不迫，心中踏实
192	一门心思 iiʔ⁵⁻³mən¹³⁻⁵⁵ɕin⁵³⁻³³sɿ⁵³⁻²¹		一心一意，专心
193	有心相 hiɤ¹³⁻²²ɕin⁵³⁻⁵⁵ɕiã³⁴⁻²¹ 有心有相 hiɤ¹³⁻²²ɕin⁵³⁻⁵⁵ɦiɤ¹³⁻³³ɕiã³⁴⁻²¹		做事专心且有耐性
194	定心定相 din¹³⁻²²ɕin⁵³⁻⁵⁵din¹³⁻³³ɕiã³⁴⁻²¹	浦东：定心 din¹³⁻²²sin⁵³⁻⁵³ 南汇：定心 din¹³⁻²²sin⁵³⁻⁵³ 嘉定：有心有想 ɦy¹³⁻²²sin⁵³⁻⁵⁵ɦy¹³⁻³³siã³⁴⁻²¹	安心
195	有长性 hiɤ¹³⁻²²zã¹³⁻⁵⁵ɕin³⁴⁻²¹		有恒心，能持久
196	轻健 tɕʰin⁵³⁻⁵⁵dzi¹³⁻²¹ 鲜健 ɕi⁵³⁻⁵⁵dzi¹³⁻²¹	嘉定⁽旧⁾：青健 tsʰin⁵³⁻⁵⁵dzin¹³⁻²¹	老年人身体健朗
197	五筋吼六筋 ɦin¹³⁻²²tɕin⁵³⁻³³·hɤ³⁴⁻³³[hã⁵³⁻³³]·loʔ²⁻¹tɕin⁵³⁻²³	浦东：心急火急 sin⁵³⁻⁵⁵tɕiʔ⁵⁻⁵ɸu⁴⁴⁻³³tɕiʔ⁵⁻² 嘉定：五筋狠六筋 ŋ¹³⁻²²tɕin¹³⁻²⁴hẽ³⁴⁻³⁴loʔ²⁻¹tɕin⁵³⁻²⁴	说话等急迫而激烈
198	汗淋淋 ɦø¹³⁻²²lin¹³⁻⁵⁵lin¹³⁻²¹ 汗湿劳曹 ɦø¹³⁻²²sɐʔ⁵³³⁻³³zɔ¹³⁻²¹ 汗沥沥 ɦø¹³⁻²²liʔ²⁻⁵liʔ²⁻²	松江：汗蒲露渧 ɦø¹³⁻²²bu³¹⁻²²lu¹³⁻²²ʔdi³⁵⁻²² 川沙：汗嗒嗒 ɦø¹³⁻²²taʔ⁵⁻⁵taʔ⁵⁻⁵³ 浦东：汗爬沥滴 ɦø¹³⁻²²bõ²¹³⁻⁵⁵liʔ²⁻⁵ʔdi⁵⁻² 南汇：汗爬沥滴 ɦø¹³⁻²²bõ²¹³⁻⁵⁵liʔ²⁻⁵ʔdi⁵⁻² 南汇：汗爬淋丁 ɦø¹³⁻²²bo¹¹³⁻⁵⁵lin¹¹³⁻⁵⁵ʔdin⁵³⁻²¹ 青浦⁽新⁾：满头大汗 mir²¹³⁻⁴⁴du³¹⁻⁴⁴du²¹³⁻⁴⁴ɦyø²¹³⁻²¹ 青浦⁽新⁾：一身汗 øiiʔ⁵⁻⁵sən⁵³⁻⁵⁵ɦyø²¹³⁻²¹ 嘉定：汗出塔潽 ɦu¹³⁻²²tsʰəʔ⁵⁻⁵tʰa⁵⁻³pʰu⁵³⁻²¹ 嘉定：汗湿累堆 ɦu¹³⁻²²sɐʔ⁵³³⁻³³lə¹³⁻³³tø⁵³⁻²¹	大汗淋漓
199	极⁼ dziiʔ² 急 tɕiʔ⁵		急躁，急促

（续表）

序号	上海市区方言	上海郊区方言	普通话
200	猴极ˉ极ˉ ɦɤ¹³⁻²²dziɪʔ²⁻⁵dziɪʔ²⁻²	青浦^新：极ˉ吼吼 dziɪʔ²⁻²hu⁴⁴⁻⁴⁴hu⁴⁴⁻²¹ 嘉定：极ˉ吼吼 dziɪʔ²⁻¹hə³⁴⁻²⁴hə³⁴⁻²¹	急不可耐
201	极ˉ吼吼 dziɪʔ²⁻¹ɦɤ³⁴⁻²²ɦɤ³⁴⁻²³ 极ˉ里里 dziɪʔ²⁻¹li¹³⁻²²li¹³⁻²³ 极ˉ出无赖 dziɪʔ²⁻⁵tsʰə²⁻⁵ɦu¹³⁻²²la¹³⁻²³ / dziɪʔ²⁻⁵tsʰə²⁻⁵ɦu¹³⁻³³la¹³⁻²¹	松江：猴形极状 ɦiu³¹⁻²²ɦin³¹⁻²²jiəʔ²⁻²zã¹³⁻²² 松江：极汗浑身 jiəʔ²⁻²ɦø¹³⁻³⁵·βoŋ³¹⁻¹³səŋ⁵³⁻⁵³ 南汇：猴极心相 ɦɤ¹¹³⁻²²ʃiɪʔ²⁻³siŋ⁵³⁻⁴⁴siã³⁵⁻⁴⁴	急躁不安
202	啰里啰唆 lu⁵³⁻⁵⁵li¹³⁻³³lu⁵³⁻³³su⁵³⁻²¹ 啰里八唆 lu⁵³⁻⁵⁵li¹³⁻³³paʔ⁵⁻³su⁵³⁻²¹ 啰唆 lu⁵³⁻⁵⁵su⁵³⁻²¹	松江：馋尖ˉ zɛ³¹⁻¹³tsi⁵³⁻⁵³ 松江：馋尖ˉ百槽 zɛ³¹⁻²⁴tsi⁵³⁻⁵⁵baʔ⁵⁻³tsɔ⁵³⁻⁵³ 浦东：叽ˉ伯啰唆 tɕi⁵³⁻⁵⁵baʔ²⁻⁵lu¹³⁻³³su⁵³⁻²¹ 南汇：叽ˉ伯啰唆 tɕi⁵³⁻⁵⁵ʔbaʔ²⁻⁵lu¹³⁻³³su⁵³⁻²¹	（1）事情繁多 （2）言语琐碎
203	尴里尴尬 kᴇ⁵³⁻⁵⁵li¹³⁻³³kᴇ⁵³⁻³³ka¹³⁴⁻²¹ 尴尬 kᴇ⁵³⁻⁵⁵ka³⁴⁻²¹		尴尬
204	勿尴勿尬 vəʔ²⁻³kᴇ⁵³⁻⁵⁵vəʔ²⁻³ka³⁴⁻²¹ 尴里勿尴尬 kᴇ⁵³⁻⁵⁵li¹³⁻³³vəʔ²⁻³kᴇ⁵³⁻³³ka³⁴⁻²¹		很尴尬
205	呒趣相 ɦm¹³⁻²²tɕʰy³⁴⁻⁵⁵ɕiã³⁴⁻²¹ 呒趣 ɦm¹³⁻²²tɕʰy³⁴⁻⁴⁴	青浦^新：难堪 nᴇ³¹⁻¹³kʰø⁵³⁻²¹	没趣，难堪
206	呱拉松脆 kuaʔ⁵⁻³laʔ¹²⁻⁵soŋ⁵³⁻³³tsʰø³⁴⁻²¹	金山^新：脆 tsʰø¹³	（1）食物松脆 （2）声音清脆 （3）办事干脆
207	活卜鲜跳 ɦuəʔ²⁻¹poʔ⁵⁻²ɕi¹³⁻²²tʰiɔ³⁴⁻²³ / ɦuəʔ²⁻²poʔ⁵⁻⁵ɕi³³⁻²²tʰiɔ³⁴⁻²¹ 活卜活跳 ɦuəʔ²⁻¹poʔ⁵⁻²ɦuəʔ²⁻²tʰiɔ³⁴⁻²³ / ɦuəʔ²⁻²poʔ⁵⁻⁵ɦuəʔ²⁻³tʰiɔ³⁴⁻²¹ 鲜卜活挑 ɕi⁵³⁻⁵⁵poʔ⁵⁻²ɦuəʔ²⁻³tʰiɔ³⁴⁻²¹	浦东：鲜蹦活跳 si⁵³⁻⁵⁵ʔbəŋ⁵³⁻²ɦuəʔ²⁻⁵tʰiɔ³⁵⁻²³ 嘉定：鲜蹦活跳 siɪ⁵³⁻³³pẽ⁵³⁻⁵⁵ɦuəʔ²⁻³tʰiɔ³⁴⁻²¹ 青浦：鲜龙活跳 si⁵³⁻⁴⁴loŋ³¹⁻⁴⁴βuəʔ²⁻⁴tʰiɔ³⁵⁻²¹	形容鱼虾等鲜活
208	油光光 ɦiɤ¹³⁻²²kuã⁵³⁻⁵⁵kuã⁵³⁻²¹ 油汪汪 ɦiɤ¹³⁻²²uã⁵³⁻⁵⁵uã⁵³⁻²¹ 油滋滋 ɦiɤ¹³⁻²²tsɿ⁵³⁻⁵⁵tsɿ⁵³⁻²¹	嘉定：油滋夹腻腻 ɦiy³¹⁻²²tsɿ⁵³⁻⁵⁵kaʔ²⁻⁵ni¹³⁻³³ni¹³⁻²¹ 嘉定：油扎遢搭 ɦiy³¹⁻²²tsaʔ²⁻⁵laʔ²⁻⁵taʔ⁵⁻²	油多得要往外冒

（续表）

序号	上海市区方言	上海郊区方言	普通话
209	省劲 sã$^{34\text{-}33}$tɕiŋ$^{34\text{-}44}$	松江：了紧＝ liɔ$^{22\text{-}24}$ciŋ$^{44\text{-}21}$ 金山^{新}：省领 sɛ̃$^{44\text{-}44}$liæŋ$^{35\text{-}44}$	（1）省力,轻松 （2）省钱
210	便当 bi$^{34\text{-}33}$tã$^{34\text{-}44}$	金山^{新}：省领 sɛ̃$^{44\text{-}44}$liæŋ$^{35\text{-}44}$	（1）方便 （2）容易
211	惹气 za$^{13\text{-}22}$tɕʰi$^{34\text{-}44}$ 触气 tsʰoʔ$^{5\text{-}3}$tɕʰi$^{34\text{-}44}$	浦东：惹人恨 zaʔ$^{13\text{-}22}$niŋ$^{213\text{-}55}$ɦən$^{13\text{-}21}$ 嘉定：触心 tsʰoʔ$^{5\text{-}4}$siŋ$^{53\text{-}53}$	（1）令人讨厌的 （2）生气,讨厌
212	腻心 ȵi$^{13\text{-}22}$ɕiŋ$^{53\text{-}44}$ 腻心八腊 ȵi$^{13\text{-}22}$ɕiŋ$^{53\text{-}55}$paʔ$^{5\text{-}3}$laʔ$^{2\text{-}2}$		令人恶心、作呕
213	颠倒 ti$^{53\text{-}55}$tɔ$^{34\text{-}21}$		（1）位置相反 （2）错乱(神经~)
214	丁倒 tiŋ$^{53\text{-}55}$tɔ$^{34\text{-}21}$		颠三倒四
215	一样生 iʔ$^{5\text{-}3}$ɦiã$^{13\text{-}55}$sã$^{53\text{-}21}$ 一样 iʔ$^{5\text{-}3}$ɦiã$^{13\text{-}44}$		相同
216	断命 dø$^{13\text{-}22}$miŋ$^{13\text{-}44}$	川沙：要死 iɔ$^{35\text{-}35}$ɕi$^{44\text{-}21}$	（1）詈语,在名词前 （2）要命(真~)
217	相赢 ɕiã$^{53\text{-}55}$ɦiŋ$^{13\text{-}21}$	浦东：便宜着 bi$^{213\text{-}22}$ȵi$^{213\text{-}55}$zaʔ$^{23\text{-}5}$ 南汇：便宜着 bi$^{213\text{-}22}$ȵi$^{213\text{-}55}$zaʔ$^{23\text{-}5}$	得便宜
218	独门独户 doʔ$^{2\text{-}1}$mən$^{13\text{-}22}$doʔ$^{2\text{-}2}$ɦiu$^{13\text{-}23}$ / doʔ$^{2\text{-}2}$mən$^{13\text{-}55}$doʔ$^{2\text{-}3}$ɦiu$^{13\text{-}21}$ 独家独户 doʔ$^{2\text{-}1}$ka$^{53\text{-}22}$doʔ$^{2\text{-}2}$ɦiu$^{13\text{-}23}$ / doʔ$^{2\text{-}2}$ka$^{53\text{-}55}$doʔ$^{2\text{-}3}$ɦiu$^{13\text{-}21}$	浦东：独家村 doʔ$^{2\text{-}2}$ka$^{53\text{-}22}$tsʰən$^{53\text{-}34}$ 南汇：独家村 doʔ$^{2\text{-}2}$ka$^{53\text{-}22}$tsʰən$^{53\text{-}34}$ 青浦^{新}：独家宅基 doʔ$^{31\text{-}13}$ka$^{53\text{-}44}$zaʔ$^{2\text{-}2}$tɕi$^{53\text{-}21}$	单家独户,独家
219	阿末 aʔ$^{5\text{-}3}$məʔ$^{2\text{-}4}$ 辣末 laʔ$^{2\text{-}1}$məʔ$^{2\text{-}2}$ 末脚 məʔ$^{2\text{-}1}$tɕiaʔ$^{5\text{-}2}$ 着末脚 zaʔ$^{2\text{-}1}$məʔ$^{2\text{-}2}$tɕiaʔ$^{5\text{-}2}$	浦东：阿末来 aʔ$^{5\text{-}3}$məʔ$^{2\text{-}5}$le$^{213\text{-}21}$ 南汇：阿末来 aʔ$^{5\text{-}3}$məʔ$^{2\text{-}5}$le$^{213\text{-}21}$ 嘉定：阿末脚 aʔ$^{5\text{-}3}$məʔ$^{2\text{-}5}$tɕiaʔ$^{5\text{-}2}$	（1）最后的 （2）最后
220	特里特别 dəʔ$^{2\text{-}2}$li$^{13\text{-}2}$dəʔ$^{2\text{-}2}$biʔ$^{2\text{-}2}$ / dəʔ$^{2\text{-}2}$li$^{13\text{-}55}$dəʔ$^{2\text{-}3}$biʔ$^{2\text{-}2}$	松江：比众 ʔbi$^{44\text{-}44}$tsoŋ$^{35\text{-}44}$ 浦东：突出 dæʔ$^{2\text{-}2}$tsʰæʔ$^{5\text{-}3}$ 金山^{新}：特别 dəʔ$^{2\text{-}2}$biʔ$^{31\text{-}53}$ 嘉定：特出 dəʔ$^{2\text{-}2}$tsʰəʔ$^{5\text{-}3}$ 崇明：异样 ɦi$^{313\text{-}31}$ɦiã$^{313\text{-}33}$	与众不同,贬义

（续表）

序号	上海市区方言	上海郊区方言	普通话
221	惹眼 za¹³⁻²²ŋE¹³⁻⁴⁴ 起眼 tɕʰi³⁴⁻³³ŋE¹³⁻⁴⁴	浦东：惹眼精光 za¹³⁻²²ŋE²¹³⁻⁵⁵tsiŋ⁵³⁻⁵⁵kuã⁵³⁻²¹ 浦东：起影 tɕʰi⁴⁴⁻³⁵iŋ⁴⁴⁻²¹ 南汇：起影 tɕʰi⁴⁴⁻³⁵iŋ⁴⁴⁻²¹ 青浦新：显眼 ɕiɪ⁴⁴⁻⁴⁴ŋE²¹³⁻⁴⁴ 嘉定：抢眼 tsʰia³⁴⁻³⁵ŋE¹³⁻²¹	醒目
222	单零 tE⁵³⁻⁵⁵liŋ¹³⁻²¹	浦东：单零头 ʔdɛ⁵³⁻⁵⁵liŋ²¹³⁻⁵⁵dɤ²¹³⁻⁵³ 南汇：单零头 ʔdɛ⁵³⁻⁵⁵liŋ²¹³⁻⁵⁵dɤ²¹³⁻⁵³	物品成单不双
223	孤单单 ku⁵³⁻⁵⁵tE⁵³⁻³³tE⁵³⁻²¹ 孤零零 ku⁵³⁻⁵⁵liŋ¹³⁻³³liŋ¹³⁻²¹ 孤单 ku⁵³⁻⁵⁵tE⁵³⁻²¹ 独吊 doʔ²⁻¹tio³⁴⁻²³ 独吊吊 doʔ²⁻¹tio³⁴⁻²²tio³⁴⁻²³ᵏⁿ		单身无靠，感到寂寞
224	一落式 iɪʔ⁵⁻³loʔ²⁻⁵səʔ⁵⁻² 一脱式 iɪʔ⁵⁻³tʰəʔ⁵⁻⁵səʔ⁵⁻² 一式一样新 iɪʔ⁵⁻³səʔ⁵⁻⁵iɪʔ⁵⁻³ɦiã¹³⁻²¹ 一似一样 iɪʔ⁵⁻³zɿ¹³⁻⁵⁵iɪʔ⁵⁻³ɦiã¹³⁻²¹ 一似一式 iɪʔ⁵⁻³zɿ¹³⁻⁵⁵iɪʔ⁵⁻³səʔ⁵⁻² 一模一样新 iɪʔ⁵⁻³moʔ²⁻⁵iɪʔ⁵⁻³ɦiã¹³⁻²¹	崇明：一物式 iaʔ⁵⁻³məʔ²⁻⁵səʔ⁵⁻²	一样的
225	牵匀 tɕʰi⁵³⁻⁵⁵ɦyŋ¹³⁻²¹[ɦyoŋ¹³⁻²¹]	青浦新：均匀 tɕion⁵³⁻⁴⁴ɦioŋ³¹⁻⁴²	平均,均匀
226	匀净 ɦyŋ¹³⁻²²[ɦyoŋ¹³⁻²²] ziŋ¹³⁻⁴⁴ 匀落 ɦyŋ¹³⁻²²[ɦyoŋ¹³⁻²²]loʔ²⁻⁴	青浦新：均匀 tɕion⁵³⁻⁴⁴ɦioŋ³¹⁻⁴²	粗细,大小,深浅等均匀一致
227	一落之匀 iɪʔ⁵⁻³loʔ²⁻⁵tsɿ⁵³⁻³³ɦyŋ¹³⁻²¹ [ɦyoŋ¹³⁻²¹] 一落匀 iɪʔ⁵⁻³loʔ²⁻⁵ɦyŋ¹³⁻²¹[ɦyoŋ¹³⁻²¹]	金山新：匀净 ɦyŋ³¹⁻¹³ziæn³⁵⁻³¹ 青浦新：一落式 øiɪʔ⁵⁻⁵loʔ²⁻⁵sɐʔ⁵⁻⁵	非常均匀
228	野野豁豁 ɦia¹³⁻²²ɦia¹³⁻⁵⁵huaʔ⁵⁻³huaʔ⁵⁻² 野豁豁 ɦia¹³⁻²²huaʔ⁵⁻⁵huaʔ⁵⁻²	松江：玄虚 ɦyø³¹⁻¹³ɕy⁵³⁻⁵³ 浦东：豁边 ɸuæʔ⁵⁻³ʔbi⁵³⁻⁵³ 南汇：豁边 ɸuæʔ⁵⁻³ʔbi⁵³⁻⁵³	（1）说话、办事不着边际,言过其实 （2）数目大或距离远
229	呱呱抖 kuaʔ⁵⁻³kuaʔ⁵⁻⁵tɤ³⁴⁻²¹ 角角抖 koʔ⁵⁻³koʔ⁵⁻⁵tɤ³⁴⁻²¹ 索索抖 soʔ⁵⁻³soʔ⁵⁻⁵tɤ³⁴⁻²¹	浦东：擎 dziŋ²¹³ 南汇：擎 dziŋ²¹³	不停地发抖

（续表）

序号	上海市区方言	上海郊区方言	普通话
230	浑渎渎 ɦuəŋ¹³⁻²² dɔʔ²⁻⁵ dɔʔ²⁻² 浑淘淘 ɦuəŋ¹³⁻²² dɔ¹³⁻⁵⁵ dɔ¹³⁻²¹		（1）浑浊 （2）头脑晕昏或糊涂
231	独˭独˭滚 dɔʔ²⁻¹ dɔʔ²⁻² kuəŋ³⁴⁻²³ 踏˭踏˭滚 daʔ²⁻¹ daʔ²⁻² kuəŋ³⁴⁻²³ 独˭独˭煎 dɔʔ²⁻¹ dɔʔ²⁻² tɕi⁵³⁻²³	川沙：独 = dɔʔ² 青浦：秃˭秃˭煎 tʰɔʔ⁵⁻⁴ tʰɔʔ⁵⁻⁴ tɕi⁵³⁻⁵³ 嘉定：千千滚 tsʰiɪ⁵³⁻⁵⁵ tsʰiɪ⁵³⁻³³ kuE³⁴⁻³³ 嘉定：独˭独˭翻 dɔʔ²⁻¹ dɔʔ²⁻¹ fE⁵³⁻²⁴	液体沸腾的样子
232	硬碰硬 ŋã¹³⁻²² pʰã³⁴⁻⁵⁵ ŋã¹³⁻²¹ 硬拍硬 ŋã¹³⁻²² pʰaʔ⁵⁻⁵ ŋã¹³⁻²¹		（1）成就、成绩等凭真本领 （2）公正,不循私情 （3）硬是,确实
233	呆板数 ŋE¹³⁻²² pE³⁴⁻⁵⁵ su³⁴⁻²¹ 板杀数 pE³⁴⁻³³ saʔ⁵⁻⁵ su³⁴⁻²¹ 呆板杀数 ŋE¹³⁻²² pE³⁴⁻⁵⁵ saʔ⁵⁻³ su³⁴⁻²¹	川沙：板额 ʔbɛ⁴⁴⁻³³ ŋaʔ²⁻⁵ 南汇：板杀之数 ʔbɛ⁴⁴⁻²² saʔ⁵⁻⁵ tsʅ⁵³⁻⁵⁵ su³⁵⁻²¹ 嘉定：呆板 ŋE³¹⁻²⁴ pE³⁴⁻²¹	可以预见的,肯定的
234	麦客麦客 maʔ²⁻¹ kʰaʔ⁵⁻² maʔ²⁻² kʰaʔ⁵⁻² / maʔ²⁻² kʰaʔ⁵⁻⁵ maʔ²⁻³ kʰaʔ⁵⁻²		形容钱多
235	一搭一挡 iɪʔ⁵⁻³ taʔ⁵⁻⁵ iɪʔ⁵⁻³ tã³⁴⁻²¹ 一吹一唱 iɪʔ⁵⁻³ tsʰʅ⁵³⁻⁵⁵ iɪʔ⁵⁻³ kshã³⁴⁻²¹		配合默契,常形容干坏事
236	七翘八裂 tɕʰiɪʔ⁵⁻³ tɕʰiɔ³⁴⁻⁵⁵ paʔ⁵⁻³ liɪʔ²⁻¹		形容器物扭曲变形
237	吭要吭紧 ɦiɯ¹³⁻²² iɔ³⁴⁻⁵⁵ ɦiɯ¹³⁻³³ tɕiŋ³⁴⁻²¹ 有要吭紧 ɦiɤ¹³⁻²² iɔ³⁴⁻⁵⁵ ɦiɯ¹³⁻³³ tɕiŋ³⁴⁻²¹	南汇：慢气吞 mɛ³⁵⁻³⁵ chi³⁵⁻⁴⁴ tʰəŋ⁵³⁻⁵³ 青浦新：慢吞吞 mɛ²¹³⁻⁴⁴ tʰəŋ⁵³⁻⁴⁴ tʰəŋ⁵³⁻²¹	不着急,慢腾腾
238	圆孛溜休 ɦyø¹³⁻²² bəʔ²⁻⁵ liɤ¹³⁻³³ ɕiɤ⁵³⁻³³ 的粒滚圆 tiɪ⁵⁻³ liɪ²⁻⁵ kuəŋ³⁴⁻³³ ɦyø¹³⁻²¹ 的滚势圆 tiɪ⁵⁻³ kuəŋ³⁴⁻⁵⁵ sʅ³⁴⁻³³ ɦyø¹³⁻²¹ 圆滚滚 ɦyø¹³⁻²² kuəŋ³⁴⁻⁵⁵ kuəŋ³⁴⁻²¹	闵行：圆溜溜 ɦyø³¹⁻²² liɤ⁵³⁻³³ liɤ⁵³⁻³³ 金山新：圆骨轮登 ɦø³¹⁻²² kuəʔ⁵⁻⁵ ləŋ³¹⁻³³ təŋ⁵³⁻³³ 嘉定：圆骨楞登 ɦiɯ¹³⁻²² kuəʔ⁵⁻² ləŋ³¹⁻²² təŋ⁵³⁻²⁴ 嘉定：的骨里圆 tiɪ⁵⁻³ kuəʔ⁵⁻² li¹³⁻²¹ ɦiɯ³¹⁻³¹ 崇明：圆纠纠 ɦyø³¹⁻²² tɕiə⁵⁵⁻³³ tɕiə⁵⁵⁻⁵⁵	很圆

（续表）

序号	上海市区方言	上海郊区方言	普通话
239	的角四方 tiɪʔ⁵⁻³koʔ⁵⁻⁵sɿ³⁴⁻³³fã⁵³⁻²¹ 四角方方 sɿ³⁴⁻³³koʔ⁵⁻⁵fã³³fã⁵³⁻²¹ 方笃笃 fã⁵³⁻⁵⁵toʔ⁵⁻³toʔ⁵⁻²	金山新：四四方方 sɿ¹³⁻²³sɿ¹³⁻⁵⁵fã⁵³⁻³³fã⁵³⁻³¹ 嘉定：四方的角 sɿ³⁴⁻³³fã⁵³⁻⁵⁵tiɪʔ⁵⁻³koʔ⁵⁻² 崇明：方方角角 fã⁵⁵⁻⁵⁵fã⁵⁵⁻⁵⁵koʔ⁵⁻⁵koʔ⁵⁻⁵	很方
240	红颜绿色 hoŋ¹³⁻²²ŋE¹³⁻⁵⁵loʔ²⁻³səʔ⁵⁻² 五颜六色 ḥŋ¹³⁻²²ŋE¹³⁻⁵⁵loʔ²⁻³səʔ⁵⁻²		五颜六色
241	本色 pəŋ³⁴⁻³³səʔ⁵⁻⁴⁴		绸布未经漂白时的颜色
242	白醮醮 baʔ²⁻¹liə¹³⁻²²liə¹³⁻²³	浦东：脱形 tʰœʔ⁵⁻³ɦiŋ²¹³⁻⁵³ 南汇：脱形 tʰœʔ⁵⁻³ɦiŋ²¹³⁻⁵³ 崇明：白条条 baʔ²⁻²diɔ²⁴⁻⁵⁵diɔ²⁴⁻⁵⁵	面无血色，苍白
243	面白撩俏 mi¹³⁻²²baʔ²⁻⁵liə¹³⁻²³tɕʰiɔ³⁴⁻²¹ 夹撩势白 kaʔ⁵⁻³liə¹³⁻⁵⁵sɿ³⁴⁻³³baʔ²⁻²	金山新：势白 sɿ¹³⁻¹²bʌʔ²⁻⁴ 嘉定：夹白 kaʔ⁵⁻⁴baʔ²⁻²	脸色苍白憔悴，无血色
244	黑塔塔 həʔ⁵⁻³tʰaʔ⁵⁻⁵tʰaʔ⁵⁻²	浦东：黑秃秃 həʔ⁵⁻³tʰoʔ⁵⁻⁵tʰoʔ⁵⁻² 南汇：黑秃秃 həʔ⁵⁻³tʰoʔ⁵⁻⁵tʰoʔ⁵⁻²	有些黑
245	黑皱皱 həʔ⁵⁻³tsɿ⁵³⁻⁵⁵tsɿ⁵³⁻²¹	青浦：黑赤赤 hʌʔ⁵⁻⁴tsʰʌʔ⁵⁻⁴tsʰʌʔ⁵⁻⁴ 青浦新：黑苍苍 hɐʔ⁵⁻⁵tsʰã⁵³⁻⁵⁵tsʰã⁵³⁻²¹ 宝山：黑油油 həʔ⁵⁻⁵ɦiɤ³¹⁻⁵⁵ɦiɤ³¹⁻⁵³	形容皮肤黑
246	黑卜六秃 həʔ⁵⁻³boʔ²⁻⁵loʔ²⁻³tʰoʔ⁵⁻² 黑卜隆冬 həʔ⁵⁻³boʔ²⁻⁵loŋ¹³⁻³³toŋ⁵³⁻²¹ 黑漆墨通 həʔ⁵⁻³tɕʰiɪʔ⁵⁻⁵məʔ²⁻³tʰoŋ⁵³⁻²¹ 黑铁墨秃 həʔ⁵⁻³tʰiɪʔ⁵⁻⁵məʔ²⁻³tʰoʔ⁵⁻²	嘉定：黑铁木塔 həʔ⁵⁻³tʰiɪʔ⁵⁻⁵moʔ²⁻³tʰaʔ²⁻² 嘉定：黑铁麦塔 həʔ⁵⁻³tʰiɪʔ⁵⁻⁵maʔ²⁻³tʰaʔ²⁻²	（1）形容颜色有些黑 （2）黑咕隆咚

（续表）

序号	上海市区方言	上海郊区方言	普通话
247	墨黢墨 məʔ²⁻¹tsʰəʔ⁵⁻²həʔ⁵⁻² 墨墨黑 məʔ²⁻¹məʔ²⁻²həʔ⁵⁻² 墨黑 məʔ²⁻¹həʔ⁵⁻² 乌黢黑 u⁵³⁻⁵⁵tsʰəʔ⁵⁻³həʔ⁵⁻²	蒲东：墨腾黢黑 məʔ²⁻²dəŋ²¹³⁻³⁴tsʰəʔ⁵⁻⁵həʔ⁵⁻² 南汇：墨里黢黑 məʔ²⁻²li¹¹³⁻¹¹³tsʰəʔ⁵⁻³həʔ⁵⁻⁵ 青浦新：乌黢墨黑 ø⁵³⁻⁴⁴tsʰɐʔ⁵⁻³məʔ²⁻³hɐʔ⁵⁻³ 嘉定：乌黢墨黑 u⁵³⁻⁵⁵tsʰəʔ⁵⁻³məʔ²⁻³həʔ⁵⁻²	（1）漆黑 （2）眼睛
248	灰卜六秃 huE⁵³⁻⁵⁵boʔ²⁻³loʔ²⁻³tʰoʔ⁵⁻²		很灰
249	灰扑扑 huE⁵³⁻⁵⁵pʰoʔ⁵⁻³pʰoʔ⁵⁻²		（1）很灰 （2）形容衣服或器物上多灰尘
250	灰秃秃 huE⁵³⁻⁵⁵tʰoʔ⁵⁻³tʰoʔ⁵⁻²		颜色灰暗
251	红衬衬 ɦoŋ¹³⁻²²tsʰəŋ⁵³⁻⁵⁵tsʰəŋ⁵³⁻²¹ 红稀稀 ɦoŋ¹³⁻²²ɕi⁵³⁻⁵⁵ɕi⁵³⁻²¹	嘉定：红堂堂 ɦoŋ³¹⁻²²dã³¹⁻⁵⁵dã³¹⁻²¹	有些红
252	红通通 ɦoŋ¹³⁻²²tʰoŋ⁵³⁻⁵⁵tʰoŋ⁵³⁻²¹ 红 ɦoŋ¹³		（1）红色 （2）顺利,受人重视
253	拘⁼红 ɕyø⁵³⁻⁴⁴·ɦoŋ¹³ 拘⁼拘⁼红 ɕyø⁵³⁻⁵⁵ɕyø⁵³⁻³³·ɦoŋ¹³ 血血红 ɕyʔ⁵⁻³[ɕyoʔ⁵⁻³]ɕyʔ⁵⁻³[ɕyoʔ⁵⁻³]·ɦoŋ¹³ 血红 ɕyʔ⁵⁻⁴[ɕyoʔ⁵⁻⁴]·ɦoŋ¹³	松江：煊煊红 ɕyø⁵³⁻⁴⁴ɕyø⁵³⁻⁴⁴·ɦoŋ³¹ 南汇：绯绯红 ɸi⁵³⁻⁵⁵ɸi⁵³⁻⁵⁵ɦoŋ¹¹³⁻⁵³	非常红,其红如血
254	洋红 ɦiã¹³⁻²²ɦoŋ¹³⁻⁴⁴ 外国红旧 ŋa¹³⁻²²koʔ⁵⁻³ɦoŋ¹³⁻²¹ 西洋红 ɕi⁵³⁻⁵⁵ɦiã¹³⁻³³ɦoŋ¹³⁻²¹	市区新：粉红 fəŋ³⁴⁻³³ɦoŋ¹³⁻⁴⁴ 金山新：粉红 fəŋ⁴⁴⁻²⁴ɦoŋ³¹⁻⁵³ 青浦新：粉红 fəŋ⁴⁴⁻⁴⁴ɦoŋ³¹⁻⁵³ 浦东：淡红 dɛ¹³⁻²²hoŋ²¹³⁻⁵³ 南汇：淡红 dɛ¹³⁻²²hoŋ²¹³⁻⁵³	粉红
255	碧绿生青 piʔ⁵⁻³loʔ²⁻⁵sã⁵³⁻³tɕʰiŋ⁵³⁻²¹	嘉定：碧光生青 piʔ⁵⁻³kuã⁵³⁻⁵⁵sã⁵³⁻³tsʰiŋ⁵³⁻²¹	非常绿,绿得可爱
256	鹦哥绿 ã⁵³⁻⁵⁵ku⁵³⁻³³loʔ²⁻²		像鹦鹉毛那样的颜色
257	湖绿 ɦu¹³⁻²²loʔ²⁻⁴ 水绿：sɿ³⁴⁻³³loʔ²⁻⁴		像湖水那样的绿色
258	苹果绿 biŋ¹³⁻²²ku³⁴loʔ²⁻²¹		像青苹果那样的浅绿色

（续表）

序号	上海市区方言	上海郊区方言	普通话
259	黄哈哈 ɦuã$^{13-22}$ha$^{53-55}$ha$^{53-21}$ 黄亨亨 ɦuã$^{13-22}$hã$^{53-55}$hã$^{53-21}$ 黄 ɦuã^{13}		（1）黄色 （2）喻指事情、计划等不能实现
260	蜡蜡黄 laʔ$^{2-1}$laʔ$^{2-3}$·ɦuã^{13} 蜡板黄 laʔ$^{2-1}$pE$^{34-33}$·ɦuã^{13} 蜡赤焦黄 laʔ$^{2-1}$tsʰa$^{5-22}$tɕio$^{53-33}$·ɦuã^{13} / laʔ$^{2-2}$tsʰa$^{5-5}$tɕio$^{53-33}$·ɦuã^{13} 蜡黄 laʔ$^{2-1}$ɦuã$^{13-23}$		蜡黄色
261	蓝亨亨 lE$^{13-22}$hã$^{53-55}$hã$^{53-21}$ 蓝 lE^{13}	川沙：蓝兮兮 lɛ$^{213-22}$ɕi$^{53-22}$ɕi$^{53-22}$ 金山：蓝滋滋 lɛ$^{31-44}$tsɿ$^{53-55}$tsɿ$^{53-21}$	蓝色
262	老虎黄 lɔ$^{13-22}$hu$^{34-55}$ɦuã$^{13-21}$		黄如虎毛
263	青奇奇 tɕʰiŋ$^{53-55}$dʑi$^{13-33}$dʑi$^{13-21}$ 青 tɕʰiŋ^{53}		（1）青色 （2）年龄小
264	蟹青 ha$^{34-33}$tɕʰiŋ$^{53-44}$	浦东：蟹壳青 ha$^{44-35}$kʰɔʔ$^{5-5}$tɕʰiŋ$^{53-53}$ 南汇：蟹壳青 ha$^{44-35}$kʰɔʔ$^{5-5}$tɕʰiŋ$^{53-53}$ 崇明：蟹壳青 ha$^{44-35}$kʰɔʔ$^{5-5}$tɕʰiŋ$^{53-53}$	青如活蟹壳
265	铁乌青 tʰiʔ$^{5-3}$u$^{53-55}$tɕʰiŋ$^{53-21}$	南汇：乌青 u$^{53-55}$tsʰiŋ$^{53-53}$ 金山^{新}：乌青 u$^{53-24}$tɕʰiæn$^{53-53}$ 青浦^{新}：乌青 ø$^{53-44}$tsʰiŋ$^{53-42}$ 嘉定：锡青 siʔ$^{5-4}$tsʰiŋ$^{53-53}$	青紫色
266	舒徐 sɿ$^{53-55}$zi$^{13-21}$	浦东：一式舒徐 iʔ$^{5-3}$sɔʔ$^{5-5}$sy$^{53-33}$zy$^{213-21}$ 南汇：一式舒徐 iʔ$^{5-3}$sɔʔ$^{5-5}$sy$^{53-33}$zy$^{213-21}$	（1）从容不迫 （2）安排就绪
267	齁$^=$世$^=$热 hɤ$^{53-55}$sɿ$^{34-33}$ȵiʔ$^{2-21}$	川沙：热得来齁世 ȵiʔ$^{2-22}$ʔdɤ$^{5-2}$lɛ$^{213-53}$hɤ$^{53-55}$sɿ$^{35-21}$ 浦东：干热 kø$^{53-55}$ȵiʔ$^{2-5}$	天气热得令人难受
268	呒啥啥 fm̩$^{13-22}$sa$^{34-55}$sa$^{34-21}$	川沙：没啥 mɤʔ$^{2-2}$ sa$^{44-34}$	没有什么，不能后接名词
269	原生 ȵyø$^{13-22}$sã$^{53-44}$		完整无损，原封不动
270	见数 tɕi$^{34-33}$su$^{34-44}$	川沙：见数 tɕi$^{35-55}$sɿ$^{35-21}$ 南汇：见口量 ʔȵi$^{35-35}$ʔdoʔ$^{5-4}$liã$^{13-44}$	形容数量少

（续表）

序号	上海市区方言	上海郊区方言	普通话
271	挺刮 $t^hiŋ^{34-33}kuaʔ^{5-4}$		（1）衣服等硬而平整 （2）人长得英俊
272	灰尘白埲 $huE^{53-55}zəŋ^{13-33}baʔ^{2-3}boŋ^{13-21}$	浦东：埲尘起秋 $boŋ^{213-22}zəŋ^{213-22}tɕʰi^{44-33}tsʰiɤ^{53-53}$ 南汇：埲尘起秋 $boŋ^{213-22}zəŋ^{213-22}tɕʰi^{44-33}tsʰiɤ^{53-53}$	形容尘土飞扬或物体上满是灰尘
273	准作 $tsəŋ^{34-33}tsoʔ^{5-4}$		准确无误
274	一歇勿歇 $iiʔ^{5-3}ɕiiʔ^{5-5}vəʔ^{2-3}ɕiiʔ^{5-2}$ 歇勿歇 $ɕiiʔ^{5-3}vəʔ^{2-3}ɕiiʔ^{5-2}$ 一歇勿停 $iiʔ^{5-3}ɕiiʔ^{5-5}vəʔ^{2-3}diŋ^{13-21}$	青浦新：一刻不停 $iiʔ^{5-3}kʰəʔ^{5-5}pəʔ^{2-3}diŋ^{31-21}$ 嘉定：一停勿歇 $iiʔ^{5-3}diŋ^{31-5}vəʔ^{5-3}ɕiiʔ^{5-2}$ 嘉定：一停勿停 $iiʔ^{5-3}diŋ^{31-55}vəʔ^{5-3}diŋ^{31-21}$	一刻不停，老是
275	随风转舵 $zø^{13-22}foŋ^{53-55}tsø^{34-33}du^{13-21}$	松江：见眼生情 $ci^{35-55}ŋɛ^{22-21}·sɛ^{53-35}ziŋ^{31-53}$ 浦东：见啥山斫啥柴 $tɕi^{35-35}sa^{44-33}sɛ^{53-53}tsoʔ^{5-5}sa^{44-44}za^{213-34}$ 南汇：见啥山斫啥柴 $tɕi^{35-35}sa^{44-33}sɛ^{53-53}tsoʔ^{5-5}sa^{44-44}za^{213-34}$ 浦东：转风使舵 $tse^{44-33}hoŋ^{53-55}sɿ^{44-55}du^{13-21}$ 南汇：转风使舵 $tse^{44-33}hoŋ^{53-55}sɿ^{44-55}du^{13-21}$ 嘉定：看山吃水 $kʰɯ^{34-33}sɛ^{53-55}tɕʰiəʔ^{5-3}sɿ^{34-21}$	见风使舵
276	累堆 $lE^{53-55}tE^{53-21}$		累赘
277	牵丝扳藤 $tɕʰi^{53-55}sɿ^{53-33}pE^{53-33}dəŋ^{13-21}$		不痛快，纠缠不清
278	辣手 $laʔ^{2-1}sɤ^{34-23}$		（1）棘手 （2）手段狠辣 （3）厉害
279	齾七齾八 $ŋaʔ^{2-1}tɕʰiiʔ^{5-5}ŋaʔ^{2-2}paʔ^{5-2}$ / $ŋaʔ^{2-2}tɕʰiiʔ^{5-5}ŋaʔ^{2-3}paʔ^{5-2}$		形容器物满是缺口
280	吃瘪 $tɕʰiiʔ^{5-3}piiʔ^{5-4}$		无言以对

(续表)

序号	上海市区方言	上海郊区方言	普通话
281	乌苏 u$^{53-55}$su$^{53-21}$ 乌苏相 u$^{53-55}$su$^{53-33}$ɕiã$^{34-21}$		东西脏乱,使难受
282	吃酸 tɕʰiʔ$^{5-3}$sø$^{53-44}$	浦东: 受黄 zɤ$^{13-22}$βuã$^{213-53}$ 南汇: 受黄 zɤ$^{13-22}$βuã$^{213-53}$	受累
283	作准 toʔ$^{5-3}$tsən$^{34-44}$	金山^{新}: 算数 sø$^{13-13}$su$^{44-31}$ 青浦^{新}: 作数 tsoʔ$^{5-4}$su$^{35-35}$	当真,作数
284	着实 zaʔ$^{2-1}$zəʔ$^{2-2}$	崇明: 仅＝有 tɕin$^{424-33}$ɦiɵ$^{242-0}$	（1）消息等确实可靠 （2）的确,实在
285	头大 dɤ$^{13-22}$du$^{13-44}$		头疼,伤脑筋
286	怵 tɕʰiɤ^{53}	金山^{新}: 丘 tɕʰiɤ^{53}	不好,坏
287	折 zəʔ^{2}		瘸腿,拐手
288	吓人倒怪 haʔ$^{5-3}$n̩iŋ$^{13-55}$toʔ$^{34-33}$kua$^{34-21}$	浦东: 吓杀人家 haʔ$^{5-3}$sæʔ$^{2-5}$n̩iŋ$^{213-33}$ka$^{53-21}$ 金山^{新}: 吓人头 haʔ$^{5-3}$n̩iæn$^{31-55}$dɤ$^{31-31}$	令人害怕
289	颇 pʰoʔ^{5}	青浦^{新}: 扑＝pʰoʔ^{5}	（1）肥胖而松弛 （2）松弛,不结实
290	丹老 tE$^{53-55}$lɔ$^{13-21}$	青浦^{新}: 推板 tʰiɤ$^{53-44}$pE$^{44-42}$	（1）差劲 （2）胆小懦弱
291	棉花耳朵 mi$^{13-22}$ho$^{53-55}$n̩i$^{13-33}$tu$^{34-21}$	浦东: 软耳朵 n̩yø$^{13-22}$n̩i$^{13-55}$ʔdu$^{44-21}$ 南汇: 软耳朵 n̩yø$^{13-22}$n̩i$^{13-55}$ʔdu$^{44-21}$ 金山: 软耳朵 n̩yø$^{13-22}$n̩i$^{13-55}$ʔdu$^{44-21}$ 金山^{新}: 耳朵软 n̩i$^{35-34}$to$^{13-55}$n̩yø$^{35-31}$	耳朵软,没主见
292	谇娄 li$^{13-22}$lɤ$^{13-44}$	浦东: 谇落 li$^{13-22}$lɔʔ$^{2-5}$ 南汇: 谇落 li$^{13-22}$lɔʔ$^{2-5}$ 金山^{新}: 烦 vɛ^{31} 青浦: 麻＂几＂叨＂灶＂ mo$^{31-13}$tɕi$^{44-44}$ʔdo$^{44-44}$tsɔ̃$^{35-21}$ 青浦^{新}: 罗嗦 lu^{31}	啰唆
293	瞎 haʔ^{5}		（1）失明的 （2）毫无根据地,毫无效果地~弄

（续表）

序号	上海市区方言	上海郊区方言	普通话
294	灵清 liŋ$^{13-22}$tɕʰiŋ$^{53-44}$		神志清醒
295	筶头 tɕʰia$^{34-33}$dɤ$^{13-44}$	松江：捩头 liɿʔ$^{2-2}$dɯ$^{31-53}$ 南汇：歪头 ɸua$^{53-55}$dɤ$^{213-53}$ 奉贤：侧头 tsʌʔ$^{5-3}$dɯ$^{31-53}$ 青浦：□头颈 ɛ̃$^{44-33}$dɯ$^{31-44}$tɕiəŋ$^{44-21}$ 宝山：盐＝头 ã$^{53-55}$dɐi$^{31-21}$	脑袋不正，歪脖子
296	犟头倔脑 dziã$^{13-22}$dɤ$^{13-55}$dzyoʔ$^{2-3}$nɔ$^{13-21}$ 犟头白脑 dziã$^{13-22}$dɤ$^{13-55}$baʔ$^{2-3}$nɔ$^{13-21}$ 犟头捩脑 dziã$^{13-22}$dɤ$^{13-55}$liɿʔ$^{2-3}$nɔ$^{13-21}$	松江：硬白犟 ŋɛ̃$^{13-55}$baʔ$^{2-5}$jiɛ̃$^{22-21}$ 松江：□ gəŋ^{13} 浦东：犟头擘筋 dziã$^{13-22}$dɤ$^{213-55}$ʔbaʔ$^{2-5}$tɕiŋ$^{53-21}$ 南汇：犟头擘筋 dziã$^{13-22}$dɤ$^{213-55}$ʔbaʔ$^{2-5}$tɕiŋ$^{53-21}$ 浦东：犟头捩筋 dziã$^{13-22}$dɤ$^{213-55}$liɿʔ$^{2-5}$tɕiŋ$^{53-21}$ 南汇：犟头捩筋 dziã$^{13-22}$dɤ$^{213-55}$liɿʔ$^{2-5}$tɕiŋ$^{53-21}$ 金山^{新}：犟头犟脑 dziɛ̃$^{13-22}$dɤ$^{31-55}$dziɛ̃$^{13-33}$nɔ$^{35-21}$ 青浦^{新}：犟头犟脑 dziɛ̃$^{13-22}$dɯ$^{31-55}$dziɛ̃$^{13-33}$nɔ$^{213-21}$	倔犟
297	犯着 vɛ$^{13-22}$zaʔ$^{2-4}$		必要，常用否定与疑问形式
298	犯勿着 vɛ$^{13-22}$vəʔ$^{2-5}$zaʔ$^{2-2}$		犯不着，没必要
299	花 ho^{53}		（1）不用真心追求女子 （2）迷惑人心的
300	黄鱼脑子 ɦuã$^{13-22}$ɦiŋ$^{13-55}$nɔ$^{13-33}$tsɿ$^{34-21}$		形容人脑笨
301	啥犯着 sa$^{34-33}$vɛ$^{13-55}$zaʔ$^{2-2}$	金山^{新}：用得着 ɦioŋ$^{35-34}$təʔ$^{2-5-5}$zaʔ$^{2-31}$ 青浦^{新}：犯不着 ɦʋɛ$^{213-22}$pəʔ$^{2-5-4}$zaʔ$^{2-31}$	何苦，不值得

第二十六章 副词 连词 介词

序号	上海地区方言	上海郊区方言	普通话
1	刚正好 kã⁵³⁻⁴⁴·tsəŋ³⁴⁻³³hɔ³⁴⁻⁴⁴ 刚好 kã⁵³⁻⁵⁵hɔ³⁴⁻²¹ 正正好好 tsəŋ³⁴⁻³³tsəŋ³⁴⁻⁵⁵hɔ³⁴⁻³³hɔ³⁴⁻²¹ 正正好 tsəŋ³⁴⁻³³tsəŋ³⁴⁻⁵⁵hɔ³⁴⁻²¹ 正好 tsəŋ³⁴⁻³³hɔ³⁴⁻⁴⁴	市区：刚 kã⁵³ 川沙：刚 kã⁵³ 崇明：刚 kã⁴² 市区：刚刚 kã⁵³⁻⁵⁵kã⁵³⁻²¹ 川沙：刚刚 kã⁵³⁻⁵⁵kã⁵³⁻⁵³ 青浦：刚刚 kã⁵³⁻⁴⁴ kã⁵³⁻⁵³ 崇明：刚刚 kã⁴²⁻³³kã⁴²⁻⁰ 奉贤ⁿᵉʷ：刚刚好 kã⁵³⁻⁴⁴kã⁵³⁻⁵⁵hɔ⁴⁴⁻⁵³ 金山ⁿᵉʷ：刚刚好 kã⁵³⁻³³kã⁵³⁻⁵⁵hɔ⁴⁴⁻³¹ 青浦ⁿᵉʷ：刚刚好 kã⁵³⁻⁵⁵kã⁵³⁻⁵⁵ hɔ⁴⁴⁻²¹ 金山ⁿᵉʷ：正好子 tsəŋ¹³⁻¹³hɔ⁴⁴⁻³¹ 青浦ⁿᵉʷ：恰好 hæʔ⁵⁻⁴hɔ⁴⁴⁻⁴⁴	（1）恰好 （2）正巧（~碰着伊）
2	贴正 tʰiɪʔ⁵⁻³tsəŋ³⁴⁻⁴⁴ 贴正好 tʰiɪʔ⁵⁻³tsəŋ³⁴⁻⁵⁵hɔ³⁴⁻²¹ 贴⁼ tʰiɪʔ⁵	青浦ⁿᵉʷ：正好 tsəŋ³⁵⁻⁴⁴hɔ⁴⁴⁻³¹	正好（~两点钟）
3	凑巧 tsʰɤ³⁴⁻³³tɕʰiɔ³⁴⁻⁴⁴ 正巧 tsəŋ³⁴⁻³³tɕʰiɔ³⁴⁻⁴⁴ 刚巧 kã⁵³⁻⁵⁵tɕʰiɔ³⁴⁻²¹ 齐头好ᵒˡᵈ ʑi¹³⁻²²dɤ¹³⁻⁵⁵hɔ³⁴⁻²¹ 齐巧 ʑi¹³⁻²²tɕʰiɔ³⁴⁻⁴⁴ 齐头ᵒˡᵈ ʑi¹³⁻²²dɤ¹³⁻⁴⁴ 恰好 haʔ⁵⁻³hɔ³⁴⁻⁴⁴ 碰巧 bã¹³⁻²²tɕʰiɔ³⁴⁻⁴⁴		碰巧（~两家头侪勒海）
4	单光光 tᴇ⁵³⁻⁵⁵kuã⁵³⁻³³kuã⁵³⁻²¹ 单清 tᴇ⁵³⁻⁵⁵tɕʰiŋ⁵³⁻²¹ 单单 tᴇ⁵³⁻⁵⁵tᴇ⁵³⁻²¹	青浦ⁿᵉʷ：就 dʑiɯ²¹³	唯独（~伊没交）

（续表）

序号	上海地区方言	上海郊区方言	普通话
5	有眼 ɦiɤ¹³⁻²²ŋE¹³⁻⁴⁴ 有一眼眼 ɦiɤ¹³⁻²²iɪʔ⁵⁻⁵ŋE¹³⁻³³ŋE¹³⁻²¹ 有一眼 ɦiɤ¹³⁻²²iɪʔ⁵⁻⁵ŋE¹³⁻²¹ 有一点点 ɦiɤ¹³⁻²²iɪʔ⁵⁻⁵ti³⁴⁻³³ti³⁴⁻²¹ 有一点 ɦiɤ¹³⁻²²iɪʔ⁵⁻⁵ti³⁴⁻²¹ 有点 ɦiɤ¹³⁻²²ti³⁴⁻⁴⁴	金山^新：有乃 ɦiɤ¹³⁻³³nɛ³⁵⁻³³ 金山^新：有一乃 ɦiɤ¹³⁻²³iɪʔ⁵⁻⁵nɛ³⁵⁻³¹ 金山^新：有一乃乃 ɦiɤ¹³⁻²³iɪʔ⁵⁻⁵na³⁵⁻³³nɛ³⁵⁻³¹	有一点儿，有些个
6	常怕 zã¹³⁻²²pʰo³⁴⁻⁴⁴ 生怕 sã⁵³⁻⁵⁵pʰo³⁴⁻²¹	松江：促怕 tsʰoʔ⁵⁻⁴pʰo³⁵⁻³⁵ 松江：独怕 doʔ²⁻²pʰo³⁵⁻³⁵ 川沙：怕 pʰo³⁵ 嘉定：常壳 zã³¹⁻²²kʰoʔ⁵⁻⁴	担心，怕（~侬勿来，叫我来请侬）
7	作兴 tsoʔ⁵⁻³ɕiŋ⁵³⁻⁴⁴	松江：一脱式（义项2） iɪʔ⁵⁻⁴tʰəʔ²⁻⁵sʌʔ⁵⁻⁴ 金山^新：索介 soʔ⁵⁻⁴ka⁴⁴⁻³³ 崇明：触话 tsʰoʔ⁵⁻⁵ɦuo³¹³⁻⁰	（1）论理应该，常用否定式 （2）也许，可能
8	阿作兴 aʔ⁵⁻³tsoʔ⁵⁻⁵ɕiŋ⁵³⁻²¹	金山^新：是勿是 ẓ¹³⁵⁻³⁴vəʔ²⁻⁵ẓ¹³⁵⁻³¹ 青浦^新：勿作兴 vɐʔ⁵⁻⁴tsɔʔ⁵⁻⁴ɕiəŋ³⁵⁻⁵³	（1）是不是 （2）反问，是不是应该
9	说勿定 səʔ⁵⁻³vəʔ²⁻⁵diŋ¹³⁻²¹ 话勿出^旧 ɦo¹³⁻²²vəʔ²⁻⁵tsʰəʔ⁵⁻² 讲勿定 kã³⁴⁻³³vəʔ²⁻⁵diŋ¹³⁻²¹	浦东：论勿定 ləŋ¹³⁻²²vəʔ²⁻⁵diŋ¹³⁻²¹ 浦东：话勿定 ɦo¹³⁻²²vəʔ²⁻⁵diŋ¹³⁻²¹ 南汇：话勿定 ɦo¹³⁻²²vəʔ²⁻⁵diɯ¹³⁻²¹ 崇明：凑好为主 tsʰɵ³³⁻⁴²hɔ⁴²⁴⁻³³ɦue²⁴⁻⁵⁵tsɿ⁴²⁴⁻⁰	说不定，也许
10	吃勿准 tɕʰiɪʔ⁵⁻³vəʔ²⁻⁵tsəŋ³⁴⁻²¹		不能肯定
11	倘盲^旧 tʰã³⁴⁻³³mã¹³⁻⁴⁴	松江：作淘 tsoʔ⁵⁻⁴do³¹⁻⁵³ 金山^新：倘棒 tʰã³⁴⁻³³bã¹³⁻⁴⁴ 青浦^新：差摸 tsʰa⁵³⁻⁴⁴mo²⁻² 嘉定：作兴 tsoʔ⁵⁻⁴ɕiŋ⁵³⁻⁵³	也许，可能

（续表）

序号	上海地区方言	上海郊区方言	普通话
12	差一眼 tsʰo⁵³⁻⁵⁵[tsʰa⁵³⁻⁵⁵]iɪʔ⁵⁻³ŋE¹³⁻²¹ 推扳一眼眼 tʰE⁵³⁻⁵⁵pE³⁴⁻³³iɪʔ⁵⁻³ŋE¹³⁻³³ŋE¹³⁻²¹ 推扳一点点 tʰE⁵³⁻⁵⁵pE³⁴⁻³³iɪʔ⁵⁻³ti³⁴⁻³³ti³⁴⁻²¹ 差扳一眼眼 tsʰo⁵³⁻⁵⁵pE³⁴⁻³³iɪʔ⁵⁻³ŋE¹³⁻³³ŋE¹³⁻²¹ 差扳一点点 tsʰo⁵³⁻⁵⁵pE³⁴⁻³³iɪʔ⁵⁻³ti³⁴⁻³³ti³⁴⁻²¹ 差一点 tsʰo⁵³⁻⁵⁵[tsʰa⁵³⁻⁵⁵]iɪʔ⁵⁻³ti³⁴⁻²¹	金山新：差一乃⁼ tsʰo⁵³⁻⁴⁴iɪʔ⁵⁻³ne³⁵⁻³¹ 金山新：推扳一乃⁼乃⁼ tʰE⁵³⁻³³pE⁵³⁻⁵⁵iɪʔ⁵⁻³ne³⁵⁻³³ne³⁵⁻³¹ 崇明：吉⁼吉⁼活⁼ tɕiə ʔ⁵⁻⁵tɕiə ʔ⁵⁻⁵ɦuə ʔ²⁻⁵	差点儿
13	近近乎旧 dʑiŋ¹³⁻²²dʑiŋ¹³⁻⁵⁵ɦu¹³⁻²¹ 几乎 tɕi³⁴⁻³³ɦu¹³⁻⁴⁴	金山新：就要 ziɤ³⁵⁻⁴⁴io¹³⁻⁴⁴ 嘉定：急下乎 tɕiɪ⁵⁻⁵ɕia³⁴⁻³³ɦu³¹⁻²¹	（1）接近于 （2）差一点儿
14	立时三刻 liɪʔ²⁻¹zɿ¹³⁻²²sE⁵³⁻²²kʰəʔ⁵⁻² / liɪʔ²⁻²zɿ¹³⁻⁵⁵sE⁵³⁻³³kʰəʔ⁵⁻² 立刻 liɪʔ²⁻¹kʰəʔ⁵⁻² 立即 liɪʔ²⁻¹tɕiɪʔ⁵⁻² 立时立刻 liɪʔ²⁻¹zɿ¹³⁻²²liɪʔ²⁻²kʰəʔ⁵⁻² / liɪʔ²⁻²zɿ¹³⁻⁵⁵liɪʔ²⁻³kʰəʔ⁵⁻² 随即 zø¹³⁻²²tɕiɪʔ⁵⁻⁴ 顿时立刻 təŋ³⁴⁻³³zɿ¹³⁻⁵⁵liɪʔ²⁻³kʰəʔ⁵⁻² 临时豁脚 liŋ¹³⁻²²zɿ¹³⁻⁵⁵huaʔ⁵⁻³tɕiaʔ⁵⁻² 马上 mo¹³⁻²²[ma¹³⁻²²]zã¹³⁻⁴⁴	松江：即目 tsiəʔ⁵⁻⁴mɔʔ²⁻⁴	马上
15	好得 hɔ³⁴⁻³³təʔ⁵⁻⁴ 幸亏 ɦiŋ¹³⁻²²kʰuE⁵³⁻⁴⁴ 亏得：kʰuE⁵³⁻⁵⁵təʔ⁵⁻² 多亏 tu⁵³⁻⁵⁵kʰuE⁵³⁻²¹	川沙：还好 ɦuɛ²¹³⁻¹³hɔ⁴⁴⁻²¹ 浦东：得该 ʔdəʔ⁵⁻³ke⁵³⁻⁵³ 南汇：得该 ʔdəʔ⁵⁻³ke⁵³⁻⁵³ 金山新：好拉 hɔ⁴⁴⁻²⁴lA⁵³⁻⁵³ 崇明：好勒 hɔ⁴²⁴⁻⁴²lə ʔ²⁻⁵	多亏
16	当仔面 tã⁵³⁻⁵⁵zɿ¹³⁻³³•mi¹³ 当面 tã⁵³⁻⁵⁵mi¹³⁻²¹	金山新：当禾面 tã⁵³⁻³³vu³¹⁻⁵⁵mi³⁵⁻³¹ 崇明：监子 kæ⁵⁵⁻⁵⁵tsɿ⁴²⁴⁻⁰	当面
17	一同 iɪʔ⁵⁻³doŋ¹³⁻⁴⁴ 一淘 iɪʔ⁵⁻³dɔ¹³⁻⁴⁴ 一齐旧 iɪʔ⁵⁻³zi¹³⁻⁴⁴ 一起 iɪʔ⁵⁻³tɕʰi³⁴⁻⁴⁴		一起

（续表）

序号	上海地区方言	上海郊区方言	普通话
18	一家头 iɪʔ⁵⁻³kɑ⁵³⁻⁵⁵dɤ¹³⁻²¹ 一杆子[旧] iɪʔ⁵⁻³kø³⁴⁻²²tsŋ³⁴⁻²¹ 独杆子[旧] doʔ²⁻¹kø³⁴⁻²²tsŋ³⁴⁻²³ 一个人 iɪʔ⁵⁻³gəʔ²⁻⁵ɲiŋ¹³⁻²¹	青浦[新]：一个子 øiɪʔ⁵⁻⁵kɯ³⁵⁻⁵⁵tsŋ⁴⁴⁻²¹	一个人
19	顺带便 zəŋ¹³⁻²²tɑ³⁴⁻⁵⁵bi¹³⁻²¹ 顺便 zəŋ¹³⁻²²bi¹³⁻⁴⁴	松江：顺溜 zəŋ¹³⁻²²liɯ¹³⁻³⁵ 崇明：凑手 tsʰɵ³³⁻³³sɵ⁴²⁴⁻⁰	顺便
20	有意 ɦiɤ¹³⁻²²i³⁴⁻⁴⁴ 有心 ɦiɤ¹³⁻²²ɕiŋ⁵³⁻⁴⁴ 存心 zəŋ¹³⁻²²ɕiŋ⁵³⁻⁴⁴ 故意 ku³⁴⁻³³i³⁴⁻⁴⁴	市区：迭为 diɪʔ²⁻²ɦuE¹³⁻²³ 川沙：迭为 dɤʔ²⁻²ue⁴⁴⁻³⁴ 崇明：迭为 dieʔ²⁻²vei¹³⁻³³ 青浦[新]：要老⁼iɔ³⁵⁻¹³lɔ¹³⁻³⁵	故意
21	迭为 diɪʔ²⁻¹ɦuE¹³⁻²³ 迭诚 diɪʔ²⁻¹zəŋ¹³⁻²³ 特为 dəʔ²⁻¹ɦuE¹³⁻²³ 特诚 dəʔ²⁻¹zəŋ¹³⁻²³ 特意 dəʔ²⁻¹i³⁴⁻²³ 特地 dəʔ²⁻¹di¹³⁻²³	金山[新]：地为 di³⁵⁻⁴⁴vi³⁵⁻⁴⁴	特地
22	实头 zəʔ²⁻¹dɤ¹³⁻²³ 实在 zəʔ²⁻¹zE¹³⁻²³	松江：酌⁼呱⁼ tsaʔ⁵⁻⁴kuaʔ⁵⁻⁴ 崇明：□zɛ²¹³（无字）	实在
23	共总 goŋ¹³⁻²²tsoŋ³⁴⁻⁴⁴ 一共 iɪʔ⁵⁻³goŋ¹³⁻⁴⁴ 一总 iɪʔ⁵⁻³tsoŋ³⁴⁻⁴⁴ 拢共 loŋ¹³⁻²²goŋ¹³⁻⁴⁴ 拢总 loŋ¹³⁻²²tsoŋ³⁴⁻⁴⁴ 统共 tʰoŋ³⁴⁻³³goŋ¹³⁻⁴⁴ 一共拢总 iɪʔ⁵⁻³goŋ¹³⁻⁵⁵loŋ¹³⁻³³tsoŋ³⁴⁻²¹ 一个拢总 iɪʔ⁵⁻³gəʔ²⁻⁵loŋ¹³⁻³³tsoŋ³⁴⁻²¹ 一塌刮子 iɪʔ⁵⁻³tʰaʔ²⁻⁵kuaʔ⁵⁻³tsŋ³⁴⁻²¹ 总共 tsoŋ³⁴⁻³³goŋ¹³⁻⁴⁴	崇明：一淘勒化 iɪʔ⁵⁻⁵dɔ²⁴⁻⁵⁵ləʔ²⁻⁵ho³³⁻⁰	总共
24	亨亨冷打 hã⁵³⁻⁵⁵bəʔ²⁻³lã¹³⁻³³tã³⁴⁻²¹ □落三姆 gəʔ²⁻¹loʔ²⁻²²sE⁵³⁻²²fim̩¹³⁻²³/ gəʔ²⁻²loʔ²⁻⁵sE⁵³⁻³³fim̩¹³⁻²¹ 亨亨冷 hã⁵³⁻⁵⁵bəʔ²⁻³lã¹³⁻²¹		（1）总共 （2）统统,全部
25	嫑 viɔ³⁴ 勿要 vəʔ²⁻¹iɔ³⁴⁻²³	崇明：拗⁼ ɔ⁵⁵	别,不要

(续表)

序号	上海地区方言	上海郊区方言	普通话
26	偏生 $p^hi^{53-55}sã^{53-21}$ 偏偏 $p^hi^{53-55}p^hi^{53-21}$ 偏 p^hi^{53}	市区^新：就 $ʥiɤ^6$ 松江：恰伊 $hæʔ^{5-4}ɦi^{13-44}$	偏,就
27	开始辰光 $k^hE^{53-55}sʅ^{34-33}zəŋ^{13-33}kuã^{53-21}$ 开头辰光 $k^hE^{53-55}dɤ^{13-33}zəŋ^{13-33}kuã^{53-21}$ 头起头 $dɤ^{13-22}tɕ^hi^{34-55}dɤ^{13-21}$ 头初里^旧 $dɤ^{13-22}ts^hu^{53-55}li^{13-21}$ 起先 $tɕ^hi^{34-33}ɕi^{53-44}$ 开初 $k^hE^{53-55}ts^hu^{53-21}$ 起初 $tɕ^hi^{34-33}ts^hu^{53-44}$ 一开始 $iɪʔ^{5-3}k^hE^{53-55}sʅ^{34-21}$	浦东：头场里 $dɤ^{213-22}zã^{213-22}li^{13-22}$ 嘉定：头先 $də^{31-22}siɪ^{13-53}$ 崇明：开头 $k^hɛ^{55-55}də^{24-55}$	一开始
28	拨 $pəʔ^5$ 拨辣 $pəʔ^{5-3}laʔ^{2-44}$	金山^新：本 $pʌŋ^{44}$	（1）被 （2）给 （3）让(允许~伊参加)
29	朝 $zɔ^{13}$		面对着(~何里跑?)
30	朝仔 $zɔ^{13-22}zʅ^{13-44}$	金山^新：朝 $zɔ^{31}$ 嘉定：朝得 $zɔ^{31-24}dəʔ^{2-2}$	朝着
31	脱$^=$ $t^həʔ^5$ 得$^=$ $təʔ^5$ 搭$^=$ $taʔ^5$ 交$^=$ $kɔ^{53}$ 帮$^=$^{新} $pã^{53}$	市区：教(和) $kɔ^{35}$ 市区：代(替) de^{13} 川沙：代(替) $dɛ^{213}$ 青浦：代(替) dE^{13} 崇明：替(替) t^hi^{55} 松江：□ $t^həŋ^{53}$ 金山^新：肯 $k^həŋ^{44}$ 金山^新：帮 $pã^{53}$	（1）连词,和 （2）介词,替
32	脱$^=$仔 $t^həʔ^{5-3}zʅ^{13-44}$ [$tsʅ^{34-44}$] 得$^=$仔 $təʔ^{5-3}zʅ^{13-44}$ [$tsʅ^{34-44}$] 搭$^=$仔 $taʔ^{5-3}zʅ^{13-44}$ 同仔 $doŋ^{13-22}zʅ^{13-44}$	南汇：交淘 $kɔ^{53-33}dɔ^{213-53}$ 金山^新：肯 $k^həŋ^{44}$	连词,和
33	朝外头 $zɔ^{13-33}·ŋa^{13-22}dɤ^{13-44}$ 望外头 $mã^{13-33}·ŋa^{13-22}dɤ^{13-44}$		往外(钞票勿要~拿)
34	交关 $tɕiɔ^{53-55}kuE^{53-21}$		（1）许多 （2）很,非常(~多)
35	蛮 mE^{53} 邪气 $zia^{13-22}tɕ^hi^{34-44}$	川沙：邪 zia^{13} 南汇：邪 zia^{113}	很,很好

(续表)

序号	上海地区方言	上海郊区方言	普通话
36	顶 tiŋ³⁴ 顶顶 tiŋ³⁴⁻³³tiŋ³⁴⁻⁴⁴ 最最 tsø³⁴⁻³³tsø³⁴⁻⁴⁴ 最 tsø³⁴		表示最高级的副词,仅能前置
37	碰顶 pʰã³⁴⁻³³tiŋ⁻³⁴⁻⁴⁴ 最多 tsø³⁴⁻³³tu⁵³⁻⁴⁴	松江:上往 zã²²⁻²²zy¹³⁻³⁵ 松江:上到 zã²²⁻²²ʔdɔ³⁵⁻³⁵	至多
38	侪 zE¹³	松江:全赦全免 zi³¹⁻²⁴sɔ³⁵⁻⁵⁵zi³¹⁻²⁴mi²²⁻²¹ 崇明:秃二 tʰoʔ⁵ 崇明:合概 ɦiɔʔ²²⁻²²kɛ³³⁻³³	都,全
39	忒煞 tʰəʔ⁵⁻³saʔ⁵⁻⁴ 忒烟 ⁼tʰəʔ⁵⁻³⁼i⁵³⁻⁴⁴ 忒 tʰəʔ⁵ 忒个 tʰəʔ⁵⁻³gəʔ²⁻⁴	金山新:脱 tʰəʔ⁵ 青浦新:煞忒 sæʔ⁵⁻⁴tʰəʔ⁵⁻³	太
40	夷 ⁼加 ɦi¹³⁻²²ka⁵³⁻⁴⁴ 越加 ɦiyɪʔ²⁻¹[ɦiyoʔ²⁻¹]ka⁵³⁻²³ 更加 kəŋ³⁴⁻³³ka⁵³⁻⁴⁴	松江:加 ⁼ka⁵³⁻³³n̠i¹³⁻⁴⁴ 松江:益发 iɪʔ⁵⁻⁴ɸæʔ⁵⁻⁴ 松江:因 ⁼加 iŋ⁵³⁻³⁵ka⁵³⁻⁵³	更加
41	稍须 sɔ⁵³⁻⁵⁵ɕy⁵³⁻²¹ 稍为 sɔ⁵³⁻⁵⁵ɦuE¹³⁻²¹		稍微
42	好好叫 hɔ³⁴⁻³³hɔ³⁴⁻⁵⁵tɕiɔ³⁴⁻²¹	浦东:好好能 hɔ⁴⁴⁻³³hɔ⁴⁴⁻⁵⁵nəŋ²¹³⁻⁵³ 南汇:好好能 hɔ⁴⁴⁻³³hɔ⁴⁴⁻⁵⁵nəŋ²¹³⁻⁵³ 金山新:好乃 hɔ⁴⁴⁻⁴⁴nɛ³⁵⁻⁴⁴ 嘉定:好好恁 hɔ³⁴⁻³³hɔ³⁴⁻⁵⁵nẼ¹³⁻²¹	(1)好好地 (2)更加,远比现在
43	实打实 zəʔ²⁻¹tã³⁴⁻²²zəʔ²⁻²		踏踏实实地
44	豪悾 ɦɔ¹³⁻²²sɔ³⁴⁻⁴⁴ 赶快 kø³⁴⁻³³kʰua³⁴⁻⁴⁴ 赶紧 kø³⁴⁻³³tɕiŋ³⁴⁻⁴⁴ 快点 kʰua³⁴⁻³³ti³⁴⁻⁴⁴	市区新:快眼 kʰA³⁴⁻³³ŋE¹³⁻⁴⁴ 松江:刹 ⁼悾 sæʔ⁵⁻⁴sɔ³⁵⁻³⁵	赶紧
45	譬如勿如 pʰi³⁴⁻⁴⁴zl̩¹³⁻⁵⁵vəʔ²⁻³zl̩¹³⁻²¹		聊胜于无
46	碰勿碰 bã¹³⁻²²vəʔ²⁻⁵bã¹³⁻²¹ 碰碰 bã¹³⁻²²bã¹³⁻⁴⁴	川沙:一碰两碰 iɪʔ⁵⁻³bã²¹³⁻⁵⁵liaŋ²¹³⁻³³bã²¹³⁻²¹	动不动

（续表）

序号	上海地区方言	上海郊区方言	普通话
47	摆煞辣海 pa$^{34\text{-}33}$saʔ$^{5\text{-}5}$laʔ$^{2\text{-}3}$hE$^{34\text{-}21}$	浦东：摆煞勒浪 ʔba$^{44\text{-}33}$sæʔ$^{5\text{-}5}$læʔ$^{2\text{-}3}$lã$^{13\text{-}21}$ 南汇：摆煞勒浪 ʔba$^{44\text{-}33}$sæʔ$^{5\text{-}5}$læʔ$^{2\text{-}3}$lã$^{13\text{-}21}$ 奉贤：摆煞勒盖 ʔba$^{44\text{-}33}$sæʔ$^{5\text{-}5}$læʔ$^{2\text{-}3}$ke$^{335\text{-}21}$ 青浦：摆煞勒盖 ʔba$^{44\text{-}33}$sæʔ$^{5\text{-}5}$læʔ$^{2\text{-}3}$ke$^{335\text{-}21}$ 金山^{新}：摆死拉 pA$^{44\text{-}34}$ɕi$^{44\text{-}55}$lA$^{53\text{-}31}$ 青浦^{新}：摆煞 pa$^{44\text{-}13}$ sæʔ$^{5\text{-}4}$ 嘉定：摆煞勒啷 pa$^{34\text{-}33}$saʔ$^{5\text{-}5}$ləʔ$^{2\text{-}3}$lã$^{13\text{-}21}$	明摆着
48	铅=铅= k^{h}E$^{53\text{-}55}$k^{h}E$^{53\text{-}21}$ 掐=掐= k^{h}aʔ$^{5\text{-}3}$k^{h}aʔ$^{5\text{-}4}$	浦东：刚刚头 kã$^{53\text{-}55}$kã$^{53\text{-}55}$dɤ$^{213\text{-}53}$ 南汇：刚刚头 kã$^{53\text{-}55}$kã$^{53\text{-}55}$dɤ$^{213\text{-}53}$ 南汇：铅=铅=头 k^{h}ɛ$^{53\text{-}55}$k^{h}ɛ$^{53\text{-}55}$dɤ$^{113\text{-}53}$ 青浦^{新}：铅=望= [k^{h}E$^{53\text{-}44}$ mã$^{13\text{-}21}$] 嘉定：k^{h}ã^{55} ŋ^{21} 崇明：啮啮（头）ŋæ$^{55\text{-}55}$ŋæ$^{55\text{-}55}$ (də$^{24\text{-}55}$) 授手 dzø$^{313\text{-}31}$sø$^{424\text{-}33}$	刚才
49	一时头浪 iɪʔ$^{5\text{-}3}$z̩$^{13\text{-}55}$dɤ$^{13\text{-}33}$lã$^{13\text{-}21}$ 一时之间 iɪʔ$^{5\text{-}3}$ts̩$^{13\text{-}55}$ts̩$^{53\text{-}33}$ɕi$^{53\text{-}21}$ 一下子 iɪʔ$^{5\text{-}3}$ɕia$^{34\text{-}55}$ts̩$^{34\text{-}21}$	市区：一记头 iɪʔ$^{5\text{-}5}$tɕi$^{34\text{-}55}$dɤ$^{13\text{-}21}$ 金山^{新}：暂时 zɛ$^{35\text{-}33}$z̩$^{31\text{-}31}$ 嘉定：一歇头浪 iɪʔ$^{5\text{-}5}$ɕiɪʔ$^{5\text{-}5}$də$^{31\text{-}33}$lã$^{13\text{-}21}$	暂时，临时
50	着生头里 zaʔ$^{2\text{-}1}$sã$^{53\text{-}22}$dɤ$^{13\text{-}22}$li$^{13\text{-}21}$/ zaʔ$^{2\text{-}2}$sã$^{53\text{-}55}$dɤ$^{53\text{-}33}$li$^{13\text{-}21}$ 着陌生头 zaʔ$^{2\text{-}1}$maʔ$^{2\text{-}2}$sã$^{53\text{-}22}$dɤ$^{13\text{-}23}$/ zaʔ$^{2\text{-}2}$maʔ$^{2\text{-}5}$sã$^{53\text{-}33}$dɤ$^{13\text{-}21}$ 着陌生里 zaʔ$^{2\text{-}1}$maʔ$^{2\text{-}2}$sã$^{53\text{-}2}$li$^{13\text{-}23}$/ zaʔ$^{2\text{-}2}$maʔ$^{2\text{-}5}$sã$^{53\text{-}33}$li$^{13\text{-}21}$ 辣陌生头 laʔ$^{2\text{-}1}$maʔ$^{2\text{-}2}$sã$^{53\text{-}22}$dɤ$^{13\text{-}23}$/ laʔ$^{2\text{-}2}$maʔ$^{2\text{-}5}$sã$^{53\text{-}33}$dɤ$^{13\text{-}21}$ 辣陌生里 laʔ$^{2\text{-}1}$maʔ$^{2\text{-}2}$sã$^{53\text{-}2}$li$^{13\text{-}23}$/ laʔ$^{2\text{-}2}$maʔ$^{2\text{-}5}$sã$^{53\text{-}33}$li$^{13\text{-}21}$ 冷陌生头 lã$^{13\text{-}22}$maʔ$^{2\text{-}5}$sã$^{53\text{-}33}$li$^{13\text{-}21}$(?) 突然之间^{新} dəʔ$^{2\text{-}1}$zø$^{13\text{-}22}$ts̩$^{53\text{-}22}$tɕi$^{53\text{-}23}$ / dəʔ$^{2\text{-}2}$zø$^{13\text{-}55}$ts̩$^{53\text{-}33}$tɕi$^{53\text{-}21}$		突然，冷不防

（续表）

序号	上海地区方言	上海郊区方言	普通话
51	原本 ȵyø$^{13-22}$pəŋ$^{34-44}$ 本则来 pəŋ$^{34-33}$tsəʔ$^{5-5}$lE$^{13-21}$ 本底子^{旧} pəŋ$^{34-33}$ti$^{34-55}$tsŋ$^{34-21}$ 本生 pəŋ$^{34-33}$sã$^{53-44}$ 本来 pəŋ$^{34-33}$lE$^{13-44}$ 原本搨里 ȵyø$^{13-22}$pəŋ$^{34-55}$tʰaʔ$^{5-3}$li$^{13-21}$ 原来 ȵyø$^{13-22}$lE$^{13-44}$		（1）原有的 （2）原先 （3）表示理所当然
52	原径 ȵyø$^{13-22}$tɕiŋ$^{34-44}$ 原旧 ȵyø^{13}dʑiɤ^{13} 仍旧 zəŋ$^{13-22}$dʑiɤ$^{13-44}$	松江：原照旧 ȵyø$^{31-22}$tsɔ$^{35-22}$ʑiɯ$^{13-22}$ 金山^{新}：尼早 ȵi$^{31-13}$tsɔ$^{44-53}$ 青浦^{新}：仍旧 ȵiən$^{213-22}$dʑiɯ$^{213-44}$ 崇明：仍贯 dzəŋ$^{242-31}$kuæ$^{33-33}$	仍旧
53	常椿 zã$^{13-22}$tsã$^{53-44}$ 经常性 tɕiŋ$^{53-55}$zã$^{13-33}$ɕiŋ$^{34-21}$ 常常 zã$^{13-22}$zã$^{13-44}$ 经常 tɕiŋ$^{53-55}$zã$^{13-21}$	金山^{新}：常实介 zã$^{35-34}$zəʔ$^{2-5}$kA$^{44-31}$	经常
54	有辰光 ɦiɤ$^{13-22}$zəŋ$^{13-55}$kuã$^{53-21}$ 常时 zã$^{13-22}$zŋ$^{13-44}$ 有常时 ɦiɤ$^{13-22}$zã$^{13-55}$zŋ$^{13-44}$ 有个辰光 ɦiɤ$^{13-22}$gəʔ$^{2-5}$zəŋ$^{13-33}$kuã$^{53-21}$		有时
55	惯常 kuE$^{34-33}$zã$^{13-44}$	松江：惯势 kuɛ$^{35-44}$sŋ$^{35-44}$ 崇明：惯式 kuæ$^{33-42}$zəʔ$^{2-5}$	习惯于，常常，多指干不好的事
56	三朝四日 sE$^{53-55}$tsŋ$^{53-33}$sŋ$^{34-33}$ȵiɪʔ$^{2-1}$ 三日两横头 sE$^{53-55}$ȵiɪʔ$^{2-3}$liã$^{13-33}$ɦua$^{13-33}$ dɤ$^{13-21}$ 三日两头 sE$^{53-55}$ȵiɪʔ$^{2-3}$liã$^{13-33}$dɤ$^{13-21}$	松江：三不时 sɛ$^{53-35}$bəʔ$^{5-5}$zŋ$^{31-21}$	三天两头，经常
57	难扳 nE$^{13-22}$pE$^{53-44}$ 难难扳扳 nE$^{13-22}$nE$^{13-55}$pE$^{53-33}$pE$^{53-21}$ 千年难扳 tɕʰi$^{53-55}$ȵi$^{13-33}$nE$^{13-33}$pE$^{53-21}$ 千总难扳 tɕʰi$^{53-55}$tsoŋ$^{34-33}$nE$^{13-33}$pE$^{53-21}$ 难得 nE$^{13-22}$təʔ$^{5-4}$	浦东：稀希难扳 ɕi$^{53-55}$dzi$^{213-53}$nE$^{213-55}$ʔbE$^{53-21}$ 青浦^{新}：千总难得 tsʰiɪ$^{53-55}$tsoŋ$^{44-33}$nE$^{31-33}$təʔ$^{5-2}$ 崇明：烦难得 væ$^{24-34}$nø$^{24-33}$təʔ$^{5-5}$	难得

（续表）

序号	上海地区方言	上海郊区方言	普通话
58	老里八早 lɔ$^{13-22}$li$^{13-55}$paʔ$^{5-3}$tsɔ$^{34-21}$ 老里老早 lɔ$^{13-22}$li$^{13-55}$lɔ$^{13-33}$tsɿ$^{34-21}$ 老早 lɔ$^{13-22}$tsɔ$^{34-44}$ 老老早 lɔ$^{13-22}$lɔ$^{13-55}$tsɔ$^{34-21}$		（1）很早，早就 （2）早先
59	一淘辣浪 iɪʔ$^{5-3}$dɔ$^{13-55}$laʔ$^{2-3}$lã$^{13-21}$ 一淘辣海 iɪʔ$^{5-3}$dɔ$^{13-55}$ləʔ$^{2-3}$hE$^{34-21}$	奉贤：一淘辣盖 iɪʔ$^{5-3}$dɔ$^{31-53}$læʔ$^{2-22}$ke$^{335-44}$ 金山^{新}：一淘 iɪʔ$^{5-2}$dɔ$^{13-53}$ 嘉定：一淘勒吼 iɪʔ$^{5-3}$dɔ$^{31-55}$ləʔ$^{2-3}$hə$^{34-21}$	一起在内，总共
60	勿曾 vəʔ$^{2-3}$zəŋ$^{13-44}$ 呒没^{新} fim̩$^{13-22}$məʔ$^{2-4}$	浦东：勿能 vəʔ$^{2-3}$nəŋ$^{213-53}$ 南汇：勿能 vəʔ$^{2-3}$nəŋ$^{213-53}$ 嘉定：嬲 vəŋ^{53} 崇明：分$^=$银 = fəŋ$^{55-55}$n.iŋ$^{24-55}$ 崇明：弗银 fəʔ$^{5-5}$n.iŋ$^{24-55}$ 崇明：未银 n̩$^{55-55}$n.iŋ$^{24-55}$	（1）尚未 （2）从来
61	阿 aʔ^5		疑问副词，用于是非问句中
62	阿曾 aʔ$^{55-33}$zəŋ$^{13-44}$	嘉定：□ ã^{53}（无字）	（1）有没有，是否已经 （2）是不是，曾经（北京~去过？）
63	准定 tsəŋ$^{34-33}$diŋ$^{13-44}$	川沙：肯定 kʰəŋ$^{44-44}$diŋ$^{213-44}$ 金山^{新}：肯定 kʰəŋ$^{44-44}$diæŋ$^{35-44}$ 青浦^{新}：肯定 kʰəŋ$^{44-44}$diŋ$^{213-44}$ 崇明：无论无事 vu$^{242-31}$ləŋ$^{313-33}$vu$^{242-55}$zɿ$^{313-0}$	肯定，确定（龙华我~勿去勒）
64	板定 pE$^{34-33}$diŋ$^{13-44}$	川沙：板 ʔbε^{44} 嘉定：板 pE^{34} 青浦^{新}：肯定 kʰəŋ$^{44-44}$diŋ$^{213-44}$	（1）习惯如此 （2）肯定，必定（伊~来个）
65	定规 diŋ$^{13-22}$kuE$^{53-44}$		（1）明确规定的 （2）一定，用于规定，不用于鼓励
66	轧辣 gaʔ$^{2-1}$laʔ$^{2-2}$	嘉定：tsoʔ$^{5-4}$kuɪ$^{53-53}$（无字）	总是，肯定
67	硬劲 ŋã$^{13-22}$tɕiŋ$^{34-44}$		（1）硬是，无论如何也要 （2）勉强（~穿进去个）

（续表）

序号	上海地区方言	上海郊区方言	普通话
68	索介 soʔ$^{5-3}$kaʔ$^{53-44}$ 由性 ɦiɤ$^{13-22}$ɕiŋ$^{34-44}$ 索性 soʔ$^{5-3}$ɕiŋ$^{34-44}$	松江：割裂 kœʔ$^{5-4}$liɪʔ$^{2-4}$ 嘉定：索脚 soʔ$^{5-4}$tɕiaʔ$^{5-2}$	干脆
69	杀死 saʔ$^{5-3}$ɕi$^{34-44}$		硬是，非……不可
70	横竖 ɦuã$^{13-22}$zɿ$^{13-44}$ 反正 fɛ$^{34-33}$tsən$^{34-44}$	嘉定：横 ɦuã^{31}	反正
71	其实骨子 dʑi$^{13-22}$zəʔ$^{2-5}$kuəʔ$^{5-3}$tsɿ$^{34-21}$ 其实 dʑi$^{13-22}$zəʔ$^{2-4}$ 实际浪 ⁼zəʔ$^{2-1}$tɕi$^{34-22}$lã$^{13-23}$ 事实上 zɿ$^{13-22}$zəʔ$^{2-5}$zã$^{13-21}$	嘉定：轧实 gaʔ$^{2-1}$zəʔ$^{2-3}$ 嘉定：轧则 gaʔ$^{2-1}$tsəʔ$^{5-3}$ 嘉定：轧真 gaʔ$^{2-1}$tsɛ$^{53-24}$ 嘉定：轧专 gaʔ$^{2-1}$tsiɪ$^{53-24}$	事实上
72	约摸 iaʔ$^{5-3}$moʔ$^{2-4}$ 约摸酌 iaʔ$^{5-3}$moʔ$^{2-5}$tsaʔ$^{5-2}$ 大约摸酌 da$^{13-22}$iaʔ$^{5-5}$moʔ$^{2-3}$tsaʔ$^{5-2}$ 大约光景 da$^{13-22}$iaʔ$^{5-5}$kuã$^{53-33}$tɕiŋ$^{34-21}$ 大约摸 da$^{13-22}$iaʔ$^{5-5}$moʔ$^{2-2}$ 毛毛叫 mɔ$^{13-22}$mɔ$^{13-55}$tɕiɔ$^{34-21}$ 大约 da$^{13-22}$iaʔ$^{5-4}$	市区^{新}：大概 du$^{13-22}$kɛ$^{34-44}$ 金山：大概 du$^{35-33}$kɛ$^{44-31}$ 青浦^{新}：大概 du$^{213-22}$kɛ$^{35-44}$ 浦东：大约摸张 da$^{13-22}$iaʔ$^{5-5}$moʔ$^{2-3}$tsã$^{53-21}$ 南汇：大约摸张 da$^{13-22}$iaʔ$^{5-5}$moʔ$^{2-3}$tsã$^{53-21}$ 青浦：约摸其数 øiaʔ$^{2-5}$moʔ$^{2-5}$dʑi$^{31-55}$su$^{35-55}$	大约
73	先勿先 ɕi$^{53-55}$vəʔ$^{2-3}$ɕi$^{53-21}$	松江：惹⁼伊 ⁼za$^{22-24}$ɦi$^{31-21}$ 青浦^{新}：竟然 dʑiən$^{213-23}$zɛ$^{31-44}$ 嘉定^{新}：竟然 tɕiŋ$^{34-55}$ziɪ$^{31-21}$	居然（~要伊来管）
74	照名份 tsɔ$^{34-44}$•miŋ$^{13-22}$vən$^{13-44}$ 派⁼派⁼ pʰa$^{34-33}$pʰa$^{34-44}$ 照道理 tsɔ$^{34-44}$•dɔ$^{13-22}$li$^{13-44}$	嘉定：照名份账 tsɔ$^{34-33}$miŋ$^{31-55}$vɛ$^{13-33}$tsã$^{34-21}$	按理说
75	怪勿得 kua$^{34-33}$vəʔ$^{2-5}$təʔ$^{5-2}$ 难怪 nɛ$^{13-22}$kua$^{34-44}$		难怪
76	阿有介事 aʔ$^{5-3}$ɦiɤ$^{13-55}$ka$^{34-33}$zɿ$^{34-21}$	金山^{新}：是勿是有格当事体 zɿ$^{35-34}$vəʔ$^{2-5}$zɿ$^{35-31}$ɦiɤ$^{35-34}$kaʔ$^{2-5}$tã$^{53-33}$zɿ$^{35-33}$tʰi$^{13-31}$ 青浦^{新}：真个有得辔桩事体 tsən$^{53-44}$kɯ$^{35-21}$ɦiɯ^{213}təʔ^{5}tsã^{53}zɿ^{213}tʰi^{44}	是不是真有这回事

（续表）

序号	上海地区方言	上海郊区方言	普通话
77	像煞有介事 ziã$^{13-22}$saʔ$^{5-5}$ɦiɤ$^{13-33}$kɑ$^{34-33}$ʑ̩$^{13-21}$	金山^{新}：好像有格当事 hɔ$^{44-44}$ziɛ̃$^{35-44}$ɦiɤ$^{35-34}$kɑ$^{5-5}$tɑ̃$^{53-33}$ʑ̩$^{35-31}$ 青浦^{新}：像煞有得辬桩事体 ziɛ̃213 sæʔ^{5}ɦiɯ^{213}tɤʔtsɑ̃^{213}ʑ̩^{5}tʰi^{44} 嘉定：像煞介仔 ziã$^{13-24}$sɑ$^{34-33}$kɑ$^{34-33}$tsʅ$^{34-21}$	好像真有这么一回事似的
78	除脱 ʑ̩$^{13-22}$tʰəʔ$^{5-4}$ 除勒 ʑ̩$^{13-22}$ləʔ$^{2-4}$ 除去 ʑ̩$^{13-22}$tɕʰy$^{34-44}$ 除开 ʑ̩$^{13-22}$kʰE$^{53-44}$	金山^{新}：除出 ɕy$^{31-33}$tsʰəʔ$^{5-2}$ 金山^{新}：去脱 tɕʰi$^{13-12}$ tʰəʔ$^{5-5}$ 嘉定：除脱仔 ʑ̩$^{31-22}$tʰəʔ$^{5-5}$tsʅ$^{34-21}$	除了
79	必$^=$过 piʔ$^{5-3}$ku$^{34-44}$ 不过 pəʔ$^{5-3}$ku$^{34-44}$	市区：只 tsəʔ^{5}	（1）不过，用于转折语气 （2）仅、只（~十三四岁）
80	但必$^=$过 dE$^{13-22}$piʔ$^{5-5}$ku$^{34-21}$ 是必$^=$过 ʑ̩$^{13-22}$piʔ$^{5-5}$ku$^{34-21}$ 只必$^=$过 tsəʔ$^{5-3}$piʔʔ$^{5-5}$ku$^{34-21}$ 是不过 ʑ̩$^{13-22}$pəʔ$^{5-5}$ku$^{34-21}$ 只不过 tsəʔ$^{5-3}$pəʔ$^{5-5}$ku$^{34-21}$	青浦^{新}：只勿过 tsaʔ$^{5-4}$vɐʔ$^{5-4}$ku$^{35-53}$ 嘉定：上勿过 zɑ̃$^{13-22}$vəʔ$^{5-5}$ku$^{34-21}$ 崇明：得不过 təʔ$^{5-5}$piəʔ$^{5-5}$ku$^{5-5}$	只不过、只是
81	反倒 fE$^{34-33}$tɔ$^{34-44}$ 反而 fE$^{34-33}$ɦəl$^{13-44}$		反而
82	非但 fi$^{53-55}$dE$^{13-44}$ 勿但 vəʔ$^{2-3}$dE$^{13-44}$		不但
83	勿单单 vəʔ$^{2-3}$tE$^{53-55}$tE$^{53-21}$ 勿单 vəʔ$^{2-3}$tE$^{53-44}$ 勿光光 vəʔ$^{2-3}$kuɑ̃$^{53-55}$kuɑ̃$^{53-21}$ 勿光 vəʔ$^{2-3}$kuɑ̃$^{53-44}$ 勿仅仅 vəʔ$^{2-3}$dʑiŋ$^{13-55}$dʑiŋ$^{13-21}$ 勿仅 vəʔ$^{2-3}$dʑiŋ$^{13-44}$	市区^{新}：勿止 vɐʔ$^{2-1}$tsʅ$^{34-23}$	（1）不只是 （2）不但
84	葛咾 kəʔ$^{5-5}$lɔ$^{13-44}$ 所以 su^{34}ɦi^{13}	松江：假咾$^=$ ka$^{44-33}$lɔ$^{22-53}$ 松江：高$^=$咾 kɔ$^{53-55}$lɔ$^{22-21}$ 浦东：高$^=$咾 kɔ$^{53-55}$lɔ$^{13-21}$ 南汇：高$^=$咾 kɔ$^{53-55}$lɔ$^{13-21}$ 奉贤：假咾$^=$ ka$^{44-33}$lɔ$^{22-53}$ 嘉定：kəʔ$^{5-4}$ləʔ$^{2-2}$（无字）	连词，表因果（~讲呀，原因在此）

（续表）

序号	上海地区方言	上海郊区方言	普通话
85	只顾 tsəʔ⁵⁻³ku³⁴⁻⁴⁴ 只管 tsəʔ⁵⁻³kuø³⁴⁻⁴⁴	青浦[新]：得=管 tɐʔ⁵⁻²kuɯ⁴⁴⁻²⁴	（1）只管 （2）尽管（~去好勒）
86	假使 tɕia³⁴⁻³³sɿ³⁴⁻⁴⁴ 假设 tɕia³⁴⁻³³səʔ⁵⁻⁴ 假定 tɕia³⁴⁻³³diŋ¹³⁻⁴⁴ 倘使 tʰã³⁴⁻³³sɿ³⁴⁻⁴⁴ 倘然 tʰã³⁴⁻³³zø¹³⁻⁴⁴ 如果[新] lu¹³⁻²²[zɿ¹³⁻²²]ku³⁴⁻⁴⁴	青浦[新]：要是 ø³⁵⁻⁴⁴zɿ²¹³⁻⁵⁵ 崇明：要是 iɔ³³⁻³³zɿ²⁴²⁻⁰ 嘉定[旧]：若然 zoʔ²⁻¹ziɿ³¹⁻²⁴ 嘉定[旧]：若是 zoʔ²⁻¹zɿ¹³⁻²⁴ 崇明：若话 zaʔ²⁻²ɦuo³¹³⁻³³	如果
87	故所以[旧] ku³⁴⁻³³su³⁴⁻⁵⁵ɦi¹³⁻²¹ 为此缘故 ɦuE¹³⁻²²tsʰɿ⁵³⁻⁵⁵ɦyø¹³⁻³³ku³⁴⁻²¹ 因此缘故 iŋ⁵³⁻⁵⁵tsʰɿ⁵³⁻³³ɦyø¹³⁻³³ku³⁴⁻²¹ 故而 ku³⁴⁻³³ɦəl¹³⁻⁴⁴ 因此 iŋ⁵³⁻⁵⁵tsʰɿ⁵³⁻²¹	川沙：高老 kɔ⁵³⁻⁵⁵lɔ²¹³⁻²¹ 金山[新]：所以 so⁴⁴⁻²⁴i⁴⁴⁻⁵³	因此
88	要末 iɔ³⁴⁻³³məʔ²⁻⁴ 或者 ɦoʔ²⁻¹tsE³⁴⁻²³		或者
89	阿有啥 aʔ⁵⁻³ɦiɤ¹³⁻⁵⁵sa³⁴⁻²¹	青浦[新]：有啥 ɦiɯ²¹³	是不是有……。 表示反问
90	情愿 ziŋ¹³⁻²²nyø¹³⁻⁴⁴ 宁可 niŋ¹³⁻²²kʰu³⁴⁻⁴⁴	松江：宁使 niŋ³¹⁻²²sɿ³⁵⁻³⁵ 浦东：宁愿 niŋ²¹³⁻²²nyø¹³⁻²⁴ 南汇：宁愿 niŋ²¹³⁻²²nyø¹³⁻²⁴ 嘉定[旧]：茶可 zɯ³¹⁻²⁴kʰu³⁴⁻²¹ 崇明：尝念 zã²⁴⁻²⁴nie³¹³⁻⁰	宁可
91	葛末 kəʔ⁵⁻³məʔ²⁻⁴ 葛 kəʔ⁵		那么
92	难末 nE¹³⁻²²məʔ¹²⁻⁴	奉贤[新]：葛末 kəʔ⁵⁻⁵maʔ²⁻² 金山：葛末 kəʔ⁵⁻⁴məʔ²⁻² 金山：那么	（1）这下…… （2）然后
93	早宴 tsɔ³⁴⁻³³E³⁴⁻⁴⁴ 早宴点 tsɔ³⁴⁻³³E³⁴⁻⁵⁵ti³⁴⁻²¹	南汇：早夜 tsɔ⁴⁴⁻⁴⁴ɦia¹³⁻⁴⁴	迟早，早晚
94	一趟子 iʔ⁵⁻³tʰã³⁴⁻⁵⁵tsɿ³⁴⁻²¹ 有一趟 ɦiɤ¹³⁻²²iʔ⁵⁻⁵tʰã³⁴⁻²¹	金山[新]：有一趟 ɦiɤ¹³⁻²³iʔ⁵⁻⁵tʰã³⁵⁻³¹	有一回
95	顺仔 zəŋ¹³⁻²²zɿ¹³⁻⁴⁴ 沿仔 ɦi¹³⁻²²zɿ¹³⁻⁴⁴	市区[新]：顺牢 zəŋ¹³⁻²²lɔ¹³⁻⁴⁴ 市区[新]：沿牢 ɦi¹³⁻²²lɔ¹³⁻⁴⁴ 金山[新]：顺拉 zəŋ³⁵⁻³³lA⁵³⁻³¹ 金山[新]：沿拉 ɦi³¹⁻¹³lA⁵³⁻⁵³ 嘉定：顺得 zE¹³⁻²²dəʔ²⁻³	沿着，顺着

（续表）

序号	上海地区方言	上海郊区方言	普通话
96	介许多 ka$^{53-55}$ɕy$^{34-33}$tu$^{53-21}$	市区^{新}：介多 kA$^{34-33}$ tu$^{53-44}$ 金山^{新}：着介多 tsAʔ$^{5-3}$ tɕiA$^{44-55}$ tu$^{53-31}$ 嘉定：实恁多 zəʔ$^{2-1}$nE$^{13-24}$tu$^{53-53}$	这么多
97	对牢 tE$^{34-33}$lɔ$^{13-44}$ 对牢仔 tE$^{34-33}$lɔ$^{13-55}$zʅ$^{13-21}$[tsʅ$^{34-21}$]	浦东：对齐 ʔde$^{35-33}$zi$^{213-53}$ 南汇：对齐 ʔde$^{35-33}$zi$^{213-53}$	对着
98	伦＝千斤 lən$^{13-22}$tɕʰi$^{53-55}$tɕin$^{53-21}$	青浦^{新}：毛千斤 mɔ$^{31-13}$tsʰiɿ$^{53-44}$tɕiən$^{53-21}$ 嘉定：恁千斤 nẽ$^{13-22}$tsʰiɿ$^{53-55}$tɕin$^{53-21}$	近千斤
99	一记头 iɿʔ$^{5-3}$tɕi$^{34-55}$dɤ$^{13-21}$	松江：一上手 iɿʔ$^{5-3}$zã$^{2-5}$sɯ$^{44-53}$ 浦东：一下子 iɿʔ$^{5-3}$ɕia$^{35-55}$tsʅ$^{44-53}$ 南汇：一下子 iɿʔ$^{5-3}$ɕia$^{35-55}$tsʅ$^{44-53}$	一次性，一下子

第二十七章 量 词

序号	上海市区方言	上海郊区方言	普通话
1	一把年纪 po³⁴		把
2	骂一顿 təŋ³⁴		顿
3	一部车 bu¹³	奉贤新：一把车 po⁴⁴ 金山新：一把车子 po⁴⁴ 崇明：一辆车 liã³¹²	辆
4	一堂毛巾 dã¹³	川沙：一条毛巾 diɔ²¹³ 奉贤新：一根毛巾 kəŋ⁵³ 金山新：一根毛巾 kəŋ⁵³ 嘉定：一顿毛巾 tẽ³⁴	条，老派说法
5	一只颜色 tsaʔ⁵	奉贤新：一个颜色 kɤ⁰ 金山新：一个颜色 kɤ⁰	种
6	一管笔 kuø³⁴	松江新：一支笔 tʂʅ⁵³ 川沙：一支笔 tʂʅ⁵³ 金山新：一支笔 tʂʅ⁵³ 青浦新：一支笔 tʂʅ⁵³ 嘉定新：一支笔 tʂʅ⁵³	支
7	㑚个事体 gəʔ²	奉贤新：㑚档事体 ʔdã³⁵ 金山：㑚档事体 tã³⁵	种，泛指
8	一爿店 bᴇ¹³	金山新：一间店 tɕi⁵³	间
9	一宅房子	松江新：一幢房子 zã¹³ 金山新：一幢房子 zã¹³ 青浦新：一座房子 zu²¹³ 嘉定：一埭房子 dɑ¹³	一整幢
10	一幢大楼 zã¹³		整座
11	一垄踏砖 bi¹³		块、片，用于层状物
12	一桩事体 tsã⁵³	金山新：一装事体 tsã⁵³	件
13	一扎书 tsaʔ⁵ 一捆书 kʰuəŋ³⁴		捆

（续表）

序号	上海市区方言	上海郊区方言	普通话
14	一埭字（房子）dɑ¹³	青浦：一排字bɑ³¹	成排的，行
15	一求＝纸花 dʑiɤ¹³	奉贤：一束纸花 soʔ⁵ 金山：一束纸花 sɔʔ⁵	串，束
16	一副腔调 fu³⁴		个，种
17	一堂家生 dã³⁴ 套 tʰɔ³⁴	金山新：一套家生 tʰɔ³⁻⁴	套
18	迭排＝赤佬 bɑ¹³	金山新：格帮赤佬 pã⁵³	伙，含贬义
19	一帮子人 pã⁵³⁻⁵⁵tsʅ³⁴⁻²¹ 一帮人 pã⁵³		群
20	一窠蛋（鸡，鸟）kʰu⁵³		窝
21	一梱甘蔗 dʑyıʔ²[dʑyıʔ²]	川沙：一节甘蔗 tɕiıʔ⁵ 南汇：一节甘蔗 tsiıʔ⁵ 川沙：一根甘蔗 kəŋ⁵³ 浦东：一段甘蔗 dø¹³ 南汇：一段甘蔗 dø¹³ 金山新：一段甘蔗 dø³⁵ 青浦：一段甘蔗 dø²¹³ 宝山：一段甘蔗 dø¹³ 嘉定：一截甘蔗 ziıʔ²	段
22	一恫碗 doŋ¹³		十只相同的碗为一~
23	一埲火 boŋ¹³	金山新：一场火 zẽ³¹	场
24	一具＝锁 dʑy¹³ 一把锁 pо³⁴	松江：㩻 ȷyœʔ²	把
25	一作＝大肠旧 tsoʔ⁵		段
26	一瓣桔子 nã¹³		瓣
27	睏一寝 huəʔ⁵	川沙：睏一觉 kɔ³⁵ 金山新：睏一觉 kɔ⁴⁴ 青浦：睏一觉 kɔʔ⁵ 青浦：睏一发 fæʔ⁵ 嘉定：睏一寑 huəʔ⁵	觉
28	劝过伊一转 tsø³⁴ 趟 tʰã³⁴	金山新：劝过伊一趟 tʰã³ 金山新：次 tsʰʅ¹³	回，次
29	头潽药 pʰu⁵³		煎一次中药
30	揩一谱 pʰu⁵³		次，遍
31	一坨头发（泥）bɑʔ²	青浦新：一蓬头发 boŋ³¹	用于结或成团状的东西

(续表)

序号	上海市区方言	上海郊区方言	普通话
32	一蓬草 boŋ¹³ 一丛草^新 zoŋ¹³		丛
33	一绞绒线 kɔ³⁴	金山^新：一股绒线 ku⁴⁴	用于绕好的丝线等，股
34	一脚生意 tɕiaʔ⁵	川沙：一笔生意 ʔbiɪʔ⁵ 青浦^新：一笔生意 piɪʔ⁵	笔
35	一票货色（~生意）pʰiɔ³⁴		批，用于商业活动中
36	则＝ tsəʔ⁵	市区^新：圈 tɕʰy⁵ 金山^新：轮 ləŋ³¹ 嘉定：足 tsoʔ⁵	十二岁为一~
37	擎 dziŋ¹³ 极 dziɪʔ²	市区^新：级 tɕiɪʔ⁵ 浦东：步 bu¹³ 南汇：步 bu¹³ 奉贤：步 bu¹³	阶梯上的一级
38	一筑堆人（~草）tsoʔ⁵⁻³tɛ⁵³⁻⁴⁴	浦东：碌堆 loʔ²⁻³³ʔde⁵³⁻⁴⁴ 南汇：碌堆 loʔ²⁻³³ʔde⁵³⁻⁴⁴ 金山^新：一堆人（~草）tɛ⁵³ 嘉定^新：一 taʔ⁵ 堆人（~草）	堆

第二十八章 助词 语气词 叹词

序号	上海市区方言	上海郊区方言	普通话
1	至极 tsη$^{34-44}$·dziɪʔ^2 到极点 tɔ$^{34-44}$·dziɪʔ$^{2-1}$ti$^{34-23}$ 透顶 tʰɤ$^{34-33}$tiŋ$^{34-44}$	青浦^{新}：勿完 vɐʔ$^{5-4}$ɦuɪ$^{31-53}$ 嘉定：透 tʰə^{34}	到极点，用在形容词、动词后面
2	……来西 lE$^{13-22}$ɕi$^{53-44}$	嘉定：……宛 uɪ^{34}	……得很
3	……臭要死 tsʰɤ$^{34-33}$iɔ$^{34-55}$ɕi$^{34-21}$	松江：海外 hE$^{34-44}$ɦuE$^{13-44}$ 松江：野完 ɦia$^{22-24}$βe$^{31-21}$ 川沙：要死 iɔ$^{35-35}$ɕi$^{44-21}$ 金山^{新}：一塌糊涂 iɪʔ$^{5-4}$dəʔ$^{2-3}$vu$^{31-33}$du$^{31-21}$	形容程度高（热得来~）
4	……式气 səʔ$^{5-3}$tɕʰi$^{34-44}$	松江：样子 iɛ̃$^{35-55}$tsη$^{44-11}$ 嘉定：……势气 sη$^{34-44}$tɕʰi$^{34-44}$	像……的样子（小囡~）
5	……搭煞 taʔ$^{5-3}$səʔ$^{5-4}$ ……的搭 tiɪʔ$^{5-3}$taʔ$^{5-4}$	金山：……图图 du$^{31-13}$du$^{31-53}$ 金山^{新}：……搭搭 təʔ$^{5-4}$təʔ$^{5-2}$ 金山^{新}：……兮兮 ɕi$^{53-23}$ɕi$^{53-53}$	在双音节形容词后，构成状态形容词（戆大~）
6	……八腊 paʔ$^{5-3}$laʔ$^{12-44}$		在双音节形容词后，构成状态形容词，颇（腻心~）
7	……兮兮 ɕi$^{53-55}$ɕi$^{53-21}$		用在某些形容词后面，构成状态形容词，有点儿……像……的样子（神经~）
8	……相 ɕiã^{34}	金山^{新}：……图图 du$^{31-13}$du$^{31-53}$ 金山^{新}：……搭搭 təʔ$^{5-4}$təʔ$^{5-2}$ 金山^{新}：……兮兮 ɕi$^{53-23}$ɕi$^{53-53}$	用在形容词后（福~，难看~，乌苏~）

（续表）

序号	上海市区方言	上海郊区方言	普通话
9	……头势 dɤ$^{13-22}$sɿ$^{34-44}$		（1）用在形容词后,形容程度高,相当于"真是……啊"(尴尬~) （2）在动词及某些形容词后,构成名词,相当于"……劲儿""……样子"(搅~真是)
10	……法 faʔ^5 ……法子 faʔ$^{5-3}$tsɿ$^{34-44}$	嘉定：……法则 faʔ$^{5-4}$ tsəʔ$^{5-2}$	（1）用于形容词后,表示情况或程度高(哪能好~) （2）在动词后,表示方法(走~、讲~)
11	……勿过 vəʔ$^{2-1}$ku$^{34-23}$	金山^{新}：……不过 pɔʔ$^{5-53}$ku$^{35-53}$	（1）用于形容词后,表示"实在太……"(酸~) （2）用在动词后,比不上(跑~伊)
12	……勿煞 vəʔ$^{2-1}$saʔ$^{5-2}$	金山^{新}：……呒煞 m̩$^{31-33}$sɑʔ$^{5-2}$	用在某些双音节动词后,表示"没有什么值得……的"(稀奇~,卖样~)
13	最……也呒没勒 tsø^{34}…ɦia$^{13-33}$·ɦim̩$^{13-22}$məʔ$^{2-5}$ləʔ^2	青浦^{新}：再……也呒没哉 tsE^{35}……ɦia^{213}məʔ^2	最……不过
14	……杀快 saʔ$^{5-3}$kʰua$^{34-44}$	金山^{新}：……得快 təʔ$^{5-3}$kʰuA$^{13-35}$	拼命地,非常(做~,恨~)
15	……得来 təʔ$^{5-3}$lE$^{13-44}$ 会 ɦuE^{13} 会得 ɦuE$^{13-22}$təʔ$^{5-4}$		用在动词之后,表示能,会(做~就做)
16	……勿来 vəʔ$^{2-1}$lE$^{13-23}$		用在动词之后,表示"不会"、"不能够"(做~,讲~)
17	……能 nəŋ^{13}		（1）用在某些单音形容词重叠式后表示动作方式(好好~走) （2）与"像……"连用,表示"……似的"(像瘪三~个)

（续表）

序号	上海市区方言	上海郊区方言	普通话
18	……叫 tɕiɔ³⁴		（1）用于某些单音形容词重叠式之后，表示动作方式（好好~上课） （2）修饰名词（小小~个房间）
19	阿…… aʔ⁵		（1）前缀用于亲属称谓、排行、人名等（~伯,~三,~王） （2）用于其他名词前（~乡,~胖）
20	……仔 zl¹³[tsl³⁴]	嘉定：……得 dəʔ²	（1）表示事件的实现（下~班就去汏浴） （2）表示动作持续，相当于"着"（低~头读书） （3）用于动结式短语中，表示伴随状态（物事自家带~走）
21	……脱 tʰəʔ⁵	金山ⁿ：……脱 tʰəʔ⁵	（1）表示动结式的结果（拿衣裳脱~） （2）用在形容词或动结式短语后，表示结果产生（事体弄僵~仔） （3）用在动词之后，表示实现，在祈使句中，则表示建议（坐~一歇再走）
22	……哉 zəʔ²[zE¹³][tsE⁵³]	松江：嵌 kʰɛ³⁵ 川沙：得 ʔdɤʔ⁵ 金山：啦哩 la⁵³⁻³³li¹³⁻²¹ 金山ⁿ：……里 li³⁵ 嘉定：……则 tsəʔ⁵	表时态的语气词，相当于普通话的"了2"或"了1+2"，用于句末（落雨~,好~,勿要吵~）
23	……勒 ləʔ²	川沙：仔 金山ⁿ：……里 li³⁵ 嘉定：……得 dəʔ²	新派用词，相当于老派的"仔"、"着"、"哉"三者的用法（坐~半个钟头,到快~,立~交关人）

（续表）

序号	上海市区方言	上海郊区方言	普通话
24	……啦哉 la$^{13\text{-}33}$•zə$ʔ^2$ ……啦勒 la$^{13\text{-}33}$•lə$ʔ^2$ ……辣海勒 la$ʔ^{2\text{-}1}$hE$^{34\text{-}22}$lə$ʔ^{2\text{-}23}$	南汇：哈哉 ha^{53}•zə$ʔ^2$ 金山^{新}：有辣 ɦiɤ$^{35\text{-}23}$læ$ʔ^{2\text{-}4}$ 嘉定：……勒啷则 lə$ʔ^{2\text{-}2}$lɑ̃$^{13\text{-}55}$tsə$ʔ^{5\text{-}2}$ 嘉定：……勒搭则 lə$ʔ^{2\text{-}2}$ta$ʔ^{5\text{-}5}$tsə$ʔ^{5\text{-}2}$	相当于"已经……了"，"早就……了"（花红~）
25	辣辣 la$ʔ^{2\text{-}1}$la$ʔ^{2\text{-}2}$[la$^{13\text{-}23}$]	松江：正立＝拉 tsə$ʔ^{35\text{-}44}$liɪ$ʔ^{2\text{-}4}$la$^{13\text{-}44}$ 金山^{新}：有辣 ɦiɤ$^{35\text{-}23}$læ$ʔ^{2\text{-}4}$ 嘉定^{新}：勒 lə$ʔ^2$ 嘉定^{新}：浪 lɑ̃^{212} 嘉定：勒啷 lə$ʔ^{2\text{-}1}$lɑ̃$^{13\text{-}24}$ 嘉定：勒搭 lə$ʔ^{2\text{-}1}$ta$ʔ^{5\text{-}24}$	（1）在，动词（小王~屋里哦？） （2）表示正在进行（伊~打电话） （3）表示状态持续（伊~爬） （4）在，介词（明朝~礼堂开会）
26	辣辣海^{新} la$ʔ^{2\text{-}1}$la$ʔ^{2\text{-}2}$hE$^{34\text{-}23}$	川沙：辣 læ$ʔ^2$ 川沙：辣辣 læ$ʔ^{2\text{-}2}$læ$ʔ^{2\text{-}3}$ 青浦^{新}：辣辣 læ$ʔ^{2\text{-}2}$læ$ʔ^{2\text{-}4}$ 金山：有辣 ɦiɤ$^{35\text{-}23}$læ$ʔ^{2\text{-}4}$ 嘉定：勒啷 lə$ʔ^{2\text{-}1}$lɑ̃$^{13\text{-}24}$ 嘉定：勒搭 lə$ʔ^{2\text{-}1}$ta$ʔ^{5\text{-}24}$	（1）表示存在（小王~哦？） （2）正在（我~做事体） （3）介词，在（伊~楼浪向看书）
27	辣海 la$ʔ^{2\text{-}1}$hE$^{34\text{-}23}$	闵行：辣＝盖 læ$ʔ^{2\text{-}2}$ke$^{34\text{-}2}$ 南汇：辣＝盖 læ$ʔ^{2\text{-}2}$ke$^{34\text{-}23}$ 奉贤：辣＝盖 læ$ʔ^{2\text{-}2}$ke$^{34\text{-}23}$ 金山：辣＝盖 læ$ʔ^{2\text{-}2}$ke$^{34\text{-}23}$ 松江：勒嵌 lə$ʔ^{2\text{-}22}$k^{h}ɛ$^{35\text{-}35}$ 川沙：辣 læ$ʔ^2$ 川沙：辣辣 læ$ʔ^{2\text{-}2}$læ$ʔ^{2\text{-}3}$ 金山^{新}：有辣 ɦiɤ$^{35\text{-}23}$læ$ʔ^{2\text{-}4}$ 嘉定：勒啷 lə$ʔ^{2\text{-}1}$lɑ̃$^{13\text{-}24}$ 嘉定：勒搭 lə$ʔ^{2\text{-}1}$ta$ʔ^{5\text{-}24}$	（1）表示存在（小王~哦？） （2）表示正在进行 （3）表示状态持续（坐~吃）
28	辣浪^{旧} la$ʔ^{2\text{-}1}$lɑ̃$^{13\text{-}23}$	川沙：勒浪 laŋ^{35} 川沙：辣 læ$ʔ^2$ 川沙：辣辣 læ$ʔ^{2\text{-}2}$læ$ʔ^{2\text{-}3}$ 青浦^{新}：辣辣 læ$ʔ^{2\text{-}2}$læ$ʔ^{2\text{-}4}$ 金山：有辣 ɦiɤ$^{35\text{-}23}$læ$ʔ^{2\text{-}4}$ 嘉定：勒搭 lə$ʔ^{2\text{-}1}$ta$ʔ^{5\text{-}24}$	副词，表示进行（伊~汰衣裳）
29	辣里^{旧} la$ʔ^{2\text{-}1}$li$^{13\text{-}23}$	川沙：辣 læ$ʔ^2$ 青浦：辣 læ$ʔ^2$ 川沙：辣辣 læ$ʔ^{2\text{-}2}$læ$ʔ^{2\text{-}34}$ 青浦^{新}：辣辣 læ$ʔ^{2\text{-}2}$læ$ʔ^{2\text{-}4}$ 金山^{新}：有辣 ɦiɤ$^{35\text{-}23}$læ$ʔ^{2\text{-}4}$	副词，在（伊~做啥？）

序号	上海市区方言	上海郊区方言	普通话
30	……啦 la^{13}[laʔ^2]	嘉定：勒啷 ləʔ$^{2-1}$lɑ̃$^{13-24}$ 嘉定：勒搭 ləʔ^2-^{1}taʔ$^{5-24}$	（1）表示状态的持续（坐~勿要动，香烟我有~） （2）介词，在（鱼~水里，睏~床浪）
31	过歇 ku$^{34-33}$ɕiɿʔ$^{5-4}$[ɕiɿ$^{34-44}$] 歇^{旧} ɕiɿʔ^5[ɕiɿ^{34}]	川沙：过 ku^{35} 金山^{新}：过脱些 ku^{13} tʰəʔ^5	时态助词，义同"过"，但须放在句末（文旦我吃~个）
32	……看 kʰø$^{34-}$	金山^{新}：……刻 kʰəʔ^5	用在动词重叠之后，表示尝试（问问伊~，试试~）
33	……得来 təʔ$^{5-3}$lɛ$^{13-44}$	南汇：□ la^{53}（无字）	（1）后置程度副词，有感叹意味，相当于"多么……"（开心~） （2）结构助词（大~勿得了）
34	唠啥 lɔ$^{13-22}$sa$^{34-44}$	嘉定：勒啥 ləʔ$^{2-1}$sɑ$^{34-24}$ 嘉定：勒听 ləʔ$^{2-1}$tʰiŋ$^{53-24}$ 嘉定：勒辛 ləʔ$^{2-1}$siŋ$^{53-24}$	表示未完的列举，相当于"……什么的"（衣裳~要摆摆好）
35	唠 lɔ^{13}	嘉定：嘞 ləʔ^2	（1）语气词，表示列举（狗个样子也有得~大小，好~怵个） （2）用在句末表示动作先发生（坐仔~讲） （3）用于句末，表示原因（讲过~，有啥再讲头？）
36	哦 va^{13}	嘉定：阿……aʔ^5	（1）吗，表示疑问（好~） （2）用于是非句，"阿……哦"表示疑问
37	末哉 məʔ$^{2-1}$zəʔ$^{12-2}$ 末勒 məʔ$^{2-1}$ləʔ$^{2-2}$ 末唻 məʔ$^{2-1}$lɛ$^{12-23}$	川沙：末得 mɤʔ$^{2-2}$ʔdɤʔ$^{5-34}$ 金山^{新}：末里 məʔ$^{2-2}$ li$^{34-35}$ 嘉定：末则 məʔ$^{2-2}$tsəʔ$^{5-4}$	相当于"吧"、"好了"（侬去~）
38	呢啥 ȵi$^{13-22}$sa$^{34-44}$		表示疑问，相当于"……呢，还是……"
39	呀 ia^{53}		（1）啦（做啥~，老是盯牢我） （2）啊（侬过来~）

第二十九章　数量词组

序号	上海地区方言	上海郊区方言	普通话
1	一眼眼 iɪʔ$^{5-3}$ŋE$^{13-55}$ŋE$^{13-21}$ 一点点 iɪʔ$^{5-3}$ti$^{34-55}$ti$^{34-21}$ 一滴滴 iɪʔ$^{5-3}$tiɪʔ$^{5-5}$tiɪʔ$^{5-2}$	金山^{新}：一乃乃 iɪʔ$^{5-3}$na$^{35-55}$na$^{35-31}$ 嘉定^{旧}：一猛猛 iɪʔ$^{5-3}$mã$^{13-55}$mã$^{13-21}$	一点儿，形容数量小
2	好一眼 hɔ$^{34-33}$iɪʔ$^{5-5}$ŋE$^{13-21}$ 好一点 hɔ$^{34-33}$iɪʔ$^{5-5}$ti$^{34-21}$	金山^{新}：好一乃 hɔ$^{44-34}$iɪʔ$^{5-5}$na$^{35-31}$	好一点儿
3	大一眼 du$^{13-22}$iɪʔ$^{5-5}$ŋE$^{13-21}$ 大一点 du$^{13-22}$iɪʔ$^{5-5}$ti$^{34-21}$	金山^{新}：大一乃 du$^{35-34}$iɪʔ$^{5-5}$na$^{35-31}$	大一点儿
4	一大半 iɪʔ$^{5-3}$du$^{13-55}$pø$^{34-21}$ 大一半 du$^{13-22}$iɪʔ$^{5-5}$pø$^{34-21}$ 大半 du$^{13-22}$pø$^{34-44}$ 多半 tu$^{53-55}$pø$^{34-21}$	嘉定：大份 du$^{13-24}$vE$^{13-21}$	多半
5	上落 zã$^{13-22}$lo$^{2-4}$ 上下 zã$^{13-22}$ɦo$^{13-44}$	市区^{新}：左右 tsu$^{34-33}$ɦiɤ$^{13-44}$ 金山^{新}：大概 du$^{35-33}$kɛ$^{44-31}$ 嘉定：介子 kɑ$^{34-35}$tsʅ$^{34-21}$	表示约数，五十~
6	毛 mɔ^{13}		后接数词，表示大约，将近(~五十岁,~三百人)

第四卷 描写语法

目　录

说明	283
第一章　数词	285
第二章　量词	292
第三章　名词	305
第四章　代词	318
第五章　形容词	333
第六章　动词	346
第七章　副词	364
第八章　介词	371
第九章　连词及复句	378
第十章　助词及有关句类	385
第十一章　比较句	405
第十二章　语序	408
第十三章　上海市区方言录音语料转写摘抄	413

说　　明

　　本卷描写上海市区和郊区的方言语法。郊区语法与市区语法大同小异，与市区老派语法则更加接近，所以可以从市区语法出发，描写和研究整个上海地区的方言语法。

　　描写市区语法的材料采用本地普通市民未经筹划的自然语言，不采用事先经过筹划的广播语言、演说语言、课堂语言或舞台语言(沪剧、沪书、上海说唱、浦东说书、滑稽戏等)。独脚戏是没有台词脚本的，演员是按情节发展的需要临时组织语句的，所以它的语言跟自然语言非常接近。我们间或采用之。独脚戏为了达到某种艺术效果，在演出时也夹用邻近上海地区的方言，如苏州话、宁波话、绍兴话、苏北话等。这些外地方言成分是很容易辨别和剔除的。

　　我们收集自然口语的方法有两种：一是随听随记，二是用录音机录制。绝大部分材料是用第二种方式取得的。录音是在说话人没有意识到被录音的情况下进行的，上海自然口语的速度一般是每分钟200—220个音节，吵架时口语的速度达220个以上，我们总共录取了三十多个小时的自然口语，包括三十六万个以上音节。

　　这些口语是不同年龄(从青少年到七八十岁的老年)、职业、阶层和性别的上海市区本地居民在不同场合使用的。其内容相当广泛，包括政治、经济、商业、文化、教育、工业、农业、交通、家庭生活等方面。

　　本卷的引例取自这些口语材料，只是在材料不敷用的时候才自拟少数用例。

　　从语言风格的角度来看，自然口语也有"文理"和"土白"的不同，文理成分一般只出现在比较庄重、客气、正式、文雅的场合。如"尊姓大名？""府上鞋里？""欢迎光临""老师们、同学们"等等。这些文理成分除了语音形式以外，跟汉民族共同的书面语大致相同。文理用语在日常口语中所占比重很小，本卷的引例采用"土白"材料，但也不故意回避"文理"成分。

　　自然口语用例在语音、词汇、语法方面的内部差异，一般都如实记录，不强求一律，只是连续变调调值统一用新派的一套标记。

有些语法现象新派和老派有明显差异的酌加说明，旧时曾使用现在已不用或少用的也略作交代。语法现象在不同年龄层次上的异同比语音现象似更复杂。为了便于说明问题，我们采用下列术语表示不同的年龄层次：旧时（指1949年以前）、老派（指老年）、新派（包括中青年）、中老年、中青年、青少年。

本卷对郊区语法只是描写不同于市区的特点，凡不另行指出使用地点的语法结构或格式皆是市区和郊区共有的，例词或例句则用市区话。郊区方言也有新派和老派的差别，但两者的差别没有市区明显。本卷述及"上海县"时改用"莘庄"代替，以免与"上海市"混淆。

本卷的目的在于如实地描写上海口语语法，并不注重探讨语法理论或建立新的语法体系。所以常从"表达"的角度安排材料，讨论问题，语法术语尽可能采用已经流行的界说，只是取舍之间略有斟酌而已。在现成的术语不敷用时，才自拟极个别术语。

本卷着重讨论跟普通话不同的上海方言语法现象，相同之处不讨论或略为涉及。

引例一般只用汉字记录，有必要时用国际音标标音，方言词汇尽可能用方言本字记录，本字无考或来历未明的，暂用本地俗字或同音字（首次在文中出现时下加浪线）记录。同一个语素有两人以上不同的语音变体的，只用同一个汉字记录，必要时用国际音标标出变体的实际读音。

例句用半圈内的数码字编号，如1）2）3）。同一节中的例句统一编号，必要时用小字简扼说明所引例句的言语环境，词、词组或较短的句子被引作用例时不再编号，只用短竖杠分隔，如：木头｜石头｜竹头。斜杠表示"或者"的意思，例子前头加＊号，表示实际上没有这种说法，例如：＊有眼墨墨黑。在上海话、普通话的对比举例时，上海用例前头注明（沪）；普通话前头注明（普）。对引例的内容，除非必要，一般不再用普通话作解释，其中方言词汇的含义请参阅第三卷。

第一章 数　　词

(一) 一

"一"有[iɪʔ⁵]和[iɔ⁵³]两种读法,数数时,也可以用第二种读法:一[iɔ⁵³]、二、三。但在下列词组中"一"(幺)只说[iɔ⁵³]:一[iɔ⁵³]二三角落。

老派金山话掷骰子报数时"1"读[iɔ⁵³]。

(二) 二和两

"二"和"两"都代表"2"。"二"的语音形式有三个:白读是[ȵi¹³]或[liã¹³],文读是[ɦəl¹³]。"两"[liã¹³]只有一读。它们用法不同,如下述:

1. 数个位数时新派多用[liã¹³],老派多用[ȵi¹³]:
   一、二[liã²⁴]、三、四……(新派)
   一、二[ȵi²⁴]、三、四……(老派)

2. 称"2"开头的十位数时,用[ɦəl¹³],不用[ȵi¹³],或[liã¹³]:
   21 ɦəl¹³⁻²² zəʔ¹²⁻⁵ iɪʔ⁵⁻² ｜ *ȵi¹³⁻²² zəʔ¹²⁻⁵ iɪʔ⁵⁻² ｜ *liã¹³⁻²² zəʔ¹²⁻⁵ iɪʔ⁵⁻²

其中的第一种用法是文读形式,更常用的口头形式是以[ȵiE²⁴/nE²⁴]开头的,详见本节(三)1。郊区用[ȵiɛ¹³]。

3. 称"2"开头的百位以上的数时,多用[liã¹³],也可用[ɦəl¹³],一般不用[ȵi¹³]:
   213 liã¹³⁻²² pAʔ⁵⁻⁴ ·zəʔ¹²⁻² sE⁵³⁻²³
   　　 ɦəl¹³⁻²² pAʔ⁵⁻⁴ ·zəʔ¹²⁻² sE⁵³⁻²³
   　　*ȵi¹³⁻²² pAʔ⁵⁻⁴ ·zəʔ¹²⁻² sE⁵³⁻²³

"2"在"十二、念二"中都只说[ȵi¹³],从"三十二"开始,一般也只说[ȵi¹³],新派也有说[liã¹³]的。

4. 在"二、三"后接量词的数量结构中,口语一般用法是:
   两[liã¹³]三个人 ｜ *二[ɦəl¹³]三个人

老派也用[ȵi¹³]，新派间也用[ȵi¹³]：

　　有二[ȵi¹³]三个人辣海　｜　头二[ȵi¹³]三个人

在"二、三十"后接量词的数量结构中，只可以用[ȵi¹³]或[ɦəl¹³]：

　　二[ȵi¹³]三十个人　｜　二[ɦəl¹³]三十个人

　*两[liã¹³]三十个人

5. "二"后接量词时，口语一般只用"两[liã¹³]"：

　　两只　｜　两张　｜　两尺两寸　｜　两角两分

"二"后接衡量词时，老派有时也说[ȵi¹³]：

　　二[ȵi¹³]菜　｜　二[ȵi¹³]尺布

"二"后接衡量词"两"时，不可用"两"，一般只用[ȵi¹³]，少用[ɦəl¹³]。郊区多用[ȵi¹³]，少用[liã¹³]，不用[ɦəl¹³]：

　　二[ȵi²⁴]两饭　｜　*两[liã²⁴]两饭

6. 说"礼拜二"时多用[ȵi¹³]或[liã¹³]，一般不用[ɦəl¹³]。

7. 称年、月、日用到的"2"一律读[liã¹³]：1982[liã¹³]年2[liã¹³]月2[liã¹³]号。

8. 在以"头"开头的序数词中，只可用[liã¹³]：

　　头两[liã¹³]个　｜　*头二[ȵi¹³]个　｜　*头二[ɦəl¹³]个

在以"第"开头的序数词中，或在称排行时，一般用[ȵi¹³]：第二[ȵi¹³]　｜　二[ȵi¹³]阿哥。中年以下也有说[liã¹³]的：二[liã¹³]哥。

（三）位数

1. 称"2"开头的"十位数"时，常用"念"[ȵiE¹³]（青少年读作[nE¹³]）：

　　21 ȵiE¹³⁻²² ii¹⁵⁻⁴　｜　24 ȵiE¹³⁻²² sŋ²⁴⁻⁴⁴　｜　29 ȵiE¹³⁻²² tɕiɤ²⁴⁻⁴⁴

2. 个位数和位数词"十、百、千、万"等组成复合数词：

　　十五　｜　五十一百　｜　九千四百三十六

"一百、一千、一万"后边有余数，而余数又是整数时，后边的余数的位数词常可省略：

　　一百三＝130　｜　一千五＝150　｜　一万六＝16 000

下面是拍卖工艺品时的两个实际用例：

　　1) 五百四，三百六，九百块，九百块洋钿。

　　2) 两百四有人要？两百四有人要？两百四十块成交。

3. "念[ȵiE¹³]"和"二十"都代表"20"。在上述的省略用法中只可以用"念"：三百念。在序数和概数中多用"念"，少用"二十"：

　　今朝念一号　｜　念五排六座　｜　念几个人

4. "十"单念是[zəʔ¹²],但在复合数词中有[zəʔ¹²]、[səʔ⁵]和[so²⁴]三读。
"十"居于中项时一般读[zəʔ¹²]:

  七十[zəʔ¹²]三 ｜ 八十[zəʔ¹²]一

"十"居于末项时,以读[səʔ⁵]为常,但新派有时也读作[zəʔ¹²]:

  A: 三十[səʔ⁵]加十二,四十[zəʔ¹²]二。葛末卖脱过四十[zəʔ¹²]二双。

  B: 三十[səʔ⁵]加十二,读脱四十[zəʔ¹²]二双

这是两位新派盘点存货时的对话。

  "十"居于中项后接"五"时,老派常读作[so²⁴]:

  十[so²⁴]五圈 ｜ 五十[so²⁴]五块 ｜ 五月十[so²⁴]五

(四) 分数

分数表达法跟普通话不甚相同的有以下几种:

1. 分数前接整数时,整数和分数之间通常加一个"又":

  五又三分之一＝$5\frac{1}{3}$ ｜ 六又七分之三＝$6\frac{3}{7}$

但口语中也可以听到不加"又"的用例,在这种情况下整数和分数之间有停顿,多见于课堂用语:

  三,三分之一＝$3\frac{1}{3}$ ｜ 五,五分之三＝$5\frac{3}{5}$ ｜ 十六,四分之三＝$16\frac{3}{4}$

2. 用"数+股里+数+股"这样的格式,多用于老派:

  三股里两股＝2/3 ｜ 四股里三股＝3/4

3. 用数词和"成"组合表示一般的百分比,多用于老派:

  一成＝10% ｜ 二成三＝23% ｜ 九成半＝95%

但是后边跟"新"连用时,不表示绝对的百分比,只表示概数:

  九成新≠百分之九十新 ｜ 七成新≠百分之七十新

4. 用数词和"折"组合表示价钱的百分比,称为"打折头":

  九折＝90% ｜ 九九折＝99% ｜ 倒九折＝10% ｜ 对折＝50%

但是:

  打脱九折＝10% ｜ 打脱四折＝60% ｜ 打脱三折＝70%

(五) 倍数

"加一倍"中的"一"常省去,即加倍＝加一倍。

(六) 序数

1. 跟基数词相同：

今朝念九 ｜ 四排十三座 ｜ 二阿哥 ｜ 乾隆六年

其中的"二阿哥"除青少年，一般不可以说成"二哥"，因为"二哥"和"尼姑"同音，都是[n̠i¹³⁻²² ku⁵³⁻⁴⁴]，所以回避。"二姐"就可以说了，不过一般也说"二阿姐"。

金山话对排行第二的哥、姐、弟的面称是：二阿哥\＊二哥哥 ｜ 二阿姐\二姐姐 ｜ 弟弟\二阿弟。

2. 用"头"前置于基数词：

前置于"一"，相当于普通话的"第"：

头一个 ｜ 头一页 ｜ 头一只 ｜ 头一埭 ｜ 头一趟

"头一个"有时可以省作"头一"，表示最高的程度：

3）吃饭是人头一要紧辫事体。

"头一条、头一胎"中的"一"通常省去。"头等、头眠"中间不可以插入"一"：

头等舱 ｜ 头条新闻 ｜ 头胎 ｜ 头眠 ｜ 头生

前置于"二"时，可以表示概数[详见(七)]，也可以表示序数。

前置于"三"以上的基数词时，只表示序数，相当于普通话的"前"，不相当于"第"：

头三名＝前三名≠第三名 ｜ 头四名＝前四名≠第四名

"头"表示序数时，还可以后接"浪"：

头浪两个＝前两个 ｜ 头浪三趟＝前三趟 ｜ 头浪三名＝前三名

3. 表达倒数的顺序时常用"末脚、压末、辣末"前置：

末脚第一 ｜ 末脚一个 ｜ 压末第二 ｜ 压末两个 ｜ 着末第三 ｜ 着末三个 ｜ 辣末第四 ｜ 辣末四个

"压末两个"是"最后的两个"，不是"倒数第二个"，余类推，同义词还有"压末脚、辣末脚、着末脚"。

(七) 概数

概数的表达法跟普通话不同的有下列几种：

1. 在"头+两+量"的结构中，"两"表示概数，是"开头一、两个"的意思。头两个 ｜ 头两口 ｜ 头两盘 ｜ 头两张 或"一、两个"意思：

4）绒线结勒头两个钟头。

5）面买勒头两斤。

2. 用相邻的两个基数词连用表示概数，这跟普通话一样。但有一个特殊的用例"笡[tɕʰia⁵³]八"，相当于普通话的"七、八"其中的"笡"原是"七"[tɕʰiʔ⁵]变读舒声[tɕʰia⁵³]。"笡"只能跟"八"连用。一般只用于老派。

6）小囡一眼眼大到笡八岁……

3. 用"靠、毛"前置于基数词，表示不到某一数量：

7）我要靠十分钟才好回到屋里。

8）用脱靠三十块洋[ɦia¹³]钿。

9）四十多块，毛五十块一只。

10）到现在毛四十岁，还吭没结婚。

11）铜钱欠仔毛两千。

4. 用"几"和"□[tA⁵³]"表示少数几个。"□[tA⁵³]"的词义偏重肯定，相当于英文的 a few。用法跟"几"相当，但用"几"的时候多：吃勒□[tA⁵³]碗饭。此例意谓"吃了好几碗饭"。"□[tA⁵³]"是"多"的白读音。

5. 用"叫名"前置于基数词，表示虚岁：

12）叫名九岁，实足七岁。

也表示不到一定年月的用例，但较少见：

13）清朝两百六十多年，叫名三百年。

6. 用"勿罢"前置或后置于基数词，表示超过某一数量：

14）迭个里向勿罢一斤二两。

15）到会个人一百个勿罢。

"罢"也可以单用，表示"到某一数量"的意思：

16）A：迭个人罢三十岁𫚉？

　　B：罢辣。

7. 用"朝外、朝上"后置于基数词，表示超过某一数量；用"朝下、朝里"后置于数词，表示不到某一数量：

一百朝外 ｜ 两千朝外 ｜ 三十朝上 ｜ 一万朝下 ｜ 一千朝里

嘉定话用"二三十"表示超过三十，"三二十"表示超过二十，个到三十。

8. 用"多一眼/眼眼、多一点/点点、多一滴/滴滴"或"少一眼/眼眼、少一点/点点、少一滴/滴滴"后置于基数词，表示超过或不到某一数量（"滴"是"点"的促音化）：

六点多一眼眼 ｜ 十九除以六等于三多一滴滴 ｜ 三斤少一眼 ｜ 两尺短一滴

9. 用"为止、为满"后置于数词,表示到这个数量为止:

四十为止 ｜ 一百为满 ｜ 五局为满 ｜ 八十分钟为满

10. 用"碰顶、到顶"后置于数词,表示肯定不超过这个数量,(其中的"碰"字读[pʰã²⁴]):

六十碰顶 ｜ 一百斤到顶 ｜ 三十个碰顶

11. 郊区话用"三五"连用,表示少数几个,如"三五个人","三"字单读是[sɛ⁵³],但是在"三五个人"中,除奉贤和莘庄外韵母变读作[a]或[ã],后一音只见于崇明,如嘉定话:sa⁵³⁻⁵⁵ ŋ¹³⁻³³ kəʔ⁵⁻³ niŋ³¹⁻²⁴。

12. 固定词组"论千论万"相当于普通话"成千上万",其中"论"也用来表示概数。

(八) 数词词义的转移

基数词的词义有时候有所转移,作为粘着语素用于某些词或固定词组中,不再表示确切的数目,又分几种情况:

1. "一"常常表示"单纯、专一、全部"的意思:

一式一样 ｜ 一时头_{立刻、马上} ｜ 一天世界_{杂乱不堪} ｜ 一句闲讲_{没问题、照办} ｜ 一塌括子_{全部}

2. 用相邻的两个基数词表示"混乱、繁杂"等意思:

勿二勿三 ｜ 老三老四 ｜ 瞎三话四 ｜ 五感六肿 ｜ 投五投六 ｜ 七荤八素 ｜ 七歪八牵 ｜ 搅[go¹³]七搅八 ｜ 瞎七搭八 ｜ 勿三勿四 ｜ 七缺八 ｜ 三朝四日 ｜ 看看三四

3. 有些词或词组中的数词仍暗含实指数词的本主:

三脚猫_{以三只脚的猫站不稳,比喻事事稍懂,但不精通} ｜ 三勿精_{原指猪头肉无精瘦之分,借喻事事不精通} ｜ 三吓头_{指只能吓唬人家几下的色厉内荏的人} ｜ 三只手_{小偷}

4. 有些词或词组中的数词性语素来历较明白:

长三 ｜ 幺二 ｜ 猪头三_{"猪头三牲"之省}

"长三、幺二"原来是骨牌上的点子,旧时借指两种妓女。

5. 有些词或词组中数词性语素来历未明:

赖三_{女流氓} ｜ 老鬼三 ｜ 瘪三 ｜ 弹老三_{靠边站、死亡} ｜ 缠夹二先生_{混缠之人} ｜ 来三_{可以、能干} ｜ 派头一六_{很神气} ｜ 吹牛三_{会吹牛的人}

6. "百、千、万"虚指较大数目:

瞎讲百讲 ｜ 论千论万 ｜ 百草膏 ｜ 万金油

7. "两"有时不实指数目"二",而虚指较少的数目,相当于"几":

歇两日 | 吃两口 | 讲两句 | 写两笔 | 打两记

这种用法的"两"要跟前边的动词及后边的量词一起连续,成为一个语音词。如果只要后边的量词连续,其中的"两"仍是实数:

歇两日 [ɕiŋʔ$^{5\text{-}3}$ liã$^{13\text{-}55}$ ȵiŋʔ$^{12\text{-}21}$](虚指)

歇两日 [ɕiŋʔ$^{5\text{-}4\cdot}$ liã$^{13\text{-}22}$ ȵiŋʔ$^{12\text{-}4}$](实指)

第二章 量 词

（一）普通话不用的上海话量词

1. 个体量词

爿 [bE¹³] 称呈扁平状的物体，或称商店、工厂等：

一爿云 ｜ 一爿天 ｜ 一爿田 ｜ 两爿嘴唇皮 ｜ 一爿烟纸店 ｜ 一爿皮鞋厂 ｜ 一爿车行

例1）中的"一爿天"因独一无二，故常兼有"这个天"的意思，含"定指"意味：

1）一爿天做黄梅，勿肯晴。

宅 [zAʔ¹²] 专指整座的房子：

一宅房子 ｜ 几宅房子 ｜ 独宅头房子

"一宅房子"也说"一座房子"。"独宅头房子"是指孤零零的一座房子。

泡 [pʰɔ²⁴] 称大小便：

一泡尿 ｜ 一泡屙

荡 [dã¹³] 称手巾类物：

一荡绢头 ｜ 一荡毛巾

瓤 [nã¹³] 称水果的瓣：

一瓤桔子 ｜ 三瓤密柑

□ [ko²⁴] 称水果等的一片：

一□ [ko²⁴] 西瓜 ｜ 一□ [ko²⁴] 哈密瓜

间 [kE⁵³] 称柑橘类：

一间桔子 ｜ 两间文旦

极 [dʑiiʔ¹²] 称台阶的级数：

一极台级 ｜ 十五极台阶

2. 集合量词

票 [pʰiɔ²⁴] 称成批的生意、货物等：

一票生意　｜　一票货色　｜　一票物事　｜　一票生活　｜　一批话计

"一票物事"的"物事"在这里是货色的统称。"一票里货色"或"迭票物事"也借喻为说话者所鄙视的人，相当于普通话的"这号人"。"票"不用于指单个的具体物件："一件滑雪衫"不可作"一票滑雪衫"。

脚［tɕiɑʔ⁵］称生意，或称摇会：

　　一脚生意　｜　两千洋钿一脚　｜　是头会

"一脚生意"指一笔大生意，经营规模较大，时间较长。"一笔生意"或"一票生意"指经营规模较小，时间较短的生意。"一脚生意"是旧时用法。

垐［bi¹³］称成层的东西：

　　一垐砖　｜　一垐灰尘　｜　一垐油　｜　一垐房子

堁［dɑ¹³］称成排、成列的事物：

　　一堁工房　｜　三堁字　｜　两堁树　｜　一堁路

幢［zã¹³］整座的房子：

　　一幢工房　｜　一幢花园洋房

藏［zã¹³］称层层堆叠的东西：

　　一藏书　｜　一藏碗　｜　一藏衣裳　｜　一藏盒子

上海的"藏"跟"幢"同音，但是我们不写作"幢"，因为别的吴语里也有这个量词，而音跟"重柱用切"同，是去声，义由"重"来也很明显，"幢"是宅江切，是平声，来历不同，义也难引申。但是上海的"藏"却不跟"重［zoŋ¹³］"同音，所以暂将这两个量词分列。又，"重［zoŋ¹³］"的用法同普通话：三重防线　｜　重重包围。

档［tã²⁴］"一档"是"一类、一等、一批"的意思：

　　一档物事　｜　一档货色　｜　辣档人　｜　迭档节目　｜　迭档模子这号人

"一档"现在已少用，"辣(迭)档"多用。

但郊区除崇明外"一档"仍多用：

　　一档肚脚　｜　一档肚里货　｜　一档棕子　｜　一档定身糕　｜　一档馒头糕

筒［doŋ¹³］称可以包成或卷成筒状的东西：

　　一筒洋蜡烛　｜　一筒干面　｜　一筒牛皮纸　｜　一筒铁纱窗

排［bɑ¹³］称某一批人或某一类事，多带贬义，只跟指示代词连用：

　　迭排人　｜　迭排事体　｜　辣排小囡　｜　迭排洋盘　｜　迭排学生子　｜　阿拉辣排人　｜　辣排书

"排"又可称行列或是编制，用法跟普通话一样：一排座位　｜　三排战士。

蒸［tsən⁵³］称放在同一个蒸笼中蒸的食物：

　　一蒸蛋糕　｜　一蒸肉馒头　｜　一蒸小笼包子　｜　原蒸头蛋糕

"原蒸头"指放在同一个蒸笼中蒸熟而未动过的食物。

枪[tɕʰiã⁵³]指"一段时间"或"一段(时间)"。只能跟数词"一"连用，不能跟"二"以上的数词连用，并且后头常常不跟名词组成"数+量+名"的词组：

2）迭个一枪侬辣做啥？

3）前头有一枪我辣外地出差。

4）伊辣辣上个号头生过一枪毛病。

例4）中的"一枪毛病"是"一枪辰光辩毛病"的省略说法，"辰光"常常是省去不说的。"一枪"不是"毛病"的直接修饰成分。"一枪"是用于称"辰光"的，但是口语中"一枪"后头的"辰光"出现的时候很少：

5）迭个一枪辰光勿空，过脱一枪再讲。

窠[kʰu⁵³]称禽鸟或禽蛋：

  一窠鸡 ｜ 三窠蛋

毯[dʑiɤ¹³]称花丛或花束：

  一毯花 ｜ 一毯菊花 ｜ 一毯纸花

埲[boŋ¹³]称火焰：

  一埲火 ｜ 三埲火

孛[bəʔ¹²]称粘合在一起的东西：

6）头发粘搭搭，一孛一孛辩。

筑堆[tsoʔ⁵⁻³ tɛ⁵³⁻⁴⁴]多称人群，只能跟"一"连用：

  一筑堆人 ｜ 一筑堆乡下人 ｜ 噷勒一筑堆小囡 ｜ 衣裳吹勒一筑堆

节[tɕiŋ⁵]旧时计算时间的单位，后头不跟名词，不用于"数+量+名"词组。"一节"是指两个年节之间的时间，如端午节到中秋节之间称为一节。又如：

7）迭个房间我租一节。

8）迭宅房子租拨侬两节。

"节"还可以用于称文章的章节、圆柱形物体的一截，学校里的教学课时，用法同普通话。

泼[pʰəʔ⁵]称一批人或一批货物，中青年不常用：

  一泼人 ｜ 一泼货

3. 部分量词

沰[toʔ⁵]称液状、胶状物：

  一沰痰 ｜ 一沰漆 ｜ 一沰烂糊泥 ｜ 一沰雨 ｜ 一沰胶水 ｜ 两沰墨水辣纸头上

"沰"可以叠用成"一沰沰",表示"一点儿"。"一沰 一沰"表示"一点一点"。

䩺[dʑioʔ¹²]称圆柱形物体的一截:

一䩺粉笔 ｜ 一䩺竹头 ｜ 三䩺甘蔗 ｜ 一䩺橡皮管子

松江、青浦、金山则用钝[dən¹³]称圆柱形物体的一截。上述用例中的"䩺"皆可用"钝"来代替。

"䩺"也用于称抽象的事物:

9)小故事有是有辣,就是忒短,侪是一䩺一䩺辣种小物事。

眼[ŋE¹³]称具体或抽象的少量的人或事物,前接的数词只能是"一":

一眼物事 ｜ 一眼茶叶 ｜ 一眼盐 ｜ 一眼消息 ｜ 一眼噱头 ｜ 一眼兴趣

"一眼"前接"有"时,"一"通常省去:

有眼毛病 ｜ 有眼铜钿 ｜ 有眼滑稽 ｜ 有眼冷勒

"一眼"常可前接或后接形容词,表示性状略有增减:

价钱是一样,份量是多一眼 ｜ 跑来勿要快,慢一眼 ｜ 好眼辣有伐? ｜ 吃得苦一眼 ｜ 衣裳有眼湿 ｜ 肚皮有眼勿适意

以上这些用例如译成普通话,其中的"眼"可换成"点/点儿"或"些"。但是上海话的"眼"跟普通话的"点/点儿"用法并不完全对应。例10)中的"有眼人"只能译成"有些人",不可译成"有点/点儿人":

10)(沪)有眼人欢喜吃大蒜

(普)有些人喜欢吃大蒜。

(普)*有点儿人喜欢吃大蒜。

前接动词或形容词时,"一眼"中的"一"常可省略:

吃眼茶 ｜ 买眼物事 ｜ 快眼去 ｜ 长眼起来勒

"眼"还可以叠用,强调程度的减轻或数量的减少。普通话的"些"和"点"一般不叠用。

眼睛有一眼眼红 ｜ 价钿贵一眼眼 ｜ 苹果有一眼眼烂脱勒 ｜ 小气是小气得来一眼眼

歇[ɕiɪʔ⁵]称暂短的一段时间:

坐脱一歇 ｜ 过脱一歇 ｜ 等一歇 ｜ 立一歇 ｜ 睏一歇

前接"歇"的数词只能是"一",不能接其他数词:

*等二歇 ｜ *立三歇 ｜ *二歇

"一"常可省略,多用于老派:坐歇 ｜ 歇。

"歇"可以叠用表示强调：

　　看一歇歇　|　眼睛闭一歇歇　|　白相一歇歇　|　窗子开一歇歇　|　过脱一歇歇再讲　|　只要一歇歇辰光

绞[kɔ²⁴]称可以扭在一起的条状物：

　　一绞绒线　|　三绞丝线

版[pE²⁴]称书籍、簿册类的页数，用于老派，新派已少用：

　　一版书　|　读脱三版　|　再看一版

4. 标准量词

米厘[miɪʔ¹²⁻¹¹ liɪʔ¹²⁻³]，即公制长度单位"毫米"，源出于英语 millimetre。普通话中有些外来量词可能是通过上海话吸收进来的，如加仑(gallon)。

字[zl¹³]，俗称一立方米煤气或一度电为"一个字"。

角[kɔʔ⁵]，人民币单位，"一角"等于"十分"。普通话书面上也写作"角"，但口语说毛[mɑu³⁵]；上海话口语只能说"角[kɔʔ⁵]"，不说"毛[mɔ¹³]"：

　　四角　|　五角　|　*四毛　|　*五毛

"角"后接"子"变成名词，"角子"可以前接数量词：

　　一只角子　|　三只角子

"角子"的另一含义指"硬币"，不限面值。

则[tsəʔ⁵]是年龄计量单位，按十二生肖计算，十二周岁为一则：

　　我比侬小一则　|　阿拉爷比娘舅大一则

5. 容器量词

凡容器名词都可以借用作量词，容器量词是开放的类，不能列举，略举几个跟普通话不同的用例：甏、镬子、黄鱼车_{脚踏载货货三轮车}、听_{罐头，源出英语tin}、钵头、袋袋。用法跟普通话一样。

与个体量词比较，容器量词有三个特点，一是可以是双音节或多音节的，二是可以带后缀"子"或"头"，三是数词和量词之间可以插入结构助词"个"：三甏个老酒　|　一面盆个热水　|　十几听个清水猕猴桃。

6. 临时量词

跟容器量词一样，临时量词也是借用名词，也是开放的类，不能列举，略举几个跟普通话不同的用例：

　　一台子瓜子壳　|　一鼻头汗　|　一肚皮勿高兴　|　一弄堂风　|　一房间龌龊个物事

跟容器量词比较，临时量词的特点是，较多地用范围或幅度来量度，在口语中常可后接结构助词"个"：

　　一肚皮个学问　|　一弄堂个垃圾

跟其他量词比较,临时量词的特点是,前接的数词一般只能是"一",不能是"二"以上的数词,而其中的"一"字一般也只取它的"全、满"的意思,有些临时量词在一定的语言环境中,也可以前接"二"以上的数词,并且其中的数词也可以表示实在的数目。

11)十家头吃脱两台子饭菜。

12)三弄堂煤灰三家头扫。 | 一弄堂煤灰一家头扫。

所以"一台子饭菜"之类词组中的"一"有歧义:表示"全、满"或实数"一"。

7. 准量词

"一期[tɕi⁵³]岁"是"婴儿一岁"的意思。

8. 动量词

(1)专用动量词

埭[dɑ¹³]用于称"走、跑、来、去、游"等动作的次数:

走一埭 | 跑三埭 | 来回游两埭 | 去一埭么,也好 | 我屋里侬来过一埭辩

在下列这一类用例中,"埭"的用法有名量词性质:

到绍兴去只要乘一埭火车 | 到宜兴要乘一埭火车,一埭汽车 | 有一埭路要自家跑

这里的"乘一埭火车"是"有一埭路要乘火车"的意思。

记[tɕi²⁴]用于称"打"这一类动作的次数,新派也用于"看、用"等动作,相当于普通话"下":

打一记 | 拍两记 | 敲一记 | 一记 | 调查一记 | 做暗算伊一记 | 拨我看一记 | 借我用一记

"看一记、用一记"只是"看看、用一用"的意思,其中的"一"有时省去,特别是在青少年中。"一"虽然省去,但是连调的型式(contour)仍跟不省时一样。如"看一记"的连调型是[³³⁻⁵⁵⁻²¹],"看记"的连调型同此,而不是两字组连调型[³³⁻⁴⁴]。

瘄[huəʔ⁵],从入睡到醒来为"一瘄"。

"瘄"还用于名词"落瘄"(熟睡)中。

13)昨日药吃仔一趟勿好,再吃一趟,两趟吃仔,还是勿落瘄。

潽[pʰu⁵³]用于称洗衣落水、茶叶泡水等的次数:

14)迭件衣裳泡过一潽肥皂水,还要过三潽清水。

转[tsø²⁴]用法有两种,一是相当于"次、回",二是"旋转三百六十度"为"一转",如例18)均用于部分老派:

15)我劝过伊几转,伊勿肯听。

16）迭转个货色推板多勒。
17）上转托伊个事体办来哪能？
18）钟坏脱勒，走两转就停。
另有一个固定词组"有两转"(有几次)：
19）伊到过龙华，有两转勒。
20）有两转伊实在跑勿动，只好乘车子。
新派常用"有两趟"替换"有两转"。
　　（2）借用动量词举例：
　　敲一锄头 ｜ 剪一剪刀 ｜ 揎一拳 ｜ 豁一鞭 ｜ 劈一斧头
　　（3）以重复动词的方式构成的动量词举例：
　　汰一汰 ｜ 张一张 ｜ 看一看 ｜ 炖一炖 ｜ 讲一讲
　　（2）、（3）两类动量词用法跟普通话一样，中嵌成分限于"一"，动词一般是单音节的。

（二）上海话不用的普通话量词举例

　　下列普通话口语中常用的量词在上海话中是不用的。相应的名词用小字夹注。

栋_{房子} ｜ 宗_{款项} ｜ 窝_{小鸡} ｜ 墩_{荆条} ｜ 摞_书 ｜ 挂_{火车} ｜ 嘟噜_{葡萄} ｜ 茬_{庄稼} ｜ 号_{这~人} ｜ 溜_{一~三间房} ｜ 阵子_{这~他很忙}

　　下列量词在上海口语中是少用的，斜线后是常用的相应量词：

　　艘/只_船 ｜ 尾/条_鱼 ｜ 服/帖_{中药} ｜ 餐/顿_饭 ｜ 丸/粒_药

（三）使用范围跟普通话不同的量词

　　有些量词上海话和普通话都使用，但是使用范围不同。
　　只 [tsʌʔ^5]
　　普通话只用于：a) 某些成双成对的东西中的一个：一只手 ｜ 两只眼睛。b) 某些动物：一只鸟 ｜ 一只羊 ｜ 两只苍蝇。c) 船只：一只船 ｜ 两只汽艇。d) 某些日用器物：一只箱子 ｜ 两只手表。
　　上海话量词"只"的使用范围大大超出了上述四项。普通话个体量词发展的趋势之一是：泛用量词"个"取代很多专用量词，使用范围似乎正在极度地扩大。上海话个体量词发展的趋势之一是：泛用量词"只"取代很多专用量词或另一个泛用量词"个"，使用范围非常广泛。以下举例说明

"只"可以相当于哪些普通话个体量词。

相当于"个",用于:碗 | 镬子 | 棺材 | 馒头 | 月饼 | 水库 | 图章 | 枕头 | 瓜 | 球 | 小学 | 问题 | 勺子 | 棋子 | 喇叭 | 袋袋 | 热水瓶

相当于"把",用于:斧头 | 锄头 | 茶壶 | 钥匙 | 算盘 | 弓 | 热水瓶

相当于"间",用于:房间 | 卫生间 | 灶披间 | 汰浴间

相当于"架",用于:飞机 | 缝纫机 | 电视机 | 收音机

相当于"张",用于:台子 | 椅子 | 沙发 | 告示 | 通知

相当于"枚",用于:别针 | 徽章 | 地雷

相当于"座",用于:塔 | 阁楼 | 假山

相当于"支",用于:民歌

相当于"顶",用于:帽子 | 帐子

相当于"匹",用于:马

相当于"盏",用于:灯 | 电灯 | 日光灯

相当于"尊",用于:大炮 | 佛像

相当于"管",用于:秤 | 手枪 | 笛子

相当于"口",用于:井 | 水缸 | 猪猡

相当于"头",用于:牛 | 羊 | 象

相当于"颗",用于:炸弹 | 弹子 | 手榴弹

相当于"齣"或"台":搿只戏哪能,好看伐?

相当于"种":迭只药老灵搿 | 迭只花头好看伐? | 搿只小菜好吃伐? | 搿只布颜色显

这些名词可以跟"只"相配,也可以跟原来的专用量词搭配,但口语中有用"只"取而代之的趋势。

"只"在郊区的适用范围比市区要窄些,如下列名词不能与"只"搭配:
一把斧头 | 一把茶壶 | 一个水库 | 一个棺材 | 一个问题

松江话"只"一般只能与"船、动物、手、脚"搭配。

"只"用于称人时带贬义词,指人品不好者:
一只戆大 | 迭只女人 | 搿只老太婆 | 迭只老头子 | 搿只小鬼头 | 一只骗子

青少年还有将"只"用于"班级、文件、指标、闲话"等,不一而足。

"只"的适用范围也不是没有限度的。下列这些类别的名词(每类举一例)不能用"只"相配,通常能用"个"或专用量词相配:

一个人 | 一条路 | 一根草 | 一本书 | 一块玻璃 | 一位朋友 | 一张报纸 | 一件大衣 | 一把阳伞 | 一粒米 | 一桩亲事

下列几类名词一般用"个"或专用量词相配，但也有人用"只"相配：

一幅画 | 一部汽车 | 一个主张 | 一爿店家

个 [ku²⁴]

"个"的单字文读音是 [ku²⁴]。但在口语语流中实际读音一般是 [gəʔ¹²] 或弱读作 [ɦə⁰]。

由于泛用量词"只"的使用范围扩大，使用频率增高，泛用量词"个"的使用范围相应缩小，使用频率也相应降低。上文举例已多，再举一个例，到饭店吃饭，要一份鱼、一份炒蛋，普通话说"来一个鱼、一个炒鸡蛋！"上海话常说："要一只鱼、一只炒蛋！"因为"一种菜肴"可以说"一只菜"，所以"一盘鱼、一盘炒鸡蛋"可以说"一只鱼、一只炒鸡蛋"。

块 [kʰuᴇ²⁴]

使用范围比普通话小，以下三类例普通话可用"块"，上海话另有别的量词相配：

一粒糖 | 一条头巾 | 一只手表

在有些用例中不管上海话或普通话，"块"和别的专用量词都可以两用，但是"块"在上海话中出现频率可能低些。在下面这些用例中，一般不用"块"：

一张皮 | 一条毛巾 | 一面镜子 | 一条窗帘

条 [diɔ¹³]

使用范围比普通话窄，以下各类例上海话通常不用"条"，普通话均可用"条"：

一只狗 | 一只狼 | 一只牛 | 一只船

口 [kʰɤ²⁴]

使用范围比普通话窄，以下各类例普通话均可用"口"，上海话通常不用"口"：

一只水缸 | 一眼水井 | 一只钟 | 一把剑 | 一把刀 | 一只猪猡

部 [bu¹³]

使用范围比普通话宽。以下三类例普通话不可用"部"：

一部汽车 | 一部机器 | 一部胡梯

门 [mən¹³]

使用范围比普通话广。以下两例普通话不用"门"：

三门题目 ｜ 一门心思

"一门心思"是固定词组,其中的"一"不能换用"二"以上的数字。"一"只取"满、全"义,不是实数"一"的意思。

粒[liɪʔ¹²]

使用范围比普通话宽。以下三例普通话通常不用"粒",而用"颗":

一粒纽子 ｜ 一粒糖果糖 ｜ 一粒星

样[ɦiã¹³]

"一样生"是"一个样儿"的意思,"两样生"是"不一样"的意思。普通话没有这两个词。

滩[tʰE⁵³]

"一滩黑"是一片黑色的意思,比较普通话:一滩水。

方[fã⁵³]

可以用于地皮:一方地皮。现已少用。普通话用"块"称地。"方"作为量词另有他用。

趟[tʰã⁵³]

使用范围比普通话宽。"趟"作为动量词在普通话中的使用范围是:a)用于来往开行的车船,如:最后一趟火车;b)用于一来一往的动作,如:跑了两趟;c)指武术一套或一段动作的过程。上海话"趟"的使用范围除了相当于普通话的前两项外,几乎相当于普通话"次"的范围:

下一趟辣啥地方碰头 ｜ 表扬过伊拉好几趟 ｜ 有一趟我对伊讲…… ｜ 得侬讲过好几趟 ｜ 两趟好机会侪拨侬放脱勒

这些例中的"趟"也可以用"次"替换。但在一些书面语或接近书面语的用例中,仍须用"次",一般不用"趟":

*第二趟世界大战 ｜ *第352趟快车 ｜ *三届三趟会议 ｜ *多趟提出合理建议

(四) 量词的语法特点

1. 集合量词、部分量词和容器量词跟普通话一样,都可以受形容词修饰,如:一大杯冷开水 ｜ 一大堆石头。个体量词也可以受形容词修饰,又分两种用法。第一种用法跟普通话一样,即"数+量+名":一大张纸 ｜ 一大块蛋糕。这类例子也可说成:一张大纸头 ｜ 一块大蛋糕。但前一种说法更强调修饰语成分。另一种用法跟普通话不同,即量词在后接词缀"头"的同时,前接形容词修饰成分:

小只头人参 | 独只头白鸽 | 大块头石头 | 大张头牛皮纸 | 三粒小粒头钮子

这种用法中的量词,后边带上了后缀"头",实际上已经变成名词。它前接形容词,构成一个偏正词组,用来修饰后边的名词。这个偏正词组跟它后边的名词之间可以插入结构助词"个":两只原块头个蛋糕。这一类用例的内部结构层次如下。左边的用例不带结构助词"个",右边的带"个":

2. 在"数量词+名词"的词组中,数量词和名词有同位关系,所以在一定的语言环境里,数量词可以代替整个偏正词组,这是跟普通话一样的:五本=五本书。在一定的语言环境里,在上海话中还可以在这个数量词的后边接上"头",来代替整个偏正词组:

两只头成一对_{鸳鸯} | 八只头一盒_{月饼} | 两斤头一包_{红枣} | 廿张头一刀_{纸张}

这一类词组中的数词一般是"十"以下的,"十"以上的似乎只有单音节的"廿"[ȵiɛ¹³]用得较多,其他用得较少:五十张头一刀。

在说"几块钱"的时候,使用"数+块+头"这种结构是很普通的:

拿出一张十块头 | 找拨侬一张一块头 | 还有一张五块头

说"几角钱"的时候,可以说:一角头、两角头、五角头;说"几斤粮票"的时候可以说:一斤头、五斤头、十斤头……此类讲法中的数词只限于各类票证票面的数额。

3. 数量词修饰名词一般不带结构助词"个",只有在标准量词、准量词_{一县,三村}、临时量词及表示时间的量词之后,可以带"个":

五尺个府绸 | 九平方个房间 | 三个号头个辰光 | 一台子个灰尘 | 一房间个烟

4. 在"数+单位量词"的词组中,如果量词是双音节的公制单位,可以在数词和量词中间插入个体量词"个",这时候实际上是把其中的公制单位看作是一个名词:

21) 我有一只三个安倍个电表放辣海吙没用。

22) 十六又两分之一,就等于两百六十五个mm,就等于二十六点五个cm。

例22)中两个公制单位mm(毫米)和cm(厘米)直接用英语读出。在谈论房子或别的建筑物的面积时,使用"数+个+平方"这样的格式是很普通的：

23）侬辪只房间有得十六个平方伐？

5. 在"名+数量词"的组合中，在一定的语言环境里，第一项跟第二项是同位关系而不是修饰关系，第二项也可以是一个"数量词+名"的词组：

24）阿拉兄弟两个勿好吵相骂。

25）比方讲，好咾恘两个字就叫反义词。

例24）中的"两个"和"阿拉兄弟"同位，例25）中的"两个字"和"好咾恘"同位。这类用例中的数量词如果转换到名词的前边，语义可能变化："阿拉两个兄弟勿好吵相骂。"语义变为："我的两个兄弟不可以吵架"或"我的两个兄弟不好，吵架了"。"好咾恘"和"两个字"换位以后，如果句子中间的停顿作适当变化，语义仍可不变："比方讲两个字，好咾恘就叫反义词。"在列举事物或记账的时候，数量词也可以后置于名词，这跟普通话一样。

6. 数词为"一"的数量词组处于宾语位置时，"一"的省略及其用法跟普通话一样：

26）泡杯茶末，两家头搭讪头。

27）有一个人姓周，打只电话来，大概是玉琴阿姨。

28）带本书，到辰光好看看，解解厌气。

因为在语流中量词"个"和助词"个"音同或音近，所以"有一个人"如果省作"有个人"就易于跟"有个人_{有的人}"混淆，常常要靠上下分辨。普通话没有这个问题。

上海人常用"有种人"表示"有的人"：

29）有种人生活浪有问题还要遮遮盖盖。

当前接"哪能、辪能、鞋里"这三个代词时，"一"以省略为常：

哪能回事体 ｜ 辪能桩事体 ｜ 鞋里只船 ｜ 鞋里爿店 ｜ 鞋里条弄堂 ｜ 鞋里双鞋子 ｜ 鞋里瓶酒 ｜ 鞋里堆煤

7. 量词单独前置于名词，兼有指示代词的作用，相当于英语定冠词the：

30）只面孔是鹅蛋脸还是瓜子脸？

31）只录音机啥人拿去勒？

32）讲起只蛋糕末，想想好笑。

例30）中的"只面孔"="这张脸"；31）中的"只录音机"="这只录音机"；例32）中的"只蛋糕"="这只蛋糕"。

当数词为"一"的数量词前边有人称代词或名词修饰时，"一"常省去不用。

33）伊双鞋子落脱顶希奇勒。

34）我只脚痛煞勒。

35）吃也吃力煞,我只脚勿好走。

36）我只热水瓶拿过去。

37）伊只面孔啥地方看见过个嘛。

这一类句子的量词也兼有表指示的作用：伊双鞋子＝她那双鞋子；我只脚＝我这只脚；我只热水瓶＝我这只热水瓶；伊条裙子＝她那条裙子；伊只面孔＝他那张脸。

量词兼用作指示代词在郊区(除崇明外)的使用频率比市区要高一些。崇明话的量词不能兼用作指示代词。

8. 某些动量词前头受数词"一"修饰时,可以带后缀"头",强调单一性：

一趟头写好 ｜ 一口头吃脱 ｜ 一回头生意 ｜ 一记头敲定 ｜ 一转头办好

这类用法强调"单一、迅捷",其中的数词不用"二"以上。成语"一转头生、二转头熟"里的"一、二"是序数,不是基数。"一家头、二家头、三家头……"不看作数量组合,详见本章"三(一)"。

9. "一碗饭三口头吃脱"中的"三口头"也不属于此类用法。

第三章 名　　词

（一）造词法

1. 重叠。用重叠法构成的名词又分为以下五种。

（1）亲属称谓

AA式：爹爹　｜　爷爷　｜　伯伯　｜　太太　｜　婶婶　｜　公公　｜　叔叔　｜　弟弟

父母亲的面称上海话也用"爸爸、妈妈"，中老年常用的是："爹爹、m̩妈"。

（2）逐指重叠或每指重叠

AA式：人人　｜　日日　｜　夜夜　｜　处处

AABB式：节节骱骱　｜　角角落落

（3）同义重叠

AA式：洞洞 _{小洞洞、洞洞眼}　｜　袋袋 _{裤袋袋、布袋袋}　｜　囡囡 _{洋囡囡、好囡囡、小囡囡}　｜　奶奶 _{婴儿吃奶叫吃奶奶}　｜　泡泡 _{泡沫}　｜　珠珠 _{珠子}　｜　脚脚 _{沉渣}　｜　渣渣　｜　谜谜子 _{谜语}　｜　槽槽　｜　豁豁 _{裂缝}　｜　坳坳　｜　潭潭

ABB式：蚕宝宝　｜　草棚棚　｜　脚梗梗　｜　门框框　｜　水潭潭　｜　床沿沿　｜　月牙牙　｜　面团团

崇明话没有ABB式。

（4）幼儿用语（包括大人与幼儿对话时的用语）

AA式：鞋鞋　｜　肉肉　｜　鹿鹿　｜　花花　｜　草草　｜　灯灯　｜　瓶瓶　｜　汤汤　｜　办家家　｜　捉蜢蜢

下列这一类幼儿用语中的叠音成分是象声词性质的：

咯咯鸡　｜　喔喔鸡　｜　鸭里里　｜　汪汪狗　｜　羊□□［mã$^{53\text{-}55}$ mã$^{53\text{-}21}$］

（5）专名重叠

AA式：露露 _{女名}　｜　蓓蓓 _{女名}　｜　莉莉 _{女名}　｜　伟伟 _{男名}　｜　新新木器店　｜　开开百货店　｜　仙仙馆　｜　可可居

人名用叠音常见，多是小称或爱称，也有用作正式名字的，特别是女名。

地名没有用叠音的。专名中的叠音成分本身可以不是名词性的。

名词的重叠没有ABAB式。例1）中两个"百姓"不是重叠，而是连用。重叠式中间没有停顿，连用式两个连用的成分中间可以稍有停顿：

1）世界浪个人啦，百姓百姓有一百种心相。

两个"百姓"之间稍有停顿。

2. 前缀

（1）阿

"阿"的语音形式，市区话是［ɐʔ⁵］。在有的郊区话里"阿"有［ɐʔ⁵］和［æʔ⁵］两种读音，因词而异，如奉贤话"阿二、阿姐"中的"阿"读［æʔ⁵］；"阿大、阿哥"的"阿"读［ɐʔ⁵］。"阿"有以下几种用法。

（a）前加于亲属称谓：

阿哥 ｜ 阿奶_祖母_ ｜ 阿侄 ｜ 阿嫂 ｜ 阿姐 ｜ 阿妹 ｜ 阿舅_小舅子_ ｜ 阿伯

中老年也有将父母称作"阿伯"的。

（b）前加于排行：

阿大 ｜ 阿二 ｜ 阿三 ｜ 阿大先生_旧时称商店经理_

（c）前加于人名：

如果某人姓A，名BC，那么较亲昵的称呼可以是：阿B，阿C，阿BC，其中以"阿C"最普通。全话则以"阿B"最常见。

姓氏用"阿"前置较少见，而用"老"、"小"前置较常见。如果某人叫"王福根"，那么他的亲昵称呼可以是：阿福、阿福根、阿根。其中以"阿根"最为普通。

旧时另有一种亲昵称呼的格式是"某(姓)家里"，如"王家里、李家里"相当于"老王、老李"。今市区老派和郊区方言仍用。

（d）前加于其他指人的名词：

大阿福戏_称体态硕者，原指无惠山泥人_ ｜ 阿囡［nø⁵³］_对幼儿的爱称_ ｜ 阿混_滑稽戏《阿混新传》主角名_ ｜ 阿三_旧时称印度巡捕或猴子_ ｜ 阿胡子_长络腮胡子的人_ ｜ 阿飞 ｜ 阿木灵 ｜ 阿乡 ｜ 阿戆 ｜ 阿屈死 ｜ 阿胡卵 ｜ 阿胖

（e）前加于某几种动物名词。借用"阿猫阿狗"泛指不称意的人，带轻蔑意味，只能连用。但松江有"阿花"一词，指花猫，带亲昵意味。

"阿鱼"之类是幼儿用语，大人对幼儿说话时亦用，例2）3）是在公园观鱼时母亲对儿子说的话，"阿鱼"读作［ɐ⁵³⁻⁵⁵ ɦŋ¹³⁻²¹］，"阿［ɐʔ⁵］"变读舒声：

2）看见伐？阿鱼有伐？金鲫鱼辣枪物事吃。

3）看！看！阿鱼吃物事，好看伐，立上来看。

（2）老

"老"有以下两种用法：

（a）前加于排行：

老大[du¹³] ｜ 老二[ȵi¹³]（或[ɦəl¹³]） ｜ 老三 ｜ 老四

（b）前加于名词性语素：

老鸨 ｜ 小老姆 ｜ 老虫 ｜ 老板 ｜ 老板娘 ｜ 老酒 ｜ 老鸹 ｜ 老虎灶 ｜ 老虎窗 ｜ 老悭

"老太、老枪鸦片鬼、老娘、老阿哥、老户头、老口利嘴、老牛三、老门槛"等中的"老"词性较实，不看作前缀。

3. 后缀

（1）头

可分头₁和头₂两类。由"头₁"构成的词是封闭性的，可以列举，在句法中可以单说，不受结构的限制。"头₁"是构词的成分。"头₂"前边的成分是开放性的，不能列举。在句法中受结构限制，是构形的成分。

头₁

"头₁"前的成分可以是名词、形容词、动词、数词、量词、词组等。

名+头₁→名：

日头 ｜ 人头 ｜ 苗头 ｜ 调头 ｜ 门头 ｜ 钮头 ｜ 竹头 ｜ 牌头 ｜ 绢头 ｜ 篮头 ｜ 钉头 ｜ 铁头钉头碰着~ ｜ [火+尾]头 ｜ 念头 ｜ 听头 ｜ 罐头 ｜ 脚节头 ｜ 户头 ｜ 角落头 ｜ 床横头 ｜ 榫头 ｜ 骨头 ｜ 轻骨头言行轻浮的人 ｜ 水桥头 ｜ 浜滩头

"贱骨头、轻骨头"是词，不是词组，其中"骨头"的含义已有所转移。"鱼骨头"、"肉骨头"之类是词组。

此类用例普通话也有，但数量少得多。

形+头₁→名：

近头 ｜ 寿头 ｜ 口[gən¹³]头 ｜ 跨头 ｜ 小头 ｜ 大头~勿抓小头 ｜ 多头 ｜ 霉头 ｜ 花头 ｜ 虚头 ｜ 老实头 ｜ 呒清头 ｜ 多多头 ｜ 先头 ｜ 巴结头旧 ｜ 亮头(里)

此类用例普通话限于"甜头、苦头"等少数几个。

动+头₁→名：

行头 ｜ 姘头 ｜ 折头 ｜ 找头 ｜ 噱头 ｜ 盖头 ｜ 塞头 ｜ 撑头 ｜ 来头 ｜ 推头借口 ｜ 作头旧时指营造商 ｜ 想头 ｜ 赚头 ｜ 扳头扳手

在上海话里用"动+头₁"构成名词是相当能产的，尤其是"单音节+头₁"。

量+头₁→名：

块头 | 件头事件,现罕用 | 班头 | 分头 | 角头 | 尽头 | 斤头

方位词+头₁→名：

边头 | 边头浪 | 上底头 | 下底头 | 外底头 | 后底头 | 里向头 | 灶脚头含"前面"义,又如"房门头"

此类用例普通话也不少：

外头 | 里头 | 上头 | 下头

时间词+头₁→名：

早晨头 | 夜头 | 夜快头 | 年夜头 | 夜底头 | 今夜头 | 黄昏头

词组+头₁→名：

奶末头 | 二婚头 | 小毛头 | 早发头 | 讨饶头 | 冷饭头

"奶末头"宝山话作"末拖儿子"或"囡姑娘"。

有几个由头₁构成的语素不能单用，只能用在固定的词组里：

扳差头 | 上轧头 | 勿识头 | 捉扳头 | 装榫头 | 脚馒头

"扳头、榫头、馒头"可以单用，但是在这三个固定词组中不取单用本义。"差头、轧头"也可单用。

头₂

阿+数+头₂：

阿二头 | 阿三头 | 阿四头

限于后置于"阿"字冠首的排行序数词，但有一个例外，旧时称印度巡捕为"阿三头"（或称"三道头、阿三、红头阿三"）。"阿三"的"三"[sɛ⁵³]可能是来源于英语 sir(先生)的外来词。

数量词组+头₂：

三等头 | 十块头 | 五块头 | 一角头 | 一记头 | 独只头 | 一口头 | 两斤头一包 | 独宅头 | 一趟头 | 一转头不用"二"以上 | 一回头不用"二"以上

"原"+量+头₂(表示未启用的原装物品)：

原瓶头 | 原只头 | 原箱头 | 原蒸头 | 原包头 | 原盒头 | 原条头卷烟

量+头₂+名：

阵头雨 | 盒头装 | 鞠头戏

其中的"量+头"不单用。

量+头₂+装：

瓶头装 | 盒头装 | 听头装

动+头₂（一般只用于下列三种格式中）：

第一，有/朆(没)+动+头₂：

有/朆(没)吃头 ｜ 有/朆(没)讲头 ｜ 有/朆(没)听头

第二，有/朆(没)+啥+动/形+头₂：

有啥讨论头 ｜ 朆啥看头 ｜ 有啥商量头 ｜ 朆啥白相头 ｜ 有啥高兴头 ｜ 有啥适意头 ｜ 朆啥客气头

第三，一+动+头₂：

书包一拎头就跑 ｜ 榔头一掼头就来 ｜ 袜子一掼头，不肯汰。

"动+头₂"之间还可以嵌入人称代词宾语：

有啥问伊头 ｜ 有啥讲依头 ｜ 朆啥陪依头 ｜ 朆啥骂伊拉头

有些名词普通话不带任何后缀，上海话却带"头"：

（普）砖 ｜ 墙壁 ｜ 原因 ｜ 胸口中 ｜ 邻居 ｜ 气派 ｜ 号码

（沪）砖头 ｜ 墙头 ｜ 因头 ｜ 胸口头 ｜ 隔壁头 ｜ 派头 ｜ 号头

有些名词普通话带后缀"子"或"儿"的，在上海话里却带后缀"头"：

（普）竹子 ｜ 榫子 ｜ 鼻子 ｜ 领子 ｜ 调儿 ｜ 手绢儿 ｜ 摊儿

（沪）竹头 ｜ 榫头 ｜ 鼻头 ｜ 领头 ｜ 调头 ｜ 绢头 ｜ 摊头

有些表示时间或处所的词是由"名（或形）+头里"构成的：

新鲜头里 ｜ 角落头里 ｜ 横肚[tu²⁴]头里 ｜ 床横头里 ｜ 荫头里 ｜ 亮头里

在"数（十以下）+家+头"这一类词组中，"头"是"数+家"的语缀，由这种格式造成的词组跟"数+个+人"比较，常给人以整体感：

4) A：俚总共几家头？

B：八家头。

5) 两家头打相打，要离婚。 两个人原是一家人

6) 年三十乘火车，一节车厢两家头，瞎适意。

7) 两家头合[kəʔ⁵]吃一碗小馄饨。

（2）子

"子"前的成分可以是名词、时间词、量词或动词。

动+子→名：

聋子 ｜ 瞎子 ｜ 哑子 ｜ 驼子 ｜ 痴子

名+子→名：

栗子 ｜ 法子 ｜ 镬子 ｜ 胚子 ｜ 模子 ｜ 样子 ｜ 糨子 ｜ 皮夹子 ｜ 学生子

此类普通话也有，但是有一部分名词在普通话里不带任何后缀，在上海

话里却带"子"：

（普）车 | 鞋 | 哑巴 | 蚊帐 | 学生 | 棉袍

（沪）车子 | 鞋子 | 哑巴子 | 帐子 | 学生子 | 棉袍子

有一部分名词在普通话里带后缀"儿"，在上海话里却带"子"：

（普）馅儿 | 碟儿 | 饭馆儿 | 小刀儿 | 被面儿

（沪）心子 | 碟子 | 馆子 | 小刀子 | 被面子

时间词+子→时间词：

今朝子 | 明朝子 | 昨日子 | 前日子 | 伊日子 | 前年子 | 旧年子 | 明年子 | 上趟子

时间词中的"子"在奉贤可以用"底"来替换：今朝底 | 明朝底

量（或数量）+子→名：

角子 硬分币 | （有）一趟子 | 铅角子 硬分币,旧 | 一干子 一个人 | 独干子 孤独的一个人

后三例是部分老派用语。

"子"所粘着的语素可以是单音节的、双音节的或多音节的。有些名词性语素带不带"子"两可：

写字台/写字台子 | 白鸽/白鸽子 | 龙须席/龙须席子 | 钢中锅/钢中锅子 | 门框/门框子 | 学生/学生子

（3）儿[ɦŋ¹³]

"儿子"的"儿"嘉定读ɦø³¹或n̩i³¹，莘庄读n̩i³¹或ɦŋ³¹，崇明读ɦŋ³¹，市区读n̩i³¹，其他郊区皆读ɦŋ³¹，与"儿"的白读音相同。用后缀"儿"构成的词只有一个"囡儿"。另有"麻将"[mo¹³⁻²² tɕia ʔ⁵⁻⁴]可能是从"麻雀儿"[mo¹³⁻²² tɕʰiaʔ⁵⁻² ɦŋ¹³⁻²¹]变音而来的（"雀"字的较古形式应该是读尖音的），自成音节的儿尾变成鼻化。"虾"[hø⁵³]可能是从"虾儿"[ho⁵³⁻⁵⁵ ɦŋ¹³⁻²¹]音变而来。

嘉定话称"女儿"为"丫头儿"，读作[o⁵³⁻⁵⁵ dɤŋ²¹⁻²¹]，应是从[o⁵³⁻⁵⁵ dɤ²¹⁻³³ ɦŋ¹³⁻²¹]音变而来。

（4）佬

"佬"是表示"人"的后缀，多带贬义：

赤佬 | 江北佬 | 大好佬 | 户佬 旧 | 寡佬 旧 | 削佬 旧 | 底佬 旧 | 钻佬 蚕虱,旧 | 轧佬 旧

（5）巴

用后缀"巴"构成的词比普通话少，只有"尾巴、嘴巴、下巴（音变作[bo¹³]＞[boʔ¹²]），没有"泥巴、锅巴、哑巴"等。

（6）法

动+法/法子→名（其中"法"后常跟"子"，举例时省去）：

去法 ｜ 汏法 ｜ 讲法 ｜ 跑法 ｜ 剪法 ｜ 读法 ｜ 开法 ｜ 讨论法 ｜ 商量法

此类普通话也有。

形 ｜ 法/法子→名：

嗲法 ｜ 趣法 ｜ 贵法 ｜ 客气法 ｜ 懒惰法 ｜ 轧法

8）侬跑得辫能样子慢法哪能赶得上。

9）辫个小囡辫能样子笨法，侬想勿着伐？

带"法"的名词常用在下列两类固定格式里，用作谓语动词。

哪能(样子)+动/形+法：

哪能跑法 ｜ 哪能讲法 ｜ 哪能汏法

辫能(样子)+动/形+法：

辫能贵法 ｜ 辫能客气法 ｜ 辫能轧法

后一种格式中的"辫能"可以用"迭能"替换。

"法"前头的语素是开放性的，不能列举，可以看作是构形的成分。

4. 类后缀。类后缀的结合面较宽，词性较实。

（1）胚

指人，贬义：

赋胚 ｜ 馋痨胚 ｜ 呒用胚 ｜ 下作胚 ｜ 杀胚 ｜ 强盗胚 ｜ 懒料胚

（2）家

由"家"构成的词中的"家"分成两类，A类是白读的"家"，B类是文读的"家"。

A类：店家 ｜ 厂家 ｜ 船家 ｜ 男人家 ｜ 女人家 ｜ 自家 ｜ 别人家 ｜ 后生家

B类：作家 ｜ 文学家 ｜ 外交家 ｜ 画家 ｜ 专家

B类用法跟普通话完全一样。

（3）相

分两类。A类是"形+相→名"，这一类词普通话也有，不过较少，B类是"动(多是单音节的)+相→名"，这一类是普通话基本没有的（"扮相"等例外）。

A类：福相 ｜ 洋相 ｜ 邋遢相 ｜ 罪过相 ｜ 滑稽相 ｜ 若恼相 ｜ 茄门相

B类：卖相 ｜ 吃相 ｜ 坐相 ｜ 立相 ｜ 睏相 ｜ 帮相_{旧时称流氓副手，又称"副相"}

(4)处

用于动词后,"处"前的动词是开放性的。在句中限于用在"有/呒/呒没+动+处"的格式中,可以看作构形的语缀:

有吃处　|　有睏处　|　呒坐处　|　呒去处　|　呒没寻处　|　呒没摆处　|　呒没倒处

(5)帮

指自成一类的一群人:

裁缝帮　|　江北帮　|　宁波帮　|　码头帮　|　洋行帮　|　生意帮　|　白相帮　|　短打帮_{旧时指工人}　|　本帮菜_{本地菜}　|　客帮人_{外地人}　|　外帮人_{外地人}

(6)商店名

用于商店名的后缀,除了通用的"店"以外,还有行、庄、房、馆、处、斋、社、厅、池、室、轩、家、阁等,以下举例用上海著名商店名:

顺风车行　|　道德油行　|　王星记扇庄　|　冠心药房　|　春风松月楼菜馆　|　功德林蔬菜处_{素菜馆名}　|　翠文斋_{食品店名}　|　天鹅阁西菜社　|　新新美发厅　|　裕德池_{浴室名}　|　浦江摄影社　|　朵云轩　|　萝春阁_{饭店名}　|　绿杨村酒家

旧时常用现在少用的这一类后缀还有"局、堂、楼、号、观"等:

济善药局　|　养和堂_{中药店名}　|　鸿运楼_{饭店名}　|　万源酱酒号　|　紫阳观

"行、庄、坊"这三类后缀旧时使用范围更广泛,现也已少用:

米行　|　水果行　|　糖行　|　北货行　|　木行　|　肉庄　|　帽庄　|　鞋庄　|　衣庄　|　绸缎庄　|　糖坊　|　染坊　|　书坊　|　糟坊

(7)作

旧时常用,现在偶用,分两类,A类指职业,B类指作坊("作"是"作坊"之省)。

A类:木作　|　水作_{泥水匠}

B类:箍桶作　|　豆腐作　|　丝线作　|　皮鞋作　|　包饭作　|　汏衣裳作

"箍桶作"在南汇、川沙称为"圆作","豆腐作"在青浦称为"黑作"。

(8)记

旧时常用,现在少用。有两种用法,一种用于姓名或姓氏或名字的后边,直接写或刻在器物上,表示物主。譬如物主是王德光,写作王记、德记、光记、德光记、王德光记都可以。另一种用于店号。写法跟第一种相同。但一般只用双音节的"某记",少用三音节的"某某记",不用四音节的"某某某记"。

5. 在郊区方言里天文气象类名词内部结构属主谓式的,较市区多且常见,例如金山话:

天打 | 雷响 | 霜烊 | 天好 | 天怵 | 潮来 | 潮落 | 地动 | 水没 | 雨落

此类主谓式的词在市区已趋消亡。

(二) 路名的两种构造方式

较长的马路往往分成数段,每段则在总路名上再加方位词"东、南、西、北"以示区别。这些方位词根据词序分成两类,A类是前置于总路名,B类是插在专名和通名的中间。

A类:东宝兴路 | 西宝兴路 | 北宝兴路

B类:金陵东路 | 金陵西路 | 金陵中路 | 中山南路 | 中山北路 | 山东北路 | 山东南路 | 山东中路

如果各段加数词以示区别,则数词的词序属于B类:

瑞金一路 | 瑞金二路 | 石门一路 | 石门二路 | 中山东一路 | 中山东二路

虽然两类路名的内部结构关系相同,但是内部语义关系层次不同,图示如下。

目前的路名以B类占优势,旧时则都是A类的。"西藏南路、浙江北路"旧时称作"南西藏路、北浙江路"。A类有向B类转化的倾向。新修的街道都取B类的路名。

目前工厂名的简称也都取B类词序:

上海第三无线电器材厂→上海无线电三厂→上无三厂

国营第十八毛纺厂→国营毛纺十八厂→国毛十八厂

(三) 时间词

时间词的语法功能跟普通话一致,普通话不用的时间词主要有:

今朝 | 明朝 | 明朝子 | 昨日 | 昨日子 | 前日 | 前日子 | 旧年 | 上个号头 | 伊日 | 伊日子

表1所列是一天当中几段时间的表达法。

表1

日　里　向　（白天）					夜里向（夜晚）	
上半天/日、上昼(上午)		下半天/日、下昼(下午)				
(清晨)	(早上)	(中午)	(午后)	(傍晚)	(晚上)	(午夜)
清早 清晨 清早晨 大大清(老)早 老清老早	早浪(向) 早晨头 早上(向)	中浪向 中浪(头) 日中 日中里 日中心(里)	下半天 下半日	夜快(头) 夜快点 黄昏(头) 夜快同 齐夜旧 齐夜快旧	夜里(头) 夜里向 夜头 夜到	半夜把 半夜三更 三更半夜

又，"日出时"指早上五时至七时。

金山话还用"早起头"表示早晨太阳出来前；用"扣夜快"表示傍晚。

相应的普通话时间词在表中用括号括出。每一栏第一个词是最常用的，"中浪、中浪向"青少年也说成"中上、中上向"。口语中惯用上海本地的这一套时间词，不过普通话常用的时间词也不是不用。

崇明话用"行浪"后置于表示三餐的名词，表示"大约……的时候"。如"早饭行浪(吃早饭的时候)"、"点心行浪(吃中饭的时候)"。

（四）处所词"拉"

处所词"拉"不见于普通话，这个处所词在下列郊区读音有所不同：嘉定[tAʔ⁵] ｜ [lã⁵³]、松江[la⁵³] ｜ [tɕ]、奉贤[dã³¹]、莘庄[la⁵³] ｜ [dã³¹]、崇明[kɔ̃³³]。

"拉"用在物主名词后头，使该名词带有表示处所的意念：

10）小囡辣娘舅拉吃饭。

11）书园辣娘舅拉。

12）阿拉到李先生拉去拜年。

13）小福末，就是老太婆拉儿子。

14）小毛拉爷死脱啦。

15）迭笔帐是糖果厂拉个。

16）辫只彩电是张家拉个。

"拉"的用法跟"辫搭、伊面、海头"等指示代词完全不相等。例10）至12）中的"拉"可以用指示代词替换。例13）至16）就不可以：

小因辣娘舅海头吃饭 ｜ *小毛海头爷死脱勒

"拉"的语法功能跟指示代词"㟆搭、伊面"的区别在于：

第一，"拉"只能用在物主名词后，不能用在别种名词后，指示代词不受此限制。如：

物事园辣小张拉 ｜ 物事园拉小张伊面 ｜ 到台子伊面去 ｜ *到台子拉去

新妇辣金山伊面做生活 ｜ *新妇辣金山拉做生活

第二，当"拉"前接物主名词时，"拉"使前头的成分兼带表示处所的意义，指示代词没有这种用法：

（沪）老太婆拉儿子≌（普）老太婆家里的儿子 ｜ *老太婆伊面儿子

（沪）小毛拉爷≌（普）小毛家里的爸爸 ｜ *小毛伊面爷

（沪）㟆笔帐是糖果厂拉个≌（普）这笔账是糖果厂的

（沪）㟆只彩电是张家拉个≌（普）这台彩电是张家（家里）的

"拉"的上述用法在郊区比市区更常见。

（五）方位词

方位词分单语素的和合成的两种，见下列方位词总表（表2）。

1. 单语素方位词

单语素的方位词有上、下、左、右、东、南、西、北、前、后、里、外、中、边、高、低。"上"有两种读法：[lã¹³]和[zã¹³]，用法也不同，前者用同音词"浪"记录，以示区别。作为名词的后附成分，读[lã¹³]：台子浪 ｜ 窗盘浪 ｜ 地浪向 ｜ 床浪向。虽然是后附，但是前接成分接近书面语时，也可读[zã¹³]：领导上 ｜ 历史上 ｜ 课本上 ｜ 理论上。后接"面、头、半爿"时，读作[zã¹³]：上面 ｜ 上头 ｜ 上半爿。

2. 合成方位词

合成的方位词是单语素的方位词后接别的成分构成的。这些后接成分有：头、向、底、势、面、半爿等。

"向"（厢）是"里边"的意思。普通话不用，"浪向"是"上边"或"上面"的意思，"里向"是"里边"的意思，"浪、浪向、里向"不仅可以用于实在的处所，也可以表示抽象的处所：科学浪向 ｜ 意识形态浪向 ｜ 工作浪向 ｜ 生活浪向 ｜ 学术浪向。

在崇明话里"向"还可以前加"外"，构成"外向"：外向镬子 _{外边的锅子}。

"里"可以单用，也可以用于合成的"里向"：屋里向 ｜ 盒子里向 ｜ 学堂里

向 | 肚皮里向 | 脑子里向 | 箱子里向 | 杯子里向 | 横里向 | 直里向 | 竖里向。

"下底、底下"或"下底头、底下头"都是"下边"或"下面"的意思。"后底头"是"后头"的意思。

"外势、里势"是"外边、里边"的意思,少数老派仍用,松江、奉贤、金山等郊区通用,普通话不用。旧时还用"外首、里首",也是"外边、里边"的意思。又用"海"后置于"东、南、西、北"表示方向,今松江话仍用,但使用频率已趋低。另有"田海(田那边)"一词仍多用。

"半爿"是"半边"的意思,新派已不用,旧时还用"爿爿"如"东爿爿_{东边}"。今莘庄话和南汇话仍用"爿爿"后置于"东、南、西、北、前、后、里面、外面"表示方向,莘庄话又可以用"半爿"后置于"上、下、左、右",表示方向,崇明话则"边爿"后置于"东、南、西、北"表示方向。

崇明话还可以用"界"后置于方位词,表示"边":"东界、西界、北界、南界"。如果方位词是双音节的,则后边"角子":"东南角子、西北角子";或再后加"浪":"东北角子浪、西南角子浪"。

口语中常用"左首、右首"表示"左边、右边"。

松江话还用"上首、下首、东首、西首、北首",表示"上面、下面、东面、南面、西面、北面"。

莘庄话和松江话里有一个表示"那边"的双音节粘着语素"横头",用于"东横头、西横头、北横头、田横头"等。

"贴当中、贴贴当中、正当中"都是"恰好当中"的意思,"当中横里、半当中、横肚里、内中"不一定是"正当中"的意思,相当于普通话的"当中"。

"对过"是"对面"的意思,比"对面"更常用。"对门"的严格意义是"门的对面",常用"对门"代替"对过"。"门前"也用作"前面"的意思。

"高头"相当于普通话的"上"或"上头",用法跟上海话的"浪"或"浪向"相同。"高头"源自宁波方言,市区新派用得较多。

3. 某些时间词是由单语素的方位词和另的成分结合而成的:

中浪 | 中浪向 | 夜里向 | 早浪向 | 日里向 | 日中心里 | 后首_{后来,老派用}

表2　方位词总表

	面	头	向	底	势_旧	半爿_旧	其他
上	上面	上头	浪向			上半爿	
下	下面	下头		下底		下半爿	下底头

	面	头	向	底	势旧	半爿旧	其他
左	左面					左半爿	左首
右	右面					右半爿	右首
东	东面					东半爿	
南	南面					南半爿	朝南
西	西面					西半爿	
北	北面					北半爿	落北
前	前面	前头				前半爿	门前
后	后面	后头		后底头		后半爿	背后
里		里头	里向头 横里向 直里向		里势		横肚里 里向
外		外头		外底头	外势		
中							当中、内中 (贴)当中 正当中 当中横里 半(横)当中
边	边头(浪)	边头浪向					旁边(头)
对							对过 对门 贴对过(门)
高				高头			
底							底下(头)

嘉定没有"东半爿、西半爿"等说法,与之相应的是"东带爿、西带爿"等。

第四章 代 词

（一）人称代词

1. 人称代词的单复数形式

上海市区第一、第二、第三人称的单、复数形式见表3。

表3　市区人称代词表

人称	单　　数	复　　　　　数
一	我[ŋu^{13}]	阿拉（伲、我伲）[ʔA$^{5-3}$ lA$^{53-4}$]
二	侬[noŋ^{13}]	倻[na^{13}]
三	伊[ɦi^{13}]	伊拉 ɦi$^{13-22}$ lA$^{53-44}$

第一人称复数形式"伲、我伲"只用于老派，表中用括号标出。

郊区各人称代词的单、复数形式见表4和表5。

表4　郊区单数人称代词表

	我	你	他
松江	n̩^{0} nu^{13}	zəʔ^2 nu^{13}	① ɦi^{31} ② zŋ̍^{0} dʑi^{31}
金山	① nu^{13} ② aʔ nu^{13}	① zəʔ^{13} nu^{13} ② zu^{13}	① i^{53} ② zəʔ^2 ɦi^{31}
奉贤	ŋ̍^{22} no^{24}	ɦoŋ^{113}	① ʔij^{53} ② zəʔ^2 ɦij^{24}
莘庄	① ŋu^{13} ② aʔ ŋu^{13}	noŋ^{13}	ɦi^{31}
南汇	① βu^{13} ② zəʔ^2 βu^{13}	① noŋ^{13} ② zəʔ^2 noŋ^{13}	① ɦi^{13} ② zəʔ^2 ɦi^{13}

（续表）

	我	你	他
嘉定	① ŋ̍¹³ ② zəʔ² ŋ̍¹³	① noŋ¹³ ② zəʔ² noŋ¹³	① i³⁵ ② zəʔ² i³⁵
崇明	ɦŋ̍²³²	ɦŋ̍²³²	ɦi²⁴
青浦	ŋu¹³	nʏ¹³	i⁵³
宝山	ŋ̍²¹³	noŋ¹³	ɦi¹³

表5　郊区复数人称代词表

	我们	你们	他们
松江	ŋ̍⁰ na¹³	zəʔ³ na¹³	① ɦi³¹ la³¹ ② zi¹³ ɦi³¹ la³¹
金山	① aʔ na¹³ ② ŋ̍⁰ na¹³	zəʔ¹² na¹³	① i⁵³ la³¹ ② zəʔ¹² ɦi³¹ la³¹
奉贤	① ŋ̍²² ② nɑ²⁴ na¹¹³	① ɦɑ1¹³ ② zəʔ² nɑ²⁴	① ʔi⁴⁴ la⁵³ ② zəʔ² ɦi²² la⁵³
莘庄	① n̠i¹³ ② ŋu¹³ n̠i¹³	nᴀ¹³	① ɦi³¹ lᴀ⁵³
南汇	① n̠i¹³ ② zəʔ² n̠i¹³	① na¹³ ② zəʔ² na¹³	① ɕiʔ³ lᴀ⁴⁴ ② zəʔ² ɕiʔ² lᴀ⁴⁴
嘉定	ŋ̍¹³ li⁵³	noŋ²² tᴀʔ⁵	i⁵⁵ tᴀʔ²¹
崇明	ɦŋ̍²³² li⁰	ɦŋ̍²³² də⁰	ɦi²⁴ də⁰
青浦	n̠i¹³	na¹³	i⁵³ la⁵³
宝山	ŋ̍¹³ n̠i¹³	noŋ¹³ la⁵³	ɦi³¹ la⁵³

川沙和南汇完全相同，表上只列南汇。郊区的人称代词与市区比较，在结构上有一个明显的特点，即普遍带词头[zəʔ²]或[aʔ⁵]，一般人称代词作主语时才用词头。如"我"作主语时，金山话是[aʔ⁵ nu¹³]，嘉定话是[zəʔ² ɦŋ̍¹³]。有的人称代词带不带词头两可，通常是青少年只用不带词头的一种，与市区趋同，如南汇话的各种人称代词。在郊区带词头的人称代词正在消亡之中，取而代之的是不带词头的形式。A. Bourgeos在19世纪40年代记录的市区人称代词也带词头的（见Grammaire du Dialecte de

Changhai,1941）。

表4所列崇明话人称代词不带调头，所记是县城话。该县东部极少数老年人称"我"为[zoŋ²¹³]，"你"为[zən²¹³]，此两词第一个音节z应是词头[zəʔ²]的残迹，即[zoŋ²¹³]是"zəʔ²+ŋ²³²"的合音,[zən²¹³]是"zəʔ²+n̩²³²"的合音。

金山话单数第二人称有两个形式，第二个形式[zu¹³]是第一个形式zəʔ² nu¹³的合音。

市区和郊区的人称代词在结构上的共同特点是都有表示复数的词尾，其语音形式在嘉定是li或tʌʔ，在崇明是li或də，在其他各地是la。

2. 人称代词的用法

以下以市区话为例说明人称代词的用法。

（1）这些单复数形式后跟结构助词"个"可以表示领属。

（2）"我"[ŋu¹³]是说话人自称，用法跟普通话"我"一样。文读音为[ŋu¹³]。当代青少年普遍变读为[ɦu¹³]。

（3）"侬"[noŋ¹³]是说话人称听的人。但是在一定的语言环境里"侬"也可以不指听话的人，而指虚设的第三者：

1）侬话伊沪书，伊勿是沪书，侬话伊评弹，伊勿讲苏州闲话。

2）本地闲话脱浦东闲话，差、差勿多，侬勿懂个人，听勿懂。

例1）中的"侬"指虚设的某一个人，不用来称呼听话者。例2）中的"侬"和"勿懂个人"同位，也不是对听话者的称呼；例2）中的两个"差差"间稍有停顿。

（4）"伊"[ɦi¹³]是说话人称第三者，指人或物均可，但是指物时，一般用于宾语位置（动词或介词后边）并且可以替代复数第三人称：

3）青个勿要伊。（挑选桔子）

4）先拿[nE⁵³]外国故事讲完伊。

5）拿迭个几桩事体搅[gɔ¹³]得伊水落石出。

6）暗头里向去拿七个角子摸伊转来。

这四个例句中的"伊"都不能改用"伊拉"。宾语位置上指物的第三人称不论所称是单数或复数，只能用单数形式。当指复数时，也不会产生歧义，因为它所称的事物是在相隔不远的前文中出现的，这种用法的"伊"在句中音强有所减弱，总是作为连读字组的末字附着在前字（或字组）后面。

主语位置上的"伊"大多是指人的，指物的时候，一般前边要有先行词（antecedent）：

7）日本人口是美国个一半，国民经济个总额，伊挨辣美国个后头。

8）游泳比跑步好，因为伊是全身运动。

（5）"阿拉"[Aʔ⁵⁻³ lA⁵³⁻⁴⁴, Aʔ⁵⁻³ lAʔ¹²⁻⁴]、"伲"[ni¹³]和"我伲"[ŋu¹³⁻²² ni¹³⁻⁴⁴]都是第一人称的复数形式。"阿拉"是晚近从宁波方言中借入的,新派一般都用"阿拉";老派受新派的影响也有用"阿拉"的,不过"伲"还在用,"我伲"口语已罕用,多用于广播、报告语言。

9）老房子翻新房子伲爷了出仔交关力。

10）伲爷死下来,伲姐妹道里也呒没为仔家当大家吵。

11）第八届全运会辣我伲上海开,阿拉上海人有责任搅[gɔ¹³]好伊。

例11）中"我伲"和"阿拉"并存。

复数的第一人称没有包括式、排除式的区别:

12）伊先去好勒,阿拉等一歇再去。（排除式）

13）侬姓李,我也姓李,阿拉两家头侪姓李。（包括式）

"阿拉"间或也用作单数第一人称:

14）侬跑过来,阿拉告诉侬一桩事体。_{甲对乙说}

15）侬要来自家来,阿拉明朝勿来勒。_{甲对乙说}

16）阿拉勿好随便去用个。_{一个气功师傅答复求他治病的人}

17）阿拉一直想卖脱伊。_{甲对乙表示要转卖她的缝纫机}

主语位置上的第一人称单数通常用"我",只是说话人需要申明自己的立场,提请对方注意的时候,也可将"阿拉"用作复数第一人称。

（6）"㑚"[nA¹³]是第二人称的复数形式,用法相当于普通话的"你们"。第二人称单复数都没有敬称形式。

（7）"伊拉"[ɦii¹³⁻²² lA⁵³⁻⁴⁴]（又音[ɦii¹³⁻²² lAʔ¹²⁻⁴]）是第三人称的复数形式,用法相当于普通话的"他们、她们、它们"。

（8）人称代词用作亲友称谓的修饰语时,不管在逻辑上应该是单数或复数,往往都可以用复数形式,当然单数形式也可以用的,以下是用复数形式的例子:

18）我骑仔马到阿拉同学辩搭去。_{回忆支边生活}

19）阿拉老头子_{指丈夫}讲勿清爽,我讲来蛮清爽。

20）打电话到伊拉屋里向,喊伊拉娘脱伊一道来。

21）侬写封信拨㑚姐夫好吗?

22）阿拉妹妹末,生是生得交关漂亮。

（9）人称代词用作名词的修饰语时,往往不必带结构助词"个":

23）迭个人是侬朋友?是侬亲眷?还是侬啥人?

24）做仔一个礼拜到迭搭来望望我爷。

25）阿拉姆妈欢喜吃辩种淡个物事。

26）辦只房间大来西。伊口[lAʔ⁵]一块地方拨伊拉姆妈蹲。

27）伊拉来无非要触触伊霉头，出出伊洋相。

（10）"自"[z̩¹³]和"自家"[z̩¹³⁻²² kA⁵³⁻⁴⁴]是指自己的代词，跟"人家、别人家"相对。"自"除了用作"亲自、自家"的一个语素之外，只用于"自＋动＋自"这种格式中：

　　自管自 ｜ 自害自 ｜ 自顾自 ｜ 自骗自

这种格式中的动词是单音节的，如果用双音节的动词，则要变换成"自家＋动＋自家"：

　　自家杀脱自家 ｜ 自家害煞自家

不过第二种格式中的动词也可以是单音节的：

　　自家怨自家 ｜ 自家骂自家 ｜ 自家骗自家

"自家"常常后置于"我、侬、伊、阿拉、倷、我倷、㑚、伊拉"以及指人的名词，组成同位性结构。"自家"的种种用法相当于普通话的"自己"。在对话中"自家"可以代替"侬自家"，这跟普通话"自己"可以代替"你自己"一样：

（沪）自家勿好，还要怪人家。

（普）自己不好，还要怪人家。

有一点不同是：在老派互相问候的语言环境中，"自家"也可以代替"侬"或"侬自家"：

28）A：迭一枪好伐？ B：多谢！自家哪能？

29）A：侬尊姓？ B：姓李。自家尊姓？自家府浪鞋里？

这一种"客气个说话"在市区即使在老派中也已少说，在郊区老派仍多说。市区新派的一般说法是："侬自家哪能？ ｜ 侬姓啥？ ｜ 侬尊姓？ ｜ 侬自家尊姓？ ｜ 侬是啥地方人？蹲辣啥地方？""侬"字不可省。

（11）"一家头、独家头"相当于普通话的"一个人"，但"独家头"强调单独一个人，部分老派还使用的"一干子、独干子"相当于"独家头"。

（12）"两家头、三家头、四家头……十家头、几家头"是指代两个人至十个人的，强调整体性，"六"以上用的较少，"十一"以上不用。

（13）"人家、别人家"的用法跟普通话的"人家、别人"一样。上海话也用"别人"这个词。不过在上海话里"人家"或"别人家"跟"别人"的用法有不同之处。

在句子中前者可以跟它指称的名词复指，后者不可以：

30）人家/别人家老李是好心，侬呢？ ｜ *别人老李是好心，侬呢？

31）人家/别人家芳芳是独养囡儿，推扳勿起， ｜ *别人芳芳是独养因儿,推扳勿起。

这种可以复指的"人家"和"别人家"所指代的对象在说话人心目中是确定的。"人家"和"别人家"也可以泛指除自己以外的其他人,这种用法跟"别人"完全一样。

32）别人家/别人/人家侪勿想去,只有侬一家头要去。

"人家"可以前接疑问代词"啥",相当于"啥人",但一般多用于无疑而问的句子：

33）啥人家会得介早来个！

34）啥人家得侬讲白相！

"别人家"和"别人"没有这种用法。

（14）"大家"是统括众人的总称。用法跟普通话"大家"一样。普通话口语里的"大伙儿"上海话不用。"大家"读作[dA$^{13\text{-}22}$ kA$^{53\text{-}44}$],前字文读,后字白读。

（二）指示代词

1. 近指代词

"迭"[diɪʔ^{12}]和"辖"[gəʔ^{12}]是近指代词,"辖"是后起的。新派多用"辖",老派多用"迭"。"迭"的语音在语流中常是[dəʔ^{12}];"辖"在实际流中变化形式较多,常读[gəʔ^{12}]或[ɦəʔ^{12}],老派有时还会出现[kiɪʔ^{5}]的读法。这个指示代词在宁波以读[kiɪʔ^{5}]为常。上海部分老派的这一读法可能跟上海方言来源的复杂历史背景有关。这些语音上的变化并不影响语法功能。

旧松江府地区只用"辖"不用"迭",但今莘庄话"辖"、"迭"混用。嘉定话本来只用"迭","辖"是外来的。

"迭"一般要跟量词结合成数量词后,才能用来修饰名词：

35）迭桩事体出辣十六铺辖搭个。

36）我吃准迭条街还辣辣。

37）迭日子花旦末,眼眼叫生病。

例37）中的"日子"是准量词,有时候也会听到"迭"直接修饰名词的句子,迭人是坏人 ｜ 迭油条勿灵。"辖"也可以这样用：辖沙发漂亮。这种用法一般见于快说的时候。

"辖"可以带量词修饰名词,也可以直接修饰名词;

38）辖个小囡特点是死读书,勿是聪明来西。

39）掰事体急唻。

40）掰物事是人家弄白相弄出来个。

这类用例中的"掰"可以认为是"掰个"的省略或融合。"迭"没有这种用法。

"迭个"或"掰个"可以用作指示代词,修饰"数量词+名词"的词组:

41）掰个四节电池号头相同个。

42）掰个一次比上半日结棍。

43）南市顶闹猛个地方,就是大东门到老西门迭个一段。

44）我辣辣迭个几年当中一个铜板吰没进帐。

由"掰"或"迭"构成的近指代词还有:

掰块 | 掰搭 | 掰搭块 | 掰搭里 | 掰面 | 掰块 | 迭搭 |
迭搭块 | 迭搭里 | 迭面 | 迭头

这些用例相当于普通话的"这里、这儿"。"掰歇"或"迭歇"相当于普通话的"这会儿"。还有一个近指处所的词是"此地"或"此地块"。"此地"新派已用得较少,"此地块"常用。

2. 远指代词

（1）在同时远指两地的时候,新派往往用"掰面"和"哀面"对举,指两个方向不同的"那儿":我立辣掰搭块,掰面是书店,哀面(搭)是饭店(东边是书店,西边是饭店)。

（2）"伊[i^{53}]、哀[ɛ^{53}]、故[ku^{24}]"这三个词素一般不能单独自由用作远指代词,而要跟别的词素连用构成下列远指代词:

伊面 | 伊搭 | 伊面搭 | 伊搭里 | 伊搭块 | 伊头 | 伊块 |
伊个 | 伊歇 | 伊歇仔
哀面 | 哀面 | 哀面搭 | 哀搭 | 哀搭里 | 哀搭块 | 哀个

"哀搭、哀搭里、哀搭块"这三词新派往往泛指"这儿"或"那儿",但"哀面、哀面搭"必是远指。郊区方言远指代词普遍用"伊"。松江、奉贤、金山也可以用"哀",但使用频率较低。

金山话和崇明话的远指代词还可以用"记"。"记"在崇明话里读音是[ki^{55}],也有人颚化为[tɕi^{55}];在金山里读[tɕi^{35}]。上海市区话远指代词除了用"伊、哀"以外,老派还用"故"。"故"是从苏州方言输入的,不见于郊区方言。

以下几个远指代词是老派或旧时用的:

故面 | 故边 | 故搭 | 故头 | 故块 | 故歇 | 故面搭

老派中还常用的是"故面、故歇、故面搭"。

远指代词在句子中的用例如下:

45) 辫搭出口,伊面转弯角里去隄辣海。

46) A: 啥地方车来个?
    B: 伊面车来个。

47) 问问呢,勿响,也勿讲辫个,也勿讲伊个。

48) 戏馆辣街哀面,伊立辣迭搭看。

49) 上海有个,故面呒没个蛮多;故面有个,上海勿会呒没。

50) 一辈子辣哀面勒,生根、开花、结果。

51) 因儿拨辣农民。哀个辰光插队落户,呒没抽上来。

还有一个表示处所的远指代词"海头"用法特殊,它不能单用,一般须前接指明处所的成分才能进入句子,表示"……那儿"的意思:

52) 伊拉因儿辣辣我老太婆海头学缝纫。

53) 侬儿子辣桥海头立辣看白相。

54) 我辣侬海头辫只戒指末,随便侬掼脱也好,摆辣也好。

例54) 中的"辫"并不用作"近指",而用来指说话人和听话人都明确的某一事物。"海头"在郊区比市区更常用,例如:伊海头 | 儿子海头 | 田海头 | 桥海头 | 浜海头 | 屋海头。在松江可以用"海面"替换"海头"。在金山可以用"海面"替换"海头","海面"更常用。

"海头"和"拉"的区别是前者可以后置于"人"或"地点",后者只能后置于"人"。例如:老师拉/海头 | 树海头 | *树拉

远指代词一般不能直接修饰名词:*伊茶 | *哀人。

在近指代词和远指代词中新派最常用的是"辫搭"和"哀面"。含"故"字的远指代词只有老年人和少数中年人还用。

(3) "迭个、辫个、伊个、哀个"在一定的语言环境中并不指代名词,而是指代形容词:

55) 我爷个脾气有常时蛮伊个个。

56) 老早一个吕后结棍个,慈禧结棍个,还有武则天也结棍个,老早女个鞋,好几个蛮迭个个。

此两例中的"蛮"是程度副词,后接的词是指代作谓语的形容词的。

(4) 指示代词跟数词为"一"的数量词结合时,"一"通常省去:

迭个 | 迭眼 | 迭点 | 伊个 | 伊眼 | 哀个 | 哀面眼。

(5) 有一个音、义都跟"辫"相近的词"葛"[kəʔ⁵],除可以指代前文出现的某一事件外,还含有"要是那样,这(那)……"的意思,起语意转折的作用:

57) A: 讲勒轻眼!

B：葛有啥啦，阿拉讲讲又呒没关系个咾，伊又勿晓得阿拉讲伊啥。

58）勿要哇啦哇啦，葛拨人家听见难听伐啦？

59）哪能会得出现非同号个？葛就奇怪勒。 <small>同一盒中的新电池号码不同</small>

（三）疑问代词

1. 啥

"啥"是问事物的，除了相当于普通话的"什么"以外，还有下列一些特殊用法。

两个以上重复的"啥"用在一连串并列的名词后头，表示省略列举的事项：

60）汪建平拿点名簿点名，张素英、李玉珍、赵桂英，啥、啥、啥。

"咾啥"用在一串并列在名词后头，相当于"等"或"等等"：

61）菜、鱼、肉咾啥侪比上海贵。

"啥、啥、啥"跟前头列举词的末项之间语音上有一个停顿，这里的"啥、啥、啥"不是疑问代词，只是借用来代替省略的成分；"咾啥"则可以分析为连词"咾"后接表示周遍的代词"啥"。"咾啥"还可以用在动词或动宾词组后头，也有列举未尽的意思，大致相当于普通话的"什么的"：

62）我想叫儿子帮伊汏汏咾啥。

63）迭个学生常庄要赖学咾啥。

64）绣绣花咾啥蛮灵个。

65）要想脱伊一道做生意咾啥。

说姓名或地名的时候，如果其中有音节临时想不起来，可以用"啥"填空。如"金阿龙"这个姓名用"啥"填充法是：瑚个人叫金啥啥/金啥龙/啥阿龙/啥啥龙……

"啥"可以表示虚指，用法跟普通话"什么"一样。"啥"还可以重叠，前接"呒"，构成"呒啥啥"，表示虚指。"呒啥啥"比"呒啥"更带强调意味。

66）急得来满头大汗，闲话也讲勿出啥。

67）勿拨伊吃末，"上海去，一眼呒啥吃，一眼勿扎劲，勿要去。" <small>老母亲抱怨外地的儿子</small>

68）皮有眼擦破，呒啥啥。

69）A：今朝有啥新闻伐？ B：呒啥啥。

普通话"什么"做定语时，只有表领属关系时才带"的"。"啥"做定语时即使是描写性的也可以带结构助词"个"：

侬想买啥个菜？ ｜ 侬辣辣动啥个脑筋？ ｜ 里向摆眼啥个物事好？ ｜ 肯定会有啥个动机勿良地方。 ｜ 伊拉办个报是啥个报？

这类用例中的"啥个+名"也可以说成"啥+名"。"啥物事"快说时,其中的"物事"常变读作合音:[mə¹²]、[mʌ⁰]或[mə⁰]。

在一定的语言环境中"啥个"可以单独成一问句:

70) A: 百页结! B: 啥个? A: 百页结。_{在食堂买菜时的对话}

在相同的语言环境里普通话"什么的"不能单独成句。

"啥人"是问人的,用法相当于普通话的"谁"。不过"谁"是一个词,"啥人"是一个词组。另一个形式"啥个人"是问"什么样的人",不是问"谁":

71) 伊是啥个人鞋? 医生/经理/滑头人/老实人/骗子。

"做啥"是问事的,但是有时也可以问原因,用法同"为啥":

侬做啥勿来? = 侬为啥勿来?

侬做啥啦,作天作地? = 侬为啥啦,作天作地?

快说时,"做啥"[tsu²⁴⁻³³ sʌ²⁴⁻⁴⁴]变读成合音[tsʌ²⁴]或[tsʌ⁵³]。

"为啥、为的啥"和问原因的"做啥"相当于普通话的"为什么",它们都做连谓结构的前项。不过在连谓结构的前后项之间,普通话没有停顿,上海话可以不加停顿,也可以插入助词"咾",稍作停顿后再接后项:

(普)你为什么不去? | (沪)侬为啥咾,勿去?

(普)你为什么要这样? | (沪)侬为啥咾,要辩能样子做?

在句子可以跟"为啥、做啥"或"啥咾"替换的词组常用的有:做啥咾、啥事体咾、啥原故、为啥原故。

问时间通常用"啥辰光"或"几时"。用法跟普通话"什么时候"或"几时"一样。"啥个辰光勒"如果连调式是[24-33 12-3 ˙ 24-22 53-44 ˙12],一般不是问"什么时刻"而是问"什么样的时候":

72) 啥个辰光勒,侬还勿睏觉。

2. 鞋里、鞋里搭、啥地方

问地点最常用的是"鞋里"或"鞋里搭"或"啥地方",基本相当于普通话的"哪里"。从词源考虑,"鞋"[ɦʌ¹³]即是"何",但从现代的读音考虑,跟"鞋"字同音,所以记作"鞋"。

此词在奉贤话和金山话里声母清化,读作[hɑ³³⁵]。

"鞋里"做定语时常后接量词再修饰名词:

鞋里个地方 | 鞋里只船 | 鞋里件衣裳 | 鞋里封信 | 鞋里张纸头 | 鞋里条裤子 | 鞋里杯茶 | 鞋里支笔

这一类用例中的量词在语音停顿上和语法结构上属前不属后,可以认为是量词的"一"的省略,因为仍可以补入"一",不过省略的时候多:

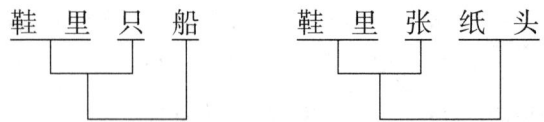

"鞋里"的后接成分不限于量词:

73）伊鞋里浪勿高兴？侬鞋里浪对勿起伊？

74）侬辣辣教鞋里一门课？

75）侬寻鞋里一位□[zən¹³]先生,老陈还是小陈？

例73）中的"鞋里"跟普通话的"哪"或"哪里"不对应。

崇明话里没有"鞋里+量词+名词"这种格式。

问地方也可以用"啥场化、啥个场化、啥个户荡",新派已基本不用,老派使用频率也趋低。金山、奉贤仍用"啥户荡、啥个户荡"。"啥所"已罕用。

3. 几、几化、几化多、多少

"几、几化、几化多、多少_新_"是问数量的。后接单音节量词时只能用"几",不用"几化":

几个 | 几只 | 几天 | *几化个 | *几化只 | *几化只

但是"几化只数、几化日脚"就可以说了。

"几化"的一种用法相当于普通话的"多少":

迭只房间几化长？ | 出诊费几化？ | 大概几化岁数？ | 侬还有几化闲话？ | 十三减脱七是几化？

"几化"还可以用在感叹句中,表示程度,相当于普通话"多么":

76）看侬噢,几化呒没礼貌！

77）看见伐？看见伐,迭个力道几化大啊！_看气功表演_

"几化"也可以用在陈述句中,相当于普通话的"多少":

78）报名个人呒没几化。

"几化"用于陈述句时还可以有AABB重叠式:

79）哀个辰光流氓个种类是勿晓得有几几化化。

4. 哪能

"哪能"是问方式或原因的,相当于普通话的"怎么":

80）侬晓得伊急得来哪能？勿要急煞人啊！（问方式）

81）到江湾镇哪能走？（问方式）

82）今朝伊哪能勿来勒？（问原因）

83）侬个小人哪能蛮副腔调个呢？（问原因）

快说时"哪能"[nA¹³⁻²² nəŋ¹³⁻⁴⁴]变读成合音[nã¹³]。

"哪能样子"不是问原因,而是问方式、程度等的,相当于普通话的"怎

么样":

84）辩盆花哪能样子摆好？（问方式）

85）随侬哪能样子讲,伊总归勿答应。(问方式)

86）侬看伊会做得哪能样子?（问程度）

"哪能样式"和"哪能样子"相当,老派用得较多。金山用"哪能式样"。

"哪能"重复连用,可以替代谓语,常用于引述别人的话时:

87）我一跑进去,伊就讲:"侬为啥迟到？侬到啥地方去勒？侬哪能哪能。"

88）"侬自从去到现在末,信还呒没来,侬哪能哪能。" A对B诉说C的来信内容

5. 啥事体、啥体、啥个事体、啥讲究、啥个讲究、为啥、为啥咾、啥个缘故、啥个道理

"啥事体、啥体、啥个事体、啥讲究、啥个讲究、为啥、为啥咾、啥个缘故、啥个道理"等都是问原因的。"啥体"是"啥事体"的缩简形式,口语中常可听见,可能开始时只是快说的形式,后来渐渐定型,而成为常用的形式。[sA$^{24-33}$ z]$^{13-55}$ t^{h}i$^{24-21}$]→[sA$^{24-33}$ t^{h}i$^{24-21}$],省去"事"的声韵,但仍用"啥事体"的连调型。

（四）代副词

1. 迭能、辩能、伊能

由指示代词"迭、辩、伊"派生出"迭能、辩能、伊能"。"迭能"相当于普通话的"这样","伊能"相当于"那样"。"辩能"相当于"这"、"这么样",最常用:

89）勿要伊能做,要辩能做个。

90）伊辩能一看,就拨辣伊拉阿弟。

91）阿拉小出佬现在也是辩能哎。 中年妇女埋怨年轻的儿子行为不端

92）辩能一来末,下头看侉要骂出门。

"迭能、辩能、伊能"有时后带"样子"或"样式":

93）两家头勿要吵,迭能样子影响工作个。

94）辩件绒线衫,喏,得我拉勒辩能样子,喏。 出示实物

"迭能、辩能、伊能"有时可以做定语,修饰名词:

95）我辩只空城计是辩能介样子个来源。

96）伊能样子个花瓶还有几只？侬去数数看。

97）上海前头有辩能样式个物事。

98）抗战胜利之后末,伊开过一个时期咖啡馆、跳舞场辩能一类物事。

"迭能、辩能、伊能"也可后附"介",见例95)。

"伊能"松江、金山不用,通常用"哀能"。"哀能"嘉定、川沙、南汇不用,通常用"伊能"。

在"能长、能大、能好"中"能"单独使用于形容词前,也是"这样"的意思。

2. 介[ka^{53}]

"介"[ka^{53}]相当于普通话的"这么、那么":

99)瞎讲,吼没介危险个。

100)侬已经读勒介许多年数个书。

101)老头子勿会得介糊涂。

102)介许多工作,侬一家头来三伐?

103)A:吃勿落勒。B:胃口介小啊!

3. 能、能介

"能、能介"在"(象+名)+能/能介"的格式中相当于普通话的"那样",在"辩能/迭能+介+动"的格式中相当于普通话"这样":

104)笙末,有种人恐怕勿晓得,有点像佛手能能介一只物事,叫笙。

105)我蹲辣实验室里就辩能介背标准,只会得操作,辩能有啥意思啊?

4. 实介

"实介"也说成"实介能"、"实能介",用于老派,相当于普通话的"这样":

106)我只好实介瞄一瞄,瞄一瞄末,算数勒。 伴随"瞄"的动作

107)吃勿消末,实介,等一歇倷派人送得来。

例107)中的"实介"指代"等一歇倷派人送得来"整个小句。

(五) 代形容词

表6中的代词可以代替形容词,用在定语的位置上:

108)伊就是辩能样子个人。

109)我勿晓得侬哪能桩事体!

表6　代形容词表

辩能	迭能	伊能	哀能	哪能
辩能介	迭能介	伊能介	哀能介	
辩能样子	迭能样子	伊个能	哀个能	
辩能样式旧	迭能样式旧	伊能样子		
		伊能样式旧		

金山、松江不用"伊能"等,只用"哀能"。南汇、川沙、嘉定只用"伊能"等,不用"哀能"等。

(六) 代动词

1. 搅 [gɔ¹³]

例110)是一段两人吵架时的对话:

110) A:……搅啥名堂!

B:搅啥?我搅侬搅啊?侬蛮会得搅辣海,侬蛮会得搅!侬自家搅搅清爽!

111) 伊自家搅糊涂脱勒。

2. 弄 [loŋ¹³]/[loŋ⁵³]

112) 伊拉来吃末,烦来,脱伊拉烧咾,弄咾,烦煞。_{老太太埋怨晚辈来吃饭}

113) 有辰光夜到汏好浴,再拿衣裳汏脱,弄好,弄好好,葛末再看看报纸。

114) 到医院里包包扎扎,弄弄末,醒勒。

115) 苏绣是更加费眼睛勒,小青年弄个啦,老太婆弄勿来。

3. 来 [lɛ¹³]

116) 伊做个事体总归勿来三,阿拉重新来过。

117) 来!来! _{饭店服务店上菜时要顾客让路}

118) 我来一杯牛奶。

119) 五分一只子,小来来。

4. 迭能、辩能、伊能、哪能

代副词"迭能、辩能、伊能"和疑问代词"哪能"同时又是代动词:

120) 叫侬勿要辩能,侬偏生要辩能。

121) 叫侬哪能侬就哪能。

在句子中这些词可以后接"样子、样式"。

(七) 代句词

"啊" [ɦA¹³],音同"鞋",从俗写作"啊"。"啊"在口语中常用作独词句,它所表示的意思,因所处的语境不同而不同。

122) A:《芙蓉镇》辩本小说有伐?

B:啊?

　　　　A:《芙蓉镇》。

　　　　B:架子浪有个。

　（A是读者,B是图书管理员）

　123）A:鹿茸精有伐?

　　　　B:啊?

　　　　A:鹿茸精。

　　　　B:鹿茸精有个。

（药店顾客和店员对话）

　124）做啥啦? 㑚做啥啦,㑚! 啊?

（公园管理员斥责违章的小青年）

　125）大家静一静,静一静! 啊。

　例122）和123）中的"啊"所表达的是,听不清楚对方讲话内容,而要求重复。例124）中的"啊"是代替前边说过的一句话："做啥啦?"例125）中的"啊"是"勿要吵,好伐!"的意思,带有希望对方听取劝告的语气。

（八）遍指代词"各"

　指代所有或全体中的一个用"每"或"各"。这两个代词的用法跟普通话相同。不过,"各"常用在"各+人+各+动"的格式里,多用于老派和郊区方言：

　各人各爱 ｜ 各人各讲 ｜ 各人各听 ｜ 各人各想

第五章 形 容 词

（一）造词法

1. 重叠

（1）AA式

AA式一般不修饰名词,除非对幼儿说话或给儿童猜谜语。

　　小小瓶,小小盖,小小瓶里有块小肉盘。

（幼儿谜语,谜底是"螺蛳"）

在谓语和补语的位置上,虽然新派因受书面语影响,也用"AA式+个",但是更常见的是用"程度副词+性质形容词+个"：

　　（普）眼睛大大的　｜　（沪）眼睛蛮大个

　　（普）挂得高高的　｜　（沪）挂勒老高个

AA式后接副词后缀"叫"可以充任状语：

　　好好叫写　｜　慢慢叫跑　｜　轻轻叫拍　｜　好好能读

也可以单独成句表示祈使命令的语气：

　　慢慢叫！　｜　轻轻叫！　｜　好好叫！　｜　好好能！

这种格式多用于劝诫的句子,用例不多,其中有的不能用语义相反的形容词替换：

慢慢叫跑　｜　*快快叫跑　｜　细细叫看　｜　*粗粗叫看　｜　轻轻叫讲　｜　*响响叫讲

还有四个结合面较窄：

　　慢慢点　｜　白白哩　｜　明明仔　｜　急急乎

"乎"用于老派。"能"也用于老派,用法跟新派的"叫"一样。老派也用"叫",新派不用"能"。

（2）AABB式

形容词基式AB可以重叠成AABB式,表示程度的加深,普通话也有此类重叠式。这类重叠式在句子中可以充任定语、谓语、状语和补语。下面一些用例不见于普通话：

  白白胖胖 | 清清爽爽 | 长长远远 | 舒舒齐齐 | 野野豁豁 |
  木木觉觉 | 造造反反 | 邪邪气气 | 活活络络 | 笃笃定定 |
  行行情情 | 泰泰山山 | 实实结结

有一句俗语是"快快活活仔命，气气闷闷成仔病。"其中的"快快活活、气气闷闷"分别是两个分句的主语。

（3）AAB式

AAB式中的后两项AB大多是基式，也有AB不成词，基式是形容词B的。第一项A是前加的重叠成分，重叠以后使基式的意义加重了，程度加深了。普通话形容词没有AAB重叠式。这种形容词可以分成三小类：

第一类形容色彩：

  血血红 | 碧碧绿 | 腊腊黄 | 墨墨黑 | 锃锃亮 | 煞煞白 |
  猩猩红 | 生生青 | 鲜鲜红

第二类形容状态：

  笔笔直 | 煞煞齐 | 习习薄 | 眯眯小 | 拍拍满 | 粉粉碎 |
  簇簇新 | 老老大 | 煞煞清 | 精精光 | 塔塔扁

第三类形容感觉：

  绷绷硬 | 习习嫩 | 冰冰瀴 | 呼呼热 | 石石老 | 呼呼烫 |
  □□[phaˀ⁵³]响

"野野胡"的基式含义待考。也许是"约约乎"的变音。

有些双音节形容词通常没有固定的AAB重叠式，但是说话时为了加深程度，临时也可以用AAB式：

1）伊拉自家房子。两上两下，一只灶披间，适适意。对伐？

2）辰光勿到，伊拉勿会得来个，笃笃定。

（4）ABAB式

形容词基式AB可以重叠而成ABAB式，表示程度的加深。这种形容词普通话也有，但使用没有上海话普遍。AAB式的形容词大多可以重新组合，构成ABAB式，ABB式形容词不可以构成ABAB式。这是因为ABAB式中的AB是可以自由使用的形容词，AB叠用而构成ABAB式。AAB中的AB大多也是可以自由使用的形容词。但是ABB中的AB却不是一个词。

这一种形容词也可以大致分成三小类：

第一类形容色彩：

  墨黑墨黑 | 血红血红 | 腊黄腊黄 | 锃亮锃亮

第二类形容性状：
  煞齐煞齐 | 笔直笔直 | 习薄习薄 | 笔挺笔挺 | 拨瞪拨瞪
第三类形容感觉：
  习嫩习嫩 | 冰瀴冰瀴 | 石老石老

（5）ABAC式

这种重叠式表示程度加深：
  恶形恶状 | 投五投六 | 行情行市 | 木知木觉 | 怪形怪状
  辣手辣脚 | 有心有想 | 碰来碰去 | 重手重脚 | 脚高脚低

（6）"A透A透"式

"A透A透"中的"透"是后置的程度副词，所以"A透A透"实际上是两个述补结构的重叠：
  好透好透 | 噱透噱透 | 趣透趣透 | 红透红透 | 烂透烂透
  硬透硬透 | 风凉透风凉透

  两个述补结构中间没有停顿，是一个语音词，如"好透好透"四字连读作[24-33 24-55 24-33 24-21]，而不是[24-33 24-44 24-33 24-44]。

  普通话中有"好极了！好极了！""坏透了！坏透了！"这一类用例。不过这只是修辞上的反复，两个述补结构中间有停顿；而不是构词法上的重叠，中间没有停顿。

（7）"A尽A尽"式

  硬尽硬尽 | 热尽热尽 | 熟尽熟尽 | 大尽大尽

此式见于松江、金山。

（8）A尽A绝

  坏尽坏绝 | 熟尽熟绝 | 好尽好绝

此式见于松江、奉贤。

（9）"A去A来"式

  大去大来 | 冷去冷来 | 硬去硬来 | 热去热来 | 狠去狠来

用于松江、奉贤、青浦、金山等郊区，在市区只有靠近松江县和上海县地段的少数老派还用。

（10）"A头A脑"式

"A头A脑"式中的"头"实指"头脑"的"头"。用这种形式构成的词往往带贬义：
  寿头寿脑 | 花头花脑 | 栗头栗脑 | 大头大脑 | 木头木脑 |
  口[gən13]头口脑 | 踱头踱脑 | 贼头贼脑 | 滑头滑脑

  也有不带贬义的，用例较少。并且是名词性的：

线头线脑 | 纸头纸脑 | 布头布脑 | 角头角脑

（11）"A 勿 A,B 勿 B"式

洋勿洋,相勿相 | 阴勿阴,阳勿阳 | 男勿男,女勿女 | 跛勿跛,貣勿貣

（12）"A 天 A 地"式

狠天狠地 | 拆天拆地 | 作天作地

此式见于奉贤。

2. 词嵌

"A 里 AB"式

普通话也用这种方式构词，但上海话用得更普遍。"A 里 AB"中的"里"是虚义的。用这种方式构成的词表示程度的加深。在"A 里 AB"有时是双音节形容词（A组），有时是双音节名词（B组），下面是不见于普通话的用例。

A组：邋里邋遢 | 挖里挖掐 | 龌里龌龊 | 特里特别 | 颟里颟顸 |
尴里尴尬 | 滑里滑塌 | 木里木觉 | 梯里梯塌 | 肮里肮三 | 促里促
掐 | 恶里恶掐 | 惹里惹气

B组：乡里乡气 | 怪里怪气 | 怪里怪气 | 洋里洋气 | 妖里妖
气 | 喞里喞气 | 贼里贼腔 | 疙里疙塔

B组里的"洋气、贼腔、疙塔"兼有形容词性。

3. 后缀

上海方言形容词的后缀比普通话发达。每一类后缀适用的范围很有限，没有名词后缀"子、头"那么广。有的后缀只适用于一两个词。这些后缀的作用有二：一是使形容词更生动；二是减弱形容词的程度。这些后缀本身的语义不可强解。

（1）叠音后缀。绝大多数后置于单音节形容词。又分三小类。

第一类形容色彩：

青奇奇 | 白沓沓 | 蓝亨亨 | 红稀稀 | 红衬衬 | 白杳杳 | 黑黝
黝 | 灰朴朴 | 绿莹莹 | 黑塌塌

第二类形容情貌：

野豁豁 | 长撩撩 | 胖笃笃 | 温吞吞 | 矮墩墩 | 气鼓鼓 | 颟顸
顸 | 病怏怏 | 瘦骨骨 | 毛姜姜 | 戆噱噱 | 戆答答 | 妗夹夹 |
木局局 | 木兴兴 | 獃登登 | 瘪塌塌 | 老茄茄 | 短悠悠 | 直条
条 | 神经希希 | 戆大希希

第三类形容感觉：

滑塌塌 | 软东东 | 糊达达 | 粘答答 | 痛希希 | 酸尖尖 | 干乎

乎 ｜ 木乎乎 ｜ 硬绷绷 ｜ 辣蓬蓬 ｜ 吓老老 ｜ 湿漉漉 ｜ 暖烔烔 ｜ 湿答答 ｜ 臭嗾嗾 ｜ 冷飕飕 ｜ 寒丝丝 ｜ 汗扎扎

叠音后缀"答答"后置于双音节名词，造成形容性词组：

死人答答 ｜ 好姆答答

（2）非叠音的双音节后缀

A. 头势。后置于单音节或双音节的动词形容词：

搅头势 ｜ 热头势 ｜ 混头势 ｜ 缠头势 ｜ 吞头势 ｜ 嗾头势 ｜ 漂亮头势 ｜ 难听头势 ｜ 尴尬头势

B. 八腊。后置于双音节形容词：

危险八腊 ｜ 腻心八腊 ｜ 作孽八腊 ｜ 罪过八腊 ｜ 花里八腊 ｜ 黑黜八腊

C. 搭煞（或的搭）。后置于双音节形容词：

戆大搭煞/的搭 ｜ 背时搭煞/的搭 ｜ 厚皮搭煞/的搭 ｜ 外行搭煞/的搭

D. 式气。后置于双音节或三音节名词，造成形容性词组：

猪头三式气 ｜ 寿头式气 ｜ 戆大式气 ｜ 小囡式气 ｜ 迭只故事有眼因果式气 ｜ 迭个小囡有眼老茄式气

E. 板气。后置于双音节名词，造成形容性词组：

寿头板气 ｜ 古董板气 ｜ 刁嘴板气

最后一例中的"老茄"本身是形容词。

F. 疙答（或"纳答、刮搭"）。后置于双音节形容词：

厚滋纳答 ｜ 油指疙答 ｜ 淡嘴疙答 ｜ 阴势刮搭 ｜ 淡结刮搭 ｜ 淡结刮搭

以上所举"搭煞、纳答、八腊、刮搭"韵母音同或音近。

（3）单音后缀

A. 叫。这本是副词后缀，不过带"叫"的词用作定语或谓语时，其中的"叫"也可以说是形容词后缀：

一间小小叫个房间 ｜ 做事体要慢慢叫，勿要心急。

B. 煞。多用在单音节形容词或心理动词后边，加强程度。

重煞 ｜ 气煞 ｜ 闷煞 ｜ 想煞 ｜ 苦煞 ｜ 急煞 ｜ 冷煞 ｜ 冷煞 ｜ 痒煞 ｜ 痛煞 ｜ 轻煞 ｜ 凉煞 ｜ 苦恼煞 ｜ 厌气煞 ｜ 高兴煞 ｜ 适意煞 ｜ 开心煞 ｜ 神气煞 ｜ 漂亮煞

"煞"后可以再加上副词"快"：

热煞快 ｜ 冻煞快 ｜ 重煞快 ｜ 开心煞快 ｜ 神气煞快

（4）类后缀"来、得来"

烦来/得来 | 轧来/得来 | 热来/得来 | 龌龊来/得来 | 清爽来/得来 | 今朝□□[sa⁵³⁻⁵⁵ du¹³⁻²¹]来/得来

就词源来说，类后缀"来、得来"很可能即是补语标志"来、得来"。因此"形+来/得来"很可能是"形+来/得来+补语"之省略。"来/得来"用于句末，在语音上的特点是拖音，音长特长。

4. 扩展

以一个单音或双音形容词为基式扩展成四音节或四音节以上的形容词，表示程度的加强。有的被扩充的音节的语义不可强解，可能只是因声律和语气的需要而衬垫的。我们称之为"衍音"。这些衍音可分叠韵和非叠韵两大类。在四音节的词中基式形容词多占第四个字的位置，个别占第一个字或第二个字的位置(字下用·表示)：

第一类(叠韵)：

滑塌精光 | 石刮挺硬 | 的粒滚圆 | 煞辣势平 | 赤刮辣新 | 杂格咙咚 | 呆拨咙咚 | 刮辣松脆 | 嘻皮臭韧 | 赤辣焦黄 | 呆剥落笃

第二类(非叠韵。最后两例是双声的)：

夹醾势白 | 尺崭势齐 | 骨轮轮圆 | 的角四方 | 乌黑侧里 | 石笃势直 | 金光锃亮 | 活脱势象 | 搅七廿三 | 石硬冰绷 | 赤黑墨踢跶

5. 四字格固定词组

有些由四个字构成的词组在句子中是当作一个形容词来使用的，这四个字一般都有实义可解。其内部结构是多种多样的，每一个词组不一定但至少包括一个形容词。

小家败气 | 面熟陌生 | 大清老早 | 热昏颠倒 | 头顶倒山 | 七勿连牵 | 碧绿生青

下面图解一些用例的内容结构：

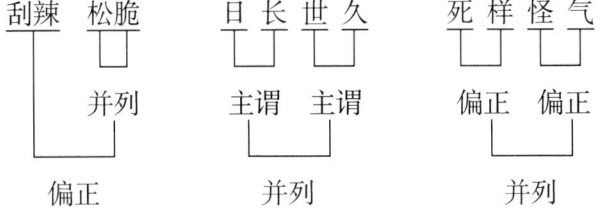

6. 双音节单纯形容词

普通话不用的此类形容词举例：

豪愣 ｜ 勾勒 ｜ 搭浆 ｜ 邋遢 ｜ 龌龊 ｜ 哟势 ｜ □□〔sa$^{53\text{-}55}$ du$^{13\text{-}21}$〕

（二）基式和变式

形容词在基式的基础上采用重叠法、加缀法和扩词法造成变式。变式跟程度的表达有关，但是主要的作用是使形容词更生动、更形象、更鲜明。它的作用不能跟英语的"级"比附。

1. 变式中添显的语素有一部分词义较实或并未完全虚化（下加小圆点）：

直条条 ｜ 白皭皭 ｜ 血血红 ｜ 笔笔直 ｜ 乌里赤黑 ｜ 老里百早 ｜ 矮墩墩 ｜ 腊黄腊黄 ｜ 滚滚圆

同一个形容词基式后加的叠音成分不同，所表示的语义也还有差别：

辣希希_{微辣} ｜ 辣豁豁_{辣得麻舌} ｜ 辣蓬蓬_{辣味一阵阵袭来} ｜ 胖乎乎_{体胖，贬义} ｜ 胖笃笃_{体胖可爱} ｜ 胖墩墩_{矮胖结实}

2. 只有一部分形容词有变式，而这些形容词的变式类型各自都有限制，大多只能跟其中一二种类型相匹配，反过来，每一类变化类型所适用的形容词范围也往往很有限。表7说明形容词基式适用各种变化类型的参差情况，"A透A透"式因新派少用，表中不列，ABAB式也省去不列。

只有一两种变式的形容词举例如下：

花：花夹夹、花头花脑 ｜ 满：满扑扑、拍拍满 ｜ 亮：铿铿亮、金光铿亮 ｜ 趣：趣诱趣透 ｜ 野：野里野气、野豁豁 ｜ 温：温里温吞、温吞吞 ｜ 清爽：清清爽爽 ｜ 颢：颢响响、颢些些 ｜ 挖掐：挖里挖掐 ｜ 粉碎：粉粉碎

3. 最发达的变式手段是加叠音后缀，这些后缀大多数只能适用于一两个形容词，适用于五个以上形容词的后缀很少。

悠悠：轻~~ ｜ 软~~ ｜ 长~~ ｜ 短~~ ｜ 暖~~ ｜ 笃~~

笃笃：滑~~ ｜ 嫩~~ ｜ 矮~~ ｜ 胖~~ ｜ 方~~ ｜ 瀴~~ ｜ 慢~~

绷绷：胀~~｜硬~~｜干~~｜急~~｜小~~｜眼~~｜结~~

答答：粘~~｜戆~~｜湿~~｜宽~~｜苦~~｜淡~~｜涩~~｜倦~~｜潮~~｜滑~~｜寿~~｜滷~~｜背~~｜韧~~

希希：红~~｜痛~~｜痒~~｜神经~~｜贼塌~~｜辣~~｜暴发户~~

搨搨：白~~｜黑~~｜灰~~｜瘪~~｜涩~~｜滑~~｜淡~~｜湿~~｜咸~~

表7　形容词基式和变式匹配表

基式	后缀法	重叠法	词嵌法	扩展法
黑	黑塌塌	墨黑黑		乌里赤黑 黑踢墨搨
绿	绿莹莹	碧碧绿		
白	白塌塌	煞煞白		
混	混淘淘			六缸水混
韧	韧答答		韧几韧几	
直	直别别	笔笔直		笔笃势直
寿	寿头式气 寿答答		寿头寿脑	
澩	澩笃笃	冰冰澩		
亮		锃锃亮		金光锃亮
老	老结结	石石老		
新	新簌簌	簌簌新		赤括辣新
热	热焩焩、热煞、热头势			
挺	挺刮刮	笔笔挺		绷硬笔挺
尴尬			尴里尴尬	

（三）形容词程度表达法

1. 词汇表达法

性质形容词用词汇手段表示程度的加深。用来表示程度的语素、词、词组大多是副词或副词性的,所表示的程度各有差异,但是难以将它们类型化,而分成最高级、次高级、比较级等级别。以下列举这一类不见于普通话的常用副词性的语素、词组及其用法。

（1）"顶/顶顶+形"：

3）从迭条路跑勿合算,顶好斜角跑。

4）迭只香烟蹲勒中国算顶顶好勒。

5）复旦顶顶早个辰光勿辣辣辨搭。

（2）"极+形"、"形 ｜ 极"：

6）辨只半导体用电极省。

7）伊个交际手段好极个。

8）伊走起路来慢极。

（3）"邪气+形"、"形+来/得来+邪/邪气"。前置时只能用"邪气",后置时可用"邪"或"邪气"。单用"邪"后置现已罕用。"邪气"前置、后置都可以,不过用于前置的时候多。

9）我觉着侬个毛病邪气重。

10）迭个辰光洋泾浜邪气普遍。

"邪/邪气"后置只用于市区老派和旧松江府,一般要前接补语标志"辣"。

11）新房间拨伊布置得好看来邪辣。

12）辨种裤子生意好来邪辣。

13）我霉头触来邪气。

"邪气"的重叠式"邪邪气气"用作形容词是"很多"的意思,可以直接作谓语：

14）拿洋泾浜好好叫划分划分啦,种类邪邪气气。

（4）"形+来+死[ςi^{24}]"。"死"的文读音是[$s\textrm{ı}^{24}$],但是口语白读作[ςi^{24}],从俗写作"西"。

15）大华旅馆里向房子大来西。

16）我要哀面一只淡来西个颜色。

17）我外国朋友多来西。

（5）"形+来+吓煞人"。多用于新派。结构式中的"来"兼贩"得来、勒",下同。

18）侬辨只面孔皮厚得来吓煞人。

19）伊辨只箱子重得吓煞人。

20）漂亮得来吓煞人。

"吓"的本义已经虚化,甚至可以修饰"漂亮"(例20)。

(6)"形+来+要热昏"。多用于新派。"热昏"的本义已虚化:

21)气魄大是大得热昏。

22)"新世界"开仔之后生意好得热昏。

(7)"形+来+要死/要命":

  臭得来要死 ｜ 重得来要死 ｜ 吓得来要命

(8)"瞎+形"。"瞎"的本义完全虚化,相当于普通话的"很、极",但不可后置,多用于新派:

  瞎嗲 ｜ 瞎好 ｜ 瞎热 ｜ 瞎高 ｜ 瞎远 ｜ 瞎长 ｜ 瞎清爽 ｜ 瞎响

"瞎"的这种用法首先在青少年中流行,现在中老年间或也使用。郊区不用。

(9)"形+来+海威":

23)伊拉是自家房子,花园洋房,地方大来海威。

即使在老派中"海威"也已极少用。但是除崇明、奉贤外,郊区仍多用。

(10)"形+来+野完":

  好来野完 ｜ 穷来野完 ｜ 大来野完

此式见于松江。

(11)"非常之+形"。"非常之"原是文理用语,现常用于口语:

24)迭个一次物理成绩非常之推扳。

25)女家拿来个嫁妆非常之体面。

(12)"能+形容词":

  米能多 ｜ 柴能少 ｜ 待侬能好 ｜ 会开来能长 ｜ 饭烧来能少

此式多用于老派和郊县。

(13)"恶+形":

  恶好 ｜ 恶着力 ｜ 恶怵 ｜ 恶破

此式见于除崇明以外的郊区。

(14)"交关+形"、"形+来+交关"。"交关"前置的时候多,后置的时候少。"交关"可以重叠成"交关交关"或"交交关关":

26)伊个爷末,是交关开通个。

27)瓣个囡儿伊从小交关宝贝。

28)公司里向个职员办起事体来交关顶真。

老派有时将"交关"后置于形容词:

29)我勿要坐迭部老爷汽车,危险来交关。

"交关"后头的形容词常可省去:

30）辩两日芊芳、毛豆、素小菜交关。

例30）中的"交关"后头可以补上省去的形容词"多"。有一个固定词组"性命交关"，在句子中，它的后头不能再补任何词。

31）真是性命交关，侬后头哪能逃出来呢？

"交关"还可以单独用作形容词，是"很多"的意思：

帮爷做脱交关事体 ｜ 烧脱交关房子 ｜ 等脱交交关关辰光

（15）"老+形"（"老"是目前最常用的程度副词，郊区不用）：

32）南码头离此地老远个。

33）我老喜欢听伊唱个，我老崇拜伊个。

（16）"来得+形"或"来得个+形"：

脑子来得笨 ｜ 辩赤佬来得坏 ｜ 鱼汤来得鲜 ｜ 片子来得长 ｜ 拎包来得重 ｜ 房间来得清爽 ｜ 肉价来得贵 ｜ 闲话来得个多 ｜ 来得个厚 ｜ 来得个硬 ｜ 来得个滑 ｜ 来得个痛

在一家饮食店的招牌上从左到右看有"鲜得来"三个字，从右到左看则"来得鲜"，也可以读通。"得来"后置于形容词的用法见下文。

（17）"形+勿过"：

重勿过 ｜ 酸勿过 ｜ 快勿过 ｜ 慢勿过 ｜ 热勿过 ｜ 吵勿过 ｜ 臭勿过 ｜ 龌龊勿过

34）青皮个桔子酸勿过，勿要买。

35）房间里向闷勿过，开开窗。

36）小辰光皮勿过，常庄拨伊拉姆妈打。

（18）"忒+形"：

价钿忒贵 ｜ 货色忒推扳 ｜ 瓶子忒大 ｜ 鞋子忒小

"忒夷/忒煞+形"用法跟"忒+形"相同。

（19）"加二+形"：

37）为仔迭桩事体阿拉加二对勿起老张。

表程度的副词前置的还有：

穷：穷好 ｜ 穷赞

此式市区20世纪60年代前常用，现常用于动词前：穷做 ｜ 穷骂，郊区仅见于嘉定。

38）我昨日夜里辣楼下穷减穷喊，四楼个人头侪伸出来。

野旧：野大 ｜ 野高

后置的还有：畅（吃畅|睏畅）、一塌糊涂（苦得一塌糊涂 ｜ 热得一塌糊涂）等。

(20)"形+来/得来+自家有数":

39）我只手痛得来自家有数。

40）风大得来自家有数。

(21)以下几个表示形容词程度的格式旧时用,现在似已不用,郊区仍用后两种格式：

"形+来+吥做"：风大来吥做 | 日头旺来吥做

"形+来+了反勿得"：重来了反勿得 | 苦来了反勿得

"形+来+话勿出/讲勿出"：大来话勿出 | 深来讲勿出

"话勿来+个+形"：话勿来个苦恼 | 话勿来个欢喜

(22)"修饰性语素+形(单音的)"：

出软 | 喷香 | 煞白 | 腊黄 | 墨黑 | 石硬 | 冰瀴 | 石老 | 绷硬 | 煞齐 | 铿亮 | 滚壮

也有修饰性语素后置的：

嫩赤 | 老结 | 老当 | 老茄

2. 变式表达法

(1)从表达程度的角度来看,后缀法是用来表示程度的减弱的,其他三种方法是用来表示程度的加强的。一般说来其中又以"A透A透"重叠式和扩展法表示最强的程度：

红希希→红衬衬→红→血血红→红透红透

滑塌塌→滑→滑里滑塌→滴滴滑→精光鲫滑

硬绷绷→硬→绷绷硬→石骨铁硬→石硬冰绷→硬透硬透

"A透A透"式新派不用。

当一个形容词一般没有扩词的表达方式时,除了可以用"A透A透"式外,也可以用"ABAB"式表示最强的程度：

嫩→习嫩习嫩 | 薄→习薄习薄

(2)在日常口语里是把词汇表达法和变式表达法结合起来表示形容词的细微差异的：

软东东→软悠悠→软→软来→软得来→老软老软→顶顶软→软透软透……

痛希希→痛→有眼痛→蛮痛→痛来→老痛→瞎痛……

清→清来→蛮清→老清→顶清→煞辣水清……

词汇表达法的适用范围和出现频率要比变式表达法大得多。很难将这些表达形容词不同程度的方式类型化,分成等级。

从句法功能来看,只有一个明显的标准可以将后缀、词嵌、重叠和扩词

这四种变式手段分成两大类。一类是用后缀法和词嵌法造成的形容词,所表达的程度较弱,它们可以跟"有眼"结合:

  有眼神经希希 | 有眼白塌塌 | 有眼寿头寿脑 | 有眼乡里乡气

另一类是用重叠法和扩词法造成的形容词,所表达的程度较强,它们不可以跟"有眼"结合:

  *有眼墨墨黑 | *有眼锃亮锃亮 | *有眼笔笃势直 | *有眼赤括辣新 | *有眼碧绿生青

第六章 动　　词

（一）造词法

1. 重叠

（1）AA式。AA式的句法功能是带宾语(b、d)或带补语(c、e)，单独出现往往在句末(a)。

（a）AA式不带宾语时往往用在句末：

1）到比较闹猛个地方兜兜。

2）叫医生开帖中药吃吃。

（b）"AA+名"。其中的动词是及物的，后头是名词宾语。"AA+名"是动宾结构：

扫扫地　｜　排排队　｜　写写字　｜　种种田　｜　烧烧菜　｜　汏汏浴　｜　解解厌气　｜　吃吃香烟　｜　估估价线　｜　汏汏面孔　｜　登登份量

（c）"AA+伊"：

瓣眼青菜汏汏伊　｜　两只枕头拍拍伊　｜　台子揩揩伊　｜　瓣只台灯用用伊　｜　瓜子炒炒伊　｜　衣裳晒晒伊　｜　嗍嗍伊_{桔子水}　｜　吃吃伊_{老酒}　｜　摇摇伊_{药水}

从结构上分析，"AA+伊"是动宾词组，不过其中"伊"的第三人称单数的本义已经虚化。它在句中永远处于连读变调组的末字位置，音强有所减弱。这种格式表达祈使或缓和的命令语气。

在句子中间两个动词连续出现，并不一定都是动词的重叠形式：

3）"长病吭孝子"，病一生生得长勒，吭没孝子。

4）本地闲话脱浦东闲话差差勿多。

此类句子的两个动词中间稍有停顿。例3）中两个"生"之间，例4）中两个"差"之间都略有停顿。动词的重叠形式之间没有这种停顿。

（d）"AA+形"：

缚缚紧　｜　压压扁　｜　煨煨热　｜　烧烧烂　｜　张张大　｜　笃笃齐　｜　扎扎

牢 ｜ 敲敲碎 ｜ 吹吹干 ｜ 摆摆平 ｜ 做做好 ｜ 着着好 ｜ 揩揩干净 ｜ 我想得侬讲讲清爽 ｜ 我想拿一只灯吊吊好

其中形容词所表示的意义,往往是动词所表示的动作的结果。"AA+形"是动补结构。

其中的补语是结果补语。

(e)"AA+脱":

辫眼西瓜吃吃脱 ｜ 辫几桩事体做做脱 ｜ 拿辫几包破衣裳掼掼脱

"AA+脱"是动补词组。"脱"是表示结果的。这种格式可以表示祈使语气或缓和的命令语气。

(2)ABB式。能造成这种重叠的动词不多,最后两例见于松江:

笑嘻嘻 ｜ 笑眯眯 ｜ 气鼓鼓 ｜ 哭漓漓 ｜ 凶巴巴 ｜ 哭扁扁 ｜ 气苏苏

"BB"带有后缀性质,使前头的动词更生动,这种格式普通话也有。另有一种特殊的ABB式,是普通话所没有的:

孛相相 ｜ 瞎讲讲 ｜ 乱吃吃 ｜ 粗算算 ｜ 毛估估

"孛相"是一个词,后四例中前头两项是词组。"AB"原是动词或动词性词组。

(3)AAB式。又分两小类。

(a)B项是单音动词,用AA修饰动作的方式:

团团坐 ｜ 团团转 ｜ 头头转 ｜ 排排坐 _{儿童语言:排排坐,吃果果} ｜ 驮驮背 _{儿歌:驮驮背,卖猪猡}

(b)B项是单音动词,AA是重叠的象声词或衍音。AA有使后边的动词形象化的作用:

达达滚 ｜ 刮刮抖 ｜ 孛孛跳 ｜ 溚溚渧

(4)ABAB式:

大家一道攀谈攀谈 ｜ 礼拜天辣自家屋里收娖收娖 ｜ 让伊晓得晓得

其中AB是双音节动词。这种重叠式普通话也有。

(5)ABAC式。A是单音节动词,B和C是反义词(第一组例)或近义词(第二组例):

第一组:作天作地 ｜ 作死作活 ｜ 兜来兜去 ｜ 爬死爬活 ｜ 版手版脚 ｜ 碍手碍脚 ｜ 谢天谢地

第二组:有心有想 ｜ 作精作怪 ｜ 有凭有据 ｜ 尽心尽力 ｜ 吭边吭岸 ｜ 有规有矩 ｜ 做官做府

"活脱活象"中的"脱"是虚词。这种格式郊区用得多些:

哭天哭地 ｜ 吭亲吭眷 ｜ 吭依吭靠 ｜ 拉手拉脚 ｜ 拆心拆胆 ｜ 甩

叮甩当 ｜ 对拖对拉

（6）AABB式。A和B是近义或反义动词：

兜兜蟠蟠 ｜ 讲讲笑笑 ｜ 规规矩矩 ｜ 啼啼哭哭 ｜ 输输赢赢 ｜ 吃吃睏睏

2. 嵌音

（1）"动+个+动"。单音动词叠用，中间嵌入虚词"个"或"该"（松江、奉贤、金山音同"该"），表示动量的稍放或时量的暂短：

坐个坐 ｜ 冷个冷 ｜ 掏个掏 ｜ 扇个扇 ｜ 等个等 ｜ 辨个辨 ｜ 摇个摇 ｜ 捏个捏 ｜ 争个争

5）侬辣此地坐个坐，我去喊伊来。

6）要让我去争个争看。

7）先要汏个汏，再晒晒伊。

普通话没有这种格式。"动+一+动"也可以表示动量小，时间短，这跟普通话一样，看一看 ｜ 坐一坐 ｜ 让我料作长短。

（2）"动+咾+动"。单音动词叠用，中间嵌入"咾"[lɔ¹³]。表示动作反复发生：

动咾动 ｜ 翻咾翻 ｜ 讲咾讲 ｜ 翘咾翘 ｜ 笑咾笑 ｜ 碰咾碰 ｜ 敲咾敲

8）我今朝兜咾兜，兜到城隍庙……

9）伊翻咾翻，翻出一本老皇历。

（3）"动+勒+动"。单音动词叠用，中间嵌入"勒"，表示动量稍许或时间短暂：

10）我撞勒撞，侬就摜下来勒？ 骑车纠纷

11）我必过瞄勒瞄，哪能看得清爽？

3. 后缀

（1）勒 [ləʔ¹²]

青少年读作 [lɛʔ¹²]，还有些在口语中出现的弱化形式：[lɛ¹³][lɛ⁰][lə⁰] 等。新派多用。

"勒"可以分成"勒₁"和"勒₂"两个。"勒₁"相当于普通话动词后缀"了"，"勒₂"相当于普通话语气词"了"。

"勒₁"用在动词后，表示动作的完成：

12）辫面来勒两个人，当心，骗子。

13）招呼老早脱侬打过勒。

14）一个赤佬赔勒五块洋钿。 偷鱼罚款

"勒₁"相当于老派的"仔"[tsʮ²⁴/zʮ¹³]。

"勒₂"用在句末,主要肯定事态出现了变化或即将发生变化。如果动词头有宾语或补语,"勒₁"用在宾语或补语后头〔例18)19)〕:

15)勿好勒,火着勒,烧起来勒。

16)我爱人出差就要回来快勒。

17)十三岁半,虚年龄十四岁勒。

18)噢哟! 作孽,吃力煞,腰也酸煞勒。

19)侬高中毕业勒,去考技校勿要拨人家笑煞个。

旧时的"哉"(常读作[zɛ¹³]或[zəʔ¹²])相当于"勒₂"。句末的"哉"中青年已不用,老派也罕用。以下是旧时用例:

20)风停仔末,就要落雨哉。

21)勿多几时沈先生上当哉。

例15)至19)中的"勒"按旧时的表达法都可以换用"哉"。"哉"是句末的语气词,不可用于句中:

吃饭哉 | 两本书借来哉 | *吃哉饭再去 | *借哉两本书

(2)仔[tsɿ²⁴]

"仔"单读的另一个语音形式是[zɿ¹³],旧松江府只有[zɿ¹³]这一种读音,市区的[tsɿ²⁴]应是后起的。[tsɿ²⁴]或[zɿ¹³]在语流中往往作为连调字组的末字,音强有所减弱。后缀"仔"中老年常用,青少年用得较少,郊区常用。

"仔"在动词形容词后头有四种法功能。

"仔"表示动作的完成,相当于"勒₁":

22)香烟烧着仔门帘。

23)后首来吃仔送行饭末,脑子一日到夜动辣迭个浪向。

24)阿拉老娘舅踏仔一部黄鱼车辣辣楼下等。

25)老二已经讨仔娘子,养仔孙子,交关做人家。 _{讲故事}

26)辰光来勿及,去仔再讲。

27)伊拉爷死仔十年勒。

以上用例中的"仔₁"都是紧跟在动词之后的。"仔₁"还可以后置于动补词组〔例28)29)〕、动趋词组〔例30)31)〕或用于句末〔例32)33)〕:

28)就是要吃饭末,也要等饭烧熟仔,才好拿饭碗盛仔吃。

29)电灯铜钿呢,逼牢仔也要得我讲。

30)大家只好赤仔脚,撩起仔裤脚管,走。

31)讲起仔辩只收录机,阿拉交关对勿起小王。

32)勿要乱动,晏歇弄坏脱仔!

33)等我闲话讲好仔,侬再讲,好伐!

"仔$_1$"跟普通话中表示动作完成的后缀"了"相对应,不跟表示事态出现变化或即将变化的语气词"了"相对应:

(普)你把它扔了! ｜ (沪)*侬拿伊掼仔!

(普)我已经写了回信了。 ｜ (沪)*我已经写仔回信仔。

(普)他已经到了北京了。 ｜ (沪)*伊已经到仔北京仔。

(普)这道题我会做了。 ｜ (沪)*挑门题目我会做仔。

(普)人老了,身体差了。 ｜ (沪)*人老仔,身体推扳仔。

"仔$_2$:"表示状态的持续:

34)独家头对仔镜子笑。

35)上身着仔一件滑雪衫。

36)窗关仔,门开仔,屋里向吭没人。

37)背仔比拎仔适意。

"仔$_3$:"表示状态的存在:

38)边头浪摆仔交关尼龙袜。

39)门口头号围仔一帮小青年。

40)车子里向坐仔两个外国人。

41)手浪捏仔食饭团,走进科学会堂。

"仔$_4$:"用在两个动词的中间,构成"动$_1$+仔+动$_2$"的连动式。两个动词的意义关系往往是:"动$_1$"表示"动$_2$:"的方式〔(例42)43)〕,"动$_2$"表示"动$_1$"的目的〔例44)至46)〕:

42)踏仔车子寻车子。

43)坐仔讲 ｜ 立仔吃 ｜ 瞓仔想

44)低仔头看书 ｜ 戴仔眼镜看电影

45)囥仔勿肯拿出来看。

46)迭眼物事留仔拨小囝吃。

上海话的"仔"跟普通话的"着"[tʂɤ°]不完全对应。"着"可以表示动作正在进行,"仔"没有这种功能。

(普)大家跳着、唱着。 ｜ (沪)*大家跳仔、唱仔。

(普)雨在下着呢。 ｜ (沪)*雨正辣辣落仔。

"着"可以用在"动$_1$+着+动$_1$+着"的格式里。上海话惯常不用"动$_1$+仔+动$_1$+仔"这种格式。"说着说着时间就到了。"这个普通话句子用上海话表达通常有两种方式,后一种是老派用的:

47)讲讲,讲讲,辰光就到勒。

48)讲咾讲,讲咾讲,辰光就到勒。

普通话"动/形+着+点儿"这个格式用于表达提醒、命令等语气。上海话没有与之相应的"动/形+仔+眼/点"这样的格式：

（普）你记着点儿。｜（沪）*侬记仔眼。

（普）快着点儿。｜（沪）*快仔点。

这两个句子在上海话中通常的表达法是：侬记记牢｜快一点/眼。

普通话有"动+着+玩儿"这样的格式，表示前后两个动作同时进行。上海话没有与之相应的格式。与之相应的是"动+孛相"：

（普）吃着玩儿｜唱着玩儿｜闹着玩儿

（沪）*吃仔孛相｜*唱仔孛相｜*吵仔孛相

（沪）吃孛相｜唱孛相｜吵孛相｜听勃相｜画孛相｜讲孛相｜打孛相

"动+孛相"中的动词一般是单音节的。这个动词所表示的动作和"孛相"是同时进行的。这种格式中的动词不带任何后缀。"吃仔/勒仔孛相"是"先吃后孛相"，意思跟"吃孛相"两样。其中的动词及"孛相"的"相"可以同时重叠：吃吃孛相相｜唱唱孛相相。

普通话"怎么、这么、那么"后头可以带"着"，上海话"哪能、辩能、伊能"等后边不能带"仔"。普通话句子："怎么着都行"。"怎么着？我就是不同意嘛。"用上海话表达通常是：

49）随便哪能侪好个。

50）哪能？我就是勿同意！

"仔"还可以后置于用作介词或连词的"得、照"等，详见第八、九节。这里先举两例：

51）A：辩条裤子做得蛮好个嘛！

B：照仔一本裁剪书做个。

52）我、伊得仔伊拉阿哥三家头一道去个。

普通话"了、着"不能后置于连词或介词。

在形容词比较句中，"仔"还可以后置于介词"比"，详说见第十一章。

（3）辣[lɐʔ¹²]

"辣"又读作[lɐ¹³]（老派）、[lɐʔ¹²]（青少年），有时弱化成[ləʔ¹²][lɐ¹³]或[lə⁰]，在记录和分析的时候容易跟"勒"相混。其实"辣"和"勒"是两个不同的语素。"辣"有动词、动词后缀、副词和介词四种用法。"辣"的介词用法见第八节。

"辣"的动词用法：

"辣"作为动词，相当于普通话动词"在"：

53）李先生辣辣伐？伊辣隔壁头。

54）辫只钢琴还辣辣勿辣辣？辣辣！辣辣！

55）伊勿辣辣,伊辣门口头孛相。

56）阿拉姆妈辣海个辰光……

57）问题就辣辣迭个地方。

例56）第一个"辣"是动词,后头的是"辣"是后缀。

"辣"的副词用例见下文。

在旧松江府所属地区（除青浦、莘庄外）用作动词和副词的"垃"常用"有"前置,例如：

动词用法：老张有垃屋里（老张在家里）。

副词用法：伊有垃吃饭（他在吃饭）。

普通话"在"的动词、副词、介词三种用法都可以用"辣"对应：

（普）他在家。｜（沪）伊辣屋里。

（普）他在看报。｜（沪）伊辣辣看报。

（普）妈妈在家里做饭。｜（沪）姆妈辣辣屋里烧饭。

"辣"作为后缀,市区老派和郊区一般都是单用的,常读作舒声"垃"。市区青少年一般都增音作"辣海"或"辣辣"。中年则是"辣、辣辣、辣海"三者并用。"辣辣"使用时可变读作[lɛʔ¹²⁻¹ lʌʔ¹²⁻³][lɛ¹³⁻²² lʌʔ¹²⁻⁴][liɪʔ¹²⁻¹ lɘʔ¹²⁻³],但不读作[lʌ¹³⁻²²]。

在郊区,"辣"的语音形式大多没有促声化或双音节化,只是在崇明促声化为"勒"[ləʔ¹²],在奉贤可以读作[ləʔ lɑ]或[ləʔ ke],在南汇和川沙也可以读作[lɑ hɔ]。

后缀"辣"可以分析为五个。

"辣₁"表示动作延续,用于"动/形+辣",普通话"着"也有这种用法：

58）门开辣。

59）身浪着辣一件呢大衣。

60）炉子里向个火还旺辣海。

61）鸢子断线还断辣海。

62）灯勿是关辣辣？

"辣₂"表示状态的存在,普通话"着"也有这种用法：

63）写字台上摆辣一本《民主与法制》。

64）桥头浪立辣一个交通警。

65）池子里向养辣交关金鲫鱼。

66）贴对过坐辣一个大块头。

"辣$_3$"用于"动$_1$+辣$_3$+动$_2$"中,处于两个动词之间。两个动词的意义关系往往是:"动$_1$"表示"动$_2$"的方式〔例67)68)〕:

67)瞓辣看书 | 立辣买票 | 雅𫲨辣海看 | 跪辣海哭 | 坐辣海吃

68)泡仔一杯茶,坐辣辣吃茶,等。

"辣$_3$"的用法跟普通话"着"不完全对应。"着"可以表示动作正在进行,"辣"没有这种功能:

(普)外头下着大雪。 | (沪)*外头落辣大雪。

(普)大家唱着歌,跳着舞,很高兴。 | (沪)*大家唱辣歌,跳辣舞,交关高兴。

"辣$_4$"用于"动/形+辣$_4$"中,表示动作后果的延续:

69)我想摆辣辣,好孛相。

70)讲好辣个,歇两日再碰头。

71)园好辣,下趟再用。

72)侬做人蛮开心辣海。

73)英文学辣辣总归有用个。

"辣$_4$"和"辣$_1$"的主要区别是:"辣$_4$"与前头的动词之间可有补语隔开,"辣$_1$"不可以。"辣$_1$"可与普通话"着"相对应,"辣$_4$"不可以:

(沪)门开辣。=(普)门开着。

(沪)肉先切辣海,下半日再烧。 | (普)肉先切着,下午再烧。

"辣$_5$"用于"动+辣$_5$"中,表示过去发生的动作或过去已经存在的状态,我们称为"已然态",有点类似于英语现在完成时的用法。普通话中没有与之相应的形式。

74)人还呒没来辣海。

75)迭座房子是伊拉爷买辣个。

76)倷娘是几时死辣海个?

77)上头拿红纸头剪个喜字贴辣浪。

78)侬去辣伐?呒没去啊。_{隔壁问话}

例78)"侬去辣伐?"是"你去过(那儿)了吗?"的意思。

"辣$_5$"有时并不紧接在动词后边,动词和"辣"之间有别的成分隔开:

79)辣上海出版个报纸有解放报、文汇报咾啥好几种辣。

80)阿拉店里买进交关毛涤辣海。

81)女排比赛紧张得勿得了辣海。

"辣"在上述五种用法中都隐含着"在这儿"或"在那儿"的意思。下列句子中的"辣"更明显地包含"这儿"或"那儿"的意思:

82）我吃准迭条街还辣辣。_{我肯定这条街还在那儿}

83）衬衫、裤子辣辣！_{衬衫裤子在这儿}

84）一盒一盒木佬佬辣海。_{一盒一盒很多,在那儿}

"木佬佬"是程度副词"很"的意思，从杭州话借入。

例84）并掉了一个"辣"，如果不并,应该是"一盒一盒木佬佬辣辣海。"第一个"辣"是动词，相当于"在"，第二个"辣"是"辣$_1$"并隐含"这儿"的意思。

"辣$_5$"用于句末，带命令语气，可以看作语气助词：

跟辣辣！ ｜ 听好辣！ ｜ 看辣海！ ｜ 坐辣海,勿要动！ ｜ 睏辣海！_{命人躺下}

在老派的这一类用例中句尾的"辣"往往读作舒声[lɑ^{13}]，在记录上海话的早期著作中，这个音节写作"拉"，可见促声是后来的发展。

例85）86）见于 J. Edkins 的著作 "A Grammar of Colloquial Chinese, as Exhibited in the Shanghai Dialect" (1853), 例87）88）89）见于 A. Bourgeois 的著作 "Grammaire du Dialecte de Changhai" (1941)：

85）魂灵勿拉身上。

86）买拉米就担来拨拉穷人。

87）佾阿奶是几时死拉个？

88）一只风琴坏脱拉哉,勿好用拉。

89）料作完全要照工程师定当拉个。

除了"辣$_2$"以外，"辣"跟"辣辣"用法相同。不过"辣"在老派中用得较多。在不同的年龄层次中总的发展趋势是：辣→辣辣→辣海。在部分青少年中新近流行用"辣减"来替换"辣"。

上海话动词后缀"仔、勒、辣"跟普通话"着、了"的用法大致相同，见表8。表中√表示有这种用法，空白表示没有这种用法。

现在，上海话中"仔"有被"勒"或"辣"兼并的趋势。新派常用"勒"替换"仔$_1$"，用"辣"（不包括"辣辣、辣海、辣减"）代替"仔$_2$、仔$_3$ 和仔$_4$"。

上海话表示动作正在进行状态不用加缀法，而是用副词修饰法，即在动词后头加副词"辣"（或"辣辣"）。"辣"的前头还可以再加上副词"正"。"辣"单用时候[lɑʔ^{12}]，叠用时候[lɑʔ$^{12\text{-}1}$ lɑʔ$^{12\text{-}3}$]或变读作[ləʔ$^{12\text{-}1}$ lɑʔ$^{12\text{-}3}$]、[lɛ$^{13\text{-}22}$ lɑʔ$^{12\text{-}4}$]等：

90）大家辣辣补课。

91）喂！喂！佾辣做啥？

92）汗辣辣滴下来,哪能拿拉练拉起来勒？

93）迭个小朋友是辣辣吹牛。

94）两夫妻辣寻相骂。

95）侬到现在还辣辣拨伊当好人。

金山等郊区的"垃"用作副词或动词时，往往有"有"前置。例如：老张有垃屋里 ｜ 夷有垃吃饭。

表 8

后缀	上海话				普通话	
	勒	仔	辣	哉	着	了
完成	√	√				√
持续		√	√		√	
存在		√	√		√	
进行					√	
变化	√			√		√
已然			√			
延续			√			

（4）脱 [tʰəʔ⁵]

动词后缀"脱"是从动词"脱"（老派音 [tʰœʔ⁵]，青少年音 [tʰeʔ⁵]）虚化而来的。动词"脱"含有去除（A组例）、脱离、离开（B组例）等义：

A组：脱鞋子 ｜ 脱帽子 ｜ 袜子脱下来

B组：飞脱 ｜ 跳脱 ｜ 放脱 ｜ 落脱 ｜ 失脱 ｜ 脱脱

A组中的"脱"是及物动词，后带宾语，相当于普通话的"脱"，新派读 [tʰəʔ⁵] 或 [tʰeʔ⁵]，老派读 [tʰœʔ⁵]。B组中的"脱"是不及物动词作补语，相当于普通话的"掉"，青少年读 [tʰeʔ⁵]，中年和老年读 [tʰəʔ⁵]。B组前的单音动词可以叠用：还是卖卖脱合算 ｜ 还是死死脱算数。在"动+脱"中，"脱"是结果补语，动词和"脱"中间可以插入"得、勿"表示可能与否：

逃得脱 ｜ 逃勿脱 ｜ 走得脱 ｜ 走勿脱 ｜ 落得脱 ｜ 落勿脱 ｜ 脱得脱 ｜ 脱勿脱

"脱"在普通话中可用作动结式词组的第二个部分，但是使用范围很有限，只限于"逃脱"、"摆脱"等少数几个词，并且前后两个成分之间不能插入"得、不"：*摆得脱 ｜ *摆不脱。

后缀"脱"又分三种。

"脱₁"用于动词或动补词组后头，表示动作或状态的完成：

96）阿姨帮侬做脱点事体。

97）吃脱三分洋钿淡浆，就此少脱四分洋钿电车铜钿。

98）等小因养脱仔，我就要得迭个人分开。

99）两部汽车轧杀脱一个人。

100）侬勿要打断脱我好伐？ 讲话

101）我掰本书已经拨伊烧脱一半勒。

"脱₁"是由动词"脱"演变而来，仍保留有用作结果补语的动词的痕迹，所以它的后头可以再接表示完成的纯粹后缀"仔"或"勒"。"V脱仔/勒"的结构层次是这样的：

     V 脱 仔/勒

102）等小因走脱仔 ｜ 吃脱仔淡浆 ｜ 轧扁脱仔一部脚踏车

103）卖脱仔旧家生，再买新沙发。

104）我迭只灯泡已经破脱勒。

105）一家人家电冰箱坏脱勒，叫我去修一修。

"脱₁"后头也可以再接表示情况发生变化的"勒"或旧时用的"哉"：

106）我大髀断脱勒。

107）醉脱哉 ｜ 卖脱哉 ｜ 皮带绷断哉

由于"脱₁"是表示结果的后缀，所以下列一类表示新情况开始出现的动宾词组不可后接"脱₁"，而只能接"勒"或旧时用的"哉"：

*"放假脱"， ｜ "放假勒/哉"。

*"落雨脱"， ｜ "落雨勒/哉"。

*"吃饭脱"， ｜ "吃饭勒/哉"。

"脱₁"用在动词的后头，后接数量补语，即"V+脱₂+数量补语"，其中的量词可以是时间量词、动量词或其他量词。"脱₁"多用于表示将要经历某一动作或状态：

108）坐脱一歇！坐脱一歇！

109）隔脱三日天再到此地块来。

110）大家走脱一段，再乘电车。

111）先看脱一歇电视再做别个事体。

112）吃脱一个号头药再看看哪能。

113）索介我自家跑脱一趟，省得罗苏。

这类用例中的"脱₁"不用，句子也通：坐一歇 ｜ 隔三日天 ｜ 跑一趟。用上"脱"是强调将要经历。"脱₁"不能用普通话的"了、掉"或上海话的"勒、仔"替换。"脱₂"是"脱₁"的进一步虚化，是纯粹的后缀，它的后头不能再接"勒"。

（5）看 [kʰø²⁴]

"看"用在动词（一般是单音节的）之后，使动作带有尝试的意味。用于下述三类格式：

A类："动₁+动₁+看"。即动词重叠后加"看"：

用用看 ｜ 听听看 ｜ 打打看 ｜ 吃吃看 ｜ 看看看 ｜ 讲讲看 ｜ 写写看 ｜ 汏汏看 ｜ 碰碰看 ｜ 看看看

B类："动₁+动₁+宾+看"。即动宾词组后加"看"，其中的动词是重叠的：

问问伊看 ｜ 做做生意看 ｜ 吃吃素菜看 ｜ 看看中医看 ｜ 种种菊花看 ｜ 写写隶书看 ｜ 我去望望伊看

C类："动₁+趋动+看"。即趋动词组后加"看"：

读起来看 ｜ 听起来看 ｜ 吃落去看 ｜ 倒进去看 ｜ 挖出来看 ｜ 走下去看 ｜ 敲开来看 ｜ 先做起来看

后缀"看"是从动词"看"演变而来的，但它距离"看"的本义已相当远。如"读起来看"实际上是"试着起来听"的意思。在口语中后缀"看"的音强减弱，动词"看"的音强不减弱，所以两者即使用在同形结构中也不会产生歧义：

敲开来看 [tʰɤ²⁴⁻³³ kE⁵³⁻⁵⁵ lE¹³⁻³³ kʰø²⁴⁻²¹]

敲开来看 [tʰɤ²⁴⁻³³ kE⁵³⁻⁵⁵ lE¹³⁻³³ kʰø²⁴] 或 [tʰɤ²⁴⁻³³ kʰE⁵³⁻⁵⁵ lE¹³⁻²¹ kʰø²⁴]

前一例中"看"是后缀，后一例中的"看"是动词。

（6）得 [təʔ⁵]

晓得 ｜ 乐得 ｜ 会得 ｜ 有得 ｜ 使得

"晓得、乐得"中的"晓"或"乐"都不能单用。"晓得"的词义相当于普通话的"知道"。"乐得"是"因为恰合心意，所以可以顺其自然"的意思：

114）有得吃，乐得吃；有得用，乐得用。

115）我勿想去轧闹猛，乐得自家适意点。

"会得"是能愿动词，后接动词，表示动作可能发生，相当于普通话的"会"：

116）伊迭个雪茄烟摆辣里向，会得喷出烟来。 魔术

117）侬蛮会得搅[gɔ¹³]辣海！

118）我看勿会得有人来个。

119）估计辫两天会得有信，会得有信。

"有得"有三种不同用法：

第一，用于"有得₁+重叠的单音动词"：

120）迭桩事体详细讲，是有得讲讲哎。

121）一百斤大米买辣海，有得吃吃哎。

第二，用于"有得₁+非重叠动词"。其中"有得₁"含有"有可能、得以"的意思：

122）八珍糕有得买伐？

123）伊辣哀面有得孛相，葛咾勿肯转来。

124）今朝夜里有得戏看伐？

125）明朝端午节有得吃粽子伐？

例124）125）中的动词是带宾语的，这类句式中的宾语可以提到"有得"之前。

第三，用于"有得₁+名词（或有数量词修饰的名词性词组）"：

126）大音乐家中国有得聂耳、冼星海。

127）着生头里有得惊天动地个响声。

128）有得十个人食物中毒，迭个当中有得六个人住进医院。

第一种和第二种用法的"有得"中的"得"不可省。第三种用法的"有得"中的"得"可有可无。

"有"可以单用。单用的"有"只相当于第三种用法的"有得"，即只能后接名词，不可后接动词。从能否后接动词来看，第一种和第二种用法的"有得"有助法词性质。

动词后的"得"跟普通话一样也可以引出补语，详见本卷第十章。

（7）发 [fAʔ⁵]

用于"动₁+发+动₁+发"这种格式里，其中的"动₁"是单音节。这种格式表示动作轻微地反复、时量短暂地延续，常有"悠哉悠哉、慢条斯理"的意味：

荡发荡发 | 摇发摇发 | 动发动发 | 趟发趟发 | 擦发擦发 | 嗾 [tsoʔ⁵]发嗾发 婴儿吮奶

129）嘴巴动发动发是想吃茶勒。

130）兜发兜发兜里到啥地方去勒？

131）侬轧发轧发做啥？勿要轧吗，侬！ 电车上

这种格式不能带宾语，一般用作谓语〔例129）130）〕或用来表示后头动词的方式〔例131）132）〕。

（8）记 [tɕi²⁴]

这个后缀可能是从动量词"记"虚化而来的。多用在"动₁+记+动₁+记"的格式里，表示动作短暂的反复：

摇记摇记 ｜ 动记动记 ｜ 敲记敲记 ｜ 凿记凿记 ｜ 推记推记

青少年有把"记"单用于动词之后的倾向：

拨我看记 ｜ 拨我用记 ｜ 拨侬敲记

这个后缀郊区不用。

（9）乎 [ɦu¹³/hu⁵³]

这个后缀带文言色彩，中年以下已基本不用：

近乎 ｜ 近近乎 ｜ 几几乎 ｜ 类类乎 ｜ 约约乎

133）近乎迭个地方有一爿烟纸店。

134）类类乎辫能样子一票货色，啥人要啊？

（10）过 [ku²⁴]、过歇 [ku²⁴⁻³³ ɕiɪʔ⁵⁻⁴]

表示曾经有过某种经历：

135）我辫只手表直到现在还吃没出过大毛病。

136）辫桩事体末，我听人家话过歇。

137）太极拳我学过歇辣个。

138）今年有过歇几场大雪。

市区老派和郊区方言还用"歇"或"歇哉"表示动作已经完成：

去歇两趟 ｜ 看歇戏哉 ｜ 钟敲歇辣哉 ｜ 脱伊话过歇辣哉 ｜ 伊来过歇

（11）牢 [lɔ¹³]

"牢"是动结式动词的第二个成分。普通话有一个常见的动结式动词的第二个成分"住"。上海话的"牢"和普通话的"住"相对应：

（普）锁住 ｜ 绷住 ｜ 咬住 ｜ 捏住 ｜ 促住 ｜ 拿住

（沪）锁牢 ｜ 扎牢 ｜ 咬牢 ｜ 捏牢 ｜ 捉牢 ｜ 拿牢

动结式中的"牢"含有"停止、牢固、稳固"的意思，作为动词的后附成分，词汇意义较实，还不是真正的后缀。

（12）煞 [sAʔ⁵]

"煞"的词源是"杀"。本义是失去生命，作为动结式动词的后缀，它的本义用例如下（本义用法的"煞"我们写作"杀"）：

打杀 ｜ 吊杀 ｜ 触杀_触电而死_ ｜ 颈杀_溺死_ ｜ 掼杀 ｜ 沉杀 ｜ 药杀 ｜ 饿杀 ｜ 轧杀 ｜ 冻杀 ｜ 烧杀 ｜ 压杀

它有两个引申义，一是"固定，死板，不活动，不能通过"；二是表示动作达到极点。

第一个引申义的用例如下：

摆煞辣海 ｜ 勿话煞_不说定_ ｜ 勿要盖煞 ｜ 定煞个 ｜ 勿要遮煞 ｜ 勿要包煞，要露出一眼第二个引申义的用例如下：

骂煞 ｜ 抄煞 ｜ 做煞 ｜ 跑煞 ｜ 贯煞 ｜ 想煞 ｜ 瞌睏煞 ｜ 吵煞 ｜ 开心煞 ｜ 打煞 ｜ 冷煞 ｜ 痛煞 ｜ 笑煞

"煞"的本义和引申义语音形式相同，因此单说"饿煞"有歧义，可以指"饿死了人"，也可以指"饿得很"。但是从句法功能看，用作引申义的"煞"后头可以带"快"，而用作本义的"煞"（写作"杀"）不可以。"杀"可以后接"快"的用例很少，因为它的前接动词所指明的动词的动作必须有终止生命的可能性。如冻杀快_{快冻死了} ｜ *抄杀快_{快抄死了}。"杀"还不可以用在心理动词和形容词后，如*想杀快_{想得快要死去了} ｜ *重杀快_{重得快要死去了}，而用作第二个引申义的"煞"后接"快"是无条件的。

普通话的"煞"不用作动结式动词的后缀。

（13）着

上海话的"着"并没有像普通话那样虚化为表示动作进行状态的后缀。上海话的"着"用作动词时有两个语音形成式：[zAʔ^{12}]是"点燃"的意思；[tsAʔ^{5}]是"穿衣，下棋"的意思：

油阿是着起来勒？ ｜ 着围棋 ｜ 着旗袍

"着"[zAʔ^{12}]还用作动结式动词的第二个成分，含"达到某种目的、进入某种状态"的意思：

碰着 ｜ 撞着 ｜ 看着 ｜ 想着 ｜ 摸着 ｜ 寻着 ｜ 接着 ｜ 买勿着 ｜ 睏勿着 ｜ 收勿着 ｜ 打勿着 ｜ 轧着一个朋友 ｜ 毛病过着辣海

普通话中的"着"[tʂau^{35}]，也可以用作动结式动词的第二个成分：猜着 ｜ 点着。但使用范围远没有上海话广。

"脱、牢、煞、着"都是动结式动词的第二个成分。还有些动结式动词的第二个成分是跟普通话一样的：见、到、过、住、倒、碎、伤、坏、好、完等。上海话中的"好"使用范围比普通话广，可以兼括普通话的"了"和"完"：

（普）吃了饭再去。 ｜ （沪）吃好饭再去。

（普）这本书看完没有？ ｜ （沪）葛本书看好吭没？

4. 类前缀"相"

"相"用在动词前头，表示动作在两者之间的交互：

相打 ｜ 相骂 ｜ 相帮 ｜ 相好 ｜ 相缠_{少用} ｜ 相吵

它的使用范围大致只限于上述几个动词。其中"相打"和"相骂"常扩展成"打相打"、"吵相骂"。

(二) 判断词

最常用的判断词是"是",这跟普通话一样。还有一个判断词是"叫",可以用于肯定或否定格式:

139) 辫种家生叫好家生。

140) A:侬讲个辫句闲话叫啥?叫啥工夫啥?

　　 B:工头值铜钿。

141) 侬迭个勿叫毛病,自家会得好个。

142) 辫本物事勿好叫书,只好叫小册子。

常用的问句"迭个叫啥?"有时候并不是"这东西叫什么名称"的意思,而只是问"这个是什么?"这时候其中的"叫"也是判断词。

(三) 趋向动词

有三个趋向动词普通话基本不用或少用,略述如下。

1. 落 [loʔ^{12}]

"落"单用常见于"动+得+落"和"动+勿+落"这两种格式,用作可能补语:

摆得落/摆勿落 ｜ 园得落/园勿落 ｜ 吃得落/吃勿落 ｜ 住得落/住勿落 ｜ 日脚过得落/日脚过勿浇 ｜ 刮得落/刮勿落

在郊区"落"还常用于结果补语:

摆落去 ｜ 写落去 ｜ 读落去 ｜ 走落来 ｜ 脱落来 ｜ 放落来

2. 转 [tsø^{24}]

常与"来"或"去"结合起来使用:

别转头一看 ｜ 别转屁股就跑 ｜ 缩转去 ｜ 头别转去 ｜ 盖头盖转去 ｜ 兜转来兜转去 ｜ 等船开转来就跑

在不跟"来、去"结合时,后头还可以带"仔":

别转仔头朝哀面看 ｜ 别转仔屁股就跑

"转"作为趋向动词是"回"的意思。动结式中的"转"仍然是"转动、转折"的意思:旋转 ｜ 弯转。

3. 拢 [loŋ^{13}]

"拢"表示动作趋向中心的方向,常与"来"结合起来使用:

并拢 ｜ 收拢 ｜ 碰拢来 ｜ 加拢来 ｜ 聚拢来 ｜ 收拢来 ｜ 合拢来 ｜ 合勿拢 ｜ 拉拢来 ｜ 拉得拢 ｜ 拉勿拢

在"动+勿+趋向动词"的格式中，在第一个动词后可以插入"大"
[dA¹³]来修饰"动趋词组"：

认大勿出 ｜ 话大勿来 ｜ 看大勿出 ｜ 吃大勿落 ｜ 听大勿出 ｜ 讲大勿出 ｜ 分大勿出 ｜ 生意做大勿来

这类用例如果用普通话表达，一般有两种方式：一是"大"前加"不"，动词后加"得"，并且词序跟上海话不一样，二是在趋向动词中间插进"不大"：

一式：勿大认得出 ｜ 勿大看得出 ｜ 勿大吃得下
二式：认勿大出 ｜ 看勿大出 ｜ 吃勿大下

这些上海话和普通话用例内部结构不同：

(沪)认大勿出 （普)一式：不大认得出 ｜ 二式：认勿大出

上海话中，"认勿大出"和"认大勿出"两种模式并存。前者跟普通话的二式一致。普通话的一式上海话也用。

（四）能愿动词

上海方言的能愿动词中与普通话大致相同，但又有所不同的有：

1. 肯 [kʰən²⁴]

普通话的"肯"只表示有生命体的主观愿望。在上海话中"肯"的词义有所引申，也用于无生命的物体。

143）辮月天日日落雪，一直勿肯晴。

144）塑料鞋子是勿肯收汗潮气个。

2. 会 [ɦuE¹³]

"会"后头可以带"得"，也可以不带。普通话"会"后头不能带"得"。上文已述及，再举两例：

145）侬可以吃勒饭去，保侬勿会得晏个。

146）A：侬看伊会得来伐？
　　　B：会得来个，会得来个。

3. 好 [hɔ²⁴]

上海方言借用形容词"好"作能愿动词，相当于普通话的"可以"：

147）风忒大，勿好开船。

148）迭个人勿好搭交往个。

149）阿拉是尽义务，侬阿好帮我忙？

150）落辣辣地浪个物事勿好吃，阿因噢，好伐？　告诫幼童

151）别个事体呒啥好做。

152）A：好走勒伐？

B：好走勒，好走勒。

这些用例中的"好"都可以用"可以"替换。在下面这一类用例中，"好"虽然也用在动词前头，但是不是助动词，而是副词性质的，不能用"可以"替换，否则语义要改变。

153）别个小菜呒啥好吃。_{美味}

154）路辣辣修，所以一眼勿好走。_{难走}

155）辫部电影哪能？蛮好看个。_{有趣，有意思}

用作能愿动词的"好"和副词性的"好"写下来是同形的，但是在口语中因为连调形式不同不会有歧义。能愿动词"好"和后接的动词连用时一般是单读，副词性的"好"则要和后接的动词连读：

好吃 [hɔ²⁴ tɕʰiɿʔ⁵]（可以吃。词组。）

好吃 [hɔ²⁴⁻³³ tɕʰiɿʔ⁵⁻⁴]（味道好。词。）

好看 [hɔ²⁴ kʰø²⁴]（可以看。词组。）

好看 [hɔ²⁴⁻³³ kʰø²⁴⁻⁴⁴]（悦目。词。）

4. [覅][viɔ¹³]

"要"的否定形式是"覅"[vəʔ¹²⁻¹¹ iɔ²⁴⁻²³]，"勿要"在语流中快读时合成"[覅]"[viɔ¹³]。

老派更常用：

156）覅吵？覅吵！

157）电视咾啥覅看，呒啥好看。

158）叫侬覅去，侬为啥要去？

159）覅搅七廿三，搅勿清爽个搅。

"覅"快读时变成 [vɛ¹³]

160）天"覅"[vɛ¹³] 好！

161）我会唱戏，伊"覅"[vɛ¹³]。

第七章　副　　词

（一）造词法

1. 重叠

（1）AA式：

通通　｜　真真　｜　顶顶　｜　碰碰　｜　将将_旧

1）掰个小囡碰碰要哭。

2）老王是真真会得做人家。

3）A：小李辣辣做生活伐？ B：辣辣，辣辣。

4）到新疆哀面，顶顶头一批是解放初期去个。

这一类重叠式普通话也有：刚刚　｜　慢慢。上举用例不见于普通话。

（2）AA+后缀：

好好叫　｜　慢慢点　｜　雅雅点_{偷偷地}　｜　明明仔　｜　白白哩　｜　好好能　｜　急急乎

最后两例只用于老派。

这一类叠音副词带有后缀，相当于普通话副词后加"地"：

5）我也是辣气头浪，轻轻叫拍勒伊两记屁股。

6）慢慢点跑，当心掼跤！

7）明明仔是侬勿好，硬劲赖哪能来三！

（3）ABA式

　　先勿先　｜　碰勿碰　｜　（一）歇勿歇　｜　扣恰扣　｜　硬碰硬

8）伊拉掰个囡儿啊，一眼推扳勿起，碰勿碰要哭个。

9）袜子忒长，鞋子扣恰扣好着。

另有两个多音重叠副词也是不见于普通话的：

交交关关客气　｜　的的刮刮是日本货

"交交关关"也可以重叠成"交关交关"。

时间词和数量词重叠之后也可以用作副词，这跟普通话一样：

日日 ｜ 一日一日 ｜ 一只只 ｜ 一个一个

2. "一"冠首的双音节副词

此类副词普通话也有。"一道"、"一脚"、"一径"不见于普通话。"一脚"相当于普通话的"一直"（"一直"上海话亦用）：

10）两家头每日天一道上班、一道下班,直头要好。

11）我得侬一道去好伐?

12）我一脚要侬到我屋里来,侬勿来。

13）我看侬勿如一脚到北站乘车子。

"一脚"老派多用,新派已少用。

"一"还可以后带工具名词,用作状语：

14）一锄头揎下来,啥个力身啊?

15）一斧头劈过来,吃得消伐?

3. 后缀

（1）叫 [tɕiɔ²⁴]

多用于老派：

好好叫 ｜ 慢慢叫 ｜ 毛毛叫 ｜ 明明叫 ｜ 偷偷叫 ｜ 恰恰叫 ｜ 扣扣叫 ｜ 静静叫 ｜ 定定叫 ｜ 弯弯叫 ｜ 髀髀叫 ｜ 眼眼叫

"眼眼叫"也说成"眼眼调",说"眼眼调"的时候多。

"叫"前头重叠的两个音节,大多是形容词性的,"叫"是最能产的用得最多的副词后缀。"叫"前头的叠音成分是动词的,只有"看看叫"一例。"看看叫"是"看看看"的意思。

（2）哩 [li¹³]

多用于老派：

白白哩 ｜ 暗暗哩 ｜ 特特哩

（3）能 [nən¹³]

带"能"的副词分三类：第一类是一般副词,"能"前是叠音形容词（A组例）；第二类是代副词（B组例）,"能"前的成分本来是代词；第三类"能"前的成分也是副词性的（C组例）：

A组：安安能 ｜ 好好能 ｜ 轻轻能 ｜ 慢慢能 ｜ 笃笃能 ｜ 茄茄能

B组：迭能 ｜ 羼能 ｜ 伊能 ｜ 哪能

C组：实介能 ｜ 忽声能 ｜ 撒声能 ｜ 噢声能

松江话有"威 [vei⁵³] 介能那样"和"实介能这样"相对。

C组中的"实介"原是代副词,"忽声"等原是拟声词,都是副词性的。

第一、三类部分老派仍用，新派已不用。"能"在郊区的使用频率比市区高。

名词或动词后加"能"在句中是"像……一样"的意思。这种格式市区已少用，郊区仍多用，例如南汇话：

牵个纱来藕丝能（纺出来的纱像藕丝一样细白）。
织起布来跑格能（织起布来像跑步一样快）。

"叫、哩、能"这三个后缀的用法相当于普通话副词后缀"地"，但是如果译成普通话，并不是每一个用例中的"叫、哩、能"都可以用"地"替换。例如，下列说法在普通话里是没有的：

*毛毛地 ｜ *恰恰地 ｜ *定定地 ｜ *安安地 ｜ *特特地

普通话助词"地"上海话不用。上海话中与"地"基本对应的是"个"。
"能"和"哩"旧时颇能产，现在已不再能产，使用频率也显著降低。

（4）乎 [ɦu^{13}/hu^{53}]

约约乎 ｜ 急急乎 ｜ 险乎 ｜ 犹之乎 ｜ 断断乎 ｜ 几几乎

这个后缀带文理色彩。

（5）头 [dy^{13}]

齐头 ｜ 实头 ｜ 头起头 ｜ 辣陌生头 ｜ 夹忙头里 ｜ 新鲜头里 ｜ 一时头浪 ｜ 着生头里

（6）子 [tsɿ^{24}]

明朝子 ｜ 前日子 ｜ 明年子 ｜ 有朝子 ｜ 老底子 ｜ 老早子 ｜ 明朝子

除"明明子"以外，带"子"副词都是时间词。

（7）点 [ti^{24}]

慢慢点 ｜ 晏晏点 ｜ 早晏点 ｜ 老早点

"点"含有"一点儿"的意思，词义还较实。

（8）个 [gəʔ^{12}]

用作副词后缀是虚词"个"的用法之一。详见本卷第十章。
以上这些副词后缀中只有"叫"和"个"的结合面较宽。

（二）范围副词"侪" [zE^{13}]

"侪"表示总括全部。"侪"后置于被总括的对象。

16）全身检查下来有三种毛病，侪是绝症。

17）侬手上哪能侪是烂泥啊。

18）将来个经济收入咾啥,各方面侬侪吭没考虑到。

19）阿拉请一个教授来上课,大家侪带录音机个。

20）勿管外烟内烟侬侪勿好吃个。

"侪"大致相当于普通话范围副词"都"。"都"还可以受"全"修饰,说成"全都","侪"不能受"全"修饰。又,普通话"都"作为副词另含有"甚至,已经"两义,上海话"侪"没有这两项词义。因此下列两个普通话句子中的"都"不能用"侪"对译,必须换用别的表达方式:

例一:(普)今天一点儿都不冷。

（沪）今朝一眼也勿冷。

例二:(普)都十二点了,还不睡!

（沪）十二点钟敲过勒,还勿睏觉!

上海话的"都"可以与"连"同用,有强调语气的作用。这是与普通话相同的:

21）迭个连侬都勿认得,还有啥人认得?

22）迭桩事体连我都勿晓得,侬哪能会晓得?

此两例中的"都"也可以换用"也"。

（三）否定副词

1. 勿[vəʔ¹²]（老派音常为[fəʔ⁵/ʋəʔ⁵]）

"勿[vəʔ¹²]"用于否定动词或形容词:

勿做 ｜ 勿去 ｜ 勿会 ｜ 勿讲 ｜ 勿讲 ｜ 勿一定 ｜ 勿碰着 ｜ 勿红 ｜ 勿好 ｜ 勿长 ｜ 勿硬 ｜ 勿清爽 ｜ 勿便当

"勿"大致跟普通话的"不"相对应,不过"不"常可以单用,回答问题,上海话"勿"虽然也可以这样用,但并不常用:

（普）A:他知道吗? B:不,他不知道。

（沪）A:伊晓得伐? B:勿,伊勿晓得。

上海话的答句更常见的是不先用"勿",而直接说:"伊勿晓得。"或:"伊勿晓得个。"新派,尤其是青少年,常用"吭没"来代替答句中的"勿"。这句答话可以作:"吭没,伊勿晓得。"

当"勿+动"中的动词是动作动词时,中间插入意义虚化的"来"是很常见的:

23）要写侬自家写,我勿来写。

24）三百块洋钿勿来还拨侬。

25）A：我勿来讲。B：侬勿来讲，自会有人讲个。

2. 呒没 [fiṃ$^{13-22}$ mə$^{12-4}$]

"呒没+动"表示动作并未发生或完成：

呒没来过 ｜ 呒没吃过 ｜ 呒没讲 ｜ 呒没用 ｜ 呒没看 ｜ 呒没做 ｜ 呒没字相 ｜ 呒没打人 ｜ 呒没乘船

"呒没"的使用范围正在扩大中，在青少年中流行用"呒没"回答是非问句：

26）A：昨日夜里侬看电视看到十点钟是伐？
　　B：呒没噢，我看到九点钟关脱个。

3. 勿曾 [vəʔ$^{12-1}$ zən$^{13-23}$]

"勿曾+动"表示动作并未发生或完成：

勿曾来过 ｜ 勿曾去过 ｜ 勿曾吃 ｜ 勿曾讲啥 ｜ 勿曾看 ｜ 勿曾做 ｜ 勿曾用 ｜ 勿曾有过歇 ｜ 租界还勿曾有个辰光

在郊区除崇明外，普遍用"勿曾"作为否定副词：勿曾吃 ｜ 勿曾末过 ｜ 勿有过歇。

"勿"一般读清声母，配阴声调，即 [ʔvəʔ^5]。"曾"在奉贤变读作 [nən^{31}]，在南汇和川沙变读作 [ȵiŋ^{31}]。"勿曾"也可以读成合音，如嘉定音 [ʔvəŋ^{53}]，写作"朆"。

这个否定副词市区新派已不用，老派使用频率也已趋低。

市区新派用"呒没"替换"勿曾"。还常把"呒没"省作一个音节"没" [məʔ^{12}]。

4. 用"呒没" [fiṃ$^{13-22}$ məʔ$^{12-4}$]、"呒" [fiṃ^{13}] 直接表示没有，相当于普通话的"没"或"没有"。用于否定名词或动词：

27）今夜头呒没月亮。

28）吃豆饼末，呒没油水。饲养

29）呒啥道理，有啥道理啊？

30）呒没魅力，呒没眼肩胛，是搭勿够！

31）A：还要啥？ B：别样呒啥事体。

32）现在已经两点多勒，一个人也呒没来。

"呒没"在口语中常常省说成"呒" [fiṃ^{13}]，最常见是用在"啥"前〔例29）31）〕。不过单用时只能说"呒没"，不能说"呒"：

33）A：《故事大王》有伐？ B：呒没（*呒）。

34）A：侬听见过？ B：呒没（*呒），呒没听见过。

"呒没"后接名词或动词时，也不可省作"呒"。

5. 未[mi¹³]

"未[mi¹³]"字的用法较特殊,它一般用于句末,表示前文中述及的事件远未发生:

35）A：好休息勒伐？ B：未㖸。

36）迭个是着实未㖸,着实未㖸！_{儿童发身}

37）A：辫歇几点钟？ B：十一点勿到点,吃饭未㖸。

从"未"在句法中所占的位置来看,它是用在谓语的位置上,不能前置于动词:

　　吃饭未㖸　｜ *未吃饭

所以是谓词性的,但是从意义上来看,它似乎是否定动词的。

6. 在动结式和动趋式的否定格式中,否定词用"勿"。就整个结构来说,上海话和普通话是一样的(斜线前是肯定格式,斜线后是否定格式)：

保得定/保勿定　｜　压得牢/压勿牢　｜　轧得上/轧勿上　｜　睏得着/睏勿着

普通话的"不"上海话不用,除非用于文理用语中。如"无事不登三宝殿"。"无"也只见于文理用语。如：无组织　｜　无原则　｜　无产阶级　｜　无政府主义。不过即使在下列固定格式中,"无"字在口语中也常常读作"呒"[ɦm¹³],而不读作[ɦu¹³],老派和郊区方言尤其如此：

无忧无虑　｜　无形无踪　｜　无财无势　｜　无亲无眷　｜　无冬无夏　｜　无情无义　｜　无依无靠

(四) 常用副词

以下是不见于普通话的常用副词(本节已述及的不列,第三节中已述及的时间副词和第五节中已述及的程度副词也不列)：

1. 范围副词

亨八冷打_{总共}　｜　一塌括子_{总共}　｜　一共拢总_{总共}　｜　拢总_{总共}　｜　共总_{总共}　｜　总归_{总是}　｜　独是　｜　专门_{老是}　｜　滥~讲　｜

2. 估价副词

偏生_{偏偏}　｜　本生_{本来}　｜　毛_近　｜　靠_近　｜　推扳一眼眼_{差一点儿}　｜　齐巧_{恰好}　｜　的的刮刮_{确凿}

3. 可能与必然副词

板_{一定}　｜　定规_{必定}　｜　板定_{必定}　｜　呆板/呆板数/呆勒板/呆板煞数_{一定}　｜　怪勿得　｜　作兴_{也许}　｜　笃定_{肯定、稳操胜券}　｜　迭为/特为_{特地、故意}　｜　亨

[tɕʰy⁵³]得₄ₐ

4. 时间副词

常庄₌ₐ | 难扳ₙₐ | 顿时立刻 | 立时三刻₂ₐ | 临时豁脚₂ₐ | 暴ₙ,~ₐ₰ₐ

5. 豪燥ₐₐ | 原旧 | 旧原 | 原经 | 单清ₐₐ | 索价ₐₐ | 横势ₐ正 | 反司ₐₐ | 各到各处 | 越加/夷[ɦi¹³]加ₐₐ

第八章 介　　词

本章讨论跟普通话不同的介词及其用法。

（一）辣、辣辣

"辣"[lAʔ¹²]/[leʔ¹²]/[lA¹³]和"辣辣"[lAʔ¹²⁻¹ lAʔ¹²⁻³]/[leʔ¹²⁻¹ leʔ¹²⁻³]/[ləʔ¹²⁻¹ lA¹³⁻²³]。此词郊区读[lA¹³]，未促声化。

"辣"前置于名词或代词，表示时间或处所，用法相当于普通话介词"在"。上海口语不用"在"。

1）人家等辣辩面几化难过啊？
2）我住辣此地个。
3）一放学就一日到夜野辣外头。
4）对勿起，我吭没按照老规矩辣辣门口等侬。
5）联系工作要蹲辣办公室里联系，勿要蹲辣屋里联系。
6）纸头捏辣侬手浪向。
7）手搭辣我肩膀浪。
8）拿账号填辣纸头上。

"辣辣"和"辣"一般可以自由替换，但是"辣"不可以单独用于问句和答句，"辣辣"则可以。例如，问：伊辣辣伐？答：辣辣。问句和答句中的"辣辣"都不能用"辣"替换。

（二）照仔

"照仔"[tsɔ²⁴⁻³³ tsʅ²⁴⁻⁴⁴]/[tsɔ²⁴⁻³³ zʅ¹³⁻⁴⁴]后头接名词、名词性词组或小句，如果是名词，一般是两个章节以上的。在句子中"照仔"也可以用"照"替换。"照"相当于普通话的"按照"。

9）照仔辩个样子画一画。

10）为啥勿照我讲个样子做？

11）照仔伊个讲法,大家分头做。

12）照仔前头订个计划实行。

13）照我个想法,侬顶发改行做别种介事体。

上海话的"照"或"照仔"也跟普通话的"按"对应：

（普）按期完工 ｜ （沪）照期完工 ｜ （沪）照仔预定个日脚完工

"照仔"含有"模仿"的意义。"照"的动词性词义较实,所以可以带后缀"仔"。

（三）为/为仔/为了

这三个词的用法相同,以下只讨论不见于普通话的"为仔"。

"为仔"[ɦuɛ$^{13-22}$ tsʅ$^{24-44}$]在语流中可以弱化为[ɦuɛ$^{13-22}$ zʅ$^{13-44}$]。"为仔"后接名词,表示原因、目的:

14）为仔辬眼眼小事体,苦头吃得忒多。

15）为仔复印辬个几本书,用脱交关辰光。

16）为仔一支铅笔,两家头吵相骂。

17）为仔伊生毛病咾,我去望望伊。

这些用例中的"为仔"都可以用"为/为了"替换。"为"的动词性词义还较实,所以可以带后缀"仔"。"为仔"比"为了"常用。

"为仔"跟普通话的"为了"对应,跟普通话的"为"只是部分对应,普通话"为"有"替、给"的意思,作为介词有"引进动作受益者"的功能。

（普）为这本书画插图

（沪）*为仔辬本书画插图 ｜ 脱辬本书画插图

上海口语不用普通话介词"为着"。另有"为勒"相当于普通话"为了"。"为勒"的词源应该就是"为了",只是"了"读音促化了。

（四）脱[tʰəʔ^5/təʔ^5/tʰɐʔ^5/tɐʔ^5]

"脱"有连词和介词两用,见第九章。

（五）教[kɔ^{24}]和帮[pã^{53}]

"教"和"帮"相当于普通话的"跟",作为介词用于引进动作的对象

〔例18）至20）〕,也作为连词,用于连接两个事项〔例21）至22）〕:

18）侬帮伊好,教我勿搭界。
19）我倒要教㑚领导讲讲清爽看。
20）侬帮我挬个物事拿拿过去。
21）我教侬老朋友!
22）我教伊拉阿哥一道去个。

"教"和"帮"是新兴的介词,使用范围仅限于青少年。"教"的使用频率高些,产生的时代也早些(大约起于20世纪50年代)。"帮"用得较少(大约起于六七十年代之交)。这两个介词或连词郊区不用。作为连词和介词,"教"和"帮"用法相同,"得"后可以带"仔","帮"后不可以带"仔"。"教"间或也可以带"仔"。

（六）问[mən^{13}]和向

"问"用于引进动作的对象,跟指人的名词、代词结合,只能在"拿、借、取、领、要"等动词前头:

23）侬去问伊拉借眼茶叶来。
24）要票子个人去问小王要。
25）出差费要问财务科领个。
26）欠侬个铜钿去问伊拉阿哥拿。

这类例句中的"问"相当于普通话的"向"或"问"。上海口语的习惯一般是用"问",不用"向"。

上海话介词"向"和普通话介词"向"大致对应,不同之处只有一点。普通话"向"后可以带"着",上海话不能带"着":

（普）向着东方飞去 ｜ （沪）*向着东方飞去

（七）"连带"[li$^{13-22}$ tA$^{24-44}$]和"连得"[li$^{13-22}$ təʔ$^{5-4}$]

"连带"在语流中常变读作[li$^{13-22}$ təʔ$^{5-4}$]。"连带"相当于普通话的"连":

27）橘子皮啊、香烟蒂头啊,连带茶壶、茶杯一道乱过来。
28）牛奶、麦乳精,连带白开水侪勿好吃。
29）糖果、糕点、冷饮,连带香烟、肥皂、卫生纸侪有得卖。

"连带"跟普通话介词"连"对应,再举下列三类例:

A类:（普）连皮吃 ｜ （沪）连带皮吃

B类:(普)连我五个人 ｜ (沪)连带我五个人
C类:(普)连说连笑 ｜ (沪)连带说连带笑

"连得"后跟名词、代词、数量词、动词或小句,表示强调,常跟"也"连用。

30）热得来,连得一眼风也呒没。

31）侬连得领身份证个资格也呒没。

32）麻将我勿个,扑克牌我勿会个,连得着棋子我也勿会个。

33）连得伊着啥个衣裳,戴啥个帽子,侪记得清清爽爽。

"连得"后跟动词时谓语是否定式。"连得"后跟数量词时,其中的数词是"一"。"连得"后跟小句时,小句常包含疑问代词。

普通话介词"连"上海话也用。"连带"和"连得"多用于老派,中年少用,青少年已不用。

(八) 讲到 [kã$^{24-33}$ tɔ$^{24-44}$]

这是用于语段之间的介词,因此也可以说有连词的性质,用于话题的转折,或引进另一个话题,相当于普通话的"至于":

34）……讲到十年以后个事体,难讲。

35）……讲到是勿是立刻照仔辫个方案做,大家还可以讨论。

老派更常用"话到"。"论到"带文理色彩,已罕用。

(九) 望 [mã^{13}]、望仔 [mã$^{13-22}$ tsɿ$^{24-44}$]

"望仔"在语流中可变读成 [mã$^{13-22}$ zɿ$^{13-44}$] 或弱化成 [mã^{13} tsɿ^{0}]/[mã^{13} zɿ^{0}]。后接表示地点的名词、方位词或代词,只可以用在动词的前头,不可以用在动词的后头:

望前头一直跑 ｜ 望我辫搭看 ｜ 望房子衷面骑 ｜ 望里向塞 ｜ 望表袋里囥

"望"和"望仔"可以替换使用,不过"望仔"显得较旧。

"望"跟"向"大致对应:

(沪)水望低处流 ｜ 望东方飞去

含"望"的介宾词组只能用在动词前,这是跟普通话不同的:

(沪)*水流望低处 ｜ (普)水流向低处

(沪)*飞望东方 ｜ (普)飞向东方

（十）除脱 [zɿ¹³⁻²² tʰəʔ⁵⁻⁴]、除勒 [zɿ¹³⁻²² ləʔ¹²⁻⁴]

"脱"字动词用法老派有读作 [tʰœʔ⁵] 的，但虚词用法总是读 [tʰəʔ⁵]。在"除脱"中，新老派都读 [tʰəʔ⁵]。"除脱"表示不计算在内，跟名词、代词、动词、形容词、小句组合，后头可加"以外、之外"。"除脱"还可以后带"仔"尾，即"除脱仔"。"除脱/除脱仔"的用法跟普通话"除了"一样：

36）除脱小王，大家侪晓得个。

37）辫个礼拜六，除脱汰衣裳，呒没别个事体。

38）除脱小一眼以外，呒没勿好个地方。

39）除脱样子勿是哪能好以外，物事一眼勿推板。

"除勒"用法跟"除脱"只有一点不同，即不可后接"仔"：

除脱仔烧饭，呒没别个事体 ｜ *除勒仔烧饭，呒没别个事体。

作为介词，"除"一般不单用，必须后带"脱"或"勒"才能进入句子。普通话介词"除了"，上海话不用，与之相应的是"除勒"。

（十一）拿 [nɛ⁵³] 和"搿" [no⁵³/no¹³/nɔ⁵³]

"拿"跟名词或代词结合，用在动词前，"拿"后的名词多半是后边的动词的宾语，用"拿"提到动词前。"拿"的用法相当于普通话介词"把"，表示处置〔例40）至42）〕、致使〔例43）44）〕、动作的处所或范围（例45）、发生不如意的事情（例46）：

40）到仔夜里要拿门关起来。

41）礼拜日辣辣屋里向拿衣裳汰汰脱，拿房间收收。

42）拿辣酱摆辣里向蛮好吃个。

43）勿当心拿裤子勾破脱勒。

44）拿伊拉姆妈急得来闲话也讲勿出啥。

45）我一定等侬回来，拿情况讲清爽。

46）暑假里火烧，偏生拿资料室烧脱勒。

在郊区，奉贤、崇明只用"拿"不用"搿"，青浦、莘庄只用"搿"不用"拿"，市区还可以用"脱"替换"拿"。郊区一律不用"脱"。在市区话里，"脱"的这种介词用法应该是最后起的。

市区青少年口语中有一个相当于"拿"的词，读作 [lɔ⁵³]，可能是 [nɔ⁵³] 的音变。

在口语里少用所谓"把字句"，一般并不提前宾语，郊区方言尤其如此。

例如"到仔夜里门要关好。"(比较例40);"勿当心裤子勾破脱勒。"(比较例43)。又如"垃圾去倒脱伊。"

(十二)"拨[pəʔ⁵]/[peʔ⁵]"和被动句

"拨"可以后带"辣",结合成"拨辣"。在松江和金山,与"拨"相当的最土、最常用的介词是"本",此词在莘庄双音节化为"本垃"。

"拨"作为介词有下面两种方法:

1. 拨$_1$

用于引进动作的承受者:

47)侬勿要来讲拨我听,我勿要听。

48)我接着信,打只电话拨侬。

49)阿拉拨人家尝味道,喏,就尝辩种推扳个。卖葡萄

50)伊送拨拉我一张票子,叫我搭伊一道去看电影。

51)人家做生日,侬送拨伊几只小蛋糕,亏[tɕʰy⁵³]侬送得出。

2. 拨$_2$

用于表示动词的被动状态:

52)有几棵大树拨辣台风吹倒脱勒。

53)勿要哇啦哇啦叫,拨人家听见难听?

54)辩本小说已经拨辣人家借脱勒。

55)半夜里雷响响来,我拨伊弄觉。

"拨"在口语里常常后跟"辣",结合成"拨辣"使用。

"拨$_1$"和普通话介词"给"部分对应。普通话"给"另有"朝、向、对"的意思,上海话"拨"没有这些用法:

(普)给他道歉 | (沪)*拨伊道歉

(普)给老师行礼 | (沪)*拨老师行礼

普通话被动句中的"给"可以不带施事,上海话的"拨"非带施事不可:

(普)大火之中,有五座房子给烧了。

(沪)*大火之中,有得五幢房子拨烧脱勒。

(普)这杯酒给打翻了。

(沪)*辩杯酒拨倒翻勒。

(普)这本书给借走了。

(沪)*辩本书拨借脱勒。

以上三个上海话句子必须补上施事才能成立。当然,干脆删去"拨",

也可以成立。

用于引进动作承受者的"拨",在金山话里的语音形式是[ʔbəŋ⁴⁴]。

上海话介词"拨"和普通话介词"被"比较,至少有两点不同,一是"被"字可以不带施事,"拨"字一定要带施事,这跟上述"给"、"拨"的区别相仿;二是"被"字可以用作某些名词或某些固定词组的构成语素,"拨"字不可以:

(普)被捕 | 被杀 | 被窃 | 被告 | 被害人 | 被压迫者
(沪)*拨捕 | *拨杀 | *拨窃 | *报告 | *拨害人 | *拨压迫者

普通话介词"被"上海口语不用,但是上述这些用例,作为文理用语上海话也用。

上海口语表达被动的意念常常不带任何词汇标志:

56)今朝我辣电车浪摸脱一只皮夹子。

57)一杯茶吃脱一半勿到点。

普通话被动句引同施事的介词"被、叫、让、给"上海话往往都不用于被动句。在下列这些用例中,上海话的"叫"含致使义,引出兼语,相当于普通话的"让":

58)侬想叫我上当啊?

59)勿要叫人家白来一趟。

60)话伊两句,叫伊晓得晓得。

61)再烧一歇,叫伊滚起来。 _{烧开水}

第九章 连词及复句

本章讨论不见于普通话的连词。因为大多数复句的两个小句是要用连词连接起来的,所以有关复句也放在本章一并讨论。另一些复句跟语气词有关,详见第十章。"脱"既用作连词,也用作介词,"脱"的介词用法也一并在本章讨论。

(一) 脱/脱仔、连……得仔、咾$_1$

1. 脱、脱仔

"脱"[tʰəʔ⁵]/[tʰɐʔ⁵]在语流中有时候读作[təʔ⁵]/[tɐʔ⁵]。"脱仔"读作[tʰəʔ⁵⁻³ tsʅ²⁴⁻⁴⁴]/[tʰɐʔ⁵⁻³ zʅ¹³⁻⁴⁴]或[təʔ⁵⁻³ tsʅ²⁴⁻⁴⁴]/[tɐʔ⁵⁻³ zʅ¹³⁻⁴⁴]等。

(1) 脱$_1$

用作连词,可以带"仔",结合成"脱仔"。"脱$_1$"的作用是连接两个并列的成分,相当于普通话的"和、跟、同":

1) 我脱我兄弟从小是阿拉爷拖大个。
2) 银行脱企业之间个沟通还不大够。
3) 伊有一个阿哥脱仔一个妹妹。
4) 吃仔夜饭有常时看看报纸脱仔小说咾啥。

"脱仔"常与"连"连用,构成"连+并列成分+脱仔+并列成分$_1$"这样的格式:

5) 连伙食费脱仔住宿费总共几化?
6) 连皮夹子脱仔火车票侪拨人家偷脱。
7) 连三等头个脱仔等外品侪吪没勒。
8) 连包装费脱仔运输费一百块洋钿,差差勿多勒。

(2) 脱$_2$

用作介词,后跟宾语,结合成介宾词组,相当于普通话"和、跟、同"。"脱仔"一般没有这种用法:

9）脱外国人讲,讲来勿灵勿塌台个。 讲英语
10）我到王校长屋里去搭伊拉外甥碰头。
11）我勿是脱侬讲过几化趟勒？
12）就算阿拉勿去,脱侬啥搭界？
13）脱迭个一样个,还有伐？
14）慢慢叫脱伊做工作。
15）头别转来脱仔王桂芬面对面。

例9）至14）中的"脱"不能用"脱仔"替换。

（3）脱₃

用作介词,后带宾语,构成介词组,大致相同于普通话的"替",含"为了"的意思。"脱仔"没有这种用法：

16）我来脱侬做生意,侬去吃。
17）我拉小提琴,要人脱我弹钢琴。
18）伊讲勿清爽,我脱侬去讲讲看。
19）侬脱伊拉也做一只好伐？

例19）单说有歧义,因为"脱"有连词和介词两用。

"脱₃"和普通话"替"对应：

（普）大家都替他担心。｜（沪）大家侪脱伊担心。

"和、跟、同、替"上海口语不用。

在金山话里,与"脱"互用的连词或介词是"垦"[kəŋ⁴⁴]。例如：辣个垦记个一样大（这个跟那个一样大）。

2. 咾₁

"咾"[lɔ¹³]在语流中有时变读作[ləʔ¹²]或弱化作[lə⁰]。

"咾₁"用于连接两个成分,表示两者"非此即彼"的关系,大致相当于普通话的"或"：

20）踏车子末,前咾后总归是有个呀。 骑车纠纷
21）伊个鼻头有毛病个,闻勿出香咾臭。
22）狗个样式也有大咾小,好咾怵个。
23）自家的职业好咾勿好,自家晓得。

普通话有"或大或小；或吃或喝；或者你去,或者我去"这样的格式,其中"或、或者"可以置于这类格式的开头。上海话连词没有这种用法：*咾吃咾喝。

(二) 连词和有关复句

1. "一头……一头……"和并列复句

新派多用"一面……一面……",这是跟普通话一致的。"一头……一头……"相当于普通话连词"一面……一面……"或"一边……一边……":

24) 瓣个乡下人为啥咾,一头哭一头讲?

25) 一头吃药,一头休养,一个号头保侬会得好。

26) 迭位老先生一头看报,一头打瞌眈。

27) 大家一头走走,一头谈谈,蛮开心。

"一头……一头……"中的"头"也可以用作名词,含"终端"的意思:

28) 静安别墅现在叫静安宾馆,一头通南京路,一头通淮海路。

2. 连词和因果复句

(1) 咾$_1$

用于提顿因果复句的原因小句,表示前后两个小句有因果关系。原因小句后带上"咾"之后,全句就不必再用别的连词。在句子中"咾$_2$"与后边的成分之间有停顿:所以"咾$_2$"是语气助词,"咾$_1$"是连词。

29) 我昨日吃仔料香蕉咾,肚皮痛。

30) 后首来打仗咾,我搬到瓣搭来。

31) 打伤仔人咾,捉进去勒。

32) 问仔咾,晓得。

33) 已经讲过咾,有啥再讲头。

34) 勿留心咾,落脱勒。

"咾$_2$"还可以跟疑问代词"啥"连用:

35) 侬啥事体咾,有眼勿高兴?

36) 俚做啥咾,常庄吵相骂?

37) 对迭个问题呢,阿拉想开展调查咾啥。

(2) 末 [məʔ^{12}]

"末" [məʔ^{12}] 在语流中可弱化成 [mʌ^0] 或 [mə^0],用于提顿因果复句中的原因小句。用法跟"咾$_1$"相仿,但不跟"啥"连用:

38) 年纪大末,闲话总归比较多点。

39) 迭条江咾没名头末,就叫黄浦江。

(3) "葛佬"、"为仔……葛佬……"

"葛佬" [kəʔ$^{5-3}$ lɔ$^{13-44}$]/[kəʔ$^{5-3}$ lɔ$^{13-44}$],前一音节金山话作 [ka^{24}]。用

于因果复句的结果小句的开头,相当于普通话的"所以、因此"。也可以跟"因为"或"为仔"连用,构成"因为/为仔……,葛佬……":

40) 因为侪是全棉个,葛佬勿写全棉个。

41) 为仔解决小囡个读书问题,葛佬搬到辣搭来。

42) 我爷是养鸟个,葛佬我晓得。

43) 屋里向房子忒小,葛佬勿要伊拉来孛相。

44) 为仔侬勿高兴咾,我来劝劝侬。

(4) 咾$_1$

不管原因小句或结果小句带不带别的连词,原因小句的末尾都可以用"咾$_1$"提顿,听以"咾$_1$"又有语气助词的性质:

45) 因为风大咾,船勿开勒。

46) 风大咾,葛佬船勿开勒。

47) 因为风大咾,葛佬船勿开勒。

48) 风大咾,船勿开勒。

这四种因果复句都是可以成立的。

(5) 因得

用于原因小句的"因得"和用于结果小句的"故所以、故此、以至于、为此缘故"等带文理色彩,旧时常用,现在已少用:

49) 因得奶水勿足,以至于身体软弱。

50) 因得伊才干大咾,故所以常庄有人请伊。

3. 连词和条件复句

(1) "末$_1$" [mə ʔ^{12}]

用于提顿条件复句的条件小句,表示前后两个小句有假设——结果的关系。条件复句的条件小句末尾,用了"末"之后,可以不必再用别的任何连词:

51) 拨辣管理员查出来末,要罚侬。

52) 辣个人摆辣辣末,我有得苦 埋怨不听话的儿子

53) 勿认得末,朝伊奔过来做啥啦?

54) 做来搭浆末,要坍牌子个。

55) 叫侬去买票子末,定规买勿着。

56) 有客人来末,叫人家坐辣啥地方?

57) 小囡读书用心末,爷娘心里交关高兴。

58) 屋里向自由呀,吃眼粥末,吃眼粥:买眼小菜末,买眼小菜。

59) 炮七平五末,要抽车。

"末₁"还常常用在某些紧缩复句的两个部分之间：

60）懂末勿懂,总归七搅[gɔ¹³]八搅[gɔ¹³]。

61）动手末勿要动手。

（2）假使、倘使

其他用于条件复句的连词也见于普通话。其中用于条件小句的连词,口语以"假使"最为常见。"如果"用得较少。老派常用"倘使"。"假使"后头常常带"讲"字：

62）假使我讲仔半日,侬也听勿懂,我就勿讲勒。

63）假使讲今后有啥变动,请侬关照一声。

64）黑个,假使讲,炮两平七打兵,红个呢,就走炮平八。_{象棋比赛讲评}

65）假使讲打交道呢,作兴可以个。

旧时还用"假使……个说话"这样的格式,现已少用。现在较常用的是："假使……个闲/话",相当于普通话的"假使……的话"。

不管假设复句的两个分句带不带别的连词,都可以再用"末₁"提顿假设小句,所以"末₁"又有语气助词的性质：

66）假使天落雨末,我勿去勒。

67）天落雨末,我勿去勒。

68）假使讲天落雨我就勿去勒。

这三种假设复句的句式都是可以成立的。

（3）哪怕[nA⁵³⁻⁵⁵ pʰo²⁴⁻²¹]/鞋怕[ɦA¹³⁻²² pʰo²⁴⁻⁴⁴]/[A⁵³⁻⁵⁵ pʰo²⁴⁻²¹]

"哪怕"常用,普通话也有。"鞋怕"不常用,用法跟"哪怕"一样。从词源来看,"鞋"是"何"。写成"鞋"是考虑到它在现代上海话中音同"鞋"[ɦA¹³]。此词金山话读[ɦo¹³]。"鞋怕"用于引出假设小句：

69）鞋怕伊哭,也勿要去抱伊、宠伊。

70）鞋怕落雪,也要去。

"鞋怕A,也B"这种句式兼有假设和转折语气。

金山话的"像怕"[ziẽ¹³⁻⁴⁴ pʰo³⁵⁻⁴⁴]用于引进转折复句的小句,相当于普通话的"恐怕",例如：助今朝为啥带把伞？像怕落雨(你今天为什么带一把雨伞？恐怕下雨)。

4. 耐末

"耐末"[nE¹³⁻²² məʔ¹²⁻⁴](前字老派音同"难")在口语中有时省作"耐"[nE¹³],有两种用法：

（1）顺着上文的语意,引出表示应有结果的成分。上文可以是自己讲的话,也可以是别人讲的话。表示结果的成分可以是小句,也可以是句子或大于句子的语段：

71）筷子也落脱勒,耐吃啥个饭!

72）馄饨皮子买好,肉斩好,耐末叫伊拉爱人烧一锅水。

73）A：李永刚到太仓去勒。B：耐哪能办法？

74）……耐生活_工作_吭没勒,阿拉去勒。

（2）述说两件或几件先后发生的事项,用"难末"引出最后一个事项,表示前后的连贯关系：

75）顶早辰光蹲辣大东门,后首来住辣蓬莱路、五行桥、花园弄迭只角里,耐末最后末搬到此地。

76）老王上趟分着个,老李也分着个……耐末挨下来轮着我勒。

5. 葛末

"葛末"[kəʔ⁵⁻³ məʔ¹²⁻⁴]在语流中可省说成"葛"[kəʔ⁵]。"葛末"是"既然如此……那么……"的意思：

77）要做生意末,底盘吭没个,葛末哪能弄法？

78）A：第一只电话打勿通。

B：葛末第二只电话呢？

79）天热,对伐啦,汏好浴,葛末我总想要汏衣裳。

80）有辰光夜里汏好浴,再拿[no⁵³]衣裳汏脱弄好。弄好仔,葛末再看看报纸。

81）A：伊从小勿蹲辣自家屋里个。

B：葛末伊阿是吭没爷娘呢？

下面这个语段中的"葛末"所引出的成分是大于句子的：

"春申"有几化大范围,我勿晓得,迭个要查,肯定相当大,至少长江南面侪是"春申"。葛末长江南面为啥事体吭没一个地方叫"春申"咾,唯独上海叫"春申"：交关江、交关河勿叫黄歇河咾黄歇江,偏偏黄浦滩叫黄浦？迭个地方,可见得"春申"辣迭个地方蹲过。——一个老年人谈论上海简称"申"的来历

6. "剩怕"和转折复句

"剩怕"[zã¹³⁻²² pʰo²⁴⁻⁴⁴]引出的小句在后,是正句,正句所表达的意思对偏句来有所转折：

82）路是蛮平个,剩怕我只脚痛走勿动。

83）规划是订得蛮好个,剩怕做勿到。

84）场地已经借好辣海,剩怕天落雨。

85）脚踏车是有一部辣辣,剩怕吭没地方打气。

7. "越/越……越/越是……"、"越发……越发"和连锁关系

前一个连词更常用,最常用的是"越是……越是……"

用"越发……越发……"连接的复句,正句的意思跟偏句有连锁反应的关系,偏句怎么样,正句也跟着怎么样:

86)侬越发宠伊,伊越发要作天作地。

87)侬越发催伊,伊越发着急。

有时候第一个"越发"可以用"越"或"越是"替换:

88)越是吃眠药,越发眠勿着。

89)颜色越是素,越发受欢迎。

8. "随"[zø^{13}]和让步句

"随"用于让步句,引出偏句。

90)随侬身体再好,痰里总归是有细菌个。

91)随侬来咾勿来,横势大家侪有钥匙。

92)随侬横劝竖劝,伊也勿肯回心转意。

这些例中的"随"新派一般换用"随便"。

第十章 助词及有关句类

(一) 个

助词"个"[gəʔ¹²]在语流中可以弱化成[ɦəʔ¹²][gə⁰][ɦə⁰]等。本节讨论的"个"是助词不是量词。因为它们语音形式相同,所以从俗都写成"个"。"个"的助词用法可以跟普通话的"的"比较。跟普通话用法大致相同的是:

1. 个$_1$

用于构成"个"字短语修饰名词。从"个$_1$"前头词语的性质来看,又可分下列几类:

(1) 名/代+个+名

　　塑料个台布 ｜ 今夜头个月亮 ｜ 侬自家个事体 ｜ 我个书架

代词用于亲属称呼之前,可以不带"个":

　　阿拉姆妈 ｜ 那阿哥侬阿弟 ｜ 伊拉娘舅

带"个"的用法也很普遍:

　　那个阿哥 ｜ 侬个阿弟 ｜ 阿拉个姆妈

(2) 动+个+名

孛相个物事 ｜ 看个人 ｜ 停辣个汽车 ｜ 辣辣造个房子 ｜ 呒没写好个文章 ｜ 辣上海住个问题

名词前的动词如果带后缀"辣",一定要用助词"个",才能跟名词结合:

　　爱辣个小囡/种辣个田/园辣个茶叶 ｜ *爱辣小囡/*种辣田/*园辣茶叶

(3) 形+个+名

　　呆笨个人 ｜ 便当个办法 ｜ 蓝个玻璃杯子 ｜ 烦来死个事体

(4) 小句+个+名

　　伊讲个闲话 ｜ 大家侪想勿到个事体 ｜ 火车勿通个消息

（5）介词短语+个+名

朝南个房间 ｜ 关于电脑个问题 ｜ 辣新疆个儿子

在以上这些格式中并不是所有用例都用得上"个"，用不用"个"跟普通话用不用"的"的规律是一样的。

2. 个$_2$

用于构成"个"字短语代替名词，在句子中可以担任主语、宾语或谓语，作谓语时多用于"是……个"的格式。从"个$_2$"前头的词语的性质来看，又可分下列几类。

（1）名/代+个

1）锁末还是铜个比铁个好。

2）瓣个名字是填我个，还是我姆妈个？

3）我肥皂忘记带勒，借侬个用用好？

（2）形+个

4）墙头是湖绿色个，热天看上去绿莹莹，咾阴凉。

5）拨侬一只大个，两只小个。

6）上海做个物事侪是灵个。

（3）动+个

讲个是广东闲话 ｜ 着个是西装 ｜ 吃个是小笼包子

（4）小句+个

7）伊拉唱个是啥个歌？

8）侬刚刚听个好听，还是瓣个好中？_{听音乐}

例7）中的"啥"后带"个"，详见第四章。

包含上述四种格式的句子，在极少情况下可以省略"个"，可省与不可省的规律跟普通话的"的"是一样的。

（5）动宾词组+个

用这种格式构成的名词性短语常常是表示某种职业的，或表示正在做某一件事的人：

撑船个 ｜ 捉鱼个 ｜ 管帐个 ｜ 讨饭个 ｜ 摆渡个 ｜ 卖票个 ｜ 开汽车个 ｜ 卖玉兰花个 ｜ 看病个

3. 个$_3$

用作语气词，用于句末表示肯定语气〔例9）10）11）〕或已然语气〔例12）至14）〕：

9）伊拉勿来请，我勿去个。

10）只要侬买，价钿贵咾强一眼勿要侬管个。

11）辫只拎包份量结棍个。
12）侬辫能教育个人勿对个。
13）三圈牌纯毛勿缩水个。
14）辫扇门拨辣小木匠做坏脱个。

4. 个$_4$

用于疑问代词"啥"和名词中间,详见第四章。

5. 个$_5$

嵌入叠用的单音动词中间,表示动量的稍许和时量的短暂,详见第六章。

6. 个$_6$

普通话中"的、地、得"在口头上是同音的,书面上写作不同的形式。"地"是普通话副词后缀,与之对应的上海话副词后缀主要是"个"。在下列几种情况下,上海话的"个"也用作副词后缀。实际上,在上海话副词后缀中以"个"的适用范围最广,大致相当于普通话副词后缀"地"。主要是用于"形+个+动"中。此外再说明几点:

（1）当表方式的副词修饰动词时可以插入"个":

  一五一十个讲拨伊听 ｜ 一句一句个问

（2）用于"[勿+动+个]+动"中:

  天辣勿停个落雨 ｜ 客人勿断个来 ｜ 一日到夜勿停个写 ｜ 轻间乐勿断个传过来

（3）在句中用象声词修饰动词时,象声词可以带"个":

  bã^{21} bã^{21} bã^{21}个敲门 ｜ dã^{21} dã^{21} dã^{21}个奔过来 ｜ biʌ^{21} biʌ^{21} biʌ^{21}个打 ｜ pʰiʌ^{53}个一声

（4）作为副词后缀,"个"和"叫、哩、能"相排斥,用前者的不用后者,用后者的不用前者:

  慢慢叫跑 ｜ 白白哩追求 ｜ 好好能写 ｜ 高高兴兴个讲 ｜ 认真个写 ｜ 仔细人听

（5）可以叠加在副词后缀"中"后:

  好好叫写/好好叫个写 ｜ 慢慢叫走/慢慢叫个走 ｜ 轻轻叫敲/轻轻叫个敲

7. 在下列这一类句子中,在相同的框架里,普通话用"的",上海话虽然可以用"个",但更常用"咾啥":

（普）锤子,扳手什么的放在这个背包里。

（沪）锄头、扳手咾啥摆辣辫只背包里向。

（普）鸡啊鸭的一大群。

（沪）鸡啊鸭咾啥一大群。

（二）得、来、得来

1. 得 [təʔ⁵]

"得"[təʔ⁵]跟普通话补语标志"得"基本对应,新派多用,老派少用。旧时补语标志用"得"带文理色彩。

2. 来 [lɛ¹³]

"来"[lɛ¹³]在语流中老派有时变读作[ləʔ¹²],中年以下全都读[ləʔ¹²],语音形式从而变得与动词后缀"勒"相同,实际上它们是不同的语素,要注意分辨。语流中的"来"[lɛ¹³]的主语音有向[ləʔ¹²]发展的趋势。

15）侬烫来蛮好,下趟还要请侬烫。

16）瓣条裤子做事忒长,要改来短眼。

17）我做来勿好,请侬原谅。

18）我看来老清爽,侬看来清爽伐?

19）拎勿清,花头经透来勿得了[liɔ¹³]。

20）侬自家吃来一塌糊涂,讲我吃来一塌糊涂。

"来"用作表情态的补语标志时,用法跟"得"相同。"得"还可以用作表可能和趋向的补语标志,"来"则不可以:

跑得快,跑勿快 ｜ *跑来快,跑勿快
塞得进,塞勿进 ｜ *塞来进,塞勿进

3. 得来

"得来"是"得"和"来"的叠用:

忙得来性命交关 ｜ 乱得来象狗窠 ｜ 吓得来勿敢响 ｜ 重得来吓煞人 ｜ 笑得来肚皮痛 ｜ 吃得来烟雾腾腾 ｜ 吵得来大家勿开心 ｜ 拿屋里向弄得来乱七八糟 ｜ 瓣场雨落得来阴沟俫满出来 ｜ 瓣个小人皮是皮得来

"得来"引出的补语是表示结果或程度的,与"得"和"来"比较,"得来"有更强调结果或程度的倾向。当补语是一个小句或较长的词组时,更倾向于用"得来"。

"得来"不能用于引出可能补语和趋向补语:

*听得来懂 ｜ *碌得来起来 ｜ *写得来完 ｜ *回得来转 ｜ *囥得来落

同样,在下列的对比格式中,也不可以用"得来",要用"得"或"来":

做得到,做勿到 | *做得来到,做勿到 | 睏得着,睏勿着 | *睏得来着,睏勿着 | 看得清爽,看勿清爽 | *看得来清爽,看勿清爽

"得来"跟"得"不同之处还在于"得来"可以单独在动词或形容词后头表程度,"得"不可以:

重得来! | 热得来! | 做得来! | 笑得来! | *重得! | *热得! | *做得! | *笑得!

"来"可以用在形容词后表程度,但不可以像"得来"那样,用在动词后头:

重来! | 热来! | *做来! | *笑来!

(三) 疑问语气助词和疑问句

上海话疑问句的表达方式主要有以下四种:一是用疑问代词表示;二是用肯定和否定重叠表示;三是陈述句的形式用疑问语调表示;四是用语气助词表示。第一种和第三种方式可以结合起来使用,构成双重疑问。

本节着重讨论用不见于普通话的语气助词表达的疑问句。除了"阿"以外,用于是非问句的语气助词都是用于句末的,全句的语调都是升调。用于选择问句的语气助词"呢"则用于第一小句末,句调是降调。

1. 伐[·vA?^{12}]

(1) 伐$_1$

这是一个最常见的疑问语气词,紧接在陈述句的后头,使之变成疑问句,带"伐$_1$"的疑问句是问是非的,句中一般不含疑问代词:

21) 上海个蟹壳黄侬晓得伐?

22) 侬认得伊伐?

23) 药量减少一点可以伐?

24) 我想买鞋带,有伐?

25) 侬刚刚吐过痰伐?

"伐$_1$"常用在"动+勒$_1$+伐$_1$"中,构成是非问句,询问某一动作是否完成:

26) 侬毕业勒伐?

27) 台灯摆好勒伐?

28) 侬已经得伊讲勒伐?

29) 青菜炒好勒伐?

新派句尾"勒伐"的用法相当于老派的"辣末",见本章(三)7。

有时候已经包含虚指的"啥"的句子还可再带"伐",这些句子的语气

往往比较舒缓,带有征询的意味:

30) 勿晓得伊有啥个毛病伐?
31) 侬晓得哪能算法伐?
32) 侬对辫桩事体有啥勿便当伐?
33) 还要得伊讲眼啥伐?
34) 碰着点啥伐?

常常在一个陈述句的后头,加上"对伐?""好伐?""可以伐?"来征求对方对前句所述内容的同意。其中用得最普遍的是"对伐"。

35) 造房子个建筑队已经彻底离现场勒,对伐?
36) 一点点毛病呒没末,变正品勒,对伐?
37) 侬要十张英语动词用法表,对伐?
38) 侬也要尊重我个意愿,对伐?
39) 侬一点多钟来个,到现在几化辰光勒? 对伐?

例39) 中"对伐"前头的句子在形式上是疑问句,实际上是说话者以疑问的形式表示肯定的意思,即肯定时间已经很长。

这类用例中的"对伐"疑问的语气很弱,实际上只是在肯定前头陈述的内容的基础上,要求对方加以证实而已。"对伐"又可用作句中语气词,详见本章(七)。

在普通话中跟上海话"对伐"相当的是"对吗"。不过上海话口语中这类疑问句使用得普遍得多。

以下是"是伐"、"好伐"、"可以伐"用例:

40) 侬乡下头个地址抄拨伊勒,是伐?
41) 侬辣辣寻皮夹子,是伐?
42) 歇两日再来,好伐?
43) 迭一个只有眼齷齪,调一只,好伐?
44) 照侬讲辣个价钿打九折,可以伐?

(2) 伐$_2$

"伐$_2$"在形式上是疑问语气词,跟"伐$_1$"在语音(包括语调)上同形,但是疑问语气极弱,实际上只是表示说话人对所说内容没有十分把握的语气,它跟"伐$_1$"最重要的区别是:带"伐$_1$"的句子是询问句,要求对方回答或证实所提的问题;带"伐$_2$"的句子不是询问句,常常只是接着对方的话,申明自己的看法,并不定要求对方回答:

45) A:要落雨快勒! B:勿一定伐!
46) A:勿晓得伊还辣辣伐?

B：跑脱勒伐？

47）A：到鞋里搭去？

B：看书展。

A：还呒没有开放伐？

（3）伐₃

"伐₃"在形式上是疑问语气词，跟"伐₁"同形，但是疑问语气极弱，实际上只是用来表达说话人劝令对方做某事的语气：

来伐 | 坐脱一歇伐 | 吃点伐 | 快眼跑伐 | 再讲眼啥伐 | 再加眼进去伐 | 迭个两只面包刚刚烘好个,吃仔伐？

2. 啦 [lA¹³]

"啦"用在句末，前头往往包含疑问代词，全句是特指问句，带故作惊疑的意味：

48）侬今年有几化岁数啦？

49）撞着侬啥地方啦？！

50）啥人弄怂侬啦？！

51）侬为啥道理介相信侬阿哥啦？！

52）侬味道尝过伐？啥个味道啦？

53）前头个事物勿要讲拨我听,啥人晓得啦？

这类用例中的"啦"不是"……勒阿"的合音。后者是用于反诘问的，句中没有疑问代词，详见本章(三)9。

3. 啊 [ɦA¹³]

"啊"的读音同"鞋" [ɦA¹³]，这里我们写作"啊"。"啊"用于特指问句的末尾,句中包含疑问代词,带惊疑语气,有时带故作惊疑语气：

54）啥人啊？ _{应门}

55）啥人家跑到马路浪手里向拎只痰盂罐吐痰啊？

56）侬辣辣辫搭刚刚蹲勒几日物事啊？！ _{训斥人}

57）做啥啊？侬做啥啊？侬做啥啦？！

带"啦"的句子比带"啊"的句子语气较重，前者包含有"责问对方"的意思，后者语气较轻。应门时用"啥人啊？"语气较轻，一般不说"啥人啦？！"例57）是说话人对某人恼怒时说的。语气越来越重,说了开头两句带"啊"的话之后，对方并未停止他的举动，最后才说出"侬做啥啦？！"表达激怒的语气。

4. 勿啦 [vəʔ¹²⁻¹ lA¹³⁻²³]

"勿啦"是由否定助词"勿"和"啦"结合而成的。在疑问句中"勿啦"

和"伐"是可以自由替换的:

58) 后头个人交交关关侬看见勿啦? _{劝人不要插队}

59) 十月份做到九十万,结棍勿啦?

60) 侬讲气人勿啦?

61) 医生,我爷个病要开刀勿啦?

62) 惠惠_{人名}读高一,是勿啦?

63) 分脱四十万,对勿啦? 清清爽爽个事体。

"勿啦"所表达的语气比"伐"重些,有时带责问意味(例63)),有时带表白意味(例60))。

5. 呢 [nə¹³]

"呢"文读作 [ȵi¹³],白读作 [nə¹³],在语流中有时变读作 [nɛ¹³],或弱化作 [nə⁰]。"呢"有两种不同的用法。

(1) 呢₁

用于句末,句尾是升调,构成特指问句,句中包含疑问代词:

64) 辫双皮鞋要几钿呢?

65) 侬六十九啊? 侬呢? _{先后问在场的两个人}

66) 伊辣辣啥地方工作个呢?

67) 辫个毛病蛮要紧个,侬为啥勿请医生看看呢?

(2) 呢₂

用在两个并列成分的第一个成分的末尾,构成选择问句。句末是降调。

68) 要到南汇上车呢,到北区上车?

69) 侬要现成个呢? 要定做个?

70) 辫歇吃呢? 还是慢慢叫吃?

71) 侬要看啥人? 王先生呢,李先生?

6. 呢啥 [ȵi¹³⁻⁵⁵ sA²⁴⁻²¹]

"呢啥"由疑问语气助词"呢"和疑问代词"啥"结合而成,用在句末,表示带猜测的询问,多用于老派:

72) 伊勿肯去呢啥!

73) 侬今朝一眼勿上劲,生毛病呢啥?

74) 侬为啥一眼勿啊,勿懂呢啥?

75) 伊面孔板起仔,勿高兴呢啥?

7. 末 [məʔ¹²]

"末"是"呒没"[fim¹³⁻²² məʔ¹²⁻⁴⁴]的合音,"呒没"本是否定词,是副词性质的，用在动词的前头，否定动词所表示的意义，"末"用于句末，构成是非问句，"末"前头的动词通常是带"辣"后缀的：

76）侬结婚辣末？

77）盆景摆好辣末？

78）勿晓得伊已经动身辣末？

79）肉切好辣末？

"辣末"只用于老派部分，新派已换用"勒伐"，详见本章（三）。

这一类问句也可以直接用"哝没"放在句末构成，不过句中的动词通常不带后缀"辣"：

肉切好哝没？ | 侬结婚哝没？ | 盆景摆好哝没？

这类句子不常用，一般用"伐"替换"哝没"。

8. 阿 [A?^{5}]

不用于句末，而用于句首或句中谓语动词前，句尾读降调；或者跟"是"连用，构成"阿是"，接在一个陈述句的后头，表示追问，读升调。"阿"常跟"是、有、会得、好"连用在一起。

用于句中例：

80）李，阿是木子李？

81）一刻钟加一刻钟阿是半个钟头？

82）倷爷阿是苏州人？

83）今朝阿好请侬到我屋里来一埭？

84）侬眼睛阿会得看花脱勒？

用于句首例：

85）阿是陈先生辣倷学堂里教书？

86）阿会得伊拿票子退脱勒？

87）阿是辬搭个地址侬寻勿着？

88）阿好请侬帮我忙？

89）A：有张照片要看伐？

　　B：阿是侬个？

用"阿是"追问例：

90）十个县包做，好个是着实比工人好得多，阿是？

91）迭句闲话讲得勿对，勉强来，阿是？

92）我想伊大概是请假请来勒，阿是？

93）侬辛苦煞勒，阿是拉？

以上"阿"的用法多见于老派。青少年很少用，中年用得较多的是"阿是、阿有、阿会得、阿好"。例84）是少年用例。

旧太仓州所属地区普遍使用疑问语气助词"阿，"旧松江府所属地区不使用这个助词。

已经包含"阿"的句子，还可以再加上别的疑问语气助词，构成双重疑问，所表达的意义完全相同，这种叠床架屋的疑问形式在口语中是很常见的：

94）阿有啥物事吃吃伐？

95）A：漏脱一眼。

　　　B：阿好补伐？

96）侬阿听得出一眼眼宁波口音伐？

　　　侬阿闻得出一眼眼黄鱼腥气伐？

97）阿是狗皮重一点，猫皮轻一点啊？ 皮背心

98）房子阿是勿推扳伐？

这一类句式可以说是"阿"字问句向"伐"字问句过渡的句式。在中老年口语中都有这一类句式。

"勿啦"、"呢啥"也是双重疑问，但是是紧密结合一起的，"阿"与别的疑问语气助词，并不是紧密连接在一起的，中间用别的成分隔开。

"阿曾"是问经历或完成的，用在动词前：

　　阿曾去过？　｜ 阿曾吃过？　｜ 阿曾讲过？

"阿曾"旧时常用，现在少用，新派几乎不用。嘉定话仍用：夜饭阿曾吃过？　｜ 阿曾吃过夜饭？ "阿曾"常读成合音 [ã⁵³]。

新派问经历的句式是"动+过+伐"：去过伐　｜ 吃过伐？问完成的句式是"动+勒+伐"：去勒伐？　｜ 吃勒伐？

9. 啊 [ɦA¹³]

用于句尾构成反诘问句。这里的"啊"跟上文中的"啊"读音相同，但是语法功能不同。

99）侬勿肯啊？

100）倷做啥？想打啊？

101）侬勿想睏勒啊？

102）侬七十三岁啦？

103）侬管我读咾勿读啦？

例102）103）的"啦"是"勒啊"的含音：[ləʔ¹²⁻¹ ɦA¹³⁻¹³] → [lA¹³]

上海话里的疑问句有五种基本句式：

第一，阿-V：侬阿去？

第二，V-neg.-V：侬去勿去？

第三，V-neg.：侬去伐？
第四，阿-V-neg.-V：侬阿去勿去？
第五，阿V-neg.：侬阿去伐？

其中第四种是第一和第二两种句式混合而成的，第五种是第一和第三两种句式混合而成的。以发问词"阿"开头的第一种疑问句式是从苏州话输入的。

（四）命令语气助词和祈使句

1. 啊［ɦʌ¹³］

这个语气在口语中的读音同"鞋"［ɦʌ¹³］，这里从俗写作"啊"。

104）等一等啊！我来猜一记。

105）头伸进去啊！勿要落辣外头。_{乘车时提醒小孩}

106）慢慢叫跑啊，当心掼跤！

表达命令语气的"啊"在语音上总是附着在前头的谓语后，如果"啊"和谓语之间语音上有停顿，这个"啊"就不是表达命令语气的，而只是希望对方同意前头陈述的内容，试比较：

勿要去啊！_{命令} ｜ 勿要去，啊！_{希望同意}

例107）是一段母子对话，其中第四个"啊"是表示"希望同意"的叹词，前两个"啊"则是表示命令语气的助词：

107）母：勿要走开啊！走开闯祸个啊！
　　　子：姆妈啊［ʌ⁰］，我就辣辨搭，啊！

还有一类"啊"也是独立使用的，那是代句子的，参见第四章（七）。

2. 辣、辣辣

"辣、辣辣"本来就是动词后缀，作为语气词只限用于动词后。在动补词组后一般只用"辣"，不用"辣辣"。语音特点和用例见第六章。

3. 好来［hɔ²⁴⁻³³ lɛ¹³⁻⁴⁴］

坐好来 ｜ 去好来 ｜ 吃好来 ｜ 汏好来 ｜ 让我扫好来

"好来"的祈使语气较弱。旧时跟"好来"相当的语气助词是"末哉"：先生，坐末哉 ｜ 去末哉。现在新派已不用，老派也罕用，郊区仍用。

（五）感叹语气助词和感叹句

1. 啊［ɦʌ¹³］

这个语气词在口语中音同"鞋"［ɦʌ¹³］，这里从俗，写作"啊"。句末的

"啊"在时间上一般都是拉长的。

108）侬辩个人啊！｜辩个小因趣啊！

109）俉是上海人学苏白,学勿连牵,难听头势啊！ 讥评滑稽戏演员

110）五六十岁的人照样到外头骗人家钞票,交交关关啊,上海！ 劝人勿上当

111）我有十年工夫啊,靠家主婆三十块八角过日脚啊！

112）一双鞋子勿舍得着,田里去脱脱,着转来夷要脱脱,真真作孽啊！ 回忆旧时农民

例110）是倒装句,按正常词序,"啊"仍处句末。

2. 呀[ɦiA¹³]

这个语气词音同"耶"[ɦiA¹³],这里从俗写作"呀"。在语流中可变成[ɦiE¹³]、[ɦiæ¹³]。"呀"用在句末,表示反对或怀疑对方意见的语气。"呀"前头的成分常常是"个",从而结合成"个呀"使用:

113）总归稍微搭两只,味道侬尝过勒呀！ 卖枇杷时卖主不同意买主挑选

114）迭个"医生"蹲勒西郊公园个呀！ 怀疑医生是骗子

115）侬那能晓得个呀！

"个呀"有时候读成"个啦":

116）伊那能勿识好人心个啦！

(六) 其他句末语气助词

1. 噷[məʔ¹²]

"噷"在语流中可以弱化成[mə⁰]或[mA⁰]。"噷"前头的成分常常是"个",表示带推想的肯定。

117）迭个女人有眼神经稀稀个噷。

118）辩能样子安排,我吃亏勒噷,阿是?

119）辩个小青年倒是蛮有良心个噷。

120）侬倒蛮惬意个噷。

121）价钿还噷个噷。

2. 后[ɦɤ¹³]

表示抱怨语气:

122）看侬迭个人啊,几化会钝后！

123）讲仔半日天,越讲越猛,越讲越起劲后！ 抱怨别人讲话太啰唆

124）昨日夜里呒没睏好,头胀后！

125）事体乱来一塌糊涂,烦后！

3. 噢 [ɦɔ¹³]

可以前接"个"：

126）辩个人有点神经希希个噢？

127）辩张台子有人用过噢？

4. 个啦 [gəʔ¹²·lA¹³⁻¹³]

表示提醒确信无疑的事实的语气：

128）辩个人戆答答个啦！

129）香烟我勿吃个啦！

130）辩张台子本来就是我个啦！

131）报纸伊从来勿看个啦！

这些句子不用"啦"结尾，也可以成立，但是加了"啦"后才能表示"提醒确信无疑的语气"。

5. 唻₁ [lE¹³]、啊 [ɦA¹³]

用于简单地提醒对方做某事，或提醒对方自己要做某事，句尾通常是降调：

132）阿拉去勒啊！ 离别时通知同伴

133）跑唻！ 提醒同伴可以走了

134）门开开辣啊！ 提醒对方门已打开

135）好唻！人家面孔红也勿红，好唻，好唻！ 提醒扳手比力的一方停止比赛

6. 唻₂ [lE¹³]

表示肯定语气：

136）侬还年轻唻，侬又何必要辩能！

137）师父我请来唻！

138）A：高安路到勒伐？

　　　B：直直吭没到唻！

139）辩种花头今年勿行唻！

"唻₁"和"唻₂"有时在语流中变读作 [ləʔ¹²]，另一方面动词后缀"勒"有时在语流中变读作 [lE¹³]，分析时容易跟"唻₂"混淆，要注意分辨，下面这个句子中 [lE¹³] 其实是"勒"，不是"唻₂"：

140）日脚长□[lE¹³]，讨厌□[lE¹³]，拖□[lE¹³]。 生病的老人抱怨晚辈

7. 啦哩 [lA¹³ li⁰]

用于肯定事实，旧时用，现在基本不用，在滑稽戏和独脚戏中偶然还可以听到（演员学老派上海人说话）：

141）伲兄弟还勿曾转来啦哩！

142）被头还勿曾钉好啦哩！

143）我要好好能向侬学习啦哩！

"啦哩"或"啦气"郊区仍普遍使用，例如金山话：

苹果有啦气 ｜ 今朝停电啦气 ｜ 门开啦哩 ｜ 香烟呒没啦哩

用于郊区的"啦哩"中的"哩"有时候读成"来"[lɛ]；"啦哩"和"啦气"中的"啦"也可以变读成"啊"[ᴀ]，所以"啦气"可以变成"啊气"，"啦哩"可以变读成"啊哩"。

8. 哉 [tsɛ⁵³]

用于句末表示情况发生变化：

吃饭哉 ｜ 落雨哉 ｜ 做好哉 ｜ 烧好哉

市区旧时常用，今已不用，郊区仍用。

9. "哩"[li/lɛ] 用于句末，也可以表示情况发生变化。多用于郊区，例如金山话：

关门哩 ｜ 上课哩 ｜ 散会哩 ｜ 我去哩。侬去伐？

"哩"可以变读成"来"[lɛ]，见于奉贤，在市区话里这个语气助词多促声化为"勒"[ləʔ¹²]或可读成"唻"[lɛ¹³]，但不读"哩"。

（七）语气助词和句中停顿

在日常口语中句子停顿是很常见的现象，句中停顿对于理解句子的语义和分析句中各种成分的互相关系，都有很重要的作用。句中停顿可以分成两大类：一是无词汇标志的时间上的空白，如"上海,本来呒没迭个地方。"二是既有词汇标志，又有词汇标志后边的时间上的空白。带词汇标志的停顿只出现在句子成分之间或别的大于词的成分之间。这些词汇标志往往表示句子成分的互相关系，所以也带连词性质。以下着重讨论不见于普通话的词汇标志及句中停顿。

这些词汇标志主要有：咾、末、鞋、啦、来、呢、对伐、辫个等。它们的职务大多是互相交叉的。

1. 并列成分之间的停顿

（1）咾₃ [lɔ¹³]

"咾₃"在语流中有时弱化作[lə⁰]。"咾₃"用于隔离并列的事项，这些并列的事项可以是两项或两项以上，各事项可以是词、词组或句子。

144）拿学生子个姓咾名字写辣点名簿浪。

145）摆地摊，卖草药咾、膏药咾，送票物事。

146）"额角头高嗒,触霉头嗒。"迭个啥个说话呢?

147）蹲辣屋里向末,日日要买嗒、烧嗒、汰嗒弄,烦煞!

148）乘风凉嗒、孛相嗒、一班人交关多。

有时候只在列举的第一事项的后头用上"嗒₃":

149）医生关照要多吃眼水果嗒青菜。

150）铺盖嗒行李先送到北站去。

151）钓鱼要耐心嗒性子静个。

152）大假山蛮高嗒蛮好孛相个。

153）虽然价钿贵一眼嗒,样子勿大中意,也只好买。

这一类句子中的"嗒₃"跟"嗒₁"（参见第九章）的区别在于:"嗒₃"后头语音上稍有停顿,"嗒₁"后头没有停顿。

上述"嗒₃"跟"嗒₁"（参见第九章）的区别在于:"嗒₁"的以下用法新老派都常用。

"嗒₃"常与"啥"连用,用于"……嗒啥"的结构里:

154）万一落选,再去考旅游嗒啥,宾馆嗒啥。

155）燉燉鸡嗒啥蛮灵个。_{高压锅}

156）一天到夜教油腻嗒啥打交道。

157）大蒜、辣椒嗒啥刺激个物事勿吃顶好。

158）A:狗皮轻一点。

B:葛末暖热嗒啥呢?_{选购皮货}

"嗒啥"前头一般只列举一两个事项。

"嗒₃"跟普通话连词"和"并不对应。"和"是起连接作用,"嗒₃"必须是连接两个事项的,"嗒₃"所隔离的事项不限于两个;两个以上"嗒₃"连用时,"嗒₃"后头可以有停顿,"和"后头没有停顿。

（2）鞋［ɦA¹³］

"鞋"一般用于列举较多的事项。这类用例中的"鞋"可以用"嗒₃"来替换。

159）A:小吃部有啥物事吃伐?

B:吃馄饨鞋、小笼包子鞋、生煎鞋……

160）录音带鞋、唱片鞋、录像带鞋,交关!

161）香蕉皮鞋、文旦皮鞋、橘子皮鞋、香烟蒂头鞋,别历拨腊个擅上来。_{回忆旧时戏馆}

2. 主语和谓语之间的停顿

在口语中主语可以用"末、啦、鞋"等语气词提顿。这些语气不用也不影响全句的语法结构和意义表达。也就是说用与不用是两可的。

（1）末［mə$?^{12}$］

"末"在语流中可以弱化为［mə^{13}］或［mə^0］。用"末"提顿主语最为常见，新、老派皆用：

162）念六点五末,就是念六又两分之一。

163）薄末,好呀,是伐啦?

164）西装马甲末,是呒没袋袋个。

165）炮七平五末,要抽车。

166）阿拉三家头末,侪辣烧只小豌豆吃。

167）"包"末,就是包龙图个"包"。

168）女朋友末,寻仔一个,吹脱一个。

例162）是青少年用例,163）至166）是中青年用列,167）168）是老派用例。

下面的例子是包含好几个并列的小句的长句,每个小句的主语都用"末"提顿,并且都不再用判断词"是"：

169）查三爷手底下有交关人,有种末,小流氓;有种末,外头拆白党;有种末,生意亭相人;有种末,包打听,杂格里侪兜得转。_{一个老年人讲故事}

"末"有时暗含"至于……"的意思,表转折：

170）越剧有啥看头啦,电影末,还好看看。

171）我已经勿想得伊多讲勒,伊末,还要瞎七搭八。

（2）呢［n̠i^{13}］_{文读}、［nə^{13}］_{白读}

用于提顿主语时,多取白读音,多用于对人作长篇叙述或讲故事时：

172）伊本人呢,勿是厨师。

173）辫房子呢,是推扳得来,是辫种本地房子啦。

174）一个办法呢,是马五进三吃兵;还有一个呢,是车进六捉双。

175）伊迭个人呢,既勿坐电车,也勿骑脚踏车,讲走个。_{讲故事}

（3）鞋［ɦA^{13}］

在实际语流中"鞋"的音往往延长,声调也趋平,读作［ɦA^{22}］,多用于中老年：

176）火炬鞋,勿多一歇就要到此地来。_{全运会火炬}

177）"伲"鞋,上海闲话当中比较正派个,"阿拉"就勿正派勒。_{老派对新派用语的评论}

178）赈铜钿个人鞋,忒做人家,铜钿拨辣子弟,反而勿好。

179）大儿子鞋,浪荡胚。

（4）啦［lA¹³］

用"啦"提顿主语,也有引人注意主语的作用,在闲坐聊天、长篇叙事或讲故事时,常可听到,老派更常用:

180）辫只糟钵头啦,是本地菜,老有名气个。

181）伊拉个原来个老板啦,是姓张。

182）城里向啦,现在叫南市区,老早叫城里向。_{上海旧城}

183）辫个小姑娘啦,阿拉儿子一看,伊讲:"姆妈,我好得伊找对象个,正派、大方。"

"末、呢、鞋、啦"都可以用于提顿主语,其中最常用的是"末",下面是两个先后连续的句子,第一个句子用"末"提顿主语,第二个句子用"呢"提顿:

184）伊自家末,已经结婚勒,妹妹呢,已经寻仔对象勒。

下面这一类句子中的"鞋"是呼语,用来表达招呼语气的,它前头的成分并不是主语:

185）建平鞋,(侬)勿要难过勒。

这类句子中的"鞋"往往读低降平调,先低降、后低平,并且往往拖长。主语"侬"常省去。

3. 连动结构之间的停顿或连续发生的两个事项之间的停顿

连动结构前后两个成分之间或连续发生的两个事项之间的停顿多用"咾$_4$",也用"啦"。在语音组合上"咾$_4$"或"啦"属前不属后,"咾$_4$"跟"啦"与第二个成分之间稍有停顿,多用于老派。

（1）咾$_4$

186）眼睛勿好对仔电灯咾看。

187）衣裳汏好仔咾晒辣日头里。

（2）啦

188）一直辣讲啦,越讲越好个。_{讲英语}

189）迭笔铜钿等我爷死仔啦,分着家当还俫。_{故事}

4. 复句小句之间的停顿

复句小句之间的停顿,多用"咾"提顿因果复句中的原因小句,多用"末"提顿条件复句中的条件小句。参见第九章(二)。

5. 其他句中语气助词

句中使用语气助词的情况是十分复杂的,它们不仅仅是为了表示某种语气或各种句子成分之间的互相关系,而且,有时候也出于边思索边说话的需要,或填补时间空白的需要,在言语表达不顺利的时候往往插入一些语气

词,所以口语中常常会听到很多被一些语气词隔开的断续的句子。很难指明这些语气词所表达的是什么样的语气或关系:

190) 伊拉辣烧,烧末,辩只镬子漏个,漏个末,辩油阿是着起来勒。弄得来馋煞、苦煞、烟煞、蒿煞、呛煞!

191) 辩能呢,下一步呢,红队呢,只好以守为攻。

192) 买个辰光末,老头子_{大夫}末,还是迭个叫啥,工会敲图章个呀。_{凭票买缝纫机}

边说话边思索的时候,为了填补时间的空白,常用"辩个、迭个、对伐、对伐啦、啥个":

193) 我,喏,辩个,刚刚辣马路上踏脚踏车,难末踏脚踏车末,思想开小差,下来,掼辣上阶沿,上阶沿正辣爆炒米花,难末一只面孔碰着炒米花炉子,烫伤。

194) 我算到辩个数字,我一定要化成,辩个,cm_{厘米}啊?

195) 我得侬讲,侬,对伐啦,骑车个辰光,要向外头倒。_{教骑自行车}

196) 伊昨日拿张纸头写《松花江浪》辩只歌词:"哪里有,啥个,大豆、高粱……。"

为了引起听话人的注意,常在句中夹入"对伐"或"对伐啦",两头都有停顿,新派尤为常用,几近口头禅。

197) 大毛,对伐,辣辩搭河浜旁边。

198) 大家侪好分析个,对伐,问题就辣迭个地方,对伐,大家侪晓得个。_{争吵时讲白}

199) 今朝,对伐,是张先生脱李小姐喜结良缘。

200) 辩张画,对伐啦,挂勒辩搭好伐?

(八) 附: 象声词和感叹词

1. 象声词

象声词是可以自成一类的词,不过从它的句法功能来看,有时候可以借用作动词、形容词、副词,担任各种相应的句子成分。

象声词惯用的虽然不多,但是也可以临时模仿,不能列举,下面举些用例:

201) 上头 biiʔ$^{12\text{-}2}$ liiʔ$^{12\text{-}5}$ baʔ$^{12\text{-}3}$ laʔ$^{12\text{-}21}$, biiʔ$^{12\text{-}2}$ liiʔ$^{12\text{-}5}$ baʔ$^{12\text{-}3}$ laʔ$^{12\text{-}21}$ 落下来交关鞋子。(作状语)

202) 迭个辰光心里向 baʌ^{22} baʌ^{22} baʌ^{22} baʌ^{22} 辣跳。(作状语)

203）一个浦东农民辣辣码头浪 ɦuA$^{13-22}$ lA$^{13-55}$ ɦuA$^{13-33}$ lA$^{13-21}$ 哭。(作状语)

204）oŋ^{53}，一哄头，解决问题。(作状语)

205）辫日子我想一只灯吊吊好，好，一面吊上，一面 bã^{22} lã^{22} dã^{21}，敲来粉粉碎。(作状语)

206）只听见 ɦuA^{53} 个一声，塌脱勒。(作定语)

207）蹲辣伊面未，小因末，tɕʰiɿʔ$^{5-5}$ tɕʰiɿʔ$^{5-5}$ tsʰʌʔ$^{5-3}$ tsʰʌʔ$^{5-21}$，烦也烦煞勒。(作谓语)

另一些象声词用例：

擎玲狂琅 ｜ 擎玲硁隆 ｜ 刮腊刮腊 ｜ 乒乒浜浜 ｜ 贴塌贴塌 ｜ 胡卢胡卢 ｜ 哗哗剥剥 ｜ 索落索落 ｜ 哭出呜拉 ｜ 嗯牙嗯牙

象声词在语音结构上有以下几个倾向是值得注意的：

第一，大多是四音节的。如果是单音节的，在句中也多是连用四次。而这四个重复的音节之间有时稍有停顿或用窄用式读，因此在时间的总长度上以四音节的象声词为长。

第二，四音节象声词常取 ABAB 式或 AABB 式重叠韵，或者一、三音节双声，或二、四音节双声。

第三，非重叠式的四音节象声词往往是一、二两个音节叠韵，三、四两个音节叠用另一韵，如擎玲硁隆 [dzin$^{13-22}$ lin$^{13-55}$ goŋ$^{13-33}$ loŋ$^{13-21}$]，的历笃落 [tiɿʔ$^{5-5}$ liɿʔ$^{12-5}$ toʔ$^{5-3}$ loʔ$^{12-21}$]。例205）则是三个音节全叠韵：bã^{22} lã^{22} dã^{21}。

第四，象声词各音节的声调的调型多是平调的、降调的或收 ʔ 尾的，升调很少。

用象声词和名词性语素也可以构成名词，不过用例很少：

叮咚担 ｜ 的笃班 ｜ 的笃板 ｜ 乒乓器 ｜ 猫咪 ｜ 叫哥哥

2. 感叹词

感叹词的种类及语法功能跟普通话差异甚小，最显著的不同是：上海话有一系列以 [ɦ] 开头的叹词。

（1）咦 [ɦi^{13}]，表示惊讶：

208）咦，↗有个吗！ 在名单上找名字，开头没找到，误以为没有

（2）□ [ɦE^{13}] 表示略惊：

209）□，↗侬哪能会得来个。

（3）闲 [ɦE^{13}]，表示同意对方所述：

210）A：等线体个笔买一套，用于标图个。

　　　B：等线体？

　　　C：闲↗。

在听对方讲一段较长的话时，常常插说"闲"，以表示自己在倾听对方讲话。"闲"所占有的时间，正好填补对方讲话时在句子之间或语段之间稍作停顿时留下的时间空白。

（4）□[ɦo¹³]，表示怀疑(升调)、听从(轻声、降调)或恍然大悟(速降词)：

211）□[ɦo¹³]，↗真个啊？ 怀疑

212）A：到哀面还书？
　　　B：□[o⁵³]。 ↘听从

213）□[o⁵³]，晓得勒，晓得勒。 ↘恍然大悟

（5）鞋[ɦA¹³]，表示大惊：

214）鞋，↗手表落脱勒！

又，参见第四章(七)和第十章(四)。

（6）□[ɦɑi²¹]，表示惋惜：

215）□[ɦɑi²¹]，↘哪能搞个呀！ 孩子手中棒冰化水滴在衣服上，母亲表示惋惜

（7）啊呀，[ɑ⁵³⁻⁵⁵ ɦA⁵³⁻²¹]，表示讨厌：

216）啊呀，↘勿要动手嘛！

（8）□[ɦo¹³] □[io⁰]，表示讨厌：

217）□[ɦo¹³⁻³¹ io⁰]，↘介推扳个物事啥人要啊！

第十一章 比 较 句

本章讨论在句式和用词方面跟普通话不同或不甚相同的比较句。

（一）平级比较句

1. 得+……一样+……

1）阿哥得阿弟一样聪明。

2）掰搭得哀面一样勿方便。

3）厂长得工人一样辣车间里向做生活。

4）今朝得昨日一样冷。

2. 像……能介……、像……介……、像……能……旧

5）文旦是像橘子能介一种水果,必过大一眼。

6）阿弟像阿哥能介活络就好勒。

7）读书末,像和尚念经能介呒没心想个。

8）细得来像头发丝能。

这种格式新派已不大用。

3. 比/比仔……一样……

9）阿拉囡儿比仔侬一样长大。

10）伊比仔伊拉阿哥一样用功。

11）今年个鸡蛋比仔旧年一样多。

12）惠惠个功课比敏敏一样好。

此类平级比较句中引出比较对象的介词"比"可以用"脱"来替换，"脱"比"比"更常用,市区新派只用"脱"不用"比"。

在平级或不平级比较句中引进比较对象的介词,金山话用"旁"［bã³¹］,不用"比"。

4. 得/得仔……比是比得过个

13）飞鸽牌得永久牌比是比得过个。

14）开司米得细绒线比是比得过个。

5. ……比得过/比得上……

15）无锡个景致比得过杭州。

16）摩托车个速度比得上轿车伐?

在金山话此式中的"比得过"可以用"比得落"替换,"比得落"较常用。

(二) 不平级比较句

"不平级"包含"较胜"和"不及"两层意思。1和2所列句式既适用于较胜比较,又适用于不及比较。3和4的所列句式只适用于不及比较。

1. ……比/比较/比仔……

17）一年级个学生比二年级个,来得活泼,肯读书。

18）侬做个家生比侬师父做个要毛粗。

19）我现在个体格比较三年前头结棍多勒。

20）店里向个白木耳比摊头浪卖个好。

这种句式中的"比仔"新派已不用,"比较"也已不大用,通常用"比"。

2. 比/比仔……眼/点/一眼/一点

21）我个脚膀比侬个粗。

22）侬个毛病比上个礼拜好点伐?

23）走读生比住校生成绩要推扳一眼。

24）我自家觉着比一般七十岁个人还是清爽点。

"比仔"中年已不大用,青少年已不用,这种句式用于稍胜或稍差比较。

3. ……比比……

25）我比比侬真是大推大扳来。

4. ……勿比……

在这种句式中,"勿比"后头的事项胜过前头的事项:

新牌子勿比老牌子 | 南通勿比上海 | 药补勿比食补 | 羊奶勿比牛奶 | 乡下头勿比城里向

"勿如、勿及、比勿上"也可以用在相同的框架里。这三个词语相当于普通话的"不如、不及、比不上"。但是普通话的"不比"不能用在相同的框架里:＊新牌子不比老牌子。

(三) 渐进比较句

用"[一+量]+形+[一+量词]"这种句式表示程度的逐渐加深。前后两个数量词组是重复的：

一眼大一眼 | 一眼小一眼 | 一日大一日 | 一级推扳一级 | 一年好一年

这种句式是从"数量词组+比+数量词组+形容词"简省转换而来的：

一日比一日大→一日大一日。

(四) 推测、比拟句

1. 象煞/象煞是……

26）迭家人家象煞是暴发户。

27）侬话我勿灵，日日也是辫能样子，侬话我灵，日日象煞要死下来。

28）上次辫只象煞有点声音。_{录音机杂音}

29）辫片天冷得来象煞要落雪。

30）伊个毛病是睏勿着，象煞是神经衰弱症。

2. 赛过(是)……

31）伊拉爷赛过是吃银行饭个。

32）迭班人赛过是强盗胚子。

33）辫桩事体伊赛过晓得个。

34）伊拉是扳差头来个，赛过。

"赛过"是"好像"的意思，例34）中的"赛过"是追加前句的意思，所以是后置的。

第十二章 语　　序

本节着重讨论跟普通话不同的语序。

（一）双宾语的位置

1. 动+间接宾语+直接宾语

　　拨我一支笔 ｜ 送伊一袋糖 ｜ 骂伊戆大 ｜ 赢师院两场球

这种语序是跟普通话一样的。

2. 动+直接宾语+间接宾语

其中的动词限于表示"给予"意义的。

　　拨张纸头我 ｜ 赔一本新书侬 ｜ 还小王五块洋钿小 ｜ 我回去商量仔咾,拨回音侬。

这种格式多用于老派,新派基本不用。新派的通常表达法:

　　拨我一张纸头 ｜ 赔侬一本新书 ｜ 还小王五块洋钿 ｜ 拨侬回音

这种格式还可以在间接宾语前头加上"拨辣":

　　拨张条子拨辣伊 ｜ 赔一本新书拨辣侬 ｜ 还五块洋细拨辣小王

这是从老派到新派的混合过渡型表达方式。

当间接宾语后置的时候,最常见的格式是在间接宾语前头加上"拨",即"动+直接宾语+拨+间接宾语":

1）赔一本新书拨侬。

2）还两只照相机拨小李。

3）拨张纸头拨我,让我写封信。

4）拨把扇子拨我,让我扇个扇。

5）拨张条子拨王平。

另一种旧时常用的格式是"动+直接宾语+拉+间接宾语":

　　送三、四只粽子拉伊 ｜ 借一间房间拉侬 ｜ 拨茶拉我

此式郊区（除松江、奉贤外）仍用。此式中的"拉"可以用"拨"或"本"

来替换。

(二) 含兼语句子的语序

"我给他吃糖"这一类句子有三种不同的语序。其中的动词似乎只限于"拨"类。

1. 拨+兼语+动+宾

6) 我拨伊吃糖。

这种语序普通话也有。

2. 拨+兼+宾+动

7) 我拨伊糖吃。

8) 我拨伊药吃。

这种语序跟普通话是不同的。

3. 拨+宾+兼语+动

9) 我拨糖伊吃。

10) 要拨颜色伊看。

11) 辫歇勿要拨啥伊吃。

12) 我叫侬勿要拨牛奶伊吃,侬为啥勿听?

这一种语序不见于普通话。

这三种语序的共同点是:"拨"的位置在兼语的前头,兼语的位置在第二个动词的前头。

(三) 结果补语的位置

如果句子中有动词、宾语和结果补语的时候,有三种不同的语序:

1. 动+得/得来+宾语+结果补语

讲得伊交关勿好意思 ｜ 吓得伊勿敢出来

这种语序跟普通话一样。

2. 动+结果补语+宾语

烧酥伊 ｜ 敲碎伊 ｜ 打败红队 ｜ 读熟辫首诗

这种语序也跟普通话一样。

3. 动+宾语+结果补语

这种语序不见于普通话,其中的宾语限于单音节的(A组例),或其中的补语是带否定词"勿"的单音节补语(B组例):

A组：烧伊醉 ｜ 敲伊碎 ｜ 戳伊破 ｜ 晒伊干 ｜ 钉伊牢

B组：打侬勿过 ｜ 叫伊勿出 ｜ 话侬勿过 ｜ 撬伊勿开 ｜ 拨伊勿起 ｜ 留伊勿牢 ｜ 关伊勿紧 ｜ 收伊勿拢

（四）趋向补语的位置

上海话中趋向补语的位置是"动+宾语+趋向补语"，如：

拆尿出 ｜ 塞棉花进去 ｜ 贴邮票上去 ｜ 刷石灰上去

这一类句子的另一种更常见的格式是"拿+宾语+动+趋向补语"：

拿棉花塞进去 ｜ 拿邮票贴上去 ｜ 拿石灰刷上去

只是"拆尿出"语序固定，不能变换。

（五）副词在句中的位置

普通话不用的程度副词及其用法已在第五章述及。

常见的程度副词只能前置于形容词的有"顶、瞎、穷、咾、蛮、来得、忒、非常之"；只能后置而不必前接结构助词的有"煞、来、得得来、勿过、畅"；只能后置而必须前接结构助词的有"死、吓煞人、热昏、一塌糊涂、海威"等。此外，"邪"、"邪气"和"交关"既可以前置又可以后置，后置时要前带结构助词。"几化"被老派用作副词时，它是后置的：辰光勿长几化。

副词"快"的位置有后置于动词或形容词与前置于动词或形容词两种，其中后置的一种是跟普通话不同的：

到快勒 ｜ 来快勒 ｜ 好快勒 ｜ 熟快勒 ｜ 滚快勒_{开水} ｜ 到苏州快勒
热煞快 ｜ 冻煞快 ｜ 吓煞快 ｜ 痛煞快 ｜ 轧煞快

普通话的程度副词可以后置的很少，常用的只有"极、透、很"三个，并且"极、透"一般须后接"了"，"很"必须前接结构助词"得"。相比之下，上海话副词可以后置于动词的要多得多了。

（六）处置式的构成的语序

普通话的处置式通常是用"把"字提前宾语。上海话的处置有两种表达方式。

1. 用直接提前宾语的方式来表达

这种格式通常是在原宾语的位置上补上一个代词"伊"，来代替已经提前的宾语：

13）掰只鸡杀脱伊。

14）掰只蓝个花瓶拿脱伊。

15）掰眼小排吃脱伊。

16）台子揩揩伊 ｜ 地板拖拖伊 ｜ 被头晒晒伊

17）房门锁脱伊 ｜ 衣裳脱脱伊 ｜ 绳子割脱伊 ｜ 烂香蕉掼脱伊 ｜ 一篇小文章先写脱伊

这类句子中的"伊"也可以省去。

2. 用"拿"提前宾语

这种表达法的语序跟普通话一样，只是所用的介词不同：

18）拿旧书旧报侪卖脱伊。

19）拿掰碗酒酿圆子吃脱伊再跑。

20）拿枕头摆摆好，帐子挂挂好。

3. 动补结构后头的宾语的提前

在"主语＋动＋补语＋宾语"这样的句式中，有一种强烈的倾向是把宾语提前到动词的前面。如普通话句子"我吃过饭了"，用上海话表达，有三种句式：一是"我吃过饭勒"，二是"我饭吃过勒"，三是"饭我吃过勒"。更倾向于使用提前宾语的第二种表达法：

阿拉《霍元甲》电视片看过勒 ｜ 我书抄好勒 ｜ 我衣裳汏清爽勒 ｜ 伊手表修坏脱勒 ｜ 伊裤子改短勒 ｜ 周老师考卷批好勒 ｜ 十张表格侪画好勒

当需要突出宾语时，则用第三种表达法。

（七）句子成分的倒装

1. 倒装的特点是：倒装的成分和其他成分之间有语音停顿，倒装是临时性的，不是习惯性的；倒装的成分可以自由转换到顺装的位置上。普通话也有倒装的句子。下面举几个上海话用例：

21）着仔一件羊毛衫，粉红色个。

22）我有一只电子表，新买个。

23）昨日睏勒一夜天，勿落寤，总归。

24）掰样小菜吃下去，夏天勿会生痧，外加。

25）相差有五块洋钿，顶起码。

26）走进来伐？侬？

例21)22)是定语倒装,例23)至25)是状语倒装,例26)是主语倒装。

2. 处置式中宾语的提前不是倒装,因为提前的宾语和其他成分之间没有语音停顿,并且用提前宾语的方式构成处置式是惯例,不是临时性的。下列这一类句子不是处置式,但是从逻辑上看似乎也是宾语提前了:

27)白药吃寒热个。
28)阿司匹林吃出汗个。
29)蓖麻油吃大解个。
30)芹菜吃高血压个。
31)咖啡吃消化个。

造成这一类句子的格式是固定的,不是临时性的,不能任意将句首的成分转换到动词后边,所以也不是倒装。

(八) 语意的追补和反复

1. 在口语里,有时候往往因为觉得前头的话意犹未尽,而追加一些话,以作补充。它跟倒装的不同在于:所追补的是另一个句子,而倒装的只是同一个句子里的成分,追补的部分音强相对较弱。普通话也有语意的追补。下面是上海话用例:

32)侬听得懂伐?我辣辣讲。
33)我有只塑料红杯子,高来西,喏。_{伴随手势}
34)侬辨句闲话听见过伐?叫"长病吰没孝子",晓得伐?中国人一句俗语。
35)总算买成功一样物事勒噢,勿大容易个,也。
36)我姓寿,福禄寿喜个寿。

2. 反复

为了强调前句中的部分内容,在前句结束之后,重复有关的成分。重复的成分跟前句之间有停顿,在音强上并不减弱:

37)上个号头产量做到四十万,结棍伐?四十万。
38)辨种事体侬讲阿是要死伐?侬讲。

第十三章
上海市区方言录音语料转写摘抄

　　这些语料是根据1983年在上海市区录音转写的。录音的方式分两大类,一类是采用隐蔽调查法录制自然口语,即调查人和被调查人完全陌生,没有任何语言或行为接触,调查人隐蔽携带录音机,被调查人在没有发觉被录音的情况下自由说话。另一类是采取开放式调查法,即请熟人面对录音机说话或讲故事。原始录音带一共有三十六小时,这里载录的只是其中一部分文字转写的语料。录音所得语料以第一类为多,第二类语料的发音人是杨乐郎先生,时年73岁,上海市文史馆馆员,1949年前曾任上海市无线广播电台上海话节目"杨乐郎空谈"主持人,擅长用上海话讲故事。调查人和录音语料转写人是游汝杰。

　　每一段语料最前头的号码是原始录音带的顺序号。后面是录音时间和地点。必要时对语境略加说明。对语料用汉字转写,对其中有些虚词,注国际音标,声调标调类,轻声用0表示。

第一部分:自然口语(隐蔽式调查)

412 A　1983年9月7日　照相馆

A:我早上来个目的呢[nə^0],阿有啥办法解决迪个问题伐?

B:我刚刚搭侬讲个情况,就是(被A打断)

A:迪[di^0]个[ɦə^0]女同志夷好心,夷讲拿[nɛ^1]来看看。辫末[kə^0][mə^0]我拿来看看。

412 A　1983年9月7日　布店

A:对,勿要个闲话,变阿拉吃进了。

B:□□□□(听不清楚)

A: 我等伊几趟了。

B: □□□□(听不清楚)

A: 一只淡来死个颜色。

B: 阿拉搭伊讲,如果夷拉勿要,阿拉也勿要个。叫阿拉吃下来。

A: 格末多少日脚拉[lə⁰]? 当时光大概是大热天,王师傅厂里跑,跑了好几爿厂。开头讲毛涤,后来讲毛涤哝没辩[kə⁰]只呢,毛涤呢个。后来夷拉让步了,讲啊,全毛就全毛,结果末再跑到益新厂。益新厂开头也想做迪笔生意,好,一句闲话,哝没问题,阿拉白胚也有个。夷讲阿拉白胚也有个[gə⁰],哝没问题,快来死个,啥,一个礼拜,两个礼拜交货,中旬咾[lə⁰],下旬唠[lə⁰]交货。难末[mə⁰]阿拉合同书写下来了[lə⁰]。写下来之后末[mə⁰],搅七搅八,再寻夷末[mə⁰],夷讲还哝没染了[lə⁰],再讲白胚也寻勿着。难末[mə⁰]要死伐拉[lə⁰],辩种事体侬讲要死伐? 侬讲。辩[ke⁰]家人家拆烂污。(听不清)一千两百尺。难末[mə⁰]一千两百尺顶好以后呢,到一月份还五百尺。

411　1983年9月8日　虹口公园

A: 还要扣脱百分之十,还要赚百把块洋[ɦɑ]钿,我勿扣个[gə⁰]。我是本职工咾,勿扣个[gə⁰],外工才扣百分之十。

B: 像夷拉百把块洋[ɦɑ]钿,拼之命做,日日夜夜,饭也勿要去烧。

A: 日里厢勿烧饭,夜里厢烧烧饭。

B: 当然。拿[nɛ⁵³]百把块洋[ɦɑ]钿(得勒),侬介[kɑ]容易啊[ɦɑ⁰],赚百把块洋钿。

A: 厂里厢发拨侬加工厂,五角洋[ɦɑ]钿一件。难末夷呢[nə⁰],发拨侬两角五一件。夷开销,夷要上交[li⁰ɛ⁰],夷扣脱一半,我么[mə⁰],赚到两角五一件了[lə⁰]。还是侬[nə⁰],是外头个呢[gə⁰][nə⁰],两角五还扣脱百分之四十。

B: 苏绣是国际上有名个[gə⁰],苏绣。

A: 辩个是更加费眼睛了[lə⁰],小青年弄个拉[gə⁰][lə⁰],老太婆弄勿来。

411A　1983年9月8日　虹口公园(中年人对话)

A: 伟伟塔[tʰaʔ]夷一样大伐拉[lə⁰]?

B: 噢,比夷小六个号头,伟伟是八月份。

A: 伟伟么[mə⁰],高一,是勿拉[lə⁰]?

B：唔[ṅ]。

1983年9月8日　鞋店　女青年营业员

A：七耶[jiɛ⁰]，七耶[jiɛ⁰]，七减一耶[jiɛ⁰]。26点5，对伐？

B：26点5么[mə⁰]，就是26两分之一，26两分之一就等于260 mm，就等于26点5个[gə⁰]cm。我算到辦个数字，我一定要化成辦个mm啊[a⁰]？勿要化。

A：勿要化，勿要化。

B：对勒。

1983年9月8日　上海市工人文化宫图书室

读者：《芙蓉镇》辦[gə⁰]本小说有伐？

管理员：啊[ɦa¹³]？

读者：《芙蓉镇》。

管理员A：《芙蓉镇》啊[ɦa²¹]？《芙蓉镇》辦[gə⁰]本小说咾[lɔ⁰]，借脱了。

管理员B：架子浪有个[ɦə⁰]。

412 A　1983年9月8日　虹口公园（老年妇女对话）

A：介早出来拉[la⁰]。

B：走，先去打拳去了。

A：我一直坐拉辦[laʔ⁰kiʔ⁰]搭。我怕热呀[ia⁰]，热煞咪[lɛ³¹]。

B：（问话，听不清）

A：啥人啊[ɦaʔ⁰]？吭没碰着，吭没来[lɛ⁰]。

412 A　1983年9月8日　虹口公园（一个中年男子教训乡下来的青年女子）

中年男子：上海滩骗子多，小偷多，拐子多。年纪大个[gə⁰]往往比年纪轻个，骗起来门槛还要精。夷现在勿是看侬有钞票吭没钞票，夷骗个物事多了[lə⁰]，骗勿到钞票骗人。

青年女子：……老了死都要死了。（宁波话）

中年男子：越是要死了，越是想要人。七十多岁个人照样到外头骗人家小姑娘，多得很啊[ɦa⁰]，上海。一定拨侬看到？侬辣拉上海才登了几日天物事啊[ɦa⁰]？七十岁个老头睡人家十几岁小姑娘也有咪[lɛ⁰]，对伐？因此讲，正因为侬脑子里厢,来拉[la⁰]侬自家思想里厢拉[la⁰],勿认为迪个问题重要,因此讲,侬咾容易跟人家跑,到时光并勿是讲一声,吃了苦头,吃了亏,倷小阿姐、我拉[la⁰]糊里糊涂晓也勿晓得。侬到时光去叫冤也吭没地方叫。我搭侬讲,一点,还有一点,季兰、新芳跟侬两个人一道来,季兰现在回去屋里有事体,让侬一个人登搭[tã⁵³]。倷小阿姐要对侬负责,我也要对侬负责。侬自家想想,上海迪个地方,马路,马路侬勿熟悉,人,人侬勿熟悉,对人勒[lɛ⁰]>([lə⁰])啥侬侪勿了解。侬为啥道理介相信侬阿哥拉[la⁰]？我真有点搞勿懂。到了上海,我搭侬讲,侬勿应该连倷阿哥也相信。到了上海连倷阿哥也勿应该相信了。为啥道理啊？因为倷阿哥也糊里糊涂,对上海也勿了解。对伐？应该相信倷小阿姐。夷上班去,侬屋里厢登搭[tã⁵³],睡觉、休息、牌打打。喊侬看毛病寻医生去个[gə⁰],并勿是寻人家□□□□(听不清楚)去个[gə⁰]。礼拜日休息么[mə⁰],礼拜一去看,对伐拉[la⁰]？对个[gɛ⁰],就是迪个人侬拨夷当好心。侬医生勿熟悉,地方勿熟悉。夷带侬去,迪个是好心带侬去了,可以谢谢迪个人。但是为啥道理,结果,带倷看过医生,还要带倷到西郊公园去？迪个侬那能啊[fia⁰]。迪个医生登辣西郊公园个啊[kiʰfia⁰]？问题勿拉[lɛ⁰]吃力,吃力另外一桩事体。问题就是讲,迪个老头子,五十多岁个老头子,肯定有啥个动机勿良个地方。侬应该晓得拉[lɛ⁰]世界上头,社会上头,吭没无缘无故个恨,也吭没无缘无故个爱。夷迪能样子个[gə⁰]关心侬,关心侬忒过分了。过分个[gə⁰]关心8个里厢就有问题。侬现在还来搭[tə⁰]拨夷拨当好人。好像烧饭一样个[gə⁰],迪个饭还吭没烧熟咪[lɛ⁰]。就是要吃饭么[mə⁰],还要等饭烧熟仔,才好拿碗盛了吃呀[ia⁰]。夷现在关心侬个目的,也是为了迪个。等饭烧熟,夷自会得拿碗盛侬迪碗饭吃了[lə⁰]。侬拨乡下头地址抄拨夷了伐？

411 A 1983年9月8日 西藏中路商店(两个女营业员闲谈)

A:一辈子拉[lɛ⁰]哀面了,生根、开花、发芽、结果。扎根啊[fia²¹],一辈子扎根黑龙江、北大荒。昨日莫名其妙拿[nɛ]张纸头写松花江上舴[gə⁰]只歌词。统统写好了,写出来,难么,那里有啥[ga⁰]大豆高粱。大豆，个么[kəʰməʰ]豆呀[iaʰ]，夷写大头高粱。我昨日还讲夷。第二故乡。

B：十年咪[lɛʰ]。

A：十年呒没个[gəʰ]，夷是留到阿拉七零届个[ɦiaʰ]。

B：夷留级啊？

A：咳[ɦɛ²¹]。

1983年9月8日（饮食店服务员跟顾客吵架。A是服务员，B是顾客）

A：搞啥？我教[kɔ¹³]侬搞啊[ɦiaʰ]，侬蛮会得搞拉海[laʰɦɛʰ]，侬蛮会得搞咪[lɛ²¹]。□□□□（听不清楚），侬自家搞搞清爽。

B：□□□□（听不清楚），搞啥名堂？

A：我啥名堂呀[iaʰ]，牌子发拨夷咪[lɛʰ]。

1983年9月8日（西藏中路华东皮鞋店）

营业员：人家屋里死脱人，白鞋子呒没卖，买辩[gəʰ]双正好，一只襻么[məʰ]，遮遮脱，哎[ɛʰ]，难么[nəʰməʰ]夷拉屋里厢有六个人么[məʰ]，买六双。

434 B 1983年10月23日

A：摆煞拉海[laʔɦɛ²¹]，呒没办法[laʰɦiaʰ]，改勿脱[laʰɦiaʰ]。

1983年10月23日

A：推板一角五分一斤，阿拉全部买下来算了。一记头付拨侬，对伐拉[laʰ]？侬跑路。分，我来分，勿搭界个拉[gaʰlaʰ]，对伐？秤么，我后头磅秤借拨侬校。

1983年10月23日

A：写等线体字个[gəʰ]笔，0.5毫米到1.5毫米，要买一套，用于标图个[gəʰ]。

B：等线体？

A：哎[ɦɛʰ]。

B：我辩个[gəʰgəʰ]也[ɦia¹³]勿懂，啥物事？

1983年10月23日

A：夷住勒南湖西路。

B：男朋友大概呒没？

A：有个[ɦəˀ⁰]。

B：住在弄堂里？

A：咳[ɦiɛ¹³]，对个[ɦəˀ⁰]。比搿[kəˀ⁰]条弄堂还要狭一点。

1983年10月23日（在书店买书。A是营业员，六十多岁。B是顾客，四十多岁）

A：阿有伐拉[la⁰]？

B：对个[ɦiɛˀ⁰]。

A：对个[ɦiɛˀ⁰]。搿[kəˀ⁰]我拿一本。有两种个[ɦəˀ⁰]。

B：伊个[kəˀ⁰]勿是个[gəˀ⁰]。伊个[kəˀ⁰]，侬看看，伊个动词、句型查勿出。

A：对个[gəˀ⁰]，对个[gəˀ⁰]。

B：看看啊[ɦaˀ⁰]。我多要两本。我还要勒[ləʔ]，还要勒[ləʔ]。

A：几本啊[ɦaˀ⁰]？

B：十本。人家托我买个拉[gəˀ⁰laˀ⁰]，一直买勿着。四块五角是伐[ɦaˀ]（<[va]）？

A：数过伐？

B：数过。

A：阿是四块五角啊[ɦaˀ⁰]？

B：到台上去。

A：噢[ɦoˀ⁰]，到故面去付钞票去。

1983年10月23日

A：勿要瞎讲八讲。

1983年10月23日（A和B两青年比赛扳手，C是旁观者）

A：慢慢叫，慢慢叫。我那能捏法拉[la²¹]？

B：推记推记，推啥物事推啊[ɦaˀ⁰]。当心漏气。

A：勿会漏气，侬放心好唻[lɛˀ⁰]，啊[ɦaˀ⁰]。

C：好唻[lɛˀ⁰]，好唻[lɛˀ⁰]，人家面孔红也[ɦa²¹]勿红。好唻[lɛˀ⁰]，好唻[lɛˀ⁰]，人家面孔红也勿红。

1983年10月23日

A：鹿茸精有伐？

B：啊？
A：鹿茸精。
B：鹿茸精有个[ɦɛ⁰]。

428 B　1983年9月25日（在百货公司买鞋）

男营业员：一点毛病呒没么[mə⁰]，变正品了，对伐[la⁰]？再调一双，好伐？

1983年9月25日（在另一百货公司。中年女顾客A曾买四节电池，其中一节不亮，要求调换，跟一个男店员B争吵）

B：问题是来拉[la⁰]迪个地方，侬如果迪个四节电池号头相同个[gə⁰]，内中有一节可能是阿拉出差错个[ɦɛ⁰]，迪个是毫无疑问。但是来讲呢[nə⁰]，四节电池呢[ni⁰]，三节是同号，迪个一节非同号。但是勿亮呢[ni⁰]，就是迪个一节非同号勿亮。

A：倻店里那能会得有非同号个[ɦɛ⁰]？我现在身边呒没电咳[ɦɛ⁰]，我现在迪只录音机空个[gə⁰]呢[nə⁰]。

B：侬假使对阿拉迪搭商店有怀疑，倻领导打一张证明来，来检查好咪[lɛ0]。

A：当然有怀疑咾[lo⁰]。

B：我现在今朝外加录音也[ɦa⁰]呒没录着侬讲气人伐拉？阿拉请一个教授来上课，侪带录音机个[ɦə⁰]。

A：我是老花眼睛看勿清爽，两个小姑娘看过咪[lɛ⁰]，对伐。倻看一看好咪[lɛ⁰]。

428 B　1983年9月25日（续前）

A：侬一点多钟来个[ɦə⁰]，到现在几化辰光了[lə⁰]，对伐？

B：大家分析分析好了[lə⁰]，老师傅，对伐？大家侪晓得个[gə⁰]。对伐？人家好分析个[gə⁰]，迪个问题。对伐。

A：侬可以派人来检查，对伐？阿拉允许侬来检查，点交关拉[la⁰]海[hɛ⁰]。一盆一盆木咾咾拉[la⁰]海[hɛ⁰]。倻派人来检查好了[lə⁰]，允许倻来检查，对伐？

B：我勿管侬检查勿检查，我现在就是买侬四节电，问题就勒[lə?¹]拉[la⁰]迪个地方。对伐？那能会得出现非同号个[ɦɛ⁰]，鞯[gə⁰]就奇怪咪[lɛ⁰]，对伐？又影响人家个[gə⁰]工作，又影响人家个[gə⁰]

听课收录,对伐拉[la⁰]?

B:今朝是清清爽爽是㑚店里向出来一节非同号,嗨[hɛ⁰]嗨[hɛ⁰]。(冷笑)

B:我外加今朝觟[gə⁰]个[ɦiə⁰]一桩事体拨侬影响得来[lə⁰],录音也朆没录着,对伐拉[la⁰]?(小句作补语)

B:我今朝是头一个就叫㑚试。

B:叫㑚领导来,我倒要教[kɔ⁵]㑚领导讲讲清楚看。("看"虚化)

428 A 1983年9月25日 黄浦公园

女中学生:

1. 夷拉旁边胡咙瞎响,我就骂夷,侬胡咙瞎响我就吓侬啦[la0]? 哆啥了[lə0],胡咙响。

2. 我到张武拉[la⁰]屋里寻过个[gə⁰],人勿拉该[la⁰ kɛ⁰]。

3. 夷讲,侬搭夷两家头一道进来,夷讲。我讲夷眼睛阿好看花脱。

4. X光拍过伐?鞋[ɦiə⁵³]里搭神经搭牢啦[la⁰]?

5. 拎勿清,花头精透了勿得了。夷讲人家下头来[lɛ⁰]拉[la⁰]叫个[ɦiɛ⁰]。我讲下头个人神经病亥[ɦiɛ⁰],侬勿晓得个[ɦiə⁰]啊[ɦiə⁰]?

中年男子:

打电话到夷拉屋里厢,喊夷来,夷拉娘搭[tʰa⁰]夷一道来,戆[gaŋ¹³]伐拉[la⁰]? 大家倷一道去。

(男孩和妈妈对话)

男孩:妈[a⁰],我就拉[la⁰]觟[ki⁰]搭啊[ɦiə⁰]。

妈妈:勿要走开啊[ɦiə⁰]。走开闯祸个啊[gə⁰ ɦiə⁰]。当心掼跤。

(女青年和男青年对话)

女青年:大概六点多一眼眼。

男青年:侬今朝讲闲话好像老会讲个[ɦiə⁰]样子,啊[ɦia¹³],老早朆没发觉侬。

(另一对男青年和女青年对话)

男青年:学个[gə⁰]物事顶好勿要露出来。

女青年:叫我觟[gi⁰]能介,单单去背背标准有啥意思啊[ɦiə⁰],对伐拉[la⁰]。我又勿是(听不清楚)。我登拉[la⁰]实验室,就觟[gi⁰]能介背背标准,就只会得操作,觟有啥意思啊[ki⁰],一点点意思也[ɦiə⁰]朆没个[gə⁰]啰[lo⁰]。

女青年:我有辰光也到回去(听不清楚),格么再吃好饭,再汏汏浴,天热,对伐拉[la⁰],汏汏浴。格么我想总要汏汏衣裳,(听不清楚)。有辰光夜到汏好浴,再拏衣裳汏脱,弄好,弄好仔格么再看看报纸,再看脱些书,□□,总归十一点钟。

(另一对男青年和女青年对话)

男青年:侬自家吃了一塌糊涂,讲我吃了一塌糊涂。

女青年:冷饮,冷饮。

男青年:跌下来耶[ɦi⁰ɦiɛ⁰]。

(随听随记)

1. 年三十乘火车,一节车厢两家头,瞎适意。
2. 老早仔只有鄞县,吭没宁波市。
3. A:迪种皮棉鞋我也想买一双。

　　B:今年吭没了[lə⁰],要明年再来。

　　A:拜托侬了[lə⁰]。

　　B:一句闲话。

434 B　1983年(某公园)

1. 去了[lə⁰]啊[ɦia⁰]。
2. 礼拜两再来关照一声。("两"字用法)
3. 掰[gə⁰]个[kə⁰]小囡个[gə⁰]特点是死读书,勿是聪明来西。
4. (A是小孩儿,B是外婆,对邻座说话)

　　A:鞋鞋。(小儿语,大人引述或对小孩说话时也用)

　　B:鞋鞋落脱了。噢[ʔo⁰]哟[jio⁰],鞋鞋,夷双鞋子是伐。我伊日子搭掰[gə⁰]保姆讲得起劲,夷也是哇[ɦua⁰],叫"鞋鞋"。夷双鞋子落脱,最希奇了[lə⁰]。("双"定指用法)

5. 掰[gə⁰]个[kə⁰]小姑娘拉[la⁰],阿拉儿子一看,夷。夷讲,姆[m̩]妈,我好搭夷找对象个[ɦiə⁰]。正派、大方。
6. 掉勒地浪个[gə⁰]物事勿好吃,阿囡[no⁵³],噢[ɦio⁰],好伐?
7. 㑚掰[gə⁰]个[kə⁰]是正规大学,阿拉是七二一大学。(主谓松散)
8. 现在难来[lɛ⁰]勿得了[liau¹³]。
9. 掰[gə⁰]种尼龙个[ɦiə⁰],现在价钿便宜,只有四十多块,毛五十块一只。
10. 夷已经讲了[lə⁰]两趟了[lə⁰]。
11. 阿拉一共五家头,一个人烧饭,一个人喂马,白个[gə⁰]吗,对伐,日里向勿要喂,夜头喂,三个人放马。
12. 国庆节勿到点。

13. 阿拉三个人放马,带五只骑马,五只骑个[gə⁰]马。("马"称只)

14. 三个人放马呢[finə⁰],我教[ko⁵³]还有一个[kə⁰]人呢[finə⁰],一家头一班。

15. 我骑了[lɔ⁰]马到阿拉同学舸[ki⁰]搭去了。

16. 噢[ʔo⁵³],我晓得是只狼,一只狼么[mə⁰],两只眼乌珠伐[ɔ⁰],老亮个[gə⁰]。

17. 我回去,对伐拉[la⁰],喂马个[gə⁰]辰光。("对伐拉"表停顿)

18. 吃豆饼么[fimə⁰],油水吥没。

19. 那能想得出拉[la⁰]。

(13—19是回乡知青说的话)

425 A　1983年　商店

1. 大家等拉[la⁰]海[hɛ⁰],吃月饼啊[fia⁰]。

2. A:舸[gə⁰]种咖啡色个[gə⁰],三十九码个[gə⁰],有伐?
   B:有个[fia⁰]。
   A:舸[gə⁰]种呢[finə⁰]? 四十到四十一码个[gə⁰]有伐?
   B:也有个[fia⁰]。

3. 夷是合作个[gə⁰],集体个[gə⁰]?

4. 屋里向大,白相起来蛮有劲。

425 B　1983年　公园(两个老太太对话,其中一位住在大场女儿家)

1. 囡儿是自家房子,两上两下搭灶披间,地方大来[lɛ⁰]海威[fiuɛ⁰]。

2. 登拉屋里么[mə⁰],自由,是伐? 登拉伊面么[mə⁰],小囡么,几几喳喳[tɕʰitɕʰitsʰaʔtsʰaʔ],烦也[fia¹²]烦煞了[lə⁰]。

3. 金窠银窠勿如屋里草窠。

4. 屋里向自由耶[jiɛ¹²]。吃眼粥么,吃眼粥,买眼小菜么,买眼小菜么,买眼小菜。(条件句无连词)

5. 伊拉烧个[gə⁰]饭么[mə⁰],硬透硬透。吃勿来个[gə⁰],硬来[lɛ³¹]。囗

6. 伊拉来吃么[fimə⁰],烦来[lɛ⁰]。忒伊拉烧咾、弄咾,烦煞。

7. 囡儿拨拉农[loŋ¹²]民,哀个[gə⁰]辰光插队落户吥没抽上来。

8. 伊拉自家房子,两上两下,一只灶披间,适适意,是伐[fia⁰](<[va⁰])。

9. 扫扫弄弄,是伐?

10. 乡下芋艿也[fia⁰]买勿着了[lɛ⁰],大场芋艿要老早去。(主谓松散)

11. 上海芋艿[ʔna¹³]、毛豆、素小菜交关。
12. 大场个[gə⁰]蚕豆侪是本地豆，老好个[gə⁰]。
13. 吃过用过侪是钞票，五六百一个人。(名词谓语句)
14. 走哎[lɛ⁰]。
15. 闲话瞎多。

422 A　1983年　天山公园门口

1. (公园管理员斥责一群混乱、吵闹的中学生)
　　做啥拉[la⁰]，俫做啥拉[la⁰]，俫，啊[ɦia¹³]。
2. (为交通事故争吵。A是小青年，B是老师傅，C是交通警察)
A：人马上转过来，转过来靠拉[la⁰]我脚踏车高头，靠拉[la⁰]脚踏车高头。个[gə⁰]辰光我头就回过来了[lɛ⁰]("迪"省)，回过来靠拉[la⁰]脚踏车高头。夷就，脚踏车靠拉[la⁰]以后，就㑚[gi⁰]能[ɦinɑ⁰](<[ɦinən⁰])慢慢叫[tɕi⁰]、慢慢叫[tɕi⁰]掼下来了[lɛ⁰]。夷讲我后头撞着夷掼下来。
B：侬后头过来，后头过来么[ɦimə⁰]，我让侬了[lɛ⁰]耶[jiɛ¹³]。
A：啊[əʔ⁵]，让我？侬后头掼跤勿好怪我耶[jiɛ⁰]。我又[jiɤ⁰]吪没撞着侬咾。
C：夷讲来[lɛ⁰]对伐？老师傅。
B：勿是啊[ɦia⁰]，夷拉我后头来个[ɦiə⁰]。
A：来么[ɦimə⁰]，哎[əʔ]，前咾[lɔ⁰]后是有个[ɦiə⁰]耶[jiɛ¹³]。
B：是拉[la⁰]个[ɦiə⁰]，夷拉我后头来么[ɦimə⁰]。夷撞着我哎[lɛ⁰]。
C：噢[ʔoʔ]，夷后头撞着侬啊[ɦia⁰]？
B：亥[ɦiɛ¹³]。
A：我后头撞着夷，夷吪没掼下来。
B：撞着我耶[jiɛ¹³]，亥[ɦiɛ¹³]。
A：到后头我后轮胎拉[la⁰]夷前轮胎个[ɦiə⁰]辰光，夷掼下来个[ɦiə⁰]。
B：侬撞着我，肯定撞着我了[lə⁰]，撞着我，是撞着我。
A：我后头撞着侬啥地方？
B：啊[ɦia¹³]？
A：撞着侬啥地方？吪没撞着侬啥地方耶[jiɛ¹³]。
B：侬靠牢我么[ɦimə⁰]，阿要撞着我了[la⁰]　[lɛ⁰]。
A：噢[ʔoʔ]，我靠牢侬，侬就要荡下去拉[la⁰]？
C：侬那能好㑚[gə⁰]能样子讲呢[ɦinə⁰]？

B：就是讲。

C：如果夷，喏[nɔ³¹]，后头上来是撞着侬个[gə⁰]。

B：撞着后轮胎唔啥，我后轮胎一点也呒没啥撞。

C：一点也呒没啥撞着侬，侬讲撞着侬。

A：我旁边擦，我旁边过去个[gə⁰]耶[jiɛ³¹]，旁边擦过去，擦过去，夷自家倒下来。

C：老师傅，侬勿要想勿开，我教[kɔ¹³]侬讲，勿要讲了[lə⁰]。

3. 一般性事体勿大敢捉夷。

4. 捉牢夷，好好叫罚夷。

一个赤佬赔五块洋[ɦia⁰]（<[jiã¹³]）钿。

迪句闲话有还几年咪[lɛ⁰]。（主谓松散）

还要登两个礼拜伐？

436　1983年　某公园

1. 阿土，瓣[ki⁰]搭坐一歇，坐脱一歇，阿土啊[ɦia⁰]，阿土啊[ɦia⁰]，阿土啊[ɦia⁰]，坐脱一歇。

2. 呜[vu]——，一股气出来。

3. 油脂格搭个[gə⁰]物事。

4. 大肠里[gə⁰]垃圾啊[ɦia⁰]，擦法擦法，擦法擦法，呒长牢[mə⁰]。勿长牢么，一眼眼会推出来。

5. 今后大便起来，腊黄腊黄，清清爽爽。

6. 其实阿拉每一个侪有气，除非到铁板新村死脱，气呒没，呒没气。气功人人都有，但是瓣[gə⁰]个[ɦia⁰]气功无会得用。

7. 喉咙锁牢咪[lɛ⁰]，喉咙拉[la⁰]，吃勿落去物事。

8. 有种人九十岁，看到仔眼睛抽筋，有伐？㑚呒没碰到过，我就碰到过。

9. 阿拉勿好随便去用个[ɦia⁰]。（"阿拉"单数用法。一个气功师对众人讲话）

10. 人活个[gə⁰]，闲话勿会讲咪，九十岁。（转折句，无标志）

11. 氧气呒没年龄好，格为啥？有种九十多岁大人顶好有十几岁小人困勒海，夷个[gə⁰]热转过去勒海。

12. 热气拨夷吸得去咪[lɛ⁰]。

13. 夜里困觉，嘴巴干燥，吃冷开水，吃茶，讨厌伐拉[la⁰]？（疑问语气词有"伐"和"伐拉"之分）

14. 一个人拉[la⁰]，毛病生拉[la⁰]啥地方，夷只手（"只"定指用法）就摆拉[la⁰]啥地方。

436 B　1983年　某公园
1. 读书也老辛苦亥[ɦɛ⁰]。外加要吃得好。
2. 拉牢亥[ɦɛ⁰],拉牢。

436 B　1983年　宁国北路(买橘子。A是女卖主,B是买主,C是男卖主)
A:阿拉拨人家尝味道,喏[nɔʔ¹²],就尝辩[gə⁰]个[ɦə⁰]推班个[ɦə⁰],看上去,喏[nɔʔ¹²],老推班个[ɦə⁰],吃吃看,啥个[ɦə⁰]味道,就晓得了[lə⁰]。动手么,勿要动。

B:青个[gə⁰]勿要夷。

C:有数了[lə⁰],青个[gə⁰]本来就少个[ɦə⁰]耶[jiɛ⁰],

A:侬勿要那到下头去。啊呀[ɦaº jia⁰],总归稍微搭两个[kə⁰],味道侬尝过了[lə⁰]呀[jia⁰]。

B:啥个[ɦə⁰]叫动手? 我又勿动手,对伐拉?

C:青[gə⁰]少耶[jiɛ⁰],侬看。(倒装)

B:让我看。

A:侬青个[gə⁰]味道尝过了[lə⁰]伐? 啊呀[ɦaº jia⁰],啥个[ga⁰]味道拉?

B:好,好。

A:拨侬尝味道是拨侬尝青个[gə⁰]耶[jiæ⁰]。呒没拨侬尝红个[gə⁰]耶[jiæ⁰]。尝味道是尝辩[gə⁰]个[kə⁰]味道耶[jiɛ⁰]。侬吃了[lə⁰]满意么,侬,对伐拉[la⁰],侬勿要青个[gə⁰]红个[gə⁰]唻[lɛ⁰]。尝味道是尝辩[gə⁰]个[kə⁰]味道耶[jiɛ⁰]。

A:倻勿相信尝尝看,小妹妹买伐辣[ ]? 先尝味道,喏[nɔ⁰],真个[ɦə⁰]。尝尝味道。啊拉硬伐? 拨倻尝辩[gə⁰]个[kə⁰]味道。勿是拣[kɛ]辩[gɛʔ⁰]种拨侬尝味道,红个[gə⁰]勿拨侬尝。

433 B　1983年(公园)
1. 拢总只有一千多个人口,介小个[gə⁰]国家我听也[ɦaº]呒没听见过。
2. 只好实[zəʔ]介[kʌ]瞄一瞄,瞄一瞄么[mə⁰],算数唻[lɛ⁰]。
3. 辩[ki⁰]只啊[ɦaº],辩[ki⁰]只镜头好。
4. (母亲带小孩看池子里的金鲫鱼)
看见伐? 阿鱼有伐? 金鲫鱼拉[la⁰]抢物事吃亥[ɦɛ⁰]。再拨夷,喏

[no⁰]，喏[no⁰]，大个[ɦə⁰]来了[lə⁰]，大个[ɦə⁰]来了[lə⁰]。看，看，阿鱼吃物事，好看伐？立上来看，立上来看。妈妈扶好侬，怕啥？看见伐？跪[dʑy¹³]勒海[hɛ⁰]，跪勒海。啥关系拉[la⁰]，侬，妈妈拨侬跪勒海[hɛ⁰]看。阿鱼侪来了[lə⁰]。坐拉舝[ki⁰]搭好伐？坐拉舝[ki⁰]搭好伐？坐拉舝[ki⁰]搭勿要紧个[gə⁰]啊[jia⁰]，妈妈挡牢侬。

5. 哎[ɛ³¹]！老早大华里还有个[gə⁰]塌鼻头，也[ɦa¹³]勿看见了[lə⁰]。

6. 老早打相打个[ɦə⁰]人，现在侪勿打了[lə⁰]。

7. 蛮戆[gaŋ¹³]个[ɦə⁰]呀[jia⁰]，小家伙，蛮戆[gaŋ¹³]个[ɦə⁰]呀[jia⁰]，戆是戆得要死。

8. 侬明朝喊人来，我夜里等拉[la⁰]海[hɛ⁰]，如果喊勿着人，插[tsaʔ]倷娘个[kə⁰]屄。

9. 侬叫一批人，侬如果打赢个[gə⁰]，十块洋[ɦa¹³]钿。

10. 舝[ki⁰]只模子去呢[ɦmə⁰]，人家也[ɦa¹³]吓个[gə⁰]。

11. 我有只塑料红杯子，高来西，介高，喏[ʔno⁰]。（伴手势）

12. 阿拉三家头么[ɦmə⁰]，侪拉烧舝[gi⁰]只小豌[ø³⁵]豆吃。

13. 一看，小豌豆炒蛋，噢[ʔoʔ]哟[jio⁰]，我讲，侬倒蛮惬意个[gə⁰]嘛[ɦma⁰]。

14. 夷拉[la⁰]讲，我又勿吃侬个[gə⁰]啰[lo⁰]，只吃爹爹，夷讲。

15. 我也勿客气，百[baʔ⁰]拉[laʔ⁰]百[baʔ⁰]拉[laʔ⁰]吃。越是当家人越是吃勿着啥物事。侬勿要讲。

16. 做人蛮开心拉[la⁰]海[hɛ⁰]。

17. 阿拉小赤咾，现在也舝[ki⁰]能亥[hɛ⁰]。

18. 饭带去么[ɦmə⁰]，大家吃饭么[ɦmə⁰]，大家别苗头唻。

19. 舝[gə⁰]件绒线衫，喏[ʔno⁰]，搭我拉[lɛ⁰]了[lə⁰]舝[gə⁰]样子，喏[ʔno⁵³]。舝[ki⁰]日子我想一只灯吊吊好，好，一面么[mə⁰]吊上，一面拜[ba¹³]浪[lã³¹]当[dã¹¹]，敲了[lə⁰]粉粉碎。

20. 勿拨夷吃么[mə⁰]，"上海去，一眼吭啥吃，勿扎[tsaʔ]劲，勿来了。"顶好侬勿要来。

21. 来也[ɦa¹³]好，勿来也[ɦa¹³]好，大家屋里侪有钥匙。（无条件复句）

22. 我有两朝有毛病，我又弄勿来，老头子么[ɦmə⁰]，还会得弄弄。

23. 绣绣花咾啥蛮灵个。

24. 舝[gə⁰]样子腔调。

25. 阿拉，我一直想要卖脱伊。

26. 迪个[gə⁰]辰光，买个[gə⁰]辰光么[ɦmə⁰]，老头子还是，迪个叫啥？工会敲图章个[gə⁰]呀[jia⁰]。难么[ɦmə⁰]，我么[ɦmə⁰]，是登记弄了部脚踏车票子。

27. 历史浪向讲起来。(防卫词)

28. 迪个[gə⁰]辰光康熙皇帝，夷已经要死快了[lə⁰]。(主谓间有停顿，复指，词序)

29. A：两百六十多年，是伐？ B：叫名三百年。(概数)

30. 老早一个吕后，结棍个[ɦə⁰]，慈禧结棍个[ɦə⁰]，还有武则天也[ɦa¹³]结棍个[ɦə⁰]。老早倒女个[gə⁰]啊[ɦa⁰]，好几个蛮迪个[gə⁰]个[ɦə⁰]。(指示代词代形容词)

31. 啥人接触得着夷？

32. 老头勿会得介糊涂。

33. (大人叫小孩坐好拍照)

　　　排排坐，排排坐拉拉[la⁰]海[ɦɛ⁰]。

430 A　1983年　公园

1. A：相差要五块洋[ɦa¹³]钿咮[lɛ⁰]，顶起码。(倒装)

　 B：勿摆咮[lɛ⁰]。

2. 气量是小得来一眼眼。("一眼眼"连调值是33-44-35，新派特点)

3. 几分洋[ɦa¹³]钿是打得来像命一样。

4. 啊[ʔaʔ]，六十[səʔ]万，介许多啊[ɦa⁰]。("十"清化)

5. 后头到九十[səʔ]万，结棍伐拉？

416 A　1983年　公园

1. 阿是？……噢[ʔoʔ⁵³]，三零一。

2. 要来看看伐？慢慢叫人跑过来。

3. 徛拉[la⁰]伊面转弯角里，弆[ki⁰]搭出口，伊面转弯角去徛拉[la⁰]海[ɦɛ⁰]。

4. 我到屋里么[mə⁰]，阿拉媳妇就讲，有个人姓周个[gə⁰]，打只电话来，大概是玉琴阿姨。

5. 迪只鹞子断线还断拉海。

6. 去一埭么[mə⁰]，也[jia⁰]好。

7. 阿拉老头子讲勿清爽，我讲来蛮清爽。("阿拉"单数用例)

8. 既然侬要反对阿拉轧朋友，侬又何必电影票送拨我呢[ɦnə⁰]？("阿拉"复数用例)

9. 就算阿拉勿去,搭侬啥搭界。(让步句)

10. 我辫[ɡə⁰]个[ɦiə⁰]人赣[ɡaŋ¹³]个[ɡə⁰]拉[la⁰]。

11. 侬自从去到现在么[mə⁰],信还呒没来,侬那能那能。("那能"代述语,常重叠)

12. 迪个是直直早咪[lɛ⁰],直直未咪[lɛ⁰]。

13. 侬几岁[se]拉[la⁰]?八十一。("十"字读[zəʔ],不清化)

14. 我吃亏了[lə⁰]嘛[ɦma⁰],阿是啊[ɦia⁰]?(小青年语)

15. 我也[ɦia¹³]是顶好礼拜六休息。

16. 今朝夜到早点困。(命令句,无标志,母对女说)

17. 两角两分一瓶。

18. 羊奶[ɦina¹³]个[ɡə⁰]营养超过牛奶[ɦina¹³]。

19. 人口是美国个[ɡə⁰]一半,但是夷国民经济个[ɡə⁰]总额挨拉[la⁰]美国个[ɡə⁰]后头。

20. 夷信总归会来个[ɡə⁰],我辫[ki⁰]搭信接着了[lɛ⁰],打只电话拨侬。

21. 夜里衣裳要多加一件拉[lɛ⁰],啊[ʔa⁰]。

22. 辫[kə⁰]有啥拉[la⁰]?阿拉讲讲又呒没关系啰[lo⁰]。夷又勿晓得阿拉讲夷啥。

416 B　1983年　公园

1. 阿拉去了[lə⁰]啊[ɦia⁰]?(临别时通知对方)

2. A:侬六十[səʔ]九啊[ɦia¹³]?　B:七十[zəʔ]三。
   A:七十[zəʔ]三岁啊[ɦia³¹]。侬七十[zəʔ]三。

3. 阿拉阿哥属兔子,八十[səʔ]一。

4. 侬勒拉动啥个[ɡə⁰]脑筋?

5. 侬管我读了[lə⁰]不读拉[la⁰]。

6. 侬勿要来讲拨我听,啥人晓得拉[la⁰]?

7. 呒[m̩]拨[pəʔ]一样值铜钿个[ɡə⁰],侪是垃圾货。("呒拨",苏州口音)

8. 问问呢[ɦnə⁰],勿响,也勿说辫[ɡə⁰]个[kə⁰],也勿说伊个[kə⁰]。

9. 铜钿呢[ɦnə⁰],逼牢仔也要搭我讲。(话语标志"呢")

10. (老太太埋怨女儿)
"妈,喏[no³¹],我倒买斤糖呢吃吃喏。"夷也勿曾有歇过。

248 A 1983年 公园

1. 侬帮夷好,教[kɔ]我勿搭界。
2. 侬勿认得,我认得。
3. 搞糊涂脱了。(代动词。小姑娘语)
4. 亨[hən⁵³],我眼乌珠白白……,我够了,我喊夷唻[lɛ⁰]。
5. 我是第三节课,对伐拉[la⁰],我拨夷拖进去。
6. 汤老师,新老师,教课倒数了[lə⁰],蛮好。

411 B 1983年 上海市工人文化宫

1. 炮七平五么[ɦmə⁰],要抽车。
2. (运动会火炬接力)
   火炬啊[ɦa⁰],勿多一歇就要到此地来。(代词"此地"。主谓标志"啊")
3. 一脚齐巧踏啦[la⁰]脚节头浪。
4. 懂么[ɦmə⁰],勿懂,总归七搞八搞。("么"连接复句的两个分句)
5. 我呢个[gə⁰]祖国。
6. 大家听仔倷会得哈哈大笑。
7. 有两个专业演员直直不值业余演员。
8. 京戏板要用北京闲话咬字。
9. 侬阿听得出一眼眼宁波口音啊[ɦa¹³](<[vaʔ])?
10. 侬阿闻[mən¹³]得出一眼眼黄鱼个[ɦə⁰]腥气啊[ɦa¹³]?
11. 辩[ki⁰]朝[tsɔ⁵³]犯规。
12. 我辩[ki⁰]只空城计是辩[gə⁰]能样子辩[gə⁰]来源。
13. 吭介[ka⁰]危险个[gə⁰]。
14. 哎[ɦe¹³],喂、喂、喂、喂,侬还有几化闲话?

411 A 1983年 上海市工人文化宫(象棋比赛讲评)

1. 皮厚得来吓煞人。
2. 红个[gə⁰]呢[ɦnə⁰],车一平六,黑个[gə⁰]呢[ɦnə⁰],车一平两。
3. 黑个[gə⁰]假使讲炮平七打兵,红个[gə⁰]呢[ɦnə⁰]就走炮八平七。
4. 姓刘个[gə⁰],刘洪明,虽然年纪勿大拉[la⁰],但是讲想到象三进一是相当老练个[gə⁰]。
5. 现在假使讲红个[gə⁰]仍旧是车平九进一呢[ɦnə⁰],黑个[gə⁰]就勿走炮两进四了[lə⁰]。
6. 所以讲,应该讲,红棋个[gə⁰]着法是比较含蓄个[gə⁰]。

7. 辧[gə⁰]能呢[ɦinə⁰],下一步呢[ɦinə⁰],红个呢[ɦinə⁰],车进六提双

8. 辧[gə⁰]能呢[ɦinə⁰],就是讲差,差勿多。

9. 马七进五呢[ɦinə⁰],大家勿碰着,想迫使呢[ɦinə⁰],就是讲,黑方呢[ɦinə⁰],用较多个[gə⁰]辰光去考虑,辧[gə⁰]能样子争取勒拉比赛个[gə⁰]速度方面一种便宜。

10. 红个[gə⁰]呢[ɦinə⁰]刚刚走马七进五有两个目的,一个是马五进七吃象,还有一个呢[ɦinə⁰],是马五进三吃兵。(主语标志"啊")

第二部分:讲述语料(开放式调查)

401A 1983年6月23日 杨乐郎家(杨乐郎讲述)

上海有本地闲话,我讲个[ɦə⁰]是本地闲话。迪个[ti⁰ ɦə⁰]本地闲话搭浦东闲话,差、差勿多。侬,勿懂个人,听勿懂,我也吭没办法辨别。稍丝有点两样,就叫本地闲话,就是上海闲话。

我从小勒拉上海,七十三年,嗨,老上海。(问:侬爷娘是啥地方人?)上海人。(问:上海是,郊区啥地方?) 金山。我爷廿岁勒拉上海做生意。已经吭没金山个味道。我个娘是上海人,上海铁马路人。

年青人勒拉讲个,非但勿标准,有交关地方(停顿),勿是从啥地方来,从流氓习气当中来,交交关关。"哎,侬帮我做一做,好伐?""帮侬",吭没个,上海闲话。"哎,侬帮我","迪个物事,侬搭我(两字加重)做一做。""帮我"现在大行。"我教侬老朋友咾。"吭没个。"我搭侬老朋友咾。"侪是迪种词汇,侪是迪种,交交关关。"摆拉迪个高头个。"吭没个,上海闲话。"摆拉迪个上头个。"

语言我蛮注意,小辈勒拉我面前,伊拉讲错,我听勿入耳。有种物事勿要迪能讲。读读交关吃力,交关吃力。年青人是勿觉着个。侬阿相信?侬勿相信,侬叫一个年青人,叫伊讲一个钟头,叫伊读一个钟头,两样个。读一个钟头,伊吃勿消。

410A-B 1983年9月10日 杨乐郎家(解释几个词汇)

迪个辰光比较考究个[gə⁰],头等香烟叫茄立克,迪只香烟登拉中国么[mə⁰],算顶顶好好了。三五牌比茄立克次一等。

上class,上等级。后首来"吃加"就叫"上克腊"。上克腊,勿上克腊就推板,上克腊是上谱了,有资格了。当时光行出来也是洋泾浜用用,一定要查夷个[ɦə⁰]那能个[ɦə⁰]出典,勿是class者就是"克拉"。上克腊,难么年

纪大么[mə⁰],就叫老克腊。"侬勿要看夷老头子噢[o⁰],老克腊。"

迪个"伲"是人字旁边尼姑个[gə⁰]尼。"迪个是伲爷哎[lɛ⁰],迪个是伲娘哎[lɛ⁰]。""伲"字解释多数拉[la⁰]。"伲屋里、伲弟兄道里"也用"伲"[ə⁰]。"阿拉兄弟三个人、伲兄弟三个人"。迪个伲"字解释多数拉[la⁰]。"阿拉爷死下来、伲爷死下来,伲姐妹道里也吭没为之家当大家吵。""伲"啊[ɦia⁰],语汇当中算比较正派个[ɦiə⁰],"阿啦"就勿正派了,必过现在拨"阿拉"打倒了。现在用"伲"少。用"伲"比"阿拉"来得高级一眼,蛮文雅个[ɦiə⁰]。

419 A　杨乐郎家

1. 侬一问,好勒[lə⁰],我要断脱勒[lə⁰]。(插入语)

2. 格么,哪能弄法?

3. 有名堂个呀[giⁱia⁰]?

4. 唱一只戏。

5. 喙侬做花头。

6. 侬阿有老户头伐?

7. 迪个铜钿侪拨拉迪个女人。

8. 吭没魄力,吭没眼肩胖,是搭[taʔ⁵]不够。

9. 一部车末,也是老爷汽车。

10. 回头勿好回头。迪个辰光讲派头个[e⁰]。

11. 明朝搭我送四钵头酒酿去。

12. 两个红个是,蛮结棍个[gə⁰],两个人啊[ɦia⁰],赅家当,赅铜钿个[ɦiə⁰]。

13. 谈谈古典历史,做做文章,琴棋书画。

14. 我自家觉着比一般七十岁人还是清爽点。

15. 假使讲仔半日,侬勿懂呢[fini⁰],我也[ɦia⁰]勿讲勒[lə⁰]。

16. 现在叫静安别墅。

419 B　1983年　杨乐郎家

1. 先拿外国人讲完伊噢[ɦio⁰]。(宾语提前,但动后仍用伊重复指代)

2. 侬晓得蛮多个[ɦiɛ⁰]。

3. 㑚出仔书,歇两日我也有眼份。

4. 侬跑到迪个门口,已经觉着蛮奇怪哎[lɛ⁰]。

5. 瓣[gə⁰]种花头透哎[lə⁰]。

6. 卢老七、唐老二、小脚老二、小阿姨。

7. 里向傢生好来西,红木傢生。
8. 门面房子。

418 A　1983年　杨乐郎家

1. 我刚刚吃仔一碗面。
2. 啊[ʔɑ⁵]耶[ie¹³],阿会看错啊[fiaº]。
3. 身上个[gəº]行头,身上行头换一换。
4. 耶[fieʔ],刘良芝。
5. 外头喇叭声,to³³to³³to³³,侪是汽车。
6. 九点等等勿来拉[laº],伊房间里等勿牢,等到下头大门口去。大门口等等也勿来。等到吃中饭快也勿来。
7. 听见一样物事tālā落laº地上lā。
8. 我勒侬海头个[gəº]只戒指末,随便侬掼脱也好,摆拉也好。
9. 失脱仔未婚妻拉[laº],还[fiuɛ¹³]失脱仔我个[gəº]职业。
10. 我信写出拉海噢[fiməº]。那能弄法呢[finiº]。
11. 我信老早写拨伲姐夫。
12. 我现在心里是乱得一塌糊涂。
13. 豁[gəº]事体急咪[lɛº]
14. 上头biʔ²²liʔ⁵⁵baʔ³³laʔ²¹,biʔ²²liʔ⁵⁵baʔ³³laʔ²¹,落下来一只鞋子。
15. 有一个女人立勒拉。
16. 请问侬尊姓啊[fiaº]?
17. 有啥商量头。
18. 打扮越素越好。(补语无标志例)
19. 我漏脱一眼。
20. 气派大是大得热昏。
21. 汪建平心里是bia¹³,bia¹³,bia¹³跳。
22. 拌客男子。
23. 十样礼物。
24. 伊豁[giº]能一看,就拨拉王建平。
25. 迪个小官人我嫁着唎[lɛº]。
26. 噢唷[oʔioʔ],开心得来。
27. 豁个[kəʔgəº]事体急煞人。
28. 故面一条街交关小。鞋[fia¹³]里搭。

418 B　1983年　杨乐郎家

1. 勒拉爱情浪向开仔一条特别个[gə⁰]路。
2. 郑伟昌弄得介局促。
3. 侬假使急急乎要看夷,侬到红牡丹跳舞场去看夷好了[lə⁰]。
4. 那能桩事体?
5. 泡仔一杯茶,坐勒拉吃茶,等。
6. 想着咪,等勿着。
7. 接着电报迪日天蛮晏咪[lɛ⁰]。
8. 吭没碰头过。(词序)
9. 别样吭啥事体。
10. 因此我叫侬帮帮忙,救救急个[ɦiə⁰]。
11. 迪个事体暂时搁[koʔ⁵]一搁[koʔ⁵],勿谈。
12. 字家屋里收作收作,蛮等样。
13. 阿有啥事体。
14. 我今朝阿好请侬到我屋里来一埭。
15. 迪种生意我已经回头脱,勿做来咪[lɛ⁰]。
16. 到街对过一棵树背后,野[ia13]拉看。
17. 散仔银行侬慢慢叫走。
18. 俨夫妻道里直头要好。(复指)
19. 一间小小叫房间。
20. 辫[kəʔ]个[kə⁰]事体好极。
21. 我连交关字侪勿大顶识。
22. 捧客个[gə⁰]花篮是交交关关。
23. 百把洋钿,迪笔铜钿。
24. 事体,事体吭没。
25. 逼牢,定规要叫夷做。
26. 我是讲来简单来一塌糊涂。
27. 我吭[m̩]去处。
28. 别个[gə⁰]生意吭啥好做。
29. 格么,搭[taʔ]我住拉一道。

424 A　1983年　杨乐郎家

1. 迪能样子一票货色。
2. 去触触夷霉头。

3. 详细讲是有得讲咪[lɛ⁰]。

4. 还有小八拉[la⁰]子流氓、地头蛇。

5. 流氓个[gə⁰]种类是勿晓得几几花化花。

6. 拨夷一推么[mə⁰]，白浪当[tã³³]一跤。(因有语气词"么"，句子才得以成立)

7. 汪建平吃着一脚么[mə⁰]，头浪血出来，人昏过去了[lə⁰]。

8. 逃到化妆间，夷也出松了，人也走脱了[lə⁰]。

9. 到医院里包包扎扎、弄弄么[mə⁰]，醒了。

10. 一讲，讲开了[lə⁰]么[mə⁰]也算了。(非动词重叠，有停顿)

11. 夷拉来无非是要触触夷霉头，出出夷洋相。

12. 我连讲闲话也勿曾讲。

13. 夷拉拉烧，烧么[mə⁰]，舸[gə⁰]只镬子漏个[ɦiɔ⁰]，漏个[gə⁰]么[mə⁰]，个[gə⁰]油阿是着起来了[lə⁰]。

14. 侬拿迪只物事么先搭我摇摇头。(电风扇)

15. 侬拿上来一封信，是伐？拨我哎[ɦiɛ⁰]。

16. 一歇歇下头也少好了[lə⁰]。

17. 弄得末么，馋煞、苦煞、烟煞、蒿煞、呛煞。(油锅起火)

18. 有点暴发户西西。("暴发户"形容词用法)

19. 讲仔再讲。

20. 因头里向就是讲，意思我对侬有好感。

21. 舸[ki⁰]搭房子我已经回头脱了[lə⁰]。

22. 细软个[gə⁰]物事自家带仔走。

23. 侬听得懂伐？我勒拉讲。(倒装)

24. 吃仔夜饭呒没事体么[mə⁰]，到外头去跑跑。

25. 戏馆拉街故面，夷立拉舸面看。

26. 汽车门一开么[mə⁰]，出来一男一女。

27. 头悖[bəʔ¹]转来搭仔阮凤娟面对面。

28. 啥道理咾，舸[gə⁰]能。(代句词)

29. 弄得来神昏颠倒。

30. 拉小店里买包香烟。

31. 等仔一二个钟头。

32. 天蛮晏了[lə⁰]，黄包车喊勿着了[lə⁰]，只好走脱一段。

33. 侬那能会得拉此地？

424 B　1983年　杨乐郎家

1. 迪个辰光行出来三轮车。
2. 迪个人是侬朋友——,还是亲眷——,还是侬啥人——?（尾音拖长后再停顿）
3. 我想搭侬讲讲清爽。(动叠)
4. 我自家勿好,去轧着一个男朋友。
5. 迪个流氓我板要搭夷走开。
6. 迪个问题我已经考虑交交关关辰光。
7. 做仔一个礼拜,到迪搭来望望我爷。
8. 坐拉俹隔壁。登拉隔壁听。
9. 吃得苦一眼,用得简朴一眼。
10. 阮凤娟也应该拨张条子查三爷。(词序)
11. 拨张纸头我。(词序)
12. 阮凤娟拨张条子拨拉查三爷。(两个"拨"重复)
13. 隔壁头王建平一叫,勿灵了[lə⁰],吵起来了[lə⁰]。
14. 开开心心走开。
15. 住到郊外俹姆妈[m̩ʔma⁵³]海头去。
16. 辣[laʔ¹³]一块地方拨拉夷拉姆妈。
17. 阿舅来照顾。
18. 隔脱三日天,赶到羄[ki⁰]搭来。
19. 慢慢叫来好了[lə⁰]。
20. 夷常桩办办妇女个事体。
21. 大华宾馆里向房子大来西。
22. 汪先生勒拉屋里啊[fia⁰]?

420 A　1983年　杨乐郎家

1. 我一脚要侬到我屋里来,勿来。
2. 侬阿是保定人?侬最近保定去过伐?
3. 难么,羄[gə⁰]能长,羄[gə⁰]能短,羄[gə⁰]能方,羄[gə⁰]能圆,讲拨夷拉听。
4. 噢[oʔ⁰],难么梁太太有眼数目了。
5. 建平啊[fia⁰],侬勿要难过咪。
6. 阿拉是尽义务,侬阿好帮我忙。
7. 迪个辰光心里排[ba³³]、排[ba³³]、排[ba³³]、排[ba³³]拉跳。

8. 让我喊仔再讲。

9. 点名簿一放,悖[bəʔ²¹]转屁股就跑。

10. 拉屋里登仔快十日天。

11. 拉花园里坐到吃饭快回转来。

12. 等到夷走仔么,老王讲:"侬皮鞋要买伐?"

13. 碌起来临走个[gə⁰]辰光,一双鞋子那哈[ɦio⁰]弄法呢[ɦini⁰]?("那能"在连续的速度较快的语流中弱化为那哈[ɦio⁰])

14. 倻两家头来做我啰[lo⁰]。

15. 好,侬会做我,我也会做侬,我做侬一记。

16. 侬装扮成一个人,常桩去白相唠[lə⁰],用一记翻戏花头,弄一双皮鞋做夷。

17. 也许有办法辣[laʔ⁰],拿辩桩事体搞[gɔ¹³]得夷水落石出。

18. 夷勿是小老姆辩[gə⁰]胚子。

19. 我勒拉等事体做。

20. 大概几化岁数?四十多岁。讲啥闲话?本地口音。几化长短?大概比我矮一眼,胖笃笃,卖相蛮好。阿有特征?有辩[gə⁰]。筒筒帽脱仔,秃顶个[ɦiə⁰]。别样呒没啥。

21. 查三爷手底下有交关□□人,有种么,小流氓,有种么[mə⁰],打手,有种么[mə⁰],外头拆白党,有种么[mə⁰],生意白相人,有种么[mə⁰],警察局巡捕房做抱打听个[gə⁰],杂格里侪兜得转。

420 B　1983年　杨乐郎家

1. 夷现在打着一个户佬咪[lɛ⁰]。

2. 辩能一等等仔大概半个月工夫拉[laʔ⁰],哎[ɦiɛ⁰],电灯泡老王来了[lɛ⁰]。

3. 日脚稍许好过眼。

4. 迪票物事我已经茄[ga¹³]闷了[lɛ⁰]。

5. 大家七搭八搭,搭到鞋[ɦia¹³]里是鞋[ɦia¹³]里,有啥道理。

6. 外头白相相侪辩[gə⁰]能桩事体,对伐?

7. 我搭夷,拍[pʰaʔ⁵],走开拉[laʔ⁰],独怕要出事体。(象声词作副词)

8. 我那能负担得落呢[ɦini⁰],迪个事体。(主谓倒例)

9. 屋里两个病人困倒。

10. 辩[gə⁰]能并、并、并、并仔半个月,并勿牢了。

11. 难么,baŋ¹³ baŋ¹³ baŋ¹³ baŋ¹³,奔到屋里一看么,自家个[gə⁰]小囡儿

死脱了[lə⁰]。

12. 迪个老太领仔一个小囡也晓得日脚过勿落个[ɦiə⁰]。

423 B　1983年　杨乐郎家

1. 侬年轻哝[lɛ⁰]，侬何必要辫[gə⁰]能。
2. 我到今朝方始晓得，我迪个追求是白白里。
3. 我故面有一个亲眷。(印尼)
4. 难么夷ba13——(拖长)追，追到飞机场。
5. 我屋里侬来过一埭个[ɦiə⁰]。
6. 侬去拉伐？吭没去啊[ɦiə⁰]？去拉呀[iə⁰]。
7. 昨日夜里我困勿着。
8. 有常时勿吃困药，困得也蛮好。
9. 昨日吃仔一次困勿好。再吃一次、两次侪是困得勿好。(睡药)

413 B　1983年　杨乐郎家

1. 做仔半年巴。(概数)
2. 单身汉容易出毛病。
3. 登时立刻结婚呢[fini⁰]，啥地方去结。
4. 我写封信拨伲姐夫。
5. 贴准汪建平，贴对过坐拉。
6. 迪个[gə⁰]辰光火车叫□□[lɛ⁰ du³³]，下头吹叫扁么[mə⁰]，火车要开了[lɛ⁰]。
7. 碌起来拎只皮箱兜到别只位子上去。
8. 克腊交关高，高级克腊。
9. 侬那能会得吭没个[ɦiə⁰]？
10. 那能桩事体？
11. 辫[kəʔ]娘舅啊[ɦiə⁰]，点仔香烟，吃老酒。
12. 心里向辫[gə⁰]桩事体煴塞哝[lɛ⁰]。
13. 到天津比较闹猛个[gə⁰]地方兜兜。

413 A　1983年　杨乐郎家

1. 夷交关心里难过。
2. 上次辫[gə⁰]只像煞有点声音。(录音机)
3. 旧个[gə⁰]两只故事名头忘记脱了[lə⁰]。

4. 该到第五改,已经改得体无完肤了[lə⁰],[lɛ⁰]勿像样。

5. 迪只物事有来头。

6. 夷个[ɦiə⁰]书做来听没出名。

7. 一改改仔我登拉电台上讲。

8. 侬么[ɦmə⁰],已经讨仔娘子了[lɛ⁰],妹妹么[ɦmə⁰],已经有仔对象了[lɛ⁰]。

9. 伲是从小死脱娘个[gə⁰]拉[la⁰]。是姆[m̩]妈拿伲拖大个[lɛ⁰]。

10. 我二十二[ɦiəl¹³⁻²²sə?⁵⁻⁵ɦiəl¹³⁻²¹]岁死男人。

11. 迪个铜钿勿好碰了[lɛ⁰],已经薄得像张纸头。

12. 暗头里向拿十个铜钿摸夷转来。

13. 死脱仔男人。

14. 挀[gi⁰]种物事勒拉勿二勿三个[gə⁰]地方我翻着个[ɦiə⁰]。

15. 我想摆拉好白相。

16. 假使修饰修饰,有种物事,譬方《采风》里也好用。

413 B　1983年　杨乐郎家

1. 夷日日买仔票子来听。

2. 侪是上海人学苏白,学勿连牵。难听头丝啊[ɦia⁰]。(拖长)

3. 学苏白又学勿象,洋勿洋,相勿相。("洋相"临时拆用)

4. 侪是硬劲学拉[la⁰]个[gə⁰],苏白上海话。

5. 侬话我勿灵,我日日也挀[gə⁰]能样子,侬话我灵,日日像煞要死下来。(用"话"。虚拟语气)

6. 一个多钟头,毛两个钟头。(概数)

7. 有是有个[ɦiə⁰],就是忒小,一幆[dʑyø?¹²]一幆、一幆一幆挀[gi⁰]种小物事。

8. 麻将勿会叉个[ɦiə⁰],大老克我勿会个[ɦiə⁰],正上游我勿会个[ɦiə⁰],着棋我勿会个[ɦiə⁰],迪个物事我听[m̩]心想。

9. 后首来吃仔迪行饭么[mə⁰],脑子一日到夜动拉迪个故事上。

10. 我勿晓得侬到底那能回事体。

417 B　1983年　杨乐郎家

1. 生意大来一塌糊涂。

2. 摆地摊咾啥,卖假药咾,卖砒霜,迪票物事。

3. 多少留一眼物事么[mə⁰],也是好白相个[gə⁰]事体。

4. 外来词侬一时头上叫我讲,我想勿出。

5. 亲眷来一批绿豆,呒[m¹³]摆处么[mə⁰],摆拉店堂里。

6. 迪个吃酒吃得来眼睛光也呒没。(补语小句)

7. 我爷是养鸟[tiɔ⁵³]个[gə⁰],格[gəʔ]咾我晓得。(因果句)

8. 夷拉囡儿勒拉我老太婆海头学缝纫。

9. 我大舭断脱了[lə⁰]。

10. 呒[m¹³]啥谈头,顺带便谈起。

418 A 1983年 杨乐郎家

1. 一、二[ɚ],二[ɚ]我现在可以肯定。

2. 七十[soʔ]五[ŋ¹³]块洋[ɦã¹³]钿一月[ŋə⁰]。四月十[soʔ⁵]五号。十[soʔ]五[ŋ]年。五[ŋ]十[soʔ]五[ŋ]块。

3. 横考虑竖考虑,我呒啥考虑。

4. 吃脱三分洋[ɦã¹³]钿淡浆[ɦə⁰],就此少脱四分洋钿车铜钿个[ɦə⁰]朋友。

5. 我迪个挂账,挂拉中心医院。

6. 顶多去十日天,个把月。

7. 老房子翻新房子我爷也出仔交关力。

8. 大东门、蓬莱路、虹桥、五行桥,迪只角里向,花园弄,打仗咾我搬到羱[ki⁰]上海别墅。难么,最后么,搬到此地。(用停顿表示并举,尾音读低平,拖长)

9. 迪个本地口音拉[lə⁰],听大勿出。差是差大勿多。(词序)

10. 迪个[di¹³ɦə⁰]闲话侬要听拉[lə⁰],还有一个标准老唻[lɛ⁰]。

11. 夷一口标准闲话好听唻。

12. 各人各听。

13. 我囡儿有点歇斯底里个[ɦə⁰],有点大[du¹³]惊小怪个[ɦə⁰]拉[lə⁰]。

14. 里向阿会有点啥事体?

433 1983年 杨乐郎家

1. 搭爷做阴寿,顶大路唻[lɛ⁰],迪个[kə⁰]辰光。(倒装)花牢夷,搭夷白相。

2. 上海前头有羱[kə⁰]能样子个[gə⁰]能样式个[ɦə⁰]物事。

3. 迪排小开、洋盘[ɦə⁰],勿晓得个[gə⁰]呀[jia⁰]。

4. 迪个[kə⁰]一个[kə⁰]名头是上海个[ɦə⁰]专门名头。

405 A　1983年（杨乐郎家）

1. 侬门关一关。(口语中的命令句。"侬"应是独词句,但两句间无停顿)
2. 放仔夜学,两家头到外头田岸里向去荡荡。
3. 一头走走么[mə⁰],一头大家谈谈。
4. 大概离开百把米路拉[la⁰],有一[kə⁰]农民拉[la⁰],勒[ləʔ]拉[la⁰]种菜。
5. 㑚[ki⁰]脚色急得来蛮好看,迪个腔调看看到底那能?
6. 侬是富家子弟,屋里向交关赅家当。
7. 迪个农民穷得答答滴,夷屋里向饭也吃勿出。
8. 夷拉夫妻道里带一个小囡拉[la⁰],单青凭㑚[ge⁰]能做,吃勿饱着勿暖。
9. 一双鞋子真正作孽啊[ɦa¹³],勿舍得着,田里去脱脱,做好工,揩一揩,着转去,着到屋里,又[ji¹³]要脱脱。
10. 夷囡脱后,侬晓得夷急得来那能? 勿要急煞人啊[ɦa⁰]。

405 B　1983年　杨乐郎家

1. 难么[mə⁰],夷开心得来,两块洋钿一拿[ʔno⁵³]么[mə⁰],达[da³¹]、达、达、达,去。
2. 上头拿[nɛ⁵³]红纸剪拉个[gə⁰]喜字贴拉[la⁰]上[la³¹]。
3. 㑚桩事体阿拉交关对勿起,非但不偷,还冤枉夷偷,外加停夷生意。
4. 幸亏[tɕʰy⁵³]叫查着,勿查着拉[la⁰],侬为仔迪眼眼小事体拉[la⁰],损失忒大。
5. 迪个事体出拉[la⁰],十六埔㑚[ki⁰]搭个[ɦə⁰]。("㑚搭"远指)
6. 世界上个[gə⁰]人拉[la⁰],百姓百姓有一百种心想。
7. 应有个[kə⁰]人走过看见一个[kə⁰]女人拉[la⁰],浦东个[gə⁰]农民拉[la⁰],勒[ləʔ]拉[la⁰]码头浪向哇[ɦua²⁴]拉哇拉哭。
8. 㑚是真正性命交关拉[la⁰],那能推板得起。
9. 迪个乡下人蛮开心,拿仔两块洋[ɦa¹³]钿么[mə⁰],摆渡到浦东。(小句用"么"隔开)
10. 迪个人呢[ɦni⁰],就拿两块洋[jia¹³]钿朝表袋里囥。("呢"连接主语和谓语)
11. 迪个是题外闲话,我拉[la⁰]瞎讲讲。
12. 一歇歇,哇[ɦua¹¹],乱来,捉强盗。
13. 迪个朋友,当[daŋ³¹],胸口头吃着一枪。

14. 迪个[kə⁰]事体有点像因果式气介[ka⁰]。

15. 我幸亏[tɕʰy⁵³]做荷迪桩好事体,勿做荷[ki⁰]桩好事体么[mə⁰],我迪个两块洋[kə⁰]钿也勿会摆拉[la⁰]荷[ki⁰]只袋袋里。

16. 呒啥道理亥[ɦɛ⁰],有啥道理啊[ɦa⁰]。

17. 格么夷阿是呒没爷娘呢[ɦnə⁰]?

18. 常怕伤囡儿个[gə⁰]心,好,为侬学琴,我情愿再多加眼工作,多吃眼菜。

19. 囡儿推板推勿起。("推板"拆开用)

20. 伊日子夷拉囡儿书包里看见一张红个[gə⁰]物事,抽出来一看么[mə⁰],请帖。

21. 我想听一听,让我开开心。("开心"临时叠用)

22. 落雨了[lə⁰],外头。(倒装)

23. 我拿[nɛ⁵³]顶洋伞拉[la⁰],借因头去送伞。

404 B　1983年　杨乐郎家

1. 迪个到仔上头去啊[ɦa⁰],侪是屋顶花园。

2. 新世界一开,开仔之后,生意好得勿得了[liɔ¹³]。

3. 上海人呒没看着过个[ɦa⁰],噢[ʔoʔ⁵]约[jiɔ¹³],轧得来[lɛ⁰]勿得了[liɔ⁶]。

4. 拿洋泾浜统计一下,好好叫划分一下拉[la⁰],等类邪邪气气,码头帮、洋行帮、生意帮、白相帮。

5. 迪个[kə⁰]辰光洋泾浜邪气普通。

6. 一直拉[la³¹]讲拉[la⁰],格么月讲越好个[ɦa⁰]。单词么[mə⁰],越讲越多。搭外国人讲,讲来勿灵勿塌台个[ɦa⁰]。我搭夷讲,只要夷懂,呒啥塌台勿塌台。(讲英语)

7. 吓来[lɛ⁰]勿敢讲。

8. 每日上半日搭夷吹吹牛皮[pi⁵³],讲讲。

9. 迪只大学洋派来[lɛ³¹]一塌糊涂,荷排学生子侪是汽车阶级。(指沪江大学)

10. 荷种物事人家弄白相弄出来个[ɦa⁰]。

11. 洋泾浜分档数。

404 A　1983年　杨乐郎家

1. 胜利之后么,我开过一个时期咖啡店、跳舞场。荷[gi⁰]能一类个

[ɦə⁰]物事。我喜欢迪个物事。("么"用在状语后)

2. 做个物事侪是勿上勿落,实业个[gə⁰],勿来。("来"是代动词)

3. 请我个[gə⁰]人造反亥[ɦɛ⁰]。("造反"用作形容词,意谓"很多")

4. 我苦头吃足吃足。

5. 全靠文史馆拉[la⁰]养我。

6. 承蒙俫看得起,叫我来做做迪个事体。

7. 上海有辩[gi⁰]能一档物事。(量词)

8. 侬话夷沪书,夷勿是沪书,侬话夷评弹,夷勿讲苏州闲话。(转折关系不用连词)

9. 巧来[lɛ⁰],迪个[kə⁰]家属齐巧拉[la⁰]我老太婆个[gə⁰]缝纫学堂学缝纫。

10. 末脚一点是,好了[lə⁰],呒没边个[ɦə⁰]拉[la⁰]。

11. 后首[si⁵<sɤ⁵]来重新判,判仔刑满释放。

12. 假使打交道呢[ȵi⁰],作兴可以个[gə⁰]。

13. 少讲讲有几百只之多。

14. 一只大暖锅,大来西个[gə⁰]暖锅。卖啥?卖面巾百叶个[gə⁰]。

415 A　1983年　杨乐郎家

1. 迪个人呢[ɦni⁰],既勿坐轿子,又勿坐黄包车,讲走个[ɦə⁰]。

2. 手里向一顶纸伞,天好落雨侪轧勒浪么[mə⁰],还轧申报纸包拉个[ɦə⁰]一只钉鞋。

3. 大儿子啊[ɦa¹³],撩荡胚。("啊"主谓标志)

4. 到现在毛三十岁,勿曾讨娘子。(概数)

5. 老二已经讨仔娘子,养子孙子,交关做人家,代爷做脱交关事体。

6. 迪个儿子末脚一次还债。

7. 我么[mə⁰],做人家得来,人家叫我朝天穿头绳,侬辩[gə⁰]小鬼么[mə⁰],倒拎聚宝盘。

8. 除非死脱拉[la⁰],我搭夷讨末脚一笔铜钿。

415 B　1983年　杨乐郎家

1. 迪笔铜钿等我爷死仔拉[la⁰],我分着家档还你。

2. 铜钿欠之毛两千。

3. 歇两日讨好儿子有仔孙子啊[ɦə⁰],弃邪归正,爷儿子总归是爷儿子亥。

4. 迪个人摆拉[la⁰]么[mə⁰],我有得苦咪[lɛ⁰]。

5. 所有家档,亨旁浪当[hãpālātā],搁[goʔ]落山门侪归老二。

6. 赅仔铜钿个[gə⁰]人啊[ɦa⁰],忒做人家拨拉子弟啊[ɦa⁰],反而勿好。

7. 我吃准迪条街还勒拉[la⁰]。

8. 南市顶闹猛个[gə⁰]地方,勒啥地方?就是大东门射[zoʔ¹]到老西门迪个一段,迪条路现在叫复兴中路。

9. 喜欢听东周列国么[mə⁰],我迪个里向物事交交关关。(条件句)

10. 我有十年工夫啊[ɦa⁰],靠家主婆三十[sɘɜ⁵]块八角过日脚啊[ɦa⁰]。

11. 吾没政府许可我勿做,定规无做。

12. 退休也拉[la⁰]做,告之长病假个[ɦa⁰]也拉做。

429 A 1983年 杨乐郎家

1. 赅仔铜钿呢[fini⁰],也吾啥好处。

2. 歇两日侬印出来是那能一种体裁么[mə⁰],我也勿晓得。

3. 上海本来吾没上海,迪个户荡。

4. 伲妹妹呢[ɦimə⁰],生是生得交关漂亮。

5. 我下定决心,故面勿住。

6. 妹妹,关于侬个[gə⁰]身份搭之迪个成家个[gə⁰]对象问题,阿哥是考虑得勿能再考虑了[lə⁰]。

7. 侬花也要花牢夷[gə⁰]。

8. 辫[kə⁰]个[kə⁰]漂亮头丝勿曾看见过。

9. 有机会搭夷妹子豁一个眼色么[mə⁰],溜脱。

10. 侬现在阿有喜?

11. 阿有啥物事吃吃伐?

12. 老头子望夷死好了[lə⁰]。(突出话题,述语中用代词复指)

426 B 1983年 杨乐郎家

1. 拿春申君做脱夷。(句式:拿+N+V+脱+夷)

2. "噢约,宝贝侬要吃苦头了[lə⁰]。"赤佬还当是自家宝贝。

3. 为仔保持将来个[ɦa⁰],下代个[ha⁰]安逸起见,预先作准备。

4. 局了[lə⁰]。难勿要紧了[lə⁰],放心。

5. 迪个[gə⁰]地方根本吾没名堂个[gə⁰]。

6. 迪条江吾没名头[ɦimə⁰],就叫黄浦。

7. 春申有几化大范围,我勿晓得,迪个[kə⁰]要查咪[lɛ⁰]。肯定相当大,至少长江南面侪是春申,格么[mə⁰],长江南面啥事体吰没一个地方叫春申勒[lə⁰],唯独上海叫春申?交关讲,交关河勿叫黄歇河拉[lə⁰]黄歇河,偏偏黄浦滩叫黄歇?迪个地方可见得了[lə⁰]是春申拉[lə⁰]迪个地方登过。

8. 阿要补啊[ɦa⁰]?

9. 吃地主饭个[gə⁰],赛[sɿʔ]故。

408B 1983年(三十七个语法例句,杨乐郎口译)

1. 侬姓王,我也姓王。伲两家头侪姓王。
2. 老张呢[nɿ³¹],伊拉搭一个朋友讲闲话。
3. 伊还吰没讲完啊?还吰没。
4. 侬到啥地方去啊?我到街浪去。
5. 辣[laʔ¹²]故面,勿辣辩[kiʔ⁵]搭。
6. 迪个大[du¹³],伊个小。迪个两个鞋[ɦa¹³]里一个好一眼?
7. 迪个比伊个好。
8. 迪面一眼房子勿及伊面一眼房子好。
9. 勿是伊能做个,要迪能做个[ɦə⁰]。
10. 用勿着介许多个[ɦə⁰](<[gə⁰]),只要辩[kiʔ⁵]眼够了。
11. 伊今年有几化岁数拉[lə⁰]?
12. 大概有三十岁伐?
13. 迪个物事有几化重啊?
14. 有五十斤拉[lə⁰](<[lə⁰])。
15. 拏[no¹³]得动伐?
16. 我拏得动,伊拏勿动。
17. 侬讲得交关好。
18. 我嘴巴笨,我讲伊勿过。("讲勿过伊"也可以)
19. 讲了一遍,又[ɦi¹³]讲一遍。
20. 请侬再讲一遍。
21. 勿早了,快点去伐。
22. 侬先去好了,伲等一歇去。
23. 坐辣[laʔ⁵]吃比立辣吃好点。
24. 迪个吃得个[ɦə⁰](<[gə⁰]),伊个吃勿得个[ɦə⁰]。
25. 伊吃过饭了,侬饭吃过伐?
26. 伊到过上海,我吰没去过。

27. 拨我一本书。("拨一书我"少讲)

28. 迪个是夷个书,伊个一本是夷拉阿哥个[ɦə⁰]。

29. 拏[no⁵³]夷本拨拉我。

30. 看书个[ə⁰](<[gə⁰])末[mə⁰]拉看书,看报个么拉看报,写字个么拉写字。

31. 好好叫走啊[ɦa⁰],勿要跑噢[ɦo⁰]。

32. 来闻[vəŋ¹³]闻迪朵花香勿香?

33. 交关香,对伐?

34. 勿管侬去勿去,我总归是要去个[ɦə⁰]。

35. 我非去勿可?

36. 一边走一边讲。

37. 越走越远,越讲越多拉[la⁰]。